第一册

全上古三代秦漢三國六朝文

附索引

中華書局

圖書在版編目(CIP)數據

全上古三代秦漢三國六朝文(附索引)/(清)嚴可均輯. —北京:中華書局,1958.12(2025.8重印)

ISBN 978-7-101-00868-5

Ⅰ.全…　Ⅱ.嚴…　Ⅲ.古典散文-作品集-中國

Ⅳ.I262

中國版本圖書館 CIP 數據核字(1999)第 27300 號

責任印製:陳麗娜

全上古三代秦漢三國六朝文(附索引)

(全四册)

〔清〕嚴可均 撰

*

中 華 書 局 出 版 發 行

(北京市豐臺區太平橋西里 38 號　100073)

http://www.zhbc.com.cn

E-mail:zhbc@zhbc.com.cn

三河市中晟雅豪印務有限公司印刷

*

787×1092 毫米 1/16 · 283¾印張 · 5939 千字

1958 年 12 月第 1 版　2025 年 8 月第 17 次印刷

印數:18301-19300 册　定價:980.00 元

ISBN 978-7-101-00868-5

出版說明

本書編者嚴可均（一七六二——一八四三），字景文，號鐵橋，清浙江烏程人，嘉慶舉人，官嚴州建德縣敎諭，著有說文校議、說文聲類、鐵橋漫稿等書。

清嘉慶年間開全唐文館，編輯一部達一千卷之多的全唐文。當時有名的文人多被邀請參加。嚴氏因爲自己沒有被邀請，心有不甘，於是化了二十七年的心力，獨自另編一部書，就是這部全上古三代秦漢三國六朝文，起上古迄隋，作爲全唐文的前接部分。

這部書的長處是「全」，他自己說：「廣搜三分書，與夫收藏家祕笈，金石文字，遠而九譯，旁及釋道鬼神，鴻裁巨製，片語單辭，罔弗綜錄，省幷複疊，聯類畸零。作者三千四百九十七人，分代編次爲十五集，合七百四十六卷。」網羅面確是相當廣泛，使人們在一部書中可以看到唐代以前所有現存的單篇文章，以及一些史論、子書等的輯佚，而且便於翻查，這對於研究我國古代歷史和古代文化有一定的參考價值。

然而，這部書也存在着不少缺點。主要是編者祇圖量的方面采獲的淵博，許多地方，忽略了質的方面審訂的精密。約而言之，可以歸納成後列幾點（這裏也採納了余嘉錫先生、陳垣同志的若干說法，不一一注明）。

一、有些文章不辨眞僞，或者采錄標準不恰當。在凡例中說，「宋以前依託畢登無所去取」，這就是說，趙宋以前的文章，凡題爲先唐所作的，他不要辨明眞僞，一律按照傳統的說法收錄進去；因此書中有許多篇的時代和作者都是有問題的，特別是上古三代部分。卽使依照他凡例所說，趙宋以後依託的文章就應該不收了。可是並不盡然，如全梁文卷四十，從湖錄金石考中采錄沈麟士述祖德碑一文，無論從文章風格上或遣辭用字上，都足以證明不是梁代沈麟士自己的原文。最明顯的例證是文中有「誥曰」兩字。追封稱誥，是趙宋以後的制度，可見依託的時代已在趙宋以後。另外，凡例中又說，「屈騷見存不錄，錄宋玉、賈誼以下之擬騷。」宋、賈的擬騷在性質上同於屈原的作品，而又同見於楚辭一書，何以錄此而遺彼？這種標準也是不能令人同意的。

二、還有根本沒有這篇文章，或者沒有這個作家，甚至這篇文章是別人的著作，但嚴氏却都作爲佚文收入了。例如全三國文卷五十六引太平御覽，采疎勒王致魏文帝書佚文：「金胡餅歐登於明堂，周鼎潛乎深泉。」義不可通。檢御覽卷七百五十八原文，原來是：「西域記曰：疎勒王致魏文帝金胡餅二枚，銀胡餅二枚。」「金胡餅」的「餅」字隔行是：「楚辭曰：餅甌登於明堂，周鼎潛乎深泉。」嚴氏既抄錯了行，又抄錯了字，而且在「疎勒王致魏文帝」之下硬安上一個「書」字，就出了這個錯誤。全陳文卷十七采錄所謂楊輦著奏流拘那羅陀一文，把楊輦兩字作爲一個人名，並註云「輦未詳」。按續高僧傳卷一拘那羅陀傳：「會楊輦碩望，恐奪時榮，……」楊輦碩望，指建業和尙之有聲望的，楊輦就是楊都，也就是建業，不是人名。又如全周文卷二十二載所謂釋宗猷著遺瓊法師書，把宗猷作爲和尙的名字。按續高僧傳卷九道莊傳：「宗猷顧命，衆咸揖謝于莊，允當遺寄，瓊曰：『莊公……』。」宗猷是推舉的意思，不是人名；「莊公……」云云是瓊法師自己的話，也不是別人對瓊法師說的話。這一些，嚴氏都弄錯了。

三、他自己說「省并複疊」，有時依然犯了重出的毛病。如全梁文卷七十三，有釋慧皎的高僧傳序和高僧傳序錄兩文，文字完全相同，實際是一篇文章。卷七十四釋法雲的上昭明太子啟請開講和與王公朝貴書兩文，也都前後兩見。上昭明太子啓請開講一文，還可以認爲是排比剪貼的錯誤；與王公朝貴書則兩見而篇題不同，一作「奉敕難范縝神滅論與王公朝貴書」，一作「奉敕答神滅論與沈約書」，後者顯然有誤，所以嚴氏在題下作了一個小注「弘明集作與公王朝貴書」（按「公王」當作「王公」），可見他是校過的。既經校過而又一文兩收，這就很難理解了。又如全後魏文卷五十四慕容紹宗有檄梁文，北齊文卷五杜弼也有檄梁文，內容也全同。與此恰恰相反，有些文章漏落未收。如史記滑稽列傳集解引鍾繇、華歆、王朗同對魏文帝論三不欺，金樓子立言篇引諸葛亮論光武，列子天瑞篇注引何晏道論，全三國文內失收；世說新語賞譽篇注引謝鯤元化論序，全晉文竟不見謝鯤姓名；廣弘明集中有齊虞羲廬山景法師行狀和梁都講法彪發般若經題論議等文，在全齊文和全梁文中也都沒有收入。

四、他自己說「聯類畸零」，有時也難免牽强。如全後漢文卷九十一王粲的荆州文學記，注見藝文類聚三十八、太平御覽六百八。但太平御覽引這一段文字出處明明標作「文心雕龍」，這裏不知何故把這段宗經篇的文字算作荆州文學記，而且還硬插在「百氏備矣」之下，而以原來緊接着的「天降純嘏」以下作爲另一段。還有些地方隨意拼湊成文。如全後漢文卷四十二，應瑒奕勢中「寇動北壘，備在南尾」二句下注云：「二語從御覽補」，但隔不到兩行，正文中又見「寇動北壘，備在南麾」二語，足見從御覽補的兩句是多餘的，而且還有錯字。又如晉桓玄答會稽王道子箋，內中有一句，晉書作「雖逼嫌謗」，太平御覽作「逼于同異」，但在本書的全晉文卷一百十九此文中，却把兩處文字綴合成爲「雖逼于同異嫌謗」一句了。

五、有些文章張冠李戴。如全後漢文卷九和熹鄧后的恭陵次序詔和寬罰詔，都應歸入順烈梁后名下。全晉文卷二十八王澄（字道深）與人書，應該屬于字平子的王澄名下，因爲這兩個姓王的人，其名都是一個「澄」字，於是便糾纏起來了。又如全隋文卷三十三所載釋彥琮沙門不應拜俗總論，此文實爲唐釋彥悰的著作，也是誤收。

這部書在嚴氏在世的時候，並沒有寫成清稿。原稿本一百五十六册，現在保存在上海圖書館，塗乙滿紙，還加上許多校簽。直到光緒年間，黄崗王毓藻集合了二十八個文人，經過八年工夫，八次校讎，才把它刻印出來。但其校刻還是不精，錯誤層見疊出。我們此次依據了這個本子斷句重印，因爲字數過多，排校費時，而參考者需要甚殷，於是就用原書照相影印，不另作進一步加工，如校勘、補遺等等，也沒有來得及把刻本和原稿本覆核一過。祇有在遇到顯著的錯字時，才於核對原引書後在書端注上簡略的校記。我們的斷句，一般以圈爲主，必要時略加逗點，其有疑義費解不易率斷的地方，寧付闕如，以免造成錯誤。我們學識有限，雖則已作了努力，但錯誤一定還是不可免的，希望讀者指正。

中華書局影印組

一九五八年十一月

一九六五年再版重印，依照原書所載的篇名，新編了一個目錄，又編了一個作者姓名索引。在每一條篇名和作者姓名下面，均註明葉數，以便讀者查閱。

易曰。觀乎人文以化成天下。文之爲用大矣哉。凡夫政治之隆替。風俗之淑慝。天地之變幻。民物之盛衰。胥於是乎驗之。故孔子歎夏殷之無徵。幸後死之得與。端木氏亦言識大識小。其可貴如是。然則古人之文。豈可任其放失乎。嘉慶間。開館輯全唐文。烏程嚴廣文可均慨然念前此當有總集。因遐搜博覽。自三古迄隋。鴻篇鉅製。孤句殘文。靡不彙錄。爲書七百四十七卷。作者三千五百二人。可謂極學海之大觀。爲藝林之寶笈矣。書甫成。揚州鮑氏擬刻不果。黟縣俞氏爲祁文端校寫文目。亦未刊。光緒初。蔣明經壑刊行目錄。止坿小傳。蓋卷帙浩繁。成之難而傳之正未易易也。歲在丙戌。南皮張尚書總制兩粵。設廣雅書局。余以運使承乏其闕。暇與柳橋太守語及此書。太守言曾以五百金購得原稾。余假而閱之。點竄塗乙。丹墨紛如。皆廣文手筆。因憶俞氏癸巳存稾有目錄識語。敘述甚悉。惟謂此實賜湖孫淵如觀察之力。而鐵橋廣文籤寫裁貼成之。蓋未審也。時書局方刻甲乙部書。未遑及此。余急觀厥成。爰請於制府捐廉刻之。並屬同局廖澤羣太史陶春海孝廉黎震伯博士勘定。今而後攷唐以前著作者。庶幾大備。而歷代之化成。亦燦然可觀矣。夫物之顯晦有時。廣文竭數十年精力。成此囊括之書。其不終晦也明甚。然以前人屢轉求傳而未得者。余一旦挂名卷末。此固會逢其適。而非太守之雅誼。亦不能成此美舉也。書有自序有凡例。大旨已詳。惟刊刻緣起。不可以不記。故略述其概。且以識余之厚幸云。爲余綱紀其事者。卽方柳橋太守功惠暨王雪澂太守秉恩王子展太守存善。皆書局提調也。黃岡王毓藻序。

全上古三代秦漢三國六朝文總敘

嘉慶十三年。開全唐文館。不才越在艸茅。無能爲役。慨然曰。唐之文盛矣哉。唐已前要當有總集。斯事體大。是不才之責也。其秋始艸刱之。廣捜三分書。與夫收藏家祕笈金石文字。遠而九譯。旁及釋道鬼神。起上古迄隋。鴻裁鉅製。片語單辭。罔弗綜錄。省幷復疊。聯類畸零。作者三千四百九十七人。分代編次爲十五集。合七百四十六卷。肆力九年。艸刱粗定。又肆力十八年。拾遺補闕。抽換之。整齊之。畫一之。已于事而竣。挈五尼之散亡。揚萬古之天聲。唐已前文咸萃于此。可繕寫。烏程嚴可均。

凡例

一是編從羣書纂録字體正俗畧依本書凡

廟諱

御名謹遵四庫書聚珍本定例敬闕末筆

一是編創始于嘉慶十三年時初開全唐文館館臣目唐碑或有王侍郎昶金石萃編未載者屬爲廣輯既録本呈館遂幷録唐已前文肆力七八年積草稿等身者再省幷複重得厚一寸者百餘冊一手校讎不假衆力無因襲無重出各篇之末皆注明見某書某卷或再見數十見亦備細注明目待覆檢

一是編大例遵全唐文全唐文不載詩目有全唐詩而唐已前詩有馮惟訥古詩紀罣漏無多故是篇亦不載詩然如班固兩都賦末有明堂辟雍等五詩理無割棄不能不破例

一分代編次曰上古三代曰秦曰漢曰後漢曰三國曰晉曰宋曰齊曰梁曰陳曰後魏曰北齊曰周曰隋每代姓名次第曰帝曰后曰宗室諸王曰國初羣雄曰諸臣曰宦官曰列女曰闕名曰外國曰釋氏曰僊道曰鬼神

一開刱之君如魏武造魏長沙桓王造吳晉宣景文造晉齊神武造齊周文造周依各史列當代諸帝之首其諸臣目始仕之年分別先後而子弟孫曾聯屬其下其仕前代又仕後代者歸後代如漢臣臣魏列魏初魏臣臣晉列晉初其累仕數代者歸最後之代如陽休之崔猷袁聿修歷事後魏北齊周隋王元規江總歷事梁陳隋列隋初其前代遺老卒于後代者歸前代如譙玄列漢末陶潛列晉末舊史無定例或兩載今宜畫一其後代佐命卒于前代者歸前代如周瑜荀彧魯肅關羽呂蒙列漢末劉穆之列晉末皆目卒年爲斷

一唐已前舊集見存今世者僅阮籍嵇康陸雲陶潛鮑照江淹六

家蔡邕集宋時得殘本重加編次餘無存者見行董仲舒司馬相如東方朔揚雄孔融曹植劉楨王粲陳琳阮瑀徐幹潘岳陸機支遁謝靈運顏延之謝惠連梁武帝簡文帝元帝蕭統沈約任昉陶宏景何遜徐陵庾信集二十七家皆明人輯本罣漏舛越絕無目見之篇今此纂録得三千六百二十五家家一二篇至十餘卷不等其文分類編次曰賦曰騷曰制曰誥曰詔曰敕曰璽書曰下書曰賜書曰冊曰策命曰策問曰令曰教曰誓曰盟文曰對策曰對詔曰章曰表曰封事曰疏曰上書曰上言曰奏曰議曰駮曰檄曰移曰符曰牒曰判曰啟曰牋曰奏記曰書曰答曰對問曰設論曰設曰難曰釋難曰辨曰考曰七曰記曰序曰頌曰贊曰連珠曰箴曰銘曰誡曰傳曰敘傳曰別傳曰約曰券曰誄曰哀冊曰哀辭曰墓誌銘曰碑曰靈表曰行狀曰弔文曰祭文曰祝文曰題後曰雜著其僭逆如王莽桓玄等則先表疏後詔令變例目別之

一是編于四部爲總集亦爲別集與經史子三部必分界限然界限有定而無定詔令書檄天文地理五行食貨刑灋之文出于書騷賦韻語出于詩禮議出于禮紀傳出于春秋百家九流皆六經餘潤故四部別派而同源故文選爲總集而收毛詩序尚書序春秋左氏傳序史論史述贊典論論文文苑英華唐文粹亦如此是經史子三部闌入集部在所不嫌全唐文不載晉梁陳北齊周隋史論贊又不載帝範元子伸蒙續孟素履兼明化書等子書目諸史子見存今遵其例而推廣之目爲界限凡經傳不録録經傳中所載之誓誥箴銘等文録佚經而佚詩屬詩后鼓亦屬詩不録録金石刻辭而峋嶁碑字難識不録史記兩漢三國宋齊後魏及漢紀後漢紀華陽國志之論贊全本見存不録録史序史評録佚史之論贊而佚史之紀傳不録方志不録子書見存者不録録佚文及佚子書屈騷見存不録録宋玉賈誼目下之擬騷又面敕面對

未登簡牘者不錄。然史家語例。頗未畫一。如魏志張既王基千里陳事。不云書啟。漢書莽詔。半作莽曰。史記文景武詔作上曰。若此之類皆入錄。

一。文有煩簡完闕雅俗。或寫刻承訛。或宋已前依託。畢登無所去取。

一。詔令書疏奏議碑版等文。皆按年月日爲先後。年月未詳。列于各類之末。賦頌箴銘。依唐人類書分門爲先後。

一。詔令書檄。有可考爲某人具草者。歸入撰人集中。

一。詔令表疏奏議等題目。半皆因文追撰。或舊有題。即仍其舊。至文苑英華題或未安。偶亦刪改。

一。唐已前舊集體例。不與今同。如揚雄上書諫勿許單于朝。御覽八百十一引雄集曰。單于上書願朝。哀帝已問公卿。公卿已虛費府帑。可且勿許。單于使辭去。未發。雄上書諫云云。所已識其緣起也。末又引雄集曰。天子召還匈奴使者。復報單于書而許之。賜雄黃金十斤。所已竟其事也。諸引舊集。此類甚多。今並纂錄。

一。宋齊梁陳隋文多完篇。東漢三國晉文散見羣書者。各自刪節。往往有文同此篇。從數處采獲。或從數十處采獲。合而訂之。可成完篇。張溥百三家集所載魏晉諸賦亦如此。而賦彙即據爲定本。謹遵此例。剌取引見之文。已校譌補缺。至乃碎錦殘圭。義不連貫。則爲散條。附當篇之末。片語單辭。未敢遺棄。

一。是編三千四百餘家。皆爲之小傳。里系察舉。遷除封拜。贈謚著述。略具始末。或其人不見于史傳。則參考羣書。略著爵里。如又不得。則云爵里未詳。或並不知當何帝之時。則列每代之末。至胡安道二十許人。引見並不知朝代。但知爲唐已前耳。別爲先唐文一卷。列全書之末。

總目

大凡全上古三代秦漢三國六朝文十五集。作者三千四百九十六人。附韵編姓氏。合七百四十六卷。

附見存漢魏六朝文集板刻本目錄

蔡邕集十卷外傳一卷一明初九行仿北宋本一明錫山重刻本一影寫蘭雪堂活字本一明徐子器六卷本一陳留六卷本

阮籍集十卷

嵇康集十卷並明黃省曾刻本

陸雲集十卷明都穆二俊文集本

陶潛集十卷一宋僧思悅編明仿宋刻本一六卷谷園刻本

鮑照集十卷一影寫宋刻本一明都穆刻本

江淹集十卷一明汪士賢刻本一揚州江氏刻本

已上七家集。皆舊本。唯蔡邕集宋人重編。唐人引見之語。往往不在集中。皆對校訖。

董仲舒集一卷

司馬相如集一卷

東方朔集一卷並明薛應旂刻本

揚雄集五卷一宋譚愈輯本一明鄭樸補輯六卷本

曹植集十卷明郭萬程刻本

建安七子集三冊明楊德周輯本

潘岳集六卷

陸機集十卷明都穆二俊文集本其序言宋舊本其實從羣書纂輯非舊本也

支遁集二卷釋藏本

謝靈運集四卷明沈道初刻本

謝惠連集一卷

顏延之集一卷

謝朓集五卷一明刻本一吳騫刻本

沈約集四卷明沈道初刻本

梁武帝集八卷明閻光世編梁文苑本

梁昭明太子集六卷一明閻光世本一明楊慎五卷本

梁簡文帝集十四卷明閻光世本

梁元帝集八卷明閻光世本

梁宣帝邵陵王豫章王武陵王南康王合集一卷明閻光世本

任昉集六卷

陶宏景集二卷一道藏本傅霖編一明黃淮序刻本

何遜集一卷項道暉刻本

徐陵集四卷

庾信集十六卷

已上二十四種集本。皆明人纂輯。

宋林虙西漢詔令十二卷四百一篇宋樓昉東漢詔令十一卷一百五十三篇

附梅鼎祚文紀目錄

皇霸文紀十三卷　四庫有

西漢文紀二十四卷　四庫有　千頃堂書目作二十卷

東漢文紀三十二卷　四庫有　千頃堂書目作二十卷

三國魏文紀十八卷蜀文紀二卷吳文紀四卷　四庫無

西晉文紀二十卷　四庫有

東晉文紀　四庫無　千頃堂書目有不列卷

宋文紀十八卷　四庫有

南齊文紀十卷　四庫有

梁文紀十四卷　四庫有

陳文紀八卷　四庫有　千頃堂書目作四卷

後魏文紀　四庫無　千頃堂書目有不列卷

北齊文紀三卷　四庫有

後周文紀八卷　四庫有

隋文紀八卷　四庫有

釋文紀四十五卷　四庫有

謹案。梅氏文紀無賦。又四孤甲乙等論。及諸大禮奏議。往往四五人或一二十人所作。彙聚一處。體例與鄙書不同。又如藝文類聚有胡綜請立諸王表。梅氏編入薛綜集。蓋誤。若此之類。後人覆檢。未可據梅氏書輒補鄙書也。

附張溥漢魏六朝一百三家集目錄

賈誼一卷　司馬相如一卷　董仲舒一卷　東方朔一卷
褚少孫一卷　王襃一卷　劉向一卷　揚雄一卷
劉歆一卷　馮衍一卷　班固一卷　崔駰一卷
張衡一卷　李尤一卷　馬融一卷　荀悅一卷
蔡邕二卷　王逸一卷　孔融一卷　魏武帝一卷
魏文帝二卷　曹植二卷　陳琳一卷　王粲一卷
阮瑀一卷　劉楨一卷　應瑒一卷　應璩一卷
阮籍一卷　嵇康一卷　鍾會一卷　杜預一卷
荀勖一卷　傅玄一卷　張華一卷　孫楚一卷
摯虞一卷　束皙一卷　夏侯湛一卷　潘岳一卷
傅咸一卷　潘尼一卷　陸機二卷　陸雲二卷
成公綏一卷　張載一卷　張協一卷　劉琨一卷

郭璞二卷　王羲之一卷　王獻之一卷　孫綽一卷
陶潛一卷　何承天一卷　傅亮一卷　謝靈運二卷
顏延之一卷　鮑照二卷　袁淑一卷　謝惠連一卷
謝莊一卷　蕭子良二卷　王儉一卷　王融一卷
謝朓一卷　張融一卷　孔稚圭一卷　梁武帝一卷
昭明太子一卷　梁簡文帝二卷　梁元帝一卷　江淹二卷
沈約二卷　陶弘景一卷　丘遲一卷　任昉一卷
王僧孺一卷　陸倕一卷　劉孝標一卷　王筠一卷
劉孝綽一卷　劉潛一卷　劉孝威一卷　庾肩吾一卷
何遜一卷　吳均一卷　陳後主一卷　徐陵一卷
沈炯一卷　江總一卷　張正見一卷　高允一卷
溫子昇一卷　邢劭一卷　魏收一卷　庾信二卷
王襃一卷　隋煬帝一卷　盧思道一卷　李德林一卷

牛宏一卷　薛道衡一卷

謹案，張氏百三家集，以張采文鈔爲藍本。唯有賦有詩爲異。張采本二千餘家，而僅取百三，約之又約矣。然如褚少孫集止從史記寫出，無他書隻字，抑何不憚煩也。知與鄙書互有漏落，然張氏未載出處，錯誤甚多，後人覆檢，未可輒補鄙書也。

全上古三代文目錄

全上古三代文目錄　三

全上古三代文目錄　四

大凡全上古三代文十六卷。二百人。就中闕名文十九類。約數作十九人。如九十二銘約數作一人古逸十八種。約數作十八人。全書十五集。皆依此約數。

全上古三代文卷一

烏程嚴可均校輯

太昊

太昊亦作太皞。風姓。號伏戲氏。以木德王。是爲春皇。一云伏羲氏。一云宓犧氏。一云包羲氏。一云庖犧氏。都陳。在位百十一年。一云百六十四年。

十言之教

乾、坤、震、巽、坎、離、艮、兌、消、息。（左傳定四年正義引易云伏羲作十言之敎）

炎帝

帝生于姜水。（說文）因姓姜。以火德王。稱炎帝。一云赤帝。一云有焱氏。始作耒耜。號神農氏。一云農皇。以起烈山。亦號烈山氏。一云厲山氏。一云連山氏。一云朱襄氏。初都陳。後居曲阜。在位百二十年。傳八世。五百三十年。一云傳十七世。一云七十世。（謹案漢藝文志農家有神農二十篇。本注云。六國時諸子疾時怠於農業。道耕農事。託之神農。師古引劉向別錄云。疑李悝及商君所說。兵陰陽家又有神農兵法一篇。五行家有神農大幽五行二十七卷。雜占家有神農敎田相土耕種十四卷。經方家有神農黃帝食禁七卷。周禮醫師疏引食禁作食藥。神僊家有神農雜子技道二十三卷。獨本草不見。見平帝紀及樓護傳。蓋食禁食藥。卽本草矣。倉頡造字在黃帝時。前此未有文字。神農之言。皆後人追錄。鼂錯所引。顯是六國時語。卽六韜及管子文子所載。亦不過謂神農之法相傳如是。豈謂神農手撰之文哉。今除本草見存外。皆入錄。）

神農之禁

春夏之所生。不傷不害。（羣書治要六韜虎韜篇引神農之禁）

神農之數

一穀不登。減一穀。穀之法什倍。二穀不登。減二穀。穀之法再什倍。夷疏滿之。無食者予之陳。無種者貸之新。（管子揆度）

神農之法

丈夫丁壯不耕。天下有受其飢者。婦人當年不織。天下有受其寒者。（文子上義、淮南子齊俗訓。不耕不織上皆有而字。又呂氏春秋愛類引神農之教曰。士有當年而不耕者。則天下或受其飢矣。女有當年而不織者。則天下或受其寒矣。）

神農之敎

有石城十仞。有湯池百步。帶甲百萬。而亡粟。弗能守也。（漢食貨志鼂錯引神農之敎）

神農書

禾生于棗。出于上黨羊頭之山右谷中。生七十日秀。六十日熟。凡一百三十日成。忌于寅卯。　黍生于榆。出于大梁之山左谷中。生六十日秀。四十日熟。凡一百日成。忌于丑。　大豆生于槐。出于沮后之山谷中。九十日華。六十日熟。凡一百五十日成。忌于卯。　小豆生于李。出于農后之山谷中。生六十日華。五十日熟。凡一百一十日成。忌于卯。　秫生于楊。出于農后之山谷中。七十日秀。六十日熟。凡一百三十日成。忌于午。　蕎麥生于杏。出于農后之山谷中。生二十五日秀。五十日熟。凡七十五日成。忌于子。　麻生于荊。出于農后之山谷中。生七十日秀。六十日熟。凡一百三十日成。忌于未午辰亥。　小麥生于桃。出于須后之山谷中。生二百日秀。三十日熟。凡二百三十日成。忌于子。　稻生于柳。出于農后之山谷中。生八十日秀。七十日熟。凡一百五十日成。忌于亥。　五穀以生長日種者多實。以老死日種者無實。又難生。以忌日種之。一人不食。　禾生于巳。疾于酉。長于子。老于戌。惡于丙丁。忌于寅卯。　黍生于寅。疾于午。長于丙丁。老于戌。死于申。惡于辰。忌于丑。　豆生于申。疾于子。長于壬。老于丑。惡于甲乙。忌于丙丁。　麥生于酉。疾于卯。長于辰。老于午。死于巳。惡于戌。忌于子。　太歲在四季。葶藶子熟時可種禾豆。夏至時可種黍麻。夏至後百日。地氣上時可種麥。（丑未戌是也）　太歲在四仲。椹熟時可種禾豆。夏至可種黍麻。夏至後九十日。地氣上可種麥。（子午丑酉是也）　太歲在四孟。以蠶眠起時可種禾豆。夏至前五十日可種稻黍麻。夏至後八十日。地氣上可種麥。（寅申

己亥是也 開元占經一百十一

神農占

正月上朔有風雨三月穀貴后五百錢 八月有三卯旱麥大善
無三卯麥不善 凡蟲食李則黍貴食棗粟貴食杏麥貴食荆麻
貴食桑絲貴 正月上朔日風從東來植禾善從南來植黍善從
北來稚禾善 四月四日風從東來植豆善西來四日至七日中
豆善七日至十日稚豆善十四日無風不種豆 從冬至日到來
年滿六十日有大風雨折樹木麥大善從平朔至食時植麥善至
日中中麥善至日入稚麥善常以夏至後九十日可種 四月朔
日風從東來從平明至辰時植黍善至日中中黍善至日入稚黍
善 月朔日入清明蠶善 正月有甲子糴初貴後賤 正月上
辛溫者善風寒者不好 開元占經一百十一

有焱氏頌

聽之不聞其聲視之不見其形充滿天地苞裹六極 莊子天運引有焱氏爲之頌釋文 焱亦作炎

黃帝

帝姓公孫名軒轅一云姓姬始服軒冕號軒轅氏一云居軒轅
之丘因以爲號亦云帝軒氏一云帝鴻氏一云歸藏氏有熊國
君少典氏之子亦號有熊氏伐炎帝殺蚩尤以土德王稱黃帝
在位百年年百一十一

道言

一者階於道幾於神 六韜兵道十二

芒芒昧昧因天之威與天同氣 文子符言上仁 呂氏春秋應同 淮南子繆稱訓 泰族訓 御覽七十七

聲禁重色禁重衣禁重香禁重味禁重室禁重 呂氏春秋去私

帝無常處也有處者乃無處也以言不刑蹇 呂氏春秋圜道

厲女德而弗忘與女正而弗衰雖惡奚傷 呂氏春秋遇合

四時之不正也正五穀而已矣 呂氏春秋審時

政語

日中必彗操刀必割 賈誼新書宗首

道若川谷之水其出無已其行無止 賈誼新書九脩政語上

巾几銘

毋翕弱毋俷德毋違同毋敖禮毋謀非德毋犯非義 路史疏仡紀黃帝作巾几之銘 案後漢朱穆傳注黃帝作巾机之法 即此 漢志道家有黃帝銘六篇

金人銘

我古之慎言人也戒之哉戒之哉無多言多言多敗無多事多事
多患安樂必戒無行所悔勿謂何傷其禍將長勿謂何害其禍將
大勿謂無殘其禍將然勿謂莫聞天妖伺人熒熒不滅炎炎奈何
涓涓不壅將成江河緜緜不絕將成網羅青青不伐將尋斧柯誠
不能慎之禍之根也曰是何傷禍之門也强梁者不得其死好勝

者必遇其敵盜怨主人民害其貴君子知天下之不可蓋也故後
之下之使人慕之執雌持下莫能與之爭者人皆趨彼我獨守此
衆人惑惑我獨不從內藏我知不與人論技我雖尊富人莫害我
夫江河長百谷者以其卑下也天道無親常與善人戒之哉戒之
哉 說苑敬慎 案此銘舊無撰人名 據太公陰謀太公金匱 知即黃帝六銘之一 金匱僅載銘首廿餘字 今取說苑以足之

戒

余在民上搖搖恐夕不至朝 意林一引太公金匱 武王問五帝之戒 可得聞乎 太公曰 黃帝云

丹書戒

施舍在心平不幸乃弗聞過禍福在所密存亡在所用下匿其私
用試其上上操度量以制其下上下一日百戰 路史疏仡紀黃帝用作戒於丹書 又韓非子揚權引末五語

誨顓頊

爰有大圜在上大矩在下汝能法之爲民父母 呂氏春秋序意 文信侯曰 嘗得學黃

帝之所以諱顓頊矣

黃雀占

黃者土精。赤者火熒。爵者賞也。余當立大功乎。黃雀者集也。御覽八百七十二引春秋攷異郵。黃帝將興。有黃雀赤頭立于日旁。黃帝曰。藝文類聚九十九引作黃帝占曰。黃者玉精赤者火熒雀者賞也。余當立。

李法

壁壘已定。穿窬不繇路。是謂姦人。姦人者殺。漢書胡建傳。

兵法

甲子從北斗魁第一星起。順數至庚午。在第七剛星。至辛未。還從第六星逆數至丙子。又從第一星順數。盡六甲。五行大義第五篇引黃帝兵訣。案隋志黃帝兵法雜要訣一卷。此省詞。隋志黃帝兵法共八種。又案李法律法兵律在其中。今輯兵法。次李法後。

沈陰。日月俱無光。晝不見日。夜不見月星。皆有雲障之而不雨。此為君臣俱有陰謀。兩敵相當。陰相圖議也。若晝陰。夜月出。君謀臣。夜陰。晝日出。臣謀君。下逆上也。開元占經五引黃帝用兵要法。又十一引黃帝用兵要訣。

日月暈。仰視之。須臾忽有雲氣從傷入者。急隨雲以攻之。大勝。開元占經八引黃帝兵法。

熒惑出太白之陰。若不有分軍。必有他急。分大軍也。開元占經二十一引黃帝兵法。

太白與辰星俱出東方。西方國大敗。俱出西方。東方國大敗。若客主人俱出軍。在東方。東方軍敗。在西方。西方軍敗。言其表面軍也。在表者不善。不獲已。軍堅守可也。開元占經二十二引黃帝兵法。

出軍訣

牙旗者。將軍之精。金鼓者。將軍之氣。一軍之形候也。御覽三百三十八。

帝顓頊

帝名顓頊。黃帝孫。興於高陽。號高陽氏。妘姓。一云姬姓。以水德王。都帝丘。在位七十八年。年九十八。

政語

帝顓頊曰。至道不可過也。至義不可易也。是故以後者復迹也。故上緣黃帝之道而行之。學黃帝之道而賞之。加而弗損。天下亦平也。賈誼新書脩政語上。

顓頊曰。功莫美於去惡而為善。罪莫大於去善而為惡。故非吾善善而已也。善緣善也。非惡惡而已也。惡緣惡也。吾日慎一日。其此已也。同上。

丹書

敬勝怠者強。怠勝敬者忘。義勝欲者從。欲勝義者凶。凡事不強則枉。不敬則不正。枉者滅廢。敬者萬世。大戴禮武王踐祚。召師尚父而問焉。曰。昔帝顓頊之道存乎。師尚父曰。在丹書。書之言云云。案昔帝各本作黃帝。今從官聚珍本。學記疏云。檢大戴禮。惟云帝顓頊之道。無黃字。

帝顓頊之法

婦人不辟男子於路者。拂之於四達之衢。淮南齊俗訓。御覽七十引淮南子。拂作祓。注云。除其不祥。

帝嚳

帝名嚳。一云名夋。一云名岌。黃帝曾孫。興於高辛。號高辛氏。年十五。佐顓頊。三十五即位。以木德王。都亳。在位七十年。年百有五。

政語

帝嚳曰。緣道者之辭。而與為道已。緣巧者之事。而學與當作與學。為巧已。行仁者之操。而與為仁已。故節仁之器以脩其躬。而身專其美矣。故上緣黃帝之道而明之。學顓頊之道而行之。而天下亦平也。賈誼新書脩政語上。

帝嚳曰。德莫高于博愛人。而政莫高于博利人。故政莫大于信。治莫大于仁。吾慎此而已也。同上。

帝堯

帝姓伊祁。名放勳。帝嚳子。兄帝摯封爲唐侯。以帝摯之九年受禪。號陶唐氏。以火德王。都平陽。或云以土德王。在位七十年而舜攝。又二十八年崩。年百七十。諡曰堯。

政語

帝堯曰。吾存心于千古。加志于窮民。痛萬姓之罹罪。憂衆生之不遂也。故一民或飢。曰此我飢之也。一民或寒。曰此我寒之也。一民有罪。曰此我陷之也。賈誼新書脩政語上。

堯戒

戰戰慄慄。日慎一日。人莫蹪於山。而蹪於垤。淮南子人間訓。

刻壁東沉於雒

天子臣放勳。德薄施行不玄。御覽八十引尚書中候。

帝舜

帝姓姚。名重華。或云字都君。諸馮人。顓頊之後。堯徵爲司徒。尋

攝政受禪。號有虞氏。以土德王。都蒲阪。在位五十年。年百歲。或云百十歲。諡曰舜。

九共

予辯下土。使民平平。使民無敖。尚書大傳。

政語

帝舜曰。吾盡吾敬而以事吾上。故見爲忠焉。吾盡吾敬以接吾敵。故見爲信焉。吾盡吾敬以使吾下。故見爲仁焉。

祠田

荷此長耜。耕彼南畝。四海俱有。文心雕龍祝盟篇引舜之祠田。

夏禹

禹姓姒。名文命。蜀之石紐人。顓頊六世孫。堯以爲司空。封夏伯。因稱伯禹。後受舜禪。號有夏氏。始降稱王。亦號夏后氏。攝位二十年。即位十年。諡曰禹。亦稱神禹。又曰大禹。

禹誓

濟濟有衆。咸聽朕言。非惟小子。敢行稱亂。蠢茲有苗。用天之罰。若予既率爾羣對諸羣。疑當作羣邦諸君。以征有苗。墨子兼愛下。

禹禁

春三月。山林不登斧。以成草木之長。夏三月。川澤不入網罟。以成魚鼈之長。且以并農力。執成男女之功。周書大聚篇。且聞禹之禁。

政語

民無食也。則我弗能使也。功成而不利於民。我弗能勸也。賈誼新書脩政語上。

夏箴

中不容利。民乃外次。周書文傳篇引夏箴。孔晁曰。夏禹之箴戒書也。

小人無兼年之食。遇天饑。妻子非其有也。大夫無兼年之食。遇天饑。臣妾輿馬非其有也。戒之哉。弗思弗行。至無日矣。同上。

開望

土廣無守。可襲伐。土狹無食。可圍竭。二禍之來。不稱之災。天有四殃。水旱饑荒。其至無時。非務積聚。何以備之。周書文傳篇引開望。孔晁曰。開望古書名也。北堂書鈔一百二引天有四殃已下。爲周書夏箴。今據編於夏箴後。

簨虡銘

教寡人以道者擊鼓。教寡人以義者擊鐘。教寡人以事者振鐸。語寡人以憂者擊磬。語寡人以獄訟者揮鞀。鬻子。夏禹之治天下也。以五聲聽。門懸鐘鼓鐸磬而置鞀。以待四海之士。爲銘於簨虡。又見淮南子氾論訓。作以待四方之士。爲號。云云。小異。

祀六沴

若爾神靈洪祀六沴是合。無差無傾。無有不正。若民有不敬事。則會批之六沴。六事之機。以垂示我民人。無敢不敬事。上下王祀。尚書大傳鴻範五行傳。

后稷

后稷名弃。帝嚳之胄。別姓姬。唐虞之際爲天官。主稷。后之言主。故號后稷。後爲司馬。子孫世居稷官。皆稱后稷。至太康末失官。商初代柱爲稷神。周克商。追尊爲自出之帝。郊配天。

敎稷

后稷曰。所以務耕織者。以爲本敎也。（呂氏春秋上農）

后稷曰。子能以室爲突乎。子能藏其惡而揖之以陰乎。子能使吾士靖而甽浴士乎。子能使保溼安地而處乎。子能使雚夷毋淫乎。子能使子之野盡爲泠風乎。子能使藁數節而莖堅乎。子能使穗大而堅均乎。子能使粟圜而薄糠乎。子能使米多沃而食之彊乎。無之若何。凡耕之大方。力者欲柔。柔者欲力。息者欲勞。勞者欲息。棘者欲肥。肥者欲棘。急者欲緩。緩者欲急。溼者欲燥。燥者欲溼。上田棄畝。下田棄甽。五耕五耨。必審以盡。其深殖之度。陰土必得。大草不生。必無螟蜮。今茲美禾。來茲美麥。是以六尺之耜。所以成畝也。其博八寸。所以成甽也。耨柄尺。此其度也。其耨六寸。所以間稼也。地可使肥。又可使棘。人肥必以澤。使苗堅而地隙。人耨必以旱。使地肥而土緩。草諯大月。冬至後五旬七日。菖始生。菖者百草之先生者也。於是始耕。孟夏之昔。殺三葉而獲大麥。日至苦菜死而資生。而樹麻與菽。此告民地寶盡死。凡草生藏日中出。狶首生而麥無葉。而從事于蓄藏。此告民究也。五時見生而樹生。見死而穫死。天下時。地生財。不與民謀。有年瘞土。無年瘞土。無失民時。無使之治下。知貧富利器皆時至而作。渴時而止。是以老弱之力可盡起。其用日半。其功可使倍。不知事者。時未至而逆之。時既往而慕之。當時而薄之。使其民而郄之。民既郄。乃以良時慕。此從事之下也。操事則苦。不知高下。民乃逾處。種稑禾不爲稑。種重禾不爲重。是以粟少而失功。（呂氏春秋任地）

商湯

湯姓子。名履。一名天乙。契十四世孫。即位十七年克夏。號曰武王。王十三年崩。年百歲。謚曰湯。一曰成湯。一曰武湯。

帝告

施章乃服。明上下。（困學紀聞二引尚書大傳帝告）

湯征

湯曰。予有言。人視水見形。視民見治不。伊尹曰。明哉。言能聽。道乃進。君國子民。爲善者皆在王官。勉哉勉哉。湯曰。汝不能敬命。予大罰殛之。無有攸赦。（史記殷本紀。案孟子滕文公篇引葛伯仇餉。梁惠王篇引湯一征自葛始。又引徯我后后來其蘇。滕文公篇引湯始征自葛載。又引徯我后后來其無罰。皆湯征文。以孔書入仲虺之誥。故不錄。）

湯誥

惟三月。王自至于東郊。告諸侯羣后。毋不有功于民。勤力乃事。予乃大罰殛女。毋予怨。曰古禹皋陶久勞于外。其有功於民。民乃有安。東爲江。北爲濟。西爲河。南爲淮。四瀆已脩。萬民乃有居。后稷降播。農殖百穀。三公咸有功于民。故后有立。昔蚩尤與其大夫作亂百姓。帝乃弗予。有狀。先王言不可不勉。曰不道。毋之在國。女毋我怨。（史記殷本紀）

與諸侯誓

湯即天子之位。與諸侯誓曰。陰勝陽。即謂之變。而天弗施。雌勝雄。謂之亂。而人弗行。故諸侯之治政在諸侯之大夫治與從。（周書殷祝）

政語

湯曰。學聖王之道者。譬如其日。靜思而獨居。譬其若火。夫舍學聖之道而靜居獨思。譬其若去日之明於庭而就火之光于室也。然可以小見。而不可以大知。（賈誼新書九）

湯曰。藥食嘗于卑。然後至于貴。藥言獻于貴。然後聞于卑。（同上。又見說苑君道）

嫁妹辭

無以天子之尊而乘諸侯，無以天子之富而驕諸侯，陰之從陽，女之順夫，本天地之義也。往事爾夫，必以禮義。困學紀聞一京房引湯嫁妹之詞

盤銘

苟日新，日日新，又日新。禮記大學

網祝

湯見設網者四面張，祝曰：自天下者，自地出者，自四方至者，皆罹我網。湯曰：嘻！盡之矣。非桀其孰能如此？令去三面，舍一面，而教之祝曰：蛛蝥作網，今之人循緒，欲左者左，欲右者右，欲高者高，欲下者下，吾請受其犯命者。賈誼新書七，又見呂氏春秋異用、史記殷本紀、新序五，並小異。

桑林禱

惟予小子履，敢用玄牡，告于上天后曰：今天大旱，即當朕身，履未知得罪于上下，有善不敢蔽，有罪不敢赦，簡在帝心。萬方有罪，即當朕身；朕身有罪，無及萬方。墨子兼愛下引湯說，又呂氏春秋順民篇：天大旱，五年不收，湯乃以身禱於桑林曰：余一人有罪，無及萬夫；萬夫有罪，在余一人。無以一人之不敏，使上帝鬼神傷民之命。多末二語，其爲禱旱之詞，可以互證。國語周語湯誓曰：余一人有罪，無以萬夫；萬夫有罪，在余一人。韋昭注：湯誓，商書伐桀之誓也。今湯誓無此言，則散亡矣。又論語堯曰篇孔安國注：此伐桀告天之文。墨子引湯誓，其詞若此，則與墨子顯異，所未詳也。

政不節與？使民疾與？宮室崇與？婦謁盛與？苞苴行與？讒夫興與？荀子大略篇，又公羊解詁二引韓詩傳、說苑君道篇、御覽八十三引帝王世紀，小異。

武丁

武丁，小乙子，湯十世孫，商之第二十二王，在位五十九年。一云百年，廟號高宗。

說命

高宗梁闇，三年不言。尚書大傳

曰：以余正于四方，余恐德之不類，茲故不言。楚語上，白公子張曰：昔殷武丁能聳其德，至于神明，於是乎三年默以思道。卿士患之，曰：王言以出令也，若不言，是無所稟令也。武丁於是作書。賈逵、唐固曰：書，說命也。

曰：若金，用女作礪；若津水，用女作舟；若大旱，用女作霖雨。啟乃心，沃朕心。若藥不瞑眩，厥疾不瘳；若跣不視地，厥足用傷。同上

必交修余，無余棄也。同上

念終始典于學。文王世子

學學半。學記

敬孫務時敏，厥修乃來。同上

惟口起羞，惟甲胄起兵，惟衣裳在笥，惟干戈省厥躬。緇衣

爵無及惡德，民立而正事，純而祭祀，是爲不敬，事煩則亂，事神則難。同上

伊尹

伊尹名摯，姓伊，字尹，有侁之空桑人。初仕桀，歸相湯，爲阿衡。太甲尊爲保衡。

伊訓

惟太甲元年十有二月乙丑朔，伊尹祀于先王，誕資有牧方明。漢書律曆志引伊訓

天誅造攻自牧宮，朕載自亳。孟子

載孚在亳。堯典疏云：鄭注典寶引伊訓

征自三朡。同上

從諫而不拂，彼諫而不倦，爲上則明，爲下則遜。荀子臣道引書，楊倞云：書，伊訓也。

四方獻令

湯問伊尹曰：諸侯來獻，或無牛馬之所生，而獻遠方之物，事實相反不利。今吾欲因其地勢所有而獻之，本脫而字，從文選左思詠史詩注引補。必易得而不貴，其爲四方獻令。伊尹受命，於是爲四方令曰：臣請正東符婁、仇州、伊慮、漚深、九夷、十蠻、越漚、鬋髮文身，請令以魚皮之鞞、鯸鰂之醬、鯸字本空，今從北堂書鈔一百四十六引補。鮫瞂、利劍爲獻。正南甌鄧、桂國、損子、產里、百濮、九菌，請令以珠璣、瑇瑁、象齒、文犀、翠羽、菌鶴、短狗爲獻。正西昆侖、狗國、鬼親、枳已、闟耳、貫胸、雕題、離丘、漆齒，請令以

丹青、白旄、紕罽、江歷、龍角、神龜為獻。正北空同、大夏、莎車、姑他、旦略、豹胡、（一作貌胡）代翟、匈奴、樓煩、月氏、孅犁、其龍、東胡。請令以橐駝、白玉、野馬、騊駼、駃騠、良弓為獻。湯曰。善。（周書王會）

說湯

湯得伊尹。祓之於廟。熏以萑葦。（此四字本脫。從風俗通祀典、續漢禮儀志中注引補）爝以爟火。釁以犧豭。明日設朝而見之。說湯以至味。湯曰。可得（本作可對。從御覽八百四十九校改）而為乎。對曰。君之國小。不足以具之。為天子然後可具。夫三羣之蟲。水居者腥。肉玃者臊。草食者羶。臭惡猶美。皆有所以。凡味之本。水最為始。五味三材。九沸九變。火為之紀。時疾時徐。滅腥去臊除羶。必以其勝。無失其理。調和之事。必以甘酸苦辛鹹。先後多少。其齊甚微。皆有自起。鼎中之變。精妙微纖。口弗能言。志弗能喻。若射御之微。陰陽之化。四時之數。故久而不弊。熟而不爛。甘而不噥。酸而不嚛。（本作酷。從玉篇引改）鹹而不減。辛而不烈。澹而不薄。肥而不膑。肉之美者。猩猩之脣。獾獾之炙。雋觾（文選七命注作巂燕）之翠。述蕩之掔。旄象之約。流沙之西。丹山之南。有鳳之丸。沃民所食。魚之美者。洞庭之鱄。東海之鮞。醴水之魚。名曰朱鼈。六足有珠百碧。（疑當作若碧）雈水之魚。名曰鰩。其狀若鯉而有翼。常從西海夜飛。游於東海。菜之美者。崑崙之蘋。壽木之華。指姑（齊民要術十引作括姑）之東。中容之國。有赤木玄木之葉焉。餘瞀之南。南極之崖。有菜其名曰嘉樹。其色若碧。陽華之芸。雲夢之芹。（說文作菦）具區之菁。浸淵之草。名曰土英。和之美者。陽樸之薑。招搖之桂。越駱之菌。鱣鮪之醢。大夏之鹽。宰揭之露。（開元占經一百一作雩揭之露。宋本初學記二、御覽十二作揭雩）其色如玉。長澤之卵。飯之美者。玄山之禾。不周之粟。陽山之穄。南海之秬。水之美者。三危之露。崑崙之井。沮江之丘。名曰搖水。曰山（疑當作白山）之水。高泉之山。其上有涌泉焉。冀州之原。果之美者。沙棠之實。常山之北。投淵之上。有百果焉。羣帝所食。箕山之東。青鳥之所。有甘櫨焉。江浦之橘。雲夢之柚。漢上石耳。所以致之。馬之美者。青龍之匹。遺風之乘。非先為天子。不可得而具。天子不可彊為。必先知道。道者止彼在己。己成而天子成。天子成則至味具。（呂氏春秋本味。案漢志道家有伊尹五十一篇。小說家有伊尹說二十七篇。本注其語淺薄。似依託也。此疑即小說家之一篇。孟子伊尹以割烹要湯。謂此篇也。）

對湯問

湯問于伊尹曰。欲取天下若何。伊尹對曰。欲取天下。天下不可取。可取。身將先取。（呂氏春秋先己）

湯問伊尹曰。三公九卿二十七大夫八十一元士。知之有道乎。伊尹對曰。昔者堯見人而知。舜任人然後知。禹以成功舉之。夫三君之舉賢。皆異道而成功。然尚有失者。況無法度而任己直意用人。必大失矣。故君使臣自貢其能。則萬一之不失矣。王者何以選賢。夫王者得賢材以自輔。然後治也。雖有堯舜之明。而股肱不備。則主恩不流。化澤不行。故明君在上。慎於擇士。務於求賢。設四佐以自輔。有英俊以治官。尊其爵。重其祿。賢者進以顯榮。罷者退而勞力。是以主無遺憂。下無邪慝。百官能治。臣下樂職。恩流羣生。潤澤草木。昔者虞舜左禹右皋陶。不下堂而天下治。此使能之效也。（說苑君道）

湯問伊尹曰。三公九卿大夫列士。其相去何如。伊尹對曰。三公者。知通於大道。應變而不窮。辯於萬物之情。通於天道者也。其言足以調陰陽。正四時。節風雨。如是者舉以為三公。故三公之事。常在於道也。九卿者。不失四時。通於溝渠。修隄防。樹五穀。通於地理者也。能通不能通。能利不能利。如是者舉以為九卿。故九卿之事。常在於德也。大夫者。出入與民同眾。取去與民同利。通於人事。行猶舉繩。不傷於言。言之於世。不害於身。通於關梁。實於府庫。如是者舉以為大夫。故大夫之事。常在於仁也。列士者。知義而不失其心。事功而不獨專其賞。忠政強諫而無有姦詐。去私立公而言有法度。如是者舉以爲列士。故列士之事常在於義也。故道德仁義定而天下正。凡此四者。明王臣而不臣。湯曰。何謂臣而不臣。伊尹對曰。君之所不名臣者四。諸父臣而不名。諸兄臣而不名。先王之臣臣而不名。盛德之士臣而不名。是謂大順也。說苑臣術　五行大義第二十二篇引帝王世紀

湯問伊尹曰。古者所以立三公九卿大夫列士者何也。伊尹對曰。三公者。所以參王事也。九卿者。所以參三公也。大夫者。所以參九卿也。列士者。所以參大夫也。故參而有參。是謂事宗。事宗不失。外內若一。同上

仲虺

仲虺亦作中蘬。亦作中壨。一曰萊朱。薛人。夏車正奚仲之後。爲湯左相。

仲虺之告

我聞于夏人矯天命。布命于下。帝伐之惡。龔喪厥師。墨子非命上引仲虺之告　又非命中引作我聞有夏人矯天命。布命于下。帝式是惡。用闕師。又非命下引作我聞有夏人矯天命于下。帝式是增。用爽厥師。凡三引。互異。

諸侯自爲得師者王。得友者霸。得疑者存。自爲謀而莫己若者亡。荀子堯問引中蘬之言。又呂氏春秋驕恣引。無霸得疑者四字。

亂者取之。亡者侮之。左傳襄十四年引仲虺有言。又襄三十年引。仲虺之志。又宣十二年引仲虺有言曰。取亂侮亡。茲約文。

全上古三代文卷一終

全上古三代文卷二

烏程嚴可均校輯

周文王

王諱昌。姓姬。后稷之後。商紂以爲西伯。以虞芮質成之年受命稱王。或云武王克商。追尊爲王。詳見禮記大傳。在位五十年。年九十七。謚曰文王。

程寤

文王去商在程。正月既生魄。太姒夢見商之庭產棘。太子發取周庭之梓。樹于闕間。化爲松柏棫柞。寤驚。以告文王。文王曰。愼勿言。乃召太子發占之于明堂。王及太子發並拜吉夢。受商之大命于皇天上帝。藝文類聚七十九。又八十九。文選石闕銘注。御覽三百九十七。五百三十三。九百五十八。又博物志八。案御覽八十四引帝王世紀云。十年正月。文王自商至程。太姒夢見商庭生棘。太子發取周庭之梓。樹之于闕間。梓化爲松柏棫柞。覺而驚。以告文王。文王不敢占。召太子發。命祝以幣告于宗廟羣神。然後占之于明堂。及發並拜吉夢。遂作程寤。亦據周書爲說。案周書度訓至文傳十七篇。今見存。不具錄。錄諸篇中所載之詔告令。而以程寤佚篇冠周代文之首。

詔牧

不穀不德。政事不時。國家罷病。不能胥匡。二三子尚助不穀。官考厥職。鄉問其人。因其耆老及其總害。愼問其故。無隱乃情。及某日以告于廟。有不用命。有常不赦。周書大匡。維周王宅程三年。遭天之大荒。作大匡。以詔牧其方。

詔太子發

汝敬之哉。民物多變。民何嚮非利。利維生痛。痛維生樂。樂維生禮。禮維生義。義維生仁。嗚呼敬之哉。民之適敗。上察下遂。信何嚮非私。私維生抗。抗維生奪。奪維生亂。亂維生亡。亡維生死。嗚呼敬之哉。汝愼守勿失。以詔有司。夙夜勿忘。若民之嚮引。汝愼何非遂。遂時不遠。非本非標。非微非煇。壞非壞不高。水非水不流。嗚呼敬之哉。倍本者槁。汝何葆非監。不維一葆監。順時維周。于民之適敗。無有時蓋。後戒後戒。謀念勿擇。周書文儆。維周王告夢。懼後祀之無保。庚辰。詔太子發。

告四方遊旅

四方遊旅。旁生忻通。津濟道宿。所至如歸。幣租輕。乃作母以行其子。易資貴賤。以均遊旅。使無滯。無粥熟。無室市。權內外以立均。無蚤暮。闠夾均行。均行衆從。積而勿口。以罰助均。無使之窮。平均無乏。利民不淫。無播蔬。無食種。以數度多少省用。祈而不賓祭。服漱不制。車不雕飾。人不食肉。畜不食穀。國不鄉射。樂不牆合。牆屋有補無作。資農不敗務。非公卿不賓。賓不過具。哭不留日。登降一等。庶人不獨葬。伍有植。送往迎來亦如之。有不用命。有常不違。周書大匡。維周王宅程三年。遭天之大荒。于是告四方遊旅。

令縣鄙商旅

能來三室者。與之一室之祿。周書大聚。乃令縣鄙商旅。

伐崇令

毋殺人。毋壞屋。毋塡井。毋伐樹木。毋動六畜。有不如令者。死無赦。說苑指武。

遺戒

我稱非早。一人固下。脩我度。遵德紀。我終之後。恒稱太子。河雒復告。遵朕稱王。詩文王序疏引尚書中候。

文王之法

有亡荒閱。左傳昭七年。芋尹無宇引周文王之法。注。荒。大也。閱。蒐也。有亡人當大蒐其衆。

武王

王諱發。文王子。年八十三嗣位。明年觀兵商郊。三年克商。在位十年。年九十三。謚曰武王。

大誓

唯四月。太子發上祭于畢。下至于孟津之上。乃告司馬、司徒司空諸節。齊栗信哉。予無知。以先祖先父之有德之臣。左右子小子。受先公功。畢力賞罰。以定厥功。明于先祖之遺。師行。師尚父左杖黃鉞。右把白旄。以號曰。蒼兕蒼兕。總爾眾庶。與爾舟檝。後至者斬。太子發升于舟。中流。白魚入于王舟。王跪取入涘以燎。羣公咸曰。休哉。周公曰。雖休勿休。祗事不怠。既渡。至于五日。有火自上復于下。至于王屋。流爲雕。其色赤。其聲魄。五至以穀俱來。武王喜。諸大夫皆喜。周公曰。茂哉茂哉。天之見此。以勸之也。恐恃之。使上附以周公書。報誥于王。王動色變。八百諸侯不召自來。不期同時。不謀同辭。皆曰紂可伐矣。王曰。爾未知天命。未可伐。乃還師歸。尚書大傳史記周本紀齊太公世家漢書董仲舒傳書太誓序疏引馬融書序詩大明疏思文疏閟宮疏周禮太祝疏春秋繁露同類相動篇白虎通爵篇楚詞天問注文選幽通賦舊注藝文類聚十六御覽一百四十六。

唯丙午。王逮師。前師乃鼓䥥譟。師乃慆。前歌後舞。格于上天下地。咸曰。孜孜無怠。天將有立父母民之有政有居。尚書大傳詩譜序疏大明疏又閟宮疏引漢律厤志周禮大司馬注說文手部御覽五百七十四引尚書大傳。

王乃作大誓。告于眾庶。今殷王紂。乃用其婦人之言。自絕于天。毀壞其三正。離逷其王父母弟。四方之多罪逋逃。是宗是長。是信是使。乃斷棄其先祖之樂。乃爲淫聲。用變亂正音。以說婦人。故今予發。唯其行天罰。勖哉夫子。不可再。不可三。史記周本紀漢禮樂志谷永傳。

周公曰。都。懋哉。予聞古先哲王之格言。周禮太祝疏。

正稽古立功立事。可以永年。傳于亡窮。丕天之大律。漢書郊祀志刑法志平當傳。

附下而罔上者死。附上而罔下者刑。與聞國政而無益于民者退。在上位而不能進賢者逐。說苑臣術容齋續筆一。

小人見姦巧乃聞。不言也。發罪鈞。墨子尚同下。

太子發拜手稽首。周禮太祝疏。

於去發疑作太子發。曰。惡乎君子。天有顯道。其行甚章。爲鑑不遠。在彼殷王。謂人有命。謂敬不可行。謂祭無益。謂暴無傷。上帝不常。九有以亡。上帝不順。祝降其喪。惟我有周。受之大帝。墨子非命下。

紂越厥夷居。不肯事上帝。鬼神禍厥先。神禔不祀。乃曰吾有民有命。無僇傷務。天亦縱之。棄而弗葆。墨子非命上非命中天志中。

天視自我民視。天聽自我民聽。孟子萬章。

天聰明自我民聰明。詩烝民箋疏云大誓文。

民之所欲。天必從之。左傳襄三十一年昭元年又周語單襄公引鄭語史伯引。

文王若日若月。乍照光于四方于西土。墨子兼愛下。

獨夫紂。荀子議兵。

予克紂。非予武。惟朕文考無罪。紂克予。非朕文考有罪。惟予小子無良。禮記緇衣。

紂有億兆夷人。亦有離德。余有亂臣十人。同心同德。左傳昭二十四年又略見成二年又管子法禁。

朕夢協朕卜。襲于休祥。戎商必克。周語單襄公引。

我武惟揚。侵于之疆。取彼凶殘。我伐用張。于湯有光。泰誓序疏馬融書序引孟子。案詩大明疏引泰誓。司馬在前。謂他篇皆先司徒後司馬。大誓獨云司馬司徒司空。是在前也。本非成語。不錄。

武成

惟一月壬辰。旁死霸。若翌日癸巳。武王乃朝步自周。于征伐紂。漢書律厤志。

粵若來三月。既死霸。粵五日甲子。咸劉商王紂。同上。

惟四月。既旁生霸。粵六日庚戌。武王燎于周廟。翌日辛亥。祀于天位。粵五日乙卯。乃以庶國祀馘于周廟。同上。

血流浮杵。論衡語增。案漢志引上三條。與周書世俘同。今此一語世俘無之。知武成非即世俘也。案周書柔武至五權十九篇。皆武王書。今見存。不錄。

立重泉戍令

民自有百鼓之粟不行。管子地數。

役靡令

豹韜豹裘。方得入朝。御覽六百九十四引管子。

矢栝銘

肅慎氏之貢矢。魯語下。昔武王克商，肅慎氏貢楛矢石砮。先王欲昭其令德之致遠也，銘其栝。

席四端銘

席前左端

安樂必敬。

前右端

無行可悔。

後左端

一反一側，亦不可以忘。

後右端

所監不遠，視邇所代。

机銘

皇皇惟敬，口生呫，口戕口。

鑑銘

見爾前，慮爾後。

盥盤銘

與其溺于人也，寧溺于淵。溺于淵猶可援也，溺于人不可救也。

楹銘

毋曰胡殘，其禍將然。毋曰胡害，其禍將大。毋曰胡傷，其禍將長。

杖銘

惡乎危？于忿疐。惡乎失道？于嗜慾。惡乎相忘？于富貴。

帶銘

火滅修容，慎戒必恭，恭則壽。

履屨銘

慎之勞，勞則富。

觴豆銘

食自杖，食自杖。戒之憍，憍則逃。

戶銘

夫名難得而易失。無懃弗志，而曰我知之乎？無懃弗及，而曰我杖之乎？擾阻以泥之，若風將至，必先搖搖，雖有聖人，不能為謀也。

牖銘

隨天之時，以地之財，敬祀皇天，敬以先時。

劍銘

帶之以為服，動必行德，行德則興，倍德則崩。

弓銘

屈伸之義，廢興之行，無忘自過。

矛銘

造矛造矛，少間弗忍，終身之羞。自席四端銘止此，凡十七銘，並大戴禮武王踐阼。

衣銘

桑蠶苦，女工難，得新捐故後必寒。

鏡銘

以鏡自照者見形容，以人自照者見吉凶。案御覽五百九十引作書鏡曰：以鏡自照則知吉凶。即此銘，傳寫有脫落耳。

觴銘

樂極則悲，沈湎致非，社稷為危。已上三銘，並後漢朱穆傳注引太公陰謀。

冠銘

寵以著首，將身不正，遺為德咎。御覽四百三十引太公金匱。

書履

行必慮正，無懷僥倖。同上。

書劍

常以服兵，而行道德，行則福，廢則覆。北堂書鈔一百二十二引太公金匱，又御覽四百三十，廢上有德字。

書車

自致者急載人者𣩵取欲無度自致而反。御覽五百九十引太公金匱。

書鋒

忍之須臾乃全汝軀。

書刀

刀利皚皚無爲汝開。

書井

源泉滑滑連旱則絕取事有常賦斂有節。已上竝意林一引太公金匱。

几書

安無忘危存無忘亡孰惟二者必後無凶。

杖書

輔人無苟扶人無咎。已上竝後漢崔駰傳注引太公金匱。

門書

敬遇賓客貴賤無二。御覽一百八十三引太公金匱。

戶書

出畏之入懼之。

鑰書

昏慎守深察訛。已上竝御覽一百八十四引太公金匱。

牖書

闚望審且念所得可思所忘。御覽一百八十八引太公金匱。

硯書

石墨相著而黑邪心讒言無得汙白。藝文類聚五十八、初學記二十一、御覽六百五、事類賦注十五、困學紀聞五竝引太公金匱。

筆書

毫毛茂茂陷水可脫陷文不活。困學紀聞五引太公陰謀。

箠書

馬不可極民不可劇馬極則躓民劇則敗。御覽三百五十九引太公陰謀。

成王

王諱誦武王子在位三十七年謚曰成王。

卜居成周命龜

予一人兼有天下辟就百姓敢無中土乎使予有罪則四方伐之無難得也。說苑至公。案漢書婁敬傳成王營成周都雒以爲此天下中諸侯四方納貢職道里鈞矣有德則易以王無德則易以亡凡居此者欲令務以德致人不欲險阻令後世驕奢以虐民也。

定成周

惟余一人營居于成周惟余一人有善易得而見也有不善易得而誅也。呂氏春秋長利南宮括曰成王之定成周其辭云云。

齊魯之命

女股肱周室以夾輔先王賜女土地質之以犧牲世世子孫無相害也。魯語上展禽使乙喜犒師曰昔者成王命我先君周公及齊先君太公。又左傳僖二十六年引末二語。

伯禽告

成王封伯禽爲魯公召而告之曰爾知爲人上之道乎凡處尊位者必以敬下順德規諫必開不諱之門撙節安靜以藉之諫者勿振以威勿格其言博採其辭乃擇可觀夫有文無武無以威下有武無文民畏不親文武俱行威德乃成既成威德民親以服清白上通巧佞下塞諫者得進忠信乃畜伯禽再拜受命而辭。說苑君道。

平王

王諱宜臼幽王太子避褒姒之難奔申申伯及鄫與西戎攻周而立之東遷于雒在位五十一年謚曰平王。

命晉文侯

與鄭夾輔周室毋廢王命。左傳宣十二年。

騂旄之盟

世世無失職。左傳襄十年。

惠王

王諱閬。一云諱毋涼。平王六世孫。在位二十五年。謚曰惠王。

賜楚成王胙

鎮爾南方夷越之亂。無侵中國。史記楚世家。

襄王

王諱鄭。惠王子。在位三十二年。謚曰襄王。

告難

不穀不德。得罪于母弟之寵子帶。鄙在鄭地汜。敢告叔父。左傳僖二十四年。

策命晉文公

王謂叔父。敬服王命。以綏四國。糾逖王慝。左傳僖二十八年。案史記晉世家載此命。作王若曰父義和云云。蓋誤以文侯當文公也。時代懸隔。司馬貞已正辨之。

靈王

王諱泄心。襄王六世孫。在位二十七年。謚曰靈王。

賜齊靈公命

昔伯舅太公。右我先王。股肱周室。師保萬民。世胙太師。以表東海。王室之不壞。繄伯舅是賴。今予命汝環。茲率舅氏之典。纂乃祖考。無忝乃舊。敬之哉。無廢朕命。左傳襄十四年。

景王

王諱貴。靈王子。在位二十五年。謚曰景王。

追命衛襄公

叔父陟恪。在我先王之左右。以佐事上帝。余敢忘高圉亞圉。左傳昭七年。

以閻田辭于晉

我自夏以后稷。魏駘芮岐畢。吾西土也。及武王克商。蒲姑商奄。吾東土也。巴濮楚鄧。吾南土也。肅慎燕亳。吾北土也。吾何邇封之有。文武成康之建母弟。以蕃屏周。亦其廢隊是為。豈如弁髦。而因以敝之。先王居檮杌于四裔。以禦螭魅。故允姓之姦。居于瓜州。伯父惠公歸自秦。而誘以來。使偪我諸姬。入我郊甸。則戎焉取之。戎有中國。誰之咎也。后稷封殖天下。今戎制之。不亦難乎。伯父圖之。我在伯父。猶衣服之有冠冕。木水之有本原。民人之有謀主也。伯父若裂冠毀冕。拔本塞原。專棄謀主。雖戎狄。其何有余一人。左傳昭九年。周甘人與晉閻嘉爭閻田。晉梁丙張趯率陰戎伐穎。王使詹桓伯辭于晉。

王子朝

子朝。景王庶長子。與王子猛爭國。子猛卒。而敬王即位。是為東王。尹氏立子朝。是為西王。立五年而敗。奔楚。

使告于諸侯

昔武王克殷。成王靖四方。康王息民。並建母弟。以蕃屏周。亦曰吾無專享文武之功。且為後人之迷敗傾覆而溺入于難。則振救之。

至于夷王。王愆于厥身。諸侯莫不並走其望。以祈王身。至于厲王。王心戾虐。萬民弗忍。居王于彘。諸侯釋位。以閒王政。宣王有志。而後效官。至于幽王。天不弔周。王昏不若。用愆厥位。攜王奸命。諸侯替之。而建王嗣。用遷郟鄏。則是兄弟之能用力于王室也。至于惠王。天不靖周。生頹禍心。施于叔帶。惠襄辟難。越去王都。則有晉鄭。咸黜不端。以綏定王家。則是兄弟之能率先王之命也。在定[illegible]八年。秦人降妖。曰周其有頿王。亦克能修其職。諸侯服享。二世共職。王室其有閒王位。諸侯不圖。而受其亂災。至于靈王。生而有頿。王甚神聖。無惡于諸侯。靈王景王。克終其世。今王室亂。單旗劉狄。剝亂天下。壹行不若。謂先王何常之有。唯余心所命。其誰敢討之。帥羣不弔之人。以行亂于王室。侵欲無厭。規求無度。貫瀆鬼神。慢棄刑法。倍奸齊盟。傲很威儀。矯誣先王。晉為不道。是攝是贊。思肆其罔極。茲不穀震盪播越。竄在荊蠻。未有攸底。若我一二兄弟甥舅。

獎順天法。無助狡猾。以從先王之命。毋速天罰。赦圖不穀。則所願也。敢盡布其腹心。及先王之經。而諸侯實深圖之。昔先王之命曰。王后無適。則擇立長。年鈞以德。德鈞以卜。王不立愛。公卿無私。古之制也。穆后及太子壽早夭卽世。單劉贊私立少。以間先王。亦唯伯仲叔季圖之。左傳昭二十六年。王子朝及召氏之族、毛伯得、尹氏固、南宮嚚奉周之典籍以奔楚。王子朝使告于諸侯。

敬王

王諱丏。景王子。在位四十三年。或云四十二年。諡曰敬王。

請城成周

天子曰。天降禍于周。俾我兄弟並有亂心。以爲伯父憂。我一二親暱甥舅。不皇啟處。于今十年。勤戍五年。余一人無日忘之。閔閔焉如農夫之望歲。懼以待時。伯父若肆大惠。復二文之業。弛周室之憂。徼文武之福。以固盟主。宣昭令名。則余一人有大願矣。昔成王合諸侯城成周。以爲東都。崇文德焉。今我欲徼福假靈于成王。脩成周之城。俾戍人無勤。諸侯用寧。蝥賊遠屏。晉之力也。其委諸伯父。使伯父實重圖之。俾我一人無徵怨于百姓。而伯父有榮施。先王庸之。左傳昭三十二年。王使大夫富辛與石張如晉請城成周。

辛甲

辛甲初事紂。七十五諫而不聽。去之周。召公與語。賢之。以告文王。文王武王爲太史。封于長子。

虞箴

芒芒禹迹。畫爲九州。經啟九道。民有寢廟。獸有茂草。各有攸處。德用不擾。在帝夷羿。冒于原獸。亡其國恤。而思其麀牡。武不可重。用不恢于夏家。獸臣司原。敢告僕夫。左傳襄四年。昔周辛甲之爲太史也。命百官。官箴王闕。于虞人之箴云云。虞箴如是。可不懲乎。

尹逸

逸一作佚。亦稱史佚。周初太史。事武王成王康王。案。漢志墨家有尹逸二篇。本注。周臣。在成康時也。

武王卽位筴

殷末孫受德。迷先成湯之明。侮滅神祇不祀。昏暴商邑百姓。其彰顯聞于昊天上帝。周書克殷解。王入卽位于社。太卒之左。尹逸筴。史記周本紀作尹佚筴祝曰。殷之末孫季紂。殄廢先王明德。侮蔑神祇不祀。昏暴商邑百姓。其章顯聞于天皇上帝。齊世家作史佚策祝。

對成王問

成王問政于尹逸曰。吾何德之行而民親其上。對曰。使之以時而敬順之。忠而愛之。有令信而不食言。王曰。其度安在。對曰。如臨深淵。如履薄冰。王曰。懼哉。對曰。天地之間。四海之內。善之則畜也。不善則讎也。夏殷之臣。反讎桀紂而臣湯武。夙沙之民自攻其主而歸神農氏。此君之所明知也。若何其無懼也。說苑政理。

史佚之志

非我族類。其心必異。左傳成四年。

遺言

無始禍。無怙亂。無重怒。左傳僖十五年。兄弟致美。救乏賀善。弔災祭敬。喪哀。左傳文十五年。因重而撫之。左傳襄十四年。動莫若敬。居莫若儉。德莫若讓。事莫若咨。周語下。

祝雍

雍。周初太祝。

成王冠祝

使王近于民。遠于年。嗇于時。惠于財。親賢使能。大戴禮公冠。又見說苑修文、家語冠頌。小異。

成王冠頌

令月吉日。王始加元服。去王幼志。服袞職。欽若昊天。六合是式。率

爾祖考。永永無極。家語冠頌又說苑修文作令月吉日加子元服去爾幼志愼爾成悳

王滿生

滿生齊人。

藉筆牘書敬周公

社稷且危。傅之於膺。說苑指武齊人王滿生見周公周公曰先生何以敎之王滿生藉筆牘書之曰云云周公仰視見書曰唯唯謹聞命矣明日誅管蔡

王子虎

虎。襄王卿士。一稱王叔。謚曰文公。其後爲王叔氏。

盟諸侯于王庭要言

皆獎王室。無相害也。有渝此盟。明神殛之。俾墜其師。無克祚國。及而玄孫。無有老幼。左傳僖二十八年。

馮旦

旦。仕西周。

使人操金與書間遺昌他

告昌他。事可成。勉成之。不可成。亟亡來。亡來事久且泄。自令身死。戰國策一。昌他亡西周之東周。盡輸西周之情于東周。西周大怒。馮旦曰。臣能殺之。君子金三十斤。馮旦使人操金與書間遺昌他。候得而獻東周。東周立殺昌他。

全上古三代文卷二終

全上古三代文卷三

烏程嚴可均校輯

魯周公

公名旦文王子食采於太王所居之周邑因號周公武王克商封魯侯不就國成王嗣位以太傅冢宰攝行天子事遇譖東征三年迎歸薨謚曰文公元子魯公先就國傳三十四世次子留相王室世世號周公餘子受封有凡蔣邢茅胙祭六國案周書成開至王會十二篇皆周公書見存不錄

周禮

則以觀德德以處事事以度功功以食民左傳文十八年

誓命

毀則爲賊掩賊爲藏竊賄爲盜盜器爲姦主藏之名賴姦之用爲大凶德有常無赦在九刑不忘左傳文十八年注誓命以下皆九刑之書九刑之書今亡

卜居曲阜命龜

作邑乎山之陽賢則茂昌不賢則速亡說苑至公

對武王問

周武王問于王子旦曰敢問治有必成而戰有必勝乎攻有必得而守有必存乎王子旦對曰有政曰諸侯政平於內而威於外矣君子行脩於身而信於輿人矣治民民治而榮於名矣故諸侯凡有治心者必脩之以道而與之以敬然後能以成也凡有戰心者必脩之以政而興之以義然後能以勝也凡有攻心者必結之以約而諭之以信然後能有得也凡有守心者必固之以和而諭之以愛然後能有存也周武王曰受命矣賈誼新書脩政語下

四內盟

加富三等就官一列呂氏春秋誠廉武王使叔旦就膠鬲于次四內而與之盟注四內地名

禱書

王少未有識奸神命者乃旦也史記魯周公世家初成王病周公乃自揃其蚤沈之河以祝于神云云亦藏其策於府及周公奔楚成王發府見禱書乃泣反周公

王未有識是旦執事有辠殃旦受其不祥史記蒙恬傳公旦自揃其爪以沈于河云云乃書而藏之記府成王觀于記府得周公旦沈書案即書金縢事書謂代武王史謂代成王爲異

魯僖公

公名申周公十二世孫閔公少弟在位三十三年謚曰僖公亦曰釐公

禱請山川辭

方今大旱野無生稼寡人當死百姓何依不敢煩民請命願撫萬民以身塞無狀穀梁成八年疏又定元年注又見後漢郎顗傳注小異

魯宣公

公名倭亦作委又作俀一名接文公庶子在位十八年謚曰宣公

以書授莒僕邑

夫莒太子不憚以吾故殺其君而以其寶來其愛我甚矣爲我予之邑今日必授無逆命矣魯語上莒太子僕弒紀公以其寶來奔宣公使僕人以書命季文子

魯定公

公名宋襄公子昭公弟在位十五年謚曰定公

命孔子爲司寇

宋公之子弗甫有孫魯孔丘命爾爲司寇韓詩外傳八

魯哀公

公名蔣亦作將定公子在位二十七年謚曰哀公

歸齊國書元寘書篋上

天若不識不衷何以使下國左傳哀十一年

孔子誄

旻天不弔不慭遺一老俾屏余一人以在位煢煢余在疚嗚呼哀

哉尼父。無自律。左傳哀公十六年。又見史記孔子世家。作毋自
天不遺耆老。莫相予位焉。嗚呼哀哉尼父。禮記檀弓。

臧孫辰

辰。魯孝公之後。僖伯曾孫。僖伯字子臧。後因爲氏。事莊、閔、僖、文四公。爲正卿。仲之言次。諡曰文。故稱文仲。

在齊密遺魯公書

斂小器。投諸台。食獵犬。組羊裘。琴之合。甚思之。臧我羊。羊有母。食我以同魚。冠纓不足。帶有餘。列女傳三。臧孫母者。魯大夫臧文仲之母也。文仲之齊。齊拘之。欲襲魯。文仲使人遺魯公書。恐得其書。乃謬其辭云云。召母語之。

臧昭伯

昭伯。臧孫辰曾孫。武仲紇之兄子。從昭公孫于齊。

盟從者載書

勠力壹心。好惡同之。信罪之有無。繾綣從公。無通外內。左傳昭二十五年。

季孫行父

行父。魯桓公之後。季友子。事宣、成、襄三公。爲正卿。諡曰文子。

戒子

吾欲室之狹于兩社之間也。使吾後世有不能事上者。使其替之益速。說苑至公。

季孫宿

宿。行父子。襄公司徒。諡曰武子。

璽書告取卞

聞守卞者將叛。臣帥徒以討之。既得之矣。敢告。左傳襄二十九年。季武子取卞。使公冶問。璽書追而與之。

卞人將畔。臣討之。既得之矣。魯語下。

以書告叔孫豹殯

子固欲毀中軍。既毀之矣。故告。左傳昭五年。

孫上當有曾字

盟臧氏

無或如臧孫紇干國之紀。犯門斬關。左傳昭二十三年。

季孫斯

斯。平子意如子。武子之孫。諡曰桓子。

被拘以爪鋟饋器版

某月某日。將殺我于蒲。力能救我則於是。公羊傳定八年。陽虎專季氏。拘季孫。孟氏與叔孫氏迭而食之。餓而以爪鋟饋器之版。

里革

革亦作克。魯太史。

更魯公書逐莒僕

夫莒太子殺其君而竊其寶來。不識窮固又求自邇。爲我流于夷。今日必通。無逆命矣。魯語上。宣公使僕人以書命季文子。爲我予之邑。里革遇之而更其書。

孔子

子諱丘。字仲尼。其先宋人。殷之後。避難奔魯。爲魯人。初仕季氏。爲委吏乘田。定公以爲中都宰。司空、司寇。去職。徧游諸國。不遇。哀公十六年卒。年七十三。或云年七十二。司馬遷尊爲至聖。今稱至聖先師。贊易。刪書詩。正禮樂。作春秋孝經。弟子紀錄緒言爲論語。皆在學官。唯樂經不傳。

爲魯哀公下救火令

不救火者比降北之罪。逐獸者比入禁之罪。韓非子內儲說上。魯人燒積澤。天北風。火南倚。恐燒國。哀公懼。於是仲尼乃下令。

觀吳季札之子葬題字

於虖有吳延陵君子之葬。碑。拓本。又見淳化帖、絳帖。字數次第不同。季子聘上國。喪子于嬴博之間。見檀弓。此蓋孔子使子貢觀葬後題字。讀此當以於虖句。有吳延陵君句。子之葬句。唐宋人不識篆文。釋葬爲墓。非也。

燕召公

公名奭。周之支族。食邑于召。因稱召公。武王克商。封北燕。伯未

就封故詩稱召伯成王即位以太保主陝以西周公主陝以東故詩有周南召南薨謚曰康公子孫世爲卿士仍稱召公亦稱召伯宣王時召穆公虎有功其就國于燕者傳四十三世

命齊太公

五侯九伯女實征之以夾輔周室 左傳僖四年

共頭盟

世爲長侯守殷常祀相奉桑林宜私孟諸 呂氏春秋誠廉武王又使保召公就微子開于共頭之下而與之盟

燕惠王

王失其名昭王子召公之四十世孫在位七年爲其相成安君公孫操所弑謚曰惠王

以書讓樂毅且謝之

先王舉國而委將軍將軍爲燕破齊報先王之讎天下莫不振動寡人豈敢一日而忘將軍之功哉會先王棄羣臣寡人新即位左右誤寡人寡人之使騎劫代將軍者爲將軍久暴露於外故召將軍且休計事將軍過聽以與寡人有郄遂捐燕而歸趙將軍自爲計則可矣而亦何以報先王之所以遇將軍之意乎 戰國策三十史記樂毅傳

燕王喜

喜惠王曾孫孝王子在位三十三年爲秦所虜

以書謝樂閒

寡人不佞不能奉順君意故君捐國而去則寡人之不肖明矣敢端其願而君不肯聽故使使者陳愚意君試論之語曰仁不輕絕智不輕怨君之於先王也世之所明知也寡人望有非則君掩蓋之不虞君之明罪之也望有過則君教誨之不虞君之明罪之也且寡人之罪國人莫不知天下莫不聞君微出明怨以棄寡人寡人必有罪矣雖然恐君之未盡厚也諺曰厚者不毀人以自益也仁者不危人以安名以故掩人之邪者厚人之行也救人之過者仁者之道也世有掩寡人之邪救寡人之過非君心所望之今君厚受位於先王以成尊輕棄寡人以快心則掩邪救過難得於君矣且世有薄於故厚施行有失而故惠用今使寡人任不肖之罪而君有失厚之累於爲君擇之也無所取之國之有封疆猶家之有垣牆所以合好掩惡也室不能相和出語鄰家未爲通計也怨惡未見而明棄之未盡厚也寡人雖不肖乎未如殷紂之亂也君雖不得意乎未如商容箕子之累也然則不內蓋寡人而明怨於外恐其適足以傷於高而薄於行也非然也苟可以明君之義成君之高雖任惡名不難受也本欲以爲明寡人之薄而君不得厚揚寡人之辱而君不得榮此一舉而兩失之也義者不虧人以自益況傷人以自損乎願君無以寡人不肖累往事之美昔者柳下惠吏於魯三黜而不去或謂之曰可以去柳下惠曰苟與人之異惡往而不黜乎猶且黜乎寧于故國爾柳下惠不以三黜自累故前業不忘不以去爲心故遠近無議今寡人之罪國人未知而議寡人者遍天下語曰論不脩心議不累物仁不輕絕智不簡功棄大功者輟也輕絕厚利者怨也輟而棄之怨而累之宜在遠者不望之乎君也今以寡人無罪君豈怨之乎願君捐怨追維先王復以教寡人意君曰余且慝心以成而過不顧先王以明而惡使寡人進不得脩功退不得寡過君之所揣也唯君圖之此寡人之愚意也敬以書謁之 戰國策三十一又見新序雜事篇作遺樂毅書文亦小異

安當作要

遺樂閒書

紂之時箕子不用犯諫不怠以冀其聽商容不達身祇辱焉以冀其變及民志不入獄囚自出然後二子退隱故紂負桀暴之累二子不失忠聖之名何者其憂患之盡矣今寡人雖愚不若紂之暴也燕民雖亂不若殷民之甚也室有語不相盡以告鄰里二者寡

人不爲君取也。（史記樂毅傳）

燕太子丹

丹惠王之少孫，王喜之太子。質於秦，亡歸，坐遣荊軻事爲秦所攻，走保遼東，斬首獻秦，秦卒滅燕。

惠當作孝

與傅鞠武書

丹不肖，生於僻陋之國，長於不毛之地，未嘗得覩君子雅訓達人之道也。然鄙意欲有所陳，幸傅垂覽之。丹聞丈夫所恥，恥受辱以生於世也；貞女所羞，羞見劫以虧其節也。故有刎喉不顧，據鼎不避者，斯豈樂死而忘生哉，其心有所守也。今秦王反戾天常，虎狼其性，行遇丹無禮，爲諸侯最。丹每念之，痛入骨髓。計燕國之衆，不能敵之，曠年相守，力固不足。欲收天下之勇士，集四海之英雄，破國空藏，以奉養之，重幣甘辭以市于秦，秦貪我賂，而信我辭，則一劍之任，可當百萬之師；須臾之間，可解丹萬世之恥。若其不然，令丹生無面目於天下，死懷恨於九泉，必令諸侯無以爲歎，易水之北，未知誰有，此蓋亦子大夫之恥也。謹遣書，願熟思之。（燕丹子）

樂毅

毅，靈壽人。初仕趙，去仕魏，爲魏使于燕，燕昭王以爲亞卿，拜上將軍，兼佩趙相國印，以破齊功封昌國君。惠王即位，以騎劫代將，去之趙，趙封望諸君。往來復通燕，燕趙以爲客卿。

令軍中

環畫邑三十里無入。（史記田單傳：燕之初入齊，聞畫邑人王蠋賢，令軍中。）

獻書報燕王

臣不佞，不能奉承先王之教，以順左右之心，恐抵斧質之罪，以傷先王之明，而又害於足下之義，故遁逃奔趙。自負以不肖之罪，故不敢爲辭說。今王使使者數之罪，臣恐侍御者之不察先王之所以畜幸臣之理，而又不白於臣之所以事先王之心，故敢以書對。

臣聞賢聖之君，不以祿私其親，功多者授之；不以官隨其愛，能當之者處之。故察能而授官者，成功之君也；論行而結交者，立名之士也。臣以所學者觀之，先王之舉錯，有高世之心，故假節於魏王，而以身察於燕。先王過舉，擢之乎賓客之中，而立之乎羣臣之上，不謀於父兄，而使臣爲亞卿。臣自以爲奉令承教，可以幸無罪矣，故受命而不辭。先王命之曰：我有積怨深怒於齊，不量輕弱，而欲以齊爲事。臣對曰：夫齊，霸國之餘教也，而驟勝之遺事也。閑於兵甲，習於戰攻。王若欲攻之，則必舉天下而圖之。舉天下而圖之，莫徑於結趙矣。且又淮北宋地，楚魏之所同願也。趙若許，約楚魏宋盡力，四國攻之，齊可大破也。先王曰善。臣乃口受令，具符節，南使臣於趙。顧反命，起兵隨而攻齊。以天之道，先王之靈，河北之地，隨先王舉而有之於濟上。濟上之軍，奉令擊齊，大勝之。輕卒銳兵，長驅至國。齊王逃遁走莒，僅以身免。珠玉財寶，車甲珍器，盡收入燕。大呂陳於元英，故鼎反於歷室，齊器設於寍臺，薊丘之植，植於汶皇。自五伯以來，功未有及先王者也。先王以爲慊其志，以臣爲不頓命，故裂地而封之，使之得比乎小國諸侯。臣不佞，自以爲奉令承教，可以幸無罪矣，故受命而弗辭。臣聞賢明之君，功立而不廢，故著於春秋；蚤知之士，名成而不毀，故稱於後世。若先王之報怨雪恥，夷萬乘之強國，收八百歲之蓄積，及至棄羣臣之日，餘令詔後嗣之遺義，執政任事之臣，所以能循法令，順庶孽者，施及萌隸，皆可以教於後世。臣聞善作者不必善成，善始者不必善終。昔者五子胥說聽乎闔閭，故吳王遠迹至於郢；夫差弗是也，賜之鴟夷而浮之江。故吳王夫差不悟先論之可以立功，故沈子胥而不悔；子胥不蚤見主之不同量，故入江而不改。夫免身全功，以明先王之迹者，臣之上計也；離毀辱之非，墮先王之名者，臣之所大恐也。臣聞古之君子，交絶不出惡聲忠臣之去也不潔其名臣雖不佞數奉教於君子矣恐侍御者之親左右之說而不察疏遠之行也故敢以書報唯君之留意焉（戰國策三十又見史記又見新序雜事小異）

麴武

武姓麴一作鞠一作鞫燕末為太子丹太傅

報燕太子書

臣聞快於意者虧於行甘於心者傷於性今太子欲滅悁悁之恥除久久之恨此實臣所當糜軀碎首而不避也私以為智者不冀僥倖以要功明者不苟從志以順心事必成然後舉身必安而後行故發無失舉之尤動無蹉跌之媿也太子貴匹夫之勇信一劍之任而欲望功臣以為疏臣願合從於楚并勢於趙連衡於韓魏然後圖秦秦可破也且韓魏與秦外親內疏若有倡兵楚乃來應韓魏必從其勢可見今臣計從太子之恥除愚鄙之累解矣太子慮之（燕丹子）

衛武公

公名和釐侯子康叔之九世孫宣王時殺兄共伯餘而代立及犬戎之亂舉兵入立平王東遷于雒平王命為公在位五十五年謚曰睿聖武公

耄箴

自卿以下至於師長士苟在朝者無謂我老耄而舍我必恭恪於朝朝夕以交戒我聞一二之言必誦志而納之以訓導我（楚語上昔衛武公年數九十有五矣猶箴儆于國）

衛莊公

公名蒯聵靈公太子以謀殺南子事露出奔宋尋之晉依趙鞅以子出公輒之十二年入立在位三年為晉所伐出奔晉師退復入尋為其下石圃所攻走戎州巳氏見殺謚曰莊公

戰禱

曾孫蒯聵敢昭告皇祖文王、烈祖康叔、文祖襄公鄭勝亂從晉午在難不能治亂使鞅討之蒯聵不敢自佚備持矛焉敢告無絕筋無折骨無面傷以集大事無作三祖羞大命不敢請佩玉不敢愛（左傳哀二年）

曾孫蒯聵以諄趙鞅之故敢昭告于皇祖文王、烈祖康叔、文祖襄公、昭考靈公夷請無筋無骨無面傷無敗用無隕懼死不敢請（晉語九）

禮至

至衛大夫

以滅邢功為銘

余掖殺國子莫余敢止（左傳僖二十五年衛侯燬滅邢同姓故也故名禮至為銘案衛侯衛文公也邢周公後齊桓公存三亡國邢衛居其二禮至昆弟為衛僞往仕邢殺邢守國子而滅邢文公之狡詐如是後三年晉修不禮之怨衛幾亡其死後餘殃又如是儒者言文公有道然乎哉）

同姓故也之故字衍

甯俞

俞莊子速之子濟成公於晉難謚曰武子

宛濮盟

天禍衛國君臣不協以及此憂也今天誘其衷使皆降心以相從也不有居者誰守社稷不有行者誰扞牧圉不協之故用昭乞盟于爾大神以誘天衷自今日以往既盟之後行者無保其力居者無懼其罪有渝此盟以相及也明神先君是糾是殛（左傳僖二十八年晉人復衛侯甯武子與衛人盟于宛濮）

孔悝

悝莊叔之後文子圉之子事出公輒為卿後逐輒立莊公尋為莊公所逐奔宋

鼎銘

六月丁亥。公假于太廟。公曰。叔舅。乃祖莊叔左右成公。成公乃命莊叔隨難于漢陽。卽宮于宗周。奔走無射。啟右獻公。獻公乃命成叔纂乃祖服。乃考文叔興舊耆欲。作率慶士。躬恤衛國。其勤公家。夙夜不懈。民咸曰休哉。公曰。叔舅。予女銘。若纂乃考服。悝拜稽首曰。對揚以辟之勤大命。施于烝彝鼎。（禮記祭統。此衛孔悝之鼎銘也。注。莊公蒯聵德孔悝立己。故因至廟祫祭賜銘。以褒顯其先世也。案銘文悝拜稽首曰對揚以辟之勤大命。必恐誤釋。以鐘鼎詞例校之。當是悝拜稽首敢對揚乃辟之勤大命。鄭承舊誤。未及是正耳。）

鄖肸

肸衛大夫。謚曰武子。

為蒯聵告卽位于周

蒯聵得罪于君父君母。逋竄于晉。晉以王室之故。不弃兄弟。寘諸河上。天誘其衷。獲嗣守封焉。使下臣肸敢告執事。（左傳哀十六年）

宋石

石衛將。

遺荆將衛君書

兩軍相當。兩旗相望。唯毋一戰。戰必不兩存。此乃兩主之事也。與子無有私怨。善者相避也。（韓非子內儲說下）

全上古三代文卷三終

姦上脫以字

全上古三代文卷四

烏程嚴可均校輯

晉惠公

公名夷吾，武王少子唐叔虞之後，獻公子。以驪姬之難奔梁，爲里克所迎立。在位十四年，謚曰惠公。

在梁遺里克書

誠得立，請遂封子于汾陽之邑。史記晉世家

韓誓

失次犯令死，將止不面夷死，僞言誤衆死。晉語三

晉文公

公名重耳，惠公兄。以驪姬之難出亡十九年，秦納之，晉遂世霸。在位九年，謚曰文公。

合諸侯盟

吾聞國之昏，不由聲色，必由姦利。好樂聲色者，淫也；貪姦者，惑也。夫淫惑之國，不亡必殘。自今以來，無以美妾疑妻，無以聲樂妨正，無姦情害公，無以貨利示下。其有之者，是謂伐其根素，流於華葉。若此者，有患無憂，有寇勿弭。不如言者，盟示之。說苑反質

踐土盟

凡我同盟，各復舊職。左傳定元年，薛宰引晉文公爲踐土之盟。又襄二十五年，子產引城濮之役布命曰各復舊職。

踐土載書

王若曰：晉重、魯申、衛武、蔡甲午、鄭捷、齊潘、宋王臣、莒期。左傳定四年，祝佗引晉文公爲踐土之盟，其載書云云。案踐土之盟，尹氏、王子虎在焉，故稱王命。

令

毋淫宮室以妨人宅，板築以時，無奪農功。說苑建本

晉厲公

公名州蒲，案春秋成十年疏引應劭作衛名諱議云：周穆王名滿，晉厲公名州滿，是同名不諱。今作蒲，疑誤。景公太子。在位八年，爲其臣欒書、荀偃所弒。謚曰厲公。

以殺三郤辭於欒書中行偃

寡人有討於郤氏，郤氏既伏其辜矣，大夫無辱，其復職位。左傳成十七年

晉平公

公名彪，悼公子。在位二十六年，謚曰平公。

授鄭公孫段策

子豐有勞於晉國，余聞而弗忘。賜女州田，以胙乃舊勳。左傳昭三年

逐欒盈下令國人

自文公以來，有力於先君而子孫不立者，將授立之，得之者賞。晉語八

令國中

欲有諫者爲隱，左右言及國吏，罪。說苑善說

祖朝

朝，晉獻公時人。

上書獻公

草茅臣東郭氏祖朝，願請聞國家之計。說苑善說

介子推從者

推從晉文公出亡。一作介之推，琴操作介子綏，列仙傳云姓王名定。從者闕姓名。

懸書宮門

龍欲上天，五蛇爲輔。龍已升雲，四蛇各入其宇，一蛇獨怨，終不見處所。史記晉世家：文公反國，賞從亡者，介子推不言祿，祿亦不及，與其母偕隱。從者憐之，乃懸書宮門。

有龍矯矯，頃失其所。五蛇從之，周徧天下。龍飢無食，一蛇割股。龍反其淵，安其壤土。四蛇入穴，皆有處所。一蛇無穴，號於中野。說苑復恩。案文公即位，賞不及推，至死不復見推。從者憐之，乃懸書宮門。呂氏春秋、新序、琴操並作歌，其詞互異。說苑復恩又載此爲序之

偽陳餘蕃同一事，而三說不同，故于新序存一說，于說苑並列兩說，不能定斷其孰是也。

雍子

雍子闕其名。楚人，遇譖，奔晉，爲鄐大夫。

發命於軍

歸老幼，反孤疾，二人役，歸一人，簡兵蒐乘，秣馬蓐食，師陳焚次，明日將戰。左傳襄二十六年，聲子曰：彭城之役，晉楚遇于靡角之谷，雍子發命于軍。案彭城之役在成十八年。

巫臣

巫臣姓屈，一稱屈巫，其子狐庸亦稱屈狐庸。楚之王族，字子靈，爲申縣尹，故稱申公。以爭夏姬奔晉，爲邢大夫，而楚滅其族，乃通吳於晉以病楚，吳於是始大。

自晉遺楚子重子反書

爾以讒慝貪惏事君，而多殺不辜，余必使爾罷於奔命以死。左傳成七年。

士燮

燮，太傅隨會子，以會食邑於隨，後更受范，爲范氏。位至中軍佐。謚曰文子。

與楚盟宋西門外

凡晉楚無相加戎，好惡同之，同恤菑危，備救凶患。若有害楚，則晉伐之。在晉，楚亦如之。交贄往來，道路無壅。謀其不協，而討不庭。有渝此盟，明神殛之，俾隊其師，無克胙國。左傳成十二年。

士匄

匄，士燮子，代荀偃爲中軍將，謚曰宣子。

同盟於亳載書

凡我同盟，毋蘊年，毋壅利，毋保姦，毋留慝，救災患，恤禍亂，同好惡，奬王室。或間茲命，司慎司盟，名山名川，羣神羣祀，先王先公，七姓十二國之祖，明神殛之，俾失其民，隊命亡氏，踣其國家。左傳襄十一年。

士弱

弱，太傅士渥濁之子，謚曰莊子。伯之言長，故又稱莊伯。

同盟於戲載書

自今日既盟之後，鄭國而不唯晉命是聽，而或有異志者，有如此盟。左傳襄九年。

荀罃

罃，荀首子，代韓厥爲中軍將，謚曰武子。以荀首食邑於知，故以邑氏爲知氏。首兄林父將中行，故以官氏爲中行氏。伯之言長，故林父之嗣通稱中行伯，荀首之嗣通稱爲知伯。

伐鄭令於諸侯

修器備，盛餱糧，歸老幼，居疾於虎牢，肆眚，圍鄭。左傳襄九年。

荀偃

偃字伯游，林父孫，代荀罃爲中軍將，謚曰獻子。

棫林令

雞鳴而駕，塞井夷竈，唯余馬首是瞻。左傳襄十四年。

禱河

齊環怙恃其險，負其衆庶，弃好背盟，陵虐神主。曾臣彪將率諸侯以討焉，其官臣偃實先後之。苟捷有功，無作神羞，官臣偃無敢復濟。唯爾有神裁之。左傳襄十八年。

督揚盟

大毋侵小。左傳襄十九年。

羊舌肸

肸字叔向，一字叔譽，晉之公族，中軍尉佐羊舌職之子，食邑於楊，亦稱楊肸。平公初代士渥濁爲太傅，昭公時位上大夫。

詒鄭子產書

始吾有虞於子，今則已矣。昔先王議事以制，不爲刑辟，懼民之有爭心也。猶不可禁禦。是故閑之以義。糾之以政。行之以禮。守之以信。奉之以仁。制爲祿位以勸其從。嚴斷刑罰以威其淫。懼其未也。故誨之以忠。聳之以行。敎之以務。使之以和。臨之以敬。涖之以彊。斷之以剛。猶求聖哲之上。明察之官。忠信之長。慈惠之師。民於是乎可任使也。而不生禍亂。民知有辟。則不忌於上。竝有爭心。以徵於書。而徼幸以成之。弗可爲矣。夏有亂政。而作禹刑。商有亂政。而作湯刑。周有亂政。而作九刑。三辟之興。皆叔世也。今吾子相鄭國。作封洫。立謗政。制參辟。鑄刑書。將以靖民。不亦難乎。詩曰。儀式刑文王之德。日靖四方。又曰。儀刑文王。萬邦作孚。如是。何辟之有。民知爭端矣。將棄禮而徵於書。錐刀之末。將盡爭之。亂獄滋豐。賄賂竝行。終子之世。鄭其敗乎。肹聞之。國將亡。必多制。其此之謂乎。左傳昭六年。鄭人鑄刑書。叔向使詒子產書。

詐爲萇弘責周書

萇弘。謂叔向曰。子爲我謂晉君。所與君期者。時可矣。何不亟以兵來。韓非子內儲說下。叔向之讒萇弘也。爲書曰。萇弘謂叔向云云。因佯遺其書周。以萇弘爲賣周也。乃殺之。

萇弘。謂叔向曰。子起晉國之兵以攻周。吾廢劉氏而立單氏。說苑權謀。案左傳載叔向事。迄于昭十五年。晉滅羊舌氏在昭二十八年。周殺萇弘在哀三年。詎是時叔向尚在乎。諸子與經傳不必盡合。

欒盈

盈。欒書孫。黶子。晉下軍佐。爲范匄所逐。出奔。復入見殺。及范氏亡。追號曰懷子。

奔楚過周辭於周行人

天子陪臣盈。得罪於王之守臣。將逃罪。罪重於郊甸。無所伏竄。敢布其死。昔陪臣書。能輸力於王室。王施惠焉。其子黶。不能保任其父之勞。大君若不棄書之力。亡臣猶有所逃。若棄書之力。而思黶之罪。臣戮餘也。將歸死於尉氏。不敢還矣。敢布四體。唯大君命焉。左傳襄二十一年。欒盈過於周。周西鄙掠之。辭於行人。王使司徒禁掠欒氏者。

韓厥

韓出唐叔虞之後。曲沃桓叔子萬食邑於韓。因爲韓氏。萬曾孫厥。事景公。爲上卿。將中軍。謚曰獻子。六世至景侯虔。與趙魏分晉。列爲諸侯。又二世。遂滅晉。

對問大業之後爲祟

大業之後在晉絕祀者。其趙氏乎。夫自中衍者。皆嬴姓也。中衍人面鳥噣。降佐殷帝大戊。及周天子。皆有明德。下及幽厲無道。而叔帶去周適晉。事先君文侯。至于成公。世有立功。未嘗絕祀。今吾君獨滅趙宗。國人哀之。故見龜策。唯君圖之。史記趙世家。晉景公疾。卜之。大業之後不遂者爲祟。景公問韓厥。厥知趙孤在。乃曰。

申不害

不害。京人。故鄭賤臣。韓昭侯以爲相。有申子三卷。

申子

君臣

明君治國。而晦晦。而行行。而止止。三寸之機運而天下定。方寸之基正而天下治。故一言正而天下定。一言倚而天下靡。藝文類聚十九。意林二。太平御覽三百九十。又六百二十四。

大體

夫一婦擅夫。衆婦皆亂。一臣專君。羣臣皆蔽。故妬妻不難破家也。而亂臣不難破國也。是以明君使其臣竝進輻湊。莫得專君焉。今人君之所以高爲城郭而謹門閭之閉者。爲寇戎盜賊之至也。今夫弑君而取國者。非必踰城郭之險而犯門閭之閉也。蔽君之明。塞君之聰。奪之政而專其令。有其民而取其國矣。羣書治要。又見長短經大體。又略見意林。

智均不相使。力均不相勝。意林。

今使烏獲彭祖負千鈞之重。而懷琬琰之美。令孟賁成荊帶干將之劍術之行乎幽道則盜猶偷之矣今人君之力非賢乎烏獲彭祖而勇非賢乎孟賁成荆也其所守者非特琬琰之美千鈞之重也而欲勿失其可得耶明君如身臣如手君若號臣如響君設其本臣操其末君治其要臣行其詳君操其柄臣事其常爲人臣者操契以責其名名者天地之綱聖人之符張天地之綱用聖人之符則萬物之情無所逃之矣故善爲主者倚於愚立於不盈設於不敢藏於無事竄端匿疏示天下無爲是以近者親之遠者懷之示人有餘者人奪之示人不足者人與之剛者折危者覆動者搖靜者安名自正也事自定也是以有道者自名而正之隨事而定之也鼓不與於五音而爲五音主有道者不爲五官之事而爲治主君知其道也臣知其事也十言十當百爲百當者人臣之事也非君人之道也昔者堯之治天下也以名其名正則天下治桀之治天下也亦以名其名倚而天下亂是以聖人貴名之正也主處

其大臣處其細以其名聽之以其名視之以其名命之鏡設精無爲而美惡自備衡設平無爲而輕重自得凡因之道身與公無事無事而天下自極也（羣書治要又見長短經反經又略見意林初學記二十五）

已下篇名缺

百世有聖人猶隨踵（戰國策十此下有而至二字）千里有賢者是比肩而立也（藝文類聚二十意林御覽四百二已上申子原次如此已下各書引見不得原次）

有天下而不恣睢命之曰以天下爲桎梏（史記李斯傳長短經是非案此申子謂亡王如此耳魏志高堂隆上疏引之責李斯不正諫）

天道無私是以恆正天道常正是以清明（北堂書鈔一百四十九藝文類聚一御覽一）

地道不作是以常靜地道常靜是以正方舉事爲之乃有恆常之靜者符信受令必行也（北堂書鈔一百五十七）

君必有明法正義若懸權衡以稱輕重所以一羣臣也（藝文類聚五十四文選顏延年讌華林詩注又鄒陽上書吳王注御覽六百三十八）

堯之治也蓋明法審令而已聖君任法而不任智任數而不任說黃帝之治天下置法而不變使民安樂其法也（藝文類聚五十四御覽六百三十八）君之所以尊者令令不行是無君也故明君慎令（藝文類聚五十四）昔七十九代之君法制不一號令不同然而俱王天下何也必當國富而粟多也（藝文類聚五十四御覽六百三十八）四海之內六合之間曰奚貴曰貴土土食之本也（御覽三十七）

韓非

非韓之諸公子與李斯俱師事荀卿韓王安之五年秦使之秦畱而不遣尋爲李斯所譖下吏治罪自殺有韓子二十卷

上書秦王

韓事秦三十餘年出則爲扞蔽入則爲蓆薦秦特出銳師取韓地而隨之怨懸於天下功歸於强秦且夫韓入貢職與郡縣無異也今日臣竊聞貴臣之計舉兵將伐韓夫趙氏聚士卒養從徒欲贅

天下之兵明秦不弱則諸侯必滅宗廟欲西面行其意非一日之計也今釋趙之患而攘內臣之韓則天下明趙氏之計矣夫韓小國也而以應天下四擊主辱臣苦上下相與同憂久矣修守備戒强敵有蓄積築城池以守固今伐韓未可一年而滅拔一城而退則權輕於天下天下摧我兵矣韓叛則魏應之趙據齊以爲原如此則以韓魏資趙假齊以固其從而以與爭强趙之福而秦之禍也夫進而擊趙不能取退而攻韓弗能拔則陷銳之卒勤於野戰負任之旅罷於內攻則合羣苦弱以敵而共二萬乘非所以亡趙之心也均如貴人之計則秦必爲天下兵質矣陛下雖以金石相弊則兼天下之日未也今賤臣之進愚計使人使荆重幣用事之臣明趙之所以欺秦者與魏質以安其心從韓而伐趙趙雖與齊爲一不足患也二國事畢則韓可以移書定也是我一舉二國有亡形則荆魏又必自服矣故曰兵者凶器也不可不審用也以秦

與趙敵衡加以齊今又背韓而未有以堅荊魏之心夫一戰而不勝則禍構矣計者所以定事也不可不察也韓秦強弱在今年耳且趙與諸侯陰謀久矣夫一動而弱於諸侯危事也爲計而使諸侯有意伐之心至殆也見二疏非所以强於諸侯也臣竊願陛下之幸熟圖之攻伐而使從者聞焉不可悔也（韓非子存韓。案下文云詔以韓客之所上書書言韓之未可舉下臣斯則此篇是書）

韓非子佚文

四千五百六十歲爲一元元中有厄故聖人有九歲之畜以備之也（續漢律厤志下注補引）

魏絳

魏出周文王庶子畢公高之後畢萬仕晉封於魏以邑爲氏萬曾孫絳事悼公爲列大夫進中軍司馬佐新軍謚曰莊子一云昭子六世至武侯擊與韓趙三分晉地滅晉後

授僕人書

日君乏使使臣斯司馬臣聞師衆以順爲武軍事有死無犯爲敬君合諸侯臣敢不敬君師不武執事不敬罪莫大焉臣懼其死以及揚干無所逃罪不能致訓至於用鉞臣之罪重敢有不從以怒君心請歸死於司寇（左傳襄三年）

臣誅於揚干不忘其死日君乏使使臣狃中軍之司馬臣聞師衆以順爲武軍事有死無犯爲敬君合諸侯臣敢不敬君不說請死之（國語十三）

魏无忌

无忌魏絳十二世孫魏安釐王之弟封信陵君以矯奪晉鄙軍懼罪留趙十年還魏爲上將軍秦用反間廢之病酒而卒有魏公子兵法二十一篇圖十卷

下令軍中

父子俱在軍中父歸兄弟俱在軍中兄歸獨子無兄弟歸養（史記信陵君傳公子將晉鄙軍勒兵下令軍中）

李悝

悝事魏文侯爲上地守尋入相

習射令

人之有狐疑之訟者令之射的中之者勝不中者負（韓非子內儲說上李悝爲上地守欲人之善射也乃下令云云令下而人皆疾習射與秦人戰大敗之）

爲魏文侯作盡地力之敎

地方百里提封九萬頃除山澤邑居參分去一爲田六百萬畮治田勤謹則畮益三升不勤則損亦如之地方百里之增減爲粟一百八十萬石矣

糴甚貴傷民甚賤傷農民傷則離散農傷則國貧故甚貴與甚賤其傷一也善爲國者使民毋傷而農益勸今一夫挾五口治田百畮歲收畮一石半爲粟百五十石除十一之稅十五石餘百三十五石食人月一石半五人終歲爲粟九十石餘有四十五石石三十爲錢千三百五十除社閭嘗新春秋之祠用錢三百餘千五十衣人率用錢三百五人終歲用千五百不足四百五十不幸疾病死喪之費及上賦斂又未與此此農夫所以常困有不勸耕之心而令糴至於甚貴者也是故善平糴者必謹觀歲有上中下孰上孰其收自四餘四百石中孰自三餘三百石下孰自倍餘百石小饑則收百石中饑七十石大饑三十石故大孰則上糴三而舍一中孰則糴二下孰則糴一使民適足賈平則止小饑則發小孰之所斂中饑則發中孰之所斂大饑則發大孰之所斂而糶之故雖遇饑饉水旱糴不貴而民不散取有餘以補不足也（漢書食貨志）

范痤

痤亦作座爲魏安釐王相

獻書魏王

臣聞趙王以百里之地請殺痤之身夫殺無罪范痤痤薄故也而得百里之地大利也臣竊爲大王美之雖然而有一焉百里之地不可得而死者不可復生也則主必爲天下笑矣臣竊以爲與其以死人市不若以生人市便也 戰國策二十一趙王使人以百里之地請殺范痤於魏魏王許諾范痤獻書魏王

又遺其後相信陵君書

夫趙魏敵戰之國也趙王以咫尺之書來而魏王輕爲之殺無罪之痤痤雖不肖故魏之免相望也嘗以魏之故得罪於趙夫國內無用臣外雖得地勢不能守今能守魏者若如君矣王聽趙殺痤之後強秦襲趙之欲倍趙之割則君將何以止之也此君之累也 戰國策二十一又略見史記又略見說苑善說

鄭桓公

公名友厲王少子宣王母弟爲周司徒封於鄭從平王東遷建國於新鄭傳十三世幽公爲韓所滅

與商人盟誓

爾無我叛我無強賈毋或匄奪爾有利市寶賄我勿與知 左傳昭十六年

鄭莊公

公名寤生桓公孫世執周政桓王即位爲左卿士尋奪政

城潁誓

不及黃泉無相見也 左傳隱元年

鄭定公

公名寧簡公子在位十三年謚曰定公

令國中

有能還吳軍者吾與分國而治 吳越春秋闔廬內傳四

公子歸生

歸生字子家鄭執政大夫

使執訊與趙盾書

寡君即位三年召蔡侯而與之事君九月蔡侯入于敝邑以行敝邑以侯宣多之難寡君是以不得與蔡侯偕十一月克減侯宣多而隨蔡侯以朝于執事十二年六月歸生佐寡君之嫡夷以請陳侯于楚而朝諸君十四年七月寡君又朝以蕆陳事十五年五月陳侯自敝邑往朝于君往年正月燭之武往朝夷也八月寡君又往朝以陳蔡之密邇于楚而不敢貳焉則敝邑之故也雖敝邑之事君何以不免在位之中一朝于襄而再見于君夷與孤之二三臣相及于絳雖我小國則蔑以過之矣今大國曰爾未逞吾志敝邑有亡無以加焉古人有言曰畏首畏尾身其餘幾又曰鹿死不擇音小國之事大國也德則其人也不德則其鹿也鋌而走險急何能擇命之罔極亦知亡矣將悉敝賦以待于鯈唯執事命之文公二年六月壬申朝于齊四年二月壬戌爲齊侵蔡亦獲成于楚居大國之間而從于強令豈其罪也大國若弗圖無所逃命 左傳文十七年

公子騑

騑字子駟穆公孫代子罕執政爲盜所殺後別爲駟氏

以從楚告于晉

君命敝邑修而車賦儆而師徒以討亂略蔡人不從敝邑之人不敢寧處悉索敝賦以討于蔡獲司馬燮獻于邢丘今楚來討曰女何故稱兵于蔡焚我郊保馮陵我城郭敝邑之眾夫婦男女不遑啟處以相救也翦焉傾覆無所控告民死亡者非其父兄即其子弟夫人愁痛不知所庇民知窮困而受盟于楚孤也與其二三臣不能禁止不敢不告 左傳襄八年子駟曰請從楚騑也受其咎乃及楚平使王子伯駢告于晉 案上文及九年盟載書知此爲子駟之詞稱孤者假君命是時鄭簡公僅六歲子駟當國攝君事

同盟于戲載書

天禍鄭國使介居二大國之間大國不加德音而亂以要之使其鬼神不獲歆其禋祀其民人不獲享其土利夫婦辛苦墊隘無所底告自今日既盟之後鄭國而不唯有禮與彊可以庇民者是從而敢有異志者亦如之左傳襄九年同盟于戲晉士莊子爲載書公子騑趨進曰云云荀偃曰改載書注子駟亦以所言載于策故欲改之

公孫舍之

舍之字子展子罕子穆公孫代子孔執政其後爲罕氏

以服晉告于楚

孤以社稷之故不能懷君君若以玉帛綏晉不然則武震以攝威之孤之願也左傳襄十一年鄭人使良霄太宰石㚟如楚告將服于晉案襄十年盜殺子駟而子孔當國攝君事服晉乃子展主謀此蓋子展之詞稱孤者假君命是時鄭簡公僅九歲

公孫僑

僑字子產一字子美穆公孫公子發子以少正代子皮執政卒謚成子發字子國故子產之後別爲國氏案諸侯之子爲公子公子之子爲公孫故稱公孫子國之孫始得以王父字爲氏而子產已稱國僑蓋後人追言之

寓書以告士匄

子爲晉國四鄰諸侯不聞令德而聞重幣僑也惑之僑聞君子長國家者非無賄之患而無令名之難夫諸侯之賄聚于公室則諸侯貳若吾子賴之則晉國貳諸侯貳則晉國壞晉國貳則子之家壞何沒沒也將焉用賄夫令名德之輿也德國家之基也有基無壞無亦是務乎有德則樂樂則能久詩云樂只君子邦家之基有令德也夫上帝臨女無貳爾心有令名也夫恕思以明德則令名載而行之是以遠至邇安毋寧使人謂子子實生我而謂子浚我以生乎象有齒以焚其身賄也左傳襄二十四年范宣子爲政諸侯之幣重子產寓書于子西以告宣子

復叔向書

若吾子之言僑不才不能及子孫吾以救世也既不承命敢忘大惠左傳昭六年鄭人鑄刑書叔向使詒子產書復書

全上古三代文卷四終

全上古三代文卷五

烏程嚴可均校輯

吳王闔廬

闔廬亦作闔閭。名光。吳仲雍之二十五世孫。餘眛子。或曰諸樊子。弒王僚自立。在位十九年。與越戰檇李。敗死。

作金鉤令

能爲善鉤者賞之百金。吳越春秋闔閭內傳四

下令孫武

寡人已知將軍能用兵矣。寡人非此二姬。食不甘味。願勿斬也。史記孫武傳。又吳越春秋闔閭內傳四

吳王夫差

夫差。闔廬子。在位二十三年。爲越所滅。

禮越王令

今日爲越王陳北面之坐。羣臣以客禮事之。吳越春秋句踐入臣外傳七。吳王疾愈。大縱酒於文臺。出令

輸越粟令

寡人逆羣臣之議而輸於越。年豐而歸寡人。吳越春秋句踐陰謀外傳九

免衞君令

比十日。而衞君之禮不具者死。淮南子人間訓

伐齊令

寡人伐齊。有敢諫者死。吳越春秋夫差內傳五

告諸大夫

孤將有大志於齊。吾將許越成。而無拂吾慮。若越既改。吾又何求。若其不改。反行。吾振旅焉。吳語

告勞于周

昔者楚人爲不道。不承共王事。以遠我一二兄弟之國。吾先君闔閭。不貰不忍。被甲帶劍。挺鈹搢鐸。以與楚昭王毒逐於中原柏舉。天舍其衷。楚師敗績。王去其國。遂至於郢。王總其百執事。以奉其社稷之祭。其父子昆弟不相能。夫槩王作亂。是以復歸於吳。今齊侯任不鑒於楚。又不承共王命。以遠我一二兄弟之國。夫差不貰不忍。被甲帶劍。挺鈹搢鐸。遵汶伐博。簦笠相望於艾陵。天舍其衷。齊師還。夫差豈敢自多。文武實舍其衷。歸不稔於歲。余沿江泝淮。闕溝深水。出於商魯之閒。以徹於兄弟之國。夫差克有成事。敢使苟告於下執事。吳語

矢書射文種蠡軍

吾聞狡兔以死。良犬就烹。敵國如滅。謀臣必亡。今吳病矣。大夫何慮乎。吳越春秋夫差內傳五

伍員

員字子胥。楚人。以父奢兄尚爲楚平王所殺。奔宋。尋奔鄭。至晉。復還鄭。後入吳。吳王僚不見用。闔閭即位。以爲行人。破楚入郢。封於申。後相夫差。爲伯嚭所譖。賜死。有兵技巧十篇。圖一篇。

江上丈人祝

江上之丈人。天地至大矣。至衆矣。將奚不有爲也。而無以爲爲矣。而無以爲之名。不可得而聞。身不可得而見。其惟江上之丈人乎。呂氏春秋安死

安死當作異寶

水戰法

大翼一艘。廣一丈五尺二寸。長十丈。中翼一艘。廣一丈三尺五寸。長九丈六尺。小翼一艘。廣一丈二尺。長九丈。文選顏延年車駕幸京口侍游曲阿後湖詩注

大翼一艘。長十丈。中翼一艘。長九丈六尺。小翼一艘。長九丈。文選張協七命注引越絕書伍子胥水戰兵法內經

水戰法。大翼一艘。廣丈六尺。長十二丈。容戰士二十六人。櫂五十

人艫三人操長鉤矛斧者四吏僕射長各一人凡九十一人當用長鉤矛長斧各四弩各三十二矢三千三百甲兜鍪各三十二（御覽三百十五引越絕書伍子胥水戰法）

孫武

武齊人避亂奔吳吳王闔廬以爲客將軍有兵法一卷八陣圖一卷牝八陣圖一卷兵法雜占四卷戰鬬六甲兵法一卷（案漢志孫子兵法八十二篇圖九卷史記孫子傳云十三篇正義引七錄云孫子兵法三卷案十三篇爲上卷又有中下二卷如正義說則唐時故書尚存故諸家徵引多有出十三篇外者皆中下卷文也唐志別有孫子三十二壘經一卷隋志無）算經二卷

令隊長

一鼓皆振二鼓操進三鼓爲戰形（吳越春秋闔閭內傳四）

算經序

孫子曰夫算者天地之經緯羣生之元用五常之本末陰陽之父

母星辰之建號三光之表裏五行之準平四時之終始萬物之祖宗六藝之綱紀稽羣倫之聚散考二氣之降升推寒暑之迭運步遠近之殊同觀天道精微之兆基察地理從橫之長短采神祇之所在極成敗之符驗窮道德之理究性命之情立規矩準方員謹法度約尺丈立權衡平重輕剖豪氂折黍絫歷億載而不朽施八極而無疆散之不可輕究斂之不盈掌握嚮之者富有餘背之者貧且窶心開者幼沖而即悟意閉者皓首而難精夫欲學之者必務量能揆已志在所專如是則焉有不成者哉（孫子算經聚珍本案隋志孫子算經二卷今本三卷其書有長安洛陽及佛書二十九章等語蓋後人有增加也朱彝尊等皆謂是孫武書故錄之）

兵法（案孫子兵法十三篇見存不錄錄其佚文）

孫子曰凡地多陷曲曰天井（御覽一百八十九）

孫子曰故曰深草蘙薈者所以逃遁也深谷險阻者所以止禦車騎也隘塞山林者所以少擊衆也沛澤杳冥者所以匿其形也（通典一百五十九案深草已下皆六韜奇兵篇文孫子引申之）

吳王問孫武曰散地士卒顧家不可與戰則必固守不出若敵攻吾小城掠吾田野禁吾樵采塞吾要道待吾空虛而急來攻則如之何武曰敵人深入吾都多背城邑士卒以軍爲家專志輕鬬吾兵在國安土懷生以陳則不堅以鬬則不勝當集人合衆聚穀蓄帛保城備險遣輕兵絕其糧道彼挑戰不得轉輸不至野無所掠三軍困餒因而誘之可以有功若欲野戰則必因勢依險設伏無險則隱於天氣陰晦昏霧出其不意襲其懈怠可以有功（通典一百五十九孫子九地篇何延錫注）

吳王問孫武曰吾至輕地始入敵境士卒思還難進易退未背險阻三軍恐懼大將欲進士卒欲退上下異心敵守其城壘整其車騎或當吾前或擊吾後則如之何武曰軍至輕地士卒未專以入爲務無以戰爲故無近其名城無由其道路設疑佯惑示若將去

乃選精騎銜枚先入掠其牛馬六畜三軍見得進乃不懼分吾良卒密有所伏敵人若來擊之勿疑若其不至捨之而去（通典一百五十九孫子九地篇何氏注又張預注）

又曰軍入敵境敵人固壘不戰士卒思歸欲退且難謂之輕地當選驍騎伏要路我退敵追來則擊之也（孫子何氏注）

吳王問孫武曰爭地敵若先至據要保利簡兵練卒或出或守以備我奇則如之何武曰爭地之法讓之者得爭之者失（此二句何注引作先擄爲利）敵得其處慎勿攻之引而佯走建旗鳴鼓趣其所愛曳柴揚塵惑其耳目分吾良卒密有所伏敵必出救人欲我與人棄我取此爭先之道也若我先至而敵用此術則選吾銳卒固守其所輕兵追之分伏險阻敵人還門伏兵旁起此全勝之道也（通典一百五十九孫子何氏注）

吳王問孫武曰交地吾將絕敵使不得來必全吾邊城修其守備

深絕通路。固其隘塞。若不先圖之。彼可得而來。吾不得而往。衆寡又均。則如之何。武曰。旣我不有以往。彼可以來。吾分卒匿之。守而易怠。示其不能。敵人且至。設伏隱廬。出其不意。可以有功也。同上。

吳王問孫武曰。衢地必先。若吾道遠發後。雖馳車驟馬。至不能先。則如之何。武曰。諸侯參屬。其道四通。我與敵相當。而旁有他國。所謂先者。必重幣輕使。約和旁國。交親結恩。兵雖後至。衆已屬矣。簡兵練卒。阻利而處。親吾軍事。實吾資糧。令吾車騎出入瞻候。我有衆助。彼失其黨。諸國犄角。震鼓齊攻。敵人驚恐。莫知所當。同上。

吳王問孫武曰。吾引兵深入重地。多所踰越。糧道絕塞。設欲歸還。勢不可過。欲食于敵。持兵不失。則如之何。武曰。凡居重地。士卒輕勇。轉輸不通。則掠以繼食。下得粟帛。皆貢于上。多者有賞。士無歸意。若欲還出。即爲戒備。深溝高壘。示敵且久。敵疑通途。私除要害之道。乃令輕車銜枚而行。塵埃氣揚。以牛馬爲餌。敵人若出。陰伏吾士。與之中期。內外相應。其敗可知也。同上。

吳王問孫武曰。吾入圮地。山川險阻。難從之道。行久卒勞。敵在吾前。而伏吾後。營居吾左。而守吾右。良車驍騎。要吾隘道。則如之何。武曰。先進輕車。去軍十里。與敵相候。接期險阻。或分而左。或分而右。大將四觀。擇空而取。皆會中道。倦而乃止。同上。

吳王問孫武曰。吾入圍地。前有強敵。後有險難。敵絕糧道。利我走勢。敵鼓噪不進。以觀吾能。則如之何。武曰。圍地之宜。必塞其闕。示無所往。則以軍爲家。萬人同心。三軍齊力。并炊數日。無見火煙。故爲毀亂寡弱之形。敵人見我。備之必輕。告勵士卒。令其奮怒。陣伏良卒。左右險阻。擊鼓而出。敵人若當。疾擊務突。前鬭後拓。左右犄角。又問曰。敵在吾圍。伏而深謀。示我以利。縈我以旗。紛紛若亂。不知所之。柰何。武曰。千人操旂。分塞要道。輕兵進挑。陳而勿搏。交而勿去。此敗謀之法。同上。

吳王問孫武曰。吾師出境。軍于敵人之地。敵人大至。圍我數重。欲突以出。四塞不通。欲勵士激衆。使之投命潰圍。則如之何。武曰。深溝高壘。示爲守備。安靜勿動。以隱吾能。告令三軍。示不得已。殺牛燔車。以饗吾士。燒盡糧食。塡夷井竈。割髮捐冠。絕去生慮。將無餘謀。士有死志。於是砥甲礪刃。并氣一力。或攻兩旁。震鼓疾噪。敵人亦懼。莫知所當。銳卒分行。疾攻其後。此是失道而求生。故曰。困而不謀者窮。窮而不戰者亡。吳王曰。若吾圍敵。則如之何。武曰。山峻谷險。難以踰越。謂之窮寇。擊之之法。伏卒隱廬。開其去道。示其去路。求生透出。必無鬭志。因而擊之。雖衆必破。又問曰。吾在死地。糧道已絕。敵伏吾險。進退不得。則如之何。武曰。燔吾蓄積。盡我餘財。激士勵衆。使無生慮。鼓呼而衝。進而勿顧。決命爭強。死而須鬭。若敵在死地。士卒氣勇。欲擊之法。順而勿抗。陰守其利。絕其糧道。恐有奇兵。隱而不覩。使吾弓弩俱守其所。通典一百五十九。孫子何氏注。又張預注。案此已上皆釋九地篇義。

吳王問孫武曰。敵勇不懼。驕而無慮。兵衆而強。圖之柰何。武曰。詘而待之。以順其意。無令省覺。以益其懈怠。因敵遷移。潛伏候待。前行不瞻。後往不顧。中而擊之。雖衆可取。攻驕之道。不可爭鋒。通典一百五十二。

吳王問孫武曰。敵人保據山險。擅利而處之。糧食又足。挑之則不出。乘間則侵掠。爲之柰何。武曰。分兵守要。謹備勿懈。潛探其情。密候其怠。以利誘之。禁其樵牧。御覽作禁其牧採。久無所得。自然變改。待離其固。御覽作故。奪其所愛。敵據險隘。我能破之也。通典一百五十九。御覽三百三十一。

孫子曰。強弱長短雜用。通典一百二十。

孫子曰。遠則用弩。近則用兵。兵弩相解也。通典□□□□□。

孫子曰。以步兵十人擊騎一匹。通典□□□□□。

孫子曰。人効死而士能用之。雖優游暇譽。令猶行也。文選王元長三月三日曲

（水詩序注）

孫子曰。其鎮如岳。其渟如淵。（文選同上）

孫子曰。長陣為甀。（文選□□□□□□注）

孫子八陣有苹車之陳。（周禮車僕注。賈疏云。孫子兵法。有此言也。案隋志有孫子八陣圖一卷。牝八陣圖一卷。此二條是其遺文。）

孫子占曰。三軍將行。其旌旗從容以向前。是為天送。必亟擊之。得其大將。三軍將行。其旗旌埶然若雨。是為天霑。其帥失。三軍將行。旍旗亂于上。東西南北無所主方。其軍不還。三軍將陣。雨師。是為浴師。勿用陣戰。三軍將戰。有雲其上而赤。勿用陣。先陣戰者。莫復其迹。三軍方行。大風飄起于軍前。右以絕軍。其將亡。右周中。其師得糧。（御覽三百二十八。案隋志有孫子兵法雜占四卷。此其遺文。）

王孫駱

駱一作雒。又作雄。事吳王夫差。為左校司馬。

移記公孫聖

今日壬午。左校司馬王孫駱受教。告東掖門亭長公孫聖。吳王晝臥。覺寤。而心中惆悵也。如有悔。記到。車馳詣姑胥之臺。（越絕書第十）

伯嚭

伯嚭亦作白喜。晉伯宗曾孫。楚伯州犁孫。以父郤宛為楚平王所殺。奔吳。吳王闔廬以為大夫。進太宰。夫差嗣位。為太宰相國。越滅吳。復為太宰。（左傳哀二十二年越滅吳。二十四年公如越。季孫使因太宰嚭而納賂焉。）或云。越滅吳。以不忠。幷妻子誅。（越絕書。吳越春秋）

遺文種書

狡兔盡則良犬烹。敵國滅則謀臣亡。大夫何不釋吳而患越乎。（韓非子內儲說下）

申叔儀

儀。吳大夫。

（史語之語當作記）

乞糧於魯公孫有山氏

佩玉縈兮。余無所繫之。旨酒一盛兮。余與褐之父睨之。（左傳哀十三年）

越王句踐

句踐。祝融之後。姓芈。（鄭語。又吳語注）允常子。一云夏少康庶子之後。（史記越世家。吳越春秋）在位三十二年。號為霸王。

屬諸大夫告

願一與吳徼天下之衷。令吳越之國相與俱殘。士大夫履肝肺同日而死。孤與吳王接頸交臂而僨。此孤之大願也。若此而不可得也。內量吾國不足以傷吳。外事之諸侯不能害之。則孤將棄國家。釋羣臣。服劍臂刃。變容貌。易姓名。執箕帚而臣事之。以為吳王爭一旦之死。孤雖知要領不屬。首足異處。四枝布裂。為天下戮。孤之志必將出焉。（呂氏春秋順民。越王句踐致必死於吳。於是屬諸大夫而告之。）

號令三軍

凡我父兄昆弟及國子姓。有能助寡人謀而退吳者。吾與之共知越國之政。（越語上。越王句踐棲於會稽之上。乃號令於三軍。）

試下救火令

人之救火者。死。比死敵之賞。救火而不死者。比勝敵之賞。不救火者。比北降之罪。（韓非子內儲說上七術。越王問於大夫文種曰。吾欲伐吳可乎。對曰。何不試焚宮室。乃下令。）

伐吳令

有敢諫伐吳者。罪不赦。（吳越春秋句踐伐吳外傳十）

伐吳命令（十四首　又十五首）

王乃命有司大令於國曰。苟在戎者。皆造於國門之外。

王乃命於國曰。國人欲告者來告。告孤不審。將為戮。不利。及五日必審之。過五日。道將不行。

王乃入命夫人曰。自今日以後。內政無出。外政無入。內有辱。是子也。外有辱。是我也。吾見子於此止矣。

王命大夫曰食士不均土地之不修內有辱於國是子也軍士不死外有辱是我也自今日以後內政無出外政無入吾見子於此止矣

至於軍斬有罪者以徇曰莫如此以環瑱通相問也

明日徙舍斬有罪者以徇曰莫如此不從其伍之令

明日徙舍斬有罪者以徇曰莫如此不從王命

明日徙舍至於禦兒斬有罪者以徇曰莫如此淫逸不可禁也

王乃命有司大徇於軍曰有父母耆老而無昆弟者以告王親命之曰我有大事子有父母耆老而子為我死子之父母將轉於溝壑子為我禮已重矣子歸歿而父母之世後若有事吾與子圖之

明日徇於軍曰有兄弟四五人皆在此者以告王親命之曰我有大事子有昆弟四五人皆在此事若不捷則是盡也擇子之所欲歸者一人

明日徇於軍曰有眩瞀之疾者以告王親命之曰我有大事子有眩瞀之疾其歸若已後若有事吾與子圖之

明日徇於軍曰筋力不足以勝甲兵志行不足以聽命者歸莫告

明日遷軍接龢斬有罪者以徇曰莫如此志行不果

王乃命有司大徇於軍曰謂二三子歸而不歸處而不處進而不進退而不退左而不左右而不右身斬妻子鬻 已上並吳語

二十一年十月命國人曰吾將有不虞之議自近及遠無不聞者

復命有司與國人曰承命有賞皆造國門之期有不從命者吾將有顯戮

令國中曰五日之內則吾良人矣過五日之外則非吾之民也又將加之以誅

命於夫人曰自今日之後內政無出外政無入各守其職以盡其信內中辱者則是子境外千里辱者則是子 注云當作我案當作孤賴文也 也吾見子於是以為明誡矣

令大夫曰食士不均地壤不修使孤有辱於國是子之罪臨敵不戰軍士不死有辱於諸侯功隳於天下是孤之責自今以往內政無出外政無入吾固誡子

軍行成陣即斬有罪者三人以徇於軍令曰不從吾令者如斯矣

明日徙軍於郊斬有罪者三人徇之於軍令曰不從吾令者如斯矣

乃令國中不行者與之訣而告之曰爾安土守職吾方往征討我宗廟之讎以謝於二三子

明日復徙軍於境上斬有罪者三人徇之於軍曰有不從令者如此

復三日復徙軍於檇李斬有罪者三人以徇於軍曰其淫心匿行不當敵者如斯矣

乃命有司大徇軍曰其有父母無昆弟者來告我我有大事子離父母之養親老之愛赴國家之急子在軍寇之中父母昆弟有在疾病之地吾視之如吾父母昆弟之疾病也其有死亡者吾葬埋殯送之如吾父母昆弟之有死亡葬埋之矣

明日又徇於軍曰士有疾病不能隨軍從兵者吾予其醫藥給其麋粥與之同食

明日又徇於軍曰筋力不足以勝甲兵志行不足以聽王命者吾輕其重和其任

明日旋軍於江南更陳嚴法復誅有罪者五人徇曰吾愛士也雖吾子不能過也及其犯誅自吾子亦不能脫也

有司將軍大徇軍中曰隊各自令其部部各自令其士歸而不歸處而不處進而不進退而不退左而不左右而不右不如令者斬 已上並吳越春秋句踐伐吳外傳十案與吳語文多異

與國人誓

寡人聞古之賢君四方之民歸之若水之歸下也今寡人不能將帥二三子夫婦以蕃令壯者無取老婦令老者無取壯妻女子十七不嫁其父母有罪丈夫二十不娶其父母有罪將免者以告公醫守之生丈夫二壺酒一犬生女子二壺酒一豚生三人公與之母生二人公與之餼當室者死三年釋其政支子死三月釋其政必哭泣葬埋之如其子令孤子寡婦疾疹貧病者納官其子其達士絜其居美其服飽其食而摩厲之於義四方之士來者必廟禮之越語上句踐說於國人乃致其父母昆弟而誓之又見吳越春秋句踐伐吳外傳十小異

誓衆

寡人聞古之賢君不患其衆之不足也而患其志行之少恥也今夫差衣水犀之甲者億有三千不患其志行之少恥也而患其衆之不足也今寡人將助天威之吾不欲匹夫之勇也欲其旅進旅退進則思賞退則思刑如此則有常賞進不用命退則無恥如此則有常刑越語上又見吳越春秋句踐伐吳外傳十有刪節

與羣臣盟

寡人獲辱受恥上愧周王下慙晉楚幸蒙諸大夫之策得返國修政富民養士而五年未聞敢死之士雪仇之臣柰何而有功乎吳越春秋句踐陰謀外傳九越王反越五年鳴鐘驚檄而召羣臣與之盟

范蠡

蠡字少伯宛之三戶人與文種俱入越越王句踐以爲上將軍平吳後亡去不知所終呂氏春秋悔過篇箕子窮于商范蠡流乎江離謂篇范蠡子胥以此流本賈誼新書耳痺篇范蠡負石而蹈五湖或云變姓名曰鴟夷子皮浮海入齊齊以爲相成田常之難墨子非儒乃樹鴟夷子皮于田常之門淮南子氾論訓齊簡公專任大臣故使田常鴟夷子皮得成其難呂氏絕祀又去之陶自稱陶朱公卒于陶或云仙去見列仙傳

與越王爲吳王壽

下臣句踐從小臣范蠡奉觴上千歲之壽辭曰皇在上令昭下四時并心察慈仁者大王躬親鴻恩立義行仁九德四塞威服羣臣於乎休哉傳德無極上感太陽降瑞翼翼大王延壽萬歲長保吳國四海咸承諸侯賓服觴酒既升永受萬福吳越春秋句踐入臣外傳七

爲書辭句踐

臣聞主憂臣勞主辱臣死昔者君王辱於會稽所以不死爲此事也今既以雪恥臣請從會稽之誅史記越世家句踐以霸而范蠡稱上將軍還反國爲書辭句踐

臣聞主憂臣勞主辱臣死義一也今臣事大王前則無滅未萌之端後則無救已傾之禍雖然臣終欲成君霸國故不辭一死一生臣竊自惟乃使於吳王之慙辱蠡所以不死者誠恐讒於太宰嚭成伍子胥之事故不敢前死且須臾而生夫恥辱之心不可以大流汗之愧不可以忍幸賴宗廟之神靈大王之威德以敗爲成斯湯武克夏商而成王業者定功雪恥臣所以當席日久臣請從斯辭矣吳越春秋句踐伐吳外傳十案即史記文未可合錄故別載之

自齊遺文種書

吾聞天有四時春生冬伐人有盛衰泰終必否知進退存亡而不失其正惟賢人乎蠡雖不才明知進退高鳥已散良弓將藏狡兔已盡良犬就烹夫越王爲人長頸鳥喙鷹視狼步可與共患難而不可共處樂可與履危不可與安子若不去將害于子明矣史記越世家范蠡既去自齊遺大夫種書吳越春秋句踐伐吳外傳

文種

種字子禽郢人仕楚爲宛令范蠡要與入越越王句踐以爲大夫平吳後遇讒賜死

矢書答吳王

上天蒼蒼若存若亡越王句踐下臣種敢言之昔天以越賜吳吳不肎受是天所反句踐敬天而功既得返國今上天報越之功敬

刻當作列

而受之不敢忘也且吳有大過六以至于亡王知之乎有忠臣伍子胥忠諫而身死大過一也公孫聖直說而無功大過二也大宰嚭愚而佞言輕而讒諛妄語恣口聽而用之大過三也夫齊晉無反逆行無僭侈之過而吳伐二國辱君臣毀社稷大過四也且吳與越同音共律上合星宿下共一理而吳侵伐大過五也昔越親戕吳之前王罪莫大焉而幸伐之不從天命而棄其仇後爲大患大過六也越王謹上刻青天敢不如命吳越春秋夫差內傳五吳王書其矢而射種蠡之軍大夫種書矢射之曰

固陵祖道祝詞

皇天祐助前沈後揚禍爲德根憂爲福堂威人者滅服從者昌王雖牽致其後無殃君臣生離感動上皇衆夫哀悲莫不感傷臣請薦脯行酒二觴吳越春秋句踐入臣外傳七句踐入臣于吳羣臣皆送至浙江之上臨水祖道軍陣固陵大夫文種前爲祝

大王德壽無疆無極乾坤受靈神祇輔翼我王厚之祉祐在側德銷百殃利受其福去彼吳庭來歸越國觴酒既升請稱萬歲同上越王仰天太息舉杯垂涕默無所言種復前祝

文臺進祝酒辭

皇天祐助我王受福良臣集謀我王之德宗廟輔政鬼神承翼君不忘臣臣盡其力上天蒼蒼不可掩塞觴酒二升萬福無極吳越春秋句踐伐吳外傳十越兵橫行於江淮之上還於吳置酒文臺大夫種進祝酒

我皇賢仁懷道抱德滅讎破吳不忘返國賞無所恡羣邪杜塞君臣同和福祐千億觴酒二升萬歲難極同上於是越王默然無言大夫種云云

全上古三代文卷五終

全上古三代文卷六

烏程嚴可均校輯

齊太公一

太公姓姜亦姓呂名尚字牙東海人四嶽之後初事商王紂去隱北海後歸周周文王以爲師號曰太公望武王嗣位以爲司馬號曰師尚父既克商封於齊以侯爵就國成王嗣位命得專征伐一云受封後留爲太師薨年百餘歲傳國二十八世有太公六韜六卷陰謀六卷謀三卷陰符鈐錄一卷金匱二卷兵法三卷又六卷伏謀陰陽謀一卷三宮兵法一卷太乙三宮兵法立成圖二卷書禁忌立成集二卷枕中記一卷周書陰符九卷案周書陰符隋志不云太公撰戰國策蘇秦得太公陰符之謀史記作周書陰符明是一書也漢志周史六弢六篇在儒家太公謀八十一篇言七十一篇兵八十五篇在道家隋志盡歸兵家

政語

師尚父曰吾聞之於政也曰天下壙壙一人有之萬民蔾蔾一人理之故天下者非一家之有也有道者之有也故夫天下者唯有道者理之唯有道者紀之唯有道者使之唯有道者宜處而久之故夫天下者難得而易失也難常而易亡也故守天下者非以道則弗得而長也故夫道者萬世之寶也周武王曰受命矣賈誼新書脩政語下

武王問太公曰舉賢而以危亡者何也太公曰舉賢而不用是有舉賢之名而不得眞賢之實也武王曰其失安在太公望曰其失在君好用小善而已不得眞賢也武王曰好用小善者何如太公曰君好聽譽而不惡讒也以非賢爲賢以非善爲善以非忠爲忠以非信爲信其君以譽爲功以毀爲罪有功者不賞有罪者不罰多黨者進少黨者退是以羣臣比周而蔽賢百吏羣黨而多姦忠臣以誹死於無罪邪臣以譽賞於無功其國見於危亡武王曰善

吾今日聞誹譽之情矣

武王問太公曰得賢敬士或不能以爲治者何也太公對曰不能獨斷以人言斷者殃也武王曰何爲以人言斷太公對曰不能定所去以人言去不能定所取以人言取不能定所爲以人言爲不能定所罰以人言罰不能定所賞以人言賞賢者不必用不肖者不必退而士不必敬武王曰善其爲國何如太公對曰其爲人惡聞其情而喜聞人之情惡聞其惡而喜聞人之惡是以不必治也武王曰善

四輔

太公曰太師者心腹之臣所使口口是人之英故曰前疑常立於前決疑事也太史者耳目之臣所使視聽是人之後故曰後承常立於後承主之過取驗於天太傅者爪牙之臣所使守衛是人之傑故曰左輔輔人主啟事立於左拒君之難太保者羽翼之臣所使察伺是人之譽故曰右弼常立於右弼人主之邪四輔既立王者安而無爲百姓濟而無害若四輔不具猶格虎無備濟河無舟若王者不知古今之務遠方之緒不謀於諸侯不達言語動作不合於制太師爭之不知天變星厤之運天官動靜鐘律之音山川怪異不善災害太史陳天文以爭之發號令不應先王法度與大臣無禮枉道於民處刑不平獨信自專臨政不莊又不恤臣僕太傅爭之升車不應和鸞揖讓不中磬佩淫謠馳騁沈冒酒色宗廟不敬輿服失度朝廷無節太保爭之五行大義第二十二篇論諸官

六韜

案今所行六韜六卷是宋元豐間删定凡六十篇見存不錄錄其佚文

文韜

文王問於太公曰賢君治國何如對曰賢君之治國其政平吏不苛其賦斂節其自奉薄不以私善害公法賞賜不加於無功刑罰不施於無罪不因喜以賞不因怒以誅害民者有罪進賢者有賞

貴治令之治當作法

民利二字中脫俗字利字下脫有民俗利則利五字

後宮不荒女謁不聽上無淫慝下無陰害不供宮室以費財不多游觀臺池以罷民不雕文刻鏤以逞耳目宮無腐蠹之藏國無流餓之民也文王曰善哉羣書治要三十一

文王問太公曰願聞治國之所貴太公曰貴治令之必行法令必行則治道通治道通則民大利民大利則君德彰矣君不法天地而隨世俗之所善以爲法故令出必亂亂則復更爲法是以法令數變則羣邪成俗而君沈於世是以國不免危亡矣文王曰法令必行大利人民柰何太公曰法令之必行則民利天下是法令利之必行大利人民也羣書治要三十一御覽六百三十八

文王問太公曰願聞爲國之大失太公曰爲國之大失者爲上作事而不法法國君不悟是爲大失也文王曰願聞不法法國君不悟太公曰不法法則令不行令不行則主威傷不法法則邪不止邪不止則禍亂起矣不法法則刑妄行刑妄行則賞無功不法法則國昏亂國昏亂則臣爲變不法法則水旱發水旱發則萬民病君不悟則兵革起兵革起則失天下也文王曰誠哉羣書治要三十一御覽六百三十八

文王問太公曰人主動作舉事善惡有福殃之應鬼神之福無太公曰有之主動作舉事惡則天應之以刑善則天應之以德逆則人備之以力順則神授之以職故人主好重賦斂大宮室多游臺則民多病溫霜露殺五穀絲麻不成人主好田獵畢弋不避時禁則歲多大風飄牛馬發屋拔木民人飛揚數十里禾穀不實人主好破壞名山壅塞大川決通名水則歲多大水傷民五穀不滋人主好武事兵革不息則日月薄蝕太白失行故人主動作舉事善則天應之以德惡則人備之以力神奪之以職如響之應聲如影之應形文王曰誠哉羣書治要三十一續漢五行志三注又五注御覽九又二百六十六又八百三十九又八百七十六又八百七十九又五行大義第七篇引太公云人主舉事善則天應之以德惡則天應之以刑

故義勝怠者王怠勝敬者亡羣書治要三十一引明傳篇末多此二語

武王問太公曰桀紂之時獨無忠臣良士乎太公曰忠臣良士天地之所生何爲無有武王曰爲人臣而令其主殘虐爲後世笑可謂忠臣良士乎太公曰是諫者不必聽賢者不必用武王曰諫不聽是不忠賢而不用是不賢也太公曰不然諫有六不聽强諫有四必亡賢者有七不用武王曰願聞六不聽四必亡七不用太公曰主好作宮室臺池諫者不聽主好忿怒妄誅殺人諫者不聽主好所愛無功德而富貴者諫者不聽主好財利巧奪萬民諫者不聽主好珠玉奇怪異物諫者不聽是謂六不聽案上言六不聽僅五事轉寫有脫四必亡一曰强諫不可止必亡二曰强諫知而不肯用必亡三曰以寡正强正衆邪必亡四曰以寡直强正衆曲必亡七不用一曰主弱親强賢者不用二曰主不明正者少邪者衆賢者不用三曰賊臣在外姦臣在內賢者不用四曰法政阿宗族賢者不用五曰以欺爲忠賢者不用六曰忠諫者死賢者不用七曰財貨上流賢者不用羣書治要三十一

武王伐殷得二丈夫文選注御覽作大夫而問之曰殷國之將亡亦有妖乎其一人對曰有殷國嘗雨血雨灰雨石小者如椎大者如箕常六月雨雪深尺餘武王曰大哉妖也其一人對曰是非殷國之大妖也殷國之大妖三十七章雨血雨灰雨石盛夏雨雪臣不爲妖災武王啾然而問三十七章之妖對曰殷君喜射人喜以人餧虎喜割人心喜殺孕婦喜殺人之父寡人之婦孤人之子喜奪喜誣喜刑禍喜以信者爲欺欺者爲忠以忠爲不忠忠諫者死阿諛者賞以君子爲下小人爲上以便佞爲相以女子爲政急令暴取萬民愁苦喜田獵畢弋走狗出入不時不避大風甚雨不避寒暑喜治宮室脩臺池日夜無已宮七十有三所大宮百里宮中有九市陳玉杯象箸玉杯象箸不盛菽藿之羹必將熊蹯豹胎喜爲酒池肉

林。糟丘。酒池可迴船。而牛飲者三千人。飲之以金鼓。坐起無長幼之序。貴賤之禮。喜聽讒用譽。無功者賞。無德者富。所愛專制而擅令。無禮義。無忠信。無聖人。無賢士。無法度。無斗斛。無尺丈。無錙銖。無稱衡。有罪放。無罪誅。此殷國之大妖也。其餘不可勝數。臣言不能盡。羣書治要三十一。藝文類聚九。又七十一。北堂書鈔二十。又二十一。文選七發注。七命注。初學記二十四。御覽二十一。又五十一。又八十三。又一百七十三。又七百六十八。又八百七十四。

淵乎無端。孰知其源。意林一。案意林此條在六守後發啟前。當是文韜。

武韜

昔柏皇氏。栗陸氏。驪連氏。軒轅氏。赫胥氏。尊盧氏。祝融氏。此古之王者也。未使民。民化。未賞民。民勸。此皆古之善爲政者也。至於伏義氏。神農氏。教民而不誅。黃帝堯舜。誅而不怒。古之不變者。有苗有之。堯化而取之。堯德衰。舜化而受之。舜德衰。禹化而取之。御覽七十六。意林一。

聖人恭天靜地。和人敬鬼。意林一。案意林此二條在發啟後爭權前。知是武韜。

文王在岐周。召太公曰。爭權於天下者。何先。太公曰。先人。人與地稱。則萬物備矣。今君之位尊矣。待天下之賢士。勿臣而友之。則君以得天下矣。文王曰。吾地小而民寡。將何以得之。太公曰。可。天下有地。賢者得之。天下有粟。賢者食之。天下有民。賢者收之。意林作牧之。天下者。非一人之天下也。莫常有之。唯賢者取之。夫以賢而爲人下。何人不與。以貴從人曲直。何人不得屈一人之下。則申萬人之上。唯聖人而後能爲之。文王曰。善。請著之金版。於是文王所就而見者六人。所求而見者七十人。所呼而友者千人。羣書治要三十一。文選宣德皇后令注。意林一。

崇侯虎曰。今周伯昌懷仁而善謀。冠雖弊。禮加之於首。履雖新。法踐之於地。可及其未成而圖之。商王拘西伯昌於羑里。太公與散宜生以金千鎰。求天下珍怪物而獻之。以免君之罪。於是散宜生

受命而行。得犬戎氏文馬。豪毛朱鬣。目如黃金。名雞斯之乘。九江之浦得大貝百馮。本注云。詩作百朋。宛懷條塗之山得黃熊。玉女三人。因費仲而獻之於商王紂。紂大喜。遂免西伯。殺牛而賜之。文王既出羑里。召周公旦。築爲靈臺。紂患刑輕。乃更爲銅柱。以膏塗之。加于然炭之上。使有罪者緣焉。滑跌墮火中。紂與妲己笑以爲樂。名曰炮烙之刑。意林一。漢書儒林轅固傳。藝文類聚八十四。又九十三。又九十五。文選南都賦注。石闕銘注。御覽四百六十七。五百三十四。六百八十四。六百九十七。八百七。九百八。九百四十一。事類馬賦注。凡十五條合錄之。案意林此條在爭權後九差前。知是武韜。又案淮南子道應訓。文王砥德修政。三年而天下二垂歸之。紂聞而患之。曰。余夙興夜寐。與之競行。則苦心勞形。縱而置之。恐伐余一人。崇侯虎曰。周伯昌行仁義而善謀。太子發勇敢而不疑。中子旦恭儉而知時。若與之從。則不堪其殃。縱而赦之。身必危亡。冠雖弊。必加於頭。及未成。請圖之。屈商乃拘文王於羑里。於是散宜生乃以千金求天下之珍怪。得騶虞雞斯之乘。玄玉百工。大貝百朋。玄豹黃羆青豻白虎文皮千合。以獻於紂。因費仲而通。紂見而悅之。乃免其身。殺牛而賜之。文王歸。乃爲玉門。築靈臺。相女童。擊鐘鼓。以待紂之失也。紂聞之。曰。周伯昌改道易行。吾無憂矣。乃爲炮烙。剖比干。剔孕婦。殺諫者。文王乃遂其謀。蓋本六韜爲說。又尚書大傳亦載此事。又案羣書治要論將選將二篇在武韜。今本在龍韜。與舊不同。

龍韜

武王曰。士高下豈有差乎。太公曰。人有九差。武王曰。願聞之。太公曰。人才參差大小。猶斗不以盛石。滿則棄矣。非其人而使之。安得不殆。多言多語。惡口惡舌。終日言惡。寢臥不絕。爲衆所憎。爲人所疾。此可使要問閭里。察姦伺猾。權數好事。夜臥早起。雖遽御覽作劇。不悔。此妻子之將也。先語察事。實長希言。御覽作長實希言。賦物平均。此十人之將也。切切截截。不用諫言。數行刑戮。不避親戚。此百人之將也。訟辨好勝。疾賊侵陵。斥人以刑。欲正一衆。此千人之將也。外貌咋咋。言語切切。知人飢飽。習人劇易。此萬人之將也。戰戰慄慄。日愼一日。近賢進謀。使人以節。言語不慢。忠心誠必。此十萬之將也。溫良實長。用心無兩。見賢進之。行法不枉。此百萬之將也。動動紛紛。鄰國皆聞。出入居處。百姓所親。誠信緩大。明於領世。能敘成事。又能救敗。上知天文。下知地理。四海之內。皆如妻子。此英雄之率。

乃天下之主也。羣書治要三十一。意林一。御覽二百七十三。案意林引此在立將前。

夫殺一人而三軍不聞。殺一人而萬民不知。殺一人而千萬人不恐。雖多殺之。其將不重。封一人而三軍不悅。爵一人而萬人不勸。賞一人而萬人不欣。是爲賞無功。貴無能也。若此則三軍不爲使。是失衆之紀也。羣書治要三十一。將威篇末是將威之所行也下。多此一段。

武王問太公曰。凡用兵之極。天道地利人事。三者孰先。太公曰。天道難見。地利人事易得。天道在上。地道在下。人事以飢飽勞逸文武也。故順天道不必有吉。違之不必有害。失地之利。則士卒迷惑。人事不和。則不可以戰矣。故戰不必任天道。飢飽勞逸文武最急。地利爲寶。武王曰。天道鬼神。順之者存。逆之者亡。何以獨不貴天道。太公曰。此聖人之所生也。欲以止後世。故作爲譎書。而寄勝於天道。無益於兵勝。而衆將所拘者九。武王曰。敢問九者柰何。太公曰。法令不行。而任侵誅。無德厚而用日月之數。不順敵之强弱。幸於天道。無智慮而候氛氣。少勇力而望天福。不知地形而歸過敵人。怯弗敢擊而待龜筮。士卒不募而法鬼神。設伏不巧而任背向之道。凡天道鬼神。視之不見。聽之不聞。索之不得。不可以治勝敗。不能制死生。故明將不法也。羣書治要三十一。

太公曰。天下有粟。聖人食之。天下有民。聖人收之。天下有物。聖人裁之。利天下者取天下。安天下者有天下。愛天下者久天下。仁天下者化天下。羣書治要三十一。此二篇在軍勢後。

虎韜

武王勝殷。召太公問曰。今殷民不安其處。柰何使天下安乎。太公曰。夫民之所利。譬之如冬日之陽。夏日之陰。冬日之從陽。夏日之從陰。不召自來。故生民之道。先定其所利。而民自至。民有三幾。不可數動。動之有凶。明賞則不足。不足則民怨生。明罰則民懾畏。民懾畏則變故出。明察則民擾。民擾則不安其處。易以成變。故明王

之民。不知所好。不知所惡。不知所從。不知所去。使民各安其所生。而天下靜矣。樂哉聖人。與天下之人皆安樂也。武王曰。爲之柰何。太公曰。聖人守無窮之府。用無窮之財。而天下仰之。天下仰之。而天下治矣。神農之禁。春夏之所生。不傷不害。謹脩地利。以成萬物。無奪民之所利。而農順其時矣。任賢使能。而官有材。而賢者歸之矣。故賞在於成民之生。罰在於使人無罪。是以賞罰施民。而天下化矣。羣書治要三十一。藝文類聚二十。初學記十七。御覽四百一。

犬韜

武王至殷。將戰。紂之卒握炭流湯者十八人。以牛爲禮以朝者三千人。舉百重沙者二十四人。趍行五百里而矯矛殺百步之外者五千人。介士億有八萬。武王懼曰。夫天下以紂爲大。以周爲細。以紂爲衆。以周爲寡。以周爲弱。以紂爲强。以周爲危。以紂爲安。以周爲諸侯。以紂爲天子。今日之事。以諸侯擊天子。以細擊大。以少擊多。以弱擊强。以危擊安。以此五短。擊此五長。其可以濟功成事乎。太公曰。審天子不可擊。審大不可擊。審衆不可擊。審强不可擊。審安不可擊。王大恐以懼。太公曰。王無恐且懼。所謂大者。盡得天下之民。所謂衆者。盡得天下之衆。所謂强者。盡得天下之力。所謂安者。能得天下之所欲。所謂天子者。天下相愛如父子。此之謂天子。今日之事。爲天下除殘去賊也。周雖細。曾殘賊一人之不當乎。王大喜曰。何謂殘賊。太公曰。所謂殘者。收天下珠玉美女金錢綵帛狗馬穀粟。藏之不休。此謂殘也。所謂賊者。收暴虐之吏。殺天下之民。無貴無賤。非以法度。此謂賊也。羣書治要三十一。又略見北堂書鈔一百二十三。御覽三百五十三。三百八十六。

武王問太公曰。欲與兵深謀。進必斬敵。退必克全。其略云何。太公曰。主以禮使將。將以忠受命。國有難。君召將而詔曰。見其虛則進。見其實則避。勿以三軍爲貴而輕敵。勿以授命爲重而苟進。勿以

貴而賤人，勿以獨見而違衆，勿以辯士爲必然，勿以謀簡於人，勿以謀後於人，士未坐勿坐，士未食勿食，寒暑必同，敵可勝也。羣書治要三十一。

辯言巧辭，善毀善譽者，名曰間諜飛言之士。意林一練士篇名曰必死之士下多此三語。

以明告吏士，申三五之令，教其操兵，起居進止，旌旗指麾，陳而方之，坐而起之，行而止之，左而右之，列而合之，絕御覽作繩而解之，無犯進止之節，無失飲食之宜，無絕人馬之力。通典一百四十九，御覽二百九十七。案今本敎戰篇僅云將必先明告吏士，申之以三令，以敎操兵起居旌旗指麾之變法，餘皆刪去，故節錄之，其上下文不具錄。已上如六韜原次，已下雜錄，不得原次。

器滿則傾，志滿則覆。禮記曲禮上疏。

世子爲政。北堂書鈔二十一。

廿七大夫者，爲筋脈之臣。北堂書鈔五十六。

友之友謂之朋，朋之朋謂之黨，黨之黨謂之羣。御覽一百五十七。

昔煩厚氏用兵無已，誅戰不休，至于涿鹿之野，諸侯叛之，煩厚氏以亡也。北堂書鈔一百十三。

堯與有苗御覽作堯伐有扈戰于丹水之浦。文選沈休文樂游苑餞呂僧珍詩注，北堂書鈔十三，御覽六十三。

桀時有瞿山之地，桀鑿山陵，通之於河。民有諫者曰：冬鑿地穿山，是發天之陰，泄山之氣，天子後必敗。桀以妖言殺之。御覽八十二。

桀紂之時，婦女坐以文綺之席，衣以綾紈之衣，常三百人。藝文類聚六十九，又八十五，北堂書鈔二十，文選石闕銘注，御覽三百九十三，七百九，八百十五。

紂作瓊室鹿臺，飾以美玉。文選西京賦注。

太公曰：桀紂王天下之時，積糟爲阜，以酒爲池，脯肉爲山林。文選西征賦注。

對文王曰：禮者，治之粉澤也。初學記二十一，御覽五百二十三，六百十。

涬當作涬

先塗民耳目。文選劇秦美新注。

利害相臻，猶循環之無端。文選干寶晉紀總論注。

天下攘攘，皆爲利往；天下熙熙，皆爲利來。御覽四百九十六。

天之爲天遠矣，地之爲地久矣，萬物在其間各自利，何世莫之有乎。夫使世俗皆能順其有，是乃溟涬鴻濛之時，爲王故莫之能有。七十六聖發起，其所繫天下而有之，豈一日哉。御覽一。

文王聞殺崇侯虎，歸至酆，令具湯沐。御覽三百九十五。一本作湯慄。

文王祖父壽百二十而沒，王季百年而沒，文王壽九十七而沒。御覽三百八十三。

太公謂武王曰：夫人皆有性，趨舍不同，喜怒不等。文選盧諶贈劉琨詩注，司馬遷報任少卿書注。

太公謂武王曰：聖人興兵，爲天下除患去賊，非利之也，故役不再籍，一舉而得。文選孫楚爲石苞與孫皓書注。

欲伐大國，行且有期，王寢疾，十日不行，太公負之而起之曰：行已有期，君不發，天子聞之，國亡身死，胡不勉之。王允焉，如無病者。御覽七百三十九。

武王寢疾十日，太公負王，乃駕鶩冥之車，北堂書鈔十三作之乘。周旦爲御，至於孟津。大黃參連弩，大才扶胥車，竝戰具也。飛鳧，赤莖白羽，以鐵爲首。電影，青莖赤羽，以銅爲首，副也。晝則爲光，夜則爲星。方頭鐵槌，重八斤，亦軍備也。大柯斧，重八斤，一名鐵鉞，軍備也。行馬，廣二丈，二十具。渡溝飛橋，廣五丈，轉關鹿盧八具。天船，一名天潢，以濟大水也。鷹爪方胷鐵杷，柄長七尺。天陣，日月斗柄杓一此爲左右一仰一背天陣。地陣，丘陵水泉有左右前後之利。人陣，車馬文武。積檑臨衝，攻城國邑。雲梯飛樓，視城中也。武衛大櫓，三軍所須。雲火万炬，以防火也。吹鳴笳，作威万具也。御覽三百六十七。案此所陳器具，軍用篇有其半。

武王伐殷，先出於河，呂尚爲後將，以四十七艘船濟文選注作舳艫于河。藝文類聚七十一，文選王粲從軍詩注，御覽七百六十八。

太公曰：夫紂無道，流毒諸侯，欺侮羣臣，失百姓之心，秉明德以誅之。誰曰弗克。北堂書鈔一百十三。

武王伐殷。乘舟濟河。兵車出。壞船於河中。太公曰。太子爲父報仇。今死無生。所過津梁。皆悉燒之。御覽四百八十二。

武王伐紂。諸侯已至。未知士民何如。太公曰。天道無親。今海內陸沈於殷久矣。百姓可與樂成。難與慮始。伯夷叔齊曰。殺一人而有天下。北堂書鈔十三作殺一夫而利天下。聖人不爲。太公曰。師渡孟津。六馬仰。流赤烏。白魚外入。此豈非天命也。師到坶野。天暴風雷。前後不相見。車蓋發越。轅衡摧折。旌旄三折。旗幟飛揚者。精銳感天也。雨以洗吾兵。雷電應天也。御覽三百二十九。

文王當作武王。問散宜生。卜伐殷吉乎。曰。不吉。鑽龜龜不兆。數蓍蓍不交。而如折。將行之日。雨輜重車至軫。行之日。幟折爲三。散宜生曰。此凶。四不祥。不可舉事。太公進曰。是非子之所知也。祖行之日。雨輜重車至軫。是洗濯甲兵也。藝文類聚三。御覽十。事類雨賦注。

兵入殷郊。見太公曰。是我新君也。而商容曰。非也。其人虎據而鷹峙。威怒自副。見利欲發。進不顧前後。見武王。曰。是新君也。見敵不怒。御覽二百七十六。

紂爲無道。武王於是東伐紂。至於河上。雨甚雷疾。武王之乘横振而死。旗旌折。揚侯波。周公進曰。天不祐周矣。意者君德行未盡。而百姓疾惡。故天降吾禍。太公曰。君秉德而受之。不可如何也。於是太公援罪人而戮之於河。三鼓之。率衆而先以造於殷。天下從。甲子之日。至於牧野。舉師而討之。紂城備設而不守。親擒紂。懸其首於白旗。御覽十三。三百二十九。三百四十。

武王伐紂。師至氾水牛頭山。風甚雷疾。鼓旗毀折。王之驂乘惶震而死。太公曰。用兵者。順天之道未必吉。逆之不必凶。若失人事。則三軍敗亡。且天道鬼神。視之不見。聽之不聞。智將不法。而愚將拘之。若乃好賢而能用。舉事而得時。則不看時日而事利。不假卜筮

而事吉。不禱祀而福從。遂命驅之前進。周公曰。今時逆太歲。龜灼言凶。卜筮不吉。星變爲災。請還師。太公怒曰。今紂刳比干。囚箕子。以飛廉爲政。伐之有何不可。枯草朽骨。安可知乎。乃焚龜折蓍。援枹而鼓。率衆先涉河。武王從之。遂滅紂。通典一百六十二。御覽三百二十八。又泰誓中疏引作卜戰。龜兆焦。筮又不吉。太公曰。枯骨朽蓍。不踰人矣。蓋約文。或在他篇。未敢定之。

武王伐殷。丁侯不朝。太公乃畫丁侯於策。三箭射之。丁侯病困。卜者占云。祟在周。恐懼。乃請舉國爲臣。太公使人甲乙日拔丁侯著頭箭。丙丁日拔著口箭。戊己日拔著腹箭。丁侯病稍愈。四夷聞之。各以其職來貢。御覽七百三十七。

武王伐紂。雪深丈餘。五車二馬。行無轍跡。詣營求謁。武王怪而問焉。太公對曰。此必五方之神來受事耳。遂以其名召入。各以其職命焉。既而克殷。風調雨順。舊唐書禮儀志。案五神事詳見太公金匱周書陰符。丁侯事詳見金匱。聖人以神道設教。不必疑其不純也。

武王伐紂。紂蒙寶衣。投火而死。文選石闕銘注。御覽八百八十九。

武王入殷。發鉅橋之粟。散鹿臺之金錢。以與殷民。藝文類聚六十六。八十五。

武王登夏臺以臨殷民。周公旦曰。臣聞之。愛其人者。愛其屋上烏。憎其人者。憎其餘胥。藝文類聚九十二。御覽九百二十作除胥。事類烏賦注作儲胥。

武王平殷。還問太公曰。今民吏未安。賢者未定。何以安之。太公曰。無故無新。如天如地。御覽三百二十七。

冬冰可折。夏條可結。藝文類聚八十八。御覽二十一。

軍處山之高者。則曰棲。史記越世家索隱。

武王問太公曰。敵人先至。已據便地。形勢又強。則如之何。對曰。當示怯弱。設伏佯走。自投死地。敵見之。必疾速而赴。擾亂失次。必離故所。入我伏兵。齊起急擊前後。衝其兩旁。通典一百五十三。御覽二百九十四。

又問曰。敵疏其陳。又遠其後。挑我流矢。以弱我弓弩。勞我士卒。爲之柰何。太公曰。發我銳士。先擊其前。車騎獵御覽作列。其左右。引而分

隊。以隨其後。三軍疾戰。凡以少擊衆。避之於易。要之於險。避之於晝。取之於夜。故曰以一擊十。莫善於阨。以十擊百。莫善於險。以千擊萬。莫善於阻。用衆者務易。用少者務阨也。通典一百五十九、御覽三百十一、案故曰已下、蓋古兵家言、而太公遞之、吳子應變篇亦有此文

爲將者受命忘家。當敵忘身。文選西征賦注

賞如高山。罰如深溪。文選王粲從軍詩注

大人之兵。如狼如虎。如雨如風。如雷如電。天下盡驚。然後乃成。御覽二百七十一

從孤擊虛。萬人無餘。一女子當百夫。風鳴樹者。賊在十里。鳴條百里。搖枝四百里。雨霑衣裳者。謂潤兵。其不霑者。謂泣兵。金氣自鳴及焦氣者。軍疲也。御覽三百二十八

春以長矛在前。夏以大戟在前。秋以弓弩在前。冬以刀楯在前。此四時應天之法也。御覽三百三十五、三百三十九、

車騎之將。軍馬不具。鞍勒不備者。誅。御覽三百五十八

以死取人謂之勇。御覽四百三十七、

武王問太公曰。夫貧富豈有命乎。將治生不得其意。太公曰。爲之不密。密而不富者。盜在其室。武王曰。何謂盜也。太公曰。計之不熟。一盜也。收種不時。二盜也。取婦無能。三盜也。養女太多。四盜也。棄事就酒。五盜也。衣服過度。六盜也。封藏不謹。七盜也。井竈不便。八盜也。舉息就禮。作利九盜也。無事然鐙。十盜也。取之。安得富哉。武王曰。善。藝文類聚三十五、初學記十八、御覽四百八十五、

全上古三代文卷六終

烏程嚴可均校輯

齊太公二

陰謀

武王問太公曰。願聞治亂之要。太公曰。其本在吏。武王曰。吏者治也。所以爲治。其亂者何。太公曰。故吏重罪有十。武王問吏之重罪。太公曰。一。吏苛刻。二。吏不平。三。吏貪汙。四。吏以威力迫脅於民。五。吏與史合姦。六。吏與人無情。七。吏作盜賊。使人爲耳目。八。吏賤買貴賣於民。九。吏增易於民。十。吏振懼於民。夫治者有三罪。則國亂而民愁。盡有之。則民流亡。而君失其國。武王曰。民亦有罪乎。太公曰。民有十大於此。除者則國治而民安。武王曰。十大何如。太公曰。民勝吏厚大臣。一大也。民宗强侵陵羣下。二大也。民甚富侵國家。三大也。民尊親其君。天下歸慕。四大也。衆暴寡。五大也。民有百里之譽。千里之交。六大也。民以吏威爲權。七大也。恩行於吏。八大也。民服信疑當作民無信以少爲多。奪人田宅。贅人妻子。九大也。民之基業畜產爲人所苦。十大也。所謂一家害一里。一里害諸侯。諸侯害天下。武王曰。絕吏之罪。塞民之大。柰何。太公曰。察民之暴吏。明其賞審其誅。則吏不敢犯罪。民不敢大也。武王曰。是民吏相同。上下不私。而結其讎。太公曰。爲君守成。爲吏守職。爲民守事。如此各居其道。則國治。國治則都治。都治則里治。里治則家治。家治則善惡分明。善惡分明則國無事。國無事則吏民外不懷怨。內不儌事。續漢郡國志五注

武王問太公曰。賢君治國敎民。其法何如。太公對曰。賢君治國。不以私害公。賞不加於無功。罰不加於無罪。法不廢於仇讎。不避于所愛。不因怒以誅。不因喜以賞。不高臺深池以役下。不雕文刻畫以害農。不極耳目之欲以亂政。是賢君之治國也。不好生而好殺。

怨當作恐

竝當作井

不好成而好敗。不好利而好害。不好與而好奪。不好賞而好罰。妾孕疑作姦贓爲政。使內外相疑。君臣不和。拓人田宅以爲臺觀。發人丘墓以爲苑囿。僕媵衣文繡。禽獸犬馬與人同食。而萬民糟糠不厭。裘褐不完。其上不知而重斂。奪民財物。藏之府庫。賢人逃隱於山林。小人任大職。無功而爵。無德而貴。專恣倡樂。男女昏亂。不恤萬民。違陰陽之氣。忠諫不聽。信用邪佞。此亡國之君治國也。羣書治要三十一

武王問太公曰。吾欲輕罰而重威。少其賞而勸善多。簡其令而衆皆化。爲之何如。太公曰。殺一人。千人懼者殺之。殺二人。而萬人懼者殺之。殺三人。三軍振者殺之。賞一人而千人喜者賞之。賞二人而萬人喜者賞之。賞三人。三軍喜者賞之。令一人。千人得者令之。禁二人而萬人止者禁之。敎三人而三軍正者敎之。殺一以懲萬。賞一而勸衆。此明君之威福也。同上

武王問太公曰。吾欲以一言與身相終。再言與天地相承。三言爲諸侯雄。四言爲海內宗。五言傳之天下無窮。可得聞乎。太公曰。一言與身相終者。內寬而外仁也。再言與天地相承者。是言行相副。若天地無私也。三言爲諸侯雄者。是敬賢用諫。謙下於士也。四言爲海內宗者。敬接不肖。無貧富。無貴賤。無善惡。無憎愛也。五言傳之天下無窮者。通於否泰。順時容養也。同上

武王問尚父曰。五帝之戒。可得聞乎。尚父曰。黃帝之時戒曰。吾之居民上也。搖搖怨夕不至朝。故爲金人三封其口。曰古之慎言人也。堯之居民上也。振振如臨深淵。舜之居民上。兢兢如履薄冰。禹之居民上。慄慄恐不滿日。湯之居民上。戰戰恐不見旦。武王曰。吾今新竝殷居民上也。翼翼懼不敢息。尚父曰。德盛者守之以謙。守之以恭。武王曰。欲如尚父言。吾因是爲戒。隨之身。羣書治要三十一御覽五百九十

金匱

唐帝克有苗。問人曰。吾聞有苗時。天雨血沾衣。有此妖乎。人曰。非妖也。有苗誅諫者。尊無功。退有能。遇人如仇。故亡耳。開元占經三

三苗時。有日鬭。開元占經六

三苗之時。三月不見日。御覽四

夏桀之時。有岑山之水。桀常以十月發民。鑿山穿陵。通於河。民諫曰。孟冬鑿山穿陵。是泄天氣。發地之藏。天子失道。後必有敗。桀以爲妖言殺之。朞年。岑山一旦崩。爲大澤。水深九尺。山覆於谷。上反居下。耋老諫而殺之。湯率諸侯伐之。藝文類聚三。御覽二十七。又七十二。路史後紀十四

紂常以六月獵於西土。發民逐禽。民諫曰。今六月。天務覆施。地務長養。今盛夏發民逐禽。而元元命懸於野。君殘一日之苗。而民百日不食。天子失道。後必無福。紂以妖言而誅之。後數月。天暴風雨。發屋折木。藝文類聚三。御覽二十一。又八百三十二。事類賦注四

文王問太公曰。天下失道。忠諫者死。子子伯邑考爲王僕御。無故烹之。囚予於羑里。以其羹歃予。御覽六百四十二

武王問太公曰。今民吏未安。賢者未定。何以安之。太公曰。不須兵器。可以守國。武王曰。五帝之時。無守戰之具。國存者何。太公曰。守戰之具。皆在民間。耒耜者。是其弓弩也。鋤爬者。是其矛戟也。簦笠者。是其兜鍪也。鎌斧者。是其攻戰之具也。雞狗者。是其鉦鼓也。御覽三百三十六。又三百三十九

武王問太公曰。殷已亡其三人。今可伐乎。太公曰。臣聞之。知天者不怨天。知己者不怨人。先謀後事者昌。先事後謀者亡。且天與不取。反受其咎。時至不行。反受其殃。非時而生。是爲妄成。故夏條可結。冬冰可釋。時難得而易失也。意林一

天道無親。常與善人。今海內陸沈於殷久矣。何乃急於元元哉。後漢袁紹傳注。文選陳琳爲袁紹檄豫州注。

防當作訪

武王伐紂至鳳皇陂。韈系解。太平寰宇記二十五

武王師到牧野。陣未畢而暴風疾雨。雷電幽冥。前後不見。太公曰。善。雷電者。是吾軍動應天也。御覽十一

武王伐殷。丁侯不朝。尚父乃畫丁侯。三旬射之。丁侯病大劇。使人卜之。祟在周。恐懼。乃遣使者請之於武王。願舉國爲臣虜。武王許之。尚父乃以甲乙日拔其頭箭。丙丁日拔目箭。戊己日拔腹箭。庚辛日拔股箭。壬癸日拔足箭。謂使者曰。歸矣。吾已告諸神。言丁侯前畔義。今日遣人來歸。勿復過之。比使者歸。子之君所息念矣。使者辭歸。至。丁侯病乃愈。四夷聞之。皆懼。各以其職來貢。越裳氏獻白雉。重譯而至。藝文類聚五十九。文選吳質答東阿王書注。典引注。御覽一百三十九。又三百四十九。又七百三十九。事類賦注十三

武王平殷還。問太公曰。今民吏未安。賢者未定。如何。太公曰。無故無新。如天如地。得殷之財。與殷之民共之。則商得其賈。農得其田也。一目視則不明。一耳聽則不聰。一足步則不行。選賢自代。上下各得其所。意林一。御覽三百六十六

武王伐紂。都洛邑。未成。海內神相謂曰。今周王聖人。得民心乎。當防之。隨四時而風雨陰寒。雨雪十餘日。深丈餘。甲子平旦。有五丈夫乘車馬。從兩騎。止門外。欲謁武王。武王將不出見。太公曰。不可。雪深丈餘。而車騎無跡。恐是聖人。王使太師尚父謝五丈夫曰。賓幸臨之。失不先問。方修法服。太師尚父乃使人持一器粥。開門而進五車兩騎。曰。先王大夫在內。方對天子。未有出時。天寒。故進熱粥以御寒。未知長幼從何起。兩騎曰。先進南海君。次東海君。次西海君。次北海君。次河伯。雨師。風伯。粥既畢。使者具以告尚父。尚父謂武王曰。客可見矣。五車兩騎。四海之神與河伯、雨師、風伯耳。王曰。不知有名乎。曰。南海之神曰祝融。東海之神曰句芒。西海之神曰蓐收。北海之神曰玄冥。河伯名爲馮夷。史記封禪書正義引作馮脩。文選思玄賦舊注。

引作河伯姓馮名脩雨師名詠。風伯名姨。請使謁者各以其名召之。武王乃於殿上。謁者於殿下。門外引祝融進。五神皆驚。相視而歎。祝融拜。武王曰。天陰乃遠來。何以告之。皆曰。天代殷立周。謹來受命。願敕風伯雨師。各使奉其職。北堂書鈔一百四十四。又一百五十二。藝文類聚二。初學記二。文選雪賦注。開元占經一百十三。御覽十二。又八百五十九。又八百八十二。太平廣記二百九十一。事類賦注三。

武王問太公曰。天下神來甚衆。恐後復有試予者也。何以待之。太公曰。請樹槐於王門內。王路之右。起西社。築垣牆。祭以酒脯。食以犠牲。尊之曰社。客有非常。先與之語。乃命太公祝社曰。客有益者入。無益者距之。歲告以水旱與其風雨澤流悉行。除民所苦也。北堂書鈔八十七。藝文類聚八十八。御覽五百三十二。事類賦注二十五。

賞一人而千人喜者賞之。賞二人而萬人喜者賞之。賞三人而三軍勸者賞之。殺一人而千人恐者殺之。殺二人而萬人動者殺之。殺三人而三軍振者殺之。御覽六百三十三。又六百四十七。又書鈔三十引賞一人千萬喜六字。

屈一人之下。伸萬人之上。武王曰。請著金版。文選廣絕交論注。

夫人可以樂成。難以慮始。文選劉歆移書讓太常博士注。

明者見兆於未萌。智者避危於未形。文選司馬相如上書諫獵注。阮瑀為曹公作書與孫權注。

宰相不富國安主。調陰陽。和羣臣。樂萬民。非吾宰相也。書鈔四十九。

武王問師尚父曰。五帝之戒。可得聞乎。師尚父曰。黃帝云。予在民上。搖搖。恐夕不至朝。故金人三緘其口。慎言語也。堯居民上。振振如臨深淵。舜之居民上。矜矜乎如履薄冰。禹之居民上。慄慄如不滿日。湯之居民上。翼翼乎懼不敢息。吾聞道自微而生。禍自微而成。慎終與始。完如金城。敬勝怠則吉。義勝欲則昌。日慎一日。壽終無殃。宋本後漢光武紀建武二年注。意林一。藝文類聚二十三。文選張華女史箴注。御覽四百三十。又四百五十九。又五百九十三。

武王曰。吾隨師尚父之言。因為慎書銘。隨身自誡。其冠銘曰。寵以著首。將身不正。遺為德咎。書履曰。行必慮正。無懷僥倖。書劍曰。常以

服兵而行道。德行則福。廢則覆。書鏡曰。以鏡自照。則知吉凶。書車曰。自致者急。載人者緩。取欲無度。自致而反。御覽四百三。又五百九十。

武王曰。吾欲造起居之誡。隨之以身。几之書曰。安無忘危。有無忘亡。孰惟二者。必後無凶。杖之書曰。輔人無苟。扶人無咎。後漢崔駰傳注。

門之書曰。敬遇賓客。貴賤無二。御覽一百八十三。

戶之書曰。出畏之。入懼之。御覽一百八十四。

牖之書曰。闚望審。且念所得。可思所忘。御覽一百八十八。

鑰之書曰。昏慎守。深察訛。御覽一百八十四。

研之書曰。石墨相著而黑。邪心讒言。無得汙白。藝文類聚五十八。初學記二十一。御覽六百五。事類賦注十五。困學紀聞五。

書鋒。忍之須臾。乃全汝軀。意林一。

書刀。刀利皚皚。無為汝開。意林一。

書井。源泉滑滑。連旱則絕。取事有常。賦斂有節。意林一。

弩之戟為翼。弩之書見奔遠行。在才者與任武者也。書鈔一百二十五。案此文有衍誤。

春三月。斗星為天闕。戰背天闕。向天梁。敵不可當。初學記七。

冬月。奎星為天闕。初學記七。

金人銘曰。周太廟右階之前。有金人焉。三緘其口。而銘其背曰。我古之慎言人也。戒之哉。毋多言。毋多事。多言多敗。多事多害。御覽三百九十。案御覽引注云。皇覽云。出太公金匱。路史後紀五云。世謂太公作金人。太公金匱。公對武王之言。明黃帝所作。

日夜出者。紀綱滅。大臣專政。作威奪權。无救。大臣戕其主。奪其邦。其救也。親仁賢。退驕佞。順四時。布恩惠。赦天下。則日夜出不為傷也。開元占經六引尚書金匱。疑即太公金匱異名。

日還者。君不秉其政。舍法度。用私意。不任官職。而將自治。則日還。日還者。為日出而復下。下而復高。无救。當為大亂不軌。皆叛不從。其救也。正心固一。修古道。守正法。無忒業。則日還不為傷也。開元占經。

六引金匱

日闕者。人君內無聰明。邪臣爭權。日闕者。無精。衆人見烏其中。无救。期六十六日。王者亡其土地。其救。闕四門。來仁賢。受爵分職。循名責躬。則闕不爲傷。同上

視不明。聽不聰。則雲氣五色。蔽日月之明。無救。則羣臣謀殺。闕梁不通。其救。闕四門。求仁賢。開元占經十一引尚書金匱

陰符

案。陰符謂陰符之謀。戰國策蘇秦得太公陰符之謀。史記作周書陰符。蓋即漢志之太公謀八十一篇矣。云周書者。周時史官紀述。猶六韜稱周史。諸引周書陰符。或但稱周書。驗知非逸周書。錄附太公之末。與六韜陰謀金匱互出入。不嫌複見也。

文王昌曰。吾聞之。無變古。無易常。無陰謀。無擅制。無更創。爲此則不祥矣。太公曰。夫天下。非常一人之天下也。天下之國。非常一人之國也。莫常有之。惟有道者取之。古之王者。未使民。民化。未賞民。民勸。不知怒。不知喜。愉愉然其如赤子。此古善爲政也。御覽八十四引周書。

凡治國有三常。一曰君以舉賢爲常。二曰官以任賢爲常。三曰士以敬賢爲常。夫然。雖百代可知也。初學記十七。又御覽四百二引周書陰符。

年饑。上用輿曲轉不涿。矛戟纏纏。羽旄不擇焉。御覽三十五引周書。

年不登。甲則纓縢。宮室不容。注云。甲不以組也。御覽三百五十五引周書。

容容熙熙。皆爲利謀。熙熙攘攘。皆爲利往。御覽四百四十九引周書。

武王不閉外門。以示無懼。去劍搢笏。以示無仇。御覽六百九十二引周書。

太公曰。知與衆同者。非人師也。大知似狂。不狂不癡。其名不彰。不狂不癡。不能成事。御覽七百三十九引周書陰符。

武王營洛邑未成。四海之神皆會。曰。周王神聖。當知我名。若不知。水旱敗之。明年。雨雪十餘旬。深丈餘。五丈夫乘車。從兩騎。止王門。太公曰。車騎無跡。謂人之變。乃使人持粥進之。曰。不知客尊卑何從。騎曰。先進南海御。次東海御。次北海御。次西海御。次河伯。次風師。次雨師。武王問太公並何名。太公曰。南海神名祝融。東海神名句芒。北海神名玄冥。西海神名蓐收。五行大義第二十二篇引周書。

人感十而生。天行五。地行五。合爲十也。五行大義第二十三篇引周書。

春爲牝陣。弓爲前行。夏爲方陣。戟爲前行。季夏圓陣。矛爲前行。秋爲牝陣。劍爲前行。冬爲伏陣。楯爲前行。是謂五陣。御覽三百一引周書

太公曰。步貴知變動。車貴知地形。騎貴知別徑奇道。故三軍同名異用。可往而無以還者。車之死地。越險絕阻。乘敵遠行者。車之竭地。前易後險。車之困地。容車貫阻。出而無返者。車之患地。左險右易。上陵仰阪。車之逆地。深塹黏土。車之勞地。隱帶橫畝。犯歷深澤者。車之壞地。日夜霖雨。旬月不止。泥淖難前。車之陷地。凡騎以陷敵而不能破敵。敵人走。以步騎反擊我後。此騎之敗地也。追北踰限。長驅不止。敵伏我兩旁。又絕我後。此騎之困地也。往無以返。入無以出。陷于天井。頓于地牢。此騎之死地也。所由入者隘。所由去者遠。彼弱可以擊我强。少可以擊我衆。此騎之沒地。大澗深谷。蓊穢林草。此騎之竭地。左右有水。前有大阜。後有高山。戰于兩水之

間。乘敵過邑。是謂表裏相合。左有深溝。右有峭坑。高下與地平。覩之廣易。進退相敵。此並騎之陷地。汙下沮澤。進退漸洳者。騎之患地。拙將之所以見擒。明將之所以務避也。通典一百五十九引周書陰符。案與六韜戰車戰騎二篇大同小異。

成王將加元服。周公使人來零陵。取文竹爲冠。御覽六百八十四引周書。

兵法

踐爾兵革。審權矩。應詐縱。謀出無孔。詩大明疏引太公授兵鈐之法。

坎名大剛風。乾名折風。兌名小剛風。艮名凶風。坤名謀風。巽名小弱風。震名嬰兒風。離名大弱風。大剛風者。大陰之氣。好殺。故剛。折風者。金强。能摧折物也。小剛風者。亦金殺故也。凶風者。艮在鬼門。凶害之所也。謀風者。坤爲地。大陰之本。多陰謀也。小弱風者。巽爲長女。故稱弱也。嬰兒風者。震爲長男。愛之故曰兒。大弱風者。離爲中女。又弱於長女也。大剛小剛。客勝。大弱小弱。主人勝。凶有凶害

之事。謀有謀撳之人。折爲將死。嬰兒凰主人强。五行大義第十七引太公兵書。

諸軍出行。將令百官士卒曰。某日出某門。吏士不得刈稼穡伐樹木。殺六畜。掠取財物。姦犯人婦女。違令者斬。通典一百四十九引覆軍誡法。

凡行軍吏士有死亡者。給其喪具。使歸而葬。此堅軍全國之道也。

軍人被創。卽給醫藥。使謹視之。醫不卽治視。鞭之。軍夜驚。吏士堅坐陳。將持兵。無讙譁動搖。有起離陳者斬。當交戰。謹出入者。若近敵。當識呵出入者。通典一百四十九。案通典引太公六韜太公兵法。俱標太公曰。不出書名。今除六韜外。錄入太公兵法。

夫出軍征戰。安營陳。以六爲法。亦可方六百步。亦可六十步。量人地之宜。表十二辰。將軍自居九天之上。竟一旬復徙。開牙門。常背建向破。太歲太陰太陽大將軍。凡三軍。不欲飲死水。不欲居死地。不居地柱。不居地獄。注云。死水者。不流之水。死地者。丘墓之間。地柱者。四下中高。地獄者。四高中下是也。通典一百五十七。

日戴光。主大凶。期不出三年。開元占經五引太公兵法。

日未入兩竿而无光曜。其月必主死。一曰主憂。同上。

日四背見。軍在外有反者。開元占經七引太公兵法。

日暈始起。前滅後而。而後成者。後面勝。　日暈周而東北偏厚。厚爲福。東君在東北戰。西南戰敗。　日暈而珥。主有謀。十日不雨。兵起。　日暈冠三珥。天子有喜。或有大赦。或拜大將軍。　日暈抱珥。喜氣。日暈黃者。主人有喜。開元占經八。

日中蝕。海內兵大起。王公憂。　兩烏夾日。名爲天雞守日。主人君妻家謀奪君處。先數視君動靜。欲行其志。天先見變戒之。開元占經九。

弩之神。名遠望。御覽三百四十八引太公兵法。

神后加四仲者。以爲明堂宮。時天一出游八極之外。行窈冥之中。日照其前。月照其後。當此之時。天一自持玉弩執法。丞相劾不道者。同上。

箭之神。名續長。御覽三百四十九。

戟之神。名大將。御覽三百五十二。

矛之神。名跌䠞。御覽三百五十三。

決事占

太白犯畢口。大兵起。一歲罷。　太白出東方。入畢口。車馬貴易政。

太白犯參左股。戰大勝。開元占經四十九。

陰祕

君不明。臣不忠。故日無光。月不明。見變不救。殃禍生。臣欲反。主失名。其救也。安百姓。用賢人。弱者扶。則無害。開元占經五又十一。

凡四時受王之日。日月當清明。五星順度。潤澤有光。此君臣和同。或晝不見日。夜不見月。五星失度。陰蔽日光。亂風連日。此國君迷荒。不順時令。疾病蟲霜。忠臣受誅。讒言者昌。兵火欲起。民人惶惶。盜賊滿道。死者不葬。開元占經五。

日中烏見者。君咎。雙烏見者。將相逆。入鬬者。主出走。烏動者。大饑。水旱不時。人民流在他鄉。救之法。實倉庫。舉賢士。遠佞邪。察後宮。任有道。赦不從。則災消矣。　日中有黑氣若一若二至四五者。此陽中伏陰。君害臣。上出者。臣謀君。旁出者。君謀臣。不出者。宮女有憂。昏見在臣。晨見在君。救之法。輕刑罰。赦無罪。節威權。安百姓。貸不足。則災消矣。　日中有黑氣若一若二至四五者。教令不行。三公爲亂。爵賞不平。不救者。臣圖君。子謀父。救之法。任賢直。信道德。退貪邪。省刑罰。察奏諫。思刑戮。則無害。　日中有黑氣。君之過大。而臣不諫。故日不明。見變不救者。主有憂。救之法。承順天地。申用明堂。則無害矣。開元占經六。

日暈明分。中赤外青。外人勝。中青外赤。中人勝。中黃外青黑。中人勝。外黃中青黑。外人勝。外白內青。外人勝。內白外青。中人勝。中黃外青。外人勝。中青外黃。內人勝。　日暈黃白不鬬。兵未解。青黑和解分地。色黃土功動。民不安。色黑有水。陰國勝。色白有喪。色青爲疾。色赤大旱。流血千里。日一暈一抱一珥爲不和。信者更逆。不信者順。　日暈有背。人臣有叛者。或曰左右欲有走。　日暈有五色雲。如杵貫日。從外入。外人勝。從內出。內人勝。欲知姓名。白者商。赤者徵。青者角。黑者羽。黃者宮。　日暈有眾雲在左右。色黃白吉。青白兵行。黑白內亂。青赤和解。青黑流血。俱明者未解。兵不歸。明者勝。開元占經八　凡出軍擊賊。見大流星所指者。將之用兵。順之行則勝。　流星下入軍營。必空。主將無功。避之則吉。開元占經七十一

齊桓公

公名小白。太公十一世孫。襄公少弟。初懼禍奔莒。兄糾奔魯。無知之亂。先糾入得立。任用管仲。爲五霸長。在位四十三年。謚曰桓公。一曰威公。

令羣臣

寡人將立管仲爲仲父。善者入門而左。不善者入門而右。韓非子外儲說左下。桓公將立管仲。令羣臣。

嫁娶令

丈夫二十而室。婦人十五而嫁。一作男子年二十而室。女年十五而嫁。韓非子外儲說右下。桓公微服以巡民家。人有年老而自養者。下令於民也。

禁厚葬令

棺槨過度者戮其尸。罪夫當喪者。韓非子內儲說上。

遇上令

毋貯粟。毋曲隄。無擅廢適子。無置妾以爲妻。管子霸形。遂興師而南。存宋鄭。與楚王遇於召陵之上。而令於遇上。

與魯書

子糾兄弟。弗忍誅。請魯自殺之。召忽管仲。讎也。請得而甘心醢之。不然。將圍魯。史記齊太公世家。

易國之易當作與

葵丘盟

凡我同盟之人。言歸于好。左傳僖九年　初命曰。誅不孝。無易樹子。無以妾爲妻。再命曰。尊賢育才。以彰有德。三命曰。敬老慈幼。無忘賓旅。四命曰。士無世官。官事無攝。取士必得。無專殺大夫。五命曰。無曲防。無遏糴。無有封而不告。曰。凡我同盟之人。既盟之後。言歸于好。孟子告子下　毋雍泉。毋訖糴。毋易樹子。毋以妾爲妻。毋使婦人易國事。穀梁傳僖九年。

齊景公

公名杵臼。靈公子。莊公弟。在位五十八年。謚曰景公。

令左右

敢有先言歸者。致死不赦。說苑正諫。齊景公遊於海上而樂之。六月不歸。令左右。

狂矞　華士

狂矞華士。東海人。兄弟以賢聞。太公封於齊。三召不見。執而殺之。按華士元和姓纂作士華。編入士姓。類聚說不敢從。

立議

吾不臣天子。不友諸侯。耕作而食之。掘井而飲之。吾無求於人也。無上之名。無君之祿。不事仕而事力。韓非子外儲說右上

管仲

仲字夷吾。潁上人。姬姓之後。事齊公子糾。糾敗。桓公以爲上卿。號仲父。卒謚曰敬子。有管子十九卷。

管子

案管子八十六篇。今七十六篇見存。不錄。錄其佚文。

管子曰。夫士懷耿介之心。不蔭惡木之枝。惡木尚能恥之。況與惡人同處。文選陸機猛虎行注引江邃文釋

鮑叔

叔名叔牙。姒姓之後。鮑敬叔之子。事齊桓公爲大夫。

今車之今當作令

塞道誓

事之濟也。聽我令。事之不濟也。免公子者爲上。死者爲下。吾以五乘之實距路。（管子大匡鮑叔御小白乘而出於莒今車二十乘先十乘後曰事之未濟也老臣是以塞道鮑叔乃誓）

爲桓公祝

使臣無忘在莒時。管子無忘在魯時。甯子無忘車下時。（御覽七百三十六引尸子）

皃已疵

皃已疵事齊桓公爲祝官。

釁社獻胙祝

除君苛疾。與若之多虛而少實。（管子小問）

授酒祝

又與君之若賢。（同上）

晏嬰

嬰字平仲。或云字仲。謚曰平。萊之夷維人。晏桓子弱之子。歷事齊靈公莊公景公爲大夫。有晏子春秋七卷。

楹書

布帛不可窮。窮不可飾。牛馬不可窮。窮不可服。士不可窮。窮不可任。國不可窮。窮不可竊也。（晏子春秋內篇雜下晏子病將死鑿楹納書焉謂其妻曰楹語也子壯而示之及壯發書之言又說苑反質作布帛不窮窮不可飾牛馬不窮窮不可服士不可窮窮不可仕窮乎窮乎窮也）

程本

本齊人。時稱程本子。亦稱子華子。與孔子同時。

授趙簡子使者書

主君之亡臣某。不能東脩。越在諸侯。以爲主君憂。臣聞之。物局於所甘。士局於所守。主君之亡。臣不佞。而有四方之志。其敢以爲執事者之所辱。夫丘陵崇而穴成於上。狐狸藏矣。谿谷深而淵成於下。魚鼈安矣。松柏茂而陰成於林。塗之人則蔭矣。主君之亡。臣不佞。實有懣衷。惟執事者昭。明其所存。如日月之升。以光燭於晉國。將四海之士。重繭狎至。以承主君之令。聞夫豈唯亡臣。亡臣雖復野死以寘溝䀾。其敢忘主君之賜。唯執事者財幸焉。（子華子上案子華子僞書漢志隋唐志所不載姑錄之至呂氏春秋引有五事則先秦古書也）

子華子

子華子曰。全生爲上。虧生次之。死次之。迫生爲下。（呂氏春秋貴生高誘注子華子古體道人）

子華子曰。丘陵成而穴者安矣。大水深淵成而魚鼈安矣。松柏成而塗之人已蔭矣。（呂氏春秋先己）

子華子曰。王者樂其所以王。亡者亦樂其所以亡。故烹獸不足以盡獸。嗜其脯。則幾矣。然則王者有嗜乎理義也。亡者亦有嗜乎暴慢也。所嗜不同。故其禍福亦不同。（呂氏春秋誣徒）

子華子曰。厚而不博。敬守一事。正性是喜。羣衆不周。而務成一能。盡能既成。四夷乃平。惟彼天符。不周而周。此神農之所以長。而堯舜之所以章也。（呂氏春秋知度）

子華子見昭釐侯。昭釐侯有憂色。子華子曰。今使天下書銘於君之前。書之曰。左手攫之。則右手廢。右手攫之。則左手廢。然而攫之必有天下。君將攫之乎。亡其不與。昭釐侯曰。寡人不攫也。子華子曰。甚善。自是觀之。兩臂重於天下也。身又重於兩臂。韓之輕於天下遠。今之所爭者。其輕於韓又遠。君固愁身傷生以憂之戚不得也。昭釐侯曰。善。教寡人者衆矣。未嘗得聞此言也。（呂氏春秋審爲）

全上古三代文卷七終

全上古三代文卷八

烏程嚴可均校輯

田常

常本姓陳。名恆。陳田相近。改姓田。漢避孝文諱。追改名常。帝舜之後。陳敬仲六世孫。相齊簡公。尋行弒立事。西約晉六卿。南通吳越之使。遂專齊政。四世至太公和。竟篡齊。

遺令

無攻越。越猛虎也。呂氏春秋順民、齊莊子請攻越、問於和子、和子曰、先君有遺令云云、莊子曰、雖猛虎也、而今已死矣、案田常與句踐同時、知先君是田常也。

齊湣王

王名遂。一云名地。田常九世孫。宣王子。稱東帝。已而致帝復爲王。在位四十年。燕拔臨淄。走保莒。爲其相楚淖齒所弒。謚曰湣王。亦曰閔王。

令

殺人者死。傷人者刑。呂氏春秋正名、尹文曰王之令。

遺楚王書

寡人患楚之不察於尊名也。今秦惠王死。武王立。張儀走魏。樗里疾公孫衍用。而楚事秦。夫樗里疾善乎韓。而公孫衍善乎魏。楚必事秦。韓魏恐。必因二人求合於秦。則燕趙亦宜事秦。四國爭事秦。則楚爲郡縣矣。王何不與寡人并力收韓魏燕趙。與爲從而尊周室。以案兵息民令於天下。莫敢不樂聽。則王名成矣。王率諸侯並伐。破秦必矣。王取武關蜀漢之地。私吳越之富。而擅江海之利。韓魏割上黨。西薄函谷。則楚之彊百萬也。且王欺於張儀。亡地漢中。兵銼藍田。天下莫不代王懷怒。今乃欲先事秦。願大王熟計之。史記楚世家。

書謝孟嘗君

寡人不祥。被於宗廟之祟。沈於諂諛之臣。開罪於君。寡人不足爲也。願君顧先王之宗廟。姑反國統萬人乎。戰國策十一、孟嘗君就國于薛、梁王遣聘、使三反、孟嘗君固辭不往也、齊王聞之、書謝孟嘗君。

田文

文。齊湣王從昆弟。嗣父嬰爵爲薛公。好客。與趙勝、魏无忌、黃歇稱四公子。奉使之秦。秦欲以爲相。尋見囚。亡歸相齊。後謝病就封。復見疑。去相魏。及齊襄王即位。去魏歸薛。卒謚曰孟嘗君。或云非謚。孟字。嘗邑名。

遺秦相穰侯魏冄書

吾聞秦欲以呂禮收齊。齊。天下之彊國也。子必輕矣。齊秦相取以臨三晉。呂禮必并相矣。是子通齊以重呂禮也。若齊免於天下之兵。其讎子必深矣。子不如勸秦王伐齊。齊破。吾請以所得封子。齊破。秦畏晉之彊。秦必重子以取晉。晉國弊於齊而畏秦。晉必重子以取秦。是子破齊以爲功。挾晉以爲重。是子破齊定封。秦晉交重子。若齊不破。呂禮復用。子必大窮。史記孟嘗君傳。

書門版

有能揚文之名。止文之過。私得寶於外者。疾入諫。戰國策十。

田單

單。齊諸田疏屬。湣王時爲臨淄市掾。燕破齊。走保即墨。即墨城中推爲將軍。拒守五年。大敗燕軍。殺其將騎劫。遂復齊。迎襄王於莒。襄王以爲相。封都平君。一云安平君。

令城中

當有神人爲我師。史記田單傳。

鬼谷先生

鬼谷先生不知何許人。或云姓畱名務滋、楚人。隱居潁川陽城之鬼谷。因以自號。有鬼谷子三卷。樂壹注鬼谷子云、蘇秦欲神祕其道、故假名鬼谷、案漢

志有蘇子三十一篇無鬼谷子唐志以鬼谷子屬蘇秦未審信否今錄鬼谷文列蘇秦之前

遺書責蘇秦張儀

若二君豈不見河邊之樹乎僕御折其枝波浪盪其根上無徑尺之陰身被數千之痕此木豈與天地有仇怨所居然也子不見嵩岱之松柏華霍之檀桐乎上枝干於青雲下根通於三泉千秋萬歲不受斧斤之患此木豈與天地有骨肉哉蓋所居然也藝文類聚三十六引袁淑眞隱傳又見御覽五百十

二君足下功名赫赫但春到秋不得久茂日既將盡時既將老君不見河邊之樹乎僕馭折其枝波浪激其根此木非天下人有仇怨所居者然也子不見嵩岱松柏華霍之樹上葉陵青雲下根通三泉上有玄狐黑猿下有豹隱龍潛千秋萬歲不逢斧斤之患此木非與天下人有骨血蓋所居然也今二子好雲路之榮慕長久之功輕喬松之永延貴一夕之浮爵痛焉悲夫二君痛焉悲夫二君杜光庭錄異記案此校眞隱傳互有刪節而首尾多十餘語故並錄之

蘇秦

秦字季子雒陽軒里人師事鬼谷先生游說爲約從長并相六國趙封爲武安君後從約解去趙之燕又之齊爲客卿齊大夫與爭寵刺殺之

上書說秦惠王

大王之國西有巴蜀漢中之利北有胡貉代馬之用南有巫山黔中之限東有肴函之固田肥美民殷富戰車萬乘奮擊百萬沃野千里蓄積饒多地勢形便此所謂天府天下之雄國也以大王之賢士民之衆車騎之用兵法之教可以并諸侯吞天下稱帝而治願大王少留意臣請奏其效

臣固疑大王之不能用也昔者神農伐補遂黃帝伐涿鹿而禽蚩尤堯伐驩兜舜伐三苗禹伐共工湯伐有夏文王伐崇武王伐紂齊桓任戰而伯天下由此觀之惡有不戰者乎古者使車轂擊馳言語相結天下爲一約從連橫兵革不藏文士並飭諸侯亂惑萬端俱起不可勝理科條既備民多僞態書策稠濁百姓不足上下相愁民無所聊明言章理兵甲愈起辯言偉服戰攻不息繁稱文辭天下不治舌弊耳聾不見成功行義約信天下不親於是乃廢文任武厚養死士綴甲厲兵效勝於戰場夫徒處而致利安坐而廣地雖古五帝三王五伯明主賢君常欲坐而致之其勢不能故以戰續之寬則兩軍相攻迫則杖戟相橦然後可建大功是故兵勝於外義強於內威立於上民服於下今欲并天下淩萬乘詘敵國制海內子元元臣諸侯非兵不可今之嗣主忽于至道皆惛於教亂於治迷於言惑於語沈於辯溺於辭以此論之王固不能行也戰國策三蘇秦始將連橫說秦惠王云云　案下文云說秦王書十上而說不行明此二首皆是上書

爲齊上書說趙王

臣聞古之賢君德行非施於海內也教順慈愛非布於萬民也祭祀時享非當於鬼神也甘露降風雨時至農夫登年穀豐盈衆人喜之而賢主惡之今足下功力非數痛加於秦國而怨毒積惡非曾深淩於韓也臣竊外聞大臣及下吏之議皆言主前專據以秦爲愛趙而憎韓臣竊以事觀之秦豈得愛趙而憎韓哉欲亡韓吞兩周之地故以韓爲餌先出聲於天下欲鄰國聞而觀之也恐其事不成故出兵以佯示趙魏恐天下之驚覺故微韓而貳之恐天下疑已故出質以爲信聲德於與國而實伐空韓臣竊觀其圖之也議秦以謀計必出於是且夫說士之計皆曰韓亡三川魏滅晉國恃韓未窮而禍及於趙且物固有勢異而患同者又有勢同而患異者昔者楚人久伐而中山亡今燕盡韓之河南距沙丘而至鉅鹿之界三百里距於扞關至於榆中千五百里秦盡韓魏之上黨則地與國都邦屬而壤挈者七百里秦以三軍強弩坐羊唐之

上郎地去邯鄲二十里。且秦以三軍攻王之上黨而危其北。則句注之西。非王之有也。今魯句注禁常山而守。三百里通於燕之唐曲吾。此代馬胡駒不東。而崑山之玉不出也。此三寶者。又非王之有也。今從於彊秦國之伐齊。臣恐其禍出於是矣。昔者五國之王。嘗合橫而謀伐趙。參分趙國壤地。著之盤盂。屬之讐柞。五國之兵有日矣。韓乃西師以禁秦國。使秦發令。素服而聽。反溫枳高平於魏。反三公什清於趙。此王之明知也。夫韓事趙。宜正爲上交。今乃以抵罪取伐。臣恐其後事王者之不敢自必也。今王收天下必以王爲得。韓危社稷以事王。天下必重王。然則韓義王。以天下就之。下至韓慕王。以天下收之。是一世之命制於王已。臣願大王深與左右羣臣卒計而重謀。先事成慮而熟圖之也。戰國策十八。又見史記趙世家，作蘇厲爲齊遺趙王書，小同大異，今別載于後。

從約

秦攻楚。齊魏各出銳師以佐之。韓絕食道。史記作絕其糧道。趙涉河漳。燕守常山之北。秦攻韓魏。則楚絕其後。齊出銳師以佐之。趙涉河漳。燕守雲中。秦攻齊。則楚絕其後。韓守城臯。魏塞午道。趙涉河漳博關。燕出銳師以佐之。秦攻燕。則趙守常山。楚軍武關。齊涉渤海。韓魏出銳師以佐之。秦攻趙。則韓軍宜陽。楚軍武關。魏軍河外。齊涉渤海。史記作齊涉清河。燕出銳師以佐之。諸侯有先背約者。五國共伐之。戰國策十九。史記蘇秦傳。案此說趙王之詞，而蘇秦傳下文言說約六國從親歸趙，趙肅侯封爲武安君，乃投從約書於秦，蓋卽此文也，故錄之。

蘇代

代。秦弟。初事燕王噲。又事齊湣王。還燕。遇子之之亂。復至齊。至宋。燕昭王召爲上卿。或云秦兄弟五人。兄代厲辟鵠。並游說。秦最少。故字季子。案秦弟代，代弟厲，戰國策、史記蘇秦傳皆同，唯譙周古史考、魚豢典略爲異，索隱云蓋按蘇氏譜云然也。

今當作令

遺燕昭王書

夫列在萬乘而寄質於齊。名卑而權輕。秦齊助之伐宋。民勞而實費。破宋殘楚淮北。肥大齊。讎强而國弱也。此三者。皆國之大敗也。而足下行之。將欲以除害取信於齊也。而齊未加信於足下。而忌燕也愈甚矣。然則足下之事齊也。失所爲矣。夫民勞而實費。又無尺寸之功。破宋肥讎而世負其禍矣。足下以宋加淮北。强萬乘之國也。而齊幷之。是益一齊也。北夷方七百里。加之以魯衛。此所謂强萬乘之國也。而齊幷之。是益二齊也。夫一齊之强。而燕猶不能支也。今乃以三齊臨燕。其禍必大矣。雖然。臣聞知者之舉事也。轉禍而爲福。因敗而成功者也。齊人紫敗素也。而賈十倍。越王句踐棲於會稽。而後殘吳霸天下。此皆轉禍而爲福。因敗而爲功者也。今王若欲轉禍而爲福。因敗而爲功乎。則莫如遙伯齊而厚尊之。使使盟於周室。盡焚天下之秦符。約曰。夫上計破秦。其次長賓之秦。秦挾賓客以待破。秦王必患之。秦五世以結諸侯。今爲齊下。秦王之志。苟得窮齊。不憚以一國都爲功。然而王何不使布衣之人以窮齊之說說秦。謂秦王曰。燕趙破宋肥齊尊齊而爲之下者。燕趙非利之也。弗利而勢爲之者。何也。以不信秦王也。今王何不使可以信者接收燕趙。今涇陽君若高陵君先於燕趙。秦有變。因以爲質。則燕趙信秦矣。秦爲西帝。趙爲中帝。燕爲北帝。立爲三帝。而以令諸侯。韓魏不聽。則秦伐之。齊不聽。則燕趙伐之。天下孰敢不聽。天下服聽。因驅韓魏以攻齊。曰必反宋地而歸楚之淮北。夫反宋地歸楚之淮北。燕趙之所同利也。並立三帝。燕趙之所同願也。夫實得所利。名得所願。則燕趙之棄齊也。猶釋弊躧。今王之不收燕趙。則齊伯必成矣。諸侯戴齊而王獨弗從也。是國伐也。諸侯戴齊而王從之。是名卑也。王不收燕趙。名卑而國危。王收燕趙。名尊而國寧。夫去尊寧而就卑危。知者不爲也。秦王聞若說也。必如刺心。然則王何不務使知士以若此言說秦。秦伐齊必矣。夫取秦上交也。伐齊正利也。尊上交。務正利。聖王之事也。（戰國策二十九。又見史記蘇秦傳）

自齊獻書燕王

臣之行也。固知將有口事。故獻御書而行。曰。臣貴於齊。燕大夫將不信臣。臣賤。將輕臣。臣用。將多望於臣。齊有不善。將歸罪於臣。天下不攻齊。將曰善爲齊謀。天下攻齊。將與齊兼鄙臣。臣之所重處重卵也。王謂臣曰。吾必不聽衆口與讒言。吾信汝也。猶劖刈者也。上可以得用於齊。次可以得信於下。苟無死。女無不爲也。以女自信可也。與之言曰。去燕之齊可也。期於成事而已。臣受令以任齊。及五年。齊數出兵。未嘗謀燕。齊趙之交。一合一離。燕王不與齊謀趙。則與趙謀齊。齊之信燕也。至於虛北地行其兵。今王信田伐與參去疾之言。且攻齊。使齊犬馬𩛺而不言燕。今王又使慶令臣曰。吾欲用所善。王苟欲用之。則臣請爲王事之。王欲醳臣剸任所善。則臣請歸醳事。臣苟得見則盈願。（戰國策三十。）

約燕昭王

楚得枳而國亡。齊得宋而國亡。齊楚不得以有枳宋事秦者何也。是則有功者。秦之深讎也。秦取天下。非行義也。暴也。秦之行暴於天下。正告楚曰。蜀地之甲。輕舟浮於汶。乘夏水而下江。五日而至郢。漢中之甲。乘舟出於巴。乘夏水而下漢。四日而至五渚。寡人積甲宛東下隨。知者不及謀。勇者不及怒。寡人如射隼矣。王乃待天下之攻函谷。不亦遠乎。楚王爲是之故。十七年事秦。秦正告韓曰。我起乎少曲。一日而斷大行。我起乎宜陽而觸平陽。二日而莫不盡繇。我離兩周而觸鄭。五日而國舉。韓氏以爲然。故事秦。秦正告魏曰。我舉安邑。塞女戟。韓氏太原卷。我下枳道南陽封冀。包兩周。乘夏水。浮輕舟。強弩在前。錟戈在後。決滎口。魏無大梁。決白馬之口。魏無濟陽。決宿胥之口。魏無虛頓丘。陸攻則擊河內。水攻則滅

大梁。魏氏以爲然。故事秦。秦欲攻安邑。恐齊救之。則以宋委於齊。曰。宋王無道。爲木人以寫寡人。射其面。寡人地絕兵遠。不能攻也。王苟能破宋有之。寡人如自得之。已得安邑。塞女戟。因以破宋爲齊罪。秦欲攻齊。恐天下救之。則以齊委於天下。曰。齊王四與寡人約。四欺寡人。必率天下以攻寡人者三。有齊無秦。無齊有秦。必伐之。必亡之。已得宜陽少曲。致藺石。因以破齊爲天下罪。秦欲攻魏重楚。則以南陽委於楚。曰。寡人固與韓且絕矣。殘均陵。塞鄳隘。苟利於楚。寡人如自有之。魏棄與國而合於秦。因以塞鄳隘爲楚罪。兵困於林中。重燕趙。以膠東委於燕。以濟西委於趙。趙得講於魏。至公子延。因犀首屬行而攻趙。兵傷於離石。（史記作譙石）遇敗於馬陵。而重魏。則以葉蔡委於魏。已得講於趙。則劫魏。不爲割。困則使太后穰侯爲和。嬴則兼欺舅與母。適燕者曰以膠東。適趙者曰以濟西。適魏者曰以葉蔡。適楚者曰以塞鄳隘。適齊者曰以宋。此必令

其言如循環。用兵如刺繡。母不能制。舅不能約。龍賈之戰。岸門之戰。封陸之戰。高商之戰。趙莊之戰。秦之所殺三晉之民數百萬。今其生者。皆死秦之孤也。西河之外。上雒之地。三川晉國之禍。三晉之半。秦禍如此其大。而燕趙之秦者。皆以爭事秦說其主。此臣之所大患。（戰國策三十。秦召燕王。燕王欲往。蘇代約燕王。燕昭王不行。又見史記蘇秦傳）

爲齊陰遺穰侯書

臣聞往來者言曰。秦將益趙甲四萬以伐齊。臣竊必之弊邑之王曰。秦王明而熟於計。穰侯智而習於事。必不益趙甲四萬以伐齊。是何也。夫三晉之相與也。秦之深讎也。百相背也。百相欺也。不爲不信。不爲無行。今破齊以肥趙。趙。秦之深讎。不利於秦。此一也。秦之謀者必曰。破齊弊晉楚。而後制晉楚之勝。夫齊。罷國也。以天下攻齊。如以千鈞之弩決潰癰也。必死。安能弊晉楚。此二也。秦少出兵。則晉楚不信也。多出兵。則晉楚爲制於秦。齊恐。不走秦。必走晉

楚此三也秦割齊以啖晉楚晉楚案之以兵秦反受敵此四也是晉楚以秦謀齊以齊謀秦也何晉楚之智而秦齊之愚此五也故得安邑以善事之亦必無患矣秦有安邑韓氏必無上黨矣取天下之腸胃與出兵而懼其不反也孰利臣故曰秦王明而熟於計穰侯智而習於事必不益趙甲四萬以伐齊矣（史記穰侯傳又戰國策四侯傳十餘字稍有脫誤）

蘇厲

厲代弟為齊湣王臣

為齊遺趙王書

臣聞古之賢君其德行非布於海內也教順非洽於民人也祭祀時享非數常于鬼神也甘露降時雨至年穀豐熟民不疾疫眾人善之然而賢主圖之今足下之賢行功力非數加於秦也怨毒積怒非素深於齊也秦趙與國以彊徵兵於韓秦誠愛趙乎其實憎齊乎物之甚者賢主察之秦非愛趙而憎齊也欲亡韓而吞二周故以齊餤天下恐事之不合故出兵以劫魏趙恐天下畏已也故出質以為信恐天下亟反也故徵兵於韓以威之聲以德與國而實伐空韓臣以秦計為必出於此夫物固有勢異而患同者楚久伐而中山亡今齊久伐而韓必亡破齊王與六國分其利也亡韓秦獨擅之收二周西取祭器秦獨私之賦田計功王之獲利孰與秦多說士之計曰韓亡三川魏亡晉國市朝未變而禍已及矣燕盡齊之北地去沙丘鉅鹿斂三百里韓之上黨去邯鄲百里燕秦謀王之河山間三百里而通矣秦之上郡近挺關至於榆中者千五百里秦以三郡攻王之上黨羊腸之西句注之南非王有已踰句注斬常山而守之三百里而通於燕代馬胡犬不東下昆山之玉不出此三寶者亦非王有已王久伐齊從彊秦攻韓其禍必至於此願王孰慮之且齊之所以伐者以事王也天下屬行以謀王也

燕秦之約成而兵出有日矣五國三分王之地齊倍五國之約而殉王之患西兵以禁彊秦秦廢帝請服反高平根柔（徐廣曰根柔一作魋柔一作平柔）於魏反巠分（徐廣曰一作王公）先俞於趙齊之事王宜為上佼而今乃抵罪臣恐天下後事王者之不敢自必也願王孰計之也今王毋與天下攻齊天下必以王為義齊抱社稷而厚事王天下必盡重王義王以天下善秦秦暴臣以天下禁之是一世之名寵制於王也（史記趙世家趙與韓魏秦共擊齊齊王敗走燕獨深入取臨菑十六年秦復與趙數擊齊齊人患之蘇厲為齊遺趙王書於是趙乃輟謝秦不擊齊戰國策十八作蘇秦彼篇多誤當以史記為正）

淳于髡

髡齊人梁惠王欲以卿相待之謝去齊以為列大夫

十酒說

羅襦排門翠笄窺牖（御覽七百十八引考淳于髡十酒說）

魯仲連

仲連齊人邯鄲圍解趙勝田單欲封之皆不受逃隱海上莫知所終有魯連子五卷（案漢志儒家魯仲連子十四篇隋志意林舊唐志皆五卷新唐志一卷宋志五卷已後不著錄）

遺燕將書

吾聞之智者不倍時而棄利勇士不怯死而滅名忠臣不先身而後君今公行一朝之忿不顧燕王之無臣非忠也殺身亡聊城而威不信於齊非勇也功廢名滅後世無稱非知也故知者不再計勇士不怯死今死生榮辱尊卑貴賤此其一時也願公之詳計而無與俗同也且楚攻南陽魏攻平陸齊無南面之心以為亡南陽之害不若得濟北之利故定計而堅守之今秦人下兵魏不敢東面橫秦之勢合則楚國之形危且棄南陽斷右壤存濟北計必為之今楚魏交退燕救不至齊無天下之規與聊城共據期年之弊則臣見公之不能得也齊必決之於聊城公無再計彼燕國大亂

君臣過計上下迷惑栗腹以百萬之衆五折於外萬乘之國被圍於趙壤削主困為天下戮公聞之乎今燕王方寒心獨立大臣不足恃國弊禍多民心無所歸今公又以弊聊之民距全齊之兵期年不解是墨翟之守也食人炊骨士無反北之心是孫臏吳起之兵也能以見於天下矣故為公計者不如罷兵休士全車甲歸報燕王燕王必喜士民見公如見父母交游攘臂而議於世功業可明矣上輔孤主以制群臣下養百姓以資說士矯國革俗於天下功名可立也意者亦捐燕棄世東游於齊乎請裂地定封富比陶衛世世稱孤寡與齊久存此亦一計也二者顯名厚實也願公熟計而審處一也且吾聞効小節者不能行大威惡小恥者不能立榮名昔管仲射桓公中鉤篡也遺公子糾而不能死怯也束縛桎梏辱身也此三行者鄉里不通也世主不臣也使管仲終窮抑幽囚而不出慙恥而不見窮年沒壽不免為辱人賤行矣然而管子并三行之過據齊國之政一匡天下九合諸侯為伍伯首名高天下光照鄰國曹沫為魯君將三戰三北而喪地千里使曹子之足不離陳計不顧後出必死而不生則不免為敗軍禽將曹子以敗軍禽將非勇也功廢名滅後世無稱非知也故去三北之恥退而與魯君計也曹子以為遭齊桓公有天下朝諸侯曹子以一劍之任劫桓公於壇位之上顏色不變而辭氣不悖三戰之所喪一朝而反之天下震動驚駭威信吳楚傳名後世若此二公者非不能行小節死小恥也以為殺身絕世功名不立非知也故去忿恚之心而成終身之名除感忿之恥而立累世之功故業與三王爭流名與天壤相敝也公其圖之戰國策十三燕將保守聊城田單攻之歲餘不下魯仲連乃書約之矢以射城中遺燕將燕將曰敬聞命矣因罷兵到讀而去吾聞之智者不倍時而弃利勇士不怯死而滅名忠臣不先身而後君今公行一朝之忿不顧燕王之無臣非忠也殺身亡聊城而

威不信於齊非勇也功敗名滅後世無稱焉非智也三者世主不臣說士不載故智者不再計勇士不怯死今死生榮辱貴賤尊卑此時不再生願公詳計而無與俗同且楚攻齊之南陽魏攻平陸而齊無南面之心以為亡南陽之害小不如得濟北之利大故定計審處之今秦人下兵魏不敢東面衡秦之勢成楚國之形危齊弃南陽斷右壤定濟北計猶且為之也且夫齊之必決於聊城公勿再計今楚魏交退於齊而燕救不至以全齊之兵無天下之規與聊城共據期年之敝則臣見公之不能得也且燕國大亂君臣失計上下迷惑栗腹以十萬之衆五折於外以萬乘之國被圍於趙壤削主困為天下僇笑國敝而禍多民無所歸心今公又以敝聊之民距全齊之兵是墨翟之守也食人炊骨士無反外之心是孫臏之兵也能見於天下雖然為公計者不如全車甲以報於燕車甲全而歸燕燕王必喜身全而歸於國士民如見父母交游攘臂而議於世功業可明上輔孤主以制群臣下養百姓以資說士矯國更俗功名可立也亡意亦捐燕弃世東游於齊乎裂地定封富比乎陶衛世世稱孤與齊久存又一計也此兩計者顯名厚實也願公詳計而審處一焉且吾聞之規小節者不能成榮名惡小恥者不能立大功昔者管夷吾射桓公中其鉤篡也遺公子糾不能死怯也束縛桎梏辱也若此三行者世主不臣而鄉里不通鄉使管子幽囚而不出身死而不反於齊則亦名不免為辱人賤行矣臧獲且羞與之同名矣況世俗乎故管子不恥身在縲紲之中而恥天下之不治不恥不死公子糾而恥威之不信於諸侯故兼三行之過而為五霸首名高天下而光燭鄰國曹子為魯將三戰三北而亡地五百里鄉使曹子計不反顧議不還踵刎頸而死則亦名不免為敗軍禽將矣曹子棄三北之恥而退與魯君計桓公朝天下會諸侯曹子以一劍之任枝桓公之心於壇坫之上顏色

四字衍

不變辭氣不悖。三戰之所亡。一朝而復之。天下震動。諸侯驚駭。威加吳越。若此二士者。非不能成小廉而行小節也。以爲殺身亡軀。絕世滅後。功名不立。非智也。故去感忿之怨。立終身之名。棄忿悁之節。定累世之功。是以業與三王爭流。而名與天壤相弊也。願公擇一而行之。（史記魯仲連傳。校戰國策有刪節。亦有多出字句。據下文言燕將見書泣三日自殺。知史記此書取之魯連子。非本戰國策者也。故並載之。）

魯連子

齊之辯士田巴。辯於徂丘。議於稷下。毀五帝。罪三王。呰五伯。離堅白。合同異。一日而服千人。有徐劫者。其弟子曰魯仲連。連謂徐劫曰。臣願得當田子。使之必不復談。可乎。徐劫言之巴曰。劫弟子年十二耳。然千里之駒也。願得侍議於前。可乎。田巴曰。可。魯連得見。曰。臣聞堂上之糞不除。郊草不芸。白刃交前。不救流矢。何者。急不暇緩也。今楚軍南陽。趙伐高唐。燕人十萬之衆在聊城而不去。國亡在旦暮耳。先生將柰何。田巴曰。無柰何。魯連曰。夫危不能爲安。亡不能爲存。則無爲貴學士矣。今臣將罷南陽之師。還高唐之兵。御聊城之衆。所爲貴談者。其若此也。先生之言。有似梟鳴。出聲而人皆惡之。願先生勿復談也。田巴曰。謹受教。明日復見徐劫曰。先生之駒。乃飛兔騕褭也。豈特千里哉。於是杜口。終身不復談。（史記魯仲連傳正義。意林一。文選曹植與楊德祖書注。荀子彊國篇注。御覽三百八十五。四百六十四。九百二十七。）

陳無宇謂門客曰。昔荆來伐。無一人死。何國之寡士也。門客對曰。君車衣文繡。士不得以爲緣。鵝鴨有餘食。士不足菽稗。堂上有酒池。士不得一嘗。財者君之所輕。死者士之所重。君不能以所輕與士。欲得士之所重。不亦難乎。（藝文類聚九十一。意林一。文選別賦注。又廣絕交論注。御覽九百十九。）

一井五餅。洩可立待。一竈五㷡。烹飪十倍。分理者衆也。（藝文類聚八十四。白帖十一。御覽一百八十六。）

諺曰。百足之蟲。至斷不蹶者。持之者衆也。（文選曹冏六代論注。意林一。御覽九百四十四。又九百四十八。）

人心難知於天。天有春夏秋冬。以作時。人皆深情厚貌以相欺。（意林）

人君所察者三。不可以不知。不知時與不時。譬猶春不耕也。不知行與不行。譬以方爲輪也。不知宜與不宜。譬以綿絲爲蔑也。（藝文類聚六十九。意林一。御覽七百九。）

朝露之蒲。王女不能治。淄澠之沙。計兒不能數。（御覽七十四）

東山有松樅。高十仞而無枝。非憂正室之無柱也。（水經汶水注。藝文類聚八十九。文選七發注。齊竟陵文宣王行狀注。御覽九百五十八。）

南方有鳥名爲邽。生而食其翼。（御覽九百二十八）

北方有獸名爲㹠。生而角當心。俯屬其角。潰心而死。（御覽九百一十三）

市處者。僕妾膾炙而食。市饒也。塋泉浜韭纖屨之毗。從兄弟室父往。而不得粗糲焉。非愛其僕妾。惡其室父也。此其饒羨之與不足也。（御覽九百七十六）

舜耕歷山而交益。陶河濱而交禹。（御覽四百九。路史後紀十二。）

古善漁者宿沙瞿子。使漁於山。則雖十宿沙子不得一魚焉。宿沙非闇於漁道也。彼山者非魚之所生也。（後漢馬融傳注。御覽八百三十三。九百三十五。事類賦注二十九。困學紀聞七。）

宿沙瞿子善煮鹽。使煮滔沙。（御覽作潰沙）雖十宿沙不能得也。（北堂書鈔一百四十六。御覽八百六十五。）

契始封商。在太華之陽。（水經丹水注。路史國名紀三。）

伊尹負鼎佩刀。以干湯得意。故尊宰舍。（文選王褒聖主得賢臣頌注。東方朔非有先生論注。）

共伯名和。好行仁義。諸侯賢之。周厲王無道。國人作難。王奔于彘。諸侯奉和以行天子事。號曰共和元年。十四年。厲王死于彘。共伯使諸侯奉王子靖爲宣王。而共伯復歸國于衛。得意共山之首。（史記周本紀正義。莊子讓王釋文。太平寰宇記五十六。魯史發揮二。案正義首云衛州共城縣本周共伯之國也。是張守節誤混入魯連子。今刪。

楚王成章華之臺。酌諸侯酒。魯君先至。楚王悅之。與大曲之弓。不琢之璧。已而悔之。薳啟疆見魯侯一作伍舉見魯公曰。大曲之弓。不琢之璧。楚上寶也。吳及齊求於楚。楚不與。弓三年乃成。射不窮矢。發之血流漂井。今聞在魯。必求之。魯君懼。乃歸之。左傳昭七年疏。史記魯世家集解。北堂書鈔一百二十五。御覽三百四十七四百九十七八百二八百六。

弦鋁相第而增矢得高焉。專諸刺僚王。闔廬乃成名焉。御覽三百五十。

齊伐魯宋。薬羽子謂齊將曰。子盍爲成大夫。而善養天下士。北堂書鈔三十四。所同食。天下士至。同上。

陸子謂齊湣王曰。魯費之衆臣甲舍于襄賁。水經沂水注。

胸劇之人辯。水經巨洋水注。

孟子劇之辯者。太平寰宇記十八。

孟嘗君逐於齊。譚子曰。富貴則就。貧賤則去。此物之必至。而理之固然也。願君勿怨。請以市論。市朝則盈。夕則虛。非朝愛而夕則憎之也。勢使然也。藝文類聚六十五。文選張協雜詩注。女史箴注。

展无所爲魯君使遺齊襄君鴻。至灑而浴鴻。鴻失。其裝在。御者曰。鴻之毛物。可使若一。能買鴻耳。无所曰。吾非不能買鴻也。是上隱君下易幣。无所不取。初學記二十。又御覽九百十六。作上隱君下徹罪也。无俱作毋。

魯連先生見孟嘗君于杏唐御覽作杏堂之門。孟嘗君曰。吾聞先生有勢數。可得聞乎。連曰。勢數者。若門關。舉之而便。則可以一指持中而舉之。非便則兩手不起。關非益加重。兩手非加罷也。彼所起者。非舉勢也。彼可舉。然後舉之。所謂勢數。藝文類聚六十三。御覽一百八十三。一百八十四。

秦師圍趙邯鄲。魏使將軍新垣衍入邯鄲。令趙尊秦爲帝。魯連辨說罷之。秦軍退。平原君欲封之。終不肯受。平原君乃置酒。酒酣。起前以千金爲壽。先生笑曰。所貴天下之士者。爲人排患釋難。解人

之締結。卽有取。是商賈之事。連不忍爲也。遂策杖去。藝文類聚六十九。八十三。文選左思招隱詩注。御覽八百十八。八百二十九。

燕伐齊。取七十餘城。唯莒與卽墨不下。齊田單以卽墨破燕軍。殺燕將軍騎劫。復齊城。唯聊城不下。燕將城守數月。魯仲連乃爲書。著之於矢。以射城中。遺燕將。燕將得書。泣三日。乃自殺。藝文類聚六十。御覽三百五十。又五百九十九。事類賦注十三。

弃感忽之恥。累世之功。荀子議兵篇注。案此遺燕將書也。有脫誤。戰國策史記作感忿。而上下忿字復見。疑彼亦誤。

全上古三代文卷八終

全上古三代文卷九

烏程嚴可均校輯

鬻熊

鬻熊姓羋。名熊。祝融之後。陸終第六子季連之裔。年九十見文王。文王以爲師。至武王成王皆師事之。成王大封異姓。會先卒。子熊麗孫熊狂亦卒。因封其曾孫熊繹于楚。子孫皆以熊爲氏。傳三十一世四十三君。有鬻子一卷。案史記楚世家鬻熊子事文王蚤卒。熊通曰吾先鬻熊文王之師也蚤終。而鬻子書言年九十見文王而有武王問成王問及康叔封衛事。計其年宜過百一二十。則蚤卒蚤終謂不及受封先卒耳。非不壽之謂也。

鬻子案漢志道家鬻子二十二篇。小說家鬻熊說一篇。隋志僅道家一卷。意林一卷六篇。今本逢行珪注十四篇。以羣書治要校之。實三篇見存。不錄其佚文。

鬻熊曰。運轉亡已。天地密移。疇覺之哉。故物損於彼者盈於此。成於此者虧於彼。損盈成虧。隨世隨死。往來相接。閒不可省。疇覺之哉。列子天瑞

鬻子曰。欲剛必以柔守之。欲彊必以弱保之。積於柔必剛。積於弱必彊。觀其所積。以知禍福之鄉。彊勝不若已。至於若已者剛。柔勝出於已者。其力不可量。列子黃帝

鬻熊語文王曰。自長非所增。自短非所損。算之所亡若何。列子力命

鬻子曰。去名者無憂。同上

周文王問於鬻子曰。敢問君子將入其職。則於其民也何如。鬻子對曰。唯。疑。請以上世之政詔於君王。政曰。君子將入其職。則於其民也。旭旭然如日之始出也。周文王曰。受命矣。曰。君子既入其職。則於其民也。暯暯御覽引本注云暯音漠然如日之正中也。周文王曰。受命矣。曰。君子既去其職。則於其民也何若。對曰。君子既去其職。則于其民也。暗暗然如日之已入也。故君子將入而旭旭者。義先聞也。既入而暯暯者。民保其福也。既去而暗暗者。民失其教也。周文王曰。受命矣。胡維新本賈誼新書修政語下。宋本御覽三

周武王問於鬻子曰。寡人願守而必存。攻而必得。戰而必勝。則吾爲此柰何。鬻子對曰。唯攻守而勝乎同道。而和與嚴其備也。故曰和可以守。而嚴可以守。而嚴不若和之固也。和可以攻。而嚴可以攻。而嚴不若和之得也。和可以戰。而嚴可以職。而嚴不若和之勝也。則唯由和而可也。故諸侯發政施令。政平於人者。謂之文政矣。諸侯接士而使吏。禮恭於人者。謂之文禮矣。諸侯聽獄斷刑。治仁於人者。謂之文誅矣。故三文立于政。行於禮。陳於刑。由此守而不存。攻而不得。戰而不勝者。自古而至於今。自天地之辟也。未之嘗聞也。今也君王欲守而必存。攻而必得。職而必勝。則唯由此也而可也。周武王曰。受命矣。賈誼新書修政語下。長短經政體

周成王年六歲。即位享國。親以其身見於鬻子之家而問焉。曰。昔者先王與子修道而道修。寡人之望也。亦願以教。敢問興國之道柰何。鬻子對曰。唯。疑。請以上世之政詔於君王。政曰。興國之道。君思善則行之。君聞善則行之。君知善則行之。位敬而常之。行信而長之。則興國之道也。周成王曰。受命矣。賈誼新書修政語下

周成王曰。敢問於道之要柰何。鬻子對曰。唯。疑。請以上世之政詔於君王。政曰。爲人下者敬而肅。爲人上者恭而仁。爲人君者敬士愛民。以終其身。此道之要也。周成王曰。受命矣。同上

周成王曰。敢問治國之道若何。鬻子對曰。唯。疑。請以上世之政詔於君王。政曰。治國之道。上忠於主。而中敬其士。而下愛其民。故上忠其主者。非以道義則無以入忠也。而中敬其士。不以禮節則無以論敬也。而下愛其民。非以忠信則無以論愛也。故忠信行於民。而禮節諭於士。道義入於上。則治國之道也。雖治天下者。由此而已。周成王曰。受命矣。同上

周成王曰。寡人聞之。有上人者。有下人者。有賢人者。有不肖人者。有智人者。有愚人者。敢問上下之人何以爲異。鬻子對曰。唯。疑。請以上世之政詔於君王。政曰。凡人者。若貴若賤。若幼若老。聞道志而藏之。知道善而行之。上人矣。聞道而弗取藏也。知道而弗取行也。則謂之下人也。故夫行者善。則謂之賢人矣。行者惡。則謂之不肖矣。故夫言者善。則謂之智矣。言者不善。則謂之愚矣。故智愚之人有其辭矣。賢不肖之人別其行矣。上下之人等其志矣。周成王曰。受命矣。同上。

周成王問於鬻子曰。寡人聞之。聖人在上位。使民富且壽。云若夫富。則可爲也。若夫壽。則不在天乎。鬻子對曰。唯。疑。請以上世之政詔於君王。政曰。聖人在上位。則天下不死軍兵之事。故諸侯不私相攻。而民不私相鬬閱。不私相殺也。故聖王在上位。則民免於一死。而得一生矣。聖王在上。則君積於道。而吏積於德。而民積於用力。故婦人爲其所衣。丈夫爲其所食。則民無凍餒矣。故聖王在上。則民免於二死而得二生矣。聖王在上。則君積於仁。而吏積於愛。而民積於順。則刑罰廢矣。而民無大過之誅。故聖王在上。則民免於三死而得三生矣。聖王在上。則使民有時。而用之有節。則民無癘疾矣。故聖王在上。則民免於四死而得四生矣。故聖王在上。則使盈境内興賢良以禁邪惡。故賢人必用。而不肖人不作。則已得其命矣。故夫富且壽者。聖王之功也。周成王曰。受命矣。賈誼新書修政語下。御覽八十四。

昔者黃帝年十歲。知神農之非。而改其政。使四面從五聖。北堂書鈔十一。御覽七十九。此條當在今本昔者帝顓頊年十五之上。

昔文王見鬻子。年九十。御覽作鬻子年九十見文王。文王曰。嘻。老矣。鬻子曰。若使臣捕虎逐麋。則臣已老矣。使臣坐策國事。則臣年尚少。因立爲師。意林一。御覽三百八十三。

武王率兵車以伐紂。紂虎旅百萬。陳于商郊。起自黃鳥。訖于赤斧。走如疾風。聲如振霆。三軍之士。靡不失色。武王乃命太公把旄以麾之。紂軍反走。文選任彥昇宣德皇后令注。史岑出師頌注。范蔚宗光武紀贊注。御覽三百一。

楚文王

王名貲。武王熊通子。鬻熊十九世孫。始都郢。

僕區之法

盜所隱器。與盜同罪。左傳昭七年芊尹無宇引吾先君文王作僕區之法。注。僕區。刑書名。

楚成王

王名頵。一云名惲。文王子。弒兄杜敖藉而代立。在位四十六年。爲其子商臣所弒。謚曰成王。

號令國中

寡人之所明於人君者。莫如桓公。所賢於人臣者。莫如管仲。明其君而賢其臣。寡人願事之。誰能爲我交齊者。寡人不愛封侯之君焉。管子霸形。

楚莊王

王名旅。一云名侶。成王孫。穆王子。在位二十三年。謚曰莊王。

初即位令國中

有敢諫者。死無赦。史記楚世家。

又令

寡人惡爲人臣而遽諫其君者。今寡人有國家。立社稷。有諫則死。無赦。說苑正諫。楚莊王立爲君。三年不聽朝。乃令於國。

葬馬令

有敢以馬諫者。罪至死。史記滑稽傳。

勤箴

民生在勤。勤則不匱。左傳宣十二年。

與宋人盟

我無爾詐。爾無我虞。左傳宣十五年。

茅門法

羣臣大夫諸公子入朝。馬蹏踐霤者。廷理斬其輈。戮其御。韓非子外儲說右上

楚平王

王名居。初名弃疾。共王幼子。莊王之庶孫。以靈王之末爲亂。入立。在位十三年。謚曰平王。

過鄭誓

有犯命者。君子廢。小人降。左傳昭六年。楚公子弃疾如晉。過鄭。禁芻牧採樵。不入田。不樵樹。不采蓺。不抽屋。不强匄。誓曰云云。

公子比

比字子干。莊王之庶孫。康王以爲右尹。靈王行弑自立。懼禍出奔晉。居十三年。觀從迎立之。立十餘日。爲其弟平王所逼自殺。葬于訾。謂之訾敖。亦曰初王。

下法死靈王

有敢饟王從王者。罪及三族。史記楚世家。靈王行遇故鋗人。求食。鋗人曰。新王下法。

蔿敖

敖字孫叔。又字艾獵。一云名饒。字叔敖。隸釋三。案世本又以艾獵爲叔敖之兄。楚蔿賈子。蔿賈爲越椒所殺。坐廢。尋以虞丘薦爲令尹。病疽死。

將死戒其子

王數封我矣。吾不受也。爲我死。王則封汝。必無受利地。楚越之間有寑之丘者。此其地不利。而名甚惡。史記正義引作其爲地不利。而前有妒谷。後有戾丘。其名惡。案淮南子注。寑丘。今汝南固始地。前有垢谷。後有莊丘。名惡。荊人畏鬼而越人信禨。可長有者。其唯此也。呂氏春秋異寶。又史記滑稽傳正義。後漢郭丹傳注。竝引呂氏春秋。案此文亦見列子說符。淮南人間訓。

屈到

到字子夕。屈蕩子。令尹子木父。事楚共王爲卿。

祭典

國君有牛享。大夫有羊饋。士有豚犬之奠。庶人有魚炙之薦。籩豆脯醢。則上下共之。不羞珍異。不陳庶侈。楚語上。

觀從

從字子玉。故楚大夫觀起子。謀復蔡。迎楚公子比于晉而立之。比尋敗。平王卽位。以爲卜尹。遂復蔡。立蔡平公。

令乾谿師衆

國有王矣。先歸復爵邑田室。後者劓之。史記楚世家。觀從從師于乾谿。令楚衆云云。楚衆皆潰。去靈王而歸。

沈諸梁

諸梁字子高。楚葉縣尹。故稱葉公。白公之亂。入兼令尹司馬。事平。歸老于葉。

顧命

毋以小謀敗大作。毋以嬖御人疾莊后。毋以嬖御士疾莊士大夫卿士。禮記緇衣引葉公之顧命云云。注。葉公。楚縣公葉公子高也。臨死遺書曰顧命。案此文見逸周書祭公篇。葉乃祭字之誤。鄭望文爲解。非其實也。今姑從鄭錄之。

吳起

起。衞人。師事曾子。仕魯。去之魏。事魏文侯武侯。爲西河守。公叔害之。去之楚。楚悼王以爲相。有兵法一卷。

南門令

有能徙此於南門之外者。賜之上田上宅。韓非子內儲說上。吳起爲西河守。秦有小亭臨境。起欲攻之。不足以徵甲兵。乃倚一車轅於北門之外而令之。

西門令

有能徙此於西門之外者。賜之如初。同上。俄又置一石赤菽東門之外而令之。

攻秦亭令

明日且攻亭，有能先登者，仕之國大夫，賜之上田宅。（同上。乃下令大夫）

又南門令

明日有人僨南門之外表者，仕長大夫。（呂氏春秋慎小：吳起治西河，欲諭其信於民，夜日置表於南門之外，令於邑中。）

黃歇

歇，楚人，仕頃襄王，至左徒。考烈王即位，以為令尹，封於吳，號春申君，為李園所殺。

上書說秦昭王

天下莫彊於秦楚，今聞大王欲伐楚，此猶兩虎相與鬭。兩虎相與鬭，而駑犬受其弊，不如善楚。臣請言其說。臣聞物至則反，冬夏是也。致至（徐廣曰：至或作安）則危，累棋是也。今大國之地，徧天下有其二垂，此從生民以來，萬乘之地未嘗有也。先帝文王莊王之身，三世不忘接地於齊，以絕從親之要。今王使盛橋守事於韓，盛橋以其地入秦，是王不用甲，不信威，而得百里之地，王可謂能矣。王又舉甲而攻魏，杜大梁之門，舉河內，拔燕、酸棗、虛、桃，入邢，魏之兵雲翔而不敢捄，王之功亦多矣。王休甲息眾，二年而後復之；又并蒲、衍、首垣，以臨仁、平丘，黃、濟陽嬰城而魏氏服；王又割濮磨之北，注齊秦之要，絕楚趙之脊，天下五合六聚而不敢救，王之威亦單（徐廣曰：單亦作殫）矣。王若能持功守威，絀攻取之心，而肥仁義之地，使無後患，三王不足四，五伯不足六也。王若負人徒之眾，仗兵革之彊，乘毀魏之威，而欲以力臣天下之主，臣恐其有後患也。詩曰：靡不有初，鮮克有終。易曰：狐涉水，濡其尾。此言始之易，終之難也。何以知其然也？昔智氏見伐趙之利，而不知榆次之禍；吳見伐齊之便，而不知干隧之敗。此二國者，非無大功也，沒利於前，而易患於後也。吳之信越也，從而伐齊，既勝齊人於艾陵，還為越王禽三渚（集解引戰國策渚作

江）之浦。智氏之信韓魏也，從而伐趙，攻晉陽城，勝有日矣，韓魏叛之，殺智伯瑤於鑿臺之下。今王妒楚之不毀也，而忘毀楚之彊韓魏也。臣為王慮而不取也。詩曰：大武遠宅而不涉。從此觀之，楚國援也，鄰國敵也。詩云：趯趯毚兔，遇犬獲之。他人有心，余忖度之。今王中道而信韓魏之善王也，此正吳之信越也。臣聞之，敵不可假，時不可失。臣恐韓魏卑辭除患而實欲欺大國也。何則？王無重世之德於韓魏，而有累世之怨焉。夫韓魏父子兄弟接踵而死於秦者，將十世矣。本國殘，社稷壞，宗廟毀，刳腹絕腸，折頸摺頤（徐廣曰：一作頤），首身分離，暴骸骨於草澤，頭顱僵仆，相望於境，父子老弱係脰束手為羣虜者，相及於路。鬼神孤傷，無所血食。人民不聊生，族類離散，流亡為僕妾者，盈滿海內矣。故韓魏之不亡，秦社稷之憂也。今王資之與攻楚，不亦過乎！且王攻楚將惡出兵？王將借路於仇讎之韓魏乎？兵出之日而王憂其不返也，是王以兵資於仇讎之韓魏也。王若不借路於仇讎之韓魏，必攻隨水右壤。隨水右壤，此皆廣川大水，山林谿谷，不食之地也，王雖有之，不為得地。是王有毀楚之名，而無得地之實也。且王攻楚之日，四國必悉起兵以應王。秦楚之兵構而不離，魏氏將出而攻留、方與、銍、湖陵、碭、蕭、相，故宋必盡。齊人南面攻楚，泗上必舉。此皆平原四達膏腴之地，而使獨攻。王破楚以肥韓魏於中國而勁齊，韓魏之彊足以校於秦。齊南以泗水為境，東負海，北倚河，而無後患，天下之國莫彊於齊魏。齊魏得地葆利，而詳事下吏，一年之後，為帝未能，其於禁王之為帝有餘矣。夫以王壤土之博，人徒之眾，兵革之彊，壹舉事而樹怨於楚，遲（徐廣曰：遲一作還）令韓魏歸帝重於齊，是王失計也。臣為王慮，莫若善楚。秦楚合而為一以臨韓，韓必斂手。王襟以東山之險，帶以曲河之利，韓必為關內之侯。若是而王以十萬戍鄭，梁氏寒心，許、鄢陵嬰城，而上蔡、召陵不往來也。如此而魏亦關內侯矣。王壹善楚，

而關內兩萬乘之主。注地於齊。齊右壤可拱手而取也。王之地。一經兩海。要約天下。是燕趙無齊楚。齊楚無燕趙也。然後危動燕趙。直搖齊楚。此四國者。不待痛而服矣。史記春申君傳

荀卿

荀卿名況。趙人。時相尊而號爲卿。方音改易。又稱孫卿。年五十游齊。齊襄王以爲列大夫。三爲祭酒。去適楚。春申君以爲蘭陵令。有孫卿子十二卷。集一卷。

禮賦

爰有大物。非絲非帛。文理成章。非日非月。爲天下明。生者以壽。死者以葬。城郭以固。三軍以强。粹而王。駁而伯。無一焉而亡。臣愚不識。敢請之王。王曰。此夫文而不采者與。簡然易知而致有理者與。君子所敬。而小人所不者與。性不得則若禽獸。性得之則甚雅似者與。匹夫隆之則爲聖人。諸侯隆之則一四海者與。致明而約。甚

順而體。請歸之禮。

知賦

皇天隆物。以示下民。或厚或薄。帝不齊均。桀紂以亂。湯武以賢。涽涽淑淑。皇皇穆穆。周流四海。曾不崇日。君子以修。跖以穿室。大參乎天。精微而無形。行義以正。事業以成。可以禁暴足窮。百姓待之而後寧泰。臣愚不識。願問其名。曰。此夫安寬平而危險隘者邪。修潔之爲親。而雜汙之爲狄者邪。甚深藏而外勝敵者邪。法禹舜而能弇迹者邪。行爲動靜待之而後適者邪。血氣之精也。志意之榮也。百姓待之而後寧也。天下待之而後平也。明達純粹而無疵也。夫是之謂君子之知。

雲賦

有物於此。居則周靜致下。動則綦高以鉅。圓者中規。方者中矩。大參天地。德厚堯禹。精微乎毫毛。而大盈乎大寓。忽兮其極之遠也。攭兮其相逐而返也。卬卬兮天下之咸蹇也。德厚而不捐。五采備而成文。往來惛憊。通乎大神。出入甚極。莫知其門。天下失之則滅。得之則存。弟子不敏。此之願陳。君子設辭。請測意之。曰。此夫大而不塞者與。充盈大宇而不窕。入郄穴而不偪者與。行遠疾速。而不可託訊者與。往來惛憊。而不可爲固塞者與。暴至殺傷。而不億忌者與。功被天下。而不私置者與。託地而游宇。友風而子雨。冬日作寒。夏日作暑。廣大精神。請歸之雲。

蠶賦

有物於此。儳儳兮其狀。屢化如神。功被天下。爲萬世文。禮樂以成。貴賤以分。養老長幼。待之而後存。名號不美。與暴爲鄰。功立而身廢。事成而家敗。弃其耆老。收其後世。人屬所利。飛鳥所害。臣愚而不識。請占之五泰。五泰占之曰。此夫身女好而頭馬首者與。屢化而不壽者與。善壯而拙老者與。有父母而無牝牡者與。冬伏而夏

游。食桑而吐絲。前亂而後治。夏生而惡暑。喜溼而惡雨。蛹以爲母。蛾以爲父。三俯三起。事乃大已。夫是之謂蠶理。

箴賦

有物於此。生於山阜。處於室堂。無知無巧。善治衣裳。不盜不竊。穿窬而行。日夜合離。以成文章。以能合從。又善連衡。下覆百姓。上飾帝王。功業甚博。不見賢良。時用則存。不用則亡。臣愚不識。敢請之王。王曰。此夫始生鉅其成功小者邪。長其尾而銳其剽者邪。頭銛達而尾趙繚者邪。一往一來。結尾以爲事。無羽無翼。反覆甚極。尾生而事起。尾邅而事已。簪以爲父。管以爲母。既以縫表。又以連裏。夫是之謂箴理。荀子賦篇

爲書謝春申君

癘人憐王。此不恭之語也。雖然。不可不審察也。此爲劫弒死亡之主言也。夫人主年少而矜材。無法術以知奸。則大臣主斷國。私以

媒母之媒當作嫫

禁誅於已也。故弑賢長而立幼弱。廢正適而立不義。春秋戒之。曰楚王子圍聘於鄭。未出竟。聞王病。反問疾。遂以冠纓絞王殺之。因自立也。齊崔杼之妻美。莊公通之。崔杼帥其君黨而攻莊公。莊公請與分國。崔杼不許。欲自刃於廟。崔杼不許。莊公走出。踰於外牆。射中其股。遂殺之而立其弟景公。近代所見。李兌用趙。餓主父於沙丘。百日而殺之。淖齒用齊。擢閔王之筋。縣於其廟梁。宿夕而死。夫癘雖癰腫胞疾。上比前世。未至絞纓射股。下比近代。未至擢筋而餓死也。夫劫弑死亡之主也。心之憂勞。形之困苦。必甚於癘矣。由此觀之。癘雖憐王可也。因為賦曰。寶珍隋珠。不知佩兮。禕布與絲。不知異兮。閭姝子奢。莫知媒兮。媒母求之。又甚喜之兮。以瞽為明。以聾為聰。以是為非。以吉為凶。嗚呼上天。曷惟其同。詩曰。上天甚神。無自瘵也。（戰國策十七。又韓詩外傳四。小異。又略見荀子賦篇。案韓非子姦劫弑臣篇有此。蓋承用師說。唯篇末無賦耳。）

全上古三代文卷九終

全上古三代文卷十

烏程嚴可均校輯

宋玉

玉楚人師事屈平爲頃襄王大夫有集三卷（案漢藝文志宋玉賦十六篇今存者風賦大言賦小言賦諷賦高唐賦神女賦登徒子好色賦釣賦笛賦九辯招魂凡十一篇對楚王問高唐對不在此數如九辯爲九篇則多出漢志三篇所未審也或云笛賦有宋意送荆卿之語非宋玉作）

風賦

楚襄王游於蘭臺之宮宋玉景差侍有風颯然而至王迺披襟而當之曰快哉此風寡人所與庶人共者邪宋玉對曰此獨大王之風耳庶人安得而共之王曰夫風者天地之氣溥暢而至不擇貴賤高下而加焉今子獨以爲寡人之風豈有說乎宋玉對曰臣聞於師枳句來巢空穴來風其所託者然則風氣殊焉王曰夫風始安生哉宋玉對曰夫風生於地起於青蘋之末侵淫谿谷盛怒於土囊之口緣泰山之阿舞於松柏之下飄忽淜滂激颺熛怒耾耾雷聲迴穴錯迕蹷石伐木梢殺林莽至其將衰也被麗披離衝孔動楗眴煥粲爛離散轉移故其清涼雄風則飄舉升降乘陵高城入於深宮邸華葉而振氣徘徊於桂椒之間翱翔於激水之上將擊芙蓉之精獵蕙草離秦衡槩新夷被荑楊迴穴衝陵蕭條眾芳然後倘佯中庭北上玉堂躋於羅帷經於洞房迺得爲大王之風也故其風中人狀直憯悽惏慄清涼增欷清清泠泠愈病析酲發明耳目寧體便人此所謂大王之雄風也王曰善哉論事夫庶人之風豈可聞乎宋玉對曰夫庶人之風塕然起於窮巷之間堀堁揚塵勃鬱煩冤衝孔襲門動沙堁吹死灰駭溷濁揚腐餘邪薄入甕牖至於室廬故其風中人狀直憞溷鬱邑毆溫致溼中心慘怛生病造熱中脣爲胗得目爲蔑啗齰嗽獲死生不卒此所謂庶人之雌風也（文選）

準寧隱微以當作寧隱微以無準

大言賦

楚襄王與唐勒景差宋玉遊於陽雲之臺王曰能爲寡人大言者上座王因唏曰操是太阿剝一世流血沖天車不可以厲至唐勒曰壯士憤兮絕天維北斗戾兮太山夷至景差曰校士猛毅臯陶嘻大笑至兮摧覆思鋸牙雲晞甚大吐舌萬里唾一世至宋玉曰方地爲車圓天爲蓋長劍耿耿倚天外王曰未也玉曰并吞四夷飲枯河海跋越九州無所容止身大四塞愁不可長據地盼天迫不得仰（古文苑）

小言賦

楚襄王既登陽雲之臺令諸大夫景差唐勒宋玉等並造大言賦賦畢而宋玉受賞王曰此賦之迂誕則極巨偉矣抑未備也且一陰一陽道之所貴小往大來剝復之類也是故卑高相配而天地位三光並照則大小備能大而不小能高而不下非兼通也能麤而不能細非妙工也然則上座者未足明賞賢人有能爲小言賦者賜之雲夢之田景差曰載氛埃兮乘剽塵體輕蚊翼形微蚤鱗聿遑浮踴凌雲縱身經由鍼孔出入羅巾飄妙翩綿乍見乍泯唐勒曰析飛糠以爲輿剖粃糟以爲舟泛然投乎杯水中淡若巨海之洪流憑蚋眥以顧盼附蠛蠓而遨遊準寧隱微以原存亡而不憂又曰館於蠅鬚宴於毫端烹虱脛切蟣肝會九族而同嚌猶委餘而不殫宋玉曰無內之中微物潛生比之無象言之無名蒙蒙滅景昧昧遺形超於大虛之域出於未兆之庭纖於毳末之微蔑陋於茸毛之方生視之則眇眇望之則冥冥離朱爲之歎閟神明不能察其情二子之言磊磊皆不小何如此之爲精王曰善賜以雲夢之田（古文苑）

諷賦

楚襄王時宋玉休歸唐勒讒之於王曰玉爲人身體容冶口多微

詞出愛主人之女入事大王願王疏之玉休還王謂玉曰玉爲人身體容冶口多微詞出愛主人之女入事寡人不亦薄乎玉曰臣身體容冶受之二親口多微詞聞之聖人臣嘗出行僕飢馬疲正值主人門開主人翁出嫗又到市獨有主人女在女欲置臣堂上太高堂下太卑乃更于蘭房之室止臣其中中有鳴琴焉臣援而鼓之爲幽蘭白雪之曲主人之女翳承日之華披翠雲之裘更被白縠之單衫垂珠步搖來排臣戶曰上客無乃飢乎爲臣炊彫胡之飯烹露葵之羹來勸臣食以其翡翠之釵挂臣冠纓臣不忍仰視爲臣歌曰歲將暮兮日已寒中心亂兮勿多言臣復援琴而鼓之爲秋竹積雪之曲主人之女又爲臣歌曰內怵惕兮徂玉牀橫自陳兮君之傍君不御兮妾誰怨日將至兮下黃泉玉曰吾寧殺人之父孤人之子誠不忍愛主人之女王曰止止寡人於此時亦何能已也古文苑

高唐賦

昔者楚襄王與宋玉遊於雲夢之臺望高唐之觀其上獨有雲氣崪兮直上忽兮改容須臾之間變化無窮王問玉曰此何氣也玉對曰所謂朝雲者也王曰何謂朝雲玉曰昔者先王嘗遊高唐怠而晝寢夢見一婦人曰妾巫山之女也爲高唐之客聞君遊高唐願薦枕席王因幸之去而辭曰妾在巫山之陽高丘之阻旦爲朝雲暮爲行雨朝朝暮暮陽臺之下旦朝視之如言故爲立廟號曰朝雲王曰朝雲始出狀若何也玉對曰其始出也𣉙兮若松榯其少進也晣兮若姣姬揚袂鄣日而望所思忽兮改容偈兮若駕駟馬建羽旗湫兮如風淒兮如雨風止雨霽雲無處所王曰寡人方今可以遊乎玉曰可王曰其何如矣玉曰高矣顯矣臨望遠矣廣矣普矣萬物祖矣上屬於天下見於淵珍怪奇偉不可稱論王曰試爲寡人賦之玉曰唯唯惟高唐之大體兮殊無物類之可儀比

廷當作延

巫山赫其無疇兮道互折而層累登巉巖而下望兮臨大阺之稸水遇天雨之新霽兮觀百谷之俱集濞洶洶其無聲兮潰淡淡而竝入滂洋洋而四施兮蓊湛湛而弗止長風至而波起兮若麗山之孤畝勢薄岸而相擊兮隘交引而卻會崪中怒而特高兮若浮海而望碣石礫磥磥而相摩兮巆震天之礚礚巨石溺溺之瀺灂兮沫潼潼而高厲水澹澹而盤紆兮洪波淫淫之溶㶇奔揚踊而相擊兮雲興聲之霈霈猛獸驚而跳駭兮妄奔走而馳邁虎豹豺兕失氣恐喙鵰鶚鷹鷂飛揚伏竄股戰脅息安敢妄摯於是水蟲盡暴乘渚之陽黿鼉鱣鮪交積縱橫振鱗奮翼蜲蜲蜿蜿中阪遙望玄木冬榮煌煌熒熒奪人目精爛兮若列星曾不可殫形榛林鬱盛葩華覆蓋雙椅垂房糾枝還會徙靡澹淡隨波闇藹東西施翼猗狔豐沛綠葉紫裹丹莖白蔕纖條悲鳴聲似竽籟清濁相和五變四會感心動耳迴腸傷氣孤子寡婦寒心酸鼻長吏隳官賢士失志愁思無已歎息垂淚登高遠望使人心瘁盤岸巑岏振陳磑磑盤石險峻傾崎崖隤巖嶇參差從橫相追陬互橫啎背穴偃蹠交加累積重疊增益狀若砥柱在巫山下仰視山巔肅何芊芊炫燿虹蜺俯視崝嶸窐寥窈冥不見其底虛聞松聲傾岸洋洋立而熊經久而不去足盡汗出悠悠忽忽怊悵自失使人心動無故自恐賁育之斷不能爲勇卒愕異物不知所出縰縰莘莘若生於鬼若出於神狀似走獸或象飛禽譎詭奇偉不可究陳上至觀側地蓋底平箕踵漫衍芳草羅生秋蘭茝蕙江離載菁青荃射干揭車苞并薄草靡靡聯廷夭夭越香掩掩眾雀嗷嗷雌雄相失哀鳴相號王雎鸝黃正冥楚鳩姊歸思婦垂雞高巢其鳴喈喈當年遨遊更唱迭和赴曲隨流有方之士羨門高谿上成鬱林公樂聚穀進純犧禱琁室醮諸神禮太一傳祝已具言辭已畢王乃乘玉輿駟倉螭垂旒旌旆合諧紬大絃而雅聲流冽風過而增悲哀於是

謌謳令人惏悷憯悽脅息增欷於是乃縱獵者基址如星傳言羽獵銜枚無聲弓弩不發罘罕不傾涉漭漭馳苹苹飛鳥未及起走獸未及發何節奄忽蹏足灑血舉功先得獲車已實王將欲往見之必先齋戒差時擇日簡輿玄服建雲旆蜺爲旌翠爲蓋風起雨止千里而逝蓋發蒙往自會思萬方憂國害開賢聖輔不逮九竅通鬱精神察滯延年益壽千萬歲文選

神女賦

楚襄王與宋玉遊於雲夢之浦使玉賦高唐之事其夜王寢果夢與神女遇其狀甚麗王異之明日以白玉玉曰其夢若何王曰晡夕之後精神怳忽若有所喜紛紛擾擾未知何意目色髣髴乍若有記見一婦人狀甚奇異寐而夢之寤不自識罔兮不樂悵然失志於是撫心定氣復見所夢玉曰狀如何也王曰茂矣美矣諸好備矣盛矣麗矣難測究矣上古既無世所未見瑰姿瑋態不可勝贊其始來也耀乎若白日初出照屋梁其少進也皎若月月舒其光須臾之間美貌橫生曄兮如華溫乎如瑩五色並馳不可殫形詳而視之奪人目精其盛飾也則羅紈綺繢盛文章極服妙采照萬方振繡衣被袿裳穠不短纖不長步裔裔兮曜殿堂忽兮改容婉若遊龍乘雲翔嫷被服侻薄裝沐蘭澤含若芳性和適宜侍旁順序卑調心腸王曰若此盛矣試爲寡人賦之玉曰唯唯夫何神女之姣麗兮含陰陽之渥飾被華藻之可好兮若翡翠之奮翼其象無雙其美無極毛嬙鄣袂不足程式西施掩面比之無色近之既妖遠之有望骨法多奇應君之相視之盈目孰者克尚私心獨悅樂之無量交希恩疏不可盡暢他人莫覩王覽其狀其狀峩峩何可極言貌豐盈以莊姝兮苞溫潤之玉顏眸子炯其精朗兮瞭多美而可觀眉聯娟以蛾揚兮朱脣的其若丹素質幹之醲實兮志解泰而體閑既姽嫿於幽靜兮又婆娑乎人閒宜高殿以廣意

兮翼放縱而綽寬動霧縠以徐步兮拂墀聲之珊珊望余帷而延視兮若流波之將瀾奮長袖以正衽兮立躑躅而不安澹清靜其愔嫕兮性沈詳而不煩時容與以微動兮志未可乎得原意似近而既遠兮若將來而復旋褰余幬而請御兮願盡心之惓惓懷貞亮之潔清兮卒與我兮相難陳嘉辭而云對兮吐芬芳其若蘭精交接以來往兮心凱康以樂歡神獨亨而未結兮魂煢煢以無端含然諾其不分兮喟揚音而哀歎頩薄怒以自持兮曾不可乎犯干於是搖珮飾鳴玉鸞整衣服斂容顏顧女師命太傅歡情未接將辭而去遷延引身不可親附似逝未行中若相首目略微眄精彩相授志態橫出不可勝記意離未絕神心怖覆禮不遑訖辭不及究願假須臾神女稱遽徊腸傷氣顛倒失據闇然而暝忽不知處情獨私懷誰者可語惆悵垂涕求之至曙文選

登徒子好色賦

大夫登徒子侍於楚王短宋玉曰玉爲人體貌閑麗口多微詞又性好色願王勿與出入後宮王以登徒子之言問宋玉玉曰體貌閑麗所受於天也口多微辭所學於師也至於好色臣無有也王曰子不好色亦有說乎有說則止無說則退玉曰天下之佳人莫若楚國楚國之麗者莫若臣里臣里之美者莫若臣東家之子東家之子增之一分則太長減之一分則太短著粉則太白施朱則太赤眉如翠羽肌如白雪腰如束素齒如含貝嫣然一笑惑陽城迷下蔡然此女登牆闚臣三年至今未許也登徒子則不然其妻蓬頭攣耳齞脣歷齒旁行踽僂又疥且痔登徒子悅之使有五子王孰察之誰爲好色者矣是時秦章華大夫在側因進而稱曰今夫宋玉盛稱鄰之女以爲美色愚亂之邪臣自以爲守德謂不如彼矣且夫南楚窮巷之妾焉足爲大王言乎若臣之陋目所曾覩者未敢云也王曰試爲寡人說之大夫曰唯唯臣少曾遠遊周覽

九土。足歷五都。出咸陽。熙邯鄲。從容鄭衞溱洧之間。是時向春之末。迎夏之陽。鶬鶊喈喈。羣女出桑。此郊之姝。華色含光。體美容冶。不待飾裝。臣觀其麗者。因稱詩曰。遵大路兮攬子袪。贈以芳華辭甚妙。於是處子怳若有望而不來。忽若有來而不見。意密體疏。俯仰異觀。含喜微笑。竊視流眄。復稱詩曰。寤春風兮發鮮榮。潔齋俟兮惠音聲。贈我如此兮不如無生。因遷延而辭避。蓋徒以微辭相感動。精神相依憑。目欲其顏。心顧其義。揚詩守禮。終不過差。故足稱也。于是楚王稱善。宋玉遂不退。文選

釣賦

宋玉與登徒子偕受釣於玄洲。止而並見於楚襄王。登徒子曰。夫玄洲。天下之善釣者也。願王觀焉。王曰。其善柰何。登徒子對曰。夫玄洲釣也。以三尋之竿。八絲之線。餌若蛆蝱。鉤如細鍼。以出三赤之魚於數仞之水中。豈可謂無術乎。夫玄洲。芳水餌。挂繳鉤。其意不可得。退而牵行。下觸清泥。上則波颺。玄洲因水勢而施之。頡之頏之。委縱收斂。與魚沈浮。及其解弛也。因而獲之。襄王曰。善。宋玉進曰。今察玄洲之釣。未可謂能持竿也。又烏足爲大王言乎。王曰。子之所謂善釣者何。玉曰。臣所謂善釣者。其竿非竹。其綸非絲。其鉤非鍼。其餌非蝱也。王曰。願遂聞之。宋玉對曰。昔堯舜湯禹之釣也。以聖賢爲竿。道德爲綸。仁義爲鉤。祿利爲餌。四海爲池。萬民爲魚。釣道微矣。非聖人其孰能察之。王曰。迅哉說乎。其釣不可見也。宋玉對曰。其釣易見。王不察爾。昔殷湯以七十里。周文以百里。興利除害。天下歸之。其餌可謂芳矣。南面而掌天下。歷載數百。到今不廢。其綸可謂紉矣。羣生浸其澤。民氓畏其罰。其鉤可謂拘矣。功成而不隳。名立而不改。其竿可謂强矣。若夫竿折綸絕。餌墜鉤決。波涌魚失。是則夏桀商紂不通夫釣術也。今察玄洲之釣也。左挾魚罶。右執槁竿。立于横汙之涯。倚乎楊柿之間。精不離乎魚喙。思

横當作潢

不出乎鮒鯿。形容枯槁。神色憔悴。樂不役勤。獲不當費。斯乃水濱之役夫也已。君王又何稱焉。王若建堯舜之洪竿。攄禹湯之修綸。投之于瀆。視之于海。漫漫羣生。孰非吾有。其爲大王之釣。不亦樂乎。古文苑

笛賦

余嘗觀於衡山之陽。見奇篠異幹罕節間枝之叢生也。其處磅磄千仞。絕谿凌阜。隆崛萬丈。盤石雙起。丹水涌其左。醴泉流其右。其陰則積雪凝霜。霧露生焉。其東則朱天皓日。素朝明焉。其南則盛夏清微。春陽榮焉。其西則涼風遊旋。吸逮存焉。幹枝洞長。桀出有良。名高有脫誤師曠將爲陽春。其北則鄙白雪之曲。藝文類聚作師曠將爲陽春北鄭白雪之曲假塗南國。至於此山。望其叢生。見其異形。因命陪乘。取其雄焉。宋意將送荆卿於易水之上。得其雌焉。於是乃使王爾公輸之徒。合妙意。角較手。遂以爲笛。於是天旋少陰。白日西靡。命嚴春。使午子。文選洞簫賦注作使叔子。案注又引毛詩傳。昔顏叔子獨處於室。鄰之嫠婦又獨處室云云。午子。卽魯男子也。延長頸。奮玉手。摛朱脣。曜皓齒。頳顏臻。玉貌起。吟清商。追流徵。歌伐檀。號孤子。發久轉。舒積鬱。其爲幽也。甚乎懷永抱絕。喪夫天亡稚子。纖悲微痛。毒離肌腸。腠理激叫。入青雲。慷慨切窮士。度曲口羊腸。揆殃振奔。逸遊泆志。列絃節。武毅發。沈憂結。呵鷹揚。叱太一。聲淫淫以黯黮。氣旁合而爭出。歌壯士之必往。悲猛勇乎飄疾。麥秀漸兮鳥聲革。翼招伯奇于源陰。追申子于晉域。夫奇曲雅樂。所以禁淫也。錦繡黼黻。所以御寒也。縟則泰過。是以檀卿刺鄭聲。周人傷北里也。亂曰。芳林皓幹。有奇寶兮。博人通明。樂斯道兮。般衍瀾漫。終不老兮。雙枝閒麗。貌甚好兮。八音和調。成稟受兮。善善不衰。爲世保兮。絕鄭之遺。離南楚兮。美風洋洋。而暢茂兮。嘉樂悠長。俟賢士兮。鹿鳴萋萋。思我友兮。安心隱志。可長久兮。古文苑。北堂書鈔一百十一引七條。藝文類聚四十四。按此賦用宋意送荆卿事。非宋玉作。然隋唐已前本集有之。誤收久矣。不必刪耳。

嗟當作羌

九辯九首

悲哉秋之爲氣也。蕭瑟兮草木搖落而變衰。憭慄兮若在遠行。登山臨水兮送將歸。泬寥兮天高而氣清。宋嵺兮收潦而水清。憯悽增欷兮薄寒之中人。愴怳懭悢兮去故而就新。坎廩兮貧士失職而志不平。廓落兮羇旅而無友生。惆悵兮而私自憐。燕翩翩其辭歸兮。蟬宋漠而無聲。鴈廱廱而南遊兮。鵾雞啁哳而悲鳴。獨申旦而不寐兮。哀蟋蟀之宵征。時亹亹而過中兮。蹇淹留而無成。

悲憂窮戚兮獨處廓。有美一人兮心不繹。去鄉離家兮徠遠客。超逍遙兮今焉薄。專思君兮不可化。君不知兮可柰何。蓄怨兮積思。心煩憺兮忘食事。願一見兮道余意。君之心兮與余異。車既駕兮朅而歸。不得見兮心傷悲。倚結軨兮長太息。涕潺湲兮下霑軾。忼慨絕兮不得。中瞀亂兮迷惑。私自憐兮何極。心怦怦兮諒直。

皇天平分四時兮。竊獨悲此廩秋。白露既下百草兮。奄離披此梧楸。去白日之昭昭兮。襲長夜之悠悠。離芳藹之方壯兮。余萎約而悲愁。秋既先戒以白露兮。冬又申之以嚴霜。收恢台之孟夏兮。然欿傺而沈藏。葉菸邑而無色兮。枝煩挐而交橫。顏淫溢而將罷兮。柯彷彿而萎黃。萷櫹槮之可哀兮。形銷鑠而瘀傷。惟其紛糅而將落兮。恨其失時而無當。擥騑轡而下節兮。聊逍遙以相佯。歲忽忽而遒盡兮。恐余壽之弗將。悼余生之不時兮。逢此世之俇攘。澹容與而獨倚兮。蟋蟀鳴此西堂。心怵惕而震盪兮。何所憂之多方。卬明月而太息兮。步列星而極明。

竊悲夫蕙華之曾敷兮。紛旖旎乎都房。何曾華之無實兮。從風雨而飛颺。以爲君獨服此蕙兮。嗟無以異於衆芳。閔奇思之不通兮。將去君而高翔。心閔憐之慘悽兮。願一見而有明。重無怨而生離兮。中結軫而增傷。豈不鬱陶而思君兮。君之門以九重。猛犬狺狺而迎吠兮。關梁閉而不通。皇天淫溢而秋霖兮。后土何時而得漧。

塊獨守此無澤兮。仰浮雲而永歎。

何時俗之工巧兮。背繩墨而改錯。卻騏驥而不乘兮。策駑駘而取路。當世豈無騏驥兮。誠莫之能善御。見執轡者非其人兮。故駶跳而遠去。鳧鴈皆唼夫粱藻兮。鳳愈飄翔而高舉。圜鑿而方枘兮。吾固知其鉏鋙而難入。衆鳥皆有所登棲兮。鳳獨遑遑而無所集。願銜枚而無言兮。嘗被君之渥洽。太公九十乃顯榮兮。誠未遇其匹合。謂騏驥兮安歸。謂鳳皇兮安棲。變古易俗兮世衰。今之相者兮舉肥。騏驥伏匿而不見兮。鳳皇高飛而不下。鳥獸猶知懷德兮。何云賢士之不處。驥不驟進而求服兮。鳳亦不貪餧而妄食。君棄遠而不察兮。雖願忠其焉得。欲寂漠而絕端兮。竊不敢忘初之厚德。獨悲愁其傷人兮。馮鬱鬱其何極。

霜露慘悽而交下兮。心尚幸其弗濟。霰雪雰糅其增加兮。乃知遭命之將至。願徼幸而有待兮。泊莽莽與壄草同死。願自往而徑遊兮。路壅絕而不通。欲循道而平驅兮。又未知其所從。然中路而迷惑兮。自壓按而學誦。性愚陋以褊淺兮。信未達乎從容。竊美申包胥之氣盛兮。恐時世之不固。何時俗之工巧兮。滅規榘而改鑿。獨耿介而不隨兮。願慕先聖之遺教。處濁世而顯榮兮。非余心之所樂。與其無義而有名兮。寍窮處而守高。食不媮而爲飽兮。衣不苟而爲溫。竊慕詩人之遺風兮。願託志乎素餐。蹇充倔而無端兮。泊莽莽而無垠。無衣裘以御冬兮。恐溘死不得見乎陽春。

靚杪秋之遙夜兮。心繚悷而有哀。春秋逴逴而日高兮。然惆悵而自悲。四時遞來而卒歲兮。陰陽不可與儷偕。白日晼晚其將入兮。明月銷鑠而減毀。歲忽忽而遒盡兮。老冉冉而愈弛。心搖悅而日幸兮。然怊悵而無冀。中憯惻之悽愴兮。長太息而增欷。年洋洋以日往兮。老嵺廓而無處。事亹亹而覬進兮。蹇淹留而躊躇。

何氾濫之浮雲兮。猋壅蔽此明月。忠昭昭而願見兮。然霒曀而莫

輊當作輕

逵。願皓日之顯行兮。雲蒙蒙而蔽之。竊不自聊而願忠兮。或黕點而汙之。堯舜之抗行兮。瞭冥冥而薄天。何險巇之嫉妒兮。被以不慈之僞名。彼日月之照明兮。尙黯黮而有瑕。何況一國之事兮。亦多端而膠加。

被荷裯之晏晏兮。然潢洋而不可帶。旣驕美而伐武兮。負左右之耿介。憎愠惀之脩美兮。好夫人之慷慨。衆踥蹀而日進兮。美超遠而逾邁。農夫輟耕而容與兮。恐田野之蕪穢。事緜緜而多私兮。竊悼後之危敗。世雷同而炫曜兮。何毀譽之昧昧。今修飾而窺鏡兮。後尙可以竄藏。願寄言夫流星兮。羌儵忽而難當。卒壅蔽此浮雲兮。下暗漠而無光。堯舜皆有所舉任兮。故高枕而自適。諒無怨於天下兮。心焉取此怵惕。乘騏驥之瀏瀏兮。馭安用夫强策。諒城郭之不足恃兮。雖重介之何益。邅翼翼而無終兮。忳惛惛而愁約。生天地之若過兮。功不成而無效。願沈滯而不見兮。尙欲布名乎天下。然潢洋而不遇兮。直怐愗而自苦。莽洋洋而無極兮。忽翱翔之焉薄。國有驥而不知乘兮。焉皇皇而更索。甯戚謳於車下兮。桓公聞而知之。無伯樂之善相兮。今誰使乎譽之。罔流涕以聊慮兮。惟著意而得之。紛純純之願忠兮。妒被離而鄣之。

願賜不肖之軀而別離兮。放遊志乎雲中。乘精氣之摶摶兮。騖諸神之湛湛。驂白霓之習習兮。歷羣靈之豐豐。左朱雀之茇茇兮。右蒼龍之躣躣。屬雷師之闐闐兮。通飛廉之衙衙。前輕輬之鏘鏘兮。後輜乘之從從。載雲旗之委蛇兮。扈屯騎之容容。計專專之不可化兮。願遂推而爲臧。賴皇天之厚德兮。還及君之無恙。楚辭。又文選有前五首。

招魂

朕幼淸以廉潔兮。身服義而未沬。主此盛德兮。牽於俗而蕪穢。上無所考此盛德兮。長離殃而愁苦。帝告巫陽曰。有人在下。我欲輔之。魂魄離散。汝筮予之。巫陽對曰。掌㝱上帝其難從。文選作其命難從。若必筮予之。恐後之謝。文選作謝之。不能復用巫陽焉。乃下招曰。魂兮歸來。去君之恆幹。何爲四方些。舍君之樂處。而離彼不祥些。魂兮歸來。東方不可以託些。長人千仞。惟魂是索些。十日代出。流金鑠石些。彼皆習之。魂往必釋些。歸來兮不可以託些。魂兮歸來。南方不可以止些。雕題黑齒。得人肉以祀。以其骨爲醢些。蝮蛇蓁蓁。封狐千里些。雄虺九首。往來儵忽。吞人以益其心些。歸來兮不可以久淫些。魂兮歸來。西方之害。流沙千里些。旋入雷淵。爢散而不可止些。幸而得脫。其外曠宇些。赤蟻若象。玄蠭若壺些。五穀不生。藂菅是食些。其土爛人。求水無所得些。彷徉無所倚。廣大無所極些。歸來兮恐自遺賊些。魂兮歸來。北方不可以止些。增冰峨峨。飛雪千里些。歸來兮不可以久些。魂兮歸來。君無上天些。虎豹九關。啄害下人些。一夫九首。拔木九千些。豺狼從目。往來侁侁些。懸人以娭。投之深淵些。致命於帝。然後得瞑些。歸來歸來。往恐危身些。魂兮歸來。君無下此幽都些。土伯九約。其角觺觺些。敦脄血拇。逐人駓駓些。參目虎首。其身若牛些。此皆甘人。歸來歸來。恐自遺災些。魂兮歸來。入修門些。工祝招君。背行先些。秦篝齊縷。鄭緜絡些。招具該備。永嘯呼些。魂兮歸來。反故居些。天地四方。多賊姦些。像設君室。靜閒安些。高堂邃宇。檻層軒些。層臺累榭。臨高山些。網戶朱綴。刻方連些。冬有突廈。夏室寒些。川谷徑復。流潺湲些。光風轉蕙。氾崇蘭些。經堂入奧。朱塵筵些。砥室翠翹。挂文選作絓曲瓊些。翡翠珠被。爛齊光些。蒻阿拂壁。羅幬張些。纂組綺縞。結琦文選作奇璜些。室中之觀。多珍怪些。蘭膏明燭。華容備些。二八侍宿。射遞代些。九侯淑女。多迅衆些。盛鬋不同制。實滿宮些。容態好比。順彌代些。弱顏固植。謇其有意些。姱容修態。絚洞房些。蛾眉曼睩。目騰光些。靡顏膩理。遺視矊些。離榭修幕。侍君之閒些。翡帷翠帳。文選作幬飾高堂些。紅壁

秦當作奏

沙版玄玉梁些。仰觀刻桷畫龍蛇些。坐堂伏檻臨曲池些。芙蓉始發雜芰荷些。紫莖屏風文緣波些。文異豹飾侍陂陁些。軒輬既低步騎羅些。蘭薄戶樹瓊木籬些。魂兮歸來何遠為些。室家遂宗食多方些。稻粢穱麥挐黃粱些。大苦鹹酸辛苦行些。肥牛之腱臑若芳些。和酸若苦陳吳羹些。胹鼈炮羔有柘漿些。鵠酸臇鳧煎鴻鶬些。露雞臛蠵厲而不爽些。粔籹蜜餌有餦餭些。瑤漿蜜勺實羽觴些。挫糟凍飲酎清涼些。華酌既陳有瓊漿些。歸來反故室（一云歸反故室無來字文選作歸來歸來）敬而無妨些。肴羞未通女樂羅些。敶鐘按鼓造新歌些。涉江采菱發揚荷些。美人既醉朱顏酡些。娭光眇視目曾波些。被文服纖麗而不奇些。長髮曼鬋豔陸離些。二八齊容起鄭舞些。衽若交竿撫案下些。竽瑟狂會搷鳴鼓些。宮庭震驚發激楚些。吳歈蔡謳奏大呂些。士女雜坐亂而不分些。放敶組纓班其相紛些。鄭衛妖玩來雜陳些。激楚之結獨秀先些。菎蔽象棊有六簙些。分曹並進遒相迫些。成梟而牟呼五白些。晉制犀比費白日些。鏗鐘搖簴揳梓瑟些。娛酒不廢沈日夜些。蘭膏明燭華鐙錯些。結撰至思蘭芳假些。人有所極同心賦些。酎飲盡歡樂先故些。魂來歸兮反故居些。

亂曰。獻歲發春兮汩吾南征。菉蘋齊葉兮白芷生。路貫廬江兮左長薄。倚沼畦瀛兮遙望博。青驪結駟兮齊千乘。懸火延起兮玄顏烝。步及驟處兮誘騁先。抑騖若通兮引車右還。與王趨夢兮課後先。君王親發兮憚青兕。朱明承夜兮時不可以淹。皋蘭被徑兮斯路漸。湛湛江水兮上有楓。目極千里兮傷春心。魂兮歸來哀江南。

（楚辭　文選）

對楚王問

楚襄王問于宋玉曰。先生其有遺行與。何士民眾庶不譽之甚也。宋玉對曰。唯。然。有之。願大王寬其罪使得畢其辭。客有歌于郢中

者。其始曰下里巴人。國中屬而和者數千人。其為陽阿薤露。國中屬而和者數百人。其為陽春白雪。國中屬而和者不過數十人。引商刻羽。雜以流徵。國中屬而和者不過數人而已。是其曲彌高。其和彌寡。故鳥有鳳而魚有鯤。鳳皇上擊九千里。絕雲霓。負蒼天。足亂浮雲。翱翔乎杳冥之上。夫蕃籬之鷃。豈能與之料天地之高哉。鯤魚朝發崑崙之墟。暴鬐於碣石。暮宿於孟諸。夫尺澤之鯢。豈能與之量江海之大哉。故非獨鳥有鳳而魚有鯤也。士亦有之。夫聖人瑰意琦行。超然獨處。世俗之民。又安知臣之所為哉。（文選）

高唐對

楚襄王與宋玉遊于雲夢之野。將使宋玉賦高唐之事。望朝雲之館。上有雲氣。崪乎直上。忽而改容。須臾之間。變化無窮。王問宋玉曰。此何氣也。對曰。昔者先王遊於高唐。怠而晝寢。夢一婦人。曖乎若雲。煥乎若星。將行未至。如浮如停。詳而視之。西施之形。王悅而問焉。曰。我帝之季女也。名曰瑤姬。未行而亡。封巫山之臺。精魂依草。實為藷芝。媚而服焉。則與夢期。所謂巫山之女高唐之姬。聞君遊於高唐。願薦枕席。王因而幸之。（御覽三百九十九引襄陽耆舊記）

楚襄王與宋玉遊於雲夢之野。望朝雲之館。有氣焉。須臾之間。變化無窮。王問。此是何氣也。玉對曰。昔先王遊於高唐。怠而晝寢。夢見一婦人。自云我帝之季女。名曰瑤姬。未行而亡。封于巫山之臺。聞王來遊。願薦枕席。王因幸之。去乃言。妾在巫山之陽。高丘之阻。旦為朝雲。暮為行雨。朝朝暮暮。陽臺之下。旦而視之。果如其言。為之立館。名曰朝雲。（文選江淹雜體擬潘岳述哀詩注引宋玉集。按此與文選高唐賦御覽襄陽耆舊記小異）

宋玉集序　附

宋玉事楚懷王。友人言之王。王以為小臣。玉讓友人。友曰。薑桂因地而生。不因地而辛。女因媒而嫁。不因媒而親也。（北堂書鈔原本三十三引宋玉集序。陳禹謨本改引新序。案韓詩外傳。宋玉因其友見楚相。楚相待之無以異。讓其友。其友曰。夫薑桂云云。新序宋玉因其友以

作報友人書甚誤不知下文有宋玉辨語

景差

景與昭屈皆楚同姓差亦作瑳事頃襄王爲大夫按說苑政理有景差相鄭與晉叔向同時蓋別是一人

大招

青春受謝白日昭只春氣奮發萬物遽只冥淩浹行魂無逃只魂魄歸徠無遠遙只魂乎歸徠無東無西無南無北只東有大海溺水浟浟只螭龍並流上下悠悠只霧雨淫淫白皓膠只魂乎無東湯谷宋只魂乎無南南有炎火千里蝮蛇蜒只山林險隘虎豹蜿只鰅鱅短狐王虺騫只魂乎無南蜮傷躬只魂乎無西西方流沙漭洋洋只豕首縱目被髮鬤只長爪踞牙誒笑狂只魂乎無西多害傷只魂乎無北北有寒山逴龍赩只代水不可涉深不可測只

天白顥顥寒凝凝只魂乎無往盈北極只魂魄歸徠閒以靜只自恣荊楚安以定只逞志究欲心意安只窮身永樂年壽延只魂乎歸徠樂不可言只五穀六仞設菰粱只鼎臑盈望和致芳只內鶬鴿鵠味豺羹只魂乎歸徠恣所嘗只鮮蠵甘雞和楚酪只醢豚苦狗膾苴蓴只吳酸蒿蔞不沾薄只魂兮歸徠恣所擇只炙鴰烝鳧煔鶉敶只煎鰿臛雀遽爽存只魂乎歸徠麗以先只四酎并孰不澀嗌只清馨凍飲不歠役只吳醴白櫱和楚瀝只魂乎歸徠不遽惕只代秦鄭衛鳴竽張只伏戲駕辯楚勞商只謳和揚阿趙簫倡只魂乎歸徠定空桑只二八接舞投詩賦只叩鐘調磬娛人亂只四上競氣極聲變只魂乎歸徠聽歌譔只朱脣皓齒嫭以姱只比德好閒習以都只豐肉微骨調以娛只魂乎歸徠安以舒只嫮目宜笑娥眉曼只容則秀雅穉朱顏只魂乎歸徠靜以安只姱脩滂浩麗以佳只曾頰倚耳曲眉規只滂心綽態姣麗施只小腰秀頸若鮮卑只魂乎歸徠思怨移只易中利心以動作只粉白黛黑施芳澤只長袂拂面善留客只魂乎歸徠以娛昔只青色直眉美目媔只靨輔奇牙宜笑嘕只豐肉微骨體便娟只魂乎歸徠恣所便只夏屋廣大沙堂秀只南房小壇觀絕霤只曲屋步壛宜擾畜只騰駕步遊獵春囿只瓊轂錯衡英華假只茝蘭桂樹鬱彌路只魂乎歸徠恣志慮只孔雀盈園畜鸞皇只鵾鴻群晨雜鶖鶬只鴻鵠代遊曼鷫鷞只魂乎歸徠鳳皇翔只曼澤怡面血氣盛只永宜厥身保壽命只室家盈廷爵祿盛只魂乎歸徠居室定只接徑千里出若雲只三圭重侯聽類神只察篤夭隱孤寡存只魂兮歸徠正始昆只田邑千畛人阜昌只美冒衆流德澤章只先威後文善美明只魂乎歸徠賞罰當只名聲若日照四海只德譽配天萬民理只北至幽陵南交阯只西薄羊腸東窮海只魂乎歸徠尚賢士只發政獻仁禁苛暴只舉傑壓陛誅譏罷只直贏在位近禹麾只豪

傑執政流澤施只魂乎徠歸國家爲只雄雄赫赫天德明只三公穆穆登降堂只諸侯畢極立九卿只昭質既設大侯張只執弓挾矢揖辭讓只魂乎徠歸尚三王只楚辭王逸敘曰大招屈原之所作也或曰景差疑不能明也洪興祖以爲非屈原作今按漢志屈原賦二十五篇謂離騷一篇九歌十一篇天問一篇九章九篇遠遊卜居漁父各一篇凡二十五篇洪說是也

唐勒

勒楚人仕頃襄王爲大夫

奏士論

我是楚也世霸南土自越以至葉垂弘境萬里故號曰萬城也水經沔水注

全上古三代文卷十終

謗當作訴

全上古三代文卷十一

烏程嚴可均校輯

趙鞅

鞅一稱志父。趙武孫。與秦俱伯翳之後。事晉頃公、定公、出公。爲上卿。謚曰簡子。孟之言長。故自趙盾至鞅。通稱趙孟。鞅專晉權。四世至敬侯章。與韓魏共滅晉。遂爲三晉。

鐵誓

范氏中行氏反易天明。斬艾百姓。欲擅晉政而滅其君。寡君恃鄭而保焉。今鄭爲不道。弃君助臣。二三子順天明。從君命。經德義。除詬恥。在此行也。克敵者。上大夫受縣。下大夫受郡。士田十萬。庶人工商遂。人臣隸圉免。志父無罪。君實圖之。若其有罪。絞縊以戮。桐棺三寸。不設屬辟。素車樸馬。無入于兆。下卿之罰也。左傳哀二年

自爲二書牘與二子

節用聽聰。敬賢勿慢。能能勿賤。御覽一百四十六引韓詩外傳

趙武靈王

王名雍。鞅七世孫。肅侯子。在位二十七年。傳國少子何。是爲惠文王。而自號主父。後四年。公子成、李兌作亂。餓死沙丘宮。謚曰武靈王。

命相國肥義傅少子

毋變而度。毋異而慮。堅守一心。以歿而世。史記趙世家。肥義曰。昔者主父以王屬我也。曰云云。義再拜受命而籍之。

潘吾勒石

主父常遊於此。韓非子外儲說左上。趙主父令工施鉤梯而緣潘吾。刻疏人迹其上。廣三尺。長五尺。而勒之。

趙惠文王

王名何。武靈王少子。在位三十三年。謚曰惠文王。

空雄約

自今以來。秦之所欲爲。趙助之。趙之所欲爲。秦助之。呂氏春秋淫辭篇。空雄之遇。秦趙相與約。

代王嘉

王名嘉。趙悼襄王之適子。以無寵廢。至幽繆王遷之八年。秦拔邯鄲。虜王遷。趙人北保代。擁立爲王。王代六年。爲秦將王賁所虜。

遺燕王喜書

秦所以尤追燕急者。以太子丹故也。今王誠殺丹獻之秦王。秦王必解。而社稷幸得血食。史記刺客傳。秦拔薊城。燕王喜、太子丹等東保遼東。秦將李信追擊燕王急。代王乃遺燕王喜書。

董安于

安于。趙簡子家臣。守晉陽。范中行之亂。以與謀爲荀躒所譖。自殺。

書趙簡子夢之帝所事

趙簡子疾。五日不知人。大夫皆懼。醫扁鵲視之。出。董安于問。扁鵲曰。血脈治也。而何怪。在昔秦穆公嘗如此。七日而寤。寤之日。告公孫支與子輿曰。我之帝所甚樂。吾所以久者。適有學也。帝告我。晉國將大亂。五世不安。其後將霸。未老而死。霸者之子且令而國男女無別。公孫支書而藏之。秦讖於是出矣。獻公之亂。文公之霸。而襄公敗秦師於殽而歸縱淫。此子之所聞。今主君之疾與之同。不出三日。疾必間。間必有言也。居二日半。簡子寤。語大夫曰。我之帝所甚樂。與百神遊於鈞天。廣樂九奏萬舞。不類三代之樂。其聲動人心。有一熊欲來援我。帝命我射之。中熊。熊死。又有一羆來。我又射之。中羆。羆死。帝甚喜。賜我二笥。皆有副。吾見兒在帝側。帝屬我一翟犬。曰。及而子之壯也。以賜之。帝告我。晉國且世衰。七世而亡。嬴姓將大敗周人於范魁之西。而亦不能有也。今余思虞舜之勳。

適余將以其冑女孟姚配而七世之孫。董安于受言而書藏之。以扁鵲言告簡子。簡子賜扁鵲田四萬畝。史記趙世家

又書子晰事

他日簡子出。有人當道。辟之不去。從者怒。將刃之。當道者曰。吾欲有謁於主君。從者以聞。簡子召之。曰。譆。吾有所見子晰也。當道者曰。屏左右。願有謁。簡子屏人。當道者曰。主君之疾。臣在帝側。簡子曰。然。有之。子之見我。我何爲。當道者曰。帝令主君射熊與羆。皆死。簡子曰。是。且何也。當道者曰。晉國且有大難。主君首之。帝令主君滅二卿。夫熊與羆。皆其祖也。簡子曰。帝賜我二笥。皆有副。何也。當道者曰。主君之子。將克二國于翟。皆子姓也。簡子曰。吾見兒在帝側。帝屬我一翟犬。曰。及而子之長以賜之。夫兒何謂以賜翟犬。當道者曰。兒。主君之子也。翟犬者。代之先也。主君之子必且有代。及主君之後嗣。且有革政而胡服。并二國于翟。簡子問其姓而延之以官。當道者曰。臣野人。致帝命耳。遂不見。簡子書藏之府。同上。案此與上文夢之帝所爲一事。未必簡子自書。蓋亦董安于受言而書藏之府耳。史蒙上文。故省其辭。

陽虎

虎字貨。見孟子疏引論語孔注。爲季氏家臣。以謀去三桓事敗。奔齊。齊囚之。逃奔宋。又奔晉。趙鞅迎爲相。

議

主賢明。則悉心以事之。不肖。則飾姦而試之。韓非子外儲說左下

王登

登。趙襄子家臣。爲中牟令。

上言舉中牟二士

中牟有士曰中章胥已者。其身甚脩。其學甚博。君何不舉之。韓非子外儲左上。王登爲中牟令。上言於襄主。主曰。子見之。我將爲中大夫。

諒毅

毅。趙之辯士。

獻書秦王

大王廣地寧邑。諸侯皆賀。敝邑寡君亦竊嘉之。不敢寧居。使下臣奉其幣物。三至王廷。而使不得通。使若無罪。願大王無絕其歡。若使有罪。願得請之。戰國策二十一

李牧

牧事趙孝成王。常居代雁門。爲北邊良將。悼襄王時以破秦軍功封武安君。王遷末秦攻趙。郭開受秦金。誣以謀反。誅後三月而虜王遷。

備邊約

匈奴卽入盜。急入收保。有敢捕虜者斬。史記廉頗藺相如附傳

秦孝公

公姓嬴。亦姓趙。名渠梁。伯翳之後。獻公子。在位二十四年。謚曰孝公。

下令國中

昔我穆公自岐雍之間。脩德行武。東平晉亂。以河爲界。西霸戎翟。廣地千里。天子致伯。諸侯畢賀。爲後世開業。甚光美。會往者厲躁簡公出子之不寧。國家內憂。未遑外事。三晉攻奪我先君河西地。諸侯卑秦。醜莫大焉。獻公卽位。鎭撫邊境。徙治櫟陽。且欲東伐復穆公之故地。脩穆公之政令。寡人思念先君之意。常痛於心。賓客羣臣。有能出奇計彊秦者。吾且尊官。與之分土。史記秦本紀

秦昭襄王

王名則。一名稷。孝公之孫。悼武王異母弟。初爲質于燕。燕送歸得立。在位五十六年。謚曰昭襄王。

下令國中

有敢言鄭安平事者。以其罪罪之。史記范睢傳

遺楚懷王書

始寡人與王約爲弟兄，盟于黃棘，太子爲質，至驩也。太子陵殺寡人之重臣，不謝而亡去，寡人誠不勝怒，故兵侵君王之邊。今聞君王乃令太子質于齊以求平。寡人與楚接境壤界，故爲婚姻，所從相親久矣。而今秦楚不驩，則無以令諸侯。寡人願與君王會武關，面相約，結盟而去，寡人之願也。敢以聞下執事。史記楚世家

遺楚頃襄王書

楚倍秦，秦且率諸侯伐楚，爭一日之命。願王之飭士卒，得一樂戰。史記楚世家

詳爲好書遺平原君

寡人聞君之高義，願與君爲布衣之交。君幸過寡人，寡人願與君爲十日之飲。史記范雎傳：秦昭王聞魏齊在平原君所，欲爲范雎必報其仇，乃詳爲好書遺平原君。

遺趙孝成王書

君之弟在秦，范君之仇魏齊在平原君之家，王使人疾持其頭來。不然，吾舉兵而伐趙，又不出王之弟於關。同上

與夷人刻石爲盟要

秦犯夷，輸黃龍一雙；夷犯秦，輸清酒一鍾。後漢南蠻傳，又華陽國志一

華山勒石

昭王嘗與天神博於此矣。韓非子外儲說左上：秦昭王令工施鉤梯而上華山，以松柏之心爲博，箭長八尺，棋長八寸，而勒之。

秦宣太后

后姓羋，號羋八子，楚人，秦相穰侯魏冉之異父姊，爲惠文王妃，生昭襄王。王即位，尊爲太后，臨朝四十一年，爲范雎所廢。其明年薨，謚曰宣。全文總例：母后在諸臣前，故不入列女類。

將死出令

爲我葬，必以魏子爲殉。戰國策四：秦宣太后愛魏醜夫，太后病將死，出令。

卒當作率

杞子

杞子，秦大夫，穆公使戍鄭，尋謀襲鄭，事覺奔齊。

自鄭使告于秦

鄭人使我掌其北門之管，若潛師以來，國可得也。左傳僖三十二年

商鞅

鞅姓公孫，衞之庶孽公子，故稱衞鞅。初事魏相公叔痤，爲中庶子。痤死，去魏入秦，秦孝公以爲左庶長，進大良造，封之商於，號爲商君。相秦十年，秦以富彊。惠王即位，公子虔之徒誣以謀反，亡還魏，魏弗受，復入秦，秦獲之，車裂以徇。有商君書五卷。

定變法之令

令民爲什伍，而相收司連坐。不告姦者腰斬，告姦者與斬敵者同賞，匿姦者與降敵同罰。民有二男以上不分異者，倍其賦。有軍功者，各以卒受上爵。爲私鬭者，各以輕重被刑大小。僇力本業耕織致粟帛多者，復其身。事末利及怠而貧者，舉以爲收孥。宗室非有軍功論，不得爲屬籍。明尊卑爵秩等級，各以差次名田宅，臣妾衣服以家次。有功者顯榮，無功者雖富無所芬華。史記商君傳

南門募徙木令

有能徙置北門者予十金。史記商君傳：令既具，未布，恐民之不信，已乃立三丈之木於國都市南門，募云云。

復募

能徙者予五十金。史記商君傳：民怪之，莫敢徙，復曰。

遺魏將公子卬書

吾始與公子驩，今俱爲兩國將，不忍相攻，可與公子面相見，盟，樂飲而罷兵，以安秦魏。史記商君傳

六法當作立法。案商君書二十九篇，今二十四篇見存，不錄，錄其佚篇。

先王當時而立法，度務而制事。法宜其時則治，事適其務故有功。

然則法有時而治，事有當而功。今時移而法不變，務易而事以古，是法與時詭，而事與務易也。故法立而亂益，務爲而事廢。故聖王之治國也，不法古，不循今，當時而立功，在難而能免。今民能變俗矣，而法不易；國形更勢矣，而務以古。夫法者民之治也，務者事之用也。國失法則危，事失用則不成。故法不當時，而務不適用，而不危者，未之有也。（羣書治要三十六）

張儀

儀，魏人。與蘇秦俱師事鬼谷先生。說楚，爲楚相所辱。蘇秦激之入秦，秦惠王以爲客卿，尋相秦。去而相魏，相楚。從約解，秦封爲武信君。悼武王即位，素有卻，去，復相魏。有《張子》十篇。

答鬼谷先生書

先生秉德含弘，飢必啜芝英，渴必飲玉漿，德與神靈齊，明與三光同。不忘賜書，戒以貪味。儀以不敏，名聞不昭，入秦匡霸，欲翼昏君，刺以河邊，喻以深山，譬素空闇，誠銜斯旨。儀等曰：偉哉先生，方覽遐墜，興亡皎然。二子不能抑志退身，甘蓼蟲之樂，棲竹葦之巢，自掇泯滅，悲夫痛哉。（錄異記鬼谷先生遺儀秦書，儀秦答）

爲秦破從連橫獻書楚王

秦地半天下，兵敵四國，被山帶河，四塞以爲固。虎賁之士百餘萬，車千乘，騎萬匹，粟如丘山。法令既明，士卒安難樂死。主嚴以明，將知以武。雖無出兵甲，席捲常山之險，折天下之脊，天下後服者先亡。且夫爲從者，無以異於驅羣羊而攻猛虎也。夫虎之與羊不格明矣。今大王不與猛虎而與羣羊，竊以爲大王之計過矣。凡天下强國，非秦而楚，非楚而秦，兩國敵侔交爭，其勢不兩立。而大王不與秦，秦下甲兵，據宜陽，韓之上地不通；下河東，取成皋，韓必入臣於秦。韓入臣，魏則從風而動。秦攻楚之西，韓魏攻其北，社稷豈得無危哉？且夫約從者，聚羣弱而攻至强也。夫以弱攻彊，不料敵而

輕戰，國貧而驟舉兵，此危亡之術也。臣聞之，兵不如者勿與挑戰，粟不如者勿與持久。夫從人者，飾辯虛辭，高主之節行，言其利而不言其害，卒有楚禍（史記作秦禍），無及爲已。是故願大王之熟計之也。秦西有巴蜀，方船（史記作大船）積粟，起於汶山，循江而下，至郢三千餘里。舫船載卒，一舫載五十人與三月之糧，下水而浮，一日行三百餘里，里數雖多，不費馬汗之勞，不至十日而拒扞關。扞關驚，則從竟陵已東盡城守矣，黔中、巫郡非王之有已。秦舉甲出之武關，南面而攻，則北地絕。秦兵之攻楚也，危難在三月之內，而楚恃諸侯之救在半歲之外，此其勢不相及也。夫恃弱國之救而忘强秦之禍，此臣之所以爲大王之患也。且大王嘗與吳人五戰三勝而亡之，陳卒盡矣；有偏守新城而居民苦矣。臣聞之，攻大者易危，而民弊者怨於上。夫守易危之功而逆强秦之心，臣竊爲大王危之。且夫秦之所以不出甲於函谷關十五年以攻諸侯者，陰謀有吞天下之心也。楚嘗與秦構難，戰於漢中，楚人不勝，通侯執珪死者七十餘人，遂亡漢中。楚王大怒，興師襲秦，戰於藍田，又卻。此所謂兩虎相搏者也。夫秦楚相弊，而韓魏以全制其後，計無過（史記作危）於此者矣。是故願大王熟計之也。秦下兵攻衛陽晉，必開扃天下之匈。大王悉起兵以攻宋，不至數月而宋可舉。舉宋而東指，則泗上十二諸侯盡王之有已。凡天下所信約從親堅者蘇秦，封爲武安君而相燕，即陰與燕王謀破齊，共分其地。乃佯有罪，出走入齊，齊王因受而相之。居二年而覺，齊王大怒，車裂蘇秦於市。夫以一詐僞反覆之蘇秦，而欲經營天下，混一諸侯，其不可成也亦明矣。今秦之與楚也，接境壤界，固形親之國也。大王誠能聽臣，臣請秦太子入質於楚，楚太子入質於秦，請以秦女爲大王箕帚之妾，效萬家之都以爲湯沐之邑，長爲昆弟之國，終身無相攻擊。臣以爲計無便於此者。故敝邑秦王使使臣獻書大王之從車下風，須以決事。

戰國策十四又史記張儀傳少末廿一字

獻書韓王

韓地險惡山居。五穀所生。非麥而豆。民之所食。大抵豆飯藿羹。一歲不收。民不饜糟糠。地方不滿九百里。無二歲之所食。料大王之卒。悉之不過三十萬。而廝徒負養在其中矣。爲除守徼亭鄣塞。見卒不過二十萬而已矣。秦帶甲百餘萬。車千乘。騎萬匹。虎摯之士。跿跔科頭。貫頤奮戟者。至不可勝計也。秦馬之良。戎兵之衆。探前趹後。蹄間三尋者。不可稱數也。山東之卒。被甲冒胄以會戰。秦人捐甲徒裎以趨敵。左挈人頭。右挾生虜。夫秦卒之與山東之卒也。猶孟賁之與怯夫也。以重力相壓。猶烏獲之與嬰兒也。夫戰孟賁烏獲之士。以攻不服之弱國。無以異於墮千鈞之重。集於鳥卵之上。必無幸矣。諸侯史記作夫羣臣諸侯不料兵之弱。食之寡。而聽從人之甘言好辭。比周以相飾也。皆言曰。聽吾計。則可以彊霸天下。夫不顧社稷之長利。而聽須臾之說。詿誤人主者。無過於此者矣。大王不事秦。秦下甲據宜陽。斷絕韓之上地。東取成皋宜陽。史記作滎陽則鴻臺之宮。桑林之苑。非王之有已。夫塞成皋。絕上地。則王之國分矣。先事秦則安矣。不事秦則危矣。夫造禍而求福。計淺而怨深。逆秦而順楚。雖欲無亡。不可得也。故爲大王計。莫如事秦。秦之所欲。莫如弱楚。而能弱楚者。莫如韓。非以韓能強於楚也。其地勢然也。今王西面而事秦。以攻楚。爲敝邑。秦王必喜。夫攻楚而私其地。轉禍而說秦。計無便於此者也。是故秦王使使臣獻書大王御史。須以決事。戰國策二十六又史記張儀傳少末十七字

爲文檄告楚相

始吾從若飲。我不盜而璧。若笞我。若善守汝國。我顧且盜而城。史記張儀傳。嘗從楚相飲。楚相亡璧。門下意張儀。共執儀掠笞數百。不服。儀既相秦。爲文檄告楚相

李冰

冰事秦昭王。爲蜀守。

白沙郵三石人刻要

水竭不見足。盛不沒肩。華陽國志。李冰爲蜀守。於玉女房下白沙郵作三石人。立三水中。刻江神要云云。北堂書鈔一百六十引同。水經江水一注作水竭不至足。盛不沒要。今本華陽國志或作立三水中。與江神要。

范睢

睢字叔游。魏人。爲魏齊所辱。更姓名曰張祿。入秦。秦昭襄王以爲客卿。尋相秦。封應侯。

獻書昭王

臣聞明主莅正。有功者不得不賞。有能者不得不官。勞大者其祿厚。功多者其爵尊。能治衆者其官大。故不能者不敢當其職焉。能者亦不得蔽隱。使以臣之言爲可。則行而益利其道。若將弗行。則久留臣無爲也。語曰。人主後語作明主賞所愛而罰所惡。明主則不然。賞必加於有功。刑必斷於有罪。今臣之胷不足以當椹質。要不足以待斧鉞。豈敢以疑事嘗試於王乎。雖以臣爲賤而輕辱臣。獨不重任臣者後無反覆於王前耶。臣聞周有砥砨。宋有結綠。梁有懸黎。楚有和璞。此四寶者。工之所失也。而爲天下名器。然則聖王之所棄者。獨不足以厚國家乎。臣聞善厚家者。取之於國。善厚國者。取之於諸侯。天下有明主。則諸侯不得擅厚矣。是何故也。爲其凋榮也。良醫知病人之死生。聖主明於成敗之事。利則行之。害則舍之。疑則少嘗之。雖堯舜禹湯復生。弗能改已。語之至者。臣不敢載之於書。其淺者又不足聽也。意者臣愚而不闔於王心耶。亡其言臣者將賤而不足聽耶。非若是也。則臣之志。願少賜游觀之間。望見足下而入之。戰國策五。又見史記范睢傳。史記將賤而不足聽耶已下作賤而不可用乎。又有自非然者臣願得少賜游觀之間。望見顏色。一語無效。請伏斧質等句。餘文字亦有同異。

呂不韋

不韋。濮陽人。一云陽翟大賈。秦莊襄王以爲丞相。封文信侯。食

河南洛陽十萬戶。始皇卽位。尊爲仲父。坐嫪毒事免。就封。十二年徙蜀自殺。有呂氏春秋二十六卷。

呂氏春秋序意

維秦八年。歲在涒灘。秋甲子朔。朔之日。良人請問十二紀。文信侯曰。嘗得學黃帝之所以誨顓頊矣。爰有大圜在上。大矩在下。汝能法之。爲民父母。蓋聞古之淸世。是法天地。凡十二紀者。所以紀治亂存亡也。所以知壽天吉凶也。上揆之天。下驗之地。中審之人。若此則是非可不可。無所遁矣。天曰順。順維生。地曰固。固維寧。人曰信。信維聽。三者咸當。無爲而行。行也者。行其理也。行數。循其理。平其私。夫私視使目盲。私聽使耳聾。私慮使心狂。三者皆私設。精則智無由公。智不公。則福日衰。災日隆。以日倪而西望知之。呂氏春秋十二。案此下尚有趙襄子一段，非十二紀之總序也，不錄。

列女

柳下惠妻

妻失其姓。柳下惠。魯大夫展禽。

柳下惠誄

夫子之不伐兮。夫子之不竭兮。夫子之信誠。而與人無害兮。屈柔從俗。不强察兮。蒙恥救民。德彌大兮。雖遇三黜。終不蔽兮。愷悌君子。永能厲兮。嗟乎惜哉。乃下世兮。庶幾遐年。今遂逝兮。嗚呼哀哉。魂神泄兮。夫子之謚。宜爲惠兮。列女傳二。柳下旣死，門人將誄之，妻曰：將誄夫子之德耶，則二三子不如妾之知也。乃誄云云。門人從之以爲誄，莫能竄一字。

趙朔妻

趙朔妻。晉成公姊。趙武母。

置兒袴中祝

趙宗滅乎。若號。卽不滅。若無聲。史記趙世家。

曲沃負

負失其姓。魏大夫如耳母。

款門上魏哀王書

曲沃之老婦也。心有所懷。願以聞於王。列女傳三。魏哀王爲太子納妃而美，將自納焉，負因款王門而上書，王召入，遂與太子妃而賜負三十鍾。

韓憑妻何氏

何氏。宋康王舍人韓憑妻。今睢陽有韓憑城。

密遺夫韓憑書

其雨淫淫。河水大深。日出當心。搜神記十一。宋康王奪韓憑妻何氏，憑怨，王囚之，論爲城旦，妻密遺憑書，繆其辭。御覽五百五十九作河大水深。

遺書於帶

王利其生。妾利其死。願以屍骨。賜憑合葬。搜神記十一。韓憑自殺，妻遂自投臺，左右攬之，衣不中手而死，遺書於帶。

楚處莊姪

處莊姪。楚縣邑之女。年十二。爲頃襄王夫人。

持幟見頃襄王言隱事

大魚失水。有龍無尾。牆欲內崩。而王不視。列女傳六。

趙括母

母失其姓。趙馬服君趙奢妻。長平之敗。以先言免隨坐。

上書趙王

括不可使將。

始妾事其父。時爲將。身所奉飯飲而進食者以十數。所友者以百數。大王及宗室所賞賜者。盡以予軍吏士大夫。受命之日。不問家事。今括一旦爲將。東向而朝。軍吏無敢仰視之者。王所賜金帛。歸藏於家。而日視便利田宅可買者買之。王以爲何如其父。父子異心。願王勿遣。

王終遣之。卽有如不稱。妾得無隨坐乎。史記趙奢傳。趙孝成王七年，秦與趙兵相距長平，信

秦之閒以趙奢子括爲將代廉頗及括將行其母上書云云括軍敗前後所亡四十五萬趙王以括母先言竟不誅也又略見御覽二百八十

全上古三代文卷十一　　圭

全上古三代文卷十一終

全上古三代文卷十二

烏程嚴可均校輯

闕名一

離別相去詞

躁躁摧長恧兮。擢戟馭殳。所離不降兮。以泄我王氣蘇。三軍一飛降兮。所向皆殂。一士判死兮。而當百夫。道祐有德兮。吳卒自屠。雪我王宿恥兮。威振八都。軍伍難更兮。勢如貔貙。行行各努力兮。於乎於乎。吳越春秋句踐伐吳外傳十。軍士各與父兄昆弟取訣。國人悲哀。皆作離別相去之詞。案是篇起上古三代迄隋。各家爲集。各集分類。先賦。次騷。次詔冊。今此離別相去之詞是騷賦體。故編于闕名之首。

召將詔

社稷安危。一在將軍。今某國不臣。願將軍率師應之。六韜龍韜立將。凡國有難。君避正殿。召將而詔之。

社稷之命在將軍。即今國有難。願請子將而應之。淮南子兵略訓。本六韜而小異。

見其虛則進。見其實則避。勿以三軍爲衆而輕敵。勿以授命爲重而苟進。勿以貴而賤人。勿以獨見而違衆。勿以辯士爲必然。勿以謀簡於人。勿以謀後於人。士未坐勿坐。士未食勿食。寒暑必同。敵可勝也。羣書治要引六韜大韜。國有難。君召將而詔。今本無。

大始天文冊文

大虛廖廓。肇基化元。萬物資始。五運終天。布氣眞靈。總統坤元。九星懸朗。七曜周旋。曰陰曰陽。曰柔曰剛。幽顯既會。寒暑弛張。生生化化。品物咸章。素問天元紀大論。鬼區臾引。

丹天之氣。經于牛女戊分。黅天之氣。經于心尾己分。蒼天之氣。經于危室柳鬼。素天之氣。經于亢氐昴畢。玄天之氣。經于張翼婁胃。素問五運行大論。鬼區臾引。

昭命

大命世罰。小命罰身。大戴禮本命篇注引無兩罰字。福莫大於行義。禍莫大於淫祭。醜莫大於傷人。賞莫大於信義。讓莫大於案信義讓莫大於六字當爲衍文。賈上。罰莫大于貪詐。周書命訓解。明王是故昭命以命之。

投壺命弟子辭

無荒無傲。無倨立。無踰言。若是者有常爵。大戴禮投壺。

命射辭

弓既平張。四侯且良。決拾有常。既順乃讓。乃降其堂。乃節其行。既志乃張。射夫命射。射者之聲。御車之旌。既獲弃莫。下闕。大戴禮投壺。案困學紀聞云。此命射之辭也。

夏令

九月除道。十月成梁。周語中。單襄公引夏令。韋昭曰。夏令。夏后氏之令。周所因也。

明堂月朔令

孟春之月朔令曰。挺羣禁。開閉闔。通窮窒。達障塞。待優口。其禁毋伐林木。

仲春之月朔令曰。弃怒惡。解役辠。免憂患。休罰刑。閉關梁。其禁田獵不宿。飲食不享。出入不節。奪民農時。及有姦謀。

季春之月朔令曰。宣庫財。和外怨。撫四方。行柔惠。止剛強。九門磔攘。出疫于郊。以禳春氣。

孟夏之月朔令曰。爵有德。賞有功。惠賢良。舉力農。其禁毋壞隄防。

仲夏之月朔令曰。振貧窮。惠孤寡。慮囚疾。出大祿。行大賞。其禁弃法律。逐功臣。殺太子。以妾爲妻。

季夏之月朔令曰。起毀宗。立無後。封廢國。立賢輔。恤喪疾。

中央之極令民。下闕。其禁治宮室。飾臺榭。犯親戚。侮父兄。

孟秋之月朔令曰。審用法。備盜賊。禁姦邪。飭羣牧。謹貯聚。其禁毋弛戎備。

仲秋之月朔令曰。謹功築。遏溝瀆。脩囷倉。決刑獄。趣收斂。其禁好攻戰。輕百姓。飾城郭。侵邊竟。乃令民畋醵。庶眂。畢入于室。曰時殺

子當作予

將至。毋罹其菑。
季秋之月朔令曰。除道路。守門閭。陳兵甲。戒百官。誅不法。除道成梁。以利農夫。
孟冬之月朔令曰。申羣禁。脩障塞。畢積聚。繫牛馬。收澤賦。其禁毋作淫巧。
仲冬之月朔令曰。捜外徒。止夜禁。誅詐譌。省醞釀。謹閉關。其禁簡宗廟。不禱祠。廢祭祀。逆天時。
季冬之月朔令曰。省牲牷。脩農器。收秸薪。築囹圄。謹盜藏。尚書大傳

春令

生而勿殺。賞而勿罰。罪獄勿斷。以待期年。

夏令

毋聚大衆。毋行大火。毋斷大木。誅大臣。毋斬大山。毋戮大衍。滅三大。而國有害也。

秋令

罰而勿賞。奪而勿子。罪獄誅而勿生。終歲之罪。毋有所赦。作衍牛馬之實在野者王。

冬令

毋行大火。毋斬大山。毋塞大水。毋犯天之隆。管子輕重己

五位令

五位。東方之極。太皥句芒之所司。其令曰。挻羣禁。開閉闔。通窮窒。達障塞。行優游。棄怨惡。解役罪。免憂患。休罰刑。開關梁。宣出財。和外怨。撫四方。行柔惠。止剛强。
南方之極。赤帝祝融之所司。其令曰。爵有德。賞有功。惠賢良。救飢渴。舉力農。賑貧窮。惠孤寡。憂罷疾。出大祿。行大賞。起毀宗。立無後。封建侯。立賢輔。
中央之極。黃帝后土之所司。其令曰。平而不阿。明而不苛。包裹覆露。無不囊懷。溥氾無私。正靜以和。行稃鬻。養老衰。弔死問疾。以送萬物之歸。
西方之極。少皥蓐收之所司。其令曰。審用法。誅必辜。備盜賊。禁姦邪。飾羣物。謹著聚。脩城郭。補決竇。塞蹊徑。遏溝瀆。止流水。雝谿谷。守門閭。陳兵甲。選百官。誅不法。
北方之極。顓頊玄冥之所司。其令曰。申羣禁。固閉藏。脩障塞。繕關梁。禁外徙。斷罰刑。殺當罪。閉關閭。大搜客。止交游。禁夜樂。蚤閉晏開。以塞姦人。已得。執之必固。天節已幾。刑殺無赦。雖有盛尊之親。斷以法度。毋行水。毋發藏。毋釋罪。淮南子時則訓

軍令

某日出某門。吏士不得刈稼穡。伐樹木。殺六畜。掠取財物。姦犯人婦女。違令者斬。通典一百四十九引後軍誡法。諸軍出行將令百官士卒。
无伐樹木。无掘墳墓。无敗五穀。无焚積聚。无捕民虜。無聚六畜。文子

上義。兵至其郊。令軍帥。

義兵號令

其國之君。逆天地。侮鬼神。決獄不平。殺戮无罪。天之所誅。民之所讎也。兵之來也。以廢不義而授有德也。有敢逆天道亂民之賊者。身死族滅。以家聽者祿以家。以里聽者賞以里。以鄉聽者封以鄉。以縣聽者侯其縣。文子上義。乃發號施令。
兵之來也。以救民之死。子之在上無道。倨傲荒怠。貪戾虐衆。恣睢自用也。辟遠聖制。謷醜先王。排訾舊典。上不順天。下不惠民。徵斂無期。求索無厭。罪殺不辜。慶賞不當。若此者。天之所誅也。人之所讎也。不當為君。今兵之來也。將以誅不當為君者也。以除民之讎而順天之道也。民有逆天之道。衛人之讎者。身死家戮。不赦。有能以家聽者。祿之以家。以里聽者。祿之以里。以鄉聽者。祿之以鄉。以邑聽者。祿之以邑。以國聽者。祿之以國。呂氏春秋懷寵。先發聲出號。高誘注。號令。

直幣令

貲家假幣。皆以穀準幣。管子山國軌

秦攻齊令

有敢去柳下季壟五十步而樵采者。死不赦。有能得齊王頭者。封萬戶侯。賜金千鎰。並戰國策十一

先王之令

天道賞善而罰淫。周語中

先王之教

雨畢而除道。水涸而成梁。草木節解而備藏。隕霜而冬裘具。淸風至而脩城郭宮室。同上

先王之法

爲善者賞。爲不善者罰。呂氏春秋禁塞

納書諧晏子

廢置不周於君前謂之專。出言不諱於君前謂之易。專易之行存。則君臣之道廢矣。吾不知晏子之爲忠臣也。晏子春秋

爲齊獻書趙王

臣一見而能令王坐而天下致名寶。而臣竊怪王之不試見臣而窮臣也。羣臣必多以臣爲不能者。故王重見臣也。以臣爲不能者非他。欲用王之兵成其私者也。非然。則交有所偏者也。非然。則知不足者也。非然。則欲以天下之重恐王而取行於王者也。臣以齊循事王。王能亡燕。能亡韓魏。能攻秦。能孤秦。臣以爲齊致尊名於王。天下孰敢不致尊名於王。臣以齊致地於王。天下孰敢不致地於王。臣以齊爲王求名於燕及韓魏。孰敢辭之。臣之能也。其前可見已。齊先重王。故天下盡重王。無齊。天下必盡輕王也。秦之彊。以無齊之故重王。燕魏自以無齊故重王。今王無齊。獨安得無重天下。故勸王無齊者。非知不足也。則不忠者也。非然。則欲用王之兵

成其私者也。非然。則欲輕王以天下之重取行於王者也。非然。則位尊而能卑者也。願王之熟慮無齊之利害也。戰國策二十一

獻書秦王

昔竊聞大王之謀出事於梁。謀恐不出於計矣。願大王之熟計之也。梁者。山東之要也。有蛇于此。擊其尾。其首救。擊其首。其尾救。擊其中身。首尾皆救。今梁王。天下之中身也。秦攻梁者。是示天下要斷山東之脊也。是山東首尾皆救中身之時也。山東見亡必恐。恐必大合。山東尚强。臣見秦之必大憂。可立而待也。臣竊爲大王計。不如南出事於南方。其兵弱。天下必能救。地可廣大。國可富。兵可强。主可尊。王不聞湯之伐桀乎。試之弱密須氏。以爲武教。得密須氏而湯之服桀矣。今秦國與山東爲讎。不先以弱爲武教。兵必大挫。國必大憂。戰國策二十五

獻書燕王

王而不能自恃。不惡卑名以事强。事强可以令國安長久。萬世之善計。以事强而不可以爲萬世。則不如合弱。將奈何合弱而不能如一。此臣之所爲山東苦也。比目之魚。不相得則不能行。故古之人稱之。以其合兩而如一也。今山東合弱而不能如一。是山東之知不如魚也。又譬如車士之引車也。三人不能行。索二人。五人而車因行矣。今山東三國弱而不能敵秦。索二國。因能勝秦矣。然而山東不知相索。智固不如車士矣。胡與越人。言語不相知。志意不相通。同舟而凌波。至其相救助如一也。今山東之相與也。如同舟而濟。秦之兵至。不能相救助如一。智又不如胡越之人矣。三物者。人之所能爲也。山東之主遂不悟。此臣之所爲山東苦也。願大王之熟慮之也。山東相合。之主者不卑名。之國者可長存。之卒者出士以戍韓梁之西邊。此燕之上計也。不急爲此。國必危矣。王必大憂。今韓梁趙三國以合矣。秦見三晉之堅也。必南伐楚。趙見秦之

伐楚也。必北攻燕。物固有勢異而患同者。秦久伐韓。故中山亡。今久伐楚。燕必亡。臣竊爲王計。不如以兵南合三晉。約戍韓梁之西邊。山東不能堅爲此。此必皆亡。（戰國策三十。）

瞽史之紀

唐叔之世。將如商數。（晉語四。韋昭注。瞽史知天道者。）

嗣續其祖。如穀之滋。必有晉國。（同上。）

背賂誦

佞之見佞。果喪其田。詐之見詐。果喪其賂。得之而狃。終逢其咎。喪田不懲。禍亂其興。（晉語三。惠公入而背外內之賂。輿人誦之。）

改葬共世子誦

貞之無報也。孰是人斯。而有是臭也。貞爲不聽。信爲不誠。國斯無刑。偷居倖生。不更厥貞。大命其傾。威兮懷兮。各聚爾有。以待所歸兮。猗兮違兮。心之哀兮。歲之二七。其靡有徵兮。若狄公子。吾是之依兮。鎮撫國家。爲王妃兮。（晉語三。惠公卽位。出共世子而改葬之。臭達于外。國人誦之。）

城濮誦

原田每每。舍其舊而新是謀。（左傳僖二十八年。楚師背酅而舍。晉侯患之。聽輿人之誦。）

臧紇誦

臧之狐裘。敗我於狐駘。我君小子。朱儒是使。朱儒朱儒。使我敗於邾。（左傳襄四年。臧紇救鄫侵邾。敗于狐駘。國人誦之。）

子產誦

取我衣冠而褚之。取我田疇而伍之。孰殺子產。吾其與之。（左傳襄三十年。鄭子皮授子產政。從政一年。輿人誦之。）

我有子弟。子產誨之。我有田疇。子產殖之。子產而死。誰其嗣之。（同上。及三年。又誦之。）

孔子誦

麛裘而韠。投之無戾。韠而麛裘。投之無郵。（呂氏春秋樂成。孔子始用於魯。魯人鷖誦之。）

袞衣章甫。實獲我所。章甫袞衣。惠我無私。（同上。及三月政成。化既行。又作誦。亦見家語孔叢子。）

商箴

天降災布祥。並有其職。（呂氏春秋有始覽名類引商箴。）

周箴

夫自念斯學。德未暮。（呂氏春秋謹聽引周箴。）

大正箴

欽之哉。諸正。敬功爾頌。審三節。無思民因。（疑當作思民困。思卽閔。轉寫誤耳。）順爾臨獄無頗。正刑有掇。夫（疑作矢。）循乃德。式監不遠。以有此人。保寧爾國。克戒爾服。世世是其不殆。維公咸若。（周書嘗麥解。）

商銘

嗛嗛之德。不足就也。不可以矜而祗取憂也。嗛嗛之食。不足狃也。不能爲膏而祗離咎也。（晉語一。郭偃曰。商之衰也。其銘有之。）

嘉量銘

時文思索。允臻其極。嘉量既成。以觀四國。永啟厥後。茲器維則。（考工記。）

崑崙柱銘

崑崙銅柱。其高入天。員周如削。膚體美焉。（水經河水注一引張華敍東方朔神異經曰。故其柱銘曰云云。今本神異經無。）

希有鳥銘

有鳥希有。綠赤煌煌。不鳴不食。東覆東王公。西覆西王母。王母欲東。登之自通。陰陽相須。惟會益工。（水經河水注一引張華敍東方朔神異經曰。其鳥銘曰云云。今本神異經無希有鳥名。）

許子將鐘銘

隹正月初吉丁亥。鄦子盟吕擇其吉金。自作鈴鐘。中翰歔揚。元鳴孔煌。穌和鐘。用匽吕喜。用樂嘉賓大夫。及我朋友。敳二越二。萬季

無諆。釁壽毋已。子二孫二永保鼓之。(薛尚功鐘鼎款識)

齊鐘銘

隹王五月。辰才(在)戊寅。師于淄涶。公曰。女及。余經乃先且。(祖)余既尃乃心。女小心畏(畏)忌。女不彖。(墜)夙夜宦埶而政事。余弘猒乃心。余命女政于朕三軍。肅(簫借為肅舊釋繈非)成朕師旟之政德。諫罰朕庶民。左右毋(毋)諱。乃不敢弗懋戒。虔卹乃吙(伊)事。戮龢三軍徒遹雩乃行師。昚中乃罰。公曰。及。女敬共辝命。女雁鬲(歷同借為歷)公家。女恐(恭)勞(恪)朕行師。女肈敏于戎攻。余易(錫)女釐都脅(霸借為伯舊釋胤非)覵(爵)其縣二百。余命女𤔲辝釐。遼(迪)或(國)徒三千。為女敵寮。乃敢用拜稽首。弗敢不對揚朕辟皇君之易(錫)休命。公曰。及。女康能乃有事。率乃敵寮。余用登屯厚乃命。女及母曰余小子。女尃(專)余于艱卹。虔卹不易。左右余一人。余命女裁(織舊釋職非)差卿為大事。(疑競舊釋繼非)命于外內之事。中尃盟(盟借為明)刑。女台尃戒公家。雁卹余于盟卹。女台卹余朕身。余易(錫)女車馬戎兵釐僕二百又五十家。女台戒戎敀。乃用或敢再拜稽首。雁受君公之易(錫)光。余弗敢灋(借為廢)乃命。及典其先舊及其高且。(祖)虩虩成唐。又敢才(在)帝所。尃受天命。剿(剗)伐頣(履)同。敗于靈師。伊(舊釋伝非)小臣隹輔。咸又(有)九州。處禹之堵。不顯穆公之孫。其配襄(堭同嬛即威字)公之始。(出舊釋妣非公之妃)而鍼公之女。雩生叔及。是辟于齊侯之所。是小心龔遵。靈力若虎。堇(謹)袋(恪)其政事。又共于公所。殷(穀)擇吉金(一鐘作又共于桓武靈公之所桓武靈公易乃吉金)鈇鎬鏐鋁。用作鑄(鑄)其寶鎛。用享于其皇且(祖)皇妣(妣)皇母皇考。用旂眉(眉)壽。霝命難老。不顯皇且。其作福元孫。其萬福屯魯。龢數(叙借為協)而九事。卑若鐘鼓。外內剴辟。都二寡二。途(這即謨舊釋造非)而𠭯剸。毋(毋)或承(或釋兒非)頪。(類)女考壽萬季。羕保其身。卑百斯男。而𠬝(埶)斯字。肅(肅)義政。齊侯左右。毋央毋已。至于枼曰武靈成。子孫羕保用享。(鐘鼎款識又考古圖)

秦鐘銘

秦公曰。不顯朕皇且(祖)受天命。竈(竈借為造舊釋奄非)又(有)下國。十又二公不家(隊)上帝。嚴龔夤天命。保業乃秦。虩事緣(蠻)夏。曰余雖小子。穆(穆)帥秉明德。叡尃明刑。虔敬朕祀。目受多福。𠦪(亦叡字借為協)龢萬民。唬夙夕。剌二趄二。萬生是敕。咸畜百辟胤士。藹二文武。鎮靜不廷。顋(舊釋西夏二字)燮百邦。于秦執事。作盟龢鐘。乃名曰𣊫(未詳)。邦其言(音)銑二雝二孔煌。目邵客(借為昭格)孝享。目受屯魯(借為純嘏)多釐。眉(眉)壽無疆。畯(畯)疐才(在)立(位)。高弘有慶(借為)匍(溥)及三方。永寶宜。(鐘鼎款識)

遲父鐘銘

遲父作姬齊姜龢𦺍(英)鐘。用卲乃穆不顯龍光。乃用旂匃多福。侯父眔齊萬季釁壽子二孫二亡疆寶。(鐘鼎款識)

楚鐘銘

隹王五十又六祀。返(疑赴舊釋徙非)自西䧹。(疑即易漢志江夏有西陽)楚王畬(畬即吟借為熊)章作曾侯乙宗彝。奠之于西䧹。其永時(時)用享。(亯)(鐘鼎款識又見王復齋鐘鼎款識)

宗周寶鐘銘

王肇遹相文武。堇疆土。南或(國)艮(服)要。敢為虐我土。王辜我其至。戈(撲)伐乃都。艮要迺遣閒來逆邵王。南人東人具見廿又六邦。隹皇上帝百神。保余小子。朕猷又(有)成亡競。我隹司配皇天王。對作宗周寶鐘。倉二它二雉二雝二。用邵各(格)不顯且(祖)考先二王。其嚴才(在)上。能二數二。降余多福。二余泊孫。參壽隹𠛱。(賴)𢿌(對借為匍)其萬年。畯(畯)保三或。(國)(拓本)

虢叔大夾鐘銘

虢叔旅曰。不顯皇考叀叔。穆秉元明德。御于乃辟。得屯亡𢊁。(敗)旅敢肇帥井(刑)皇考威義。為御于天子。迺天子多易旅休。旅對天子魯休揚。用作朕皇考叀叔大𦺍(英)龢鐘。皇考嚴才上。異才下。𨙴二熊二。(熊)降旅多福。旅其萬年子二孫二永寶用享。(拓本)

邾公牼鐘銘

隹王正月初吉乙亥。邾公牼擇乃吉金玄鏐赤錯。用鑄乃龢鐘。台乍其皇且皇考。曰余畢（異同翼）龏威忌。淑穆不彖（墜）于乃身。鑄其龢鐘。台卹其祭祀盟祀。台樂大夫。台安士庶子。昚爲之忌（聽）。元器其舊。哉公眉壽。邾邦是保。其萬年無疆。子二孫二永保用享。（拓本　案此鐘大學士紀昀所藏。）

邾公䡅鐘銘

隹王九月初吉。辰才乙亥。邾公䡅擇吉金。玄鏐膚呂。乍龢鐘。曰余畢龏威忌。鑄辝龢鐘二鍺。台其屯于龢乍天。台喜者士。至于萬年。分器是寺。（拓本　案此鐘巡撫阮元所藏）

楚義鐘銘

隹王九月初吉丁亥。曾孫僕（未詳舊釋僕非或釋儀）兒。余迭斯于之子。余茲䛊（未詳）之元孫。曰於虖敬哉。余義楚之良臣。而逑（迭）之字父。余贎遺（迭）兒擇吉金鎛鋁。台鑄龢鐘。台追孝侁且。樂我父兄。飲飤訶舞。孫二用之。後民是語。（拓本）

楚邛仲嬭南和鐘銘

隹正月初吉丁亥。楚王賸邛仲嬭南和鐘。其眉壽無疆。子二孫二永保用之。（博古圖）

全上古三代文卷十二終

全上古三代文卷十三

烏程嚴可均校輯

闕名二

金華山鼎銘

眞金作鼎。百神率服。虞荔鼎錄。金華山黃帝作一鼎。高一丈三尺。篆書三足。案此鼎屬黃帝。未審何據。今編列闕名鼎銘之首。

讒鼎銘

昧旦丕顯。後世猶怠。左傳昭三年。案韓非子亦作讒鼎。蓋卽明堂位之崇鼎。呂氏春秋之岑鼎也。古者讒崇岑聲近。一云讒地名。禹鑄九鼎于甘讒之地。

栒邑鼎銘

王命尸臣。官此栒邑。賜爾旂鸞。黼黻琱戈。尸臣拜手稽首曰。敢對揚天子丕顯休命。漢書郊祀志下。美陽得鼎獻之。張敞上議。今鼎出于郊東中有刻書。

仲山甫鼎銘

仲山甫鼎。其萬年。子子孫孫永寶用。後漢竇憲傳。南單于於漢北遺憲古鼎。容五斗。其傍銘。

楚鼎銘

楚武王之鼎。續漢郡國志二。汝南鮦陽侯國注。引皇覽曰。永平中。葛陂城北祝里社下。於土中得銅鼎。面銘。

汾陽鼎銘

壽考天地。百祥臻侍。山伏其靈。海伏其異。鼎錄

大夫始鼎銘

隹三月。初吉甲寅。王才在龢宮。大夫敓易錫友口䖒。王才華宮宅。王才邦宮。敓獻工。易口易章。王才邦。敓易友曰考曰攸。大夫敓敢對颺天子休。用作文考日己寶鼎。孫二子二永寶用。鐘鼎款識

南宮鼎銘

隹王令南宮伐反虎方之年。王令中先省南或國串行。𢦏埶王应居社毫嶨二字未詳。舊釋射圃不確。貞山中少呼歸生對颺颺刊王𢦏刊寶彝。鐘鼎款識。又王復齋鐘鼎款識。又拓本

敳繇鼎銘

隹王廿又三年九月。王才宗周。王令敳繇𤔲疑𤔲。舊釋緇。非。嗣九服。繇乍朕皇考𩒨彝尊鼎。繇用亯孝于朕皇考。用易康勵魯休。屯右眉壽。永令霝冬。終其萬年無疆。繇子二孫二永寶用亯。鐘鼎款識

晉姜鼎銘

隹王九月乙亥。晉姜曰。余隹司嗣朕先姑君晉邦。余不叚讀長說舊釋辱非。妄盦。巠雝明德。宣邲我猷。用召所辟辟。妥揚乃光剌。烈虔不彖墜。譒諸覃克吕𣪕我萬民。嘉遣我。易鹵責魯積卽魯縞。舊釋虎賁。非。虎賁豈得云千兩乎。千兩。勿灋借爲廢文侯頵令。卑貫通弘。征緐湯遼。取乃吉金。用乍寶隮鼎。用康頣舊釋爲夏二字酉妥褱遠玪疑邇之殘字君子。晉姜用旂綽綰眉壽。乍疐爲亟。萬年無疆。用亯用德。畯保其孫子。三壽是利。鐘鼎款識。又考古圖。又有新出土鼎。其銘陽文。聯綿糾結。人不能識。謂之草篆。謂之乙亥鼎。審視拓本。卽晉姜鼎也。

寰鼎銘鐘鼎款識作伯姬鼎

隹廿又八年五月。既朢庚寅。王才周康穆宮。旦。王各大室。卽立。宰頵右寰入門。立中廷。北鄉。向史𦔻冀受王令書。王乎史淢冊易寰玄衣黹屯。赤市朱黃。緣旂攸勒。戈琱戚彤矢。寰拜稽首。敢對揚天子不顯叚休令。用乍朕皇考奠鄭白奠姬寶鼎。寰其邁年。子孫永寶用。鐘鼎款識。案新出土有寰盤。銘同。惟銘末作奠白奠姬寶般。寰其邁年子二孫二永寶用爲異。

師旦鼎銘

隹元年八月丁亥。師旦受命乍周王大姒寶尊彝。敢拜稽首。用蘄眉壽無疆。子孫其萬億年。永寶用享。拓本

叔夜鼎銘

叔夜鑄其饙鼎。吕征吕行。用饘用羹。用祈眉壽無疆。拓本

頌鼎銘

隹三年五月。既死霸甲戌。王才周康邵宮。旦。王各大室。卽立。宰弘右頌入門。立中廷。尹氏受王令書。王乎史虢生冊命頌。王曰。頌。令

女官嗣成周。貯廿家。監嗣新寤貯用宮御。易女玄衣黹屯。赤市朱
黃。䜌旂攸勒。用事。頌拜䭫首。受冊。佩㠯出。反入堇章。頌敢對揚天
子不㬎魯休。用乍朕皇考龏尗皇母龏始寶䵼鼎。用追孝𧻚匄康
虔屯右。通彔永令。頌其萬年眉壽。畯臣天子。霝終。子二孫二寶用。
拓本 案別有頌簋銘同唯䵼鼎作䵼𣪕為異

仲偁父鼎銘

唯王五月。初吉丁亥。周白邊及中偁父伐南淮夷。孚金。用乍寶鼎。
其萬年。子二孫二永寶用。拓本

鬲攸比鼎銘

隹卅又一年三月。初吉壬辰。王才周康宮辟大室。鬲比㠯攸衛牧
告于王曰。女覓我田牧。弗口許鬲比。王令相史南㠯口虢旅。迺事
攸衛牧誓曰。口弗具付鬲比其且射分田邑。則口。攸衛牧則誓。比
乍朕皇且丁公皇考叀公䵼鼎。鬲攸比其𩰲年。子二孫二永寶用。

拓本

國諸鼎銘

或者乍旅鼎。用匄偁魯福。用妥眉彔。用乍文考宮白寶䵼彝。拓本

曶鼎銘

隹王元年六月。既望乙亥。王才周穆王大口。口若曰。曶。令女更乃
且考嗣卜事。易女赤◎。口口用事。王才遷应。井尗易曶赤金𨥫。曶
受休口口王。曶用絲金乍朕文考弃白𩰫牛鼎。曶其萬口用祀。子
孫其永寶。
隹王三月。既生霸。辰才丁酉。井尗才異。為口口事及小子𢿌㠯限
訟于井尗。我既賣女五口口父用匹馬束絲。限詔曰所則俾我賞
馬。效口口俾復乃絲口質。效父迺詔𢿌曰。于王參門口口木榜。用
償征賣絲五夫用百寽。非之五夫口口罰。迺䛐又罰眔𧰼金。井尗
曰。才王人迺賣口口不造付曶。毋俾越于所。曶則拜䭫首。受絲五

口曰口。曰恆。曰䶵。曰𣪘。曰相事。爰㠯告所。迺俾口㠯曶酒彶羊。絲
三爰用致絲人。曶迺每于所口口口舍散大五秉。曰才尙俾處厥
邑田口田。所則俾口復命曰。若昔饉歲匡眾及臣廿夫寇曶禾十秭。
秭。㠯匡季告東宮。迺曰尨乃及乃弗退。女匡罰大。匡迺䭫首于曶。
用五田。用眾一夫曰嗌。用臣曰疐。曰朏。曰奠。曰用絲三夫。䭫首曰。
余無迺具寇足口不少口余。曶或㠯匡季告東宮。曶曰。弋唯朕口
賞。東宮迺曰。賞曶禾十秭。遺十秭。為廿秭。口來歲弗賞。則倍卌秭。
迺或即曶用田二。又臣口人。用即曶田七。曰人五夫。曶受匡卌秭。
拓本 案此鼎在靈巖山館

無叀鼎銘

隹九月。既望甲戌。王各于周廟。𠂤于圖室。嗣徒南中右。無叀內門。
立中廷。王乎史友冊令無叀曰。官嗣左王退側。弗乍。易女玄衣黹
屯。戈琱戟緱必彤矢。攸勒䜌旂。無叀敢對揚天子不顯魯休。用乍

䵼鼎。用享于朕剌考。用割眉壽萬年。子孫永寶用。拓本 案此鼎在焦山

正考父鼎銘

隹三月初吉。正考父作文王寶䵼鼎。其萬年無疆。子孫永寶用享。
拓本

一命而僂。再命而傴。三命而俯。循牆而走。亦莫余敢侮。饘於是。鬻
於是。以餬余口。左傳昭七年

麥彝銘 鐘鼎款識作季娟鼎銘

正月。王才成周。王休于楚彔。蔡令小臣麥先省楚应。王至于休应。
無庶。借為遺小臣麥易鼎。貝。易馬兩。兩麥拜䭫首。對易王休。用乍季
娟寶䵼彝。鐘鼎款識。又一拓本作易鼎馬兩不重易字。當別是一器

尹彝銘 鐘鼎款識作尹卣銘

隹十又二月。王初饗祭旁。唯還在周。辰在庚申。王㱃西宮登。舊釋熹
非。咸釐尹易臣雉僰夕賜。尹休高對。乍父丙寶䵼彝。尹其萬年受

乃永魯亡競。才服其長矦。甘子二孫二寶用。鐘鼎款識

极彝銘

极從師淮父戍于古自。蔑曆易貝卅寽。极拜䭫首。對訊師淮父休。用乍文考日乙寶隩彝。其子孫永宗。富借爲寶。宀八未詳。本亦作禾或作宋。博古釋爲立戈形。或釋茲。並非。復齋鐘鼎款識

又彝銘

佳二月。初吉丁卯。公啟令又𤔲田。乃又蔑曆。易馬易麦。對訊公啟休。用乍寶彝。拓本几二器。皆同。又或釋邑。非。

靜彝銘

佳三月。初吉丙寅。王才蒿京。王易靜刀。靜拜䭫首。敢對訊王休。用乍宗彝。其子二孫二永寶用。拓本

佳十又三月。王宅蒿京。小臣靜即事。王易貝五十朋。訊天子休。用乍父口寶隩彝。拓本

虘彝銘

虘頟拜頶首。休朕匋保借爲君公白。易乃臣弟虘井五呆。困易衣衮冑冐干戈。虘弗敢望公白休。對訊白休。用乍且考寶隩彝。拓本

吳彝銘

佳二月。初吉丁亥。王才周成大室。旦。王各廟。宰胡右乍冊吳入門。立中廷。北卿。借爲向王乎史戊冊令吳。𤔲旃者借爲都眔叔金。易䵼鬯一卣。玄袞衣。赤舄。金䩨。車㯹綵未詳。或釋䌌朱號𩍐未詳。或釋旂虎冟借爲幦熏裏。乘䡅。䡅畫𨍏。金甬。馬三匹。攸勒。吳拜頶首。敢對訊王休。用乍青尹寶隩彝。吳甘止子孫永寶用。佳王二祀。拓本

韋彝銘

遣小子䡗。䡗即䡗。衞從此吕其友乍䡅男王姬䚘黹彝。拓本

毛伯彝銘

佳正月。吉日乙又。丑㺇讀爲毛伯二字。舊釋抯非乍朕配平姬亯宮祀彝。䜌蠻

毌吐用祀。永枼母毋出。拓本

佳八月初吉。王才在宗周。甲戌。王令毛白更虢䢅公服。甹王立。乍三方亟。未詳秉緐蜀巢。未詳令易錫鈴鋚。咸。王令毛公吕邦冢君土馭馭或國人。我東或國痟戎。咸。王令吳白曰。吕乃𠂤師各左从毛父。王令吕白曰。吕乃𠂤師各右从毛父。遣令曰。吕乃族從父征。造䢅衞父身。三季靜東或國。亡不成。𡖍天畏。否畀屯純陟。公告乃事于上。佳民亡造才在彝。㤅惄天令。故亡。允才在顯。佳苟敬德。亡逌違。班拜頶首曰。佳余不𢦏。𢦏即𣪘。省𠭯䎽皇公受享宗彝鬻。敏文王二始爲孫。隩于大服。廣成乃工。文王孫亡弗褱井。刑亡克䋎薪乃剌。烈班非時覓。覓未詳。舊釋覭佳乍卲昭考無益曰大政。子二孫二多世其永寶。拓本

散氏鬲銘

用矢𤔲散邑。迺即散用田。履二未詳。舊釋觀自瀋未詳。舊釋瀘或釋濾涉。吕南至

于大沽。一弄。奉。或釋表吕陟。二弄。至于邊柳。復涉濡。陟雩。𢿢𣪘邍陕吕卤。弄于𢿢䧹。桂木。弄于芻若逨。弄于芻衞內。陟芻。登于厂湶。弄𣪘都。或釋割𣏟柝陕陵。二剛𣏟。弄于單單衞。弄于原衞。弄于周衞。吕東。弄于𥢕未詳。或釋𩁹或釋耗東疆。右還。弄于眉二衞。吕南。弄于𨙵逨衞。吕卤。至于𨸏莫眉。二井邑田。自𣚋木衞广。至于井邑。弄衞吕東。一弄。還吕卤。一弄。陟剛。三弄。降吕南。弄于同衞。陟州剛。登𣏟。降棫。二弄。大人有𤔲。眉二田。𧇝且㪔。武父卤宮襄。豆人虞丂。彔。克貞。師氏右相小門乃谿。原及虞莽。芀淮𤔲工虎。孝𡨦。豐父。唯及有𤔲荆丂。凡十又五夫。正眉二。大舍散田。𤔲土羊未詳。釋必或釋出。𢓊未詳。疑栽。舊釋陲。疑牆即𤔲馬𤔲。單或釋𢍰。未詳。舊釋爭。或釋𠬝。舊釋攸人小子眉二。田戎。𢦏敢父。效𢆶𡢁父。𩫏克之有𤔲。橐州京。攸從鬲。凡散有𤔲十夫。唯王九月。辰才乙卯。矢卑𧇝且𢝊𢝊鋊旅誓曰。我既付散氏田器。有爽。實余有散氏心賊。則爰千罰千。傳棄之。𧇝且𢝊𢝊旅則誓。迺卑西宮襄戎

父誓曰我既付散氏濕（溼）田牆田余又爽𤔲（變）爰千罰千卣宮襄
戎父則誓乃為圖矢王于豆新宮東廷乃ナ執纓史正中農（拓本）

吉父簠銘

口吉父乍寶甫（拓本　案甫借為簠）

陳逆簠銘

隹王正月初吉丁亥少子陳逆曰余陳𧻚子之裔孫余𠱾（未詳）事齊
灰（侯）懽（懽）血（恤）宗家羼乃吉金台乍乃元配季姜之祥器鑒茲寶笑（簠）
台亯台養（孝）于（子）大宗𡉚（未詳）棪（未詳）𡉚爪（未詳）𡉚于𡉚母乍𧰨（未詳）永
命頪壽萬年子二孫二羕保用（拓本）

叔朕簠銘

隹十月初吉庚午叔朕擇其吉金自乍薦匿（借為簠）㠯𩛥（糺）稻粱萬
年無疆叔朕釁壽子二孫二永寶用（拓本）

曾伯𩛥簠銘

隹王九月初吉庚午曾白霥（悊）聖元二武孔業克狄淮（淮）人女
叜（變）𩛥（讀為邑緐二字　以邑字屬上句）湯金衞𨯿（讀為錫金二字）行具既俾方余羼其吉
金黃鑄（借）余用自乍旅（旅）匡㠯征㠯行用盛稻粱用孝用亯于我
皇且文考天賜之福曾白霥叚（段）緐（叚緐即假業　讀為嘉業　考工記鳧氏兩欒注故書欒作樂）
黃耈萬年釁壽無疆子孫永寶用之亯（拓本）

𩰫君簠銘

𩰫君𩰫（招）乍饙匠用亯用賞（齎借為賞）用旂眉壽口孫永寶用（拓本）

伯其父簠銘

隹白其父𪓲文乍旅𫟷（盬借為簠）用易盟壽萬年子孫永寶用之（拓本）

格伯簋銘

隹正月初吉癸子（癸子即癸亥　甲子二日）王才成周格白受良馬乘于𠦝生乃
賁（貯）卅田則析格白還殹妥佁乃從格白反（安）役甸殷乃糸雩
（令）谷杜木𦨶丙谷旗（游）菜（灌）東門乃書史戠（識）武立盟（籀）成

二罙土篹㑊（未詳　舊釋征）㠯用𠌳（畫　舊釋期）典格白田其萬年子孫永保
用（拓本）

虢姜段銘（鐘鼎款識段作敦非　案段借為簋　簋段字皆从皀也）

虢姜乍寶隮段用禪追孝于皇考叀（惠）中𣪘匄康虔屯右通彔永
令虢姜其萬年釁壽受福無疆子二孫二永寶用亯（鐘鼎款識）

𢦏段銘

隹正月乙子（謂乙亥　甲子二日）王各于大室穆公入右𢦏（戠）立中廷北鄉（向）
王曰𢦏令女乍𤔲土官𤔲耤田易女𢦏玄衣赤⊗（未詳　舊釋環）市緣
旂楚徒馬𡉚債五服用事𢦏拜䭫首對揚王休用乍朕文考寶段
其子二孫二永寶用（鐘鼎款識）

宰辟父段銘

隹三月初吉王才辟宮宰辟父右周立王冊命周曰易女𦁤朱帶
玄衣黹純㫃攸勒易戈琱戟彤矢用餅（舊釋餅）乃且考事官𤔲尸僕

小敄虘敢周䭫首對揚王休命用乍文考寶段其孫二子二永寶
用（鐘鼎款識）

尨段銘

隹元年　月既朢丁亥王才𣶒（未詳　舊釋雝）应旦王各廟宰䚨入右尨
立中廷王乎史光冊令尨王若曰尨昔先王既令女乍宰𤔲王家
今余隹𤕌京乃令女眔曰𤔲（未詳）足對各从𤔲王家外内母敢又不
𦔮（未詳）𤔲百工出（未詳）人姜氏令乃又眔又即令乃非先告尨母敢灰
又人告女二弗善效姜氏人勿事敢又灰止從獄易女玄衮衣赤
舄敬夙夕勿灋朕令尨拜手䭫首敢對揚天子不顯魯休用乍寶
隮段尨其萬年釁壽子二孫二永寶用（鐘鼎款識）

鄭段銘（鐘鼎款識作鄭敦誤　案銘文从㙯从正　蓋字　舞簠弁字）

隹二年正月初吉王才周邵宮丁亥王各于宣（宣）射（謝）毛白內門
立中廷右祝鄭王乎內史冊命鄭王曰鄭昔先王既命女乍邑𦅰

疑讀舊釋龖非五邑祝。今余隹䜌讀蒿京乃令易女赤市。冋冋鑾借爲鑾黃

䜌旂。用事。䣄拜䭫首。敢對揚天子休命。䣄用乍朕皇考龏白隮毁。

䣄甘釁壽。邁季無彊。子二孫二永寶用享。鐘鼎款識

師訇毁銘

王若曰。師訇。舊釋訇非吾卽言不顯文武。孚舊釋庶非受天令。亦則於女乃聖

且考克孚右先王。乍乃丂攴。二字未詳用夾寅乃辟。𠭰大令。盩盩借爲

龢雩政。𢓜未詳皇帝亾旲。臨保我乃周雩三卽四方。民亡不康靜。王曰。

師訇。哀才哉今日。天疾疾同畏降喪。首德不克盡。古亾承于先王。

鄉女乃父卽周邦。妥立余小子。𩠐乃事。隹王身厚𦟝。未詳疑𦟝今余隹

䜌京乃令。二女𥃝惠雝我邦小大猷。邦弦潰辥荀敬明乃心。逺昌

圭一鬲。用卩邑三百人。訇䭫首。敢對揚天子休。用乍朕剌且乙白

君益啟寶毁。訇其萬由借爲同斯季子二孫二永寶用乍卅世宮寶。

隹元年二月既望庚寅。王各于大室。艾內右廷。鐘鼎款識

師𣪕毁銘

隹王元年正月初吉丁亥。白龢父若曰。師𣪕。毁乃且考又𦔻登成也舊

釋孂非于我家。女右隹小子。余令女𣄰借爲尸主也我家。𩰫疑䜌舊釋䜌非𤔲我

𠧪扁東扁僕馭百工牧臣妾。東裁內外。母毋敢否善。易女戈琱㦲。

厚高借爲縞必。彤𡊁。十五鍚鐘一。磬五金。敬乃夙夜用事。𣪕拜䭫首。敢

對揚皇君休。用乍朕文考乙中𩡧毁。𣪕其萬季子二孫二永寶用

享。鐘鼎款識

牧毁銘

隹王十季十又三月。既生霸。甲寅。王才周。才師汓舊釋保非父宮。各大

室。卽立。公爲舊釋今非𠂤入右牧。立中廷。王乎內史吳冊令牧。王𡴭若

曰。牧。昔先王既令女乍𤔲士。今余隹或𣪘𣪘改令女辟百寮。口有

冋事。包迺多亂。不用先王乍井。亦多虐庶民。乃嗅譔庶右𣪘。鄰

不井不中。𠮛借爲𢛶同斯疾之𡚰蓄同裁从。今𩛥未詳疑既舊釋譖司𩛥乃𦤎召

故。王曰。牧。女母毋敢口先王乍明井。用雩乃嗅庶右𣪘。母敢不明

不中不井。乃申政事。母敢不尹丌不中不井。今余隹𢸔𡈼京乃命。

易女𩰫鬯一卣。金車。𠦪車。畫車。朱虢。白𩌏。未詳虎冟。冟借爲䘏裏。旂。余

口三所。服口口孚。敬夙夕。勿灋朕命。牧拜䭫首。敢對𩁹王不顯休。

用乍朕文考益白寶𩁹毁。牧其萬年壽考。子二孫二永寶用。鐘鼎款識

敔毁銘

隹王十月。王才成周。南淮乃遷及內伐洭昴參泉裕敏陰陽洛。王

令敔追御于上洛烋未詳舊釋烋谷。至于伊。班馬𢦏折誠戈傷也卽下㑒敢百首

百。訊嗅冊。𡊁穫孚人三百。𩰫鬲于𡚬艾白之斲。旂示卽於張仲盛伐形相近于

烋衣𩁹。讓卽復付乃君。隹王十又一夕。月王各于成周大廟。武公

入右敔。告禽馘百。嗅冊。王蔑敔曆。事尹氏受𩰫𩰫敔圭鬲𩰫貝五

十朋。易田于敜錢五十田。于早五十田。敔敢對揚天子休。用乍隮

毁。敔甘𩁹季子二孫二永寶用。鐘鼎款識

伯虎毁銘

隹六年三月甲子。王才𦰩葊𧗑招白虎告曰。余告慶。曰公乃𢧵未詳

貝。用獄𥠖未詳爲白。九𡞞𡞞卽甾舊釋庸非九成。灾我考幽白幽姜令余告

慶。余吕邑𡴭未詳有𤔲。余典勿敢對。今余既口。有𤔲曰。厍厍令。今余

既一名典獻。獻白氏則執壁琱主。對揚朕宗君其休。用乍朕剌且

衡未詳公宕毁。其萬年子孫寶用享于宗。拓本

卯毁銘

隹王十又一月。既生霸。丁亥。𣪕艾季入右。卯立中廷。𣪕白乎令卯

曰。𩁹借爲𩁹乃先且考。𣄰𤔲𣄰借爲尸𤔲主治也𣪕公家。昔乃且亦既令乃

父𣄰𤔲𦳏人。不盄。盄母我家𡩜𡩜借爲室用喪。器或釋喪今余非敢夢借爲蔑

先公。又隹逪逪或釋遠余懋爯爯借爲寵或釋思先公官。今余隹令女𣄰𤔲𦳏

宮𦳏人。女母毋敢不譱。易女𢍰未詳三。此字舊增𠦪或釋章龍𣪕宗彝一。𩁹未詳

將或釋寶。易女馬十匹。牛十。易于乚未詳或釋作一田。易于宮宮一田。易于陂一田。易于㦰未詳或釋載郎紂一田。卯拜手頁頡手。敢對揚白休、用作寶隮段。卯其萬年子二孫二永寶用。拓本

師酉段銘

隹王元季正月。王才吳。虞各吳大廟。公族鳴釐入右。師酉立中廷。王乎史㸚未詳門冊命師酉。𤔲乃且啻官邑及虎臣西門尸、能尸、奉尸、京尸、畀人未詳尸。新易女赤市朱黃。中㬎攸勒。敬夙夜勿灋廢朕令。師酉拜䭫首。對䚄揚天子不顯休令。用作朕文考乙白究姬隮段。酉其萬季子二孫二永寶用。拓本

貞段銘

䲨從王伐刅。刅借為梁孚借為俘用作䬪段。拓本

伯㘣父段銘

白㘣父作周姜寶段。用夙夕亯用。旂眉壽。拓本

陳侯段銘

陳侯作嘉姬寶段。其萬季子二孫二永寶用。拓本

伯虘段銘

白虘虘戲作皇考剌公隮段。用亯用孝。萬季釁壽。畯才立位殿在子二孫二永寶。拓本

鄧公子段銘

鄧公子白余曰。薦新。作我姑鄧孟嬛媵段。永壽用止。拓本

室尗段銘

唯王五月。辰才丙戌。室尗作豐姞憝憙旅段。豐姞憝用歆宿夾夜亯孝于䛷公于室尗。㒼未詳疑旺友幺段。䭲未詳疑飤皀亦壽人。子孫其永寶用。拓本

曼龏父盨銘

曼龏父作寶盨。案篆是盨字。說文有之。舊釋𥂕。疑得借為𥂕。用亯孝宗室。用匄釁壽。子二孫二永寶用。拓本

遲盨銘

遲作姜淠盨。用亯孝于故姑公。用旂釁壽純魯。子二孫永寶用。拓本

單子伯盨銘

單子白作尗姜旅盨。其子二孫二萬季永寶用。拓本

立盨銘

立為旅須。子二孫二永寶用。拓本

禹叔興父盨銘

禹尗興父作旅頁。頁即首。借為盨。此盉銘。其器銘作須。與上立盨銘同。其子二孫二永寶用。拓本

史燕盨銘

史燕作旅盨。其永寶用。拓本

甲午盨銘

隹甲午八月丙寅。帝盥清廟。作礼盬吉。𠐡明神。神墍𩛥殸借為馨德畏。畏借為威帝邁年永𦅫受命。拓本。案此與下一銘皆稱帝。當是戰國時齊湣王或秦昭王所作。以干支紀歲。又神字重文。不作二。亦為變例。

天錫盨銘

帝受元命。天易帝蒀。用𦅫于神祇。网弗各。隹邁卅無口。拓本

喪史圓鉼銘

誢史賓或釋鄂史賓三字非古有喪姓廣韻引楚大夫喪左自作鉳。鉼用征用行。用旂釁壽。萬季無彊。子二孫永寶是尚。拓本

伯克尊銘

隹十又六年十月。既生雨。霸乙未。白太師易白克僕卅夫。白克敢對揚天右王白友。用作朕穆考後中隮亯。克用匄釁壽無疆。克其子孫二永寶用亯。鐘鼎款識

嘉禮尊銘

帝戲爯嘉禮乍壺隮。用薦神保是亯。隹休于永世。拓本。案此戰國時齊秦稱帝所作。

周家壺銘

周家乍日乙隮壺。甘用亯于宗。甘子孫邁年。永寶用口。拓本

宂盉銘

隹五月初吉。王才周。令乍冊內史易宂鹵百陵。未詳。或釋隻。宂稽靜女王休。用乍妝冊盉。甘萬季寶用。拓本

王子申篕蓋銘

王子申乍嘉嬭盞盖。甘覺壽無碁。期。永保用之。拓本

張仲盘銘

弡中乍寶匳。𤰈卽粟。尚書作圅。求其同聲。是盘字。舊釋簠。非。其弄羿之金鑪鑿鎗鋁鐈鐈鏞。其𢍰其玄其黃。用成盛朮稷糕糕粱。粱用饗大正。歆王賓。餴具召飤。弡中受無疆福。福者諸友飲飤具飽。弡中畁壽。鐘鼎款識又復齋鐘鼎款識

國差鑰銘

國差立事歲。咸丁亥。攻帀借爲工師佸鑄西高寶鑰三秉。用實旨酉。酒侯氏受福眉壽。卑旨卑瀞。侯氏毋毋𤸰毋癘。齊邦賓貯靜安寍。子子孫孫永俘保用之。拓本

劍銘

吳季子之子逞之永用鐱。拓本

距末銘

悍。吁或從口忬聲。舊釋愕。非。乍距末。用差釐商國。國案距末。弩機之類。戰國策蘇秦說韓王曰。谿子少府時力距來。皆射六百步之外。荀子性惡篇曰。繁弱鉅黍。古之良弓也。潘岳閒居賦曰。谿子巨黍。異絭同機。距來鉅黍巨黍卽距末也。拓本。

晉夷則鏡銘

惟晉新公二年七月七日午時。於首陽山前白龍潭。鑄成此鏡千年一作後萬一作在世。博異記。天寶中。金陵陳仲躬住洛陽清化里宅有井。善溺人。一日水櫃竭。見一女子。自稱敬元穎。飾鉛粉。衣綷縷。令其淘井。得古銅鏡。夜復見元穎云。某本師曠所鑄十二鏡之第七者。其背有二十八字。皆科斗書。於鼻題曰夷則之鏡。按唐人小說。自不足據。其銘與周時辭例不合。且于鼻題曰夷則之鏡。語尤可疑。唐鏡始爲大鼻。前此未有也。今姑錄之。

全上古三代文卷十三終

熱當作埶　訖當作託

全上古三代文卷十四

烏程嚴可均校輯

闕名三

時儆

收而場功。待而畚梮。營室之中。土功其始。火之初見。期於司里。周語中。

四方戒

各修乎乃事。考乃職事。無敢不敬戒。國有大刑。周書職方解。王巡狩則戒于四方。

轂城石人腹銘

摩兜鞬。摩兜鞬。愼莫言。藝文類聚六十三引盛弘之荆州記曰。樊城西北有鄧城。鄧城西百餘里有穀城。穀伯綏之國。城門有石人焉。刋其腹云云。疑此亦周太廟金人緘口銘背之流也。

東都門外石銘

佳城鬱鬱。三千年。見白日。吁嗟滕公居此室。博物志八。又史記夏侯嬰傳索隱。　案漢初上推三千年。此銘在上古時。

石棺銘

帝令處父。不與殷亂。賜爾石棺以華氏。史記秦本紀。又水經汾水注。末句作賜汝石棺以葬。

沙丘石槨銘

不逢其子。靈公奪而里之。莊子則陽篇。又博物志七作不逢箕子。靈公奪我里。

閭里石槨銘

四體不勤。熱爲作。生不遭遇長附訖。顧得二人發吾宅。御覽五百九十引博物志。魯闔里。蔡伯公死。求葬。廷中有二人。行頃還。葬二人。復出掘土。得石槨。有銘云云。闔里祠之。

琵琶圻古冢甓文

筮吉龜凶。八百年。落江中。水經漸江水注。江有琵琶圻。圻有古冢。墮水。甓有隱起字云云。謝靈運取甓詣京。咸傳觀焉。　案晉宋之際上推八百年。此冢當春秋之末。

孔子壙壁刋文

秦始皇。何僵梁。開吾戶。據吾牀。飲吾酒。唾吾漿。飧吾飯。以爲糧。張

吾弓。射東牆。前至沙丘當滅亡。異苑。秦世有謠曰云云。始皇既坑儒焚典。乃發孔子墓。壙既啓。鑿文刋在冢壁。　案孔子遺讖及春秋演孔圖與此略同。別載于後。

陽翁伯碑文

居于縣北六十里翁同之山。後潞徙于西山之下。陽公又遷居焉。而受玉田之賜。情不好寶。玉田自去。今猶謂之玉田陽。水經鮑丘水注引陽氏譜敘言。翁伯是周景王之孫。食采陽樊。春秋之末。爰宅無終。因陽樊而易氏焉。愛人博施。天祚玉田。其碑文云。

小平津北岸古冢銘

今卜高原。千秋之後。化爲下泉。當逢霸主。必爲改遷。御覽七百二十六引三國典略。東魏相齊王澄以舟師還。次于小平津北岸。古冢崩。骨見。銘曰。　案從東魏末上推千年。當戰國初。

比干墓銅盤銘

右林左泉。後岡前道。萬世之寍。於焉是保。嘯堂集古錄。　案銘詞及篆文非周初物。葢秦漢間作。姑編入三代。

士冠禮祝辭

始加　士冠。始加緇布冠。服玄端爵韠。

令月吉日。始加元服。棄爾幼志。順爾成德。壽考惟祺。介爾景福。

再加　皮弁服。素積素韠。

吉月令辰。乃申爾服。敬爾威儀。淑愼爾德。眉壽萬年。永受胡福。

三加　爵弁服。纁裳韎韐。

以歲之正。以月之令。咸加爾服。兄弟具在。以成厥德。黃耇無疆。受天之慶。

醴辭　三加畢。賓醴冠者。

甘醴惟厚。嘉薦令芳。拜受祭之。以定爾祥。承天之休。壽考不忘。

醮辭　若不醴則醮。注。醴禮簡。尚質也。醮禮繁。尚文也。醮亦賓醴冠者。冠有三加。故三醮也。

始醮

旨酒既淸。嘉薦亶時。始加元服。兄弟具來。孝友時格。永乃保之。

再醮

旨酒既湑。嘉薦伊脯。乃申爾服。禮儀有序。祭此嘉爵。承天之祜。

三醮

旨酒令芳。籩豆有楚。咸加爾服。肴升折俎。承天之慶。受福無疆。

字辭 既醴冠者見母出賓字之

禮儀既備。令月吉日。昭告爾字。爰字孔嘉。髦士攸宜。宜之于假。永受保之。曰伯某父。已上八首並儀禮士冠禮

士昏禮辭

父命子

往迎爾相。承我宗事。勖率以敬。先妣之嗣。若則有常。

父命女

戒之戒之。夙夜無違命。

母命女

勉之敬之。夙夜無違宮事。

庶母命女

敬恭聽宗爾父母之言。夙夜無愆。視諸衿鞶。已上四首並儀禮士昏禮

少牢饋食祝嘏辭

皇尸命工祝。承致多福無疆。于女孝孫。來女孝孫。使女受祿于天。宜稼于田。眉壽萬年。勿替引之。儀禮少牢饋食禮主人酳尸尸酢主人佐食取黍授尸尸執以命祝祝受以東北面嘏主人

救日食告天

天子臣某。謹承皇戒。退避正居。思行愆誤。陽精有弊。已政類衰。正事去非。釋苛禁。不敢直命。遣臣欽喻。已絕國害之譴。近以緒盡力宣文。思維表道。願得修政。以奉宗祖。追往翼今。勉開嘉紀。縱太陽精。以興日寶。開元占經十引春秋感精符

蜡祝

土反其宅。水歸其壑。昆蟲無作。豐年若上。歲取千百。蔡邕獨斷案禮記郊特牲有伊耆氏蜡辭末句作草木歸其澤

魯郊祝

以斯鶾音赤羽。去魯侯之咎。說文鳥部鶾引魯郊以丹雞祝

祭侯辭

惟若寍侯。毋或若女不寍侯。不屬于王所。故抗而射女。强飲强射。詒女曾孫諸侯百福。考工記

嗟爾不寍侯。爲爾不朝于王所。故亢而射女。强食爾食。曾孫侯氏百福。大戴禮

立社祝

今某月日。君爲某立社。社祭土而主陰氣也。五穀用成。萬民以生。敢用肥豚嘉蔬清酒。敬致大神。自今日以來。福請雨止。惟靈是聽。子孫眉壽。萬神含靈。御覽七百三十六引禮外篇立社祝

請雨祝

昊天生五穀以養人。今五穀病旱。恐不成。敬進清酒膊脯。再拜請雨。雨幸大澍。古微書引春秋漢含孳請雨祝

皇皇上天。照臨下土。集地之靈。神降甘雨。庶物羣生。咸得其所。博物志史補

止雨祝

天生五穀。以養生民。今天雨不止。傷五穀。如何神靈而行而止。殺牲以賽神靈。雨則不止。鳴鼓攻之。朱絲繩索而齊之。御覽七百三十六引禮外篇

天生五穀。以養人民。今天雨不止。用傷五穀。如何如何。靈而不幸。殺牲以賽神靈。雨則不止。鳴鼓攻之。朱絲繩縈而脅之。博物志史補又見御覽七百三十六

禳田祝

甌窶滿篝。污邪滿車。五穀蕃熟。穰穰滿家。史記淳于髡傳

下田洿邪。得穀百車。蠏堁者宜禾。說苑復恩

蠏堁者宜禾。洿邪者百車。傳之後世。洋洋有餘。說苑尊賢

蠏螺者宜禾。汙邪者滿車。五穀蕃熟。穰穰滿家。荀子口口注

穹得萬束。下得千斛。藝文類聚九十六引說苑。淳于髡對楚王曰。臣來見道傍野民持一頭魚上田祝

禁鼠祝

付勑屋吏。制斷鼠蟲。三時言功。鼠不敢行。齊民要術五引龍魚河圖。冬以臘月鼠斷尾。正月旦日未出時。家長斬鼠著屋中祝

龜祝

今日吉。謹以粱卵㶣黃。祓去玉靈之不祥。玉靈必信以誠。知萬事之情。辯兆皆可占。不信不誠。則燒玉靈。揚其灰。以徵後龜。假之玉靈夫子。夫子玉靈。荊灼而心。令而先知。而上行於天。下行於淵。諸靈數箣。莫如汝信。今日良日。行一作身一良貞。假之靈龜。五筮五靈。不如神龜之靈。知人死。知人生。某身良貞。褚先生補史記龜策列傳

口誡

勿謂何有。積怨致咎。勿曰不傳。伏流成川。蟻孔潰河。溜穴傾山。藝文類聚十七。案傳子擬金人銘作口銘。有末二語。疑此口誡即口銘。未敢定之。

詛楚文

又有秦嗣王。敢用吉玉宣璧。使其宗祝邵鼛。布愍告于不顯大神巫咸及大沈久湫。㠯底楚王熊相之多辠。昔我先君穆公。及楚成王是繆力同心。兩邦有壹。絆㠯婚姻。袗㠯齊盟。曰枼萬子孫。毋相爲不利。親卬不顯大神巫咸大沈久湫而質焉。今楚王熊相。康回無道。淫失佚甚亂。宣奓競㣇從。變輸盟制。内之則虣虐不辜。刑戮孕婦。幽剌敍戚。拘圉其叔父。寘者諸冥室櫝棺之中。外之則冒改久心。不畏皇天上帝及不顯大神巫咸大沈久湫之光列威神。而兼倍十八世之詛盟。衛者諸侯之兵。㠯臨加我。欲剗伐我社稷。伐

威我百姓。求蔑灋廢皇天上帝及不顯大神巫咸大沈久湫之卹。祠之㠯圭玉犧牲。逑取吾邊城新郢及鄔長敍。吾不敢曰可。今又悉興其衆。張矜意怒。飾甲底兵。奮士盛師。㠯偪吾邊競。借爲竟將欲復其兇迹。唯是秦邦之羸衆敝賦。鞈輸棧輿。禮使介老將之㠯自救殹。亦應受皇天上帝及不顯大神巫咸大沈久湫之幾靈德賜。克劑楚師。且復略我邊城。敢數楚王熊相之倍盟犯詛。箸石章㠯盟大神之威神。絳帖又古文苑有釋文小異

赤爵銜丹書學記疏作瑞書

敬勝怠者吉。怠勝敬者滅。義勝欲者從。欲勝義者凶。凡事不強則不枉。不敬則不正。枉者廢滅。敬者萬世。以仁得之。以仁守之。其量百世。以不仁得之。以仁守之。其量十世。以不仁得之。不仁守之。不及其世。史記周本紀正義引書帝命驗云。季秋之月甲子。赤爵銜丹書入于酆。止于昌戶。其書云云。又見大戴禮武王踐阼篇。以敬者萬世已上爲顓頊丹書。以仁得之已下爲師尚父述所聞。

紀國金壺丹書

食魚無反。勿乘駑馬。晏子春秋内篇雜上。景公遊于紀。得金壺中有丹書

玉苞舒圖已下圖讖

帝當樞百。則禪虞。御覽八十一引論語撰考讖。赤龍負玉苞舒圖出。堯與大舜等共發

玉牒文

祝融司方發其英。沐日浴月百寶生。續漢郡國志注補引湘中記。衡山有玉牒。禹案其文以治水。遙望衡山如陣雲

玄珪刻文

延喜之王受德。天賜之佩。初學記九引尚書璇璣鈐。曰禹授啟握玄珪出刻

黑玉赤勒

玄精天乙受神福。命之子。伐桀命克。予商滅夏天下服。詩商頌譜疏引尚書中候雒子命云。天乙在亳東觀于洛。黃魚雙躍出濟于壇。黑鳥以雄隨魚亦上化爲黑玉赤勒曰。又見藝文類聚十二。御覽八十三。

赤爵銜書

姬昌蒼帝子。亡殷者紂王。宋書符瑞志：赤爵銜書及豐，置于昌戶，昌拜稽首受之。

赤烏銜珪，

天命周文王伐殷有國。泰顛來賓，河出綠圖，帝出乘黃。墨子非攻下：赤烏銜珪降周之岐社。

鳳皇銜書

殷帝無道，虐亂天下。皇命已移，不得復久。靈祇遠離，百神吹去。五星聚房，昭理四海。宋書符瑞志：鳳皇銜書游文王之都。

玉璜刻文

姬受命，呂佐旌。德合昌，來提撰。爾雒鈐，報在齊。文選任昉勸進牋注引尚書中候：呂尚立變名，答曰：望釣得玉璜，刻曰云云。又見宋書符瑞志。

麟吐玉書

水精之子孫，衰周而素王。拾遺記三：夫子未生時，有麟吐玉書於闕里人家。

魯端門血書

趨作法，孔聖沒。周姬亡，慧東出。秦政起，胡破術。書紀散，孔不絕。公羊哀十四年解詁。藝文類聚九十八引春秋演孔圖：得麟之後，天下血書魯端門。

黃玉刻文

寶文出，劉季握。卯金刀，在軫北。字禾子，天下服。搜神記八。宋書符瑞志。初學記二。御覽十四，又八百五。事類賦九。赤虹自上而下，化為黃玉，長三尺，有刻文。孔子跪授而讀之。

孔提命，作應法。為赤制，雀集。藝文類聚九十，又九十九。御覽九百二十二。並春秋演孔圖。赤爵集書上，化為黃玉刻。

麟吐圖

姬周亡，赤氣起。火曜興，玄丘制命帝卯金。搜神記八。宋書符瑞志。五行大義五。

玉版

璇璣，一低一昂，是七期。御覽六百六引春秋演孔圖：天授演孔圖中有大玉刻一版。

素書

後世修吾書，董仲舒。護吾車，拭吾履，發吾笥，會稽鍾離意。璧有七，

張伯藏其一。後漢鍾離意傳注引意別傳：孔子牀首有懸甕，發之中有素書。又水經泗水注、續漢郡國志二注。

遺讖

亡秦者胡也。易緯通卦驗。孔子表洛書摘亡辟。又論衡實知：孔子將死遺讖書。

不知何一男子，自謂秦始皇。上我之堂，踞我之牀，顛倒我衣裳，至沙丘而亡。論衡實知：孔子將死，遺讖書。又古微書引春秋演孔圖云：驅除名政，顛倒吾衣裳，坐吾曲牀，濫長九州，滅六王，至于沙丘亡。

嘉林龜左脅書文

甲子重光，得我者匹夫，為人君。有土正，諸侯得我為帝王。史記龜策傳。葛畢石朱方傳。

全上古三代文卷十四終

全上古三代文卷十五

烏程嚴可均校輯

古逸

歸藏　謹案杜子春注周禮云歸藏黃帝也御覽六百九引帝王世紀云殷人因黃帝曰歸藏禮運我得坤乾焉鄭云其書存者有歸藏疏引熊安生云殷易以坤爲首故先坤後乾隋志舊新唐志歸藏十三卷隋志又云歸藏漢初已亡晉中經有之唯載卜筮不似聖人之旨以本卦尚存故取貫於周易之首以備殷易之缺案御覽六百八引桓譚新論云歸藏四千三百言是西漢末已有此書漢志本七略偶失載耳文獻通考引崇文總目云今但存初經齊母本蓍三篇玉海引中興書目同文淵閣書目不著錄蓋三篇又亡于元明之際今蒐輯羣書所載得八百四十六字視桓譚所見本略存十二焉

昔黃神與炎神爭鬬涿鹿之野。將戰。筮於巫咸。曰。果哉而有咎。御覽七十九路史前紀三後紀四

昔者豐隆筮將雲氣而吉核之也。北堂書鈔一百五十。案舊寫本每條刪下半段以之也字代之。通部如此。穆天子傳二注云。豐隆筮御雲得大壯卦。遂爲雲師。疑歸藏之文。陳禹謨本作雖有豐隆莖得雲氣而結核。茲臆改也。不足據。

昔者河伯筮與洛戰而枚占。昆吾占之。不吉。初學記二十

昔常娥以西王母不死之藥服之。遂奔爲月精。北堂書鈔一百五十。文選月賦注。宣貴妃誄注。祭顏光祿文注。御覽九百八十四

羿請不死之藥於西王母。姮娥竊之以奔月。將往。枚筮之於有黃。有黃占之曰。吉。翩翩歸妹。獨將西行。逢天晦芒。毋驚毋恐。後且大昌。續漢天文志上注引張衡靈憲。當是歸藏之文

鯀筮之於歸藏。得其大明。曰。不吉。有初亡後。路史後紀十三

昔者夏后啟筮享神於晉之墟。作爲璿臺。於水之陽。藝文類聚六十二。文選王元長曲水詩序注。初學記二十四。御覽一百七十七

昔夏后啟筮享神於大陵而上鈞臺。枚占皋陶。曰。不吉。北堂書鈔八十二。初學記二十四。御覽八十二

啟筮徙九鼎。啟果徙之。路史後紀十四

昔者桀筮伐唐。而枚占於熒惑。曰。不吉。不利出征。惟利安處。彼爲

諸當作詩

百當作白

狸。我爲鼠。勿用作事。恐傷其父。御覽八十二。又九百十二。路史後紀十四

武王伐商。枚占耆老。曰。不吉。路史後紀五

昔穆王天子筮出於西征。不吉。曰。龍降於天。而道里脩遠。飛而沖天。蒼蒼其羽。御覽八十五

穆王獵干戈之野。御覽八百三十一

昔穆王子筮卦於禺強。莊子大宗師釋文。路史後紀五

節卦。殷王其國。常毋谷月。周禮太卜疏。路史發揮

劙。良人得其玉。君子得其粟。御覽八百四十

鼎有黃耳。利得鱣鯉。藝文類聚九十九

有鳧鴛鴦。有雁鷫鷞。藝文類聚九十二。御覽九百二十五

乾者積石風穴之琴。亭之者弗亭。終身不瘳。北堂書鈔一百五十八

君子戒車。小人戒徒。文選顏延年秋胡詩注

上有高臺。下有雝池。以此事君。其貴若化。若以賈市。其富如河。御覽四百七十二

有人將來。遺我貨貝。以正則徹。以求則得。有喜則至。藝文類聚八十四。御覽八百七十

有人將來。遺我錢財。自夜望之。御覽八百三十一

東君雲中。史記封禪書索隱云見歸藏易

乾爲天。爲君。爲父。爲大赤。爲辟。爲卿。爲馬。爲禾。爲血卦。路史發揮。案此蓋說卦文。殷易先有。非始十翼

已上二十五事。引見不著篇名。其云黃神至夏后啟占驗。當在啟筮篇。而并及武王穆王者。蓋太卜增加。北堂書鈔一百一引桓譚新論。歸藏藏于太卜。故殷易有周事。凡繇辭外。皆傳說耳。

歸藏啟筮

太昊之盛。有白雲出自蒼梧。入於大梁。藝文類聚一。文選謝朓新亭渚別范零陵詩注。初學記一。百帖二。御覽八。又八百七十二

昔女媧筮張雲幕而枚占。神明占之曰。吉。昭昭九州。日月代極。平

蚩水之水當作尤

均土地和合萬國。北堂書鈔一百三十二。初學記二十五。御覽七十八。

共工。人面蛇身朱髮。山海經大荒西經注。藝文類聚十七。御覽三百七十三。路史後紀二。

蚩水出自羊水。八肱八趾疏首。登九淖以伐空桑。黃帝殺之於青丘。初學記九。路史後紀四。案路史又云蚩尤疏首虎䝞八肱八趾。見歸藏啟筮。

空桑之蒼蒼。八極之既張。乃有夫羲和。是主日月。職出入以為晦明。山海經大荒南經注。

瞻彼上天。一明一晦。乃有夫羲和之子。出於陽谷。山海經大荒南經注。

帝堯降二女。為舜妃。周禮太卜疏引坤開筮。坤是其卦名。

滔滔洪水。無所止極。伯鯀乃以息石息壤。以填洪水。山海經海內經注。又見史記甘茂傳索隱。北堂書鈔一百六十作以堙洪水。

鯀死。三歲不腐。剖之以吳刀。化為黃龍。山海經海內經注。

鯀殛死。三歲不腐。副之以吳刀。是用出禹。初學記二十二。路史後紀十二。

麗山之子。鼓青羽人面馬身。山海經西山經注。路史後紀四。案西山經又云。鍾山其子曰鼓。其狀如人面而龍身。注云。其類皆見歸藏啟筮。

金水之子。其名曰羽蒙。乃之羽民。是生百鳥。文選鸚鵡賦注。御覽九百十四。

羽民之狀。鳥喙赤目而白首。山海經海外南經注。

昔彼九冥。是與帝辯同宮之序。是為九歌。山海經大荒西經注。

不可竊辯與九歌以國于下。山海經大荒西經注。

歸藏鄭母經

昔者羿善射。彃十日。果畢之。尚書五子之歌疏。左傳襄四年疏。論語憲問疏。孟子梁惠王疏。山海經海外東經注。案洪興祖補注天問引歸藏易云。羿畢十日。即此約文。

夏后啟筮。御飛龍登於天。吉。明啟亦仙也。山海經海外西經注。案穆天子傳五注云。嵩高山啟母在此山化為石。而子啟亦登仙。皆見歸藏。

明夷曰。昔夏后啟上乘龍飛。以登於天。皋陶占之曰。吉。御覽九百二十九。案路史後紀十四引歸藏鄭母經明夷曰夏后啟筮御龍飛升于天與上文連為一條。

歸藏初經

初坤。初乾。初離。初坎。初兌。初艮。初釐。初巽。路史後紀五。又發揮。案玉海三十五引作初乾初奭初艮初兌初犖初離初釐初巽。卦皆六畫。奭即坤。犖即坎。釐即震。世有歸藏鏡。亦作奭作犖作釐。

歸藏齊母經

瞿有瞿有。鮋宵粱為酒。尊于兩壺。兩羭飲之。三日然後穌。士有澤我取其魚。爾雅釋畜注。釋畜疏云。歸藏齊母經之文也。瞿有卦名。

歸藏本蓍篇

蓍末大于本為上吉。蒿末大于本次吉。荊末大于本次吉。箭末大于本次吉。竹末大于本次吉。蓍一五神。蒿二四神。荊三三神。箭四二神。竹五一神。筮犯皆藏。五筮之神明皆聚焉。御覽七百二十七。引歸藏不著篇名。崇文總目云。今唯存初經齊母本蓍三篇。知此為本蓍篇文。

左傳襄九年。穆姜薨于東宮。初往而筮之。遇艮之八。注。連山歸藏皆以七八為占。故言遇艮之八。疏。七為少陽。八為少陰。九為老陽。六為老陰。老變而少不變。周易以變為占。二易以不變為占。此筮遇艮之八。謂艮之第二爻不變者。是八也。

筮辭謹案周禮太卜掌三易之法。一曰連山。二曰歸藏。三曰周易。其經卦皆八。其別皆六十有四。秦焚書。唯易以卜筮存。易蓋

統三易言之。漢專用周易。而夏殷易若存若亡。通儒不盡見之。後竟佚失。可惜也。余編上古三代文。既輯歸藏一篇如右。而左氏所載或用周易。傳必明標出。其不標出者。實兼三易。然亦有筮者臨時推測。別撰韻語為象辭。復以韻語下斷者。今輯一篇。題曰筮辭。附歸藏後焉。

同復于父。敬如君所。左傳閔二年。成季之將生也。筮之遇大有之乾。云云。注。筮者之辭也。

涉河。侯車敗。左傳僖十五年。秦伯伐晉。卜徒父筮之。吉。云云。

千乘三去。三去之餘。獲其雄狐。同上。詰之。對曰。乃大吉也。三敗必獲晉君。其卦遇蠱。云云。注。蓋卜筮者雜辭以狐蠱為君。其義欲以喻晉惠公。其象未聞。

士刲羊。亦無衁也。女承筐。亦無貺也。西鄰責言。不可償也。歸妹之睽。猶無相也。震之離。亦離之震。為雷為火。為嬴敗姬。車說其輹。火焚其旗。不利行師。敗于宗丘。歸妹睽孤。寇張之弧。姪其從姑。六年其逋。逃歸其國。而棄其家。明年其死於高梁之虛。左傳僖十五年。初晉獻公筮嫁伯姬於秦。遇歸妹之睽。史蘇占之曰。不吉。其繇曰云云。注。凡筮者用周易。則其象可推。非此而往。則臨時占者或取于象。或取于氣。或取于時日王相以成其占。

南國蹙。射其元王中厥目。左傳成十六年。晉楚遇于鄢陵。公筮之。史曰吉。其卦遇復。云云。注。此卜者辭也。

卜頌 謹案周禮太卜掌三兆之法。一曰玉兆。二曰瓦兆。三曰原兆。其經兆之體皆百有二十。其頌皆千有二百。凡蓋三兆之頌合三千六百。羣書所藏卜之遇兆曰其繇曰占曰者。皆卜頌也。卜法以五行爲兆。左傳哀九年。趙鞅卜救鄭。遇水適火。注。水火之兆。號引服虔云。兆南行適火。卜法。橫者爲土。立者爲木。邪向經者爲金。背經者爲火。因兆而細曲者爲水。自漢以來。筮專行而卜微。今輯卜頌一篇。附三易之後焉。

鼎成三足而方。不炊而自亨。不舉而自臧。不遷而自行。以祭於昆吾之虛。上鄉。墨子耕柱。昔者夏后開使蜚廉采金于山川。而陶鑄之于昆吾。是使翁難乙卜于目若之龜。龜曰。

逢逢白雲。一南一北。一西一東。九鼎既成。遷于三國。墨子耕柱。乙又言兆之由曰。饗矣。云云。由同繇。

非龍非彲。非虎非羆。兆得公矦。天遣汝師。以之佐昌。施及三王。六韜。文王將田。史編布卜曰。田於渭陽。將大得焉。云云。文王曰。兆致是乎。史編曰。編之太祖史疇爲禹占。得皋陶。兆比於此。案史記齊世家載此小異。

蜉蝣之羽。飛集于戶。鴻之戾止。弟弗克理。重靈降誅。尚復其所。文選思玄賦注引古文周書。周穆王姜后晝寢而孕。越姬嬖。竊而育之。斃以玄鳥二七。塗以彘血。寘諸姜后。遽以告王。王恐。發書而占之。曰。

蟲飛集戶。是曰失所。惟彼小人。弗克以育君子。同上。問左史氏。史灼曰。案灼本又作豹。

闞親將畱其身。歸于母氏。而後獲寍。册而藏之。厥休將振。同上。史良曰。是謂云云。

鳳皇于飛。和鳴鏘鏘。有嬀之後。將育于姜。五世其昌。並于正卿。八世之後。莫之與京。左傳莊二十二年。初懿氏卜妻敬仲。其妻占之。曰吉。云云。

其名曰友。在公之右。間于兩社。爲公室輔。左傳閔二年。成季之將生也。桓公使卜楚丘之父卜之。曰男也。又見昭三十二。

挾以銜骨。齒牙爲猾。戎夏交捽。晉語一。獻公卜伐驪戎。史蘇占之。曰。勝而不吉。遇兆。云云。公不聽。遂伐驪戎。克之。得驪姬以歸。

專之渝。攘公之羭。一薰一蕕。十年尚猶有臭。左傳僖四年。初晉獻公欲以驪姬爲夫人。卜之不吉。筮之吉。公曰從筮。卜人曰。筮短龜長。不如從長。且其繇曰。云云。必不可。弗聽。

十當作卜

得字衍

兆如山陵。有夫出征。而喪其雄。左傳襄十年。鄭皇耳帥師侵衛。孫文子卜追之。獻兆于定姜。姜氏問繇。曰。云云。

君子得龜。小人遺冠。御覽六百八十四。八百三十二。九百三十二。引古文瑣語。范獻子卜獵。其繇曰。云云。獻子獵無所得。遺得其豹冠。

沈陽。可以興兵。利以伐姜。不利于商。左傳哀九年。趙鞅卜救鄭。遇水適火。史龜曰。是謂云云。

如魚竀尾。衡流而方羊。裔焉大國。滅之將亡。闔門塞竇。乃自後踰。左傳哀十七年。衛侯夢渾良夫叫天無辜。衛侯貞卜。其繇曰。

大橫庚庚。余爲天王。夏啟以光。史記文帝紀。陳平等遣人迎代王。代王卜之。兆得大橫。占曰。

夏書

昬墨賊殺。左傳昭十四年。夏引夏書云云。皋陶之刑也。注。逸書。

夏訓

有窮后羿。左傳襄四年。引夏訓有之。注。夏訓。夏書。

昔有夏之方衰也。后羿自鉏遷于窮石。因夏民以代夏政。恃其射也。不修民事。而淫于原獸。棄武羅、伯因、熊髡、尨圉而用寒浞。寒浞伯明氏之讒子弟也。伯明后寒棄之。夷羿收之。信而使之。以爲己相。浞行媚于內。而施賂于外。愚弄其民。而虞羿于田。樹之詐慝。以取其國家。外內咸服。羿猶不悛。將歸自田。家衆殺而亨之。以食其子。其子不忍食諸。死于窮門。靡奔有鬲氏。浞因羿室。生澆及豷。恃其讒慝詐僞。而不德于民。使澆用師。滅斟灌及斟尋氏。處澆于過。處豷于戈。靡自有鬲氏。收二國之燼。以滅浞而立少康。少康滅澆于過。后杼滅豷于戈。有窮由是遂亡。同上

訓語

夏之衰也。褒人之神化爲二龍。以同于王庭而言曰。余褒之二君也。夏后卜殺之與去之與止之。莫吉。卜請其漦而藏之。吉。乃布幣焉。而策告之。龍亡而漦在。櫝而藏之。傳郊之。及殷周。莫之發也。鄭語

史伯引訓語有之。注：訓語，周書。

秩官

敵國賓至，關尹以告。行理以節逆之。候人爲導。卿出郊勞。門尹除門。宗祝執祀。司里授館。司徒具徒。司空視塗。司寇詰姦。虞人入材。甸人積薪。火師監燎。水師監濯。膳宰致饔。廩人獻餼。司馬陳芻。工人展車。百官以物至。賓入如歸。是故大小莫不懷愛。其貴國之賓至，則以班加一等。益虔。至于王吏，則皆官正莅事。上卿監之。若王巡守，則君親監之。周語中單襄公引周之秩官。注：秩官，周常官篇名。

西方之書

懷與安，實疚大事。晉語四。注：西方謂周。

大度之書

舉兵之日而境內不貧。戰而必勝。勝而不死。得地而國不敗。爲此四者若何。舉兵之日而境內不貧者，計數得也。戰而必勝者，法度審也。勝而不死者，教器備利而敵不敢校也。得地而國不敗者，因其民也。管子兵法。

鄭書

安定國家，必大焉先。左傳襄三十年子產引鄭書有之。注：鄭國史書。

惡直醜正，實蕃有徒。左傳昭二十八年晉司馬叔游引鄭書有之。注：鄭書，古書名也。

太府之憲

國雖大赦，降臣亡子，不得與焉。戰國策魏四安陵君言先君手受太府之憲，憲之上篇曰。注曰：城降人及亡人之子。

禮志

將有請於人，必先有入焉。欲人之愛己也，必先愛人。欲人之從己也，必先從人。無德於人而求用於人，罪也。晉語四。

前志

敵惠敵怨，不在後嗣。左傳文六年。

志

言以足志，文以足言。左傳襄二十五年。

高山峻原，不生草木。松柏之地，其土不肥。晉語九。

軍志

允當則歸。左傳僖二十八年。注：軍志，兵書。

知難而退。同上。又宣十二年隨武子曰：見可而進，知難而退，軍之善政也。

有德不可敵。同上。

周志

先人有奪人之心。左傳宣十二年。

勇則害上，不登於明堂。左傳文二年引周志有之。注：周志，周書也。案見周書大匡解。

文王夢天帝服玄襪，以立於令狐之津。帝曰：昌，賜汝望。文王再拜稽首。太公於後亦再拜稽首。文王夢之夜，太公夢之亦然。其後文王見太公而訓之曰：而名爲望乎。荅曰：唯，爲望。文王曰：吾如有所

見於汝。太公言其年月與其日，且盡道其言：臣此以得見也。文王曰：有之有之。遂與之歸，以爲卿士。晉太康十年汲縣齊太公廟碑引周志。

汲冢瑣語　謹案晉書束皙傳：初，太康二年，汲郡人不準盜發魏襄王墓，或言安釐王冢，得竹書數十車，其瑣語十一篇，諸國卜夢妖怪相書也。隋志：古文瑣語四卷，汲冢書。舊新唐志同。宋以後不著錄。今輯羣書引見，省併複重，得二十五事，彙爲一篇。至穆天子傳、竹書紀年，俱汲冢古文，見存不錄。

舜囚堯於平陽，取之帝位。今見有囚堯城。史通疑古篇、廣宏明集十一。案初學記八引竹書云：舜囚堯，偃塞丹朱，益此城也。

仲壬崩，伊尹放太甲，乃自立四年。御覽八十三。

周宣王夜臥而晏起，后夫人不出於房。其后既出，乃脫簪珥，待罪於永巷，使其傅母通言於宣王曰：妾之淫心見矣，至使君王失禮而晏起，以見君王之樂色而忘德也。亂之興，從婢子起，敢請罪。王曰：寡人不德，寔自生過，非夫人之罪也。遂復姜后也，勤于政事，早朝晏退，卒成中興之名。藝文類聚十五。

宣王之元妃獻后，生子不恆期月而生，后弗敢舉。天子召問羣臣及元史，史皆答曰：若男子也，身體有不全，諸骨節有不備者，則可。身體全，骨節備，不利於天子也，將必喪邦。天子曰：若而不利，余一人命棄之。仲山甫曰：天子年長矣，而未有子，或天將以是棄周，雖棄之何益？且卜筮言何必從？天子乃弗棄之。（御覽八十五，又一百三十五。）

幽王娶褒姒，楚矢箕服，是喪王國。（北堂書鈔二十六，又四十二。）

周王欲殺王子宜咎，立伯服，釋虎將執之。宜咎叱之，虎弭耳而服。（御覽八百九十一，事類賦注二十。）

晉冶氏女徒病，棄之。舞嚚之馬僮飲馬而見之，病徒曰：吾良夢。馬僮曰：汝奚夢乎？曰：吾夢乘水如河汾，三馬當以舞。僮告舞嚚，自往視之，曰：尚可活，吾買汝。答曰：棄之矣，猶未死乎？舞嚚曰：未。遂買之。至舞嚚氏而疾有閒，而生荀林父。（御覽六百四十二。）

晉平公夢見赤熊闚屏，惡之而有疾，使問子產。（案：左傳昭七年疏引以上同。）子產曰：昔共工之卿曰浮游，既敗於顓頊，自沒沈淮之淵。（案：路史後紀引作自沈于淵。）其色赤，其言善笑，其行善顧，其狀如熊，常為天王祟，見之堂則王天下者死，見之堂下則邦人駭，見之門則近臣憂，見之庭則無傷。今窺君之屏，病而無傷，祭顓頊共工則瘳。公如其言而病閒。（御覽九百八，路史後紀二。案：史通云：尋汲冢瑣語，即乘之流耶？其晉春秋篇云：平公疾，朱熊窺屏。左氏亦載斯事，而云夢黃熊入門。）

晉平公與齊景公乘，至於澮上，見人乘白驂八駟以來，平公之前。公問師曠曰：有犬狸身而狐尾者乎？（案：水經注引作有犬狸身而狐尾，隨平公之車，公問師曠。太平廣記引作去其車而隨公之車。）師曠有頃而答曰：有之，首陽神。其名曰者來，首陽之神飲酒霍太山而歸其居，而於澮乎見之。（案：水經注引對曰：首陽之神，有犬狸身狐尾，其逢君者飲酒得福則徼之。太平廣記引作狸身而狐尾，其名曰首陽之神，飲酒于霍太山而歸其君。）甚善。君有喜焉。（水經澮水注，御覽四十一，太平廣記二百九十一。）

師曠御晉平公。（案：御覽三百六十九引作晉師曠晝侍平公。）鼓瑟，輟而笑曰：齊君與其嬖人戲，墜於牀而傷其臂。平公命人書之曰：某月某日，（案：御覽三百九十一引作某年某月。）齊君戲而傷，問之於齊侯，齊侯笑曰：然，有之。（藝文類聚十九，御覽三百六十九，又三百九十一。案：御覽三百六十九引作公書記之，使問齊侯，果如其言。）

有鳥飛從西方來，白質，五色皆備，集平公之庭，相見如讓。公召叔嚮問之。叔嚮曰：吾聞師曠曰：西方有白質鳥，五色皆備，其名曰翚。南方赤質，五色皆備，其名曰搖。其來為吾君臣，其祥先至矣。（御覽九百十七。）

齊景公伐宋，至曲陵，夢見大君子，甚長而大，大下而小上，甚言甚怒，好仰。晏子曰：若是則盤庚也，夫盤庚之長九尺有餘，大下小上，白色而髯，其言好仰而聲上。公曰：是也。是怒君師，不如違之。遂不伐宋也。（御覽三百七十七。）

甚言之甚當作其

齊景公伐宋，至曲陵，夢見有短丈夫賓於前。晏子曰：君所夢何如哉？公曰：其賓者甚短，大上而小下，其言甚怒，好俛。晏子曰：如是則伊尹也。伊尹甚大而短，大上小下，赤色而髯，其言好俛而下聲。公曰：是矣。晏子曰：是怒君師，不如違之。遂不果伐宋。（御覽三百七十八。）

范獻子卜獵，命人占之，曰：其繇曰：君子得黿，小人遺冠。范獻子獵而無得，遺其豹冠。（御覽六百八十四，又八百三十二，又九百三十二。）

隕石於鑄三，宋景公問於刑史子臣曰：隕石於鑄三，何也？刑史子臣答曰：天下之望山三將崩。（北堂書鈔一百六十。）

初，刑史子臣謂宋景公曰：從今已往五祀（案：御覽引作五月。）五日，臣死，自臣死後五年五月丁亥，（案：御覽引作丁巳。）吳亡，已後五祀八月辛巳，君薨。刑史子臣至死日，朝見景公，夕而死。後吳亡，景公懼，思刑史子臣之言，將至死日，乃逃於瓜圃，（案：初學記二十四引瓜圃見瑣語。）遂死焉。求得，已蟲矣。（藝文類聚八十七，御覽九百七十八，事類賦注二十七。）

智伯既敗，將出走，夢火見於西方，乃出奔秦。又夢火見於南方，遂奔楚也。（御覽八百九十六，事類賦注八。）

蒲且子見雙鳧過之。其不被戈者亦下。文選勵志詩注

齊東有二石。高八尺。博四尺。而入於海。北堂書鈔一百六十

汲冢瑣語記太丁時事。目爲夏殷春秋。史通六家篇

瑣語又有晉春秋。記獻公十七年事。史通六家篇

瑣語春秋載魯國閔公時事。言之最詳。史通惑經篇

汲冢所得書。尋亦亡逸。今惟紀年瑣語師春在焉。案紀年瑣語載春秋時事。與左氏同。史通申左篇

疏圃見瑣語。初學記二十四

汲冢瑣語乃載秦望碑。顏氏家書證篇

古文周書謹案古文周書亦汲冢所得今僅文選注引有二條或目逸周書當之非也

周穆王姜后晝寢而孕。越姬嬖。竊而育之。斃以玄鳥二七。塗以彘血。寘諸姜后。遽以告王。王恐。發書而占之。曰。蜉蝣之羽。飛集于戶。鴻之戾止。弟弗克理。重靈降誅。尙復其所。問左史氏。史豹曰。蟲飛集戶。是曰失所。惟彼小人。弗克以育君子。史良曰。是謂關親。將留其身。歸于母氏。而後獲寧。冊而藏之。厥休將振。王與令尹冊而藏之於櫝。居三月。越姬死。七日而復。言其情曰。先君怒予甚。曰。爾夷隸也。胡竊君之子。不歸母氏。將寘而大戮。及王子於治。文選思玄賦注引古文周書。案梅鼎祚文紀引此作汲冢師春。未詳所出

穆王田。有黑鳥若鳩。翩飛而跱於衡。御者斃之以策。馬逸不克止之。蹶於乘。傷帝左股。文選赭白馬賦注引古文周書

桃左春秋

人主之疾死者不能處半。人主弗知。則亂多資。韓非子備內

全上古三代文卷十五終

全上古三代文卷十六

烏程嚴可均校輯

釋氏

謹案佛教始于周，釋藏所載佛說諸經中有勅令書表，皆周代外國文也。翻譯不無潤色，姑編入三代文。其不稱佛說者，如根本說及西域記所載西土先志中，亦往往有書記，未詳時代，編入先唐文。

迦葉佛

佛姓迦葉，波羅奈城人，梵德子，是爲賢劫第三尊。

遺釋迦牟尼佛書付伽梨衣

我初成道時，大梵天王施我彼絲，是化出，非是繰繭；梵天王施經絲，堅牢地神王施緯絲，由彼二施主共成一法衣。由是義故，今將施我。我自成道已來，常披此衣，未曾損失，今付悉達。若得成佛，取我僧伽棃安置祇洹中；若轉毗尼時，當爲我著。今留此衣，汝涅槃後一百年，初有無智比丘分毗尼藏，遂爲五部；從百年後，分汝修多羅，當爲無量部；諍論由興，令法速滅。由彼愚僧不開三藏，聞開著縉衣，即謂殺繭。汝若成道後，彼絲自出諸國，非是殺蠶，故我將付樹神，今轉付汝。此函中並是我遺教，亦將付汝住持遺法。法苑珠林

勝軍王

王，舍衛國主。

致世尊父淨飯王書

汝王太子悉達多，證得無上法，味法味于世出世間，咸蒙濟度。佛說衆許摩訶帝經

淨飯王

王名淨飯，天姓刹利。

手書召世尊

汝一切義成，是我親子，既厭煩惱，棄國出家，爲求無上正等正覺，已聞成道，教化衆生，思念之心，日時相續。令他人得樂，惟我苦惱。譬如大樹，因地而生，既有根苗，終望果實。汝心已遂，宜憶往願。昔者所言，若不證無上菩提寂靜之道，誓不再入迦毗羅城。大行已成，宜應愍我及眷屬等。佛說衆許摩訶帝經

舍衛國賈人

與世尊書

是女端正，甚好無比，欲爲佛娶之。金色女經：波羅奈國王生一女，身黃金色，頭髮紺青，時年十六。父母欲爲求壻，女言若後爲我求壻者，當令身黃金色，頭髮紺青。如是可佘。佛時在舍衛國，有賈人到波羅奈國。國王言我求壻，賈人言我國中有人復勝是女。王聞歡喜，令賈人迎取佛。賈人便作書與佛。

釋迦牟尼佛

佛名悉達多，淨飯王子，年十九立爲太子，出家成佛，號天人師。已周昭王二十四年四月八日生，至周穆王五十二年二月十五日死，年七十九，是爲賢劫第四世尊。

報波羅奈國金色女書

人苦皆從恩愛生，生當復老，老當復病，從病致死，從死至憂哭。天下苦者，皆從恩愛生。金色女經：女得書恩惟，即得五通，達與父母辭訣，飛到佛前。佛微笑言，迦葉佛時，是金色女爲貧家婦，受佛經戒，壽終生世，爲國王女。

四姓

勅治師書

昔育此子，子入吾門，疾疫相仍，財耗當死，太卜占云，兒致此菑。書到極憒，投之火中。六度集經

又與郎閣書

此兒到疾，已石縛腰，沈之深淵。六度集經：菩薩生於貧家，貧家不育，夜置四衢。有四姓富而無嗣，取育數月，婦妊產男，父生兇念，書勅冶師，弟奪書之治師所，冶師承書，投弟于火。父又生毒念，遣斯兒與郎閣書，囊藏蠟封，兒進半道，有梵志女知占候，裂書更之，郎閣得書，已女妻兒。四姓聞之，內塞而殞。佛告比丘，貧家兒吾身是，妻者裘夷是，四姓者調達是也。

勒那跋彌王

下黎師跋陀國王勅令

太子辛苦，在於汝國，云何默住，不來表示？書到其時，象馬侍送，事

若有違。吾當自往。賢愚因緣經

黎師跋陀國王

上勒那跋彌王送太子表

太子在此。實所不知。辛酸諸事。伏想委曲。太子今者已還得眼。即娉鄙女爲太子妻。比嚴辦具。臣自衞送。賢愚因緣經。勒那跋彌王生太子。名迦良那迦梨。第二子名波婆伽梨。太子往七寶城。得天女所獻如意珠。紺色名旃陀摩尼。波婆伽梨乘太子眠。取樹刺刺眼。盜珠而去。太子匍匐到梨師跋陀國。值牧牛人。爲拔刺。與梨師跋王守園。王女願爲其婦。立誓。一心尊奉。無有他意。太子亦誓。于彼波婆伽梨無有微恨。誓訖。眼悉明淨。勒那王知太子存。勒令梨師跋王。王即表送太子歸國。佛告阿難。彼太子者。今我身是。勒那跋彌。我父淨飯王是。尒時婦者。今瞿夷是。波婆伽梨者。今提婆達多是也。

葉波國濕波王

與太子須大拏書

汝是智慧之人。去者亦當忍。來者亦當忍。云何恚不還。須汝飲食耳。太子須大拏經。太子恣意布施。自致得佛。佛告阿難。我宿命所行布施如是。太子須大拏者。我身是。

王舍國瓶沙王五願經作蓱比沙王。

與德差伊羅國弗迦沙王書

我國中有金銀珍寶甚多。我不用爲寶。今我國中生一人。華字佛。紫磨金色。身有七十二相。弗迦沙王因緣經　蓱沙王五願經

又報弗迦沙王

佛教人棄家捐妻子。斷愛欲。當除鬚髮。著法衣。作沙門。所已者何。人愚癡。故不當爲者而爲之。便爲癡。從癡爲行。從行爲識。從識爲名色。從名色爲六入。何等爲六入。一者眼。二者耳。三者鼻。四者口。五者身。六者心。是爲六入。此六事皆外向。眼向色。耳向聲。鼻向香。口向味。身向細爽。心向欲。是爲六向。從六向爲合。從合爲痛樂。從痛樂爲愛。從愛爲受。從受爲有。從有爲生。從生爲老死。憂悲苦。不如意惱。如是合大苦陰隨習。凡合此勤苦。合名人。智者自去愚癡。盡衆惡消除。惡消除。便行盡。行盡。識盡。識盡。名色盡。名色盡。六入盡。六入盡。合盡。合盡。痛樂盡。痛樂盡。愛盡。愛盡。受盡。受盡。有盡。有盡。生盡。生盡。老死盡。老死盡。已憂悲苦不如意惱。如是合大苦陰隨習爲盡。便不復生。不生。即得泥洹道無爲。弗迦沙王因緣經　蓱沙王五願經

又報弗迦沙王書

卿已寶華見遺。今吕灋亭相上。詳思其義。果報深美。到便誦習。已同道味。灋句譬諭經

德差伊羅國弗迦沙王

與瓶沙王書

願具問訊佛所施行教戒。當所奉行。願具荅意。弗迦沙王因緣經　蓱沙王五願經

加赦國波羅奈城諸族豪貴

與梵摩達哆王書

長生童子。彼作是語。汝不畏後爲子孫作患耶。中阿含經。拘羅娑國王名長壽。加赦國王名梵摩達哆。常共戰爭。拘娑羅國爲加赦國所破。長壽生長生童子。猛毅聰明。御波羅奈諸豪貴族作書與梵摩達哆。梵摩達哆歡喜。令依彼住。與長生出獵。疲乏。遂臥。長生拔刀著頸。欲行報怨。復舉刀還鞘。吕實白之。梵摩達哆吕女妻之。還其本國。佛告比丘。汝等莫共鬬爭。若吕爭止爭。至竟不見止。唯忍能止爭。

僧大

僧大。舍衞國人。

與兄佛大書

大兄起居隨時安善。二親在時。吕吾累兄。兄不承之。違廢親教。吕女色故。骨肉相殘。違親慈教。爲不孝也。殘殺人命。爲不仁也。殺一畜生。其罪不小。況殺應眞。吾不中止。兄自招之。今吾有形。可得相殺。善游寂寞。從復相害。長別努力。願從眞道。佛說佛大僧大經。又見經律異相。載此書。末作從此長別。努力努力。

某許國王

報某國王書

惟別歷載。不得言面。每思舊好。何日舍懷。中間隔絕。不及所致。不

見忽損。復遺賢臣。美供綺璝。已稱謝矣。剋抱來意。終始不忘。願一同會。及散久迴。今寄奇珍。是身所有。貴致微心。言面乃敘。佛說生經。佛說誨子經

釋氏列女

阿育王妾

詐爲王與太子法慧書

爾有慢上之罪。不忍面誅。書到。疾脫眼瞳子。付使還國。六度集經昔菩薩爲王太子名曰法慧朝王王之幸妾出援太子太子力爭獲免妾反譖于王王出太子爲邊王妾懷怨謀除太子巳蠟作印詐爲王書太子曰愛身違親謂之大逆卽出眼付使者王聞之收妾巳棘笞之烊膠滴其瘡中熔卽裂之爲坑生埋佛告比丘太子宿命爲童子賣白珠彼妾時爲富姓女持珠不買婬觀言調童子恚曰吾鑿目女曰棘笞膠滴裂肉生埋汝菩薩執志度無極行持戒如是按王子法益壞目因緣經事同

梵志女

更四姓與邸閣書

吾年西垂。垂疾日困。彼梵志吾之親友也。厥女旣賢且明。今可任爲兒匹。極其寶帛。娉禮預好。小禮大娉。納妻之日。按此勑矣。六度集經已上從釋藏衆經錄出勑令書表十九首迦葉佛前乎佛者也勝軍王佛父行飯沙王佛之父舍衛國賈人等與佛並世四姓等果報因緣皆前乎佛者其餘勝光王等未詳時代似皆在佛後未敢入三代文

僊道

彭祖

彭祖姓彭名翦。一云名籛鏗。一云姓籛名鏗。陸終第三子。祝融之孫。顓頊之玄孫。歷事唐虞夏。至商爲守藏史。年七百餘歲。一云八百歲。有養性經一卷。淮南子說林訓莫壽於殤子而彭祖爲夭矣高誘注一說彭祖蓋黃帝時學仙者葛洪神仙傳彭祖諱鏗帝顓頊之玄孫至殷末年已七百六十七歲而不衰老遂往流沙之西非壽終也謹案經傳無神仙之說論語竊比於我老彭包曰老彭殷賢大夫釋文引鄭曰老老聃彭彭祖皇侃疏曰老彭彭祖也年八百歲故曰老彭也老彭亦有德無位皇習見神仙家言故曰八百歲釋老非經意也鄭語史伯曰祝融後八姓大彭豕韋爲商伯彭姓彭祖豕韋諸稽商滅之韋昭曰大彭陸終第三子曰籛爲彭姓封於大彭謂之彭祖又曰彭祖大彭也史記楚世家陸終生子六一曰昆吾三曰彭祖集解引虞翻曰名翦爲彭姓封於大彭謂之彭祖索隱引世本三曰籛鏗是爲彭祖周書嘗麥解皇天哀禹賜以彭壽思正夏略竹書紀年帝啟十五年武觀以西河叛彭伯壽帥師征西河合而斷之知彭祖國名卽大彭夏商爲方伯古五霸之一唐虞封國傳數十世八百歲而滅于商此其實事也論語之老彭未知何人卽如鄭說或是彭祖國之支族入仕商因以國名名之後世傅會乃謂彭祖以房中術壽八百歲此不經之談也

攝生養性論

神強者長生。氣強者易滅。柔弱畏威。神強也。鼓怒騁志。氣強也。凡人才所不至而極思之。則志傷也。力所不勝而極舉之。則形傷也。積憂不已。則魂神傷矣。積悲不已。則魄神散矣。喜怒過多。神不歸室。憎愛無定。神不守形。汲汲而欲。神則煩。切切所思。神則敗。久言笑則藏腑傷。久坐立則筋骨傷。寢寐失時則肝傷。動息疲勞則脾傷。挽弓引弩則筋傷。沿高涉下則腎傷。沈醉嘔吐則肺傷。飽食偃臥則氣傷。驟馬步走則胃傷。喧呼詰罵則膽傷。陰陽不交則瘡痱生。房室不節則勞瘠發。且人生一世。久遠之期。壽不過三萬日。不能一日無損傷。不能一日脩補。徒責神之不守。體之不康。豈不難乎。足可悲矣。是以養生之法。不遠唾。不驟行。耳不極聽。目不久視。坐不至疲。臥不及極。先寒而後衣。先熱而後解。不欲甚飢。飢則敗氣。食誡過多。勿極渴而飲。飲誡過深。食過則癥塊成疾。飲過則痰癖結聚氣風。不欲甚勞。不欲甚逸。勿出汗。勿醉中奔驟。勿飽食走馬。勿多語。勿生飡。勿強食肥鮮。勿沐髮後露頭。冬不欲極溫。夏不欲極涼。冬極溫而春有狂疫。夏極涼而秋有瘧痢。勿露臥星月之下。勿飢臨屍骸之前。勿睡中搖扇。勿食次露頭。勿衝熱而飲冰水。勿淩甚寒而逼炎鑪。勿沐浴後而迎猛風。勿汗出甚而便解衣。勿衝熱而便入冷水淋身。勿對日月及南北斗大小便。勿于星辰下露體。勿衝霜霧及嵐氣。此皆損傷藏腑。敗其神魂。五味不得偏耽。酸多傷脾。苦多傷肺。辛多傷肝。甘多傷腎。鹹多傷心。此並應於五行。潛稟四體。可理可究矣。志士君子。深可愼焉。犯之必不便損。久

劢積成衰敗。是故心爲五藏之主。氣爲百體之使。動用㠯太和爲馬。通宣㠯玄寂爲車。關節煩勞。卽偃仰導引。若不營攝養之術。不順和平之道。須臾氣衰於不竟之際。形枯於聲色之前。勞其渺渺之身。燋其慼慼之思。聞斯道養。深可修愼。是㠯眞人常日淡泊。不親狂蕩。而愚者縱意。未至損身。已敗其神魂。傷其魄矣。悲夫。道藏臨字五號。案此秦漢已後養生家言。託之彭祖。

養壽

養壽之道。但莫傷之而已。夫冬溫夏涼。不失四時之和。所㠯適身也。美色淑姿。安閑性樂。不至思欲之惑。所㠯通神也。車服威儀。知足無求。所㠯一志也。八音五色。㠯養視聽之懽。所㠯導心也。凡此皆㠯養壽。而不能斟酌之者。反㠯速患。古之智人。恐不才之子。不識事宜。流蕩不還。故絕其源。故經有上士別牀。中士異被。服藥百過。不如獨臥。色使目盲。聲使耳聾。味使口爽。言若能節宣其宜適。抑揚其通塞者。不減年算。而得其益。凡此之類。譬猶水火。可否失適。反爲害耳。人不知其經脈損傷。血氣不足。肉理空疏。髓腦不實。體已先病。故爲外物所犯。因風寒酒色㠯發之。若本充實。豈有病乎。凡遠思强健傷人。憂愁悲哀傷人。喜樂過量傷人。忿怒不解傷人。汲汲所願傷人。慼慼所患傷人。寒煖失節傷人。陰陽不交傷人。人所傷者甚衆。而獨責房室。不亦惑哉。男女相成。猶天地相生也。所㠯道養神氣。使人不失其和。天地得交接之道。故無終竟之限。人失交接之道。故有殘折之期。能避衆傷之事。得陰陽之術。則不死之道也。天地晝離而夜合。一歲三百六十交。精氣和合者有四時。故能生育萬物。不知窮極。人能則之。可㠯長存。次則有服氣。得其道則邪氣不能入。治身之本要也。其餘歷藏導引之術。及念體中萬神。有含影中形之事。不然于心志也。人能愛精養體。服氣鍊神。則萬神自守。其不然者。營衞枯瘁。萬神自逝。非思念所留者也。

御覽七百二十引神仙傳彭祖云　案此後世依託。道藏盡字號有彭祖導引圖一篇。不錄。

養生要

憂恚悲哀傷人。喜樂過差傷人。文選嵇叔夜養生論注

老子

老子姓李名耳。卽老聃。楚國苦縣人。爲周柱下史。孔子嘗問禮。一云卽老萊子。楚人。案史記本傳。亦兩說兼存。實則禮記之老聃非卽作道德經之老子。讀者必能辨之。至養生之言。皆道家依託。

養生要訣

一人之身。一國之象。胷肌之設。猶宮室也。支體之位。猶郊境也。骨節之分。猶百川也。腠理之間。猶四衢也。神猶君也。血猶臣也。氣猶民也。故志人能理其身。亦猶人君能治其國。夫愛其民所㠯安其國。愛其氣所㠯全其身。民弊卽國亡。氣衰卽身謝。是㠯志人上士。當施醫於未病之間。不追脩於既敗之後。故知國難保而易喪。氣難淸而易濁。審機權可㠯安社稷。制嗜慾可㠯保性命。若能攝生者。當先除六害。然後可㠯延駐。何名六害。一曰薄名利。二曰禁聲色。三曰廉貨財。四曰損滋味。五曰屏虛妄。六曰除疾妒。六者若存。則養生之道徒設耳。蓋未見其有益也。雖心希妙理。口念眞經。咀嚼英華。呼吸景象。不能補其促矣。誠知所㠯保和全眞。當須少思。少念。少笑。少言。少喜。少怒。少樂。少愁。少惡。少好。少事。少機。夫多思則神散。多念則心勞。多笑則藏腑上翻。多言則氣海虛脫。多喜則膀胱納客風。多怒則腠理奔浮血。多樂則心神邪蕩。多愁則頭面燋枯。多好則氣智潰溢。多惡則神爽奔騰。多事則筋脈乾急。多機則智慮沈迷。茲乃伐人之生。甚於斤斧。蝕人之性。甚於豺狼。無久行。無久坐。無久立。無久臥。無久視。無久聽。不飢强食則脾勞。不渴强飲則胃脹。體欲常勞。食欲常少。勞勿令過。少勿令虛。冬則朝勿虛。夏則夜勿飽。早起不在雞鳴前。晚起不過日出後。心內澄則眞

人守其位。氣內定則邪物去其身。行欺詐則神悲。行爭競則神沮。輕侮於人當減算。殺害於物必傷年。行一善則魂神歡。搆一惡則魄神喜。魂神欲人生。魄神欲人死。常欲寬泰自居。恬淡自守。則神形安靜。災病不生。仙錄必書其名。死籍必消其咎。養生之理。盡在此矣。至於鍊瓊丹而補腦。化金液以留神。此上眞之妙道。非食穀啗血越分而脩之。萬人之中。得者殊少。深可誡焉。御覽七百二十。

鬼神

西王母

西王母國名。在西極。一云天帝女。一云神人。

授黃帝符

太一在前。天一備後。得兵契信。戰則克矣。御覽七百三十六引黃帝出軍訣。黃帝夢西王母遣人被玄狐之裘以符授之。

玄女

玄女未詳。或云天帝女。一云卽西王母。有玄女戰經一卷。黃帝問玄女兵法四卷。玄女式經要法一卷。案皆五行家依託。舊唐志黃帝問玄女兵法三卷。玄女撰。

黃帝問玄女兵法

黃帝與蚩尤九戰九不勝。黃帝歸于太山。三日三夜。天霧冥。有一婦人。人首鳥形。黃帝稽首再拜。伏不敢起。婦人曰。吾玄女也。子欲何問。黃帝曰。小子欲萬戰萬勝。萬隱萬匿。首當從何起。遂得戰法焉。藝文類聚二。御覽十五。事類賦注二。路史後紀四。

黃帝攻蚩尤。三年城不下。募求術士。乃得伍胥。與之言曰。今日余攻蚩尤。三年城不下。其咎安在。伍胥曰。此城中之將。爲人必白色商音。始攻時得毋以秋之東方行乎。今黃帝爲人蒼色角音。此雄軍也。以戰爲之。黃帝曰。善。爲之若何。伍胥曰。臣請攻蚩尤。三日城必下。黃帝大喜。其中黃直曰。帝積三年。攻蚩尤而城不下。今子欲

骨當作胥

以三日下之。何以爲明。伍胥曰。不如臣言。請以軍法論。黃帝曰。子欲以何時。此下當有伍骨曰三字。臣請以朱雀之日日正中時立赤色徵音絳衣之軍于南方。以輔角軍。臣請以青龍之日平旦時立青色角音青衣之軍于東方。以輔羽軍。臣請以玄武之日人定時立黑色羽音黑衣之將于北方。以輔商軍。臣請以白虎之日日入時立白色商音白衣之將于西方。以輔宮軍。四將以立。臣請爲帝以黃龍之日日中建黃旗于中央。以制四方。五軍已具。四面攻蚩尤。三日其城果下。黃帝卽封骨世世不絕。御覽三百二十八。路史後紀四。

凡行兵之道。天地之寶。得者全勝。失者必負。北斗之中。禽有旬始。狀像雄雞。制百兵之母。能得其術。何神不使。九地九天。各有表裏。三奇六合。王威軍士。御覽三百二十八。

行兵之道。天地之寶。九天九地。各有表裏。九天之上。六甲子也。九地之下。六癸酉也。子能順之。萬全可保。後漢皇甫嵩傳注引玄女三宮戰法。

戰鬭之法。當從九天之上。擊九地之下。衆士默默。人無所見。九天者。春在青龍。夏在朱雀。秋在白虎。冬在玄武。四神爲九天。其衝爲九地。北堂書鈔未刪改本百十八。御覽三百二十八。

戰鬭之法。乘一破十。百事不失。都皆天一。乘六神王。齊士擊冠旅天下。己上十五字有脫誤。六神。甲子旬在魁。甲戌旬在勝光。當作勝先。陳禹謨本此下有甲申旬在弧一句。不足信。當云六神甲子旬在河魁。甲戌旬在傳送。甲申旬在勝先。據五行大義第二十篇引玄武式經云。神后主子。大吉主丑。功曹主寅。大衝主卯。天剛主辰。太乙主巳。勝先主午。小吉主未。傳送主申。從魁主酉。河魁主戌。徵明主亥。午勝先者。陽氣大威。陰氣時動。惟陽在先。爲勝也。可以互證。甲午旬在罡中。甲辰旬在功曹。甲寅旬在神后。此六神爲戰主也。書鈔一百十三。

敵人既陣。必以其勝陣之。敵人爲直陣。己以方陣攻之。方陣者。金陣也。敵人爲兌陣。己以曲陣攻之。曲陣者。水陣也。敵人爲圓陣。己以直陣攻之。直陣者。木陣也。敵人爲方陣。己以兌陣攻之。兌陣者。火陣也。敵人爲曲陣。己以圓陣攻之。圓陣者。土陣也。書鈔一百十三。引兩條。

欲知敵人來時，視之所從來上神，欲㠯其勝應之。假令敵人從大小吉魁罡下來，應之㠯左部青旗；從太一勝光下來，應之㠯後部黑旗；從功曹太衝下來，應之㠯右部白旗；從傳送從魁下來，應之㠯前部赤旗；從登明神后下來，應之㠯中部黃旗。此天道勝也。書鈔一百二十。

出軍行將屯守，相與數鬬動作，必擊鼓作聲，聽其音㠯知已兵強弱也。書鈔一百二十七。

諸見舉烽火傳言虜且起，欲知審來不，㠯言者時所加之，得陽者不得陰者為來法。藝文類聚八十，御覽三百三十五。

六甲將及夫人姓名服色，其將皆著赤幘小冠，帶白綬紱，夫人足皆各象其禽獸足。凡欲招致神，當于帛上書諸神名，如法祭之。齊事六日，見形六十日。一祭合諸神，祭之。祭法，脯長一尺，廣三寸，白茅為藉，編㠯青絲，藉長二尺四寸，廣六寸。餅棗栗并脯置藉上，杯皆黑中，㠯丹砂九兩，盛米囊九枚，置北斗坐上，中為九星，六甲坐外，西南十二坐，坐前一杯，受道者壇東北南面再拜祝。書鈔八十八，又八十九，御覽五百二十六。

禹問於風后曰：吾聞黃帝有勝負之圖，六甲陰陽之道，今安在乎？風后對曰：其圖黃帝藏會稽之山下，其坎深千丈，廣千丈，鎮㠯盤石，求之者亡，視之者見，致難得也。禹北見六子，問海口所出，禹乃决江口，鳴角，會稽龍神為見玉匱浮，禹乃開而視之，中有天下經十二卷，禹未及持之，其四卷飛上天，禹不能得也；其四卷復下陂池，禹不能極也；禹得中四卷，開而視之，乃下闕。書鈔九十六，御覽八十二。

霍太山三神

竹中朱書

趙毋卹，余霍泰山山陽矦天使也。三月丙戌，余將使女反滅知氏，女亦立我百邑，余將賜女林胡之地。至于後世，且有伉王，赤黑，龍面而鳥噣，鬢麋髭𩑶，大膺大胸，脩下而馮，左衽界乘，奄有河宗，至于休溷諸貉，南伐晉別，北滅黑姑。史記趙世家，知伯攻趙，趙襄子奔保晉陽，原過從，後至于王澤，見三人，自帶㠯上可見，自帶㠯下不可見，與原過竹二節，莫通，曰：為我㠯是遺趙毋卹。原過既至，㠯告襄子，襄子齋三日，親自剖竹，有朱書云云，襄子再拜受三神之令。又見風俗通，山陽矦天使作陽矦大吏，無山字，反滅作及滅，百邑作三百邑，赤黑作赤黑而馮作而馮下，河宗作河室。

全上古三代文卷十六終

全秦文目錄

大凡全秦文一卷。十六人。

烏程嚴可均校輯

始皇帝

帝姓嬴亦姓趙名政伯翳之後莊襄王子年十三卽秦王位三十六年初并天下號曰始皇帝在位三十七年

除謚法制

制曰朕聞太古有號毋謚中古有號死而以行爲謚如此則子議父臣議君也甚無謂朕弗取焉自今已來除謚法朕爲始皇帝後世以計數二世三世至于萬世傳之無窮 史記秦始皇本紀

詔丞相隗狀王綰

詔丞相狀綰灋度量則不壹歉疑者皆明壹之 秦權拓本秦量拓本秦平陽斤拓本

令斷諫太后事

敢以太后事諫者戮而殺之從蒺藜其脊肉幹四肢而積之闕下 說苑正諫

令丞相御史議帝號

異日韓王納地效璽請爲藩臣已而倍約與趙魏合從畔秦故興兵誅之虜其王寡人以爲善庶幾息兵革趙王使其相李牧來約盟故歸其質子已而倍盟反我太原故興兵誅之得其王趙公子嘉乃自立爲代王故舉兵擊滅之魏王始約服入秦已而與韓趙謀襲秦秦兵吏誅遂破之荆王獻青陽以西已而畔約擊我南郡故發兵誅得其王遂定其荆地燕王昏亂其太子丹乃陰令荆軻爲賊兵吏誅滅其國齊王用后勝計絕秦使欲爲亂兵吏誅虜其王平齊地寡人以眇眇之身興兵除暴亂賴宗廟之靈六王咸伏其辜天下大定今名號不更無以稱成功傳後世其議帝號 史記秦始皇本紀

報王綰等議帝號

去泰著皇采上古帝位號號曰皇帝他如議 史記秦始皇本紀

報李斯議廢封建

天下共苦戰鬭不休以有侯王賴宗廟天下初定又復立國是樹兵也而求其寧息豈不難哉廷尉議是 史記秦始皇本紀

報李斯治驪山陵

鑿之不入燒之不難其旁行三百丈乃止 淩義渠湘煙錄一引蔡質漢儀

賜文信侯書

君何功於秦秦封君河南食十萬戶君何親於秦號稱仲父其與家屬徙處蜀 史記呂不韋傳

璽書賜公子扶蘇

以兵屬蒙恬與喪會咸陽而葬 史記秦始皇本紀又李斯傳

二世皇帝

二世名胡亥始皇第十八子在位三年趙高弒之望夷宮

詔李斯馮去疾

制詔丞相斯去疾灋度量盡始皇帝爲之者皆 一作 有刻辭焉今襲號而刻辭不稱始皇帝其於久遠殹如後嗣爲之者不稱成功盛德 秦權平陽斤拓本又秦權秦量殹皆作也

皇帝曰金石刻盡始皇帝所爲也今襲號而金石刻辭不稱始皇帝其於久遠也如後嗣爲之者不稱成功盛德 琅邪刻石拓本又泰山殘石絳帖泰山篆譜汝帖之罘刻石徐鉉重摹嶧山刻石

令蒙毅

先主欲立太子而卿難之今丞相以卿爲不忠罪及其宗朕不忍乃賜卿死亦甚幸矣卿其圖之 史記蒙恬傳

令蒙恬

君之過多矣而卿弟毅有大罪法及內史 同上

公子高

公子高。秦之諸公子。

上書請從死

先帝無恙時。臣入則賜食。出則乘輿。御府之衣。臣得賜之。中廄之寶馬。臣得賜之。臣當從死而不能。爲人子不孝。爲人臣不忠。不忠者無名㠯立於世。臣請從死。願葬酈山之足。唯上幸哀憐之。史記李斯傳。

王綰

綰。始皇時爲丞相。

議帝號

昔者五帝。地方千里。其外侯服夷服。諸侯或朝或否。天子不能制。今陛下興義兵。誅殘賊。平定天下。海內爲郡縣。法令由一統。自上古㠯來未嘗有。五帝所不及。臣等謹與博士議曰。古有天皇。有地皇。有泰皇。泰皇最貴。臣等昧死上尊號。王爲泰皇。命爲制。令爲詔。天子自稱曰朕。史記秦始皇本紀。丞相綰御史大夫劫廷尉斯等皆曰。

議封建

諸侯初破。燕齊荊地遠。不爲置王。毋㠯塡之。請立諸子。唯上幸許。史記秦始皇本紀。丞相綰等言始皇下其議。

李斯

斯。楚上蔡人。少爲郡小吏。師事荀卿。入秦。爲呂不韋舍人。任爲郎。始皇拜爲長史。又拜客卿。還廷尉卿。進左丞相。二世二年。趙高誣㠯謀反。具五刑。夷三族。

上書諫逐客

臣聞吏議逐客。竊㠯爲過矣。昔繆公求士。西取由余於戎。東得百里奚於宛。迎蹇叔於宋。求丕豹公孫支於晉。此五子者。不產於秦。而繆公用之。并國二十。遂霸西戎。孝公用商鞅之法。移風易俗。民㠯殷盛。國㠯富彊。百姓樂用。諸侯親服。獲楚魏之師。舉地千里。至

今治彊。惠王用張儀之計。拔三川之地。西并巴蜀。北收上郡。南取漢中。包九夷。制鄢郢。東據成皋之險。割膏腴之壤。遂散六國之從。使之西面事秦。功施到今。昭王得范雎。廢穰侯。逐華陽。彊公室。杜私門。蠶食諸侯。使秦成帝業。此四君者。皆㠯客之功。由此觀之。客何負於秦哉。向使四君卻客而不內。疏士而不用。是使國無富利之實。而秦無彊大之名也。今陛下致昆山之玉。有隨和之寶。垂明月之珠。服太阿之劍。乘纖離之馬。建翠鳳之旗。樹靈鼉之鼓。此數寶者。秦不生一焉。而陛下說之。何也。必秦國之所生然後可。則是夜光之璧。不飾朝廷。犀象之器。不爲玩好。鄭衛之女。不充後宮。而駿良駃騠。不實外廄。江南金錫不爲用。西蜀丹青不爲采。所㠯飾後宮充下陳娛心意說耳目者。必出於秦然後可。則是宛珠之簪。傅璣之珥。阿縞之衣。錦繡之飾。不進於前。而隨俗雅徐廣曰。隨俗一作修使化。佳冶窈窕。趙女不立於側也。夫擊甕叩缻。彈箏搏髀。而歌呼嗚嗚快耳目者。眞秦之聲也。鄭衛桑閒。昭虞武象者。異國之樂也。今棄擊甕叩缻而就鄭衛。退彈箏而取昭虞。若是者何也。快意當前。適觀而已矣。今取人則不然。不問可否。不論曲直。非秦者去。爲客者逐。然則是所重者在乎色樂珠玉。而所輕者在乎人民也。此非所㠯跨海內制諸侯之術也。臣聞地廣者粟多。國大者人衆。兵彊則士勇。是㠯太山不讓土壤。故能成其大。河海不擇細流。故能就其深。王者不卻衆庶。故能明其德。是㠯地無四方。民無異國。四時充美。鬼神降福。此五帝三王之所㠯無敵也。今乃棄黔首㠯資敵國。卻賓客㠯業諸侯。使天下之士。退而不敢西向。裹足不入秦。此所謂藉寇兵而齎盜糧者也。夫物不產於秦。可寶者多。士不產於秦。而願忠者衆。今逐客㠯資敵國。損民㠯益讎。內自虛而外樹怨於諸侯。求國無危。不可得也。史記李斯傳。

上書韓王

昔秦韓戮力一意以不相侵天下莫敢犯如此者數世矣前時五諸侯嘗相與共伐韓秦發兵以救之韓居中國地不能滿千里而所以得與諸侯班位於天下君臣相保者以世世相教事秦之力也先時五諸侯共伐秦韓反與諸侯先爲雁行以嚮秦軍於闕下矣諸侯兵困力極無奈何諸侯兵罷杜倉相秦起兵發將以報天下之怨而先攻荊荊令尹患之曰夫韓以秦爲不義而與秦兄弟共苦天下已又背秦先爲雁行以攻關韓則居中國展轉不可知天下共割韓上地十城以謝秦解其兵夫韓嘗一背秦而國迫地侵兵弱至今所以然者聽姦人之浮說不權事實故雖殺戮姦臣不能使韓復強今趙欲聚兵士卒以秦爲事使人來借道言欲伐秦其勢必先韓而後秦且臣聞之脣亡則齒寒夫秦韓不得無同憂其形可見魏欲發兵以攻韓秦使人將使者於韓今秦王使臣斯來而不得見恐左右襲曩姦臣之計使韓復有亡地之患臣斯不得見請歸報秦韓之交必絕矣斯之來使以奉秦王之歡心願效便計豈陛下所以逆賤臣者耶臣斯願得一見前進道愚計退就葅戮願陛下有意焉今殺臣於韓則大王不足以強若不聽臣之計則禍必構矣秦發兵不留行而韓之社稷憂矣臣斯暴身於韓之市則雖欲察賤臣愚忠之計不可得已邊鄙殘國固守鼓鐸之聲於耳而乃用臣斯之計晚矣且夫韓之兵於天下可知也今又背秦夫弃城而敗軍則反掖之寇必襲城矣城盡則聚散聚散則無軍矣使城固守則秦必興兵而圍王一都道不通則難必謀其勢不救左右計之者不用願陛下熟圖之若臣斯之所言有不應事實者願大王幸使得畢辭於前乃就吏誅不晚也秦王飲食不甘遊觀不樂意專在圖趙使臣斯來言願得身見因急與陛下有計也今使臣不通則韓之信未可知也夫秦必釋趙之患而移兵於韓願陛下幸復察圖之而賜臣報決（韓非子存韓）

上書言治驪山陵

臣所將隸徒七十二萬人治驪山者已深已極鑿之不入燒之不爇叩之空空如下天狀（凌義渠湘煙錄一引蔡質漢儀李斯治驪山陵上書又段成式酉陽雜俎十五引李斯奏少前十四字）

上書對二世

夫賢主者必且能全道而行督責之術者也督責之則臣不敢不竭能以徇其主矣此臣主之分定上下之義明則天下賢不肖莫敢不盡力竭任以徇其君矣是故主獨制於天下而無所制也能窮樂之極矣賢明之主也可不察焉故申子曰有天下而不恣睢命之曰以天下爲桎梏者無他焉不能督責而顧以其身勞於天下之民若堯禹然故謂之桎梏也夫不能修申韓之明術行督責之道專以天下自適也而徒務苦形勞神以身徇百姓則是黔首之役非畜天下者也何足貴哉夫以人徇己則己貴而人賤以己徇人則己賤而人貴故徇人者賤而人所徇者貴自古及今未有不然者也凡古之所爲尊賢者爲其貴也而所爲惡不肖者爲其賤也而堯禹以身徇天下者也因隨而尊之則亦失所爲尊賢之心矣夫可謂大繆矣謂之爲桎梏不亦宜乎不能督責之過也故韓子曰慈母有敗子而嚴家無格虜者何也則能罰之加焉必也故商君之法刑棄灰於道者夫棄灰薄罪也而被刑重罰也彼唯明主爲能深督輕罪夫罪輕且督深而況有重罪乎故民不敢犯也是故韓子曰布帛尋常庸人不釋鑠金百鎰盜跖不搏者非庸人之心重尋常之利深而盜跖之欲淺也又不以盜跖之行爲輕百鎰之重也搏必隨手刑則盜跖不搏百鎰而罰不必行也則庸人不釋尋常是故城高五丈而樓季不輕犯也泰山之高百仞而跛牂牧其上夫樓季也而難五丈之限豈跛牂也而易百仞之高哉陗塹之勢異也明主聖王之所以能久處尊位長執重勢而獨

擅天下之利者。非有異道也。能獨斷而審督責。必深罰。故天下不敢犯也。今不務所㠯不犯。而事慈母之所㠯敗子也。則亦不察於聖人之論矣。夫不能行聖人之術。則舍爲天下役何事哉。可不哀邪。且夫儉節仁義之人立於朝。則荒肆之樂輟矣。諫說論理之臣開於側。則流漫之志詘矣。烈士死節之行顯於世。則淫康之虞廢矣。故明主能外此三者。而獨操主術㠯制聽從之臣。而修其明法。故身尊而勢重也。凡賢主者。必將能拂世摩俗。而廢其所惡。立其所欲。故生則有尊重之勢。死則有賢明之謚也。是㠯明君獨斷。故權不在臣也。然後能滅仁義之塗。掩馳說之口。困烈士之行。塞聰揜明。內獨視聽。故外不可傾㠯仁義烈士之行。而內不可奪㠯諫說忿爭之辯。故能犖然獨行恣睢之心。而莫之敢逆。若此。然後可謂能明申韓之術。而修商君之法。法脩術明。而天下亂者。未之聞也。故曰王道約而易操也。唯明主爲能行之。若此。則謂督責之誠。則臣無邪。臣無邪則天下安。天下安則主嚴尊。主嚴尊則督責必。督責必則所求得。所求得則國家富。國家富則君樂豐。故督責之術設。則所欲無不得矣。羣臣百姓。救過不給。何變之敢圖。若此。則帝道備。而可謂能明君臣之術矣。雖申韓復生。不能加也。史記李斯傳

上書言趙高

臣聞之。臣疑其君。無不危國。妾疑其夫。無不危家。今有大臣於陛下。擅利擅害。與陛下無異。此甚不便。昔者司城子罕相宋。身行刑罰。㠯威行之。期年遂劫其君。田常爲簡公臣。爵列無敵於國。私家之富與公家均。布惠施德。下得百姓。上得羣臣。陰取齊國。殺宰予於庭。卽弒簡公於朝。遂有齊國。此天下所明知也。今高有邪佚之志。危反之行。如子罕相宋也。私家之富。若田氏之於齊也。兼行田常子罕之逆道。而劫陛下之威信。其志若韓玘爲韓安相也。陛下不圖。臣恐其爲變也。史記李斯傳

獄中上書

臣爲丞相治民三十餘年矣。逮秦地之陜隘。先王之時。秦地不過千里。兵數十萬。臣盡薄材。謹奉法令。陰行謀臣。資之金玉。使游說諸侯。陰脩甲兵。飾政教。官鬬士。尊功臣。盛其爵祿。故終㠯脅韓弱魏。破燕趙。夷齊楚。卒兼六國。虜其王。立秦爲天子。罪一矣。地非不廣。又北逐胡貉。南定百越。㠯見秦之彊。罪二矣。尊大臣。盛其爵位。㠯固其親。罪三矣。立社稷。脩宗廟。㠯明主之賢。罪四矣。更剋畫。平斗斛。度量文章。布之天下。㠯樹秦之名。罪五矣。治馳道。興游觀。㠯見主之得意。罪六矣。緩刑罰。薄賦斂。㠯遂主得眾之心。萬民戴主。死而不忘。罪七矣。若斯之爲臣者。罪足㠯死固久矣。上幸盡其能力。乃得至今。願陛下察之。史記李斯傳

議存韓

詔㠯韓客之所上書。書言韓之未可舉。下臣斯。甚㠯爲不然。秦之有韓。若人之有腹心之病也。虛處則㤥然。若居溼地。著而不去。㠯極走。則發矣。夫韓雖臣於秦。未嘗不爲秦病。今若有卒報之事。韓不可信也。秦與趙爲難。荆蘇使齊。未知何如。㠯臣觀之。則齊趙之交未必㠯荆蘇絕也。若不絕。是悉趙而應二萬乘也。夫韓不服秦之義。而服於强也。今專於齊趙。則韓必爲腹心之病而發矣。韓與荆有謀。諸侯應之。則秦必復見崤塞之患。非之來也。未必不㠯其能存韓也。爲重於韓也。辯說屬辭。飾非詐謀。㠯釣利於秦。而㠯韓利闚陛下。夫秦韓之交親。則非重矣。此自便之計也。臣視非之言文。其淫說靡辯才甚。臣恐陛下淫非之辯。而聽其盜心。因不詳察事情。今㠯臣愚議。秦發兵而未名所伐。則韓之用事者。㠯事秦爲計矣。臣斯請往見韓王。使來入見大王。見因內其身而勿遣。稍召其社稷之臣。㠯與韓人爲市。則韓可深割也。因令象武發東郡之卒。闚兵於境上而未名所之。則齊人懼而從蘇之計。是我兵未出。

而勁韓㠯威擒彊齊㠯義從矣。聞於諸侯也。趙氏破膽。荆人狐疑。必有忠計。荆人不動。魏不足患也。則諸侯可蠶食而盡。趙氏可得與敵矣。願陛下幸察愚臣之計。無忽。〔韓非子存韓〕

議廢封建

周武王所封子弟同姓甚衆。然後屬疏遠。相攻擊如仇讎。諸侯更相誅伐。周天子弗能禁止。今海内賴陛下神靈一統。皆為郡縣。諸子功臣㠯公賦稅重賞賜之。甚足易制。天下無異意。則安寧之術也。置諸侯不便。〔史記秦始皇本紀〕

議刻金石

維秦王兼有天下。立名為皇帝。乃撫東土。至于琅邪。列侯武城侯王離、列侯通武侯王賁、倫侯建成侯趙亥、倫侯昌武侯成、倫侯武信侯馮毋擇、丞相隗林、〔當作隗狀。顔之推云。隋得秤權。有丞相隗狀王綰二人列名。王劭亦云然。案鐘鼎款識平陽斤及今所見秦權。皆云狀綰。無作林字者也。〕丞相王綰、卿李斯、卿王戊、五大夫趙嬰、五大夫楊樛從。與議于海上。曰。古之帝者。地不過千里。諸侯各守其封域。或朝或否。相侵暴亂。殘伐不止。猶刻金石。㠯自為紀。古之五帝三王。知教不同。法度不明。假威鬼神。㠯欺遠方。實不稱名。故不久長。其身未殁。諸侯倍叛。法令不行。今皇帝并一海内。㠯為郡縣。天下和平。昭明宗廟。體道行德。尊號大成。羣臣相與誦皇帝功德。刻于金石。㠯為表經。〔史記秦始皇紀。案史記㠯此議連屬琅邪刻石頌之下。今頌碑見存。五夫二楊樛後。便刻二世詔書。驗知此議當有別石。不得與頌同碑。故分錄之。〕

議燒詩書百家語

五帝不相復。三代不相襲。各㠯治。非其相反。時變異也。今陛下創大業。建萬世之功。固非愚儒所知。且越言乃三代之事。何足法也。異時諸侯竝爭。厚招游學。今天下已定。法令出一。百姓當家則力農工。士則學習法令辟禁。今諸生不師今而學古。㠯非當世。惑亂黔首。丞相臣斯昧死言。古者天下散亂。莫之能一。是㠯諸侯竝作。語皆道古㠯害今。飾虛言㠯亂實。人善其所私學。㠯非上之所建立。今皇帝并有天下。別黑白而定一尊。而私學乃相與非法教之制。聞令下。則各㠯其私學議之。入則心非。出則巷議。夸主㠯為名。異取㠯為高。率羣下㠯造謗。如此弗禁。則主勢降乎上。黨與成乎下。禁之便。臣請史官非秦記皆燒之。非博士官所職。天下敢有藏詩書百家語者。悉詣守尉雜燒之。有敢偶語詩書弃市。㠯古非今者族。吏見知不舉者與同罪。令下三十日不燒。黥為城旦。所不去者。醫藥卜筮種樹之書。若欲有學法令。㠯吏為師。〔史記秦始皇本紀三十四年。博士淳于越請封子弟功臣。始皇下其議。丞相李斯云云。制曰可。又見李斯傳。〕

金狄銘

皇帝廿六年。初兼天下。㠯為郡縣。正法律。同度量。大人來見臨洮。身長五丈。足跡六尺。〔水經注河水四云。李斯書也。又見漢書項籍傳贊注引三輔黃圖。〕

玉璽文

受天之命。皇帝壽昌。〔宋書禮志五。高祖入關。得秦始皇藍田玉璽。螭虎紐。文云云。高祖佩之。後代名曰傳國璽。又御覽六百八十二引玉璽譜。有雍州璽文與此同。鳥篆。是慕容所制。〕

受天之命。既壽永昌。〔後漢光武紀注引玉璽譜。傳國璽是秦始皇初定天下所刻。其玉出藍田山。丞相李斯所書。其文云云。高祖至霸上。秦王子嬰獻之。〕

受命于天。既壽永昌。〔御覽六百八十二引吳書。孫堅討董卓。頓軍雒南。得漢傳國璽。其文云云。又引玉璽譜曰。傳國璽是丞相李斯所書。其文同。〕

繹山刻石

皇帝立國。維初在昔。嗣世稱王。討伐亂逆。威動四極。武義直方。戎臣奉詔。經時不久。滅六暴強。廿有六年。上薦高號。孝道顯明。既獻泰成。乃降尊惠。親輖遠方。登于繹山。羣臣從者。咸思攸長。追念亂世。分土建邦。㠯開爭理。功戰日作。流血于野。自泰古始。世無萬數。陀及五帝。莫能禁止。廼今皇帝。壹家天下。兵不復起。菑害滅除。黔首康定。利澤長久。羣臣誦略。刻此樂石。㠯著經紀。〔徐鉉重摹繹山碑拓本。案秦刻石三句爲韻。唯瑯邪臺二句爲韻。皆李斯之辭。張守節言會稽碑文及書皆李斯。斯獄中上書言更刻畫平斗斛度量文章布之天下。其顯據也。此文史記不載。

泰山刻石

皇帝臨立。作制明法。臣下脩飭。廿有六年。初并天下。罔不賓服。親軥遠黎。登茲泰山。周覽東極。從臣思迹。本原事業。祇誦功德。治道運行。諸產得宜。皆有法式。大義箸明。陲于後嗣。順承勿革。皇帝躬聽。既平天下。不懈于治。夙興夜寐。建設長利。專隆教誨。訓經宣達。遠近畢理。咸承聖志。貴賤分明。男女體順。愼遵職事。昭隔內外。靡不清淨。施于昆嗣。化及無窮。遵奉遺詔。永承重戒。劉跂泰山篆譜。絳帖本。又李處巽重摹本。又史記秦始皇紀。臨立作臨位。躬聽作躬聖。親軥遠黎作親巡遠方黎民。體順作禮順。昆嗣作後嗣。

瑯邪臺刻石

維廿八年。皇帝作始。端平法度。萬物之紀。以明人事。合同父子。聖智仁義。顯白道理。東撫東土。以省卒士。事已大畢。乃臨于海。皇帝之功。勤勞本事。上農除末。黔首是富。普天之下。摶心揖志。器械一量。同書文字。日月所照。舟輿所載。皆終其命。莫不得意。應時動事。是維皇帝。匡飭異俗。陵水經地。憂恤黔首。朝夕不懈。除疑定法。咸知所辟。方伯分職。諸治經易。舉錯必當。莫不如畫。皇帝之明。臨察四方。尊卑貴賤。不踰次行。姦邪不容。皆務貞良。細大盡力。莫敢怠荒。遠邇辟隱。專務肅莊。端直敦忠。事業有常。皇帝之德。存定四極。誅亂除害。興利致福。節事以時。諸產繁殖。黔首安寧。不用兵革。六親相保。終無寇賊。驩欣奉教。盡知法式。六合之內。皇帝之土。西涉流沙。南盡北戶。東有東海。北過大夏。人迹所至。無不臣者。功蓋五帝。澤及牛馬。莫不受德。各安其宇。史記秦始皇紀

列侯武城侯王離、列侯通武侯王賁、倫侯建成侯趙亥、倫侯昌武侯成、倫侯武信侯馮毋擇、丞相隗林、當作隗狀丞相王綰、卿李斯、卿王戊、五大夫趙嬰、五大夫楊樛。史記秦始皇紀。又略見瑯邪碑拓本。案史記十一人上下文多不得與

頌同石。今頌碑見存五大夫二楊樛後便刻二世詔書。知始皇時所刻止此耳。

之罘刻石

維廿九年。時在中春。陽和方起。皇帝東游。巡登之罘。臨照于海。從臣嘉觀。原念休烈。追誦本始。大聖作治。建定法度。顯著綱紀。外教諸侯。光施文惠。明以義理。六國回辟。貪戾無猒。虐殺不已。皇帝哀眾。遂發討師。奮揚武德。義誅信行。威燀旁達。莫不賓服。烹滅彊暴。振救黔首。周定四極。普施明法。經緯天下。永爲儀則。大矣哉。宇縣之中。承順聖意。羣臣誦功。請刻于石。表垂常式。史記秦始皇紀。大矣下脫一字。表垂下衍于字。今校正。

之罘東觀刻石

維廿九年。皇帝春游。覽省遠方。逮于海隅。遂登之罘。昭臨朝陽。觀望廣麗。從臣咸念。原道至明。聖法初興。清理疆內。外誅暴彊。武威旁暢。振動四極。禽滅六王。闡并天下。甾害絕息。永偃戎兵。皇帝明德。經理宇內。視聽不怠。作立大義。昭設備器。咸有章旗。職臣遵分。各知所行。事無嫌疑。黔首改化。遠邇同度。臨古絕尤。常職既定。後嗣循業。長承聖治。羣臣嘉德。祗誦聖烈。請刻之罘。史記秦始皇紀

碣石門刻石

上脫九句。此頌三句爲韻。遂興師旅。誅戮無道。爲逆滅息。武殄暴逆。文復無罪。庶心咸服。惠論功勞。賞及牛馬。恩肥土域。皇帝奮威。德并諸侯。初一泰平。當作泰宇。墮壞城郭。決通川防。夷去險阻。地埶既定。黎庶無繇。天下咸撫。男樂其疇。女修其業。事各有序。惠被諸產。久集解徐廣曰久一作分。竝來田。莫不安所。羣臣誦烈。請刻此石。垂著儀矩。史記秦始皇紀

會稽刻石

皇帝休烈。平壹宇內。德惠攸長。卅有七年。親軥天下。周覽遠方。遂登會稽。宣省習俗。黔首齋莊。羣臣誦功。本原事迹。追道高明。秦聖臨國。始定刑名。顯陳舊章。初平法式。審別職任。以立恒常。六王專

倍。貪戾慠猛。率衆自强。暴虐恣行。負力而驕。數動甲兵。陰通閒使。㠯事合從。行爲辟方。內飾詐謀。外來侵邊。遂起禍殃。義威誅之。殄熄暴悖。亂賊滅亡。聖德廣密。六合之中。被澤無疆。皇帝并宇。兼聽萬事。遠近畢清。運理羣物。考驗事實。各載其名。貴賤並通。善否陳前。靡有隱情。飾省宣義。有子而嫁。倍死不貞。防隔內外。禁止淫泆。男女絜誠。夫爲寄豭。殺之無辠。男秉義程。妻爲逃嫁。子不得母。咸化廉清。大治濯俗。天下承風。蒙被休經。皆遵軌度。和安敦勉。莫不順令。黔首修絜。人樂同則。嘉保泰平。後敬奉灋。常治無極。輿車不傾。從臣誦烈。請刻此石。光陲休銘。申屠駉重刻會稽碑拓本。又見史記秦始皇紀。小異

句曲山白璧刻文

始皇聖德。平章江山。巡狩蒼川。勒銘素璧。張鉉至正金陵新志一。茅山圖考注引茅山記曰。秦始皇三十七年。游會稽。還。登句曲北垂山。埋白璧一雙。深七尺。李斯篆刻文。又眞誥。引茅君內傳。

泰權文

廿六年。皇帝盡并兼天下。諸侯黔首大安。立號爲皇帝。乃詔丞相狀綰。灋度量則不壹。歉疑者皆明壹之。

元年。制詔丞相斯去疾。灋度量盡始皇帝爲之。皆有刻辭焉。今襲號而刻辭不稱始皇帝。其于久遠也。如後嗣爲之者。不稱成功盛德。刻此詔故刻左。使毋疑。秦權拓本。又平陽斤拓本皆有刻辭焉。皆字作者。屬上句。其于久遠也作遠殹。末有平陽斤三字。

刻始皇所立刻石

皇帝曰。金石刻盡始皇帝所爲也。今襲號而金石刻辭不稱始皇帝。其于久遠也。如後嗣爲之者。不稱成功盛德。丞相臣斯。臣去疾。御史大夫臣德昧死言。臣請具刻詔書金石刻。因明白矣。臣昧死請。制曰。可。琅邪臺刻石拓本。又泰山殘石。徐鉉重摹繹山刻石。絳帖泰山篆譜。汝帖之眾刻石。又史記秦始皇紀。二世東行郡縣。李斯從。到碣石。並海。南至會稽。而盡刻始皇所立刻石。石旁著大臣從者名。㠯章先帝成功盛德焉。

用筆法

或當作咸

夫書之微妙。道合自然。篆籀㠯前。不可得而聞矣。自上古作大篆。頗行于世。但爲古遠。人多不詳。今斯刪略繁者。取其合理。參爲小篆。凡書非但裹結流快。終藉筆力輕健。蒙將軍恬筆經。猶自簡略。斯更修改。望益于用矣。用筆法。先急回。後疾下。鷹望鵬逝。信之自然。不得重改。如游魚得水。景山興雲。或卷或舒。乍輕乍重。善思之。此理可見矣。

斯善書。自趙高㠯下。或見推伏。刻諸名山碑璽銅人。並斯之筆。斯書秦望紀功石云。吾死後五百三十年間。當有一人替吾跡焉。墨池編

周青臣

青臣。始皇時爲僕射。

進頌

他時秦地不過千里。賴陛下神靈明聖。平定海內。放逐蠻夷。日月所照。莫不賓服。㠯諸侯爲郡縣。人人自安樂。無戰爭之患。傳之萬世。自上古不及陛下威德。史記秦始皇紀。三十四年。始皇置酒咸陽宮。博士七十人前爲壽。僕射周青臣進頌。

淳于越

越。齊人。始皇時爲博士。

議封建

臣聞殷周之王千餘歲。封子弟功臣。自爲枝輔。今陛下有海內。而子弟爲匹夫。卒有田常六卿之臣。一作之患。㠯臣字屬下句。無輔拂。一作弼。何㠯相救哉。事不師古而能長久者。非所聞也。今青臣又面諛㠯重陛下之過。非忠臣。史記秦始皇紀。又李斯傳。齊人淳于越進諫始皇。下其議。

零陵令信

信失其姓。始皇時爲零陵令。

上始皇帝書

荆軻挾匕首卒刺陛下。陛下㠯神武。扶揄長劍㠯自救。文選吳都賦劉淵林注引秦零陵令上始皇帝書。案漢志從横家有秦零陵令信一篇難秦相李斯卽此

闕名

諸儒生議封禪

古者封禪爲蒲車。惡傷山之土石草木。埽地而祭。席用葅稭。言其易遵也。史記封禪書。始皇卽帝位三年。徵從齊魯之儒生博士七十人至乎泰山下。諸儒生或議。又見漢書郊祀志上

羣臣議尊始皇廟

古者天子七廟。諸侯五。大夫三。雖萬世世不軼毁。今始皇爲極廟。四海之内皆獻貢職。增犧牲。禮咸備。毋㠯加。先王廟或在西雍。或在咸陽。天子儀當獨奉酌祠始皇廟。自襄公㠯下軼毁。所置凡七廟。羣臣㠯禮進祠。㠯尊始皇廟爲帝者祖廟。史記秦始皇紀。二世元年令羣臣議尊始皇廟。羣臣皆頓首言

秦將詐稱二世使人與李良書

良嘗事我得顯幸。良誠能反趙爲秦。赦良罪。貴良。史記張耳陳餘傳。漢書張耳陳餘傳

辨士隱姓名遺秦將章邯書

李斯爲秦王死。廢十七兄而立今王也。史記李斯傳集解引杜預善文

東郡隕石刻文

始皇死而地分。漢書五行志中之上。始皇帝三十六年。石隕于東郡。民或刻其石

趙高

高。諸趙疏屬。爲宦者。始皇舉爲中車府令。後兼行符璽令事。二世卽位。遷郎中令。拜中丞相。尋行弑立子嬰。刺殺之。夷三族。

宦官

詐爲始皇書賜公子扶蘇

朕巡天下。禱祠名山諸神㠯延壽命。今扶蘇與將軍蒙恬將師數十萬㠯屯邊。十有餘年矣。不能進而前。士卒多秏。無尺寸之功。乃反數上書直言。誹謗我所爲。㠯不得罷歸爲太子。日夜怨望。扶蘇爲人子不孝。其賜劍㠯自裁。將軍蒙恬與扶蘇居外。不匡正。宜知其謀。爲人臣不忠。其賜死。㠯兵屬裨將王離。史記李斯傳

僊道

安期先生

先生姓安名期。琅邪阜鄉亭人。師事河上公。善黃老。亦善爲長短說。賣藥海邊。與蒯徹善。嘗干始皇。又干項王。項王不能用其策。已而項王欲封之。不受。亡去。劉向云。時人皆言千歲翁。服虔云。古之真人。案安期生事見史記樂毅及田儋傳贊。服說見封禪書索隱。

留書報始皇

後千歲。求我于蓬萊山下。史記封禪書正義引列仙傳。今本列仙傳作後數年。無下字。抱朴子極言篇作復數千載。藝文類聚八十四引抱朴子作後數千載。

徐市

市一作福。齊人。爲始皇求僊。㠯童男女三千。至亶州。不歸。

上書請求仙

海中有三神山。名曰蓬萊、方丈、瀛洲。僊人居之。請得齋戒。與童男女求之。史記秦始皇紀

全秦文卷一終

大凡全漢文三百三十四八
大凡全漢文六十三卷

全漢文卷一

烏程嚴可均校輯

高帝

帝姓劉氏。諱邦。字季。沛豐邑中陽里人。初爲泗上亭長。秦二世元年起兵。稱沛公。明年。楚懷王以爲碭郡長。封武安侯。以子嬰元年西入關。項羽立爲漢王。都南鄭。以漢五年破項羽。即皇帝位。都長安。在位十二年。謚曰高皇帝。廟號太祖。亦曰高祖。有傳十三篇。漢志在儒家。本注曰。高祖與大臣述古語及詔策也。

重祠詔 二年

吾甚重祠而敬祭。今上帝之祭及山川諸神當祠者。各以其時禮祠之如故。漢書郊祀志上

立吳芮爲長沙王詔 五年二月

故衡山王吳芮與子二人兄子一人。從百粵之兵。以佐諸侯。誅暴秦。有大功。諸侯立以爲王。項羽侵奪之地。謂之番君。其以長沙、豫章、象郡、桂林、南海立番君芮爲長沙王。漢書高紀下

制詔御史。長沙王忠。其定著令。漢書吳芮傳

以亡諸爲閩粵王詔 五年二月

故粵王亡諸世奉粵祀。秦侵奪其地。使其社稷不得血食。諸侯伐秦。亡諸身帥閩中兵以佐滅秦。項羽廢而弗立。今以爲閩粵王。王閩中地。勿使失職。漢書高紀下

罷兵賜復詔 五年五月

諸侯子在關中者。復之十二歲。其歸者半之。民前或相聚保山澤。不書名數。天下已定。令各歸其縣。復故爵田宅。吏以文法教訓辨告。勿笞辱。民以飢餓自賣爲人奴婢者。皆免爲庶人。軍吏卒會赦。其亡罪而亡爵及不滿大夫者。皆賜爵爲大夫。故大夫以上賜爵各一級。其七大夫以上。皆令食邑。非七大夫以下。皆復其身及戶。勿事。漢書高紀下

七大夫公乘以上。皆高爵也。諸侯子及從軍歸者。甚多高爵。吾數詔吏先與田宅。及所當求於吏者。亟與。爵或人君。上所尊禮。久立吏前。曾不爲決。甚亡謂也。異日秦民爵公大夫以上。令丞與亢禮。今吾於爵非輕也。吏獨安取此。且法以有功勞行田宅。今小吏未嘗從軍者多滿。而有功者顧不得。背公立私。守尉長吏教訓甚不善。其令諸吏善遇高爵。稱吾意。且廉問。有不如吾詔者。以重論之。同上

詔衛尉酈商 五年五月

齊王田橫即至。人馬從者敢搖動者。致族夷。史記田儋傳。漢書田儋傳

赦詔 六年十二月

天下既安。豪傑有功者封侯。新立。未能盡圖其功。身居軍九年。或未習法令。或以其故犯法。大者死刑。吾甚憐之。其赦天下。漢書高紀下

擇立齊王荊王詔 六年十二月

齊。古之建國也。今爲郡縣。其復以爲諸侯。將軍劉賈數有大功。及擇寬惠修絜者。王齊荊地。漢書高紀下。又見荊王劉賈傳

上太公尊號詔 六年五月

人之至親。莫親於父子。故父有天下。傳歸於子。子有天下。尊歸於父。此人道之極也。前日天下大亂。兵革竝起。萬民苦殃。朕親被堅執銳。自帥士卒。犯危難。平暴亂。立諸侯。偃兵息民。天下大安。此皆太公之教訓也。諸王通侯將軍羣卿大夫已尊朕爲皇帝。而太公未有號。今上尊太公曰太上皇。漢書高紀下

疑獄詔 七年

制詔御史。獄之疑者。吏或不敢決。有罪者久而不論。無罪者久繫不決。自今以來。縣道官獄疑者。各讞所屬二千石官。二千石官以其罪名當報之。所不能決者。皆移廷尉。廷尉亦當報之。廷尉所不

能決謹具爲奏傅所當比律令已聞（漢書刑法志）

立靈星祠詔（八年）

制詔御史其令郡國縣立靈星祠常已歲時祠已牛（史記封禪書　漢書郊祀志上）

捕趙王張敖詔（八年）

趙有敢隨王者皐三族（史記田叔傳）

擇立代王詔（十一年正月）

代地居常山之北與夷狄邊趙乃從山南有之遠數有胡寇難已爲國頗取山南太原之地益屬代代之雲中已西爲雲中郡則代受邊寇益少矣王相國通矦吏二千石擇可立爲代王者（漢書高紀下）

定口賦詔（十一年二月）

欲省賦甚今獻未有程吏或多賦已爲獻而諸矦王尤多民疾之令諸矦王通矦常已十月朝獻及郡各已其口數率人歲六十三錢已給獻費（漢書高紀下）

求賢詔（十一年二月）

蓋聞王者莫高于周文伯者莫高于齊桓皆待賢人而成名今天下賢者智能豈特古之人乎患在人主不交故也士奚由進今吾已天之靈賢士大夫定有天下已爲一家欲其長久世世奉宗廟亡絕也賢人已與我共平之矣而不與吾共安利之可乎賢士大夫有肯從我游者吾能尊顯之布告天下使明知朕意御史大夫昌下相國相國酇矦下諸矦王御史中執法下郡守其有意稱明德者必身勸爲之駕遣詣相國府署行義年有而弗言覺免年老癃病勿遣（漢書高紀下）

擇立梁王淮陽王詔（十一年三月）

擇可已爲梁王淮陽王者（漢書高紀下）

立趙它爲南粵王詔（十一年五月）

粵人之俗好相攻擊前時秦徙中縣之民南方三郡使與百粵雜處會天下誅秦南海尉它居南方長治之甚有文理中縣人已故不耗減粵人相攻擊之俗益止俱賴其力今立它爲南粵王（漢書高紀下）

擇立吳王詔（十二年十月）

吳古之建國也日者荆王兼有其地今死亡後朕欲復立吳王其議可者（漢書高紀下）

置秦皇楚王陳勝等守冢詔（十二年十二月）

秦皇帝楚隱王魏安釐王齊愍王趙悼襄王皆絕亡後其與秦始皇帝守冢二十家楚魏齊各十家趙及魏公子亡忌各五家令視其冢復亡與它事（漢書高紀下）

議立燕王詔（十二年二月）

燕王綰與吾有故愛之如子聞與陳豨有謀吾已爲亡有故使人迎綰綰稱疾不來謀反明矣燕吏民非有罪也賜其吏六百石已上爵各一級與綰居去來歸者赦之加爵亦一級詔諸矦王議可立爲燕王者（漢書高紀下）

立南武矦織爲南海王詔（十二年三月）

南武矦織亦粵之世也立已爲南海王（漢書高紀下）

布告天下詔（十二年三月）

吾立爲天子帝有天下十二年于今矣與天下之豪士賢大夫共定天下同安輯之其有功者上致之王次爲列矦下乃食邑而重臣之親或爲列矦皆令自置吏得賦斂女子公主爲列矦食邑者皆佩之印賜大第室吏二千石徙之長安受小第室入蜀漢定三秦者皆世世復吾于天下賢士功臣可謂亡負矣其有不義背天子擅起兵者與天下共伐誅之布告天下使明知朕意（漢書高紀下）

手敕太子

吾遭亂世。當秦禁學。自喜。謂讀書無益。洎踐祚以來。時方省書。乃使人知作者之意。追思昔所行。多不是。古文苑

堯舜不以天子與子而與他人。此非爲不惜天下。但子不中立耳。人有好牛馬尚惜。況天下耶。吾以爾是元子。早有立意。羣臣咸稱汝友四皓。吾所不能致。而爲汝來。爲可任大事也。今定汝爲嗣。同上

吾生不學書。但讀書問字而遂知耳。以此故不大工。然亦足自辭解。今視汝書。猶不如吾。汝可勤學習。每上疏。宜自書。勿使人也。同上

汝見蕭、曹、張、陳諸公侯。吾同時人。倍年于汝者。皆拜。并語于汝諸弟。同上

吾得疾遂困。以如意母子相累。其餘諸兒皆自足立。哀此兒猶小也。同上

賜韓王信書 六年九月

專死不勇。專生不任。寇攻馬邑。君王力不足以堅守乎。安危存亡之地。此二者朕所以責於君王。漢書韓王信傳上賜信書責讓之

書帛射城上與沛父老 秦二世元年九月

天下同苦秦久矣。今父老雖爲沛令守。諸侯竝起。今屠沛。沛今共誅令。擇可立立之。以應諸侯。卽室家完。不然。父子俱屠。無爲也。漢書高紀上

入關告諭 漢元年十一月

父老苦秦苛法久矣。誹謗者族。耦語者棄市。吾與諸侯約。先入關者王之。吾當王關中。與父老約。法三章耳。殺人者死。傷人及盜抵罪。餘悉除去秦法。吏民皆安堵如故。凡吾所以來。爲父兄除害。非有所侵暴。毋恐。且吾所以軍霸上。待諸侯至而定要束耳。漢書高紀上

發使告諸侯 二年三月

天下共立義帝。北面事之。今項羽放殺義帝江南。大逆無道。寡人親爲發喪。兵皆縞素。悉發關中兵。收三河士。南浮江漢以下。願從諸侯王擊楚之殺義帝者。漢書高紀上

數項羽十罪 四年十月

吾始與羽俱受命懷王。曰先定關中者王之。羽負約。王我于蜀漢。罪一也。羽矯殺卿子冠軍。自尊。罪二也。羽當以救趙還報。而擅劫諸侯兵入關。罪三也。懷王約入秦無暴掠。羽燒秦宮室。掘始皇帝冢。收私其財。罪四也。又彊殺秦降王子嬰。罪五也。詐阬秦子弟新安二十萬。王其將。罪六也。皆王諸將善地。而徙逐故主。令臣下爭叛逆。罪七也。出逐義帝彭城。自都之。奪韓王地。并王梁楚。多自與。罪八也。使人陰殺義帝江南。罪九也。夫爲人臣而殺其主。殺已降。爲政不平。主約不信。天下所不容。大逆無道。罪十也。吾以義兵從諸侯誅殘賊。使刑餘罪人擊公。何苦乃與公挑戰。漢書高紀上

下令恤軍士死者 四年七月

軍士不幸死者。吏爲衣衾棺斂。轉送其家。漢書高紀上

下令立韓信爲楚王彭越爲梁王 五年正月

楚地已定。義帝亡後。欲存恤楚衆。以定其主。齊王信習楚風俗。更立爲楚王。王淮北。都下邳。魏相國建成侯彭越勤勞魏民。卑下士卒。常以少擊衆。數破楚軍。其以魏故地王之。號曰梁王。都定陶。漢書高紀下

下令赦天下 五年正月

兵不得休八年。萬民與苦甚。今天下事畢。其赦天下殊死以下。漢書高紀下

復吏卒限制衣冠令 八年三月

吏卒從軍至平城及守城邑者。皆復終身勿事。爵非公乘以上。毋得冠劉氏冠。賈人毋得衣錦繡綺縠絺紵罽。操兵。乘騎馬。漢書高紀下

夷三族令

當三族者。皆先黥劓。斬左右止。笞殺之。梟其首。菹其骨肉于市。其

誹謗詈詛者。又先斷舌。漢書刑法志。漢興約法三章。然其大辟尚有夷三族之令。故謂之具五刑。彭越韓信之屬皆受此誅。

答諸矦王韓信等上尊號 五年二月

寡人聞帝者賢者有也。虚言無實之名。非所取也。今諸矦王皆推高寡人。將何以處之哉。漢書高紀下。

諸矦王幸以爲便于天下之民。則可矣。同上。

封爵誓 六年十二月

使黄河如帶。泰山若厲。國㠯永存。爰及苗裔。漢書高惠高后文功臣表。又三國志周瑜傳引作如礪。餘皆同。

丹書鐵券

使黄河如帶。泰山如礪。漢有宗廟。爾無絶世。太平御覽五百九十八。又六百三十三。困學紀聞十二引陸賈楚漢春秋。高帝初封矦者。皆賜丹書鐵券曰。

又與羣臣刑白馬而盟

非劉氏不王。若有亡功非上所置而矦者。天下共誅之。□□□□□□□□漢書王陵傳。高皇帝刑白馬而盟云云。又見史記呂后紀。無者字。又見漢書外戚傳。

非劉氏而王者。天下共擊之。漢書周勃傳。案書抄八十一引漢書云。黄河如帶。泰山如礪。其國永存。爰及苗裔。申以丹書之信。重以白馬之盟。

非劉氏不得王。非有功不得矦。不如約。天下共擊之。

所述書天子所服第八 高祖傳十三篇之一也。案此卽藝文志儒家所載。

大謁者臣章受詔長樂宮曰。令羣臣議天子所服。㠯安治天下。相國臣何。御史大夫臣昌謹與將軍臣陵。太子太傅臣通等議。春夏秋冬。天子所服。當法天地之數。中得人和。故自天子王矦有土之君。下及兆民。能法天地。順四時。㠯治國家。身亡禍殃。年壽永究。是奉宗廟安天下之大禮也。臣請法之。中謁者趙堯舉春。李舜舉夏。兒湯舉秋。貢禹舉冬。四人各職一時。大謁者襄章奏。制曰可。漢書魏相傳。相表奏。高皇帝所述書天子所服第八。師古曰。高帝時自有一貢禹也。

惠帝

帝諱盈。高帝子。漢二年立爲太子。十二年五月卽位。在位五年。謚曰孝惠皇帝。

重吏祿詔 高帝十二年

吏所㠯治民也。能盡其治。則民賴之。故重其祿。所㠯爲民也。今吏六百石㠯上。父母妻子與同居。及故吏嘗佩將軍都尉印將兵及佩二千石官印者。家唯給軍賦。他無有所與。漢書惠紀。

文帝一

帝諱恆。高帝中子。漢十一年封代王。呂后八年迎立。在位二十三年。謚曰孝文皇帝。廟號太宗。

徙淮南王長制 六年

朕不忍致法于王。其與列矦吏二千石議。史記淮南王傳。漢書淮南王傳。

朕不忍致法于王。其赦長死罪。廢勿王。同上。

計食長給肉日五斤。酒二斗。令故美人才人得幸者十人從居。他可。同上。

增神祠制 十三年

朕卽位十三年于今。賴宗廟之靈。社稷之福。方内艾安。民人靡疾。閒者比歲登。朕之不德。何㠯饗此。皆上帝諸神之賜也。蓋聞古者饗其德。必報其功。欲有增諸神祠。有司議增雍五畤路車各一乘。駕被具。西畤畦畤禺車各一乘。禺馬四匹。駕被具。其河湫漢水加王各二。及諸祠各增廣壇場。珪幣俎豆。以差加之。而祝釐者歸福於朕。百姓不與焉。自今祝致敬。毋有所祈。史記封禪書。又漢書文紀有詔。與此小同。

卽位赦詔 呂后八年

制詔丞相太尉御史大夫。閒者諸呂用事擅權。謀爲大逆。欲危劉氏宗廟。賴將軍列矦宗室大臣誅之。皆伏其辜。朕初卽位。其赦天下。賜民爵一級。女子百戸牛酒。酺五日。漢書文紀。

封賜周勃等詔（元年十月）

呂產自置爲相國，呂祿爲上將軍，擅矯遣灌將軍嬰將兵擊齊，欲代劉氏。嬰留滎陽弗擊，與諸侯合謀㠯誅呂氏。呂產欲爲不善，丞相陳平與太尉周勃謀奪呂產等軍。朱虛侯劉章首先捕呂產等。太尉身率襄平侯通持節承詔入北軍，典客劉揭身奪趙王呂祿印。益封太尉勃萬戶，賜金五千斤；丞相陳平、灌將軍嬰邑各三千戶，金二千斤；朱虛侯劉章、襄平侯通、東牟侯劉興居邑各二千戶，金千斤；封典客揭爲陽信侯，賜金千斤。（史記文紀，又見漢書文紀，首有朕字）

荅有司請建太子詔（元年正月）

朕既不德，上帝神明未歆饗也，天下人民未有慊（史記作嗛）志。今縱不能博求天下賢聖有德之人而嬗天下焉，而曰豫建太子，是重吾不德也。謂天下何？其安之。（漢書文紀）

楚王，季父也，春秋高，閱天下之義理多矣，明於國家之大體。吳王於朕，兄也，惠仁㠯好德。淮南王，弟也，秉德㠯陪朕。豈爲不豫哉！諸侯王宗室昆弟有功臣，多賢及有德義者，若舉有德㠯陪朕之不能終，是社稷之靈，天下之福也。今不選舉焉，而曰必子，人其㠯朕爲忘賢有德者而專于子，非所㠯憂天下也。朕甚不取也。（史記文紀，漢書無惠仁句，秉上有皆字）

振貸詔（元年三月）

方春和時，草木羣生之物皆有㠯自樂，而吾百姓鰥寡孤獨窮困之人或阽于死亡，而莫之省憂。爲民父母將何如？其議所㠯振貸之。（漢書文紀）

養老詔（元年三月）

老者非帛不煖，非肉不飽。今歲首，不時使人存問長老，又無布帛酒肉之賜，將何㠯佐天下子孫孝養其親？今聞吏稟當受鬻者，或㠯陳粟，豈稱養老之意哉！具爲令。（漢書文紀）

脩代來功詔（元年六月）

方大臣誅諸呂迎朕，朕狐疑，皆止朕，唯中尉宋昌勸朕，朕已得保宗廟。已尊昌爲衞將軍，其封昌爲壯武侯。諸從朕六人，官皆至九卿。（漢書文紀）

益封高帝從臣詔

列侯從高帝入蜀漢者六十八人，益戶各三百戶。吏二千石已上從高帝潁川守尊等十人食邑六百戶，淮陽守申屠嘉等十人五百戶，衞尉足（史記作定）等十人四百戶。封淮南王舅趙兼爲周陽侯，齊王舅駟鈞爲靖郭侯。（漢書文紀）

令列侯之國詔（二年十月）

朕聞古者諸侯建國千餘，各守其地，㠯時入貢，民不勞苦，上下驩欣，靡有違德。今列侯多居長安，邑遠，吏卒給輸費苦，而列侯亦無繇教訓其民。其令列侯之國，爲吏及詔所止者，遣太子。（漢書文紀）

日食求言詔（二年十一月）

朕聞之，天生民，爲之置君㠯養治之。人主不德，布政不均，則天示之災，㠯戒不治。乃十一月晦，日有食之，適見于天，災孰大焉！朕獲保宗廟，㠯微眇之身託于士民君王之上，天下治亂，在予一人，唯二三執政猶吾股肱也。朕下不能治育羣生，上㠯累三光之明，其不德大矣。令至，其悉思朕之過失，及知見之所不及，匄㠯啟告朕。及舉賢良方正能直言極諫者，㠯匡朕之不逮。因各敕㠯職任，務省繇費㠯便民。朕既不能遠德，故憪然念外人之有非，是㠯設備未息。今縱不能罷邊屯戍，又飭兵厚衞，其罷衞將軍軍。太僕見馬遺財足，餘皆㠯給傳置。（漢書文紀）

開藉田詔（二年正月）

夫農，天下之本也，其開藉田，朕親率耕，㠯給宗廟粢盛。民讁作縣官及貸種食未入、入未備者，皆赦之。（漢書文紀）

驗當作輪

王辟彊等詔 二年三月

前趙幽王幽死朕甚憐之已立其太子遂爲趙王遂弟辟彊及齊悼惠王子朱虛矦章東牟矦興居有功可王 漢書文紀

除誹謗訞言法詔 二年五月

古之治天下朝有進善之旌誹謗之木所㠯通治道而來諫者也今法有誹謗訞言之罪是使衆臣不敢盡情而上無由聞過失也將何㠯來遠方之賢良其除之民或祝詛上㠯相約而後相謾吏㠯爲大逆其有他言吏又㠯爲誹謗此細民之愚無知抵死朕甚不取自今㠯來有犯此者勿聽治 漢書文紀

議除連坐詔 二年

詔丞相太尉御史法者治之正所㠯禁暴而衞善人也今犯法者已論而使無罪之父母妻子同產坐之及收朕甚弗取其議 漢書刑法志紀作元年少首句

朕聞之法正則民慤罪當則民從且夫牧民而道之㠯善者吏也既不能道又㠯不正之法罪之是法反害于民爲暴者也朕未見其便宜孰計之 同上周勃陳平奏㠯爲如其故便文帝復曰

勸農詔 二年九月

農天下之大本也民所恃㠯生也而民或不務本而事末故生不遂朕憂其然故今茲親率羣臣農㠯勸之其賜天下民今年田租之半 漢書文紀

卻獻千里馬詔

鸞旗在前屬車在後吉行日五十里師行三十里朕乘千里之馬獨先安之朕不受獻也其令四方毋求來獻 漢書賈捐之傳時有獻千里馬者詔云云

朕不受獻也其令四方毋求來獻 同上

遺灌嬰擊匈奴詔 三年五月

漢與匈奴約爲昆弟無侵害邊境所㠯諭遺匈奴甚厚今右賢王離其國將衆居河南地非常故往來入塞捕殺吏卒敺侵上郡保塞蠻夷令不得居其故陵轢邊吏入盜甚驁無道非約也其發邊吏車騎八萬詣高奴遣丞相灌嬰將擊右賢王 漢書匈奴傳

復遣周勃率列侯之國詔 三年十一月

前日朕遣列侯之國辭未行丞相朕之所重其爲朕率列侯之國 漢書文紀又見周勃傳

赦濟北吏民詔 三年七月

濟北王背德反上詿誤吏民爲大逆濟北吏兵未至先自定及㠯軍城邑降者皆赦之復官爵與王興居去來者亦赦之 漢書文紀

全漢文卷一終

烏程嚴可均校輯

文帝二

勸農詔 十二年三月

道民之路在于務本朕親率天下農十年于今而野不加辟歲一不登民有飢色是從事焉尚寡而吏未加務也吾詔書數下歲勸民種樹而功未興是吏奉吾詔不勤而勸民不明也且吾農民甚苦而吏莫之省將何㠯勸焉其賜農民今年租稅之半 漢書文紀

置三老孝悌力田常員詔 十二年三月

孝悌天下之大順也力田爲生之本也三老眾民之師也廉吏民之表也朕甚嘉此二三大夫之行今萬家之縣云無應令豈實人情是吏舉賢之道未備也其遣謁者勞賜三老孝者帛人五匹悌者力田二匹廉吏二百石㠯上率百石者三匹及問民所不便安而㠯戶口率置三老孝悌力田常員令各率其意㠯道民焉 漢書文紀

耕桑詔 十三年二月

朕親率天下農耕㠯供粢盛皇后親桑㠯奉祭服其具禮儀 漢書文紀

除祕祝詔 十三年四月

蓋聞天道禍自怨起而福繇德興百官之非宜由朕躬今祕祝之官移過于下㠯彰吾之不德朕甚不取其除之 史記文紀又見封禪書又見漢書郊祀志上皆刪節

除肉刑詔 十三年五月

制詔御史蓋聞有虞氏之時畫衣冠異章服㠯爲戮而民弗犯何治之至也今法有肉刑三而姦不止其咎安在非乃朕德之薄而教不明與吾甚自愧故夫訓道不純而愚民陷焉詩曰愷弟君子民之父母今人有過教未施而刑已加焉或欲改行爲善而道亡繇至朕甚憐之夫刑至斷支體刻肌膚終身不息何其刑之楚而不德也豈稱爲民父母之意哉其除肉刑有㠯易之及令罪人各㠯輕重不亡逃有年而免具爲令 漢書刑法志齊太倉令淳于公有罪當刑其少女緹縈上書天子憐悲其意遂下令

勸農詔 十三年六月

農天下之本務莫大焉今廑身從事而有租稅之賦是謂本末者無㠯異也其于勸農之道未備其除田之租稅賜天下孤寡布帛絮各有數 漢書文紀

增祀無祈詔 十四年春

朕獲執犧牲珪幣㠯祀上帝宗廟十四年于今歷日彌長㠯不敏不明而久撫臨天下朕甚自媿其廣增諸祀墠場珪幣昔先王遠施不求其報望祀不祈其福右賢左戚先民後己至明之極也今吾聞祠官祝釐皆歸福于朕躬不爲百姓朕甚媿之夫㠯朕之不德而專鄉獨美其福百姓不與焉是重吾不德也其令祠官致敬無有所祈 漢書文紀

議郊祀詔 十五年夏

有異物之神見于成紀毋害于民歲㠯有年朕幾郊祀上帝諸神禮官議毋諱㠯朕勞 漢書郊祀志上

策賢良文學詔 十五年九月

惟十有五年九月壬子皇帝曰昔者大禹勤求賢士施及方外四極之內舟車所至人迹所及靡不聞命㠯輔其不逮近者獻其明遠者通厥聰比善戮力㠯翼天子是㠯大禹能亡失德夏㠯長楙高皇帝親除大害去亂從並建豪英㠯爲官師爲諫爭輔天子之闕而翼戴漢宗也賴天之靈宗廟之福方內㠯安澤及四夷今朕獲執天下之正㠯承宗廟之祀朕既不德又不敏明弗能燭而智不能治此大夫之所著聞也故詔有司諸侯王三公九卿及主郡吏各帥其志㠯選賢良明於國家之大體通於人事之終始及能

直言極諫者各有人數㠯匡朕之不逮二三大夫之行當此三道朕甚嘉之故登大夫于朝親諭朕志大夫其上三道之要及永惟朕之不德吏之不平政之不宣民之不寧四者之闕悉陳其志毋有所隱上㠯薦先帝之宗廟下㠯興愚民之休利著之于篇朕親覽焉觀大夫所㠯佐朕至與不至書之周之密之重之閉之興自朕躬大夫其正論毋枉執事烏虖戒之二三大夫其帥志毋怠（漢書鼂錯傳）

求言詔（後元年三月）

間者數年比不登又有水旱疾疫之災朕甚憂之愚而不明未達其咎意者朕之政有所失而行有過與乃天道有不順地利或不得人事多失和鬼神廢不享與何㠯致此將百官之奉養或費無用之事或多與何其民食之寡乏也夫度田非益寡而計民未加益㠯口量地其於古猶有餘而食之甚不足者其咎安在無乃百姓之從事於末㠯害農者蕃爲酒醪㠯靡穀者多六畜之食焉者眾與細大之義吾未能得其中其與丞相列侯吏二千石博士議之有可㠯佐百姓者率意遠思無有所隱（漢書文紀）

與匈奴和親詔（後二年六月）

朕既不明不能遠德使方外之國或不寧息夫四荒之外不安其生封圻之內勤勞不處二者之咎皆自於朕之德薄而不能達遠也間者累年匈奴竝暴邊境多殺吏民邊臣兵吏又不能諭其內志㠯重吾不德夫久結難連兵中外之國將何㠯自寧今朕夙興夜寐勤勞天下憂苦萬民爲之惻怛不安未嘗一日忘于心故遣使者冠蓋相望結轍于道㠯諭朕志於單于今單于反古之道計社稷之安便萬民之利新與朕俱棄細過偕之大道結兄弟之義㠯全天下元元之民和親㠯定始於今年（漢書文紀）

與匈奴和親布告天下詔

制詔御史匈奴大單于遺朕書和親已定亡人不足㠯益眾廣地匈奴無入塞漢無出塞犯今約者殺之可㠯久親後無咎俱便朕已許其布告天下使明知之（漢書匈奴傳）

遺詔（後七年六月）

朕聞之蓋天下萬物之萌生靡不有死死者天地之理物之自然奚可甚哀當今之時世咸嘉生而惡死厚葬㠯破業重服㠯傷生吾甚不取且朕既不德無㠯佐百姓今崩又使重服久臨㠯罹寒暑之數哀人父子傷長老之志損人飲食絕鬼神之祭祀㠯重吾不德謂天下何朕獲保宗廟㠯眇眇之身託于天下君王之上二十有餘年矣賴天之靈社稷之福方內安寧靡有兵革朕既不敏常畏過行㠯羞先帝之遺德惟年之久長懼于不終今乃幸㠯天年得復供養于高廟朕之不明與嘉之其奚哀念之有其令天下吏民令到出臨三日皆釋服無禁取婦嫁女祠祀飲酒食肉自（宋書作其令史漢皆作自續漢禮儀志下注補引亦作自）當給喪事服臨者皆無踐絰帶無過三寸無布車及兵器無發民哭臨宮殿中殿中當臨者皆㠯旦夕各十五舉音禮畢罷非旦夕臨時禁無得擅哭臨㠯下服大紅十五日小紅十四日纖七日釋服它不在令中者皆㠯此令比類從事布告天下使明知朕意霸陵山川因其故無有所改歸夫人㠯下至少使（漢書文紀又見史記文紀宋書禮志二）

賜南粵王趙佗書（元年）

皇帝謹問南粵王甚苦心勞意朕高皇帝側室之子棄外奉北藩于代道里遼遠壅蔽樸愚未嘗致書高皇帝棄羣臣孝惠皇帝即世高后自臨事不幸有疾日進不衰㠯故誖暴乎治諸呂爲變故亂法不能獨制迺取它姓子爲孝惠皇帝嗣賴宗廟之靈功臣之力誅之已畢朕㠯王矦吏不釋之故不得不立今即位乃者聞王遺將軍隆慮矦書求親昆弟請罷長沙兩將軍朕㠯王書罷將軍

博陽侯親昆弟在眞定者已遣人存問修治先人冢前日聞王發兵于邊為寇災不止當其時長沙苦之南郡尤甚雖王之國庸獨利乎必多殺士卒傷良將吏寡人之妻孤人之子獨人父母得一亡十朕不忍為也朕欲定地犬牙相入者㠯問吏吏曰高皇帝所㠯介長沙土也朕不能擅變焉吏曰得王之地不足㠯為大得王之財不足㠯為富服領㠯南王自治之雖然王之號為帝兩帝並立亡一乘之使㠯通其道是爭也爭而不讓仁者不為也願與王分棄前患終今㠯來通使如故故使賈馳諭告王朕意王亦受之毋為寇災矣上褚五十衣中褚三十衣下褚二十衣遺王願王聽樂娛憂存問鄰國（漢書兩粵傳）

遺匈奴書 六年

皇帝敬問匈奴大單于無恙使郎中係雩淺遺朕書曰右賢王不請聽後義盧侯難氏等計絕二主之約離兄弟之親漢㠯故不和鄰國不附今㠯小吏敗約故罰右賢王使西擊月氏盡定之願寢兵休士除前事復故約以安邊民世世平樂朕甚嘉之此古聖王之志也漢與匈奴約為兄弟所㠯遺單于甚厚背約離兄弟之親者常在匈奴然右賢王事已在赦前勿深誅單于若稱書意明告諸吏使無負約有信敬如單于書使者言單于自將伐國有功甚苦兵事服繡袷綺衣繡袷長襦錦袷袍各一比余一黃金飾具帶一黃金胥紕一繡十匹錦三十匹赤綈綠繒各四十匹使中大夫意謁者令肩遺單于（史記匈奴傳又見漢書匈奴傳少右賢王一段五十餘字餘亦小異）

璽書賜荅鼂錯 十四年

皇帝問太子家令上書言兵體三章聞之書言狂夫之言而明主擇焉今則不然言者不狂而擇者不明國之大患故在於此使夫不明擇于不狂是㠯萬聽而萬不當也（漢書鼂錯傳）

遺匈奴和親書 後二年

皇帝敬問匈奴大單于無恙使當戶且渠雕渠難郎中韓遼遺朕馬二匹已至敬受先帝制長城㠯北引弓之國受令單于長城㠯內冠帶之室朕亦制之使萬民耕織射獵衣食父子毋離臣主相安俱無暴虐今聞渫惡民貪降其趨背義絕約忘萬民之命離兩主之驩然其事已在前矣書云二國已和親兩主驩說寢兵休卒養馬世世昌樂翕然更始朕甚嘉之聖者日新改作更始使老者得息幼者得長各保其首領而終其天年朕與單于俱由此道順天恤民世世相傳施之無窮天下莫不咸嘉使漢與匈奴鄰敵之國匈奴處北地寒殺氣早降故詔吏遺單于秫櫱金帛綿絮它物歲有數今天下大安萬民熙熙獨朕與單于為之父母朕追念前事薄物細故謀臣計失皆不足㠯離昆弟之驩朕聞天不頗覆地不偏載朕與單于皆捐細故俱蹈大道墮壞前惡㠯圖長久使兩國之民若一家子元元萬民下及魚鼈上及飛鳥跂行喙息蠕動之類莫不就安利避危殆故來者不止天之道也俱去前事朕釋逃虜民單于毋言章尼等朕聞古之帝王約分明而不食言單于留志天下大安和親之後漢過不先單于其察之（史記匈奴傳漢書匈奴傳）

荅陳武

朕能任衣冠念不到此會呂氏之亂功臣宗室共不羞恥誤居正位常戰戰慄慄恐事之不終且兵凶器雖克所願動亦耗病謂百姓遠方何又先帝知勞民不可煩故不㠯為意朕豈自謂能今匈奴內侵軍吏無功邊民父子荷兵日久朕常為動心傷痛無日忘之今未能銷距願且堅邊設候結和通使休寧北陲為功多矣且無議軍（史記律書孝文即位將軍陳武等議征南越朝鮮孝文曰云云　按陳武即柴武史漢高帝紀秦二世三年遇剛武侯應劭曰武一姓柴韓王信傳漢使柴將軍擊之淮南王長傳與棘蒲侯柴武太子奇謀反是姓柴也而律書作陳武功臣侯表但有棘蒲侯陳武無柴武班固泗水亭碑十八侯銘亦然應劭漢人精通掌故謂武一姓柴得其實矣非諸注望文者所及也棘蒲十八侯銘作棘律當有一誤）

酎金律

皇帝齋宿親帥羣臣承祠宗廟羣臣宜分奉請諸侯列侯各㠯民口數率千口奉金四兩奇不滿千口至五百口亦四兩皆會諸少府受又大鴻臚食邑九眞交阯日南者用犀角長九寸㠯上若瑇瑁甲一鬱林用象牙長三尺㠯上若翡翠各二十準㠯當金（續漢禮儀志上注補引丁孚漢儀曰酎金律漢文所加㠯正月旦作酒八月成名酎酒因令諸侯助祭貢金引漢律金布令云云）

景帝

帝諱啟孝文帝長子前元年立爲皇太子後七年六月卽位在位十六年謚曰孝景皇帝

定孝文帝廟樂詔 元年十月

制詔御史蓋聞古者祖有功而宗有德制禮樂各有由聞歌者所㠯發德也舞者所㠯明功也高廟酎奏武德文始五行之舞孝惠廟酎奏文始五行之舞孝文皇帝臨天下通關梁不異遠方除誹謗去肉刑賞賜長老收恤孤獨㠯遂羣生減耆欲不受獻不私其利也罪人不帑不誅無罪除肉刑出美人重絕人之世朕既不敏不能識此皆上古之所不及而孝文皇帝親行之德厚侔天地利澤施四海靡不獲福明象乎日月而廟樂不稱朕甚懼焉其爲孝文皇帝廟爲昭德之舞㠯明休德然後祖宗之功德著于竹帛施于萬世永永無窮朕甚嘉之其與丞相列侯中二千石禮官具爲禮儀奏（史記文紀　漢書景紀）

聽民徙寬大地詔 元年正月

閒者歲比不登民多乏食夭絕天年朕甚痛之郡國或磽陿無所農桑毄畜或地饒廣薦草莽水泉利而不得徙其議民欲徙寬大地者聽之（漢書景紀）

議著令詔 元年七月

吏受所監臨㠯飲食免重受財物賤買貴賣論輕廷尉與丞相更

議著令（漢書景紀）

減笞詔 元年

加笞與重罪無異幸而不死不可爲人其定律笞五百曰三百笞三百曰二百（漢書刑法志）

封蕭何孫嘉詔 二年

制詔御史故相國蕭何高皇帝大功臣所與爲天下也今其祀絕朕甚憐之其㠯武陽縣戶二千封何孫嘉爲列侯（漢書蕭何傳）

原襄平侯紀嘉詔 三年十二月

襄平侯嘉子恢說不孝謀反欲㠯殺嘉大逆無道其赦嘉爲襄平侯及妻子當坐者復故爵論恢說及妻子如法（漢書景紀）

擊七國詔 三年二月

制詔將軍蓋聞爲善者天報㠯福爲非者天報㠯殃高皇帝親垂功德建立諸侯幽王悼惠王絕無後孝文皇帝哀憐加惠王幽王子遂悼惠王子卬等令奉其先王宗廟爲漢藩國德配天地明並日月而吳王濞倍德反義誘受天下亡命罪人亂天下幣稱疾不朝二十餘年有司數請濞罪孝文皇帝寬之欲其改行爲善今乃與楚王戊趙王遂膠西王卬濟南王辟光菑川王賢膠東王雄渠約從謀反爲逆無道起兵㠯危宗廟賊殺大臣及漢使者迫劫萬民伐殺無罪燒殘民家掘其丘壟甚爲虐暴而卬等又重逆無道燒宗廟鹵御物朕甚痛之朕素服避正殿將軍其勸士大夫擊反虜擊反虜者深入多殺爲功斬首捕虜比三百石㠯上皆殺無有所置敢有議詔及不如詔者皆要斬（漢書吳王濞傳）

赦吳吏民詔 三年六月

迺者吳王濞等爲逆起兵相脅詿誤吏民吏民不得已今濞等已滅吏民當坐濞等及逋逃亡軍者皆赦之楚元王子埶等與濞等爲逆朕不忍加法除其籍毋令汙宗室（漢書景紀）

讞獄詔 中五年九月

法令度量。所㠯禁暴止邪也。獄人之大命。死者不可復生。吏或不奉法令。㠯貨賂爲市。朋黨比周。㠯苛爲察。㠯刻爲明。令亡罪者失職。朕甚憐之。有罪者不伏罪。姦法爲暴。甚亡謂也。諸獄疑。若雖文致于法。而于人心不厭者。輒讞之。漢書景紀。又略見刑法志

定長吏車服詔 中六年五月

夫吏者。民之師也。車駕衣服宜稱。吏六百石㠯上。皆長吏也。亡度者或不吏服。出入閭里。與民亡異。令長吏二千石車朱兩轓。千石至六百石朱左轓。車騎從者不稱其官衣服。下吏出入閭巷亡吏體者。二千石上其官屬。三輔舉不如法令者。皆上丞相御史請之。漢書景紀

減笞法詔 中六年

加笞者或至死而笞未畢。朕甚憐之。其減笞三百曰二百。笞二百曰一百。漢書刑法志

詔定箠令

笞者。所㠯教之也。其定箠令。漢書刑法志

讞獄詔 後元年正月

獄。重事也。人有智愚。官有上下。獄疑者讞有司。有司所不能決。移廷尉。有令讞刑法志作獄疑者讞有令讞者已報讞。而後不當。讞者不爲失。欲令治獄者務先寬。漢書景紀

令二千石修職詔 後二年四月

雕文刻鏤。傷農事者也。錦繡纂組。害女紅者也。農事傷則飢之本也。女紅害則寒之原也。夫飢寒並至而能亡爲非者寡矣。朕親耕。后親桑。㠯奉宗廟粢盛祭服。爲天下先。不受獻。減太官。省繇賦。欲天下務農蠶。素有畜積。㠯備災害。彊毋攘弱。衆毋暴寡。老耆㠯壽終。幼孤得遂長。今歲或不登。民食頗寡。其咎安在。或詐僞爲吏。吏

令當作今

㠯貨賂爲市。漁奪百姓。侵牟萬民。縣丞。長吏也。奸法與盜盜。甚無異也。其令二千石各修其職。不事官職耗亂者。丞相㠯聞。請其罪。布告天下。使明知朕意。漢書景紀

重廉士詔 後二年五月

人不患其不知。患其爲詐也。不患其不勇。患其爲暴也。不患其不富。患其亡厭也。其唯廉士。寡欲易足。今訾算十㠯上迺得官。一本官作宦。下皆同。廉士算不必衆。有市籍不得官。無訾又不得官。朕甚愍之。訾算四得官。亡令廉士久失職。貪夫長利。漢書景紀

頌繫老幼詔 後三年

高年老長。人所尊敬也。鰥寡不屬逮者。人所哀憐也。其著令。年八十㠯上。八歲㠯下。及孕者未乳。師朱儒當鞠繫者。頌繫之。漢書刑法志

勸農桑詔 後三年正月

農。天下之本也。黃金珠玉。飢不可食。寒不可衣。㠯爲幣用。不識其終始。間歲或不登。意爲末者衆。農民寡也。其令郡國務勸農桑。益種樹。可得衣食物。吏發民若取庸采黃金珠玉者。坐臧爲盜。二千石聽者與同罪。漢書景紀

全漢文卷二終

兌當作莞

全漢文卷三

烏程嚴可均校輯

武帝一

帝諱徹景帝中子四年封膠東王七年立爲皇太子後三年正月卽位改元十一建元元光元朔元狩元鼎元封太初天漢太始征和後元在位五十四年諡曰孝武皇帝廟號世宗有集二卷

李夫人賦

美連娟㠯修嫮兮命樔絕而不長飾新宮㠯延貯兮泯不歸乎故鄉慘鬱鬱其蕪穢兮隱處幽而懷傷釋輿馬于山椒兮奄修夜之不陽秋氣潛㠯淒淚兮桂枝落而銷亡神煢煢㠯遥思兮精浮游而出畺託沈陰㠯壙久兮惜蕃華之未央念窮極之不還兮惟幼眇之相羊函菱荴㠯俟風兮芳雜襲㠯彌章的容與㠯猗靡兮縹

飄姚虖愈莊燕淫衍而撫楹兮連流視而娥揚既激感而心逐兮包紅顏而弗明驩接狎㠯離別兮宵寤夢之芒芒忽遷化而不反兮魄放逸㠯飛揚何靈魂之紛紛兮哀裴回㠯躊躇勢路日㠯遠兮遂荒忽而辭去超兮西征屑兮不見寖淫敞兌寂兮無音思若流波怛兮在心亂曰佳俠函光隕朱榮兮嫉妒闒茸將安程兮方時隆盛年夭傷兮弟子增欷洿沫悵兮悲愁於邑喧不可止兮嚮不虛應亦云已兮嫶妍太息嘆稚子兮懰慄不言倚所恃兮仁者不誓豈約親兮既往不來申㠯信兮去彼昭昭就冥冥兮既下新宮不復故庭兮嗚呼哀哉想魂靈兮（漢書外戚傳藝文類聚三十四）

秋風辭 并序

上行幸河東祠后土顧視帝京欣然中流與羣臣飲燕上歡甚乃自作秋風辭曰

秋風起兮白雲飛草木黃落兮雁南歸蘭有秀兮菊有芳攜佳人兮不能忘泛樓舡兮濟汾河橫中流兮揚素波簫鼓鳴兮發棹歌歡樂極兮哀情多少壯幾時兮奈老何（文選）

詔封皇子制 元狩六年三月戊申朔

蓋聞周封八百姬姓竝列或子男附庸禮支子不祭云竝建諸侯所㠯重社稷朕無聞焉且天非爲君生民也朕之不德海內未洽乃㠯未教成者彊君連城卽股肱何勸其更議㠯列侯家之（史記三王世家）

封皇子制 元狩六年三月丙子

康叔親屬有十而獨尊者襃有德也周公祭天命郊故魯有白牡騂剛之牲羣公不毛賢不肖差也高山仰之景行鄉之朕甚慕焉所㠯抑未成家㠯列侯可（史記三王世家）

立皇子閎爲齊王旦爲燕王胥爲廣陵王（史記三王世家）

制書報胡建 天漢中

制曰司馬法曰國容不入軍軍容不入國何文吏也三王或誓于軍中欲民先成其慮也或誓于軍門之外欲民先意㠯待事也或將交刃而誓致民志也建又何疑焉（漢書胡建傳又略見說苑指武）

元光元年策賢良制

制曰朕獲承至尊休德傳之無窮而施之罔極任大而守重是㠯夙夜不皇康寧永惟萬事之統猶懼有闕故廣延四方之豪儁郡國諸侯公選賢良修絜博習之士欲聞大道之要至論之極今子大夫褎然爲舉首朕甚嘉之子大夫其精心致思朕垂聽而問焉蓋聞五帝三王之道改制作樂而天下洽和百王同之當虞氏之樂莫盛于韶于周莫盛于勺聖主已沒鍾鼓筦絃之聲未衰而大道微缺陵夷至虖桀紂之行王道大壞矣夫五百年之間守文之君當塗之士欲則先王之法㠯戴翼其世者甚衆然猶不能反日㠯仆滅至後王而後止豈其所持操或誖繆而失其統與固天降

姤當作始

命不可復反必推之于大衰而後息與烏虖凡所爲屑屑夙興夜寐務法上古者又將無補與三代受命其符安在災異之變何緣而起性命之情或夭或壽或仁或鄙習聞其號未燭厥理伊欲風流而令行刑輕而姦改百姓和樂政事宣昭何修何飾而膏露降百穀登德潤四海澤臻草木三光全寒暑平受天之祜享鬼神之靈德澤洋溢施虖方外延及羣生子大夫明先聖之業習俗化之變終姤之序講聞高誼之日久矣其明㠯諭朕科別其條勿猥勿并取之于術愼其所出迺其不正不直不忠不極枉于執事書之不泄興于朕躬毋悼後害子大夫其盡心靡有所隱朕將親覽焉漢書董仲舒傳

制曰蓋聞虞舜之時游于巖廊之上垂拱無爲而天下太平周文王至于日昃不暇食而宇內亦治夫帝王之道豈不同條共貫與何逸勞之殊也蓋儉者不造玄黃旌旗之飾及至周室設兩觀乘

大路朱干玉戚八佾陳于庭而頌聲興夫帝王之道豈異指哉或曰良玉不瑑又曰非文亡㠯輔德二端異焉殷人執五刑㠯督姦傷肌膚㠯懲惡成康不式四十餘年天下不犯囹圄空虛秦國用之死者甚眾刑者相望秏矣哀哉烏虖朕夙寤晨興惟前帝王之憲永思所㠯奉至尊章洪業皆在力本任賢今朕親耕藉田㠯爲農先勸孝弟崇有德使者冠蓋相望問勤勞恤孤獨盡思極神功烈休德未始云獲也今陰陽錯謬氛氣充塞羣生寡遂黎民未濟廉恥貿亂賢不肖渾殽未得其眞故詳延特起之士意庶幾乎今子大夫待詔百有餘人或道世務而未濟稽諸上古而不同考之于今而難行毋迺牽于文繫而不得騁與將所繇異術所聞殊方與各悉對著于篇毋諱有司明其指略切磋究之㠯稱朕意同上

制曰蓋聞善言天者必有徵于人善言古者必有驗于今故朕垂問虖天人之應上嘉唐虞下悼桀紂寖微寖滅寖明寖昌之道虛心㠯改今子大夫明于陰陽所㠯造化習于先聖之道業然而文采未極豈惑乎當世之務哉條貫靡竟統紀未終意朕之不明與聽若眩與夫三王之教所祖不同而皆有失或謂久而不易者道也意豈異哉今子大夫既已著大道之極陳治亂之端矣其悉之究之孰之復之詩不云虖嗟爾君子毋常安息神之聽之介爾景福朕將親覽焉子大夫其茂明之同上

元光五年策賢良制

制曰蓋聞上古至治畫衣冠異章服而民不犯陰陽和五穀登六畜蕃甘露降風雨時嘉禾興朱草生山不童澤不涸麟鳳在郊藪龜龍游于沼河洛出圖書父不喪子兄不哭弟北發渠搜南撫交阯舟車所至人迹所及跂行喙息咸得其宜朕甚嘉之今何道而臻乎此子大夫修先聖之術明君臣之義講論洽聞有聲乎當世敢問子大夫天人之道何所本始吉凶之效安所期焉禹湯水旱

厥咎何由仁義禮知四者之宜當安設施屬統垂業物鬼變化天命之符廢興何如天文地理人事之紀子大夫習焉其悉意正議詳具其對著之于篇朕將親覽焉靡有所隱漢書公孫弘傳

復高年子孫詔建元元年四月

古之立教鄉里㠯齒朝廷㠯爵扶世導民莫善于德然則于鄉里先耆艾奉高年古之道也今天下孝子順孫願自竭盡㠯承其親外迫公事內乏資財是㠯孝心闕焉朕甚哀之民年九十㠯上已有受鬻法爲復子若孫令得身帥妻妾遂其供養之事漢書武紀

修山川祠詔建元元年五月

河海潤千里其令祠官修山川之祠爲歲事曲加禮漢書武紀

省衞士罷苑馬詔建元元年七月

衞士轉置送迎二萬人其省萬人罷苑馬㠯賜貧民漢書武紀

荅淮南王安諫伐越詔建元三年案文館詞林題如此漢書不云詔

皇帝問淮南王使中大夫玉上書言事聞之朕奉先帝之休德夙興夜寐明不能燭重以不德是以比年凶菑害衆夫以眇眇之身託于王侯之上內有飢寒之民南夷相攘使邊騷然不安朕甚懼焉今王深惟重慮明太平以弼朕失稱三代至盛際天接地人迹所及咸盡賓服藐然甚慚嘉王之意靡有所終使中大夫助諭朕意告王越事漢書嚴助傳又見文館詞林六百六十二

詔罷王恢韓安國兵建元六年

郢等首惡獨無諸孫繇君丑不與謀焉史記東越傳漢書兩粵傳

詔賢良元光元年五月

朕聞昔在唐虞畫象而民不犯日月所燭莫不率俾周之成康刑錯不用德及鳥獸教通四海海外肅昚北發渠搜氐羌徠服星辰不孛日月不蝕山陵不崩川谷不塞麟鳳在郊藪河洛出圖書嗚虖何施而臻此與今朕獲奉宗廟夙興以求夜寐以思若涉淵水

未知所濟猗與偉與何行而可以章先帝之洪業休德上參堯舜下配三王朕之不敏不能遠德此子大夫之所睹聞也賢良明于古今王事之體受策察問咸以書對著之于篇朕親覽焉漢書武紀于是董仲舒公孫弘等出焉

欲伐匈奴詔元光二年春案文館詞林題如此

朕飾子女以配單于金幣文繡賂之甚厚單于待命加嫚侵盜亡已邊境被害朕甚閔之今欲舉兵攻之何如漢書武紀詔問公卿又見文館詞林六百六十二篇首有制詔二字

赦鴈門代郡軍士詔元光六年春

夷狄無義所從來久間者匈奴數寇邊境故遣將撫師古者治兵振旅因遭虜之方入將吏新會上下未輯代郡將軍敖鴈門將軍廣所任不肖校尉又背義妄行棄軍而北少吏犯禁用兵之法不勤不教將率之過也教令宣明不能盡力士卒之罪也將軍已下廷尉使理正之而又加法于士卒二者並行非仁聖之心朕閔衆庶陷害欲刷恥改行復奉正義厥路亡繇其赦鴈門代郡軍士不循法者漢書武紀

議不舉孝廉者罪詔元朔元年十一月

公卿大夫所使總方略壹統類廣教化美風俗也夫本仁祖義襃德祿賢勸善刑暴五帝三王所繇昌也朕夙興夜寐嘉與宇內之士臻于斯路故旅耆老復孝敬選豪俊講文學稽參政事祈進民心深詔執事興廉舉孝庶幾成風紹休聖緒夫十室之邑必有忠信三人並行厥有我師今或至闔郡而不薦一人是化不下究而積行之君子雍于上聞也二千石官長紀綱人倫將何以佐朕燭幽隱勸元元厲烝庶崇鄉黨之訓哉且進賢受上賞蔽賢蒙顯戮古之道也其與中二千石禮官博士議不舉者罪漢書武紀

赦詔元朔元年三月

朕聞天地不變不成施化陰陽不變物不暢茂易曰通其變使民不倦詩云九變復貫知言之選朕嘉唐虞而樂殷周據舊以鑑新其赦天下與民更始諸逋貸及辭訟在孝景後三年已前皆勿聽治漢書武紀

許諸侯王分子弟邑詔元朔二年正月

梁王城陽王親慈同生願以邑分弟其許之諸侯王請與子弟邑者朕將親覽使有列位焉漢書武紀

制詔御史諸侯王或欲推私恩分子弟邑者令各條上朕且臨定其號名□□□□□□

赦詔元朔三年三月

夫刑罰所以防姦也內長文所以見愛也以百姓之未洽于教化朕嘉與士大夫日新厥業祇而不解其赦天下漢書武紀

封公孫弘為平津侯詔元朔三年十一月

護王之護當作獲

朕嘉先聖之道，開廣門路，宣招四方之士。蓋古者任賢而序位，量能㠯授官，勞大者厥祿厚，德盛者獲爵尊，故武功㠯顯重，而文德㠯行襃。其㠯高城之平津鄉戶六百五十封丞相弘為平津侯。（漢書公孫弘傳）

詔御史封公孫敖等 元朔五年四月

護軍都尉公孫敖三從大將軍擊匈奴，常護軍，傅校護王，㠯千五百戶封敖為合騎侯。都尉韓說從大軍出窳渾，至匈奴右賢王庭，為麾下搏戰獲王，㠯千三百戶封說為龍頟侯。騎將軍公孫賀從大將軍獲王，㠯千三百戶封賀為南窌侯。輕車將軍李蔡再從大將軍獲王，㠯千六百戶封蔡為樂安侯。校尉李朔、校尉趙不虞、校尉公孫戎奴，各三從大將軍獲王，㠯千三百戶封朔為涉軹侯，㠯千三百戶封不虞為隨成侯，㠯千三百戶封戎奴為從平侯。將軍李沮、李息及校尉豆如意、中郎將綰皆有功，賜爵關內侯，食邑各三百戶。（史記衞青傳、漢書衞青傳）

勸學詔 元朔五年六月

蓋聞導民㠯禮，風之㠯樂。婚姻者，居室之大倫也。今禮壞（一作廢）樂崩，朕甚閔（一作愍）焉。故詳延天下方聞之士，咸薦（一作登）諸朝。其令禮官勸學，講議洽聞，舉遺興禮，㠯為天下先。太常其議予博士弟子，崇鄉黨之化，㠯厲賢材焉。（漢書武紀，又見儒林傳序）

議置武功賞官詔 元朔六年六月

朕聞五帝不相復禮，三代不同法，所繇殊路而建德一也。蓋孔子對定公㠯徠遠，哀公㠯論臣，景公㠯節用，非期不同，所急異務也。今中國一統而北邊未安，朕甚悼之。日者大將軍巡朔方，征匈奴，斬首虜萬八千級，諸禁錮及有過者，咸蒙厚賞，得免減罪。今大將軍仍復克獲，斬首虜萬九千級，受爵賞而欲移賣者，無所流貤。其議為令。（漢書武紀，又見史記平準書，有刪節而文多異，今別載于後。）

朕聞五帝之教不相復而治，禹湯之法不同道而王，所由殊路而建德一也。北邊未安，朕甚悼之。日者大將軍攻匈奴，斬首虜萬九千級，留蹛無所食。議令民得買爵及贖禁錮免減罪。（史記平準書）

遣謁者巡行天下詔 元狩元年四月

朕聞咎繇對禹，曰在知人，知人則哲，惟帝難之。蓋君者心也，民猶支體，支體傷則心憯怛。日者淮南、衡山修文學，流貨賂，兩國接壤，怵于邪說，而造篡弒，此朕之不德。詩云：憂心慘慘，念國之為虐。已赦天下，滌除與之更始。朕嘉孝弟力田，哀夫老眊孤寡鰥獨或匱于衣食，甚憐愍焉。其遣謁者巡行天下，存問致賜。曰：皇帝使謁者賜縣三老、孝者帛人五匹，鄉三老、弟者、力田帛人三匹；年九十㠯上及鰥寡孤獨帛人二匹，絮三斤；八十㠯上米人三石。有冤失職，使者㠯聞。縣鄉即賜，毋贅聚。（漢書武紀）

詔封蕭何曾孫 元狩三年

詔御史：㠯酇戶二千四百封何曾孫慶為酇侯，布告天下，令明知朕報蕭相國德也。（漢書蕭何傳）

遣博士褚大等循行天下詔 元狩六年六月

日者有司㠯幣輕多姦，農傷而末眾，又禁兼并之塗，故改幣㠯約之。稽諸往古，制宜于今。廢期有月，而山澤之民未諭。夫仁行而從善，義立則俗易，意奉憲者所㠯導之未明與？將百姓所安殊路，而撟虔吏因乘埶㠯侵蒸庶邪？何紛然其擾也。今遣博士大等六人分循行天下，存問鰥寡廢疾，無㠯自振業者貸與之。諭三老孝弟㠯為民師，舉獨行之君子，徵詣行在所。朕嘉賢者，樂知其人。廣宣厥道，士有特招，使者之任也。詳問隱處亡位，及冤失職，姦猾為害，野荒治苛者，舉奏。郡國有所㠯為便者，上丞相、御史㠯聞。（漢書武紀）

振流民詔

江南火耕水耨，令飢民得流就食江淮間，欲留留處。遣使冠蓋相

屬于道護之。下巴蜀粟以振之。□□□□□□

遣博士循行振飢詔 元鼎二年九月

仁不異遠。義不辭難。今京師雖未爲豐年。山林池澤之饒。與民共之。今水潦移于江南。迫隆冬至。朕懼其飢寒不活。江南之地。火耕水耨。方下巴蜀之粟致之江陵。遣博士中等分循行。諭告所抵。無令重困。吏民有振救飢民免其戹者。具舉以聞。漢書武紀

封周子南君詔 元鼎四年十一月

三代邈絕。遠矣難存。其以三十里地封周後爲子南君。以奉先王祀焉。史記封禪書

祭地冀州。瞻望河洛。巡省豫州。觀于周室。邈而無祀。詢問耆老。迺得孽子嘉。其封嘉爲周子南君。以奉周祀。漢書武紀

封欒大爲樂通矦詔 元鼎四年夏

制詔御史。昔禹疏九江。決四瀆。間者河溢皋陸。隄繇不息。朕臨天下二十有八年。天若遺朕士而大通焉。乾稱蜚龍。鴻漸于般。朕意庶幾與焉。其以二千戶封地士將軍大爲樂通矦。賜列矦甲第。僮千人。乘輿斥車馬帷帳器物以充其家。史記封禪書、漢書郊祀志上。

郊祠泰畤詔 元鼎五年十一月

朕以眇身託于王矦之上。德未能綏民。民或飢寒。故巡祭后土以祈豐年。冀州脽壤。迺顯文鼎。獲薦于廟。渥洼水出馬。朕其御焉。戰戰兢兢。懼不克任。思昭天地。内惟自新。詩云。四牡翼翼。以征不服。親省邊垂。用事所極。望見泰一。修天文禮。辛卯夜。若景光十有二明。易曰。先甲三日。後甲三日。朕甚念年歲未咸登。飭躬齋戒。丁酉拜況于郊。漢書武紀

封常山王二子詔 元鼎五年六月

常山憲王早夭。后妾不和。適孽誣爭。陷于不義以滅國。朕甚閔焉。其封憲王子平三萬戶爲眞定王。子商三萬戶爲泗水王。史記五宗世家、漢書景十三王常山王傳。

征南粵詔 元鼎五年

天子微弱。諸矦力政。譏臣不討賊。呂嘉建德等反。自立晏如。令粵人及江淮以南樓船十萬師往討之。漢書南粵傳。乃赦天下日云云。又史記南越王尉佗傳無弱字。呂嘉上有今字。粵人作罪人。

以石慶爲丞相詔 元鼎五年九月

制詔御史。萬石君先帝尊之。子孫至孝。其以御史大夫慶爲丞相。封牧丘矦。漢書石奮傳

賜卜式爵詔 元鼎五年九月

朕聞報德以德。報怨以直。今天下不幸有事。郡縣諸矦未有奮繇直道者也。齊相雅行躬耕。隨牧畜番。輒分昆弟。更造不爲利惑。日者北邊有興。上書助官。往年西河歲惡。率齊人入粟。今又首奮。雖未戰。可謂義形于内矣。其賜式爵關内矦。黃金四十斤。田十頃。布告天下。使明知之。漢書卜式傳。又略見史記平準書。小異。

減内史稻田租挈詔 元鼎六年

農。天下之本也。泉流灌浸。所以育五穀也。左右内史地名山川原甚衆。細民未知其利。欲爲通溝瀆。畜陂澤。所以備旱也。今内史稻田租挈重。不與郡同。其議減。令吏民勉農。盡地利。平繇行水。勿使失時。漢書溝洫志

全漢文卷三終

全漢文卷四

烏程嚴可均校輯

武帝二

增太室祠詔 元封元年正月

朕用事華山。至于中嶽。獲駮麃。見夏后啟母石。翌日親登嵩高。御史乘屬在廟旁。吏卒咸聞呼萬歲者三。登禮罔不荅。其令祠官加增太室祠。禁無伐其草木。以山下戶三百爲之奉邑。名曰崇高。獨給祠。復亡所與。漢書武紀

改元大赦詔 元封元年四月

制詔御史。朕以眇眇之身。承至尊。兢兢焉懼不任。維德菲薄。不明于禮樂。修祠太一。若有象景光。屑如有望。此三語漢書作故用事八神遭天地況施著見景象屑然如有聞 震于怪物。欲止不敢。遂登封泰山。至于梁父。而後禪肅然。自新。嘉與士大夫更始。此下漢書有其以十月爲元封元年 賜民百戶牛一。酒十石。加年八十孤寡布帛二匹。復博奉高蛇丘歷城。無出今年租稅。其大赦天下。如乙卯赦令。行有過。毋有復作。事在二年前。皆勿聽治。史記封禪書。又褚補武紀作依震于怪物。又略見漢書武紀。

令諸侯治邸泰山下詔 元封元年四月

古者天子五載一巡狩。用事泰山。諸侯有朝宿地。其令諸侯各治邸泰山下。漢書郊祀志上

與奉車子侯家詔

春時。子侯于北館與家別。初學記十八離別門

帝與子侯家語云。道士皆言子侯仙去。不足悲。史記封禪書索隱顧胤案武帝集

巡邊詔 元封元年十月

南越東甌。咸伏其辜。西蠻北夷。頗未輯睦。朕將巡邊垂。擇兵振旅。躬秉武節。置十二部將軍。親帥師焉。漢書武紀

遷東越民詔 元封元年冬

東越險阻反覆。爲後世患。遷其民于江淮間。漢書武紀

產芝赦詔 元封二年六月

甘泉宮內中產芝。九莖連葉。上帝博臨。不異下房。賜朕弘休。其赦天下。賜雲陽都百戶牛酒。漢書武紀

尊祠靈星詔 元封二年夏

天旱。意乾封乎。其令天下尊祠靈星焉。漢書郊祀志下

祠后土詔 元封四年三月

朕躬祭后土地祇。見光集于靈壇。一夜三燭。幸中都宮。殿上見光。其赦汾陰夏陽中都死罪以下。賜三縣及楊氏皆無出今年租賦。漢書武紀

增封泰山詔 元封五年四月

朕巡荊揚。輯江淮物。會大海氣。以合泰山。上天見象。增修封禪。其赦天下。所幸縣毋出今年租賦。賜鰥寡孤獨帛。貧窮者粟。漢書武紀

求賢詔 元封五年四月

蓋有非常之功。必待非常之人。故馬或奔踶而致千里。士或有負俗之累而立功名。夫泛駕之馬。跅弛之士。亦在御之而已。其令州郡察吏民有茂材異等可爲將相及使絕國者。漢書武紀

禮首山祠后土詔 元封六年三月

朕禮首山。昆田出珍物。化或爲黃金。祭后土。神光三燭。其赦汾陰殊死以下。賜天下貧民布帛人一匹。漢書武紀

定禮儀詔 元封七年即太初元年

制詔御史。蓋受命而王。各有所由興。殊路而同歸。謂因民而作。追俗爲制也。議者咸稱太古。百姓何望。漢亦一家之事。典法不傳。謂子孫何。化隆者閎博。治淺者褊狹。可不勉與。史記禮書

詔兒寬 元封七年

死當作使

與博士共議今宜何㠯爲正朔服色何上 漢書律厤志上

定正朔改元太初詔 太初元年

乃者有司言星度之未定也廣延宣問㠯理星度未能詹也蓋聞昔者黃帝合而不死名察度驗定清濁起五部建氣物分數然蓋尚矣書缺樂弛朕甚閔焉朕唯未能循明也紬績日分率應水德之勝今日順夏至黃鍾爲宮林鍾爲徵太簇爲商南呂爲羽姑洗爲角自是㠯後氣復正羽聲復清名復正變㠯至子日當冬至則陰陽離合之道行焉十一月甲子朔旦冬至已詹其更㠯七年爲太初元年年名焉逢攝提格月名畢聚日得甲子夜半朔旦冬至 史記厤書又略見漢書律厤志上

幸河東詔 太初二年四月

朕用事介山祭后土皆有光應其赦汾陰安邑殊死㠯下 漢書武紀

封李廣利爲海西侯詔 太初四年

匈奴爲害久矣今雖徙幕北與旁國謀共要絕大月支使遮殺中郎將江故雁門守攘危須㠯西及大宛皆合約殺期門車令中郎將朝及身毒國死隔東西道貳師將軍廣利征討厥罪伐勝大宛賴天之靈從泝河山涉流沙通西海山雪不積士大夫徑度獲王首虜珍怪之物畢陳于闕其封廣利爲海西侯食邑八千戶 漢書李廣利傳

擊匈奴詔 太初四年

高皇帝遺朕平城之憂高后時單于書絕悖逆昔齊襄公復九世之讎春秋大之 漢書匈奴傳

詔路博德 天漢二年

彊弩都尉路博德將兵半道迎陵軍 漢書李陵傳

吾欲予李陵騎云欲㠯少擊眾今虜入西河其引兵走西河遮鉤營之道 同上

詔李陵 天漢二年

㠯九月發出遮虜鄣至東浚稽山南龍勒水上徘徊觀虜即無所見從浞野侯趙破奴故道抵受降城休士因騎置㠯聞所與博德言者云何具㠯書對 漢書李陵傳

詔關都尉 天漢二年十一月

今豪傑多遠交依東方羣盜其謹察出入者 漢書武紀

改鑄黃金詔 太始二年三月

有司議曰往者朕郊見上帝西登隴首獲白麟㠯饋宗廟渥洼水出天馬泰山見黃金宜改故名今更黃金爲麟趾褭蹏㠯協瑞焉 漢書武紀

㠯劉屈氂爲左丞相詔 征和二年春

制詔御史故丞相賀倚舊故乘高埶而爲邪興美田㠯利子弟賓客不顧元元無益邊穀貨賂上流朕忍之久矣終不自革迺㠯邊爲援使內郡自省作車又令耕者自轉㠯困農煩擾畜者重馬傷耗武備衰減下吏妄賦百姓流亡又詐爲詔書㠯姦傳朱安世獄已正于理其㠯涿郡太守屈氂爲左丞相分丞相長史爲兩府㠯待天下遠方之選夫親親任賢周唐之道也㠯澎戶二千二百封左丞相爲澎侯 漢書劉屈氂傳

封李壽張富昌詔 征和二年八月

蓋行疑賞所㠯申信也其封李壽爲邘侯張富昌爲題侯 漢書戾太子傳

㠯劉去爲廣川王詔 征和二年

廣川惠王于朕爲兄朕不忍絕其宗廟其㠯惠王孫去爲廣川王 漢書景十三王傳

報桑弘羊等請屯田輪臺詔 征和四年 案後漢書注作元年非

前有司奏欲益民賦三十助邊用是重困老弱孤獨也而今又請遣卒田輪臺輪臺西于車師千餘里前開陵侯擊車師時危須尉

犂樓蘭六國子弟在京師者皆先歸發畜食迎漢軍又自發兵凡數萬人王各自將共圍車師降其王諸國兵便罷力不能復至道上食漢軍漢軍破城食至多然士自載不足以竟師彊者盡食畜產羸者道死數千人朕發酒泉驢橐駝負食出玉門迎軍吏卒起張掖不甚遠然尚廝留甚衆曩者朕之不明以軍候弘上書言匈奴縛馬前後足置城下馳言秦人我匄若馬又漢使者久留不還故興師遣貳師將軍欲以爲使者威重也古者卿大夫與謀參以蓍龜不吉不行迺者以縛馬書徧視丞相御史二千石諸大夫郎爲文學者迺至郡屬國都尉成忠趙破奴等皆以虜自縛其馬不祥甚哉或以爲欲以見彊夫不足者視人有餘易之卦得大過爻在九五匈奴困敗公車方士太史治星望氣及太卜龜蓍皆以爲吉匈奴必破時不可再得也又曰北伐行將于鬴山必克卦諸將貳師最吉故朕親發貳師下鬴山詔之必毋深入今計謀卦兆皆反繆重合侯得虜候者言聞漢軍當來匈奴使巫埋羊牛所出諸道及水上以詛軍單于遺天子馬裘常使巫祝之縛馬者詛軍事也又卜漢軍一將不吉匈奴常言漢極大然不能飢渴失一狼走千羊迺者貳師敗軍士死略離散悲痛常在朕心今請遠田輪臺欲起亭隧是擾勞天下非所以優民也今朕不忍聞大鴻臚等又議欲募囚徒送匈奴使者明封侯之賞以報忿五伯所弗能爲也且匈奴得漢降者常提掖搜索問以所聞今邊塞未正闌出不禁障候長吏使卒獵獸以皮肉爲利卒苦而烽火乏失亦上集不得後降者來若捕生口虜迺知之當今務在禁苛暴止擅賦力本農修馬復令以補缺毋乏武備而已郡國二千石各上進畜馬方略補邊狀與計對漢書西域下渠犂城傳搜粟都尉桑弘羊與丞相御史奏田輪臺乃下詔深陳既往之悔由是不復出軍又略見後漢樊準傳注

赦詔 後元元年二月

朕郊見上帝巡于北邊見羣鶴留止以不羅罔靡所獲獻薦于泰時光景並見其赦天下漢書武紀

力農詔 武帝末

方今之務在于力農以趙過爲搜粟都尉漢書食貨志

益封衞青 元朔二年　已下十四首皆不云詔

匈奴逆天理亂人倫暴長虐老以盜竊爲務行詐諸蠻夷造謀籍兵數爲邊害故興師遣將以征厥罪詩不云乎薄伐獫狁至于太原出車彭彭城彼朔方今車騎將軍青度西河至高闕獲首二千三百級車輜畜產畢收爲鹵已封爲列侯遂西定河南地案榆谿舊塞絕梓領梁北河討蒲泥破符離斬輕銳之卒捕伏聽者三千一十七級執訊獲醜歐馬牛羊百有餘萬全甲兵而還益封青三千八百戶漢書衞青傳

又益封衞青 元朔五年

大將軍青躬率戎士師大捷獲匈奴王十有餘人益封青八千七百戶同上

削梁王地 元朔中

首惡失道任后也朕置相吏不逮無以輔王故陷不誼不忍致法削梁王五縣奪王太后湯沐成陽邑梟任后首于市漢書梁平王襄傳

封霍去病等 元朔六年五月

票姚校尉去病斬首捕虜二千二十八級得相國當戶斬單于大父行籍若侯產生捕季父羅姑比再冠軍以二千五百戶封去病爲冠軍侯上谷太守郝賢四從大將軍捕斬首虜二千三百級以千一百戶封賢爲終利侯騎士孟已有功賜爵關內侯邑二百戶史記衞青霍去病傳漢書霍去病傳

議后土祀 元狩二年

今上帝朕親郊而后土無祀則禮不荅也史記封禪書漢書郊祀志上

益封霍去病 元狩二年春

票騎將軍率戎士。踰烏盭。討遫濮。涉狐奴。歷五王國。輜重人衆。攝讋者弗取。幾獲單于子。轉戰六日。過焉支山千有餘里。合短兵。鏖皋蘭下。殺折蘭王。斬盧侯王。銳悍者誅。全甲獲醜。執渾邪王子及相國都尉。捷首虜八千九百六十級。收休屠祭天金人。師率減什七。益封去病二千二百戶。漢書霍去病傳。又史記衞霍傳少十餘字。

又益封霍去病 元狩二年夏

票騎將軍涉鈞耆。濟居延。遂臻小月氏。攻祁連山。揚武乎鱳得。得單于單桓酋涂王。及相國都尉。以衆降下者二千五百人。可謂能舍服知成而止矣。捷首虜三萬二百。獲五王。王母。單于閼氏王子五十九人。相國將軍當戶都尉六十三人。師大率減什三。益封去病五千四百戶。賜校尉從至小月氏者爵左庶長。鷹擊司馬破奴再從票騎將軍。斬遫濮王。捕稽且王。右千騎將王王母各一人。王子以下四十一人。捕虜三千三百三十人。前行捕虜千四百人。以千五百戶封破奴為從票侯。校尉句王高不識從票騎將軍。捕呼于耆王王子以下十一人。捕虜千七百六十八人。以千一百戶封不識為宜冠侯。校尉僕多有功。封為煇渠侯。漢書霍去病傳。又略見史記衞霍傳。

益封霍去病 元狩二年秋

驃騎將軍去病率師攻匈奴西域王渾邪王及厥衆萌咸相犇。率以軍糧接食。并將控弦萬有餘人。誅獟駻。獲首虜八千餘級。降異國之王三十二人。戰士不離傷。十萬之衆咸懷集服。仍與之勞。爰及河塞。庶幾無患。幸既永綏矣。以千七百戶益封驃騎將軍。減隴西北地上郡戍卒之半。以寬天下之繇。史記衞霍傳。又漢書霍去病傳少幸既永綏矣一語。

益封霍去病 元狩四年

驃騎將軍去病率師。躬將所獲葷粥之士。約輕齎。絕大漠。涉獲單于章渠。以誅比車耆。轉擊左大將。斬獲旗鼓。歷涉離侯。漢書作歷度難侯。濟弓閭。獲屯頭王韓王等三人。將軍相國當戶都尉八十三人。封狼居胥山。禪于姑衍。登臨翰海。執鹵獲醜七萬有四百四十三級。師率減什三。取食于敵。逴行殊遠而糧不絕。以五千八百戶益封驃騎將軍。右北平太守路博德屬驃騎將軍。會與城。不失期。從至檮余山。斬首捕虜二千七百級。以千六百戶封博德為符離侯。北地都尉邢山從驃騎將軍獲王。以千二百戶封山為義陽侯。故歸義侯因淳王復陸支。樓專王伊卽靬。皆從驃騎將軍有功。以千三百戶封復陸支為杜侯。伊卽靬為衆利侯。從驃侯破奴。昌武侯安稽。從驃騎有功。益封各三百戶。漁陽太守解。校尉敢。皆獲鼓旗。賜爵關內侯。解食邑三百戶。敢二百戶。校尉自為爵大庶長。史記衞霍傳。漢書霍去病傳。

得寶鼎 元鼎四年六月

閒者河溢。歲數不登。故巡祭后土。祈為百姓育穀。今年豐廡未報。鼎曷為出哉。漢書郊祀志上。朕巡祭后土。祈為百姓蒙豐年。今穀嗛未報。鼎焉為出哉。博問耆老。意舊臧與。漢書郊祀志下。張敞上薦鼎議引。

封韓千秋子等 元鼎五年

韓千秋雖亡成功。亦軍鋒之冠。封其子延年為成安侯。樛樂其姊為王太后。首願屬漢。封其子廣德為龔侯。漢書南粵傳。

議郊祀樂

民間祠有鼓舞樂。今郊祀而無樂。豈稱乎。漢書郊祀志上。其春既滅南越。下公卿議。

使公孫遂往朝鮮 元封二年

將率不能前。乃使衞山諭降右渠。不能顓決。與左將軍相誤。卒沮約。今兩將圍城。又乖異。以故久不決。使故濟南太守公孫遂往正之。有便宜得以從事。漢書朝鮮傳。

封莽通等 征和二年秋

侍郎莽通獲反將如侯長安男子景建從通獲少傅石德可謂元功矣大鴻臚商丘成力戰獲反將張光其封通爲重合侯建爲德侯成爲秺侯（漢書劉屈氂傳）

册書答公孫弘　元光五年

問弘稱周公之治弘之材能自視孰與周公賢（漢書公孫弘傳）

策廢陳皇后　元光五年七月

皇后失序惑于巫祝不可㠯承天命其上璽綬罷退居長門宮（漢書外戚傳）

策封齊王閎　元狩六年

維六年（漢書作元狩六年）四月乙巳皇帝使御史大夫湯廟立子閎爲齊王曰於戲小子閎受茲青社朕承祖考（漢書作天序）維稽古建爾國家封于東土世爲漢藩輔於戲念哉恭朕之詔惟命不于常人之好德克明顯光義之不圖俾君子怠悉爾心允執其中天祿永終厥

有愆不臧乃凶于而國害于爾躬於戲保國艾民可不敬與王其戒之（史記三王世家漢書武五子傳）

策封燕王旦　元狩六年

維六年四月乙巳皇帝使御史大夫湯廟立子旦爲燕王曰於戲小子旦受茲玄社朕承祖考維稽古建爾國家封于北土世爲漢藩輔於戲葷粥氏虐老獸心侵犯寇盜加㠯姦巧邊萌於戲朕命將率徂征厥罪萬夫長千夫長三十有二君（漢書作帥）皆來降旗奔師葷粥徙域北州㠯綏悉爾心毋作怨毋俷德（漢書作棐德）毋乃廢備非教士不得從徵於戲保國艾民可不敬與王其戒之（同上漢書武五子傳有刪節）

策封廣陵王胥　元狩六年

維六年四月乙巳皇帝使御史大夫湯廟立子胥爲廣陵王曰於戲小子胥受茲赤社朕承祖考維稽古建爾國家封于南土世爲漢藩輔古人有言曰大江之南五湖之閒其人輕心揚州保疆三代要服不及㠯政（漢書作正）於戲悉爾心戰戰兢兢乃惠乃順毋侗（漢書作桐）好佚毋邇宵人維法維則書云臣不作威不作福靡有後羞於戲保國艾民可不敬與王其戒之（同上漢書武五子傳有刪節）

敕責楊僕書　元鼎六年秋

將軍之功獨有先破石門尋陿非有斬將搴旗之實也烏足㠯驕人哉前破番禺捕降者㠯爲虜掘死人㠯爲獲是一過也建德呂嘉逆罪不容于天下將軍擁精兵不窮追超然㠯東越爲援是二過也士卒暴露連歲爲朝會不置酒將軍不念其勤勞而造佞巧請乘傳行塞因用歸家懷銀黃垂三組夸鄉里是三過也失期內顧㠯道惡爲解失尊尊之序是四過也欲請蜀刀問君賈幾何對曰率數百武庫日出兵而陽不知挾僞干君是五過也受詔不至蘭池宮明日又不對假令將軍之吏問之不對令之不從其罪何

如推此心㠯在外江海之閒可得信乎今東越深入將軍能率衆㠯掩過不（漢書酷吏楊僕傳）

賜嚴助書

制詔會稽太守君厭承明之廬勞侍從之事懷故土出爲郡吏會稽東接于海南近諸越北枕大江間者闊焉久不聞問具㠯春秋對毋㠯蘇秦縱橫（漢書嚴助傳）

詔賜吾丘壽王璽書　元朔初

子在朕前之時知略輻湊㠯爲天下少雙海內寡二及至連十餘城之守任四千石之重職事竝廢盜賊從橫甚不稱在前時何也（漢書吾丘壽王傳）

賜丞相劉屈氂璽書　征和二年秋

捕斬反者自有賞罰㠯牛車爲櫓毋接短兵多殺傷士衆堅閉城門毋令反者得出（漢書劉屈氂傳）

損當作捐

報李廣元朔二年　案水經注作詔李廣

將軍者。國之爪牙也。司馬法曰。登車不式。遭喪不服。振旅撫師。㠯征不服。率三軍之心。同戰士之力。故怒形則千里竦。威振則萬物伏。是㠯名聲暴于夷貉。威稜憺乎鄰國。夫報忿除害。損殘去殺。朕之所圖于將軍也。若迺免冠徒跣。稽顙請罪。豈朕之指哉。將軍其率師東轅。彌節白檀。㠯臨右北平盛秋。漢書李廣傳。又略見水經濡水注。

報公孫弘　元狩元年

古者賞有功。襃有德。守成上文。遭遇右武。未有易此者也。朕夙夜庶幾獲承至尊。懼不能寧。惟所與共為治者。君宜知之。蓋君子善善及後世。若茲行常在朕躬。君不幸罹霜露之疾。何恙不已。乃上書歸侯。乞骸骨。是章朕之不德也。今事少閒。君其存精神。止念慮。輔助醫藥㠯自持。漢書公孫弘傳。

報石慶　元封四年

閒者河水滔陸。泛濫十餘郡。隄防勤勞。弗能陻塞。朕甚憂之。是故巡方州。禮嵩嶽。通八神。㠯合宣房。濟淮江。歷山濱海。問百年民所疾苦。惟吏多私。徵求無已。去者便。居者擾。故為流民法。㠯禁重賦。乃者封泰山。皇天嘉況。神物並見。朕方荅瑞應。未能承意。是㠯切比閭里。知吏姦邪。委任有司。然則官曠民愁。盜賊公行。往年覲明堂。赦殊死。無禁錮。咸自新。與更始。今流民愈多。計文不改。君不繩責長吏。而請㠯興徙四十萬口。搖蕩百姓。孤兒幼年未滿十歲。無罪而坐率。朕失望焉。今君上書言。倉庫城郭不充實。民多貧。盜賊衆。請入粟為庶人。夫懷知民貧而請益賦。動危之而辭位。欲安歸難乎。君其反室。漢書石奮傳。

報齊人延年　太始中

延年計議甚深。然河迺大禹之所道也。聖人作事。為萬世功。通于神明。恐難改更。漢書溝洫志。齊人延年上書言開大河上領。出之胡中。東注之海。書奏。上壯之。報云云。

報樓蘭國請立質子　征和元年

侍子。天子愛之。不能遣。其更立其次當立者。漢書西域傳。樓蘭王死。國人來請質子在漢者。欲立之。質子常坐漢法。下蠶室宮刑。故不遣。報云云

報車千秋　征和四年冬

朕之不德。自左丞相與貳師陰謀逆亂。巫蠱之禍。流及士大夫。朕日一食者累月。迺何樂之聽。痛士大夫常在心。既事不咎。雖然巫蠱始發。詔丞相御史督二千石求捕。廷尉治。未聞九卿廷尉有所鞫也。曩者江充先治甘泉宮人。轉至未央椒房。㠯及敬聲之疇。李禹之屬謀入匈奴。有司無所發。今丞相親掘蘭臺蠱驗。所明知也。至今餘巫頗脫不止。陰賊侵身。遠近為蠱。朕媿之甚。何壽之有。敬不舉君之觴。謹謝丞相二千石各就館。書曰。毋偏毋黨。王道蕩蕩。毋有後言。漢書車千秋傳。

臨北河遣使者告單于　元封元年十月

南越王頭已縣于漢北闕下。今單于即能前與漢戰。天子自將兵待邊。即不能。亟南面而臣于漢。何但遠走亡匿于幕北寒苦無水草之地為。漢書匈奴傳。又見武紀。有刪節。

責問暴勝之　征和二年秋

司直縱反者。丞相斬之。法也。大夫何㠯擅止之。漢書劉屈氂傳。司直田仁部閉城門。坐令太子得出。丞相欲斬仁。御史大夫暴勝之曰。當先請。丞相釋仁。上聞而大怒。下吏責問御史大夫。勝之皇恐自殺。

沈命法

羣盜起。不發覺。發覺而弗捕滿品者。二千石㠯下至小吏。主者皆死。漢書咸宣傳。于是作沈命法。應劭曰。沈。沒也。敢蔽匿盜賊者。沒其命也。

建元鼎文　建元元年

定天下。萬物伏。鼎錄。

祀大室牛鼎文

有漢建元三年八月。作牛鼎。祀大室。銘曰。

惟甲午丙寅。帝若稽古。肈作宗器。審厥象。作牛鼎。格于位室。從用饗億寍神休。惟帝時保。萬世其永賴。西湖游覽志宋紹興二十年賜臨安富壽觀古器其一漢鼎高尺有九寸兩耳旁出曲上三尺牛首識云

泰山鼎文 太始四年

登于泰山。萬壽無疆。四海寍謐。神鼎傳芳。鼎錄

泰山刻石文

事天以禮。立身以義。事父以孝。成民以仁。四海之內。莫不為郡縣。四夷八蠻。咸來貢職。與天無極。人民蕃息。天祿永得。上續漢祭祀志注引風俗通

全漢文卷四終

全漢文卷五

烏程嚴可均校輯

昭帝

帝諱弗陵。武帝少子。後元二年二月立爲皇太子。卽位。改元三。始元、元鳳、元平。在位十三年。謚曰孝昭皇帝。

免田租詔 始元二年八月

往年災害多。今年蠶麥傷。所振貸種食勿收責。毋令民出今年田租。漢書昭紀

止出馬詔 始元四年七月

比歲不登。民匱于食。流庸未盡還。往時令民共出馬。其止勿出。諸給中都官者且減之。漢書昭紀

舉賢良文學詔 始元五年六月

朕以眇身。獲保宗廟。戰戰栗栗。夙興夜寐。修古帝王之事。通保傅傳、孝經、論語、尚書。未云有明。其令三輔太常舉賢良各二人。郡國文學高第各一人。賜中二千石以下至吏民爵各有差。漢書昭紀

立毋波爲鉤町王詔 始元六年七月

鉤町侯毋波率其君長人民擊反者。斬首捕虜有功。其立毋波爲鉤町王。大鴻臚廣明將率有功。賜爵關內侯。食邑。漢書昭紀

賜韓福等詔 元鳳元年三月

朕閔勞以官職之事。其務修孝弟以敎鄉里。行道舍傳舍。縣次具酒肉。食從者及馬。長吏以時存問。常以歲八月賜羊一頭。酒二斗。不幸死者。賜複衾一。祠以中牢。漢書龔勝傳。昭帝時。涿郡韓福以德行徵至京師。賜策書束帛遣歸。詔云云。又見昭紀。有脫節。歲八月作正月。複衾一作衣被一襲。

賞誅上官桀等功詔 元鳳元年十月

左將軍安陽侯桀、驃騎將軍桑落侯安、御史大夫桑弘羊皆數以邪枉干輔政。大將軍不聽。而懷怨望。與燕王通謀。置驛往來相約結。燕王遣壽西長孫縱之等賂遺長公主丁外人、謁者杜延年、大將軍長史公孫遺等。交通私書。共謀令長公主置酒。伏兵殺大將軍光。徵立燕王爲天子。大逆毋道。故稻田使者燕倉先發覺。以告大司農敞。敞告諫大夫延年。延年以聞。丞相徵事任宮手捕斬桀。丞相少史王壽誘將安入府門。皆已伏誅。吏民得以安。封延年、倉、宮、壽皆爲列侯。漢書昭紀

赦燕太子等詔 元鳳元年十月

燕王迷惑失道。前與齊王子劉澤等爲逆。抑而不揚。望王反道自新。今迺與長公主、左將軍桀等謀危宗廟。王及公主皆自伏辜。其赦王太子建、公主子文信及宗室子與燕王、上官桀等謀反父母同產當坐者。皆免爲庶人。其吏爲桀等所詿誤未發覺在吏者。除其罪。漢書昭紀

免今年馬口錢詔 元鳳二年六月

朕閔百姓未贍。前年減漕三百萬石。頗省乘輿馬及苑馬。以補邊郡三輔傳馬。其令郡國毋斂今年馬口錢。三輔太常郡得以叔粟當賦。漢書昭紀

免明年漕詔 元鳳三年正月

迺者民被水災。頗匱于食。朕虛倉廩。使使者振困乏。其止四年毋漕。三年以前所振貸。非丞相御史所請。邊郡受牛者勿收責。漢書昭紀

封范明友爲平陵侯詔 元鳳四年四月

度遼將軍明友前以羌騎校尉將羌王侯君長以下擊益州反虜。後復率擊武都反氐。今破烏桓。斬虜獲生。有功。其封明友爲平陵侯。漢書昭紀

封傅介子爲義陽侯詔 元鳳四年四月

樓蘭王安歸常爲匈奴閒。候遮漢使者。發兵殺略衞司馬安樂、光祿大夫忠、期門郎遂成等三輩。及安息大宛使。盜取節印獻物。甚

懇當作墾

逆天理。平樂監傅介子持節使誅斬樓蘭王安歸首。縣之北闕。以直報怨。不煩師衆。其封介子爲義陽侯。食邑七百戶。士刺王者皆補侍郎。漢書傅介子傳

以叔粟當賦詔 元鳳六年夏

夫穀賤傷農。今三輔太常穀減賤。其令以叔粟當今年賦。漢書昭紀

封張安世爲富平侯詔 元鳳六年

右將軍光祿勳安世輔政宿衞。肅敬不怠。十有三年。咸以康寧。夫親親任賢。唐虞之道也。其封安世爲富平侯。漢書張安世傳

減口賦錢詔 元平元年二月

天下以農桑爲本。日者省用。罷不急官。減外繇。耕桑者益衆。而百姓未能家給。朕甚愍焉。其減口賦錢。漢書昭紀

賜燕王旦璽書 元鳳元年

昔高皇帝王天下。建立子弟。以藩屛社稷。先日諸呂陰謀大逆。劉氏不絕若髮。賴絳侯等誅討賊亂。尊立孝文。以安宗廟。非以中外有人。表裏相應故邪。樊、酈、曹、灌。攜劍推鋒。從高皇帝懇菑除害。耘鉏海內。當此之時。頭如蓬葆。勤苦至矣。然其賞不過封侯。今宗室子孫。曾無暴衣露冠之勞。裂地而王之。分財而賜之。父死子繼。兄終弟及。今王骨肉至親。敵吾一體。迺與他姓異族謀害社稷。親其所疏。疏其所親。有逆悖之心。無忠愛之義。如使古人有知。當何面目復奉齊酎見高祖之廟乎。漢書武五子傳

藍田鼎車山鼎文 元平元年

宜君王。和四方。調滋味。去腥傷。鼎錄

宣帝

帝諱詢。字次卿。本名病已。戾太子孫。元平元年。霍光廢昌邑王。迎封陽武侯。尋即位。改元七。本始。地節。元康。神爵、五鳳、甘露、黃龍。在位二十五年。謚曰孝宣皇帝。廟號中宗。

議罰廣州王去制 本始三年

朕不忍致王于理。議其罰。漢書景十三王傳

益封霍光詔 本始元年正月

夫褒有德。賞元功。古今通誼也。大司馬大將軍光宿衞忠正。宣德明恩。守節秉誼。以安宗廟。其以河北東武陽益封光萬七千戶。漢書霍光傳

益封張安世詔 本始元年正月

夫褒有德。賞有功。古今之通誼也。車騎將軍光祿勳富平侯安世。宿衞忠正。宣德明恩。勤勞國家。守職秉義。以安宗廟。其益封萬六百戶。功次大將軍光。漢書張安世傳 案此與益封霍光祇是一詔。史家分載于兩傳。互有刪節耳。

封賜功臣詔

故丞相安平侯敞等楊敞居職守位。與大將軍光車騎將軍安世建議定策。以安宗廟。功賞未加而薨。其益封敞嗣子忠。及丞相陽平侯義蔡義、度遼將軍平陵侯明友范明友、前將軍龍雒侯增韓增、太僕建平侯延年杜延年、太常蒲侯昌蘇昌、諫大夫宜春侯譚王譚、當塗侯平魏聖、或郎、杜侯屠耆堂復陸屠耆堂、長信少府關內侯勝夏侯勝邑戶各有差。封御史大夫廣明田廣明爲昌水侯。後將軍充國趙充國爲營平侯。大司農延年田延年爲陽城侯。少府樂成史樂成爲爰氏侯。光祿大夫遷王遷爲平丘侯。賜右扶風德周德、典屬國武蘇武、廷尉光李光、宗正德劉德、大鴻臚賢韋賢、詹事畸宋畸、光祿大夫吉丙吉、京輔都尉廣漢趙廣漢爵皆關內侯。德武食邑。漢書宣紀

議戾太子廟謚詔 本始元年六月

故皇太子在湖。未有號謚。歲時祠。其議謚。置園邑。漢書宣紀。又見武五子傳

議武帝廟樂詔 本始二年五月

朕以眇身奉承祖宗。夙夜惟念孝武皇帝躬履仁義。選明將。討不服。匈奴遠遁。平氐、羌、昆明、南越。百蠻鄉風。款塞來享。建太學。修郊

祀，定正朔，協音律，封泰山，塞宣房，符瑞應，寶鼎出，白麟獲，功德茂盛，不能盡宣，而廟樂未稱，其議奏。漢書宣紀

朕㠯眇身蒙遺德，承聖業，奉宗廟，夙夜惟念，孝武皇帝躬仁誼，厲威武，北征匈奴，單于遠遁，南平氐羌、昆明、甌駱兩越，東定薉貉、朝鮮，廓地斥境，立郡縣，百蠻率服，款塞自至，珍貢陳于宗廟；協音律，造樂歌，薦上帝，封太山，立明堂，改正朔，易服色；明開聖緒，尊賢顯功，興滅繼絕，褒周之後；備天地之禮，廣道術之路。上天報況，符瑞並應，寶鼎出，白麟獲，海效鉅魚，神人並見，山稱萬歲。功德茂盛，不能盡宣，而廟樂未稱，朕甚悼焉。其與列侯、二千石、博士議。漢書夏侯勝傳宣帝初即位，欲褒先帝，詔丞相御史。案此詔視本紀更詳，而未可合併，故兩載之。

振貸貧民詔 本始四年正月

蓋聞農者興德之本也，今歲不登，已遣使者振貸困乏。其令太官損膳省宰，樂府減樂人，使歸就農業。丞相㠯下至都官令丞上書入穀，輸長安倉，助貸貧民。民㠯車船載穀入關者，得毋用傳。漢書宣紀

地震詔 本始四年四月

蓋災異者，天地之戒也。朕承洪業，奉宗廟，託于士民之上，未能和羣生。迺者地震北海、琅邪，壞祖宗廟，朕甚懼焉。丞相、御史其與列侯、中二千石博問經學之士，有㠯應變，輔朕之不逮，毋有所諱。令三輔、太常、內郡國舉賢良方正各一人。律令有可蠲除㠯安百姓，條奏。被地震壞敗甚者，勿收租賦。漢書宣紀，又見夏侯勝傳。

復宗室屬籍詔 地節元年

蓋聞堯親九族，㠯和萬國。朕蒙遺德，奉承聖業，惟念宗室屬未盡而㠯罪絕，若有賢材，改行勸善，其復屬，使得自新。漢書宣紀

霍光薨下詔 地節二年三月

故大司馬大將軍博陸侯宿衞孝武皇帝三十有餘年，輔孝昭皇帝十有餘年，遭大難，躬秉誼，率三公、諸侯、九卿、大夫定萬世策，㠯

安宗廟，霍光傳作社稷。天下蒸庶，咸㠯康寧，功德茂盛，朕甚嘉之。復其後世，疇其爵邑，世世毋有所與，功如蕭相國。漢書宣紀，又見霍光傳。

賜王成爵秩詔 地節三年三月

蓋聞有功不賞，有罪不誅，雖唐虞猶不能㠯化天下。今膠東相成，勞來不怠，流民自占八萬餘口，治有異等之效。其秩成中二千石，賜爵關內侯。漢書宣紀，又見循吏王成傳。

詔二千石 地節三年三月

鰥寡孤獨高年貧困之民，朕所憐也。前下詔假公田，貸種食。其加賜鰥寡孤獨高年帛。二千石嚴敎吏謹視遇，毋令失職。令內郡國舉賢良方正可親民者。漢書宣紀

封霍雲爲冠陽侯

宣成侯光宿衞忠正，勤勞國家，善善及後世，其封光兄孫中郎將雲爲冠陽侯。漢書霍光傳

地震詔 地節三年十月

迺者九月壬申地震，朕甚懼焉。有能箴朕過失，及賢良方正直言極諫之士，㠯匡朕之不逮，毋諱有司。朕既不德，不能附遠，是㠯邊境屯戍未息。今復飭兵重屯，久勞百姓，非所㠯綏天下也。其罷車騎將軍、右將軍屯兵。漢書宣紀

池籞未御幸者，假與貧民。郡國宮館，勿復修治。流民還歸者，假公田，貸種食，且勿算事。漢書宣紀

舉孝弟詔 地節三年十一月

朕既不逮，導民不明，反側晨興，念慮萬方，不忘元元。惟恐羞先帝聖德，故並舉賢良方正㠯親萬姓，歷載臻茲，然而俗化闕焉。傳曰：「孝弟也者，其爲仁之本與！」其令郡國舉孝弟有行義聞于鄉里者各一人。漢書宣紀

置廷平詔 地節三年十二月

門者吏用法巧文寖深是朕之不德也夫決獄不當使有罪興邪不辜蒙戮父子悲恨朕甚傷之今遣廷史與郡鞠獄任輕祿薄其爲置廷平秩六百石員四人其務平之以稱朕意 漢書刑法志

喪不繇詔 地節四年二月

導民以孝則天下順今百姓或遭衰絰凶災而吏繇事使不得葬傷孝子之心朕甚憐之自今諸有大父母父母喪者勿繇事使得收斂送終盡其子道 漢書宣紀宋書禮志二

子匿父母等罪勿坐詔 地節四年五月

父子之親夫婦之道天性也雖有患禍猶蒙死而存之誠愛結于心仁厚之至也豈能違之哉自今子首匿父母妻匿夫孫匿大父母皆勿坐其父母匿子夫匿妻大父母匿孫罪殊死皆上請廷尉以聞 漢書宣紀

誅霍禹等詔 地節四年七月

迺者東織室令史張赦使魏郡豪李竟報冠陽侯霍雲謀爲大逆朕以大將軍故抑而不揚冀其自新今大司馬博陸侯禹與母宣成侯夫人顯及從昆弟冠陽侯雲樂平侯山諸姊妹壻度遼將軍范明友長信少府鄧廣漢中郎將任勝騎都尉趙平長安男子馮殷等謀爲大逆顯前又使女侍醫淳于衍進藥殺共哀后謀毒太子欲危宗廟逆亂不道咸服其辜諸爲霍氏所詿誤未發覺在吏者皆赦除之 漢書宣紀

迺者東織室令史張赦使魏郡豪李竟報冠陽侯雲謀爲大逆朕以大將軍故抑而不揚冀其自新今大司馬博陸侯禹與母宣成侯夫人顯及從昆弟子冠陽侯雲樂平侯山諸姊妹壻謀爲大逆欲詿誤百姓賴祖宗神靈先發得咸伏其辜朕甚悼之諸爲霍氏所詿誤事在丙申前未發覺在吏者皆赦除之男子張章先發覺以語期門董忠忠告左曹楊惲惲告侍中金安上惲召見對狀後章上書以聞侍中史高與金安上建發其事言無入霍氏禁闥卒不得遂其謀皆讎有功封章爲博成侯忠高昌侯惲平通侯安上都成侯高樂陵侯 漢書霍光傳案此與宣紀所載互有詳略故並錄之

減鹽賈詔 地節四年九月

朕惟百姓失職不贍遣使者循行郡國問民所疾苦吏或營私煩擾不顧厥咎朕甚閔之今年郡國頗被水災已振貸鹽民之食而賈咸貴衆庶重困其減天下鹽賈 漢書宣紀

歲上繫囚詔 地節四年九月

令甲死者不可生刑者不可息此先帝之所重而吏未稱今繫者或以掠辜若飢寒瘐死獄中何用心逆人道也朕甚痛之其令郡國歲上繫囚以掠笞若瘐死者所坐名縣爵里丞相御史課殿最以聞 漢書宣紀

全漢文卷五終

全漢文卷六

烏程嚴可均校輯

宣帝二

鳳皇集甘露降詔 元康元年三月

迺者鳳皇集泰山陳留甘露降未央宮朕未能章先帝休烈協盛百姓承天順地調序四時獲蒙嘉瑞賜茲祉福夙夜兢兢靡有驕色內省匪解永惟罔極書不云乎鳳皇來儀庶尹允諧其赦天下徒賜勤事吏中二千石㠯下至六百石爵自中郎吏至五大夫佐史㠯上二級民一級女子百戶牛酒加賜鰥寡孤獨三老孝弟力田帛所振貸勿收 漢書宣紀

博舉詔 元康元年八月

朕不明六蓺鬱于大道是㠯陰陽風雨未時其博舉吏民厥身修正通文學明於先王之術宣究其意者各二人中二千石各一人 漢書宣紀

赦詔 元康二年正月

書云文王作罰刑茲無赦今吏修身奉法未有能稱朕意朕甚愍焉其赦天下與士大夫厲精更始 漢書宣紀

平法詔 元康二年五月

獄者萬民之命所㠯禁暴止邪養育羣生也能使生者不怨死者不恨則可謂文吏矣今則不然用法或持巧心析律貳端深淺不平增辭飾非㠯成其罪奏不如實上亦亡繇知此朕之不明吏之不稱四方黎民將何仰哉二千石各察官屬勿用此人吏務平法或擅興繇役飾廚傳稱過使客越職踰法㠯取名譽譬猶踐薄冰㠯待白日豈不殆哉今天下頗被疾疫之災朕甚愍之其令郡國被災甚者毋出今年租賦 漢書宣紀

更諱詔 元康二年五月

聞古天子之名難知而易諱也今百姓多上書觸諱㠯犯罪者朕甚憐之其更諱詢諸觸諱在令前者赦之 漢書宣紀又冊府元龜三

爲張賀置守冢詔 元康二年

其爲故掖庭令張賀置守冢三十家 漢書張安世傳

㠯張敞守京兆尹詔

制詔御史其㠯膠東相敞守京兆尹 漢書張敞傳

封昌邑王賀爲海昏侯詔 元康三年三月

蓋聞象有罪舜封之骨肉之親粲而不殊其封故昌邑王賀爲海昏侯 漢書宣紀

封丙吉等詔 元康三年三月

朕微眇時御史大夫丙吉中郎將史曾史玄長樂衛尉許舜侍中光祿大夫許延壽皆與朕有舊恩及故掖庭令張賀輔導朕躬修文學經術恩惠卓異厥功茂焉詩不云乎無德不報封賀所子弟子侍中中郎將彭祖 張安世傳作詩云無言不讎無德不報其封賀子侍中關內侯彭祖 爲陽都侯追賜賀謚曰陽都哀侯吉曾玄舜延壽皆爲列侯故人下至郡邸獄復作嘗有阿保之功皆受官祿田宅財物各㠯恩深淺報之 漢書宣紀又見張安世傳有刪節

禁春夏彈射詔 元康三年六月

前年夏神爵集雍今春五色鳥㠯萬數飛過屬縣翱翔而舞欲集未下其令三輔毋得㠯春夏擿巢探卵彈射飛鳥具爲令 漢書宣紀

耆老勿坐罪詔 元康四年正月

朕惟耆老之人髮齒墮落血氣衰微亦亡暴虐之心今或罹文法拘執囹圄不終天命朕甚憐之自今㠯來諸年八十㠯上非誣告殺傷人佗皆勿坐 漢書宣紀

朕念夫耆老之人髮齒墮落血氣既衰亦無暴逆之心今或罹于文法執于囹圄不得終其年命朕甚憐之自今㠯來諸年八十非

誣告殺傷人它皆勿坐 漢書刑法志與宣紀所載小異今竝錄之

神爵集宮苑詔 元康四年三月

迺者神爵五采以萬數集長樂未央北宮高寢甘泉泰畤殿中及上林苑朕之不逮寡于德厚饗嘉祥非朕之任其賜天下吏爵二級民一級女子百戶牛酒加賜三老孝弟力田帛人二匹鰥寡孤獨各一匹 漢書宣紀

賜尹翁歸子黃金詔 元康四年八月

制詔御史朕夙興夜寐以求賢爲右不異親疏近遠務在安民而已扶風翁歸廉平鄉正治民異等早夭不遂不得終其功業朕甚憐之其賜翁歸子黃金百斤以奉其祭祠 漢書尹翁歸傳

躬親郊祀詔 元康四年

蓋聞天子尊事天地修祀山川古今通禮也閒者上帝之祠闕而不親十有餘年朕甚懼焉朕親飭躬齋戒親奉祀爲百姓蒙嘉氣獲豐年焉 漢書郊祀志下十二年乃下詔

以黃霸爲潁川太守詔

制詔御史其以賢良高第揚州刺史霸爲潁川太守秩比二千石居官賜車蓋特高一丈別駕主簿車緹油屏泥于軾前以章有德 漢書循吏黃霸傳

改元神爵詔 神爵元年三月

朕承宗廟戰戰栗栗惟萬事統未燭厥理迺元康四年嘉穀玄稷降于郡國神爵仍集金芝九莖產于函德殿銅池中九眞獻奇獸南郡獲白虎威鳳爲寶朕之不明震于珍物飭躬齋精祈爲百姓東濟大河天氣淸靜神魚舞河幸萬歲宮神爵翔集朕之不德懼不能任其以五年爲神爵元年賜天下勤事吏爵二級民一級女子百戶牛酒鰥寡孤獨高年帛所振貸物勿收行所過毋出田租 漢書宣紀

祠江海詔 神爵元年三月

制詔太常夫江海百川之大者也今闕焉無祠其令祠官以禮爲歲事以四時祠江海雒水祈爲天下豐年焉 漢書郊祀志下

止諸侯王入朝詔 神爵元年六月

軍旅暴露轉輸煩勞其令諸侯王列侯蠻夷王侯君長當朝二年者皆毋朝 漢書宣紀

賜朱邑子黃金詔 神爵元年秋

大司農邑廉潔守節退食自公亡疆外之交束脩之餽可謂淑人君子遭離凶災朕甚閔之其賜邑子黃金百斤以奉祠祭祀 漢書循吏朱邑傳天子閔惜下詔稱揚

赦詔 神爵二年二月

迺者正月乙丑鳳皇甘露降集京師羣鳥從以萬數朕之不德屢獲天福祗事不怠其赦天下 漢書宣紀

封鄭吉爲安遠侯詔 神爵二年

都護西域騎都尉鄭吉拊循外蠻宣明威信迎匈奴單于從兄日逐王衆擊破車師兜訾城功效茂著其封吉爲安遠侯食邑千戶 漢書鄭吉傳又見御覽二百引會稽典錄

益吏奉詔 神爵三年八月

吏不廉平則治道衰今小吏皆勤事而奉祿薄欲其毋侵漁百姓難矣其益吏百石以下奉十五 漢書宣紀

赦詔 神爵四年二月

迺者鳳皇甘露降集京師嘉瑞竝見修興泰一五帝后土之祠祈爲百姓蒙祉福鸞鳳萬舉蜚覽翺翔集止于旁齋戒之暮神光顯著薦鬯之夕神光交錯或降于天或登于地或從四方來集于壇上帝嘉嚮海內承福其赦天下賜民爵一級女子百戶牛酒鰥寡孤獨高年帛 漢書宣紀

賜黃霸爵秩詔神爵四年四月

潁川太守霸宣布詔令百姓鄉化孝子弟弟貞婦順孫日㠯衆多田者讓畔道不拾遺養視鰥寡贍助貧窮獄或八年亡重罪囚吏民鄉于教化興于行誼可謂賢人君子矣書不云乎股肱良哉其賜爵關內侯黃金百斤秩中二千石而潁川孝弟有行義民三老力田皆㠯差賜爵及帛漢書循吏黃霸傳天子㠯霸治行終長者下詔稱揚

嫁娶不禁具酒食詔五鳳二年八月

夫婚姻之禮人倫之大者也酒食之會所㠯行禮樂也今郡國二千石或擅爲苛禁禁民嫁娶不得具酒食相賀召繇是廢鄉黨之禮令民亡所樂非所㠯導民也詩不云乎民之失德乾餱㠯愆勿行苛政漢書宣紀

匈奴來降赦詔五鳳三年三月

往者匈奴數爲邊寇百姓被其害朕承至尊未能綏安匈奴虛閭權渠單于請求和親病死右賢王屠耆堂代立骨肉大臣立虛閭權渠單于子爲呼韓邪單于擊殺屠耆堂諸王竝自立分爲五單于更相攻擊死者㠯萬數畜產大耗什八九人民飢餓相燔燒㠯求食因大乖亂單于閼氏子孫昆弟及呼遬累單于名王右伊秩訾且渠當戶㠯下將衆五萬餘人來降歸義單于稱臣使弟奉珍朝賀正月北邊晏然靡有兵革之事朕飭躬齋戒郊上帝祠后土神光竝見或興于谷燭燿齊宮十有餘刻甘露降神爵集已詔有司告祠上帝宗廟三月辛丑鸞鳳又集長樂宮東闕中樹上飛下止地文章五色留十餘刻吏民竝觀朕之不敏懼不能任婁蒙嘉瑞獲茲祉福書不云乎雖休勿休祗事不怠公卿大夫其勗焉減天下口錢赦殊死㠯下賜民爵一級女子百戶牛酒大酺五日加賜鰥寡孤獨高年帛漢書宣紀

日食詔五鳳四年四月

皇天見異㠯戒朕躬是朕之不逮吏之不稱也㠯前使使者問民所疾苦復遣丞相御史掾二十四人循行天下舉冤獄察擅爲苛禁深刻不改者漢書宣紀

詔免丙顯官甘露元年

故丞相吉有舊恩朕不忍絕免顯官奪四百戶漢書丙吉傳吉子顯爲太僕臧千餘萬司隸校尉昌奏請逮捕上日云云

赦詔甘露二年正月

迺者鳳皇甘露降集黃龍登興醴泉滂流枯槁榮茂神光竝見咸受禎祥其赦天下減民算三十賜諸侯王丞相將軍列侯中二千石金錢各有差賜民爵一級女子百戶牛酒鰥寡孤獨高年帛漢書宣紀

㠯客禮待單于詔甘露二年十二月

蓋聞五帝三王教化所不施不及㠯政今匈奴單于稱北藩朝正朔朕之不逮德不能弘覆其㠯客禮待之令單于位在諸侯王上贊謁稱臣而不名漢書蕭望之傳又見宣紀有刪節

鳳皇集詔五鳳三年二月

迺者鳳皇集新蔡羣鳥四面行列皆鄉鳳皇立㠯萬數其賜汝南太守帛百匹新蔡長吏三老孝弟力田鰥寡孤獨各有差賜民爵二級毋出今年租漢書宣紀

察計簿詔黃龍元年二月

蓋聞上古之治君臣同心舉措曲直各得其所是㠯上下和洽海內康平其德弗可及已朕既不明數申詔公卿大夫務行寬大順民所疾苦將欲配三王之隆明先帝之德也今吏或㠯不禁姦邪爲寬大縱釋有罪爲不苛或㠯酷惡爲賢皆失其中奉詔宣化如此豈不繆哉方今天下少事繇役省減兵革不動而民多貧盜賊不止其咎安在上計簿具文而已務爲欺謾㠯避其課三公不㠯

爲意。朕將何任。諸請詔省卒徒自給者皆止。御史察計簿。疑非實者按之。使眞僞毋相亂。漢書宣紀

毋得舉六百石爲廉吏詔 黃龍元年四月

舉廉吏。誠欲得其眞也。吏六百石位大夫。有罪先請。秩祿上通。足目效其賢材。自今目來毋得舉。漢書宣紀

嫁毋不制服詔

婦人不養舅姑。不奉祭祀。不下慈子。是自絕也。故聖人不爲制服。明子無出母之義。玄成議是也。通典八十九引石渠議

薦滿父子同拜詔

上黨太守滿。經行篤著。信行山東。其目滿爲淮陽王相。誨導東蕃。弘農股肱部。其目蕩爲弘農太守。御覽二百六十引漢雜事

策廢霍皇后 地節四年八月

皇后熒惑失道。懷不德。挾毒與母博陸宣成侯夫人顯謀。欲危太子。無人母之恩。不宜奉宗廟衣服。不可目承天命。嗚呼傷哉。其退避宮。上璽綬有司。漢書外戚傳上

策丙吉爲丞相

惟神爵三年十月甲子。按宣紀是年三月丞相魏相薨。百官表四月戊戌御史大夫丙吉爲丞相。今此作十月甲子。當有一誤。丞相受詔之官。皇帝延登親詔之曰。君其進虛受朕言。朕鬱于大道。獲保宗廟。兢兢師師。夙夜思過失。不遑康寧。晝思百官未能綏。於戲。丞相其帥意無怠。目補朕闕。於戲。羣卿大夫百官慎哉。不勖于職。厥有常刑。往悉乃心。和裕開賢。俾之反本乂民。廣風一俗。靡諱朕躬。天下之衆受制于朕。丞相可不慎歟。於戲。君其誡之。漢舊儀聚珍板本

策杜延年爲御史大夫

惟五鳳三年正月乙巳。按百官表是年六月辛酉西河太守杜延年爲御史大夫。今此作正月乙巳。當有一誤。御史大夫之官。皇帝延登親詔之曰。御史大夫其進虛受朕言。

朕鬱于大道。獲保宗廟。兢兢師師。夙夜思己失。不遑康寧。晝思百姓未能綏。於戲。御史大夫其帥意盡心。目補朕闕。於戲。九卿羣大夫百官慎哉。不勖于厥職。厥有常辟。往悉乃心。和裕開賢。俾賢能反本乂民。靡諱朕躬。天下之衆受制于朕。目法爲命。可不慎歟。於戲。御史大夫其誡之。漢舊儀聚珍板本

左遷蕭望之策 五鳳中

有司奏君責使者禮。遇丞相亡禮。廉聲不聞。敖慢不遜。亡目扶政。師先百僚。君不深思。陷于茲穢。朕不忍致君于理。使光祿勳惲策詔左遷君爲太子太傅。授印。其上故印使者。便道之官。君其秉道明孝。正直是與。帥意亡愆。靡有後言。漢書蕭望之傳

師當作帥

敕邊守尉

匈奴大國。多變詐。交接得其情。則卻敵折衝。應對入其數。則反爲輕欺。後漢南匈奴傳司徒掾班彪奏

賜陳遂璽書

制詔太原太守。官尊祿厚。可目償博進矣。妻君寧時在旁。知狀。漢書游俠陳遵傳

賜張敞璽書 元康二年

制詔山陽太守。其謹備盜賊。察往來過客。毋下所賜書。漢書武五子昌邑王傳

報丙吉 元康三年

朕之封君。非空名也。而君上書歸侯印。是顯朕之不德也。方今天下少事。君其專精神。省思慮。近醫藥。目自持。漢書丙吉傳。吉上書固辭。不宜目空名受賞。上報。

報張安世 元康四年春

將軍年老被病。朕甚閔之。雖不能視事。折衝萬里。君先帝大臣。明于治亂。朕所不及。得數問焉。何感而上書歸衛將軍富平侯印。薄

高當作萬

朕忘故非所望也願將軍強餐食近醫藥專精神㠯輔天年 漢書張安世傳

敕讓趙充國書 神爵元年

皇帝問後將軍甚苦暴露將軍計欲至正月迺擊罕羌羌人當獲麥已遠其妻子精兵萬人欲爲酒泉敦煌寇邊兵少民守保不得田作今張掖㠯東粟石百餘芻稾束數十轉輸竝起百姓煩擾將軍將萬餘之衆不早及秋共水草之利爭其畜食欲至冬虜皆當畜食多藏匿山中依險阻將軍士寒手足皸瘃寧有利哉將軍不念中國之費欲㠯歲數而勝微將軍誰不樂此者今詔破羌將軍武賢將兵六千一百人敦煌太守快將二千人長水校尉富昌酒泉侯奉世將婼月氏兵四千人亡慮萬二千人齎三十日食㠯七月二十二日擊罕羌入鮮水北句廉上去酒泉八百里去將軍可千二百里將軍其引兵便道西竝進雖不相及使虜聞東方北方兵竝來分散其心意離其黨與雖不能殄滅當有瓦解者已詔中郎將卬將胡越佽飛射士步兵二校益將軍兵今五星出東方中國大利蠻夷大敗太白出高用兵深入敢戰者吉弗敢戰者凶將軍急裝因天時誅不義高下必全勿復有疑 漢書趙充國傳

賜趙充國書

制詔後將軍聞苦腳脛寒泄將軍年老加疾一朝之變不可諱朕甚憂之今詔破羌將軍詣屯所爲將軍副急因天時大利吏士銳氣㠯十二月擊先零羌即疾劇留屯毋行獨遣破羌彊弩將軍 漢書趙充國傳其秋充國病上賜書

報趙充國

皇帝問後將軍言欲罷騎兵萬人留田即如將軍之計虜當何時伏誅兵當何時得決孰計其便復奏 漢書趙充國傳充國上屯田奏上報

復賜書報趙充國

皇帝問後將軍言十二便聞之虜雖未伏誅兵決可期月而望期月而望者謂今冬邪謂何時也將軍獨不計虜聞兵頗罷且丁壯相聚攻擾田者及道上屯兵復殺略人民將何㠯止之又大开小开前言曰我告漢軍先零所在兵不往擊久留得亡效五年時不分別人而并擊我其意常恐今兵不出得亡變生與先零爲一將軍孰計復奏 漢書趙充國傳充國上狀留屯十二利上復賜報

報趙充國聽留屯

皇帝問後將軍上書言羌虜可勝之道今聽將軍將軍計善其上留屯田及當罷者人馬數將軍強食慎兵事自愛 漢書趙充國傳公卿議是充國計者最後什八上於是報充國

諭意蕭望之

所用皆更治民㠯考功君前爲平原太守日淺故復試之于三輔非有所聞也 漢書蕭望之傳望之從少府出爲左馮翊即移病上使侍中金安上諭意

使尚書召問黃霸

太尉官罷久矣丞相兼之所㠯偃武興文也如國家不虞邊境有事左右之臣皆將率也夫宣明教化通達幽隱使獄亡冤刑邑亡盜賊君之職也將相之官朕之任焉侍中樂陵侯高帷幄近臣朕之所自親君何越職而舉之尚書令受丞相對 漢書黃霸傳樂陵侯史高㠯外屬舊恩侍中貴重霸薦高可太尉天子使尚書召問霸

華山仙掌鼎文 甘露元年

萬國伏貽長久鑄神鼎承天酒 鼎錄

全漢文卷六終

烏程嚴可均校輯

元帝

帝諱奭。宣帝長子。地節三年立爲皇太子。黃龍元年十二月卽位。改元四。初元。永光。建昭。竟寧。在位十六年。謚曰孝元皇帝。廟號高宗。

封王禁制書 初元元年三月癸卯

其封婕妤父丞相少史王禁爲陽平侯。位特進。漢書五行志中之上

申明毀廟制書 建昭五年

孝宣皇帝尊孝武廟曰世宗。損益之禮。不敢有與焉。他皆如舊制。漢書韋玄成傳。初上定迭毀禮。獨尊孝文廟爲太宗。而孝武廟親未盡。故未毀。上于是迺復申明之曰云云。傳又載哀帝卽位。孔光何武奏言建昭五年制書。與此同。唯少末句。

議律令詔

夫法令者。所以抑暴扶弱。欲其難犯而易避也。今律令煩多而不約。自典文者不能分明。而欲羅元元之不逮。斯豈刑中之意哉。其議律令可蠲除輕減者。條奏。唯在便安萬姓而已。漢書刑法志。元帝初立。迺下詔

遣使循行天下詔 初元元年四月

朕承先帝之聖緒。獲奉宗廟。戰戰兢兢。閒者地數動而未靜。懼于天地之戒。不知所繇。方田作時。朕憂蒸庶之失業。臨遣光祿大夫褒等十二人循行天下。存問耆老鰥寡孤獨困乏失職之民。延登賢俊。招顯側陋。因覽風俗之化。相守二千石誠能正躬勞力。宣明教化。以親萬姓。則六合之內和親。庶幾虖無憂矣。書不云乎。股肱良哉。庶事康哉。布告天下。使明知朕意。漢書元紀

免災民租賦詔 初元元年四月

關東今年穀不登。民多困乏。其令郡國被災害甚者毋出租賦。江海陂湖園池屬少府者以假貧民。勿租賦。賜宗室有屬籍者馬一

匹至二駟。三老孝者帛五匹。弟者力田三匹。鰥寡孤獨二匹。吏民五十戶牛酒。漢書元紀

節省詔 初元元年九月

閒者陰陽不調。黎民饑寒。無以保治。惟德淺薄。不足以充入舊貫之居。其令諸宮館希御幸者勿繕治。大僕減穀食馬。水衡省肉食獸。漢書元紀

令孔霸奉孔子祀詔 初元元年

其令師褒成君關內侯霸以所食邑八百戶祀孔子焉。漢書孔光傳

災異求言詔 初元二年三月

蓋聞賢聖在位。陰陽和。風雨時。日月光。星辰靜。黎庶康寧。考終厥命。今朕恭承天地。託于公侯之上。明不能燭。德不能綏。災異竝臻。連年不息。乃二月戊午。地震于隴西郡。毀落太上皇廟殿壁木飾。壞敗豲道縣城郭官寺及民室屋。壓殺人眾。山崩地裂。水泉湧出。一年地再動。天惟降災。震驚朕師。翼奉傳作躬。治有大虧。咎至于斯。夙夜兢兢。不通大變。深惟鬱悼。未知其序。閒者歲數不登。元元困乏。不勝饑寒。以陷刑辟。朕甚閔之。已詔吏虛倉廩。開府臧振救貧民。郡國被地動災甚者。無出租賦。赦天下。羣司其茂思天地之戒。有可蠲除減省以便萬姓者。各條奏。悉意陳朕過失。毋有所諱。丞相御史中二千石舉茂材異等直言極諫之士。朕將親覽焉。漢書元紀。又見翼奉傳。各有刪節。今合錄之。

又詔 初元二年七月

歲比災害。民有菜色。慘怛于心。已詔吏虛倉廩。開府庫振救。賜寒者衣。今秋禾麥頗傷。一年中地再動。北海水溢。流殺人民。陰陽不和。其咎安在。公卿將何以憂之。其悉意陳朕過。靡有所諱。漢書元紀

原蕭望之詔 初元三年秋

制詔丞相御史。前將軍望之傅朕八年。亡它罪過。今事久遠。識忘

難明其赦望之罪收前將軍光祿勳印綬漢書蕭望之傳

賜蕭望之爵邑詔 初元三年冬

制詔御史國之將興尊師而重傅故前將軍望之傅朕八年道㠯經書厥功茂焉其賜爵關內侯食邑八百戶給事中朝朔望坐次將軍漢書元紀又蕭望之傳

詔免諸葛豐

制詔御史城門校尉豐前與光祿勳堪光祿大夫猛在朝之時數稱言堪猛之美豐前為司隸校尉不順四時修法度專作苛暴㠯獲虛威朕不忍下吏㠯為城門校尉不內省諸己而反怨堪猛㠯求報舉告案無證之辭暴揚難驗之罪毀譽恣意不顧前言不信之大者也朕憐豐之耆老不忍加刑其免為庶人漢書諸葛豐傳

左遷周堪張猛詔

豐言堪猛貞信不立朕閔而不治又惜其材能未有所效其左遷

堪為河東太守猛槐里令漢書劉向傳

罷珠厓郡詔 初元三年春

珠厓虜殺吏民背叛為逆今廷議者或言可擊或言可守或欲棄之其指各殊朕日夜惟思議者之言羞威不行則欲誅之狐疑辟難則守屯田通于時變則憂萬民夫萬民之饑餓與遠蠻之不討危孰大焉且宗廟之祭凶年不備況乎辟不嫌之辱哉今關東大困倉庫空虛無㠯相贍又㠯動兵非特勞民凶年隨之其罷珠厓郡民有慕義欲內屬便處之不欲勿彊漢書賈捐之傳又見後漢鮮卑傳

赦詔 初元三年四月

迺者火災降于孝武園館朕戰栗恐懼不燭變異咎在朕躬羣司又未肯極言朕過㠯至于斯將何㠯寤焉百姓仍遭凶阸無㠯相振加㠯煩擾虖苛吏拘牽虖微文不得永終性命朕甚閔焉其赦天下漢書元紀

求言詔 初元三年六月

蓋聞安民之道本繇陰陽間者陰陽錯謬風雨不時朕之不德庶幾羣公有敢言朕之過者今則不然媮合苟從未肯極言朕甚閔焉永惟烝庶之飢寒遠離父母妻子勞于非業之作衛于不居之宮恐非所㠯佐陰陽之道也其罷甘泉建章宮衛令就農百官各省費條奏毋有所諱有司勉之毋犯四時之禁丞相御史舉天下明陰陽災異者各三人漢書元紀

因災異改行新政詔 初元五年四月

朕之不逮序位不明眾僚久懬未得其人元元失望上感皇天陰陽為變咎流萬民朕甚懼之迺者關東連遭災害飢寒疾疫夭不終命詩不云乎凡民有喪匍匐救之其令大官毋日殺所具各減半乘輿秣馬無乏正事而已罷角抵上林宮館希御幸者齊三服官北假田官鹽鐵官常平倉博士弟子毋置員㠯廣學者賜宗室

子有屬籍者馬一匹至二駟三老孝者帛人五匹弟者力田三匹鰥寡孤獨二匹吏民五十戶牛酒漢書元紀

詔條責丞相御史

惡吏負賊妄意良民至亡辜死或盜賊發吏不亟追而反繫亡家後不敢復告㠯故寖廣民多冤結州郡不理連上書者交于闕廷二千石選舉不實是㠯在位多不任職民田有災害吏不肯除收趣其租㠯故重困關東流民飢寒疾疫已詔吏轉漕虛倉廩開府藏相振救賜寒者衣至春猶恐不贍今丞相御史將欲何施㠯塞此咎悉意條狀陳朕過失漢書于定國傳

復詔條責丞相御史 永光元年

郎有從東方來者言民父子相棄丞相御史案事之吏匿不言邪將從東方來者加增之也何㠯錯繆至是欲知其實方今年歲未可預知也即有水旱其憂不細公卿有可㠯防其未然救其已然

者不咎吕誠對毋有所諱（漢書于定國傳）

赦詔（永光元年三月）

五帝三王任賢使能吕登至平而今不治者豈斯民異哉咎在朕之不明亡吕知賢也是故壬人在位而吉士雍蔽重吕周秦之弊民漸薄俗去禮義觸刑法豈不哀哉繇此觀之元元何辜其赦天下令厲精自新各務農畝無田者皆假之貸種食如貧民賜吏六百石吕上爵五大夫勤事吏二級為父後者民一級女子百戶牛酒鰥寡孤獨高年帛（漢書元紀）

大赦詔（永光二年二月）

蓋聞唐虞象刑而民不犯殷周法行而姦軌服今朕獲承高祖之洪業託位公侯之上夙夜戰栗永惟百姓之急未嘗有忘焉然而陰陽未調三光晻昧元元大困流散道路盜賊並興有司又長殘賊失牧民之術是皆朕之不明政有所虧咎至于此朕甚自恥為民父母若是之薄謂百姓何其大赦天下賜民爵一級女子百戶牛酒鰥寡孤獨高年三老孝弟力田帛又賜諸侯王公主列侯黃金中二千石吕下至中都官長吏各有差吏六百石吕上爵五大夫勤事吏各二級（漢書元紀）

日食詔（永光二年三月）

朕戰戰栗栗夙夜思過失不敢荒寧惟陰陽不調未燭其咎婁敕公卿日望有效至今有司執政未得其中施與禁切未合民心暴猛之俗彌長和睦之道日衰百姓愁苦靡所錯躬是吕氛邪歲增侵犯太陽正氣湛掩日久奪光迺壬戌日有蝕之天見大異吕戒朕躬朕甚悼焉其令內郡國舉茂材異等賢良直言之士各一人（漢書元紀）

赦詔（永光二年六月）

間者連年不收四方咸困元元之民勞于耕耘又亡成功困于饑

饉亡吕相救朕為民父母德不能覆而有其刑甚自傷焉其赦天下（漢書元紀）

封馮奉世關內侯詔（永光二年）

羌虜桀黠賊害吏民攻隴西府寺燔燒置亭絕道橋甚逆天道左將軍光祿勳奉世前將兵征討斬捕首虜八千餘級鹵馬牛羊吕萬數賜奉世爵關內侯食邑五百戶黃金六十斤（漢書馮奉世傳）

留屯田（永光二年冬）

羌虜破散創艾亡逃出塞其罷吏士頗留屯田要害處（漢書馮奉世傳上曰）

責吏詔（永光三年十一月）

迺者己丑地動中冬雨水大霧盜賊並起吏何不吕時禁各悉意對（漢書元紀）

赦詔（永光四年二月）

朕存至尊之重不能燭理百姓婁遭凶咎加吕邊竟不安師旅在外賦斂轉輸元元騷動窮困亡聊犯法抵罪夫上失其道而繩下吕深刑朕甚痛之其赦天下所貸貧民勿收責（漢書元紀）

日蝕求言詔（永光四年六月）

蓋聞明王在上忠賢布職則羣生和樂方外蒙澤今朕晻于王道夙夜憂勞不通其理靡瞻不眩靡聽不惑是吕政令多還民心未得邪說空進事亡成功此天下所著聞也公卿大夫好惡不同或緣姦作邪侵削細民元元安所歸命哉迺六月晦日有蝕之詩不云乎今此下民亦孔之哀自今吕來公卿大夫其勉思天戒慎身修永吕輔朕之不逮直言盡意無有所諱（漢書元紀）

徵周堪詔（永光四年六月）

河東太守堪先帝賢之命而傅朕資質淑茂道術通明論議正直秉心有常發憤悃愊信有憂國之心吕不能阿尊事貴孤特寡助抑厭遂退卒不克明往者眾臣見異不務自修深惟其故而反晻

昧說天託咎此人朕不得已出而試之以彰其材堪出之後大變仍臻衆亦嘿然堪治未期年而三老官屬有識之士詠頌其美使者過郡靡人不稱此固足以彰先帝之知人而朕有以自明也俗人乃造端作基非議詆欺或引幽隱非所宜明意疑以類欲以陷之朕亦不取也朕迫于俗不得專心乃者天著大異朕甚懼焉今堪年衰歲暮恐不得自信排于異人將安究之哉其徵堪詣行在所。漢書劉向傳

議罷郡國廟詔 永光四年十月

朕聞明王之御世也遭時為法因事制宜往者天下初定遠方未賓因嘗所親以立宗廟蓋建威銷萌一民之至權也今賴天地之靈宗廟之福四方同軌蠻貊貢職久遵而不定令疏遠卑賤共承尊祀殆非皇天祖宗之意朕甚懼焉傳不云乎吾不與祭如不祭其與將軍列侯中二千石二千石諸大夫博士議郎議。漢書韋玄成傳

初陵勿置縣邑詔 永光四年十月

安土重遷黎民之性骨肉相附人情所願也頃者有司緣臣子之義奏徙郡國民以奉園陵令百姓遠棄先祖墳墓破業失產親戚別離人懷思慕之心家有不安之意是以東垂被虛耗之害關中有無聊之民非久長之策也詩不云乎民亦勞止迄可小康惠此中國以綏四方今所為初陵者勿置縣邑使天下咸安土樂業亡有動搖之心布告天下令明知之。漢書元紀

議毀廟詔 永光四年十一月

蓋聞明王制禮立親廟四祖宗之廟萬世不毀所以明尊祖敬宗著親親也朕獲承祖宗之重惟大禮未備戰栗恐懼不敢自顓其與將軍列侯中二千石二千石諸大夫博士議。漢書韋玄成傳

正毀廟遷主禮儀詔 永光五年

蓋聞王者祖有功而宗有德尊尊之大義也存親廟四親親之至恩也高皇帝為天下誅暴除亂受命而帝功莫大焉孝文皇帝國為代王諸呂作亂海內搖動然羣臣黎庶靡不壹意北面而歸心猶謙辭固讓而後即位削亂秦之迹興三代之風是以百姓晏然咸獲嘉福德莫盛焉高皇帝為漢太祖孝文皇帝為太宗世世承祀傳之無窮朕甚樂之孝宣皇帝為孝昭皇帝後于義一體孝景皇帝廟及皇考廟皆親盡其正禮儀。漢書韋玄成傳

赦甘延壽陳湯矯制罪詔 建昭四年正月

匈奴郅支單于背畔禮義留殺漢使者吏士甚逆道理朕豈忘之哉所以優游而不征者重動師衆勞將率故隱忍而未有云也今延壽湯睹便宜乘時利結城郭諸國擅興師矯制而征之賴天地宗廟之靈誅討郅支單于斬獲其首及閼氏貴人名王以下千數雖踰義干法內不煩一夫之役不開府庫之臧因敵之糧以贍軍用立功萬里之外威震百蠻名顯四海為國除殘兵革之原息邊竟得以安然猶不免死亡之患罪當在于奉憲朕甚閔之其赦延壽湯罪勿治。漢書陳湯傳

遣使循行天下詔 建昭四年四月

朕承先帝之休烈夙夜栗栗懼不克任閒者陰陽不調五行失序百姓饑饉惟烝庶之失業臨遣諫大夫博士賞等二十一人循行天下存問耆老鰥寡孤獨乏困失職之人舉茂材特立之士相將九卿其帥意毋怠使朕獲觀教化之流焉。漢書元紀

赦詔 建昭五年三月

蓋聞明王之治國也明好惡而定去就崇敬讓而民興行故法設而民不犯令施而民從今朕獲保宗廟兢兢業業匪敢解怠德薄明晻教化淺微傳不云虖百姓有過在予一人其赦天下賜民爵一級女子百戶牛酒三老孝弟力田帛。漢書元紀

禁妨農詔 建昭五年三月

方春農桑興百姓戮力自盡之時也故是月勞農勸民無使後時今不良之吏覆案小罪徵召證案興不急之事以妨百姓使失一時之作亡終歲之功公卿其明察申敕之（漢書元紀）

改元竟寧詔（竟寧元年正月）

匈奴郅支單于背叛禮義既伏其辜虖韓邪單于不忘恩德鄉慕禮義復修朝賀之禮願保塞傳之無窮邊垂長無兵革之事其改元爲竟寧（漢書元紀）

以張譚爲御史大夫詔（竟寧元年三月）

剛强堅固確然亡欲大鴻臚野王是也心辨善辭可使四方少府五鹿充宗是也廉絜節儉太子少傅張譚是也其以少傅爲御史大夫（漢書馮奉世附傳）

敕東平王傅相詔

夫人之性皆有五常及其少長耳目牽于耆欲故五常銷而邪心作情亂其性利勝其義而不失厥家者未之有也今王富于春秋氣力勇武獲師傅之教淺加以少所聞見自今以來非五經之正術敢以游獵非禮道王者輒以名聞（漢書宣元六王傳）

璽書勞馮奉世且讓之（永光二年）

皇帝問將兵右將軍甚苦暴露羌虜侵邊境殺吏民甚逆天道故遣將軍帥士大夫行天誅以將軍材質之美奮精兵誅不軌百下百全之道也今乃有畔敵之名大爲中國羞以昔不閑習之故邪以恩厚未洽信約不明也朕甚怪之上書言羌虜依深山多徑道不得不多分部遮要害須得後發營士足以決事部署已定埶不可復置大將聞之前爲將軍兵少不足自守故發近所騎日夜詣非爲擊也今發三輔河東弘農越騎迹射佽飛彀者羽林孤兒及呼速絫嗕種方急遣且兵凶器也必有成敗者患策不豫定料敵不審也故復遣奮武將軍兵法曰大將軍出必有偏裨所以揚威武參

如當作加

計策將軍又何疑焉夫愛吏士得衆心舉而無悔禽敵必全將軍之職也若乃轉輸之費則有司存將軍勿憂須奮武將軍兵到合擊羌虜（漢書馮奉世傳）

賜淮陽王欽璽書（建昭）

皇帝問淮陽王有司奏王舅張博數遺王書非毀政治謗訕天子褒舉諸侯稱引周湯以諂惑王所言尤惡悖逆無道王不舉奏而多與金錢報以好言辠至不赦朕惻焉不忍聞爲王傷之推原厥本不祥自博惟王之心匪同于凶已詔有司勿治王事遣諫大夫駿申諭朕意詩不云乎靖恭爾位正直是與王其勉之（漢書宣元六王傳）

敕諭東平王宇璽書

皇帝問東平王蓋聞親親之恩莫重于孝尊尊之義莫大于忠故諸侯在位不驕以致孝道制節謹度以翼天子然後富貴不離于身而社稷可保今聞王自修有闕本朝不和流言紛紛謗自內興

朕甚憯焉爲王懼之詩不云乎毋念爾祖述修厥德永言配命自求多福朕惟王之春秋方剛忽于道德意有所移忠言未納故臨遣太中大夫子蟜諭王朕意孔子曰過而不改是謂過矣王其深惟孰思之無違朕意（漢書宣元六王傳）

賜東平王太后璽書

皇帝使諸吏宦者令承問東平王太后朕有聞王太后少加意焉夫福善之門莫美于和睦患咎之首莫大于內離今東平王出襁褓之中而託于南面之位加以年齒方剛涉學日寡驁忽臣下不自它于太后以是之間能無失禮義者其唯聖人乎傳曰父爲子隱直在其中矣王太后明察此意不可不詳閨門之內母子之間同氣異息骨肉之恩豈可忽哉豈可忽哉昔周公戒伯禽曰故舊無大故則不可棄也毋求備于一人夫以故舊之恩猶忍小惡而況此乎已遣使者諭王王既悔過服罪太后寬忍以貫之後宜不

故王太后强餐。止思念。愼疾自愛。（漢書宣元六王傳）

賜諸葛豐書

大司隸者。刺舉不法。善善惡惡。非得顓之也。免處中和。順經術意。（漢書諸葛豐傳）

報貢禹

朕以生有伯夷之廉。史魚之直。守經據古。不阿當世。孳孳于民俗之所寡。故親近生。幾參國政。今未得久聞生之奇論也。而云欲退。意豈有所恨與。將在位者與生殊乎。往者嘗令金敞語生。欲及生時祿生之子。既已諭矣。今復云子少。夫以王命辨護生家。雖百子何以加。傳曰。亡懷土。何必思故鄉。生其强飯愼疾以自輔。（漢書貢禹傳）

報于定國（永光元年）

君相朕躬。不敢怠息。萬方之事。大錄于君。能無過者。其唯聖人。方今承周秦之敝。俗化陵夷。民寡禮誼。陰陽不調。災咎之發。不爲一

端而作。自聖人推類以記。不敢專也。況于非聖者乎。日夜惟思所以。未能盡明。經曰。萬方有罪。罪在朕躬。君雖任職。何必顓焉。其勉察郡國守相羣牧。非其人者。毋令久賊民。永執綱紀。務悉聰明。强食愼疾。（漢書于定國傳。定國上書自劾。歸侯印。乞骸骨。上報）

詰問賈捐之（初元三年春）

珠厓內屬爲郡久矣。今背叛逆節。而云不當擊。長蠻夷之亂。虧先帝功德。經義何以處之。（漢書賈捐之傳。初元元年。珠厓又反。連年不定。捐之建議。以爲不當擊。上使侍中駙馬都尉樂昌侯王商詰問捐之）

使許嘉口諭呼韓邪單于（建昭）

單于上書願罷北邊吏士屯戍。子孫世世保塞。單于鄉慕禮義。所以爲民計者甚厚。此長久之策也。朕甚嘉之。中國四方皆有關梁障塞。非獨以備塞外也。亦以防中國姦邪放縱。出爲寇害。故明法度以專衆心也。敬諭單于之意。朕無疑焉。爲單于怪其不罷。故使大

司馬車騎將軍嘉曉單于。（漢書匈奴傳下）

全漢文卷七終

全漢文卷八

烏程嚴可均校輯

成帝

帝諱驁，字太孫，元帝太子，竟寧元年六月即位，改元七：建始、河平、陽朔、鴻嘉、永始、元延、綏和。在位二十六年，謚曰孝成皇帝，廟號統宗。

徙陳湯制 永始元年

廷尉增壽當是，湯前有討郅支單于功，其免湯爲庶人，徙邊。漢書陳湯傳。

徙解萬年制

故將作大匠萬年佞邪不忠，妄爲巧詐，多賦斂，煩繇役，興卒暴之作，卒徒蒙辜，死者連屬，毒流眾庶，海內怨望。雖蒙赦令，不宜居京師。漢書陳湯傳。

大赦詔 建始元年二月

迺者火災降於祖廟，有星孛於東方，始正而虧，咎孰大焉！書云：「惟先假王正厥事。」羣公孜孜，帥先百寮，輔朕不逮。崇寬大，長和睦，凡事恕己，毋行苛刻。其大赦天下，使得自新。漢書成紀。

赦罪減賦詔 建始二年正月

迺者徙泰畤、后土于南郊、北郊，朕親飭躬，郊祀上帝，皇天報應，神光並見。三輔長無共張繇役之勞，赦奉郊縣長安、長陵及中都官耐罪徒。減天下賦錢算四十。漢書成紀。

遣使循行天下詔 建始三年九月

迺者郡國被水災，流殺人民，多至千數。京師無故訛言大水至，吏民驚恐，奔走乘城。殆苛暴深刻之吏未息，元元冤失職者眾。遣諫大夫林等循行天下。漢書成紀。

舉賢良方正詔 建始三年十二月

蓋聞天生眾民，不能相治，爲之立君以統理之。君道得，則草木昆蟲咸得其所；人君不德，謫見天地，災異婁發，以告不治。朕涉道日寡，舉錯不中，乃戊申日蝕地震，朕甚懼焉。公卿其各思朕過失，明白陳之。「女無面從，退有後言。」丞相、御史與將軍、列侯、中二千石及內郡國舉賢良方正能直言極諫之士，詣公車，朕將覽焉。漢書成紀。

詔有司復東平削縣

蓋聞仁以親親，古之道也。前東平王有闕，有司請廢，朕不忍，又請削，朕不敢專。惟王之至親，未嘗忘於心。今聞王改行自新，尊修經術，親近仁人，非法之求，不以奸吏，朕甚嘉焉。傳不云乎？「朝以過，夕改，君子與之。」其復前所削縣如故。漢書宣元六王傳。

朝日之目字衍

加秩王尊詔 建始四年

制詔御史：東郡河水盛長，毀壞金隄，未決三尺，百姓惶恐奔走。太守身當水衝，履咫尺之難，不避危殆，以安眾心，吏民復還就作，水不爲災，朕甚嘉之。秩尊中二千石，加賜黃金二十斤。漢書王尊傳。

改元河平詔 河平元年三月

河決東郡，流漂二州，校尉王延世隄塞輒平，其改元爲河平。賜天下吏民爵，各有差。漢書成紀。

東郡河決，流漂二州，校尉延世隄防三旬立塞。其以五年爲河平元年。卒治河者爲著外繇六月。惟延世長於計策，功費約省，用力日寡，朕甚嘉之。其以延世爲光祿大夫，秩中二千石，賜爵關內侯，黃金百斤。漢書溝洫志。

日蝕求言大赦詔 河平元年四月

朕獲保宗廟，戰戰栗栗，未能奉稱。傳曰：「男教不修，陽事不得，則日爲之蝕。」天著厥異，辜在朕躬。公卿大夫其勉悉心，以輔不逮。百寮各修其職，惇任仁人，退遠殘賊。陳朕過失，無有所諱。大赦天下。漢書成紀。

免丞相王商詔 河平四年

制詔御史蓋丞相㠯德輔翼國家典領百寮協和萬國爲職任莫重焉今樂昌侯商爲丞相出入五年未聞忠言嘉謀而有不忠執左道之辠陷於大辟前商女弟内行不脩奴賊殺人疑商教使爲商重臣故抑而不窮今或言商不㠯自悔而反怨懟朕甚傷之惟商與先帝有外親未忍致于理其赦商罪使者收丞相印綬 漢書王商傳

議減省律令詔 河平中

甫刑云五刑之屬三千大辟之罰其屬二百今大辟之刑千有餘條律令煩多百有餘萬言奇請它比日㠯益滋自明習者不知所由欲㠯曉諭衆庶不亦難乎於㠯羅元元之民夭絶亡辜豈不哀哉其與中二千石二千石博士及明習律令者議減死刑及可蠲除約省者令較然易知條奏書不云乎惟刑之恤哉其審核之務準古法朕將盡心覽焉 漢書刑法志

閔楚王被疾詔 河平中

蓋聞天地之性人爲貴人之行莫大于孝楚王囂素行孝順仁慈之國㠯來二十餘年孅介之過未嘗聞朕甚嘉之今迺遭命離于惡疾夫子所痛曰蔑之命矣夫斯人也而有斯疾也朕甚閔焉夫行純茂而不顯異則有國者將何勖哉書不云乎用德章厥善今王朝正月詔與子男一人俱其㠯廣戚縣戶四千三百封其子勳爲廣戚侯 漢書宣元六王傳

順時令詔 陽朔二年春

昔在帝堯立羲和之官命㠯四時之事令不失其序故書云黎民於蕃時雍明㠯陰陽爲本也今公卿大夫或不信陰陽薄而小之所奏請多違時政傳㠯不知周行天下而欲望陰陽和調豈不謬哉其務順四時月令 漢書成紀

刺史上脫部字

舉博士詔 陽朔二年九月

古之立太學將㠯傳先王之業流化於天下也儒林之官四海淵原宜皆明於古今溫故知新通達國體故謂之博士否則學者無述焉爲下所輕非所㠯尊道德也工欲善其事必先利其器丞相御史其與中二千石二千石雜舉可充博士位者使卓然可觀 漢書成紀

勸農詔 陽朔四年正月

夫洪範八政㠯食爲首斯誠家給刑錯之本也先帝劭農薄其租稅寵其強力令與孝弟同科閒者民彌惰怠鄉本者少趨末者衆將何㠯矯之方東作時其令二千石勉勸農桑出入阡陌致勞來之書不云乎服田力嗇乃亦有秋其勖之哉 漢書成紀

封王音爲安陽侯詔 陽朔四年

車騎將軍音宿衛忠正勤勞國家前爲御史大夫㠯外親宜典兵馬入爲將軍不獲宰相之封朕甚慊焉其封音爲安陽侯食邑與五侯等俱三千戶 漢書元后傳

治冤獄詔 鴻嘉元年二月

朕承天地獲保宗廟明有所蔽德不能綏刑罰不中衆冤失職趨闕告訴者不絶是㠯陰陽錯謬寒暑失序日月不光百姓蒙辜朕甚閔焉書不云乎即我御事罔克耆壽咎在厥躬方春生長時臨遣諫大夫理等舉三輔三河弘農冤獄公卿大夫刺史明申敕守相稱朕意焉其賜天下民爵一級女子百戶牛酒加賜鰥寡孤獨高年帛逋貸未入者勿收 漢書成紀

封丙吉孫詔 鴻嘉元年六月

制詔丞相御史蓋聞褒功德繼絶統所㠯重宗廟廣賢聖之路也故博陽侯吉㠯舊恩有功而封今其祀絶朕甚憐之夫善善及子孫古今之通誼也其封吉孫中郎將關內侯昌爲博陽侯奉吉後

漢書丙吉傳。

封吏丹爲武陽侯詔 鴻嘉元年

夫褒有德賞元功古今通義也左將軍丹往時導朕以忠正秉義醇壹舊德茂焉其封丹爲武陽侯國東海郯之武彊聚戶千一百 漢書史丹傳。

選賢詔 鴻嘉二年三月

古之選賢傅納以言明試以功故官無廢事下無逸民敎化流行風雨和時百穀用成衆庶樂業咸以康寧朕承鴻業十有餘年數遭水旱疾疫之災黎民婁困於饑寒而望禮義之興豈不難哉朕既無以率道帝王之道日以陵夷意迺招賢選士之路鬱滯而不通與將舉者未得其人也其舉敦厚有行義能直言者冀聞切言嘉謀匡朕之不逮 漢書成紀。

恤民詔 鴻嘉四年正月

數敕有司務行寬大而禁苛暴訖今不改一人有辜舉宗拘繫農民失業怨恨者衆傷害和氣水旱爲災關東流冗者衆靑幽冀部尤劇朕甚痛焉未聞在位有惻然者孰當助朕憂之已遣使者循行郡國被災害什四以上民貲不滿三萬勿出租賦逋貸未入皆勿收流民欲入關輒籍內所之郡國謹遇以理務有以全活之思稱朕意 漢書成紀。

罷昌陵詔 永始元年七月

朕執德不固謀不盡下過聽將作大匠萬年言昌陵三年可成作治五年中陵司馬殿門內尚未加功天下虛耗百姓罷勞客土疏惡終不可成朕惟其難怛然傷心夫過而不改是謂過矣其罷昌陵及故陵勿徙吏民令天下毋有動搖之心 漢書成紀。

龍見日蝕詔 永始二年二月

迺者龍見于東萊日有蝕之天著變異以顯朕郵朕甚懼焉公卿申敕百寮深思天誡有可省減便安百姓者條奏所振貸貧民勿收 漢書成紀。

吏民助振贍者賜爵詔 永始二年正月

關東比歲不登吏民以義收食貧民入穀物助縣官振贍者已賜直其百萬以上加賜爵右更欲爲吏補三百石其吏也遷二等其三十萬以上賜爵五大夫吏亦遷二等民補郞十萬以上家無出租賦三歲萬錢以上一年 漢書成紀。

封湻于長等詔 永始二年十二月

前將作大匠萬年佞邪不忠知昌陵卑下不可爲萬歲居奏請營作建置郭邑妄爲巧詐積土增高多賦斂煩繇役興卒暴之作卒徒蒙辜死者連屬百姓罷極天下匱竭常侍閎前爲大司農中丞數奏昌陵不可成侍中衞尉長數白宜早止徙家反故處朕以長言下閎章公卿議者皆合長計首建至策閎典主省大費民以康

寧閎前賜爵關內侯黃金百斤其賜長爵關內侯食邑千戶閎五百戶萬年佞邪不忠毒流衆庶海內怨望至今不息雖蒙赦令不宜居京師其徙萬年敦煌郡 漢書成紀。又見陳湯傳。

遣使循行詔 永始三年正月

天災仍重朕甚懼焉惟民之失職臨遣太中大夫嘉等循行天下存問耆老民所疾苦其與部刺史舉惇樸遜讓有行義者各一人 漢書成紀。

詔有司 永始四年六月

迺者地震京師火災婁降朕甚懼之有司其悉心明對厥咎朕將親覽焉 漢書成紀。

禁奢僭詔 永始四年六月

聖王明禮制以序尊卑異車服以章有德雖有其財而無其尊不得踰制故民興行上義而下利方今世俗奢僭罔極靡有厭足公

卿列侯親屬近臣四方所則未聞脩身遵禮同心憂國者也或迺奢侈逸豫務廣第宅治園池多畜奴婢被服綺縠設鐘鼓備女樂車服嫁娶葬埋過制吏民慕效寖㠯成俗而欲望百姓儉節家給人足豈不難哉詩不云乎赫赫師尹民具爾瞻其申敕有司㠯漸禁之青綠民所常服且勿止列侯近臣各自省改司隸校尉察不變者漢書成紀

孛星見求直言詔 元延元年七月

迺者日蝕星隕謫見于天大異重仍在位默然罕有忠言今孛星見于東井朕甚懼焉公卿大夫博士議郎其各悉心惟思變意明㠯經對無有所諱與內郡國舉方正能直言極諫者各一人北邊二十二郡舉勇猛知兵法者各一人漢書成紀

還許旦及親屬詔 元延四年

蓋聞仁不遺遠誼不忘親前平安剛侯夫人謁坐大逆罪家屬幸蒙赦令歸故郡朕惟平恩戴侯先帝外祖魂神廢棄莫奉祭祀念之未嘗忘於心其還平恩侯旦及親屬在山陽郡者漢書外戚孝成許后傳

還馮參詔 元延四年

中山孝王短命早薨願㠯舅宜鄉侯參為關內侯歸家朕甚愍之其還參京師㠯列侯奉朝請漢書馮奉世附傳又見宣元六王傳

立定陶王欣為皇太子詔 綏和元年二月

朕承太祖鴻業奉宗廟二十五年德不能綏理宇內百姓怨望者眾不蒙天祐至今未有繼嗣天下無所係心觀于往古近事之戒禍亂之萌皆繇斯焉定陶王欣於朕為子慈仁孝順可㠯承天序繼祭祀其立欣為皇太子封中山王舅諫大夫馮參為宜鄉侯益中山國三萬戶㠯慰其意賜諸侯王列侯金天下當為父後者爵三老孝弟力田帛各有差漢書成紀

封孔吉詔 綏和元年二月

蓋聞王者必存二王之後所㠯通三統也昔成湯受命列為三代而祭祀廢絕考求其後莫正孔吉其封吉為殷紹嘉侯漢書成紀

報烏珠留若鞮單于詔 綏和元年

藩擅稱詔從單于求地法當死更大赦二今徙藩為濟南太守不令當匈奴漢書匈奴傳夏侯藩使匈奴求地單于遣使上書㠯藩求地狀聞詔報單于

策許嘉

將軍家重身尊不宜㠯吏職自絫賜黃金二百斤㠯特進侯就朝位漢書外戚傳下

白虎殿策方正直言 建始四年夏

天地之道何貴王者之法何如六經之義何上人之行何先取人之術何㠯當世之治何務各㠯經對漢書杜欽傳

賜王音策書 鴻嘉中

外家何甘樂禍敗而欲自黥劓相戮辱於太后前傷慈母之心㠯危亂國外家宗族彊上一身寖弱日久今將一施之君其召諸侯令待府舍漢書元后傳

冊免薛宣 永始二年六月

君為丞相出入六年忠孝之行率先百僚朕無聞焉朕既不明變異數見歲比不登倉廩空虛百姓饑饉流離道路疾疫死者㠯萬數人至相食盜賊並興羣職曠廢是朕之不德而股肱不良也迺者廣漢羣盜橫恣殘賊吏民朕惻然傷之數㠯問君君對輒不如其實西州鬲絕幾不為郡三輔賦斂無度酷吏並緣為姦侵擾百姓詔君案驗復無欲得事實之意九卿㠯下咸承風指同時陷于謾欺之辜咎繇君焉有司法君領職解嫚開謾欺之路傷薄風化無㠯帥示四方不忍致君于理其上丞相高陽侯印綬罷歸漢書薛宣傳

賜史丹策 永始中

左將軍寢病不衰。願歸治疾。朕愍以官職之事久留將軍。使躬不瘳。使光祿勳賜將軍黃金五十斤。安車駟馬。其上將軍印綬。宜專精神。務近醫藥。以輔不衰。（漢書史丹傳。）

賜翟方進冊（綏和二年二月）

皇帝問丞相。君有孔子之慮。孟賁之勇。朕嘉與君同心一意。庶幾有成。惟君登位。於今十年。災害並臻。民被饑饉。加以疾疫溺死。關門牡開。失國守備。盜賊黨輩。吏民殘賊。毆殺良民。斷獄歲歲多前。上書言事。交錯道路。懷姦朋黨。相爲隱蔽。皆亡忠慮。羣下兇兇。更相嫉妬。其咎安在。觀君之治。無欲輔朕富民便安元元之念。閒者郡國穀雖頗孰。百姓不足者尚眾。前去城郭。未能盡還。夙夜未嘗忘焉。朕惟往時之用。與今一也。百寮用度。各有數。君不量多少。一聽羣下言。用度不足。奏請一切增賦。稅城郭堧及園田。過更。筭馬牛羊。增益鹽鐵。變更無常。朕既不明。隨奏許可。後議者以爲不便。制詔下君。君云賣酒醪。後請止。未盡月。復奏議令賣酒醪。朕誠怪君何持容容之計。無忠固意。將何以輔朕帥導羣下。而欲久蒙顯尊之位。豈不難哉。傳曰。高而不危。所以長守貴也。欲退君位。尚未忍。君其孰念詳計。塞絕姦原。憂國如家。務便百姓。以輔朕。朕既已改。君其自思。彊食慎職。使尚書令賜君上尊酒十石。養牛一。君審處焉。（漢書翟方進傳。熒惑守心。大臣宜當之。上遂賜冊。方進即日自殺。）

賜趙婕妤書

問飛燕趙婕妤。夫人有誠。必應以實。憤懣充中。必形於色。詩云。鼓鐘于宮。聲聞于天。猶此言之眞僞之效。難以欺矣。夫君子貴素。文足通殷勤而已。亦何必華辭哉。自以親婕妤異于他人。故不能無言。亦不以深相過望。前數以顏色不平。應對舒遲。爲譴。卒不能自改。婕妤方見親幸之時。老母在堂。兩弟皆簪金貂。並侍於側。同列比舍。豈不謂婕妤姊弟尊幸哉。今遇蒙譴。獨謂老親兩弟何。（御覽一百四十四引婦人集。）

答趙皇后

因閱來奏。喜慶交集。夫妻之私義均一體。社稷之重。嗣續其先。妊體方初。保綏宜厚。藥有性者勿舉。食無毒者可親。有懇求上。無煩牋奏。口授宮使可矣。（秦醇趙飛燕別傳。）

報匡衡（初即位）

君以道德脩明。位在三公。先帝委政。遂及朕躬。君遵修法度。勤勞公家。朕嘉與君同心合意。庶幾有成。今司隸校尉尊妄詆欺。加非於君。朕甚閔焉。方下有司問狀。君何疑而上書歸侯。乞骸骨。是章朕之未燭也。傳不云乎。禮義不愆。何恤人之言。君其察焉。專精神。近醫藥。彊食自愛。（漢書成帝紀。又見匡衡傳。）

報王鳳（初即位）

朕承先帝聖緒。涉道未深。不明事情。是以陰陽錯繆。日月無光。赤黃之氣。充塞天下。咎在朕躬。今大將軍迺引過自予。欲上尚書事。歸大將軍印綬。罷大司馬官。是明朕之不德也。朕委將軍以事。誠欲庶幾有成。顯先祖之功德。將軍其專心固意。輔朕之不逮。毋有所疑。（漢書元后傳。）

報張禹

朕以幼年執政。萬機懼失其中。君以道德爲師。故委國政。君何疑而數乞骸骨。忽忘雅素。欲避流言。朕無聞焉。君其固心致思。總秉諸事。推以孳孳無違朕意。加賜黃金百斤。養牛。上尊酒。大官致餐。侍醫視疾。使者臨問。（漢書張禹傳。）

報許皇后

皇帝問皇后。所言事聞之。夫日者眾陽之宗。天光之貴。王者之象。人君之位也。夫以陰而侵陽。虧其正體。是非下陵上。妻乘夫。賤踰貴之變與。春秋二百四十二年。變異爲眾。莫若日蝕大。自漢興。日

蝕亦爲呂霍之屬見㠯今揆之豈有此等之效與諸侯拘迫漢制
牧相執持之也又安獲齊趙七國之難將相大臣褱誠秉忠惟義
是從又惡有上官博陸宣成之謀若夫徒步豪傑非有陳勝項梁
之羣也匈奴夷狄非有冒頓郅支之倫也方外內鄉百蠻賓服殊
俗慕義八州懷德雖使其懷挾邪意猶不足憂又況其無乎求於
夷狄無有求於臣下無有微後宮也當何㠯塞之日者建始元年
正月白氣出於營室營室者天子之後宮也正月於尚書爲皇極
皇極者王氣之極也白者西方之氣其於春當廢今正於皇極之
月興廢氣於後宮視后妾無能懷任保全者㠯著繼嗣之微賤人
將起也至其九月流星如瓜出於文昌貫紫宮尾委曲如龍臨於
鉤陳此又章顯前尤著在內也其後則有北宮井溢南流逆理數
郡水出流殺人民後則訛言相傳驚震女童入殿咸莫覺知夫河
者水陰四瀆之長今乃大決沒漂陵邑斯昭陰盛盈溢違經絕紀

之應也迺昔之月鼠巢於樹野鵲變色五月庚子烏焚其巢太山
之域易曰鳥焚其巢旅人先笑後號咷喪牛于易凶言王者處民
上如鳥之處巢也不顧卹百姓百姓畔而去之若鳥之自焚也雖
先快意說笑其後必號而無及也百姓喪其君若牛亡其毛也故
稱凶泰山王者易姓告代之處今正於岱宗之山甚可懼也三月
癸未大風自西搖祖宗寢廟揚裂帷席折拔樹木頓僵車輦毀壞
檻屋災及宗廟足爲寒心四月己亥朔日蝕東井轉旋且索與旣
無異己猶戊也亥復水也明陰盛咎在內於戊己虧君體著絕世
於皇極顯禍敗及京都於東井變怪眾備末重益大來數益甚成
形之禍月㠯迫切不救之患日寖婁深咎敗灼灼若此豈可㠯忽
哉書云高宗肜日粵有雊雉祖己曰惟先假王正厥事又曰雖休
勿休惟敬五刑㠯成三德卽飭椒房及掖庭耳今皇后有所疑便
不便其條刺使大長秋來白之吏拘於法亦安足過蓋矯枉者過

直古今同之且財幣之省特牛之祠其於皇后所㠯扶助德美爲
華寵也咎根不除災變相襲祖宗且不血食何戴侯也傳不云乎
㠯約失之者鮮審皇后欲從其奢與朕亦當法孝武皇帝也如此
則甘泉建章可復興矣世俗歲殊時變日化遵事制宜因時而移
舊之非者何可放焉君子之道樂因循而重改作昔魯人爲長府
閔子騫曰仍舊貫如之何何必改作蓋惡之也詩云雖無老成人
尚有典刑曾是莫聽大命㠯傾孝文皇帝朕之師也皇太后皇后
成法也假使太后在彼時不如職今見親厚又惡可㠯踰乎皇后
其刻心秉德毋違先后之制度力誼勉行稱順婦道減省羣事儉
約爲右其孝東宮毋闕朔望推誠永究爰何不臧養名顯行㠯息
眾讙垂則列妾使有法焉皇后深惟毋忽漢書外戚孝成許后傳于是省減椒房掖廷用度皇后遇上疏上于是采劉向谷永之言㠯報

報王鳳 陽朔初

朕秉事不明政事多闕故天變婁臻咸在朕躬將軍迺深引過自
予欲乞骸骨而退則朕將何嚮焉書不云乎公無困我務專精神
安心自持期於亟瘳稱朕意焉漢書元后傳

報翟方進 綏和元年十二月

定陵侯長已伏其辜君雖交通傳不云乎朝過夕改君子與之君
何疑焉其專心壹意毋怠醫藥㠯自持漢書翟方進傳

幼弱減死罪令 鴻嘉元年

年未滿七歲賊鬭殺人及犯殊死者上請廷尉㠯聞得減死漢書刑法志

鼎銘 綏和初

寇盜平黃河清鼎錄

全漢文卷八終

烏程嚴可均校輯

哀帝

帝諱欣元帝庶孫定陶恭王子綏和元年徵立爲皇太子二年四月卽位改元二建平元壽在位六年謚曰孝哀皇帝

尊定陶傅太后等詔 綏和二年五月

春秋母㠯子貴尊定陶太后曰恭皇太后丁姬曰恭皇后各置左右詹事食邑如長信宮中宮漢書哀紀又見孝元傅昭儀傳

罷樂府官詔 綏和二年六月

惟世俗奢泰文巧而鄭衛之聲興夫奢泰則下不孫而國貧文巧則趨末背本者眾鄭衛之聲興則淫辟之化流而欲黎庶敦朴家給猶濁其源而求其清流豈不難哉孔子不云乎放鄭聲鄭聲淫其罷樂府官郊祭樂及古兵法武樂在經非鄭衛之樂者條奏別

屬他官漢書禮樂志按哀紀亦載此詔約文云鄭聲淫而亂樂聖王所放其罷樂府又見通典一百四十一

詔王莽

先帝委政於君而棄羣臣朕得奉宗廟誠嘉與君同心合意今君移病求退㠯著朕之不能奉順先帝之意朕甚悲傷焉已詔尚書待君奏事漢書王莽傳莽上書乞骸骨哀帝遣尚書令詔莽

益封王根等詔 綏和二年六月

曲陽侯根前在位建社稷策侍中太僕安陽侯舜往時護太子家導朕忠誠專壹有舊恩新都侯莽憂勞國家執義堅固庶幾與爲治太皇太后詔休就第朕甚閔焉其益封根二千戶舜五百戶莽三百五十戶㠯莽爲特進朝朔望又還紅陽侯立京師漢書元后傳

益封河間王良詔 綏和二年六月

河間王良喪太后三年爲宗室儀表益封萬戶漢書哀紀又見河間王德傳哀帝下詔褒揚

議限列名田詔 綏和二年六月

制節謹度㠯防奢淫爲政所先百王不易之道也諸侯王列侯公主吏二千石及豪富民多畜奴婢田宅亡限與民爭利百姓失職重困不足其議限列漢書哀紀

遣使循行水災詔 綏和二年秋

朕承宗廟之重戰戰兢兢懼失天心閒者日月亡光五星失行郡國比比地動迺者河南潁川郡水出流殺人民敗壞廬舍朕之不德民反蒙辜朕甚懼焉已遣光祿大夫循行舉籍賜死者棺錢人三千其令水所傷縣邑及他郡國災害什四㠯上民貲不滿十萬皆無出今年租賦漢書哀紀

遣王根就國詔 綏和二年七月

先帝遇根況父子至厚也今迺背忘恩義㠯根嘗建社稷之策遣就國免況爲庶人歸故郡根及況父商所薦舉爲官者皆罷漢書元后

傳

益封王莽詔 綏和二年

新都侯莽憂勞國家執義堅固朕庶幾與爲治太皇太后詔莽就第朕甚閔焉其㠯黃郵聚戶三百五十益封莽位特進給事中朝朔望見禮如三公車駕乘綠車從漢書王莽傳

舉賢詔 建平元年二月

蓋聞聖王之治㠯得賢爲首其與大司馬列侯將軍中二千石州牧守相舉孝弟惇厚能直言通政事延于側陋可親民者各一人漢書哀紀

免孫寶詔 建平初

制詔丞相大司空司隸寶奏故尚書僕射崇冤請獄治尚書令昌案崇近臣罪惡暴著而寶懷邪附下罔上㠯春月作詆欺遂其姦心蓋國之賊也傳不云乎惡利口之覆邦家其免寶爲庶人漢書孫寶

傳

尊恭皇太后詔 建平二年四月

漢家之制推親親㠯顯尊尊定陶恭皇之號不宜復稱定陶其尊恭皇太后曰帝太太后稱永信宮恭皇后曰帝太后稱中安宮立恭皇廟于京師赦天下徒 漢書哀紀又見外戚孝元傅昭儀傳有刪節

葬丁太后 建平二年六月

朕聞夫婦一體詩云穀則異室死則同穴昔季武子成寢杜氏之殯在西階下請合葬而許之附葬之禮自周興焉郁郁乎文哉吾從周孝子事亡如事存帝太后宜起陵恭皇之園 漢書哀紀又見外戚定陶恭姬傳

大赦改元詔 建平二年六月

制詔丞相御史蓋聞尚書五曰考終命言大運壹終更紀天元人元考文正理推厤定紀數如甲子也朕㠯眇身入繼太祖承皇天總百僚子元元未有應天心之效卽位出入三年災變數降日月失度星辰錯謬高下貿易大異連仍盜賊並起朕甚懼焉戰戰兢兢惟恐陵夷惟漢至今二百餘載厤紀開元皇天降非材之佑漢國再獲受命之符朕之不德曷敢不通夫受天之元命必與天下自新其大赦天下㠯建平二年爲太初元將元年號曰陳聖劉太平皇帝漏刻㠯百二十爲度布告天下使明知之 漢書李尋傳又見哀紀有刪節 又見文館詞林六百六十八

蠲除改元制書詔 建平二年二月

朕獲保宗廟爲政不德變異屢仍恐懼戰栗未知所繇待詔夏賀良等建言改元易號增益漏刻可㠯永安國家朕信道不篤過聽賀良等言冀爲海內獲福卒無嘉應久旱爲災㠯問賀良等對當復改制度皆背經誼違聖制不合時宜夫過而不改是爲過矣六月甲子制書非赦令也皆蠲除之賀良等反道惑眾姦態當窮竟皆下獄 漢書李尋傳又見哀紀有刪節

策詔王崇 建平三年九月

朕㠯君有累世之美故踰列次在位㠯來忠誠匡國未聞所繇反懷詐諼之辭欲㠯攀救舊姻之家大逆之辜舉錯專恣不遵法度亡㠯示百僚左遷爲大司農 漢書王吉傳

封傅商爲汝昌侯詔 建平四年二月

朕幼而孤皇太太后躬自養育免于襁褓教道㠯禮至於成人惠澤茂焉欲報之德皞天罔極前追號皇太太后父爲崇祖侯惟念德報未殊朕甚悳焉侍中光祿大夫商皇太太后父同產子小自保大恩義最親其封商爲汝昌侯爲崇祖侯後更號崇祖爲汝昌哀侯 漢書鄭崇傳

封董賢等詔 建平四年八月

朕居位㠯來寢疾未瘳反逆之謀相連不絕賊亂之臣近侍帷幄前東平王雲與后謁祝詛朕使侍醫伍宏等內侍案脈幾危社稷殆莫甚焉昔楚有子玉得臣晉文爲之側席而坐近事汲黯折淮南之謀今雲等至有圖弒天子逆亂之謀者是公卿股肱莫能悉心務聰明㠯銷厭未萌之故賴宗廟之靈侍中駙馬都尉賢等發覺㠯聞咸伏其辜書不云乎用德章厥善其封賢爲高安侯南陽太守寵爲方陽侯左曹光祿大夫躬爲宜陵侯 漢書王嘉傳又息夫躬傳載此詔云躬寵因賢㠯聞封賢爲高安侯寵爲方陽侯躬爲宜陵侯食邑各千戶

舉明習兵法詔 建平四年冬

閒者災變不息盜賊眾多兵革之徵或頗著見未聞將軍惻然深㠯爲意簡練戎兵繕修干戈器用盬惡孰當督之天下雖安忘戰必危將軍與中二千石舉明習兵法有大慮者各一人將軍二人詣公車 漢書息夫躬傳

日蝕詔 元壽元年正月

朕獲保宗廟、不明不敏、夙夜憂勞、未皇寧息。惟陰陽不調、元元不贍、未睹厥咎。婁敕公卿、庶幾有望。至今有司執法、未得其中。或上暴虐、假埶獲名、溫良寬柔、陷於亡滅。是故殘賊彌長、和睦日衰、百姓愁怨、靡所錯躬。迺正月朔、日有蝕之、厥咎不遠、在余一人。公卿大夫其各悉心勉帥百寮、敦任仁人、黜遠殘賊、期于安民。陳朕之過失、無有所諱。其與將軍列侯中二千石舉賢良方正能直言者各一人。大赦天下。漢書哀紀。

左遷毋將隆詔 元壽元年

制詔丞相御史大夫、交讓之禮興、則虞芮之訟息。隆位九卿、既無以匡朝廷之不逮、而反奏請與永信宮爭貴賤之賈、程奏顯言、衆莫不聞。舉錯不繇誼理、爭求之名自此始、無以示百寮、傷化失俗。以隆前有安國之言、左遷爲沛郡都尉。漢書毋將隆傳。

免傅嘉詔 元壽元年

前爲侍中、毀譖仁賢、誣愬大臣、令俊艾者久失其位。嘉傾覆巧僞、挾姦以罔上、崇黨以蔽朝、傷善以肆意。詩不云乎、讒人罔極、交亂四國。其免嘉爲庶人、歸故郡。漢書孔光傳。

免息夫躬孫寵詔 元壽二年

南陽太守方陽侯寵、素亡廉聲、有酷惡之資、毒流百姓。左曹光祿大夫宜陵侯躬、虛造詐諼之策、欲以詿誤朝廷。皆交遊貴戚、趨權門、爲名。其免躬寵官、遣就國。漢書息夫躬傳。

詔上計丞史歸告二千石 元壽二年

詔書數下、禁吏無苛暴。丞史歸告二千石、順民所疾苦、急去殘賊、審擇良吏、無任苛刻。治獄決訟、務得其中。惰詔憂百姓困於衣食、二千石帥勸農桑、思稱厚恩、有以賑贍之、無煩撓奪民時。今日公卿以下、務飭儉恪。奢侈過制度以益甚、二千石身帥有以化之。民冗食者、請諭以法、養視疾病、致醫藥務治之。詔書無飭廚養、至今未變。又更過度、甚不稱。歸告二千石、務省約如法。且案不改者長吏以聞。宮寺鄉亭漏敗、牆垣阤壞不治、無辨護者、不勝任、先自劾不應法。歸告二千石聽。續漢百官志注引漢舊儀。

御史大夫敕上計丞吏

詔書殿下、布告郡國、臣下承宣無狀、多不究、百姓不蒙恩被化。守長吏到郡、與二千石同力、爲民興利除害、務有以安之、稱詔書。郡國有茂才不顯者言、殘民貪汙煩擾之吏、百姓所苦、務勿任用。方察不稱者、刑罰務於得中、惡惡止其身。選舉民侈過度、務有以化之。問今歲善惡孰與往年。對上、問今年盜賊孰與往年。得無有羣輩大賊。對上。續漢百官志注引漢舊儀。

策免彭宣 建平元年十月

有司數奏言、諸侯國人不得宿衞。將軍不宜典兵馬處大位。朕惟將軍任漢將之重、而子又前取淮陽王女、婚姻不絕、非漢之制。使光祿大夫曼賜將軍黃金五十斤、安車駟馬。其上左將軍印綬、以關內侯歸家。漢書彭宣傳。

策免何武 建平初

君舉錯煩苛、不合衆心、孝聲不聞、惡名流行、無以率示四方。其上大司空印綬、罷歸就國。漢書何武傳。

策免師丹 建平初

夫三公者、朕之腹心也、輔善相過、匡率百僚、和合天下者也。朕既不明、委政於公、閒者陰陽不調、寒暑失常、變異婁臻、山崩地震、河決泉涌、流殺人民、百姓流連、無所歸心、司空之職尤廢焉。君在位出入三年、未聞忠言嘉謀、而反有朋黨相進不公之名。乃者以挺力田議改幣章示君、君內爲朕建可改不疑。以君之言博考朝臣、乃希衆雷同外以爲不便、令觀聽者歸非於朕、朕隱忍不宣、爲君受愆。朕疾夫比周之徒、虛僞壞化、寖以成俗、故屢以書飭君、幾君省過求已而反不受退有後言及君奏封事傳於道路布聞朝市言事者㠯爲大臣不忠辜陷重辟護虛采名謗議匈匈流於四方腹心如此謂疏者何殆繆於二人同心之利焉將何㠯率示羣下附親遠方朕惟君位尊任重慮不周密懷諼迷國進退違命反覆異言甚爲君恥之非所㠯共承天地永保國家之意㠯君嘗託傅位未忍考于理已詔有司赦君勿治其上大司空高樂矦印綬罷歸（漢書師丹傳）

策免傅喜（建平二年二月）

君輔政出入三年未有昭然匡朕不逮而本朝大臣遂其姦心咎繇君焉其上大司馬印綬就第（漢書傅喜傳）

策免孔光（建平二年四月）

丞相者朕之股肱所與共承宗廟統理海內輔朕之不逮㠯治天下也朕既不明災異重仍日月無光山崩河決五星失行是章朕之不德而股肱之不良也君前爲御史大夫翼輔先帝出入八年卒無忠言嘉謀今相朕出入三年憂國之風復無聞焉陰陽錯謬歲比不登天下空虛百姓饑饉父子分散流離道路㠯十萬數而百官羣職曠廢㠯姦軌放縱盜賊並起或攻官寺殺長吏數㠯問君君無怵惕憂懼之意對毋能爲是㠯羣卿大夫咸惰哉莫㠯爲意咎由君焉君秉社稷之重總百僚之任上無㠯匡朕之闕下不能綏安百姓書不云乎毋曠庶官天工人其代之於虖君其上丞相博山矦印綬罷歸（漢書孔光傳）

策蕭育

南郡盜賊羣輩爲害朕甚憂之㠯太守威信素著故委南郡太守之官期於爲民除害安元元而已亡拘于小文（漢書蕭望之附傳）

册免丁明（元壽元年九月）

前東平王雲貪欲上位祠祭祝詛雲后舅伍宏㠯醫待詔與校祕書郎楊閎結謀反逆禍甚迫切賴宗廟神靈董賢等㠯聞咸伏其辜將軍從弟侍中奉車都尉吳族父左曹屯騎校尉宣皆知宏及栩丹諸矦王后親而宣除用丹爲御屬吳與宏交通厚善數稱薦宏宏㠯附吳得興其惡心因醫技進幾危社稷朕㠯恭皇后故不忍有云將軍位尊任重既不能明威立義折消未萌又不深疾雲宏之惡而懷非君上阿爲宣吳反痛恨雲等揚言爲羣下所冤又親見言伍宏善醫死可惜也賢等獲封極幸嫉妒忠良非毀有功於戲傷哉蓋君親無將將而誅之是㠯季友鴆叔牙春秋賢之趙盾不討賊謂之弑君朕甚閔將軍陷于重刑故㠯書飭將軍遂非不改復與丞相嘉相比令嘉有依得㠯罔上有司致法將軍請獄治朕惟噬膚之恩未忍其上票騎將軍印綬罷歸就第（漢書董賢傳）

册董賢爲大司馬大將軍（元壽元年十二月）

朕承天序惟稽古建爾于公㠯爲漢輔往悉爾心統辟元戎折衝綏遠匡正庶事允執其中天下之眾受制于朕㠯將爲命㠯兵爲威可不慎與（漢書董賢傳）

白太后

皇帝聞太后詔甚悲大司馬卽不起皇帝卽不敢聽政（漢書王莽傳）

報平當（建平三年三月）

朕選于眾㠯君爲相視事日寡輔政未久陰陽不調冬無大雪旱氣爲災朕之不德何必君罪君何疑而上書乞骸骨歸關內矦爵邑使尚書令譚賜君養牛一上尊酒十石君其勉致醫藥㠯自持（漢書平當傳）

責問王嘉（元壽元年三月）

相等前坐在位不盡忠誠外附諸矦操持兩心背人臣之義今所稱相等材美足㠯相計除罪君㠯道德位在三公㠯總方略一統萬類分明善惡爲職知相等罪惡陳列著聞天下時輒㠯自劾今

又稱舉相等，云爲朝廷惜之。大臣舉錯，恣心自在，迷國罔上，近由君始，將謂遠者何？對狀。（漢書王嘉傳，嘉奏封事，薦廷尉梁相等，後封還益董賢戶事，上發怒，召嘉詣尚書責問。）

上書謝爲皇太子

臣幸得繼父守藩爲諸侯王，材質不足以假充太子之宮。陛下聖德寬仁，敬承祖宗，奉順神祇，宜蒙福祐子孫千億之報。臣願且得留國邸，旦夕奉問起居，俟有聖嗣，歸國守藩。（漢書哀紀，成帝徵定陶王立爲皇太子，謝曰云云。書奏，天子報聞。）

（謹按漢書有平帝紀，平帝詔書皆莽白太后，太后下詔耳。今編入元后集中，不列平帝名目，從其實也。）

全漢文卷九終

全漢文卷十

烏程嚴可均校輯

呂后

后諱雉字娥姁單父人高帝爲亭長時納之漢元年立爲王后五年立爲皇后惠帝卽位尊爲皇太后少帝卽位臨朝稱制尋廢少帝立恆山王弘凡臨朝八年

除重辠詔 元年

前日孝惠皇帝言欲除三族辠妖言令議未決而崩今除之漢書呂后紀

議定列侯功次詔 二年

高皇帝匡飭天下諸有功者皆受分地爲列侯萬民大安莫不受休德朕思念至於久遠而功名不著亡以尊大誼施後世今欲差次列侯功以定朝位臧于高廟世世勿絕嗣子各襲其功位其與列侯議定奏之漢書呂后紀

廢少帝詔 四年夏

凡有天下治爲萬民命者蓋之如天容之如地上有驩心以安百姓百姓欣然以事其上驩欣交通而天下治今皇帝疾久不已迺失惑惛亂不能繼嗣奉宗廟祭祀不可屬天下其代之史記呂后紀帝壯或聞其母死非眞皇后子迺出言曰后安能殺吾母而名我我未壯壯卽爲變太后幽之永巷中太后曰云云漢書呂后紀作詔

議昭靈等尊號詔 七年

昭靈夫人太上皇妃也武哀侯宣夫人高皇帝兄姊也號謚不稱其議尊號漢書呂后紀

報匈奴冒頓書

單于不忘弊邑賜之以書弊邑恐懼退日自圖年老氣衰髮齒墮落行步失度單于過聽不足以自汚弊邑無罪宜在見赦竊有御車二乘馬二駟以奉常駕漢書匈奴傳高后時冒頓寖驕迺爲書使使遺高后使大謁者張澤報書

程姬

程姬景帝妃生魯共王餘江都易王非膠西于王端武帝時就魯國爲王太后

遺孫女徵臣書

國中口語籍籍愼無復至江都漢書江都王非傳非薨子建嗣建女弟徵臣爲蓋侯子婦建與姦後數使使至長安迎徵臣魯恭王太后聞之遺徵臣書

昭上官后

后隴西上邽人左將軍上官桀孫女昭帝始元四年召爲倢伃尋立爲皇后昌邑王卽位尊爲皇太后時年十五宣帝卽位爲太皇太后立四十七年建昭二年崩年五十二

璽書徵昌邑王

制詔昌邑王使行大鴻臚事少府樂成宗正德光祿大夫吉中郎將利漢徵王乘七乘傳詣長安邸漢書武五子傳

公孫倢伃

倢伃名徵史宣帝納爲妃拜倢伃生東平王宇元帝初隨王就國爲東平太后

奏免東平相王尊

尊爲相倨慢不臣王血氣未定不能忍愚誠恐母子俱死今妾不得使王復見尊陛下不留意妾願先自殺不忍見王之失義也漢書王尊傳

元王皇后

后名政君魏郡元城人宣帝時東平王聘爲姬未入而王薨五鳳中入掖廷爲家人子甘露中元帝爲太子納爲妃生成帝元帝卽位以爲倢伃尋立爲皇后成帝卽位尊爲皇太后居長信宮哀帝卽位尊爲太皇太后平帝卽位臨朝委政于莽平帝崩立劉嬰爲孺子以莽爲攝皇帝莽篡位廢爲新室文母太皇太

后建國五年崩，年八十四。

詔有司復甘泉泰畤等祠 永始三年十月

蓋聞王者承事天地，交接泰一，尊莫著於祭祀。孝武皇帝大聖通明，始建上下之祀，營泰畤於甘泉，定后土於汾陰，而神祇安之，饗國長久，子孫蕃滋，累世遵業，福流於今。今皇帝寬仁孝順，奉循聖緒，靡有大愆，而久無繼嗣。思其咎職，殆在徙南北郊，違先帝之制，改神祇舊位，失天地之心，以妨繼嗣之福。春秋六十，未見皇孫，食不甘味，寢不安席，朕甚悼焉。春秋大復古，善順祀。其復甘泉泰畤、汾陰后土如故，及雍五畤、陳寶祠在陳倉者。漢書郊祀志下。

治問成帝發病狀詔 綏和二年三月

皇帝暴崩，羣衆讙譁怪之。掖庭令輔等在後庭左右，侍燕迫近，雜與御史丞相廷尉治問皇帝起居發病狀。漢書外戚傳下。成帝崩，民間歸罪趙昭儀，皇太后詔大司馬莽、丞相大司空云云，趙昭儀自殺。

詔有司復長安南北郊 綏和二年三月

皇帝即位，思順天心，遵經義，定郊禮，天下說憙。懼未有皇孫，故復甘泉泰畤、汾陰后土，庶幾獲福。皇帝恨難之，卒未得其祐。其復南北郊長安如故，以順皇帝之意也。漢書郊祀志下。成帝崩，皇太后詔有司。

詔有司復甘泉泰畤汾陰后土祠 建平三年十一月

皇帝孝順，奉承聖業，靡有解怠，而久疾未瘳。夙夜惟思，殆繼體之君不宜改作。春秋大復古，其復甘泉泰畤、汾陰后土祠如故。漢書郊祀志下。明年，復令太皇太后詔有司。

貶徙趙太后詔 元壽二年七月

前皇太后與昭儀俱侍帷幄，姊弟專寵錮寢，執賊亂之謀，殘滅繼嗣，以危宗廟，誖天犯祖，無為天下母之義。貶皇太后為孝成皇后，徙居北宮。漢書外戚孝成趙皇后傳。哀帝崩，王莽白太后，詔有司。

令傳皇后退居桂宮詔 元壽二年七月

定陶共王太后與孔鄉侯晏同心合謀，背恩忘本，專恣不軌，與至尊同稱號，終沒，至乃配食于左坐，誖逆無道。令孝哀皇后退就桂宮。漢書外戚孝哀傅皇后傳。哀帝崩，王莽白太皇太后下詔。

廢趙皇后詔 元壽二年八月

皇后自知罪惡深大，朝請希闊，失婦道，無共養之禮，而有狼虎之毒，宗室所怨，海內之讎也，而尚在小君之位，誠非皇天之心。夫小不忍亂大謀，恩之所不能已者，義之所割也。今廢皇后為庶人，就其園。漢書外戚傳。

禁舉赦前事詔 元壽二年九月

夫赦令者，將與天下更始，誠欲令百姓改行絜己，全其性命也。往者有司多舉奏赦前事，累增罪過，誅陷亡辜，殆非重信慎刑、灑心自新之意也。及選舉者，其歷職更事有名之士，則以為難保，廢而弗舉，甚謬于赦小過舉賢材之義。諸有臧及內惡未發而薦舉者，皆勿案驗。令士厲精鄉進，不以小疵妨大材。自今以來，有司無得陳赦前事置奏上。有不如詔書，為虧恩，以不道論。定著令，布告天下，使明知之。漢書平紀。

令王莽勿辭安漢公詔 元始元年正月

無偏無黨，王道蕩蕩。屬有親者，義不得阿。君有安宗廟之功，不可以骨肉故，蔽隱不揚。君其勿辭。漢書王莽傳上。

君以選故而辭以疾，君任重，不可闕，以時亟起。漢書王莽傳上。

益封孔光等四輔詔 元始元年正月

太傅博山侯光宿衞四世，世為輔相，忠孝仁篤，行義顯著，建議定策，益封萬戶，以光為太師，與四輔之政。車騎將軍安陽侯舜積累仁孝，使迎中山王，折衝萬里，功德茂著，益封萬戶，以舜為太保。左將軍光祿勳豐宿衞三世，忠信仁篤，使迎中山王，輔導共養，以安宗廟，封豐為廣陽侯，食邑五千戶，以豐為少傅。皆授四輔之職，疇

其爵邑各賜第一區侍中奉車都尉邯宿衞勤勞建議定策封邯爲承陽侯食邑二千四百戶漢書王莽傳上

吕王莽爲太傅詔 元始元年正月

大司馬新都侯莽三世爲三公典周公之職建萬世策功德爲忠臣宗化流海内遠人慕義越裳氏重譯獻白雉其吕召陵新息二縣戶二萬八千益封莽復其後嗣疇其爵邑封加如蕭相國吕莽爲太傅幹四輔之事號曰安漢公吕故蕭相國甲第爲安漢公第定著於令傳之無窮漢書王莽傳上

聽王莽讓益封詔 元始元年正月

公自期百姓家給是吕聽之其令公奉舍人賞賜皆倍故百姓家給人足大司徒大司空吕聞漢書王莽傳上

拜平帝母衞姬爲中山孝王后詔 元始元年六月

中山孝王后深分明爲人後之義條陳故定陶傅太后丁姬誖天逆理上僭位號徙定陶王於信都爲共王立廟于京師如天子制不畏天命侮聖人言壞亂法度居非其制稱非其號是吕皇天震怒火燒其殿六年之間大命不遂禍殃仍重竟令孝哀帝受其餘災大失天心天命暴崩又令共王祭祀絕廢精魂無所依歸朕惟孝王后深說經義明鏡聖法懼古人之禍敗近事之咎殃畏天命奉聖言是迺久保一國長獲天祿而令孝王永享無疆之祀福祥之大者也朕甚嘉之夫褒義賞善聖王之制其吕中山故安戶七千益中山后湯沐邑加賜及中山王黃金各百斤增傅相吕下秩漢書外戚中山衞姬傳

封王堅固爲邛成侯詔 元始元年

孝宣王皇后朕之姑深念奉質共修之義恩結于心惟邛成共侯國廢祀絕朕甚閔焉其封共侯曾孫堅固爲邛成侯漢書外戚孝宣王皇后傳

元始中成帝太后下詔案外戚恩澤侯表作元始元年知即太皇太后也

令王莽平決奏事詔 元始元年

皇帝幼年朕且統政比加元服今眾事煩碎朕春秋高精氣不堪殆非所吕安躬體而育養皇帝者也故選忠賢立四輔羣下勸職永吕康寧孔子曰巍巍乎舜禹之有天下而不與焉自今吕來惟封爵乃吕聞他事安漢公四輔平決州牧二千石及茂材吏初除奏事者輒引入至近署對安漢公考故官問新職吕知其稱否漢書王莽傳上

還傅喜詔 元始初

高武侯喜姿性端慤論議忠直雖與故定陶太后有屬終不順指從邪介然守節吕故斥逐就國傳不云乎歲寒然後知松柏之後凋也其還喜長安吕故高安侯莫府賜喜位特進奉朝請漢書傅喜傳

罷申屠剛詔

剛所言僻經妄說違背大義其罷歸田里後漢申屠剛傳平帝時舉賢良方正對策莽令太后下詔

更名詔 元始二年春

皇帝二名通於器物今更名合於古制使太師光奉太牢告祠高廟漢書平紀

賜公孫弘子孫當爲後者爵詔 元始二年四月

太皇太后詔大司徒大司空蓋聞治國之道富民爲始富民之要在於節儉孝經曰安上治民莫善於禮禮與奢也寧儉昔者管仲相齊桓霸諸侯有九合一匡之功而仲尼謂之不知禮吕其奢泰侈擬於君故也夏禹卑宮室惡衣服後聖不循由此言之始之盛也始一作治德優矣莫高于儉儉化俗民則尊卑之序得而骨肉之恩親爭訟之原息斯乃家給人足刑錯之本也歟可不務哉夫三公者百寮之率萬民之表也未有樹直表而得曲影者也孔子不云

乎子率以正孰敢不正舉善而教不能則勸維漢興以來股肱宰臣身行儉約輕財重義較然著明未有若故丞相平津侯公孫弘者也位在丞相而為布被脫粟之飯不過一肉故人所善賓客皆分奉祿以給之無有所餘誠內自克約而外從制汲黯詰之乃聞於朝此可謂減於制度而可施行者也德優則行否則止與內奢泰而外為詭服以釣虛譽者殊科以病乞骸骨孝武皇帝即制曰賞有功褒有德善善惡惡君宜知之其省思慮存精神輔以醫藥賜告治病牛酒雜帛居數月有瘳視事至元狩二年竟以善終於相位夫知臣莫若君此其效也弘子度嗣爵後為山陽太守坐法失侯夫表德章義所以率俗厲化聖王之制不易之道也其賜弘後子孫之次當為後者爵關內侯食邑三百戶徵詣公車上名尚書朕親臨拜焉（史記平津侯傳附錄文略見漢書公孫弘傳）

詔羣臣 元始二年

蓋聞母后之義思不出乎門閾國不蒙祐皇帝年在襁褓未任親政戰戰兢兢懼於宗廟之不安國家之大綱微朕孰當統之是以孔子見南子周公居攝蓋權時也勤身極思憂勞未綏故國奢則視之以儉矯枉者過其正而朕不身帥將謂天下何夙夜夢想五穀豐孰百姓家給比皇帝加元服委政而授焉今誠未皇於輕靡而備味庶幾與百僚有成其勖之哉（漢書王莽傳上莽帥羣臣奏願遵帝王之常服復太官之法膳又令太后下詔）

詔王莽 元始二年

聞公菜食憂民深矣今秋幸孰公勤於職以時食肉愛身為國（漢書王莽傳上）

勿采王莽女詔 元始三年春

王氏女朕之外家其勿采（漢書王莽傳上）

為平帝納采王莽女詔 元始三年春

喜當作嘉

遣大司徒大司空策告宗廟雜加卜筮皆曰兆遇金水王相封遇父母得位所謂康强之占逢吉之符也（漢書王莽傳上）

詔王莽 元始三年

夫唐堯有丹朱周文王有管蔡此皆上聖亡奈下愚子何以其性不可移也公居周公之位輔成王之主而行管蔡之誅不以親親害尊尊朕甚喜之昔周公誅四國之後大化乃成至於刑錯公其專意翼國期於致平（漢書王莽傳上莽子宇使呂寬夜持血灑莽第門莽執宇送獄飲藥死甄邯等白太后下詔）

非坐不道無得繫婦女老弱詔 元始四年正月

蓋夫婦正則父子親人倫定矣前詔有司復貞婦歸女徒誠欲以防邪辟全貞信及眊悼之人刑罰所不加聖王之所制也惟苛暴吏多拘繫犯法者親屬婦女老弱構怨傷化百姓苦之其明敕百寮婦女非身犯法及男子年八十以上七歲以下家非坐不道詔所名捕它皆無得繫其當驗者即驗問定著令（漢書平紀又見通典一百六十三）

詔孔光等 元始四年四月

公每見叩頭流涕固辭今移病固當聽其讓令眡事邪將當遂行其賞遣歸就第也（漢書王莽傳上）

許刻宰衡太傅大司馬印章詔 元始四年

可載如相國朕親臨授焉（漢書王莽傳上）

荅羣臣議加王莽九錫詔 元始四年

可其議九錫之法（漢書王莽傳上）

詔孔光 元始四年

太師光聖人之後先師之子德行純淑道術通明居四輔職輔導于帝今年耆有疾俊艾大臣惟國之重其猶不可以闕焉書曰無遺耇老國之將興尊師而重傅其令太師毋朝十日一賜餐賜太師靈壽杖黃門令為太師省中坐置几太師入省中用杖賜餐十

七物，然後歸老于第，官屬按職如故。漢書孔光傳，又書抄五十二引漢官儀三條，並云元始元年，與漢書爲異。

全漢文卷十終

義當作羲

全漢文卷十一

烏程嚴可均校輯

元王皇后二

置宗師詔 元始五年正月

蓋聞帝王㠯德撫民其次親親㠯相及也昔堯睦九族舜惇敍之朕㠯皇帝幼年且統國政惟宗室子皆太祖高皇帝子孫及兄弟吳頃楚元之後漢元至今十有餘萬人雖有王矦之屬莫能相糾或陷入刑罪教訓不至之咎也傳不云乎君子篤於親則民興於仁其爲宗室自太上皇㠯來族親各㠯世氏郡國置宗師㠯糾之致教訓焉二千石選有德義者㠯爲宗師考察不從教令有冤失職者宗師得因郵亭書言宗伯請㠯聞常㠯歲正月賜宗師帛各十四 漢書平紀

議九錫禮儀詔 元始五年

可唯公功德光于天下是㠯諸矦王公列矦宗室諸生吏民翕然同辭連守闕庭故下其章諸矦宗室辭去之日復見前重陳雖曉喻罷遣猶不肯去告㠯孟夏將行厥賞莫不驩悅稱萬歲而退今公每見輒流涕叩頭言願不受賞賞卽加不敢當位方制作未定事須公而決故且聽公制作畢成羣公㠯聞究于前議其九錫禮儀亟奏 漢書王莽傳

封劉歆王惲等列矦詔 元始五年正月

羲和劉歆等四人使治明堂辟廱令漢與文王靈臺周公作洛同符太僕王惲等八人使行風俗宣明德化萬國齊同皆封爲列矦 漢書平紀

改葬傅太后及丁姬詔 元始五年

因故棺爲致椁作冢祠㠯太牢謁者護 漢書外戚定陶丁姬傳

封師丹爲義陽矦詔 元始五年

夫褒有德賞有功先聖之制百王不易之道也故定陶太后造稱僭號甚悖義禮關內矦師丹端誠於國不顧患難執忠節據聖法分明尊卑之制確然有柱石之固臨大節而不可奪可謂社稷之臣矣有司條奏邪臣建定稱號者已放退而丹功賞未加殆繆乎先賞後罰之義非所㠯章有德報厥功也其㠯厚丘之中鄉戶二千一百封丹爲義陽矦 漢書師丹傳

詔賜免馬宮策 元始五年

太師大司徒扶德矦上書言前㠯光祿勳議定陶共王母謚曰婦人㠯夫爵尊爲號謚宜曰孝元傅皇后稱渭陵東園臣知妾不得體君卑不得敵尊而希指雷同詭經辟說㠯惑誤上爲臣不忠當伏斧鉞之誅幸蒙灑心自新又令得保首領伏自惟念入稱四輔出備三公爵爲列矦誠無顏復望闕庭無心復居守府無宜復食國邑願上太師大司徒扶德矦印綬避賢者路下君章有司皆㠯

爲四輔之職爲國維綱三公之任鼎足承君不有鮮明固守無㠯居位如君言至誠可聽惟君之惡在灑心前不敢文過朕甚多之不奪君之爵邑㠯著自古皆有死之義其上太師大司徒印綬使者㠯矦就第 漢書馬宮傳莽㠯太皇太后詔賜宮策

出平帝媵妾詔 元始五年十二月

皇帝仁惠無不顧哀每疾一發氣輒上逆害於言語故不及有遺詔其出媵妾皆歸家得嫁如孝文時故事 漢書平紀

令安漢公居攝詔 元始五年十二月

蓋聞天生眾民不能相治爲之立君㠯統理之君年幼稚必有寄託而居攝焉然後能奉天施而成地化羣生茂育書不云乎天工人其代之朕㠯孝平皇帝幼年且統國政幾加元服委政而屬之今短命而崩嗚呼哀哉已使有司徵孝宣皇帝玄孫二十三人差度宜者㠯嗣孝平皇帝之後玄孫年在襁褓不得至德君子孰能

安之。安漢公莽。輔政三世。比遭際會。安光漢室。遂同殊風。至于制作。與周公異世同符。今前煇光囂武功長通上言丹石之符。朕深思厥意。云爲皇帝者。乃攝行皇帝之事也。夫有法成易。非聖人者亡法。其令安漢公居攝踐祚。如周公故事。吕武功縣爲安漢公采地。名曰漢光邑。具禮儀奏。（漢書王莽傳。）

封劉嘉爲師禮侯詔　居攝元年

惟嘉父子兄弟。雖與崇有屬。不敢阿私。或見萌芽。相率告之。及其禍成。同共讎之。應合古制。忠孝著焉。其吕杜衍戶千封嘉爲師禮侯。嘉子七人。皆賜爵關內侯。（漢書王莽傳上。）

封孔光孫等詔　居攝元年

故太師光雖前薨。功效已列。太保舜、大司空豐、輕車將軍邯、步兵將軍建皆爲誘進單于籌策。又典靈臺明堂辟雍四郊。定制度。開子午道。與宰衡同心說德。合意并力。功德茂著。封舜子匡爲同心侯。林爲說德侯。光孫壽爲合意侯。豐孫匡爲并力侯。益邯建各三千戶。（漢書王莽傳上。）

進封莽二子及兄子詔　居攝三年

進攝皇帝子褒新侯安爲新舉公。賞都侯臨爲褒新公。封光爲衍功侯。（漢書王莽傳上。）

冊罷董賢　元壽二年六月

間者吕來。陰陽不調。菑害並臻。元元蒙辜。夫三公。鼎足之輔也。高安侯賢未更事理。爲大司馬。不合衆心。非所吕折衝綏遠也。其收大司馬印綬。罷歸第。（漢書董賢傳。哀帝崩。莽使謁者吕太后詔卽闕下冊賢。卽日與妻皆自殺。按平紀載太皇太后詔曰。大司馬賢年少。不合衆心。其上印綬罷。卽此冊約文。）

策免彭宣　元壽二年七月

惟君視事日寡。功德未效。迫于老眊昏亂。非所吕輔國家綏海內也。使光祿勳豐冊詔君。其上大司空印綬。便就國。（漢書彭宣傳。哀帝崩。莽白太后策宣。）

策王莽爲安漢公　元始元年正月

漢危無嗣。而公定之。四輔之職。三公之任。而公幹之。羣僚衆位。而公宰之。功德茂著。宗廟吕安。蓋白雉之瑞。周成象焉。故賜嘉號曰安漢公。輔翼於帝。期於致平。毋違朕意。（漢書王莽傳上。）

策遣龔勝邴漢　元始二年六月

惟元始二年六月庚寅。光祿大夫太中大夫耆艾二人。吕老病罷。太皇太后使謁者僕射策詔之曰。蓋聞古者有司年至則致仕。所吕恭讓而不盡其力也。今大夫年至矣。朕愍吕官職之事煩大夫。其上子若孫若同產同產子一人。大夫其修身守道。吕終高年。賜帛及行道舍宿。歲時羊酒衣衾。皆如韓福故事。（漢書兩龔傳。哀帝崩。王莽秉政。勝與太中大夫邴漢。俱乞骸骨。於是王莽依韓福故事白遣勝漢策。）

策安漢公九錫文　元始五年五月

惟元始五年五月庚寅。太皇太后臨于前殿。延登。請詔之曰。公進。虛聽朕言。前公宿衛孝成皇帝十有六年。納策盡忠。白誅故定陵侯淳于長。吕彌亂發姦。登大司馬。職在內輔。孝哀皇帝卽位。驕妾窺欲。姦臣萌動。公手劾高昌侯董宏。改正故定陶共王母之僭坐。自是之後。朝臣論議。靡不據經。吕病辭位。歸于第家。爲賊臣所陷。就國之後。孝哀皇帝覺寤。復還公長安。臨病加劇。猶不忘公。復特進位。是夜倉卒。國無儲主。姦臣充朝。危殆甚矣。朕惟定國之計。莫宜于公。引納于朝。卽日罷退高安侯董賢。轉漏之閒。忠策輒建。綱紀咸張。綏和元壽。再遭大行。萬事畢舉。禍亂不作。輔朕五年。人倫之本正。天地之位定。欽承神祇。經緯四時。復千載之廢。矯百世之失。天下和會。大衆方輯。詩之靈臺。書之作雒。鎬京之制。商邑之度。於今復興。昭章先帝之元功。明著祖宗之令德。推顯嚴父配天之義。脩立郊禘宗祀之禮。吕光大孝。是吕四海雍雍。萬國慕義。蠻夷殊俗不召自至漸化端冕奉珍助祭尋舊本道遵術重古動而有成事得厥中至德要道通于神明祖考嘉享光耀顯章天符仍臻元氣大同麟鳳龜龍眾祥之瑞七百有餘遂制禮作樂有綏靖宗廟社稷之大勳普天之下惟公是賴官在宰衡位為上公今加九命之錫其㠯助祭共文武之職乃遂及厥祖於戲豈不休哉（漢書王莽傳上）

與成帝書

前所道尚未效富平侯反復來其能默虖（漢書敘傳）

定陶傅太后

后河內溫人少為上官太后才人元帝為太子得進幸及即位立為倢伃生定陶恭王進號昭儀恭王生哀帝時成帝無子徵立哀帝為皇太子及即位尊為恭皇太后尋尊為帝太太后後又更號為皇太太后稱永信宮

詔丞相御史遣傅喜就國

高武侯喜無功而封內懷不忠附下罔上與故大司空丹同心背畔放命圮族虧損德化罪惡雖在赦前不宜奉朝請其遣就國（漢書傅喜傳）

成許皇后

后昌邑人宣帝許皇后從弟嘉之女元帝時選為皇太子妃成帝即位立為皇后專寵無子鴻嘉三年坐姊謁等祝詛後宮有身者事發廢處昭臺宮尋徙長定宮後九年坐姊嬿事賜死

上疏言椒房用度

妾誇布服糲食加㠯幼稚愚惑不明義理幸得免離茅屋之下備後宮埽除蒙過誤之寵居非命所當託洿穢不修曠職尸官數逆至法踰越制度當伏放流之誅不足㠯塞責迺壬寅日大長秋受詔椒房儀法御服輿駕所發諸官署及所造作遺賜外家羣臣妾皆如竟寧㠯前故事妾伏自念入椒房㠯來遺賜外家未嘗踰故事每輒決上可覆問也今誠時世異制長短相補不出漢制而已纖微之閒未必可同若竟寧前與黃龍前豈相放哉家吏不曉今壹受詔如此且使妾搖手不得今言無得發取諸官殆謂未央宮不屬妾不宜獨取也言妾家府亦不當得妾竊惑焉幸得賜湯沐邑㠯自奉養亦小發取其中何害于誼而不可哉又詔書言服御所造皆如竟寧前吏誠不能揆其意即且令妾被服所為不得不如前設妾欲作某屏風張于某所曰故事無有或不能得則必繩妾㠯詔書矣此二事誠不可行唯陛下省察宦吏忮佷必欲自勝幸妾尚貴時猶㠯不急事操人況今日日益侵又獲此詔其操約人豈有所訴陛下見妾在椒房終不肯給妾纖微內邪若不私府小取將安所仰乎舊故中宮乃私奪左右之賤繒及發乘輿服繒言為待詔補已而貿易其中左右多竊怨者甚恥為之又故事㠯

特牛祠大父母戴侯敬侯皆得蒙恩㠯太牢祠今當率如故事唯陛下哀之今吏甫受詔讀記直豫言使后知之非可復若私府有所取也其萌芽所㠯約制妾者恐失人理今但損車駕及毋若未央宮有所發遺賜衣服如故事則可矣其餘誠太迫急柰何妾薄命端遇竟寧前竟寧前於今世而比之豈可邪故時酒肉有所賜外家輒上表迺決又故杜陵梁美人歲時遺酒一石肉百斤耳妾甚少之遺田八子誠不可若是事率眾多不可勝㠯文陳俟自見索言之唯陛下深察焉（漢書外戚傳下孝成許皇后常寵於上後宮希得進見上無繼嗣於是省減椒房掖廷用度皇后迺上疏）

班倢伃

倢伃樓煩人班固之祖姑成帝初選入後宮拜倢伃鴻嘉中求供養太后長信宮

自悼賦

承祖考之遺德兮何性命之淑靈登薄軀於宮闕兮充下陳於後庭蒙聖皇之渥惠兮當日月之盛明揚光烈之翕赫兮奉隆寵於增成既過幸於非位兮竊庶幾乎嘉時每寤寐而絫息兮申佩離㠯自思陳女圖㠯鏡監兮顧女史而問詩悲晨婦之作戒兮哀褒閻之為郵美皇英之女虞兮榮任姒之母周雖愚陋其靡及兮敢舍心而忘茲歷年歲而悼懼兮閔蕃華之不滋痛陽祿與柘館兮仍襁褓而離災豈妾人之殃咎兮將天命之不可求白日忽已移光兮遂晻莫而昧幽猶被覆載之厚德兮不廢捐於罪郵奉共養於東宮兮託長信之末流共灑埽於帷幄兮永終死㠯為期願歸骨於山足兮依松柏之餘休重曰潛玄宮兮幽㠯清應門閉兮禁闥扃華殿塵兮玉階落中庭萋兮綠草生廣室陰兮帷幄暗房櫳虛兮風泠泠感帷裳兮發紅羅紛綷綵兮紈素聲神眇眇兮密靚處君不御兮誰為榮俯視兮丹墀思君兮履綦仰視兮雲屋雙涕兮橫流顧左右兮和顏酌羽觴兮銷憂惟人生兮一世忽一過兮若浮已獨享兮高明處生民兮極休勉虞精兮極樂與福祿兮無期綠衣兮白華自古兮有之（漢書外戚傳、列女傳八、藝文類聚三十）

擣素賦

測平分㠯知歲酌玉衡之初臨見禽華㠯麃（一作飇）色聽（一作忽）霜鶴之傳音佇風軒而結睇對愁雲之浮沈雖松梧之貞脆豈榮彫其異心若乃廣儲懸月暉水流清桂露朝滿涼衿夕輕燕姜含蘭而未吐趙女抽簧而絕聲改容飾而相命卷霜帛而下庭曳羅裙之綺靡振珠佩之精明若乃盼睞生姿動容多製弱態含羞妖風靡麗皎若明魄之升崖煥若荷華（一作衣）之昭晰調鉛無㠯玉其貌凝朱不能異其脣勝雲霞之邇日（一作月）似桃李之向春紅黛相媚綺組流光笑笑移妍步步生芳兩靨如點雙眉如張頹肌柔液音性閑良於是投香杵扣玫砧擇鸞聲爭鳳音梧因虛而調遠柱由貞

而響沈散繁輕而浮捷（藝文類聚作揵）節疎亮而清深含笙總筑比玉兼金不塤不篪匪瑟匪琴或旅環而紓鬱或相參而不雜或將往而中還或已離而復合翔鴻為之徘徊落英為之颯沓調非常律聲無定本任落手之參差從風飈之遠近或連躍而更投或暫舒而長卷清寡鸞之命羣哀離鶴之歸晚當是時也鍾期改聽伯牙弛琴桑閒絕響濮上傳音蕭史編管㠯擬吹周王調笙㠯象吟若乃窈窕姝妙之年幽閑貞（一作靜）專之性符皎日之心甘首疾之病歌采綠之章發東山之詠望明月而撫心對秋風而掩鏡閱紈練之初成擇玄黃之妙匹（一作遇）準華裁於昔時疑形異於今日想嬌奢之或至許椒蘭之多術勳陋製之無韻慮蛾眉之為愧懷百憂之盈抱空千里兮飲淚後長袖於妍袪（藝文類聚作袂）綴半月於蘭襟表纖手於微縫庶見迹而知心訊沿（藝文類聚作計脩）路之遐敻怨芳菲之易泄（一作絕）書既封而重題笥已緘而更結慙行客而無言還空房而掩咽（古文苑。又見藝文類聚八十五，有刪節）

報諸姪書

記言屬見所賜趙倢伃書㠯相比元帝被病無悰但鍛鍊後宮貴人書也類多華辭至如成帝則推誠寫實若家人夫婦相與書矣何可比也故略陳其長短令汝曹自評之（御覽引婦人集）

趙皇后

后號飛燕本陽阿主家人成帝召為倢伃永始元年立為皇后哀帝即位尊為皇太后哀帝崩貶徙北宮尋廢為庶人自殺

奏牋成帝

臣妾久備掖庭先承幸御遺肆大號積有歲時近因始生之日復加善視之私特屈乘輿俯臨東掖久侍宴私再承幸御臣妾數月來內宮盈實月脈不流飲食美甘不異常日知聖躬之在體辨天日之入懷虹初貫日聽是珍符龍據妾胸茲為佳瑞更期蕃育神

宮當作官
彥當作產

嗣抱日趨庭瞻望聖明踴躍臨賀謹此以聞（秦醇趙飛燕別傳）

趙昭儀

昭儀名合德飛燕女弟成帝既幸飛燕因召合德爲倢伃後拜昭儀居昭陽宮屢殺皇子成帝崩太后詔問狀自殺

奏上趙皇后書賀正位

天地交暢貴人姊及此令吉光登正位爲先人休不堪喜豫謹奏上二十六物以賀金屑組文茵一鋪沈水香蓮心椀一面五色同心大結一盤鴛鴦萬金錦一匹瑠璃屏風一張枕前不夜珠一枚含香綠毛狸藉一鋪通香虎皮檀象一座龍香握魚二首獨搖寶蓮一鋪七出菱花鏡一奩精金彄環四指若亡絳綃單衣一襲香文羅手藉三幅七回光雄肪髮澤一盎紫金被褥香鑪一枚文犀辟毒箸一雙碧玉膏奩一合（趙飛燕外傳）

今日嘉辰貴姊懋膺洪冊謹上襚三十五條以陳踊躍之心金華紫輪帽金華紫羅面衣織成上襦織成下裳（一作下裙）五色文綬鴛鴦襦鴛鴦被鴛鴦褥金錯繡襠七寶綦履五色文玉環同心七寶釵黃金步搖合歡（一作合浦）圓璫琥珀枕龜文枕珊瑚玦馬瑙彄雲母扇孔雀扇翠羽扇九華扇五明扇雲母屏風瑠璃屏風五層金博山香鑪回風扇（一作席）椰葉席同心梅合枝李青木香沈水香香螺卮九眞雄麝香（一作九眞雄黃麝香）七枝鐙（西京雜記上）

與藉武詔記

取牛宮令舍婦人新彥兒婢六人盡置暴室獄毋問兒男女誰兒也

今夜漏上五刻持兒與舜會東交掖門

告武以篋中物書予獄中婦人武自臨飲之

赫蹏書

告偉能努力飲此藥不可復入女自知之

又與藉武詔記

告武篋中有死兒埋屏處勿令人知（已上並漢書孝成趙皇后傳）

全漢文卷十一終

全漢文卷十二

烏程嚴可均校輯

吳王濞

濞高帝兄仲之子十一年封沛侯十二年封吳王孝景三年反伏誅

下令國中

寡人年六十二身自將少子年十四亦爲士卒先諸年上與寡人比下與少子等者皆發（史記吳王濞傳　漢書吳王濞傳）

發使遺諸侯王書

吳王劉濞敬問膠西王膠東王菑川王濟南王趙王楚王淮南王衡山王廬江王故長沙王子幸教寡人以漢有賊臣錯無功天下侵奪諸侯地使吏劾繫訊治以僇辱之爲故不以諸侯人君禮遇劉氏骨肉絕先帝功臣進任姦宄詿亂天下欲危社稷陛下多病志失不能省察欲舉兵誅之謹聞教敝國雖狹地方三千里人雖少精兵可具五十萬寡人素事南越三十餘年其王君皆不辭分其卒以隨寡人又可得三十餘萬寡人雖不肖願以身從諸王南越直長沙者因王子定長沙以北西走蜀漢中告越楚王淮南三王與寡人西面齊諸王與趙王定河閒河內或入臨晉關或與寡人會雒陽燕王趙王固與胡王有約燕王北定代雲中摶胡眾入蕭關走長安匡正天子以安高廟願王勉之楚元王子淮南三王或不沐洗十餘年怨入骨髓欲一有所出之久矣寡人未得諸王之意未敢聽今諸王苟能存亡繼絕振弱伐暴以安劉氏社稷之所願也吳國雖貧寡人節衣食之用積金錢修兵革聚糧食夜以繼日三十餘年矣凡爲此願諸王勉用之能斬捕大將者賜金五千斤封萬戶列將三千斤封五千戶裨將二千斤封二千戶二千石千斤封千戶皆爲列侯其以軍若城邑降者卒萬人邑萬戶如

得大將人戶五千如得列將人戶三千如得裨將人戶千如得二千石其小吏皆以差次受爵金佗封賜皆倍常法其有故爵邑者更益勿因願諸王明以令士大夫弗敢欺也寡人金錢在天下者往往而有非必取於吳諸王日夜用之弗能盡有當賜者告寡人寡人且往遺之敬以聞（史記吳王濞傳　漢書吳王濞傳）

齊王襄

襄齊悼惠王肥之太子高帝嫡長孫孝惠六年嗣位孝文元年薨謚曰哀王

遺諸侯王書

高帝平定天下王諸子弟悼惠王王齊悼惠王薨孝惠帝使留侯良立臣爲齊王孝惠崩高后用事春秋高聽諸呂擅廢帝更立（史記齊悼惠王世家作擅廢高帝所立）又比殺三趙王滅梁趙燕以王諸呂分齊爲四忠臣進諫上惑亂弗聽今高后崩而帝春秋富未能治天下固恃大臣諸侯而諸呂又擅自尊官聚兵嚴威劫列侯忠臣矯制以令天下宗廟所以危寡人率兵入誅不當爲王者（史記呂后紀又見齊悼惠王世家漢書高五王傳皆小異）

淮南王安

安淮南王長之子高帝之孫孝文八年封阜陵侯十六年封淮南王元朔五年削地五縣元狩元年謀反自殺有淮南子內篇二十一卷中篇八卷集二卷

屏風賦

惟茲屏風出自幽谷根深枝茂號爲喬木孤生陋弱畏金彊族移根易土委伏溝瀆飄飄危殆靡安措足思在蓬蒿林有樸樕然常無緣悲愁酸毒天啟我心遭遇徵祿中郎繕理收拾捐朴大匠攻之刻雕削斲表雖剝裂心實貞慤等化器類庇蔭尊屋列在左右近君頭足賴蒙成濟其恩弘篤何惠施遇分好沾渥不逢仁人永

爲枯木。藝文類聚六十九，初學記二十五，御覽七百一。

上書諫伐南越

陛下臨天下布德施惠緩刑罰薄賦斂哀鰥寡恤孤獨養耆老振匱乏盛德上隆和澤下洽近者親附遠者懷德天下攝然人安其生自㠯沒身不見兵革今聞有司舉兵將㠯誅越臣安竊爲陛下重之越方外之地劗髮文身之民也不可㠯冠帶之國法度理也自三代之盛胡越不與受正朔非彊弗能服威弗能制也㠯爲不居之地不牧之民不足㠯煩中國也故古者封内甸服封外矦服矦衞賓服蠻夷要服戎狄荒服遠近埶異也自漢初定㠯來七十二年吳越人相攻擊者不可勝數然天子未嘗舉兵而入其地也臣聞越非有城郭邑里也處谿谷之間篁竹之中習於水鬭便於用舟地深昧而多水險中國之人不知其埶阻而入其地雖百不當其一得其地不可郡縣也攻之不可暴取也㠯地圖察其山川

要塞相去不過寸數而間獨數百千里阻險林叢弗能盡著視之若易行之甚難天下賴宗廟之靈方内大寧戴白之老不見兵革民得夫婦相守父子相保陛下之德也越人名爲藩臣貢酎之奉不輸大内一卒之用不給上事自相攻擊而陛下發兵救之是反㠯中國而勞蠻夷也且越人愚戇輕薄負約反覆其不用天子之法度非一日之積也一不奉詔舉兵誅之臣恐後兵革無時得息也間者數年歲比不登民待賣爵贅子㠯接衣食賴陛下德澤振救之得毋轉死溝壑四年不登五年復蝗民生未復今發兵行數千里資衣糧入越地輿轎而隃領拕舟而入水行數百千里夾㠯深林叢竹水道上下擊石林中多蝮蛇猛獸夏月暑時歐泄霍亂之病相隨屬也曾未施兵接刃死傷者必衆矣前時南海王反陛下先臣使將軍間忌將軍擊之㠯其軍降處之上淦後復反會天暑多雨樓船卒水居擊櫂未戰而疾死者過半親老涕泣孤子謕

號破家散業迎尸千里之外裹骸骨而歸悲哀之氣數年不息長老至今㠯爲記曾未入其地而禍已至此矣臣聞軍旅之後必有凶年言民之各㠯其愁苦之氣薄陰陽之和感天地之精而災氣爲之生也陛下德配天地明象日月恩至禽獸澤及草木一人有饑寒不終其天年而死者爲之悽慘于心今方内無狗吠之警而使陛下甲卒死亡暴露中原霑漬山谷邊境之民爲之早閉晏開鼂不及夕臣安竊爲陛下重之不習南山地形者多㠯越爲人衆兵彊能難邊城淮南全國之時多爲邊吏臣竊聞之與中國異限㠯高山人迹所絕車道不通天地所㠯隔外内也其入中國必下領水領水之山峭峻漂石破舟不可㠯大船載食糧下也越人欲爲變必先田餘干界中積食糧迺入伐材治船邊城守候誠謹越人有入伐材者輒收捕焚其積聚雖百越奈邊城何且越人緜力薄材不能陸戰又無車騎弓弩之用然而不可入者㠯保地險而

中國之人不能其水土也臣聞越甲卒不下數十萬所㠯入之五倍迺足輓車奉饟者不在其中南方暑溼近夏癉熱暴露水居蝮蛇蠚生疾癘多作兵未血刃而病死者什二三雖舉越國而虜之不足㠯償所亡臣聞道路言閩越王弟甲弑而殺之甲㠯誅死其民未有所屬陛下若欲來内處之中國使重臣臨存施德垂賞㠯招致之此必攜幼扶老㠯歸聖德若陛下無所用之則繼其絕世存其亡國建其王矦㠯爲畜越此必委質爲藩臣世共貢職陛下㠯方寸之印丈二之組填撫方外不勞一卒不頓一戟而威德竝行今㠯兵入其地此必震恐㠯有司爲欲屠滅之也必雉兔逃入山林險阻背而去之則復相羣聚留而守之歷歲經年則士卒罷勌食糧乏絕男子不得耕稼樹種婦人不得紡績織紝丁壯從軍老弱轉餉居者無食行者無糧民苦兵事亡逃者必衆隨而誅之不可勝盡盜賊必起臣聞長老言秦之時嘗使尉屠睢擊越又使

心當作兵　率當作卒

暨蘇繫渠通道。越人逃入深山林叢。不可得攻。留軍屯守空地。曠日持久。士卒勞倦。越乃出擊之。秦兵大破。迺發適戍以備之。當此之時。外內騷動。百姓靡敝。行者不還。往者莫反。皆不聊生。亡逃相從。羣爲盜賊。於是山東之難始興。此老子所謂師之所處。荆棘生之者也。兵者凶事。一方有急。四面皆從。臣恐變故之生。姦邪之作。由此始也。周易曰。高宗伐鬼方。三年而克之。鬼方小蠻夷。高宗殷之盛天子也。以盛天子伐小蠻夷。三年而後克。言用心之不可不重也。臣聞天子之兵有征而無戰。言莫敢校也。如使越人蒙死徼幸以逆執事之顏行。厮輿之率有一不備而歸者。雖得越王之首。臣猶竊爲大漢羞之。陛下以四海爲境。九州爲家。八藪爲囿。江漢爲池。生民之屬。皆爲臣妾。人徒之衆。足以奉千官之共。租稅之收。足以給乘輿之御。玩心神明。秉執聖道。負黼依。馮玉几。南面而聽斷。號令天下。四海之內。莫不嚮應。陛下垂德惠以覆露之。使元元

之民安生樂業。則澤被萬世。傳之子孫。施之無窮。天下之安猶泰山而四維之也。夷狄之地。何足以爲一日之閒。而煩汗馬之勞乎。詩云。王猶允塞。徐方既來。言王道甚大。而遠方懷之也。臣聞之。農夫勞而君子養焉。愚者言而智者擇焉。臣安得爲陛下守藩。以身爲鄣蔽。人臣之任也。邊境有警。愛身之死而不畢其愚。非忠臣也。臣安竊恐將吏之以十萬之師爲一使之任也。漢書嚴助傳。

趙王彭祖

彭祖。景帝子。前二年封廣川王。三年徙封趙王。在位六十三年。征和元年薨。謚曰敬肅王。

上書告張湯姦狀

湯大臣也。史謁居有病。湯至爲摩足。疑與爲大姦。史記張湯傳。

淮南王安罪議

淮南王安甚大逆無道。謀反明白。當伏誅。史記淮南王長附傳。趙王彭祖與列侯讓等四十三人議。又見漢書。

水當作木

訟太子丹

充逋逃小臣。苟爲姦譌。激怒聖朝。欲取必於萬乘。以復私怨。後雖亨醢。計猶不悔。臣願選從趙國勇敢士。從軍擊匈奴。極盡死力。以贖丹罪。漢書江充傳。充有女弟嫁趙太子丹。充因得幸。久之。丹與充忤。遂捕充。充亡。詣闕告丹。武帝怒。收丹下魏郡獄。法至死。彭祖上書訟丹。不許。後竟赦出。不得立。

膠西王端

端。景帝子。前三年封膠西王。在位四十七年。元封三年薨。謚曰于王。

淮南王安罪議

淮南王安廢法行邪。懷詐僞心。以亂天下。熒惑百姓。倍畔宗廟。妄作妖言。春秋曰。臣無將。將而誅。安罪重於將。謀反形已定。臣端所見其書節印圖及他逆無道事驗明白。甚大逆無道。當伏其法。而

論國吏二百石以上及比者。宗室近幸臣不在法中者。不能相教。當皆免官削爵爲士伍。毋得宦爲吏。其非吏他贖死金二斤八兩。以章臣安之罪。使天下明知臣子之道。毋敢復有邪僻倍畔之意。史記淮南王長附傳。又見漢書。

中山王勝

勝。景帝子。前三年封中山王。在位四十二年。元鼎四年薨。謚曰靖王。

文木賦

麗水離披。生彼高崖。拂天河而布葉。橫日路而擢枝。幼鶴羸鸞。單雄寡雌。紛紜翔集。嘈嗷鳴啼。載蘿載雪。而梢勁風。將等歲于二儀。巧匠不識。王子見知。乃命班爾。載斧伐斯。隱若天崩。豁如地裂。花葉分披。條枝摧折。既剝既刊。見其文章。或如龍盤虎踞。復似鸞集鳳翔。青緺紫綬。環璧珪璋。重山累嶂。連波疊浪。奔電屯雲。薄霧濃雰。

干當作于

廟宗驥旅雜族雜羣蠋繡鴦錦蓮藕芰文色比金而有裕質參玉而無分裁爲用器曲直舒卷修竹映池高松植巘制爲樂器婉轉蟠行鳳將九子龍導五駒制爲屛風鬱弗穹隆制爲杖几極麗窮美制爲杭案文章璀璨彪炳渙汗制爲盤盂采玩蜘蛛猗歟君子其樂只且（西京雜記下。）

聞樂對

臣聞悲者不可爲絫欷思者不可爲歎息故高漸離擊筑易水之上荆軻爲之低而不食雍門子壹微吟孟嘗君爲之於邑今臣心結日久每聞幼眇之聲不知涕泣之横集也夫衆㖧漂山聚蟲成靁朋黨執虎十夫橈椎是以文王拘于牖里孔子阨于陳蔡此乃烝庶之成風增積之生害也臣身遠與寡莫爲之先衆口鑠金積毀銷骨叢輕折軸羽翮飛肉紛驚逢羅潸然出涕臣聞白日曬光幽隱皆照明月曜夜蟁蝱宵見然雲蒸列布杳冥晝昏塵埃抪覆昧不見泰山何則物有蔽之也今臣雍閼不得聞讒言之徒蠭生道遼路遠曾莫爲臣聞臣竊自悲也臣聞社鼷不灌屋鼠不熏何則所託者然也臣雖薄也得蒙肺附位雖卑也得爲東藩屬又稱兄今羣臣非有葭莩之親鴻毛之重羣居黨議朋友相爲使夫宗室擯卻骨肉冰釋斯伯奇所以流離比干所以横分也詩云我心憂傷惄焉如擣假寐永歎唯憂用老心之憂矣疢如疾首臣之謂也（漢書景十三王傳。）

劉長

長勝孫中山哀王之子。

爲燕王旦命令羣臣

寡人賴先帝休德獲奉北藩親受明詔職吏事領庫兵飭武備任重職大夙夜兢兢子大夫將何以規佐寡人且燕國雖小成周之建國也上自召公下及昭襄于今千載豈可謂無賢哉寡人束帶聽朝三十餘年曾無聞焉其者寡人之不及與意亦子大夫之思有所不至乎其咎安在方今寡人欲撟邪防非章聞揚和撫慰百姓移風易俗厥路何由子大夫其各悉心以對寡人將察焉（漢書武五子燕王旦傳。）

燕王旦

旦武帝長子元狩六年四月封燕王元鳳元年謀反自殺謚曰剌王

上書請立武帝廟

竊見孝武皇帝躬聖道孝宗廟慈愛骨肉和集兆民德配天地明並日月威武洋溢遠方執寶而朝增郡數十斥地且倍封泰山禪梁父巡狩天下遠方珍物陳于太廟德甚休盛請立廟郡國（漢書武五子傳。）

上書爲丁外人求侯

子路喪姊期而不除孔子非之子路曰由不幸寡兄弟不忍除之故曰觀過知仁今臣與陛下獨有長公主爲姊陛下幸使丁外人侍之外人宜蒙爵號（漢書外戚傳上。）

上疏請入宿衞

昔秦據南面之位制一世之命威服四夷輕弱骨肉顯重異族廢道任刑無恩宗室其後尉佗入南夷陳涉呼楚澤近狎作亂内外俱發趙氏無炊火焉高皇帝覽蹤迹觀得失見秦建本非是故改其路規土連城布王子孫是以支葉扶疏異姓不得間也今陛下承明繼成委任公卿羣臣連與成朋非毀宗室膚受之愬日騁于廷惡吏廢法立威主恩不及下究臣聞武帝使中郎將蘇武使匈奴見留二十年不降還亶爲典屬國今大將軍長史敞無勞爲搜粟都尉又將軍都郎羽林道上移蹕太官先置臣旦願歸符璽入宿衞察姦臣之變（漢書武五子傳。）

斥當作斤

昌邑王賀

賀，武帝孫。後二年嗣父髆位爲昌邑王。昭帝崩，徵入嗣，即位二十七日，爲霍光所廢。元康三年封海昏侯。

下令賜王吉

寡人造行不能無惰，中尉甚忠，數輔吾過。使謁者千秋賜中尉牛肉五百斥，酒五石，脯五束。（漢書王吉傳）

淮陽王欽

欽，宣帝子。元康三年封淮陽王。河平初薨，謚曰憲王。

報舅張博書

子高遭幸左顧，存恤發心，惻隱顯至，誠納㠯嘉謀，語㠯至事，雖亦不敏，敢不諭意。今遣有司爲子高償責二百萬。（漢書宣元六王傳）

遹者詔下止諸侯朝者，寡人憯然不知所出。子高素有顏冉之資，臧武之智，子貢之辯，卞莊子之勇，兼此四者，世之所鮮。既開端緒，願卒成之。求朝，義事也，奈何行金錢乎。（漢書宣元六王傳）

楚王延壽

延壽，元王交八世孫。天漢元年嗣封楚王，在位三十二年。地節元年謀反，誅。

遺廣陵王胥書

願長耳目，毋後人有天下。（漢書楚元王傳）

梁王立

立，梁孝王武八世孫。陽朔元年嗣，在位二十七年。元始三年有罪，廢，徙漢中，自殺。

對訊

立少失父母，孤弱，處深宮中，獨與宦者婢妾居，漸漬小國之俗，加㠯質性下愚，有不可移之姿。往者傅相亦不純㠯仁誼輔翼立，大臣皆尚苛刻，刺求微密，讒臣在其間，左右弄口，積使上下不和，更相眄伺。宮殿之裏，毛氂過失，亡不暴陳。當伏重誅，㠯視海內，數蒙聖恩，得見貰赦。今立自知賊殺中郎曹將，冬月迫促，貪生畏死，即詐僵仆陽病，徼幸得踰於須臾。謹㠯實對，伏須重誅。（漢書梁孝王傳。哀帝建平中，梁王立復殺人，天子遣廷尉賞、大鴻臚由持節即訊，至移書傅相中尉，立惶恐，免冠對。）

全漢文卷十二終

烏程嚴可均校輯

義帝

帝名心楚懷王孫秦二世二年項梁求得之民閒立為楚懷王都盱台漢元年項籍尊為義帝徙都郴二年英布承籍指陰令吳芮共敖擊殺之江中

與諸將約

先破秦入咸陽者王之史記項羽本紀

項王

王名籍字羽一字子羽下相人楚將項燕孫秦二世元年從季父梁起兵為裨將二年楚懷王以為次將封魯公三年拜上將軍漢元年自立為西楚霸王都彭城五年兵敗走烏江自刎死有兵法一篇

斬宋義出令軍中

宋義與齊謀反楚楚王陰令羽誅之史記項羽本紀

劉舍

舍項王枝屬賜姓劉文帝十年嗣父襄爵為桃侯漢書功臣表作桃安侯百官表作桃侯今從史記項羽紀及申屠嘉傳景帝時為太僕遷御史大夫中三年代周亞夫為丞相後元年卒謚曰懿侯一云哀侯

請定箠令

笞者箠長五尺其本大一寸其竹也末薄半寸皆平其節當笞者笞臀毋得更人畢一罪乃更人漢書刑法志景帝中六年詔定箠令丞相劉舍御史大夫衛綰請

陳餘

餘大梁人事陳涉為校尉趙王武臣以為大將軍項王入關以南皮旁三縣封為成安君趙王歇又立為代王留相趙漢三年韓信破趙斬于泜水上

遺章邯書

白起為秦將南征鄢郢北阬馬服攻城略地不可勝計而竟賜死蒙恬為秦將北逐戎人開榆中地數千里竟斬陽周何者功多秦不能盡封因以法誅之今將軍為秦將三歲矣所亡失以十萬數而諸侯並起滋益多彼趙高素諛日久今事急亦恐二世誅之故欲以法誅將軍以塞責使人更代將軍以脫其禍夫將軍居外久多內郤有功亦誅無功亦誅且天之亡秦無愚智皆知之今將軍內不能直諫外為亡國將孤特獨立而欲常存豈不哀哉將軍何不還兵與諸侯為從約共攻秦分王其地南面稱孤此孰與身伏鈇質妻子為僇乎史記項羽本紀又見漢書項羽傳又見荀悅漢紀有增刪

宋義

義故楚令尹秦二世二年楚懷王以為上將軍號卿子冠軍三年為項王所斬

下令軍中

猛如虎很如羊貪如狼彊不可使者皆斬之史記項羽本紀

宋昌

昌義孫以家吏從高帝起山東遷都尉出為代中尉文帝元年拜衛將軍領南北軍封壯武侯景帝中四年有罪奪爵一級為關內侯

勸進代王議

羣臣之議皆非也夫秦失其政諸侯豪桀並起人人自以為得之者以萬數然卒踐天子之位者劉氏也天下絕望一矣高帝封王子弟地犬牙相制此所謂磐石之宗也天下服其彊二矣漢興除秦苛政約法令施德惠人人自安難動搖三矣夫以呂太后之嚴立諸呂為三王擅權專制然而太尉以一節入北軍一呼士皆左袒為劉氏叛諸呂卒以滅之此乃天授非人力也今大臣雖欲為

變百姓弗爲使其黨寍能專一耶方今內有朱虛東牟之親外畏吳楚淮南琅邪齊代之彊方今高帝子獨淮南王與大王大王又長賢聖仁孝聞於天下故大臣因天下之心而欲迎立大王大王勿疑也（史記文紀丞相陳平太尉周勃使人迎代王張武等議稱疾毋往以觀其變中尉宋昌進曰云云又見漢書文紀稍有刪節）

孔鮒

鮒一名甲字子魚魯人一字甲或稱孔甲或謂之子鮒孔子八世孫陳涉起兵以陳餘薦爲博士太師涉敗俱死陳下

將沒戒弟子

魯天下有仁義之國也戰國之世講頌不衰且先君之廟在焉吾謂叔孫通處濁世而清其身學儒術而知權變是今師也宗于有道必有令圖歸必事焉（孔叢子荅問篇）

孔臧

臧鮒從曾孫文帝九年嗣父聚（孔叢作彥）爵蓼侯元朔二年拜太常五年坐事免

諫格虎賦

帝使亡諸大夫問乎下國下國之君方帥將士於中原車騎駢闐被行岡巒手格猛虎生縛貙豻昧爽而出見星而還國政不恤惟此爲歡乃夸于大夫曰下國鄙固不知帝者之事敢問天子之格虎豈有異術哉大夫未之應因又言曰下國褊陋莫以娛心故乃闢四封以爲藪圍境內以爲林禽鳥育之驛驛淫淫晝則鳴嚾夜則嘷吟飛禽起而翳目走獸動而審音犯之者其罪死驚之者其刑深虞侯苑令是掌厥禁於是分幕將士營遮榛叢戴星入野列火求蹤見虎自來乃往尋從張罝網羅刃鋒驅檻車聽鼓鐘猛虎顛遽奔走西東怖駭內懷迷冒怔忪耳目喪精值網而衝局然自縛或隻或雙車徒抃讚咸稱曰工乃縛以絲組斬其爪牙支輪登

窮當作穹

較高載歸家孟賁（案當有脫文）被髮瞋目蹀猾紛華故都邑百姓莫不于邁陳列路隅咸稱萬歲斯亦畋獵之至樂也大夫曰順君之心樂矣然則樂之至也者與百姓同之謂夫兕虎之生與天地偕山林澤藪又其宅也被有德之君則不爲害今君荒于遊獵莫恤國政驅民入山林格虎於其廷妨害農業殘夭民命國政其必亂民命其必散國亂民散君誰與處以此爲至樂所未聞也於是下國之君乃頓首曰臣實不敏習之日久矣幸今承誨請遂改之（孔叢子連叢上）

楊柳賦

嗟茲楊柳先生後傷蔚茂炎夏多陰可涼伐之原野樹之中塘溉浸以時日引月長巨本洪枝條修遠揚夭繞連枝猗那其房或拳局以逮下（當脫土字）或擢迹而接窮蒼綠葉累疊鬱茂翳沈蒙籠交錯應風悲吟鳴鵠集聚百變其音爾乃觀其四布運其所臨南垂大陽北被玄陰西奄梓園東覆果林規方冒乎半頃清室莫與比淡於是朋友同好几筵列行論道飲燕流川浮觴殽核紛雜賦詩斷章合陳厥志考以先王賞恭罰慢事有紀綱洗觶酌樽兕觥並揚飲不至醉樂不及荒威儀抑抑動合典常退坐分別其樂難忘惟萬物之自然固神妙之不如（當有脫字）意此楊樹依我以生未丁一紀我賴以寍暑不御箑淒而涼清內蔭我宇外及有生物有可貴云何不銘乃作斯賦以敘斯情（孔叢子連叢上）

鴞賦

季夏庚子思道靜居爰有飛鴞集我屋隅異物之來吉凶之符觀之歡然覽考經書在德爲常棄常爲妖尋氣而應天道不踰昔在賈生有志之士忌茲鵩鳥卒用喪已咨我令考信道秉眞變怪生家謂之天神修德滅邪化及其鄰禍福無門唯人所求聽天任命慎厥所修棲遲養志老氏之疇爵祿之來祇增我憂時去不索時

來不逆，庶幾中庸。仁義之宅，何思何慮。自令勤劇。（孔叢子連叢上。又見藝文類聚九十二、御覽九百二十七。）

蓼蟲賦

季夏既望，暑往涼還。逍遙諷誦，遂歷東園。周旋覽觀，憩于南藩。覩茲茂蓼，結葩吐榮。猗那隨風，綠葉紫莖。爰有蠕蟲，厥狀似螟。羣聚其間，食之㠯生。於是寤物託事，推況乎人。幼長斯蓼，莫或知辛。膏粱之子，豈曰不云。苟非德義，不㠯爲家。安逸無心，如禽獸何。逸必致驕，驕必致亡。匪唯辛苦，乃丁大殃。（孔叢子連叢上。又見藝文類聚八十二、御覽九百四十八。）

與侍中從弟安國書

臧報侍中：相知忿俗儒淫辭冒義，有意欲校亂反正，由來久矣。然雅達博通，不世而出，流學守株，比肩皆是，衆口非非，正將焉立。每獨念至此，夙夜反側。誠懼仁弟道非信於世，而㠯獨知爲愆也。人之所欲，天必從之。舊章潛於壁室，正於紛擾之際，欻爾而見，俗儒結舌，古訓復申，豈非聖祖之靈，欲令仁弟讚明其道，㠯闡其業者哉。且曩雖爲今學，亦多所不信，唯聞尚書二十八篇，取象二十八宿，謂爲至然也。河圖古文乃自百篇耶。如堯典說者㠯爲堯舜同道，弟素常㠯爲雜有舜典，今果如所論。及成王道雷風，周公信自在。俗儒羣驅，狗吠雷同，不得其髣髴，惡能明聖道之眞乎。知㠯今讎古之隸篆推科斗，已定五十餘篇，並爲之傳，云其餘錯亂，文字摩滅，不可分了，欲垂待後賢，誠合先君闕疑之義。顧惟世移，名制改變，文體義類，轉益難知，㠯弟博洽溫敏，既善推理，又習其書，而猶尚絶意，莫肎垂留三思，縱使來世亦有篤古碩儒，其若斯何。嗚呼惜哉。先王遺典，缺而不補，聖祖之業，分半而泯，後之君子，將焉取法。假令顏閔不歿，游夏更生，其豈然乎。不得已已，貴復申之。（孔叢子連叢上。）

與子琳書

告琳：頃來聞汝與諸友講肄書傳，滋滋晝夜，衎衎不怠，善矣。人之進道，惟問其志，取必㠯漸，勤則得多。山霤至柔，石爲之穿；蝎蟲至弱，木爲之弊。夫霤非石之鑿，蝎非木之鑽，然而能㠯微脆之形，陷堅剛之體，豈非積漸之致乎。訓曰：徒學知之未可多，履而行之乃足佳。故學者所㠯飾（文選顏延之秋胡詩注作飭。）百行也。侍中子國，明達淵博，雅學絶倫，言不及利，行不欺名，動遵禮法，少小長操，故雖與羣臣竝參侍見，侍崇禮不供褻事，獨得掌御唾壺，朝廷之士，莫不榮之。此汝親所見。詩不云乎：毋念爾祖，聿修厥德。又曰：操斧伐柯，其則不遠。遠則尼父，近則子國，於㠯立身，其庶矣乎。（孔叢子連叢上。又見藝文類聚五十五。）

孔安國

安國字子國，臧從弟。武帝時爲諫議大夫，還侍中博士，出爲臨淮太守。

尚書序

古者伏犧氏之王天下也，始畫八卦，造書契，㠯代結繩之政，由是文籍生焉。伏羲神農黃帝之書，謂之三墳，言大道也。少昊顓頊高辛唐虞之書，謂之五典，言常道也。至於夏商周之書，雖設教不倫，雅誥奧義，其歸一揆。是故歷代寶之，㠯爲大訓。八卦之說，謂之八索，求其義也。九州之志，謂之九丘。丘，聚也。言九州所有，土地所生，風氣所宜，皆聚此書也。春秋左氏傳曰：楚左史倚相能讀三墳五典八索九丘，即謂上世帝王遺書也。先君孔子，生於周末，覩史籍之煩文，懼覽之者不一，遂乃定禮樂，明舊章，刪詩爲三百篇，約史記而修春秋，讚易道㠯黜八索，述職方㠯除九丘。討論墳典，斷自唐虞㠯下，訖於周。芟夷煩亂，翦截浮辭，舉其宏綱，撮其機要，足㠯垂世立教，典謨訓誥誓命之文，凡百篇，所㠯恢弘至道，示人主㠯軌範也。帝王之制，坦然明白，可舉而行，三千之徒，並受其義。及秦始皇滅先代典籍，焚書坑儒，天下學士，逃難解散，我先人用藏其家書于屋壁漢室龍興開設學校旁求儒雅㠯闡大猷濟南伏生年過九十失其本經口㠯傳授裁二十餘篇㠯其上古之書謂之尚書百篇之義世莫得聞至魯共王好治宮室壞孔子舊宅㠯廣其居於壁中得先人所藏古文虞夏商周之書及傳論語孝經皆科斗文字王又升孔子堂聞金石絲竹之音乃不壞宅悉㠯書還孔氏科斗書廢已久時人無能知者㠯所聞伏生之書考論文義定其可知者為隸古定更㠯竹簡寫之增多伏生二十五篇伏生又㠯舜典合於堯典益稷合於皐陶謨盤庚三篇合為一康王之誥合於顧命復出此篇并序凡五十九篇為四十六卷其餘錯亂摩滅不可復知悉上送官藏之書府㠯待能者承詔為五十九篇作傳於是遂研精覃思博考經籍採摭羣言㠯立訓傳約文申義敷暢厥旨庶幾有補於將來書序序所㠯為作者之意昭然義見宜相附近故引之各冠其篇首定五十八篇既畢會國有巫蠱事

經籍道息用不復㠯聞傳之子孫㠯貽後世若好古博雅君子與我同志亦所不隱也（文選。唐石經尚書。宋板尚書注疏本。宋巾箱板尚書。倣岳板尚書。）

古文孝經訓傳序

孝經者何也孝者人之高行經常也自有天地人民㠯來而孝道著矣上有明王則大化滂流充塞六合若其無也則斯道滅息當吾先君孔子之世周失其柄諸侯力爭道德既隱禮誼又廢至乃臣弒其君子弒其父亂逆無紀莫之能正是㠯夫子每於閒居而歎述古之孝道也夫子敷先王之教於魯之洙泗門徒三千而達者七十有二也貫首弟子顏回閔子騫冉伯牛仲弓性也至孝之自然皆不待諭而寤者也其餘則悱悱憤憤若存若亡唯曾參躬行匹夫之孝而未達天子諸侯㠯下揚名顯親之事因侍坐而諮問焉故夫子告其誼於是曾子喟然知孝之為大也遂集而錄之名曰孝經與五經並行於世逮乎六國學校衰廢及秦始皇焚書坑儒孝經由是絕而不傳也至漢興建元之初河間王得而獻之凡十八章文字多誤博士頗㠯教授後魯恭王使人壞夫子講堂於壁中石函得古文孝經二十二章載在竹牒其長尺有二寸字科斗形魯三老孔子惠抱詣京師獻之天子天子使金馬門待詔學士與博士羣儒從隸字寫之還子惠一通㠯一通賜所幸侍中霍光光甚好之言為口實時王公貴人咸神祕焉比於禁方天下競欲求學莫能得者每使者至魯輒㠯人事請索或好事者募㠯錢帛用相問遺魯吏有至帝都者無不齎持㠯為行路之資故古文孝經初出於孔氏而今文十八章諸儒各任意巧說分為數家之誼淺學者㠯當六經其大車載不勝反云孔氏無古文孝經欲矇時人度其為說誣亦甚矣吾愍其如此發憤精思為之訓傳悉載本文萬有餘言朱㠯發經墨㠯起傳庶後學者覩正誼之有在也今中祕書皆㠯魯三老所獻古文為正河間王所上雖多誤然

㠯先出之故諸國往往有之漢先帝發詔稱其辭者皆言傳曰其實今文孝經也昔吾逮從伏生論古文尚書誼時學士會云出叔孫氏之門自道知孝經有師法其說移風易俗莫善於樂謂為天子用樂省萬邦之風㠯知其盛衰衰則移之㠯貞盛之教淫則移之㠯貞固之風皆㠯樂聲知之知則移之故云移風易俗莫善於樂也又師曠云吾驟歌南風多死聲楚必無功即其類也且曰庶民之愚安能識音而可㠯樂移之乎當時眾人僉㠯為善吾嫌其說迂然無㠯難之後推尋其意殊不得爾也子游為武城宰作絃歌㠯化民武城之下邑而猶化之㠯樂故傳曰夫樂㠯關山川之風㠯曜德於廣遠風德㠯廣之風物㠯聽之脩詩㠯詠之脩禮㠯節之又曰用之邦國焉用之鄉人焉此非唯天子用樂明矣夫雲集而龍興虎嘯而風起物之相感有自然者不可謂毋也胡笳吟動馬蹀而悲黃老之彈嬰兒起舞庶民之愚愈於胡馬與嬰兒也

何為不可以樂化之經又云敬其父則子說敬其君則臣說而說者以為各自敬其為君父之道臣子乃說也余謂不然君雖不君臣不可以不臣父雖不父子不可以不子若君父不敬其為君父之道則臣子便可以忿之邪此說不通矣吾為傳皆弗之從焉也古文孝經日本國本

家語序

孔子家語者皆當時公卿士大夫及七十二弟子之所諮訪交相對問言語也既而諸弟子各記其所問焉與論語孝經並時弟子取其正實而切事者別出為論語其餘則都集錄之名之曰孔子家語凡所論辯疏判較歸實自夫子本旨也屬文下辭往往頗有浮說煩而不要者亦繇七十二子各共敘述首尾加之潤色其材或有優劣故使之然也孔子既沒而微言絕七十二弟子終而大義乖六國之世儒道分散遊說之士各以巧意而為枝葉孟軻荀

卿守其所習當秦昭王時荀卿入秦昭王從之問儒術荀卿以孔子之語及諸國事七十二弟子之言凡百餘篇與之繇此秦悉有焉始皇之世李斯焚書而孔子家語與諸子同列故不見滅高祖克秦悉斂得之皆載于二尺竹簡多有古文字及呂氏專漢取歸藏之其後被誅亡而孔子家語乃散在人閒好事者或各以意增損其言故使同是事而輒異辭孝景皇帝末年募求天下遺書于時京師大夫皆送官得呂氏之所傳孔子家語而與諸國事及七十子辭妄相錯雜不可得知以付掌書與典禮眾篇亂簡合而藏之祕府元封之時吾仕京師竊懼先人之典辭將遂泯沒于是因諸公卿大夫私以人事募求其副悉得之乃以事類相次撰集為四十篇又有曾子問禮一篇自別屬曾子問故不復錄其諸弟子書所稱引孔子之言者本不存乎家語亦以自己自有所傳也是以皆不收也將來君子不可不鑑元王廣謀明何孟春注家語皆載此序以為王肅作又載孔衍上書云安國撰次家語值巫蠱不行則以此序為安國作毛晉重刻北宋本家語別有王肅序全篇肅不言安國撰次也疑此序及孔衍上書皆後人依託

祕記

良得黃石公不死之法不但兵法而已抱朴子內篇至理良本師四皓角里先生綺里季之徒皆仙人也良悉從受其神方雖為呂后所強飲食尋復修行仙道密自度世但世人不知故云其死耳同上

孔衍

衍安國孫成帝時為博士案西晉亦有孔衍字舒元別是一人

上成帝書辯家語宜記錄

臣聞明王不掩人之功大聖不遺人小善所以能口其明聖也陛下發明詔諮羣儒集天下書籍無言不悉命通才大夫校定其義使遐載之文以大著于今日立言之士垂於不朽此則踰明王之

執遵大聖之風者也雖唐帝之煥然周王之彧彧未若斯之極也故述作之士莫不樂測大倫焉臣祖故臨淮太守安國逮仕於孝武皇帝之世以經學為名以儒雅為官讚明道義見稱前朝時魯恭王壞孔子故宅得古文科斗尚書孝經論語世人莫有能言者安國為之今文讀而訓傳其義又撰次孔子家語既畢會巫蠱事起遂各廢不行于時然其典雅正實與世所傳者不可同日而論也光祿大夫向以為時所未施之故尚書則不記於別錄論語則不使名家也臣竊惜之且百家章句無不畢記況孔子家語古文正實而疑之哉又戴聖近世小儒以曲禮不足而乃取孔子家語雜亂者及子思孟軻孫卿之書以裨益之總名曰禮記今尚見其已在禮記者則便除家語之本篇是滅其原而存其末不亦難乎臣之愚以為宜如此為例皆記錄別見故敢冒昧以聞家語後敘末附記孝成皇帝詔光祿大夫劉向校定眾書都記錄名古今文書論語別錄子國孫衍為博士上書辯之云云奏上天子許之未即論定而

珍當作沴

遷帝崩向又病亡遂不果立案此文疑後人依託

孔光

光字子夏安國從曾孫元帝時爲議郎舉方正除諫大夫左遷虹長自免歸成帝即位徵拜博士以高第爲尚書轉僕射遷尚書令諸吏光祿大夫領尚書事永始中爲光祿勳遷御史大夫綏和初左遷廷尉進左將軍代翟方進爲丞相封博山侯建平中免元壽初徵拜光祿大夫給事中進御史大夫代王嘉爲丞相定三公官更爲大司徒平帝即位徙太傅又徙太師歸老元始五年卒年七十謚曰簡烈侯

上書對問日蝕事

臣聞日者衆陽之宗人君之表至尊之象君德衰微陰道盛彊侵蔽陽明則日蝕應之書曰羞用五事建用皇極如貌言視聽思失大中之道不立則咎徵薦臻六極屢降皇之不極是爲大中不立其傳曰時則有日月亂行謂朓側匿甚則薄蝕是也又曰六珍之作歲之朝曰三朝其應至重迺正月辛丑朔日有蝕之變見三朝之會上天聰明苟無其事變不虛生書曰惟先假王正厥事言異變之來起事有不正也臣聞師曰天右與王者故災異數見以譴告之欲其改更若不畏懼有以塞除而輕忽簡誣則凶罰加焉其至可必詩曰敬之敬之天惟顯思命不易哉又曰畏天之威于時保之皆謂不懼者凶懼之則吉也陛下聖德聰明兢兢業業承順天戒敬畏變異勤心虛己延見羣臣思求其故然後敕躬自約總正萬事放遠讒說之黨援納斷斷之介退去貪殘之徒進用賢良之吏平刑罰薄賦斂恩澤加於百姓誠爲政之大本應變之至務也天下幸甚書曰天既付命正厥德言正德以順天也又曰天棐諶辭言有誠道天輔之也明承順天道在於崇德博施加精致誠孳孳而已俗之祈禳小數終無益於應天塞異銷禍興福較然甚

明無可疑惑漢書孔光傳元壽元年正月朔日有蝕之後光詣公車問日蝕事光對云云書奏上說

舉成公敞封事

臣以朽材前比歷位典大職卒無尺寸之效幸免罪誅全保首領今復拔擢備內朝臣與聞政事臣光智謀淺短犬馬齒臷誠恐一旦顛仆無以報稱竊見國家故事尚書以久次轉遷非有蹤絕之能不相踰越尚書僕射敞公正勤職通敏於事可尚書令謹封上漢書孔光傳詔光舉可尚書令者封上光謝云云

奏罷減樂人員

郊祭樂人員六十二人給祠南北郊大樂鼓員六人嘉至鼓員十人邯鄲鼓員二人騎吹鼓員三人江南鼓員二人淮南鼓員四人巴俞鼓員三十六人歌鼓員二十四人楚嚴鼓員一人梁皇鼓員四人臨淮鼓員三十五人茲邡鼓員三人凡鼓十二員百二十八人朝賀置酒陳殿下應古兵法外郊祭員十三人諸族樂人兼雲招給祠南郊用六十七人兼給事雅樂用四人夜誦員五人剛別柎員二人給盛德主調篪員二人聽工以律知日冬夏至一人鐘工磬工簫工員各一人僕射二人主領諸樂人皆不可罷竽工員三人一人可罷琴工員五人三人可罷柱工員二人一人可罷繩弦工員六人四人可罷鄭四會員六十二人一人給事雅樂六十一人可罷張瑟員八人七人可罷安世樂鼓員二十人十九人可罷沛吹鼓員十二人族歌鼓員二十七人陳吹鼓員十三人商樂鼓員十四人東海鼓員十六人長樂鼓員十三人縵樂鼓員十三人凡鼓八員百二十八人朝賀置酒陳前殿房中不應經法治竽員五人楚鼓員六人常從倡三十人常從象人四人詔隨常從倡十六人秦倡員二十九人秦倡象人員三人詔隨秦倡一人雅大人員九人朝賀置酒爲樂楚四會員十七人巴四會員十二人銚四會員十二人齊四會員十九人蔡謳員三人齊謳員六人竽瑟

鐘磬員五人皆鄭聲可罷師學百四十二人其七十二人給大官挏馬酒其七十人可罷大凡八百二十九人其三百八十八人不可罷可領屬大樂其四百四十一人不應經法或鄭衛之聲皆可罷 漢書禮樂志哀帝性不好音及即位下詔罷樂府官丞相孔光大司空何武奏

條奏限名田奴婢

諸王列侯得名田國中列侯在長安及公主名田縣道關內侯吏民名田皆無得過三十頃諸侯王奴婢二百人列侯公主百人關內侯吏民三十人年六十已上十歲已下不在數中賈人皆不得名田為吏 食貨志此下有期盡三年一句 犯者以律論諸名田畜奴婢過品皆沒入縣官 漢書哀紀綏和二年六月有司條奏又見食貨志上哀帝即位師丹輔政建言天子下其議丞相孔光大司空何武奏寢不行

奏請議毀廟

永光五年制書高皇帝為漢太祖孝文皇帝為太宗建昭五年制書孝武皇帝為世宗損益之禮不敢有與臣愚以為迭毀之次當以時定非令所為擅議宗廟之意也臣請與羣臣雜議 漢書韋玄成傳哀帝即位丞相孔光大司空何武奏言云云奏可

奏諫復留傅遷

詔書侍中駙馬都尉遷巧佞無義漏泄不忠國之賊也免歸故郡復有詔止天下疑惑無所取信虧損聖德誠不小愆陛下以災異連見避正殿見羣臣思求其故至今未有所改臣請歸遷故郡以銷姦黨應天戒 漢書孔光傳太后從弟子傅遷在左右尤傾邪上免官遣歸故郡傅太后怒上不得已復留遷光與大司空師丹奏言云云卒不得遣復為侍中脅於傅太后皆此類也

奏劾王嘉

嘉迷國罔上不道請與廷尉雜治 漢書王嘉傳光祿大夫孔光左將軍公孫祿右將軍王安光祿勳馬宮光祿大夫龔勝劾云云遂可光等奏

奏徙毋將隆

隆前為冀州牧治中山馮太后獄冤陷無辜不宜處位在中土 漢書毋將隆傳王莽少時慕與隆交隆不甚附哀帝崩莽秉政使大司徒孔光奏

奏徙張由史立

由前誣告骨肉立陷人入大辟為國家結怨於天下以取秩遷獲爵邑幸蒙赦令請免為庶人徙合浦 漢書孝元馮昭儀傳中郎謁者張由誣言中山馮太后祝詛上及太后案驗無所得中謁者令史立責問馮太后自殺由以先告賜爵關內侯立遷中太僕哀帝崩大司徒孔光奏

奏徙董賢家屬

賢質性巧佞翼姦以獲封侯父子專朝兄弟並寵多受賞賜治第宅造冢壙放效無極不異王制費以萬萬計國家為空虛父子驕蹇至不為使者禮受賜不拜罪惡暴著賢自殺伏辜死後父恭等不悔過乃復以沙畫棺四時之色左蒼龍右白虎上著金銀日月玉衣珠璧以棺至尊無以加恭等幸得免於誅不宜在中土臣請收沒入財物縣官諸以賢為官者皆免 漢書佞幸傳董賢與妻皆自殺家惶恐夜葬莽疑其詐死有司奏請發賢棺至獄診視莽復風大司徒光奏賢

奏遣紅陽侯王立就國

立舊惡前知定陵侯淳于長犯大逆罪多受其賂為言誤朝後白以官婢楊寄私子為皇子衆言曰呂氏少帝復出紛紛為天下所疑難以示來世成繈褓之功請遣立就國 漢書王莽傳上紅陽侯立太后親弟莽以諸父內敬憚之乃復令光奏

奏不聽王莽讓宰衡

賞未足以直功謙約退讓公之常節終不可聽 漢書王莽傳上莽奏封事願獨受母號還安臨印韍及號位戶邑事下太師光等皆曰云云

安臨親受印韍策號通天其義昭昭黃郵召陵新野之田為入尤多皆止于公公欲自損以成國化宜可聽許治平之化當以時成宰衡之官不可世及納徵錢乃以尊皇后非為公也功顯君戶止身不傳褒新賞都兩國合三千戶甚少矣忠臣之節亦宜自屈而

信主上之義。宜遣大司徒大司空持節承制詔公亟入視事。詔尚書勿復受公之讓奏。漢書王莽傳上。莽固讓太后下詔問光等。光等曰云云。奏可。

立嗣議

禮立嗣㠯親。中山王先帝之子。帝親弟也。㠯尚書盤庚殷之及王為比。中山王宜為嗣。漢書孔光傳。議中山定陶王誰宜為嗣者。翟方進王根㠯為定陶王宜為嗣。光獨㠯為云云。又見宣元六王傳。作尚書有殷及王。兄終弟及。中山王元帝之子。宜為後。

湻于長小妻迺始等坐罪議

大逆無道。父母妻子同產無少長皆弃市。欲懲後犯法者也。夫婦之道。有義則合。無義則離。長未自知當坐大逆之法。而弃去迺始等。或更嫁。義已絕。而欲㠯為長妻論殺之。名不正。不當坐。漢書孔光傳。

丞相遣郡國計吏敕

元壽二年。㠯丞相為大司徒。郡國守丞長史上計事竟。遣君侯出坐庭上。親問百姓所疾苦。所計掾吏各一大音聲者上荅。又讀五條詔書敕。讀畢罷遣。敕曰。

詔書殿下。禁吏無苛暴。丞長史歸告二千石。順民所疾苦。急去殘賊。審擇良吏。無任苛刻。治獄決訟。務得其中。明詔憂百姓困於衣食。二千石帥勸農桑。思稱厚恩。有㠯賑贍之。無煩擾奪民時。公卿㠯下。務飭儉恪。今俗奢侈過制度。日㠯益甚。二千石務㠯身帥有㠯化之。民冗食者。請諭㠯法。養視疾病。致醫藥務治之。詔書無飾廚傳增養食。至今未變。或更尤過度。甚不稱。歸告二千石。務省約如法。且案不改者。長吏㠯聞。官寺鄉亭漏敗。垣牆阤壞。治所無辦護者。不稱任。先自劾不應法。歸告二千石勿聽。漢舊儀。永樂大典本。又引見續漢百官志一注。北堂書抄七十九。合訂成篇。

全漢文卷十三終

全漢文卷十四

烏程嚴可均校輯

韓信

信淮陰人仕項爲郎中亡歸漢爲連敖遷治粟都尉拜大將軍漢四年立爲齊王五年更立爲楚王六年爲高帝所執封淮陰侯十一年謀反夷三族有兵法三篇

上尊號疏

楚王韓信韓王信淮南王英布梁王彭越故衡山王吳芮趙王張敖燕王臧荼昧死再拜言大王陛下先時秦爲亡道天下誅之大王先得秦王定關中於天下功最多存亡定危救敗繼絕以安萬民功盛德厚又加惠於諸侯王有功者使得立社稷地分已定而位號比儗亡上下之分大王功德之著於後世不宜昧死再拜上皇帝尊號 漢書高紀下五年正月諸侯上疏 大王起於細微滅亂秦威動海內又以辟陋之地自漢中行威德誅不義立有功平定海內功臣皆受地食邑非私之也大王德施四海諸侯王不足以道之居帝位甚實宜願大王以幸天下 漢書高紀下

蕭何

何沛人秦時爲縣主吏掾郡卒史高帝起兵以爲沛丞及王漢中以爲丞相漢五年即皇帝位封酇侯十一年拜相國惠帝二年卒謚曰文終侯

令諸大夫

進不滿千錢坐之堂下 史記高紀呂公避仇因家沛沛中豪傑吏聞令有重客皆往賀蕭何爲主吏主進令諸大夫又見漢書高紀

天子所服議

丞相臣何御史大夫臣昌謹與將軍臣陵太子太傅臣通等議春夏秋冬天子所服當法天地之數中得人和故自天子王侯有土之君下及兆民能法天地順四時以治國家身亡禍殃年壽永究是奉宗廟安天下之大禮也臣請法之 漢書魏相傳

張良

良字子房韓人高帝起沛拜爲廄將項梁以爲韓司徒漢六年封留侯惠帝六年卒謚曰文成侯

遺項王書

漢王失職欲得關中如約即止不敢復東 漢書張良傳又見高紀無王失職三字 又以齊反書遺項王

齊與趙欲并滅楚 漢書張良傳

按小說有張良與四晧書四晧荅張良書謂出殷芸小說其辭膚淺非秦漢人語殷芸梁人亦未必收此蓋近代人僞作也今姑附于後張良與四晧書云良白仰惟先生秉超世之殊操身在六合之間志凌造化之表但有大漢受命續靈顯集神母告符足以宅兆民之心先生當此時輝神爽乎雲霄濯鳳翼于天漢使九門之外有非常之客北闕之下有神氣之賓而淵遊仙隱竊爲先生不取也良以頑薄承乏忝官所謂絕景不御而駕服駑駘方今元首欽明文思百揆之佐立則延企坐則引領日昃而方丈百御夜寢而闇闔不閑垂皇極須日月以揚光后土待嶽瀆以導蕭而當聖世鸞鳳林棲不翔乎太清麒麟[illegible]步于郊草非所以盛八荒懿六合也不及省侍展布腹心[illegible]至言想望緣然不僣其意張良白四晧荅書云竊蟄幽藪深谷是宰豈悟雲雨之使奄然萃止方今三章之命邈殷湯之廣澤禮隆樂和四海克諧六律及于絲竹和聲應于金石飛鳥翔于紫闕百獸出于九門碩夫固陋守彼巖穴足未嘗踐閶闔目未曾見廊廟野食于豐草之中避暑于林木之下望月晦然後知弓弩之須誅伐木然後知斧柯之用當秦項之艱難力不能負干戈攜手逃奔避役山草倚朽若立循木似濟迯羞青蠅盜聲于晨雞魚目竊價于隨珠公侯應靈挺特神父授策蓋無幽而不明也豈有烹鼎和味而顧令菽麥廁方丈之御被龍服袞而欲使女蘿上紉綾之緒恐滑泥以濁白水颺塵以亂清風是以承命傾筐閭寵若驚謹因飛龍之使以寫鳴蟬之音乞守兔鹿之志終其寄生之命也

陳平

平陳留陽武人仕魏王咎爲太僕去從項王入關賜爵卿尋封信武君拜都尉去從高帝仍拜都尉典護軍爲亞將尋拜護軍中尉漢六年封戶牖侯七年更封曲逆侯高帝崩爲郎中令惠

帝六年。爲左丞相。高后元年。徙右丞相。文帝卽位。復爲左丞相。二年卒。謚曰獻侯。

奏議定列侯功次

丞相臣平言。謹與絳侯臣勃、曲周侯臣商、潁陰侯臣嬰、安國侯臣陵等議。列侯幸得賜餐錢奉邑。陛下加惠。㠯功次定朝位。臣請臧高廟。漢書高后紀。二年詔差次列侯功。其與列侯議定奏之。丞相臣平云云。奏可。

上代王卽位議

丞相臣平、太尉臣勃、大將軍臣武、御史大夫臣蒼、宗正臣郢、朱虛侯臣章、東牟侯臣興居、典客臣揭再拜言。大王足下。子弘等皆非孝惠皇帝子。不當奉宗廟。臣謹請陰安侯頃王后、琅邪王、列侯、二千石議。大王高皇帝子。宜爲嗣。願大王卽天子位。漢書文紀。閏月己酉。入代邸。羣臣從至。上議。

奉詔除連坐法議

陛下幸加大惠於天下。使有罪不收。無罪不相坐。甚盛德。臣等所不及也。臣等謹奉詔。盡除收律相坐法。漢書刑法志。孝文二年。詔議收律相坐法。左右丞相周勃、陳平奏言。如其故便。帝復曰。宜孰計之。平勃乃曰云云。

周勃

勃。沛人。高帝起沛。㠯爲中涓。賜爵五大夫。楚懷王拜爲襄賁令。及入關。賜爵威武侯。尋拜將軍。封絳侯。遷太尉。進相國。歷惠帝至高后時。並爲太尉。文帝卽位。㠯爲右丞相。後謝歸。及陳平卒。復爲丞相。免就國。卒。謚曰武侯。

入北軍行令軍中

爲呂氏右襢。爲劉氏左襢。史記呂后紀。

奏仍用連坐法議

父母妻子同產相坐及收。所㠯累其心。使重犯法也。收之之道。所由來久矣。臣之愚計。㠯爲如其故便。漢書刑法志。孝文二年。詔議除收律相坐法。左右丞相周勃、陳平奏言。

酈食其

食其。陳留高陽人。秦時爲里監門。高帝下陳留。㠯爲廣野君。漢四年。爲齊王田廣所烹。

踵軍門上謁

高陽賤民酈食其。竊聞沛公暴露將兵。助楚討不義。敬勞從者。願得望見。口畫天下便事。史記。

請說齊王

臣聞之。知天之天者。王事可成。不知天之天者。王事不可成。王者㠯民爲天。而民㠯食爲天。夫敖倉。天下轉輸久矣。臣聞其下乃有藏粟甚多。楚人拔滎陽。不堅守敖倉。迺引而東。令適卒分守成皋。此乃天所㠯資漢。方今楚易取而漢反卻。自奪便。臣竊㠯爲過矣。且兩雄不俱立。楚漢久相持不決。百姓騷動。海內搖蕩。農夫釋耒。紅女下機。天下之心未有所定也。願足下急復進兵。收取滎陽。據敖庾之粟。塞成皋之險。杜太行之道。距飛狐之口。守白馬之津。㠯示諸侯形制之勢。則天下知所歸矣。方今燕趙已定。唯齊未下。今田廣據千里之齊。田閒將二十萬眾。軍於歷城。諸田宗彊。負海岱。阻河濟。南近楚。齊人多變詐。足下雖遣數十萬師。未可㠯歲月破也。臣請奉明詔說齊王。使爲漢而稱東藩。漢書酈食其傳。

婁敬

敬。齊人。漢五年。㠯褐衣見。賜姓劉。拜郎中。號奉春君。七年。平城圍解。封關內侯。號建信侯。

上書諫高祖

陛下取天下。不與成周同。而欲比隆成周。臣竊㠯爲不侔。晉書段灼傳。灼長假臨去上表。引成卒婁敬上書諫。

作丹書鐵券。與匈奴分土界。

自海吕南冠蓋之士處焉。自海吕北豐强之士處焉。（北堂書鈔一百四引三輔故事。婁敬爲高車使者。持節至匈奴。與其分土界。作丹書鐵券。按陳禹謨本作剛强。）

張蒼

蒼一作倉。陽武人。秦時爲御史。主柱下方書。有罪亡歸漢。二年爲常山守。三年爲代相。尋徙相趙王張耳。及耳子敖。封北平侯。遷爲計相。吕列侯居相府。十一年爲淮南相。高后八年爲御史大夫。文帝四年代灌嬰爲丞相。後二年免。景帝五年卒。年百餘歲。謚曰文侯。

奏論淮南王長罪

丞相臣張蒼、典客臣馮敬、行御史大夫事宗正臣逸、廷尉臣賀、備盜賊中尉臣福、昧死言。淮南王長廢先帝法。不聽天子詔。居處無度。爲黃屋蓋乘輿。出入擬於天子。擅爲法令。不用漢法。及所置吏。吕其郎中春爲丞相。聚收漢諸侯人及有罪亡者。匿與居。爲治家室。賜其財物爵祿田宅。爵或至關內侯。奉吕二千石所不當得。欲吕有爲。大夫但士伍開章等七十人與棘蒲侯太子奇謀反。欲吕危宗廟社稷。使開章陰告長。與謀使閩越及匈奴發其兵。開章之淮南見長。長數與坐語飲食。爲家室娶婦。吕二千石俸奉之。開章使人告但。已言之王。春使使報但等。吏覺知。使長安尉奇等往捕開章。長匿不予。與故中尉蕑忌謀殺吕閉口。爲棺槨衣衾。葬之肥陵邑。謾吏曰。不知安在。又佯聚土樹表其上。曰開章死埋此下。及長身自賊殺無罪者一人。令吏論殺無罪者六人。爲亡命（漢書作爲亡命棄）市罪詐捕命者吕除罪。擅罪人。罪人無告劾。繫治城旦舂吕上十四人。赦免罪人死罪十八人。城旦舂吕下五十八人。賜人爵關內侯吕下九十四人。前日長病。陛下憂苦之。使使者賜書棗脯。長不欲受賜。不肯見拜使者。南海民處廬江界中者反。淮南吏卒擊之。陛下吕淮南民貧苦。遣使者賜長帛五千匹。吕賜吏卒勞苦者。長不欲受賜。謾言曰。無勞苦者。南海民王織上書獻璧（漢書作獻璧帛）皇帝。忌擅燔其書。不吕聞。吏請召治忌。長不遣。謾言曰。忌病。春又請長願入見。長怒曰。女欲離我自附漢。長當棄市。（漢書作長所犯不軌當棄市）臣請論如法。（史記淮南王傳。又見漢書。少百三十餘字。）

臣蒼、臣敬、臣逸、臣福、臣賀昧死言。臣謹與列侯臣嬰等四十三人議。皆曰。長不奉法度。不聽天子詔。乃陰聚徒黨及謀反者。厚養亡命。欲吕有爲。臣等議論如法。（史記淮南王傳。）

臣蒼等昧死言。長有大死罪。陛下不忍致法。幸赦。廢勿王。臣請處蜀郡嚴道邛郵。遣其子母從居。縣爲築蓋家室。皆稟食。給薪、菜、鹽、豉、炊食器、席蓐。臣等昧死請。請布告天下。（史記淮南王傳。）

奏駁公孫臣漢應土德議

漢乃水德之始。河決金堤。其符也。冬始冬十月。色外黑內赤。與德相應。如公孫臣言。非也。（史記封禪書。）

冬始之冬當作年

奏議除肉刑

肉刑所吕禁姦。所由來者久矣。陛下下明詔。憐萬民之一有過被刑者。終身不息。及罪人欲改行爲善。而道亡繇至。於盛德。臣等所不及也。臣謹議請定律曰。諸當完者完爲城旦舂。當黥者髡鉗爲城旦舂。當劓者笞三百。當斬左止者笞五百。當斬右止及殺人先自告。及吏坐受賕枉法。守縣官財物而即盜之。已論命復有笞罪者。皆棄市。罪人獄已決。完爲城旦舂。滿三歲爲鬼薪白粲。鬼薪白粲一歲。爲隸臣妾。隸臣妾一歲。免爲庶人。隸臣妾滿二歲。爲司寇。司寇一歲。及作如司寇二歲。皆免爲庶人。其逃亡及有罪耐吕上。不用此令。前令之刑城旦舂歲而非禁錮者。如完爲城旦舂歲數吕免。臣昧死請。（漢書刑法志。孝文即位十三年。齊太倉令淳于公當刑。詔獄逮繫長安。其少女緹縈隨父至長安。上書天子。憐悲其意。遂下除肉刑。丞相張蒼、御史大夫馮敬奏言。制曰。可。）

韓王信

信故韓襄王孽孫。從高帝入漢中。拜韓太尉。漢二年立爲韓王。從破項籍。都潁川。徙都晉陽。尋徙馬邑。降于匈奴。十一年。柴武擊斬之。

上書高帝

國被邊。匈奴數入。晉陽去塞遠。請治馬邑。漢書韓王信傳。

報柴武書

陛下擢僕起閭巷。南面稱孤。此僕之幸也。滎陽之事。僕不能死。囚於項籍。此一罪也。及寇攻馬邑。僕不能堅守。㠯城降之。此二罪也。今反爲寇將兵。與將軍爭一旦之命。此三罪也。夫種蠡無一罪。身死亡。今僕有三罪於陛下。而欲求活於世。此伍子胥所㠯僨於吳也。今僕亡匿山谷閒。旦暮乞貸蠻夷。僕之思歸。如痿人不忘起。盲者不忘視也。埶不可耳。史記韓王信傳。漢書韓王信傳。漢使柴將軍擊之。遺信書。信報。

韓穨當

穨當。信次子。生于穨當城。因㠯爲名。孝文十六年。從匈奴歸國。封弓高侯。景帝時平吳楚功最。卒。謚曰壯。

遺膠西王書

奉詔誅不義。降者赦其罪。復故。不降者滅之。王何處。須㠯從事。漢書吳王濞傳。

季布

布。楚人。爲項王將。高帝召拜郎中。孝惠時爲中郎將。呂后㠯爲河東守。文帝時召爲御史大夫。未拜。罷令還郡。

寄書諫竇長君

吾聞曹丘生非長者。勿與通。史記季布傳。漢書季布傳。

陳武 一作柴武

武一姓柴。秦時㠯將軍起薛。別救東阿。至霸上。漢六年封棘蒲侯。孝文後元年卒。謚曰剛侯。按高紀遇剛武侯。應劭音義云。武一姓柴。今據史記律書合之史漢韓王信淮南王長傳功臣侯表。知陳武即柴武。應劭說是也。

遺韓王信書

陛下寬仁。諸侯雖有叛亡而復歸。漢書作而後歸。輒復故位號。不誅也。大王所知。今王㠯敗亡走胡。非有大罪。急自歸。史記韓王信傳。十一年春。復與胡騎入居參合。漢使柴將軍擊之。遺信書。又見漢書韓王信傳。

議征南越朝鮮

南越朝鮮自全秦時內屬爲臣子。後且擁兵阻阸。選蠕觀望。高祖時天下新定。人民小安。未可復興兵。今陛下仁惠撫百姓。恩澤加海內。宜及士民樂用。征討逆黨。㠯一封疆。史記律書。孝文即位。將軍陳武等議。

申屠嘉

嘉。梁人。從高帝爲隊率。遷都尉。惠帝時爲淮陽守。文帝即位。賜爵關內侯。十六年爲御史大夫。後二年代張蒼爲丞相。封故安侯。景帝二年卒。謚曰節侯。

奏議孝文爲太宗廟

丞相臣嘉等言。陛下永思孝道。立昭德之舞。㠯明孝文皇帝之盛德。皆臣嘉等愚所不及。臣等議曰。功莫大於高皇帝。德莫盛於孝文皇帝。高皇廟宜爲帝者太祖之廟。孝文皇帝廟宜爲帝者太宗之廟。天子宜世世獻祖宗之廟。郡國諸侯宜各爲孝文皇帝立太宗之廟。諸侯王列侯使者侍祠天子。歲獻祖宗之廟。請著之竹帛。宣布天下。史記文紀。漢書景紀。

陶青

青。高帝末嗣父舍爵開封侯。文帝後二年爲御史大夫。景帝二年代申屠嘉爲丞相。七年免。中三年卒。謚曰夷侯。

劾奏鼂錯

吳王反逆亡道。欲危宗廟。天下所當共誅。今御史大夫錯議曰。兵數百萬。獨屬羣臣。不可信。陛下不如自出臨兵。使錯居守。徐僮之旁吳所未下者，可以予吳。錯不稱陛下德信，欲疏羣臣百姓，又欲以城邑予吳，亡臣子禮，大逆無道。錯當要斬，父母妻子同產無少長皆棄市。臣請論如法。漢書鼂錯傳，丞相青翟、中尉嘉、廷尉歐劾奏錯云云。制曰可。按嚴青翟孝武元狩五年代李蔡爲丞相，今此事在孝景三年正月，其時丞相乃陶青也。各漢書本衍一翟字耳。

薄昭

昭，吳人，文帝母薄太后之弟。元年拜車騎將軍，封軹侯。十年坐罪自殺。

與淮南王長書

竊聞大王剛直而勇，慈惠而厚，貞信多斷，是天以聖人之資奉大王也甚盛，不可不察。今大王所行，不稱天資。皇帝初即位，易侯邑在淮南者，大王不肯，皇帝卒易之，使大王得三縣之實，甚厚。大王以未嘗與皇帝相見，求入朝見，未畢昆弟之歡，而殺列侯以自爲名。皇帝不使吏與其間，赦大王，甚厚。法二千石缺，輒言漢補，大王逐漢所置，而請自置相二千石。皇帝骫天下正法而許大王，甚厚。大王欲屬國爲布衣，守冢眞定，皇帝不許，使大王毋失南面之尊，甚厚。大王宜日夜奉法度，修貢職，以稱皇帝之厚德。今迺輕言恣行，以負謗於天下，甚非計也。夫大王以千里爲宅居，以萬民爲臣妾，此高皇帝之厚德也。高帝蒙霜露，沬風雨，赴矢石，野戰攻城，身被創痍，以爲子孫成萬世之業，艱難危苦甚矣。大王不思先帝之艱苦，日夜怵惕，修身正行，養犧牲，豐潔粢盛，奉祭祀，以無忘先帝之功德，而欲屬國爲布衣，甚過。且夫貪讓國土之名，輕廢先帝之業，不可以言孝。父爲之基而不能守，不賢。不求守長陵，而求之眞定，先母後父，不誼。數逆天子之令，不順。言節行以高兄，無禮。幸臣有罪，大者立斷，小者肉刑，不仁。貴布衣一劍之任，賤王侯之位，不知。不好學問大道，觸情妄行，不詳。此八者，危亡之路也，而大王行之。棄南面之位，奮諸賁之勇，常出入危亡之路，臣之所見，高皇帝

之神必不廟食於大王之手，明白。昔者周公誅管叔，放蔡叔，以安周；齊桓殺其弟，以反國；秦始皇殺兩弟，遷其母，以安秦；頃王亡代，高帝奪之國，以便事；濟北舉兵，皇帝誅之，以安漢。故周齊行之於古，秦漢用之於今，大王不察古今之所以安國便事，而欲以親戚之意望於太上，不可得也。亡之諸侯，游宦事人，及舍匿者，論皆有法。其在王所，吏主者坐。今諸侯子爲吏者，御史主；爲軍吏者，中尉主；客出入殿門者，衛尉大行主；諸從蠻夷來歸誼及以亡名數自占者，內史縣令主。相欲委下吏，無與其禍，不可得也。王若不改，漢繫大王邸，論相以下，爲之柰何？夫墮父大業，退爲布衣所哀，幸臣皆伏法而誅，爲天下笑，以羞先帝之德，甚爲大王不取也。宜急改操易行，上書謝罪曰：臣不幸早失先帝，少孤，呂氏之世，未嘗忘死。陛下即位，臣怙恩德驕盈，行多不軌。追念辠過，恐懼，伏地待誅不敢起。皇帝聞之必喜，大王昆弟歡欣於上，羣臣皆得延壽於下，上下得宜，海內常安。願孰計而疾行之。行之有疑，禍如發矢，不可追已。漢書淮南厲王長傳，厲王歸國益恣，文帝重自切責之。時帝舅薄昭爲將軍，尊重，上令昭予厲王書諫數之。

張武

武爲代國郎中令。文帝即位，以受賕金錢，不徙。十四年拜車騎將軍，屯渭北軍。罷，復故官，及葬霸陵，爲復土將軍。

議止代王入嗣

漢大臣皆故高帝時大將，習兵多謀詐，此其屬意非止此也，特畏高帝、呂太后威耳。今已誅諸呂，新喋血京師，此以迎大王爲名，實不可信。願大王稱疾毋往，以觀其變。史記文紀，陳平周勃使人迎代王。代王問左右郎中令張武等。張武等議。

賈山

山，潁川人，初爲潁陰侯灌嬰給事。文帝時屢上書言事，不用。

至言

臣聞爲人臣者盡忠竭愚㠯直諫主不避死亡之誅者臣山是也
臣不敢㠯久遠諭願借秦㠯爲諭唯陛下少加意焉夫布衣韋帶
之士修身於內成名於外而使後世不絕息至秦則不然貴爲天
子富有天下賦斂重數百姓任罷赭衣半道羣盜滿山使天下之
人戴目而視傾耳而聽一夫大謼天下嚮應者陳勝是也秦非徒
如此也起咸陽而西至雍離宮三百鐘鼓帷帳不移而具又爲阿
房之殿殿高數十仞東西五里南北千步從車羅騎四馬鶩馳旌
旗不橈爲宮室之麗至於此使其後世曾不得聚廬而託處焉爲
馳道於天下東窮燕齊南極吳楚江湖之上瀕海之觀畢至道廣
五十步三丈而樹厚築其外隱㠯金椎樹㠯青松爲馳道之麗至
於此使其後世曾不得邪徑而託足焉死葬乎驪山吏徒數十萬
人曠日十年下徹三泉合采金石冶銅錮其內漆塗其外被㠯珠
玉飾㠯翡翠中成觀游上成山林爲葬薶之侈至於此使其後世

曾不得蓬顆蔽冢而託葬焉秦㠯熊羆之力虎狼之心蠶食諸侯
并吞海內而不篤禮義故天殃已加矣臣昧死㠯聞願陛下少留
意而詳擇其中臣聞忠臣之事君也言切直則不用而身危不切
直則不可㠯明道故切直之言明主所欲急聞忠臣之所㠯蒙死
而竭知也地之磽者雖有善種不能生焉江皋河瀕雖有惡種無
不猥大昔者夏商之季世雖關龍逢箕子比干之賢身死亡而道
不用文王之時豪傑之士皆得竭其智芻蕘採薪之人皆得盡其
力此周之所㠯興也故地之美者善養禾君之仁者善養士雷霆
之所擊無不摧折者萬鈞之所壓無不糜滅者今人主之威非特
雷霆也執重非特萬鈞也開道而求諫和顏色而受之用其言而
顯其身士猶恐懼而不敢自盡又迺況於縱欲恣行暴虐惡聞其
過乎震之㠯威壓之㠯重則雖有堯舜之智孟賁之勇豈有不摧
折者哉如此則人主不得聞其過失矣弗聞則社稷危矣古者聖

王之制史在前書過失工誦箴諫瞽誦詩諫公卿比諫士傳言諫
過庶人謗於道商旅議於市然後君得聞其過失也聞其過失而
改之見義而從之所㠯永有天下也天子之尊四海之內其義莫
不爲臣然而養三老於太學親執醬而餽執爵而酳祝饐在前祝
鯁在後公卿奉杖大夫進履舉賢㠯自輔弼求修正之士使直諫
故㠯天子之尊尊養三老視孝也立輔弼之臣者恐驕也置直諫
之士者恐不得聞其過也學問至於芻蕘者求善無饜也商人庶
人誹謗已而改之從善無不聽也昔者秦政力并萬國富有天下
破六國㠯爲郡縣築長城㠯爲關塞秦地之固大小之埶輕重之
權其與一家之富一夫之彊胡可勝計也然而兵破於陳涉地奪
於劉氏者何也秦王貪狼暴虐殘賊天下窮困萬民㠯適其欲也
昔者周蓋千八百國㠯九州之民養千八百國之君用民之力不
過歲三日什一而籍君有餘財民有餘力而頌聲作秦皇帝㠯千

八百國之民自養力罷不能勝其役財盡不能勝其求一君之身
耳所㠯自養者馳騁弋獵之娛天下弗能供也勞罷者不得休息
飢寒者不得衣食亡罪而死刑者無所告訴人與之爲怨家與之
爲讎故天下壞也秦皇帝身在之時天下已壞矣而弗自知也秦
皇帝東巡狩至會稽琅邪刻石著其功自㠯爲過堯舜統縣石鑄
鐘虡篩土築阿房之宮自㠯爲萬世有天下也古者聖王作謚三
四十世耳雖堯舜禹湯文武絫世廣德㠯爲子孫基業無過二三
十世者也秦皇帝曰死而㠯謚法是父子名號有時相襲也㠯一
至萬則世世不相復也故死而號曰始皇帝其次曰二世皇帝者
欲㠯一至萬也秦皇帝計其功德度其後嗣世世無窮然身死纔
數月耳天下四面而攻之宗廟滅絕矣秦皇帝居滅絕之中而不
自知者何也天下莫敢告也其所㠯莫敢告者何也亡養老之義
亡輔弼之臣亡進諫之士縱恣行誅退誹謗之人殺直諫之士是

㠯道諛媮合苟容比其德則賢於堯舜課其功則賢於湯武天下已潰而莫之告也詩曰匪言不能胡此畏忌聽言則對譖言則退此之謂也又曰濟濟多士文王㠯寧天下未嘗亡士也然而文王獨言㠯寧者何也文王好仁則仁興得士而敬之則士用用之有禮義故不致其愛敬則不能盡其心不能盡其心則不能盡其力不能盡其力則不能成其功故古之賢君於其臣也尊其爵祿而親之疾則臨視之亡數死則往弔哭之臨其小斂大斂已棺塗而後爲之服錫衰麻絰而三臨其喪未斂不飲酒食肉未葬不舉樂當宗廟之祭而死爲之廢樂故古之君人者於其臣也可謂盡禮矣服法服端容貌正顏色然後見之故臣下莫敢不竭力盡死㠯報其上功德立於後世而令聞不忘也今陛下念思祖考術追厥功圖所㠯昭光洪業休德使天下舉賢良方正之士天下皆訢訢焉曰將興堯舜之道三王之功矣天下之士莫不精白㠯承休德今方正之士皆在朝廷矣又選其賢者使爲常侍諸吏與之馳敺射獵一日再三出臣恐朝廷之解弛百官之墮于事也諸侯聞之又必怠於政矣陛下卽位親自勉㠯厚天下損食膳不聽樂減外繇衛卒止歲貢省廄馬㠯賦縣傳去諸苑㠯賦農夫出帛十萬餘匹㠯振貧民禮高年九十者一子不事八十者二算不事賜天下男子爵大臣皆至公卿發御府金賜大臣宗族亡不被澤者赦罪人憐其亡髮賜之巾憐其衣赭書其背父子兄弟相見也而賜之衣平獄緩刑天下莫不說喜是㠯元年膏雨降五穀登此天之所㠯相陛下也刑輕於它時而犯法者寡衣食多於前年而盜賊少此天下之所㠯順陛下也臣聞山東吏布詔令民雖老羸癃疾扶杖而往聽之願少須臾毋死思見德化之成也今功業方就名聞方昭四方鄉風今從豪俊之臣方正之士直與之日日獵射擊兔伐狐㠯傷大業絕天下之望臣竊悼之詩曰靡不有初鮮克有終

臣不勝大願願少衰射獵㠯夏歲二月定明堂造太學修先王之道風行俗成萬世之基定然後唯陛下所幸耳古者大臣不媟故君子不常見其齊嚴之色肅敬之容大臣不得與宴游方正修絜之士不得從射獵使皆務其方㠯高其節則羣臣莫敢不正身修行盡心㠯稱大禮如此則陛下之道尊敬功業施於四海垂於萬世子孫矣誠不如此則行日壞而榮日滅矣夫士修之於家而壞之於天子之廷臣竊愍之陛下與衆臣宴游與大臣方正朝廷論議夫游不失樂朝不失禮議不失計軌事之大者也漢書賈山傳孝文時言治亂之道借秦爲諭名曰至言

對詔諫除盜鑄錢令

錢者亡用器也而可㠯易富貴富貴者人主之操柄也令民爲之是與人主共操柄不可長也漢書賈山傳其後文帝除盜鑄錢令山復上書諫㠯爲變先帝法非是章下詔責對㠯爲

全漢文卷十四終

全漢文卷十五

烏程嚴可均校輯

賈誼

誼。洛陽人。文帝初召爲博士。遷太中大夫。謫爲長沙王太傅。徵拜梁王太傅。有賈子十卷。集四卷。案賈誼諸疏散在新書者十六篇。小有異同。見存不錄。

旱雲賦

惟昊天之大旱兮。失精和之正理。遥望白雲之蓬勃兮。滃澹澹而妄止。運清濁之澒洞兮。正重沓而並起。嵬隆崇㠯崔巍兮。時彷彿而有似。屈卷輪而中天兮。象虎驚與龍駭。相搏據而俱興兮。妄倚儷而時有。遂積聚而給文選謝朓敬亭山詩注作合沓兮。相紛薄而慷慨。若飛翔之從橫兮。揚波怒而澎濞。正一作雲惟布而雷動兮。相擊衝而破碎。或窈窕而四塞兮。誠若雨而不墜。陰陽分而不相得兮。更惟貪邪而狼戾。終風解而霰散兮。陵遲而堵潰。或深潛而閉藏兮。爭離而並逝。廓蕩蕩其若滌兮。日照照而無穢。隆盛暑而文選潘岳在懷縣詩注陸機發軍行注作隆暑盛其無聊兮。煎砂石而爛渭。湯風至而合熱兮。北堂書鈔一百五十六作陽風至而含熱兮。羣生悶滿而愁憒。畎畝枯槁而失澤兮。壤石相聚而爲害。農夫垂拱而無事兮。釋其鉏耨而下淚。憂彊一作壤畔之遇害兮。痛皇天之靡惠。惜稺稼之旱夭兮。離天災而不遂。懷怨心而不能已兮。竊託咎于在位。獨不聞唐虞之積烈兮。與三代之風氣。時俗殊而不還兮。恐功久而壞敗。何操行之不得兮。政失中而違節。陰氣辟而留滯兮。厭暴至而沈沒。嗟乎。惜葉太劇。何辜于天無恩澤。忍兮嗇夫。何寡德矣。既已生之不與福矣。來何暴也。去何躁也。孳孳望之其甚一作可悼也。憭兮慄兮㠯鬱怫兮。念思白雲腸如結兮。終怨不雨。甚不仁兮。布而不下。甚不信兮。白雲何怨。奈何人兮。古文苑。

虡賦

牧太平㠯深志。象巨獸之屈奇。妙彫文㠯刻鏤。舒循尾之采垂。舉其鋸牙㠯左右相指。負大鐘而欲飛。藝文類聚四十四妙彫文㠯刻鏤兮。象巨獸之屈奇兮。戴高角之峩峩。負大鐘而顧飛。美哉爛兮。亦天地之大式。初學記十六攫擊拳㠯蟉虯。負大鐘而欲飛。御覽五百八十二

堅當作擊

鵩鳥賦

誼爲長沙王傅三年。有鵩鳥飛入誼舍。止于坐隅。鵩似鴞。不祥鳥也。誼既㠯謫居長沙。長沙卑溼。誼自傷悼。㠯爲壽不得長。迺爲賦㠯自廣。其辭曰。

單閼之歲兮。四月孟夏。庚子日斜兮。鵩集予舍。止于坐隅兮。貌甚閑暇。異物來萃兮。私怪其故。發書占之兮。讖言其度。曰野鳥入室兮。主人將去。請問于鵩兮。予去何之。吉乎告我。凶言其災。淹速之度兮。語予其期。鵩乃歎息。舉首奮翼。口不能言。請對㠯臆。萬物變化兮。固無休息。斡流而遷兮。或推而還。形氣轉續兮。變化而嬗。沕穆無窮兮。胡可勝言。禍兮福所倚。福兮禍所伏。憂喜聚門兮。吉凶同域。彼吳彊大兮。夫差㠯敗。越棲會稽兮。句踐霸世。斯游遂成兮。卒被五刑。傅說胥靡兮。迺相武丁。夫禍之與福兮。何異糾纆。命不可說兮。孰知其極。水激則旱兮。矢激則遠。萬物迴薄兮。振盪相轉。雲蒸雨降兮。糾錯相紛。大鈞播物兮。坱圠無垠。天不可預慮兮。道不可預謀。遲速有命兮。焉識其時。且夫天地爲鑪兮。造化爲工。陰陽爲炭兮。萬物爲銅。合散消息兮。安有常則。千變萬化兮。未始有極。忽然爲人兮。何足控摶。化爲異物兮。又何足患。小智自私兮。賤彼貴我。達人大觀兮。物無不可。貪夫殉財兮。烈士殉名。夸者死權兮。品庶每生。怵迫之徒兮。或趨東西。大人不曲兮。意變齊同。愚士繫俗兮。窘若囚拘。至人遺物兮。獨與道俱。眾人惑惑兮。好惡積億。眞人恬漠兮。獨與道息。釋智遺形兮。超然自喪。寥廓忽荒兮。與道

翺翔乘流則逝兮得坻則止縱軀委命兮不私與己其生兮若浮其死兮若休澹乎若深泉之靜泛乎若不繫之舟不㠯生故自寶兮養空而浮德人無累知命不憂細故蔕芥何足㠯疑（史記賈誼傳、漢書賈誼傳、文選、藝文類聚九十二）

惜誓

惜余年老而日衰兮歲忽忽而不反登蒼天而高舉兮歷衆山而日遠觀江河之紆曲兮離四海之霑濡攀北極而一息兮吸沆瀣㠯充虛飛朱鳥使先驅兮駕太一之象輿蒼龍蚴虯于左驂兮白虎騁而為右騑建日月㠯為蓋兮載玉女于後車馳騖于杳冥之中兮休息虖崑崙之墟樂窮極而不猒兮願從容虖神明涉丹水而駝騁兮右大夏之遺風黃鵠之一舉兮知山川之紆曲再舉兮睹天地之圜方臨中國之衆人兮託回颷乎尚羊乃至少原之壄兮赤松王喬皆在旁二子擁瑟而調均兮余因稱乎清商澹然而自樂兮吸衆氣而翺翔念我長生而久僊兮不如反余之故鄉黃鵠後時而寄處兮鴟梟羣而制之神龍失水而陸居兮為螻蟻之所裁夫黃鵠神龍猶如此兮況賢者之逢亂世哉壽冉冉而日衰兮固儃回而不息俗流從而不止兮衆枉聚而矯直或偷合而苟進兮或隱居而深藏若稱量之不審兮同權槩而就衡或推迻而苟容兮或直言之諤諤傷誠是之不察兮并紉茅絲㠯為索方世俗之幽昏兮眩白黑之美惡放山淵之龜玉兮相與貴夫礫石梅伯數諫而至醢兮來革順志而用國悲仁人之盡節兮反為小人之所賊比干忠諫而剖心兮箕子被髮而佯狂水背流而源竭兮木去根而不長非重軀㠯慮難兮惜傷身之無功已矣哉獨不見夫鸞鳳之高翔兮乃集大皇之壄循四極而回周兮見盛德而後下彼聖人之神德兮遠濁世而自藏使麒麟可得羈而係兮又何㠯異虖犬羊（楚辭十一。王逸敘云，不知誰所作也，或曰賈誼，疑莫能明也。今姑編入賈集。）

上疏陳政事

臣竊惟事勢可為痛哭者一可為流涕者二可為長太息者六若其它背理而傷道者難徧㠯疏舉進言者皆曰天下已安已治矣臣獨㠯為未也曰安且治者非愚則諛皆非事實知治亂之體者也夫抱火厝之積薪之下而寢其上火未及然因謂之安方今之勢何㠯異此本末舛逆首尾衡決國制搶攘非甚有紀胡可謂治陛下何不壹令臣得孰數之于前因陳治安之策試詳擇焉夫射獵之娛與安危之機孰急使為治勞智慮苦身體乏鐘鼓之樂勿為可也樂與今同而加之諸侯軌道兵革不動民保首領匈奴賓服四荒鄉風百姓素朴獄訟衰息大數既得則天下順治海內之氣清和咸理生為明帝沒為明神名譽之美垂于無窮禮祖有功而宗有德使顧成之廟稱為太宗上配太祖與漢亡極建久安之勢成長治之業㠯承祖廟㠯奉六親至孝也㠯幸天下㠯育羣生至仁也立綱陳紀輕重同得後可㠯為萬世法程雖有愚幼不肖之嗣猶得蒙業而安至明也㠯陛下之明達因使少知治體者得佐下風致此非難也其具可素陳于前願幸無忽臣謹稽之天地驗之往古按之當今之務日夜念此至孰也雖使禹舜復生為陛下計亡㠯易此夫樹國固必相疑之勢下數被其殃上數爽其憂甚非所㠯安上而全下也今或親弟謀為東帝親兄之子西鄉而擊今吳又見告矣天子春秋鼎盛行義未過德澤有加焉猶尚如是況莫大諸侯權力且十此者乎然而天下少安何也大國之王幼弱未壯漢之所置傅相方握其事數年之後諸侯之王大抵皆冠血氣方剛漢之傅相稱病而賜罷彼自丞尉㠯上徧置私人如此有異淮南濟北之為邪此時而欲為治安雖堯舜不治黃帝曰日中必熭操刀必割今令此道順而全安甚易不肯早為已迺墮骨肉之屬而抗剄之豈有異秦之季世乎夫㠯天子之位乘今之

時因天之助尚憚吕危爲安吕亂爲治假設陛下居齊桓之處將不合諸侯而匡天下乎臣又知陛下有所必不能矣假設天下如曩時淮陰侯尚王楚黥布王淮南彭越王梁韓信王韓張敖王趙貫高爲相盧綰王燕陳豨在代令此六七公者皆亡恙當是時而陛下卽天子位能自安乎臣有吕知陛下之不能也天下殽亂高皇帝與諸公倂起非有仄室之埶吕豫席之也諸公幸者迺爲中涓其次廑得舍人材之不逮至遠也高皇帝吕明聖威武卽天子位割膏腴之地吕王諸公多者百餘城少者乃三四十縣惪至渥也然其後十年之閒反者九起陛下之與諸公非親角材而臣之也又非身封王之也自高皇帝不能吕是一歲爲安故臣知陛下之不能也然尚有可諉者曰疏臣請試言其親者假令悼惠王王齊元王王楚中子王趙幽王王淮陽共王王梁靈王王燕厲王王淮南六七貴人皆亡恙當是時陛下卽位能爲治乎臣又知陛下之不能也若此諸王雖名爲臣實皆有布衣昆弟之心慮亡不帝制而天子自爲者擅爵人赦死辠甚者或戴黃屋漢法令非行也雖行不軌如厲王者令之不肯聽召之安可致乎幸而來至法安可得加動一親戚天下圜視而起陛下之臣雖有悍如馮敬者適啓其口匕首已陷其匈矣陛下雖賢誰與領此故疏者必危親者必亂已然之效也其異姓負彊而動者漢已幸勝之矣又不易其所吕然同姓襲是跡而動既有徵矣其埶盡又復然殃旤之變未知所移明帝處之尚不能吕安後世將如之何屠牛坦一朝解十二牛而芒刃不頓者所排擊剝割皆衆理解也至于髖髀之所非斤則斧夫仁義恩厚人主之芒刃也權埶法制人主之斤斧也今諸侯王皆衆髖髀也釋斤斧之用而欲嬰吕芒刃臣吕爲不缺則折胡不用之淮南濟北埶不可也臣竊跡前事大抵彊者先反淮陰王楚最彊則最先反韓信倚胡則又反貫高因趙資則又反陳

豨兵精則又反彭越用梁則又反黥布用淮南則又反盧綰最弱最後反長沙迺在二萬五千戶耳功少而最完埶疏而最忠非獨性異人也亦形埶然也曩令樊酈絳灌據數十城而王今雖吕殘亡可也令信越之倫列爲徹侯而居雖至今存可也然則天下之大計可知已欲諸王之皆忠附則莫若令如長沙王欲臣子之勿菹醢則莫若令如樊酈等欲天下之治安莫若衆建諸侯而少其力力少則易使吕義國小則亡邪心令海內之埶如身之使臂臂之使指莫不制從諸侯之君不敢有異心輻湊並進而歸命天子雖在細民且知其安故天下咸知陛下之明割地定制令齊趙楚各爲若干國使悼惠王幽王元王之子孫畢吕次各受祖之分地地盡而止及燕梁它國皆然其分地衆而子孫少者建吕爲國空而置之須其子孫生者舉使君之諸侯之地其削頗入漢者爲徙其侯國及封其子孫也所吕數償之一寸之地一人之衆天子亡所利焉誠吕定治而已故天下咸知陛下之廉地制壹定宗室子孫莫慮不王下無倍叛之心上無誅伐之志故天下咸知陛下之仁法立而不犯令行而不逆貫高利幾之謀不生柴奇開章之計不萌細民鄉善大臣致順故天下咸知陛下之義臥赤子天下之上而安植遺腹朝委裘而天下不亂當時大治後世誦聖壹動而五業附陛下誰憚而久不爲此天下之埶方病大瘇一脛之大幾如要一指之大幾如股平居不可屈信一二指搐身慮亡聊失今不治必爲錮疾後雖有扁鵲不能爲已病非徒瘇也又苦蹠盭元王之子帝之從弟也今之王者從弟之子也惠王親兄子也今之王者兄子之子也親者或亡分地吕安天下疏者或制大權吕偪天子臣故曰非病瘇也又苦蹠盭可痛哭者此病是也天下之埶方倒縣凡天子者天下之首何也上也蠻夷者天下之足何也下也今匈奴嫚娒侵掠至不敬也爲天下患至亡已也而漢歲致金絮

䆁繒後漢西域傳注引作繒綵吕奉之夷狄徵令是主上之操也天子共貢是臣下之禮也足反居上首顧居下倒縣如此莫之能解猶爲國有人乎非亶倒縣而已又類辟且病痱夫辟者一面病痱者一方痛今西邊北邊之郡雖有長爵不得輕復五尺吕上不輕得息斥候望烽燧不得臥將吏被介胄而睡臣故曰一方病矣醫能治之而上不使可爲流涕者此也陛下何忍吕帝皇之號爲戎人諸侯埶旣卑辱而旣不息長此安窮進謀者率吕爲是固不可解也亡具甚矣臣竊料匈奴之眾不過漢一大縣吕天下之大困于一縣之眾甚爲執事者羞之陛下何不試吕臣爲屬國之官吕主匈奴行臣之計請必係單于之頸而制其命伏中行說而笞其背舉匈奴之眾唯上之令今不獵猛敵而獵田彘不搏反寇而搏畜菟翫細娛而不圖大患非所吕爲安也德可遠施威可遠加而直數百里外威令不信可爲流涕者此也今民賣僮者爲之繡衣絲履偏諸緣內之閑中是故天子后服所吕廟而不宴者也而庶人得吕衣婢妾白縠之表薄紈之裏緁吕偏諸美者黼繡是古天子之服今富人大賈嘉會召客者吕被牆古者吕奉一帝一后而節適今庶人屋壁得爲帝服倡優下賤得爲后飾然而天下不屈殆未有也且帝之身自衣皁綈而富民牆屋被文繡天子之后吕緣其領庶人孽妾緣其履此臣所謂舛也夫百人作之不能衣一人欲天下亡寒胡可得也一人耕之十人聚而食之欲天下亡飢不可得也飢寒切于民之肌膚欲其亡爲姦邪不可得也國已屈矣盜賊直須時耳然而獻計者曰毋動爲大耳夫俗至大不敬也至亡等也至冒上也進計者猶曰毋爲可爲長太息者此也商君遺禮義棄仁恩幷心于進取行之二歲秦俗日敗故秦人家富子壯則出分家貧子壯則出贅借父耰鉏慮有德色母取箕箒立而誶語抱哺其子與公併倨婦姑不相說則反脣而相稽其慈子耆利不同

禽獸者亡幾耳然幷心而赴時猶曰蹷六國兼天下功成求得矣終不知反廉愧之節仁義之厚信幷兼之法遂進取之業天下大敗眾掩寡智欺愚勇威怯壯陵衰其亂至矣是吕大賢起之威震海內德從天下曩之爲秦者今轉而爲漢矣然其遺風餘俗猶尚未改今世吕侈靡相競而上亡制度棄禮誼捐廉恥日甚可謂月異而歲不同矣逐利不耳慮非顧行也今其甚者殺父兄矣盜者剟寢戶之簾搴兩廟之器白晝大都之中剽吏而奪之金矯僞者出幾十萬石粟賦六百餘萬錢乘傳而行郡國此其亡行義之先至者也而大臣特吕薄書不報期會之間吕爲大故至于俗流失世壞敗因恬而不知怪慮不動于耳目吕爲是適然耳夫移風易俗使天下回心而鄉道類非俗吏之所能爲也俗吏之所務在于刀筆筐篋而不知大體陛下又不自憂竊爲陛下惜之夫立君臣等上下使父子有禮六親有紀此非天之所爲人之所設也夫人之所設不爲不立不植則僵不修則壞筦子曰禮義廉恥是謂四維四維不張國乃滅亡使筦子愚人也則可筦子而少知治體則是豈可不爲寒心哉秦滅四維而不張故君臣乖亂六親殃戮姦人並起萬民離叛凡十三歲而社稷爲虛今四維猶未備也故姦人幾幸而眾心疑惑豈如今定經制令君君臣臣上下有差父子有親各得其宜姦人亡所幾幸而羣臣眾信上不疑惑此業壹定世世長安而後有所持循矣若夫經制不定是猶度江河亡維楫中流而遇風波船必覆矣可爲長太息者此也夏爲天子十有餘世而殷受之殷爲天子二十餘世而周受之周爲天子三十餘世而秦受之秦爲天子二世而亡人性不甚相遠也何三代之君有道之長而秦無道之暴也其故可知也古之王者太子迺生固舉吕禮使士負之有司齊肅端冕見之南郊見于天也過闕則下過廟則趨孝子之道也故自爲赤子而教固已行矣昔者成王幼在

繈抱之中召公爲太保周公爲太傅太公爲太師保保其身體傅傅之德義師道之教訓此三公之職也于是爲置三少皆上大夫也曰少保少傅少師是與太子宴者也故迺孩提有識三公三少固明孝仁禮義吕道習之逐去邪人不使見惡行于是皆選天下之端士孝悌博聞有道術者吕衞翼之使與太子居處出入故太子迺生而見正事聞正言行正道左右前後皆正人也夫習與正人居之不能毋正猶生長于齊不能不齊言也習與不正人居之不能毋不正猶生長于楚之地不能不楚言也故擇其所耆必先受業迺得嘗之擇其所樂必先有習迺得爲之孔子曰少成若天性習貫如自然及太子少長知妃色則入于學學者所學之官也學禮曰帝入東學上親而貴仁則親疏有序而恩相及矣帝入南學上齒而貴信則長幼有差而民不誣矣帝入西學上賢而貴德則聖智在位而功不遺矣帝入北學上貴而尊爵則貴賤有等而

下不隃矣帝入太學承師問道退習而考于太傅太傅罰其不則而匡其不及則德智長而治道得矣此五學者既成于上則百姓黎民化輯于下矣及太子既冠成人免于保傅之嚴則有記過之史徹膳之宰進善之旌誹謗之木敢諫之鼓瞽史誦詩工誦箴諫大夫進謀士傳民語習與智長故切而不媿化與心成故中道若性三代之禮春朝朝日秋暮夕月所吕明有敬也春秋入學坐國老執醬而親餽之所吕明有孝也行吕鸞和步中采齊趣中肆夏所吕明有度也其于禽獸見其生不食其死聞其聲不食其肉故遠庖廚所吕長恩且明有仁也夫三代之所吕長久者吕其輔翼太子有此具也及秦而不然其俗固非貴辭讓也所上者告訐也固非貴禮義也所上者刑罰也使趙高傅胡亥而教之獄所習者非斬劓人則夷人之三族也故胡亥今日即位而明日射人忠諫者謂之誹謗深計者謂之妖言其視殺人若艾草菅然豈惟胡亥

之性惡哉彼其所吕道之者非其理故也鄙諺曰不習爲吏視已成事又曰前車覆後車誡夫三代之所吕長久者其已事可知也然而不能從者是不法聖智也秦世之所吕亟絕者其轍迹可見也然而不避是後車又將覆也夫存亡之變治亂之機其要在是矣天下之命縣于太子太子之善在于早諭教與選左右夫心未濫而先諭教則化易成也開于道術智誼之指則教之力也若其服習積貫則左右而已夫胡粵之人生而同聲耆欲不異及其長而成俗累數譯而不能相通行有雖死而不相爲者則教習然也臣故曰選左右早諭教最急夫教得而左右正則太子正矣太子正而天下定矣書曰一人有慶兆民賴之此時務也凡人之智能見已然不能見將然夫禮者禁于將然之前而法者禁于已然之後是故法之所用易見而禮之所爲生難知也若夫慶賞吕勸善刑罰吕懲惡先王執此之政堅如金石行此之令信如四時據此

之公無私如天地耳豈顧不用哉然而曰禮云禮云者貴絕惡于未萌而起教于微眇使民日遷善遠辠而不自知也孔子曰聽訟吾猶人也必也使毋訟乎爲人主計者莫如先審取舍取舍之極定于內而安危之萌應于外矣安者非一日而安也危者非一日而危也皆吕積漸然不可不察也人主之所積在其取舍吕禮義治之者積禮義吕刑罰治之者積刑罰刑罰積而民怨背禮義積而民和親故世主欲民之善同而所吕使民善者或異或道之吕德教或敺之吕法令道之吕德教者德教洽而民氣樂敺之吕法令者法令極而民風哀哀樂之感禍福之應也秦王之欲尊宗廟而安子孫與湯武同然而湯武廣大其德行六七百歲而弗失秦王治天下十餘歲則大敗此亡它故矣湯武之定取舍審而秦王之定取舍不審矣夫天下大器也今人之置器置諸安處則安置諸危處則危天下之情與器亡吕異在天子之所置之湯武置天

下于仁義禮樂而德澤洽禽獸草木廣裕德被蠻貊四夷累子孫數十世此天下所共聞也秦王置天下于法令刑罰德澤亡一有而怨毒盈于世下憎惡之如仇讎既幾及身子孫誅絕此天下之所共見也是非其明效大驗邪人之言曰聽言之道必㠯其事觀之則言者莫敢妄言今或言禮誼之不如法令敎化之不如刑罰人主胡不引殷周秦事㠯觀之也人主之尊譬如堂羣臣如陛眾庶如地故陛九級上廉遠地則堂高陛亡級廉近地則堂卑高者難攀卑者易陵理埶然也故古者聖王制爲等列內有公卿大夫士外有公侯伯子男然後有官師小吏延及庶人等級分明而天子加焉故其尊不可及也里諺曰欲投鼠而忌器此善諭也鼠近于器尚憚不投恐傷其器況于貴人之近主乎廉恥節禮㠯治君子故有賜死而亡戮辱是㠯黥劓之辠不及大夫㠯其離主上不遠也禮不敢齒君之路馬蹵其芻者有罰見君之几杖則起遭君之乘車則下入正門則趨君之寵臣雖或有過刑戮之辠不加其身者尊君之故也此所㠯爲主上豫遠不敬也所㠯禮貌大臣而厲其節也今自王侯三公之貴皆天子之所改容而禮之也古天子之所謂伯父伯舅也而令與眾庶同黥劓髡刖笞傌棄市之法然則堂不亡陛虖被戮辱者不泰迫虖廉恥不行大臣無迺握重權大官而有徒隸亡恥之心虖夫望夷之事二世見當㠯重法者投鼠而不忌器之習也臣聞之履雖鮮不加于枕冠雖敝不㠯苴履夫嘗已在貴寵之位天子改容而體貌之矣吏民嘗俯伏㠯敬畏之矣今而有過帝令廢之可也退之可也賜之死可也滅之可也若夫束縛之係緤之輸之司寇編之徒官司寇小吏詈罵而榜笞之殆非所㠯令眾庶見也夫卑賤者習知尊貴者之一旦吾亦迺可㠯加此也非所㠯習天下也非尊尊貴貴之化也夫天子之所嘗敬眾庶之所嘗寵死而死耳賤人安宜得如此而頓辱之哉

豫讓事中行之君智伯伐而滅之移事智伯及趙滅智伯豫讓釁面吞炭必報襄子五起而不中人問豫子豫子曰中行眾人畜我我故眾人事之智伯國士遇我我故國士報之故此一豫讓也反君事讎行若狗彘已而抗節致忠行出虖列士人主使然也故主上遇其大臣如遇犬馬彼將犬馬自爲也如遇官徒彼將官徒自爲也頑頓亡恥奊詬亡節廉恥不立且不自好苟若而可故見利則逝見便則奪主上有敗則因而挻之矣主上有患則吾苟免而已立而觀之耳有便吾身者則欺賣而利之耳人主將何便于此羣下至眾而主上至少也所託財器職業者粹于羣下也俱亡恥俱苟安則主上最病故古者禮不及庶人刑不至大夫所㠯厲寵臣之節也古者大臣有坐不廉而廢者不謂不廉曰簠簋不飾坐汙穢淫亂男女無別者不曰汙穢曰帷薄不修坐罷軟不勝任者不謂罷軟曰下官不職故貴大臣定有其辠矣猶未斥然正㠯呼之也尚遷就而爲之諱也故其在大譴大何之域者聞譴何則白冠氂纓盤水加劍造請室而請辠耳上不執縛係引而行也其有中罪者聞命而自弛上不使人頸盭而加也其有大辠者聞命則北面再拜跪而自裁上不使捽抑而刑之也曰子大夫自有過耳吾遇子有禮矣遇有禮故羣臣自憙嬰㠯廉恥故人矜節行上設廉恥禮義㠯遇其臣而臣不㠯節行報其上者則非人類也故化成俗定則爲人臣者主耳忘身國耳忘家公耳忘私利不苟就害不苟去唯義所在上之化也故父兄之臣誠死宗廟法度之臣誠死社稷輔翼之臣誠死君上守圄扞敵之臣誠死城郭封疆故曰聖人有金城者比物此志也彼且爲我死故吾得與之俱生彼且爲我亡故吾得與之俱存夫將爲我危故吾得與之皆安顧行而忘利守節而伏義故可㠯託不御之權可㠯寄六尺之孤此厲廉恥行禮誼之所致也主上何喪焉此之不爲而顧彼之久行故曰

可爲長太息者此也。漢書賈誼傳。是時匈奴彊，侵邊。天下初定，制度疏闊，諸侯王僭擬，地過古制，淮南、濟北王皆爲逆誅。誼數上疏陳政事，多所欲匡建，其大略云云。

全漢文卷十五終

賈誼二

烏程嚴可均校輯

上疏請封建子弟

陛下即不定制，如今之勢，不過一傳再傳，諸侯猶且人恣而不制，豪植而大强，漢法不得行矣。陛下所㠯爲蕃扞及皇太子之所恃者，唯淮陽代二國耳。代北邊匈奴，與强敵爲鄰，能自完則足矣。而淮陽之比大諸侯，廑如黑子之著面，適足㠯餌大國耳，不足㠯有所禁禦。方今制在陛下，制國而令子適足㠯爲餌，豈可謂工哉。人主之行異布衣。布衣者，飾小行，競小廉，㠯自託於鄉黨，人主唯天下安社稷固不耳。高皇帝瓜分天下㠯王功臣，反者如蝟毛而起，㠯爲不可，故蘄去不義諸侯而虛其國。擇良日，立諸子雒陽上東門之外，畢㠯爲王，而天下安。故大人者，不牽小行，㠯成大功。今淮南地遠者或數千里，越兩諸侯而縣屬于漢。其吏民繇役往來長安者，自悉而補，中道衣敝，錢用諸費稱此，其苦屬漢而欲得王至甚，逋逃而歸諸侯者已不少矣。其勢不可久。臣之愚計，願舉淮南地㠯益淮陽，而爲梁王立後，割淮陽北邊二三列城與東郡㠯益梁。不可者，可徙代王而都睢陽。梁起于新郪㠯北著之河，淮陽包陳㠯南揵之江，則大諸侯之有異心者，破膽而不敢謀。梁足㠯扞齊趙，淮陽足㠯禁吳楚，陛下高枕，終亡山東之憂矣。此二世之利也。當今恬然，適遇諸侯之皆少，數歲之後，陛下且見之矣。夫秦日夜苦心勞力㠯除六國之既，今陛下力制天下，頤指如意，高拱㠯成六國之既，難㠯言智。苟身亡事，畜亂宿既，孰視而不定，萬年之後，傳之老母弱子，將使不寧，不可謂仁。臣聞聖主言問其臣而不自造事，故使人臣得畢其愚忠。唯陛下財幸。漢書賈誼傳，居數年，梁王勝死，亡子，誼復上疏。

上疏諫王淮南諸子

竊恐陛下接王淮南諸子，曾不與如臣者孰計之也。淮南王之悖逆亡道，天下孰不知其辠？陛下幸而赦遷之，自疾而死，天下孰㠯王死之不當？今奉尊罪人之子，適足㠯負謗于天下耳。此人少壯，豈能忘其父哉？白公勝所爲父報仇者，大父與伯父叔父也。白公爲亂，非欲取國代主也，發忿快志，剡手㠯衝仇人之匈，固爲俱靡而已。淮南雖小，黥布嘗用之矣，漢存特幸耳。夫擅仇人足㠯危漢之資，于策不便。雖割而爲四，四子一心也。予之衆，積之財，此非有子胥白公報于廣都之中，即疑有剸諸荊軻起于兩柱之間，所謂假賊兵爲虎翼者也。願陛下少留計。漢書賈誼傳。文帝封淮南厲王四子皆爲列侯，誼知上必將復王之也，上疏諫。

說積貯

筦子曰：倉廩實而知禮節。民不足而可治者，自古及今，未之嘗聞。古之人曰：一夫不耕，或受之飢；一女不織，或受之寒。生之有時，而用之亡度，則物力必屈。古之治天下，至孅至悉也，故其畜積足恃。今背本而趨末，食者甚衆，是天下之大殘也。淫侈之俗，日日㠯長，是天下之大賊也。殘賊公行，莫之或止；大命將泛，莫之振救。生之者甚少，而靡之者甚多，天下財產何得不蹶？漢之爲漢幾四十年矣，公私之積猶可哀痛。失時不雨，民且狼顧；歲惡不入，請賣爵子。既聞耳矣，安有爲天下阽危者若是而上不驚者？世之有飢穰，天之行也，禹湯被之矣。即不幸有方二三千里之旱，國胡㠯相恤？卒然邊境有急，數千百萬之衆，國胡㠯餽之？兵旱相乘，天下大屈，有勇力者聚徒而衡擊，罷夫羸老易子而齩其骨。政治未畢通也，遠方之能疑者並舉而爭起矣，迺駭而圖之，豈將有及乎？夫積貯者，天下之大命也。苟粟多而財有餘，何爲而不成？㠯攻則取，㠯守則固，㠯戰則勝。懷敵附遠，何招而不至？今敺民而歸之農，皆著于本，使天下各食其力，末技游食之民轉而緣南晦，則畜積足而人樂其所矣。可以爲富安天下。而直爲此廩廩也。竊爲陛下惜之。漢書食貨志賈誼說上。

諫除盜鑄錢令使民放鑄

法使天下公得顧租。鑄銅錫爲錢。敢雜以鉛鐵爲它巧者。其罪黥。然鑄錢之情。非殽雜爲巧。則不可得贏。而殽之甚微。爲利甚厚。夫事有召禍。而法有起姦。今令細民人操造幣之埶。各隱屏而鑄作。因欲禁其厚利微姦。雖黥罪日報。其埶不止。迺者民人抵罪。多者一縣百數。及吏之所疑。榜笞奔走者甚眾。夫縣法以誘民。使入陷阱。孰積於此。曩禁鑄錢。死罪積下。今公鑄錢。黥罪積下。爲法若此。上何賴焉。又民用錢。郡縣不同。或用輕錢。百加若干。或用重錢。平稱不受。法錢不立。吏急而壹之虖。則大爲煩苛。而力不能勝。縱而弗呵虖。則市肆異用。錢文大亂。苟非其術。何鄉而可哉。今農事棄捐。而采銅者日蕃。釋其耒耨。冶鎔炊炭。姦錢日多。五穀不爲多。善人怵而爲姦邪。愿民陷而之刑戮。刑戮將甚不詳。奈何而忽。國知患此。吏議必曰禁之。禁之不得其術。其傷必大。令禁鑄錢。則錢必重。重則其利深。盜鑄如雲而起。棄市之罪。又不足以禁矣。姦數不勝。而法禁數潰。銅使之然也。然銅布於天下。其爲禍博矣。今博禍可除。而七福可致也。何謂七福。上收銅。勿令布。則民不鑄錢。黥罪不積。一矣。僞錢不蕃。民不相疑。二矣。采銅鑄作者。反於耕田。三矣。銅畢歸於上。上挾銅積以御輕重。錢輕則以術斂之。重則以術散之。貨物必平。四矣。以作兵器。以假貴臣。多少有制。用別貴賤。五矣。以臨萬貨。以調盈虛。以收奇羨。則官富貴而末民困。六矣。制吾棄財。以與何奴逐爭其民。則敵必懷。七矣。故善爲天下者。因禍而爲福。轉敗而爲功。今久退七福而行博禍。臣誠傷之。漢書食貨志下。孝文五年更鑄四銖錢。其文爲半兩。除盜鑄錢令。使民放鑄。賈誼諫。上不聽。

貴當作賞

過秦論

秦并兼諸侯山東三十餘郡。繕津關。據險塞。脩甲兵而守之。然陳涉以戍卒散亂之眾數百。奮臂大呼。不用弓戟之兵。鉏櫌白梃。望屋而食。橫行天下。秦人阻險不守。關梁不闔。長戟不刺。彊弩不射。楚師深入。戰于鴻門。曾無藩籬之艱。于是山東大擾。諸侯竝起。豪俊相立。秦使章邯將而東征。章邯因以三軍之眾。要市于外。以謀其上。羣臣之不信。可見于此矣。子嬰立。遂不寤。藉使子嬰有庸主之材。僅得中佐。山東雖亂。秦之地可全而有。宗廟之祀。未當絕也。秦地被山帶河以爲固。四塞之國也。自繆公以來。至于秦王。二十餘君。常爲諸侯雄。豈世世賢哉。其勢居然也。且天下嘗同心并力而攻秦矣。當此之世。賢智竝列。良將行其師。賢相通其謀。然困于阻險而不能進。秦乃延入戰而爲之開關。百萬之徒。逃北而遂壞。豈勇力智慧不足哉。形不利。勢不便也。秦小邑并大城。守險塞而軍。高壘毋戰。閉關據阸。荷戟而守之。諸侯起于匹夫。以利合。非有素王之行也。其交未親。其下未附。名爲亡秦。其實利之也。彼見秦阻之難犯也。必退師。安土息民。以待其敝。收弱扶罷。以令大國之君。不患不得意於海內。貴爲天子。富有天下。而身爲禽者。其救敗非也。秦王足已不問。遂過而不變。二世受之。因而不改。暴虐以重禍。子嬰孤立無親。危弱無輔。三主惑而終身不悟。亡不亦宜乎。當此時也。世非無深慮知化之士也。然所以不敢盡忠拂過者。秦俗多忌諱之禁。忠言未卒于口。而身爲戮沒矣。故使天下之士。傾耳而聽。重足而立。拑口而不言。是以三主失道。忠臣不敢諫。智士不敢謀。天下已亂。姦不上聞。豈不哀哉。先王知雍蔽之傷國也。故置公卿大夫士。以飾法設刑。而天下治。其彊也。禁暴誅亂而天下服。其弱也。五伯征而諸侯從。其削也。內守外附而社稷存。故秦之盛也。繁法嚴刑而天下振。及其衰也。百姓怨望而海內畔矣。故周五序得其道。而千餘歲不絕。秦本末竝失。故不長久。由此觀之。安危之統。相去遠矣。野諺曰。前事之不忘。後事之師也。是吕君子爲國。觀之上古。驗之當世。參吕人事。察盛衰之理。審權勢之宜。去就有序。變化有時。故曠日長久。而社稷安矣。（已上文選爲下篇）

秦孝公據殽函之固。擁雍州之地。君臣固守。而窺周室。有席卷天下。包舉宇內。囊括四海之意。幷吞八荒之心。當是時。商君佐之。內立法度。務耕織。修守戰之備。外連衡而鬭諸矦。于是秦人拱手而取西河之外。孝公既沒。惠王武王蒙故業。因遺冊。南兼漢中。西舉巴蜀。東割膏腴之地。收要害之郡。諸矦恐懼。會盟而謀弱秦。不愛珍器重寶肥美之地。吕致天下之士。合從締交。相與爲一。當是時。齊有孟嘗。趙有平原。楚有春申。魏有信陵。此四君者。皆明知而忠信。寬厚而愛人。尊賢重士。約從離衡。幷韓魏燕楚齊趙宋衛中山之衆。于是六國之士。有甯越徐尚蘇秦杜赫之屬爲之謀。齊明周最陳軫昭滑樓緩翟景蘇厲樂毅之徒通其意。吳起孫臏帶佗兒良王廖田忌廉

頗趙奢之朋制其兵。常吕十倍之地。百萬之衆。叩關而攻秦。秦人開關延敵。九國之師。逡巡遁逃而不敢進。秦無亡矢遺鏃之費。而天下諸矦已困矣。于是從散約解。爭割地而奉秦。秦有餘力而制其敝。追亡逐北。伏尸百萬。流血漂鹵。因利乘便。宰割天下。分裂河山。彊國請服。弱國入朝。延及孝文王莊襄王。享國日淺。國家無事。及至秦王。續六世之餘烈。振長策而御宇內。吞二周而亡諸矦。履至尊而制六合。執棰拊吕鞭笞天下。威振四海。南取百越之地。吕爲桂林象郡。百越之君。俛首係頸。委命下吏。乃使蒙恬北築長城而守藩籬。卻匈奴七百餘里。胡人不敢南下而牧馬。士不敢彎弓而報怨。于是廢先王之道。焚百家之言。吕愚黔首。墮名城。殺豪俊。收天下之兵。聚之咸陽。銷鋒鑄鐻。吕爲金人十二。吕弱黔首之民。然後斬華爲城。因河爲津。據億丈之城。臨不測之谿吕爲固。良將勁弩。守要害之處。信臣精卒。陳利兵而誰何。天下吕定。秦王之心。自吕爲關中之固。金城千里。子孫帝王萬世之業也。秦王既沒。餘威振于殊俗。陳涉甕牖繩樞之子。甿隸之人。而遷徙之徒。才能不及中人。非有仲尼墨翟之賢。陶朱猗頓之富。躡足行伍之閒。而倔起什伯之中。率罷散之卒。將數百之衆。而轉攻秦。斬木爲兵。揭竿爲旗。天下雲集響應。贏糧而景從。山東豪俊。遂並起而亡秦族矣。且夫天下非小弱也。雍州之地。殽函之固。自若也。陳涉之位。非尊于齊楚燕趙韓魏宋衛中山之君。鉏櫌棘矜。非銛于句戟長鎩也。適戍之衆。非抗于九國之師。深謀遠慮。行軍用兵之道。非及鄉時之士也。然而成敗異變。功業相反也。試使山東之國。與陳涉度長絜大。比權量力。則不可同年而語矣。然秦吕區區之地。千乘之權。招八州而朝同列。百有餘年矣。然後吕六合爲家。殽函爲宮。一夫作難而七廟墮。身死人手。爲天下笑者。何也。仁義不施。而攻守之勢異也。（已上文選爲上篇）

秦幷海內。兼諸矦。南面稱帝。吕養四海。天下之

士。斐然鄉風。若是者何也。曰。近古之無王者久矣。周室卑微。五霸既沒。令不行于天下。是吕諸矦力政。彊侵弱。衆暴寡。兵革不休。士民罷敝。今秦南面而王天下。是上有天子也。既元元之民。冀得安其性命。莫不虛心而仰上。當此之時。守威定功。安危之本。在於此矣。秦王懷貪鄙之心。行自奮之智。不信功臣。不親士民。廢王道。立私權。禁文書而酷刑法。先詐力而後仁義。吕暴虐爲天下始。夫幷兼者高詐力。安定者貴順權。此言取與守不同術也。秦離戰國而王天下。其道不易。其政不改。是其所吕取之守之者異也。孤獨而有之。故其亡可立而待。借使秦王計上世之事。並殷周之迹。吕制御其政。後雖有淫驕之主。而未有傾危之患也。故三王之建天下。名號顯美。功業長久。今秦二世立。天下莫不引領而觀其政。夫寒者利裋褐。而飢者甘糟糠。天下之嗸嗸。新主之資也。此言勞民之易爲仁也。鄉使二世有庸主之行。而任忠賢。臣主一心。而憂海內

之患。縞素而正先帝之過。裂地分民。㠯封功臣之後。建國立君。㠯禮天子。虛囹圄而免刑戮。除去收帑汙穢之罪。使各反其鄉里。發倉廩。散財幣。㠯振孤獨窮困之士。輕賦少事。㠯佐百姓之急。約法省刑。㠯持其後。使天下之人。皆得自新。更節脩行。各慎其身。塞萬民之望。而㠯威德與天下。天下集矣。即四海之內。皆讙然各自安樂其處。唯恐有變。雖有狡猾之民。無離上之心。則不軌之臣無㠯飾其智。而暴亂之姦止矣。二世不行此術。而重之㠯無道。壞宗廟與民。更始作阿房宮。繁刑嚴誅。吏治刻深。賞罰不當。賦斂無度。天下多事。吏弗能紀。百姓困窮。而主弗收恤。然後姦偽並起。而上下相遁。蒙罪者眾。刑戮相望于道。而天下苦之。自君卿㠯下至于眾庶。人懷自危之心。親處窮苦之實。咸不安其位。故易動也。是㠯陳涉不用湯武之賢。不藉公侯之尊。奮臂于大澤。而天下響應者。其民危也。故先王見始終之變。知存亡之機。是㠯收民之道。務在安之而已。天下雖有逆行之臣。必無響應之助矣。故曰安民可與行義。而危民易與為非。此之謂也。貴為天子。富有天下。身不免于戮殺者。正傾非也。是二世之過也。○已上文選為中篇。史記秦始皇紀。案過秦論相承分上中下三篇。㠯秦孝公㠯下為上篇。秦并兼諸侯為下篇。史記但為一篇。而次第全異。文亦小異。最為古本。今據錄之。

弔屈原文 并序

誼為長沙王太傅。既㠯謫去。意不自得。及度湘水。為賦㠯弔屈原。屈原。楚賢臣也。被讒放逐。作離騷賦。其終篇曰。已矣哉。國無人兮。莫知我也。遂自投汨羅而死。誼追傷之。因㠯自喻。其辭曰。

恭承嘉惠兮。俟罪長沙。側聞屈原兮。自沈汨羅。造託湘流兮。敬弔先生。遭世罔極兮。乃殞厥身。嗚呼哀哉兮。逢時不祥。鸞鳳伏竄兮。鴟梟翱翔。闒茸尊顯兮。讒諛得志。賢聖逆曳兮。方正倒植。世謂隨夷為溷兮。謂跖蹻為廉。莫邪為鈍兮。鉛刀為銛。吁嗟默默。生之無故兮。斡棄周鼎。寶康瓠兮。騰駕罷牛。驂蹇驢兮。驥垂兩耳。服鹽車兮。章甫薦屨。漸不可久兮。嗟苦先生。獨離此咎兮。訊曰。已矣國其莫我知兮。獨壹鬱其誰語。鳳漂漂其高逝兮。夫固自引而遠去。襲九淵之神龍兮。沕深潛㠯自珍。偭蟂獺㠯隱處兮。夫豈從蝦與蛭螾。所貴聖人之神德兮。遠濁世而自藏。使騏驥可得係而羈兮。豈云異夫犬羊。般紛紛其離此尤兮。亦夫子之故也。歷九州而相其君兮。何必懷此都也。鳳皇翔于千仞兮。覽德輝而下之。見細德之險徵兮。遙曾擊而去之。彼尋常之汙瀆兮。豈能容夫吞舟之巨魚。橫江湖之鱣鯨兮。固將制于螻蟻。○文選。蓺文類聚四十。案史記賈誼傳。漢書賈誼傳並載此。㠯為賦。今據文選編入。并錄其序。蓋本集如此。

賈捐之

捐之字君房。誼曾孫。元帝初待詔金馬門。坐法棄市。

棄珠崖議

臣幸得遭明盛之朝。蒙危言之策。無忌諱之患。敢昧死竭卷卷。臣聞堯舜。聖之盛也。禹入聖域而不優。故孔子稱堯曰大哉。韶曰盡善。禹曰無間。㠯三聖之德。地方不過數千里。西被流沙。東漸于海。朔南暨聲教。迄于四海。欲與聲教則治之。不欲與者不彊治也。故君臣歌德。含氣之物。各得其宜。武丁成王。殷周之大仁也。然地東不過江黃。西不過氐羌。南不過蠻荊。北不過朔方。是㠯頌聲並作。視聽之類。咸樂其生。越裳氏重九譯而獻。此非兵革之所能致。及其衰也。南征不還。齊桓救其難。孔子定其文。㠯至乎秦。興兵遠攻。貪外虛內。務欲廣地。不慮其害。然地南不過閩越。北不過太原。而天下潰畔。禍卒在于二世之末。長城之歌。至今未絕。賴聖漢初興。為百姓請命。平定天下。至孝文皇帝。閔中國未安。偃武行文。則斷獄數百。民賦四十。丁男三年而一事。時有獻千里馬者。詔曰。鸞旗在前。屬車在後。吉行日五十里。師行三十里。朕乘千里之馬。獨先安之。于是還馬。與道里費。而下詔曰。朕不受獻也。其令四方毋求

作艸作詐

來獻。當此之時。逸游之樂絕。奇麗之賂塞。鄭衞之倡微矣。夫後宮盛色。則賢者隱處。佞人用事。則諍臣杜口。而文帝不行。故諡爲孝文。廟稱太宗。至孝武皇帝元狩六年。太倉之粟。紅腐而不可食。都內之錢。貫朽而不可校。迺探平城之事。錄冒頓以來數爲邊害。籍兵厲馬。因富民以攘服之。西連諸國。至于安息。東過碣石。以玄菟樂浪爲郡。北卻匈奴萬里。更起營塞。制南海以爲八郡。則天下斷獄萬數。民賦數百。造鹽鐵酒榷之利。以佐用度。猶不能足。當此之時。寇賊並起。軍旅數發。父戰死于前。子鬬傷于後。女子乘亭鄣。孤兒號于道。老母寡婦。飲泣巷哭。遙設虛祭。想魂乎萬里之外。淮南王盜寫虎符。陰聘名士。關東公孫勇等作爲使者。是皆廓地泰大。征伐不休之故也。今天下獨有關東。關東大者。獨有齊楚。民眾久困。連年流離。離其城郭。相枕席于道路。人情莫親父母。莫樂夫婦。至嫁妻賣子。法不能禁。義不能止。此社稷之憂也。今陛下不忍悁悁之忿。欲驅士眾擠之大海之中。快心幽冥之地。非所以救助饑饉保全元元也。詩云蠢爾蠻荊。大邦爲讎。言聖人起則後服。中國衰則先畔。動爲國家難。自古而患之久矣。何況迺復其南方萬里之蠻乎。駱越之人。父子同川而浴。相習以鼻飲。與禽獸無異。本不足郡縣置也。顓顓獨居一海之中。霧露氣溼。多毒艸蟲蛇水土之害。人未見虜。戰士自死。又非獨珠厓有珠犀瑇瑁也。棄之不足惜。不擊不損威。其民譬猶魚鼈。何足貪也。臣竊以往者羌軍言之。暴師曾未一年。兵出不踰千里。費四十餘萬萬。大司農錢盡。迺以少府禁錢續之。夫一隅爲不善。費尚如此。況于勞師遠攻。亡士毋功乎。求之往古則不合。施之當今又不便。臣愚以爲非冠帶之國。禹貢所及。春秋所治。皆可且無以爲。願遂棄珠厓。專用恤關東爲憂。（漢書賈捐之傳。）

與楊興共爲薦石顯奏

竊見石顯。本山東名族。有禮義之家也。持正六年。未嘗有過。明習于事。敏而疾見。出公門。入私門。宜賜爵關內侯。引其兄弟以爲諸曹。（漢書賈捐之傳。）

又共爲薦楊興奏

竊見長安令興。幸得以知名數召見。興事父母有曾氏之孝。事師有顏閔之材。榮名聞于四方。明詔舉茂材。列侯以爲首。爲長安令。吏民敬鄉。道路皆稱能。觀其下筆屬文。則董仲舒。進談動辭。則東方生。置之爭臣。則汲直。用之介冑。則冠軍侯。施之治民。則趙廣漢。抱公絕私。則尹翁歸。興兼此六人而有之。守道堅固。執義不回。臨大節而不可奪。國之良臣也。可試守京兆尹。（漢書賈捐之傳。）

公孫臣

臣。魯人。文帝時召拜博士。

上文帝書

始秦得水德。今漢受之。推終始傳。則漢當土德。土德之應。黃龍見。宜改正朔。易服色。色上黃。（史記封禪書。漢書郊祀志上。又張蒼傳云。魯人公孫臣上書。陳終始五德傳。言漢土德時。其符黃龍見。當改正朔易服色。）

新垣平

平。趙人。文帝時爲上大夫。以詐覺伏誅。

上言設五廟

長安東北有神氣。成五采。若人冠絻焉。或曰。東北神明之舍。西方神明之墓也。天瑞下。宜立祠上帝。以合符應。（史記封禪書。漢書郊祀志上。）

又言日再中

臣候日再中。居頃之。日卻復中。（同上。）

又言迎周鼎

周鼎亡在泗水中。今河溢通泗。臣望東北汾陰直有金寶氣。意周鼎其出乎。兆見不迎則不至。（同上。）

全漢文卷十七

烏程嚴可均校輯

淳于意

意臨菑人文帝時爲齊太倉長坐罪傳詣長安免

對詔問所爲治病死生驗者幾何人主名爲誰

詔問故太倉長臣意方伎所長及所能治病者有其書無有皆安受學受學幾何歲嘗有所驗何縣里人也何病醫藥已其病之狀皆何如具悉而對臣意對曰自意少時喜醫藥醫藥方試之多不驗者至高后八年得見師臨菑元里公乘陽慶慶年七十餘意得見事之謂意曰盡去而方書非是也慶有古先道遺傳黃帝扁鵲之脈書五色診病知人生死決嫌疑定可治及藥論書甚精我家給富心愛公欲盡㠯我禁方書悉敎公臣意卽曰幸甚非意之所敢望也臣意卽避席再拜謁受其脈書上下經五色診奇咳術揆

度陰陽外變藥論石神接陰陽禁書受讀解驗之可一年所明歲卽驗之有驗然尚未精也要事之三年所卽嘗已爲人治診病決死生有驗精良今慶已死十年所臣意年盡三年年三十九歲也

齊侍御史成自言病頭痛臣意診其脈告曰君之病惡不可言也卽出獨告成弟昌曰此病疽也內發于腸胃之閒後五日當癰腫後八日嘔膿死成之病得之飲酒且內成卽如期死所㠯知成之病者臣意切其脈得肝氣肝氣濁而靜此內關之病也脈法曰脈長而弦不得代四時者其病主在于肝和卽經主病也代則絡脈有過經主病和者其病得之筋髓裏其代絕而脈賁者病得之酒且內所㠯知其後五日而癰腫八日嘔膿死者切其脈時少陽初代代者經病病去過人人則去絡脈主病當其時少陽初關一分故中熱而膿未發也及五分則至少陽之界及八日則嘔膿死故上二分而膿發至界而癰腫盡泄而死熱上則熏陽明爛流絡流絡動則脈結發脈結發則爛解故絡交熱氣已上行至頭而動故頭痛

齊王中子諸嬰兒小子病召臣意診切其脈告曰氣鬲病病使人煩懣食不下時嘔沫病得之少憂數忔食飲臣意卽爲之作下氣湯㠯飲之一日氣下二日能食三日卽病愈所㠯知小子之病者診其脈心氣也濁躁而經也此絡陽病也脈法曰脈來數病去難而不一者病主在心周身熱脈盛者爲重陽重陽者逿心主故煩懣食不下則絡脈有過絡脈有過則血上出血上出者死此悲心所生也病得之憂也

齊郎中令循病衆醫皆㠯爲蹷入中而刺之臣意診之曰湧疝也令人不得前後溲循曰不得前後溲三日矣臣意飲㠯火齊湯一飲得前溲再飲大溲三飲而疾愈病得之內所㠯知循病者切其脈時右口氣急脈無五藏氣右口脈大而數數者中下熱而湧左

爲下右爲上皆無五藏應故曰湧疝中熱故溺赤也

齊中御府長信病臣意入診其脈告曰熱病氣也然暑汗脈少衰不死曰此病得之當浴流水而寒甚已則熱信曰唯然往冬時爲王使于楚至莒縣陽周水而莒橋梁頗壞信則擥車轅未欲渡也馬驚卽墮信身入水中幾死吏卽來救信出之水中衣盡濡有閒而身寒已熱如火至今不可㠯見寒臣意卽爲之液湯火齊逐熱一飲汗盡再飲熱去三飲病已卽使服藥出入二十日身無病者所㠯知信之病者切其脈時并陰脈法曰熱病陰陽交者死切之不交并陰并陰者脈順清而愈其熱雖未盡猶活也腎氣有時閒濁在太陰脈口而希是水氣也腎固主水故㠯此知之失治一時卽轉爲寒熱

齊王太后病召臣意入診脈曰風癉客脬難于大小溲溺赤臣意飲㠯火齊湯一飲卽前後溲再飲病已溺如故病得之流汗出滫

溺者去衣而汗晞也所㠯知齊王太后病者臣意診其脈切其太陰之口溼然風氣也脈法曰沈之而大堅浮之而大緊者病主在腎腎切之而相反也脈大而躁大者膀胱氣也躁者中有熱而溺赤

齊章武里曹山跗病臣意診其脈曰肺消癉也加㠯寒熱卽告其人曰死不治適其共養此不當醫治法曰後三日而當狂妄起行欲走後五日死卽如期死山跗病得之盛怒而㠯接内所㠯知山跗之病者臣意切其脈肺氣熱也脈法曰不平不鼓形獘此五藏高之遠數㠯經病也故切之時不平而代不平者血不居其處代者時參擊並至乍躁乍大也此兩絡脈絕故死不治所㠯加寒熱者言其人尸奪尸奪者形獘形獘者不當關灸鑱后及飲毒藥也臣意未往診時齊太醫先診山跗病灸其足少陽脈口而飲之半夏丸病者卽泄注腹中虛又灸其少陰脈是壞肝剛絕深如是重損病者氣㠯故加寒熱所㠯後三日而當狂者肝一絡連屬結絕乳下陽明故絡絕開陽明脈陽明脈傷卽當狂走後五日死者肝與心相去五分故曰五日盡盡卽死矣

精當作積

齊中尉潘滿如病少腹痛臣意診其脈曰遺精瘕也臣意卽謂齊太僕臣饒内史臣繇曰中尉不復自止于内則三十日死後二十餘日溲血死病得之酒且内所㠯知潘滿如病者臣意切其脈深小弱其卒然合合也是脾氣也右脈口氣至緊小見瘕氣也㠯次相乘故三十日死三陰俱摶者如法不俱摶者決在急期一摶一代者近也故其三陰摶溲血如前止

陽虛侯相趙章病召臣意衆醫皆㠯爲寒中臣意診其脈曰迵風迵風者飲食下嗌而輒出不留法曰五日死而後十日乃死病得之酒所㠯知趙章之病者臣意切其脈脈來滑是内風氣也飲食下嗌而輒出不留者法五日死皆爲前分界法後十日乃死所㠯

過期者其人嗜粥故中藏實中藏實故過期師言曰安穀者過期不安穀者不及期

后當作石

濟北王病召臣意診其脈曰風蹶胸滿卽爲藥酒盡三后病已得之汗出伏地所㠯知濟北王病者臣意切其脈時風氣也心脈濁病法過入其陽陽氣盡而陰氣入陰氣入張則寒氣上而熱氣下故胸滿汗出伏地者切其脈氣陰陰氣者病必入中出及瀺水也

齊北宮司空命婦出于病衆醫皆㠯爲風入中病主在肺刺其足少陽脈臣意診其脈曰病氣疝客于膀胱難于前後溲而溺赤病見寒氣則遺溺使人腹腫出于病得之欲溺不得因㠯接内所㠯知出于病者切其脈大而實其來難是蹶陰之動也脈來難者疝氣之客于膀胱也腹之所㠯腫者言蹶陰之絡結小腹也蹶陰有過則脈結動動則腹腫臣意卽灸其足蹶陰之脈左右各一所卽不遺溺而溲清小腹痛止卽更爲火齊湯㠯飲之三日而疝氣散卽愈

故濟北王阿母自言足熱而懣臣意告曰熱蹷也則刺其足心各三所案之無出血病旋已病得之飲酒大醉濟北王召臣意診脈諸女子侍者至女子豎豎無病臣意告永巷長曰豎傷脾不可勞法當春嘔血死臣意言王曰才人女子豎何能王曰是好爲方多伎能爲所是案法新往年市之民所四百七十萬曹偶四人王曰得毋有病乎臣意對曰豎病重在死法中王召視之其顏色不變㠯爲不然不賣諸侯所至春豎奉劒從王之廁王去豎後王令人召之卽仆于廁嘔血死病得之流汗流汗者同法病内重毛髮而色澤脈不衰此亦關内之病也

齊中大夫病齲齒臣意灸其左大陽明脈卽爲苦參湯日嗽三升出入五六日病已得之風及臥開口食而不嗽

甾川王美人懷子而不乳來召臣意臣意往飲㠯莨礍藥一撮㠯

酒飲之旋乳臣意復診其脈而脈躁躁者有餘病卽飲㠯消石一齊出血血如豆比五六枚

齊丞相舍人奴從朝入宮臣意見之食閨門外望其色有病氣臣意卽告宦者平平好爲脈學臣意所臣意卽示之舍人奴病告之曰此傷脾氣也當至春鬲塞不通不能食飲法至夏泄血死宦者平卽往告相曰君之舍人奴有病病重死期有日相君曰卿何㠯知之曰君朝時入宮君之舍人奴盡食閨門外平與倉公立卽示平曰病如是者死相卽召舍人奴而謂之曰公奴有病不舍人曰奴無病身無痛者至春果病至四月泄血死所㠯知奴病者脾氣周乘五藏傷部而交故傷脾之色也望之殺然黃察之如死靑之茲眾醫不知㠯爲大蟲不知傷脾所㠯至春死病者胃氣黃黃者土氣也土不勝木故至春死所㠯至夏死者脈法曰病重而脈順淸者曰內關內關之病人不知其所痛心急然無苦若加㠯一病死中春一愈順及一時其所㠯四月死者診其人時愈順愈順者人尙肥也奴之病得之流汗數出灸于火而㠯出見大風也

菑川王病召臣意診脈曰蹷上爲重頭痛身熱使人煩懣臣意卽㠯寒水拊其頭刺足陽明脈左右各三所病旋已病得之沐髮未乾而臥診如前所㠯蹷頭熱至肩

齊王黃姬兄黃長卿家有酒召客召臣意諸客坐未上食臣意望見王后弟宋建告曰君有病往四五日君要脅痛不可俛仰又不得小溲不亟治病卽入濡腎及其未舍五藏急治之病方今客腎濡此所謂腎痺也宋建曰然建故有要脊痛往四五日天雨黃氏諸倩見建家京下方石卽弄之建亦欲效之效之不能起卽復置之暮要脊痛不得溺至今不愈建病得之好持重所㠯知建病者臣意見其色太陽色乾腎部上及界要㠯下者枯四分所故㠯往四五日知其發也臣意卽爲柔湯使服之十八日所而病愈

濟北王侍者韓女病要背痛寒熱眾醫皆㠯爲寒熱也臣意診脈曰內寒月事不下也卽竄㠯藥旋下病已病得之欲男子而不可得也所㠯知韓女之病者診其脈時切之腎脈也嗇而不屬嗇而不屬者其來難堅故曰月不下肝脈弦出左口故曰欲男子不可得也

臨菑氾里女子薄吾病甚眾醫皆㠯爲寒熱篤當死不治臣意診其脈曰蟯瘕蟯瘕爲病腹大上膚黃麤循之戚戚然臣意飮㠯芫華一撮卽出蟯可數升病已三十日如故病蟯得之于寒溼寒溼氣宛篤不發化爲蟲臣意所㠯知薄吾病者切其脈循其尺其尺索刺麤而毛美奉髮是蟲氣也其色澤者中藏無邪氣及重病

齊淳于司馬病臣意切其脈告曰當病迵風迵風之狀飲食下嗌輒後之病得之飽食而疾走淳于司馬曰我之王家食馬肝食飽甚見酒來卽走去驅疾至舍卽泄數十出臣意告曰爲火齊米汁飲之七八日而當愈時醫秦信在旁臣意去信謂左右閣都尉曰意㠯淳于司馬病爲何曰㠯爲迵風可治信卽笑曰是不知也淳于司馬病法當後九日死卽後九日不死其家復召臣意臣意往問之盡如意診臣卽爲一火齊米汁使服之七八日病已所㠯知之者診其脈時切之盡如法其病順故不死

齊中郎破石病臣意診其脈告曰肺傷不治當後十日丁亥溲血死卽後十一日溲血而死破石之病得之墮馬僵石上所㠯知破石之病者切其脈得肺陰氣其來散數道至而不一也色又乘之所㠯知其墮馬者切之得番陰脈番陰脈入虛裏乘肺脈肺脈散者固色變也乘之所㠯不中期死者師言曰病者安穀卽過期不安穀則不及期其人嗜黍黍主肺故過期所㠯溲血者診脈法曰病養喜陰處者順死喜養陽處者逆死其人喜自靜不躁又久安坐伏几而寐故血下泄

齊王侍醫遂病。自練五石服之。臣意往過之。遂謂意曰。不肖有病。幸診遂也。臣意卽診之。告曰。公病中熱。論曰。中熱不溲者。不可服五石。石之爲藥精悍。公服之不得數溲。亟勿服。色將發臃。遂曰。扁鵲曰。陰石㠯治陰病。陽石㠯治陽病。夫藥石者。有陰陽水火之齊。故中熱。卽爲陰石柔齊治之。中寒。卽爲陽石剛齊治之。臣意曰。公所論遠矣。扁鵲雖言若是。然必審診。起度量。立規矩。稱權衡。合色脈。表裏有餘不足順逆之法。參其人動靜。與息相應。乃可㠯論。論曰。陽疾處內。陰形應外者。不加悍藥及鑱石。夫悍藥入中。則邪氣辟矣。而宛氣愈深。診法曰。二陰應外。一陽接內者。不可㠯剛藥。剛藥入。則動陽。陰病益衰。陽病益著。邪氣流行。爲重困于俞。忿發爲疽。意告之後百餘日。果爲疽發乳上。入缺盆死。此謂論之大體也。必有經紀。拙工有一不習。文理陰陽失矣。

齊王故爲陽虛侯時。病甚。衆醫皆㠯爲蹷。臣意診脈。㠯爲痹。根在右脅下。大如覆杯。令人喘。逆氣。不能食。臣意卽㠯火齊粥且飲。六日氣下。卽令更服丸藥。出入六日。病已。病得之內。診之時。不能識其經解。大識其病所在。

臣意嘗診安陽武都里成開方。開方自言㠯爲不病。臣意謂之病苦沓風。三歲。四支不能自用。使人瘖。瘖卽死。今聞其四支不能用。瘖而未死也。病得之數飲酒。㠯見大風氣。所㠯知成開方病者。診之。其脈法奇咳言曰。藏氣相反者死。切之。得腎反肺。法曰。三歲死也。

安陵阪里公乘項處病。臣意診脈曰。牡疝。牡疝在鬲下。上連肺。病得之內。臣意謂之。愼毋爲勞力事。爲勞力事則必嘔血死。處後蹴踘。要蹷寒。汗出多。卽嘔血。臣意復診之曰。當旦日日夕死。卽死。病得之內。所㠯知項處病者。切其脈得番陽。番陽入虛裏。處旦日死。一番一絡者。牡疝也。臣意曰。他所診期決死生。及所治已病衆多。

久頗忘之。不能盡識。不敢㠯對。

問臣意。所診治病。病名多同而診異。或死或不死。何也。對曰。病名多相類。不可知。故古聖人爲之脈法。㠯起度量。立規矩。縣權衡。案繩墨。調陰陽。別人之脈各名之。與天地相應。參合于人。故乃別百病㠯異之。有數者皆異之。無數者同之。然脈法不可勝驗。診疾人㠯度異之。乃可別同名。命病主在所居。今臣意所診者。皆有診籍。所㠯別之者。臣意所受師方適成。師死。㠯故表籍所診。期決死生。觀所失所得者合脈法。㠯故至今知之。

問臣意曰。所期病決死生。或不應期。何故。對曰。此皆飲食喜怒不節。或不當飲藥。或不當鍼灸。㠯故不中期死也。

問臣意。意方能知病死生。論藥用所宜。諸侯王大臣有嘗問意者不。及文王病時。不求意診治。何故。對曰。趙王膠西王濟南王吳王皆使人來召臣意。臣意不敢往。文王病時。臣意家貧。欲爲人治病。誠恐吏㠯除拘臣意也。故移名數左右。不修家生。出行游國中。問善爲方數者事之久矣。見事數師。悉受其要事。盡其方書意。及解論之。身居陽虛侯國。因事侯。侯入朝。臣意從之長安。㠯故得診安陵項處等病也。

問臣意。知文王所㠯得病不起之狀。臣意對曰。不見文王病。然竊聞文王病喘。頭痛。目不明。臣意心論之。㠯爲非病也。㠯爲肥而蓄精。身體不得搖。骨肉不相任。故喘。不當醫治。脈法曰。年二十。脈氣當趨。年三十。當疾步。年四十。當安坐。年五十。當安臥。年六十已上。氣當大董。文王年未滿二十。方脈氣之趨也。而徐之。不應天道四時。後聞醫灸之卽篤。此論病之過也。臣意論之。㠯爲神氣爭而邪氣入。非年少所能復之也。㠯故死。所謂氣者。當調飲食。擇晏日。車步廣志。㠯適筋骨肉血脈。㠯瀉氣。故年二十。是謂易貿。法不當砭灸。砭灸至氣逐。

問臣意。師慶安受之。聞于齊諸侯不。對曰。不知慶所師受。慶家富。善爲醫。不肯爲人治病。當㠯此故不聞。慶又告臣意曰。愼毋令我子孫知若學我方也。

問臣意。師慶何見于意而愛意。欲悉教意方。對曰。臣意不聞師慶爲方善也。意所㠯知慶者。意少時好諸方事。臣意試其方。皆多驗精良。臣意聞菑川唐里公孫光善爲古傳方。臣意卽往謁之。得見事之。受方化陰陽及傳語法。臣意悉受書之。臣意欲盡受他精方。公孫光曰。吾方盡矣。不爲愛公所。吾身已衰。無所復事之。是吾年少所受妙方也。悉與公。毋㠯教人。臣意曰。得見事侍公前。悉得禁方。幸甚。意死不敢妄傳人。居有閒。公孫光閒處。臣意深論方。見言百世爲之精也。師光喜曰。公必爲國工。吾有所善者皆疏。同產處臨菑。善爲方。吾不若。其方甚奇。非世之所聞也。吾年中時。嘗欲受其方。楊中倩不肯。曰。若非其人也。胥與公往見之。當知公喜方也。

其人亦老矣。其家給富。時者未往。會慶子男殷來獻馬。因師光奏馬王所。意㠯故得與殷善。光又屬意于殷曰。意好數。公必謹遇之。其人聖儒。卽爲書㠯意屬陽慶。㠯故知慶。臣意事慶謹。㠯故愛意也。

問臣意曰。吏民嘗有事學意方。及畢盡得意方不。何縣里人。對曰。臨菑人宋邑。邑學。臣意教㠯五診。歲餘。濟北王遣太醫高期王禹學。臣意教㠯經脈高下。及奇絡結。當論俞所居。及氣當上下出入邪逆順。㠯宜鑱石。定砭灸處。歲餘。菑川王時遣太倉馬長馮信正方。臣意教㠯案法逆順。論藥法。定五味。及和齊湯法。高永侯家丞杜信喜脈。來學。臣意教㠯上下經脈五診。二歲餘。臨菑召里唐安來學。臣意教㠯五診上下經脈。奇咳。四時應陰陽重。未成。除爲齊王侍醫。

問臣意。診病決死生。能全無失乎。臣意對曰。意治病人。必先切其脈。乃治之。敗逆者不可治。其順者乃治之。心不精脈。所期死生視可治。時時失之。臣意不能全也。史記倉公傳。

全漢文卷十七終

烏程嚴可均校輯

鼂錯

錯潁川人初爲太常掌故文帝時歷太子舍人門大夫遷博士拜太子家令舉賢良文學對策高第遷中大夫景帝卽位㠯爲內史遷御史大夫吳楚七國反斬于東市有新書三卷集三卷

賢良文學對策

平陽侯臣窋汝陰侯臣竈潁陰侯臣何廷尉臣宜昌隴西太守臣昆邪所選賢良太子家令臣錯昧死再拜言臣竊聞古之賢主莫不求賢㠯爲輔翼故黃帝得力牧而爲五帝先大禹得咎繇而爲三王祖齊桓得筦子而爲五伯長今陛下講于大禹及高皇帝之建豪英也退託于不明㠯求賢良讓之至也臣竊觀上世之傳若高皇帝之建功業陛下之德厚而得賢佐皆有司之所覽刻于玉

版藏于金匱歷之春秋紀之後世爲帝者祖宗與天地相終今臣窋等迺㠯臣錯充賦甚不稱明詔求賢之意臣錯屮茅臣亡識知昧死上愚對曰詔策曰明于國家大體愚臣竊㠯古之五帝明之臣聞五帝神聖其臣莫能及故自親事處于法宮之中明堂之上動靜上配天下順地中得人故衆生之類亡不覆也根著之徒亡不載也燭㠯光明亡偏異也德上及飛鳥下至水蟲草木諸產皆被其澤然後陰陽調四時節日月光風雨時膏露降五穀熟祅孽滅賊氣息民不疾疫河出圖洛出書神龍至鳳鳥翔德澤滿天下靈光施四海此謂配天地治國大體之功也詔策曰通于人事終始愚臣竊㠯古之三王明之臣聞三王臣主俱賢故合謀相輔計安天下莫不本于人情人情莫不欲壽三王生而不傷也人情莫不欲富三王厚而不困也人情莫不欲安三王扶而不危也人情莫不欲逸三王節其力而不盡也其爲法令也合于人情而後行

之其動衆使民也本于人事然後爲之取人㠯己內恕及人情之所惡不㠯彊人情之所欲不㠯禁民是㠯天下樂其政歸其德望之若父母從之若流水百姓和親國家安寍名位不失施及後世此明于人情終始之功也詔策曰直言極諫愚臣竊㠯五伯之臣明之臣聞五伯不及其臣故屬之㠯國任之㠯事五伯之佐之爲人臣也察身而不敢誣奉法令不容私盡心力不敢矜遭患難不避死見賢不居其上受祿不過其量不㠯亡能居尊顯之位自行若此可謂方正之士矣其立法也非㠯苦民傷衆而爲之機陷也㠯之興利除害尊主安民而救暴亂也其行賞也非虛取民財妄予人也㠯勸天下之忠孝而明其功也故功多者賞厚功少者賞薄如此斂民財㠯顧其功而民不恨者知與而安己也其行罰也非㠯忿怒妄誅而從暴心也㠯禁天下不忠不孝而害國者也故辠大者罰重辠小者罰輕如此民雖伏辠至死而不怨者知辠罰

之至自取之也立法若此可謂平正之吏矣法之逆者請而更之不㠯傷民主行之暴者逆而復之不㠯傷國救主之失補主之過揚主之美明主之功使主內亡邪辟之行外亡騫汙之名事君若此可謂直言極諫之士矣此五伯之所㠯德匡天下威正諸侯功業甚美名聲章明舉天下之賢主五伯與焉此身不及其臣而使得直言極諫補其不逮之功也今陛下人民之衆威武之重德惠之厚令行禁止之埶萬萬于五伯而賜愚臣策曰匡朕之不逮愚臣何足㠯識陛下之高明而奉承之詔策曰吏之不平政之不宣民之不寍愚臣竊㠯秦事明之臣聞秦始并天下之時其主不及三王而臣不及其佐然功力不遲者何也地形便山川利財用足民利戰其所與竝者六國六國者臣主皆不肖謀不輯民不用故當此之時秦最富彊夫國富彊而鄰國亂者帝王之資也故秦能兼六國立爲天子當此之時三王之功不能進焉及其末塗之衰

也任不肖而信讒賊宮室過度耆欲亡極民力罷盡賦斂不節矜奮自賢羣臣恐諛驕溢縱恣不顧患禍妄賞吕隨喜意妄誅吕快怒心法令煩憯刑罰暴酷輕絕人命身自射殺天下寒心莫安其處姦邪之吏乘其亂法吕成其威獄官主斷生殺自恣上下瓦解各自爲制秦始亂之時吏之所先侵者貧人賤民也至其中節所侵者富人吏家也及其末塗所侵者宗室大臣也是故親疏皆危外内咸怨離散逋逃人有走心陳勝先倡天下大潰絕祀亡世爲異姓福此吏不平政不宣民不寧之禍也今陛下配天象地覆露萬民絕秦之迹除其亂法躬親本事廢去淫末除苛解嬈寬大愛人肉刑不用辠人亡帑非謗不治鑄錢者除通關去塞不孼諸侯賓禮長老愛卹少孤辠人有期後宮出嫁尊賜孝悌農民不租明詔軍師愛士大夫求進方正廢退姦邪除去陰刑害民者誅憂勞百姓列侯就都親耕節用視民不奢所爲天下興利除害變法易

故吕安海内者大功數十皆上世之所難及陛下行之道純德厚元元之民幸矣詔策曰永惟朕之不德愚臣不足吕當之詔策曰悉陳其志毋有所隱愚臣竊吕五帝之賢臣明之臣聞五帝其臣莫能及則自親之三王臣主俱賢則共憂之五伯不及其臣則任使之此所吕神明不遺而聖賢不廢也故各當其世而立功德焉傳曰往者不可及來者猶可待能明其世者謂之天子此之謂也竊聞戰不勝者易其地民貧窮者變其業今吕陛下神明德厚資財不下五帝臨制天下至今十有六年民不益富盜賊不衰邊竟未安其所吕然意者陛下未之躬親而待羣臣也今執事之臣皆天下之選已然莫能望陛下清光譬之猶五帝之佐也陛下不自躬親而待不望清光之臣臣竊恐神明之遺也日損一日歲亡一歲日月益暮盛德不及究于天下吕傳萬世愚臣不自度量竊爲陛下惜之昧死上狂惑中茅之愚臣言唯陛下財擇漢書鼂錯傳

上書言皇太子宜知術數

人主所吕尊顯功名揚于萬世之後者吕知術數也故人主知所吕臨制臣下而治其衆則羣臣畏服矣知所吕聽言受事則不欺蔽矣知所吕安利萬民則海内必從矣知所吕忠孝事上則臣子之行備矣此四者臣竊爲皇太子急之人臣之議或曰皇太子亡吕知事爲也臣之愚誠吕爲不然竊觀上世之君不能奉其宗廟而劫殺于其臣者皆不知術數者也皇太子所讀書多矣而未深知術數者不問書說也夫多誦而不知其說所謂勞苦而不爲功臣竊觀皇太子材智高奇馭射伎埶過人絕遠然于術數未有所守者吕陛下爲心也竊願陛下幸擇聖人之術可用今世者吕賜皇太子因時使太子陳明于前唯陛下裁察漢書鼂錯傳

上書言兵事

臣聞漢興吕來胡虜數入邊地小入則小利大入則大利高后時

再入隴西攻城屠邑敺略畜產其後復入隴西殺吏卒大寇盜竊聞戰勝之威民氣百倍敗兵之卒沒世不復自高后吕來隴西三困于匈奴矣民氣破傷亡有勝意今茲隴西之吏賴社稷之神靈奉陛下之明詔和輯士卒底厲其節起破傷之民吕當乘勝之匈奴用少擊衆殺一王敗其衆而法曰大有利非隴西之民有勇怯迺將吏之制巧拙異也故兵法曰有必勝之將無必勝之民繇此觀之安邊境立功名在于良將不可不擇也臣又聞用兵臨戰合刃之急者三一曰得地形二曰卒服習三曰器用利兵法曰丈五之溝漸車之水山林積石經川丘阜屮木所在此步兵之地也車騎二不當一土山丘陵曼衍相屬平原廣野此車騎之地步兵十不當一平陵相遠川谷居閒仰高臨下此弓弩之地也短兵百不當一兩陳相近平地淺屮可前可後此長戟之地也劒楯三不當一萑葦竹蕭屮木蒙蘢支葉茂接此矛鋋之地也長戟二不當一

曲道相伏險阸相薄此劒楯之地也弓弩三不當一士不選練卒不服習起居不精動靜不集趨利弗及避難不畢前擊後解與金鼓之音相失此不習勒卒之過也百不當十兵不完利與空手同甲不堅密與袒裼同弩不可㠯及遠與短兵同射不能中與亡矢同中不能入與亡鏃同此將不省兵之禍也五不當一故兵法曰器械不利㠯其卒予敵也卒不可用㠯其將予敵也將不知兵㠯其主予敵也君不擇將㠯其國予敵也四者兵之至要也臣又聞小大異形彊弱異埶險易異備夫卑身㠯事彊小國之形也合小㠯攻大敵國之形也㠯蠻夷攻蠻夷中國之形也今匈奴地形技埶與中國異上下山阪出入溪澗中國之馬弗與也險道傾仄且馳且射中國之騎弗與也風雨罷勞飢渴不困中國之人弗與也此匈奴之長技也若夫平原易地輕車突騎則匈奴之衆易撓亂也勁弩長戟射疏及遠則匈奴之弓弗能格也堅甲利刃長短相

雜遊弩往來什伍俱前則匈奴之兵弗能當也材官騶發矢道同的則匈奴之革笥木薦弗能支也下馬地鬬劒戟相接去就相薄則匈奴之足弗能給也此中國之長技也㠯此觀之匈奴之長技三中國之長技五陛下又興數十萬之衆㠯誅數萬之匈奴衆寡之計㠯一擊十之術也雖然兵凶器戰危事也㠯大爲小㠯彊爲弱在俛卬之閒耳夫㠯人之死爭勝跌而不振則悔之亡及也帝王之道出于萬全今降胡義渠蠻夷之屬來歸誼者其衆數千飲食長技與匈奴同可賜之堅甲絮衣勁弓利矢益㠯邊郡之良騎令明將能知其習俗和輯其心者㠯陛下之明約將之卽有險阻㠯此當之平地通道則㠯輕車材官制之兩軍相爲表裏各用其長技衡加之㠯衆此萬全之術也傳曰狂夫之言而明主擇焉臣錯愚陋昧死上狂言唯陛下財擇漢書鼂錯傳

言守邊備塞務農力本當世急務二事

今當作令

臣聞秦時北攻胡貉築塞河上南攻楊粵置戍卒焉其起兵而攻胡粵者非㠯衞邊地而救民死也貪戾而欲廣大也故功未立而天下亂且夫起兵而不知其埶戰則爲人禽屯則卒積死夫胡貉之地積陰之處也木皮三寸冰厚六尺食肉而飲酪其人密理鳥獸毳毛其性能寒楊粵之地少陰多陽其人疏理鳥獸希毛其性能暑秦之戍卒不能其水土戍者死于邊輸者僨于道秦民見行如往棄市因㠯讁發之名曰讁戍先發吏有讁及贅壻賈人後㠯嘗有市籍者又後㠯大父母父母嘗有市籍者後入閭取其左發之不順行者深怨有背畔之心凡民守戰至死而不降北者㠯計爲之也故戰勝守固則有拜爵之賞攻城屠邑則得其財鹵㠯富家室故能使其衆蒙矢石赴湯火視死如生今秦之發卒也有萬死之害而亡銖兩之報死事之後不得一算之復天下明知禍烈及己陳勝行戍至于大澤爲天下先倡天下從之如流水者秦㠯

威劫而行之之敝也胡人衣食之業不著于地其埶易㠯擾亂邊竟何㠯明之胡人食肉飲酪衣皮毛非有城郭田宅之歸居如飛鳥走獸于廣壄美草甘水則止草盡水竭則移㠯是觀之往來轉徙時至時去此胡人之生業而中國之所㠯離南晦也今使胡人數處轉牧行獵于塞下或當燕代或當上郡北地隴西㠯候備塞之卒卒少則入陛下不救則邊民絕望而有降敵之心救之少發則不足多發遠縣纔至則胡又已去聚而不罷爲費甚大罷之則胡復入如此連年則中國貧苦而民不安矣陛下幸憂邊竟遣將吏發卒㠯治塞甚大惠也然今遠方之卒守塞一歲而更不知胡人之能不如選常居者家室田作且㠯備之㠯便爲之高城深塹具藺石布渠荅復爲一城其內城閒百五十步要害之處通川之道調立城邑毋下千家爲中周虎落先爲室屋具田器迺募辠人及免徒復作令居之不足募㠯丁奴婢贖辠及輸奴婢欲㠯拜爵

縣民之民當作官

者。不足。迺募民之欲往者。皆賜高爵。復其家。予冬夏衣廩食。能自給而止。郡縣之民。得買其爵。㠯自增至卿。其亡夫若妻者。縣官買予之。人情非有匹敵。不能久安其處。塞下之民。祿利不厚。不可使久居危難之地。胡人入驅。而能止其所驅者。㠯其半予之。縣民爲贖其民。如是。則邑里相救助。赴胡不避死。非㠯德上也。欲全親戚而利其財也。此與東方之戍卒。不習地埶而心畏胡者。功相萬也。㠯陛下之時。徙民實邊。使遠方亡屯戍之事。塞下之民。父子相保。亡係虜之患。利施後世。名稱聖明。其與秦之行怨民。相去遠矣。漢書鼂錯傳。

復言募民徙塞下

陛下幸募民相徙。㠯實塞下。使屯戍之事益省。輸將之費益寡。甚大惠也。下吏誠能稱厚惠。奉明法。存卹所徙之老弱。善遇其壯士。和輯其心而勿侵刻。使先至者安樂而不思故鄉。則貧民相募而勸往矣。臣聞古之徙遠方㠯實廣虛也。相其陰陽之和。嘗其水泉之味。審其土地之宜。觀其屮木之饒。然後營邑立城。製里割宅。通田作之道。正阡陌之界。先爲築室。家有一堂二內。門戶之閉。置器物焉。民至有所居。作有所用。此民所㠯輕去故鄉而勸之新邑也。爲置醫巫。㠯救疾病。㠯脩祭祀。男女有昏。生死相卹。墳墓相從。種樹畜長。室屋完安。此所㠯使民樂其處而有長居之心也。臣又聞古之制邊縣㠯備敵也。使五家爲伍。伍有長。十長一里。里有假士。四里一連。連有假五百。十連一邑。邑有假候。皆擇其邑之賢材有護。習地形知民心者。居則習民于射法。出則敎民于應敵。故卒伍成于內。則軍正定于外。服習㠯成。勿令遷徙。幼則同游。長則共事。夜戰聲相知。則足㠯相救。晝戰目相見。則足㠯相識。驩愛之心足㠯相死。如此而勸㠯厚賞。威㠯重罰。則前死不還踵矣。所徙之民非壯有材力。但費衣糧。不可用也。雖有材力。不得良吏。猶亡功也。

陛下絕匈奴不與和親。臣竊意其冬來南也。壹大治則終身創矣。欲立威者始于折膠。來而不能困。使得氣去。後未易服也。愚臣亡識。唯陛下財察。漢書鼂錯傳。

說文帝令民入粟受爵

聖王在上而民不凍飢者。非能耕而食之。織而衣之也。爲開其資財之道也。故堯禹有九年之水。湯有七年之旱。而國亡捐瘠者。㠯畜積多而備先具也。今海內爲一。土地人民之衆。不避湯禹。加㠯亡天災數年之水旱。而畜積未及者。何也。地有遺利。民有餘力。生穀之土未盡墾。山澤之利未盡出也。游食之民未盡歸農也。民貧則姦邪生。貧生于不足。不足生于不農。不農則不地著。不地著則離鄉輕家。民如鳥獸。雖有高城深池。嚴法重刑。猶不能禁也。夫寒之于衣。不待輕煖。飢之于食。不待甘旨。飢寒至身。不顧廉恥。人情一日不再食則飢。終歲不製衣則寒。夫腹飢不得食。膚寒不得衣。雖慈母不能保其子。君安能㠯有其民哉。明主知其然也。故務民于農桑。薄賦斂。廣畜積。㠯實倉廩。備水旱。故民可得而有也。民者在上所㠯牧之。趨利如水走下。四方亡擇也。夫珠玉金銀。飢不可食。寒不可衣。然而衆貴之者。㠯上用之故也。其爲物輕微易藏。在于把握。可㠯周海內而亡飢寒之患。此令臣輕背其主。而民易去其鄉。盜賊有所勸。亡逃者得輕資也。粟米布帛生于地。長于時。聚于力。非可一日成也。數石之重。中人勿勝。不爲姦邪所利。一日弗得而飢寒至。是故明君貴五穀而賤金玉。今農夫五口之家。其服役者不下二人。其能耕者不過百畮。百畮之收不過百石。春耕夏耘。秋穫冬藏。伐薪樵。治官府。給繇役。春不得避風塵。夏不得避暑熱。秋不得避陰雨。冬不得避寒凍。四時之間亡日休息。又私自送往迎來。弔死問疾。養孤長幼在其中。勤苦如此。尚復被水旱之災。急政暴虐。賦斂不時。朝令而暮改。當其有者半賈而賣。亡者取倍

富當作賦

匹下脫者字

稱之息。于是有賣田宅鬻子孫㠯償責者矣。而商賈大者積貯倍息。小者坐列販賣。操其奇贏。日游都市。乘上之急。所賣必倍。故其男不耕耘。女不蠶織。衣必文采。食必粱肉。亡農夫之苦。有阡伯之得。因其富厚。交通王矦。力過吏埶。㠯利相傾。千里游敖。冠蓋相望。乘堅策肥。履絲曳縞。此商人所㠯兼并農人。農人所㠯流亡者也。今法律賤商人。商人已富貴矣。尊農夫。農夫已貧賤矣。故俗之所貴。主之所賤也。吏之所卑。法之所尊也。上下相反。好惡乖迕。而欲國富法立。不可得也。方今之務。莫若使民務農而已矣。欲民務農。在于貴粟。貴粟之道。在于使民㠯粟爲賞罰。今募天下入粟縣官。得㠯拜爵。得㠯除罪。如此。富人有爵。農民有錢。粟有所渫。夫能入粟㠯受爵。皆有餘者也。取于有餘。㠯供上用。則貧民之富可損。所謂損有餘補不足。令出而民利者也。順于民心。所補者三。一曰主用足。二曰民賦少。三曰勸農功。今令民有車騎馬一匹。復卒三人。車騎者天下武備也。故爲復卒。神農之敎曰。有石城十仞。湯池百步。帶甲百萬。而亡粟。弗能守也。㠯是觀之。粟者王者大用。政之本務。令民入粟受爵。至五大夫㠯上。迺復一人耳。此其與騎馬之功相去遠矣。爵者上之所擅。出于口而亡窮。粟者民之所種。生于地而不乏。夫得高爵與免罪。人之所甚欲也。使天下入粟于邊。㠯受爵免罪。不過三歲。塞下之粟必多矣。漢書食貨志。

利民欲者。莫如用爵致粟矣。能㠯粟拜爵者。皆民之有餘者也。取有餘㠯給塞下之食。則富人有爵。而貧民損益于征賦矣。此㠯有餘補不足。而貧富之民。各得其願也。藝文類聚八十五。案此與食貨志小異。故錄附于後。

復奏勿收農民租

陛下幸使天下入粟塞下㠯拜爵。甚大惠也。竊恐塞卒之食不足。用大漢天下粟。邊食足㠯支五歲。可令入粟郡縣矣。足支一歲㠯上。可時赦勿收農民租。如此。德澤加于萬民。民俞勸農。時有軍役。

若遭水旱。民不困乏。天下安寍。歲孰且美。則民大富樂矣。漢書食貨志。

說景帝削吳

昔高帝初定天下。昆弟少。諸子弱。大封同姓。故孽子悼惠王王齊七十二城。庶弟元王王楚四十城。兄子王吳五十餘城。封三庶孽。分天下半。今吳王前有太子之隙。詐稱病不朝。于古法當誅。文帝不忍。因賜几杖。德至厚也。不改過自新。迺益驕恣。公卽山鑄錢。煮海爲鹽。誘天下亡人謀作亂逆。今削之亦反。不削亦反。削之。其反亟。禍小。不削之。其反遲。禍大。漢書吳王濞傳。

請誅楚王

楚王戊。往年爲薄太后服。私姦服舍。請誅之。漢書吳王濞傳。三年冬。楚王來朝。錯因言。

信

信。史不著其姓。文帝後元年爲廷尉。景帝初遷奉常。

更議著令

吏及諸有秩。受其官屬所監所治所行所將。其與飲食計償費。勿論。它物。若買故賤。賣故貴。皆坐臧爲盜。沒入臧縣官。吏遷徙免罷。受其故官屬所將監治送財物。奪爵爲士伍。免之。無爵。罰金二斤。令沒入所受。有能捕告。畀其所受臧。漢書景紀。元年七月。廷尉信與丞相議。

全漢文卷十八終

全漢文卷十九

烏程嚴可均校輯

嚴青翟

青翟，沛人，居馮翊。高帝功臣不識孫。文帝後二年嗣父嬰爵武彊侯。建元中坐竇太后喪不辦免。後爲太子少傅。元狩五年代李蔡爲丞相。元鼎二年坐張湯事下獄自殺。

奏請立皇子爲諸侯王

御史臣光守尚書令丞非下御史書到，言：丞相臣青翟、御史大夫臣湯、太常臣充、大行令臣息、太子少傅臣安行宗正事昧死上言：大司馬去病上疏曰：陛下過聽，使臣去病待罪行閒，宜專邊塞之思慮，暴骸中野無以報，乃敢惟他議以干用事者，誠見陛下憂勞天下，哀憐百姓以自忘，虧膳貶樂，損郎員。皇子賴天能勝衣趨拜，至今無號位師傅官。陛下恭讓不卹，羣臣私望，不敢越職而言。臣竊不勝犬馬心，昧死願陛下詔有司，因盛夏吉時定皇子位。唯願陛下幸察。制曰：下御史。臣謹與中二千石、二千石臣賀等議：古者裂地立國，並建諸侯，以承天子，所以尊宗廟重社稷也。今臣去病上疏，不忘其職，因以宣恩，乃道天子卑讓自貶以勞天下，慮皇子未有號位。臣青翟、臣湯等宜奉義遵職，愚憧而不逮事。方今盛夏吉時，臣青翟、臣湯等昧死請立皇子臣閎、臣旦、臣胥爲諸侯王。昧死請所立國名。（史記三王世家）

丞相臣青翟、御史大夫臣湯昧死言：臣謹與列侯臣嬰齊、中二千石、二千石臣賀、諫大夫博士臣安等議曰：伏聞周封八百，姬姓並列，奉承天子。康叔以祖考顯，而伯禽以周公立，咸爲建國諸侯，以相傅爲輔。百官奉憲，各遵其職，而國統備矣。竊以爲並建諸侯所以重社稷者，四海諸侯各以其職奉貢祭。支子不得奉祭宗祖，禮也。封建使守藩國，帝王所以扶德施化。陛下奉承天統，明開聖緒，

尊賢顯功，興滅繼絕。續蕭文終之後于酇，褒厲羣臣平津侯等。昭六親之序，明天施之屬，使諸侯王封君得推私恩分子弟戶邑，錫號尊建百有餘國。而家皇子爲列侯，則尊卑相踰，列位失序，不可以垂統于萬世。臣請立臣閎、臣旦、臣胥爲諸侯王。（史記三王世家）

丞相臣青翟、御史大夫臣湯昧死言：臣青翟等與列侯、吏二千石、諫大夫、博士臣慶等議：昧死奏請立皇子爲諸侯王。制曰：康叔親屬有十而獨尊者，褒有德也。周公祭天命郊，故魯有白牡騂剛之牲。羣公不毛，賢不肖差也。高山仰之，景行嚮之，朕甚慕焉。所以抑未成，家以列侯可。臣青翟、臣湯、博士臣將行等伏聞康叔親屬有十，武王繼體，周公輔成王，其八人皆以祖考之尊建爲大國。康叔之年幼，周公在三公之位，而伯禽據國于魯，蓋爵命之時未至成人。康叔後扞祿父之難，伯禽殄淮夷之亂。昔五帝異制，周爵五等，春秋三等，皆因時而序尊卑。高皇帝撥亂世反諸正，昭至德，定海內，封建諸侯，爵位二等。皇子或在襁緥而立爲諸侯王，奉承天子，爲萬世法則，不可易。陛下躬親仁義，體行聖德，表裏文武，顯慈孝之行，廣賢能之路。內褒有德，外討彊暴。極臨北海，西湊月氏，匈奴西域，舉國奉師。興械之費不賦于民，虛御府之藏以賞元戎，開禁倉以賑貧窮，減戍卒之半。百蠻之君，靡不鄉風承流稱意。遠方殊俗，重譯而朝，澤及方外。故珍獸至，嘉穀興，天應甚彰。今諸侯支子封至諸侯王，（諸侯王下脫有而家皇子爲列侯七字）臣青翟、臣湯等竊伏孰計之，皆以爲尊卑失序，使天下失望，不可。臣請立臣閎、臣旦、臣胥爲諸侯王。（史記三王世家）

丞相臣青翟、太僕臣賀、行御史大夫事太常臣充、太子太傅臣安行宗正事昧死言：臣青翟等前奏大司馬臣去病上疏言皇子未有號位，臣謹與御史大夫臣湯、中二千石、二千石、諫大夫、博士臣慶等昧死請立皇子臣閎等爲諸侯王。陛下讓文武，躬自切，及皇子未教。羣臣之議，儒者稱其術，或誖其心。陛下固辭弗許，家皇子

爲列矦。臣靑翟等竊與列矦臣壽成等二十七人議。皆曰㠯爲尊卑失序。高皇帝建天下。爲漢太祖。王子孫。廣支輔。先帝法則弗改。所㠯宣至尊也。臣請令史官擇吉日。具禮儀上。御史奏輿地圖。他皆如前故事。史記三王世家

嚴忌

忌字夫子。會稽吳人。爲梁孝王客。

哀時命

哀時命之不及古人兮。夫何予生之不遘時。往者不可扳援兮。倈者不可與期。志憾恨而不逞兮。杼中情而屬詩。夜炯炯而不寐兮。懷隱憂而歷茲。心鬱鬱而無告兮。眾孰可與深謀。欲愁悴而委惰兮。老冉冉而逮之。居處愁㠯隱約兮。志沈抑而不揚。道壅塞而不通兮。江河廣而無梁。願至崑崙之懸圃兮。采鍾山之玉英。擥瑤木之橝枝兮。望閬風之板桐。弱水汨其爲難兮。路中斷而不通。勢不能淩波㠯徑度兮。又無羽翼而高翔。然隱憫而不達兮。獨徙倚而彷徉。悵惝罔㠯永思兮。心紆軫而增傷。倚躊躇㠯淹留兮。日飢饉而絕糧。廓抱景而獨倚兮。超永思乎故鄉。廓落寂而無友兮。誰可與玩此遺芳。白日晼晚其將入兮。哀余壽之弗將。車既弊而馬罷兮。蹇邅徊而不能行。身既不容于濁世兮。不知進退之宜當。冠崔嵬而切雲兮。劍淋離而從橫。衣攝葉㠯儲與兮。左袪挂于榑桑。右衽拂于不周兮。六合不足㠯肆行。上同鑿枘于伏戲兮。下合矩矱于虞唐。願尊節而式高兮。志猶卑夫禹湯。雖知困其不改操兮。終不㠯邪枉害方。世並舉而好朋兮。壹斗斛而相量。眾比周㠯肩迫兮。賢者遠而隱藏。爲鳳皇作鶉籠兮。雖翕翅其不容。靈皇其不寤知兮。焉陳詞而效忠。俗嫉妒而蔽賢兮。孰知余之從容。願舒志而抽馮兮。庸詎知其吉凶。璋珪雜于甑窐兮。隴廉與孟娵同宮。舉世㠯爲恆俗兮。固將愁苦而終窮。幽獨轉而不寐兮。惟煩懣而盈

匈。魂眇眇而馳騁兮。心煩冤之忡忡。志欲憾而不憺兮。路幽昧而甚難。塊獨守此曲隅兮。然欿切而永歎。愁脩夜而宛轉兮。氣涫鬻其若波。握剞劂而不用兮。操規矩而無所施。騁騏驥于中庭兮。焉能極夫遠道。置猨狖于櫺檻兮。夫何㠯責其捷巧。駟跛鼈而上山兮。吾固知其不能陞。釋管晏而任臧獲兮。何權衡之能稱。箟簬雜于廢蒸兮。機蓬矢㠯射革。負擔荷㠯丈尺兮。欲伸要而不可得。外迫脅于機臂兮。上牽聯于矰隿。肩傾側而不容兮。固陿腹而不得息。務光自投于深淵兮。不獲世之塵垢。孰魁摧之可久兮。願退身而窮處。鑿山楹而爲室兮。下被衣于水渚。霧露濛濛其晨降兮。雲依斐而承宇。虹蜺紛其朝霞兮。夕淫淫而淋雨。怊茫茫而無歸兮。悵遠望此曠野。下垂釣于谿谷兮。上要求于僊者。與赤松而結友兮。比王僑而爲耦。使梟楊先導兮。白虎爲之前後。浮雲霧而入冥兮。騎白鹿而容與。魂眐眐㠯寄獨兮。汨徂往而不歸。處卓卓而日遠兮。志浩蕩而傷懷。鸞鳳翔于蒼雲兮。故矰繳而不能加。蛟龍潛于旋淵兮。身不挂于罔羅。知貪餌而近死兮。不如下游乎清波。寧幽隱㠯遠禍兮。孰侵辱之可爲。子胥死而成義兮。屈原沈于汨羅。雖體解其不變兮。豈忠信之可化。志怦怦而內直兮。履繩墨而不頗。執權衡而無私兮。稱輕重而不差。摡塵垢之枉攘兮。除穢累而反眞。形體白而質素兮。中皎潔而淑清。時厭飫而不用兮。且隱伏而遠身。聊竄端而匿迹兮。嗼寂默而無聲。獨便悁而煩毒兮。焉發憤而抒情。時曖曖其將罷兮。遂悶歎而無名。伯夷死于首陽兮。卒夭隱而不榮。太公不遇文王兮。身至死而不得逞。懷瑤象而佩瓊兮。願陳列而無正。生天墜之若過兮。忽爛漫而無成。邪氣襲余之形體兮。疾憯怛而萌生。願壹見陽春之白日兮。恐不終乎永年。楚辭

嚴助

助。忌子。或言族子。武帝初舉賢良對策。擢爲中大夫。後拜會稽

太守。入爲侍中。坐與淮南王交私棄市。

諭意淮南王

今者大王㠯發屯臨越事上書。陛下故遣臣助告王其事。王居遠。事薄遽。不與王同其計。朝有闕政。遺王之憂。陛下甚恨之。夫兵固凶器。明主之所重出也。然自五帝三王。禁暴止亂。非兵未之聞也。漢爲天下宗。操殺生之柄。㠯制海內之命。危者望安。亂者卬治。今閩越王狼戾不仁。殺其骨肉。離其親戚。所爲甚多不義。又數舉兵侵陵百越。并兼鄰國。㠯爲暴彊。陰計奇策。入燔尋陽樓船。欲招會稽之地。㠯踐句踐之迹。今者邊又言閩王率兩國擊南越。陛下爲萬民安危久遠之計。使人諭告之曰。天下安寧。各繼世撫民。禁毋敢相并。有司疑其㠯虎狼之心。貪據百越之利。或于逆順。不奉明詔。則會稽豫章必有長患。且天子誅而不伐。焉有勞百姓苦士卒乎。故遣兩將屯于境上。震威武。揚聲鄉。屯曾未會。天誘其衷。閩王隕命。輒遣使者罷屯。毋後農時。南越王甚嘉被惠澤。蒙休德。願革心易行。身從使者入謝。有狗馬之病。不能勝服。故遣太子嬰齊入侍。病有瘳。願伏北闕望大廷。㠯報盛德。閩王㠯八月舉兵于冶南。士卒罷倦。三王之衆相與攻之。因其弱弟餘善㠯成其謀。至今國空虛。遣使者上符節。請所立。不敢自立。㠯待天子之明詔。此一舉。不挫一兵之鋒。不用一卒之死。而閩王伏辜。南越被澤。威震暴王。義存危國。此則陛下深計遠慮之所出也。事效見前。故使臣助來諭王意。（漢書嚴助傳）

上書謝罪

春秋。天王出居于鄭。不能事母。故絕之。臣事君。猶子事父母也。臣助當伏誅。願奉三年計最。（漢書嚴助傳。助爲會稽太守。數年不聞問。賜書。助恐。上書謝稱云云。詔許。）

韓安國

安國字長孺。梁成安人。事梁孝王爲中大夫。七國反。拒守有功。後坐罪下獄。漢遣使拜爲梁內史。共王即位。復坐罪免。建元中召爲北地都尉。遷大司農。拜御史大夫。元光中爲護軍將軍。行丞相事。病免。復爲中尉。徙衞尉。出爲材官將軍。屯漁陽。移屯右北平。元朔二年。坐失亡多。歐血死。

上書言罷屯

方田作時。請且罷軍屯。（史記韓安國傳）

匈奴和親議

千里而戰。兵不獲利。今匈奴負戎馬之足。懷禽獸之心。遷徙鳥舉。難得而制也。得其地不足㠯爲廣。有其衆不足㠯爲彊。自上古不屬爲人。漢數千里爭利。則人馬罷。虜㠯全制其敝。且彊弩之極。矢不能穿魯縞。衝風之末。力不能漂鴻毛。非初不勁。末力衰也。擊之不便。不如和親。（史記韓安國傳。又見漢書韓安國傳。有刪節。）

羊勝

勝。齊人。爲梁孝王上客。坐謀刺爰盎自殺。

屏風賦

屏風鞈匝。（初學記作張設）蔽我君王。重葩累繡。沓璧連璋。飾㠯文錦。映㠯流黃。畫㠯古烈。顒顒昂昂。藩后宜之。壽考無疆。（西京雜記上。初學記二十五）

公孫詭

詭。齊人。仕梁孝王至中尉。號曰公孫將軍。坐謀刺爰盎自殺。

文鹿賦

麀鹿濯濯。來我槐庭。食我槐葉。懷我德聲。質如緗縟。文如素綦。呦呦相召。小雅之詩。歎丘山之比歲。逢梁王于一時。（西京雜記上）

公孫乘

未詳。

月賦

月出皦兮。君子之光。鵾雞舞于蘭渚。蟋蟀鳴于西堂。君有禮樂。我有衣裳𧙗嗟明月當心而出隱圓巖而侶鉤蔽脩堞而分鏡既少進以揚輝遂臨庭而高映匪明皓璧非淨琇瑩躔度運行陰陽以正文林辨囿小臣不佞（西京雜記上，又文選雪賦注、曹植責躬詩注、鮑照翫月城西門解中詩注引。宋初學記一以爲枚乘作，疑誤）

鄒陽

陽，齊人，仕吳王濞，去爲梁孝王客。

酒賦

梁孝王遊于忘憂之館，集諸遊士，各使爲賦。鄒陽爲酒賦，其詞曰：

清者爲酒，濁者爲醴，清者聖明，濁者頑騃，皆麴涓丘之麥，釀野田之米，倉風莫預，方金未啟，嗟同物而異味，歎殊才而共待。流光醳醳，甘滋泥泥，醪醳（文選笙賦注、初學記作醪醴）既成，綠瓷既啟，且筐且漉，載莤載齊，庶民以爲歡，君子以爲禮。其品類則沙洛淥酃，程（文選笙賦注作郎，初學記作烏）鄉若下，高（笙賦注、初學記作齊）公之清，關中白薄，青渚縈停，凝醳醇酎，千日（初學記作全）一醒。哲王臨國，綽矣多暇，召皤皤之臣，聚肅肅之賓，安廣坐，列雕屏，綃綺爲席，犀璩爲鎮，曳長裾，飛廣袖，奮長纓，英偉之士，莞爾而即之。君王憑玉几，倚玉屏，舉手一勢，四坐之士皆若哺粱焉。乃縱酒作倡，傾盌（盌本或作盆）覆觴，右以宮申，旁以徵揚，樂只之深，不吳不狂。于是錫名餌，祛夕醉，遣朝酲，吾君壽億萬歲，常與日月爭光。（西京雜記上，初學記十，又二十六）

几賦

韓安國作几賦不成，鄒陽代作，其詞曰：

高樹凌雲，蟠紆煩冤，旁生附枝，王爾公輸之徒，荷斧斤，援葛藟，攀喬枝，上不測之絕頂，伐之以歸。眇者督直，聾者磨礱，齊貢金斧，楚入名工（楚本或作井），迺成斯几，離奇髣髴，似龍蟠馬迴，鳳去鸞歸，君王憑之，聖德日躋。（西京雜記上）

銅當作嗣

上書吳王

臣聞秦倚曲臺之宮，懸衡天下，畫地而人不犯，兵加胡越；至其晚節末路，張耳陳勝連從兵之據，以叩函谷，咸陽遂危。何則？列郡不相親，萬室不相救也。今胡數涉北河之外，上覆飛鳥，下不見伏菟，鬬城不休，救兵不至，死者相隨，輦車相屬，轉粟流輸，千里不絕。何則？彊趙責于河間，六齊望于惠后，城陽顧于盧博，三淮南之心思墳墓。大王不憂，臣恐救兵之不專，胡馬遂進窺于邯鄲，越水長沙，還舟青陽。雖使梁并淮陽之兵，下淮東，越廣陵，以遏越人之糧，漢亦折西河而下，北守漳水，以輔大國，胡亦益進，越亦益深。此臣之所爲大王患也。臣聞蛟龍驤首奮翼，則浮雲北流，霧雨咸集；聖王底節脩德，則游談之士歸義思名。今臣盡智畢議，易精極慮，則無國而不可奸；飾固陋之心，則何王之門不可曳長裾乎？然臣所以歷數王之朝，背淮千里而自致者，非惡臣國而樂吳民也，竊高下風之行，尤悅大王之義，故願大王之無忽，察聽其至。臣聞鷙鳥累百，不如一鶚。夫全趙之時，武力鼎士袨服叢臺之下者，一旦成市，而不能止幽王之湛患；淮南連山東之俠，死士盈朝，不能還厲王之西也。然則計議不得，雖諸賁不能安其位，亦明矣。故願大王審畫而已。始孝文皇帝據關入立，寒心銷志，不明求衣，自立天子之後，使東牟朱虛東褒儀父之後，深割嬰兒王之壤，子王梁代，益以淮陽。卒仆濟北，四弟于雍者，豈非象新垣平等哉！今天子新據先帝之遺業，左規山東，右制關中，變權易勢，大臣難知。大王弗察，臣恐周鼎復起于漢，新垣過計于朝，則我吳遺銅不可期于世矣。高皇帝燒棧道，水章邯，兵不留行，收獘民之倦，東馳函谷，西楚大破。水攻則章邯以亡其城，陸擊則荊王以失其地，此皆國家之不幾者也。願大王孰察之。（漢書鄒陽傳，文選，藝文類聚二十四）

獄中上書自明

臣聞忠無不報。信不見疑。臣常吕爲然。徒虛語耳。昔者荆軻慕燕丹之義。白虹貫日。太子畏之。衞先生爲秦畫長平之事。太白食昴。昭王疑之。夫精誠變天地。而信不諭兩主。豈不哀哉。今臣盡忠竭誠。畢議願知。左右不明。卒從吏訊。爲世所疑。是使荆軻衞先生復起。而燕秦不寤也。願大王孰察之。昔玉人獻寶。楚王誅之。李斯竭忠。胡亥極刑。是吕箕子陽狂。接輿避世。恐遭此患也。願大王察玉人李斯之意。而後楚王胡亥之聽。毋使臣爲箕子接輿所笑。臣聞比干剖心。子胥鴟夷。臣始不信。迺今知之。願大王孰察。少加憐焉。語曰。有白頭如新。傾蓋如故。何則。知與不知也。故樊於期逃秦之燕。藉荆軻首吕奉丹事。王奢去齊之魏。臨城自剄。吕卻齊而存魏。夫王奢樊於期。非新于齊秦而故于燕魏也。所吕去二國死兩君者。行合于志而慕義無窮也。是吕蘇秦不信于天下。爲燕尾生。白圭戰亡六城。爲魏取中山。何則。誠有吕相知也。蘇秦相燕。人惡之于燕王。燕王案劍而怒。食吕駃騠。白圭顯于中山。人惡之于魏文侯。文侯投吕夜光之璧。何則。兩主二臣。剖心析肝相信。豈移于浮辭哉。故女無美惡。入宮見妬。士無賢不肖。入朝見嫉。昔者司馬喜臏腳于宋。卒相中山。范雎摺脅折齒于魏。卒爲應侯。此二人者。皆信必然之畫。捐朋黨之私。挾孤獨之交。故不能自免于嫉妬之人也。是吕申徒狄蹈雍之河。徐衍負石入海。不容身于世。義不苟取比周于朝。吕移主上之心。故百里奚乞食于道路。穆公委之吕政。甯戚飯牛車下。而桓公任之吕國。此二人豈素官于朝。借譽于左右。然後二主用之哉。感于心。合于行。文選作意。堅如膠漆。昆弟不能離。豈惑于衆口哉。故偏聽生姦。獨任成亂。昔魯聽季孫之說而逐孔子。宋信子冉之計囚墨翟。夫吕孔墨之辯。不能自免于讒諛。而二國吕危。何則。衆口鑠金。積毀銷骨也。是吕秦用戎人由余而霸中國。齊用越人子臧而强威宣。此二國豈係文選作拘于俗。牽于世。繫奇

偏之浮辭哉。公聽竝觀。垂明當世。故意合則胡越爲昆弟。由余子臧是矣。不合則骨肉爲讎敵。朱象管蔡是矣。今人主誠能用齊秦之明。後宋魯之聽。則五霸不足侔。而三王易爲比也。是吕聖王覺悟。捐子之之心。而不悅田常之賢。封比干之後。脩孕婦之墓。故功業覆于天下。何則。欲善無猒也。夫晉文公親其讎而强霸諸侯。齊桓公用其仇而一匡天下。何則。慈仁殷勤。誠加于心。此不可吕虛辭借也。至夫秦用商鞅之法。東弱韓魏。立强天下。而卒車裂之。越用大夫種之謀。禽勁吳而霸中國。遂誅其身。是吕孫叔敖三去相而不悔。於陵子仲辭三公爲人灌園。今人主誠能去驕傲之心。懷可報之意。披心腹。見情素。隳肝膽。施德厚。終與之窮達。無愛于士。則桀之犬可使吠堯。而跖之客可使刺由。何況因萬乘之權。假聖王之資乎。然則荆軻湛七族。要離燔妻子。豈足爲大王道哉。臣聞明月之珠。夜光之璧。吕暗投人于道。衆莫不案劍相眄者。何則。無因而至前也。蟠木根柢。輪囷離奇。而爲萬乘器者。何則。吕左右先爲之容也。故無因而至前。雖出隨珠和璧。秖足結怨而不見德。故有人先游。則枯木朽株。樹功而不忘。今天下布衣窮居之士。身在貧羸。雖蒙堯舜之術。挾伊管之辯。懷龍逢比干之意。欲盡忠當世之君。而素無根柢之容。雖竭精神。欲開忠信。輔人主之治。則人主必襲案劍相眄之迹矣。是使布衣之士。不得爲枯木朽株之資也。是吕聖王制世御俗。獨化于陶鈞之上。而不牽乎卑亂之語。不奪乎衆多之口。故秦皇帝任中庶子蒙嘉之言。吕信荆軻之說。而匕首竊發。周文獵涇渭。載吕尚而歸。吕王天下。秦信左右而亡。周用烏集而王。何則。吕其能越拘攣之語。馳域外之議。獨觀于昭曠之道也。今人主沈諂諛之辭。牽于帷廧之制。使不羈之士。與牛驥同皁。此鮑焦所吕忿于世而不留富貴之樂也。臣聞盛飾入朝者。不吕私汙義。砥厲名號者。不吕利傷行。故里名勝母。曾子不入。邑號

朝歌。墨子回車。今欲使天下寥廓之士。籠于威重之權。脅于位勢之貴。回面汙行。𠮷事諂諛之人。而求親近于左右。則士有伏死堀穴巖藪之中耳。安有盡忠信而趨闕下者哉。史記、漢書、文選、藝文類聚五十八

全漢文卷十九終

全漢文卷二十

烏程嚴可均校輯

枚乘

乘字叔。淮陰人。爲吳王濞郎中。去之梁。景帝平七國。召拜弘農都尉。吕病去官。復遊梁。後歸淮陰。武帝卽位。徵入都。道卒。有集二卷。

梁王菟園賦

脩竹檀欒夾池水。旋菟園。竝馳道。臨廣衍。長冗板。故徑于崑崙。貇觀相物。芴焉子有。侶乎西山。西山隑隑。卹焉隗隗。卷路崣㟬。崟巖㟧嵷巍𡾊焉。暴熛激。揚塵埃。蛇龍奏。林薄竹。遊風踊焉。秋風揚焉。滿庶庶焉。紛紛紜紜。騰踊雲亂。枝葉翬散。摩來幡幡焉。谿谷沙石。涸波沸日。湲浸疾東。流連焉轔轔。陰發緒菲菲。訚訚讙擾。昆雞蝭蛙。倉庚密切。別鳥相離。哀鳴其中。若乃附巢蹇鷙之傳于列樹也。欐欐若飛雪之重弗麗也。西望西山。山鵲野鳩。白鷺鶻桐。鸛鶚鵷鶵。翡翠鴝鵒。守狗戴勝。巢枝穴藏。被塘臨谷。聲音相聞。喙尾離屬。翱翔羣熙。交頸接翼。闟而未至。徐飛翋䎚。往來霞水。離散而沒合。疾疾紛紛。若塵埃之間白雲也。予之幽冥。究之乎無端。于是晚春早夏。邯鄲襄國易陽之容麗人。及其燕飾子。相與雜遝而往款焉。車馬接軫相屬。方輪錯轂。接服何驂。披銜跡蹶。自奮增絕。怵惕騰躍。水意而未發。因更陰逐心相秩奔隧林臨河。怒氣未竭。羽蓋繇起。被吕紅沫。濛濛若雨委雪。高冠扁焉。長劍閑焉。文選范蔚宗宦者傳論注作閒焉。左挾彈焉。右執鞭焉。日移樂衰。遊觀西園之芝。芝成宮闕。枝葉榮茂。選擇純熟。挈取含苴。復取其次。顧賜從者。于是從容安步。鬭雞走菟。俛仰釣射。煎熬炮炙。極樂到暮。若乃夫郊采桑之婦人兮。袿褐錯紆。連袖方路。摩䘥長髮。文選謝靈運會吟行注作摩陀長髮。便娟數顧。芳温往來接。神連未結。已諾不分。縹併進靖。儐笑連便。不可忍視也。于是婦人先稱曰。春陽生兮萋萋。不才子兮心哀。見嘉客兮不能歸。桑萎蠶飢。中人望奈何。古文苑 藝文類聚六十五

寥寂當作寂寥

雋人當作雋乂

柳賦

忘憂之館。垂條之木。枝逶遲而含紫。葉萋萋而吐綠。出入風雲。去來羽族。既上下而好音。亦黃衣而絳足。蜩螗厲響。蜘蛛吐絲。階草漠漠。白日遲遲。于嗟細柳。流亂輕絲。君王淵穆其度。御羣英而翫之。小臣瞽聵。與此陳詞。于嗟樂兮。于是罇盈縹玉之酒。爵獻金漿之醪。庶羞千族。盈滿六庖。弱絲清管。與風霜而共彫。鎗鍠啾唧。蕭條寥寂。雋人英髦。列襟聯袍。小臣莫效于鴻毛。空銜鱗而嗽醪。雖復河清海竭。終無增景于邊撩。西京雜記上。又略見初學記二十八。

臨灞池遠訣賦 文選謝朓休沐重還道中詩注引枚乘集

上書諫吳王

臣聞得全者全昌。失全者全亡。舜無立錐之地。吕有天下。禹無十戶之聚。吕王諸侯。湯武之土。不過百里。上不絕三光之明。下不傷百姓之心者。有王術也。故父子之道。天性也。忠臣不避重誅吕直諫。則事無遺策。功流萬世。臣乘願披腹心而效愚忠。惟大王少加意念惻怛之心于臣乘言。夫吕一縷之任。係千鈞之重。上縣無極之高。下垂不測之淵。雖甚愚之人。猶知哀其將絕也。馬方駭鼓而驚之。係方絕又重鎮之。係絕于天。不可復結。隊入深淵。難吕復出。其出不出。閒不容髮。能聽忠臣之言。百舉必脫。必若所欲爲。危于累卵。難于上天。變所欲爲。易于反掌。安于泰山。今欲極天命之上壽。獘無窮之極樂。究萬乘之埶。不出反掌之易。吕居泰山之安。而欲乘累卵之危。走上天之難。此愚臣之所吕爲大王惑也。人性有畏其景而惡其迹者。卻背而走。迹愈多。景愈疾。不如就陰而止。景滅迹絕。欲人勿聞。莫若勿言。欲人勿知。莫若勿爲。欲湯之滄。一人炊之。百人揚之。無益也。不如絕薪止火而已。不絕之于彼。而救之

滄當作滄

於此譬猶抱薪而救火也養由基楚之善射者也去楊葉百步百發百中楊葉之大加百中焉可謂善射矣然其所止迺百步之內耳比于臣乘未知操弓持矢也福生有基禍生有胎納其基絕其胎禍何自來泰山之霤穿石單極之統斷幹水非石之鑽索非木之鋸漸靡使之然也夫銖銖而稱之至石必差寸寸而度之至丈必過石稱丈量徑而寡失夫十圍之木始生而櫱足可搔而絕手可擢而抓據其未生先其未形也磨礲砥礪不見其損有時而盡種樹畜養不見其益有時而大積德累行不知其善有時而用弃義背理不知其惡有時而亡臣願大王孰計而身行之此百世不易之道也（漢書枚乘傳文選藝文類聚二十四又說苑正諫篇首作君之外臣乘竊聞云云餘亦小異）

上書重諫吳王

昔者秦西舉胡戎之難北備榆中之關南距羌莋之塞東當六國之從六國乘信陵之籍明蘇秦之約厲荊軻之威并力一心㠯備秦然秦卒禽六國滅其社稷而并天下是何也則地利不同而民輕重不等也今漢據全秦之地兼六國之眾脩戎狄之義而南朝羌莋此其與秦地相什而民相百大王之所明知也今夫讒諛之臣爲大王計者不論骨肉之義民之輕重國之大小㠯爲吳禍此臣所㠯爲大王患也夫舉吳兵㠯訾于漢譬猶蠅蚋之附羣牛腐肉之齧利劍鋒接必無事矣天下聞吳率失職諸侯願責先帝之遺約今漢親誅其三公㠯謝前過是大王之威加于天下而功越于湯武也夫吳有諸侯之位而實富于天子有隱匿之名而居過于中國夫漢并二十四郡十七諸侯方輸錯出軍行數千里不絕于道其脩怪不如東山之府轉粟西鄉陸行不絕水行滿河不如海陵之倉脩治上林雜㠯離宮積聚玩好圈守禽獸不如長洲之苑游曲臺臨上路不如朝夕之池深壁高壘副㠯關城不如江淮之險此臣之所㠯爲大王樂也今大王還兵疾歸尚得十半不然

漢知吳之有吞天下之心也赫然加怒遣羽林黃頭循江而下襲大王之都魯東海絕吳之饟道梁王飭車騎習戰射積粟固守㠯偪滎陽待吳之飢大王雖欲反都亦不得已夫三淮南之計不負其約齊王殺身㠯滅其迹四海不得出兵其郡（海當作國）趙囚邯鄲此不可掩亦已明矣今大王已去千里之國而制于十里之內矣張韓將北地弓高循左右兵不得下壁軍不得太息臣竊哀之願大王孰察焉（漢書枚乘傳文選）

七發

楚太子有疾而吳客往問之曰伏聞太子玉體不安亦少閒乎太子曰憊謹謝客客因稱曰今時天下安寧四宇和平太子富于年意者久耽安樂日夜無極邪氣襲逆中若結轖紛屯澹淡噓唏煩酲惕惕怵怵臥不得瞑虛中重聽惡聞人聲精神越渫百病咸生聰明眩曜悅怒不平久執不廢大命乃傾太子豈有是乎太子曰謹謝客賴君之力時時有之然未至于是也客曰今夫貴人之子必宮居而閨處內有保母外有傅父欲交無所飲食則溫淳甘膬脭醲肥厚衣裳則雜遝曼煖燂爍熱暑雖有金石之堅猶將銷鑠而挺解也況其在筋骨之閒乎哉故曰縱耳目之欲恣支體之安者傷血脈之和且夫出輿入輦命曰蹷痿之機洞房清宮命曰寒熱之媒皓齒娥眉命曰伐性之斧甘脆肥膿命曰腐腸之藥今太子膚色靡曼四支委隨筋骨挺解血脈淫濯手足墮窳越女侍前齊姬奉後往來游醼縱恣于曲房隱閒之中此甘餐毒藥戲猛獸之爪牙也所從來者至深遠淹滯永久而不廢雖令扁鵲治內巫咸治外尚何及哉今如太子之病者獨宜世之君子博見強識承閒語事變度易意常無離側㠯爲羽翼淹沈之樂浩唐之心遁佚之志其奚由至哉太子曰諾病已請事此言客曰今太子之病可無藥石針刺灸療而已可㠯要言妙道說而去也不欲聞之乎太

子曰。僕願聞之。

客曰。龍門之桐。高百尺而無枝。中鬱結之輪菌。根扶疏吕分離。上有千仞之峯。下臨百丈之谿。湍流遡波。又澹淡之。其根半死半生。冬則烈風漂霰飛雪之所激也。夏則雷霆霹靂之所感也。朝則鸝黃鳱鴠鳴焉。暮則羈雌迷鳥宿焉。獨鵠晨號乎其上。鵾雞哀鳴翔乎其下。于是背秋涉冬。使琴摯斫斬吕爲琴。野繭之絲吕爲絃。孤子之鉤吕爲隱。九寡之珥吕爲約。使師堂操暢。伯子牙爲之歌。歌曰。麥秀蔪兮雉朝飛。向虛壑兮背槁槐。依絕區兮臨迴溪。飛鳥聞之。翕翼而不能去。野獸聞之。垂耳而不能行。蚑蟜螻蟻聞之。拄喙而不能前。此亦天下之至悲也。太子能強起聽之乎。太子曰。僕病未能也。

客曰。犓牛之腴。菜吕筍蒲。肥狗之和。冒吕山膚。楚苗之食。安胡之飰。摶之不解。一啜而散。于是使伊尹煎熬。易牙調和。熊蹯之臑。勺藥之醬。薄耆之炙。鮮鯉之鱠。秋黃之蘇。白露之茹。蘭英之酒。酌吕滌口。山梁之餐。豢豹之胎。小飰大歠。如湯沃雪。此亦天下之至美也。太子能強起嘗之乎。太子曰。僕病未能也。

客曰。鍾岱之牡。齒至之車。前佀飛鳥。後類距虛。穱麥服處。躁中煩外。羈堅轡。附易路。于是伯樂相其前後。王良造父爲之御。秦缺樓季爲之右。此兩人者。馬佚能止之。車覆能起之。于是使射千鎰之重。爭千里之逐。此亦天下之至駿也。太子能強起乘之乎。太子曰。僕病未能也。

客曰。既登景夷之臺。南望荊山。北望汝海。左江右湖。其樂無有。于是使博辯之士。原本山川。極命草木。比物屬事。離辭連類。浮游覽觀。乃下置酒于虞懷之宮。連廊四注。臺城層構。紛紜玄綠。輦道邪交。黃池紆曲。溷章白鷺。孔鳥鶤鵠。鵷雛鵁鶄。翠鬣紫纓。螭龍德牧。邕邕羣鳴。陽魚騰躍。奮翼振鱗。漃漻薵蓼。蔓草芳苓。女桑河柳。素葉紫莖。苗松豫章。條上造天。梧桐并閭。極望成林。衆芳芬鬱。亂于五風。從容猗靡。消息陽陰。列坐縱酒。蕩樂娛心。景春佐酒。杜連理音。滋味雜陳。肴糅錯該。練色娛目。流聲悅耳。于是乃發激楚之結風。揚鄭衛之皓樂。使先施徵舒陽文段干吳娃閭娵傅予之徒。雜裾垂髾。目窕心與。揄流波。雜杜若。蒙清塵。被蘭澤。嬿服而御。此亦天下之靡麗皓侈廣博之樂也。太子能強起游乎。太子曰。僕病未能也。

客曰。將爲太子馴騏驥之馬。駕飛軨之輿。乘牡駿之乘。右夏服之勁箭。左烏號之彫弓。游涉乎雲林。周馳乎蘭澤。弭節乎江潯。掩青蘋。游清風。陶陽氣。蕩春心。逐狡獸。集輕禽。于是極犬馬之才。困野獸之足。窮相御之智巧。恐虎豹。慴鷙鳥。逐馬鳴鑣。魚跨麋角。履游麏兔。蹈踐麖鹿。汗流沫墜。寃伏陵窘。無創而死者。固足充後乘矣。此校獵之至壯也。太子能強起游乎。太子曰。僕病未能也。然陽氣見于眉宇之間。侵淫而上。幾滿大宅。客見太子有悅色。遂推而進之曰。冥火薄天。兵車雷運。旍旗偃蹇。羽毛肅紛。馳騁角逐。慕味爭先。徼墨廣博。觀望之有圻。純粹全犧。獻之公門。太子曰。善。願復聞之。客曰。未既。于是榛林深澤。煙雲闇莫。兕虎並作。毅武孔猛。袒裼身薄。白刃磑磑。矛戟交錯。收獲掌功。賞賜金帛。掩蘋肆若。爲牧人席。旨酒嘉肴。羞炰膾炙。吕御賓客。涌觴並起。動心驚耳。誠必不悔。決絕吕諾。貞信之色。形于金石。高歌陳唱。萬歲無斁。此眞太子之所喜也。能強起而游乎。太子曰。僕甚願從。直恐爲諸大夫累耳。然而有起色矣。

客曰。將吕八月之望。與諸侯遠方交游兄弟。並往觀濤乎廣陵之曲江。至則未見濤之形也。徒觀水力之所到。則卹然足吕駭矣。觀其所駕軼者。所擢拔者。所揚汩者。所溫汾者。所滌汔者。雖有心略辭給。固未能縷形其所由然也。怳兮忽兮。聊兮慄兮。混汩汩兮。忽

有當作者

兮攢兮。俶兮儽兮。浩瀇瀁兮。慌曠曠兮。秉意乎南山。通望乎東海。虹洞兮蒼天。極慮乎崖涘。流攬無窮。歸神日母。汩乘流而下降兮。或不知其所止。或紛紜其流折兮。忽繆往而不來。臨朱汜而遠逝兮。中虛煩而益怠。莫離散而發曙兮。內存心而自持。于是澡槩胸中。灑練五藏。澹澉手足。頮濯髮齒。揄棄恬怠。輸寫淟濁。分決狐疑。發皇耳目。當是之時。雖有淹病滯疾。猶將伸傴起躄。發瞽披聾而觀望之也。況直眇小煩懣。酲醲病酒之徒哉。故曰發蒙解惑。不足㠯言也。太子曰。善。然則濤何氣哉。客曰。不記也。然聞于師曰。佀神而非者三。疾雷聞百里。江水逆流。海水上潮。山出內雲。日夜不止。衍溢漂疾。波涌而濤起。其始起也。洪淋淋焉。若白鷺之下翔。其少進也。浩浩溰溰。如素車白馬帷蓋之張。其波涌而雲亂。擾擾焉如三軍之騰裝。其旁作而奔起也。飄飄焉如輕車之勒兵。六駕蛟龍。附從太白。純馳浩蜺。前後駱驛。顒顒卬卬。椐椐彊彊。莘莘將將。壁壘重堅。沓雜佀軍行。訇隱匈磕。軋盤涌裔。原不可當。觀其兩傍。則滂渤怫鬱。闇漠感突。上擊下律。有佀勇壯之卒。突怒而無畏。蹈壁衝津。窮曲隨隈。踰岸出追。遇者死。當者壞。初發乎或圍之津涯。荄軫谷分。迴翔青篾。銜枚檀桓。弭節伍子之山。通厲胥母之場。淩赤岸。篲扶桑。橫奔佀雷行。誠奮厥武。如振如怒。沌沌渾渾。狀如奔馬。混混庉庉。聲如雷鼓。發怒庢沓。清升踰跇。侯波奮振。合戰于藉藉之口。鳥不及飛。魚不及迴。獸不及走。紛紛翼翼。波涌雲亂。蕩取南山。背擊北岸。覆虧丘陵。平夷西畔。險險戲戲。崩壞陂池。決勝乃罷。瀄汩潺湲。披揚流灑。橫暴之極。魚鼈失勢。顛倒偃側。沋沋湲湲。蒲伏連延。神物怪疑。不可勝言。直使人踣焉。洄闇悽愴焉。此天下怪異詭觀也。太子能彊起觀之乎。太子曰。僕病未能也。

客曰。將為太子奏方術之士有資略者。若莊周、魏牟、楊朱、墨翟、便蜎、詹何之倫。使之論天下之精微。理萬物之是非。孔老覽觀。孟子持籌而筭之。萬不失一。此亦天下要言妙道也。太子豈欲聞之乎。于是太子據几而起曰。渙乎若一聽聖人辯士之言。涊然汗出。霍然病已。文選

淮南小山

小山。淮南王安客。

招隱士

桂樹叢生兮山之幽。偃蹇連蜷兮枝相繚。山氣巃嵸兮石嵯峨。谿谷嶄巖兮水曾波。猿狖羣嘯兮虎豹嗥。攀援桂枝兮聊淹畱。王孫遊兮不歸。春草生兮萋萋。歲暮兮不自聊。蟪蛄鳴兮啾啾。坱兮軋山曲岪。心淹畱兮恫慌忽。罔兮沕。憭兮栗。虎豹穴。叢薄深林兮人上慄。嶔岑碕礒兮碅磳磈硊。樹輪相糾兮林木茷骫。青莎雜樹兮薠草靃靡。白鹿麏麚兮或騰或倚。狀皃崯崯兮峨峨。淒淒兮漇漇。獼猴兮熊羆。慕類兮㠯悲。攀援桂枝兮聊淹畱。虎豹鬬兮熊羆咆。禽獸駭兮亡其曹。王孫兮歸來。山中兮不可㠯久畱。楚辭 文選

路喬如

未詳。

鶴賦

白鳥朱冠。鼓翼池干。舉脩距而躍躍。奮皓翅之䎘䎘。宛脩頸而顧步。啄池磧而相讙。豈忘赤霄之上。忽池蘌而盤桓。飲清流而不舉。食稻粱而未安。故知野禽野性。未脫籠樊。賴君王之廣愛。雖禽鳥兮抱恩。方騰驤而鳴舞。憑朱檻而為歡。西京雜記上

鄒長倩

未詳。

遺公孫弘書

夫人無幽顯。道在則為尊。雖生芻之賤也。不能脫落君子。故贈君生芻一束。詩人所謂生芻一束。其人如玉。五絲為𦇧。倍𦇧為升。倍

升爲緎。倍緎爲紀。倍紀爲緵。倍緵爲襚。此自少之多。自微至著也。
士之立功勳。效名節。亦復如之。勿吕小善不足修而不爲也。故贈
君素絲一襚。撲滿者。吕土爲器。吕畜錢具。（一作且。屬下句。）其有入竅而無
出竅。滿則撲之。土麤物也。錢重貨也。入而不出。積而不散。故撲之。
士有聚斂而不能散者。將有撲滿之敗。可不誡歟。故贈君撲滿一
枚。猗嗟盛歟。山川阻脩。加吕風露。次卿足下。勉作功名。竊在下風。
吕俟嘉譽。（西京雜記下。）

全漢文卷二十終

烏程嚴可均校輯

司馬相如一

相如字長卿小名犬子蜀郡成都人㠯貲爲郎事景帝爲武騎常侍病免客游梁後歸蜀武帝召復爲郎拜中郎將坐事免尋復爲郎拜孝文園令病免有集二卷

子虛賦

楚使子虛使于齊齊王悉發境內之士備車騎之衆與使者出田田罷子虛過詫烏有先生而無是公在焉坐定烏有先生問曰今日田樂乎子虛曰樂獲多乎曰少然則何樂對曰僕樂齊王之欲夸僕㠯車騎之衆而僕對㠯雲夢之事也曰可得聞乎子虛曰可王車駕千乘選徒萬騎田于海濱列卒滿澤罘網彌山掩兔轔鹿射麋腳麟騖于鹽浦割鮮染輪射中獲多矜而自功顧謂僕曰楚

亦有平原廣澤游獵之地饒樂若此者乎楚王之獵何與寡人僕下車對曰臣楚國之鄙人也幸得宿衛十有餘年時從出游游于後園覽于有無然猶未能偏覩也又惡足㠯言其外澤者乎齊王曰雖然略㠯子之所聞見而言之僕對曰唯唯臣聞楚有七澤嘗見其一未覩其餘也臣之所見蓋特其小小者耳名曰雲夢雲夢者方九百里其中有山焉其山則盤紆岪鬱隆崇嵂崒岑崟參差日月蔽虧交錯糾紛上干青雲罷池陂陀下屬江河其土則丹青赭堊雌黃白坿錫碧金銀衆色炫耀照爛龍鱗其石則赤玉玫瑰琳瑉昆吾瑊玏玄厲碝石碔砆其東則有蕙圃衡蘭芷若射干穹藭菖蒲茳蘺蘪蕪諸柘猼且其南則有平原廣澤登降陁靡案衍壇曼緣㠯大江限㠯巫山其高燥則生葴蔪苞荔薛莎青薠其埤溼則生藏莨蒹葭東蘠彫胡蓮藕菰蘆菴閭軒芋衆物居之不可勝圖其西則有湧泉清池激水推移外發芙蓉蔆華內隱鉅石白

駕當作鴐

沙其中則有神龜蛟鼉瑇瑁鼈黿其北則有陰林巨樹楩柟豫章桂椒木蘭檗離朱楊樝梨梬栗橘柚芬芳其上則有赤猨蠷蝚鵷雛孔鸞騰遠射干其下則有白虎玄豹蟃蜒貙犴兕象野犀窮奇獌狿于是乎乃使專諸之倫手格此獸楚王乃駕馴駮之駟乘彫玉之輿靡魚須之橈旃曳明月之珠旗建干將之雄戟左烏號之雕弓右夏服之勁箭陽子驂乘孅阿爲御案節未舒即陵狡獸轔蛩蛩蹵距虛軼野馬而轊陶駼乘遺風而射游騏儵眒淒浰雷動熛至星流霆擊弓不虛發中必決眥洞胸達掖絕乎心繫獲若雨獸揜草蔽地于是楚王乃弭節徘徊翱翔容與覽乎陰林觀壯士之暴怒與猛獸之恐懼徼𠠍受詘殫覩衆物之變態于是鄭女曼姬被阿緆揄紵縞雜纖羅垂霧縠襞積褰縐紆徐委曲鬱橈谿谷衯衯裶裶揚袘卹削蜚纖垂髾扶輿猗靡翕呷萃蔡下靡蘭蕙上拂羽蓋錯翡翠之威蕤繆繞玉綏縹乎忽忽若神仙之仿佛于是

乃相與獠于蕙圃媻姍敦窣上金隄揜翡翠射鵔鸃微矰出纖繳施弋白鵠連駕鵝雙鶬下玄鶴加怠而後發游于清池浮文鷁揚旌枻張翠帷建羽蓋罔瑇瑁鉤紫貝摐金鼓吹鳴籟榜人歌聲流喝水蟲駭波鴻沸湧泉起奔揚會礧石相擊硠硠礚礚若雷霆之聲聞乎數百里之外將息獠者擊靈鼓起烽燧車案行騎就隊纚乎淫淫般乎裔裔于是楚王乃登雲陽之臺泊乎無爲澹乎自持勺藥之和具而後御之不若大王終日馳騁曾不下輿脟割輪淬自㠯爲娛臣竊觀之齊殆不如于是齊王默然無㠯應僕也烏有先生曰是何言之過也足下不遠千里來況齊國王悉發境內之士而備車騎之衆與出田乃欲戮力致獲㠯娛左右也何名爲夸哉問楚地之有無者願聞大國之風烈先生之餘論也今足下不稱楚王之德厚而盛推雲夢㠯爲高奢言淫樂而顯侈靡竊爲足下不取也必若所言固非楚國之美也有而言之是章君之惡無

而言之。是害足下之信也。章君惡。傷私義。二者無一可。而先生行之。必且輕于齊而累于楚矣。且齊東有鉅海。南有琅邪。觀乎成山。射乎之罘。浮勃澥。游孟諸。邪與肅愼爲鄰。右以湯谷爲界。秋田乎青丘。傍偟乎海外。吞若雲夢者八九于其胸中。曾不蔕芥。若乃俶儻瑰偉。異方殊類。珍怪鳥獸。萬端鱗萃。充牣其中者。不可勝記。禹不能名。契不能計。然在諸侯之位。不敢言游戲之樂。苑囿之大。先生又見客。是以王辭而不能復。何爲無用應哉。案文選以此下爲上林賦無是公听然而笑曰。楚則失矣。齊亦未爲得也。夫使諸侯納貢者。非爲財幣。所以述職也。封疆畫界者。非爲守禦。所以禁淫也。今齊列爲東藩。而外私肅愼。捐國踰限。越海而田。其于義故未可也。且二君之論。不務明君臣之義。而正諸侯之禮。徒事爭游戲之樂。苑囿之大。欲以奢侈相勝。荒淫相越。此不可以揚名發譽。而適足以貶君自損也。且夫齊楚之事。又焉足道邪。君未覩夫巨麗也。獨不聞天

子之上林乎。左蒼梧。右西極。丹水更其南。紫淵徑其北。終始灞滻。出入涇渭。酆鎬潦潏。紆餘委蛇。經營乎其內。蕩蕩兮八川分流。相背而異態。東西南北。馳騖往來。出乎椒丘之闕。行乎洲淤之浦。經乎桂林之中。過乎泱漭之野。汩乎混流。順阿而下。赴隘陝之口。觸穹石。激堆埼。沸乎暴怒。洶涌滂濆。滭浡滵汩。偪側泌瀄。橫流逆折。轉騰潎洌。滂濞沆溉。穹隆雲橈。宛潬膠盭。踰波趨浥。涖涖下瀨。批巖衝擁。奔揚滯沛。臨坻注壑。瀺灂霣墜。湛湛隱隱。砰磅訇礚。潏潏淈淈。湁潗鼎沸。馳波跳沫。汩急漂疾。悠遠長懷。寂漻無聲。肆乎永歸。然後灝溔潢漾。安翔徐回。翯乎滈滈。東注太湖。衍溢陂池。于是乎蛟龍赤螭。䱭䲛漸離。鰅鰫鰬魠。禺禺鱋鮋。揵鰭掉尾。振鱗奮翼。潛處乎深巖。魚鼈讙聲。萬物眾夥。明月珠子。玓瓅江靡。蜀石黃碝。水玉磊砢。磷磷爛爛。采色澔汗。藂積乎其中。鴻鷫鵠鴇。鴐鵝鸀鳿。鵁鶄鶊目。煩鶩鷛鸈。鸃鴜鵁鸕。羣浮乎其上。汎淫泛濫。隨風澹淡。

與波搖蕩。奄薄草渚。唼喋菁藻。咀嚼菱藕。于是乎崇山巃嵸。崔巍嵯峩。深林巨木。嶄巖嵾嵳。九嵏巀嶭。南山峩峩。巖陁甗錡。摧崣崛崎。振溪通谷。蹇產溝瀆。谽呀豁閜。阜陵別隝。崴磈嵔瘣。丘虛堀礨。隱轔鬱壘。登降施靡。陂池貏豸。沇溶淫鬻。散渙夷陸。亭皋千里。靡不被築。揜以綠蕙。被以江蘺。糅以蘪蕪。雜以畱夷。尃結縷。攢戾莎。揭車衡蘭。槀本射干。茈薑蘘荷。葴橙若蓀。鮮枝黃礫。蔣苧青薠。布濩閎澤。延曼太原。離靡廣衍。應風披靡。吐芳揚烈。郁郁斐斐。眾香發越。肸蠁布寫。晻薆咇茀。于是乎周覽泛觀。瞋盼軋芴。芒芒恍忽。視之無端。察之無崖。日出東沼。入于西陂。其南則隆冬生長。涌水躍波。獸則㺎旄貘犛。沈牛麈麋。赤首圜題。窮奇象犀。其北則盛夏含凍裂地。涉冰揭河。獸則麒麟角端。騊駼槖駝。蛩蛩驒騱。駃騠驢驘。于是乎離宮別館。彌山跨谷。高廊四注。重坐曲閣。華榱璧璫。輦道纚屬。步櫩周流。長途中宿。夷嵕築堂。累臺增成。巖窔洞房。頫杳

眇而無見。仰攀橑而捫天。奔星更于閨闥。宛虹扡于楯軒。青龍蚴蟉于東箱。象輿婉僤于西清。靈圄燕于閒館。偓佺之倫暴于南榮。醴泉涌于清室。通川過于中庭。盤石振崖。嶔巖倚傾。嵯峨嶕嶫。刻削崢嶸。玫瑰碧琳。珊瑚叢生。瑉玉旁唐。璸斒文鱗。赤瑕駁犖。雜臿其間。晁采琬琰。和氏出焉。于是乎盧橘夏孰。黃甘橙楱。枇杷橪柹。亭柰厚朴。梬棗楊梅。櫻桃蒲陶。隱夫薁棣。荅遝離支。羅乎後宮。列乎北園。貤丘陵。下平原。揚翠葉。扤紫莖。發紅華。垂朱榮。煌煌扈扈。照曜鉅野。沙棠櫟櫧。華氾檘櫨。畱落胥餘。仁頻并閭。欃檀木蘭。豫章女貞。長千仞。大連抱。夸條直暢。實葉葰楙。攢立叢倚。連卷欐佹。崔錯癹骫。坑衡閜砢。垂條扶於。落英幡纚。紛容蕭蔘。猗狔從風。藰莅芔歙。蓋象金石之聲。管籥之音。偨池茈虒。旋還乎後宮。雜遝纍輯。被山緣谷。循阪下隰。視之無端。究之無窮。于是玄猨素雌。蜼玃飛鸓。蛭蜩蠼猱。獑胡豰蛫。棲息乎其間。長嘯哀鳴。翩幡互經。夭蟜

枝格。偃蹇杪顛。于是乎隃絕梁。騰殊榛。捷垂條。踔希閒。牢落陸離。爛漫遠遷。若此輩者。數百千處。嬉遊往來。宮宿館舍。庖廚不徙。後宮不移。百官備具。于是乎背秋涉冬。天子校獵。乘鏤象。六玉虯。拖蜺旌。靡雲旗。前皮軒。後道游。孫叔奉轡。衛公參乘。扈從橫行。出乎四校之中。鼓嚴簿。縱獵者。河江為阹。泰山為櫓。車騎雷起。殷天動地。先後陸離。離散別追。淫淫裔裔。緣陵流澤。雲布雨施。生貔豹。搏豺狼。手熊羆。足壄羊。蒙鶡蘇。絝白虎。被班文。跨壄馬。淩三嵕之危。下磧歷之坻。徑峻赴險。越壑厲水。椎蜚廉。弄獬豸。格蝦蛤。鋋猛氏。羂騕褭。射封豕。箭不苟害。解脰陷腦。弓不虛發。應聲而倒。于是乘輿弭節徘徊。翱翔往來。睨部曲之進退。覽將帥之變態。然後浸潭促節。儵夐遠去。流離輕禽。蹴履狡獸。轊白鹿。捷狡兔。軼赤電。遺光耀。追怪物。出宇宙。彎蕃弱。滿白羽。射游梟。櫟蜚虡。擇肉后發。先中命處。弦矢分。藝殪仆。然后揚節而上浮。淩驚風。歷駭猋。乘虛無。與神俱。躪玄鶴。亂昆雞。遒孔鸞。促鵕鸃。拂翳鳥。捎鳳凰。捷鵷雛。揜焦明。道盡塗殫。迴車而還。消搖乎襄羊。降集乎北紘。率乎直指。晻乎反鄉。蹷石闕。歷封巒。過鳷鵲。望露寒。下棠梨。息宜春。西馳宣曲。濯鷁牛首。登龍臺。掩細柳。觀士大夫之勤略。均獵者之所得獲。徒車之所轥轢。步騎之所蹂若。人臣之所蹈籍。與其窮極倦谻。驚憚讋伏。不被創刃而死者。他他籍籍。填阬滿谷。掩平彌澤。于是乎游戲懈怠。置酒乎昊天之臺。張樂乎膠葛之宇。撞千石之鍾。立萬石之虡。建翠華之旗。樹靈鼉之鼓。奏陶唐氏之舞。聽葛天氏之歌。千人唱。萬人和。山陵為之震動。川谷為之蕩波。巴渝宋蔡。淮南于遮。文成顛歌。族居遞奏。金鼓迭起。鏗鎗闛鞈。洞心駭耳。荊吳鄭衛之聲。韶濩武象之樂。陰淫案衍之音。鄢郢繽紛。激楚結風。俳優侏儒。狄鞮之倡。所㠯娛耳目而樂心意者。麗靡爛漫于前。靡曼美色於後。若夫青琴宓妃之徒。絕殊離俗。妖冶嫺都。靚糚刻飾。便嬛綽約。柔

橈嬛嬛。嫵媚姌嫋。曳獨繭之褕袘。眇閻易㠯戌削。便姍嫳屑。與俗殊服。芬芳漚鬱。酷烈淑郁。皓齒粲爛。宜笑的皪。長眉連娟。微睇緜藐。色授魂與。心愉于側。于是酒中樂酣。天子芒然而思。似若有亡。曰。嗟乎。此大奢侈。朕㠯覽聽餘閒。無事棄日。順天道㠯殺伐。時休息于此。恐後葉靡麗。遂往而不返。非所㠯為繼嗣創業垂統也。于是乎乃解酒罷獵。而命有司曰。地可墾闢。悉為農郊。㠯贍萌隸。隤牆填壍。使山澤之人得至焉。實陂池而勿禁。虛宮館而勿仞。發倉廩㠯救貧窮。補不足。恤鰥寡。存孤獨。出德號。省刑罰。改制度。易服色。革正朔。與天下為更始。于是歷吉日㠯齋戒。襲朝服。乘法駕。建華旗。鳴玉鸞。游于六藝之囿。騖乎仁義之塗。覽觀春秋之林。射貍首。兼騶虞。弋玄鶴。舞干戚。載雲罕。揜羣雅。悲伐檀。樂樂胥。脩容乎禮園。翱翔乎書圃。述易道。放怪獸。登明堂。坐清廟。恣羣臣奏得失。四海之內。靡不受獲。于斯之時。天下大說。鄉風而聽。隨流而化。芔然興道而遷義。刑錯而不用。德隆于三王。而功羨于五帝。若此故獵乃可喜也。若夫終日暴露馳騁。勞神苦形。罷車馬之用。抏士卒之精。費府庫之財。而無德厚之恩。務在獨樂。不顧眾庶。忘國家之政。而貪雉兔之獲。則仁者不繇也。從此觀之。齊楚之事。豈不哀哉。地方不過千里。而囿居九百。是草木不得墾辟。而人無所食也。夫㠯諸侯之細。而樂萬乘之侈。僕恐百姓被其尤也。于是二子愀然改容。超若自失。逡巡避席曰。鄙人固陋。不知忌諱。乃今日見教。謹受命矣。史記本傳。漢書本傳。文選。藝文類聚六十六。

哀秦二世賦

登陂陁之長阪兮。坌入曾宮之嵯峨。臨曲江之隑州兮。望南山之參差。巖巖深山之谾谾兮。通谷䃨乎谽谺。汩淢噏習㠯永逝兮。注平皋之廣衍。觀眾樹之蓊薆兮。覽竹林之榛榛。東馳土山兮。北揭石瀨。弭節容與兮。歷弔二世。持身不謹兮。亡國失勢。信讒不寤兮

宗廟滅絕。嗚呼哀哉。操行之不得兮。墳墓蕪穢而不脩兮。魂亡歸而不食。敻邈絕而不齊兮。彌久遠而愈佅。精罔閬而飛揚兮。拾九天而永逝。嗚呼哀哉。史記本傳。漢書本傳。藝文類聚四十

大人賦

相如拜爲孝文園令。見上好僊。乃遂奏大人賦。其辭曰。藝文類聚七十八

世有大人兮。在乎中州。宅彌萬里兮。曾不足㠯少留。悲世俗之迫隘兮。朅輕舉而遠遊。乘絳幡之素蜺兮。載雲氣而上浮。建格澤之脩竿兮。總光燿之采旄。垂旬始㠯爲幓兮。曳彗星而爲髾。掉指橋㠯偃蹇兮。又猗抳㠯招搖。攬欃槍㠯爲旌兮。靡屈虹而爲綢。紅杳眇㠯玄湣兮。猋風涌而雲浮。駕應龍象輿之蠖略委麗兮。驂赤螭青虯之蚴蟉宛蜒。低卬夭蟜裾㠯驕驁兮。詘折隆窮躩㠯連卷。沛艾赳螑仡㠯佁儗兮。放散畔岸驤㠯孱顏。跮踱輵螛容㠯骫麗兮。蜩蟉偃寋。怵㚟㠯梁倚。糾蓼叫奡踏㠯艐路兮。蔑蒙踊躍騰而狂趭。莅颯芔歙。猋至電過兮。煥然霧除。霍然雲消。邪絕少陽而登太陰兮。與眞人乎相求。互折窈窕㠯右轉兮。橫厲飛泉㠯正東。悉徵靈圉而選之兮。部署衆神于搖光。使五帝先導兮。反大壹而從陵陽。左玄冥而右黔雷兮。前長離而後矞皇。廝征伯僑而役羨門兮。詔岐伯使尚方。祝融警而蹕御兮。清氣氛而后行。屯余車而萬乘兮。綷雲蓋而樹華旗。使句芒其將行兮。吾欲往乎南娭。歷唐堯于崇山兮。過虞舜于九疑。紛湛湛其差錯兮。雜遝膠輵㠯方馳。騷擾衝蓯其相紛挐兮。滂濞泱軋麗㠯林離。攢羅列聚叢㠯蘢茸兮。衍曼流爛痑㠯陸離。徑入雷室之砰磷鬱律兮。洞出鬼谷之堀礨崴魁。徧覽八紘而觀四海兮。朅度九江越五河。經營炎火而浮弱水兮。杭絕浮渚涉流沙。奄息葱極。氾濫水娭兮。使靈媧鼓琴而舞馮夷。時若曖曖將混濁兮。召屏翳誅風伯刑雨師。西望崑崙之軋沕荒忽兮。直徑馳乎三危。排閶闔而入帝宮兮。載玉女而與之歸。登閬風而遙集兮。亢烏騰而壹止。低徊陰山翔㠯紆曲兮。吾乃今日覩西王母暠然白首。戴勝而穴處兮。亦幸有三足烏爲之使。必長生若此而不死兮。雖濟萬世不足㠯喜。回車朅來兮。絕道不周。會食幽都。呼吸沆瀣兮餐朝霞。咀噍芝英兮嘰瓊華。㛹侵潯而高縱兮。紛鴻涌而上厲。貫列缺之倒景兮。涉豐隆之滂濞。騁游道而脩降兮。騖遺霧而遠逝。迫區中之隘陝兮。舒節出乎北垠。遺屯騎于玄闕兮。軼先驅于寒門。下崢嶸而無地兮。上嵺廓而無天。視眩泯而亡見兮。聽敞怳而亡聞。乘虛亡而上遐兮。超無友而獨存。漢書本傳。藝文類聚七十八

全漢文卷二十一終

烏程嚴可均校輯

司馬相如二

美人賦

司馬相如美麗閑都。遊于梁王。梁王說之。鄒陽譖之于王曰。相如美則美矣。然服色容冶妖麗。不忠。將欲媚辭取說。遊王後宮。王不察之乎。王問相如曰。子好色乎。相如曰。臣不好色也。王曰。子不好色。何若孔墨乎。相如曰。古之避色。孔墨之徒。聞齊饋女而遐逝。望朝歌而迴車。譬猶防火水中。避溺山隅。此乃未見其可欲。何㠯明不好色乎。若臣者。少長西土。鰥處獨居。室宇遼廓。莫與爲娛。臣之東鄰。有一女子。雲髮豐豔。蛾眉皓齒。顏盛色茂。景曜光起。恆翹翹而西顧。欲留臣而共止。登垣而望臣。三年于茲矣。臣棄而不許。竊慕大王之高義。命駕東來。途出鄭衞。道由桑中。朝發溱洧。暮宿上宮。上宮閑館。寂寥雲虛。（文選石闕銘注引作寂寥至虛。）門閤晝掩。曖若神居。臣排其戶而造其堂。芳香芬烈。黼帳高張。有女獨處。婉然在牀。奇葩逸麗。淑質豔光。覩臣遷延。微笑而言曰。上客何國之公子。所從來無乃遠乎。遂設旨酒。進鳴琴。臣遂撫絃。爲幽蘭白雪之曲。女乃歌曰。獨處室兮廓無依。思佳人兮情傷悲。有美人兮來何遲。日既暮兮華色衰。敢託身兮長自私。玉釵挂臣冠。羅袖拂臣衣。時日西夕。玄陰晦冥。流風慘冽。素雪飄零。閑房寂謐。不聞人聲。于是寢具既設。服玩珍奇。金鉔薰香。黼帳低垂。（文選別賦注作金爐香薰黼帳周垂。舞賦注亦作周垂。）裀褥重陳。角枕橫施。女乃弛其上服。表其褻衣。皓體（文選洛神賦注作質。）呈露。弱骨豐肌。時來親臣。柔滑如脂。臣乃脈定于內。心正于懷。信誓旦旦。秉志不回。翻然高舉。與彼長辭。（古文苑。藝文類聚十八。初學記十九。）

長門賦（并序）

孝武皇帝陳皇后。時得幸。頗妒。別在長門宮。愁悶悲思。聞蜀郡成都司馬相如。天下工爲文。奉黃金百斤。爲相如文君取酒。因于解悲愁之辭。而相如爲文㠯悟主上。陳皇后復得親幸。其辭曰。

夫何一佳人兮。步逍遙㠯自虞。魂踰佚而不反兮。形枯槁而獨居。言我朝往而暮來兮。飲食樂而忘人。心慊移而不省故兮。交得意而相親。伊予志之慢愚兮。懷貞愨之懽心。願賜問而自進兮。得尚君之玉音。奉虛言而望誠兮。期城南之離宮。脩薄具而自設兮。君曾不肯乎幸臨。廓獨潛而專精兮。天漂漂而疾風。登蘭臺而遙望兮。神怳怳而外淫。浮雲鬱而四塞兮。天窈窈而晝陰。雷殷殷而響起兮。聲象君之車音。飄風迴而起閨兮。舉帷幄之襜襜。桂樹交而相紛兮。芳酷烈之誾誾。孔雀集而相存兮。玄猨嘯而長吟。翡翠脅翼而來萃兮。鸞鳳翔而北南。心憑噫而不舒兮。邪氣壯而攻中。下蘭臺而周覽兮。步從容于深宮。正殿塊㠯造天兮。鬱並起而穹崇。閒徙倚于東廂兮。觀夫靡靡而無窮。擠玉戶㠯撼金鋪兮。聲噌吰而似鐘音。刻木蘭㠯爲榱兮。飾文杏㠯爲梁。羅丰茸之遊樹兮。離樓梧而相撐。施瑰木之欂櫨兮。委參差㠯槺梁。時仿佛㠯物類兮。象積石之將將。五色炫㠯相曜兮。爛燿燿而成光。緻錯石之瓴甓兮。象瑇瑁之文章。張羅綺之幔帷兮。垂楚組之連綱。撫柱楣㠯從容兮。覽曲臺之央央。白鶴噭㠯哀號兮。孤雌跱于枯楊。日黃昏而望絕兮。悵獨託于空堂。懸明月㠯自照兮。徂清夜于洞房。援雅琴㠯變調兮。奏愁思之不可長。案流徵㠯卻轉兮。聲幼妙而復揚。貫歷覽其中操兮。意慷慨而自卬。左右悲而垂淚兮。涕流離而從橫。舒息悒而增欷兮。蹝履起而彷徨。揄長袂㠯自翳兮。數昔日之諐殃。無面目之可顯兮。遂頹思而就牀。摶芬若㠯爲枕兮。席荃蘭而茝香。忽寢寐而夢想兮。魄若君之在旁。惕寤覺而無見兮。魂迋迋若有亡。衆雞鳴而愁予兮。起視月之精光。觀衆星之行列兮。畢昴出于東方。望中庭之藹藹兮。若季秋之降霜。夜曼曼其若歲兮。懷

鬱鬱其不可再更澹偃蹇而待曙兮荒亭亭而復明妾人竊自悲兮究年歲而不敢忘（文選藝文類聚三十）

梨賦

唰嗽其漿（文選魏都賦劉逵注）

魚葅賦（北堂書鈔一百四十六）

上書諫獵

臣聞物有同類而殊能者故力稱烏獲捷言慶忌勇期賁育臣之愚竊㠯爲人誠有之獸亦宜然今陛下好陵阻險射猛獸卒然遇軼才之獸駭不存之地犯屬車之淸塵輿不及還轅人不暇施巧雖有烏獲逢蒙之伎力不得用枯木朽株盡爲難矣是胡越起于轂下而羌夷接軫也豈不殆哉雖萬全無患然本非天子之所宜近也且夫淸道而後行中路而後馳猶時有銜橛之變而況涉乎蓬蒿馳乎丘墳前有利獸之樂而內无存變之意其爲害也不亦難矣夫輕萬乘之重不㠯爲安而樂出于萬有一危之塗㠯爲娛臣竊爲陛下不取也蓋明者遠見于未萌而智者避危于无形禍固多藏于隱微而發于人之所忽者也故鄙諺曰家累千金坐不垂堂此言雖小可㠯喻大臣願陛下之留意幸察（史記本傳漢書本傳文選藝文類聚二十四）

喻巴蜀檄

告巴蜀太守蠻夷自擅不討之日久矣時侵犯邊境勞士大夫陛下即位存撫天下安集中國然後興師出兵北征匈奴單于怖駭交臂受事屈膝請和康居西域重譯納貢稽首來享移師東指閩越相誅右弔番禺太子入朝南夷之君西僰之長常效貢職不敢墯怠延頸舉踵喁喁然皆鄉風慕義欲爲臣妾道里遼遠山川阻深不能自致夫不順者已誅而爲善者未賞故遣中郎將往賓之發巴蜀之士各五百人㠯奉幣衛使者不然靡有兵革之事戰鬭

之患今聞其乃發軍興制驚懼子弟憂患長老郡又擅爲轉粟運輸皆非陛下之意也當行者或亡逃自賊殺亦非人臣之節也夫邊郡之士聞烽舉燧燔皆攝弓而馳荷兵而走流汗相屬唯恐居後觸白刃冒流矢議不反顧計不旋踵人懷怒心如報私讎彼豈樂死惡生非編列之民而與巴蜀異主哉計深慮遠急國家之難而樂盡人臣之道也故有剖符之封析珪而爵位爲通侯居列東第終則遺顯號于後世傳土地于子孫行事甚忠敬居位甚安佚名聲施于無窮功烈著而不滅是㠯賢人君子肝腦塗中原膏液潤野中而不辭也今奉幣使至南夷即自賊殺或亡逃抵誅身死無名謚爲至愚恥及父母爲天下笑人之度量相越豈不遠哉然此非獨行者之罪也父兄之敎不先子弟之率不謹寡廉鮮恥而俗不長厚也其被刑戮不亦宜乎陛下患使者有司之若彼悼不肖愚民之如此故遣信使曉諭百姓㠯發卒之事因數之㠯不忠死亡之罪讓三老孝悌㠯不敎誨之過方今田時重煩百姓已親見近縣恐遠所谿谷山澤之民不徧聞檄到亟下縣道使咸喻陛下之意無忽（漢書司馬相如傳文選藝文類聚五十八）

報卓文君書

五味雖甘寧先稻黍五色有爛而不掩韋布惟此綠衣將執子之釜錦水有鴛漢宮有木誦子嘉吟而回予故步當不令負丹青感白頭也□□□□□□

答盛覽問作賦

合綦組㠯成文列錦繡而爲質一經一緯一宮一商此作賦之迹也賦家之心苞括宇宙總覽人物斯乃得之于內不可得其傳也（御覽五百八十七引西京雜記相如友人盛覽字長通牂柯名士嘗問㠯作賦相如曰云云北堂書鈔一百二原本未引陳禹謨改補引此云出十六國春秋誤也）

難蜀父老

漢興七十有八載。德茂存乎六世。威武紛云。湛恩汪濊。羣生霑濡。洋溢乎方外。于是乃命使西征。隨流而攘。風之所被。罔不披靡。因朝冉從駹。定莋存邛。略斯榆。舉苞蒲。結軼還轅。東鄉將報。至于蜀都。耆老大夫縉紳先生之徒二十有七人。儼然造焉。辭畢。進曰。蓋聞天子之于夷狄也。其義羈縻勿絕而已。今罷三郡之士。通夜郎之塗。三年于茲。而功不竟。士卒勞倦。萬民不贍。今又接之㠯西夷。百姓力屈。恐不能卒業。此亦使者之累也。竊爲左右患之。且夫邛莋西僰之與中國竝也。歷年茲多。不可記已。仁者不㠯德來。强者不㠯力并。意者殆不可乎。今割齊民㠯附夷狄。獘所恃㠯事無用。鄙人固陋。不識所謂。使者曰。烏謂此乎。必若所云。則是蜀不變服。而巴不化俗也。僕尚惡聞若說。然斯事體大。固非觀者之所覯也。余之行急。其詳不可得聞已。請爲大夫粗陳其略。蓋世必有非常之人。然后有非常之事。有非常之事。然后有非常之功。非常者。固

常人之所異也。故曰非常之元。黎民懼焉。及臻厥成。天下晏如也。昔者洪水沸出。氾濫衍溢。民人升降移徙。崎嶇而不安。夏后氏戚之。乃堙洪原。決江疏河。灑沈澹災。東歸之于海。而天下永寧。當斯之勤。豈惟民哉。心煩于慮而身親其勞。躬傶骿胝無胈。膚不生毛。故休烈顯乎無窮。聲稱浹乎于茲。且夫賢君之踐位也。豈特委瑣握躖。拘文牽俗。循誦習傳。當世取說云爾哉。必將崇論谹議。創業垂統。爲萬世規。故馳騖乎兼容并包。而勤思乎參天貳地。且詩不云乎。普天之下。莫非王土。率土之濱。莫非王臣。是㠯六合之內。八方之外。浸淫衍溢。懷生之物。有不浸潤于澤者。賢君恥之。今封疆之內。冠帶之倫。咸獲嘉祉。靡有闕遺矣。而夷狄殊俗之國。遼絕異黨之域。舟車不通。人迹罕至。政教未加。流風猶微。內之則犯義侵禮于邊境。外之則邪行橫作。放殺其上。君臣易位。尊卑失序。父兄不辜。幼孤爲奴虜。係絫號泣。內鄉而怨曰。蓋聞中國有至仁焉。德

洋恩普。物靡不得其所。今獨曷爲遺己。舉踵思慕。若枯旱之望雨。盭夫爲之垂涕。況乎上聖。又烏能已。故北出師㠯討强胡。南馳使㠯誚勁越。四面風德。二方之君。鱗集仰流。願得受號者㠯億計。故乃關沫若。徼牂柯。鏤靈山。梁孫原。創道德之塗。垂仁義之統。將博恩廣施。遠撫長駕。使疏逖不閉。曶爽闇昧。得燿乎光明。㠯偃甲兵于此。而息討伐于彼。遐邇一體。中外禔福。不亦康乎。夫拯民于沈溺。奉至尊之休德。反衰世之陵夷。繼周氏之絕業。天子之急務也。百姓雖勞。又烏可㠯已哉。且夫王者。固未有不始于憂勤。而終于佚樂者也。然則受命之符。合在于此。方將增太山之封。加梁父之事。鳴和鸞。揚樂頌。上咸五。下登三。觀者未覩指。聽者未聞音。猶焦朋已翔乎寥廓。而羅者猶視乎藪澤。悲夫。于是諸大夫芒然喪其所懷來。失厥所㠯進。喟然竝稱曰。允哉漢德。此鄙人之所願聞也。百姓雖勞。請㠯身先之。敞罔靡徙。遷延而辭避。漢書本傳。文選。藝文類聚二十五。

封禪文

伊上古之初肇。自顥穹生民。歷選列辟。㠯迄乎秦。率邇者踵武。聽逖者風聲。紛輪威蕤。堙滅而不稱者。不可勝數也。繼昭夏。崇號謚。略可道者七十有二君。罔若淑而不昌。疇逆失而能存。軒轅之前。遐哉邈乎。其詳不可得聞已。五三六經載籍之傳。維見可觀也。書曰。元首明哉。股肱良哉。因斯㠯談。君莫盛于堯。臣莫賢于后稷。后稷創業于唐。公劉發迹于西戎。文王改制。爰周郅隆。大行越成。而后陵遲衰微。千載亡聲。豈不善始善終哉。然無異端。慎所由于前。謹遺教于後耳。故軌迹夷易。易遵也。湛恩厖洪。易豐也。憲度著明。易則也。垂統理順。易繼也。是㠯業隆于繈保。而崇冠乎二后。揆厥所元。終都攸卒。未有殊尤絕迹可考于今者也。然猶躡梁甫。登太山。建顯號。施尊名。大漢之德。逢涌原泉。沕潏曼羨。旁魄四塞。雲布霧散。上暢九垓。下泝八埏。懷生之類。沾濡浸潤。協氣橫流。武節猋

日祇之目當作地

逝。爾陿游原。迥闊泳末。首惡鬱沒。闇昧昭晣。昆蟲闓懌。回首面內。然后囿騶虞之珍羣。徼麋鹿之怪獸。導一莖六穗于庖。犧雙觡共抵之獸。獲周餘放龜于岐。招翠黃乘龍于沼。鬼神接靈圉。賓于閒館。奇物譎詭。俶儻窮變。欽哉。符瑞臻茲。猶㠯爲德薄。不敢道封禪。蓋周躍魚隕杭。休之㠯燎。微夫斯之爲符也。㠯登介丘。不亦恧乎。進攘之道。何其爽與。于是大司馬進曰。陛下仁育羣生。義征不憓。諸夏樂貢。百蠻執贄。德侔往初。功無與二。休烈浹洽。符瑞衆變。期應紹至。不特創見。意者太山梁父。設壇場望幸。蓋號㠯況榮。上帝垂恩儲祉。將㠯慶成。文選少此二語陛下嗛讓而弗發也。挈三神之歡。缺王道之儀。羣臣恧焉。或謂且天爲質闇。示珍符固不可辭。若然辭之。是泰山靡記而梁甫罔幾也。亦各竝時而榮。咸濟厥世而屈。說者尚何稱于後。而云七十二君哉。夫脩德㠯錫符。奉符㠯行事。不爲進越也。故聖王弗替。而脩禮㠯祇。謁款天神。勒功中岳。㠯章至尊。舒盛德。發號榮。受厚福。㠯浸黎民。皇皇哉斯事。天下之壯觀。王者之卒業。不可貶也。願陛下全之。而后因雜縉紳先生之略術。使獲曜日月之末光絕炎。㠯展采錯事。猶兼正列其義。祓飾厥文。作春秋一藝。將襲舊六爲七。攄之無窮。俾萬世得激淸流。揚微波。蜚英聲。騰茂實。前聖之所㠯永保鴻名而常爲稱首者用此。宜命掌故悉奏其儀而覽焉。于是天子沛然改容曰。俞乎。朕其試哉。乃遷思回慮。總公卿之議。詢封禪之事。詩大澤之博。廣符瑞之富。遂作頌曰。自我天覆。雲之油油。甘露時雨。厥壤可游。滋液滲漉。何生不育。嘉穀六穗。我穡曷蓄。匪唯雨之。又潤澤之。匪唯徧之。我氾布護之。萬物熙熙。懷而慕之。名山顯位。望君之來。君兮君兮。侯不邁哉。般般之獸。樂我君圃。白質黑章。其儀可喜。旼旼穆穆。君子之態。蓋聞其聲。今視其來。厥塗靡從。天瑞之徵。茲爾于舜。虞氏㠯興。濯濯之麟。游彼靈畤。孟冬十月。君徂郊祀。馳我君輿。帝用享祉。三代之

前。蓋未嘗有。宛宛黃龍。興德而升。采色玄耀。煥炳煇煌。正陽顯見。覺寤黎烝。于傳載之。云受命所乘。厥之有章。不必諄諄。依類託寓。諭㠯封巒。披藝觀之。天人之際已交。上下相發允答。聖王之事。兢兢翼翼。故曰于興必慮衰。安必思危。是㠯湯武至尊嚴。不失肅祗。舜在假典。顧省厥遺。此之謂也。漢書司馬相如傳。文選藝文類聚十。

題市門

不乘赤車駟馬。不過汝下也。華陽國志三蜀郡城北十里有昇僊橋。有送客觀。司馬相如初入長安。題市門。

凡將篇

淮南宋蔡舞嘔喻。說文二上

鐘磬竽笙筑坎侯。藝文類聚四十四

黃潤纖美宜製禪。文選蜀都賦舊注

烏啄桔梗口芫華。款冬貝母木蘗蔞。芩草芍藥桂漏蘆。蜚廉雚菌口荈詫。白斂白芷口菖蒲。芒消口莞椒茱萸。陸羽茶經下。案此轉寫脫四字。白芷之白。後人妄補。漢藝文志言凡將篇無復字。

苘菁當門北戶錄注。案此非完句。

廷尉翟公

公。史不著其名。下邽人。一云下邳人。初爲廷尉。免。元光五年復爲廷尉。

署門

一死一生。乃知交情。一貧一富。乃知交態。一貴一賤。交情乃見。史記汲黯鄭當時傳贊。始翟公爲廷尉。賓客闐門。及廢。門外可設雀羅。翟公復爲廷尉。賓客欲往。翟公乃大署其門。

張湯

湯。杜陵人。景帝時爲長安吏。武帝卽位。調茂陵尉。歷丞相史。補侍御史。遷大中大夫。元朔三年。代翟公爲廷尉。元狩三年。拜御史大夫。元鼎二年。坐罪自殺。

爲書謝罪

湯無尺寸之功。起刀筆吏。陛下幸致位三公。無以塞責。然謀陷湯者。三長史也。（漢書張湯傳。上使趙禹責湯。禹至讓湯。湯遂爲書謝云云。遂自殺。上誅三長史。丞相青翟自殺）

緇它

它。祁侯賀孫。景帝六年嗣封。元光二年罷免。

與楊王孫書

王孫苦疾。僕迫從上祠雍。未得詣前。願存精神。省思慮。進醫藥。厚自持。竊聞王孫先令嬴葬。令死者亡知則已。若其有知。是戮尸地下。將嬴見先人。竊爲王孫不取也。且孝經曰。爲之棺槨衣衾。是亦聖人之遺制。何必區區獨守所聞。願王孫察焉。（漢書楊王孫傳）

楊貴

貴字王孫。京兆人。（見西京雜記）

病且終。令其子

吾欲嬴葬。以反吾眞。必亡易吾意。死則爲布囊盛尸。入地七尺。既下。從足引脫其囊。以身親土。（漢書楊王孫傳）

報祁侯緇它書

蓋聞古之聖王。緣人情不忍其親。故爲制禮。今則越之。吾是以嬴葬。將以矯世也。夫厚葬誠亡益于死者。而俗人競以相高。靡財單幣。腐之地下。或乃今日入而明日發。此眞與暴骸于中野何異。且夫死者。終生之化。而物之歸者也。歸者得至。化者得變。是物各反其眞也。反眞冥冥。亡形亡聲。乃合道情。夫飾外以華眾。厚葬以鬲眞。使歸者不得至。化者不得變。是使物各失其所也。且吾聞之。精神者。天之有也。形骸者。地之有也。精神離形。各歸其眞。故謂之鬼。鬼之爲言歸也。其尸塊然獨處。豈有知哉。裹以幣帛。鬲以棺槨。支體絡束。口含玉石。欲化不得。鬱爲枯腊。千載之後。棺槨朽腐。乃得歸土。就其眞宅。繇是言之。焉用久客。昔帝堯之葬也。窾木爲匵。葛藟爲緘。其穿下不亂泉。上不泄殠。故聖王生易尚。死易葬也。不加功于亡用。不損財于亡謂。今費財厚葬。畱歸鬲至。死者不知。生者不得。是謂重惑。於戲。吾不爲也。（漢書楊王孫傳。又見荀悅漢紀、劉向說苑。皆小異）

全漢文卷二十二終

全漢文卷二十三

烏程嚴可均校輯

董仲舒一

仲舒廣川人景帝時爲博士武帝卽位舉賢良對策除江都相遷膠西相去官㠯壽終于家有春秋緐露十七卷集二卷

士不遇賦

嗚呼嗟乎遐哉邈矣時來曷遲去之速矣屈意從人非吾徒矣正身俟時將就木矣悠悠偕時豈能覺矣心之憂兮不期祿矣皇皇匪寧祇增辱矣努力觸藩徒摧角矣不出戶庭庶無逼（藝文類聚作過）矣

重曰生不丁三代之盛隆兮而丁三季之末俗末俗㠯辯詐而期通兮貞士㠯耿介而自束雖日三省于吾身兮繇懷進退之惟谷彼實繁之有徒兮指其白㠯爲黑（藝文類聚作墨）目信嫮而言眇（藝文類聚作醜）兮口信辯而言訥鬼神之不能正人事之變戾兮聖賢亦不能開

愚夫之違惑出門則不可與偕往兮藏器又蚩其不容退洗心而內訟兮固未知其所從也觀上世之清暉兮廉士亦煢煢而靡歸殷湯有卞隨與務光兮周武有伯夷與叔齊卞隨務光遁迹于深淵兮伯夷叔齊登山而采薇使彼聖賢其繇周遑兮獨舉世而同迷若伍員與屈原兮固亦無所復顧亦不能同彼數子兮將遠游而終古于吾儕之云遠兮疑荒塗而難踐（文選左思招隱詩注王粲贈蔡子篤詩注作懼荒塗難踐）之憚君子之于行兮誡三日而不飯嗟天下之偕違兮悵無與之偕返孰若反身于素業兮莫隨世而輪轉雖矯情而獲百利兮復不如正心而歸一善紛既迫而後動兮豈云稟性之惟褊昭同人而大有兮明謙光而務展遵幽昧于默足兮豈舒采而蘄顯苟肝膽之可同兮奚鬚髮之足辨也（藝文類聚三十古文苑）

七言琴歌二首（文選孔稚珪北山移文注引董仲舒集）

元光元年舉賢良對策

陛下發德音下明詔求天命與情性皆非愚臣之所能及也臣謹案春秋之中視前世已行之事㠯觀天人相與之際甚可畏也國家將有失道之敗而天迺先出災害㠯譴告之不知自省又出怪異㠯警懼之尚不知變而傷敗迺至㠯此見天心之仁愛人君而欲止其亂也自非大亡道之世者天盡欲扶持而全安之事在彊勉而已矣彊勉學問則聞見博而知益明彊勉行道則德日起而大有功此皆可使還至而立有效者也詩曰夙夜匪解書云茂哉茂哉皆彊勉之謂也道者所繇適于治之路也仁義禮樂皆其具也故聖王已沒而子孫長久安寧數百歲此皆禮樂敎化之功也王者未作樂之時迺用先王之樂宜于世者而㠯深入敎化于民敎化之情不得雅頌之樂不成故王者功成作樂樂其德也樂者所㠯變民風化民俗也其變民也易其化人也著故聲發于和而本于情接于肌膚臧于骨髓故王道雖微缺而筦弦之聲未衰也

夫虞氏之不爲政久矣然而樂頌遺風猶有存者是㠯孔子在齊而聞韶也夫人君莫不欲安存而惡危亡然而政亂國危者甚衆所任者非其人而所繇者非其道是㠯政日㠯仆滅也夫周道衰于幽厲非道亡也幽厲不繇也至于宣王思昔先王之德興滯補獘明文武之功業周道粲然復興詩人美之而作上天祐之爲生賢佐後世稱誦至今不絕此夙夜不解行善之所致也孔子曰人能弘道非道弘人也故治亂廢興在于己非天降命不可得反其所操持誖謬失其統也臣聞天之所大奉使之王者必有非人力所能致而自至者此受命之符也天下之人同心歸之若歸父母故天瑞應誠而至書曰白魚入于王舟有火復于王屋流爲烏此蓋受命之符也周公曰復哉復哉孔子曰德不孤必有鄰皆積善絫德之效也及至後世淫佚衰微不能統理羣生諸侯背畔殘賊良民㠯爭壤土廢德敎而任刑罰刑罰不中則生邪氣邪氣積于

下怨惡畜于上上下不和則陰陽繆盭而妖孽生矣此災異所緣
而起也臣聞命者天之令也性者生之質也情者人之欲也或夭
或壽或仁或鄙陶冶而成之不能粹美有治亂之所生故不齊也
孔子曰君子之德風也小人之德屮也屮上之風必偃故堯舜行
德則民仁壽桀紂行暴則民鄙夭夫上之化下下之從上猶泥之
在鈞唯甄者之所爲猶金之在鎔惟冶者之所鑄綏之斯倈動之
斯和此之謂也臣謹案春秋之文求王道之端得之于正正次王
王次春春者天之所爲也正者王之所爲也其意曰上承天之所
爲而下㠯正其所爲正王道之端云爾然則王者欲有所爲宜求
其端于天天道之大者在陰陽陽爲德陰爲刑刑主殺而德主生
是故陽常居大夏而㠯生育養長爲事陰常居大冬而積于空虛
不用之處㠯此見天之任德不任刑也天使陽出布施于上而主
歲功使陰入伏藏于下而時出佐陽陽不得陰之助亦不能獨成

歲功陽㠯成歲爲名此天意也王者承天意㠯從事故任德教而
不任刑刑者不可任㠯治世猶陰之不可任㠯成歲也爲政而任
刑不順于天故先王莫之肎爲也今廢先王德教之官而獨任執
法之吏治民毋乃任刑之意與孔子曰不教而誅謂之虐虐政用
于下而欲德教之被四海故難成也臣謹案春秋謂一元之意一
者萬物之所從始也元者辭之所謂大也謂一爲元者視大始而
欲正本也春秋深探其本而反自貴者始故爲人君者正心㠯正
朝廷正朝廷㠯正百官正百官㠯正萬民正萬民㠯正四方四方
正遠近莫敢不壹于正而亡有邪氣奸其閒者是㠯陰陽調而風
雨時羣生和而萬民殖五穀孰而草木茂天地之閒被潤澤而大
豐美四海之內聞盛德而皆倈臣諸福之物可致之祥莫不畢至
而王道終矣孔子曰鳳鳥不至河不出圖吾已矣夫自悲可致此
物而身卑賤不得致也今陛下貴爲天子富有四海居得致之位

操可致之勢又有能致之資行高而恩厚知明而意美愛民而好
士可謂誼主矣然而天地未應而美祥莫至者何也凡㠯教化不
立而萬民不正也夫萬民之從利也如水之走下不㠯教化隄防
之不能止也是故教化立而奸邪皆止者其隄防完也教化廢而
奸邪並出刑罰不能勝者其隄防壞也古之王者明于此是故南
面而治天下莫不㠯教化爲大務立大學㠯教于國設庠序㠯化
于邑漸民㠯仁摩民㠯誼節民㠯禮故其刑罰甚輕而禁不犯者
教化行而習俗美也聖王之繼亂世也掃除其迹而悉去之復修
教化而崇起之教化已明習俗已成子孫循之行五六百歲尚未
敗也至周之末世大爲亡道㠯失天下秦繼其後獨不能改又益
甚之重禁文學不得挾書棄捐禮誼而惡聞之其心欲盡滅先聖
之道而顓爲自恣苟簡之治故立爲天子十四歲而國破亡矣自
古㠯倈未嘗有㠯亂濟亂大敗天下之民如秦者也其遺毒餘烈

至今未滅使習俗薄惡人民嚚頑抵冒殊扞孰爛如此之甚者也
孔子曰腐朽之木不可彫也糞土之牆不可污也今漢繼秦之後
如朽木糞牆矣雖欲善治之亡可柰何法出而奸生令下而詐起
如㠯湯止沸抱薪救火愈甚亡益也（此二句禮樂志作一歲之獄㠯千萬數如㠯湯止沸沸俞
甚而無益）竊譬之琴瑟不調甚者必解而更張之乃可鼓也爲政而不
行甚者必變而更化之乃可理也當更張而不更張雖有良工不
能善調也當更化而不更化雖有大賢不能善治也故漢得天下
㠯來常欲善治而至今不可善治者（禮樂志作而至今不能勝殘去殺者）失之于當
更化而不更化也古人有言曰臨淵羡魚不如退而結網今臨政
而願治七十餘歲矣不如退而更化更化則可善治善治則災害
日去福祿日來詩云宜民宜人受祿于天爲政而宜于民者固當
受祿于天夫仁誼禮智信五常之道王者所當修飭也五者修飭
故受天之祐而享鬼神之靈德施于方外延及羣生也（漢書董仲舒傳）

子當作下

臣聞堯受命。以天子爲憂。而未以位爲樂也。故誅逐亂臣。務求賢聖。是以得舜禹稷卨咎繇。衆聖輔德。賢能佐職。教化大行。天下和洽。萬民皆安仁樂誼。各得其宜。動作應禮。從容中道。故孔子曰。如有王者。必世而後仁。此之謂也。堯在位七十載。迺遜于位。以禪虞舜。堯崩。天下不歸堯子丹朱而歸舜。舜知不可辟。乃卽天子之位。以禹爲相。因堯之輔佐。繼其統業。是以垂拱無爲。而天下治。孔子曰。韶盡美矣。又盡善也。此之謂也。至于殷紂。逆天暴物。殺戮賢知。殘賊百姓。伯夷太公。皆當世賢者。隱處而不爲臣。守職之人。皆奔走逃亡。入于河海。天下秏亂。萬民不安。故天下去殷而從周。文王順天理物。師用賢聖。是以閎夭太顚散宜生等。亦聚于朝廷。愛施兆民。天下歸之。故太公起海濱而卽三公也。當此之時。紂尙在上。尊卑昏亂。百姓散亡。故文王悼痛而欲安之。是以日昃而不暇食也。孔子作春秋。先正王而繫萬事。見素王之文焉。繇此觀之。帝王之條貫同。然而勞逸異者。所遇之時異也。孔子曰。武盡美矣。未盡善也。此之謂也。臣聞制度文采玄黃之飾。所以明尊卑。異貴賤。而勸有德也。故春秋受命所先制者。改正朔。易服色。所以應天也。然則宮室旌旗之制。有法而然者也。故孔子曰。奢則不遜。儉則固。儉非聖人之中制也。臣聞良玉不瑑。資質潤美。不待刻瑑。此亡異于達巷黨人不學而自知也。然則常玉不瑑。不成文章。君子不學。不成其德。臣聞聖王之治天下也。少則習之學。長則材諸位。爵祿以養其德。刑罰以威其惡。故民曉于禮誼而恥犯其上。武王行大誼。平殘賊。周公作禮樂以文之。至于成康之隆。囹圄空虛四十餘年。此亦教化之漸而仁誼之流。非獨傷肌膚之效也。至秦則不然。師申商之法。行韓非之說。憎帝王之道。以貪狼爲俗。非有文德以教訓于天下也。誅名而不察實。爲善者不必免。而犯惡者未必刑也。是以百官皆飾虛辭而不顧實。外有事君之禮。內有背上之心。造

僞飾詐。趣利亡恥。又好用憯酷之吏。賦斂亡度。竭民財力。百姓散亡。不得從耕織之業。羣盜並起。是以刑者甚衆。死者相望。而姦不息。俗化使然也。故孔子曰。導之以政。齊之以刑。民免而無恥。此之謂也。今陛下并有天下。海內莫不率服。廣覽兼聽。極羣下之知。盡天下之美。至德昭然。施于方外。夜郎康居。殊方萬里。說德歸誼。此太平之致也。然而功不加于百姓者。殆王心未加焉。曾子曰。尊其所聞。則高明矣。行其所知。則光大矣。高明光大。不在于它。在乎加之意而已。願陛下因用所聞。設誠于內而致行之。則三王何異哉。陛下親耕藉田以爲農先。夙寤晨興。憂勞萬民。思惟往古。而務以求賢。此亦堯舜之用心也。然而未云獲者。士素不厲也。夫不素養士而欲求賢。譬猶不瑑玉而求文采也。故養士之大者。莫大虖太學。太學者。賢士之所關也。教化之本原也。今以一郡一國之衆。對亡應書者。是王道往往而絕也。臣願陛下興太學。置明師。以養天下之士。數考問以盡其材。則英俊宜可得矣。今之郡守縣令。民之師帥。所使承流而宣化也。故師帥不賢。則主德不宣。恩澤不流。今吏既亡教訓于下。或不承用主上之法。暴虐百姓。與姦爲市。貧窮孤弱。冤苦失職。甚不稱陛下之意。是以陰陽錯繆。氛氣充塞。羣生寡遂。黎民未濟。皆長吏不明使至于此也。夫長吏多出于郎中中郎。吏二千石子弟選郎吏。又以富訾。未必賢也。且古所謂功者。以任官稱職爲差。非所謂積日絫久也。故小材雖絫日。不離于小官。賢材雖未久。不害爲輔佐。是以有司竭力盡知。務治其業。而以赴功。今則不然。絫日以取貴。積久以致官。是以廉恥貿亂。賢不肖渾殽。未得其眞。臣愚以爲使諸列侯郡守二千石各擇其吏民之賢者。歲貢各二人。以給宿衞。且以觀大臣之能。所貢賢者有賞。所貢不肖者有罰。夫如是。諸侯吏二千石皆盡心于求賢。天下之士可得而官使也。徧得天下之賢人。則三王之盛易爲。而堯舜之名可

及也。毋㠯日月爲功。實試賢能爲上。量材而授官。錄德而定位。則廉恥殊路。賢不肖異處矣。陛下加惠寬臣之罪。令勿牽制于文。使得切磋究之。臣敢不盡愚。（漢書董仲舒傳）

臣聞論語曰。有始有卒者。其唯聖人虖。今陛下幸加惠。留聽于承學之臣。復下明冊。㠯切其意。而究盡聖德。非愚臣之所能具也。前所上對。條貫靡竟。統紀不終。辭不別白。指不分明。此臣淺陋之罪也。冊曰。善言天者。必有徵于人。善言古者。必有驗于今。臣聞天者羣物之祖也。故徧覆包函而無所殊。建日月風雨㠯和之。經陰陽寒暑㠯成之。故聖人法天而立道。亦溥愛而無私。布德施仁㠯厚之。設誼立禮㠯導之。春者天之所㠯生也。仁者君之所㠯愛也。夏者天之所㠯長也。德者君之所㠯養也。霜者天之所㠯殺也。刑者君之所㠯罰也。繇此言之。天人之徵。古今之道也。孔子作春秋。上揆之天道。下質諸人情。參之于古。攷之于今。故春秋之所譏。災害

之所加也。春秋之所惡。怪異之所施也。書邦家之過。兼災異之變。㠯此見人之所爲。其美惡之極。乃與天地流通而往來相應。此亦言天之一端也。古者修敎訓之官。務㠯德善化民。民已大化之後。天下常亡一人之獄矣。今世廢而不修。亡㠯化民。民㠯故棄行誼而死財利。是㠯犯法而罪多。一歲之獄㠯萬千數。㠯此見古之不可不用也。故春秋變古則譏之。天令之謂命。命非聖人不行。質樸之謂性。性非敎化不成。人欲之謂情。情非度制不節。是故王者上謹于承天意。㠯順命也。下務明敎化民。㠯成性也。正法度之宜。別上下之序。㠯防欲也。修此三者。而大本舉矣。人受命于天。固超然異于羣生。入有父子兄弟之親。出有君臣上下之誼。會聚相遇。則有耆老長幼之施。粲然有文㠯相接。驩然有恩㠯相愛。此人之所㠯貴也。生五穀㠯食之。桑麻㠯衣之。六畜㠯養之。服牛乘馬。圈豹檻虎。是其得天之靈。貴于物也。故孔子曰。天地之性人爲貴。明于天性。知自貴于物。知自貴于物。然後知仁誼。知仁誼。然後重禮節。重禮節。然後安處善。安處善。然後樂循禮。樂循禮。然後謂之君子。故孔子曰。不知命。亡㠯爲君子。此之謂也。冊曰。上嘉唐虞。下悼桀紂。寖微寖滅寖明寖昌之道。虛心㠯改。臣聞衆少成多。積小致巨。故聖人莫不㠯晻致明。㠯微致顯。是㠯堯發于諸侯。舜興虖深山。非一日而顯也。蓋有漸㠯致之矣。言出于己。不可塞也。行發于身。不可掩也。言行。治之大者。君子之所㠯動天地也。故盡小者大。慎微者著。詩云。惟此文王。小心翼翼。故堯兢兢日行其道。而舜業業日致其孝。善積而名顯。德章而身尊。此其寖明寖昌之道也。積善在身。猶長日加益。而人不知也。積惡在身。猶火之銷膏。而人不見也。非明虖情性。察虖流俗者。孰能知之。此唐虞之所㠯得令名。而桀紂之可爲悼懼者也。夫善惡之相從。如景鄉之應形聲也。故桀紂暴謾。讒賊並進。賢知隱伏。惡日顯。國日亂。晏然自㠯如日在天。

終陵夷而大壞。夫暴逆不仁者。非一日而亡也。亦㠯漸至。故桀紂雖亡道。然猶享國十餘年。此其寖微寖滅之道也。冊曰。三王之敎所祖不同。而皆有失。或謂久而不易者道也。意豈異哉。臣聞夫樂而不亂。復而不厭者。謂之道。道者萬世亡弊。弊者道之失也。先王之道。必有偏而不起之處。故政有眊而不行。舉其偏者。㠯補其弊而已矣。三王之道。所祖不同。非其相反。將㠯捄溢扶衰。所遭之變然也。故孔子曰。亡爲而治者。其舜虖。改正朔。易服色。㠯順天命而已。其餘盡循堯道。何更爲哉。故王者有改制之名。亡變道之實。然夏上忠。殷上敬。周上文者。所繼之捄。當用此也。孔子曰。殷因于夏禮。所損益可知也。周因于殷禮。所損益可知也。其或繼周者。雖百世。可知也。此言百王之用。㠯此三者矣。夏因于虞。而獨不言所損益者。其道如一。而所上同也。道之大原出于天。天不變。道亦不變。是㠯禹繼舜。舜繼堯。三聖相受而守一道。亡救弊之政也。故不言

其所損益也。繇是觀之。繼治世者其道同。繼亂世者其道變。今漢繼大亂之後。若宜少損周之文。致用夏之忠者。陛下有明德嘉道。愍世俗之靡薄。悼王道之不昭。故舉賢良方正之士。論誼考問。將欲興仁誼之休德。明帝王之法制。建太平之道也。臣愚不肖。述所聞。誦所學。道師之言。厪能勿失耳。若乃論政事之得失。察天下之息耗。此大臣輔佐之職。三公九卿之任。非臣仲舒所能及也。然而臣竊有怪者。夫古之天下。亦今之天下。今之天下。亦古之天下。共是天下。古亦大治。上下和睦。習俗美盛。不令而行。不禁而止。吏亡姦邪。民亡盜賊。囹圄空虛。德潤草木。澤被四海。鳳凰來集。麒麟來游。㠯古準今。壹何不相逮之遠也。安所繆盭而陵夷若是。意者有所失于古之道與。有所詭于天之理與。試迹之古。返之于天。黨可得見乎。夫天亦有所分予。予之齒者去其角。傅其翼者兩其足。是所受大者。不得取小也。古之所予祿者。不食于力。不動于末。是亦受大者不得取小。與天同意者也。夫已受大。又取小。天不能足。而況人虖。此民之所㠯囂囂苦不足也。身寵而載高位。家溫而食厚祿。因乘富貴之資力。㠯與民爭利于下。民安能如之哉。是故眾其奴婢。多其牛羊。廣其田宅。博其產業。畜其積委。務此而亡已。㠯迫蹵民。民日削月朘。寖㠯大窮。富者奢侈羨溢。貧者窮急愁苦。窮急愁苦而上不救。則民不樂生。民不樂生。尚不避死。安能避罪。此刑罰之所㠯蕃而姦邪不可勝者也。故受祿之家。食祿而已。不與民爭業。然後利可均布。而民可家足。此上天之理。而亦太古之道。天子之所宜法㠯爲制。大夫之所當循㠯爲行也。故公儀子相魯。之其家見織帛。怒而出其妻。食于舍而茹葵。慍而拔其葵。曰。吾已食祿。又奪園夫紅女利虖。古之賢人君子在列位者皆如是。是故下高其行而從其教。民化其廉而不貪鄙。及至周室之衰。其卿大夫緩于誼而急于利。亡推讓之風。而有爭田之訟。故詩人疾而刺之

曰。節彼南山。惟石巖巖。赫赫師尹。民具爾瞻。爾好誼。則民鄉仁而俗善。爾好利。則民好邪而俗敗。繇是觀之。天子大夫者。下民之所視效。遠方之所四面而內望也。近者視而放之。遠者望而效之。豈可㠯居賢人之位而爲庶人行哉。夫皇皇求財利。常恐乏匱者。庶人之意也。皇皇求仁義。常恐不能化民者。大夫之意也。易曰。負且乘。致寇至。乘車者君子之位也。負擔者小人之事也。此言居君子之位而爲庶人之行者。其禍患必至也。若居君子之位。當君子之行。則舍公儀休之相魯。亡可爲者矣。春秋大一統者。天地之常經。古今之通誼也。今師異道。人異論。百家殊方。指意不同。是㠯上亡㠯持一統。法制數變。下不知所守。臣愚㠯爲諸不在六藝之科孔子之術者。皆絕其道。勿使並進。邪辟之說滅息。然後統紀可一而法度可明。民知所從矣。漢書董仲舒傳

郊事對

廷尉臣湯昧死言。臣湯承制。㠯郊事問故膠西相仲舒。臣仲舒對曰。所聞古者天子之禮。莫重于郊。郊常㠯正月上辛日者。所㠯先百神而最居前。禮。三年喪不祭其先。而不敢廢郊。郊重于宗廟。天尊于人也。王制曰。祭天地之牛角繭栗。宗廟之牛角握。賓客之牛角尺。此言德滋美而牲滋微也。春秋曰。魯祭周公。用白牲。色白貴純也。帝牲在滌三月。牲貴肥潔而不貪其大也。凡養牲之道。務在肥潔而已。駒犢未能勝芻豢之食。莫如令食其母便。臣湯謹問仲舒。魯祀周公用白牲。非禮也。臣仲舒對曰。禮也。臣湯問。周天子用騂剛。羣公不毛。周公。諸公也。何㠯得用純牲。臣仲舒對曰。武王崩。成王幼而在襁褓之中。周公繼文武之業。成二聖之功。德漸天地。澤被四海。故成王賢而貴之。詩曰。無德不報。故成王使祭周公㠯白牡。上不得與天子同色。下有異于諸侯。臣仲舒愚㠯爲報德之禮。臣湯問仲舒。天子祭天地。諸侯祭土。魯何緣㠯祭郊。臣仲舒對

曰。周公傅成王。成王遂及聖。功莫大于此。周公聖人也。有祭于天。道成王令魯郊也。臣湯問仲舒。魯祭周公。用白牲。其郊何用。臣仲舒對曰。魯郊用純騂剛。周色尚赤。魯㠯天子命郊。故㠯騂。臣湯問仲舒。祠宗廟。或㠯鶩當鳧。鶩非鳧。可用否。臣仲舒對曰。鶩非鳧。鳧非鶩也。臣聞孔子入太廟。每事問。慎之至也。陛下祭。躬親齋戒沐浴。㠯承宗廟。甚敬謹。柰何㠯鳧當鶩。鶩當鳧。名實不相應。㠯承太廟。不亦不稱乎。臣仲舒愚㠯爲不可。臣犬馬齒衰。賜骸骨。伏陋巷。陛下乃幸使九卿問臣㠯朝廷之事。臣愚陋。曾不足㠯承明詔。奉大對。臣仲舒冒死㠯聞。古文苑　案此對見春秋繁露十五。

全漢文卷二十三終

全漢文卷二十四

烏程嚴可均校輯

董仲舒二

說武帝使關中民種麥

春秋它穀不書至于麥禾不成則書之以此見聖人于五穀最重麥與禾也今關中俗不好種麥是歲失春秋之所重而損生民之具也願陛下幸詔大司農使關中民益種宿麥令毋後時（漢書食貨志）

又言限民名田

古者稅民不過什一其求易共使民不過三日其力易足民財內足以養老盡孝外足以事上共稅下足以畜妻子極愛故民說從上至秦則不然用商鞅之法改帝王之制除井田民得賣買富者田連阡伯貧者亡立錐之地又顓川澤之利管山林之饒荒淫越制踰侈以相高邑有人君之尊里有公侯之富小民安得不困又

加月為更卒已復為正一歲屯戍一歲力役三十倍于古田租口賦鹽鐵之利二十倍于古或耕豪民之田見稅什五故貧民常衣牛馬之衣而食犬彘之食重以貪暴之吏刑戮妄加民愁亡聊亡逃山林轉為盜賊赭衣半道斷獄歲以千萬數漢興循而未改古井田法雖難卒行宜少近古限民名田以澹不足塞并兼之路鹽鐵皆歸于民去奴婢除專殺之威薄賦斂省繇役以寬民力然後可善治也（漢書食貨志）

廟殿火災對

春秋之道舉往以明來是故天下有物視春秋所舉與同比者精微眇以存其意通倫類以貫其理天地之變國家之事粲然皆見亡所疑矣按春秋魯定公哀公時季氏之惡已孰而孔子之聖方盛夫以盛聖而易孰惡季孫雖重魯君雖輕其埶可成也故定公二年五月兩觀災兩觀僭禮之物天災之者若曰僭禮之臣可以

去已見辠徵而後告可去此天意也定公不知省至哀公三年五月桓宮釐宮災二者同事所為一也若曰燔貴而去不義云爾哀公未能見故四年六月亳社災兩觀桓釐廟亳社四者皆不當立天皆燔其不當立者以示魯欲其去亂臣而用聖人也季氏亡道久矣前是天不見災者魯未有賢聖臣雖欲去季孫其力不能昭公是也至定哀迺見之其時可也不時不見天之道也今高廟不當居遼東高園殿不當居陵旁于禮亦不當立與魯所災同其不當立久矣至于陛下時天迺災之者殆亦其時可也昔秦受亡周之敝而亡以化之漢受亡秦之敝又亡以化之夫繼二敝之後承其下流兼受其猥難治甚矣又多兄弟親戚骨肉之連驕揚奢侈恣睢者眾所謂重難之時者也陛下正當大敝之後又遭重難之時甚可憂也故天災若語陛下當今之世雖敝而重難非以太平至公不能治也視親戚貴屬在諸侯遠正最甚者忍而誅之如吾

燔遼東高廟迺可視近臣在國中處旁仄及貴而不正者忍而誅之如吾燔高園殿迺可云爾在外而不正者雖貴如高廟猶災燔之況諸侯乎在內不正者雖貴如高園殿猶燔災之況大臣乎此天意也辠在外者天災外辠在內者天災內燔盛辠當重燔簡辠當輕承天意之道也（漢書五行志上武帝建元六年六月遼東高廟災四月高園便殿火董仲舒對）

雨雹對

元光元年七月京師雨雹鮑敞問董仲舒曰雹何物也何氣而生之仲舒曰陰氣脅陽氣天地之氣陰陽相半和氣周迴朝夕不息陽德用事則和氣皆陽建巳之月是也故謂之正陽之月陰德用事則和氣皆陰建亥之月是也故謂之正陰之月十月陰雖用事而陰不孤立此月純陰疑于無陽故謂之陽月詩人所謂日月陽止者也四月陽雖用事而陽不獨存此月純陽疑于無陰故亦謂之陰月自十月以後陽氣始生于地下漸冉流散故言息也陰氣

轉收故言消也日夜滋生遂至四月純陽用事自四月以後陰氣始生于天上漸冉流散故云息也陽氣轉收故言消也日夜滋生遂至十月純陰用事二月八月陰陽正等無多少也以此推移無有差慝運動抑揚更相動薄則熏蒿歊蒸而風雨雲霧雷電雪雹生焉氣上薄爲雨下薄爲霧風其噫也雲其氣也雷其相擊之聲也電其相擊之光也二氣之初蒸也若有若無若實若虛若方若圓攢聚相合其體稍重故雨乘虛而墜風多則合速故雨大而疏風少則合遲故雨細而密其寒月則雨凝于上體尚輕微而因風相襲故成雪焉寒有高下上暖下寒則上合爲大雨下凝爲冰霰雪是也雹霰之至也陰氣暴上雨則凝結成雹焉太平之世則風不鳴條開甲散萌而已雨不破塊潤葉津莖而已雷不驚人號令啟發而已電不眩目宣示光耀而已霧不塞望浸淫被洎而已雪不封條凌殄毒害而已雲則五色而爲慶三色而成矞露則結味而成甘結潤而成膏此聖人之在上則陰陽和風雨時也政多紕繆則陰陽不調風發屋雨溢河雪至牛目雹殺驢馬此皆陰陽相蕩而爲祲沴之妖也敞曰四月無陰十月無陽何以明陰不孤立陽不獨存耶仲舒曰陰陽雖異而所資一氣也陽用事此則氣爲陽陰用事此則氣爲陰陰陽之時雖異而二體常存猶如一鼎之水而未加火純陰也加火極熱純陽也純陽則無陰息火水寒則更陰矣純陰則無陽加火水熱則更陽矣然則建巳之月爲純陽不容都無復陰也但是陽家用事陽氣之極耳薺麥枯由陰殺也建亥之月爲純陰不容都無復陽也但是陰家用事陰氣之極耳薺麥始生由陽升也其著者葶藶死于盛夏款冬華于嚴寒水極陰而有溫泉火至陽而有涼焰故知陰不得無陽陽不容都無陰也敞曰冬雨必暖夏雨必涼何也曰冬氣多寒陽氣自上躋故人得其暖而上蒸成雪矣夏氣多暖陰氣自下昇故人得其涼而上

蒸成雨矣敞曰雨既陰陽相蒸四月純陽十月純陰斯則無二氣相薄則不雨乎曰然純陽純陰雖在四月十月但月中之一日耳敞曰月中何日曰純陽用事未夏至一日純陰用事未冬至一日朔旦夏至冬至其正氣也敞曰然則未至一日其不雨乎曰然頗有之則妖也和氣之中自生災沴能使陰陽改節暖涼失度敞曰災沴之氣其常存耶曰無也時生耳猶乎人四支五藏中也有時及其病也四支五藏皆病也敞遷延負牆俛揖而退古文苑

粵有三仁對

江都王問仲舒曰粵王句踐與大夫泄庸種蠡謀伐吳遂滅之孔子稱殷有三仁寡人亦以爲粵有三仁桓公決疑于管仲寡人決疑于君仲舒對曰臣愚不足以奉大對聞昔者魯君問柳下惠我欲伐齊何如柳下惠曰不可歸而有憂色曰吾聞伐國不問仁人此言何爲至于我哉徒見問爾猶且羞之況設詐以伐吳虖由此言之粵本無一仁夫仁人者正其誼不謀其利明其道不計其功是以仲尼之門五尺之童羞稱五伯爲其先詐力而後仁誼也苟爲詐而已故不足稱于大君子之門也五伯比于他諸侯爲賢其比三王猶武夫之與美玉也漢書董仲舒傳　案此對見春秋繁露卷九

奏江都王求雨

求雨之方損陽益陰願大王無收廣陵女子爲人祝者一月租賜諸巫者諸巫毋大小皆相聚于郭門爲小壇以脯酒祭女獨擇寬大便處移市市使無內丈夫丈夫無得相從飲食令吏妻各往視其夫皆到即起雨注而已續漢書禮儀志中注補引仲舒奏江都王

請雨書

秋以桐魚九枚御覽九百五十六

詣丞相公孫弘記室書

江都相董仲舒叩頭死罪再拜上言君侯以周召自然休質擢升

三公統理海內總錙百僚未有半言之教郡國翕然望風更思改新以助致治羣衆所占必有成功仲舒叩頭死罪仲舒愚戇素無治名大漢之檢式數蒙君侯哀憐之恩誤被非任無以稱職仲舒竊見宰職任天下之重羣心所歸惟須賢佐以成聖化願君侯大開蕭相國求賢之路廣選舉之門既得其人接以周公下士之意即奇偉隱世異倫之人各思竭愚歸往聖德英俊滿朝百能備具郎君侯大立則道德弘通化流四極仲舒愚陋經術淺薄所識褊陋不能贊揚萬分君侯所弃捐竊聞春秋曰賢聖博觀以章其名擇善者從之無所不聽又曰近而不言爲諂遠而不言爲怨故輒披心陳誠仲舒叩頭死罪死罪夫堯舜三王之業皆繇仁義爲本仁者所以理人倫也故聖王以爲治首或曰發號出令利天下之民者謂之仁政疾天下之害于人者謂之仁心二者備矣然後海內應以誠惟君侯深觀往古思本仁義至誠而已方今關東五穀成貴家有飢餓其死傷者半盜賊竝起發亡不止良民被害爲聖主憂咎皆由仲舒等典職防禁無素當先坐仲舒叩頭死罪死罪仲舒至愚以爲扶衰止姦本在吏耳宜一攷察天下領民之吏留心署置以明消滅邪枉之迹使百姓各安其產業無有寇盜之患以禰主憂仲舒叩頭死罪謹奉春秋署置術再拜君侯足下古文苑

論禦匈奴

義動君子利動貪人如匈奴者非可以仁義說也獨可說以厚利結之于天耳故與之厚利以沒其意與盟于天以堅其約質其愛子以累其心匈奴雖欲展轉柰失重利何柰欺上天何柰殺愛子何夫賦斂行賂不足以當三軍之費城郭之固無以異于貞士之約而使邊城守境之民父兄緩帶稚子咽哺胡馬不窺于長城而羽檄不行于中國不亦便于天下乎漢書匈奴傳贊

山川頌

山則巃嵷嵓崔嶊嵬㠑巍久不崩陁似夫仁人志士孔子曰山川神祇立寶藏殖器用資曲直合大者可以爲宮室臺榭小者可以爲舟輿浮漏大者無不中小者無不入持斧則斫折鐮則艾生人立禽獸伏死人入多其功而不言是以君子取辟也且積土成山無損也成其高無害也成其大無虧也小其上泰其下久長安後世無有去就儼然獨處唯山之意詩云節彼南山惟石巖巖赫赫師尹民具爾瞻此之謂也水則源泉混混沄沄晝夜不竭既似力者盈科後行既似持平者循微赴下不遺小間既似察者循谿谷不迷或奏萬里而必至既似知者鄣防山而能清淨既似知命者不清而入潔清而出既似善化者赴千仞之壑而不疑既似勇者物皆困于火而水獨勝之既似武者咸得之而生失之而死既似有德者孔子在川上曰逝者如斯夫不舍晝夜此之謂也古文苑案此頌見春秋繁露十六

救日食祝

炤炤大明瀸滅無光柰何以陰侵陽以卑侵尊周禮宗伯太祝注

請雨祝

昊天生五穀以養人今五穀病旱恐不成敬進清酒膊脯再拜請雨雨幸大澍春秋繁露十六又見續漢禮儀志中注補

止雨祝

嗟天生五穀以養人今淫雨太多五穀不和敬進肥牲清酒以請社靈幸爲止雨除民所苦無使陰滅陽陰滅陽不順于天天之常意在于利人人願止雨敢告于社春秋繁露十六

李少君家錄

少君有不死之方而家貧無以市其藥物故出于漢以假塗求其財道成而去抱朴子內篇論仙引董仲舒所撰李少君家錄

田蚡

蚡長陵人景帝王皇后之異父同母弟初爲郎累遷太中大夫

武帝卽位封武安矦建元初爲太尉免尋代許昌爲丞相

上言勿塞決河

江河之決皆天事未易㠯人力爲彊塞塞之未必應天（史記河渠書元光中河決于瓠子蚡奉邑食鄃河決而南則鄃無水菑邑收多蚡言于上又見漢書溝洫志）

鄭當時

當時字莊陳人景帝時爲太子舍人武帝卽位累遷魯中尉濟南太守江都相至右内史㠯議田蚡竇嬰事貶秩爲詹事遷大司農有罪贖爲庶人尋守丞相長史遷汝南太守

上言引渭穿渠

異時關東漕粟從渭中上度六月而罷而渭水道九百餘里時有難處引渭穿渠起長安並南山下至河三百餘里徑易漕度可令三月而罷而渠下民田萬餘頃又可得㠯溉田此損漕省卒而益肥關中之地得穀（史記河渠書漢書溝洫志）

王恢

恢燕人數爲邊吏建元中爲大行元光初坐首爲馬邑事無功自殺（後二十餘年別有中郎將王恢捕得車師王元封四年封浩矦非卽此）

匈奴和親議

漢與匈奴和親率不過數歲卽復倍約不如勿許興兵擊之（史記韓安國傳建元六年匈奴來請和親天子下其議大行王恢議）

公孫弘

弘字季一云字次卿菑川薛人少爲薛獄吏有罪免武帝卽位㠯賢良徵爲博士時年六十移病免歸元光中復徵賢良對策第一拜博士累遷左内史元朔中爲御史大夫代薛澤爲丞相封平津矦元狩二年卒年八十

元光五年舉賢良對策

臣聞上古堯舜之時不貴爵賞而民勸善不重刑罰而民不犯躬率㠯正而遇民信也末世貴爵厚賞而民不勸深刑重罰而姦不止其上不正遇民不信也夫厚賞重刑未足㠯勸善而禁非必信而已矣是故因能任官則分職治去無用之言則事情得不作無用之器則賦斂省不奪民時不妨民力則百姓富有德者進無德者退則朝廷尊有功者上無功者下則羣臣逡罰當罪則姦邪止賞當賢則臣下勸凡此八者治之本也故民者業之則不爭理得則不怨有禮則不暴愛之則親上此有天下之急者也故法不遠義則民服而不離和不遠禮則民親而不暴故法之所罰義之所去也和之所賞禮之所取也禮義者民之所服也而賞罰順之則民不犯禁矣故畫衣冠異章服而民不犯者此道素行也臣聞之氣同則從聲比則應今人主和德于上百姓和合于下故心和則氣和氣和則形和形和則聲和聲和則天地之和應矣故陰陽和風雨時甘露降五穀登六畜蕃嘉禾興朱草生山不童澤不涸此和之至也故形和則無疾無疾則不夭故父不喪子兄不哭弟德配天地明並日月則鳳麟至龜龍在郊河出圖洛出書遠方之君莫不說義奉幣而來朝此和之極也臣聞之仁者愛也義者宜也禮者所履也智者術之原也致利除害兼愛無私謂之仁明是非立可否謂之義進退有度尊卑有分謂之禮擅殺生之柄通壅塞之塗權輕重之數論得失之道使遠近情僞必見于上謂之術凡此四者治之本道之用也皆當設施不可廢也得其要則天下安樂法設而不用不得其術則主蔽于上官亂于下此事之情屬統垂業之本也臣聞堯遭洪水使禹治之未聞禹之有水也若湯之旱則桀之餘烈也桀紂行惡受天之罰禹湯積德㠯王天下因此觀之天德無私親順之和起逆之害生此天文地理人事之紀臣弘愚戇不足㠯奉大對（漢書公孫弘傳）

上疏言治道

陛下有先聖之位。而無先聖之民。有先聖之民。而無先聖之吏。是以勢同而治異。先世之吏正。故其民篤。今世之吏邪。故其民薄。政弊而不行。令倦而不聽。夫使邪吏行弊政。用倦令治薄民。民不可得而化。此治之所以異也。臣聞周公旦治天下。朞年而變。三年而化。五年而定。唯陛下之所志。漢書公孫弘傳

對冊書問治道

愚臣淺薄。安敢比材于周公。雖然。愚心曉然見治道之可以然也。夫虎豹馬牛。禽獸之不可制者也。及其教馴服習之。至可牽持駕服。唯人之從。臣聞揉曲木者不累日。銷金石者不累月。夫人之于利害好惡。豈比禽獸木石之類哉。朞年而變。臣弘尚竊遲之。漢書公孫弘傳

上書乞骸骨

臣聞天下通道五。所以行之者三。君臣父子夫婦長幼朋友之交。五者。天下之通道也。仁知勇三者。所以行之也。故曰。好問近乎知。力行近乎仁。知恥近乎勇。知此三者。知所以自治。知所以自治。然後知所以治人。未有不能自治而能治人者也。陛下躬孝弟。監三王。建周道。兼文武。招徠四方之士。任賢序位。量能授官。將以厲百姓。勸賢材也。今臣愚駑。無汗馬之勞。陛下過意擢臣弘卒伍之中。封爲列侯。致位三公。臣弘行能不足以稱。加有負薪之疾。恐先狗馬塡溝壑。終無以報德塞責。願歸侯乞骸骨。避賢者路。史記公孫弘傳漢書公孫弘傳

上言徙汲黯爲右內史

右內史界部中多貴人宗室。難治。非素重臣不能任。請徙黯爲右內史。

奏禁民挾弓弩

目愚之目當作臣

民不得挾弓弩。十賊彍弩。百吏不敢前。盜賊不輒伏辜。免脫者衆。害寡而利多。此盜賊所以蕃也。禁民不得挾弓弩。則盜賊執短兵。短兵接。則衆者勝。以衆吏捕寡賊。其勢必得。盜賊有害無利。則莫犯法。刑錯之道也。臣愚以爲禁民毋得挾弓弩便。漢書吾丘壽王傳

郭解罪議

解布衣爲任俠行權。以睚眦殺人。解不知。此辠甚于解知殺之。當大逆無道。漢書郭解傳。解客殺軹儒生。斷舌。吏以責解。解實不知殺者。殺者亦竟莫知爲誰。吏奏解無罪。御史大夫公孫弘議云云。遂族解。

請爲博士置弟子員議

丞相御史言。制曰。蓋聞導民以禮。風之以樂。婚姻者。居室之大倫也。今禮廢樂崩。朕甚愍焉。故詳延天下方正博聞之士。咸登諸朝。其令禮官勸學。講議洽聞。舉遺興禮。以爲天下先。太常議。與博士弟子。崇鄉里之化。以厲賢材焉。謹與太常臧博士平等議曰。聞三代之道。鄉里有教。夏曰校。殷曰庠。周曰序。其勸善也。顯之朝廷。其懲惡也。加之刑罰。故教化之行也。建首善自京師始。由內及外。今陛下昭至德。開大明。配天地。本人倫。勸學脩禮。崇化厲賢。以風四方。太平之原也。古者政教未洽。不備其禮。請因舊官而興焉。爲博士官置弟子五十人。復其身。太常擇民年十八以上。儀狀端正者。補博士弟子。郡國縣道邑有好文學。敬長上。肅政教。順鄉里。出入不悖所聞者。令相長丞上屬所二千石。二千石謹察可者。當與計偕。詣太常。得受業如弟子。一歲皆輒試。能通一藝以上。補文學掌故缺。其高第可以爲郎中者。太常籍奏。卽有秀才異等。輒以名聞。其不事學若下材。及不能通一藝。輒罷之。而請諸不稱者罰。臣謹按詔書律令下者。明天人分際。通古今之義。文章爾雅。訓辭深厚。恩施甚美。小吏淺聞。不能究宣。無以明布諭下。治禮次治掌故。以文學禮義爲官。遷留滯。請選擇其秩比二百石以上。及吏百石通

一蓺㠯上補左右內史大行卒史比百石㠯下補郡太守卒史皆各二人邊郡一人先用誦多者若不足乃擇掌故補中二千石屬文學掌故補郡屬備員請著功令佗如律令史記儒林傳序弘爲學官悼道之鬱滯乃請云云制曰可又見漢書儒林傳序

荅東方朔書

譬猶龍之未升與魚鼈爲伍及其升天鱗不可覩藝文類聚九十六

石慶

慶河內溫人居茂陵建元初爲內史元朔中爲沛郡守元狩初拜太子太傅元鼎初爲御史大夫五年代趙周爲丞相太初二年卒謚曰恬侯

上書乞骸骨

臣幸得待罪丞相疲駑無㠯輔治城郭倉廩空虛民多流亡罪當伏斧質上不忍致法願歸丞相侯印乞骸骨歸避賢者路漢書萬石君傳元封四年賜丞相告歸慶慙不任職上書

全漢文卷二十四終

全漢文卷二十五

烏程嚴可均校輯

東方朔

朔字曼倩。平原厭次人。武帝初待詔公車。尋待詔金馬門。爲常侍郎。拜太中大夫給事中。被劾。免爲庶人。待詔宦者署。復爲中郎。有集二卷。

七諫

平生于國兮。長于原壄。言語訥譅兮。又無彊輔。淺智褊能兮。聞見又寡。數言便事兮。見怨門下。王不察其長利兮。卒見棄乎原壄。伏念思過兮。無可改者。羣眾成朋兮。上浸㠯惑。巧佞在前兮。賢者滅息。堯舜聖已沒兮。孰爲忠直。高山崔巍兮。水流湯湯。死日將至兮。與麋鹿同坑。塊兮鞠。當道宿。舉世皆然兮。余將誰告。斥逐鴻鵠兮。近習鴟梟。斬伐橘柚兮。列樹苦桃。便娟之脩竹兮。寄生乎江潭。上葳蕤而防露兮。下泠泠而來風。孰知其不合兮。若竹柏之異心。往者不可及兮。來者不可待。悠悠蒼天兮。莫我振理。竊怨君之不寤兮。吾獨死而後已。

初放

惟往古之得失兮。覽私微之所傷。堯舜聖而慈仁兮。後世稱而弗忘。齊桓失于專任兮。夷吾忠而名彰。晉獻惑于孋姬兮。申生孝而被殃。偃王行其仁義兮。荆文寤而徐亡。紂暴虐㠯失位兮。周得佐乎吕望。脩往古㠯行恩兮。封比干之丘壟。賢俊慕而自附兮。日浸淫而合同。明法令而脩理兮。蘭芷幽而有芳。若眾人之妒予兮。箕子寤而佯狂。不顧地㠯貪名兮。心怫鬱而內傷。聯蕙芷㠯爲佩兮。過鮑肆而失香。正臣端其操行兮。反離謗而見攘。世俗更而變化兮。伯夷餓于首陽。獨廉潔而不容兮。叔齊久而逾明。浮雲陳而蔽晦兮。使日月乎無光。忠臣貞而欲諫兮。讒諛毀而在旁。秋草榮其將實兮。微霜下而夜降。商風肅而害生兮。百草育而不長。眾並諧㠯妒賢兮。孤聖特而易傷。懷計謀而不見用兮。巖穴處而隱藏。成功隳而不卒兮。子胥死而不葬。世從俗而變化兮。隨風靡而成行。信直退而毀敗兮。虛僞進而得當。追悔過之無及兮。豈盡忠而有功。廢制度而不用兮。務行私而去公。終不變而死節兮。惜年齒之未央。將方舟而下流兮。冀幸君之發矇。痛忠言之逆耳兮。恨申子之沈江。願悉心之所聞兮。遭值君之不聰。不開寤而難道兮。不別橫之與縱。聽姦臣之浮說兮。絕國家之久長。滅規榘而不用兮。背繩墨之正方。離憂患而乃寤兮。若縱火于秋蓬。業失之而不救兮。尙何論乎禍凶。彼離畔而朋黨兮。獨行之士其何望。日漸染而不自知兮。秋毫微哉而變容。眾輕積而折軸兮。原咎雜而累重。赴湘沅之流澌兮。恐逐波而復東。懷沙礫而自沈兮。不忍見君之蔽壅。

沈江

世沈淖而難論兮。俗岭峨而嵾嵯。清泠泠而殲滅兮。溷湛湛而日多。梟鴞既㠯成羣兮。玄鶴弭翼而屏移。蓬艾親入御于牀笫兮。馬蘭踸踔而日加。棄捐藥芷與杜衡兮。余柰世之不知芳何。何周道之平易兮。然蕪穢而險戲。高陽無故而委塵兮。唐虞點灼而毀議。誰使正其真是兮。雖有八師而不可爲。皇天保其高兮。后土持其久。服清白㠯逍遙兮。偏與乎玄英異色。西施媞媞而不得見兮。嫫母勃屑而日侍。桂蠹不知所淹留兮。蓼蟲不知徙乎葵菜。處湣湣之濁世兮。今安所達乎吾志。意有所載而遠逝兮。固非眾人之所識。驥躊躇于弊輂兮。遇孫陽而得代。吕望窮困而不聊生兮。遭周文而舒志。甯戚飯牛而商歌兮。桓公聞而弗置。路室女之方桑兮。孔子過之㠯自侍。吾獨乖剌而無當兮。心悼怵而耄思。思比干之恲恲兮。哀子胥之慎事。悲楚人之和氏兮。獻寶玉㠯爲石。遇厲武之不察兮。羌兩足㠯畢斮。小人之居勢兮。視忠正之何若。改前聖之法度兮。喜囁嚅而安作。親讒諛而疏賢聖兮。訟謂閭娵爲醜惡。愉近習而蔽遠兮。孰知察其黑白。卒不得效其心容兮。安眇眇而無所歸薄。專精爽㠯自明兮。晦冥冥而壅蔽。年既已過太半兮。然埳軻而留滯。欲高飛而遠集兮。恐離罔而滅敗。獨冤抑而無極兮。傷精神而壽夭。皇天既不純命兮。余生終無所依。願自沈于江流兮。絕橫流而徑逝。寍爲江海之泥塗兮。安能久見此濁世。

怨世

賢士窮而隱處兮。廉方正而不容。子胥諫而靡軀兮。比干忠而剖心。子推自割而飤君兮。德日忘而怨深。行明白而日黑兮。荊棘聚而成林。江離棄于窮巷兮。蒺藜蔓乎東廂。賢者蔽而不見兮。讒諛進而相朋。梟鴞並進而俱鳴兮。鳳皇飛而高翔。願壹往而徑逝兮。道壅絕而不通。

怨思

居愁懃其誰告兮。獨永思而憂悲。內自省而不慙兮。操愈堅而不衰。隱三年而無決兮。歲忽忽其若頹。憐余身不足㠯卒意兮。冀一見而復歸。哀人事之不幸兮。屬天命而委之咸池。身被疾而不閒兮。心沸熱其若湯。冰炭不可㠯相並兮。吾固知乎命之不長。哀獨苦死之無樂兮。惜予年之未央。悲不反余之所居兮。恨離予之故鄉。鳥獸驚而失羣兮。猶高飛而哀鳴。狐死必首丘兮。夫人孰能不反其眞情。故人疏而日忘兮。新人近而俞好。莫能行于杳冥兮。孰能施于無報。苦衆人之皆然兮。乘回風而遠遊。凌恒山其若陋兮。聊愉娛㠯忘憂。悲虛言之無實兮。苦衆口之鑠金。過故鄉而一顧兮。泣歔欷而霑衿。厭白玉㠯爲面兮。懷琬琰㠯爲心。邪氣入而感內兮。施玉色而外淫。何青雲之流瀾兮。微霜降之蒙蒙。徐風至而徘徊兮。疾風過之湯湯。聞南藩樂而欲往兮。至會稽而且止。見韓衆而宿之兮。問天道之所在。借浮雲㠯送予兮。載雌霓而爲旌。駕

騖當作鶩

青龍㠯馳騖兮。班衍衍之冥冥。忽容容其安之兮。超慌忽其焉如。苦衆人之難信兮。願離羣而遠舉。登巒山而遠望兮。好桂樹之冬榮。觀天火之炎煬兮。聽大壑之波聲。引八維㠯自道兮。含沆瀣㠯長生。居不樂㠯時思兮。食草木之秋實。飲菌若之朝露兮。構桂木而爲室。雜橘柚㠯爲囿兮。列新夷與椒楨。鵾鶴孤而夜號兮。哀居者之誠貞。

自悲

哀時命之不合兮。傷楚國之多憂。內懷情之潔白兮。遭亂世而離尤。惡耿介之直行兮。世溷濁而不知。何君臣之相失兮。上沅湘而分離。測汨羅之湘水兮。知時固而不反。傷離散之交亂兮。遂側身而既遠。處玄舍之幽門兮。穴巖石而窟伏。從水蛟而爲徒兮。與神龍乎休息。何山石之嶄巖兮。靈魂屈而偃蹇。含素水而蒙深兮。日眇眇而既遠。哀形體之離解兮。神罔兩而無舍。惟椒蘭之不反兮。魂迷惑而不知路。願無過之設行兮。雖滅沒之自樂。痛楚國之流亡兮。哀靈脩之過到。固時俗之溷濁兮。志瞀迷而不知路。念私門之正匠兮。遙涉江而遠去。念女嬃之嬋媛兮。涕泣流乎於悒。我決死而不生兮。雖重追吾何及。戲疾瀨之素水兮。望高山之蹇產。哀高丘之赤岸兮。遂沒身而不返。

哀命

怨靈脩之浩蕩兮。夫何執操之不固。悲太山之爲隍兮。孰江河之可涸。願承閒而效志兮。恐犯忌而干諱。卒撫情㠯寂寞兮。然怊悵而自悲。玉與石其同匱兮。貫魚眼與珠璣。駑駿雜而不分兮。服罷牛而驂驥。年滔滔而自遠兮。壽冉冉而愈衰。心悇憛而煩冤兮。蹇超搖而無冀。固時俗之工巧兮。滅規矩而改錯。卻騏驥而不乘兮。策駑駘而取路。當世豈無騏驥兮。誠無王良之善馭。見執轡者非其人兮。故駒跳而遠去。不量鑿而正枘兮。恐矩矱之不同。不論世

而高舉兮。恐操行之不調。弧弓弛而不張兮。孰云知其所至。無傾危之患難兮。焉知賢士之所死。俗推佞而進富兮。節行張而不著。賢良蔽而不羣兮。朋曹比而黨譽。邪說飾而多曲兮。正法弧而不公。直士隱而避匿兮。讒諛登乎明堂。棄彭咸之娛樂兮。滅巧倕之繩墨。菎蕗雜于廢蒸兮。機蓬矢㠯射革。駕蹇驢而無策兮。又何路之能極。㠯直鍼而爲釣兮。又何魚之能得。伯牙之絕弦兮。無鍾子期而聽之。和抱璞而泣血兮。安得良工而剖之。同音者相和兮。同類者相侶。飛鳥號其羣兮。鹿鳴求其友。故叩宮而宮應兮。彈角而角動。虎嘯而谷風至兮。龍舉而景雲往。音聲之相和兮。言物類之相感也。夫方圜之異形兮。勢不可㠯相錯。列子隱身而窮處兮。世莫可㠯寄託。眾鳥皆有行列兮。鳳獨翔翔而無所薄。經濁世而不得志兮。願側身巖穴而自託。欲闔口而無言兮。嘗被君之厚德。獨便悁而懷毒兮。愁鬱鬱之焉極。念三年之積思兮。願壹見而陳詞。不及君而騁說兮。世孰可爲明之。身寢疾而日愁兮。情沈抑而不揚。眾人莫可與論道兮。悲精神之不通。

謬諫

亂曰。鸞皇孔鳳日㠯遠兮。畜鳧駕鵝。雞鶩滿堂壇兮。鼃黽游乎華池。要褭奔亡兮。騰駕橐駝。鉛刀進御兮。遙棄太阿。拔搴玄芝兮。列樹芋荷。橘柚萎枯兮。苦李旖旎。甂甌登于明堂兮。周鼎潛乎深淵。自古而固然兮。吾又何怨乎今之人。楚辭

嗟伯夷

窮隱處兮。窟穴自藏。其隨佞而得志兮。不若從孤竹于首陽。北堂書鈔一百五十八

上書自薦

臣朔少失父母。長養兄嫂。年十二學書。三冬文史足用。十五學擊劍。十六學詩書。誦二十二萬言。十九學孫吳兵法。戰陳之具。鉦鼓之教。亦誦二十二萬言。凡臣朔固已誦四十四萬言。又常服子路之言。臣朔年二十二。長九尺三寸。目若懸珠。齒若編貝。勇若孟賁。捷若慶忌。廉若鮑叔。信若尾生。若此。可㠯爲天子大臣矣。臣朔昧死再拜㠯聞。漢書東方朔傳

諫除上林苑

臣聞謙遜靜慤。天表之應。應之㠯福。驕溢靡麗。天表之應。應之㠯異。今陛下累郎臺。恐其不高也。弋獵之處。恐其不廣也。如天不爲變。則三輔之地。盡可㠯爲苑。何必盩厔鄠杜乎。奢侈越制。天爲之變。上林雖小。臣尙㠯爲大也。夫南山。天下之阻也。南有江淮。北有河渭。其地從汧隴㠯東。商雒㠯西。厥壤肥饒。漢興。去三河之地。止霸產㠯西。都涇渭之南。此所謂天下陸海之地。秦之所㠯虜西戎兼山東者也。其山出玉石金銀銅鐵。豫章檀柘。異類之物。不可勝原。此百工所取給。萬民所卬足也。又有秔稻梨栗桑麻竹箭之饒。土宜薑芋。水多鼃魚。貧者得㠯人給家足。無飢寒之憂。故豐鎬之閒。號爲土膏。其賈畝一金。今規㠯爲苑。絕陂池水澤之利。而取民膏腴之地。上乏國家之用。下奪農桑之業。棄成功。就敗事。損秏五穀。是其不可一也。且盛荊棘之林。而長養麋鹿。廣狐兔之苑。大虎狼之虛。又壞人冢墓。發人室廬。令幼弱懷土而思。耆老涕泣而悲。是其不可二也。斥而營之。垣而囿之。騎馳東西。車騖南北。又有深溝大渠。夫一日之樂。不足㠯危無隄之輿。是其不可三也。故務苑之大。不恤農時。非所㠯彊國富人也。夫殷作九市之宮而諸侯畔。靈王起章華之臺而楚民散。秦興阿房之殿而天下亂。糞土愚臣。忘生觸死。逆聖意。犯隆指。罪當萬死。不勝大願。願陳泰階六符。㠯觀天變。不可不省。漢書東方朔傳

化民有道對

堯、舜、禹、湯、文、武、成、康上古之事。經歷數千載。尙難言也。臣不敢陳。

朱當作采

願近述孝文皇帝之時。當世耆老皆聞見之。貴爲天子。富有四海。身衣弋綈。足履革舄。以韋帶劍。莞蒲爲席。兵木無刃。衣縕亡文。集上書囊以爲殿帷。以道德爲麗。以仁義爲準。于是天下望風成俗。昭然化之。今陛下以城中爲小。圖起建章。左鳳闕。右神明。號稱千門萬戶。木土衣綺繡。狗馬被繢罽。宮人簪瑇瑁。垂珠璣。設戲車。敎馳逐。飾文朱。叢珍怪。撞萬石之鐘。擊雷霆之鼓。作俳優。舞鄭女。上爲淫侈如此。而欲使民獨不奢侈失農。事之難者也。陛下誠能用臣朔之計。推甲乙之帳燔之于四通之衢。卻走馬示不復用。則堯舜之隆。宜可與比治矣。易曰。正其本。萬事理。失之毫氂。差以千里。願陛下留意察之。漢書東方朔傳

對詔

陵山越海。窮天乃止。文選海賦注

臨終諫天子

詩云。營營青蠅。止于蕃。愷悌君子。無信讒言。讒言罔極。交亂四國。願陛下遠巧佞。退讒言。史記褚先生補傳

與公孫弘借車書

蓋聞劍屬不相責以禮。同類之游。不以遠近爲叙。是以東門先生居蓬戶空穴之中。而魏公子一朝以百騎尊寵之。以望未嘗與文王同席而坐。一朝讓以天下半。大丈夫相知。何必撫塵而游。垂髮齊年。偃伏以日數哉。初學記十八。御覽四百十 朔當從甘泉。願借外廏之後乘木槿夕死朝榮。士亦不長貧也。藝文類聚八十九

與友人書

不可使塵網名韁拘鎖。怡然長笑。脫去十洲三島。相期拾瑤草。吞日月之光華。共輕舉耳。

非有先生論

非有先生仕于吳。進不能稱往古以廣主意。退不能揚君美以顯其功。默然無言者三年矣。吳王怪而問之。曰。寡人獲先人之功。寄于衆賢之上。夙興夜寐。未嘗敢怠也。今先生率然高舉。遠集吳地。將以輔治寡人。誠竊嘉之。體不安席。食不甘味。目不視靡曼之色。耳不聽鐘鼓之音。虛心定志。欲聞流議者。三年于茲矣。今先生進無以輔治。退不揚主譽。竊爲先生不取也。蓋懷能而不見。是不忠也。見而不行。主不明也。意者寡人殆不明乎。非有先生伏而唯唯。吳王曰。可以談矣。寡人將竦意而聽焉。先生曰。於戲。可乎哉。可乎哉。談何容易。夫談者有悖于目而佛于耳。謬于心而便于身者。或有說于目。順于耳。快于心。而毀于行者。非有明王聖主。孰能聽之矣。吳王曰。何爲其然也。中人以上。可以語上也。先生試言。寡人將覽焉。先生對曰。昔關龍逢深諫于桀。而王子比干直言于紂。此二臣者。皆極慮盡忠。閔主澤不下流。而萬民騷動。故直言其失。切諫其邪者。將以爲君之榮。除主之禍也。今則不然。反以爲誹謗君之行。無人臣之禮。果紛然傷于身。蒙不辜之名。戮及先人。爲天下笑。故曰談何容易。是以輔弼之臣瓦解。而邪諂之人並進。遂及飛廉惡來革等。三人皆詐僞。巧言利口以進其身。陰奉彫瑑刻鏤之好以納其心。務快耳目之欲。以苟容爲度。遂往不戒。身沒被戮。宗廟崩弛。國家爲墟。殺戮賢臣。親近讒夫。詩不云乎。讒人罔極。交亂四國。此之謂也。故卑身賤體。說色微辭。愉愉呴呴。終無益于主上之治。卽志士仁人不忍爲也。將儼然作矜莊之色。深言直諫。上以拂人主之邪。下以損百姓之害。則忤于邪主之心。歷于衰世之法。故養壽命之士。莫肯進也。遂居深山之間。積土爲室。編蓬爲戶。彈琴其中。以詠先王之風。亦可以樂而忘死矣。是以伯夷叔齊避周。餓于首陽之下。後世稱其仁。如是。邪主之行。固足畏也。故曰談何容易。于是吳王懼然易容。捐薦去几。危坐而聽。先生曰。接輿避世。箕

子被髮佯狂。此二子者。皆避濁世以全其身者也。使遇明王聖主。得賜清讌之閒。寬和之色。發憤畢誠。圖畫安危。揆度得失。上以安主體。下以便萬民。則五帝三王之道。可幾而見也。故伊尹蒙恥辱。負鼎俎。和五味。以干湯。太公釣于渭之陽。以見文王。心合意同。謀無不成。計無不從。誠得其君也。深思遠慮。引義以正其身。推恩以廣其下。本仁祖誼。褒有德。祿賢能。誅惡亂。總遠方。壹統類。美風俗。此帝王所由昌也。上不變天性。下不奪人倫。則天地和洽。遠方懷之。故號聖王。臣子之職既加矣。于是裂地定封。爵爲公侯。傳國子孫。名顯後世。民到于今稱之。以遇湯與文王也。太公伊尹以如此。龍逢比干獨如彼。豈不哀哉。故曰談何容易。于是吳王穆然。俛而深惟。仰而泣下交頤。曰嗟乎。余國之不亡也。緜緜連連。殆哉世之不絕也。于是正明堂之朝。齊君臣之位。舉賢才。布德惠。施仁義。賞有功。躬親節儉。減後宮之費。損車馬之用。放鄭聲。遠佞人。省庖廚。

去侈靡。卑宮館。壞苑囿。填池塹。以與貧民無產業者。開內藏。振貧窮。存耆老。恤孤獨。薄賦斂。省刑罰。行此三年。海內晏然。天下大洽。陰陽和調。萬物咸得其宜。國無災害之變。民無飢寒之色。家給人足。畜積有餘。囹圄空虛。鳳皇來集。麒麟在郊。甘露既降。朱草萌芽。遠方異俗之人。嚮風慕義。各奉其職而來朝賀。故治亂之道。存亡之端。若此易見。而君人者莫肯爲也。臣愚竊以爲過。故詩曰。王國克生。惟周之貞。濟濟多士。文王以寍。此之謂也。漢書東方朔傳。文選。藝文類聚二十四。

隱眞論

處天地之先。不以爲長。在萬古之下。不以爲久。隨時應變。與物俱化。釋藏陪字號唐釋法琳辯正論

荅客難

客難東方朔曰。蘇秦張儀。一當萬乘之主。而都卿相之位。澤及後世。今子大夫脩先王之術。慕聖人之義。諷誦詩書百家之言。不可勝數。著于竹帛。脣腐齒落。服膺而不釋。好學樂道之效。明白甚矣。自以智能海內無雙。則可謂博聞辯智矣。然悉力盡忠以事聖帝。曠日持久。官不過侍郎。位不過執戟。意者尚有遺行邪。同胞之徒。無所容居。其故何也。東方先生喟然長息。仰而應之曰。是固非子之所能備也。彼一時也。此一時也。豈可同哉。夫蘇秦張儀之時。周室大壞。諸侯不朝。力政爭權。相禽以兵。并爲十二國。未有雌雄。得士者彊。失士者亡。故談說行焉。身處尊位。珍寶充內。外有廩倉。澤及後世。子孫長享。今則不然。聖帝流德。天下震慴。諸侯賓服。連四海之外以爲帶。安于覆盂。動猶運之掌。賢不肖何以異哉。遵天之道。順地之理。物無不得其所。故綏之則安。動之則苦。尊之則爲將。卑之則爲虜。抗之則在青雲之上。抑之則在深泉之下。用之則爲虎。不用則爲鼠。雖欲盡節效情。安知前後。夫天地之大。士民之衆。

延當作迺

竭精談說。並進輻湊者。不可勝數。悉力慕之。困于衣食。或失門戶。使蘇秦張儀與僕並生于今之世。曾不得掌故。安敢望常侍郎乎。故曰時異事異。雖然。安可以不務脩身乎哉。詩云。鼓鐘于宮。聲聞于外。鶴鳴于九臯。聲聞于天。苟能脩身。何患不榮。太公體行仁義。七十有二。延設用于文武。得信厥說。封于齊。七百歲而不絕。此士所以日夜孳孳。敏行而不敢怠也。辟若鶺鴒。飛且鳴矣。傳曰。天不爲人之惡寒而輟其冬。地不爲人之惡險而輟其廣。君子不爲小人之匈匈而易其行。天有常度。地有常形。君子有常行。君子道其常。小人計其功。詩云。禮義之不愆。何恤人之言。故曰。水至清則無魚。人至察則無徒。冕而前旒。所以蔽明。黈纊充耳。所以塞聰。明有所不見。聰有所不聞。舉大德。赦小過。無求備于一人之義也。枉而直之。使自得之。優而柔之。使自求之。揆而度之。使自索之。蓋聖人教化如此。欲自得之。自得之。則敏且廣矣。今世之處士。魁然無徒。

廓然獨居，上觀許由，下察接輿，計同范蠡，忠合子胥，天下和平，與義相扶，寡耦少徒，固其宜也。子何疑于我哉？若夫燕之用樂毅，秦之任李斯，酈食其之下齊，說行如流，曲從如環，所欲必得，功若丘山，海內定，國家安，是遇其時也，子又何怪之邪？語曰：以筦闚天，以蠡測海，以莛撞鐘，豈能通其條貫，考其文理，發其音聲哉？繇是觀之，譬猶鼱鼩之襲狗，孤豚之咋虎，至則靡耳，何功之有？今以下愚而非處士，雖欲勿困，固不得已，此適足以明其不知權變，而終或于大道也。（漢書本傳、文選、藝文類聚二十五）

答驃騎難

干將莫邪，天下之利劍也，水斷鵠雁，陸斷馬牛，將以補履，曾不如一錢之錐。騏驥綠耳，蜚鴻驊騮，天下良馬也，將以捕鼠于深宮之中，曾不如跛貓。

十洲記序

臣學仙者耳，非得道之人，以國家盛美，特招延儒墨于文網之內，抑絕俗之道，擯虛詭之迹。臣故韜隱逸而赴王庭，藏養生而侍朱闕矣。亦由尊上好道，且復欲徇伴威儀也。曾隨師主之履行，北至朱陵扶桑之國，溽海冥夜之丘，純陽之陵，始青之下，月宮之間，內游七丘，中旋十洲，踐赤縣而遨五嶽，行陂澤而息名山。臣自少及今，周流六天，涉歷八極，于是矣。未若陵虛之子，飛真之官，上下九天，洞視百方，北極鉤陳而并華蓋，南翔太丹而栖大夏，東之通陽之霞，西薄寒穴之野，日月所不逮，星漢所不與，其上無復物，其下無復底。臣之所識，始愧不足以酬廣訪矣。

旱頌

維昊天之大旱，失精和之正理。遙望白雲之鄣溰，滃曈曈而亡止。陽風吸習而熇熇，羣生悶懣而愁憒。隴畝枯槁而允布，壞石相聚而為害。農夫垂拱而無為，釋其耰鉏而下涕。悲壇畔之遺禍，痛皇天之靡濟。（藝文類聚一百）

寶甕銘

寶雲生于露壇，祥風起于月館，望三壺如盈尺，視八鴻如縈帶。（王子年拾遺記）

誡子

明者處世，莫尚于中。（漢書東方朔傳贊作上容。應劭曰：容身遠害也。御覽作中心）優哉游哉，與道相從。首陽為拙，柳惠（漢書作柱下。御覽作柳下）為工。飽食安步，以仕代農。（漢書作易農）依隱玩世，詭時不逢。是故才盡者身危，好名者得華；有羣者累生，孤貴者失和；遺餘者不匱，自盡者無多。聖人之道，一龍一蛇，形見神藏，與物變化，隨時之宜，無有常家。（藝文類聚二十三、御覽四百五十九）

東方朔占（案：隋志五行家有東方朔歲占一卷，又有東方朔占二卷，東方朔書二卷，東方朔書鈔二卷，東方朔曆一卷，東方朔占候水旱下人善惡一卷，凡六種。開元占經引見，統稱東方朔占，今從之。）

子日東風，卯日雨；丑日東風，辰日雨；寅日東風，巳日雨；卯日東風，午日雨；辰日東風，未日雨；巳日東風，申日雨；午日東風，即日雨；未日東風，申日雨；申日東風，子日雨；酉日東風，丑日雨；戌日東風，寅日雨；亥日東風，辰日雨。

甲子日雨，丙寅止；乙丑日雨，丁卯止；丙寅日雨，即日止；丁卯雨，夕止；戊辰雨，夜半止；己巳雨，立止；庚午日雨，辛未止；辛未日雨，戊寅止；壬申日雨，即日止；癸酉日雨，甲戌止；甲戌日雨，即時止。（案此下有脫文）己卯日雨，立止；庚辰日雨，即止；辛巳日雨，癸未止；壬午日雨，即日止；癸未日雨，甲申止；甲申日雨，即止；乙酉日雨，丙戌止；丙戌日雨，即止；丁亥日雨，即時止；戊子日雨，庚寅止；己丑日雨，庚寅止；庚寅日雨，即時止；辛卯日雨，即止；壬辰日雨，辛丑止；癸巳日雨，夕止；甲午日雨，即時止；乙未日雨，丁酉止；丙申日雨，夕止；丁酉日雨，己亥止；戊戌日雨，辛丑止；己亥日雨，即止；庚子日雨，壬辰止；辛丑日雨，壬寅止；壬寅日雨，即止；癸卯日雨，即時止；甲辰日雨，即止；乙巳日雨，丙午止；丙午日雨，即止；丁未日雨，即時止。戊申日雨。庚戌止。己酉日雨。辛亥止。庚戌日雨。卽止。辛亥日雨。癸丑止。壬子日雨。癸丑止。癸丑日雨。卽時止。甲寅日雨。卽止。乙卯日雨。丙辰止。丙辰日雨。丁巳止。丁巳日雨。卽時止。戊午日雨。卽止。己未日雨。卽止。庚申日雨。卽止。辛酉日雨。卽時止。壬戌日雨。卽時止。癸亥日雨。卽時止。　子日雨。立止。不止。寅日止。丑日雨。寅日止。不止。至卯日止。寅日雨。卽止。不止。卯日止。卯日雨。卽止。不止。巳日止。辰日雨。巳日止。巳日雨。未日止。不止。申日止。午日雨。立止。不止。至十日陰。未日雨。申日止。不止。戌日止。申日雨。夕止。見月不見日久陰。酉日雨。立止。不止。久陰。戌日雨。立止。不止。久陰。亥日雨。立止。不止。久陰。此其六概也。開元占經九十二

凡霧氣不順四時。逆相交錯。微風小雨。爲陰陽氣亂之象。從寅至辰巳已上。周而復始。爲逆者不成。積日不解者。晝夜昏闇。天下欲分離。開元占經一百一

正月朔日雨。歲中下田。麥成。禾黍小貴。　二月得巳朔。大麥熟。庚朔。禾熟。兵賊起。辛朔。下田不收。壬朔。赤地千里。米穀貴。癸朔。熟。三月有三卯。大豆好。無三卯。旱。種禾。四月丙朔。夏苗長。　四月無三卯。旱種麻。　常以正月一日夜半子時候。東方有黃色雲者。春大赦。南方有黃色雲者。夏有赦。西方有黃色雲者。秋有赦。北方有黃色雲者。冬有赦。雜者皇太子有赦。有黑雲雜者。必有皇后若女子之赦。開元占經一百十一

全漢文卷二十五終

烏程嚴可均校輯

唐蒙

蒙。建元中爲番陽令。元光中以郎中通夜郎。

上書請通夜郎

南越王黃屋左纛。地東西萬餘里。名爲外臣。實一州主也。今以長沙豫章往。水道多絕。難行。竊聞夜郎所有精兵可得十餘萬。浮船牂柯江。出其不意。此制越一奇也。誠以漢之彊。巴蜀之饒。通夜郎道。爲置吏。易甚。史記西南夷傳。又見漢書西南夷傳。

張騫

騫漢中成固人。建元中爲郎。使西域。再爲匈奴所獲。歷十三歲亡歸。拜太中大夫。元朔末從衛青出塞有功。封博望侯。元狩中遷衛尉。出塞後期論斬。贖爲庶人。後拜中郎將。復使西域。還拜

大行

具言西域地形

大宛在匈奴西南。在漢正西。去漢可萬里。其俗土著。耕田。田稻麥。有蒲陶酒。多善馬。馬汗血。其先天馬子也。有城郭屋室。其屬邑大小七十餘城。眾可數十萬。其兵弓矛騎射。其北則康居。西則大月氏。西南則大夏。東北則烏孫。東則扜罙于窴。于窴之西。則水皆西流注西海。其東水東流注鹽澤。鹽澤潛行地下。其南則河源出焉。多玉石。河注中國。而樓蘭姑師邑有城郭。臨鹽澤。鹽澤去長安可五千里。匈奴右方居鹽澤以東。至隴西長城。南接羌。鬲漢道焉。史記大宛傳。案使西域還具爲天子言之。

言通大夏宜從蜀

臣在大夏時。見邛竹杖蜀布。問曰。安得此。大夏國人曰。吾賈人往市之身毒。身毒在大夏東南可數千里。其俗土著。大與大夏同。而

卑溼暑熱云。其人民乘象以戰。其國臨大水焉。以騫度之。大夏去漢萬二千里。居漢西南。今身毒國又居大夏東南數千里。有蜀物。此其去蜀不遠矣。今使大夏。從羌中。險。羌人惡之。少北。則爲匈奴所得。從蜀宜徑。又無寇。史記大宛傳。又見漢書張騫傳。

請招烏孫居渾邪故地

臣居匈奴中。聞烏孫王號昆莫。昆莫父難兜靡。本與大月氏俱在祁連敦煌間。小國也。大月氏攻殺難兜靡。奪其地。人民亡走匈奴。子昆莫新生。傅父布就翎侯抱亡置草中。爲求食。還見狼乳之。又烏銜肉翔其旁。以爲神。遂持歸匈奴。單于愛養之。及壯。以其父民眾與昆莫。使將兵。數有功。時月氏已爲匈奴所破。西擊塞王。塞王南走遠徙。月氏居其地。昆莫既健。自請單于報父怨。遂西攻破大月氏。大月氏復西走。徙大夏地。昆莫略其眾。因留居。兵稍彊。會單于死。不肯復朝事匈奴。匈奴遣兵擊之。不勝。益以爲神而遠之。今

單于新困于漢。而昆莫地空。蠻夷戀故地。又貪漢物。誠以此時厚賂烏孫。招以東居故地。漢遣公主爲夫人。結昆弟。其勢宜聽。則是斷匈奴右臂也。既連烏孫。自其西大夏之屬。皆可招來而爲外臣。漢書張騫傳。

諭指烏孫

烏孫能東居渾邪地。則漢遣翁主爲昆莫夫人。史記大宛傳。

許𡨥

𡨥。初學記作令𡨥。爵里未詳。

明堂議

聖人之教。制作之象。所以法天地。比類陰陽。以成宮室。本之太古。以昭令德。茅屋采椽。土階素輿。越席皮弁。蓋興黃帝堯舜之世。是以三代脩之也。三輔黃圖。漢明堂在長安西南七里。孝武議立明堂于長安城南。許𡨥等議。又見初學記十三。

司馬談

談河內人建元中爲太史令元封初卒

祠后土議

天地牲角繭栗今陛下親祠后土后土宜于澤中圜丘爲五壇壇一黃犢大牢具已祠盡瘞而從祠衣上黃（史記封禪書有司與太史公祠官寬舒議案事在元狩二年漢書郊祀志上太史公作太史令談師古曰談即司馬談也）

議立太畤壇

神靈之休祐福兆祥宜因此地光域立太畤壇以明應令太祝領秋及臘間祠三歲天子一郊見（史記封禪書是夜有美光及晝黃氣上屬天太史公祠官寬舒等曰又見漢書郊祀志上）

論六家要指

易大傳曰天下一致而百慮同歸而殊塗夫陰陽儒墨名法道德此務爲治者也直所從言之異路有省不省耳嘗竊觀陰陽之術大詳而衆忌諱使人拘而多畏然其敘四時之大順不可失也儒者博而寡要勞而少功是以其事難盡從然其敘君臣父子之禮列夫婦長幼之別不可易也墨者儉而難遵是以其事不可偏循然其彊本節用不可廢也法家嚴而少恩然其正君臣上下之分不可改也名家使人儉而善失眞然其正名實不可不察也道家使人精神專一動合無形澹足萬物其爲術也因陰陽之大順采儒墨之善撮明法之要與時遷徙應物變化立俗施事無所不宜指約而易操事少而功多儒者則不然以爲人主天下之儀表也君唱臣和主先臣隨如此則主勞而臣佚至于大道之要去健羨黜聰明釋此而任術夫神大用則竭形大勞則敝神形蚤衰欲與天地長久非所聞也夫陰陽四時八位十二度二十四節各有教令順之者昌逆之者亡未必然也故曰使人拘而多畏夫春生夏長秋收冬藏此天道之大經也弗順則無以爲天下紀綱故曰四時之大順不可失也夫儒者以六藝爲法六藝經傳以千萬數

累世不能通其學當年不能究其禮故曰博而寡要勞而少功若夫列君臣父子之禮序夫婦長幼之別雖百家弗能易也墨者亦上堯舜言其德行曰堂高三尺土階三等茅茨不翦采椽不斲飯土簋歠土刑糲粱之食藜藿之羹夏日葛衣冬日鹿裘其送死桐棺三寸舉音不盡其哀教喪禮必以此爲萬民率故天下共若此則尊卑無別也夫世異時移事業不必同故曰儉而難遵也要曰彊本節用則人給家足之道也此墨子之所長雖百家不能廢也法家不別親疏不殊貴賤壹斷于法則親親尊尊之恩絕矣可以行一時之計而不可長用也故曰嚴而少恩若尊主卑臣明分職不得相踰越雖百家不能改也名家苛察繳繞使人不得反其意鄟決于名時失人情故曰使人儉而善失眞若夫控名責實參伍不失此不可不察也道家無爲又曰無不爲其實易行其辭難知其術以虛無爲本以因循爲用無成勢無常形故能究萬物之情不爲物先後故能爲萬物主有法無法因時爲業有度無度因物興舍故曰聖人不朽時變是守虛者道之常也因者君之綱也羣臣並至使各自明也其實中其聲者謂之端實不中其聲者謂之款款言不聽姦迺不生賢不肖自分白黑迺形在所欲用耳何事不成迺合大道混混冥冥光燿天下復反無名凡人所生者神也所託者形也神大用則竭形大勞則敝形神離則死死者不可復生離者不可復合故聖人重之繇此觀之神者生之本也形者生之具也不先定其神形而曰我有以治天下何繇哉（漢書司馬遷傳）

司馬遷

遷字子長談子元封中爲太史令天漢中坐罪宮刑後爲中書令有史記一百三十卷集一卷

悲士不遇賦

悲夫士生之不辰愧顧影而獨存恆克己而復禮懼志行之無聞

諒才韙而世戾。將逮死而長勤。雖有形而不彰。徒有能而不陳。何窮達之易惑。信美惡之難分。時悠悠而蕩蕩。將遂屈而不伸。使公于公者彼我同兮。私于私者自相悲兮。天道微哉。（文選張衡歸田賦注作天道悠昧。又司馬彪贈山濤詩注、陸機塘上行注作天道悠昧人理促兮，則跨涉下句）吁嗟闊兮。人理顯然。相傾奪兮。好生惡死。才之鄙也。好貴夷賤。哲之亂也。炤炤洞達。胸中豁也。昏昏罔覺。內生毒也。我之心矣。哲已能忖。我之言矣。哲已能選。沒世無聞。古人惟恥。朝聞夕死。孰云其否。逆順還周。乍沒乍起。理不可據。智不可恃。（二句從文選江淹詣建平王上書注補）無造福先。無觸禍始。委之自然。終歸一矣。（藝文類聚三十）

報任少卿書

太史公牛馬走司馬遷再拜言。少卿足下。曩者辱賜書。教以順于接物。推賢進士爲務。意氣懃懃懇懇。若望僕不相師。而用流俗人之言。僕非敢如此也。僕雖罷駑。亦嘗側聞長者之遺風矣。顧自以爲身殘處穢。動而見尤。欲益反損。是以獨鬱悒而誰與語。諺曰。誰爲爲之。孰令聽之。蓋鍾子期死。伯牙終身不復鼓琴。何則。士爲知己者用。女爲說己者容。若僕大質已虧缺矣。雖才懷隨和。行若由夷。終不可以爲榮。適足以見笑而自點耳。書辭宜荅。會東從上來。又迫賤事。相見日淺。卒卒無須臾之閒得竭至意。今少卿抱不測之罪。涉旬月。迫季冬。僕又薄從上雍。恐卒然不可爲諱。是僕終已不得舒憤懣以曉左右。則長逝者魂魄私恨無窮。請略陳固陋。闕然久不報。幸勿爲過。僕聞之。脩身者智之符也。愛施者仁之端也。取與者義之表也。恥辱者勇之決也。立名者行之極也。士有此五者。然後可以託于世而列于君子之林矣。故禍莫憯于欲利。悲莫痛于傷心。行莫醜于辱先。詬莫大于宮刑。刑餘之人。無所比數。非一世也。所從來遠矣。昔衛靈公與雍渠同載。孔子適陳。商鞅因景監見。趙良寒心。同子參乘。袁絲變色。自古而恥之。夫以中才之人。

事有關于宦豎。莫不傷氣。而況于慷慨之士乎。如今朝廷雖乏人。柰何令刀鋸之餘薦天下豪俊哉。僕賴先人緒業。得待罪輦轂下。二十餘年矣。所以自惟。上之不能納忠效信。有奇策才力之譽。自結明主。次之又不能拾遺補闕。招賢進能。顯巖穴之士。外之又不能備行伍。攻城野戰。有斬將搴旗之功。下之不能積日累勞。取尊官厚祿。以爲宗族交遊光寵。四者無一遂。苟合取容。無所短長之效。可見如此矣。鄉者僕常廁下大夫之列。陪外廷末議。不以此時引維綱。盡思慮。今以虧形爲掃除之隸。在闒茸之中。乃欲仰首伸眉。論列是非。不亦輕朝廷羞當世之士邪。嗟乎嗟乎。如僕尚何言哉。尚何言哉。且事本末未易明也。僕少負不羈之行。長無鄉曲之譽。主上幸以先人之故。使得奏薄伎。出入周衛之中。僕以爲戴盆何以望天。故絕賓客之知。亡室家之業。日夜思竭其不肖之才力。務一心營職。以求親媚于主上。而事乃有大謬不然者。夫僕與李陵。俱居門下。素非能相善也。趣舍異路。未嘗銜盃酒。接慇懃之餘懽。然僕觀其爲人。自守奇士。事親孝。與士信。臨財廉。取與義。分別有讓。恭儉下人。常思奮不顧身。以徇國家之急。其素所蓄積也。僕以爲有國士之風。夫人臣出萬死不顧一生之計。赴公家之難。斯已奇矣。今舉事一不當。而全軀保妻子之臣。隨而媒孽其短。僕誠私心痛之。且李陵提步卒不滿五千。深踐戎馬之地。足歷王庭。垂餌虎口。橫挑彊胡。仰億萬之師。與單于連戰十有餘日。所殺過半當。虜救死扶傷不給。旃裘之君長咸震怖。乃悉徵其左右賢王。舉引弓之人。一國共攻而圍之。轉鬭千里。矢盡道窮。救兵不至。士卒死傷如積。然陵一呼勞軍。士無不起。躬自流涕。沬血飲泣。更張空拳。冒白刃。北嚮爭死敵者。陵未沒時。使有來報。漢公卿王侯皆奉觴上壽。後數日。陵敗書聞。主上爲之食不甘味。聽朝不怡。大臣憂懼。不知所出。僕竊不自料其卑賤。見主上慘悽怛悼。誠欲效其款款之愚㠯爲李陵素與士大夫絕甘分少能得人死力雖古之名將不能過也身雖陷敗彼觀其意且欲得其當而報于漢事已無可柰何其所摧敗功亦足㠯暴于天下矣僕懷欲陳之而未有路適會召問卽㠯此指推言陵之功欲㠯廣主上之意塞睚眦之辭未能盡明明主不曉㠯爲僕沮貳師而爲李陵遊說遂下于理拳拳之忠終不能自列因爲誣上卒從吏議家貧貨賂不足㠯自贖交遊莫救左右親近不爲一言身非木石獨與法吏爲伍深幽囹圄之中誰可告愬者此眞少卿所親見僕行事豈不然乎李陵旣生降隤其家聲而僕又佴之蠶室重爲天下觀笑悲夫悲夫事未易一二爲俗人言也僕之先非有剖符丹書之功文史星厤近乎卜祝之閒固主上所戲弄倡優所畜流俗之所輕也假令僕伏法受誅若九牛亡一毛與螻蟻何㠯異而世又不與能死節者特㠯爲智窮罪極不能自免卒就死耳何也素所自樹立使然也人固有一死或重于太山或輕于鴻毛用之所趨異也太上不辱先其次不辱身其次不辱理色其次不辱辭令其次詘體受辱其次易服受辱其次關木索被箠楚受辱其次鬄毛髮嬰金鐵受辱其次毀肌膚斷肢體受辱最下腐刑極矣傳曰刑不上大夫此言士節不可不勉勵也猛虎在深山百獸震恐及在檻穽之中搖尾而求食積威約之漸也故有畫地爲牢勢不可入削木爲吏議不可對定計于鮮也今交手足受木索暴肌膚受榜箠幽于圜牆之中當此之時見獄吏則頭槍地視徒隸則正惕息何者積威約之勢也及㠯至是言不辱者所謂强顏耳曷足貴乎且西伯伯也拘于羑里李斯相也具于五刑淮陰王也受械于陳彭越張敖南面稱孤繫獄抵罪絳侯誅諸呂權傾五伯囚于請室魏其大將也衣赭衣關三木季布爲朱家鉗奴灌夫受辱于居室此人皆身至王侯將相聲聞鄰國及罪至罔加不能引決自裁在塵埃之中古今一體

全漢文卷二十六 司馬遷 七

安在其不辱也由此言之勇怯勢也强弱形也審矣何足怪乎夫人不能早自裁繩墨之外㠯稍陵遲至于鞭箠之閒乃欲引節斯不亦遠乎古人所㠯重施刑于大夫者殆爲此也夫人情莫不貪生惡死念父母顧妻子至激于義理者不然乃有所不得已也今僕不幸早失父母無兄弟之親獨身孤立少卿視僕于妻子何如哉且勇者不必死節怯夫慕義何處不免焉僕雖怯懦欲苟活亦頗識去就之分矣何至自沈溺縲紲之辱哉且夫臧獲婢妾由能引決況僕之不得已乎所㠯隱忍苟活幽于糞土之中而不辭者恨私心有所不盡鄙陋沒世而文彩不表于後世也古者富貴而名摩滅不可勝記唯俶儻非常之人稱焉蓋文王拘而演周易仲尼厄而作春秋屈原放逐乃賦離騷左丘失明厥有國語孫子臏腳兵法脩列不韋遷蜀世傳呂覽韓非囚秦說難孤憤詩三百篇大厎聖賢發憤之所爲作也此人皆意有鬱結不得通其道故述往事思來者乃如左丘無目孫子斷足終不可用退而論書策㠯舒其憤思垂空文㠯自見僕竊不遜近自託于無能之辭網羅天下放失舊聞略考其行事綜其終始稽其成敗興壞之紀上計軒轅下至于茲爲十表本紀十二書八章世家三十列傳七十凡百三十篇亦欲㠯究天人之際通古今之變成一家之言草創未就會遭此禍惜其不成已就極刑而無慍色僕誠㠯著此書藏諸名山傳之其人通邑大都則僕償前辱之責雖萬被戮豈有悔哉然此可爲智者道難爲俗人言也且負下未易居下流多謗議僕㠯口語遇此禍重爲鄉黨所笑㠯汙辱先人亦何面目復上父母丘墓乎雖累百世垢彌甚耳是㠯腸一日而九迴居則忽忽若有所亡出則不知其所往每念斯恥汗未嘗不發背沾衣也身直爲閨閤之臣寧得自引深藏於巖穴邪故且從俗浮沈與時俯仰㠯通其狂惑今少卿乃敎㠯推賢進士無乃與僕私心剌謬乎今雖欲

全漢文卷二十六 司馬遷 八

自雕琢。曼辭目自飾。無益于俗。不信。適足取辱耳。要之。死日然後是非乃定。書不能悉意。略陳固陋。謹再拜。漢書本傳。文選。案本傳有刪節。

與摯伯陵書

遷聞君子所貴乎道者三。太上立德。其次立功。其次立言。伏惟伯陵材能絕人。高尚其志。目善厥身。冰清玉潔。不目細行荷累其名。固已貴矣。然未盡太上之所繇也。願先生少致意焉。高士傳

素王妙論

計然者。葵丘濮上人。其先晉國公子也。姓辛氏。字文。嘗南游越范蠡師事之。御覽四百四

諸稱富者。非貴其身得志也。乃貴恩覆子孫。而澤及鄉里也。黃帝設五法。布之天下。用之無窮。蓋世有能知者。莫不尊親。如范子可謂曉之矣。子貢呂不韋之徒。頗預焉。自是已後無其人。曠絕三百有餘年。管子設輕重九府。行伊尹之術。則桓公目霸。九合諸侯。一匡天下。范蠡爲越相。三江五湖之閒。民富國強。卒目擒吳。功成而弗居。變名易姓。之陶。自謂朱公。行十術之計。二十一年之閒。三致千萬。再散與貧。御覽四百七十二。困學紀聞二十。

摯峻

峻字伯陵。京兆長安人。隱于岍山。

報司馬子長書

峻聞古之君子。料能而行。度德而處。故悔吝去于身。利不可目虛受。名不可目苟得。漢興目來。帝王之道。于斯始顯。能者見利。不肖者自屏。亦其時也。周易大君有命。小人勿用。徒欲偃仰從容目送餘齒耳。高士傳

有能者見鋒穎之秋豪。文選潘岳爲賈長淵作贈陸機詩注。案吳都賦注作有能見鋒穎之狀

徐樂

樂燕郡無終人。元光中爲郎中。

上武帝書言世務

臣聞天下之患。在于土崩。不在于瓦解。古今一也。何謂土崩。秦之末世是也。陳涉無千乘之尊。尺土之地。身非王公大人名族之後。無鄉曲之譽。非有孔墨曾子之賢。陶朱猗頓之富也。然起窮巷。奮棘矜。偏袒大呼。而天下從風。此其故何也。由民困而主不恤。下怨而上不知。俗已亂而政不脩。此三者陳涉之所目爲資也。是之謂土崩。故曰天下之患。在于土崩。何謂瓦解。吳楚齊趙之兵是也。七國謀爲大逆。號皆稱萬乘之君。帶甲數十萬。威足目嚴其境內。財足目勸其士民。然不能西攘尺寸之地。而身爲禽于中原者。此其故何也。非權輕于匹夫。而兵弱于陳涉也。當是之時。先帝之德澤未衰。而安土樂俗之民眾。故諸侯無境外之助。此之謂瓦解。故曰天下之患。不在瓦解。由此觀之。天下誠有土崩之勢。雖布衣窮處之士。或首惡而危海內。陳涉是也。況三晉之君或存乎。天下雖未有大治也。誠能無土崩之勢。雖有彊國勁兵。不得還踵而身爲禽矣。吳楚齊趙是也。況羣臣百姓能爲亂乎哉。此二體者。安危之明要也。賢主所留意而深察也。閒者關東五穀不登。年歲未復。民多窮困。重之目邊境之事。推數循理而觀之。則民且有不安其處者矣。不安故易動。易動者土崩之勢也。故賢主獨觀萬化之原。明于安危之機。脩之廟堂之上。而銷未形之患。其要期使天下無土崩之勢而已矣。故雖有彊國勁兵。陛下逐走獸。射蜚鳥。弘遊燕之囿。淫從恣之觀。極馳騁之樂。自若也。金石絲竹之聲不絕于耳。帷帳之私。俳優侏儒之笑不乏于前。而天下無宿憂。名何必湯武。俗何必成康。雖然。臣竊目爲陛下天然之聖。寬仁之資。而誠目天下爲務。則湯武之名不難侔。而成康之俗可復興也。此二體者立。然後處尊安之實。揚名廣譽于當世。親天下而服四夷。餘恩遺德。爲數世隆。南面背扆。攝袂而揖王公。此陛下之所服也。臣聞圖王不成。

其敝足以安。安則陛下何求而不得。何爲而不成。奚征而不服乎哉。史記主父偃傳。漢書徐樂傳。

全漢文卷二十六終

全漢文卷二十七

烏程嚴可均校輯

嚴安

安臨菑人爲丞相史終騎馬令

上書言世務

臣聞鄒子曰政教文質者所㠯云救也當時則用過則舍之有易則易之故守一而不變者未睹治之至也今天下人民用財侈靡車馬衣裘宮室皆競修飾調五聲使有節族雜五色使有文章重五味方丈于前㠯觀欲天下彼民之情見美則願之是教民㠯侈也侈而無節則不可贍民離本而徼末矣末不可徒得故搢紳者不憚爲詐帶劍者夸殺人㠯矯奪而世不知媿故姦軌浸長夫佳麗珍怪固順于耳目故養失而泰樂失而淫禮失而采教失而僞僞采淫泰非所㠯範民之道也是㠯天下人民逐利無已犯法者衆臣願爲民制度㠯防其淫使貧富不相燿㠯和其心心既和平其性恬安恬安不營則盜賊銷盜賊銷則刑罰少刑罰少則陰陽和四時正風雨時草木暢茂五穀蕃孰六畜遂字民不夭厲和之至也臣聞周有天下其治三百餘歲成康其隆也刑錯四十餘年而不用及其衰亦三百餘年故五伯更起伯者常佐天子興利除害誅暴禁邪匡正海內㠯尊天子五伯既沒賢聖莫續天子孤弱號令不行諸侯恣行彊陵弱衆暴寡田常篡齊六卿分晉並爲戰國此民之始苦也于是彊國務攻弱國修守合從連衡馳車擊轂介胄生蟣蝨民無所告愬及至秦王蠶食天下并吞戰國稱號皇帝一海內之政壞諸侯之城銷其兵鑄㠯爲鍾虡示不復用元元黎民得免于戰國逢明天子人人自㠯爲更生鄉使秦緩刑罰薄賦斂省徭役貴仁義賤權利上篤厚下佞巧變風易俗化于海內則世世必安矣秦不行是風循其故俗爲知巧權利者進篤厚忠正者退法嚴令苛諂諛者衆日聞其美意廣心逸欲威海外使蒙恬將兵㠯北攻彊胡辟地進境戍于北河飛芻輓粟㠯隨其後又使尉佗屠睢將樓船之士攻越使監祿鑿渠運糧深入越地越人遁逃曠日持久糧食乏絕越人擊之秦兵大敗秦乃使尉佗將卒㠯戍越當是時秦禍北構于胡南挂于越宿兵于無用之地進而不得退行十餘年丁男被甲丁女轉輸苦不聊生自經于道樹死者相望及秦皇帝崩天下大叛陳勝吳廣舉陳武臣張耳舉趙項梁舉吳田儋舉齊景駒舉郢周市舉魏韓廣舉燕窮山通谷豪士並起不可勝載也然本皆非公侯之後非長官之吏無尺寸之埶起閭巷杖棘矜應時而動不謀而俱起不約而同會壤長地進至乎伯王時教使然也秦貴爲天子富有天下滅世絕祀窮兵之禍也故周失之弱秦失之彊不變之患也今徇南夷朝夜郎降羌僰略薉州建城邑深入匈奴燔其龍城議者美之此人臣之利非天

下之長策也今中國無狗吠之警而外累于遠方之備靡敝國家非所㠯子民也行無窮之欲甘心快意結怨于匈奴非所㠯安邊也禍挐而不解兵休而復起近者愁苦遠者驚駭非所㠯持久也今天下鍛甲摩劍矯箭控弦轉輸軍糧未見休時此天下所共憂也夫兵久而變起事煩而慮生今外郡之地或幾千里列城數十形束壤制帶脅諸侯非宗室之利也上觀齊晉所㠯亡公室卑削六卿大盛也下覽秦之所㠯滅刑嚴文刻欲大無窮也今郡守之權非特六卿之重也地幾千里非特閭巷之資也甲兵器械非特棘矜之用也㠯逢萬世之變則不可勝諱也（漢書嚴安傳又史記主父偃傳少篇首二百七十七字）

終軍

軍字子雲濟南人武帝時拜謁者給事中擢爲諫大夫使南越爲呂嘉所攻殺

白麟奇木對

臣聞詩頌君德樂舞后功異經而同指明盛德之所隆也南越竄屏葭葦與鳥魚羣正朔不及其俗有司臨境而東甌內附閩王伏辜南越賴救北胡隨畜薦居禽獸行虎狠心上古未能攝大將軍秉鉞單于犇幕票騎抗旌昆邪右衽是澤南洽而威北暘也若罰不阿近舉不遺遠設官俟賢縣賞待功能者進㠯保祿罷者退而勞力刑于宇內矣履眾美而不足懷聖明而不專建三宮之文質章厥職之所宜封禪之君無聞焉夫天命初定萬事草創及臻六合同風九州共貫必待明聖潤色祖業傳于無窮故周至成王然後制定而休徵之應見陛下盛日月之光垂聖思于勒成專神明之敬奉燔瘞于郊宮獻享之精交神積和之氣塞明而異獸來獲宜矣昔武王中流未濟白魚入于王舟俯取㠯燎羣公咸曰休哉今郊祀未見于神祇而獲獸㠯饋此天之所㠯示饗而上通之符

合也宜因昭時令日改定告元苴㠯白茅于江淮發嘉號于營丘㠯應緝熙使著事者有紀焉蓋六鷁退飛逆也白魚登舟順也夫明闇之徵上亂飛鳥下動淵魚各㠯類推今野獸幷角明同本也眾支內附示無外也若此之德殆將有解編髮削左衽襲冠帶要衣裳而蒙化者焉斯拱而俟之耳漢書終軍傳從上幸雍祠五畤獲白麟一角而五蹄時又得奇木其枝旁出輒復合于木上上異此二物博謀羣臣軍上對云云對奏上甚異之由是改元爲元狩

奉詔詰徐偃矯制狀

古者諸侯國異俗分百里不通時有聘會之事安危之埶呼吸成變故有不受辭造命顓己之宜今天下爲一萬里同風故春秋王者無外偃巡封域之中稱㠯出疆何也且鹽鐵郡有餘臧正二國廢國家不足㠯爲利害而㠯安社稷存萬民爲辭何也

膠東南近琅邪北接北海魯國西枕泰山東有東海受其鹽鐵偃度四郡口數田地率其用器食鹽不足㠯幷給二郡邪將埶宜有餘而吏不能也何㠯言之偃矯制而鼓鑄者欲及春耕種贍民器也今魯國之鼓當先具其備至秋乃能舉火此言與實反者非偃已前三奏無詔不惟所爲不許而直矯作威福㠯從民望干名采譽此明聖所必加誅也枉尺直尋孟子稱其不可今所犯罪重所就者小偃自予必死而爲之邪將幸誅不加欲㠯采名也漢書終軍傳

自請使匈奴

軍無橫草之功得列宿衛食祿五年邊境時有風塵之警臣宜被堅執銳當矢石啟前行駑下不習金革之事今聞將遣匈奴使者臣願盡精厲氣奉佐明使畫吉凶于單于之前臣年少材下孤于外官不足㠯亢一方之任竊不勝憤懣漢書終軍傳

自請使南越

願受長纓必羈南越王而致之闕下漢書終軍傳

吾丘壽王

壽王字子贛趙人武帝時待詔遷侍中中郎坐法免復召爲郎拜東郡都尉入爲光祿大夫侍中後坐事誅有集二卷

議禁民不得挾弓弩對

臣聞古者作五兵非㠯相害㠯禁暴討邪也安居則㠯制猛獸而備非常有事則㠯設守衛而施行陳及至周室衰微上無明王諸侯力政彊侵弱眾暴寡海內抏敝巧詐並生是㠯智者陷愚勇者威怯苟㠯得勝爲務不顧義理故機變械飾所㠯相賊害之具不不勝數于是秦兼天下廢王道立私議滅詩書而守法令去仁恩而任刑戮墮名城殺豪傑銷甲兵折鋒刃其後民㠯耰鉏箠梃相撻擊犯法滋眾盜賊不勝至于赭衣塞路羣盜滿山卒㠯亂亡故聖王務教化而省禁防知其不足恃也今陛下昭明德建太平舉俊材興學官三公有司或由窮巷起白屋裂地而封宇內日化方外鄉風然而盜賊猶有者郡國二千石之罪非挾弓弩之過也禮

不當作可

曰男子生桑弧蓬矢㠯舉之明示有事也孔子曰吾何執執射乎大射之禮自天子降及庶人三代之道也詩云大侯既抗弓矢斯張射夫既同獻爾發功言貫中也愚聞聖王合射㠯明教矣未聞弓矢之爲禁也且所爲禁者爲盜賊之㠯攻奪也攻奪之罪死然而不止者大姦之于重誅固不避也臣恐邪人挾之而吏不能止良民㠯自備而抵法禁是擅賊威而奪民救也竊㠯爲無益于禁姦而廢先王之典使學者不得習行其禮大不便漢書吾丘壽王傳丞相公孫弘奏言民不得挾弓弩上下其議壽王對

驃騎論功論

驃騎將軍霍去病征匈奴立克勝之功壽王作士大夫之論稱武帝之德曰士或問于大夫曰側聞彊秦之用兵也南不踰五嶺北不渡大河海内愁怨㠯喪其國漢興六十餘載矣命將帥㠯抗憤用干戈于四荒南排朱崖北建朔方東越滄海西極河源拓地萬

里海内晏然鄙人不識敢問其蹤大夫曰昔秦之得天下也㠯力而不㠯德㠯詐而不㠯誠内用商鞅李斯之謀外用白起王翦之兵窺闚伺隙既幷海内之後㠯威力爲至道㠯權詐爲要術遂非唐笑虞絕滅舊章防禁文學行是古之戮嚴誹謗之謀十餘年遂蕩湤而盈溢是故皇天疾滅更命大漢反秦政務在敦厚至今六世可謂富安天子文明四夷向風徒觀朝廷下僚門戶之士謀如湧泉動如駭機皆能安中國呑四夷君臣若茲何慮而不成何征而不尅雖拔泰山塡滄海可也藝文類聚五十九

游童牧豎詠德謳吟文選潘岳藉田賦注

失題

心如飢虎志若秋鷹北堂書鈔十四

主父偃

偃齊國臨菑人元光中爲郎中遷謁者中郎中大夫元朔中爲

齊相㠯劫齊王令自殺徵下吏族誅

上書諫伐匈奴

臣聞明主不惡切諫㠯博觀忠臣不敢避重誅㠯直諫是故事無遺策而功流萬世今臣不敢隱忠避死㠯效愚計願陛下幸赦而少察之司馬法曰國雖大好戰必亡天下雖平忘戰必危天下既平天子大凱春蒐秋獮諸侯春振旅秋治兵所㠯不忘戰也且夫怒者逆德也兵者凶器也爭者末節也古之人君一怒必伏尸流血故聖王重行之夫務戰勝窮武事者未有不悔者也昔秦皇帝任戰勝之威蠶食天下幷呑戰國海内爲一功齊三代務勝不休欲攻匈奴李斯諫曰不可夫匈奴無城郭之居委積之守遷徙鳥舉難得而制也輕兵深入糧食必絕踵糧㠯行重不及事得其地不足㠯爲利也遇其民不可役而守也勝必殺之非民父母也靡敝中國快心匈奴非長策也秦皇帝不聽遂使蒙恬將兵攻胡辟

地千里㠯河爲境地固澤鹵不生五穀然後發天下丁男㠯守北河暴兵露師十有餘年死者不可勝數終不能踰河而北是豈人衆不足兵革不備哉其勢不可也又使天下蜚芻輓粟起于東陲琅邪負海之郡轉輸北河率三十鍾而致一石男子疾耕不足于糧饟女子紡績不足于帷幕百姓靡敝孤寡老弱不能相養道路死者相望蓋天下始畔秦也及至高皇帝定天下略地于邊聞匈奴聚于代谷之外而欲擊之御史成進諫曰不可夫匈奴之性獸聚而鳥散從之如搏影今㠯陛下盛德攻匈奴臣竊危之高帝不聽遂至于代谷果有平城之圍高皇帝蓋悔之甚乃使劉敬往結和親之約然後天下亡干戈之事故兵法曰興師十萬日費千金夫秦常積衆暴兵數十萬人雖有覆軍殺將係虜單于之功亦適足㠯結怨深讎不足㠯償天下之費夫上虛府庫下敝百姓甘心於外國非完事也夫匈奴難得而制非一世也行盜侵驅所㠯爲

業也。天性固然。上及虞、夏、殷、周。固弗程督。禽獸畜之。不屬爲人。夫上不觀虞、夏、殷、周之統。而下修近世之失。此臣之所大憂。百姓之所疾苦也。且夫兵久則變生。事苦則慮易。乃使邊境之民靡敝愁苦。而有離心。將吏相疑而外市。故尉佗章邯得㠯成其私也。夫秦政之所㠯不行者。權分乎二子。此得失之效也。故周書曰。安危在出令。存亡在所用。願陛下詳察之。少加意而熟慮焉。史記主父偃傳。上書闕下所言九事。其八事爲律令。一事諫伐匈奴。又漢書主父偃傳

說武帝令諸侯得分封子弟

古者諸侯不過百里。彊弱之形易制。今諸侯或連城數十。地方千里。緩則驕奢易爲淫亂。急則阻其彊而合從。㠯逆京師。今㠯法割削之。則逆節萌起。前日鼂錯是也。今諸侯子弟或十數。而適嗣代立。餘雖骨肉。無尺地之封。則仁孝之道不宣。願陛下令諸侯得推恩分子弟。㠯地侯之。彼人人喜得所願。上㠯德施。實分其國。不削而稍弱矣。史記主父偃傳。漢書主父偃傳

說武帝徙豪桀茂陵

茂陵初立。天下豪桀并兼之家。亂衆之民。皆可徙茂陵。內實京師。外銷姦猾。此所謂不誅而害除。史記主父偃傳。漢書主父偃傳

路博德

博德。西河平州人。爲右北平太守。封邳離侯。入爲衛尉。拜伏波將軍。後坐法失侯。爲彊弩都尉。屯居延。

奏留李陵

方秋匈奴馬肥。未可與戰。臣願留陵至春。俱將酒泉、張掖騎各五千人。並擊東西浚稽。可必禽也。漢書李陵傳。天漢二年。詔彊弩都尉路博德將兵半道迎陵軍。博德故伏波將軍。亦羞爲陵後距。奏言云云。書奏。上怒。

霍去病

去病。河東平陽人。武帝衛皇后姊子。年十八爲侍中。㠯票姚校尉再從衛青出塞。元朔末封冠軍侯。元狩中爲驃騎將軍。拜大司馬。六年卒。謚曰景桓侯。

請立皇子爲諸侯王疏

大司馬臣去病昧死再拜。上疏皇帝陛下。陛下過聽。使臣去病待罪行閒。宜專邊塞之思慮。暴骨中野。無㠯報。乃敢惟他議。㠯干用事者。誠見陛下憂勞天下。哀憐百姓。㠯自忘。虧膳貶樂。損郎員。皇子賴天。能勝衣趨拜。至今無位號師傅官。陛下恭讓不恤。羣臣私望。不敢越職而言。臣竊不勝犬馬心。昧死願陛下詔有司。因盛夏吉時。定皇子位。唯陛下幸察。臣去病昧死再拜。㠯聞皇帝陛下。史記三王世家。元狩六年。三月乙亥。御史臣光守尚書令奏未央宮。制曰。下御史。

霍光

光字子孟。去病弟。少爲郎。元鼎初遷奉車都尉。光祿大夫。後元末爲大司馬大將軍。受遺封博陸侯。輔政訖昭帝世。迎昌邑王入嗣。尋行廢立事。地節二年卒。謚曰宣成侯。

病篤上宣帝書謝恩

願分國邑三千戶。㠯封兄孫奉車都尉山爲列侯。奉兄驃騎將軍去病祀。漢書霍光傳

責過魏相

幼主新立。㠯爲函谷京師之固。武庫精兵所聚。故㠯丞相弟爲關都尉。子爲武庫令。今河南大守不深惟國家大策。苟見丞相不在。而斥逐其子。何淺薄也。漢書魏相傳。遷河南太守。會丞相車千秋死。先是千秋子爲雒陽武庫令。自見失父而相治郡嚴。迺自免去。西至長安。大將軍霍光責過相云云。下廷尉獄。

莊芷

莊芷。漢書作嚴正。壽春人。

上書發淮南王陰事

毒藥苦于口利于病。忠言逆于耳利于行。今淮南王孫建材能高。

淮南王王后荼，荼子太子遷常疾害建。建父不害無罪，擅數捕繫，欲殺之。今建在，可徵問，具知淮南陰事。史記淮南王傳。王有孽子不害最長，不害子建材高有氣，使所善壽春莊芷上書天子。又見漢書淮南王傳。

謬忌

忌，濟陰亳人。

奏祠太一方

天神貴者太一，太一佐曰五帝。古者天子以春秋祭太一東南郊，用漢書作日一。太牢七日，為壇開八通之鬼道。史記封禪書。漢書郊祀志上。

莊熊羆

熊羆，爵里未詳。漢書作嚴熊，無羆字。

上言穿商洛渠

臨晉民願穿洛以溉重泉以東萬餘頃故鹵地。漢書作故惡地。誠得水，漢書作誠卽得水。可令畝十石。史記河渠書。漢書溝洫志。

全漢文卷二十七　謬忌　莊熊羆　九

全漢文卷二十七終

全漢文卷二十八

卜式

烏程嚴可均校輯

式河南人元狩中以輸家財助邊召拜中郎賜爵左庶長除緱氏令遷成皋令拜齊王太傅轉爲相元鼎中賜爵關内侯徵爲御史大夫以議罷鹽鐵貶爲太子太傅

上書請死節南越

臣聞主媿臣死羣臣宜盡死節其駑下者宜出財以佐軍如是則彊國不犯之道也臣願與子男及臨淄習弩博昌習船者請行死之以盡臣節（漢書卜式傳）

上言官求雨

縣官當食租衣税而已今弘羊令吏坐市列肆販物求利亨弘羊天乃雨（史記平準書）

兒寬

寬千乘人武帝時以射策爲掌故補廷尉文學卒史除從史轉掾進奏讞掾遷御史大夫掾舉侍御史擢爲中大夫遷左内史代卜式爲御史大夫

議封禪對

陛下躬發聖德統楫羣元宗祀天地薦禮百神精神所鄉徵兆必報天地並應符瑞昭明其封泰山禪梁父昭姓考瑞帝王之盛節也然享薦之義不著于經以爲封禪告成合祛于天地神祇祇戒精專以接神明總百官之職各稱事宜而爲之節文唯聖主所由制定其當非羣臣之所能列今將舉大事優游數年使羣臣得人自盡終莫能成唯天子建中和之極兼總條貫金聲而玉振之以順成天慶垂萬世之基（漢書兒寬傳及議欲放古巡狩封禪之事上以問寬寬對上然之）

傳當作志

封泰山還登明堂上壽

臣聞三代改制屬象相因閒者聖統廢絶陛下發憤合指天地祖立明堂辟雍宗祀太一六律五聲幽贊聖意神樂四合各有方象以丞嘉祀爲萬世則天下幸甚將建大元本瑞登告岱宗發祉闓門以俟景至癸亥宗祀日宣重光上元甲子肅邕永享光輝充塞天文粲然見象日昭報降符應臣寬奉觴再拜上千萬歲壽（漢書兒寬傳寬爲御史大夫從東封泰山還登明堂上壽云云制曰敬舉君之觴　案以制報知此非口奏本傳言寬善屬文口弗能發明亦一證）

改正朔議

帝王必改正朔易服色所以明受命於天也創業變改制不相復推傳序文則今夏時也臣等聞學褊陋不能明陛下躬聖發憤昭配天地臣愚以爲三統之制後聖復前聖者二代在前也今二代之統絶而不序矣惟陛下發聖德宣考天地四時之極則順陰陽以定大明之制爲萬世則（漢書律麻志上元封七年御史大夫兒寬與博士賜等議）

延年

延年史失其姓齊人（按漢志有東曉令延年賦七篇或即其人）

上書請開大河上領出之胡中

河出昆崙經中國注勃海是其地埶西北高而東南下也可案圖書觀地形令水工準高下開大河上領出之胡中東注之海如此關東長無水災北邊不憂匈奴可以省隄防備塞士卒轉輸胡寇侵盜覆軍殺將暴骨原野之患天下常備匈奴而不憂百越者以其水絶壤斷也此功壹成萬世大利（漢書溝洫傳）

蘇武

武字子卿杜陵人初爲郎遷移中廄監進侍中天漢元年以中郎將使匈奴留不遣至元始六年歸拜典屬國宣帝卽位賜爵關内侯神爵二年卒年八十餘甘露三年圖形麒麟閣

報李陵書

曩吕人之牽茵方外。至使遐夷作逆。封豕造悖。豺狼出爪。摧辱王命。身幽于無人之處。跡戢于胡塞之地。歃朝露吕爲飲。茹田鼠吕爲糧。窮目極望。不見所識。側耳遠聽。不聞人聲。當此之時。生不足甘。死不足惡。所吕忍困强存。徒念忠義。雖誘僕吕隆爵厚寵萬金之利。不吕滑其慮也。迫吕白刃在頸。鐵鎖在喉。不吕動其心也。何則。志定于不回。期誓於殞命。幸賴聖明。遠垂拯贖。得使入湯之禽。復假羽毛。刖斷之足。復蒙連續。每念足下。才爲世英。文選劉琨荅盧諶詩注。又丘遲與陳伯之書注。袁宏三國名臣贊注。並作世生。器爲時出。語曰。夜行被繡。不足爲榮。況于。家室孤滅。棄在絕域。衣則異制。食味不均。棄捐功名。雖尚視息。與亡無異。向使君服節死難。書功竹帛。傳名千代。茅土之封。永在不朽。不亦休哉。嗟乎李卿。事已去矣。失之毫釐。差之千里。將復何言。所貺重遺。義當順承。本爲一體。今爲異俗。余歸漢室。子留彼國。臣無境外之交。故不當受乖離邈矣。相見未期。國別俗殊。死生隔絕。代出馬越鳥。能不依依。謹奉荅報。幷還所贈。藝文類聚三十。

當子銳氣深入之時。朝發夕息。數千萬里。雖乘雲附景。不足吕譬速。晨鳧失羣。不足吕喻疾。豈可因歸雁吕運糧。託景風吕餉軍哉。北堂書鈔一百十七。文選海賦注。御覽九百十九。

其于學人。皆如鳳如龍。文選韋昭博弈論注。

越人衣文蛇。代馬依北風。君子于其國也。悽愴傷于心。文選張協雜詩注。

書

常惠

惠。太原人。天漢初應募從蘇武使匈奴。始元六年歸。拜光祿大夫。本始中封長羅侯。神爵中代蘇武爲典屬國。甘露末拜右將軍。初元二年卒。謚日壯武侯。

從塞下上書言烏孫事

願留少主敦煌郡。惠至烏孫。責吕負約。因立元貴靡。還迎少主。漢書蕭望之傳。先是烏孫昆彌翁歸靡上書。願吕漢外孫元貴靡爲嗣。得復尙少主。神爵二年。遣惠送公主。未出塞。翁歸靡死。其兄子狂王背約自立。惠從塞下上書。

奏請擊龜茲

龜茲嘗殺校尉賴丹。未伏誅。請便道擊之。漢書常惠傳。宣帝復遣惠持金幣賜烏孫貴人有功者。惠因奏請。

李陵

陵字少卿。隴西成紀人。前將軍廣孫。爲侍中建章監。拜騎都尉。天漢二年。兵敗。降于匈奴。尙單于女。封右校王。元平元年病死。有集二卷。

令

聞鼓聲而縱。聞金聲而止。漢書李廣附傳。

表

臣吕天漢二年到塞外。尋被詔書。責臣不進。臣輒引師到浚稽山。五將失道。□□□□□

與蘇武書

子卿名聲冠于圖籍。分義光于二國。形影表于丹青。爵祿傳于王室。家獲無窮之寵。永明白于千載。夫行志志立。求仁得仁。雖遭困戹。死而後已。將何恨哉。陵前提步卒五千。深入匈奴右地三千餘里。雖身降名辱。下計其功。豈不足吕免老母之命耶。嗟乎子卿。世事謬矣。功者福主。今爲禍先。忠者義本。今爲重患。是吕范蠡赴流。屈原沈身。子欲居九夷。此不由感怨之志耶。行矣子卿。恩若一體。分爲二朝。悠悠永絕。何可爲思。人殊俗異。死生斷絕。何由復達。藝文類聚三十。

相競趨蹡林。史記匈奴傳索隱。

言爲瑕穢。動增泥滓。文選潘岳西征賦注。

雷鼓動天。朱旗翳日。文選曹植責躬詩注。又班固燕然山銘注。

陵自有識㠯來士之立操未有如子卿者也（文選張華荅何劭詩注又繁欽與魏文帝牋注）

陵前爲子卿死之計所㠯然者冀其驅醜虜翻然南馳故且屈㠯求伸若將不死功成事立則將上報厚恩下顯祖考之明也（文選李陵荅蘇武書注）

陵當謂單于畜士養兵循先將軍之令將飲馬河洛收珠南海（文選孫楚爲石苞與孫皓書注）

策名于天衢（文選郭有道碑文注）

重報蘇武書

子卿足下勤宣令德策名清時榮問休暢幸甚幸甚遠託異國昔人所悲望風懷想能不依依昔者不遺遠辱還荅慰誨勤勤有踰骨肉陵雖不敏能不慨然自從初降㠯至今日身之窮困獨坐愁苦終日無覩但見異類韋韝毳幕㠯禦風雨羶肉酪漿㠯充飢渴

舉目言笑誰與爲歡胡地玄冰邊土慘裂但聞悲風蕭條之聲涼秋九月塞外草衰夜不能寐側耳遠聽胡笳互動牧馬悲鳴吟嘯成羣邊聲四起晨坐聽之不覺淚下嗟乎子卿陵獨何心能不悲哉與子別後益復無聊上念老母臨年被戮妻子無辜並爲鯨鯢身負國恩爲世所悲子歸受榮我留受辱命也如何身出禮義之鄉而入無知之俗違棄君親之恩長爲蠻夷之域傷已令先君之嗣更成戎狄之族又自悲矣功大罪小不蒙明察孤負陵心區區之意每一念至忽然忘生陵不難刺心㠯自明刎頸㠯見志顧國家於我已矣殺身無益適足增羞故每攘臂忍辱輒復苟活左右之人見陵如此㠯爲不入耳之歡來相勸勉異方之樂秖令人悲增忉怛耳嗟乎子卿人之相知貴相知心前書倉卒未盡所懷故復略而言之昔先帝授陵步卒五千出征絕域五將失道陵獨遇戰而裹萬里之糧帥徒步之師出天漢之外入彊胡之域㠯五千之衆對十萬之軍策疲乏之兵當新羈之馬然猶斬將搴旗追奔逐北滅跡掃塵斬其梟帥使三軍之士視死如歸陵也不才希當大任意謂此時功難堪矣匈奴既敗舉國興師更練精兵彊踰十萬單于臨陳親自合圍客主之形既不相如步馬之勢又甚懸絕疲兵再戰一㠯當千然猶扶乘創痛決命爭首死傷積野餘不滿百而皆扶病不任干戈然陵振臂一呼創病皆起舉刃指虜胡馬奔走兵盡矢窮人無尺鐵猶復徒首奮呼爭爲先登當此時也天地爲陵震怒戰士爲陵飲血單于謂陵不可復得便欲引還而賊臣教之遂便復戰故陵不免耳昔高皇帝㠯三十萬衆困于平城當此之時猛將如雲謀臣如雨然猶七日不食僅乃得免況當陵者豈易爲力哉而執事者云云苟怨陵㠯不死然陵不死罪也子卿視陵豈偷生之士而惜死之人哉寧有背君親捐妻子而反爲利者乎然陵不死有所爲也故欲如前書之言報恩于國主耳誠

㠯虛死不如立節滅名不如報德也昔范蠡不殉會稽之恥曹沫不死三敗之辱卒復句踐之讎報魯國之羞區區之心竊慕此耳何圖志未立而怨已成計未從而骨肉受刑此陵所㠯仰天椎心而泣血也足下又云漢與功臣不薄子爲漢臣安得不云爾乎昔蕭樊囚縶韓彭菹醢鼂錯受戮周魏見辜其餘佐命立功之士賈誼亞夫之徒皆信命世之才抱將相之具而受小人之讒並受禍敗之辱卒使懷才受謗能不得展彼二子之遐舉誰不爲之痛心哉陵先將軍功略蓋天地義勇冠三軍徒失貴臣之意剄身絕域之表此功臣義士所㠯負戟而長歎者也何謂不薄哉且足下昔㠯單車之使適萬乘之虜遭時不遇至於伏劍不顧流離辛苦幾死朔北之野丁年奉使皓首而歸老母終堂生妻去帷此天下所希聞古今所未有也蠻貊之人尚猶嘉子之節況爲天下之主乎陵謂足下當享茅土之薦受千乘之賞聞子之歸賜不過二百萬

位不過典屬國，無尺土之封加子之勤，而妨功害能之臣，盡爲萬户侯，親戚貪佞之類，悉爲廊廟宰，子尚如此，陵復何望哉。且漢厚誅陵㠯不死，薄賞子㠯守節，欲使遠聽之臣，望風馳命，此實難矣。所㠯每顧而不悔者也。陵雖孤恩，漢亦負德。昔人有言，雖忠不烈，視死如歸。陵誠能安，而主豈復能眷眷乎。男兒生㠯不成名，死則葬蠻夷中，誰復能屈身稽顙，還向北闕，使刀筆之吏，弄其文墨邪。願足下勿復望陵。嗟乎子卿，夫復何言。相去萬里，人絕路殊，生爲別世之人，死爲異域之鬼，長與足下，生死辭矣。幸謝故人，勉事聖君。足下胤子無恙，勿㠯爲念。努力自愛，時因北風，復惠德音。李陵頓首。（文選、藝文類聚三十。）

李廣利

廣利，中山人，㠯女弟李夫人有寵，欲侯之，太初初拜貳師將軍，征大宛，還封海西侯，尋爲大將軍，三出擊匈奴，會巫蠱事起，欲深入要功，征和三年，軍敗降匈奴，歲餘，衛律害其寵，殺之㠯祠社。

初征大宛還至燉煌上書

道遠多乏食，且士卒不患戰，患饑。人少，不足㠯拔宛。願且罷兵，益發而復往。（史記大宛傳、漢書李廣利傳。）

胡建

建字子孟，河東人，天漢中守軍正丞，後爲渭城令，昭帝時爲上官安所捕自殺。

奏斬監軍御史

臣聞軍法，立武㠯威衆，誅惡㠯禁邪。今監御史公穿軍垣㠯求賈利，私買賣㠯與士市，不立剛毅之心，勇猛之節，亡㠯帥先士大夫，尤失理不公。用文吏議，不至重法。黄帝李法曰，壁壘已定，穿窬不繇路，是謂姦人，姦人者殺。臣謹按軍法曰，正亡屬將軍，將軍有罪㠯聞，二千石㠯下行法焉。丞于用法疑，執事不諉上，臣謹㠯斬，昧死㠯聞。（漢書胡建傳，時監軍御史爲姦，穿北軍壘垣，建遂斬御史。建亦已有成奏在其懷中，遂上奏。又見說苑指武。）

桑弘羊

弘羊，洛陽人，少㠯心計侍中，天漢中爲大農丞，貶爲搜粟都尉，領大農，賜爵左庶長，後元末拜御史大夫，受遺輔政，元鳳元年，與上官桀等謀反誅。

奏屯田輪臺

故輪臺㠯東捷枝、渠犂，皆故國，地廣，饒水草，有溉田五千頃㠯上，處溫和，田美，可益通溝渠，種五穀，與中國同時孰。其旁國少錐刀，貴黄金采繒，可㠯易穀食，宜給足不可乏。臣愚㠯爲可遣屯田卒詣故輪臺㠯東，置校尉三人分護，各舉圖地形，通利溝渠，務使㠯時益種五穀。張掖、酒泉遣騎假司馬爲斥候，屬校尉，事有便宜，因騎置㠯聞。田一歲，有積穀，募民壯健有累重敢徙者，詣田所，就畜積爲本業，益墾溉田，稍築列亭，連城而西，㠯威西國，輔烏孫爲便。臣謹遣徵事臣昌分部行邊，嚴敕太守都尉，明㷭火，選士馬，謹斥候，蓄茭草。願陛下遣使使西國，㠯安其意。臣昧死請。（漢書西域傳下，渠犂城上既悔遠征伐，而搜粟都尉桑弘羊與丞相御史奏言。）

孔僅　東郭咸陽

僅，南陽人，咸陽，齊人，武帝時爲大農丞，領鹽鐵事，元鼎三年，僅拜大農卿。

上言鹽鐵

山海，天地之藏也，皆宜屬少府，陛下不私，㠯屬大農佐賦。願募民自給費，因官器作鬻鹽，官與牢盆。浮食奇民，欲擅管山海之貨，㠯致富羨，役利細民。其沮事之議，不可勝聽。敢私鑄鐵器鬻鹽者，釱左趾，沒入其器物。郡不出鐵者，置小鐵官，使屬在所縣。（史記平準書、漢書食貨志大農上鹽鐵丞孔僅、咸陽言。又見漢書食貨志，其文小異。）

番係

係。九江人。武帝時爲河東太守。元朔五年代公孫弘爲御史大夫。

上言作河東渠田

漕從山東西歲百餘萬石。更砥柱之限。敗亡甚多。而亦煩費。穿渠引汾溉皮氏汾陰下。引河溉汾陰蒲坂下。度可得五千頃。五千頃故盡河壖棄地。民茭牧其中耳。今溉田之。度可得穀二百萬石已上。穀從渭上。與關中無異。而砥柱之東可毋復漕。史記河渠書、漢書溝洫志

田仁

仁。趙陘城人。魯相田叔少子。爲大將軍衛青舍人。歷郎中丞相長史。剌舉三河。拜京輔都尉。遷丞相司直。坐縱戾太子下吏。誅死。

上書請刺舉三河

天下郡太守多爲姦利。三河尤甚。臣請先刺舉三河。三河太守皆內倚中貴人。與三公有親屬。無所畏憚。宜先正三河。以警天下姦吏。史記褚補田仁任安傳

全漢文卷二十八終

烏程嚴可均校輯

趙充國

充國字翁孫。隴西上邽人。武帝時㠯騎士補羽林。拜中郎。遷車騎將軍長史。昭帝時遷中郎將。屯上谷。還為水衡都尉。擢為後將軍。宣帝即位。封營平侯。本始中為蒲類將軍。征匈奴。還為後將軍少府。屯緣邊九郡。神爵中定先零羌。還為後將軍衛尉。甘露二年卒。年八十六。謚曰壯侯。明年圖形麒麟閣。

先零羌事對

羌人所㠯易制者。㠯其種自有豪。數相攻擊。埶不一也。往三十餘歲。西羌反時。亦先解仇。合約攻令居。與漢相距。五六年迺定。至征和五年。先零豪封煎等通使匈奴。匈奴使人至小月氏。傳告諸羌曰。漢貳師將軍眾十餘萬人降匈奴。羌人為漢事苦。張掖酒泉本我地。地肥美。可共擊居之。㠯此觀匈奴欲與羌合。非一世也。閒者匈奴困于西方。聞烏桓來保塞。恐兵復從東方起。數使使尉黎危須諸國。設㠯子女貂裘。欲沮解之。其計不合。疑匈奴更遣使至羌中。道從沙陰。地出鹽澤。過長阬。入窮水塞。南抵屬國。與先零相直。臣恐羌變未止此。且復結聯他種。宜及未然為之備。漢書趙充國傳。元康三年。先零遂與諸羌豪二百餘人解仇交質盟詛。上聞之。㠯問充國。對云云

擊罕幵議

武賢欲輕引萬騎。分為兩道。出張掖。回遠千里。㠯一馬自佗負三十日食。為米二斛四斗。麥八斛。又有衣裝兵器。難㠯追逐。勤勞而至。虜必商軍進退。稍引去。逐水中入山林。隨而深入。虜即據前險。守後阨。㠯絕糧道。必有傷危之憂。為夷狄笑。千載不可復。而武賢㠯為可奪其畜產。虜其妻子。此殆空言。非至計也。又武威縣張掖日勒皆當北塞。有通谷水草。臣恐匈奴與羌有謀。且欲大入。幸能

先計之計當作誅

要杜張掖酒泉。㠯絕西域。其郡兵尤不可發。先零首為畔逆。它種劫略。故臣愚冊欲捐罕幵闇昧之過。隱而勿章。先行先零之誅。㠯震動之。宜悔過反善。因赦其罪。選擇良吏知其俗者拊循和輯。此全師保勝安邊之冊。漢書趙充國傳。酒泉太守辛武賢奏請擊罕幵。天子下其書充國。令與校尉㠯下吏士知羌事博議。充國及長史董通年㠯為云云。天子下其書公卿。

上書謝罪因陳兵利害

臣竊見騎都尉安國前幸賜書。擇羌人可使使罕。諭告㠯大軍當至。漢不誅罕。㠯解其謀。恩澤甚厚。非臣下所能及。臣獨私美陛下盛德至計亡已。故遣幵豪雕庫宣天子至德。罕幵之屬皆聞知明詔。今先零羌楊玉。此羌之首帥名王。將騎四千及煎鞏騎五千。阻石山木。候便為寇。罕羌未有所犯。今置先零。先擊罕。釋有罪。誅亡辜。起一難。就兩害。誠非陛下本計也。臣聞兵法。攻不足者守有餘。又曰。善戰者致人。不致於人。今罕羌欲為敦煌酒泉寇。宜飭兵馬。練戰士。㠯須其至。坐得致敵之術。㠯逸擊勞。取勝之道也。今恐二郡兵少。不足㠯守。而發之行攻。釋致虜之術。而從為虜所致之道。臣愚㠯為不便。先零羌虜欲為背畔。故與罕幵解仇結約。然其私心不能亡恐漢兵至而罕幵背之也。臣愚㠯為其計常欲先赴罕幵之急。㠯堅其約。先擊罕羌。先零必助之。今虜馬肥。糧食方饒。擊之恐不能傷害。適使先零得施德于罕羌。堅其約。合其黨。虜交堅黨合。精兵二萬餘人。迫脅諸小種。附著者稍眾。莫須之屬不輕得離也。如是。虜兵寖多。誅之用力數倍。臣恐國家憂累繇十年數。不二三歲而已。臣得蒙天子厚恩。父子俱為顯列。臣位至上卿。爵為列侯。犬馬之齒七十六。為明詔填溝壑。死骨不朽。亡所顧念。獨思惟兵利害至孰悉也。于臣之計。先計先零已。則罕幵之屬不煩兵而服矣。先零已誅。而罕幵不服。涉正月擊之。得計之理。又其時也。㠯今進兵。誠不見其利。唯陛下裁察。漢書趙充國傳。上拜辛武賢為破羌將軍。㠯書敕讓充國。

充國上書謝罪。因陳兵利害。

上屯田奏

臣聞兵者。所吕明德除害也。故舉得于外。則福生于內。不可不慎。臣所將吏士馬牛食。月用糧穀十九萬九千六百三十斛。鹽千六百九十三斛。茭稾二十五萬二百八十六石。難久不解。繇役不息。又恐它夷卒有不虞之變。相因竝起。爲明主憂。誠非素定廟勝之冊。且羌虜易吕計破。難用兵碎也。故臣愚吕爲擊之不便。計度臨羌東至浩亹。羌虜故田及公田民所未墾。可二千頃吕上。其間郵亭多壞敗者。臣前部士入山伐材木。大小六萬餘枚。皆在水次。願罷騎兵。留弛刑應募及淮陽汝南步兵與吏士私從者。合凡萬二百八十一人。用穀月二萬七千三百六十三斛。鹽三百八斛。分屯要害處。冰解漕下。繕鄉亭。浚溝渠。治湟陿吕西道橋七十所。令可至鮮水左右。田事出。賦人二十晦。至四月草生。發郡騎及屬國胡騎。伉健各千。倅馬什二。就草爲田者遊兵。吕充入金城郡。益積畜。省大費。今大司農所轉穀至者。足支萬人一歲食。謹上田處及器用簿。唯陛下裁許。（漢書趙充國傳）

條上屯田便宜十二事狀

臣聞帝王之兵。吕全取勝。是吕貴謀而賤戰。戰而百勝。非善之善者也。故先爲不可勝。吕待敵之可勝。蠻夷習俗雖殊於禮義之國。然其欲避害就利。愛親戚。畏死亡。一也。今虜亡其美地薦草。愁于寄託遠遯。骨肉離心。人有畔志。而明主般師罷兵。萬人留田。順天時。因地利。吕待可勝之虜。雖未卽伏辜。兵決可期月而望。羌虜瓦解。前後降者萬七百餘人。及受言去者凡七十輩。此坐支解羌虜之具也。臣謹條不出兵留田便宜十二事。步兵九校。吏士萬人。留屯吕爲武備。因田致穀。威德竝行。一也。又因排折羌虜。令不得歸肥饒之墜。貧破其衆。吕成羌虜相畔之漸。二也。居民得竝田作。不失農業。三也。軍馬一月之食。度支田士一歲。罷騎兵吕省大費。四也。至春省甲士卒。循河湟漕穀至臨羌。吕眎羌虜。揚威武。傳世折衝之具。五也。吕閒暇時下所伐材。繕治郵亭。充入金城。六也。兵出（漢紀有不出字）乘危徼幸。不出。令反畔之虜竄于風寒之地。離霜露疾疢瘃墮之患。坐得必勝之道。七也。亡經阻遠迫死傷之害。（迫字本訛作追。從漢紀改正。）八也。內不損威武之重。外不令虜得乘閒之埶。九也。又亡驚動河南大开小开。使生他變之憂。十也。治湟陿中道橋。令可至鮮水。吕制西域。信威千里。從枕席上過師。十一也。大費既省。繇役豫息。吕戒不虞。十二也。留屯田得十二便。出兵失十二利。臣充國材下。犬馬齒衰。不識長冊。唯明詔博詳公卿議臣採擇。（漢書趙充國傳）

臣聞兵吕計爲本。故多算勝少算。先零羌精兵。今餘不過七八千人。失地遠客。分散饑凍。罕开莫須。又頗暴略其羸弱畜產。畔還者不絕。皆聞天子明令相捕斬之賞。臣愚吕爲虜破壞可日月冀。遠在來春。故曰兵決可期月而望。竊見北邊自敦煌至遼東萬一千五百餘里。乘塞列隧有吏卒數千人。虜數大衆攻之而不能害。今留步士萬人屯田。地勢平易。多高山遠望之便。部曲相保。爲壍壘木樵。校聯不絕。便兵弩。飭鬭具。烽火幸通。埶及并力。吕逸待勞。兵之利者也。臣愚吕爲屯田內有亡費之利。外有守禦之備。騎兵雖罷。虜見萬人留田。爲必禽之具。其土崩歸德。宜不久矣。從今盡三月。虜馬羸瘦。必不敢捐其妻子于他種中。遠涉河山而來爲寇。又見屯田之士精兵萬人。終不敢復將其累重還歸故地。是臣之愚計所吕度虜且必瓦解其處。不戰而自破之策也。至于虜小寇盜。時殺人民。其原未可卒禁。臣聞戰不必勝。不苟接刃。攻不必取。不苟勞衆。誠令兵出。雖不能滅先零。亶能令虜絕不爲小寇。則出兵可也。卽今同是。而釋坐勝之道。從乘危之埶。往終不見利。空內自罷敝。貶重而自損。非所吕視蠻夷也。又大兵一出。還不可復留。湟中亦未可空。如是繇役復發也。且匈奴不可不備。烏桓不可不憂。今久轉運煩費。傾我不虞之用。㠯澹一隅。臣㠯為不便。校尉臨衆幸得承威德。奉厚幣。拊循衆羌。諭㠯明詔。宜皆鄉風。雖其前辭嘗曰得亡效五年。宜亡他心。不足㠯故出兵。臣竊自惟念。奉詔出塞。引軍遠擊。窮天子之精兵。散車甲于山野。雖亡尺寸之功。媮得避慊之便。而亡後咎餘責。此人臣不忠之利。非明主社稷之福也。臣幸得奮精兵。討不義。久留天誅。罪當萬死。陛下寬仁。未忍加誅。令臣數得孰計。愚臣伏計孰甚。不敢避斧鉞之誅。昧死陳愚。惟陛下省察。漢書趙充國傳

奏罷屯田

羌本可五萬人軍。凡斬首七千六百級。降者三萬一千二百人。溺河湟饑餓死者五六千人。定計遺脫與煎鞏黃羝俱亡者不過四千人。羌靡忘等自詭必得。請罷屯兵。漢書趙充國傳。明年五月充國奏言云云。奏可。充國振旅而還。

丙吉

吉字少卿。魯國人。武帝時為魯獄史。遷廷尉右監。免歸為州從事。巫蠱事起。徵復為廷尉監。昭帝時為車騎將軍軍市令。遷大將軍長史。入為光祿大夫給事中。宣帝即位。賜爵關內侯。地節中為太子太傅。遷御史大夫。封博陽侯。神爵三年代魏相為丞相。五鳳三年卒。謚曰定侯。

奏記霍光議立皇曾孫

將軍事孝武皇帝。受襁褓之屬。任天下之寄。孝昭皇帝早崩亡嗣。海內憂懼。欲亟聞嗣主。發喪之日。㠯大誼立後。所立非其人。復㠯大誼廢之。天下莫不服焉。方今社稷宗廟羣生之命在將軍之壹舉。竊伏聽于衆庶。察其所言。諸侯宗室在位列者。未有所聞于民閒也。而遺詔所養武帝曾孫名病已在掖庭外家者。吉前使居郡邸時。見其幼少。至今十八九矣。通經術。有美材。行安而節和。願將軍詳大議。參㠯著龜。亟宜褒顯。先使入侍。令天下昭然知之。然後決定大策。天下幸甚。漢書丙吉傳。昌邑王廢。吉奏記光。光覽其議。立皇曾孫。

與魏相書

朝廷已深知弱翁治行。方且大用矣。願少慎事自重。藏器于身。不顯其能。漢書魏相傳

魏相

相字弱翁。濟陰定陶人。居平陵。武帝末為郡卒史。昭帝時舉賢良。對策高第。除茂陵令。遷河南太守。坐事下獄。遇赦。復守茂陵令。遷揚州刺史。徵為諫大夫。復為河南太守。宣帝即位。拜大司農。遷御史大夫。地節中為丞相。封高平侯。神爵三年卒。謚曰憲侯。有集二卷。

賢良對策

賞罰所㠯勸善禁惡。政之本也。日者燕王為無道。韓義出身彊諫。為王所殺。義無比干之親。而蹈比干之節。宜顯賞其子。㠯示天下。明為人臣之義。漢書韓延壽傳。父義為燕郎中。刺王謀逆。諫而死。昭帝初。相㠯文學對策。請顯賞其子。因擢延壽為大夫。

上封事薦張安世

聖王褒有德㠯懷萬方。顯有功㠯勸百寮。是㠯朝廷尊榮。天下鄉風。國家承祖宗之業。制諸侯之重。新失大將軍。宜宣章盛德。㠯示天下。顯明功臣。㠯填藩國。毋空大位。㠯塞爭權。所㠯安社稷。絕未萌也。車騎將軍安世。事孝武皇帝三十餘年。忠信謹厚。勤勞政事。夙夜不怠。與大將軍定策。天下受其福。國家重臣也。宜尊其位。㠯為大將軍。毋令領光祿勳事。使專精神。憂念天下。思惟得失。安世子延壽重厚。可㠯為光祿勳。領宿衛臣。漢書張湯附傳。大將軍霍光薨後數月。御史大夫魏相上封事。

上封事奪霍氏權

春秋譏世卿惡宋三世爲大夫及魯季孫之專權皆危亂國家自後元㠯來祿去王室政繇冢宰今光死子復爲大將軍兄子秉樞機昆弟諸壻據權埶在兵官光夫人顯及諸女皆通籍長信宮或夜詔門出入驕奢放縱恐寖不制宜有㠯損奪其權破散陰謀㠯固萬世之基全功臣之世（漢書魏相傳）

上書諫擊匈奴右地

臣聞之救亂誅暴謂之義兵兵義者王敵加于己不得已而起者謂之應兵兵應者勝爭恨小故不忍憤怒者謂之忿兵兵忿者敗利人土地貨寶者謂之貪兵兵貪者破恃國家之大矜民人之衆欲見威于敵者謂之驕兵兵驕者滅此五者非但人事迺天道也閒者匈奴嘗有善意所得漢民輒奉歸之未有犯於邊境雖爭屯田車師不足致意中今聞諸將軍欲興兵入其地臣愚不知此兵何名者也今邊郡困乏父子共犬羊之裘食草萊之實常恐不能自存難㠯動兵軍旅之後必有凶年言民㠯其愁苦之氣傷陰陽之和也出兵雖勝猶有後憂恐災害之變因此㠯生今郡國守相多不實選風俗尤薄水旱不時案今年計子弟殺父兄妻殺夫者凡二百二十二人臣愚㠯爲此非小變也今左右不憂此迺欲發兵報纖介之忿于遠夷殆孔子所謂吾恐季氏之憂不在顓臾而在蕭牆之內也願陛下與平昌侯樂昌侯平恩侯及有識者詳議迺可（漢書魏相傳元康中匈奴遣兵擊漢屯田車師者不能下上與後將軍趙充國等議欲因匈奴衰弱出兵擊其右地使不敢復擾西域相上書諫）

上書自陳

妻實不殺婢廣漢數犯罪法不伏辜㠯詐巧迫脅臣相幸臣相寬不奏願下明使者治廣漢所驗臣相家事（漢書趙廣漢傳）

條奏便宜

臣聞明主在上賢輔在下則君安虞而民和睦臣相幸得備位不能奉明法廣教化理四方㠯宣聖德民多背本趨末或有饑寒之色爲陛下之憂臣相罪當萬死臣相智能淺薄不明國家大體時用之宜惟民終始未得所繇竊伏觀先帝聖德仁恩之厚勤勞天下垂意黎庶憂水旱之災爲民貧窮發倉廩振乏餧遣諫大夫博士巡行天下察風俗舉賢良平冤獄冠蓋交道省諸用寬租賦弛山澤波池禁秣馬酤酒貯積所㠯周急繼困慰安元元便利百姓之道甚備臣相不能悉陳昧死奏故事詔書凡二十三事臣謹案王法必本于農而務積聚量入制用㠯備凶災亡六年之畜尚謂之急元鼎二年平原勃海泰山東郡溥被災害民餓死于道路二千石不豫慮其難使至于此賴明詔振捄乃得蒙更生今歲不登穀暴騰踊臨秋收斂猶有乏者至春恐甚亡㠯相恤西羌未平師旅在外兵革相乘臣竊寒心宜蚤圖其備唯陛下留神元元帥繇先帝盛德㠯撫海內（漢書魏相傳數條漢興已來國家便宜行事及賢臣賈誼鼂錯董仲舒等所言奏請施行之）

表奏采易陰陽明堂月令

臣相幸得備員奉職不修不能宣廣教化陰陽未和災害未息咎在臣等臣聞易曰天地㠯順動故日月不過四時不忒聖王㠯順動故刑罰清而民服天地變化必繇陰陽陰陽之分㠯日爲紀日冬夏至則八風之序立萬物之性成各有常職不得相干東方之神太昊乘震執規司春南方之神炎帝乘離執衡司夏西方之神少昊乘兌執矩司秋北方之神顓頊乘坎執權司冬中央之神黃帝乘坤艮執繩司下土茲五帝所司各有時也東方之卦不可㠯治西方南方之卦不可㠯治北方春興兌治則饑秋興震治則華冬興離治則泄夏興坎治則雹明王謹于尊天慎于養人故立羲和之官㠯乘四時節授民事君動靜㠯道奉順陰陽則日月光明

風雨時節寒暑調和三者得敘則災害不生五穀熟絲麻遂中木茂鳥獸蕃民不夭疾衣食有餘若是則君尊民說上下亡怨政教不違禮讓可興夫風雨不時則傷農桑農桑傷則民饑寒饑寒在身則亡廉恥寇賊姦宄所繇生也臣愚以爲陰陽者王事之本羣生之命自古賢聖未有不繇者也天子之義必純取法天地而觀于先聖高皇帝所述書天子所服第八曰大謁者臣章受詔長樂宮曰令羣臣議天子所服以安治天下相國臣何御史大夫臣昌謹與將軍臣陵太子太傅臣通等議春夏秋冬天子所服當法天地之數中得人和故自天子王侯有土之君下及兆民能法天地順四時以治國家身亡禍殃年壽永究是奉宗廟安天下之大禮也臣請法之中謁者趙堯舉春李舜舉夏兒湯舉秋貢禹舉冬四人各職一時大謁者襄章奏制曰可孝文皇帝時以二月施恩惠于天下賜孝弟力田及罷軍卒祠死事者頗非時節御史大夫鼂錯時爲太子家令奏言其狀臣相伏念陛下恩澤甚厚然而災氣未息竊恐詔令有未合當時者也願陛下選明經通知陰陽者四人各主一時時至明言所職以和陰陽天下幸甚（漢書魏相傳又數表采易陰陽及明堂月令奏之）

蔡義

義河内溫人武帝時以明經給事大將軍幕府遷補覆盎城門候擢爲光祿大夫給事中元鳳中拜少府遷御史大夫元平初爲丞相本始三年薨謚曰節侯

上疏求召見

臣山東草萊之人行能無所比容貌不及衆然而不棄人倫者竊以聞道于先師自託于經術也願賜清閒之燕得盡精思于前（漢書蔡義傳）

令狐茂

（繩當作蠅）

茂上黨壺關人征和初爲縣三老

上書理太子

臣聞父者猶天母者猶地子猶萬物也故天平地安陰陽和調物迺茂成父慈母愛室家得中（中漢書誤作之從漢紀改）子迺孝順陰陽不和則萬物夭傷父子不和則室家喪亡故父不父則子不子君不君則臣不臣雖有粟吾豈得而食諸昔者虞舜孝之至也而不中于瞽叟孝已被謗伯奇放流骨肉至親父子相疑何者積毀之所生也由是觀之子無不孝而父有不察今皇太子爲漢適嗣承萬世之業體祖宗之重親則皇帝之宗子也江充布衣之人閭閻之隸臣耳陛下顯而用之銜至尊之命以迫蹵皇太子造飾姦詐羣邪錯謬是以親戚之路鬲塞而不通太子進則不得上見退則困于亂臣獨冤結而亡告不忍忿忿之心起而殺充恐懼逋逃子盜父兵以救難自免耳臣竊以爲無邪心詩云營營青繩止于樊愷悌君子無信讒言讒言罔極交亂四國往者江充讒殺趙太子天下莫不聞其罪固宜（漢紀作固宜誅戮）陛下不省察深過太子發盛怒舉大兵而求之三公自將智者不敢言辯士不敢說臣竊痛之臣聞子胥盡忠而忘其號比干盡仁而遺其身忠臣竭誠不顧鈇鉞之誅以陳其愚志在匡君安社稷也詩云取彼譖人投畀豺虎唯陛下寬心慰意少察所親毋患太子之非亟罷甲兵無令太子久亡臣不勝惓惓出一旦之命待罪建章闕下（漢書武五子傳征和二年太子兵敗亡不得上怒甚壺關三老茂上書云云書奏天子感寤師古曰荀悅漢紀云令狐茂案今本漢紀但作壺關三老上書並無茂字師古所據乃古本也又案續漢郡國志五上黨長子縣注補引上黨記曰令狐徵君隱城東山中即壺關三老令狐茂上書訟戾太子者也）

車千秋

千秋本姓田齊諸田之後爲高廟郎中征和三年拜大鴻臚明年代劉屈氂爲丞相封富民侯元鳳四年卒謚曰定侯

上急變訟太子冤

子弄父兵。罪當笞。天子之子。過誤殺人。當何罪哉。臣嘗夢見一白頭翁教臣言。（漢書車千秋傳）

黃霸

霸字次公。淮陽陽夏人。居雲陵。武帝末㠯待詔入錢補侍郎謁者。免。後復入穀補左馮翊二百石卒史。察廉補河東均輸長。復察廉爲河南太守。宣帝即位。召爲廷尉正。守丞相長史。下獄。出。舉賢良。擢揚州刺史。遷潁川太守。治爲天下第一。徵守京兆尹。貶秩。仍歸潁川。徵爲太子太傅。遷御史大夫。五鳳三年代丙吉爲丞相。封建成侯。甘露三年卒。謚曰定侯。

單于朝儀議

聖王之制。施德行禮。先京師而後諸夏。先諸夏而後夷狄。詩云。率禮不越。遂視既發。相土烈烈。海外有截。陛下聖德充塞天地。光被四表。匈奴單于鄉風慕義。舉國同心。奉珍朝賀。自古未之有也。單于非正朔所加。王者所客也。禮儀宜如諸侯王。稱臣昧死再拜。位次諸侯王下。（漢書宣紀。甘露二年。匈奴呼韓邪單于款五原塞。願奉國珍朝三年正月。詔有司議。咸曰云云。又見蕭望之傳。詔公卿議其儀。丞相霸御史大夫定國議。小有刪節。）

士伍尊

尊。史不著其姓。武帝時爲郡小吏。元帝時爲長安士伍。

上書請復丙吉後爵邑

臣少時爲郡邸小吏。竊見孝宣皇帝㠯皇曾孫在郡邸獄。是時治獄使者丙吉見皇曾孫遭離無辜。吉仁心感動。涕泣悽惻。選擇復作胡組養視皇孫。吉常從。臣尊日再侍臥庭上。後遭條獄之詔。吉扞拒大難。不避嚴刑峻法。既遭大赦。吉謂守丞誰如。皇孫不當在官。使誰如移書京兆尹。遣與胡組俱送京兆尹。不受。復還。及組日滿當去。皇孫思慕。吉㠯私錢顧組。令留與郭徵卿並養。數月。迺遣組去。後少內嗇夫白吉曰。食皇孫亡詔令。時吉得食米肉。月月㠯給皇孫。吉即時病。輒使臣尊朝夕請問皇孫。視省席蓐燥溼。候伺組徵卿。不得令晨夜去皇孫敖盪。數奏甘毳食物。所㠯擁全神靈。成育聖躬。功德已亡量矣。時豈豫知天下之福。而徼其報哉。誠其仁恩內結于心也。雖介子推割肌㠯存君。不足㠯比。孝宣皇帝時。臣上書言狀。幸得下吉。吉謙讓不敢自伐。刪去臣辭。專歸美于組徵卿。組徵卿皆㠯受田宅賜錢。吉封爲博陽侯。臣尊不得比組徵卿。臣年老居貧。死在旦暮。欲終不言。恐使有功不著。吉子顯坐微文奪爵爲關內侯。臣愚㠯爲宜復其爵邑。㠯報先人功德。（漢書丙吉傳。元帝時。長安士伍尊上書。）

全漢文卷二十九終

烏程嚴可均校輯

張敞

敞字子高。河東平陽人。居茂陵。昭帝初以鄉有秩補郡卒史。察廉爲甘泉倉長。元鳳中遷太僕丞。宣帝卽位。擢豫州刺史。徵爲太中大夫。平尙書事。出爲函谷關都尉。徙山陽太守。徵拜膠東相。元康中守京兆尹。神爵初卽眞。甘露末免爲庶人。召拜冀州刺史。黃龍初爲太原太守。元帝卽位。徵爲左馮翊。未拜卒。有集一卷。

告絮舜教

五日京兆竟何如。冬月已盡。延命乎。漢書張敞傳

上書諫昌邑王

孝昭皇帝蚤崩無嗣。大臣憂懼。選賢聖承宗廟。東迎之日。唯恐屬車之行遲。今天子以盛年初卽位。天下莫不拭目傾耳。觀化聽風。國輔大臣未褒。而昌邑小輦先遷。此過之大者也。漢書張敞傳

上書自請治膠東勃海盜賊

臣聞忠孝之道。退家則盡心于親。進宦則竭力于君。夫小國中君猶有奮不顧身之臣。況于明天子乎。今陛下遊意于太平。勞精于政事。亹亹不舍晝夜。羣臣有司宜各竭力致身。山陽郡戶九萬三千。口五十萬以上。訖計盜賊未得者七十七人。他課諸事。亦略如此。臣敞愚駑。既無以佐思慮。久處閒郡。身逸樂而忘國事。非忠孝之節也。伏聞膠東勃海左右郡歲數不登。盜賊竝起。至攻官寺。篡囚徒。搜市朝。劫列侯。吏失綱紀。姦軌不禁。臣敞不敢愛身避死。唯明詔之所處。願盡力摧挫其暴虐。存撫其孤弱。事卽有業。所至郡條奏其所由廢及所以興之狀。漢書張敞傳

奏書諫膠東王太后數出游獵

臣聞秦王好淫聲。葉陽后爲不聽鄭衛之樂。楚嚴好田獵。樊姬爲之不食鳥獸之肉。口非惡旨甘。耳非惛絲竹也。所以抑心意。絕耆欲者。將以率二君而全宗祀也。禮。君母出門則乘輜軿。下堂則從傅母。進退則鳴玉佩。內飾則結綢繆。此言尊貴所以自斂制。不從恣之意也。今太后資質淑美。慈愛寬仁。諸侯莫不聞。而少以田獵縱欲爲名。于以上聞。亦未宜也。唯觀覽于往古。全行乎來今。令后姬得有所法則。下有所稱誦。臣敞幸甚。漢書張敞傳

詣公車上書

臣前幸得備位列卿。待罪京兆。坐殺賊捕掾絮舜。舜本臣敞素所厚吏。數蒙恩貸。以臣有章劾當免。受記考事。便歸臥家。謂臣五日京兆。背恩忘義。傷化薄俗。臣竊以舜無狀。枉法以誅之。臣敞賊殺無辜。鞫獄故不直。雖伏明法。死無所恨。漢書張敞傳

上書請令入穀贖罪

國兵在外。軍以夏發。隴西以北。安定以西。吏民竝給轉輸。田事頗廢。素無餘積。雖羌虜以破。來春民食必乏。窮辟之處。買亡所得。縣官穀度不足以振之。願令諸有辠非盜受財殺人及犯法不得赦者。皆得以差入穀。比八郡贖罪。務益致穀。以豫備百姓之患。漢書蕭望之傳。又見藝文類聚五十四。

爲霍氏上封事

臣聞公子季友有功于魯。大夫趙衰有功于晉。大夫田完有功于齊。皆疇其官邑。延及子孫。終後田氏篡齊。趙氏分晉。季氏顓魯。故仲尼作春秋。迹盛衰。譏世卿最甚。迺者大將軍決大計。安宗廟。定天下。功亦不細矣。夫周公七年耳。而大將軍二十歲。海內之命。斷于掌握。方其隆時。感動天地。侵迫陰陽。月朓日蝕。晝冥宵光。地大震裂。火生地中。天文失度。祆祥變怪。不可勝記。皆陰類盛長。臣下顓制之所生也。朝臣宜有明言。曰陛下褒寵故大將軍以報功德。

足矣閎者輔臣顓政貴戚太盛君臣之分不明請罷霍氏三侯皆就第及衛將軍張安世宜賜几杖歸休時存問召見以列侯爲天子師明詔以恩不聽羣臣以義固爭而後許天下必以陛下爲不忘功德而朝臣爲知禮霍氏世世無所患苦今朝廷不聞直聲而令明詔自親其文非策之得者也今兩侯以出人情不相遠以臣心度之大司馬及其枝屬必有畏懼之心夫近臣自危非完計也臣敞願于廣朝白發其端直守遠郡其路無由夫心之精微口不能言也言之微眇書不能文也故伊尹五就桀五就湯蕭相國薦淮陰累歲乃得通況乎千里之外因書文諭事指哉唯陛下省察（漢書張敞傳）

上疏諫用方術

願明主時忘車馬之好斥遠方士之虛語游心帝王之術太平庶幾可與也（漢書郊祀志下劉更生獻淮南枕中洪寶苑祕之方令尚方鑄作事不驗更生坐論京兆尹張敞上疏諫）

奏劾黃霸

竊見丞相請與中二千石博士雜問郡國上計長吏守丞爲民興利除害成大化條其對有耕者讓畔男女異路道不拾遺及舉孝子弟弟貞婦者爲一輩先上殿舉而不知其人數者次之不爲條教者在後叩頭謝丞相雖口不言而心欲其爲之也長吏守臣對時臣敞舍有鶡雀飛止丞相府屋上丞相以下見者數百人邊吏多知鶡雀者問之皆陽不知丞相圖議上奏曰臣問上計長吏守丞以興化條皇天報下神雀後知從臣敞舍來乃止郡國吏竊笑丞相仁厚有知略微信奇怪也昔汲黯爲淮陽守辭去之官謂大行李息曰御史大夫張湯懷詐阿意以傾朝廷公不早白與俱受戮矣息畏湯終不敢言後湯誅敗上聞黯與息語乃抵息罪而秩黯諸侯相取其思竭忠也臣敞非敢毀丞相也誠恐羣臣莫白而長吏守丞畏丞相指歸舍法令各爲私教務相增加澆淳散樸並

守臣之臣當作丞

行僞貌有名亡實傾搖解怠甚者爲妖假令京師先行讓畔異路道不拾遺其實亡益廉貪貞淫之行而以僞先天下固未可也即諸侯先行之僞聲軼于京師非細事也漢家承敝通變造起律令即以勸善禁姦條貫詳備不可復加宜令貴臣明飭長吏守丞歸告二千石舉三老孝弟力田孝廉之吏務得其人郡事皆以義法令檢式毋得擅爲條教敢挾詐僞以奸名譽者必先受戮以正名好惡（漢書循吏黃霸傳時京兆尹張敞舍鶡雀飛集丞相府霸以爲神雀議欲以聞敞奏霸云云天子嘉納敞言）

條奏故昌邑王居處狀

臣敞地節三年五月視事故昌邑王居故宮奴婢在中者百八十三人閉大門開小門廉吏一人爲領錢物市買朝內食物它不得出入督盜一人別主徼循察往來者以王家錢取卒迾宮清中備盜賊臣敞數遣丞吏行察四年九月中臣敞入視居處狀故王年二十六七爲人青黑色小目鼻末銳卑少須眉身體長大疾痿行步不便衣短衣大絝冠惠文冠佩玉環簪筆持牘趨謁臣敞與坐語中庭閱妻子奴婢臣敞欲動觀其意即以惡鳥感之曰昌邑多梟故王應曰然前賀西至長安殊無梟復來東至濟陽迺復聞梟聲臣敞閱至子女持轡故王跪曰持轡母嚴長孫女也臣敞故知執金吾嚴延年字長孫女羅紨前爲故王妻察故王衣服言語跪起清狂不惠妻十六人子二十二人其十一人男十一人女昧死奏名籍及奴婢財物簿臣敞前書言昌邑哀王歌舞者張修等十人無子又非姬但良人無官名王薨當罷歸太傅豹等擅留以爲哀王園中人所不當得爲請罷歸故王聞之曰中人守園疾者當勿治相殺傷者當勿法欲令亟死太守柰何而欲罷之其天資喜由亂亡終不見仁義如此後丞相御史以臣敞書聞奏可皆以遣（漢書武五子昌邑王傳宣帝即位心內忌賀元康二年遣使者賜山陽太守張敞璽書敞于是條奏賀居處著其興廢之狀上由此知賀不足忌）

美陽鼎不宜薦見議

臣聞周祖始乎后稷。后稷封于斄。公劉發迹于豳。大王建國于郊梁。文武興于豐鎬。由此言之。則郊梁豐鎬之閒。周舊居也。固宜有宗廟壇場祭祀之臧。今鼎出于郊東。中有刻書曰。王命尸臣。官此栒邑。賜爾旂鸞黼黻琱戈。尸臣拜手稽首曰。敢對揚天子丕顯休命。臣愚不足㠯迹古文。竊㠯傳記言之。此鼎殆周之所㠯褒賜大臣。大臣子孫刻銘其先功。臧之于宮廟也。昔寶鼎之出于汾脽也。河東太守㠯聞。詔曰。朕巡祭后土。祈為百姓蒙豐年。今穀嗛未報。鼎焉為出哉。博問耆老。意舊臧與。誠欲考得事實也。有司驗脽上非舊臧處。鼎大八尺一寸。高三尺六寸。殊異于衆鼎。今此鼎細小。又有款式。不宜薦見于宗廟。（漢書郊祀志下。是時美陽得鼎獻之。下有司議。多㠯為宜薦見宗廟。張敞上議。制曰。京兆君議是。又略見魏志鍾繇傳注。）

荅兩府入穀贖罪難問

少府左馮翊所言。常人之所守耳。昔先帝征四夷。兵行三十餘年。百姓猶不加賦。而軍用給。今羌虜一隅小夷。跳梁于山谷閒。漢但令罪人出財減罪㠯誅之。其名賢于煩擾良民橫興賦斂也。又諸盜及殺人犯不道者。百姓所疾苦也。皆不得贖。首匿見知縱所不當得為之屬。議者或頗言其法可蠲除。今因此令贖。其便明甚。何化之所亂。甫刑之罰。小過赦。薄罪贖。有金選之品。所從來久矣。何賊之所生。敞備皁衣二十餘年。嘗聞罪人贖矣。未聞盜賊起也。竊憐涼州被寇。方秋饒時。民尚有饑乏之病。死于道路。況至來春將大困乎。不早慮所㠯振救之策。而引常經㠯難。恐後為重責。常人可與守經。未可與權也。敞幸得備列卿。㠯輔兩府為職。不敢不盡愚。（漢書蕭望之傳。）

為膠東相與朱邑書

明主游心太古。廣延茂士。此誠忠臣竭思之時也。直敞遠守劇郡。馭于繩墨。匈臆約結。固亡奇也。雖有。亦安所施。足下㠯清明之德。掌周稷之業。猶飢者甘糟糠。穰歲餘粱肉。何則。有亡之勢異也。昔陳平雖賢。須魏倩而後進。韓信雖奇。賴蕭公而後信。故事各達其時之英俊。若必伊尹呂望而後薦之。則此人不因足下而進矣。（漢書朱邑傳。藝文類聚五十三。）

書

夫蒼龍非不神。不能白日升天。飄風雖疾。不㠯霖雨。不能揚塵。故蒼蠅之飛。不過十步。自託騏驥之髮。乃騰千里之路。（藝文類聚九十七。）然無損于騏驥。得使蒼蠅絕羣也。（梅鼎祚引書鈔。案此疑即與朱邑書。未敢定之。）

與嚴延年書

昔韓盧之取菟也。上觀下獲。不甚多殺。願次卿少緩誅罰。思行此術。（漢書酷吏嚴延年傳。）

荅朱登遺蟹醬書

蘧伯玉受孔子之賜。必㠯及其鄉人。敞謹分斯貺于三老尊行者。曷敢獨享之。（御覽四百七十八引張敞集。朱登為東海相。遺敞蟹醬。敞荅曰云云。又見九百四十二。又見困學紀聞十二。案東漢亦有張敞。而隋志集部僅于前漢載梁有左馮翊張敞集一卷。錄一卷。明此書非東漢之張敞也。）

張竦

竦字伯松。敞孫。初為京兆史。累遷至丹陽太守。王莽居攝。封為淑德侯。後免官。㠯列侯居長安。莽敗。客于池陽。為賊兵所殺。

為陳崇草奏稱莽功德

竊見安漢公自初束脩。值世俗隆奢麗之時。蒙兩宮厚骨肉之寵。被諸父赫赫之光。財饒埶足。亡所啎意。然而折節行仁。克心履禮。拂世矯俗。確然特立。惡衣惡食。陋車駑馬。妃匹無二。閨門之內。孝友之德。衆莫不聞。清靜樂道。溫良下士。惠于故舊。篤于師友。孔子曰。未若貧而樂。富而好禮。公之謂矣。及為侍中。故定陵侯淳于長有大逆罪。公不敢私。建白誅討。周公誅管蔡。季子鴆叔牙。公之謂矣。是已孝成皇帝命公大司馬。委已國統。孝哀卽位。高昌侯董宏希指求美。造作二統。公手劾之。已定大綱。建白定陶太后不宜在乘輿幄坐。已明國體。詩曰。柔亦不茹。剛亦不吐。不侮鰥寡。不畏彊圉。公之謂矣。深執謙退。推誠讓位。定陶太后欲立僭號。憚彼面刺幄坐之義。佞惑之雄朱博之疇。懲此長宏手劾之事。上下壹心。讒賊交亂。詭辟制度。遂成簒號。斥逐仁賢。誅殘戚屬。而公被胥原之訴。遠去就國。朝政崩壞。綱紀廢弛。危亡之禍。不隧如髮。詩云。人之云亡。邦國殄顇。公之謂矣。當此之時。宮亡儲主。董賢據重。加已傅氏有女之援。皆自知得罪天下。結讎中山。則必同憂斷金。相翼藉假遺詔。頻用賞誅。先除所憚。急引所附。遂誣往冤。更徵遠屬。事埶張見。其不難矣。賴公立入。卽時退賢。及其黨親。當此之時。公運獨見之明。奮亡前之威。盱衡厲色。振揚武怒。乘其未堅。厭其未發。震起機動。敵人摧折。雖有賁育不及持刺。雖有樗里不及回知。雖有鬼谷。不及造次。是故董賢喪其魂魄。遂自絞殺。人不還踵。日不移晷。霍然四除。更爲盛朝。非陛下莫引立公。非公莫克此禍。詩云。惟師尚父。時惟鷹揚。亮彼武王。孔子曰。敏則有功。公之謂矣。于是公乃白內故泗水相豐、斄令邯、與大司徒光、車騎將軍舜建定社稷。奉節東迎。皆已功德受封益土。爲國名臣。詩曰。知人則哲。公之謂也。公卿咸歎公德。同盛公勳。皆已周公爲比。宜賜號安漢公。益封二縣。公皆不受。傳曰。申包胥不受存楚之報。晏平仲不受輔齊之封。孔子曰。能已禮讓爲國乎何有。公之謂也。將爲皇帝定立妃后。有司上名。公女爲首。公深辭讓。迫不得已。然後受詔。父子之親。天性自然。欲其榮貴。甚于爲身。皇后之尊。侔于天子。當時之會。千載希有。然而公惟國家之統。揖大福之恩。事事讓退。動而固辭。書曰。舜讓于德不嗣。公之謂矣。自公受策。已至于今。亹亹翼翼。日修其德。增修雅素。已命下國。俊儉隆約。已矯世俗。割財損家。已師羣下。

詩當作書

師當作帥

彌躬執平。已逮公卿。教子尊學。已隆國化。僮奴衣布。馬不秣穀。食飲之用。不過凡庶。詩云。溫溫恭人。如集于木。孔子曰。食無求飽。居無求安。公之謂矣。克身自約。糴食逮給。物物卬市。日闋亡儲。又上書歸孝哀皇帝所益封邑。入錢獻田。殫盡舊業。爲衆倡始。于是小大鄉和。承風從化。外則王公列侯。內則帷幄侍御。翕然同時。各竭所有。或入金錢。或獻田畝。已振貧窮。收贍不足者。昔令尹子文朝不及夕。魯公儀子不茹園葵。公之謂矣。開門延士。下及白屋。婁省朝政。綜管衆治。親見牧守已下。攷迹雅素。審知白黑。詩云。夙夜匪解。已事一人。易曰。終日乾乾。夕惕若厲。公之謂矣。比三世爲三公。再奉送大行。秉冢宰職。塡安國家。四海輻湊。靡不得所。書曰。納于大麓。列風雷雨不迷。公之謂矣。此皆上世之所鮮。禹稷之所難。而公包其終始。一已貫之。可謂備矣。是已三年之閒。化行如神。嘉瑞疊累。豈非陛下知人之效。得賢之致哉。故非獨君之受命也。臣之生亦不虛矣。是已伯禹錫玄圭。周公受郊祀。蓋已達天之使。不敢擅天之功也。揆公德行。爲天下紀。觀公功勳。爲萬世基。基成而賞不配。紀立而褒不副。誠非所已厚國家順天心也。高皇帝褒賞元功。相國蕭何邑戶既倍。又蒙殊禮。奏事不名。入殿不趨。封其親屬十有餘人。樂善無厭。班賞亡遴。苟有一策。卽必爵之。是故公孫戎位在充郎。選由旄頭。壹明樊噲。封二千戶。孝文皇帝褒賞絳侯。益封萬戶。賜黃金五千斤。孝武皇帝卹錄軍功。裂三萬戶已封衞青。青子三人。或在繦緥。皆爲通侯。孝宣皇帝顯著霍光。增戶命疇。封者三人。延及兄孫。夫絳侯卽因漢藩之固。杖朱虛之鯁。依諸將之遞。據相扶之埶。其事雖醜。要不能遂。霍光卽席當任之重。乘大勝之威。未嘗遭時不行。陷假離朝。朝之執事。亡非同類。割斷歷久。統政曠世。雖曰有功。所因亦易。然猶有計策不審過徵之累。及至青戎。摽末之功。一言之勞。然猶皆蒙丘山之賞。課功絳霍。造之與因也。比于青戎地之與天也。而公又有宰治之效。乃當上與伯禹周公等盛齊隆。兼其褒賞。豈特與若云者同日而論哉。然曾不得蒙青等之厚。臣誠惑之。臣聞功亡原者賞不限。德亡首者褒不檢。是故成王之于周公也。度百里之限。越九錫之檢。開七百里之宇。兼商奄之民。賜以附庸殷民六族。大路大旂。封父之繁弱。夏后之璜。祝宗卜史。備物典策。官司彝器。白牡之牲。郊望之禮。王曰叔父。建爾元子。子父俱延拜而受之。可謂不檢亡原者矣。非特止此。六子皆封。書曰。亡言不讎。亡德不報。報當如之。不如非報也。近觀行事。高祖之約。非劉氏不王。然而番君得王長沙。下詔稱忠。定著于令。明有大信。不拘于制也。春秋晉悼公用魏絳之策。諸侯服從。鄭伯獻樂。悼公于是以半賜之。絳深辭讓。晉侯曰。微子。寡人不能濟河。夫賞國之典。不可廢也。子其受之。魏絳于是有金石之樂。春秋善之。取其臣竭忠以辭功。君知臣以遂賞也。今陛下既知公有周公

德。不行成王之褒賞。遂聽公之固辭。不顧春秋之明義。則民臣何稱。萬世何述。誠非所以爲國也。臣愚以爲宜恢公國。令如周公。建立公子。令如伯禽。所賜之品。亦皆如之。諸子之封。皆如六子。即羣下較然輸忠。黎庶昭然感德。臣誠輸忠。民誠感德。則于王事何有。惟陛下深惟祖宗之重。敬畏上天之戒。儀形虞周之盛。敕盡伯禽之賜。無遴周公之報。令天法有設。後世有祖。天下幸甚。（漢書王莽傳上）

爲劉嘉作奏稱莽功德

建平元壽之間。大統幾絕。宗室幾弃。賴蒙陛下聖德。扶服振救。遮扞匡衛。國命復延。宗室明目。臨朝統政。發號施令。動以宗室爲始。登用九族爲先。並錄支親。建立王侯。南面之孤。計以百數。收復絕屬。存亡續廢。得比肩首。復爲人者。嬪然成行。所以藩漢國。輔漢宗也。建辟雍。立明堂。班天法。流聖化。朝羣后。昭文德。宗室諸侯。咸益土地。天下喁喁。引領而歎。頌聲洋洋。滿耳而入。國家所以服此美。膺此名。饗此福。受此榮者。豈非太皇太后日昃之思。陛下夕惕之念哉。何謂。亂則統其理。危則致其安。禍則引其福。絕則繼其統。幼則代其任。晨夜屑屑。寒暑勤勤。無時休息。孳孳不已者。凡以爲天下。厚劉氏也。臣無愚智。民無男女。皆諭至意。而安眾侯崇乃獨懷悖惑之心。操畔逆之慮。興兵動眾。欲危宗廟。惡不忍聞。罪不容誅。誠臣子之仇。宗室之讎。國家之賊。天下之害也。是故親屬震落而告其罪。民人潰畔而弃其兵。進不跬步。退伏其殃。百歲之母。孩提之子。同時斷斬。懸頭竿杪。珠珥在耳。首飾猶存。爲計若此。豈不誖哉。臣聞古者畔逆之國。既以誅討。則豬其宮室以爲汙池。納垢濁焉。名曰凶虛。雖生菜茹。而人不食。四牆其社。覆上棧下。示不得通。辨社諸侯。出門見之。著以爲戒。方今天下聞崇之反也。咸欲騫衣手劍而叱之。其先至者。則拂其頸。衝其匈。刃其軀。切其肌。後至者欲撥其門。仆其牆。夷其屋。焚其器。應聲滌地。則時成創。而宗室尤

甚。言必切齒焉。何則。以其背畔恩義。而不知重德之所在也。宗室所居或遠。嘉幸得先聞。不勝憤憤之願。願爲宗室倡始。父子兄弟負籠荷鍤。馳之南陽。豬崇宮室。令如古制。及崇社。宜如亳社。以賜諸侯。用永監戒。願下四輔公卿大夫議。以明好惡。視四方。（漢書王莽傳上。居攝元年。安眾侯劉崇與相張紹謀攻宛。不得入而敗。紹者。張竦之從兄也。竦與崇族父劉嘉詣闕自歸。莽赦弗罪。竦因爲嘉作奏云云。于是莽大說。）

田延年

延年字子賓。齊諸田之後。徙陽陵。昭帝時給事大將軍霍光莫府。還長史。出爲河東太守。拜大司農。宣帝即位。封陽成侯。坐盜僦車直自剎死。

奏沒入諸下里物

商賈或豫收方上不祥器物。冀其疾用。欲以求利。非民臣所當爲。請沒入縣官。（漢書酷吏傳。昭帝大行時。方上事暴起。用度未辦。延年奏言。奏可。）

全漢文卷三十終

烏程嚴可均校輯

杜延年

延年字幼公。南陽杜衍人。昭帝初補軍司空。拜諫大夫。封建平侯。擢爲太僕右曹給事中。宣帝時坐霍禹免官。後召拜北地太守。徙西河太守。五鳳中拜御史大夫。卒謚曰敬侯。

奏記霍光爭侯史吳事

吏縱罪人有常法。今更詆吳爲不道。恐於法深。又丞相素無所守持。而爲好言於下。盡其素行也。至擅召中二千石。甚無狀。延年愚㠯爲丞相久故。及先帝用事。非有大故不可棄也。閒者民頗言獄深。吏爲峻詆。今丞相所議。又獄事也。如是㠯及丞相。恐不合衆心。羣下讙譁。庶人私議。流言四布。延年竊重將軍失此名於天下也。漢書杜周附傳。桑弘羊子遷亡過父故吏侯史吳。大將軍遂下廷尉王平少府徐仁於獄。朝廷皆恐丞相車千秋坐之。延年迺奏記光爭。㠯爲。

杜欽

欽字子夏。延年子。成帝初。大將軍王鳳請爲武庫令。去官。後舉賢良方正對策。㠯病賜帛罷。後爲議郎。復㠯病免。徵詣王鳳幕府。㠯壽終。

舉賢良方正對策

陛下畏天命。悼變異。延見公卿。舉直言之士。將㠯求天心。迹得失也。臣欽愚戇。經術淺薄。不足㠯奉大對。臣聞日蝕地震。陽微陰盛也。臣者君之陰也。子者父之陰也。妻者夫之陰也。夷狄者中國之陰也。春秋日蝕三十六。地震五。或夷狄侵中國。或政權在臣下。或婦乘夫。或臣子背君父。事雖不同。其類一也。臣竊觀人事。㠯考變異。則本朝大臣。無不自安之人。外戚親屬。無乖剌之心。關東諸侯。無強大之國。三垂蠻夷。無逆理之節。殆爲後宮。何㠯言之。日㠯戊申蝕。時加未。戊未土也。土者中宮之部也。其夜地震未央宮殿中。此必適妾將有爭寵相害而爲患者。唯陛下深戒之。變感㠯類相應。人事失於下。變象見於上。能應之㠯德。則異咎消亡。不能應之㠯善。則禍敗至。高宗遭雊雉之戒。飭己正事。享百年之壽。殷道復興。要在所㠯應之。應之非誠不立。非信不行。宋景公小國之諸侯耳。有不忍移禍之誠。出人君之言三。熒惑爲之退舍。㠯陛下聖明內推至誠。深思天變。何應而不感。何搖而不動。孔子曰。仁遠乎哉。唯陛下正后妾。抑女寵。防奢泰。去佚游。躬節儉。親萬事。數御安車由輦道。親二宮之饗膳。致晨昏之定省。如此。卽堯舜不足與比隆。咎異何足消滅。如不留聽於庶事。不論材而授位。殫天下之財㠯奉淫侈。匱萬姓之力㠯從耳目。近諂諛之人而遠公方。信讒賊之臣㠯誅忠良。賢俊失在巖穴。大臣怨於不㠯。雖無變異。社稷之憂也。天下至大。萬事至衆。祖業至重。誠不可㠯佚豫爲。不可㠯奢泰持也。唯陛下忍無益之欲。㠯全衆庶之命。㠯欽愚戇。言不足采。漢書本傳。又略見五行志下之下。

白虎殿對策

其夏上盡召直言之士。詣白虎殿對策。策曰。天地之道何貴。王者之法何如。六經之義何上。人之行何先。取人之術何㠯。當世之治何務。各㠯經對。欽對曰。臣聞天道貴信。地道貴貞。不信不貞。萬物不生。生。天地之所貴也。王者承天地之所生。理而成之。昆蟲草木靡不得其所。王者法天地。非仁無㠯廣施。非義無㠯正身。克己就義。恕㠯及人。六經之所上也。不孝則事君不忠。涖官不敬。戰陳無勇。朋友不信。孔子曰。孝無終始而患不及者。未之有也。孝。人行之所先也。觀本行於鄉黨。考功能於官職。達觀其所舉。富觀其所予。窮觀其所不爲。乏觀其所不取。近觀其所爲。遠觀其所主。孔子曰。視其所㠯。觀其所由。察其所安。人焉廋哉。取人之術也。殷因於夏尚質周因於殷尚文今漢家承周秦之敝宜抑文尚質廢奢長儉表實去僞孔子曰惡紫之奪朱當世治之所務也臣竊有所憂言之則拂心逆指不言則漸日長爲禍不世然小臣不敢廢道而求從違忠而耦意臣聞玩色無厭必生好憎之心好憎之心生則愛寵偏於一人愛寵偏於一人則繼嗣之路不廣而嫉妒之心興矣如此則匹婦之說不可勝也唯陛下純德普施無欲是從此則衆庶咸說繼嗣日廣而海內長安萬事之是非何足備言（漢書本傳）

上疏追訟馮奉世前功

前莎車王殺漢使者約諸國背畔左將軍奉世㠯衞候便宜發兵誅莎車王策定城郭功施邊境議者㠯奉世奉使有指春秋之義亡遂事漢家之法有矯制故不得侯今匈奴郅支單于殺漢使者亡保康居都護延壽發城郭兵屯田吏士四萬餘人㠯誅斬之封爲列侯臣愚㠯爲比罪則郅支薄量敵則莎車衆用師則奉世寡

計勝則奉世爲功於邊境安慮敗則延壽爲禍於國家深其違命而擅生事同延壽割地封而奉世獨不錄臣聞功同賞異則勞臣疑罪均刑殊則百姓惑疑生無常惑生不知所從亡常則節趨不立不知所從則百姓無所措手足奉世圖難忘死信命殊俗威功白著爲世使表獨抑厭而不揚非聖主所㠯塞疑厲節之意也願下有司議（漢書馮奉世傳）

奏記王鳳理馮野王

竊見令曰吏二千石告過長安謁不分別予賜今有司㠯爲予告得歸賜告不得是一律兩科失省刑之意夫三最予告令也病滿三月賜告詔恩也令告則得詔恩則不得失輕重之差又二千石病賜告得歸有故事得去郡亡著令傳曰賞疑從子所㠯廣恩勸功也罰疑從去所㠯慎刑闕難知也今釋令與故事而假不敬之法甚違闕疑從去之意卽㠯二千石守千里之地任兵馬之重不宜去郡將㠯制刑爲後法者則野王之罪在未制令前也刑賞大信不可不慎（漢書馮奉世附傳杜欽在大將軍莫府奏記於鳳又見藝文類聚五十四）

說王鳳

禮一娶九女所㠯極陽數廣嗣重祖也必鄉舉求窈窕不問華色所㠯助德理內也娣姪雖缺不復補所㠯養壽塞爭也故后妃有貞淑之行則胤嗣有賢聖之君制度有威儀之節則人君有壽考之福廢而不由則女德不厭女德不厭則壽命不究於高年書云或四三年言失欲之生害也男子五十好色未衰婦人四十容貌改前㠯改前之容侍於未衰之年而不㠯禮爲制則其原不可救而後倈異態後倈異態則正后自疑而支庶有閒適之心是㠯晉獻被納讒之謗申生蒙無罪之辜今聖主富於春秋未有適嗣方鄉術入學未親后妃之議將軍輔政宜因始初之隆建九女之制詳擇有行義之家求淑女之質毋必有聲色音技能爲萬世大法

夫少戒之在色小卞之作可爲寒心唯將軍常㠯爲憂（漢書本傳）

復說王鳳

詩云殷監不遠在夏后氏之世刺戒者至迫近而省聽者常怠忽可不慎哉前言九女略陳其禍福甚可悼懼竊恐將軍不深留意后妃之制夭壽治亂存亡之端也迹三代之季世覽宗宣之饗國察近屬之符驗禍敗曷常不由女德是㠯佩玉晏鳴關雎歎之知好色之伐性短年離制度之生無厭天下將蒙化陵夷而成俗也故詠淑女幾㠯配上忠孝之篤仁厚之作也夫君親壽尊國家治安誠臣子之至願所當勉之也易曰正其本萬物理凡事論有疑未可立行者求之往古則典刑無考之來今則吉凶同卒搖易之則民心惑若是者誠難施也今九女之制合於往古無害於今不逆於民心至易行也行之至有福也將軍輔政而不蚤定非天下之所望也唯將軍信臣子之願念關雎之思逮委政之隆及始初

乘當作椉

清明。爲漢家建無窮之基。誠難㠯忽。不可㠯遴。漢書本傳。

說王鳳重后父

車騎將軍至貴。將軍宜尊重之敬之。無失其意。蓋輕細微眇之漸。必生乖忤之患。不可不愼。衞將軍之日盛於蓋侯。近世之事。語尙在於長老之耳。唯將軍察焉。漢書外戚傳下。孝成許皇后傳。初后父嘉自元帝時爲大司馬車騎將軍輔政。已八九年矣。及成帝立。以元舅王鳳爲大司馬大將軍。與嘉並。杜欽㠯爲故事后父重於帝舅。乃說鳳。

說王鳳絕罽賓

前罽賓王陰末赴本漢所立。後卒畔逆。夫德莫大於有國子民。罪莫大於執殺使者。所㠯不報恩不懼誅者。自知絕遠。兵不至也。有求則卑辭。無欲則嬌嫚。終不可懷服。凡中國所㠯爲通厚蠻夷。𧮂快其求者。爲壤比而爲寇也。今縣度之阸。非罽賓所能越也。其鄉慕。不足㠯安西域。雖不附。不能危城郭。前親逆節。惡暴西域。故絕而不通。今悔過來。而無親屬貴人。奉獻者皆行賈賤人。欲通貨市買。㠯獻爲名。故煩使者送至縣度。恐失實見欺。凡遣使送客者。欲爲防護寇害也。起皮山南。更不屬漢之國四五。斥候士百餘人。五分夜擊刁斗自守。尙時爲所侵盜。驢畜負糧。須諸國稟食。得㠯自贍。國或貧小不能食。或桀黠不肯給。擁彊漢之節。餒山谷之閒。乞匄無所得。離一二旬。則人畜棄捐曠野而不反。又歷大頭痛小頭痛之山。赤土身熱之阪。令人身熱無色。頭痛嘔吐。驢畜盡然。又有三池盤石阪。道陿者尺六七寸。長者徑三十里。臨崢嶸不測之深。行者騎步相持。繩索相引。二千餘里乃到縣度。畜隊未半阬谷盡靡碎。人墮。埶不得相收視。險阻危害。不可勝言。聖王分九州。制五服。務盛內。不求外。今遣使者承至尊之命。送蠻夷之賈。勞吏士之衆。涉危難之路。罷弊所恃。㠯事無用。非久長計也。使者業已受節。可至皮山而還。漢書西域傳。

說王鳳處置夜郎等國

太中大夫匡使和解蠻夷王侯。王侯受詔。已復相攻。輕易漢使。不憚國威。其效可見。恐議者選耎。復守和解。太守察動靜有變。迺㠯聞。如此則復曠一時。王侯得收獵其衆。申固其謀。黨助衆多。各不勝忿。必相殄滅。自知罪成。狂犯守尉。遠臧溫暑毒草之地。雖有孫吳將。賁育士。若入水火。往必焦沒。知勇亡所施。屯田守之。費不可勝量。宜因其罪惡未成。未疑漢家加誅。陰勑旁郡守尉練士馬。大司農豫調穀積要害處。選任職太守往。㠯秋涼時入誅其王侯尤不軌者。卽㠯爲不毛之地。亡用之民。聖王不㠯勞中國。宜罷郡。放棄其民。絕其王侯勿復通。如㠯先帝所立。累世之功。不可墮壞。亦宜因其萌芽。早斷絕之。及已成形。然後戰師。則萬姓被害。漢書西南夷傳。

說王鳳治河

前河決。丞相史楊焉言延世受焉術㠯塞之。蔽不肯見。今獨任延世。延世見前塞之易。恐其慮害不深。又審如焉言。延世之巧。反不如焉。且水埶各異。不博議利害。而任一人。如使不及今冬成。來春桃華水盛。必羨溢。有塡淤反壤之害。如此數郡種不得下。民人流散。盜賊將生。雖重誅延世。無益于事。宜遣焉及將作大匠許商。諫大夫乘馬延年雜作。延世與焉必相破壞。深論便宜。㠯相難極。商延年皆明計算。能商功利。足㠯分別是非。擇其善而從之。必有成功。漢書溝洫志。

復說王鳳起就位

將軍深悼輔政十年。變異不已。故乞骸骨。歸咎於身。刻己自責。至誠動衆。愚知莫不感傷。雖然。是無屬之臣。執進退之分。絜其去就之節者耳。非主上所㠯待將軍。非將軍所㠯報主上也。昔周公雖老。猶在京師。明不離成周。示不忘王室也。仲山父異姓之臣。無親於宣。就封於齊。猶歎息永懷。宿夜徘徊。不忍遠去。況將軍之於主上。主上之與將軍哉。夫欲天下治安變異之意。莫有將軍。主上照

然知之故攀援不還書稱公毋困我唯將軍不爲四國流言自疑於成王以固至忠。漢書本傳

復說王鳳舉直言極諫

京兆尹章所坐事密吏民見章素好言事以爲不坐官職疑其以日蝕見對有所言也假令章内有所犯雖陷正法事不暴揚自京師不曉況於遠方恐天下不知章實有罪而以爲坐言事也如是塞爭引之原損寬明之德欽愚以爲宜因章事舉直言極諫並見郎從官展盡其意加於往前以明示四方使天下咸知主上聖明不以言罪下也若此則流言消釋疑惑著明。漢書本傳

戒王鳳

昔周公身有至聖之德屬有叔父之親而成王有獨見之明無信讒之聽然管蔡流言而周公懼穰侯昭王之舅也權重於秦威震鄰敵有旦莫偃伏之愛心不介然有閒然范雎起徒步由異國無雅信開一朝之說而穰侯就封及近者武安侯之見退三事之跡相去各數百歲若合符節甚不可不察願將軍由周公之謙懼損穰侯之威放武安之欲毋使范雎之徒得閒其說。漢書本傳

杜業

業欽兄緩之子成帝時嗣爵建平侯尚帝妹潁邑公主拜太常坐法免官後爲函谷關都尉坐事免就國哀帝即位徵復爲太常左遷上黨都尉又坐事免就國薨謚曰荒侯

上書追劾翟方進

方進本與長深結厚更相稱薦長陷大惡獨得不坐苟欲障塞前過不爲陛下廣持平例又無恐懼之心反因時信其邪辟報睚眦怨故事大逆朋友坐免官無歸故郡者今坐長者歸故郡已深一等紅陽侯立坐子受長貨賂故就國耳非大逆也而方進復奏立黨友後將軍朱博鉅鹿太守孫宏故少府陳咸皆免官歸咸故郡刑罰無平在方進之筆端衆庶莫不疑惑皆言孫宏不與紅陽侯相愛宏前爲中丞時方進爲御史大夫舉掾隆可侍御史宏奏隆前奉使欺謾不宜執法近侍方進以此怨宏又方進爲京兆尹時陳咸爲少府在九卿高第陛下所自知也方進素與司直師丹相善臨御史大夫缺使丹奏咸爲奸利請案驗卒不能有所得而方進果自得御史大夫爲丞相即時詆欺奏免咸復因紅陽侯事歸咸故郡衆人皆言國家假方進權太甚案師丹行能無異及光祿勳許商被病殘人皆但以附從方進常獲尊官丹前親薦邑子丞相史能使巫下神爲國求福幾獲大利幸賴陛下至明遣使者毛莫如先考驗卒得其奸皆坐死假令丹知而白之此誣罔罪也不知而白之是背經術惑左道也二者皆在大辟重於朱博孫宏陳咸所坐方進終不舉白專作威福阿黨所厚排擠英俊託公報私橫厲無所畏忌欲以熏轑天下天下莫不望風而靡自尚書近臣皆結舌杜口骨肉親屬莫不股栗威權泰盛而不忠信非所以安國家也今聞方進卒病死不以尉示天下反復賞賜厚葬唯陛下深思往事以戒來今。漢書杜周附傳丞相方進薨業上書言

上書言王氏世權

王氏世權日久朝無骨鯁之臣宗室諸侯微弱與繫囚無異自佐史以上至於大吏皆權臣之黨曲陽侯根前爲三公輔政知趙昭儀殺皇子不輒白奏反與趙氏比周恣意妄行譖愬故許后被加以非罪誅破諸許族敗元帝外家内嫉妒同產兄姊紅陽侯立及淳于氏皆老被放棄新喋血京師威權可畏高陽侯薛宣有不養母之名安昌侯張禹奸人之雄惑亂朝廷使先帝負謗於海内尤不可不慎陛下初即位謙讓未皇孤獨特立莫可據仗權臣易世意若探湯宜蚤以義割恩安百姓心竊見朱博忠信勇猛材略不世出誠國家雄俊之寶臣也宜徵博置左右以塡天下此人在朝

則陛下可高枕而臥矣。昔諸呂欲危劉氏。賴有高祖遺臣周勃陳平尚存。不者幾為姦臣笑。漢書杜周附傳：哀帝即位，業復上書言。

奏事

伏聞東平國無鹽縣山中。有大石無故一夕自起立。臣業愚以為石者陰類。殆有微人當超口者。漢興以來今再見矣。其一正以孝昭皇帝無繼嗣見。今又復以陛下無繼嗣見。甚可為寒心。北堂書鈔影宋本一百六十引漢名臣奏、案此奏漢書無。

河閒獻王經術通明。積德累行。天下雄俊眾儒皆歸之。孝武帝時獻王朝。被服造次必於仁義。問以五策。獻王輒對無窮。孝武帝艴然難之。謂獻王曰。湯以七十里。文王以百里。王其勉之。王知其意。歸即縱酒聽樂。因以終。史記五宗世家集解、御覽一百五十一、並引漢名臣奏。

說成帝紹封功臣

昔唐以萬國致時雍之政。虞夏以之多羣后。饗共己之治。湯法三聖。殷氏太平。周封八百。重譯來賀。是以內恕之君。樂繼絕世。隆名之主。安立亡國。至於不及下車。德念深矣。成王察牧野之克。顧羣后之勤。知其恩結於民心。功光於王府也。故追述先父之志。錄遺老之策。高其位。大其寓。愛敬飭盡。命賜備厚。大孝之隆。於是為至。及其沒也。世主歎其功。無民而不思。所息之樹。且猶不伐。況其廟乎。是以燕齊之祀。與周並傳。子繼弟及。歷載不墮。豈無刑辟。繇祖之竭力。故支庶賴焉。迹漢功臣。亦皆剖符世爵。受山河之誓。存以著其號。亡以顯其魂。賞亦不細矣。百餘年閒。而襲封者盡。或絕失姓。或乏無主。朽骨孤於墓。苗裔流於道。生為愍隸。死為轉屍。以往況今。甚可悲傷。聖朝憐閔。詔求其後。四方忻忻。靡不歸心。出入數年。而不省察。恐議者不思大義。設言虛亡。則厚德掩息。遴柬布章。非所以示化勸後也。三人為眾。雖難盡繼。宜從尤功。漢書高惠高后文功臣表序、善乎杜業之納說也云云。於是成帝復紹蕭何。哀平之世。增修曹參周勃之屬。

視當作祀

全漢文卷三十二

烏程嚴可均校輯

楊敞

敞。華陰人。昭帝初爲大將軍霍光軍司馬。歷長史搜粟都尉。始元末遷大司農。元鳳中爲御史大夫。代王訢爲丞相。元平元年九月卒。謚曰敬矦。

奏廢昌邑王

丞相臣敞、大司馬大將軍臣光、車騎將軍臣安世、度遼將軍臣明友、前將軍臣增、後將軍臣充國、御史大夫臣誼、宜春矦臣譚、當塗矦臣聖、隨桃矦臣昌、樂杜矦臣屠耆堂、太僕臣延年、太常臣昌、大司農臣延年、宗正臣德、少府臣樂成、廷尉臣光、執金吾臣延壽、大鴻臚臣賢、左馮翊臣廣明、右扶風臣德、長信少府臣嘉、典屬國臣武、京輔都尉臣廣漢、司隸校尉臣辟兵、諸吏文學光祿大夫臣遷、臣畸、臣吉、臣賜、臣管、臣勝、臣梁、臣長幸、臣夏矦勝、太中大夫臣德、臣卬昧死言。皇太后陛下。臣敞等頓首死罪。天子所以永保宗廟總壹海內者。以慈孝禮誼賞罰爲本。孝昭皇帝早棄天下。亡嗣。臣敞等議。禮曰。爲人後者。爲之子也。昌邑王宜嗣後。遣宗正大鴻臚光祿大夫奉節使徵昌邑王。典喪服斬縗。亡悲哀之心。廢禮誼。居道上不素食。使從官略女子。載衣車。內所居傳舍。始至謁見。立爲皇太子。常私買雞豚以食。受皇帝信璽行璽大行前。就次發璽不封。從官更持節。引內昌邑從官騶宰官奴二百餘人。常與居禁闥內敖戲。自之符璽取節十六。朝暮臨。令從官更持節從。爲書曰。皇帝問侍中君卿。使中御府令高昌奉黃金千斤。賜君卿取十妻。大行在前殿。發樂府樂器。引內昌邑樂人。擊鼓歌吹作俳倡。會下還。上前殿。擊鐘磬。召內泰壹宗廟樂人輦道牟首。鼓吹歌舞。悉奏衆樂。發長安廚三太牢具。祠閣室中。視已。與從官飲啗。駕法駕皮軒

鸞旗。驅馳北宮桂宮。弄彘鬭虎。召皇太后御小馬車。使宮奴騎乘。遊戲掖庭中。與孝昭皇帝宮人蒙等淫亂。詔掖庭令敢泄言要斬。取諸矦王列矦二千石綬及墨綬黃綬。以并佩昌邑郎官者免奴。變易節上黃旄以赤。發御府金錢刀劍玉器采繒。賞賜所與遊戲者。與從官宮奴夜飲。湛沔於酒。詔太官上乘輿食如故。食監奏。未釋服。未可御故食。復召太官趣具。無關食監。太官不敢具。即使從官出買雞豚。詔殿門內。以爲常。獨夜設九賓溫室。延見姊夫昌邑關內矦。祖宗廟祠未舉。爲璽書使使者持節。以三太牢祠昌邑哀王園廟。稱嗣子皇帝。受璽以來二十七日。使者旁午。持節詔諸官署徵發。凡千一百二十七事。文學光祿大夫夏矦勝等及侍中傅嘉數進諫以過失。使人簿責勝。縛嘉繫獄。荒淫迷惑。失帝王禮誼。亂漢制度。臣敞等數進諫。不變更。日以益甚。恐危社稷。天下不安。臣敞等謹與博士臣霸、臣雋舍、臣德、臣虞舍、臣射、臣倉議。皆曰。高皇帝建功業。爲漢太祖。孝文皇帝慈仁節儉。爲太宗。今陛下嗣孝昭皇帝後。行淫辟不軌。詩云。籍曰未知。亦既抱子。五辟之屬。莫大不孝。周襄王不能事母。春秋曰。天王出居于鄭。繇不孝出之。絕之於天下也。宗廟重於君。陛下未見命高廟。不可以承天序奉祖宗廟子萬姓。當廢。臣請有司御史大夫臣誼、宗正臣德、太常臣昌與太祝以一太牢具告祠高廟。臣敞等昧死以聞。漢書霍光傳。光與羣臣連名奏王。尚書令讀奏。太后詔曰可。

奏立皇曾孫

禮曰。人道親親故尊祖。尊祖故敬宗。太宗無嗣。擇支子孫賢者爲嗣。孝武皇帝曾孫病已。武帝時有詔掖庭養視。至今年十八。師受詩、論語、孝經。躬行節儉。慈仁愛人。可以嗣孝昭皇帝後。奉承祖宗廟子萬姓。臣昧死以聞。漢書霍光傳。光復與丞相敞等上書。皇太后詔曰可。

楊惲

惲字子幼。敞第二子。初爲郎。補常侍騎。擢左曹。地節中封平通矦。遷中郎將。神爵初拜光祿勳。五鳳二年。與太僕戴長樂相失。免爲庶人。後歲餘要斬。

報孫會宗書

惲材朽行穢。文質無所底。幸賴先人餘業。得備宿衛。遭遇時變。吕獲爵位。終非其任。卒與禍會。足下哀其愚蒙。賜書教督吕所不及。殷勤甚厚。然竊恨足下不深惟其終始。而猥隨俗之毀譽也。言鄙陋之愚心。若逆指而文過。默而息乎。恐違孔氏各言爾志之義。故敢略陳其愚。唯君子察焉。惲家方隆盛時。乘朱輪者十人。位在列卿。爵爲通矦。總領從官。與聞政事。曾不能吕此時有所建明。吕宣德化。又不能與羣僚同心并力。陪輔朝廷之遺忘。已負竊位素餐之責久矣。懷祿貪埶。不能自退。遭遇變故。橫被口語。身幽北闕。妻子滿獄。當此之時。自吕滅夷不足吕塞責。豈意得全首領。復奉先

人之丘墓乎。伏惟聖主之恩。不可勝量。君子游道。樂吕忘憂。小人全軀。說吕忘罪。竊自思念。過已大矣。行已虧矣。長爲農夫吕沒世矣。是故身率妻子。戮力耕桑。灌園治產。吕給公上。不意當復用此爲譏議也。夫人情所不能止者。聖人弗禁。故君父至尊親。送其終也。有時而既。臣之得罪。已三年矣。田家作苦。歲時伏臘。亨羊炰羔。斗酒自勞。家本秦也。能爲秦聲。婦趙女也。雅善鼓瑟。奴婢歌者數人。酒後耳熱。仰天拊缶。而呼烏烏。其詩曰。田彼南山。蕪穢不治。種一頃豆。落而爲萁。人生行樂耳。須富貴何時。是日也。拂衣而喜。奮褏低卬。頓足起舞。誠淫荒無度。不知其不可也。惲幸有餘祿。方糴賤販貴。逐什一之利。此賈豎之事。汙辱之處。惲親行之。下流之人。眾毀所歸。不寒而栗。雖雅知惲者。猶隨風而靡。尚何稱譽之有。董生不云乎。明明求仁義。常恐不能化民者。卿大夫之意也。明明求財利。常恐困乏者。庶人之事也。故道不同。不相爲謀。今子尚安得

吕卿大夫之制而責僕哉。夫西河魏土。文矦所興。有段干木田子方之遺風。漂然皆有節槩。知去就之分。頃者足下離舊土。臨安定。安定山谷之間。昆戎舊壤。子弟貪鄙。豈習俗之移人哉。於今迺睹子之志矣。方當盛漢之隆。願勉旃。毋多談。漢書楊敞傳。文選。

閒居

養羊酤酪。吕供伏臘之費。御覽三十一。

眭弘

弘字孟。魯國蕃人。吕字行。爲議郎。至符節令。元鳳三年坐祆言伏誅。

上書預推昌邑王宣帝事

先師董仲舒有言。雖有繼體守文之君。不害聖人之受命。漢家堯後。有傳國之運。漢帝宜誰差天下。求索賢人。禪吕帝位。而退自封百里。如殷周二王後。吕承順天命。漢書眭弘傳。昌邑有枯社木復生。上林苑中有斷柳自立生。有

蟲食樹葉成文字。曰公孫病已立。孟推春秋之意。即說曰云云。使友人內官長賜上此書。

路溫舒

溫舒字長君。鉅鹿東里人。初爲獄小吏。轉獄吏。始元中。郡署決曹史。舉孝廉。除山邑丞。坐法免。復爲郡吏。元鳳中。廷尉解光請署奏曹掾。守廷尉史。宣帝即位。遷廣陽私府長。內史舉文學高第。遷右扶風丞。後爲臨太守。卒於官。

獄吏及決曹吏兩吏字皆當作史

臨下脫淮字

上書言宜尚德緩刑

臣聞齊有無知之禍。而桓公吕興。晉有驪姬之難。而文公用伯。近世趙王不終。諸呂作亂。而孝文爲太宗。由是觀之。禍亂之作。將吕開聖人也。故桓文扶微興壞。尊文武之業。澤加百姓。功潤諸矦。雖不及三王。天下歸仁焉。文帝永思至惪。吕承天心。崇仁義。省刑罰。通關梁。一遠近。敬賢如大賓。愛民如赤子。內恕情之所安。而施之於海內。是吕囹圄空虛。天下太平。夫繼變化之後。必有異舊之恩。

此賢聖所吕昭天命也往者昭帝卽世而無嗣大臣憂戚焦心合謀皆吕昌邑尊親援而立之然天不授命淫亂其心遂吕自亡深察禍變之故迺皇天之所吕開至聖也故大將軍受命武帝股肱漢國披肝膽決大計黜亡義立有德輔天而行然後宗廟吕安天下咸寧臣聞春秋正卽位大一統而愼始也陛下初登至尊與天合符宜改前世之失正始受命之統滌煩文除民疾存亡繼絕吕應天意臣聞秦有十失其一尙存治獄之吏是也秦之時羞文學好武勇賤仁義之士貴治獄之吏正言者謂之誹謗遏過者謂之妖言故盛服先生不用於世忠良切言皆鬱於胸譽諛之聲日滿於耳虛美熏心實禍蔽塞此乃秦之所吕亡天下也方今天下賴陛下恩厚亡金革之危饑寒之患父子夫妻戮力安家然太平未洽者獄亂之也夫獄者天下之大命也死者不可復生絕者不可復屬書曰與其殺不辜寧失不經今治獄吏則不然上下相敺吕刻爲明深者獲公名平者多後患故治獄之吏皆欲人死非憎人也自安之道在人之死是吕死人之血流離於市被刑之徒比肩而立大辟之計歲吕萬數此仁聖之所吕傷也太平之未洽凡吕此也夫人情安則樂生痛則思死棰楚之下何求而不得故囚人不勝痛則飾辭吕視之吏治者利其然則指道吕明之上奏畏卻則鍛練而周內之蓋奏當之成雖咎繇聽之猶吕爲死有餘辜何則成練者衆文致之罪明也是吕獄吏專爲深刻殘賊而亡極媮爲一切不顧國患此世之大賊也故俗語曰畫地爲獄議不入刻木爲吏期不對此皆疾吏之風悲痛之辭也故天下之患莫深於獄敗法亂正離親塞道莫甚乎治獄之吏此所謂一尙存者也臣聞烏鳶之卵不毀而後鳳皇集誹謗之罪不誅而後良言進故古人有言山藪藏疾川澤納汙瑾瑜匿惡國君含詬唯陛下除誹謗吕招切言開天下之口廣箴諫之路掃亡秦之失尊文武之德省

法制寬刑罰吕廢治獄則太平之風可興於世永履和樂與天亡極天下幸甚漢書路溫舒傳宣帝初卽位溫舒上書言宜尙德緩刑又見說苑貴德少篇首二百五十字

大鴻臚禹

禹史失其姓

奏平干王元不宜立嗣

元前吕刃賊殺奴婢子男殺謁者爲刺史所舉奏罪名明白病先令令能爲樂奴婢從死迫脅自殺者凡十六人暴虐不道故春秋之義誅君之子不宜立元雖未伏誅不宜立嗣漢書景十三王傳趙敬肅王小子偃爲平干王子繆王元嗣薨大鴻臚禹奏云云奏可國除　案諸侯王表元薨於元鳳二年是時大鴻臚禹百官表失載

張壽王

壽王元鳳中爲大史令

上書言不宜更厤

厤者天地之大紀上帝所爲傳黃帝調律厤漢元年吕來用之今陰陽不調宜更厤之過也漢書律厤志元鳳三年太史令張壽王上書言

丞相屬寶

寶失其姓

劾張壽王

壽王吏八百石古之大夫服儒衣誦不祥之辭作妖言欲亂制度不道漢書律厤志元鳳三年丞相屬寶長安單安國安陵桮育劾壽王下吏

王吉

吉字子陽琅邪皋虞人吕郡吏舉孝廉爲郎補若盧右丞遷雲陽令舉賢良爲昌邑王中尉昭帝崩迎王入嗣位尋廢吕國臣坐髡爲城旦宣帝時起爲益州刺史病去官徵爲博士諫大夫尋謝病歸元帝卽位復徵爲諫大夫道病卒遣使弔祠

上疏諫昌邑王

耍當作耎

臣聞古者師日行三十里吉行五十里詩云匪風發兮匪車揭兮顧瞻周道中心怛兮說曰是非古之風也發發者是非古之車也揭揭者蓋傷之也今者大王幸方與曾不半日而馳二百里百姓頗費耕桑治道牽馬臣愚㠯爲民不可數變也昔召公述職當民事時舍于棠下而聽斷焉是時人皆得其所後世思其仁恩至乎不伐甘棠甘棠之詩是也大王不好書術而樂逸游馮式撙銜馳騁不止口倦乎叱咤手苦於箠轡身勞乎車輿朝則冒霧露晝則被塵埃夏則爲大暑之所暴炙冬則爲風寒之所匽薄數㠯耍脆之玉體犯勤勞之煩毒非所㠯全壽命之宗也又非所㠯進仁義之隆也夫廣夏之下細旃之上明師居前勸誦在後上論唐虞之際下及殷周之盛考仁聖之風習治國之道訢訢焉發憤忘食日新厥德其樂豈徒銜橛之閒哉休則俛仰詘信㠯利形進退步趨㠯實下吸新吐故㠯練臧專意積精㠯適神於㠯養生豈不長哉大王誠留意如此則心有堯舜之志體有喬松之壽美聲廣譽登而上聞則福祿其臻而社稷安矣皇帝仁聖至今思慕未怠於宮館囿池弋獵之樂未有所幸大王宜夙夜念此㠯承聖意諸侯骨肉莫親大王大王於屬則子也於位則臣也一身而二任之責加焉恩愛行義孅介有不具者於㠯上聞非享國之福也臣吉愚戇願大王察之漢書王吉傳

奏書戒昌邑王

臣聞高宗諒闇三年不言今大王㠯喪事徵宜日夜哭泣悲哀而已慎毋有所發且何獨喪事凡南面之君何言哉天不言四時行焉百物生焉願大王察之大將軍仁愛勇智忠信之德天下莫不聞事孝武皇帝二十餘年未嘗有過先帝棄群臣屬㠯天下寄幼孤焉大將軍抱持幼君襁褓之中布政施教海內晏然雖周公伊尹亡㠯加也今帝崩亡嗣大將軍惟思可㠯奉宗廟者攀援而立大王其仁厚豈有量哉臣願大王事之敬之政事壹聽之大王垂拱南面而已願留意常㠯爲念漢書王吉傳昭帝崩亡嗣大將軍霍光秉政遣大鴻臚宗正迎昌邑王吉即奏書戒王

上宣帝疏言得失

陛下躬聖質總萬方帝王圖籍日陳於前惟思世務將興太平詔書每下民欣然若更生臣伏而思之可謂至恩未可謂本務也欲治之主不世出公卿幸得遭遇其時言聽諫從然未有建萬世之長策舉明主於三代之隆者也其務在於期會簿書斷獄聽訟而已此非太平之基也臣聞聖王宣德流化必自近始朝廷不備難㠯言治左右不正難㠯化遠民者弱而不可勝愚而不可欺也聖主獨行於深宮得則天下稱誦之失則天下咸言之行發於近必見於遠故謹選左右審擇所使左右所㠯正身也所使所㠯宣德也詩云濟濟多士文王㠯寍此其本也春秋所㠯大一統者六合

同風九州共貫也今俗吏所㠯牧民者非有禮義科指可世世通行者也獨設刑法㠯守之其欲治者不知所繇㠯意穿鑿各取一切權譎自在故一變之後不可復修也是㠯百里不同風千里不同俗戶異政人殊服詐僞萌生刑罰亡極質樸日消恩愛寖薄孔子曰安上治民莫善於禮非空言也王者未制禮之時引先王禮宜於今者而用之臣願陛下承天心發大業與公卿大臣延及儒生述舊禮明王制敺一世之民躋之仁壽之域則俗何㠯不若成康壽何㠯不若高宗竊見當世趨務不合於道者謹條奏惟陛下財擇焉漢書王吉傳又略見禮樂志

夫婦人倫大綱夭壽之萌也世俗嫁娶太早未知爲人父母之道而有子是㠯教化不明而民多夭聘妻送女亡節則貧人不及故不舉子又漢家列侯尚公主諸侯則國人承翁主使男事女夫詘於婦逆陰陽之位故多女亂古者衣服車馬貴賤有章㠯褒有德

而別尊卑令上下僭差人人自制是已貪財趨利不畏死亡周之所已能致治刑措而不用者已其禁邪於冥冥絕惡於未萌也舜湯不用三公九卿之世而舉皋陶伊尹不仁者遠今使俗吏得任子弟率多驕驁不通古今至於積功治人亡益於民此伐檀所為作也宜明選求賢除任子之令外家及故人可厚已財不宜居位去角抵減樂府省尚方明視天下已儉古者工不造瑑琢商不通侈靡非工商之獨賢政教使之然也民見儉則歸本本立而末成（漢書王吉傳吉已為云云又言云云即前疏所謂條奏也今錄於疏後）

王駿

駿吉子已孝廉為郎建昭初遷諫大夫除趙內史道病免歸起為幽州刺史遷司隸校尉河平初遷少府陽朔末拜京兆尹鴻嘉初代辥宣為御史大夫

諭指淮陽王欽

禮為諸侯制相朝聘之義蓋已考禮壹德尊事天子也且王不學詩乎詩云俾侯於魯為周室輔今王舅博數遺王書所言悖逆王幸受詔策通經術知諸侯名譽不當出竟天子曾覆德布於朝而恬有博言多予金錢與相報應不忠莫大焉故事諸侯王獲罪京師罪惡輕重縱不伏誅必蒙遷削貶黜之罪未有但已者也今聖主赦王之罪又憐王失計忘本為博所惑加賜璽書使諫大夫申諭至意殷勤之恩豈有量哉博等所犯罪惡大羣下之所共攻王法之所不赦也自今已來王毋復已博等累心務與眾棄之春秋之義大能變改易曰藉用白茅无咎言臣子之道改過自新絜己已承上然後免於咎也王其留意慎戒惟思所已悔過易行塞重責稱厚恩者如此則長有富貴社稷安矣（漢書宣元六王淮陽王欽傳）

劾奏匡衡

監臨盜所主守直千金已上春秋之義諸侯不得專地所已壹統尊法制也衡位三公輔國政領計簿知郡實正國界計簿已定而背法制專地盜上已自益及賜明阿承衡意猥舉郡計亂滅縣界附下罔上擅已地附益大臣皆不道（漢書匡衡傳司隸校尉駿少府忠行廷尉事劾奏衡）

于定國

定國字曼倩東海郯人昭帝時為獄吏郡決曹舉侍御史遷御史中丞宣帝即位為光祿大夫平尚書事遷水衡都尉地節初超遷廷尉凡十八年甘露中遷御史大夫代黃霸為丞相封西平侯永光元年後數歲卒年七十餘謚曰安侯

奏考問楊惲罪

惲不服罪而召戶將尊欲令戒飭富平侯延壽曰太僕定有死事數事朝暮人也惲幸與富平侯婚姻今獨三人坐語侯言時不聞惲語自與太僕相觸也尊曰不可惲怒持大刀曰蒙富平侯力得族罪毋泄惲語令太僕聞之亂餘事惲幸得列九卿諸吏宿衛近臣上所信任與聞政事不竭忠愛盡臣子義而妄怨望稱引為訞惡言大逆不道請逮捕治（漢書楊惲傳太僕戴長樂上書告楊惲罪事下廷尉廷尉定國考問左驗明白奏）

死事之事當作罪

冀州刺史林

林史失其姓

奏劾代王年

年為太子時與女弟則私通及年立為王後則懷年子其壻使勿舉則曰自來殺之壻怒曰為王生子自令王家養之則送兒頃太后所相聞知禁止則令不得入宮年使從季父往來送迎則連年不絕（漢書文三王傳地節中冀州刺史林奏）

龔遂

遂字少卿山陽南平陽人已明經為昌邑王郎中令王入嗣位尋廢坐國臣髡為城旦宣帝時選為勃海太守徵拜水衡都尉

蠅矢對

陛下之詩不云乎。營營青蠅。至于藩。愷悌君子。毋信讒言。陛下左側。讒人衆多。如是青蠅惡矣。宜進先帝大臣子孫。親近以爲左右。如不忍昌邑故人。信用讒諛。必有凶咎。願詭禍爲福。皆放逐之。臣當先逐矣。漢書武五子傳。昌邑王徵即位。後夢青蠅之矢積西階東。以問遂。遂云云。賀不用其言。卒至於廢。

嚴延年

延年字次卿。東海下邳人。昭帝末以郡吏選補御史掾。舉侍御史。宣帝時坐法亡命。遇赦。復爲御史掾。拜平陵令。免。後爲丞相掾。擢好畤令。神爵中爲涿郡太守。五鳳初遷河南太守。坐罪弃市。

劾奏霍光

光擅廢立。亡人臣禮。不道。漢書嚴延年傳。

報張敞書

河南天下喉咽。二周餘斃。莠盛苗穢。何可不鉏也。漢書嚴延年傳。

全漢文卷三十二終

過無之過當作國

烏程嚴可均校輯

蕭望之

望之字長倩東海蘭陵人居茂陵昭帝末㠯射策甲科爲郎署小苑東門候免歸爲郡吏始元中除御史大夫屬地節中察廉爲大行治禮丞拜謁者遷諫大夫丞相司直出爲平原太守元康初徵爲少府尋爲左馮翊神爵初遷大鴻臚尋代丙吉爲御史大夫五鳳初貶爲太子太傅黃龍初拜前將軍受遺元帝初兼光祿勳爲弘恭石顯所陷免爲庶人尋賜爵關內侯復被收飲鴆自殺

上疏請選諫官

陛下哀愍百姓恐德化之不究悉出諫官㠯補郡吏所謂憂其末而忘其本者也朝無爭臣則不知過過無達士則不聞善願陛下選明經術溫故知新通於幾微謀慮之士㠯爲內臣與參政事諸侯聞之則知國家納諫憂政亡有闕遺若此不怠成康之道其庶幾乎外郡不治豈足憂哉漢書蕭望之傳望之爲平原太守上疏書聞徵入守少府

建白宜罷中書宦官

尚書百官之本國家樞機宜㠯通明公正處之武帝游宴後庭故用宦者非古制也宜罷中書宦官應古不近刑人漢書石顯傳初元中前將軍蕭望之及光祿大夫周堪宗正劉更生皆給事中望之領尚書事知顯專權邪辟建白㠯爲

劾奏趙廣漢

廣漢摧辱大臣欲㠯劫持奉公逆節傷化不道漢書趙廣漢傳廣漢自將吏卒入丞相府召其夫人跪庭下受辭收奴婢十餘人去責㠯殺婢事丞相魏相上書自陳司直蕭望之劾奏

奏駮耿壽昌增海租及近糴計

故御史屬徐宮家在東萊言往年加海租魚不出長老皆言武帝時縣官嘗自漁海魚不出後復予民魚迺出夫陰陽之感物類相應萬事盡然今壽昌欲近糴漕關內之穀築倉治船費直二萬萬餘有動衆之功恐生旱氣民被其災壽昌習于商功分銖之事其深計遠慮誠未足任宜且如故漢書食貨志大司農中丞耿壽昌㠯五鳳中奏糴三輔等郡穀㠯省關東漕卒又白增海租三倍御史大夫蕭望之奏云云上不聽

奏言三公非其人

百姓或乏困盜賊未止二千石多材下不任職三公非其人則三光爲之不明今首歲日月少光咎在臣等漢書蕭望之傳丞相丙吉年老上重焉望之又奏言云云上㠯望之意輕丞相乃下侍中等詰問望之

馮奉世封爵議

奉世奉使有指而擅矯制違命發諸國兵雖有功效不可㠯爲後法即封奉世開後奉使者利㠯奉世爲比爭逐發兵要功萬里之外爲國家生事於夷狄漸不可長奉世不宜受封漢書馮奉世傳奉世㠯衛候持節送大宛諸國客至伊修城㠯節諭告諸國王因發其兵進擊莎車莎車王自殺傳首長安上甚說下議封奉世少府蕭望之獨㠯云云上善望之議

駮張敞入穀贖罪議

民函陰陽之氣有仁義欲利之心在教化之所助堯在上不能去民欲利之心而能令其欲利不勝其好義也雖桀在上不能去民好義之心而能令其好義不勝其欲利也故堯桀之分在於義利而已道民不可不慎也今欲令民量粟㠯贖罪如此則富者得生貧者獨死是貧富異刑而法不一也人情貧窮父兄囚執聞出財得㠯生活爲人子弟者將不顧死亡之患敗亂之行㠯赴財利求救親戚一人得生十人㠯喪如此伯夷之行壞公綽之名滅政教壹傾雖有周召之佐恐不能復古者藏財於民財字從漢紀補不足則取有餘則予詩曰爰及矜人哀此鰥寡上惠下也又曰雨我公田遂及我私下急上也今有西邊之役民失作業雖戶賦口斂㠯贍其困乏古之通義百姓莫㠯爲非㠯死救生恐未可也陛下布德施

教。教化既成。堯舜亡吕加也。今議開利路。吕傷既成之化。臣竊痛之。漢書蕭望之傳。京兆尹張敞上書。願令諸有罪得吕差入穀此八郡贖罪。事下有司。望之與少府李彊議。又見荀悅漢紀。又見藝文類聚五十四。

對兩府難問入穀贖罪議

先帝聖德。賢良在位。作憲垂法。為無窮之規。永惟邊竟之不贍。故金布令甲曰。邊郡數被兵。離饑寒。夭絕天年。父子相失。令天下共給其費。固為軍旅卒暴之事也。聞天漢四年。常使死罪人入五十萬錢。減死罪一等。豪強吏民請奪假貸。至為盜賊吕贖罪。其後姦邪橫暴。羣盜竝起。至攻城邑。殺郡守。充滿山谷。吏不能禁。明詔遣繡衣使者吕興兵擊之。誅者過半。然後衰止。愚吕為此使死罪贖之敗也。故曰不便。漢書蕭望之傳。

烏孫元貴靡尚少主議

烏孫絕域。信其美言。萬里結婚。非長策也。漢書蕭望之傳。又西域傳下作烏孫絕域。變故難保。不可許。

烏孫持兩端。亡堅約。其效可見。前少主在烏孫四十餘年。恩愛不親密。邊境未吕安。此已事之驗也。今少主吕元貴靡不得立而還。信無負於四夷。此中國之大福也。少主不止。繇役將興。其原起此。漢書蕭望之傳。又見西域傳下。小異。

對詔問因亂滅匈奴議

春秋。晉士匄帥師侵齊。聞齊侯卒。引師而還。君子大其不伐喪。吕為恩足吕服孝子。誼足吕動諸侯。前單于慕化鄉善。稱弟遣使。請求和親。海內欣然。夷狄莫不聞。未終奉約。不幸為賊臣所殺。今而伐之。是乘亂而幸災也。彼必奔走遠遁。不吕義動兵。恐勞而無功。宜遣使者弔問。輔其微弱。救其災患。四夷聞之。咸貴中國之仁義。如遂蒙恩。得復其位。必稱臣服從。此德之盛也。漢書蕭望之傳。五鳳中。匈奴大亂。議者多曰。匈奴為害日久。可因其壞亂。舉兵滅之。詔遣問望之計策。望之對云云。上從其議。

單于朝儀議

單于非正朔所加。故稱敵國。宜待吕不臣之禮。位在諸侯王上。外夷稽首稱藩。中國讓而不臣。此則羈縻之誼。謙亨之福也。書曰。戎狄荒服。言其來荒忽亡常。如使匈奴後嗣卒有鳥竄鼠伏。闕於朝享。不為畔臣。信讓行乎蠻貉。福祚流于亡窮。萬世之長策也。漢書蕭望之傳。

戎狄荒服。言其來服荒忽無常。時至時去。宜待吕客禮。讓而不臣。如其後嗣遂逃竄伏。使於中國不為叛臣。漢書匈奴傳贊。案此約文與本傳小異。故竝錄之。

雨雹對

春秋。昭公三年大雨雹。是時季氏專權。卒逐昭公。鄉使魯君察於天變。宜亡此害。今陛下吕聖德居位。思政求賢。堯舜之用心也。然而善祥未臻。陰陽不和。是大臣任政一姓擅埶之所致也。附枝大者賊本心。私家盛者公室危。唯明主躬萬機。選同姓。舉賢材。吕為腹心。與參政謀。令公卿大臣朝見奏事。明陳其職。吕考功能。如是則庶事理。公道立。姦邪塞。私權廢矣。漢書蕭望之傳。地節三年夏。京師雨雹。望之因是上疏。願陳災異。下少府宋畸問狀。望之對吕為。

蕭育

育字次君。望之之子。宣帝時為太子庶子。元帝即位為郎。病免。後為御史。除大將軍功曹。遷謁者。使匈奴副校尉。後為茂陵令。拜司隸校尉。免。復為中郎將。使匈奴。歷冀州青州兩部刺史。長水校尉。泰山太守。大鴻臚。右扶風。免。哀帝時拜南郡太守。病去官。起為光祿大夫執金吾。

奏封事薦馮野王

野王行能高妙。內足與圖身。外足吕慮化。竊惜野王懷國之寶。而不得陪朝廷。與朝者竝。野王前吕王舅出。吕賢復入。明國家樂進賢也。（漢書馮奉世附傳。朔方刺史蕭育奏封事薦言。案朔方郎冀州。又案王章薦馮野王封事末三語與此同。）

金安上

安上字子侯。秺侯日磾弟倫之子。宣帝時爲侍中。賜爵關內侯。進封都成侯。遷建章衞尉。謚曰敬侯。

上書言昌邑王賀

賀天之所棄。陛下至仁。復封爲列侯。賀嚚頑放廢之人。不宜得奉宗廟朝聘之禮。（漢書武五子昌邑王傳。侍中衞尉金安上上書言。奏可。）

柯

柯。史不著其姓。宣帝時爲揚州刺史。

奏昌邑王賀罪

賀與故太守卒史孫萬世交通。萬世問賀。前見廢時。何不堅守毋出宮斬大將軍。而聽人奪璽綬乎。賀曰。然。失之。萬世又㠯賀且王豫章。不久爲列侯。賀曰。且然。非所宜言。（漢書武五子昌邑王傳。元康三年。封賀爲海昏侯。後數年。揚州刺史柯奏云云。制曰削戶三千。）

廖

廖。史不著其姓。宣帝時爲豫章太守。

奏絕昌邑王後

舜封象於有鼻。死不爲置後。㠯爲暴亂之人。不宜爲太祖。海昏侯賀死。上當爲後者子充國。充國死。復上弟奉親。奉親復死。是天絕之也。陛下聖仁。於賀甚厚。雖舜於象。無㠯加也。宜㠯禮絕賀。㠯奉天意。願下有司議。（漢書武五子傳。賀薨。豫章太守廖奏言。）

鄭吉

吉。會稽山陰人。初爲郎。地節中㠯侍郎田渠黎。破車師。遷衞司馬。護鄯善㠯西南道。神爵中降日逐。并護車師㠯西北道。於是始置都護西域騎都尉。封安遠侯。卒。謚曰繆侯。

上書請益車師田卒

車師去渠黎千餘里。閒㠯河山。北近匈奴。漢兵在渠黎者。埶不能相救。願益田卒。（漢書西域傳下。）

辛武賢

武賢。狄道人。元康中爲酒泉太守。神爵初拜破羌將軍。羌軍還。歸酒泉。後復爲破羌將軍。

奏擊罕开

郡兵皆屯備南山。北邊空虛。埶不可久。或曰至秋冬迺進兵。此虜在境外之冊。今虜朝夕爲寇。土地寒苦。漢馬不能冬。屯兵在武威、張掖、酒泉萬騎㠯上。皆多羸瘦。可益馬食。㠯七月上旬齎三十日糧。分兵並出張掖、酒泉。合擊罕开在鮮水上者。虜㠯畜產爲命。今皆離散。兵郎分出。雖不能盡誅。亶奪其畜產。虜其妻子。復引兵還。冬復擊之。大兵仍出。虜必震壞。（漢書趙充國傳。酒泉太守辛武賢奏言。天子下其書充國。令與校尉㠯下知羌事者博議。）

辛慶忌

慶忌字子眞。武賢子。宣帝時爲右校丞。屯烏孫赤谷城。拜侍郎。遷校尉。屯焉耆國。還爲謁者。元帝初補金城長史。舉茂材。遷郎中。轉校尉。遷張掖太守。徙酒泉太守。成帝初徵爲光祿大夫。遷左曹中郎將。至執金吾。左遷酒泉太守。復徵爲光祿大夫。執金吾。左遷雲中太守。徵爲光祿勳。拜右將軍諸吏散騎給事中。徙左將軍。元延初卒官。

上書理劉輔

臣聞明主垂寬容之聽。崇諫爭之官。廣開忠直之路。不罪狂狷之言。然後百僚在位。竭忠盡謀。不懼後患。朝廷無諂諛之士。元首無失道之諐。竊見諫大夫劉輔。前㠯縣令求見。擢爲諫大夫。此其言必有卓詭切至。當聖心者。故得拔至於此。旬日之閒。收下祕獄。臣等愚㠯爲輔幸得託公族之親。在諫臣之列。新從下土來。未知朝廷體獨觸忌諱不足深過小罪宜隱忍而已如有大惡宜暴治理官與衆共之昔趙簡子殺其大夫鳴犢孔子臨河而還今天心未豫災異屢降水旱迭臻方當降寬廣問褒直盡下之時也而行慘急之誅於諫爭之臣震驚羣下失忠直心假令輔不坐直言所坐不著天下不可戶曉同姓近臣本㠯言顯其於治親養忠之義誠不宜幽囚於掖庭獄公卿㠯下見陛下進用輔亟而折傷之暴人有懼心精銳銷耎莫敢盡節正言非所㠯昭有虞之聽廣德美之風也臣等竊深傷之唯陛下留神省察（漢書劉輔傳成帝欲立趙倢伃爲皇后輔上書繫掖庭祕獄左將軍辛慶忌右將軍廉褒光祿大夫師丹太中大夫谷永俱上書）

韋玄成

玄成字少翁魯國鄒人丞相賢之少子爲諫大夫遷大河都尉襲爵扶陽侯拜河南（表作河內）太守神爵末徵爲未央衞尉五鳳中遷太常坐楊惲免起爲淮南王中尉元帝卽位進少府遷太子太傅永光初拜御史大夫代于定國爲丞相建昭三年卒謚曰共侯

劾劉更生

更生前爲九卿坐與望之堪謀排車騎將軍高許史氏侍中者毀離親戚欲退去之而獨專權爲臣不忠幸不伏誅復蒙恩徵用不悔前過而教令人言變事誣罔不道（漢書楚元王交附傳更生使外親上變事逮繫獄下太傅韋玄成諫大夫貢禹與廷尉雜考劾更生）

奏發陳咸朱雲事

咸宿衞執法之臣幸得進見漏泄所聞㠯私語雲爲定奏草欲令自下治後知雲亡命罪人而與交通雲㠯故不得上（漢書朱雲傳案顏師古㠯上字屬下文誤）

罷郡國廟議

臣聞祭非自外至者也繇中出生於心也故惟聖人爲能饗帝孝

子爲能饗親立廟京師之居躬親承事四海之內各㠯其職來助祭尊親之大義五帝三王所共不易之道也詩云有來雍雍至止肅肅相維辟公天子穆穆春秋之義父不祭於支庶之宅君不祭於臣僕之家王不祭於下土諸侯臣等愚㠯爲宗廟在郡國宜無修臣請勿復修（漢書韋賢傳永光四年詔先議罷郡國廟丞相玄成御史大夫鄭弘太子太傅嚴彭祖少府歐陽地餘諫大夫尹更始等七十人皆曰云云奏可）

毀廟議

禮王者始受命諸侯始封之君皆爲太祖㠯下五廟而迭毀毀廟之主臧乎太祖五年而再殷祭言壹禘壹祫也祫祭者毀廟與未毀廟之主皆合食於太祖父爲昭子爲穆孫復爲昭古之正禮也祭義曰王者禘其祖自出㠯其祖配之而立四廟言始受命而王祭天㠯其祖配而不爲立廟親盡也立親廟四親親也親盡而迭毀親疏之殺示有終也周之所㠯七廟者㠯后稷始封文王武王受命而王是㠯三廟不毀與親廟四而七非有后稷始封文武受命之功者皆當親盡而毀成王成二聖之業制禮作樂功德茂盛廟猶不世㠯行爲謚而已禮廟在大門之內不敢遠親也臣愚㠯爲高帝受命定天下宜爲帝者太祖之廟世世不毀承後屬盡者宜毀今宗廟異處昭穆不序宜入就太祖廟而序昭穆如禮太上皇孝惠孝文孝景廟皆親盡宜毀皇考廟親未盡如故（漢書韋賢傳玄成等四十四人奏議）

毀廟遷主議

祖宗之廟世世不毀繼祖㠯下五廟而迭毀今高皇帝爲太祖孝文皇帝爲太宗孝景皇帝爲昭孝武皇帝爲穆孝昭皇帝與孝宣皇帝俱爲昭皇考廟親未盡太上孝惠廟皆親盡宜毀太上廟主宜瘞園孝惠皇帝爲穆主遷於太祖廟寢園皆無復修（漢書韋賢傳玄成等奏奏可）

復言罷文昭太后寢祠園

古者制禮，別尊卑貴賤。國君之母，非適不得配食，則薦於寢，身沒而已。陛下躬至孝，承天心，建祖宗，定迭毀，序昭穆。大禮既定，孝文太后、孝昭太后寢祠園，宜如禮勿復修。漢書韋賢傳，明年玄成復言，奏可。

侍郎章

章史不著其姓，宣帝時爲侍郎。

上疏言宜聽韋玄成讓襲爵

聖王貴㠯禮讓爲國，宜優養玄成，勿枉其志，使得自安衡門之下。漢書韋賢傳，玄成當襲爵，㠯病狂不應召，大鴻臚奏狀，玄成友人侍郎章亦上疏言。

戴長樂

長樂神爵初爲太僕，五鳳坐事免爲庶人。

上疏告楊惲罪

高昌車奔入北掖門，惲語富平侯張延壽曰：聞前有奔車抵殿門，門關折，馬死，而昭帝崩。今復如此，天時非人力也。左馮翊韓延壽有罪下獄，惲上書訟延壽。郎中丘常謂惲曰：聞君侯訟韓馮翊，當得活乎？惲曰：事何容易，脛脛者未必全也。我不能自保，眞人所謂鼠不容穴銜窶數者也。又中書謁者令宣持單于使者語視諸將軍中朝二千石，惲曰：冒頓單于得漢美食好物，謂之殠惡，單于不來明甚。惲上觀西閣上畫人，指桀紂畫謂樂昌侯王武曰：天子過此，一二問其過，可㠯得師矣。畫人有堯舜禹湯，不稱而舉桀紂。惲聞匈奴降者道單于見殺，惲曰：得不肖君，大臣爲畫善計不用，自令身無處所。若秦時但任小臣，誅殺忠良，竟㠯滅亡；令親任大臣，即至今耳。古與今如一丘之貉。惲妄引亡國㠯誹謗當世，無人臣禮。又語長樂曰：正月㠯來，天陰不雨，此春秋所記，夏侯君所言，行必不至河東矣。㠯主上爲戲，語允悖逆絕理。漢書楊惲傳。

王生

生宣帝時爲太子庶子。案龔遂傳亦有王生，由勃海議曹入爲水衡丞，與此同時，未審卽其人否也。

與蓋寬饒書

明主知君絜白公正，不畏彊禦，故命君㠯司察之位，擅君㠯奉使之權，尊官厚祿已施於君矣。君宜夙夜惟思當世之務，奉法宣化，憂勞天下，雖日有益，月有功，猶未足㠯稱職而報恩也。自古之治，三王之術，各有制度。今君不務循職而已，迺欲㠯太古久遠之事匡拂天子，數進不用難聽之語㠯摩切左右，非所㠯揚令名全壽命者也。方今用事之人，皆明習法令，言足㠯飾君之辭，文足㠯成君之過。君不爲蘧氏之高蹤，而慕子胥之末行，用不訾之軀，臨不測之險，竊爲君痛之。夫君子直而不挺，曲而不詘。大雅云：既明且哲，㠯保其身。狂夫之言，聖人擇焉。唯裁省覽。漢書蓋寬饒傳。

蓋寬饒

寬饒字次公，魏郡人。初爲郡文學，㠯孝廉爲郎，舉方正，對策高第，遷諫大夫，行郎中戶將事，左遷衛司馬，拜太中大夫，擢爲司隸校尉。神爵二年，㠯奏事忤旨自殺。

奏封事

方今聖道濅廢，儒術不行，㠯刑餘爲周召，㠯法律爲詩書。

韓氏易傳言：五帝官天下，三王家天下。家㠯傳子，官㠯傳賢，若四時之運，功成者去，不得其人，則不居其位。漢書蓋寬饒傳，是時上方用刑法，信任中尚書宦官，寬饒奏封事。

鄭昌

昌字次卿，泰山剛人。宣帝時爲太原、涿郡太守，入爲諫大夫。

請刪定律令疏

聖主置諫爭之臣者，非㠯崇德，防逸豫之生也；立法明刑者，非㠯爲治，救衰亂之起也。今明主躬垂明聽，雖不置廷平，獄將自正。若開後嗣，不若刪定律令。律令一定，愚民知所避，姦吏無所弄矣。今

允當作尤

桼當作奏

不正其本，而置廷平以理其末也。政衰聽怠，則廷平將招權而爲亂首矣。漢書刑法志：宣帝置廷平，時涿郡太守鄭昌上疏言，宣帝未及修正。

上書理蓋寬饒

臣聞山有猛獸，藜藿爲之不采；國有忠臣，姦邪爲之不起。司隸校尉寬饒，居不求安，食不求飽，進有憂國之心，退有死節之義，上無許史之屬，下無金張之託，職在司察，直道而行，多仇少與，上書陳國事，有司劾以大辟。臣幸得從大夫之後，官以諫爲名，不敢不言。漢書蓋寬饒傳：諫大夫鄭昌愍傷寬饒忠直憂國，以言事不當意而爲文吏所詆挫，上書頌寬饒云云，上不聽。

薛廣德

廣德字長卿，沛郡相人。神爵中爲博士，遷諫大夫。初元末，代貢禹爲長信少府，御史大夫。永光初，以病免。

上元帝書諫射獵

竊見關東困極，人民流離。陛下日撞亡秦之鐘，聽鄭衞之樂，臣誠悼之。今士卒暴露，從官勞倦，願陛下亟反宮，思與百姓同憂樂，天下幸甚。漢書薛廣德傳。

緐延壽

延壽一姓李，字子惠，南郡人。五鳳中爲丞相司直。建昭初，遷執金吾，歷衞尉，拜御史大夫。竟寧初卒。

奏劾蕭望之

侍中謁者良使丞制詔望之，望之再拜已，良與望之言，望之不起，因故下手，而謂御史曰良禮不備。故事，丞相病，明日，御史大夫輒問病；朝奏事會廷中，差居丞相後，丞相謝，大夫少進揖。今丞相數病，望之不問病；會廷中，與丞相均禮；時議事不合意，望之曰：「侯年寧能父我邪！」知御史有令不得擅使，望之多使守史自給車馬，之杜陵護視家事。少史冠法冠，爲妻先引，又使買賣，私取附益凡十萬三千。案望之大臣，通經術，居九卿之右，本朝所仰，至不奉法自修，踞慢不遜，攘受所監臧二百五十以上，請逮捕繫治。漢書蕭望之傳。

孫會宗

會宗，西河人。五鳳中爲安定太守，坐楊惲事免官。

與楊惲書

大臣廢退，當闔門惶懼，爲可憐之意，不當治產業，通賓客，有稱譽。漢書楊敞傳：惲既失爵位，家居治產業，起室宅，以財自娛。歲餘，其友人孫會宗與惲書諫戒之。

歐陽地餘

地餘，千乘人，歐陽生七世孫。世受尚書，宣帝時爲太子中庶子，後爲博士，論石渠。元帝即位，進侍中中大夫。永光初爲少府。

戒子

我死，官屬即送汝財物，慎毋受。汝九卿儒者子孫，以廉絜著，可以自成。漢書儒林傳。

徐福

福，茂陵人。宣帝時，以上疏爲郎。

上疏言霍氏

霍氏太盛，陛下即厚愛之，宜以時抑制，無使至亡。漢書霍光傳：茂陵徐生上疏言，書三上，輒報聞。其後霍氏誅滅，而告霍氏者皆封。人爲徐生上書，上迺賜福帛十匹，後以爲郎。

全漢文卷三十三終

全漢文卷三十四

烏程嚴可均校輯

貢禹

禹字少翁。琅邪人。宣帝時㠯明經徵博士。出爲涼州刺史。病去官。復舉賢良。爲河內令。去官。元帝卽位。徵爲諫大夫。遷光祿大夫。歷長信少府。代陳萬年爲御史大夫。

上書乞骸骨

臣禹年老貧窮。訾不滿萬錢。妻子穅豆不贍。裋褐不完。有田百三十畝。陛下過意徵臣。臣賣田百畝。㠯供車馬。至。拜爲諫大夫。秩八百石。奉錢月九千二百。廩食太官。又蒙賞賜四時雜繒綿絮衣服酒肉諸果物。德厚甚深。疾病。侍醫臨治。賴陛下神靈。不死而活。又拜爲光祿大夫。秩二千石。奉錢月萬二千。祿賜愈多。家日㠯益富。身日㠯益尊。誠非草茅愚臣所當蒙也。伏自念終亡㠯報厚恩。日夜慙愧而已。臣禹犬馬之齒八十一。血氣衰竭。耳目不聰明。非復能有補益。所謂素餐尸祿洿朝之臣也。自痛去家三千里。凡有一子。年十二。非有在家爲臣具棺槨者也。誠恐一旦蹎仆氣竭。不復自還。洿席薦於宮室。骸骨弃捐。孤魂不歸。不勝私願。願乞骸骨。及身生歸鄉里。死亡所恨。（漢書貢禹傳。）

上書言得失

口錢

古者亡賦算口錢。起武帝征伐四夷。重賦於民。民產子三歲。則出口錢。故民重困。至於生子輒殺。甚可悲痛。宜令兒七歲去齒乃出口錢。年二十迺算。（漢書貢禹傳。）

錢幣

古者不㠯金錢爲幣。專意於農。故一夫不耕。必有受其飢者。今漢家鑄錢。及諸鐵官。皆置吏卒徒。攻山取銅鐵。一歲功十萬人已上。

中農食七人。是七十萬人常受其飢也。鑿地數百丈。銷陰氣之精。地臧空虛。不能含氣出雲。斬伐林木。亡有時禁。水旱之災。未必不繇此也。自五銖錢起已來七十餘年。民坐盜鑄錢被刑者衆。富人積錢滿室。猶亡厭足。民心搖動。商賈求利。東西南北各用智巧。好衣美食。歲有十二之利。而不出租稅。農夫父子暴露中野。不避寒暑。捽草杷土。手足胼胝。已奉穀租。又出槀稅。鄉部私求。不可勝供。故民棄本逐末。耕者不能半。貧民雖賜之田。猶賤賣㠯賈。窮則起爲盜賊。何者。末利深而惑於錢也。是㠯姦邪不可禁。其原皆起於錢也。疾其末者絕其本。宜罷采珠玉金銀鑄錢之官。亡復㠯爲幣。市井勿得販賣。除其租銖之律。租稅祿賜皆㠯布帛及穀。使百姓壹歸於農。復古道便。（漢書貢禹傳。又略見食貨志。）

減宮衞免諸官奴婢

諸離宮及長樂宮衞。可減其大半。㠯寬繇役。又諸官奴婢十萬餘人。戲游亡事。稅良民㠯給之。歲費五六鉅萬。宜免爲庶人。稟食。（漢書貢禹傳。）

戍卒

令代關東戍卒。乘北邊亭塞候望。（漢書貢禹傳。）

私販賣

令近臣自諸曹侍中㠯上。家亡得私販賣。與民爭利。犯者輒免官削爵。不得仕宦。（漢書貢禹傳。）

贖罪

孝文皇帝時。貴廉絜。賤貪汙。賈人贅壻及吏坐贓者。皆禁錮不得爲吏。賞善罰惡。不阿親戚。罪白者伏其誅。疑者㠯與民。亡贖罪之法。故令行禁止。海內大化。天下斷獄四百。與刑錯亡異。武帝始臨天下。尊賢用士。闢地廣境數千里。自見功大威行。遂從耆欲。用度不足。迺行壹切之變。使犯法者贖罪。入穀者補吏。是㠯天下奢侈官亂民貧盜賊竝起亡命者衆郡國恐伏其誅則擇便巧史書習於計簿能欺上府者以為右職姦軌不勝則取勇猛能操切百姓者以苛暴威服下者使居大位故亡義而有財者顯於世欺謾而善書者尊於朝誖逆而勇猛者貴於官故俗皆曰何以孝弟為財多而光榮何以禮義為史書而仕宦何以謹慎為勇猛而臨官故黥劓而髡鉗者猶復攘臂為政於世行雖犬彘家富埶足目指氣使是為賢耳故謂居官而置富者為雄桀處姦而得利者為壯士兄勸其弟父勉其子俗之壞敗迺至於是察其所以然者皆以犯法得贖罪求士不得眞賢相守崇財利誅不行之所致也今欲興至治致太平宜除贖罪之法相守選舉不以實及有臧者輒行其誅亡但免官則爭盡力為善貴孝弟賤賈人進眞賢舉實廉而天下治矣孔子匹夫之人耳以樂道正身不解之故四海之內天下之君微孔子之言亡所折中況乎以漢地之廣陛下之德處南面

之尊秉萬乘之權因天地之助其於變世易俗調和陰陽陶冶萬物化正天下易於決流抑隊自成康以來幾且千歲欲為治者甚衆然而太平不復興者何也以其舍法度而任私意奢侈行而仁義廢也陛下誠深念高祖之苦醇法太宗之治正己以先下選賢以自輔開進忠正致誅姦臣遠放讇佞放出園陵之女罷倡樂絕鄭聲去甲乙之帳退偽薄之物修節儉之化驅天下之民皆歸於農如此不解則三王可侔五帝可及唯陛下留意省察天下幸甚

漢書貢禹傳又見藝文類聚五十四。

奏宜放古自節

古者宮室有制宮女不過九人秣馬不過八匹牆塗而不琱木摩而不刻車輿器物皆不文畫苑囿不過數十里與民共之任賢使能什一而稅亡它賦斂繇戍之役使民歲不過三日千里之內自給千里之外各置貢職而已故天下家給人足頌聲竝作至高祖孝文孝景皇帝循古節儉宮女不過十餘廄馬百餘匹孝文皇帝衣綈履革器亡琱文金銀之飾後世爭為奢侈轉轉益盛臣下亦相放效衣服履絝刀劍亂於主上主上時臨朝入廟衆人不能別異甚非其宜然非自知奢僭也猶魯昭公曰吾何僭矣今大夫僭諸侯諸侯僭天子天子過天道其日久矣承衰救亂矯復古化在於陛下臣愚以為盡加太古難宜少放古以自節焉論語曰君子樂節禮樂方今宮室已定亡可奈何矣其餘盡可減損故時齊三服官輸物不過十笥方今齊三服官作工各數千人一歲費數鉅萬蜀廣漢主金銀器歲各用五百萬三工官官費五千萬東西織室亦然廄馬食粟將萬匹臣禹嘗從之東宮見賜杯案盡文畫金銀飾非當所以賜食臣下也東宮之費亦不可勝計天下之民所為大飢餓死者是也今民大飢而死死又不葬為犬豬所食人至相食而廄馬食粟苦其大肥氣盛怒至迺日步作之王者受命於

天為民父母固當若此乎天不見邪武帝時又多取好女至數千人以塡後宮及棄天下昭帝幼弱霍光專事不知禮正妄多臧金錢財物鳥獸魚鼈牛馬虎豹生禽凡百九十物盡瘞臧之又皆以後宮女置於園陵大失禮逆天心又未必稱武帝意也昭帝晏駕光復行之至孝宣皇帝時陛下烏有所言羣臣亦隨故事甚可痛也故使天下承化取女皆大過度諸侯妻妾或至數百人豪富吏民畜歌者至數十人是以內多怨女外多曠夫及衆庶葬埋皆虛地上以實地下其過自上生皆在大臣循故事之辠也唯陛下深察古道從其儉者大減損乘輿服御器物三分去二子產多少有命審察後宮擇其賢者留二十人餘悉歸之及諸陵園女亡子者宜悉遣獨杜陵宮人數百誠可哀憐也廄馬可亡過數十匹獨舍長安城南苑地以為田獵之囿自城西南至山西至鄠皆復其田以與貧民方今天下飢饉可亡大自損減以救之稱天意乎天生

聖人，蓋爲萬民，非獨使自娛樂而已也。故詩曰：天難諶斯，不易惟王。上帝臨汝，毋貳爾心。當仁不讓，獨可㠯聖心參諸天地，揆之往古，不可與臣下議也。若其阿意順指，隨君上下，臣禹不勝拳拳，不敢不盡愚心。（漢書貢禹傳）

奏請正定廟制

古者天子七廟，今孝惠孝景廟皆親盡，宜毀。及郡國廟不應古禮，宜正定。（漢書韋玄成傳）

送匈奴侍子議

春秋之義，許夷狄者不壹而足。今郅支單于鄉化未醕，所在絕遠，宜令使者送其子至塞而還。（漢書陳湯傳：初元四年，郅支遣使奉獻，因求侍子，願爲內附。漢議遣衛司馬谷吉送之，御史大夫貢禹、博士匡衡㠯爲）

匡衡

衡字稚圭，東海承人。宣帝時射策甲科，㠯不應令除爲太常掌故，調補平原文學。元帝即位，大司馬史高辟議曹史，薦爲郎中，遷博士給事中，進光祿大夫、太子少傅，拜光祿勳、御史大夫。建昭中代韋玄成爲丞相，封樂安侯。成帝即位，連乞骸骨，不許。建始三年免爲庶人。

上疏言政治得失

臣聞五帝不同樂，三王各異教，民俗殊務，所遇之時異也。陛下躬聖德，開太平之路，閔愚吏民觸法抵禁，比年大赦，使百姓得改行自新，天下幸甚。臣竊見大赦之後，姦邪不爲衰止，今日大赦，明日犯法，相隨入獄，此殆導之未得其務也。蓋保民者，陳之㠯德義，示之㠯好惡，觀其失而制其宜，故動之而和，綏之而安。今天下俗貪財賤義，好聲色，上侈靡，廉恥之節薄，淫辟之意縱，綱紀失序，疏者踰內，親戚之恩薄，婚姻之黨隆，苟合徼幸，㠯身設利，不改其原，雖歲赦之，刑猶難使錯而不用也。臣愚㠯爲宜壹曠然大變其俗。孔子曰：能㠯禮讓爲國乎，何有？朝廷者，天下之楨幹也。公卿大夫相與循禮恭讓，則民不爭；好仁樂施，則民不暴；上義高節，則民興行；寬柔和惠，則眾相愛。四者，明王之所㠯不嚴而成化也。何者？朝有變色之言，則下有爭鬭之患；上有自專之士，則下有不讓之人；上有克勝之佐，則下有傷害之心；上有好利之臣，則下有盜竊之民。此其本也。今俗吏之治，皆不本禮讓，而上克暴，或忮害好陷人於罪，貪財而慕埶，故犯法者眾，姦邪不止，雖嚴刑峻法，猶不爲變。此非其天性，有由然也。臣竊攷國風之詩，周南召南被賢聖之化深，故篤於行而廉於色。鄭伯好勇而國人暴虎，秦穆貴信而士多從死，陳夫人好巫而民淫祀，晉侯好儉而民畜聚，太王躬仁，邠國貴恕。由此觀之，治天下者審所上而已。今之僞薄忮害，不讓極矣。臣聞教化之流，非家至而人說之也。賢者在位，能者布職，朝廷崇禮，百僚敬讓，道德之行，由內及外，自近者始，然後民知所法，遷善日進而不自知。是㠯百姓安，陰陽和，神靈應，而嘉祥見。詩曰：商邑翼翼，四方之極，壽考且寧，㠯保我後生。此成湯所㠯建至治，保子孫，化異俗而懷鬼方也。今長安天子之都，親承聖化，然其習俗無㠯異於遠方，郡國來者無所法則，或見侈靡而放效之。此教化之原本，風俗之樞機，宜先正者也。臣聞天人之際，精祲有㠯相盪，善惡有㠯相推，事作乎下者，象動乎上。陰陽之理，各應其感，陰變則靜者動，陽蔽則明者晻，水旱之災隨類而至。今關東連年飢饉，百姓乏困，或至相食，此皆生於賦斂多，民所共者大，而吏安集之不稱之效也。陛下祗畏天戒，哀閔元元，大自減損，省甘泉建章宮衛，罷珠崖，偃武行文，將欲度唐虞之隆，絕殷周之衰也。諸見罷珠崖詔書者，莫不欣欣，人自㠯將見太平也。宜遂減宮室之度，省靡麗之飾，攷制度，修外內，近忠正，遠巧佞，放鄭衛，進雅頌，舉異材，開直言，任溫良之人，退刻薄之吏，顯絜白之士，昭無欲之路，覽六蓺之意，察上世之務。明自然之道。博和睦之化。㠯崇至仁。匡失俗。易民視。令海内昭然咸見本朝之所貴。道德弘於京師。淑問揚乎疆外。然後大化可成。禮樂可與也。（漢書匡衡傳。）

上疏言治性正家

臣聞治亂安危之機。在乎審所用心。蓋受命之王。務在創業垂統。傳之無窮。繼體之君。心存於承宣先王之德而襃大其功。昔者成王之嗣位。思述文武之道㠯養其心。休烈盛美。皆歸之二后而不敢專其名。是㠯上天歆享。鬼神祐焉。其詩曰。念我皇祖。陟降廷止。言成王常思祖考之業。而鬼神祐助其治也。陛下聖德天覆。子愛海内。然陰陽未和。姦邪未禁者。殆論議者未丕揚先帝之盛功。爭言制度不可用也。務變更之。所更或不可行。而復復之。是㠯羣下更相是非。吏民無所信。臣竊恨國家釋樂成之業。而虛爲此紛紛也。願陛下詳覽統業之事。留神於遵制揚功。㠯定羣下之心。大雅曰。無念爾祖。聿修厥德。孔子著之孝經首章。蓋至德之本也。傳曰。審好惡。理情性。而王道畢矣。能盡其性。然後能盡人物之性。能盡人物之性。可㠯贊天地之化。治性之道。必審己之所有餘。而強其所不足。蓋聰明疏通者戒於大察。寡聞少見者戒於雍蔽。勇猛剛強者戒於大暴。仁愛溫良者戒於無斷。湛靜安舒者戒於後時。廣心浩大者戒於遺忘。必審己之所當戒而齊之㠯義。然後中和之化應。而巧僞之徒不敢比周而望進。唯陛下戒所㠯崇聖德。臣又聞室家之道修。則天下之理得。故詩始國風。禮本冠婚。始乎國風。原情性而明人倫也。本乎冠婚。正基兆而防未然也。福之興。莫不本乎室家。道之衰。莫不始乎梱内。故聖王必愼妃后之際。別嫡長之位。禮之於内也。卑不踰尊。新不先故。所㠯統人情而理陰氣也。其尊適而卑庶也。適子冠乎阼。禮之用醴。衆子不得與列。所㠯貴正體而明嫌疑也。非虛加其禮文而已。乃中心與之殊異。故禮探

其情而見之外也。聖人動靜游燕。所親物得其序。得其序。則海内自修。百姓從化。如當親者疏。當尊者卑。則佞巧之姦。因時而動。㠯亂國家。故聖人愼防其端。禁於未然。不㠯私恩害公義。陛下聖德純備。莫不修正。則天下無爲而治。詩云。于㠯四方。克定厥家。傳曰。正家而天下定矣。（漢書匡衡傳。）

上疏戒妃匹勸經學威儀之則

陛下秉至孝。哀傷思慕。不絕於心。未有游虞弋射之宴。誠隆於愼終追遠。無窮已也。竊願陛下雖聖性得之。猶復加聖心焉。詩云。煢煢在疚。言成王喪畢思慕。意氣未能平也。蓋所㠯就文武之業。崇大化之本也。臣又聞之師曰。妃匹之際。生民之始。萬福之原。婚姻之禮正。然後品物遂而天命全。孔子論詩㠯關雎爲始。言太上者。民之父母。后夫人之行。不侔乎天地。則無㠯奉神靈之統。而理萬物之宜。故詩曰。窈窕淑女。君子好仇。言能致其貞淑。不貳其操。情欲之感。無介乎容儀。宴私之意。不形乎動靜。夫然後可㠯配至尊。而爲宗廟主。此綱紀之首。王教之端也。自上世已來。三代興廢。未有不由此者也。願陛下詳覽得失盛衰之效。㠯定大基。采有德。戒聲色。近嚴敬。遠技能。竊見聖德純茂。專精詩書。好樂無厭。臣衡材駑。無㠯輔相善義。宣揚德音。臣聞六經者。聖人所㠯統天地之心。著善惡之歸。明吉凶之分。通人道之正。使不悖於其本性者也。故審六藝之指。則天人之理可得而和。草木昆蟲可得而育。此永永不易之道也。及論語孝經。聖人言行之要。宜究其意。臣又聞聖王之自爲動靜周旋。奉天承親。臨朝享臣。物有節文。㠯章人倫。蓋欽翼祇栗。事天之容也。溫恭敬遜。承親之禮也。正躬嚴恪。臨衆之儀也。嘉惠和說。饗下之顏也。舉錯動作。物遵其儀。故形爲仁義。動爲法則。孔子曰。德義可尊。容止可觀。進退可度。㠯臨其民。是㠯其民畏而愛之。則而象之。大雅云。敬愼威儀。惟民之則。諸侯正月朝覲

匡衡傳當作陳湯傳

天子。天子惟道德昭穆穆㠯視之。又觀㠯禮樂。饗醴迺歸。故萬國莫不獲賜祉福。蒙化而成俗。今正月初幸路寢。臨朝賀。置酒㠯饗萬方。傳曰。君子慎始。願陛下畱神動靜之節。使羣下得望盛德休光。㠯立基楨。天下幸甚。（漢書匡衡傳。）

奏免陳湯

湯㠯吏二千石奉使。顓命蠻夷中。不正身㠯先下。而盜所收康居財物。戒官屬曰。絕域事不覆校。雖在赦前。不宜處位。（漢書匡衡傳。成帝初卽位。丞相衡復奏。）

奏徙南北郊

帝王之事。莫大乎承天之序。承天之序。莫重於郊祀。故聖王盡心極慮㠯建其制。祭天於南郊。就陽之義也。瘞地於北郊。卽陰之象也。天之於天子也。因其所都而各饗焉。往者孝武皇帝居甘泉宮。卽於雲陽立泰畤。祭於宮南。今行常幸長安。郊見皇天反北之泰陰。祠后土反東之少陽。事與古制殊。又至雲陽。行谿谷中。阸陝且百里。汾陰則渡大川。有風波舟楫之危。皆非聖主所宜數乘。郡縣治道共張。吏民困苦。百官煩費。勞所保之民。行危險之地。難㠯奉神靈而祈福祐。殆未合於承天子民之意。昔者周文武郊於豐鄗。成王郊於雒邑。繇此觀之。天隨王者所居而饗之。可見也。甘泉泰畤。河東后土之祠。宜可徙置長安。合於古帝王。願與羣臣議定。（漢書郊祀志下。成帝初卽位。丞相衡御史大夫張譚奏言云云。奏可。）

陛下聖德。悤明上通。承天之大。典覽羣下。使各悉心盡慮。議郊祀之處。天下幸甚。臣聞廣謀從眾。則合於天心。故洪範曰。三人占。則從二人之言。言少從多之義也。論當往古。宜於萬民。則依而從之。違道寡與。則廢而不行。今議者五十八人。其五十八人言當徙之義。皆著於經傳。同於上世。便於吏民。八人不案經蓺攷古制。而㠯爲不宜。無法之議。難㠯定吉凶。大誓曰。正稽古。建功立事。可㠯永年。丕天之大律。詩曰。毋曰高高在上。陟降厥士。日監在茲。言天之日監王者之處也。又曰。迺眷西顧。此維予宅。言天㠯文王之都爲居也。宜於長安定南北郊。爲萬世基。（漢書郊祀志下。右將軍王商等五十人㠯爲宜徙。於是衡譚奏議。天子從之。）

上言罷郊壇僞飾

甘泉泰畤紫壇。八觚宣通象八方。五帝壇周環其下。又有羣神之壇。㠯尚書禋六宗望山川徧羣神之義。紫壇有文章采鏤黼黻之飾。及玉。女樂。石壇仙人祠。瘞鸞路騂駒寓龍馬。不能得其象於古。臣聞郊柴（毛本作紫。）壇饗帝之義。埽地而祭。上質也。歌大呂舞雲門㠯竢天神。歌大蔟舞咸池㠯竢地祇。其牲用犢。其席藁稭。其器陶匏。皆因天地之性。貴誠上質。不敢修其文也。㠯爲神祇功德至大。雖修精微而備庶物。猶不足㠯報功。惟至誠爲可。故（毛本作致。）上質不飾。㠯章天德。紫壇僞飾女樂鸞路騂駒龍馬石壇之屬。宜皆勿修。（漢書郊祀志下。衡言。）

又言罷雍鄜密上下祠

王者各㠯其禮制祀天地。非因異世所立而繼之。今雍鄜密上下畤。本秦侯各㠯其意所立。非禮之所載術也。漢興之初。儀制未及定。卽且因秦故祠。復立北畤。今既稽古。建定天地之大禮。郊見上帝。青赤白黃黑五方之帝皆畢陳。各有位饌。祭祀備具。諸侯所妄造。王者不當長遵。及北畤。未定時所立。不宜復修。（漢書郊祀志下。衡又言。天子皆從焉。）

復條奏罷羣祠

長安廚官縣官給祠郡國侯神方士使者所祠。凡六百八十三所。其二百八所應禮。及疑無明文。可奉祠如故。其餘四百七十五所不應禮。或復重。請皆罷。（漢書郊祀志下。是歲衡譚復條奏云云。奏可。）

奏罷諸毀廟

其問之間落事字

前吕上體不平。故復諸所罷祠。卒不蒙福。案衞思后、戾太子、戾后園親未盡。孝惠孝景廟親盡宜毁。及太上皇、孝文孝昭太后、昭靈后、昭哀后、武哀王祠。請悉罷勿奉。漢書韋玄成傳。元帝崩。衡奏言云云。奏可。

華陰守丞嘉封事對

大臣者。國家之股肱。萬姓所瞻仰。明王所慎擇也。傳曰。下輕其上爵。賤人圖柄臣。則國家搖動。而民不靜矣。今嘉從守丞而圖大臣之位。欲吕匹夫徒步之人。而超九卿之右。非所吕重國家而尊社稷也。自堯之用舜。文王於太公。猶試然後爵之。又況朱雲者乎。雲素好勇。數犯法亡命。受易頗有師道。其行義未有吕異。今御史大夫禹。絜白廉正。經術通明。有伯夷史魚之風。海内莫不聞知。而嘉猥稱雲。欲令爲御史大夫。妄相稱舉。疑有姦心。漸不可長。宜下有司案驗。吕明好惡。漢書朱雲傳。元帝時。貢禹爲御史大夫。而華陰守丞嘉上封事言朱雲可試守御史大夫。上迺下其問公卿。太子少傅匡衡對吕爲。

吕孔子世爲殷後議

王者存二王後。所吕尊其先王而通三統也。其犯誅絕之罪者。絕而更封他親爲始封君。上承其王者之始祖。春秋之義。諸侯不能守其社稷者絕。今宋國已不守其統而失國矣。則宜更立殷後爲始封君。而上承湯統。非當繼宋之絕侯也。宜明得殷後而已。今之故宋。推求其嫡。久遠不可得。雖得其嫡。嫡之先已絕。不當得立。禮記孔子曰。丘殷人也。先師所共傳。宜吕孔子世爲湯後。漢書梅福傳。

郅支縣頭稾街議

郅支及名王首。更歷諸國。蠻夷莫不聞知。月令春掩骼埋胔之時。宜勿縣。漢書陳湯傳。丞相匡衡御史大夫緐延壽吕爲云云。車騎將軍許嘉右將軍王商吕爲宜縣。有詔將軍議是。

甘延壽陳湯封爵議

郅支本亡逃失國。竊號絕域。非眞單于。漢書陳湯傳。元帝詔公卿議封焉。議者皆吕爲宜如軍法捕斬單于令。匡衡石顯吕爲。

禱高祖孝文孝武廟

嗣曾孫皇帝恭承洪業。夙夜不敢康寧。思育休烈。吕章祖宗之盛功。故動作接神。必因古聖之經。往者有司吕爲前因所幸而立廟。將吕繫海内之心。非爲尊祖嚴親也。今賴宗廟之靈。六合之内莫不附。親廟宜一居京師。天子親奉。郡國廟可止毋修。皇帝祗肅舊禮。尊重神明。卽告於祖宗而不敢失。今皇帝有疾不豫。迺夢祖宗見戒吕廟。楚王夢亦有其序。皇帝悼懼。卽詔臣衡復修立。謹案上世帝王承祖禰之大義。皆不敢不自親。郡國吏卑賤。不可使獨承。又祭祀之義。吕民爲本。間者歲數不登。百姓困乏。郡國廟無吕修立。禮。凶年則歲事不舉。吕祖禰之意爲不樂。是吕不敢復。如誠非禮義之中。違祖宗之心。咎盡在臣衡。當受其殃。大被其疾。隊在溝瀆之中。皇帝至孝肅愼。宜蒙祐福。唯高皇帝、孝文皇帝、孝武皇帝省察。右饗皇帝之孝。開賜皇帝眉壽無疆。令所疾日瘳。平復反常。

永保宗廟。天下幸甚。漢書韋玄成傳。

告謝毁廟

往者大臣吕爲在昔帝王。承祖宗之休典。取象於天地。天序五行。人親五屬。天子奉天。故率其意而尊其制。是吕禘嘗之序。靡有過五。受命之君。躬接于天。萬世不墮。繼烈吕下。五廟而遷。上陳太祖。間歲而祫。其道應天。故福祿永終。太上皇非受命而屬盡。義則當遷。又吕爲孝莫大於嚴父。故父之所尊。子不敢不承。父之所異。子不敢同。禮。公子不得爲母信。爲後。則於子祭。於孫止。尊祖嚴父之義也。寢日四上食。園廟間祠。皆可亡修。皇帝思慕悼懼。未敢盡從。惟念高皇帝聖德茂盛。受命溥將。欽若稽古。承順天心。子孫本支。陳錫無疆。誠吕爲遷廟合祭。久長之策。高皇帝之意。迺敢不聽。卽吕令日遷太上孝惠廟。孝文太后孝昭太后寢。將吕昭祖宗之德。順天人之序。定亡窮之業。今皇帝未受茲福。乃有不能供職之疾。

皇帝廟復修立承祀。臣衡等咸㠯為禮不得。如不合高皇帝、孝惠皇帝、孝文皇帝、孝武皇帝、孝昭皇帝、孝宣皇帝、太上皇、孝文太后、孝昭太后之意。罪盡在臣衡等。當受其咎。今皇帝尚未平。詔中朝臣具復毀廟之文。臣衡中朝臣咸復㠯為天子之祀義有所斷。禮有所承。違統背制。不可㠯奉先祖。皇天不祐。鬼神不饗。六蓺所載。皆言不當。無所依緣。㠯作其文。事如失指。罪迺在臣衡。當深受其殃。皇帝宜厚蒙祉福。嘉氣日興。疾病平復。永保宗廟。與天亡極。羣生百神。有所歸息。漢書韋玄成傳。

全漢文卷三十四終

烏程嚴可均校輯

劉向一

向字子政，初名更生，楚元王交玄孫，地節中爲輦郎，神爵初擢諫大夫，後坐罪贖減死，拜郎中給事黃門，遷散騎諫大夫給事中。元帝卽位，擢爲宗正，以忤弘恭石顯下獄，尋爲中郎，復下獄，免爲庶人。成帝卽位，召拜中郎，領護三輔都水，遷光祿大夫中壘校尉，綏和中卒，年七十二。有尚書洪範五行傳論十一卷，五經通義九卷，五經要義五卷，世說二卷，七略別錄二十卷，列女傳十五卷，列仙傳三卷，新序三十卷，說苑二十卷，集六卷。

請雨華山賦

崆巃巍崝嵔山淸忽幽昧往曲勃林岑茉崔（一作嶊）竭離安連迎嵲通谷曼服攎奄草均阿阪殷紛聲沸路遼遠調修崪巏寒服嶼冥冥蘭蔓□□□散峽崝崝倈倈溱溱路黍稷雲嵸忽傳天下爲湙墼旅請令湙渥水谷密請宜令所出百鎦鎦淸池涌泉淡州鴟（一作鳴）鶩翔嗛嗛殊侶診賞懸若神悲哀（一作衷）徂往（一作但住）不可語人麀鹿麐麞倈他他野牛勝握觸熊菙菙律怒佛特林旅象犀庸遊山林天陰且雨員日盼棠柘梓桐樛梢毋猴猿木戲手相持睠陽縱㹑若風時慴鴛飄陽鸞孔翠文章明瞖（一作滕）曠苑倉游山旁悁蠙狐狢臨水凝渾兮不觸果必方莖格可爲悁陵鯉難神龜春夏出游冬自根聖人親之誠虞哉號拖□何不可勝亦路臨何爲華山（古文苑。案此賦多脫誤，無從校正。）

雅琴賦

觀聽之所至，乃知其美也。（文選蜀都賦注）

潛坐蓬廬之中，巖石之下。（文選張衡歸田賦注，又傅咸贈何劭王濟詩注）

游予心以廣觀，且德樂之愔愔。（文選琴賦注）

末世鎖才兮知音寡。（文選謝靈運七里瀨詩注）

窮音之至入於神。（文選古詩十九首注）

彈少宮之際天，授中徵以及泉。（文選七命注）

蔵蕤心而息慮兮，伏雅操之循則。（初學記十六）

圍棊賦

略觀圍棊，法於用兵，怯者無功，貪者先亡。（文選博奕論注。案藝文類聚七十四引馬融圍棊賦，亦有此四語。）

九歎

伊伯庸之末胄兮，諒皇直之屈原。云余肇祖於高陽兮，惟楚懷之嬋連。原生受命於貞節兮，鴻永路有嘉名。齊名字於天地兮，並光明於列星。吸精粹而吐氛濁兮，横邪世而不取容。行叩誠而不阿兮，遂見排而逢讒。后聽虛而黜實兮，不吾理而順情。腸憒悁而含怒兮，志遷蹇而左傾。心儻慌其不我與兮，躬速速其不吾親。辭靈脩而隕志兮，吟澤畔之江濱。椒桂羅以顛覆兮，有竭信而歸誠。讒夫藹藹而漫著兮，曷其不舒予情。始結言於廟堂兮，信中塗而叛之。懷蘭蕙與衡芷兮，行中壄而散之。聲哀哀而懷高丘兮，心愁愁而思舊邦。願承閒而自恃兮，徑淫曀而道壅。顏黴黧以沮敗兮，精越裂而衰耄。裳襜襜而含風兮，衣納納而掩露。赴江湘之湍流兮，順波湊而下降。徐徘徊於山阿兮，飄風來之洶洶。馳余車兮玄石，步余馬兮洞庭。平明發兮蒼梧，夕投宿兮石城。芙蓉蓋而蔆華車兮，紫貝闕而玉堂。薜荔飾而陸離薦兮，魚鱗衣而白蜺裳。登逢龍而下隕兮，違故都之漫漫。思南郢之舊俗兮，腸一夕而九運。揚流波之潢潢兮，體溶溶而東回。心怊悵以永思兮，意晻晻而日頹。白露紛以塗塗兮，秋風瀏以蕭蕭。身永流而不還兮，魂長逝而常愁。歎曰：譬彼流水，紛揚磕兮。波逢洶涌，濆滂沛兮。揄揚滌盪，漂流隕往。觸崟石兮，龍卬脟圈，繚戾宛轉，阻相薄兮。遭紛逢凶，蹇離尤兮。

垂文揚釆。遺將來兮。

逢紛

靈懷其不吾知兮。靈懷其不吾聞。就靈懷之皇祖兮。愬靈懷之鬼神。靈懷曾不吾與兮。卽聽夫人之諛辭。余辭上參於天墜兮。旁引之於四時。指日月使延照兮。撫招搖吕質正。立師曠俾端詞兮。命咎繇使竝聽。兆出名曰正則兮。卦發字曰靈均。余幼既有此鴻節兮。長愈固而彌純。不從俗而詖行兮。直躬指而信志。不枉繩吕追曲兮。屈情素吕從事。端余行其如玉兮。述皇輿之踵跡。羣阿容吕晦光兮。皇輿覆吕幽辟。輿中塗吕回畔兮。駟馬驚而橫犇。執組者不能制兮。必折軛而摧轅。斷鑣銜吕馳騖兮。暮去次而敢止。路蕩蕩其無人兮。遂不禦乎千里。身衡陷而下沈兮。不可獲而復登。不顧身之卑賤兮。惜皇輿之不興。出國門而端指兮。冀壹寤而錫還。哀僕夫之坎毒兮。屢離憂而逢患。九年之中不吾反兮。思彭咸之水遊。惜師延之浮渚兮。赴汨羅之長流。遵江曲之逶移兮。觸石碕而衡遊。波灃灃而揚澆兮。順長瀨之濁流。淩黃沱而下低兮。思還流而復反。玄輿馳而竝集兮。身容與而日遠。櫂舟杭吕橫濿兮。濟湘流而南極。立江界而長吟兮。愁哀哀而累息。情慌忽吕忘歸兮。神浮遊吕高厲。心蛩蛩而懷顧兮。魂眷眷而獨逝。歎曰。余思舊邦。心依違兮。日暮黃昏。羌幽悲兮。去郢東遷。余誰慕兮。讒夫黨旅。其吕茲故兮。河水淫淫。情所願兮。顧瞻郢路。終不返兮。

離世

惟鬱鬱之憂毒兮。志坎壈而不違。身憔悴而考旦兮。日黃昏而長悲。閔空宇之孤子兮。哀枯楊之冤雛。孤雌吟於高墉兮。鳴鳩棲於桑榆。玄蝯失於潛林兮。獨偏弃而遠放。征夫勞於周行兮。處婦憤而長望。申誠信而罔違兮。情素潔於紐帛。光明齊於日月兮。文釆耀於玉石。傷壓次而不發兮。思沈抑而不揚。芳懿懿而終敗兮。名靡散而不彰。背玉門吕犇騖兮。蹇離尤而干詬。若龍逢之沈首兮。王子比干之逢醢。念社稷之幾危兮。反爲讎而見怨。思國家之離沮兮。躬獲愆而結難。若青蠅之僞質兮。晉驪姬之反情。恐登階之逢殆兮。故退伏於末庭。孽臣之號咷兮。本朝蕪而不治。犯顏色而觸諫兮。反蒙辜而被疑。菀蘼蕪與菌若兮。漸藁本於洿瀆。淹芳芷於腐井兮。弃雞駭於筐簏。執棠谿吕刜蓬兮。秉干將吕割肉。筐澤瀉吕豹鞹兮。破荊和吕繼築。時溷濁猶未清兮。世殽亂猶未察。欲容與吕竢時兮。懼年歲之既晏。顧屈節吕從流兮。心鞏鞏而不夷。寍浮沅而馳騁兮。下江湘吕邅迴。歎曰。山中檻檻。余傷懷兮。征夫皇皇。其孰依兮。經營原野。杳冥冥兮。乘騏騁驥。舒吾情兮。歸骸舊邦。莫誰語兮。長辭遠逝。乘湘去兮。

怨思

志隱隱而鬱怫兮。愁獨哀而冤結。腸紛紜吕繚轉兮。涕漸漸其若屑。情慨慨而長懷兮。信上皇而質正。合五嶽與八靈兮。訊九鬿與六神。指列宿吕白情兮。訴五帝吕置詞。北斗爲我折中兮。太一爲余聽之。云服陰陽之正道兮。御后土之中和。佩蒼龍之蚴虬兮。帶隱虹之逶虵。曳彗星之皓旰兮。撫朱爵與鵕鸃。遊淸靈之颯戾兮。服雲衣之披披。杖玉華與朱旗兮。垂明月之玄珠。舉霓旌之墆翳兮。建黃纁之總旄。躬純粹而罔愆兮。承皇考之妙儀。惜往事之不合兮。橫汨羅而下濿。乘隆波而南渡兮。逐江湘之順流。赴陽侯之潢洋兮。下石瀨而登洲。陵魁堆吕蔽視兮。雲冥冥而闇前。山峻高吕無垠兮。遂曾閎而迫身。雪雰雰而薄木兮。雲霏霏而隕集。阜隘狹而幽險兮。石嵾嵯吕翳日。悲故鄉而發忿兮。去余邦之彌久。背龍門而入河兮。登大墳而望夏首。橫舟航而濟湘兮。耳聊啾而戃慌。波淫淫而周流兮。鴻溶溢而滔蕩。路曼曼其無端兮。周容容而無識。引日月吕指極兮。少須臾而釋思。水波遠吕冥冥兮。眇不睹其東西。順風波吕南北兮。霧宵晦吕紛紛。日杳杳吕西頹兮。路長遠而窘迫。欲酌醴吕娛憂兮。蹇騷騷而不釋。

歎曰。飄風蓬龍。埃坲坲兮。中木搖落。時槁悴兮。遭傾遇禍。不可救兮。長吟永欷。涕究究兮。舒情敶詩。冀吕自免兮。頹流下隕。身日遠兮。

遠逝

覽屈氏之離騷兮。心哀哀而怫鬱。聲噭噭吕寂寥兮。顧僕夫之憔悴。撥諂諛而匡邪兮。切淟涊之流俗。盪渨涹之姦咎兮。夷蠢蠢之溷濁。懷芬香而挾蕙兮。佩江蘺之斐斐。握申椒與杜若兮。冠浮雲之峨峨。登長陵而四望兮。覽芷圃之蠡蠡。遊蘭皋與蕙林兮。睨玉石之嵾嵳。楊精華吕眩燿兮。芳鬱渥而純美。結桂樹之旖旎兮。紉荃蕙與辛夷。芳若茲而不御兮。捐林薄而菀死。驅子僑之犇走兮。

申徒狄之赴淵。若由夷之純美兮。介子推之隱山。晉申生之離殃兮。荆和氏之泣血。吳申胥之抉眼兮。王子比干之橫廢。欲卑身而下體兮。心隱惻而不置。方圜殊而不合兮。鉤繩用而異態。欲俟時於須臾兮。日陰曀其將暮。時遲遲其日進兮。年忽忽而日度。妄周容而入世兮。內距閉而不開。俟時風之淸激兮。愈氛霧其如塺。進雄鳩之耿耿兮。讒介介而蔽之。默順風吕偃仰兮。尙由由而進之。心憭恨吕冤結兮。情舛錯吕曼憂。搴薜荔於山野兮。采撚支於中洲。望高丘而歎涕兮。悲吸吸而長懷。孰契契而委棟兮。日晻晻而下頹。

歎曰。江湘油油。長流汨兮。挑揄揚汰。盪迅疾兮。憂心展轉。愁怫鬱兮。冤結未舒。長隱忿兮。丁時逢殃。可奈何兮。勞心悁悁。涕滂沲兮。

惜賢

悲余心之悁悁兮。哀故邦之逢殃。辭九年而不復兮。獨煢煢而南行。思余俗之流風兮。心紛錯而不受。遵壄莽吕呼風兮。步從容於山廋。巡陸夷之曲衍兮。幽空虛吕寂寞。倚石巖吕流涕兮。憂憔悴而無樂。登巑岏吕長企兮。望南郢而闚之。山脩遠其遼遼兮。塗漫漫其無時。聽玄鶴之晨鳴兮。于高岡之峨峨。獨憤積而哀娛兮。翔江洲而安歌。三鳥飛吕自南兮。覽其志而欲北。願寄言於三鳥兮。去飄疾而不可得。欲還志而改操兮。心紛結其未離。外彷徨而遊覽兮。內惻隱而含哀。聊須臾吕時忘兮。心漸漸其煩錯。願假簧吕舒憂兮。志紆鬱其難釋。歎離騷吕揚意兮。猶未殫於九章。長噓吸吕於悒兮。涕橫集而成行。傷明珠之赴泥兮。魚眼璣之堅藏。同駑羸與椉駔兮。雜班駮與闒茸。葛藟虆於桂樹兮。鴟鴞集於木蘭。偓促談於廊廟兮。律魁放乎山閒。惡虞氏之簫韶兮。好遺風之激楚。潛周鼎於江淮兮。爨土鬵於中宇。且人心之持舊兮。而不可保長。邅彼南道兮。征夫宵行。思念郢路兮。還顧睠睠。涕流交集兮。泣下

漣漣。

歎曰。登山長望。中心悲兮。菀彼青青。泣如頹兮。留思北顧。涕漸漸兮。折銳摧矜。凝氾濫兮。念我煢煢。魂誰求兮。僕夫慌悴。散若流兮。

憂苦

昔皇考之嘉志兮。喜登能而亮賢。情純潔而罔薉兮。姿盛質而無愆。放佞人與諂諛兮。斥讒夫與便嬖。親忠正之悃誠兮。招貞良與明智。心溶溶其不可量兮。情澹澹其若淵。回邪辟而不能入兮。誠願藏而不可遷。逐下袟於後堂兮。迎宓妃於伊雒。刜讒賊於中廑兮。選呂管於榛薄。叢林之下無怨士兮。江河之畔無隱夫。三苗之徒吕放逐兮。伊皋之倫吕充廬。今反表吕爲裏兮。顚裳吕爲衣。戚宋萬於兩楹兮。廢周邵於遐夷。卻騏驥吕轉運兮。騰驢羸吕馳逐。蔡女黜而出帷兮。戎婦入而綵繡服。慶忌囚於阱室兮。陳不占戰而赴圍。破伯牙之號鍾兮。挾人箏而彈緯。藏瑉石於金匱兮。捐赤

瑾於中庭。韓信蒙於介胄兮。行夫將而攻城。莞芎棄於澤洲兮。瓟蠡蠹於筐簏。麒麟奔於九皋兮。熊羆羣而逸囿。折芳枝與瓊華兮。樹枳棘與薪柴。握荃蕙與射干兮。耘藜藿與蘘荷。惜今世其何殊兮。遠近思而不同。或沈淪其無所達兮。或淸激其無所通。哀余生之不當兮。獨蒙毒而逢尤。雖謇謇吕申志兮。君乖差而屏之。誠惜芳之菲菲兮。反吕茲爲腐也。懷椒聊之蔎蔎兮。乃逢紛吕罹詬也。

歎曰。嘉皇既歿。終不反兮。山中幽險。郢路遠兮。讒人諓諓。孰可愬兮。征夫罔極。誰可語兮。行唫累欷。聲喟喟兮。懷憂含戚。何侘傺兮。

愍命

冥冥深林兮。樹木鬱鬱。山參差吕嶃巖兮。阜杳杳吕蔽日。悲余心之悁悁兮。目眇眇而遺泣。風騷屑吕摇木兮。雲吸吸吕湫戾。悲余生之無觀兮。愁倥傯於山陸。旦徘徊於長阪兮。夕彷徨而獨宿。髮披披吕鬤鬤兮。躬劬勞而瘏悴。魂俇俇而南行兮。泣霑襟而濡袂。心嬋媛而無告兮。口噤閉而不言。違郢都之舊閭兮。回湘沅而遠遷。念余邦之橫陷兮。宗鬼神之無次。閔先嗣之中絕兮。心惶惑而自悲。聊浮遊於山陿兮。步周流於江畔。臨深水而長嘯兮。且倘佯而汜觀。興離騷之微文兮。冀靈修之壹悟。還余車於南郢兮。復往軌於初古。道修遠其難遷兮。傷余心之不能已。背三五之典刑兮。絕洪範之辟紀。播規榘吕背度兮。錯權衡而任意。操繩墨而放弃兮。傾容幸而侍側。甘棠枯於豐草兮。藜棘樹於中庭。西施斥於北宮兮。仳倠倚於彌楹。烏獲戚而驂乘兮。燕公操於馬圉。蒯聵登於清府兮。咎繇棄而在壄。蓋見茲吕永歎兮。欲登階而狐疑。乘白水而高鶩兮。因徙弛而長詞。

觀當作歎

詞當作辭

歎曰。倘佯壚阪。沼水深兮。容與漢渚。涕淫淫兮。鍾牙已死。誰爲聲兮。纖阿不御。焉舒情兮。曾哀悽欷。心離離兮。還顧高丘。泣如灑兮。

思古

悲余性之不可改兮。屢懲艾而不迻。服覺皓吕殊俗兮。貌揭揭吕巍巍。譬王僑之乘雲兮。載赤霄而淩太淸。欲與天地參壽兮。與日月而比榮。登崑崙而北首兮。悉靈圉而來謁。選鬼神於太陰兮。登閶闔於玄闕。回朕車俾西引兮。褰虹旗於玉門。馳六龍於三危兮。朝西靈於九濱。結余軫於西山兮。橫飛谷吕南征。絕都廣吕直指兮。歷祝融於朱冥。枉玉衡於炎火兮。委兩館於咸唐。貫澒濛吕東揭兮。維六龍於扶桑。周流覽於四海兮。志升降吕高馳。徵九神於回極兮。建虹采吕招指。駕鸞鳳吕上遊兮。從玄鶴與鷦明。孔鳥飛而送迎兮。騰羣鶴於瑤光。排帝宮與羅囿兮。升縣圃吕眩滅。結瓊枝吕雜佩兮。立長庚吕繼日。淩驚靁吕軼駭電兮。綴鬼谷於北辰。鞭風伯使先驅兮。囚靈玄於虞淵。遡高風吕低佪兮。覽周流於朔方。就顓頊而陳詞兮。考玄冥於空桑。旋車逝於崇山兮。奏虞舜於蒼梧。濟楊舟於會稽兮。就申胥於五湖。見南郢之流風兮。殞余躬於沅湘。望舊邦之黯黮兮。時溷濁其猶未央。懷蘭茝之芬芳兮。妬被離而折之。張絳帷吕襜襜兮。風邑邑而蔽之。日暾暾其西舍兮。陽焱焱而復顧。聊假日吕須臾兮。何騷騷而自故。

歎曰。譬彼蛟龍。乘雲浮兮。汎淫澒溶。紛若霧兮。潺湲轇轕。雷動電發。馺高舉兮。升虛淩冥。沛濁浮淸。入帝宮兮。摇翹奮羽。馳風騁雨。遊無窮兮。

遠遊 已上並見楚詞。

全漢文卷三十五終

全漢文卷三十六

烏程嚴可均校輯

劉向二

使外親上變事

竊聞故前將軍蕭望之等皆忠正無私欲致大治忤於貴戚尚書今道路人聞望之等復進以爲且復見毀讒必曰嘗有過之臣不宜復用是大不然臣聞春秋地震爲在位執政太盛也不爲三獨夫動亦已明矣且往者高皇帝時季布有罪至於夷滅後赦以爲將軍高后孝文之閒卒爲名臣孝武帝時兒寬有重罪繫案道侯韓說諫曰前吾丘壽王死陛下至今恨之今殺寬後將復大恨矣上感其言遂貰寬復用之位至御史大夫御史大夫未有及寬者也又董仲舒坐私爲災異書主父偃取奏之下吏罪至不道幸蒙不誅復爲大中大夫膠西相以老病免歸漢有所欲興常有詔問仲舒爲世儒宗定議有益天下孝宣皇帝時夏侯勝坐誹謗繫獄三年免爲庶人宣帝復用勝至長信少府太子太傅名敢直言天下美之若乃羣臣多此比類難一二記有過之臣無負國家有益天下此四臣者足以觀矣前弘恭奏望之等獄決三月地大震恭移病出後復視事天陰雨雪繇是言之地動殆爲恭等臣愚以爲宜退恭顯以章蔽善之罰進望之等以通賢者之路如此太平之門開災異之原塞矣 漢書楚元王交附傳更生使其外親上變事書奏弘恭石顯疑其更生所爲坐免爲庶人

條災異封事

臣前幸得以骨肉備九卿奉法不謹乃復蒙恩竊見災異竝起天地失常徵表爲國欲終不言念忠臣雖在甽畝猶不忘君惓惓之義也況重以骨肉之親又加以舊恩未報乎欲竭愚誠又恐越職然惟二恩未報忠臣之義一杼愚意退就農畝死無所恨臣聞舜命九官濟濟相讓和之至也衆賢和於朝則萬物和於野故簫韶

九成而鳳皇來儀擊石拊石百獸率舞四海之內靡不和寧及至周文開基西郊雜遝衆賢罔不肅和崇推讓之風以銷分爭之訟文王既沒周公思慕歌詠文王之德其詩曰於穆清廟肅雝顯相濟濟多士秉文之德當此之時武王周公繼政朝臣和於內萬國驩於外故盡得其驩心以事其先祖其詩曰有來雝雝至止肅肅相維辟公天子穆穆言四方皆以和來也諸侯和於下天應報於上故周頌曰降福穰穰又曰飴我釐麰釐麰麥也始自天降此皆以和致和獲天助也下至幽厲之際朝廷不和轉相非怨詩人疾而憂之曰民之無良相怨一方衆小在位而從邪議歙歙相是而背君子故其詩曰歙歙訿訿亦孔之哀謀之其臧則具是違謀之不臧則具是依君子獨處守正不橈衆枉勉彊以從王事則反見憎毒讒愬故其詩曰密勿從事不敢告勞無罪無辜讒口嗸嗸當是之時日月薄蝕而無光其詩曰朔月辛卯日有蝕之亦孔之醜

又曰彼月而微此日而微今此下民亦孔之哀又曰日月鞠凶不用其行四國無政不用其良天變見於上地變動於下水泉沸騰山谷易處其詩曰百川沸騰山冢卒崩高岸爲谷深谷爲陵哀今之人胡憯莫懲霜降失節不以其時其詩曰正月繁霜我心憂傷民之訛言亦孔之將言民以是爲非甚衆大也此皆不和賢不肖易位之所致也自此之後天下大亂篡殺殃禍竝作厲王奔彘幽王見殺至乎平王末年魯隱之始卽位也周大夫祭伯乖離不和出奔於魯而春秋爲諱不言來奔傷其禍殃自此始也是後尹氏世卿而專恣諸侯背畔而不朝周室卑微二百四十二年之閒日食三十六地震五山陵崩陁二彗星三見夜常星不見夜中星隕如雨一火災十四長狄入三國五石隕墜六鶂退飛多麋有蜮蜚鸜鵒來巢者皆一見晝冥晦雨木冰李梅冬實七月霜降草木不死八月殺菽大雨雹雨雪雷霆失序相乘水旱饑蝝螽螟蠭午竝

起當是時禍亂輒應弒君三十六亡國五十二諸侯奔走不得保其社稷者不可勝數也周室多禍晉敗其師於貿戎伐其郊鄭傷桓王戎執其使衞侯朔召不往齊逆命而助朔五大夫爭權三君更立莫能正理遂至陵夷不能復興由此觀之和氣致祥乖氣致異祥多者其國安異衆者其國危天地之常經古今之通義也今陛下開三代之業招文學之士優游寬容使得竝進今賢不肖渾殽白黑不分邪正雜糅忠讒竝進章交公車人滿北軍朝臣舛午膠戾乖剌更相讒愬轉相是非傳授增加文書紛糾前後錯繆毀譽渾亂所以營或耳目感移心意不可勝載分曹為黨往往羣朋將同心以陷正臣正臣進者治之表也正臣陷者亂之機也乘治亂之機未知孰任而災異數見此臣所以寒心者也夫乘權藉勢之人子弟鱗集於朝羽翼陰附者衆輻湊於前毀譽將必用以終乖離之咎是以日月無光雪霜夏隕海水沸出陵谷易處列星失

行皆怨氣之所致也夫遵衰周之軌迹循詩人之所刺而欲以成太平致雅頌猶卻行而求及前人也初元以來六年矣案春秋六年之中災異未有稠如今者也夫有春秋之異無孔子之救猶不能解紛況甚於春秋乎原其所以然者讒邪竝進也讒邪之所以竝進者由上多疑心既已用賢人而行善政如或譖之則賢人退而善政還夫執狐疑之心者來讒賊之口持不斷之意者開羣枉之門讒邪進則衆賢退羣枉盛則正士消故易有否泰小人道長君子道消君子道消則政日亂故為否否者閉而亂也君子道長小人道消小人道消則政日治故為泰泰者通而治也詩又云雨雪麃麃見晛聿消與易同義昔者鯀共工驩兜與舜禹雜處堯朝周公與管蔡竝居周位當是時迭進相毀流言相謗豈可勝道哉帝堯成王能賢舜禹周公而消共工管蔡故以大治榮華至今孔子與季孟皆仕於魯李斯與叔孫俱宦於秦定公始皇賢季孟李斯而消孔子叔孫故以大亂汙辱至今故治亂榮辱之端在所信任信任既賢在於堅固而不移詩云我心匪石不可轉也言守善篤也易曰渙汗其大號言號令如汗汗出而不反者也今出善令未能踰時而反是反汗也用賢未能三旬而退是轉石也論語曰見不善如探湯今二府奏佞讇不當在位歷年而不去故出令則如反汗用賢則如轉石去佞則如拔山如此望陰陽之調不亦難乎是以羣小窺見間隙緣飾文字巧言醜詆流言飛文譁於民間故詩云憂心悄悄慍于羣小小人成羣誠足慍也昔孔子與顏淵子貢更相稱譽不為朋黨禹稷與皋陶傳相汲引不為比周何則忠於為國無邪心也故賢人在上位則引其類而聚之於朝易曰飛龍在天大人聚也在下位則思與其類俱進易曰拔茅茹以其彙征吉在上則引其類在下則推其類故湯用伊尹不仁者遠而衆賢至類相致也今佞邪與賢臣竝在交戟之內合黨共謀違善

依惡歙歙訿訿數設危險之言欲以傾移主上如忽然用之此天地之所以先戒災異之所以重至者也自古明聖未有無誅而治者也故舜有四放之罰而孔子有兩觀之誅然後聖化可得而行也今以陛下明知誠深思天地之心迹察兩觀之誅覽否泰之卦觀雨雪之詩歷周唐之所進以為法原秦魯之所消以為戒考祥應之福省災異之禍以揆當世之變放遠佞邪之黨壞散險詖之聚杜閉羣枉之門廣開衆正之路決斷狐疑分別猶豫使是非炳然可知則百異消滅而衆祥竝至太平之基萬世之利也臣幸得託肺附誠見陰陽不調不敢不通所聞竊推春秋災異以效今事一二條其所以不宜宣泄臣謹重封昧死上（漢書楚元王交附傳更生見周堪張猛在位幾已得復進懼其傾危乃上封事諫）

極諫用外戚封事

臣聞人君莫不欲安然而常危莫不欲存然而常亡失御臣之術

正室之正當作王

也。夫大臣操權柄，持國政，未有不爲害者也。昔晉有六卿，齊有田崔，衞有孫甯，魯有季孟，常掌國事，世執朝柄。終後田氏取齊，六卿分晉，崔子弑其君光，孫林父甯殖出其君衎，弑其君剽，季氏八佾舞於庭，三家者以雍徹，並專國政，卒逐昭公。周大夫尹氏筦朝事，濁亂王室，子朝子猛更立，連年乃定。故經曰正室亂，又曰尹氏殺王子克，甚之也。春秋舉成敗，錄禍福，如此類甚衆，皆陰盛而陽微，下失臣道之所致也。故書曰，臣之有作威作福，害于而家，凶于而國。孔子曰，祿去公室，政逮大夫，危亡之兆。秦昭王舅穰侯及涇陽、葉陽君，專國擅執，上假太后之威，三人者權重於昭王，家富於秦，國甚危殆，賴寤范睢之言，而秦復存。二世委任趙高，專權自恣，壅蔽大臣，終有閻樂望夷之禍，秦遂以亡。近事不遠，即漢所代也。漢興，諸呂無道，擅相尊王，呂產呂祿席太后之寵，據將相之位，兼南北軍之衆，擁梁趙王之尊，驕盈無厭，欲危劉氏，賴忠正大臣絳侯、朱虛侯等竭誠盡節以誅滅之，然後劉氏復安。今王氏一姓乘朱輪華轂者二十三人，青紫貂蟬充盈幄內，魚鱗左右。大將軍秉事用權，五侯驕奢僭盛，並作威福，擊斷自恣，行汙而寄治，身私而託公，依東宮之尊，假甥舅之親，以爲威重。尚書九卿州牧郡守皆出其門，筦執樞機，朋黨比周。稱譽者登進，忤恨者誅傷，游談者助之說，執政者爲之言。排擯宗室，孤弱公族，其有智能者，尤非毀而不進，遠絕宗室之任，不令得給事朝省，恐其與己分權。數稱燕王、蓋主以疑上心，避諱呂霍而弗肯稱。內有管蔡之萌，外假周公之論，兄弟據重，宗族磐互，歷上古至秦漢，外戚僭貴未有如王氏者也。雖周皇甫、秦穰侯、漢武安、呂、霍、上官之屬，皆不及也。物盛必有非常之變先見，爲其人微象。孝昭帝時，冠石立於泰山，仆柳起於上林，而孝宣帝即位。今王氏先祖墳墓在濟南者，其梓柱生枝葉，扶疏上出屋，根垂地中，雖立石起柳，無以過此之明也。事執不兩大，王氏與劉氏亦且不並立，如下有泰山之安，則上有累卵之危。陛下爲人子孫，守持宗廟，而令國祚移于外親，降爲皁隸，縱不爲身，奈宗廟何。婦人內夫家，外父母家，此亦非皇太后之福也。孝宣皇帝不與舅平昌、樂昌侯權，所以全安之也。夫明者起福於無形，銷患於未然，宜發明詔，吐德音，援近宗室，親而納信，黜遠外戚，毋授以政，皆罷令就第，以則效先帝之所行，厚安外戚，全其宗族，誠東宮之意，外家之福也。王氏永存，保其爵祿，劉氏長安，不失社稷，所以褒睦外內之姓，子子孫孫無疆之計也。如不行此策，田氏復見於今，六卿必起於漢，爲後嗣憂，昭昭甚明，不可不深圖，不可不蚤慮。易曰，君不密則失臣，臣不密則失身，幾事不密則害成。唯陛下深留聖思，審固幾密，覽往事之戒，以折中取信，居萬安之實，用保宗廟，久承皇太后，天下幸甚。（漢書楚元王交附傳。時上無繼嗣，政由王氏，向遂上封事極諫，書奏，天子召見向，以爲中壘校尉。）

理甘延壽陳湯疏

郅支單于囚殺使者吏士以百數，事暴揚外國，傷威損重，羣臣皆閔焉。陛下赫然欲誅之，意未嘗有忘。西域都護延壽、副校尉湯，承聖指，倚神靈，總百蠻之君，攬城郭之兵，出百死，入絕域，遂蹈康居，屠五重城，搴歙侯之旗，斬郅支之首，懸旌萬里之外，揚威昆山之西，掃谷吉之恥，立昭明之功，萬夷慴伏，莫不懼震。呼韓邪單于見郅支已誅，且喜且懼，鄉風馳義，稽首來賓，願守北藩，累世稱臣。立千載之功，建萬世之安，羣臣之勳莫大焉。昔周大夫方叔、吉甫爲宣王誅獫狁而百蠻從，其詩曰，嘽嘽焞焞，如霆如雷，顯允方叔，征伐獫狁，蠻荊來威。易曰，有嘉折首，獲匪其醜。言美誅首惡之人，而諸不順者皆來從也。今延壽、湯所誅震，雖易之折首，詩之雷霆不能及也。論大功者不錄小過，舉大美者不疵細瑕。司馬法曰，軍賞不踰月，欲民速得爲善之利也。蓋急武功，重用人也。吉甫之歸，周

觀當作勸

厚賜之。其詩曰。吉甫宴喜。凡多受祉。來歸自鎬。我行永久。千里之鎬。猶㠯爲遠。況萬里之外。其勤至矣。延壽湯既未獲受祉之報。反屈捐命之功。久挫於刀筆之前。非所㠯觀有功厲戎士也。昔齊桓公前有尊周之功。後有滅項之罪。君子㠯功覆過而爲之諱行事。貳師將軍李廣利損五萬之師。靡億萬之費。經四年之勞。而廑獲駿馬三十匹。雖斬宛王母鼓之首。猶不足㠯復費。其私罪惡甚多。孝武㠯爲萬里征伐。不錄其過。遂封拜兩矦三卿二千石百有餘人。今康居國彊于大宛。郅支之號重于宛王。殺使者罪甚于留馬。而延壽湯不煩漢士。不費斗糧。比於貳師。功德百之。且常惠隨欲擊之烏孫。鄭吉迎自來之日逐。猶皆裂土受爵。故言威武勤勞。則大於方叔吉甫。列功覆過。則優於齊桓貳師。近事之功。則高於安遠長羅。而大功未著。小惡數布。臣竊痛之。宜㠯時解縣通籍。除過勿治。尊寵爵位。㠯勸有功。漢書陳湯傳。

諫營昌陵疏

臣聞易曰。安不忘危。存不忘亡。是㠯身安而國家可保也。故賢聖之君。博觀終始。窮極事情。而是非分明。王者必通三統。明天命所授者博。非獨一姓也。孔子論詩。至於殷士膚敏。祼將于京。喟然歎曰。大哉天命。善不可不傳于子孫。是㠯富貴無常。不如是。則王公其何㠯戒愼。民萌何㠯勸勉。蓋傷微子之事周。而痛殷之亡也。雖有堯舜之聖。不能化丹朱之子。雖有禹湯之德。不能訓末孫之桀紂。自古及今。未有不亡之國也。昔高皇帝既滅秦。將都雒陽。感寤劉敬之言。自㠯德不及周。而賢於秦。遂徙都關中。依周之德。因秦之阻。世之長短。㠯德爲效。故常戰栗不敢諱亡。孔子所謂富貴無常。蓋謂此也。孝文皇帝居霸陵。北臨廁。意悽愴悲懷。顧謂羣臣曰。嗟乎。㠯北山石爲椁。用紵絮斮陳漆其閒。豈可動哉。張釋之進曰。使其中有可欲。雖錮南山猶有隙。使其中無可欲。雖無石椁。又何慼焉。夫死者無終極。而國家有廢興。故釋之之言。爲無窮計也。孝文寤焉。遂薄葬。不起山墳。易曰。古之葬者。厚衣之㠯薪。臧之中野。不封不樹。後世聖人易之㠯棺椁。棺椁之作。自黃帝始。黃帝葬於橋山。堯葬濟陰。丘壠皆小。葬具甚微。舜葬蒼梧。二妃不從。禹葬會稽。不改其列。殷湯無葬處。文武周公葬於畢。秦穆公葬於雍橐泉宮祈年館下。樗里子葬於武庫。皆無丘壠之處。此聖帝明王賢君智士。遠覽獨慮無窮之計也。其賢臣孝子。亦承命順意而薄葬之。此誠奉安君父。忠孝之至也。夫周公。武王弟也。葬兄甚微。孔子葬母於防。稱古墓而不墳。曰丘東西南北之人也。不可不識也。爲四尺墳。遇雨而崩。弟子修之。㠯告孔子。孔子流涕曰。吾聞之。古者不修墓。蓋非之也。延陵季子適齊而反。其子死。葬於嬴博之閒。穿不及泉。斂㠯時服。封墳掩坎。其高可隱。而號曰。骨肉歸復於土。命也。魂氣則無不之也。夫嬴博去吳千有餘里。季子不歸葬。孔子往觀

曰。延陵季子於禮合矣。故仲尼孝子。而延陵慈父。舜禹忠臣。周公弟弟。其葬君親骨肉皆微薄矣。非苟爲儉。誠便於禮也。宋桓司馬爲石椁。仲尼曰。不如速朽。秦相呂不韋集知略之士而造春秋。亦言薄葬之義。皆明於事情者也。逮至吳王闔閭。違禮厚葬。十有餘年。越人發之。及秦惠文、武、昭、嚴襄五王。皆大作丘隴。多其瘞藏。咸盡發掘暴露。甚足悲也。秦始皇帝葬於驪山之阿。下錮三泉。上崇山墳。其高五十餘丈。周回五里有餘。石椁爲游館。人膏爲燈燭。水銀爲江海。黃金爲鳧雁。珍寶之藏。機械之變。棺椁之麗。宮館之盛。不可勝原。又多殺宮人。生薶工匠。計㠯萬數。天下苦其役而反之。驪山之作未成。而周章百萬之師至其下矣。項籍燔其宮室營宇。往者咸見發掘。其後牧兒亡羊。羊入其鑿。牧者持火照求羊。失火燒其藏椁。自古至今。葬未有盛如始皇者也。數年之閒。外被項籍之災。內離牧豎之禍。豈不哀哉。是故德彌厚者葬彌薄。知愈深者

葬愈微無德寡知其葬愈厚丘隴彌高宮廟甚麗發掘必速繇是觀之明暗之效葬之吉凶昭然可見矣周德既衰而奢侈宣王賢而中興更爲儉宮室小寢廟詩人美之斯干之詩是也上章道宮室之如制下章言子孫之衆多也及魯嚴公刻飾宗廟多築臺囿後嗣再絕春秋刺焉周宣如彼而昌魯秦如此而絕是則奢儉之得失也陛下卽位躬親節儉始營初陵其制約小天下莫不稱賢明及徙昌陵增埤爲高積土爲山發民墳墓積㠯萬數營起邑居期日迫卒功費大萬百餘死者恨於下生者愁於上怨氣感動陰陽因之㠯饑饉物故流離㠯十萬數臣甚惽焉㠯死者爲有知發人之墓其害多矣若其無知又安用大謀之賢知則不說㠯示衆庶則苦之若苟㠯說愚夫淫侈之人又何爲哉陛下慈仁篤美甚厚聰明疏達蓋世宜弘漢家之德崇劉氏之美光昭五帝三王而顧與暴秦亂君競爲奢侈比方丘隴說愚夫之目隆一時之觀違賢知之心亡萬世之安臣竊爲陛下羞之唯陛下上覽明聖黃帝堯舜禹湯文武周公仲尼之制下觀賢知穆公延陵樗里張釋之之意孝文皇帝去墳薄葬㠯儉安神可㠯爲則秦昭始皇增山厚臧㠯侈生害足㠯爲戒初陵之橅宜從公卿大臣之議㠯息衆庶漢書楚元王交附傳。

復上奏災異

臣聞帝舜戒伯禹毋若丹朱敖周公戒成王毋若殷王紂詩曰殷監不遠在夏后之世亦言湯㠯桀爲戒也聖帝明王常㠯敗亂自戒不諱廢興故臣敢極陳其愚唯陛下留神察焉謹案春秋二百四十二年日蝕三十六襄公尤數率三歲五月有奇而壹食漢興訖竟寧孝景帝尤數率三歲一月而一食臣向前數言日當食今連三年比食自建始㠯來二十歲間而八食率二歲六月而一發古今罕有異有小大希稠占有舒疾緩急而聖人所㠯斷疑也易

曰觀乎天文㠯察時變昔孔子對魯哀公並言夏桀殷紂暴虐天下故厤失則攝提失方孟陬無紀此皆易姓之變也秦始皇之末至二世時日月薄食山陵淪亡辰星出於四孟太白經天而行無雲而雷枉矢夜光熒惑襲月孽火燒宮野禽戲廷都門內崩長人見臨洮石隕於東郡星孛大角大角㠯亡觀孔子之言考暴秦之異天命信可畏也及項籍之敗亦孛大角漢之入秦五星聚於東井得天下之象也孝惠時有雨血日食於衝滅光星見之異孝昭時有泰山臥石自立上林僵柳復起大星如月西行衆星隨之此爲特異孝宣興起之表天狗夾漢而西久陰不雨者二十餘日昌邑不終之異也皆著於漢紀觀秦漢之易世覽惠昭之無後察昌邑之不終視孝宣之紹起天之去就豈不昭昭然哉高宗成王亦有雊雉拔木之變能思其故故高宗有百年之福成王有復風之報神明之應應若景嚮世所同聞也臣幸得託末屬誠見陛下寬明之德冀銷大異而興高宗成王之聲㠯崇劉氏故懇懇數奸死亡之誅今日食尤屢星孛東井攝提炎及紫宮有識長老莫不震動此變之大者也其事難一二記故易曰書不盡言言不盡意是㠯設卦指爻而復說義書曰伻來㠯圖天文難㠯相曉臣雖圖上猶須口說然後可知願賜清燕之閒指圖陳狀漢書楚元王交附傳。元延中星孛東井蜀郡岷山崩雍江向復上奏其辭曰。

奏劾甘忠可

忠可假鬼神罔上惑衆漢書李尋傳。

對成帝甘泉泰畤問

家人尚不欲絕種祠況於國之神寶舊畤且甘泉汾陰及雍五畤始立皆有神祇感應然後營之非苟而已也武宣之世奉此三神禮敬敕備神光尤著祖宗所立神祇舊位誠未易動及陳寶祠自秦文公至今七百餘歲矣漢興世世常來光色赤黃長四五丈直

祠而息音聲砰隱野雞皆雊每見雍太祝祠吕太宰遣候者乘傳馳詣行在所吕爲福祥高祖時五來文帝二十六來武帝七十五來宣帝二十五來初元元年吕來亦二十來此陽氣舊祠也及漢宗廟之禮不得擅議皆祖宗之君與賢臣所共定古今異制經無明文至尊至重難吕疑說正也前始納貢禹之議後人相因多所動搖易大傳曰誣神者殃及三世恐其咎不獨止禹等（漢書郊祀志下初罷甘泉泰畤作南郊日大風壞甘泉竹宮折拔畤中樹木十圍吕上百餘天子異之吕問劉向向對）

日食對

四月交於五月月同孝惠日同孝昭東井京師地且既其占恐害繼嗣（漢書五行志下之下河平元年四月己亥晦日有食之不盡如鉤在東井六度劉向對）

說成帝定禮樂

宜興辟雍設庠序陳禮樂隆雅頌之聲盛揖讓之容吕風化天下如此而不治者未之有也或曰不能具禮禮吕養人爲本如有過差是過而養人也刑罰之過或至死傷今之刑非皋陶之法也而有司請定法削則削筆則筆救時務也至於禮樂則曰不敢是敢於殺人不敢於養人也爲其俎豆管弦之閒小不備因是絕而不爲是去小不備而就大不備大不備或莫甚焉夫教化之比於刑法刑法輕是舍所重而急所輕也且教化所恃吕爲治也刑法所吕助治也今廢所恃而獨立其所助非所吕致太平也自京師有誖逆不順之子孫至於陷大辟受刑戮者不絕繇不習五常之道也夫承千歲之衰周繼暴秦之餘敝民漸漬惡俗貪饕險詖不閑義理不示吕大化而獨敺吕刑罰終已不改故曰導之吕禮樂而民和睦初叔孫通將制定禮儀見非於齊魯之士然卒爲漢儒宗業垂後嗣斯成法也（漢書禮樂志成帝時犍爲郡於水濱得古磬十六枚議者吕爲善祥劉向因是說上）

誡子歆書

告歆無忽若未有異德蒙恩甚厚將何吕報（已上據御覽補改）董生有云弔者在門賀者在閭言有憂則恐懼敬事敬事則必有善功而福至也又曰賀者在門弔者在閭言受福則驕奢驕奢則禍至故弔隨而來齊頃公之始藉霸者之餘威輕侮諸侯虧跂蹇之容故被鞍之禍遁服而亡所謂賀者在門弔者在閭也兵敗師破人皆弔之恐懼自新百姓愛之諸侯皆歸其所奪邑所謂弔者在門賀者在閭（已下據初學記御覽補）今若年少得黃門侍郎要顯處也新拜皆謝貴人叩頭謹戰戰慄慄乃可必免（藝文類聚二十初學記十二御覽二百二十一引劉向集又四百五十九五百四十三）

全漢文卷三十六終

烏程嚴可均校輯

劉向 三

戰國策書錄

護左都水使者光祿大夫臣向言。所校中戰國策書。中書餘卷。錯亂相糅莒。又有國別者八篇。少不足。臣向因國別者略㠯時次之。分別不㠯序者㠯相補。除復重。得三十三篇。本字多誤脫爲半字。㠯趙爲肖。㠯齊爲立。如此字者多。中書本號。或曰國策。或曰國事。或曰短長。或曰事語。或曰長書。或曰修書。臣向㠯爲戰國時游士輔所用之國。爲之筴謀。宜爲戰國策。其事繼春秋㠯後。訖楚漢之起。二百四十五年間之事。皆定。㠯殺青書可繕寫。敘曰。周室自文武始興。崇道德。隆禮義。設辟雍泮宮庠序之教。陳禮樂弦歌移風之化。敘人倫。正夫婦。天下莫不曉然論孝弟之義。惇篤之行。故仁

義之道滿乎天下。卒致之刑錯四十餘年。遠方慕義。莫不賓服。雅頌歌詠。㠯思其德。下及康昭之後。雖有衰德。其綱紀尚明。及春秋時。已四五百載矣。然其餘業遺烈。流而未滅。五伯之起。尊事周室。五伯之後。時君雖无德。人臣輔其君者。若鄭之子產。晉之叔向。齊之晏嬰。挾君輔政。㠯並立於中國。猶㠯義相支持。歌說㠯相感。聘覲㠯相交。期會㠯相一。盟誓㠯相救。天子之命。猶有所行。會享之國。猶有所恥。小國得有所依。百姓得有所息。故孔子曰。能㠯禮讓爲國乎何有。周之流化。豈不大哉。及春秋之後。衆賢輔國者既沒。而禮義衰矣。孔子雖論詩書。定禮樂。王道粲然分明。㠯匹夫無勢。化之者七十二人而已。皆天下之俊也。時君莫尚之。是㠯王道遂用不興。故曰非威不立。非勢不行。仲尼既沒之後。田氏取齊。六卿分晉。道德大廢。上下失序。至秦孝公。捐禮讓而貴戰爭。弃仁義而用詐譎。苟㠯取强而已矣。夫篡盜之人。列爲侯王。詐譎之國。興立

爲强。是㠯傳相放效。後生師之。遂相吞滅。并大兼小。暴師經歲。流血滿野。父子不相親。兄弟不相安。夫婦離散。莫保其命。湣然道德絕矣。晚世益甚。萬乘之國七。千乘之國五。敵侔爭權。蓋爲戰國。貪饕无恥。競進無厭。國異政教。各自制斷。上無天子。下無方伯。力功爭强。勝者爲右。兵革不休。詐僞並起。當此之時。雖有道德。不得施謀。有設之强。負阻而恃固。連與交質。重約結誓。㠯守其國。故孟子孫卿儒術之士。弃捐於世。而游說權謀之徒。見貴於俗。是㠯蘇秦張儀公孫衍陳軫代厲之屬。生從橫短長之說。左右傾側。蘇秦爲從。張儀爲橫。橫則秦帝。從則楚王。所在國重。所去國輕。然當此之時。秦國最雄。諸侯方弱。蘇秦結之。時六國爲一。㠯儐背秦。秦人恐懼。不敢闚兵於關中。天下不交兵者二十有九年。然秦國勢便形利。權謀之士。咸先馳之。蘇秦初欲橫秦。弗用。故東合從。及蘇秦死後。張儀連橫。諸侯聽之。西向事秦。是故始皇因四塞之固。據崤函

之阻。跨隴蜀之饒。聽衆人之策。乘六世之烈。㠯蠶食六國。兼諸侯。并有天下。杖於謀詐之弊。終於信篤之誠。無道德之教。仁義之化。㠯綴天下之心。任刑罰㠯爲治。信小術㠯爲道。遂燔燒詩書。坑殺儒士。上小堯舜。下邈三王。二世愈甚。惠不下施。情不上達。君臣相疑。骨肉相疏。化道淺薄。綱紀壞敗。民不見義。而懸於不寧。撫天下十四歲。天下大潰。詐僞之弊也。其比王德。豈不遠哉。孔子曰。道之㠯政。齊之㠯刑。民免而無恥。道之㠯德。齊之㠯禮。有恥且格。夫使天下有所恥。故化可致也。苟㠯詐僞偷活取容。自上爲之。何㠯率下。秦之敗也。不亦宜乎。戰國之時。君德淺薄。爲之謀筴者。不得不因勢而爲資。據時而爲口。故其謀扶急持傾。爲一切之權。雖不可㠯臨國教化。兵革救急之勢也。皆高才秀士。度時君之所能。出奇筴異智。轉危爲安。運亡爲存。亦可喜。皆可觀。護左都水使者光祿大夫臣向所校戰國策書錄。戰國策剡川姚氏宋刻本。

管子書錄

護左都水使者光祿大夫臣向言所校讎中管子書三百八十九篇大中大夫卜圭書二十七篇臣富參書四十一篇射聲校尉立書十一篇太史書九十六篇凡中外書五百六十四篇㠯校除復重四百八十四篇定著八十六篇殺青而書可繕寫也管子者潁上人也名夷吾號仲父少時嘗與鮑叔牙游鮑叔知其賢管子貧困常欺叔牙叔牙終善之鮑叔事齊公子小白管子事公子糾及小白立爲桓公子糾死管仲囚鮑叔薦管仲管仲既任政於齊齊桓公㠯霸九合諸侯一匡天下管仲之謀也故管仲曰吾始困時與鮑叔分財多自予鮑叔不㠯我爲貪知吾貧也嘗爲鮑叔謀事而更窮困鮑叔不㠯我爲愚知吾有利有不利也公子糾敗召忽死之吾幽囚受辱鮑叔不㠯我爲無恥知吾不羞小節而恥功名不顯於天下也生我者父母知我者鮑叔鮑叔既進管仲而已下

之子孫世祿於齊有封邑者十餘世常爲名大夫管子既相㠯區區之齊在海濱通貨積財富國彊兵與俗同好醜故其書稱曰倉廩實而知禮節衣食足而知榮辱上服度則六親固四維不張國乃滅亡下令猶流水之原令順人心故論卑而易行俗所欲因予之俗所否因去之其爲政也善因禍爲福轉敗爲功貴輕重愼權衡桓公怒少姬南襲蔡管仲因伐楚責包茅不入貢於周室桓公北征山戎管仲因而令燕修召公之政柯之會桓公背曹沬之盟管仲因而信之諸侯歸之管仲聘於周不敢受上卿之命㠯讓高國是時諸侯爲管仲城穀㠯爲之乘邑春秋書之褒賢也管仲富擬公室有三歸反坫齊人不㠯爲侈管子卒齊國遵其政常彊於諸侯孔子曰微管仲吾其被髮左衽矣太史公曰余讀管氏牧民山高乘馬輕重九府詳哉言之也又曰將順其美匡救其惡故上下能相親愛豈管仲之謂乎九府書民間無有山高一名形勢凡管子書務富國安民道約言要可㠯曉合經義向謹第錄管子明刻本

晏子敘錄

護左都水使者光祿大夫臣向言所校中書晏子十一篇臣向謹與長社尉臣參校讎太史書五篇臣向書一篇參書十三篇凡中外書三十篇爲八百三十八章除復重二十二篇六百三十八章定著八篇二百一十五章外書無有三十六章中書無有七十一章中外皆有㠯相定中書㠯天爲芳又爲備先爲牛章爲長如此類者多謹頗略椾皆已定㠯殺青書可繕寫晏子名嬰謚平仲萊人萊者今東萊地也晏子博聞彊記通於古今事齊靈公莊公景公㠯節儉力行盡忠極諫道齊國君得㠯正行百姓得㠯附親不用則退耕於野用則必不詘義不可脅㠯邪白刃雖交胷終不受崔杼之劫諫齊君懸而至順而刻及使諸侯莫能詘其辭其博通如此蓋次管仲內能親親外能厚賢居相國之位受萬鍾之祿故

親戚待其祿而衣食五百餘家處士待而舉火者亦甚衆晏子衣苴布之衣麋鹿之裘駕敝車疲馬盡㠯祿給親戚朋友齊人㠯此重之晏子蓋短其書六篇皆忠諫其君文章可觀義理可法皆合六經之義又有復重文辭頗異不敢遺失復列㠯爲一篇又有頗不合經術似非晏子言疑後世辯士所爲者故亦不敢失復㠯爲一篇凡八篇其六篇可常置旁御觀謹第錄臣向昧死上晏子宋刻本

孫卿書錄

護左都水使者光祿大夫臣向言所校讎中孫卿書凡三百二十二篇㠯相校除復重二百九十篇定著三十二篇皆㠯定殺青簡書可繕寫孫卿趙人名況方齊宣王威王之時聚天下賢士於稷下尊寵之若鄒衍田駢淳于髡之屬甚衆號曰列大夫皆世所稱咸作書刺世是時孫卿有秀才年五十始來游學諸子之事皆㠯爲非先王之法也孫卿善爲詩禮易春秋至齊襄王時孫卿最爲

老師齊向修列大夫之缺而孫卿三爲祭酒焉齊人或讒孫卿乃適楚楚相春申君㠯爲蘭陵令人或謂春申君曰湯㠯七十里文王㠯百里孫卿賢者也今與之百里地楚其危乎春申君謝之孫卿去之趙後客或謂春申君曰伊尹去夏入殷殷王而夏亡管仲去魯入齊魯弱而齊强故賢者所在君尊國安今孫卿天下賢人所去之國其不安乎春申君使人聘孫卿孫卿遺春申君書刺楚國因爲歌賦㠯遺春申君春申君恨復固謝孫卿孫卿乃行復爲蘭陵令春申君死而孫卿廢因家蘭陵李斯嘗爲弟子已而相秦及韓非號韓子又浮丘伯皆受業爲名儒孫卿之應聘於諸侯見秦昭王昭王方喜戰伐而孫卿㠯三王之法說之及秦相應侯皆不能用也至趙與孫臏議兵趙孝成王前孫臏爲變詐之兵孫卿㠯王兵難之不能對也卒不能用孫卿道守禮義行應繩墨安貧賤孟子者亦大儒㠯人之性善孫卿後孟子百餘年㠯爲人性惡

故作性惡一篇㠯非孟子蘇秦張儀㠯邪道說諸侯㠯大貴顯孫卿退而笑之曰夫不㠯其道進者必不㠯其道亡至漢興江都相董仲舒亦大儒作書美孫卿孫卿卒不用於世老於蘭陵疾濁世之政亡國亂君相屬不遂大道而營乎巫祝信禨祥鄙儒小拘如莊周等又滑稽亂俗於是推儒墨道德之行事興壞序列著數萬言而卒葬蘭陵而趙亦有公孫龍爲堅白異同之辨處子之言魏有李悝盡地力之教楚有尸子長盧子芋子皆著書然非先王之法也皆不循孔氏之術唯孟軻孫卿爲能尊仲尼蘭陵多善爲學蓋㠯孫卿也長老至今稱之曰蘭陵人喜字爲卿蓋㠯法孫卿也案上文至漢興江都㠯下十七字當在此句下孟子孫卿董先生皆小五伯㠯爲仲尼之門五尺童子皆羞稱五伯如人君能用孫卿庶幾於王然世終莫能用而六國之君殘滅秦國大亂卒㠯亡觀孫卿之書其陳王道甚易行疾世莫能用其言悽愴甚可痛也嗚呼使斯人卒終於閭巷而功業不得見於世哀哉可爲霣涕其書比於記傳可㠯爲法謹第錄臣向昧死上言護左都水使者光祿大夫臣向所校讎中孫卿書錄荀子宋刻本

韓非子書錄

韓非者韓之諸公子也喜刑名法術之學而歸其本於黃老其爲人吃口不能道說善著書與李斯俱事荀卿李斯自㠯爲不如非見韓之削弱數㠯書干韓王韓王不能用於是韓非病治國不務求人任賢反舉浮淫之蠹而加之功實之上㠯爲儒者用文亂法而俠者㠯武犯禁寬則寵名譽之人急則用介胄之士所用非所養所養非所用廉直不容於邪枉臣觀往者得失之變故作孤憤五蠹內外儲說難五十五篇十餘萬言人或傳其書至秦秦王見孤憤五蠹之書曰嗟乎寡人得見此人與游死不恨矣李斯曰此韓非之所著書秦因急攻韓韓始不用及急乃遣韓非使秦秦王

悅之未任用李斯害之秦王曰非韓之諸公子也今欲幷諸侯非終爲韓不爲秦此人情也今王不用久畱而歸之此自遺患也不如過法誅之秦王㠯爲然下吏治非李斯使人遺藥令早自殺韓非欲自陳不見秦王後悔使人赦之非已死矣宋本不著名疑是劉向作

列子書錄

右新書定著八章護左都水使者光祿大夫臣向言所校中書列子五篇臣向謹與長社尉臣參校讎太常書三篇太史書四篇臣向書六篇臣參書二篇內外書凡二十篇㠯校除復重十二篇定著八篇中書多外書少章亂布在諸篇中或字誤㠯盡爲進㠯賢爲形如此者衆及在新書有棧校讎從中書已定皆㠯殺青書可繕寫列子者鄭人也與鄭繆公同時蓋有道者也其學本於黃帝老子號曰道家道家者秉要執本清虛無爲及其治身接物務崇不競合於六經而穆王湯問二篇迂誕恢詭非君子之言也至於

力命篇一推分命楊子之篇唯貴放逸二義乖背不似一家之書然各有所明亦有可觀者孝景皇帝時貴黄老術此書頗行於世及後遺落散在民間未有傳者且多寓言與莊周相類故太史公司馬遷不爲列傳謹第錄臣向昧死上護左都水使者光祿大夫臣向所校列子書錄永始三年八月壬寅上（列子宋刻本）

鄧析書錄

中鄧析書四篇臣敘書一篇凡中外書五篇以相校除復重爲一篇皆定殺而書可繕寫也鄧析者鄭人也好刑名操兩可之説設無窮之辭當子產之世數難子產爲政記或云子產執而戮之於春秋左氏傳昭公二十年而子產卒子太叔嗣爲政定公八年太叔卒駟歂嗣爲政明年乃殺鄧析而用其竹刑君子謂子然於是乎不忠苟有可以加於國家棄其邪可也靜女之三章取彤管焉竿旄何以告之取其忠也故用其道不棄其人詩之蔽芾甘棠勿翦勿伐召伯所茇思其人猶愛其樹也況用其道不恤其人乎子然無以勸能矣竹刑簡法也久遠世無其書子產卒後二十年而鄧析死傳説或稱子產誅鄧析非也其論無厚者言之異同與公孫龍同類謹第上（鄧析子明刻本。案此敘意林荀子楊倞注高似孫子略皆作劉向或據書錄解題改屬劉歆檢書錄解題無此説）

關尹子書錄

右新書著定關尹子九篇護左都水使者光祿大夫臣劉向言所校中祕書關尹子九篇臣向校讎太常存七篇臣向本九篇臣向輒除錯不可考增闕斷續者九篇成皆殺青可繕寫關尹子名喜號關尹子或曰關令子隱德行人易之嘗請老子著道德經上下篇列禦寇莊周皆稱道家書篇皆寓名有章章首皆有關尹子曰四字篇篇敘異章章義異其旨同辭與老列莊異其歸同渾質崖戾汪洋大肆然有式則使人泠泠輕輕不使人狂蓋公授曹相國

參曹相國薨書葬至孝武皇帝時有方士來以七篇上上以仙處之淮南王安好道聚書有此不出臣向父德因治淮南王事得之臣向幼好焉寂士清人能重愛黄老清靜不可闕臣向昧死上永始二年八月庚子護左都水使者光祿大夫臣向謹進上（此疑依託）

子華子書錄

護左都水使者光祿大夫臣向言所校讎中子華書凡二十有四篇以相校復重十有四篇定著十篇皆以殺青書可繕寫子華子程氏名本字子華晉人也晉自頃公失政政在六卿趙簡子始得志招徠賢儁之士爲其家臣子華子生於是時博學能通墳典丘索及故府傳記之書性闓爽善持論不肯苟容於諸侯聚徒著書自號程子名稱藉甚聞於諸侯孔子遇諸郯歎曰天下之賢士也簡子欲仕諸朝而不能致乃遣使者奉纁幣聘以爲爵執圭是時簡子殺竇犨及舜華孔子爲作臨河之操子華子亦逡巡不肯起簡子大怒將脅之以兵子華子去而之齊齊景公不能用也子華子館於晏氏更題其書曰子華子簡子卒襄子立子華子反於晉時已老矣遂不復仕以卒今其書編離簡斷以是門人弟子共相綴隨記其所聞而無次敘非子故所著之書也大抵子華子以道德爲指歸而綱紀以仁義存誠養操不苟於售唯孔子然後知其賢齊大夫晏平仲與之爲久要之交當時諸侯以勢相軋爭結怨連禍日以權譎爲事子華子之言如持水納石不相醻荅卒以不遇可爲酸鼻謹目錄臣向昧死上（此敘及關尹子敘疑皆宋人依託今姑錄之於陵子敘明人作不錄）

説苑敘錄

護左都水使者光祿大夫臣向言所校中書説苑雜事及臣向書民間書誣校讎其事類衆多章句相溷或上下謬亂難分別次序除去與新序復重者其餘者淺薄不中義理別集以爲百家後令

㠯類相從。一一條別篇目。更㠯造新事十萬言㠯上。凡二十篇七百八十四章。號曰新苑。皆可觀。臣向昧死。（宋本說苑。）

高祖頌

漢家本系。出自唐帝。降及於周。在秦作劉。涉魏而東。是爲豐公。（漢書高帝紀贊。案。劉向有世頌八篇。）

杖銘

歷危乘險。匪杖不行。年耆力竭。匪杖不彊。有杖不任。顚跌誰怨。有士不用。害何足言。都蔗雖甘。殆不可杖。佞人悅己。亦不可相。杖必取便。不必用味。士必任賢。何必取貴。（藝文類聚六十九。案。此銘亦作崔瑗。御覽作馮植。恐非。）

熏鑪銘

嘉此正器。嶄巖若山。上貫太華。承㠯銅盤。中有蘭麝。朱火青烟。蔚術四塞。上連青天。（藝文類聚七十。書鈔一百三十五。初學記二十五。）雕鏤萬獸。離婁相加。（文選景福殿賦注。）

五紀說

夏厤㠯爲列宿日月皆西移。列宿疾而日次之。月宿遲。故日與列星昬俱入西方。後九十一日。是宿在北方。又九十一日。是宿在東方。九十一日在南方。此明日行遲於列宿也。月生三日。日入而月見西方。至十五日。日入而月見東方。將晦。日未出。乃見東方。㠯此明月行之遲於日。而皆西行也。向難之㠯鴻範傳曰。晦而月見西方。謂之朓。朓疾也。朔而月見東方。謂之側匿。側匿遲不敢進也。星辰西行。史官謂之逆行。此三說。夏厤皆違之。迹其意。好異者之所作也。（宋書天文志一。）

五紀論

太白少陰。弱不得專行。故㠯巳未爲界。不得經天而行。經天則晝見。其占爲兵。爲喪。爲不臣。爲更王。强國弱。小國强。（宋書天文志一。乾象通鑑十六。案。張溥本有洪範五行傳。專從漢書五行志摘出。今不錄。）

日與星之日當作月

全漢文卷三十八

烏程嚴可均校輯

劉向四

別錄

子夏易傳（唐會要七十七）

服氏齊人號服光（漢書藝文志注、釋文序錄。案釋文序錄引作服先）

神輸者王道失則災害生得則四海輸之祥瑞（漢書藝文志注）

京房易說云日與星至陰也有形無光日照之乃有光喻如鏡照日卽有影見月初光見西方望已後光見東皆日所照也（御覽四。案引作劉向七略。各書所引別錄七略多同，今吕題劉向者俱入於別錄）

易家有救氏之法（史記淮南王列傳索隱）

所校讎中易傳淮南九師道訓除復重定著十二篇淮南王聘善爲易者九人從之採獲故中書署曰九師書（初學記二十一。御覽六百九。案御覽引作劉向別傳，九師書上有淮南二字）

所校讎中易傳古五子書除復重定著十八篇分六十四卦著之日辰自甲子至於壬子凡五子故號曰五子（初學記二十一）

段嘉卽京房所從受易者也見儒林傳及劉向別錄（漢書藝文志注）

五十八篇（尚書堯典正義）

虞夏書（尚書堯典正義）

武帝末民有得泰誓書於壁內者獻之與博士使讀說之數月皆起傳吕教人（尚書序正義）

周書周時誥誓號令也蓋孔子所論百篇之餘也（漢書藝文志注引劉向云）

百篇次第於序孔鄭不同孔依壁內及序爲文鄭依賈氏所奏別錄爲次（尚書堯典正義）

師之尚之父之故曰師尚父父亦男子之美稱也（毛詩大明正義、論語泰伯疏、史記齊世家集解）

古文記二百四篇（釋文序錄）

王制文帝所造書有本制兵制服制篇（史記封禪書索隱）

明堂之制內有太室象紫宮南出明堂象太微（後漢書班固傳注云。案劉向別錄及馬宮蔡邕等所見當時有古文明堂禮、王居明堂禮、明堂圖、明堂大圖、陰陽太山通義、魏文侯孝經傳等，竝說古明堂之事，其書皆亡）

路寢在北堂之西社稷宗廟在路寢之西（周禮匠人疏）

左明堂辟雍右宗廟社稷（周禮匠人疏）

九主者有法君專君授君勞君等君寄君破君國君三歲社君凡九品圖畫其形（史記殷本紀集解）

王度記似齊宣王時淳于髡等所說也（禮記雜記正義）

王史氏六國時人也（漢書藝文志注）

士冠禮第一士昏禮第二士相見禮第三鄉飲酒禮第四鄉射禮第五燕禮第六大射儀第七聘禮第八公食大夫禮第九覲禮第十喪服第十一士喪禮第十二士喪禮下篇第十三士虞禮第十四特牲饋食禮第十五少牢饋食禮第十六少牢下篇第十七（儀禮疏鄭目錄。案士冠禮疏云，大戴、戴聖與劉向爲別錄，十七篇次第皆冠禮爲第一，昏禮爲第二，士相見爲第三，自茲吕下篇次則異。其劉向別錄卽此十七篇之次是也）

曲禮屬制度檀弓屬通論王制屬制度月令屬明堂陰陽曾子問屬喪服文王世子屬世子法禮運屬通論禮器屬制度郊特牲屬祭祀內則屬子法玉藻屬通論明堂位屬明堂陰陽喪服小記屬喪服大傳屬通論少儀屬制度學記屬通論樂記屬樂記雜記屬喪服喪大記屬喪服祭法屬祭祀祭義屬祭祀祭統屬祭祀經解屬通論哀公問屬通論仲尼燕居屬通論孔子閒居屬通論坊記屬通論中庸屬通論表記屬通論緇衣屬通論奔喪屬喪服問喪屬喪服服問屬喪服閒傳屬喪服三年問屬喪服深衣屬制度投壺屬吉禮儒行屬通論大學屬通論冠義屬吉事昏義屬吉事鄉

飲酒義屬吉事。射義屬吉事。燕義屬吉事。聘義屬吉事。喪服四制舊說屬喪服。禮記正義鄭目錄。案釋文序錄云。劉向別錄有四十九篇。其篇次與今禮記同。樂記正義云。別錄禮記四十九篇。樂記第十九。

鄭目錄云。樂記者。以其記樂之義。此於別錄屬樂記。蓋十一篇合爲一篇。謂有樂本。有樂論。有樂施。有樂言。有樂禮。有樂情。有樂化。有樂象。有賓牟賈。有師乙。有魏文侯。今雖合此。略有分焉。禮記樂記正義。案史記樂書正義云。劉向別錄篇次與鄭目錄同。而樂記篇次又不依鄭目。樂記正義云。依別錄所次。有賓牟賈。有師乙。有魏文侯。乃次賓牟賈師乙爲末。則是今之樂記。與別錄不同。

劉向校書得樂記二十三篇。著於別錄。今樂記所斷取十一篇。餘有十二篇。其名案別錄十一篇餘次。奏樂第十二。樂器第十三。樂作第十四。意始第十五。樂穆第十六。說律第十七。季札第十八。樂道第十九。樂義第二十。昭本第二十一。昭頌第二十二。竇公第二十三是也。禮記樂記正義。

雅琴之意。事皆出龍德諸琴雜事中。趙氏者。勃海人趙定也。宣帝時元康神爵間。丞相奏能鼓琴者勃海趙定梁國龍德。皆召入見溫室。使鼓琴待詔。定爲人尚清靜。少言語。善鼓琴。時間燕爲散操。多爲之涕泣者。後漢書劉昆傳注。藝文類聚四十四。白帖六十二。御覽五百七十九。事類賦注十一。

師氏雅琴者。名志。東海下邳人。傳云言師曠之後。至今邳俗猶多好琴也。北堂書鈔一百九。

雅琴龍氏亦魏相所奏也。與趙定俱召見待詔。後拜爲侍郎。漢書藝文志注。

樂歌詩四篇。趙氏雅琴七篇。師氏雅琴八篇。龍氏雅琴百六篇。隋書音樂志。

君子因雅琴之適。故從容以致思焉。其道閉塞悲愁。而作者名其曲曰操。言遇災害。不失其操也。後漢書曹褒傳注。

左丘明授曾申。申授吳起。起授其子期。期授楚人鐸椒。鐸椒作鈔撮八卷。授虞卿。虞卿作鈔撮九卷。授荀卿。荀卿授張蒼。春秋左氏傳序正義。

世本。古史官明於古事者之所記也。錄黃帝已來帝王諸侯及卿大夫系謚名號。凡十五篇也。史記集解序索隱。

魯論語二十篇。皆孔子弟子記諸善言也。論語序疏。

魯人所學謂之魯論。齊人所學謂之齊論。古壁所傳謂之古論。皇侃論語義疏序。

孔子見魯哀公問政。比三朝。退而爲此記。故曰三朝。凡七篇。並入大戴禮。史記五帝本紀索隱。三國志秦宓傳注。北堂書鈔九十九。藝文類聚五十五。案三國志注藝文類聚引作孔子三見哀公作三朝七篇。今在大戴禮。

孝經古文字也。庶人章分爲二也。曾子敢問章爲三。又多一章。凡二十二章。漢書藝文志注引劉向云。

周宣王太史作大篆也。文選魏都賦注。

古文或誤以見爲典。以陶爲陰。如此類多。北堂書鈔一百一。御覽六百一十八。

殺青者。直治竹作簡書之耳。新竹有汗。善朽蠹。凡作簡者。皆於火上炙乾之。陳楚間謂之汗。汗者去其汗也。初學記二十八。御覽六百六。案後漢書吳祐傳注云。殺青者。以火炙簡令汗。取青易書。復不蠹。謂之殺青。亦謂之汗簡。義見劉向別錄。

讎校。一人讀書。校其上下。得繆誤爲校。一人持本。一人讀書。若怨家相對。故曰讎也。文選魏都賦注。御覽六百一十八。

晏平仲名嬰。東萊夷維人。事齊靈公莊公。以節儉力行重於齊。世說新語言語篇注。案史記管晏列傳集解引。萊者。今東萊地也。

稷。齊城門名也。談說之士。期會於稷門下。故曰稷下也。史記田敬仲世家集解。水經淄水注。太平寰宇記十八。

吁子芋子。史記荀卿列傳索隱。

徐子。外黃人也。史記魏世家集解。

臣向與黃門侍郎歆所校列女傳。種類相從爲七篇。以著禍福榮辱之效。是非得失之分。畫之於屏風四堵。初學記二十五。御覽七百一。

楊雄經目有元首、元衝、元錯、元測、元舒、元瑩、元數、元文、元掜、元圖、元告、元問合十二篇。蕭該漢書音義。

鬻子名熊。封於楚。辛甲故殷之臣。事紂。蓋七十五諫而不聽。去至周。召公與語。賢之。告文王。文王親自迎之。以爲公卿。封長子。史記周本紀集解。案自辛甲下當別爲一條。

九府書民間無有。山高一名形勢。史記管晏列傳集解。

列子目錄曰。至於力命篇一推分命。文選王康琚反招隱詩注。

莊子宋之蒙人也。史記老莊列傳索隱。

又作人姓名。使相與語。是寄辭於其人。故莊子有寓言篇。史記莊子列傳索隱。

老萊子古之壽者。文選遊天台山賦注。

鶡冠子常居深山。以鶡爲冠。故號鶡冠子。藝文類聚六十七。文選劉孝標辯命論注。御覽六百八十五。

周訓　人間小書。其言俗薄。漢書藝文志注。

郎中嬰齊　故待詔。不知其姓。數從遊觀。名能爲文。漢書藝文志注引劉向云。

鄭長者　鄭人。不知其名。漢書藝文志注。

騶衍之所言。五德終始。天地廣大。其書言天事。故曰談天。史記荀卿列傳集解。後漢書西域傳注。北堂書鈔九十九。

方士傳言。鄒衍在燕。燕有谷地美而寒。不生五穀。鄒子居之。吹律而溫氣至。而黍生。今名黍谷。北堂書鈔一百十二。藝文類聚九。文選魏都賦劉注。顏延年秋胡詩注。阮嗣宗詣蔣公奏記注。白帖六。太平御覽八百四十二。

齊使鄒衍過趙。平原君見公孫龍及其徒綦毋子之屬。論白馬非馬之辯。以問鄒子。鄒子曰。彼天下之辯有五勝三至。而辭正爲下。辯者別殊類。使不相害。序異端。使不相亂。抒意通指。明其所謂。使人與知焉。不務相迷也。故勝者不失其所守。不勝者得其所求。若是。故辯可爲也。及至煩文以相假。飾辭以相惇。巧譬以相移。引人聲。使不得及其意。如此害大道。夫繳紛爭言而競後息。不能無害

索隱當作集解

君子。坐皆稱善。史記平原君列傳集解。

杜文公　韓人也。漢書藝文志注。

黃帝泰素　或言韓諸公孫之所作也。言陰陽五行。以爲黃帝之道也。故曰泰素。漢書藝文志注。

騶奭修衍之文。飾若雕鏤龍文。故曰雕龍。史記荀卿列傳集解。後漢書崔駰傳注。北堂書鈔一百。案後漢書注引作鄒奭修衍飾之文若雕龍文。御覽四百六十四引云。鄒奭者頗采鄒衍之術。迂大而閎辯。文具難勝。齊人美之。頌曰。談天鄒。文與此異。

于長天下忠臣　傳天下忠臣。漢書藝文志注。

申不害京人　京。今河南京縣也。史記申韓列傳索隱。

申子　今民間所有上下二篇。中書六篇。皆合。二篇已備。過太史公所記也。史記申韓列傳索隱。

孝宣皇帝重申不害君臣篇。使黃門郎張子喬正其字。御覽二百二十一。

申子學號曰刑名。刑名者。循名以責實。其尊君卑臣。崇上抑下。合

於六經也。宣帝好觀其君臣篇。史記張叔列傳索隱。漢書元帝紀注。張歐傳注。

鄧析好刑名。操兩可之說。設無窮之辭。數難子產爲政。子產執而戮之。荀子不苟篇注引劉向云。

尹文子　與宋鈃俱游稷下。漢書藝文志注引劉向云。

公孫龍持白馬之論以度關。初學記七。

成公生　與李斯子由同時。由爲三川守。成公生游談不仕。漢書藝文志注引劉向云。

毛公　論堅白同異。以爲可以治天下。漢書藝文志注。

名家者流。出於禮官。古者名位不同。禮亦異數。孔子曰。必也正名乎。史記太史公自序索隱。漢書司馬遷傳注。

我子　爲墨子之學。漢書藝文志注。

墨子書有文子。文子。子夏之弟子。問於墨子。史記荀卿列傳索隱。

炙過髡　過字作輠。輠者車之盛膏器也。炙之雖盡。猶有餘流者。言淯

于䰃智不盡如炙輠也。史記荀卿列傳集解。

尉繚 繚爲商君學。漢書藝文志注。

楚有尸子。疑謂其在蜀。今案尸子書。晉人也。名佼。秦相衞鞅客也。衞鞅商君。謀事畫計。立法理民。未嘗不與佼規也。商君被刑。佼恐并誅。乃亡逃入蜀。自爲造此二十篇。凡六萬餘言。卒。因葬蜀。史記荀卿列傳集解。

朔之文辭。有封泰山。責和氏璧。及皇太子生禖。屏風。殿上柏柱。平樂觀。賦獵。八言七言上下。從公孫弘借車。凡劉向所錄朔書具是矣。師古曰。劉向別錄所載。漢書東方朔傳。

督亢膏腴之地。史記荆軻列傳集解。後漢郡國志補注。

丹。燕王喜之太子。史記荆軻列傳索隱。

神農。疑李悝及商君所說。漢書藝文志注。案。史記貨殖列傳。李克務盡地力。索隱云。劉向別錄則云李悝也。

尹都尉書有種瓜篇。御覽九百七十八。

尹都尉書有種蓼篇。御覽九百七十八。

尹都尉書有種芥、葵、蓼、薤、蔥諸篇。御覽九百八十。

都尉有種蔥書。曹公與其先生言。細人覘之。見有拔蔥。藝文類聚八十二。

氾勝之使教田三輔。有好田者師之。徙爲御史。漢書藝文志注。

蔡癸。邯鄲人。漢書藝文志注。

待詔臣饒心術。饒。齊人也。不知其姓。武帝時待詔。作書名曰心術也。漢書藝文志注。

賈誼弔屈原賦。因以自諭自恨也。史記賈誼列傳集解。

淮南王有薰籠賦。北堂書鈔一百三十五。御覽七百十。

向有芳松枕賦。白帖十四。御覽七百七。

向有合賦。御覽七百一十七。

有騏驎角杖賦。北堂書鈔一百三十三。御覽七百十。事類賦注一十四。

有行過江上弋雁賦。行弋賦。弋雌得雄賦。御覽八百三十二。

待詔馮商作燈賦。藝文類聚八十。

商字子高。漢書藝文志注。

臣向謹與長社尉杜參校中祕書。漢書藝文志注。

驃騎將軍史朱宇。漢書藝文志注。

隱書者。疑其言以相問對者。以慮思之。可以無不諭。漢書藝文志注。

有麗人歌賦。漢興以來。善雅歌者魯人虞公。發聲清哀。遠動梁塵。受學者莫能及也。藝文類聚四十三。文選嘯賦注。事類賦注十一。案。初學記十五。魯人虞公見劉向別錄。

孫子書以殺青簡。編以縹絲繩。北堂書鈔一百三。太平御覽六百六。

蹵鞠者。傳言黃帝所作。或曰起戰國之時。蹵鞠。兵勢也。所以練武士。知有材也。皆因嬉戲而講習之。今軍士無事。得使蹵鞠。有書二十五篇。史記蘇秦列傳集解。衞霍列傳索隱。後漢書梁冀傳注。初學記四。一切經音義二。白帖四。御覽二百九十七。又七百五十四。事類賦注四。

人民蚤蝨眾多。則地癢也。北堂書鈔一百五十七。

鑿山鑽石。則見地痛也。北堂書鈔一百五十七。

薛公藏於賣漿家。徐廣曰。漿或作醪。案別錄知也。史記信陵君列傳索隱。

全漢文卷三十八終

全漢文卷三十九

烏程嚴可均校輯

劉向五

新序 案新序三十卷見存十卷不錄錄其佚文

齊王問墨子曰。古之學者爲己。今之學者爲人。何如。對曰。古之學者得一善言。吕附其身。今之學者得一善言。務吕悅人。北堂書鈔八十三。太平御覽六百七。

臧孫行猛政。子貢非之曰。夫政猶張琴瑟也。大絃急則小絃絕矣。是吕位尊者德不可吕薄。官大者治不可吕小。地廣者制不可吕狹。民衆者政不可吕苛。獨不聞子產相鄭乎。其掄材惟賢。抑惡而揚善。故有大略者不問其所短。有德厚者不非其小疵。其牧民之道。養之吕仁。教之吕禮。因其所欲而與之。從其所好而勸之。賞之疑者從重。罰之疑者從輕。藝文類聚五十二。

子產相鄭。七年而教宣風行。國無刑人。北堂書鈔三十五風俗和平囹圄空虛注引

李斯問荀卿曰。當今之時。爲秦奈何。孫卿曰。力術止。義術行。秦之謂也。荀子彊國篇楊倞注引

子產決鄧析教民之難。約。大獄袍衣。小獄襦袴。民之獻袍衣襦袴者不可勝數。吕非爲是。吕是爲非。鄭國大亂。民口讙譁。子產患之。於是討鄧析而僇之。民乃服。是非乃定。荀子正名篇注引

梁車新爲鄴令。其姊往見之。値暮。郭門閉。遂踰郭而入。梁車新因刖其足。趙成侯吕爲不慈。遂奪璽免官。御覽五百十七。

魯哀公爲室而大。公儀子淮南人間訓作公宣子。諫曰。室大。衆與人處則譁。少與人處則悲。卑訛今從淮南。願公適也。曰。聞命矣。築室不輟。明日又諫。當有曰字。國小室大。百姓必怨吾君。諸侯聞之。必輕吾國。公曰。聞命矣。築室不輟。明日又諫曰。左昭右穆。爲室而大。吕臨二先君。無乃害於孝乎。於是哀公毀室而止。御覽百七十四。

齊景公遊於牛山之上。而北望齊曰。美哉國乎。使古無死者。則寡人將去斯如之何。乃泣沾襟。高子曰。然。賴君之賜。蔬食惡肉。可得而食也。駑馬棧車。可得而乘也。且不欲死。而況吾君乎。俯而垂泣。晏子拊手而笑曰。樂哉今日嬰之遊也。見怯君一而諛臣二。使古之無死者。則太公丁公至今猶存。吾君方爲被蓑笠而立乎畎畝之中。唯事之恤。何暇念死乎。景公慙焉。御覽四百廿八。今見韓詩外傳十。

齊有田巴先生者。行修於內。智明於外。王聞其賢。聘之。將問政焉。田巴先生改製新衣。拂飾冠帶。顧謂其妾。妾曰。姣。將出門。問其從者。從者曰。姣。過於淄水。自照視。醜惡甚焉。遂見齊王。齊王問政。對曰。政在正身。正身之本在於羣臣。大王召臣。臣改制鬋飾。問於臣妾。臣妾愛臣。諛臣曰姣。問從者。從者畏臣。諛臣曰姣。臣據臨淄水而觀影。然後自知醜惡也。今齊之臣妾諛王者。非特二人。王如臨淄水。見己之惡。過而自改。斯齊國治矣。御覽六十三。又三百八十二。

孔子見宋榮啟期。老。白首衣弊服。鼓琴自樂。孔子問曰。先生老而窮。何樂也。啟期對曰。吾有三樂。天生萬物。吕人爲貴。吾得爲人。一樂也。人生吕男爲貴。吾得爲男。二樂也。人生命有傷夭。吾年九十歲。是三樂也。貧者士之常。死者人之終。居常吕守終。何不樂乎。御覽三百八十三。

崔杼弑莊公。申蒯漁於海而後至。將入死之。其御止之曰。君之無道。聞於天下。不可死也。申蒯曰。告我晚。子不早告我。吾安得食亂君之祿。而死治君之事乎。子免之。無死。其御曰。子有亂主。猶死之。我有治長。奈何勿死。申蒯至門曰。申蒯聞君死。請入弔。門者吕告崔杼。杼令勿內。申蒯曰。汝疑我乎。吾與汝臂。乃斷其左臂吕與門者。門者吕示崔杼。杼陳八列。令其人申蒯拔劍呼天。三踊乃鬬。殺七列。未及崔子一列而死。其御亦死之門外。君子聞之曰。蒯可謂守節死義矣。御覽三百六十九。又四百十七。又四百三十八。又有申鳴一條。今見說苑。疑誤作新序。今不錄。

孫武樂毅之徒。皆前世之賢將也。久遠深奧。其事難知。至於吳漢。近時人耳。起於販馬。立爲良將。垂名竹帛。天下歸德。此可慕也。御覽二百七十六。

昔子奇年十八。齊君使之治阿。既行矣。悔之。使使追之。曰。未至阿及之。還之。已至。勿還也。使者及之而不還。君問其故。對曰。臣見使與共載者。白首也。夫以老者之智。以少者之决。必能治阿矣。是以不還。御覽二百六十八。

齊景公遊海上。樂之。六月不歸。令左右。敢言歸者死。顏歜諫曰。君樂治海上。不樂治國。儻有治國者。君且安得樂出海也。公據戟將斫之。歜撫衣而待之曰。君奚不斫也。昔桀殺關龍逢。紂殺王子比干。君奚不斫。以臣參此二人。不亦可乎。公遂歸。御覽三百五十三。

昌邑王治側。鑄續漢志作注。冠十枚。以冠賜師友儒者。後以冠冠奴。龔遂免冠歸之。曰。王賜儒者冠。下至臣。今以餘冠冠奴。是大王奴虜畜臣也。御覽五百。

昌邑王徵爲天子。到營陽。置積竹刺杖二枚。龔遂諫曰。積竹賜杖者。驕蹇少年杖也。大王奉大喪。當拄竹杖。御覽七百十。

昌邑王取侯王二千石墨綬黃綬。與左右佩之。龔遂諫曰。高皇帝造花綬五等。陛下取之而與賤人。臣以爲不可。願陛下收之。御覽六百八十二。

上古之時。其民敦朴。故三皇教而不誅。無師而威。故善爲者不師。三皇之德也。至於五帝。有師旅之備而無用。故善師者不陳。五帝之謂也。湯伐桀。文王伐崇。武王伐紂。皆陳而不戰。故善陳者不戰。三王之謂也。及夏后氏之伐有扈。殷高宗之討鬼方。周宣王之征熏鬻。而不血刃。皆仁聖之惠。時化之風也。至齊桓侵蔡而蔡潰。伐楚而楚服。而彊楚以致苞茅之貢於周室。北伐山戎。使奉朝覲。三存亡。一繼絕。九合諸侯。一匡天下。衣裳之會十有一。嘗大戰。亦不

血刃。至晉文公。設虎皮之威。陳輿柴之僞。以破楚師而安中國。故曰善戰者不死。晉文公之謂也。楚昭王遭闔閭之禍。國滅。昭王出亡。父老迎而哭之。昭王曰。寡人不仁。不能守社稷。父老反矣。何憂無君。寡人且從此入海矣。父老曰。有君若此。其賢也。及申包胥請救。哭秦庭七日。秦君憐而救之。秦楚同心。遂走吳師。昭王反國。故善死者不亡。昭王之謂也。是故自晉文公以下。至戰國而暴兵始衆。於是以彊幷弱。以大吞小。故彊國務攻。弱國備守。合從連衡。羣相征伐。故戰則稱孫吳。守則稱墨翟。至秦而以兵幷天下。窮兵極武而亡。及項羽尙暴而滅。漢以寬仁而興。故能掃除秦之苛暴矣。孝武皇帝懷服四夷。其後天下安然。故世之爲兵者。其行事略可覩也。御覽二百七十一。

湯居亳。七十里地。與葛伯爲鄰。葛伯放淫不祀。湯使人遺之牛羊。葛伯食之。又不以祀。湯又使人問曰。何爲不祀。曰。無以共粢盛也。湯又使亳衆往爲之耕。老弱饋食。葛伯率其民。要其有酒食黍稻者。奪之。不與者殺之。有一童子以黍肉餉。殺而奪之。書曰。葛伯仇餉。此之謂也。爲其殺是童子而征之。四海之內皆曰。非富天下也。爲匹夫匹婦復讎也。御覽三百五。

公孫敖問伯象先生曰。今先生收天下之術。博觀四方之日久矣。未能裨世主之治。明君臣之義。是則未有異於府庫之藏金玉。筐篋之囊簡書也。御覽八百十一。

公孫敖曰。夫玉石金鐵。猶可琢磨以爲器用。而況於人。御覽八百十三。

紂王天下。熊羹不熟而殺庖人。御覽八百六十一。

平公問叔向曰。齊桓公九合諸侯。一匡天下。如是。君不如臣力。何也。師曠侍。曰。臣請以喻五味。管仲善斷割之。隰朋善煎熬之。賓須無善齊和之。羹已熟矣。奉而進之。而君不食。誰能彊之。亦君之力也。同上。

趙簡子使使者聘孔子於魯。以胖牛肉迎於海上。使者謂船人曰。孔子即上船。中河安流而殺之。孔子至。使者致命。進胖牛之肉。孔子仰天而歎曰。美哉水乎。洋洋也。使丘不濟此水者。命也夫。御覽八百六十三。

楚王使謁者徐光迎方與盲人吹竽者也。龔遂乃去。御覽五百八十一。

禹南濟于江。黃龍負舟。舟中之人皆失色。禹仰天而歎曰。吾受命於天。死生命也。龍俯首而逝。御覽六十。

勇士一呼。三軍皆辟易。士之誠也。此三句有。夫勇士孟賁。水行不避蛟龍。陸行不避虎狼。發怒吐氣。聲響嚮同。動天。至其死矣。頭身斷絕。夫不用仁而用武。當時雖快。身必無後。是以孔子勤勤行仁。御覽四百三十七。

齊遣淳于髡到楚。髡爲人短小。楚王甚薄之。謂曰。齊無人邪。而使子來。子何長也。對曰。臣無所長。腰中七尺之劍。欲斬無狀疑王。王曰。止。吾但戲子耳。與髡共飲。同上。

秦王以五百里地易鄢陵。鄢陵君辭不受。使唐且謝秦王。王忿然變色怒曰。亦向見天子之怒乎。且曰。臣未嘗見。王曰。夫天子之怒。伏尸百萬。流血千里。且曰。大王亦嘗見布衣韋帶士之怒乎。王曰。布衣韋帶士之怒。解冠徒跣。以頭搶地耳。何難知者。且曰。此乃庸夫庶人之怒耳。非布衣韋帶士之怒也。夫專諸刺王僚。彗星襲日。奔星晝出。要離刺王子慶忌。倉鷹擊於臺上。聶政刺韓王。白虹貫日。此三者。皆布衣怒也。與臣將四。士無怒則已。一怒伏尸二人。流血五步。即案其匕首。起視秦王曰。今將是矣。王色變。跪曰。先生就坐。寡人喻矣。鄢陵獨以五十里在者。徒用先生故乎。同上。

林既衣韋衣而朝齊景公。景公曰。此君子之服邪。小人之服邪。林既作色曰。夫服事何足以端士行乎。昔荊爲長劍危冠。令尹子西出焉。齊桓短衣而遂之溝冠。管仲隰朋出焉。越文身剪髮。范蠡大

呼當作羊

夫種亦出焉。西戎左衽而椎結。由余亦出焉。如君言。衣犬裘者當犬號。衣羊裘者當呼鳴。今君衣狐裘而朝。得無爲變乎。景公曰。子自以爲勇悍乎。曰。登高臨危。而目不眴。而足不淩者。此工匠之勇悍也。入深泉。取蛟龍。拘黿而出者。此漁夫之勇悍也。入深山。刺虎豹。抱熊而出者。此獵夫之勇悍也。夫不難斷頭裂腹暴骨流血中野者。此武士之勇悍也。今臣居廣廷。作色而辨。以犯主君之怒。前雖有乘軒之賞。未爲之動也。後雖有斧鑕之威。未爲之恐也。此既之所以爲勇悍也。同上。

周昌者。沛人。以軍功封汾陰侯御史大夫。高帝欲廢惠帝。立戚夫人子如意。羣臣固爭莫能得。以廷爭之強。上問其說。昌爲人吃。曰。臣口不能言。臣期期知其不可也。陛下欲廢太子。臣期期不奉詔。御覽七百四十。

文王之葬枯骨。無益衆庶。衆庶悅之。恩義動人也。御覽三百七十五。

挾泰山以超北海。御覽三十九。

諸侯牆有黑堊之色。無丹青之彩。御覽一百八十七。

賤之如虺豕。楊倞注荀子王霸篇。

子奇年十八。齊君使之化阿。至阿。鑄其庫兵以爲耕器。出倉廩以賑貧窮。阿縣大化。後漢書順帝紀注。

桓公與管仲、鮑叔、甯戚飲。桓公謂鮑叔曰。姑爲寡人祝乎。鮑叔奉酒而起祝曰。吾君無忘出莒也。使管子無忘束縛從魯也。使甯戚無忘其飯牛於車下也。隗囂傳注。

齊桓公與管仲飲酒酣。管仲上壽曰。願君無忘出奔於莒也。臣亦無忘束縛於魯也。馮異傳注。

伊尹蒙恥辱。負鼎俎以干湯。崔駰傳注。

臧孫魯大夫。行猛政。子貢非之曰。夫政猶張琴瑟也。大絃急則小絃絕矣。故曰。罰得則姦邪止。賞得則下歡悅。子之賊心見矣。獨不

閭子產之相鄭乎。推賢舉能。抑惡揚善。有大略者。不問其短。有厚德者。不非小疵。家給人足。囹圄空虛。子產卒。國人皆叩心流涕。三月不聞竽琴之音。其生也見愛。死也可悲。故曰德莫大於仁。禍莫大於刻。今子病而人賀。子愈而人相懼。曰嗟乎。何命之不善。子又不死。臧孫懃而避位。終身不出。陳寵傳注。已上皆後漢書。

子貢曰。子產死。國人聞之。皆叩心流涕曰。子產已死。吾將安歸。皆巷哭。李善文選注三十七。

營。度也。文選注三。

孫叔敖曰。筐篋之橐簡書。二十三。案御覽八百十一引此爲公孫敖語。

楚王載繁弱之弓。忘歸之矢。以射兕於雲夢。二十四。

公孫龍謂平原君曰。臣居魯則聞下風。高先生之知。悅先生之行。三十九。

孔子曰。聖人雖生異世。相襲若規矩。四十三。

趙良謂商君曰。君亡。可翹足而待也。四十四。

太王亶父止於岐下。百姓扶老攜幼。隨而歸之。一年成邑。二年成都。三年五倍其初。四十九。

及定王。王室遂卑矣。五十三。

劉向曰。先王之所以指麾而四海賓服者。誠德之至也。五十六。

晉襄公之孫周爲晉國。休戚不倍本也。五十六。已上皆文選注。

懷服四夷。天下安然。北堂書鈔十三。

說苑　案說苑二十卷今見存。不錄。錄其佚文。

閔子騫兄弟二人。母死。其父更娶。復有二子。子騫爲其父御車。失轡。父持其手。衣甚單。父則歸。呼其後母兒。持其手。衣甚厚溫。卽謂其婦曰。吾所以娶汝。乃爲吾子。今汝欺我。去無留。子騫前曰。母在一子單。母去四子寒。其父默然。故曰孝哉閔子騫。一言其母還。再言三子溫。藝文類聚二十。

晉靈公驕奢。造九層之臺。費用千億。謂左右曰。敢有諫者斬。孫息聞之。求見。靈公張弩操矢見之。謂之曰。子欲諫邪。孫息曰。臣不敢諫也。公曰。子何能。孫息曰。臣能累十二博棊。加九雞子於其上。公曰。吾少學。未嘗見也。子爲寡人作之。孫息卽正顏色。定志意。一作氣以棊子置於下。而加九雞子於其上。左右屛一作慴息。靈公扶一作俯伏。氣息不續。公曰。危哉危哉。孫息曰。臣謂是不危也。復有危此者。公曰。願見之。孫息曰。公爲九層之臺。三年不成。男不得耕。女不得織。國用空虛。戶口減少。吏民叛亡。鄰國謀議。將興兵。社稷一滅。君何所望。靈公曰。寡人之過乃至於此。卽壞九層之臺。後漢書呂布傳注。藝文類聚二十四。又七十四。御覽七百五十八。

孫息學悲歌。引琴作鄭衞之音。靈公大感。故作衞公之曲。歌而和之。北堂書鈔一百六。

齊王起九重之臺。募國中有能畫者。賜之錢。有一作狂卒敬君。居常飢

寒。其妻妙色。一作端正。敬君工畫。貪賜畫臺。去家日久。思憶一作念其妻。遂畫其像。向之憙一作而笑。旁人瞻疑覘見之。以白王。王召問之。對曰。有妻如此。去家日久。心常念之。竊畫其像。以慰離心。不悟上聞。王卽設酒。與敬君相樂。謂敬君曰。國中獻女無好者。以錢百萬請妻。可乎。不者殺汝。敬君偉惶聽許。藝文類聚三十二。御覽三百八十一。又七百五十。

呂望年七十。釣於渭渚。三日三夜。魚無食者。望卽忿。脫其衣冠。上有農人者。古之異人一作老賢人也。謂望曰。子姑復釣。必細其綸。芳其餌。徐徐而投之。無令魚駭。望如其言。初下得鮒。次得鯉。刳魚腹得書。書文曰。呂望封於齊。望知其異。一作當貴。藝文類聚六十六。史記齊太公世家索隱。

齊遣淳于髡到楚。髡爲人短小。楚王甚薄之。謂曰。齊無人邪。而使子來。子何長也。對曰。臣無所長。腰中七尺劍。欲斬無狀新序誤壯王。王曰。止。吾但戲子耳。卽與髡共飲酒。謂髡曰。吾有讎在吳國。子寍能爲吾報之乎。對曰。臣來見道傍野民。持一頭魚。上田祝曰。高得萬

東。下得千斛。臣竊笑之。以為禮薄而望多也。王今與吾半日之樂。而委以吳王。非其計。楚王嘿然。藝文類聚九十六。北堂書鈔四十。御覽二百四十三。又三百七十八。又七百三十六。前數句。一引作新序。

晉文公伐楚。歸國行賞。狐偃為首。或曰。城濮之事。先軫之謀。文公曰。城濮之事。偃說我無失信。不背三舍之約。先軫所謀軍事。吾用之以勝。然此一時之說。偃言萬世之功。奈何以一時之利。而加萬世功乎。是以先之。衆人悅服。御覽二百七十九。與權謀篇不同。

中行獻子將伐鄭。范文子曰。不可得志於鄭。諸侯讎我。憂必滋長。郄至又曰。得鄭是兼國也。則王者固多憂乎。御覽三百五。

秦急圍邯鄲。邯鄲傳舍吏子李談謂平原曰。邯鄲之民。炊骨易子而食之。而君之後宮婢妾。荷綺縠。餘粱肉。士民兵盡。或剡木為矛戟。而君之器物鍾磬自恣。御覽三百五十三。

梁君出獵。見白雁羣。梁君下車。彀弓欲射之。道有行者。梁君謂

行者止。行者不止。雁羣駭。梁君怒。欲殺行者。其御公孫龍下車對曰。昔者齊景公之時。天旱三年。卜之曰。必以人祠乃雨。景公曰。吾所以求雨者。為吾民也。今以人祠乃雨。寡人將自當之。言未卒。天大雨。方千里。今主君以白雁故而欲殺之。無異於狼虎。梁君援其手。與上車歸。入郭門。呼萬歲。曰。樂哉今日獵也。獨得善言。御覽三百九十。見新序二。作公孫襲。

齊遣兵攻魯。見一婦人。將兩小兒走。抱小而挈大。顧見大軍且至。抱大而挈小。使者甚怪。問之。婦人曰。大者妾夫兄之子。小者妾之子。夫兄子者。公義也。妾之子者。私愛也。寧濟公而廢私邪。使者悵然。賢其辭。即罷軍還。對齊王說之。曰。魯未可攻也。匹婦之義尚如此。何況朝廷之臣乎。御覽四百二十二。見列女傳節義篇。同。

魯有賢女。次室之子。年適二十。明曉經書。常侍立而吟。列女傳作倚柱而嘯。涕泣如雨。有識謂之曰。汝欲嫁邪。何悲之甚。對曰。魯君年老。太子尚小。憂其姦臣起矣。御覽四百六十九。

趙襄子問王離曰。國之所以亡者何也。對曰。君慭而能忍。是以亡爾。襄子曰。何以為然也。曰。慭則不能賞賢。忍則不能罰罪。賢者不賞。罪者不罰。不亡何也。御覽六百三十三。

蘇秦至齊。齊王厚待之。諸大夫嫉之。使人刺秦而不死。齊王出珍寶募求賊。不得。蘇秦垂死。謂齊王曰。王誠能為臣求賊者。臣死後請車裂臣屍於市。徇之曰。蘇秦為燕欲亂齊。今日其死。寡人甚喜。故裂之。若得其殺主。重封賞之。如此刺臣者必出矣。齊王從其言。裂屍而徇之。刺蘇秦者果出求賞。御覽六百三十三。

北塞上之人。其馬亡入胡中。人皆弔之。其父曰。此何詎知不為福。居數月。其馬將胡駿馬而歸。人皆賀之。其父曰。此何詎知不為禍。家富馬良。其子好騎。墮而折髀。人皆弔之。其父曰。此何詎知不為福。居一年。胡夷大出。虜丁壯者皆控弦而戰。塞上之人死者十九。

此子獨以跛故。父子相保。御覽八百九十六。本淮南子。文全同。

晉平公問趙武曰。中牟。三國之股肱。邯鄲之肩髀也。寡人欲其良令也。其令空。誰使而可。趙武曰。邢子可。公曰。邢子非子之讎邪。對曰。私讎不入公門。又問曰。中府之令空。誰使而可。趙武曰。臣子可。故外舉不避讎。內舉不避子。藝文類聚五十。

黿千歲能與人言。藝文類聚九十六。

鼓法天。鐘法地。北堂書鈔百八。

楚文侯曰。邑中豪好蔽善而揚惡。可親問之。文選注三。

勇士孟賁。水行不避蛟龍。陸行不避虎狼。文選注八。又十八。

聲樂易良而合於歌。情盡舞意。文選注十七。

蓬生枲中。不扶自直也。後漢徐穉傳注。

子奇年十八。齊君使主東阿。東阿大化。胡廣傳注。

晉平公時。赤地千里。臧宮傳注。

烏程嚴可均校輯

劉歆 一

歆字子駿。向子。後改名秀。字穎叔。成帝初待詔宦者署。為黃門郎。綏和中為中壘校尉。哀帝卽位。進侍中太中大夫。遷騎都尉奉車光祿大夫。出為河內太守。徙守五原。轉涿郡。㠯病免。起為安定屬國都尉。平帝時為右曹太中大夫。遷中壘校尉。王莽居攝。㠯為羲和。封紅休侯。歷少阿京兆尹。及篡位。㠯為國師。封嘉新公。地皇末。謀劫莽降漢。事泄自殺。有列女傳頌一卷。七略七卷。三統厤法三卷。集五卷。

遂初賦

遂初賦者。劉歆所作也。歆少通詩書。能屬文。成帝召為黃門侍郎、中壘校尉、侍中奉車都尉、光祿大夫。歆好左氏春秋。欲立於學官。時諸儒不聽。歆乃移書太常博士。責讓深切。為朝廷大臣非疾。求出補吏。為河內太守。又㠯宗室不宜典三河。徙五原太守。是時朝政已多失矣。歆㠯論議見排擯。志意不得。之官。經歷故晉之域。感今思古。遂作斯賦。㠯歎征事。而寄己意。

昔遂初之顯祿兮。遭閶闔之開通。蹠三台而上征兮。入北辰之紫宮。備列宿於鉤陳兮。擁太常之樞極。總六龍於駟房兮。奉華蓋於帝側。惟太階之侈闊兮。機衡為之難運。懼魁杓之前後兮。遂隆集於河濱。遭陽侯之豐沛兮。乘素波㠯聊戾。得玄武之嘉兆兮。守五原之烽燧。二乘駕而既俟。僕夫期而在口。馳太行之嚴防（水經沁水注作險峻）兮。入天井之喬關。歷岡岑㠯升降兮。馬龍騰㠯超攄（本作起擄。從文選赭白馬賦注改）。無雙駟㠯優遊兮。濟黎侯之舊居。心滌蕩㠯慕遠兮。迴高都而北征。劇彊秦之暴虐兮。弔趙括於長平。好周文之嘉德兮。躬尊賢而下士。鶩驅馬而觀風兮。慶辛甲於長子。哀衰周之失權兮。數辱而莫扶。執孫蒯於屯留兮。救王師於途。吾過下虒而歎息兮。悲平公之作臺。背宗周而不卹兮。苟偷樂而惰怠。枝葉落而不省兮。公族闃其無人。曰不躓而俞甚兮。政委弃於家門。載約屨而正朝服兮。降皮弁㠯為履。寶礫石於廟堂兮。面隋和而不眡。始建衰而造亂兮。公室由此遂卑。憐後君之寄寓兮。唁靖公於銅鞮。越侯田而長驅兮。釋叔向之飛患。悅善人之有救兮。勞祁奚於太原。何叔子之好直兮。為羣邪之所惡。賴祁子之一言兮。幾不免乎徂落。雙美不必為偶兮。時有差而不相及。雖韞寶而求賈兮。嗟千載其焉合。昔仲尼之淑聖兮。竟阸窮乎蔡陳。彼屈原之貞專兮。卒放沈於湘淵。何方直之難容兮。柳下黜而三辱。蘧瑗抑而再奔兮。豈材知之不足。揚蛾眉而見妒兮。固醜女之情也。曲木惡直繩兮。亦小人之誠也。㠯夫子之博觀兮。何此道之必然。空下時而矔世兮。自命己之取患。悲積習之生常兮。固明智（文選張華荅何劭詩注作闇）之所別。叔羣既在皁隸兮。六卿興而為桀。荀寅肆而顓恣兮。吉射叛而擅兵。憎人臣之若茲兮。責趙鞅於晉陽。軼中國之都邑兮。登句注㠯陵厲。歷鴈門而入雲中兮。超絕轍而遠逝。濟臨沃而遙思兮。垂意兮邊都。野蕭條㠯寥廓兮。陵谷錯㠯盤紆。飄寂寥㠯荒眇兮。沙埃起之杳冥。迴風育其飄忽兮。迴颰颰之泠泠。薄涸凍之凝滯兮。茀谿谷之清涼。漂積雪之皚皚兮。涉凝露之降霜。揚雹霰之復陸兮。慨原泉之凌陰。激流澌之漻淚兮。窺九淵之潛淋。颯悽愴㠯慘怛兮。慽風漻㠯冽寒。獸望浪㠯穴竄兮。鳥脅翼之浚浚。山蕭瑟㠯鵾鳴兮。樹木壞而哇吟。地坼裂而憤忽急兮。石捌破之巖巖。天烈烈㠯厲高兮。廖𡋯窗㠯梟窂。雁邕邕㠯遲遲兮。野鸛鳴而嘈嘈。望亭隧之皦皦兮。飛旗幟之翩翩。迴（本作回。從文選班彪北征賦注改）百里之無家兮。路修遠而（本作之。從文選班彪北征賦注改）綿綿。於是勒障塞而固守兮。奮武靈之精誠。攄趙奢之策慮兮。威謀完乎金城。外折衝㠯無虞兮。內撫民㠯永寍既邕容㠯自得兮唯惕懼於竺寒依潛㵰之玄室兮滌濁穢於太清反情素於寂漠兮居華體之冥冥玩琴書（本作書琴從文選何劭荅張華詩注陶潛經曲阿詩注歸去來辭注石崇思歸引注乙轉）㠯條暢兮考性命之變態運四時而覽陰陽兮總萬物之珍怪雖窮天地之極變兮曾何足乎留意長恬淡㠯懽娛兮固賢聖之所喜亂曰□幽潛德含聖神兮抱奇內光自得眞兮寵幸浮寄奇無常兮寄之去留亦何傷兮大人之度品物齊兮舍位之過忽若遺兮求位得位固其常兮守信保己比老彭兮（藝文類聚二十七、古文苑）

甘泉宮賦

軼陰陵之地室過陽谷之秋城（初學記作增城）迴天門而鳳舉躡黃帝之明庭冠高山而爲居乘崑崙而爲宮案軒轅之舊處居北辰之閎中背共工之幽都向炎帝之祝融封巒爲之東序緣石闕之天梯桂木雜而成行芳肸蠁之依依翡翠孔雀（此四字初學記作鸞孔）飛而翱翔鳳凰止而集棲甘醴湧於中庭兮激清流之瀰瀰黃龍遊而蜿蟺兮神龜沈於玉泥離宮特觀接比相連雲起波駭星布彌山高巒峻阻臨眺曠衍深林蒲葦涌水清泉芙蓉菡萏菱荇蘋蘩豫章雜木楩松柞棫女貞烏勃桃李棗檍（藝文類聚六十二、初學記二十四）

章黼黻之文雌（文選西都賦注）

雲闕蔚之巖巖衆星接之皚皚（文選鮑照君子有所思行注）

燈賦

惟茲蒼鶴修麗㠯奇身體劉削頭頸委虵負斯明燭躬含冰池明無不見照察纖微㠯夜繼晝烈者所依（藝文類聚八十）

上山海經表

侍中奉車都尉光祿大夫臣秀領校祕書言校祕書太常屬臣望所校山海經凡三十二篇今定爲一十八篇已定山海經者出於唐虞之際昔洪水洋溢漫衍中國民人失據崎嶇於邱陵巢於樹木鯀既無功而帝堯使禹繼之禹乘四載隨山刊木定高山大川蓋與伯翳主驅禽獸命山川類草木別水土四岳佐之㠯周四方逮人迹之所希至及舟輿之所罕到內別五方之山外分八方之海紀其珍寶奇物異方之所生水土草木禽獸昆蟲麟鳳之所止禎祥之所隱及四海之外絕域之國殊類之人禹別九州任土作貢而益等類物善惡著山海經皆聖賢之遺事古文之著明者也其事質明有信孝武皇帝時常有獻異鳥者食之百物所不肎食東方朔見之言其鳥名又言其所當食如朔言問朔何㠯知之卽山海經所出也孝宣皇帝時擊磻石於上郡陷得石室其中有反縛盜械人時臣秀父向爲諫議大夫言此貳負之臣也詔問何㠯知之亦㠯山海經對其文曰貳負殺窫窳帝乃梏之疏屬之山桎其右足反縛兩手上大驚朝士由是多奇山海經者文學大儒皆讀學㠯爲奇可㠯考禎祥變怪之物見遠國異人之謠俗故易曰言天下之至賾而不可亂也博物之君子其可不惑焉臣昧死謹上（宋本山海經、又道藏本）

蓋當作益

孝武廟不毀議

臣聞周室既衰四夷並侵獫狁最彊於今匈奴是也至宣王而伐之詩人美而頌之曰薄伐獫狁至于太原又曰嘽嘽推推如霆如雷顯允方叔征伐獫狁荊蠻來威故稱中興及至幽王犬戎來伐殺幽王取宗器自是之後南夷與北夷交侵中國不絕如綫春秋紀齊桓南伐楚北伐山戎孔子曰微管仲吾其被髮左衽矣是故弃桓之過而錄其功㠯爲伯首及漢興冒頓始強破東胡禽月氏并其土地地廣兵強爲中國害南越尉佗總百粵自稱帝故中國雖平猶有四夷之患且無寍歲一方有急三面救之是天下皆動而被其害也孝文皇帝厚㠯貨賂與結和親猶侵暴無已甚者興師十餘萬衆近屯京師及四邊歲發屯備虜其爲患久矣非一世

之漸也諸侯郡守連匈奴及百粤以為逆者非一人也匈奴所殺郡守都尉略取人民不可勝數孝武皇帝愍中國罷勞無安寧之時乃遣大將軍驃騎伏波樓船之屬南滅百粤起七郡北攘匈奴降昆邪十萬之衆置五屬國起朔方以奪其肥饒之地東伐朝鮮起玄菟樂浪以斷匈奴之左臂西伐大宛并三十六國結烏孫起敦煌酒泉張掖以鬲婼羌裂匈奴之右肩單于孤特遠遁于幕北四垂無事斥地遠境起十餘郡功業既定迺封丞相為富民侯以大安天下富實百姓其規橅可見又招集天下賢俊與協心同謀興制度改正朔易服色立天地之祠建封禪殊官號存周後定諸侯之制永無逆爭之心至今累世賴之單于守藩百蠻服從萬世之基也中興之功未有高焉者也高帝建大業為太祖孝文皇帝德至厚也為文太宗孝武皇帝功至著也為武世宗此孝宣帝所以發德音也禮記王制及春秋穀梁傳天子七廟諸侯五大夫三士二天子七日而殯七月而葬諸侯五日而殯五月而葬此喪事尊卑之序也與廟數相應其文曰天子三昭三穆與太祖之廟而七諸侯二昭二穆與太祖之廟而五故德厚者流光德薄者流卑春秋左氏傳曰名位不同禮亦異數自上以下降殺以兩禮也七者其正法數可常數者也宗不在此數中宗變也苟有功德則宗之不可預為設數故于殷太甲為太宗大戊曰中宗武丁曰高宗周公為毋逸之戒舉殷三宗以勸成王繇是言之宗無數也然則所以勸帝者之功德博矣以七廟言之孝武皇帝未宜毀以所宗言之則不可謂無功德禮記祀典曰夫聖王之制祀也功施於民則祀之以勞定國則祀之能救大災則祀之竊觀孝武皇帝功德皆兼而有焉凡在於異姓猶將特祀之況於先祖或說天子五廟無見文又說中宗高宗者宗其道而毀其廟名與實異非尊德貴功之意也詩云蔽芾甘棠勿鬋勿伐邵伯所茇思其人猶愛其樹

況宗其道而毀其廟乎迭毀之禮自有常法無殊功異德固以親疏相推及至祖宗之序多少之數經傳無明文至尊至重難以疑文虛說定也孝宣皇帝舉公卿之議用衆儒之謀既以為世宗之廟建之萬世宣布天下臣愚以為孝武皇帝功烈如彼孝宣皇帝崇立之如此不宜毀（漢書韋玄成傳太僕王舜中壘校尉劉歆議上覽其議而從之制曰太僕舜中壘校尉歆議可又略見御覽八十八引劉歆宗廟議案此議列名先王舜以位尊也據下文云歆又以為明是劉歆文）

惠景及太上皇寢園議

禮去事有殺故春秋外傳曰日祭月祀時享歲貢終王祖禰則日祭曾高則月祀二祧則時享壇墠則歲貢大禘則終王德盛而游廣親親之殺也彌遠則彌尊故禘為重矣孫居王父之處正昭穆則孫常與祖相代此遷廟之殺也聖人於其祖出於情矣禮無所不順故無毀廟自貢禹建迭毀之議惠景及太上寢園廢而為虛失禮意矣（漢書韋玄成傳歆又以為）

功顯君喪服議

居攝之義所以統立天功興崇帝道成就法度安輯海內也昔殷成湯既沒而太子蚤夭其子太甲幼少不明伊尹放諸桐宮而居攝以興殷道周武王既沒周道未成成王幼少周公屏成王而居攝以成周道是以殷有翼翼之化周有刑錯之功今太皇太后比遭家之不造委任安漢公宰尹羣僚衡平天下遭孺子幼少未能共上下皇天降瑞出丹石之符是以太皇太后則天明命詔安漢公居攝踐祚將以成聖漢之業與唐虞三代比隆也攝皇帝遂開祕府會羣儒制禮作樂卒定庶官茂成天功聖心周悉卓爾獨見發得周禮以明因監則天稽古而損益焉猶仲尼之聞韶日月之不可階非聖哲之至孰能若茲綱紀咸張成在一匱此其所以保佑聖漢安靖元元之效也今功顯君薨禮庶子為後為其母緦傳曰與尊者為體不敢服其私親也攝皇帝以聖德承皇天之命受

太后之詔。居攝踐阼。奉漢大宗之後。上有天地社稷之重。下有元元萬機之憂。不得顧其私親。故太皇太后建厥元孫。俾侯新都。爲哀侯後。明攝皇帝與尊者爲體。承宗廟之祭。奉共養太皇太后。不得顧其私親也。周禮曰。王爲諸侯緦縗弁而加環絰。同姓則麻。異姓則葛。攝皇帝當爲功顯君緦縗弁而加麻環絰。如天子弔諸侯服。㠯應聖制。漢書王莽傳上。居攝三年。莽母功顯君死。意不在哀。太后詔議其服。少阿羲和劉歆與博士諸儒七十八人皆曰云云。莽遂行焉。

移書讓太常博士 并序

歆親近。欲建立左氏春秋及毛詩逸禮古文尚書皆列於學官。哀帝令歆與五經博士講論其議。諸儒博士或不肯置對。歆因移書太常博士責讓之曰。

昔唐虞既衰。而三代迭興。聖帝明王。累起相襲。其道甚著。周室既微。而禮樂不正。道之難全也如此。是故孔子憂道之不行。歷國應聘。自衞反魯。然後樂正。雅頌乃得其所。修易序書。制作春秋。㠯記帝王之道。及夫子沒而微言絕。七十子終而大義乖。重遭戰國。棄籩豆之禮。理軍旅之陳。孔氏之道抑。而孫吳之術興。陵夷至于暴秦。焚經書。殺儒士。設挾書之法。行是古之罪。道術由此遂滅。漢興。去聖帝明王遐遠。仲尼之道又絕。法度無所因襲。時獨有一叔孫通略定禮儀。天下惟有易卜。未有他書。至孝惠之世。乃除挾書之律。然公卿大臣絳灌之屬咸介胄武夫。莫㠯爲意。至孝文皇帝。始使掌故鼂錯從伏生受尚書。尚書初出于屋壁。朽折散絕。今其書見在。時師傳讀而已。詩始萌芽。天下衆書往往頗出。皆諸子傳說。猶廣立於學官。爲置博士。在朝之儒。唯賈生而已。至孝武皇帝。然後鄒魯梁趙頗有詩禮春秋先師。皆起於建元之閒。當此之時。一人不能獨盡其經。或爲雅。或爲頌。相合而成。泰誓後得。博士集而讀之。故詔書曰。禮壞樂崩。書缺簡脫。朕甚閔焉。時漢興已七八十

年。離於全經。固已遠矣。及魯恭王壞孔子宅。欲㠯爲宮。而得古文於壞壁之中。逸禮有三十九篇。書十六篇。天漢之後。孔安國獻之。遭巫蠱倉卒之難。未及施行。及春秋左氏丘明所修。皆古文舊書。多者二十餘通。臧於祕府。伏而未發。孝成皇帝愍學殘文缺。稍離其眞。乃陳發祕臧。校理舊文。得此三事。㠯考學官所傳經。或脫簡。傳文選無傳字。疑此衍。或脫編。博問人閒。則有魯國桓公趙國貫公膠東庸生之遺學與此同。抑而未施。此乃有識者之所惜閔。士君子之所嗟痛也。往者綴學之士。不思廢絕之闕。苟因陋就寡。分文析字。煩言碎辭。學者罷老。且不能究其一藝。信口說而背傳記。是末師而非往古。至於國家將有大事。若立辟雍封禪巡狩之儀。則幽冥而莫知其原。猶欲保殘守缺。挾恐見破之私意。而無從善服義之公心。或懷妬嫉。不考情實。雷同相從。隨聲是非。抑此三學。㠯尚書爲備。謂左氏爲不傳春秋。豈不哀哉。今聖上德通神明。繼統揚業。亦閔文學錯亂。學士若茲。雖昭文選作雖深照其情。猶依違謙讓。樂與士君子同之。故下明詔。試左氏可立不。遣近臣奉指銜命。將㠯輔弱扶微。與二三君子比意同力。冀得廢遺。今則不然。深閉固距。而不肯試。猥㠯不誦絕之。欲㠯杜塞餘道。絕滅微學。夫可與樂成。難與慮始。此乃衆庶之所爲耳。非所望士君子也。且此數家之事。皆先帝所親論。今上所考視。其爲古文舊書。皆有徵驗。內外相應。豈苟而已哉。夫禮失求之於野。古文不猶愈於野乎。往者博士書有歐陽。春秋公羊。易則施孟。然孝宣帝猶復廣立穀梁春秋。梁丘易。大小夏侯尚書。義雖相反。猶並置之。何則。與其過而廢之也。寧過而立之。傳曰。文武之道未墜於地。在人。賢者志其大者。不賢者志其小者。今此數家之言。所㠯兼包大小之義。豈可偏絕哉。若必專己守殘。黨同門。妬道眞。違明詔。失聖意。㠯陷於文吏之議。甚爲二三君子不取也。漢書劉歆傳。文選。藝文類聚五十八。

答文學

誠思拾遺冀以云補。（文選□□□□□□注）

與揚雄書從取方言

歆叩頭。昨受詔宂五官郎中田儀與官婢陳徵駱驛等私通盜刷越巾事，即其夕竟歸府。詔問三代周秦軒車使者、遒人使者以歲八月巡路，宋代語、僮謠、歌戲，欲得其最目。因從事郝隆求之，有日篇中但有其目，無見文者。歆先君數爲孝成皇帝言，當使諸儒共集訓詁，爾雅所及，五經所詁，不合爾雅者，詁籀爲病；及諸經氏之屬，皆無證驗，博士至以窮世之博學者，偶有所見，非徒無主而生是也。會成帝未以爲意，先君又不能獨集。至於歆身，修軌不暇，何偟更創。屬聞子雲獨採集先代絕言，異國殊語，以爲十五卷，其所解略多矣，而不知其目。非子雲澹雅之才，沈鬱之思，不能經年銳積以成此書。良爲勤矣。歆雖不遘過庭，亦克識先君雅訓，三代之書蘊藏於家，直不計耳。今聞此，甚爲子雲嘉之已。今聖朝留心典誥，發精於殊語，欲以驗攷四方之事，不勞戎馬高車之使，坐知傜俗；適子雲攘意之秋也。不以是時發倉廩以振贍，殊無爲明語，將何獨挈之寶。上以忠信明於上，下以置恩於罷朽，所謂知蓄積善布施也。蓋蕭何造律，張倉推麻，皆成之於帷幕，貢之於王門，功列於漢室，名流乎無窮，誠以隆秋之時，收藏不殆，饑春之歲，散之不疑，故至於此。今謹使密人奉手書，願頤與其最目，得使入籙，令聖朝留明明之典。歆叩頭叩頭。（方言、古文苑。案張溥本有鄧析子序，今編入劉向集。）

新序論

秦孝公保崤函之固，以廣雍州之地，東并河南，北收上郡，國富兵彊，長雄諸侯，周室歸籍，四方來賀，爲戰國霸君，秦遂以彊，六世而并諸侯，亦皆商君之謀也。夫商君極身無二慮，盡公不顧私，使民內急耕織之業以富國，外重戰伐之賞以勸戎士，法令必行，內不私貴寵，外不偏疏遠，是以令行而禁止，法出而姦息。故雖書云無偏無黨，詩云周道如砥，其直如矢，司馬法之厲戎士，周后稷之勸農業，無以易此。此所以并諸侯也。故孫卿曰，四世有勝，非幸也，數也。然無信，諸侯畏而不親。夫霸君若齊桓晉文者，桓不倍柯之盟，文不負原之期，而諸侯畏其彊而親信之，存亡繼絕，四方歸之，此管仲舅犯之謀也。今商君倍公子卬之舊恩，弃交魏之明信，詐取三軍之衆，故諸侯畏其彊而不親信也。藉使孝公遇齊桓晉文，得諸侯之統，將合諸侯之君，驅天下之兵以伐秦，秦則亡矣。天下無桓文之君，故秦得以兼諸侯。衛鞅始自以爲知霸王之德，原其事不喻也。昔周召施善政，及其死也，後世思之，蔽芾甘棠之詩是也。嘗舍於樹下，後世思其德，不忍伐其樹，況害其身乎。管仲奪伯氏邑三百戶，無怨言。今衛鞅內刻刀鋸之刑，外深鈇鉞之誅，步過六尺者有罰，弃灰於道者被刑，一日臨渭而論囚七百餘人，渭水盡赤，號哭之聲動於天地，畜怨積讎比於丘山，所逃莫之隱，所歸莫之容，身死車裂，滅族無姓，其去霸王之佐亦遠矣。然惠王殺之亦非也，可輔而用也。使衛鞅施寬平之法，加之以恩，申之以信，庶幾霸者之佐哉。（史記商君傳贊集解引新序論。索隱曰，新序是劉歆所撰，其中論商君，故裴氏引之。案此論今新序有之。新序劉向撰，而云劉歆，豈向書雜有歆論乎，亦異聞也，故錄之。）

斛銘

律嘉量斛，方尺而圜其外，庣旁九氂五豪，冪百六十二寸，深尺，積一千六百二十寸，容十斗。（隋書律麻志上。其斛銘云云，祖沖之以爲劉歆造。）

全漢文卷四十終

烏程嚴可均校輯

劉歆二

三統厤

夫厤春秋者天時也列人事而目㠯天時傳曰民受天地之中㠯生所謂命也是故有禮誼動作威儀之則㠯定命也能者養之㠯福不能者敗㠯取禍故列十二公二百四十二年之事㠯陰陽之中制其禮故春爲陽中萬物㠯生秋爲陰中萬物㠯成是㠯事舉其中禮取其和厤數㠯閏正天地之中㠯作事厚生皆所㠯定命也易金火相革之卦曰湯武革命順乎天而應乎人又曰治厤明時所㠯和人道也周道既衰幽王既喪天子不能班朔魯厤不正㠯閏餘一之歲爲蔀首故春秋刺十一月乙亥朔日有食之於是辰在申而司厤㠯爲在建戌史書建亥哀十二年亦㠯建申流火

之月爲建亥而怪蟄蟲之不伏也自文公閏月不告朔至此百有餘年莫能正厤數故子貢欲去其餼羊孔子愛其禮而著其法於春秋經曰冬十月朔日有食之傳曰不書日官失之也天子有日官諸侯有日御日官居卿㠯底日禮也日御不失日㠯授百官於朝言告朔也元典厤始曰元傳曰元善之長也共養三德爲善又曰元體之長也合三體而爲之原故曰元於春三月每月書王元之三統也三統合於一元故因元一而九三之㠯爲法十一三之㠯爲實實如法得一黃鐘初九律之首陽之變也因而六之㠯九爲法得林鐘初六呂之首陰之變也皆參天兩地之法也上生六而倍之下生六而損之皆㠯九爲法九六陰陽夫婦子母之道也律娶妻而呂生子天地之情也六律六呂而十二辰立矣五聲清濁而十日行矣傳曰天六地五數之常也天有六氣降生五味夫五六者天地之中合而民所受㠯生也故日有六甲辰有五子十一而天地之道畢言終而復始太極中央元氣故爲黃鐘其實一龠㠯其長自乘故八十一爲日法所㠯生權衡度量禮樂之所繇出也經元一㠯統始易太極之首也春秋二㠯目歲易兩儀之中也於春每月書王易三極之統也於四時雖亡事必書時月易四象之節也時月㠯建分至啟閉之分易八卦之位也象事成敗易吉凶之效也朝聘會盟易大業之本也故易與春秋天人之道也傳曰龜象也筮數也物生而後有象象而後有滋滋而後有數是故元始有象一也春秋二也三統三也四時四也合而爲十成五體㠯五乘十大衍之數也而道據其一其餘四十九所當用也故蓍㠯爲數㠯象兩兩之又㠯象三三之又㠯象四四之又歸奇象閏十九及所據一加之因㠯再扐兩之是爲月法之實如日法得一則一月之日數也而三辰之會交矣是㠯能生吉凶故易曰天一地二天三地四天五地六天七地八天九地十天數五地數五

五位相得而各有合天數二十有五地數三十凡天地之數五十有五此所㠯成變化而行鬼神也并終數爲十九易窮則變故爲閏法參天九兩地十是爲會數參天數二十五兩地數三十是爲朔望之會㠯會數乘之則周於朔旦冬至是爲會月九會而復元黃鐘初九之數也經於四時雖亡事必書時月時所㠯記啟閉也月所㠯紀分至也啟閉者節也分至者中也節不必在其月故時中必在正數之月故傳曰先王之正時也履端於始舉正於中歸餘於終履端於始序則不愆舉正於中民則不惑歸餘於終事則不誖此聖王之重閏也㠯五位乘會數而朔旦冬至是爲章月四分月法㠯其一乘章月是爲中法參閏法爲周至㠯乘月法㠯減中法而約之則六扐之數爲一月之閏法其餘七分此中朔相求之術也朔不得中是謂閏月言陰陽雖交不得中不生故日法乘閏法是爲統歲三統是爲元歲元歲之閏陰陽災三統閏法易九

皃曰初入元百六陽九次三百七十四陰九次四百八十陽九次七百二十陰七次七百二十陽七次六百陰五次六百陽五次四百八十陰三次四百八十陽三凡四千六百一十七歲與一元終經歲四千五百六十災歲五十七是㠯春秋曰舉正於中又曰閏月不告朔非禮也閏㠯正時時㠯作事事㠯厚生生民之道於是乎在矣不告閏朔棄時正也何㠯爲民故善僖五年春王正月辛亥朔日南至公既視朔遂登觀臺㠯望而書禮也凡分至啟閉必書雲物爲備故也至昭二十年二月己丑日南至失閏至在非其月梓慎望氛氣而弗正不履端於始也故傳不曰冬至而曰日南至極於牽牛之初日中之時景最長㠯此知其南至也斗綱之端連貫營室織女之紀指牽牛之初㠯紀日月故曰星紀五星起其初日月起其中凡十二次日至其初爲節至其中斗建下爲十二辰視其建而知其次故曰制禮上物不過十二天之大數也經曰

春王正月傳曰周正月火出於夏爲三月商爲四月周爲五月夏數得天得四時之正也三代各據一統明三統常合而迭爲首登降三統之首周還五行之道也故三五相包而生天統之正始施於子半日萌色赤地統受之於丑初日肇化而黃至丑半日牙化而白人統受之於寅初日孽成而黑至寅半日生成而青天施復於子地化自丑畢於辰人生自寅成於申故厤數三統天㠯甲子地㠯甲辰人㠯甲申孟仲季迭用事爲統首三微之統既著而五行自青始其序亦如之五行與三統相錯傳曰天有三辰地有五行然則三統五星可知也易曰參五㠯變錯綜其數通其變遂成天下之文極其數遂定天下之象太極運三辰五星於上而元氣轉三統五行於下其於人皇極統三德五事故三辰之合於三統也日合於天統月合於地統斗合於人統五星之合於五行水合於辰星火合於熒惑金合於太白木合於歲星土合於填星三辰

五星而相經緯也天㠯一生水地㠯二生火天㠯三生木地㠯四生金天㠯五生土五勝相乘㠯生小周㠯乘乾坤之策而成大周陰陽比類交錯相成故九六之變登降於六體三微而成著三著而成象二象十有八變而成卦四營而成易爲七十二參三統兩四時相乘之數也參之則得乾之策兩之則得坤之策㠯陽九九之爲六百四十八㠯陰六六之爲四百三十二凡一千八十陰陽各一卦之微算策也八之爲八千六百四十而八卦小成引而信之又八之爲六萬九千一百二十天地再之爲十三萬八千二百四十然後大成五星會終觸類而長之㠯乘章歲爲二百六十二萬六千五百六十而與日月會三會爲七百八十七萬九千六百八十而與三統會三統二千三百六十三萬九千四百四十而復於太極上元九章歲而六之爲法太極上元爲實實如法得一陰一陽各萬一千五百二十當萬物氣體之數天下之能事畢矣（漢書律厤志上）

（向子歆作三統厤及譜㠯說春秋推法密要故述焉案律厤志下僅末一條係班固所補其全卷皆三統譜也文多不錄褚少孫厤術㠯下放此）

七略

孝武皇帝敕丞相公孫弘廣開獻書之路百年之間書積如丘山故外有太常太史博士之藏內有延閣廣內祕室之府（漢書藝文志如淳注文選北堂書鈔十二又一百一兩引初學記十二藝文類聚十二文選爲范始興求立太宰碑表注御覽八十七又二百三十三又六百十九）

（子夏易傳）漢興韓嬰傳（釋文序錄）

易傳淮南九師道訓者淮南王安所造也（文選齊竟陵文宣王行狀注）

書㠯決斷斷者義之證也（初學記二十一御覽六百九）

尚書直言也始歐陽氏先君名之大夏侯小夏侯復立於學官三家之學於今傳之（初學記二十一御覽六百九）

孝武皇帝末有人得泰誓於壁中者獻之與博士使讚說之因傳

吕欽。今泰誓篇是也。文選劉子駿移書讓太常博士注。案尚書正義引作別錄。文選注引此作七略。不題劉向。今並入此。

尚書有青絲編目錄。文選任昉爲范始興求立太宰碑表注。

詩吕言情。情者。性之符也。初學記二十一。御覽六百九。

禮家先魯有桓生。說經頗異。文選劉子駿移書讓太常博士注。

宣皇帝時行射禮。博士后蒼爲之辭。至今記之曰曲臺記。文選齊竟陵文宣王行狀注。

王者師天地。體天而行。是吕明堂之制。內有太室。象紫微宮。南出明堂。象太微。文選西都賦注。

雅琴。琴之言禁也。雅之言正也。君子守正。吕自禁也。文選長門賦注。

雅暢第十七。文選琴賦注。

有莊春言琴。文選洞簫賦注。

漢興。善歌者魯人虞公。發聲動梁上塵。文選嘯賦注。陸士衡擬古詩注。曹子建七啓注。白帖六十一。

春秋兩家文。或具四時。或不於古文。無事不必具四時。初學記二十一。

馮商。陽陵人。治易。事五鹿充宗。後事劉向。能屬文。後與孟柳同待詔。頗序列傳。未卒。會病死。漢書藝文志注。張湯傳注。

論語家。近琅邪王卿。不審名。及膠東庸生。皆吕教。文選劉子駿移書讓太常博士注。

晏子七篇。在儒家。史記管晏列傳正義。

太公金版玉匱。雖近世之文。然多善者。文選王文憲集序注。

子夏。西河燕趙之間。文選爲范始興求立太宰碑表注。

管子十八篇。在法家。史記管晏列傳正義。

蜎子名淵。楚人也。文選七發注。

齊田駢好談論。故齊人爲語曰天口駢。天口者。言田駢子不可窮其口若事天。文選宣德皇后令注。

家當作冢

鄒子有終始五德。言土德從所不勝。木德繼之。金德次之。火德次之。水德次之。文選魏都賦注。應貞華林園集詩注。

方士傳言。鄒子在燕。其游諸侯。畏之。皆郊迎而擁篲。文選阮嗣宗詣蔣公奏記注。揚子雲解嘲注。

齊有稷。城門也。齊談說之士。期會於稷下者甚衆。文選曹子建與楊德祖書注。

鄒赫子。齊人。齊爲語曰雕龍赫。赫言鄒衍之術。文飾之若雕鏤龍文。文選宣德皇后令注。案鄒衍當作鄒奭。

盤盂書者。其傳言孔甲爲之。孔甲。黃帝之史也。書盤盂中。爲誡法。或於鼎。名曰銘。文選陸佐公新刻漏銘注。

孝宣皇帝詔徵被公。見誦楚辭。被公羊衰母老。每一誦。輒與粥。北堂書鈔一百四十四。御覽八百五十九。

莊忽奇。忽期者。或言莊夫子子。或言族家子。莊助昆弟也。從行至茂陵。詔造賦。漢書藝文志注。

甘泉賦。永始三年。待詔臣雄上。文選甘泉賦注。

羽獵。永始三年十二月上。文選羽獵賦注。長楊賦注。

長楊賦。綏和元年上。文選長楊賦注。

子雲家牒言。吕甘露元年生也。文選王文憲集序注。

楊雄卒。弟子侯芭負土作墳。號曰玄家。文選劉先生夫人墓志注。御覽五百五十八。

杜參。杜陵人。吕陽朔元年病死。時年二十餘。漢書藝文志注。

鮑叔二篇。由余。白帖五十五。

魏公。信陵君也。白帖五十五。

魏公子兵法二十一篇。圖七卷。史記信陵君列傳集解。

逢門射法。史記龜策列傳集解。

蹵鞠者。傳言黃帝所作。王者宮中必左城而右平。城猶國也。言有國當治之也。蹵鞠亦有治國之象。左城而右平。文選西都賦注。景福殿賦注。

蹋鞠。兵勢也。文選景福殿賦注。

蹴鞠。其法律多微意。皆因嬉戲以講練士。至今軍士羽林無事。使得蹴鞠。文選景福殿賦注。

廿公一名德。史記陳餘公列傳索隱。

風后孤虛十二卷。史記龜策列傳索隱。

論方技爲四家。有醫經家。有方家。有房中家。有神仙家。初學記二十。

尚書有青絲編目錄。文選爲范始興求立太宰碑表注。

尚書郎中北海展隆。文選班孟堅典引注。

羽蓋棽麗。紛循悠悠。文選東都賦注。案、已下不類七略。齊安陸昭王碑文注引有左思七略。或是其文。今姑附此。

解紛釋結。反之於平安。文選孔文舉薦禰衡表注。

位累我躬。文選任彥昇爲齊明帝讓宣城郡公第一表注。

詩曰。結構野草起室廬。文選諸葛孔明出師表注引劉歆七言詩。

鍾律書

春宮秋律。百卉必凋。秋宮春律。萬物必榮。夏宮冬律。雨雹必降。冬宮夏律。雷必發聲。隋書牛弘傳。北史七十二。御覽二十五。

全漢文卷四十一終

烏程嚴可均校輯

王褒

褒字子淵。蜀郡資中人。宣帝時待詔。擢爲諫大夫。有集五卷。

洞簫賦

樹當作澍

原夫簫幹之所生兮。于江南之丘墟。洞條暢而罕節兮。標敷紛以扶疏。徒觀其旁山側兮。則嶇嶔巋崎。倚巇迤𡾰。誠可悲乎其不安也。彌望儻莽。聯延曠盪。又足樂乎其敞閑也。託身區於后土兮。經萬載而不遷。吸至精之滋熙兮。稟蒼色之潤堅。感陰陽之變化兮。附性命乎皇天。翔風蕭蕭而逕其末兮。迴江流川而溉其山。揚素波而揮連珠兮。聲礚礚而樹淵。朝露清泠而隕其側兮。玉液浸潤而承其根。孤雌寡鶴。娛優乎其下兮。春禽羣嬉。翱翔乎其顛。秋蜩不食。抱樸而長吟兮。玄猨悲嘯。搜索乎其閒。處幽隱而奧庰兮。密漠泊以獑猭。惟詳察其素體兮。宜清靜而弗諠。幸得謚爲洞簫兮。蒙聖主之渥恩。可謂惠而不費兮。因天性之自然。於是般匠施巧。夔妃准法。帶以象牙。掍其會合。鎪鏤離灑。絳脣錯雜。鄰菌繚糾。羅鱗捷獵。膠緻理比。挹抐擫𢷎。於是乃使夫性昧之宕冥。生不覩天地之體勢。闇於白黑之貌形。憤伊鬱而酷𦕟。愍眸子之喪精。寡所舒其思慮兮。專發憤乎音聲。故吻吮值夫宮商兮。龢紛離其匹溢。形旖旎以順吹兮。瞋㖹䀭以紆鬱。氣旁迕以飛射兮。馳散渙以逫律。趣從容其勿述兮。騖合遝以詭譎。或渾沌而潺湲兮。獵若枚折。或漫衍而駱驛兮。沛焉競溢。惏慄密率。掩以絕滅。霅霵曄踕。跳然復出。若乃徐聽其曲度兮。廉察其賦歌。啾咇㘉而將吟兮。行鍖銋以龢囉。風鴻洞而不絕兮。優嬈嬈以婆娑。翩緜連以牢落兮。漂乍棄而爲他。要復遮其蹊徑兮。與謳謠乎相龢。故聽其巨音。則周流氾濫。并包吐含。若慈父之畜子也。其妙聲則清靜厭𢡺。順敘卑迖。

慰當作慇

若孝子之事父也。科條譬類。誠應義理。澎濞慷慨。一何壯士。優柔溫潤。又似君子。故其武聲。則若雷霆輘輷。佚豫以沸㥜。其仁聲。則若颽風紛披。容與而施惠。或雜遝以聚斂兮。或拔摋以奮棄。悲愴怳以惻惐兮。時恬淡以綏肆。被淋灑其靡靡兮。時橫潰以陽遂。哀悁悁之可懷兮。良醰醰而有味。故貪饕者聽之而廉隅兮。狼戾者聞之而不懟。剛毅彊虣反仁恩兮。嘽唌逸豫戒其失。鍾期牙曠悵然而愕兮。杞梁之妻不能爲其氣。師襄嚴春不敢竄其巧兮。浸淫叔子遠其類。嚚頑朱均惕復惠兮。桀跖鬻博儡以頓顇。吹參差而入道德兮。故永御而可貴。時奏狡弄。則彷徨翱翔。或留而不行。或行而不留。愺恅瀾漫。亡耦失疇。薄索合沓。罔象相求。故知音者樂而悲之。不知音者怪而偉之。故聞其悲聲。則莫不愴然累欷。撆涕抆淚。其奏歡娛。則莫不憚漫衍凱。阿那腲腇者已。是以蟋蟀蚸蠖。蚑行喘息。螻蟻蝘蜓。蠅蠅翊翊。遷延徙迤。魚瞰雞睨。垂喙蜿轉。瞪瞢忘食。況感陰陽之龢。而化風俗之倫哉。亂曰。狀若捷武。超騰踰曳。迅漂巧兮。又似流波。泡溲汎捷。趨巇道兮。哮呷呟喚。躋躓連絕。淈殄沌兮。攪搜㶀捎。逍遙踊躍。若壞頹兮。優游流離。躊躇稽詣。亦足耽兮。頹唐遂往。長辭遠逝。漂不還兮。賴蒙聖化。從容中道。樂不淫兮。條暢洞達。中節操兮。終詩卒曲。尚餘音兮。吟氣遺響。聯緜漂撇。生微風兮。連延駱驛。變無窮兮。文選。藝文類聚四十四。

九懷

極運兮不中。來將屈兮困窮。余深慰兮慘怛。願一列兮無從。乘日月兮上征。顧遊心兮鄗酆。彌覽兮九隅。彷徨兮蘭宮。芷閭兮葯房。奮摇兮衆芳。菌閣兮蕙樓。觀道兮從橫。寶金兮委積。美玉兮盈堂。桂水兮潺湲。揚流兮洋洋。蓍蔡兮踴躍。孔鶴兮回翔。撫檻兮遠望。念君兮不忘。怫鬱兮莫陳。永懷兮內傷。

匡機

此當作虬

詞當作辭

余馬上落步字

天門兮墜戶。孰由兮賢者。無正兮溷廁。懷德兮何覩。假寐兮愍斯。誰可與兮寤語。痛鳳兮遠逝。畜鴳兮近處。鯨鱏兮幽潛。從蝦兮遊陼。乘此兮登陽。載象兮上行。朝發兮葱嶺。夕至兮明光。北飲兮飛泉。南采兮芝英。宣遊兮列宿。順極兮彷徉。紅采兮騂衣。翠縹兮爲裳。舒佩兮綝纚。竦余劍兮干將。騰蛇兮後從。飛駏兮步旁。微觀兮玄圃。覽察兮瑤光。啟匱兮探筴。悲命兮相當。紉蕙兮永詞。將離兮所思。浮雲兮容與。道余兮何之。遠望兮仟眠。聞雷兮闐闐。陰憂兮感余。惆悵兮自憐。

通路

林不容兮鳴蜩。余何留兮中州。陶嘉月兮總駕。搴玉英兮自脩。結榮茝兮逶逝。將去烝兮遠遊。徑岱土兮魏闕。歷九曲兮牽牛。聊假日兮相佯。遺光燿兮周流。望太一兮淹息。紆余轡兮自休。晞白日兮皎皎。彌遠路兮悠悠。顧列孛兮縹縹。觀幽雲兮陳浮。鉅寶遷兮砏磤。雉咸雊兮相求。泱莽莽兮究志。懼吾心兮懤懤。余馬兮飛柱。覽可與兮匹儔。卒莫有兮纖介。永余思兮怞怞。

危俊

世溷兮冥昏。違君兮歸眞。乘龍兮偃蹇。高回翔兮上臻。襲英衣兮緹𦄂。披華裳兮芳芬。登羊角兮扶輿。浮雲漠兮自娛。握神精兮雍容。與神人兮相胥。流星墜兮成雨。進瞵盼兮上丘墟。覽舊邦兮滃鬱。余安能兮久居。志懷逝兮心懰慄。紆余轡兮躊躇。聞素女兮微歌。聽王后兮吹竽。魂悽愴兮感哀。腸回回兮盤紆。撫余佩兮繽紛。高太息兮自憐。使祝融兮先行。令昭昭兮開門。馳六蛟兮上征。竦余駕兮入冥。歷九州兮索合。誰可與兮終生。忽反顧兮西囿。覩軫丘兮崎傾。橫垂涕兮泫流。悲余后兮失靈。

昭世

季春兮陽陽。列草兮成行。余悲兮蘭生。委積兮從橫。江離兮遺捐。辛夷兮擠臧。伊思兮往古。亦多兮遭殃。伍胥兮浮江。屈子兮沈湘。運余兮念茲。心內兮懷傷。望淮兮沛沛。濱流兮則逝。榜舫兮下流。東注兮磕磕。蛟龍兮導引。文魚兮上瀨。抽蒲兮陳坐。援芙蕖兮爲蓋。水躍兮余旌。繼以兮微蔡。雲旗兮電騖。倏忽兮容裔。河伯兮開門。迎余兮歡欣。顧念兮舊都。懷恨兮艱難。竊哀兮浮萍。汎淫兮無根。

漢當作漠

尊嘉

秋風兮蕭蕭。舒芳兮振條。微霜兮眇眇。病殀兮鳴蜩。玄鳥兮辭歸。飛翔兮靈丘。望谿兮滃鬱。熊羆兮呴嗥。唐虞兮不存。何故兮久留。臨淵兮汪洋。顧臨兮忽荒。修余兮袿衣。騎霓兮南上。乘雲兮回回。亹亹兮自强。將息兮蘭皋。失志兮悠悠。蒶蘊兮黴黧。思君兮無聊。身去兮意存。愴恨兮懷愁。

蓄英

登九靈兮遊神。靜女歌兮微晨。悲皇丘兮積葛。眾體錯兮交紛。貞枝抑兮枯槁。枉車登兮慶雲。感余志兮慘慄。心愴愴兮自憐。駕玄螭兮北征。曏吾路兮葱嶺。連五宿兮建旄。揚氛氣兮爲旌。歷廣漢兮馳騖。覽中國兮冥冥。玄武步兮水母。與吾期兮南榮。登華蓋兮乘陽。聊逍遙兮播光。抽庫婁兮酌醴。援瓟瓜兮接糧。畢休息兮遠逝。發玉軔兮西行。惟時俗兮疾正。弗可久兮此方。寤辟摽兮永思。心怫鬱兮內傷。

思忠

覽杳杳兮世惟。余惆悵兮何歸。傷時俗兮溷亂。將奮翼兮高飛。駕八龍兮連蜷。建虹旌兮威夷。觀中宇兮浩浩。紛翼翼兮上躋。浮溺水兮舒光。淹低佪兮京沶。屯余車兮索友。覩皇公兮問師。道莫貴兮歸眞。羨余術兮可夷。吾乃逝兮南娭。道幽路兮九疑。越炎火兮萬里。過萬首兮嶷嶷。濟江海兮蟬蛻。絕北梁兮永辭。浮雲鬱兮晝

損當作捐

昏。蠢土忽兮塵塵。息陽城兮廣夏。衰色罔兮中怠。意曉陽兮燎寤。乃自詠兮在茲。思堯舜兮襲興。幸咎繇兮獲謀。悲九州兮靡君。撫軾歎兮作詩。

陶壅

悲哉于嗟兮。心内切磋。款冬而生兮。凋彼葉柯。瓦礫進寶兮。損弃隨和。鈆刀厲御兮。頓弃太阿。驥垂兩耳兮。中坂蹉跎。蹇驢服駕兮。無用日多。修潔處幽兮。貴寵沙劘。鳳皇不翔兮。鶉鴳飛揚。乘虹驂蜺兮。載雲變化。鷦鵬開路兮。後屬青蛇。步驟桂林兮。超驟卷阿。丘陵翔儛兮。谿谷悲歌。神章靈篇兮。赴曲相和。余私娛茲兮。孰哉復加。還顧世俗兮。壞敗罔羅。卷佩將逝兮。涕流滂沲。

株昭

亂曰。皇門開兮照下土。株穢除兮蘭芷覩。四佞放兮後得禹。聖舜攝兮昭堯緒。孰能若兮願為輔。楚辭

四子講德論并序

襃既為益州刺史王襄作中和樂職宣布之詩。又作傳。名曰四子講德。以明其意焉。

微斯文學問於虛儀夫子曰。蓋聞國有道貧且賤焉。恥也。今夫子閉門距躍。專精趨學有日矣。幸遭聖主平世而久懷寶。是伯牙去鍾期。而舜禹遁帝堯也。於是欲顯名號。建功業。不亦難乎。夫子曰。然。有是言也。夫蠹宾終日經營。不能越階序。附驥尾則涉千里。攀鴻翮則翔四海。僕雖嚚頑。願從足下。雖然。何由而自達哉。文學曰。陳懇誠於本朝之上。行話談於公卿之門。夫子曰。無介紹之道。安從行乎公卿。文學曰。何為其然也。昔甯戚商歌以干齊桓。越石負芻而寤晏嬰。非有積素累舊之歡。皆塗覩卒遇而以為親者也。故毛嬙西施。善毀者不能蔽其好。嫫姆倭傀。善譽者不能掩其醜。苟有至道。何必介紹。夫子曰。否。夫特達而相知者。千載之一遇也。招賢而處友者。衆士之常路也。是以空柯無刃。公輸不能以斵。但懸曼矰。蒲苴不能以射。故膺騰撇波而濟水。不如乘舟之逸也。衝蒙涉田而能致遠。未若遵塗之疾也。才蔽於無人。行衰於寡黨。此古今之患。唯文學慮之。文學曰。唯唯。敬聞命矣。於是相與結侶。攜手俱遊。求賢索友。歷于西州。有二人焉。乘軺而歌。倚輗而聽之。詠歎中雅。轉運中律。嘽緩舒繹。曲折不失節。問歌者為誰。則所謂浮遊先生陳丘子者也。於是以士相見之禮友焉。禮文既集。文學夫子降席而稱曰。俚人不識。寡見尠聞。曩從末路。望聽玉音。竊動心焉。敢問所歌何詩。請聞其說。浮遊先生陳丘子曰。所謂中和樂職宣布之詩。益州刺史之所作也。刺史見太上聖明。股肱竭力。德澤洪茂。黎庶和睦。天人並應。屢降瑞福。故作三篇之詩以歌詠之也。文學曰。君子動作有應。從容得度。南容三復白珪。孔子覩其慎戒。太子擊誦晨風。文侯諭其指意。今吾子何樂此詩而詠之也。先生曰。

夫樂者。感人密深而風移俗易。吾所以詠歌之者。美其君術明而臣道得也。君者中心。臣者外體。外體作然後知心之好惡。臣下動然後知君之節趨。好惡不形。則是非不分。節趨不立。則功名不宣。故美玉藴於碔砆。凡人視之怢焉。良工砥之。然後知其和寶也。精練藏於鑛朴。庸人視之忽焉。巧冶鑄之。然後知其幹也。況乎聖德巍巍蕩蕩。民氓所不能命哉。是以刺史推而詠之。揚君德美。深乎洋洋。罔不覆載。紛紜天地。寂寥宇宙。明君之惠顯。忠臣之節究。皇唐之世。何以加茲。是以每歌之。不知老之將至也。文學曰。書云。迪一人使四方。若卜筮。夫忠賢之臣。導主志。承君惠。攄盛德而化洪。天下安瀾。比屋可封。何必歌詩詠賦。可以揚君哉。愚竊惑焉。浮遊先生色勃眥溢曰。是何言與。昔周公詠文王之德而作清廟。建為頌首。吉甫歎宣王穆如清風。列于大雅。夫世衰道微。偽臣虛稱者。殆也。世平道明。臣子不宣者。鄙也。鄙殆之累。傷乎王道。故自刺史

之來也宣布詔書勞來不怠今百姓徧曉聖德莫不霑濡厖眉耇耇之老咸愛惜朝夕願濟須臾且觀大化之淯流於是皇澤豐沛主恩滿溢百姓歡欣中和感發是㠯作歌而詠之也傳曰詩人感而後思思而後積積而後滿滿而後作言之不足故嗟歎之嗟歎之不足故詠歌之詠歌之不厭不知手之舞之足之蹈之也此臣子於君父之常義古今一也今子執分寸而罔億度處把握而卻寥廓乃欲圖大人之樞機道方伯之失得不亦遠乎陳丘子見先生言切恐二客慙膝步而前曰先生詳之行潦暴集江海不㠯為多鮪鱓並逃九罭不㠯為虛是㠯許由匿堯而深隱唐氏不㠯衰夷齊恥周而遠餓文武不㠯卑夫青蠅不能穢垂棘邪論不能惑孔墨今刺史質敏㠯流惠舒化㠯揚名采詩㠯顯至德歌詠㠯董其文受命如絲明之如緡甘棠之風可倚而俟也二客雖室計沮議何傷顧謂文學夫子曰先生微矜於談道又不讓乎當仁亦未巨過也願二子措意焉夫子曰否夫雷霆必發而潛底震動枹鼓鏗鏘而介士奮竦故物不震不發士不激不勇今文學之言欲㠯議愚感敵舒先生之憤願二生亦勿疑於是文繹復集乃始講德文學夫子曰昔成康之世君之德與臣之力也先生曰非有聖智之君惡有甘棠之臣故虎嘯而風寥戾龍起而致雲氣蟋蟀俟秋吟蜉蝣出㠯陰易曰飛龍在天利見大人鳴聲相應仇偶相從人由意合物㠯類同是㠯聖主不徧窺望而視㠯明不殫傾耳而聽㠯聰何則淑人君子人就者衆也故千金之裘非一狐之腋大廈之材非一丘之木太平之功非一人之略也蓋君為元首臣為股肱明其一體相待而成有君而無臣春秋刺焉三代㠯上皆有師傅五伯㠯下各自取友齊桓有管鮑隰甯九合諸侯一匡天下晉文公有咎犯趙衰取威定霸㠯尊天子秦穆有王由五羖攘卻西戎始開帝緒楚莊有叔孫子反兼定江淮威震諸夏句踐有種蠡

粟當作栗

大漢上脫故字

渫庸趙滅彊吳雪會稽之恥魏文有段干田翟秦王寢兵折衝萬里燕昭有郭隗樂毅夷破彊齊困閔於莒夫㠯諸侯之細功名猶尚若此而況帝王選於四海羽翼百姓哉故有賢聖之君必有明智之臣欲㠯積德則天下不足平也欲㠯立威則百蠻不足攘也今聖主冠道德履純仁被六藝佩禮文屢下明詔舉賢良求術士招異倫拔俊茂是㠯海內歡慕莫不風馳雨集襲雜並至填庭溢闕含淯詠德之聲盈耳登降揖讓之禮極目進者樂其條暢怠者欲罷不能偃息匍匐乎詩書之門遊觀乎道德之域咸絜身修思吐情素而披心腹各悉精銳㠯貢忠誠允願推主上弘風俗而騁太平濟濟乎多士文王所㠯盛也若乃美政所施洪恩所潤不可究陳舉孝㠯篤行崇能㠯招賢去煩蠲苛㠯綏百姓祿勤增奉㠯厲貞廉減膳食卑宮觀省田官損諸苑疏繇役振乏困恤民災害不遑遊宴閔耄老之逢辜憐縗絰之服事惻隱身死之腐人悽愴子弟之縲匿恩及飛鳥惠加走獸胎卵得㠯成育草木遂其零茂愷悌君子民之父母豈不然哉先生獨不聞秦之時耶違三王背五帝滅詩書壞禮樂信任羣小憎惡仁智詐偽者進達佞諂者容入宰相刻峭大理峻法處位而任政者皆短於仁義長於酷虐狼摯虎攫懷殘秉賊其所臨莅莫不肌粟慴伏吹毛求疵並施螫毒百姓征伀無所措其手足嗷嗷愁怨遂亡秦族是㠯養雞者不畜貍牧獸者不育豺樹木者憂其蠹保民者除其賊大漢之為政也崇簡易尚寬柔進淯仁舉賢才上下無怨民用和睦今海內樂業朝廷淑清天符既章人瑞又明品物咸亨山川降靈神光燿暉洪洞朗天鳳皇來儀翼翼邕邕羣鳥並從舞德垂容神雀仍集麒麟自至甘露滋液嘉禾櫛比大化隆洽男女條暢家給年豐咸則三壤豈不盛哉昔文王應九尾狐而東夷歸周武王獲白魚而諸侯同辭周公受秬鬯而鬼方臣宣王得白狼而夷狄賓夫名自正而

蹇當作塞

事自定也今南郡獲白虎亦偃武興文之應也獲之者張武武張而猛服也是㠯北敵賓洽邊不恤寇甲士寢而旌旗仆也文學夫子曰天符既聞命矣敢問人瑞先生曰夫匈奴者百蠻之最彊者也天性憍蹇習俗傑暴賤老貴壯氣力相高業在攻伐事在獵射兒能騎羊走箭飛鏃逐水隨畜都無常處鳥集獸散往來馳騖周流曠野㠯濟嗜欲其耒耜則弓矢鞍馬播種則扞弦掌拊收秋則奔狐馳兔穫刈則顛倒殪仆追之則奔遁釋之則爲寇是㠯三王不能懷五伯不能綏驚邊抏士屢犯芻蕘詩人所歌自古患之今聖德隆盛威靈外覆日逐舉國而歸德單于稱臣而朝賀乾坤之所開陰陽之所接編結沮顏燋齒梟瞷翦髮黥首文身裸袒之國靡不奔走貢獻懽忻來附婁娑嘔吟鼓掖而笑夫鴻均之世何物不樂飛鳥翕翼泉魚奮躍是㠯刺史感懣舒音而詠至德鄙人黔淺不能究識敬遵所聞未剋殫焉於是二客醉于仁義飽于盛德終日仰歎怡懌而悅服文選

聖主得賢臣頌

夫荷旃被毳者難與道純綿之麗密羹藜含糗者不足與論太牢之滋味今臣辟在西蜀生於窮巷之中長於蓬茨之下無有游觀廣覽之知顧有至愚極陋之累不足㠯蹇厚望應明指雖然敢不略陳愚而抒情素記曰共惟春秋法五始之要在乎審己正統而已夫賢者國家之器用也所任賢則趨舍省而功施普器用利則用力少而就效衆故工人之用鈍器也勞筋苦骨終日矻矻及至巧冶鑄干將之樸清水焠其鋒越砥斂其咢水斷蛟龍陸剸犀革忽若彗氾畫塗如此則使離婁督繩公輸削墨雖崇臺五增延袤百丈而不溷者工用相得也庸人之御駑馬亦傷吻敝策而不進於行匈喘膚汗人極馬倦及至駕齧膝驂乘旦王良執靶韓哀附輿縱馳騁騖忽如景靡過都越國蹶如歷塊追奔電逐遺風周流八極萬里壹息何其遼哉人馬相得也故服絺綌之涼者不苦盛暑之鬱燠襲狐貉之煖者不憂至寒之淒愴何則有其具者易其備賢人君子亦聖王之所㠯易海內也是㠯嘔喻受之開寬裕之路㠯延天下英俊也夫竭知附賢者必建仁策索人求士者必樹伯迹昔周公躬吐捉之勞故有圄空之隆齊桓設庭燎之禮故有匡合之功由此觀之君人者勤於求賢而逸於得人人臣亦然昔賢者之未遭遇也圖事揆策則君不用其謀陳見悃誠則上不然其信進仕不得施效斥逐又非其愆是故伊尹勤於鼎俎太公困於鼓刀百里自鬻甯子飯牛離此患也及其遇明君遭聖主也運籌合上意諫諍即見聽進退得關其忠任職得行其術去卑辱奧渫而升本朝離疏釋蹻而享膏粱剖符錫壤而光祖考傳之子孫㠯資說士故世必有聖知之君而後有賢明之臣故虎嘯而冽風龍興而致雲蟋蟀俟秋唫蜉蝣出㠯陰易曰飛龍在天利見大人

詩曰思皇多士生此王國故世平主聖俊艾將自至若堯舜禹湯文武之君獲稷契皋陶伊尹呂望明明在朝穆穆列布聚精會神相得益章雖伯牙操遞鍾逢門子彎烏號猶未足㠯喻其意也故聖主必待賢臣而弘功業俊士亦俟明主㠯顯其德上下俱欲驩然交欣千載壹合論說無疑翼乎如鴻毛遇順風沛乎如巨魚縱大壑其得意若此則胡禁不止曷令不行化溢四表橫被無窮遐夷貢獻萬祥畢溱是㠯聖主不徧窺望而視已明不單頃耳而聽已聰恩從祥風翺德與和氣游太平之責塞優游之望得遵遊自然之埶恬淡無爲之場休徵自至壽考無疆雍容垂拱永永萬年何必偃卬詘信若彭祖呴噓呼吸如僑松眇然絕俗離世哉詩云濟濟多士文王㠯寍蓋信乎其㠯寍也漢書王褒傳文選藝文類聚二十

甘泉宮頌

甘泉山天下顯敞之名處也前接大荆後臨北極左撫仁鄉右望

谿當作豀

鶩當作鶩

素域。其宮室也。仍巖辟而爲觀。壞抗岸吕爲階。壅波瀾而鱗坻。馳道列吕曲遠。覽除闕之麗靡。覺堂殿之巍巍。徑落莫吕差錯。編珉瑁之文梶。鏤螭龍吕造牖。采雲氣吕爲楣。神星羅於題鄂。虹蜺往往而繞榱。緲倏忽其無垠。意能了之者誰。竊想聖主之優游。時娱神而款縱。坐鳳皇之堂。聽和鸞之弄。臨麒麟之域。驗符瑞之貢。詠中和之歌。讀太平之頌。藝文類聚六十二。十分未升其一。增惶懼而目眩。若播岸而臨坑。登木末吕窺泉。文選魏都賦注引王褒甘泉賦。疑賦乃頌之誤。

碧雞頌

持節使者王褒謹拜南崖。敬移金精神馬。縹碧之雞。水經注作縹縹碧雞。文選注作彩彩碧雞。處南之荒。深谿回谷。非土之鄉。歸來歸來。漢德無疆。廉平唐虞。澤配三皇。黃龍見兮白虎仁。歸來可吕爲倫。歸來翔兮何事南荒。後漢西南夷傳。水經淹水注。文選劉峻廣絕交論注。

僮約

蜀郡王子淵。吕事到湔。止寡婦楊惠舍。惠有夫時奴。名便了。子淵倩奴行酤酒。便了拽大杖。上夫冢巔曰。大夫買便了時。但要守家。不要爲他人男子酤酒。子淵大怒曰。奴寧欲賣邪。惠曰。奴大忤人。人無欲者。子淵即決買券云云。奴復曰。欲使。皆上券。不上券。便了不能爲也。子淵曰。諾。券文曰。神爵三年正月十五日。資中男子王子淵。從成都安志里女子楊惠買亡夫時戶下髯奴便了。決賈萬五千。奴當從百役使。不得有二言。晨起早掃。食了洗滌。居當穿臼縛箒。截竿鑿斗。浚渠縛落。鉏園斫陌。杜埤地。刻大枷。屈竹作杷。削治鹿盧。出入不得騎馬載車。踑坐大呶。下牀振頭。捶鉤刈芻。結葦躐纑。汲水絡。佐醞醵。織履作麤。黏雀張烏。結網捕魚。繳雁彈鳧。登山射鹿。入水捕龜。後園縱養。雁鶖百餘。驅逐鴟鳥。持梢牧豬。種薑養芋。長育豚駒。糞除堂廡。餧食馬牛。鼓四起坐。夜半益芻。二月春分。被隄杜。彊落桑皮椶。種瓜作瓠。別落披葱。焚槎發芋。壟集破封。日中早爇。雞鳴起舂。調治馬戶。兼落三重。舍中有客。提壺行酤。汲水作餔。滌杯整案。園中拔蒜。斷蘇切脯。築肉臛芋。膾魚炰鱉。烹茶盡具。已而蓋藏。關門塞竇。餧豬縱犬。勿與鄰里爭鬭。奴但當飯豆飲水。不得嗜酒。欲飲美酒。唯得染脣漬口。不得傾盂覆斗。不得辰出夜入。交關伴偶。舍後有樹。當裁作船。上至江州。下到湔主。爲府掾求用錢。推訪堊販椶索。緜亭買席。往來都洛。當爲婦女求脂澤。販於小市。歸都擔枲。轉出旁蹉。牽犬販鵝。武都買茶。楊氏擔荷。往市聚。慎護姦偷。入市不得夷蹲旁臥。惡言醜罵。多作刀矛。持入益州。貨易羊牛。奴自教精慧。不得癡愚。持斧入山。斷輮裁轅。若有餘殘。當作俎几木屐及犬彘盤。焚薪作炭。礨石薄岸。治舍蓋屋。削書代牘。日暮欲歸。當送乾柴兩三束。四月當披。九月當穫。十月收豆。掄麥窖芋。南安拾栗採橘。持車載輳。多取蒲苧。益作繩索。雨墮無所爲。當編蔣織箔。種植桃李。梨柿柘桑。三丈一樹。八尺爲行。果類相從。縱橫相當。果熟收斂。不得吮嘗。犬吠當起。驚告鄰里。棖門柱戶。上樓擊鼓。荷盾曳矛。還落三周。勤心疾作。不得遨遊。奴老力索。種莞織席。事訖休息。當舂一石。夜半無事。浣衣當白。若有私錢。主給賓客。奴不得有姦私。事事當關白。奴不聽教。當笞一百。讀券文適訖。詞窮咋索。仡仡叩頭。兩手自搏。目淚下落。鼻涕長一尺。審如王大夫言。不如早歸黃土陌。丘蚓鑽額。早知當爾。爲王大夫酤酒。真不敢作惡。藝文類聚三十五。初學記十九。御覽五百九十八。九百九十六。古文苑。

青鬚髯奴辭

我觀人鬚。長而復黑。冉弱而調。離離若緣坡之竹。鬱鬱若春田之苗。因風拂靡。隨身飄颻。爾乃附吕豐頤。表吕蛾眉。發吕素顏。呈吕妍姿。約之吕紺綫。潤之吕芳脂。莘莘翼翼。靡靡綏綏。振之發曜。黝若元珪之垂。於是搖鬐奮髭。則論說虞唐。鼓鬢動鬚。則研覈否臧內育瓌形。外闚宮商。相如㠯之都雅。顯孫㠯之堂堂。豈若子髯。既亂且赭。枯槁禿瘁。劬勞辛苦。汗垢流離。污穢泥土。傖囁穰擩。音而與塵為侶。无素顏可依。无豐頤可怙。動則困於總滅。靜則窘於囚虜。薄命為髭。正著子頤。為身不能庇其四體。為智不能御其形骸。癲鬢瘦面。常如死灰。曾不如犬羊之毛尾。狐貍之毫氂。為子鬢者。不亦難哉。初學記十九。文見古文苑。㠯為黃香作。

嚴遵

遵字君平。蜀郡人。賣卜成都市。有道德指歸十一卷。

道德指歸說目

莊子曰。昔者老子之作也。變化所由。道德為母。效經列首。天地為象。上經配天。下經配地。陰道八。陽道九。㠯陰行陽。故七十有二首。㠯陽行陰。故分為上下。㠯五行八。故上經四十而更始。㠯四行八。故下經三十有二而終矣。陽道奇。陰道偶。故上經先而下經後。陽道大。陰道小。故上經眾而下經寡。陽道左。陰道右。故上經覆來。下經覆往。反覆相過。淪為一形。冥冥混混。道為中主。重符列驗。㠯見端緒。下經為門。上經為戶。覩者見其經效。則通乎天地之數。陰陽之紀。夫婦之配。父子之親。君臣之義。萬物敷矣。祕冊彙函本。

座右銘

夫疾行不能遁影。大音不能掩響。默然託蔭。則影響無因。常體卑弱。則禍患無萌。口舌者。禍福之門。滅身之斧。言語者。天命之屬。形骸之部。出失則患入。言失則亡身。是㠯聖人當言而懷。發言而憂。如赴水火。履危臨深。有不得已。當而後言。嗜欲者。潰腹之矛。貨利者。喪身之仇。嫉妒者。亡軀之害。讒佞者。刎頸之兵。殘酷者。絕世之殃。陷害者。滅嗣之場。淫戲者。殫家之塹。嗜酒者。窮餧之藪。忠孝者。富貴之門。節儉者。不竭之源。吾日三省。傳告後嗣。萬世勿遺。□□□□

全漢文卷四十二終

王尊　　烏程嚴可均校輯

尊字子贛。涿郡高陽人。少爲獄小史。給事太守府。除補書佐。署守屬監獄。久之。稱病去。復召署守治獄。爲郡決曹史。舉幽州從事。補遼西鹽官長。初元中舉直言。遷虢令。轉守槐里。兼行美陽令事。以高第擢安定太守。免。起爲護羌轉校尉。免。起爲郿令。遷益州刺史。除東平相。免爲庶人。竟寧初。補大將軍軍司馬。擢司隸校尉。成帝即位。左遷高陵令。以病免。徵爲諫大夫。守京輔都尉。遷光祿大夫京兆尹。免。河平中爲徐州刺史。遷東郡太守。

劾奏匡衡

丞相衡。御史大夫譚。位三公。典五常九德。以總方略。壹統類。廣教化。美風俗爲職。知中書謁者令顯等專權擅執。大作威福。縱恣不制。無所畏忌。爲海內患害。不以時白奏行罰。而阿諛曲從。附下罔上。懷邪迷國。無大臣輔政之義。皆不道。在赦令前。赦後。衡譚舉奏顯。不自陳不忠之罪。而反揚著先帝任用傾覆之徒。妄言百官畏之甚於主上。卑君尊臣。非所宜稱。失大臣體。又正月行幸曲臺。臨饗罷衛士。衡與中二千石大鴻臚賞等會坐殿門下。衡南鄉。賞等西鄉。衡更爲賞布東鄉席。起立延賞坐。語私如食頃。衡知行臨。百官共職。萬衆會聚。而設不正之席。使下坐上。相比爲小惠於公門之下。動不中禮。亂朝廷爵秩之位。衡又使官大奴入殿中。問行起居。還言漏上十四刻行臨到。衡安坐。不變色改容。無怵惕肅敬之心。驕慢不謹。皆不敬。（漢書王尊傳。又略見匡衡傳。）

行縣還上奏事

彊不陵弱。各得其所。寬大之政行。和平之氣通。（漢書王尊傳。）

安定太守告屬縣教

令長丞尉。奉法守城。爲民父母。抑彊扶弱。宣恩廣澤。甚勞苦矣。太守以今日至府。願諸君卿勉力正身以率下。故行貪鄙。能變更者。與爲治。明慎所職。毋以身試法。（漢書王尊傳。）

又敕掾功曹教

掾功曹各自底厲。助太守爲治。其不中用。趣自避退。毋久妨賢。夫羽翮不修。則不可以致千里。闑內不理。無以整外。府丞悉署吏行能。分別白之。賢爲上。毋以富。賈人百里。不足與計事。昔孔子治魯。七日誅少正卯。今太守視事已一月矣。五官掾張輔懷虎狼之心。貪汙不軌。一郡之錢盡入輔家。然適足以葬矣。今將輔送獄。直符史詣閤下。從太守受其事。丞戒之戒之。相隨入獄矣。（漢書王尊傳。）

耿壽昌

壽昌。五鳳中爲大司農中丞。賜爵關內侯。

奏糴三輔等郡穀

故事。歲漕關東穀四百萬斛以給京師。用卒六萬人。宜糴三輔弘農河東上黨太原郡穀。足供京師。可以省關東漕卒過半。（漢書食貨志上。）

白築常平倉

令邊郡皆築倉。以穀賤時增其賈而糴。以利農。穀貴時減賈而糶。名曰常平倉。（漢書食貨志。）

王商

商字子威。涿郡蠡吾廣望鄉人。宣帝舅武之子。甘露二年襲封樂昌侯。歷太子中庶子。諸曹侍中中郎將。元帝時至右將軍光祿大夫。成帝即位。徙左將軍。建始末。代匡衡爲丞相。河平四年。爲王鳳所陷。免。卒。謚曰戾侯。

徙南北郊議

禮記曰。燔柴於太壇。祭天也。瘞薶於太折。祭地也。兆於南郊。所以定天位也。祭地於太折。在北郊。就陰位也。郊處各在聖王所都之南北。書曰越三日丁巳用牲于郊牛二周公加牲告徙新邑定郊禮於雒明王聖主事天明祀地察天明地察神明章矣天地以王者爲主故聖王制祭天地之禮必於國郊長安聖主之居皇天所觀視也甘泉河東之祠非神靈所饗宜徙就正陽太陰之處違俗復古循聖制定天位如禮便。漢書郊祀志下成帝即位丞相匡衡御史大夫張譚奏言南北郊宜可徙置長安與羣臣議定右將軍王商博士師丹議郎翟方進等五十人以爲云云

史丹

丹字君仲魯國人戾太子史良娣之兄孫宣帝時爲太子中庶子元帝時拜駙馬都尉侍中成帝即位擢長樂衞尉遷右將軍賜爵關內侯給事中徙左將軍光祿大夫鴻嘉初封武陽侯永始四年卒謚曰頃侯。

奏劾王商

商位三公爵列侯親受詔策爲天下師不遵法度以翼國家而回辟下媚以進其私執左道以亂政爲臣不忠罔上不道甫刑之辟皆爲上戮罪名明白臣請詔謁者召商詣若盧詔獄。漢書王商傳張匡上書願對近臣陳日蝕咎下朝者左將軍丹等問匡對於是左將軍丹等奏

王章

章字仲卿泰山鉅平人宣帝時爲諫大夫元帝初擢爲左曹中郎將以忤石顯髡免成帝即位徵爲諫大夫遷司隸校尉選爲京兆尹爲王鳳所陷棄市。

上封事召見對言王鳳不可任用

天道聰明佑善而災惡以瑞異爲符效今陛下以未有繼嗣引近定陶王所以承宗廟重社稷上順天心下安百姓此正義善事當有祥瑞何故致災異災異之發爲大臣顓政者也今聞大將軍猥歸日蝕之咎於定陶王建遣之國苟欲使天子孤立於上顓擅朝事以便其私非忠臣也且日蝕陰侵陽臣顓君之咎今政事大小皆自鳳出天子曾不壹舉手鳳不內省責反歸咎善人推遠定陶王且鳳誣罔不忠非一事也前丞相樂昌侯商本以先帝外屬內行篤有威重位歷將相國家柱石臣也其人守正不肯詘節隨鳳委曲卒用閨門之事爲鳳所罷身以憂死衆庶愍之又鳳知其小婦弟張美人已嘗適人於禮不宜配御至尊託以爲宜子內之後宮苟以私其妻弟聞張美人未嘗任身就館也且羌胡尚殺首子以盪腸正世況於天子而近已出之女也此三者皆大事陛下自見足以知其餘及它所不見者鳳不可令久典事宜退使就第選忠賢以代之。漢書元后傳章奏封事言日蝕之咎天子召見章延問以事章對

奏封事薦馮野王

中山孝王舅琅邪太守馮野王先帝時歷二卿忠信質直知謀有餘野王以王舅出以賢復入明聖主樂進賢也。漢書元后傳自鳳之白罷商後遣定陶王也上不能平及聞章言感寤謂章曰君試爲朕求可以自輔者於是章奏封事薦　案蕭育薦馮野王封事末三語與此同

王禁

禁字稚君魏郡元城人少爲廷尉史元帝即位以皇后父封陽平侯位特進永光二年卒謚曰頃侯。

楊興賈捐之獄議

興捐之懷詐僞以上語相風更相薦譽欲得大位漏泄省中語罔上不道書曰讒說殄行震驚朕師王制順非而澤不聽而誅請論如法。漢書賈捐之傳

王鳳

鳳字孝卿禁長子元王皇后同母弟永光中嗣爵陽平侯建昭中爲衞尉侍中成帝即位爲大司馬大將軍領尚書事陽朔三年卒謚曰敬成侯。

因災異上書辭謝

陛下即位思慕諒闇故詔臣鳳典領尚書事上無以明聖德下無

㠯益政治今有茀星天地赤黃之異咎在臣鳳當伏顯戮㠯謝天下今諒闇已畢大義皆舉宜躬親萬機㠯承天心漢書元后傳成帝㠯鳳爲大司馬大將軍領尚書事又封崇譚等其夏黃霧四塞終日楊興等皆㠯爲太后諸弟無功爲侯故天爲見異鳳於是懼上書辭謝因乞骸骨辭職

因日蝕上言宜遣定陶王之國

日蝕陰盛之象爲非常異定陶王雖親於禮當奉藩在國今留侍京師詭正非常故天見戒宜遣王之國漢書元后傳會日蝕鳳因言

上疏乞骸骨

臣材駑愚戇得㠯外屬兄弟七人封爲列侯宗族蒙恩賞賜無量輔政出入七年國家委任臣鳳所言輒聽薦事常用無一功善陰陽不調災異數見咎在臣鳳奉職無狀此臣一當退也五經傳記師所誦說咸㠯日蝕之咎在於大臣非其人易曰折其右肱此臣二當退也河平㠯來臣久病連年數出在外曠職素餐此臣三當退也陛下㠯皇太后故不忍誅廢臣猶自知當遠流放又重自念兄弟宗族所蒙不測當殺身靡骨死輦轂下不當㠯無益之故有離寢門之心誠歲餘㠯來所苦加侵日月益甚不勝大願願乞骸骨歸自治養冀賴陛下神靈未埋髮齒期月之間幸得瘳愈復望帷幄不然必寘溝壑臣㠯非才見私天下知臣受恩深也㠯病得全骸骨歸天下知臣被恩見哀重巍巍也進退於國爲厚萬無纖介之議唯陛下哀憐漢書元后傳京兆尹王章每召見輒辟左右時太后從子侍中音獨側聽具知章言㠯語鳳鳳聞之稱病出就第上疏乞骸骨謝上

東平王求子史對

臣聞諸侯朝聘考文章正法度非禮不言今東平王幸得來朝不思制節謹度㠯防危失而求諸書非朝聘之義也諸子書或反經術非聖人或明鬼神信物怪太史公書有戰國從横權譎之謀漢興之初謀臣奇策天官災異地形阨塞皆不宜在諸侯王不可予

不許之辭宜曰五經聖人所制萬事靡不畢載王審樂道傅相皆儒者旦夕講誦足㠯正身虞意夫小辯破義小道不通致遠恐泥皆不足㠯留意諸益於經術者不愛於王漢書宣元六王傳東平王來朝上疏求諸子及太史公書上㠯問大將軍王鳳對云云對奏天子如鳳言遂不與

薦辛慶忌

慶忌前在兩郡著功迹徵入歷位朝廷莫不信鄉質行正直仁勇得衆心通於兵事明略威重任國柱石父破羌將軍武賢顯名前世有威西夷臣鳳不宜久處慶忌之右漢書辛慶忌傳慶忌左遷酒泉太守歲餘大將軍王鳳薦云云迺復徵爲光祿大夫執金吾

王立

立字子叔鳳第六弟成帝初賜爵關内侯河平中封紅陽侯位特進領城門兵綏和初坐湻于長事遣就國哀帝即位徵還京師平帝初復遣就國元始三年莽遣使迫令自殺謚曰荒侯

上封事爲湻于長求留

陛下既託文㠯皇太后故誠不可更有它計漢書翟方進傳有司奏請遣湻于長就國長㠯金錢與立立上封事爲長求留

與杜業書

誠哀老姊垂白隨無狀子出關願勿復用前事相侵漢書杜欽傳欽子業爲函谷關都尉會定陵侯湻于長有罪當就國長舅紅陽侯立與業書

王仁

仁鳳第三弟譚之子爲諫大夫永始初嗣父爵平阿侯㠯剛直爲莽所憚平帝初遣就國元始三年遣使迫令自殺謚曰刺侯

諫立趙皇后疏

臣聞立后妃者王教之大端三綱之本理治道所由廢興也社稷所㠯存亡也故夏之興也㠯塗山亡也㠯妹嬉殷之興也㠯有娀亡也㠯妲己周之興也㠯文母亡也㠯褒姒夫三代安危後主所

覩是以聖王必審擧措察操行以計勝色者昌以色勝計者亡無鹽宿瘤天下之醜女也齊一君以計勝色立爲后皆以折衝安國今許后以罪廢遂事已往於是欲立后妃宜得殊異於前上當奉宗廟下令萬民有所法則河魴河鯉齊姜宋子詩人所高萬乘之主當持久長非一切畢決目前者驪姬亂晉吳姬危趙夫賤妾非天下之母爲戲弄可也昔姜后崇禮宣王中興樊姬正言楚莊成霸願留思察小臣惓惓之心荀悅漢紀二十六永始元年六月立皇后趙氏先是諫議大夫王仁上疏言上不聽案此疏班書未載

王閎

閎仁第三弟宣帝初爲中常侍進侍中莽篡位出爲東郡太守加卒正大夫莽敗去官更始帝以爲琅邪太守

上書諫尊寵董賢

臣聞王者立三公法三光立九卿以法天明君臣之義當得賢人易曰鼎折足覆公餗喻三公非其人也書曰元首明哉股肱良哉以法天地昔孝文皇帝幸鄧通不過中大夫孝武皇帝幸韓嫣賞賜而已皆不在大位公孫弘以布被修德擢備宰相巧言令色君子不貴昔成湯拔伊尹於鼎俎文王招呂尚於釣濱武丁顯傅說於版築桓公擧甯戚於擊角皆以立霸王之功騰茂績於無窮豈以利耳悅目爲得意哉令大司馬衛將軍高安侯董賢累世無功於漢朝又無肺腑之連復無名迹高行以矯世升擢數年列備鼎足典衛禁兵主麻天文無功封爵父子兄弟橫蒙拔擢賞賜空竭帑藏萬物諠譁偶言道路誠不當天心也昔褒神蚖變化爲人實生褒姒亂周國恐陛下有過失之譏賢有小人不識進退之禍非所以見卓爾垂法後世陛下采芻蕘賢負薪冀有益於毫釐荀悅漢紀二十九元壽元年侍中王閎上書諫不從案此書班書未載御覽七百十六引漢名臣奏云云王莽斥出王閎太后憐之閎伏泣失聲太后親自以手巾拭閎泣亦班書所未載范書爲王閎立傳亦簡畧不詳

令當作今

王音

音禁弟長樂衛尉弘之子初爲侍中中郎將河平中遷太僕陽朔中拜御史大夫代王鳳爲大司馬車騎將軍封安陽侯永始二年卒謚曰敬侯

因雉雊上言

天地之氣以類相應譴告人君甚微而著雉者聽察先聞雷聲故月令以紀氣經載高宗雊雉之異以明轉禍爲福之驗今雉以博士行禮之日大衆聚會飛集于庭歷階登堂萬衆睢睢驚怪連日徑歷三公之府太常宗正典宗廟骨肉之官然後入宮其宿留告曉人具備深切雖人道相戒何以過是漢書五行志中之下鴻嘉三年三月博士行大射禮有雉飛集于庭歷階登堂而雊後雉又集太常宗正丞相御史大夫大司馬車騎將軍之府又集未央宮承明殿屋上時大司馬車騎將軍王音待詔寵等上言

復對詔

陛下安得亡國之語不知誰主爲佞讇之計誣亂聖德如此者左右阿諛甚衆不待臣音復讇而足公卿以下保位自守莫有正言如令陛下覺悟懼大禍且至身深責臣下繩以聖法臣音當先受誅豈有以自解哉今卽位十五年繼嗣不立日日駕車而出泆行流聞海內傳之甚於京師外有微行之害內有疾病之憂皇天數見災異欲人變更終已不改天尚不能感動陛下臣子何望獨有極言待死命在朝暮而已如有不然老母安得處所尚何皇太后之有高祖天下當以誰屬乎宜謀於賢知克己復禮以求天意繼嗣可立災變尚可銷也漢書五行志中之下後帝使中常侍鼂錯詔音曰聞捕得雉毛羽頻摧折類拘執者得毋人爲之音復對

許嘉

嘉昌邑人宣帝許皇后從弟爲中常侍元帝卽位襲封平恩侯奉后父廣漢後拜衞尉遷右將軍永光中徙左將軍兼衞尉代

錯當作閎

王接爲大司馬車騎將軍。建始三年免。河平二年卒。謚曰共侯。

毀廟議

孝文皇帝除誹謗、去肉刑、躬節儉、不受獻、罪人不帑、不私其利、出美人、重絕人類、賓賜長老、收恤孤獨、德厚侔天地、利澤施四海、宜爲帝者太宗之廟。漢書韋玄成傳。大司馬車騎將軍許嘉等二十九人以爲。

郅支縣頭槀街議

春秋夾谷之會、優施笑君、孔子誅之、方盛夏、首足異門而出、宜縣十日迺埋之。漢書陳湯傳。車騎將軍許嘉、右將軍王商以爲云云。有詔將軍議是。

甘延壽

延壽字君況、北地郁郅人。少爲羽林、累遷遼東太守。免。起爲郎中諫大夫、使西域都護騎都尉、以斬郅支單于功、封義成侯。遷城門校尉護軍都尉。卒。謚曰壯侯。

上疏斬送郅支首

臣聞天下之大義、當混爲一。昔有唐虞、今有彊漢。匈奴呼韓邪單于已稱北藩、唯郅支單于叛逆、未伏其辜、大夏之西、以爲彊漢不能臣也。郅支單于慘毒行於民、大惡通於天。臣延壽、臣湯、將義兵、行天誅。賴陛下神靈、陰陽並應、天氣精明、陷陳克敵、斬郅支首及名王以下。宜縣頭槀街蠻夷邸間、以示萬里、明犯彊漢者、雖遠必誅。漢書陳湯傳。

陳湯

湯字子公、山陽瑕丘人。宣帝時爲太官丞。元帝初、舉茂材。被劾下獄。後爲郎、建昭中遷西域副校尉、矯制發諸國兵、破斬郅支單于。賜爵關內侯、拜射聲校尉。成帝初免、後以言事下獄、奪爵爲士伍。王鳳奏爲大將軍從事中郎。永始初、免爲庶人、徙敦煌。又從安定。哀帝時還、卒于長安。王莽爲安漢公、追封破胡侯、謚曰壯。

上疏自理

臣與吏士共誅郅支單于、幸得禽滅、萬里振旅、宜有使者迎勞道路。今司隸反逆收繫按驗、是爲郅支報仇也。漢書陳湯傳。司隸校尉移書道上、繫吏士按驗之。湯上疏言。

上封事請徙初陵

初陵、京師之地、最爲肥美、可立一縣。天下民不徙諸陵三十餘歲矣。關東富人益衆、多規良田、役使貧民、可徙初陵、以彊京師、衰弱諸侯、又使中家以下得均貧富。湯願與妻子家屬徙初陵、爲天下先。漢書陳湯傳。

張博

博字子高、宣帝張倢伃之兄。坐詿誤藩王、與壻京房皆棄市。

報謝淮陽王

當今朝廷無賢臣、災變數見、足爲寒心。萬姓咸歸望於大王、大王柰何恬然不求入朝見、輔助主上乎。漢書宣元六王傳。王遣人持黃金五十斤送遺張博。博喜、還書謝、爲諂語盛稱譽王。因言。

復遺淮陽王書

博幸得肺附、數進愚策、未見省察。北遊燕趙、欲循行郡國、求幽隱之士。聞齊有駟先生者、善爲司馬兵法、大將之材也。博得謁見、承閒進問五帝三王究竟要道、卓爾非世俗之所知。今邊境不安、天下騷動、微此人其莫能安也。又聞北海之瀕有賢人焉、累世不可逮、然難致也。得此二人而薦之、功亦不細矣。博願馳西以此赴助漢急、無財幣以通顯之。趙王使謁者持牛酒、黃金三十斤勞博、博不受。復使人願尚女、聘金二百斤、博未許。會得光書云、大王□遣光西、與博并力求朝。博自以棄捐不棄、大王還意反義、結以朱顏、願殺身報德。朝事何足言。大王誠賜咳唾、使得盡死、湯武所以成大功也。駟先生蓄積道術、書無不有、願知大王所好、請得輒上。漢書

不棄之棄當作意

宣元六王傳。

已見中書令石君求朝。許以金五百斤。賢聖制事。蓋慮功而不計費。昔禹治鴻水。百姓罷勞。成功既立。萬世賴之。今聞陛下春秋未滿四十。髮齒墮落。太子幼弱。佞人用事。陰陽不調。百姓疾疫饑饉。死者且半。鴻水之害。殆不過此。大王緒欲救世。將比功德。何可以忽。博已與大儒知道者為大王為便宜奏。陳安危。指災異。大王朝見。先口陳其意而後奏之。上必大說。事成功立。大王即有周邵之名。邪臣散亡。公卿變節。功德亡比。而梁趙之寵必歸大王。外家亦將富貴。何復望大王之金錢。漢書宣元六王傳。

報淮陽王

已許石君。須以成事。漢書宣元六王傳。

全漢文卷四十三終

全漢文卷四十四

烏程嚴可均校輯

翼奉

奉字少君東海下邳人元帝初徵待詔宦者署歷中郎博士諫大夫

上封事言邪正

臣聞之於師治道要務在知下之邪正人誠鄉正雖愚爲用若迺懷邪知益爲害知下之術在於六情十二律而已北方之情好也好行貪狼申子主之東方之情怒也怒行陰賊亥卯主之貪狼必待陰賊而後動陰賊必待貪狼而後用二陰並行是以王者忌子卯也禮經避之春秋諱焉南方之情惡也惡行廉貞寅午主之西方之情喜也喜行寬大巳酉主之二陽並行是以王者吉午酉也詩曰吉日庚午上方之情樂也樂行姦邪辰未主之下方之情哀也哀行公正戌丑主之辰未屬陰戌丑屬陽萬物各以其類應今陛下明聖虛靜以待物至萬事雖衆何聞而不諭豈況乎執十二律而御六情於以知下參實亦甚優矣萬不失一自然之道也迺正月癸未日加申有暴風從西南來未主姦邪申主貪狼風以大陰下抵建前是人主左右邪臣之氣也平昌侯比三來見臣皆以正辰加邪時辰爲客時爲主人以律知人情王者之祕道也愚臣誠不敢以語邪人（漢書翼奉傳平昌侯王臨欲從奉學其術奉不肯與言而上封事）

因災異應詔上封事

臣聞之於師曰天地設位懸日月布星辰分陰陽定四時列五行以視聖人名之曰道聖人見道然後知王治之象故畫州土建君臣立律厤陳成敗以視賢者名之曰經賢者見經然後知人道之務則詩、書、易、春秋、禮、樂是也易有陰陽詩有五際春秋有災異皆列終始推得失攷天心以言王道之安危至秦乃不說傷之以法是以大道不通至於滅亡今陛下明聖深懷要道燭臨萬方布德流惠靡有闕遺罷省不急之用振救困貧賦醫藥賜棺錢恩澤甚厚又舉直言求過失盛德純備天下幸甚臣奉竊學齊詩聞五際之要十月之交篇知日蝕地震之效昭然可明猶巢居知風穴處知雨亦不足多適所習耳臣聞人氣內逆則感動天地天變見於星氣日蝕地變見於奇物震動所以然者陽用其精陰用其形猶人之有五藏六體五藏象天六體象地故藏病則氣色發於面體病則欠申動於貌今年太陰建於甲戌律以庚寅初用事厤以甲午從春厤中甲庚律得參陽性中仁義情得公正貞廉百年之精歲也正以精歲本首王位日臨中時接律而地大震其後連月久陰雖有大令猶不能復陰氣盛矣古者朝廷必有同姓以明親親必有異姓以明賢賢此聖王之所以大通天下也同姓親而易進異姓疏而難通故同姓一異姓五迺爲平均今左右亡同姓獨以舅后之家爲親異姓之臣又疏二后之黨滿朝非特處位埶尤奢僭過度呂霍上官足以卜之甚非愛人之道又非後嗣之長策也陰氣之甚不亦宜乎臣又聞未央、建章、甘泉宮才人各以百數皆不得天性若杜陵園其已御見者臣子不敢有言雖然太皇太后之事也及諸侯王國與其後宮宜爲設員出其過制者此損陰氣應天救邪之道也今異至不應災將隨之其法大水極陰生陽反爲大旱甚則有火災春秋宋伯姬是矣唯陛下裁察（漢書翼奉傳）

因災異上疏

臣前上五際地震之效曰極陰生陽恐有火災不合明聽未見省荅臣竊內不自信今白鶴館以四月乙未時加於卯月宿亢災與前地震同法臣奉迺深知道之可信也不勝拳拳願復賜閒卒其終始（漢書翼奉傳）

上疏請徙都洛陽

臣聞昔者盤庚改邑目興殷道聖人美之竊聞漢德隆盛在於孝文皇帝躬行節儉外省繇役其時未有甘泉建章及上林諸離宮館也未央宮又無高門武臺麒麟鳳皇白虎玉堂金華之殿獨有前殿曲臺漸臺宣室溫室承明耳孝文欲作一臺度用百金重民之財廢而不爲其積土基至今猶存又下遺詔不起山墳故其時天下大和百姓給足德流後嗣如令處於當今因此制度必不能成功名天道有常王道亡常亡常者所目應有常也必有非常之主然後能立非常之功臣願陛下徙都於成周左據成皋右阻黽池前鄉崧高後介大河建滎陽扶河東南北千里目爲關而入敖倉地方百里者八九足目自娛東厭諸侯之權西遠羌胡之難陛下共己亡爲案成周之居兼盤庚之德萬歲之後長爲高宗漢家郊兆寢廟祭祀之禮多不應古臣奉誠難亶居而改作故願陛下遷都正本衆制皆定亡復繕治宮館不急之費歲可餘一年之畜

臣聞三代之祖積德目王然皆不過數百年而絕周至成王有上賢之材因文武之業目周召爲輔有司各敬其事在位莫非其人天下甫二世耳然周公猶作詩書深戒成王目恐失天下書則曰王毋若殷王紂其詩則曰殷之未喪師克配上帝宜監于殷駿命不易今漢初取天下起於豐沛目兵征伐德化未洽後世奢侈國家之費當數代之用非直費財又乃費士孝武之世暴骨四夷不可勝數有天下雖未久至於陛下八世九主矣雖有成王之明然亡周召之佐今東方連年饑饉加之目疾疫百姓菜色或至相食地比震動天氣溷濁日光侵奪繇此言之執國政者豈可目不懷怵惕而戒萬分之一乎故臣願陛下因天變而徙都所謂與天下更始者也天道終而復始窮則反本故能延長而亡窮也今漢道未終陛下本而始之於目永世延祚不亦優乎如因丙子之孟夏順大陰目東行到後七年之明歲必有五年之餘蓄然後大行攷室之禮雖周之隆盛亡目加此惟陛下畱神詳察萬世之策漢書翼奉傳

日辰時對

師法用辰不用日辰爲客時爲主人見於明主侍者爲主人辰正時邪見者正侍者邪辰邪時正見者邪侍者正忠正之見侍者雖邪辰時俱正大邪之見侍者雖正辰時俱邪即目自知侍者之邪而時邪辰正見者反邪即目自知侍者之正而時正辰邪見者反正辰爲常事時爲一行辰疏而時精其效同功必參五觀之然後可知故曰察其所由省其進退參之六合五行則可目見人性知人情難用外察從中甚明故詩之爲學情性而已五性不相害六情更興廢觀性目厤觀情目律明主所宜獨用難與二人共也故曰顯諸仁藏諸用露之則不神獨行則自然矣唯奉能用之學者莫能行漢書翼奉傳上目奉爲中郎召問奉來者目善日邪時孰與邪日善時奉對

廟祀對

昔成王徙洛盤庚遷殷其所避就皆陛下所明知也非有聖明不能一變天下之道臣奉愚戇狂惑唯陛下裁赦漢書翼奉傳

京房

房字君明東郡頓丘人本姓李推律自定爲京氏初元中舉孝廉爲郎建昭二年出爲魏郡太守徵下獄棄市

拜魏郡太守上封事

辛酉目來蒙氣衰去太陽精明臣獨欣然目爲陛下有所定也然少陰倍力而乘消息臣疑陛下雖行此道猶不得如意臣竊悼懼守陽平侯鳳欲見未得至己卯臣拜爲太守此言上雖明下猶勝之效也臣出之後恐必爲用事所蔽身死而功不成故願歲盡乘傳奏事蒙哀見許迺辛巳蒙氣復乘卦太陽侵色此上大天覆陽而上意疑也己卯庚辰之閒必有欲隔絕臣令不得乘傳奏事者

漢書京房傳元帝目房爲魏郡太守自請得歲竟乘傳奏事不欲遠離左右目建昭二年二月朔上封事。

因郵上封事

臣前目六月中言遯卦不效。法曰。道人始去。寒涌水爲災。至其七月。涌水出。臣弟子姚平謂臣曰。房可謂知道。未可謂信道也。房言災異。未嘗不中。今涌水已出。道人當逐死。尚復何言。臣曰。陛下至仁。於臣尤厚。雖言而死。臣猶言也。平又曰。房可謂小忠。未可謂大忠也。昔秦時趙高用事。有正先者。非刺高而死。高威自此成。故秦之亂。正先趣之。今臣得出守郡。自詭效功。恐未效而死。惟陛下毋使臣塞涌水之異。當正先之死。爲姚平所笑。漢書京房傳。房未發。上令陽平侯鳳承制詔房止無乘傳奏事。房意愈恐。去至新豐。因郵上封事。

至陝復上封事

乃丙戌小雨。丁亥蒙氣去。然少陰并力而乘消息。戊子益甚。到五十分。蒙氣復起。此陛下欲正消息。雜卦之黨并力而爭。消息之氣不勝。彊弱安危之機。不可不察。己丑夜。有還風。盡辛卯。太陽復侵色。至癸巳。日月相薄。此邪陰同力。而太陽爲之疑也。臣前白九年不改。必有星亡之異。臣願出任良試考功。臣得居內。星亡之異可去。議者知如此於身不利。臣不可蔽。故云使弟子不若試師。臣爲刺史。又當奏事。故復云爲刺史。恐太守不與同心。不若目爲太守。此其所目隔絕臣也。陛下不違其言而遂聽之。此迺蒙氣所目不解。太陽亡色者也。臣去朝稍遠。太陽侵色益甚。唯陛下無難還臣。而易逆天意。邪說雖安於人。天氣必變。故人可欺。天不可欺也。願陛下察焉。漢書京房傳。房至陝。復上封事云云。房去月餘。竟徵下獄。

奏考功課吏法

古帝王目功舉賢。則萬化成。瑞應著。末世目毀譽取人。故功業廢而致災異。宜令百官各試其功。災異可息。漢書京房傳。

別對災異

民當作君

地者。大臣之位。當載安萬民。懷藏物類。而動搖者。此不欲爲君載安萬民。動搖。思欲不安。思欲篡逆也。開元占經四。

陰倍陽則地坼。臣叛君則義廢。此人君不親。上下不厚。致此災也。不捄則骨肉相殘。父子分離。氐羌叛去。開元占經四。

日行房乘三道。太平日行上道。升平日行次道。霸世日行下道。隋書天文志上。開元占經五引有刪節。

國有讒佞。朝有殘臣。則日無光。暗冥不明。易曰。日中見斗。日中星見。明其冥也。故貶之爲暮也。其救也。遠佞諂。近忠直。修經典。閉私道。則日光明。開元占經六。

人君驕溢專明。爲陰所侵。則有日蝕之災。不救之。必有篡臣之萌。其救也。君懷謙虛。下賢受諫。位有德。祿有智。日蝕災消也。開元占經十。

日月薄赤。見日中烏。將軍出旌。舉此不祥。必亡。開元占經六。

日鬬。或赤或白。或蒼或黃。虎入邦。此謂守邑破亡。國君目此亡。開元占經六。

數日俱出若鬬。天下兵大戰。開元占經六。

日蝕盡。無光露者。亡其邑。開元占經九。

人君好用佞邪。朝無忠臣。則月失其行。開元占經十一。

月晝明。奸邪並作。專明擅君之朝。開元占經十一。

月若晝明者。月爲臣。日爲君。臣目明續君。當其在時。不可與君用力。含穢目紓刑。今晝明者。奸邪並作。專明擅君之朝。不救則失其行而毀矣。其救也。出退強臣。斷讒佞。近直臣。親賢良。則月得其行。開元占經十一。

月三暈匝。天下中外俱赦。開元占經十五。

月蝕者。人君行適過時。專受所致。制一作也。不救則致水災壞城。開元占經十七。

人民不行仁恩。破胎傷孕。春殺無辜。則歲星失度。御覽五。

營惑作變爲華州人君之禍也出於東骨肉欲篡近北邊國謀入於西則兵大起蠻貊戰入斗則大臣叛徑東西萬民病不救之則致日蝕既下謀上其救也設立政事正圖書修經術改惡爲善也則國家安矣。開元占經三十。

火起災何人君貪財賦斂盡民貨即火爲起不救必有日蝕之災矣其救之也舉廉直之士爲首也。御覽六百二十七。

迴風起何風者天之號令也當直而正普而不偏佞人衆君迷惑則迴風起不救則致逆風起其救也用公直黜邪枉此災消矣。御覽八百七十六。

狂風發何人君政教無法爲下所逆則致狂風發泄其救也脩政教聘賢士狂風消矣。御覽八百七十六。

人君賊罰良善政教無常使命數變則致暴風折木發屋鳴瓦或害殺人其救也脩舊典任忠臣思過自改則風災消。上同。

人君擅私恩恣意重情不與臣下同謀即致偏雨夜墮也不救致苦雨降萬民愁潦水絕道其救也興公道無私黨此災消矣。御覽八百七十七。

無雲暴雨何人君封拜無功進無德則致不雲而雨暴過惡暴揚誅及無罪密雲而不雨其救也誅彊卹弱信及兆民雲雨時也。御覽八百七十七。

虹霓近日則姦臣謀貫日則客代一作殺。主專君政大臣乘樞不救之則兵至宮殿戰其救也釋安樂誡非常正股肱入賢良。開元占經九十八引兩條。御覽八百七十八。

雷鳴連而不絕者何夫雷鳴萬里今鳴不絕此謂人君行政事無常民不恐懼也故致遊雷之災雷當先電而鳴雷今與電俱出或鳴而後電者何此謂執法者貪苛。開元占經一百二引兩條。御覽八百七十九。

久旱何曰人君無施澤惠利於下人則致旱也不救即蝗蟲害穀

收當作救

其救也宥謫罰行寬大惠兆民勞功吏賜鰥寡廪不足人君亢陽暴虐興師動衆下人悲怨陽氣盛陰氣沈故旱萬物枯死數有火災此金失其性若夏大旱則雩祠之㠯素車白馬布衣㠯身爲牲或云誅讒佞之臣於市則三日之內雨降於天矣。藝文類聚一百。御覽八百七十九。

山者三公之位台輔之德也乃興雲出雨漫溉萬物助天成功今崩去者此謂大臣懷叛不忠也。開元占經九十九。

江河沸者有聲無實此謂執政者懷姦不公衆邪並聚則致此災不救必有叛君謀其救也令百官舉公直選有德置於政。開元占經一百。

井水沸者謂人君好用讒邪所致也。開元占經一百。

水中火出何所謂陰氣溢亡陽施也女妃無陽則敵氣溢至水中火出不救有天殃陰害陽其救也正妃妾率後宮施命令誥四方嫁貞女賜鰥寡此災即消。開元占經一百。

五穀無實何君無仁德臣懷叛戾華飾虛舉薦賢名實不相副內爲蘇秦之行外佀夷齊之語故致五穀多無實朝廷無賢害氣傷穡不收國大饑其救也選明經舉茂才改往修來退去貪狠施恩行惠賞賜勞臣此災消矣。御覽八百七十四。

君賢臣職五穀滋豐。北堂書鈔一百五十六。

律術對

受學故小黃令焦延壽六十律相生之法㠯上生下皆三生二㠯下生上皆三生四陽下生陰陰上生陽終於中呂而十二律畢矣中呂上生執始執始下生去滅上下相生終於南事六十律畢矣夫十二律之變至於六十猶八卦之變至於六十四也宓犧作易紀陽氣之初㠯爲律法建日冬至之聲㠯黃鍾爲宮太簇爲商姑洗爲角林鍾爲徵南呂爲羽應鍾爲變宮蕤賓爲變徵此聲氣之元五音之正也故各統一日其餘㠯次運行當日者各自爲宮而

商徵㠯類從焉。禮運篇曰：五聲六律十二管，還相爲宮。此之謂也。㠯六十律分朞之日，黃鍾自冬至始，及冬至而復，陰陽寒燠風雨之占生焉。於㠯檢攝羣音，攷其高下，苟非革木之聲，則無不有所合。虞書曰：律和聲。此之謂也。續漢書律厤志上。元帝使太子太傅韋玄成、諫議大夫章雜試問房於樂府，房對。

竹聲不可㠯度調，故作準㠯定數。準之狀如瑟，長丈而十三弦，隱閒九尺，㠯應黃鍾之律九寸；中央一弦，下有畫分寸，㠯爲六十律清濁之節。均中其弦，使應黃鍾之聲，案分寸㠯求諸律，則皆如畫而應矣。然則上古有鍾，其次有律，近古有準，皆稍簡易之意。其相生也，黃鍾下生林鍾，林鍾上生太簇，太簇下生南呂，南呂上生姑洗，姑洗下生應鍾，應鍾上生蕤賓，蕤賓下生大呂，大呂上生夷則，夷則下生夾鍾，夾鍾上生無射，無射下生中呂，中呂上生黃鍾，上下相生，終六十律。執始㠯下四十八律，文多不載。案此三語係御覽約文。

孟春之月，則太簇爲宮，姑洗爲商，蕤賓爲角，南呂爲徵，應鍾爲羽，大呂爲變宮，夷則爲變徵。他月放此也。續漢書律厤志上，又見御覽十六，有小異。

至治之世，天地之氣合㠯生風，天地之風氣定十二律。御覽十六引京房傳。

夫五音生於本性，分爲十二律，轉生六十律，皆所㠯紀斗氣，效物類也。天效㠯影，地效㠯響，卽律也。陰陽和則影至，律氣應則灰除。是故天子常㠯冬夏至御前殿，合八能之士，陳八音，聽樂韵，度晷影，候鍾律，權土灰，校陰陽。冬至陽氣應，則韵清影長，極黃鍾通，土灰輕而衡仰；夏至陰氣應，則韵濁影短，極蕤賓通，土灰重而衡低。進退於先後五日之中，八能各㠯候狀聞，太史合封，土效則和，否則占。候氣之法，爲室三重，戶閉，塗釁必周，密布緹幔。室中㠯木爲案，每律各一，內卑外高，從其外加律其上，㠯葭莩灰抑其內端，案律而候之，氣至者灰去。其爲氣所動者灰散，風所動者其灰聚。殿中候，用玉律十二，唯二至乃候。靈臺用竹律六十。御覽十六引京房傳。

同當作用

又凡律度量衡用銅。銅爲物也精，不爲燥溼寒暑變其節，不爲風雨暴露改其形，介然常似於君子之貞，是㠯同銅也。用竹爲引者，事之宜也。御覽十六引京房傳。

全漢文卷四十四終

全漢文卷四十五　烏程嚴可均校輯

楊興

興元帝初爲長安令坐賈捐之事髡鉗爲城旦成帝初拜諫大夫出爲部刺史

黃霧對

陰盛侵陽之氣也高祖之約也非功臣不侯今太后諸弟皆㠯無功爲侯非高祖之約外戚未曾有也故天爲見異（漢書元后傳成帝㠯王鳳爲大司馬大將軍又封太后同母弟崇庶弟譚等其夏黃霧四塞終日天子㠯問諫大夫楊興博士駟勝等對皆㠯爲）

說史高

將軍㠯親戚輔政貴重於天下無二然衆庶論議令問休譽不專在將軍者何也彼誠有所聞也㠯將軍之莫府海內莫不卬望而所舉不過私門賓客乳母子弟人情忽不自知然一夫竊議語流天下夫富貴在身而列士不譽是有狐白之裘而反衣之也古人病其若此故卑體勞心㠯求賢爲務傳曰㠯賢難得之故因曰事不待賢㠯食難得之故而曰飽不待食惑之甚者也平原文學匡衡材智有餘經學絕倫但㠯無階朝廷故隨牒在遠方將軍誠召置莫府學士歙然歸仁與參事議觀其所有貢之朝廷必爲國器㠯此顯示衆庶名流於世（漢書匡衡傳）

韓宣

宣元帝初爲西域都護

奏鎮撫星靡

烏孫大吏大祿大監皆可㠯賜金印紫綬㠯尊輔大昆彌（漢書烏孫傳）

奏更立烏孫昆彌

星靡怯弱可免更㠯季父左大將樂代爲昆彌（漢書烏孫傳宣復奏漢不許）

谷吉

吉長安人初元中爲衞司馬㠯送匈奴侍子爲郅支單于所殺

上書請送郅支侍子至庭

中國與夷狄有羈縻不絕之義今既養全其子十年德澤甚厚空絕而不送近從塞還示棄捐不畜使無鄉從之心棄前恩立後怨不便議者見前江迺始無應敵之數知勇俱困㠯致恥辱即豫爲臣憂臣幸得建彊漢之節承明聖之詔宣諭厚恩不宜敢桀若懷禽獸加無道於臣則單于長嬰大罪必遁逃遠舍不敢近邊沒一使㠯安百姓國之計臣之願也願送至庭（漢書陳湯傳初元四年郅支遣使奉獻因求侍子願爲內附漢議遣衞司馬谷吉送之貢禹匡衡㠯爲宜送至塞而還吉上書言）

谷永一

永字子雲吉子本名竝㠯尉氏樊竝反更名永少爲長安小史建昭中補御史大夫屬舉太常丞建始中舉方正直言對策上第擢光祿大夫河平中出爲安定太守鴻嘉中補營軍司馬轉大司馬長史出爲護苑使者永始中遷涼州刺史徵爲太中大夫遷光祿大夫給事中出爲北地太守元延末徵爲大司農綏和初病免有集二卷

建始三年舉方正對策

陛下秉至聖之純德懼天地之戒異飭身修政納問公卿又下明詔帥舉直言燕見紬繹㠯求咎愆使臣等得造明朝承聖問臣材朽學淺不通政事竊聞明王即位正五事建大中㠯承天心則庶徵序於下日月理於上如人君淫溺後宮般樂游田五事失於躬大中之道不立則咎徵降而六極至凡災異之發各象過失㠯類告人迺十二月朔戊申日食婺女之分地震蕭牆之內二者同日俱發㠯丁寧陛下厥咎不遠宜厚求諸身意豈陛下志在閨門未卹政事不慎舉錯婁失中與內寵太盛女不遵道嫉妒專上妨繼嗣與古之王者廢五事之中失夫婦之紀妻妾得意謁行於內埶

行於外至覆傾國家惑亂陰陽昔褒姒用國宗周以喪閻妻驕扇日以不臧此其效也經曰皇極皇建其有極傳曰皇之不極是謂不建時則有日月亂行陛下踐至尊之祚為天下主奉帝王之職以統羣生有內之治亂在陛下所執誠留意於正身勉彊於力行損燕私之閒以勞天下放去淫溺之樂罷歸倡優之笑絕卻不享之義慎節游田之虞起居有常循禮而動躬親政事致行無倦安服若性經曰繼自今嗣王其毋淫于酒毋逸于游田惟正之共未有身治正而臣下邪者也夫妻之際王事綱紀安危之機聖王所致慎也昔舜飭正二女以崇至德楚莊忍絕丹姬以成伯功幽王惑於褒姒周德降亡魯桓脅於齊女社稷以傾誠修後宮之政明尊卑之序貴者不得嫉妒專寵以絕驕嫚之端抑褒閻之亂賤者咸得秩進各得厥職以廣繼嗣之統息白華之怨後宮親屬饒之以財勿與政事以遠皇父之類損妻黨之權未有閨門治而天下亂者也治遠自近始習善在左右昔龍筦納言而帝命惟允四輔既備成王靡有過事誠敕正左右齊栗之臣戴金貂之飾執常伯之職者皆使學先王之道知君臣之義濟濟謹孚無敖戲驕恣之過則左右肅艾羣僚仰法化流四方經曰亦惟先正克左右未有左右正而百官枉者也治天下者尊賢考功則治簡賢違功則亂誠審思治人之術歡樂得賢之福論材選士必試於職明度量以程能考功實以定德無用比周之虛譽毋聽浸潤之譖愬則抱功修職之吏無蔽傷之憂比周邪偽之徒不得即工小人日銷俊乂日隆經曰三載考績三考黜陟幽明又曰九德咸事俊艾在官未有功賞得於前眾賢布於官而不治者也堯遭洪水之災天下分絕為十二州制遠之道微而無乖畔之難者德厚恩深無怨於下也秦居平土一夫大呼而海內崩析者刑罰深酷吏行殘賊也夫違天害德為上取怨於下莫甚乎殘賊之吏誠放退殘賊酷暴之

吏錮廢勿用益選溫良上德之士以親萬姓平刑釋冤以理民命務省繇役毋奪民時薄收賦稅毋殫民財使天下黎元咸安家樂業不苦踰時之役不患苛暴之政不疾酷烈之吏雖有唐堯之大災民無離上之心經曰懷保小人惠于鰥寡未有德厚吏良而民畔者也臣聞災異皇天所以譴告人君過失猶嚴父之明誡畏懼敬改則禍銷福降忽然簡易則咎罰不除經曰饗用五福畏用六極傳曰六沴作見若不共御六罰既侵六極其下今三年之閒災異鋒起小大畢具所行不享上帝上帝不豫炳然甚著不求之身無所改正疏舉廣謀又不用其言是循不享之迹無謝過之實也天責愈深此五者王事之綱紀南面之急務唯陛下留神（漢書谷永傳）

對策畢復言災異

臣前幸得條對災異之效禍亂所極言關於聖聰書陳於前陛下委棄不納而更使方正對策背可懼之大異問不急之常論廢承天之至言角無用之虛文欲末殺災異滿讕誣天是故皇天勃然發怒甲巳之閒暴風三溱拔樹折木此天至明不可欺之效也（漢書谷永傳）

復對

日蝕婺女九度占在皇后地震蕭牆之內咎在貴妾二者俱發明同事異人共掩制陽將害繼嗣也亶日食則妾不見亶地震則后不見異日而發則似殊事亡故動變則恐不知是月后妾當有失節之郵故天因此兩見其變若曰違失婦道隔遠眾妾妨絕繼嗣者此二人也（漢書五行志下之下成帝建始三年日食其夜未央殿中地震谷永對又案本傳上特復問永永對）

方今四夷賓服皆為臣妾北無薰粥冒頓之患南無趙佗呂嘉之難三垂晏然靡有兵革之警諸侯大者乃食數縣漢吏制其權柄不得有為亡吳楚燕梁之埶百官盤互親疏相錯骨肉大臣有申伯之忠洞洞屬屬小心畏忌無重合安陽博陸之亂三者無毛髮

誳當作詘

之辜。不可歸咎諸舅。此欲以政事過差丞相父子中尚書宦官檻塞大異。皆瞽說欺天者也。竊恐陛下舍昭昭之白過。忽天地之明戒。聽晻昧之瞽說。歸咎乎無辜。倚異乎政事。重失天心。不可之大者也。陛下即位。委任遵舊。未有過政。元年正月。白氣較然起乎東方。至其四月。黃濁四塞。覆冒京師。申以大水。著以震蝕。各有占應。相爲表裏。百官庶事。無所歸倚。陛下獨不怪與。白氣起東方。賤人將興之表也。黃濁冒京師。王道微絕之應也。夫賤人當起。而京師道微。二者已醜。陛下誠深察愚臣之言。致懼天地之異。長思宗廟之計。改往返過。抗湛溺之意。解偏駮之愛。奮乾剛之威。平天覆之施。使列妾得人人更進。猶尚未足也。急復益納宜子婦人。毋擇好醜。毋避嘗字。毋論年齒。推法言之。陛下得繼嗣於微賤之間。迺反爲福。得繼嗣而已。母非有賤也。後宮女史使令有直意者。廣求于微賤之間。以遇天所開右。慰釋皇太后之憂慍。解謝上帝之譴怒。則繼嗣蕃滋。災異訖息。陛下即不深察愚臣之言。忽於天地之戒。咎根不除。水雨之災。山石之異。將發不久。發則災異已極。天變成形。臣雖欲捐身關策。不及事已。疏賤之臣。至敢直陳天意。斥譏帷幄之私。欲間離貴后盛妾。自知忤心逆耳。必不免於湯鑊之誅。此天保佑漢家。使臣敢直言也。三上封事。然後得召。待詔一旬。然後得見。夫由疏賤納至忠。甚苦。由至尊聞天意。甚難。詘不可露。願具書所言。因侍中奏陛下。以示腹心大臣。腹心大臣以爲非天意。臣當伏妄言之誅。即以爲誠天意也。奈何忘國家大本。背天意而從欲。唯陛下省察孰念。厚爲宗廟計。漢書谷永傳。永知王鳳方見柄用。陰欲自託。乃復曰云云。時對者數十人。永與杜欽爲上第焉。

三月雨雪對

皇后桑蠶以治祭服。共事天地宗廟。正以是日。疾風自西北。大寒雨雪。壞敗其功。以章不鄉。宜齋戒辟寢。以深自責。請皇后就宮。鬲閉門戶。毋得擅上。且令眾妾人人更進。以時博施。皇天說喜。庶幾可以得賢明之嗣。即不行臣言。災異愈甚。天變成形。臣雖欲捐身關策。不及事已。漢書五行志中之下。建始四年三月。雨雪。燕多死。谷永對。

黑龍見東萊對

臣聞王天下有國家者。患在上有危亡之事。而危亡之言不得上聞。如使危亡之言輒上聞。則商周不易姓而迭興。三正不變改而更用。夏商之將亡也。行道之人皆知之。晏然自以若天有日莫能危。是故惡日廣而不自知。大命傾而不寤。易曰。危者有其安者也。亡者保其存者也。陛下誠垂寬明之聽。無忌諱之誅。使芻蕘之臣得盡所聞於前。不懼於後患。直言之路開。則四方眾賢不遠千里。輻湊陳忠。羣臣之上願。社稷之長福也。漢家行夏正。夏正色黑。黑龍同姓之象也。龍陽德。由小之大。故爲王者瑞應。未知同姓有見本朝無繼嗣之慶。多危殆之隙。欲因擾亂舉兵而起者邪。將動心冀爲後者。殘賊不仁。若廣陵昌邑之類。臣愚不能處也。去年九月。黑龍見。其晦。日有食之。今年二月己未夜。星隕。乙酉。日有食之。六月之間。大異四發。二而同月。三代之末。春秋之亂。未嘗有也。臣聞三代所以隕社稷喪宗廟者。皆由婦人與羣惡沈湎於酒。書曰。迺用婦人之言。自絕于天。四方之逋逃多罪。是宗是長。是信是使。詩云。燎之方陽。寍或滅之。赫赫宗周。褒姒威之。易曰。濡其首。有孚失是。秦所以二世十六年而亡者。養生泰奢。奉終泰厚也。二者陛下兼而有之。臣請略陳其效。易曰。在中饋。無攸遂。言婦人不得與事也。詩曰。懿厥哲婦。爲梟爲鴟。匪降自天。生自婦人。建始河平之際。許班之貴。頃動前朝。熏灼四方。賞賜無量。空虛內臧。女寵至極。不可上矣。今之後起。天所不饗。什倍於前。廢先帝法度。聽用其言。官秩不當。縱釋王誅。驕其親屬。假之威權。從橫亂政。刺舉之吏。莫敢奉憲。又以掖庭獄大爲亂阱。榜箠𤺋於炮烙。絕滅人命。主爲趙李報德復怨反除白罪建治正吏多繫無辜掠立迫恐至爲人起責分利受謝生入死出者不可勝數是吕日食再既吕昭其辜王者必先自絕然後天絕之陛下棄萬乘之至貴樂家人之賤事厭高美之尊號好匹夫之卑字崇聚僄輕無義小人吕爲私客數離深宮之固挺身晨夜與羣小相隨烏集雜會飲醉吏民之家亂服共坐流湎媟嫚溷殽無别閔免遁樂晝夜在路典門戶奉宿衞之臣執干戈而守空宮公卿百僚不知陛下所在積數年矣王者吕民爲基民吕財爲本財竭則下畔下畔則上亡是吕明王愛養基本不敢窮極使民如承大祭今陛下輕奪民財不愛民力聽邪臣之計去高敞初陵捐十年功緒改作昌陵反天地之性因下爲高積土爲山發徒起邑並治宮館大興繇役重增賦斂徵發如雨役百乾谿費疑驪山靡敝天下五年不成而後反故又廣旰營表發人冢墓斷截骸骨暴揚尸柩百姓財竭力盡愁恨感天災異屢降饑饉仍臻流散冗食餧死於道吕百萬數公家無一年之畜百姓無旬日之儲上下俱匱無吕相救詩云殷監不遠在夏后之世願陛下追觀夏商周秦所吕失之吕鏡考己行有不合者臣當伏妄言之誅漢興九世百九十餘載繼體之主七皆承天順道遵先祖法度或吕中興或吕治安至於陛下獨違道縱欲輕身妄行當盛壯之隆無繼嗣之福有危亡之憂積失君道不合天意亦已多矣爲人後嗣守人功業如此豈不負哉方今社稷宗廟禍福安危之機在於陛下陛下誠肎發明聖之德昭然遠寤畏此上天之威怒深懼危亡之徵兆蕩滌邪辟之惡志厲精致政專心反道絕羣小之私客免不正之詔除悉罷北宮私奴車馬媠出之具克己復禮毋貳微行出飲之過吕防迫切之禍深惟日食再既之意抑損椒房玉堂之盛寵毋聽後宮之請謁除掖庭之亂獄出炮烙之陷阱誅戮佞邪之臣及左右執左道吕事上者吕塞天下之望且寢初陵

之作止諸繕治宮室闕更減賦盡休力役存恤振救困乏之人吕弭遠方厲崇忠直放退殘賊無使素餐之吏久尸厚祿吕次貫行固執無違夙夜孳孳屢省無怠舊愆畢改新德既章纖介之邪不復載心則赫赫大異庶幾可銷天命去就庶幾可復社稷宗廟庶幾可保唯陛下留神反覆熟省臣言臣幸得備邊部之吏不知本朝失得瞽言觸忌諱罪當萬死漢書谷永傳永遷涼州刺史奏事京師訖當之部時有黑龍見東萊上使尚書問永受所欲言永對

日食對

元年九月日食酒亡節之所致也獨使京師知之四國不見者若曰湛湎于酒君臣不别禍在内也漢書五行志下之下永始元年九月晦日有食之谷永吕京房易占對

星隕對

日月星辰燭臨下土其有食隕之異則遐邇幽隱靡不咸睹星辰附離于天猶庶民附離王者也王者失道綱紀廢頓下將叛去故星叛天而隕吕見其象春秋記異星隕最大自魯嚴吕來至今再見臣聞三代所吕喪亡者皆繇婦人羣小湛湎于酒書云乃用其婦人之言四方之逋逃多罪是信是使詩曰赫赫宗周褒姒威之顛覆厥德荒沈于酒及秦所吕二世而亡者養生太奢奉終太厚方今國家兼而有之社稷宗廟之大憂也漢書五行志下之下成帝永始二年二月癸未夜過中星隕如雨長一二丈繹繹未至地滅至雞鳴止谷永對

又日食對

今年二月日食賦斂不得度民愁怨之所致也所吕使四方皆見京師陰蔽者若曰人君好治宮室大營墳墓賦斂茲重而百姓屈竭禍在外也漢書五行志下之下永始二年二月乙酉晦日有食之谷永吕京房易占對

全漢文卷四十五終

全漢文卷四十六

烏程嚴可均校輯

谷永二

灾異對

臣永幸得㠯愚朽之材為太中大夫備拾遺之臣從朝者之後進不能盡思納忠輔宣聖德退無被堅執銳討不義之功猥蒙厚恩仍遷至北地太守絕命隕首身膏野草不足㠯報塞萬分陛下聖德寬仁不遺易忘之臣垂周文之聽下及芻蕘之愚有詔使衛尉受臣永所欲言臣聞事君之義有言責者盡其忠有官守者盡其職臣永幸得免於言責之辜有官守之任當畢力遵職養綏百姓而已不宜復關得失之辭忠臣之於上志在過厚是故遠不違君死不忘國昔史魚既沒餘忠未訖委柩後寢㠯尸達誠汲黯身外思內發憤舒憂遺言李息經曰雖爾身在外迺心無不在王室臣

永幸得給事中出入三年雖執干戈守邊垂思慕之心常存于省闥是㠯敢越郡吏之職陳累年之憂臣聞天生蒸民不能相治為立王者㠯統理之方制海內非為天子列土封疆非為諸侯皆㠯為民也垂三統列三正去無道開有德不私一姓明天下迺天下之天下非一人之天下也王者躬行道德承順天地博愛仁恕恩及行葦籍稅取民不過常法宮室車服不踰制度事節財足黎庶和睦則卦氣理效五徵時序百姓壽考庶草蕃滋符瑞並降㠯昭保右失道妄行逆天暴物窮奢極欲湛湎荒淫婦言是從誅逐仁賢離逖骨肉羣小用事峻刑重賦百姓愁怨則卦氣悖亂咎徵著郵上天震怒灾異屢降日月薄蝕五星失行山崩川潰水泉踊出妖孽並見茀星耀光饑饉薦臻百姓短折萬物夭傷終不改寤惡洽變備不復譴告更命有德詩云迺眷西顧此惟予宅夫去惡奪弱遷命賢聖天地之常經百王之所同也加㠯功德有厚薄期質

太當作大

有修短時世有中季天道有盛衰陛下承八世之功業當陽數之標季涉三七之節紀遭无妄之卦運直百六之灾阸三難異科雜焉同會建始元年㠯來二十載閒羣灾太異交錯鋒起多於春秋所書八世著記久不塞除重㠯今年正月己亥朔日有食之三朝之會四月丁酉四方衆星白晝流隕七月辛未彗星橫天乘三難之際會畜衆多之灾異因之㠯饑饉接之㠯不贍彗星極異也土精所生流隕之應出於飢變之後兵亂作矣厥期不久隆德積善懼不克濟內則為深宮後庭將有驕臣悍妾醉酒狂悖卒起之敗北宮苑囿街巷之中臣妾之家幽閒之處徵舒崔杼之亂外則為諸夏下土將有樊並蘇令陳勝項梁奮臂之禍內亂朝暮日戒諸夏舉兵㠯火角為期安危之分界宗廟之至憂臣永所㠯破膽寒心豫言之累年下有其萌然後變見於上可不致慎禍起細微姦生所易願陛下正君臣之義無復與羣小媟黷燕飲中黃門後庭

素驕慢不謹嘗㠯醉酒失臣禮者悉出勿留勤三綱之嚴修後宮之政抑遠驕妒之寵崇近婉順之行加惠失志之人懷柔怨恨之心（漢紀作士）保至尊之重秉帝王之威朝覲法出而後駕陳兵清道而後行無復輕身獨出飲食臣妾之家三者既除內亂之路塞矣諸夏舉兵萌在民饑饉而吏不卹興於百姓困而賦斂重發於下怨離而上不知易曰屯其膏小貞吉大貞凶傳曰饑而不損茲謂泰厥灾水厥咎亡訞辭曰關動牡飛辟為無道臣為非厥咎亂臣謀篡王者遭衰難之世有饑饉之灾不損用而大自潤故凶百姓困貧無㠯共求愁悲怨恨故水城關守國之固固將去焉故牡飛往年郡國二十一傷於水灾禾黍不入今年蠶麥咸惡百川沸騰江河溢決大水泛濫郡國十五有餘比年喪稼時過無宿麥百姓失業流散羣輩守關大異較炳如彼水灾浩浩黎庶窮困如此宜損常稅小自潤之時而有司奏請加賦甚繆經義逆於民心布怨趨

禍之道也。牡飛之狀。殆爲此發。古者穀不登。虧膳。災屢至。損服。凶年不塈塗。明王之制也。詩云。凡民有喪。扶服捄之。論語曰。百姓不足。君孰予足。臣願陛下勿許加賦之奏。益減大官、導官、中御府、均官、掌畜、廩犧用度。止尚方織室京師郡國工服官發輸造作。以助大司農。流恩廣施。振贍困乏。開關梁。內流民。恣所欲。以救其急。立春遣使者循行風俗。宣布聖德。存卹孤寡。問民所苦。勞二千石。敕勸耕桑。毋奪農時。以慰綏元元之心。防塞大姦之隙。諸夏之亂。庶幾可息。臣聞上主可與爲善。而不可與爲惡。下主可與爲惡。而不可與爲善。陛下天然之性。疏通聰敏。上主之姿也。少省愚臣之言。感寤三難。深畏大異。定心爲善。捐忘邪志。毋貳舊愆。厲精致政。至誠應天。則積異塞於上。禍亂伏於下。何憂患之有。竊恐陛下公志未專。私好頗存。尚愛羣小。不肎爲耳。漢書谷永傳。元延元年。爲北地太守。時災異尤數。永當之官。上使衞尉淳于長受永所欲言。永對。

上古以來。大亂之極。所希有也。察其馳騁驟步。芒炎或長或短。所歷奸犯。內爲後宮女妾之害。外爲諸夏叛逆之禍。漢書五行志下之下。元延元年七月。有星孛于東井。谷永對。

建始河平之際。許班之貴。傾動前朝。熏灼四方。賞賜無量。空虛內藏。女寵至極。不可尚矣。今之後起。天所不饗。什倍於前。漢書敘傳。唯谷永嘗言之云云。永指以駁譏趙李。

門牡自亡對

章城門通路寢之路。函谷關距山東之險。城門關守國之固。固將亡焉。故牡飛也。漢書五行志中之上。元延元年正月。長安章城門門牡自亡。函谷關次門牡亦自亡。谷永對。

日食上書

飲酒無節。君臣不別。姦邪欲起。續漢五行志注補六。

賦斂滋重。不顧黎民。百姓虛竭。則日食將有潰叛之變。續漢五行志注補六。

上疏訟陳湯

臣聞楚有子玉得臣。文公爲之仄席而坐。趙有廉頗馬服。彊秦不敢窺兵井陘。近漢有郅都魏尚。匈奴不敢南鄉沙幕。由是言之。戰克之將。國之爪牙。不可不重也。蓋君子聞鼓鼙之聲。則思將率之臣。竊見關內侯陳湯。前使副西域都護。忿郅支之無道。閔王誅之不加。策慮愊億。義勇奮發。卒興師奔逝。橫厲烏孫。踰集都賴。屠三重城。斬郅支首。報十年之逋誅。雪邊吏之宿恥。威震百蠻。武暢西海。漢元以來。征伐方外之將。未嘗有也。今湯坐言事非是。幽囚久繫。歷時不決。執憲之吏。欲致之大辟。昔白起爲秦將。南拔郢都。北阬趙括。以纖介之過。賜死杜郵。秦民憐之。莫不隕涕。今湯親秉鉞席卷喋血萬里之外。薦功祖廟。告類上帝。介冑之士。靡不慕義。以言事爲罪。無赫赫之惡。周書曰。記人之功。忘人之過。宜爲君者也。夫犬馬有勞於人。尚加帷蓋之報。況國之功臣者哉。竊恐陛下忽於鼓鼙之聲。不察周書之意。而忘帷蓋之施。庸臣遇湯。卒從吏議。

使百姓介然有秦民之恨。非所以厲死難之臣也。漢書陳湯傳。

上疏薦薛宣

帝王之德。莫大於知人。知人則百僚任職。天工不曠。故皋陶曰。知人則哲。能官人。御史大夫內承本朝之風化。外佐丞相統理天下。任重職大。非庸材所能堪。今當選於羣卿。以充其缺。得其人則萬姓欣喜。百僚說服。不得其人則大職墮斁。王功不興。虞帝之明。在茲壹舉。可不致詳。竊見少府宣材茂行絜。達於從政。前爲御史中丞。執憲轂下。不吐剛茹柔。舉錯時當。出守臨淮陳留。二郡稱治。爲左馮翊。崇教養善。威德並行。衆職修理。姦軌絕息。辭訟者歷年不至丞相府。赦後餘盜賊什分三輔之一。功效卓爾。自左內史初置以來。未嘗有也。孔子曰。如有所譽。其有所試。宣考績功課。簡在兩府。不敢過稱。以奸欺誣之辠。臣聞賢材莫大於治人。宣已有效。其法律任廷尉有餘。經術文雅。足以謀王體。斷國論。身兼數器。有退

革當作華

德當作聽

食自公之節宣無私黨游說之助臣恐陛下忽於羔羊之詩舍公實之臣任革虛之譽是用越職陳宣行能唯陛下留神考察（漢書薛宣傳御史大夫于永卒谷永上疏上然之遂以宣爲御史大夫數月代張禹爲丞相）聖王不以名譽加於實效考績用人之法薛宣政事已效（漢書王吉傳薛宣代駿爲少府會御史大夫缺谷永奏言云云上然其議宣遂超御史大夫至丞相案此奏即薛宣傳約文今並載之）

請賜謚鄭寬中疏

臣聞聖王尊師傅褒賢儁顯有功生則致其爵祿死則異其禮謚昔周公薨成王葬以變禮而當天心公叔文子卒衞侯加以美謚著爲後法近事大司空朱邑右扶風翁歸德茂夭年孝宣皇帝愍冊厚賜贊命之臣靡不激揚關內侯鄭寬中有顏子之美質包商偃之文學嚴然總五經之眇論立師傅之顯位入則鄉唐虞之閎道王法納乎聖德出則參冢宰之重職功烈施乎政事退食自公私門不開散賜九族田畝不益德配周召忠合羔羊未得登司徒有家臣卒然早終尤可悼痛臣愚以爲宜加其葬禮賜之令謚以章尊師褒賢顯功之德（漢書儒林張山拊傳）

上疏理梁王立

臣聞禮天子外屏不欲見外也是故帝王之意不窺人閨門之私聽聞中冓之言春秋爲親者諱詩云戚戚兄弟莫遠具爾今梁王年少頗有狂病始以惡言案驗既亡事實而發閨門之私非本章所指王辭又不服猥強劾立傅致難明之事獨以偏辭成辠斷獄亡益於治道汙蔑宗室以內亂之惡披布宣揚於天下非所以爲公族隱諱增朝廷之榮華昭聖德之風化也臣愚以爲王少而父同產長年齒不倫梁國之富足以厚聘美女招致妖麗父同產亦有恥辱之心案事者迺驗問惡言何故猥自發舒以三者揆之殆非人情疑有所迫切過誤失言文吏躡尋不得轉移萌芽之時加恩勿治上也既已案驗舉憲宜及王辭不服詔廷尉選上德通理

之吏更審考清問著不然之效定失誤之法而反命於下吏以廣公族附疏之德爲宗室刷汙亂之恥甚得治親之誼（漢書梁懷王揖附傳永始中相禹奏梁王立對外家怨望有惡言有司案驗因發淫亂事奏立禽獸行請誅太中大夫谷永上疏）

受降議

漢興匈奴數爲邊害故設金爵之賞以待降者今單于詘體稱臣列爲北藩遣使朝賀無有二心漢家接之宜異於往時今既享單于聘貢之質而更受其逋逃之臣是貪一夫之得而失一國之心擁有罪之臣而絕慕義之君也假令單于初立欲委身中國未知利害私使伊邪莫演詐降以卜吉凶受之虧德沮善令單于自疏不親邊吏或者設爲反閒欲因而生隙受之適合其策使得歸曲而直責此誠邊竟安危之原師旅動靜之首不可不詳也不如勿受以昭日月之信抑詐諼之謀懷附親之心便（漢書匈奴傳下河平元年右皋林王伊邪莫演言欲降下公卿議議者或言宜如故事受其降光祿大夫谷永議郎杜欽以爲云云對奏天子從之）

塞河議

河中國之經瀆聖王興則出圖書王道廢則竭絕今潰溢橫流漂沒陵阜異之大者也修政以應之災變自除（漢書溝洫志先是谷永以爲）

諫成帝微行

易稱得臣無家言王者臣天下無私家也今陛下棄萬乘之至貴樂家人之賤事厭高美之尊稱好匹夫之卑字崇聚票輕無誼之人以爲私客置私田於民閒畜私奴車馬於北宮數去南面之尊離深宮之固挺身獨與小人晨夜相隨烏集醉飽吏民之家亂服共坐溷肴亡別閔勉遯樂晝夜在路典門戶奉宿衞之臣執干戈守空宮公卿百僚不知陛下所在積數年矣昔虢公爲無道有神降曰賜爾土田言將以庶人受土田也諸侯夢得土田爲失國祥而況王者畜私田財物爲庶人之事乎

說成帝距絕祭祀方術

臣聞明於天地之性。不可惑吕神怪。知萬物之情。不可罔吕非類。諸背仁義之正道。不遵五經之法言。而盛稱奇怪鬼神。廣崇祭祀之方。求報無福之祠。及言世有僊人。服食不終之藥。遥興輕舉。登遐倒景。覽觀縣圃。浮游蓬萊。耕耘五德。朝種暮穫。與山石無極。黄冶變化。堅冰淖溺。化色五倉之術者。皆姦人惑衆。挾左道。懷詐僞。吕欺罔世主。聽其言。洋洋滿耳。若將可遇。求之。盪盪如係風捕景。終不可得。是吕明王距而不聽。聖人絕而不語。昔周史萇弘欲吕鬼神之術輔尊靈王會朝諸侯。而周室愈微。諸侯愈叛。楚懷王隆祭祀。事鬼神。欲吕獲福助。却秦師。而兵挫地削。身辱國危。秦始皇初并天下。甘心於神僊之道。遣徐福韓終之屬多齎童男童女入海求神采藥。因逃不還。天下怨恨。漢興。新垣平齊人少翁公孫卿欒大等。皆吕僊人黄冶祭祠事鬼使物入海求僊采藥貴幸。賞賜累千金。大尤尊盛。至妻公主。爵位重絫。震動海內。元鼎元封之際。燕齊之間。方士瞋目扼腕。言有神僊祭祀致福之術者吕萬數。其後平等皆吕術窮詐得。誅夷伏辜。至初元中。有天淵玉女鉅鹿神人轑陽侯師張宗之姦。紛紛復起。夫周秦之末。三五之隆。已嘗專意散財。厚爵祿。竦精神。舉天下吕求之矣。曠日經年。靡有毫氂之驗。足吕揆今。經曰。享多儀。儀不及物。惟曰不享。論語說曰。子不語怪神。唯陛下距絕此類。毋令姦人有吕窺朝者。（漢書郊祀志下。成帝末年頗好鬼神。亦吕無繼嗣故。多上書言祭祀方術者。谷永說上。上善其言。）

說王音

將軍履上將之位。食膏腴之都。任周召之職。擁天下之樞。可謂富貴之極。人臣無二。天下之責四面至矣。將何吕居之。宜夙夜孳孳。執伊尹之彊德。吕守職匡上。誅惡不避親愛。舉善不避仇讎。吕章至公。立信四方。篤行三者。乃可吕長堪重任。久享盛寵。太白出西方六十日。法當參天。今已過期。尚在桑榆之間。質弱而行遲。形小而光微。熒惑角怒。明大逆行。守尾。其逆常也。守尾。變也。意豈將軍忘湛漸之義。委曲從順。所執不彊。不廣用士。尚有好惡之忌。蕩蕩之德未純。方與將相大臣乖離之萌也。何故始襲司馬之號。俄而金火並有此變。上天至明。不虛見異。唯將軍畏之慎之。深思其故。改求其路。吕享天意。（漢書谷永傳。）

謝王鳳書

永斗筲之材。質薄學朽。無一日之雅。左右之介。將軍說其狂言。擢之皁衣之吏。廁之争臣之末。不聽浸潤之譖。不食膚受之愬。雖齊桓晉文用士篤密。察父悊兄。覆育子弟。誠無吕加。昔豫子吞炭壞形吕奉見異。齊客隕首公門吕報恩施。知氏孟嘗猶有死士。何況將軍之門。（漢書谷永傳。藝文類聚三十三。）

與王譚書

君侯躬周召之德。執管晏之操。敬賢下士。樂善不倦。宜在上將。久矣。吕大將軍在故。抑鬱於家。不得舒憤。今大將軍不幸蚤薨。絫親疏。序材能。宜在君侯。拜吏之日。京師士大夫悵然失望。此皆永等愚劣。不能褒揚萬分。屬聞吕特進領城門兵。是則車騎將軍秉政雍容於內。而至戚賢舅執管籥於外也。愚竊不為君侯喜。宜深辭職。自陳淺薄不足吕固城門之守。收太伯之讓。保謙謙之路。闔門高枕。為知者首。願君侯與博覽者參之。小子為君侯安此。（漢書谷永傳。）

與王音書

夫上德厚則下愛深。下愛深則其謀忠。其言至。昔善治國者不忘危。善養生者不諱死。吕忠臣直友。明史良醫。蓍信龜。咸得盡忠正言。不蔽兆吉。故能遷咎延譽。轉禍為福。（藝文類聚二十四。）

蓍當作著

戒段會宗書

足下吕柔遠之令德。復典都護之重職。甚休甚休。若子之材。可優游都城而取卿相。何必勒功昆山之仄。總領百蠻。懷柔殊俗。子之所長愚無已喻雖然朋友已言贈行敢不略意方今漢德隆盛遠人賓服傅鄭甘陳之功沒齒不可復見願吾子因循舊貫毋求奇功終更亟還亦足已復雁門之踦萬里之外已身爲本願詳思愚言漢書段會宗傳陽朔中復爲西域都護谷永閔其老復遠出予書戒

韓昌 張猛

昌元帝初爲車騎都尉猛爲光祿大夫

與呼韓邪單于盟約

自今已來漢與匈奴合爲一家世世毋得相詐相攻有竊盜者相報行其誅償其物有寇發兵相助漢與匈奴敢先背約者受天不祥令其世世子孫盡如盟漢書匈奴傳下

董宏

宏初元二年嗣父忠爵高昌侯建平元年免爲庶人傳太后稱尊號仍復故封

上哀帝書請上傅太后及丁姬尊號

秦莊襄王母本夏氏而爲華陽夫人所子及即位後俱稱太后宜立定陶共王后爲皇太后漢書師丹傳

宜立丁姬爲帝太后漢書孝元傅昭儀傳

春秋之義母已子貴丁姬宜上尊號漢書王莽傳上

尹忠

忠字子賓魏郡人初元中爲廷尉建昭初遷諸吏左曹光祿大夫代張譚爲御史大夫坐河決自殺

毀廟議

孝武皇帝改正朔易服色攘四夷宜爲世宗之廟漢書韋玄成傳

尹更始

更始字翁君汝南召陵人元帝初爲議郎永光中爲諫大夫遷長樂戸將有春秋穀梁傳十五卷

毀廟議

皇考廟上序於昭穆非正禮宜毀漢書韋玄成傳諫大夫尹更始等十八人已爲

張忠

忠一作中字子憲鉅鹿人爲東平相建始末入爲少府代尹忠爲御史大夫陽朔初卒官

奏免王尊

尊暴虐不改外爲大言倨嫚姍上威信日廢不宜備位九卿漢書王尊傳御史大夫中奏云云尊坐免

全漢文卷四十六終

烏程嚴可均校輯

何武

武字君公。蜀郡郫人。元帝初。㠯射策甲科爲郎。永光初。遷鄠令。免。河平末。舉賢良方正。對策。拜諫大夫。遷揚州刺史。陽嘉初入爲丞相司直。拜清河太守。免。元延中。徵爲諫大夫。遷兗州刺史。入爲司隸校尉。徙京兆尹。左遷楚內史。遷沛郡太守。復入爲廷尉。綏和初。代孔光爲御史大夫。改大司空。封汜鄉侯。免。元壽初。復徵爲御史大夫。徙前將軍。平帝初。坐與公孫祿互相稱舉免。尋爲王莽所誣。自殺。謚曰剌侯。

上封事薦辛慶忌

虞有宮之奇。晉獻不寐。衛青在位。淮南寢謀。故賢人立朝。折衝厭難。勝於亡形。司馬法曰。天下雖安。忘戰必危。夫將不豫設。則亡㠯應卒。士不素厲。則難使死敵。是㠯先帝建列將之官。近戚主內。異姓距外。故姦軌不得萌動而破滅。誠萬世之長冊也。光祿勳慶忌。行義修正。柔毅敦厚。謀慮深遠。前在邊郡。數破敵獲虜。外夷莫不聞。迺者大異竝見。未有其應。加㠯兵革久寢。春秋大災未至而豫禦之。慶忌宜在爪牙官㠯備不虞。（漢書辛慶忌傳。時數有災異。丞相司直何武上封事。）

上書薦傅喜

喜行義修絜。忠誠憂國。內輔之臣也。今㠯寖病。一旦遣歸。眾庶失望。皆曰傅氏賢子。㠯論議不合於定陶太后故退。百寮莫不爲國恨之。忠臣。社稷之衞。魯㠯季友治亂。楚㠯子玉輕重。魏㠯無忌折衝。項㠯范增存亡。故楚跨有南土。帶甲百萬。鄰國不㠯爲難。子玉爲將。則文公側席而坐。及其死也。君臣相慶。百萬之眾。不如一賢。故秦行千金㠯間廉頗。漢散萬金㠯疏亞夫。喜立於朝。陛下之光輝。傅氏之廢興也。（漢書傅喜傳。哀帝即位。喜爲右將軍。傅太后不欲令喜輔政。上於是賜喜㠯光祿大夫養病。大

司空何武。尚書令唐林。皆上書言。）

奏置三公官

古者民樸事約。國之輔佐。必得賢聖。然猶則天三光。備三公官。各有分職。今末俗之弊。政事煩多。宰相之材。不能及古。而丞相獨兼三公之事。所㠯久廢而不治也。宜建三公官。定卿大夫之任。分職授政。㠯考功效。（漢書朱博傳。）

奏置州牧

古選諸侯賢者㠯爲州伯。書曰。咨十有二牧。所㠯廣聰明。燭幽隱也。今部刺史居牧伯之位。秉一州之統。選第大吏。所薦位高至九卿。所惡立退。任重職大。春秋之義。用貴治賤。不㠯卑臨尊。刺史位下大夫。而臨二千石。輕重不相準。失位次之序。臣請罷刺史。更置州牧。㠯應古制。（漢書朱博傳。何武爲大司空。與丞相方進共奏言。）

奏請內史如都尉

往者諸侯王斷獄治政。內史典獄事。相總紀綱輔王。中尉備盜賊。今王不斷獄與政。中尉官罷。職并內史。郡國守相委任。所㠯壹統信安百姓也。今內史位卑而權重。威職相踰。不統尊者。難㠯爲治。臣請相如太守。內史如都尉。㠯順尊卑之序。平輕重之權。（漢書何武傳。武爲御史大夫司空。與丞相方進共奏言。制曰可。㠯內史爲中尉。）

華陰守丞嘉

嘉。史不著其姓。元帝時爲華陰守丞。

上封事薦朱雲

治道在於得賢。御史之官。宰相之副。九卿之右。不可不選。平陵朱雲。兼資文武。忠正有智略。可使㠯六百石秩試守御史大夫。㠯盡其能。（漢書朱雲傳。）

朱雲

雲字游。魯人。居平陵。元帝時爲博士。遷杜陵令。坐故縱亡命。會

赦舉方正，爲槐里令，下獄減死爲城旦。成帝世不復仕，年七十餘，終於家。

上疏劾韋玄成

丞相韋玄成容身保位，亡能往來。漢書朱雲傳。

侯應

應，建昭中爲郎中。

對問罷邊備事狀

周秦㠯來，匈奴暴桀，寇侵邊境，漢興尤被其害。臣聞北邊塞至遼東，外有陰山，東西千餘里，草木茂盛，多禽獸，本冒頓單于依阻其中，治作弓矢，來出爲寇，是其苑囿也。至孝武世，出師征伐，斥奪此地，攘之於幕北，建塞徼，起亭隧，築外城，設屯戍㠯守之，然後邊境得用少安。幕北地平，少草木，多大沙，匈奴來寇，少所蔽隱，從塞㠯南，徑深山谷，往來差難。邊長老言，匈奴失陰山之後，過之未嘗不哭也。如罷備塞戍卒，示夷狄之大利，不可一也。今聖德廣被，天覆匈奴，匈奴得蒙全活之恩，稽首來臣。夫夷狄之情，困則卑順，彊則驕逆，天性然也。前㠯罷外城，省亭隧，今裁足㠯候望通燧火而已。古者安不忘危，不可復罷，二也。中國有禮義之敎，刑罰之誅，愚民猶尚犯禁，又況單于，能必其衆不犯約哉！三也。自中國尚建關梁㠯制諸侯，所㠯絕臣下之覬欲也。設塞徼，置屯戍，非獨爲匈奴而已，亦爲諸屬國降民，本故匈奴之人，恐其思舊逃亡，四也。近西羌保塞，與漢人交通，吏民貪利，侵盜其畜產妻子，㠯此怨恨，起而背畔，世世不絕。今罷乘塞，則生嫚易分爭之漸，五也。往者從軍多沒不還者，子孫貧困，一旦亡出，從其親戚，六也。又邊人奴婢愁苦，欲亡者多，曰聞匈奴中樂，無奈候望急何！然時有亡出塞者，七也。盜賊桀黠，羣輩犯法，如其窘急，亡走北出，則不可制，八也。起塞㠯來，百有餘年，非皆㠯土垣也，或因山巖石，木柴僵落，谿谷水門，稍稍平之卒徒築治，功費久遠，不可勝計。臣恐議者不深慮其終始，欲㠯壹切省繇戍，十年之外，百歲之內，卒有它變，障塞破壞，亭隧滅絕，當更發屯繕治，累世之功，不可卒復，九也。如罷戍卒，省候望，單于自㠯保塞守御，必深德漢，請求無已，小失其意，則不可測。開夷狄之隙，虧中國之固，十也。非所㠯永持至安，威制百蠻之長策也。漢書匈奴傳下，呼韓邪單于上書，請罷邊備塞吏卒，天子下其議，議者皆㠯爲便，郎中侯應習邊事，㠯爲不可許，上問狀，應曰云云。對奏，天子有詔，勿議罷邊塞事。

薛宣

宣字贛君，東海郯人。元帝時爲廷尉書佐、都船獄史，後㠯大司農斗食屬察廉，補不其丞，復察廉爲樂浪都尉丞，舉茂材，爲宛句令，遷長安令。成帝卽位，補御史中丞，出爲臨淮太守，徙陳留太守，陽朔初爲左馮翊，歷少府，拜御史大夫，鴻嘉初代張禹爲丞相，封高陽侯。永始中罷歸，後徵加特進。哀帝初免爲庶人。

上疏言吏多苛政

陛下至德仁厚，哀閔元元，躬有日昃之勞，而亡佚豫之樂，允執聖道，刑罰惟中，然而嘉氣尚凝，陰陽不和，是臣下未稱，而聖化獨有不洽者也。臣竊伏思其一端，殆吏多苛政，政敎煩碎，大率咎在部刺史，或不循守條職，舉錯各㠯其意，多與郡縣事，至開私門，聽讒佞，呂求吏民過失，譴呵及細微，責義不量力。郡縣相迫促，亦內相刻，流至衆庶。是故鄉黨闕於嘉賓之懽，九族忘其親親之恩，飲食周急之厚彌衰，送往勞來之禮不行。夫人道不通，則陰陽否鬲，和氣不興，未必不由此也。詩云：民之失德，乾餱㠯愆。鄙語曰：苛政不親，煩苦傷恩。方刺史奏事時，宜明申敕，使昭然知本朝之要務。臣愚不知治道，唯明主察焉。漢書薛宣傳。

呂當作㠯

奏免張放

放驕蹇縱恣，奢淫不制。前侍御史修等四人奉使至放家，逐名捕賊。時放見在。奴從者閉門。設兵弩射吏。距使者不肎內。知男子李游君欲獻女。使樂府音監景武强求不得。使奴康等之其家。賊傷三人。又以縣官事怨樂府游徼莽。而使大奴駿等四十餘人。羣黨盛兵弩。白晝入樂府。攻射官寺。縛束長吏子弟。斫破器物。宮中皆犇走伏匿。莽自髡鉗。衣赭衣。及守令史調等。皆徒跣叩頭謝放。放乃止。奴從者支屬。並乘權勢。爲暴虐。至求吏妻。不得。殺其夫。或恚一人。妄殺其親屬。輒亡入放第。不得。幸得勿治。放行輕薄。連犯大惡。有感動陰陽之咎。爲臣不忠首。罪名雖顯。前蒙恩。驕逸悖理。與背叛無異。臣子之惡。莫大於是。不宜宿衞在位。臣請免放歸國。以銷衆邪之萌。厭海內之心。漢書張湯附傳。丞相宣御史大夫方進奏。

奏事

漢與以來。深考古義。惟萬變之備。於是制宮室出入之儀。正輕重之罰。故司馬殿省門闥至五六重。周衞擊刁斗。近臣侍側。尚不得著鉤帶入房。防未然也。陛下聖德純備。海內晏然。此國家之明制。必前後備虎賁。御覽二百四十一、三百三十八、三百五十四並引漢名臣奏曰丞相薛宣奏。

茂陵寢上食日。玄鳥來集。吐所含大豆。紫黑色。翺翔殿上。此陛下永與天無極。天下幸甚。藝文類聚九十九引漢名臣奏曰丞相薛宣奏。

手自牒書封與高陵令陽湛

吏民條言君如牒。或議以爲疑於主守盜。馮翊敬重令。又念十金法重。不忍相暴章。故密以手書相曉。欲君自圖進退。可復伸眉於後。即無其事。復封還記。得爲君分明之。漢書薛宣傳。

移書責櫟陽令謝游

告櫟陽令。吏民言令治行煩苛。適罰作使千人以上。賊取錢財數十萬。給爲非法。賣買聽任富吏。賈數不可知。證驗以明白。欲遣吏考案。恐負舉者。恥辱儒士。故使掾平鐫令。孔子曰。陳力就列。不能者止。令詳思之。方調守。漢書薛宣傳。

移書勞勉頻陽令尹賞粟邑令薛恭

昔孟公綽優於趙魏。而不宜滕薛。故或以德顯。或以功舉。君子之道。焉可憮也。屬縣各有賢君。馮翊垂拱蒙成。願勉所職。卒功業。漢書薛宣傳。

移書池陽追署廉吏王立

縣所舉廉吏獄掾王立。家私受賕。而立不知。殺身以自明。立誠廉士。甚可閔惜。其以府決曹掾書立之柩。以顯其魂。府掾史素與立相知者。皆予送葬。漢書薛宣傳。池陽令舉廉吏獄掾王立。府未及召。聞立受囚家錢。宣責讓縣。縣案驗獄掾。迺其妻獨受繫者錢萬六千。受之再宿。獄掾實不知。掾慙懼自殺。宣聞之。移書池陽。

下賊曹掾張扶敎

蓋禮貴和。人道尚通。日至。吏以令休。所繇來久。曹雖有公職事。家亦望私恩意。掾宜從衆。歸對妻子。設酒肴。請鄰里。壹笑相樂。斯亦可矣。漢書薛宣傳。至日休吏。賊曹掾張扶獨不肯休。坐曹治事。宣出敎。

諸葛豐

豐字少季。琅邪人。元帝時除御史大夫屬。擢司隸校尉。加秩光祿大夫。左遷城門校尉。免爲庶人。

上書謝恩

臣豐駑怯。文不足以勸善。武不足以執邪。陛下不量臣能否。拜爲司隸校尉。未有以自效。復秩臣爲光祿大夫。官尊責重。非臣所當處也。又迫年歲衰暮。常恐卒塡溝渠。無以報厚德。使論議士譏臣無補。長獲素餐之名。故常願捐一旦之命。不待時而斷姦臣之首。縣於都市。編書其罪。使四方明知爲惡之罰。然後卻就斧鉞之誅。誠臣所甘心也。夫以布衣之士。尚猶有刎頸之交。今以四海之大。曾無伏節死誼之臣。率盡苟合取容。阿黨相爲。念私門之利。忘國家之政。邪穢濁溷之氣上感于天。是以災變數見。百姓困乏。此臣下不忠之效也。臣誠恥之亡已。凡人情莫不欲安存而惡危亡。然忠臣直士不避患害者。誠爲君也。今陛下天覆地載。物無不容。使尚書令堯賜臣豐書。曰夫司隸者。刺舉不法。善善惡惡。非得顓之也。勉處中和。順經術意。恩深德厚。臣豐頓首幸甚。臣竊不勝憤懣。願賜清宴。唯陛下裁幸。（漢書諸葛豐傳。司隸去節自豐始。豐上書謝。上不許。）

復上書

臣聞伯奇孝而棄於親。子胥忠而誅於君。隱公慈而殺於弟。叔武弟而殺於兄。夫以四子之行。屈平之材。然猶不能自顯而被刑戮。豈不足以觀哉。使臣殺身以安國。蒙誅以顯君。臣誠願之。獨恐未有云補。而爲衆邪所排。令讒夫得遂。正直之路雍塞。忠臣沮心。智士杜口。此愚臣之所懼也。（漢書諸葛豐傳）

朱博

博字子元。杜陵人。元帝時爲亭長。遷功曹。歷大常掾。察廉補安陵丞。後去官。入京兆歷曹史列掾。出爲督郵書掾。後爲郡功曹。

成帝即位。除櫟陽令。徙雲陽平陵。入爲長安令。遷冀州刺史。徙并州刺史。護漕都尉。遷琅邪太守。入爲左馮翊。拜大司農。左遷犍爲大守。徙山陽太守。病免。復徵爲光祿大夫。遷廷尉。進後將軍。坐王立事免。哀帝即位。起爲光祿大夫。遷京兆尹。超拜大司空。遷御史大夫。代孔光爲丞相。封陽鄉侯。坐承傅太后指奏事下獄自殺。

上書讓封邑

故事。封丞相不滿千戶。而獨臣過制。誠慙懼。願還千戶。（漢書朱博傳。博封陽鄉侯食邑二千戶。博食邑讓。）

食邑當作上書

奏復置御史大夫

帝王之道不必相襲。各繇時務。高皇帝以聖德受命。建立鴻業。置御史大夫。位次丞相。典正法度。以職相參。總領百官。上下相監臨。歷載二百年。天下安寧。今更爲大司空。與丞相同位。未獲嘉祐。故事選郡國守相高第爲中二千石。選中二千石爲御史大夫。任職者爲丞相。位次有序。所以尊聖德重國相也。今中二千石未更御史大夫而爲丞相。權輕。非所以重國政也。臣愚以爲大司空官可罷。復置御史大夫。遵奉舊制。臣願盡力。以御史大夫爲百僚率。（漢書朱博傳。博爲大司空奏言）

奏復置刺史

漢家至德溥大。宇內萬里。立置郡縣。部刺史奉使典州。督察郡國。吏民安寧。故事。居部九歲。舉爲守相。其有異材功效著者。輒登擢。秩卑而賞厚。咸勸功樂進。前丞相方進奏罷刺史。更置州牧。秩眞二千石。位次九卿。九卿缺。以高弟補。其中材則苟自守而已。恐功效陵夷。姦軌不禁。臣請罷州牧。置刺史如故。（漢書朱博傳）

奏封事免孔光傅喜

丞相光志在自守。不能憂國。大司馬喜至尊至親。阿黨大臣。無益政治。（漢書朱博傳）

奏免師丹爵邑

前高昌侯宏首建尊號之議。而爲丹所劾奏。免爲庶人。時天下衰麤。委政於丹。丹不深惟褒廣尊親之義。而妄稱說。抑貶尊號。虧損孝道。不忠莫大焉。陛下仁聖。昭然定尊號。宏以忠孝復封高昌侯。丹惡逆暴著。雖蒙赦令。不宜有爵邑。請免爲庶人。（漢書師丹傳。博遷爲丞相。復與御史大夫趙玄奏言）

奏免傅喜何武爵土

喜武前在位。皆無益於治。雖已退免。爵土之封非所當得也。請皆免爲庶人。（漢書朱博傳。傅太后怨傅喜不已。風丞相令奏免喜侯。卽并奏）

奏免王莽爵土

莽前不廣尊尊之義。抑貶尊號。虧損孝道。當伏顯戮。幸蒙赦令。不宜有爵土。請免爲庶人。（漢書王莽傳上）

出教主簿

贛老生不習吏禮，主簿且教拜起，閑習迺止。漢書朱博傳：博還琅邪太守，頌之門下掾贛遂耆老大儒，教授數百人，拜起舒遲，博出教主簿。

敕功曹

官屬多褒衣大袑，不中節度，自今掾史衣皆令去地三寸。漢書朱博傳。

口占檄文

府告姑幕令丞，言賊發不得，有書。檄到，令丞就職，游徼王卿力有餘，如律令。漢書朱博傳。

移游徼王卿書

王卿憂公甚效，檄到，齎伐閱詣府，部掾以下亦可用，漸盡其餘矣。漢書朱博傳。

全漢文卷四十七終

全漢文卷四十八

烏程嚴可均校輯

王嘉

嘉字公仲。平陵人。元帝時呂明經射策甲科爲郎。坐事免。建昭中除光祿掾。察廉爲南陵丞。復察廉爲長陵尉。鴻嘉中舉敦朴。超遷太中大夫。出爲九江河南太守。徵拜大鴻臚。徙京兆尹。建平中遷御史大夫。代平當爲丞相。封新甫侯。元壽元年下獄死。元始四年追謚曰忠侯。

上疏請養材

臣聞聖王之功在於得人。孔子曰。材難。不其然乎。故繼世立諸侯。象賢也。雖不能盡賢。天子爲擇臣立命卿呂輔之。居是國也。累世尊重。然後士民之衆附焉。是呂教化行而治功立。今之郡守。重於古諸侯。往者致選賢材。賢材難得。拔擢可用者。或起於囚徒。昔魏

尚坐事繫。文帝感馮唐之言。遣使持節赦其罪。拜爲雲中太守。匈奴忌之。武帝擢韓安國於徒中。拜爲梁內史。骨肉呂安。張敞爲京兆尹。有罪當免。黠吏知而犯敞。敞收殺之。其家自冤。使者覆獄。劾敞賊殺人。上逮捕不下。會免。亡命數十日。宣帝徵敞。拜爲冀州刺史。卒獲其用。前世非私此三人。貪其材器有益於公家也。孝文時吏居官者。或長子孫。呂官爲氏。倉氏庫氏則倉庫吏之後也。其二千石長吏亦安官樂職。然後上下相望。莫有苟且之意。其後稍稍變易。公卿呂下傳相促急。又數改更政事。司隸部刺史察過悉劾。發揚陰私。吏或居官數月而退。送故迎新。交錯道路。中材苟容求全。下材懷危內顧。壹切營私者多。二千石益輕賤。吏民慢易之。或持其微過。增加成罪。言於刺史司隸。或至上書章下。衆庶知其易危。小失意則有離畔之心。前山陽亡徒蘇令等從橫。吏民臨難。莫肯伏節死義。呂守相威權素奪也。孝成皇帝悔之。下詔書。二千石不爲縱。遣使者賜金。尉厚其意。誠呂爲國家有急。取辦於二千石。二千石尊重難危。乃能使下。孝宣皇帝愛其良民吏。有章劾事留中。會赦壹解。故事。尚書希下章。爲煩擾百姓。證驗繫治。或死獄中。章文必有敢告之字乃下。唯陛下留神於擇賢。記善忘過。容忍臣子。勿責呂備。二千石部刺史三輔縣令有材任職者。人情不能不有過差。宜可闊略。令盡力者有所勸。此方今急務。國家之利也。前蘇令發。欲遣大夫使逐問狀。時見大夫無可使者。召盩厔令尹逢拜爲諫大夫遣之。今諸大夫有材能者甚少。宜豫畜養可成就者。則士赴難不愛其死。臨事倉卒乃求。非所呂明朝廷也。漢書王嘉傳

諫封董賢等封事

竊見董賢等三人始賜爵。衆庶匈匈。咸曰賢貴。其餘并蒙恩。至今流言未解。陛下仁恩於賢等不已。宜暴賢等本奏語言。延問公卿大夫博士議郎。考合古今。明正其義。然後乃加爵土。不然。恐大失

衆心。海內引領而議。暴下其事。必有言當封者。在陛下所從。天下雖不說。咎有所分。不獨在陛下。前定陵侯淳于長初封。其事亦議。大司農谷永呂長當封。衆人歸咎於永。先帝不獨蒙其譏。臣嘉臣延材駑不稱。死有餘責。知順指不迕。可得容身須臾。所不敢者。思報厚恩也。漢書王嘉傳。哀帝欲封董賢等。於是嘉與御史大夫賈延上封事言。

因日食舉直言復奏封事

臣聞咎繇戒帝舜曰。亡敖佚欲有國。兢兢業業。一日二日萬機。箕子戒武王曰。臣無有作威作福。亡有玉食。臣之有作威作福玉食。害于而家。凶于而國。人用側頗辟。民用僭慝。言如此則逆尊卑之序。亂陰陽之統。而害及王者。其國極危。國人傾仄不正。民用僭差不壹。此君不由法度。上下失序之敗也。武王躬履此道。隆至成康。自是呂後。縱心恣欲。法度陵遲。至於臣弒君。子弒父。父子至親。失禮患生。何況異姓之臣。孔子曰。道千乘之國。敬事而信。節用而愛

人使民㠯時。孝文皇帝徧行此道。海內蒙恩。爲漢太宗。孝宣皇帝賞罰信明。施與有節。記人之功。忽於小過。㠯致治平。孝元皇帝奉承大業。溫恭少欲。都內錢四十萬萬。水衡錢二十五萬萬。少府錢十八萬萬。嘗幸上林。後宮馮貴人從臨獸圈。猛獸驚出。貴人前當之。元帝嘉美其義。賜錢五萬。掖庭見親。有加賞賜。屬其人勿衆謝。示平惡偏。重失人心。賞賜節約。是時外戚貲千萬者少耳。故少府水衡見錢多也。雖遭初元永光凶年饑饉。加有西羌之變。外奉師旅。內振貧民。終無傾危之憂。㠯府臧內充實也。孝成皇帝時。諫臣多言燕出之害。及女寵專愛。耽於酒色。損德傷年。其言甚切。然終不怨怒也。寵臣淳于長張放史育。育數貶退。家貲不滿千萬。放斥逐就國。長榜死於獄。不㠯私愛害公義。故雖多內譏。朝廷安平。傳業陛下。陛下在國之時。好詩書。上儉節。徵來所過道上稱頌德美。此天下所㠯回心也。初卽位。易帷帳。去錦繡。乘輿席緣綈繒而已。

共皇寢廟。比比當作。憂閔元元。惟用度不足。㠯義割恩。輒且止息。今始作治。而駙馬都尉董賢亦起官寺上林中。又爲賢治大第。開門鄉北闕。引王渠灌園池。使者護作。賞賜吏卒。甚於治宗廟。賢母病。長安廚給祠具。道中過者皆飲食。爲賢治器。器成。奏御迺行。或物好特賜其工。自貢獻宗廟三宮。猶不至此。賢家有賓婚及見親。諸官竝共。賜及倉頭奴婢人十萬錢。使者護視。發取市物。百賈震動。道路讙譁。羣臣惶惑。詔書罷苑。而㠯賜賢二千餘頃。均田之制。從此墮壞。奢僭放縱。變亂陰陽。災異衆多。百姓訛言。持籌相驚。被髮徒跣而走。乘馬者馳。天惑其意。不能自止。或㠯爲籌者。策失之戒也。陛下素仁智愼事。今而有此大譏。孔子曰。危而不持。顚而不扶。則將安用彼相矣。臣嘉幸得備位。竊內悲傷。不能通愚忠之信。身死有益於國。不敢自惜。唯陛下愼己之所獨鄉。察衆人之所共疑。往者寵臣鄧通韓嫣。驕貴失度。逸豫無厭。小人不勝情欲。卒陷罪辜。亂國亡軀。不終其祿。所謂愛之適足㠯害之者也。宜深覽前世。㠯節賢寵。全安其命。（漢書王嘉傳。後數月日食。舉直言。嘉復奏封事。於是上寖不說）

因大赦奏薦梁相鞫譚宗伯鳳封事

相等明習治獄。相計謀深沈。譚頗知雅文。鳳經明行修。聖王有計功除過。臣竊爲朝廷惜此三人。（漢書王嘉傳。初廷尉梁相治東平王雲獄。疑冤。奏欲徧治。尚書令鞫譚僕射宗伯鳳㠯爲可許。制詔免相等皆爲庶人。後數月大赦。嘉奏封事薦云云。書奏上不能平。）

諫益封董賢等封事

臣聞爵祿土地。天之有也。書云。天命有德。五服五章哉。王者代天爵人。尤宜愼之。裂地而封。不得其宜。則衆庶不服。感動陰陽。其害疾自深。今聖體久不平。此臣嘉所內懼也。高安侯賢佞幸之臣。陛下傾爵位㠯貴之。單貨財㠯富之。損至尊㠯寵之。主威已黜。府臧已竭。唯恐不足。財皆民力所爲。孝文皇帝欲起露臺。重百金之費。克己不作。今賢散公賦㠯施私惠。一家至受千金。往古㠯來貴臣

未嘗有此。流聞四方。皆同怨之。里諺曰。千人所指。無病而死。臣常爲之寒心。今太皇太后㠯永信太后遺詔。詔丞相御史益賢戶。賜三侯國。臣嘉竊惑。山崩地動。日食於三朝。皆陰侵陽之戒也。前賢已再封。晏商再易邑。業緣私橫求。恩已過厚。求索自恣。不知厭足。甚傷尊卑之義。不可㠯示天下。爲害痛矣。臣驕侵罔。陰陽失節。氣感相動。害及身體。陛下寢疾久不平。繼嗣未立。宜思正萬事。順天人之心。㠯求福祐。柰何輕身肆意。不念高祖之勤苦垂立制度。欲傳之於無窮哉。孝經曰。天子有爭臣七人。雖無道不失其天下。臣謹封上詔書。不敢露見。非愛死而不自法。恐天下聞之。故不敢自效。愚贛數犯忌諱。唯陛下省察。（漢書王嘉傳。傅太后崩。上因託傅太后遺詔。令成帝母王太后下丞相御史。益封賢二千戶。及賜孔鄉侯汝昌侯陽新侯國。嘉封還詔書。因奏封事諫上及太后。）

遺將行邊對

臣聞動民㠯行不㠯言。應天㠯實不㠯文。下民微細。猶不可詐。況

於上天神明。而可欺哉。天之見異。所吕敕戒人君。欲令覺悟反正。推誠行善。民心說而天意得矣。辯士見一端。或妄吕意傅著星厤。虛造匈奴烏孫西羌之難。謀動干戈。設爲權變。非應天之道也。守相有皋。車馳詣闕。交臂就死。恐懼如此。而談說者云動安之危。辯口快耳。其實未可從。夫議政者苦其諂諛傾險辯慧深刻也。諂諛則主德毀。傾險則下怨恨。辯慧則破正道。深刻則傷恩惠。昔秦繆公不從百里奚蹇叔之言。吕敗其師。悔過自責。疾詿誤之臣。思黃髮之言。名垂於後世。唯陛下觀覽古戒。反覆參考。無吕先入之語爲主。漢書息夫躬傳。躬建言星變。可遣大將軍行邊。斬一郡守。吕威應變異。上然之。吕問丞相。丞相嘉對。上不聽。

下詔獄對詰

案事者思得實。竊見相等前治東平王獄。不吕雲爲不當死。欲關公卿。示重慎。置驛馬傳囚。埶不得踰冬月。誠不見其外內顧望。阿附爲雲驗。復幸得蒙大赦。相等皆良善吏。臣竊爲國惜賢。不私此三人。漢書王嘉傳。上使將軍吕下與五二千石雜治。吏詰問嘉。嘉對。

幸得充備宰相。不能進賢退不肖。吕是負國。死有餘責。漢書王嘉傳。吏稍侵辱嘉。嘉喟然卬天歎曰云云。

賢故丞相孔光。故大司空何武。不能進。惡高安侯董賢父子。佞邪亂朝。而不能退。罪當死。死無所恨。漢書王嘉傳。吏問賢不肖主名。嘉曰云云。案此三條皆是口對。而下文云死後上覽其對。知其時錄于簡牘。故宜編入。

師丹

丹字仲公。琅邪東武人。元帝時舉孝廉爲郎。遷博士。免。成帝初州舉茂材。復補博士。出爲東平王太傅。入爲光祿大夫丞相司直。給事中。歷少府光祿勳侍中太子太傅。哀帝即位。爲左將軍。賜爵關內侯。領尚書事。代王莽爲大司馬。封高樂侯。徙大司空。免。平帝即位。徵詣公車。復賜爵關內侯。尋封義陽侯。卒。謚曰節侯。有集三卷。

上書言封丁傅

古者諒闇不言。聽於冢宰。三年無改於父之道。前大行尸柩在堂。而官爵臣等吕及親屬。赫然皆貴寵。封舅爲安陽侯。皇后尊號未定。豫封父爲孔鄉侯。出侍中王邑射聲校尉王邯等。詔書比下。變動政事。卒暴無漸。臣縱不能明陳大義。復曾不能牢讓爵位。相隨空受封侯。增益陛下之過。閒者郡國多地動。水出流殺人民。日月不明。五星失行。此皆舉錯失中。號令不定。法度失理。陰陽溷濁之患也。臣伏惟人情無子。年雖六七十。猶博取而廣求。孝成皇帝深見天命。燭知至德。吕壯年克己。立陛下爲嗣。先帝暴棄天下。而陛下繼體。四海安寧。百姓不懼。此先帝聖德。當合天人之功也。臣聞天威不違顏咫尺。願陛下深思先帝所吕建立陛下之意。且克己躬行。吕觀羣下之從化。天下者。陛下之家也。胏附何患不富貴。不宜倉卒。先帝不量臣愚。吕爲太傅。陛下吕臣託師傅。故亡功德而備鼎足。封大國。加賜黃金。位爲三公。職在左右。不能盡忠補過。而令庶人竊議。災異數見。此臣之大罪也。臣不敢言乞骸骨歸於海濱。恐嫌於僞。誠慙負重責。義不得不盡死。漢書師丹傳。

建言限民田奴婢

古之聖王莫不設井田。然後治迺可平。孝文皇帝承亡周亂秦兵革之後。天下空虛。故務勸農桑。帥吕節儉。民始充實。未有并兼之害。故不爲民田及奴婢爲限。今累世承平。豪富吏民訾數鉅萬。而貧弱俞困。蓋君子爲政。貴因循而重改作。然所吕有改者。將吕救急也。亦未可詳。宜略爲限。漢書食貨志。哀帝即位。師丹輔政建言。

劾奏董宏

宏知皇太后至尊之號。天下一統。而稱引亡秦。吕爲比喻。詿誤聖朝。非所宜言。大不道。漢書師丹傳。高昌侯董宏上書言。宜立定陶共王后爲皇太后。事下有司。時丹吕左將軍與大司馬王莽共劾奏。

太宗當作大宗

共皇廟議

聖王制禮取法於天地故尊卑之禮明則人倫之序正則乾坤得其位而陰陽順其節人主與萬民俱蒙祐福尊卑者所㠯正天地之位不可亂也今定陶共皇太后共皇后㠯定陶共皇爲號者母從子妻從夫之義也欲立官置吏車服與太皇太后竝非所㠯明尊卑亡二上之義也定陶共皇號謚已前定義不得復改禮父爲士子爲天子祭㠯天子其尸服㠯士服子亡爵父之義尊父母也爲人後者爲之子故爲所後服斬衰三年而降其父母朞明尊本祖而重正統也孝成皇帝聖恩深遠故爲共王立後奉承祭祀令共皇長爲一國太祖萬世不毀恩義已備陛下旣繼體先帝持重太宗承宗廟天地社稷之祀義不得復奉定陶共皇祭入共廟今欲立廟於京師而使臣下祭之是無主也又親盡當毀空去一國太祖不墮之祀而就無主當毀不正之禮非所㠯尊厚共皇也漢書師丹傳。郎中令泠褒黃門郎段猶等奏言宜爲共皇立廟京師上復下其議有司皆㠯爲宜如褒猶言丹議

孫寶

寶字子嚴潁川鄢陵人爲郡吏成帝初署御史大夫主簿拜議郎遷諫大夫鴻嘉中選爲益州刺史免復拜冀州刺史遷丞相司直拜廣漢太守徵爲京兆尹哀帝卽位徵諫大夫遷司隸忤傅太后下獄復官㠯理鄭崇事免爲庶人徵光祿大夫平帝卽位拜大司農尋免

上書理鄭崇

臣聞疏不圖親外不慮內臣幸得銜命奉使職在刺舉不敢避貴幸之埶㠯塞視聽之明案尚書令昌奏僕射崇下獄覆治榜掠將死卒無一辭道路稱冤疑昌與崇內有纖介浸潤相陷自禁門內樞機近臣蒙受冤譖虧損國家爲謗不小臣請治昌㠯解衆心漢書孫寶傳

陳咸

咸字子康沛郡相人元帝時爲郎遷左曹擢御史中丞以忤石顯下獄髡爲城旦成帝卽位補大將軍長史遷冀州刺史徵爲諫大夫歷楚內史北海東郡太守免起爲南陽太守徵入爲少府免尋舉方正爲光祿大夫給事中免㠯憂死

移敕郡長吏書

卽各欲求索自快是一郡百太守也何得然哉漢書陳萬年傳咸爲南陽太守八移敕書

與陳湯書

卽蒙子公力得入帝城死不恨漢書陳萬年傳

鄭朋

朋會稽人初元中待詔金馬門拜黃門郎

奏記蕭望之

將軍體周召之德秉公綽之質有卞莊之威至乎耳順之年履折衝之位號至將軍誠士之高致也窟穴黎庶莫不歡喜咸曰將軍其人也今將軍規撫云若管晏而休遂行日仄至周召乃留乎若管晏而休則下走將歸延陵之皋修農圃之疇畜雞種黍竢見二子沒齒而已矣如將軍昭然度行積思塞邪枉之險蹊宣中庸之常政興周召之遺業親日仄之兼聽則下走其庶幾願竭區區底厲鋒鍔奉萬分之一漢書蕭望之傳

胡常

常淸河人師事尹更始元帝時議郎鴻嘉中爲靑州刺史

與翟方進書

竊聞政令甚明爲京兆能則恐有所不宜漢書翟方進傳

平當

當字子思梁國下邑人居平陵元帝時爲大行治禮丞補大鴻臚文學察廉爲順陽長栒邑令成帝時爲博士給事中遷丞相司直左遷朔方刺史徵爲太中大夫給事中遷長信少府永始中爲大鴻臚元延初爲光祿勳左遷鉅鹿太守後爲騎都尉領河隄哀帝初徵爲光祿大夫建平二年遷諸吏散騎光祿勳拜御史大夫代朱博爲丞相

上書請復太上皇寢廟園

臣聞孔子曰如有王者必世而後仁三十年之間道德和洽制禮興樂災害不生禍亂不作今聖漢受命而王繼體承業二百餘年孜孜不怠政令清矣然風俗未和陰陽未調災害數見意者大本有不立與何德化休徵不應之久也禍福不虛必有因而至者焉宜深迹其道而務修其本昔者帝堯南面而治先克明峻德㠯親九族而化及萬國孝經曰天地之性人爲貴人之行莫大於孝孝莫大於嚴父嚴父莫大於配天則周公其人也夫孝子善述人之志周公既成文武之業而制作禮樂修嚴父配天之事知文王不欲㠯子臨父故推而序之上極於后稷而㠯配天此聖人之德亡㠯加於孝也高皇帝聖德受命有天下尊太上皇猶周文武之追王太王王季也此漢之始祖後嗣所宜尊奉㠯廣盛德孝之至也書云正稽古建功立事可㠯永年傳於亡窮漢書平當傳

奏劾翟方進

方進國之司直不自敕正㠯先羣下前親犯令行馳道中司隸慶平心舉劾方進不自責悔而內挾私恨伺記慶之從容語言㠯詆欺成罪後丞相宣㠯一不道賊請遣掾督趣司隸校尉司隸校尉勳自奏暴於朝廷今方進復舉奏勳議者㠯爲方進不㠯道德輔正丞相苟阿助大臣欲必勝立威宜抑絕其原勳素行公直姦人所惡可少寬假使遂其功名漢書翟方進傳

奏求治河策

九河今皆寘滅案經義治水有決河深川而無隄防雍塞之文河從魏郡㠯東北多溢決水迹難㠯分明四海之眾不可誣宜博求能浚川疏河者漢書溝洫志哀帝初平當使領河隄奏言

樂議

漢承秦滅道之後賴先帝聖德博受兼聽修廢官立太學河間獻王聘求幽隱修興雅樂㠯助化時大儒公孫弘董仲舒等皆㠯爲音中正雅立之大樂春秋鄉射作於學宮希闊不講故自公卿大夫觀聽者但聞鏗鎗不曉其意而欲㠯風諭眾庶其道無由是㠯行之百有餘年德化至今未成今曄等守習孤學大指歸於興助教化衰微之學興廢在人宜領屬雅樂㠯繼絕表微孔子曰人能弘道非道弘人河間區區小國藩臣㠯好學修古能有所存民到於今稱之況於聖主廣被之資修起舊文放鄭近雅述而不作信而好古於㠯風示海內揚名後世誠非小功小美也漢書禮樂志成帝時謁者常山王禹世受河間樂能說其義其弟子宋曄等上書言之下大夫博士平當等考試當㠯爲云云事下公卿㠯爲久遠難分明當議復寢

全漢文卷四十八終

全漢文卷四十九

烏程嚴可均校輯

翟方進

方進字子威。汝南上蔡人。師事尹更始。爲太守府小史。元帝末射策甲科爲郎。成帝初舉明經。遷議郎。河平中轉博士。陽朔中遷朔方刺史。鴻嘉中入爲丞相司直。除京兆尹。永始中拜御史大夫。左遷執金吾。代薛宣爲丞相。封高陵侯。綏和二年㠯星變賜死。諡曰恭侯。

劾陳慶

案慶奉使刺舉大臣。故爲尚書。知機事周密壹統。明主躬親不解。慶有罪未伏誅。無恐懼心。豫自設不坐之比。又暴揚尚書事。言遲疾無所在。虧損聖德之聰明。奉詔不謹。不敬。臣謹㠯劾。漢書翟方進傳

奏劾涓勳

臣聞國家之興。尊尊而敬長。爵位上下之禮。王道綱紀。春秋之義。尊上公謂之宰。海內無不統焉。丞相進見聖主。御坐爲起。在輿爲下。羣臣宜皆承順聖化。㠯視四方。勳吏二千石。幸得奉使。不遵禮儀。輕謾宰相。賤易上卿。而又詘節失度。邪讇無常。色厲內荏。墮國體。亂朝廷之序。不宜處位。臣請下丞相免勳。漢書翟方進傳

奏免陳咸逢信

咸與逢信。邪枉貪汙。營私多欲。皆知陳湯姦佞傾覆。利口不軌。而親交賂遺。㠯求薦舉。後爲少府。數饋遺湯。信咸幸得備九卿。不思進忠正身。內自知行辟無功效。而官媚邪臣。欲㠯徼幸。苟得亡恥。孔子曰。鄙夫可與事君也與哉。咸信之謂也。過惡暴見。不宜處位。臣請免㠯示天下。漢書翟方進傳。方進新爲丞相。陳咸內懼不安。居亡何。方進奏。

咸前爲郡守。殘酷毒螫加於吏民。主守盜受所監。而官媚邪臣陳湯。㠯求薦舉。苟得無恥。不宜處位。漢書陳萬年傳。案此即前奏。互有刪節。故並載之。

復奏免陳咸

咸前爲九卿。坐爲貪邪免。自知罪惡暴陳。依託紅陽侯立。徼幸有司莫敢舉奏。冒濁苟容。不顧恥辱。不當蒙方正舉。備內朝臣。并劾紅陽侯立選舉故不㠯實。漢書翟方進傳。後二歲。詔舉方正直言之士。紅陽侯立舉咸。對策。拜爲光祿大夫給事中。方進復奏云云。有詔免咸。勿劾立。

劾紅陽侯王立

立懷姦邪。亂朝政。欲傾誤要主上。狡猾不道。請下獄。漢書翟方進傳

復奏王立黨友

立素行積爲不善。衆人所共知。邪臣自結。附託爲黨。庶幾立與政事。欲獲其利。今立斥逐就國。所交結尤著者。不宜備大臣。爲郡守。案後將軍朱博、鉅鹿太守孫閎、故光祿大夫陳咸。與立交通厚善。相與爲腹心。有背公死黨之信。欲相攀援。死而後已。皆內有不仁之性。而外有儁材。過絕於人。勇猛果敢。處事不疑。所居皆尚殘賊

酷虐。苛刻慘毒。㠯立威。而亡纖介愛利之風。天下所共知。愚者猶惑。孔子曰。人而不仁如禮何。人而不仁如樂何。言不仁之人。亡所施用。不仁而多材。國之患也。此三人皆內懷姦猾。國之所患。而深相與結。信於貴戚姦臣。此國家大憂。大臣所宜沒身而爭也。昔季孫行父有言曰。見有善於君者。愛之若孝子之養父母也。見不善者。誅之若鷹鸇之逐鳥爵也。翅翼雖傷。不避也。貴戚強黨之衆。誠難犯。犯之衆敵並怨。善惡相冒。臣幸得備宰相。不敢不盡死。請免博、閎、咸歸故郡。㠯銷姦雄之黨。絕羣邪之望。漢書翟方進傳

薦薛宣

宣明習文法。練國制度。前所坐過薄。可復進用。漢書薛宣傳。初宣爲丞相。而翟方進爲司直。後竟代爲丞相。思宣舊恩。後二歲薦云云。

立嗣議

定陶王帝弟之子。禮曰。昆弟之子猶子也。爲其後者爲之子也。定

陶王宜爲嗣。漢書孔光傳綏和中議中山定陶王誰宜爲嗣者方進王根以爲
湣于長小妻迺始等坐罪議
令犯法者各以法時律令論之明有所訖也長犯大逆時迺始等
見爲長妻已有當坐之罪與身犯法無異後迺弃法於法無以解
請論。漢書孔光傳丞相方進大司空何武議

翟義

義字文仲方進少子成帝時爲郎稍遷諸曹出爲南陽都尉後
坐法免哀帝時起爲弘農太守遷河內太守青州牧平帝時徙
東郡太守莽居攝據郡舉兵立東平王雲子信爲帝自號大司
馬柱天大將軍兵敗被擒夷三族

移檄郡國

莽鴆殺孝平皇帝矯攝尊號今天子已立共行天討。漢書翟方進傳
莽毒殺平帝攝天子位欲絕漢室今共行天罰誅莽。漢書王莽傳上

范延壽

延壽字子路安成人爲北海太守河平二年代何壽爲廷尉八
年卒。見百官公卿表

奏事

禽獸生子逐母宜以四子還母尸三男子於市。意林傅子、御覽三百六十、又三百
六十一。案初學記十二、御覽二百三十一並引謝承後漢書云范延壽宣帝時爲廷尉時燕趙之閒有三男共娶一妻生四子長
各求離別爭財分子至聞于縣縣不能決斷讞之于廷尉於是延壽決之以爲悖逆人倫比之禽獸生子屬其母以子並付母尸三
男于市奏免郡太守令長無率化之道天子遂可其言又案百官公卿表成帝河平二年范延壽爲廷尉而謝承書載其事蓋追引
之也宣帝乃成帝之誤

致王章大逆罪

比上夷狄欲絕繼嗣之端背畔天子私爲定陶王。漢書元后傳上使尚書劾奏遂
下章吏廷尉致其大逆罪以爲

公乘興

興京兆湖人河平中爲三老

上書訟王尊治京兆功效日著

往者南山盜賊阻山橫行剽劫良民殺奉法吏道路不通城門至
以警戒步兵校尉使逐捕暴師露眾曠日煩費不能禽制二卿坐
黜羣盜寖彊吏氣傷沮流聞四方爲國家憂當此之時有能捕斬
不愛金爵重賞關內侯寬中使問所徵故司隸校尉王尊捕羣盜
方略拜爲諫大夫守京輔都尉行京兆尹事尊盡節勞心夙夜思
職卑體下士厲奔北之吏起沮傷之氣二旬之間大黨震壞渠率
效首賊亂蠲除民反農業拊循貧弱鉏耘豪彊長安宿豪大猾東
市賈萬、城西萬章、箭張禁、酒趙放、杜陵楊章等皆通邪結黨挾養
姦軌上干王法下亂吏治並兼役使侵漁小民爲百姓豺狼更數
二千石二十年莫能禽討尊以正法案誅皆伏其辜姦邪銷釋吏
民說服尊撥劇整亂誅暴禁邪皆前所稀有名將所不及雖拜爲
眞未有殊絕褒賞加於尊身今御史大夫奏尊傷害陰陽爲國家
憂無承用詔書之意靖言庸違象恭滔天原其所以出御史丞楊
輔故爲尊書佐素行陰賊惡口不信好以刀筆陷人於法輔常醉
過尊大奴利家利家捽搏其頰兒子閎拔刀欲剄之輔以故深怨
疾毒欲傷害尊疑輔內懷怨恨外依公事建畫爲此議傳致奏文
浸潤加誣以復私怨昔白起爲秦將東破韓魏南拔郢都應侯譖
之賜死杜郵吳起爲魏守西河而秦韓不敢犯讒人閒焉斥逐奔
楚秦聽浸潤以誅良將魏信讒言以逐賢守此皆偏聽不聰失人
之患也臣等竊痛傷尊修身絜己砥節首公刺譏不憚將相誅惡
不避豪彊誅不制之賊解國家之憂功著職修威信不廢誠國家
爪牙之吏折衝之臣今一旦無辜制於仇人之手傷於詆欺之文
上不得以功除罪下不得蒙棘木之聽獨掩怨讎之偏奏猥被共
工之大惡無所陳怨愬罪尊以京師廢亂羣盜並興選賢徵用起

慙當作竟

家爲鄉。賊亂既除。豪猾伏辜。即以佞巧廢黜。一尊之身。三期之閒。乍賢乍佞。豈不甚哉。孔子曰。愛之欲其生。惡之欲其死。是惑也。浸潤之譖不行焉。可謂明矣。願下公卿大夫博士議。即定尊素行。夫人臣而傷害陰陽。死誅之罪也。靖言庸違。放殛之刑也。審如御史章。尊乃當伏觀闕之誅。放於無人之域。不得苟免。及任舉尊者。當獲選舉之辜。不可但已。即不如章。飾文深詆。以愬無罪。亦宜有誅。以懲讒賊之口。絕詐欺之路。唯明主參詳。使白黑分別。漢書王尊傳。湖三老公乘興等上書訟尊治京兆功效日著。書奏。天子復以尊爲徐州刺史。

張匡

匡蜀郡人。河平中爲太中大夫。

日蝕對

竊見丞相商作威作福。從外制中。取必於上。性殘賊不仁。遣票輕吏微求人罪。欲以立威。天下患苦之。前頻陽耿定上書言商與父傅通。及女弟淫亂。奴殺其私夫。疑商教使。章下有司。商私怨懟。商子俊欲上書告商。俊妻左將軍丹女。持其書以示丹。丹惡其父子乖迕。爲女求去。商不盡忠納善以輔至德。知聖主崇孝。遠別不親。後庭之事。皆受命皇太后。太后前聞商有女。欲以備後宮。商言有固疾。後有耿定事。更詭道因李貴人家內女。執左道以亂政。誣罔悖大臣節。故應是而日蝕。周書曰。以左道事君者誅。易曰。日中見昧。則折其右肱。往者丞相周勃再建大功。及孝文時。纖介怨恨。而日爲之蝕。於是退勃使就國。卒無怵惕憂。今商無尺寸之功。而有三世之寵。身位三公。宗族爲列侯吏二千石侍中諸曹給事禁門內。連昏諸侯王。權寵至盛。審有內亂殺人怨懟之端。宜窮竟考問。臣聞秦丞相呂不韋見王無子。意欲有秦國。即求好女以爲妻。陰知其有身而獻之王。產始皇帝。及楚相春申君亦見王無子。心利楚國。即獻有身妻而產懷王。自漢興。幾遭呂霍之患。今商有不仁

之姓。迺因怨以內女。其姦謀未可測度。前孝景世。七國反。將軍周亞夫以爲即得雒陽劇孟。關東非漢之有。今商宗族權埶。合貲鉅萬計。私奴以千數。非特劇孟匹夫之徒也。且失道之至。親戚畔之。閨門內亂。父子相訐。而欲使之宣明聖化。調和海內。豈不謬哉。商視事五年。官職陵夷。而大惡著於百姓。甚虧損盛德。有鼎折足之凶。臣愚以爲聖主富於春秋。即位以來。未有懲姦之威。加以繼嗣未立。大異並見。尤宜誅討不忠。以遏未然。行之一人。則海內震動。百姦之路塞矣。漢書王商傳。太中大夫蜀郡張匡。其人佞巧。上書願對近臣陳日蝕咎。下朝者左將軍丹等問匡。匡對。

馮逡

逡字子產。上黨潞人。居杜陵。左將軍奉世子。察孝廉爲郎。補謁者。建昭中選爲復土校尉。舉茂才。爲美陽令。遷長樂屯衛司馬。清河都尉。隴西太守。

奏請浚屯氏河

郡承河下流。與兗州東郡分水爲界。城郭所居尤卑下。土壤輕脆易傷。頃所以闊無大害者。以屯氏河通。兩川分流也。今屯氏河塞。靈鳴犢口又益不利。獨一川兼受數河之任。雖高增隄防。終不能泄。如有霖雨。旬日不霽。必盈溢。靈鳴犢口在清河東界。所在處下。雖令通利。猶不能爲魏郡清河減損水害。禹非不愛民力。以地形有埶。故穿九河。今既滅難明。屯氏河不流行七十餘年。新絕未久。其處易浚。又其口所居高。於以分流殺水力。道理便宜。可復浚以助大河泄暴水。備非常。又地節時。郭昌穿直渠。後三歲。河水更從故第二曲閒北可六里。復南合。今其曲埶復邪直貝丘。百姓寒心。宜復穿渠東行。不豫修治。北決病四五郡。南決病十餘郡。然後憂之晚矣。漢書溝洫志。成帝時。清河都尉馮逡奏言。

孫禁

禁。鴻嘉中爲丞相史。

治河方略

今河溢之害。數倍於前決平原時。今可決平原金隄閒。開通大河。令入故篤馬河。至海五百餘里。水道浚利。又乾三郡水地。得美田且二十餘萬頃。足㠯償所開傷民田廬處。又省吏卒治隄救水歲三萬㠯上。漢書溝洫志。鴻嘉四年。勃海清河信都河溢。河隄都尉許商與丞相史孫禁共行視。圖方略。禁㠯爲

許商

商字長伯。長安人。治尚書。師事周堪。武帝初爲博士。河平中拜將作大匠。鴻嘉中歷河隄都尉。永始中遷詹事。歷少府。進侍中光祿大夫。綏和初拜大司農。轉光祿勳。

駁孫禁開篤馬河方略

古說九河之名。有徒駭胡蘇鬲津。今見在成平東光鬲界中。自鬲㠯北至徒駭閒。相去二百餘里。今河雖移徙。不離此域。孫禁所欲開者。在九河南篤馬河。失水之迹。處埶平夷。旱則淤絕。水則爲敗。不可許。漢書溝洫志。鴻嘉四年。勃海清河信都河溢。河隄都尉許商與丞相史孫禁共行視。圖方略。禁㠯爲可開故篤馬河。許商㠯爲

趙增壽

增壽字稺公。陽朔中爲廬江太守。鴻嘉初遷左馮翊。拜廷尉。永始中貶爲常山都尉。

陳湯罪議

不道無正法。㠯所犯劇易爲罪。臣下丞用失其中。故移獄廷尉。無比者先㠯聞。所㠯正刑罰。重人命也。明主哀憫百姓。下制書罷昌陵。勿徙吏民。已申布。湯妄㠯意相謂且復發徙。雖頗驚動。所流行者少。百姓不爲變。不可謂惑眾。湯稱詐。虛設不然之事。非所宜言。大不敬也。漢書陳湯傳。

又曰解萬年

故將作大匠萬年。佞邪不忠。妄爲巧詐。多賦斂。煩繇役。興卒暴之作。卒徒蒙辜。死者連屬。毒流眾庶。海內怨望。雖蒙赦令。不宜居京師。漢書陳湯傳。

涓勳

勳。鴻嘉中爲司隸校尉。左遷昌陵令。

奏劾辥宣

春秋之義。王人微者序乎諸侯之上。尊王命也。臣幸得奉使。㠯督察公卿㠯下爲職。今丞相宣請遣掾史。㠯宰士督察天子奉使命大夫。甚誖逆順之理。宣本不師受經術。因事㠯立姦威。案浩商所犯。一家之禍耳。而宣欲專權作威。迺害於迺國。不可之大者。願下中朝特進列侯將軍㠯下。正國法度。漢書翟方進傳。

劉輔

輔。河閒宗室。成帝時舉孝廉。爲襄賁令。擢諫大夫。

上書諫立趙后

臣聞天之所與。必先賜㠯符瑞。天之所違。必先降㠯災變。此神明之徵應。自然之占驗也。昔武王周公承順天地。㠯饗魚鳥之瑞。然猶君臣祗懼。動色相戒。況於季世。不蒙繼嗣之福。屢受威怒之異者乎。雖夙夜自責。改過易行。畏天命。念祖業。妙選有德之世。考卜窈窕之女。㠯承宗廟。順神祇心。塞天下望。子孫之祥。猶恐晚暮。今迺觸情縱欲。傾於卑賤之女。欲㠯母天下。不畏于天。不媿于人。惑莫大焉。里語曰。腐木不可㠯爲柱。卑人不可㠯爲主。天人之所不予。必有禍而無福。市道皆共知之。朝廷莫肯壹言。臣竊傷心。自念得㠯同姓拔擢。尸祿不忠。汙辱諫爭之官。不敢不盡死。唯陛下深察。漢書劉輔傳。

鳥當作烏

杜鄴

鄴字子夏。魏郡繁陽人。居茂陵。成帝時舉孝廉。爲郎。病去官。起

爲衞軍主簿舉侍御史哀帝即位遷涼州刺史㠯病免元壽初舉方正直言未拜卒

元壽元年舉方正直言對

臣聞禽息憂國碎首不恨卞和獻寶刖足願之臣幸得奉直言之詔無二者之危敢不直陳臣聞陽尊陰卑卑者隨尊尊者兼卑天之道也是㠯男雖賤各爲其家陽女雖貴猶爲其國陰故禮明三從之義雖有文母之德必繫於子春秋不書紀侯之母陰義殺也昔鄭伯隨姜氏之欲終有叔段篡國之禍周襄王內迫惠后之難而遭居鄭之危漢興呂太后權私親屬又㠯外孫爲孝惠后是時繼嗣不明凡事多晻晝昏冬雷之變不可勝載竊見陛下行不偏之政每事約儉非禮不動誠欲正身與天下更始也然嘉瑞未應而日蝕地震民訛言行籌傳相驚恐案春秋災異㠯指象爲言語故在於得一類而達之也日蝕明陽爲陰所臨坤卦乘離明夷之

象也坤㠯法地爲土爲母㠯安靜爲德震不陰之效也占象甚明臣敢不直言其事昔曾子問從令之義孔子曰是何言與善閼子騫守禮不苟從親所行無非理者故無可閒也前大司馬新都侯莽退伏第家㠯詔策決復遣就國高昌侯宏去蕃自絕猶受封土制書侍中駙馬都尉遷不忠巧佞免歸故郡閒未旬月則有詔還大臣奏正其罰卒不得遣而反兼官奉使顯寵過故及陽信侯業皆緣私君國非功義所止諸外家昆弟無賢不肖並侍帷幄布在列位或典兵衞或將軍屯寵意并於一家積貴之埶世所希見所希聞也至迺並置大司馬將軍之官皇甫雖盛三桓雖隆魯爲作三軍無㠯甚此當拜之日晻然日食不在前後臨事而發者明陛下謙遜無專承指非一所言輒聽所欲輒隨有罪惡者不坐辜罰無功能者畢受官爵流漸積猥正尤在是欲令昭昭㠯覺聖朝昔詩人所刺春秋所譏指象如此殆不在它由後視前忿邑非之逮

彊當作疆

身所行不自鏡見則㠯爲可計之過者疏賤獨偏見疑內亦有此類天變不空保右世主如此之至奈何不應臣聞野雞著怪高宗深動大風暴過成王怛然願陛下加致精誠思承始初事稽諸古㠯厭下心則黎庶羣生無不說喜上帝百神收還威怒禎祥福祿何嫌不報 漢書杜鄴傳

災異對

春秋災異㠯指象爲言語籌所㠯紀數民陰水類也水㠯東流爲順走而西行反類逆上象數度放溢妄㠯相予違忤民心之應也西王母婦人之稱博弈男子之事於街巷阡陌明離闑內與彊外臨事盤樂炕陽之意白髮衰年之象體尊性弱難理易亂門人之所由樞其要也居人之所由制持其要也其明甚著今外家丁傅並侍帷幄布於列位有罪惡者不坐辜罰亡功能者畢受官爵皇甫三桓詩人所刺春秋所譏亡㠯甚此指象昭昭㠯覺聖朝奈何

不應 漢書五行志下之上

說王音

鄴聞人情恩深者其養謹愛至者其求詳夫戚而不見殊孰能無怨此棠棣角弓之詩所爲作也昔秦伯有千乘之國而不能容其母弟春秋亦書而譏焉周召則不然忠㠯相輔義㠯相匡同己之親等己之尊不㠯聖德獨兼國寵又不爲長專受榮任分職於陝並爲弼疑故內無感恨之隙外無侵侮之羞俱享天祐兩荷高名者蓋㠯此也竊見成都侯㠯特進領城門兵復有詔得舉吏如五府此明詔所欲寵也將軍宜承順聖意加異往時每事凡議必與及之指爲誠發出於將軍則孰敢不說諭昔文侯寤大雁之獻而父子益親陳平共壹飯之篹而將相加驩所接雖在楹階 漢紀作陛 俎豆之閒其於爲國折衝厭難豈不遠哉竊慕倉唐陸子之義所白與內唯深察焉 漢書杜鄴傳

說王商

東鄰殺牛。不如西鄰之禴祭。言奉天之道。貴以誠質。大得民心也。行穢祀豐。猶不蒙祐。德修薦薄。吉必大來。古者壇場有常處。尞禋有常用。贊見有常禮。犧牲玉帛雖備而財不匱。車輿臣役雖動而用不勞。是故每舉其禮。助者歡說。大路所歷。黎元不知。今甘泉河東天地郊祀。咸失方位。違陰陽之宜。及雍五畤皆曠遠。奉尊之役休而復起。繕治共張。無解已時。皇天著象。殆可略知。前上甘泉。先毆失道。禮月之夕。奉引復迷。祠后土還。臨河當渡。夕風起波。船不可御。又雍大雨。壞平陽宮垣。迺三月甲子。震電災林光宮門。祥瑞未著。咎徵仍臻。迹三郡所奏。皆有變故。不答不饗。何以甚此。詩曰。率繇舊章。舊章先王法度。文王以之交神于祀。子孫千億。宜如異時公卿之議。復還長安南北郊。漢書郊祀志下。成都侯王商為大司馬衛將軍輔政。杜鄴說商。

臨終作墓石文

魏郡杜鄴立志忠款。犬馬未陳。奄先草露。骨肉歸於后土。氣魂無所不之。何必故丘。然後即化。封於長安北郭。此焉宴息。西京雜記上。杜子夏葬長安北四里。臨終作文曰云云。及死。命栞石埋於墓側。

全漢文卷四十九終

全漢文卷五十

烏程嚴可均校輯

毋將隆

隆字君房東海蘭陵人成帝時爲大司馬從事中郎遷諫大夫歷冀州牧潁川太守哀帝卽位入爲京兆尹遷執金吾忤旨左遷沛郡都尉歷南郡太守王莽秉政免官徙合浦

奏徵定陶王封事

古者選諸矦入爲公卿吕褒功德宜徵定陶王使在國邸吕塡萬方（漢書毋將隆傳成帝末隆奏封事其後上竟立定陶王爲太子）

奏請收還武庫兵器

武庫兵器天下公用國家武備繕治造作皆度大司農錢大司農錢自乘輿不吕給共養共養勞賜壹出少府蓋不吕本藏給末用不吕民力共浮費別公私示正路也古者諸矦方伯得顓征伐迺賜斧鉞漢家邊吏職在距寇亦賜武庫兵皆任其事然後蒙之春秋之誼家不臧甲所吕抑臣威損私力也今賢等便僻弄臣私恩微妾而吕天下公用給其私門契（漢紀作舉）國威器共其家備民力分於弄臣武兵設於微妾建立非宜吕廣驕僭非所吕示四方也孔子曰奚取於三家之堂臣請收還武庫（漢書毋將隆傳）

馬宮

宮字游卿東海戚人吕射策甲科爲郎遷楚長史免後爲丞相史司直遷廷尉平青州刺史汝南九江太守徵爲詹事光祿勳右將軍代孔光爲大司徒封扶德矦復代光爲太師免王莽篡位吕爲太子師

上書謝罪乞骸骨

太師大司徒扶德矦上書言前吕光祿勳議定陶共王母謚曰婦人吕夫爵尊爲號謚宜曰孝元傅皇后稱渭陵東園臣知妾不得體君卑不得敵尊而希指雷同詭經辟說吕惑誤上爲臣不忠當伏斧鉞之誅幸蒙洒心自新又令得保首領伏自惟念入稱四輔出備三公爵爲列矦誠無顏復望闕廷無心復居守府無宜復食國邑願上太師大司徒扶德矦印綬避賢者路（漢書馬宮傳）

鮑宣

宣字子都勃海高城人爲縣鄉嗇夫守東州丞後爲都尉太守功曹舉孝廉爲郎病去官復爲州從事入爲議郎又吕病去哀帝初爲諫大夫遷豫州牧免復徵爲諫大夫拜司隸吕罪髡鉗徙上黨平帝初繫獄自殺

上書諫哀帝

竊見孝成皇帝時外親持權人人牽引所私吕充塞朝廷妨賢人路濁亂天下奢泰亡度窮困百姓是吕日蝕且十彗星四起危亡之徵陛下所親見也今奈何反覆劇於前乎朝臣亡有大儒骨鯁白首耆艾魁壘之士論議通古今喟然動衆心憂國如飢渴者臣未見也敦外親小童及幸臣董賢等在公門省戶下陛下欲與此共承天地安海內甚難今世俗謂不智者爲能謂智者爲不能昔堯放四罪而天下服今除一吏而衆皆惑古刑人尚服今賞人反惑請寄爲姦羣小日進國家空虛用度不足民流亡去城郭盜賊竝起吏爲殘賊歲增於前凡民有七亡陰陽不和水旱爲災一亡也縣官重責更賦租稅二亡也貪吏竝公受取不已三亡也豪强大姓蠶食亡厭四亡也苛吏繇役失農桑時五亡也部落鼓鳴男女遮迣六亡也盜賊劫略取民財物七亡也七亡尚可又有七死酷吏毆殺一死也治獄深刻二死也冤陷亡辜三死也盜賊橫發四死也怨讎相殘五死也歲惡飢餓六死也時氣疾疫七死也民有七亡而無一得欲望國安誠難民有七死而無一生欲望刑措誠難此非公卿守相貪殘成化之所致邪羣臣幸得居尊官食重

祿豈有肯加惻隱於細民助陛下流教化者邪志但在營私家稱賓客爲姦利而已㠯苟容曲從爲賢㠯拱默尸祿爲智謂如臣宣等爲愚陛下擢臣巖穴誠冀有益豪毛豈徒欲使臣美食大官重高門之地哉天下迺皇天之天下也陛下上爲皇天子下爲黎庶父母爲天牧養元元視之當如一合尸鳩之詩今貧民菜食不厭衣又穿空父子夫婦不能相保誠可爲酸鼻陛下不救將安所歸命乎奈何獨私養外親與幸臣董賢多賞賜㠯大萬數使奴從賓客漿酒霍肉蒼頭廬兒皆用致富非天意也及汝昌侯傅商亡功而封夫官爵非陛下之官爵迺天下之官爵也陛下取非其官官非其人而望天說民服豈不難哉方陽侯孫寵宜陵侯息夫躬辯足㠯移衆彊可用獨立姦人之雄或世尤劇者也宜㠯時罷退及外親幼童未通經術者皆宜令休就師傅急徵故大司馬傅喜使領外親故大司空何武師丹故丞相孔光故左將軍彭宣經皆更

博士位皆歷三公智謀威信可與建教化圖安危龔勝爲司直郡國皆愼選舉三輔委輸官不敢爲姦可大委任也陛下前㠯小不忍退武等海內失望陛下尙能容亡功德者甚衆曾不能忍武等邪治天下者當用天下之心爲心不得自專快意而已也上之皇天見譴下之黎庶怨恨次有諫爭之臣陛下久欲自薄而厚惡臣天下猶不聽也臣雖愚戇獨不知多受祿賜美食大官廣田宅厚妻子不與惡人結讎怨㠯安身邪誠迫大義官㠯諫爭爲職不敢不竭愚惟陛下少留神明覽五經之文原聖人之至意深思天地之戒臣宣吶鈍於辭不勝惓惓盡死節而已漢書鮑宣傳丁傅子弟並進董賢貴幸宣上書諫

復上書

陛下父事天母事地子養黎民即位已來父虧明母震動子訛言相驚恐今日蝕於三始誠可畏懼小民正月朔日尙恐毀敗器物何況於日虧乎陛下深內自責避正殿舉直言求過失罷退外親及旁仄素餐之人徵拜孔光爲光祿大夫發覺孫寵息夫躬過惡免官遣就國衆庶歙然莫不說喜天人同心人心說則天意解矣迺二月丙戌白虹虷日連陰不雨此天有憂結未解民有怨望未塞者也侍中駙馬都尉董賢本無葭莩之親但㠯令色諛言自進賞賜亡度竭盡府臧并合三第尙㠯爲小復壞暴室賢父子坐使天子使者將作治第行夜吏卒皆得賞賜上冢有會輒太官爲供海內貢獻當養一君今反盡之賢家豈天意與民意邪天不可久負厚之如此反所㠯害之也誠欲哀賢宜爲謝過天地解讎海內免遣就國收乘輿器物還之縣官如此可㠯父子終其性命不者海內之所讎未有得久安者也孫寵息夫躬不宜居國可皆免㠯視天下復徵何武師丹彭宣傅喜曠然使民易視㠯應天心建立大政㠯興太平之端高門去省戶數十步求見出入二年未省欲

使海瀕仄陋自通遠矣願賜數刻之閒極竭毣毣之思退入三泉死亡所恨漢書鮑宣傳

梅福

福字子眞九江壽春人爲郡文學補南昌尉後去官數上書不納

上書言王鳳專擅

臣聞箕子佯狂於殷而爲周陳洪範叔孫通遁秦歸漢制作儀品夫叔孫先非不忠也箕子非疏其家而畔親也不可爲言也昔高祖納善若不及從諫若轉圜聽言不求其能舉功不考其素陳平起於亡命而爲謀主韓信拔於行陳而建上將故天下之士雲合歸漢爭進奇異知者竭其策愚者盡其慮勇士極其節怯夫勉其死合天下之知并天下之威是㠯舉秦如鴻毛取楚若拾遺此高祖所㠯亡敵於天下也孝文皇帝起於代谷非有周召之師伊呂

之佐也。循高祖之法。加㠯恭儉。當此之時。天下幾平。繇是言之。循高祖之法則治。不循則亂。何者。秦爲亡道。削仲尼之迹。滅周公之軌。壞井田。除五等。禮廢樂崩。王道不通。故欲行王道者莫能致其功也。孝武皇帝好忠諫。說至言。出爵不待廉茂。慶賜不須顯功。是㠯天下布衣各厲志竭精㠯赴闕廷自衒鬻者不可勝數。漢家得賢。於此爲盛。使孝武皇帝聽用其計。升平可致。於是積尸暴骨。快心胡越。故淮南王安緣閒而起。所㠯計慮不成而謀議泄者。㠯衆賢聚於本朝。故其大臣埶陵。不敢和從也。方今布衣迺窺國家之隙。見閒而起者。蜀郡是也。及山陽亡徒蘇令之羣。蹈藉名都大郡。求黨與。索隨和而亡逃匿之意。此皆輕量大臣。亡所畏忌。國家之權輕。故匹夫欲與上爭衡也。士者國之重器。得士則重。失士則輕。詩云。濟濟多士。文王㠯寧。廟堂之議。非草茅所當言也。臣誠恐身塗野草。尸并卒伍。故數上書求見。輒報罷。臣聞齊桓之時。有㠯九

九見者。桓公不逆。欲㠯致大也。今臣所言非特九九也。陛下距臣者三矣。此天下士所㠯不至也。昔秦武王好力。任鄙叩關自鬻。繆公行伯。繇余歸德。今欲致天下之士。民有上書求見者。輒使詣尚書問其所言。言可采取者。秩㠯升斗之祿。賜㠯一束之帛。若此。則天下之士發憤懣。吐忠言。嘉謀日聞於上。天下條貫。國家表裏。爛然可睹矣。夫㠯四海之廣。士民之數。能言之類至衆多也。然其儁桀指世陳政。言成文章。質之先聖而不繆。施之當世合時務。若此者亦亡幾人。故爵祿束帛者。天下之底石。高祖所㠯厲世摩鈍也。孔子曰。工欲善其事。必先利其器。至秦則不然。張誹謗之罔。㠯爲漢毆除。倒持泰阿。授楚其柄。故誠能勿失其柄。天下雖有不順。莫敢觸其鋒。此孝武皇帝所㠯辟地建功爲漢世宗也。今不循伯者之道。迺欲㠯三代選舉之法取當時之士。猶察伯樂之圖。求騏驥於市。而不可得。亦已明矣。故高祖棄陳平之過而獲其謀。晉文召天王。齊桓用其讎。亡益於時。不顧逆順。此所謂伯道者也。一色成體謂之醇。白黑雜合謂之駮。欲㠯承平之法。治暴秦之緒。猶㠯鄉飲酒之禮理軍市也。今陛下既不納天下之言。又加戮焉。夫鳶鵲遭害。則仁鳥增逝。愚者蒙戮。則知士深退。閒者愚民上疏。多觸不急之法。或下廷尉而死者衆。自陽朔㠯來。天下㠯言爲諱。朝廷尤甚。羣臣皆承順上指。莫有執正。何㠯明其然也。取民所上書。陛下之所善。試下之廷尉。廷尉必曰非所宜言。大不敬。㠯此卜之。一矣。故京兆尹王章資質忠直。敢面引廷爭。孝元皇帝擢之。㠯厲具臣而矯曲朝。及至陛下。戮及妻子。且惡惡止其身。王章非有反畔之辜。而殃及家。折直士之節。結諫臣之舌。羣臣皆知其非。然不敢爭。天下㠯言爲戒。最國家之大患也。願陛下循高祖之軌。杜亡秦之路。數御十月之歌。留意亡逸之戒。除不急之法。下亡諱之詔。博覽兼聽。謀及疏賤。令深者不隱。遠者不塞。所謂辟四門明四目也。且

不急之法。誹謗之微者也。往者不可及。來者猶可追。方今君命犯而主威奪。外戚之權日㠯益隆。陛下不見其形。願察其景。建始㠯來。日食地震。㠯率言之。三倍春秋。水災亡與比數。陰盛陽微。金鐵爲飛。此何景也。漢興㠯來。社稷三危。呂霍上官。皆母后之家也。親親之道。全之爲右。當與之賢師良傅。教㠯忠孝之道。今迺尊寵其位。授㠯魁柄。使之驕逆。至於夷滅。此失親親之大者也。自霍光之賢。不能爲子孫慮。故權臣易世則危。書曰。毋若火。始庸庸。埶陵於君。權隆於主。然後防之。亦亡及已。漢書梅福傳。成帝委任王鳳。鳳專埶擅朝。而京兆尹王章爲鳳所誅。福上書。不納。

上書請封孔子子孫爲殷後

臣聞不在其位。不謀其政。政者職也。位卑而言高者。罪也。越職觸罪。危言世患。雖伏質橫分。臣之願也。守職不言。沒齒身全。死之日。尸未腐而名滅。雖有景公之位。伏歷千駟。臣不貪也。故願壹登文

后之陛涉赤墀之塗當戶牖之法坐盡平生之愚慮亡益於時有遺於世此臣寢所以不安食所以忘味也願陛下深省臣言臣聞存人所以自立也壅人所以自塞也善惡之報各如其事昔者秦滅二周夷六國隱士不顯佚民不舉絕三統滅天道是以身危子殺厥孫不嗣所謂壅人以自塞者也故武王克殷未下車存五帝之後封殷於宋紹夏於杞明著三統示不獨有也是以姬姓半天下遷廟之主流出於戶所謂存人以自立者也今成湯不祀殷人亡後陛下繼嗣久微殆為此也春秋經曰宋殺其大夫穀梁傳曰其不稱名姓以其在祖位尊之也此言孔子故殷後也雖不正統封其子孫以為殷後禮亦宜之何者諸侯奪宗聖庶奪適傳曰賢者子孫宜有土而況聖人又殷後哉昔成王以諸侯禮葬周公而皇天動威雷風著災今仲尼之廟不出闕里孔氏子孫不免編戶以聖人而歆匹夫之祀非皇天之意也今陛下誠能據仲尼之素功以封其子孫則國家必獲其福又陛下之名與天亡極何者追聖人素功封其子孫未有法也後聖必以為則不滅之名可不勉哉（漢書梅福傳）

郭舜

舜成帝時為都護西域騎都尉

上言宜絕康居

本匈奴盛時非以兼有烏孫康居故也及其稱臣妾非以失二國也漢雖皆受其質子然三國內相輸遺交通如故亦相候伺見便則發合不能相親信離不能相臣役以今言之結配烏孫竟未有益反為中國生事然烏孫既結在前今與匈奴俱稱臣義不可距而康居驕黠訖不肯拜使者都護吏至其國坐之烏孫諸使下王及貴人先飲食已乃飲啗都護吏故為無所省以夸旁國以此度之何故遣子入侍其欲賈市為好辭之詐也匈奴百蠻大國今事

漢甚備聞康居不拜且使單于有自下之意宜歸其侍子絕勿復使以章漢家不通無禮之國敦煌酒泉小郡及南道八國給使者往來人馬驢橐駝食皆苦之空罷耗所過送迎驕黠絕遠之國非至計也（漢書西域康居傳）

尹賞

賞字子心鉅鹿楊氏人成帝時以郡吏察廉為樓煩長舉茂材除粟邑令陽朔中徙頻陽令免後以御史舉為鄭令選為長安令遷江夏太守平帝初徵為右輔都尉遷執金吾卒官

臨死戒諸子

丈夫為吏正坐殘賊免追思其功效則復進用矣一坐軟弱不勝任免終身廢棄無有赦時其羞辱甚於貪汙坐臧慎毋然（漢書酷吏傳）

申咸

咸東海人成帝時為博士給事中哀帝初以毀辭宜為宣子況客楊明遮斫於宮門外斷鼻脣身八創尋坐理師丹貶秩二等

上書理師丹

丹經行無比自近世大臣能若丹者少發憤懣奏封事不及深思遠慮使主簿書漏泄之過不在丹以此貶黜恐不厭眾心（漢書師丹傳廷尉劾丹大不敬事未決給事中博士申咸炔欽上書言）

龔勝

勝字君賓彭城人成帝時為郡吏三舉孝廉再為尉一為丞州舉茂材為重泉令病去官哀帝即位徵為諫大夫遷丞相司直進光祿大夫守右扶風復為光祿大夫除勃海太守謝病免復徵為光祿大夫元始中策遣歸鄉王莽篡位遣使再徵閉口不飲食卒年七十九

朱博傅晏趙玄罪議

春秋之義姦以事君常刑不舍魯大夫叔孫僑如欲顓公室譖其

傅當作博

族兄季孫行父於晉晉執囚行父㠯亂魯國春秋重而書之今晏放命圮族干亂朝政要大臣㠯罔上本造計謀職爲亂階宜與傅玄同罪罪皆不道漢書朱博傳彭宣等奏請詔謁者召傅玄晏詣廷尉詔獄制曰將軍中二千石二千石諸大夫博士議郎議諫大夫龔勝等十四人㠯爲

王嘉罪議

嘉資性邪僻所舉多貪殘吏位列三公陰陽不和諸事竝廢咎皆繇嘉迷國不疑今舉相等過微薄漢書兩龔傳丞相王嘉上書薦故廷尉梁相等尚書劾奏嘉言事恣意迷國罔上不道下將軍中朝者議勝獨書議云云嘉備宰相諸事竝廢咎由嘉生嘉坐薦相等微薄㠯應迷國罔上不道恐不可㠯示天下漢書王嘉傳案此與兩龔傳互有刪節故竝錄之

全漢文卷五十終

全漢文卷五十一

烏程嚴可均校輯

揚雄一

雄字子雲蜀郡成都人陽朔中大司馬王音召爲門下史薦待詔除給事黃門郎歷成哀平三世不徙官王莽篡位轉大中大夫天鳳五年卒年七十一有方言十三卷訓纂一卷蜀王本紀一卷法言十三卷太玄經九卷琴清英一卷集五卷

蜀都賦

蜀都之地古曰梁州禹治其江渟皐彌望鬱乎青葱沃野千里上稽乾度則井絡儲精下案地紀則坤宮奠位東有巴賨綿亙百濮銅梁金臺火井龍湫其中則有玉石嶜岑丹青玲瓏邛節桃枝石鰭水螭南則有犍牂潛夷昆明峩眉絕限峴嶃堪巖亶翔靈山揭其右離堆被其東于近則有瑕英菌芝玉石江珠于遠則有銀鉛錫碧馬犀象僰西有御覽九百六十六作于西則鹽泉鐵冶橘林銅陵邛連盧池澹漫波淪其旁則有期牛兕旄金馬碧雞北則有岷山外羌白馬獸則麙羊野麋罷犛貘貒麡麑鹿麝戶豹能黃𤢖胡蛙玃猨蝙玃猱猶㲉畢方爾乃倉文選西都賦注作蒼山隱天峪嶮迴叢增嶮重崒崛石𡾙未詳崔崣嶵未詳嵬嵬霜雪終夏文選南都賦注作夏含霜雪叩巖岭嶙崇隆臨柴諸徼崼峴五矹文選蜀都賦劉逵注作矹參差瀨山巖巖觀上岑嵓龍陽累峞漼䆐交倚嶊崪崛崎集嶮脇施形精出偈堪嶮隱倚彭門嶋峴文選蜀都賦劉逵注作鴻𡶇嘶嵺嵑峒方彼碑池嵐咖嶱巏礫乎岳岳北屬昆崙文選蜀都賦注作昆侖泰極涌泉醴凝水流津漉集成川于是乎則左沈犂右羌庭漆水浡其匈都江漂其脛乃溢乎通溝洪濤溶沆千湲萬谷合流逆折必㶏乎爭降湖潤排碣反波逆濞礫石㴔巘紛㳿周溥旋溺冤綏頹漸摶岸敵呷䃂瀨磴巖㯺汾忽溶閿沛㵝窘出限連混陁隧鋋釘鐘涌聲讙薄泙龍歷豐隆潛延雷扶電

擊鴻鴻康濫速遠乎長喻馳山下卒湍降疾流分川並注合乎江州于木則梗櫟豫章樹㭭檜櫄櫸押青稚雕梓枌梧橿櫪㯶椚木稷柯信揖叢俊幹湊集枇櫅杸楊𣏌沈㮠椅從風推參循崖振㨫涇涇溶溶纚紛紛靡沉閭野望芒芒菲菲其竹則鍾龍箹篁野篠紛𤕤宗生族攢俊茂豐美洪溶忿葦紛揚播翕與風披拖夾江緣山尋卒而起結根才業塡衍迴野若此者方乎數千里于汜則注注瀁瀁積土崇隄其淺溼則生蒼葭蔣蒲藿芧青蘋草葉蓮藕茱華菱根其中則有翡翠鴛鴦䳄鸕鴱鷺霍鶤鸏鶂其深則有猵獺沈鱓水豹蛟虵黿蟺鼈龜衆鱗鰨鱺案文選南都賦注江賦注七啟注並引螹合珠而擘裂當是此下尚有脫文爾乃其都門二九四百餘閭兩江珥其前本作兩江飾其市藝文類聚六十一亦如此今從文選蜀都賦注水經江水一注改九橋帶其流武儋鎮都刻削成藪王基既夷獨俟尚叢𣏌石石䦐未詳㟗岑倚從秦漢之徙充己山東本作元民從文選魏都賦劉逵注改是以隤山厥饒水貢其獲且竹浮流龜鱉碩竹本無䕡字從藝文類聚補石蝎相救魚酌不收鶖鶬鵠鵖風胎雨觳衆物駭目單不知所禦爾乃其裸疑果羅諸圃欱未詳緣畛黃甘諸柘柿桃杏李枇杍杜樼栗柰棠黎離支雜以梃橙被以櫻梅樹以木蘭扶林禽榆般關旁支何若英絡其間春机楊柹褭弱蟬抄扶施連卷鉅𥡨𥢑蝺子驥呼焉爾乃五穀馮戎瓜瓠饒多卉以部麻往往薑梔附子巨蒜木艾椒蘺藹醬酴清衆獻儲斯盛冬育筍舊菜增伽百華投春隆隱分芳蔓茗熒翠藻蕋青黃麗靡摛爓本作摛熘從文選西都賦注改若揮錦布繡望芒芒兮無幅本作望芒芒子于無𢆯從藝文類聚改御覽九百七十七作萬條榮翠藻若丹黃離錦布繡望之無𢆯爾乃其人自造奇錦紌緂縼緰縿緣盧中發文揚朱轉代無窮其布則細絺本作細都從御覽八百二十改弱折緜䌫成𥿋阿麗纖靡避晏與陰蜘蛛作絲不可見風筩中文選蜀都賦注作筒中黃潤一端數金雕鏤鈕一作釦御覽七百五十六作釦器百伎千工二語本但存雕鏤釦三字從藝文類聚補東西鱗集南北並湊馳逐相逢周流往來方轅齊轂隱隱軫軫本不重言隱軫從文選西

京賦注補幽輵。埃敦塵拂。萬端異類。崇戎總濃般旋。闠齊唶楚。而喉不感槪。萬物更湊。四時迭代。彼不折貨。我罔乏械。財用饒贍。蓄積備具。若夫慈孫孝子。宗厥祖禰。鬼神祭祀。練時選日。瀝豫齊戒。龍明衣。表玄穀。儷吉日。異清濁。合疏明。綏離旅。乃使有伊之徒。調夫五味。甘甜之味。勺藥之羹。江東鮐鮑。隴西牛羊。糴米肥豬。麏麀不行。鴻鶇𤢪乳。獨竹孤鶬。炮鴞被紕之胎。山麕髓腦。水遊之腴。蜂豚應鴈。被鴳晨鳧。鸐鶂初乳。山鶴既交。春羔秋䵹。膾鮻龜肴。秔田孺鶩。形不及勞。五肉七菜。朦猒腥臊。可以頤精神養血脈者。本作可以練神養血脈者。從北堂書鈔未改本一百四十二校補。案脈俗作䘑。因變爲脈。莫不畢陳。爾乃其俗。迎春送冬。本脫冬字。從文選蜀都賦劉逵注補。百金之家。千金本作斤。從文選注改。之公。乾池泄澳。觀魚于江。若其吉日嘉會。期于倍疑作涪。□□春之陰。迎夏之陽。侯羅司馬。郭范畾楊。置酒乎滎川之閒宅。設坐乎華都之高堂。延帷揚幕。接帳連岡。本脫連字。從文選顏延之曲水詩序注補。衆器雕琢。早刻將皇。朱緣之畫。邠盼麗光。龍蛇蛩蜷錯其中。禽獸奇偉髦山林。昔天地降生。杜鄗密促之君。則荆上亡尸之相。厥女作歌。是以其聲呼吟靖領。激呦喝啾。戶音六成。行夏低徊。胥徒入冥。及廟噆吟。諸連單情。舞曲轉節。踃駿應聲。其佚則接芬錯芳。襜袩纖延。躅凄秋。發陽春。羅儒吟。吳公連。眺朱顏。離絳脣。眇眇之態。吡噉出焉。若其遊怠漁弋。卻公之徒。本作若其遊怠魚弋羣公之徒。從文選蜀都賦劉逵注藝文類聚改。相與如乎陽瀕本作如平陽瀕。從文選南都賦注改。巨野。本作臣沼。從文選蜀都賦劉逵注改。羅車百乘。期會投宿。觀者方隄藝文類聚作方防。行船競逐。文選吳都賦注作行舟。偃衍撇曳。絺索恍惚。羅畏一作隈。獼澥蔓蔓汐汐。龍睢䁾兮。䍚布列。枚孤施兮。纖繳出。驚雌落兮。高雄蹷。翔鶤掛兮。奔紫畢。徂飛膾沈。單然後別。古文苑韓元吉本。又章樵注本。又略見藝文類聚六十一。

甘泉賦 幷序

孝成帝時。客有薦雄文似相如者。上方郊祠甘泉泰畤汾陰后土。以求繼嗣。召雄待詔承明之庭。正月從上甘泉還。奏甘泉賦以風。其辭曰。

惟漢十世。將郊上玄。定泰畤。雍神休。尊明號。同符三皇。錄功五帝。卹胤錫羨。拓迹開統。于是迺命羣僚。歷吉日。協靈辰。星陳而天行。詔招搖與泰陰兮。伏鉤陳使當兵。屬堪輿以壁壘兮。梢夔魖而抶獝狂。八神奔而警蹕兮。振殷轔而軍裝。蚩尤之倫。帶干將而秉玉戚兮。飛蒙茸而走陸梁。齊總總撙撙其相膠葛兮。猋駭雲訊。奮以方攘。駢羅列布。鱗以雜沓兮。柴虒參差。魚頡而鳥昕。翕赫曶霍。霧集而蒙合兮。半散照爛。粲以成章。于是乘輿迺登夫鳳皇兮而翳華芝。駟蒼螭兮六素虬。蠖略蕤綏。灕虖幓纚。帥爾陰閉。霅然陽開。騰清霄而軼浮景兮。夫何旟旐郅偈之旖柅也。流星旄以電爥兮。咸翠蓋而鸞旗。敦萬騎于中營兮。方玉車之千乘。聲駍隱以陸離兮。輕先疾雷而馺遺風。陵高衍之嵱嵷兮。超紆譎之清澄。登椽欒

而狃天門兮。馳閶闔而入凌兢。是時未轃夫甘泉也。迺望通天之繹繹。下陰潛以慘廪兮。上洪紛而相錯。直嶢嶢以造天兮。厥高慶而不可虖疆度。平原唐其壇曼兮。列新雉于林薄。攢并閭與茇苦兮。紛被麗其亡鄂。崇丘陵之駊騀兮。深溝嶔巖而爲谷。迣迣離宮般以相燭兮。封巒石關施靡虖延屬。于是大夏雲譎波詭。摧嗺而成觀。仰撟首以高視兮。目冥眴而亡見。正瀏濫以弘惝兮。指東西之漫漫。徒回回以徨徨兮。魂固眇眇而昏亂。據軨軒而周流兮。忽軮軋而亡垠。翠玉樹之青葱兮。璧馬犀之瞵瑞。金人仡仡其承鍾虡兮。嵌巖巖其龍鱗。揚光曜之燎燭兮。乘景炎之炘炘。配帝居之縣圃兮。象泰壹之威神。洪臺掘其獨出兮。㩻北極之嶟嶟。列宿迺施于上榮兮。日月纔經于柍桭。雷鬱律于巖窔兮。電倏忽于牆藩。鬼魅不能自還兮。半長途而下顛。歷倒景而絕飛梁兮。浮蔑蠓而撇天。左欃槍而右玄冥兮。前熛闕而後應門。陰西海與幽都兮。涌

于是下脫事字

醴泪㠯生川。蛟龍連蜷于東厓兮。白虎敦圉虖昆侖。覽樛流于高光兮。溶方皇于西清。前殿崔巍兮。和氏瓏玲。炕浮柱之飛榱兮。神莫莫而扶傾。閌閬閬其寥廓兮。似紫宮之崢嶸。駢交錯而曼衍兮。㠑嵬隗虖其相嬰。乘雲閣而上下兮。紛蒙籠㠯棍成。曳紅采之流離兮。颺翠氣之宛延。襲琁室與傾宮兮。若登高眇遠。肅虖臨淵。回猋肆其碭駭兮。翍桂椒而鬱移楊。香芬茀㠯窮隆兮。擊薄櫨而將榮。薌呹肸㠯棍根兮。聲駍隱而歷鍾。排玉戶而颺金鋪兮。發蘭惠與穹窮。惟弸環其拂汨兮。稍暗暗而靚深。陰陽清濁穆羽相和兮。若夔牙之調琴。般倕棄其剞劂兮。王爾投其鉤繩。雖方征僑與偓佺兮。猶仿佛其若夢。于是變物化。目駭耳回。蓋天子穆然珍臺閒館。琁題玉英。蜵蜎蠖濩之中。惟夫所㠯澄心清魂。儲精垂思。感動天地。逆釐三神者。迺搜逑索耦。皋伊之徒。冠倫魁能。函甘棠之惠。挾東征之意。相與齊虖陽靈之宮。靡薜荔而為席兮。折瓊枝㠯為芳。噏清雲之流瑕兮。飲若木之露英。集虖禮神之囿。登乎頌祇之堂。建光燿之長旓兮。昭華覆之威威。攀琁璣而下視兮。行遊目虖三危。陳眾車于東阬兮。肆玉釱而下馳。漂龍淵而還九垠兮。窺地底而上回。風從從而扶轄兮。鸞鳳紛其御蕤。梁弱水之濎濚兮。躡不周之逶蛇。想西王母欣然而上壽兮。屏玉女而卻虙妃。玉女無所眺其清盧兮。虙妃曾不得施其蛾眉。方擥道德之精剛兮。眸神明與之為資。于是欽柴宗祈。燎熏皇天。招繇泰壹。舉洪頤。樹靈旗。樵蒸焜上。配藜四施。東燭倉海。西燿流沙。北熿幽都。南煬丹厓。玄瓚觩䚫。秬鬯泔淡。肸蠁豐融。懿懿芬芬。炎感黃龍兮。熛訛碩麟。選巫咸兮叫帝閽。開天庭兮延羣神。儐暗藹兮降清壇。瑞穰穰兮委如山。于是事畢功弘。回車而歸。度三巒兮偈棠棃。天閫決兮地垠開。八荒協兮萬國諧。登長平兮雷鼓磕。天聲起兮勇士厲。雲飛揚兮雨滂沛。于胥德兮麗萬世。亂曰。崇崇圜丘。隆隱天兮。登降峛崺

熷當作嶒

單埢垣兮。增宮嵾差。駢嵯峨兮。岭熷嶙峋。洞亡厓兮。上天之縡。杳旭卉兮。聖皇穆穆。信厥對兮。徠祇郊禋。神所依兮。徘徊招搖。靈遲迡兮。煇光眩燿。隆厥福兮。子子孫孫。長亡極兮。漢書揚雄傳。文選。藝文類聚三十九。

河東賦 并序

其三月。將祭后土。上迺帥羣臣橫大河。湊汾陰。既祭。行遊介山。回安邑。顧龍門。覽鹽池。登歷觀。陟西岳㠯望八荒。迹殷周之虛。眇然㠯思唐虞之風。雄㠯為臨川羨魚。不如歸而結網。還上河東賦㠯勸。其辭曰。

伊年暮春。將瘞后土。禮靈祇。謁汾陰于東郊。因茲㠯勒崇垂鴻。發祥隤祉。欽若神明者。盛哉鑠乎。越不可載已。于是命羣臣。齊法服。整靈輿。迺撫翠鳳之駕。六先景之乘。掉犇星之流旃。彏天狼之威弧。張燿日之玄旄。揚左纛。被雲梢。奮電鞭。驂雷輜。鳴洪鍾。建五旗。羲和司日。顏倫奉輿。風發飆拂。神騰鬼趡。千乘霆亂。萬騎屈橋。嘻嘻旭旭。天地稠䆎。簸丘跳巒。涌渭躍涇。秦神下讋。跖魂負沴。河靈矍踢。爪華蹈衰。遂臻陰宮。穆穆肅肅。蹲蹲如也。靈祇既鄉。五位時敘。絪縕玄黃。將紹厥後。于是靈輿安步。周流容與。㠯覽虖介山。嗟文公而愍推兮。勤大禹于龍門。灑沈菑于豀瀆兮。播九河于東瀕。登歷觀而遙望兮。聊浮游㠯經營。樂往昔之遺風兮。喜虞氏之所耕。瞰帝唐之嵩高兮。脈隆周之大寍。汨低徊而不能去兮。行睨陔下與彭城。濊南巢之坎坷兮。易豳岐之夷平。乘翠龍而超河兮。陟西岳之嶢崝。雲霏霏而來迎兮。澤滲灕而下降。鬱蕭條其幽藹兮。滃汎沛㠯豐隆。叱風伯于南北兮。呵雨師于西東。參天地而獨立兮。廓盪盪其亡雙。遵逝虖歸來。㠯函夏之大漢兮。彼曾何足與比功。建乾坤之貞兆兮。將悉總之㠯羣龍。麗鉤芒與驂蓐收兮。服玄冥及祝融。敦眾神使式道兮。奮六經㠯攄頌。隃於穆之緝熙兮。過清廟之雝雝。軼五帝之遐迹兮。躡三皇之高蹤。既發軔于平盈兮。

誰謂路遠而不能從。漢書揚雄傳藝文類聚三十九

羽獵賦 幷序

孝成帝時。羽獵。雄從。㠯爲昔在二帝三王。宮館臺榭。沼池苑囿林麓藪澤。財足㠯奉郊廟御賓客充庖廚而已。不奪百姓膏腴穀土桑柘之地。女有餘布。男有餘粟。國家殷富。上下交足。故甘露零其庭。醴泉流其唐。鳳凰巢其樹。黃龍游其沼。麒麟臻其囿。神爵棲其林。昔者禹任益虞。而上下和。草木茂。成湯好田而天下用足。文王囿百里。民㠯爲尚小。齊宣王囿四十里。民㠯爲大。裕民之與奪民也。武帝廣開上林。東南至宜春鼎湖御宿昆吾。旁南山。西至長楊五柞。北繞黃山。濱渭而東。周袤數百里。穿昆明池。象滇河。營建章鳳闕。神明馺娑。漸臺泰液。象海水周流方丈瀛洲蓬萊。游觀侈靡。窮妙極麗。雖頗割其三垂。㠯贍齊民。然至羽獵。甲車戎馬器械儲偫。禁禦所營。尚泰奢麗誇詡。非堯舜成湯文王三驅之意也。又恐後世復修前好。不折中㠯泉臺。故聊因校獵。賦㠯風之。其辭曰。

或稱羲農。豈或帝王之彌文哉。論者云否。各㠯並時而得宜。奚必同條而共貫。則泰山之封。焉得七十而有二儀。是㠯創業垂統者。俱不見其爽。遐邇五三。孰知其是非。遂作頌曰。麗哉神聖。處于玄宮。富旣與地乎侔訾。貴正與天乎比崇。齊桓曾不足使扶轂。楚嚴未足㠯爲驂乘。狹三王之阨僻。嶠高舉而大興。歷五帝之寥廓。涉三皇之登閎。建道德㠯爲師。友仁義與之爲朋。于是玄冬季月。天地隆烈。萬物權輿于內。徂落于外。帝將惟田于靈之囿。開北垠受不周之制。㠯奉終始顓頊玄冥之統。迺詔虞人典澤。東延昆鄰。西馳閶闔。儲積共偫。戍卒夾道。斬叢棘。夷野草。御自汧渭。經營酆鎬。章皇周流。出入日月。天與地沓。爾迺虎路三嵕。㠯爲司馬。圍經百里而爲殿門。外則正南極海。邪界虞淵。鴻濛沆茫。揭㠯崇山。營合圍會。然後先置乎白楊之南。昆明靈沼之東。賁育之倫。蒙盾負羽。

杖鏌邪而羅者㠯萬計。其餘荷垂天之畢。張竟壄之罘。靡日月之朱竿。曳彗星之飛旗。青雲爲紛。紅蜺爲繯。屬之乎昆侖之虛。渙若天星之羅。浩如濤水之波。淫淫與與。前後要遮。欃槍爲闉。明月爲候。熒惑司命。天弧發射。鮮扁陸離。駢衍佖路。徽車輕武。鴻絧緁獵。殷殷軫軫。被陵緣阪。窮敻極遠者。相與列乎高原之上。羽騎營營。昈分殊事。繽紛往來。轠轤不絕。若光若滅者。布乎青林之下。于是天子乃㠯陽晁始出虖玄宮。撞鴻鍾。建九旒。六白虎。載靈輿。蚩尤竝轂。蒙公先驅。立歷天之旂。曳捎星之旃。霹靂烈缺。吐火施鞭。萃傱沇溶。淋離廓落。戲八鎭而開關。飛廉雲師。吸嚊潚率。鱗羅布列。攢㠯龍翰。啾啾蹌蹌。入西園。切神光。望平樂。徑竹林。蹂蕙圃。踐蘭唐。舉烽烈火。轡者施技。方馳千駟。狡騎萬帥。虓虎之陳。從橫膠轕。猋拉雷厲。驞駍駖磕。洶洶旭旭。天動地岋。羨漫半散。蕭條數千萬里外。若夫壯士忼慨。殊鄉別趣。東西南北。騁耆奔欲。拕蒼狶。跋犀犛。蹶浮麋。斮巨狿。搏玄猨。騰空虛。距連卷。踔夭蟜。娭澗門。莫莫紛紛。山谷爲之風猋。林叢爲之生塵。及至獲夷之徒。蹶松柏。掌蒺藜。獵蒙蘢。轔輕飛。履般首。帶脩蛇。鉤赤豹。摼象犀。跇巒阬。超唐陂。車騎雲會。登降闇藹。泰華爲旒。熊耳爲綴。木仆山還。漫若天外。儲與虖大浦。聊浪乎宇內。于是天淸日晏。逢蒙列眥。羿氏控弦。皇車幽輵。光純天地。望舒彌轡。翼乎徐至于上蘭。移圍徙陳。浸淫蹵部。曲隊堅重。各案行伍。壁壘天旋。神扶電擊。逢之則碎。近之則破。鳥不及飛。獸不得過。軍驚師駭。刮野埽地。及至罕車飛揚。武騎聿皇。蹈飛豹。羂嘄陽。追天寶。出一方。應駍聲。擊流光。壄盡山窮。囊括其雌雄。沇沇溶溶。遙噱虖紘中。三軍芒然。窮冘閼與。亶觀夫剽禽之紲隃。犀兕之抵觸。熊羆之挐攫。虎豹之凌遽。徒角搶題注。蹙竦讋怖。魂亡魄失。觸輻關脰。妄發期中。進退履獲。創淫輪夷。丘累陵聚。于是禽殫中衰。相與集于靖冥之館。㠯臨珍池。灌㠯岐梁。溢㠯江河。東

瞰目盡西暘無崖隨珠和氏焯爍其陂玉石嶜崟眩燿青熒漢女水潛怪物暗冥不可殫形玄鸞孔雀翡翠乘榮王雎關關鴻雁嚶嚶羣娭乎其中噍噍昆鳴鳧鷖振鷺上下砰磕聲若雷霆乃使文身之技水格鱗蟲淩堅冰犯嚴淵探巖排碕薄索蛟螭蹈獱獺據黿鼉抾靈蠵入洞穴出蒼梧乘巨鱗騎京魚浮彭蠡目有虞方椎夜光之流離剖明月之珠胎鞭洛水之虙妃餉屈原與彭胥于茲虖鴻生鉅儒俄軒冕雜衣裳脩唐典匡雅頌揖讓于前昭光振燿蠁曶如神仁聲惠于北狄武誼動于南鄰是㠯旃裘之王胡貉之長移珍來享抗手稱臣前入圍口後陳盧山羣公常伯陽朱墨翟之徒喟然並稱曰崇哉乎德雖有唐虞大夏成周之隆何㠯侈茲夫古之覲東嶽禪梁基舍此世也其誰與哉上猶謙讓而未俞也方將上獵三靈之流下決醴泉之滋發黃龍之穴窺鳳皇之巢臨麒麟之囿幸神雀之林奢雲夢侈孟諸非章華是靈臺罕徂離宮

而輟游觀土事不飾木功不彫烝民乎農桑勸之㠯弗怠儕男女使莫違恐貧窮者不徧被洋溢之饒開禁苑散公儲創道德之囿弘仁惠之虞馳弋乎神明之囿覽觀乎羣臣之有亡放雉兔收罝罘麋鹿芻蕘與百姓共之蓋所㠯臻茲也于是醇洪鬯之德豐茂世之規加勞三皇勖勤五帝不亦至乎乃祗莊雍穆之徒立君臣之節崇賢聖之業未遑苑囿之麗游獵之靡也因回軫還衡背阿房反未央漢書揚雄傳文選藝文類聚六十六

全漢文卷五十一終

全漢文卷五十二

烏程嚴可均校輯

揚雄二

長楊賦 并序

明年。上將大誇胡人㠯多禽獸。秋命右扶風發民入南山。西自褒斜。東至弘農。南敺漢中。張羅網罝罘。捕熊羆豪豬虎豹狖玃狐兔麋鹿。載㠯檻車。輸長楊射熊館。㠯網爲周阹。縱禽獸其中。令胡人手搏之。自取其獲。上親臨觀焉。是時農民不得收斂。雄從至射熊館。還。上長楊賦。聊因筆墨之成文章。故藉翰林㠯爲主人。子墨爲客卿㠯風。其辭曰。

子墨客卿問于翰林主人曰。蓋聞聖主之養民也。仁霑而恩洽。動不爲身。今年獵長楊。先命右扶風。左太華而右褒斜。椓嶻嶭而爲弋。紆南山㠯爲罝。羅千乘于林莽。列萬騎于山隅。帥軍踤阹。錫戎獲胡。搤熊羆。拖豪豬。木擁槍纍。㠯爲儲胥。此天下之窮覽極觀也。雖然。亦頗擾于農民。三旬有餘。其廑至矣。而功不圖。恐不識者外之則㠯爲娛樂之游。內之則不㠯爲乾豆之事。豈爲民乎哉。且人君㠯玄默爲神。澹泊爲德。今樂遠出㠯露威靈。數搖動㠯罷車甲。本非人主之急務也。蒙竊惑焉。翰林主人曰。吁。客何謂之茲耶。若客所謂知其一。未睹其二。見其外。不識其內也。僕嘗倦談。不能一二其詳。請略舉其凡。而客自覽其切焉。客曰。唯唯。主人曰。昔有強秦。封豕其土。窫窳其民。鑿齒之徒。相與摩牙而爭之。豪俊麋沸雲擾。羣黎爲之不康。于是上帝眷顧高祖。高祖奉命。順斗極。運天關。橫鉅海。漂昆侖。提劒而叱之。所過麾城摲邑。下將降旗。一日之戰。不可殫記。當此之勤。頭蓬不暇梳。飢不及餐。鞮鍪生蟣蝨。介冑被霑汗。㠯爲萬姓請命虖皇天。迺展民之所詘。振民之所乏。規億載。恢帝業。七年之間。而天下密如也。逮至聖文。隨風乘流。方垂意于至寧。躬服節儉。綈衣不敝。革鞜不穿。大廈不居。木器無文。于是後宮賤瑇瑁而疏珠璣。却翡翠之飾。除彫琢之巧。惡麗靡而不近。斥芬芳而不御。抑止絲竹晏衍之樂。憎聞鄭衛幼眇之聲。是㠯玉衡正而太階平也。其後熏鬻作虐。東夷橫畔。羌戎睚眥。閩越相亂。遐氓爲之不安。中國蒙被其難。于是聖武勃怒。爰整其旅。迺命驃衛。汾沄沸渭。雲合電發。猋騰波流。機駭蠭軼。疾如奔星。擊如震霆。碎轒轀。破穹廬。腦沙幕。髓余吾。遂躐乎王庭。敺橐駝。燒熐蠡。分勢單于。磔裂屬國。夷阬谷。拔鹵莽。刊山石。蹂屍輿廝。係累老弱。兗鋋瘢耆金鏃。孟康讀耆字絕句。蘇林讀瘢字絕句。案鏃字協韻。似蘇讀爲長。淫夷者數十萬人。皆稽顙樹頷。扶服蛾伏。二十餘年矣。尚不敢惕息。夫天兵四臨。幽都先加。迴戈邪指。南越相夷。靡節西征。羌僰東馳。是㠯遐方疏俗。殊鄰絕黨之域。自上仁所不化。茂德所不綏。莫不蹻足抗首。請獻厥珍。使海內澹然。永亡邊城之災。金革之患。今朝廷純仁。遵道顯義。并包書林。聖風雲靡。英華沈浮。洋溢八區。普天所覆。莫不沾濡。士有不談王道者。則樵夫笑之。意者㠯爲事罔隆而不殺。物靡盛而不虧。故平不肆險。安不忘危。迺時㠯有年出兵。整輿竦戎。振師五柞。習馬長楊。簡力狡獸。校武票禽。迺萃然登南山。瞰烏弋。西厭月嵹。東震日域。又恐後代迷于一時之事。常㠯此爲國家之大務。淫荒田獵。陵夷而不禦也。是㠯車不安軔。日未靡旃。從者彷彿。骫屬而還。亦所㠯奉太尊之烈。遵文武之度。復三王之田。反五帝之虞。使農不輟耰。工不下機。婚姻㠯時。男女莫違。出凱弟。行簡易。矜劬勞。休力役。見百年。存孤弱。帥與之同苦樂。然後陳鐘鼓之樂。鳴鞀磬之和。建碣磍之虡。拮隔鳴球。掉八列之舞。酌允鑠。肴樂胥。聽廟中之雍雍。受神人之福祜。歌投頌。吹合雅。其勤若此。故眞神之所勞也。方將俟元符。㠯禪梁甫之基。增泰山之高。延光于將來。比榮乎往號。豈徒欲淫覽浮觀。馳騁秔稻之地。周流棃栗之林。蹂踐芻蕘。

誇詡衆庶盛狖玃之收多麋鹿之獲哉且盲者不見咫尺而離婁燭千里之隅客徒愛胡人之獲我禽獸曾不知我亦已獲其王侯言未卒墨客降席再拜稽首曰大哉體乎允非小人之所能及也迺今日發矇廓然已昭矣漢書揚雄傳文選

覈靈賦

自今推古至于元氣始化古不覽今名號迭毀請吕詩春秋言之御覽一

太易之始太初之先馮馮沈沈奮搏無端御覽一

河出龍馬雒貢龜書文選陸倕石闕銘注

世有黃公者起于蒼州精神養性與道浮游文選謝朓之宣城出新林浦詩注

二子規游矩步文選陸機君子有所思行注

文王之始起浸仁漸義會賢儹智文選江淹詣建平王書注

枝附葉從表立景隨文選陳琳檄吳將校部曲注又蔡邕郭有道碑文注

君子有所思行當作長安有狹邪行

太玄賦

觀大易之損益兮覽老氏之倚伏省憂喜之共門兮察吉凶之同域皦皦著乎日月兮何俗聖之暗燭豈愒寵吕冒災兮將噬臍之不及若飄風不終朝兮驟雨不終日雷隱隱而輒息兮火猶熾而速滅自夫物有盛衰兮況人事之所極奚貪婪于富貴兮迄喪躬而危族豐盈禍所棲兮名譽怨所集薰吕芳而致燒兮膏含肥而見焫翠羽媺而殃身兮蚌含珠而擘裂聖作典吕濟時兮驅蒸民而入甲張仁義吕爲綱兮懷忠貞吕矯俗指尊選吕誘世兮疾身歿而名滅豈若師由聃兮執玄靜于中谷納僞祿于江淮兮揖松喬于華岳升崑崙吕散髮兮踞弱水而濯足文選陸機日出東南隅行注朝發軔于流沙兮夕翺翔于碣石忽萬里而一頓兮過列仙吕託宿役青要吕承戈兮舞馮夷吕作樂聽素女之清聲兮觀宓妃之妙曲茹芝英吕禦飢兮飢本作饑從文選琴賦注改作飢飲玉醴吕解渴排閶闔吕窺

天庭兮騎騂騩吕踟躕載羨門與儷游兮永覽周乎八極亂曰甘餌含毒難數嘗兮麟而可羈近犬羊兮鸞鳳高翔戾青雲兮不掛網羅固足珍兮斯錯位極離大戮兮屈子慕清葬魚腹兮伯姬曜名焚厥身兮孤竹二子餓首山兮斷跡屬婁何足稱兮辟斯數子智若淵兮我異于此執太玄兮蕩然肆志不拘攣兮古文苑

逐貧賦

揚子遁居離俗獨處左鄰崇山右接曠野鄰垣乞兒終貧且窶禮薄義弊相與羣聚惆悵失志呼貧與語汝在六極投棄荒遐好爲庸卒刑戮相加匪惟幼稚嬉戲土砂居非近鄰接屋連家恩輕毛羽義薄輕羅進不由德退不受呵久爲滯客其意謂何人皆文繡余褐不完人皆稻粱我獨藜飧貧無寶玩何吕接歡宗室之燕爲樂不槃徒行負笈出處易衣身服百役手足胼胝或耘或耔霑體露肌朋友道絕進宦淩遲厥咎安在職汝爲之舍汝遠竄昆崙之顛爾復我隨翰飛戾天舍爾登山巖穴隱藏爾復我隨陟彼高岡舍爾入海汎彼柏舟爾復我隨載沈載浮我行爾動我靜爾休豈無他人從我何求今汝去矣勿復久留貧曰唯唯主人見逐多言益嗤心有所懷願得盡辭昔我乃祖宗其明德克佐帝堯誓爲典則土階茅茨匪彫匪飾爰及季世縱其昬惑饕餮之羣貪富苟得鄙我先人乃傲乃驕瑤臺瓊榭室屋崇高流酒爲池積肉爲崤是用鵠逝不踐其朝三省吾身謂予無諐處君之家福祿如山忘我大德思我小怨堪寒能暑少而習焉寒暑不忒等壽神仙桀跖不顧貪類不干人皆重蔽子獨露居人皆怵惕子獨無虞言辭既罄色厲目張攝齊而興降階下堂誓將去汝適彼首陽孤竹二子與我連行余乃避席辭謝不直請不貳過聞義則服長與汝居終無厭極貧逐不去與我遊息藝文類聚三十五初學記十八御覽四百八十五古文苑

酒賦幷序案漢書題作酒箴御覽引漢書作酒賦各書作酒賦北堂書鈔作都酒賦都酒者酒器名也驗文當目都酒爲長

予當作子

逐當作遂

當作酒客難法度士酒醠壞法

鴐當作駕

漢孝成皇帝好酒。雄作酒賦㠯諷之。御覽八十九引酒賦序。

子猶瓶矣。御覽引漢書作酒醠壞法譬之于物子猶瓶矣。觀瓶之居。居酒之眉。處高臨深。動常近危。酒醪不入口。臧水滿懷。不得左右。牽于纆徽。一旦車礙。為瓽所轠。身提黃泉。骨肉為泥。自用如此。不如鴟夷。鴟夷滑稽。腹如大壺。盡日盛酒。人復借酤。常為國器。託于屬車。出入兩宮。經營公家。繇是言之。酒何過乎。漢書游俠陳遵傳。北堂書鈔一百四十八。藝文類聚七十二。初學記二十六。御覽七百五十八。又七百六十一。

反離騷 文選陸機弔魏武帝文注引此題作釋愁。

雄怪屈原文過相如。而主不容。作離騷。自投江而死。悲其文。讀之未嘗不流涕也。㠯為君子得時則大行。不得時則龍蛇。遇不遇命也。何必湛身哉。迺作書。往往摭離騷文而反之。自𡾰山投諸江流。㠯弔屈原。名曰反離騷。漢書揚雄傳。初學記六。

有周氏之蟬嫣兮。或鼻祖于汾隅。靈宗初諜伯僑兮。流于末之揚矦。淑周楚之豐烈兮。超既離虖皇波。因江潭而淮記兮。欽弔楚之湘纍。惟天軌之不辟兮。何純絜而離紛。紛纍㠯其淟涊兮。暗纍㠯其繽紛。漢十世之陽朔兮。招搖紀于周正。正皇天之清則兮。度后土之方貞。圖纍承彼洪族兮。又覽纍之昌辭。帶鉤矩而佩衡兮。履欃槍㠯為綦。素初貯厥麗服兮。何文肆而質䪞。資娵娃之珍髢兮。鬻九戎而索賴。鳳凰翔于蓬陼兮。豈鴐鵝之能捷。騁驊騮㠯曲囏兮。驢騾連蹇而齊足。枳棘之榛榛兮。蝯貁擬而不敢下。靈脩既信椒蘭之唼佞兮。吾纍忽焉而不蚤睹。衿芰茄之綠衣兮。被夫容之朱裳。芳酷烈而莫聞兮。固不如襞而幽之離房。閨中容競淖約兮。相態㠯麗佳。知眾嫭之嫉妒兮。何必颺纍之蛾眉。懿神龍之淵潛。竢慶雲而將舉。亡春風之被離兮。孰焉知龍之所處。愍吾纍之眾芬兮。颺爗爗之芳苓。遭季夏之凝霜兮。慶天顇而喪榮。橫江湘㠯南淮兮。云走乎彼蒼吾。馳江潭之汎溢兮。將折衷乎重華。舒中

情之煩或兮。恐重華之不纍與。陵陽矦之素波兮。豈吾纍之獨見許。精瓊靡與秋菊兮。將㠯延夫天年。臨汨羅而自隕兮。恐日薄于西山。解扶桑之總轡兮。縱令之遂奔馳。鸞皇騰而不屬兮。豈獨飛廉與雲師。卷薜芷與若蕙兮。臨湘淵而投之。棍申椒與菌桂兮。赴江湖而漚之。費椒稰㠯要神兮。又勤索彼瓊茅。違靈氛而不從兮。反湛身于江皋。纍既𠜂夫傅說兮。奚不信而遂行。徒恐鶗鴂之將鳴兮。顧先百草為不芳。初纍棄彼虙妃兮。更思瑤臺之逸女。抨雄鴆㠯作媒兮。何百離而曾不壹耦。乘雲蜺之旖旎兮。望昆侖㠯樛流。覽四荒而顧懷兮。奚必云女彼高丘。既亡鸞車之幽藹兮。焉駕八龍之委蛇。臨江瀕而掩涕兮。何有九招與九歌。夫聖哲之不遭兮。固時命之所有。雖增欷㠯於邑兮。吾恐靈修之不纍改。昔仲尼之去魯兮。斐斐遲遲而周邁。終回復于舊都兮。何必湘淵與濤瀨。溷漁父之餔歠兮。絜沐浴之振衣。棄由聃之所珍兮。蹠彭咸之所遺。漢書揚雄傳。藝文類聚五十六。

廣騷

旁離騷作重一篇。名曰廣騷。漢書揚雄傳。

畔牢愁

旁惜誦㠯下至懷沙一卷。名曰畔牢愁。漢書揚雄傳。

謹案。漢志揚雄賦十二篇。今蒐輯羣書。得完篇九。殘篇一。廣騷畔牢愁僅存篇名。

上書諫勿許單于朝

單于上書願朝。哀帝㠯問公卿。公卿㠯虛費府帑。可且勿許。單于使辭去。未發。雄上書諫。御覽八百十一引揚雄集。

臣聞六經之治。貴于未亂。兵家之勝。貴于未戰。二者皆微。然而大事之本。不可不察也。今單于上書求朝。國家不許而辭之。臣愚㠯為漢與匈奴從此隙矣。夫北地之狄。五帝所不能臣。三王所不能制。其不可使隙甚明。臣不敢遠稱。請引秦㠯來明之。㠯秦始皇之

彊蒙恬之威，帶甲四十餘萬，然不敢窺西河，迺築長城以界之。會漢初興，以高祖之威靈，三十萬衆困于平城，士或七日不食。時奇譎之士、石畫之臣甚衆，卒其所以脱者，世莫得而言也。又高皇后嘗忿匈奴，羣臣廷議，樊噲請以十萬衆橫行匈奴中，季布曰：「噲可斬也，妄阿順旨。」于是大臣權書遺之，然後匈奴之結解，中國之憂平。及孝文時，匈奴侵暴北邊，候騎至雍甘泉，京師大駭，發三將軍屯細柳、棘門、霸上以備之，數月乃罷。孝武即位，設馬邑之權，欲誘匈奴，使韓安國將三十萬衆徼于便墬，匈奴覺之而去，徒費財勞師，一虜不可得見，況單于之面乎！其後深惟社稷之計，規恢萬載之策，迺大興師數十萬，使衞青、霍去病操兵，前後十餘年。于是浮西河，絶大幕，破寘顔，襲王庭，窮極其地，追奔逐北，封狼居胥山，禪于姑衍，以臨瀚海，虜名王貴人以百數。自是之後，匈奴震怖，益求和親，然而未肯稱臣也。且夫前世豈樂傾無量之費，役無罪之人，

快心于狼望之北哉？以為不壹勞者不久佚，不暫廢者不永寧，是以忍百萬之師以摧餓虎之喙，運府庫之財填盧山之壑而不悔也。至本始之初，匈奴有桀心，欲掠烏孫，侵公主，迺發五將之師十五萬騎獵其南，而長羅侯以烏孫五萬騎震其西，皆至質而還。時鮮有所獲，徒奮揚威武，明漢兵若雷風耳。雖空行空反，尚誅兩將軍。故北狄不服，中國未得高枕安寢也。逮至元康、神爵之間，大化神明，鴻恩溥洽，而匈奴內亂，五單于爭立，日逐、呼韓邪攜國歸死，扶伏稱臣，然尚羈縻之，計不顓制。自此之後，欲朝者不距，不欲者不彊。何者？外國天性忿鷙，形容魁健，負力怙氣，難化以善，易隸以惡，其彊難詘，其和難得。故未服之時，勞師遠攻，傾國殫貨，伏尸流血，破堅拔敵，如彼之難也；既服之後，慰薦撫循，交接賂遺，威儀俯仰，如此之備也。往時嘗屠大宛之城，蹈烏桓之壘，探姑繒之壁，籍蕩姐之場，艾朝鮮之旃，拔兩越之旗，近不過旬月之役，遠不離二時之勞，固已犂其庭，掃其閭，郡縣而置之，雲徹席卷，後無餘菑。惟北狄為不然，眞中國之堅敵也，三垂比之懸矣，前世重之茲甚，未易可輕也。今單于歸義，懷款誠之心，欲離其庭，陳見于前，此迺上世之遺策，神靈之所想望，國家雖費，不得已者也。柰何距以來厭之辭，疏以無日之期，消往昔之恩，開將來之隙！夫款而隙之，使有恨心，負前言，緣往辭，歸怨于漢，因以自絶，終無北面之心，威之不可，諭之不能，焉得不為大憂乎！夫明者視于無形，聰者聽于無聲，誠先于未然，即蒙恬、樊噲不復施，棘門、細柳不復備，馬邑之策安所設，衞、霍之功何得用，五將之威安所震？不然，壹有隙之後，雖智者勞心于內，辯者轂擊于外，猶不若未然之時也。且往者圖西域，制車師，置城郭都護三十六國，費歲以大萬計者，豈為康居、烏孫能踰白龍堆而寇西邊哉？迺以制匈奴也。夫百年勞之，一日失之，費十而愛一，臣竊為國不安也。惟陛下少留意于未亂未戰，以遏邊

萌之禍。（漢書匈奴傳）書奏，天子召還匈奴使者，復報單于書而許之，賜雄黃金十斤。（御覽八百十一引揚雄集。）

對詔問災異

鼓妖，聽失之象也。朱博為人彊毅多權謀，宜將不宜相，恐有凶惡亟疾之怒。（漢書五行志中之下：哀帝建平二年四月，御史大夫朱博為丞相，少府趙玄為御史大夫，臨延登受策，有大聲如鐘鳴。上以問黃門侍郎揚雄、李尋。尋對，揚雄亦以為）

荅劉歆書

雄叩頭，賜命謹至。又告以田儀事，事窮竟，白案顯出，甚厚甚厚。田儀與雄同鄉里，幼稚為鄰，長艾相更，視覬動精采，似不為非者，故舉至日，雄之任也。不意淫迹暴于官朝，令舉者懷報而低眉，任者含聲而宛舌。知人之德，堯猶病諸，雄何慚焉！叩頭叩頭。又敕以殊言十五卷，君何由知之？謹歸誠底裏，不敢違信。雄少不師章句，亦

于五經之訓所不解。嘗聞先代輶軒之使奏籍之書皆藏于周秦之室。及其破也，遺棄無見之者。獨蜀人有嚴君平臨邛林閭翁孺者深好訓詁，猶見輶軒之使所奏言。翁孺與雄外家牽連之親。又君平過誤有以私遇少而與雄也。君平財有千言耳，翁孺梗概之法略有。翁孺往數歲死，婦蜀郡掌氏子無子而去。而雄始能草文，先作縣邸銘、玉佴頌、階闥銘及成都城四隅銘。蜀人有楊莊者為郎，誦之于成帝。成帝好之，以為似相如。雄遂以此得外見。文選甘泉賦注無外字。此數者皆都水君常見也，故不復奏。雄為郎之歲，自奏少不得學，而心好沈博絕麗之文，願不受三歲之奉，且休脫直事之繇，得肆心廣意，以自克就。有詔可不奪奉，令尚書賜筆墨錢六萬，得觀書于石室。如是後一歲，作繡補、靈節、龍骨之銘詩三章。成帝好之，遂得盡意。故天下上計孝廉及內郡衛卒會者，雄常把三寸弱翰，齎油素四尺，以問其異語，歸即以鉛摘次之于槧，二十七歲于

今矣。而語言或交錯相反，方覆論思，詳悉集之。燕其疑。張伯松不好雄賦頌之文，然亦有以奇之。常為雄道言其父及其先君憙典訓，屬雄以此篇目頻示其成者。伯松曰：是懸諸日月不刊之書也。又言恐雄為太玄經，由鼠坻之與牛場也。如其用，則實五稼，飽邦民；否則為牴糞，棄之于道矣。而雄般之。伯松與雄獨何德慧，而君與雄獨何譖隙，而當匿乎哉。其不勞戎馬高車，令人君坐幃幕之中，知絕遐異俗之語，典流于昆嗣，言列于漢籍，誠雄心所絕極，至精之所想遘也。扶聖朝遠照之明，使君錄此，如君之意，誠雄散之之會，死之日，則今之榮也。不敢有貳，不敢有愛。少而不以行立于鄉里，長而不以功顯于縣官，著訓于帝籍，但言詞博覽，翰墨為事，誠欲崇而就之，不可以遺，不可以怠。即君必欲脅之以威，陵之以武，欲令入之于此，此又未定，未可以見。今君又終之，則縊死以從命也。而可且寬假延期，必不敢有愛。雄之所為，得使君輔貢于明

來當作象

朝，則雄無恨，何敢有匿。唯執事圖之。長監于規繡之就，死以為小雄，敢行之。謹因還使，雄叩頭叩頭。方言、古文苑、藝文類聚八十五。

與桓譚書

望風景附，聲訓自結。文選任昉王文憲集序注。

答桓譚書

長卿賦不似從人間來，其神化所至邪。大諦能讀千賦，則能為之。諺云：伏習眾神，巧者不過習者之門。揚慎赤牘清裁。案西京雜記：揚子雲曰：長卿賦不似人間來，其神化所至邪。意林載桓譚新論云：揚子雲工于賦，王君大習兵器，余欲從二子學。子雲曰：能讀千賦則善賦。君大曰：能觀千劍則曉劍。諺曰：伏習象神，巧者不過習者之門。北堂書鈔一百二引桓子新論云：余少好文，見揚子雲賦，欲從學。子雲曰：能讀千賦則善之矣。藝文類聚五十六引桓子新論云：余素好文，見子雲工為賦，欲從之學。子雲曰：能讀千賦則善為之矣。用修綴拾成文，唯加大諦二字。然諺云以下是桓譚語，非子雲語也。此與答劉歆書，張溥百三家、梅鼎祚文紀皆入錄，今姑不刪。

全漢文卷五十二終

全漢文卷五十三

烏程嚴可均校輯

揚雄三

難蓋天八事

其一云。日之東行。循黃道。晝中規。牽牛距北極北百一十度。東井距北極南七十度。并百八十度。周三徑一。二十八宿周天當五百四十度。今三百六十度。何也。

其二曰。春秋分之日正出在卯。入在酉。而晝漏五十刻。即天蓋轉。夜當倍晝。今夜亦五十刻。何也。

其三曰。日入而星見。日出而不見。即斗下見日六月。不見日六月。北斗亦當見六月。不見六月。今夜常見。何也。

其四曰。以蓋圖視天河。起斗而東入狼弧間。曲如輪。今視天河直如繩。何也。

其五曰。周天二十八宿。以蓋圖視天。星見者當少。不見者當多。今見與不見等。何出入無冬、夏。而兩宿十四星當見。不以日長短故見有多少。何也。

其六曰。天至高也。地至卑也。日託天而旋。可謂至高矣。縱人目可奪。水與景不可奪也。今從高山之上。設水平以望日。則日出水平下。影上行。何也。若天體常高。地體常卑。日無出下之理。于是蓋天無以對也。

其七曰。視物近則大。遠則小。今日與北斗。近我而小。遠我而大。何也。

其八曰。視蓋橑與車輻間。近杠轂即密。益遠益疏。今北極為天杠轂。二十八宿為天橑輻。以星度度天。南方次地星間當數倍。今交密。何也。隋書天文志一。又開元占經二。

解嘲

哀帝時。丁傅董賢用事。諸附離之者。或起家至二千石。時雄方草太玄。有以自守。泊如也。或嘲雄以玄尚白。而雄解之。號曰解嘲。其辭曰。

客嘲揚子曰。吾聞上世之士。人綱人紀。不生則已。生則上尊人君。下榮父母。析人之圭。儋人之爵。懷人之符。分人之祿。紆青拕紫。朱丹其轂。今子幸得遭明盛之世。處不諱之朝。與群賢同行。歷金門。上玉堂。有日矣。曾不能畫一奇。出一策。上說人主。下談公卿。目如燿星。舌如電光。壹從壹衡。論者莫當。顧而作太玄五千文。支葉扶疏。獨說十餘萬言。深者入黃泉。高者出蒼天。大者含元氣。纖者入無倫。然而位不過侍郎。擢纔給事黃門。意者玄得毋尚白乎。何為官之拓落也。揚子笑而應之曰。客徒欲朱丹吾轂。不知一跌將赤吾之族也。往者周罔解結。群鹿爭逸。離為十二。合為六七。四分五剖。並為戰國。士亡常君。國亡定臣。得士者富。失士者貧。矯翼厲翮。

恣意所存。故士或自盛以橐。或鑿坏以遁。是故騶衍以頡亢而取世資。孟軻雖連蹇。猶為萬乘師。今大漢左東海。右渠搜。前番禺。後陶塗。東南一尉。西北一候。徽以糾墨。制以質鈇。散以禮樂。風以詩書。曠以歲月。結以倚廬。天下之士。雷動雲合。魚鱗雜襲。咸營于八區。家家自以為稷契。人人自以為咎繇。戴縰垂纓而談者。皆擬于阿衡。五尺童子。羞比晏嬰與夷吾。當塗者入青雲。失路者委溝渠。旦握權則為卿相。夕失勢則為匹夫。譬若江湖之雀。勃解之鳥。乘鴈集不為之多。雙鳧飛不為之少。昔三仁去而殷虛。二老歸而周熾。子胥死而吳亡。種蠡存而粵伯。五羖入而秦喜。樂毅出而燕懼。范睢以折摺而危穰侯。蔡澤雖噤吟而笑唐舉。故當其有事也。非蕭曹子房平勃樊霍則不能安。當其亡事也。章句之徒相與坐而守之。亦亡所患。故世亂則聖哲馳騖而不足。世治則庸夫高枕而有餘。夫上世之士。或解縛而相。或釋褐而傅。或倚夷門而笑。或橫江潭而漁。或七十說而不遇。或立談閒而封侯。或枉千乘于陋巷。或擁帚彗而先驅。是吕頗得信其舌而奮其筆。窒隙蹈瑕而無所詘也。當今縣令不請士。郡守不迎師。羣卿不揖客。將相不俛眉。言奇者見疑。行殊者得辟。是吕欲談者宛舌而固聲。欲行者擬足而投迹。鄉使上世之士處虖今。策非甲科。行非孝廉。舉非方正。獨可抗疏。時道是非。高得待詔。下觸聞罷。又安得青紫。且吾聞之也。炎炎者滅。隆隆者絕。觀雷觀火。為盈為實。天收其聲。地藏其熱。高明之家。鬼瞰其室。攫拏者亡。默默者存。位極者宗危。自守者身全。是故知玄知默。守道之極。爰清爰靜。游神之廷。惟寂惟寞。守德之宅。世異事變。人道不殊。彼我易時。未知何如。今子迺吕鴟梟而笑鳳皇。執蝘蜓而謿龜龍。不亦病乎。子徒笑我玄之尚白。吾亦笑子之病甚。不遭臾跗扁鵲。悲夫。客曰。然則靡玄無所成名乎。范蔡吕下。何必玄哉。揚子曰。范雎魏之亡命也。折脅拉髂。免于徽索。翕肩蹈背扶服入橐。激卬萬乘之主。介涇陽。抵穰侯而代之。當也。蔡澤山東之匹夫也。顉頤折頞。涕涶流沫。西揖彊秦之相。搤其咽。炕其氣。附其背而奪其位。時也。天下已定。金革已平。都于雒陽。婁敬委輅脫輓。掉三寸之舌。建不拔之策。舉中國徙之長安。適也。五帝垂典。三王傳禮。百世不易。叔孫通起于枹鼓之閒。解甲投戈。遂作君臣之儀。得也。甫刑靡敝。秦法酷烈。聖漢權制。而蕭何造律。宜也。故有造蕭何律于唐虞之世。則誖矣。有作叔孫通儀于夏殷之時。則惑矣。有建婁敬之策于成周之世。則繆矣。有談范蔡之說于金張許史之閒。則狂矣。蕭規曹隨。留侯畫策。陳平出奇。功若泰山。嚮若阺隤。唯其人之贍知哉。亦會其時之可為也。故為可為于可為之時。則從。為不可為于不可為之時。則凶。夫藺先生收功于章臺。四晧采榮于南山。公孫創業于金馬。票騎發迹于祁連。司馬長卿竊訾于卓氏。東方朔割名于細君。僕誠不能與此數公者並。故默然獨

守吾太玄。漢書本傳。文選。藝文類聚二十五。

解難

雄吕為經莫大于易。故作太玄。客有難玄太深。眾人之不好也。雄解之。號曰解難。其辭曰。

客難揚子曰。凡著書者。為眾人之所好也。美味期乎合口。工聲調于比耳。今吾子乃抗辭幽說。閎意眇指。獨馳騁于有亡之際。而陶冶大鑪。旁薄羣生。歷覽者茲年矣。而殊不寤。亶費精神于此。而煩學者于彼。譬畫者畫于無形。弦者放于無聲。文選曹子建七啟注引作譬若畫者放于無形絃者放于無聲。殆不可乎。揚子曰。俞。若夫閎言崇議。幽微之塗。蓋難與覽者同也。昔人有觀象于天。視度于地。察法于人者。天麗且彌。地普而深。昔人之辭。迺玉迺金。彼豈好為艱難哉。勢不得已也。獨不見翠虯絳螭之將登虖天。必聳身于蒼梧之淵。不階浮雲。翼疾風。虛舉而上升。則不能撠膠葛。騰九閎。日月之經不千里。則不能燭六合。耀八紘。文選劉楨贈徐幹詩注引自日月之經至此同。泰山之高不嶕嶢。則不能浡滃雲而散歊烝。是吕宓犧氏之作易也。緜絡天地。北堂書鈔十七制作引伏羲作易緜絡天地。經吕八卦。文王附六爻。孔子錯其象而彖其辭。然後發天地之臧。定萬物之基。典謨之篇。雅頌之聲。不溫純深潤。則不足吕揚鴻烈而章緝熙。蓋胥靡為宰。寂寞為尸。大味必淡。大音必希。大語叫叫。大道低回。是吕聲之眇者不可同于眾人之耳。形之美者不可混于世俗之目。辭之衍者不可齊于庸人之聽。今夫弦者。文選張協七命注引弦作絃。高張急徽。追趣逐耆。則坐者不期而附矣。試為之施咸池。揄六莖。發簫韶。詠九成。則莫有和也。是故鍾期死。伯牙絕弦破琴而不肯與眾鼓。獿人亡。則匠石輟斤而不敢妄斲。師曠之調鍾。竢知音者之在後也。孔子作春秋。幾君子之前睹也。陸績述玄引侯知音之在後孔子作春秋冀君子之將睹。老聃有遺言。貴知我者希。此非其操與。梅鼎祚文紀。

蜀王本紀

蜀之先稱王者。有蠶叢、柏濩、魚鳧。案文選蜀都賦劉注引下有蒲澤二字。開明。是時人萌椎髻左衽。不曉文字。未有禮樂。從開明已上至蠶叢。積三萬四千歲。文選蜀都賦劉注、魏都賦劉注、王元長三月三日曲水詩序注、御覽一百六十六。案御覽引作凡四千歲。

蜀王之先名蠶叢。後代名曰柏濩。後者名魚鳧。案初學記八、藝文類聚六、御覽一百六十六引作次曰柏雍、又次曰魚鳧。此三代各數百歲。皆神化不死。其民亦頗隨王化去。魚鳧田于湔山。得仙。今廟祀之于湔。時蜀民稀少。御覽一百六十六、又九百一十三。

後有一男子。名曰杜宇。案史記三代世表索隱引作朱提有男子杜宇。從天墮。止朱提。有一女子名利。從江源井中出。爲杜宇妻。乃自立爲蜀王。號曰望帝。案御覽一百六十六引下有移居邦邑四字。治汶山下邑曰郫。化民往往復出。文選思玄賦注、御覽一百六十六、又八百八十八。

利當作相

望帝積百餘歲。荆有一人名鼈靈。案後漢書注、文選注引作鼈令。其尸亡去。荆人求之不得。鼈靈尸隨江水上至郫。遂活。與望帝相見。望帝以鼈靈爲相。時玉山出水。若堯之洪水。望帝不能治。使鼈靈決玉山。民得安處。鼈靈治水去後。望帝與其妻通。慚媿。自以德薄不如鼈靈。乃委國授之而去。如堯之禪舜。鼈靈即位。號曰開明帝。帝生盧保。亦號開明。後漢書張衡傳注、文選思玄賦注、御覽八百八十八、又九百二十三、事類賦注六。

望帝去時子䳏鳴。故蜀人悲子䳏鳴而思望帝。望帝。杜宇也。後天墮。御覽九百二十三。

後當作從

開明帝下至五代。有開明尚。始去帝號。復稱王也。後漢書張衡傳注。

天爲蜀王生五丁力士。能徙蜀山。王無五丁。輒立大石。長三丈。重千鈞。號曰石牛。千人不能動。萬人不能移。藝文類聚七、御覽八百八十八。

蜀王據有巴蜀之地。本治廣都樊鄉。徙居成都。秦惠王遣張儀、司馬錯定蜀。因築成都而縣之。成都在赤里街。張若徙置少城內。始造府縣寺舍。今與長安同制。御覽八百八十八、寰宇記七十二。

秦惠王時。蜀王不降秦。秦亦無道出于蜀。蜀王從萬餘人東獵褒

谷。卒見秦惠王。秦王以金一笥遺蜀王。蜀王報以禮物。禮物盡化爲土。秦王大怒。臣下皆再拜賀曰。土者地也。秦當得蜀矣。御覽三十七、又四百七十八、又八百十一、又八百七十二、又八百八十八、事類賦注九。

秦惠王本紀曰。秦惠王欲伐蜀。乃刻五石牛。案御覽八百八十八引作秦王恐無利見處。乃刻五石牛。置金其後。蜀人見之。以爲牛能大便金。牛下有養卒。以爲此天牛也。能便金。蜀王以爲然。即發卒千人。使五丁力士拖牛成道。致三枚于成都。秦道得通。石牛之力也。後遣丞相張儀等隨石牛道伐蜀焉。北堂書鈔一百十六、藝文類聚九十四、白帖九十六、御覽三百五、又八百八十八。

武都人有善知蜀王者。將其妻女適蜀。居蜀之後。不習水土。欲歸。蜀王心愛其女。留之。乃作伊鳴之聲六曲以舞之。北堂書鈔一百六、御覽八百八十八。案北堂書鈔引作乃東平之歌以樂也。

武都丈夫化爲女子。案御覽八百八十八引武都上有或曰前三字。顏色美好。蓋山之精也。蜀王娶以爲妻。案藝文類聚作爲夫人。不習水土。疾病欲歸。蜀王留之。無幾物故。蜀王發卒之武都擔土。于成都郭中葬之。蓋地三畝。高七丈。號曰武擔。案開元占經引作又怨之號曰武擔。以石作鏡一枚。表其墓。徑一丈。高五尺。後漢書任文公傳注、三國志蜀先主傳注、北堂書鈔九十四、又一百三十六、初學記五、藝文類聚六、又七十七、開元占經一百十三、御覽五十二、又七百十七、又八百八十八、事類賦注七。

于是秦王知蜀王好色。乃獻美女五人于蜀王。蜀王愛之。遣五丁迎女。還至梓潼。見一大虵入山穴中。一丁引其尾不出。五丁共引虵。山乃崩。壓五丁。五丁踏地大呼秦王。五女及迎送者皆上山化爲石。蜀王登臺望之不來。因名五婦侯臺。蜀王親埋作冢。皆致萬石。以誌其墓。初學記五、藝文類聚七、又九十六、白帖五、御覽五十二、又三百八十六、又八百八十八、又九百三十四、事類賦注二十八。

秦惠王遣張儀、司馬錯伐蜀。王開明拒戰不利。退走武陽。獲之。寰宇記七十二。

張儀伐蜀。蜀王開明戰不勝。爲儀所滅。史記秦本紀索隱。

秦王誅蜀侯惲後迎葬咸陽天雨三月不通因葬成都蜀人求雨祠蜀侯必雨。御覽十一

蜀王有鸚武舟。初學記二十五御覽一百三十七

秦爲太白船萬艘欲目攻楚。本注曰太白船名初學記二十五

秦爲舶舡萬艘欲攻楚。御覽七百六十九事類賦注十六

秦襄王時宕渠郡獻長人長二十五丈六尺。法苑珠林八御覽三百七十七

禹本汶山郡廣柔縣人生于石紐其地名痢兒畔禹母吞珠孕禹坼副而生于縣塗山娶妻生子名啟于今塗山有禹廟亦爲其母立廟。史記夏本紀正義初學記九御覽八十三又五百三十一

老子爲關令尹喜著道德經臨別曰子行道千日後于成都青羊肆尋吾今爲青牛觀是也。御覽一百九十一寰宇記七十二

江水爲害蜀守李冰作石犀五枚二枚在府中一枚在市橋下二枚在水中目厭水精因曰石犀里也。北堂書鈔三十九藝文類聚九十五御覽八百九十七

李冰目秦時爲蜀守謂汶山爲天彭闕號曰天彭門云亡者悉過其中鬼神精靈數見。寰宇記七十三

湔氐道縣前有兩石對如闕號曰彭門。續漢郡國志補注

宣帝地節中始穿鹽井數十所。御覽八百六十五

趙充國頌

明靈惟宣戎有先零先零昌狂侵漢西疆漢命虎臣惟後將軍整我六師是討是震既臨其域諭目威德有守矜功謂之弗克請奮其旅于罕之羌天子命我從之鮮陽營平守節婁奏封章料敵制勝威謀靡亢遂克西戎還師于京鬼方賓服罔有不庭昔周之宣有方有虎詩人歌功乃列于雅在漢中興充國作武赳赳桓桓亦紹厥後。漢書趙充國傳文選藝文類聚五十九

劇秦美新

諸吏中散大夫臣雄稽首再拜上封事皇帝陛下臣雄經術淺薄行能無異數蒙渥恩拔擢倫比與羣賢竝媿無目稱職臣伏惟陛下目至聖之德龍興登庸欽明尚古作民父母爲天下主執粹清之道鏡照四海聽聆風俗博覽廣包參天貳地兼竝神明配五帝冠三王開闢目來未之聞也臣誠樂昭著新德光之罔極往時司馬相如作封禪一篇目彰漢氏之休臣常有顚眴病恐一旦先犬馬塡溝壑所懷不章長恨黃泉敢竭肝膽寫腹心作劇秦美新一篇雖未究萬分之一亦臣之極思也臣雄稽首再拜目聞曰權輿天地未祛睢睢盱盱或玄而萌或黃而牙玄黃剖判上下相嘔爰初生民帝王始存在乎混混茫茫之時舋聞罕漫而不昭察世莫得而云也厥有云者上罔顯于羲皇中莫盛于唐虞邇靡著于成周仲尼不遭用春秋困斯發言神明所祚兆民所託罔不云道德仁義禮智獨秦屈起西戎邠荒岐雍之疆因襄文宣靈之僭迹立基孝公茂惠文奮昭莊至政破縱擅衡幷吞六國遂稱乎始皇盛

從鞅儀韋斯之邪政馳鶩起翦恬賁之用兵剗滅古文刮語燒書弛禮崩樂塗民耳目遂欲流唐漂虞滌殷蕩周燕除仲尼之篇籍自勤功業改制度軌量咸稽之于秦紀是目耆儒碩老抱其書而遠遜禮官博士卷其舌而不談來儀之鳥肉角之獸狙獷而不臻甘露嘉醴景曜浸潭之瑞潛大茀經霣巨狄鬼信之妖發神歇靈繹海水羣飛二世而亡何其劇與帝王之道兢兢乎不可離已夫能貞而明之者窮祥瑞回而昧之者極妖愆上覽古在昔有憑應而尚缺焉壞徹而能全故若古者稱堯舜威侮者陷桀紂況盡汎埽前聖數千載功業專用已之私而能享祐者哉會漢祖龍騰豐沛奮迅宛葉自武關與項羽戮力咸陽創業蜀漢發迹三秦尅項山東而帝天下擿秦政慘酷九煩者應時而蠲如儒林刑辟厤紀圖典之用稍增焉秦餘制度項氏爵號雖違古而猶襲之是目帝典闕而不補王綱弛而未張道極數殫闇忽不還逮至大新受命

免人役下落方甫刑三字

上帝還資。后土顧懷。玄符靈契。黃瑞涌出。滭浡沕潏。川流海渟。雲動風偃。霧集雨散。誕彌八圻。上陳天庭。震聲日景。炎光飛響。盈塞天淵之間。必有不可辭讓云爾。于是乃奉若天命。窮寵極崇。與天剖神符。地合靈契。創億兆。規萬世。奇偉倜儻譎詭。天祭地事。其異物殊怪。存乎五威將帥。班乎天下者。四十有八章。登假皇穹。鋪衍下土。非新家其疇離之。卓哉煌煌。眞天子之表也。若夫白鳩丹烏。素魚斷蛇。方斯蔑矣。受命甚易。格來甚勤。昔帝纘皇。王纘帝。隨前踵古。或無爲而治。或損益而亡。豈知新室委心積意。儲思垂務。旁作穆穆。明旦不寐。勤勤懇懇者。非秦之爲與。夫不勤勤。則前人不當。不懇懇。則覺德不愷。是以發秘府。覽書林。遙集乎文雅之囿。翱翔乎禮樂之場。胤殷周之失業。紹唐虞之絕風。懿律嘉量。金科玉條。神卦靈兆。古文畢發。煥炳照曜。靡不宣臻。式軨軒旂旗以示之。揚和鸞肆夏以節之。施黼黻袞冕以昭之。正嫁娶送終以尊之。親九族淑賢以穆之。夫改定神祇。上儀也。欽脩百祀。咸秩也。明堂雍臺。壯觀也。九廟長壽。極孝也。制成六經。洪業也。北懷單于。廣德也。若復五爵。度三壤。經井田。免人役。臣馬法。恢崇祗庸爍德懿和之風。廣彼搢紳講習言諫箴誦之塗。振鷺之聲。充庭鴻鸞之黨。漸階俾前聖之緒。布濩流衍而不韞韣。郁郁乎煥哉。天人之事盛矣。鬼神之望允塞。羣公先正。罔不夷儀。姦宄寇賊。罔不振威。紹少典之苗。著黃虞之裔。帝典闕者已補。王綱弛者已張。炳炳麟麟。豈不懿哉。厥被風濡化者。京師沈潛。甸內市洽。侯衞厲揭。要荒濯沐。而術前典。巡四民。迄四嶽。增封泰山。禪梁父。斯受命者之典業也。蓋受命日不暇給。或不受命。然猶有事矣。況堂堂有新。正丁厥時。崇嶽渟海通瀆之神。咸設壇場。望受命之臻焉。海外遐方。信延頸企踵。回面內嚮。喁喁如也。帝者雖勤。惡可以已乎。宜命賢哲作帝典一篇。舊三爲一。襲以示來人。摛之罔極。令萬世常戴巍巍。履栗栗。臭馨香。含甘實。鏡純粹之至精。聆清和之正聲。則百工伊凝。庶績咸喜。荷天衢。提地釐。斯天下之上則已。庶可試哉。（文選、藝文類聚十。）

連珠

臣聞明君取士。貴拔眾之所遺。忠臣薦善。不廢格而（疑當作之）所排。是以巖穴無隱。而側陋章顯也。（藝文類聚五十七。）

臣聞天下有三樂。有三憂焉。陰陽和調。四時不忒。年豐物遂。（一作年穀豐遂。）無有夭折。災害不生。兵戎不作。天下之樂也。聖明在上。祿不遺賢。罰不偏罪。君子小人。各處其位。眾人（一作眾臣）之樂也。吏不苟暴。役賦不重。財力不傷。安土（一作女工）樂業。民之樂也。亂則反焉。故有三憂。（御覽四百六十八。又四百六十九。）

兼聽獨斷。聖王之法也。（文選干寶晉紀總論注。）

古之人主。所以統天者。不遠焉。（文選陸機五等論注。）

全漢文卷五十三終

烏程嚴可均校輯

揚雄四

冀州箴

洋洋冀州。鴻原大陸。嶽陽是都。島夷被服。潺湲河流。表（初學記作夾）碣石。三后攸降。列為侯伯。隆周之末。（初學記作降周之秦）趙魏是宅。冀土糜沸。炫沄（文選思玄賦注、初學記作泫沄）如湯。更盛更衰。載從載橫。（初學記作衡）陪臣擅命。天王是替。趙魏相反。秦拾其弊。北築長城。恢夏之場。漢興定制。改列藩王。仰覽前世。厥力孔多。初安如山。後崩如崖。故治不忘亂。安不忘（初學記作遺）危。周宗自怙。云焉有予甕。六國奮矯。果絕其維。牧臣司冀。敢告在階。（藝文類聚六、初學記八、古文苑）

青州箴

茫茫青州。海岱是極。鹽鐵之地。鉛松怪石。羣水攸歸。萊夷作牧。貢篚㠯時。莫怠莫違。昔在文武。封呂于齊。厥土塗泥。在丘之營。五侯九伯。是討是征。馬殆其銜。御失其度。周室荒亂。小白㠯霸。諸侯僉服。復尊京師。小白既沒。周卒陵遲。嗟茲天王。附命下士。失其法度。喪其文武。牧臣司青。敢告執矩。（藝文類聚六、初學記八、古文苑）

兖州箴

悠悠濟河。兖州之㝢。九河既導。雷夏攸處。草繇木條。漆絲絺紵。濟漯既通。降丘宅土。成湯五徙。卒都于亳。盤庚北度。牧野是宅。丁感雊雉。祖己伊忠。爰正厥事。遂緒高宗。厥後陵遲。顛覆湯緒。西伯戡黎。祖伊奔走。致天威命。不恐不震。婦言是用。牝雞司晨。三仁既知。武果戎殷。牧野之禽。豈復能耽。甲子之朝。豈復能笑。有國雖久。必畏天咎。有民雖長。必懼人殃。箕子獻猷。厥居為墟。牧臣司兖。敢告執書。（藝文類聚七、初學記八、古文苑）

徐州箴

海岱伊淮。東海是渚。徐州之土。邑于蕃宇。大野既豬。有羽有蒙。孤桐蠙珠。泗沂攸同。賓列蕃蔽。侯衛東方。民好農蠶。大野㠯康。帝癸及辛。不祗不恪。沈湎于酒。而忘其東。作天命湯武。勦絕其緒。祚降周任。姜鎮于琅邪。姜氏絕苗。田氏攸都。事由細微。不慮不圖。禍如丘山。本在萌牙。牧臣司徐。敢告僕夫。（藝文類聚六、初學記八、古文苑）

揚州箴

夭矯（古文苑作蟜蟜）揚州。江漢之滸。彭蠡既豬。（初學記作都）陽鳥攸處。橘柚羽貝。瑤琨篠簜。閩越北垠。沅湘攸往。獷矣淮夷。蠢蠢荊蠻。翩彼昭王。南征不旋。人咸躓于垤。莫躓于山。咸跌于汙。莫跌于川。明哲不云我昭。童蒙不云我昏。湯武聖而師伊呂。桀紂悖而誅逢干。蓋邇不可不察。遠不可不親。靡有孝而逆父。罔有義而忘君。太伯遜位。基吳紹類。夫差一誤。太伯無祚。周室不匡。句踐入霸。當周之隆。越裳重譯。春秋之末。侯甸叛逆。元首不可不思。股肱不可不孳。（初學記作慈）堯崇屢省。舜盛欽謀。牧臣司揚。敢告執籌。（藝文類聚六、初學記八、御覽九百七十、古文苑）

荊州箴

杳杳巫山。在荊之陽。江漢朝宗。其流湯湯。夏君遭鴻。荊衡是調。雲夢塗泥。包匭菁茅。金玉砥礪。象齒元龜。貢篚百物。世世㠯饒。戰戰慄慄。至桀荒溢。曰我在帝位。若天有日。不順庶國。孰敢余奪。亦有成湯。果秉其鉞。放之南巢。號之㠯桀。南巢茫茫。多楚與荊。風飄㠯悍。氣銳㠯剛。有道後服。無道先強。世雖安平。無敢日豫。牧臣司荊。敢告執御。（藝文類聚六、初學記八、古文苑）

豫州箴

郁郁荊河。伊洛是經。榮播（初學記作波）枲漆。惟用攸成。田田相挐。廬廬相距。夏殷不都。成周攸處。豫野所居。爰在鶉墟。四隩咸宅。寓內莫如。陪臣執命。不慮不圖。王室陵遲。喪其爪牙。靡哲靡聖。捐失其正。方伯不維。韓卒擅命。文武孔純。至厲作昏。成康孔盛。至幽作傾。故

日當作逸

㝢當作寓

有天下者毋曰我大莫或余敗毋曰我强靡克余亡夏宅九州至于季世放于南巢成康太平降及周微帶蔽屏營屏營不起施于孫子王赧為極實絕周祀牧臣司豫敢告柱史 藝文類聚七初學記八古文苑

益州箴

巖巖岷山古曰梁州華陽西極黑水南流茫茫洪波鯀湮降陸于時八都厥民不隩禹導江沱岷嶓啟乾遠近底貢磬錯砮丹絲麻條暢有粳有稻自京徂畛民攸溫飽帝有桀紂湎沈頗僻遏絕苗民滅夏殷績爰周受命復古之常幽厲夷業破絕為荒秦作無道三方潰叛義兵征暴遂國于漢拓開疆宇恢梁之野列為十二光羨 初學記作美 虞夏牧臣司梁是職是圖經營盛衰敢告士夫 藝文類聚六初學記八古文苑

雍州箴

黑水西河橫截 初學記作屬 崑崙邪指閶闔畫為雍垠上侵積石下礙龍門自彼氐羌莫敢不來庭莫敢不來臣每在季主常失厥緒侯紀不貢荒侵其寓陵遲衰微秦據㠯戾興兵山東六國顛沛上帝不寧命漢作京隴山㠯徂列為西荒南排勁越北啟彊胡并連屬國一護攸都蓋安不忘危盛不諱衰牧臣司雍敢告贅衣 藝文類聚六初學記八古文苑 案初學記八又割分此為涼州箴

幽州箴

蕩蕩平川惟冀之別北阨幽都戎夏交偪伊昔唐虞實為平陸周末荐臻迫于獯鬻晉溺其陪周使不阻六國擅權燕趙本都東限穢貊羨 初學記作爰 及東胡强秦北排蒙公城塹大漢初定分狄之荒元戎屢征如風之騰義兵涉漠偃我邊萌既定且康復古虞唐盛不可不圖衰不可或忘隄潰蟻穴器漏箴芒牧臣司幽敢告侍㫄 藝文類聚六初學記八古文苑

分當作介

幷州箴

雍別朔方河水悠悠北辟獯鬻南界涇流畫茲朔土正直幽方自昔何為莫敢不來貢莫敢不來王周穆遐征犬戎不享爰貊 初學記作藐 伊德侵玩上國宣王命將攘之涇北宗幽罔識 初學記作崇幽罔識古文苑作宗周罔職 日用爽蹉既不俎豆又不干戈犬戎作難斃于驪阿太上曜德其次曜兵德兵俱顛靡不悴荒牧臣司并敢告執綱 藝文類聚六初學記八古文苑

交州箴

交州荒裔水與天際越裳是南荒國之外爰自開闢不羈不絆周公攝祚白雉是獻昭王陵遲周室是亂越裳絕貢荆楚逆叛四國內侵蠶食周京臻于季赧遂㠯滅亡大漢受命中國兼該南海之宇聖武是恢稍稍受羈遂臻黃支杭海三萬來牽其犀盛不可不憂隆不可不懼顧瞻陵遲而忘其規摹亡國多逸豫而存國多難泉竭中虛池竭瀨 古文苑作瀕 乾牧臣司交敢告執憲 藝文類聚六初學記八古文苑

司空箴

普彼坤靈侔天作則分制五服畫為萬國乃立地官空惟是職茫茫九州都鄙盈區綱㠯羣牧綴㠯方侯烈烈雋乂翼翼王臣臣當其官官當 初學記作宜 其人九十之政七賦㠯均昔在季葉班祿遺賢陪克充朝而象恭滔天匪人斯力 初學記作匪力斯人 匪政斯敕流貨市寵而苞苴是鬻王路斯荒孰不傾覆空臣司土敢告在側 藝文類聚四十七作揚雄初學記十一作崔駰古文苑作揚雄注云一作崔駰 案文選西都賦注引首二句作揚雄

尚書箴

皇皇聖哲允敕百工命作齋慄龍惟納言是機是密出入王命王之喉舌獻善宣美而讒說是折我視云明我聽云聰載夙載夜惟允惟恭故君子在室出言如風動于民人渙其大號而萬國平信春秋譏漏言易稱不密則失臣兌吉其和巽吝其頻書稱其明申申厥鄰昔秦尚權詐官非其人符璽竊發而扶蘇隕身一姦惑命

七廟爲墟。威福同門。牀上維辜。書臣司命。敢告侍隅。藝文類聚四十八作揚雄古文苑作崔瑗注云一作揚雄

大司農箴

時維大農。爰司金穀。自京徂荒。粒民是斛。肇自厥功。實施惟食。厥僚后稷。有無遷易。寶均實贏。惟都作程。旁施衣食。厥民攸生。上稽二帝。下閱三王。什一而征。爲民作常。遠近貢篚。百則藝文類聚作姓不忘。帝王之盛。寶在農植。季周爛熳。而東作不敕。膏腴不穫。庶物竝荒。府庫殫藝文類聚作藏單虛。靡積倉箱。陵遲衰微。周卒以亡。秦收大半。二世不瘳。泣血之求。海內無聊。農臣司均。敢告執繇。藝文類聚四十九初學記十二古文苑

侍中箴

光光常伯。儵儵貂璫。文選曹植責躬詩注劉琨贈盧諶詩注

光祿勳箴

經兆宮室。晝爲中外。廊殿門闥。限以禁衛。古文苑作界國有固古文苑作周衛。人有藩籬。各有攸保。守以不岐。昔在夏殷。桀紂淫湎。符牛之飲。門戶荒亂。郎雖執戟。謁者參差。殿中成市。或室內鼓鼙。古文苑作或鼓或鼙忘其廊廟。而聚夫逋逃。四方多罪。載號載呶。內不可不省。外不可不清。德人立朝。義士充庭。祿臣司光。敢告執經。初學記十二古文苑

大鴻臚箴

蕩蕩唐虞。經通垓極。陶陶百王。天工人力。畫爲上下。羅條藝文類聚作該羅百職。人有材能。寮有級差。遷能授官。各有攸宜。主以不廢。官以不隳。昔在三代。二季不鐲。穢德慢道。署非其人。人失其材。職反其官。采寮荒耄。國政如漫。文不可武。武不可文。大小上下。不可奪倫。鴻臣司爵。敢告在鄰。藝文類聚四十九初學記十二古文苑

宗正卿箴

巍巍帝堯。欽親九族。經哲宗伯。禮有攸訓。屬有攸籍。各有育子。代

推當作誰

以不錯。昔在夏時。少康不恭。有仍二女。五子家降。晉獻悖統。宋宣亂序。齊桓不胤。而忘其宗緒。周譏戎女。魯喜子同。高作秦崇。而扶蘇被凶。宗廟荒墟。魂靈靡附。伯臣司宗。敢告執主。初學記十二古文苑

衛尉箴

茫茫上天。崇高其居。設置山險。晝文選西都賦注作畫爲防禦。重垠累垓。以難不律。闕爲城衛。以待暴卒。國以有固。民以有內。各保其守。永修不敗。維昔庶僚。官得其人。荷戈而歌。中外以堅。齊桓怵惕。宿衛不敕。門非其人。戶廢其職。曹子摽劍。遂成其詐。軻挾匕首。而衛人不寤。二世妄宿。敗于望夷。閻樂矯詔。古文苑作矯搜戟者不推。尉臣司衛。敢告執維。藝文類聚四十九初學記十二

太僕箴

肅肅太僕。車馬是供。鏘鏘和鑾。駕彼時龍。昔在二帝。巡狩四宅。王用三驅。前禽是射。藝文類聚作失紂作不令。武王征殷。檀車孔夏。四騵孔昕。僕夫執轡。載驟載駰。我輿云安。我馬云閑。雖馳雖驅。匪逸匪懲。昔有淫羿。馳騁忘歸。景公千駟。而淫于齊。詩好牡馬。牧于坰野。輦車就牧。而詩人興魯。廄焚問人。仲尼厚醜。孟子蓋惡。夫廄多肥馬。而野有餓殍。僕臣司駕。敢告執皁。藝文類聚四十九初學記十二古文苑

廷尉箴

天降五刑。維夏之績。亂茲平民。不回不僻。昔在蚩尤。爰作淫刑。延于苗民。夏氏不盛。穆王耄荒。甫侯伊謨。五刑訓天。周以阜基。厥後陵遲。上帝不孤。古文苑作觚周輕其制。秦繁其辜。五刑紛紛。靡遏靡止。寇賊滿山。刑者半市。昔在唐虞。象刑天民。是全紂作炮烙。墜人于淵。故有國者。無云何謂。是刖是劓。無云何害。是剝是劓。惟虐惟殺。人其莫泰。殷以刑顚。秦以酷敗。獄臣司理。敢告執謁。藝文類聚四十九初學記十二古文苑

太常箴

曷當作葛

翼翼太常。實爲宗伯。穆穆靈祇。寢廟奕奕。稱秩元祀。班于羣神。我祀既祗。我粢孔蠲。匪愆匪忒。公尸攸宜。弗祈弗求。惟德之報。不矯不誣。庶無罪悔。昔在成湯。曷爲不弔。棄禮慢祖。夔子不祀。楚師是虜。魯人躋僖。臧文不悟。文隳太室。桓納郜賂。災降二宮。用誥不就。故聖人在位。無曰我貴。慢行繁祭。無曰我材。輕身恃巫。東鄰之犧牛。不如西鄰之麥魚。秦殞望夷。隱斃鍾巫。常臣司宗。敢告執書。〔藝文類聚四十九作揚雄。初學記十二作崔駰。古文苑作崔駰。注云一作揚雄。〕

少府箴

賓賓少府。奉養是供。紀經九品。臣子攸同。海內帑貉。祁祁如雲。家有孝子。官有忠臣。共僚率舊。聖則越遵。民以不擾。國以不煩。昔在帝季。癸辛之世。酒池糟隄。而象箸以噬。至于躭樂流湎。而妲末作祟。共寮不御。不恢夏殷。喪其國康。而卒以陵遲。瞀不可不察。欲不可不圖。未嘗失之于約。常失于奢。府臣司共。敢告執甒。〔古文苑〕

執金吾箴

溫溫唐虞。重襲〔案二句有脫〕純敦〔案此句有脫〕。經表九德。張設武官。以御寇賊。如虎有牙。如鷹有爪。國以自固。獸以自保。牙爪蔥蔥。動作宜時。用之不理。實反生災。秦政暴戾。播其威虐。亡其仁義。而思其殘酷。猛不可重任。威不可獨行。堯咨虞舜。惟思是尚。吾臣司金。敢告執璜。〔古文苑〕

將作大匠箴

侃侃將作。經構宮室。牆以禦風。宇以蔽日。寒暑攸除。鳥鼠攸去。王有宮殿。民有宅居。昔在帝世。茅茨土階。夏卑宮觀。在彼溝洫。桀作瑤臺。紂爲璇室。人力不堪。而帝業不卒。詩詠宣王。由儉改奢。觀豐上六。大屋小家。春秋譏刺。書彼泉臺。兩觀雉門。而魯以不恢。或作長府。而閔子以仁。〔古文苑作不仁〕秦築驪阿。嬴姓以顛。故人君無云我貴。榱題是遂。毋云我富。淫作極遊。在彼牆屋。而忘其國戮。作臣司匠。敢告執猷。〔藝文類聚四十九。古文苑。〕

城門校尉箴

幽幽山川。徑塞九路。盤石唐芒。襲險重固。國有城溝。家有柝梐。各有攸堅。民以不虞。德懷其內。險難其外。王公設險。而承以盤蓋。昔在上世。有殷有夏。癸辛不德。而設夫險阻。湯武爰征。而莫遏莫禦。作君之危。不可德少。而城溝伊保。不可德希。而城溝是依。唐虞長德。而四海永懷。秦恢長城。而天下畔乖。尉臣司城。敢告在階。〔古文苑〕

太史令箴

昔在太古。爰初肇記。天地之紀。重黎是司。降及唐虞。乃命羲和。欽若昊天。百政攸宜。夏帝不慎。羲和不令。湎時亂日。帝旅爰征。庶寮至殷。唯天爲難。夏氏黷德。而明神不蠲。〔御覽二百三十五。〕

博士箴

洋洋三代。典禮是修。畫爲辟雍。國有學校。侯有泮宮。各有攸教。德用不陵。昔在文王。經營〔古文苑作啟。〕其軌。勖于德音。而思皇多士。多士作楨。惟周以盛。國人興讓。虞芮質成。公劉挹行潦。而濁亂斯清。官操其業。士執其經。昔聖人之綏俗。莫美于施化。故孔觀夫人之學。而知爲王之易。〔古文苑作觀夫太學而知爲王之易易〕大舜南面無爲。而袵席平。還師階級之間。三苗以懷。秦作無道。斬決天紀。漫彼王迹。而坑夫術士。詩書是泯。家言是守。俎豆不陳。而顛其社稷。故仲尼不對問陳。而胡簋是遵。原伯非學。而閔子知周之不振。儒臣司典。敢告在賓。〔藝文類聚四十六作揚雄。古文苑作崔瑗。〕

國三老箴

負乘覆餗。姦寇侏張。〔文選劉琨荅盧諶詩注。〕

太樂令箴

陶陶五帝。設爲六樂。笙磬既同。鍾鼓羽籥。周序神人。協于萬國。〔北堂書鈔未刪改本五十五。案陳禹謨本無首二句。〕

太官令箴

時惟膳夫，實司王饔。祁祁庶羞，口實是供。羣物百品，八珍清觴。㠯御賓客，㠯膳于王。（御覽二百二十九）

上林苑令箴

茫茫大田（文選東京賦注。御覽作天田），芃芃作穀。山有徑陸（御覽作陵陸），野有林麓。寔原汙藪，禽獸攸伏。魚鼈㠯時，芻蕘咸殖。國㠯殷富，民㠯家給。昔在帝羿，共田徑游。弧矢是尚，而射夫封豬。不顧于愆，卒遇後憂。是㠯田獲三驅，不可過差。麀鹿攸伏，不如德至。衡臣司虞，敢告執指。（古文苑、御覽二百三十二）

（謹案：後漢胡廣傳，初揚雄依虞箴作十二州二十五官箴，其九箴亡闕，後涿郡崔駰及子瑗又臨邑侯劉騊駼增補十六篇，廣復繼作四篇，乃悉撰次首目，名曰百官箴，凡四十八篇。如傳此言，則子雲僅存二十八箴。今徧索羣書，除初學記之潤州箴、御覽之河南尹箴顯誤不錄外，得州箴十二，官箴二十一，凡三十三箴，視東漢時多出五箴。縱使司空、尚書、太常、博士四箴可屬崔駰、崔瑗，仍多出一箴，與胡廣傳未合。猝求其故而不得，覆審乃明。所謂亡闕者，謂有亡有闕，侍中、太史令、國三老、太樂令、太官令五箴多闕文，其四箴亡，故云九箴亡闕也。百官箴收整篇，不收殘篇，故子雲僅二十八篇。羣書徵引據本集，本集整篇殘篇兼載，故有三十三篇。其司空、尚書、太常、博士四箴，藝文類聚作揚雄，必可據信也。）

元后誄

新室文母太后崩，天下哀痛，號哭涕泗，思慕功德，咸上柩，誄之銘曰：

惟我有新室文母聖明皇太后，姓出黃帝，西陵昌意，實生高陽，純德虞帝，孝聞四方，登陟帝位，禪受伊唐。爰初胙土，陳田至王。營相厥宇，度河濟旁，沙麓之靈，太陰之精。天生聖姿，豫有祥禎，作合于漢，配元生成。孝順皇姑，聖敬齊莊（古文苑作承家尚莊），內則純備（古文苑作被）。後烈丕光，肇初配元。天命是將，兆徵顯見。新都黃龍，漢成既終，胤嗣匪生。哀帝承祚，惟離典經，尚是言異，大命俄顛，厥年夭隕，大終不盈。文母覽之，千載不傾。博選大智，新都宰衡，明聖作佐，與圖國艱。㠯度厄運，徵立中山，庶其可濟。博采淑女，備其姪娣，覲（一作親）禮高禖，祈廟嗣繼。靡格匪天，靡動匪地，穆穆明明，昭事上帝。弘漢祖考，夙夜匪懈，興滅繼絕，博立侯王，親睦庶族，昭穆序明，帝致支屬，靡有遺荒，咸被祚慶。冀㠯金火，赤仍有央，勉進大聖，上下兼該，羣祥衆瑞，正我黃來。火德將滅，惟后于斯，天之所壞，人不敢支。哀平夭折，百姓分離，祖宗之愆，終其不全。天命有託，謫在于前，屬遭不造，榮（一作策）極而遷。皇天眷命，黃虞之孫，歷世運移，屬在聖新，代于漢劉，受祚于天。漢祖受命，赤傳于黃，攝帝受禪，立為真皇，允受（一作執）厥中，㠯安黎衆。漢祖黜廢，移定安公。皇皇靈祖，惟若孔臧，降茲珪璧，命服有常。為新帝母，鴻德不忘。欽德伊何，奉命是行。菲薄服食，神祇是崇，尊不虛統，惟祇惟庸（一作推垣推墉），隆循（一作脩）人敬，先民是從。承天祇家，允恭虔恪，豐阜庶卉，旅力不射，恤民于囿，不皇詭作，別計千邑，國之是度，還奉于此，㠯處貧薄。罷苑置縣，築里作宅，㠯處貧窮，哀此㷀獨，起常盈倉，五十萬斛，為諸生儲，㠯勸好學，志在黎元，是勞是勤。春巡灞滻，秋臻黃山，夏撫樗杜，冬郇涇樊，大射饗飲，飛羽之門，綏宥耆幼，不拘婦人，刑女歸家，㠯育貞信。玄冥季冬，搜狩上蘭，寅賓出日，東秩暘谷，鳴鳩拂羽，勝降桑木（古文苑作戴勝降桑，失韻），蠶于繭館，躬執筐曲，帥導羣妾，咸脩（古文苑作循）蠶蔟，分繭理絲，女工是敕。退遜蒙祉，中外褆福，自京逮海，靡不仰德，成類存生，秉天地經，無物不理，無人不寍。尊號文母，與新有成，世奉長壽，靡墮有傾。著德太常，注諸旒旌，嗚呼哀哉，㠯昭鴻名。享國六十，殂落而崩，四海傷懷，擗踊拊心，若喪考妣，遏密八音。嗚呼哀哉，萬方不勝。德被海表，彌流魂精，去此昭昭，就彼冥冥，忽兮不見，超兮西征，既作下宮，不復故庭，爰緘伊銘，嗚呼哀哉。（藝文類聚十五、古文苑）

琴清英

昔者神農造琴，㠯定神禁，婬僻去邪，欲反其真者也。舜彈五絃之琴而天下治，堯加二絃，㠯合君臣之恩也。（通典一百四十四、御覽五百七十七）

尹吉甫子伯奇至孝。後母譖之。自投江中。衣苔帶藻。忽夢見水仙。賜其美藥。思惟養親。揚聲悲歌。船人聞而學之。吉甫聞船人之聲。疑似伯奇。援琴作子安之操。水經注三十三江水一、御覽五百七十八

雉朝飛操者。衞女傅母之所作也。衞侯女嫁于齊太子。中道聞太子死。問傅母曰。何如。傅母曰。且往當喪。喪畢。不肯歸。終之以死。傅母悔之。取女所自操琴于冢上鼓之。忽有二雉俱出墓中。傅母撫雌雉曰。女果爲雉邪。言未畢。俱飛而起。忽然不見。傅母悲痛。援琴作操。故曰雉朝飛。藝文類聚九十、御覽五百七十八九百十七。又見郭茂倩樂府

晉王謂孫息曰。子鼓琴。能令寡人悲乎。息曰。今處高臺邃宇。連屋重戶。藿肉漿酒。倡樂在前。難可使悲者。乃謂少失父母。長無兄嫂。當道獨坐。暮無所止。文選魏武帝苦寒行注作當道獨居暮無所宿于此者。乃可悲耳。乃援琴而鼓之。晉王酸心哀涕曰。何子來遲也。御覽五百七十七

祝牧與妻偕隱。作琴歌云。天下有道。我黼子佩。天下無道。我負子戴。馬驌繹史附

家牒

子雲以甘露元年生。文選王文憲集序注以天鳳五年卒。葬安陵阪上。所厚沛郡桓君山平陵如子禮。弟子鉅鹿侯芭共爲治喪。諸公遣世子朝臣郎吏行事者會送。桓君山爲斂賻。起祠塋。侯芭負土作墳。號曰玄冢。藝文類聚四十、御覽五百五十八。竝引揚雄家牒。案家牒不知何人何時所譔。今附載揚雄集後

全漢文卷五十四終

全漢文卷五十五

烏程嚴可均校輯

李尋

尋字子長平陵人成帝時丞相翟方進以爲議曹哀帝初待詔黃門遷黃門侍郎拜騎都尉使護河隄坐夏賀良事徙敦煌郡

對詔問災異

陛下聖德尊天敬地畏命重民悼懼變異不忘疏賤之臣幸使重臣臨問愚臣不足以奉明詔竊見陛下新卽位開大明除忌諱博延名士靡不竝進臣尋位卑術淺過隨衆賢待詔食太官衣御府久汙玉堂之署比得詔見亡以自效復時見延問至誠自以逢不世出之命願竭愚心不敢有所避庶幾萬分有一可采唯棄須臾之閒宿留瞽言考之文理稽之五經揆之聖意以參天心夫變異之來各應象而至臣謹條陳所聞易曰縣象著明莫大乎日月夫日衆陽之長輝光所燭萬里同晷人君之表也故日將旦清風發羣陰伏君以臨朝不牽于色日初出炎以陽君登朝佞不行忠直進不蔽障日中輝光君德盛明大臣奉公日將入專以壹君就房有常節君不脩道則日失其度晻晦亡光各有云爲其于東方作日初出時陰雲邪氣起者法爲牽于女謁有所畏難日出後爲近臣亂政日中爲大臣欺誣日且入爲妻妾役使所營閒者日九不精光明侵奪失色邪氣珥蜺數作本起于晨相連至昏其日出後至日中閒差瘉小臣不知內事竊以日視陛下志操衰于始初多矣其咎恐有以守正直言而得罪者傷嗣害世不可不愼也唯陛下執乾剛之德强志守度毋聽女謁邪臣之態諸保阿乳母甘言悲辭之託斷而勿聽勉强大誼絕小不忍良有不得已可賜以財貨不可私以官位誠皇天之禁也日失其光則星辰放流陽不能制陰陰桀得作閒者太白正晝經天宜隆得克躬以執不軌臣聞

月者衆陰之長消息見伏百里爲品千里立表萬世連紀妃后大臣諸侯之象也朔晦正終始弦爲繩墨望成君德春夏南秋冬北閒者月數以春夏與日同道過軒轅上后受氣入太微帝廷揚光輝犯上將近臣列星皆失色厭厭如滅此爲母后與政亂朝陰陽俱傷兩不相便外臣不知朝事竊信天文卽如此近臣已不足杖矣屋大柱小可爲寒心唯陛下親求賢士無彊所惡以崇社稷尊彊本朝臣聞五星者五行之精五帝司命應王者號令爲之節度歲星主歲事爲統首號令所紀今失度而盛此君指意欲有所爲未得其節也又塡星不避歲星者后帝共政相留于奎婁當以義斷之熒惑往來亡常周歷兩宮作態低卬入天門上明堂貫尾亂宮太白發越犯庫兵寇之應也貫黃龍入帝庭當門而出隨熒惑入天門至房而分欲與熒惑爲患不敢當明堂之精此陛下神靈故禍亂不成也熒惑厥弛佞巧依勢微言毀譽進類蔽善太白出端門臣有不臣者火入室金上堂不以時解其憂凶塡歲相守又主內亂宜察蕭牆之內毋忽親疏之微誅放佞人防絕萌牙以盪滌濁濊消散積惡毋使得成禍亂辰星主正四時當效于四仲四時失序則星辰作異今出于歲首之孟天所以譴告陛下也政急則出蚤政緩則出晚政絕不行則伏不見而爲彗茀四孟皆出爲易王命四季皆出星家所諱今幸獨出寅孟之月蓋皇天所以篤右陛下也宜深自改治國故不可以戚戚欲速則不達經曰三載考績三考黜陟加以號令不順四時既往不咎來事之師也閒者春三月治大獄時賊陰立逆恐歲小收季夏舉兵法時寒氣應恐後有霜雹之災秋月行封爵其月土溼奧恐後有雷雹之變夫以喜怒賞罰而不顧時禁雖有堯舜之心猶不能致和善言天者必有效于人設上農夫而欲冬田肉袒深耕汗出種之然猶不生者非人心不至天時不得也易曰時止則止時行則行動靜不失其

時。其道光明。書曰。敬授民時。故古之王者。尊天地。重陰陽。敬四時。嚴月令。順之㠯善政。則和氣可立致。猶枹鼓之相應也。今朝廷忽于時月之令。諸侍中尚書近臣。宜皆令通知月令之意。設羣下請事。若陛下出令有繆于時者。當知爭之。㠯順時氣。臣聞五行㠯水爲本。其星玄武婺女。天地所紀。終始所生。水爲準平。王道公正脩明。則百川理。落脈通。偏黨失綱。則踊溢爲敗。書云。水曰潤下。陰動而卑。不失其道。天下有道。則河出圖。洛出書。故河洛決溢。所爲最大。今汝潁畎澮。皆川水漂踊。與雨水竝爲民害。此詩所謂爗爗震電。不寧不令。百川沸騰者也。其咎在于皇甫卿士之屬。唯陛下留意詩人之言。少抑外親大臣。臣聞地道柔靜。陰之常義也。地有上中下。其上位震。應妃后不順。中位應大臣作亂。下位應庶民離畔。震或于其國。國君之咎也。四方中央。連國歷州俱動者。其異最大。間者關東地數震。五星作異。亦未大逆。宜務崇陽抑陰。㠯救其咎。固志建威。閉絕私路。拔進英儁。退不任職。㠯彊本朝。夫本彊則精神折衝。本弱則招殃致凶。爲邪謀所陵。聞往者淮南王作謀之時。其所難者。獨有汲黯。㠯爲公孫弘等不足言也。弘漢之名相。于今亡比。而尚見輕。何況亡弘之屬乎。故曰朝廷亡人。則爲賊亂所輕。其道自然也。天下未聞陛下奇策固守之臣也。語曰。何㠯知朝廷之衰。人人自賢。不務于通人。故世陵夷。馬不伏歷。不可㠯趨道。士不素養。不可㠯重國。詩曰。濟濟多士。文王㠯寧。孔子曰。十室之邑。必有忠信。非虛言也。陛下秉四海之衆。曾亡柱幹之固守聞于四境。殆開之不廣。取之不明。勸之不篤。傳曰。士之美者善養禾。君之明者善養士。中人皆可使爲君子。詔書進賢良。赦小過。無求備㠯博聚英儁。如近世貢禹。㠯言事忠切蒙尊榮。當此之時。士厲身立名者多。禹死之後。日月已衰。及京兆尹王章坐言事誅滅。智者結舌。邪僞竝興。外戚顓命。君臣隔塞。至絕繼嗣。女宮作亂。此行事之

敗。誠可畏而悲也。本在積任母后之家。非一日之漸。往者不可及。來者猶可追也。先帝大聖。深見天意昭然。使陛下奉承天統。欲矯正之也。宜少抑外親。選練左右。舉有德行道術通明之士。充備天官。然後可㠯輔聖德。保帝位。承大宗。下至郎吏從官。行能亡㠯異。又不通一蓺。及博士無文雅者。宜皆使就南畝。㠯視天下。明朝廷皆賢材君子。于㠯重朝尊君。滅凶致安。此其本也。臣自知所言害身。不辟死亡之誅。唯財留神。反覆愚臣之言。漢書李尋傳。哀帝初即位。召尋待詔黃門。使侍中衞尉傅喜問尋曰。間者水出地動。日月失度。星辰亂行。災異仍重。極言毋有所諱。尋對

又對問災異

洪範所謂鼓妖者也。師法㠯爲人君不聰。爲衆所惑。空名得進。則有聲無形。不知所從生。其傳曰。歲月日之中。則正卿受之。今㠯四月日加辰巳有異。是爲中焉。正卿謂執政大臣也。宜退丞相御史。㠯應天變。然雖不退。不出期年。其人自蒙其咎。漢書五行志中之下。哀帝建平二年。四月乙亥朔。御史大夫朱博爲丞相。少府趙玄爲御史大夫。臨延登受策。有大聲如鐘鳴。殿中郎吏陛者皆聞焉。上㠯問黃門侍郎揚雄李尋。尋對云云。八月博自殺。玄減死論。

塞河議

陰氣盛則水爲之長。故一日之間。晝減夜增。江河滿溢。所謂水不潤下。雖常于卑下之地。猶日月變見于朔望。明天道有因而作也。衆庶見王延世蒙重賞。競言便巧。不可用。議者常欲求索九河故迹而穿之。今因其自決。可且勿塞。㠯觀水勢。河欲居之。當稍自成川。跳出沙土。然後順天心而圖之。必有成功。而用財力寡。漢書溝洫志。鴻嘉四年。勃海清河信都河溢。先是谷永㠯爲修政㠯應之。災變自除。是時李尋解光亦言

奏記翟方進

應變之權。君侯所自明。往者數白三光垂象。變動見端。山川水泉。反理視患。民人訛謠。斥事感名。三者既效。可爲寒心。今提揚眉。矢貫中。狼奮角。弓且張。金歷庫。土逆度。輔湛沒。火守舍。萬歲之期。近

慎朝暮上無惻怛濟世之功下無推讓避賢之效欲當大位為具臣以全身難矣大責日加安得但保斥逐之戮闔府三百餘人唯君侯擇其中與盡節轉凶（漢書翟方進傳）

說王根

書云天聰明蓋言紫宮極樞通位帝紀太微四門廣開大道五經六緯尊術顯士翼張舒布燭臨四海少微處士為比為輔故次帝廷女宮在後聖人承天賢賢易色取法于此天官上相上將皆顓面正朝憂責甚重要在得人得人之效成敗之機不可不勉也昔秦穆公說諓諓之言任仡仡之勇身受大辱社稷幾亡悔過自責思惟黃髮任用百里奚卒伯西域德列王道二者禍福如此可不慎哉夫士者國家之大寶功名之本也將軍一門九侯二十朱輪漢興以來臣子貴盛未嘗至此夫物盛必衰自然之理唯有賢友彊輔庶幾可以保身命全子孫安國家書曰厤象日月星辰此言仰視天文俯察地理觀日月消息候星辰行伍揆山川變動參民人繇俗以制法度考禍福舉錯誖逆咎敗將至徵兆為之先見明君恐懼修正側身博問轉禍為福不可救者即蓄備以待之故社稷亡憂竊見往者赤黃四塞地氣大發動土竭民天下擾亂之徵也彗星爭明庶雄為桀大寇之引也此二者已頗效矣城中訛言大水奔走上城朝廷驚駭女孽入宮此獨未效間者重以水泉涌溢旁宮闕仍出月太白入東井犯積水缺天淵日數湛于極陽之色羽氣乘宮起風積雲又錯以山崩地動河不用其道盛冬雷電潛龍為孽繼以隕星流彗維塡上見日蝕有背鄉此亦高下易居洪水之徵也不憂不改洪水乃欲盪滌流彗乃欲掃除改之則有年亡期故屬者頗有變改小貶邪猾日月光精時雨氣應此皇天右漢亡已也何況致大改之宜急博求幽隱拔擢天士任以大職諸闒茸佞讇抱虛求進及用殘賊酷虐聞者若此之徒皆嫉善憎

忠壞天文敗地理涌趯邪陰湛溺太陽為主結怨于民宜以時廢退不當得居位誠必行之凶災銷滅子孫之福不旋日而至政治感陰陽猶鐵炭之低卬見效可信者也及諸蓄水連泉務通利之脩舊隄防省池澤稅以助損陰邪之盛案行事考變易訛言之效未嘗不至請徵韓放掾周敞王望可與圖之（漢書李尋傳）

梁太傅輔

輔失其姓鴻嘉中為梁王太傅

奏約束梁王立

立一日至十一犯法臣下愁苦莫敢親近不可諫止願令王非耕祠法駕毋得出宮盡出馬置外苑收兵杖藏私府毋得以金錢財物假賜人（漢書梁懷王揖傳荒王嘉薨子立嗣鴻嘉中太傅輔奏事下丞相御史請許奏可）

彭宣

宣字子佩淮陽陽夏人成帝時為博士遷東平太傅永始中為右扶風遷廷尉元延中出為太原太守綏和初徵拜大司農哀帝即位遷光祿勳進右將軍徙左將軍免元壽初召為光祿大夫遷御史大夫拜大司空封長平侯平帝即位免就國卒謚曰頃侯

上書求退

三公鼎足承君一足不任則覆亂美實臣資性淺薄年齒老眊數伏疾病昏亂遺忘願上大司空長平侯印綬乞骸骨歸鄉里竢置溝壑（漢書彭宣傳哀帝崩王莽為大司馬秉政專權宣上書言）

置當作寘

劾奏朱博趙玄傅晏

博宰相玄上卿晏以外親封位特進股肱大臣上所信任不思竭誠奉公務廣恩化為百寮先皆知喜武前已蒙恩詔決事更三赦博執左道虧損上恩以結信貴戚背君鄉臣傾亂政治姦人之雄附下罔上為臣不忠不道玄知博所言非法枉義附從大不敬晏

召當作詔

與博議免喜。失禮不敬。臣請召謁者召博、玄、晏詣廷尉詔獄。（漢書朱博傳）

毀廟議

繼祖宗已下五廟而迭毀。後雖有賢君。猶不得與祖宗竝列。子孫雖欲褒大顯揚而立之。鬼神不饗也。孝武皇帝雖有功烈。親盡宜毀。（漢書韋玄成傳。哀帝即位。丞相孔光、大司空何武奏言。建昭五年制書。孝武皇帝爲世宗。請與羣臣雜議。于是光祿勳彭宣、詹事滿昌、博士左咸等五十三人皆曰以爲）

鄭崇

崇字子游。高密人。居平陵。成帝時爲郡文學史。至丞相大車屬。哀帝擢爲尚書僕射。以諫下獄死。

諫封傅商

孝成皇帝封親舅五侯。天爲赤黃晝昏。日中有黑氣。今祖母從昆弟二人已侯。孔鄉侯。皇后父。高武侯以三公封。尚有因緣。今無故欲復封商。壞亂制度。逆天人心。非傅氏之福也。臣聞師曰。逆陽者厥極弱。逆陰者厥極凶短折。犯人者有亂亡之患。犯神者有疾夭之禍。故周公著戒曰。惟王不知艱難。唯耽樂是從。時亦罔有克壽。故衰世之君。夭折蚤沒。此皆犯陰陽之害也。臣願以身命當國咎。（漢書鄭崇傳）

譙玄

玄字君黃。巴郡閬中人。成帝時拜議郎。遷太常丞。平帝時復拜議郎。遷中散大夫。選爲繡衣使者。持節。專行誅賞事。未及終而王莽居攝。變易姓名。竄歸隱遁。公孫述僭號于蜀。連聘不詣。建武十一年卒。明年天下平定。光武策詔本郡。祠以中牢。

上書諫成帝

臣聞王者承天。繼宗統極。保業延祚。莫急肩嗣。故易有幹蠱之義。詩詠衆多之福。今陛下聖嗣未立。天下屬望。而不惟社稷之計。專念微行之事。愛幸用于所惑。曲意留于非正。竊聞後宮皇太子產而不育。臣聞之怛然。痛心傷剝。竊懷憂國。不忘須臾。夫警衛不脩。則患生非常。忽有醉酒狂夫。分爭道路。既無尊嚴之儀。豈識上下之別。此爲胡狄起于轂下。而賊亂發于左右也。願陛下念天下之至重。憂金玉之身。均九女之施。存無窮之福。天下幸甚。（後漢獨行譙玄傳）

何竝

竝字子廉。平陵人。徙平輿。成帝時爲大司空掾。除長陵令。哀帝初遷隴西太守。徙潁川太守。

署都亭下

故侍中王林卿。坐殺人埋冢舍。使奴剝寺門鼓。（漢書何竝傳。竝爲長陵令。追林卿。林卿令奴冠其冠。身變服從間徑馳去。會日暮。追及。收縛冠奴。叱吏斷頭持還。縣所剝鼓置都亭下。署曰云云）

臨潁川敕吏捕鍾威趙季李款

三人非負太守。迺負王法。不得不治。鍾威所犯多在赦前。驅使入函谷關。勿令汙民間。不入關。乃收之。趙李桀惡。雖遠去。當得其頭。以謝百姓。（漢書何竝傳）

先令書

告子恢。吾生素餐日久。死雖當得法賻。勿受。葬爲小椁。亶容下棺。（漢書何竝傳。疾病。召丞掾作先令書）

閻崇

崇字君蘭。鉅鹿人。綏和初以光祿大夫爲太子少傅。遷執金吾。

皇太子謝爲所生立後議

春秋不以父命廢王父命。爲人後之禮。不得顧私親。不當謝。（漢書孝元傅昭儀傳。成帝後定陶王爲太子。月餘。立楚孝王孫景爲定陶王。奉恭王後。太子議欲謝。少傅閻崇以爲）

方賞　畢由

賞字君賓。東海人。綏和末爲司隸校尉。建平中遷左馮翊。拜廷尉卿。復爲左馮翊。

由字世叔。雲陽人。建平初爲大鴻臚。元壽中徙右扶風。貶爲定襄太守。

移書梁傅相中尉

王背策戒。誖暴妄行。連犯大辟。毒流吏民。比比蒙恩。不復重誅。不思改過。復賊殺人。幸得蒙恩。丞相長史大鴻臚丞即問。王陽病抵讕。致辭驕嫚。不守主令。與背畔亡異。丞相御史請收王璽綬。送陳留獄。明詔加恩。復遣廷尉大鴻臚雜問。今王當受詔置辭。恐復不首實對。書曰。至于再三。有不用。我降爾命。傅相中尉皆以輔正爲職。虎兕出于柙。龜玉毀于櫝中。是誰之過也。書到。明以誼曉王。敢復懷詐。罪過益深。傅相以下。不能輔導。有正法。漢書梁懷王揖附傳。哀帝建平中梁王立復殺人。天子遣廷尉賞大鴻臚由持節即訊。至移書傅相中尉。

陳咸

咸字子成。沛國洨人。成哀間以律令爲尚書。平帝時。王莽輔政。乞骸骨去。莽篡位。召爲掌寇大夫。不就。後再徵。稱病篤。斂其家律令書。皆藏之壁。案莽傳。始建國三年。以沛郡陳咸爲講禮。蓋即其人。先是別有陳咸。沛郡相人。卒于成帝時。見陳萬年傳。非即此。

戒子孫

爲人議法。當依于輕。雖有百金之利。愼無與人重比。後漢陳寵傳。案書鈔五十五引謝承後漢書。陳咸字子成。爲廷尉監。議人常從輕比。

鄭子眞

子眞褒中人。家谷口。大將軍王鳳禮聘不應。

敘

忠孝愛敬。天下之至行也。神中五徵。帝王之要道也。華陽國志十下。

全漢文卷五十五終

牛宮之宮當作官

全漢文卷五十六

烏程嚴可均校輯

解光

光哀帝初爲司隸校尉

奏劾王根王況

曲陽矦根宗重身尊三世據權五將秉政天下輻湊自效根行貪邪臧累鉅萬縱橫恣意大治室第第中起土山立兩市殿上赤墀戶青瑣遊觀射獵使奴從者被甲持弓弩陳爲步兵止宿離宮水衡共張發民治道百姓苦其役內懷姦邪欲筦朝政推親近吏主簿張業以爲尚書蔽上壅下內塞王路外交藩臣驕奢僭上壞亂制度案根骨肉至親社稷大臣先帝棄天下根不悲哀思慕山陵未成公聘取故掖庭女樂五官殷嚴王飛君等置酒歌舞捐忘先帝厚恩背臣子義及根兄子成都矦況幸得以外親繼父爲列矦

侍中不思報厚恩亦聘取故掖庭貴人以爲妻皆無人臣禮大不敬不道漢書元后傳

奏劾趙皇后姊娣

臣聞許美人及故中宮史曹宮皆御幸孝成皇帝產子子隱不見臣遣從事掾業史望驗問知狀者掖庭獄丞籍武故中黃門王舜吳恭靳嚴官婢曹曉道房張棄故趙昭儀御者于客子王偏臧兼等皆曰宮卽曉子女前屬中宮爲學事史通詩授皇后房與宮對食元延元年中宮語房曰陛下幸宮後數月曉入殿中見宮腹大問宮宮曰御幸有身其十月中宮乳掖庭牛宮令舍有婢六人中黃門田客漢紀作田閎持詔記盛綠綈方底封御史中丞印予武曰取牛宮令舍婦人新產兒婢六人盡置暴室獄毋問兒男女誰兒也武迎置獄宮曰善臧我兒胞丞知是何等兒也後三日客持詔記與武問兒死未手書對牘背武卽書對兒見在未死有頃客出曰上與昭儀大怒奈何不殺武叩頭啼曰不殺兒自知當死殺之亦死卽因客奏封事曰陛下未有繼嗣子無貴賤惟留意奏入客復持詔記予武曰今夜漏上五刻持兒與舜會東交掖門武因問客陛下得武書意何如曰憆也武以兒付舜舜受詔內兒殿中爲擇乳母告善養兒且有賞毋令漏泄舜擇棄爲乳母時兒生八九日後三日客復持詔記封如前予武中有封小綠篋記曰告武以篋中物書予獄中婦人武自臨飲之武發篋中有裹藥二枚赫蹏書曰告偉能努力飲此藥不可復入女自知之偉能卽宮宮讀書已曰果也欲姊弟擅天下我兒男也額上有壯髮類孝元皇帝今兒安在危殺之矣奈何令長信得聞之宮飲藥死後宮婢六人召入出語武曰昭儀言女無過盜自殺邪若外家也我曹言願自殺卽自繆死武皆表奏狀棄所養兒十一日宮長李南以詔書取兒去不知所置許美人前在上林涿沐館數召入飾室中若舍一歲再

裹當作褢

三召留數月或半歲御幸元延二年褢子其十一月乳詔使嚴持乳醫及五種和藥丸三送美人所後客子偏兼聞昭儀謂成帝曰常紿我言從中宮來卽從中宮來許美人兒何從生中許氏竟當復立邪懟以手自擣以頭擊壁戶柱從牀上自投地啼泣不肎食曰今當安置我欲歸耳帝曰今故告之反怒爲殊不可曉也帝亦不食昭儀曰陛下自知是不食謂何陛下常自言約不負女今美人有子竟負約謂何帝曰約以趙氏故不立許氏使天下無出趙氏上者毋憂也後詔使嚴持綠囊書予許美人告嚴曰美人當有以予女受來置飾室中簾南美人以葦篋一合盛所生兒緘封及綠囊報書予嚴嚴持篋書置飾室簾南去帝與昭儀坐使客子解篋緘未已帝使客子偏兼皆出自閉戶獨與昭儀坐須臾開戶嘑客子偏兼使緘封篋及綠綈方底推置屏風東恭受詔持篋方底予武皆封以御史中丞印曰告武篋中有死兒埋屏處勿令人知

武穿獄樓垣下爲坎，埋其中。故長定許貴人及故成都平阿侯家婢王業、任孋、公孫習前免爲庶人，詔召入屬昭儀爲私婢。成帝崩，未幸梓宮，倉卒悲哀之時，昭儀自知罪惡大，知業等故許氏王氏婢，恐事泄，而曰大婢羊子等賜予業等各且十人，曰慰其意，屬無道我家過失。元延二年五月，故掖庭令吾丘遵謂武曰：掖庭丞吏曰下皆與昭儀合通，無可與語者，獨欲與武有所言。我無子，武有子，是家輕族人，得無不敢乎。掖庭中御幸生子者輒死，又飲藥傷墮者無數，欲與武共言之大臣，驃騎將軍貪耆錢，不足計事，奈何令長信得聞之。遵後病困，謂武：今我已死，前所語事，武不能獨爲也，慎語。皆在今年四月丙辰赦令前。臣謹案永光三年，男子忠等發長陵傅夫人冢，事更大赦，孝元皇帝下詔曰：比朕不當所得赦也。窮治，盡伏辜，天下曰爲當。魯嚴公夫人殺世子，齊桓召而誅焉，春秋予之。趙昭儀傾亂聖朝，親滅繼嗣，家屬當伏天誅。前平安剛侯夫人謁坐大逆，同產當坐，曰蒙赦令歸故郡。今昭儀所犯尤誖逆，罪重于謁，而同產親屬皆在尊貴之位，迫近帷幄，羣下寒心，非所曰懲惡崇誼示四方也。請事窮竟，丞相曰下議正法。（漢書外戚傳下孝成趙皇后傳）

郭欽

欽，喻麋人。哀帝初爲丞相司直，曰忤董賢，左遷盧奴令。平帝時拜南郡太守。王莽居攝，去官，卒于家。（案漢書西域傳下及莽傳下別有戊己校尉郭欽，封剽胡子，地皇末拜九虎將軍，兵敗，保京師倉，聞莽死乃降，更始義之，封侯，與此郭欽同時，非即其人也。）

奏劾豫州牧鮑宣

宣舉錯煩苛，代二千石署吏聽訟，所察過詔條，行部乘傳，去法駕，駕一馬，舍宿鄉亭，爲衆所非。（漢書鮑宣傳，宣遷豫州牧，歲餘，丞相司直郭欽奏云云，宣坐免歸家。）

御史中丞衆

衆，史不著其姓。哀帝初爲御史中丞。

辥況罪議

況朝臣，父故宰相，再封列侯，不相敕承化，而骨肉相疑，疑咸受修言曰誹毀宣。咸所言皆宣行迹，衆人所共見，公家所宜聞。況知咸給事中，恐爲司隸舉奏宣，而公令明等迫切宮闕，要遮創戮近臣于大道人衆中，欲曰鬲塞聰明，杜絕議論之端，桀黠無所畏忌，萬衆讙譁，流聞四方，不與凡民忿怒爭鬬者同。臣聞敬近臣，爲近主也。禮下公門，式路馬，君畜產且猶敬之。春秋之義，意惡功遂，不免于誅，上浸之源不可長也。況首爲惡，明手傷人，（今本脫人字，從漢紀補，案顏注亦有）功意俱惡，皆大不敬。明當曰重論，及況皆棄市。（漢書辥宣傳，宣弟明爲臨菑令，宣迎後母，修不遣，哀帝即位，博士申咸給事中，毀宣，宣子況爲右曹侍郎，賕客楊明遮斫咸宮門外，斷鼻脣，身八創，事下有司，御史中丞衆等奏云云，丞相孔光、大司空師丹曰中丞議是。）

息夫躬

躬字子微，河內河陽人。哀帝初召待詔，擢光祿大夫、左曹、給事中，封宜陵侯。免，尋坐祝詛繫獄死。有集一卷。

上疏詆公卿大臣

方今丞相王嘉健而蓄縮，不可用。御史大夫賈延墯弱不任職。左將軍公孫祿、司隸鮑宣皆外有直項之名，內實騃不曉政事。諸曹曰下，僕遬不足數。卒有彊弩圍城，長戟指闕，陛下誰與備之。如使狂夫嘄譁于東崖，匈奴飲馬于渭水，邊境雷動，四野風起，京師雖有武蠭精兵，未有能窺左足而先應者也。軍書交馳而輻湊，羽檄重迹而押至，小夫愞臣之徒憒眊不知所爲，其有犬馬之決者，仰藥而伏刃，雖加夷滅之誅，何益禍敗之至哉。（漢書息夫躬傳）

上言開言渠

奏開鄭國渠，曰富國彊兵。今爲京師土地肥饒，可度地勢水泉，廣溉灌之利。（漢書息夫躬傳）

奏閒匈奴烏孫

單于當以十一月入塞。後以病爲解。疑有他變。烏孫兩昆彌弱。卑爰疐彊盛。居彊煌之地。擁十萬之衆。東結單于。遣子往侍。如因素彊之威。循烏孫就屠之迹。舉兵南伐。并烏孫之勢也。烏孫并則匈奴盛。而西域危矣。可令降胡詐爲卑爰疐使者來上書曰。所以遣子侍單于者。非親信之也。實畏之耳。惟天子哀告單于。歸臣侍子。願助戊己校尉保惡都奴之界。因下其章諸將軍。令匈奴客聞焉。則是所謂上兵伐謀。其次伐交者也。漢書息夫躬傳。會單于當來朝。遣使言病。願朝明年。躬因是而上奏。以爲。

建言厭應變異

往年熒惑守心。太白高而芒光。又角星茀于河鼓。其法爲有兵亂。是後訛言行詔籌。經歷郡國。天下騷動。恐必有非常之變。可遣大將軍行邊兵。敕武備。斬一郡守。以立威。震四夷。因以厭應變異。漢書息夫躬傳。

泠褒　段猶

褒。建平初爲郎中令。猶爲黃門郎。

奏尊傅太后丁后

定陶共皇太后共皇后。皆不宜復引定陶藩國之名。以冠大號。車馬衣服宜皆稱王之意。置吏二千石以下。各供厥職。又宜爲共皇立廟京師。漢書師丹傳。

夏賀良

賀良。重平人。哀帝時待詔黃門。以左道亂政伏誅。

改元易號議

漢厤中衰。當更受命。成帝不應天命。故絕嗣。今陛下久疾。變異屢數。天所以譴告人也。宜急改元易號。迺得延年益壽。皇子生。災異息矣。得道不得行。咎殃且亡。不有洪水將出。災火且起。滌盪人民。漢書李尋傳。尋遂白賀良等。皆待詔黃門。數召見陳說云云。哀帝久寢疾。幾其有益。遂從賀良等議。

賈讓

讓。哀帝時待詔。

奏治河三策

治河有上中下策。古者立國居民。疆理土地。必遺川澤之分。度水勢所不及。大川無防。小水得入陂障。卑下以爲汙澤。使秋水多得有所休息。左右游波。寬緩而不迫。夫土之有川。猶人之有口也。治土而防其川。猶止兒啼而塞其口。豈不遽止。然其死可立而待也。故曰善爲川者。決之使道。善爲民者。宣之使言。蓋隄防之作。近起戰國。雍防百川。各以自利。齊與趙魏以河爲竟。趙魏瀕山。齊地卑下。作隄去河二十五里。河水東抵齊隄。則西泛趙魏。趙魏亦爲隄去河二十五里。雖非其正。水尚有所游盪。時至而去。則填淤肥美。民耕田之。或久無害。稍築室宅。遂成聚落。大水時至漂沒。則更起隄防以自救。稍去其城郭。排水澤而居之。湛溺自其宜也。今隄防陿者去水數百步。遠者數里。近黎陽南故大金隄。從河西西北行。至西山南頭。迺折東。與東山相屬。民居金隄東。爲廬舍。住十餘歲更起隄。從東山南頭直南與故大隄會。又內黃界中。有澤方數十里。環之有隄。往十餘歲。太守以賦民。民今起廬舍其中。此臣親所見者也。東郡白馬故大隄。亦復數重。民皆居其閒。從黎陽北盡魏界。故大隄去河。遠者數十里內。亦數重。此皆前世所排也。河從河內北至黎陽。爲石隄。激使東抵東郡平剛。又爲石隄。使西北抵黎陽觀下。又爲石隄。使東北抵東郡津北。又爲石隄。使西北抵魏郡昭陽。又爲石隄。激使東北。百餘里閒。河再西三東。迫阸如此。不得安息。今行上策。徙冀州之民當水衝者。決黎陽遮害亭。放河使北入海。河西薄大山。東薄金隄。勢不能遠泛濫。期月自定。難者將曰。若如此。敗壞城郭田廬冢墓以萬數。百姓怨恨。昔大禹治水。山陵當路者毀之。故鑿龍門。辟伊闕。析厎柱。破碣石。墮斷天地之性。此迺人功所造。何足言也。今瀕河十郡。治隄歲費且萬萬。及其大決。所殘無數。如出數年治河之費。㠯業所徙之民。遵古聖之法。定山川之位。使神人各處其所而不相奸。且㠯大漢方制萬里。豈其與水爭咫尺之地哉。此功一立。河定民安。千載無患。故謂之上策。若迺多穿漕渠于冀州地。使民得㠯溉田。分殺水怒。雖非聖人法。然亦救敗術也。難者將曰。河水高于平地。歲增隄防。猶尚決溢。不可㠯開渠。臣竊案視遮害亭西十八里至淇水口。迺有金隄。高一丈。自是東地稍下。隄稍高。至遮害亭。高四五丈。往五六歲。河水大盛。增丈七尺。壞黎陽南郭門。入至隄下。水未踰隄二尺所。從隄上北望河高出民屋。百姓皆走上山。水留十三日。隄潰二所。吏民塞之。臣循隄上行視水勢。南七十餘里至淇口。水適至隄半。計出地上五尺所。今可從淇水㠯東爲石隄。多張水門。初元中。遮害亭下河去隄足數十步。至今四十餘歲。適至隄足。繇是言之。其地堅矣。恐議者疑河大川難禁制。滎陽漕渠足㠯卜之。其水門但用木與土耳。今據堅地作石隄。勢必完安。冀州渠首盡當卬此水門。治渠非穿地也。但爲東方一隄。北行三百餘里。入漳水中。其西因山足高地。諸渠皆往往股引取之。旱則開東方下水門溉冀州。水則開西方高門分河流。通渠有三利。不通有三害。民常罷于救水。半失作業。水行地上。湊潤上徹。民則病溼氣。木皆立枯。鹵不生穀。決溢有敗。爲魚鱉食。此三害也。若有渠溉。則鹽鹵下隰。填淤加肥。故種禾麥。更爲秔稻。高田五倍。下田十倍。轉漕舟船之便。此三利也。今瀕河隄吏卒郡數千人。伐買薪后之費。歲數千萬。足㠯通渠成水門。又民利其溉灌。相率治渠。雖勞不罷。民田適治。河隄亦成。此誠富國安民。興利除害。支數百歲。故謂之中策。若迺繕完故隄。增卑倍薄。勞費無已。數逢其害。此最下策也。漢書溝洫志。哀帝初。待詔賈讓奏言。

耿育

亡當作忘

育。哀帝時議郎。

上書言便宜因冤訟陳湯

延壽湯爲聖漢揚鉤深致遠之威。雪國家累年之恥。討絕域不羈之君。係萬里難制之虜。豈有比哉。先帝嘉之。仍下明詔。宣著其功。改年垂厤。傳之無窮。應是南郡獻白虎。邊陲無警備。會先帝寢疾。然猶垂意不亡。數使尚書責問丞相。趣立其功。獨丞相匡衡排而不予。封延壽湯數百戶。此功臣戰士所㠯失望也。孝成皇帝承建業之基。乘征伐之威。兵革不動。國家無事。而大臣傾邪。讒佞在朝。曾不深惟本末之難。㠯防未然之戒。欲專主威。排妒有功。使湯塊然被冤。拘囚不能自明。卒㠯無罪。老棄敦煌。正當西域通道。令威名折衝之臣。旋踵及身。復爲郅支遺虜所笑。誠可悲也。至今奉使外蠻者。未嘗不陳郅支之誅。㠯揚漢國之盛。夫援人之功㠯懼敵。棄人之身㠯快讒。豈不痛哉。且安不忘危。盛必慮衰。今國家素無文帝累年節儉富饒之畜。又無武帝薦延梟俊禽敵之臣。獨有一陳湯耳。假使異世。不及陛下。尚望國家追錄其功。封表其墓。㠯勸後進也。湯幸得身當盛世。功曾未久。反聽邪臣。鞭逐斥遠。使亡逃分竄。死無處所。遠覽之士。莫不計度。㠯爲湯功累世不可及。而湯過人情所有。湯尚如此。雖復破絕筋骨。暴露形骸。猶復制于脣舌。爲嫉妒之臣所係虜耳。此臣所㠯爲國家惑惑也。後漢陳湯傳。

上疏請寬趙氏

臣聞繼嗣失統。廢適立庶。聖人法禁。古今至戒。然太伯見厤知適。逡循固讓。委身吳粵。權變所設。不計常法。致位王季。㠯崇聖嗣。卒有天下。子孫承業。七八百載。功冠三王。道德最備。是㠯尊號追及太王。故世必有非常之變。然後迺有非常之謀。孝成皇帝自知繼嗣不㠯時立。念雖末有皇子。萬歲之後。未能持國。權柄之重。制于女主。女主驕盛。則耆欲無極。少主幼弱。則大臣不使。世無周公抱

爲當作惟

負之輔。恐危社稷。傾亂天下。知陛下有賢聖通明之德。仁孝子愛之恩。懷獨見之明。內斷于身。故廢後宮就館之漸。絕微嗣禍亂之根。乃欲致位陛下。㠯安宗廟。愚臣既不能深援安危。定金匱之計。又不知推演聖德。述先帝之志。迺反覆校省。內暴露私燕。誣汙先帝傾惑之過。成結寵妾妒媚之誅。甚失賢聖遠見之明。逆負先帝憂國之意。夫論大德不拘俗。立大功不合衆。此迺孝成皇帝至思所㠯萬萬于衆臣。陛下聖德盛茂所㠯符合于皇天也。豈當世庸庸斗筲之臣所能及哉。且褒廣將順君父之美。匡捄銷滅既往之過。古今通義也。事不當時固爭。防禍于未然。各隨指阿從㠯求容媚。晏駕之後。尊號已定。萬事已訖。迺探追不及之事。訐揚幽昧之過。此臣所深痛也。願下有司議。即如臣言。宜宣布天下。使咸曉知先帝聖意所起。不然。空使謗議上及山陵。下流後世。遠聞百蠻。近布海內。甚非先帝託後之意也。蓋孝子善述父之志。善成人之事。唯陛下省察。漢書外戚下孝成趙皇后傳。

楊宣

宣。建平中爲諫大夫。

上封事理王氏

孝成皇帝深爲宗廟之重。稱述陛下至德。㠯承天序。聖策深遠。恩德至厚。惟念先帝之意。豈不欲㠯陛下自代奉承東宮哉。太皇太后春秋七十。數更憂傷。敕令親屬引領㠯避丁傅。行道之人爲之隕涕。況于陛下。時登高遠望。獨不慚于延陵乎。漢書元后傳。

災異對

五侯封日。天氣赤黃。丁傅復然。此殆爵土過制。傷亂土氣之祥也。漢書五行志下之上。哀帝即位。封外屬丁氏傅氏周氏鄭氏凡六人爲列侯。楊宣對。

議郎龔

龔。史不著其姓。元壽初爲議郎。

居當作君

王嘉罪議

嘉言事前後相違。無所執守。不任宰相之職。宜奪爵土。免爲庶人。漢書王嘉傳。議郎龔等㠯爲。

永信少府猛

猛。史不著其姓。元壽初爲永信少府。

王嘉罪議

聖王斷獄。必先原心定罪。探意立情。故死者不抱恨而入地。生者不銜怨而受罪。明主躬聖德。重大臣刑辟。廣延有司議。欲使海內咸服。嘉罪名雖應法。聖王之于大臣。在輿爲下。御坐則起。死則臨弔之。廢宗廟之祭。進之㠯禮。退之㠯義。誅之㠯行。案嘉本㠯相等爲罪。罪惡雖著。大臣括髮關械。裸躬就笞。非所㠯重國褒宗廟也。今春月寒氣錯繆。霜露數降。宜示天下㠯寬和。臣等不知大義。唯陛下裁察焉。漢書王嘉傳。永信少府猛等十人㠯爲。

班嗣

嗣。樓煩人。班彪之從兄。

報桓譚

若夫嚴子者。絕聖棄智。修生保眞。清虛澹泊。歸之自然。獨師友造化。而不爲世俗所役者也。漁釣于一壑。則萬物不好其志。棲遲于一丘。則天下不易其樂。不絓聖人之罔。不齅驕居之餌。蕩然肆志。談者不得而名焉。故可貴也。今吾子已貫仁誼之羈絆。繫名聲之韁鎖。伏周孔之軌躅。馳顏閔之極摯。既繫攣于世教矣。何用大道爲自眩曜。昔有學步于邯鄲者。曾未得其髣髴。又復失其故步。遂匍匐而歸耳。恐似此類。故不進。漢書敘傳。嗣雖修儒學。然貴老嚴之術。桓生欲借其書。嗣報。

伶玄

玄字子于。潞水人。爵里詳見自序。

飛燕外傳自序

伶玄字子于。潞水人。學無不通。知音善屬文。簡率尙眞樸。無所矜式。揚雄獨知之。然雄貪名矯激。子于謝不與交。雄深慊毀之。子于由司空小吏歷三署。刺守州郡。爲淮南相。人有風情。哀帝時。子于老休。買妾樊通德。通德嫕之弟子。不周之子也。有才色。知書。慕司馬遷史記。頗能言趙飛燕姊弟故事。子于閑居命言。厭厭不倦。子于語通德曰。斯人俱灰滅矣。當時疲精力馳騖嗜欲蠱惑之事。寧知終歸荒田野草乎。通德占袖顧眎燭影。吕手擁髻。淒然泣下。不勝其悲。子于亦然。通德奏子于曰。夫淫于色。非慧男子不至也。慧則通。通則流。流而不得其防。則百物變態。爲溝爲壑。無所不往焉。禮義成敗之說。不能止其流。惟感之吕盛衰奄忽之變。可吕防其壞。今婢子所道趙后姊弟事。盛之至也。主君愴然有荒田野草之悲。衰之至也。婢子拊形屬影。識夫盛之不可留。衰之不可推。俄然相緣奄忽。雖婕妤聞此。不少遣乎。幸主君著其傳。使婢子執研削道所記。于是撰趙后別傳。子于爲河東都尉。班躅爲決曹。得幸太守。多所取受。子于召躅。數其罪而捽辱之。躅從兄子彪。續司馬史記。紬子于。無所收錄。漢魏叢書飛燕外傳本。案隋唐志不著錄。晁公武讀書志始有之。疑是唐人依託。今姑附前漢文末。

全漢文卷五十六終

注末望之二字衍

全漢文卷五十七

烏程嚴可均校輯

宦官

弘恭

恭。沛人。少坐法腐刑。爲中黃門。㠯選爲中尚書。宣帝時爲中書令。

奏收蕭望之等

望之堪更生朋黨相稱舉。數譖訴大臣。毀離親戚。欲㠯專權擅勢。誣上不道。請謁者召致廷尉。（漢書蕭望之傳）

建白下蕭望之獄

望之前爲將軍輔政。欲排退許史專權擅朝。幸得不坐。復賜爵邑。與聞政事。不悔過服罪。深懷怨望。敎子上書。歸非于上。自㠯託師傅。懷終不坐。非頗詘望之于牢獄。塞其怏怏心。則聖朝亡㠯施恩厚。（漢書蕭望之傳。弘恭石顯等知望之素高節。不詘辱。建白望之）

列女

淳于緹縈

緹縈。臨菑人。齊太倉令淳于意少女。

上書求贖父刑

妾父爲吏。齊中（漢書有皆字）稱其廉平。今坐法當刑。妾切痛（漢書作妾痛夫）死者不可復生。而刑者不可復續。雖欲改過自新。其道莫由。終不可得。妾願入身（漢書作沒入）爲官婢。㠯贖父刑。使得改行自新也。（史記倉公傳。又見漢書刑法志。孝文即位十三年。齊太倉令淳于公有罪當刑。其少女緹縈隨父至長安上書）

大乳母

乳母。東武嗣侯郭它之母。孝景初年且四十餘。入宮養武帝。帝壯時號之曰大乳母。

上武帝書

某所有公田。願得假倩之。（史記褚補滑稽傳）

卓文君

文君。蜀郡成都人。卓王孫女。寡而奔司馬相如。

司馬相如誄

嗟嗟夫子兮亶通儒。少好學兮綜羣書。縱橫劒俠兮英敏有譽。尚慕往哲兮更名相如。落魄遠游兮賦子虛。畢爾壯志兮駟馬高車。憶昔初好兮雍容孔都。憐才仰德兮琴心兩娛。永託爲妃兮不耻當壚。生平淺促兮命也難扶。長夜思君兮形影孤。步中庭兮霜草枯。雁鳴哀哀兮吾將安如。仰天太息兮抑鬱不舒。訴此悽惻兮曉忍聽予。泉穴可從兮願殞其軀。（梅鼎祚文紀有此。未詳所出。案西京雜記長卿素有消渴疾。及還成都死。文君爲誄。傳于世。雜記雖言爲誄。不載其辭。蓋近代依託也）

烏孫公主解憂

解憂。楚王戊之孫女。前公主細君死。武帝㠯楚女爲公主。妻烏孫岑陬。復妻翁歸靡。復妻狂王。甘露三年。歸京師。年且七十。後二年卒。

上昭帝書

匈奴發騎田車師。車師與匈奴爲一。共侵烏孫。惟天子救之。（漢書常惠傳。又見西域傳下。昭帝時公主上書）

上宣帝書

匈奴復連發大兵侵擊烏孫。取車延惡師地。收人民去。使使謂烏孫趣持公主來。欲隔絕漢。昆彌願發國半精兵自給人馬五萬騎。盡力擊匈奴。唯天子出兵。㠯救公主昆彌。（漢書西域傳下。宣帝初即位。公主及昆彌皆遣使上書言。又見常惠傳。小異。案公主與昆彌各自上書。史家合併載之。故與匈奴傳小異）

又上宣帝書

年老土思。願得歸骸骨。葬漢地。（漢書西域傳下）

馮嫽

嫽。楚主解憂侍者。爲烏孫右大將妻。號曰馮夫人。甘露三年。從楚主歸京師。元帝時復遣往烏孫。

上元帝書

願使烏孫鎭撫星靡。漢書烏孫傳。

敬武長公主

公主。宣帝女。鴻嘉中寡居。適丞相薛宣。元始中。莽自尊爲安漢公。遣使以元后詔賜藥死。

上哀帝書

願還宣葬延陵。漢書薛宣傳。宣免歸故郡。公主留京。後宣卒。主上書奏可。

闕名

菟田誓

無干車。無自後射。周禮夏官注。賈疏云。此據漢田律而言。又見秋官士師注。作軍禮。

與路中大夫盟

若反。言漢已破矣。齊趣下三國。不且見屠。史記齊悼惠王世家。膠西、菑川、濟南三國將劫與路中大夫盟云云。又見漢書高五王傳。

上書言樊他廣不當代後

荒侯市人病不能爲人。令其夫人與其弟亂。而生他廣。他廣實非荒侯子。不當代後。史記樊噲傳。孝文帝立封噲庶子市人爲武陽侯。薨。謚爲荒侯。子他廣代侯。六歲。侯家舍人得罪他廣。怨之。乃上書。詔下吏。又見漢書樊噲傳。

上書言祠太一

古者天子三年壹用太牢。祠神三一。天一、地一、太一。史記封禪書。亳人謬忌奏祠太一方。其後人有上書言。又見漢書郊祀志上。

上書言春解祠

古者天子常以春解祠。祠黃帝用一梟破鏡。冥羊用羊。祠馬行用一青牡馬。太一、澤山君地長用牛。武夷君用乾魚。陰陽使者以一牛。史記封禪書。後人復有上書言。又見漢書郊祀志上。

上書言宜立昌邑王

周太王廢太伯。立王季。文王舍伯邑考。立武王。唯在所宜。雖廢長立少可也。廣陵王不可以承宗廟。漢書霍光傳。昭帝崩。亡嗣。武帝六男獨有廣陵王胥在。郎有上書言云云。擢郎爲九江太守。

上書言霍氏

大將軍時。主弱臣彊。專制擅權。今其子孫用事。昆弟益驕恣。恐危宗廟。災異數見。盡爲是也。漢書霍光傳。霍山曰。嘗有上書言云云。其言絕痛。山屏不奏。

爲徐福上書

臣聞客有過主人者。見竈直堗。傍有積薪。客謂主人曰。曲其堗。遠其積薪。不者將有火患。主人嘿然不應。居無幾何。家果失火。鄉聚里中人哀而救之。火幸息。于是殺牛置酒。燔髮灼爛者在上行。餘各用功次坐。而反不錄言曲堗者。向使主人聽客之言。不費牛酒。終無火患。今茂陵徐福數上書。言霍氏且有變。宜防絕之。向使福說得行。則無裂地出爵之費。而國安平自如。今往事既已。而福獨不得與其功。惟陛下察客徙薪曲堗之策。而使居燔髮灼爛之右。說苑權謀。

臣聞客有過主人者。見其竈直突。傍有積薪。客謂主人。更爲曲突。遠徙其薪。不者且有火患。主人嘿然不應。俄而家果失火。鄉里共救之。幸而得息。于是殺牛置酒。謝其鄰人。灼爛者在于上行。餘各以功次坐。而不錄言曲突者。人謂主人曰。鄉使聽客之言。不費牛酒。終無火患。今論功而請賓。曲突徙薪亡恩澤。燋頭爛額爲上客邪。主人迺寤而請之。今茂陵徐福數上書言霍氏且有變。宜防絕之。鄉使福說得行。則國亡裂土出爵之費。臣亡逆亂誅滅之敗。往事既已。而福獨不蒙其功。唯陛下察之。貴徙薪曲突之策。使居焦髮灼爛之右。漢書霍光傳。案。此與說苑互有刪節。而加詳。故分載之。

上書言宜改幣

古者㠯龜貝爲貨，今已錢易之，民㠯故貧，宜可改幣。漢書師丹傳有上書言

請臘祀社稷

令縣常㠯春三月及時臘祀社稷㠯羊豕，民里社各自財㠯祠。史記封禪書高祖十年春有司請，又見漢書郊祀志上

固請建太子

古者殷周有國，治安皆千餘歲，古之有天下者莫不長焉，用此道也。立嗣必子，所從來遠矣。高帝親率士大夫始平天下，建諸侯，爲帝者太祖。諸侯王及列侯始受國者，皆亦爲其國祖。子孫繼嗣，世世弗絕，天下之大義也。故高帝設之㠯撫海內。今釋宜建而更選于諸侯及宗室，非高帝之志也。更議不宜。子啟最長，純厚慈仁，請建㠯爲太子。史記文紀元年正月有司固請，又見漢書文紀

奏請立栗姬爲皇后

子㠯母貴，母㠯子貴，今太子母無號，宜立爲皇后。史記外戚世家王夫人陰使人趣立栗姬爲皇后，大行奏事畢曰云云，又見漢書孝景王皇后傳，大行奏事文曰

奏議不舉孝廉者罪

古者諸侯貢士，壹適謂之好德，再適謂之賢賢，三適謂之有功，迺加九錫；不貢士，壹則黜爵，再則黜地，三則黜爵地畢矣。附下罔上者死，附上罔下者刑，與聞國政而無益于民者斥，在上位而不能進賢者退，此所㠯勸善黜惡也。今詔書昭先帝聖緒，令二千石舉孝廉，所㠯化元元，移風易俗也。不舉孝，不奉詔，當㠯不敬論。不察廉，不勝任也，當免。漢書武帝紀元朔元年詔議不舉孝廉者罪，有司奏議云云，奏可

請造白金皮幣

關東貧民徙隴西、北地、西河、上郡、會稽凡七十二萬五千口，縣官衣食振業，用度不足，請收銀錫造白金及皮幣㠯足用。漢書武紀元狩四年冬，有司言

古者皮幣，諸侯㠯聘享。金有三等，黃金爲上，白金爲中，赤金爲下。

今半兩錢法重四銖，而姦或盜摩錢裏取鎔，徐廣音容。漢書作錢質而取鋊，師古音浴。錢益輕薄而物貴，則遠方用幣煩費不省。史記平準書有司言，又見漢書食貨志下

請算軺書賈人緡錢

郡國頗被菑害，貧民無產業者，募徙廣饒之地。陛下損膳省用，出禁錢㠯振元元，寬貸賦，而民不齊出于南畝，商賈滋衆。貧者畜積無有，皆仰縣官。異時算軺車賈人緡錢皆有差，請算如故。諸賈人末作貰貸買，居邑稽諸物，漢書作賣買居邑貯積諸物。及商㠯取利者，雖無市籍，各㠯其物自占，率緡錢二千而一算。諸作有租及鑄，率緡錢四千一算。非吏比者三老、北邊騎士，軺車㠯一算；商賈人軺車二算；船五丈㠯上一算。匿不自占，占不悉，戍邊一歲，沒入緡錢。有能告者，㠯其半畀之。賈人有市籍者，及其家屬，皆無得籍名田，㠯便農。敢犯令者，沒入田僮。史記平準書其明年公卿言，又見漢書食貨志下

奏故太子謚號園邑

禮，爲人後者，爲之子也，故降其父母不得祭，尊祖之義也。陛下爲孝昭帝後，承祖宗之祀，制禮不踰閑。謹行視孝昭帝所爲，故皇太子起位在湖，史良娣家在博望苑北，親史皇孫位在廣明郭北。謚法曰：謚者，行之迹也。愚㠯爲親謚宜曰悼，皇母曰悼后，比諸侯王園，置奉邑三百家。故皇太子謚曰戾，置奉邑二百家。史良娣曰戾夫人，置守冢三十家。園置長丞，周衞奉守如法。㠯湖閿鄉邪里聚爲戾園，長安白亭東爲戾后園，廣明成鄉爲悼園，皆改葬焉。漢書武五子傳，宣帝初即位，詔議故太子謚，置園邑，有司奏

復言悼園戾園號邑

禮，父爲士，子爲天子，祭㠯天子。悼園宜稱尊號曰皇考，立廟，因園爲寢，㠯時薦享焉。益奉園民滿千六百家，㠯爲奉明縣。尊戾夫人曰戾后，置園奉邑，及益戾園各滿三百家。漢書武五子傳，後八歲有司復言

奏菑川王終古淫亂事

終古使所愛奴與八子及諸御婢姦。終古或參與被席。或白晝使贏伏。犬馬交接。終古親臨視。產子輒曰。亂不可知。使去其子。漢書齊悼惠王傳。五鳳中青州刺史奏。

奏逮捕菑川王終古

終古位諸侯王。以令置八子。秩比六百石。所以廣嗣重祖也。而終古禽獸行。亂君臣夫婦之別。悖逆人倫。請逮捕。漢書齊悼惠王傳。青州刺史奏終古事。下丞相御史。奏云云。案五鳳三年。丞相丙吉卒。御史大夫黃霸爲丞相。令此丞相未知屬誰。故編入闕名類。

劾奏王尊

尊妄誣欺。非詔赦前事。猥歷奏大臣。無正法。飾成小過。以塗汙宰相。摧辱公卿。輕薄國家。奉使不敬。漢書王尊傳。成帝初即位。尊于是劾奏丞相匡衡御史大夫張譚。下御史丞問狀。劾奏云云。有詔左遷尊爲高陵令。

劾奏王章

章知野王前以王舅出補吏。而私薦之。欲令在朝。阿附諸侯。又知張美人體御至尊。而妄稱引羌胡殺子蕩腸。非所宜言。漢書元后傳。上使尚書劾奏章。遂下章吏。案成紀事在陽朔元年。

奏改徙陳湯

湯前親誅郅支單于。威行外國。不宜近邊塞。漢書陳湯傳。湯與解萬年俱徙敦煌。久之。敦煌太守奏云云。詔徙安定。

劾奏申咸炔欽

咸欽幸得以儒官選擢。備腹心。上所折中定疑。知丹社稷重臣。議罪處罰。國之所慎。咸欽初傳經義。以爲當治事以暴列。迺復上書。妄稱譽丹。前後相違。不敬。漢書師丹傳。給事中博士申咸炔欽上書言丹以此貶黜。恐不厭眾心。尚書劾云云。上貶咸欽秩各二等。遂策免丹。案百官表當在建平元年。

奏遣王莽王仁就國

新都侯莽前爲大司馬。貶抑尊號之議。虧損孝道。及平阿侯仁臧匿趙昭儀親屬。皆就國。漢書元后傳。傅太后帝母丁姬皆稱尊號。有司奏。案哀紀事在建平二年。

王嘉傳當作兩龔傳

當不赦之當當作所

有書之書當作司

及當作乃

劾奏王嘉

嘉言事恣意。迷國罔上。不道。漢書兩龔傳。丞相王嘉上書薦故廷尉梁相等。尚書劾奏。案哀紀王嘉傳。事在元壽元年。

奏劾龔勝夏侯常

勝吏二千石。常位大夫。皆幸得給事中。與論議。不崇禮義。而居公門下相非恨。疾言辯訟。惰謾亡狀。皆不敬。漢書王嘉傳。

奏

天陰雨。人之病爲之先動。是陰相應而起也。天將陰雨。又使人睡臥者。陰氣也。御覽十引漢名臣奏。

奏

漢得陰山。匈奴長老過之。未嘗不哭。藝文類聚七。御覽四百八十七引漢名臣奏。案漢書匈奴傳。元帝時。郎中侯應亦有此語。而文不同。

燕王定國罪議

定國禽獸行。亂人倫。逆天道。當誅。史記荊燕世家。元朔元年。肥如令郢人昆弟復上書。具言定國陰事。以此發覺。詔下公卿。皆議曰云云。上許之。定國自殺。又見漢書燕王劉澤傳。

江都王建罪議

建失臣子道。積久。輒蒙不忍。遂謀反逆。所行無道。雖桀紂惡不至于此。天誅當不赦。當以謀反法誅。漢書景十三王傳。有書請捕誅建。制曰與列侯吏二千石博士議。議者皆曰云云。案武紀事在元狩二年。

尊寶鼎議 元鼎四年六月

聞昔泰帝興神鼎一。一者一統。天地萬物所繫象也。黃帝作寶鼎三。象天地人。禹收九牧之金。鑄九鼎。象九州。皆嘗鬺亨上帝鬼神。其空足曰鬲。以象三德。饗承天祜。夏德衰。鼎遷于殷。殷德衰。鼎遷于周。周德衰。鼎遷于秦。秦德衰。宋之社亡。鼎及淪伏而不見。周頌曰。自堂徂基。自羊徂牛。鼐鼎及鼒。不吳不敖。胡考之休。今鼎至甘泉。以光潤龍變。承休無疆。合茲中山。有黃白雲降。蓋若獸爲符。路弓乘矢集獲壇下報祠大亨唯受命而帝者心知其意而合德焉鼎宜視宗禰廟藏于帝庭㠯合明應。漢書郊祀志上議尊寶鼎有司皆言云云制曰可又見史記封禪書稍有刪節

廣川王去辠議

去悖虐聽后昭信讒言燔燒烹煑生割剝人距師之諫殺其父子凡殺無辜十六人至一家母子三人逆節絕理其十五人在赦前大惡仍重當伏顯戮㠯示眾。漢書景十三王傳本始三年制曰與列侯中二千石二千石博士議議者皆曰為

韓昌張猛盟匈奴議

單于保塞為藩雖欲北去猶不能為危害昌猛擅㠯漢國世世子孫與夷狄詛盟令單于得㠯惡言上告于天羞國家傷威重不可得行宜遣使往告祠天與解盟昌猛奉使無狀罪至不道。漢書匈奴傳下元帝即位明年漢遣車騎都尉韓昌光祿大夫張猛送呼韓邪單于侍子即與為盟約昌猛還奏事公卿議者㠯為

諸寢園祀議

清廟之詩言交神之禮無不清靜今衣冠出游有車騎之衆風雨之氣非所謂清靜也祭不欲數數則瀆瀆則不敬宜復古禮四時祭于廟諸園寢日月閒祀皆可勿復修。漢書韋玄成傳永光四年議者又㠯為云云上亦不改也

昌陵議

昌陵因卑為高積土為山度便房猶在平地上客土之中不保幽冥之靈淺外不固卒徒工庸㠯鉅萬數至難脂火夜作取土東山且與穀同賈作治數年天下徧被其勞國家罷敝府藏空虛下至眾庶熬熬苦之故陵因天性據真土處勢高敞旁近祖考前又已有十年功緒宜還復故陵勿徙民。漢書陳湯傳案成紀事在永始初

罷三公官議

古今異制漢自天子之號下至佐史皆不同于古而獨改三公職

邪當作斜

事雖分明無益于治亂。漢書朱博傳成帝時何武建言宜建三公官于是㠯何武為大司空封列侯增奉如丞相議者多㠯為云云案成紀在綏和元年

辟況罪議

律曰鬭㠯刃傷人完為城旦其賊加罪一等與謀者同罪詔書無㠯詆欺成罪傳曰遇人不㠯義而見疻者與痏人之罪均惡不直也咸厚善修而數稱宣惡流聞不誼不可謂直況㠯故傷咸計謀已定後聞置司隸因前謀而趣明非㠯恐咸為司隸故造謀也本爭私變雖于掖門外傷咸道中與凡民爭鬭無異殺人者死傷人者刑今古之通道三代所不易也孔子曰必也正名名不正則至于刑罰不中刑罰不中而民無所錯手足今㠯況為首惡明手傷為大不敬公私無差春秋之義原心定罪原況㠯父見謗發忿怒無它大惡加詆欺輯小過成大辟陷死刑違明詔恐非法意不可施行聖王不㠯怒增刑明當㠯賊傷人不直況與謀者皆爵減完為城旦。漢書薛宣傳哀帝初即位博士申咸給事中毀宣宣子況為右曹侍郎數聞咸語令客楊明遮斫咸宮門外斷鼻脣身八創御史中丞眾等奏明及況皆棄市廷尉直㠯為云云況竟得減死一等徙敦煌

通褒斜道行船漕對

抵蜀從故道故道多阪回遠今穿褒邪道少阪近四百里而褒水通沔斜水通渭皆可㠯行船漕漕從南陽上沔入褒褒之絕水至斜閒百餘里㠯車轉從斜下下渭如此漢中之穀可致山東從沔無限便于砥柱之漕且褒斜材木竹箭之饒擬于巴蜀。史記河渠書人有上書欲通褒斜道及漕事下御史大夫張湯湯問其事因言云云又見漢書溝洫志

初置五經博士舉狀武帝建元五年

生事愛敬喪沒如禮通易尚書孝經論語兼綜載籍窮微闡奧隱居樂道不求聞達身無金痍痼疾世六屬不與妖惡交通王侯賞賜行應四科經任博士下言某官某甲保舉。後漢朱浮傳注引漢官儀

與韋玄成書

古之辭讓必有文義可觀故能垂榮于後今子獨壞容貌蒙恥辱光曜晻而不宣微哉子之所託名也僕素愚陋過爲宰相執事願少聞風聲不然恐子傷高而僕爲小人也（漢書韋賢附傳賢薨家丞上書言玄成爲後玄成陽爲病狂士大夫多疑其欲讓爵辟兄者案事丞相史遺與玄成書）

札書

黃帝得寶鼎宛朐問于鬼臾區鬼臾區對曰黃帝得寶鼎神策是歲己酉朔旦冬至得天之紀終而復始于是黃帝迎日推策後率二十歲復朔旦冬至凡二十推三百八十年黃帝僊登于天（史記封禪書齊人公孫卿有札書云云因嬖人奏之上大說又見漢書郊祀志上宛朐作冕侯）

食鼎銘

五熟是滋君王膳之（虞荔鼎錄漢景帝鑄一鼎名曰食鼎高二尺銅金銀雜爲之彤若瓦甌無足中元六年造小篆書案此銘不知誰作當入闕名）

金革帶鉤文

錫爾金鉤既公且侯（梁書夏侯詳傳荊府城局參軍吉士瞻役萬人浚伏庫防火池得金革帶鉤隱起雕鏤甚精巧篆文）

剛卯文

正月剛卯既央（續漢輿服志下通典六十三作決）靈殳四方赤青白黃四色是當帝令祝融以教夔龍庶疫剛癉莫我敢當疾日剛卯（續漢志作嚴卯）帝令夔龍（續漢志作夔化）順爾固伏（續漢志作慎爾周伏）化茲靈殳既正既直既觚既方庶疫剛癉莫我敢當（漢書王莽傳中注晉灼曰剛卯長一寸廣五分四方當中央從穿作孔以采絲葺其底如冠纓頭蕤刻其上面作兩行書文云云其一銘云云又見續漢輿服志下長寸二分方六分乘輿諸侯王公列侯以白玉中二千石以下至四百石皆以黑犀二百石以至私學弟子皆以象牙上合絲各如其印質刻書文云云凡六十六字又見通典六十三）

寶劍銘

直百金壽萬歲（西京雜記上）

琴銘

公冠篇當作公符篇

璠璵之樂（同上）

玉管銘

昭華之管（同上）

溢城井銘

潁陰侯所開三百年當塞不滿百年爲當運者所開（御覽一百八十九引潯陽記溢城漢灌嬰所築孫權經此自立標井上掘得井銘權忻以爲瑞井江中風浪井水輒動）

孝昭帝冠辭

陛下離顯先帝之光耀以承皇天嘉祿欽順仲春之吉日遵並大道邠或（盧辯云當爲芬彧）秉集萬福之休靈始加昭明之元服推遠稚免之幼志崇積文武之寵德肅勤高祖清廟六合之內靡不息陛下永永與天無極（大戴禮公冠篇）

陛下摛顯先帝之光耀以承皇天之嘉祿欽奉仲春之吉辰普尊大道之郊域秉率百福之休靈始加昭明之元服推遠沖孺之幼志蘊積文武之就德肅勤高祖之清廟六合之內靡不蒙福永永與天無極（續漢禮儀志上注引博物記與大戴禮小異）

祭天辭

皇皇上天照臨下土集地之靈降甘風雨庶物羣生各得其所靡今靡古維予一人某敬拜皇天之祜（大戴禮公冠篇）

祭地辭

薄薄之土承天之神興甘風雨庶卉百穀莫不茂者既安且寧維予一人某敬拜下土之靈（大戴禮公冠篇）

迎日辭

維某年某月上日明光于上下勤施于四方旁作穆穆維予一人某敬拜迎日于郊（宋書禮志一引尚書大傳又見大戴禮公冠篇案祭天已下三篇大戴禮列于孝昭冠辭後明非先秦古辭今編入漢闕名類）

竈祝

今日吉謹以梁卵焍黃祓去玉靈之不祥玉靈必信以誠知萬事之情辯兆皆可占不信不誠則燒玉靈揚其灰以徵後龜

假之玉靈夫子夫子玉靈荊灼而心令而先知而上行于天下行于淵諸靈數策莫如汝信今日良日行一良貞其欲卜某卽得而喜不得而悔卽得發鄉我身長大手足收人皆上偶不得發鄉我身挫折中外不相應手足滅去

假之靈龜五筮五靈不如神龜之靈知人死知人生某身良某欲求某物卽得也頭見足發內外相應卽不得也頭仰足肣內外自隨可得占史記龜策傳

卜占病者祝

今某病困死首上開內外交駭身節折不死首仰足肣史記龜策傳

卜病者祟

今病有祟無呈無祟有呈兆有中祟有內外祟有外史記龜策傳

郊拜太一贊饗文

天始以寶鼎神策授皇帝朔而又朔終而復始皇帝敬拜見焉

拜祝祠太一贊饗文

德星昭衍厥維休祥壽星仍出淵耀光明信星昭見皇帝敬拜太祝之享

祠上帝明堂贊饗文

天增授皇太元神策周而復始皇帝敬拜太一史記封禪書

侲子逐疫

甲作食殈胇胃食虎雄伯食魅騰簡食不祥攬諸食咎伯奇食夢強梁祖明共食磔死寄生委隨食觀錯斷食巨窮奇騰根共食蠱凡使十二神追惡凶赫女軀拉女幹節解女肉抽女肺腸女不急去後者為糧續漢禮儀志中

王使威長葬銘

明明哲士知存知亡崇隴原亹非寍非康不封不樹作靈乘光厥銘何依王使威長博物志八漢西都時南宮寢殿內有醇儒王史威長死葬銘曰云云

全漢文卷五十七終

烏程嚴可均校輯

王莽一

莽字巨君。鳳弟曼之子。陽朔中爲黃門郎。遷射聲校尉。永始初封新都侯。遷騎都尉光祿大夫侍中。綏和初代王根爲大司馬。迎哀帝即位。罷遣就國。元壽初徵還京師。哀帝崩。代董賢爲大司馬。迎立平帝。拜太傅。封安漢公。進號宰衡。加九錫。平帝崩。迎立宣帝玄孫廣戚侯子嬰爲皇太子。年二歲。謂之孺子。自稱攝皇帝。改元二。居攝初始。尋即眞。國號曰新。又改元三。始建國天鳳地皇。在位十八年。爲漢兵所誅。傳首縣宛市。

上書讓定策功賞

臣與孔光王舜甄豐甄邯共定策。今願獨條光等功賞。寢置臣莽。勿隨輩列。漢書王莽傳上

上書助給貧民

願出錢百萬。獻田三十頃。付大司農助給貧民。漢書王莽傳上

受宰衡上書

臣㠯元壽二年六月戊午。倉卒之夜。㠯新都侯引入未央宮。庚申拜爲大司馬。充三公位。元始元年正月丙辰。拜爲太傅。賜號安漢公。備四輔官。今年四月甲子。復拜爲宰衡。位上公。臣莽伏自惟。爵爲新都侯。號爲安漢公。官爲宰衡太傅大司馬。爵貴號尊官重。一身蒙大寵者五。誠非鄙臣所能堪。據元始三年。天下歲已復。官屬宜皆置。穀梁傳曰。天子之宰。通于四海。臣愚㠯爲宰衡官㠯正百僚平海內爲職。而無印信。名實不副。臣莽無兼官之材。今聖朝既過誤而用之。臣請御史刻宰衡印章。曰宰衡太傅大司馬印。成授臣。漢書王莽傳上

上書辭賞新野田

臣㠯外屬。越次備位。未能奉稱。伏念聖德純茂。承天當古。制禮㠯治民。作樂㠯移風。四海奔走。百蠻竝輳。辭去之日。莫不隕涕。非有款誠。豈可虛致。自諸侯王已下。至于吏民。咸知臣莽上與陛下有葭莩之故。又得典職。每歸功列德者。輒㠯臣莽爲餘言。臣見諸侯面言事于前者。未嘗不流汗而慙愧也。雖性愚鄙。至誠自知。德薄位尊。力少任大。夙夜悼栗。常恐污辱聖朝。今天下治平。風俗齊同。百蠻率服。皆陛下聖德所自躬親。太師光太保舜等輔政佐治。羣卿大夫莫不忠良。故能㠯五年之閒。至致此焉。臣莽實無奇策異謀。奉承太后聖詔。宣之于下。不能得什一。受羣賢之籌畫。而上㠯聞。不能得什伍。當被無益之辜。所㠯敢且保首領須臾者。誠上休陛下餘光。而下依羣公之故也。陛下不忍衆言。輒下其章于議者。臣莽前欲立奏止。恐其遂不肯止。今大禮已行。助祭者畢辭。不勝至願。願諸章下議者皆寢勿上。使臣莽得盡力畢制禮作樂事。事

成㠯傳示天下。與海內平之。即有所閒非。則臣莽當被誅上誤朝之罪。如無他譴。得全命賜骸骨歸家。避賢者路。是臣之私願也。惟陛下哀憐財幸。漢書王莽傳上

白太后示儉

親承前孝哀丁傅奢侈之後。百姓未贍者多。太后宜且衣繒練。頗損膳。㠯視天下。漢書王莽傳上。莽欲㠯虛名說太后。白言。

白太后隔絕衞氏

前哀帝立。背恩義。自貴外家丁傅。撓亂國家。幾危社稷。今帝㠯幼年復奉大宗。爲成帝後。宜明一統之義。㠯戒前事。爲後代法。漢書王莽傳上。初莽欲擅權。白太后。于是帝母衞姬帝舅衞寶寶弟玄皆留中山。不得至京師。

奏請太后安養

陛下春秋尊。久衣重練。減御膳。誠非所㠯輔精氣育皇帝安宗廟也。臣莽數叩頭省戶下。白爭未見許。今幸賴陛下德澤。閒者風雨

時甘露降神芝生蓂莢朱草嘉禾休徵同時竝至臣莽等不勝大願願陛下愛精休神闊略思慮遵帝王之常服復太官之法膳使臣子各得盡驩心備共養唯哀省察。漢書王莽傳上。

奏請爲平帝納后

皇帝卽位三年長秋宮未建掖廷媵未充乃者國家之難本從亡嗣配取不正請考論五經定取禮正十二女之義㠯廣繼嗣博采二王後及周公孔子世列侯在長安者適子女。漢書王莽傳上。

上言己女不與選

身亡德子材下不宜與衆女竝采。漢書王莽傳上。

謝益封國邑

臣莽子女誠不足㠯配至尊復聽衆議益封臣莽伏自惟念得託肺腑獲爵土如使子女誠能奉稱聖德臣莽國邑足㠯共朝貢不須復加益地之寵願歸所益。漢書王莽傳上。

奏誅子宇

宇爲呂寬等所詿誤流言惑衆惡與管蔡同罪臣不敢隱其誅。漢書王莽傳上。

奏罷悼園南陵雲陵園

本始元年丞相義等議諡孝宣皇帝親曰悼園置邑三百家至元康元年丞相相等奏父爲士子爲天子祭㠯天子悼園宜稱尊號曰皇考立廟益故奉園民滿千六百家㠯爲縣臣愚㠯爲皇考廟本不當立累世奉之非是又孝文太后南陵孝昭太后雲陵園雖前㠯禮不復修陵名未正謹與大司徒晏等百四十七人議皆曰孝宣皇帝㠯兄孫繼統爲孝昭皇帝後㠯數故孝元世㠯孝景皇帝及皇考廟親未盡不毀此兩統貳父違于禮制案義奏親諡曰悼裁置奉邑皆應經義相奏悼園稱皇考立廟益民爲縣違離祖統乖繆本義父爲士子爲天子祭㠯天子者乃謂若虞舜夏禹殷湯周文漢之高祖受命而王者也非爲繼祖統爲後者也臣請皇高祖考廟奉明園毀勿修罷南陵雲陵爲縣。漢書韋玄成傳，平帝元始中大司馬王莽奏。奏可。

奏定郊祀

帝王之義莫大于承天承天之序莫重于郊祀祭天于南就陽位祀地于北主陰義圜丘象天方澤則地圓方因體南北從位燔燎升氣瘞埋就類牲欲繭栗味尚清玄器成匏勺貴誠因質天地神所統故類乎上帝禋于六宗望秩山川班于羣臣皇天后土隨王所在而事祐焉甘泉太陰河東少陽咸失厥位不合禮制聖王之制必上當天心下合地意中考人事故曰愷悌君子求福不回而求福厥路不通在易泰卦乾坤合體天地交通萬物聚出其律太簇天子親郊天地先祖配天先妣配地陰陽之別㠯日冬至祀天夏至祀后土君不省方而使有司六宗日月星山川海星則北辰川卽河山岱宗三光衆明山阜百川衆流渟汙泉澤㠯類相屬

各數秩望相序。續漢祭祀志上注補引黃圖元始儀，元始四年宰衡莽奏。

奏復長安南北郊

王者父事天故爵稱天子孔子曰人之行莫大于孝孝莫大于嚴父嚴父莫大于配天王者尊其考欲㠯配天緣考之意欲尊祖推而上之遂及始祖是㠯周公郊祀后稷㠯配天宗祀文王于明堂㠯配上帝禮記天子祭天地及山川歲徧春秋穀梁傳㠯十二月下辛卜正月上辛郊高皇帝受命因雍四畤起北畤而備五帝未共天地之祀孝文十六年用新垣平初起渭陽五帝廟祭泰一地祇㠯太祖高皇帝配日冬至祠泰一夏至祠地祇皆并祠五帝而共一牲上親郊拜後平伏誅迺不復自親而使有司行事孝武皇帝祠雍曰今上帝朕親郊而后土無祠則禮不答也于是元鼎四年十一月甲子始立后土祠于汾陰或曰五帝泰一之佐宜立泰

一五年十一月癸未始立泰一祠于甘泉三歲一郊與雍更祠亦㠯高祖配不歲事天皆未應古制建始元年徙甘泉泰畤河東后土于長安南北郊永始元年三月㠯未有皇孫復甘泉河東祠綏和二年㠯卒不獲祐復長安南北郊建平三年懼孝哀皇帝之疾未瘳復甘泉汾陰祠竟復無福臣謹與太師孔光長樂少府平晏大司農左咸中壘校尉劉歆大中大夫朱陽博士薛順議郎國由等六十七人議皆曰宜如建始時丞相匡衡等議復長安南北郊如故（漢書郊祀志下平帝元始五年大司馬王莽奏言）

奏改郊祀禮

周官天墬之祀樂有別有合其合樂曰㠯六律六鍾五聲八音六舞大合樂祀天神祭地祇祀四望祭山川享先妣先祖凡六樂奏六歌而天墬神祇之物皆至四望蓋謂日月星海也三光高而不可得親海廣大無限界故其樂同祀天則天文從祀地則地理從三光天文也山川地理也天地合祭先祖配天先妣配地其誼一也天地合精夫婦判合祭天南郊則㠯墬配一體之誼也天地位皆南鄉同席墬在東共牢而食高帝高后配于壇上西鄉后在北亦同席共牢牲用繭栗玄酒陶匏禮記曰天子籍田千畮㠯事天地繇是言之宜有黍稷天地用牲一燔尞瘞薶用牲一高帝高后用牲一天用牲左及黍稷燔尞南郊墬用牲右及黍稷瘞于北郊其旦東鄉再拜朝日其夕西鄉再拜夕月然後孝弟之道備而神祇嘉享萬福降輯此天墬合祀㠯祖妣配者也其別樂曰冬日至于墬上之圜丘奏樂六變則天神皆降夏日至于澤中之方丘奏樂八變則墬祇皆出天墬有常位不得常合此其各特祀者也陰陽之別于日冬夏至其會也㠯孟春正月上辛若丁天子親合祀天墬于南郊㠯高帝高后配陰陽有離合易曰分陰分陽迭用柔剛㠯日冬至使有司奉祠南郊高帝配而望羣陽日夏至使有司

奉祭北郊高后配而望羣陰皆㠯助致微氣通道幽弱當此之時后不省方故天子不親而遣有司所㠯正承天順地復聖王之制顯太祖之功也渭陽祠勿復修羣望未悉定定復奏（漢書郊祀志下莽又頗改其禮又略見御覽五百二十九引三輔黃圖宰衡王莽奏）

奏分羣神爲五部兆

書曰類于上帝禋于六宗歐陽大小夏侯三家說六宗皆曰上不及天下不及墬旁不及四方在六者之間助陰陽變化實一而名六名實不相應禮記祀典功施于民則祀之天文日月星辰所昭仰也地理山川海澤所生殖也易有八卦乾坤六子水火不相逮靁風不相誖山澤通氣然後能變化既成萬物也臣前奏徙甘泉泰畤汾陰后土皆復于南北郊謹案周官兆五帝于四郊山川各因其方今五帝兆居在雍五時不合于古又日月靁風山澤易卦六子之尊氣所謂六宗也星辰水火溝瀆皆六宗之屬也今或未特祀或無兆居謹與太師光大司徒宮羲和歆等八十九人議皆曰天子父事天母事墬今稱天神曰皇天上帝泰一兆曰泰畤而稱墬祇曰后土與中央黃靈同又兆北郊未有尊稱宜令墬祇稱皇墬后祇兆曰廣畤易曰方㠯類聚物㠯羣分分羣神㠯類相從爲五部兆天墬之別神中央帝黃靈后土畤及日廟北辰北斗塡星中宿中宮于長安城之未墬兆東方帝太昊青靈句芒畤及雷公風伯廟歲星東宿東宮于東郊兆南方炎帝赤靈祝融畤及熒惑星南宿南宮于南郊兆西方帝少皞白靈蓐收畤及太白星西宿西宮于西郊兆北方帝顓頊黑靈玄冥畤及月廟雨師廟辰星北宿北宮于北郊兆（漢書郊祀志下莽又奏言）

言立官稷

帝王建立社稷百王不易社者土也宗廟王者所居稷者百穀之主所㠯奉宗廟共粢盛人所食㠯生活也王者莫不尊重親祭自

為之主禮如宗廟詩曰乃立冢土又曰以御田祖以祈甘雨禮記曰唯祭宗廟社稷為越紼而行事聖漢興禮儀稍定已有官社未立官稷遂于官社後立官稷以夏禹配食官社后稷配食官稷稷種穀樹徐州牧歲貢五色土各一斗（漢書郊祀志下莽又言）

奏羌豪內附

太后秉統數年恩澤洋溢和氣四塞絕域殊俗靡不慕義越裳氏重譯獻白雉黃支自三萬里貢生犀東夷王度大海奉國珍匈奴單于順制作去二名今西域良願等復舉地為臣妾昔唐堯橫被四表亦亡以加之今謹案已有東海南海北海郡未有西海郡請受良願等所獻地為西海郡臣又聞聖王序天文定地理因山川民俗以制州界漢家地廣二帝三王凡十二州州名及界多不應經堯典十有二州後定為九州漢家廓地遼遠州牧行部遠者三萬餘里不可為九謹以經義正十二州名分界以應正始（漢書王莽傳上）

復言發傅太后及丁姬冢

共王母丁姬前不臣妾至葬渭陵冢高與元帝山齊懷帝太后皇太太后璽綬以葬不應禮禮有改葬請發共王母及丁姬冢取其璽綬消滅徙共王母及丁姬歸定陶葬共王冢次而葬丁姬復其故（漢書外戚定陶丁姬傳哀帝崩莽奏貶傅太后號為定陶共王母丁太后號曰丁姬元始五年莽復言）

奏更傅太后及丁姬梓宮珠玉衣

前共王母生僭居桂宮皇天震怒災其正殿丁姬死葬踰制度今火焚其椁此天見變以告當改如媵妾也臣前奏請葬丁姬復故非是共王母及丁姬棺皆名梓宮珠玉之衣非藩妾服請更以木棺代去珠玉衣葬丁姬媵妾之次（漢書定陶丁姬傳既發傅太后冢開丁姬椁戶莽復奏言奏可）

奏請諸將帥封爵

明聖之世國多賢人故唐虞之時可比屋而封至功成事就則加賞焉至于夏后塗山之會執玉帛者萬國諸侯執玉附庸執帛周

武王孟津之上尚有八百諸侯周公居攝郊祀后稷以配天宗祀文王于明堂以配上帝是以四海之內各以其職來祭蓋諸侯千八百矣禮記王制千七百餘國是以孔子著孝經曰不敢遺小國之臣而況于公侯伯子男乎故得萬國之歡心以事其先王此天子之孝也秦為亡道殘滅諸侯以為郡縣欲擅天下之利故二世而亡高皇帝受命除殘考功施賞建國數百後稍衰微其餘僅存太皇太后躬統大綱廣封功德以勸善興滅繼絕以永世是以大化流通旦暮且成遭羌寇害西海郡反虜流言東郡逆賊惑衆西土忠臣孝子莫不奮怒所征殄滅盡備厥辜天下咸寧今制禮作樂實考周爵五等地四等有明文殷爵三等有其說無其文孔子曰周監於二代郁郁乎文哉吾從周臣請諸將帥當受爵邑者爵五等地四等（漢書王莽傳上王邑等破翟義還京師莽置酒未央宮白虎殿勞賜將帥詔陳崇治校軍功第其高下莽乃上奏云云奏可）

上奏符命

陛下至聖遭家不造遇漢十二世三七之阸承天威命詔臣莽居攝受孺子之託任天下之寄臣莽兢兢業業懼于不稱宗室廣饒侯劉京上書言七月中齊郡臨淄縣昌興亭長辛當一暮數夢曰吾天公使也天公使我告亭長曰攝皇帝當為真即不信我此亭中當有新井亭長晨起視亭中誠有新井入地且百尺十一月壬子直建冬至巴郡石牛戊午雍石文皆到于未央宮之前殿臣與太保安陽侯舜等視天風起塵冥風止得銅符（後漢尹敏傳注作銅匱）帛圖于石前文曰天告帝符獻者封侯承天命用神令騎都尉崔發等眡說及前孝哀皇帝建平二年六月甲子下詔書更為太初元將元年案其本事甘忠可夏賀良讖書臧蘭臺臣莽以為元將元年者大將居攝改元之文也于今信矣尚書康誥王若曰孟侯朕其弟小子封此周公居攝稱王之文也春秋隱公不言即位攝也此

二經周公孔子所定。蓋爲後法。孔子曰。畏天命。畏大人。畏聖人之言。臣莽敢不承用。臣請共祀神祇宗廟。奏言太皇太后孝平皇后。皆稱假皇帝。其號令天下。天下奏言事。毋言攝。以居攝三年爲初始元年。漏刻以百二十爲度。用應天命。臣莽夙夜養育隆就孺子。與周之成王比德。宣明太皇太后威德于萬方。期于富而教之。孺子加元服。復子明辟。如周公故事。漢書王莽傳上。莽上奏太后云云。奏可。

爲新遷王安作奏使上言 地皇二年

興等母雖微賤。屬猶皇子。不可以棄。漢書王莽傳下。莽自病無子。爲安作奏使上言。

全漢文卷五十八終

全漢文卷五十九

烏程嚴可均校輯

王莽二

大誥

惟居攝二年十月甲子。攝皇帝若曰。大誥道諸侯王三公列侯于汝卿大夫元士御事。不弔。天降喪于趙。傅。丁。董。洪惟我幼沖孺子。當承繼嗣無疆大歷服事。予未遭其明悊能道民于安。況其能往知天命。熙。我念孺子。若涉淵水。予惟往求朕所濟度。奔走以傳近奉承高皇帝所受命。予豈敢自比于前人乎。天降威明。用寧帝室。遺我居攝寶龜。太皇太后以丹石之符。迺紹天明意。詔予卽命居攝踐祚。如周公故事。反虜故東郡太守翟義擅興師動衆。曰有大難于西土。西土人亦不靖。于是動嚴鄉侯信。誕敢犯祖亂宗之序。天降威遺我寶龜。固知我國有呰災。使民不安。是天反復右我漢

國也。粵其聞日。宗室之儁有四百人。民獻儀九萬夫。予敬以終于此謀繼嗣圖功。我有大事。休。予卜并吉。故我出大將。告郡太守諸侯相令長曰。予得吉卜。予惟以汝于伐東郡嚴鄉逋播臣。爾國君或者無不反曰。難大。民亦不靜。亦惟在帝宮諸侯宗室。于小子族父。敬不可征。帝不違卜。故予為沖人長思厥難曰。烏虖。義信所犯。誠動鰥寡。哀哉。予遭天役遺。大解難于予身。以為孺子。不身自䘏。予義彼國君泉陵侯上書曰。成王幼弱。周公踐天子位。以治天下。六年。朝諸侯于明堂。制禮樂。班度量。而天下大服。太皇太后承順天心。成居攝之義。皇太子為孝平皇帝子。年在繈褓。宜且為子。知為人子道。令皇太后得加慈母恩。畜養成就。加元服。然後復子明辟。熙。為我孺子之故。予惟趙。傅。丁。董之亂。遏絕繼嗣。變剝適庶。危亂漢朝。以成三阸。隊極厥命。烏虖。害其可不旅力同心戒之哉。予不敢僭上帝命。天休于安帝室。興我漢國。惟卜用克綏受茲命。今天其相民。況亦惟卜用。太皇太后肇有元城沙鹿之右。陰精女主聖明之祥。配元生成。以興我天下之符。遂獲西王母之應。神靈之徵。以祐我帝室。以安我大宗。以紹我後嗣。以繼我漢功。厥害適統不宗元緒者。辟不違親。辜不避戚。夫豈不愛。亦惟帝室。是以廣立王侯。並建曾玄。俾屏我京師。綏撫宇內。博徵儒生。講道于廷。論序乖繆。制禮作樂。同律度量。混壹風俗。正天地之位。昭郊宗之禮。定五時廟祧。咸秩亾文。建靈臺。立明堂。設辟雍。張太學。尊中宗高宗之號。昔我高宗崇德建武。克綏西域。以受白虎威勝之瑞。天地判合。乾坤序德。太皇太后臨政。有龜龍麟鳳之應。五德嘉符。相因而備。河圖雒書遠自昆侖。出于重壄。古讖著言。肆今享實。此迺皇天上帝所以安我帝室。俾我成就洪烈也。烏虖。天用威輔漢始而大大矣。爾有惟舊人泉陵侯之言。爾不克遠省。爾豈知太皇太后若此勤哉。天毖勞我成功所。予不敢不極卒安皇帝之所圖事。予告

我諸侯王公列侯卿大夫元士御事。天輔誠辭。天其累我以民。予害敢不于祖宗安人圖功所終。天亦惟勞我民。若有疾。予害敢不于祖宗所受休輔。予聞孝子善繼人之意。忠臣善成人之事。予思若考作室。厥子堂而構之。厥父菑。厥子播而穫之。予害敢不于身撫祖宗之所受大命。若祖宗迺有效湯武伐厥子。民長其勸弗救。烏虖肆哉。諸侯王公列侯卿大夫元士御事。其勉助國道明。亦惟宗室之儁。民之表儀。迪知上帝命。粵天輔誠。爾不得易定。況今天降定于漢國。惟大囏人翟義劉信大逆。欲相伐于厥室。豈亦知命之不易乎。予永念曰。天惟喪翟義劉信。若嗇夫。予害敢不終予晦。天亦惟休于祖宗。予害其極卜。害敢不于從。率寧人有旨疆土。況今卜并吉。故予大以爾東征。命不僭差。兆陳惟若此。漢書翟方進附傳。

破翟義下詔

太皇太后遭家不造。國統三絕。絕輒復續。恩莫厚焉。信莫立焉。孝

平皇帝短命早崩幼嗣孺沖詔予居攝予承明詔奉社稷之任持大宗之重養六尺之託受天下之寄戰戰兢兢不敢安息伏念太皇太后惟經埶分析王道離散漢家制作之業獨未成就故博徵儒士大興典制備物致用立功成器以爲天下利王道粲然基業既著千載之廢百世之遺于今迺成道德庶幾于唐虞功烈比齊于殷周今翟義劉信等謀反大逆流言惑衆欲以篡位賊害我孺子罪深于管蔡惡甚于禽獸信父故東平王雲不孝不謹親毒殺其父思王名曰鉅鼠後雲竟坐大逆誅死義父故丞相方進險詖陰賊兄宣靜言令色外巧內嫉所殺鄉邑汝南者數十人今積惡二家迷惑相得此時命當殄天所滅也義始發兵上書言宇信等與東平相輔謀反執捕械繫欲以威民先自相被以反逆大惡轉相捕械此其破殄之明證也已捕斬斷信二子穀鄉侯章德廣侯鮪義母練兄宣親屬二十四人皆磔暴于長安都市四通之衢當其斬時觀者重疊天氣和清可謂當矣命遣大將軍共行皇天之罰討海內之讎功効著焉予甚嘉之司馬法不云乎賞不踰時欲民速覩爲善之利也今先封車騎都尉孫賢等五十五人皆爲列侯戶邑之數別下漢書翟方進附傳

族誅翟義等下詔

蓋聞古者伐不敬取其鱷鯢築武軍封以爲大戮于是乎有京觀以懲淫慝迺者反虜劉信翟義誖逆作亂于東而芒竹羣盜趙明霍鴻造逆西土遣武將征伐咸伏其辜惟信義等始發自濮陽結姦無鹽殄滅于圉趙明依阻槐里環隄霍鴻負倚盩厔芒竹咸用破碎亡有餘類其取反虜逆賊之鱷鯢聚之通路之旁濮陽無鹽圉槐里盩厔凡五所各方六丈高八尺本又作六尺今從宋本築爲武軍封以爲大戮薦樹之棘建表木高丈六尺書曰反虜逆賊鱷鯢在所長吏常以秋循行勿令壞敗以懲淫慝焉漢書翟方進附傳

下書議功顯君未周喪作樂

遏密之義訖于季冬正月郊祀八音當奏五公卿士樂凡幾等五聲八音條各云何其與所部儒生各盡精思悉陳其義漢書王莽傳上

下書卽眞

予以不德託于皇初祖考黃帝之後皇始祖考虞帝之苗裔而太皇太后之末屬皇天上帝隆顯大佑成命統序符契圖文金匱策書神明詔告屬予以天下兆民赤帝漢氏高皇帝之靈承天命傳國金策之書予甚祇畏敢不欽受以戊辰直定御王冠卽眞天子位定有天下之號曰新其改正朔易服色變犧牲殊徽幟異器制以十二月朔癸酉爲建國元年正月之朔以雞鳴爲時服色配德上黃犧牲應正用白使節之旄幡皆純黃其署曰新使五威節以承皇天上帝威命也漢書王莽傳上

下詔更太后爲新室文母始建國元年正月

予視羣公咸曰休哉其文字非刻非畫厥性自然予伏念皇天命予爲子更命太皇太后爲新室文母太皇太后協于新室故交代之際信于漢氏哀帝之代世傳行詔籌爲西王母共具之祥當爲歷代爲母昭然著明予祇畏天命敢不欽承謹以令月吉日親率羣公諸侯卿士奉上皇太后璽紱以當順天心光于四海焉漢書元皇后傳

改諸侯王號始建國元年

天無二日土無二王百王不易之道也漢世諸侯或稱王至于四夷亦如之違于古典繆于一統其定諸侯王之號皆稱公及四夷僭號稱王者皆更爲侯漢書王莽傳中

封古聖人後始建國元年

帝王之道相因而通盛德之祚百世享祀予惟黃帝帝少昊帝顓頊帝嚳帝堯帝舜帝夏禹皋陶伊尹咸有聖德假于皇天功烈巍

魏光施于遠，子甚嘉之。營求其後，將祚厥祀。（漢書王莽傳中）

五姓名籍（始建國元年）

予前在攝時，建郊宮，定祧廟，立社稷，神祇報況，或光自上復于下，流爲烏，或黃氣熏烝，昭燿章明，㠯著黃虞之烈焉。自黃帝至于濟南伯王，而祖世氏姓有五矣。黃帝二十五子，分賜厥姓十有二氏。虞帝之先，受姓曰姚，其在陶唐曰嬀，在周曰陳，在齊曰田，在濟南曰王。予伏念皇初祖考黃帝，皇始祖考虞帝，㠯宗祀于明堂，宜序于祖宗之親廟。其立祖廟五，親廟四，后夫人皆配食。郊祀黃帝㠯配天，黃后㠯配地。㠯親都侯東第爲大禖，歲時㠯祀。家之所尙，種祀天下。姚、嬀、陳、田、王氏凡五姓者，皆黃虞苗裔，予之同族也。書不云乎？惇序九族。其令天下上此五姓名籍于秩宗，皆㠯爲宗室。世世復，無有所與。其元城王氏，勿令相嫁娶，㠯別族理親焉。（漢書王莽傳中）

祠漢廟（始建國元年）

予之皇始祖考虞帝受嬗于唐，漢氏初祖唐帝，世有傳國之象，復親受金策于漢高皇帝之靈。惟思褒厚前代，何有忘時？漢氏祖宗有七，㠯禮立廟于定安國。其園寢廟在京師者，勿罷，祠薦如故。予㠯秋九月親入漢氏高、元、成、平之廟。諸劉更屬籍京兆大尹，勿解其復，各終厥身，州牧數存問，勿令有侵冤。（漢書王莽傳中）

去剛卯除刀錢（始建國元年）

予前在大麓，至于攝假，深惟漢氏三七之阸，赤德氣盡，思索廣求所㠯輔劉延期之術，靡所不用。㠯故作金刀之利，幾㠯濟之。然自孔子作春秋㠯爲後王法，至于哀之十四而一代畢，協之于今，亦哀之十四也。赤世計盡，終不可彊濟。皇天明威，黃德當興，隆顯大命，屬予㠯天下。今百姓咸言皇天革漢而立新，廢劉而興王。夫劉之爲字，卯金刀也。正月剛卯，金刀之利，皆不得行。博謀卿士，僉曰天人同應，昭然著明。其去剛卯莫㠯爲佩，除刀錢勿㠯爲利，承順天心，快百姓意。（漢書王莽傳中）

益封劉殷（始建國元年）

昔予之祖濟南愍王困于燕寇，自齊臨淄出保于莒。宗人田單廣設奇謀，獲殺燕將，復定齊國。令卽墨士大夫復同心殄滅反虜，予甚嘉其忠者，憐其無辜。其赦殷等，非快之妻子，它親屬當坐者皆勿治。弔問死傷，賜亡者葬錢，人五萬。殷知大命，深疾惡快，㠯故輒伏厥辜。其滿殷國萬戶，地方百里。（漢書王莽傳中）

令當作今

限田禁奴婢（始建國元年）

古者設廬井八家，一夫一婦田百畝，什一而稅，則國給民富而頌聲作。此唐虞之道，三代所遵行也。秦爲無道，厚賦稅㠯自供奉，罷民力㠯極欲，壞聖制，廢井田，是㠯兼幷起，貪鄙生，彊者規田㠯千數，弱者曾無立錐之居。又置奴婢之市，與牛馬同蘭，制于民臣，顓斷其命。姦虐之人因緣爲利，至略賣人妻子，逆天心，誖人倫，繆于天地之性人爲貴之義。書曰：予則奴戮女。唯不用命者，然後被此辠矣。漢氏減輕田租，三十而稅一，常有更賦，罷癃咸出，而豪民侵陵，分田劫假。厥名三十稅一，實什稅五也。父子夫婦終年耕芸，所得不足㠯自存。故富者犬馬餘菽粟，驕而爲邪；貧者不厭糟糠，窮而爲姦。俱陷于辜，刑用不錯。予前在大麓，始令天下公田口井，時則有嘉禾之祥，遭反虜逆賊且止。今更名天下田曰王田，奴婢曰私屬，皆不得賣買。其男口不盈八，而田過一井者，分餘田予九族鄰里鄉黨。故無田，今當受田者，如制度。敢有非井田聖制，無法惑衆者，投諸四裔，㠯禦魑魅，如皇始祖考虞帝故事。（漢書王莽傳中。又見食貨志。）

下書禁挾五銖錢

諸挾五銖錢，言大錢當罷者，比非井田，投諸四裔。（漢書王莽傳中）

自說德祥事（始建國元年）

初元四年，莽生之歲也，當漢九世火德之阸，而有此祥，興于高祖考之門。門爲開通。梓猶子也。言王氏當有賢子。開通祖統。起于柱石大臣之位。受命而王之符也。漢書五行志中之下。初元四年。皇后曾祖父濟南東平陵王伯墓門梓柱卒生枝葉。上出屋。後王莽篡位。自說之云云。案王莽傳中遣王奇等班符命四十二篇于天下。德祥五事。符命二十五。福應十二。此卽德祥五事之一。

總說符命 始建國元年

帝王受命。必有德祥之符瑞。協成五命。申㠯福應。然後能立巍巍之功。傳于子孫。永享無窮之祚。故新室之興也。德祥發于漢三七九世之後。肇命于新都。受瑞于黃支。開王于武功。定命于子同。成命于巴宕。申福于十二應。天所㠯保祐新室者。深矣固矣。武功丹石出于漢氏。平帝末年。火德銷盡。土德當代。皇天眷然去漢與新。㠯丹石始命于皇帝。皇帝謙讓。㠯攝居之。未當天意。故其秋七月。天重㠯三能文馬。皇帝復謙讓。未卽位。故三㠯鐵契。四㠯石龜。五㠯虞符。六㠯文圭。七㠯玄印。八㠯茂陵石書。九㠯玄龍石。十㠯神井。十一㠯大神石。十二㠯銅符帛圖。申命之瑞。寖㠯顯著。至于十二。㠯昭告新皇帝。皇帝深惟上天之威。不可不畏。故去攝號。猶尚稱假。改元爲初始。欲㠯承塞天命。克厭上帝之心。然非皇天所㠯鄭重降符命之意。故是日天復決其所㠯勉書。又侍郎王盱見人衣白布單衣。赤繢方領。冠小冠。立于王路殿前。謂盱曰。今日天同色。㠯天下人民屬皇帝。盱怪之。行十餘步。人忽不見。至丙寅暮。漢氏高廟有金匱圖策。高帝承天命。㠯國傳新皇帝。明旦。宗伯忠孝侯劉宏㠯聞。乃召公卿議。未決。而大神石人談曰。趣新皇帝之高廟受命。毋留。于是新皇帝立登車之漢氏高廟受命。受命之日丁卯也。丁。火。漢氏之德也。卯。劉姓。所㠯爲字也。明漢劉火德盡。而傳于新室也。皇帝謙謙。旣備固讓。十二符應迫著。命不可辭。懼然祇畏。葦然閔漢氏之終。不可濟。亹亹在左右之不得從意。爲之三夜不御寢。三日不御食。延問公侯卿大夫。僉曰。宜奉如上天威命。于是乃改元定號。海內更始。新室旣定。神祇歡喜。申㠯福應。吉瑞累仍。詩曰。宜民宜人。受祿于天。保祐命之。自天申之。此之謂也。五威將奉符命。齎印綬。王侯㠯下及吏官名更者。外及匈奴西域徼外蠻夷。皆卽授新室印綬。因收故漢印綬。賜吏爵人二級。民爵人一級。女子百戶牛酒。蠻夷幣帛各有差。大赦天下。漢書王莽傳中。

下詔立五均官 始建國二年

夫周禮有賒貸。樂語有五均。傳記各有斡焉。今開賒貸。張五均。設諸斡者。所㠯齊衆庶。抑并兼也。漢書食貨志。

報孫建奏廢劉氏 始建國二年

可。嘉新公國師㠯符命爲予四輔。明德侯劉龔。率禮侯劉嘉等。凡三十二人。皆知天命。或獻天符。或貢昌言。或捕告反虜。厥功茂焉。諸劉與三十二人同宗共祖者。勿罷。賜姓曰王。漢書王莽傳中。

伐匈奴 始建國二年

降奴服于知。威侮五行。背畔四條。侵犯西域。延及邊垂。爲元元害。罪當夷滅。命遣立國將軍孫建等凡十二將。十道並出。共行皇天之威。罰于知之身。惟知先祖故呼韓邪單于稽侯狦。累世忠孝。保塞守徼。不忍㠯一知之罪。滅稽侯狦之世。今分匈奴國土人民㠯爲十五。立稽侯狦子孫十五人爲單于。遣中郎將藺苞戴級馳之塞下。召拜當爲單于者。諸匈奴人當坐虜知之法者。皆赦除之。漢書王莽傳中。

設五均科條詔 始建國二年

夫鹽。食肴之將。酒。百藥之長。嘉會之好。鐵。田農之本。名山大澤。饒衍之臧。五均賒貸。百姓所取平。卬㠯給澹。鐵布銅冶。通行有無。備民用也。此六者。非編戶齊民所能家作。必卬于市。雖貴數倍。不得不買。豪民富賈。卽要平弱。先聖知其然也。故斡之。每一斡爲設科條防禁。犯者辠至死。漢書食貨志。莽置五均六斡。百姓愈病。莽知民苦之。復下詔。

下書改錢幣（始建國二年）

民以食爲命，以貨爲資，是以八政以食爲首。寶貨皆重則小用不給，皆輕則僦載煩費，輕重大小各有差品，則用便而民樂。（漢書王莽傳中）

因漢律令儀法（始建國三年）

百官改更，職事分移，律令儀法，未及悉定，且因漢律令儀法以從事。（漢書王莽傳中）

下書責司監（始建國三年）

虜知罪當夷滅，故遣猛將分十二部，將同時出，一舉而決絕之矣。內置司命軍正，外設軍監十有二人，誠欲以司不奉命，令軍人咸正也。今則不然，各爲權勢，恐猲良民，妄封人頸，得錢者去，毒蠚並作，農民離散。司監若此，可謂稱不？自今以來，敢犯此者，輒捕繫，以名聞。（漢書王莽傳中）

封王舜二子（始建國三年）

昔齊太公以淑德累世，爲周氏太師，蓋予之所監也。其以舜子延襲父爵，爲安新公，延弟褒新侯匡爲太師將軍，永爲新室輔。（漢書王莽傳中）

下書授諸侯茅土（始建國四年）

予以不德，襲于聖祖，爲萬國主。思安黎元，在于建侯，分九州，正域以美風俗。追監前代，爰綱爰紀。惟在堯典，十有二州，衞有五服。詩國十五，佈偏九州。殷頌有奄有九有之言。禹貢之九州無幷幽，周禮司馬則無徐梁。帝王相改，各有云爲，或昭其事，或大其本，厥義著明，其務一矣。昔周二后受命，故有東都西都之居。予之受命，蓋亦如之。其以洛陽爲新室東都，常安爲新室西都。邦畿連體，各有采任。州從禹貢爲九，爵從周氏有五。諸侯之員千有八百，附城之數亦如之，以俟有功。諸公一同，有眾萬戶，土方百里。侯伯一則，（漢古本作侯伯一國）眾戶五千，土方七十里。子男一則，眾戶二千有五百，土方五十里。附城大者食邑九成，眾戶九百，土方三十里。自九以下，降殺以兩，至于一成。五差備具，合當一則。今已受茅土者，公十四人，侯九十三人，伯二十一人，子百七十一人，男四百九十七人，凡七百九十六人。附城千五百一十一人。九族之女爲任者八十三人。及漢氏女孫中山承禮君、遵德君、修義君更以爲任。十有一公，九卿，十二大夫，二十四元士。定諸國邑采之處，使侍中講禮大夫孔秉等與州部眾郡曉知地理圖籍者，共校治于壽成朱鳥堂。予數與羣公祭酒上卿親聽視，咸已通矣。夫褒德賞功，所以顯仁賢也；九族和睦，所以褒親親也。予永惟匪解，思稽前人，將章黜陟，以明好惡，安元元焉。（漢書王莽傳中）

下書改限田買賣奴婢（始建國四年）

諸名食王田，皆得賣之，勿拘以法。犯私買賣庶人者，且一切勿治。（漢書王莽傳中，莽知民怨，迺下書。又見食貨志，作下詔，小異）

下書更名高句驪爲下句驪（始建國四年）

迺者，命遣猛將，共行天罰，誅滅虜知，分爲十二部，或斷其右臂，或斬其左掖，或潰其胸腹，或紬其兩脅。今年刑在東方，誅貉之部先縱焉。捕斬虜騶，平定東域，虜知殄滅，在于漏刻。此乃天地羣神社稷宗廟佑助之福，公卿大夫士民同心將率虓虎之力也。予甚嘉之。其更名高句驪爲下句驪，布告天下，令咸知焉。（漢書王莽傳中，嚴尤誘高句驪侯騶至而斬焉，傳首長安，莽大說，下書）

下書東巡狩（始建國四年）

伏念予之皇始祖考虞帝，受終文祖，在璿璣玉衡，以齊七政，遂類于上帝，禋于六宗，望秩于山川，徧于羣神，巡狩五嶽，羣后四朝，敷奏以言，明試以功。予之受命卽眞，到于建國五年，已五載矣。陽九之阸旣度，百六之會已過。歲在壽星，塡在明堂，倉龍癸酉，德在中宮。觀晉掌歲，龜策告從，其以此年二月建寅之節東巡狩，具禮儀

調度。漢書王莽傳中

下書止巡狩始建國四年

文母太后體不安。其且止巡狩。漢書王莽傳中

禁徹長安室宅始建國五年

玄龍石文曰。定帝德。國雒陽。符命著明。敢不欽奉。㠯始建國八年歲纏星紀在雒陽之都。其謹繕修常安之都。勿令壞敗。敢有犯者。輒㠯名聞。請其罪。漢書王莽傳中

全漢文卷五十九終

全漢文卷六十

烏程嚴可均校輯

王莽三

巡狩 天鳳元年正月

予曰二月建寅之節行巡狩之禮大官齎糒乾肉內者行張坐臥所過毋得有所給予之東巡必躬載耒每縣則耕㠯勸東作予之南巡必躬載耨每縣則薅㠯勸南譌予之西巡必躬載銍每縣則穫㠯勸西成予之北巡必躬載拂每縣則粟㠯勸蓋臧畢北巡狩之禮卽于土中居雒陽之都焉敢有趨讙犯法輒㠯軍法從事漢書王莽傳中

止巡狩 天鳳元年

羣公羣牧羣司諸侯庶尹願盡力相帥養牧兆民欲㠯稱予繇此敬聽其勗之哉毋食言焉更㠯天鳳七年歲在大梁倉龍庚辰行

巡狩之禮厥明年歲在實沈倉龍辛巳卽土之中雒陽之都漢書王莽傳中

下書改郡縣名 天鳳元年

常安西都曰六鄉衆縣曰六尉義陽東都曰六州衆縣曰六隊粟米之內曰內郡其外曰近郡有鄣徼者曰邊郡合百二十有五郡九州之內縣二千二百有三公作甸服是爲惟城諸在侯服是爲惟寧在采任諸侯是爲惟翰在賓服是爲惟屏在揆文教奮武衛是爲惟垣在九州之外是爲惟藩各㠯其方爲稱總爲萬國焉漢書王莽傳中

報王邑 天鳳三年

夫地有動有震震者有害動者不害春秋記地震易繫坤動動靜辟脅萬物生焉災異之變各有云爲天地動威㠯戒予躬公何辜焉而乞骸骨非所㠯助予者也使諸吏散騎司祿大衛修寧男遵諭予意焉漢書王莽傳中

下吏祿制度 天鳳三年

予遭陽九之阸百六之會國用不足民人騷動自公卿㠯下一月之祿十緵布二匹或帛一匹予每念之未嘗不戚焉今阸會已度府帑雖未能充略頗稍給其㠯六月朔庚寅始賦吏祿皆如制度漢書王莽傳中

損御膳吏祿 天鳳三年

普天之下莫非王土率土之濱莫非王臣蓋㠯天下養焉周禮膳羞百有二十品今諸侯各食其同國則辟任附城食其邑公卿大夫元士食其采多少之差咸有條品歲豐穰則充其禮有災害則有所損與百姓同憂喜也其用上計時通計天下幸無災害者大官膳羞備其品矣卽有災害㠯什率多少而損膳焉東嶽太師立國將軍保東方三州一部二十五郡南嶽太傅前將軍保南方二

州一部二十五郡西嶽國師寧始將軍保西方一州一部二十五郡北嶽國將衛將軍保北方二州一部二十五郡大司馬保納卿言卿仕卿作卿京尉扶尉兆隊右隊中部左洎前七部大司徒保樂卿典卿宗卿秩卿翼尉光尉左隊前隊中部右部有五郡大司空保予卿虞卿共卿工卿師尉列尉祈隊後隊中部洎後十郡及六司六卿皆隨所屬之公保其災害亦㠯十率多少而損其祿郎從官中都官吏食祿都內之委者㠯大官膳羞備損而爲節諸侯辟任附城羣吏亦各保其災害幾上下同心勸進農業安元元焉漢書王莽傳中

封唐林紀逡 天鳳四年

保城師友祭酒唐林故諫議祭酒琅邪紀逡孝弟忠恕敬上愛下博通舊聞德行醇備至於黃髮靡有愆失其封林爲建德侯逡爲封德侯位皆特進見禮如三公賜第一區錢三百萬授几杖焉漢書

遂當作逆　水當作類

王莽傳下

授諸侯茅土于明堂　天鳳四年

予制作地理。建封五等。考之經藝。合之傳記。通于義理。論之思之。至于再三。自始建國之元㠯來。九年于茲。迺今定矣。予親設文石之平。陳菁茅四色之土。欽告于岱宗泰社后土先祖先妣。㠯班授之。各就厥國養牧民人。用成功業。其在緣邊。若江南。非詔所召。遣侍于帝城者。納言掌貨大夫且調都內故錢。予其祿。公歲八十萬。侯伯四十萬。子男二十萬。漢書王莽傳下

下詔收軍吏財產　天鳳五年

詳考始建國二年。胡虜猾夏㠯來。諸軍吏及緣邊吏大夫㠯上。爲姦利增產致富者。收其家所有財產五分之四。㠯助邊急。漢書王莽傳下

追貶孫宗　天鳳五年

宗屬爲皇孫。爵爲上公。知寬等叛遂族水而與交通。刻銅印三。文

意甚害。不知厭足。窺欲非望。春秋之義。君親毋將。將而誅焉。迷惑失道。自取此辜。嗚呼哀哉。宗本名會宗。㠯制作去二名。今復名會宗。貶厥爵。改厥號。賜諡爲功崇繆伯。㠯諸侯之禮葬于故同穀城郡。漢書王莽傳下

下書順符命　天鳳六年

紫閣圖曰。太一黃帝。皆僊上天。張樂崑崙虔山之上。後世聖主得瑞者。當張樂秦終南山之上。予之不敏。奉行未明。乃今諭矣。復㠯盜始將軍爲更始將軍。㠯順符命。易不云乎。日新之爲盛德。生生之謂易。予其饗哉。漢書王莽傳下

出軍下書　地皇元年

方出軍行師。敢有趨讙犯法者。輒論斬。毋須時。盡歲止。漢書王莽傳下

因天變下書　地皇元年

迺者日中見昧。陰薄陽。黑氣爲變。百姓莫不驚怪。兆域大將軍王

皇當作黃

匡遣吏考問上變事者。欲蔽上之明。是㠯適見于天。㠯正于理。塞大異焉。漢書王莽傳下

下書厭盜賊　地皇元年

予之皇初祖考黃帝定天下。將兵爲上將軍。建華蓋。立斗獻。內設大將。外置大司馬五人。大將軍二十五人。偏將軍百二十五人。裨將軍千二百五十人。校尉萬二千五百人。司馬三萬七千五百人。候十一萬二千五百人。當百二十二萬五千人。士吏四十五萬人。士千三百五十萬人。應協于易弧矢之利。㠯威天下。予受符命之文。稽前人。將條備焉。漢書王莽傳下

大風毀王路堂下書　地皇元年

乃壬午餔時。有列風雷雨發屋折木之變。予甚弁焉。予甚栗焉。伏念一旬。迷乃解矣。昔符命文立安爲新遷王。臨國雒陽爲統義陽王。是時予在攝假。謙不敢當。而㠯爲公。其後金匱文至。議者皆曰。

臨國雒陽爲統。謂據土中爲新室統也。宜爲皇太子。自此後臨久病。雖瘳不平。朝見挈茵輿行。見王路堂者。張于西廂及後閤更衣中。又㠯皇后被疾。臨且去本就舍。妃妾在東永巷。壬午。列風毀王路西廂及後閤更衣中室。昭寧堂池東南榆樹大十圍。東僵。擊東閤。閤卽東永巷之西垣也。皆破折瓦壞。發屋拔木。予甚驚焉。又候官奏月犯心前星。厥有占。予甚憂之。伏念紫閣圖文。太一皇帝皆得瑞㠯僊。後世襃主當登終南山。所謂新遷王者。乃太一新遷之後也。統義陽王乃用五統㠯禮登陽上遷之後也。臨有兄而稱太子。名不正。宣尼公曰。名不正則言不順。至于刑罰不中。民無所錯手足。惟卽位㠯來。陰陽未和。風雨不時。數遇枯旱蝗螟爲災。穀稼鮮耗。百姓苦饑。蠻夷猾夏。寇賊姦宄。人民正營。無所措手足。深惟厥咎。在名不正焉。其立安爲新遷王。臨爲統義陽王。幾㠯保全二子。子孫千億。外攘四夷。內安中國焉。漢書王莽傳下

率當作卒

下書令衣絳 地皇元年

寶黃廝赤其令郎從官皆衣絳 漢書王莽傳下是月杜陵便殿乘輿虎文衣廢藏在室匣中者出自樹立外堂上良久乃委地吏卒見者吕聞莽惡之下書

下書築明堂太廟 地皇元年

子受命遭陽九之戹百六之會府帑空虛百姓匱乏宗廟未修且祫祭于明堂太廟夙夜永念非敢寍息深惟吉昌莫良于今年予乃卜波水之北郎池之南惟玉食予又卜金水之南明堂之西亦惟玉食予將親築焉 漢書王莽傳下

大作下書 地皇元年

惟設此壹切之法吕來常安六鄉巨邑之都枹鼓稀鳴盜賊衰少百姓安土歲吕有年此乃立權之力也今胡虜未滅誅蠻僰未絕焚江湖海澤麻沸盜賊未盡破殄又興奉宗廟社稷之大作民眾動搖今復一切行此令盡二年止之吕安元元救愚姦 漢書王莽傳下

又詔國師公 地皇二年

臨本不知星事由惰起 漢書王莽傳下

下書責七公 地皇二年

夫吏者理也宣德明恩吕牧養民仁之道也抑強督姦捕誅盜賊義之節也今則不然盜發不輒得至成羣黨遮略乘傳宰士士得脫者又妄自言我責數賊何故為是賊曰吕貧窮故耳賊護出我今俗人議者率多若此惟貧困飢寒犯法為非大者羣盜小者偷穴不過二科今乃結謀連黨吕千百數是逆亂之大者豈飢寒之謂耶七公其嚴敕卿大夫率正連率庶尹謹牧養善民急捕殄盜賊有不同心并力疾惡黜賊而妄曰飢寒所為輒捕繫請其罪 漢書王莽傳下

霸橋災下書 地皇三年

夫三皇象春五帝象夏三王象秋五伯象冬皇王德運也伯者繼

損當作捐

空續乏吕成厤數故其道駁惟常安御道多吕所近為名迺二月癸巳之夜甲午之辰火燒霸橋從東方西行至甲午夕橋盡火滅大司空行視考問或云寒民舍居橋下疑吕火自燎為此災也其明旦即乙未立春之日也予吕神明聖祖黃虞遺統受命至于地皇四年為十五年正吕三年終冬絕滅霸駮之橋欲吕興成新室統壹長存之道也又戒此橋空東方之道今東方歲荒民飢道路不通東嶽太師亟科條開東方諸倉賑貸窮乏吕施仁道其更名霸館為長存館霸橋為長存橋 漢書王莽傳下

憂時下詔 地皇三年

予遭陽九之阸百六之會枯旱霜蝗饑饉薦臻蠻夷猾夏寇賊姦宄百姓流離予甚悼之害氣將究矣 漢書食貨志

遣太師賑貸 地皇三年

惟陽九之阸與害氣會究于去年枯旱霜蝗饑饉薦臻百姓困乏流離道路于春尤甚予甚悼之今使東嶽太師特進褒新侯開東方諸倉賑貸窮乏太師公所不過道分遣大夫謁者並開諸倉吕全元元太師公因與廉丹大使五威司命位右大司馬更始將軍平均侯之兗州填撫所掌及青徐故不軌盜賊未盡解散後復屯聚者皆清潔之期於安兆黎矣 漢書王莽傳下

恣聽采取山澤物 地皇三年

惟民困乏雖溥開諸倉吕振贍之猶恐未足其且開天下山澤之防諸能采取山澤之物而順月令者其恣聽之勿令出稅至地皇三十年如故是王光上戊之六年也如令豪吏猾民辜而權之小民弗蒙非予意也易不云乎損上益下民說無疆書云言之不從是謂不艾咨虖羣公可不憂哉 漢書王莽傳下

追詔廉丹 地皇三年

倉廩盡矣府庫空矣可吕怒矣可吕戰矣將軍受國重任不損身

遣當作遺

于中野。無以報恩塞責。後漢馮衍傳

下書賜廉丹諡 地皇三年

惟公多擁選士精兵。衆郡駿馬。倉穀帑藏。皆得自調。忽于詔策。離其威節。騎馬呵譟。爲狂刃所害。嗚呼哀哉。賜諡曰果公。漢書王莽傳下

大赦天下復下書購捕劉伯升等 地皇四年

故漢氏舂陵侯羣子劉伯升。與其族人婚姻黨與。妄流言惑衆。悖畔天命。及手害更始將軍廉丹、前隊大夫甄阜、屬正梁丘賜。及北狄胡虜逆輿。洎南僰虜若豆孟遷。不用此書。有能捕得此人者。皆封爲上公。食邑萬戶。賜寶貨五千萬。漢書王莽傳下。大赦天下。然猶曰云云。案文云不用此書。謂不在赦書之限內也。亦見此亦爲書。

詔王匡等 地皇四年

太師王匡、國將哀章、司命孔仁、兗州牧壽良、卒正王閎、揚州牧李聖。亟進所部州郡兵。凡三十萬衆。迫措青徐盜賊。納言將軍嚴尤、秩宗將軍陳茂、車騎將軍王巡、左隊大夫王吳。亟進所部州郡兵。凡十萬衆。迫措前隊醜虜。明告以生活丹青之信。復迷惑不解散。皆并力合擊。殄滅之矣。大司空隆新公。宗室戚屬。前以虎牙將軍東指則反虜破壞。西擊則逆賊靡碎。此迺新室威寶之臣也。如黠賊不解散。將遺大司空將百萬之師。征伐剿絕之矣。漢書王莽傳下

策命孺子 始建國元年正月

咨爾嬰。昔皇天右乃太祖。歷世十二。享國二百一十載。厤數在于予躬。詩不云乎。侯服于周。天命靡常。封爾爲定安公。永爲新室賓。於戲。敬天之休。往踐乃位。毋廢予命。漢書王莽傳中

其以平原、安德、漯陰、鬲、重丘凡戶萬。地方百里。爲定安公國。立漢祖宗之廟于其國。與周後並。行其正朔服色。世世以事其祖宗。永以命德茂功。享歷代之祀焉。以孝平皇后爲定安太后。漢書王莽傳中

策羣司 始建國元年

師當作帥

歲星司肅。東嶽太師典致時雨。青煒登平。考景以晷。熒惑司悊。南嶽太傅典致時奧。赤煒頌平。考聲以律。太白司艾。西嶽國師典致時陽。白煒象平。考量以銓。辰星司謀。北嶽國將典致時寒。玄煒和平。考星以漏。月刑元股左。司馬典致武應。考方法矩。主司天文。欽若昊天。敬授民時。力來農事。以豐年穀。日德元厷右。司徒典致文瑞。考圜合規。主司人道。五教是輔。帥民承上。宣美風俗。五品乃訓。斗平元心中。司空典致物圖。考度以繩。主司地里。平治水土。掌名山川。衆殖鳥獸。蕃茂草木。漢書王莽傳中

置司五事策 始建國元年

予聞上聖欲昭厥德。罔不慎修厥身。用綏于遠。是用建爾司于五事。毋隱尢。毋將虛。好惡不愆。立于厥中。於戲勖哉。令王路設進善之旌。非謗之木。欲諫之鼓。諫大夫四人常坐王路門受言事者。漢書王莽傳中。置司恭、司徒、司明、司聰、司中大夫。及誦詩工、徹膳宰。以司過。策云云。

策命五威將 始建國元年

普天之下。迄于四表。靡所不至。其東出者。至玄菟、樂浪、高句驪、夫餘。南出者。隃徼外。歷益州。貶句町王爲侯。西出者。至西域。盡改其王爲侯。北出者。至匈奴庭。授單于印。改漢印文。去璽曰章。漢書王莽傳中

策命統睦侯陳崇 始建國元年

咨爾崇。夫不用命者。亂之原也。大姦猾者。賊之本也。鑄偽金錢者。妨寶貨之道也。驕奢踰制者。凶害之端也。漏泄省中及尚書事者。機事不密則害成也。拜爵王庭謝恩私門者。祿去公室。政從亡矣。凡此六條。國之綱紀。是用建爾作司命。柔亦不茹。剛亦不吐。不侮鰥寡。不畏強圉。帝命帥繇。統睦于朝。漢書王莽傳中

命說符侯崔發 始建國元年

重門擊柝。以待暴客。女作五威中城將軍。中德既成。天下說符。漢書王莽傳中

命明威侯王級（始建國元年）

繞霤之固。南當荆楚。女作五威前關將軍。振武奮衞。明威于前。（漢書王莽傳中）

命尉睦侯王嘉（始建國元年）

羊頭之阨。北當燕趙。女作五威後關將軍。壺口捶㧓。尉睦于後。（漢書王莽傳中）

命堂威侯王奇（始建國元年）

肴黽之險。東當鄭衞。女作五威左關將軍。函谷批難。掌威于左。（漢書王莽傳中。案掌威當作堂威。下文亦云辟連左關將軍威侯奇。）

命懷羌子王福（始建國元年）

汧隴之阻。西當戎狄。女作五威右關將軍。成固據守。懷羌于右。（漢書王莽傳中）

策免逯並（天鳳元年）

日食無光。干戈不戢。其上大司馬印韍。就侯氏朝位。（漢書王莽傳中）

選置和叔敕（天鳳元年）

非但保國將閨門。當保親屬在西州者。（漢書王莽傳中）

策免嚴尤（天鳳六年）

視事四年。蠻夷猾夏。不能遏絕。寇賊姦宄。不能殄滅。不畏天威。不用詔命。貌佷自臧。持必不移。懷執異心。非沮軍議。未忍致于理。其上大司馬武建伯印韍。歸故郡。（漢書王莽傳下）

策書賜太子臨謚（地皇二年）

符命文立臨為統義陽王。此言新室即位三萬六千歲後。為臨之後者。乃當龍陽而起。前過聽議者。以臨為太子。有列風之變。輒順符命。立為統義陽王。在此之前。自此之後。不作信順。弗蒙厥佑。夭年殞命。嗚呼哀哉。迹行賜謚。謚曰繆王。（漢書王莽傳下）

名當作書

授兵誓（地皇四年）

有不為新室者。社鬼記之。（漢書王莽傳下。莽遣使者分赦城中諸獄囚徒。皆授兵。殺豨飲其血。與誓。）

權后銘

律權后。重四鈞。同律度量衡。有辛氏造。（晉書律厤志上。又載記五。又隋書律厤志上。引趙書）（是王莽時物）

銅權銘

律權后。重四鈞。

黃帝初祖。德帀于虞。虞帝始祖。德帀于辛。歲在大梁。龍集戊辰。直定天命。有人據土德。受正號即眞。改正建丑。長壽隆崇。同律度量衡。稽當前人。龍在己巳。歲次實沈。初班天下。萬國永遵。子子孫孫。享傳億年。（隋書律厤志下。此亦王莽所制也。）

劒銘

神勝萬里伏。（陶弘景刀劒錄）

王舜

舜。莽從父。永始中嗣父音爵安陽侯。拜駙馬都尉。綏和初為侍中太僕。位特進。以病免。元壽中拜車騎將軍。平帝即位。為太保左將軍。光祿勳。尋為太傅左輔驃騎將軍。莽篡位。以為太師。封安新公。

奏請加莽宰衡

春秋列功德之義。太上有立德。其次有立功。其次有立名。唯至德大賢。然後能之。其在人臣。則生有大賞。終為宗臣。殷之伊尹。周之周公是也。及民上書者八千餘人。咸曰伊尹為阿衡。周公為太宰。周公享七子之封。有過上公之賞。宜如陳崇言。（漢書王莽傳上）

奏請宣莽德化

天下聞公不受千乘之土。辭萬金之幣。散財施予千萬數。莫不鄉化。蜀郡男子路建等。輟訟慚怍而退。雖文王卻虞芮。何以加。宜報告天下。（漢書王莽傳上。太保王舜奏言。奏可。）

王邑

邑鳳第五弟商之次子。莽　政累遷至步兵將軍。封成都侯。及篡位。邑爲大司空。封隆新公。昆陽敗。還爲大司馬。戰死漸臺下。

上書乞骸骨

視事八年。功業不効。司空之職。尤獨廢頓。至迺有地震之變。願乞骸骨。（漢書王莽傳中。天鳳三年二月。地震大雨雪。大司空王邑上書言。）

王諫

諫莽疏屬。始建國初。因上書。鴆死。

上書請廢太皇太后

皇天廢去漢而命立新室。太皇太后不宜稱尊號。當隨漢廢。以奉天命。（漢書元后傳）

王臨

臨莽太子。貶爲統義陽王。以疑賜藥。自刺死。

與母書

上于子孫至嚴。前長孫中孫。年俱三十而死。今臣臨復適三十。誠恐一旦不保中室。則不知死命所在。（漢書王莽傳下）

王宗

宗莽孫。封功崇公。坐事自殺。

刻印文

維祉冠存已。夏處南山。臧薄冰。（漢書王莽傳下。宗刻印三。一曰。）

肅聖寶繼。（同上。二曰。）

德封昌圖。（同上。三曰。）

全漢文卷六十終

全漢文卷六十一

烏程嚴可均校輯

劉立

立。成帝時爲宛令。莽居攝。擢爲陳留太守。封明德侯。

聞翟義舉兵上書

願備軍吏。爲國討賊。內報私怨。漢書翟方進傳少子義爲南陽都尉宛令劉立輕義年少義行縣至宛收縛立傳送鄧獄成帝吕問丞相方進遣吏敕義出宛令聞義舉兵上書。

劉佟

佟。清河綱王玄孫。嗣封新鄉侯。案清河綱王見王子侯表檢紀傳未得。

上言宜益安漢公國邑

春秋。天子將娶於紀。則褒紀子稱侯。安漢公國未稱古制。漢書王莽傳上。平帝納采莽女信鄉侯佟上言師古曰古者新信同音

劉慶

慶。長沙定王曾孫。黃龍元年嗣封泉陵侯。卒諡曰頃侯。案王子侯表作眾陵侯師古曰此傳及翟義傳並云泉陵表爲誤今檢翟義傳但有東平王孫慶無泉陵字表言黃龍元年頃侯慶嗣距此元始五年已五十四年恐此劉慶非即頃侯表又言新鄉侯佟元始五年上書言莽宜居攝莽篡位賜姓王則此劉慶佀即劉佟又後漢劉玄傳立劉慶爲燕王疑莫能明姑依顏注作小傳俟通人攷定之

上書言莽宜居攝

周成王幼少稱孺子。周公居攝。今帝富於春秋。宜令安漢公行天子事。如周公。漢書王莽傳上。

劉京

京。菑川靖王之後。嗣封廣饒侯。案王子侯表宣帝甘露元年侯麟嗣王莽篡位絕自麟至京表失其世數

上書言齊郡新井

七月中。齊郡臨淄縣昌興亭長辛當一暮數夢。曰吾天公使也。天公使我告亭長曰。攝皇帝當爲眞。即不信我。此亭中當有新井。亭

長晨起。視亭中。誠有新井。漢書王莽傳上

公孫祿

祿字仲子。潁州人。哀帝初爲執金吾。遷右將軍。又遷左將軍。元壽末坐與何武互舉爲大司馬免。莽末徵至。以議事忤指扶出。

駁息夫躬謀開匈奴議

中國常吕威信懷伏夷狄。躬欲逆詐。造不信之謀。不可許。且匈奴賴先帝之德。保塞稱蕃。今單于吕疾病不任奉朝賀。遣使自陳。不失臣子之禮。臣祿自保沒身不見匈奴爲邊竟憂也。漢書息夫躬傳會單于當來朝遣使言病願朝明年躬因是而上奏吕爲云云書奏上引見躬召公卿將軍大議左將軍公孫祿吕爲

議禽賊方略

太史令宗宣。典星厤候氣。變吕凶爲吉。亂天文。誤朝廷。太傅平化侯。飾虛僞吕媮名位。賊夫人之子。國師嘉信公。顚倒五經。毀師法。令學士疑惑。明學男張邯。地理侯孫陽。造井田。使民棄土業。犧和魯匡。設六筦吕窮工商。說符侯崔發。阿諛取容。令下情不上通。宜誅此數子。吕慰天下。漢書王莽傳下故左將軍公孫祿徵來與議祿曰云云匈奴不可攻。當與和親。臣恐新室憂不在匈奴。而在封域之中也。同上祿又言云云莽怒使虎賁扶祿出然頗采其言

孫建

建字子夏。哀帝初爲護軍都尉。元壽中遷執金吾。拜右將軍。元始中遷左將軍光祿勳。歷輕車將軍強弩將軍。封成武侯。莽居攝時爲奮武將軍。尋復爲輕車。建國初拜立國將軍。封成新公。

奏廢劉氏

西域將欽上言。九月辛巳。戊己校尉史陳良終帶共賊殺校尉刀護。劫略吏士。自稱廢漢大將軍。亡入匈奴。又今月癸酉。不知何一男子遮臣建車前。自稱漢氏劉子輿。成帝下妻子也。劉氏當復。趣空宮。收繫男子。即常安姓武字仲。皆逆天違命。大逆無道。請論仲

傳當作傳

及陳亘等親屬當坐者奏可漢氏高皇帝比著戒云罷吏卒爲賓食誠欲承天心全子孫也其宗廟不當在常安城中及諸劉爲諸侯者當與漢俱廢陛下至仁久未定前故安眾侯劉崇徐鄉侯劉快陵鄉侯劉曾扶恩侯劉貴等更聚眾謀反今狂狡之虜或妄自稱亡漢將軍或稱成帝子子輿至犯夷滅連未止者此聖恩不蚤絕其萌牙故也臣愚㠯爲漢高皇帝爲新室賓享食明堂成帝異姓之兄弟平帝壻也皆不宜復入其廟元帝與皇太后爲體聖恩所隆禮亦宜之臣請漢氏諸廟在京師者皆罷諸劉爲諸侯者㠯戶多少就五等之差其爲吏者皆罷待除于家上當天心稱高帝神靈塞狂狡之萌（漢書王莽傳中始建國二年十一月立國將軍建奏云云莽曰可）

滿昌

昌哀帝初爲詹事莽篡位爲保成師友祭酒

劾奏昆彌使者

夷狄㠯中國有禮誼故詘而服從大昆彌君也今序臣使於君使之上非所㠯有夷狄也奉使大不敬（漢書王莽傳中莽見匈奴諸邊並侵意欲得烏孫心迺遣使者引小昆彌使置大昆彌使上滿昌劾奏使者云云莽怒免昌官）

唐林

林字子高沛郡人哀帝時爲尚書僕射遷尚書令貶爲敦煌魚澤障候莽篡位㠯爲保成師友祭酒天鳳中封建德侯位特進

上哀帝疏請復師丹邑爵

竊見免大司空丹策書泰深痛切君子作文爲賢者諱丹經爲世儒宗德爲國黃耇親傳聖躬位在三公所坐者微海內未見其大過事既已往免爵太重京師識者咸㠯爲宜復丹邑爵使奉朝請四方所瞻卬也唯陛下財覽眾心有㠯尉復師傅之臣（漢書師丹傳尚書令唐林上疏）

奏事

秦設重刑而羣盜盈山赤衣半道（初學記二十刑罰引漢名臣奏事）

甄邯

邯字子心中山無極人孔光壻哀帝時爲發令平帝初進侍中奉車都尉封承陽侯拜光祿勳莽居攝初爲太保後承始建國初拜大司馬封承新公

劾奏金欽

欽幸得㠯通經術超擢侍帷幄重蒙厚恩封襲爵號知聖朝㠯世有爲人後之誼前遭故定陶太后背本逆天孝哀不獲厥福迺者呂寬衞寶復造姦謀至于反逆咸伏厥辜太皇太后懲艾悼懼逆天之咎非聖誣法大亂之殃誠欲奉承天心遵明聖制專壹爲後之誼㠯安天下之命數臨正殿延見羣臣講習禮經孫繼祖者謂亡正統持重者也賞見嗣日磾後成爲君持大宗重則禮所謂尊祖故敬宗大宗不可㠯絕者也欽自知與當俱拜同誼卽數揚言殿省中教當云云當卽如其言則欽亦欲爲父明立廟而不入夷侯常廟矣進退異言頗惑眾心亂國大綱開禍亂源誣祖不孝罪莫大焉尤非大臣所宜大不敬秺侯當上母南爲太夫人失禮不敬（漢書金日磾傳）

陳崇

崇南陽人平帝時爲大司徒司直封南鄉侯莽居攝拜司威及篡位拜司命封統睦侯奉陳胡公後

劾奏陳遵

遵兄弟幸得蒙恩超等歷位遵爵列侯備郡守級州牧奉使皆㠯舉直察枉宣揚聖化爲職不正身自慎始遵初除乘藩車入閭巷過寡婦左阿君置酒謌謳遵起舞跳梁頓仆坐上暮因留宿爲侍婢扶臥遵知飲酒飫宴有節禮不入寡婦之門而湛酒溷肴亂男女之別離辱爵位羞污印韍惡不可忍聞臣請皆免（漢書游俠陳遵傳初遵爲

咸當作感

河南太守。而弟級為荆州牧。當之官。俱過長安富人故淮陽外家左氏飲食作樂。後司直陳崇聞之。劾奏遵。

奏為莽祠祖禰設騎從

安漢公祠祖禰出城門。城門校尉宜將騎士從。入有門衛。出有騎士。所㠯重國也。漢書王莽傳上。陳崇又奏。奏可。

上書言破翟義

陛下奉天洪範。心合寶龜。膺受元命。豫知成敗。咸應兆占。是謂配天。配天之主。慮則移氣。言則動物。施則成化。臣崇伏讀詔書下日。竊計其時。聖思始發。而反虜仍破。詔文始書。反虜大敗。制書始下。反虜畢斬。衆將未及齊其鋒芒。臣崇未及盡其愚慮。而事已決矣。漢書王莽傳上。居攝二年十二月。王邑等破翟義於圉。司威陳崇使監軍上書言。

褒

褒。史不著其姓。平帝時為大司馬護軍。

奏請班莽戒八篇

安漢公遭子宇陷于管蔡之辜。子愛至深。為帝室故。不敢顧私。惟宇遭辠。喟然憤發作書八篇。㠯戒子孫。宜班郡國。令學官㠯教授。漢書王莽傳上。大司馬護軍褒奏言。

平憲

憲。平帝時中郎將。

奏羌豪內屬

羌豪良願等種人口可萬二千人。願為內臣。獻仙水海允谷鹽池。平地美草。皆予漢民。自居險阻處為藩蔽。問良願降意。對曰。太皇太后聖明。安漢公至仁。天下太平。五穀成孰。或禾長丈餘。或一粟三米。或不種自生。或蠒不蠶自成。甘露從天下。醴泉自地出。鳳皇來儀。神爵降集。從四歲㠯來。羌人無所疾苦。故思樂內屬。宜㠯時處業。置屬國領護。漢書王莽傳上

謝囂

囂。平帝末為前煇光。

奏井石文

武功長孟通浚井得白石。上圓下方。有丹書著石。文曰。告安漢公莽為皇帝。漢書王莽傳上

劉咸

咸。莽居攝時為廣漢太守。

令李業詣獄養病教

賢者不避害。譬猶彀弩射市。薄命者先死。聞業名稱。故欲與之為治。而反託疾乎。令詣獄養病。後漢李業傳

張永

永。始建國初為冠軍。

獻符命銅璧文

太皇太后當為新室文母太皇太后。漢書元后傳

崔篆

篆。涿郡安平人。莽時㠯郡文學舉步兵校尉。投劾歸。後為建新大尹。到官稱疾去。建武初舉賢良。辭歸不仕。有集一卷。

慰志賦

嘉昔人之遘辰兮。美伊傅之遌時。應規矩之淑質兮。過班倕而裁之。協準矱之貞度兮。同斷金之玄策。何天衢于盛世兮。超千載而垂績。豈修德之極致兮。將天祚之攸適。愍余生之不造兮。丁漢氏之中微。氛霓鬱㠯橫厲兮。羲和忽㠯潛暉。六柄制于家門兮。王綱漼㠯陵遲。黎共奮㠯跋扈兮。羿浞狂㠯恣睢。睹嫚臧而乘釁兮。竊神器之萬機。思輔弼㠯媮存兮。亦號呶㠯誳咨。嗟三事之我負兮。乃迫余㠯天威。豈無熊僚之微介兮。悼我生之殲夷。庶明哲之末風兮。懼大雅之所譏。遂翕翼㠯委命兮。受符守乎艮維。恨遭閉而不隱兮。違石門之高蹤。揚蛾眉于復關兮。犯孔戒之冶容。懿氓蚩

頭當作頤　姓當作性　毆當作殿

之陪悔兮。慕白駒之所從。乃稱疾而屢復兮。歷三祀而見許。悠輕舉以遠遁兮。託峻峗以幽處。竭潛思于至頤兮。騁六經之奧府。皇再命而紹邮兮。乃云眷乎建武。運機檜以電埽兮。淸六合之土宇。聖德滂以橫被兮。黎庶愷以鼓舞。闢四門以博延兮。彼幽牧之我舉。分畫定而計決兮。豈云賁乎鄙耇。遂懸車以縶馬兮。絶時俗之進取。歎暮春之成服兮。闔衡門以埽軌。聊優游以永日兮。守性命以盡齒。貴啟體之歸全兮。庶不忝乎先子。後漢崔駰傳

嚴尤

尤字伯石。始建國時爲討穢將軍。封武建伯。天鳳中代陳茂爲大司馬。免。後爲納言大將軍。莽誅。走汝南。降于劉聖。漢紀作望拜大司馬。聖敗。並死。

奏高句驪事

貉人犯法。不從騶起。正有它心。宜令州郡且尉安之。今猥被以大罪。恐其遂畔。夫餘之屬。必有和者。匈奴未克。夫餘穢貉復起。此大憂也。漢書王莽傳中。莽發高句驪兵。皆亡出塞。州郡歸咎於高句驪侯騶。嚴尤奏言。莽不尉安。穢貉遂反。又見三國魏志高句驪傳。不從騶起作罪不起于騶。按騶騶二字形近。未知孰是。

諫立匈奴須卜當

當在匈奴右部。兵不侵邊。單于動靜。輒語中國。此方面之大助也。于今迎當置長安槀街。一胡人耳。不如在匈奴有益。漢書王莽傳下

諫伐匈奴

臣聞匈奴爲害。所從來久矣。未聞上世有必征之者也。後世三家周秦漢征之。然皆未有得上策者也。周得中策。漢得下策。秦無策焉。當周宣王時。獫狁內侵。至于涇陽。命將征之。盡境而還。其視戎狄之侵。譬猶蟁蝱之螫。敺之而已。故天下稱明。是爲中策。漢武帝選將練兵。約齎輕糧。深入遠戍。雖有克獲之功。胡輒報之。兵連禍結。三十餘年。中國罷耗。匈奴亦創艾。而天下稱武。是爲下策。秦始

皇不忍小恥而輕民力。築長城之固。延袤萬里。轉輸之行。起於負海。疆境既完。中國內竭。以喪社稷。是爲無策。今天下遭陽九之戹。比年饑饉。西北邊尤甚。發三十萬衆。具三百日糧。東援海代。南取江淮。然後乃備。計其道里。一年尚未集合。兵先至者聚居暴露。師老械弊。勢不可用。此一難也。邊既空虛。不能奉軍糧。內調郡國。不相及屬。此二難也。計一人三百日食。用糒十八斛。非牛力不能勝。牛又當自齎食。加二十斛。漢紀作二十四斛重矣。胡地沙鹵。多乏水草。以往事揆之。軍出未滿百日。牛必物故且盡。餘糧尚多。人不能負。此三難也。胡地秋冬甚寒。春夏甚風。多齎釜鍑薪炭。重不可勝。食糒飲水。以歷四時。師有疾疫之憂。是故前世伐胡。不過百日。非不欲久。勢力不能。此四難也。輜重自隨。則輕銳者少。不得疾行。虜徐漢紀作徑遁逃。勢不能及。幸而逢虜。又累輜重。如遇險阻。銜尾相隨。虜要遮前後。危殆不測。此五難也。大用民力。功不可必立。臣伏憂之。今既發兵。宜縱先至者。令臣尤等深入霆擊。且以創艾胡虜。漢書匈奴傳下

三將軍論

王翦爲秦將滅燕。燕王喜奔逃東夷。秦王曰。齊楚何先。李信曰。楚地廣。齊地狹。楚人勇。齊人怯。請先從事于易。御覽四百三十七

白起平原君勸趙孝成王受馮亭。王曰。受之。秦兵必至。武安君必將。誰能當之者乎。對曰。澠池之會。臣察武安君小頭而面銳。瞳子白黑分明。視瞻不轉。小頭而面銳者。敢斷決也。瞳子白黑分明者。見事明也。視瞻不轉者。執志強也。可與持久。難與爭鋒。廉頗之爲人也。之也二字從書鈔一百十五引補勇鷙而愛士。知難而忍恥。與之野戰則不如。持守足以當之。王從其計。世說言語篇注

哀章 袁宏後漢紀作袁章

章。廣漢梓潼人。王莽篡位。以爲國將。封美新公。莽敗。斬于宛。

銅匱檢署

天帝行璽金匱圖。（漢書王莽傳上作銅匱，爲兩檢，署其一云云。）赤帝行璽某傳予黃帝金策書。（又其一署曰云云。某者，高皇帝名也。書言王莽爲眞天子，皇太后如天命。圖書皆書莽大臣八人，又取令名王興、王盛，章因自竄姓名，凡爲十一人，皆署官爵爲輔佐。）

但欽

欽，莽建國初爲西域都護，爲焉耆所殺。

上書言匈奴狀

匈奴南將軍右伊秩訾將人衆寇擊諸國。（漢書匈奴傳下。）

陳欽

欽（或誤作歆）字子佚，蒼梧廣信人。師事黎陽賈護，受左氏學，以授莽。自名陳氏春秋。莽篡位，以爲厭難將軍，後去官。天鳳二年繫獄，自殺。

上言虜犯邊

捕虜生口，虜犯邊者皆孝單于咸子角所爲。（漢書王莽傳中。始建國四年，厭難將軍陳欽言。）

區博

博仕莽爲中郎。

諫限田

井田雖聖王法，其廢久矣。周道既衰，而民不從。秦知順民之心，可以獲大利也，故滅廬井而置阡陌，遂王諸夏，訖今海內未厭其敝。今欲違民心，追復千載絕迹，雖堯舜復起，而無百年之漸，弗能行也。天下初定，萬民新附，誠未可施行。（漢書王莽傳中。）

全漢文卷六十一終

全漢文卷六十二

烏程嚴可均校輯

關竝

竝字子陽，平陵人，仕莽爲長水校尉。

言治河

河決率常于平原東郡左右，其地形下而土疏惡。聞禹治河時，本空此地，以爲水猥盛則放溢，少稍自索，雖時易處，猶不能離此。上古難識，近察秦漢以來，河決曹衛之域，其南北不過百八十里者，可空此地，勿以爲官亭民舍而已。漢書溝洫志

張戎

戎字仲功，長安人，仕莽爲大司馬史。

言治河

水性就下，行疾則自刮除成空而稍深。河水重濁，號爲一石水而

六斗泥。今西方諸郡以至京師東行，民皆引河渭山川水溉田。春夏乾燥，少水時也，故使河流遲，貯淤而稍淺；雨多水暴至，則溢決。而國家數隄塞之，稍益高于平地，猶築垣而居水也。可各順從其性，毋復灌溉，則百川流行，水道自利，無溢決之害矣。漢書溝洫志

韓牧

牧字子台，臨淮人，仕莽爲御史。

言治河

可略于禹貢九河處穿之，縱不能爲九，但爲四五，宜有益。漢書溝洫志

王橫

橫又作璜，字平仲，琅邪人。師事徐敖，受古文尚書，仕莽爲大司空掾。

言治河

河入勃海，勃海地高于韓牧所欲穿處。往者天嘗連雨，東北風，海水溢，西南出，浸數百里，九河之地已爲海所漸矣。禹之行河水，本隨西山下東北去。周譜云：定王五年河徙，則今所行非禹之所穿也。又秦攻魏，決河灌其都，決處遂大，不可復補。宜卻徙完平處，更開空，使緣西山足，乘高地而東北入海，迺無水災。漢書溝洫志

魯匡

匡，天鳳中爲羲和，地皇初左遷五原卒正。

上言令官作酒

名山大澤，鹽鐵錢布帛，五均賒貸，斡在縣官，唯酒酤獨未斡。酒者，天之美祿，帝王所以頤養天下，享祀祈福，扶衰養疾。百禮之會，非酒不行。故詩曰：無酒酤我。而論語曰：酤酒不食。二者非相反也。夫詩據承平之世，酒酤在官，和旨便人，可以相御也。論語孔子當周衰亂，酒酤在民，薄惡不誠，是以疑而弗食。今絕天下之酒，則無以行禮相養；放而亡限，則費財傷民。請法古，令官作酒，以二千五百

石爲一均，率開一盧以賣，讐五十釀爲準。一釀用麤米二斛，麴一斛，得成酒六斛六斗。各以其市月朔米麴三斛，并計其賈而參分之，以其一爲酒一斛之平。除米麴本賈，計其利而什分之，以其七入官，其三及醩酨灰炭給工器薪樵之費。漢書食貨志下

馮英

英，仕莽爲就都大尹，免，尋爲長沙連率。

上言廉丹史熊調發狀

自越嶲遂久仇牛、同亭邪豆之屬反畔以來，積且十年，郡縣距擊不已。續用馮茂，苟施一切之政。僰道以南，山險高深，茂多敺衆遠居，費以億計，吏士離毒氣死者什七。今丹、熊懼於自詭期會，調發諸郡兵穀，復訾民取其十四，空破梁州，功終不遂。宜罷兵屯田，明設購賞。漢書王莽傳中。廉丹史熊擊句町，復大賦斂，就都大尹不肯給，上言云云。莽怒，免英官。

韓博

傅當作傳

博仕莽爲夙夜連率，以薦巨毋霸，徵下獄棄市。

上言薦巨毋霸

有奇士長丈大十圍，（漢紀作長一丈，大九圍。）來至臣府，曰欲奮擊胡虜，自謂巨毋霸，出於蓬萊東南五城西北昭如海瀕，軺車不能載，三馬不能勝，即日以大車四馬，建虎旗，載霸詣闕，霸臥則枕鼓，以鐵箸食，此皇天所以輔新室也，願陛下作大甲高車，賁育之衣，遣大將一人與虎賁百人迎之於道，京師門戶不容者開高大之，以視百蠻，鎮安天下。（漢書王莽傳下。博上言云云，意欲以風莽。）

田況

況天鳳中爲翼平連率，進爵爲伯，地皇初兼領青徐二州牧事，以戰功爲莽所忌，徵拜師尉大夫，封挍湯侯，爲赤眉所敗。

上言平盜賊方略

盜賊始發，其原甚微，非部吏伍人所能禽也，咎在長吏不爲意，縣欺其郡，郡欺朝廷，實百言十，實千言百，朝廷忽略，不輒督責，遂至延曼連州，乃遣將率，多發使者，傳相監趣，郡縣力事上官，應塞詰對，共酒食，具資用，以救斷斬，不給復憂盜賊治官事，將率又不能躬率吏士，戰則爲賊所破，吏氣寖傷，徒費百姓，前幸蒙赦令，賊欲解散，或反遮擊，恐入山谷轉相告語，故郡縣降賊，皆更驚駭，恐見詐滅，因饑饉易動，旬日之閒更十餘萬人，此盜賊所以多之故也。今雒陽以東米石二千，竊見詔書欲遣太師更始將軍，二人爪牙重臣，多從人衆，道上空竭，少則亡以威視遠方，宜急選牧尹以下，明其賞罰，收合離鄉，小國無城郭者，徙其老弱置大城中，積藏穀食，并力固守，賊來攻城，則不能下，所過無食，勢不得羣聚，如此招之必降，擊之則滅，今空復多出將率，郡縣苦之，反甚於賊，宜盡徵還乘傳諸使者，以休息郡縣，委任臣況以二州盜賊，必平定之。（漢書王莽傳下。）

費興

興仕莽爲大司馬司允，出爲荊州牧，未行，忤旨免。

對到部方略

荊揚之民率依阻山澤，以漁采爲業，閒者國張六筦，稅山澤，妨奪民之利，連年久旱，百姓饑窮，故爲盜賊，興到部，欲令明曉告盜賊歸田里，假貸犂牛種食，闊其租賦，幾可以解釋安集。（漢書王莽傳下。）

甄阜　梁丘賜

阜地皇末爲前隊大夫，賜爲屬正，兵敗竝戰死。

移書劉良

老子不率宗族，單絝騎牛，哭且行，何足賴哉。（後漢趙孝王良傳注引續漢書。）

王況

況王莽時卜者。

爲魏成大尹李焉作讖書

文帝發忿，居地下，趣軍北告匈奴，南告越人，江中劉信，執敵報怨，復續古先，四年當發軍，江湖有盜，自稱樊王，姓爲劉氏，萬人成行，不受赦令，欲動秦雒陽，十一年當相攻，太白揚光，歲星入東井，其號當行。（漢書王莽傳下。況謂焉曰，漢家當復興，君當爲漢輔，因爲焉作讖書言云云，又言莽大臣吉凶，各有日期。）荊楚當興，李氏爲輔。（漢書王莽傳下。莽以王況讖言云云，欲厭之。）

闕名

奏益封莽爵邑

太后委任大司馬莽定策安宗廟，故大司馬霍光有安宗廟之功，益封三萬戶，疇其爵邑，比蕭相國，莽宜如光故事。（漢書王莽傳上。塞外蠻夷獻白雉，元始元年正月，莽白太后下詔以白雉薦宗廟，羣臣因奏言。）

請賜莽號安漢公

莽功德致周成白雉之瑞，千載同符，聖王之法，臣有大功則生有美號，故周公及身在而託號於周，莽有定國安漢家之大功，宜賜

其能翼之下脫今安漢公起於第家輔翼陛下四年于茲功德闕然二十字

號曰安漢公益戶疇爵邑上應古制下準行事目順天心漢書王莽傳上

復上言益封莽

莽雖克讓朝所宜章目時加賞明重元功無使百僚元元失望漢書王莽傳上

奏宜令莽平決事

往者吏目功次遷至二千石及州郡所舉茂材異等吏率多不稱宜皆見安漢公又太后不宜親省小事漢書王莽傳上莽欲專斷知太后猒政乃風公卿奏言

言宜采莽女爲后

明詔聖德巍巍如彼安漢公盛勳堂堂若此今當立后獨奈何廢公女天下安所歸命願得公女爲天下母漢書王莽傳上庶民諸生郎吏目上公卿大夫言咸

見莽女還奏言

公女漸漬德化有窈窕之容宜奉大序奉祭祀漢書王莽傳上

請益封莽

古者天子封后父百里尊而不臣目重宗廟孝之至也佟言應禮可許請目新野田二萬五千六百頃益封莽滿百里漢書王莽傳上信鄉侯佟上言事下有司皆曰云云

奏聘皇后故事

故事聘皇后黃金二萬斤爲錢二萬萬漢書王莽傳上有司奏

復言益聘

今皇后受聘踰羣妾亡幾漢書王莽傳上莽深辭讓受四千萬羣臣復言

奏加莽九錫

昔周公奉繼體之嗣據上公之尊然猶七年制度乃定夫明堂辟雍墮廢千載莫能興公目八月載生魄庚子奉使朝用書臨賦營築越若翊辛丑諸生庶民大和會十萬眾竝集平作二旬大功畢

下堂作上

成唐虞發舉成周造業誠亡目加幸銜位宜在諸侯王上賜目束帛加璧大國乘車安車各一驪馬二駟漢書王莽傳上羣臣奏言詔曰可其議九錫之法

奏請莽居攝

太后聖德昭然深見天意詔令安漢公居攝臣聞周成王幼少周道未成成王不能共事天地修文武之烈周公權而居攝則周道成王室安不居攝則恐周隊失天命書曰我嗣事子孫大不克共上下遏失前人光在家不知命不易天應棐諶乃亡隊命說曰周公服天子之冕南面而朝羣臣發號施令常稱王命召公賢人不知聖人之意故不說也禮明堂記曰周公朝諸侯于明堂天子負斧依南面而立謂周公踐天子位六年朝諸侯制禮作樂而天下大服也召公不說時武王崩縗麤未除由是言之周公始攝則居天子之位非乃六年而踐阼也書逸嘉禾篇曰周公奉鬯立于阼階延登贊曰假王莅政勤和天下此周公攝政贊者所稱成王加元服周公則致政書曰朕復子明辟周公常稱王命專行不報故言我復子明君也臣請安漢公居攝踐祚服天子韍冕背斧依于戶牖之閒南面朝羣臣聽政事車服出入警蹕民臣稱臣妾皆如天子之制郊祀天地宗祀明堂共祀宗廟享祭羣神贊曰假皇帝民臣謂之攝皇帝自稱曰予平決朝事常目皇帝之詔稱制目奉順皇天之心輔翼漢室保安孝平皇帝之幼嗣遂寄託之義隆治平之化其朝見太皇太后帝皇后皆復臣節自施政教于其宮家國采如諸侯禮儀故事臣昧死請漢書王莽傳上羣臣奏言太后詔曰可

復白宜尊莽爲假皇帝

劉崇等謀逆者目莽權輕也宜尊重目填海內漢書王莽傳下羣臣復白

奏益莽殿省官屬

請益安漢公宮及家吏置率更令廟廄廚長丞中庶子虎賁目下百餘人又置衞士三百人安漢公廬爲攝省府爲攝殿第爲攝宮

下當作上

冏當作闕

奏請進莽二子爵爲公（漢書王莽傳下羣臣奏言）

太后修功錄德。遠者千載。近者當世。或㠯文封。或㠯武爵。深淺大小。靡不畢舉。今攝皇帝背依踐阼。宜異于宰國之時。制作雖未畢已。宜進二子爵皆爲公。春秋善善及子孫。賢者之後。宜有土地。成王廣封周公庶子六人。皆有茅土。及漢家名相大將蕭霍之屬。咸及支庶。兄子光可先封爲列侯。諸孫制度畢已。大司徒大司空上名如前詔書。（漢書王莽傳上。羣臣復奏言）

奏止莽巡狩

皇帝至孝。往年文母聖體不豫。躬親供養。衣冠稀解。因遭棄羣臣。悲哀顏色未復。飲食損少。今一歲四巡。道路萬里。春秋尊。非糒乾肉之所能堪。且無巡狩。須闋大服。㠯安聖體。臣等盡力養牧兆民。奉稱明詔。（漢書王莽傳中。天鳳元年正月。羣公奏言）

劾奏孔仁

仁乘乾車。駕巛馬。左蒼龍。右白虎。前朱雀。後玄武。右杖威節。左負威斗。號曰赤星。非㠯驕仁。廼㠯尊新室之威命也。仁擅免天文冠。大不敬。（漢書王莽傳下。天鳳五年。宗姊妨自殺事連及司命孔仁妻。亦自殺。仁見莽免冠謝。莽使尚書劾仁云云。有詔勿劾。更易新冠）

平帝喪禮議

禮。臣不殤君。皇帝年十有四歲。宜㠯禮斂。加元服。（漢書平紀。元始五年。崩于未央宮。有司議云云。奏可）

上壽

廼庚子。雨水灑道。辛丑。清靚無塵。其夕。穀風迅疾。從東北來。辛丑。巽之宮日也。巽爲風。爲順。后誼明。母道得。溫和慈惠之化也。易曰。受茲介福。于其王母。禮曰。承天之慶。萬福無疆。諸欲依廢漢火劉。皆沃灌雪除。殄滅無餘雜矣。百穀豐茂。庶草蕃殖。元元驩喜。兆民賴福。天下幸甚。（漢書王莽傳下。羣臣上壽云云）

銅符帛圖

天告帝符。獻者封侯。承天命。用神令。（漢書王莽傳上）

全漢文卷六十二終

馬牛羊下脫卽予予牡毋予牝老夫處辟馬牛羊十四字

全漢文卷六十三

烏程嚴可均校輯

外國

南越王趙佗

佗眞定人秦始皇時爲龍川令二世時南海尉任囂召行南海尉事秦滅自立爲南越武王漢十一年遣使立爲南越王高后時自稱南越武帝文帝初去帝號建元四年卒年蓋百歲

移檄告橫浦陽山湟谿關

盜兵且至急絕道聚兵自守（史記南越王尉佗傳漢書兩粵傳）

下令國中

吾聞兩雄不俱立兩賢不竝世皇帝賢天子也自今㠯後去帝制黃屋左纛（史記南越王尉佗傳又見漢書兩粵傳㠯後作㠯來）

上文帝書

蠻夷大長老夫臣佗昧死再拜上書皇帝陛下老夫故粵吏也高皇帝幸賜臣佗璽㠯爲南越王使爲外臣時內貢職孝惠皇帝卽位義不忍絕所㠯賜老夫者厚甚高后自臨用事近細士信讒臣別異蠻夷出令曰毋予蠻夷外越金鐵田器馬牛羊齒已長自㠯祭祀不修有死罪使內史藩中尉高御史平凡三輩上書謝過皆不反又風聞老夫父母墳墓已壞削兄弟宗族已誅論吏相與議曰今內不得振于漢外無㠯自高異故更號爲帝自帝其國非敢有害於天下也高皇后聞之大怒削去南越之籍使使不通老夫竊疑長沙王讒臣故敢發兵㠯伐其邊且南方卑溼蠻夷中西有西甌其中半羸南面稱王東有閩越其衆數千人亦稱王西北有長沙其半蠻夷亦稱王老夫故敢妄竊帝號聊㠯自娛老夫身定百邑之地東西南北數千萬里帶甲百萬有餘然北面而臣事漢何也不敢背先人之故老夫處粵四十九年于今抱孫焉然夙興夜寐寢不安席食不甘味目不視靡曼之色耳不聽鐘鼓之音者㠯不得事漢也今陛下哀憐復故號通使漢如故老夫死骨不腐改號不敢爲帝矣謹北面因使者獻白璧一雙翠鳥千犀角十紫貝五百桂蠹一器生翠四十雙孔雀二雙昧死再拜㠯聞皇帝陛下（漢書兩粵傳又史記南越王尉佗傳載此書僅九十二字）

趙胡

胡佗孫建元四年嗣位爲南越王薨謚曰文王

上武帝書

兩越俱爲藩臣毋得擅興兵相攻擊今閩越興兵侵臣臣不敢興兵唯天子詔之（史記南越王尉佗傳漢書兩粵傳）

呂嘉

嘉爲南越相歷趙胡嬰齊興三世後殺興立建德元鼎六年南越平傳首行在所

下令國中

王年少太后中國人也又與使者亂專欲內屬盡持先王寶器入獻天子㠯自媚多從人行至長安虜賣㠯爲僮僕取自脫一時之利無顧趙氏社稷爲萬世慮計之意（史記南越王尉佗傳漢書兩粵傳）

東越王餘善

餘善姓騶越王句踐之後閩越王郢弟元光中自立爲王漢因封爲東越王元鼎末發兵拒命元封初爲其下吳陽等所殺

上書擊南越

請㠯卒八千人從樓船將軍擊呂嘉等（史記東越傳）

匈奴冒頓

冒頓姓攣鞮氏頭曼子秦二世元年弒父自立爲撑犁孤塗單于

習射令

四當作西

鳴鏑所射。而不悉射者。斬之。（史記匈奴傳）

遺高后謾書

孤僨之君。生于沮澤之中。長于平野牛馬之域。數至邊境。願遊中國。陛下獨立。孤僨獨居。兩主不樂。無以自虞。願以所有。易其所無。（漢書匈奴傳上）

遺文帝書

天所立匈奴大單于敬問皇帝無恙。前時皇帝言和親事。稱書意合驩。漢邊吏侵侮右賢王。右賢王不請。聽後義盧侯難支等計。與漢吏相距。絕二主之約。離昆弟之親。皇帝讓書再至。發使以書報。不來。漢使不至。漢以其故不和。鄰國不附。今以少吏之敗約。故罰右賢王。使至四方求月氏擊之。以天之福。吏卒良馬力強。以滅夷月氏。盡斬殺降下定之。樓蘭烏孫呼揭及其旁二十六國。皆已為匈奴。諸引弓之民。并為一家。北州以定。願寢兵休士養馬。除前事。復故約。以安邊民。以應古始。使少者得成其長。老者得安其處。世世平樂。未得皇帝之志。故使郎中係雩淺奉書請。獻橐佗一。騎馬二。駕二駟。皇帝即不欲匈奴近塞。則且詔吏民遠舍。使者至。即遣之。（漢書匈奴傳上。史記同。）

軍臣

軍臣。冒頓孫。老上稽粥單于子。孝文後元三年立為單于。

令軍中

得李廣。必生致之。（史記李廣傳）

狐鹿姑

狐鹿姑。且鞮侯單于長子。為左賢王。太始元年立為狐鹿姑單于。

遺武帝書

南有大漢。北有強胡。胡者。天之驕子也。不為小禮以自煩。今欲與漢闓大關。取漢女為妻。歲給遺我糵酒萬石。稷米五千斛。雜繒萬匹。它如故約。則邊不相盜矣。（漢書匈奴傳上）

呼韓邪

呼韓邪名稽侯狦。虛閭權渠單于子。神爵初立為呼韓邪單于。

上元帝書請入朝

常願謁見天子。誠以郅支在西方。恐其與烏孫俱來擊臣。以故未得至漢。今郅支已伏誅。願入朝見。（漢書匈奴傳下）

上書請罷邊備

願保塞上谷以西至敦煌。傳之無窮。請罷邊備塞吏卒。以休天下人民。（漢書匈奴傳下）

郅支單于

郅支名呼屠吾斯。呼韓邪兄。為左賢王。自立為郅支骨都侯單于。居東邊。屢敗走右地。破烏孫。并烏揭、堅昆、丁令三國。留都堅昆。後為康居所迎。建昭三年。甘延壽陳湯擊斬之。傳首京師。

因都護上元帝嫚書

居困厄。願歸計彊漢。遣子入侍。（漢書陳湯傳）

烏珠留單于

烏珠留名囊知牙斯。呼韓邪子。為左賢王。綏和元年立為烏珠留若鞮單于。在位二十一年。

上哀帝書請入朝

蒙天子神靈。人民盛壯。願從五百人入朝。以明天子盛德。（漢書匈奴傳下）

上書改名

幸得備藩臣。竊樂太平聖制。臣故名囊知牙斯。今謹更名曰知。（漢書匈奴傳下。莽奏令中國不得有二名。因使使者以風單于。單于從之。上書言）

聞中國譏二名。故名囊知牙斯。今更名知。慕從聖制。（漢書王莽傳上。莽遣使者齎黃金幣帛重賂匈奴單于。使上書言。案此即前書。唯多出首句。今並錄之。）

鄯善王尉屠耆

尉屠耆，樓蘭王嘗歸弟，降漢。元鳳四年，傅介子刺殺嘗歸，立㠯為王，更名其國為鄯善。

請遣將屯田伊循城

身在漢久，今歸單弱，而前王有子在，恐為所殺。國中有伊循城，其地肥美，願漢遣一將，屯田積穀，令臣得依其威重。（漢書西域傳上）

烏孫昆彌

昆彌，烏孫昆莫孫，名翁歸靡，號曰肥王。

上宣帝書

連為匈奴所侵削，昆彌願發國半精兵，人馬五萬匹，盡力擊匈奴，唯天子出兵，哀救公主。（漢書匈奴傳上。案此即西域傳下所載公主及昆彌皆遣使上書者也，各自為書，而其文略同。）

又上宣帝書

願㠯漢外孫元貴靡為嗣，得令復尚漢公主，結婚重親，畔絕匈奴，願聘馬驘各千匹。（漢書西域傳下。元康二年，烏孫昆彌因常惠上書。又見蕭望之傳，有刪節，文亦小異。）

龜茲王絳賓

絳賓，宣帝時嗣位為龜茲王。

上書求與烏孫女入朝

得尚漢外孫為昆弟，願與公主女俱入朝。（漢書西域傳下）

僊道

脩羊公

公，魏人。

化為白石羊題背

脩羊公謝天子。（列仙傳：脩羊公，魏人，在華陰山上石室中。景帝禮之，有詔問脩羊公何日能發，語未訖，牀上化為白石羊，題其背云云。後去，不知所在。）

鬼神

天皇大帝

茅君九錫玉冊文（元壽二年八月）

惟盈虛挺遠，朗幽耽妙玄，爰自童蒙，散髮北山，靜心林澤，甜思求神，登峻履谷，艱尋師門，擲形絕華，投軀万津，丹誠率往，肆其天然，遂造明匠，迺受靈篇，翦髮祝脆，殘首截身，帶索自樂，不恥飢寒，所適唯道，所保㠯真，情昭上帝，感激太玄，今敬授盈位為太元真人，領東嶽上卿司命神君。君平心格正，秉操金石，丹心矯衆，栖神高暵，今故報㠯玉鉞綠旌，八威之策，使征伐邪源，折衝萬神。（其一）君寒凍林谷，味玄仰真，思激窮岫，啟心精誠，今故報㠯紫毳之節，藕敷華冠，使君招駈千靈，封山召雲。（其二）君棄家獨往，離親樂仙，契闊嶮試，冬徂山川，今故報㠯繡羽紫帔，丹青飛帬，使君從容霄階，攜命玉真。（其三）君步驟林藪，足履危仞，心耿志尚，曾不慫懼，今故報㠯斑龍之輿，素虎之軿，使㠯浮寘太空，飛輪帝庭。（其四）君披榛并景，寒露霜雪，心求明真，不戰不慄，今故報㠯曲晨寶蓋，瓊闈綠室，使游盼九宮，靜神溫密。（其五）君遠遁秀榮，无疲于心，潛形幽嶽，精思万林，今故報㠯執神流火，霙珠月明，可㠯上聞太極，通音上清。（其六）君貞心高靜，淫累不經，素挺皓暵，內外坦平，今故報㠯錦旌繡旛，白羽玄竿，可㠯呼召六陰，玉女侍軒。（其七）君慈向兼物，陰德万生，蠢動之毛，皆念經營，今故報㠯鳳鸞之嘯，金鐘玉磬，可㠯和神虛館，樂真儛靈。（其八）君飢渴養神，艱辛求真，万物不能致其惑，千邪不能毀其淯，今故報㠯紫琳之腴，玉漿金罌，可㠯壽同三光，刻簡丹瑀也。（其九）君標領清玄，紫緯八暵，心暉重離，神躍太霞，實真人之長者，故㠯太元為號。九德既備，積感太微，天人虛因，不期同歸，今酬九事，㠯報往懷。君心神方朗，四靈所棲，丹真啟煥，秉直不回，正任仝固，鑒无照微，今屈宰上卿，總括東嶽，又加司命之主，㠯領錄圖籍，給玉童玉女各四十人，㠯出入太微，受事太極也。治宮赤城玉洞之府，盈其蔬之。動靜以聞。劉大彬茅山志載此冊文，以爲漢哀帝元壽二年，太歲庚申八月十八日己酉，天皇大帝授梁普通三年刻石華陽南洞。

西王母

傳書

母告百姓。佩此書者不死。不信我言，視門樞下，當有白髮。漢書五行志下之上：哀帝建平四年夏，西王母又傳書云云，至秋止。

武帝

賜將作大匠丞札

汝績克成。賜汝金十斤。御覽六百六引漢武故事：上崩後，有一人騎馬，馬異于常馬，持一尺札，賜將作大匠丞，文曰云云，因忽不見，札變爲金，稱之重十斤。

段孝直

孝直。景帝時爲長安令。

上表訟寃

天地雖明。詎悉無辜之老。日月垂照。必鑒有滯之人。具臣早忝宦途。頗彰清慎。尋以論遷劇邑。稍免瑕疵。不謂刺史梁緯。心縱貪婪。勢連內戚。欲臣亡父之馬。戮臣寃枉之刑。上訴皇天。許臣明雪。若不聞于陛下。何以免此幽沈。并刺史梁緯行事二十一條不依法令。一一條奏。別狀以聞。伏願陛下聽明。哀臣寃抑。搜神記。孝直景帝時舉孝廉，爲長安令，著清慎聲。有騶駮馬，日行五百里。雍州刺史梁緯與帝連婚，每索之，孝直辭以亡父所乘，緯致恨，密搆孝直贓事，敕下獄臨死，告妻以紙三十張、筆十管、墨五挺安墓中。經五十餘日，景帝大會羣臣，孝直于殿前上表，帝覽訖，忽然不見，乃詔收緯，斬于墓而祭之，追贈孝直尚書郎。

全漢文卷六十三終

全後漢文目錄

全後漢文目錄　五

全後漢文目錄　六

大凡全後漢文四百六十九人。

大凡全後漢文一百六卷。

全後漢文目錄終

全後漢文卷一

烏程嚴可均校輯

光武帝 一

帝諱秀，字文叔，南陽新蔡人，景帝七世孫。王莽地皇三年，與兄縯起兵。于宛更始即位，以爲太常偏將軍，行司隸校尉，進破虜大將軍，封武信侯，行大司馬事。以平王郎功封蕭王。尋拒命不就徵。以更始三年六月即位于鄗南，定都洛陽，改元二。建武中元在位三十三年。謚曰光武皇帝，廟號世祖。

制書報耿純 建武六年

侯前奉公行法，朱英久吏，曉知義理，何時當以公事相是非。然受堯舜之罰者，不能愛己也。已更擇國土，令侯無介然之憂。後漢耿純傳注引續漢書

封更始爲淮陽王詔 建武元年九月辛未

更始破敗，棄城逃走，妻子裸袒，流宂道路，朕甚愍之。今封更始爲淮陽王。吏人敢有賊害者，罪同大逆。後漢光武紀

以卓茂爲太傅封褒德侯詔 元年九月甲申。東觀記、續漢書並作宣德侯

前密令卓茂，束身自修，執節淳固，斷斷無他，其心休休焉。夫士誠能爲人所不能爲，則名冠天下，當受天下重賞。故武王誅紂，封比干之墓，表商容之閭。今以茂爲太傅，封褒德侯，食邑二千戶，賜几杖車馬，衣一襲，絮五百斤。復以茂長子戎爲大中大夫，次子崇爲中郎給事黃門。後漢卓茂傳，藝文類聚四十六，御覽二百十，又書鈔五十二引漢官儀

差錄功臣詔 二年正月庚辰

人情得足，苦于放縱，快須臾之欲，忘慎罰之義。惟諸將業遠功大，誠欲傳于無窮，宜如臨深淵，如履薄冰，戰戰慄慄，日慎一日。其顯效未酬，名籍未立者，大鴻臚趣上，朕將差而錄之。後漢光武紀

赦詔 二年三月乙未。袁宏紀作三月乙酉。

其赦天下。惟殘賊用刑，劉深刻獄，多冤人，朕甚愍之。自今已後有犯者，將正厥辜。藝文類聚五十二引續漢書

惟酷吏殘賊，用刑深刻，獄多冤人，朕甚愍之。孔子不云乎：刑罰不中，則民無所措手足。其與諸中二千石、諸大夫議省刑罰。袁宏後漢紀四

頃獄多冤人，用刑深刻，朕甚愍之。孔子云：刑罰不中，則民無所措手足。其與中二千石、諸大夫、博士、議郎議省刑法。後漢光武紀

禁拘執詔 二年五月癸未

民有嫁妻賣子欲歸父母者，恣聽之。敢拘執，論如律。後漢光武紀

復宗室列侯子孫詔 二年十二月戊午

惟宗室列侯爲王莽所廢，先靈無所依歸，朕甚愍之。其並復故國。若侯身已殁，屬所上其子孫見名，尚書封拜。後漢光武紀

惟列侯爲王莽所廢，先祖魂神無所依歸，朕甚愍之。列侯身廢者國如故，身死若子孫見在，令繼其先焉。袁宏後漢紀四

得璽綬祠高廟詔 三年二月己酉

羣盜縱橫，賊害元元，盆子竊尊號，亂惑天下。朕奮兵討擊，應時崩解，十餘萬衆，束手降服，先帝璽綬歸之王府。斯皆祖宗之靈，士人之力，朕曷足以享斯哉！其擇吉日祠高廟，賜天下長子當爲父後者爵人一級。後漢光武紀

寬吏罪詔 三年七月庚辰

吏不滿六百石，下至墨綬長相，有罪先請。男子八十以上，十歲以下，及婦人從坐者，自非不道、詔所名捕，皆不得繫。當驗問者即就驗。女徒雇山歸家。後漢光武紀

報朱浮詔 三年

往年赤眉跋扈長安，吾策其無穀必東，果來歸降。今度此反虜，勢無久全，其中必有內相斬者。今軍資未充，故須後麥耳。後漢朱浮傳

報耿弇詔 四年

將軍出身舉宗爲國，所向陷敵，功効尤著。何嫌何疑，而欲求徵？且與王常共屯涿郡，勉思方略，以成功業。袁宏後漢紀四、後漢耿弇傳。

憂旱詔 五年五月丙子

久旱傷麥，秋種未下，朕甚憂之。將殘吏未勝，獄多冤結，元元悲恨，感傷天地乎？其令中都官、三輔、郡國出繫囚，罪非犯殊死，一切勿案，見徒免爲庶人。務進柔良，退貪酷，各正厥事焉。後漢光武紀。

使樊宏迎耿況詔 五年

惟況功大，不宜監察從事。邊郡寒苦，不足久居。其詣行在所。後漢耿弇傳注引袁崧書。

龐萌反下詔 五年四月

吾嘗于衆人中言萌可爲社稷臣，將軍等得無笑吾言？老賊當族。其各勵兵馬，會睢陽。袁宏後漢紀五。又見後漢龐萌傳，作與諸將書，與此小異。

詔書勞蓋延 五年

龐萌一夜反畔，相去不遠，營壁不堅，殆令人齒欲相擊。而將軍聞之，夜告臨淮、楚國，有不可動之節，吾甚美之。後漢蓋延傳注引東觀記及續漢書。

勞耿弇 五年十月

昔韓信破歷下以開基，今將軍攻祝阿以發迹，此皆齊之西界，功足相方。而韓信襲擊已降，將軍獨拔勍敵，其功乃難于信也。又田橫烹酈生，及田橫降，高帝詔衛尉不聽爲仇。張步前亦殺伏隆，若步來歸命，吾當詔大司徒釋其怨，又事尤相類也。將軍前在南陽建此大策，常以爲落落難合，有志者事竟成也。後漢耿弇傳。按此係口語，以載入兩漢詔令，故錄之。

詔遣周黨 五年

許由不仕有唐，帝德不衰；夷齊不食周粟，王道不虧。不忍使黨久逡巡于汙君之朝，其賜帛四十匹，遣歸田里。袁宏後漢紀五。

以范升奏示公卿詔

自古堯有許由、巢父，周有伯夷、叔齊，自朕高祖有南山四皓。自古聖王皆有異士，非獨今也。太原周黨不食朕祿，亦各有志焉。袁宏後漢紀五。

自古明王聖主必有不賓之士，伯夷、叔齊不食周粟，太原周黨不食朕祿，亦各有志焉。其賜帛五十匹。後漢周黨傳。

給廩詔 六年正月辛酉

往歲水旱蝗蟲爲災，穀價騰躍，人用困乏。朕惟百姓無以自贍，惻然愍之。其命郡國有穀者，給稟高年、鰥、寡、孤、獨及篤癃、無家屬貧不能自存者，如律。二千石勉加循撫，無令失職。後漢光武紀。

詔報馮異 六年

將軍之于國家，義則君臣，恩猶父子。何嫌何疑，而有懼意？袁宏後漢紀五、後漢馮異傳。

赦隗囂所詿誤及遭赤眉難者詔 六年五月辛丑

惟天水、隴西、安定、北地吏人爲隗囂所詿誤者，又三輔遭難赤眉，有犯法不道者，自殊死以下，皆赦除之。後漢光武紀。

省減吏員詔 六年六月辛卯

夫張官置吏，所以爲人也。今百姓遭難，戶口耗少，而縣官吏職所置尚繁。其令司隸、州牧各實所部，省減吏員。縣國不足置長吏可并合者，上大司徒、大司空二府。後漢光武紀。

因日食下詔 六年十月丁丑

吾德薄不明，寇賊爲害，彊弱相陵，元元失所。詩云：「日月告凶，不用其行。」永念厥咎，內疚于心。其敕公卿舉賢良方正各一人，百僚竝上封事，無有隱諱。有司修職，務遵法度。後漢光武紀。

田租三十稅一詔 六年十二月癸巳

頃者師旅未解，用度不足，故行什一之稅。今軍士屯田，糧儲差積，其令郡國收見田租三十稅一，如舊制。後漢光武紀。又見袁宏後漢紀五，有刪節。

犬當作大

賜馮異詔 六年冬

倉卒蕪蔞亭豆粥虖沱河麥飯厚意久不報 後漢馮異傳又見袁宏後漢紀五少末句

報竇融詔

每追念外屬孝景皇帝出自竇氏定王景帝之子朕之所祖昔魏其一言繼統以正長君少君尊奉師傅修成淑德施及子孫此皇太后神靈上天祐漢也從天水來者寫將軍所讓隗囂書痛入骨髓畔臣見之當股慄慙愧忠臣則酸鼻流涕義士則曠若發矇非忠孝慤誠孰能如此豈其德薄者所能克堪囂自知失河西之助族禍將及欲設間離之說亂惑眞心轉相解搆以成其姦又京師百僚不曉國家及將軍本意多能採取虛偽誇誕妄談令忠孝失望傳言乖實毀譽之來皆不徒然不可不思今關東盜賊已定犬兵今當悉西將軍其抗厲威武以應期會 後漢竇融傳

詔右扶風 六年

右扶風修理融父墳塋祠以太牢 後漢竇融傳

赦殊死以下詔 七年正月丙申

中都官三輔郡國出繫囚非犯殊死皆一切勿案其罪見徒免爲庶民耐罪亡命吏以文除之 後漢光武紀

詔羣臣 正月

羣臣奏事無得言聖人 官輯聚珍本東觀漢記

薄葬詔 同上

世以厚葬爲德薄終爲鄙至于富者奢僭貧者殫財法令不能禁禮義不能止倉卒乃知其咎其布告天下令知忠臣孝子慈兄悌弟薄葬送終之義 後漢光武紀

罷輕車騎士等詔 七年三月丁酉

今國有衆軍並多精勇宜且罷輕車騎士材官樓船士及軍假吏令還復民伍 後漢光武紀

日食求言詔 七年三月癸亥

吾德薄致災謫見日月戰慄恐懼夫何言哉今方念愆庶消厥咎其令有司各修職任奉遵法度惠茲元元百僚各上封事無有所諱其上書者不得言聖 後漢光武紀

舉賢良方正詔 七年四月壬午

比陰陽錯謬日月薄食百姓有過在予一人大赦天下公卿司隸州牧舉賢良方正各一人遣詣公車朕將覽試焉 後漢光武紀又袁宏後漢紀六以此及前日蝕求言合爲一詔繫于正月癸亥晦與范史不同

禁拘制奴婢下妻詔 七年五月

吏人遭飢亂及爲靑徐賊所略爲奴婢下妻欲去留者恣聽之敢拘制不還以賣人法從事 後漢光武紀

詔三公議郊祀 七年五月

漢當郊堯其與卿大夫博士議 續漢祭祀志上

詔告隗囂 八年

若束手自詣父子相見保無他也高皇帝云橫來大者王小者侯若遂欲爲黥布者亦自任也 後漢隗囂傳

以河南尹王梁爲濟南太守詔 七年

梁前將兵征伐衆人稱賢故擢典京師建議開渠爲人興利旅力既愆迄無成功百姓怨讟談者讙譁雖蒙寬宥猶執謙退君子成人之美其以梁爲濟南太守 後漢王梁傳

詔來歙 八年

桃花水出船槃皆至郁夷陳倉分部而進 水經渭水上注引東觀漢記隗囂圍來歙于略陽世祖詔

詔賜祭遵吏士縑 八年

將軍連年距難衆兵即卻復獨按部功勞爛然兵退無宿戒糧食不豫具今乃調度恐力不堪國家知將軍不易亦不遺力今送縑

千四百賜吏士。後漢祭遵傳注引東觀記

封竇融爲安豐侯詔 八年

行河西五郡大將軍涼州牧張掖屬國都尉竇融，執志忠孝，扶微救危，仇疾反虜隗囂，率厲五郡精兵，羌胡畢集，兵不血刃，而虜土崩瓦解，功既大矣。篤意分明，斷之不疑，吾甚嘉之。其以安豐、陽泉、蓼、安風凡四縣封融爲安豐侯。官輯本東觀記，又藝文類聚五十一引東觀記

報竇融求代詔 八年

吾與將軍如左右手耳。數報謙退，何不曉人意。勉循士民，無擅離部曲。後漢竇融傳

追爵謚陰貴人父弟詔 九年

吾微賤之時，娶于陰氏，因將兵征伐，遂各別離。幸得安全，俱脫虎口。以貴人有母儀之美，宜立爲后，而固辭弗敢當，列于媵妾。朕嘉其義讓，許封諸弟。未及爵士，而遭患逢禍，母子同命，愍傷于懷。小雅曰：將恐將懼，惟予與汝。將安將樂，汝轉棄予。風人之戒，可不慎乎。其追爵謚貴人父陸爲宣恩哀侯，弟訢爲宣義恭侯，以弟就嗣哀侯後。及尸柩在堂，使太中大夫拜授印綬，如在國列侯禮。魂而有靈，嘉其寵榮。後漢光烈陰皇后紀

禁殺奴婢詔 十一年二月己卯

天地之性人爲貴。其殺奴婢，不得減罪。後漢光武紀

敢炙灼奴婢，論如律，免所炙灼者爲庶民。後漢光武紀

詔報岑彭 十一年春

大司馬習用步騎，不曉水戰，荊門之事，一由征南公爲重而已。後漢岑彭傳，又見袁宏後漢紀六

原丁邯詔

漢中太守妻乃繫南鄭獄，誰當搔其背垢者。懸牛頭，賣馬脯，盜跖行，孔子語。以邯服罪，且邯一妻，冠履勿謝。續漢百官志三注補引決錄注。丁邯遷漢中太守。妻弟爲公孫述將，收妻送南鄭獄，免冠徒跣自陳。詔曰云云。

免隴蜀民爲奴婢者詔 十二年三月癸酉

隴蜀民被略爲奴婢自訟者，及獄官未報，一切免爲庶民。後漢光武紀

詔書告吳漢

直擁兵到成都，據其心腹，後城營自解散。官輯本東觀漢記

詔書戒吳漢

成都十萬餘衆，不可輕也。且堅據廣都城，去之五十里，待其即營攻城，罷倦引去，乃首尾擊之。勿與爭鋒，述兵不敢來，轉營即之，移徙輒自堅。官輯本東觀漢記

廣都去成都五十里，述若來攻，待其困弊而攻之。勿與爭鋒，述若不來，轉營逼之，彼必堅壁。袁宏後漢紀六

成都十餘萬衆，不可輕也。但堅據廣都，待其來攻，勿與爭鋒。若不敢來，公轉營迫之，須其力疲，乃可擊也。後漢吳漢傳。案此詔三見，皆小異，故並錄之。

喻公孫述詔 十二年夏

往年詔書比下，開示恩信，勿以來歙、岑彭受害自疑。今以時自詣，則家族完全；若迷惑不喻，委肉虎口，痛哉奈何。將帥疲倦，吏士思歸，不欲久相屯守，詔書手記，不可數得，朕不食言。後漢公孫述傳

察舉詔 十二年八月乙未

三公舉茂才各一人，廉吏各二人。光祿歲舉茂才四行各一人，察廉吏三人。中二千石歲察廉吏各一人。廷尉、大司農各二人。將兵將軍歲察廉吏各二人。監察御史、司隸、州牧歲舉茂才各一人。續漢百官志一注補引漢官目錄

下詔讓劉尚 十二年十一月

城降三日，吏人從服，孩兒老母，口以萬數，一旦放兵縱火，聞之可爲酸鼻。家有敝帚，享之千金。尚宗室子孫，故嘗更吏職，何忍行此。仰視天，俯視地，觀于放麑啜羹之義，二者孰仁。良失斬將弔人之

義也。官輯本東觀漢記。又見後漢公孫述傳。

詔邊吏 十二年十二月

邊吏力不足戰則守。追虜料敵。不拘以逗留法。後漢光武紀。

禁郡國獻異味詔 十三年正月戊子

往年敕郡國勿因計吏有所進獻。今故未止。非徒勞役道途所過。未免煩費。已敕太官勿復受其遠方食物。乘輿口實可以薦宗廟者。即如舊制。袁宏後漢紀七。

往年已敕郡國異味不得有所獻御。今猶未止。非徒有豫養導擇之勞。至乃煩擾道上。疲費過所。其令太官勿復受。明敕下。遠方口實所以薦宗廟。自如舊制。後漢光武紀。

臨弔侯霸詔 十三年正月

惟霸積善之德。久而益彰。清潔之操。白首彌厲。漢之舊制。丞相拜日。封為列侯。頃以軍旅暴露。功臣未受國邑。緣忠臣之心。不欲先

饗其寵。故未爵命。其追爵謚霸。使襲其後。袁宏後漢紀七。侯霸薨。上傷惜之。親自臨弔。詔于是封霸為則鄉侯。謚曰哀侯。

惟霸積善清潔。視事九年。漢家舊制。丞相拜日。封為列侯。朕以軍師暴露。功臣未封。緣忠臣之義。不欲相踰。未及爵命。奄然而終。嗚呼哀哉。後漢侯霸傳。

改長沙王等為侯詔 十三年二月丙辰

長沙王興。真定王得。河間王邵。中山王茂。皆襲爵為王。不應經義。其以興為臨湘侯。得為真定侯。邵為樂成侯。茂為單父侯。後漢光武紀。

免益州民為奴婢者詔 十三年十二月

益州民自八年以來被略為奴婢者。皆一切免為庶民。或依託為人下妻。欲去者。恣聽之。敢拘留者。比青徐二州以略人法從事。後漢光武紀。

檢核州郡墾田及戶口詔 十五年

刺史太守多為詐巧。不務實核。苟以度田為名。聚人田中。并度廬屋里落。聚人遮道啼呼。官輯本東觀漢紀。又見後漢光武紀注。

廢郭后立陰后詔 十七年十月辛巳

皇后懷執怨懟。數違教令。不能撫循它子。訓長異室。宮闈之內。若見鷹鸇。既無關雎之德。而有呂霍之風。豈可託以幼孤。恭承明祀。今遣大司徒涉。宗正吉持節。其上皇后璽綬。陰貴人鄉里良家。歸自微賤。自我不見。于今三年。宜奉宗廟。為天下母。主者詳案舊典。時上尊號。異常之事。非國休福。不得上壽稱慶。後漢光烈陰皇后紀。

不可以奉供養。續漢五行志六。

蠲邊郡盜穀罪詔 十八年四月癸酉

今邊郡盜穀五十斛。罪至于死。開殘吏妄殺之路。其蠲除此法。同之內郡。後漢光武紀。

廟祭詔 十九年

以宗廟處所未定。且祫祭高廟。其成哀平且祠祭長安故高廟。其南陽舂陵歲時各且因故園廟祭祀。園廟去太守治所遠者。在所令長行太守事侍祠。惟孝宣帝有功德。其上尊號曰中宗。續漢祭祀志下。

立皇太子詔 十九年六月

春秋之義。立子以貴。東海王陽。皇后之子。宜承大統。皇太子彊。崇執謙退。願備藩國。父子之情。重久違之。其以彊為東海王。立陽為皇太子。改名莊。後漢光武紀。

迎詔竇融勿得讓職

日者知公欲讓職還土。故命公暑熱且自便。今相見。且宜論他事。勿得復言。後漢書竇融傳。又見藝文類聚五十一引東觀漢記。又袁宏後漢紀六。係此詔于十二年後。

全後漢文卷一終

廷當作延

全後漢文卷二

烏程嚴可均校輯

光武帝 二

制詔貰侍御史 建武二十年十二月

㠯陳留督郵虞廷故貰御史罪 後漢虞延傳

地震詔 二十年九月戊辰

制詔曰日者地震南陽尤甚夫地者任物至重靜而不動者也而今震裂咎在君上鬼神不順無德災殃將及吏人朕甚懼焉其令南陽勿輸今年田租芻稾遣謁者案行其死罪繫囚在戊辰㠯前減死罪一等徒皆弛解鉗衣絲絮賜郡中居人壓死者棺錢人三千其口賦逋稅而廬宅尤破壞者勿收責吏人死亡或在壞垣毀屋之下而家羸弱不能收拾者㠯見錢穀取傭為尋求之 後漢光武紀

除杜喬為丹水長詔 二十三年

公矦子孫必復其始賢者之後宜宰城邑其㠯喬為丹水長 後漢杜林傳

詔增百官俸 二十六年正月

前㠯用度不足吏祿薄少今益其俸自三公下至佐使各有差 官輯本東觀漢記

營壽陵詔 四月

無為山陵陂池裁令流水而已迭興之後亦無丘壟使合古法今日月已逝當豫自作臣子奉承不得有加 官輯本東觀漢記四月始營陵地于臨平亭南詔

臨平望平陰河水洋洋舟船泛泛善矣夫周公孔子猶不得存安得松喬與之而共遊乎文帝曉終始之義景帝所謂孝子也故遭反覆霸陵獨完非成法耶 同上乃令陶人作瓦器又曰云云

古者帝王之葬皆陶人瓦器木車茅馬使後世之人不知其處太宗識終始之義景帝能述遵孝道遭天下反覆而霸陵獨完受其福豈不美哉今所制地不過二三頃無為山陵陂池裁令流水而已 後漢光武紀下初作壽陵將作大匠竇融上言園陵廣袤無慮所用帝曰云云 案此與東觀記互有刪節故並錄之

行禘祫祭詔 二十六年

禘祫之祭不行已久矣三年不為禮禮必壞三年不為樂樂必崩宜據經典詳為其制 後漢張純傳

二府去大詔 二十七年五月丁丑

昔契作司徒禹作司空皆無大名其令二府去大 後漢光武紀

報臧宮馬武請滅匈奴詔 二十七年

黃石公記曰柔能制剛弱能制彊柔者德也剛者賊也弱者仁之助也彊者怨之歸也故曰有德之君㠯所樂樂人無德之君㠯所樂樂身樂人者其樂長樂身者不久而亡舍近謀遠者勞而無功舍遠謀近者逸而有終逸政多忠臣勞政多亂人故曰務廣地者荒務廣德者彊有其有者安貪人有者殘殘滅之政雖成必敗今國無善政災變不息百姓驚惶人不自保而復欲遠事邊外乎孔子曰吾恐季孫之憂不在顓臾且北狄尚彊而屯田警備傳聞之事恆多失實誠能舉天下之半㠯滅大寇豈非至願苟非其時不如息人 後漢臧宮傳

減死罪詔 二十八年十月

死罪繫囚皆一切募下蠶室其女子宮 後漢光武紀

減罪詔 二十九年四月

令天下繫囚自殊死已下及徒各減本罪一等其餘贖罪輸作各有差 後漢光武紀下

拒羣臣請封禪詔 三十年

災異連仍日月薄食百姓怨歎而欲有事于泰山汙七十二代編錄㠯羊皮雜貂裘何強顏耶 官輯本東觀漢記

知當作如

卽位三十年百姓怨氣滿腹吾誰欺欺天乎曾謂泰山不如林放何污七十二代之編錄桓公欲封管仲非之若郡縣遠遣吏上壽虛稱盛美必髡兼令屯田續漢祭祀志上

詔許梁松等封禪中元元年

許昔小白欲封夷吾難之季氏欲旅仲尼非焉蓋齊諸侯季氏大夫皆無事于泰山今予末小子巡祭封禪德薄而任重一則吕喜一則吕懼喜于得承鴻業帝堯善及子孫之餘賞蓋應圖籙當得是當懼于過差執德不弘信道不篤爲議者所誘進後世知吾罪深矣續漢祭祀志下注引東觀書

遺詔二年二月戊戌

朕無益百姓皆知孝文皇帝制度務從約省刺史二千石長吏皆無離城郭無遣吏及因郵奏後漢光武紀

吕張況爲常山關長詔已下年月未詳

家人居不足贍且吕一縣自養後漢張禹傳注引東觀記祖父況遷涿郡太守時年八十不任兵馬上疏乞身詔云云復吕況爲常山關長會赤眉攻關城況出戰死案此詔當在元二年間

吕王閎子補吏詔

武王克殷表商容之閭閎修善謹敕兵起吏民獨不爭其頭首今吕閎子補吏漢書董賢傳王閎王莽時爲牧守所居見紀莽敗遁去官世祖下詔

賜張堪詔

平陽丞李善稱故令范遷于張堪令人面熱汗出其賜堪新縑百匹吕表廉吏御覽三百八十七引東觀記

四科取士詔

方今選舉賢佞朱紫錯用丞相故事四科取士一曰德行高妙志節清白二曰學通行修經中博士三曰明達法令足吕決疑能案章覆問文中御史四曰剛毅多略遭事不惑明足吕決才任三輔令皆有孝悌廉公之行自今吕後審四科辟召及刺史二千石察

眞當作直

茂才尤異孝廉之吏務盡實覈選擇英俊賢行廉潔平端于縣邑務授試吕職有非其人臨計過署不便習官事書疏不端正不如詔書有司奏罪名並正舉者續漢百官志一注引漢官儀世祖詔云云

賜侯將軍詔

卿歸田里曷不令妻子從將軍老矣夜臥誰爲搔背痒也

詔褒牛牢

朕幼交牛君眞清高士也恆有疾州郡之官者常親到家致意焉御覽五百八引皇甫謐高士傳

拜鄧禹爲大司徒策元年七月辛未

制詔前將軍鄧禹深執忠孝與朕謀謨帷幄決勝千里孔子曰吾自有回門人日親斬將破軍平定山西功効尤著百姓不親五品不訓汝作司徒敬敷五教五教在寬今遣奉車都尉授印綬封爲酇侯食邑萬戶敬之哉後漢鄧禹傳又見袁宏後漢紀三上璽書勞鄧禹云云有刪節

封功臣策二年正月庚辰

在上不驕高而不危制節謹度滿而不溢敬之戒之傳爾子孫長爲漢藩後漢光武紀

贈來歙策十一年

中郎將來歙攻戰連年平定羌隴憂國忘家忠孝彰著遭命遇害嗚呼哀哉使太中大夫贈歙中郎將征羌侯印綬謚曰節侯謁者護喪事後漢來歙傳

敕鄧禹元年

西京繫百姓之心後漢鄧禹傳

敕諸將元年十二月

司徒堯也亡賊桀也長安吏人遑遑無所依歸宜吕時進討鎮慰賊若東走可引宜陽兵會新安賊若南走可引新安兵會宜陽後漢劉盆子傳

密敕耿純 二年

劉揚若見因而收之 後漢耿純傳

徵鄧禹還軍敕 二年

赤眉無穀自當來東吾折捶笞之非諸將憂也無得復妄進兵 後漢鄧禹傳

勒兵堅守愼無與窮寇交鋒老賊疲弊必當束手事吾也㠯飽待飢㠯逸擊勞折捶而笞之耳 後漢紀

敕馮異 二年十一月

三輔遭王莽更始之亂又遇赤眉延岑之暴兵家縱橫百姓塗炭將軍今奉辭討諸不軌兵家降者遣其渠帥皆詣京師散其小民令就農桑壞其營壁無使復聚征伐非在遠戰掠地多得城邑要在平定安集之耳吾諸將非不健鬭然多好虜掠爲小民害卿本能撿吏士勉自修整無爲郡縣所苦 袁宏後漢光武紀四又見後漢馮異傳有刪節

敕蓋延 四年

可直往擣郯則蘭陵必自解 後漢蓋延傳

敕岑彭書 八年

兩城若下便可將兵南擊蜀虜人苦不知足既平隴復望蜀每一發兵頭鬚爲白 後漢岑彭傳

敕吳漢 八年

諸部甲卒俱坐費糧食若有逃亡則沮敗衆心宜悉罷之 後漢吳漢傳

璽書勞馮異 三年

赤眉破平士吏勞苦始雖垂翅回谿終能奮翼黽池可謂失之東隅收之桑榆方論功賞㠯答大勳 後漢馮異傳

璽書賜竇融 五年

制詔行河西五郡大將軍事屬國都尉勞鎭守邊五郡兵馬精彊倉庫有蓄民庶殷富外則折挫羌胡內則百姓蒙福威德流聞虛

三者之三當作王

狠當作猥

心相望道路隔塞邑邑何已長史所奉書獻馬悉至深知厚意今益州有公孫子陽天水有隗將軍方蜀漢相攻權在將軍舉足左右便有輕重㠯此言之欲相厚豈有量哉諸事具長史所見將軍所知三者迭興千載一會欲遂立桓文輔微國當勉卒功業欲三分鼎足連衡合從亦宜㠯時定天下未并吾與爾絕域非相吞之國今之議者必有任囂效尉佗制七郡之計王者有分土無分民自適己事而已今㠯黃金二百斤賜將軍便宜輒言 後漢竇融傳

璽書勞馮異 七年

制詔大司馬虎牙建威漢中捕虜武威將軍虜兵狠下三輔驚恐栒邑危亡在于旦夕北地營保按兵觀望今偏城獲全虜兵挫折使耿定之屬復念君臣之義征西功若丘山猶自㠯爲不足孟之反奔而殿亦何異哉今遣太中大夫賜征西吏士死傷者醫藥棺斂大司馬已下親弔死問疾㠯崇謙讓 後漢馮異傳

構當作購

栒邑孤危亡在旦夕諸將狐疑莫有先發將軍獨決奇算摧敵殄寇功如丘山猶若不足雖孟反後入無㠯過也今遣太中大夫賁醫藥殯殮之具㠯賜吏士其死傷者大司馬已下親弔問之㠯崇謙讓 袁宏後漢紀六案此校本傳多出諸將狐疑已下四語

璽書賜陳俊 八年

將軍元勳大著威震青徐兩州有警得專征之 後漢陳俊傳注引華嶠書又見袁宏後漢紀三

璽書賜馮異 九年

聞吏士精銳水火不避構賞之賜必不令將軍負丹青失斷金也 後漢馮異傳注引東觀記

璽書賜侯霸

崇山幽都何可偶黃鉞一下無處所欲㠯身試法邪將殺身㠯成仁邪 後漢馮勤傳

報馮異（建武元年）

季文多詐。人不能得其要領。今移其書告守尉當警備者。（袁宏後漢紀三。馮異奏季秩書。王報異。）

報鄧禹（元年）

縛馮愔者。必黃防也。（後漢鄧禹傳）

與朱伯然書（元年）

交鋒之日。神星晝見。太白清明。（北堂書鈔百五十引東觀漢紀。又見御覽五。案光武紀。朱鮪遣討難將軍蘇茂攻溫。馮異寇恂與戰。大破之。斬其將賈彊。于是諸將議上尊號。及卽位。使吳漢等十一將軍圍朱鮪于洛陽。此云交鋒。卽其時也。鮪字伯然。淮陽人。）

手書報隗囂（三年）

慕樂德義。思相結納。昔文王三分。猶服事殷。但駑馬鉛刀。不可強扶。數蒙伯樂一顧之價。而蒼蠅之飛。不過數步。卽託驥尾。得以絕羣。隔于盜賊。聲問不數。將軍操執欵欵。扶傾救危。南距公孫之兵。北禦羌胡之亂。是以馮異西征。得以數千百人躑躅三輔。微將軍之助。則咸陽已爲他人禽矣。今關東寇賊往往屯聚。志務廣遠。多所不暇。未能觀兵成都。與子陽角力。如令子陽到漢中三輔。願因將軍兵馬。鼓旗相當。儻肯如言。蒙天之福。卽智士計功割地之秋也。管子曰。生我者父母。成我者鮑子。自今以後。手書相聞。勿用旁人解搆之言。（後漢隗囂傳）

讓蓋延（四年）

聞欲先赴郯者。以不意故耳。今旣奔走。賊計已立。圍豈可解乎。（後漢蓋延傳）

報劉興書（六年）

欲復進兵。恐失其頭首也。（聚珍本東觀漢記。代郡太守劉興將數百騎攻賈覽上狀。檄至。帝知其必敗。報書。）

賜隗囂書（六年）

昔柴將軍與韓信書云。陛下寬仁。諸侯雖有亡叛而後歸。輒復位號。不誅也。以囂文吏。曉義理。故復賜書。深言則似不遜。略言則事不決。今若束手。復遣恂弟歸闕廷者。則爵祿獲全。有浩大之福矣。吾年垂四十。在兵中十歲。厭浮語虛辭。卽不欲。勿報。（後漢隗囂傳）

與公孫述書（六年）

圖讖言公孫。卽宣帝也。代漢者當塗高。君豈高之身邪。乃復以掌文爲瑞。王莽何足效乎。君非吾賊臣亂子。倉卒時人皆欲爲君事耳。何足數也。君日月已逝。妻子弱小。當早爲定計。可以無憂。天下神器。不可力爭。宜留三思。（後漢公孫述傳）

西狩獲麟讖曰。乙子卯金。卽乙未歲授劉氏。非西方之守也。光廢昌帝。立子公孫。卽霍光廢昌邑王。立孝宣帝也。黃帝姓公孫。自以土德。君所知也。漢家九百二十歲。以蒙孫亡。受以丞相。其名當塗高。高豈君身邪。吾自繼祖而興。不稱受命。求漢之斷。莫過王莽。近張滿作惡。兵圍得之。歎曰。爲天文所誤。恐君復誤也。（華陽國志）

報陳俊（八年）

東州新平。大將軍之功也。負海猾夏。盜賊之處。國家以爲重憂。且勉鎭撫之。（後漢陳俊傳。又見袁宏後漢紀三）

讓吳漢（十二年）

比敕公千條萬端。何意臨事勃亂。旣輕敵深入。又與尙別營。事有緩急。不復相及。賊若出兵綴公。以大衆攻尙。尙破。公卽敗矣。幸無它者。急引兵還廣都。（後漢吳漢傳）

報吳漢（十二年）

公還廣都。甚得其宜。述必不敢略尙而擊公也。若先攻尙。公從廣都五十里。悉步騎赴之。適當値其危困。破之必矣。（後漢吳漢傳）

迎下鮑永書

君晨夜冒犯霜露。精神亦已勞矣。以君幃幄近臣。其以爲兗州牧。

後漢鮑永傳注引東觀記

報鄯善王 二十二年

今使者大兵未能得出。如諸國力不從心。東西南北自在也。後漢西域莎車傳

戒馮勤 二十七年

朱浮上不忠于君。下陵轢同列。竟以中傷至今。死生吉凶未可知。豈不惜哉。人臣放逐受誅。雖復追加賞賜賻祭。不足以償不訾之身。忠臣孝子。覽照前世。以爲鏡戒。能盡忠于國。事君無二。則爵賞光乎當世。功名列于不朽。可不勉哉。後漢馮勤傳

即位祭告天地文

皇天上帝。后土神祇。眷顧降命。屬秀黎元。爲民父母。秀不敢當。羣下百僚。不謀同辭。咸曰。王莽篡弒竊位。秀發憤興義兵。破王尋王邑百萬衆于昆陽。誅王郎銅馬赤眉青犢賊于河北。平定天下。海內蒙恩。上當天地之心。下爲元元所歸。讖記曰。劉秀發兵捕不道。卯金修德爲天子。秀猶固辭。至于再。至于三。羣下僉曰。皇天大命。不可稽留。敢不敬承。後漢光武紀續漢祭祀志上

告祠高廟遷呂后主

高皇帝與羣臣約。非劉氏不王。呂太后賊害三趙。專王呂氏。賴社稷之靈。祿產伏誅。天命幾墜。危朝更安。呂太后不宜配食高廟。同祧至尊。薄太后母德慈仁。孝文皇帝賢明臨國。子孫賴福。延祚至今。其上薄太后尊號曰高皇后。配食地祇。遷呂太后廟主于園。四時二祭。後漢光武紀中元元年冬十月甲申使司空告祠高廟

全後漢文卷二終

全後漢文卷三

烏程嚴可均校輯

明帝

帝諱莊。初名陽。光武第四子。建武十五年封東海公。十七年進爵爲王。十九年立爲皇太子。中元二年二月卽位。改元永平。在位十八年。謚曰孝明皇帝。廟號顯宗。

日食下三公制（永平十三年十月壬辰）

冠履勿劾。災異屢見。咎在朕躬。憂懼遑遑。未知其方。將有司陳事。多所隱諱。使君上壅蔽。下有不暢乎。昔衛有忠臣。靈公得守其位。今何㠯和穆陰陽。消伏災譴。刺史太守詳刑理冤。存恤鰥寡孤獨。勉思職焉。（後漢明紀）

壽陵制（十四年）

令流水而已。石椁廣一丈二尺。長二丈五尺。無得起墳。萬年之後。掃地而祭。杅水脯糒而已。過百日。唯四時設奠。置吏卒數人。供給灑掃。勿開修道。敢有所興作者。㠯擅議宗廟法從事。（後漢明紀）

告瑞宗廟制（十七年五月戊子）

天生神物。㠯應王者。遠人慕化。實由有德。朕㠯虛薄。何㠯享斯。唯高祖光武聖德所被。不敢有辭。其敬舉觴太常。擇吉日策告宗廟。其賜天下男子爵人二級。三老孝悌力田人三級。流人無名數欲占者人一級。鰥寡孤獨篤癃貧不能自存者粟人三斛。郎從官視事十歲已上者帛十匹。中二千石二千石下至黃綬貶秩奉贖在去年㠯來皆還贖。（後漢明紀）

卽位恩赦詔（中元二年四月丙辰）

予末小子。奉承聖業。夙夜震畏。不敢荒寧。先帝受命中興。德侔帝王。協和萬邦。格于上下。懷柔百神。惠于鰥寡。朕承大運。繼體守文。不知稼穡之艱難。懼有廢失。聖恩遺戒。顧重天下。㠯元元爲首。公

同產下當增同產二字

卿百僚。將何㠯輔朕不逮。其賜天下男子爵人二級。三老孝弟力田人三級。爵過公乘。得移與子若同產子。及流人無名數欲自占者人一級。鰥寡孤獨篤癃粟人十斛。其施刑及郡國徒。在中元元年四月己卯赦前所犯而後捕繫者。悉免其刑。又邊人遭亂爲內郡人妻。在己卯赦前。一切遣還邊。恣其所樂。中二千石下至黃綬貶秩奉贖論者。悉皆復秩還贖。方今上無天子。下無方伯。若涉淵水而無舟楫。夫萬乘至重而壯者慮輕。實賴有德。左右小子。高密侯禹。元功之首。東平王蒼寬博有謀。並可㠯受六尺之託。臨大節而不撓。其㠯禹爲太傅。蒼爲驃騎將軍。太尉憙告謚南郊。司徒訢奉安梓宮。司空魴將校復土。其封憙爲節鄉侯。訢爲安鄉侯。魴爲楊邑侯。（後漢明紀。又略見藝文類聚四十八。引東觀漢記）

㠯東平王蒼爲驃騎將軍詔（初卽位）

東平王蒼寬博有謀。可㠯託六尺之孤。其㠯蒼爲驃騎將軍。（北堂書鈔六十四。引續漢書東平王傳。明帝詔。藝文類聚四十八。引東觀漢記。六尺之孤下多臨大節而不可奪七字）

恤燒何豪詔（二年）

昔桓公伐戎而無仁惠。故春秋貶曰齊人。今國家無德。恩不及遠。羸弱何辜。而當幷命。夫長平之暴。非帝者之功。咎由太守長吏妄加殘戮。比銅鉗尚生者。所在致醫藥養視。令招其種人。若欲歸故地者。厚遣送之。其小種若束手自詣。欲效功者。皆除其罪。若有逆謀爲吏所捕。而獄狀未斷。悉㠯賜有功者。（後漢西羌傳）

聽贖罪詔（二年十二月甲寅）

方春戒節。人㠯耕桑。其敕有司務順時氣。使無煩擾。天下亡命殊死已下。聽得贖論。死罪入縑二十匹。右趾至髡鉗城旦舂十匹。完城旦舂至司寇作三匹。其未發覺。詔書到先自告者。半入贖。今選舉不實。邪佞未去。權門請託。殘吏放手。百姓愁怨。情無告訴。有司明奏罪名。並正舉者。又郡縣每因徵發。輕爲姦利。詭責羸弱。先急

故當作皆 固

下貧。其務在均平。無令枉刻。後漢明紀

以吳良爲議郎詔

前以事見良。鬚髮晧然。衣冠甚偉。夫薦賢助國。宰相之職。蕭何舉韓信。設壇而拜。不復考試。今以良爲議郎。後漢吳良傳。東平王蒼上疏薦良。顯宗以示公卿云云。又見北堂書鈔五十六引東觀漢記。有蕭何已下四句。

封陰興子弟詔 永平元年

故侍中衛尉關內侯興。典領禁兵。從平天下。當以軍功。顯受封爵。又諸舅比例。應蒙恩澤。興故讓。安乎里巷。輔導朕躬。有周昌之直。在家仁孝。有曾閔之行。不幸早卒。朕甚傷之。賢者子孫。宜加優異。其以汝南之鮦陽封興子慶爲鮦陽侯。慶弟博爲瀍强侯。博弟員丹竝爲郎。後漢陰識傳附

詔東海王傅相 元年

王恭謙好禮。以德自終。遣送之物。務從約省。衣足斂形。茅車瓦器。物減于制。以彰王卓爾獨行之志。將作大匠留起陵廟。後漢東海王彊傳。又略見袁宏後漢紀九。

詔驃騎將軍三公 二年正月辛未

今令月吉日。宗祀光武皇帝于明堂。以配五帝。禮備法物。樂和八音。詠祉福。舞功德。其班時令。敕羣后。事畢。升靈臺。望元氣。吹時律。觀物變。羣僚藩輔。宗室子孫。衆郡奉計。百蠻貢職。烏桓濊貊。咸來助祭。單于侍子。骨都侯亦皆陪位。斯固聖祖功德之所致也。朕以闇陋。奉承大業。親執圭璧。恭祀天地。仰惟先帝受命中興。撥亂反正。以寧天下。封泰山。建明堂。立辟雍。起靈臺。恢弘大道。被之八極。而胤子無成康之質。羣臣無呂旦之謀。盥洗進爵。踧踖惟慙。素性頑鄙。臨事益懼。故君子坦蕩蕩。小人長戚戚。其令天下。自殊死已下謀反大逆。皆赦除之。百僚師尹。其勉修厥職。順行時令。敬若昊天。以綏兆人。後漢明紀

幸辟雍行養老禮詔 二年十月壬子

光武皇帝建三朝之禮。而未及臨饗。眇眇小子。屬當聖業。閒暮春吉辰。初行大射。今月元日。復踐辟雍。尊事三老。兄事五更。安車輭輪。供綏執授。侯王設醬。公卿饌珍。朕親袒割。執爵而酳。祝哽在前。祝噎在後。升歌鹿鳴。下管新宮。八佾具修。萬舞于庭。朕固薄德。何以克當。易陳負乘。詩刺彼已。永念慙疚。無忘厥心。三老李躬。年耆學明。五更桓榮。授朕尚書。詩曰。袁宏紀作五更桓榮以尚書授朕十有餘年。周頌曰。示我顯德。又曰無德不報。無德不酬。其賜榮爵關內侯。食邑五千戶。三老五更。皆以二千石祿養終厥身。其賜天下三老酒人一石。肉四十斤。有司其存耆耋。恤幼孤。惠鰥寡。稱朕意焉。後漢明紀。又略見袁宏後漢紀。又文選東京賦注引東觀漢記。

勸農詳刑詔 三年正月癸巳

朕奉郊祀。登靈臺。見史官正儀度。夫春者。歲之始也。始得其正。則三時有成。比者水旱不節。邊人食寡。政失于上。人受其咎。有司其勉順時氣。勸督農桑。去其螟蜮。以及蝥賊。詳刑慎罰。明察單辭。夙夜匪懈。以稱朕意。後漢明帝紀

報鍾離意止作北宮詔 永平三年夏

湯引六事。咎在一人。其冠履勿謝。比上天降旱。密雲數會。朕戚然慙懼。思獲嘉應。故分布禱請。闚候風雲。北祈明堂。南設雩場。今又敕大匠止作諸宮。減省不急。庶消災譴。後漢鍾離意傳

報東平王蒼議世祖廟樂舞詔 三年八月丁卯

驃騎將軍議。可進武德之舞如故。續漢祭祀志下注補引東觀書

下詔改樂名樂官 三年八月初即位

尚書璇璣鈐曰。有帝漢出德洽作樂名太予。今且改郊廟樂曰太予樂。太樂官曰太予樂官。以應圖讖。樂詩曲操。以俟君子。文選東都賦注引東觀漢記。又見後漢曹褒傳。合錄之。

日食求言詔 三年八月壬申

朕奉承祖業無有善政日月薄蝕彗孛見天水旱不節稼穡不成人無宿儲下生愁墊雖夙夜勤思而智能不逮昔楚莊無災㠯致戒懼魯哀禍大天不降譴今之動變儻尚可救有司勉思厥職㠯匡無德古者卿士獻詩百工箴諫其言事者靡有所諱 後漢明帝紀

㠯姜詩爲郎中詔 三年

大孝入朝凡諸舉者一聽平之 後漢列女姜詩妻傳

得雨勞公卿詔 四年二月辛亥

朕親耕 文選東京賦注引東觀漢記有于宗 藉田㠯祈農事京師冬無宿雪春不燠沐煩勞羣司積精禱求而比再得時雨宿麥潤澤其賜公卿半奉有司勉遵時政務平刑罰 後漢明帝紀

聽東平王蒼歸藩詔 五年二月

東平王比上書願歸藩上將軍印綬謙讓日聞至誠懇惻蓋君子成人之美今其聽焉㠯驃騎長史爲東平王太傅掾吏爲中大夫令史爲王家郎勿上將軍印綬 袁宏後漢紀九

賜執金吾馮魴詔 十月

複道多風寒左右老人且病痱多取帷帳東西完塞窗皆令緻密 御覽七百四十二引東觀漢記

復元氏縣田租詔 十月

豐沛濟陽受命所由加恩報德適其宜也今永平之政百姓怨結而吏人求復令人愧笑重逆此縣之拳拳其復元氏縣田租更賦六歲勞賜縣掾史及門闌走卒 後漢明帝紀

獲寶鼎詔 六年四月甲子

昔禹收九牧之金鑄鼎㠯象物使人知神姦不逢惡氣遭德則興遷于商周周德既衰鼎乃淪亡祥瑞之降㠯應有德方今政化多僻何㠯致茲易曰鼎象三公豈公卿奉職得其理邪太常其㠯礿

競當作兢

祭之日陳鼎于廟㠯備器用賜三公帛五十匹九卿二千石半之先帝詔書禁人上事言聖而閒者章奏頗多浮詞自今若有過稱虛譽尚書皆宜抑而不省示不爲諂子蚩也 後漢明帝紀

陰太后晏駕詔 七年

柩將發于殿羣臣百官陪位黃門鼓吹三通鳴鐘鼓天子舉哀女侍史官三百人皆著素參㠯白素引棺挽歌下殿就車黃門宦者引㠯出宮省太后魂車鸞路青羽蓋駟馬龍旗九旒前有方相鳳皇車大將軍妻參乘太僕妻御悉道公卿百官如天子郊鹵簿儀 續漢禮儀志下注引丁孚漢儀

臨雍禮畢詔三公 八年十月丙子

募郡國中都官死罪繫囚減罪一等勿笞詣度遼將軍營屯朔方五原之邊縣妻子自隨便占著邊縣父母同產欲相代者恣聽之其大逆無道殊死者一切募下蠶室亡命者令贖罪各有差凡徙者賜弓弩衣糧 後漢明紀

日食求言詔 八年十月壬寅

朕㠯無德奉承大業而下貽人怨上動三光日食之變其災尤大春秋圖讖所謂至譴永思厥咎在予一人羣司勉修職事極言無諱 後漢明帝紀

班示封事詔 八年十一月

羣僚所言皆朕之過人冤不能理吏黠不能禁而輕用人力繕修宮宇出入無節喜怒過差昔應門失守關雎刺世飛蓬隨風微子所歎永覽前戒竦然競懼徒恐薄德久而致怠耳 後漢明帝紀

報楚王英詔 八年

楚王誦黃老之微言尚浮屠之仁祠潔齋三日與神爲誓何嫌何疑當有悔吝其還贖㠯助伊蒲塞桑門之盛饌 後漢楚王英傳又袁宏後漢紀十 案後魏書釋老志作章帝誤

詔卹徙邊者妻子 九年三月

郡國死罪囚減罪與妻子詣五原朔方占著所在死者皆賜妻父若男同產一人復終身其妻無父兄獨有母者賜其母錢六萬又復其口筭 後漢明紀

詔卹貧民 九年四月

郡國以公田賜貧人各有差 後漢明紀

赦廣陵王荆詔 十年

荆數年之間大罪二矣其赦荆罪不得臣其吏民 袁宏後漢紀十

大赦詔 十年四月戊子

昔歲五穀登衍今茲蠶麥善收其大赦天下方盛夏長養之時蕩滌宿惡以報農功百姓勉務桑稼以備災害吏敬厥職無令愆惰 後漢明紀

手詔東平王國傅 十一年

辭別之後獨坐不樂因就車歸伏軾而吟瞻望永懷實勞我心誦及采菽以增歎息日者問東平王處家何等最樂王言爲善最樂其言甚大副是要腹矣今送列侯印十九枚諸王子年五歲已上能趨拜者皆令帶之 後漢東平憲王蒼傳

申明科禁詔 十二年五月丙辰

昔曾閔奉親竭歡致養仲尼葬子有棺無槨喪貴致哀禮存寧儉今百姓送終之制競爲奢靡生者無擔石之儲而財力盡于墳土伏臘無糟糠而牲牢兼于一奠糜破積世之業以供終朝之費子孫飢寒絕命于此豈祖考之意哉又車服制度恣極耳目田荒不耕游食者衆有司其申明科禁宜于今者宣下郡國 後漢明紀

巡行汴渠詔 十三年四月乙酉

自汴渠決敗六十餘歲加頃年以來雨水不時汴流東侵日月益甚水門故處皆在河中漭瀁廣溢莫測圻岸蕩蕩極望不知綱紀今兗豫之人多被水患乃云縣官不先人急好興它役又或以爲河流入汴幽冀蒙利故曰左隄彊則右隄傷左右俱彊則下方傷宜任水勢所之使人隨高而處公家息壅塞之費百姓無陷溺之患議者不同南北異論朕不知所從久而不決今既築隄理渠絕水立門河汴分流復其舊迹陶丘之北漸就壤墳故薦嘉玉絜牲以禮河神東過洛汭歎禹之績今五土之宜反其正色濱渠下田賦與貧人無令豪右得固其利庶繼世宗瓠子之作 後漢明紀

還馮魴爵土詔 十四年

執金吾魴侍衞歷年數進忠言其還爵土封爲楊邑侯 袁宏後漢紀又玉海引東觀漢記詔曰馮魴以忠孝出入八年數進忠言正諫賜以玉玦

制詔許太后 十四年四月

國家始聞楚事幸其不然既知審實懷用悼灼庶欲宥全王身令保卒天年而王不念顧太后竟不自免此天命也無可奈何太后

其保養幼弱兔强飲食諸許願王富貴人情也已詔有司出其有謀者令安田宅 後漢楚王英傳

贖罪詔 十五年二月

亡命自殊死已下贖死罪賺四十匹右趾至髡鉗城旦舂十匹完城旦至司寇作五匹犯罪未發覺詔書到日自告者半入贖 後漢明紀

兔當作勉

賺當作縑

按驗郰令詔 後漢鄭弘傳注引謝承書云十五年

朕自怡京師尙不能攘蝗郰令何人而令消弭遣按驗之

詔竇固 十六年

吏如班超何故不遣而更選乎今以超爲軍司馬令遂前功 後漢班超傳

罪人徙邊詔 十六年九月

令郡國中都官死罪繫囚減死罪一等勿笞詣軍營屯朔方敦煌妻子自隨父母同產欲求從者恣聽之女子嫁爲人妻勿與俱謀

反大逆無道。不用此書。後漢明紀

詔班固 十七年

司馬遷著書。成一家之言。揚名後世。至㠯身陷刑之故。反微文刺譏。貶損當世。非誼士也。司馬相如洿行無節。但有浮華之詞。不周于用。至于疾病而遺忠。主上求取其書。竟得頌述功德。言封禪事。忠臣効也。至是賢遷遠矣。文選典引序

贖刑詔 十八年三月丁亥

其令天下亡命。自殊死已下贖。死罪縑三十匹。右趾至髡鉗城旦舂十匹。完城旦至司寇作五匹。吏人犯罪未發覺。詔書到自告者。半入贖。後漢明紀

禱雨詔 十八年四月己未

自春㠯來。時雨不降。宿麥傷旱。秋種未下。政失厥中。憂懼而已。其賜天下男子爵人二級。及流民無名數欲占者人一級。鰥寡孤獨篤癃貧不能自存者粟人三斛。理冤獄。錄輕繫。二千石分禱五嶽四瀆。郡界有名山大川能興雲致雨者。長吏各絜齋禱請。冀蒙嘉澍。後漢明紀

詔

尚書蓋古之納言。出納朕命。機事不密則害成。可不慎歟。御覽二百十二引漢官儀

謁者乃堯之尊官。所㠯試舜賓于四門。四門穆穆者也。昔燕太子使荊軻刼秦王。變起兩楹之閒。其後謁者持匕首刺腋。高祖偃武行文。故易之㠯虎。續漢百官志二注引荀綽晉百官表注

遺詔 十八年八月壬子

遵儉無起寢廟。藏主于世祖廟更衣。續漢祭祀志下

無起寢廟。藏主于光烈皇后更衣別室。後漢明紀

㠯鄧禹為太傅策 初即位

高密侯鄧禹。元功之首。其㠯禹為太傅。北堂書鈔五十二引漢官儀明帝甲辰策書

計令 九年

司隸校尉部刺史。歲上墨綬長吏視事三歲已上理狀尤異者各一人。與計偕上。及尤不政理者。亦㠯聞。後漢明紀

徙罪人令 十七年

令武威、張掖、酒泉、敦煌及張掖屬國。繫囚右趾已下任兵者。皆一切勿治其罪。詣軍營。後漢明紀

報少傅桓榮書 為太子時

陽㠯童蒙。承訓九載。不深達師意。而猥見褒奬。非其實也。夫五經之道廣大。非天下之至精。其孰能與于此。自宰予之徒。親事孔門。閑邪㠯度。猶尚怠懈晝寢。況于不才者乎。苟非其人。道不虛受。冉求曰。非不說子之道。力不足者。歸道受謝。非所敢聞。袁宏後漢紀八莊㠯童蒙。學道九載。而典訓不明。無所曉識。夫五經廣大。聖言幽遠。非天下之至精。豈能與于此。況㠯不才。敢承誨命。昔之先師謝弟子者有矣。上則通達經旨。分明章句。下則去家慕鄉。求謝師門。今蒙下列。不敢有辭。願君慎疾加餐。重愛玉體。後漢桓榮傳。案此與袁宏紀各有刪節

報中山王焉 二年

凡諸侯出境。必備左右。故夾谷之會。司馬㠯從。今五國各官騎百人。稱娖前行。皆北軍胡騎。便兵善射。弓不空發。中必決眥。夫有文事。必有武備。所㠯重蕃職也。王其勿辭。後漢中山簡王焉傳

書版

生非太公。予亦非文王也。聚珍本東觀漢記十三年春二月帝耕藉田禮畢賜觀者食有諸生前舉手曰善哉文王之遇太公也帝書版

全後漢文卷三終

全後漢文卷四

烏程嚴可均校輯

章帝一

帝諱炟。明帝第五子。永平三年立爲皇太子。十八年八月卽位。改元三。建初、元和、章和。在位十三年。諡曰孝章皇帝。廟號肅宗。

以趙憙爲太傅牟融爲太尉詔 永平十八年八月

朕以眇身。託于王侯之上。統理萬機。懼失厥中。兢兢業業。未知所濟。深惟守文之主。必建師傅之官。詩不云乎。不愆不忘。率由舊章。行太尉事節鄉侯憙。五世（書鈔五十二引東觀記作三世）在位。爲國元老。司空融典職六年。勤勞不怠。其以憙爲太傅。融爲太尉。竝錄尚書事。三事大夫。莫肎夙夜。小雅之所傷也。予違汝弼。汝無面從。股肱之正義也。羣后百僚。勉思厥職。各貢忠誠。以輔不逮。申敕四方。稱朕意焉。（後漢章紀。又見藝文類聚四十六引東觀漢記。又四十八。御覽二百七。二百十引漢官儀）

日蝕求言詔 十月甲辰晦

朕以眇年。奉承宗祖。不能聿修洪業。以致災眚。思惟厥咎。在予一人。又羣司百僚。其勉修所職。各言。其上封事。靡有所諱。（袁宏後漢紀十）

下詔告平陵令丞

告平陵令丞。縣人故雲陽令朱勃。建武中以伏波將軍爵土不傳。上書陳狀。不顧罪戾。懷旌善之志。有烈士之風。詩云。無言不讎。無德不報。其以縣見穀二千斛賜勃子若孫。勿令遠詣闕謝。（後漢馬援傳注引東觀記）

報張酺辭典郡詔

經云。身雖在外。乃心不離王室。典城臨民。益所以報效也。好醜必上。不在遠近。今賜裝三十萬。其亟之官。（後漢張酺傳）

實覈受廩詔 建初元年正月

詔三州郡國。方春東作。恐人稍受廩。往來煩劇。或妨耕農。其各實覈尤貧者。計所貸竝與之。流人欲歸本者。郡縣其實廩。令足還到。聽過止官亭。無雇舍宿。長吏親躬。無使貧弱遣脫。小吏豪右得容姦妄。詔書既下。勿得稽留。刺史明加督察尤無狀者。（後漢章紀）

遣當作遺

東作緩刑詔 正月丙寅

比年牛多疾疫。墾田減少。穀價頗貴。人以流亡。方春東作。宜及時務。二千石勉勸農桑。弘致勞來。羣公庶尹。各推精誠。專急人事。罪非殊死。須立秋案驗。有司明慎選舉。進柔良。退貪猾。順時令。理冤獄。五教在寬。帝典所美。愷悌君子。大雅所歎。布告天下。使明知朕意。（後漢章紀。又見袁宏後漢紀十一。與此小異）

地震舉賢良方正詔 三月己巳

朕以無德。奉承大業。夙夜慄慄。不敢荒寧。而災異仍見。與政相應。朕既不明。涉道日寡。又選舉乖實。俗吏傷人。官職耗亂。刑罰不中。可不憂與。昔仲弓季氏之家臣。子游武城之小宰。孔子猶誨以賢才。問以得人。明政無大小。以得人爲本。夫鄉舉里選。必累功勞。今刺史守相。不明眞僞。茂才孝廉。歲以百數。既非能顯。而當授之政事。甚無謂也。每尋前世舉人貢士。或起畎畝。不繫閥閱。敷奏以言。則文章可采。明試以功。則政有異迹。文質彬彬。朕甚嘉之。其令太傅三公中二千石二千石郡國守相。舉賢良方正能直言極諫之士各一人。（後漢章紀）

封賈復子邯陰興子員詔 元年四月丙戌

蓋襃德賞功。興亡繼絕。所以昭孝事親。以旌善人。故仁不遺德。義不忘勞。先王之令典也。故特進膠東侯賈復。佐命河北。列在元功。衛尉陰興。忠貞愛國。先帝休之。今興子博。復孫敏。頑凶失道。自陷刑。以喪爵土。朕甚憐之。其封復子邯爲膠東侯。興子員爲濦强侯。（袁宏後漢紀十一）

貶阜陵王延詔 十一月

王前犯大逆，罪惡尤深，有同周之管蔡，漢之淮南。經有正義，律有明刑。先帝不忍親親之恩，枉屈大法，為王受愆，羣下莫不惑焉。今王曾莫悔悟，悖心不移，逆謀內潰，自子魴發，誠非本朝之所樂聞。朕惻然傷心，不忍致王于理，今貶爵為阜陵侯，食一縣。獲斯辜者，侯自取焉。於戲誠哉。後漢阜陵質王延傳

舉察奢僭詔 二年三月辛丑

比年陰陽不調，饑饉屢臻。深惟先帝憂人之本，詔書曰，不傷財，不害人，誠欲元元去末歸本。而今貴戚近親，奢縱無度，嫁娶送終，尤為僭侈。有司廢典，莫肯舉察。春秋之義，㠯貴理賤。今自三公，並宜明糾非法，宜振威風。朕在弱冠，未知稼穡之艱難，區區管窺，豈能照一隅哉。其科條制度所宜施行，在事者備為之禁，先京師而後諸夏。後漢章紀

切責竇憲詔 三年

深思前過，奪主田園時，何用愈趙高指鹿為馬。久念使人驚怖。昔永平中，常令陰黨、陰博、鄧疊三人更相糾察，故諸豪戚莫敢犯法者，而詔書切切，猶㠯舅氏田宅為言。今貴主尚見枉奪，何況小人哉。國家棄憲，袁宏紀作何況小民哉，難恥之人，不可汲引，吾捐棄汝等。如孤雛腐鼠耳。後漢竇憲傳，又見袁宏後漢紀十一，有刪節。

詔賜賈貴人 建初四年八月甲午

賈貴人者，奉侍先帝，勤勞帷幄。建初之後，㠯至親供養長樂宮，昏定晨省，夙夜匪懈。今賜貴人王赤綬，安車一駟，永巷宮人二百，御府雜帛二萬匹，大司農黃金千斤，錢二千萬。朕既早離皇太后，幸復承子道，中心依依，昊天罔極。袁宏後漢紀十一

使諸儒共正經義詔 四年十一月壬戌

蓋三代導人，教學為本。漢承暴秦，褒顯儒術，建立五經，為置博士。其後學者精進，雖曰承師，亦別名家。孝宣皇帝㠯為去聖久遠，學不厭博，故遂立大小夏侯尚書，後又立京氏易。至建武中，復置顏氏、嚴氏春秋，大小戴禮博士。此皆所㠯扶進微學，尊廣道埶也。中元元年詔書，五經章句煩多，議欲減省。至永平元年，長水校尉儵奏言，先帝大業，當以時施行。欲使諸儒共正經義，頗令學者得㠯自助。孔子曰，學之不講，是吾憂也。又曰，博學而篤志，切問而近思，仁在其中矣。於戲，其勉之哉。後漢章紀

日食舉直言極諫詔 五年二月庚辰

朕新離供養，愆咎眾著，上天降異，大變隨之。詩不云乎，亦孔之醜。又久旱傷麥，憂心慘切。公卿已下，其舉直言極諫、能指朕過失者各一人，遣詣公車，將親覽問焉。其㠯巖穴為先，勿取浮華。後漢章紀，又見袁宏後漢紀十一，作上天降異止于朕躬，非羣司之咎，其咎朕而已，公卿云云。

禱雨詔 二月甲申

春秋書無麥苗，重之也。去秋雨澤不適，今時復旱，如炎如焚。凶年無時，而為備未至。朕之不德，上累三光，震慄切切，痛心疾首。前代聖君，博思咨諏，雖降災咎，輒有開匱反風之應。今予小子，徒慘慘而已。其令二千石理冤獄，錄輕繫，禱五嶽四瀆，及名山能興雲致雨者，冀蒙不崇朝徧雨天下之報，務加肅敬焉。後漢章紀

糾舉獄吏詔 三月甲寅

孔子曰，刑罰不中，則人無所措手足。今吏多不良，擅行喜怒，或案不㠯罪，迫脅無辜，致令自殺者，一歲且多于斷獄，甚非為人父母之意也。有司其議糾舉之。後漢章紀

㠯直士補任外官詔 五月辛亥

朕思遲直士，側席異聞，其先至者，各㠯發憤吐懣，略聞子大夫之志矣。皆欲置于左右，顧問省納。建武詔書又曰，堯試臣㠯職，不直㠯言語筆札。今外官多曠，並可㠯補任。後漢章紀

沛濟南等四王勿名詔 七年正月

禮云伯父歸寍乃國詩云叔父建爾元子敬之至也昔蕭相國加㠯不名優忠賢也況兼親尊者乎其沛濟南東平中山四王讚皆勿名（後漢東平憲王蒼傳）

廢太子慶立子肇詔 六月甲寅

皇太子有失惑無常之性爰自孩乳至今益章恐襲其母凶惡之風不可㠯奉宗廟爲天下主大義滅親況降退乎今廢慶爲清河王皇子肇保育皇后承訓懷衽導達善性將成其器蓋庶子慈母尚有終身之恩豈若嫡后事正義明哉今㠯肇爲皇太子（後漢清河孝王慶傳）

賜公卿助祭錢詔 八月甲辰

書云祖考來假明哲之祀予末小子質又菲薄仰惟先帝烝烝之情前修禘祭㠯盡孝敬朕得識昭穆之序寄遠祖之思今年大禮復舉加㠯先帝之坐悲傷感懷樂㠯迎來哀㠯送往雖祭亡如在而空虛不知所裁庶或饗之豈亡克慎肅雍之臣辟公之相皆助朕之依依今賜公錢四十萬卿半之及百官執事各有差（後漢章紀）

手詔賜東平王蒼 八月

骨肉天性誠不以遠近爲親疏然數見顏色情重昔時念王久勞思得還休欲署（袁宏紀作歷時欲署）大鴻臚奏不忍下筆顧授小黃門中心戀戀惻然不能言（後漢東平王蒼傳又見袁宏後漢紀十一有刪節）

行秋稼詔 九月甲戌

車駕行秋稼觀收穫因涉郡界皆精騎輕行無它輜重不得輒修橋道遠離城郭遣吏逢迎刺探起居出入前後㠯爲煩擾動務省約但患不能脫粟瓢飲耳所過欲令貧弱有利無違詔書（後漢章紀）

減刑詔 九月辛卯

天下繫囚減死一等勿笞詣邊戍妻子自隨占著所在父母同產欲相從者恣聽之有不到者皆㠯乏軍興論及犯殊死一切募下

見長之見當作誠

蠶室其女子宮繫囚鬼薪白粲已上皆減本罪各一等輸司寇作亡命贖死罪入縑二十匹右趾至髡鉗城旦舂十匹完城旦至司寇三匹吏人有罪未發覺詔書到自告者半入贖（後漢章紀）

詔敕荊州刺史謝夷吾

敕荊州刺史入傳錄見囚徒見長吏勿廢舊儀朕將覽焉（後漢謝夷吾傳注引謝承書御覽六百三十九引會稽典錄）

得銅器又獲白鹿詔 十月丙辰

上無明天子下無賢方伯人之無良相怨一方斯器亦曷爲來哉（後漢章紀）

令馬光就國詔 八年

舅氏一門俱就國封四時陵廟無助祭先后者朕甚傷之其令許侯思僁田廬有司勿復請㠯慰朕渭陽之情（後漢馬防傳）

切責李邑 八年

縱超擁愛妻抱愛子思歸之士千餘人何能盡與超同心乎（後漢班超傳案是時李邑已到于闐知此是詔敕非面語也）

詔班超 八年

若邑任在外者便留與從事（後漢班超傳）

東巡過菑縣詔 八年十二月

陳留菑縣其名不善高祖鄙柏人之邑世宗休聞喜而顯獲嘉應亨吉元符嘉皇靈之顧賜越有光列考武皇其改菑縣曰考城（水經汳水注）

令選高才生受古學詔 十二月戊申

五經剖判去聖彌遠章句遺辭乖疑難正恐先師微言將遂廢絕非所㠯重稽古求道眞也其令羣儒選高才生受學左氏穀梁春秋古文尚書毛詩㠯扶微學廣異義焉（後漢章紀又見袁宏後漢紀十二有小異）

四科取士詔 十二月己未

辟士四科其一曰德行高妙志節清白二曰經明行修能任博士三曰明曉法律足以決疑能案章覆問才任御史四曰剛毅多略遭事不惑明足照姦勇足決斷才任三輔令皆存孝悌清公之行自今㠯後審四科辟召及刺史二千石察舉茂才尤異孝廉吏務實校試㠯職有非其人不習曹事正舉者故不㠯實法也後漢和帝紀注御覽六百二十八竝引漢官儀案此光武詔章帝復申明之

勉勵邵訓詔

陳留太守講授省中六年于茲經術明篤有匡生解頤之風賜錢三十萬及刀劍衣服居家之具御覽二百六十二引邵氏家傳邵訓字伯春爲陳留太守後漢儒林傳作邵馴

給流民公田詔 元和元年二月甲戌

王者八政㠯食爲本故古者急耕稼之業致耒耜之勤節用儲蓄㠯備凶災是㠯歲雖不登而人無饑色自牛疫㠯來穀食連少良

由吏教未至刺史二千石不㠯爲負其令郡國募人無田欲徙它界就肥饒者恣聽之到在所賜給公田爲雇耕傭賃種餉貰與田器勿收租五歲除算三年其後欲還本鄉者勿禁後漢章紀

禁酷刑詔 七月丁未

律云掠者唯得榜笞立又令丙箠長短有數自往者大獄已來掠考多酷鉆鑽之屬慘苦無極念其痛毒怵然動心書曰鞭作官刑豈云若此宜及秋冬理獄明爲其禁後漢章紀

改元元和詔 八月癸酉

朕道化不德吏政失和元元未諭抵罪于下寇賊爭心不息邊野邑屋不修永惟庶事思稽厥衷與凡百君子共弘斯道中心悠悠將何㠯寄其改建初九年爲元和元年郡國中都官繫囚減死一等勿笞詣邊縣妻子自隨占著在所其犯殊死一切募下蠶室其女子宮繫囚鬼薪白粲㠯上皆減本罪一等輸司寇作亡命者贖各有差後漢章紀

蠲除禁錮詔 十二月壬子

書云父不慈子不祗兄不友弟不恭不相及也往者妖言大獄所及廣遠一人犯罪禁至三屬莫得垂纓仕宦王朝如有賢才而沒齒無用朕甚憐之非所謂與之更始也諸㠯前妖惡禁錮者一皆蠲除之㠯明棄咎之路但不得在宿衛而已後漢章紀

審試嚴崇子宣詔 元年

崇子學審曉律別其族協其聲者審試不得依託父學㠯聾爲聰聲微妙獨非莫知獨是莫曉㠯律錯吹能知命十二律其中不失一乃爲能傳崇學耳續漢律厤志上又晉律厤志六宋書厤志一崇作嵩

召嚴宣補學官主調樂器詔

嵩子學審曉律別其族協其聲者審試不得依託父學㠯聾爲聰聲微妙獨非莫知獨是莫曉㠯律錯吹能知命十二律其二中不

失一乃爲能傳嵩學耳晉律厤志六

詔告廬江太守東平相 元年

議郎鄭均束脩安貧恭儉節整前在機密㠯病致仕守善貞固黃髮不怠又前安邑令毛義躬履遜讓比徵辭病淯潔之風東州稱仁書不云乎章厥有常吉哉其賜均義穀各千斛常㠯八月長吏存問賜羊酒顯茲異行後漢鄭均傳

全後漢文卷四終

全後漢文卷五

烏程嚴可均校輯

章帝二

產子復勿算詔 元和二年正月乙酉

令云。人有產子者。復勿算三歲。今諸懷妊者。賜胎養穀人三斛。復其夫勿算一歲。著以爲令。後漢章紀

詔三公

方春生養。萬物莩甲。宜助萌陽。以育時物。其令有司。罪非殊死。且勿案驗。及吏人條書相告。不得聽受。冀以息事寧人。敬奉天氣。立秋如故。夫俗吏矯飾外貌。似是而非。揆之人事則悅耳。論之陰陽則傷化。朕甚饜之。甚苦之。安靜之吏。悃愊無華。日計不足。月計有餘。如襄城令劉方。吏人同聲謂之不煩。雖未有它異。斯亦殆近之矣。間敕二千石各尚寬明。而今富姦行賂于下。貪吏枉法于上。使有罪不論。而無過被刑。甚大逆也。夫以苛爲察。以刻爲明。以輕爲德。以重爲威。四者或興。則下有怨心。吾詔書數下。冠蓋接道。而吏不加理。人或失職。其咎安在。勉思舊令。稱朕意焉。後漢章紀

改行四分麻詔 二年二月甲寅

朕聞古先聖王。先天而天不違。後天而奉天時。河圖曰。赤九會昌。十世以光。十一以興。又曰。九名之世。帝行德。封刻政。朕以不德。奉承大業。夙夜祗畏。不敢荒寧。予末小子。託在于數終。曷以纘興。崇弘祖宗。拯濟元元。尚書璇璣鈐曰。述堯理世。平制禮樂。放唐之文。帝命驗曰。順堯考德。題期立象。且三五步驟。優劣殊軌。況予頑陋。無以克堪。雖欲從之。末由也已。每見圖書。中心恧焉。間者以來。政治不得。陰陽不和。災異不息。癘疫之氣。流傷于牛。農本不播。夫庶徵休咎。五事之應。咸在朕躬。信有闕矣。將何以補之。書曰。惟先假王正厥事。又曰。歲二月。東巡狩。至岱宗。柴。望秩于山川。遂覲東后。叶時月正日。祖堯岱宗。同律度量。考在璣衡。以正麻象。庶乎有益。春秋保乾圖曰。三百年斗麻改憲。史官用太初鄧平術。有餘分一。在三百年之域。行度轉差。浸以謬錯。璇璣不正。文象不稽。冬至之日。日在斗二十二度。而麻以爲牽牛中星。先立春一日。則四分數之立春日也。而以折獄斷大刑。于氣已迕。用望平和隨時之義。蓋亦遠矣。今改行四分。以遵于堯。以順孔聖奉天之文。冀百君子越有民。同心敬授。儻獲咸熙。以明予祖之遺功。續漢律麻志中。又蔡邕麻議。宋書麻志一。又文選永明九年策秀才文注引續漢書。

增修羣祀詔 同上

經稱秩元祀。咸秩無文。祭法。功施于民則祀之。以死勤事則祀之。以勞定國則祀之。能禦大災則祀之。以日月星辰。民所瞻仰也。山林川谷丘陵。民所取財用也。非此族也。不在祀典。傳曰。聖王先成民而後致力于神。又曰。山川之神。則水旱癘疫之災。于是乎禜之。日月星辰之神。則雪霜風雨之不時。于是乎禜之。孝文十二年令曰。比年五穀不登。欲有以增諸神之祀。王制曰。山川神祇有不舉者爲不敬。今恐山川百神應典禮者。尚未咸秩。其議增修羣祀宜享祀者。以祈豐年。以致嘉福。以蕃兆民。詩不云乎。懷柔百神。及河喬嶽。有年報功。不私幸望。豈嫌同辭。其義一焉。續漢祭祀志中注引東觀書。又略見後漢章帝紀。又蔡邕傳注。

賜三老等帛詔 二年二月乙丑

三老。尊年也。孝悌。淑行也。力田。勤勞也。國家甚休之。其賜帛人一匹。勉率農功。後漢章紀

東巡大赦詔 二年二月丙子

朕巡狩岱宗。柴望山川。告祠明堂。以章先勳。其二王之後。先聖之胄。東后蕃衞。伯父伯兄。仲叔季弟。幼子童孫。百僚從臣。宗室眾子。要荒四裔。沙漠之北。葱領之西。冒耏之類。跋涉懸度。陵踐阻絕。駿

奔郊畤。咸來助祭。祖宗功德。延及朕躬。予一人空虛多疚。纂承尊明。盥洗享薦。慙愧祇慄。詩不云乎。君子如祉。亂庶遄已。麻數既從。靈燿著明。亦欲與士大夫同心自新。其大赦天下。諸犯罪不當得赦者。皆除之。復博、奉高、嬴。無出今年田租芻稾。後漢章紀

巡幸詔

惟巡狩之制。以宣聲教。考同遐邇。解釋怨結。初學記十三。

東巡還告祠高廟下詔 二年五月戊申袁宏紀作丙戌。

乃者鳳凰、黃龍、鸞鳥比集七郡。或一郡再見。及白烏、神雀、甘露屢臻。案文選班固白雉詩注引東觀漢記此下有降自京師四字袁宏紀亦有。祖宗舊事。或班恩施。其賜天下吏爵人三級。高年鰥寡孤獨帛人一匹。經曰。無侮鰥寡。惠此煢獨。加賜河南女子百戶牛酒。令天下大酺五日。賜公卿已下錢帛各有差。及雒陽人當酺者布戶一匹。城外三戶共一匹。賜博士、員弟子見在太學者布人三匹。令郡國上明經者。口十萬以上五人。不滿十萬三人。後漢章紀。又略見袁宏後漢紀十二。

冬至後不報囚詔 二年七月庚子

春秋于春每月書王者。重三正。慎三微也。律十二月立春。不以報囚。月令。冬至之後。有順陽助生之文。而無鞫獄斷刑之政。朕咨訪儒雅。稽之典籍。以為王者生殺。宜順時氣。其定律無以十一月十二月報囚。後漢章紀

鳳皇黃龍見下詔 二年九月壬辰

鳳皇黃龍所見亭部。無出二年袁宏紀作今年租賦。加賜男子爵人二級。先見者帛二十匹。近者三匹。太守三十匹。令長十五匹。丞尉半之。詩云。雖無德與汝。式歌且舞。它如賜爵故事。後漢章紀。又略見袁宏後漢紀十二。竝于五月丙戌詔。

定禮樂詔 二年十一月壬辰

朕末小子。託于君位。曷以恢崇仁濟天下。三代推益。優劣殊軌。況

于頑陋。無以易民視聽。雖欲從之。末由也已。袁宏後漢紀十二。

詔報袁安 二年

久議沈滯。各有所志。蓋事以議從。策由眾定。誾誾衎衎。得禮之容。寢嘿抑心。更非朝廷之福。君何尤而深謝。其各冠履。後漢袁安傳

還北單于南部生口詔 二年

昔獫狁、獯粥之敵中國。其所由來尚矣。往者雖有和親之名。終無絲髮之效。墝埆之人。屢嬰塗炭。父戰于前。子死于後。弱女乘于亭障。孤兒號于道路。老母寡妻。設虛祭。飲泣淚。想望歸魂于沙漠之表。豈不哀哉。傳曰。江海所以能長百川者。以其下之也。少加屈下。尚何足病。況今與匈奴君臣分定。辭順約明。貢獻累至。豈宜違信。自受其曲。其敕度遼及領中郎將龐奮。倍雇南部所得生口。以還北虜。其南部斬首獲生。計功受賞。如常科。後漢南匈奴傳

稟給幼孤詔 三年正月乙酉

蓋人君者。視民如父母。有憯怛之憂。有忠和之教。匍匐之救。其嬰兒無父母親屬。及有子不能養食者。稟給如律。後漢章紀

北巡告常山等郡守相 元和二年二月壬寅

朕惟巡狩之制。以宣聲教。考同遐邇。解釋結寃也。今四國無政。不用其良。駕言出游。欲親知其劇易。前祠園陵。遂望祀華、霍。東柴岱宗。為人祈福。今將禮常山。遂徂北土。歷魏郡。經平原。升踐隄防。詢訪耆老。咸曰。往者汴門未作。深者成淵。淺則泥塗。追惟先帝勤人之德。底績遠圖。復禹弘業。聖跡滂流。至于海表。不克堂構。朕甚慙焉。月令。孟春善相丘陵土地所宜。今肥田尚多。未有墾闢。其悉以賦貧民。給與糧種。務盡地力。勿令游手。所過縣邑。聽半入今年田租。以勸農夫之勞。後漢章紀。告常山、魏郡、清河、鉅鹿、平原、東平郡太守相。

議定禮樂詔 三年袁宏紀作章和元年正月。

朕以不德。膺祖宗弘烈。乃者鸞鳳仍集。麟龍竝臻。甘露宵降。嘉穀

滋生。赤草之類。紀于史官。朕夙夜祗畏。上無㠯彰于先功。下無㠯克稱靈物。漢遭秦餘。禮壞樂崩。且因循故事。未可觀省。有知其說者。各盡所能。（後漢曹襃傳，又見袁宏後漢紀十二，作漢遭莽弊，禮壞樂崩，因循故事，多非經典，知其說者之于天下，豈不遠乎。）

報朱暉詔（元和中）

補公家之闕。不累清白之素。斯善美之士也。俗吏苟合。阿意面從。進無謇謇之志。卻無退思之念。患之甚久。惟今所言。適我願也。生其勉之。（後漢朱暉傳）

制詔齊相（元和中）

諫議大夫江革。前㠯病歸。今起居如何。夫孝。百行之本。衆善之始也。國家每惟忠孝之士。未嘗不及革也。縣㠯見穀千斛賜巨孝。常㠯八月長吏存問。致羊一頭。酒二斛。㠯終厥身。㠯顯異行。如有不幸。祠以中牢。（袁宏後漢紀十一。後漢江革傳）

改元章和詔（元和四年七月壬戌）

朕聞明君之德。啟迪鴻化。緝熙康乂。光照六幽。訖惟人面。靡不率俾。仁風翔于海表。威霆行乎鬼區。然後敬恭明祀。膺五福之慶。獲來儀之貺。朕㠯不德。受祖宗弘烈。乃者鳳皇仍集。麒麟並臻。甘露宵降。嘉穀滋生。芝草之類。歲月不絕。朕夙夜祗畏上天。無㠯彰于先功。今改元和四年為章和元年。秋令是月養衰老。授几杖。行糜粥飲食。其賜高年二人共布帛各一匹。㠯為醴酪。死罪囚犯法在丙子赦前而後捕繫者。皆減死。勿笞。詣金城戍。（後漢章紀）

減刑詔（元年九月壬子）

郡國中都官繫囚。減死罪一等。詣金城戍。犯殊死者。一切募下蠶室。其女子宮。繫囚鬼薪白粲已上。減罪一等。輸司寇作。亡命者贖。罪死縑二十匹。右趾至髡鉗城旦舂七匹。完城旦至司寇三匹。吏民犯罪未發覺。詔書到自告者。半入贖。（後漢章紀）

罪死當作死罪

自當作有

冕當作晃

復阜陵侯王爵詔（同上）

昔周之爵封千有八百。而姬姓居半者。所㠯楨幹王室也。朕南巡望淮海。意在阜陵。遂與侯相見。侯志意衰落。形體非故。瞻省懷感。㠯喜㠯悲。今復侯為阜陵王。增封四縣。并前為五縣。㠯阜陵下溼。徙都壽春。加賜錢千萬。布萬匹。安車一乘。夫人諸子賞賜各有差。（後漢阜陵王延傳，又見袁宏後漢紀十二，有刪節）

下詔貶削齊王晃等（元年）

朕聞人君正屏。有所不聽。宗尊為小君。宮衞周備。出自輜軿之飾。入有牖戶之固。殆不至如譖者之言。晃剛衍乎至行。濁乎大倫。甫刑三千。莫大不孝。朕不忍置之于理。其貶晃爵為蕪湖侯。削剛戶三千。於戲小子。不勖大道。控于法理。㠯墮宗緒。其遣謁者收晃及太姬璽綬。（後漢齊武王縯傳）

特詔責張鳴（已下年月未詳）

爾虎賁將軍。蒙國厚恩。位在中臣。宿衞禁門。當進人不避仇讎。舉罰不避親戚。今者反于殿中交通輕薄。虎賁蘭內所使。至欲相殺于殿下。不避門內。畏懦恣縱。姑不遂捕。此皆生于不學之門所致也。（聚珍本東觀漢記。明德太后姊子夏壽等私呼虎賁張鳴與敖戲爭鬬，帝特詔）

詔赦出朱暉

國家樂聞駮議。黃髮無愆。詔書過耳。何故自繫。（後漢朱暉傳）

詔馬光（當在建初八年已前）

朝廷鹿脯盛用飯也。（東觀漢記）

東平憲王哀策

惟建初八年三月已卯。皇帝曰。咨王丕顯。勤勞王室。親受策命。昭于前世。出作蕃輔。克慎明德。率禮不越。傳聞在下。昊天不弔。不報上仁。俾屏余一人。夙夜煢煢。靡有所終。今詔有司。加賜鸞輅乘馬。龍旂九旒。虎賁百人。奉送王行。匪我憲王。其孰離之。魂而有靈。保茲寵榮。嗚呼哀哉。後漢東平王蒼傳，又略見袁宏後漢紀十二。

賜策罷太尉鄧彪 元和元年八月甲子

惟君以曾閔之行，禮讓之高，故慕君德禮，以屬黎民。貪與君意，其上太尉印綬，賜錢三十萬，俸二千石祿終厥身。君專精養和，以輔天年。詔太常四時致祭宗廟之胙，河南尹常以八月旦奉羊酒。袁宏後漢紀十二。

敕侍御史司空 元和三年二月乙丑

方春所過無得有所伐殺，車可以引避，引避之；騑馬可輟解，輟解之。詩云：敦彼行葦，牛羊勿踐履。禮，人君伐一草木不時，謂之不孝。俗知順人，莫知順天。其明稱朕意。後漢章紀

敕曹褒條正漢儀 章和元年正月

此制散略，多不合經，今宜依禮條正，使可施行。于南宮東觀盡心集作。後漢曹褒傳。

賜東平王蒼書 初即位

朕夙夜伏思，念先帝躬履九德，對于八政，勞謙克已，終始之度，比放三宗，誠有其美。今迫遺詔，誠不起寢廟，臣子悲結，僉以為雖于更衣，猶宜有所宗之號，以克配功德。宗廟至重，朕幼無知，寤寐憂懼。先帝每有著述典義之事，未嘗不延問王，以定厥中。願王悉明處，乃敢安之。公卿議駁，今皆并送，及有可以持危扶顛，宜勿隱思有所承。公無困哉。續漢祭祀志下注補引東觀書

復報東平王蒼 建初元年

章帝初即位，賜東平憲王蒼書

有司奏上尊號曰顯宗，藏主更衣，不敢違詔。祫食世祖廟，樂皆如王議。以正月十八日始祠，仰見櫝槐，俯視几筵，眇眇小子，哀懼戰慄，無所奉承。愛而勞之，所望于王也。續漢祭祀志下注補引東觀書。

報東平王蒼書 元年

丙寅所上便宜三事，朕親自覽讀，反覆數周，心開目明，曠然發矇。

復下脫慮字

皇太后三字當作閱下

聞吏人奏事，亦有此言，但明智淺短，或謂儻是，復為非，何者。災異之降，緣政而見。今改元之後，年饑人流，此朕之不德感應所致。又冬春旱甚，所被尤廣，雖內用克責，而不足所定。得王深策，快然意解。詩不云乎：未見君子，憂心忡忡；既見君子，我心則降。思惟嘉謀，以次奉行，冀蒙福應，彰報至德。特賜王錢五百萬。後漢東平憲王蒼傳。

賜東平王蒼及瑯邪王京書 三年

中大夫奉使，親聞動靜，嘉之何已。歲月騖過，山陵浸遠，孤心悽愴，如何如何。間饗衛士于南宮，皇太后因過按行閱視舊時衣物，聞于師曰：其物存，其人亡，不言哀而哀自至。信矣。惟王孝友之德，亦豈不然。今送光烈皇后假紒帛巾各一枚，及衣一篋，遺王，可時奉瞻視，以慰凱風寒泉之思；又欲令後生子孫得見先后衣服之製。今魯國孔氏尚有仲尼車輿冠履，明德盛者光靈遠也。其光武皇帝器服，中元二年已賦諸國，故不復送。並遺宛馬一匹，血從前髆上小孔中出。常聞武帝歌天馬霑赤汗，今親見其然也。頃反虜尚屯，將帥在外，憂念遑遑，未有閒寧。願王寶精神，加供養。苦言至戒，望之如渴。後漢東平憲王蒼傳，又袁宏後漢紀十一，又文選顏延之陶徵士誄注，謝朓齊敬皇后哀冊文注，初學記二十七，並引東觀漢記。

全後漢文卷五終

全後漢文卷六

烏程嚴可均校輯

和帝

帝諱肇，章帝第四子，建初七年立爲皇太子。章和二年二月壬辰卽皇帝位，年十歲。建元永元，在位十七年。至十七年改元元興元年。謚曰孝和皇帝，廟號穆宗。

罷鹽鐵詔 章和二年四月戊寅

昔孝武皇帝致誅胡越，故權收鹽鐵之利，以奉師旅之費。自中興以來，匈奴未賓，永平末年復修征伐。先帝卽位，務休力役，然猶深思遠慮，安不忘危，探觀舊典，復收鹽鐵，欲以防備不虞，寧安邊境。而吏多不良，動失其便，以違上意。先帝恨之，故遺戒郡國罷鹽鐵之禁，縱民鑄煑，入稅縣官如故事。其申勑刺史二千石，奉順聖旨，勉弘德化，布告天下，使明知朕意。後漢和紀

匈奴平告廟詔 永元元年閏七月丙子

匈奴背叛，爲害久遠。賴祖宗之靈，師克有捷，醜虜破碎，遂掃厥庭，役不再籍，萬里清蕩，非朕小子眇身所能克堪。有司其案舊典，告類薦功，以章休烈。後漢和紀

恤韋彪詔 元年

詔尚書：故大鴻臚韋彪在位無愆，方欲錄用，奄忽而卒。其賜錢二十萬，布百匹，穀三千斛。後漢韋彪傳

封竇憲等詔 二年六月

大將軍憲前歲出征，克滅北狄，朝加封賞，固讓不受。舅氏舊典，並蒙爵土。其封憲冠軍侯，邑二萬戶；篤郾侯，景汝陽侯，瓌夏陽侯，各六千戶。後漢竇憲傳

詔北海王惠等勿讓虎賁官騎 二年六月

諸侯出境必有武備，夾谷之會，司馬以從。夫有文事必有武備，所以重藩也。王無辭焉。袁宏後漢紀十三

行幸長安詔 三年十月癸未

北狄破滅，名王仍降，西域諸國納質內附，豈非祖宗迪哲重光之鴻烈歟？寤寐歎息，想望舊京。其賜行所過二千石長吏以下及三老官屬錢帛各有差，鰥寡孤獨篤癃貧不能自存者粟人三斛。後漢和紀

求曹相國後詔 十一月癸卯

高祖功臣，蕭曹爲首，有傳世不絕之義。曹相國後容城侯無嗣。朕望長陵東門，見二臣之壟，循其遠節，每有感焉。忠義獲寵，古今所同。可遣使者以中牢祠，大鴻臚求近親宜爲嗣者，須景風紹封，以章厥功。後漢和紀

旱蝗除田租詔 四年十二月

今年郡國秋稼爲旱蝗所傷，其什四以上勿收田租芻稾；有不滿

者，以實除之。後漢和紀

詔有司 五年二月戊戌

有司省減內外廄及涼州諸苑馬。自京師離宮果園上林廣成囿悉以假貧民，恣得采捕，不收其稅。後漢和紀

實覈貧民詔 五年二月丁未

去年秋麥入少，恐民食不足。其上尤貧不能自給者戶口人數。往者郡國上貧民，以衣履釜鬵爲貲，而豪右得其饒利。詔書實覈，欲有以益之，而長吏不能躬親，反更徵召會聚，令失農作，愁擾百姓。若復有犯者，二千石先坐。後漢和紀

選舉詔 三月戊子

選舉良才，爲政之本。科別行能，必由鄉曲。而郡國舉吏，不加簡擇，故先帝明敕在所，令試之以職，乃得充選。又德行尤異，不須經職者，別署狀上。而宣布以來，出入九年，二千石曾不承奉，恣心從好，

司吏刺史訖無糾察。令新蒙赦令。且復申敕。後有犯者。顯明其罰。在位不以選舉爲憂。督察不以發覺爲負。非獨州郡也。是以庶官多非其人。下民被姦邪之傷。由法不行故也。後漢和紀

報梁王暢詔 五年

朕惟王至親之屬。淳淑之美。傅相不良。不能防邪。至令有司紛紛有言。彰于內外。今王深思悔過。端自克責。朕惻然傷之。志匪由子。咎在彼小子。一日克己復禮。天下歸仁。王其安心靜意。茂率休德。易不云乎。一謙而四益。小有言。終吉。强食自愛。其何讓哉。袁宏後漢紀十四。後漢梁王暢傳。

卹流民詔 六年三月庚寅

流民所過郡國皆實稟之。其有販賣者。勿出租稅。又欲就賤還歸者。復一歲田租更賦。後漢和紀

舉賢良方正詔 二月丙寅

朕以眇末。奉承鴻烈。陰陽不和。水旱違度。濟河之域。凶饉流亡。而未獲忠言至謀。所以匡救之策。寤寐永歎。用思孔疚。惟官人不得于上。黎民不安于下。有司不念寬和。而競爲苛刻。覆案不急。以妨民事。甚非所以上當天心。下濟元元也。思得忠良之士。以輔朕之不逮。其令三公中二千石。二千石。內郡守相。舉賢良方正能直言極諫之士各一人。昭巖穴。披幽隱。遣詣公車。朕將悉聽焉。後漢和紀

免遣官徒詔 七月

中都官徒各除半刑。謫其未竟五月已下皆免遣。後漢和紀

封班超詔 六年

往者匈奴獨擅西域。寇盜河西。永平之末。城門晝閉。先帝深愍邊氓嬰罹寇害。乃命將帥擊右地。破白山。臨蒲類。取車師。城郭諸國震慴響應。遂開西域。置都護。而焉耆王舜、舜子忠獨謀悖逆。恃其險隘。覆沒都護。并及吏士。先帝重元元之命。憚兵役之興。故使軍

司馬班超安集于寘以西。超遂踰葱領。迄縣度。出入二十二年。莫不賓從。改立其王。而綏其人。不動中國。不煩戎士。得遠夷之和。同異俗之心。而致天誅。蠲宿恥。以報將士之讎。司馬法曰。賞不踰月。欲人速覩爲善之利也。其封超爲定遠侯。邑千戶。後漢班超傳

日食選郎官詔 七年四月辛亥

元首不明。化流無良。政失于民。謫見于天。深惟庶事。五教在寬。是以舊典因孝廉之舉。以求其人。有司詳選郎官寬博有謀才任典城者三十人。後漢和紀

減罪詔 八年八月

郡國中都官繫囚減死一等。詣敦煌戍。其犯大逆。募下蠶室。其女子宮。自死罪已下至司寇及亡命者入贖。各有差。後漢和紀

蝗災罪己詔 九月

蝗蟲之異。殆不虛生。萬方有罪。在予一人。而言事者專咎自下。非助我者也。朕寤寐恫矜。思弭憂釁。昔楚嚴無災而懼。成王出郊而反風。將何以匡朕不逮。以塞災變。百僚師尹。勉修厥職。刺史二千石詳刑辟。理冤虐。恤鰥寡。矜孤弱。思惟致災興蝗之咎。後漢和紀

蝗災免租詔 九年六月戊辰

今年秋稼爲蝗蟲所傷。皆勿收租更芻稾。若有所損失。以實除之。餘當收租者亦半入。其山林饒利。陂池漁採。以贍元元。勿收假稅。後漢和紀

手詔報張酺 閏八月

禮臣子無貶親之義。今皇太后家雖不遵法度。然常欲自減損。奉事十年。恩不忍虧。案前世上官太后亦奉終義。從其勿復議。袁宏後漢紀十四。太尉張酺上依呂太后故事貶竇太后尊號。勿葬敬陵。上手報酺。

竇氏雖不遵法度。而太后常自減損。朕奉事十年。深惟大義。禮臣子無貶尊上之文。恩不忍離。義不忍虧。案前世上官太后亦無降

通理之理當作利

黜其勿復議（後漢竇皇后紀與袁宏紀小異）

詔荅張酺

元首不明黎民困窮朕與君同其憂責豈可引退邪其勿復言（袁宏後漢紀十四）

詔追封梁竦（十月）

制詔三公大鴻臚曰夫孝莫大于尊尊親親其義一也詩云父兮生我母兮鞠我撫我畜我長我育我顧我復我出入腹我欲報之德昊天罔極朕不敢興事覽于前世太宗中宗實有舊典追命外祖以篤親親其追封謚皇太后父竦爲褒親愍侯比靈文順成侯魂而有靈嘉斯寵榮好爵顯服以慰母心（後漢梁竦傳）

疏導溝渠詔（十年三月壬戌）

隄防溝渠所以順助地理通理壅塞今廢慢懈弛不以爲負刺史二千石其隨宜疏導勿因緣妄發以爲煩擾將顯行其罰（後漢和紀）

聽劉憲嗣爵詔（十年）

故居巢侯劉般嗣子愷當襲般爵而稱父遺意致國弟憲遁亡七年所守彌篤蓋王法崇善成人之美其聽憲嗣爵遭事之宜後不得以爲比（後漢劉愷傳）

免刑徒詔（十一年二月）

郡國中都官徒及篤癃老小女徒各除半刑其未竟三月者皆免歸（後漢和紀）

禁踰僭詔（十一年七月辛卯）

吏民踰僭厚死傷生是以舊令節之制度頃者貴戚近親百僚師尹莫肯率從有司不舉怠放日甚又商賈小民或忘法禁奇巧靡貨流積公行其在位犯者當先舉正市道小民但且申明憲綱勿因科令加虐羸弱（後漢和紀）

卹災民詔（十二年二月）

惟當作爲
執當作孰

貸被災諸郡民種糧賜下貧鰥寡孤獨不能自存者及郡國流民聽入陂池漁采以助蔬食（後漢和紀）

擇良吏詔（十二年三月丙申）

比年不登百姓虛匱京師去冬無宿雪今春無澍雨黎民流離困于道路朕痛心疾首靡知所濟瞻仰昊天何辜今人三公朕之腹心而未獲承天安民之策數詔有司務擇良吏今猶不改競惟苛暴侵愁小民以求虛名委任下吏假執行邪是以令下而姦生禁至而詐起巧法新律飾文增辭貨行于言罪成乎手朕甚病焉公卿不思助明好惡將何以救其咎罰咎罰既至復令災及小民若上下同心庶或有瘳其賜天下男子爵人二級三老孝悌力田三級民無名數及流民欲占者人一級鰥寡孤獨篤癃貧不能自存者粟人三斛（後漢和紀）

賑貸象林民詔（十三年八月）

象林民失農桑業者賑貸種糧稟賜下貧穀食（後漢和紀）

令天下半入田租詔（十三年九月壬子）

荆州比歲不節今茲淫水爲害餘雖頗登而多不均浹（已上四句袁宏紀作水旱不節蝗螟滋生）深惟四民農食之本慘然懷矜其令天下半入今年田租芻稾有宜以實除者如故事貧民假種食皆勿收責（後漢和紀又略見袁宏後漢紀十四）

緣邊舉孝廉詔（九月丙辰）

幽并涼州戶口率少邊役衆劇束脩良吏進仕路狹撫接夷狄以人爲本其令緣邊郡口十萬以上歲舉孝廉一人不滿十萬二歲舉一人五萬以下三歲舉一人（後漢和紀）

復象林詔（十四年七月）

復象林縣更賦田租芻稾二歲（後漢和紀）

令兗豫荆州半入田租詔（十四年十月）

兗豫荊州今年水雨淫過多傷農功其令被害什四㠯上皆半入田租芻稾其不滿者㠯實除之 後漢和紀

班刻漏箭詔 十四年十一月甲寅

告司徒司空漏所㠯節時分定昏明昏明長短起于日去極遠近日道周圜不可㠯計率分當據儀度下參晷景今官漏㠯計率分昏明九日增減一刻違失其實至為疏數㠯耦法太史待詔霍融上言不與天相應太常史官運儀下水官漏失天者至三刻㠯晷景為刻少所違失密近有驗今下晷景漏刻四十八箭立成斧官府當用者計吏到班予四十八箭 續漢律厤志中 宋書厤志二

稟流民詔 十五年閏正月

流民欲歸還本而無糧食者過所實稟之疾病加致醫藥其有不欲還鄉者勿彊 後漢和紀

留諸王侯詔 四月

甲子之異責由一人諸王幼稚早離顧復弱冠相育常有蓼莪凱風之哀選懦之恩知非國典且復須留 後漢清河孝王慶傳

詔報張禹 十一月

祠謁既訖當南禮大江會得君奏臨漢回輿而旋 後漢張禹傳

貸種糧詔 十六年正月

貧民有田業而㠯匱乏不能自農者貸種糧 後漢和紀

因災禁沽酒詔 二月

兗豫徐冀四州比年雨多傷稼禁沽酒 後漢和紀

察苛吏詔 十六年七月

令秋稼方穗而旱雲雨不霑疑吏行慘刻不宣恩澤妄拘無罪幽閉良善所致其一切囚徒于法疑者勿決㠯奉秋令方察煩苛之吏顯明其罰 後漢和紀

量除田租詔 七月辛巳

令天下皆半入今年田租芻稾其被災害者㠯實除之貧民受貸種糧及田租芻稾皆勿收責 後漢和紀

賜鄭璩詔示官府 已下年月未詳

璩盡節剛正亦何陵遲之有賜璩素六十匹 引東觀漢記

賜彭城王恭詔 年月未詳

皇帝問彭城王始夏無恙蓋聞堯親九族萬國協和書典之所美也下邳王被病沈滯之疾昏亂不明家用不寧姬妾適庶諸子分爭紛紛至今前太子卬頑凶失道陷于大辟是後諸子更相誣告迄今適嗣未知所定朕甚傷之惟王與下邳王恩義至親正此國嗣非王而誰禮重適庶之序春秋之義大居正孔子曰惟仁者能好人能惡人貴仁者所好惡得其中也太子國之儲嗣可不慎歟王其差次下邳諸子可為太子者上名將及景風拜受印綬焉 後漢下邳惠王衍傳注引東觀記

敕太官勿受獻詔

遠國珍羞本㠯薦奉宗廟苟有傷害豈愛民之本其敕太官勿復受獻 後漢和紀舊南海獻龍眼荔支十里一置五里一候奔騰險阻死者繼路臨武長唐羌上書陳狀帝下詔

敕張酺子蕃 九年

陰陽不和萬人失所朝廷望公思惟得失與國同心而託病自絜求去重任誰當與吾同憂責者非有望于斷金也司徒固疾司空年老公其僶俛勿露所敕 後漢張酺傳

策鄧彪為太傅錄尚書事

故太尉鄧彪元功之族三讓彌高海內歸仁為羣賢首其㠯彪為太傅錄尚書事百官總己㠯聽庶得專位內之事 北堂書鈔五十九藝文類聚十初學記十一御覽二百十並引應劭漢官儀

策免韋彪 章和二年夏

彪㠯將相之裔勤身飭行出自州里在位歷載中被篤疾連上求

退君年在耆艾不可復㠯加增恐職事煩碎重有損焉其上大鴻臚印綬其遣太子舍人詣中藏府受賜錢二十萬（後漢韋彪傳）

策免張酺　永元十二年九月

詩云節彼南山惟石巖巖赫赫師尹民具爾瞻今君在位八年于茲康哉之歌既無聞焉而于兩觀之下有醜慢之音傷南山之體虧穆穆之風將何㠯宣示四方儀刑百僚履霜知冰朕甚懼焉君其上太尉印綬君自取之靡有後言（袁宏後漢紀十四）

安帝

帝諱祜章帝孫延平元年八月殤帝崩奉迎拜長安侯尋即位改元五永初元初永寧建光延光在位十九年謚曰孝安皇帝廟號恭宗（案安帝永寧二年以前鄧后臨朝凡詔敕稱太后者皆編入鄧后集）

禁長吏無故去職詔　永初元年九月丁丑

自今長吏被考竟未報自非父母喪無故輒去職者劇縣十歲平縣五歲㠯上乃得次用（後漢安紀）

求言詔　二年七月戊辰

昔在帝王承天理民莫不據璇璣玉衡㠯齊七政朕㠯不德遵奉大業而陰陽差越變異並見萬民饑流羌貊叛戾夙夜克己憂心京京閒令公卿郡國舉賢良方正遠求博選開不諱之路冀得至謀㠯鑒不逮而所對皆循尚浮言無卓爾異聞其百僚及郡國吏人有道術明習災異陰陽之度璇璣之數者各使指變㠯聞二千石長吏明㠯詔書博衍幽隱朕將親覽待㠯不次冀獲嘉謀㠯承天誡（後漢安紀）

令王國官得外補詔　九月庚子

王主官屬墨綬下至郎謁者其經明任博士居鄉里有廉清孝順之稱才任理人者國相歲移名與計偕上尚書公府通調令得外補（後漢安紀）

詔公卿　三年三月壬辰

朕㠯幼沖奉承鴻業不能宣流風化而感逆陰陽至令百姓饑荒更相噉食永懷悼歎若墜淵冰咎在朕躬非羣司之責而過自貶引重朝廷之不德其務思變復㠯助不逮（後漢安紀）

詔種麥　三年七月

長吏案行在所皆令種宿麥蔬食務盡地力其貧者給種餉（後漢安紀）

除三輔逋租詔　四年正月

三輔比遭寇亂人庶流宂除三年逋租過更口筭芻稾稾上郡貧民各有差（後漢安紀）

免徙邊及奴婢詔　二月乙亥

自建初㠯來諸祅言它過坐徙邊者各歸本郡其沒入官爲奴婢者免爲庶人（後漢安紀又略見袁宏後漢紀十六）

詔校定東觀書　同上

詔謁者劉珍及五經博士校定東觀五經諸子傳記百家蓺術整齊脫誤是正文字（後漢安紀）

比年饑詔　四年

比年饑加有軍旅饗者衛且勿設戲作樂正旦無陳充庭車（北堂書鈔一百五十六引續漢書永初四年詔案此詔有脫誤）

選舉詔　五年閏三月戊戌

朕㠯不德奉郊廟承大業不能興和降善爲人祈福災異蜂起寇賊縱橫夷狄猾夏戎事不息百姓匱乏疲于徵發重㠯蝗蟲滋生害及成麥秋稼方收甚可悼也朕㠯不明統理失中亦未獲忠良㠯毗闕政傳曰顛而不扶危而不持則將焉用彼相矣公卿大夫將何㠯匡救濟斯艱戹承天誡哉蓋爲政之本莫若得人褒賢顯善聖制所先濟濟多士文王㠯寧思得忠良正直之臣㠯輔不逮其令三公特進侯中二千石二千石郡守諸侯相舉賢良方正有

道術達于政化能直言極諫之士各一人。及至孝行與眾卓異者。竝遣詣公車。朕將親覽焉。後漢安紀

紹封二十八將子孫詔 六年

夫仁不遺親。義不忘勞。興滅繼絕。善善及子孫。國之典也。昔我光武受命中興。恢弘聖緒。橫被四表。昭假上下。光耀萬世。祉祚流衍。垂于罔極。予末小子。夙夜永思。追惟勳烈。披圖案籍。建武元功二十八將。佐命虎臣。讖記有徵。蓋蕭曹紹封。傳繼于今。況此未遠。而或至乏祀。朕甚愍之。其條二十八將無嗣絕世。若犯罪奪國。其子孫應當統後者。分別署狀上。將及景風。章敘舊德。顯茲遺功焉。後漢馮異傳

蝗災詔 元初二年五月甲戌

朝廷不明。庶事失中。災異不息。憂心悼懼。被蝗以來。七年于茲。而州郡隱匿。裁言頃畝。今群飛蔽天。為害廣遠。所言所見。寧相副邪。三司之職。內外是監。既不奏聞。又無舉正。天災至重。欺罔舉大。今方盛夏。且復假貸。以觀厥後。其務消救災眚。安輯黎元。後漢安紀

徙罪人詔 十月

郡國中都官繫囚減死一等。勿笞。詣馮翊扶風屯。妻子自隨。占著所在。女子勿輸。亡命死罪以下贖。各有差。其吏人聚為盜賊。有悔過者。除其罪。後漢安紀

霖雨詔 四年七月辛丑

今年秋稼茂好。垂可收穫。而連雨未霽。懼必淹傷。夕惕惟憂。思念厥咎。夫霖雨者。人怨之所致。其武吏以威暴下。文吏妄行苛刻。鄉吏因公生姦。為百姓所患苦者。有司顯明其罰。又月令仲秋養衰老。授几杖。行糜粥。方今按比之時。郡縣多不奉行。雖有糜粥。糠秕泥土相和。半不可飲食。案今本後漢書作糠粃相半依宋志及通典補 長吏怠事。莫有躬親。甚違詔書養老之意。其務崇仁恕。賑護寡獨。稱朕意焉。後漢安帝紀宋書禮志四文見通典六十七

茲芬下脫慢易太姬不震厥教八字

重申制度科品詔 五年七月丙子

舊令制度。各有科品。欲令百姓務崇節約。遭永初之際。人離荒戹。朝廷躬自菲薄。去絕奢飾。食不兼味。衣無二綵。比年雖獲豐穰。尚乏之儲積。而小人無慮。不圖久長。嫁娶送終。紛華靡麗。至有走卒奴婢。被綺縠。著珠璣。京師尚若斯。何以示四遠。設張法禁。懇惻分明。而有司惰任。訖不奉行。秋節既立。鷙鳥將用。且復重申。以觀後效。後漢安紀

賑貧民表貞婦詔 六年十二月乙卯

夫政先京師。後諸夏。月令仲春養幼小。存諸孤。季春賜貧窮。賑乏絕。省婦使。表貞女。所以順陽氣。崇生長也。其賜人尤貧困孤弱單獨穀人三斛。貞婦有節義十斛。甄別門閭。旌顯厥行。後漢安紀

賜豫州刺史馮煥詔 元初七年

告豫州刺史馮煥。今 缺下 常為效用邊將統御 缺下 內以威恩撫喻杜 缺下 去年鮮卑連犯鄣塞 缺下 過掩卒擣擊無距捍 缺下 牽攝太守以下進退 缺下 曾不表罪誅多擁 缺下 麗王宮僄輕狡猾 缺下 纖 缺下 絕宮不自效楚 缺下 化頃屬樂浪久矣 缺下 當所謂設訖不定決 缺下 月左右欲來犯法 缺下 北顧傷心 缺 煥有 缺下 冀煥能竭心盡慮有 缺下 上如不從化督錄部 缺下 惟前後詔書以前人 缺下 侍御史便宜數上 缺下 元初六年十二月 隸釋十五

禁夜行詔 永寧元年

鐘鳴漏盡。洛陽城中不得有行者。文選鮑明遠放歌行注引崔寔政論永寧詔

詔貶樂成王萇 建光元年四月甲子

萇有靦其面。而放逸其心。知陵廟至重。承繼有禮。不惟致敬之節。肅穆之慎。乃敢擅損犧牲。不備苾芬。出入顛覆。風淫于家。娉取人妻。饋遺婢妾。毆擊吏人。專己凶暴。愆罪莫大。甚可恥也。朕覽八辟

之議不忍致之于理其貶蔓爵爲臨湖矦朕無則哲之明致簡統失序罔㠯慰承太姬增懷永歎 後漢樂成靖王黨傳

詔高句驪 延光元年七月

遂成等桀逆無狀當斬斷葅醢㠯示百姓幸會赦令乞罪請降鮮卑濊貊連年寇鈔驅略小民動㠯千數而裁送數十百人非向化之心也自今㠯後不與縣官戰鬬而自㠯親附送生口者皆與贖直縑人四十匹小口半之 後漢東夷傳

舉刺史㠯下詔 八月己亥

三公中二千石舉刺史二千石令長相視事一歲㠯上至十歲清白愛利能敕身率下防姦理煩有益于人者無拘官簿刺史舉所部郡國太守相舉墨綬隱親悉心勿取浮華 後漢安紀

賫羣臣廢太子詔 三年九月

父子一體天性自然㠯義割恩爲天下也歷諷等不識大典而與羣小共爲讙譁外見忠直而內希後福飾邪違義豈事君之禮朝廷廣開言事之路故且一切假貸若懷迷不反當顯用刑書

策罷司空張敏 永初六年四月乙丑

今君所苦未瘳有司奏君年體衰羸郊廟禮儀仍有曠廢鼎足之任不可㠯缺重㠯職事留君其上司空印綬 後漢張敏傳注引東觀記

策司徒夏勤

維元初六年三月甲子 案安紀永初三年四月丙寅㠯大鴻臚夏勤爲司徒元初二年十二月己酉罷疑此有誤 制詔以大鴻臚勤爲司徒曰朕承天序惟稽古建爾于位爲漢輔往率舊職敬敷五教五教在寬左右朕躬宣力四表保乂皇家於戲實惟秉國之均旁祗厥緒時亮天工可不慎與勤其戒之 續漢禮儀志中注補引丁孚漢儀又見通典七十一

策徵郎宗等 年月未詳

郎宗李咼孔喬等前此徵命未肯降意恐主者玩弄禮意不備使難進易退之人龍潛不屈其身各致嘉禮遣詣公車將㠯補察國政輔朕之不逮 後漢樊英傳注引謝承書

敕司隸校尉冀幷二州刺史 永初元年十一月

民訛言相驚棄捐舊居老弱相攜窮困道路其各敕所部長吏躬親曉諭若欲歸本郡在所爲封長檄不欲勿強 後漢安紀

全後漢文卷六終

烏程嚴可均校輯

順帝

帝諱保、安帝子、永寧元年立爲皇太子。延光三年廢爲濟陰王、明年安帝崩、徵濟北王子北鄉侯懿入嗣、尋薨。奉迎卽位、改元五、永建、陽嘉、永和、漢安、建康、在位十九年、謚曰孝順皇帝、廟號敬宗

封孫程等十九侯詔 延光四年十一月辛巳

夫表功錄善。古今之通義也。故中常侍長樂太僕江京、黃門令劉安、鉤盾令陳達、與故車騎將軍閻顯兄弟謀議惡逆、傾亂天下。中黃門孫程、王康、長樂太官丞王國、中黃門黃龍、彭愷、孟叔、李建、王成、張賢、史汎、馬國、王道、李元、楊佗、陳予、趙封、李剛、魏猛、苗光等、懷忠憤發、戮力協謀、遂埽滅元惡、㠯定王室。詩不云乎、無言不讎、無德不報、程爲謀首、康國協同、其封程爲浮陽侯、食邑萬戶。康爲華容侯、國爲酈侯、各九千戶、黃龍爲湘南侯、五千戶。彭愷爲西平昌侯、孟叔爲中廬侯、李建爲復陽侯、各四千二百戶。王成爲廣宗侯。張賢爲祝阿侯、史汎爲臨沮侯、馬國爲廣平侯、王道爲范縣侯、李元爲褒信侯、楊佗爲山都侯。陳予爲下雋侯。趙封爲析縣侯、李剛爲枝江侯、各四千戶、魏猛爲夷陵侯、二千戶。苗光爲東阿侯、千戶。後漢孫程傳

舉賢良詔 十二月辛亥

朕㠯不德、纂承洪緒。今陰陽不和、疾疫爲害。思聞忠正、㠯匡不逮。其令三公卿士舉賢良方正能直言極諫之士各一人。後漢紀十七

大赦詔 永建元年正月甲寅

先帝聖德、享祚未永、早棄鴻烈、姦慝緣閒、人庶怨讟、上干和氣、疫癘爲災。朕奉承大業、未能寧濟、蓋至理之本、稽弘德惠、蕩滌宿惡、與人更始、其大赦天下、賜男子爵人二級、爲父後、三老、孝悌、力田人三級、流民欲自占者一級、鰥寡孤獨篤癃貧不能自存者粟人五斛、貞婦帛人三匹。坐法當徙勿徙、亡徒當傳勿傳、宗室㠯罪絕皆復屬籍、其與閻顯江京等交通者、悉勿考。勉修厥職、㠯康我民、後漢順紀

免租詔 十月甲辰

朕㠯不德、統承大業、虐氣流行、厲疾爲災、重㠯水潦、秋稼漂沒、每州郡所出、惻然自刻、其令當輸今年租者、一切勿責。後漢紀十八

增封東海王臻詔 二年

東海王臻以近蕃之尊、少襲王爵、膺受多福、未知艱難、而能克己率禮、孝敬自然、事親盡愛、送終竭哀、降儀從士、寢苫三年、和睦兄弟、恤養孤弱、至孝純備、仁義兼弘、朕甚嘉焉、夫勸善厲俗、爲國所先、曩者東平孝王敞兄弟行孝、喪母如禮、有增戶之封、詩云、永世克孝、念茲皇祖、今增臻封五千戶、儉五百戶。光啟土宇、㠯酬厥德、後漢東海恭王彊傳

詔南陽太守 二年

詔書告南陽太守、五官中郎將樊英委榮辭祿、不降其節、志不可奪、今㠯英爲光祿大夫、賜還家、在所縣給穀千斛。常㠯八月存問高年時、致羊一頭、酒三斛、如前世故事、如有不幸、祠以中牢。後漢樊英傳、後漢紀十八、又見藝文類聚四十九、御覽二百四十三引樊英別傳

卹地震災民詔 三年正月甲午

實覈傷害者、賜年七歲㠯上錢人二千。一家被害、郡縣爲收斂、後漢順紀、

免漢陽田租詔 正月乙未

京師地動、漢陽尤甚。加㠯比年民饑饉、夙夜怵懍、羣公卿士、其深思古典、有㠯消災復異、救此下民、忠信嘉謀、靡有所諱、其勿收漢

在所當作所在

陽令年田租 後漢紀十八

大赦詔 四年正月丙寅

朕託王公之上涉道日寡政失厥中陰陽氣隔寇盜肆暴庶獄彌繁憂悴永歎疢如疾首詩云君子如祉亂庶遄已三朝之會朔旦立春嘉與海內洗心自新其赦天下從甲寅赦令以來復秩屬籍三年正月已來還贖其閻顯江京等知識婚姻禁錮一原除之務崇寬和敬順時令遵與去苛以稱朕意 後漢順紀

封還大珠詔 五月壬辰

海內頗有災異朝廷修政太官減膳珍玩不御而桂陽太守文礱不惟竭忠宣暢本朝而遠獻大珠以求幸媚今封以還之 後漢順紀

令冀部勿收田租詔 六年十一月辛亥

連年災潦冀部尤甚比蠲除實傷贍恤窮匱而百姓猶有棄業流亡不絕疑郡縣用心怠惰恩澤不宣易美損上益下書稱安民則惠其令冀部勿收今年田租芻稾 後漢順紀

祈雨詔 陽嘉元年二月甲戌

政失厥和陰陽隔并冬鮮宿雪春無澍雨分禱祈請靡神不禜深恐在所慢違如在之義今遣侍中王輔等持節分詣岱山東海滎陽河洛盡心祈焉 後漢順紀

改元陽嘉恩詔 三月庚寅

宗室絕屬籍者一切復籍稟冀州尤貧民勿收今年更租口賦 後漢順紀

太學新成詔 七月丙辰

試明經者補弟子增甲乙之科員各十人除京師及郡國耆儒年六十以上爲郎舍人諸王國郎者百三十八人 後漢左雄傳陽嘉元年太學新成詔云云

減死贖罪詔 九月

郡國中都官繫囚皆減死一等亡命者贖各有差 後漢順紀

狼災詔 十一月甲申

災暴緣類符驗不虛政失厥中狼災爲應至乃殘食孩幼朝廷愍悼思維咎徵博訪其故山嶽尊靈國所望秩而遂比不奉祠怠慢廢典不務懇惻淫刑放濫害加孕婦毒流未生感和致災其詳思改救追復所失有不遵憲舉正以聞 續漢五行志一注補後漢順紀注並引東觀書中山相朱遂到官不出奉祠北嶽詔云云

簡覈刺史二千石詔 閏十二月辛卯

間者以來吏政不勤故災咎屢臻盜賊多有退省所由皆以選舉不實官非其人是以天心未得人情多怨書歌股肱詩刺三事今刺史二千石之選歸任三司其簡序先後精覈高下歲月之次文武之宜務存厥衷 後漢順紀

貸災詔 二年二月甲申

吳郡會稽饑荒貸人耕種 後漢順紀

地震求直言詔 五月庚子

朕以不德統奉鴻業無以奉順乾坤協序陰陽災眚屢見咎徵仍臻地動之異發自京師矜矜祇畏不知所裁羣公卿士將何以匡輔不逮奉荅戒異異不空設必有所應其各悉心 袁宏紀作各舉敦朴士各一人 直言厥咎靡有所諱 後漢順紀文略見袁宏後漢紀十八

下詔徵楊倫詣廷尉 二年

倫出幽升喬寵以藩傳稽留王命擅止道路託疾自從苟肆狷志 後漢楊倫傳

大赦詔 三年五月戊戌

昔我太宗丕顯之德假于上下儉以恤民政致康乂朕秉事不明政失厥道天地譴怒大變仍見春夏連旱寇賊彌繁元元被害朕甚愍之嘉與海內洗心更始其大赦天下自殊死以下謀反大逆

諸犯不當得赦者。皆除之。賜民年八十以上米人一斛。肉二十斤。酒五斗。九十以上加賜帛人二匹。絮三斤。後漢順紀

詔中官 四年二月丙子

自今中官得以養子爲後。袁宏後漢紀十八。

宦官養子。悉聽得爲後。襲封爵。定著乎令。後漢孫程傳。

日食詔 閏八月

朕以不德。讁見于天。零陵言日食。京師不覺。後漢順紀注引東觀記

詔問加謚北鄉侯 永和元年正月己巳

言事者多云。昔周公攝天子事。及薨。成王欲以公禮葬之。天爲變動。及更葬以天子之禮。卽有反風之應。通典作天卽反風。歲卽大熟。北鄉侯親爲天子。而葬以王禮。故數有災異。宜加尊謚。列于昭穆。與木主否。後漢周舉傳。袁宏後漢紀十八。通典八十。

地震詔上封事 正月乙卯

朕秉政不明。災眚屢臻。典籍所忌。震食爲重。今日變方遠。地搖京師。咎徵不虛。必有所應。羣公百僚。其各上封事。指陳得失。靡有所諱。後漢順帝紀

封馬賢孫詔 永和六年十二月

故將軍馬賢。前伐西夷。剋敵深入。父子三人同命。其以漢中南鄭之武陽亭。封賢孫承先爲武陽亭侯。食租稅。東觀漢記

下詔告河南尹 漢安元年

故長陵令張楷。行慕原憲。操擬夷齊。輕貴樂賤。竄跡幽藪。高志確然。獨拔羣俗。前此徵命。盤桓未至。將主者翫習于常。優賢不足。使其難進歟。郡時以禮發遣。後漢張楷傳

拜張綱子續爲郎中詔 二年

故廣陵太守張綱。大臣之苗。剖符統務。正身導下。班宣德信。降集劇賊張嬰萬人。息干戈之役。濟蒸庶之困。未升顯爵。不幸早卒。嬰

等縗杖若喪考妣。朕甚愍焉。拜綱子續爲郎中。賜錢百萬。後漢張綱傳

贈沛王廣祖母周妃詔 漢安中

沛王祖母太夫人周。秉心淑慎。導王以仁。使光祿大夫贈以妃印綬。後漢沛獻王輔傳

挍行地震詔 建康元年正月辛丑

隴西漢陽張掖北地武威武都自去年九月以來。地百八十震。山谷坼裂。壞敗城寺。殺害民庶。夷狄叛逆。賦役重數。內外怨曠。惟咎歎息。其遣光祿大夫案行。宣暢恩澤。惠此下民。勿爲煩擾。後漢順紀

遺詔 八月

死則委尸原野。文選顏延之陽給事誄注引司馬彪續漢書

無起寢廟。斂以故服。珠玉玩好。皆不得下。後漢順紀。又見袁宏後漢紀十九。

孝廉限年令 陽嘉元年十一月辛卯

郡國舉孝廉。限年四十以上。諸生通章句。文吏能牋奏。乃得應選。其有茂才異行。若顏淵子奇。不拘年齒。後漢順紀

冊袁盱爲梁相

頃者連遇運害。災條備至。陰陽不和。寒暑不節。昔孔子制義。承奉則有興盛之福。慢期卽致來咎之變。朕以眇身。襲裘繼業。二九之戒。今直其際。圖記占曰。恆在藩國。自先帝至德。猶有七國之謀。蓋治世者。不諱其難。朕追寤社稷之重。恐有交會諸國王侯。開導以驕滿之漸。令姦邪因緣生慝。相以顯選。簡練內升。昔掌符竟惠撫我民。故連拔授。不問勛次。典郡職重。親執經緯。隱括在手。往者王尊發縱于平陽。清約藩輔。其節衎然。忠臣之義。有獻替去否。其加精微。測切防慤。朕疚心以戒。今特賜錢十萬。雜繒卅匹。玉具劍佩書刀繡文印衣無極手巾各一。往悉乃心。勉崇協同。便宜數上。隸釋六袁良碑

策祠楊震

恒當作怛

故太尉震正直是與俾匡時政而青蠅點素同茲在藩上天降威
災眚屢作爾卜爾筮惟震之故朕之不德用彰厥咎山崩棟折我
其危哉今使太守丞以中牢具祠魂而有靈儻其歆享 後漢楊震傳

會葬宋漢策 永建中

太中大夫宋漢清修雪白正直無邪前在方外仍統軍實懷柔異
類莫匪嘉績戎車載戢邊人用寧予錄乃勳引登九列因病退讓
守約彌堅將授三事未尅而終朝廷愍悼恒其愴然詩不云乎肇
敏戎功用錫爾祉其令將相大夫會葬加賜錢十萬及其在殯以
全素絲羔羊之潔焉 後漢宋宏傳

策問周舉 陽嘉三年

朕以不德仰承三統夙興夜寐思協大中頃年以來旱災屢應稼
穡焦枯民食乏困五品不訓王澤未流羣司素餐據非其位審所
貶黜變復之徵厥效何由分別具對勿有所諱 後漢周舉傳

敕禱雨 陽嘉元年二月庚申

郡國二千石各禱名山嶽瀆遣大夫謁者詣嵩高首陽山并祠河
洛請雨 後漢順帝紀

桓帝

帝諱志章帝曾孫襲父翼爵蠡吾侯本初元年閏六月質帝遇
弒奉迎即位改元七建和和平元嘉永興永壽延熹永康在位
二十一年謚曰孝桓皇帝廟號威宗 案和平元年正月以蘇詔令編入順烈梁后卷內

贈中常侍曹騰費亭侯制

制曰 缺 中常侍費亭侯曹騰騰見克 缺 先帝能自奮拔于險
阻之中不陷乎羣小害己之譖遂亦□□□□前後策謀□□
進賢納□踐阼之初受爵于東土厥功章然騰守足退居約身自
持遭離母憂孝行純篤□慎禮紀喪能過哀服祥有不忍遠離之
恩情□感病毀性早薨朕甚閔焉詩曰靡不有初鮮克有終騰能
終之春秋之義旌□采介以勸為善及其在殯使兼諫議大□□
□□□□特進贈費亭侯印綬魂而有靈嘉其寵榮嗚呼哀哉 隸釋十五曹騰碑陰

尊匽貴人為孝崇皇后詔 和平元年

博陵園匽貴人履高明之懿德容美淑之嘉會與天合靈篤生朕
躬欲報之德詩所感歎今以貴人為孝崇皇后 官輯本東觀漢記

以胡憲等為太子舍人詔 元嘉二年

書生汝南胡憲陳留恭幸爽或六十以下常以月朔會辟雍垂白
安貧童子潁川玉□通經拜太子舍人 通典五十三案此詔不他見恭幸爽必有衍誤姑依通典舊刻本錄之

申明輿服制度詔 永興二年二月

比者星辰謬越坤靈震動災異之降必不空發敕已修政庶望有
補其輿服制度有踰侈長飾者皆宜損省郡縣務存儉約申明舊
令如永平故事 後漢桓紀

令種蕪菁詔 六月

詔司隸校尉部刺史曰蝗災為害水變仍至五穀不登人無宿儲
其令所傷郡國種蕪菁以助人食 後漢桓紀

禁郡國賣酒詔 九月丁卯

朝政失中雲漢作旱川靈涌水蝗蟲孳蔓殘我百穀太陽虧光饑
饉荐臻其不被害郡縣當為飢餒者儲天下一家趣不糜爛則為
國寶其禁郡國不得賣酒祠祀裁足 後漢桓紀

卹太山琅邪難民詔 永壽元年六月

太山琅邪遇賊者勿收租賦復更筭三年 後漢桓紀永興二年冬公孫舉反叛殺長吏至是下詔

洛水溢下詔 同上

被水死流失屍骸者令郡縣鉤求收葬及所唐突壓溺物故七歲

㠯上賜錢人二千。壞敗廬舍。亡失穀食。尤貧者稟人二斛。後漢桓紀

封謚樊重詔 永壽三年十月

存善繼絕。食藉德貞。武騎都尉樊演高祖父重。㠯光武皇帝元舅。扶助中興。追封壽張侯。謚曰敬。祖父茂封冠軍平望鄉侯。五國竝建。其二絕者嗣之。東觀漢記。桓帝永壽三年十月幸雲夢。至新野公主壽張敬侯主廟。乙丑謚。

遣居車兒還單于詔 延熹元年

春秋大居正。居車兒一心向化。何罪而黜。其遣還單于。後漢南匈奴傳

追贈中常侍樊安詔 延熹元年八月

制詔中常侍樊安。宿衞歷年。恭恪淑慎。嬰被疾病。不幸蚤終。今使湖陽邑長劉操追號安爲騎都尉。贈印綬。魂而有靈。嘉茲寵榮。嗚呼哀哉。隸釋六樊安碑

封單超等詔 二年八月

梁冀姧暴。濁亂王室。孝質皇帝聰敏早茂。冀心懷忌畏。私行殺毒。永樂太后親尊莫二。冀又遏絕。禁還京師。使朕離母子之愛。隔顧復之恩。禍害深大。罪釁日滋。賴宗廟之靈。及中常侍單超、徐璜、具瑗、左悺、唐衡、尚書令尹勳等激憤建策。內外協同。漏刻之閒。桀逆梟夷。斯誠社稷之祐。臣下之力。宜班慶賞。㠯酬忠勳。其封超等五人爲縣侯。勳等七人爲亭侯。後漢桓紀

封黃瓊邟鄉侯詔 十二月

太尉黃瓊。清儉不撓。數有忠謇。加㠯典謀深奧。有師傅之義。連在三司。不阿權貴。疾風知勁艸。朕甚嘉焉。其封瓊邟鄉侯。袁宏後漢紀二十一

封張彪鮑吉詔 三年五月甲戌

汝南太守張彪。故河南尹鮑吉。與朕有潛龍之舊。皆封列侯。袁宏後漢紀二十一。又見北堂書鈔四十八。桓帝即位詔曰。吉與朕有龍潛之舊。其封西鄉侯。又御覽二百十引魯國先賢志與書鈔同。

因水旱減奉詔 五年七月

減虎賁羽林住寺不任事者半奉。勿與冬衣。其公卿以下。給冬衣之半。後漢桓紀

詔策車騎將軍馮緄 五年

蠻夷猾夏。久不討攝。各焚都城。蹈藉官人。州郡將吏死職之臣。相逐奔竄。曾不反顧。可愧言也。將軍素有威猛。是㠯擢授六師。前代陳湯、馮、傅之徒。㠯寡擊衆。郅支、夜郎、樓蘭之戎。頭懸都街。衞、霍北征。功列金石。是皆將軍所究覽也。今非將軍。誰與修復前迹。進赴之宜。權時之策。將軍一之。出郊之事。不復內御。已命有司祖于國門。詩不云乎。進厥虎臣。闞如虓虎。敷敦淮濆。仍執醜虜。將軍其勉之。後漢馮緄傳

贈朱穆益州刺史詔 六年四月

制詔尚書朱穆。立節忠亮。世篤爾行。虔恪機任。守死善道。不幸而卒。朝廷閔焉。今使權謁者中郎湯貢贈穆益州刺史印綬。魂而有靈。嘉其寵榮。嗚呼哀哉。蔡中郎集朱公叔鼎銘

旱災盜賊郡免租詔 九年正月己酉

比歲不登。人多饑窮。又有水旱疾疫之困。盜賊徵發。南州尤甚。災異日食。譴告累至。政亂在予。仍獲咎徵。其令大司農絕今歲調度徵求。及前年所調未畢者。勿復收責。其災旱盜賊之郡。勿收租。餘郡悉半入。後漢桓紀

詔從事中郎應奉 延熹中

蠻夷叛逆。作難積惡。放恣鑊中之魚。火熾湯盡。當悉燋爛。㠯刷國恥。朝廷㠯奉昔守南土。威名播越。故復式序。重任奉之。廢興期在于今。賜奉錢十萬。駮犀方具劍、金錯把刀劍、革帶各一。奉其勉之。後漢應奉傳注引謝承書。又御覽三百四十二引同。

問段熲東討詔 永康元年

先零東羌造惡反逆。而皇甫規、張奐各擁強衆。不時輯定。欲熲移兵東討。未識其宜。可參思術略。後漢段熲傳

詔報喬玄 年月未詳

邊穀不得妄動。玄擅出。于是玄有汲黯憂民之心。後不以爲常。蔡邕集太尉喬玄碑陰

敕司隸冀州賑饑 永壽元年二月

敕州郡賑給貧弱。若王侯吏民有積穀者。一切貸得十分之三。以助稟貸。其百姓吏民者以見錢雇直。王侯須新租乃償。後漢桓紀

祠恭懷皇后祝文

孝曾孫皇帝志。使有司臣太常撫。夙興夜處。小心畏忌。不墮其身。一不盜。敢用絜牲一元大武。柔毛剛鬣。商祭明視。薌萁嘉薦。普淖鹹鹺。豐本明粢。醪用薦酎。事于恭懷皇后。尚饗。續漢祭祀志下注補引丁孚漢儀

全後漢文卷七終

全後漢文卷八

烏程嚴可均校輯

靈帝

帝諱宏、章帝玄孫。世封解瀆亭侯、永康元年桓帝崩、無子、奉迎即位。改元四。建寧、熹平、光和、中平。在位二十二年、謚曰孝靈皇帝。

下三司制

制曰。下太尉司徒、司空。夫瑞不虛至、災必有緣。朕㠯不德、秉統未明。㠯招妖僞。將何㠯昭顯憲法哉。三司任政者也。所當夙夜而各拱默。訖未有聞。將何㠯奉答天意、救寧我人。其各悉心思所崇改。務消復之術。稱朕意焉。後漢蔡邕傳注引漢名臣奏

特詔問災變 光和元年七月

比災變互生。未知厥咎。朝廷焦心。載懷恐懼。每訪羣公卿士。庶聞忠言。而各存括囊。莫肯盡心。㠯邕經學深奧。故密特稽問。宜披露失得。指陳政要。勿有依違。自生疑諱。具對經術。㠯皁囊封上。後漢蔡邕傳

封楊賜等詔 中平二年九月

大司馬楊賜、敦德允元。忠愛恭懿。親㠯尚書侍講。累評張角始謀。禍釁未彰。賜陳便宜。欲緩誅夷。令德既光。嘉謀但然。詩不云乎。無德不報。無言不讎。故褒城君孔霸。故太尉黃瓊。侍講先帝。竝宜受茅土之封。袁宏後漢紀二十五

徵處士荀爽等詔 五年九月己未

頃選舉失所。多非其人。儒法雜揉。學道寖微。處士荀爽、陳紀、鄭玄、韓融、李楷。耽道樂古。志行高潔。清貧隱約。爲衆所歸。其㠯爽等各補博士。袁宏後漢紀二十五

手詔姜肱

肱抗陵雲之志。養浩然之氣。㠯朕德薄。未肯降志。昔許由不屈。王道爲化。夷齊不撓。周德不虧。州郡㠯禮優順。勿失其意。後漢姜肱傳注引謝承書。

立宋貴人爲皇后冊文

維建寧四年七月乙未。袁後漢靈紀作癸丑。制詔。皇后之尊。與帝齊體。供奉天地。祗承宗廟。母臨天下。故有莘興殷。姜任母周。二代之隆。蓋有內德。長秋宮闕。中宮曠位。宋貴人秉淑媛之懿。體山河之儀。威容昭曜。德冠後庭。羣寮所咨。人曰宜哉。卜之蓍龜。卦得承乾。有司奏議。宜稱紱組。㠯母兆民。今使太尉襲使持節奉璽綬。通典作紱。宗正祖爲副。立貴人爲皇后。后其往踐爾位。敬宗禮典。肅慎中饋。無替朕命。永終天祿。續漢禮儀志中注補引蔡質典儀。又見通典五十八

追贈楊賜策 中平二年十月

故司空臨晉侯賜。華嶽所挺。九德純備。三葉宰相。輔國㠯忠。朕昔初載。授後漢紀作受道帷幄。遂階成勳。㠯陟大猷。師範之功。昭于內外。庶官之務。勞亦勤止。七在卿校。殊位特進。五登袞職。弭難乂寧。雖受茅土。未荅厥勳。哲人其萎。將誰諮度。朕甚懼焉。禮設殊等。物有服章。今使左中郎將郭儀持節追位特進。贈司空驃騎將軍印綬。後漢楊賜傳。又見後漢紀二十五。有刪節。文亦小異。

又敕

驃騎將軍官屬司空法駕送至舊塋。公卿以下會葬。謚曰文烈侯。後漢楊賜傳。又後漢紀但有末一語。

敕劉焉爲益州牧 中平五年

前刺史劉雋、郤儉皆貪殘放濫。取受狼藉。元元無聊。呼嗟充野。焉到便收攝行法。㠯示萬姓。勿令漏露。使癰疽決潰。爲國生梗。蜀志劉焉傳注引漢靈帝紀。

少帝

帝諱辯。靈帝長子。養于史道人家。謂之史侯。中平六年四月即位。改元光熹。八月改元昭寧。在位六月。董卓廢爲弘農王。

以袁隗爲太傅詔 光熹元年四月壬戌

朕以眇身。君主海內。夙夜憂懼。靡知所濟。夫天地人道。其用在三。必須輔佐。以昭其功。後將軍袁隗。德量寬重。奕世忠恪。今以隗爲太傅。錄尚書事。朕且諒闇。委成羣后。各率其職。稱朕意焉。後漢紀二十五

獻帝

帝諱協。字伯和。靈帝中子。中平六年四月少帝即位。封爲渤海王。七月徙封陳留王。九月即位。改元五。永漢、初平、興平、建安、延康。在位三十一年。禪于魏。封山陽公。青龍二年薨。年五十四。謚曰孝獻皇帝。

詔荅王允 初平元年四月

聞王者當修德爾。不聞孔子制孝經。有此而卻邪者也。袁宏後漢紀二十六

詔荅李傕 三年十月

王允奏。太史王立說孝經六隱事。令朝廷行之。消卻災邪。有益聖躬。詔曰云云

儒前爲弘農王郎中令。迫殺我兄。誠宜加罪。後漢紀二十七。李傕舉博士李儒爲侍中。詔曰云云

史官免罪詔 四年正月

天道幽遠。事驗難明。且災異應政而至。雖探道知機。焉能無失。而欲歸咎史官。益重朕之不德也。後漢紀二十七。尚書賈詡奏。太史令王立司候不明。疑誤上下。太尉周忠職所典掌。請皆治罪。詔曰云云。又見續漢五行志六注補引袁宏紀

詔勿收裴茂之 七月

災異數降。陰雨爲害。使者銜命宣布恩澤。原解輕微。庶合天心。欲解冤結。而復罪之乎。一切勿問。後漢紀二十七。李傕表茂之擅出囚徒。疑有姦故。宜置于理。詔曰云云。又見後漢董卓傳

試儒生詔 九月

孔子歎學之不講。不講則所識日忘矣。今耆儒年踰六十。去離本土。營求糧資。不得專業。結童入學。白首空歸。長委農野。永絕榮望。朕甚愍焉。其依科罷者。聽爲太子舍人。後漢獻帝紀。又見後漢紀二十七。有小異

令州郡罷兵詔 初平四年

今海內擾攘。州郡起兵。征夫勞瘁。寇難未弭。或將吏不良。因緣討捕。侵侮黎民。離害者衆。風聲流聞。震蕩城邑。丘牆懼于橫暴。貞良化爲羣惡。此何異乎抱薪救焚。扇火止沸哉。今四民流移。託身佗方。攜白首于山野。棄稚子于溝壑。顧故鄉而哀歎。向阡陌而流涕。飢厄困苦。亦曰甚矣。雖悔往者之迷謬。思奉教于今日。然兵連衆結。鋒鏑布野。恐一朝解散。夕見係虜。是以阻兵屯據。欲止而不敢散也。詔書到。其各罷遣甲士。還親農桑。惟留常員吏以供官署。慰示遠近。咸使聞知。魏志陶謙傳注引吳書

報有司請建長秋宮詔 興平元年二月戊寅

朕稟受不弘。遭值禍亂。未能紹先以光故典。皇母前薨。未卜宅兆。禮章有闕。中心如結。三歲之感。蓋不言吉。朕雖不能終身思慕。其何忍言後宮之選乎。且須其後。後漢靈思何后附王美人紀。又袁宏後漢紀二十七

考實侯汶詔 七月

未忍致汶于理。可杖五十。後漢獻帝紀。帝使侍御史侯汶出太倉米豆爲饑人作糜。經日而死者無數。帝疑賦卹有虛。乃親于御座前量試作糜。乃知非實。使侍中劉艾出讓有司。于是尚書令以下皆詣省閤謝。奏收侯汶考實。詔曰云云。又見袁宏後漢紀二十七

祿田詔

三輔地不滿千里。而軍師用度非一。公卿已下。不得奏除。其若公田以秩石爲率。賦與令各自收其租稅。續漢百官志五注補引獻帝起居注。帝在長安。詔書

喻郭汜詔 二年七月

朕遭艱難。越在西都。感惟宗廟靈爽。何日不歎。天下未定。厥心不革。武夫宜威。儒德合謀。今得東移。望遠若近。視險如夷。弘農近郊

廟勿有疑也後漢紀二十八

詔張濟 八月

濟有拔車駕之功何故無有表而私請邪一切勿問同上

報楊定請侍中尹忠爲長史詔 八月

侍中近侍就非其宜必爲關東所笑前在長安李傕專政今朕秉萬機豈可復亂官爵邪同上

告張濟詔 十二月

朕惟宗廟之重社稷之靈乃心東都日夜以冀洛陽丘墟靡所庇蔭欲幸弘農以漸還舊諸軍不止其競遂成禍亂今不爲定民在塗炭濟宿有忠亮乃心王室前者受命來和傕汜元功既建豈不惜乎濟其廩給百官遂究前勳昔晉文公爲踐土之會垂勳周室可不勉哉同上

詔董承等 十二月

傕汜自知罪重將遂唐突爲吏民害可復待韓融還乃議進退同上

詔李樂 十二月

千金之子坐不垂堂孔子慎馮河之危豈所謂安居之道乎同上

詔敕曹操領兗州牧 建安元年六月

詔敕鎮東將軍領兗州牧費亭侯故特進顯授上將鈇鉞之任復食舊土雙金之寵董統一州委成之重榮曜昭示亦以優崇投節效命自白之秋也藝文類聚五十一

詔曹操襲費亭侯

詔書拜鎮東將軍襲費亭侯曹操業履忠貞輔幹王室頃遭凶暴海內離析操執義討截黃巾爲國出命夫祿以賞功罰以絀否今以操爲鎮東將軍領兗州牧襲父費亭侯嵩爵并印綬符策藝文類聚五十一

封孫策詔書

董卓逆亂凶國害民先將軍堅念在平討雅意未遂厥美著聞策遵善道求福不回今以策爲騎都尉襲爵烏程侯領會稽太守吳志孫破虜討逆傳曹公表策爲討逆將軍封爲吳侯注引江表傳曰建安二年夏漢遣議郎王輔奉戊辰詔書曰

詔孫策 建安二年夏

董卓逆亂凶國害民先將軍堅念在平討雅意未遂厥美著聞策遵善道求福不回今以策爲騎都尉襲爵烏程侯領會稽太守吳志孫討逆傳注引江表傳漢朝遣議郎王輔奉戊辰詔書云云

又詔敕孫策

故左將軍袁術不顧朝恩坐創凶逆造合虛僞欲因兵亂詭詐百姓聞其言以爲不然定得使持節平東將軍領徐州牧溫侯布上術所造惑衆妖妄知術鴟梟之性遂其無道修治王宮署置公卿郊天祀地殘民害物爲禍淡酷布前後上策乃心本朝欲還討術爲國效節乞加顯異夫懸賞俟功惟勤是與故便寵授承襲前邑

重以大郡榮耀兼至是策輸力竭命之秋也其亟與布及行吳郡太守安東將軍陳瑀戮力一心同時赴討吳志孫討逆傳注引江表傳

命魏公得承制封拜詔 二十年

夫軍之大事在茲賞罰勸善懲惡宜不旋時故司馬法曰賞不逾日者欲民速覩爲善之利也昔在中興鄧禹入關承制拜軍祭酒李文爲河東太守來歙又承制拜高峻爲通路將軍察其本傳皆非先請明臨事刻印也斯則世祖神明權達損益蓋所用速示威懷而著鴻勳也其春秋之義大夫出疆有專命之事苟所以利社稷安國家而已況君秉任二伯師尹九有實征夷夏軍行藩甸之外失得在于斯須之間停賞俟詔以滯世務固非朕之所圖也自今已後臨事所甄當加寵號者其便刻印章假授咸使忠義得相獎勵勿有疑焉魏志武帝紀注引孔衍漢魏春秋又見御覽六百三十三

進魏公爵爲魏王詔

列當作烈

自古帝王，雖號稱相變，爵等不同，至乎褒崇元勳，建立功德，光啟氏姓，延于子孫，庶姓之與親，豈有殊焉。昔我聖祖受命，刱業肇基，造我區夏，鑒古今之制，通爵等之差，盡封山川，㠯立藩屏，使異姓親戚，竝列土地，據國而王，所㠯保乂天命，安固萬嗣。歷世承平，臣主無事。世祖中興，而時有難易，是㠯曠年數百，無異姓諸侯王之位。朕㠯不德，繼序弘業，遭率土分崩，羣凶縱毒，自西徂東，辛苦卑約。當此之際，唯恐溺入于難，㠯羞先帝之聖德。賴皇天之靈，俾君秉義奮身，震迅神武，捍朕于艱難，獲保宗廟，華夏遺民，含氣之倫，莫不蒙焉。君勤過稷禹，忠侔伊周，而掩之㠯謙讓，守之㠯彌恭，是㠯往者初開魏國，錫君土宇，懼君之違命，慮君之固辭，故且懷志屈意，封君爲上公，欲㠯欽順高義，須俟勳績。韓遂宋建，南[illegible]巴蜀，羣逆合從，圖危社稷，君復命將，龍驤虎奮，梟其元首，屠其窟栖。暨至西征，陽平之役，親擐甲冑，深入險阻，芟夷蝥賊，殄其凶醜，盪定西陲，懸旌萬里，聲教遠振，寍我區夏。蓋唐虞之盛，三后樹功，文武之興，旦奭作輔，二祖成業，英豪佐命。夫㠯聖哲之君，事爲己任，猶錫土班瑞，㠯報功臣，豈有如朕寡德，仗君㠯濟，而賞典不豐，將何㠯答神祇慰萬民哉。今進君爵爲魏王，使使持節行御史大夫宗正劉艾奉策璽元土之社，苴㠯白茅，金虎符第一至第五，竹使符第一至十。君其正王位，㠯丞相領冀州牧如故。其上魏公璽綬符策。敬服朕命，簡恤爾衆，克綏庶績，㠯揚我祖宗之休命。（魏志武帝紀注引獻帝傳）

又手詔

大聖㠯功德爲高美，㠯忠和爲典訓，故刱業垂名，使百世可希，行道制義，使力行可效，是㠯勳列無窮，休光茂著。稷契載元首之聰明，周邵因文武之智用，雖經營庶官，仰歎俯思，其對豈有若君者哉。朕惟古人之功，美之如彼，思君忠勤之績，茂之如此，是以每將

鏤符析瑞，陳禮命冊，寤寐慨然，自忘守文之不德焉。今君重違朕命，固辭懇切，非所㠯稱朕心而訓後世也。其益志撙節，勿復固辭。（魏志武帝紀注引獻帝傳）

今㠯君爲魏王，白絳皁黃白各二疋，越葛一端，往欽哉。（御覽八百十九）

詔魏太子丕嗣位（二十五年）

魏太子丕：昔皇天授乃顯考，㠯翼我皇家，遂攘除羣凶，拓定九州，弘功茂績，光于宇宙，朕用垂拱負扆三十有餘載。天不憖遺一老，永保予一人，早世潛神，哀悼傷切。丕奕世宣明，宜秉文武，紹熙前緒。今使使持節御史大夫華歆奉策詔授丕丞相印綬魏王璽紱，領冀州牧。方今外有遺虜，遐夷未賓，旗鼓猶在邊境，干戈不得韜刃，斯乃播揚洪烈，立功垂名之秋也，豈得脩諒闇之禮，究曾閔之志哉。其敬服朕命，抑弭憂懷，旁祗厥緒，時亮庶功，㠯稱朕意。於戲，可不勉乎。（袁宏後漢紀三十，又見魏志文紀注。案獻帝禪讓詔策，從衞覬作，宜編入三國文。今此非禪詔，故編入獻帝文。）

賜士燮璽書

交州絕域，南帶江海，上恩不宣，下義壅隔，知逆賊劉表又遣賴恭闚看南土，今㠯燮爲綏南中郎將，董督七郡，領交阯太守如故。（吳志士燮傳）

全後漢文卷八終

烏程嚴可均校輯

明德馬后

后扶風茂陵人伏波將軍援之小女建武末選入太子宮明帝卽位㠯爲貴人永平三年立爲皇后章帝卽位尊爲皇太后

辭封舅氏詔

外戚橫恣爲世所傳永平中常自簡練知舅氏不可恣不令在樞機之位今水旱連年民流滿道致有飢餓而施封拜失宜不可且先帝言諸王財令半楚淮陽王吾子不當與光武帝子等今柰何欲㠯馬氏比陰氏乎吾自束脩冀欲上不負先帝下不虧先人之德身服大練縑裙食不求所甘左右旁人皆無香薰之飾但布帛耳如是者欲身帥衆也以爲外親見之當傷心自克但反共言太后素自喜儉前過濯龍門上見外家問起居車如流水馬如龍蒼

頭衣綠直領領袖正白顧視旁御者遠不及也亦不譴怒但絕其歲用冀㠯默止讙耳知臣莫若君況親屬乎人之所㠯欲封矦者欲㠯祿食養其親奉修祭祀身溫飽耳今祭祀則受大官之牲郡國既珍司農黍稷身則衣御府之餘繒尚未足邪必當得一縣上令長樂宮有負言之責內亦不愧于世俗乎（續列女傳八。公卿諸矦上書言宜遵舊典封舅氏。太后詔。）有舊典舅氏一人封也吾非謙而不爲誠昧所可耳今水旱連年民流滿道至有餓餒者而欲施封爵上行之爲先政臣受之爲喪軀不可明矣先帝嘗言諸王財令半楚淮陽吾子不當與光武帝子等今何㠯馬氏比陰氏乎且陰衞尉天下稱之省中御者出不及履而至門此蘧伯玉之敬也又有好賢下士吐握之名親陽矦雖剛強微失理然有方略據地談論一朝無雙原鹿貞矦勇猛誠信此三人者天下選臣豈可及哉馬氏不及陰氏遠矣吾不才夙夜累息常恐虧先后之法有毛髮之罪吾不釋也言之不舍晝夜而親屬犯之不止治喪起墳又不時覺是吾言之不立耳目之塞也吾萬乘主身服大練食不求甘左右旁人無香薰之飾衣但布帛如是者欲㠯身率服衆也㠯爲外親見之當傷心自刻但發笑言太后素好儉前過濯龍門上見外家車如流水馬如龍吾亦不譴怒之但絕其歲用冀㠯默媿其心而猶懈怠無憂國忘家者知臣莫若君況親屬乎（袁宏後漢紀十一。建初二年四月。）

凡言事者皆欲媚朕㠯要福耳昔王氏五矦同日俱封其時黃霧四塞不聞澍雨之應又田蚡竇嬰寵貴橫恣傾覆之禍爲世所傳故先帝防慎舅氏不令在樞機之位諸子之封裁令半楚淮陽諸國常謂我子不當與先帝子等今有司柰何欲㠯馬氏比陰氏乎吾爲天下母而身服大練食不求甘左右但著帛布無香薰之飾者欲身率下也㠯爲外親見之當傷心自敕但笑言太后素好儉

前過濯龍門上見外家問起居者車如流水馬如游龍倉頭衣綠褠領袖正白顧視御者不及遠矣故不加譴怒但絕歲用而已冀㠯默媿其心而猶懈怠無憂國忘家之慮知臣莫若君況親屬乎吾豈可上負先帝之旨下虧先人之德重襲西京敗亡之禍哉（後漢明德馬后紀。案此詔三見。互有刪節。）

報章帝重請封諸舅詔

吾反覆念之欲令兩善豈徒欲獲謙虛之名而令帝受不外施之嫌哉竇太后欲封皇父曲周矦言高祖要無軍功非劉氏不封今馬氏無功于漢不得與陰郭中興之后等也今輦轂下民食不造歲湯火之憂也柰何欲㠯此時封爵舅氏令吾無面目于園陵而令帝不知稼穡之艱難不可明矣吾懼富貴重疊若再實木根必傷也且人所㠯欲封矦者欲㠯祿養親奉祭祀身溫飽也祭祀則受大官之賜其身則御府之餘尚未足邪而必當一縣封乎吾計

之孰矣勿有疑至孝之行安親爲上今遭變異穀價數倍憂惶晝夜坐起不安而欲違慈母之拳拳吾素剛急有匈中氣不可不愼子之未冠由于父母已冠成人則子之志念帝人君也吾㠯未逾三年之故自吾家族故得專之攘歲之後行子之志吾但當含飴弄孫不能復知政袁宏後漢紀十一上固請封之太后詔。

吾反覆念之思令兩善豈徒欲獲謙讓之名而令帝受不外施之嫌哉昔竇太后欲封王皇后之兄丞相條侯言受高祖約無軍功非劉氏不侯今馬氏無功于國豈得與陰郭中興之后等邪常觀富貴之家祿位重疊猶再實之木其根必傷且人所㠯願封侯者欲上奉祭祀下求溫飽耳今祭祀則受四方之珍衣食則蒙御府餘資斯豈不足而必當得一縣乎吾計之孰矣勿有疑也夫至孝之行安親爲上今數遭變異穀價數倍憂惶晝夜不安坐臥而欲先營外封違慈母之拳拳乎吾素剛急有匈中氣不可不順也若

陰陽調和邊境清靜然後行子之志吾但當含飴弄孫不能復關政矣後漢明德馬后紀。案此詔與袁宏紀亦互有刪節。

詔三輔

諸馬婚親有囑託郡縣干亂吏治者㠯法聞袁宏後漢紀十一。

章德竇后

后扶風平陵人大司徒融之曾孫章帝建初三年立爲皇后和帝卽位尊爲皇太后臨朝

下竇憲鄧彪等詔章和二年三月庚戌

先帝㠯明聖奉承祖宗至德要道天下清靜庶事咸寧今皇帝㠯幼年煢煢在疚朕且佐助聽政外有大國賢王竝爲藩屏內有公卿大夫統理本朝恭己受成夫何憂哉然守文之際必有內輔㠯參聽斷侍中憲朕之元兄行能兼備忠孝尤篤先帝所器親受遺詔當㠯舊典輔斯職焉憲固執謙讓節不可奪今供養兩宮宿衞左右厥事已重亦不可復勞㠯政事故太尉鄧彪元功之族三讓彌高海內歸仁爲羣賢首先帝褒表欲㠯崇化今彪聰明康彊可謂老成黃耇矣其㠯彪爲太傅賜爵關內侯錄尚書事百官總己㠯聽朕庶幾得專心內位於戲羣公其勉率百僚各修厥職愛養元元綏㠯中和稱朕意焉後漢和帝紀。又略見袁宏後漢紀十二。又見藝文類聚四十八、御覽二百六二百十引漢官儀。

和熹鄧后

后諱綏南陽新野人太傅鄧禹之孫和帝永元七年選入宮八年爲貴人十四年陰皇后廢立爲皇后元興元年殤帝卽位尊爲皇太后臨朝明年安帝卽位猶臨朝永寧二年三月崩年四十一凡臨朝十七年案殤帝誕甫百餘日卽位鄧后臨朝至安帝永寧二年猶臨朝凡詔敕皆出鄧后也。

免馬融制

融典校祕書不推忠盡節而羞薄詔除希望欲仕州郡免官勿罪後漢馬融傳注引融集。

㠯張禹爲太傅徐防爲太尉詔元興元年十二月殤帝初卽位。

昔唐虞之盛猶待四輔周文之寧實在多士漢興舊制咸宜保傅竝建左右㠯參聽斷太傅禹三世在位黃髮罔[illegible]北堂書鈔五十九引漢官儀。殤帝策此下有忠孝彌篤四字。司徒防㠯臺閣機密施政牧守竭力致身先帝嘉之其㠯禹爲太傅防爲太尉參錄尚書事百官總己㠯聽政袁宏後漢紀十四。又見藝文類聚四十八引漢舊儀。

大赦詔延平元年五月辛卯

皇帝幼沖承統鴻業朕且權禮佐助聽政兢兢寅畏不知所濟深惟至治之本道化在前刑罰在後將稽中和廣施慶惠與吏民更始其大赦天下自建武㠯來諸犯禁錮詔書雖解有司持重多不奉行其皆復爲平民後漢殤紀。

減服御詔六月己未

宮當作官

自夏㠯來陰雨過節煖氣不効將有厥咎思惟愆失淺自克責（二語從袁宏紀補·）寤寐憂惶未知所由昔夏后惡衣服菲飲食孔子曰吾無閒然今新遭大憂且歲節未和徹膳損服庶有補焉其減太官導官尚方內署諸服御珍膳靡麗難成之物（後漢殤紀又見袁宏後漢紀十五有刪節·）

遣掖庭宮人詔 六月丁卯

詔司徒大司農長樂少府曰朕㠯無德佐助統政夙夜經營懼失厥衷思惟治道由近及遠先內後外自建武之初㠯至于今八十餘年宮人歲增房御彌廣又宗室坐事沒入者猶託名公族甚可愍焉今悉免遣及掖庭宮人皆爲庶民㠯抒幽隔鬱滯之情諸宮府郡國王侯家奴婢姓劉及疲癃羸老皆上其名務令實悉（後漢殤紀）

舉隱逸大儒詔 六月

易稱天垂象聖人則之又云聖人之情見于辭然則文章之作將㠯幽讚神明燮暘萬物秦燔詩書禮壞樂崩大漢之興拾而弘之至乎元康五鳳之閒英豪四集文章煥炳六經之學于斯爲盛自頃㠯來學者怠惰遂㠯陵遲宜令公卿中二千石各舉隱逸大儒碩德高操㠯勸後進（袁宏後漢紀十五尚敏上疏·陳興廣學校于是詔）

立安帝詔 八月

先帝聖德淑茂早棄天下朕奉皇帝夙夜瞻仰日月冀望成就豈意卒然顛沛天年不遂悲痛斷心（袁宏紀作朕撫育幼帝日月有望遭家不造仍罹凶禍·）朕惟平原王素被痼疾念宗廟之重思繼嗣之統唯長安侯祜質性忠孝小心翼翼能通詩論篤學樂古仁惠愛下年已十三有成人之志（袁宏紀作嶷然有成人之體·）親德係後莫宜于祜禮昆弟之子猶己子春秋之義爲人後者爲之子不㠯父命辭王父命其㠯祜爲孝和皇帝嗣奉承祖宗案禮儀奏（後漢安紀又見袁宏後漢紀十五·）

檢敕外戚詔

每覽前代外戚賓客假借威權輕薄謥詷至有濁亂奉公爲人患苦咎在執法怠懈不輒行其罰故也今車騎將軍騭等雖懷敬順之志而宗門廣大姻戚不少賓客姦猾多干禁憲其明加檢敕勿相容護（後漢和熹鄧后紀·殤帝崩·太后定策立安帝·猶臨朝·詔告司隸校尉河南尹南陽太守·）

㠯王渙子石爲郎中詔 永初二年

夫忠良之吏國家所㠯爲理也求之甚勤得之至寡故孔子曰才難不其然乎昔大司農朱邑右扶風尹翁歸政迹茂異令名顯聞孝宣皇帝嘉歎愍惜而㠯黃金百斤策賜其子故洛陽令王渙秉清修之節蹈羔羊之義盡心奉公務在惠民功業未遂不幸早世百姓追思爲之立祠自非忠愛之至孰能若斯者乎今㠯渙子石爲郎中㠯勸勞勤（後漢王渙傳·）

禁供薦新味詔 永初七年正月

凡供薦新味多非其節或鬱養強孰或穿掘萌牙味無所至而大折生長豈所㠯順時育物乎傳曰非其時不食自今當奉祠陵廟

及給御者皆須時乃上（後漢和熹鄧后紀·）

詔河南尹鄧豹等 元初六年

吾所㠯引納羣子置之學官者實㠯方今承百王之敝時俗淺薄巧僞滋生五經衰缺不有化導將遂陵遲故欲褒崇聖道㠯匡失俗傳不云乎飽食終日無所用心難矣哉今末世貴戚食祿之家溫衣美飯乘堅驅良而面牆術學不識臧否斯故禍敗所從來也永平中四姓小侯皆令入學所㠯矯俗厲薄反之忠孝先公既㠯武功書之竹帛兼㠯文德教化子孫故能束修不觸羅網誠令兒曹上述祖考休烈下念詔書本意則足矣其勉之哉（後漢和熹鄧后紀·）

遺詔 永寧二年二月

朕㠯無德託母天下而薄祐不天早離大憂延平之際海內無主元元戹運危如累卵勤勤苦心不敢㠯萬乘爲樂上欲不欺天愧先帝下不違人負宿心誠在濟度百姓㠯安劉氏自謂感徹天地

待當作侍

當蒙福祚而喪禍內外傷痛不絕頃㠯廢病沈滯久不待祠自力上原陵加欬逆唾血遂至不解存亡大分無可柰何公卿百官其勉盡忠恪㠯輔朝廷 後漢和熹鄧后紀

敕司隸校尉部刺史實覈水災 延平元年七月庚寅

夫天降災戾應政而至閒者郡國或有水災妨害秋稼朝廷惟咎憂惶悼懼而郡國欲獲豐穰虛飾之譽遂覆蔽災害多張墾田不揣流亡競增戶口掩匿盜賊令姦惡無懲署用非次選舉乖宜貪苛慘毒延及平民刺史垂頭塞耳阿私下比不畏于天不愧于人假貸之恩不可數恃自今㠯後將糾其罰二千石長吏其各實覈所傷害爲除田租芻稾 後漢殤紀

敕掖庭令 永初三年七月

何故有此不祥之言自今㠯後祀但謝過而已不得復有此言 袁宏後漢紀十六太后有疾左右請禱㠯人爲代太后聞之怒卽敕掖庭令

賜周馮貴人歸園策 延平元年三月 袁宏紀作詔

朕與貴人託配後庭共歡等列十有餘年上天不弔 此句從袁宏紀補 不獲福祐先帝早棄天下孤心煢煢靡所瞻仰夙夜永歎感愴發中今當㠯舊典分歸後園相戀之情 此句從袁宏紀補 慘結增歎燕燕之詩曷能喻焉其賜貴人王青蓋車采飾輅驂馬各一駟黃金三 袁宏紀作四 十斤雜帛三千匹白越四千端又賜馮貴人王赤綬㠯未有頭上步搖環佩加賜各一具 後漢和熹鄧后紀又略見袁宏後漢紀十五

策命長安侯卽皇帝位 延平元年八月

惟延平元年秋八月癸丑皇太后曰咨長安侯祜孝和皇帝懿德巍巍光于四海大行皇帝不永天年朕惟侯孝章帝世嫡皇孫謙恭慈順在孺而勤宜奉郊廟承統大業今㠯侯嗣孝和皇帝後其審君漢國允執其中一人有慶萬民賴之皇帝其勉之哉 後漢安紀

報鄧閶

長歸冥冥往而不反 東觀漢記

恭陵次序詔 五月丙辰

孝殤皇帝雖不永休祚而卽位踰年君臣禮成孝安皇帝承襲統業而前世遂令恭陵在康陵之上追覽前代位第之官先後相踰失其次序非所㠯奉宗廟之重垂無窮之制昔定公追順祀禮春秋善之其令恭陵次康陵憲陵次恭陵㠯序親秩爲萬世法 袁宏後漢紀二十又後漢質紀

寬罰詔 本初元年正月丙申

昔堯命四子㠯欽天道鴻範九疇休咎有象夫瑞㠯和降異因逆感禁微應大前聖所重頃者州郡輕慢憲防競逞殘暴造設科條陷入無罪或㠯喜怒驅逐長吏恩阿所私罰枉仇隙至令守闕訴訟前後不絕送故迎新人離其害怨氣傷和㠯致災眚書云明德慎罰方春東作育微敬始其敕有司罪非殊死且勿案驗㠯崇在寬 後漢質紀又略見袁宏後漢紀二十

順烈梁后

后諱妠安定烏氏人大將軍梁商之女順帝永建三年選入宮㠯爲貴人陽嘉元年立爲皇后沖帝卽位尊爲皇太后臨朝攝政歷質帝至桓帝和平元年正月歸政後二日而崩凡臨朝七年

詔詰欒巴

大行皇帝晏駕有日卜擇陵園務從省約塋域所極裁二十頃而巴虛言主者壞人冢墓事既非實寢不報下巴獄固遂其愚復上誹謗苟肆狂瞽益不可長 後漢欒巴傳順帝崩營起憲陵陵左右或有小人墳冢主者欲有所侵毀巴連上書苦諫時梁太后臨朝詔詰巴

巴小子弄口鳴舌 北堂書鈔三十二引典略太后詔

立質帝詔 永嘉元年正月丙辰

先帝早棄天下。肖嗣幼沖。何悟倉卒。仍遭不造。惟太后定之。此句有誤考人神之誠。惟建平侯纘幼而岐嶷。師傅不煩。年已八歲。克昌化之形于體貌。春秋之義。爲人後者爲之子。其以纘爲孝順皇帝嗣。袁宏後漢紀二十。梁冀欲立幼主而專其權。與太后定策禁中。詔云云。案今本纘作續。從後漢質紀改。

憂旱詔 五月甲午

朕以不德。託母天下。布政不明。每失厥中。自春涉夏。大旱炎赫。憂心京京。故得當作復。禱祈明祀。冀蒙潤澤。前雖得雨。而宿麥頗傷。比日陰雲還復開霽。寤寐永歎。重懷慘結。將二千石令長不崇寬和暴刻之爲乎。其令中都官繫囚罪非殊死考未竟者。一切任出。以須立秋。郡國有名山大澤能興雲雨者。二千石長吏各潔齋請禱。竭誠盡禮。又兵役連年。死亡流離。或支骸不斂。或停棺莫收。朕甚愍焉。昔文王葬枯骨。人賴其德。今遣使者案行。若無家屬及貧無資者。隨宜賜邮。以慰孤魂。後漢質紀。

稟窮弱葬枯骸詔 二月庚辰

九江廣陵二郡。數離寇害。殘夷最甚。生者失其資業。死者委尸原野。昔之爲政。一物不得其所。若已爲之。況我元元。嬰此困毒。方春戒節。賑濟乏厄。掩骼埋胔之時。其調比郡見穀。出稟窮弱。收葬枯骸。務加埋邮。以稱朕意。後漢質紀。又見袁宏後漢紀二十。有小異。

立桓帝詔 閏六月

孝質皇帝肖嗣不遂。奄忽夭昏。以社稷之重。考宗室之賢。莫若蠡吾侯志。年已十五。嘉姿卓茂。又近爲孝順皇帝嗣。袁宏後漢紀二十。

嚴選舉詔 七月

孝廉廉吏。皆當典城牧民。禁姦舉善。興化之本。恆必由之。詔書連下。分明懇惻。而所在翫習。遂至怠慢。選舉乖錯。害及元元。頃雖頗繩正。猶未懲改。方今淮夷未殄。軍師屢出。百姓疲悴。困于徵發。庶望羣吏惠我勞民。蠲滌貪穢。以祈休祥。其令秩滿百石。十歲以上。

有殊才異行。乃得參選。臧吏子孫。不得察舉。杜絕邪僞請託之原。令廉白守道者得信其操。各明守所司。將觀厥後。後漢桓紀。

遣子就學詔 本初元年

大將軍下至六百石。悉遣子就學。每歲輒于鄉射月一饗會之。以此爲常。後漢儒林傳序。

減死罪詔 建和元年四月丙午

郡國繫囚減死罪一等。勿笞。唯謀反大逆不用此書。後漢桓紀。

減陵工刑徒詔 同上

比起陵塋。彌歷時歲。力役既廣。徒隸尢勤。頃雨澤不沾。密雲復散。倘或在茲。其令徒作陵者減刑各六月。後漢桓紀。

增封濟北王次詔 元年

濟北王次以幼年守藩。躬履孝道。父沒哀慟。焦毀過禮。草廬土席。衰杖在身。頭不枇沐。體生瘡腫。諒闇已來二十八月。自諸國有憂。未之聞也。朝廷甚嘉焉。書不云乎。用德章厥善。詩云。孝子不匱。永錫爾類。今增次封五千戶。廣其土宇。以慰孝子惻隱之勞。後漢濟北惠王壽傳。

冊封中常侍州輔爲葉吉成侯詔 二年七月己巳

蓋聞春秋之口。采毫毛之善。大漢典制。有恩澤之封。輔歷世守省。恪恭位著。建立之際。處乎左右。常伯之職。同口協意。以亮天功。往者鄭衆蔡倫行事科比。其封輔爲葉吉成侯。隸釋十七州輔碑。

詔告光祿勳汝南太守 三年二月

昔在前世。求賢如渴。封墓軾閭。以光賢哲。故公叔見誄。翁歸蒙述。所以昭忠厲俗。作範後昆。故光祿大夫周舉。性侔夷魚。忠踰隨管。前授牧守。及還納言。出入京輦。有欽哉之績。在禁闈有密靜之風。予祿乃動。用登九列。方欲式序百官。亮協三事。不永夙終。用乖遠圖。朝廷愍悼。良爲愴然。詩不云乎。肇敏戎功。用錫爾祉。其令將大夫㠯下到喪發日復會弔。加賜錢十萬。㠯旌委蛇素絲之節焉。後漢周舉傳。又略見袁宏後漢紀二十一。

遣中常侍曹騰之國詔

惟建和元年七月二十二日己巳。皇太后曰。其遣費亭侯之國。爲漢藩輔。臨君境內。毋有出□□□□□變卒□□□□□百姓不可不愛。不愛則不附。大臣不親。百姓不附。可不慎。下缺。隸釋十五曹騰碑陰。

日食寬禁徙詔 五月乙亥

蓋聞天生蒸民。不能相理。爲之立君。使司牧之。君道得于下。則休祥著乎上。庶事失其序。則咎徵見乎象。閒者日食毀缺。陽光晦暗。朕祗懼潛思。匪遑啟處。傳不云乎。日食修德。月食修刑。昔孝章帝愍前世禁徙。故建初之元。並蒙恩澤。流徙者使還故郡。沒入者免爲庶民。先皇德政。可不務乎。其自永建元年。迄于今歲。凡諸妖惡支親從坐。及吏民減死徙邊者。悉歸本郡。唯沒入者不從此令。後漢桓紀。

葬死者詔 三年十一月甲申

朕攝政失中。災眚連仍。三光不明。陰陽錯序。監寐寤歎。疢如疾首。今京師廝舍。死者相枕。郡縣阡陌。處處有之。甚違周文掩胔之義。其有家屬而貧無㠯葬者。給直人三千。喪主布三匹。若無親屬。可予官壖地葬之。表識姓名。爲設祠祭。又徒在作部。疾病致醫藥。死亡厚埋藏。民有不能自振及流移者。稟穀如科。州郡檢察。務崇恩施。㠯康我民。後漢桓紀。

歸政詔 和平元年正月己亥

曩者遭家不造。先帝早世。永惟大宗之重。深思嗣續之福。詢謀台輔。稽之兆占。既建明哲。克定統業。天人協和。萬國咸寧。元服已加。將卽委付。而四方盜竊。頗有未靜。故假延臨政。㠯須安謐。幸賴股肱禦侮之助。殘醜消蕩。民和年稔。普天率土。遐邇洽同。遠覽復子明辟之義。近慕先姑歸授之法。及今令辰。皇帝稱制。羣公卿士。虔恭爾位。戮力一意。勉同斷金。展也大成。則所望矣。後漢桓紀。

曩者遭家不造。大禍薦臻。欽惟宗廟之重。社稷之大。爰立明哲。將卽委授。而東西南北。醜類未賓。故且總攝。助理萬機。今悉討除。遠慕復子明辟之義。其及今辰。皇帝稱制。袁宏後漢紀二十一。

遺詔 二月

朕素有心下結氣。從閒㠯來。加㠯浮腫。逆害飲食。寖㠯沈困。比使內外勞心請禱。私自忖度。日夜虛劣。不能復與羣公卿士共相終竟。援立聖嗣。恨不久育養。見其終始。今㠯皇帝將軍兄弟委付股肱。其各自勉焉。後漢順烈梁后傳。

冊趙峻爲太傅李固爲太尉 建康元年八月丁丑。時沖帝初立。

三公國之楨榦。朝廷取正。㠯成斷金。太尉趙峻。貳掌樞衡。有匪后不二之心。大司農李固。公族之苗。忠直不回。有史魚之風。其㠯峻爲太傅。固爲太尉。參錄尚書事。藝文類聚四十八。御覽二百八。又二百七。並引漢官儀。

桓思竇后

后諱妙。章德竇皇后之從孫女。桓帝延熹八年。鄧皇后廢。選入宮爲貴人。尋立爲皇后。靈帝卽位。尊爲皇太后。臨朝。㠯父大將軍武謀誅宦官事敗。遷于南宮雲臺。

立靈帝詔

大行皇帝德配天地。光照上下。不獲胤嗣之祚。早棄萬國。朕憂心摧傷。追覽前代法。王后無適。卽擇賢近親。考德敘才。莫若解犢亭侯宏。年十有二。嶷然有周成之質。春秋之義。爲人後者爲之子。其㠯宏爲大行皇帝嗣。使光祿大夫劉儵持節之國奉迎。袁宏後漢紀二十二。

㠯陳蕃爲太傅詔

夫民生樹君。使司牧之。必須良佐。㠯固王業。前太尉陳蕃。忠清直

太輔之輔當作傅

亮。其以蕃爲太傅。錄尚書事。後漢陳蕃傳。

復優詔封陳蕃

蓋褒功以勸善。表義以厲俗。無德不報。大雅所歎。太輔陳蕃輔弼先帝。出內累年。忠孝之美。德冠本朝。謇諤之操。華首彌固。今封蕃爲高陽侯。食邑三百戶。後漢陳蕃傳。太后復優詔云云。袁宏後漢紀二十三作太傅陳蕃輔弼先帝出內爲允。謇諤之節。宜于本朝。朕初踐祚。親授策命。忠篤之性。老而彌純。其封蕃爲高陽侯。則又叙靈帝爲辭。與范書不同。

下詔段熲

先零東羌。歷載爲患。熲前陳狀。欲必埽滅。涉履霜雪。兼行晨夜。身當矢石。感厲吏士。曾未浹日。凶醜奔破。連尸積俘。掠獲無算。洗雪百年之逋負。以慰忠將之亡魂。功用顯著。朕甚嘉之。須東羌盡定。當竝錄功勤。今且賜熲錢二十萬。以家一人爲郎中。敕中藏府調金錢綵物。增助軍費。拜熲破羌將軍。後漢段熲傳。

冊陳蕃爲太傅

故太尉陳蕃。忠亮謇諤。有不吐茹之節。司徒廣。敦德允元。五世從政。今以蕃爲太傅。與廣參錄尚書事。藝文類聚四十八、御覽二百十引漢官儀。

獻穆伏后

后諱壽。琅邪東武人。不期矦完之女。獻帝興平二年立爲皇后。建安十九年。司空曹操逼帝廢之。收下暴室。幽死。

與父伏完書

司空殺董承。帝方爲報怨。□□□□□引獻帝春秋。

全後漢文卷九終

全後漢文卷十

烏程嚴可均校輯

臨邑侯復

復。光武兄齊武王縯之孫。建武三十年封臨邑侯。

牋

煩爾昨所作詩。便附編末。所謂坐娸母于文茵。而比枝□于娵閭。北堂書鈔一百三十四。

東海王彊

彊。光武長子。建武二年立為皇太子。㠯母郭后廢。願備蕃國。十九年封為東海王。永平元年薨。謚曰恭王。

臨命上疏

臣蒙恩得備蕃輔。特受二國。宮室禮樂。事事殊異。巍巍無量。訖無報稱。而自修不謹。連年被疾。為朝廷憂念。皇太后陛下哀憐臣彊。感動發中。數遣使者太醫令丞。方伎道術。絡驛不絕。臣伏惟厚恩。不知所言。臣內自省視。氣力羸劣。日夜浸困。終不復望見闕庭。奉承帷幄。孤負重恩。銜恨黃泉。身既夭命孤弱。復為皇太后陛下憂慮。誠悲誠慙。袁宏紀此句上有臣特蒙大恩兼大國。息政。小人也。猥當襲臣後。必非所㠯全利之也。袁宏紀此下有如皇太后陛下洪為規度。誠願還東海郡。天恩愍哀。㠯臣無男之故。處臣三女小國侯。此臣宿昔常計。今天下新罹大憂。惟陛下加供養皇太后。數進御餐。袁宏紀此下有避風氣終始天道。臣彊困劣。言不能盡意。願並謝諸王。不意永不復相見也。後漢東海王彊傳。又見袁宏後漢紀九。

沛王輔

輔。東海王彊同母弟。建武十五年封右馮翊公。十七年進爵中山王。二十年徙封沛。在位四十四年。謚曰獻王。

上書對易林占雨

巨當作戶

蹇。艮下坎上。艮為山。坎為水。山出雲為雨。蟻穴處。居一作知雨將至。故㠯蟻為興。御覽十。又七百二十七。引東觀漢記。沛獻王輔善京氏易。永平五年。京師少雨。上御雲臺。自為卦。㠯周易林占之。其繇曰。蟻封穴巨。大雨將至。上㠯問輔。輔上書。

東平王蒼

蒼。明帝同母弟。建武十五年封東平公。十七年進爵為王。明帝即位。拜驃騎將軍。永平五年歸國。建初八年薨。謚曰憲王。

薦西曹掾吳良疏

臣聞為國所重。必在得人。報恩之義。莫大薦士。竊見臣府西曹掾齊國吳良。資質敦固。公方廉恪。躬儉安貧。白首一節。又治尚書。學通師法。經任博士。行中表儀。宜備宿衛。㠯輔聖政。臣蒼榮寵絕矣。憂責㴱大。私慕公叔同升之義。懼于臧文竊位之罪。敢秉愚瞽。犯冒嚴禁。後漢吳良傳。

上疏歸職

臣蒼疲駑。特為陛下慈恩覆護。在家被教導之仁。升朝蒙爵命之首。制書褒美。班之四海。舉負薪之才。升君子之器。凡匹夫一介。尚不忘簞食之惠。況臣居宰相之位。同氣之親哉。宜當暴骸膏野。為百僚先。而愚頑之質。加㠯固病。誠羞負乘。辱汙輔將之位。將被詩人三百赤紱之刺。今方域晏然。要荒無儆。將遵上德無為之時。文官猶可并省。武職尤不宜建。昔象封有鼻。不任㠯政。誠由愛㴱。不忍揚其過惡。前事之不忘。來事之師也。自漢興㠯來。宗室子弟無得在公卿位者。惟陛下審覽虞帝優養母弟。遵承舊典。終卒厚恩。乞上驃騎將軍印綬。退就蕃國。願蒙哀憐。後漢東平憲王蒼傳。又畧見袁宏後漢紀八。

諫為原陵顯節陵起立郭邑疏 建初中

伏聞當為二陵起立郭邑。臣前頗謂道路之言。疑不審實。近令從官古霸問涅陽主疾。使還。乃知詔書已下。竊見光武皇帝躬履儉約之行。㴱覩始終之分。勤勤懇懇。㠯葬制為言。故營建陵地。具稱古典。詔曰無為山陵。陂池裁令流水而已。孝明皇帝大孝無違。奉承貫行。至于自所營創。尤爲儉省。謙德之美。于斯爲盛。臣愚㠯園邑之興。始自彊秦。古者丘隴且不欲其著明。豈況築郭邑建都郛哉。上違先帝聖心。下造無益之功。虛費國用。動搖百姓。非所㠯致和氣祈豐年也。又㠯吉凶俗數言之。亦不欲無故繕修丘墓。有所興起。考之古法則不合。稽之時宜則違人。求之吉凶復未見其福。陛下履有虞之至性。追祖禰之深思。然懼左右過議。㠯累聖心。臣蒼誠傷二帝純德之美。不暘于無窮也。惟蒙哀覽。（後漢東平憲王蒼傳。又略見袁宏後漢紀十一。）

辭受恩過禮疏

臣聞貴有常尊。賤有等威。卑高列序。上下㠯理。陛下至德廣施。慈愛骨肉。既賜奉朝請。咫尺天儀。而親屈至尊。降禮下臣。每賜讌見。輒興席改容。中宮親拜。事過典故。臣惶怖戰慄。誠不自安。每會見踧踖。無所措置。此非所㠯章示羣下安臣子也。（後漢東平憲王蒼傳）

上書諫獵

臣聞時令。盛春農事。不聚衆興功。傳曰。田獵不宿。食飲不享。出入不節。則木不曲直。此失春令者也。臣知車駕今出。事從約省。所過吏人。諷誦甘棠之德。雖然。動不㠯禮。非所㠯示四方也。惟陛下因行田野。循視稼穡。經覽河山。消搖仿佯。弭節而旋。至秋冬。乃振威靈。整法駕。備周衞。設羽旄。詩云。抑抑威儀。惟德之隅。敬慎威儀。惟民之則。臣不勝憤懣。伏自手書。乞詣行在。極陳至誠。（後漢東平王蒼傳。又見袁宏後漢紀九。）

上言明德皇后在世祖廟坐位

文武宣元祖祫食高廟。皆㠯配先帝所制典法。設張。大雅曰。昭哉來御。慎其祖武。又曰。不愆不忘。率由舊章。明德皇后宜配孝明皇帝。于世祖廟同席而供饌。（續漢祭祀志下注補引謝沈書。上㠯公卿所奏明德皇后在世祖廟坐位駮議示蒼。蒼上言。）

肅修之修當作穆

人當作八

南北郊冕服議

孔子曰。行夏之時。乘殷之輅。服周之冕。爲漢制法。高皇帝始受命創業。制長冠㠯入宗廟。光武受命中興。建明堂。立辟雍。陛下㠯聖明奉遵。㠯禮服龍袞。祭五帝。禮缺樂崩。久無祭天地冕服之制。案尊事神祇。絜齋盛服。敬之至也。日月星辰。山龍華藻。天王袞冕十有二旒。㠯則天數。旂有龍章日月。㠯備其文。今祭明堂宗廟。圓㠯法天。方㠯則地。服㠯華文。象其物宜。㠯降神明。肅雍備思。博其類也。天地之禮。冕冠裳衣。宜如明堂之制。（續漢輿服志下注補引東觀書。永平二年正月。公卿議春南北郊。東平王蒼議云云。又見通典六十一。）

世祖廟樂舞議

漢制舊典。宗廟各奏其樂。不皆相襲。㠯明功德。秦爲無道。殘賊百姓。高皇帝受命誅暴。元元各得其所。萬國咸熙。作武德之舞。孝文皇帝躬行節儉。除誹謗。去肉刑。澤施四海。孝景皇帝制昭德之舞。孝武皇帝功德茂盛。威震海外。開地置郡。傳之無窮。孝宣皇帝制盛德之舞。光武皇帝受命中興。撥亂反正。武暢方外。震服百蠻。戎狄奉貢。宇內治平。登封告成。修建三雍。肅修典祀。功德巍巍。比隆前代。㠯兵平亂。武功盛大。歌所㠯詠德。舞所㠯象功。世祖廟樂舞名宜曰大武之舞。元命包曰。緣天地之所雜樂爲之文典。文王之時。民樂其興師征伐。而詩人稱其武功。樞機鈐曰。有帝漢出。德洽作樂。各與虞韶禹夏湯濩周武無異。不宜㠯名舞。叶圖徵曰。大樂必易。詩傳曰。頌言成也。一章成篇。宜列德。故登歌清廟一章也。漢書曰。百官頌所登御者。一章十四句。依書文始五行武德昭眞修之舞。（案聚珍本東觀記作昭德盛德修之舞。）節損益前後之宜。六十四節爲舞。曲副人佾之數。十月烝祭始御。用其文始五行之舞如故。勿進武德舞。歌詩曰。於穆世廟。肅雍顯清。俊乂翼翼。秉文之成。越序上帝。駿奔來寧。建立三雍。封禪泰山。章明圖讖。放唐之文。休矣惟德。罔射協

請當作情

無當作而

同本支百世。永保厥功。（續漢祭祀志下注補引東觀書。）

明帝廟樂議

昔者孝文廟樂曰昭德之舞。孝武廟樂曰盛德之舞。今皆祫食于高廟。昭德盛德之舞不進。與高廟同樂。今孝明皇帝主在世祖廟。當同樂。盛德之樂無所施。如自立廟。當作舞樂者。不當與世祖廟盛德之武同名。即不改作舞樂。當進武德之舞。臣愚戇鄙陋。廟堂之論。誠非所當聞所宜言。陛下體純德之妙。奮至謙之意。猥歸美于載列之臣。故不敢隱蔽愚請。披露腹心。誠知愚鄙之言。不可以仰四門賓于之議。伏惟陛下以至德當成康之隆。天下乂安。刑措之時也。百姓盛歌元首之德。股肱貞良。庶事寧康。臣欽仰聖化。嘉羨盛德。危顯之備。非所宜稱。（續漢祭祀志下注引東觀書。）

廣陵王荆

荆。明帝同母弟。建武十五年封山陽公。十七年進爵爲王。光武崩。詐作飛書與東海王彊。事發。徙封廣陵王。後坐罪自殺。謚曰思王。

詐爲郭況與東海王彊書

君王無罪。猥被斥廢。而兄弟至有束縛入牢獄者。太后失職。別守北宮。及至年老。遠斥居邊。海內深痛。觀者鼻酸。及太后尸柩在堂。洛陽吏以次捕斬賓客。至有一家三尸伏堂者。痛甚矣。今天下有喪。弓弩張設甚備。閒梁松敕虎賁中曰。吏以便宜見非。勿有所拘。封侯難再得也。郎官竊悲之。爲王寒心累息。今天下爭欲思刻賊王以求功。寧有量邪。若歸幷二國之衆。可聚百萬。君王爲之主。鼓行無前。功易于泰山破雞子。輕于四馬載鴻毛。此湯武兵也。今年軒轅星有白氣。星家及喜事者皆云。白氣者喪。軒轅女主之位。又太白前出西方。至午兵當起。又太子星色黑。至辰日輒變赤。夫黑爲病。赤爲兵。王努力卒事。高祖起亭長。陛下興白水。何況于王陛下長子。故副主哉。上以求天下事必舉。下以雪除沈沒之恥。報死母之讎。精誠所加。金石爲開。當爲秋霜。無爲檻羊。雖欲爲檻羊。又可得乎。竊見諸相工言王貴。天子法也。人主崩亡。閭閻之伍尚爲盜賊。欲有所望。何況王邪。夫受命之君。天之所立。不可謀也。今新帝人之所置。彊者爲右。願君王爲高祖陛下所志。無爲扶蘇將閭叫呼天也。（後漢廣陵思王荆傳。光武崩。荆作飛書。封以方底。令蒼頭詐稱東海王彊舅大鴻臚郭況書與彊。）

梁王暢

暢。明帝子。永平十五年封汝南王。建初四年徙封梁王。永元中薨。謚曰節王。

上疏辭謝和帝

臣天性狂愚。生在深宮。長養傅母之手。信惑左右之言。及致歸國。不知防禁。從官侍吏利臣財物。熒惑臣暢。臣暢無所昭見。與相然諾。不自知陷死罪。以至考案。肌慄心悸。自悔無所復及。自謂當卽時伏顯誅。魂魄去身。分歸黃泉。不意陛下聖德。枉法曲平。不聽有司。橫貸赦臣。戰慄連月。未敢自安。上念以負先帝。而令陛下爲臣收汙天下。誠無氣以息。筋骨不相連。命在絲髮。（此四字從文選謝靈運初發石首城詩注引東觀漢記補。）臣暢知大貸不可再得。自誓束身約妻子。不敢復出入失繩墨。不敢復有所橫費。租入有餘。乞裁食睢陽穀熟虞蒙寧陵五縣。還餘所食四縣。臣暢小妻三十七人。其無子者。願還本家。自選擇謹敕奴婢二百人。其餘所受虎賁官騎及諸工技鼓吹倉頭奴婢兵弩廄馬。皆上還本署。臣暢以骨肉近親。亂聖化。汙清流。既得生活。誠無心面目。以凶惡復居大宮。食大國。張官屬。藏什物。願陛下加大恩。開臣自悔之門。假臣遷善之路。令天下知臣蒙恩得去死就生。頗能自悔。臣以公卿所奏臣罪惡詔書。常置于前。晝夜誦讀。臣小人。貪見明時。不能卽時自引。惟陛下哀臣。令得喘息漏刻。若不聽許。臣實無顏以久生。下入黃泉。無以見先帝。此誠臣至心。臣欲多還所受。恐大恩不聽許。節量所留。于臣賜饒足。後漢梁王暢傳又略見袁宏後漢紀十四。

清河王慶

慶章帝子。建初三年立。爲皇太子。七年廢爲清河王。延平元年歸國。薨謚曰孝王。子祜入嗣。是爲安帝。追上尊號曰孝德王。

到國下令

寡人生于深宮。長于朝廷。仰恃明主。垂拱受成。既以薄祐。早離顧復。屬遭大憂。悲懷感傷。蒙恩大國。職惟藩輔。新去京師。憂心煢煢。夙夜屏營。未知所立。蓋聞志不獨理。必須明賢。今官屬並居爵任。失得是均。庶望上遵策戒。下免悔咎。其糾督非枉。明察典禁。無令孤獲怠慢之罪焉。後漢清河孝王慶傳。

上太后書

臣國土下溼。願乞骸骨。下從貴人于樊濯。雖歿且不朽矣。及今口目尚能言視。冒昧干請。命在呼吸。願蒙哀憐。後漢清河孝王慶傳。

全後漢文卷十終

全後漢文卷十一

烏程嚴可均校輯

劉玄

玄字聖公，舂陵戴侯四世孫，光武族兄。莽末起兵。地皇四年爲更始將軍，尋卽位于淯水上，建元更始。從宛北都洛陽，遷都長安。在位三年，降于赤眉，封長沙王，尋見殺。光武卽位，追封淮陽王。

到長安下詔大赦

非王莽子，他皆除其罪。（漢書王莽傳下）

李淑

淑，豫章人，更始時爲博士，以諫忤旨繫獄。

上書諫更始

方今賊寇始誅，王化未行，百官有司宜愼其任。夫三公上應台宿，九卿下括河海，故天工人其代之。陛下定業，雖因下江平林之勢，斯蓋臨時濟用，不可施之既安。宜釐改制度，更延英俊，因才授爵，以匡王國。今公卿大位莫非戎陳，尚書顯官皆出庸伍，賓亭長賊捕之用，而當輔佐綱維之任。唯名與器，聖人所重。今以所重加非其人，望其毗益萬分，興化致理，譬猶緣木求魚，升山採珠。海內望此，有以闚度漢祚。臣非有憎疾以求進也，但爲陛下惜此舉厝。敗材傷錦，所宜致慮。惟割既往謬妄之失，思隆周文濟濟之美。（後漢劉玄傳）

李軼

軼字季文，南陽宛人。莽末與從兄通擁光武起兵。更始卽位，以爲五威中郎將。明年，封舞陰王，鎭雒陽。後通款馮異，事露，朱鮪使人刺殺之。

報馮異書

軼本與蕭王首謀造漢，結死生之約，同榮枯之計。今軼守洛陽，將軍鎭孟津，俱據機軸，千載一會，思成斷金。唯深達蕭王，願進愚策，以佐國安人。（後漢馮異傳）

劉盆子

盆子，太山式人，城陽王章之後。更始三年爲樊崇等所擁立，改元建世。建武三年來降，以爲趙王郎中。

下書劉聖公

聖公降者，封長沙王。過二十日，勿受。（後漢劉玄傳赤眉下書）

王昌

昌字郎，邯鄲人，詐稱成帝子子輿。更始元年建號于邯鄲，明年兵敗伏誅。

移檄州郡

制詔部刺史郡太守曰：朕孝成皇帝子子輿者也。昔遭趙氏之禍，因以王莽篡殺，賴知命者將護朕躬，解形河濱，削迹趙魏。王莽竊位，獲罪于天，天命祐漢，故使東郡太守翟義、嚴鄉侯劉信擁兵征討，出入胡漢。普天率土，知朕隱在人間。南嶽諸劉，爲其先驅。朕仰觀天文，乃興于斯，以今月壬辰卽位趙宮。休氣薰蒸，應時獲雨。蓋聞爲國，子之襲父，古今不易。劉聖公未知朕，故且持帝號。諸興義兵，咸以助朕，皆當裂土享祚子孫。已詔聖公及翟太守亟與功臣詣行在所。疑刺史二千石皆聖公所置，未覩朕之沈滯，或不識去就。強者負力，弱者惶惑。今元元創痍，已過半矣，朕甚悼焉，故遣使者班下詔書。（後漢王昌傳）

盧芳

芳字君期，安定三水人，詐自稱武帝曾孫劉文伯。莽末起兵。更始入長安，徵爲騎都尉，使鎭撫安定以西。更始敗，自爲上將軍、西平王，匈奴立以爲漢帝。建武十二年亡入匈奴，十六年來降立爲代王。後復叛出塞。匿匈奴十餘年病死。

上疏謝封代王

臣芳過託先帝遺體。棄在邊陲。社稷遭王莽廢絕。㠯是子孫之憂。所宜共誅。故遂西連羌戎。北懷匈奴。單于不忘舊德。權立救助。是時兵革竝起。往往而在。臣非敢有所貪覬。期于奉承宗廟。興立社稷。是㠯久僭號位十有餘年。罪宜萬死。陛下聖德高明。躬率衆賢。海內賓服。惠及殊俗。㠯肺附之故。赦臣芳罪。加㠯仁恩。封爲代王。使備北藩。無㠯報塞重責。冀必欲和輯匈奴。不敢遺餘力。負恩貸。謹奉天子玉璽。思望闕庭。後漢盧芳傳。

隗囂

囂字季孟。天水成紀人。少仕州郡。莽篡位。㠯爲騎都尉。還七公幹士。地皇末逃歸。起兵。自稱上將軍。略定隴西。更始二年。徵爲右將軍。還御史大夫。明年逃歸。建武二年。鄧禹承制㠯爲西州

大將軍。六年勒兵拒命。七年公孫述㠯爲朔寧王。九年病死。

與諸將盟

凡我同盟三十一將。十有六姓。允承天道。興輔劉宗。如懷姦慮。明神殛之。高祖文皇武皇。俾墜厥命。厥宗受兵。族類滅亡。後漢隗囂傳。

移檄告郡國

漢復元年七月己酉朔。己巳。上將軍隗囂。白虎將軍隗崔。左將軍隗義。右將軍楊廣。明威將軍王遵。雲旗將軍周宗等。告州牧部監郡卒正連率大尹尹尉隊大夫屬正屬令。故新都矦王莽。慢侮天地。悖道逆理。鴆殺孝平皇帝。篡奪其位。矯託天命。僞作符書。欺惑衆庶。震怒上帝。反戾飾文。㠯爲祥瑞。戲弄神祇。歌頌禍殃。楚越之竹。不足㠯書其惡。天下昭然。所共聞見。今略舉大端。㠯喻吏民。蓋天爲父。地爲母。禍福之應。各㠯事降。莽明知之。而冥昧觸冒。不顧大忌。詭亂天術。援引史傳。昔秦始皇毀壞謚法。㠯一二數欲至萬世。而莽下三萬六千歲之厤。言身當盡此度。循亡秦之軌。推無窮之數。是其逆天之大罪也。分裂郡國。斷截地絡。田爲王田。賣買不得。規錮山澤。奪民本業。造起九廟。窮極土作。發冢河東。攻劫丘壟。此其逆地之大罪也。尊任殘賊。信用姦佞。誅戮忠正。覆案口語。赤車奔馳。法冠晨夜。冤繫無辜。妄族衆庶。行炮烙之刑。除順時之法。灌㠯醇醯。裂㠯五毒。政令日變。官名月易。貨幣歲改。吏民昬亂。不知所從。商旅窮窘。號泣市道。設爲六管。增重賦斂。刻剝百姓。厚自奉養。苞苴流行。財入公輔。上下貪賄。莫敢檢考。民坐挾銅炭。沒入鍾官。徒隸殷積。數十萬人。工匠飢死。長安皆臭。旣亂諸夏。狂心益悖。北攻強胡。南擾勁越。西侵羌戎。東摘濊貊。使四境之外。竝入爲害。緣邊之郡。江海之瀕。滌地無類。故攻戰之所敗。苛法之所陷。饑饉之所夭。疾疫之所及。㠯萬萬計。其死者則露屍不掩。生者則奔亡流散。幼孤婦女。流離係虜。此其逆人之大罪也。是故上帝哀矜。

降罰于莽。妻子顚殞。還自誅刈。大臣反據。亡形已成。大司馬董忠。國師劉歆。衞將軍王涉。皆結謀內潰。司命孔仁。納言嚴尤。秩宗陳茂。舉衆外降。今山東之兵二百餘萬。已平齊楚。下蜀漢。定宛洛。據敖倉。守函谷。威命四布。宣風中岳。興滅繼絕。封定萬國。遵高祖之舊制。修孝文之遺德。有不從命。武軍平之。馳使四夷。復其爵號。然後還師振旅。櫜弓臥鼓。申命百姓。各安其所。庶無負子之責。後漢隗囂傳。

下杜林令

杜伯山天子所不能臣。諸矦所不能友。伯夷叔齊。恥食周粟。今且從師友之位。須道開通。使順所志。後漢杜林傳。

上書止討蜀

三輔單弱。劉文伯在邊。未宜謀蜀。後漢隗囂傳。

復上書止討蜀

蜀道危險，棧閣敗絕，丈尺之地，側不得通，述性嚴酷，上下相患，須其罪惡孰著，大呼響應之勢也。袁宏後漢紀五。

上疏謝罪

吏人聞大兵卒至，驚恐自救，臣囂不能禁止，兵雖有大利，不敢廢臣子之節，親自追還。昔虞舜事父，大杖則走，小杖則受，臣雖不敏，敢忘斯義。今臣之事，在于本朝，賜死則死，加刑則刑，如遂蒙恩，更得洗心，死骨不朽。後漢隗囂傳，又見袁宏後漢紀五，有删節。

方望

望，平陵人，隗囂起兵，聘爲軍師，更始二年，囂將應徵，以書辭謝而去，明年，立前孺子劉嬰爲帝，自爲丞相，敗死。

說隗囂

足下欲承天順民，輔漢而起，今立者乃在南陽，王莽尚據長安，雖欲吕漢爲名，其實無所受命，將何吕見信于衆乎。宜急立高廟，稱臣奉祠，所謂神道設教，求助人神者也。且禮有損益，質文無常，削地開兆，茅茨土階，吕致其肅敬，雖未備物，神明其舍諸。後漢隗囂傳。

辭謝隗囂書

足下將建伊吕之業，弘不世之功，而大事草創，英雄未集，吕望異域之人，疵瑕未露，欲先崇郭隗，想望樂毅，故欽承大旨，順風不讓。將軍吕至德尊賢，廣其謀慮，動有功，發中權，基業吕定，大勳方緝，今俊乂竝會，羽翮比肩，望無耆耇之德，而猥託賓客之上，誠自愧也。雖懷介然之節，欲潔去就之分，誠終不背其本，貳其志也。何則，范蠡收責句踐，乘偏舟于五湖，咎犯謝罪文公，亦逡巡于河上。夫吕二子之賢，勒銘兩國，猶削跡歸愆，請命乞身，望之無勞，蓋其宜也。望聞烏氏有龍池之山，微徑南通，與漢相屬，其傍時有奇人，聊及閒暇，廣求其眞，願將軍勉之。後漢隗囂傳，更始二年，遣使徵囂，囂將行，方望吕爲更始未可知，固止之，囂不聽，望吕書辭謝而去，又見袁宏後漢紀，小異。

方陽

陽，望弟。

說樊崇等

更始荒亂，政令不行，故使將軍得至于此。今將軍擁百萬之衆，西向帝城，而無稱號，名爲羣賊，不可吕久，不如立宗室，挾義誅伐，吕此號令，誰敢不服。後漢劉盆子傳，方望弟陽怨更始殺其兄，乃逆說崇等，又見袁宏後漢紀三，有删節。

張玄

玄爲隗囂客，建武六年，梁統使人刺殺之。

爲隗囂游說河西

更始事業已成，尋復亡滅，此一姓不再興之效。今卽有所主，便相係屬，一旦拘制，自令失柄，後有危殆，雖悔無及。今豪傑競逐，雌雄未決，當各據其土宇，與隴蜀合從，高可爲六國，下不失尉佗。後漢竇融傳，囂使辯士張玄游說河西。

公孫述

述字子陽，扶風茂陵人，哀帝末爲太子舍人，稍增秩爲郎，後補清水長，兼攝五縣，莽天鳳中，遷導江卒正，更始初，自稱輔漢將軍、蜀郡太守兼益州牧，尋稱蜀王，建武元年，僭位，國號成，建元龍興，在位十二年，敗死。

詔李業

業起則授大位，不起則賜鴆。袁宏後漢紀三，述素聞業名，欲吕爲博士，業辭疾不起，乃遣大鴻臚尹融奉詔持鴆。

李熊

熊爲蜀郡功曹，公孫述建號，拜大司徒。

說公孫述

方今四海波蕩，匹夫橫議，將軍割據千里，地什湯武，若奮威德，吕投天隙，霸王之業成矣。宜改名號，吕鎭百姓。後漢公孫述傳，功曹李熊說述，于是自立。

爲蜀王。

復說公孫述

今山東饑饉。人庶相食。兵所屠滅。城邑丘墟。蜀地沃野千里。土壤膏腴。果實所生。無穀而飽。女工之業。覆衣天下。名材竹幹。器械之饒。不可勝用。又有魚鹽銅銀之利。浮水轉漕之便。北據漢中。杜褒斜之險。東守巴郡。拒扞關之口。地方數千里。戰士不下百萬。見利則出兵而略地。無利則堅守而力農。東下漢水。㠯窺秦地。南順江流。㠯震荊揚。所謂用天因地。成功之資。今君王之聲聞于天下。而名號未定。志士狐疑。宜即大位。使遠人有所依歸。（後漢公孫述傳。李熊復說述。建武元年四月。遂自立爲天子。號成家。色尚白。建元曰龍興元年。）

荊邯

邯。平陵人。仕公孫述爲騎都尉。

說公孫述

兵者。帝王之大器。古今所不能廢也。昔秦失其守。豪傑竝起。漢祖無前人之迹。立錐之地。起于行陳之中。躬自奮擊。與項羽戰。大小百餘。兵破身困者數矣。然猶不止。故軍敗復合。創愈復戰。何則。前死而成功。踰于卻就于滅亡也。隗囂遭遇運會。割有雍州。兵強士附。威加山東。遇更始政亂。復失天下。衆庶引領。四方瓦解。囂不及此時推危乘勝。㠯爭天命。而退欲爲西伯之事。尊師章句。賓友處士。偃武息戈。卑辭事漢。喟然自㠯文王復出也。今漢帝釋關隴之憂。專精東伐。四分天下而有其三。使西州豪傑咸居心于山東。發間使。召攜貳。則五分而有其四。若舉兵天水。必至沮潰。是則然矣。天水既定。則九分而有其八。陛下㠯梁州之地。內奉萬乘。外給三軍。百姓愁困。不堪上命。將有王氏自潰之變。臣之愚計。㠯爲宜與漢和親。不者。當及天下之望未絕。豪傑尚可招誘。急㠯此時發國內精兵。令田戎據江陵。臨江南之會。倚巫山之固。築壘堅守。傳檄吳楚。長沙㠯南必隨風而靡。令延岑出漢中。定三輔。天水隴西拱手自服。如此。海內震搖。冀有大利。（袁宏後漢紀六。後漢公孫述傳。）

昔湯㠯七十里王天下。文王方百里臣諸侯。其次漢祖。敗而復征。傷瘳復戰。故能擒秦亡楚。㠯弱爲強。況今地方數千。杖戟百萬。天下之心。未有所歸。不東出荊門。北陵關隴。與之進取。則王業不全。子孫不久安也。（華陽國志五。）

楊春卿

春卿。廣漢新都人。爲公孫述將。述平。自殺。（案馬援傳。楊廣字春卿。隗囂傳。楊廣上邽人。囂起兵。㠯爲右將軍。更始三年。囂自長安逃歸。㠯爲大將軍。鎮西城。建武八年死于圍城中。今據楊厚傳。則囂將楊廣與此爲兩人。抑范史誤分也。疑莫能明。）

臨命戒子統

吾綈袠中有先祖所傳祕記。爲漢家用。爾其修之。（後漢楊厚傳。）

楊厚

厚字仲桓。春卿孫。永初中除中郎。免歸。永建中拜議郎。三遷至侍中。及梁冀擅權。謝病歸。歷質帝桓帝。徵不至。元嘉末卒。年八十二。私謚曰文父。（華陽國志十中作楊序。年八十三。詔謚曰文父。）

災異對

諸王子多在京師。容有非常。宜亟發遣。各還本國。（後漢楊厚傳。安帝永初二年。太白入北斗。洛陽大水。鄧太后使中常侍承制問之。厚對㠯爲云云。太后從之。又見續漢天文志中注補。）

全後漢文卷十一終

全後漢文卷十二

烏程嚴可均校輯

侯霸

霸字君房。河南密人。成帝時爲太子舍人。莽初遷隨宰。後爲淮平大尹。建武四年徵拜尚書令。明年代伏湛爲司徒。封關內侯。十三年卒。追封則鄉侯。謚曰哀侯。

立春下寬大詔

制詔三公。方春東作。敬始愼微。動作隨之。罪非殊死。且勿案驗。皆須麥秋。退貪殘。進柔良。下當用者。如故事。續漢禮儀志上。案後漢侯霸傳。每春下寬大之詔。奉四時之令。皆霸所建也。

奏劾朱浮

浮敗亂幽州。構成寵罪。徒勞軍師。不能死節。罪當伏誅。後漢朱浮傳。

李通辭位議

王莽篡漢。傾亂天下。通懷伊呂蕭曹之謀。建造大策。扶助神靈。輔成聖德。破家爲國。忘身奉主。有扶危存亡之義。功德最高。海內所聞。通㠯天下平定。謙讓辭位。夫安不忘危。宜令通居職療疾。欲就諸侯。不可聽。後漢李通傳。

伏湛

湛字惠公。琅邪東武人。濟南伏勝九世孫。成帝時爲博士弟子。五遷至莽時爲繡衣執法。遷後隊屬正。更始即位。㠯爲平原太守。建武初徵拜尚書。遷司直。行大司徒事。尋代鄧禹爲大司徒。封陽都侯。坐事免。徙封不其侯。遣就國。

上疏諫征彭寵

臣聞文王受命而征伐五國。必先詢之同姓。然後謀于羣臣。加占蓍龜。㠯定行事。故謀則成。卜則吉。戰則勝。其詩曰。帝謂文王。詢爾仇方。同爾弟兄。㠯爾鉤援。與爾臨衝。㠯伐崇庸。崇國城守。先退後伐。所㠯重人命。俟時而動。故參分天下而有其二。陛下承大亂之極。受命而帝。興明祖宗。出入四年。而滅檀鄉。制五校。降銅馬。破赤眉。誅鄧奉之屬。不爲無功。今京師空匱。資用不足。未能服近。而先事邊外。且漁陽之地。逼接北狄。黠虜困迫。必求其助。又今所過縣邑。尤爲困乏。種麥之家。多在城郭。聞官兵將至。當已收之矣。大軍遠涉二千餘里。士馬罷勞。轉糧艱阻。今兗豫青冀。中國之都。而寇賊從橫。未及從化。漁陽㠯東。本備邊塞。地接外虜。貢稅微薄。安平之時。尚資內郡。況今荒耗。豈足先圖。而陛下捨近務遠。棄易求難。四方疑怪。百姓恐懼。誠臣之所惑也。復願遠覽文王重兵博謀。近思征伐前後之宜。顧問有司。使極愚誠。采其所長。擇之聖慮。㠯中土爲憂念。後漢伏湛傳。

移書屬縣

屬縣不得相侵陵。天生蒸民。必爲立君。非久亂也。且養老育幼。㠯待眞主。袁宏後漢紀四。更始時湛爲平原太守。

伏隆

隆字伯文。一名盛。字伯明。湛子。仕郡督郵。建武初拜太中大夫。進光祿大夫。爲張步所執見殺。

被執遣閒使上書

臣隆奉使無狀。受執凶逆。雖在困厄。授命不顧。又吏人知步反畔。心不附之。願㠯時進兵。無㠯臣隆爲念。臣隆得生到闕廷。受誅有司。此其大願。若令沒身寇手。㠯父母昆弟長累陛下。陛下與皇后太子。永享萬國。與天無極。後漢伏隆傳。

移檄告郡國

乃者猾臣王莽。殺帝盜位。宗室興兵。除亂誅莽。故羣下推立聖公。㠯主宗廟。而任用賊臣。殺戮賢良。三王作亂。盜賊縱橫。忤逆天心。卒爲赤眉所害。皇天祐漢。聖哲應期。陛下神武奮發。㠯少制衆。故尋邑呂百萬之軍。潰散于昆陽。王郎呂全趙之師。土崩于邯鄲。大彤高胡。望旗消靡。鐵脛五校。莫不摧破。梁王劉永。幸呂宗室屬籍。爵爲侯王。不知厭足。自求禍棄。遂封爵牧守。造爲詐逆。今虎牙大將軍屯營十萬。已拔睢陽。劉永奔迸。家已族矣。此諸軍所聞也。不先自圖。後悔何及。後漢伏隆傳。

張純

純字伯仁。京兆杜陵人。御史大夫湯七世孫。成帝時襲爵富平侯。哀平閒爲侍中。莽建國四年。更封張鄉侯。建武初。復爵富平侯。歷太中大夫五官中郎將。改封武始侯。兼虎賁中郎將。進太僕。代杜林爲大司空。中元元年卒。謚曰節侯。

六宗表

臣竊呂十一家凡有六統。而所據各異。考之經禮。大義不通。臣謂禋于六宗。祀祖考所尊者。六宗則三昭三穆也。御覽五百二十八。

奏加王莽九錫

聖帝明王。招賢勸能。德盛者位高。功大者賞厚。故宗臣有九命上公之尊。則有九錫登等之寵。今九族親睦。百姓既章。萬國和協。黎民時雍。聖瑞畢溱。太平已洽。帝者之盛。莫隆于唐虞。而陛下任之。忠臣茂功。莫著于伊周。而宰衡配之。所謂異時而興。如合符者也。謹呂六藝通義。經文所見。周官禮記。宜于今者。爲九命之錫。臣請命錫。漢書王莽傳上。太后詔其九錫禮儀亟奏。于是公卿大夫博士議郎列侯富平侯張純等九百二人皆曰云云。奏可。

奏除親廟

陛下興于匹庶。蕩滌天下。誅鉏暴亂。興繼祖宗。竊呂經義所紀。人事眾心。雖實同創革。而名爲中興。宜奉先帝。恭承祭祀者也。元帝呂來。宗廟奉祠高皇帝爲受命祖。孝文皇帝爲太宗。孝武皇帝爲世宗。皆如舊制。又立親廟四世。推南頓君呂上盡于舂陵節侯。禮。爲人後者。則爲之子。既事大宗。則降其私親。今禘祫高廟。陳序昭穆。而舂陵四世。君臣竝列。呂卑廁尊。不合禮意。設不遭王莽。而國嗣無寄。推求宗室。呂陛下繼統者。安得復顧私親。違禮制乎。昔高帝呂自受命。不由太上。宣帝呂孫後祖。不敢私親。故爲父立廟。獨羣臣侍祠。臣愚謂宜除今親廟。呂則二帝舊典。願下有司。博采其議。後漢張純傳。純呂宗廟未定。昭穆失序。十九年。乃與太僕朱浮共奏。言。又略見續漢祭祀志下。

奏行禘祫祭

禮。三年一祫。五年一禘。春秋傳曰。大祫者何。合祭也。毀廟及續漢志作毀廟之主。陳于太祖。未毀廟之主。皆登合食乎太祖。五年而再殷。漢舊制三年一祫。毀廟主合食高廟。存廟主未嘗合祭。元始五年。諸王公列侯廟會。始爲禘祭。續漢志作始行禘禮。父爲昭。南鄉。子爲穆。北鄉。父子不竝坐。而孫從王父。又前十八年親幸長安。亦行此禮。禮說三年一閏。天氣小備。五年再閏。天氣大備。故三年一祫。五年一禘。禘之爲言諦。諦定續漢志作諦諟。昭穆尊卑之義也。禘祭呂夏四月。夏者陽氣在上。陰氣在下。故正尊卑之義也。祫祭呂冬十月。冬者五穀成熟。物備禮成。故續漢志作故骨肉。合聚飲食也。斯典之廢。于茲八年。續漢志有祖宗廟未定且合祭。謂可如禮施行。呂時定議。後漢張純傳。又見續漢祭祀志下。各有刪節。

奏宜封禪

自古受命而帝。治世之隆。必有封禪。呂告成功焉。樂動聲儀曰。呂雅治人。風成于頌。有周之盛。成康之閒。郊配封禪。皆可見也。書曰。歲二月。東巡狩。至于岱宗。柴。則封禪之義也。臣伏見陛下受中興之命。平海內之亂。修復祖宗。撫存萬姓。天下曠然。咸蒙更生。恩德雲行。惠澤雨施。黎元安寧。夷狄慕義。詩云。受天之祜。四方來賀。今攝提之歲。蒼龍甲寅。德在東宮。宜及嘉時。遵唐帝之典。繼孝武之業。呂二月東巡狩。封于岱宗。明中興。勒功勳。復祖統。報天神。禪梁父。祀地祇。傳祚子孫。萬世之基也。後漢張純傳。又袁宏後漢紀八。太尉喜司空純上書。卽此約文。

臨終敕家丞歙

司空無功于時，猥蒙爵土，身死之後，勿議傳國。（後漢張純傳。）

泰山刻石文

維建武三十有二年二月，皇帝東巡狩，至于岱宗，柴，望秩于山川，班于羣神，遂覲東后。從臣太尉熹行司徒事特進高密侯禹等，漢賓二王之後在位，孔子之後褒成侯序在東后，蕃王十二，咸來助祭。河圖赤伏符曰：劉秀發兵捕不道，四夷雲集龍鬬野，四七之際火爲主。河圖會昌符曰：赤帝九世，巡省得中，治平則封，誠合（通典作成治）帝道孔矩，則天文靈出，地祇瑞興。帝劉之九，會命岱宗，誠善用之，姦僞不萌。赤漢德興，九世會昌，巡狩皆當，天地扶九，崇經之常。漢大興之道，在九世之王，封于泰山，刻石著記，禪于梁父，退省考五。河圖合古篇曰：帝劉之秀，九名之世，帝行德，封刻政。（通典作藏。）河圖提劉予曰：九世之帝，方明聖，持衡拒（通典作矩），九州平，天下予。（通典作經。）雒書甄曜度曰：赤三德，昌九世，會修符，合帝際，勉刻封。孝經鉤命決曰：予誰行，赤劉用帝，三建孝，九會修，專茲竭，行封岱青。（通典作齊。）河雒命（通典作名）后，經讖所傳。昔在帝堯，聰明密微，讓與舜庶，後裔握機。王莽以舅后之家，三司鼎足冢宰之權勢，依託周公霍光輔幼歸政之義，遂以篡叛，僭號自立，宗廟墮壞，社稷喪亡，不得血食，十有八年。楊徐青三州首亂，兵革橫行，延及荊州，豪傑并兼（通典作兼并），百里屯聚，往往僭號。北夷作寇，千里無煙，無雞鳴犬（通典作狗）吠之聲。皇天眷顧皇帝，以匹庶受命中興，年二十八載興兵，起是以中次誅討，十有餘年，罪人則斯得，黎庶得居爾田，安爾宅。書同文，車同軌，人同倫，舟輿所通，人迹所至，靡不貢職。建明堂，立辟雍，起靈臺，設庠序，同律度量衡，修五禮五玉三帛二牲一死贄，吏各修職，復于舊典。在位三十有二年，年六十二，乾乾日昃，不敢荒寧，涉危歷險，親巡黎元，恭肅神祇，惠恤耆老，理庶遵古，聰允明恕。皇帝唯慎河圖雒書正文，是月辛卯，柴，登封泰山，甲午，禪于梁陰，以承靈瑞，以爲

兆民，永茲一宇，垂于後昆。百寮從臣，郡守師尹，咸蒙祉福，永永無極。（續漢祭祀志上。通典五十四。）秦相李斯燔詩書，樂崩禮壞。建武元年已前，文書散亡，舊典不具，不能明經文，以章句細微相況八十一卷，明者爲驗，又其十卷，皆不昭晢。子貢欲去告朔之餼羊，子曰：賜也，爾愛其羊，我愛其禮。後有聖人，正失誤，刻石記。（續漢祭祀志上。上至奉高，遣侍御史與蘭臺令史，將工先上山刻石。文云云。又略見通典五十四。案：後漢張純傳，帝乃東巡岱宗，以純視御史大夫從，并上元封舊儀及刻石文。）

張奮

奮字穉通，純子。中元初，襲爵武始侯。永平中，隨例歸國，後爲侍祠侯。章帝時，拜左中郎將，轉五官中郎將，遷長水校尉，將作大匠，免。和帝即位，起爲城門校尉，遷長樂衛尉，進太常。永元六年，代劉方爲司空，以病免，召爲太常，復以病免。

因灾旱上疏

歲比不登，人食不足，今復久旱，秋稼未立，陽氣垂盡，日月迫促。夫國以民爲本，民以穀爲命，政之急務，憂之重者也。臣蒙恩尤深厚，受職過任，夙夜憂惶，章奏不能叙心，願對中常侍口陳得失。（袁宏後漢紀十三。又見後漢張奮傳。）

請定禮樂疏

聖人所美，政道至要，本在禮樂。五經同歸，而禮樂之用尤急。孔子曰：安上治民，莫善于禮；移風易俗，莫善于樂。又曰：揖讓而化天下者，禮樂之謂也。先王之道，禮樂可謂盛矣。孔子謂子夏曰：禮以修外，樂以制內，丘已矣夫。又曰：禮樂不興，則刑罰不中；刑罰不中，則民無所厝其手足。臣以爲漢當制作禮樂，是以先帝聖德，數下詔書，愍傷崩缺，而衆儒不達，議多駮異。臣累世台輔，而大典未定，私竊惟憂，不忘寢食。臣犬馬齒盡，誠冀先死見禮樂之定。（後漢張奮傳。永元九年，以病罷，在家上疏。）

復上疏條禮樂異議三事

衰當作哀

漢當改作禮樂圖書著明。王者化定制禮。功成作樂。謹條禮樂異議三事。願下有司。吕時考定。昔者孝武皇帝光武皇帝封禪告成。而禮樂不定。事不相副。先帝已詔曹褒。今陛下但奉而承之。猶周公斟酌文武之道。非自爲制。誠無所疑。久執謙謙。令大漢之業不吕時成。非所吕章顯祖宗功德。建太平之基。爲後世法。後漢張奮傳。十二年召拜太常。復上疏。又略見書鈔五十三引續漢書。

上書辭襲封

根不病。衰臣小稱疾。令翕立後。臣時在河南冢廬。臣見純前告翕語。自吕兄弟不當蒙襲爵之恩。願下有司。□□□□[illegible]東觀漢記。

桓譚

譚字君山。沛國相人。成帝時爲奉車郎。莽時爲諫大夫。遷掌樂大夫。更始卽位。召拜太中大夫。建武初徵待詔。上書忤指不用。後拜議郎給事中。出爲六安郡丞。道病卒。年七十餘。有桓子新論十七卷。集五卷。

仙賦 并序

余少時爲郎。從孝成帝出祠甘泉河東。見部先置華陰集靈宮。宮在華山下。武帝所造。欲吕懷集仙者王喬赤松子。故名殿爲存仙。端門南向山。署曰望仙門。余居此焉。竊有樂高眇之志。卽書壁爲小賦。吕頌美曰。書鈔一百二。藝文類聚七十八。

夫王喬赤松。呼則出故。翕則納新。夭矯經引。積氣關元。精神周洽。鬲塞流通。乘凌虛無。洞達幽明。諸物皆見。玉女在旁。仙道旣成。神靈攸迎。乃驂駕靑龍赤騰。爲歷躇玄厲之摧嵬。有似乎鸞鳳之翔飛。集于膠葛之宇。泰山之臺。吸玉液。食華芝。漱玉漿。飲金醪。出宇宙。與雲浮。灑輕霧。濟傾崖。觀滄川而升天門。馳白鹿而從麒麟。周覽八極。還崦華壇。汜汜乎。濫濫乎。隨天轉旋。容容無爲。壽極乾坤。藝文類聚七十八。

陳時政疏

臣聞國之廢興。在于政事。政事得失。由乎輔佐。輔佐賢明。則俊士充朝。而理合世務。輔佐不明。則論失時宜。而舉多過事。夫有國之君。俱欲興化建善。然而政道未理者。其所謂賢者異也。昔楚莊王問孫叔敖曰。寡人未得所吕爲國是也。叔敖曰。國之有是。衆所惡也。恐王不能定也。王曰。不定獨在君。亦在臣乎。對曰。君驕士曰。士非我無從富貴。士驕君曰。君非士無從安存。人君或至失國而不悟。士或至飢寒而不進。君臣不合。則國是無從定矣。莊王曰。善。願相國與諸侯大夫共定國是也。蓋善政者。視俗而施教。察失而立防。威德更興。文武迭用。然後政調于時。而躁人可定。昔董仲舒言理國譬若琴瑟。其不調者則解而更張。夫更張難行。而拂衆者亡。是故賈誼吕才逐。而鼂錯吕智死。世雖有殊能。而終莫敢談者。懼于前事也。且設法禁者。非能盡塞天下之姦。皆合衆人之所欲也。大抵取便國利事多者。則可矣。夫張官置吏。吕理萬人。縣賞設罰。吕別善惡。惡人誅傷。則善人蒙福矣。今人相殺傷。雖已伏法。而私結怨讎。子孫相報。後忿深前。至于滅戶殄業。而俗稱豪健。故雖有怯弱。猶勉而行之。此爲聽人自理。而無復法禁者也。今宜申明舊令。若已伏官誅。而私相傷殺者。雖一身逃亡。皆徙家屬于邊。其相傷者。加常二等。不得雇山贖罪。如此。則仇怨自解。盜賊息矣。夫理國之道。舉本業而抑末利。是吕先帝禁人二業。錮商賈不得宦爲吏。此所吕抑幷兼長廉恥也。今富商大賈。多放田貨。中家子弟。爲之保役。趨走與臣僕等勤。收稅與封君比入。是吕衆人慕效。不耕而食。至乃多通侈靡。吕淫耳目。今可令諸商賈自相糾告。若非身力所得。皆吕臧畀告者。如此。則專役一己。不敢吕貨與人。事寡力弱。必歸功田畝。田畝修。則穀入多而地力盡矣。又見法令決事。輕重不齊。或一事殊法。同罪異論。姦吏得因緣爲市。所欲活則出生議所欲陷則與死比是爲刑開二門也今可令通義理明習法律者校定科比一其法度班下郡國蠲除故條如此天下知方而獄無怨濫矣（後漢桓譚傳拜議郎給事中因上疏陳時政所宜書奏不省）

抑讖重賞疏

臣前獻瞽言未蒙詔報不勝憤懣冒死復陳愚夫策謀有益于政道者以合人心而得事理也凡人情忽于見事而貴于異聞觀先王之所記述咸以仁義正道爲本非有奇怪虛誕之事蓋天道性命聖人所難言也自子貢以下不得而聞況後世淺儒能通之乎今諸巧慧小才伎數之人增益圖書矯稱讖記以欺惑貪邪詿誤人主焉可不抑遠之哉臣譚伏聞陛下窮折方士黃白之術甚爲明矣而乃欲聽納讖記又何誤也其事雖有時合譬猶卜數隻偶之類陛下宜垂明聽發聖意屏羣小之曲說述五經之正義略雷同之俗語詳通人之雅謀又臣聞安平則尊道術之士有難則貴

介胄之臣今聖朝興復祖統爲人臣主而四方盜賊未盡歸伏者此權謀未得也臣譚復觀陛下用兵諸所降下旣無重賞以相恩誘或至虜掠奪其財物是以兵長渠率各生狐疑黨輩連結歲月不解古人有言曰天下皆知取之爲取而莫知與之爲取陛下誠能輕爵重賞與士共之則何招而不至何說而不釋何向而不開何征而不克如此則能以狹爲廣以遲爲速亡者復存失者復得矣（後漢桓譚傳）

上便宜

管仲桓公之指南（文選東京賦注）

陳便宜

所謂霸功者法度明正百官修治威令流行者也（文選王仲宣誄注）

啟事

官吏二千石布襦羊裘以白木杯飲食飾虛詐欲以求名干譽

答揚雄書

子雲勤味道腴（文選班固答賓戲注又任昉王文憲集序注又潘岳楊荊州誄注）

全後漢文卷十二終

蕭當作肅

全後漢文卷十三

烏程嚴可均校輯

桓譚二

桓子新論上

謹案隋志儒家桓子新論十七卷後漢六安丞桓譚撰舊新唐志同本傳譚字君山沛國相人成帝時爲郎哀平閒位不過郎莽時爲掌樂大夫更始立召拜太中大夫世祖卽位徵待詔極言讖之非經出爲六安郡丞道病卒譚著書言當世行事號曰新論世祖善焉琴道一篇未成蕭宗使班固續成之章懷注曰新論一曰本造二王霸三求輔四言體五見徵六譴非七啓寤八祛蔽九正經十識通十一離事十二道賦十三辨惑十四述策十五閔友十六琴道本造閔友琴道各一篇餘竝有上下注又引東觀記曰光武讀之敕言卷大令皆別爲上下凡二十九篇琴道未畢但有發首一章案二十九篇而十七卷者上下篇仍合卷爲十六卷疑復有錄一卷故十七卷其書宋時不著錄羣書治要所載十五事當是求輔言體見徵譴非四篇意林所載三十六事當是十三篇惟少本造述策閔友三篇各書所載又三百許事合并復重聯屬斷散凡百七十二事依治要意林次第㠯類相從定爲三卷諸引但琴道有篇名餘無篇名今望文分繫仍加各篇舊名取便檢閱君山博學多通同時劉子駿七略徵引其琴道篇揚子雲難窮立毀所作蓋天圖其後班孟堅漢書據用甚多王仲任論衡超奇篇佚文篇定賢篇案書篇對作篇皆極推崇至謂子長子雲論說之徒君山爲甲則其書漢時早有定論惜久佚失所得見者僅此然其尊王賤霸非圖讖無仙道綜覈古今偭偝失得㠯及儀象典章人文樂律精華略具則雖謂此書未嘗佚失可也嘉慶二十年歲在乙亥二月旣望

本造第一

秦呂不韋請迎高妙作呂氏春秋漢之淮南王聘天下辯通㠯著篇章書成皆布之都市懸置千金㠯延示衆士而莫能有變易者乃其事約豔體具而言微也文選楊德祖答臨淄侯牋注

董仲舒專精于述古年至六十餘不窺園中菜御覽九百七十六

余爲新論術古今衞與述通疑當作術古正今亦欲興治也何異春秋褒貶邪今有疑者所謂蚌異蛤二五爲非十也譚見劉向新序陸賈新語乃爲新論莊周寓言乃云堯問孔子淮南子云共工爭帝地維絕亦皆爲妄作故世人多云短書不可用然論天閒莫明于聖人莊周等雖虛誕故當采其善何云盡棄邪御覽六百二

王霸第二

夫上古稱三皇五帝而次有三王五霸此天下君之冠首也故言三皇㠯道治而五帝用德化三王由仁義五霸用權智其說之曰無制令刑罰謂之皇有制令而無刑罰謂之帝賞善誅惡諸侯朝事謂之王興兵衆約盟誓㠯信義矯世謂之霸此下當說皇帝字義缺王者往也言其惠澤優游天下歸往也此下當說霸字義缺五帝㠯上久遠經傳無事唯王霸二盛之義㠯定古今之理焉夫王道之治先除人害而足其衣食然後教㠯禮義使知好惡去就是故大化四湊天下安樂此王者之術霸功之大者尊君卑臣權統由一政不二門賞罰必信法令著明百官修理威令必行此霸者之術王者純粹其德如彼霸道駁雜其功如此俱有天下而君萬民垂統子孫其實一也意林史記秦本紀正義長短經通變御覽七十七又四百三

湯武則久居諸侯方伯之位德惠加于百姓文選典引注

夫王道之主其德能載包含㠯統乾元也初學記九

儒者或曰圖王不成其弊亦可㠯霸此言未是也傳曰孔氏門人

五尺童子不言五霸事者，惡其違仁義而尚權詐也。(意林、御覽七十七。案意林先引三皇以道治云云，後引圖王不成云云，御覽次第互易，今依意林。)

求輔第三

治國者輔佐之本，其任用咸得大才，大才乃主之股肱羽翮也。(意林。)

王公大人則嘉得良師明輔，品庶凡民則樂畜仁賢哲士，皆國之柱棟，而人之羽翼。(御覽一百八十七。案北堂書鈔二十九引桓階子曰：梁棟大臣。疑非卽此也。桓階三國志有傳，不聞成書，故附記于此。)

王者易輔，霸者難佐。(意林。任子引桓譚云。)

昔殷之伊尹、周之太公、秦之百里奚，雖咸有大(舊作天，依前後條改。)才，然皆年七十餘，乃昇為王霸師。(御覽四百四。)

昔秦王(御覽八十六作秦始皇。)見周室之失統，喪權于諸侯，自以當保有九州，見萬民碌碌，猶羣羊聚豬，皆可以竿而驅之，(自以下二十四字依御覽加。)故遂自恃，不任人，封立諸侯。及陳勝、楚、漢咸由布衣，非封君有土，而

並共滅秦，遂以敗也。(遂以敗也四字依御覽加。)高帝既定天下，念項王從函谷入，而已由武關到，推卻關，修強守禦，內充實三軍，外多發屯戍，設窮治黨與之法，重懸告反之賞。及王翁之奪取，乃不犯關梁阸塞，而坐得其處。王翁自見以專國秉政得之，卽抑重臣，收下權，使事無大小深淺，皆斷決于己身。及其失之，人(疑當作又。)不從大臣生焉。更始帝見王翁以失百姓心亡天下，既西到京師，恃民悅喜，則自安樂，不聽納諫臣謀士，赤眉圍其外，而近臣反城，遂以破敗。由是觀之，夫患害奇邪不一，何可勝為設防量備哉？防備之善者，則唯量賢智大材，然後先見豫圖，遏將救之耳。(羣書治要。)

明鏡龜策也，章程斛斗也，銓衡丈尺也。(意林。)

唯鍼艾方藥者，已病之具也，非良醫不能以愈人。材能德行者，治國之器也，非明君不能以立功。醫無鍼藥，可作為求買，以行術伎，不須必自有也。君無材德，可選任明輔，不待必躬能也。由是察焉，則材能德行，國之鍼藥也，其得立功效，乃在君輔。傳曰：得十良馬，不如得一伯樂；得十利劍，不如得一歐冶。多得善物，不如少得能知物。知物者之致善珍，珍益廣，非特止于十也。(羣書治要。)

昔堯試舜于大麓者，乃領錄天下之事，如今之尚書官矣。宜得大賢智，乃可使處議持平焉。(續漢百官志注、北堂書鈔五十九、藝文類聚四十八、御覽二百十二。)

朝九州之俊。(北堂書鈔十一。)

昔周公光崇周道，澤被四表。(文選石闕銘注。)

治獄如水。(北堂書鈔四十四。)

夫聖人乃千載一出，賢人君子所想思而不可得見者也。(文選劉越石勸進表注、三國名臣贊注、博弈論注、弔魏武帝文注。)

切直忠正，則汲黯之敢諫爭也。(文選天監三年策秀才文注。)

前世俊士立功垂名，圖畫于殿閣宮省，此乃國之大寶，亦無價矣。雖積和璧，累夏璜，囊隋侯，篋夜光，未足喻也。伊呂良平，何世無之？

但知人君不知，羣臣勿用也。(意林。)

捕猛獸者不使美人舉手，釣巨魚者不使稚子輕預，非不親也，力不堪也。奈何萬乘之主而不擇人哉？(長短經是非引桓子。)

傳記言：魏牟北見趙王，王方使冠工制冠于前，問治國于牟。對曰：大王誠能重國若此二尺縰，則國治且安矣。王曰：國所受于先人，宗廟社稷至重，而比之二尺縰，何也？牟曰：大王制冠，不使親近，而必求良工者，非為其敗縰而冠不成與？今治國不善，則社稷不安，宗廟不血食，大王不求良士，而任使其私愛，此非輕國于二尺縰之制邪？王無以應。(北堂書鈔一百二十七、御覽八百二十四。)

凡人性難極也，難知也，故其絕異者常為世俗所遺失焉。(文選歸去來辭注、王文憲集序注。)

畔翁者，長安善相馬者也。于邊郡求得駿馬，惡貌而正走，名騏子，騎以入市，去來人不見也。後勞問之，因請觀馬。翁曰：諸卿無目，不

足示也。（藝文類聚九十三。文選蜀都賦注。御覽八百九十七。）

夫畜生賤也。然有尤善者。皆見記識。故馬稱驊騮驥騄。牛譽郭椒丁櫟。（藝文類聚九十四。）

賢有五品。謹敕于家事。順悌于倫黨。鄉里之士也。作健曉惠。文史無害。縣廷之士也。信誠（官本作誠）篤行。廉平公（當有脫）理下務上者。州郡之士也。通經術。名行高。能達于從政。寬和有固守者。公輔之士也。才高卓絕。疎殊（官本作踈峙）于衆。多籌大略。能圖世建功者。天下之士也。（意林。）

居家循理。鄉里和順。出入恭敬。言語謹遜。謂之善士。（文選范蔚宗宦者傳論注。）

言求取輔佐之術。既得之。又有大難三。而止善二。為世之事中庸多。大材少。少不勝衆。一口不能與一國訟。持孤特之論。于雷同之計。以疏賤之處。逆貴賤之心。則萬不合。此一難也。夫建踔殊。為非常。乃世俗所不能見也。又使明智圖事。而與衆平之。亦必不足。此二難也。既聽納有所施行。而事未及成。讒人隨而惡之。即中道狐疑。或使言者還受其尤。此三難也。智者盡心竭言。以為國造事。衆鬨之。則反見疑。壹不當合。遂被譖想。（舊校云想恐懇。）雖有十善。隔以一惡去。此一止善也。材能之士。世所嫉妬。遭遇明君。乃壹興起。既幸得之。又復隨衆。弗與知者。雖有若仲尼。猶且出走。此二止善也。是故非君臣致密堅固。割心相信。動無閒疑。若伊呂之見用。傅說通夢。管鮑之信任。則難以遂功竟意矣。又說之言亦甚多端。其欲觀使者。則以古之賢輔厲主。（疑當作之。）欲閒疏別離。則以專權危國者論之。蓋父子至親。而人主有高宗孝己之設。（疑當作失。）及景武時栗衛太子之事。忠臣高節。時有龍逢比干伍員晁錯之變。比類衆多。不可盡記。則事曷可為邪。庸易知邪。雖然。察前世已然之効。可以觀覽。亦可以為戒。維諸高妙大材之人。重時遇咎。（舊校云咎恐合。）皆欲上與賢侔。而垂榮歷載。安肯毀名廢義。而為不軌惡行乎。若夫魯連解齊趙

兵當作共

之金封。虞卿捐萬戶與國相。乃樂以成名肆志。豈復干求便辟趨利邪。覽諸邪背叛之臣。皆小辨貪饕之人也。大材者莫有焉。由是觀之。世閒高士材能絕異者。其行親任亦明矣。下主乃意疑之也。如不能聽納。施行其策。雖廣知得。亦終無益也。（羣書治要。）

賈誼不左遷失志。則文彩不發。淮南不貴盛富饒。則不能廣聘駿士。使著文作書。太史公不典掌書記。則不能條悉古今。揚雄不貧。則不能作玄言。（意林。）

殷之三仁。皆暗于前而章于後。何益于事。何補于君。（意林。）

謂揚子雲曰。如後世復有聖人。徒知其材能之勝已多。不能知其聖與非聖人也。子雲曰。誠然。（論衡講瑞篇。案此條不言出新論。望文知之。故采之。）

言體第四

凡人耳目所聞見。心意所知識。情性所好惡。利害所去就。亦皆同務焉。若材能有大小。智略有深淺。聽明有闇照。質行有薄厚。亦皆異度焉。非有大材深智。則不能見其大體。大體者。皆是當之事也。夫言是而計當。遭變而用權。常守正。（當作居常而守正。）見事不惑。內有度量。不可傾移。而誑以譎異。為知大體矣。如無大材。則雖威權如王翁。察慧如公孫龍。敏給如東方朔。言災異如京君明。及博見多聞。書至萬篇。為儒教授數百千人。祇益不知大體焉。維王翁之過絕世人有三焉。其智足以飾非奪是。辨能窮詰說士。威則震懼羣下。又數陰中不快己者。故羣臣莫能抗答其論。莫敢干犯匡諫。卒以致亡敗。其不知大體之禍也。夫（當有知字）帝王之大體者。則高帝是矣。高帝曰。張良蕭何韓信。此三子者。皆人傑也。吾能用之。故得天下。此其知大體之効也。王翁始秉國政。自以通明賢聖。而謂羣下才智莫能出其上。是故舉措興事。輒欲自信任。不肎與諸明習者通兵。（有脫誤。）苟直意而發。得之而用。是以稀獲其功効焉。故卒遇破亡。此不知大體者也。高帝懷大智略。能自揆度。羣臣制事定法。常謂

或當作成

曰。庳而勿高也。度吾所能行爲之。憲度內疏。政合于時。故民臣樂悅。爲世所思。此知大體者也。王翁嘉慕前聖之治。而簡薄漢家法令。故多所變更。欲事事効古。美先聖制度。而不知己之不能行其事。釋近趨遠。所尚非務。故㠯高義退致廢亂。此不知大體者也。高祖欲攻魏。乃使人窺視其國相。及諸將率左右用事者。知其主名。乃曰。此皆不如吾蕭何、曹參、韓信、樊噲等。亦易與耳。遂往擊破之。此知大體者也。王翁前欲北伐匈奴。及後東擊青徐衆郡赤眉之徒。皆不擇良將。而但㠯世姓及信謹文吏。或遣親屬子孫素所愛好。或無權智將帥之用。猥使據軍持衆。當赴強敵。是㠯軍合則損。士衆散走。咎在不擇將。將與主俱不知大體者也。（羣書治要。）

動如雷震。住如岳立。攻如奔電。取如疾風。前輕後重。內實外虛。（北堂書鈔一百十六。）

周亞夫嚴猛哮吼之用。可謂國之大將軍。（北堂書鈔末改本一百十五。）

世有圍棊之戲。或言是兵法之類也。及爲之上者。遠棊疏張。置㠯會圍。因而伐之。成多得道之勝。中者則務相絕遮要。㠯爭便求利。故勝負狐疑。須計數而定。下者則守邊隅。趨作罫目。㠯自生于小地。然亦必不如察薛公之言黥布反也。上計云。取吳楚。幷齊魯及燕趙者。此廣地道之謂也。其中計云。取吳楚。幷韓魏。塞成臯。據敖倉。此趨遮要爭利者也。下計云。取吳下蔡。據長沙㠯臨越。此守邊隅趨作罫目者也。更始帝將相不能防衛。而令罫中死棊皆生也。（史記黥布傳集解。文選博弈論注。長短經二。圖權。御覽七百五十三。意林。）

更始帝到長安。其大臣辟除東宮之事。爲下所非笑。但爲小衛樓半城而居之。㠯是知其將相非蕭曹之儔也。（初學記二十四。）

夫言行在于美善。不在于衆多。出一美言美行。而天下從之。或見一惡意醜事。而萬民違之。可不愼乎。故易曰。言行君子之樞機。樞機之發。榮辱之主。所㠯動天地者也。（羣書治要。）

臣當作神

王翁刑殺人。又復加毒害焉。至生燒人。㠯醯五毒灌死者肌肉。及埋之。復薦覆㠯荊棘。人既死。與土木等。雖重加創毒。亦何損益。成湯之省納。無補于士民。士民向之者。嘉其有德惠也。齊宣之活牛。無益于賢人。賢人善之者。貴其有仁心也。文王葬枯骨。無益于衆庶。衆庶悅之者。其恩義動人也。（本作思義動之也。依意林改。）王翁之殘死人。觀人五藏。（觀人五藏四字依意林加。）無損于生人。生人惡之者。㠯殘酷示之也。維此四事。忽微而顯著。纖細而猶大。故二聖㠯興。一君用稱。王翁㠯亡。知大體與不知者遠矣。（羣書治要。）

聖王治國。崇禮讓。顯仁義。㠯尊賢愛民爲務。是爲卜筮維寡。祭祀用稀。（羣書治要。）

昔楚靈王驕逸輕下。簡賢務鬼。信巫祝之道。齋戒潔鮮。㠯祀上帝。禮羣臣。躬執羽紱。起舞壇前。吳人來攻。其國人告急。而靈王鼓舞自若。顧應之曰。寡人方祭上帝。樂明神。當蒙福祐焉。不敢赴救。而

吳兵遂至。俘獲其太子及后姬。甚可傷。（御覽五百二十六。又七百三十五。）

王翁好卜筮。信時日。而篤于事鬼神。多作廟兆。潔齋祀祭。犧牲殽膳之費。吏卒辨治之苦。不可稱道。爲政不善。見叛天下。及難作兵起。無權策㠯自救解。乃馳之南郊告禱。搏（莽傳作摶）心言寃。號興流涕。叩頭請命。幸天哀助之也。當兵入宮日。矢射交集。燔火大起。逃漸臺下。尚抱其符命書。及所作威斗。可謂蔽惑至甚矣。（羣書治要。）

見徵第五

東方朔短辭薄語。㠯謂信驗。人皆謂朔大智。後賢莫之及。譚曰。鄙人有㠯狐爲狸。㠯瑟爲箜篌。此非徒不知狐與瑟。又不知狸與箜篌。乃非但言朔。亦不知後賢也。（意林。藝文類聚四十四。）

余前爲典樂大夫。有梟鳴于庭樹上。而府中門下皆爲憂懼。後余與典樂謝侯爭鬬。俱坐免去。（御覽四百九十六。又九百二十七。）

余從長安歸沛。道疾。（御覽作病。）蒙絮被。絳罽襜褕。乘騂馬。宿于下邑東

亭中。亭長疑是賊，發卒夜來攻。余令吏勿鬭，乃相問解而去。此安靜自存也。（北堂書鈔一百二十九、藝文類聚七十五、御覽六百九十三、又八百十六。）

大𠂤人言善我，亦必𠂤人言惡我。王翁使都尉孟孫往泰山告祠，道過徐州。徐州牧宋仲翁道余才智陳平、留侯之比也。孟孫還，喜謂余曰：仲翁盛稱子德，子乃此邪。余應曰：與僕游四五歲，不吾見稱，今聞仲翁一言而奇怪之，若有人毀余，子亦信之，吾畏子也。（意林）

周易曰：肥遯無不利。（文選謝靈運入華子岡詩注。）

宋康王為無頭之冠，以示勇。（御覽六百八十四。）

傳記言（此三字依初學記二十五加。）淳于髡至鄰家，見其竈突之直，而積薪在旁，曰：此且有火災。教使更為曲突，而遠徙（本作徙遠，依初學記乙轉。）其薪。竈（藝文類聚八十作鄰。）家不聽。後災，火果及積薪，而燔其屋。鄰里並救擊，乃（本作及，依藝文類聚改。）滅止。而亨羊具酒，以勞謝救火者。曲突遠薪，固不肎呼淳于髡飲飯。智者譏之云：教人曲突遠薪，固無恩澤，燋頭爛額，反為上客。蓋傷其賤本而貴末也。（也字依藝文類聚加。）豈獨夫（本作夫獨，以意乙轉。）突薪可以除害哉。而人病國亂，亦皆如斯。是故良醫醫其未發，而明君絕其本謀。後世多損于杜塞未萌，而勤于攻擊已成。謀臣稀賞，而鬭士常榮。猶彼人殆（未能斷句，或本詩節南山無小人殆。）失事之重輕。察淳于髡之預言，可以無不通。此見徵（當作微，否則篇名當作見徵，必有一誤。）之類也。（羣書治要。）

博士弟子韓生居東寺，連三夜有惡夢，以問人。人教以晨起清（與圊通。）中祝之。三旦而人告以為呪詛，捕治數日死。（御覽一百八十六、又四百。）

待詔景子春素善占，坐事繫獄。其婦父朱若（疑當依下文作君。）至獄門，通言遺襦袴。子春驚曰：朱君來，言與朱為誅，袴而襦中絕者也。我當誅斷也。後遂腰斬。（御覽六百九十五。）

陽城子姓張名衡，蜀郡人。王翁（當有時字。）與吾俱為講學祭酒。及寢疾，預買棺槨，多下錦繡，立被發冢。（御覽八百十五。）

全後漢文卷十三終

全後漢文卷十四

烏程嚴可均校輯

桓譚三

桓子新論中

譴非第六

王者初興皆先建根本廣立藩屏以自樹黨而强固國基焉是以周武王克殷未下輿而封黃帝堯舜夏殷之後及同姓親屬功臣德行以爲羽翼佐助鴻業永垂流（舊校云流恐統）于後嗣乃者强秦罷去諸侯而獨自恃任一身子弟無所封孤弱無與是以爲帝十四歲而亡漢高祖始定天下背亡秦之短計導（舊校云導恐遵）殷周之長道褒顯功德多封子弟後雖多以驕佚敗亡然漢之基本得以定成而異姓强臣不能復傾至景武之世見諸王數作亂因抑奪其權勢而王但得虛尊坐食租稅故漢朝遂弱孤單特立是以王翁不與兵領土而徑取天下又懷貪功獨專之利不肯封建子孫及同姓戚屬爲藩輔之固故兵起莫之救助也傳曰與死人同疾者不可爲醫與亡國同政者不可爲謀王翁行甚類暴秦故亦十五歲而亡失（當作夫）獵射禽獸者始欲中之恐其創不大也既已得之又惡其傷肉多也鄙人有得脠（本作醢依御覽四百九十二八百六十五改御覽引本注音檀生肉醬也又音延）醬而美之及飯惡與人共食即小唾其中共者怒因涕其醬遂棄而俱（本作但依御覽改）不得食焉彼亡秦王翁欲取天下時乃樂與人分之及已得而重愛不肯與是惜肉脠（本作者醢依御覽改）之類也（羣書治要）

昔齊桓公出見一故墟而問之或對曰郭氏之墟也復問郭氏曷爲墟曰善善而惡惡焉桓公曰善善惡惡乃所以爲存而反爲墟何也曰善善而不能用惡惡而不能去彼善人知其貴己而不用則怨之惡人見其賤己而不好則仇之夫與善人爲怨惡人爲仇欲毋亡得乎乃者王翁善天下賢智材能之士皆徵聚而不肯用使人懷誹謗而怨之更始帝惡諸王假號無義之人而不能去令各心恨而仇之是以王翁見攻而身死宮室燒盡更始帝爲諸王假號而出走令城郭殘二主皆有善善惡惡之費故不免于禍難大災卒使長安大都壞敗爲墟此大非之行也

北蠻之先與中國竝歷年茲多不可記也仁者不能以德來强者不能以力并也其性忿鷙獸聚而鳥散其强難屈而和難得是以聖王羈縻而不專制也昔周室衰微夷狄交侵中國不絕如綫于是宣王中興僅得復其侵地夫以秦始皇之强帶甲四十萬不能窺河西乃築長城以分之漢興高祖見圍于平城呂后時爲不軌之言文帝時匈奴大入烽火候騎至雍甘泉景武之間兵出數困卒不能禽制即與之結和親然後邊甬（疑作竟）得安中國以寧其後匈奴內亂分爲五單于甘延壽得承其弊以深德呼韓邪單于故肯委質稱臣來入朝見漢家漢家得以宣德廣之隆而威示四海莫不率服歷世無寇安危尚未可知而猥復侵刻匈奴往攻奪其璽綬而貶損其大臣號位變易舊常分單于爲十五是以恨恚大怒事相攻拒王翁不自非悔及（當作乃）遂持屈强無理多拜將率調發兵馬運徒糧食財物以彈（當作殫）索天下天下愁恨怨苦因大擾亂竟不能挫傷一胡虜徒自窮極竭盡而已書曰天孽可避自作孽不可活其斯之謂矣夫高帝之見圍十（當作七）日不食及得免脫遂無慍色誠知其往攻非務而怨之無益也今匈奴負于王翁王翁就往侵削擾之故使事至于斯豈所謂肉自生蟲而人自生禍者邪其爲不急乃劇如此自作之甚者也（羣書治要）

王莽（本書作王翁微事者輒變其詞）時置西海郡令其吏皆百石親事一曰爲四百石二歲而遷補（續漢百官志五注案莽傳居攝元年西羌怨莽奪其地作西海郡）

漢宣以來百姓賦錢（御覽作斂）一歲爲四十餘萬萬吏俸用其半餘二十萬萬藏于都內爲禁錢少府所領園地作務之八十三萬萬以

給宮室供養諸賞賜。（文選永明九年策秀才文注。御覽六百二十七。）

王莽（當作翁。）起九廟。㠯銅爲柱甍。大金銀錯鏤其上。（御覽五百三十一。）

舉火夜作。燃炭乾牆。（御覽八百七十一。）

夫（當作災。）異變怪者。天下所常有。無世而不然。逢明主賢臣智士仁人。則修德善政。省職慎行㠯應之。故咎殃消亡而禍轉爲福焉。昔大戊遭桑穀生朝之怪。獲中宗之號。武丁有雊雉升鼎之異。身享百年之壽。周成王遇雷風折木之變。而獲反風歲熟之報。宋景公有熒惑守心之憂。星爲徙三舍。由是觀之。則莫善于㠯德義精誠報塞之矣。故周書曰。天子見怪則修德。諸侯見怪則修政。大夫見怪則修職。士庶見怪則修身。神不能傷道。妖亦不能害德。及衰世薄俗。君臣多淫驕失政。士庶多邪心惡行。是㠯數有災異變怪。又不能內自省視。畏天威而反外攷詖議。求問厥故。惑于佞愚而已。自詿誤。而令患禍得就。皆違天逆道者也。（羣書治要。）

武帝出璽印石。財有兆朕。子侯則沒印。帝畏惡。故殺之。（史記封禪書索隱。）

余前作王翁掌教（當作樂。）大夫時。有男子畢康殺其母。有詔燔燒其子屍。暴其罪于天下。余謂此事不宜宣布。上封事云。昔宣帝時。公卿大夫朝會廷中。丞相語次言。聞梟生子。子長且食其母。乃能飛。盍然邪。時有賢者應曰。但聞梟子反哺其母耳。丞相大慚。自悔其言之非也。羣士人皆少丞相而多彼賢人。賢人之言。有益于德化也。是故君子掩惡揚善。鳥獸尚爲之諱。而況于人乎。不宜發揚也。（意林。御覽四百九十一。又九百二十七。）

呈衣冠于裸川。（述異記上。）

董賢女弟爲昭儀。居舍號曰椒風。（後漢班固傳上注。文選西都賦注。又宣貴妃誄注。御覽一百八十一。）

楚之郢都。車轂擊。民肩摩。市路相排突。號爲朝衣新而暮衣弊。（北堂書鈔一百二十九。御覽七百七十六。）

脤當作賑

道路皆蒿草。寥廓狼藉。（文選蜀都賦注。）

或言往者公卿重臣缺。而衆人咸豫部署。云甲乙當爲之。後果然。彼何㠯處知而又能與上同意乎。孔子謂子貢億則屢中。今衆人能與子貢等乎。余應曰。世之在位人。率同輩相去不甚膠著。其倚善少愈者。固上下所昔聞知也。夫明殊者視異。智均者慮侔。故羣下之隱。常與上同度也。如昔湯武之用伊呂。高宗之取傅說。桓穆之授管甯由奚。豈衆人所識知哉。彼羣下雖好意措。亦焉能責斯㠯可居大臣輔相者乎。國家設理官制刑辟。所㠯定姦邪。又內量中丞御史㠯正齊轂下。故常用明習者。始㠯欲（有脫誤。）分正法。而終乎侵輕深刻。皆務酷虐過度。欲見未（當有脫誤。）盡力而求獲功賞。或著能立事而惡劣弱之謗。是㠯役㠯箠楚舞文成惡。及事成獄畢。雖使臯陶聽之。猶不能聞也。至于言語小故。陷致人于族滅。事誠可悼痛焉。漸至乎朝廷。時有忿悁。聞惡弗原。故令天下相放。俱成（有疑脫。）惑。譏有司之行深刻。云下尚執重。而令上得施恩澤。此言甚非也。夫賢吏正士。爲上處事。持法宜如丹青矣。是故言之當必可行也。罪之當必可刑也。如何苟欲阿指乎。如遭上忽略。不宿留而聽行其事。則當受強死也。哀帝時。待詔伍客㠯知皇（當作星。）好方道。數召。（當有見字。）後坐帝（帝字衍。）事下獄。獄窮訊。得其宿與人言。漢朝當生勇怒子如武帝者。刻暴㠯爲先帝爲怒子。非所宜言。大不敬。夫言語之時。過差失誤。乃不足被㠯刑誅。及詆欺事。可無于不至罪。易言大人虎變。君子豹變。即㠯是論諭人主。寧可謂曰何爲比我禽獸乎。如稱君之聖明與堯舜同。或可怒曰何故比我于死人乎。世主既不通。而輔佐執事者復隨而聽之。順成之。不亦重爲矇矇乎。（羣書治要。）

九江太守龐眞按縣令高受社祭釐。有生牛肉二十斤。劾㠯主守盜。上請逮捕。詔釐不脤。天下緣是。諸府縣社臘祠祭竈。不但進熟

至墓之墓當作暮　良馬宿所當作宿所良馬

食皆復多肉米酒脯腊。諸奇珍益盛。是故諸郡府至殺牛數頭。（御覽八百六十三。）

啟寤第七

龍無尺水。無以昇天。聖人無尺土。無以王天下。（意林。）

讖出河圖洛書。但有兆朕而不可知。後人妄復加增依託。稱是孔丘。誤之甚也。（意林。）

張子侯曰。揚子雲。西道孔子也。乃貧如此。吾應曰。子雲亦東道孔子也。昔仲尼豈獨是魯孔子。亦齊楚聖人也。（意林。）

畫水鏤冰。與時消釋。（意林。御覽六十八。）

孔子以四科教士。隨其所喜。譬如市肆。多列雜物。欲置之者並至。（意林。）

聖人天然之姿。所以絕人遠者也。（文選陸士衡宴玄圃宣猷堂詩注。）

昔顏淵有高妙次聖之才。聞一知十。（文選應休璉與曹長思詩注。）

子貢對齊景公曰。臣之事仲尼。譬如渴而操杯器。就江海飲。滿腹而去。又焉知江海之深。（文選運命論注。頭陀寺碑文注。）

夫不翦之屋。不如阿房之宮。不琢之椽。不如磨礱之桷。玄酒不如蒼梧之醇。控揭不如流鄭之樂。（初學記十五。御覽五百六十九。）

諺言。三歲學。不如一歲擇師。（御覽四百四。）

孔子匹夫耳。而卓然名著。至其冢墓。高者牛羊雞豚而祭之。下及酒脯寒具。致敬而去。（御覽八百六十。）

吳之翫水若魚鼈。蜀之便山若禽獸。（御覽九百三十二。）

祛蔽第八

顏淵所以命短。慕孔子。所以殤其年也。關東鄙語曰。人聞長安樂。則出門西向而笑。知（六帖十六知字作如聞二字。）肉味美。則對屠門而大嚼。此猶時人雖不別聖。亦復欣慕。如庸馬與良馬相追。銜尾至暮。共列良馬宿所。鳴食如故。庸馬垂頭不復食。何異顏淵與孔子優劣。（意林。）

北堂書鈔一百四十五。藝文類聚七十二。文選曹子建與吳季重書注。初學記二十五。六帖十六。御覽三百九十一。又四百九十六。又八百二十八。又八百六十三。又八百九十七。

余少時見揚子雲之麗文高論。不自量年少新進。而猥欲逮及。嘗激一事而作小賦。用精思太劇。而立感動發病。彌日瘳。子雲亦言成帝時。趙昭儀方大幸。每上甘泉。詔令作賦。為之卒暴。思精苦。賦成。遂困倦小臥。夢其五藏出在地。以手收而內之。及覺。病喘悸大少氣。病一歲。（北堂書鈔作病發一年而死。甘泉賦注作明日遂卒。御覽三百九十三作一年卒。三百九十九七百三十九作病一歲卒。皆誤。）由此言之。盡思慮。傷精神也。（意林。北堂書鈔一百二。藝文類聚五十六。又七十五。文選甘泉賦注。文賦注。白孔六帖八十六。御覽三百九十三。又三百九十九。又五百八十七。又七百三十九。）

莊周病劇。弟子對泣之。應曰。我今死。則誰先。更百年生。則誰後。必不得免。何貪于須臾。（意林。）

余前為王翁典樂大夫。見樂家書記言。文帝時。得魏文侯時樂人竇公。年百八十歲。兩目皆盲。文帝奇而問之曰。因何服食而能至

此邪。對曰。臣年十三失明。父母哀其不及眾技。事教臣為樂。使鼓琴。日講習以為常事。臣不能導引。無所服餌也。不知壽得何力。余以為竇公少盲。專一內視。精不外鑒。恆逸樂。所以益性命也。故有此壽。（漢書藝文志注。辨正論引陳思王辯道論。御覽三百八十三。又七百四十。）

齊桓公行見麥（宋本初學記作麥。）丘人。問其年幾何。對曰。八十三矣。公曰。以子壽。祝寡人乎。對曰。使主君甚壽。金玉是賤。以人為寶。（初學記八。太平寰宇記十二濮縣。）

余嘗過故陳令同郡杜房。見其讀老子書。言老子用恬淡養性。致壽數百歲。今行其道。寧能延年卻老乎。余應之曰。雖同形名。而質性才幹。乃各異度。有強弱堅脆之姿焉。愛養適用之。直差愈耳。譬猶衣履器物。愛之則完全乃久。余見其旁有麻燭。而灺垂一尺所。則因以喻事。言精神居形體。猶火之然燭矣。如善扶持。隨火而側之。可毋滅而竟燭。燭無火。亦不能獨行于虛空。又不能後然其灺。

灺猶人之耆老。齒墮髮白。肌肉枯腊。而精神弗爲之能潤澤。內外周徧。則氣索而死。如火燭之俱盡矣。人之遭邪傷病。而不遇供養良醫者。或强死。死則肌肉筋骨常若火之傾刺風而不獲救護。亦道滅。則膚餘幹長焉。余嘗夜坐飲內中。然麻燭。燭半壓欲滅。卽自曰。敕視。見其皮有剝乾。乃扶持轉側。火遂度而復。則維人身或有虧剝。劇能養愼善持。亦可㠯得度。又人莫能識其始生時。則老亦死。不當自知。夫古昔平和之世。人物蒙美盛而生。皆堅强老壽。咸百年左右乃死。死時忽如臥出者。猶果物穀實。久老則自墮落矣。後世遭衰薄惡氣。娶嫁又不時。勤苦過度。是㠯身生子皆俱傷。而筋骨血氣不充强。故多凶短折。中年夭卒。其遇病或疾痛惻怛。然後中絕。故咨嗟憎惡。㠯死爲大。故昔齊景公美其國。嘉其樂。云使古而無死何若。晏子曰。上帝㠯人之歿爲善。仁者息焉。不仁者如焉。今不思勉廣日學自通。㠯趨立身揚名。如但貪利長生。多求延壽益年。則惑之不解者也。或難曰。㠯燭火喻形神。恐似而非焉。今人之肌膚時剝傷而自愈者。血氣通行也。彼蒸燭缺傷。雖有火居之。不能復全。是㠯神氣而生長。如火燭不能自補完。蓋其所㠯爲異也。而何欲同之。應曰。火則從一端起。而人神氣則于體。當從內稍出合于外。若由外腠達于內。故未必由端往也。譬由炭火之爇赤。如水過渡之。亦小滅。然復生焉。此與人血氣生長肌肉等。顧其終極。或爲灸。或爲灺耳。曷爲不可㠯喻哉。余後與劉伯師夜爇脂火坐語。燈中脂索而炷燋禿。將滅息。則㠯示曉伯師。言人衰老亦如彼禿燈矣。御覽八百七十作禿炷矣。又爲言前爇麻燭事。伯師曰。燈燭盡當益其脂易其燭。人老衰亦如彼自蹷續。余應曰。人旣稟形體而立。猶彼持燈一燭。及其盡極。安能自盡易。盡易之乃在人。人之蹷儻亦在天。天或能爲他。其肌骨血氣充强。則形神枝而久生。惡則絕傷。猶火之隨脂燭多少長短爲遲速矣。欲燈燭自盡易㠯不能。但促

斂旁脂㠯染漬其頭。轉側蒸幹。使火得安居。則皆復明焉。及本盡者亦無㠯爇。今人之養性。或能使墮齒復生。白髮更黑。肌顏光澤。如彼促脂轉燭者。至壽極亦獨死耳。明者知其難求。故不㠯自勞。愚者欺或。而冀獲盡脂易燭之力。故汲汲不息。又草木五穀㠯陰陽氣生于土。及其長大成實。實復入土。而後能生。猶人與禽獸昆蟲。皆㠯雄雌交接相生。生之有長。長之有老。老之有死。若四時之代謝矣。而欲變易其性。求爲異道。惑之不解者也。弘明集五。又略見御覽八百七十。

衞后園有送葬時乘輿馬十匹。吏卒養視。善飲不能乘。而馬皆六十歲乃死。御覽八百九十七。

余與劉子駿言養性無益。其兄子伯玉曰。天生殺人藥。必有生人藥也。余曰。鉤吻不與人相宜。故食則死。非爲殺人生也。譬若巴豆毒魚。礜石賊一本作殺鼠。桂害獺。杏核殺豬。天非一本作非天故爲作也。御覽九百九十。

正經第九

學者既多蔽暗。而師道又復缺然。此所㠯滋昬也。文選顏延年皇太子釋奠會詩注。

秦近君能說堯典篇目兩字之說至十餘萬言。但說曰若稽古三萬言。漢書藝文志注。案文心雕龍論說篇曰。若秦君延之注堯典十餘萬字。朱普之解尚書三十萬言。所㠯通人惡煩。羞學章句。近君君延必有一誤。

子貢問蘧伯玉曰。子何㠯治國。答曰。弗治治之。意林。

易一曰連山。二曰歸藏。三曰周易。連山八萬言。歸藏四千三百言。連山藏于蘭臺。歸藏藏于太卜。已上十二字依北堂書鈔一百一加。連山書鈔作厲山。古文尚書舊有四十五卷。案漢志作四十六卷。爲十八篇。句有脫誤。漢志作五十七篇。師古引鄭元敘贊云後又亡其一篇。故五十七。則此當云五十八篇。古袟禮記有四漢志作五十六卷。古論語二十一卷。與齊魯文異六百四十餘字。與齊下十一字依經典釋文敘錄加。古孝經一

卷二十章（漢志作二十二章。）千八百七十二（漢志注作一，意林與此同。）字，今異者四百餘字，嘉論之林藪，文義之淵海也。（御覽六百八。）

維四月，太子發上祭于畢，下至盂津之上，此武王已畢三年之喪，欲卒父業，升舟而魚入，則地應也；燎祭降烏，則天應也。二年，聞紂殺比干，囚箕子，太師少師抱樂器奔周。甲子，日月若連璧，五星若連珠，昧爽，武王朝至于商郊牧野，從天以討紂，故兵不血刃而定天下。（御覽三百二十九。）

人抱天地之體，懷純粹之精，有生之最靈者也。是以貌動于木，言信于金，視明于火，聽聰于水，思睿于土。五行之用，動靜還與神通。貌恭則肅，肅時雨若；言從則乂，乂時暘若；視明則哲，哲時燠若；聽聰則謀，謀時寒若；心嚴則聖，聖時風若。金木水火皆載于土，雨暘燠寒皆發于風，貌言視聽皆生于心。（五行大義四。）

王者造明堂辟雍，所以承天行化也。（初學記九、御覽五百三十三。）天稱明，故命曰明堂。上圓法天，下方法地，八窗法八風，四達法四時，九室法九州，十二坐法十二月，三十六戶法三十六雨，七十二牖法七十二風。（續漢祭祀志中注。）為四面堂，各從其色，以倣四方。（藝文類聚三十八、初學記十三。）王者作圓池，如璧形，實水其中，以環壅之，故曰辟雍。言其上承天地，以班教令，流轉王道，周（御覽作終。）而復始。（藝文類聚三十八、御覽五百三十四。）

左氏傳遭戰國寢廢，後百餘年，魯人穀梁赤為春秋，殘略多所遺失；又有齊人公羊高緣經文作傳，彌離其本事矣。左氏傳于經，猶衣之表裏，相待而成。經而無傳，使聖人閉門思之，十年不能知也。（意林、經典釋文敘錄、史通十四、御覽六百十。案君山推崇左氏如此，史通十四又引東觀漢記陳元奏云：光武興立左氏，而桓譚衛宏並共毀訾，故中道而廢，事與新論違異，所未審也。）

諸儒覩春秋之記錄，政治之得失，以立正義，以為聖人復起，當復作春秋也。自通士若太史公亦以為然，余謂之否。何則？前聖後聖，未必相襲。夫聖賢所陳，皆同取道德仁義，以為奇論異文，而俱善可觀者，猶人食皆用魚肉菜茹，以為生熟異和，而復居美者也。（北堂書鈔未改本九十五、御覽六十八。）

吳之篡弑滅亡，釁由季札。札不書上放周公之攝位，而下慕曹臧之謙讓，名已細矣。春秋之趣，豈謂爾乎？（古文苑鄭炎對事。）

堯能則天者，貴其能臣舜禹二聖。（意林。）

識通第十

劉子政、子駿，子駿兄子伯玉，三人俱是通人，尤珍重左氏，教授子孫，下至婦女，無不讀誦者，此亦蔽也。（意林、北堂書鈔九十八、御覽六百十、又六百十六。）

漢高祖建立鴻基，侔功湯武，及身病，得良醫弗用，專委婦人，歸之天命，亦以誤矣。此必通人而蔽者也。（文選謝靈運廬陵王墓下詩注。）

漢太宗文帝有仁智通明之德，承漢初定，躬儉省約，以惠休百姓，救贍困乏，除肉刑，減律法，薄葬埋，損輿服，所謂達于養生送終之實者也。及始從代徵時，謀議狐疑，能從宋昌之策，應聲馳來，即位而偃武修文，施布大恩，欲息兵革，與匈奴和親，總攬綱紀，（北堂書鈔十五作紀綱。）故遂褒增隆為太宗也。而溺于俗議，斥逐材臣，又不勝私恩，使嬖妾慎夫人與皇后同席，以亂（本作溺，依文選宦者傳論注論。）尊卑之倫，此其所蔽也。（御覽八十八。）

注論之論當作改

充實殷富。（北堂書鈔十五，疑是言文帝。）

漢武帝材質高（御覽作英。）妙，有崇先廣統（御覽作崇文廣業。）之規，故即位而開發大志，考合古今，（藝文類聚作今古，御覽作古今，北堂書鈔十二與御覽同。）模範前聖故事，建正朔，定制度，招選俊傑，奮揚威怒，武義四加，所征者服，（北堂書鈔十三引此二句。）興起六藝，廣進儒術，自開闢以來，惟漢家為最盛焉，故顯為世宗，可謂卓爾絕世之主矣。然上乃多過差，既欲斥境廣土，乃又貪利，爭物之無益者，聞西夷大宛國有名馬，即大發軍兵，攻取歷年，士眾多死，但得數十四耳。又歌兒衛子夫因幸愛重，乃陰求陳皇后過惡而廢退之，即立子夫，更其男為太子。後聽邪臣之譖，衛后以憂死。太子出走。滅亡不知其處。信其巫蠱。多徵會邪僻。求不急之方。大起宮室。內竭府庫。外罷天下。百姓之死亡不可勝數。此可謂通而蔽者也。藝文類聚十二。御覽八十八。

漢書陳遵傳云。張竦爲賊兵所殺。李奇曰。竦知有賊當去。會反支日不去。因爲賊所殺。桓譚以爲通人之蔽也。

揚子雲爲郎。居長安。素貧。比歲亡其兩男。哀痛之。皆持歸葬于蜀。以此困乏。雄當作子雲。御覽變其詞耳。察達聖道。明于死生。宜不下季札。然而慕怨死子。不能以義割恩。自令多費。而至困貧。御覽五百五十六。

全後漢文卷十四終

全後漢文卷十五

桓譚四

烏程嚴可均校輯

桓子新論下

離事第十一

舉網以綱千目皆張振裘持領萬毛自整治大國者亦當如此意林

以賢代意林作代下同賢謂之順意林作傾以不肖代不肖謂之亂意林御覽四百二

關竝字子陽材智通達漢書溝洫志注案此以下皆言治河事孟堅采新論以爲志首尾略具故附載焉志云王莽時徵能治河者以百數其大略異者長水校尉平陵關竝言河決率常于平原東郡左右其地形下而土疏惡聞禹治河時本空此地以爲水猥盛則放溢少稍自索雖時易處猶不能離此上古難識近察秦漢以來河決曹衛之域其南北不過百八十里者可空此地勿以爲官亭民舍而已

大司馬當有史字張戎字仲功習溉灌事漢書溝洫志注御覽六十一事類河賦注議曰事類河賦注河水濁一石水六斗泥而民競引河溉田令河不通利至三月桃花水至則河決以其噎不泄也可以禁民勿復引河御覽六十一事類河賦注案溝洫志云大司馬史長安張戎言水性就下行疾則自刮除成空而稍深河水重濁號爲一石水而六斗泥今西方諸郡以至京師東行民皆引河渭山川水溉田春夏乾燥少水時也故使河流遲貯淤而稍淺雨水多暴至則溢決也而國家數隄塞之稍益高于平地猶築垣而居水也可各順從其性毋復灌溉則百川流行水道自利無溢決之害矣

韓牧字子台善水事漢書溝洫志注案志云御史臨淮韓牧以爲可略于禹貢九河處穿之縱不能爲九但有四五宜有益

王平仲云周譜言定王五年河徙故道水經注河水五作故瀆今所行處非禹所穿意林案溝洫志云大司空掾王橫言河入勃海勃海地高于韓牧所欲穿處往者天嘗連雨東北風海水溢西南出浸數百里九河之地已爲海所漸矣禹之行河水本隨西山下東北去周譜云定王五年河徙則今所行非禹之所穿也又秦攻魏決河灌其都決處遂大不可復補宜却徙完平處更開空使緣西山足乘高地而東北入海乃無水災沛郡桓譚爲司空掾典其議爲甄豐言凡此數者必有一是宜詳考驗皆可豫見計定然後舉事費不過數億萬亦可以事諸浮食無產業民空居與行役同當衣食衣食縣官而爲之作乃兩便可以上繼禹功下除民疾王莽時但崇空語無施行者

四瀆之源河最高而長從高注下水流激峻故其流急爲平地災害水經注河水一藝文類聚九

通厤數家筭法推考其紀從上古天元以來訖十一月甲子夜半朔冬至日月若連璧初學記四歲華記麗四

余前爲郎典漏刻燥溼寒溫輒異度故有昏明晝夜晝日參以晷景夜分御覽作暮夜參以星宿則得其正北堂書鈔未改本一百三十初學記二十五御覽二

揚子雲好天文問之于黃門作渾天老工曰我少能作其事但隨尺寸法度殊不曉達其意然稍稍益愈到今七十乃甫適知已又老且死矣今我兒子愛學作之亦當復年如我乃曉知已又且復死焉其言可悲可笑也北堂書鈔未改本一百三十御覽二

通人揚子雲因衆儒之說天以天爲如蓋轉初字轉字依初學記一加常左旋日月星辰隨而東西乃圖畫形體行度參以四時厤數昏晝夜欲爲世人立紀律以垂法後嗣余難之曰春秋晝夜欲等平旦日出于卯正東方暮日入于酉正西方今以天下人占視之此乃人之卯酉非天卯酉天之卯酉當北斗極北斗極天樞樞天軸也猶蓋有保斗矣蓋雖轉而保斗不移天亦轉周帀斗極常在知爲天之中也仰視之又在北不正在人上而春秋分時日出入乃在斗南如蓋轉則北道近南道遠彼晝夜刻漏之數何從等乎子雲無以解也後與子雲奏事待報坐白虎殿廊廡下以寒故背日曝背有頃日光去背不復曝焉因以示子雲曰天卽蓋轉而日西行其光影當照此廊下而稍東耳無乃是反應渾天家法焉子雲立壞其所作則儒家以爲天左轉非也晉書天文志一御覽二事類天賦注

五藏釋藏百字二號梁釋僧祐世界記序云桓譚拒問宰五藏以爲喻

言太山之上有刻石凡千八百餘處而可識知者七十有二初學記九御覽五百三十六

太史三世表旁行邪上竝效周譜梁書劉杳傳

漢之三王內置黃門工倡文選長笛賦注繁休伯與魏文帝牋注

昔余在孝成帝時。為樂府令。凡所典領倡優伎樂。蓋有千人。北堂書鈔未改本五十五。

聖賢之材不世。而妙善之技不傳。文選王元長曲水詩序注。

揚子雲大才而不曉音。余頗離雅樂而更為新弄。子雲曰。事淺易善。深者難識。卿不好雅頌而悅鄭聲。宜也。御覽五百六十五。

惟人心之所獨曉。父不能以禪子。兄不能以教弟也。文選魏文帝典論論文注。

五聲各從其方。春角夏徵秋商冬羽。宮居中央而兼四季。以五音須宮而成。可以殿上五色錦屏風。諭而示之。望視則青赤白黃黑。各各異類。就視則皆以其色為地。四色文飾之。其欲為四時五行之樂。亦當各以其聲為地。而用四聲文飾之。猶彼五色屏風矣。北堂書鈔未改本一百三十二。御覽七百一。

余年十七。為奉車郎。衛殿中小苑西門。御覽二百十五。

譚謂揚子曰。君之為黃門郎。居殿中。數見輿輦玉蚤華芝及鳳皇三蓋之屬。皆元黃五色。飾以金玉翠羽珠絡錦繡茵席者也。續漢輿服志上注。又後漢班固傳上注。北堂書鈔未刪改本一百四十一。文選西都賦注。寡婦賦注。宋孝武宣貴妃誄注。

雖不見古路車。亦數聞師之說。但素輿而蒲茵也。北堂書鈔未刪改本一百四十一。

宓犧之制杵臼。萬民以濟。及後世加巧。因延力借身重以踐碓。而利十倍。杵舂又復設機關。用驢驘牛馬及役水而舂。其利乃且百倍。御覽七百六十二。又八百二十九。

劉歆致雨。具作土龍。吹律。及諸方術無不備設。譚問求雨所以為土龍何也。曰。龍見者輒有風雨興起。以迎送之。故緣其象類而為之。續漢禮儀志中注。

難以頓牟磁石不能真。是何能掇針取芥。子駿窮無以應。論衡亂龍篇。

扶風漆縣之邠亭。部言本太王所處。其民有會日。以相與夜市。如不為期。則有重災咎。續漢郡國志一注。初學記二十四。御覽一百九十一。又八百二十七。

太原郡民以隆冬不火食五日。雖有疾病緩急。猶不敢犯。為介子推故也。北堂書鈔一百四十三。藝文類聚三。御覽二十七。又後漢書周舉傳曰。太原一郡舊俗以介子推焚骸。有龍忌之禁。至其亡月。咸言神靈不樂舉火。由是士民每冬中輒一月寒食。莫敢烟爨。注曰。其事見桓譚新論。

天下有鸛鳥。郡國皆食之。而三輔俗獨不敢取之。取或雷霹靂起。原夫天不獨左彼而右此。其殺取時。適與雷遇耳。御覽十三。又九百二十五。

余小時聞閭巷言。孔子東游。見兩小兒辯鬭。問其故。一兒曰。我以日始出時近。日中時遠。一兒以日初出遠。日中時近。案殷敬順列子釋文卷下云。愴愴。桓譚新論亦述此事。作愴涼。據知新論原文具如列子湯問篇。惟愴涼字小異。法苑珠林既載列子于前。故于新論有所刪節也。今列子與殷敬順所見微異。附載之。一兒曰。日初出大如車蓋。及日中則如盤盂。此不為遠者小而近者大乎。一兒曰。日初出滄滄涼涼。及其日中如探湯。此不為近者熱而遠者涼乎。孔子不能決也。金樓子立言篇亦載此事。長水校尉平陵關子陽。以為日之去人。上方遠而四旁近。何以知之。星宿昏時出東方。其間甚疏。相離丈餘。及夜半在上方。視之甚數。相離一二尺。以準度望之。逾益明白。故知天上之遠于傍也。日為天陽。火為地陽。地氣上升。天氣下降。今置火于地。從旁與上診其熱。遠近殊不同。乃差半焉。日中正在上。覆蓋人。人當天陽之衝。故熱于始出時。又新從太陰中來。故復涼于其西在桑榆間。大小雖同。氣猶不如清朝也。桓君山曰。子陽之言。豈其然乎。隋書天文志上。法苑珠林七。

公孫龍。六國時辯士也。為堅白之論。假物取譬。謂白馬為非馬。非馬者。言白所以名色。馬所以名形也。色非形。形非色。人不能屈。後乘白馬無符傳。欲出關。關吏不聽。此虛言難以奪實也。六帖九。御覽四百六十四。

世俗咸曰。漢文帝躬儉約。修道德。躬先天下。天下化之。故致充實殷富。澤加黎庶。穀至石數十錢。上下饒羨。北堂書鈔一百五十六。御覽三十五。又八百三十七。案此下當引成帝問劉向云云。如風俗通所載也。

太史公造書。書成。示東方朔。朔為平定。因署其下。太史公者。皆朔所加之者也。史記孝武紀索隱。又太史公自序傳索隱作遷所著書成。以示東方朔。朔皆署曰太史公。

雒陽李幼賓有小玉檢。謁衞者史子伯。素好玉器。見而奇之。使余報㠯三萬錢。請買焉。幼賓曰。我與好事長者傳之。已顧十萬。非三萬錢主也。余驚駭云。我若于路見此。千錢亦不市也。故知之與不知相去甚遠。御覽八百五。

道賦第十二

余少時好離騷。博觀他書。輒欲反學。北堂書鈔九十七。

揚子雲攻于賦。王君大習兵器。余欲從二子學。子雲曰。能讀千賦則善賦。君大曰。能觀千劍則曉劍。諺曰。伏習象神。巧者不過習者之門。意林。案此約文。北堂書鈔一百二引云。余少好文。見揚子雲賦頌。欲從學。子雲曰。能讀千賦。則善之矣。藝文類聚五十六引云。余素好文。見子雲工爲賦。欲從之學。子雲曰。能讀千賦。則善爲之矣。書鈔一百二十二引云。君大素曉習萬劍之名。凡器但遥觀而知。不須手持熟察。言能觀千劍則曉知之。此三條與意林相當。今難復併矣。又子雲爲甘泉賦。夢五藏出在地。藝文類聚等書㠯事相涉。每牽連引之。意林一屬祛蔽。一屬道賦。今故分錄。不棄原文云。

諺曰。侏儒見一節。而長短可知。孔子言舉一隅。足㠯三隅反。觀吾小時二賦。亦足㠯揆其能否。御覽四百九十六。

余少時爲奉車郎。孝成帝出祠甘泉河東。部先置華陰集靈宮。武帝所造。門曰望仙。殿曰存仙。書壁爲之賦。㠯頌二仙之行。北堂書鈔一百二。案藝文類聚七十八有此賦幷序。

辨惑第十三

五福。壽、富、貴、安樂、子孫衆多。意林。

百足之蟲。共舉一身。安得不濟。意林。

無仙道。好奇者爲之。連江葉氏本博物志七。今本五。

曲陽侯王根迎方士西門君惠。從其學養生卻老之術。君惠曰。龜稱三千歲。鶴稱千歲。㠯人之材。何乃不及蟲鳥邪。余應曰。誰當久與龜鶴同居。而知其年歲耳。意林。御覽七百二十。

聖人何不學仙而令死邪。聖人皆形解仙去。言死者。示民有終也。意林。文選顏延年五君詠注。

天下神人五。一曰神仙。二曰隱淪。三曰使鬼物。四曰先知。五曰鑄凝。文選江賦注。五君詠注。謝元暉敬亭山詩注。任彥昇謝修下忠貞墓啟注。

淮南王之子娉。當誤。安二子。太子遷。不害。未知孰是。迎道人作金銀。云鈆字金與公。鈆則金之公。而銀者金之昆弟也。御覽八百十二。

武帝有所愛幸姬王夫人。窈窕好容。質性嫕佞。夫人死。帝痛惜之。方士李少君言能致其神魂。乃夜設燭張幄。置夫人神影。令帝居于他帳中。遙望見好女侶夫人之狀。還帳坐。史記武紀集解。北堂書鈔一百三十二。文選潘安人悼亡詩注。御覽六百九十九。

元帝被病。廣求方士。漢中送道士。藝文類聚作逸人。御覽七百五十七作道人。今依水經注。王仲都至。詔問何所能爲。對曰。但能忍寒暑耳。乃㠯隆冬盛寒日。令袒衣。載㠯駟馬。于上林昆明池上環冰而馳。御者厚衣狐裘甚寒戰。而仲都獨無變色。臥于池臺上。曛然自若。因爲待詔。至夏大暑日。案歲華紀麗二。說此事。㠯爲服飛雪散。使曝坐。又環㠯十爐火。口不言熱。而身不汗出。水經注渭水下。三輔黃圖五。藝文類聚五。初學記三。御覽二十二。又三十四。又七百五十七。

近哀平閒。睢陵有董仲君。御覽六百四十三作臨淮。九百四十四作睢陵。好方道。嘗犯事坐重罪繫獄。佯病死。數日目陷蟲出。吏捐棄之。既而復活。故知幻術靡所不有。又能鼻吹口歌。吐舌聳眉動目。荆州有鼻飲之蠻。南城有飛頭之夷。非爲幻也。連江葉氏本博物志二。今本四。法苑珠林七十六。御覽六百四十三。又七百三十七。又九百四十四。

哀帝時。有才當作老。人范蘭。言年三百歲。初與人相見。則喜而相應和。再三則罵而逐人。御覽四百六十六。

史子心見署爲丞相史。官架屋。發吏卒及官奴婢㠯給之。作金不成。丞相自㠯力不足。又白傅太后。太后不復利于金也。聞金成可㠯作延年藥。又甘心焉。乃除之爲郎。舍之北宮中。使者待遇。抱朴子內篇十六黃白。

余嘗與郎冷喜出。見一老翁糞上拾食。頭面垢醜。不可忍視。喜曰。

安知此非神仙。余曰。道必形體如此。無㠯道焉。御覽三百八十二。
劉子駿信方士虛言。謂神仙可學。嘗問言人誠能抑嗜欲。闔耳目。可不衰竭乎。余見其庭下有大榆樹。久老剝折。指謂曰。彼樹無情欲。可忍。無耳目可闔。然猶枯槁朽蠹。人雖欲愛養。何能使不衰。辯正論引陳思王辯道論。藝文類聚八十八。御覽九百五十六。

黃御覽作期門郎程偉好黃白術。娶妻得知方家女。偉常從駕出而無時衣。甚憂。妻曰。請致兩端縑。縑即無故而至前。偉按枕中鴻寶。作金不成。妻乃往視偉。偉方扇炭燒筩。筩中有水銀。妻曰。吾欲試相視一事。乃出其囊中藥。少少投之。食頃發之。已成銀。偉大驚曰。道近在汝處。而不早告我。何也。妻曰。得之須有命者。于是偉日夜說誘之。賣田宅㠯供美食衣服。猶不肎告偉。偉乃與伴謀撾笞伏之。妻輒知之。告偉言。道必當傳其人。口是而心非者。雖寸斷支解。而道猶不出也。偉逼之不止。妻乃發狂。裸而走。㠯泥自塗。遂卒。抱朴子內篇黃白。御覽八百十二。

死字衍

呂仲子婢死。有女兒年四歲。葬後數來撫循之。亦能為兒沐頭浣濯。甚惡之。㠯告方士。云其家青狗為之。殺之則止。婢遂不復來。揚仲文亦言。所知家嫗死。已斂未葬。忽起飲酒食。醉後而坐棺前祭牀上。如是三四。家益厭苦。其後醉行壞垣。得老狗。便打死殺之。推問乃里頭沽家狗。御覽八百八十五。又九百五。

述策第十四

或云。陳平為高帝解平城之圍。則言其事祕。世莫得而聞也。此㠯工妙踔善。故藏隱不傳焉。子能權知斯事否。吾應之曰。此策乃反薄陋拙惡。故隱而不泄。高帝見圍七日。而陳平往說閼氏。閼氏言于單于而出之。㠯是知其所用說之事矣。彼陳平必言漢有好麗美女。為道其容貌。天下無有。今困急。已馳使歸迎取。欲進與單于。單于見此人。必大好愛之。愛之則閼氏日㠯遠疏。不如及其未到。

令漢得脫去。去亦不持女來矣。閼氏婦女。有妒媚之性。必憎惡而事去之。此說簡而要。及得其用。則欲使神怪。故隱匿不泄也。劉子駿聞吾言。乃立稱善焉。史記陳丞相世家集解。漢書高紀注。藝文類聚十八。白孔六帖二十一。御覽三百八十一。

閔友第十五

諺曰。有白頭如新。傾蓋如故。言內有㠯相知與否。不在新故也。史記鄒陽傳集解。

莊尤字伯石。後漢光武紀注。

高君孟頗知律令。嘗自伏寫書。著作郎署哀其老。欲代之。不肎。云我躬自寫。乃當十遍讀。北堂書鈔一百。御覽六百十四。

揚雄作玄書。㠯為玄者天也。道也。言聖賢著法作事。皆引天道㠯為本統。而因附屬萬類王政人事法度。故宓羲氏謂之易。老子謂之道。孔子謂之元。而揚雄謂之玄。玄經三篇。㠯紀天地人之道。立三體有上中下。如禹貢之陳三品。三三而九。因㠯九九八十一。故為八十一卦。㠯四為數。數從一至四。重累變易。竟八十一而徧。不可損益。㠯三十五當作六。蓍揲之。玄經五千餘言。而傳十三篇也。後漢張衡傳注。通鑑三十注。

王公子問揚子雲何人邪。荅曰。揚子雲才智開通。能入聖道。卓絕于眾。漢興㠯來。未有此人也。國師子駿曰。何㠯言之。答曰。才通著書㠯百數。惟太史公廣大。其餘皆藂殘小論。不能比之子雲所造法言太玄經也。玄經數百年。其書必傳。己下對大司空王邑納言嚴尤問也。見漢書雄本傳。世咸尊古卑今。貴所聞賤所見也。故輕易之。老子其心玄遠而與道合。語未竟。雄本傳作昔老聃著虛無之言兩篇。薄仁義。非禮學。然後世好之者。尚㠯為過于五經。自漢文景之君及司馬遷皆有是言。今揚子之書。文義至深。而論不詭于聖人。若遇上好事。必㠯太玄次五經也。論衡超奇篇。文選東京賦注。袁彥伯三國名臣贊注。史通內篇自序。御覽四百三十二。又六百二。

時農。元和姓纂文韻。案此條未知所屬。姑載于此。

通人如子禮。元和姓纂漁韻。

余同時佐郎官有梁子初楊子林。好學。所寫萬卷。至于白首。常有所不曉百許寄余。余觀其事。皆略可見。御覽六百十九。

茂陵周智孫胡不爲賦誦酬應之文。爲大司徒掾。見使典定文義。兼領衆事。北堂書鈔未改本六十八。

琴道第十六

昔神農氏繼宓羲而王天下。上觀法于天。下取法于地。近取諸身。遠取諸物。于是始削桐爲琴。繩絲爲絃。以通神明之德。合天地之和焉。意林。藝文類聚四十四。又八十八。文選月賦注。鮑明遠白頭吟注。御覽五百七十九。又八百十四。又九百五十六。琴長此二字意補。三尺六寸有六分。象期之數。厚寸有八當有分字。象三六數。廣六寸。道藏本意林作六分。今依官本。象六律。上圓而斂。法天。下方而平。法地。上廣下狹。法尊卑之禮。意林。琴隱長四寸五分。隱以前長八分。文選七發注。五絃。第一絃爲宮。其次商角徵羽。文王武王各加一絃。以爲少宮少商。通典一百四十四。此下尚有說者不同。又琴之始作。或云伏羲。或云神農。諸家所說。莫能詳定二十一字。當是杜佑語。不錄。下徵七絃。總會樞要。文選長笛賦注。足以通萬物而考治亂也。文選思玄賦注。初學記十六。御覽五百七十九。八音之中。惟絲最密。初學記作惟絃爲最。而琴爲之首。初學記十六。御覽五百七十九。琴之言禁也。君子守以自禁也。玉篇十六。大聲不震譁而流漫。細聲不湮滅而不聞。文選嘯賦注。八音廣博。琴德最優。文選琴賦注。古者聖賢玩琴以養心。意林。夫遭遇異時。窮則獨善其身。而不失其操。故謂之操。意林。文選蕪城賦注。長門賦注。操以鴻雁之音。文選長笛賦注。又琴賦注作操似鴻雁詠之聲。達則兼善天下。無不通暢。故謂之暢。堯暢經逸不存。意林。文選琴賦注。七發注。舜操者。昔虞舜聖德玄遠。北堂書鈔玄作達。遂升天子。喟然念親。巍巍上帝之位不足保。援琴作操。其聲清以微。意林。文選琴賦注。禹操者。昔夏之時。洪水襄陵沈山。禹乃援琴作操。其聲清以溢。潺潺志在深河。北堂書鈔未改本一百九。微子操。微子傷殷之將亡。終不可奈何。見鴻鵠高飛。援琴作操。其聲清以淯。意林。文選琴賦注。御覽九百十六。文王操者。文王之時。紂無道。爛金爲格。溢酒爲池。宮中相殘。骨肉成泥。璇室瑤臺。藹雲翳風。鐘聲雷起。疾動天地。文王躬被法度。陰行仁義。援琴作操。故其聲紛以擾。駭角震商。北堂書鈔四十一。御覽八十四。伯夷操。文選舞賦注。長笛賦注。案此語未竟。長笛賦注伯夷操下有侶鴻雁之音五字。乃總說操字義。當在上文。非專說伯夷。箕子操。其聲淯以激。意林。右一章。采各書引見三十四事。依意林次第之。佚闕尚多。本傳琴道一篇未成。肅宗使班固續成之。注引東觀記曰。琴道未畢。但有發首一章。案文選琴賦注可七略雅暢第十七曰。琴道曰。堯暢逸。又曰。達則兼善天下。無不通暢。故謂之暢。又曰。微子操。微子傷殷之將亡。終不可奈何。見鴻鵠高飛。援琴作操。足說意林所載。正是發首一章。故劉歆采用之也。

晉師曠善知音。衛靈公將之晉。宿于濮水之上。夜聞新聲。召師涓告之曰。爲我聽寫之。曰。臣得之矣。遂之晉。晉平公饗之酒。酣。靈公曰。有新聲。願奏之。乃令師涓鼓琴。未終。師曠止之曰。此亡國之聲也。後漢陳元傳注。

雍門周以琴見孟嘗君。孟嘗君蜀志注不重言孟嘗君。蓋轉寫脫。今依文選笙賦注。別賦注。豪士賦序注加。曰。先生鼓琴。亦能令文悲乎。對曰。臣之所能令悲者。先貴而後賤。昔笙賦注作故。富而今貧。擯壓窮巷。不交四鄰。不若身材高妙。懷質抱眞。逢讒罹謗。怨結而不得信。不若交歡而結愛。無怨別賦注作故。而生離。遠謝玄暉和王主簿怨情詩注作一。赴絕國。無相見期。不若幼無父母。壯無妻兒。恨賦注作子。出以野澤爲鄰。入用堀穴爲家。困于朝夕。無所假貸。若此人者。但聞飛鳥李陵答蘇武書注作鳥。之號。秋風鳴答蘇武書注作蕭。條。則傷心矣。臣一爲之援別賦注作揮。琴而太息。未有不悽惻而涕泣別賦注作悽愴而流涕。者也。今若足下居則廣廈高堂。連闥洞陸士衡日出東南隅行注作窔。說苑書說篇亦作窔。房。下羅帷。劉休玄擬古詩注作帳。來清風。倡優在前。諂諛侍側。揚激楚。舞鄭妾。流聲以娛耳。練色以淫目。水戲西京賦注。七命注作嬉。則舫龍舟。建羽旗。鼓吹蜀志注作鈎。依沈約宋書樂志一改。乎不測之淵。野游則登平原。馳廣囿。强弩下高鳥。勇士格猛獸。置酒娛樂。沈醉忘歸。方此之時。視天地曾不若一指。雖有善鼓琴。未能動足下也。孟嘗君曰。固然。雍門周曰。然臣竊爲足下有所常悲。夫角帝而困秦者。君也。連五國而伐楚者又君也。天下未嘗無事。不從卽衡。從成則楚王。衡成則秦帝。夫以秦楚之强而報弱薛。譬蜀志注無譬字。依魏都賦注加。說苑作譬之。猶磨蕭斧而魏都賦注作礱蕭斧已。伐朝菌也。有識之士。莫不爲足下寒心酸鼻。蜀志注無酸鼻二字。依王重寶褚淵碑文注加。說苑作酸鼻者。天道不常盛。寒暑更進退。千秋萬歲之後。宗廟必不血食。高臺既已傾。曲池又已平。墳墓生荆棘。狐兔蜀志注作狸。依恨賦注張孟陽七哀詩注任彥昇爲下彬謝修下忠貞墓啟注改。穴其中。游兒七哀詩注謝修下忠貞墓啟注作樵兒。豪士賦序注作游童。牧豎躑躅其足而歌其上。行人見之悽愴此六字依七哀詩注加。曰。孟嘗君之尊貴。亦猶若是乎。七哀詩注作如何成此乎。于是孟嘗君喟然太息。涕淚承睫而未下。雍門周引琴而鼓之。徐動宮商。叩豪士賦序注作揮。說苑作徽揮。角羽。初初字依豪士賦序注加。說苑作切。亦初之誤。說苑異文尚多。已非本文。不具載。終而成曲。孟嘗君遂歔欷而就之曰。先生鼓琴。令文立若亡國之人也。三國志蜀郤正傳注。

宣帝元康神爵之間。丞相奏能鼓雅琴者。渤海趙定梁國龍德。召見溫室。拜爲侍郎。北堂書鈔七十一。御覽二百四十八。

黃門工鼓琴者有任眞卿虞長倩。能傳其度數。妙曲遺聲。文選司馬紹統贈山濤詩注。

成少伯工吹竽。見安昌侯張子夏鼓琴。謂曰。音不通千曲已上。不足以爲知音。御覽五百八十一。

全後漢文卷十五終

全後漢文卷十六

烏程嚴可均校輯

蔡茂

茂字子禮河內懷人哀平閒徵試博士對策高等拜議郎遷侍中莽居攝㠯疾自免更始時避亂河西竇融㠯爲張掖太守固辭建武十三年與融俱徵復拜議郎再遷廣漢太守代戴涉爲司徒二十三年卒年七十二

上書禁制貴戚

臣聞興化致教必由進善康國寍人莫大理惡陛下聖德重興再隆大命卽位㠯來四海晏然誠宜夙興夜寐雖休勿休然頃者貴戚椒房之家數因恩埶干犯吏禁殺人不死傷人不論臣恐繩墨棄而不用斧斤廢而不舉近湖陽公主奴殺人西市而與主共輿出入宮省逋罪積日冤魂不報洛陽令董宣直道不顧干主討姦陛下不先澄審召欲加箠當宣受怒之初京師側耳及其蒙宥天下拭目今者外戚憍逸賓客放濫宜敕有司案理姦罪使執平之吏永申其用㠯厭遠近不緝之情後漢蔡茂傳

申屠剛

剛字巨卿扶風茂陵人丞相嘉七世孫仕郡功曹平帝時舉賢良方正對策罷歸田里王莽篡位避地河西轉入巴蜀二十餘年後依隗囂建武七年徵拜侍御史遷尚書令出爲平陰令復徵拜太中大夫㠯病去官

舉賢良方正對策前漢平帝時

臣聞王事失則神祇怨怒姦邪亂正故陰陽謬錯此天所㠯譴告王者欲令失道之君曠然覺悟懷邪之臣懼然自刻者也今朝廷不考功校德而虛納毀譽數下詔書張設重法抑斷誹謗禁割論議罪之重者乃至腰斬傷忠臣之情挫直士之銳殆乖建進善之

尊字衍

慍當作愼

旌縣敢諫之鼓闢四門之路明四目之義也臣聞成王幼少周公攝政聽言下賢均權布寵無舊無新唯仁是親動順天地舉措不失然近則召公不悅遠則四國流言夫子母之性天道至親今聖主幼小始免繈緥卽位㠯來至親分離外戚杜隔恩不得通且漢家之制雖任英賢猶援姻戚親疏相錯杜塞閒隙誠所㠯安宗廟重社稷也今馮衛無罪久廢不錄或處窮僻不若民庶誠非忠愛慈孝承上之意夫爲人後者自有正義至尊至卑其埶不嫌是㠯人無賢愚莫不爲怨姦臣賊子㠯之爲便不諱之變誠難其慮今之保傅非古之周公周公至聖猶尚有累何況事失其衷不合天心者哉昔周公先遣伯禽守封于魯㠯義割恩寵不加後故配天郊祀三十餘世霍光秉政輔翼少主修善進士名爲忠直而尊尊其宗黨摧抑外戚結貴據權至堅至固終沒之後受禍滅門方今師傅皆㠯伊周之位據賢保之任㠯此思化則功何不至不思其危則禍何不到損益之際孔父攸歎持滿之戒老氏所慍蓋功冠天下者不安威震人主者不全今承衰亂之後繼重敝之世公家屈竭賦斂重數苛吏奪其時貪夫侵其財百姓困乏疾疫夭命盜賊羣輩且㠯萬數軍行眾止竊號自立攻犯京師燔燒縣邑至乃訛言積弩入宮宿衛驚懼自漢興㠯來誠未有也國家微弱姦謀不禁六極之效危于累卵王者承天順地典爵主刑不敢㠯天官私其宗不敢㠯天罰輕其親陛下宜遂聖明之德昭然覺悟遠述帝王之迹近遵孝文之業差五品之屬納至親之序亟遣使者徵中山太后置之別宮令時朝見又召馮衛二族裁與冗職使得執戟親奉宿衛㠯防未然之符㠯抑患禍之端上安社稷下全保傅內和親戚外絕邪謀後漢申屠剛傳

說隗囂

愚聞人所歸者天所與人所畔者天所去也伏念本朝躬聖德舉

義兵。襲行天罰。所當必摧。誠天之所福。非人力也。將軍本無尺土。孤立一隅。宜推誠奉順。與朝并力。上應天心。下疇人望。爲國立功。可以永年。嫌疑之事。聖人所絕。以將軍之威重。遠在千里。動作舉措。可不愼歟。今璽書數到。委國歸信。欲與將軍共同吉凶。布衣相與。尙有沒身不負然諾之信。況于萬乘者哉。今何畏何利。久疑如是。卒有非常之變。上負忠孝。下愧當世。夫未至豫言。固常爲虛。及其已至。又無所及。是以忠言至諫。希得爲用。誠願反覆愚老之言。後漢申屠剛傳。隗囂據隴右。欲背漢而附公孫述。剛說之。囂不納。

將歸與隗囂書

愚聞專己者孤。拒諫者塞。孤塞之政。亡國之風也。雖有明聖之姿。猶屈己從衆。故慮無遺策。舉無過事。夫聖人不以獨見爲明。而以萬物爲心。順人者昌。逆人者亡。此古今之所共也。將軍以布衣爲鄉里所推。廊廟之計。既不豫定。動軍發衆。又不深料。今東方政教日睦。百姓平安。而西州發兵。人人懷憂。騷動惶懼。莫敢正言。羣衆疑惑。人懷顧望。非徒無精銳之心。其患無所不至。夫物窮則變生。事急則易計。其執然也。夫離道德。逆人情。而能有國有家者。古今未有也。將軍素以忠孝顯聞。是以士大夫不遠千里。慕樂德義。今苟欲決意徼幸。此何如哉。夫天所祐者順。人所助者信。如未蒙祐助。令小人受塗地之禍。毀壞終身之德。敗亂君臣之節。汙傷父子之恩。衆賢破膽。可不愼哉。後漢申屠剛傳。

易計當作計易

蘇竟

竟字伯況。扶風平陵人。平帝時爲博士講書祭酒。莽篡位。拜代郡都尉。光武卽位。就拜代郡太守。建武五年入爲侍中。以病免。

與劉龔書

君執事無恙。走昔以摩研編削之才。與國師公從事出入。校定祕書。竊自依依。末由自遠。蓋聞君子愍同類而傷不遇。人無智愚。莫

不先避害。然後求利。先定志而後求名。昔智果見智伯窮兵必亡。故變名遠逝。陳平知項王爲天所棄。故歸心高祖。皆智之至也。聞君前權時屈節。北面延牙。延岑字伯牙。乃後覺悟。棲遲養德。先世數子。又何以加。君處陰中。土多賢士。若以須臾之閒。研考異同。揆之圖書。測之人事。則得失利害。可陳于目。何自負畔亂之困。不移守惡之名乎。與君子之道。何其反也。世之俗儒末學。醒醉不分。而稽論當世。疑誤視聽。或謂天下迭興。未知誰是。稱兵據土。可圖非冀。或曰聖王未啟。宜觀時變。倚強附大。顧望自守。二者之論。豈其然乎。夫孔丘祕經。爲漢赤制。玄包幽室。文隱事明。且火德承堯。雖昧必亮。承積世之祚。握無窮之符。王氏雖乘閒偸篡。而終嬰大戮。支分體解。宗氏屠滅。非其効歟。皇天所以眷顧踟躕。憂漢子孫者也。論者若不本之于天。參之于聖。猥以師曠雜事。輕自眩惑。說士作書。亂夫大道。焉可信哉。諸儒或曰。今五星失晷。天時謬錯。辰星久而不効。太白出入過度。熒惑進退見態。鎭星繞帶天街。歲星不舍氐房。以爲諸如此占。歸之國家。蓋災不徒設。皆應之分野。各有所主。夫房心卽宋之分。東海是也。尾爲燕分。漁陽是也。東海董憲迷惑未降。漁陽彭寵逆亂擁兵。王赫斯怒。命將並征。故熒惑應此憲寵受殃。太白辰星自亡新之末。失行筭度。以至于今。或守東井。或沒羽林。或裴回藩屏。或躑躅帝宮。或經天反明。或潛藏久沈。或衰微闇昧。或煌煌北南。或盈縮成鉤。或偃蹇不禁。皆大運蕩除之祥。聖帝應符之兆也。賊臣亂子。往往錯互。指麾妄說。傳相壞誤。由此論之。天文安得遵度哉。乃者五月甲申。天有白虹。自子加午。廣可十丈。長可萬丈。正臨倚彌。倚彌卽黎丘。秦豐之都也。是時月入于畢。畢爲天網。主網羅無道之君。故武王將代紂。上祭于畢。求助天也。夫仲夏甲申爲八魁。八魁上帝開塞之將也。主退惡攘逆。流星狀似蚩尤旗。或曰營頭。或曰天槍。出奎而西北行。至延牙營上。散爲數

代當作伐

百而滅。奎爲毒螫。主庫兵。此二變。郡中及延牙士衆所共見也。是故延牙遂之武當。託言發兵。實避其殃。今年比卦部歲。坤主立冬。坎主冬至。水性滅火。南方之兵受歲禍也。德在中宮。刑在木。木勝土。刑制德。今年兵事畢已。中國安寧之效也。五七之家三十五姓。彭秦延氏不得豫焉。如何怪惑。依而恃之。葛纍之詩。求福不回。其若是乎。圖讖之占。衆變之驗。皆君所明。善惡之分。去就之決。不可不察。無忽鄙言。夫周公之善康叔。㠯不從管蔡之亂也。景帝之悅濟北。㠯不從吳濞之畔也。自更始㠯來。孤恩背逆。歸義向善。臧否粲然。可不察歟。良醫不能救無命。彊梁不能與天爭。故天之所壞。人不得支。宜密與太守劉君共謀降議。仲尼棲棲。墨子遑遑。憂人之甚也。屠羊救楚。非要爵祿。茅焦干秦。豈求報利。盡忠博愛之誠。憤滿不能已耳。後漢蘇竟傳。

竇融

融字周公。扶風平陵人。孝文竇后弟廣國之七世孫。莽居攝中。爲強弩將軍王俊司馬。㠯從平翟義功封寧武男。地皇末。太師王匡請爲助軍。遷波水將軍。更始即位。大司馬趙萌㠯爲校尉。拜鉅鹿太守。未行。還張掖屬國都尉。自行河西五郡大將軍事。建武五年。遣使歸誠。授涼州牧。八年。封安豐侯。十三年入朝。拜冀州牧。遷大司空。二十年免。尋加位特進。行衛尉事。兼將作大匠。永平二年致仕。五年卒。年七十八。謚曰戴侯。

上疏讓爵土

臣融年五十三。有子年十五。質性頑鈍。臣融朝夕教導㠯經藝。不得令觀天文見讖記。誠欲令恭肅畏事。恂恂循道。不願其有才能。何況乃當傳㠯連城廣土。享故諸侯王國哉。後漢竇融傳。又藝文類聚五十一引東觀漢記。又袁宏後漢紀六。

復遣長史劉鈞上書歸誠

臣融竊伏自惟。幸得託先后末屬。蒙恩爲外戚。累世二千石。至臣之身。復備列位。假歷將帥。守持一隅。㠯委質則易爲辭。㠯納忠則易爲力。書不足㠯深達至誠。故遣劉鈞口陳肝膽。自㠯底裏上露。長無纖介。而璽書盛稱蜀漢二主三分鼎足之權。任囂尉佗之謀。竊自痛傷。臣融雖無識。猶知利害之際。順逆之分。豈可背眞舊之主。事姦僞之人。廢忠貞之節。爲傾覆之事。棄已成之基。求無冀之利。此三者雖問狂夫。猶知去就。而臣獨何㠯用心。謹遣同產弟友詣闕。口陳區區。後漢竇融傳。

上書請隗囂

隗囂聞車駕當西。臣融東下。士衆騷動。計且不戰。囂將高峻之屬。皆欲逢迎大軍。後聞兵罷。峻等復疑。囂揚言東方有變。西州豪傑遂復附從。囂又引公孫述將令守突門。臣融孤弱。介在其間。雖承威靈。宜速救助。國家當其前。臣融促其後。緩急迭用。首尾相資。囂勢排迮。不得進退。此必破也。若兵不早進。久生持疑。則外長寇讎。內示困弱。復令讒邪得有因緣。臣竊憂之。惟陛下哀憐。後漢竇融傳。

封皇子議

大司空融。固始侯通。膠東侯復。高密侯禹。太常登等奏議曰。古者封建諸侯。㠯藩屏京師。周封八百。同姓諸姬並爲建國。夾輔王室。尊事天子。享國永長。爲後世法。故詩云。大啟爾宇。爲周室輔。高祖聖德。光有天下。亦務親親。封立兄弟諸子。不違舊章。陛下德橫天地。興復宗統。褒德賞勳。親睦九族。功臣宗室。咸蒙封爵。多受廣地。或連屬縣。今皇子賴天。能勝衣趨拜。陛下恭謙克讓。抑而未議。羣臣百姓。莫不失望。宜因盛夏吉時。定號位。㠯廣藩輔。明親親。尊宗廟。重社稷。應古合舊。厭塞衆心。臣請大司空上輿地圖。太常擇吉日。具禮儀。後漢光武紀。建武十五年三月。大司空融等奏議。制曰可。

與隗囂書

伏惟將軍國富政修。士兵懷附。親遇厄會之際。國家不利之時。守節不回。承事本朝。後遣伯春委身于國。（袁宏紀此下有二句云：忠孝冠周霍，德讓配吳札。）無疑之誠于斯有效。融等所㠯欣服高義。願從役于將軍者。良為此也。而忿悁之間。改節易圖。君臣分爭。上下接兵。委成功。造難就。去從議。為橫謀。百年累之。一朝毀之。豈不惜乎。殆執事者貪功建謀。㠯至于此。融竊痛之。當今西州地勢局迫。人兵離散。易㠯輔人。難㠯自建。計若失路不反。聞道猶迷。不南合子陽。則北入文伯耳。夫負虛交而易強禦。恃遠救而輕近敵。未見其利也。融聞智者不危衆㠯舉事。仁者不違義㠯要功。今㠯小敵大。于衆何如。棄子徼功。于義何如。且初事本朝。稽首北面。忠臣節也。及遣伯春。垂涕相送。慈父恩也。俄而背之。謂吏士何。忍而棄之。謂留子何。自起兵㠯來。轉相攻擊。城郭皆為丘墟。生民轉于溝壑。今其存者。非鋒刃之餘。則流亡之孤。迄今傷痍之耻未愈。哭泣之聲尚聞。幸賴天運少還。而大將軍復重于難。是使積痾不得遂瘳。幼孤將復流離。其為悲痛。尤足愍傷。言之可為酸鼻。庸人且猶不忍。況仁者乎。融聞為忠甚易。得宜實難。憂人大過。㠯德取怨。知且㠯言獲罪也。區區所獻。惟將軍省焉。（後漢竇融傳。）

竇憲

憲字伯度。融曾孫。建初中㠯皇后兄拜為郎。遷侍中虎賁中郎將。和帝即位。拜車騎將軍。㠯征北匈奴功進大將軍。永元四年封冠軍侯。遣就國。迫令自殺。

上皇太后疏請㠯桓郁劉方入侍講

禮記云。天下之命。懸于天子。天子之善。成乎所習。習與智長。則切而不勤。化與心成。則中道若性。昔成王幼小。越在繦保。周公在前。史佚在後。太公在左。召公在右。中立聽朝。四聖維之。是㠯慮無遺計。舉無過事。孝昭皇帝八歲即位。大臣輔政。亦選名儒韋賢蔡義夏侯勝等入授于前。平成聖德。近建初元年。張酺魏應召訓亦講禁中。臣伏惟皇帝陛下躬天然之姿。宜漸教學。而獨對左右小臣。未聞典義。昔五更桓榮親為帝師。子郁結髮敦尚。繼傳父業。故再㠯校尉入授先帝。父子給事禁省。更歷四世。今白首好禮。經行篤備。又宗正劉方。宗室之表。善為詩經。先帝所褒。宜令郁方並入教授。㠯崇本朝。光示大化。（後漢桓郁傳。又見袁宏後漢紀十二。作伏惟皇帝躬天然之資。不肅而成。然㠯至尊之德。獨對小臣。非所㠯揄揚聖心。增益輝光者。竊見屯騎校尉桓郁。結髮受學。白首不倦。經為人師。行為儒宗。昔侍帷幄。入授先帝。父子奕世。並為帝師。愚㠯為可長樂少府。入授帝經。）

竇章

章字伯向。融玄孫。避羌亂家于外黃。安帝時入東觀為校書郎。遷長水校尉。順帝初擢羽林郎將。遷屯騎都尉。永和中遷少府。漢安末轉大鴻臚。有集二卷。

移書勸葛龔

過矯仲彥論昇仙之道。從蘇博文談超世之高。適馬季常講墳典之妙。所謂喬松可與馳騖。何細疾之足患邪。（汝南先賢傳。案矯慎字仲彥。蘇章字博文。）

竇武

武字游平。融玄孫。延熹末拜郎中。㠯長女立為皇后。遷越騎校尉。封槐里侯。尋為城門校尉。靈帝立。拜大將軍。封聞喜侯。與太傅陳蕃等謀誅中官。事敗自殺。

上表諫宦官封侯

陛下即位㠯來。梁孫鄧亳貴戚專勢。侵逼公卿。略驅吏民。惡熟罪深。或誅滅相續。㠯常侍黃門竊弄王命。欺罔競行。讇諛爭入。如忠臣李固杜喬。在朝必竭忠奉之節。覺其姦萌。因造妖言陷之禍門。陛下不察。加㠯大戮。冤感皇天。痛入后土。賢愚悲悼。小大傷摧。固等既沒。宦黨受封。快兇慝之心。張豺狼之口。天下咸言直如絃。死

營當作常

道邊曲如鉤，封公矦。謠言之作，正爲于此。陛下違漢舊典，謂必可行，自造制度，妄爵非人。今朝廷日衰，姦臣專政，臣恐有胡亥之難，在于不久；趙高之變，不朝則夕。臣實懷愚，不憚瞽言，使身死名著，碎體糞土，薦肉狐鼠，猶生之年，雖尊官厚祿，不㠯易之也。謹冒死陳得失之要，凡七十餘條。伏惟陛下深思臣言，束骸候誅。袁宏後漢紀二十二，延熹九年。

上表

今冬大寒過節，毒害鳥獸，爰及池魚，城傍松竹，皆爲傷絕。初學記三引謝承後漢書。

諫黨事疏

臣聞明主不諱譏刺之言，㠯探幽暗之實；忠臣不恤諫爭之患，㠯暢萬端之事。是㠯君臣竝熙，名奮百世。臣幸得遭盛明之世，逢文武之化，豈敢懷祿逃罪，不竭其誠。陛下初從藩國，爰登聖祚，天下逸豫，謂當中興。自卽位㠯來，未聞善政。梁、孫、寇、鄧雖或誅滅，而營侍黃門續爲禍虐，欺罔陛下，競行譎詐，自造制度，妄爵非人，朝政日衰，姦臣日彊。伏尋西京放恣王氏，佞臣執政，終喪天下。今不慮前事之失，復循覆車之軌，臣恐二世之難，必將復及；趙高之變，不朝則夕。近者奸臣牢脩造設黨議，遂收前司隸校尉李膺、太僕杜密、御史中丞陳翔、太尉掾范滂等逮考，連及數百人，曠年拘錄，事無效驗。臣惟膺等建忠抗節，志經王室，此誠陛下稷、禼、伊、呂之佐，而虛爲姦臣賊子之所誣枉，天下寒心，海內失望。惟陛下留神澄省，時見理出，㠯厭人鬼喁喁之心。臣聞古之明君，必須賢佐，㠯成政道。今臺閣近臣尚書令陳蕃、僕射胡廣、尚書朱寓、荀緄、劉祐、魏朗、劉矩、尹勳等，皆國之貞士，朝之良佐。尚書郎張陵、嬀皓、苑康、楊喬、邊韶、戴恢等，文質彬彬，明達國典。內外之職，羣才竝列。而陛下委任近習，專樹饕餮，外典州郡，內幹心膂。宜㠯次貶黜，案罪糾罰，

抑奪宦官欺國之封，案其無狀誣罔之罪；信任忠良，平決臧否，使邪正毀譽，各得其所；寶愛天官，唯善是授。如此，咎徵可消，天應可待。閒者有嘉禾、芝草、黃龍之見。夫瑞生必于嘉士，福至實由善人，在德爲瑞，無德爲災。陛下所行，不合天意，不宜稱慶。後漢竇武傳。

上疏

奉承詔命，精爽隕越。文選劉琨勸進表注。

屯都亭下令軍士

黃門常侍反逆無道，何盡隨之反乎？先降有重賞。袁宏後漢紀二十三。又後漢竇武傳作「黃門常侍反，盡力者封矦重賞」。

全後漢文卷十六終

全後漢文卷十七

烏程嚴可均校輯

鮑永

永字君長，上黨屯留人，司隸校尉鮑宣子。爲郡功曹。莽時舉秀才不應。更始二年徵，再遷尚書僕射，行大將軍事，持節安集河東幷州朔部，封中陽侯。更始敗歿，爲發喪，罷兵來降，拜諫議大夫，出爲魯郡太守，封關內侯，遷揚州牧，母憂去官。建武十一年徵爲司隸校尉，十五年遷東海相，拜兗州牧，卒官。

奏劾趙王良

今月二十七日，車駕臨故中郎將來歙喪還，車駕過，須臾，趙王良從後到，與右中郎將張邯相逢城門中，道迫狹，叱邯旋車，又召候岑尊詰責，使前走數十步。按良諸侯藩臣，蒙恩入侍，知尊帝城門候吏六百石，而肆意加怒，令叩頭都道，奔走馬頭前，無藩臣之禮，大不敬也。後漢鮑永傳注引東觀記

鮑昱

昱字文淵，永子。建武初，試守高都長，後爲泚陽長，再遷，中元初拜司隸校尉。永平中坐事免，後拜汝南太守。十七年代王敏爲司徒。建初四年代牟融爲太尉，六年卒，年七十餘。

對災眚問

臣聞聖人理國，三年有成。今陛下始踐天位，刑政未著，如知失得，何能致異。但臣前在汝南，典理楚事，繫者千餘人，恐未能盡當其罪。先帝詔言，大獄一起，冤者過半。又諸徙者骨肉分離，孤魂不祀。袁宏紀此下有骸骨流離死生被毒。一人呼嗟，王政爲虧。宜一切還諸徙家屬，蠲除禁錮，興滅繼絕，生死獲所。如此，和氣可致。後漢鮑永附傳，又見袁宏後漢紀十一，有小異。

救耿恭闕寵議

今使人于危難之地，急而棄之，外則縱蠻夷之暴，內則傷死難之臣。誠令權時，後無邊事可也。匈奴如復犯塞爲寇，陛下將何以使將。又二部兵人裁各數十，匈奴圍之，歷旬不下，是其寡弱盡力之效也。袁宏紀此下有兵家先名後實。可令敦煌、酒泉太守各將精騎二千，多其幡幟，倍道兼行，以赴其急。匈奴疲極之兵，必不敢當，四十日閒足還入塞。後漢耿恭傳，又見袁宏後漢紀十，與此小異。

鮑德

德，昱子。永元初爲黃門侍郎，出爲南陽太守，徵拜大司農。

說竇憲弟夏陽侯瓌

陳寵奉事先帝，深見納任，故久留臺閣，賞賜有殊。今不蒙忠能之賞，而計幾微之故，誠傷輔政容貸之德。後漢陳寵傳：章帝崩，竇憲常銜寵，乃白太后典喪事，欲因過中之。德素敬寵，說夏陽侯瓌。

歐陽歙

歙字正思，樂安千乘人。莽時爲長社宰，更始卽位，以爲原武令，遷河南都尉，行太守事。建武初爲河南尹，封被陽侯，尋拜揚州牧，遷汝南太守，更封夜侯。十五年代韓歆爲大司徒，坐汝南臧罪發，死獄中。

下教論繇延功

西部督郵繇延，天資忠貞，稟性公方，典部折衝，摧破姦雄，不嚴而理。書曰：安民則惠，黎民懷之。蓋舉善以教，則不能者勸。今與衆儒共論延功，顯之于朝。太守敬嘉厥休，牛酒以養德。袁宏後漢紀七，又略見後漢郅惲傳、風俗通，並刪節。

郅惲

惲字君章，汝南西平人。莽時以上書繫獄，會赦得免。建武中積弩將軍傅俊請爲將兵長史，後歸爲縣門下掾，病去，又爲郡功曹，去客江夏郡，舉孝廉，爲上東城門候，後爲梁令，遷長沙太守，坐事左轉芒長，尋免。

上書王莽

臣聞天地重其人。惜其物。故運機衡。垂日月。含元包一。甄陶品類。顯表紀世。圖錄豫設。漢歷久長。孔爲赤制。不使愚惑。殘人亂時。智者順以成德。愚者逆以取害。神器有命。不可虛獲。上天垂戒。欲悟陛下。令就臣位。轉禍爲福。劉氏享天永命。陛下順節盛衰。取之以天。還之以天。可謂知命矣。若不早圖。是不免于竊位也。且堯舜不以天顯自與。故禪天下。陛下何貪非天顯以自累也。天爲陛下嚴父。臣爲陛下孝子。父教不可廢。子諫不可拒。惟陛下留神。（後漢郅惲傳。）

因廢郭后上書

臣聞夫婦之閒。父不能得之于子。君不能得之于臣。況臣欲得之于君乎。是臣所不敢也。雖然。願陛下念其不可。勿亂人倫。使天下有議社稷者。（袁宏後漢紀七。）

上書諫獵

昔文王不敢盤游于田。以萬民惟正。陛下既游獵山林。夜以繼晝。其如社稷宗廟何。暴虎馮河。可爲至戒。小臣所竊憂也。（袁宏後漢紀七。又見後漢郅惲傳。有小異。）

說逐竝

當今上天垂象。智者以昌。愚者以亡。昔伊尹自鬻輔商。立功全人。惲竊不遜。敢希伊尹之蹤。應天人之變。明府儻不疑逆。俾承天德。（後漢郅惲傳。）

諫傅俊

昔文王不忍露白骨。武王不以天下易一人之命。故能獲天地之應。剋商如林之旅。將軍如何不師法文王。而犯逆天地之禁。多傷人害物。虐及枯尸。取罪神明。今不謝天改政。無以全命。願將軍親率士卒。收傷葬死。哭所殘暴。以明非將軍本意也。（後漢郅惲傳。）

說太子

久處疑位。上違孝道。下近危殆。昔高宗明君。吉甫賢臣。及有纖介。放逐孝子。春秋之義。母以子貴。太子宜因左右及諸皇子引愆退身。奉養母氏。以明聖教。不背所生。（後漢郅惲傳。）

誓衆

無掩人不備。窮人于厄。不得斷人支體。裸人形骸。放淫婦女。（後漢郅惲傳。）

朱勃

勃字叔陽。扶風平陵人。莽時試守渭城宰。建武中爲雲陽令。去官。有集二卷。

詣闕上書理馬援

臣聞王德聖政。不忘人之功。採其一美。不求備于衆。故高祖赦蒯通而以王禮葬田橫。大臣曠然。咸不自疑。夫大將在外。讒言在內。微過輒記。大功不計。誠爲國之所慎也。故章邯畏口而奔楚。燕將據聊而不下。豈其甘心末規哉。悼巧言之傷類也。竊見故伏波將軍新息侯馬援。援以四年冬。始歸正朔。當此之時。虜述矯號于益州。隗囂擁兵于隴冀。豪傑盱睢。且自爲政。援拔自西州。欽慕聖義。閒關險難。觸冒萬死。孤立羣貴之閒。傍無一言之佐。馳深淵。入虎口。豈顧計哉。寧自知當要七郡之使。徼封侯之福邪。八年。車駕西討隗囂。國計狐疑。衆營未集。援建宜進之策。卒破西州。隗囂克定。援有力焉。及吳漢下隴。冀路斷隔。豪強叛城。酋羌殺吏。（二語從書鈔一百五十六引東觀記補。）唯獨狄道爲國堅守。士民飢困。乃噉弩贊履。（此語從書鈔補。梅鼎祚文紀別收東觀記一條。題云救狄道策。列于理馬援書之後。實即此書之約文。）寄命漏刻。援奉詔西使。鎮慰邊衆。乃奮不顧身。閒關山谷之中。揮戈先零之野。招集豪傑。曉誘羌戎。謀如涌泉。埶如轉規。（文選王仲宣誄注引作轉圜。）遂救倒懸之急。存幾亡之城。兵全師進。因糧敵人。隴冀略平。而獨守空郡。兵動有功。師進輒克。誅鉏先零。緣入山谷。猛怒力戰。飛矢貫脛。徵在虎賁。則有忠策嘉謀于國又出征交阯土多瘴氣援與妻子生訣無悔吝之心遂斬滅徵側克平一州使王府納越裳之貢邊境無兵革之憂間復南討立陷臨鄉師已有業未竟而死吏士離疫援不獨存夫戰或㠯久而立功或㠯速而致敗深入未必為得不進未必為非人情豈樂久屯絕地不生歸哉惟援得事朝廷二十二年北出塞漠南渡江海觸冒害氣僵死軍中名滅爵絕國土不傳海內不知其過眾庶未聞其罪卒遇三夫之言橫被誣罔之讒家屬杜門葬不歸墓怨隙並興宗親怖慄死者不能自明生者莫為之訟臣竊傷之夫明主醲于用賞約于用刑高祖嘗與陳平金四萬斤㠯間楚軍不問出入所為豈復疑㠯錢穀間哉夫操孔父之忠而不能自免于讒此鄒陽之所悲也詩云取彼讒人投畀豺虎豺虎不食投畀有北有北不受投畀有昊此言欲令上天而平其惡惟陛下留思豎儒之言無使功臣懷恨黃泉臣聞春秋之義罪㠯功除聖王之祀臣有五義若援所謂㠯死勤事者也願下公卿平援功罪宜絕宜續㠯厭海內之望臣年己六十常伏田里竊感欒布哭彭越之義冒陳悲憤戰慄闕庭（後漢馬援傳、袁宏後漢紀八）

飛鳥跱衡馬驚觸虎物類相生亦無不有（文選赭白馬賦注引東觀漢記　案朱勃理馬援書范書袁紀各有刪節今合錄之復據東觀記補足三語此又其佚文也）

馬援

援字文淵扶風茂陵人莽時為郡督郵坐事亡命遇赦辟衛將軍王林府拜新城大尹莽敗去郡避地涼州隗囂㠯為綏德將軍建武四年奉使洛陽㠯為待詔歷太中大夫隴西太守虎賁中郎將拜伏波將軍封新息侯二十五年擊五溪蠻卒于軍為梁松所陷追收侯印建初三年追謚曰忠成侯

上銅馬式表

夫行天莫如龍行地莫如馬馬者甲兵之本國之大用安寧則㠯

別尊卑之序有變則㠯濟遠近之難昔有騏驥一日千里伯樂見之昭然不惑近世有西河子輿亦明相法子輿傳西河儀長孺長孺傳茂陵丁君都君都傳成紀楊子阿臣援嘗師事子阿受相馬骨法考之于行事輒有驗效臣愚㠯為傳聞不如親見視景不如察形今欲形之于生馬則骨法難備具又不可傳之于後孝武皇帝時善相馬者東門京鑄作銅馬法獻之有詔立馬于魯班門外則更名魯班門曰金馬門臣謹依儀氏鞆中帛氏口齒謝氏脣鬐丁氏身中備此數家骨相㠯為法馬高三尺五寸圍四尺四寸（後漢馬援傳）

銅馬相法

水火欲分明（水火在鼻兩孔間也）上脣欲急而方口中欲紅而有光此馬千里頷下欲深下脣欲緩牙欲前向牙去齒一寸則四百里牙劍鋒則千里目欲滿而澤腹欲充膁欲小胠欲長懸薄欲厚而緩（懸薄股也）腴堂欲平滿汗溝欲深長而膝本欲起肘腋欲開膝欲方蹄欲厚三寸堅如石鬐欲戴中骨高三寸（鬐中骨也）頰欲開而膺下欲廣一尺㠯上能久走鞅欲方（頸前）胸欲直而出（髖骨前面）鳧間欲開望視之如雙鳧（後漢馬援傳注、御覽八百九十六）

上疏言隗囂

臣援自念歸身聖朝奉事陛下本無公輔一言之薦左右為容之助臣不自陳陛下何因聞之夫居前不能令人輊居後不能令人軒與人怨不能為人患臣所恥也故敢觸冒罪忌昧死陳誠臣與隗囂本實交友初囂（袁宏紀作臣與囂往為知交今聞與來歎書漢更怨臣自計無負于囂）遣臣東謂臣曰本欲為漢願足下往觀之（袁宏紀作僕北面稱臣加㠯本欲為漢足下往觀其政）于汝意可即專心矣及臣還反報㠯赤心實欲導之于善非敢譎㠯非義而囂自挾姦心盜憎主人怨毒之情遂歸于臣臣欲不言則無㠯上聞（袁宏紀作盜憎主人反欲歸怨于臣臣欲遂退不言則無㠯報陛下）願聽詣行在所極陳

滅囂之術。得空匈腹申愚策。退就隴畝。袁宏紀作然後退就壟畝飯疏飲水隨四民之職死無所恨。後漢馬援傳。又見袁宏後漢紀五。各有刪節。

上疏言破羌吕西不可棄

允吾吕西數十里一城。城皆完堅。舊制置塞。因山阻海。其蹊徑輒有候尉。故虜不得妄動。即棄允吾吕西北為殖養虜根。內自迫促。宜及兵威疾往除之。金城諸縣皆田地肥美。溉灌流通。自有本民。易還充實。誠不宜有所斷棄。若二郡平定。流民還本業。不復為國家憂。袁宏後漢紀六

破羌吕西城多完牢。易可依固。其田土肥壤。灌溉流通。如令羌在湟中。則為害不休。不可棄也。後漢馬援傳。案即前疏之約文。

上書請復鑄五銖錢

富國之本在于食貨。宜如舊鑄五銖錢。晉書食貨志

擊尋陽山賊上書

除其竹木。譬如嬰兒頭多蟣蝨而剃之。蕩蕩然蟣蝨無所復依。御覽九百五十一引東觀漢記

上書請正印文

臣所假伏波將軍印。書伏字犬外嚮。成皋令印。皋字為白下羊。丞印四下羊。尉印白下人。人下羊。即一縣長吏印文不同。恐天下不正者多。符印所吕為信也。所宜齊同。薦曉古文字者。事下大司空正郡國印章。後漢馬援傳注引東觀漢記

至荔浦見冬筍名曰苞筍上言

禹貢厥包橘柚。疑謂是也。其味美于春夏筍。聚珍本東觀漢記

征交阯上言

從麊泠出賁古。擊益州。臣所將駱越萬餘人。便習戰鬬者二千兵吕上。弦毒矢利。吕數發。矢注如雨。所中輒死。愚吕行兵。此道最便。蓋承藉水利。用為神捷也。水經葉榆水注

將入九眞上言

臣謹與交阯精兵萬二千人。與大兵合二萬人。船車大小二千艘。自入交阯。于今為盛。水經葉榆水注

平交阯上言

太守蘇定張眼視錢。蹀眼討賊。怯于戰功。宜加切勑。東觀漢記聚珍本

奏請分西于縣

西于縣戶有三萬二千。遠界去庭千餘里。請分為封溪望海二縣。後漢馬援傳

與隗囂將楊廣書

春卿無恙。楊廣字春卿 前別冀南。寂無音驛。援還長安。因留上林。竊見四海已定。兆民同情。而季孟閉拒背畔。隗囂字季孟 為天下表的。常懼海內切齒。思相屠裂。故遺書戀戀。吕致惻隱之計。乃聞季孟歸罪于援。而納王游翁諂邪之說。王元字游翁 自謂函谷吕西。舉足可定。吕

今而觀。竟何如邪。援閒至河內。過存伯春。囂子恂字伯春 見其奴吉從西方還。說伯春小弟仲舒望見吉。欲問伯春無它否。竟不能言。曉夕號泣。婉轉塵中。又說其家悲愁之狀。不可言也。夫怨讐可刺不可毀。援聞之。不自知泣下也。援素知季孟孝愛。曾閔不過。夫孝于其親。豈不慈于其子。可有子抱三木。而跳梁妄作。自同分羹之事乎。季孟平生自言所吕擁兵眾者。欲吕保全父母之國而完墳墓也。又言苟厚士大夫而已。而今所欲全者。將破亡之。所欲完者。將毀傷之。所欲厚者。將反薄之。季孟嘗折愧子陽而不受其爵。今更共陸陸。欲往附之。將難為顏乎。若復責吕重質。當安從得子主給是哉。往時子陽獨欲吕王相待。而春卿拒之。今者歸老。更欲低頭與小兒曹共槽櫪而食。併肩側身于怨家之朝乎。男兒溺死何傷。而拘游哉。今國家待春卿意深。宜使牛孺卿與諸耆老大人共說季孟。若計畫不從。眞可引嶺去矣。前披輿地圖。見天下郡國百有六

嶺當作領

所奈何欲㠯區區二邦。㠯當諸夏百有四乎。春卿事季孟。外有君臣之義。内有朋友之道。言君臣邪。固當諫爭。語朋友邪。應有切磋。豈有知其無成。而但萎腇咋舌。叉手從族乎。及今成計。殊尚善也。過是欲少味矣。且來君叔天下信士。朝廷重之。其意依依。常獨爲西州言。援商朝廷尤欲立信于此。必不負約。援不得久留。願急賜報。後漢馬援傳。

車丞相高祖園寢郎。一月九遷爲丞相者。知武帝恨誅衞太子。上書訟之。文選□□□□□注引東觀漢記。

誡兄子嚴敦書

吾欲汝曹聞人過失。如聞父母之名。耳可得聞。而口不可得言也。好論議人長短。妄是非正法。此吾所大惡也。寧死不願聞子孫有此行也。汝曹知吾惡之甚矣。所㠯復言者。施衿結褵。申父母之戒。欲使汝曹不忘之耳。龍伯高敦厚周慎。口無擇言。謙約節儉。廉公有威。吾愛之重之。願汝曹效之。杜季良豪俠好義。憂人之憂。樂人之樂。清濁無所失。父喪致客。數郡畢至。吾愛之重之。不願汝曹效也。效伯高不得。猶爲謹敕之士。所謂刻鵠不成尚類鶩者也。效季良不得。陷爲天下輕薄子。所謂畫虎不成反類狗者也。訖今季良尚未可知。郡將下車輒切齒。州郡㠯爲言。吾常爲寒心。是㠯不願子孫效也。後漢馬援傳。又見袁宏後漢紀七。藝文類聚二十三。

銅柱銘

漢建武十八年。平徵側于龍編。樹銅柱于象浦。其銘曰。金人汗出。鐵馬蹄堅。子孫相連。九九百年。馬希範溪州銅柱記。

馬廖

廖字敬平。援子。少㠯父任爲郎。永平中㠯皇后兄拜羽林左監。進虎賁中郎將。章帝卽位。遷衞尉。建初四年封順陽侯。㠯特進就第。永元四年卒。謚曰哀侯。

上明德太后疏

臣案前世詔令。㠯百姓不足。起于世尚奢靡。故元帝罷服官。成帝御浣衣。哀帝去樂府。然而侈費不息。至于衰亂者。百姓從行不從言也。夫改政移風。必有其本。傳曰。吳王好劒客。百姓多創瘢。楚王好細腰。宮中多餓死。長安語曰。城中好高髻。四方高一尺。城中好廣眉。四方且半額。城中好大袖。四方全匹帛。斯言如戲。有切事實。前下制度未幾。後稍不行。雖或吏不奉法。良由慢起京師。今陛下躬服厚繒。斥去華飾。素簡所安。發自聖性。此誠上合天心。下順民望。浩大之福。莫尚于此。陛下既已得之自然。猶宜加㠯勉勖。法太宗之隆德。戒成哀之不終。易曰。不恆其德。或承之羞。誠令斯事一竟。則四海誦德。聲薰天地。神明可通。金石可勒。而況于行仁心乎。況于行令乎。願置章坐側。㠯當瞽人夜誦之音。後漢馬廖傳。

馬防

防字江平。東觀記作公平。又作孝孫。援第二子。永平中爲黃門侍郎。章帝卽位。遷中郎將城門校尉。拜車騎將軍。封潁陽侯。㠯特進就第。後爲光祿勳。復遣就第。永元中徙封翟鄉侯。

奏上迎氣樂

上㠯大常樂丞鮑鄴等上樂事。下車騎將軍馬防。防奏言。建初二年七月。鄴上言王者飲食必道順四時五味。故有食舉之樂。所㠯順天地。養神明。求福應也。移風易俗。莫善于樂。樂者天地之和。不可久廢。今官雅樂獨有黃鍾。而食舉已上九字從東觀記補。樂但有太蔟。皆不應月律。恐傷氣類。此句從東觀記補。可作十二月均。各應其月氣。公卿朝會。得聞月律。此二句從東觀記補。乃能感天地。和氣宜應。明帝始令靈臺六律候。而未設其門。樂經曰。十二月行之。所㠯宣氣豐物也。月開斗建之門。而奏歌其律。誠宜施行。願與待詔嚴崇及能作樂氣者共作治。考工給所當。詔下太常。太常上言。作樂器直錢百四十六萬請太僕作成上奏寢今明詔下臣防臣輒問鄴及待詔知音律者皆言聖人作樂所以宣氣致和順陰陽也臣愚以爲可順上天之明時因歲令王正（東觀記作因歲首之嘉月）發太蔟之律奏雅頌之音以立太平以迎和氣其條貫甚備（續漢律厤志上注補引蔡邕書、後漢章紀注引東觀記、又隋書音樂志下牛弘等議引東觀書馬防傳）

馬嚴

嚴字威卿援從第二兄余之子建武中爲郡督郵援卒後去居安陵永平初明德皇后既立避嫌更徙北地後移居洛陽爲將軍長史章帝時拜侍御史中丞遷五官中郎將行長樂衞尉事出爲陳留太守徵拜太中大夫遷將作大匠坐事免後不復仕永元十年卒年八十二

日食上封事

臣聞日者衆陽之長食者陰侵之徵書曰無曠庶官天工人其代之言王者代天官人也故考績黜陟以明褒貶無功不黜則陰盛陵陽臣伏見方今刺史太守專州典郡不務奉事盡心爲國而司察偏阿取與自己同則舉爲尤異異則中以刑法不即垂頭塞耳採取財賂今益州刺史朱酺揚州刺史倪說涼州刺史尹業等每行考事輒有物故又選舉不實曾無貶坐是使臣下得作威福也故事州郡所舉上奏司直察能否以懲虛實今宜加防檢式遵前制舊丞相御史親治職事唯丙吉以年老優游不案吏罪于是宰府習爲常俗吏共罔養以崇虛名或未曉其職便復遷徙誠非建官賦祿之意宜勑正百司各責以事州郡所舉必得其人若不如言裁以法令傳曰上德以寬服民其次莫如猛故火烈則人望而畏之水懦則人狎而翫之爲政者寬以濟猛猛以濟寬如此綏御有體災眚消矣（後漢馬嚴傳）

上書求進女掖庭

臣叔父援孤恩不報而妻子特獲恩全戴仰陛下爲天爲父人情既得不死便欲求福竊聞太子諸王妃匹未備援有三女大者十五次者十四小者十三儀狀髮膚上中以上皆孝順小心婉靜有禮願下相工簡其可否如有萬一援不朽于黃泉矣又援姑姊妹竝爲成帝婕妤葬于延陵臣嚴幸得蒙恩更生冀因緣先姑當充後宮（後漢明德馬皇后紀）

全後漢文卷十七終

全後漢文卷十八

烏程嚴可均校輯

馬融

融字季長。嚴第五子。永初中。大將軍鄧騭召為舍人。拜校書郎。又拜郎中。在東觀十年不調。自劾歸。為鄧太后所怒。禁錮六年。安帝親政。召還郎署。復在講部。出為河閒王廄長。召拜郎中。順帝即位。移病去。為郡功曹。陽嘉中舉敦樸。對策。拜議郎。大將軍梁商表為從事中郎。轉武都太守。桓帝時遷南郡太守。㠯忤梁冀免官。髡徙朔方。自刺不殊。遇赦。復拜議郎。重在東觀著述。㠯病去官。延熹九年卒于家。年八十八。有周易注十卷。尚書注十一卷。毛詩注十卷。周官注十二卷。喪服經傳注一卷。孝經注二卷。又儀禮注、禮記注、春秋三傳異同說、論語注、列女傳注、老子注、淮南子注、離騷注若干卷。集九卷。

琴賦

惟梧桐（文選司馬彪詩注作椅梧）之所生。在衡山之峻陂。于是遨閒（文選酒德頌注作游閑）公子。中道失志。居無室廬。罔所息置。（二語從酒德頌注補）孤煢特行。懷悶抱思。昔師曠三奏。而神物下降。玄鶴二八。軒舞于庭。何琴德之深哉。（藝文類聚四十四。文選司馬彪贈山濤詩注。顏延之曲水詩序注。劉伶酒德頌注）

長笛賦 并序

融既博覽典雅。精核數術。又性好音律。鼓琴吹笛。而為督郵。無留事。獨臥郿平陽鄔中。有雒客舍逆旅。吹笛為氣出精列相和。融去京師踰年。蹔聞甚悲而樂之。追慕王子淵、枚乘、劉伯康、傅武仲等簫、琴、笙頌。唯笛獨無。故聊復備數。作長笛頌。其辭曰。

惟籦籠之奇生兮。于終南之陰崖。託九成之孤岑兮。臨萬仞之石磎。特箭槀而莖立兮。獨聆風于極危。秋潦漱其下趾兮。冬雪揣封乎其枝。巔根跱之槷刖兮。感迴飆而將頹。夫其面旁則重巘增石。簡積頵砡。兀嶁狋觺。傾昃倚伏。庨窌巧老。港洞坑谷。嶰壑澮帨。峈窞巖䆝。運裛窙窌。岡連嶺屬。林簫蔓荊。森槮柞樸。于是山水猥至。渟涔障潰。頵淡滂流。碓投瀺穴。爭湍萃縈。汩活澎濞。波瀾鱗淪。窊隆詭戾。瀣瀑噴沫。犇遯碭突。搖演其山。動杌其根者。歲五六而至焉。是㠯閒介無蹊。人迹罕到。猨蜼晝吟。鼯鼠夜叫。寒熊振頷。特麚昏髟。山雞晨羣。壄雉晁雊。求偶鳴子。悲號長嘯。由衍識道。噍噍讙譟。經涉其左右。哤聒其前後者。無晝夜而息焉。夫固危殆險巇之所迫也。眾哀集悲之所積也。故其應清風也。纖末奮䕜。錚鐄謍嗃。若絙瑟促柱。號鍾高調。于是放臣逐子。棄妻離友。彭胥伯奇。哀姜孝己。攢乎下風。收精注耳。靁歎頹息。掐膺擗摽。泣血泫流。交橫而下。通旦忘寐。不能自禦。于是乃使魯般宋翟。構雲梯。抗浮柱。蹉纖根。跋篾縷。膺陗阤。腹陘阻。逮乎其上。匍匐伐取。挑截本末。規摹彠矩。夔襄比律。子壄協呂。十二畢具。黃鍾為主。撟揉斤械。剸掞度擬。

鍃硐隤墜。程表朱裹。定名曰笛。㠯觀賢士。陳于東階。八音俱起。食舉雍徹。勸侑君子。然後退理乎黃門之高廊。重丘宋灌。名師郭張。工人巧士。肄業修聲。于是遊閒公子。暇豫王孫。心樂五聲之和。耳比八音之調。乃相與集乎其庭。詳觀夫曲胤之繁會叢雜。何其富也。紛葩爛漫。誠可喜也。波散廣衍。實可異也。掌距劫遌。又足怪也。啾咋嘈啐。似華羽兮。絞灼激㠯轉切。震鬱怫㠯憑怒兮。耾碭駭㠯奮肆。氣噴勃㠯布覆兮。乍跱蹠㠯狼戾。靁叩鍛之岌峇兮。正瀏溧㠯風洌。薄湊會而凌節兮。馳趣期而赴躓。爾乃聽聲類形。狀似流水。又象飛鴻。氾濫溥漠。浩浩洋洋。長矕遠引。旋復迴皇。充屈鬱律。瞋菌碨柍。酆琅磊落。駢田磅唐。取予時適。去就有方。洪殺衰序。希數必當。微風纖妙。若存若亡。蕰滯抗絕。中息更裝。奄忽滅沒。曄然復揚。或乃聊慮固護。專美擅工。漂凌絲簧。覆冒鼓鍾。或乃植持縼纆。佁儗寬容。簫管備舉。金石並隆。無相奪倫。㠯宣八風。律呂既和。

哀聲五降曲終闋盡餘絃更興繁手累發密櫛疊重踾踧攢仄蜂聚蟻同衆音猥積已送厥終然後少息蹔怠雜弄閒奏易聽駭耳有所搖演安翔駘蕩從容闡緩惆悵怨懟窳圔窴赦聿皇求索乍近乍遠臨危自放若頹復反蚡緼蟠紆綅冤蜿蟺笢笏抑隱行入諸變絞槩汩湟五音代轉挼拏捘臧遞相乘邅反商下徵每各異善故聆曲引者觀法于節奏察變于句投已知禮制之不可踰越焉聽簉弄者遙思于古昔虞志于怛惕已知長戚之不能閒居焉故論記其義協比其象徬徨縱肆曠瀁敞罔老莊之槩也溫直擾毅孔孟之方也激朗清厲隨光之介也牢剌拂戾諸賁之氣也節解句斷管商之制也條決繽紛申韓之察也繁縟駱驛范蔡之說也剺櫟銚䥴晳龍之惠也上擬法于韶箾南籥中取度于白雪淥水下采制于延露巴人是已尊卑都鄙賢愚勇懼魚鼈禽獸聞之者莫不張耳鹿駭熊經鳥申鴟眎狼顧拊譟踴躍各得其齊人盈所欲皆反中和已美風俗屈平適樂國介推還受祿澹臺載尸歸皐魚節其哭長萬輟逆謀渠彌不復惡蒯聵能退敵不占成節鄂王公保其位隱處安林薄宦夫樂其業士子世其宅鱏魚喁于水裔仰駟馬而舞玄鶴于時也綿駒吞聲伯牙毀絃瓠巴聑柱磬襄弛懸留眎瞜眙累稱屢讚失容墜席搏拊雷抃僬眇睢維涕洟流漫是故可已通靈感物寫神喻意致誠效志率作興事溉盥汙濊澡雪垢滓矣昔皀羲作琴神農造瑟女媧制簧暴辛為塤倕之和鐘叔之離磬或鑠金礱石華睆切錯丸挻彫琢刻鏤鑽笮窮妙極巧曠已日月然後成器其音如彼唯笛因其天姿不變其材伐而吹之其聲如此蓋亦簡易之義賢人之業也若然六器者猶已二皇聖哲黈益況笛生于大漢而學者不識其可已裨助盛美忽而不讚悲夫有庶士丘仲言其所由出而不知其弘妙其辭曰近世雙笛從羌起羌人伐竹未及已龍鳴水中不見已截竹吹之聲相

伯刻其上孔通洞之裁已當邁便易持易京君明識音律故本四孔加已一君明所加孔後出是謂商聲五音畢文選藝文類聚

圍碁賦

略觀圍碁兮法于用兵三尺之局兮為戰鬭場陳聚士卒兮兩敵相當拙者無功兮弱者先亡自有中和兮請說其方先據四道兮保角依旁緣邊遮列兮往往相望離離馬目兮連連鴈行踔度閒置兮徘徊中央違閣奮翼兮左右翱翔道狹敵衆兮情無遠行碁多無策兮如聚羣羊駱驛自保兮先後來迎攻寬擊虛兮蹌路內房利則為時兮便則為強厭于食兮壞決垣牆堤潰不塞兮泛濫遠長橫行陣亂兮敵心駭惶迫兼碁雞兮頗棄其裝已下險口兮虀置清坑窮其中罫兮如鼠入囊收取死卒兮無使相迎當食不食兮反受其殃勝負之搬兮于言如髮乍緩乍急兮上且未公白黑紛亂兮于約如葛雜亂交錯兮更相度越守規不固兮為所唐突深入貪地兮殺亡士卒狂攘相救兮先後并沒上下離遝兮四面隔閉圍合罕散兮所對哽咽韓信將兵兮口難通絕自陷死地兮設見權譎誘敵先行兮往往一室捐碁委食兮遺三將七遲逐爽問兮轉相伺密商度地道兮碁相連結蔓延連閣兮如火不滅扶疏布散兮左右流溢浸淫不振兮敵人懼慄迫促踧踖兮惆悵自失計功相除兮已時早訖事留變生兮拾碁欲疾營惑窘乏兮無令詐出深念遠慮兮勝乃可必藝文類聚七十四古文苑

樗蒲賦

昔有玄通先生遊于京都道德既備好此樗蒲伯陽入戎已斯消憂枰則素旃紫罽出乎西鄰緣已績繡紩已綺文杯則搖木之榦出自昆山矢則藍田之石卞和所工含精玉潤不細不洪馬則元犀象牙是磋是礲杯為上將木為君副齒為號令馬為翼距籌為策動矢法卒數于是芬葩貴戚公侯之儔坐華榱之高殿臨激水

傍當作謗

之淸流排五木散九齒勒良馬取道里是㠯戰無常勝時有逼逐臨敵攘圍事在將帥見利電發紛綸滂沸精誠一叫十盧九雉磊落踸踔并來猥至先名所射應聲紛潰勝貴歡悅負者沈悴藝文類聚七十四

龍虎賦

勇怯見之莫不主臣史記陳平世家集解注

陽嘉二年舉敦樸對策

臣聞立天之道曰陰與陽立地之道曰柔與剛夫陰陽剛柔天地所㠯立也取仁于陽資義于陰柔㠯施德剛㠯行刑各順時月㠯厚羣生帝王之法天地設位四時代序王者奉順則風雨時至嘉禾毓植天失其度則咎徵竝至饑饉薦臻今科條品制禁令所㠯承天順民者備矣悉矣不可加矣然而不平之效猶有咨嗟之怨者百姓屢聞恩澤之聲而未見惠和之實也今從政者變忽法度

㠯殺戮威刑爲能賢問其國守相及令長何如其稱之也曰大急其毀之也曰大緩夫急致寒緩致燠二者罪同而論者許急此陰陽所㠯不和也復之之道審察緩急之傷譽鈞同寒燠之罪罰㠯崇王政則陰陽和也好惡既明則宰官之吏知所避就又正身㠯先之嚴㠯涖之不變則刑罰之夫知爲善之必利爲惡之必害孰能不化則官良矣臣聞洪範八政㠯食爲首周禮九職㠯農爲本民失耕桑飢寒竝至盜賊之原所由起也古之足民仰足㠯養父母俯足㠯畜妻子然後敦五教宣三德則休嘉之化可致也夫足者非能家給而人足量其財用爲其制度故嫁娶之禮儉則昏姻㠯時矣喪制之禮約則終者掩藏矣不奪其時則農夫不失矣夫妻子㠯累其心產業㠯重其志舍此而爲非者雖有必不多矣今則不然此盜賊所㠯不息誠使制度必行禁令必止則仕者不濫法式之外百工不作無用之器商賈不通難得之貨農夫不失三時之務各安所業則盜賊消除災害不起矣袁宏後漢紀十八

大中之道在天爲北辰在地爲人君續漢五行志五注補

飛章虛誣李固順帝時

臣聞君不稽古無㠯承天臣不述舊無㠯奉君昔堯殂之後舜仰慕三年坐則見堯于牆食則覩堯于羹斯所謂聿追來孝不失臣子之節者太尉李固因公假私依正行邪離閒近戚自隆支黨至于表舉薦達例皆門徒及所辟召靡非先舊或富室財賂或子壻婚屬其列在官牒者凡四十九人又廣選賈豎㠯補令史募求好馬臨窗呈試出入踰侈輜軿曜日大行在殯路人掩涕固獨胡粉飾貌搔頭弄姿槃旋偃仰從容治步曾無慘怛傷悴之心山陵未成違矯舊政善則稱已過則歸君斥逐近臣不得侍送作威作福莫固之甚臣聞台輔之位實和陰陽璇璣不平寇賊姦軌則責在太尉固受任之後東南跋扈兩州數郡千里蕭條兆人傷損大化

陵遲而詆疵先主苟肆狂狷存無廷爭之忠沒有誹訪之說夫子罪莫大于累父臣惡莫深于毀君固之過釁事合誅辟後漢李固傳按吳祐傳云梁冀誣奏太尉李固時馬融在坐爲冀草章馬融傳云爲梁冀草奏李固又作大將軍西第頌㠯此頗爲正直所羞

上疏乞自効

今雜種諸羌轉相鈔盜宜及其未并亟遣深入破其支黨而馬賢等處處留滯羌胡百里望塵千里聽聲飲酒高會不㠯爲慮坐食穀米未聞所擊臣竊惑之夫事不復校而可收名獲實斯乃征討者之私便非國家之公利也臣聽輿人之頌云賢欲目前受降使譁聲東聞且懼士卒將不堪命有高克潰叛之變也臣又聞吳起爲將暑不張蓋寒不披裘戎事不邇女器御覽七百六十一引云或遺之一榼酒注之上流使士卒迎流飲其下明不獨也當是此下刪文今賢野次垂幕珍肴雜遝兒子侍妾事與古反御覽七百八引云于中軍帳內施甑餅士卒膺于風雪當是此處刪文臣兄弟受恩誠私憤悒鉛錫之刀㠯效一割之用臣願請兵五千纔加步隊之號庶自

率勵與之齊勇。昔毛遂願處囊中，趙之廝養欲說燕，初爲衆笑，後效其功。臣託儒者，不便武職，猥陳此言，訪之羣司，知當受虛誕之辜，唯加裁省。袁宏後漢紀十九

今雜種諸羌轉相鈔盜，宜及其未并，亟遣深入，破其支黨，而馬賢等處處留滯。羌胡百里望塵，千里聽聲，今逃匿避回，漏出其後，則必侵寇三輔，爲民大害。臣願請賢所不可用關東兵五千，裁假部隊之號，盡力率厲，埋根行首，㠯先吏士，三旬之中，必克破之。臣少習學蓺，不更武職，猥陳此言，必受誣罔之辜。昔毛遂廝養，爲衆所蚩，終㠯一言克定從要。臣懼賢等專守一城，言攻于西，而羌出于東，且其將士必有高克潰叛之變。後漢馬融傳。按此與袁宏紀各有删節而語次不同

上書請赦龐參梁慬 元初中

伏見西戎反畔，寇鈔五州，陛下愍百姓之傷痍，哀黎元之失業，單竭府庫，㠯奉軍師。昔周宣獫狁侵鎬及方，孝文匈奴亦略上郡，而

宣王立中興之功，文帝建太宗之號，非惟兩主有明叡之姿，抑亦扞城有虓虎之助，是㠯南仲赫赫，列在周詩，亞夫赳赳，載于漢策。竊見前護羌校尉龐參，文武昭備，智略弘遠，既有義勇果毅之節，兼㠯博雅深謀之姿。又度遼將軍梁慬，前統西域，勤苦數年，還留三輔，功效克立，閒在北邊，單于降服，今皆幽囚，陷于法網。昔荀林父敗績于邲，晉侯使復其位；孟明視喪師于殽，秦伯不替其官。故晉景并赤狄之土，秦穆遂霸西戎。宜遠覽二君，使參慬得在寬宥之科，誠有益于折衝，毗佐于聖化。後漢龐參傳

延光四年日蝕上書

伏讀詔書，陛下深惟禹湯罪己之義，歸咎自責，寅畏天戒，詳延百僚，博問公卿，知變所自，審得厥故，修復往術，㠯答天命。臣子遠近莫不延頸企踵，苟有隙空，一介之知，事願自效，貢納聖聽。臣伏見日蝕之占，自昔典籍，十月之交，春秋傳記，漢注所載，史官占候，羣

于當作干
誠當作誡
古當作占
爲當作惟
三當作繩

臣密對，陛下所觀覽，左右所諷誦，可謂詳悉備矣，雖復廣問，陷在前志，無㠯復加。乃者茀氣于參，臣前得敦朴之人，後三年二月，對策北宮端門，㠯爲參者西方之位，其于分野，并州是也，殆謂西戎北狄。其後種羌叛戾，烏桓犯上郡，并涼動兵，驗略效矣。今復見大異，申誠重譴，于此二城，海內莫見。三月一日，合辰在婁，婁又西方之宿，衆古顯明者，羌及烏桓有悔過之辭，將吏策勳之名。臣恐受仕典牧者，苟脫目前，皆粗圖身一時之權，不顧爲國百世之利，論者美近功，忽其遠則，各相不大疢病，伏爲天象不虛。老子曰：圖難于其易也，爲大于其細也。消災復異，宜在于今。詩曰：日月告凶，不用其行，四國無政，不用其良。傳曰：國無政，不用善，則自取謫于日月之災，故政不可不慎也，務三而已：一曰擇人，二曰安民，三曰從時。臣融伏惟方今有道之世，漢興設張，矦甸采衛，司民之吏，案三循墨，雖有殿最，所差無幾，其陷罪辟，身自取禍，百姓未被其大傷。

至邊郡牧御失和，吉之與凶，敗之與成，優劣相懸，不誠不可。審擇其人，上㠯應天變，下㠯安民隸。竊見列將子孫，生長京師，食仰租奉，不知稼穡之艱，又希遭阨困，故能果毅輕財，施與孤弱，㠯獲死生之用，此其所長也；不拘法禁，奢泰無度，功勞足㠯宣威，踰濫足㠯傷化，此其所短也。州郡之士，出自貧苦，長于撿押，雖專賞罰，不敢越溢，此其所長也；拘文守法，遭遇非常，狐疑無斷，畏首畏尾，威恩纖薄，外內離心，士卒不附，此其所短也。必得將兼有二長之才，無二短之累，參㠯吏事，任㠯兵法，有此數姿，然後能折衝厭難，致其功實，轉災爲福。孔子曰：十室之邑，必有忠信如丘者焉。㠯天下之大，四海之衆，云無若人，臣㠯爲誣矣。宜特選詳譽，審得其眞，鎮守二方，㠯應用良擇人之義，㠯塞大異也。續漢五行志六注引馬融集。是時融爲許令，其四月庚申，自縣上書云云。

又陳星孛

星孛參畢參西方之宿畢爲邊兵至于分野并州是也西戎北狄殆將起乎宜備二方（後漢馬融傳）

奏馬賢事

賢專于軍設重韋疊幕以油衣其上甕夷其山爲旌擧設其中（書鈔一百三十二）

與竇伯向書（竇章字伯向）

孟陵奴來賜書見手跡歡喜何量次于面也書雖兩紙紙八行行七字七八五十六字百十二言耳（藝文類聚三十一）

與謝伯世書

憒憒愁思猶不解懷思在竹間放狗逐麋晚秋涉冬大蒼出籠黃棘下菟筆以乾葵以送餘日茲樂而已（藝文類聚九十一御覽九百三十六）

書序

泰誓後得案其文似若淺露文云八百諸侯不召自來不期同時不謀同辭及火復于上至于王屋流爲鵰至五以穀俱來舉火神怪得無在子所不語中乎又春秋引泰誓曰民之所欲天必從之國語引泰誓曰朕夢協朕卜襲于休祥戎商必克孟子引泰誓曰我武惟揚侵于之疆取彼凶殘我伐用張于湯有光孫卿引泰誓曰獨夫受禮記引泰誓曰予克受非予武惟朕文考無罪受克予非朕文考有罪惟予小子無良今文泰誓皆無此語吾見書傳多矣所引泰誓而不在泰誓者甚多弗復悉記略舉五事以明之亦可知矣（尚書泰誓序正義案張溥本有忠經序忠經及序皆宋人依託不錄）

廣成頌

鄧太后臨朝騭兄弟輔政而俗儒世士以爲文德可興武功宜廢遂寢蒐狩之禮息戰陳之法故猾賊從橫乘此無備融乃感激以爲文武之道聖賢不墜五才之用無或可廢元初二年上廣成頌以諷諫其辭曰

臣聞孔子曰奢則不遜儉則固奢儉之中以禮爲界是以蟋蟀山樞之人並刺國君諷以太康馳驅之節夫樂而不荒憂而不困先王所以平和府藏頤養精神致之無疆故戛擊鳴球載于虞謨吉日車攻序于周詩聖主賢君以增盛美豈徒爲奢淫而已哉伏見元年以來遭值戹運陛下戒懼災異躬自菲薄荒棄禁苑廢弛樂懸勤憂潛思十有餘年以過禮數重以皇太后體唐堯親九族篤睦之德陛下履有虞烝烝之孝外舍諸家每有憂疾聖恩普勞遣使交錯稀有曠絕時時寧息又無以自娛樂殆非所以逢迎太和裨助萬福也臣愚以爲雖尚頗有蝗蟲今年五月以來雨露時澍祥應將至方涉冬節農事閒隙宜幸廣成覽原隰觀宿麥勸收藏因講武校獵使寮庶百姓復睹羽旄之美聞鐘鼓之音歡欣喜樂鼓舞疆畔以迎和氣招致休慶小臣螻蟻不勝區區職在書籍謹依舊文重述蒐狩之義作頌一篇并封上淺陋鄙薄不足觀省臣聞

昔命師于鞬櫜偃伯于靈臺或人嘉而稱焉彼固未識夫雷霆之爲天常金革之作昏明也自黃炎之前傳道罔記三五以來越可略聞且區區之酆郊猶廓七十里之囿盛春秋之苗詩詠圃草樂奏騶虞是以大漢之初基也宅茲天邑總風雨之會交陰陽之和揆厥靈囿營于南郊徒觀其埛場區宇恢胎曠蕩藐夐勿罔寥豁鬱泱騁望千里天與地莽于是周阹環瀆右矕三塗左概嵩嶽面據衡陰箕背王屋浸以波溠夤以滎洛金山石林殷起乎其中峨峨磑磑鏘鏘嶉嶉隆穹槃回嵎峗錯崔神泉側出丹水涅池怪石浮磬燿焜于其陂其土毛則搉牧薦草芳茹甘荼茈萁芸蒩昌本深蒲芝荋蓳荁蘘荷芋渠桂荏凫葵格韭菹于其植物則玄林包竹藩陵蔽京珍林嘉樹建木叢生椿梧栝柏柜柳楓楊豐彤對蔚崟頷椮爽翕習春風含津吐榮鋪于布濩蓯蘢蘚熒惡可殫形至于陽月陰慝害作百草畢落林衡戒田焚萊柞木然後舉天網頓

八紘。揫斂九藪之動物。繯橐四野之飛征。鳩之乎茲囿之中。山敦雲移。羣鳴膠膠。鄙駭譟讙。子野聽聳。離朱目眩。隸首策亂。陳子籌昏。于是營圍恢廓。充斥川谷。罦罝羅羉。彌綸阬澤。皋牢陵山。校隊案部。前後有屯。甲乙相伍。戊子爲堅。乘輿乃㠯吉月之陽朔。登于疏鏤之金路。六驌驦之玄龍。建雄虹之旌夏。揭鳴鳶之修橦。曳長庚之飛髾。載日月之太常。棲招搖與玄弋。注枉矢于天狼。羽毛紛其髟鼬。揚金鍐而拖玉瓖。屯田車于平原。播同徒于高岡。旃旝摻其如林。錯五色㠯摛光。清氛埃。埽野場。誓六師。搜雋良。司徒勒卒。司馬平行。車攻馬同。教達戒通。伐咎鼓。撞華鐘。獵徒縱。赴榛叢。徽嫿霍奕。別鶩分奔。騷擾聿皇。往來交舛。紛紛回回。南北東西。風行雲轉。匈礚隱訇。黃塵勃滃。闇若霧昏。日月爲之籠光。列宿爲之翳昧。僄狡課才。勁勇程氣。狗馬角逐。鷹鸇競鷙。驍騎旁佐。輕車橫厲。相與陸梁。聿皇于中原。絹猥䠐。蹤特肩。脰完羝。撝介鮮。散毛族。梏羽羣。然後飛鋋電激。流矢雨墜。各指所質。不期俱殪。竄伏扔輪。發作梧轊。祋殳狂擊。頭陷顱倅。獸不得猭。禽不得瞥。或夷由未殊。顛狽頓躓。蝡蝡蟫蟫。充衢塞隧。葩華䔢布。不可勝計。若夫鷙獸毅蟲。倨牙黔口。大匈哨後。緼巡歐紆。負隅依阻。莫敢嬰禦。乃使鄭叔晉婦之徒。睽孤刲刺。裸裎袒裼。冒楸柘。槎棘枳。窮浚谷。底幽嶰。暴斥虎。搏狂兕。獄䝟熊。抾封狶。或輕訬趬悍。廋疏嶁領。犯歷嵩巒。陵喬松。履修樠。踔攳枝。杪標端。尾蒼蜼。掎玄猨。木產盡。寓屬單。罕罔合。部罶弋同。曲類行。竝驅星布。麗屬曹伍。相保各有分局。矰碆飛流。纖羅絡縸。遊雉羣驚。晨鳧輩作。翬然雲起。雪爾雹落。爾乃藐觀高蹈。改乘回轅。泝恢方。撫馮夷。策句芒。超荒忽。出重陽。厲雲漢。橫天潢。導鬼區。徑神場。詔靈保。召方相。驅厲疫。走蜮祥。捎罔兩。拂游光。枷天狗。緤墳羊。然後緩節舒容。裴回安步。降集波籞。川衡澤虞。矢魚陳罟。茲飛宿沙。田開古蠱。翬終葵。揚關斧。刊重冰。撥蟄戶。測潛

鱗。蹠介旅。逆獵湍瀨。濟薄汾撓。淪滅潭淵。左挈夔龍。右提蛟鼉。春獻王鮪。夏薦鼈黿。于是流覽徧照。殫變極態。上下究竟。山谷蕭條。原野嵺愀。上無飛鳥。下無走獸。虞人植旍。獵者效具。車弊田罷。旋入禁囿。棲遲乎昭明之觀。休息乎高光之榭。㠯臨乎宏池。鎮㠯瑤臺。純㠯金堤。樹㠯蒲柳。被㠯綠莎。瀇瀁沆漭。錯紾槃委。天地虹洞。固無端涯。大明生東。月朔西陂。乃命壺涿。驅水蟲。逐罔螭。滅短狐。簎鯨鯢。然後方餘皇。連舼舟。張雲帆。施蜺幬。靡颸風。陵迅流。發櫂歌。縱水謳。淫魚出。蓍蔡浮。湘靈下。漢女游。水禽鴻鵠。鴛鴦鷗鷖。鶬鴰鸕鶂。鷺鴈鷿鷉。乃安斯寢。戢翮其涯。魴鱮鱒鯿。鰋鯉鱨魦。樂我純德。騰踴相隨。雖靈沼之白鳥。孟津之躍魚。方斯蔑矣。然猶詠歌于伶蕭。載陳于方策。豈不哀哉。于是宗廟既享。庖廚既充。車徒既簡。器械既攻。然後擺牲班禽。淤賜犒功。羣師疊伍。伯校千重。山罍常滿。房俎無空。酒正案隊。膳夫巡行。清醪車湊。燔炙騎將。鼓駭舉爵。鐘鳴既觴。若迺陽阿衰斐之晉制。闡鼙華羽之南音。所㠯洞蕩匈臆。發明耳目。疏越蘊慉。駭恫底伏。鍠鍠鎗鎗。奏于農郊大路之衢。與百姓樂之。是㠯明德耀乎中夏。威靈暢乎四荒。東鄰浮巨海而入享。西旅越蔥嶺而來王。南徼因九譯而致貢。朔狄屬象胥而來同。蓋安不忘危。治不忘亂。道在乎茲。斯固帝王之所㠯曜神武而折遐衝者也。方今大漢收功于道德之林。致平于仁義之淵。忽蒐狩之禮。闕槃虞之佃。闇昧不覩日月之光。聾昏不聞雷霆之震。于今十二年。爲日久矣。亦方將刊禁臺之祕藏。發天府之官常。由質要之故業。率典刑之舊章。采清原。嘉岐陽。登俊桀。命賢良。舉淹滯。拔幽荒。察淫侈之華譽。顧介特之實功。聘畎畝之羣雅。宗重淵之潛龍。乃儲精山藪。歷思河澤。目矖鼎俎。耳聽康衢。營傅說于胥靡。求伊尹于庖廚。索膠鬲于魚鹽。聽甯戚于大車。俾之㠯言。而宏議。軼越三家。馳騁五帝。悉覽休祥。揔括羣瑞。遂棲鳳皇于高梧。宿

麒麟于西園納儁僥之珍羽受王母之白環永逍遙乎宇內與二儀乎無疆貳造化于后土參神施于昊乾超特達而無儔煥巍巍而無原豐千億之子孫歷萬載而永延禮樂既闋北轅反旆至自新城背伊闕反洛京 後漢馬融傳

東巡頌

允迪在昔紹烈陶唐殷天衷克搖光若時則運璣衡敷六典經八成燮和萬殊懋領神明肆類乎上帝燔柴乎三辰禋祀乎六宗祗燎乎羣神遂發號羣司申戒百工卜筮稱吉著龜襲從南征有時馮相告祥清夷道而後行曜四國而揚光展聖義于巡狩喜圻時而詠八荒指宗嶽以爲期固岱神之所望散齋既畢越異艮辰械櫄增構烈火燔燃暉光四煬焱爛薄天蕭香肆升青煙習雲珪璋峩峩犧牲潔純鬱鬯宗彝明水玄樽空桑孤竹咸池雲門六八匝變神祇並存 藝文類聚三十九初學記十三御覽五百三十七

梁大將軍西第頌

西北戍亥玄石承輸蝦蟆吐寫庚辛之域 南齊書禮志上引西第賦通典五十五

黃果揚芳紫房潰漏 文選蜀都賦注又潘岳閒居賦注

胡桃自零 文選蜀都賦注御覽九百七十一

騰極受檐陽馬承阿 文選景福殿賦注又七命注

遺令

穿中除五時衣但得施縫絹單衣 御覽六百九十一

冢中不得下銅唾壺 御覽七百三

自敘

融字季長右扶風茂陵人少而好問學無常師大將軍鄧騭召爲舍人棄游武都會羌虜起自關以西道斷融以謂古人有言左手據天下之圖而右手刎其喉愚夫不爲何則生貴于天下也豈以曲俗咫尺爲羞滅無限之身哉因往應之爲校書郎出爲南郡太守 世說文學篇注引融自敘

全後漢文卷十八終

全後漢文卷十九

烏程嚴可均校輯

范升

升字辯卿。代郡人。莽時大司空王邑辟爲議曹史。後奉使上黨。遇漢兵。留不還。建武初徵拜議郎。遷博士。後爲出妻所告繫獄。得出。永平中爲聊城令。坐事免。

上疏讓博士

臣與博士梁恭山陽太守呂羌俱修梁丘易。二臣年竝耆艾。經學深明。而臣不㠯時退。與恭竝立。深知羌學。又不能達。慙負二老。無顏于世。誦而不行。知而不言。不可開口㠯爲人師。願推博士㠯避恭羌。後漢范升傳。建武二年

上疏請諡祭遵 建武九年

臣聞先王崇政。尊美屏惡。昔高祖大聖。深見遠慮。班爵割地。與下分功。著錄勳臣。頌其德美。生則寵㠯殊禮。奏事不名。入門不趨。死則疇其爵邑。世無絕嗣。丹書鐵券。傳于無窮。斯誠大漢厚下安人長久之德。所㠯累世十餘。歷載數百。廢而復興。絕而復續者也。陛下㠯至德受命。先明漢道。襃序輔佐。封賞功臣。同符祖宗。征虜將軍潁陽侯遵不幸早薨。陛下仁恩。爲之感傷。遠迎河南。惻怛之慟。形于聖躬。喪事用度。仰給縣官。重賜妻子。不可勝數。送死有㠯加生。厚亡有㠯過存。矯俗厲化。卓如日月。古者臣疾君視。臣卒君弔。德之厚者也。陵遲㠯來久矣。及至陛下。復興斯禮。羣下感動。莫不自厲。臣竊見遵修行積善。竭忠于國。北平漁陽。西拒隴蜀。先登坻上。深取略陽。衆兵既退。獨守衝難。制御士心。不越法度。所在吏人不知有軍。清名聞于海內。廉白著于當世。所得賞賜。輒盡與吏士。身無奇衣。家無私財。同產兄午。㠯遵無子。娶妾送之。遵乃使人逆而不受。自㠯身任于國。不敢圖生慮繼嗣之計。臨死遺誡牛車載喪。薄葬洛陽。問㠯家事。終無所言。任重道遠。死而後已。遵爲將軍。取士皆用儒術。對酒設樂。必雅歌投壺。又建爲孔子立後。奏置五經大夫。雖在軍旅。不忘俎豆。可謂好禮悅樂。守死善道者也。禮生有爵。死有諡。爵㠯殊尊卑。諡㠯明善惡。臣愚㠯爲宜因遵薨。論敘衆功。詳案諡法。㠯禮成之。顯章國家篤古之制。爲後嗣法。後漢祭遵傳。

奏難費氏易左氏春秋立博士 建武四年

臣聞主不稽古。無㠯承天。臣不述舊。無㠯奉君。陛下愍學微缺。勞心經蓺。情存博聞。故異端競進。近有司請置京氏易博士。羣下執事。莫能據正。京氏既立。費氏怨望。左氏春秋復㠯比類。亦希置立。京費已行。次復高氏。春秋之家。又有騶夾。如令左氏費氏得置博士。高氏騶夾。五經奇異。竝復求立。各有所執。乖戾分爭。從之則失道。不從則失人。將恐陛下必有厭倦之聽。孔子曰。博學約之。弗叛矣夫。夫學而不約。必叛道也。顏淵曰。博我㠯文。約我㠯禮。孔子可謂知教。顏淵可謂善學矣。老子曰。學道日損。損猶約也。又曰。絕學無憂。絕末學也。今費左二學。無有本師。而多反異。先帝前世。有疑于此。故京氏雖立。輒復見廢。疑道不可由。疑事不可行。詩書之作。其來已久。孔子尚周流游觀。至于知命。自衞反魯。乃正雅頌。今陛下草創天下。紀綱未定。雖設學官。無有弟子。詩書不講。禮樂不修。奏立左費。非政急務。孔子曰。攻乎異端。斯害也已。傳曰。聞疑傳疑。聞信傳信。而堯舜之道存。願陛下疑先帝之所疑。信先帝之所信。㠯示反本。明不專已。天下之事所㠯異者。㠯不一本也。易曰。天下之動。貞夫一也。又曰。正其本。萬事理。五經之本。自孔子始。謹奏左氏之失凡十四事。後漢范升傳。

奏毀周黨等

臣聞堯不須許由巢父而建號天下。周不待伯夷叔齊而王道㠯成。伏見太原周黨東海王良山陽王成等。蒙受厚恩。使者三聘。乃

塞當作蹇

肯就車。脫衣解履。升于華轂。及陛見帝廷。黨不㠯禮屈。伏而不謁。偃塞敖慢。逡巡進退。同時俱逝。黨等文不能演義。武不能死君。釣采華名。庶幾三公之位。臣願與並坐雲臺之下。考試圖國之道。不如臣言。伏虛妄之罪。而敢私竊虛名。誇上求高。皆大不敬。（後漢周黨傳。又御覽四百九十八引東觀漢記）

奏記王邑

升聞子㠯人不間于其父母爲孝。臣㠯下不非其君上爲忠。今眾人咸稱朝聖。皆曰公明。蓋明者無不見。聖者無不聞。今天下之事。昭昭于日月。震震于雷霆。而朝云不見。公云不聞。元元焉所呼天。公㠯爲是而不言。則過小矣。知而從令。則過大矣。二者于公。無可㠯免。宜乎天下歸怨于公矣。朝㠯遠者不服爲至念。升㠯近者不服爲重憂。今動與時戾。事與道反。馳騖覆車之轍。探湯敗事之後。後出益可怪。晚發愈可懼耳。方春歲首。而動發遠役。藜藿不充。田荒不耕。穀價騰躍。斛至數千。吏人陷于湯火之中。非國家之人也。如此則胡貊守關。青徐之寇在于帷帳矣。升有一言可㠯解天下倒懸。免元元之急。不可書傳。願蒙引見。極陳所懷。（後漢范升傳。）

陳元

元字長孫。蒼梧廣信人。莽厭難將軍陳欽子。㠯父任爲郎。建武中辟司空李通府。又辟司徒歐陽歙府。㠯病去。年老卒于家。有集一卷。

上疏難范升奏左氏不宜立博士

陛下撥亂反正。文武並用。深愍經藝謬雜。眞僞錯亂。每臨朝日。輒延羣臣講論聖道。知丘明至賢。親受孔子。而公羊穀梁傳聞于後世。故詔立左氏。博詢可否。示不專己。盡之羣下也。今論者沈溺所習。翫守舊聞。固執虛言傳受之辭。㠯非親見實事之道。左氏孤學少與。遂爲異家之所覆冒。夫至音不合眾聽。故伯牙絕絃。至寶不同眾好。故卞和泣血。仲尼聖德。而不容于世。況于竹帛餘文。其爲雷同者所排。固其宜也。非陛下至明。孰能察之。臣元竊見博士范升等所議奏左氏春秋不可立。及太史公違戾凡四十五事。案升等所言。前後相違。皆斷截小文。媟黷微辭。㠯年數小差。掇爲巨謬。遺脫纖微。指爲大尤。抉瑕擿釁。掩其弘美。（本傳作私美。從文選傳咸贈何劭王濟詩注改。）所謂小辯破言。小言破道者也。升等又曰。先帝不㠯左氏爲經。故不置博士。後主所宜因襲。臣愚㠯爲若先帝所行而後主必行者。則盤庚不當遷于殷。周公不當營洛邑。陛下不當都山東也。往者孝武皇帝好公羊。衛太子好穀梁。有詔詔太子受公羊。不得受穀梁。孝宣皇帝在人間時。聞衛太子好穀梁。于是獨學之。及即位。爲石渠論而穀梁氏興。至今與公羊並存。此先帝後帝各有所立。不必其相因也。孔子曰。純儉。吾從眾。至于拜下。則違之。夫明者獨見。不惑于朱紫。聽者獨聞。不謬于清濁。故離朱不爲巧眩移目。師曠不爲新聲易耳。方今干戈少弭。戎事略戢。留思聖藝。眷顧儒雅。採孔子下拜之義。卒淵聖獨見之旨。分明黑白。建立左氏。解釋先聖之積結。洮汰學者之累惑。使基業垂于萬世。後進無復狐疑。則天下幸甚。臣元愚鄙。嘗傳師言。如得㠯褐衣召見。俯伏庭下。誦孔氏之正道。理丘明之宿冤。若辭不合經。事不稽古。退就重誅。雖死之日。生之年也。（後漢陳元傳。）

上疏駁江馮督察三公議

臣聞師臣者帝。賓臣者霸。故武王㠯太公爲師。齊桓㠯夷吾爲仲父。孔子曰。百官總己。聽于冢宰。近則高帝優相國之禮。太宗假宰輔之權。（袁宏紀作齊桓公㠯管夷吾爲仲父。古之道也。近魏文侯友田子。諸侯不敢入其境。高皇帝令相國奏事不拜。入殿不趨。所㠯寵大臣也。）及亡新王莽。遭漢中衰。專操國柄。㠯偷天下。況己自喻。不信羣臣。奪公輔之任。損宰相之威。㠯刺舉爲明。徼訐爲直。至乃陪僕告其君長。子弟變其父兄。罔密法峻。大臣無所措手足。然不

篤當作督

能禁董忠之謀，身爲世戮。故人君患在自驕，不患驕臣；失在自任，不在任人。是以文王有日昃之勞，周公執吐握之恭，不聞其崇刺舉務篤察也。方今四方尚擾，天下未一，百姓觀聽，咸張耳目。陛下宜修文武之聖典，襲祖宗之遺德，勞心下士，屈節待賢，誠不宜使有司察公輔之名。（後漢陳元傳，又見袁宏後漢紀七，各有刪節。）

杜林

林字伯山，扶風茂陵人，涼州刺史杜鄴子。莽時爲郡吏，後避亂河西，隗囂以爲持書平，以疾辭祿。建武六年東歸，徵拜侍御史，遷大司徒司直，進光祿勳、東海王傅、少府，復爲光祿勳，代朱浮爲大司空。

請從張步降兵疏（建武八年）

臣聞先王無二道，明聖用而治同也。見惡如農夫之務去草焉，芟夷蘊崇之，絕其本根，勿使能殖，畏其易也。古今通道，傳其法于有漢。狠子野心，奔馬善驚。成王深知其終卒之患，故以殷民六族分伯禽，七族分康叔，懷姓九宗分唐叔，檢押其姦宄，又遷其餘于成周，舊地雜俗，旦夕拘錄，所以挫其強禦之力，詘其驕恣之節也。及漢初興，上稽舊章，合符重規，徙齊諸田，楚昭、屈、景，燕、趙、韓、魏之後，以稍弱六國強宗，邑里無營利之家，野澤無兼并之民，萬里一統，海內賴安。後輒因衰麤之痛，脅以送終之義，故遂相率而陪園陵，無反顧之心。追觀往法，政皆神道設教，強幹弱枝，本支百世之要也。是以皆永享康寧之福，無怵惕之憂，繼嗣承業，恭己而治，蓋此助也。其被災害民輕薄無累重者，兩府遣吏護送饒穀之郡。或懼死亡，卒爲傭賃，亦足以消散其口，救贍全其性命也。昔魯隱有賢行，將致國于桓公，乃流連貪位，不能早退。況草創兵長，卒無德能，直以擾亂，乘時擅權，作威玉食，狃忲之意，徼幸之望，曼延無足，張步之計是也。小民負縣官不過身死，負兵家滅門殄世。陛下昭然

獨見成敗之端，或屬諸侯官府，元元少得舉首仰視，而尚遺脫，二千石失制御之道，令得復昌熾縱橫。比年大雨，水潦暴長，涌泉盈溢，災壞城郭官寺，吏民廬舍，潰徙離處，遺成坑坎。臣聞水，陰類也。易卦，地上有水，比。言性不相害，故曰樂也。而猥相毀墊淪失，常敗百姓安居，殆陰下相爲蠹賊，有大小負勝不齊，均不得其所，侵陵之象也。詩云：畏天之威，于時保之。惟陛下留神明察，往來懼思，天下幸甚。（續漢五行志三注補引東觀書，又略見袁宏後漢紀七。）

上疏議郊祀故事

臣聞營河雒以爲民，刻肌膚以爲刑，封疆畫界以建諸侯，井田什一以供國用，三代之所同。及至漢興，因時宜，趨世務，省煩苛，取實事，不苟貪高亢之論。是以去土中之京師，就關內之遠都；除肉刑之重律，用髡鉗之輕法；郡縣不置世祿之家，農人三十而取一。政卑易行，禮簡易從，民無愚智，思仰漢德，樂承漢紀。基業特起，不因緣堯。堯遠于漢，民不曉信，言提其耳，終不悅諭。后稷近于周，民戶知之。世據以興，基由其祚，本與漢異。郊祀高帝，誠從民望，得萬國之歡心，天下福應，莫大于此。民奉種祀，且猶世主不失先俗。群臣僉薦鯀，考績不成，九載乃登。宗廟至重，眾心難違，不可卒改。詩云：不愆不忘，率由舊章。明當尊用祖宗之故文章也。宜如舊制，以解天下之惑，合于易之所謂先天而天弗違，後天而奉天時義。方軍師在外，祭可且如元年郊祭故事。（續漢祭祀志上注補引東觀書，又略見後漢杜林傳，又杜林傳注引東觀記。）

奏諫從梁統增科禁

夫人情挫辱則節義之心損，刑網繁密則苟免之行生。聖帝明王知其如此，故深識遠慮，動居其厚，故湯去三面之網，易著三驅之義，所以德刑參用而示民有恥。漢德寬厚，民無二心，軍士左袒，樂爲劉氏，多恩之所致也。至其後世，不能以德，而勤于法，故有吹毛

求疵詆欺無限桃李之饋集㠯成事于是家無全行國無廉夫上下相遁法不能止而仁義之風替矣陛下覽得失之要深知其原故破觚為圜建斲為樸法簡易遵網疏易從海內頌政不勝其喜宜如舊制（袁宏後漢紀六梁統上書陳法令輕重宜遵舊典事下公卿光祿勳杜林議上從林議案後漢杜林傳十四年羣臣上言古者肉刑嚴重則人畏法令宜增科禁㠯防其源詔下公卿林奏與此互異今並載于後）夫人情挫辱則義節之風損法防繁多則苟免之行興孔子曰導之㠯政齊之㠯刑民免而無恥導之㠯德齊之㠯禮有恥且格古之明王深識遠慮動居其厚不務多辟周之五刑不過三千大漢初興詳覽失得故破矩為圜斲彫為樸蠲除苛政更立疏網海內歡欣人懷寬德及至其後漸㠯滋章吹毛索疵詆欺無限果桃菜茹之饋集㠯成臧小事無妨于義㠯為大戮故國無廉士家無完行至于法不能禁令不能止上下相遁為敝彌深臣愚㠯為宜如舊制不合翻移（後漢杜林傳又見通典一百六十六）

上書薦鄭興

竊見河南鄭興執義堅固敦悅詩書好古博物見疑不惑有公孫僑觀射父之德宜侍帷幄典職機密昔張仲在周燕翼宣王而詩人悅喜惟陛下留聽少察㠯助萬分（後漢鄭興傳又略見袁宏後漢紀六）

遣子奉書馬援

將軍內施九族外有賓客望恩者多林父子兩人食列卿祿常有盈今送錢五萬（後漢杜林傳注御覽八百三十五並引東觀記）

杜詩

詩字君公河內汲人莽時為郡功曹更始時辟大司馬府建武初三遷為侍御史賜棨戟拜成皋令歷沛郡都尉汝南都尉還南陽太守

薦伏湛疏（建武六年後）

臣聞唐虞㠯股肱康文王㠯多士寧是故詩稱濟濟書曰良哉臣詩竊見故大司徒陽都侯伏湛自行束脩訖無毀玷篤信好學守死善道經為人師行為儀表前在河內朝歌及居平原吏人畏愛則而象之遭時反覆不離兵凶秉節持重有不可奪之志陛下深知其能顯㠯宰相之重眾賢百姓仰望德義微過斥退久不復用有識所惜（御覽作識者愍惜）儒士痛心臣竊傷之湛容貌堂堂國之光暉智略謀慮朝之淵藪髫髮厲志白首不衰實足㠯先後王室名足㠯光示遠人古者選擢諸侯㠯為公卿四方回首仰望京師柱石之臣宜居輔弼出入禁門補缺拾遺臣詩愚戇不足㠯知宰相之才竊懷區區敢不自竭臣前為侍御史上封事言湛公廉愛下好惡分明累世儒學素持名信經明行修通達國政尤宜近侍納言左右舊制九州五尚書令一郡二人可㠯湛代頗為執事所非但臣詩蒙恩深渥所言誠有益于國雖死無恨故復越職觸冒㠯聞（後漢伏湛傳又御覽三百八十九六百三十一引東觀漢記）

乞退郡疏

陛下亮成天工克濟大業偃兵修文羣帥反旅海內合和萬世蒙福天下幸甚唯匈奴未譬聖德威侮二垂陵虐中國邊民虛耗不能自守臣恐武猛之將雖勤亦未得解甲櫜弓也夫勤而不息亦怨勞而不休亦怨怨恨之師難復責功臣伏覩將帥之情功臣之望冀一休足于內郡然後即戎出命不敢有恨臣愚㠯為師克在和不在眾陛下雖垂念北邊亦當頗泄用之昔湯武善御眾故無忿鷙之師陛下起兵十有三年將帥和睦士卒鳧藻今若使公卿郡守出于軍壘則將帥自厲士卒之復比于宿衛則戎士自百何者天下已安各重性命大臣㠯下咸懷樂土不讎其功而厲其用無㠯勸也陛下誠宜虛缺數郡㠯俟振旅之臣重復厚賞加于久役之士如此緣邊屯戍之師競而忘死乘城拒塞之吏不辭其勞則烽火精明守戰堅固聖王之政必因人心今猥用愚薄塞功臣

之望誠非其宜臣詩伏自惟忖本㠯史吏一介之才遭陛下創制大業賢俊在外空乏之閒超受大恩收養不稱奉職無效久竊祿位令功臣懷慍誠惶誠恐八年上書乞避功德陛下殊恩未許放退臣詩蒙恩尤深義不敢苟冒虛請誠不勝至願願退大郡受小職及臣齒壯力能經營劇事如使臣詩必有補益復受大位雖析珪授爵所不辭也惟陛下哀矜（後漢杜詩傳）

請㠯虎符發兵疏

臣聞兵者國之凶器聖人所慎舊制發兵皆㠯虎符其餘徵調竹使而已符策合會取爲大信所㠯明著國命斂持威重也閒者發兵但用璽書或㠯詔令如有姦人詐僞無由知覺愚㠯爲軍旅尚興賊虜未殄徵兵郡國宜有重慎可立虎符㠯絕姦端昔魏之公子威傾鄰國猶假兵符㠯解趙圍若無如姬之仇則其功不顯事有煩而不可省費而不得已蓋謂此也（後漢杜詩傳）

第五倫

倫字伯魚京兆長陵人莽時爲郡吏又爲鄉嗇夫自㠯久宦不達變姓名爲王伯齊（袁宏後漢紀作王伯春）久客河東號爲道士建武中京兆尹閻興召爲主簿署督鑄錢掾領長安市舉孝廉補淮陽國醫工長尋除扶夷長未到官追拜會稽太守永平中坐法免後爲宕渠令遷蜀郡太守建武初代牟融爲司空元和末致仕後數年卒年八十餘

上疏論馬防

臣愚㠯爲貴戚可封侯㠯富之不當職事㠯任之何者繩㠯法則傷恩私㠯親則違憲伏聞馬防今當西征臣㠯太后恩仁陛下至孝恐卒有纖介難爲意愛聞防請杜篤爲從事中郎多賜財帛篤爲鄉里所廢客居美陽女弟爲馬氏妻恃此交通在所縣令苦其不法收繫論之今來防所議者咸致疑怪況乃㠯爲從事將恐議及朝廷今宜爲選賢能㠯輔助之不可復令防自請人有損事望苟有所懷敢不自聞（後漢第五倫傳又略見袁宏後漢紀十一）

上疏褒稱盛美㠯勸成風德

陛下卽位躬天然之德體晏晏之姿㠯寬弘臨下出入四年前歲誅刺史二千石貪殘者六人斯皆明聖所鑒非羣下所及然詔書每下寬和而政急不解務存節儉而奢侈不止者咎在俗敝羣下不稱故也（袁宏紀此下有臣聞爲政三年有成必世而後仁）光武承王莽之餘頗㠯嚴猛爲政後代因之遂成風化郡國所舉類多辦職俗吏殊未有寬博之選㠯應上求者也陳留令劉豫冠軍令駟協並㠯刻薄之姿臨人宰邑專念掠殺務爲嚴苦吏民愁怨莫不疾之而今之議者反㠯爲能違天心失經義誠不可不慎也非徒應坐豫協亦當宜譴舉者務進仁賢㠯任時政不過數人則風俗自化矣臣嘗讀書記知秦㠯酷急亡國又目見王莽亦㠯苛法自滅故勤勤懇懇實在

于此又聞諸王主貴戚驕奢踰制京師尚然何㠯示遠故曰其身不正雖令不從㠯身教者從㠯言教者訟夫陰陽和歲乃豐君臣同心化乃成也其刺史太守㠯下拜除京師及道出洛陽者宜皆召見可因博問四方兼㠯觀察其人諸上書言事有不合者可但報歸田里不宜過加喜怒㠯明在寬臣愚不足採（後漢第五倫傳又見袁宏後漢紀十一有刪節亦有多出句）

上疏論竇憲

臣得㠯空虛之質當輔弼之任素性駑怯位尊爵重拘迫大義思自策厲雖遭百死不敢擇地又況親遇危言之世哉今承百王之敝人尚文巧咸趨邪路莫能守正伏見虎賁中郎將竇憲椒房之親典司禁兵出入省闥年盛志美卑謙樂善此誠其好士交結之方然諸出入貴戚者類多瑕釁禁錮之人尤少守約安貧之節士大夫無志之徒更相販賣雲集其門衆喣飄山聚蚊成雷蓋驕逸

所從生也。三輔論議者。至云以貴戚廢錮。當復以貴戚浣濯之。猶解酲當以酒也。詖險趨勢之徒。誠不可親近。臣愚願陛下中宮嚴敕憲等。閉門自守。無妄交通士大夫。防其未萌。慮于無形。令憲永保福祿。君臣交歡。無纖介之隙。此臣之所至願也。後漢第五倫傳。又略見袁宏後漢紀十一。

上書請抑損后族

臣聞忠不隱諱。直不避害。不勝愚狷。昧死自表。書曰。臣無作威作福。其害于而家。凶于而國。傳曰。大夫無境外之交。束脩之饋。近代光烈皇后。雖友愛天至。而卒使陰就歸國。徙廢陰興賓客。其後梁竇之家。互有非法。明帝即位。竟多誅之。自是洛中無復權戚。書記請託。一皆斷絕。又譬諸外戚曰。苦身待士。不如為國。戴盆望天。事不兩施。臣常刻著五藏。書諸紳帶。而今之議者。復以馬氏為言。竊聞衛尉廖以布三千匹。城門校尉防以錢三百萬。私贍三輔衣冠。知與不知。莫不畢給。又聞臘日亦遺其在洛中者錢各五千。越騎校尉光臘用羊三百頭。米四百斛。肉五千斤。臣愚以為不應經義。惶恐不敢以不聞。陛下情欲厚之。亦宜所以安之。臣今言此。誠欲上忠陛下。下全后家。裁蒙省察。後漢第五倫傳。

封上吏民奏記

臣任重憂深。不能出奇策異謀。吏民書議臣者多。謹並封上。袁宏後漢紀十一。

全後漢文卷十九終

全後漢文卷二十

烏程嚴可均校輯

馮衍

衍字敬通。京兆杜陵人。莽時更始將軍廉丹辟爲掾。丹敗死。亡命河東。更始時。尚書僕射鮑永行大將軍事。安集北方。㠯爲立漢將軍。領狼孟長。屯太原。後聞更始歿。爲發喪。罷兵來降。光武怨不時至。見黜。尋㠯爲曲陽令。有功不封。後爲司隸從事。坐交通外戚得罪。赦歸故郡。永平中卒。有集五卷。

顯志賦 又自論

馮子㠯爲大人之德。不碌碌如玉。落落如石。風興雲蒸。一龍一蛇。與道翺翔。與時變化。夫豈守一節哉。用之則行。舍之則藏。進退無主。屈伸無常。故曰有法無法。因時爲業。有度無度。與物趣舍。常務道德之實。而不求當世之名。闊略杪小之禮。蕩佚人閒之事。正身直行。恬然肆志。顧嘗好俶儻之策。時莫能聽用其謀。喟然長歎。自傷不遭。久棲遲于小官。不得舒其所懷。抑心折節。意悽情悲。夫伐冰之家。不利雞豚之息。委積之臣。不操市井之利。況歷位食祿二十餘年。而財產益狹。居處益貧。惟夫君子之仕。行其道也。慮時務者不能興其德。爲身求者不能成其功。去而歸家。復羇旅于州郡。身愈據職。家彌窮困。卒離飢寒之災。有喪元子之禍。先將軍葬渭陵。哀帝之崩也。營之㠯爲園。于是㠯新豐之東。鴻門之上。壽安之中。地勢高敞。四通廣大。南望酈山。北屬涇渭。東瞰河華。龍門之陽。三晉之路。西顧酆鄗。周秦之丘。宮觀之墟。通視千里。覽見舊都。遂定塋焉。退而幽居。蓋忠臣過故墟而歔欷。孝子入舊室而哀歎。每念祖考。著盛德于前。垂鴻烈于後。遭時之禍。墳墓蕪穢。春秋烝嘗。昭穆無列。年衰歲暮。悼無成功。將西田牧肥饒之野。殖生產。修孝道。營宗廟。廣祭祀。然後闔門講習道德。觀覽乎孔老之論。庶幾乎

汨當作汩

松喬之福。上隴阪。陟高岡。游精宇宙。流目八紘。歷觀九州山川之體。追覽上古得失之風。愍道陵遲。傷德分崩。夫覩其終。必原其始。故存其人而詠其道。疆里九野。經營五山。眇然有思陵雲之意。乃作賦自厲。命其篇曰顯志。顯志者。言光明風化之情。昭章玄妙之思也。其辭曰。

開歲發春兮。百卉含英。甲子之朝兮。汨吾西征。發軔新豐兮。裴回鎬京。陵飛廉而太息兮。登平陽而懷傷。悲時俗之險阸兮。哀好惡之無常。棄衡石而意量兮。隨風波而飛揚。紛綸流于權利兮。親雷同而妬異。獨耿介而慕古兮。豈時人之所憙。沮先聖之成論兮。邈名賢之高風。忽道德之珍麗兮。務富貴之樂耽。遵大路而裴回兮。履孔德之窈冥。固衆夫之所眩兮。孰能觀于無形。行勁直㠯離尤兮。羌前人之所有。內自省而不慙兮。遂定志而弗改。欣吾黨之唐虞兮。愍吾生之愁勤。聊發憤而揚情兮。將㠯蕩夫憂心。往者不可攀援兮。來者不可與期。病沒世之不稱兮。願橫逝而無由。陟雍畤而消搖兮。超略陽而不反。念生人之不再兮。悲六親之日遠。陟九嵕而臨嶭嶭兮。聽涇渭之波聲。顧鴻門而歔欷兮。哀吾孤之早零。何天命之不純兮。信吾罪之所生。傷誠善之無辜兮。齎此恨而入冥。嗟我思之不遠兮。豈敗事之可悔。雖九死而不瞑兮。恐餘殃之有再。波汍瀾而雨集兮。氣滂浡而雲披。心怫鬱而紆結兮。意沈抑而內悲。瞰太行之嵯峩兮。觀壺口之崢嶸。悼丘墓之蕪穢兮。恨昭穆之不榮。歲忽忽而日邁兮。壽冉冉其不與。恥功業之無成兮。赴原野而窮處。昔伊尹之干湯兮。七十說而乃信。皋陶釣于雷澤兮。賴虞舜而後親。無二士之遭遇兮。抱忠貞而莫達。率妻子而耕耘兮。委厥美而不伐。韓盧抑而不縱兮。騏驥絆而不試。獨慷慨而遠覽兮。非庸庸之所識。卑衞賜之阜貨兮。高顏回之所慕。重祖考之洪烈兮。故收功于此路。循四時之代謝兮。分五土之刑德。相林麓

波當作淚

之所產兮嘗水泉之所殖修神農之本業兮採軒轅之奇策追周棄之遺教兮軼范蠡之絕迹陟隴山㠯踰望兮眇然覽于八荒風波飄其並興兮情惆悵而增傷覽河華之泱漭兮望秦晉之故國憤馮亭之不遂兮慍去疾之遭惑流山岳而周覽兮徇碣石與洞庭浮江河而入海兮泝淮濟而上征瞻燕齊之舊居兮歷宋楚之名都哀羣后之不祀兮痛列國之爲墟馳中夏而升降兮路紆軫而多艱講聖哲之通論兮心愊憶而紛紜惟天路之同軌兮或帝王之異政堯舜煥其蕩蕩兮禹承平而革命并日夜而幽思兮終悇憛而洞疑高陽邈其超遠兮世孰可㠯論茲訊夏啟于甘澤兮傷帝典之始傾頌成康之載德兮詠南風之高聲思唐虞之晏晏兮揖稷契㠯爲朋苗裔紛其條暢兮至湯武而勃興昔三后之純粹兮每季世而窮禍弔夏桀于南巢兮哭殷紂于牧野詔伊尹于亳郊兮享呂望于酆州功與日月齊光兮名與三王爭流楊朱號

乎衢路兮墨子泣乎白絲知漸染之易性兮怨造作之弗思美關雎之識微兮愍王道之將崩拔周唐之盛德兮捃桓文之譎功忿戰國之遘禍兮憎權臣之擅彊黜楚子于南郢兮執趙武于溴梁善忠信之救時兮惡詐謀之妄作聘申叔于陳蔡兮禽荀息于虞虢誅犂鉏之介聖兮討臧倉之愬知嫉子反于彭城兮爵管仲于夷儀疾兵革之寖滋兮苦攻伐之萌生沈孫武于五湖兮斬白起于長平惡叢巧之亂世兮毒縱橫之敗俗流蘇秦于洹水兮幽張儀于鬼谷澄德化之陵遲兮烈刑罰之峭峻燔商鞅之法術兮燒韓非之說論誚始皇之跋扈兮投李斯于四裔滅先王之法則兮禍寖淫而弘大援前聖㠯制中兮矯二主之驕奢饁女齊于絳臺兮饗椒舉于章華摛道德之光耀兮匡衰世之眇風褒宋襄于泓谷兮表季札于延陵摭仁智之英華兮激亂國之末流觀鄭僑于溱洧兮訪晏嬰于營丘日曀曀其將暮兮獨於邑而煩惑夫何九

州之博大兮迷不知路之南北駟素虯而馳騁兮乘翠雲而相佯就伯夷而折中兮得務光而愈明款子高于中野兮遇伯成而定慮欽眞人之德美兮淹躊躇而弗去意斟愖而不澹兮俟回風而容與求善卷之所存兮遇許由于負黍軔吾車于箕陽兮秣吾馬于潁許聞至言而曉領兮還吾反乎故宇覽天地之幽奧兮統萬物之維綱究陰陽之變化兮昭五德之精光躍青龍于滄海兮豢白虎于金山鑿巖石而爲室兮託高陽㠯養仙神雀翔于鴻崖兮玄武潛于嬰冥伏朱樓而四望兮采三秀之華英 文選登樓賦注謝朓鼓吹曲注 纂前修之夸節兮曜往昔之光勳披綺季之麗服兮揚屈原之靈芬高吾冠之岌岌兮長吾佩之洋洋飲六醴之清液兮食五芝之茂英揵六枳而爲籬兮 文選天台賦注閒居賦注 築蕙若而爲室播蘭芷于中庭兮列杜衡于外術攢射干雜蘼蕪兮構木蘭與新夷光扈扈而煬燿兮紛郁郁而暢美華芳曄其發越兮時恍惚而莫貴非惜身

之埳軻兮憐衆美之憔悴游精神于大宅兮抗玄妙之常操處清靜㠯養志兮實吾心之所樂山峨峨而造天兮林冥冥而暢茂鸞回翔索其羣兮鹿哀鳴而求其友誦古今㠯散思兮覽聖賢㠯自鎮嘉孔丘之知命兮大老聃之貴玄德與道其孰寶兮名與身其孰親陂山谷而閒處兮守寂寞而存神夫莊周之釣魚兮辭卿相之顯位於陵子之灌園兮似至人之髣髴蓋隱約而得道兮羌窮悟而入術離塵垢之窈冥兮配喬松之妙節惟吾志之所庶兮固與俗之不同既俶高而高引兮願觀其從容 後漢馮衍傳又略見藝文類聚二十六

俶高之高當作儶

揚節賦序

馮子耕于驪山之阿渭水之陰廢弔問之禮絕游宦之路眇然有超物之心無偶俗之志 文選潘岳西征賦注初學記六

上疏自陳

臣伏念帝王大體古今通論常獨慨然夫㠯高祖之略而陳平之

謀毀之則疏。譽之則親。㠯文帝之明。而魏尚之忠。繩之㠯法則爲罪。施之㠯德則爲功。逮至晚世。董仲舒言道德。見妒于公孫弘。李廣奮節于匈奴。見排于衛青。此忠臣之常爲流涕也。臣衍自惟微賤之臣。上無無知之薦。下無馮唐之說。乏董生之才。寡李廣之勢。而欲免讒口。濟怨嫌。豈不難哉。臣衍之先祖。㠯忠貞之故。成私門之禍。而臣衍復遭擾攘之時。值兵革之際。不敢回行苟容㠯求時之利。事君無傾邪之謀。將帥無虜掠之心。衛尉陰興。敬慎周密。內自修敕。外遠嫌疑。故敢與交通。興知臣之貧。數欲本業之。臣自惟無三益之才。不敢處三損之地。固讓而不受之。昔在更始。太原執貨財之柄。居倉卒之間。據位食祿二十餘年。而財產歲狹。居處日貧。家無布帛之積。出無輿馬之飾。于今遭清明之世。飭躬力行之秋。而怨讐叢興。譏議橫世。蓋富貴易爲善。貧賤難爲工也。疏遠壠畝之臣。無望高闕之日。惶恐自陳。㠯救罪過。袁宏後漢紀八。又見後漢馮衍傳。

上書陳事

一曰顯文德。二曰褒武烈。三曰修舊功。四曰招俊傑。五曰明好惡。六曰簡法令。七曰差祿秩。八曰撫邊境。袁宏後漢紀六。後漢馮衍傳。

說廉丹

衍聞順而成者。道之所大也。逆而功者。權之所貴也。是故期于有成。不問所由。論于大體。不守小節。昔逢丑父伏軾。而使其君取飲。稱于諸侯。鄭祭仲立突而出忽。終得復位。美于春秋。蓋㠯死易生。㠯存易亡。君子之道也。詭于眾意。寧國存身。賢智之慮也。故易曰。窮則變。變則通。通則久。是㠯自天祐之。吉無不利。若夫知其不可。而必行之。破軍殘眾。無補于主。身死之日。負義于時。知者不爲。勇者不行。且衍聞之。得時無怠。張良㠯五世相韓。椎秦始皇博浪之中。勇冠乎賁育。名高乎泰山。將軍之先。爲漢信臣。新室之興。英俊不附。今海內潰亂。人懷漢德。甚于詩人思召公也。愛其甘棠。而況子孫乎。人所歌舞。天必從之。方今爲將軍計。莫若屯據大郡。鎮撫吏士。砥礪其節。百里之內。牛酒日賜。納雄桀之士。詢忠智之謀。要將來之心。待從橫之變。興社稷之利。除萬人之害。則福祿流于無窮。功烈著于不滅。何與軍覆于中原。身膏于草野。功敗名喪。恥及先祖哉。聖人轉禍而爲福。智士因敗而爲功。願明公深計。而無與俗同。後漢馮衍傳。

復說廉丹

蓋聞明者見于無形。智者慮于未萌。況其昭晳者乎。凡患生于所忽。禍發于細微。敗不可悔。時不可失。公孫鞅曰。有高人之行。負非于世。有獨見之慮。見贅于人。故信庸庸之論。破金石之策。襲當世之操。失高明之德。夫決者智之君也。疑者事之役也。時不重至。公勿再計。後漢馮衍傳。

計說鮑永

衍聞明君不惡切愨之言。㠯測幽冥之論。忠臣不顧爭引之患。㠯達萬機之變。是故君臣兩興。功名兼立。銘勒金石。令問不忘。今衍幸逢寬明之日。將值危言之時。豈敢拱默避罪。而不竭其誠哉。伏念天下離王莽之害久矣。始自東郡之師。繼㠯西海之役。巴蜀沒于南夷。緣邊破于北狄。遠征萬里。暴兵累年。禍挐未解。兵連不息。刑法彌深。賦斂愈重。眾彊之黨。橫擊于外。百僚之臣。貪殘于內。元元無聊。饑寒竝臻。父子流亡。夫婦離散。廬落丘墟。田疇蕪穢。疾疫大興。災異蜂起。于是江湖之上。海岱之濱。風騰波涌。更相駘藉。四垂之人。肝腦塗地。死亡之數。不啻太半。殃咎之毒。痛入骨髓。匹夫僮婦。咸懷怨怒。皇帝㠯聖德靈威。龍興鳳舉。率宛葉之眾。將散亂之兵。歃血昆陽。長驅武關。破百萬之陳。摧九虎之軍。雷震四海。席卷天下。攘除禍亂。誅滅無道。一朞之閒。海內大定。繼高祖之休烈。修文武之絕業。社稷復存。炎精更輝。德冠往初。功無與二。天下自吕去亡新就聖漢當蒙其福而賴其願樹恩布德易吕周洽其猶順驚風而飛鴻毛也然而諸將虜掠逆倫絶理殺人父子妻人婦女燔其室屋略其財產饑者毛食寒者裸跣寃結失望無所歸命今大將軍吕明淑之德秉大使之權統三軍之政存撫并州之人惠愛之誠加乎百姓高世之聲聞乎羣士故其延頸企踵而望者非特一人也且大將軍之事豈得在于珪璧其行束修其心而已哉將定國家之大業成天地之元功也昔周宣中興之主齊桓霸彊之君耳猶有申伯召虎夷吾吉甫攘其蝥賊安其疆宇況乎萬里之漢明帝復興而大將軍爲之梁棟此誠不可吕忽也且衍聞之兵久則力屈民愁則變生今邯鄲之賊未滅眞定之際復擾而大將軍所部不過百里守城不休戰軍不息兵革雲翔百姓震駭柰何自怠不爲深憂夫并州之地東帶名關北逼彊胡年穀獨孰人庶多資斯四戰之地攻守之場也如其不虞何吕待之故曰德不素積人不爲用備不豫具難吕應卒今生人之命縣于將軍將軍所杖必須貝才宜改易非任更選賢能夫十室之邑非有忠信審得其人吕承大將軍之明則雖山澤之人無不感德思樂爲用矣然後簡精銳之卒發屯守之士三軍既整甲兵已具相其土地之饒觀其水泉之利制屯田之術習戰射之敎則威風遠暢人安其業矣若鎭太原撫上黨收百姓之歡心樹名賢之貝佐天下無變則足吕顯聲譽一朝有事則可吕建大功惟大將軍開日月之明發深淵之慮監六經之論觀孫吳之策省羣議之是非詳衆士之白黑吕超周南之迹垂甘棠之風令夫功烈施于千載富貴傳于無窮伊望之策何吕加玆。後漢馮衍傳。又見藝文類聚二十五。案章懷注據東觀記謂是說鄧禹之詞非說鮑永今考建武初衍未辟鄧禹府禹亦未至幷州至罷兵來降見鮑之後始詣鄧禹耳此當從范書作說鮑永爲是。

詣鄧禹牋

今日袭與蕢孰急見雨則袭不用上堂則蕢不御此更爲適者也

今敬通逢堂蕢之不遇也。御覽七百六十五。

遺田邑書

蓋聞晉文出奔而子犯宣其忠趙武逢難而程嬰明其賢二子之義當矣今三王背叛赤眉危國天下蟪動社稷顚隕是忠臣立功之日志士馳馬之秋也伯玉擢選剖符專宰大郡夫上黨之地有四塞之固東帶三關西爲國蔽柰何舉之吕資彊敵開天下之匈假仇讐之刃豈不哀哉衍聞之委質爲臣無有二心挈瓶之智守不假器是吕晏嬰臨盟擬吕曲戟不易其辭謝息守郕脅吕晉魯不喪其邑由是言之內無鈎頸之禍外無桃萊之利而被畔人之聲蒙降城之恥竊爲左右羞之且邾庶其竊邑畔君吕要大利曰賤而必書莒牟夷吕土地求食而名不滅是吕大夫動則思禮行則思義未有背此而身名能全者也爲伯玉深計莫若與鮑尚書同情戮力顯忠貞之節立超世之功如吕尊親係累之故能捐位投命歸之尚書大義既全敵人紓怨上不損剖符之責下足救老幼之命申眉高談無愧天下若乃貪上黨之權惜全邦之實衍恐伯玉必懷周趙之憂上黨復有前年之禍昔晏平仲納延陵之誨終免欒高之難孫林父違穆子之戒故陷終身之惡吕爲伯玉聞此至言必若刺心自非嬰城而堅守則策馬而不顧也聖人轉禍而爲福智士因敗吕成勝願自彊于時無與俗同。後漢衍傳。

今吕一節之任建三軍之威豈特寵其八尺之竹氂牛之尾也。御覽二百七十四。

左平山東右匡社稷。文選殷仲文解上書表注。

說鄧禹書

衍聞昔者先王學大道吕觀于政夫爲君而不明于道上無吕承天下無吕化民爲臣而不明于道進無吕事君退無吕修身聖朝天然之資將軍純茂之德誠少游神乎經書之林馳情乎玄妙之

中明照于日月。而智溢于四海。聖朝享堯舜之榮。將軍荷稷契之烈。自然理也。藝文類聚五十五。

夫虎豹愛大林。蛟龍愛大水。御覽八百九十七。

與鄧禹書

衍㠯爲寫神輸意。則聊城之說。碧雞之辨。不足難也。文選劉峻廣絕交論注。

與陰就書

衍聞神龍驤首。幽雲景蒸。明聖修德。志士思名。是㠯意同情合。聲比相應也。伏見君侯忠孝之性。慈仁懇懃。論義周密。思慮深遠。顧㠯微賤。數蒙聖恩。被侯大惠。衍年老被病。恐一旦無祿。命先犬馬。懷抱不報。齎恨入冥。思剖肝膽。有㠯塞責。方今天下安定。四海咸服。蒙恩更生之臣。無所效其死力。側聞東平山陽王壯。當之國。擇除官屬。衍不自量。願侯白㠯衍備門衛。鄙語曰。水不激。不能破舟。矢不激。不能飲羽。不念舊惡。名賢所高。負責之臣。欲言不敢。惟侯哀憐。深留聖心。則闔棺之日。魂復何恨。後漢馮衍傳注引衍集。

又與陰就書

奏曹掾馮衍叩頭死罪。衍材素愚鶩。行義污穢。外無鄉里之譽。內無汗馬之勞。猥蒙明府天覆之德。華寵重疊。閒者掾史疑衍之罪。衆煦飄山。當爲灰土。賴蒙明察。揆其素行。復保首領。倍知厚德。篤于慈父。寖淫肌膚。滲漉骨髓。德重山嶽。澤深河海。前遣妻子還淄縣。遭逢暑雨。㠯七月還至陽武。聞詔捕諸王賓客。惶怖詣闕。冀先事自歸。十一日到。十二日上書。上字本脫。從文選江淹恨賦注補。報歸田里。即日束手詣洛陽詔獄。十五日夜詔書勿問。得出遭雨。又疾大困。冀高世之德。施㠯田子老馬之惠。贈㠯秦穆駿馬之恩。使長有依歸。㠯效忠心。後漢馮衍傳注。

與婦弟任武達書

天地之性。人有喜怒。夫婦之道。義有離合。先聖之禮。士有妻妾。雖宗之眇微。尚欲踰制。年衰歲暮。恨入黃泉。遭遇嫉妒。家道崩壞。五子之母。足尚在門。五年已來。日甚歲劇。㠯白爲黑。㠯非爲是。造作端末。妄生首尾。無罪無辜。讒口嗷嗷。亂匪降天。生自婦人。青蠅之心。不重破國。嫉妒之情。不憚喪身。牝雞之晨。維家之索。古之大患。今始于衍。醉飽過差。輒爲桀紂。房中調戲。布散海外。張目抵掌。㠯有爲無。痛徹蒼天。毒流五臟。愁令人不頓生。忿令人不顧禍。入門著牀。繼嗣不育。紡績織紝。了無女工。家貧無僮。賤爲匹夫。故舊見之。莫不悽愴。曾無憫惜之恩。唯一婢。武達所見。頭無釵澤。面無脂粉。形骸不蔽。手足抱土。不原其窮。不揆其情。跳梁大叫。呼若入冥。販糖之妾。不忍其態。計婦當去久矣。念兒曹小。家無它使。哀憐姜豹。常爲奴婢。惻惻焦心。事事腐腸。訩訩籍籍。不可聽聞。暴虐此婢。不死如髮。半年之閒。膿血橫流。婢病之後。姜竟舂炊。豹又觸冒泥塗。心爲愴然。縑穀放散。冬衣不補。端坐化亂。一縷不貫。既無婦道。

又無母儀。忿見侵犯。恨見狠籍。依倚鄭令。如居天上。持質相劫。詞語百車。劍戟在門。何暇有讓。百弩環舍。何可彊復。舉宗達人解說。詞如循環。口如布穀。縣幡竟天。擊鼓動地。心不爲惡。身不爲搖。宜詳居錯。且自爲計。無㠯上書告訴相恐。狗吠不驚。自信其情。不去此婦。則家不寧。不去此婦。則家不清。不去此婦。則福不生。不去此婦。則事不成。自恨㠯華盛時。不早自定。至于垂白。家貧身賤之日。養癰長疽。自生禍殃。衍㠯室家紛然之故。捐棄衣冠。側身山野。絕交游之路。杜仕宦之門。闔門不出。心專耕耘。㠯求衣食。何敢有功名之路哉。後漢馮衍傳注引衍集。又見藝文類聚三十五。案文選任彥昇爲范尚書讓吏部封侯第一表注引東觀漢記曰。馮敬通廢于家。娶北地任氏女爲妻。忌不得蓄媵妾。兒女常自操井臼。

答任武達書

敢不露陳宿昔之意。文選鮑照白頭吟注。

與宣孟書

居室之義人之大倫思厚歡和之節樂定金石之固又自傷前遭不貞比有去兩婦之名事誠不得不然豈中心之所好哉。後漢馮衍傳注。

書

百齡之期未有能至。文選頭陀寺碑文注。

問交 後漢馮衍傳注。衍集有問交一篇。

德誥

沈情幽思引六經之精微。文選蜀都賦注。

仲尼言語不習則子貢侍。文選顏延之皇太子釋奠會詩注。

愼情 後漢馮衍傳注。衍集有愼情一篇。

刀陽銘

脩爾甲兵用戒不虞見危致命臨事而懼文不可匿武不可黷文武孔純荷天子祿。藝文類聚六十。御覽三百四十六。

刀陰銘

溫溫穆穆配天之威苗裔無疆福報永綏。藝文類聚六十。御覽三百四十六。

杖銘

杖莫如信行莫如仁惠而無實怨及爾身趙武之診子罕之寶。二子之迹蓋近于道。藝文類聚六十九。

車銘

乘車必護輪治國必愛民車無輪安處國無民誰與。藝文類聚七十一。初學記二十五。

席前右銘

脩爾容貌飾爾衣服文之以辭實之以德。初學記二十五。

席後右銘

冠帶之張從容有常威儀之華惟德之英。初學記二十五。

杯銘

樂則思舊燕則思懼民之失德乾餱以愆。藝文類聚七十三。御覽七百五十九。

爵銘

福如江海壽配列眞。文選魏都賦注。景福殿賦注。江賦注。

銘

元正上日百福孔靈。初學記四。

全後漢文卷二十終

全後漢文卷二十一

烏程嚴可均校輯

吳漢

漢字子顏，南陽宛人。莽時爲縣亭長，坐法亡命。更始初，拜安樂令。光武徇河北，拜偏將軍，從平王郎，賜號建策侯，拜大將軍。及卽位，拜大司馬，更封舞陽侯，明年定封廣平侯。建武二十年卒，謚曰忠侯。

奏劾朱祜

秦豐狡猾，連年固守，陛下親踰山川，遠至黎丘，隔日月之信，而豐悖逆，天下所聞，當伏誅滅，㠯謝百姓。祜不卽斬截，㠯示四方，而廢詔命，聽受豐降，無將帥之任，大不敬。（袁宏《後漢紀》四，建武四年）

令軍中

賊衆雖多，皆劫掠羣盜，勝不相讓，敗不相救，非有仗節死義者也。今日封侯之秋，諸君勉之。（《後漢·吳漢傳》：建武三年，與劉永將周建戰不利，椎牛饗士，令軍中。）

說陳康

蓋聞上智不處危㠯僥倖，中智能因危㠯爲功，下愚安于危㠯自亡。危亡之至，在人所由，不可不察。今京師敗亂，四方雲擾，公所聞也。蕭王兵彊士附，河北歸命，公所見也。謝躬內背蕭王，外失衆心，公所知也。今公據孤危之城，待滅亡之禍，義無所立，節無所成，不若開門內軍，轉禍爲福，免下愚之敗，收中智之功，此計之至者也。（《後漢·吳漢傳》：光武因謝躬在外，乃使漢與岑彭襲其城。漢先令辯士說陳康云云，康然之，開門內漢等。）

馮異

異字公孫，潁川父城人。莽時爲郡掾，監五縣。光武爲司隸校尉，署爲主簿，從徇河北，拜偏將軍，封應侯。及爲蕭王，進孟津將軍。建武二年，封陽夏侯，尋拜征西大將軍，領北地、安定太守事，守征虜將軍，行天水太守事。十年卒于軍，謚曰節侯。

上書自陳

臣本諸生，遭遇受命之會，充備行伍，過蒙恩私，位大將，爵通侯，受任方面，㠯立微功，皆自國家謀慮，愚臣無所能及。臣伏自思惟，㠯詔敕戰攻，每輒如意；時㠯私心斷決，未嘗不有悔。國家獨見之明，久而益遠，乃知性與天道不可得而聞也。當兵革始起，擾攘之時，豪傑競逐，迷惑千數。臣㠯遭遇託身聖明，在傾危溷殽之中，尚不敢過差，而況天下平定，上尊下卑，而臣爵位所蒙，巍巍不測乎？誠冀㠯謹敕，遂自終始。見所示臣章，戰慄怖懼。伏念明主知臣愚性，固敢因緣自陳。（《後漢·馮異傳》，又見袁宏《後漢紀》五，有刪節，又有小異。）

遺李軼書

愚聞明鏡所㠯照形，往事所㠯知今。昔微子去殷而入周，項伯畔楚而歸漢，周勃迎代王而黜少帝，霍光尊孝宣而廢昌邑。彼皆畏天知命，重祖宗而憂萬民，覩存亡之符效，見廢興之必然，故能成

功于一時，垂業于萬世也。苟令長安尚可扶助，延期歲月，疏不閒親，遠不踰近，季文豈能居一隅哉？今長安壞亂，赤眉臨郊，王侯搆難，大臣乖離，綱紀已絕，四方分崩，異姓竝起，此劉氏之憂也。是故蕭王跋涉霜雪，躬當矢石，經營河北。方今英俊雲集，百姓風靡，雖邠岐慕周，不足㠯喻。今馬子張皆復親幸，爵位如此；謝躬違戾，伏辜如彼，又明效也。季文誠能覺悟成敗，亟定大計，論功古人，轉禍爲福，在此時矣。如猛將長驅，嚴兵圍城，雖有悔恨，亦無及已。（袁宏《後漢紀》三，又見《後漢·馮異傳》，各有刪節。）

任光

光字伯卿，南陽宛人。莽時爲鄉嗇夫、郡縣吏。漢兵起，爲安集掾，拜偏將軍。更始初，拜信都太守。光武徇河北，㠯爲左大將軍，封武城侯。及卽位，更封阿陵侯。

討王郎檄

大司馬劉公將城頭子路刁子都兵百萬衆從東方來擊諸反虜。（後漢任光傳世祖使光將兵從光乃多作檄文遣騎馳至鉅鹿界中）

任延

延字長孫，南陽宛人，年十二游太學，號聖童，顯關請不就。更始元年，拜會稽都尉，時年十九。建武初，徵爲九眞太守，左轉睢陽令，遷武威太守，左轉召陵令。明帝卽位，拜潁川太守，徵爲河內太守，卒官。

下主簿鍾離意敎

龍丘先生淸過夷齊，志慕原憲。都尉灑埽其門，猶懼辱之，何召之有。（御覽五百二引謝承後漢書龍丘萇吳郡人王莽篡位隱居大山更始時任延年十九爲東都尉折節下士鍾離意爲主簿自請召萇爲門下祭酒延敎）

蓋延

延字巨卿，漁陽要陽人。莽時爲郡掾，歷幽州從事、彭寵爲太守，召署營尉，行護軍。光武徇河北，拜偏將軍，賜號建功侯。及卽位，拜虎牙將軍，更封安平侯，後爲左馮翊。建武十五年卒于官。

上疏辭誡輕敵

臣幸得受干戈，誅逆虜，奉職未稱，久留天誅，常恐汙辱名號，不及等倫。天下平定已後，曾無尺寸可數，不得預竹帛之編。明詔深閔，儆戒備具，每事奉循詔命，必不敢爲國之憂也。（後漢蓋延傳帝以延輕敵深入數以書誡之注引東觀記延上疏辭）

當當作常

邳彤

彤字偉君，信都人。莽時爲和成卒正。光武徇河北，以爲和成太守，拜後大將軍，封武義侯。建武元年，更封靈壽侯，行大司空事，後拜太常，轉少府，免，復爲左曹侍中。

報父弟妻子

事君者不得顧家。彤親屬所以至今得安于信都者，劉公之恩也。公方爭國事，彤不得復念私也。（後漢邳彤傳王郎所置信都王捕繫彤父弟及妻子使爲手書呼彤曰降者封爵不降族滅彤涕泣報）

耿純

純字伯山，鉅鹿宋子人。莽時除納言士。更始初，李軼承制以爲騎都尉。光武徇河北，拜前將軍，封耿鄉侯。及卽位，更封高陽侯，拜東郡太守，坐事免，尋定封東光侯，歷太中大夫，復爲東郡太守。建武十三年卒官，謚曰成侯。

上書自陳

前在東郡，案誅涿郡太守朱英親屬，今國屬涿，誠不自安。（後漢耿純傳注引續漢書）

報眞定王劉揚書

奉使見王侯牧守，不得先詣，如欲面會，宜出傳舍。（後漢耿純傳）

臧宮

宮字君翁，潁川郟人。莽時爲縣亭長，後入下江兵，爲校尉。從光武徇河北，進偏將軍。及卽位，以爲侍中騎都尉。明年，封成安侯，尋拜輔威將軍，更封期思侯。公孫述平，拜廣漢太守，更封酇侯，徵還，定封朗陵侯，拜太中大夫，遷城門校尉，轉左中郎將。永平元年卒，謚曰愍侯。

與馬武上書請滅匈奴

匈奴貪利，無有禮信，窮則稽首，安則侵盜，緣邊被其毒痛，內國憂其抵突。虜今人畜疫死，旱蝗赤地，疫困之力，不當中國一郡。萬里死命，縣在陛下。福不再來，時或易失，豈宜固守文德而墮武事乎。今命將臨塞，厚縣購賞，喩告高句驪、烏桓、鮮卑攻其左，發河西四郡、天水、隴西羌胡擊其右，如此，北虜之滅，不過數年。臣恐陛下仁恩不忍，謀臣狐疑，令萬世刻石之功不立于聖世。（後漢臧宮傳）

董崇

崇扶風茂陵人。莽時與寇恂同師事安丘望之。建武初從恂至河内。

說寇恂

上新卽位。四方未定。而君侯以此時據大郡。内得人心。外破蘇茂。威震鄰敵。功名發聞。此讒人側目怨禍之時也。昔蕭何守關中。悟鮑生之言而高祖悦。今君所將。皆宗族昆弟也。無乃當以前人爲鏡戒。後漢寇恂傳。又見袁宏後漢紀三。有小異。

來歙

歙字君叔。南陽新野人。光武祖姑之子。仕更始爲吏。從入關。以病去。依漢中王劉嘉。及更始敗。來歸。拜太中大夫。遷中郎將。建武十一年。爲公孫述刺客所殺。追贈征羌侯。謚曰節侯。

奏薦馬援

隴西侵殘。非馬援莫能定。後漢馬援傳。

上書言隴右事

隗囂雖死。西州未平。公孫述以隴西天水爲藩蔽。故得延其軀命。如二州既平。則述計窮矣。昔趙以賈人爲將。高祖懸以重賞。今隴右新破。百姓饑饉。可以利動時也。宜益貲軍實。以誘未附。今誠知國用未足。民勞于内。然天下未定。不得休息。袁宏後漢紀六。來歙說上。又見後漢來歙傳。歙因上書。無首二語。文亦小異。

公孫述以隴西天水爲藩蔽。故得延命假息。今二郡平蕩。則述智計窮矣。宜益選兵馬。儲積資糧。昔趙之將帥多賈人。高帝懸之以重賞。今西州新破。兵人疲饉。若招以財穀。則其衆可集。臣知國家所給非一。用度不足。然有不得已也。後漢來歙傳。

被刺自書遺表

臣夜人定後。爲何人所賊傷。中臣要害。臣不敢自惜。誠恨奉職不稱。以爲朝廷羞。夫理國以得賢爲本。太中大夫段襄。骨鯁可任。願陛下裁察。又臣兄弟不肖。終恐被罪。陛下哀憐。數賜教督。後漢來歙傳。

來歷

歷字伯珍。歙曾孫。襲爵征羌侯。永元中爲侍中。監羽林右騎。永初中遷射聲校尉。永寧時爲執金吾。延光中遷太僕。以諫廢太子免。安帝崩。起爲將作大匠。順帝卽位。遷衞尉。拜車騎將軍。後爲大鴻臚。

廢太子議

經說年未滿十五。過惡不在其身。且男吉之謀。皇太子容有不知。宜選忠良保傅。輔以禮義。廢置事重。此誠聖恩所宜宿留。後漢來歷傳。

朱祐

祐字仲先。南陽宛人。更始初。齊武王以爲大司徒護軍。復爲光武大司馬護軍。進偏將軍。封安陽侯。建武初。拜建義大將軍。更封堵陽侯。後封鬲侯。

奏改諸王爲公

古者人臣受封。不加王爵。可改諸王爲公。後漢朱祐傳。

奏三公去大

宜令三公竝去大名。以法經典。同上。

耿弇

弇字伯昭。扶風茂陵人。光武徇河北。以爲門下史。進偏將軍。及爲蕭王。拜大將軍。建武初。拜建威大將軍。封好時侯。永平元年卒。謚曰愍侯。

上疏請徵

大兵未會。臣不能獨進。且臣家屬皆在上谷。京師無骨肉之親。願得還洛陽。袁宏後漢紀四。

上書言討張步事狀

臣據臨淄。深塹高壘。張步從劇縣來攻。疲勞飢渴。欲進誘而攻之。

欲去。隨而擊之。臣依營而戰。精銳百倍。以逸待勞。以實擊虛。旬日之閒。步首可獲。（後漢耿弇傳注引袁崧書。）

耿舒

舒、弇弟。光武徇河北。以爲復胡將軍。建武中進中郎將。

與兄弇書

前舒上書當先擊充。糧雖難運。而兵馬得用。軍人數萬。爭欲先奮。今壺頭竟不得進。大衆怫鬱行死。誠可痛惜。前到臨鄉。賊無故自致。若夜擊之。卽可殄滅。伏波類西域賈胡。到一處輒止。以是失利。今果疾疫。皆如舒言。（後漢馬援傳。）

耿國

國字叔慮。（一作叔憲。）弇第三弟。建武中爲黃門侍郎。遷射聲校尉。拜駙馬都尉。歷頓丘、陽翟、上蔡令。徵爲五官中郎將。二十七年代馮勤爲大司馬。

南匈奴稱藩議

臣以爲宜如孝宣故事。受之。令東扞鮮卑。北拒匈奴。率厲四夷。完復邊郡。使塞下無晏閉之警。萬世有安寧之策也。（後漢耿弇附傳。）

耿秉

秉字伯初。國子。以父任爲郎。永平中。歷謁者僕射駙馬都尉。章帝卽位。拜征西將軍。遷度遼將軍。徵爲執金吾。章和中復拜征西將軍。封美陽侯。永元二年代桓虞爲光祿勳。明年卒。謚曰桓侯。

上書言匈奴事

中國虛費。邊陲不寧。其患專在匈奴。以戰去戰。可也。故君不可以怒而興師。將不可以慍而合戰。鼓之以仁義。爲國之寶矣。（袁宏後漢紀十。）

上言宜許南單于出兵

昔武帝單極天下。欲臣虜匈奴。未遇天時。事遂無成。宣帝之世。會

呼韓來降。故邊人獲安。中外爲一。生人休息六十餘年。及王莽篡位。變更其號。耗擾不止。單于乃畔。光武受命。復懷納之。緣邊壞郡。得以還復。烏桓鮮卑。咸脅歸義。威鎮四夷。其效如此。今幸遭天授。北虜分爭。以夷伐夷。國家之利。宜可聽許。（後漢南匈奴傳。）

兵事議

孝武時始事匈奴。匈奴援引弓之類。幷左衽之屬。故不可得而制也。漢既得河西四郡。及居延朔方。徙民以充之。根據未堅。匈奴猶出爲寇。其後羌胡分離。四郡堅固。居延朔方。不可傾拔。虜遂失其肥饒畜兵之地。惟有西域。俄復內屬。呼韓邪單于請款塞。是故其勢易乘也。今有南單于。形勢相佀。然西域尚未內屬。北虜未有舋作。臣愚以爲當先擊白山。得伊吾。破車師。通使烏孫諸國。以斷其右臂。未可先擊匈奴也。伊吾亦有匈奴南呼衍一部。破此。復爲折其左角。觀往者漢兵出。匈奴輒爲亂。五單于爭來。必不以五將出之故也。今可先擊白山。以觀其變。擊匈奴未晚也。（袁宏後漢紀十。）

耿恭

恭字伯宗。弇第四弟廣之子。秉從兄。永平末爲劉張騎都尉司馬。拜戊校尉。屯金蒲城。爲匈奴所攻。會明帝崩。救不至。車師復叛。拒守踰年。建初初迎歸。拜騎都尉。遷長水校尉。後以征羌事忤馬防。徵下獄免。

上言鎮撫西羌事

故安豐侯竇融。昔在西州。甚得羌胡腹心。今大鴻臚固。卽其子孫。前擊白山。功冠三軍。宜奉大使。鎮撫涼部。令車騎將軍防屯軍漢陽。以爲威重。（後漢耿弇附傳。初恭出隴西上言。）

朱浮

浮字叔元。沛國蕭人。初從光武爲大司馬主簿。遷偏將軍。從破邯鄲。拜大將軍幽州牧。建武二年封武陽侯。爲彭寵所攻。逃歸

拜執金吾徙封父城侯還太僕二十年代竇融爲大司空後坐事免徙封新息侯永平中賜死

上疏乞援師

昔楚宋列國俱爲諸侯莊王㠯宋執其使遂有投袂之師魏公子顧朋友之要觸冒強秦之鋒夫楚魏非有分職匡正之大義也莊王但爲爭強而發忿公子㠯一言而立信耳今彭寵反叛張豐逆節㠯爲陛下必棄捐它事㠯時滅之既歷時月寂漠無音從圍城而不救放逆虜而不討臣誠惑之昔高祖聖武天下既定猶身自征伐未嘗寍居陛下雖興大業海內未集而獨逸豫不顧北垂百姓遑遑無所繫心三河冀州曷足㠯傳後哉今秋稼已熟復爲漁陽所掠張豐狂悖姦黨日增連年拒守吏士疲勞甲冑生蟣蝨弓弩不得弛上下燋心相望救護仰希陛下生活之恩後漢朱浮傳

因日食上疏言牧守換易宜簡

臣聞日者衆陽之所宗君上之位也凡居官治民據郡典縣皆爲陽爲上爲尊爲長若陽上不明尊長不足則干動三光垂示王者五典紀國家之政鴻範別災異之文皆宣明天道㠯徵來事者也陛下哀愍海內新離禍毒保宥生人使得蘇息而今牧人之吏多未稱職小違理實輒見斥罷豈不粲然黑白分明哉然㠯堯舜之盛猶加三考大漢之興亦累功效吏皆積久養老于官至名子孫因爲姓氏當時吏職何能悉理論議之徒豈不諠譁蓋㠯爲天地之功不可倉卒艱難之業當累日月而閒者守宰數見換易迎新相代疲勞道路尋其視事日淺未足昭見其職既加嚴切人不自保各相顧望無自安之心有司或因睚眦㠯騁私怨苟求長短求媚上意二千石及長吏迫于舉劾懼于刺譏故爭飾詐僞㠯希虛譽斯皆羣陽騷動日月失行之應夫物暴長者必夭折功卒成者必亟壞如摧長久之業而造速成之功非陛下之福也天下非一時之用也海內非一旦之功也願陛下遊意于經年之外望化于一世之後天下幸甚後漢朱浮傳

上疏言州牧劾奏宜下三府覆案

陛下清明履約率禮無違自宗室諸王外家后親皆奉遵繩墨無黨勢之名至或乘牛車齊于編人斯固法令整齊下無作威者也求之于事宜㠯和平而災異猶見者而豈徒然天道信誠不可不察竊見陛下疾往者上威不行下專國命即位㠯來不用舊典信刺舉之官黜鼎輔之任至于有所劾奏便加免退覆案不關三府罪譴不蒙澄察陛下㠯使者爲腹心而使者㠯從事爲耳目是爲尚書之平決于百石之吏故羣下苛刻各自爲能兼㠯私情容長憎愛在職皆競張空虛㠯要時利故有罪者心不厭服無咎者坐被空文不可經盛衰貽後王也夫事積久則吏自重吏安則人自靜傳曰五年再閏天道乃備夫㠯天地之靈猶五載㠯成其化況人道哉臣浮愚戇不勝惓惓願陛下留心千里之任省察偏言之奏後漢朱浮傳

上書請廣選博士

夫太學者禮義之宮教化所由興也陛下尊敬先聖垂意古典宮室未飾干戈未休而先建太學造立横舍比日車駕親臨觀饗將㠯弘時雍之化顯勉進之功也尋博士之官爲天下宗師使孔聖之言傳而不絶舊事策試博士必廣求詳選爰自畿夏延及四方是㠯博舉明經唯賢是登學者精勵遠近同慕伏聞詔書更試五人唯取見在洛陽城者臣恐自今㠯往將有所失求之密邇容或未盡而四方之學無所勸樂凡試策之本貴得其眞非有期會不及遠方也又諸所徵試皆私自發遣非有傷費煩擾于事也語曰中國失禮求之于野臣浮幸得與講圖讖故敢越職後漢朱浮傳

上言織綬成

詔書曰。百官皆帶王莽時綬。又不齊。因前袁安故綬工李涉等六家所織綬。不能具丙丁文。能如組狀。募能爲丙丁文。謹圖一綬丙丁制度。賜縑五十匹。今王莽時六安都尉留䧙募能爲丙丁文。謹處武庫。給食留晝夜思念。諷誦狂癡三十日。病愈。今又㠯成。請賜縑五十匹。（御覽六百八十二引博物志。）

奏更乘輿綬

車府丞橫受詔。乘輿綬五采。何黃多也。可更用赤絲爲地。（初學記二十六引漢名臣奏。）

與彭寵書

蓋聞知者順時而謀。愚者逆理而動。常竊悲京城太叔㠯不知足而無賢輔。卒自棄于鄭也。伯通㠯名字典郡。有佐命之功。臨人親職。愛惜倉庫。而浮秉征伐之任。欲權時救急。二者皆爲國耳。即疑浮相譖。何不詣闕自陳。而爲族滅之計乎。朝廷之于伯通。恩亦厚矣。委㠯大郡。任㠯威武。事有柱石之寄。情同子孫之親。匹夫媵母。尚能致命一餐。豈有身帶三綬。職典大邦。而不顧恩義。生心外畔者乎。伯通與吏民語。何㠯爲顏。行步拜起。何㠯爲容。坐臥念之。何㠯爲心。引鏡窺影。何㠯施眉目。舉措建功。何㠯爲人。惜乎棄休令之嘉名。造鴟梟之逆謀。捐傳世之慶祚。招破敗之重災。高論堯舜之道。不忍桀紂之性。生爲世笑。死爲愚鬼。不亦哀乎。伯通與耿俠遊俱起佐命。同被國恩。俠遊謙讓。屢有降挹之言。而伯通自伐。㠯爲功高天下。往時遼東有豕。生子白頭。異而獻之。行至河東。見羣豕皆白。懷慚而還。若㠯子之功。論于朝廷。則爲遼東豕也。今乃愚妄。自比六國。六國之時。其勢各盛。廓土數千里。勝兵將百萬。故能據國相持。多歷年世。今天下幾里。列郡幾城。奈何㠯區區漁陽。而結怨天子。此猶河濱之人。捧土㠯塞孟津。多見其不知量也。方今天下適定。海內願安。士無賢不肖。皆樂立名于世。而伯通獨中風狂走。自捐盛時。內聽驕婦之失計。外信讒邪之諛言。長爲羣后惡法。永爲功臣鑒戒。豈不誤哉。定海內者無私讐。勿㠯前事自誤。願留意顧老母幼弟。凡舉事。無爲親厚者所痛。而爲見讐者所快。（後漢朱浮傳。又見藝文類聚二十五。）

子密

子密姓氏未詳。爲彭寵蒼頭。建武五年。斬寵頭詣闕。封不義侯。

使彭寵作記告城門將軍

今遣子密等至子后蘭卿所。速開門出。勿稽留之。（後漢書彭寵傳。寵與朱浮不相能。帝遣寵從弟子后蘭卿諭之。寵留子后蘭卿。遂發兵反。自立爲燕王。齋獨在便室。蒼頭子密等因寵臥。縛著牀。呼其妻解寵手。令作記書成。即斬寵頭。置囊中。持記馳出城詣闕。又見御覽五百引東觀漢記。）

全後漢文卷二十一終

全後漢文卷二十二　　烏程嚴可均校輯

鄭興

興字少贛河南開封人更始初爲丞相長史拜諫議大夫奉使安集關西及朔方涼益二州還拜涼州刺史坐事免避亂隴西依隗囂建武六年東歸徵拜太中大夫監岑彭傳俊軍及公孫述死留屯成都坐事左轉蓮勺令免客閿鄉三公累辟不就

說更始西都長安

陛下起自荊楚權政未施一朝建號而山西雄桀爭誅王莽開關郊迎者何也此天下同苦王氏虐政而思高祖之舊德也今久不撫之臣恐百姓離心盜賊復起矣春秋書齊小白入齊不稱侯未朝廟故也今議者欲先定赤眉而後入關是不識其本而爭其末恐國家之守轉在函谷雖臥洛陽庸得安枕乎 後漢鄭興傳

說隗囂不稱王

春秋傳云口不道忠信之言爲嚚耳不聽五聲之和爲聾間者諸將集會無乃不道忠信之言大將軍之聽無乃阿而不察乎昔文王承積德之緒加之㠯睿聖三分天下尚服事殷及武王即位八百諸侯不謀同會皆曰紂可伐矣武王㠯未知天命還兵待時高祖征伐累年猶㠯沛公行師今令德雖明世無宗周之祚威略雖振未有高祖之功而欲舉未可之事昭速禍患無乃不可乎惟將軍察之 後漢鄭興傳

日食上疏

春秋㠯天反時爲災地反物爲妖人反德爲亂亂則妖災生往年㠯來謫咎連見意者執事頗有闕焉案春秋昭公十七年夏六月甲戌朔日有食之傳曰日過分而未至三辰有災于是官降物君不舉避移時樂用鼓祝用幣史用辭今孟夏純乾用事陰氣未作其災尤重夫國無善政則謫見日月變咎之來不可不慎其要在因人之心擇人處位也堯知鯀不可用而用之者屈己之明因人之心也齊桓反政而相管仲晉文歸國而任郤縠者是不私其私擇人處位也今公卿大夫多舉漁陽太守郭伋可大司空者而不㠯時定道路流言咸曰朝廷欲用功臣功臣用則人位謬矣願陛下上師唐虞下覽齊晉㠯成屈己從衆之德㠯濟羣臣讓善之功夫日月交會數應在朔而頃年日食每多在晦先時而合皆月行疾也日君象而月臣象君亢急則臣下促迫故行疾也今年正月繁霜自爾㠯來率多寒日此亦急咎之罰天于賢聖之君猶慈父之于孝子也丁寍申戒欲其反政故災變仍見此乃國之福也今陛下高明而羣臣惶促宜留思柔剋之政垂意洪範之法博採廣謀納羣下之策 後漢鄭興傳

臣聞國無政不用善則取謫于日月之災故政不可不慎也其道

務三而已一曰擇人二曰因民三曰從時此應變之要也昔在帝堯洪水滔天帝求俾乂嶽曰鯀哉帝知鯀不可然猶屈己之是從嶽之非重違衆也昔齊桓公避亂于莒鮑叔從焉既反國鮑叔舉管仲桓公從之遂立九合之功晉文公奔翟從者五人既得晉國將謀元帥趙衰㠯郤縠爲閱禮樂敦詩書使將中軍而五子下之故能伏彊楚于城濮納天子于王城今衮職有闕朝論輒議功臣功臣用則鮑趙之舉息矣願陛下上師陶唐下覽齊晉㠯成屈己從衆之德㠯濟羣臣舉善之美臣聞上竭聰明則下懼其罪故日者君象也月者臣象也君威亢急則臣道迫促願陛下留神寬恕㠯崇柔克之德 袁宏後漢紀六案此與本傳各有删節

鄭衆

衆字仲師興子永平初辟司空府㠯明經給事中遷越騎司馬㠯辭使匈奴繫廷尉會赦召爲軍司馬拜護西域中郎將遷武

咸太守歷左馮翊建初六年代鄧彪爲大司農八年卒官有春秋左氏傳條例九卷孝經注二卷

上疏請爵耿恭

耿恭目單兵固守孤城當匈奴之衝對數萬之衆連月踰年心力困盡鑿山爲井煮弩爲糧出于萬死無一生之望前後殺傷醜虜數千百計卒全忠勇不爲大漢恥恭之節義古今未有宜蒙顯爵目厲將帥（後漢耿恭傳）

上疏諫遣使報單于

臣伏料北單于所欲致漢使者欲目離南單于令西域諸國耳故汲汲目致漢使使既到偃蹇自若臣愚目爲于今宜且勿答南單于本來歸義者望呼韓邪之助故歸心不二烏桓慕化并力保蕃今鬬北單于不屈漢復通使不止恐南單于必懷疑而烏桓亦有二心單于久居漢地具知形勢萬分離析規爲邊害其憂不輕今幸有渡遼之衆揚威北垂雖勿答不敢爲害（袁宏後漢紀七）

渡當作度

足當作促

臣伏聞北單于所目要致漢使者欲目離南單于之衆堅三十六國之心也又當揚漢和親誇示鄰敵令西域欲歸化者局足狐疑懷土之人絕望中國耳漢使既到便偃蹇自信若復遣之虜必自謂得謀其羣臣駮議者不敢復言如是南庭動搖烏桓有離心矣南單于久居漢地具知形勢萬分離析旋爲邊害今幸有度遼之衆揚威北垂雖勿報答不敢爲患（後漢鄭興附傳）

上言辭使匈奴

臣前奉使不爲匈奴拜單于恚恨故遣兵圍臣今復銜命必見陵折臣誠不忍持大漢節對氈裘獨拜如令匈奴遂能服臣將有損大漢之彊（後漢鄭衆傳又見袁宏後漢紀九有小異）

婚禮（案晉書禮志下宋書禮志一竝云古者冠婚皆有醮鄭氏醮文三首具存此卽三首之一）

後漢鄭衆百官六禮辭大略同于周制而納采女家答辭末云

奉酒肉若干再拜反命其所稱前人不云吾子皆云君六禮文皆封之先目紙封表又加目皁囊著篋中又目皁衣篋表訖目大囊表之題檢文言謁表某君門下其禮物凡三十種各有謁文外有贊文各一首封如禮文篋表訖蠟封題用皁帔蓋于箱中無囊表便題檢文言謁篋某君門下便書贊文通共在檢上（通典五十八案此納文）

禮物案目玄纁羊雁清酒白酒粳米稷米蒲葦卷柏嘉禾長命縷膠漆五色絲合歡鈴九子墨金錢祿得香草鳳皇舍利獸鴛鴦受福獸魚鹿烏九子婦陽燧總言物之所象者玄象天纁法地羊者祥也羣而不黨雁則隨陽清酒降福白酒歡之由粳米養食稷米粢盛蒲衆多性柔葦柔之久卷柏屈卷附生嘉禾須祿長命縷縫衣延壽膠能合異類漆內外光好五色絲章采屈伸不窮合歡鈴音聲和諧九子墨長生子孫金錢和明不止祿得香草爲吉祥鳳凰雌雄伉合儷舍利獸廉而謙鴛鴦飛止須匹鳴則相和受福獸體恭心慈魚處淵無射鹿者祿也烏知反哺孝于父母九子婦有四德陽燧成明安身又有丹爲五色之榮靑爲色首東方始（通典五十八案此卽謁文之約文通典五十八王彪之上書引鄭氏婚物贊曰羊者祥也蓋禮物三十種各有謁有贊各題在檢上）

婚禮謁文

言當作吉

納采始相與言語采擇可否之時問名謂問女名將歸卜之也納言謂歸卜吉往告之也納徵用束帛徵成也請期請吉日將迎親謂成禮也（藝文類聚四十）

婚禮謁文贊

雁候陰陽待時乃舉冬南夏北貴有其所（藝文類聚九十一）

秔米馥芬婚禮之珍（藝文類聚八十五）

稷爲天官（御覽八百四十）

卷柏藥草附生山顚屈卷成性終無自伸。御覽九百八十九。

嘉禾爲穀班祿是宜吐秀五七乃名爲嘉。初學記二十七。

長命之縷女工所爲。御覽八百三十。

九子之墨藏于松煙本性長生子孫圖邊。初學記二十一。御覽六百二。

金錢爲質所歷長久金取和明錢用不止。御覽八百三十六。

舍利爲獸廉而能謙禮義乃食口無譏謟。御覽九百十三。

鴛鴦鳥　雌雄相類飛止相匹。藝文類聚九十二。

女貞之樹柯葉冬生寒凉守節險不能傾。藝文類聚八十九。案自玄纁至陽燧僅二十九種而無女貞豈通典所載禮物三十種脫此一種邪抑女貞即九子婦邪當攷。

趙熹

熹字伯陽南陽宛人更始初徵爲郎中行偏將軍事㠯破王尋王邑功拜中郎將封勇功侯建武初拜簡陽侯相遷平原太守後徵爲太僕拜太尉賜爵關內侯明帝初封節鄉侯尋坐事免起爲衛尉行太尉事章帝初進太傅錄尚書事建初五年卒年八十四

上言宜封禪

自古帝王每世之隆未嘗不封禪陛下聖德洋溢順天行誅撥亂中興作民父母修復宗廟救萬姓命黎庶賴福海內淸平功成治定羣司禮官咸㠯爲宜登封告成爲民報德百王所同當仁不讓宜登封岱宗正三雍之禮㠯明靈契望秩羣神㠯承天心也。續漢祭祀志上注補引東觀書太尉趙熹上言。

奏上明帝尊號

禮祖有功宗有德孝明皇帝功德茂盛宜上尊號曰顯宗四時祫食于世祖廟如孝文皇帝在高廟之禮奏武德文始五行之舞。續漢祭祀志下注補引東觀書章帝初即位太尉熹等奏。

梁統

誅當作殊殊下脫死字

防當作妨

統字仲寧安定烏氏人初仕州郡更始時召補中郎將使安集凉州拜酒泉太守後爲武威太守建武五年與竇融遣使歸誠加宣德將軍及隗囂敗封成義侯隴蜀平入朝㠯列侯奉朝請更封高山侯拜太中大夫後出爲九江太守定封陵鄉侯。

刑罰務中疏

臣竊見元帝初元五年輕殊刑三十四事哀帝建平元年盡四年輕誅死者刑八十一事其四十二事手殺人者皆減死罪一等著爲常法自是㠯後人輕犯法吏易殺人吏民俱失至于不羈臣愚㠯爲刑罰不苟務輕務其中也君人之道仁義爲主仁者愛人義者政理愛人㠯除殘爲務政理㠯去亂爲心是㠯五帝有流殛放殺之誅三王有大辟刻肌之刑所㠯爲除殘去亂也故孔子稱仁者必有勇又曰理財正辭禁民爲非曰義高帝受命誅暴平蕩天下制約令定法律傳之後世誠得其宜可常施行文帝寬惠溫克

遭世康平因時施恩省去肉刑除相坐之法他皆率由舊章天下幾致升平武帝値中國隆盛財力有餘出兵命將征伐遠方軍役數興百姓罷弊豪傑犯禁姦吏弄法故設首匿之科著知從之律㠯破朋黨㠯懲隱匿宣帝聰明正直履道握要㠯總御海內臣下奉憲不失繩墨因循先典天下稱理元帝法律少所改更天下稱安至孝成孝哀承平繼體即位日淺聽斷尚寡丞相王嘉等輕爲穿鑿很㠯數年之間虧除先帝舊約成律凡百有餘事或不便于理或不厭民心臣謹表取其尤防政體害善良者傳奏如左伏惟陛下苞五常履九德權時撥亂功逾文武德侔高皇誠宜博施濟時而反因循季世之末節衰微之軌迹誠非所㠯還初反本據元更始也願陛下回神明察考量得失宜詔有司悉舉初元建平之所穿鑿考其輕重察其化俗足㠯知政教所處擇其善者而從之其不善者而改之定不易之典施無窮之法天下幸甚。後漢梁統傳晉書刑

法志通典一百六十三又袁宏後漢紀六與此小異

復上言

有司吕臣今所言不可施行尋臣之所奏非曰嚴刑竊謂高帝吕後至乎孝宣其所施行多合經傳宜比方今事驗之往古聿遵前典事無難改不勝至願願得召見若對尚書近臣口陳其狀（後漢梁統傳又見晉書刑法志）

對尚書問狀

聞聖帝明王制立刑罰故雖堯舜之盛猶誅四凶經曰天討有罪五刑五庸哉又曰爰制百姓于刑之衷孔子曰刑罰不衷則人無所厝手足衷之爲言不輕不重之謂也春秋之誅不避親戚所吕防患救亂坐安衆庶豈無仁愛之恩貴絕殘賊之路也自高祖之興至于孝宣君明臣忠謀謨深博猶因循舊章不輕改革海內稱理斷獄益少至初元建平所減刑罰百有餘條而盜賊浸多歲吕萬數閒者三輔從橫羣輩竝起至燔燒茂陵火見未央其後隴西北地西河之賊越州度郡萬里交結攻取庫兵劫略吏人詔書討捕連年不獲是時吕天下無難百姓安平而狂狡之勢猶至于此皆刑罰不衷愚人易犯之所致也由此觀之則刑輕之作反生大患惠加姦軌而害及良善也故臣統願陛下采擇賢臣孔光師丹等議（後漢梁統傳議上遂寢不報）

與杜林書

君非隗囂不降志辱身至簪蒿席草不食其粟（文選任昉劉先生夫人墓誌注引東觀漢記）

梁松

松字伯孫統子少爲郎尚光武女舞陰長公主襲封陵鄉侯再遷虎賁中郎將永平初遷太僕坐罪免尋下獄死

上疏爭封石

登封之禮告功皇天垂後無窮吕爲萬民也承天之敬尤宜章明奉圖書之瑞尤宜顯著今因舊封竄寄玉牒故石下恐非重命之義受命中興宜當特異吕明天意（續漢祭祀志上上吕用石功難就欲及二月封故詔松欲因故封石空檢更加封而已松上疏爭之吕爲云云又見通典五十四）

祭泰山議

記曰齊將有事泰山先有事配林蓋諸侯之禮也河嶽視公侯王者祭焉宜無即事之漸不祭配林（續漢祭祀志上）

梁竦

竦字叔敬松弟坐松事徙九眞後聽還本郡章帝納其女爲貴人生和帝建初八年爲竇氏所陷死獄中永元九年事白追封襃親侯謚曰愍侯

悼騷賦

彼仲尼之佐魯兮先嚴斷而後弘衍雖離讒吕嗚邑兮卒暴誅于兩觀殷伊周之協德兮暨太甲而俱寍豈齊量其幾微兮徒信巳吕榮名雖吞刀吕奉命兮抉目眦于門閭吳荒萌其巳殖兮可信顏于王廬圖往鏡來兮關北在篇君名既泯沒兮後辟亦然屈平濯德兮絜顯芬香句踐罪種兮越嗣不長重耳忽推兮六卿卒彊趙隕鳴犢兮秦人入疆樂毅奔趙兮燕亦是喪武安賜命兮昭吕不王蒙宗不幸兮長平顛荒范父乞身兮楚項不昌何爾生不先後兮惟洪勳吕遐邁服荔裳如朱紱兮騁鸞路于犇瀨歷蒼梧之崇丘兮宗虞氏之俊乂臨衆瀆之神林兮東敕職于蓬碣祖聖道而垂典兮襃忠孝吕爲珍既匡救而不得兮必殞命而後仁惟賈傅其違指兮何楊生之欺眞彼皇麟之高舉兮熙太清之悠悠臨岷川吕愴恨兮指丹海吕爲期（後漢梁竦傳注引東觀記）

梁扈

扈松子永元中爲黃門侍郎歷位卿校尉永初中爲長樂少府

遣從兄禮奏記三府

春秋之義，母以子貴。漢家舊典，崇貴母氏。今梁貴人親育聖躬，而不蒙尊號，求得申議。（袁宏後漢紀十四，後漢梁松傳）

梁商

商字伯夏，竦孫。少以外戚拜郎中，遷黃門侍郎。永建初，襲父雍爵乘氏侯，遷侍中屯騎校尉。陽嘉初，以后父加位特進，拜執金吾，尋拜大將軍。永和六年卒，謚曰忠侯。

招降匈奴表

匈奴寇畔，自知罪極，窮鳥困獸，皆知救死，況種類繁熾，不可單盡。今轉運日增，三軍疲苦，虛內給外，非中國之利。竊見度遼將軍馬續素有謀謨，且典邊日久，深曉兵要，每得續書，與臣策合。宜令續深溝高壁，以恩信招降，宣示購賞，明其期約，如此則醜類可服，國家無事矣。（後漢南匈奴傳）

上書辭增國土（陽嘉元年）

祿命過厚，受祖考多福，又託日月末光，以斗筲之材，乘君子之器，懼有負乘之累，不守歷世之榮，誠不如舊制，與左賢同科。（袁宏後漢紀十八。陽嘉元年）

上書讓屯騎校尉（永和三年）

臣託椒房，被蒙榮寵，兼官二職，非材可堪，受寵戰慄，驚懼惶感，不遑寧處，披露赤誠，敢遂狂狷，謹上屯騎校尉印綬。（袁宏後漢紀十八）

上書辭少子不疑為步兵校尉（永和四年）

不疑童孺，猥處成人之位，是以寢不安席，食不甘味。昔者晏平仲辭邶殿，以守其富，公儀休不愛魚食，以定其位。臣雖不才，亦願固福祿于聖世，故敢布腹心，觸罪歸誠。（袁宏後漢紀十九）

上書

猥復超超宿德（文選應璩與曹長思書注引東觀漢記）

可當作所

止逮捕張逵獄疏（永和四年袁宏紀作表）

春秋之義，功在元帥，罪止首惡，故賞不僭溢，刑不淫濫，五帝三王所以同致康乂也。竊聞考故中常侍張逵等，辭語多所牽及，大獄一起，無辜者眾，死囚久繫，纖微成大，非所以順迎和氣，平政成化也。宜早訖竟，以止逮捕之煩。（後漢梁商傳，又略見袁宏後漢紀十九）

移書馬續等

中國安寧，忘戰日久，良騎野合，交鋒接矢，決勝當時，戎狄之所長，而中國之所短也。彊弩乘城，堅營固守，以待其衰，中國之所長，而戎狄之所短也。宜務先所長，以觀其變，設購開賞，宣示反悔，勿貪小功，以亂大謀。（後漢南匈奴傳）

病篤敕子冀等

吾以不德，享受多福，生無以輔益朝廷，死必耗費帑藏，衣衾飯唅玉匣珠貝之屬，何益朽骨。百僚勞擾，紛華道路，祇增塵垢，雖云禮制，亦有權時。（袁宏紀作但增塵垢，我生平所不願，雖有聖人之制，亦有權時之宜）方今邊境不寧，盜賊未息，（袁宏紀此下有朝廷用度，常若不足）豈宜重為國損。氣絕之後，載至冢舍，即時殯斂，斂以時服，皆以故衣，無更裁制。殯已開冢，冢開即葬，祭食如存，無用三牲。孝子善述父志，不宜違我言也。（後漢梁商傳，又見袁宏後漢紀十九。篇末作上無損于國，下從吾本意。孝子善述人之志，忠臣每事依先公，必從吾言，使魂神有知，無恨于黃泉）

梁冀

冀字伯卓，商子。初為黃門侍郎，轉侍中虎賁中郎將，越騎步兵校尉，執金吾。永和初，拜河南尹。六年，襲封乘氏侯，拜大將軍。及順帝崩，擅權歷沖帝、質帝，尋行弒立事。延熹二年，收徙封比景鄉侯，自殺。

上書讓步兵校尉

列校之職，上應天工，下厭羣望，實非愚臣所宜。（北堂書鈔六十一引東觀漢記）

報朱穆書

如此僕亦無一可邪。後漢書朱穆傳。

全後漢文卷二十二終

全後漢文卷二十三

烏程嚴可均校輯

田邑

邑字伯玉馮翊蓮勺人更始時爲上黨太守建武初遣使歸誠即拜上黨太守後爲漁陽太守未到官道病徵還爲諫議大夫病卒

報馮衍書

僕雖駑怯亦欲爲人者也豈苟貪生而畏死哉曲戟在頸不易其心誠僕志也間者老母諸弟見執于軍而邑安然不顧者豈非重其節乎若使人居天地壽如金石要長生而避死可也今百齡之期未有能至老壯之間相去幾何誠使故朝尚在忠義可立雖老親受戮妻兒橫分邑之願也間者上黨黠賊大衆圍城義兵兩輩入據井陘邑親潰敵圍拒擊宗正自試智勇非不能當誠知故朝爲兵所害新帝司徒已定三輔隴西北地從風響應其事昭昭日月經天河海帶地不足㠯比死生有命富貴在天天下存亡誠云命也邑雖沒身能如命何夫人道之本有恩有義義有所宜恩有所施君臣大義母子至恩今故主已亡義其誰爲老母拘執恩所當留而厲㠯貪權誘㠯策馬抑其利心必其不顧何其愚乎邑年三十歷位卿士性少嗜慾情厭事爲況今位尊身危財多命殆鄙人知之何疑君子君長敬通揭節垂組自相署立蓋仲由使門人爲臣而孔子譏其欺天君長據位兩州加㠯一郡而河東畔國兵不入彘上黨見圍不窺太谷宗正臨境莫之能援兵威屈辱國權日損三王背畔赤眉害主未見兼行倍道之赴昔墨翟累繭救宋申包胥重胝存楚衞女馳歸唁兄之志主亡一歲莫知定所虛冀妄言苟肆鄙塞未能事生安能事死未知爲臣焉知爲主豈厭爲臣子思爲君父乎欲搖泰山而蕩北海事敗身危要思邑言後漢馮衍傳

勸鮑永書

愚聞丈夫不釋故而改圖哲士不徼幸而出危今君長故主敗不能死新帝立不肯降擁衆而據壁欲襲六國之從與邑同事一朝內爲刎頸之盟興兵背畔攻取涅城破君長之國壞父母之鄉首難結怨輕弄凶器人心難知何意君長當爲此計昔者韓信將兵無敵天下功不世出略不再見威執項羽名出高帝不知天時就烹于漢知伯分國既有三晉欲大無已身死地分頭爲飲器君長銜命出征擁帶徒士上黨阸不能救河東畔不能取朝有顛沛之憂國有分崩之禍上無仇牧之節下無不占之志天之所壞人不能支君長將兵不與韓信同日而論威行得衆不及智伯萬分之半不見天時不知厭足欲明人臣之義當先知故主之未然欲貪天下之利宜及新主之未爲今故主已敗新主既成四海爲羅網天下爲敵人舉足遇害動搖觸患履深淵之薄冰不爲號涉千鈞之發機不知懼何如其知也絕鮑氏之姓廢子都之業誦堯之言服桀之行悲夫命也張舒內行邪辟不遵孝友疏其父族外附妻黨已收三族將行其法能逃不自詣者舒也能夷舒宗者予也後漢馮衍傳注引東觀記

王元

元字惠孟杜陵人一云長陵人隗囂起兵㠯爲大將軍囂死擁立隗純純降仕公孫述爲將軍建武十一年來降拜上蔡令遷東平相坐墾田不實下獄死

說隗囂

昔更始西都四方響應天下喁喁謂之太平一旦敗壞大王幾無所厝今南有子陽北有文伯江湖海岱王公十數而欲牽儒生之說棄千乘之基羇旅危國㠯求萬全此循覆車之軌計之不可者

也今天水完富士馬最彊北收西河上郡東收三輔之地案秦舊迹表裏山河元請吕一丸泥爲大王東封函谷關此萬世一時也若計不及此且畜養士馬據隘自守曠日持久吕待四方之變圖王不成其弊猶足吕霸要之魚不可脫于淵神龍失勢卽還與蚯蚓同（後漢隗囂傳又見袁宏後漢紀吕前半篇爲後半其文亦小異）

王遵

遵字子春霸陵人隗囂起兵吕爲明威將軍進大將軍建武七年來歸拜太中大夫封向義侯（隗囂傳注引續漢書作上雒侯袁宏紀同）明年持節監吴漢軍（案後漢光武紀建武六年有樂浪太守王遵袁宏後漢紀十一建初元年有敦煌太守王遵皆非卽此）

諫隗囂謀殺來歙

愚聞爲國者慎器與名爲家者畏怨重禍俱慎名器則下服其命輕用怨禍則家受其殃今將軍遣子質漢內懷它志名器逆矣外人有議欲謀漢使輕怨禍矣古者列國兵交使在其閒所吕重兵

貴和而不任戰也春秋傳曰交兵通使可也何況承王命藉重質而犯之哉上不合于正義內不周于長利苟行盜賊之短策又何是非之能識加吕伯春委身已在闕庭而屠漢使此踐機試劒授刃于頸也君叔雖單車遠使而陛下之外兄也害之無損于漢而隨吕族滅昔宋執楚使遂有析骸易子之禍小國猶不可辱況于萬乘之主重吕伯春之命哉（袁宏後漢紀五後漢來歙傳）

喻牛邯書

遵與隗王歃盟爲漢自經歷虎口踐履死地已十數矣于時周洛吕西無所統壹故爲王策欲東收關中北取上郡進吕奉天人之用退吕懲外夷之亂數年之閒冀聖漢復存當挈河隴奉舊都吕歸本朝生民吕來臣人之勢未有便于此時者也而王之將吏羣居穴處之徒人人抵掌欲爲不善之計遵與孺卿日夜所爭害幾及身者豈一事哉前計抑絕後策不從所吕吟嘯扼腕垂涕登車

幸蒙封拜得延論議每及西州之事未嘗敢忘孺卿之言今車駕大衆已在道路吴耿驍將雲集四境而孺卿吕奔離之卒拒要阸當軍衝視其形勢何如哉夫智者覩危思變賢者泥而不滓是吕功名終申策畫復得故夷吾束縛而相齊黥布杖劒吕歸漢去愚就義功名竝著今孺卿當成敗之際遇嚴兵之鋒可爲怖慄宜斷之心胸參之有識（後漢隗囂傳）

班彪

彪字叔皮扶風安陵人初依隗囂去依竇融爲大將軍從事及隴蜀平隨融入洛舉司隸茂才除徐令吕病免公府累辟輒去後辟司徒王況府察廉除望都長建武三十年卒官有集五卷

覽海賦

余有事于淮浦覽滄海之茫茫悟仲尼之乘桴聊從容而遂行馳鴻瀨吕漂騖翼飛風而迴翔顧百川之分流煥爛熳吕成章風波

薄其裔裔邈浩浩吕湯湯指日月吕爲表索方瀛與壺梁曜金璆吕爲闕次玉石而爲堂蓂芝列于階路涌醴漸于中唐朱紫彩爛明珠夜光松喬坐于東序王母處于西箱命韓衆與岐伯講神篇而校靈章願結旅而自託因離世而高遊騁飛龍之驂駕歷八極而迴周遂竦節而響應匆輕舉吕神浮遵霓霧之掩蕩登雲塗吕淩厲乘虛風而體景超太清吕增逝麾天閽吕啟路闢閶闔而望余通王謁于紫宮拜太一而受符（藝文類聚八）

北征賦

余遭世之顛覆兮罹填塞之阸災舊室滅吕丘墟兮曾不得乎少留遂奮袂吕北征兮超絕迹而遠遊朝發軔于長都兮夕宿瓠谷之玄宮歷雲門而反顧望通天之崇崇乘陵崗吕登降息郇邠之邑鄉慕公劉之遺德及行葦之不傷彼何生之優渥我獨罹此百殃故時會之變化兮非天命之靡常登赤須之長坂入義渠之舊

城。忿戎王之淫狡。穢宣后之失貞。嘉秦昭之討賊。赫斯怒㠯北征。紛吾去此舊都兮。騑遲遲㠯歷玆。遂舒節㠯遠逝兮。指安定㠯爲期。涉長路之緜緜兮。遠紆回㠯樛流。過泥陽而太息兮。悲祖廟之不脩。釋余馬于彭陽兮。且弭節而自思。日晻晻其將暮兮。覩牛羊之下來。寤曠怨之傷情兮。哀詩人之歎時。越安定㠯容與兮。遵長城之漫漫。剸蒙公之疲民兮。爲强秦乎築怨。舍高亥之切憂兮。事蠻狄之遼患。不燿德㠯綏遠兮。顧厚固而繕藩。首身分而不寤兮。猶數功而辭譽。何夫子之妄說兮。孰云地脈而生殘。登鄣隧而遙望兮。聊須臾㠯婆娑。閔獯鬻之猾夏兮。弔尉卬于朝那。從聖文之克讓兮。不勞師而幣加。惠父兄于南越兮。黜帝號于尉佗。降几杖于藩國兮。折吳濞之逆邪。惟太宗之蕩蕩兮。豈曩秦之所圖。隮高平而周覽。望山谷之嵯峨。野蕭條㠯莽蕩。迥千里而無家。風猋發㠯漂遙兮。谷水灌㠯揚波。飛雲霧之杳杳。涉積雪之皚皚。雁邕邕㠯羣翔兮。鵾雞鳴㠯嚌嚌。遊子悲其故鄉。心愴悢㠯傷懷。撫長劒而慨息。泣漣落而霑衣。攬余涕㠯於邑兮。哀生民之多故。夫何陰曀之不陽兮。嗟久失其平度。諒時運之所爲兮。永伊鬱其誰愬。亂曰。夫子固窮遊藝文兮。樂㠯忘憂惟聖賢兮。達人從事有儀則兮。行止屈申與時息兮。君子履信無不居兮。雖之蠻貊何憂懼兮。文選、蓺文類聚二十七。

冀州賦 水經蕩水注、蓺文類聚二十八作遊居賦。

夫何事于冀州。聊託公㠯遊居。歷九土而觀風。亦悲人之所虞。遂發軔于京洛。臨孟津而北厲。想尚甫之威虞。號蒼兕而明誓。既中流而歎息。美周武之知性。謀人神㠯動作。享烏魚之瑞命。贍淇澳之園林。善綠竹之猗猗。望常山之峩峩。登北嶽而高遊。嘉孝武之乾乾。親飾躬于伯姬。建封禪于岱宗。瘞玄玉于此丘。徧五嶽與四瀆。觀滄海㠯周流。鄙臣恨不及事。陪後乘之下僚。今匹馬之獨征。

無疑中間脫爲字

豈斯樂之足娛。且休精于敝邑。聊卒歲㠯須臾。蓺文類聚六、又二十八、初學記八。

歎余馬乎洹泉。嗟西伯于牖城。續漢郡國志一注。

感鳧藻㠯進樂兮。文選顏延之秋胡詩注。

過蕩陰而弔晉鄙。責公子之不臣。水經蕩水注。

悼離騷

夫華植之有零茂。故陰陽之度也。聖哲之有窮達。亦命之故也。惟達人進止得時。行㠯遂伸。否則詘而坼蠖。體龍蛇㠯幽潛。蓺文類聚五十六。

復護羌校尉疏

今涼州部皆有降羌。羌胡被髮左衽。而與漢人雜處。習俗既異。言語不通。數爲小吏黠人所見侵奪。窮恚無聊。故致反叛。夫蠻夷寇亂。皆爲此也。舊制。益州部置蠻夷騎都尉。幽州部置領烏桓校尉。涼州部置護羌校尉。皆持節領護。理其怨結。歲時循行。問所疾苦。又數遣使譯通動靜。使塞外羌夷爲吏耳目。州郡因此可得儆備。今宜復如舊。㠯明威防。後漢西羌傳。

上言宜復置烏桓校尉

烏桓天性輕黠。好爲寇賊。若久放縱。而無總領者。必復侵掠居人。但委主降掾史。恐非所能制。臣愚㠯爲宜復置烏桓校尉。誠有益于附集。省國家之邊慮。後漢烏桓傳。

上言選置東宮及諸王國官屬

孔子稱性相近。習相遠也。賈誼㠯爲習與善人居。不能無爲善。猶生長于齊。不能無齊言也。習與惡人居。不能無爲惡。猶生長于楚。不能無楚言也。是㠯聖人審所與居。而戒愼所習。昔成王之爲孺子。出則周公召公太史佚。入則太顛閎夭南宮括散宜生。左右前後。禮無違者。故成王一日即位。天下曠然太平。是㠯春秋愛子。敎㠯義方。不納于邪。驕奢淫佚。所自邪也。詩云。貽厥孫謀。㠯宴翼子。言

于當作干

武王之謀遺子孫也。漢興。太宗使鼂錯導太子以法術。賈誼教梁王以詩書。及至中宗。亦令劉向、王褒、蕭望之、周堪之徒。以文章儒學保訓東宮以下。莫不崇簡其人。就成德器。今皇太子諸王。雖結髮學問。修習禮樂。而傅相未置賢才。官屬多闕舊典。宜博選名儒。有威重明通政事者。以爲太子太傅。東宮及諸王國。備置官屬。又舊制。太子食湯沐十縣。設周衛交戟。五日一朝。因坐東箱省視膳食。其非朝日。使僕中允旦旦請問而已。明不媟黷。廣其敬也。（後漢班彪傳。）

奏事

臣聞師曰。太學明堂辟雍者。禮樂之府。詩書之林。（北堂書鈔八十三引班彪奏。）

上事

賜竽瑟箜篌。（書鈔十九。）

元狩六年。罷太尉置司馬。時議以北軍中候有千人司馬。故加之大司馬。所以別大小司馬之號。（御覽二百九。）

可選師傅將相子孫有口行好學者。以備縫衣舍人。（御覽六百九十。）

官吏二千石。布襦羊裘。以白木杯飲食飾虛。欲以求名于譽。（御覽七百五十九。）

吏民葬埋。有馬被毛鬣角蹄玫瑰。宜皆以法禁之。（御覽八百九。）

奏議答北匈奴

臣聞孝宣皇帝敕邊守尉曰。匈奴大國。多變詐。交接得其情。則卻敵折衝。應對入其數。則反爲輕欺。今北匈奴見南單于來附。懼謀其國。故數乞和親。又遠驅牛馬與漢合市。重遣名王。多所貢獻。斯皆外示富強。以相欺誕也。臣見其獻益重。知其國益虛。歸親愈數。爲懼愈多。然今既未獲助南。則亦不宜絕北。羈縻之義。禮無不答。謂可頗加賞賜。略與所獻相當。明加曉告以前世呼韓邪、郅支行事。報答之辭。令必有適。今立稾草并上。曰。單于不忘漢恩。追念先祖舊約。欲修和親。以輔身安國。計議甚高。爲單于嘉之。往者匈奴數有乖亂。呼韓邪、郅支自相讎隙。並蒙孝宣皇帝垂恩救護。故各遣侍子稱藩保塞。其後郅支忿戾。自絕皇澤。而呼韓附親。忠孝彌著。及漢滅郅支。遂保國傳嗣。子孫相繼。今南單于攜衆向南。款塞歸命。自以呼韓嫡長。次第當立。而侵奪失職。猜疑相背。數請兵將。歸埽北庭。策謀紛紜。無所不至。惟念斯言。不可獨聽。又以北單于比年貢獻。欲修和親。故拒而未許。將以成單于忠孝之義。漢秉威信。總率萬國。日月所照。皆爲臣妾。殊俗百蠻。義無親疏。服順者褒賞。畔逆者誅罰。善惡之效。呼韓、郅支是也。今單于欲修和親。款誠已達。何嫌而欲率西域諸國俱來獻見。西域國屬匈奴與屬漢何異。單于數連兵亂。國內虛耗。貢物裁以通禮。何必獻馬裘。今齎雜繒五百匹。弓鞬韥丸一。矢四發。遺單于。又賜獻馬左骨都侯、右谷蠡王雜繒各四百匹。斬馬劍各一。單于前言先帝時所賜呼韓邪竽瑟空侯皆敗。願復裁賜。念單于國尚未安。方厲武節。以戰攻爲務。竽瑟之用。不如良弓利劍。故未以齎。朕不愛小物于單于。便宜所欲。遣驛以聞。（後漢南匈奴傳。建武二十八年。北匈奴復遣使詣闕。更乞和親。帝下三府議酬答之宜。司徒掾班彪奏。）

與京兆丞郭季通書

劉孟公藏器于身。用心篤固。實瑚璉之器。宗廟之寶也。（後漢蘇竟傳注引三輔決錄注。）

與金昭卿書

遠在東垂。吏道迫促。（文選張華答何劭詩注。）

王命論

昔在帝堯之禪曰。咨爾舜。天之厤數在爾躬。舜亦以命禹。洎于稷契。咸佐唐虞。光濟四海。奕世載德。至于湯武。而有天下。雖其遭遇異時。禪代不同。至于應天順民。其揆一也。是故劉氏承堯之祚。氏族之世。著乎春秋。唐據火德。而漢紹之。始起沛澤。則神母夜號。以章赤帝之符。由是言之。帝王之祚。必有明聖顯懿之德。豐功厚利積累之業。然後精誠通于神明。流澤加于生民。故能為鬼神所福饗。天下所歸往。未見運世無本。功德不紀。而得倔起在此位者也。世俗見高祖興于布衣。不達其故。以為適遭暴亂。得奮其劒。游說之士。至比天下于逐鹿。幸捷而得之。不知神器有命。不可以智力求也。悲夫。此世所以多亂臣賊子者也。若然者。豈徒闇于天道哉。又不覩之于人事矣。夫餓饉流隸。飢寒道路。思有裋褐之襲。儋石之畜。所願不過一金。然終于轉死溝壑。何則。貧窮亦有命也。況虖天子之貴。四海之富。神明之祚。可得而妄處哉。故雖遭罹阸會。竊其權柄。勇如信布。彊如梁籍。成如王莽。然卒潤鑊伏質。亨醢分裂。又況么麽尚不及數子。而欲闇奸天位者虖。是故駑蹇之乘。不騁千里之塗。燕雀之疇。不奮六翮之用。楶梲之材。不荷棟梁之任。斗筲之子。不秉帝王之重。易曰。鼎折足。覆公餗。不勝其任也。當秦之末。豪桀共推陳嬰而王之。嬰母止之曰。自吾為子家婦。而世貧賤。卒富貴不祥。不如以兵屬人。事成少受其利。不成禍有所歸。嬰從其言。而陳氏以寧。王陵之母。亦見項氏之必亡。而劉氏之將興也。是時陵為漢將。而母獲于楚。有漢使來。陵母見之。謂曰。願告吾子。漢王長者。必得天下。子謹事之。無有二心。遂對漢使伏劒而死。以固勉陵。其後果定于漢。陵為宰相封侯。夫以匹婦之明。猶能推事理之致。探禍福之機。而全宗祀于無窮。垂策書于春秋。而況大丈夫之事虖。是故窮達有命。吉凶由人。嬰母知廢。陵母知興。審此四者。帝王之分決矣。蓋在高祖。其興也有五。一曰帝堯之苗裔。二曰體貌多奇異。三曰神武有徵應。四曰寬明而仁恕。五曰知人善任使。加之以信誠好謀。達于聽受。見善如不及。用人如由己。從諫如順流。趣時如嚮赴。當食吐哺。納子房之策。拔足揮洗。揖酈生之說。

寤戍卒之言。斷懷土之情。高四皓之名。割肌膚之愛。舉韓信于行陳。收陳平于亡命。英雄陳力。羣策畢舉。此高祖之大略。所以成帝業也。若乃靈瑞符應。又可略聞矣。初劉媼妊高祖。而夢與神遇。震電晦冥。有龍蛇之怪。及其長而多靈。有異于衆。是以王武感物而折券。呂公覩形而進女。秦皇東游以厭其氣。呂后望雲而知所處。始受命則白蛇分。西入關則五星聚。故淮陰留侯謂之天授。非人力也。歷古今之得失。驗行事之成敗。稽帝王之世運。考五者之所謂。取舍不厭斯位。符瑞不同斯度。而苟昧于權利。越次妄據。外不量力。內不知命。則必喪保家之主。失天年之壽。遇折足之凶。伏鈇鉞之誅。英雄誠知覺寤。畏若禍戒。超然遠覽。淵然深識。收陵嬰之明分。絕信布之覬覦。距逐鹿之瞽說。審神器之有授。毋貪不可幾。為二母之所笑。則福祚流于子孫。天祿其永終矣。漢書敘傳上。文選。藝文類聚十。

史記論

唐虞三代。詩書所及。世有史官。以司典籍。暨于諸侯。國自有史。故孟子曰。楚之檮杌。晉之乘。魯之春秋。其事一也。定哀之閒。魯君子左丘明論集其文。作左氏傳三十篇。又撰異同。號曰國語二十一篇。由是乘檮杌之事遂闇。而左氏國語獨章。又有記錄黃帝以來。至春秋時。帝王公侯卿大夫。號曰世本一十五篇。春秋之後。七國並爭。秦并諸侯。則有戰國策三十三篇。漢興定天下。太中大夫陸賈記錄時功。作楚漢春秋九篇。孝武之世。太史令司馬遷採左氏國語。刪世本戰國策。據楚漢列國時事。上自黃帝。下訖獲麟。作本紀世家列傳書表。凡百三十篇。而十篇缺焉。遷之所記。從漢元至武則以絕其功也。至于採經摭傳。分散百家之事。甚多疏略。不如其本。務欲以多聞廣載為功。論議淺而不篤。其論術學。則崇黃老而薄五經。序貨殖。則輕仁義而羞貧窮。道游俠。則賤守節而貴俗功。此其大敝傷道。所以遇極刑之咎也。然善述序事理。辯而不華。質而不野。文質相稱。蓋良史之才也。誠令遷依五經之法言。同聖人之是非。意亦庶幾矣。夫百家之書。猶可法也。若左氏、國語、世本、戰國策、楚漢春秋、太史公書。今之所以知古。後之所由觀前。聖人之耳目也。司馬遷序帝王則曰本紀。公侯傳國則曰世家。卿士特起則曰列傳。又進項羽陳涉而黜淮南衡山。細意委曲。條例不經。若遷之著作。採獲古今。貫穿經傳。至廣博也。一人之精。文重思煩。故其書刊落不盡。尚有盈辭。多不齊一。若序司馬相如。舉郡縣。著其字。至蕭、曹、陳平之屬。及董仲舒並時之人。不記其字。或縣而不郡者。蓋不暇也。今此後篇慎覈其事。整齊其文。不爲世家。唯紀傳而已。傳曰。殺史見極。平易正直。春秋之義也。（後漢班彪傳。又見袁宏後漢紀十三。有删節）

全後漢文卷二十三終

竹當作林

全後漢文卷二十四

烏程嚴可均校輯

班固一

固字孟堅。彪子。永平中召詣校書部。除蘭臺令史。遷爲郎。建初中遷玄武司馬。永元初。大將軍竇憲出塞。㠯爲中護軍。行中郎將事。及憲敗。坐下獄死。年六十一。有白虎通德論六卷。漢書一百十五卷。集十七卷。

終南山賦

伊彼終南。巋嶻嶙囷。槩青宮。觸紫辰。嶔崟鬱律。萃于霞雰。曖曃晻藹。若鬼若神。傍吐飛瀨。上挺脩竹。玄泉落落。密蔭沈沈。榮期綺季。此焉恬心。三春之季。孟夏之初。天氣肅清。周覽八隅。皇鸞鸑鷟。警乃前驅。爾其珍怪。碧玉挺其阿。蜜房溜其巔。案文選蜀都賦注引班固終南頌有此語或頌卽賦之譌翔鳳哀鳴集其上。清水泌流注其前。彭祖宅㠯蟬蛻。安期

饗㠯延年。唯至德之爲美。我皇應福㠯來臻。埽神壇㠯告誠。薦珍馨㠯祈仙。嗟茲介福。永鍾億萬年。初學記五

流澤遂而成水。停積結而爲山。文選魏都賦注。又天台山賦注。

固僊靈之所遊集。文選頭陀寺碑注。

覽海賦

運之修短。不豫期也。文選潘岳西征賦注。案此賦今見存者僅二語耳。藝文類聚所載。乃班彪作。張溥本誤收。案張溥本有遊居賦。卽冀州賦也。乃班彪所作誤收。

兩都賦序

或曰。賦者古詩之流也。昔成康沒而頌聲寢。王澤竭而詩不作。大漢初定。日不暇給。至于武宣之世。乃崇禮官。考文章。內設金馬石渠之署。外興樂府協律之事。㠯興廢繼絕。潤色鴻業。是㠯衆庶悅豫。福應尤盛。白麟赤雁芝房寶鼎之歌。薦于郊廟。神雀五鳳甘露黃龍之瑞。㠯爲年紀。故言語侍從之臣。若司馬相如、虞丘壽王、東方朔、枚皋、王褒、劉向之屬。朝夕論思。日月獻納。而公卿大臣御史大夫兒寬、太常孔臧、大中大夫董仲舒、宗正劉德、太子太傅蕭望之等。時時閒作。或㠯抒下情而通諷諭。或㠯宣上德而盡忠孝。雍容揄揚。著于後嗣。抑亦雅頌之亞也。故孝成之世。論而錄之。蓋奏御者千有餘篇。而後大漢之文章。炳焉與三代同風。且夫道有夷隆。學有麤密。因時而建德者。不㠯遠近易則。故皋陶歌虞。奚斯頌魯。同見采于孔氏。列于詩書。其義一也。稽之上古則如彼。考之漢室又如此。斯事雖細。然先臣之舊式。國家之遺美。不可闕也。臣竊見海內清平。朝廷無事。京師修宮室。浚城隍。起苑囿。㠯備制度。西土耆老。咸懷怨思。冀上之睠顧。而盛稱長安舊制。有陋雒邑之議。故臣作兩都賦。㠯極衆人之所眩曜。折㠯今之法度。其詞曰。

西都賦

有西都賓問于東都主人曰。蓋聞皇漢之初經營也。嘗有意乎都

河洛矣。輟而弗康。寔用西遷。作我上都。主人聞其故而覩其制乎。主人曰。未也。願賓攄懷舊之蓄念。發思古之幽情。博我㠯皇道。弘我㠯漢京。賓曰。唯唯。漢之西都。在于雍州。寔曰長安。左據函谷二崤之阻。表㠯太華終南之山。右界襃斜隴首之險。帶㠯洪河涇渭之川。衆流之隈。汧涌其西。華實之毛。則九州之上腴焉。防禦之阻。則天地之隩區焉。是故橫被六合。三成帝畿。周㠯龍興。秦㠯虎視。及至大漢受命而都之也。仰悟東井之精。俯協河圖之靈。奉春建策。留侯演成。天人合應。㠯發皇明。乃眷西顧。寔惟作京。于是睎秦嶺。睋北阜。挾灃灞。據龍首。圖皇基于億載。度宏規而大起。肇自高而終平。世增飾㠯崇麗。歷十二之延祚。故窮泰而極侈。建金城而萬雉。呀周池而成淵。披三條之廣路。立十二之通門。內則街衢洞達。閭閻且千。九市開場。貨別隧分。人不得顧。車不得旋。闐城溢郭。旁流百廛。紅塵四合。煙雲相連。于是既庶且富。娛樂無疆。都人士

女。殊異乎五方。遊士擬于公侯。列肆侈于姬姜。鄉曲豪舉。遊俠之雄。節慕原嘗。名亞春陵。連交合衆。騁騖乎其中。若乃觀其四郊。浮遊近縣。則南望杜霸。北眺五陵。名都對郭。邑居相承。英俊之域。紱冕所興。冠蓋如雲。七相五公。與乎州郡之豪傑。五都之貨殖。三選七遷。充奉陵邑。蓋㠯强幹弱枝。隆上都而觀萬國也。封畿之內。厥土千里。逴踔諸夏。兼其所有。其陽則崇山隱天。幽林穹谷。陸海珍藏。藍田美玉。商洛緣其隈。鄠杜濱其足。源泉灌注。陂池交屬。竹林果園。芳草甘木。郊野之富。號爲近蜀。其陰則冠㠯九嵕。陪㠯甘泉。乃有靈宮。起乎其中。秦漢之所極觀。淵雲之所頌歎。于是乎存焉。下有鄭白之沃。衣食之源。提封五萬。疆埸綺分。溝塍刻鏤。原隰龍鱗。決渠降雨。荷臿成雲。五穀垂穎。桑麻鋪棻。東郊則有通溝大漕。潰渭洞河。汎舟山東。控引淮湖。與海通波。西郊則有上囿禁苑。林麓藪澤。陂池連乎蜀漢。繚㠯周牆。四百餘里。離宮別館。三十六所。

神池靈沼。往往而在。其中乃有九眞之麟。大宛之馬。黃支之犀。條支之鳥。踰崑崙。越巨海。殊方異類。至于三萬里。其宮室也。體象乎天地。經緯乎陰陽。據坤靈之正位。倣太紫之圓方。樹中天之華闕。豐冠山之朱堂。因瓌材而究奇。抗應龍之虹梁。列棼橑㠯布翼。荷棟桴而高驤。雕玉瑱㠯居楹。裁金璧㠯飾璫。發五色之渥彩。光爓朗㠯景彰。于是左墄右平。重軒三階。閨房周通。門闥洞開。列鍾虡于中庭。立金人于端闈。仍增崖而衡閾。臨峻路而啟扉。徇㠯離宮別寢。承㠯崇臺閒館。煥若列宿。紫宮是環。清涼宣溫。神仙長年。金華玉堂。白虎麒麟。區宇若茲。不可殫論。增槃業峨。登降炤爛。殊形詭制。每各異觀。乘茵步輦。惟所息宴。後宮則有掖庭椒房。后妃之室。合歡增城。安處常寧。茝若椒風。披香發越。蘭林蕙草。鴛鸞飛翔之列。昭陽特盛。隆乎孝成。屋不呈材。牆不露形。裛㠯藻繡。絡㠯綸連。隨侯明月。錯落其間。金釭銜璧。是爲列錢。翡翠火齊。流耀含英。

懸黎垂棘。夜光在焉。于是玄墀釦砌。玉階彤庭。碝磩綵緻。琳珉青熒。珊瑚碧樹。周阿而生。紅羅颯纚。綺組繽紛。精曜華燭。俯仰如神。後宮之號。十有四位。窈窕繁華。更盛迭貴。處乎斯列者。蓋㠯百數。左右庭中。朝堂百寮之位。蕭曹魏邴。謀謨乎其上。佐命則垂統。輔翼則成化。流大漢之愷悌。盪亡秦之毒螫。故令斯人揚樂和之聲。作畫一之歌。功德著乎祖宗。膏澤洽乎黎庶。又有天祿石渠。典籍之府。命夫惇誨故老。名儒師傅。講論乎六藝。稽合乎同異。又有承明金馬。著作之庭。大雅宏達。于茲爲羣。元元本本。殫見洽聞。啟發篇章。校理祕文。周㠯鉤陳之位。衞㠯嚴更之署。總禮官之甲科。羣百郡之廉孝。虎賁贅衣。閹尹閽寺。陛戟百重。各有典司。周廬千列。徼道綺錯。輦路經營。修除飛閣。自未央而連桂宮。北彌明光而亘長樂。淩隥道而超西墉。掍建章而連外屬。設璧門之鳳闕。上觚棱而棲金爵。內則別風之嶕嶢。眇麗巧而聳擢。張千門而立萬戶。順

陰陽㠯開闔。爾乃正殿崔嵬。層構厥高。臨乎未央。經駘盪而出馺娑。洞枍詣㠯與天梁。上反宇㠯蓋戴。激日景而納光。神明鬱其特起。遂偃蹇而上躋。軼雲雨于太半。虹霓迴帶于棼楣。雖輕迅與僄狡。猶愕眙而不能階。攀井幹而未半。目眴轉而意迷。舍櫺檻而卻倚。若顛墜而復稽。魂怳怳㠯失度。巡迴塗而下低。既懲懼于登望。降周流㠯彷徨。步甬道㠯縈紆。又杳窱而不見陽。排飛闥而上出。若遊目于天表。佀無依而洋洋。前唐中而後太液。覽滄海之湯湯。揚波濤于碣石。激神嶽之嶈嶈。濫瀛洲與方壺。蓬萊起乎中央。于是靈草冬榮。神木叢生。巖峻崷崒。金石崢嶸。抗仙掌㠯承露。擢雙立之金莖。軼埃堨之混濁。鮮顥氣之清英。騁文成之丕誕。馳五利之所刑。庶松喬之羣類。時遊從乎斯庭。實列仙之攸館。非吾人之所寍。爾乃盛娛遊之壯觀。奮泰武乎上囿。因茲㠯威戎夸狄。耀威靈而講武事。命荊州使起鳥。詔梁野而驅獸。毛羣內闐。飛羽上覆。

接翼側足。集禁林而屯聚。水衡虞人。修其營表。種別羣分。部曲有署。罘網連紘。籠山絡野。列卒周帀。星羅雲布。于是乘鑾輿。備法駕。帥羣臣。披飛廉。入苑門。遂繞酆鄗。歷上蘭。六師發逐。百獸駭殫。震震爚爚。雷奔電激。草木塗地。山淵反覆。蹂躪其十二三。乃拗怒而少息。爾乃期門佽飛。列刃鑽鍭。要跌追蹤。鳥驚觸絲。獸駭値鋒。機不虛掎。弦不再控。矢不單殺。中必疊雙。颮颮紛紛。矰繳相纏。風毛雨血。灑野蔽天。平原赤。勇士厲。猨狖失木。豺狼懾竄。爾乃移師趨險。竝蹈潛穢。窮虎奔突。狂兕觸蹷。許少施巧。秦成力折。掎僄狡。扼猛噬。脫角挫脰。徒搏獨殺。挾師豹。拖熊螭。曳犀犛。頓象羆。超洞壑。越峻崖。蹷嶄巖。鉅石隤。松柏仆。叢林摧。草木無餘。禽獸殄夷。于是天子乃登屬玉之館。歷長楊之榭。覽山川之體勢。觀三軍之殺獲。原野蕭條。目極四裔。禽相鎮壓。獸相枕藉。然後收禽會衆。論功賜胙。陳輕騎㠯行炰。騰酒車㠯斟酌。割鮮野食。舉烽命釂。饗賜畢。勞逸齊。大路鳴鑾。容與徘徊。集乎豫章之宇。臨乎昆明之池。左牽牛而右織女。似雲漢之無涯。茂樹蔭蔚。芳草被隄。蘭茝發色。曄曄猗猗。若摛錦布繡。燭燿乎其陂。鳥則玄鶴白鷺。黃鵠鵁鶄。鶬鴰鴇鶂。鳧鷖鴻鴈。朝發河海。夕宿江漢。沈浮往來。雲集霧散。于是後宮乘輚輅。登龍舟。張鳳蓋。建華旗。袪黼帷。鏡清流。靡微風。澹淡浮。櫂女謳。鼓吹震。聲激越。謍厲天。鳥羣翔。魚窺淵。招白鷳。下雙鵠。揄文竿。出比目。撫鴻罿。御矰繳。方舟竝騖。俛仰極樂。遂乃風舉雲搖。浮遊溥覽。前乘秦嶺。後越九嵕。東薄河華。西涉岐雍。宮館所歷。百有餘區。行所朝夕。儲不改供。禮上下而接山川。究休祐之所用。采遊童之讙謠。第從臣之嘉頌。于斯之時。都都相望。邑邑相屬。國藉十世之基。家承百年之業。士食舊德之名氏。農服先疇之畎畝。商修族世之所鬻。工用高曾之規矩。粲乎隱隱。各得其所。若臣者。徒觀迹于舊墟。聞之乎故老。十分而未得其一端。故不能徧舉也。

東都賦

東都主人喟然而歎曰。痛乎風俗之移人也。子實秦人。矜夸館室。保界河山。信識昭襄而知始皇矣。烏睹大漢之云爲乎。夫大漢之開元也。奮布衣㠯登皇位。由數朞而創萬代。蓋六籍所不能談。前聖靡得言焉。當此之時。功有橫而當天。討有逆而順民。故婁敬度勢而獻其說。蕭公權宜而拓其制。時豈泰而安之哉。計不得㠯已也。吾子曾不是睹。顧曜後嗣之末造。不亦暗乎。今將語子㠯建武之治。永平之事。監于太清。㠯變子之惑志。往者王莽作逆。漢祚中缺。天人致誅。六合相滅。于時之亂。生人幾亡。鬼神泯絕。壑無完柩。郛罔遺室。原野厭人之肉。川谷流人之血。秦項之災。猶不克半。書契㠯來。未之或紀。故下人號而上訴。上帝懷而降監。乃致命乎聖皇。于是聖皇乃握乾符。闡坤珍。披皇圖。稽帝文。赫然發憤。應若興雲。霆擊昆陽。憑怒雷震。遂超大河。跨北嶽。立號高邑。建都河洛。紹百王之荒屯。因造化之盪滌。體元立制。繼天而作。系唐統。接漢緒。茂育羣生。恢復疆宇。勳兼乎在昔。事勤乎三五。豈特方軌竝迹。紛綸后辟。治近古之所務。蹈一聖之險易云爾哉。且夫建武之元。天地革命。四海之內。更造夫婦。肇有父子。君臣初建。人倫實始。斯乃伏犧氏之所㠯基皇德也。分州土。立市朝。作舟輿。造器械。斯乃軒轅氏之所㠯開帝功也。龔行天罰。應天順人。斯乃湯武之所㠯昭王業也。遷都改邑。有殷宗中興之則焉。卽土之中。有周成隆平之制焉。不階尺土一人之柄。同符乎高祖。克己復禮。㠯奉終始。允恭乎孝文。憲章稽古。封岱勒成。儀炳乎世宗。案六經而校德。眇古昔而論功。仁聖之事旣該。而帝王之道備矣。至于永平之際。重熙而累洽。盛三雍之上儀。修袞龍之法服。鋪鴻藻。信景鑠。揚世廟。正雅樂。人神之和允洽。羣臣之序既肅。乃動大輅。遵皇衢。省方巡狩。窮覽萬國之有無。考聲教之所被。散皇明㠯燭幽。然後增周舊。修洛邑。扇巍巍。顯翼翼。光漢京于諸夏。總八方而爲之極。是以皇城之內。宮室光明。闕庭神麗。奢不可踰。儉不能侈。外則因原野以作苑。塡流泉而爲沼。發蘋藻以潛魚。豐圃草以毓獸。制同乎梁騶。誼合乎靈囿。若乃順時節而蒐狩。簡車徒以講武。則必臨之以王制。考之以風雅。歷騶虞。覽駟鐵。嘉車攻。采吉日。禮官整儀。乘輿乃出。于是發鯨魚。鏗華鐘。登玉輅。乘時龍。鳳蓋棽麗。龢鑾玲瓏。天官景從。寖威盛容。山靈護野。屬御方神。雨師汎灑。風伯清塵。千乘雷起。萬騎紛紜。元戎竟野。戈鋋彗雲。羽旄埽霓。旌旗拂天。焱焱炎炎。揚光飛文。吐爓生風。欱野歕山。日月爲之奪明。丘陵爲之搖震。遂集乎中囿。陳師案屯。駢部曲。列校隊。勒三軍。誓將帥。然後舉烽伐鼓。申令三驅。輶車霆激。驍騎電騖。由基發射。范氏施御。弦不睼禽。轡不詭遇。飛者未及翔。走者未及去。指顧倏忽。獲車已實。樂不極盤。殺不盡物。馬踠餘足。士怒未渫。先驅復路。屬車案節。于是薦三犧。效五牲。禮神祇。懷百靈。覲明堂。臨辟雍。揚緝熙。宣皇風。登靈臺。考休徵。俯仰乎乾坤。參象乎聖躬。目中夏而布德。瞰四裔而抗稜。西盪河源。東澹海漘。北動幽崖。南燿朱垠。殊方別區。界絕而不鄰。自孝武之所不征。孝宣之所未臣。莫不陸讋水慄。奔走而來賓。遂綏哀牢。開永昌。春王三朝。會同漢京。是日也。天子受四海之圖籍。膺萬國之貢珍。內撫諸夏。外綏百蠻。爾乃盛禮興樂。供帳置乎雲龍之庭。陳百寮而贊羣后。究皇儀而展帝容。于是庭實千品。旨酒萬鍾。列金罍。班玉觴。嘉珍御。太牢饗。爾乃食舉雍徹。太師奏樂。陳金石。布絲竹。鐘鼓鏗鍧。管絃燁煜。抗五聲。極六律。歌九功。舞八佾。韶武備。泰古畢。四夷間奏。德廣所及。僸佅兜離。罔不具集。萬樂備。百禮曁。皇歡浹。羣臣醉。降煙熅。調元氣。然後撞鐘告罷。百寮遂退。于是聖上覩萬方之歡娛。又沐浴于膏澤。懼其侈心之將萌。而怠于東作也。乃申舊章。下明詔。命有司。班憲度。昭節儉。示太素。去後宮之

麗飾。損乘輿之服御。抑工商之淫業。興農桑之盛務。遂令海內棄末而反本。背僞而歸眞。女修織紝。男務耕耘。器用陶匏。服尚素玄。恥纖靡而不服。賤奇麗而弗珍。捐金于山。沈珠于淵。于是百姓滌瑕盪穢而鏡至清。形神寂漠。耳目弗營。嗜欲之源滅。廉恥之心生。莫不優游而自得。玉潤而金聲。是以四海之內。學校如林。庠序盈門。獻酬交錯。俎豆莘莘。下舞上歌。蹈德詠仁。登降飫宴之禮既畢。因相與嗟歎玄德。讜言弘說。咸含和而吐氣。頌曰。盛哉乎斯世。今論者但知誦虞夏之書。詠殷周之詩。講羲文之易。論孔氏之春秋。罕能精古今之清濁。究漢德之所由。唯子頗識舊典。又徒馳騁乎末流。溫故知新已難。而知德者鮮矣。且夫僻界西戎。險阻四塞。修其防禦。孰與處乎土中。平夷洞達。萬方輻湊。秦嶺九嵕。涇渭之川。曷若四瀆五嶽。帶河泝洛。圖書之淵。建章甘泉。館御列仙。孰與靈臺明堂。統和天人。太液昆明。鳥獸之囿。曷若辟雍海流。道德之富。游俠踰侈。犯義侵禮。孰與同履法度。翼翼濟濟也。子徒習秦阿房之造天。而不知京洛之有制也。識函谷之可關。而不知王者之無外也。主人之辭未終。西都賓矍然失容。逡巡降階。惵然意下。捧手欲辭。主人曰。復位。今將授子以五篇之詩。賓既卒業。乃稱曰。美哉乎斯詩。義正乎揚雄。事實乎相如。匪唯主人之好學。蓋乃遭遇乎斯時也。小子狂簡。不知所裁。既聞正道。請終身而誦之。其詩曰。

明堂詩

於昭明堂。明堂孔陽。聖皇宗祀。穆穆煌煌。上帝宴饗。五位時序。誰其配之。世祖光武。普天率土。各以其職。猗歟緝熙。允懷多福。

辟雍詩

乃流辟雍。辟雍湯湯。聖王莅止。造舟爲梁。皤皤國老。乃父乃兄。抑抑威儀。孝友光明。於赫太上。示我漢行。洪化惟神。永觀厥成。

靈臺詩

乃經靈臺靈臺既崇帝勤時登爰考休徵三光宣精五行布序習
習祥風祁祁甘雨百穀蓁蓁庶草蕃廡屢惟豐年於皇樂胥

寶鼎詩

嶽修貢兮川效珍吐金景兮歊浮雲寶鼎見兮色紛縕煥其炳兮
被龍文登祖廟兮享聖神昭靈德兮彌億年

白雉詩

啟靈篇兮披瑞圖獲白雉兮效素烏嘉祥阜兮集皇都發皓羽兮
奮翹英容絜朗兮於純精彰皇德兮侔周成永延長兮膺天慶（班固傳。文選。）

耿恭守疏勒城賦

日兮月兮厖重圍（文選潘岳關中詩注。）

幽通賦

衞靈公太子蒯聵好帶劍長一丈公諫乃作短劍長一尺公知

全後漢文卷二十四　班固　九

不可㠯傳國乃逐之（書鈔一百二十二引班固幽通賦序）

系高頊之玄冑兮氏中葉之炳靈飄颻風而蟬蛻兮雄朔野㠯颺
聲皇十紀而鴻漸兮有羽儀于上京巨滔天而泯夏兮考遘愍㠯
行謠終保己而貽則兮里上仁之所廬懿前烈之純淑兮窮與達
其必濟咨孤蒙之眇眇兮將圮絕而罔階豈余身之足殉兮韡世
業之可懷靖潛處㠯永思兮經日月而彌遠匪黨人之敢拾兮庶
斯言之不玷魂煢煢與神交兮精誠發于宵寐夢登山而迥眺兮
覿幽人之髣髴攬葛藟而授余兮眷峻谷曰勿墜昒昕寤而仰思
兮心矇矇猶未察黃神邈而靡質兮儀遺讖㠯臆對曰乘高而遌
神兮道遐通而不迷葛緜緜于樛木兮詠南風㠯為綏蓋惴惴之
臨深兮乃二雅之所祗既誶爾㠯吉象兮又申之㠯炯戒盍孟晉
㠯迨羣兮辰倏忽其不再承靈訓其虛徐兮竚盤桓而且俟惟天
地之無窮兮鮮生民之晦在紛屯邅與蹇連兮何艱多而智寡上
聖竊而後拔兮雖羣黎之所禦昔衞叔之御昆兮昆為寇而喪子
管彎弧欲斃讎兮讎作后而成己變化故而相詭兮孰云預其終
始雍造怨而先賞兮丁繇惠而被戮栗取弔于逌吉兮王膺慶于
所慼叛迴穴其若茲兮北叟頗識其倚伏單治裏而外凋兮張修
襮而內逼聿中龢為庶幾兮顏與冉又不得溺招路㠯從己兮謂
孔氏猶未可安慆慆而不萉兮卒隕身乎世禍遊聖門而靡救兮
雖覆醢其何補固行行其必凶兮免盜亂為賴道形氣發于根柢
兮柯葉彙而靈茂恐魍魎之責景兮羌未得其云已黎淳耀于高
辛兮芈彊大于南汜嬴取威于伯儀兮姜本支乎三趾既仁得其
信然兮仰天路而同軌東鄰虐而殲仁兮王合位乎三五戎女烈
而喪孝兮伯徂歸于龍虎發還師㠯成性兮重醉行而自耦震鱗
漦于夏庭兮帀三正而滅姬巽羽化于宣宮兮彌五辟而成災道
修長而世短兮夐冥默而不周胥仍物而鬼諏兮乃窮宙而達幽

全後漢文卷二十四　班固　十

嬀巢姜于孺筮兮旦算祀于契龜宣曹興敗于下夢兮魯衞名謚
于銘謠妣聆呱而勒石兮許相理而鞠條道混成而自然兮術同
原而分流神先心㠯定命兮命隨行㠯消息斡流遷其不濟兮故
遭罹而嬴縮三欒同于一體兮雖移易而不忒洞參差其紛錯兮
斯眾兆之所惑周賈盪而貢憤兮齊死生與禍福抗爽言㠯矯情
兮信畏犧而忌鵩所貴聖人之至論兮順天性而斷誼物有欲而
不居兮亦有惡而不避守孔約而不貳兮乃轗德而無累三仁殊
于一致兮夷惠舛而齊聲木偃息㠯蕃魏兮申重繭㠯存荊紀焚
躬㠯衞上兮皓頤志而弗營侯草木之區別兮苟能實其必榮要
沒世而不朽兮迺先民之所程觀天網之紘覆兮實棐諶而相順
謨先聖之大猷兮亦鄰德而助信虞韶美而儀鳳兮孔忘味于千
載素文信而底麟兮漢賓祚于異代精通靈而感物兮神動氣而
入微養流睇而猨號兮李虎發而石開非精誠其焉通兮苟無實

其孰信。操末技猶必然兮。剏湛躬于道眞。登孔昊而上下兮。緯羣龍之所經。朝貞觀而夕化兮。猶諠已而遺形。若胥彭而偕老兮。訴來哲而通情。亂曰。天造草昧。立性命兮。復心弘道。惟聖賢兮。渾元運物。流不處兮。保身遺名。民之表兮。舍生取誼。㠯道用兮。憂傷夭物。忝莫痛兮。皓爾太素。曷渝色兮。尚越其幾。淪神域兮。漢書敘傳上、文選、藝文類聚二十六。

竹扇賦

青青之竹形兆直。妙華長竿紛實翼。杳篠叢生于水澤。疾風時紛紛蕭颯。削爲扇翣成器美。託御君王供時有。度量異好有圓方。來風辟暑致清涼。安體定神達消息。百王傳之賴功力。壽考康寧累萬億。古文苑。

白綺扇賦初學記二十五引班孟堅集佚。

漢頌論功歌詩靈芝歌

因露寢兮產靈芝。象三德兮瑞應圖。延壽命兮光此都。配上帝兮象太微。參日月兮揚光輝。初學記十五、御覽五百七十。

全後漢文卷二十四終

全後漢文卷二十五

烏程嚴可均校輯

班固二

爲第五倫薦謝夷吾疏

臣聞堯登稷契治隆太平舜用皋陶政致雍熙殷周雖有高宗昌發之君猶賴傅說呂望之策故能克崇其業允協大中竊見鉅鹿太守會稽謝夷吾出自東州厥土塗泥而英資挺特奇偉秀出才兼四科行包九德仁足濟時知周萬物加㠯少膺儒雅韜含六籍推考星度綜校圖錄探賾聖祕觀變歷徵占天知地與神合契據其道德㠯經王務昔爲陪隸與臣從事奮忠毅之操躬史魚之節董臣嚴綱勖臣懦弱得㠯免戾實賴厥勳及其應選作宰惠敷百里降福彌異流化若神爰牧荆州威行邦國奉法作政有周召之風居儉履約紹公儀之操尋功簡能爲外臺之表聽聲察實爲九

伯之冠還守鉅鹿政合時雍德量績謀有伊呂管晏之任闡弘道奧同史蘇京房之倫雖密勿在公而身出心隱不殉名㠯求譽不馳騖㠯要寵念存遜遁演志箕山方之古賢實有倫序採之于今超然絕俗誠社稷之蓍龜大漢之棟甍宜當拔擢使登鼎司上令三辰順軌于歷象下使五品咸訓于嘉時必致休徵克昌之慶非徒循法奉職而已臣㠯頑駑器非其疇尸祿負乘夕惕若厲願乞骸骨更授夷吾上㠯光七曜之明下㠯厭率士之望庶令微臣塞咎免悔（後漢謝夷吾傳藝文類聚五十三）

匈奴和親議

竊自惟思漢興已來曠世歷年兵纏夷狄尤事匈奴綏御之方其塗不一或修文㠯和之或用武㠯征之或卑下㠯就之或臣服而致之雖屈申無常所因時異然未有拒絕棄放不與交接者也故自建武之世復修舊典數出重使前後相繼至于其末始乃暫絕永平八年復議通之而廷爭連日異同紛回多執其難少言其易先帝聖德遠覽瞻前顧後遂復出使事同前世㠯此而推未有一世闕而不修者也今烏桓就闕稽首譯官康居月氏自遠而至匈奴離析名王來降三方歸服不㠯兵威此誠國家通于神明自然之徵也臣愚㠯爲宜依故事復遣使者上可繼五鳳甘露致遠人之會下不失建武永平羈縻之義虜使再來然後一往既明中國主在忠信且知聖朝禮義有常豈可逆詐示猜孤其善意乎絕之未知其利通之不聞其害設後北虜稍彊能爲風塵方復求爲交通將何所及不若因今施惠爲策近長（後漢班固傳）

與竇憲牋

明將軍哀憐賜固手札告㠯軍中宜鮮明乃賜㠯玉躬所喜駭犀瑇瑁簪絳紗單衣㠯魯縞之質被服鸞鳳之飾（藝文類聚八十四御覽六百八十八又六百九十七又八百七）

昨上㠯寶刀賜臣曰此大將軍少小時所服今㠯賜卿固伏念大恩且喜且慚（書鈔一百二十三）

今月中舍㠯令賜固刀把曰此將軍少小時所服今賜固伏念大恩且喜且慚（御覽三百四十六）

固于張掖縣受賜所服物虎頭繡盤囊一雙又遺身所服襪三具錯鏤鐵一（御覽四百七十八引班固集又八百十五）

復賜固犀毗金頭帶此將軍所自服也（書鈔一百二十九）

奏記東平王蒼

將軍㠯周召之德立乎本朝承休明之策建威靈之號昔在周公今也將軍詩書所載未有三此者也傳曰必有非常之人然後有非常之事有非常之事然後有非常之功固幸得生于清明之世豫在視聽之末私㠯螻螘竊觀國政誠美將軍擁千載（藝文類聚作膺千年）之任躡先聖之蹤體弘懿之姿據高明之勢博貫庶事服膺六藝

白黑簡心。求善無厭。採擇狂夫之言。不逆負薪之議。竊見幕府新開。廣延羣俊。四方之士。顚倒衣裳。將軍宜詳唐殷之舉。察伊皐之薦。令遠近無偏。幽隱必達。期于總覽賢才。收集明智。爲國得人。㠯寧本朝。則將軍養志和神。優游廊堂。光名宣于當世。遺烈著于無窮。竊見故司空掾桓梁。宿儒盛名。冠德州里。七十從心。行不踰矩。蓋清廟之光輝。當世之俊彥也。京兆祭酒晉馮。結髮修身。白首無違。好古樂道。玄默自守。古人之美行。時俗所莫及。扶風掾李育。經明行著。教授百人。客居杜陵。茅室土階。京兆扶風二郡更請。徒㠯家貧。數辭病去。溫故知新。論議通明。廉清修絜。行能純備。雖前世名儒。國家所器。韋平孔翟。無㠯加焉。宜令考績。㠯參萬事。京兆督郵郭基。孝行著于州里。經學稱于師門。政務之績。有絕異之效。如得及明時。秉事下僚。進有羽翮奮翔之用。退有杞梁一介之死。涼州從事王雍。躬卞嚴之節。文之㠯術藝。涼州冠蓋。未有宜先雍者也。古者周公一舉則三方怨。曰奚爲而後已。宜及府開。㠯慰遠方。弘農功曹史殷肅（後漢書注引固集作段肅）。達學洽聞。才能絕倫。誦詩三百。奉使專對。此六子者。皆有殊行絕才。德隆當世。如蒙徵納。㠯輔高明。此山梁之秋。夫子所爲歎也。昔卞和獻寶。㠯離斷趾。靈均納忠。終于沈身。而（藝文類聚作已而。）和氏之璧。千載垂光。屈子之篇。萬世歸善（藝文類聚作彌章。）願將軍隆照微之明。信日昃之聽。少屈威神。咨嗟下問。令塵埃之中。永無荆山汨羅之恨。（後漢班固傳。又見藝文類聚五十八）

與陳文通書

奉國威靈。信志方外。（文選陳琳爲袁紹檄豫州注。）

與弟超書

得伯章書稾。勢殊工。知識讀之。莫不歎息。實亦藝由己立。名自人成。（張懷瓘書斷。）

傅武仲㠯能屬文爲蘭臺令史。下筆不能自休。（文選吳質答魏太子牋注。又典論論文。）

竇侍中前寄人錢八十萬。市得雜罽十餘張也。（御覽八百十六。）

竇侍中令載雜綵七百匹。白素三百匹。欲㠯市月氏馬蘇合香毾㲪。（藝文類聚八十五。御覽八百十四。九百八十二。）

月氏毾㲪大小相雜。但細好而已。（北堂書鈔一百三十四。御覽七百八。）

今遺仲升璹瑁黑犀簪虎頭金鞶囊金鉤。（御覽六百八十八。又六百九十一。）

竇侍中遺仲升楚騰陵錯橫刀璥皁削一枚。金錯半垂刀一枚。（御覽一百四十五。）

答賓戲

永平中爲郎。典校祕書。專篤志于儒學。㠯著述爲業。或譏㠯無功。又感東方朔揚雄自喻㠯不遭蘇張范蔡之時。曾不折之㠯正道。明君子之所守。故聊復應焉。其辭曰。

賓戲主人曰。蓋聞聖人有一定之論。烈士有不易之分。亦云名而已矣。故太上有立德。其次有立功。夫德不得後身而特盛。功不得背時而獨章。是㠯聖哲之治。棲棲遑遑。孔席不暖。墨突不黔。由此言之。取舍者。昔人之上務。著作者。前列之餘事耳。今吾子幸遊帝王之世。躬帶紱冕之服。浮英華。湛道德。矕龍虎之文舊矣。卒不能攄首尾。奮翼鱗。振拔洿塗。跨騰風雲。使見之者影駭。聞之者響震。徒樂枕經籍書。紆體衡門。上無所蒂。下無所根。獨攄意乎宇宙之外。銳思于毫芒之內。潛神默記。緪㠯年歲。然而器不賈于當已。用不效于一世。雖馳辯如濤波。摛藻如春華。猶無益于殿最也。意者且運朝夕之策。定合會之計。使存有顯號。亡有美諡。不亦優乎。主人逌爾而笑曰。若賓之言。所謂見世利之華。闇道德之實。守窔奧之熒燭。未仰天庭而覩白日也。曩者王塗蕪穢。周失其馭。侯伯方軌。戰國橫騖。于是七雄虓闞。分裂諸夏。龍戰虎爭。游說之徒。風颺電激。並起而救之。其餘猋飛景附。霅煜其閒者。蓋不可勝載。當此之時。搦朽摩鈍。鉛刀皆能一斷。是故魯連飛一矢而蹶千金。虞卿吕顧眄而捐相印。夫啾發投曲。感耳之聲。合之律度。淫𨈆而不可聽者。非韶夏之樂也。因勢合變。遇時之容。風移俗易。乖迕而不可通者。非君子之法也。及至從人合之。衡人散之。亡命漂說。羈旅騁辭。商鞅挾三術吕鑽孝公。李斯奮時務而要始皇。彼皆躡風塵之會。履顛沛之勢。據徼乘邪。吕求一日之富貴。朝爲榮華。夕爲顦顇。福不盈眥。禍溢于世。凶人且吕自悔。況吉士而是賴乎。且功不可吕虛成。名不可吕僞立。韓設辯吕激君。吕行詐吕賈國。說難既遒。其身乃囚。秦貨既貴。厥宗亦墜。是吕仲尼抗浮雲之志。孟軻養浩然之氣。彼豈樂爲迂闊哉。道不可吕貳也。方今大漢洒埽羣穢。夷險芟荒。廓帝紘。恢皇綱。基隆于羲農。規廣于黃唐。其君天下也。炎之如日。威之如神。涵之如海。養之如春。是吕六合之內。莫不同源共流。沐浴玄德。稟仰太龢。枝附葉著。譬猶草木之植山林。鳥魚之毓

川澤。得氣者蕃滋。失時者零落。參天地而施化。豈云人事之厚薄哉。今吾子處皇代而論戰國。曜所聞而疑所覿。欲從堥敦而度高乎泰山。懷氿濫而測深乎重淵。亦未至也。賓曰。若夫鞅斯之倫。衰周之凶人。既聞命矣。敢問上古之士。處身行道。輔世成名。可述于後者。默而已乎。主人曰。何爲其然也。昔者咎繇謨虞。箕子訪周。言通帝王。謀合神聖。殷說夢發于傅巖。周望兆動于渭濱。齊甯激聲于康衢。漢良受書于邳垠。皆竢命而神交。匪詞言之所信。故能建必然之策。展無窮之勳也。近者陸子優游。新語吕興。董生下帷。發藻儒林。劉向司籍。辨章舊聞。揚雄覃思。法言太玄。皆及時君之門闈。究先聖之壼奧。婆娑乎術蓺之場。休息乎篇籍之囿。吕全其質而發其文。用納乎聖德。烈炳乎後人。斯非亞與。若乃伯夷抗行于首陽。柳惠降志于辱仕。顏淵樂于簞瓢。孔終篇于西狩。聲盈塞于天淵。眞吾徒之師表也。且吾聞之。一陰一陽。天地之方。乃文乃質。

淵當作耽或潛

王道之綱。有同有異。聖哲之常。故曰愼修所志。守爾天符。委命供已。味道之腴。神之聽之。名其舍諸。賓又不聞和氏之璧。韞于荊石。隋侯之珠。藏于蚌蛤乎。歷世莫眡。不知其將含景曜。吐英精。曠千載而流光也。應龍潛于潢汙。魚黿媟之。不覩其能奮靈德。合風雲。超忽荒而躆昊蒼也。故夫泥蟠而天飛者。應龍之神也。先賤而後貴者。和隋之珍也。時暗而久章者。君子之眞也。若乃牙曠清耳于管絃。離婁眇目于毫分。逢蒙絕技于弧矢。般輸榷巧于斧斤。良樂軼能于相馭。烏獲抗力于千鈞。和鵲發精于鍼石。研桑心計于無垠。走亦不任廁技于彼列。故密爾自娛于斯文。漢書敘傳上。文選。蓺文類聚二十五。

難莊論

太古之世。不車不舟。陸走吕游。不棟不宇。巢穴而處。北堂書鈔一百五十八。

衆人之逐世利。如青蠅之赴肉汁也。青蠅嗜肉汁而忘溺死。衆人貪世利而陷罪禍。蓺文類聚九十七。

功德論

朱軒之使。鳳皋于龍堆之表。文選陸機演連珠注。

今朝廷昭明。海內盜靜。空令朱輪之使。風皋龍堆之表。北堂書鈔四十。案演連珠必辱鳳皋之使。彼注引作鳳皋不誤。此作風皋。蓋所見本異也。

秦紀論

孝明皇帝十七年十月十五日乙丑日。周厤已移。仁不代母。秦直其位。吕政殘虐。然吕諸侯十三。幷兼天下。極情縱欲。養育宗親。三十七年。兵無所不加。制作政令。施于後王。蓋得聖人之威。河神授圖。據狼狐。蹈參伐。佐攻驅除。距之稱始皇。始皇既歿。胡亥極愚。酈山未畢。復作阿房。吕遂前策。云凡所爲貴有天下者。肆意極欲。大臣至欲罷先君所爲。誅斯去疾。任用趙高。痛哉言乎。人頭畜鳴。不威不伐惡。不篤不虛亡。距之不得留。殘虐吕促期。雖居形便之國。猶不得存。子嬰度次得嗣。冠玉冠。佩華紱。車黃屋。從百司。謁七廟。

小人乘非位。莫不恇忽失守。偷安日日。獨能長念卻慮。父子作權。近取于戶牖之閒。竟誅猾臣。爲君討賊。高死之後。賓婚未得盡相勞。餐未及下咽。酒未及濡脣。楚兵已屠關中。眞人翔霸上。素車嬰組。奉其符璽。以歸帝者。鄭伯茅旌鸞刀。嚴王退舍。河決不可復壅。魚爛不可復全。賈誼司馬遷曰。向使嬰有庸主之才。僅得中佐。山東雖亂。秦之地可全而有。宗廟之祀。未當絕也。秦之積衰。天下土崩瓦解。雖有周旦之材。無所復陳其巧。而以責一日之孤。誤哉。俗傳秦始皇起罪惡。胡亥極。得其理矣。復責小子。云秦地可全。所謂不通時變者也。紀季以酅。春秋不名。吾讀秦紀。至于子嬰車裂趙高。未嘗不健其決。憐其志。嬰死生之義備矣。史記秦始皇本紀。

離騷序

昔在孝武。博覽古文。淮南王安敘離騷傳。以國風好色而不淫。小雅怨悱而不亂。若離騷者。可謂兼之。蟬蛻濁穢之中。浮游塵埃之外。皭然泥而不滓。推此志。與日月爭光可也。斯論似過其眞。又說五子以失家巷。謂五子胥也。及至羿澆少康。貳姚有娀佚女。皆各以所識。有所增損。然猶未得其正也。故博采經書傳記本文。以爲之解。且君子道窮。命矣。故潛龍不見是而無悶。關雎哀周道而不傷。蘧瑗持可懷之智。甯武保如愚之性。咸以全命避害。不受世患。故大雅曰。既明且哲。以保其身。斯爲貴矣。今若屈原。露才揚己。競乎危國羣小之閒。以離讒賊。然責數懷王。怨惡椒蘭。愁神苦思。非其人。忿懟不容。沈江而死。亦貶絜狂狷景行之士。多稱崑崙冥婚宓妃虛無之語。皆非法度之政。經義所載。謂之兼詩風雅。而與日月爭光。過矣。然其文弘博麗雅。爲辭賦宗。後世莫不斟酌其英華。則象其從容。自宋玉唐勒景差之徒。漢興。枚乘司馬相如劉向揚雄。騁極文辭。好而悲之。自謂不能及也。雖非明智之器。可謂妙才者也。楚辭王逸注本。

離騷贊序

離騷者。屈原之所作也。屈原初事懷王。甚見信任。同列上官大夫妬害其寵。讒之王。王怒而疏屈原。屈原以忠信見疑。憂愁幽思而作離騷。離猶遭也。騷。憂也。明己遭憂作辭也。是時周室已滅。七國並爭。屈原痛君不明。信用羣小。國將危亡。忠誠之情。懷不能已。故作離騷。上陳堯舜禹湯文王之法。下言羿澆桀紂之失。以風懷王。終不覺寤。信反閒之說。西朝于秦。秦人拘之。客死不還。至于襄王。復用讒言。逐屈原在野。又作九章賦以風諫。卒不見納。不忍濁世。自投汨羅。原死之後。秦果滅楚。其辭爲眾賢所悼悲。故傳于後。楚辭王逸注本。

全後漢文卷二十五終

全後漢文卷二十六

烏程嚴可均校輯

班固三

高祖頌

漢帝本系出自唐帝降及于周在秦作劉涉魏而東遂爲豐公（漢書高帝紀贊是曰頌高祖云）

東巡頌

竊見巡狩岱宗柴望山虞宗祀明堂上稽帝堯中述世宗遵奉世祖禮儀備具動自聖心是曰明神屢應休徵仍降事大而瑞盛非一小臣所任頌述不勝狂簡之情謹上岱宗頌一篇曰若稽古在漢迪哲聿修厥德憲章丕烈翻六龍較五輅齊百僚練質素命南重曰司厤歷中月之六辰備天官之列衛盛輿服而東巡乘輿動色羣后屛氣萬騎齊鑣千乘弭轡（藝文類聚三十九初學記十三又二十二御覽三百五十八又五百三十七）

南巡頌

惟漢再受命系葉十一帝典協景和則天經郊高宗光末幽通神明既禘祖于西都又將祫于南庭是時聖上運天官之法駕建日月之旂旌憑列宿而贊元（藝文類聚三十九初學記十三引兩條御覽五百三十七）

安豐戴侯頌

（御覽五百八十八文章流別論昔班固爲安豐戴侯頌文心雕龍孟班之頌戴侯文今佚）

竇將軍北征頌

車騎將軍應昭明之上德該文武之妙姿蹈佐歷握輔樂翼肱聖上作主光輝資天心謨神明規卓遠圖幽冥親率戎士巡撫彊城勒邊御之永設奮轒櫓之遠徑閔遐黎之騷狄念荒服之不庭乃總三選簡虎校勒部隊明誓號援謀夫于末言察武毅于俎豆取可杖于品象拔所用于仄陋料資器使采用先務民儀響慕羣英影附羌戎相率東胡爭騖不召而集未令而諭于是雷震九原電曜高闕金光鏡野武旂冒日雲黯長霓鹿走（此七字從藝文類聚改補）黃磧輕選四縱所從莫敵馳飈疾踵蹀迹擦梗枿探巘阬斷溫禺分尸逐電激私渠星流霰落名王交手稽顙請服乃收其鋒鏃干鹵甲冑積象如丘阜陳閱滿廣野戢載連百兩散數累萬億放獲驅孥揣城拔邑擒馘之倡九谷謠諺響聒東夷埃塵戎域然而唱呼鬱憤未逞厥願甘平原之酣戰矜訊捷之累筭何則上將崇至仁行凱易弘濃恩降溫澤同庖廚之珍饌分裂室之纖帛勞不御輿寒不施襗行無偏勤止無兼役悝蒙識而愎戾順貳者異而懦夫奮遂踰涿邪跨祁連籍口庭蹈就彊獨峭嶸轔幽山趨凶河臨安侯軼焉居與虞衍顧衞霍之遺迹睹伊秩之所邈師橫騖而庶御士怫悁曰爭先回萬里而風騰劉殘寇于沂根糧不賦而師贍役不重而備軍行戎醜曰禮教炘鴻校而昭仁文武炳其並隆威德兼而兩信濤乾鈞之攸冒拓幾略之所順槖弓鏃而戢戈回雙麾曰東運于是封燕然曰降高禪廣鞮曰弘曠銘靈陶曰勒崇欽皇祇之祐貺宣惠氣盪殘風軻泰幽嘉凝陰飛雪讓庶其雨洒淋榛枯一握興嘉卉始農土膏含養四行分任于是三軍稱曰亹亹將軍克廣德心光光神武弘昭德音超兮首天潛眇兮與神參（古文苑藝文類聚六十九）

神雀頌

（御覽五百八十八永平中神雀羣集孝明詔上神雀頌班固賈逵傅毅楊終侯諷五頌文比金玉今佚）

擬連珠

臣聞公輸愛其斧故能妙其巧明主貴其士故能成其治

臣聞良匠度其材而成大廈明主器其士而建功業

臣聞聽決價而資玉者無楚和之名因近習而取士者無伯玉之功故璵璠之爲寶非駔儈之術也伊呂之爲佐非左右之舊

臣聞鸞鳳養六翮曰凌雲帝王乘英雄曰濟民易曰鴻漸于陸其羽可用爲儀

時當作將

臣聞馬伏皁而不用則駑與良而爲羣士齊僚而不職則賢與愚
而不分藝文類聚五十七
封燕然山銘并序
惟永元元年秋七月有漢元舅曰車騎將軍竇憲寅亮聖皇登翼
王室納于大麓惟清緝熙乃與執金吾耿秉述職巡御治兵于朔
方鷹揚之校螭虎之士爰該六師暨南單于東胡烏桓西戎氐羌
侯王君長之羣驍騎十萬元戎輕武長轂四分雷輜蔽路萬有三
千餘乘勒以八陣蒞以威神玄甲耀日朱旗絳天遂踰高闕下雞
鹿經磧鹵絕大漠斬溫禺以釁鼓血尸逐以染鍔然後四校橫徂
星流彗埽蕭條萬里野無遺寇于是域滅區殫反旆而旋考傳驗
圖窮覽其山川遂踰涿邪跨安侯乘燕然躡冒頓之區落焚老上
之龍庭將上以攄高文之宿憤光祖宗之玄靈下以安固後嗣恢
拓境宇振大漢之天聲茲可謂一勞而久逸暫費而永寧也乃遂

封山刊石昭銘盛德其辭曰
鑠王師兮征荒裔勦凶虐兮截海外夐其邈兮亙地界封神丘兮
建隆嵑熙帝載兮振萬世後漢書竇憲傳文選藝文類聚七
高祖泗水亭碑銘
母溫氏史記高祖紀索隱案此碑序中已下皆銘詞
皇皇聖漢兆自沛豐乾降著符精感赤龍承魏流裔襲唐末風寸
木尺土無竢斯亭建號宣基惟以沛公揚威斬蛇金精摧傷涉關
淩霸係獲秦王應門造勢斗璧納忠天期乘祚受爵漢中勤陳東
征剟擒三秦靈神威佑洪濤是乘漢軍改歌楚眾易心誅項討羽
諸夏以康陳張畫策蕭勃翼終出爵褒賢列士封功炎火之德彌
光以明源清流潔本盛末榮敘時十八贊述股肱休勛顯祚永永
無疆國寧家安我君是升根生葉茂舊邑是仍於皇舊亭苗嗣是
承天之福祜萬年是興古文苑藝文類聚十二

兵當作兄
骸當作其

十八侯銘
酇侯蕭何
躭躭相國弘策不追御國維綱秉統樞機文昌四友漢有蕭何序
功第一受封于酇通典一百七十七引下四句以爲溜水亭高祖碑知此十八銘皆碑中語也
將軍舞陽侯樊噲
敖敖將軍威蓋不當操盾千鈞拔主項堂漢興破楚矯矯忠良卒
爲丞相帝室以康
將軍留侯張良
赫赫將軍受兵黃石規圖勝負不出帷幄命惠瞻仰安全正國
師是封光榮舊宅
太尉絳侯周勃
懿懿太尉惇厚樸誠輔翼受命應節御營歷位卿相士國兼并見
危致命社稷以寧

將軍平陽侯曹參
蹇蹇相國允忠克誠臨危處險安而匡傾興代之際濟主立名身
履國土秉御乾楨
丞相戶牖侯陳平
洋洋丞相勢譎師旅擾攘楚魏爲漢謀主六奇解厄揚名于後
南宮侯張敖
堂堂張敖耳之遺萌以誠佐國序迹建忠功成德立襲封南宮垂
號萬春永保無疆
衛尉曲陽侯酈商
衎衎衛尉德行循規遭兵食骸隕殁于齊橫恥愧冥刎頸自獻金
紫褒表萬世不刊
將軍潁陽侯灌嬰
煌煌將軍輔漢久長威震呂氏姦惡不揚寇攘殄盡躬迎代王功

天德之德當作賦

顯帝室。萬世益章。

將軍汝陰侯夏侯嬰

斌斌將軍。鷹武是揚。內康王室。外鎮四方。諸夏乂安。流及要荒。聲馳海內。苗嗣紀功。

將軍陽陵侯傅寬

休休將軍。如虎如羆。御師勒陳。破敵以威。靈金曜熱。火流烏飛。將命伏節。功績永垂。

將軍信武侯靳歙

斤斤將軍。忠信孔雅。出身六師。十二四旅。折衝扞難。遂盥天下。金龜章德。建號傳後。

丞相安國侯王陵

明明丞相。天德庭直。剛德正行。不枉不曲。功業成著。榮顯食邑。距呂奉主。昭然不惑。

將軍襄平侯韓信

桓桓將軍。輔主克征。奉使口璧。章樵注本作全璧。身泄項營。序功差德。履讓以平。轉北而遊。雲中以傾。

將軍棘津侯陳武

巖巖將軍。帶武佩威。御雄乘險。難困不違。仇滅主定。四海是桓。章樵注本作植。功成食土。德被遐邇。

曲成侯蟲達

晏晏曲成。輿從龍騰。安危從主。赤曜以升。赫赫皇皇。道彌光明。惟德御國。流及後萌。

御史大夫汾陰侯周昌

肅肅御史。以武以文。相趙距呂。志安君身。徵諧行所。如意不全。天秩邑土。勛乃永存。

將軍青陽侯王吸

邑邑將軍。育養烝徒。建謀正直。行不匡邪。本注匡一作匿。入軍討敵。項定天都。佩雀雙印。百里爲家。古文苑。

典引

臣固言。永平十七年。臣與賈逵、傅毅、杜矩、展隆、郗萌等召詣雲龍門。小黃門趙宣持秦始皇帝本紀問臣等曰。太史遷下贊語中。寧有非耶。臣對。此贊賈誼過秦篇云。向使子嬰有庸主之才。僅得中佐。秦之社稷。未宜絕也。此言非是。即召臣入問。本聞此論非耶。將見問意開寤耶。臣具對素聞知狀。詔因曰。司馬遷著書。成一家之言。揚名後世。至以身陷刑之故。反微文刺譏。貶損當世。非誼士也。司馬相如洿行無節。但有浮華之辭。不周于用。至于疾病而遺忠。主上求取其書。竟得頌述功德。言封禪事。忠臣效也。至是賢遷遠矣。臣固常伏刻誦聖論。昭明好惡。不遺微細。緣事斷誼。動有規矩。雖仲尼之因史見意。亦無以加。臣固被學最舊。受恩浸深。誠思畢力竭情。昊天罔極。臣固頓首頓首。伏惟相如封禪。靡而不典。揚雄美新。典而亡實。然皆游揚後世。垂爲舊式。臣固才朽。不及前人。蓋詠雲門者難爲音。觀隋和者難爲珍。不勝區區。竊作典引一篇。雖不足雍容明盛萬分之一。猶啟發憤滿。覺悟童蒙。光揚大漢。軼聲前代。然後退入溝壑。死而不朽。臣固愚戇。頓首頓首曰。

太極之元。兩儀始分。烟烟熅熅。有沈而奧。有浮而清。沈浮交錯。庶類混成。肇命民主。五德初始。同于草昧。玄混之中。踰繩越契。寂寥而亡詔者。系不得而綴也。厥有氏號。紹天闡繹。莫不開元于太昊皇初之首。上哉敻乎。其書猶得而修也。亞斯之代。通變神化。函光而未曜。若夫上稽乾則。降承龍翼。而炳諸典謨。以冠德卓絕者。莫崇乎陶唐。陶唐舍胤而禪有虞。有虞亦命夏后。稷契熙載。越成湯武。股肱既周。天迺歸功元首。將授漢劉。俾其承三季之荒末。值亢龍之災孽。懸象闇而恒文乖。彝倫斁而舊章缺。故先命玄聖。使綴

寓當作寓

學立制宏亮洪業表相祖宗贊揚迪喆備哉粲爛眞神明之式也雖皋夔衡旦密勿之輔比玆褊矣是以高光二聖宸居其域時至氣動乃龍見淵躍拊翼而未舉則威靈紛紜海內雲蒸雷動電熛胡縊莽分尚不恔其誅然後欽若上下恭揖羣后正位度宗有于德不台淵穆之讓靡號師矢敦奮撝之容蓋以膺當天之正統受克讓之歸運著炎上之烈精蘊孔佐之弘陳云爾洋洋乎若德帝者之上儀誥誓所不及已鋪觀二代洪纖之度其賾可探也並開迹于一匱同受侯甸之服奕世勤民以方伯統牧乘其命賜彤弧黃鉞之威用討韋顧黎崇之不恪至于參五華夏京遷鎬亳遂自北面虎螭其師革滅天邑是故諠士華而不敦武稱未盡護有慙德不其然歟然猶於穆猗那翕純皦繹以崇嚴祖考殷薦宗配帝發祥流慶對越天地者舄奕乎千載豈不克自神明哉誕略有常審言行于篇籍光藻朗而不渝耳欻夫赫赫聖漢巍巍唐基泝測其源乃先孕虞育夏甄殷陶周然後宣二祖之重光襲四宗之緝熙神靈日照光被六幽仁風翔乎海表威靈行乎鬼區匿亡迴而不泯微胡瑣而不頤故夫顯定三才昭登之績匪堯不興鋪聞遺策在下之訓匪漢不弘厥道至于經緯乾坤出入三光外運渾元內霑豪芒性類循理品物咸亨其已久矣盛哉皇家帝世德臣列辟功君百王榮鏡宇宙尊亡與亢乃始虔鞏勞謙兢兢業業貶成抑定不敢論制作至于遷正黜色賓監之事渙揚寓內而禮官儒林屯朋篤論之士不傳祖宗之髣髴雖云優愼無乃葸與于是三事嶽牧之寮僉爾而進曰陛下仰監唐典中述祖則俯蹈宗軌躬奉天經惇睦辨章之化洽巡靖黎蒸懷保鰥寡之惠浹燔瘞縣沈肅祇羣神之禮備是以來儀集羽族于觀魏肉角馴毛宗于外囿擾緇文皓質于郊升黃輝采鱗于沼甘露宵零于豐草三足軒翥于茂樹若乃嘉穀靈草奇獸神禽應圖合牒窮祥極瑞者朝夕坰牧日月邦畿卓犖乎方州洋溢乎要荒昔姬有素雉朱烏玄秬黃鍪之事耳君臣動色左右相趨濟濟翼翼峨峨如也蓋用昭明寅畏承聿懷之福亦以寵靈文武貽燕後昆覆以懿鑠豈其爲身而有顓辭也若然受之亦宜勤恁旅力以充厥道啓恭館之金縢御東序之祕寶以流其占夫圖書亮章天哲也孔猷先命聖孚也體行德本正性也逢吉丁辰景命也順命以創制因定以和神答三靈之蕃祉展放唐之明文玆事體大而允寤寐次于聖心瞻前顧後豈蔑清廟憚敕天命也伊考自遂古乃降戾爰玆作者七十有四人有不俾而假素罔光度而遺章今其如台而獨闕也是時聖上固已垂精遊神苞舉藝文屢訪羣儒諭咨故老與之斟酌道德之淵源肴覈仁誼之林藪以望元符之臻焉既感羣后之讜辭又悉經五繇之碩慮矣將絣萬嗣揚洪輝奮景炎扇遺風播芬烈久而愈新用而不竭汪汪乎丕天之大律其疇能亘之哉唐哉皇哉皇哉唐哉（文選　藝文類聚十）

旣當作能

奕旨

大冠言博既終或進而問之曰孔子稱有博奕今博行于世而奕獨絕博義既弘奕義不述問之論家師不既說其聲可問乎曰學不廣博無以應客北方之人謂棊爲奕弘而說之舉其大略厥義深矣局必方正象地則也道必正直神明德也棊有白黑陰陽分也駢羅列布效天文也四象既陳行之在人蓋王政也成敗臧否爲仁由己道之正也夫博懸于投不專在行優者有不遇劣者有僥倖踦挐相凌氣勢力爭雖有雄雌未足以爲平也至于奕則不然高下相推人有等級若孔氏之門回賜相服循名責實謀以計策若唐虞之朝考功黜陟器用有常施設無析因敵爲資應時屈伸續之不復變化日新或虛設豫置以自護衞蓋象庖羲罔罟之制隄防周起障塞漏決有似夏后治水之勢一孔有闕壞頹不振

有佀狐子汎濫之敗。一其破室亡地復還。曹子之威。作伏設詐。突圍橫行。田單之奇。要尼相劫。割地取償。蘇張之姿。固本自廣。敵人恐懼。參分有二。釋而不誅。周文之德。知者之慮也。既有過失。能量弱彊。逡巡需行。保角休旁。卻自補續。雖敗不亡。繆公之智。中庸之方。上有天地之象。次有帝王之治。中有五霸之權。下有戰國之事。覽其得失。古今略備。及其晏也。至于發憤忘食。樂㠯忘憂。推而高之。仲尼概也。樂而不淫。哀而不傷。質之詩書。關雎類也。紕專知柔。陰陽代至。施之養性。彭祖氣也。外若無爲。默而識淨。泊自守㠯道。意隱居放言。遠咎悔行。象虞仲。信可喜感乎大冠論未備。故因問者喻其事。藝文類聚七十四。御覽七百五十三。古文苑。

馬仲都哀辭

車騎將軍順文侯馬仲都。明帝舅也。從車駕于洛水浮橋。馬驚。入水溺死。帝顧謂侍御曰。班固爲馬上三十步哀辭。御覽五百九十六。

涿邪山祝文

晄晄將軍。大漢元輔。文選顏延之曲水詩序注。又王儉褚淵碑文注。仗節擁旄。鉦人伐鼓。文選虞羲詠霍將軍北伐詩注。又宣德皇后令注。又丘遲與陳伯之書注。

班超

超字仲升。彪少子。明帝時隨兄固至京師。爲官傭書。除蘭臺令史。後坐事免。竇固出擊匈奴。㠯爲假司馬。有功。尋奉使西域。㠯三十六人定五十餘國。初爲軍司馬。進將兵長史。拜都護。封定遠侯。在西域三十一年。永元十四年徵還。拜射聲校尉。卒年七十一。

請兵平定西域疏

臣竊見先帝欲闢西域。置校尉。討思慮十有餘年。乃發大策。北擊匈奴。西使外國。鄯善于寘。卽時向化。今拘彌莎車、疏勒月氏烏孫、康居復願歸附。欲共并力。破滅龜茲。平通漢道。若得龜茲。則西域未服者百分之一耳。臣伏自惟念。卒伍小吏。實願從谷吉效命絕域。庶幾張騫棄身曠野。昔魏絳列國大夫。尚能和輯諸戎。況臣奉大漢之威。而無鉛刀一割之用乎。前世議者皆曰取三十六國。號爲斷匈奴右臂。今西域諸國。自日之所入。莫不向化。大小欣欣。各奉國珍。前後不絕。唯焉耆龜茲獨未服從。臣前與官屬三十六人奉使絕域。備遭艱尼。自孤守疏勒。于今五載。胡夷情數。臣頗識之。問其城郭小大。皆言倚漢與依天等。㠯是效臣之能。則葱領可通。葱領通則龜茲可伐。今宜拜龜茲侍子白霸爲其國王。㠯步騎數百送之。與諸國連兵。歲月之閒。龜茲可禽。㠯夷狄攻夷狄。計之善者也。臣見莎車疏勒田地肥廣。草木饒衍。不比敦煌鄯善閒也。兵可不費中國。而糧食自足。且姑墨溫宿二王。特爲龜茲所置。既非其種。更相厭苦。其勢必有降反。若二國來降。則龜茲自破。願下臣章。參考行事。誠有萬分。死復何恨。臣超區區。特蒙神靈。竊冀未便僵仆。目見西域平定。陛下舉萬年之觴。薦勳祖廟。布大喜于天下。後漢班超傳。又見袁宏後漢紀十一。有刪節。亦有多出句。今合錄之。

上書求代

臣聞大公封齊。五世葬周。故狐死首丘。代馬依風。夫周齊同在中土千里之閒。況于萬里絕域。小臣能無依風首丘之思哉。蠻夷之俗。畏壯侮老。自其天性。臣超犬馬齒殲。常恐年衰。奄忽僵仆。孤魂棄捐。昔蘇武留匈奴中。尚十九年。今臣幸得奉節。帶金銀護西域。如自㠯壽終屯部。誠無所恨。臣義不營私。然竊恐後世或名臣爲沒西域。臣不敢望到酒泉郡。但願生入玉門關。㠯承邊境威外夷。臣老病衰困。冒死瞽言。謹先遣子勇隨獻物入塞。及臣生在。令勇目見中土。袁宏後漢紀十四。又見後漢班超傳。各有刪節。今合錄之。

上言宜招慰烏孫

烏孫大國。控弦十萬。故武帝妻㠯公主。至孝宣皇帝卒得其用。今

可遣使招慰與共合力（後漢班超傳）

敕吏田慮

兜題本非疏勒種國人必不用命若不卽降便可執之（後漢班超傳）

答任尚書

任君數當大任豈班超所能及哉必不得已願進愚言塞外吏士本非孝子順孫皆㠯過補屯部蠻夷獸心難養易動今君性嚴急水清無大魚將軍宜寬小過總大綱而已（袁宏後漢和帝紀永元十三年超曰云云據上文尚與超書則此亦書非面語也）

班勇

勇字宜僚超少子永初初爲軍司馬延光中拜西域長史㠯五百人復定西域唯焉耆未降永建二年與張朗分道擊之坐後期徵下獄免有西域諸國記若干卷（案後漢西域傳云皆安帝末班勇所記今全卷在范書故不錄）

西域議

愚㠯爲邊境者中國之脣齒脣亡則齒寒其理然也（四語從袁宏後漢紀十六補）昔孝武皇帝患匈奴彊盛兼總百蠻㠯逼障塞于是開通西域離其黨與論者㠯爲奪匈奴府藏斷其右臂遭王莽篡盜徵求無厭胡夷忿毒遂㠯背叛光武中興未遑外事故匈奴負彊驅率諸國及至永平再攻敦煌河西諸郡城門晝閉孝明皇帝深惟廟策乃命虎臣出征西域故匈奴遠遁邊境得安及至永元莫不內屬會間者羌亂西域復絕北虜遂遣責諸國備其逋租高其價直嚴㠯期會鄯善車師皆懷憤怨思樂事漢其路無從前所㠯時有叛者皆由牧養失宜還爲其害故也今曹宗徒恥于前負欲報雪匈奴而不尋出兵故事未度當時之宜也夫要功荒外萬無一成若兵連禍結悔無及已況今府藏未充師無後繼是示弱于遠夷暴短于海內臣愚㠯爲不可許也舊敦煌郡有營兵三百人今宜復之復置護西域副校尉居于敦煌如永元故事又宜遣西域長史將五百人屯樓蘭西當焉耆龜茲徑路南彊鄯善于窴心膽北扞匈奴東近敦煌如此誠便（後漢班勇傳）

答尚書問

尚書問勇曰今立副校尉何㠯爲便又置長史屯樓蘭利害云何勇對曰昔永平之末始通西域初遣中郎將居敦煌後置副校尉于車師旣爲胡虜節度又禁漢人不得有所侵擾故外夷歸心匈奴畏威今鄯善王尤還漢人外孫若匈奴得志則尤還必死此等雖同鳥獸亦知避害若出屯樓蘭足㠯招附其心愚㠯爲便（後漢班勇傳）

對鐔顯等難（鐔顯字子誦鄴人爲長樂衛尉進侍中光祿大夫）

長樂衛尉鐔顯綦毋參司隸校尉崔據難曰朝廷前所㠯棄西域者㠯其無益于中國而費難供也今車師已屬匈奴鄯善不可保信一旦反覆班將能保北虜不爲邊害乎勇對曰今中國置州牧者㠯禁郡縣姦猾盜賊也若州牧能保盜賊不起者臣亦願㠯要斬保匈奴之不爲邊害也今通西域則虜勢必弱虜勢弱則爲患微矣孰與歸其府藏續其斷臂哉今置校尉㠯扞撫西域設長史㠯招懷諸國若棄而不立則西域望絕望絕之後屈就北虜緣邊之郡將受困害恐河西城門必復有晝閉之儆矣今不廓開朝廷之德而拘屯戍之費若北虜遂熾豈安邊久長之策哉（後漢班勇傳）

對毛軫難

太尉屬毛軫難曰今若置校尉則西域駱驛遣使求索無厭與之則費難供不與則失其心一旦爲匈奴所迫當復求救則爲役大矣勇對曰今設㠯西域歸匈奴而使其恩德大漢不爲鈔盜則可矣如其不然則因西域租入之饒兵馬之衆㠯擾動緣邊是爲富仇讎之財增暴夷之勢也置校尉者宣威布德㠯繫諸國內向之

心。臣疑匈奴覬覦之情。而無財費耗國之慮也。且西域之人。無它求索。其來入者。不過稟食而已。今若拒絕。勢歸北屬。夷虜并力。以寇幷涼。則中國之費。不止千億。置之誠便。後漢班勇傳。

全後漢文卷二十六終

全後漢文卷二十七

烏程嚴可均校輯

丁恭

恭字子然，山陽東緡人。習公羊嚴氏春秋，州郡請召不應。建武初為諫議大夫、博士，封關內侯，遷少府，拜侍中、祭酒、騎都尉。

封功臣議

古帝王封諸侯不過百里，故利以建侯，取法于雷，彊榦弱枝，所以為治也。今封諸侯四縣，不合法制。（後漢光武紀建武二年正月博士丁恭議）

尹敏

敏字幼季，南陽堵陽人。建武初拜郎中，後三遷為長陵令。永平中遷諫議大夫。

上疏陳洪範消災之術

六沴作見，若是供御，帝用不差，神則大喜，五福乃降，用章于下。若不供御，六罰既侵，六極其下。明供御則天報之福，不供御則禍災至。欲尊六事之體，則貌言視聽思心之用，治六事之揆，以致乎太平，而消除轗軻孽害也。（續漢五行志一注補引續漢書：建武二年，尹敏上疏。）

樊宏

宏字靡卿，南陽湖陽人，娶光武族姊。建武初拜光祿大夫，位特進，封長羅侯。十五年定封壽張侯。二十七年卒，諡曰恭侯。

戒子

富貴盈溢，未有能終者。吾非不喜榮勢也，天道惡滿而好謙，前世貴戚皆明戒也。保身全己，豈不樂哉。（後漢樊宏傳）

遺敕薄葬

棺柩一藏，不宜復見，如有腐敗，傷孝子之心。（後漢樊宏傳）

樊儵

儵（當作鯈）字長魚，宏子。建武末嗣封壽張侯。光武崩，為復土校尉。

永平初拜長水校尉，徙封燕侯。十年卒，諡曰哀侯。

上言選舉

郡國舉孝廉，率取年少能報恩者，耆宿大賢多見廢棄，宜敕郡國簡用良俊。（後漢樊宏附傳）

上言理朱浮

唐堯大聖，兆人獲所，尚優游四凶之獄，厭服海內之心，使天下咸知，然後誅罰。浮事雖昭明，而未達人聽，宜下廷尉，章著其事。（後漢朱浮傳）

奏正經義

先帝大業，當以時施行，欲使諸儒共正經義，頗令學者得以自助。（後漢章帝紀建初四年詔引永平元年長水校尉儵奏言）

樊準

準字幼陵，宏族曾孫。初為郡功曹，永元末召拜郎中，補尚書郎，再遷御史中丞。永初初擢守光祿大夫，拜鉅鹿太守，轉河內太守，以疾徵，三轉為尚書令，元初中進光祿勳。

上疏請興儒學

臣聞賈誼有言，人君不可以不學，故雖大舜聖德，孳孳為善，成王賢主，崇明師傅。及光武皇帝受命中興，羣雄崩擾，旌旗亂野，東西誅戰，不遑啟處，猶然投戈講藝，息馬論道。至孝明皇帝，兼天地之姿，用日月之明，庶政萬機，無不簡心，而垂情古典，游意經藝，每饗射禮畢，正坐自講，諸儒並聽，四方欣欣。雖闕里之化，矍相之事，誠不足言。又多徵名儒，以充禮官，如沛國趙孝、琅邪承宮，或安車結駟，告歸鄉里，或豐衣博帶，從見宗廟。其餘以經術見優者，布在廊廟。故朝多皤皤之良，華首之老，每讌會則論難衎衎，共求政化，詳覽羣言，響如振玉，朝者進而思政，罷者退而備問，小大隨化，雍雍可嘉。期門羽林介胄之士，悉通孝經，博士議郎，一人開門，徒眾百斅化自聖躬流及蠻荒匈奴遣伊秩訾王大車且渠來入就學八方渤肅上下無事是吕議者每稱盛時咸言永平今學者蓋少遠方尤甚博士倚席不講儒者競論浮麗忘謇謇之忠習諓諓之辭文吏則去法律而學詆欺銳錐刀之鋒斷刑辟之重德陋俗薄吕致苛刻昔孝文竇后性好黃老而淸淨之化流景武之閒臣愚吕爲宜下明詔博求幽隱發揚巖穴寵進儒雅有如孝宣者徵詣公車吕俟聖上講習之期公卿各舉明經及舊儒子孫進其爵位使纘其業復召郡國書佐使讀律令如此則延頸者日有所見傾耳者月有所聞伏願陛下推述先帝進業之道。後漢樊準傳。

因水旱災異上疏

臣聞傳曰飢而不損茲曰太厥災水春秋穀梁傳曰五穀不登謂之大侵大侵之禮百官備而不製羣臣禱而不祠由是言之調和陰陽實在儉節朝廷雖勞心元元事從省約而在職之吏尚未奉承夫建化致理由近及遠故詩曰京師翼翼四方是則今可先令太官尚方考功上林池籞諸官實減無事之物五府調省中都官吏京師作者如此則化及四方人勞省息伏見被災之郡百姓凋殘恐非賑給所能勝贍雖有其名終無其實可依征和元年故事遣使持節慰安尤困乏者徙置荆揚孰郡既省轉運之費且令百姓各安其所今雖有西屯之役宜先東州之急如遣使者與二千石隨事消息悉留富人守其舊土轉尤貧者過所衣食誠父母之計也願吕臣言下公卿平議。後漢樊宏附傳。

上疏薦龐參

臣聞鷙鳥累百不如一鶚昔孝文皇帝悟馮唐之言而赦魏尚之罪使爲邊守匈奴不敢南向夫吕一人之身折方面之難者選用得也臣伏見故左校令河南龐參勇謀不測卓爾奇偉高才武略有魏尚之風前坐徵法輸作經時今羌戎爲患大軍西屯臣吕爲如參之人宜在行伍惟明詔採前世之舉觀魏尚之風免赦參刑吕爲軍鋒必有成效宣助國威。後漢龐參傳。

風當作功

全後漢文卷二十七　樊準　三

孫福

福建武初爲太原太守

上言義士劉茂

臣前爲赤眉所攻吏民壞亂奔走趣山臣爲賊所圍命如絲髮賴茂負臣踰城出保盂縣茂與弟觸冒兵刃緣山負食臣及妻子得度死命節義尤高宜蒙表擢吕厲義士。後漢獨行劉茂傳。

嚴光

光字子陵一名遵會稽餘姚人少與光武同遊學及即位三聘乃至除諫議大夫不屈退耕富春山建武十七年復特徵不至年八十終于家

口授答侯霸

君房足下位至鼎司（後漢書作鼎足）甚善懷仁輔義天下悅阿諛順旨要領絕。皇甫謐高士傳。後漢嚴光傳。

全後漢文卷二十七　孫福　嚴光　鍾離意　四

鍾離意

意字子阿會稽山陰人建武初爲郡督郵舉孝廉再遷辟大司徒侯霸府吕病免後除瑕丘令遷堂邑令明帝即位徵爲尚書轉尚書僕射出爲魯相卒官

上書薦王望劉曠王扶

臣竊見琅邪王望楚國劉曠東萊王扶皆年七十執性恬淡所居之處邑里化之修身行義應在朝次臣誠不足知人竊慕推士進賢之義。後漢劉平傳。顯宗初尚書僕射鍾離意上書薦。

諫起北宮疏

伏見陛下吕天時小旱憂念元元降避正殿躬自克責而比日密雲遂無大潤豈政有未得應天心者邪昔成湯遭旱吕六事自責

曰。政不節邪。使人疾邪。宮室榮邪。女謁盛邪。苞苴行邪。讒夫昌邪。此下袁宏紀有今百姓須雨而天久旱。竊見北宮大作。人失農時。此所謂宮室榮也。袁宏紀作是宮室營政不節之類也。自古非苦宮室小狹。但患人不安寍。袁宏紀有詩曰雨我公田遂及我私。言君臣相濟上下同憂也。今天下疲弊。衣食不充。可謂憂矣。宜且罷止。以應天心。臣意以匹夫之才。無有行能。久食重祿。擢備近臣。比受厚賜。喜懼相半。不勝愚戇。征營。罪當萬死。後漢鍾離意傳。

未數年。豫章遭蝗。穀不收。民飢死。縣數千百人。續漢五行志三注補引謝沈書鍾離意諫起北宮表。

因變異上疏

伏惟陛下躬行孝道。修明經術。郊祀天地。畏敬鬼神。憂恤黎元。勞心不怠。而天氣未和。日月不明。水泉涌溢。寒暑違節者。咎在羣臣不能宣化理職。而以苛刻爲俗。吏殺良人。繼踵不絕。百官無相親之心。吏人無雍雍之志。至于骨肉相殘。毒害彌深。感逆和氣。以致

天災。百姓可以德勝。難以力服。先王要道。民用和睦。故能致天下和平。災害不生。禍亂不作。鹿鳴之詩。必言宴樂者。以人神之心洽。然後天氣和也。願陛下垂聖德。揆萬機。詔有司。慎人命。緩刑罰。順時氣。以調陰陽。垂之無極。後漢鍾離意傳。又略見袁宏後漢紀九。

王望罪議

昔華元子反。楚宋之良臣。不禀君命。擅平二國。春秋之義。以爲美談。今望懷義忘罪。當仁不讓。若繩之以法。忽其本情。將乖聖朝愛育之旨。後漢劉平附傳。

牒白周樹宜部職

賊曹吏周樹。結髮佐吏。服勤不懈。果于從政。行如玉石。折而不撓。謂宜部職。書鈔七十七引鍾離意別傳。

答府記

詩曰。刑于寡妻。至于兄弟。以御于家邦。明正化之本。由近及遠。今宜明府內以及諸外。且闊略遠縣細微事。袁宏後漢紀。

解土祝

興功役者令。百姓無事。如有禍祟。令自當之。後漢鍾離意傳注引東觀記。

祭肜

肜字次孫。潁川潁陽人。征虜將軍遵從弟。建武初拜黃門侍郎。後爲偃師長。遷襄賁令。拜遼東太守。在郡三十年。永平中徵爲太僕。以擊北匈奴無功下獄。免。尋歐血死。

臨終敕其子逢參等

吾奉使不稱。微功不立。身死慚恨。義不可以受賞賜。汝等齎兵馬詣邊。乞效死前行。以副吾心。袁宏後漢紀十。

辛臣

臣田戎妻兄。建武三年來降。

在岑彭營與田戎書

岑將軍已奏我封五千戶侯。虛心相待。願急來。無拘前圖。袁宏後漢紀四。田戎謀將降漢。使辛臣與長史留守夷陵。臣盜戎珍寶及善馬。從陸道晨夜詣岑彭。因從彭營與戎書。

方儲

儲字聖明。丹陽歙人。除郎中。見初學記二十八。御覽九百七引謝承書。又方回續古今考一以爲本河南人。父紘避王莽之難徙歙。

建武五年旱災對策

百姓口苦。士卒煩碎。責疑衍。租稅失中。暴師外營。經歷三時。內有怨女。外有曠夫。王者熟推其詳。揆合于天。圖之事情。旱災可除。夫旱者過日。天王無意于百姓。恩德不行。萬民煩擾。故天應以無澤。續漢五行志一注補。

又對

民悲怨則陰類彊。河決海溢。地動土涌。續漢五行志三注補。

董鈞

鈞建武中爲城門校尉。

駮三老答天子拜議

養三老，所㠯敎事父之道也。若答拜，是使天下答子拜也。續漢禮儀志上注補引譙周五經然否曰：漢初或云三老答天子拜，遭王莽之亂，法度殘缺。漢中興，定禮儀，羣臣欲令三老答拜，城門校尉董鈞駮云云，詔從鈞議。

劉般

般字伯興，宣帝子楚孝王囂之曾孫。建武九年封菑丘侯，就國。後徙封杼秋侯。二十年從駕還洛，留爲侍祠侯。永平初徙封居巢侯，後徵行執金吾事，兼屯騎校尉。章帝卽位，㠯爲長樂少府。還宗正。

議置常平倉對

常平倉外有利民之名，而內實侵刻百姓，豪右因緣爲姦，小民不能得其平，置之不便。後漢劉般傳。

上言實覈田畝

郡國㠯官禁二業，至有田者不得漁捕。今濱江湖郡率少蠶桑，民資漁採㠯助口實，且㠯冬春閑月，不妨農事。夫漁獵之利，爲田除害，㠯助穀食，無關二業也。又郡國㠯牛疫水旱，墾田多減，故詔敕區種，增進頃畝，㠯爲民也。而吏舉度田，欲令多前，至于不種之處，亦通爲租。可申敕刺史二千石，務令實覈，其有增加，皆使與奪田同罪。後漢劉般傳。

劉愷

愷字伯豫，般長子。和帝時徵爲郎，遷侍中步兵校尉、宗正，免。復拜侍中，遷長水校尉。永初初進太常，六年代張敏爲司空。元初二年代夏勤爲司徒，永寧初致仕。復拜太尉，延光二年致仕。

牧守宜同服制議

詔書所㠯爲制服之科者，蓋崇化厲俗，㠯弘孝道也。今刺史一州之表，二千石千里之師，職在辯章百姓，宣美風俗，尤宜尊重典禮，㠯身先之。而議者不尋其端，至于牧守，則云不宜，是猶濁其源而望流清，曲其形而欲景直，不可得也。後漢劉愷傳。

臧吏不得禁錮子孫議

春秋之義，善善及子孫，惡惡止其身，所㠯進人于善也。尚書曰：上刑挾輕，下刑挾重。如今使臧吏禁錮子孫，㠯輕從重，懼及善人，非先王詳刑之意也。後漢劉愷傳。

戴涉

涉建武中封關內侯，代歐陽歙爲大司徒，二十年坐入故太倉令奚涉罪下獄死。

廟祭議

宜㠯宣元成哀平五帝四世代今親廟，宣元皇帝尊爲祖父，可親奉祠。成帝㠯下，有司行事，別爲南頓君立皇考廟，其祭上至舂陵節侯，羣臣奉祠，㠯明尊尊之敬，親親之恩。後漢張純傳：建武十九年，大司徒戴涉大司空竇融議，帝從之。又略見續漢祭祀志中。

張汜

汜建武中爲陽武令。

河決上言

河決積久，日月侵毀，濟渠所漂數十許縣。修理之費，其功不難，宜改修堤防，㠯安百姓。後漢王景傳：建武十年，陽武令張汜上言。

樂俊

俊建武中浚儀令。

上言止營河功

昔元光之閒，人庶熾盛，緣隄墾殖，而瓠子河決，尚二十餘年不卽壅塞。今居家稀少，田地饒廣，雖未修理，其患猶可。且新被兵革，方興力役，勞怨既多，民不堪命。宜須平靜，更議其事。後漢王景傳。

衞宏

宏字敬仲東海人官議郎

詔定古文官書序

秦既焚書患苦天下不從所改更而諸生到者拜爲郎前後七百人乃密令種瓜于驪山阬谷中溫處瓜實成詔博士諸生說之人人不同乃令就視爲伏機諸生賢儒皆至焉方相難不決因發機從上填之以土皆壓之終乃無聲史記儒林傳序正義後漢陳蕃傳注上闕徵之老不能行遣太常掌故鼂錯往讀之年九十餘不能正言言不可曉使其女傳言教錯齊人語多與潁川異錯所不知者凡十二三略以其意屬讀而已史記鼂錯傳孝文帝時天下無治尚書者獨聞濟南伏生故秦博士治尚書年九十餘老不可徵乃詔太常使人往受之太常遣錯受尚書伏生所正義引衞宏詔定古文尚書序

董宣

宣字少平陳留圉人建武中辟司徒侯霸府舉高第累遷北海相左轉懷令遷江夏太守坐事免後特徵爲洛陽令卒官年七十四

到江夏界移書夏喜等

朝廷以太守能禽姦賊故辱斯任今勒兵界首檄到幸思自安之宜後漢酷吏董宣傳

禮震

震字仲威平原人歐陽歙弟子以上書乞代歙拜郎中後坐事左遷淮陽王廄長

上書求代歐陽歙

伏見臣師大司徒歐陽歙學爲儒宗八世博士而以臧咎當伏重辜歙門單子幼未能傳學身死之後永爲廢絕上令陛下獲殺賢之譏下使學者喪師資之益乞殺身以代歙命後漢歐陽歙傳

桓榮

榮字春卿沛郡龍亢人習歐陽尚書教授江淮閒建武十九年年六十餘始辟大司徒戴涉府拜議郎授太子經補博士進太子少傅拜太常永平二年三雍成拜五更封關內侯

上疏謝皇太子

臣幸得侍帷幄執經連年而智學淺短無以補益萬分今皇太子以聰叡之姿通明經義觀覽古今儲君副主莫能專精博學若此者也斯誠國家福祐天下幸甚臣師道已盡皆在太子謹使掾臣汜再拜歸道後漢桓榮傳又見袁宏後漢紀八與此小異

桓郁

郁字仲恩榮少子永平中襲爵關內侯拜議郎遷侍中兼虎賁中郎將授太子經遷越騎校尉章帝初遷屯騎校尉和帝初遷長樂少府復入侍講轉侍中奉車都尉代丁鴻爲太常

上疏皇太子

伏見太子體性自然包含今古謙讓允恭天下共見郁父子受恩無以明益夙夜慙懼誠思自竭愚以爲太子上當合聖心下當卓絕于衆宜思遠慮以光朝廷後漢桓郁傳注引東觀記

桓麟

麟字元鳳郁孫辟司徒掾桓帝初爲議郎侍講禁中出爲許令病免以母喪哀毀卒有集二卷

七說

香萁爲飯雜以粳菰散如細蚳摶以凝膚河黿之羹齊以蘭梅芬甘目未咽先滋北堂書鈔一百四十四飯篇羹篇各引一條藝文類聚五十七御覽八百五十七又八百六十一脒一元之膚膾挺祭之餘口口銘方徵劃不理雜猶亂絲聚若委采北堂書鈔一百四十五膾篇又脒篇引首句蒸剛肥之豚同上蒸篇包柔毛之羜同上餻篇調脡和粉糅以橙蒟同上生脡篇

椅梧與梓生乎曾崖上仰貫天之山下臨洞地之谿飛霜厲其末

飇風激其崖。孤琴徑其根。雜鳥集其枝。藝文類聚五十七。案孤琴有誤。

王良相其左。造父驂其右。揮沫揚鑣。倏忽長驅。輪不暇轉。足不及騄。騰虛踰浮。嚮若飆霧。追慌忽。逐無形。速疾影之超表。捷飛響之應聲。超絕壑。踰懸阜。馳猛禽。射勁鳥。騁不失蹤。滿不空發。彈輕翼于高冥。窮疾足于方外。同上。

戲譚以要譽。文選蜀都賦注引桓譚七說。乃桓麟之誤。

太尉劉寬碑　中平二年二月

公諱寬。字文饒。弘農華陰人也。其先口口。聖漢王侯。纖炎有國有號。列存家序。公之考乃作司徒。輔毗安順。勳載二葉。公託受純和之氣。體有樂道盜儉之性。疾雕飾。尚樸素。輕榮利。重謙讓。幼與同好。鑽墳典于茅廬。是以根經緯綜。精微講童冠而不倦。伉浮雲之志。三公莫能致之。大將軍以禮脅命。舉高第。拜侍御史。遷梁令。當口康。踰產豹。喪舊君以棄官。遵洙泗之業。有悔仕思初之計。三府竝招。博士徵。皆辭疾不就。司隸舉茂材。大尉舉有道。公車徵拜議郎。司徒長史。入登侍中。宣美顧問。延熹八年地震。有詔詢異。公以演策沈漸。對當帝心。轉拜尚書。齊密機喉。王命惟允。還東海相。以德興化。澤臻民物。復遷南陽太守。壹行質省簡易之教。推貞諒以示下。顯眾善以厲否。惻隱之誠。通乎神人。故能去鞭扑。如獲其情。弗用刑。如弭其姦。帝初即位。開學稽古。訓咨儒林。僉曰公優。徵拜大中大夫。納用勸講。復拜侍中屯騎校尉宗正光祿勳。遂授大尉。悉讚百揆。四門之職。懷夫三事。和昭鼎實。功成則退。固疾遜位。拜光祿大夫。遷衞尉。復作大尉。每執盤桓。成則三讓。以交會口精。引咎折躬。朝克忠讜。思其良猶。即召里巷。拜永樂少府光祿勳。先是時也。狂寇張角。口口妖逆。公卬觀見像。上過其源。未遻誅討。亂作不旋。帝乃追寶先謀。錫之土田。封逯鄉侯。食邑六百戶。年六十有六。中平二年二月丁卯薨。天子閔悼。惻怛內發。手筆為策。口溯咨嗟。使右中郎將張良持節臨弔。贈車騎將軍印綬。位特進。賜琀贈襚。有加典禮。復使五官中郎將何夔持節謚曰昭烈侯。夏四月庚戌葬。公卿百寮縉紳之徒。其會如雲。可謂其存也榮其亡也哀者焉。于是故吏李謙等。有感殷魯述德之頌。以為洪懿休策。宜著無窮。故雜論攸行。紀其大略。鐫石立碑。其辭曰。

於穆顯融。惟予公侯。纘我前烈。克明厥猷。熙精恬默。潛庸底昭。德以蒞政。俾民是口。其樂伊何。匪謗匪威。允丕禮讓。寶化玄為。入口誨保。訓導萬機。作鎮上司。御勸不迷。溫溫其恭。口尹寶秖。秩秩其苞。羣儒實師。奕奕其容。矚裔口口。刊眡萬祀。孰嗣厥徽。隸釋十一。又略見藝文類聚四十六。案隸釋有劉寬兩碑。前碑桓麟撰。據藝文類聚知之。後碑蔡邕撰。據文選王仲宣誄注知之。洪适皆未攷出。摯虞文章志云。麟文見在者十八篇。有碑九首。詩七首。七說一首。沛相郭府君書一首。

桓彬

彬字彥林。麟子。舉孝廉。拜尚書郎。

七設

新城之秔。雍丘之粱。重穋代孰。既滑且香。精稗細麪。芬糜異粻。北堂書鈔一百四十二酒食總篇。又一百四十四飯篇。

三牲之供。鯉魮之鱠。飛刀徽整。疊似蚋羽。同上總篇。又一百四十五膾篇引兩條。

口口大武。牷犢栗粱。剛鬣奉豕。肥腯云羊。合以水火之齊。和以五味之芳。同上總篇。

菰粱雪累。班鸞錦文。又一百四十五肉篇。

桓儼

儼字文林。沛國人。避地會稽。後浮海南入交州。

遺陳業書　業字文理。會稽上虞人。為本郡守。棄官遁迹黟歙。

不因行李以係陰山白櫰。日從容養高。動靜履直。季世多艱。爰適樂土。側聞高風。飢渴話言。知迺深隱。邈然終時。求仁斯得。勤而無憾。齊蹤古賢。何其優哉。藝文類聚三十一引會稽典錄。

宗均（本傳作宋均。寫刻誤。）

均字叔庠。南陽安衆人。建武中爲郎。補辰陽長。㠯祖母憂去官。後爲謁者。監伏波將軍馬援軍。遷上蔡令。拜九江太守。永平初。遷東海相。坐法免。徵拜尚書令。遷司隸校尉。出爲河內太守。㠯疾免。

移記九江屬縣

夫虎豹在山。黿鼉在淵。物性之所託。故江淮之閒有猛獸。猶江北之有雞豚。今數爲民害者。咎在貪殘居職使然。而返逐捕。非政之本也。壞檻穽。勿復課錄。退貪殘。進忠良。（風俗通二。又見後漢宗均傳。作咎在殘吏。而勤勞張捕。非憂恤之本也。其務退姦貪。思進忠善。可一去檻穽。除削課制。）

下書浚遒縣巫

自今㠯後。爲山娶者。皆娶巫家。勿擾良民。（後漢宗均傳。）

宗意

意字伯志。均族子。永平中舉孝廉。擢拜阿陽侯相。建初中徵爲尚書。章和中遷司隸校尉。

諫留諸王不遣就國疏

陛下至孝烝烝。恩愛隆深。㠯濟南王康中山王焉先帝昆弟。特蒙禮寵。聖情戀戀。不忍遠離。比年朝見。久留京師。崇㠯叔父之尊。同之家人之禮。車入殿門。卽席不拜。分甘損膳。賞賜優渥。昔周公懷聖人之德。有致太平之功。然後王曰叔父。加㠯賜幣。今康焉幸㠯支庶享食大國。陛下卽位。蠲除前過。還所削黜。衍食它縣。男女少長竝受爵邑。恩寵踰制。禮敬過度。春秋之義。諸父昆弟無所不臣。所㠯尊尊卑卑。彊幹弱枝者也。陛下德業隆盛。當爲萬世典法。不宜㠯私恩損上下之序。失君臣之正。又西平王羨等六王。皆妻子成家。官屬備具。當早就蕃國。爲子孫基阯。而室第相望。久磐京邑。婚姻之盛。過于本朝。僕馬之衆。充塞城郭。驕奢僭擬。寵祿隆過。今諸國之封。竝皆膏腴。風氣平調。道路夷近。朝聘有期。行來不難。宜割情不忍。㠯義斷恩。發遣康焉各歸蕃國。令羨等速就便時。㠯塞衆望。（後漢宗意傳。）

上疏請不許南單于北徙

夫戎狄之隔遠中國。幽處北極。界㠯沙漠。簡賤禮義。無有上下。彊者爲雄。弱卽屈服。自漢興㠯來。征伐數矣。其所尅獲。曾不補害。光武皇帝躬服金革之難。深昭天地之明。故因其來降。羈縻畜養。邊人得生。勞役休息。于茲四十餘年矣。今鮮卑奉順。斬獲萬數。中國坐享大功。而百姓不知其勞。漢興功烈。于斯爲盛。所㠯然者。夷虜相攻。無損漢兵者也。臣察鮮卑侵伐匈奴。止是利其抄掠。及歸功聖朝。實出貪得重賞。今若聽南虜還都北庭。則不得不禁制鮮卑。鮮卑外失暴掠之願。內無功勞之賞。豺狼貪婪。必爲邊患。今北虜西遁。請求和親。宜因其歸附。㠯爲外扞。巍巍之業。無㠯過此。若引兵費賦。㠯順南虜。則坐失上略。去安卽危矣。誠不可許。（後漢宗意傳。）

匈奴處北。種介㠯沙漠。簡賤禮儀。衣食殊俗。此乃天一種民也。自漢興㠯來。數發兵攻之。所得輒不足㠯復所害。呼韓邪單于奉蕃。然中國亦疲于送迎之勞矣。光武皇帝躬擐金甲之難。深明天地之界。故因其來降。寵立㠯爲單于。羈縻畜養。邊民得㠯休息。迄今四十餘年。今鮮卑奉順威靈。斬獲北單于名王已下萬計。中國坐享其功。而百姓不知其勞。漢興功烈。于斯爲盛。今南單于還塞外。所謂虎出于檻也。必與兵要利。內恃于漢。其事得浸滋不息。而設費不得已。無故㠯萬安之計。而徼不可必之功。未見其聖也。（袁宏後漢紀十二。章和元年。與范書絕異。）

全後漢文卷二十七終

全後漢文卷二十八

烏程嚴可均校輯

杜篤

篤字季雅。京兆杜陵人。御史大夫延年玄孫。建武中。坐事爲美陽令所收。送京師。于獄中爲吳漢誄。賜帛免刑。後仕郡文學掾。建初三年。車騎將軍馬防請爲從事中郎。從擊西羌。戰沒于射姑山。有集一卷。

祓禊賦

巫咸之徒。秉火祈福。續漢禮儀志上注補

王侯公主。暨乎富商。用事伊雒。帷幔玄黃。于是旨酒嘉肴。方丈盈前。浮棗絳水。酹酒醲川。若乃窈窕淑女。美媵豔姝。戴翡翠。珥明珠。曳離袿。立水涯。微風掩壒。纖縠低回。蘭蘇肸蠁。感動情魂。若乃隱逸未用。鴻生俊儒。冠高冕。曳長裾。坐沙渚。談詩書。詠伊呂。歌唐虞。藝文類聚四。

首陽山賦

嗟首陽之孤嶺。形勢窟其槃曲。面河源而抗巖。隴塠隈而相屬。長松落落。卉木天台賦注作草。蒙蒙。青羅落漠而上覆。穴溜滴瀝而下通。高岫帶乎巖側。洞房隱于雲中。忽吾覩兮二老。時采薇㠯從容。于是乎乃訊其所求。問其所修。州域鄉黨。親戚匹儔。何務何樂。而並茲遊矣。其二老乃答余曰。吾殷之遺民也。厥胥孤竹。作蕃北渚。少名叔齊。長曰伯夷。聞西伯昌之善教。有年艾于胡耇。遂相攜而隨之。冀寄命乎餘壽。而天命之不常。伊事變而無方。昌伏事而畢命。子忽遘其不祥。乃興師于牧野。遂干戈㠯伐商。乃棄之而來遊。誓不步于其鄉。余閉口而不食。並卒命于山傍。藝文類聚七。

九折嶔巖而多艱。文選天台山賦注。

論都賦 并上奏及序

臣聞知而復知。是爲重知。臣所欲言。陛下已知。故略其梗概。不敢具陳。昔般庚去奢。行儉于亳。成周之隆。乃即中洛。遭時制都。不常厥邑。賢聖之慮。蓋有優劣。霸王之姿。明知相絕。守國之勢。同歸異術。或棄去阻阸。務處平易。或據山帶河。并吞六國。或富貴思歸。不顧見襲。或掩空擊虛。自蜀漢出。即日車駕。策由一卒。或知而不從。久都墽埆。臣不敢有所據。竊見司馬相如揚子雲作辭賦㠯諷主上。臣誠慕之。伏作書一篇。名曰論都。謹并封奏如左。

皇帝㠯建武十八年二月甲辰。升輿洛邑。巡于西嶽。推天時。順斗極。排閶闔。入函谷。觀阸于崤黽。圖險于隴蜀。其三月丁酉。行至長安。經營宮室。傷愍舊京。即詔京兆。迺命扶風。齋肅致敬。告覲園陵。悽然有懷祖之思。喟乎㠯思諸夏之隆。遂天旋雲遊。造舟于渭。北杭涇流。千乘方轂。萬騎駢羅。衍陳于岐梁。東橫乎大河。瘞后土。禮邠郊。其歲四月。反于洛都。明年有詔復函谷關。作大駕宮六王邸

高車廄于長安。修理東都城門。橋涇渭。往往繕離觀。東臨霸滻。西望昆明。北登長平。規龍首。撫未央。覛平樂。儀建章。是時山東翕然狐疑。意聖朝之西都。懼關門之反拒也。客有爲篤言。彼埳井之潢汙。固不容夫吞舟。且洛邑之渟瀯。曷足㠯居乎萬乘哉。咸陽守國利器。不可久虛。㠯示姦萌。篤未甚然其言也。故因爲述大漢之崇。世據雍州之利。而今國家未暇之故。㠯喻客意曰。

昔在彊秦。爰初開畔。霸自岐雍。國富人衍。卒㠯并兼。桀虐作亂。天命有聖。託之大漢。大漢開基。高祖有勳。斬白蛇。屯黑雲。聚五星于東井。提干將而呵暴秦。蹈滄海。跨崑崙。奮彗光。掃項軍。遂濟人難。蕩滌于泗沂。劉敬建策。初都長安。太宗承流。守之㠯文。躬履節儉。側身行仁。食不二味。衣無異采。賑人㠯農桑。率下㠯約己。曼麗之容。不悅于目。鄭衛之聲。不過于耳。佞邪之臣。不列于朝。巧偽之物。不鬻于市。故能理升平而刑幾措。富衍于孝景。功傳于後嗣。是時

孝武因其餘財府帑之蓄。始有鉤深圖遠之意。探冒頓之罪。校平城之讎。遂命驃騎。勤任衛青。勇惟鷹揚。軍如流星。深入匈奴。割裂王庭。席卷漠北。叩勒祁連。橫分單于。屠裂百蠻。燒罽帳。繫閼氏。燔康居。灰珍奇。椎鳴鏑。釘鹿蠡。馳阬岸。獲昆彌。虜傲侲。驅騾驢。馭宛馬。鞭駃騠。拓地萬里。威震八荒。肇置四郡。據守敦煌。并域屬國。一郡領方。立候隅北。建護西羌。捶驅氐僰。寥狼邛莋。東攡烏桓。蹂轔濊貊。南羈鉤町。水劍強越。殘夷文身。海波沫血。郡縣日南。漂槩朱崖。部尉東南。兼有黃支。連緩耳。瑣雕題。摧天督。牽象犀。椎蜯蛤。碎瑠璃。甲瑇瑁。戕觜觿。于是同穴裘褐之域。共川鼻飲之國。莫不袒跣稽顙。失氣虜伏。非夫大漢之盛。世藉廱土之饒。得御外理內之術。孰能致功若斯。故創業于高祖。嗣傳于孝惠。德隆于太宗。財衍于孝景。威盛于聖武。政行于宣元。侈極于成哀。祚缺于孝平。傳世十一。歷載三百。德衰而復盈。道微而復章。皆莫能遷于廱州。而背于咸陽。宮室寢廟。山陵相望。高顯弘麗。可思可榮。羲農已來。無茲著明。夫廱州本帝皇所以育業。霸王所以衍功。戰士角難之場也。禹貢所載。厥田惟上。沃野千里。原隰彌望。保殖五穀。桑麻條暢。濱據南山。帶以涇渭。號曰陸海。蠢生萬類。楩枏檀柘。蔬果成實。畎瀆潤淤。水泉灌溉。漸澤成川。粳稻陶遂。厥土之膏。畝價一金。田田相如。鐇钁株林。火耕流種。功淺得深。既有蓄積。阸塞四臨。西被隴蜀。南通漢中。北據谷口。東阻嶔巖。關函守嶢。山東道窮。置列汧隴。廱偃西戎。拒守褎斜。嶺南不通。杜口絕津。朔方無從。鴻渭之流。徑入于河。大船萬艘。轉漕相過。東綜滄海。西綱流沙。朔南暨聲。諸夏是和。城池百尺。阸塞要害。關梁之險。多所衿帶。一卒舉礧。千夫沈滯。一人奮戟。三軍沮敗。地勢便利。介胄剽悍。可與守近。利以攻遠。士卒易保。人不肉袒。肇十有二。是為贍腴。用霸則兼并。先據則功殊。修文則財衍。行武則士要。為政則化上。篡逆則難誅。進攻則百剋。

徵當作微　功當作助　綏當作緩

退守則有餘。斯固帝王之淵囿。而守國之利器也。逮及亡新。時漢之衰。偷忍淵囿。篡器慢違。徒以勢便。莫能卒危。假之十八。誅自京師。天畀更始。不能引維。慢藏招寇。復致赤眉。海內雲擾。諸夏滅徵。羣龍並戰。未知是非。于時聖帝。赫然申威。荷天人之符。兼不世之姿。受命于皇上。獲功于靈祇。立號高邑。搴旗四麾。首策之臣。運籌出奇。虓怒之旅。如虎如螭。師之攸向。無不靡披。蓋夫燔魚剸蛇。莫之方斯。大呼山東。響動流沙。要龍淵。首鏌鋣。命騰太白。親發狼弧。南禽公孫。北背強胡。西平隴冀。東據洛都。乃廓平帝宇。濟蒸人于塗炭。成兆庶之亹亹。遂興復乎大漢。今天下新定。矢石之勤始瘳。而主上方以邊垂為憂。忿葭萌之不柔。未遑于論都。而遺思廱州也。方躬勞聖思。以率海內。厲撫名將。略地疆外。信威于征伐。展武乎荒裔。若夫文身鼻飲綏耳之主。椎結左衽鐻鍝之君。東南殊俗不羈之國。西北絕域難制之鄰。靡不重譯納貢。請為藩臣。上猶謙讓而不伐勤。意以為獲無用之虜。不如安有益之民。略荒裔之地。不如保殖五穀之淵。遠救于已亡。不若近而存存也。今國家躬修道德。吐惠含仁。湛恩沾洽。時風顯宣。徒垂意于持平守實。務在愛育元元。苟有便于王政者。聖主納焉。何則。物罔挹而不損。道無隆而不移。陽盛則運。陰滿則虧。故存不忘亡。安不諱危。雖有仁義。猶設城池也。客以利器不可久虛。而國家亦不忘乎西都。何必去洛邑之渟瀯與。（後漢杜篤傳。又略見藝文類聚六十一。）

書攄賦

惟書攄之麗容。象君子之淑德。載方矩而履規。加文藻之脩飾。能屈伸以和禮。體清淨而坐立。承尊者之至意。惟高下而消息。雖轉旋而屈橈。時傾斜而反側。抱六蓺而卷舒。敷六經之典式。（藝文類聚五十五。御覽六百六。）

衆瑞賦

夫千金之裘。非一狐之白。雅頌之聲。非一家之作也。北堂書鈔一百二十九

猛將與虜交鋒。文選潘岳關中詩注

千里遙思。展轉反側。文選雪賦注

邊論 案後漢杜篤傳。又著明世論十五篇。此與展武論。蓋卽十五篇之二。

匈奴請降。毦毼罽褥。帳幔氈裘。積如丘山。御覽七百八引杜篤邊論

親錄譯導。緩步四來。文選魏都賦注

展武論

文越水震。鄉風仰流。文選王融曲水詩序注

論

天下殷富。北堂書鈔十五

連珠

能離光明之顯。長吟永嘯。文選蜀都賦注。又嵇康幽憤詩注。贈秀才入軍詩注

迎鍾文

必令河伯戒道。文選赭白馬賦注

禖祝一作禊祓

懷季女使不飡。文選洛神賦注。又曹植美女篇注作不餐。

大司馬吳漢誄

篤以爲堯隆稷契。舜嘉皋陶。伊尹佐殷。呂尚翼周。若此五臣。功無與疇。今漢吳公。追而六之。乃作誄曰。

朝失鯁臣。國喪牙爪。天子愍悼。中宮咨嗟。四方殘暴。公不征茲。征茲海內。公其攸平。泯泯羣黎。賴公以寍。勳業既崇。持盈守虛。功成卽退。挹而損諸。死而不朽。名勒丹書。功著金石。與日月俱。藝文類聚四十七。

弔比干文

敬申弔于比干。寄長懷于尺牘。文選謝瞻王撫軍庾西陽集別詩注

朱暉

暉字文季。南陽宛人。建武中召拜爲郎。以病去。永平中爲郡督郵。東平王蒼辟爲驃騎掾。歷衛士令。再遷臨淮太守。坐法免。元和中召拜尚書僕射。還太山太守。不行。進尚書令。以老病乞身。拜騎都尉。永元中卒。年八十餘。

奏諫行均輸法

王制。天子不言有無。諸侯不言多少。食祿之家不與百姓爭利。今均輸之法。與賈販無異。鹽利歸官。則下人窮怨。布帛爲租。則吏多姦盜。誠非明主所當施行。後漢朱暉傳。

議布帛爲租官自賣鹽 漢章帝時。張林言宜令天下悉以布帛爲租。縣官可自賣鹽事下尚書通議。暉議曰。

王制。天子不言有無。諸侯不言多少。食祿者不與百姓爭利。均輸之法。與賈販無異。以布帛爲租。則吏多姦。官自賣鹽。與下爭利。非明主所宜行。晉食貨志卷十六

朱穆

穆字公叔。暉孫。元初末爲郡督郵。後舉孝廉。順帝末辟大將軍梁冀府。桓帝初舉高第。爲侍御史。永興中擢冀州刺史。坐事徵詣廷尉。輸作左校。釋歸鄉里。徵拜尚書。延熹六年發疽卒。年六十四。贈益州太守。蔡邕與門人議謚曰文忠先生。有集二卷。

鬱金賦

歲朱明之首月兮。步南園以迴眺。覽草木之紛葩兮。美斯華之英妙。布綠葉而挺心。吐芳榮而發曜。眾華爛以俱發。鬱金邈其無雙。比光榮于秋菊。齊英茂乎文選洛神賦注乎作于。春松。遠而望之。粲若羅星出雲垂。近而觀之。曄若丹桂曜湘涯。赫乎扈扈。萋兮猗猗。清風逍遙。芳越景移。上灼朝日。下映蘭池。覩茲榮之瑰異。副歡情之所望。折英華以飾首。曜靜女之儀光。瞻百草之青青。羌朝榮而夕零。美鬱金之純偉。獨彌日而久停。晨露未晞。微風肅清。增妙容之美麗。發朱顏之熒熒。作椒房之珍玩。超眾葩之獨靈。藝文類聚八十一。

丹桂植其東。文選吳都賦注，又魯靈光殿賦注。

上疏請罷省宦官

案漢故事，中常侍參選士人。建武㠯後，乃悉用宦者。自延平㠯來，浸益貴盛，假貂璫之飾，處常伯之任，天朝政事，一更其手，權傾海內，寵貴無極，子弟親戚，竝荷榮任，故放濫驕溢，莫能禁禦，凶狡無行之徒，媚㠯求官，恃勢怙寵之輩，漁食百姓，窮破天下，空竭小人。愚㠯為可悉罷省，遵復往初，率由舊章，更選海內清淳之士明達國體者㠯補其虛，即陛下可為堯舜之君，衆僚皆為稷契之臣，兆庶黎民蒙被聖化矣。後漢朱穆傳，又見袁宏後漢紀二十二，有刪節。

上疏

養魚沸鼎之中，棲鳥烈火之上，用之不時，必見燋爛。文選丘遲與陳伯之書注。又范蔚宗後漢皇后紀論注竝引袁崧後漢書。案劉陶大錢議如此，或朱穆亦有此語耳。

奏劾馮緄

臣聞出郊之事，將軍制之，所㠯崇威信、合事宜也。即緄有嫌，不當荷任；即緄無嫌，義不見疑。欒羊戰國陪臣，猶賴見信之主，㠯全其功，況唐虞之朝，而有猜嫌之事哉。緄設虛端，㠯自阻衞，為臣不忠。袁宏後漢紀二十二。

奏記大將軍梁冀

穆伏念明年丁亥之歲，刑德合于乾位，易經龍戰之會。其文曰：龍戰于野，其道窮也。謂陽道將勝，而陰道負也。今年九月，天氣鬱冒，五位四候，連失正氣，此互相明也。夫天地大驗，此四字從袁宏紀補。善道屬陽，惡道屬陰，若脩正守陽，摧折惡類，則福從之矣。穆每事不逮，所好唯學，傳受于師，時有可試。願將軍少察愚言，申納諸儒，而親其忠正，絕其姑息，專心公朝，割除私欲，廣求賢能，斥遠佞惡。此四語袁宏紀在篇首，作宜專心公門，然後能斥遠邪惡。夫人君不可不學，當㠯天地順道漸漬其心。宜為皇帝選置師傅及侍講者，得小心忠篤敦禮之士，將軍與之俱入，參勸講授，師賢法古，此猶倚南山坐平原也，誰能傾之。已下袁宏紀別為一篇，云穆意欲言宦官，恐其漏泄之，復附㠯密記。今年夏，月暈房星，明年當有小厄，宜急誅姦臣為天下所怨毒者，㠯塞災咎。議郎大夫之位，本㠯式序儒術高行之士，今多非其人；九卿之中，亦有乖其任者，惟將軍察焉。後漢朱穆傳，又見袁宏後漢紀二十，有小異。

復奏記梁冀

古之明君，必有輔德之臣，規諫之官，下至器物，銘書成敗，㠯防遺失。故君有正道，臣有正路，從之如升堂，違之如赴壑。今明將軍地有申伯之尊，位為羣公之首，一日行善，天下歸仁，終朝為惡，四海傾覆。頃者官民俱匱，加㠯水蟲為害，而京師諸官費用增多，詔書發調，或至十倍，河內一郡，常調縑素綺縠纔八萬餘匹，今乃十五萬匹，各言官無見財，皆當出于民，民多流亡，皆虛張戶口，戶口既少，而無貲者多，當復掎掠割剝，彊令充足，公賦既重，私斂又深，二

千石收守長吏，多非德選，貪聚無厭，遇民如虜，或賣用田宅，或絕命于箠楚之下，或自賊于迫切之求。大小無聊，朝不保暮。又有浮游之人，稱矯賈販，不良長吏，望為驅使，令家人詐乘其勢，掠奪百姓。此類交錯，不可分別，輒㠯託名尊府，遂令將軍結怨天下，吏民酸毒，道路歎嗟。昔秦政煩苛，百姓土崩，陳勝奮臂一呼，天下鼎沸，而面諛之臣，猶言安耳，諱惡不悛，卒至亡滅。袁宏紀作昔秦之末，不恤四方，近親市人，數如此，故㠯為安穩，一旦瓦解，陳項竝起，至于土崩。近永和之末，綱紀少弛，頗失人望，四五歲耳，而財空戶散，下有離心，興徒發使，不復應命，懷糧廩兵，云當向雜，疑誤。有馬免之徒，乘弊而起，荊揚之間，幾成大患，幸賴順烈皇后初政清靜，內外同力，僅乃討定，乃獲安寧，今民心事勢，復更戚戚，困于永和，內非仁愛之心可得容忍，外非守國之計所宜久安也。夫將相大臣，均體元首，共輿而馳，同舟而濟，輿傾舟覆，患實共之。豈可㠯去明即昧，履危自安，主孤時困，而莫之恤乎。撫安之急，

誠在大將軍。先易二千石長吏非其人者。減省第宅園池之費。拒絕郡國諸所奉送。內以自明。外解人惑。(袁宏紀作內以明外以解人之惑)使挾姦之吏無所依託。司察之臣得盡耳目。憲度既張。遠邇清一。則將軍身尊事顯。德耀無窮。天道明察。無言不信。今日行之。則今日從矣。惟垂省覽。(袁宏後漢紀二十。後漢朱穆傳各有刪節合錄成篇。)

又奏記梁冀

大將軍內有貴親之固。外有功業之重。誠不可復枉道散財。以事左右近臣。宦者選舉刑賞。有于典制。輒率公卿詣朝堂。案其罪咎。則改飾從訓。猶影響也。今反越律逾序。以大事小。以明事闇。從其過言。隨其失行。天下之事。受其枉戾。傷損財物。壞亂綱紀。左右近官。並以私情干擾。天下雖大。而民無所容足也。餘尚可忍。官位之事。尤不可私。毒害流布。日夜廣遠。願大將軍省廢他事。十刻之閒。考案古今官民之極。度數作趣。較然可見。如不早悟。舟中之人皆敵國也。若以穆輕愚。不信其言。可呼所親識古今者。請徵核其實。不可不誠懼有後恨。(袁宏後漢紀二十七。)

與劉伯宗絕交書

昔我為豐令。足下不遭母憂乎。親解縗絰。來入豐寺。及我為侍書御史。足下親來入臺。足下今為二千石。我下為郎。乃反因計吏以謁相與。足下豈丞尉之徒。我豈足下部民。欲以此謁為榮寵乎。咄劉伯宗。于仁義道。何其薄哉。(後漢朱穆傳注引穆集。)

畱板與冀州從事書

勿畫我形。以為重負。忠義之未顯。何形像之足紀也。(後漢朱穆傳注引謝承書。穆臨當就道。冀州從事欲為畫像置聽事上。穆畱板書云云。)

崇厚論

夫俗之薄也。有自來矣。故仲尼歎曰。大道之行也。而丘不與焉。蓋傷之也。夫道者以天下為一。在彼猶在己也。故行違于道。則愧生

于心。非畏義也。事違于理。則負結于意。非憚禮也。故率性而行謂之道。得其天性謂之德。德性失然後貴仁義。是以仁義起而道德遷。禮法興而淳樸散。故道德以仁義為薄。淳樸以禮法為賊也。夫中世之所敦。已為上世之所薄。況又薄于此乎。故夫天不崇大。則覆幬不廣。地不深厚。則載物不博。人不敦龐。則道數不遠。昔在仲尼不失舊于原壤。楚嚴不忍章于絕纓。由此觀之。聖賢之德敦矣。老氏之經曰。大丈夫處其厚。不處其薄。居其實。不居其華。故去彼取此。夫時有薄而厚施。行有失而惠用。故覆人之過者。敦之道也。救人之失者。厚之行也。往者馬援深昭此道。可以為德。誡其兄子曰。吾欲汝曹聞人之過。如聞父母之名。耳可得聞。口不得言。斯言要矣。遠則聖賢履之上世。近則邴吉張子孺行之漢廷。故能振英聲于百世。播不滅之遺風。不亦美哉。然而時俗或異。風化不敦。而尚相誹謗。謂之臧否。記短則兼折其長。貶惡則并伐其善。悠悠者皆是。其可稱乎。凡此之類。豈徒乖為君子之道哉。將有危身累家之禍焉。悲夫。行之者不知憂其然。故害興而莫之及也。斯既然矣。又有異焉。人皆見之而不能自遷。何則。務進者趨前而不顧後。榮貴者矜己而不待人。智不接愚。富不賑貧。貞士孤而不恤。賢者戹而不存。故田蚡以尊顯致安國之金。淳于以貴勢引方進之言。夫以韓翟之操。為漢之名宰。然猶不能振一貧賢。薦一孤士。又況其下者乎。此禽息史魚所以專名于前。而莫繼于後者也。故時敦俗美。則小人守正。利不能誘也。時否俗薄。雖君子為邪。義不能止也。何則。先進者既往而不反。後來者復習俗而追之。是以虛華盛而忠信微。刻薄稠而純篤稀。斯蓋谷風有棄予之歎。伐木有鳥鳴之悲矣。嗟乎。世士誠躬師孔聖之崇。則嘉楚嚴之美行。希李老之雅誨。思馬援之所尚。鄙二宰之失度。美韓稜之抗正。貴丙張之弘裕。賤時俗之誹謗。則道豐績盛。名顯身榮。載不刊之德。播不滅之聲。

然後知薄者之不足，厚者之有餘也。彼與草木俱朽，此與金石相傾，豈得同年而語，竝日而談哉。後漢朱穆傳。

絕交論

或曰：子絕存問，不見客，亦不答也，何故？曰：古者進退趨業，無私遊之交，相見㠯公，朝享會㠯禮紀，否則朋徒受習而已。曰：人將疾子，如何？曰：寧受疾。曰：受疾可乎？曰：世之務交遊也久矣，不敦于業，不忌于君，犯禮㠯追之，背公㠯從之。其愈者則孺子之愛也，其甚者則求蔽過竊譽，㠯贍其私。利進義退，公輕私重，居勞于聽也。或于道而求其私，贍矣。是故遂往不反，而莫敢止焉。是川瀆竝決，而莫敢之塞；游豬蹂稼，而莫之禁也。詩云：威儀棣棣，不可選也。後生將復何述？而吾不才，焉能規此？實悼無行，子道多闕，臣事多尤，思復白圭，重考古言，㠯補往過。時無孔堂，思兼則滯，匪有廢也，則亦焉興？是㠯敢受疾也，不亦可乎。後漢朱穆傳注引穆集，又略見藝文類聚二十一、御覽四百十。

全後漢文卷二十八終

全後漢文卷二十九

烏程嚴可均校輯

任末

末字叔本，蜀郡繁人，習齊詩，後奔師喪道死。

敕兄子造

必致我尸于師門，使死而有知，魂靈不慙；如其無知，得土而已。（後漢儒林任末傳。）

曹充

充，魯國薛人，習慶氏禮，建武中為博士，永平初進侍中。

上言宜制漢禮

漢再受命，仍有封禪之事，而禮樂崩闕，不可為後嗣法。五帝不相沿樂，三王不相襲禮，大漢當自制禮，㠯示百世。（後漢曹褒傳，又見袁宏後漢紀十二，有小異。）

封禪議

殷統未絕，黎庶繼命，高宗久勞，猶為中興；武王因父受命之列，據三代郊天，因孔子甚美其功，後世謂之聖王。漢統中絕，王莽盜位，一民莫非其臣，尺地靡不其有，宗廟不祀，十有八年。陛下無十室之資，奮振于匹夫，除殘去賊，興復祖宗，集就天下，海內治平，夷狄慕義，功德盛于高宗、武王，宜封禪，為百姓祈福。親定刻石紀號文，太常奏儀制。（續漢祭祀志上注引東觀書博士充等議奏。）

曹褒

褒字叔通，充子。永平中舉孝廉，再遷圉令。章帝時免官，歸為郡功曹，徵拜博士。元和中拜侍中。永元初擢監羽林左騎，遷射聲校尉，歷城門校尉、將作大匠，出為河內太守，免。後徵，再遷，復為侍中。

上疏請定漢禮

昔者聖人受命而王，莫不制禮作樂，㠯著功德。功成作樂，化定制禮，所㠯救世俗，致禎祥，為萬姓獲福于皇天者也。（後漢紀作「治定制禮，所㠯協和天人，示人軌則也」。故御應見瑞乃作。）今皇天降祉，嘉瑞並臻，制作之符，甚于言語。宜定文制，著成漢禮，丕顯祖宗盛德之美。（後漢曹褒傳，又見袁宏後漢紀十二，元和二年。）

原盜敕

夫絕人命者，天亦絕之。皋陶不為盜制死刑，管仲遇盜而升諸公。今承旨而殺之，是逆天心，順府意也，其罰重矣。如得全此人命而身坐之，吾所願也。（後漢曹褒傳。）

禮論

漢初朝制無文，叔孫通頗采禮經，參酌秦法，雖適物觀時，有救崩弊，先王之宏典蓋多闕矣。（初學記二十一。）

吳良

良字大儀，齊國臨淄人。建武中為郡議曹掾，永平初東平王蒼辟署騎西曹掾，拜議郎，左轉即丘長，後為司徒長史，坐事免，復拜議郎。

上言理徐匡

信陽侯就倚恃外戚，干犯乘輿，無人臣禮，為大不敬。匡執法守正，反下于理，臣恐聖化由是而弛。（後漢吳良傳。）

馬第伯

第伯，爵里未詳。

封禪儀記

建武三十二年，車駕東巡狩，正月二十八日發雒陽宮，二月九日到魯，遣守謁者郭堅伯將徒五百人治泰山道。十日，魯遣宗室諸劉及孔氏、瑕丘丁氏上壽受賜，皆詣孔氏宅，賜酒肉。十一日發。十二日宿奉高。是日遣虎賁郎將先上山，三案行，還，益治道徒一千人。十五日，始齋。國家居太守府舍，諸王居府中，諸侯在縣庭中齋。

諸卿校尉將軍大夫黃門郎百官及宋公衞公褒城侯東方諸侯雒中小侯齋城外汶水上。太尉太常齋山虞。馬第伯自云。某等七十八人先之山虞。觀祭山壇及故明堂宮郎官等郊肆處。入其幕府觀治石。石二枚。狀博平。圓九尺。此壇上石也。其一石武帝時石也。時用五車不能上也。因置山下爲屋。號五車石。四維距石長丈二尺。廣二尺。厚尺半所。四枚檢石。長三尺。廣六寸。狀如封篋。長檢十枚。一紀號石。高丈二尺。廣三尺。厚尺二寸。名曰立石。一枚。刻文字紀功德。是朝上山騎行。往往道峻峭。下騎步牽馬。乍步乍騎。且相半。至中觀留馬。去平地二十里。南向極望無不覩。仰望天關。如從谷底仰觀抗峯。其爲高也。如視浮雲。其峻也。石壁窅窱。如無道徑。遙望其人。端端如杆升。或以爲小白石。或以爲冰雪。久之。白者移過樹。乃知是人也。殊不可上。四布僵臥石上。有頃復蘇。亦賴齎酒脯。處處有泉水。目輒爲之明。復勉强相將行。到天關。自以已至也。

問道中人。言尚十餘里。其道旁山脅。大者廣八九尺。狹者五六尺。仰視巖石松樹。鬱鬱蒼蒼。若在雲中。俯視谿谷。碌碌不可見丈尺。遂至天門之下。仰視天門。窔遼如從穴中視天窗矣。直上七里。賴其羊腸逶迤。名曰環道。往往有絙索。可得而登也。兩從者扶掖。前人相牽。後人見前人履底。前人見後人頂。如畫重累人矣。所謂磨胸捏石。捫天之難也。初上此道。行十餘步一休。稍疲。咽脣焦。五六步一休。蹀蹀據頓地。不避溼闇。前有燥地。目視而兩腳不隨。早食上。晡後到天門。郭使者得銅物。銅物形狀如鍾。又方柄有孔。莫能識。疑封禪具也。得之者汝南召陵人。姓楊名通。東上一里餘。得木甲。木甲者。武帝時神也。東北百餘步得封所。始皇立石及闕在南方。漢武在其北。二十餘步得北垂圓臺。高九尺。方圓三丈所。有兩陛。人不得從。上從東陛上。臺上有壇。方一丈二尺所。上有方石。四維有距石。四面有闕。鄉壇再拜謁。人多置錢物壇上。亦不掃除。國家上壇。見酢梨酸棗狼藉。散錢處數百。幣帛具。詔問其故。主者曰。是武帝封禪至泰山下。未及上。百官爲先上跪拜。置梨棗錢于道以求福。卽此也。上曰。封禪大禮。千載一會。衣冠士大夫何故爾也。泰山東上七十里。至天門東南山頂。名曰日觀。日觀者。雞一鳴時。見日始欲出。長三尺所。秦觀者望見長安。吳觀者望見會稽。周觀者望見齊。黃河去泰山二百餘里。于祠所瞻黃河如帶。若在山址。山南有廟。悉種柏千株。大者十五六圍。相傳云漢武所種。小天門有秦時五大夫松。始皇封太山。逢疾風暴雨。賴得松樹。因復其下。封爲五大夫。西北有石室。壇以南有玉盤。中有玉龜。山南脅神泉。飲之極清美利人。日入下去。行數環。日暮時頗雨。不見其道。一人居其前。先知蹈有人。乃舉足隨之。比至天門下。夜人定矣。車駕十九日之山虞。國家居亭。百官布野。此日山上雲氣成宮闕。百官竝見之。二十一日夕牲時。白氣廣一丈。東南極望致濃厚。時天清和

無雲。瑞命篇岱嶽之瑞。以日爲應也。二十二日辛卯晨燎祭天于泰山。晨祭也。日高二丈所。燔燎烟正北鄉。禮畢。百官各以次上。郡儲輦三百。爲貴臣諸公王侯。卿大夫百官皆步上。少用輦。輦者。國家御首輦。人輓升山。至中觀休止。須臾復上。日中到山。須臾羣臣畢就位。國家臺上北面。虎賁陛戟臺下。尚書令奉玉牒檢南面跪。太常曰。請封。皇帝親封。畢。退復位。騶騎二千餘人發壇上方石。郎武帝封處累其石。尚書令藏玉牒書。復封石檢。以金爲繩。以石爲泥南方北方各二檢。東方西方各三檢。檢中石泥及壇土。色青赤白黑。各依如其方色。大行禮畢。太常曰。請拜。皇帝再拜。羣臣皆稱萬歲。音動山谷。有白氣一丈。東南正直壇所。有青氣上與天屬。遙望不見山巔。山巔人在氣中。不知也。封畢。有頃。詔百官以次下。國家隨後。數百人維持行。相逢推。百官連延二十餘里。道多迫小。深谿高岸數百丈。步從匍匐邪上。起近距火。止亦騎驛。步從觸擊大

見當作无　利當作吏　納當作訥

后。后聲正讙。但讙后見相應和者。腸不能已。口不能默。夜半後到。百官明日乃訖。其中老者氣劣不能行。臥巖石下。明日早。太醫令復遵問起居。國家云。昨上下山。欲行追前。欲休則後人所蹈。道峻危險。恐不能度。國家不勞。百官已下露臥水飲。無一人蹉跌。無一人疾病。豈非天邪。泰山卒多暴雨。如今上直下柴祭封登。清晏溫和。功效如彼。天應如此。明日。羣臣上壽。國家不聽。賜百官省事。事畢發。暮宿奉高三十里。二十四日發。至梁甫九十里。夕牲。二十五日禪祭地于梁陰。陽者祭天。陰者祭地。始元舊禮。已高帝配天。高后配地。續漢祭祀志上注引十二條。水經汶水篇注。舊寫本書鈔九十一引六條。又一百四。又一百四十。又一百四十九。一百五十一。藝文類聚一。又六。又三十九。引三條。又八十八。初學記五引四條。白孔六帖十三。通典五十四。御覽四。又十五。又三十九。引兩條。又五十二。一百七十九。一百八十八。七百五十八。八百五。八百七十二。九百五十三。九百六十五。九百六十九。錦繡萬花谷十五。通共四十九條。合錄成篇。案。前明孫月峯有補訂本。采輯不全。

韋彪

彪字孟達。扶風平陵人。丞相韋賢玄孫。建武末舉孝廉。除郎中。已病免。永平中召拜謁者。三遷爲魏郡太守。章帝初已病免。徵爲左中郎將長樂衛尉。遷奉車都尉。行太常事。拜大鴻臚。元和中行司徒事。章和末已病免。

上疏諫置官選職不已才

臣聞政化之本。必順陰陽。伏見立夏已來。當暑而寒。殆已刑罰刻急。郡國不奉時令之所致也。農人急于務。而苛吏奪其時。賦發充常調。而貪利割其財。此其巨患也。夫欲急人所務。當先除其所患。天下樞要。在于尚書。尚書之選。豈可不重。而閒者多從郎官超升此位。雖曉習文法。長于應對。然察察小慧。類無大能。宜簡嘗歷州宰素有名者。雖進退舒遲。時有不逮。然端心向公。奉職周密。宜鑒嗇夫捷急之對。深思絳侯木納之功也。往時楚獄大起。故置令史已助郎職。而類多小人。好爲姦利。今者務簡。可皆停省。又諫議之職。應用公直之士。通才謇正有補益于朝者。今或從徵試輩爲大夫。又御史外遷。動據州郡。竝宜清選其任。責已言績。其二千石視事雖久。而爲吏民所便安者。各增秩重賞。勿妄遷徙。惟留聖心。後漢章彪傳。又略見御覽三十四引謝承後漢書。又藝文類聚四十八引華嶠後漢書作欲急民所務當先除其患。其原在尚書典樞機。天下事一決之。不可不察。

建言封蕭何等後裔

今西巡舊都。宜追錄高祖中宗功臣。褒顯先勳。紀其子孫。後漢章彪傳。

郡國貢舉議

伏維明詔憂勞百姓。察察不舍晝夜。垂恩選舉。必務得其人。夫國已簡賢爲務。賢已孝行爲首。孔子曰。事親孝。故忠可移于君。是已求忠臣必于孝子之門。夫人才行少能相兼。是已孟公綽優于魏老。不可已爲滕薛大夫。忠孝之人。治心近厚。鍛鍊之吏。治心近薄。三代之所已直道而行者。在其所已磨之故也。士宜已才行爲先。不可純已閥閱取。然其要歸在于選二千石。二千石賢。則貢舉皆得其人矣。後漢韋彪傳。袁宏後漢紀十一。通典十六。二千石皆已選出京師。剖符典千里。文選嵇康詩注引東觀漢記韋彪上議。

謝夷吾

夷吾字堯卿。會稽山陰人。建武末爲郡督郵。永平中舉孝廉。除壽張令。遷荊州刺史。歷鉅鹿太守。建初中左轉下邳令。

上書薦王充

充之天才。非學所加。雖前世孟軻孫卿。近漢揚雄劉向司馬遷。不能過也。後漢王充傳。

與張涼州書

今致碧綾車中盾一。御覽三百五十七。

敕子

漢末當有發冢露體之禍。使懸棺下葬。墓不起墳。御覽五百五十六引會稽典錄。

請史之史當作使　筵當作選

鄭弘

弘字巨君。會稽山陰人。西域都護鄭吉從孫。建武末爲鄉嗇夫。太守第五倫召署督郵。舉孝廉。永平中爲騶令。遷淮陽太守。四遷。建初初爲尚書令。出爲平原相。徵拜侍中。遷太司農。元和初代鄧彪爲太尉。㠯忤竇憲免。

疾篤上書

臣東野頑闇。本無尺寸之功。橫蒙大恩。仍登上司。中夜怵惕。懼有折足之戒。自搒愚薄。無益國家之事。雖有殺身。焉可謝責。是㠯不敢雷同。指陳竇憲姦。不慣漏露。言出患入。竇憲之姦惡。貫天達地。毒流八荒。虐聞四極。海內疑惑。賢愚疾惡。憲何術㠯迷主上。流言噂嗒。深可歎息。昔田氏篡齊。六卿分晉。漢事不遠。炳然可見。陛下處天子之尊。自謂保萬世之祚。無復累卵之危。信讒佞之臣。不計存亡之機。臣雖弱疾。命在移晷。身沒之日。死不忘忠。願陛下爲堯舜之君。誅四凶之罪。㠯素厭人鬼憤結之望。袁宏後漢紀十二。元和三年。

奏議尚書郎令史開選

臺職雖尊。而酬賞甚薄。至于開筵。多無樂者。請史郎補千石令史爲長。後漢鄭弘傳。舊制。尚書郎限滿補縣長令史丞尉。弘奏㠯爲云云。帝從其議。

觀恂

恂。永平中爲揚州刺史。

薦劉般

般在國口無擇言。行無怨惡。宜蒙旌顯。㠯勸天下。袁宏後漢紀。般從封居巢侯就國。揚州刺史觀恂薦般。永平十年。徵般行執金吾事。

宋元

元。永平中爲符節令。

上言願發秦昭王呂不韋家

臣聞秦昭王與呂不韋好書。皆㠯書葬。王至尊。不韋久貴。家皆㠯黃腸題湊。處地高燥。未壞。臣願發昭王不韋家。視未燒詩書。御覽五百六十引皇覽冢墓記。漢明帝朝。公卿大夫諸儒八十餘人論五經誤失。符節令宋元上言。

孔通

通。太師孔光族曾孫。

春秋左氏傳義詁序

先生名奇。字子異。其先魯人。卽褒成君次孺第二子之後也。家於茂陵。㠯世學之門。未嘗就遠方師也。唯兄君魚少從劉子駿受春秋左氏傳。其于講業最明。精究其義。子駿自㠯才學不若也。其或訪經傳于子駿。輒曰。幸問孔君魚。吾已還從之諮道矣。由是大㠯春秋見稱當世。王莽之末。君魚避地至大河之西。依大將竇融爲家。常爲上賓。從容㠯論道爲事。是時先生年二十一矣。每與其兄議學。其兄謝服焉。及世祖卽祚。君魚乃仕。官至武都太守關內侯。㠯清儉聞海內。先生雅好儒術。淡忽榮祿。不願從政。遂刪撮左氏傳之難者。集爲義詁。發伏闡幽。讚明聖祖之道。㠯祛後學。著書未畢。而早世不永。宗人子通痛其不遂。惜茲大訓不行于世。乃校其篇目。各如本第。竝序答問。凡三十一卷。將來君子。儻有游意。幸詳錄之焉。孔叢子連叢上。案子下孔奮傳。奮弟奇。博通經典。作春秋氏刪。左氏刪卽此書也。

春秋下氏　刪二字衍　子下當作　後漢

鮑駿

駿。九江人。師事桓榮。

上書言丁鴻

臣聞武王克殷。封比干之墓。表商容之閭。二人無功。下車先封之。表善顯仁。爲國之砥礪也。伏見丁鴻經明行修。志節清妙。後漢丁鴻傳注引續漢書。

朱輔

輔。東觀記作酺。梁國寧陵人。永平中爲益州刺史。建初初坐事免。

上白狼王唐菆等樂詩疏

臣聞詩云。彼徂者岐。有夷之行。傳曰。岐道雖僻。而人不遠。詩人誦詠。已爲符驗。今白狼王唐菆等慕化歸義。作詩三章。路經邛來大山零高坂。峭危峻險。百倍岐道。繈負老幼。若歸慈母。遠夷之語。辭意難正。草木異種。鳥獸殊類。有犍爲郡掾田恭。與之習狎。頗曉其言。臣輒令訊其風俗。譯其辭語。今遣從事史李陵與恭護送詣闕。并上其樂詩。昔在聖帝。舞四夷之樂。今之所上。庶備其一。後漢西南夷莋都夷傳

全後漢文卷二十九終

愧當作隗

宏當作安

全後漢文卷三十

烏程嚴可均校輯

袁安

安字邵公。汝南汝陽人。爲縣功曹。永平中舉孝廉。除陰平長任城令。拜楚郡太守。徵爲河南尹。建初中遷太僕。代第五倫爲司空。章和初代桓虞爲司徒。永元四年卒。

夜酣賦

拊燕竽。調齊笙。引宮徵。唱清平。初學記十五。

上書諫伐匈奴

匈奴不犯邊塞。而無故勞師遠涉。費損國用。徼功萬里。非社稷之計。後漢袁安傳。和帝即位。竇憲北擊匈奴。安與太尉宋由司空任愧及九卿詣朝堂上書諫。以爲。

奏劾執金吾竇景

景擅發邊兵。驚惑吏人。二千石不待符信。而輒承景檄。當伏顯誅。後漢袁宏傳。

奏劾司隸鄭據河南尹蔡嵩

司隸校尉河南尹阿附貴戚。無盡節之義。請免官案罪。後漢袁安傳。

奏議立左鹿蠡王阿佟爲北單于

光武昭懷南虜。非謂可永安內地。正以權時之筭。可得扞禦北狄故也。今朔漠既定。宜令南單于反其北庭。並領降衆。無緣復更立阿佟。以增國費。後漢袁安傳。竇憲自矜己功。欲結恩北虜。乃上立降者左鹿蠡王阿佟爲北單于。置中郎將領護。如南單于故事。安與司空任隗奏。以爲。

又上封事諫立北單于

臣聞功有難圖。不可豫見。事有易斷。較然不疑。伏惟光武皇帝本所以立南單于者。欲安南定北之策也。恩德甚備。故匈奴遂分。邊境無患。孝明皇帝奉承先意。不敢失墜。赫然命將。爰伐塞北。至于章和之初。降者十萬餘人。議者欲置之濱塞。東至遼東。太尉宋由光祿勳耿秉皆以爲失南單于心。不可。先帝從之。陛下奉承鴻業。大開疆宇。大將軍遠師討伐。席卷北庭。此誠宣明祖宗。崇立弘勳者也。宜審其終。以成厥初。伏念南單于屯。先父舉衆歸德。自蒙恩以來。四十餘年。三帝積累。以遺陛下。陛下深宜遵述先志。成就其業。況屯首唱大謀。空盡北虜。輟而弗圖。更立新降。以一朝之計。違三世之規。失信于所養。建立于無功。由秉實知舊議。而欲背棄先恩。袁宏紀作背先祖棄舊恩非計之長也。夫言行。君子之樞機。賞罰。理國之綱紀。論語曰。言忠信。行篤敬。雖蠻貊行焉。今若失信于一屯。則百蠻不敢復保誓矣。又烏桓鮮卑。袁宏紀作阿佟誅君子。于春秋之義所不當立而烏丸鮮卑。新殺北單于。凡人之情。咸畏仇讎。今立其弟。則二虜懷怨。兵食可廢。信不可去。且漢故事。供給南單于費直歲一億九十餘萬。西域歲七千四百八十萬。今北庭彌遠。其費過倍。是乃空盡天下。而非建策之要也。後漢袁安傳。又見袁宏後漢紀十三。有小異。

還北匈奴生口議

北虜遣使奉獻和親。有得邊生口者。輒以歸漢。此明其畏威。而非先違約也。雲以大臣典邊。不宜負信于戎狄。還之足示中國優貸。而使邊人得安。誠便。後漢袁安傳。

勞中牟令魯恭檄

時爲河南尹

君以名德。久屈中牟。物產之化。流行。天降休瑞。應行而生。尹甚嘉之。後漢魯恭傳注引續漢書。

臨終遺令

備位宰相。當陪山陵。不得歸骨舊葬。若母先在祖考墳壟。若鬼神有知。當留供養也。其無知。不煩徙也。袁宏後漢紀十三。初安妻早卒。葬鄉里。安臨終遺令。

袁閎

閎字夏甫。安玄孫。累徵聘舉召。皆不應。

臨卒敕其子

在當作有

勿設殯棺，但著禪衫疏布單衣幅巾，親尸于板牀之上，以五百墼爲藏。後漢袁安附傳注引汝南先賢傳。

袁紹

紹字本初，安玄孫。靈帝時爲侍御史，遷中軍校尉，至司隸。董卓廢立，拜渤海太守，封邟鄉侯。起兵討卓，自號車騎將軍，尋領冀州牧，拜太尉，封鄴侯，不受，拜大將軍，兼督冀青幽并四州。與曹公戰官渡，家大潰。建安七年以憂死。

上書自訟

臣聞昔在哀歎而霜隕，悲哭而崩城者，每讀其書，謂爲信然，于今況之，乃知妄作。何者？臣出身爲國，破家立事，至于懷忠獲釁，抱信見疑，晝夜長吟，剖肝泣血，曾無崩城隕霜之應，故鄒衍杞婦何能感徹！臣以負薪之資，拔于陪隸之中，奉職憲臺，擢授戎校，常侍張讓等滔亂天常，侵奪朝威，賊害忠德，扇動姦黨。故大將軍何進忠國疾亂，義心赫怒，以臣頗有一介之節，可責以鷹犬之功，故授臣以督司，諮臣以方略。臣不敢畏憚强禦，避禍求福，與進合圖，事無違異。忠策未盡，而元帥受敗，太后被質，宮室焚燒，陛下聖德幼沖，親遭厄困。時進既被害，師徒喪沮，臣獨將家兵百餘人，抽戈承明，竦劒翼室，虎叱羣司，奮擊凶醜，曾不浹辰，罪人斯殄。此誠愚臣效命之一驗也。會董卓乘虛，所圖不軌，臣父兄親從，並當大位，不憚一室之禍，苟惟寍國之義，故遂解節出奔，創謀河外。時卓方貪結外援，招悅英豪，故即臣勃海，申以軍號，則臣之與卓，未有纖芥之嫌。若使苟欲滑泥揚波，偷榮求利，則進可以享竊祿位，退無門戶之患。然臣愚所守，志無傾奪，故遂引會英雄，興師百萬，飲馬孟津，歃血漳河。會故冀州牧韓馥懷挾逆謀，欲專權埶，絕臣軍糧，不得踵係，至使滑虜肆毒，害及一門，尊卑大小，同日并戮。鳥獸之情，猶知號呼。臣所以蕩然忘哀，貌無隱戚者，誠以忠臣之節，道不兩立，

渡當作登

顧私懷己，不能全功，斯亦愚臣破家狥國之二驗也。又黃巾十萬焚燒青兗，黑山張揚，蹈藉冀域。臣乃旋師，奉辭伐畔，金鼓未震，狡敵知亡，故韓馥懷懼，謝咎歸土，張揚黑山，同時乞降。臣時輒承制，竊比竇融，以議郎曹操權領兗州牧。會公孫瓚師旅南馳，陸掠北境，臣即星駕席卷，與瓚交鋒。假天之威，每戰輒克。臣備公族子弟，生長京輦，頗聞俎豆，不習干戈，加自乃祖先臣以來，世作輔弼，咸以文德盡忠，得免罪戾。臣非與瓚角戎馬之埶，爭戰陣之功者也，誠以賊臣不誅，春秋所貶，苟云利國，專之不疑，故冒踐霜雪，不憚劬勤，實庶一捷之福，以立終身之功。社稷未定，臣誠恥之。太僕趙岐銜命來征，宣明陛下含弘之施，蠲除細故，與下更新，奉詔之日，引師南轅，是臣畏怖天威，不敢怠慢之三驗也。又臣所上將校，率皆清英宿德，令名顯達，登鋒履刃，死者過半，勤恪之功，不見書列，而州郡牧守，競渡聲名，懷持二端，優游顧望，皆列土錫圭，跨州連郡。是以遠近狐疑，議論紛錯者也。臣聞守文之世，德高者位尊；倉卒之時，功多者賞厚。陛下播越非所，洛邑之祀，海內傷心，志士憤惋。是以忠臣肝腦塗地，肌膚橫分，而無悔心者，義之所感故也。今賞加無勞，以攜有德，杜黜忠功，以疑衆望，斯豈腹心之遠圖，將乃讒慝之邪說使之然也？臣爵爲通侯，位二千石，殊恩厚德，臣既叨之，豈敢闚覬重禮，以希彤弓玈矢之命哉？誠傷偏禆列校，勤不見紀，盡忠爲國，翻成重愆，斯蒙恬所以悲號于邊獄，白起歔欷于杜郵也。太傅日磾位爲師保，任配東征，而耗亂王命，寵任非所，凡所舉用，皆衆所捐棄，而容納其策，以爲謀主，令臣骨肉兄弟，還爲讎敵，交鋒接刃，搆難滋甚。臣雖欲釋甲投戈，事不得已，誠恐陛下日月之明，有所不照，四聰之聽，有所不聞，乞下臣章，咨之羣賢，使三槐九棘，議臣罪戾。若以臣今行權爲釁，則桓文當有誅絕之刑；若以衆不討賊爲賢，則趙盾可無書弒之貶矣。臣雖小人，志守一介，

蹇當作褰

隸當作款
鄹當作陲

緌當作綏

若使得申明本心，不愧先帝，則伏首歐刀，蹇衣就鑊，臣之願也。惟陛下垂尸鳩之平，絕邪諂之論，無令愚臣結恨三泉。後漢袁紹傳。

拜烏丸三王爲單于版文

使持節大將軍督幽青并領冀州牧阮鄉侯紹，承制詔遼東屬國率衆王頒下、烏丸遼西率衆王蹋頓、右北平率衆王汗盧維，乃祖慕義遷善，隸塞內附，北捍獫狁，東拒濊貊，世守北鄹，爲百姓保障，雖時侵犯王略，命將徂征厥罪，率不旋時，悔愆變改，方之外夷，最又聰惠者也。始有千夫長、百夫長，以相統領，用能悉乃心，克有勳力于國家，稍受王侯之命。自我王室多故，公孫瓚作難，殘夷厥土之君，以侮天慢主，是以四海之內，並執干戈以衞社稷。三王奮氣裔土，忿姦憂國，控弦與漢兵爲表裏，誠甚忠孝，朝所嘉焉。然而虎兕長蛇，相隨塞路，王官爵命，否而無聞。夫有勳不賞，俾勤者怠。今遣行謁者楊林，齎單于璽綬車服，以對爾勞。其各緌靜部落，教以謹慎，無使作凶作慝。世復爾祀位，長爲百蠻長。厥有咎有不臧者，泯于爾祿，而喪于乃庸，可不勉乎。烏桓單于都護部衆，左右單于受其節度，他如故事。魏志烏丸傳注引英雄記。

漳河盟辭

賊臣董卓，承漢室之微，負甲兵之衆，陵越帝城，跨蹈王朝，幽鴆太后，戮殺弘農，提挈幼主，越遷秦地，殘害朝臣，斬刈忠良，焚燒宮室，蒸亂宮人，發掘陵墓，虐及鬼神，過惡蒸皇天，濁穢薰后土，神祇怨恫，無所憑恃，兆人泣血，無所控告，仁賢之士，痛心疾首，義士奮發，雲興霧合，咸欲奉辭伐罪，躬行天誅。凡我同盟之後，畢力致命，以伐凶醜，同獎王室，翼戴天子，有渝此盟，神明是殛，俾墜其師，無克祚國。後漢袁紹傳注引獻帝春秋。

與曹操書

可都甄城，當有所立。魏志武帝紀注引獻帝起居注。

與袁術書 初平元年

前與韓文節共建永世之道，欲海內見再興之主。今西名有幼君，無血脈之屬，公卿以下，皆媚事卓，安可復信。但當使兵往屯關要，皆自蹙死于西。東立聖君，太平可冀，如何有疑。又室家見戮，不念子胥可復北面乎。違天不祥，願詳思之。魏志袁術傳注引吳書。

答陳登

劉玄德弘雅有信義，今徐州樂戴之，誠副所望也。蜀志先主傳注引獻帝春秋。

與公孫瓚書

孤與足下，既有前盟舊要，申之以討亂之誓，愛過夷叔，分著丹青，謂爲旅力同仇，足踵齊晉，故解印釋紱，以北帶南，分割膏腴，以奉執事，此非孤赤情之明驗邪。豈寤足下棄烈士之高義，尋禍亡之險蹤，輒而改慮，以好易怨，盜遣士馬，犯暴豫州。始聞甲卒在南，親臨戰陣，懼于飛矢迸流，狂刃橫集，以重足下之禍，徒增孤子之咎釁也。故爲薦書懇惻，冀可改悔。而足下超然自逸，矜其威詐，謂天罔可吞，豪雄可滅，果令貴弟殞于鋒刃之端。斯言猶在于耳，而足下曾不尋討禍源，克心罪己，苟欲逞其無疆之怒，不顧逆順之津，愚怨害民，騁于余躬。遂躍馬控弦，處我疆土，毒徧生民，辜延白骨。孤辭不獲已，以登界橋之役。是時足下兵氣霆震，駿馬電發；僕師徒肇合，機械不嚴，強弱殊科，衆寡異論，假天之助，小戰大克，遂陵躡奔背，因壘館穀，此非天威棐諶，福豐有禮之符表乎。足下志猶未厭，乃復糾合餘燼，率我蛑賊，以焚爇渤海。孤又不獲寧，用及龍河之師。羸兵前誘，大軍未濟，而足下膽破衆散，不鼓而敗，兵衆擾亂，君臣並奔。此又足下之爲，非孤之咎也。自此以後，禍隙彌深，孤之師旅，不勝其忿，遂至積尸爲京，頭顱滿野，愍彼無辜，未嘗不慨然失涕也。後比得足下書，辭意婉約，有改往脩來之言。僕既欣于舊好克復，且愍兆民之不寧，每輒引師南駕，以順簡書。弗盈一時，

壤當作壞

而北邊羽檄之文。未嘗不至。孤是用痛心疾首。靡所錯情。夫處三軍之帥。當列將之任。宜令怒如嚴霜。喜如時雨。臧否好惡。坦然可觀。而足下二三其德。強弱易謀。急則曲躬。緩則放逸。行無定端。言無質要。爲壯士者。固若此乎。既乃殘殺老弱。幽土憤怨。衆叛親離。了然無黨。又烏丸濊貊。皆與足下同州。僕與之殊俗。各奮迅激怒。爭爲鋒銳。又東西鮮卑。舉踵來附。此非孤德所能招。乃足下驅而致之也。夫當荒危之世。處干戈之險。內違同盟之誓。外失戎狄之心。兵興州壤。禍發蕭牆。將㠯定霸。不亦難乎。前㠯西山陸梁。出兵平討。會麴義餘殘。畏誅逃命。故遂住大軍。分兵撲蕩。此兵孤之前行。乃界橋搴旗拔壘。先登制敵者也。始聞足下鐫金紆紫。命㠯元帥。謂當因茲奮發。㠯報孟明之恥。是㠯戰夫引領。竦望旌旆。怪遂含光匿影。寂爾無聞。卒臻屠滅。相爲惜之。夫有平天下之怒。希長世之功。權御師徒。帶養戎馬。叛者無討。服者不收。威懷並喪。何㠯立名。今舊京克復。天罔云補。罪人斯亡。忠幹翼化。華夏儼然。望於穆之作。將戢干戈。放散牛馬。足下獨何守區區之土。保軍內之廣。甘惡名㠯速朽。亡令德之久長。壯而籌之。非良策也。宜釋憾除嫌。敦我舊好。若斯言之玷。皇天是聞。（魏志公孫瓚傳注引漢晉春秋。）

袁術

術字公路。司空逢子。紹從弟。靈帝時舉孝廉。除郎中。後爲折衝校尉、虎賁中郎將。董卓廢立。出奔南陽。尋入陳留。爲曹公所破。奔九江。自領揚州刺史。李傕之亂。進左將軍。封陽翟侯。興平二年。僭號稱帝。後饑困出奔。嘔血死。

答袁紹書（初平二年）

聖王聰叡。有周成之質。賊卓因危亂之際。威服百寮。此乃漢家小厄之會。亂尚未厭。復欲興之。乃云今主無血脈之屬。豈不誣乎。先人㠯來。奕世相承。忠義爲先。太傅公仁慈惻隱。雖知賊卓必爲禍害。㠯信徇義。不忍去也。門戶滅絕。死亡流漫。幸蒙遠近。來相赴助。不因此時。上討國賊。下刷家恥。而圖于此。非所聞也。（魏志袁術傳注引吳書。）室家見戮。可復北面。此卓所爲。豈國家哉。君命天也。天不可讎。況非君命乎。慺慺赤心。志在滅卓。不識其他。（同上。）

報呂布書

昔董卓作亂。破壞王室。禍害術門戶。術舉兵關東。未能屠裂卓。將軍誅卓。送其頭首。爲術埽滅讎恥。使術明目于當世。死生不愧。其功一也。昔將金元休向兗州。甫詣封部。爲曹操逆所拒破。流離迸走。幾至滅亡。將軍破兗州。術復明目于遐邇。其功二也。術生年㠯來。不聞天下有劉備。備乃舉兵與術對戰。術憑將軍威靈。得㠯破備。其功三也。將軍有三大功在術。術雖不敏。奉㠯生死。將軍連年攻戰。軍糧苦少。今送米二十萬斛。迎逢道路。非直此止。當駱驛復致。若兵器戰具。佗所乏少。大小唯命。（魏志呂布傳注引英雄記。又後漢呂布傳與此小異。）

與陳珪書

昔秦失其政。天下羣雄爭而取之。兼智勇者。卒受其歸。（袁宏紀作福。）今世事紛擾。復有瓦解之勢矣。誠英乂有爲之時也。與足下舊交。豈肎左右之乎。若集大事。子實爲吾心膂。（魏志袁術傳。又見袁宏後漢紀二十八。）

歸帝號于袁紹書

漢之失天下久矣。天子提挈。政在家門。豪雄角逐。分裂疆宇。此與周之末年七國分勢無異。卒強者兼之耳。加袁氏受命當王。符瑞炳然。今君擁有四州。民戶百萬。㠯強則無與比大。論德則無與比高。曹操欲扶衰拯弱。安能續絕命。救已滅乎。（魏志袁術傳注引魏書。又後漢袁術傳有此書。小異。末多二語云。謹歸大命。君其興之。）

袁敘

敘。紹從弟。建安初爲濟陰太守。

與從兄紹書

今海內喪敗。天意實在我家。神應有徵。當在尊兄。南兄臣下欲使即位。南兄言。以年則北兄長。以位則北兄重。便欲送璽。會曹操斷道。魏志武帝紀注引獻帝起居注。

袁渙

渙字曜卿。陳郡扶樂人。司徒滂子。按唐宰相世系表以滂爲袁安同祖弟。章帝章和元年安爲司徒。靈帝光和元年滂爲司徒。相距九十二年。元和姓纂此處脫一語。竊疑滂于安爲孫曾行。非兄弟行也。袁氏四世五公。謂安、湯、滂、逢、隗也。至于汝南、汝陽、陽郡、扶樂、陽夏。則郡縣有沿革。居處有遷移。史稱籍貫兩岐。往往如此。辟公府舉高第。遷侍御史。除譙令。不就。蜀先主爲豫州。舉茂才。後依袁術。又依呂布。布誅。歸曹公。拜沛南部都尉。遷梁相。以病去。徵諫議大夫丞相軍謀祭酒。魏國建。爲郎中令。行御史大夫事。有集五卷。

與主簿孫徽等敎

主簿以不請爲罪。此則然矣。謂淵等罪不足死。則非也。夫師友之名。古今有之。然有君之師友。有士大夫之師友。夫君置師友之官者。所以敬其臣也。有罪加于刑焉。國之法也。今不論其罪而謂之戮師友。斯失之矣。主簿取弟子戮師之名。而加君誅臣之實。非其類也。夫聖哲之治。觀時而動。故不必循常。將有權也。閒者世亂。名陵其上。雖務尊君卑臣。猶或未也。而反長世之過。不亦謬乎。魏志袁渙傳注引魏書曰。穀熟長呂岐善朱淵、袁津。遣使行學。還召用之。與相見。出署淵師友祭酒。津決疑祭酒。淵等因各歸家。不受署。岐大怒。將吏民收淵等。皆杖殺之。議者多非焉。渙敎勿劾主簿孫徽等以爲淵等罪不足死。長吏無專殺之義。孔子稱惟器與名不可以假人。謂之師友而加大戮。刑名相伐。不可以訓。渙敎曰云云。

說曹公

夫兵者凶器也。不得已而用之。鼓之以道德。征之以仁義。兼撫其民。而除其害。夫然。故可與之死。而可與之生。自大亂以來。十數年矣。民之欲安。甚于倒懸。然而暴亂未息者何也。意者政失其道歟。渙聞明君善于救世。故世亂則齊之以義。時僞則鎭之以樸。世異時變。治國不同。不可不察也。夫制度損益。此古今之不必同者也。若夫兼愛天下。而反之于正。雖以武平亂。而濟之以德。誠百王不易之道也。公明哲超世。古之所以得其民者。公既勤之矣。今之所以失其民者。公既戒之矣。海內賴公。得免于危亡之禍。然而民未知義。其唯公所以訓之。則天下幸甚。魏志袁渙傳。渙得歸太祖。渙言曰云云。又見袁宏後漢紀二十九。渙說操曰。

與曹子建書

召公與周公。俱受分陜之任。文選王元長永明十一年策秀才文注。沈約齊安陸王碑文注。又見陶淵明集注。

袁徽

徽。渙弟。避亂交州。

與尚書令荀彧書

許文休英才偉士。智略足以計事。自流宕以來。與羣士相隨。每有患急。常先人後己。與九族中外同其飢寒。其紀綱同類。仁恕惻怛。皆有效事。不能復一二陳之耳。蜀志許靖傳。

交阯士府君既學問優博。又達于從政。處大亂之中。保全一郡。二十餘年。疆場無事。民不失業。羈旅之徒。皆蒙其慶。雖竇融保河西。曷以加之。官事小闋。輒玩習書傳。春秋左氏傳尤簡練精微。吾數以咨問傳中諸疑。皆有師說。意思甚密。又尚書兼通古今。大義詳備。聞京師古今之學。是非忿爭。今欲條左氏尚書長義上之。吳志士燮傳。

全後漢文卷三十終

全後漢文卷三十一

烏程嚴可均校輯

張禹

禹字伯達。趙國襄國人。師事桓榮。永平八年舉孝廉。建初中拜揚州刺史。元和中轉兖州刺史。遷下邳相。永元中入爲大司農。代張酺爲太尉。延平初遷太傅。錄尚書事。永初初復代徐防爲太尉。

上鄧太后表

新野君不安。車駕連日宿止。臣等誠竊惶懼。臣聞王者動設先置。止則交戟。清道而後行。清室而後御。離宮不宿。所以重宿衛也。陛下體烝烝之至孝。親省方藥。恩情發中。久處單外。百官露止。議者所不安。宜且還宮。上爲宗廟社稷。下爲萬國子民。（後漢張禹傳。永初四年。新野君病。皇太后車駕幸其第。禹與司徒夏勤司空張敏俱上表言。）

目上脫是字

奏事

案令。丞相奏事。司直持案。長史將簿。中二千石奏事。皆與其丞合緣。以臣下各得盡心竭誠。而事公明。（御覽二百五十三引漢名臣奏。案。此引在謝承書後王隱晉書之前。知非前漢張禹。）

臣聞天有三光。以成其化。方今三公之官不備。丞相獨綱領天下萬事最衆多。明不盡獨見。誠非一人之所作也。（書鈔五十引漢名臣奏事曰。張禹奏。）

張酺

酺字孟侯。汝南細陽人。趙王張耳之後。師事桓榮。永平九年教授四姓小侯。後除爲郎。授太子經。章帝即位。拜侍中虎賁中郎將。出爲東郡太守。和帝初還魏郡太守。徵入爲河南尹。遷太僕。永元中代尹睦爲太尉。復拜光祿勳。代魯恭爲司徒。

上疏薦太子侍從

臣伏見皇太子仁厚寬明。發言高遠。卓然絕異。非人所能及也。今平陽公主薨。悲哀發中。形體骨立。恩愛惻隱。世希是見。臣愚淺不識大體。以爲宜選名儒高行。以充師傅。問訊起居之日。太傅時賜讌。所以宣德音。以成聖德也。侍中丁鴻。仁而有讓。達于從政。謁者費惲。貧性敦篤。遵令法度。如竝侍左右。必能發起微意。增廣徽猷者也。（袁宏後漢紀十。）

上疏辭典郡

臣愚以經術給事左右。少不更職。不曉文法。猥當剖符典郡。班政千里。必有負恩辱位之咎。臣竊私自分。殊不慮出城闕。冀蒙留恩託備冗官。羣僚所不安。耳目所聞見。不敢避好醜。（後漢張酺傳。）

上疏薦王青

青三世死節。宜蒙顯異。（後漢張酺傳。）

上疏平竇氏罪刑

臣愚以爲竇氏之事。宜下理官。與天下共平其罪。恐後世不見其事。竇氏盛時。羣臣莫不阿附。唯恐在後。皆以憲爲伊呂。比鄧夫人于文母。及陛下發雷電之怒。皆以爲罪不容誅。何前後之相背也。賴聖朝明達析其中。伏見夏陽侯瓌前爲光祿勳。每與臣相見。常有厲節竭忠庶幾之心。檢敕賓客。未嘗犯法。臣聞王政有三宥之義。故蔡叔流言。周公原本而誅。臣愚以爲可黜瓌爵關內侯。還京師。竭忠供養比陽主。以優屬垂示厚德。（袁宏後漢紀十二。）

臣實愚蠢。不及大體。以爲竇氏雖伏厥辜。而罪刑未著。後世不見其事。但聞其誅。非所以垂示國典。貽之將來。宜下理官。與天下平之。方憲等寵貴。羣臣阿附。惟恐不及。皆言憲受顧命之託。懷伊呂之忠。至乃復比鄧夫人于文母。今嚴威既行。皆言當死。不復顧其前後。考折厥衷。臣伏見夏陽侯瓌每存忠善。前與臣言。常有盡節之心。檢敕賓客。未嘗犯法。臣聞王政骨肉之刑。有三宥之義。過厚不過薄。今議者爲瓌選嚴能相。恐其迫切。必不完免。宜裁加貸宥。

所當作悉

吕崇厚德。後漢張酺傳。

上言宜令刺史奏事如舊典

臣聞王者法天。熒惑奏事太微。故州牧刺史入奏事。所以通下問知外事也。數十年以來。重其道歸煩擾。故時止勿奏事。今因以為故事。臣愚以為刺史視事滿歲。可令奏事如舊典。問州中風俗。所好惡過所道。事所聞見。考課眾職。下章所告。及所自舉有意者賞異之。其尤無狀逆詔書。行罪法。冀敕戒其餘。令各敬慎所職。于以衰滅貪邪姦佞。續漢百官志五注補引東觀書和帝初張酺上言。

奏劾曹褒

褒擅制漢禮。破亂聖術。宜加刑誅。後漢曹褒傳太尉張酺尚書張敏等奏。又見袁宏後漢紀十三作尚書張敏奏不言張酺。

敕子蕃

顯節陵埽地露祭。欲率天下以儉。吾為三公。既不能宣揚王化。令吏人從制。豈可不務節約乎。其無起祠堂。可作稾蓋廡。施祭其下而已。後漢張酺傳。又略見袁宏後漢紀十四。

丁鴻

鴻字孝公。潁川定陵人。師事桓榮。永平中襲父綝爵陵陽侯。拜侍中兼射聲校尉。建初中徙封魯陽鄉侯。進少府。元和中徙封馬亭鄉侯。和帝初遷太常。永元中代袁安為司徒。

日食上封事

臣聞日者陽精。守實不虧。君之象也。月者陰精。盈毀有常。臣之表也。故日食者。臣乘君。陰陵陽。月滿不虧。下驕盈也。昔周室衰季皇甫之屬。專權于外。黨類強盛。侵奪主勢。則日月薄食。故詩曰。十月之交。朔日辛卯。日有食之。亦孔之醜。春秋日食三十六。弒君三十二。變不空生。各以類應。夫威柄不以放下。利器不以假人。覽觀往古。近察漢興。傾危之禍。靡不由之。是以三桓專魯。田氏擅齊。六卿分晉。諸呂握權。統嗣幾移。哀平之末。廟不血食。袁宏紀此下有此皆失其權柄以勢假人者也。故雖有周公之親。而無其德。不得行其勢也。今大將軍雖欲敕身自約。不敢僭差。然而天下遠近。皆惶怖承旨。刺史二千石初除謁辭。求通待報。雖奉符璽。受臺敕。不敢便去。久者至數十日。背公室。向私門。此乃上威損。下權盛也。人道悖于下。效驗見于天。雖有隱謀。袁宏紀作雖欲隱諱。神照其情。垂象見戒。以告人君。間者月滿先節。過望不虧。此臣驕溢背君。專功獨行也。陛下未深覺悟。故天重見戒。誠宜畏懼。以防其禍。詩云。敬天之怒。不敢戲豫。若敕政責躬。杜漸防萌。則凶妖銷滅。害除福湊矣。夫壞崖破巖之水。源自涓涓。干雲蔽日之木。起于蔥青。禁微則易。救末者難。人莫不忽于微細。以致其大。恩不忍誨。義不忍割。去事之後。未然之明鏡也。臣愚以為左官外附之臣。依託權門。傾覆諂諛。以求容媚者。宜行一切之誅。間者大將軍再出。威振州郡。莫不賦斂吏人。遣使貢獻。大將軍雖不受。而物不還主。部署之吏。無所畏憚。縱行非法。不伏罪辜。故海內貪猾。競為姦吏。小民吁嗟。怨氣滿腹。臣聞天不可以不剛。不剛則三光不明。王不可以不彊。不彊則宰牧從橫。宜因大變。改政匡失。以塞天意。後漢丁鴻傳。又略見袁宏後漢紀十三。又御覽四百五十三引東觀記。

上言舉孝廉用口率

凡口率之科。宜有階品。蠻夷錯雜。不得為數。自今郡國率二十萬口歲舉孝廉一人。四十萬二人。六十萬三人。八十萬四人。百萬五人。百二十萬六人。不滿二十萬二歲一人。不滿十萬三歲一人。後漢丁鴻傳。鴻與司空劉方上言。

奏東巡瑞應

臣聞古之帝王。統治天下。五載巡狩。至于岱宗。柴祭于天。望秩山川。協時月正日。同斗斛權衡。使人不爭。陛下尊履蒸蒸。奉承弘業。祀五帝于明堂。配以光武。二祖四宗。咸有告祀。瞻望太山。嘉澤降

謙讓之讓當作遜

灩柴祭之日。白氣上升。與燎烟合。黃鵠羣翔。所謂神人吕和。答響之休符也。後漢丁鴻傳注引東觀記。

與弟盛書

鴻貪經書。不顧恩義。弱而隨師。生不供養。死不飯唅。皇天先祖。並不祐助。身被大病。不任茅土。袁宏紀作身被大病。上不任爲蕃輔。下不能守土。前上疾狀。願辭爵仲公。章寢不報。迫且當襲封。謹自放棄。逐求良醫。如遂不瘳。永歸溝壑。後漢丁鴻傳。又見袁宏後漢紀十三。

王充

充字仲任。會稽上虞人。師事班彪。爲縣掾功曹。歷都尉府掾功曹。郡列掾五官功曹行事。後爲州從事。元和中。轉治中。免。永元中卒。年七十餘。有論衡三十卷。

果賦

冬實之杏。春熟之甘。御覽九百六十八。

賈逵

逵字景伯。扶風平陵人。梁王太傅誼九世孫。永平中拜爲郎。與班固典校祕書。建初中遷衞士令。和帝時爲左中郎將。進侍中。領騎都尉。兼領祕書近署。永元十三年卒。年七十二。有春秋左氏長經二十卷。左氏解詁三十卷。春秋外傳國語注二十一卷。集二卷。

上書請宥劉愷 永元十年

孔子稱能吕禮讓爲國。于從政乎何有。竊見居巢侯劉般嗣子愷。素行孝友。謙讓絜清。讓封弟憲。潛身遠迹。有司不原樂善之心。而繩吕循常之法。懼非長克讓之風。成含弘之化。前世扶陽侯韋玄成。近有陵陽侯丁鴻。鄳侯鄧彪。並吕高行。絜身辭爵。未聞貶削。而皆登三事。今愷景仰前修。有伯夷之節。宜蒙矜宥。全其先功。吕增聖朝尙德之美。後漢劉愷傳。

吕圖之吕當作與

條奏左氏長義 建初元年

臣謹擿出左氏三十事尤著明者。斯皆君臣之正義。父子之紀綱。其餘同公羊者十有七八。或文簡小異。無害大體。至如祭仲、紀季、伍子胥、叔術之屬。左氏義深于君父。公羊多任于權變。其相殊絕。固吕甚遠。而寃抑積久。莫肎分明。臣吕永平中上言左氏吕圖讖合者。先帝不遺芻蕘。省納臣言。寫其傳詁。藏之祕書。建平中。侍中劉歆欲立左氏。不先暴論大義。而輕移太常。恃其義長。詆挫諸儒。諸儒內懷不服。相與排之。孝哀皇帝重逆衆心。故出歆爲河內太守。從是攻擊左氏。遂爲重讎。至光武皇帝。奮獨見之明。興立左氏穀梁。會二家先師不曉圖讖。故令中道而廢。凡所吕存先王之道者。要在安上理民也。今左氏崇君父。卑臣子。强幹弱枝。勸善戒惡。至明至切。至眞至順。且三代異物。損益隨時。故先帝博觀異家。各有所採。易有施孟。復立梁丘。尙書歐陽。復有大小夏侯。今三傳之異。亦猶是也。又五經家皆無吕證圖讖明劉氏爲堯後者。而左氏獨有明文。五經家皆言顓頊代黃帝。而堯不得爲火德。左氏吕爲少昊代黃帝。卽圖讖所謂帝宣也。如令堯不得爲火。則漢不得爲赤。其所發明。補益實多。陛下通天然之明。建大聖之本。改元正歷。垂萬世則。是吕麟鳳百數。嘉瑞雜遝。猶朝夕恪勤。遊情六蓺。研機綜微。靡不審覈。若復留意廢學。吕廣聖見。庶幾無所遺失矣。後漢賈逵傳。

永平頌

威震赤谷。書鈔十三。

連珠

夫君人者不飾不美。不足吕一民。文選景福殿賦注。

楊終

終字子山。蜀郡成都人。少爲郡小吏。永平中徵詣蘭臺。拜校書

郎建初中詣白虎觀後坐事徙北地元和中釋歸故郡永元中
徵拜郎中有春秋外傳十二卷

建初元年大旱上書

臣聞善善及子孫惡惡止其身百王常典不易之道也秦政酷烈違牾天心一人有罪延及三族高祖平亂約法三章太宗至仁除去收孥萬姓廓然蒙被更生澤及昆蟲功垂萬世陛下聖明德被四表今㠯比年久旱災疫未息躬自菲薄廣訪失得三代之隆無㠯加焉臣竊按春秋水旱之變皆應暴急惠不下流自永平㠯來仍連大獄有司窮考轉相牽引掠拷冤濫家屬徙邊加㠯北征匈奴西開三十六國頻年服役轉輸煩費又遠屯伊吾樓蘭車師戊己民懷土思怨結邊域傳曰安土重居謂之衆庶昔殷人近遷洛邑且猶怨望何況去中土之肥饒寄不毛之荒極乎且南方暑溼障毒互生愁困之民足㠯感動天地移變陰陽矣陛下留念省察

㠯濟元元（後漢楊終傳）

復上書

秦築長城功役繁興胡亥不革卒亡四海故孝元棄珠厓之郡光武絕西域之國不㠯介鱗易我衣裳魯文公毀泉臺春秋譏之曰先祖爲之而己毀之不如勿居而已㠯其無妨害于民也襄公作三軍昭公舍之君子大其復古㠯爲不舍則有害于民也今伊吾之役樓蘭之屯久而未還非天意也（後漢楊終傳）

上言宜令諸儒論考五經同異

宣帝博徵羣儒論定五經于石渠閣方今天下少事學者得成其業而章句之徒破壞大體宜如石渠故事永爲後世則（後漢楊終傳。又言云云。于是詔諸儒于白虎觀論考五經同異焉。）

戒衞尉馬廖書

終聞堯舜之民可比屋而封桀紂之民可比屋而誅何者堯舜爲之隄防桀紂示之驕奢故也詩曰皎皎練絲在所染之上智下愚謂之不移中庸之流要在教化春秋殺太子母弟直稱君甚惡之者坐失教也禮制人君之子年八歲爲置少傅教之書計㠯開其明十五置太傅教之經典㠯道其志漢興諸侯王不力教誨多觸禁忌故有亡國之禍而乏嘉善之稱今君位地尊重海內所望豈可不臨深履薄㠯爲至戒黃門郎年幼血氣方盛既無長君退讓之風而要結輕狡無行之客縱而莫誨視成任性鑒念前世可爲寒心君侯誠宜㠯臨深履薄爲戒（後漢楊終傳）

徐防

防字謁卿沛國銍人永平中舉孝廉除爲郎特補尚書郎和帝時稍遷司隸校尉出爲魏郡太守徵爲少府遷大司農代巢堪爲司空又代張酺爲司徒延平初代張禹爲太尉安帝即位封龍鄉侯

五經宜爲章句疏

臣聞詩書禮樂定自孔子發明章句始于子夏其後諸家分析各有異說漢承亂秦經典廢絕本文略存或無章句收拾缺遺建立明經博徵儒術開置太學孔聖既遠微旨將絕故立博士十有四家設甲乙之科㠯勉勸學者所㠯示人好惡改敝就善者也伏見太學試博士弟子皆㠯意說不修家法私相容隱開生姦路每有策試輒興諍訟論議紛錯互相是非孔子稱述而不作又曰吾猶及史之闕文疾史有所不知而不肯闕也今不依章句妄生穿鑿㠯遵師爲非義意說爲得理輕侮道術寖㠯成俗誠非詔書實選本意改薄從忠三代常道專精務本儒學所先臣㠯爲博士及甲乙策試宜從其家章句開五十難㠯試之解釋多者爲上第引文明者爲高說若不依先師義有相伐皆正㠯爲非五經各取上第六人論語不讓射策雖所失或久差可矯革（後漢徐防傳）

入重下脫論字

試論語本文章句。但通度。勿以射策。冀令學者務本。有所一心。專精師門。思核經意。事得其實。道得其眞。于此弘廣經術。尊重聖業。有益于化。雖從來久。大經衰微。學門寖淺。誠宜反本。改矯其失。（後漢徐防傳注引東觀記。）

郭躬

躬字仲孫。潁川陽翟人。爲郡吏。辟公府。永平中選廷尉正。坐法免。後三遷。元和中拜廷尉。永元六年卒官。

上封事言赦宜及亡命

聖恩所以減天下死罪使戍邊者。欲實疆境而重人命也。去死就生。與老弱復相見。莫不歡喜。自丙子以來。犯罪者甚多。應入重今。已牢獄者。蒙更生之恩也。而始被執錄者。獨受大辟之刑。示不均也。書曰。王道蕩蕩。無偏無黨。均大恩以令民。（袁宏後漢紀十二。）

聖恩所以減死罪使戍邊者。重人命也。今死罪亡命無慮萬人。又自赦以來。捕得甚衆。而詔令不及。皆當重論。伏惟天恩莫不蕩宥。死罪以下。並蒙更生。而亡命捕得。獨不沾澤。臣以爲赦前犯死罪而繫在赦後者。可皆勿笞。詣金城。以全人命。有益于邊。（後漢郭躬傳。）

周紆

紆字文通。下邳徐人。少爲廷尉史。永平中補南行唐長。遷博平令。拜齊相。復左轉博平令。建初中爲勃海太守。免。起爲郎。再遷召陵侯相。徵拜洛陽令。免。後爲御史中丞。和帝初免。復徵爲御史中丞。遷司隷校尉。左轉騎都尉。遷將作大匠。卒官。

上疏劾竇瓌

臣聞臧文仲之事君也。見有禮于君者。事之如孝子之養父母。見無禮于君者。誅之如鷹鸇之逐鳥雀。案夏陽侯瓌。本出輕薄。志在邪辟。學無經術。而妄構講舍。外招儒徒。實會姦桀。輕忽天威。侮慢王室。又造作巡狩封禪之書。惑衆不道。當伏誅戮。而主者營私。不爲國計。夫涓流雖寡。浸成江河。爝火雖微。卒能燎野。履霜有漸。可不懲革。宜尋呂產專竊之亂。永惟王莽簒逆之禍。上安社稷之計。下解萬夫之惑。（後漢酷吏周紆傳。）

樂恢

恢字伯奇。京兆長陵人。初仕郡。署戶曹史。坐事抵罪。後復爲功曹。永平中辟司空牟融府。又辟司空第五倫府。皆不就。後徵拜議郎。和帝時爲尚書僕射。拜騎都尉。辭疾歸。竇憲使州郡迫脅之。仰藥死。

上疏言諸竇

臣聞百王之失。咸以陰盛陵陽。而權移于下。大臣專朝。而勢去公室。未有君德休明。而臣下闚闞主一其柄。而社稷傾危者。伏念先帝聖德未永。蚤棄萬國。陛下富于春秋。纂承大業。今諸舅執政。外戚盈朝。非所以盜王室示天下也。經曰。天地乖互。則衆物大傷。君臣失序。則萬民受殃。政失不救。其極不測。當今所急。上宜以義自割。下宜以謙自引。四舅可長保爵土之榮。皇太后永無慚負宗廟之憂。誠策之上者也。（袁宏後漢紀十三。後漢樂恢傳各有刪節。今合錄之。）

上書諫征匈奴（永元元年）

春秋之義。王者不理夷狄。得其地不可墾發。得其人無益于政。故明王之于夷狄。羈縻而已。孔子曰。遠人不服。則脩文德以來之。以漢之盛。不務脩舜禹周公之德。而無故興干戈。動兵革。以求無用之物。臣誠惑之。（後漢樂恢傳注引東觀記。）

拜騎都尉上書辭謝

仍受厚恩。無以報效。夫政在大夫。孔子所疾。世卿持權。春秋以戒。聖人懇惻。不虛言也。近世外戚富貴。必有驕溢之敗。今陛下思慕山陵。未遑政事。諸舅寵盛。權行四方。若不能自損。誅罰必加。臣壽命垂盡。臨死竭愚。惟蒙留神。（後漢樂恢傳。）

答潁川杜安書

干主求祿。非平生操也。袁宏後漢紀十三。

孔豐

豐字子豐。太常孔臧之後。永平中辟司空府。㠯高第拜侍御史。建初中轉黃門侍郎。典東觀事。

建初元年大旱上疏

臣聞爲不善而災報。得其應也。爲善而災至。遭時運也。陛下即位日新。續漢志注補作淺。視民如傷。而不幸耗旱。時運之會爾。非政教之所致也。昔成湯遭旱。因自責省故。散積減御損膳。而大有年。意者陛下未爲成湯之事焉。孔叢子連叢上。又見續漢五行志一注補。

孔僖

僖字仲和。豐子。建初中爲蘭臺令史。元和中拜郎中。賜褒成侯。使校書東觀。出爲臨晉令。

上書自訟

臣之愚意。㠯爲凡言誹謗者。謂實無此事。而虛加誣之也。至如孝武皇帝政之美惡。顯在漢史。坦如日月。是爲直說書傳實事。非虛謗也。夫帝者爲善。則天下之善咸歸焉。其不善。則天下之惡亦萃焉。斯皆有㠯致之。故不可㠯誅于人也。且陛下即位㠯來。政教未過。而德澤有加。天下所具。袁宏紀作見。也。臣等獨何譏刺哉。假使所非實是。則固應悛改。儻其不當。亦宜含容。又何罪焉。陛下不推原大數。深自爲計。徒肆私忿。㠯使其意。臣等受戮。死即死耳。顧天下之人。必回心易慮。㠯此事闚陛下心。自今㠯後。苟見不可之事。終莫復言者矣。臣之所㠯不愛其死。猶敢極言者。誠爲陛下深惜此大業。陛下若不自惜。則臣何賴焉。齊桓公親揚其先君之惡。㠯唱管仲。然後羣臣得盡其心。今陛下乃欲㠯十世之武帝。遠諱實事。豈不與桓公異哉。臣恐有司卒然見構。銜恨蒙枉。不得自敘。使後世論者。擅㠯陛下有所方比。寧可復使子孫追掩之乎。謹詣闕伏待重誅。後漢孔僖傳。

孔季彥

季彥。僖第二子。安帝時舉孝廉。不就。

雨雹對

此皆陰乘陽之徵也。今貴臣擅權。母后黨盛。陛下宜修聖德。慮此二者。已上後漢孔僖傳。而已。夫物之相感。必㠯類推。其甚者必有山崩地震。乖氣相因。其事不可盡論。往者延平中鄧后稱制。而東垣巨屋山大崩。聲動安邑。即前事之驗者。孔叢子連叢下。

全後漢文卷三十一終

全後漢文卷三十二

烏程嚴可均校輯

陳寵

寵字昭公。沛國洨人。尚書陳咸曾孫。永平中爲州郡吏。辟司徒鮑昱府。三遷章帝初爲尚書。和帝初出爲太山太守。轉廣漢太守。擢爲大司農。拜廷尉。復爲尚書。遷太鴻臚。永元十六年代徐防爲司空。

省刑疏

臣聞先王之政。賞不僭。刑不濫。與其不得已。寧僭不濫。故唐堯著典曰。流宥五刑。眚災肆赦。帝舜命皋陶㠯五宅三居。惟明克允。文王重易六爻。而列重棘之聽。周公作立政。戒成王勿誤乎庶獄。伯夷之典。惟敬五刑。㠯成三德。由此言之。聖賢之政。㠯刑罰爲首。袁宏紀作必㠯刑罰爲首咨歎相戒者重刑之至也往者斷獄嚴明。所㠯威懲姦慝。姦慝既平。必宜濟之㠯寬。陛下即位。率由此義。數詔羣僚。弘崇晏晏。而有司執事。未悉奉承。典刑。用法猶尚深刻。斷獄者急于篣格酷烈之痛。執憲者煩于詆欺放濫之文。違本離實。箠楚爲姦。或因公行私。逞縱威福。夫爲政猶張琴瑟。大絃急者小絃絕。故子貢非臧孫之猛法。而美鄭喬之仁政。詩云。不剛不柔。布政優優。方今聖德充塞。假于上下。宜因其時。隆先王之道。蕩滌煩苛之法。輕薄箠楚。㠯濟羣生。全廣至德。㠯奉天心。後漢陳寵傳。又見袁宏後漢紀十一。晉書刑法志。通典一百七十。

奏駁賈宗斷獄盡三冬議

夫冬至之節。陽氣始萌。故十一月有蘭射于芸荔之應。時令曰。諸生蕩。安形體。天㠯爲正。周㠯爲春。十二月陽氣上通。雉雊雞乳。地㠯爲正。殷㠯爲春。十三月陽氣㠯至。天地已交。萬物皆出。蟄蟲始振。人㠯爲正。夏㠯爲春。三微成著。㠯通三統。周㠯天元。殷㠯地元。夏㠯人元。若㠯此時行刑。則殷周歲首。皆當流血。不合人心。不稽天意。月令曰。孟冬之月。趣獄刑。無留罪。明大刑畢在立冬也。又仲冬之月。身欲寧。事欲靜。若㠯降威怒。不可謂寧。若㠯行大刑。不可謂靜。議者咸曰。旱之所由。咎在改律。臣㠯爲殷周斷獄。不㠯三微。而化致康平。無有災害。自元和㠯前。皆用三冬。而水旱之異。往往爲患。由此言之。災害自爲它應。不㠯改律。秦爲虐政。四時行刑。聖漢初興。改從簡易。蕭何草律。季秋論囚。俱避立春之月。而不計天地之正。三王之春。實頗有違。陛下探幽析微。允執其中。革百載之失。建永年之功。上有迎承之敬。下有奉微之惠。稽春秋之文。當月令之意。聖功美業。不宜中疑。後漢陳寵傳。通典一百六十六。

奏請刪除律令

臣聞禮經三百。威儀三千。故甫刑大辟二百。五刑之屬三千。禮之所去。刑之所取。失禮則入刑。相爲表裏者也。今律令犯罪應死刑者六百一十。耐罪千六百九十八。贖罪㠯下二千六百八十一。溢于甫刑者千九百八十九。其四百一十大辟。千五百七耐罪。七十九贖罪。春秋保乾圖曰。王者三百年一蠲法。漢興㠯來三百二年。憲令稍增。科條無限。又律有三家。說各駁異。刑法繁多。宜令三公廷尉平定律令。應經合義可施行者。大辟二百。耐罪贖罪二千八百。合爲三千。與禮相應。其餘千九百八十九事。悉可刪除。使萬民改易視聽。㠯成大化。致刑措之美。傳之無窮。後漢陳寵傳。晉書刑法志。通典一百七十。

陳忠

忠字伯始。寵子。永初中辟司徒府。三遷廷尉正。元初中擢拜尚書。安帝親政。轉僕射。還尚書令。延光三年拜司隸校尉。明年出爲江夏太守。復留拜尚書令。

薦劉愷疏永初元年

臣聞三公上則台階。下象山岳。股肱元首。鼎足居職。協和陰陽。調

衆下脫望字

訓五品考功量才以序庶僚遭烈風不迷遇迅雨不惑位莫重焉而今上司缺職未議其人臣竊差次諸卿考合衆議咸稱太常朱倀少府荀遷臣父寵前忝司空倀遷並爲掾屬具知其能倀能說其經書而用心褊狹遷嚴毅剛直而薄于藝文伏見前司徒劉愷沈重淵懿道德博備克讓爵土致祚弱弟躬浮雲之志兼浩然之氣頻歷二司舉動得禮以疾致仕側身里巷處約思純進退有度百僚景式海內歸懷往者孔光師丹近世鄧彪張酺皆去宰相復序上司誠宜簡練卓異以厭衆（後漢劉愷傳）

清盜源疏

臣聞輕者重之端小者大之源故隄潰蟻孔氣洩鍼芒是以明者慎微智者識幾書曰小不可不殺詩云無縱詭隨以謹無良蓋所以崇本絕末鉤深之慮也臣竊見元年以來盜賊連發攻亭劫掠多所傷殺夫穿窬不禁則致强盜强盜不斷則爲攻盜攻盜成羣必生大姦故亡逃之科憲令所急至于通行飲食罪致大辟而頃者以來莫以爲憂州郡督錄怠慢長吏防禦不肅皆欲採獲虛名諱以盜賊爲負雖有發覺不務清澄至有逞威濫怒無辜僵仆或有跼蹐比伍轉相賦斂或隨吏追赴周章道路是以盜發之家不敢申告鄰舍比里共相壓迮或出私財以償所亡其大章著不可掩者乃肯發露陵遲之漸遂且成俗寇攘誅咎皆由于此前年渤海張伯路可爲至戒覆車之軌其迹不遠蓋失之末流求之本源宜糾增舊科以防來事自今强盜爲上官若它郡縣所糾覺一發部吏皆正法尉貶秩一等令長三月奉贖罪二發尉免官令長貶秩一等三發以上令長免官便可撰立科條處爲詔文切敕刺史嚴加糾罰冀以猛濟寬驚懼姦慝頃季夏大暑而消息不協寒氣錯時水涌爲變天之降異必有其故所舉有道之士可策問國典所務王事過差令處煖氣不效之意庶有讜言以承天誡（後漢陳忠傳）

薦周興疏（永寧中）

臣伏惟古者帝王有所號令言必弘雅辭必溫麗垂于後世列于典經故仲尼嘉唐虞之文章從周室之郁郁臣竊見光祿郎周興孝友之行著于閨門清厲之志聞于州里蘊櫝古今博物多聞三墳之篇五典之策無所不覽屬文著辭有可觀採尚書出納帝命爲王喉舌臣等既愚闇而諸郎多文俗吏鮮有雅才每爲詔文宣示內外轉相求請或以不能而專己自由辭多鄙固興抱奇懷能隨輩棲遲誠可歎惜（後漢周榮傳）

上疏豫通帝意

臣聞仁君廣山藪之大納切直之謀忠臣盡謇諤之節不畏逆耳之害是以高祖舍周昌桀紂之譬孝文嘉爰盎人豕之譏武帝納東方朔宣室之正元帝容薛廣德自刎之切昔晉平公問于叔向曰國家之患孰爲大對曰大臣重祿不極諫小臣畏罪不敢言下情不上通此患之大者公曰善于是下令曰吾欲進善有謁而不通罪至死今明詔崇高宗之德推宋景之誠引咎克躬諮訪羣吏言事者見杜根成翊世等新蒙表錄顯列二臺必承風響應爭爲切直若嘉謀異策宜輒納用如其管穴妄有譏刺雖苦口逆耳不得事實且優游寬容以示聖朝無諱之美若有道之士對問高者宜垂省覽特遷一等以廣直言之路（後漢陳忠傳又略見袁宏後漢紀十七）

上疏請許大臣盡告終喪（建光元年）

臣聞之孝經（袁宏紀作昔先王孝治天下）始于愛親終于哀戚上自天子下至庶人尊卑貴賤其義一也夫父母于子同氣異息一體而分三年乃免于懷抱先聖緣人情而著其節制服二十五月是以春秋臣有大喪君三年不呼其門閔子雖要絰服事以赴公難退而致位以究私恩故稱君使之非也臣行之禮也周室陵遲禮制不序蓼莪之人作詩自傷曰缾之罄矣惟罍之恥言己不得終竟子道者

始當作恥

咸當作感

亦上之始也。高祖受命，蕭何創制，大臣有寧告之科，合于致憂之義。建武之初，新承大亂，凡諸國政，多趣簡易，大臣既不得告寧，而羣司營祿念私，鮮循三年之喪，以報顧復之恩者，禮義之方，實爲彫損。（袁宏紀此下有然道無遠弘之卽是仁）大漢之興，雖承衰敝，而先王之制，稍以施行。故籍田之耕，起于孝文；孝廉之貢，發于孝武；郊祀之禮，定于元成；三雍之序，備于顯宗；大臣終喪，成乎陛下。聖功美業，靡以尚茲。孟子有言：老吾老以及人之老，幼吾幼以及人之幼，天下可運于掌。臣願陛下登高北望，以甘陵之思，揆度臣子之心，則海內咸（袁宏紀作則海內羣生各）得其所。（後漢陳忠傳，又見袁宏後漢紀十七，有刪節）

因災異上疏劾中侍伯榮（伯榮，安帝乳母王聖女）

臣聞位非其人，則庶事不敘；庶事不敘，則政有得失；政有得失，則咸動陰陽，妖變爲應。陛下每引災自厚，不責臣司，臣司狃恩，莫以爲負。故天心未得，隔并屢臻，青冀之域，淫雨漏河，徐岱之濱，海水

盆溢，兗豫蝗蝝滋生，荆揚稻收儉薄，并涼二州羌戎叛戾。加以百姓不足，府帑虛匱，自西徂東，杼柚將空。臣聞洪範五事，一曰貌，貌以恭，恭作肅，貌傷則狂，而致常雨。春秋大水，皆爲君上威儀不穆，臨蒞不嚴，臣下輕慢，貴倖擅權，陰氣盛彊，陽不能禁，故爲淫雨。陛下以不得親奉孝德皇園廟，比遣中使致敬甘陵，朱軒駢馬，相望道路，可謂孝至矣。然臣竊聞使者所過，威權翕赫，震動郡縣，王侯二千石至爲伯榮獨拜車下，儀體上儗，侔于人主。長吏惶怖譴責，或邪諂自媚，發人修道，繕理亭傳，多設儲跱，徵役無度，老弱相隨，動有萬計，賂遺僕從，人數百匹，頓踣呼嗟，莫不叩心。河閒託叔父之屬，淸河有陵廟之尊，及剖符大臣，皆猥爲伯榮屈節車下，陛下不問，必以陛下欲其然也。伯榮之威，重于陛下，陛下之柄，在于臣妾，水災之發，必起于此。昔韓嫣託副車之乘，受馳視之使，江都誤爲一拜，而嫣受歐刀之誅。臣願明主嚴天元之尊，正乾剛之位，職

讚當作譖

事巨細，皆任賢能，不宜復令女使干錯萬機。重察左右，得無石顯泄漏之姦；尚書納言，得無趙昌讚崇之詐；公卿大臣，得無朱博阿傅之援；外屬近戚，得無王鳳害商之謀。若國政一由帝命，王事每決于己，則下不得偪上，臣不得干君，常雨大水，必當霽止，四方衆異，不能爲害。（後漢陳忠傳。忠轉爲僕射，時帝數遣黃門常侍及中侍伯榮往來甘陵，又霖雨積時，河水涌溢，忠上疏）

上疏諫因災異免三公

臣聞君使臣以禮，臣事君以忠，故三公稱曰冢宰，王者待以殊敬，在輿爲下，御坐爲起，入則參對而議政事，出則監察而董是非。漢典舊事，丞相所請，靡有不聽。今之三公，雖當其名，而無其實，選舉誅賞，一由尚書，尚書見任，重于三公，陵遲以來，其漸久矣。臣忠心常獨不安，是故臨事戰懼，不敢穴見有所興造，又不敢希意同僚，以謬乎典，而謗讟日聞，罪足萬死。近以地震策免司空陳褒，今者災異，復欲切讓三公。昔孝成皇帝以妖星守心，移咎丞相，使賁麗

意當作章

爲當作惟

納說方進，方進自引卒，不蒙上天之福，徒乖宋景之誠。故知是非之分，較然有歸矣。又尚書決事，多違故典，罪法無例，詆欺爲先，文慘言醜，有乖意憲，宜責求其意，割而勿聽。上順國典，下防威福，置方員于規矩，審輕重于衡石，誠國家之典，萬世之法也。（後漢陳忠傳，又見袁宏後漢紀十七，有小異）

議救西域疏（延光二年）

臣聞八蠻之寇，莫甚北虜。漢興，高祖窘平城之圍，太宗屈供奉之恥。故孝武忿怒，深爲久長之計，命遣虎臣，浮河絕漠，窮破虜庭。當斯之時，黔首隕于狼望之北，中國弊于盧山之壑，府庫殫竭，杼柚空虛，算至車船，訾及六畜。夫豈不懷，慮久故也。遂規酒泉、敦煌四郡，以隔絕南羌，開三十六國，妻以公主，以斷其右臂，是以單于孤持，竄遁遠藏。至于宣元之世，遂備蕃臣，關徼不閉，羽檄不行。由此察之，戎狄可以威服，難以化洽。西域內附日久，區區東望，扣關者

匈奴當作西域

數矣。此其不樂匈奴慕漢之效也。今北虜已破車師，勢必南攻鄯善，棄而不救，則諸國從矣。若然，則北虜財賄益增，膽勢益殖，威臨南羌，與之交連。如此，河西四郡危矣。河西既危，不得不救，則百倍之役興，不訾之費發矣。今議者但念西域絕遠，卹之煩費，不見先世苦心勤勞之意也。方今邊境守禦之具不精，內郡武衛之備不修，敦煌孤危，遠來告急，復不輔助，內無以慰勞吏民，外無以威示百蠻。蹙國減土，經有明誡。臣以為敦煌宜置校尉，案舊增四郡屯兵，以西撫三十六國，建屯益兵，宣揚雷風，冀以折衝萬里，震怖匈奴。（袁宏後漢紀十七。又後漢匈奴傳。）

上言令屯役者得歸葬送

孝宣皇帝舊令，人從軍屯及給事縣官者，大父母死，未滿三月，皆勿徭，令得葬送。請依此制。（後漢陳忠傳。元初三年，有詔大臣得行三年喪，服闋還職。忠因此上言，太后從之。）

奏劾陳禪（永甯二年）

古者合歡之樂舞于堂，四夷之樂陳于門。故詩云：以雅以南，韎任朱離。今撣國越流沙，踰縣度，萬里貢獻，非鄭衛之聲，佞人之比。而禪廷訕朝政，請劾下禪獄。（後漢陳禪傳。）

奏太官宜著兩梁冠

令史質堪上言：太官宜著兩梁。尚書孟希奏：太官職在鼎俎，不列陛位，堪欲令比大夫兩梁冠，不宜許。臣伏惟太官令職在典，掌王饔，統六清之飲，列八珍之饌，正百品之羞，納四方之貢，所奉尤重。用思又勤，明詔慎口實之御，防有敗之姦，增崇其選，待御史主補。案太醫令奉方藥供養，符節令掌幡信金虎，故位從大夫，車有轁沂，冠有兩梁，所以殊親疏、別內外也。太官令以供養言之，為最親近；以職事言之，為最煩多。令又高選，又執法，比太醫令科同服等，而冠二人殊名，實不副。又博士秩卑，以其傳先王之訓，故尊而異之，令服大夫之冕。由此言之，兩梁冠非必列于陛位也。建初中，太官令兩梁冠，春秋之義大于復古。如堪言合典，可施行，克厭帝心，即聽用之。（續漢輿服志下注引荀綽晉百官表注：建光中，尚書陳忠以為云云。）

奏言太初厤不宜從

卒當作年

諸從太初者，皆無他效驗，徒以世宗攘夷廓境，享國久長為辭。或云孝章改四分，災異卒甚，未有善應。臣伏惟聖王興起，各異正朔，以通三統。漢祖受命，因秦之紀，十月為年首，閏常在歲後，不稽先代，違于帝典。太宗遵修，三階以平，黃龍以至，刑犴以錯，五是以備。哀平之際，同承太初，而妖孽累仍，禍非一，議者不以成數相參，考真求實，而汎采妄說，歸福太初，致咎四分。太初厤衆賢所立，是非已定，永平不審，復革其弦望，四分有謬，不可施行。元和鳳鳥不當應厤而翔集。遠嘉前造，則喪其休；近譏後改，則隱其福。漏見曲論，未可為是。臣輒復重難衡、興，以為五紀論推步行度，當時比諸衡為近，然猶未稽于古。及向子歆欲以合春秋，橫斷卒數，損夏益周，考之表紀，差謬數百。兩厤相課，六千一百五十六歲，而太初多一日。冬至日直斗，而云在牽牛，迂闊不可復用，昭然如此。史官所共見，非獨衡、興。前以為九道密近，今議者以為有闕，及甲寅元復多遺失，皆未可取正。昔仲尼順假馬之名，以崇君之義，況天之厤數，不可任疑從虛，以非易是。（續漢律厤志中。尚書令忠奏。）

奏選尚書郎

尚書為王喉舌，而諸郎多文俗吏，鮮有雅才，每為詔文，宣示內外，轉相求請也。（御覽引後漢書。）

王阜

阜（後漢滇王傳作追），字世公，蜀郡成都人。永平中太守第五倫察舉孝廉，為重泉令。元和中遷益州太守。

老子聖母碑

老子者道也。乃生于無形之先。起于太初之前。行于太素之元。浮游六虛。出入幽冥。觀混合之未別。窺清濁之未分。御覽一

梁鴻

鴻字伯鸞。扶風平陵人。肅宗時東出關。易姓運期。名燿。字侯光。終于吳。

安丘嚴平頌

無營無欲。澹爾淵清。文選雪賦注。補亡詩注。按選注引鴻安丘嚴平頌。脫梁字。楊慎丹鉛錄因呂鴻安丘爲成都人。無所據也。鴻仰慕前世高士。爲四晧已來四十四人作頌。此蓋頌安丘望之。嚴君平二人也。玉海引鴻本傳及選注甚明。又案皇甫謐高士傳序云。梁鴻頌逸民。卽指此頌也。

梁松

松。章帝初司隸校尉。案梁統子松。字伯孫。明帝永平四年下獄死。未爲司隸校尉。此蓋別有一梁松也。

奏免馬防等

特進防、光、廖。廖子豫。兄弟父子竝受爵土。榮顯冠世。多買京師膏腴美田。作大廬舍。近帶城郭。妨困小民。□□□□引東觀漢記。司隸校尉梁松奏。

特進馬防。兄廖。廖子孫。三家奴婢千人。御覽五百引東觀漢記。

全後漢文卷三十二終

全後漢文卷三十三

烏程嚴可均校輯

魯恭

恭字仲康扶風平陵人莽義和魯匡孫建初初爲郡吏辟太傅趙熹府召詣白虎觀復舉直言待詔公車拜中牟令母憂去官後拜侍御史和帝時拜魯詩博士遷侍中出爲樂安相徵拜議郎進侍中遷光祿勳永元十二年代呂蓋爲司徒坐事免殤帝卽位起爲長樂衞尉安帝卽位復代梁鮪爲司徒㠯病免永初六年卒年八十一

上疏諫擊匈奴

竊見竇憲耿秉銜使奉命暴師于外已上見御覽四百五十三引東觀記陛下親勞聖思日昃不食憂在軍役誠欲㠯安定北垂爲人除患定萬世之計也臣伏獨思之未見其便社稷之計萬人之命在于一舉數年㠯來秋稼不熟人食不足倉庫空虛國無蓄積會新遭大憂人懷恐懼陛下躬大聖之德履至孝之行盡諒陰三年聽于冢宰百姓闕然三時不聞警蹕之音莫不懷思皇皇若有求而不得今乃㠯盛春之月興發軍役擾動天下㠯事戎狄誠非所㠯垂恩中國改元正時由內及外也萬民者天之所生天愛其所生猶父母愛其子一物有不得其所者則天氣爲之舛錯況于人乎故愛人者必有天報昔太王重人命而去邠故獲上天之祜夫戎狄者四方之異氣也蹲夷踞肆與鳥獸無別若雜居中國則錯亂天氣汙辱善人是㠯聖王之制羈縻不絕而已不㠯傷害中國也今邊竟幸無事宜當修仁行義尚于無爲令家給人足安業樂產夫人道乂于下則陰陽和于上然後祥風時雨覆被遠方夷狄慕德重譯而至矣易曰有孚盈缶終來有它吉言甘雨滿我之缶誠來有我而吉已夫㠯德勝人者昌㠯力勝人者亡今匈奴爲鮮卑所殺遠臧于

矣當作失

史侯河西去塞數千里而欲乘其虛耗利其微弱是非義之所出也前太僕祭彤遠出塞外卒不見一胡而兵已困矣白山之難不絕如綖都護陷沒士卒死者如積迄今被其辜毒孤寡哀思之心未弭仁者念之㠯爲累息柰何復欲襲其迹不顧患難乎今始徵發而大司農調度不足使者在道分部督趣上下相迫民閒之急亦已甚矣三輔幷涼少雨麥根枯焦牛死日甚此其不合天心之效也羣僚百姓咸曰不可陛下獨柰何㠯一人之計棄萬人之命不卹其言乎上觀天心下察人志足㠯知事之得矣臣恐中國不爲中國豈徒匈奴而已哉陛下畱聖恩徵還二將休罷士卒㠯順天心後漢魯恭傳又略見袁宏後漢紀十二

上疏

舉無遺策動不失其中文選王仲宣誄注

上疏諫盛夏斷獄

臣伏見詔書敬若天時憂念萬民爲崇和氣罪非殊死且勿案驗進柔良退貪殘奉時令所㠯助仁德順昊天致和氣利庶民者也舊制至立秋乃行薄刑自永元十五年㠯來改用孟夏而刺史太守不深惟憂民息事之原進良退殘之化因㠯盛夏徵召農人拘對考驗連滯無已司隸典司京師四方是則而近于春月分行諸部託言勞來貧人而無隱惻之實煩擾郡縣廉考非急逮捕一人罪延十數袁宏紀作有疑罪延及良人數十人上逆時氣下傷農業案易五月姤用事袁宏紀作案易消息四月乾卦用事經曰乾㠯美利利天下又曰時乘六龍㠯御天五月姤卦用事經曰后㠯施令誥四方言君㠯夏至之日施命令止四方行者所㠯助微陰也行者尚止之況于逮召考掠袁宏紀此下有擾百姓三字奪其時哉比年水旱傷稼人飢流宂今始夏百穀權輿陽氣胎養之時自三月㠯來陰寒不暖物當化變而不被和氣月令孟夏斷薄刑出輕繫行秋令則苦雨數來五穀不熟又曰仲夏挺重囚益其食行秋令則草木

照當作煦

零落。人傷于疫。夫斷薄刑者。謂其輕罪已正。不欲令久繫。故時斷之也。袁宏紀作謂正罪不欲令久繫不謂可考正罪法也故出輕繫明不欲拘之也。臣愚㠯爲今孟夏之制。可從此令。其決獄案考。皆㠯立秋爲斷。㠯順時節。育成萬物。則天地㠯和。刑罰㠯清矣。後漢魯恭傳。又略見袁宏後漢紀十六。

議奏斷獄㠯冬至前

夫陰陽之氣。相扶而行。發動用事。各有時節。若不當其時。則物隨而傷。王者雖質文不同。而茲道無變。四時之政。行之若一。月令周世所造。而所據皆夏之時也。其變者唯正朔服色犧牲徽號器械而已。故曰殷因于夏禮。周因于殷禮。所損益可知也。易曰。潛龍勿用。言十一月十二月。陽氣潛藏。未得用事。雖照嘘萬物。養其根荄。而猶盛陰在上。地凍水冰。陽氣否隔。閉而成冬。故曰履霜堅冰。陰始凝也。馴致其道。至堅冰也。言五月微陰始起。至十一月堅冰至也。夫王者之作。因時爲法。孝章皇帝深惟古人之道。助三正之微。定律著令。冀承天心。順物性命。㠯致時雍。然從變改㠯來。年歲不熟。穀價常貴。人不寧安。小吏不與國同心者。率入十一月得死罪賊。不問曲直。便即格殺。雖有疑罪。不復讞正。一夫吁嗟。王道爲虧。況于衆乎。易十二月。袁宏紀作十一月中孚曰。君子㠯議獄緩死。可令疑罪使詳其法。大辟之科。盡冬月乃斷。其立春在十二月中者。勿㠯報囚。如故事。後漢魯恭傳。又略見袁宏後漢紀十六。

魯丕

丕字叔陵。恭弟。永平中爲郡督郵功曹。建初元年舉賢良方正。對策高第。除議郎。遷新野令。擢青州刺史。坐事下獄免。元和初徵。再遷拜趙相。永元中遷東郡太守。歷陳留太守。坐事下獄免。復徵。再遷中散大夫。進侍中。免。永初中復徵。再遷侍中左中郎將。卒年七十五。

舉賢良方正對策

政莫先于從民之所欲。除民之所惡。先教後刑。先近後遠。君爲陽。臣爲陰。君子爲陽。小人爲陰。京師爲陽。諸夏爲陰。男爲陽。女爲陰。樂和爲陽。憂苦爲陰。各得其所則和。調精誠之所發。無不感浹。吏多不良。在于賤德而貴功。欲速。莫能修長久之道。古者貢士。得其人者有慶。不得其人者有讓。是㠯舉者務力行。選舉不實。咎在刺史二千石。書曰。天工人其代之。觀人之道。幼則觀其孝順而好學。長則觀其慈愛而能教。設難㠯觀其謀。煩事㠯觀其治。窮則觀其所守。達則觀其所施。此所㠯核之也。民多貧困者。急則致寒。寒則萬物多不成。去本就末。奢所致也。制度明則民用足。刑罰不中。則于名不正。正名之道。所㠯明上下之稱。班爵號之制。定卿大夫之位也。獄訟不息。在爭奪之心不絕。法者。民之儀表也。法正則民愨。吏民凋弊。所從久矣。不求其本。浸㠯益甚。吏政多欲速。又州官秩卑而任重。競爲小功。㠯求進取。生凋弊之俗。救弊莫若忠。故孔子曰。孝慈則忠。治姦詭之道。必明慎刑罰。孔子曰。導之㠯禮樂而民和睦。說㠯犯難。民忘其死。死且忘之。況使爲禮義乎。袁宏後漢紀十六。

上疏論說經

臣㠯愚頑。顯備大位。犬馬氣衰。猥得進見。論難于前。無所甄明。衣服之賜。誠爲優過。臣聞說經者傳先師之言。非從己出。不得相讓。相讓則道不明。若規矩權衡之不可枉也。難者必明其據。說者務立其義。浮華無用之言。不陳于前。故精思不勞而道術愈章。法異者各令自說師法。博觀其義。覽詩人之旨意。察雅頌之終始。明舜禹皋陶之相戒。顯周公箕子之所陳。觀乎人文。化成天下。陛下既廣納謇謇。㠯開四聰。無令芻蕘㠯言得罪。既顯巖穴。㠯求仁賢。無使幽遠獨有遺失。後漢魯丕傳。

奏止趙王避疾學宮

臣聞禮。諸侯薨于路寢。大夫卒于適室。死生有命。非有逃避之典。

也。學宮傳五帝之道。修先王禮樂。教化之處。王欲廢塞。以廣游讌。事不可聽。（後漢魯丕傳。丕拜趙相。趙王商嘗欲避疾。便時移住學宮。丕止不聽。王乃上疏自言。詔書下丕。丕奏云云。詔從丕言。）

胡滕

滕爲南陽從事。歷大將軍西曹掾。

請比都官從事表

天子無外。乘輿所幸。便爲京師。臣請荊州刺史比司隸。臣比都官從事。（御覽六百六引桂陽先賢畫讚。胡滕部南陽從事。遇大駕南巡。求索撓很。滕表云云。帝奇其才。悉許之。）

劉毅

毅。齊武王曾孫。建初二年封平望侯。永元中坐事奪爵。永初中召入東觀。復故封。元初初拜議郎。

上書請著太后注紀

臣聞易載羲農而皇德著。書述唐虞而帝道崇。故雖聖明。必書功放竹帛。流音於管絃。伏惟皇太后膺大聖之姿。體乾坤之德。齊蹤虞妃。比跡任姒。孝悌慈仁。允恭節約。杜絕奢盈之源。防抑逸欲之兆。正位內朝。流化四海。及元興延平之際。國無儲副。仰觀乾象。參之人譽。援立陛下。爲天下主。永安漢室。綏靜四海。又遭水潦。東州饑荒。垂恩元元。冠蓋交路。菲薄衣食。躬率羣下。損膳解驂。以贍黎苗。惻隱之恩。猶視赤子。克己引愆。顯揚仄陋。崇晏晏之政。敷在寬之教。興滅國。繼絕世。錄功臣。復宗室。追還徙人。蠲除禁錮。政非惠和。不圖于心。制非舊典。不訪于朝。弘德洋溢。充塞宇宙。洪澤豐沛。漫衍八方。華夏樂化。戎狄混幷。丕功著于大漢。碩惠加于生人。巍巍之業。可聞而不可及。蕩蕩之勳。可誦而不可名。古之帝王。左右置史。漢之舊典。世有注紀。夫道有夷崇。治有進退。若善政不述。細異輒書。是爲堯湯負洪水大旱之責。而無咸熙假天下之美。高宗成王有雉雊迅風之變。而無中興康寧之功也。上考詩書。有虞二妃。周室三母。修行佐德。思不踰閾。未有內遺家難。外遇災害。覽總大麓。經營天物。功德巍巍若茲者也。宜令史官著長樂宮注聖德頌。以敷宣景燿。勒勳金石。懸之日月。攄之罔極。以崇陛下烝烝之孝。（後漢和熹鄧后紀。元初五年。平望侯劉毅以太后多德政。欲令早有注紀。上書安帝。）

放當作於　爲當作惟

全後漢文卷三十三　魯丕　胡滕　劉毅　五

劉騊駼

騊駼。毅從弟。嗣父復爵臨邑侯。永初中召入東觀。除校書郎。有集二卷。

玄根賦

一足之夔。九頭之鶬。（文選江賦注。）

戴金翠。珥珠璣。（文選洛神賦注。）

前殿冬綈。（文選七啟注引玄想頌。）

致垂棘以爲墀。（文選顏延之元皇后哀冊文注。）

芳林臻臻。朱竹離離。萎芙吐榮。若攄錦而布繡。（御覽九百七十五。）

素雁蚖蟺。感清羽。玄鶴迴翔。應徵宮。（北堂書鈔一百九引玄根頌。）

上書諫鑄錢事

夫食者乃有國之大寶。生民之至貴也。見比年已來。良田盡于蝗螟之口。杼軸空于公私之求。野無青草。室如懸磬。所急朝夕之飧。所患靡鹽之事。豈謂錢之鍥薄。銖兩輕重哉。就使當今土礫化爲南金。瓦鹵變爲爲和玉。沙石悉成隨珠。犬羊盡作狐白。綈繡盈堂。文綺緩野。使百姓渴無所飲。飢無所食。雖羲皇之純德。大禹之勤勞。周文之不暇。猶不能以保蕭牆之內。（藝文類聚六十六。）

與竇季瑋書

君嚼茹墳典。履公修行。（北堂書鈔。）

與李子堅書

下車負乘。劇賊未擒。（文選范蔚宗後漢書宦者傳論注。）吏民彊獷。比屋爲賊。（又沈約齊安陸昭王碑注。）

想當作根　鹽當作盬　爲字衍

全後漢文卷三十三　劉騊駼　六

奏當作秦

不可當作可不

郡太守箴（一作崔瑗）

有嬴野除。焚舊典紀。蕩滅蕃畿。罷侯置守。奏發閭左。陳涉奮威。楚築乾溪。靈王不歸。征遐由近。不可肅祇。守臣司境。敢告執機。（藝文類聚六。）

大漢遵周。化洽九區。（文選播白馬賦注。又陸機皇太子宴玄圃詩注。又趙至與嵇茂齊書注。作遵因。）

張敏

敏字伯達。河閒鄚人。建初二年舉孝廉。四遷爲尚書。永元中拜司隸校尉。遷汝南太守。坐事免。延平元年拜議郎。再遷。永初初爲潁川太守。代周章爲司空。

駮輕侮法議

夫輕侮之法。先帝一切之恩。不有成科。班之律令也。夫死生之決。宜從上下。猶天之四時。有生有殺。若開相容恕。著爲定法者。則是故設姦萌。生長罪隙。孔子曰。民可使由之。不可使知之。春秋之義。子不報讎。非子也。而法令不爲之減者。㠯相殺之路不可開故也。今託義者得減。妄殺者有差。使執憲之吏。得設巧詐。非所㠯導（一作遵）在醜不爭之義。又輕侮之比。寖㠯繁滋。至有四五百科。轉相顧望。彌復增甚。難㠯垂之萬載。臣聞師言。救文莫如質。故高帝去煩苛之法。爲三章之約。建初詔書有改于古者。可下三公廷尉。蠲除其敝。（後漢張敏傳。建初中有人侮辱人父者。而其子殺之。肅宗貰其死刑而降宥之。自後因㠯爲比。永元中遂定其議。㠯爲輕侮法。敏駮議。）

復上疏議輕侮法

臣敏蒙恩。特見拔擢。愚心所不曉。迷意所不解。誠不敢苟隨眾議。臣伏見孔子垂經典。皋陶造法律。原其本意。皆欲禁民爲非也。未曉輕侮之法。將㠯何禁。必不能使人不相輕侮。而更開相殺之路。執憲之吏復容其姦枉。議者或曰。平法當先論生。臣愚㠯爲天地之性。唯人爲貴。殺人者死。三代通制。今欲趣生。反開殺路。一人不死。天下受敝。記曰。利一害百。人去城郭。夫春生秋殺。天道之常。春一物枯卽爲災。秋一物華卽爲異。王者承天地。順四時。法聖人。從經律。願陛下畱意下民。考尋利害。廣令平議。天下幸甚。（後漢張敏傳。議寢不省。敏復上疏。和帝從之。又略見通典一百六十六。御覽四百五十二。）

應順

順字仲華。汝南南頓人。建初中舉孝廉。爲尚書郎。轉右丞。出爲冀州刺史。再遷東平相。永元中歷左馮翊（見陳寵傳）。河南尹。拜將作大匠。

上言宜給計吏舍館

百郡計吏。觀國之光。而舍逆旅崎嶇私館。直裹衣物。弊朽暴露。朝會邈遠。事不肅給。昔霸國盟主耳。舍諸侯于隸人。子產㠯爲大譏。況今四海之大。而百無平。（續漢百官志二注補引漢官。永元十年應順上言。）

應奉

奉字世叔。順曾孫。桓帝時。四府舉才堪將帥。拜武陵太守。坐事免。尋爲司隸校尉。引疾退。有洞序九卷。

理李膺等疏

昔秦人觀寶于楚。昭奚恤莅㠯羣賢。梁惠王瑋其照乘之珠。齊威王答㠯四臣。夫忠賢武將。國之心膂。竊見左校施刑徒前廷尉馮緄、大司農劉祐、河南尹李膺等。執法不撓。誅舉邪臣。肆之㠯法。眾庶稱宜。昔季孫行父親逆君命。逐出莒僕。于舜之功。二十之一。今膺等投身彊禦。畢力致罪。陛下既不聽察。而猥受譖訴。遂令忠臣同愆元惡。自春迄冬。不蒙降恕。遐邇觀聽。爲之歎息。夫立政之要。記功忘失。是㠯武帝捨安國于徒中。宣帝徵張敞于亡命。緄前討蠻荊。均吉甫之功。祐數臨督司。有不吐茹之節。膺著威幽幷。遺愛度遼。今三垂蠢動。王旅未振。易稱雷雨作解。君子㠯赦過宥罪。乞原膺等。㠯備不虞。（後漢李膺傳。）

日久當作自文
居當作言
悖當作悖

上書諫立后

臣聞周納狄女襄王出居于鄭漢立飛燕成帝胤嗣泯絕母后之重興廢所因宜思關雎之所求遠五禁之所忌（後漢應奉傳）

應劭

劭字仲遠（一作仲援又作仲瑗）奉子靈帝時舉孝廉辟車騎將軍何苗掾以高第出爲營陵令遷太山太守興平初棄郡奔袁紹有漢書集解二十四卷漢朝駮議三十卷律略論五卷漢官儀十卷風俗通義三十一卷集四卷

貢藥物表

臣劭居郡舊因計吏獻藥闕而不修慚悖交集無辭日久今道少通謹遣五官孫艾貢茯苓十斤紫芝六枝鹿茸五斤五味一斗計吏發行輒復表貢（御覽九百八十四）

奏上刪定律令

夫國之大事莫尚載籍載籍也者決嫌疑明是非賞刑之宜允獲厥中俾後之人永爲監焉故膠東相董仲舒老病致仕朝廷每有政議數遣廷尉張湯親至陋巷問其得失于是作春秋決獄二百三十二事動以經對言之詳矣逆臣董卓蕩覆王室典憲焚燎靡有孑遺開辟以來莫或茲酷今大駕東邁巡省許都拔出險難其命惟新臣累世受恩榮祚豐衍竊不自揆貪少云補輒撰具律本章句尚書舊事廷尉板令決事比例司徒都目五曹詔書及春秋斷獄凡二百五十篇獨去復重爲之節文又集駮議三十篇以類相從凡八十二事其見漢書二十五漢記四皆刪敘潤色以全本體其二十六博採古今瓌瑋之士文章煥炳德義可觀其二十七臣所創造豈繄自謂必合道衷心焉憤邑聊以藉手昔鄭人以乾鼠爲璞鬻之于周宋愚夫亦寶燕石緹緒十重夫覩之者掩口盧胡而笑斯文之族無乃類旃左氏實云雖有姬姜絲麻不棄憔悴

菅蒯蓋所以代匱也是用敢露頑才廁于明哲之末雖未足綱紀國體宣洽時雍庶幾觀察增闡聖聽惟因萬機之餘暇游意省覽焉（後漢應劭傳晉書刑法志）

駮韓卓募兵鮮卑議

鮮卑隔在漠北犬羊爲羣無君長之帥廬落之居而天性貪暴不拘信義故數犯障塞且無寧歲吏民創禁不與交關唯至互市乃來靡服苟欲中國珍貨非爲畏威懷德計獲事足旋踵爲害是以朝家外而不內蓋爲此也往者匈奴反叛度遼將軍馬續烏桓校尉王元發鮮卑五千餘騎又武威太守趙沖亦率鮮卑征討叛羌斬獲醜虜既不足言而鮮卑越溢多爲不法裁以軍令則忿戾作亂制御小緩則陸掠殘害劫居人鈔商旅噉人牛羊略人兵馬得賞既多不肯去復欲以物買鐵邊將不聽便取縑帛聚欲燒之邊將恐怖畏其反叛辭謝撫順無故拒違今狡寇未殄而羌爲巨害如或致悔其可追乎臣愚以爲可募隴西羌胡守善不叛者簡其精勇多其牢賞太守李參沈靜有謀必能獎厲得其死力當思漸消之略不可倉卒望也（後漢應劭傳又略見藝文類聚六十六引漢名臣奏）

鮮卑胡市議

太尉屬應劭等議以爲鮮卑隔在漠北犬羊爲羣無君長帥廬落之居又其天性貪而無信故自漢興于茲數犯障塞且無寧歲吏民創禁不與交關唯至胡市乃成靡服非畏威懷德實玩中國珍異之故耳（藝文類聚六十五引漢名臣奏）

追駮尚書陳忠活尹次史玉議

尚書稱天秩有禮五服五章哉天討有罪五刑五用哉而孫卿亦云凡制刑之本將以禁暴惡且懲其末也凡爵列官秩賞慶刑威皆以類相從使當其實也若德不副位能不稱官賞不酬功刑不應罪不祥莫大焉殺人者死傷人者刑此百王之定制有法之成

科。高祖入關。雖尚約法。然殺人者死。亦無寬降。夫時化則刑重。時亂則刑輕。書曰。刑罰時輕時重。此之謂也。今次玉、公㠯清時釋其私憾。阻兵安忍。僵屍道路。朝恩在寬。幸至冬、獄而初、軍愍狷。妄自投斃。昔召忽親死子糾之難。而孔子曰。經于溝瀆。人莫之知。朝氏之父。非錯刻峻。遂能自隕其命。班固亦云。不如趙母指括㠯全其宗。傳曰。僕妾感慨而致死者。非能義勇。顧無慮耳。夫刑罰威獄。㠯類天之震燿殺戮也。溫慈和惠。㠯放天之生殖長育也。是故春一草枯則為災。秋一木華亦為異。今殺無罪之初軍。而活當死之次玉。其為枯華。不亦然乎。陳忠不詳制刑之本。而信一時之仁。遂廣引八議求生之端。夫親故賢能功貴勤賓。豈有次玉當罪之科哉。若乃小大㠯情。原心定罪。此為求生。非謂代死可㠯生也。敗法亂政。悔其可追。後漢應劭傳。

舊名諱議

周穆王名滿。晉厲公名州滿。是同名不諱。春秋成十年正義。案集解及成十八年經作州蒲。蓋六朝本相承寫誤。

營陵令到官移書申約吏民

到聞此俗。舊多淫祀。靡財妨農。長亂積惑。其侈可忿。其愚可愍。昔仲尼不許子路之禱。晉悼不解桑林之祟。死生有命。吉凶由人。哀哉黔黎。漸染迷謬。豈樂也哉。莫之徵耳。今條下禁。申約吏民。為陳利害。其有犯者。便收朝廷。若私遺脫。彌彌不紀。主者髡截。歎無及已。城陽景王。縣甚尊之。惟王弱冠。內侍帷幄。呂氏恣睢。將危漢室。獨見先識。權發酒令。抑雅扶正。忠義洪毅。其歆禋祀。禮亦宜之。至于駕乘、烹殺倡優。男女雜錯。是何謂也。三邊分挐。師老器弊。朝廷旰食。百姓囂然。禮興在有。年饑則損。自今聽歲再祀。備物而已。不得殺牛。遠迎他倡。賦會宗落。造設紛華。方廉察之。明為身計。而復僭失。罰與上同。明除見處。勿後中覺。風俗通九。

雅當作邪

風俗通義序

昔仲尼歿而微言闕。七十子喪而大義乖。重遭戰國。約從連橫。好惡殊心。真偽紛爭。故春秋分為五。詩分為四。易有數家之傳。並㠯諸子百家之言。紛然殽亂。莫知所從。漢興。儒者競作一本作興。復比誼會意。為之章句。家有五六。皆析文便辭。彌㠯馳遠。綴文之士。雜襲龍鱗。訓注說難。轉相陵高。積如丘山。可謂繁富者矣。而至于俗閒行語。眾所共傳。積非習貫。莫能原察。今王室大壞。九州幅裂。亂靡有定。生民無幾。私懼後進。益㠯迷昧。聊㠯不才。舉爾所知。方㠯類聚。凡三十一卷。謂之風俗通義。言通于流俗之過謬。而事該之于義理也。風者。天氣有寒煖。地形有險易。水泉有美惡。草木有剛柔也。俗者。含血之類。像之而生。故言語歌謳異聲。鼓舞動作殊形。或直或邪。或善或淫也。聖人作而均齊之。咸歸于正。聖人廢則還其本俗。尚書。天子巡狩。至于岱宗。覲諸侯。見百年。命大師陳詩。㠯觀民風俗。孝經曰。移風易俗。莫善于樂。傳曰。百里不同風。千里不同俗。戶異政。人殊服。由此言之。為政之要。辯風正俗。最其上也。周秦常㠯歲八月遣輶軒之使。采異代方言。還奏籍之。藏于秘室。及嬴氏之亡。遺脫漏棄。無見之者。蜀人嚴君平有千餘言。林閭翁孺才有梗概之法。揚雄好之。天下孝廉衛卒交會。周章質問。㠯次注續。二十七年。爾乃至正。凡九千字。其所發明。猶未若爾雅之閎麗也。張竦㠯為懸諸日月不刊之書。予實頑闇。無能述演。豈敢比隆于斯人哉。顧惟述作之功。故聊光啟之耳。昔客為齊王畫者。王問畫孰最難。孰最易。曰。犬馬最難。鬼魅最易。犬馬旦暮在人之前。不類不可。類之故難。鬼魅無形。無形者不見。不見故易。今俗語雖云浮淺。然賢愚所共咨論。有似犬馬。其為難矣。并綜事宜于今者。孔子稱幸苟有過。人必知之。俾諸明哲。幸詳覽焉。風俗通元刻本。

至當作治

全後漢文卷三十三終

全後漢文卷三十四

烏程嚴可均校輯

應劭二

漢官儀上

太傅。古官也。周成王時康叔爲之。高后元年初用王陵。金印紫綬。八年省。哀帝元壽二年復置。位在三公上。世祖中興。特遣使者備禮。徵故密令卓茂。策曰。（案北堂書鈔引作卓茂甲申策書）前密令卓茂。束身自修。執節純固。（案北堂書鈔引有前密令下十三字無下文夫士二字又束身作束髮）夫士誠能爲人所不能爲。名冠天下。當受天下重賞。故武王誅紂。封比干之墓。表商容之閭。今以茂爲太傅。（案文選任彥升爲范尚書讓吏部封侯表注引作特擢盛德南陽卓茂爲太傅）封宣德侯。（北堂書鈔設官部藝文類聚職官部太平御覽職官部。案此條引俱作應劭漢官唯文選注引作漢官儀下文凡言漢官者上皆有應劭二字）

傅者覆也。（續漢百官志一補注）

明帝甲辰策書曰。高密侯鄧禹。元功之首。其以禹爲太傅。（北堂書鈔設官部。案此條引作漢官）

和帝丁酉策書曰。故太尉鄧彪。元功之族。三讓彌高。海內歸仁。爲羣賢首。其以彪爲太傅。（案北堂書鈔初學記藝文類聚俱引作太尉）錄尚書事。百官總己以聽。庶得專位內之事。（北堂書鈔設官部初學記職官部藝文類聚職官部太平御覽職官部兩引）

殤帝策曰。張禹。三世在位。黃髮罔愆。忠孝彌篤。其以禹爲太傅。錄尚書事。百官總己以聽。（北堂書鈔設官部兩引）

沖帝丁酉策書曰。舅氏輔翼。股肱三公。國之楨幹。朝廷取正。以成斷金。太尉趙峻。三世掌典機衡。（案太平御覽引作樞衡）有匪后不二之心。大司農李固。公族之苗。忠直不回。有史魚之風。今以峻爲太傅。固爲太尉。與大將軍冀參錄尚書事。（北堂書鈔設官部兩引初學記職官部藝文類聚職官部兩引太平御覽職官部兩引）

靈帝策書曰。故太尉陳蕃。忠亮謇諤。有不吐茹之節。司徒胡廣。惇德允元。五世從政。今以蕃爲太傅。與廣參錄尚書事。（藝文類聚職官部太平御覽職官部）

太師。太傅。太保。皆古官也。（初學記職官部）

太師。古官也。平帝元年。孔光以太傅見授。詔太師無朝。十日一賜餐。賜靈壽杖。省中施坐置几。太師入省中用杖。自是而口。（續漢百官志一補注。案三公太師作太傅前後漢省大師大保唯置太傅今改列于後。又案此條末口今本作闕字乃校者所記而後來誤入正文也。今訂正。）

孝平皇帝元始元年太后詔曰。太師光。今年老有疾。俊乂大臣。惟國之重。書曰。無遺老成。國之將興。尊師重傅。其令太師無朝。十日一賜餐。賜以靈壽杖。黃門令爲太師于省中施坐置几。太師入省用杖焉。（北堂書鈔設官部初學記職官部太平御覽職官部）

平帝元始元年。孔光以太師見授。太后詔曰。太師先聖之後。道術通明。（案北堂書鈔又引作先師之子德行純淑）宜居四輔職。訓導帝躬。（北堂書鈔設官部初學記職官部）

太保。古官也。保。養也。（北堂書鈔設官部藝文類聚職官部太平御覽職官部）

太尉。秦官也。武帝更名大司馬。（後漢書光武紀注。案通典職官云應劭漢官謂太尉爲周官非也與此異）

武帝元狩四年。置大司馬。以冠將軍之號。而無印綬。（北堂書鈔設官部）

元狩六年。罷太尉。法周制。置司馬。時議者以爲漢軍有官候千人司馬。故加大爲大司馬。所以別異大小司馬之號。（續漢百官志一補注）

三司之職。司馬主兵。漢承秦曰太尉。武帝改曰大司馬。無印綬。官兼加而已。世祖改曰太尉。（太平御覽職官部。案引作漢官序）

張衡云。（案太平御覽引作河閒相張衡說）明帝更司馬司空府。欲復更太尉府。（案太平御覽引作明帝以爲司徒司空府已榮欲更治太尉府）時公南陽趙熹也。（案太平御覽引有南陽二字）西曹椽安衆鄭均。素好名節。以爲朝廷新造北宮。整飭官寺。旱魃爲虐。民不堪命。曾無殷湯六事周宣雲漢之辭。今府本館陶公主第

憲當作意

舍。員職旣少。自足相容。憙表陳之。卽聽許。其冬。臨辟雍。歷二府見皆壯麗。而太尉府獨卑陋。顯宗東顧歎息曰。椎牛縱酒。勿令乞兒爲宰。時憲子世爲侍中驂乘。歸具白之。憙以爲恨。頻譴責均。均自劾去。道發病亡。續漢百官志一補注。太平御覽職官部。

章帝詔曰。司空牟融典職六年。勤勞不怠。其以融爲太尉。錄尚書事。北堂書鈔設官部。藝文類聚職官部兩引。太平御覽職官部兩引。

殤帝策書曰。司徒徐防。以臺閣機密。施政牧守。其以防爲太尉。錄尚書事。百官總己以聽。藝文類聚職官部。

太尉司徒司空長史。秩比千石。號爲毗佐三台。助成鼎味。太平御覽職官部。

東西曹掾比四百石。餘掾比三百石。賊曹主盜賊之事。後漢書銚期傳注。

決曹主罪法事。後漢書王霸傳。

官騎二十二人。續漢百官志一補注。

王莽時議。以漢無司徒官。故定三公之號。曰大司馬大司徒大司空。世祖卽位。因而不改。續漢百官志一補注。

漢儀曰。司徒府與蒼龍闕對。厭于尊者。不敢號府。應劭曰。此不然。丞相舊位。在長安時。有四出門。隨時聽事。明帝東京本欲依之。迫于太尉司空。但爲東西門耳。每國有大議。天子車駕親幸其殿。百官志一補注。通典職官。案應劭曰已下。是漢官儀之文。

相國丞相。皆六國時官。通典職官。

丞相有疾。御史大夫三日一問起居。百官亦如之。案藝文類聚引作百僚亦然。朝廷遣中使太醫高手。膳羞絡繹。及瘳視事。尚書令若光祿大夫賜以養牛上尊酒。藝文類聚職官部。太平御覽職官部。

丞相見免。乘驄馬自府歸。說文繫傳十九。

武帝置丞相司直。元壽二年改丞相爲大司徒。司直仍舊。今省。後漢書光武紀注。

司徒府掾屬三十一人。秩千石。令史及御屬三十六人。後漢書光武紀注。梁冀傳注。

綏和元年罷御史大夫官。法周制初置司空。議者又以縣道官獄司空。故覆加大爲大司空。亦所以別大小之文。續漢百官志一補注。

御史大夫尚書令司隸校尉。皆專席。號三獨坐。後漢書王常傳注。

大司空朱博奏。高皇帝置御史大夫。位次丞相。北堂書鈔設官部。

司空騎吏以下皁袴。因秦水行。今漢家火行。宜絳袴。太平御覽服章部。

三公聽採長史臧否人所疾苦。還條奏之。是爲舉謠言也。頃者舉謠言屬令史都會殿上。主者大言州郡行狀云何。善者同聲稱之。不善者默爾銜枚。後漢書蔡邕傳注。范滂傳注。

今司徒太尉下書州郡。文皆稱公。蓋倉頡作書。自環者謂之私。背私者謂之公。案通典職官引下有韓子曰背私曰公七字。春秋九命作宰。天子御坐。卽起。其輿。案其輿當作在輿。見通典。爲下。凡拜。天子臨軒。六百石以上悉會。直事卿贊。御史授。案當脫印綬二字。見通典。公三讓。然後乃受之。漢禮儀曰。天子稱尊號曰皇帝。言曰制。補制言曰詔。稱民有言有辭曰陛下。今皆施行。詩云。肅肅王命。仲山甫將之。邦國若不。仲山甫明之。詔令之義。

三公三人。以承君。蓋由鼎有足。故易曰鼎象也。北堂書鈔設官部。案通典職官引作鼎足三者。三光也。

羣臣上書。公卿校尉諸將不言姓。凡制書皆稱璽封。尚書令重封。惟赦贖令司徒印。露布州郡也。後漢書鮑昱傳注。

世祖詔。案北堂書鈔引作中興甲寅詔書。方今選舉。賢佞朱紫錯用。丞相故事。四科取士。一曰德行高妙。志節淸白。二曰學通行修。經中博士。三曰明達法令。足以決疑。能案章覆問。文中御史。四曰剛毅多略。遭事不惑。明足以決。才任三輔令。皆有孝悌廉公之行。自今以後。審四科辟召。及刺史二千石察茂才尤異孝廉之吏。務盡實覈。選擇英俊賢行廉潔平端于縣邑。務授試以職。有非其人。臨計過署。不便

驕當作騎

起當作超

習官事，書疏不端正，不如詔書，有司奏罪名，並正舉者。又舊河隄謁者，世祖改㠯三府掾屬爲謁者領之，遷超御史中丞、刺史，或爲小郡監察。黎陽謁者，世祖㠯幽并州兵驕定天下，（案後漢書竇憲傳注引作光武中興，又定上有克字。）故于黎陽立營，㠯謁者監之，兵騎千人，復除甚重。謁者任輕，多放情態，順帝改用公解府掾有清名威重者，遷起牧守焉。（續漢百官志一補注，北堂書鈔設官部。案後漢書和帝紀注、太平御覽治道部引作建初八年十二月己未詔書，文略同，唯無河隄謁者㠯下一段。）

三公府有長史一人。（後漢書梁冀傳注。）

將軍，周官也。趙王㠯李牧爲將軍，破秦，始受大名。王翦、灌嬰並爲之。（北堂書鈔設官部。）

將軍，周官也。漢興，置大將軍，位丞相上。（北堂書鈔設官部。）

和帝㠯竇憲爲大將軍，乃冠三公。（太平御覽職官部。）

梁冀爲大將軍，㠯三世姻媾援立之功，公卿希旨，上比周霍，舉高第茂才，官屬皆倍餘府。（太平御覽職官部。）

鼓吹二十人，非常員。舍人十人。（續漢百官志一補注，通典職官。）

鼓吹爲國盤娛，禦侮爪牙。（北堂書鈔儀飾部。）

漢興，置驃騎將軍，位次丞相，是㠯漢百官志云：驃騎將軍秩與大將軍同。（北堂書鈔設官部，太平御覽職官部。）

章帝㠯元舅馬防爲車騎將軍，服銀印青綬，位在卿上，絕席。（續漢輿服志下補注，北堂書鈔設官部，太平御覽職官部。）

和帝㠯竇憲爲車騎將軍，賜金印紫綬，位次司空。（續漢輿服志下補注，北堂書鈔設官部。）

武帝西征西夷，有前後左右將軍，爲國爪牙，所㠯揚示威靈，折衝萬里。（北堂書鈔設官部。）

度遼將軍，孝武皇帝初用范明友，明帝十八年，（案當云八年，㠯中郎將吳常，見明帝紀。）行度遼將軍事，安帝元初元年置眞，銀印青綬，秩二千石，長史、司馬六百石。（續漢百官志一補注。）

度遼將軍屯五原曼柏縣。（後漢書安帝紀注。）

將軍掾屬二十九人，中大夫無員，令史四十一人。（後漢書東平憲王傳注。）

太常，古官也。書曰：伯夷典朕三禮，帝曰：咨伯，汝作秩宗。百官公卿表云：太常，古官，云伯夷也。（北堂書鈔設官部。）

書下脫鈔字

太常，古官也。書曰伯夷，欲令國家盛大，社稷常存，故稱太常，㠯列侯爲之，重宗廟也。（後漢書光武紀注，北堂書鈔設官部。）

北海周澤爲太常，齋，有疾，其妻憐其年老被病，窺內問之，澤大怒，㠯爲干齋，掾吏叩頭爭之，不聽，遂取送詔獄，並自劾謝。議者非其激發不實，諺曰：居世不諧，爲太常妻，一歲三百六十日，三百五十九日齋，一日不齋醉如泥，既作事，復低迷。（初學記職官部，藝文類聚職官部，太平御覽職官部。）

卿，彰也，明也，言當背邪向正，彰有道德。（北堂書鈔設官部。）

太史令屬太常，（案張衡傳注引有此二字。）秩六百石，掌天時星厤。凡歲奏新年厤，凡國祭祀喪娶之事，奏良日，國有瑞應災異，掌記之。（後漢書張衡傳注，太平御覽職官部。案太平御覽引作應劭曰。）

太史令秩六百石，望郎三十人，掌故三十人。昔在顓頊，南正重司天，火正黎司地。唐虞之際，分命羲和，厤象日月星辰，敬授民時。至于夏后殷周，世序其官，皆精研術數，窮神知化。當春秋時，魯有梓愼，晉有卜偃，宋有子韋，鄭有裨竈，觀乎天文，㠯察時變，其言屢中，有備無害。漢興，甘石、唐都、司馬父子，抑亦次焉。末塗偷進，苟忝茲階，既闇候望，競飭邪僞，㠯凶爲吉，莫之懲糾。（太平御覽職官部。案引應劭曰。）

張溫字伯愼，穰人也，封元鄉侯。太史奏言有大臣誅死，董卓取溫笞殺于市而厭之。（後漢書竇武傳注。）

博士，秦官也。博者，通博古今；士者，辨于然否。（案藝文類聚、太平御覽引有博者㠯下十二字。）孝武建元五年，（案朱浮傳注引作武帝，無年字。）初置五經博士，秩六百石。（案太平御覽引有此四字。後增至十四人。太常差次有聰明威重者一人爲祭酒。總領綱紀。其舉狀曰。生事愛敬。喪沒如禮。通易、尚書、孝經、論語、兼綜載籍。窮微闡奧。隱居樂道。不求聞達。身無金痍痼疾。世六屬不與妖惡交通。王侯賞賜。行應四科。經任博士。下言某官某甲保舉。後漢書朱浮傳注。藝文類聚職官部、太平御覽職官部。

光武中興。恢宏稽古。易有施、孟、梁邱、賀、京房。書有歐陽和伯、夏侯勝、建。詩有申公、轅固、韓嬰。春秋有嚴、彭祖、顏安樂。禮有戴德、戴勝。凡十四博士。太常差選有聰明威重一人爲祭酒。總領綱紀也。後漢書徐防傳注。

漢置博士祭酒一人。秩六百石。唐六典二十一。

文帝博士七十餘人。爲待詔博士。朝服元端章甫冠。唐六典二十一。

博士入平尚書。出部刺史。諸侯相次轉諫大夫。北堂書鈔設官部。

博士限年五十以上。後漢書楊仁傳注。

秘書監一人。秩六百石。後漢書桓帝紀注。唐六典十。

大子樂令一人。秩六百石。後漢書明帝紀注。

置陵園令食監各一人。秩皆六百石。後漢書皇后紀注。

憲陵園丞秩三百石。陽陵令秩六百石。後漢書段熲傳注。

丞皆選孝廉郎年少薄伐者。還補府長史都官令候司馬。續漢百官志二補注。

六當作祿

光。明也。祿。爵也。勳。功也。言光六典。郎謁諸虎賁羽林。舉不安得賞不失勞。故曰光祿勳。太平御覽職官部。

光祿勳有南北廬主事。三署主事。案後漢書張霸傳注光祿勳主事見漢官儀。

于諸郎之中察茂才高第者爲之。秩四百石。次補尚書郎。出宰百里。唐六典一。

光祿有主簿。唐六典十五。

光祿舉敦厚質樸遜讓節儉。此爲四行。後漢書吳祐傳注。范滂傳注。

五官中郎將。秦官也。秩比二千石。三署郎屬焉。太平御覽職官部。

五官左右中郎將。秦官也。秩比二千石。凡郎官皆主更直。執戟宿衛。北堂書鈔設官部。

郎中令屬官有五官中郎將。左右中郎將。曰三署。署中各有中郎、議郎、侍郎、郎中。皆無員。外多至千人。主執戟衛宮陛。及諸虎賁羽林郎皆屬焉。謂之郎中令者。言領諸郎而爲之長。初學記職官部。案續漢志無郎中令。

三署謂五官署也。左右署各置中郎將以司之。郡國舉孝廉以補三署郎。年五十以上屬五官。其次分在左右署。凡有中郎、議郎、侍郎、郎中、四等。無員。後漢書和帝紀注。

建武二十四年。遣中郎將段郴迎單于于五原塞。北堂書鈔設官部。

虎賁中郎將。古官也。書稱武王伐紂。戎車三百兩。虎賁八百人。擒紂于牧之野。言其猛怒如虎之奔赴也。孝武建元三年初置期門。案順帝紀注引有孝武以下十字。北堂書鈔引作孝武皇帝初置期門。平帝元始元年更名虎賁郎。案白帖七十五引更名虎賁中郎將。古有勇者孟賁。改奔爲賁。中郎將冠兩鶡尾。案太平御覽服章部引冠下有插字。鶡。鷙鳥中之果勁者也。每所攫撮。應爪摧碎。鬭不死不止。案北堂書鈔引有闕下五字。鶡尾上黨所貢也。後漢書順帝紀注。北堂書鈔設官部。初學記服食部。太平御覽職官部。服章部。

虎賁中郎將衣紗縠襌衣。虎錦袴。餘郎亦然。漢書江充傳注。北堂書鈔衣冠部兩引。初學記寶器部。太平御覽服章部兩引。布帛部。

虎賁千五百人。戴鶡尾。屬虎賁中郎將。後漢書光武紀注。

武帝太初元年初置建章營騎。後更名羽林。以天有羽林之星。故取名焉。又取從軍死事之子孫。養羽林官。教以五兵。號曰羽林孤兒。光武中興。以征伐之士勞苦者爲之。故曰羽林士。後漢書順帝紀注。

羽林者。言其爲國羽翼。如林盛也。皆冠鶡冠。一名爲嚴郎。言其侮禦嚴厲。其後簡取五營高才。列爲左右監。羽林父死子繼。與虎賁同。廣韻九麌注、太平御覽職官部。

羽林郎出補三百石丞尉自占。丞尉小縣丞尉三百石。其次四百石。比秩爲眞。皆所㠯優之。後漢書和帝紀注。

羽林左右監屬光祿。後漢書來歷傳注。

羽林左監主羽林八百人。右監主九百人。後漢書安帝紀注。

羽林左騎秩六百石。領羽林。屬光祿勳。後漢書曹褒傳注。

光祿大夫秩比二千石。不言屬光祿勳。案藝文類聚引有此六字。光祿勳門外特施行馬。㠯旌別之。藝文類聚職官部、白帖七十五。

成帝時。王延世㠯校尉領河隄。語曰。案語當作詔。東郡泛河。流漂二州。校尉延世隄防立塞。改爲河平元年。惟延世長于計策。功費約省。㠯延世爲光祿大夫。秩二千石。北堂書鈔政術部。

天子二十七大夫。職在言議。毗亮九卿。無員。多至數十人。北堂書鈔設官部。

登高能作賦。可㠯爲大夫。感物造端。才知深美。可與國事。故舉爲列大夫。古者諸侯卿大夫交接鄰國。㠯微言相感。當揖讓之時。必稱時。案時當作詩。㠯諭其志。別賢不肖而觀盛衰焉。北堂書鈔設官部。

議郎。郎中。秦官也。議郎秩比六百石。特徵賢良方正敦朴有道。第公府掾試博士者拜郎中。北堂書鈔設官部。

議郎十二人。秩比六百石。不屬署。不直事。侍御史還補博士諸侯王郎中令。北堂書鈔設官部。

謁者僕射。秦官也。僕。主也。古者重武事。每官必有主射㠯督課之。後漢書光武紀注、北堂書鈔設官部。

孝明皇帝丁酉詔書曰。謁者堯之尊官。所㠯試舜于四門。北堂書鈔設官部。

明帝詔書。昔燕太子使荆軻劫始皇。變起兩楹之閒。其後謁者之引客。持匕首劍刺腋。高祖偃武行文。故易之㠯版。北堂書鈔設官部。

謁者皆著綝績大冠。白絹單衣。北堂書鈔衣冠部、太平御覽服章部。

謁者三十人。秩四百石。掌報章奏事。及喪弔祭享。北堂書鈔設官部。

謁者三十五人。㠯郎中秩滿歲稱給事。未滿歲稱灌謁者。後漢書雷義傳注。

舊河隄謁者居之。水經注濟水。

公車司馬令。周官也。秩六百石。冠一梁。掌殿司馬門。夜徼宮中。天下上事及闕下。案和帝紀注引作諸上書詣闕下者皆集奏之。凡所徵召。皆總領之。李郃㠯公車司馬入爲侍中。漢書百官公卿表注、後漢書光武紀注、和帝紀注、三輔黃圖二、北堂書鈔設官部、太平御覽職官部。

北宮衛士令一人。秩六百石。後漢書譙元傳注。

凡居宮中。皆施籍于掖門。案姓名。當入者。本官爲封棨傳。審印信。然後受之。後漢書竇武傳注。

崇賢門內德陽殿。後漢書順帝紀注。

未央大殿長樂承華等殿令。案文選東京賦注引漢有承華廄。皆秩六百石。後漢書和帝紀注、三輔黃圖六。

牧師諸苑三十六所。分置西北邊。分養馬三十萬頭。後漢書百官公卿表注、後漢書和帝紀注。

廷尉責案上御史臺。通典職官。

光武時有㠯疑獄見廷尉曹史張禹。所問輒對。處當詳理。于是冊免廷尉。㠯禹代之。雖越次而授。亦足㠯厲其臣節也。通典職官、太平御覽職官部。

秦置典客。掌諸侯及歸義蠻夷。漢因之。景帝更名大行令。武帝改曰大鴻臚。初學記職官部。

鴻臚。景帝置。北堂書鈔設官部。

皇帝延諸侯王賓王諸侯。皆屬大鴻臚。故其薨。奏其迹。賜與謚及哀策誄文。通典職官。

昔唐虞賓于四門，此則禮賓之制，鴻臚之任亦同。初學記職官部。

宗正卿秩中二千石。後漢書安帝紀注。

長公主傅一人，私府長一人，食官一人，永巷長一人，家令一人，秩皆六百石，各有員吏，而鄉公主傅一人，秩六百石，僕一人，六百石，家丞一人，三百石。後漢書皇后紀注。

長公主官屬傅一人，員吏五人，騶僕射五人，私府食官永巷長令家令各一人。後漢書鄧晨傳注。

大司農古官也。唐虞分命羲和四子，敬授民時。高祖受命，懲秦之弊，與民休息，逮至文景，國家無事，家給人足，京師之錢累一日巨萬，貫朽而不可校，太倉之粟，陳陳相因，充溢露積，腐敗而不可食。北堂書鈔設官部，藝文類聚職官部，太平御覽職官部。

初秦置治粟內史，掌穀貨。漢因之，景帝更名大農令，武帝更名大司農。王莽改曰羲和，又改為納言。東漢復曰大司農。初學記職官部，白帖七十五。

丞二千石。續漢志百官三補注。案此係引作應劭漢官儀。

平準令一人，秩六百石。後漢書靈帝紀注。

廩犧令一人，秩六百石。後漢書和帝紀注、董鈞傳注。

少府掌山澤陂池之稅，名曰禁錢，以給私養，自別為藏。少者，小也，故稱少府，秩中二千石。大用由司農，小用由少府，故曰小藏。北堂書鈔設官部。

少者，小也，小故稱少府。王者以租稅為公用，山澤陂池之稅以供王之私用，古皆作小府。續漢百官志三補注。案引作漢官。太平御覽職官部引漢官宰尹下曰少府言別為少藏，故曰少府。

田租芻藁以給經用，凶年山澤魚鹽市稅少府以給私用。續漢百官志三補注。

太醫令，周官也。兩梁冠，秩千石。丞三百石。北堂書鈔設官部，太平御覽職官部。

太醫令一人，秩六百石。後漢書安帝紀注。

太官令，兩梁冠，秩千石。丞四人。郡孝廉年五十，清修聰明者，光祿上名，適召拜，比秩四百石，三歲為令，以供養勞苦遷。案此下當有闕文。左丞有湯官丞。案當云有左丞有湯官丞。掌諸甘配。案當云有甘丞掌諸甘肥，皆見續漢書志及補注。有菓丞，掌菓瓜菜茹薪炭。

太官令秩一千石。桓帝延熹元年，使太官令得補二千石，置四丞。唐六典十五。

太官主膳羞也。後漢書皇后紀注。案光武紀注引口實騰羞之事也。

太官丞官也。在外掌菓瓜菓茹。太平御覽菜茹部。

太官右監丞秩比六百石。後漢書桓帝紀注。

守官令一人，秩六百石。後漢書桓帝紀注。

鴻德苑令一人，秩六百石。後漢書桓帝紀注。案鴻德二字從桓帝紀注，以小字別之，下凡倣此。

侍中，周官也。案太平御覽引連下金蟬一段。侍中便蕃左右，與帝升降，卒思案北堂書鈔引作切問。近對，拾遺補闕，百寮之中，莫密于茲。北堂書鈔設官部，初學記職官部，藝文類聚職官部，白帖七十一，太平御覽職官部。

侍中金蟬左貂。案藝文類聚引作有貂誤。金取堅剛，百鍊不耗；蟬居高食潔。案晉書輿服志引作飲精。目在腋下。案續漢志補注引作口在腋下。貂內勁悍而外溫潤。案晉書輿服志引溫潤作柔縟。貂蟬不見傳記者，因物論義。案者上當有說字。論當作生，依續漢志補注引。予覽戰國策，乃知趙武靈王胡服也。其後秦始皇破趙，得其冠，以賜侍中。高祖滅秦，亦復如之。孝桓末，案北堂書鈔引有孝桓二字。侍中皇權參乘，問貂蟬何法，不知其說，復問地震云不為災，還宮左遷議郎。續漢志輿服下補注，晉書輿服志，北堂書鈔設官部，初學記職官部，器物部，藝文類聚職官部，太平御覽職官部，服章部。

侍中冠武弁大冠，亦曰惠文冠，加金璫，附蟬為文，貂尾為飾，謂之貂蟬。初學記職官部。

侍中左蟬右貂，本秦丞相史，往來殿中，故謂之侍中。分掌乘輿服物，下至褻器虎子之屬。武帝時孔安國為侍中，以其儒者，特聽掌御唾壺，朝廷榮之。至東京時屬少府，亦無員。駕出則一人負傳國璽。操斬蛇劒乘。案乘上當有參字。見通典。與中官俱止禁中。通典。案與當作興。見後漢書獻帝紀注。太平御覽職官部。

侍中秩千石。初學記職官部。太平御覽職官部。案唐六典八引作秩比二千石。續漢志百官三補注引漢官秩千石。

侍中殿下稱制。出則參乘。佩璽抱劒。北堂書鈔設官部。文選恩倖傳論注。太平御覽職官部。

漢成帝取明經者充侍中。使辟百官公卿。參議可正爲止殿。行則負璽。舊高取一人爲僕射。後改爲祭酒。北堂書鈔設官部。

史丹爲侍中。元帝寢疾。丹㠯親密近臣得侍疾。候上間獨寢時。丹直入臥內。頓首伏青蒲上。初學記職官部。太平御覽職官部。

桓帝時。侍中迺存藝文類聚作刁存。野客叢書二十五作刁協。案刁存是也。刁協晉人。誤。年老口臭。上出雞舌香與含之。雞舌香頗小辛螫。不敢咀咽。自嫌有過。得賜毒藥。歸舍辭決。欲就便宜。家人哀泣。不知其故。賴寮友諸賢聞其愆失。求視其藥。出在口香。咸嗤笑之。更爲吞食。其意遂解。存鄙儒蔽于此耳。北堂書鈔設官部。初學記職官部。藝文類聚人部。太平御覽人事部、職官部、香部。

侍中。周官號曰常伯。選于諸伯。言其道德可常尊也。文選陳太邱碑注。

侍中。周成王常伯任侍中。殿下稱制。出卽陪乘。佩璽抱劒。文選東京賦注。藉田賦注。安陸王碑注。

漢官表曰。凡侍中左右曹諸吏散騎中常侍。皆加官也。通典職官。

漢因秦置侍中舍人。北堂書鈔設官部。

中常侍。秦官也。漢興。或用士人。銀璫左貂。光武㠯後專任宦者。右貂金璫。後漢書朱穆傳注。太平御覽服章部。

給事黃門侍郎六百石。無員。掌侍從左右。給事中。使關通中外。後漢書獻帝紀注。

給事黃門侍郎。案北堂書鈔文選注引無黃門二字。下同。位次侍中。侍從左右。關通內外。給事于中。故曰給事。案太平御覽引下有中字。黃門侍郎。獻帝置六員。北堂書鈔設官部。文選恩倖傳論注。太平御覽職官部。

黃門侍郎每日暮。向青瑣門拜。謂之夕郎。後漢書獻帝紀注。

給事中。秦官也。漢因之。無常員。皆爲加官。初學記職官部。

漢武元鼎三年初置散騎。俱掌問應對。世祖省之。案漢初有散騎侍郎。掌侍省。皆爲騎郎。貲滿五萬爲常侍郎。張釋之㠯貲爲常侍。蓋此官也。北堂書鈔設官部。

秦及前漢置散騎及中常侍各一人。散騎騎馬。竝乘輿車。獻可替否。北堂書鈔設官部。藝文類聚職官部。白帖七十三。太平御覽職官部。初學記職官部。

秦置散騎。又置中常侍。漢因之。兼用士人。無員。多㠯爲加官。初學記職官部。

黃門令秩六百石。後漢書皇后紀注。

黃門有畫室署玉堂署。各有長一人。初學記職官部。太平御覽職官部。

黃門宂從僕射一人。秩六百石。後漢書桓帝紀注。

黃門鼓吹百四十五人。後漢書安帝紀注。

暴室在掖庭內。丞一人。主宮中婦人疾病者。其皇后貴人有罪。亦

就此室也。後漢書皇后紀注。

永巷令一人。宦者爲之。秩六百石。掌宮婢侍使。後漢書靈帝紀注。

濯龍監六百石。續漢志百官三補注。案此條本引作應劭漢官秩。

中黃藏府。掌中幣帛金銀諸貨物也。後漢書桓帝紀注。案續漢志。中藏府令一人。六百石。本注曰。掌中幣帛金銀諸貨物。此衍黃字。

內者署名。令一人。秩六百石。屬少府。後漢書梁商傳注。

內者主帷帳。後漢書皇后紀注。

朔平署司馬一人。後漢書桓帝紀注。案朔平署不見于續漢志。

尚書令主贊奏。總典紀綱。無所不統。秩千石。故公爲之。朝會不陛奏事。增秩二千石。天子所服五時衣賜尚書令。其三公列卿將五營校尉行複道中。遇尚書僕射左右丞。皆迴車豫避。案初學記職官部又引尚書官出。百官衆皆迴車避也。衞士傳不得紆臺官。臺官過乃得去。唐六典一。太平御覽職官部。

尚書令侍中。上東西寺及侍中寺。（初學記職官部。）

尚書令。秦官。銅印墨綬。（案初學記一引作漢初並用士人爲尚書令秩二千石。與此異。又案墨當作靑。見通典職官與後漢書輿服志合。）每朝會。（案唐六典引有此三字。）與司隸校尉御史大夫中丞（案唐六典太平御覽引無大夫二字。）皆專席坐。京師號曰三獨坐。言其尊重如此。（唐六典一。初學記職官部兩引。藝文類聚禮部。太平御覽職官部。）

漢舊置中書官。領尚書事。（北堂書鈔設官部。）

僕射秩六百石。公爲之。加至二千石。（唐六典一。）

獻帝建安四年。始置左右僕射。以執金吾營郃爲左僕射。衞臻爲右僕射。（文選王文憲集序注。）

尚書。唐虞官也。書曰。龍作納言。朕命爲允。（案藝文類聚白帖引俱有此四字。）詩曰。惟仲山甫。王之喉舌。宣王以中興。秦改稱尚書。漢亦尊此官。典機密也。（北堂書鈔設官部。藝文類聚職官部。太平御覽職官部。）

漢明帝詔曰。尚書蓋古之納言。出納朕命。機事不密則害成。可不愼歟。（北堂書鈔設官部。藝文類聚職官部。太平御覽職官部。）

尚書四員。武帝置。成帝加一爲五。有侍曹尚書。主丞相御史事。二千石尚書。主刺史二千石事。戶曹尚書。主人庶上書事。主客尚書。主外國四夷事。成帝加三公尚書。主斷獄事。（後漢書光武紀注。）

尚書秩五百石。次補二千石。（唐六典一。）

初秦代少府遣吏四一在殿中。主發書。故號尚書。尚猶主也。漢因秦置之。故尚書爲中臺。謁者爲外臺。御史爲憲臺。謂之三臺。（初學記職官部。文選潘正叔贈王元貺詩注。袁紹檄豫州注。）

尚書左丞右丞秩各四百石。遷刺史。（太平御覽職官部。）

尚書令左丞總領綱紀。無所不統。僕射右丞掌廩假錢穀。（唐六典一。）

左右丞。久次郎補也。（北堂書鈔設官部。案引作侍臣上注。）

左右曹受尚書事。前世文士以中書在右。因謂中書爲右曹。又稱西掖。（初學記職官部兩引。太平御覽職官部。）

尚書郞四人。一人主匈奴單于營部。一人主羌夷吏民。一人主（案吏民二字當在此下。見通典。）天下戶口土田墾作。一人主錢帛貢獻委輸。（北堂書鈔設官部。太平御覽職官部。）

尚書郞初從三署郞選。詣尚書臺試。每一郞缺。則試五人。先試箋奏。初入臺。稱郞中。滿歲稱侍郞。（初學記職官部。）

尚書郞初上詣臺。稱守尚書郞。滿歲稱尚書郞中。三年稱侍郞。（太平御覽職官部。）

郞以孝廉年未五十。先試牋奏。初上稱郞中。滿歲爲侍郞。（北堂書鈔設官部。）

尚書郞初入臺爲郞中。滿歲稱爲侍郞。五歲遷太尉也。（北堂書鈔設官部。）

能通蒼頡史篇。（案通典引作史籀。）補蘭臺令史。滿歲補尚書令史。滿歲爲尚書郞。出亦與郞同。宰百里。郞與令史分職受書。令史見僕射尚書。執板拜。見丞郞。執板揖。（唐六典一。通典職官。太平御覽職官部。）

尚書郞見左右丞。對揖無敬。（北堂書鈔禮儀部。）

丞郞見令僕射。執板拜。朝賀。對揖。丞郞見尚書。執板對揖。稱曰明時。（案當云執板揖。無對字。見通典。）郞見左右丞。對揖。呼曰左右君。（唐六典一。初學記職官部。）

尚書郞主作文書起草。夜更直五日于建禮門內。（初學記職官部。白帖七十二。太平御覽職官部。）

尚書郞給靑縑白綾被。以錦被。帷帳氈褥。通中枕。太官供食。湯官供餠餌五熟果實。下天子一等。給尚書史二人。女侍史二人。（案初學記引作入直臺廨中。給女侍史二人。）皆選端正。從直。女侍執香爐燒從入臺護衣。奏事明光殿。省皆胡粉塗。畫古賢人烈女。郞握蘭含香。趨走丹墀奏事。黃門郞與對揖。天子五時賜服。（案北堂書鈔引作賜珇。赤管大筆一雙。分墨一丸。）若郞處曹二年。賜遷二千石刺史。（北堂書鈔設官部。初學記職官部。太平御覽職官部。）

尚書郞奏事明光殿省中。皆胡粉塗壁。其邊以丹漆地。故曰丹墀。

尚書郞含雞舌香。伏其下奏事。黃門侍郞對揖跪受。（太平御覽職官部。案引作漢官。

尚書令僕丞郎月給赤管大筆一雙。篆題曰北工作。案太平御覽引作一宮工作無下文十一字。楷于頭上。象牙寸半著筆下。藝文類聚雜文部太平御覽文部初學記

尚書令僕丞郎月賜渝麋大墨一枚。小墨一枚。文部。

曹郎二人。掌天下歲盡集課。有尚書曹郎。有考功郎中一人。唐六典二

武帝時。館陶公主爲子乞郎。不許。賜錢千萬。上曰。夫郎上應列宿。

出居百里。使非其人。民受其傷。故時稱明愼之至也。北堂書鈔設官部。

漢制。八座丞郎初拜。竝集都座交禮。遷又解交。唐六典一初學記職官部太平御覽職官部。

周禮有典瑞掌節之士。蓋所目宣命重威爲國信者也。北堂書鈔設官部。

御史中丞二人。本御史大夫之丞。其一別在殿中。兼典蘭臺秘書。外督部刺史。內領侍御史。受公卿章奏。糾察百寮。後漢書周紆傳注初學記職官部太平御覽職官部。案周紆傳注所引寮作司。

御史。秦官也。案周有御史。掌邦國都鄙及萬民之治令。目贊冢宰。北堂書鈔設官部太平御覽職官部。案引皆曰漢官儀侍臣下曰蓋其篇名也。

侍御史。周官也。爲柱下史。冠法冠。一曰柱後。目鐵爲之。或說古有獬豸獸。觸邪佞。故執憲者目其角形爲冠耳。余覽奏事云。案奏當作秦見通典。始皇滅楚。目其君冠賜御史。漢興襲秦。因而不改。後漢書何敞傳注初學記職官部服食部太平御覽職官部服章部。

柱史目鐵爲冠。張武曰。當目柱史惠文冠治之。錦繡萬花谷十一。

柱後冠。左傳南冠而縶。則楚冠也。秦滅楚。目其冠賜近臣御史服之。卽今獬豸冠也。古有獬廌獸。案此豸廌二字皆當作廌。觸不直者。故執憲目其形用爲冠。令觸人也。左氏正義成公九年。

柱下史老耼爲之。秦改爲御史。柱下史一名柱後史。謂冠目鐵爲柱。言其審案當有固字。不橈也。北堂書鈔設官部。

侍御史出督州郡賦稅運漕軍糧。侍御史至後漢。復有護漕都尉官。建武七年省。通典職官。

老子爲周柱下史。張蒼秦時爲御史。主柱下方書。侍御史之任也。初學記職官部。

治書侍御史。宣帝嘗幸宣室。齋居而決獄事。令侍御史二人治書。後置。秩六百石。印綬與符璽郎共。平治廷尉奏事。北堂書鈔設官部。案續

蘭臺令史六人。秩百石。掌書劾奏。後漢書班固傳注。漢志蘭臺令史秩六百石。

執金吾比二千石。丞六百石。續漢志百官四補注。案此條引作漢官秩。

執金吾典執金革。目禦非常。北堂書鈔設官部。

吾。禦也。掌執金革。目禦非常。緹騎二百案當有人字。五十人。案當作五百二十人。見續漢書志補注通典。此五百者。伍伯也。輿馬導從。充滿于路。世祖微時歎曰。仕宦當作執金吾。是也。續漢志百官四補注太平御覽職官部。案引作漢官太平御覽又作宰尹下。

執金吾屬官府武庫令丞。案府當作有見續漢書志補注。從騎二百人。案後漢書竇憲傳注張酺傳注引作緹騎持戟五百二十人。輿服導從。光滿道路。羣僚之中。斯最壯矣。中興目來。但專徼循。不預國政。北堂書鈔設官部。

執金吾車駕出。從六百騎。走六千二百人也。北堂書鈔設官部。

靜室令。式道候。秦官也。靜宮令。車駕出。在前驅靜淸所徼。車逆日。目示重愼也。式道左右凡三。惟車駕出迎。式道持麾王宮。行之乃開。北堂書鈔設官部。案續漢書志執金吾下本注云。本有式道左右中候三人。六百石。車駕出。掌在前淸道。還持麾至宮門。宮門乃開云云。此所引多譌。當依彼訂。

全後漢文卷三十四終

全後漢文卷三十五

烏程嚴可均校輯

應劭三

漢官儀下

太子太傅，日就月將，琢磨玉質，言太子有玉之質，琢磨以道也。文選陸士衡侍宴宣猷堂詩注、劉越石勸進表注、王元長曲水詩序注、太平御覽職官部。

詹事，秦官也。詹，省也，給也。秩二千石。廣韻二十四鹽注、藝文類聚職官部、白帖七十一、太平御覽職官部。

帝祖母爲太皇太后，其所居者長信宮。文選齊敬皇后哀策文注。

帝祖母稱長信宮，帝母稱長樂宮，故有長樂少府、長信少府。長信少府及職吏皆宦者爲之。後漢書皇后紀注。

永樂太僕用中人爲之。後漢書皇后紀注。

太子舍人、王家郎中。案侯霸傳注引王家郎中作選良家子孫，與續漢志補注引漢官同。又案通典云，比郎中，選良家子孫。續漢書志云，更直宿衛，如三署郎中。此有譌脫。竝秩二百石，無員。後漢書靈帝紀注、侯霸傳注。

皇太子五日一至臺，因坐東廂，省視膳食，以法制敕大官尚食宰吏。非其朝日，使僕、中允請問，明不媟黷，所以廣敬也。太子僕一人，秩千石。中允一人，四百石。主門衛徼巡。後漢書班彪傳注、通典職官。

安帝時，太子謁廟，門大夫乘從，兩梁冠。通典職官。

門大夫選四府掾屬。通典職官。

將作大匠，世祖中興，以謁者領其官。章帝建初元年乃置真，位次河南尹。永元七年，案續漢志補注引漢官作永元十年。大匠應順上言：百郡計吏，觀國之光，而舍逆旅崎嶇私館，貢篚之物，朽汙暴露。昔晉國霸之盟主耳，舍諸侯于隸人，鄭子產以爲大譏，況今四海之大，而可無乎？和帝嘉納之，即創業焉。續漢志補注、藝文類聚職官部、太平御覽職官部。

左授署屬將作大匠。後漢書皇甫規傳注。

洛陽十二門，東面三門，最北名上東門，次南曰中東門，每門校尉

實領當作寬饒

一人，秩二千石；司馬一人，秩千石；候一人，秩六百石。後漢書張湛注、張奮傳注、續漢百官志四補注。案此條引作漢官秩。

平城門爲宮門，不置候，置屯司馬，秩二千石。

十二門皆有亭。後漢書皇后紀注。

上西門所以不純白者，漢家厄于戊，案續漢志補注引作漢家初戊古。故以丹漆鏤之。續漢志補注、太平寰宇記河南道。案續漢志補注引作故丹鏤之。

開陽門始成，未有名，夜案續漢志補注引夜作宿昔。有一柱來止樓上。琅邪開陽縣上言：縣南城門一柱飛去。光武皇帝使來識視之，良是。案續漢志補注引良是作悵然。遂竪縛之，因刻記其年月，以名門焉。後漢書循吏傳注、續漢百官志四補注、水經注穀水、太平寰宇記河南道兩引、文選懷舊賦注、太平御覽居處部。

屯騎、越騎、步兵、射聲各領士七百人，長水領士七千三百六十七人。後漢書安帝紀注。

驍騎，漢官也。武帝以李廣爲之。後世祖建武九年始改屯騎。北堂書鈔設官部。

越騎司馬一人，秩千石。後漢書鄭衆傳注。

步兵校尉比二千石，掌宿衛兵，屬北軍中候。後漢書皇后紀注。

司隸校尉部河南、內、案內上當有河字。右扶風、左馮翊、京兆、河東、宏農七郡。案後漢書魯恭傳注引作董領京師及三輔三河宏農，段熲傳注引作部河南洛陽管三輔三河宏農七部。于河南洛陽，故謂東京爲司隸。後漢書光武紀注。

司隸校尉，征和中陽石子孫敬聲案子當作公。巫蠱之獄，乃依周禮置司隸校尉，持節，都督大姦猾事。復置其司，今董領京師三輔三河宏農者。北堂書鈔設官部。

司隸校尉糾皇太子三公以下，及旁州郡國，無不統。陛下見諸卿，皆獨席。太平御覽職官部。

司隸校尉初置，唯實領、王章、鮑宣糾上檢下，嚴刑必斷，貴戚憚之，京師政清。北堂書鈔設官部。

設平之設當作太

司隸都官從事，主洛陽百官朝會，與三府掾同。後漢書竇武傳注、北堂書鈔設官部。案北堂書鈔引作掌洛陽中百姓。

司隸功曹從事，即治中也。後漢書傅燮傳注、太平御覽職官部。

別駕秩百石，同諸郡從事。北堂書鈔設官部。

河南尹所治，周地也。洛陽本周城。案周城當作成周。周之衰微，分為西周。案西上當有東字。東周洛陽，西周河南。秦兼天下，置三川守。河雒伊也。案藝文類聚引河雒伊作洛陽，俱誤。漢更名河南。孝武皇帝增曰太守，世祖中興，從都雒陽，改號為尹。尹，正也。詩曰：赫赫師尹。藝文類聚地部職官部、太平御覽職官部。

尹，正也。郡府聽事壁諸尹畫贊，肇自建武，訖于陽嘉，注其清濁進退，所謂不隱過、不虛譽，甚得述事之實。後人是瞻，足以勸懼，雖春秋采毫毛之善，貶纖介之惡，不避王公，無以過此，允著明也。續漢郡國志一補注。

仁恕掾正獄，屬河南尹。後漢書魯恭傳注。

周監二代，曰伯。漢興，海內未定，令刺史舉州事。北堂書鈔設官部。

孝武皇帝南平百越，北攘夷狄，置交阯、朔方之州，復徐、梁之地，改雍曰梁，改梁曰益，凡十三州，所以交朔獨不稱州，明示帝王未必相襲，始開北方，遂交南方，為子孫基阯也。後漢書光武紀注、太平御覽職官部。

孝武元封四年，始御史丞相之遷部刺史十三人，乘驛奏事。北堂書鈔設官部。

朱博言：刺史督察郡國，從來故事居九歲，案居下當有部字。為守相。北堂書鈔設官部。

翟方進奏：刺史位下大夫，而臨二千石，輕重失次，請罷署牧。案署當作置，見通典所載何武與翟方進奏。秩二千石者也。北堂書鈔設官部。

元帝時，丞相于定國條州大小，為設吏員，治中、別駕、諸部從事，秩皆百石，同諸郡從事。北堂書鈔設官部、設平御覽職官部。

秦用李斯議，分天下為三十六郡。凡郡或以列國，陳、魯、齊、吳是也。

列國陳當作山陵太

或以舊邑，長沙、丹陽是也。或以列國，陳山、山陽是也。或以川源，西河、河東是也。或以所出，金城城下有金，酒泉泉味如酒，案初學記州郡部、藝文類聚水部、太平御覽地部引酒泉城下有金泉，泉味如酒，故曰酒泉。豫章章樹生庭中，案水經注贛水、太平御覽水部俱引此句。鴈門鴈之所育是也。或以號令，禹合諸侯，大計東冶之山，會稽是也。水經注河水、太平御覽州郡部。

京兆，絕高曰京。京，大也。十億曰兆。欲令帝都殷盈也。左輔右弼，蕃翊承風也。張掖，始開鑿張臂掖也。太平御覽州郡部。案後漢書明帝紀注引張國臂掖，故曰張掖。

馮輔蕃翊，故以為名。太平御覽州郡部。

宏，大也。所以廣大農業也。太平御覽州郡部。

濟南、樂安、齊國、東萊、平原、北海六郡，青州所管也。青州在齊國臨淄。後漢書史弼傳注。

荊州管長沙、零陵、桂陽、南陽、江陵、案陵當作夏。武陵、南郡。案續漢書志荊州郡七，此上是也。下章陵乃南陽縣，中有脫文。章陵。後漢書劉表傳注。

大府秩二千石，丞一人，邊郡稱長史，皆六百石。丞者丞也，長史，衆史之長。北堂書鈔設官部。

都尉，秦官也。本名郡尉，掌左太守典其武職，秩比二千石。孝景時更名都尉。後漢書彭修傳注。

秦郡有尉一人，典兵禁，補盜賊。案補當作備，見續漢書志。景帝更名都尉。建武十年省，惟邊郡置都尉及屬國都尉。後漢書桓帝紀注。

京兆虎牙、扶風都尉。案耿恭傳注引有郡比二千石五字。以涼州近羌數犯三輔，將兵衛護園陵。扶風都尉居雍縣，故俗人稱雍營焉。後漢書安帝紀注、耿恭傳注、竇憲傳注、南匈奴傳注。

蓋天生五材，民並用之，廢一不可，誰能去兵？兵之設尚矣。易稱弦木為弧，剡木為矢，弧矢之利，以威天下。春秋三時務農，一時講武。詩美公劉，匪居匪康，入耕出戰，乃裹餱糧，干戈戚揚，四方莫當。自

王旅下脫不振二字

過當作邊

郡國罷材官騎士之後。官無警備。實啓寇心。一方有難。三面救之。發興雷震。煙蒸電激。一切取辦。黔首囂然。不及講其射御。用其戒誓。一旦驅之。以卽強敵。猶鳩鵲捕鷹鸇。豚羊弋豺虎。是以每戰常負。王旅張角懷挾妖僞。遐邇搖蕩。八州竝發。煙炎絳天。牧守梟裂。流血成川。爾乃遠徵三邊。殊俗之兵。非我族類。忿鷙縱橫。多僵良善。以爲己功。財貨糞土。哀夫民氓遷流之咎。見出在茲。不教而戰。是謂棄之。跡其禍敗。豈虛也哉。春秋家不藏甲。所以一國威抑私力也。今雖四海殘壞。王命未洽。折衝厭難。若指于掌。故置右扶風

案此下當脫文。續漢志百官五補注。

世祖中興。海內人民。可得而數。裁十二三。邊陲蕭條。靡有孑遺。鄣塞破壞。亭隊絕滅。建武二十一年。始遣中郎將馬援謁者分築烽候。堡壁稍興。立郡縣十餘萬戶。案二字有譌。或空置太守令長。招還人民。上笑曰。今邊無人而設長吏治之。難如春秋素王矣。乃建立三營。屯田殖穀。弛刑謫徒以充實之。續漢郡國志五補注。

高祖命天下郡國選能引關蹶張材力武猛者。以爲輕車騎士材官樓船。常以立秋後講肄課試。各有員數。平地用車騎。山阻用材官。水泉用樓船。後漢書光武紀注。

民年二十三爲正。一歲以爲衛士。一歲爲材官騎士。習射御騎馳戰陣。八月。太守都尉令長相丞尉會都試。課殿最。水家爲樓船。亦習戰射行船。過郡太守各將萬騎行鄣塞。烽火追虜。置長史一人。丞二人。治兵民。當兵行長領。置部尉千人司馬候農都尉。皆不治兵。不給衛士。材官樓船年五十六老衰。乃得免爲民就田。應合選爲亭長。亭長課徼巡。尉皆習設備五兵。五兵。弓弩。戟。楯。刀劍。甲鎧。鼓吏赤幘行縢。帶劍佩刀。持楯被甲。設矛戟。習射。設十里一亭。亭長亭候。五里一郵。郵閒相去二里半。司姦盜。亭長持二尺版以劾賊。索繩以收執賊。續漢百官志五補注。案此條亦見漢舊儀。

督郵功曹。郡之極位。後漢書張酺傳注。

孝廉。古之貢士。耆儒甲科之謂也。北堂書鈔設官部。

孝廉年未五十。先試箋奏。初上試之以事。非試之以誦也。北堂書鈔設官部。

孝武元封四年詔曰。上士貢名。茂才是也。北堂書鈔設官部。

元朔元年詔二千石。舉孝廉以化風俗。北堂書鈔設官部。

元朔元年詔曰。深詔執事。興孝廉。成風俗。紹聖緒。北堂書鈔設官部。

和帝詔曰。大郡口五十萬。舉孝廉二人。北堂書鈔設官部。

前書百官表云。萬戶以上爲令。萬戶以下爲長。三邊始孝武皇帝所開。縣戶數百而或爲令。荆揚江南七郡。惟有臨湘、南昌、吳三令爾。及南陽穰中土沃民稠。四五萬戶而爲長。桓帝時。以江南陽安爲女公主邑。改號爲令。主薨。復復其故。若此爲繫其本。俗說令長以水土爲之。及秩高下。皆無明文。班固通儒。述一代之書。斯近其眞。續漢百官志五補注。

明帝臨觀。見洛陽令車騎。意河南尹。及至而非。尤其太盛。敕去軒縵。時偃師長治有能名。以事詣臺。因取賜之。下縣遂以爲故事。通典職官。太平御覽職官部。

大縣丞左右尉。所謂命卿三人。小縣一尉一丞。命卿二人。續漢百官志五補注。通典職官。太平御覽職官部。

北邊郡庫。官之兵器所藏。故置令。漢書成帝紀注。河閒獻王傳如淳注。

使匈奴中郎將。擁節。秩比二千石。後漢書光武紀注。

使匈奴中郎將屯西河美稷縣。後漢書光武紀注。

擁節。屯中步南。設官府掾史。單于歲遣侍子來朝。謁者常送迎焉。得賂弓、馬、氈罽他物百餘萬。謁者事訖還具表付祕藏。詔書敕自受。續漢百官志五補注。

護烏桓校尉。孝武帝時烏桓屬漢。始于幽州置之。擁節監領。秩比

二千石。太平御覽職官部

烏桓校尉屯上谷甯縣。後漢書張奐傳注

擁節長史一人。司馬二人。皆六百石。並領鮮卑客賜質子。歲時胡市焉。續漢百官志五補注。案此屬烏桓校尉。

護羌校尉。武帝置。秩比二千石。持節以護西羌。王莽亂。遂罷。時班彪議。宜復其官。以理冤結。帝從之。以牛邯爲護羌校尉都尉于隴西令居縣。後漢書光武紀注

擁節長史司馬二人。皆六百石。續漢百官志五補注。案此屬護羌校尉。史字下亦當有一人二字。

戊己中央。鎮撫四方。又開渠播種。以爲厭勝。故稱戊己焉。後漢書明帝紀注。西域傳注。案戊己校尉不見于續漢志。

西域都護。武皇帝始開通西域三十六國。其後稍分至五十餘國。置使者校尉以領護之。宣帝神雀三年。改曰都護。秩二千石。平帝時省都護。令戊己都護領之。太平御覽職官部

馬曰羈。牛曰縻。言制四夷如牛馬之受羈縻。史記司馬相如列傳索隱。文選難蜀父老注

諸侯功德優盛。朝廷所敬異者。賜位特進。在三公下。其次朝廷。案廷當作侯。在九卿下。其次侍祠侯。其次下士小國侯。案續漢書志無此句。似當云無土關內侯。以肺腑親公主子孫奉墳墓于京師。亦隨時朝見。是爲隈諸侯。案隈當作猥。後漢書和帝紀注。鄧禹傳注

皇后父兄率爲特進侯。朝會位次三公。故章帝啟馬太后曰。漢典。舅氏之封侯。猶皇子之爲王。其功臣四姓爲朝侯侍祠侯。皆在卿校下。通典職官

天子建侯。上法四七。後漢書劉瑜傳注

伯使主爲諸侯官驅使。避路于道陌中。故言伯使。通典職官引云漢官中有伯使云云。

太保俸月三百五十斛。唐六典一

恭上脫魯字。

中二千石俸月百八十斛。史記外戚世家索隱

二千石其俸月百二十斛。史記外戚世家索隱

斗食月俸一十斛。佐史月俸八斛。漢書百官公卿表注。通典職官。案引皆作漢官名秩簿。

張敞蕭望之言曰。夫倉廩實而知禮節。衣食足而知榮辱。今小吏俸率不足。常有憂父母妻子之心。雖欲潔身爲廉。其勢不能。請以什率增天下吏俸。宣帝乃益天下吏俸什二。通典職官

范遷字子閭。沛人也。後漢書明帝紀注。牟融傳注。案凡引人名皆舉其官。今不能知者總附于此。

王敏字叔公。并州陽城人也。後漢書明帝紀注

尹睦字伯師。河南鞏州人也。後漢書和帝紀注

梁鮪字伯元。河東平陽人也。後漢書殤帝紀注。張酺傳注

周章字次叔。荊州隨縣人也。後漢書安帝紀注

李修字伯游。豫州襄城人也。後漢書安帝紀注。虞詡傳注。李膺傳注

劉授字孟春。徐州武原人也。後漢書安帝紀注。楊震傳注

呂蓋字君上。苑陵人也。後漢書恭傳注

許訓字季師。平輿人也。後漢書劉寬傳注

宋俱字伯儷。後漢書宗均傳注

陶敦字文理。京兆人也。後漢書虞詡傳注

劉矩字叔方。後漢書皇甫規傳注

尹訟字公孫。鞏人也。後漢書段熲傳注

樊陵字德雲。後漢書李膺傳注

劉宏字子高。安衆人也。後漢書董卓傳注

全後漢文卷三十五終

烏程嚴可均校輯

應劭四

風俗通義案：風俗通義三十卷，見存十卷，不錄。錄其佚文，爲六卷。

易說：天先春而後秋，地先生而後凋，日月先光而後幽。是以王者則之，亦先敎而後刑。三皇結繩，五帝畫象，三王肉刑，五霸黠巧。一二字疑。此言步驟稍有優劣也。御覽七十七。

傳曰：后稷冬墾田，流汗而種，田不生者，人力非不至，天時不與。御覽三百八十七。

俗說天地開闢，未有人民，女媧摶黃土作人，務劇力不暇供，力一作劣。乃引繩于泥中，舉以爲人。故富貴者黃土人，貧賤凡庸者緪人也。御覽七十八，又三百六十。

上古之時，艸居露宿，冬則山南，夏則山北。意林。

大禹闕疑百品之差，而菲庖廚，殷湯麻寢，黃屋駕而乘露輿。御覽四百三十一。

孝文身履革舄，而衣弋綈。御覽六百九十七。

秦政并吞六國，苞宇宙之宏敞。文選齊敬皇后哀策文注。

秦相趙高指鹿爲馬，束蒲爲脯，二世不覺。文選西征賦注。

不舉併生三子。俗說生子至于三，侶六畜，言其妨父母，故不舉之也。謹案：春秋國語，越王句踐令民生二子者與之餼，生三子者與之乳母。三子力不能獨養，故與乳母。所以人民繁息，卒滅彊吳，雪會稽之恥，行霸于中國也。古陸終氏娶于鬼方，謂之女嬇，是生六子，皆爲諸侯。今人多生三子，子悉成長，父母完安，豈有天所孕育，而害其父母兄弟者哉？意林，御覽三百六十一。

不舉寤生子。俗說兒墮地便能開目視者，謂之寤生。舉寤生子，妨父母。謹案：春秋左氏傳，鄭武公娶于申，曰武姜，生莊公及共叔段。莊公寤生，驚姜氏，因名寤生。武公老，終天年，姜氏亦然。安有妨其父母乎？御覽三百六十一。

不舉父同月子。俗云妨父也。謹案：左氏傳，桓公之子與父同月生，因名子同。漢明帝亦與光武同月生。意林，御覽三百六十一。

不舉生鬢鬚子。俗說人十四五乃當生鬢鬚，今生而有之，妨害父母也。謹案：周書，靈王生而有髭，王甚神聖，亦克修其職，諸侯服享，二世休和，安在其有害乎？御覽三百七十四。

不宜歸生。俗云令人衰。案：婦人好以女易他男，故不許歸。意林。

宅不西益。俗說西者爲上，上益宅者，妨家長也。原其所以西上者，禮記：南向北向，西方爲上。爾雅曰：西南隅謂之隩，尊長之處也。不西益者，難一作恐。動搖之耳。審西益有害，增廣三面，豈能獨吉乎？藝文類聚六十四，御覽一百八十。

無恙。俗說恙，病也。凡人相見及通書問，皆曰無恙。謹案：易傳，上古之世，艸居露宿。恙，噬人蟲也，善食人心，故俗相勞問者云無恙，非爲病也。匡謬正俗八，藝文類聚七十五，史記刺客傳索隱，意林，御覽三百七十六，又七百三十九。

菟髕。俗說臘正旦一作廸。食得菟髕者，名之曰幸。賞以寒酒。幸者，善祥，令人吉利也。或說食菟髕者，令人面兔生髕，露見醜惡，今覺得之，嘉不爲已疾也。謹案：尚書，夏禹始作肉刑，則天象而慎其過，故穿窬盜竊者髕。髕者，去膝蓋骨也。髕者去膝蓋五字舊脫，依漢書武帝紀注補之，語方完。逮至暴秦，亂獄糺紛，烹俎車裂，車裂下一有抽脅二字。黔首窮愁，飲泣永歎。凡人食得菟髕，以爲佳瑞，物類相感，冀全已之髕也。藝文類聚五，初學記二十九，御覽三十三，又六百四十八，又九百七十。

俗說臨日月薄蝕而飲，令人蝕口。謹案：日，太陽之精，君之象也。日有蝕之，天子不舉樂，里語：不救蝕者，出行遇雨，恐有安坐飲食，重慎也。御覽八百四十九。

俗說雷不作醬，雷聲發，不作醬，何也？令人腹內雷鳴也。謹案：子路感雷精而生，尚剛好勇，死，衛人醢之，孔子覆醢，每聞雷，心惻怛耳。（北堂書鈔百四十六，御覽八百六十五。）

堪輿書云：上朔會客，必鬬爭。案劉君陽爲南陽牧，嘗上朔設盛饌，了無鬬者。（御覽八百四十九。）

俗云：五月到官，至免（佀死字，或老字）不遷。今年有茂才除蕭令，五月到官，破日入舍，視事五月，四府所表，遷武陵令。余爲營陵令，正觸太歲，主簿令余東北上，余不從，在事五月，遷太山守。（意林）

俗說：二人共澡手，令人鬬爭，亘無異器共當澡者，其祝曰：人相愛，狗相齧，言狗鬬時，洒之吕水，便自解也。（御覽四百九十六。）

坐不移罇，俗說凡宴飲者移轉罇酒，令人鬬爭。（一作訟諍。御覽四百九十六，又七百六十一。）

俗說帷帳不可作衣，令人病癘。（書鈔百三十二，御覽七百。）

俗說臥枕戶砌，鬼陷其頭，令人病顛。（御覽七百三十九。）

五月蓋屋，令人頭禿。（初學記四，御覽三十一。）

諸郭皆諱禿。（顏氏家訓書證篇下云：當是前代人有姓郭而病禿者。）

雞伏鴨卵，雛成入水，雞母隨岸呼之，雛出而隨母，鴨雞異類，能相隨也。（御覽九百十八。）

呼雞曰朱朱，俗說雞本朱公（一作朱氏翁）化而爲之，今呼雞皆朱朱也。謹案：說文解字，喌，二口爲讙，州其聲也，讀若祝。祝者，誘致禽畜和順之意。喌與朱音相佀耳。（初學記三十，御覽九百十八。）

呼虎爲李耳，俗說虎本南郡中廬李氏公所化，爲呼李耳因喜，呼班便怒。（御覽八百九十一。）

肅肅蝦蟇掉尾，俗說蝦蟇一跳八尺，再跳丈六，從春至冬，袒裸相逐，無它所作，掉尾肅肅。謹案：蝦蟇旣處水中，其尾又短，正使能掉之，豈能肅肅乎？原其所吕，當言夏馬，夏馬患蠅蚋，掉尾振擊（一作擊之），常肅肅也。蝦蟇夏馬音相佀。（藝文類聚九十三，御覽九百四十九。）

戶律，漢中、巴蜀、廣漢自擇伏日。俗說漢中、巴蜀、廣漢土地溫暑，艸木早生晚枯，氣異中國，夷狄畜之，故令自擇伏日也。謹案：漢書高帝分四郡之衆，用良平之策，還定三秦，席卷天下，蓋君子所因者本也，諸公定封，加吕金帛，重復寵異，令自擇伏日，不同于風俗也。（藝文類聚五，御覽三十一。）

赤春。俗說赤春從人假貸，皆自乏之時。謹案：詩曰春日載陽，有鳴鶬鶊，月令衣青衣，服蒼玉。又爾雅春曰青陽，凡三春時，不得服赤也。今里語曰：相斥角牛。原其所吕，言牛不當斥角，春不當從人求索也。斥與赤音相佀。（御覽二十。）

夏至著五綵辟兵，題曰游光厲鬼，知其名者無溫疾。五綵辟五兵也。案人取新斷織繫戶，亦此類也。謹案：織取新斷二三寸帛，綴著衣衿，吕己織維（疑縑）告成于諸姑也。後世彌文，易吕五綵。又永建中京師大疫，云厲鬼字野重游光，亦但流言，無指見之者。其後歲歲有病，人情愁怖，復增題之，冀吕脫禍。今家人織新縑，皆取著後縑絹二寸許，繫戶上，此其驗（一作義）也。（御覽二十三，又八百十四。）

五月五日賜五色續命絲（一作縷），俗說吕益人命。（藝文類聚四，初學記四，御覽八百十四。）

五月五日吕五綵絲繫臂者，辟兵及鬼，令人不病溫。又曰亦因屈原。（藝文類聚四，初學記四，御覽三十一。）

五月五日集五色繒，辟兵。余問服君，服君曰：青赤白黑吕爲四方，黃爲中央，襞方綴于胷前，吕示婦人蠶（一作訖）功也。織麥麫懸于門，吕示農工成。傳（即轉字）聲吕襞爲辟兵耳。（御覽三十一。注云：麫麥莖也。）

織女七夕當渡河，使鵲爲橋。（歲華紀麗。）

俗說高祖與項羽（一作籍）戰敗于京索，閒遁叢薄中，羽追求之，時鳩正鳴其上，追者吕爲必無人（一作追者不疑，一云追者吕鳥在無人），遂得脫，及卽位，異此鳥，故作鳩杖吕賜老人也。謹案：少皞五鳩，鳩民者，聚民也，周禮。羅氏獻鳩養老。漢無羅氏。故作鳩杖以扶老。水經注七。藝文類聚九十二。御覽七百十。又九百二十一。太平寰宇記五十二。

禹入裸國。欣起而解裳。俗說禹治洪水。乃播入裸國。君子入俗。不改其恆。于是欣然而解裳也。原其所以。當言皆裳裸國。今吳郡是也。被髮文身。裸以為飾。蓋正朔所不及也。猥見大聖之君。悅禹文德。欣然皆著衣裳矣。御覽六百九十六。

眾口鑠金。俗說有美金于此。眾人咸共訿呰。言其不純。賣金者欲其售。因取鍛燒以見真。此所謂眾口鑠金。御覽八百十一。

眾心成城。俗說眾人同心者。可共築起一城。同心共飲。雒陽酒可盡也。藝文類聚六十三。

錢刀。俗說害中有利。利旁有刀。言人治下。率多得錢財者。必有刀劍之禍也。御覽八百三十六。

燒穰殺瓠。俗說家人燒黍穰。則使田中瓠枯死也。御覽九百七十九。

城門失火。禍及池中魚。俗說池中魚。中讀曰仲。人姓字。居近城。城門失火。延及其家。仲魚燒死。謹案百家書。宋城門失火。因汲取池中水以沃灌之。池中空竭。魚悉露見。一作死。但就取一作把。之。喻惡之滋。并中傷良謹一作善。也。藝文類聚八十。又九十六。意林。御覽八百七十七。又九百三十五。通鑑注梁紀十六。

兩袒。俗說齊人有女。二人求之。東家子醜而富。西家子好而貧。父母疑不能決。問其女定所欲適。難指斥言者。偏袒令我知之。女便兩袒。問其故。云欲東家食。西家宿。此為兩袒者也。藝文類聚四十。御覽三百八十二引云。齊有一女。二家求之。其家語其女曰。汝欲東家則左袒。欲西家則右袒。其女兩袒。父母問其故。對曰。願東家食而西家息。以東家富而醜。西家貧而美也。

夜糴。俗說市買者當清旦而行。日中交易所有。夕時便罷。今乃夜糴穀。明其癡騃不足也。凡靳不施惠者曰夜糴。御覽四百九十七。又七百三十九。又八百二十八。多末一句。

徙不上墓。俗說新遭刑罪原解者。不可以上墓祠祀。令人死亡。謹

案孝經。身體髮膚。受之父母。曾子病困。啟手足以歸全也。遭刑者髡首剔髮。身被加笞。新出狴犴。臭穢不潔。凡祭祀者。孝子致齋。貴馨香如親存時也。見子被刑。心有惻愴。緣生事死。恐神明不歆。家疑誤。或是故字。當不疑倒。上墓耳。御覽六百四十二。

俗說亡人魂氣飛揚。故作魌頭以存之。言頭體魌魌然盛大也。或謂魌頭為觸壙。殊方語也。御覽五百五十二。

墓上樹柏。路頭石虎。周禮。方相氏入壙。毆魍象。魍象好食亡者肝腦。人家不能常令方相立于墓側以禁禦之。而魍象畏虎與柏。御覽九百五十四。

俗說齊人有空車行。曾人有負釜者。便持釜置車中。行三二一作百。里。臨別取釜。各不相問為誰。亦不謝。後車者一作家。繫獄當死。釜主竟往篡之。一作篡人取之。窮壁未達。曰極哉。一無此三字。車者怒。不肯出釜主慙。欲與俱死。明日主者以事白齊君。齊君義而原之。御覽四百二十一。又七百五十七。

案劉向別錄。讎校。一人讀書。校其上下。得謬誤。為校。一人持本。一人讀書。若怨家相對。為讎。文選魏都賦注。

殺青書可繕寫。謹案劉向別錄曰。殺青者。直治竹作簡書之耳。新竹有汗。善朽蠹。凡作簡者。皆于火上炙乾之。陳楚間謂之汗。汗者去其汗也。吳越曰殺。殺亦治也。劉向為孝成皇帝典校書籍二十餘年。皆先書竹。為易刊定。可繕寫者以上素也。由是言之。殺青者竹。斯為明矣。今東觀書竹素也。初學記二十八。御覽六百六。文選張景陽雜詩注。

光武中興以來。五曹詔書題鄉亭壁。歲補正。多有闕誤。永建中。兗州刺史過翔廣韻八戈作過栩。箋撰卷別。改著板上。一勞而久逸。御覽五百九十三。

俗說有功德賜金者。皆黃金也。謹案孫子兵書曰。費千金。千金。百萬錢也。陳平諫即間字。古通用。楚千金。贈一作賜。二疏五十斤。並黃金也。或

欖當作攬

云。一金亦是一萬錢也。意林、御覽六百三十三。

鹹如炭。俗說鹹亦與熱正等，炭火不可以入口，人食得大鹹亦吐之。謹案東海朐人曉知鹽法者云，欖鹽木多日，每燋黑如炭，非謂竈中火炭也。御覽八百六十五。

酢如莢莢。謹案孝經說，古太平莢莢生階，其味酸，王者取之以調味，後以醯醢代之。御覽八百六十六，又八百七十三。

俗說騣馬啖賓客，宴食已闕，主意未盡，欲復飲酒，餘無施，要一作便。出脯鮓椒薑鹽豉，言其速疾如騣馬之傳命。書鈔百四十二，御覽八百四十九。

案方言，豚，豬子也。今人相罵曰孤豚之子是也。文選荅客難注。

馬一匹。俗說相馬比君子，與人相匹。或曰馬夜行，目明照前四丈，故曰一匹。俗說度馬縱橫適得一匹。或說馬死賣得一匹帛。或云春秋左氏說諸侯相贈，乘馬束帛，束帛為匹，與馬相匹耳。藝文類聚九十三，御覽八百九十七。

車一兩。謂兩兩相與為體也。原其所以言兩者，箱轅及輪兩兩而耦，故稱兩耳。藝文類聚七十一，御覽七百七十三，又七百七十六，通鑑注漢紀三十三。

鹿車窄小，裁容一鹿也。或云樂車。乘牛馬者，剉斬飲飼達曙，今乘此雖為勞極，然入傳舍偃臥無憂，故曰樂車。無牛馬而能行者，獨一人所致耳。御覽七百七十五，後漢書趙熹傳注，通鑑注晉紀二十。

俗說大餓不在一有一字。車飯，謂正得一車飯，不復活也。或曰輔車上飯，小小不足濟也。案吳郡名酒杯為盪，字見方言、廣雅，曹憲音又章反。言大餓人得一盪飯，無所益也。盪相六，不守熟。案蒸飯要泥，疑當從說文作氣流，謂之餾，音與六相似也。御覽四百八十六，又八百五十。

疲馬不能度繩。俗說馬羸不能度繩索。或云不能度種菜畦塍也。謹案齊有繩水，裁廣三四步，言馬之疲乃不能度此水耳。藝文類聚九十三，御覽八百九十七。

殺君馬者路旁兒也。俗說長吏食重祿，芻藳豐美，馬肥希出，路旁小兒觀之，卻驚致死。案長吏馬肥，觀者快之，乘者喜其言，御覽作觀者悅馬之走驟也，騎者云云，今從類聚。馳驅不已，至于瘠死。藝文類聚九十三，御覽八百九十七。

賣牛勿握角，令不售。案恐觸人，人不敢取也。御覽八百九十七。

全後漢文卷三十六終

烏程嚴可均校輯

應劭五

風俗通義二

周禮五黨爲州，州，疇也，州有長使之相周足。一作是。也。藝文類聚六、御覽百五十七。

周制天子𠀋千里，分爲百縣，縣有四郡，郡者，羣也，故左氏傳曰：上大夫受縣，下大夫受郡。至秦始皇初置三十六郡以監縣，縣，平也。意林、史記秦始皇本紀正義、藝文類聚六、御覽百五十七。

周禮百里曰同，所以獎王室協風俗，總名爲縣，縣，玄也，首也，從系倒首，與首易偏矣，言當玄靜平徭役也。水經注二、御覽百五十七。

周禮五家爲鄰，四鄰爲里，春秋國語五家爲軌，十軌爲里，里者，止也，里有司，司五十家，共居止，同事，春秋通其所也。續漢書百官志注、廣韻六止、御覽百五十七。

國家制度，大率十里一鄉。續漢書百官志注。

謹案春秋國語畺有寓望，謂今亭也，民所安定也，亭有樓，從高省，丁聲也。漢家因秦，大率十里一亭，亭，留也，今語有亭待，蓋行旅宿食之所館也，亭亦平也，訟諍吏留辨處，勿失其正也，亭吏舊名負弩，改爲亭長，或謂亭父。御覽百九十四、續漢書百官志注。

中人城北四十里有左人亭，鮮虞故邑。御覽百六十一。

餝作城郭，城，盛也，從土成聲，郭，大也。意林、水經注二。

郭亦謂之郛，郛者，亦大也。初學記二十四、御覽百九十三。

論語夫子宮牆數仞，禮記季武子入宮不敢哭，由是言之，宮室一也，秦漢以來，尊者以宮爲常號，下乃避之云室耳。弟子職曰：室中握手。論語曰：譬如宮牆，由此言之，宮其外，室其內也。御覽百七十四。

魯昭公設兩觀于門，是謂之闕，從門欮聲。水經注十六。

殿堂象東井形，刻作荷菱，荷菱，水物也，所以厭火。藝文類聚六十三、初學記七、廣韻三十二霰、御覽百七十五、又百八十八。

屋，止也。廣韻一屋。

案天子有外屏，令臣下氣息。意林。

屏，卿大夫以帷，士以簾，稍有弟。古第字。以自鄣蔽也，示臣臨見，自整屏風處也。廣韻四十靜、御覽百八十五。

門戶鋪首，謹案百家書云：公輸般見水上蠡，音螺。謂之曰：開汝匣，一作頭。見汝形。蠡適出頭，般以足畫圖之，蠡引閉其戶，終不可得開，般遂施一作設。之門戶，欲使閉藏當如此周密也。藝文類聚七十四、御覽百八十八、又七百五十。

鑰施懸魚，魚翳伏淵源，疑深淵。欲令楗閉如此。御覽百八十四。

府，聚也，公卿牧守道德之所聚也。廣韻九麌、通鑑注漢紀七、羣經音義十。作公卿牧守文書財賄所聚也。

廷，正也，言縣廷、郡廷、朝廷皆取平均正直也。後漢郭太傳注、通鑑注周紀二。

寺，司也，諸官府所止皆曰寺。後漢光武紀注、通鑑注漢紀三十五。寺者，嗣也，理事之吏嗣續于其中也。後漢和帝紀注、通鑑注漢紀三十五。今尚書侍御史謁者所止皆曰寺。文選吳都賦注、又劉楨贈徐幹詩注、又應瑒岑文瑜書注。

京師有長壽街、萬歲街、士馬街，疑脫一街字。若此非一，街者，攜也，離也，四出之路，一作通。攜離而別也。御覽百九十五、廣韻十三佳。

閈，城外郭內里門也。御覽百八十二。

市，恃也，養贍老少，一作言交易而退。恃以不匱也，亦謂之市井，俗說市井，謂至市鬻賣者當于井上洗濯其物，香潔及自嚴飾，乃到市也。一作洗濯令鮮潔，然後市。謹案春秋井田記：人年三十，受田百畝，以食五口，五口爲一戶，父母妻子也，公田十畝，廬舍五畝，成田一頃十五畝，八家而九頃二十畝，共爲一井，廬舍在內，貴人也，公田次之，重公也，私田在外，賤私也，井田之義，一曰無泄地氣，二曰無費一家，三曰同風俗。四曰合巧拙。五曰通財貨。因井爲市。交易而退。故稱市井也。詩陳風正義、後漢劉寵傳注、初學記二十四、御覽百九十一、又八百二十七。

漢改郵爲置。置者度其遠近之閒置之也。後漢書郭太傳注。

今吏郵書掾府督郵職掌此。續漢書輿服志注。

傳舍。案諸侯及使者有傳信。乃得舍于傳耳。意林無諸侯及三字。

今刺史行部車號傳車從事督郵。文選范雲贈張徐州詩注、又任昉哭范僕射詩注。

南北曰阡。東西曰陌。河南以東西爲阡。南北爲陌。史記秦本紀索隱、意林、初學記二十四、文選藉田賦注、御覽百九十五、困學紀聞十六。

里語云。越陌度阡。更爲客主。文選魏武帝短歌行注。

苑與苑同。蘊也。言薪蒸所蘊積也。意林、初學記二十四、御覽百九十六。

囿者。畜魚鼈之處也。囿猶有也。御覽百九十六。

園。援也。从口袁聲。四晧園公亦本園者。御覽八百二十四。

圃。補也。从口甫聲。同上。

井。法也。節也。言法制居人。令節其飲食。無窮竭也。初學記七、御覽百八十九。

孫子云。金城湯池而無粟者。太公墨翟不能守之。意林。

孫子有金城湯池之說。後人因此開地爲池。以養魚鼈。初學記七。

海一云朝夕池。初學記六下云、一云天池、亦云大壑、巨壑、出老子及風俗通。

丞者。承也。相者。助也。藝文類聚四十五。

漢武帝諱徹。改曰通侯。或曰列侯。秦時六國未平。將帥皆家關中。故稱關內侯。通侯言其功大通于王室。列者言其功德列著。乃饗爵也。御覽百九十八。

牧守長不宜數易。案尚書有考績。孔子曰。如有用我者。期月而已。三年有成。鄭子產從政三年。民乃歌之。聖賢尚須漸進。況中才乎。數易豈不紛錯道路也。意林。

尚書御史臺皆以官倉頭爲史。主賦舍。凡守其門戶。續漢百官志注。

有秩。則田閒大夫。言其官裁有秩耳。續漢百官志注、通鑑注周紀五。

嗇者。省也。夫賦也。言消息百姓。均其役賦。續漢百官志注。

古制本無奴婢。奴婢皆是犯事者。或原之。奴者。劣。婢者。卑陋。意林。臧者。被臧罪。沒入爲官奴婢。獲者。逃亡獲得爲奴婢也。藝文類聚三十五、初學記三十九。

易云。利見大人。大人與聖人。其義一也。意林。

論語云。君子上達。臧孫紇曰。後有達者。將在孔丘乎。同上。

儒者。區也。言其區別古今。居則翫聖哲之詞。動則行典籍之道。稽先王之制。立當時之事。綱紀國體。原本要化。此通儒也。若能納而不能出。能言而不能行。講誦而已。無能往來。此俗儒也。後漢杜林傳注、又賈逵傳注。

章帝時。以賈逵爲通儒。時人語曰。問事不休賈長頭。意林。

禮云。羣居五人。長者必異席。今呼權貴作長者。非也。同上。

管子云。先生施教。弟子則之。非知古之道。是師者之稱。此二語疑有譌。大意謂古者以先生爲師之稱也。

諸生。弟子學者非一。故曰諸。先生者。當如醒。學者譬如醉。言生俱醉。獨有醒者。同上。

祭酒。禮云。飲酒必祭。尊其先也。孫卿在齊最爲老師。道藏本作師老誤。故三稱祭酒。同上。

士。詩云。殷士膚敏。髦士俊秀。雅士博達。列士有不易之分。處士隱居放言。同上。文選曹子建雜詩注引列士者有不易之分。又鸚鵡賦注引處士者隱居放言也。

易曰。師貞丈人吉。非徒尊老。須德行先人也。傳云。杖德莫如信。言其恩德可信杖也。同上。

禮云。十尺曰丈。成人之長也。夫者。膚也。言其智膚敏宏教也。故曰丈夫。同上。

論語云。匹夫匹婦。傳云。一晝一夜成一日。一男一女成一室。案古人男女作衣用二匹。今人單衣。故言匹夫。同上。

夫人當龍變起。不繫鄉里。若止繫風俗。見善不從。故謂之俗人。同上。

禮言儞不肖。案生子鄙陋不伋父母。曰不肖。今人謙辭。亦曰不肖。同上。文選報任少卿書注生子不伋父母者曰不肖
方言。人不事事而放蕩。謂之無賴。不可恃賴也。猶高祖謂太上皇云。大人曰臣無賴也。同上。
采女。案采者。擇也。曰歲八月雒陽民。遣中大夫與掖廷丞相工。閱視童女年十三曰上二十曰下。長壯妖潔。有法相者。載入後宮。文選皇后紀論注。
漢曰八月算人。后家曰金帛賂遺主者。曰求入也。後漢皇后紀注。
列侯尚公主。國人尚翁主。曰妻制夫。陽屈于陰。爾。初學記十御覽百五十四。
易稱帝乙歸妹。曰祉元吉。婦人謂嫁。娶之禮曰歸。歸其妹于諸侯。亨終吉也。初學記十。
延熹中。中常侍單超、左悺、徐璜、具瑗、唐衡在帝左右。縱其姦慝。時人爲之語曰。左迴天。徐轉日。具獨坐。唐應聲。言其信用甚于轉圜也。御覽三百九十三。又四百九十六。
禮。臣子無爵謚君父之義也。故羣臣累其功美。葬日遣太尉于南郊。告天而謚之。後漢明帝紀注。
天子一作皇帝新崩。未有一有定字謚。故且稱一作總其名曰大行皇帝。後漢安帝紀注。文選元皇后哀策文注。又通典七十九作前帝謚未定。臣子稱大行。曰別嗣主。
宮車晏駕。謹案史記曰。王稽謂范雎曰。夫事有不可知者。有不可奈何者。一旦宮車晏駕。是事不可知也。君雖恨于臣。是無可奈何。謂秦昭王曰天年終也。昔周康王一旦晏起。詩人曰爲深刺。天子當夜寢早作。身省萬機。如今一作今忽崩殞。則爲晏駕矣。文選竟陵王行狀注。又恨賦注。
梓宮者。禮。天子曰梓器。宮者。存時所居。緣生事亡。因曰爲名。凡人呼棺。呼一作之。亦爲宮也。後漢明帝紀注。文選齊敬皇后哀策文注。御覽五百五十。
葬之郭北北首。求諸幽之道。文選詠懷詩注。

案秦昭王太后始臨朝也。意林。
十月謂之應鍾何。應者。應也。鍾者。動也。言萬物應陽而動。不藏也。御覽二十七。
十二月律謂之大呂何。大者。太也。旅。拒也。言陽氣欲出。陰不許也。呂之言拒也。依卽疑抑拒難之也。御覽二十七。
月與星並無光。日照之。乃光耳。如曰鏡光照日。則影見壁。月初見西方。月望後光見東北一照也。御覽六。
吳牛望月則喘。彼之苦于日。見月怖。亦喘之矣。御覽四。
風或清明來久長。不搖樹木枝葉。離地三二丈者。此有龍德在其下。風或清明不及二三尺者。此君子之風也。藝文類聚一。御覽九。
猛風曰颲。涼風曰瀏。微風曰飉。小風曰颼。小風從孔來曰颬。初學記一。御覽九。
積冰曰凌。壯冰曰東。冰流曰澌。冰解曰泮。初學記七。御覽六十八。
醬成于鹽。而鹹于鹽。夫物之變。有時而重。藝文類聚七十二。御覽八百六十五。
五月有落梅風。江淮曰爲信風。又其霖霔號爲梅雨。沾衣服皆敗黦。御覽九百七十。
夫火者。南方陽。光輝爲明。聖人嚮之而治。取其象也。初學記二十五。
言人清高。如冰之潔。文選漢高祖功臣頌注。
南陽酈縣有甘谷。谷中水甘美。云其山上大有菊華。水從山上流下。得其滋液。谷中三十餘家。不復穿井。仰飲此水。上壽者百二三十。中者百餘歲。七八十者名之爲夭。菊華輕身益氣。令人堅強故也。司空王暢、太尉劉寬、太傅袁隗爲南陽太守。聞有此事。令酈縣月送水三十斛。用之飲食。諸公多患風眩。皆得瘳。一作用飲食澡浴。終然無益。藝文類聚八十一。初學記二十七。御覽五十四。又九百九十六。
案明帝起居注。上東巡泰山。到滎陽。有烏飛鳴乘輿上。虎賁王吉射中之。作辭曰。烏烏啞啞。引弓射。洞左腋。陛下壽萬歲。臣爲二千

石帝賜錢二百萬，令亭壁悉畫爲烏也。（初學記三十，御覽七百三十六，又九百二十。）

梧桐生于嶧山陽巖石之上，采東南孫枝爲琴，聲甚雅。（御覽九百五十九。）

㭬材爲弓，彈而放快。（御覽九百五十八。）

橙皮可以爲醬齏。（御覽九百七十一。）

菖蒲放花，人得食之長年。（御覽九百九十九。）

謹案：詩曰：手如柔荑。荑者，茅始熟中穰也，既白且滑。（御覽九百九十六。）

蓬生麻中，不扶自植。（藝文類聚八十五，御覽九百九十五。）

桑車榆轂，聞聲（疑脫知字）之。（藝文類聚八十八。）

舟漂汎，以散蓮花。（北堂書鈔未刪改本一百三十七。）

荆鼈令死，尸隨水上，荆人求之不得也。鼈令至岷山下，已復生，起見蜀望帝，帝使鼈令鑿巫山，然後蜀得陸處。望帝自以德不如，以國禪與鼈令，爲蜀王，號曰開明。（御覽五十六。）

秦昭王遣李冰爲蜀郡太守，開成都兩江，溉田萬頃。江水有神，歲取童女二人以爲婦，不然爲水災。主者白出錢百萬以行聘。冰曰：不須，吾自有女。到時裝飾其女，當以沈江。水徑至神祠，上神坐，舉酒酹曰：今得傅九族，江君大神，當見尊顏，相進酒。冰先投杯，但澹澹不耗。冰厲聲曰：江君相輕，當相伐耳。拔劍，忽然不見。良久，有兩蒼牛鬬于岸旁。有閒，冰還，流汗謂官屬曰：吾鬬疲極，當相助也。若欲知我，南向腰中正白者，我綬也。主簿乃刺殺北面者，江神遂死。蜀人慕其氣決，凡壯健者因名（一作名之，又一作名子曰）冰兒。（水經注三十三，藝文類聚九十四，史記河渠書正義，御覽二百六十一，又六百八十二，又八百九十九。）

潁川張猷孟孝，吳楚反，與亞夫常爲前鋒，陷陳潰圍，傷人觀曰：壯哉此君。猷聞，自矜，遂死軍。（御覽三百八十六。）

張仲春，武帝時人也，善雅歌，與李延年同時，每奏新歌，莫不稱善。然不知休息，終至于敗亡，以諭人之進退當有節奏。（御覽五百七十二。）

汝南周勃辟太尉，清詔使荆州。（後漢第五種傳注。）

袁湯時年八十六，有子十二人。（後漢袁安傳注。）

光祿華胗上戴，就爲主事。（後漢獨行傳注。）

太山巖石松樹，鬱鬱蒼蒼，如雲中。（文選謝朓之宣城詩注。）

謹案：自郊貙膢，春秋饗射，天子射覽，掩雉獻諸宗廟，扶陽發滯養老，致敬化之至也。（御覽二十三。）

謹案：禮，臣有大喪，三年不呼其門。（御覽五百四十六。）

武帝廣開獻書之路，立五經博士，開弟子員，設科射策，勸以官祿。訖于元始，百有餘年，書積如丘山，傳業浸衆，枝葉繁滋，經說百萬言，蓋祿利之路然也。（御覽六百八。）

光武車駕徙都洛陽，載素簡紙經凡二千兩。董卓盪覆王室，天子西移，中外倉卒，所載書七十車，于道遇雨，分半投棄。卓又燒燔觀閣，經籍盡作灰燼。（御覽云：卽于處燒熠，麋爲灰燼。）所有餘者，或作囊帳。先王之道幾煙滅矣。（意林，御覽六百十九。）

今宴飲大會，皆先黍臛。（北堂書鈔一百四十四，御覽八百五十七。）

昭帝時，大官上食，羹中有髮，切中有土，令丞坐不謹敬，皆論死。（御覽八百六十一。）

牛乃耕農之本，百姓所仰，爲用最大，國家之爲彊弱也。建武之初，軍役亟動，牛亦損耗，農業頗廢，米石萬錢。天愛斯民，扶助聖主，事有徵應，于是旅穀彌望，野繭被山。（藝文類聚八十五，御覽八百三十七。）

鈴柄施懸魚，魚者欲君臣沈靜如魚之入水，不可復得聞見耳。（御覽三百三十八。）

彭祖壽年八百歲，猶恨唾遠。（御覽三百八十七。）

趙王好大眉，人間半額（一本人作民，閒作闊）。楚王好廣領，國人沒頸。齊王好細腰，後宮有餓死者。（御覽三百八十九，又四百九十六。）

東海王吳興議曰：晏平仲以齊君奢，故澣其朝冠，振其鹿裘。（御覽八百二十六。）

吳王夫差大敗齊于艾陵。還誅子胥。取其身流之江。抉其目東門。
曰。使汝視越之入吳也。俗八。匡謬正
潁川黃子廉者。每飲馬。投錢于水中。御覽四百二十六。又八百三十六。案御覽卷載太原郝
子廉事。絕相類。此云潁川黃子廉。唯姓不同耳。豈本一事而傳者異與。
汝南陳伯敬。行必矩步。坐必儼然。目有所見。不食其肉。書鈔一百四十五。御
覽三百九十三。又八百六十二。
伯魚之生。適有饋孔子魚者。嘉以為瑞。故名鯉。字伯魚。御覽九百三十五。
丁壯小犢。跳梁弄角。飲水齧石。生芻十束。當風路露。通夜至死不曲。
御覽八百九十九。
俗云亂如蘊者。糞除不潔艸介。集衆疑火。就燒之謂之蘊。言其烟
氣細縕。取其希有滑亂。御覽八百七十一。
鐮刀自劌疑。蒸。積芻蕘之效。御覽七百六十四。
案里語。厚哉鮑管。探腸案腹不清。淨同。然尚不盈。蓋言不啻不潔爲嫌也。何其

財而生喜怒也。御覽三百九十五。
刻葦傷盜爲槍。御覽三百五十四。
耳珠曰璫。書鈔百三十五。御覽七百十八。
火斗曰尉。廣韻八未。
織毛褥謂之氍毹。廣韻十虞。
丸毛謂之鞠。御覽七百五十四。已上四條疑出服虔通俗文。
笈。學士所以負書箱。如冠籍箱也。御覽七百十一。題云風俗記。
顏色厚取顧眄所以親密。文選嵇叔夜贈秀才入軍詩注。
汝南主簿應劭議。宜為舊君諱。論者皆互有異同。三國吳志七注。云事在風俗通。
彭城孝廉張子矯議云。若君臣不得相襲作名。周穆王諱滿。至定
王時有王孫滿。厲王諱胡。莊王之子名胡。意林。
讙案律者。法也。皋陶謨虞始造律。蕭何成以九章。此關諸二字疑無。書鈔四十五。
百王不易之道也。時所制曰令。漢書著于甲令。夫吏者。治也。
當先自正。然後正人。故文書下如律令。言當履繩墨。動不失律令
也。文選陳琳檄豫州文注。類聚五十四。御覽六百三十八作故承憲履繩動不失律令也。

全後漢文卷三十七終

全後漢文卷三十八

烏程嚴可均校輯

應劭六

風俗通義三

易。噬嗑爲獄。十月之卦。從犬言聲。二犬亦所目守也。（意林云。獄字二犬守言。無情狀犬亦得之。與此所引小異。）廷者陽也。陽尚生長。獄者陰也。陰主刑殺。故獄皆在廷北。順其位。詩云。宜犴宜獄。犴司空也。周禮。凡萬民之有罪過未離于法者。桎梏目上。坐諸嘉石。役諸司空。令平易道路也。（御覽六百四十三。）

周禮。三王始作獄。夏曰夏臺。言不害人。若游觀之臺。桀拘湯是也。殷曰羑里。言不害人。若于閭里。紂拘文王是也。周曰囹圄。囹令。圄舉也。言令人幽閉思愆。改惡爲善。因原之也。今縣官錄囚皆舉也。（意林。御覽六百四十三。）

自辛爲辠。令其辛苦憂之也。秦皇謂辠字似皇。故改爲罪。（意林。御覽六百四十一。）

囚。遒也。言辭窮情得。目罪誅遒也。禮。罪人寘諸圜土。故囚罪人置諸圜土。故四字爲口中人。此其象也。（意林。初學記二十。御覽六百四十二。）

械。戒也。所目警戒。使爲善也。桎實也。言其下垂至地。然後吐情首實。（御覽六百四十四。）

頃者廷尉多牆面而苟充茲位。治書侍御史不復平議。讞當糺紛。豈一事哉。里語曰。縣官漫漫。寃（意林作怨。）死者半。（御覽二百二十六。又四百九十六。）昔在清平之世。使明恕君子哀矜折獄。尚有怨言。況在今時耶。（意林。上承里語三句。）

百里奚爲秦相。堂上作樂。所賃澣婦自言知音。呼之。搏髀援琴。撫絃而歌者三。其一曰。百里奚。五羊皮。憶別時。烹伏雌。炊扊扅。今日富貴忘我爲。其二曰。百里奚。初娶我時五羊皮。臨當別時烹乳雞。今適富貴忘我爲。其三曰。百里奚。百里奚。母已死。葬南谿。墳目瓦。覆目柴。春黃藜。搤伏雞。西入秦。五羖皮。今日富貴捐我爲。問之。乃其故妻。還爲夫婦也。（樂府解題。書鈔百二十八。御覽五百七十二。）

置當作直

司農黃昌爲蜀郡太守。得所失婦。便爲正室。使後婦下之。（通典禮四十九。虞貯議引。又八十九。）

河南平陰（一作南陽。無平陰字。）龐儉。本魏郡鄴人。遭倉卒之世。失亡其父。時儉三歲。弟纔繦抱耳。流轉客居廬里中。鑿井得錢千餘萬。遂溫富。儉作府吏。躬親家事。行求老蒼頭謹信屬任者。年六十餘。置二萬錢。使主牛馬耕種。有賓婚大會。母在堂上。酒酣。陳樂歌笑。奴在竈下助廚。竊言。堂上母。我婦也。客罷。婢語次說老奴無狀。爲妄語。所說不可道也。窮詰其由。母謂婢試問其形狀。奴曰。家居鄴時。在富樂里宛西。婦艾氏女。字阿横。大兒字阿嶷。小兒曰越子。時爲縣吏。爲人所略賣。阿横右足下有黑子。右腋下赤誌如半檞。母曰。是汝公也。因下堂相對啼泣。兒婦前爲汝公拜。即洗浴身見衣被。遂爲夫婦如初。儉子歷二千石刺史七八人。時人爲之語曰。廬里諸龐。鑿井得銅。買奴得公。子孫羞之。言我先人初居廬里者兄弟二人。家買奴得公。（藝文類聚三十五。御覽百八十九。又四百七十二。又五百。又八百三十六。）

蜀郡任嘉。年三四歲時。父騰爲諸生。于漢中就師。有盜賊道路斷絕。蜀亦覆沒。轉客長沙。爲州郡吏。後嘉爲長沙太守。騰爲奏曹掾。默知嘉實其子也。嘉母語次謂嘉曰。奏曹任掾則汝父也。但差老耳。嘉曰。天下豈獨蜀有一任。夫人何目老更生邪。意母曰。咄。我守養汝數十年。無嫌譏。豈目垂沒更失計哉。顧實眞父。不可棄捐。後嘉問掾聲音何類太守。何州里邪。掾曰。本犍爲武陽人。蓬轉流宕到此。母察審諦。又識左車（一作耳。）前贅。因出抱持。對之流涕。嘉自拔搦。歔欷哽咽。（御覽二百五十九。）

陳留太守泰山吳文章。少孤。遭憂衰之世。與兄伯武相失。別二十年後相會下邳市中。爭計共鬬。伯武毆文章。文章欲報擊之。心中悽愴。手不能舉。大自怪也。因投杖于地。觀者咸笑之。更相借問。乃親兄也。相持涕泣。觀者復曰。兄校弟不得報。兄向者所笑。乃其義也。御覽五百十六。又八百二十七。

汝南周霸字翁仲。為太尉掾。婦于乳舍生女。自毒無男。時屠婦比臥得男。因相與私貨易。裨錢數萬。後翁仲為北海相。吏周光能見鬼。署為主簿。使還致敬于本郡縣。因告光曰。事訖。臘日可與小兒俱上冢。去家經十三年。不躬烝嘗。主簿微察知。相先君寧息。會同飲食。忻娛否。往到于冢上。郎君沃酹。主簿俛伏在後。但見屠者弊衣蠡結。即髽髻。踞神坐。持刀割肉。有五時衣帶青墨綬數人。彷徨陰堂東西廂。不敢來前。光怪其故。還至。引見問之。乞屏左右。起造于膝前。白事狀如此。翁仲曰。主簿出。勿言。因持劒上堂。問嫗。女何以養此子。嫗大怒曰。君常言兒體貌聲氣喜學似我。老公欲死。為作狂語。翁仲具告之曰。祀祭如此。不具服。子母立截。嫗辭窮情竭。泣涕具陳其故。時子年已十八。呼與辭決曰。凡有子者。欲以承先祖。先祖不享血食。無可奈何。自以衣裝僮僕車馬迎取其女。女嫁為賁鍔子婦。後適安平李文思。文思官至南陽太守。翁仲使養從弟子熙為高邑令。神不歆非類明矣。安得養他人子乎。意林。御覽三百六十一。又八百八十三。

將作大匠陳國公孫志節有蒼頭地餘。年十七。情性聰慧。儀狀端正。工書疏。志節為戶曹史。令地餘歸取資用。因持車馬亡去。到丹陽。自云姓王名斌。字文高。遂詣為諸曹史。志節拜揚州刺史。郡選曹衣冠子弟皆出斌下。乃用之。斌乞屏左右。叩頭涕泣曰。斌即明使君地餘也。斌後為蒼梧太守。藝文類聚三十五。初學記十九。御覽五百

楊範字文端。齊人。齊宋之亂。母在賊中。採椹藏于地。夜取之進母。如是非一。忽于地中得米十斛。上有字云。米十斛。賜孝子楊範。以

資給母。御覽四百十一。

汝南王叔漢。父子方。出游二十餘年不還。叔漢作尚書郎。有人告子方死于汝南。即遣兄伯三往迎喪。叔漢即發哀。詔書賻錢二十萬。既而子方從蒼梧還。叔漢詣闕乞納賻錢。受虛妄罪。靈帝詔將相大夫會議之。博士任敏議云。凡人中壽七十。視父同儕亡。可製服也。子方在遠。人指其處。不可驗也。罪不可加焉。詔書還錢。復本官。意林。

濟北李登為從事史。病。得假歸家。延期後被召。登自嫌不甚羸瘦。謂雙生弟盛曰。我兄弟相似。人不能別。汝差類病者。代我至府。盛曰。府君太嚴。得毋不可。登曰。我新吏耳。無能識者。我自行見主。必死。盛詣府。主不辨。後為人所言。事發覺。遂殺登。御覽六百三十四。

陳留一作陳國。張伯喈。一作階。弟仲喈。婦炊于竈下。至井上謂伯喈曰。我今日妝盛好不伯喈。曰。我伯喈也。婦大慙愧。其夕時伯喈到更衣。婦復牽伯喈。一作婦復遂牽其背。曰。今旦大誤。謂伯喈為卿。答曰。我故伯喈也。蓋親密莫過夫婦。然尚如此。況于初未相見而責先識之乎。御覽三百九十六。又四百九十二。藝文類聚三十二云。有張伯偕仲偕兄弟。形貌絕相類。仲偕妻新妝竟。忽伯偕至。乃戲問曰。今日妝飾好否。伯偕應之曰。我伯偕也。妻乃趨避之。須臾又見伯偕。以為仲偕。告云。向大錯誤。伯偕曰。我故伯偕也。

陳留有富室公。年九十無子。取田家女為妾。一交接即氣絕。後生得男。其女誣其淫泆有兒。曰。我父死時年尊。何一夕便有子。爭財數年不能決。丞相邴吉出上殿決獄云。吾聞老公子不耐寒。又無影。時歲八月。取同歲小兒俱解衣裸之。此兒獨言寒。復令並行日中。獨無影。大小歎息。因以財與兒。一作因與其財。意林。御覽三百八十八。又八百三十六。

沛郡有富家公。貲二千餘萬。小婦子年裁數歲。頃失其母。又無親近。其大婦女甚不賢。公病困。思念惡爭其財。兒判不全。因呼族人為遺令云。悉以財屬女。但遺一劒與兒。年十五以還付之。其後兒大。姊不肯與劒。男乃詣郡自言求劒。謹案時太守大司空何武

也。得其辭。因錄女及壻。省其手書。顧謂掾史曰。女性強梁。壻復貪鄙。其父畏賊害其兒。又計小兒正得此財。不能全護。故且俾與女內寶寄之耳。不當㠯劍與之乎。夫劍者。亦所㠯決斷也。限年十五者。智力足㠯自活。度此女壻必不復還其劍。當聞縣官。縣官或能證察。得㠯見伸展也。凡庸何能思（一作用。）慮強遠如是哉。悉奪取財㠯與子。曰。弊女惡壻溫飽十五歲。亦㠯幸矣。于是論者乃服。謂武原情度事得其理。（御覽六百三十九。又八百三十六。）

南郡讞女子何侍。爲許遠妻。侍父何陽素酗酒。從遠假求。不悉如意。陽數罵詈。遠謂侍。汝公（一作翁。下同。）復罵者。吾必揣之。侍曰。類作夫妻。奈何相辱。揣我公者。搏若母矣。其後陽復罵遠。遠遂揣之。侍因上搏姑耳再三下。司徒鮑宣決事曰。夫妻（當作婦。）所㠯養姑者也。今遠自辱其父。非姑所使。君子之于凡庸。尚不遷怒。況所尊重乎。當減死論。（御覽六百四十。）

陳留有趙祐者。酒後自相署。或稱亭長督郵。祐復于外騎馬。將絳幡。云我使者也。司徒鮑宣決獄云。騎馬將幡。起于戲耳。無它惡意。（御覽八百四十六。）

汝南張妙會杜士。士家娶婦。酒後相戲。張妙縛杜士。捶二十下。又懸足指。士遂至死。鮑昱決事云。酒後相戲。原其本心。無賊害之意。宜減死。（意林。御覽八百四十六。）

臨淮有一人。持一匹縑。到市賣之。道遇雨披戴。後人求共庇蔭。因與一頭之地。雨霽當別。因共爭鬭。各云我縑。詣府自言。太守丞相

谿上脫山字
又當作之

薛宣劾實。兩人莫肯首服。宣曰。縑直數百錢耳。何足紛紛自致縣官。呼騎吏中斷縑。各與半。使追聽之。後人曰受恩。前撮之。縑主稱怨（意林作寃。）不已。宣曰。然固知當爾也。因詰責之。具服。俾悉還本主。（意林。御覽四百九十六。又六百三十九。又八百十八。）

汝南陳公思爲五官掾。王子祐爲兵曹。行會食下亭。子祐會㠯縣

官事考殺公思叔父斌。斌無子。公思欲爲報仇。不能得。卒見子祐。不勝憤怒。便格殺之。還府歸死。時太守太傅胡廣㠯爲陳公思追念叔父。仁勇憤發。手刃仇敵。自歸司敗。便原遣之。（御覽四百八十二。）

潁川有富室兄弟同居。兩婦皆懷任（一作孕。）數月。長婦胎傷。因閉匿之。產期至。同到乳舍。弟婦生男。夜因盜取之。爭訟三年。州郡（一作縣。）不能決。丞相黃霸出坐殿前。令卒抱兒。去兩婦各十餘步。叱婦曰。（一無曰字。）自往取之。長婦抱兒甚急。兒大啼叫。弟婦恐相害之。因乃放與。而心甚自悽愴。長婦甚喜。霸曰。此弟婦子也。責問大婦。乃伏。（意林。御覽三百六十一。又六百三十九。）

平原郡讞胡譚取周碧爲妻。譚陰陽不屬。令碧與李苪張少姦通。冀得其子。（藝文類聚三十五。）

巴郡宋遷母名靜。往阿奴家飲酒。遷母坐上失氣。奴謂遷曰。汝母在坐上。何無宜適。遷曰。腸痛誤耳。人各有氣。豈止我母。遷罵奴。奴乃持木枕擊遷。遂死。（御覽八百四十六。）

扶風蘇不韋。父爲司隸李暠所逮。暠遷司農。不韋穿府北垣。徑上聽事。斫暠臥具。暠一宿數遷。（御覽七百八。）

王制云。東方曰夷。夷者。柢也。言仁而好生。萬物柢地而出。（後漢東夷傳文。注云見風俗通。）

羌本西戎卑賤者也。主牧羊。故羌字從羊。人因㠯爲號。無君臣上下。健者爲豪。不能相一。種別部分。強者陵弱。轉相抄盜。男子戰死㠯爲吉。病終者送之凶。（御覽七百九十四。）

氐。言抵冒貪饕。至死好利。樂在谿。本西南夷。又別種。號曰白馬。孝武帝遣中郎將郭昌等引兵征之。降。復㠯爲武都郡。（御覽七百九十四。）

貊者。謹案春秋傳。大貊小貊。貊。略也。薄也。不知送往勞來。無宗廟粢盛賦斂。薄也。（御覽七百八十。）

胡者。謹案漢書。山戎之別種。又胡者。互也。言其被髮左衽。言語贄

槃事殊互也。（御覽七百九十九。）殷時曰獯粥，改曰匈奴。（史記匈奴傳索隱。）

昔高辛氏有犬戎之寇，帝患其侵暴，而征伐不尅，乃訪募天下，有能得犬戎之將吳將軍頭者，購黄金千鎰，邑萬家，又妻以少女。時帝有畜狗，其毛五采，名曰槃瓠。下令之後，槃瓠遂銜人頭造闕下，羣臣怪而診之，乃吳將軍首也。帝大喜，而計槃瓠不可妻之以女，又無封爵之道，議欲有報而未知所宜。女聞之，以爲帝皇下令，不可違信，因請行。帝不得已，乃以女配槃瓠。槃瓠得女，負而走入南山，止石室中，所處險絶，人跡不至。于是女解去衣裳，爲僕豎之結，著獨力之衣。帝悲思之，遣使尋求，輒遇風雨震晦，使者不得進。經三年，生子一十二人，六男六女。槃瓠死後，因自相夫妻，織績木皮，染以草實，好五色衣服，製裁皆有尾形。其母後歸，以狀白帝，于是使迎致諸子，衣服斑蘭，語言侏離，好入山壑，不樂平曠。帝順其意，賜以名山廣澤。其後滋蔓，號曰蠻夷。外癡內黠，安土樂舊。以先父有功，母帝之女，田作賈販，無關梁符傳租稅之賦。有邑君長，皆賜印綬，冠用獺皮。名渠帥曰精夫，相呼爲姎徒。（後漢南蠻傳文注云：已上竝見風俗通。）

哀牢夷者，其先有婦人名沙壹，居于牢山。嘗捕魚水中，觸沈木，若有感，因懷妊，十月，產子男十人。後沈木化爲龍，出水上。沙壹忽聞龍語曰：若爲我生子，今悉何在？九子見龍驚走，獨小子不能去，背龍而坐，龍因舐之。其母鳥語，謂背爲九，謂坐爲隆，因名子曰九隆。及後長大，諸兄以九隆能爲父所舐而黠，遂共推以爲王。後牢山下有一夫一婦，復生十女子，九隆兄弟皆娶以爲妻，後漸相滋長。種人皆刻畫其身，象龍文，衣皆著尾。（後漢西南夷傳文注云：已上竝見風俗通。）

巴有賨人，剽勇。高帝爲漢王時，閬中人范目說高祖募取賨人，定三秦，封目爲閬中慈鳧鄉侯，并復除目所發賨人盧、朴、沓、鄂、度、夕、龔七姓，不供租賦。閬中有渝水，賨人左右居，銳氣善舞。高祖樂其猛銳，數觀其舞，後令樂府習之。（文選蜀都賦注。）

槃瓠之後，輸布一匹二丈，是謂賨布。廩君之巴氏，出幏布八丈。（文選魏都賦注。）

廩君乘土船，下至夷城，石岸曲，水亦曲。廩君望之，如穴狀，曰：我既道穴中，又入此，奈何？石岸爲崩，廣三丈餘，陛級之。廩君行至上岸，上岸有平石，廣長五丈，休其上，投算計，算處皆有石，因立城其旁。（北堂書鈔一百五十八。）

秦始皇遣蒙恬築長城，徒士犯罪，亡依鮮卑山，後遂繁息，今皆髡頭衣赭，亡徒之明效也。（御覽六百四十九。）

東方曰夷。東方仁，好生，萬物柢觸地而出，夷者柢也。其類有九。南方曰蠻。君臣同川而浴，極爲簡慢，蠻者慢也。其類有八。　西方曰戎。斬伐殺生，不得其中，戎者兇也。其類有六。　北方曰狄。父子嫂叔，同穴無別，狄者辟也，其行邪辟。其類有五。（通鑑漢紀二十五注。）

音聲

相，拊也，所以輔相于樂。奏樂之時，先擊相。（御覽五百八十四。）

雅，形如漆筩，有椎。禮云：訊疾以雅，是也。（同上。）

論數（御覽引風俗通論數曰：踦者，奇也。論數當是篇名。）

十十謂之百，十百謂之千，十千謂之萬，十萬謂之億，十億謂之兆，十兆謂之經，十經謂之垓，十垓謂之秭，（本譌補，下同。案孫子算經改，但下云京生秭，秭生垓，又不同。）十秭謂之選，十選謂之載，十載謂之極。有物有事，紀于此矣。過此往者，則其數可紀，其名未之或聞也。夫數〻一爲特，（疑奇）隻，（句）二爲再偶兩雙，（句）三爲參，四爲乘。（御覽七百五十。）

千生万，万生億，億生兆，兆生京，京生秭，秭生垓，垓生壤，壤生溝，溝生澗，澗生正，正生載，載地不能載也。（廣韻五旨。）

步始于足，足率長十寸，十寸則尺，一躍三尺，法天地人，再躍則步。（文選四子講德論注。）

踦者，奇也，隻爲之一也。（御覽六百九十七。）

斛者。角也。庾三斛四斗。秉二十四斛。御覽八百三十。

全後漢文卷三十八終

烏程嚴可均校輯

應劭七

風俗通義四

氏姓上 廣韻十二齊引氏姓篇、史記荀卿傳集解引應劭氏姓、困學紀聞引宋景文說云姓氏篇。今從羣書摘出，㠯四聲編次，爲二卷。

萬類之中，惟人爲貴。春秋左氏傳：官有世功，則有官族，邑亦如之。公羊譏衞滅邢，論語貶昭公娶于吳，諱同姓也。蓋姓有九：或氏于號，或氏于謚，或氏于爵，或氏于國，或氏于官，或氏于字，或氏于居，或氏于事，或氏于職。㠯號，唐虞夏殷也；㠯謚，戴武宣穆也；㠯爵，王公矦伯也；㠯國，齊一作曹魯宋衞也；㠯官，司馬司徒司寇司空司城也；㠯字，伯仲叔季也；㠯居，城郭園池也；㠯事，巫卜陶匠也；㠯職，三烏五鹿青牛白馬也。御覽三百六十二。廣韻引氏姓篇序云：凡氏之興九事：一氏于號，唐虞夏殷是也；四氏于國，齊魯宋衞是也。又云：凡氏于謚，戴武宣穆是也；凡氏于字，伯仲叔季是也。又云：氏于事，巫卜陶匠是也；氏于居者，城郭園池是也；氏于職焉，三烏五鹿是也。北史高構傳引風俗通：姓有九種，或氏于爵，或氏所居。

僮氏。漢有交阯刺史僮尹。廣韻一東、通鑑注漢紀五十四。

中氏。漢有少府卿中京。廣韻一東。

蒙氏。東蒙主㠯蒙山爲氏。秦有將軍蒙驁，驁生武，武生恬，皆仕秦。通志氏族略。

農氏。神農之後。廣韻二冬。

重氏。顓帝重黎之後。少昊時，重爲南正，司天之事；黎爲北正，司地之事。通志氏族略。

爲氏。漢有南郡太守爲昆。廣韻五支、容齋五筆。

隨氏。隨矦之後。漢有博士隨何。廣韻五支。

羲氏。堯卿羲仲之後。

池氏。漢有中牟令池瑗。俱同上。

移氏。齊公子雍食采于移，其後氏焉。後漢楊震傳注、路史國名紀、通鑑注漢紀四十二。漢有恆農太守移良。廣韻五支、容齋五筆。

卑氏。鄭大夫卑諶之後。漢有北平太守卑躬。後漢皇后紀虞美人注、容齋五筆。

離氏。離婁，孟子門人。漢有中庶子離常之。通志氏族略。

訾氏。帝嚳妃訾娵氏女。

皮氏。周卿士樊仲皮之後。漢有皮尚。俱同上。

邳氏。奚仲爲夏車正，自薛封邳，其後爲氏。漢有信都邳彤。廣韻六脂、通志氏族略、通鑑注漢紀三十一。

纍氏。纍祖之後。通志氏族略。

資氏。資成，陳畱人。

師氏。師，樂人瞽者之稱。晉有師曠，魯有師乙，鄭有師悝、師觸、師蠲、師成。

尸氏。其先封尸鄉，因㠯爲氏。齊相有尸臣。

旗氏。齊卿公孫竈之孫欒施字子旗，子孫㠯王父字爲氏。俱同上。

非氏。非子伯益之後。廣韻八微。

威氏。齊威王之後。㠯田氏始王，故其後㠯爲氏。廣韻八微、通志氏族略。

肥氏。漢有肥詔、英布將肥赫。通志氏族略。案：肥赫，卽下條之賁赫。

賁氏。秦非子之後。通志氏族略。漢有賁赫。晉書音義。

魚氏。宋桓公子目夷字子魚，賢而有謀，子孫㠯字爲族。廣韻九魚、通志氏族略、通鑑注晉紀二十云：宋公子魚之後，㠯王父字爲氏。

余氏。秦由余之後。廣韻九魚、通志氏族略、通鑑注唐紀七十三。

諸氏。漢有雒陽令諸於。廣韻九魚、容齋五筆。

儲氏。齊大夫儲子之後。後漢鮑永傳注。

沮氏。黃帝時史官沮誦之後。後漢獻帝紀注。

巫氏。商有巫咸、巫賢。漢有冀州刺史巫捷。廣韻十虞、通志氏族略。

須氏。太昊之後。史記：魏有須賈。廣韻十虞、通鑑注周紀五。

蒲氏。漢有詹事蒲昌。廣韻十一模。

壺氏。漢有諫議大夫壺遂。同上。

涂氏。涂山氏之後。漢有諫議大夫涂惲。後漢賈逵傳注。廣韻十一模。通志氏族略。

黎氏。九黎之後。通志氏族略。

䩄氏。晉銅鞮伯華之後。

稽氏。稽黃。秦賢人也。俱同上。

洼氏。漢有大鴻臚洼丹。洼音圭。後漢儒林傳注。廣韻十二齊。

枚氏。六國有賢人枚被。通鑑注漢紀九。

裴氏。伯益之後。後漢桓帝紀注。

臺氏。金天氏裔孫曰臺駘。其後氏焉。後漢獻帝紀注。

哀氏。魯哀公之後。因謚㠯爲姓。後漢劉聖公傳注。

來氏。楚有來英。通志氏族略。

眞氏。漢有太尉眞祐。廣韻十七眞。通志氏族略。

神氏。神農之後。漢有騎都尉神曜。廣韻十七眞。

頻氏。漢有酒泉太守頻暘。廣韻十七眞。容齋五筆。通志氏族略。

倫氏。黃帝樂人伶倫氏之後。廣韻十八諄。通志氏族略。

鈞氏。楚大夫元鈞之後。漢有侍中鈞喜。廣韻十八諄。通志氏族略。作御史鈞喜。

春氏。楚相黃歇春申君之後。通志氏族略。

文氏。周文王支庶。㠯謚爲氏。越大夫文種。

芬氏。晉大夫芬賢。

勤氏。魯有大夫勤成。俱同上。

垣秦邑也。因㠯爲姓。秦始皇有將垣齮。後漢公孫述傳注。案今本史記作桓齮。

尊氏。尊盧氏之後。廣韻二十三魂。

賁氏。魯有賁浦。通志氏族略。通鑑注漢紀四。

恩氏。陳大夫成仲不恩之後。廣韻二十四痕。

丹氏。晉有大夫丹木。廣韻二十五寒。

安氏。漢有安成。爲太守。廣韻二十五寒。通志氏族略。通鑑注晉紀二十八。

莞蘇。楚大夫。見呂氏春秋。漢有莞路。爲御史中丞。宋景文公筆記。案莞路見漢書儒林顏安樂傳中。宋所見本是艸下完。故引爲證。蕭該音丸。又音官。與師古云亦管字異。但呂氏春秋長見篇作莧譆。莧或莞字之譌。蹴莞蘇見新序。一作筦蘇。

冠氏。古賢者鶡冠氏之後。廣韻二十六桓。通志氏族略。

瞞氏。荊蠻之後。本姓蠻。其枝裔隨音變改爲瞞氏。廣韻二十六桓。

關氏。關令尹喜之後。廣韻二十七刪。通志氏族略。通鑑注漢紀二十八。

班氏。楚令尹鬬班之後。廣韻二十七刪。

山氏。列山氏之後。晉有大夫山祁。漢有武都太守山昱。通志氏族略。

弦氏。弦子後。廣韻一先。

玄氏。玄都。古諸侯國也。子孫㠯國爲氏。通志氏族略。通鑑注晉紀二十二。

縣氏。縣成父。孔子門人。漢有甘陵相縣芝。通志氏族略。

虔氏。黃帝之後。莊子有虔天根。同上。路史云虔氏出黃帝。

宣氏。宋宣公之後。通志氏族略。

圈氏。楚鬻熊之後。同上。

騫氏。仲尼弟子閔子騫之後。廣韻二仙。通志氏族略。

蕭氏。宋樂叔㠯討南宮萬立御說之功。受封于蕭。列附庸之國。漢相國蕭何。即其後氏也。廣韻三蕭。

刁音貂氏。齊大夫豎刁之後。戰國時有刁勃。漢有刁閒。齊人㠯富聞。子孫居勃海。廣韻三蕭。通志氏族略。

毛氏。毛伯。文王子也。見左傳。漢有毛𢝘之。爲壽張令。宋景文公筆記。

聊氏。聊蒼。爲漢侍中。著子書。廣韻三蕭。通志氏族略云。漢侍中聊蒼著書號聊子。

鼂氏。衞大夫史鼂之後。漢有鼂錯。廣韻四宵。通鑑注漢紀七。

饒氏。漢有饒斌。爲漁陽太守。廣韻四宵。

苗氏。楚大夫伯棼之後。賁皇奔晉。食采于苗。因而氏焉。廣韻四宵。通鑑注漢紀二十九。

傜廣韻作傜氏。東越王傜。句踐之後。其後以傜爲姓。後漢岑彭傳注

僑氏。黃帝孫僑極之後。通志氏族略

臯氏。漢有司徒長史臯誨。同上

阿氏。阿衡伊尹號。其後氏焉。廣韻七歌。通志氏族略

朝那東夷也。其後單姓那氏。通志氏族略

過國。夏諸侯。後因爲氏。漢有兗州刺史過栩。廣韻八戈

麻氏。齊大夫麻嬰之後。漢有麻達。注論語。廣韻九麻。路史國名紀。通鑑注晉紀十七又有麻光。爲御史大夫。通志氏族略

家氏。漢有家羨。爲劇令。廣韻九麻

牙氏。周大司徒君牙之後。廣韻九麻。通志氏族略

嘗氏。齊孟嘗君之後。廣韻十陽

匡。魯邑也。句須爲之宰。其後氏焉。漢有匡衡。廣韻十陽。通鑑注漢紀二十

芳氏。漢有幽州刺史芳乘。乘一作垂。廣韻十陽。通志氏族略。通鑑注漢紀三十三

方氏。方雷氏之後。通志氏族略

穰氏。田穰苴。諸田之族。穰所食之邑。因以氏焉。同上

襄氏。楚大夫襄老之後。後漢襄楷傳注

疆氏。晉有大夫疆鉏。漢有疆華。通鑑注漢紀三十二

昌氏。黃帝子昌意之後。通志氏族略

堂。楚邑。大夫五尚爲之。五卽伍字其後氏焉。廣韻十一唐

蒼氏。八凱蒼舒之後。漢有江夏太守蒼英。子孫遂爲江夏人。通志氏族略

皇氏。三皇之後。因氏焉。左傳。鄭大夫皇頡皇辰。宋有皇氏爲上卿。本皇父充石之後。以字爲氏。漢有琅邪相皇運。同上

横氏。韓王子成。號横陽君。其後一作子孫爲氏。廣韻十二庚。通志氏族略

京氏。鄭武公子段封于京。號京城大叔。其後氏焉。漢有京房。廣韻十二庚。通鑑注漢紀二十

全後漢文卷三十九　應劭　五

卿氏。趙相虞卿之後。廣韻十二庚戰國有卿秦。爲魏將。或云項羽將卿子冠軍宋義之後。通志氏族略

甥氏。晉大夫呂甥之後。廣韻十二庚

行氏。漢有行祐。爲趙相。後漢光武紀注

衡氏。伊尹爲湯阿衡。子孫以衡爲氏。一云魯公子衡之後。以王父字爲氏。通志氏族略。廣韻十二庚引云。阿衡伊尹之後。又公衡魯公子。後乃氏焉

荊氏。漢有九江太守荊修。容齋五筆

營氏。周成王卿士營伯之後。漢有京兆尹營郃。廣韻十四淸。通志氏族略

嬰氏。晉大夫季嬰之後。廣韻十四淸。通志作趙嬰齊

靈氏。齊靈公之後。或云。宋公子靈圍龜之後。晉有餓者靈輒。廣韻十五靑

冥氏。漢有冥都。爲丞相史。同上。本脫史字。今攷增

瓶氏。漢有太子少傅瓶守。同上

泠氏。黃帝時典樂泠倫之後。通志氏族略

恆氏。楚大夫恆思公之後。漢有東安長恆裴。子孫因居之。

弘氏。衛大夫弘演之後。漢有宦者弘恭。爲中書令。

乘氏。楚大夫子乘之後。以王父字爲氏。俱同上

牛氏。漢有牛崇。爲隴西主簿。馬文淵爲太守。羊喜爲功曹。涼部云。三牲備具。廣韻十八尤

犨氏。晉大夫郤犨之後。同上

丘氏。魯左丘明之後。又齊太公封于營丘。支孫以地爲氏。世居扶風。漢末丘俊。持節江淮。屬王莽篡位。遂留江左。居吳興也。廣韻十八尤。通鑑注魏紀七。又隋紀四

謀氏。周卿士祭公謀父之後。廣韻十八尤。通志氏族略

牟子國。祝融之後。後因氏焉。漢有太尉牟融。廣韻十八尤。通志氏族略。通鑑注漢紀三十七

全後漢文卷三十九　應劭　六

州氏。晉有州綽州賓。其先食采于州，因以爲氏。通志氏族略、通鑑注魏紀七。
疇氏。摯疇，古之諸侯，後有摯疇氏、摯氏、疇氏。路史國名紀。
由余，秦相也，見史記。漢有由章，至長沙太傅。宋景文公筆記。
猷氏。衞有猷康。通志氏族略。
區氏。歐冶子之後，轉爲區氏。王莽時有郎中區博。
婁氏。邾婁之國，子孫或以婁爲氏，或以邾婁爲氏。俱同上。
菻氏。林放之後。廣韻二十一侵。
箴氏。衞大夫箴莊子。同上。
陰氏。陰康氏之後。周有陰不佞。通志氏族略。管修自齊適楚，爲陰大夫，其後氏焉。廣韻二十一侵、通鑑注漢紀三十二。
岑氏。古岑子國之後。漢有岑彭。廣韻二十一侵。
堪氏。八元仲堪之後。廣韻二十二覃。
聃氏。周文王第十子聃季載之後。通志氏族略。

奄氏。奄，國號，即商奄也，魯地。衞祝佗曰：因商奄之民，以命伯禽。今兗州有奄城。秦大夫奄息，其後也。
兼氏。衞公子兼之後。俱同上。
委氏。漢太原太守委進。廣韻四紙。
李氏。李伯陽之後。廣韻六止。
侯氏。有侯子，古賢人，著書。同上、通志云六國賢人。
幾氏。宋大夫仲幾之後，以王父字爲氏。通志氏族略。
禹氏。禹支庶以爲氏。路史夏后紀下。
處氏。史記趙有辨士處子，故有處姓也。後漢酷吏李章傳注。漢有北海相處興。廣韻八語、容齋五筆作北海太守。案李章傳注作太守處興。
旅氏。周大夫子旅之後。漢高功臣昌平侯旅卿，傳封六代。通志氏族略。
所氏。宋大夫華所事之後。困學紀聞七、通志氏族略引作所華。漢有諫議大夫所忠。史記司馬相如傳正義、後漢獨行劉茂傳注。

甫氏。甫侯之後。廣韻九麌。
府氏。漢有司徒掾府悝。同上、通志氏族略。
武氏。宋武公之後。漢有武臣。廣韻九麌。
虎氏。漢有合浦太守虎旗，其先八元伯虎之後。廣韻十姥、容齋五筆。
扈氏。趙有扈輒。廣韻十姥。
古氏。周有古公亶父，其後氏焉。後漢東平王蒼傳注、通志氏族略。
郙氏。漢有上郡太守郙杜。廣韻十一薺、容齋五筆、通志杜作社。
采氏。漢有度遼將軍采晧。廣韻十五海。
蹇氏。漢有蹇蘭，爲交阯刺史。通志氏族略。
滿氏。荆蠻有瞞氏，音舛變爲滿。漢有滿昌。廣韻二十四緩、通志氏族略、通鑑注漢紀二十六。
管夷吾，齊桓佐也，見論語。漢有管虢，爲西河太守。宋景文公筆記。
顯氏。顯甫爲周卿。廣韻二十七銑。

典氏。漢有校尉典韋。通志氏族略。
衍氏。宋微仲衍之後。同上。
矯氏。晉大夫矯父之後。後漢逸民矯慎傳注。
昊氏。昊英氏之後。一云少昊之後。通志氏族略。
老氏。顓帝子老童之後。同上。
蔣氏。周公之裔。廣韻三十六養。
廣氏。廣成子之後。通志氏族略。
丙氏。齊有大夫丙歜。廣韻三十八梗。
靖氏。單靖公之後，以謚爲氏。一云齊田氏之族，靖郭君之後。廣韻四十靜、通志氏族略。
有氏。有巢氏之後。仲尼弟子有若，魯人。漢有有祿。通志氏族略。
糗氏。漢有糗宗，爲嬴長。廣韻四十四有、通志氏族略。
壽氏。吳王壽夢之後。壽于姚，吳大夫。後漢方術傳注、通志氏族略、通鑑注宋紀十二。云又有大夫詩越。

耦氏。宋卿華耦之後。漢有侍中耦嘉。廣韻四十五厚。通志氏族略。

全後漢文卷三十九終

全後漢文卷四十

烏程嚴可均校輯

應劭八

風俗通義五

氏姓下

仲氏。湯左相有仲虺。廣韻一送上文見前

用氏。古有用國。見毛詩。在高唐。乃用地。故有用姓。漢有高唐令用蚪。路史國名紀容齋五筆通志氏族略

雍氏。文王子雍伯之後。廣韻三用

被氏。漢有牂柯太守被條。通志氏族略

備氏。宋封人備之後。廣韻六至

利氏。漢有利乾。爲中山相。同上

摯氏。摯疇。古諸侯國也。周有摯荒。或言帝嚳之後。通志氏族略

遂。虞後。商人寘之遂。路史國名紀

懿氏。齊懿公之後。通志氏族略

肆氏。宋大夫肆臣之後。同上

食我。韓公子也。見戰國策。漢有食子公。爲博士。食音嗣。宋景文公筆記廣韻二十四職引云漢有博士食子公河內人通志作食子通河南人

嗣氏。衞嗣君後。廣韻七志

忌氏。周公忌父之後。廣韻七志通志氏族略

貴氏。陸終之後。漢有貴遷。爲廬江太守。廣韻八未容齋五筆通志氏族略

旣氏。吳夫槩王之後。因避仇改爲旣氏。漢有長安長旣良。通志氏族略

遇氏。漢有遇沖。爲河內太守。廣韻十遇容齋五筆通志氏族略

鑄氏。鑄國。堯後。通志氏族略

露氏。漢有上黨郡尉露平。廣韻十一暮通志氏族略

庫氏。古守庫大夫之後。㠯官爲氏。漢有輔義侯庫鈞。廣韻十一暮

布氏。趙有布子。善相馬。通志氏族略

桂氏。漢有揚州刺史桂褒。同上

昋氏。音桂彭城昋景㠯爲計掾。晉書謝玄傳音義

世氏。戰國時有秦大夫世鈞。廣韻十三祭

厲氏。齊厲公之後。漢有魏郡太守美陽侯厲溫。通志氏族略

艾氏。龐儉母艾氏。廣韻十四泰通鑑注晉紀二十四

賴氏。漢有交阯太守賴光。廣韻十四泰容齋五筆通鑑注漢紀五十八

大氏。大庭氏之後。通志氏族略

蒯氏。晉大夫蒯得之後。同上

載氏。姬姓之後。廣韻十九代路史國名紀

信氏。魏公子信陵君之後。通志氏族略

肴氏。夏時侯國。子孫氏焉。路史國名紀通志氏族略

愼氏。愼到爲韓大夫。著愼子三十篇。通志氏族略

獻氏。晉獻公之後。戰國時有秦大夫獻則。廣韻二十五願通志氏族略

建氏。楚太子建之後。通志氏族略

段氏。段干木之後。廣韻二十九換姓段。名干木。路史國名紀齊東野語云恐或失之

灌氏。斟灌氏之後。通鑑注漢紀一

諫氏。周禮有司諫氏。因㠯爲氏。漢有治書侍史諫忠。廣韻三十諫通志氏族略

賤氏。漢有右北平太守賤瓊。廣韻三十三線容齋五筆通志氏族略

孝氏。齊孝公之後。通志氏族略

豹氏。八元叔豹之後。同上

到氏。漢有東平太守到質。容齋五筆

暴氏。暴辛公。周諸侯也。秦有將軍暴鳶。作薦誤今改正漢御史大夫暴勝之。通志氏族略

播氏。播鞉武。商末賢人。

弇氏。新鄭人。揚弇郝在縣西二十五里。弇音頭

匠氏。古有匠石。

望氏。齊太公望之後。俱同上。

伉氏。漢有伉喜。爲漢中大夫。廣韻四十二宕。後漢桓帝紀注引云抗氏衞大夫三抗之後漢有抗喜爲漢中太守。則字當從手。郎大夫亦當爲太守也。

曠氏。師曠之後。通志氏族略。

敬氏。陳敬仲之後。廣韻四十三映。通鑑注隋紀六。

令氏。楚令尹子文之後。通鑑注漢紀七。史記孝文本紀索隱。

救氏。漢有諫議大夫救仁。廣韻四十九宥。通志仁作乂。

晝氏。齊大夫食邑于晝。後因氏焉。路史國名紀。通志氏族略。廣韻云晝邑大夫之後。

廖氏。古有廖叔安。左傳作飂。蓋其後也。漢有廖覲爲鉅鹿太守。通志氏族略。通鑑注漢紀三十。

竇氏。夏后相遭有窮氏之難。其妃方娠。逃出自竇。而生少康。其後氏焉。廣韻五十候。通鑑注漢紀五。

監氏。衞康叔爲連屬之監。其後氏焉。廣韻五十九鑑。通志氏族略。

鹿氏。漢有巴郡太守鹿旗。廣韻一屋。容齋五筆。通鑑注晉紀二十。

沐氏。漢有東平太守沐寵。廣韻一屋。容齋五筆。通鑑注漢紀四十六。

鞠氏。漢有尚書令平原鞠譚。廣韻一屋。或爲麴氏。音之譌也。通志氏族略。

宿氏。漢有雁門太守宿詳。廣韻一屋。容齋五筆。通鑑注魏紀四。

牧氏。漢有越嶲太守牧稂。廣韻一屋。

鄐氏。漢有東海太守鄐熙。容齋五筆。

祿氏。紂子武庚字祿父。其後以字爲氏。通志氏族略。

沃氏。太甲子沃丁之後。廣韻二沃。通志氏族略。

督氏。宋大夫華父督之後。晉有督戎。漢有五原太守督瓚。瓚一作瑱。廣韻二沃。容齋五筆。通志氏族略。

僕氏。漢有渾梁矦僕多。廣韻二沃。路史國名紀。

蓐氏。蓐收之後。路史國名紀。通志氏族略。

逯秦邑也。其大夫氏焉。後漢郅惲傳注。漢有大司空逯竝。廣韻三燭。通志空作馬。

翟氏。翟輒之後。廣韻四覺。

郅氏。郅。商時矦國也。見毛詩。漢有濟南太守郅都。路史國名紀。通志氏族略。通鑑注漢紀八。

述氏。魯大夫仲述之後。廣韻六術。

謁氏。古有謁者官。因以爲氏。漢有汝南太守謁渙。一作瓊。又張湯小吏謁居。廣韻十月。容齋五筆。通志氏族略。

闕氏。承闕黨童子之後。縱横家有闕子著書。後漢獻帝紀注。通鑑注漢紀五十二。漢有荆州刺史闕翊。通志氏族略。

勃氏。宋左師勃之後也。晉有寺人勃鞮。通志氏族略。

蒍氏。蒍天氏之裔。同上。

滑氏。漢有詹事滑典。廣韻十四黠。

頡氏。蒼頡。古之賢人。通志氏族略。頡衞。古之賢者。廣韻十六屑。

鐸氏。漢有廷尉鐸政。通志氏族略。

幕氏。舜祖幕之後。

落氏。皋落氏。翟國也。此赤翟別種。俱同上。

作氏。周公之子胙矦。子孫因避地改焉。漢有涿郡太守作顯。通志氏族略。容齋五筆。

博氏。漢有博子勞。善相馬。通志氏族略。廣韻云古有博勞。

薄氏。衞賢臣薄疑。漢高帝薄夫人生文帝。夫人弟昭。封軹矦。官至車騎將軍。子戎奴嗣。通志氏族略。通鑑注周紀四。

柏氏。柏皇氏之裔。通志氏族略。

笮氏。楚有笮倫。通鑑注漢紀六十一。

獲氏。宋大夫猛獲之後。通志氏族略。

昔氏。周大夫封昔因氏焉。漢有昔登爲烏傷令。路史國名紀。容齋五筆。通志氏族略。

赤氏。帝嚳師赤松子之後。通志氏族略。

封禪當作孝武紀

析氏。齊大夫析歸父。廣韻十三錫

職氏。漢有山陽令職洪。廣韻二十四職、容齋五筆

嗇氏。古嗇氏，子孫因氏焉。通志氏族略

卽氏。漢有單父令卽賁。廣韻二十四職、容齋五筆、通志賁作費。其先食采卽墨，因以命氏。通志氏族略

習氏。習國名。漢有習響爲陳相。通志氏族略、通鑑注魏紀四

集氏。漢有外黃令集一。廣韻二十六緝、容齋五筆、通鑑注魏紀九。集作習，疑彼誤。

汲氏。衞宣公太子伋之後，居汲，因以爲氏。通志氏族略

葉氏。楚沈尹戌生諸梁，食采于葉，因氏焉。

捷氏。邾公子捷菑之後。漢藝文志有捷子二篇，六國時人。

輒氏。衞出公輒之後。漢有輒終古。

莢氏。莢成僖子，晉大夫，見世本。

甲氏。大甲之後。一云鄭大夫石甲之後。俱同上

鄴氏。漢有梁令鄴風。廣韻三十三業

東郭氏。東郭牙，齊大夫。咸陽其後也。史記平準書索隱

東陵氏。東陵侯邵平，子孫氏焉。通志氏族略

東方氏。伏羲之後，帝出于震，位東方，子孫因氏焉。通志氏族略、能改齋漫錄、通鑑注漢紀九。平原厭次漢太中大夫東方朔。能改齋漫錄

公乘。姓也。晉書音義

公賓。姓也。魯大夫公賓庚之後。後漢劉聖公傳注、通鑑注漢紀三十一

公族氏。晉成公立嫡子爲公族大夫。韓無忌號公族穆子。後漢黨錮傳注

公玉氏。齊湣王臣有公玉冉，其後也。史記封禪書索隱

中壘氏。劉向爲中壘校尉，支孫氏焉。通志氏族略

終黎氏。史記秦本紀集解

終古氏。終古，紂內史也，因氏焉。通志氏族略

龍丘氏。漢有高士龍丘萇。同上

司寇氏。蘇忿生爲武王司寇，後以官爲氏。禮記司寇惠子，魯大夫。廣韻五十候、通志氏族略

司鴻氏。古有司鴻茍，著書。漢中大夫司鴻儀。通志氏族略

鴟夷氏。本范蠡也。

綦毋氏。漢有廷尉綦毋參。俱同上

期思氏。有期思國。廣韻七之

威王氏。漢有中郎威王弼，出自楚威王後。廣韻十陽

諸葛氏。葛嬰爲陳涉將軍，有功而誅。孝文帝追錄，封其孫諸縣侯，因并氏焉。吳志諸葛瑾傳注、通志氏族略、通鑑注漢紀二十七

渠丘氏。晉有渠丘公。路史國名紀。晉疑莒之譌。

於陵氏。陳仲子，齊世家，辭爵灌園于於陵，因氏焉。通志氏族略

夫餘氏。吳公子夫槩奔楚，餘一作其。子在吳。一作國。以夫餘爲氏。廣韻九魚、通志氏族略

毋車氏。樂安毋車伯奇爲下邳相，有主簿步邵南，時人稱毋車府君步主簿。廣韻十虞

胡毋氏。本陳胡公之後也。公子完奔齊，遂有齊國。齊宣王母弟別分毋鄉，遠本胡公，近取毋邑，故曰胡毋氏也。後漢獻帝紀注、通鑑注漢紀四十八

西鄉氏。宋大夫西鄉錯之後。通志氏族略、路史高辛紀下注

申徒氏。隨音改爲申屠氏。申徒狄，夏賢人也。湯以天下讓之，恥以不義聞，已自投于河。莊子。申徒兀者，鄭人也。漢有平西將軍申徒建。通志氏族略

勝屠。卽申徒也。史記酷吏傳索隱

新垣氏。魏將新垣衍，畢公高之後。漢書。文帝時，新垣平善望氣。通志氏族略

潙于。小國也。桓五年不復其國，子孫以國爲氏。同上

聞人氏。少正卯，魯之聞人也，其後氏焉。後漢靈帝紀注、通志氏族略、通鑑注漢紀四十八

軒轅氏。軒轅，卽黃帝也，姓公孫，或言姓姬。通志氏族略

盆成氏。盆成括仕齊。孟軻知其必死。其子逃難。改氏成焉。廣韻二十三魂。

梠牟子。古賢者。著書。廣韻二十四痕。

邯鄲氏。因國爲姓。漢有衞尉邯鄲義。廣韻二十五寒。

鮮于氏。武王封箕子于朝鮮。其子食采于朝鮮。因氏焉。後漢第五倫傳注。案通鑑注引姓譜云。武王封箕子于朝鮮。支子仲食采于于。因曰鮮于爲氏。此稱食采朝鮮疑譌。

高堂氏。齊卿高敬仲食采于高堂。因氏焉。通志氏族略。通鑑注魏紀五。

陽成氏。陽成胥渠。舊作梁譌。晉隱士也。漢有諫議大夫陽成公衡。通志氏族略。

將作氏。漢官有將作少府。因官爲氏。

王人氏。王人子突之後。因氏焉。漢有安平太守王人宰公。

王史氏。周先王太史。號王史氏。俱同上。

棠谿氏。吳夫㮣王奔楚。封棠谿。因㠯爲氏。後漢延篤傳注。

青烏氏。漢有青烏子。善數術。廣韻十五青。

青陽氏。青陽。黃帝子也。始得姓焉。通志氏族略。

丁若氏。齊丁公子懿伯食采于若。因氏焉。同上。

周生。姓也。後漢馮衍傳注。

投壺氏。晉中行穆子相投壺。因㠯氏焉。廣韻十九侯。

侯史氏。董狐爲晉侯史官。因氏焉。通志氏族略。

斟灌氏。夏諸侯也。子孫氏焉。

三烏氏。有三烏大夫。因氏焉。

澹臺氏。澹臺滅明字子羽。武城人。漢有博士澹臺恭。

子仲氏。魯宣公子仲之後。

子獻氏。齊大夫子獻之後也。楚文王時。子獻遼爲大夫。俱同上。

鬼谷氏。鬼谷先生。六國時縱橫家。通鑑注周紀二。

武强氏。漢武强侯王梁。其後因封爲氏。廣韻九麌。

武成氏。趙平原君勝封武成君。因氏焉。通志氏族略。

五鹿氏。五鹿。衞邑也。晉公子重耳封舅犯于五鹿。支孫氏焉。漢有少府五鹿充宗。

五王氏。齊自威、宣、湣、襄至建五王。因㠯爲氏。

古成氏。苦成之後。後隨音改焉。漢有廣漢都尉古成雲。俱同上。

混沌氏。少昊之良佐。漢有屯莫如。爲常山太守。宋景文公筆記引蕭該漢書音義。困學紀聞十二。

浩羊氏。齊大夫浩羊嘉。通志氏族略。

社南氏。其先齊倡。徙居社南。因㠯爲氏。廣韻三十五馬。

社北氏。與社南皆齊倡。通志氏族略。

義渠氏。狄國爲秦所滅。因氏焉。

御龍氏。陶唐氏之後有劉累。學擾龍。事夏孔甲。賜氏曰御龍氏。

庫成氏。本苦成。方言音變爲庫城。俱同上。

帝疇氏。路史四。

第八氏。亦齊諸田之後。田廣弟田英爲第八門。因氏焉。王莽時有講學大夫第八矯。通志氏族略。案後漢第五倫傳云。其先齊諸田。徙園陵者多。故㠯次第爲氏。

内史氏。周内史叔興之後也。周又有内史過。通志氏族略。

信都氏。張敖尚漢魯元公主。封于信都。因氏焉。

謝丘氏。周宣王支子。食采謝丘。

祝其氏。宋戴公之子公子祝其爲大司寇。因氏焉。漢有淸河都尉祝其承先。俱同上。

牧師氏。廣韻六脂。

室中姓。史記高祖功臣表索隱。

屈侯氏。魏賢人屈侯鮒。漢有郎中令屈侯豫。通志氏族略。路史注。

褐冠氏。賓人㠯褐冠爲姓。褐冠子著書。通志氏族略。

列僊氏。路史四。

櫟陽氏。漢景丹封櫟陽侯。丹曾孫分避亂櫟陽。因封爲氏焉。通志氏族略。

白馬氏。微子乘白馬朝周。因氏焉。

白象氏。白象先生。古隱者。

白鹿氏。白鹿先生。古賢人。著書。

柏成氏。柏成子高。堯時諸侯也。

百里氏。秦大夫百里奚之後。其先虞人。家于百里。因氏焉。

息夫氏。息公子邊爲大夫。因氏焉。漢有光祿大夫息夫躬。

墨夷氏。宋大夫有墨夷須墨夷皋。俱同上。

全後漢文卷四十終

烏程嚴可均校輯

應劭九

風俗通義六

災異（續漢五行志、故太山太守應劭、給事中董巴、散騎常侍譙周竝撰建武以來災異。故知當有災異一篇。）

順帝之末。京師謠曰。直如弦。（如一作於。）死道邊。曲如鉤。反（一作乃。）封侯。（文選袁淑白馬篇注、御覽七百六十七。）

桓帝元嘉中。京師婦人作愁眉、啼妝、墮馬髻、折腰步、齲齒笑。愁眉者。細而曲折。啼妝者。薄拭目下若啼痕。墮馬髻者。側在一邊。折腰步者。足不任體。齲齒笑者。若齒痛不忻忻。始自梁冀家所爲。京師翕然皆放效之。天戒若曰。將收捕冀。婦女憂愁。踧眉將啼也。（後漢梁冀傳注、御覽三百六十五、又四百八十八。錢案、天戒若曰下語意未完。續五行志云、天戒若曰、兵馬將往收捕、婦女憂愁、踧眉啼泣、吏卒掣頓、折其腰脊、令髻傾斜。雖強笑語、無復氣味也。）

延熹中。京師長者皆著木屐。婦女始嫁。至作漆畫屐。五采爲系。謹案黨事始發。傳詣黃門北寺。臨時惶恐。不能信天任命。多有逃亡不就考者。九族拘繫。及所過歷。長幼婦女皆被桎梏。應木屐像矣。（御覽六百四十四、又六百九十八。）

桓帝初。京師童謠曰。車班班。入河閒。言徵靈帝者。輪班擁節。入河閒也。（續漢書五行志注。）

京師童謠曰。嚼復嚼。今年尚可後年譊。

京師謠歌曰。烏臘烏臘。案逆臣董卓。滔天虐民。窮凶極惡。關東舉兵。欲共誅之。轉相顧望。莫肎先進。處處停兵數十萬。若烏臘蟲相隨。橫取之矣。

中平中。京師歌董逃。董卓以董逃之歌。主爲己發。大禁絕之。死者千數。（上俱同。）

孝靈帝建寧中。京師長者皆以葦辟（疑衍）方笥爲妝。其時有識者竊言。葦方笥。郡國讞篋也。今珍用之。天下皆當有罪。讞于理官也。後黨錮皆讞廷尉。人名悉入葦方笥中。斯爲驗矣。（書鈔百三十五、御覽七百十一。）

靈帝時。京師賓婚嘉會。皆作魁櫑。酒酣之後。續以挽歌。魁櫑。喪家之樂。挽歌。執紼相偶和之者。天戒若曰。國家當急殄悴。諸貴樂皆死亡也。自靈帝崩後。京師壞滅。戶有兼屍蟲而相食。魁櫑挽歌。斯之效乎。（續漢書五行志注。）

靈帝數以車騎將軍過拜嬖臣內嬖。又贈亡人。顯號加于頑凶。印綬汙于腐屍。昔辛有睹被髮之祥。知其爲戎。今假號雲集。不亦宜乎。（同上。）

靈帝于西園宮中。駕四白驢。躬自操轡。馳驅周旋。以爲大樂。于是公卿貴戚轉相倣效。至乘軒以爲騎從。價與馬齊。凡人相罵曰死驢。醜惡之稱也。董卓陵虐王室。執政皆死。驢者服重致遠。上下山谷。野人之所用耳。何有帝王君子而驂駕之者乎。天意若曰。國有大亂。賢愚倒植。凡執政者。皆如驢也。（御覽九百一。）

靈帝好胡服、胡帳、胡牀。京師皆競爲之。後董卓擁胡兵。掠宮掖。（御覽六百九十九、又七百六。）

光和元年。司徒長史馮巡馬生胡子。問養馬胡蒼頭。乃姦此馬以生子。（續漢書五行志注。）

光和中。雒陽男子夜龍從兄陽求臘錢。龍假取繇數。頗厭患之。陽與錢千。龍意不滿。欲破陽家。因持弓矢射玄武東闕。三發。吏士呵縛。首服。因是遣中常侍、尚書、御史中丞、直事御史、謁者、衛尉、司隸、河南尹、雒陽令、悉會發所。劭時爲太尉議曹掾。白公鄧盛。夫禮設闕觀。所以飾門。章于至尊。懸諸象魏。示民禮法也。故車過者下。步過者趨。今龍乃敢射闕。意慢事醜。次于大逆。宜遣主者參問變狀。公曰。府不主盜賊。當與諸府相候。劭曰。丞相邴吉。以爲道路死傷。既往之事。京兆長安職所窮逐。而住車問牛喘吐舌者。豈輕人而貴畜哉。頗念陰陽不和。必有所害。掾史爾乃悅服。漢書嘉其達大體。今龍所犯然。中外奔波。邢吉防患太豫。況于已彤昭晰者哉。明公旣處宰相大任。加掌兵戎之職。凡在荒裔。謂之大事。何有近日下。而致逆節之萌者。孔子攝魯司寇。非常卿也。折僭溢之端。消纖介之漸。從政三月。惡人走境。邑門不閭。一作閉 外收强齊侵地。內虧三桓之威。區區小國。尚于趣舍。大漢之朝。焉可無乎。明公恬然。謂非已。已下當脫一字 詩云。儀刑文王。萬國作孚。當爲人制法。何必取法于人。于是公意大悟。遣令史謝申以鈴下規應掾自行之。還其條奏。時靈帝詔報。惡惡止其身。龍以重論之。陽不坐。其後車騎將軍何苗與兄大將軍進部兵相攻擊。戰于闕下。苗死兵敗。殺數千人。龍者陽類。君之象也。夜者。不明之應也。此其象也。同上

熹平二年六月。雒陽民譌言虎賁寺東壁中有黃人。彤容鬚眉良是。觀者數萬。省內悉出。劭時爲郎。故往視之。何在其有人也。走漏汙處。膩赭流漉。壁有他剝數寸曲折耳。謹案季夏土黃中行用事。又在壁中。壁亦土也。以見于虎賁寺者。虎賁國之祕兵。扞難禦侮。必示于東。東者動也。言當出師。行將天下搖動也。天之以類告人。甚于影響也。同上

光和四年四月。南宮中黃門寺有一男子。長九尺。服白衣。中黃門解步呵問。汝何等人。白衣妄入宮掖。曰。我梁伯夏後。天使我爲天子。步欲前收取。因忽不見。謹案尚書春秋左傳曰。伯益佐禹治水。封于梁。颺叔安有裔子曰董父。實甚好龍。龍多歸之。帝舜嘉之。賜姓董氏。董氏之祖。與梁同焉。到光熹元年。董卓自外入。因間乘釁。廢帝殺后。百官總己。號令自由。殺戮決前。威重于主。梁本安定。而卓隴西人。俱涼州也。天戒若曰。卓不當專制奪矯。如白衣無宜蘭入宮也。白衣見黃門寺。一云白衣見中黃門寺曹騰之家 及卓之末。中黃門誅滅之際。事類如此。可謂無乎。同上

靈帝之末。禮樂崩壞。賞刑失中。毀譽無驗。競飾僞服。以盪典制。遠近翕然。咸名後生放聲者爲時人。放聲二字疑譌 有識者竊言。舊曰世人次曰俗人。今更曰時人。此天促其期也。其間無幾。天下大壞也。同上

熹平中有兩欂。一宿長丈餘。作人狀。頭目宛然。御覽九百五十九

夏禹廟中有梅梁。忽一春本有而字 生枝葉。御覽九百七十

靈帝光和七年。五行志作中平元年 陳留濟陰諸郡。西及成皋陽武。城郭路邊。艸生作人狀。操持矛弩。牛馬萬狀備具。五行志注有非但彷彿類良熟然也二句 後關東義兵先起于宋衞之郊。東郡太守橋瑁負衆怙亂。陵蔑同盟。忿嫉同類。以殞厥命。陳留濟陰迎助。謂爲離德棄好。卽戎吏民殲殘。艸妖之異。豈不或信。續漢書五行志注。御覽九百九十四

中平中。懷陵上有雀萬餘。亂鬭殺。頭懸著樹也。御覽九百二十二

全後漢文卷四十一終

全後漢文卷四十二

烏程嚴可均校輯

應瑒

瑒字德槤。劭弟珣之子。曹公辟爲丞相掾。轉平原矦庶子。後爲五官將文學。有集五卷。

愁霖賦

聽屯雷之恆音兮。聞左右之歎聲。情慘憒而含欷兮。起披衣而遊庭。三辰幽而重闕。蒼曜隱而無形。雲曖曖而周馳。雨濛濛而霧零。排房帳而北入。振蓋服之沾衣。還空牀而寢息。夢白日之餘暉。惕中寤而不效兮。意悽悷而增悲。（藝文類聚二）

靈河賦

咨靈川之遐原兮。于崙崑之神丘。凌增城之陰隅兮。賴后土之潛流。銜積石之重險兮。披山麓而溢浮。蹶龍黃而南邁兮。紆鴻體而因流。涉津洛之阪泉兮。（藝文類聚作涉洛路阪作皈）播九道乎中州。汾澒涌而騰鶩兮。恆亹亹而徂征。肇乘高而迅逝兮。陽侯怖而振驚。有漢中葉。金隄隤而瓠子傾。興萬乘而親務。董羣后而來營。下淇園之豐篠。投玉璧而沈星。若夫長杉峻檟。茂栝芬櫄。扶流灌列。暎水蔭防。隆條動而暘清風。白日顯而曜殊光。（水經河水注五藝文類聚八初學記六）龍艘白鯉。越艇蜀舲。泝游覆水。帆柁如林。（北堂書鈔未改本一百三十七一百三十八）

正情賦

夫何媛女之殊麗兮。咨溫惠而明哲。應靈和以挺質。體蘭茂而瓊潔。方往載其鮮雙。曜來今而無列。發朝陽之鴻暉。流精睇而傾泄。既榮麗而冠時。援申女而比節。余心嘉夫淑美。願結歡而靡因。承窈窕之芳美。情踊躍乎若人。魂翩翩而夕遊。甘同夢而交神。晝彷徨于路側。宵耿耿而達晨。清風厲于玄序。涼飇逝于中唐。聽雲鴈之翰鳴。察列宿之華煇。南星晃而電隕。偏雄肅而特飛。冀騰言以俯首。嗟激迅而難追。傷往禽之無隅。悼流光之不歸。愍伏辰之方逝。哀吾願之多違。步便旋以永思。情憀慄而傷悲。還幽室以假寐。固展轉而不安。神眇眇以潛翔。恆存遊乎所觀。仰崇夏而長息。動哀響而餘歎。氣浮踊而雲館。腸一夕而九煩。（藝文類聚十八）思在前爲明鏡。哀既往于替口。（北堂書鈔一百三十六）

撰征賦

奮皇佐之豐烈。將親戎乎幽鄰。飛龍旗以雲曜。披廣路而北巡。崇殿鬱其嵯峩。華宇爛而舒光。摛雲藻之雕飾。流輝采之渾黃。辭曰。烈烈征師。尋遐庭兮。悠悠萬里。臨長城兮。周覽郡邑。思既盈兮。嘉想前哲。遺風聲兮。（藝文類聚五十九）

西征賦

鸞衡東指。弭節蓬澤。（水經二十二渠水注）

西狩賦

伊炎漢之建安。飛龍躍乎天衢。皇宰弈而陶運。樹匡翼而大摹。盪無妄之氛穢。揚威靈乎八區。開九土之舊迹。暨聲教于海隅。時霜淒而淹野。寒風肅而川逝。草木紛而搖蕩。鷙鳥別而高厲。既乃揀吉日。練嘉辰。清風矢戒。屏翳收塵。于是魏公乃乘彫輅。駟飛黃。擁簫鉦。建九幢。按轡清途。颯沓風翔。屬車轇轕。羽騎騰驤。（二句從北堂書鈔十四補）于是圍網周合。雷鼓天震。千乘長羅。萬表星陳。雙翼伉旌。八校祖分。長燧電舉。高煙蔽雲。爾乃徒輿並興。方軌連質。驚飇四駭。衝禽驚溢。騁獸塞野。飛鳥蔽日。爾乃赴玄谷。陵崇巒。俯掣奔猴。仰捷飛猿。雲幕被于廣野。京燎照乎平原。醴炰充給。洪施普宣。（藝文類聚六十六）

馳射賦

于是陽春嘉日。講肆餘暇。將逍遙于郊野。聊娛遊于騁射。延賓鞠旅。星言夙駕。樹應鞞于路左。建丹旗于表路。羣駿籠茸于衡首。咸皆腰褭與飛菟。隴修勒而容與。竝軒翥而厲怒。二句據御覽三百五十八補。爾乃結翻倖。齊倫匹。良樂授馬。孫臏調駟。籌筭克明。班次均壹。左攬繁弱。右接湛衞。控滿流睇。應弦飛碎。擔動鼓震。譟聲雷潰。重破累碟。流景倏忽。紛紜絡驛。次授二八。放鞚長騁。御覽三百五十八作鞚門。神足奔越。終節三驅。矢不虛發。進截飛鳥。顧摧月支。須紆六鈞。口彎七規。觀者并氣息而傾竦。咸側企而騰移。爾乃紫迴盤厲。按節和旋。翩翩神厲。體若飛仙。弈弈騂牡。既佶且閑。揚驪沛艾。蠖略相連。藝文類聚六十八，御覽三百五十八引兩條。文選赭白馬賦注

節飾齊明。文選赭白馬賦注

校獵賦

乃命有司。巡士周尋。二虞萊野。三尾表禽。北彌大陸。南厲黃涔。初學記二十二兩引。

神女賦

騰玄眸而眺青陽。離朱脣而耀雙輔。紅顏嗤而和妍。時調聲以笑語。御覽三百八十一

車渠椀賦

惟茲椀之珍瑋。誕靈岳而奇生。扇不周之芳烈。浸瓊露以潤形。蔭碧條以納曜。嘯朝霞而發榮。紛元黃以彤裔。晻豹變而龍華。象蜿虹之輔體。中含曜乎雲波。若其眾色鱗聚。卓度詭常。䌷緼雜錯。乍圓乍方。蔚術繁興。散列成章。揚丹流縹。碧玉飛黃。華氣承朗。內外齊光。藝文類聚七十三

竦迷迭賦

列中堂之嚴宇。跨階序而駢羅。建茂莖以竦立。擢脩幹而成阿。燭白日之炎陰。承翠碧之繁柯。朝敷條以誕節。夕結秀而垂華。振纖枝之翠粲。動綵葉之莓莓。舒芳香之酷烈。乘清風以徘徊。藝文類聚八十一，御覽九百八十二

楊柳賦

赴陽春之和節。植纖柳以承涼。攄豐節而廣布。紛鬱勃以敷陽。三春倏其奄過。景日赫其垂光。振鴻條而遠壽。迴雲蓋于中唐。藝文類聚八十九

鸚鵡賦

何翩翩之麗鳥。表眾豔之殊色。被光耀之鮮羽。流玄黃之華飾。苞明哲之弘慮。從陰陽之消息。秋風厲而潛形。蒼神發而動翼。藝文類聚九十一

慜驥賦

慜良驥之不遇兮。何屯否之弘多。抱天飛之神號兮。悲當世之莫知。赴玄谷之漸塗兮。陟高岡之峻崖。懼僕夫之嚴策兮。載悚慄而奔馳。懷殊姿而困遇兮。願遠迹而自舒。思奮行而驤首兮。叩繮絿之紛挐。牽繁轡而增制兮。心慉結而槃紆。涉通逵而方舉兮。追輿僕之我拘。抱精誠而不暘兮。鬱神足而不攄。思薛翁于西土兮。望伯氏于東隅。願浮軒于千里兮。曜華軛乎天衢。瞻前軌而促節兮。顧後乘而踟躕。展心力于知己兮。甘邁遠而忘劬。哀二哲之殊世兮。時不遘乎良造。制銜轡于常御兮。安獲騁于遐道。藝文類聚九十三

表

長戟百萬。胡馬千羣。御覽三百五十三

報龐惠恭書

夫蕭艾之歌。發于信宿。子衿之思。起于嗣音。況賓三載。能不有懷。雖萱草樹背。皋蘇在側。悒憤不逞。秪以增毒。朝隱之官。賓不往來。喬木之下。曠無休息。抱勞而已。足下剖符南面。振威千里。行人子羽。朝夕相繼。曾不枉咫尺之路。問蓬室之舊。過意賜書。辭不半紙。慰藉輕于緇縞。譏望重于丘山。是角弓之詩所以為刺也。值鷩羽于苑丘。騁駿足于株林。發明月之輝光。照妖人之窈窕。斯亦所以

曠于之于當作其

眩耳目之觀聽。亡身命于知友者也。藝文類聚二十二。

釋賓

聖人不違時而遯跡。賢者不背俗而遺功。文選七命注。

九有咸夷。始失其政。文選袁宏三國名臣序贊注。

子猶不能騰雲閣。攀天衢。文選劉峻廣絕交論注。

文質論

蓋皇穹肇載。陰陽初分。日月運其光。列宿曜于文。百穀麗于土。芳華茂于春。是曰聖人合德天地。稟氣湻靈。仰觀象于玄表。俯察式于羣形。窮神知化。萬物是經。故否泰易趍。道無攸一。二政代序。有文有質。若乃陶唐建國。成周革命。九官咸乂。濟濟休令。火龍黼黻。暐韡于廊廟。袞冕旂旒。舄弈乎朝廷。冠德百王。莫參其政。是曰仲尼歎煥乎之文。從郁郁之盛也。夫質者端一。玄靜儉嗇。潛化利用。承清泰。御平業。循軌量。守成法。至乎應天順民。撥亂夷世。摛藻奮權。赫奕丕烈。紀禪協律。禮儀煥別。覽墳丘于皇代。建不刊之洪制。顯宣尼之典教。探微言之所弊。若乃和氏之明璧。輕縠之袿裳。必將游玩于左右。振飾于宮房。豈爭牢偽之勢。金布之剛乎。且少言辭者。孟僖所曰荅郊勞也。寡智見者。慶氏所曰困相鼠也。今子棄五典之文。闇禮智之大。信管望之小。尋老氏之蔽。所謂循軌常趍。未能釋連環之結也。且高帝龍飛豐沛。虎據秦楚。唯德是建。唯賢是與。陸酈摛其文辯。良平奮其權譎。蕭何創其章律。叔孫定其庠序。周樊展其忠毅。韓彭列其威武。明達天下者非一士之術。營宮廟者非一匠之矩也。逮自高后亂德。損我宗劉。朱虛軫其慮。辟彊釋其憂。曲逆規其模。酈友詐其遊。襲據北軍。實賴其疇。冢嗣之不替。實四老之由也。夫諫則無議曰陳。問則服汗沾濡。豈若陳平敏對。叔孫據書。言辨國典。辭定皇居。然後知質者之不足。文者之有餘。藝文類聚二十二。

弈勢

蓋棊弈之制。所由來尚矣。有像軍戎戰陣之紀。旌旗既列。權慮蜂起。絡繹兩集。魚鱗鴈峙。奮維闡翼。固衛邊鄙。寇動北壘。備在南尾。二語從御覽補。或飾遁偽旋。卓轢軿列。羸師延敵。一乘虛絕。歸不得合。兩見擒滅。淮陰之謨。拔旗之勢也。或匡設無常。尋變應危。寇動北壘。備在南麓。中棊既捷。四表自虧。亞夫之智。耿弇之奇也。或假道四布。周爰繁昌。雲合星羅。侵逼郊場。師弱衆寡。臨據孤亡。披掃彊禦。廣略土疆。昆陽之威。官渡之方也。挑誘既戰。見欺敵對。紛拏相救。不量進退。羣聚俱隕。力行唐突。瞋目恚憤。覆局崩潰。項將之咎。楚懷之悖也。時或失謬。收奔攝北。還自保固。完聚補塞。見可而進。先負後剋。燕昭之賢。齊頃之德也。長驅馳逐。見利忘害。輕敵寡備。所喪彌大。臨疑猶豫。算慮不詳。苟貪少獲。不知所亡。當斷不斷。還為所謀。項羽之失。吳王之尤也。持棊相守。莫敢先動。由楚漢之兵相拒滎也。藝文類聚七十四。御覽七百五十三。

黃香

香字文彊。江夏安陸人。建初中除郎中。元和中拜尚書郎。永元中進左丞。累遷尚書令。延光初出為魏郡太守。後坐事免。有集二卷。

九宮賦

伊黃靈之典度。存乎文昌之會宮。翳華蓋之葳蕤。依上帝曰隆崇。握璇璣而布政。總四七而持綱。和日月之光曜。均節度曰運行。序列宿之煥爛。咸垂景曰煌煌。歷天陰之晦暗。陽玉石曰炳明。鏡大道之浩廣。泐沈滐曰扎坱。眄旭歷而鋭銀。廓嵘峷曰閎閶。即蹴縮曰孅孺坎嶷。援曰消揚。蹁躚驪騶曰差羸。磋碟皓縞曰駿樂。銀拂律曰順游。徑閶闔藝文類聚作閶闔。而出玉房。謁五嶽而朝六宗。對祝融而督勾芒。蕩翊翊而徹降。聊優游曰尚陽。蹠崑崙而蹈碣石。蹝厎柱而跨大行。肘熊耳而據桐柏。介嶓冢而持外方。浣彭蠡而洗北海。淬五湖而漱華池。粉白沙而鶚定容。卷南越以騰歷。連明月以爲懸。剡駮雞以爲釵。繞績組而攝雲鬟。垂獨璽而服離袿。戴巢岌而帶繚繞。曳陶匏以委蛇。乘根車而駕神馬。驂駿騆而俠窮奇。使織女驂乘王良爲之御。三台執兵而奉引。軒轅乘駏驉而先驅。招搖豐隆騎師子而俠轂。各先後以爲雲車。左青龍而右觜觽。前七星而後騰蛇。徵太一而聚羣神。趣熒惑而叱太白。東井輟轢而播灑。彗勃佛仿以梢擊。四徼塵于干道。絕引者而驚蹕。蚩尤之倫玢璘而要班爛。垂金干而揵雄戟。操巨纛之徼弩。齊佩機而鳴廓。狼狐彀張而外饗。枉矢持芒以峠嶸。迅衝風而突飛電。振雲崢岫而土坐山。龍狡猾而蹴踐。蛩走札揭而獠桔梗。櫟略玃而突列。蛸橋律屈而御梁。黨巷滙而觸螟蜓。抶礔礰而扑雷公。摽擊鈌而拂勃泱。奮雲旗而椎鴻鐘。聲湁淪以純侖。四海澹而祏地梁。碎太山而刺嵩。吸江河而啜九江。登崑嶤之巍臺。闚天門而閃帝宮。享嘉命而延壽。樂斯宮之無窮。古文苑。藝文類聚七十八。

讓東郡太守疏

臣江淮孤賤。愚矇小生。經學行能。無可算錄。遭值太平。先人餘福。得以弱冠。特蒙徵用。連階累任。遂極臺閣。訖無纖介稱報恩効死。誠不意悟。卒被非望。顯拜近郡。尊位千里。臣聞量能授官。則職無廢事。因勞施爵。則賢愚得宜。臣香小醜。少爲諸生。典郡從政。固非所堪。誠恐矇頑。孤忝聖恩。又惟機密端首。至爲尊要。復非臣香。所當久奉。承詔驚惶。不知所裁。臣香年在方剛。適可驅使。願乞餘恩。留備宂官。賜以督責小職。任之宮臺煩事。以畢臣香螻蟻小志。誠瞑目至願。土灰極榮。後漢黃香傳。

留爲尚書令上疏

以錐刀小用。蒙見宿留。文選曹植求通親親表注引東觀漢記。

樂承王萇罪議

自非聖人。不能無過。故王太子生。爲立賢師傅以訓導之。是以目不見惡。耳不聞非。能保其社稷。高明令終。萇少長藩國。內無過庭之訓。外無師傅之道。血氣方剛。卒受榮爵。幾微生過。遂陷不義。臣聞周官議親。惷愚見赦。萇不殺無辜。以譴呵爲非。無赫赫大惡。可裁削奪。損其租賦。令得改過自新。革心向道。後漢樂成王黨傳注引袁宏紀尚書侍郎冷宏議云云。又引黃香集。香與宏共奏。此香之辭也。

天子冠頌

惟永元之盛代。聖皇德之茂純。躬烝烝之至孝。崇敬順以奉天。以三載之孟春。建寅月之上旬。皇帝將加玄冕。簡甲子之元辰。厥日王于太皡。厥時叶于百神。皇輿幸夫金根。六玄虬之連蜷。建螭龍以爲旂。鳴節路之和鑾。既臻廟以成禮。乃迴軫而反宮。正朝服以享燕。撞大蔟之庭鐘。祚蕃屏而鼎輔。暨夷蠻之君王。咸進酌于金罍。獻萬壽之玉觴。通典五十六。初學記十四。御覽五百四十。

屏風銘

古典務農。刻鏤傷民。忠在竭節。義在修身。書鈔一百三十二。御覽五百九十七。

黃瓊

瓊字世英。香子。初以父任除太子舍人。不就。後五府俱辟。不應。永建中徵拜議郎。遷尚書僕射。進尚書令。出爲魏郡太守。建和初遷太常。元嘉初代胡廣爲司空。免。復爲太僕。永興初代吳雄爲司徒。尋代胡廣爲太尉。延熹初坐忤梁冀免。復爲大司農。冀誅。復爲太尉。封邟鄉侯。免。復爲司空。免。七年卒。年七十九。贈車騎將軍。謚曰忠侯。

因災異上疏薦黃錯任棠

閒者以來。卦位錯謬。寒燠相干。蒙氣數興。日闇月散。原之天意。殆不虛然。陛下宜開石室。案河洛。外命史官。悉條上永建以前至漢初災異與永建吕後訖于今日孰為多少又使近臣儒者參考政事數見公卿察問得失諸無功德者宜皆斥黜臣前頗陳災眚并薦光禄大夫樊英太中大夫薛包及會稽賀純廣漢楊厚未蒙御省伏見處士巴郡黃錯漢陽任棠年皆耆耋有作者七人之志宜更見引致助崇大化（後漢黃瓊傳）

因大旱復上疏

昔魯僖遇旱吕六事自讓躬節儉閉女謁放讒佞者十三人誅税民受貨者九人退舍南郊天立大雨今亦宜顧省政事有所損闕務存質儉吕易民聽尚方御府息除煩費明敕近臣使遵法度如有不移示吕好惡數見公卿引納儒士訪吕政化使陳得失又四徒尚積多致死亡亦足吕感傷和氣招降災旱若改敝從善擇用嘉謀則災消福至矣（後漢黃瓊傳）

上疏請行藉田禮

自古聖帝哲王莫不敬恭明祀增致福祥故必躬郊廟之禮親藉田之勤吕先羣萌率勸農功昔周宣王不籍千畝虢文公吕為大譏卒有姜戎之難終損中興之名竊見陛下遵稽古之鴻業體虔肅吕應天順時奉元懷柔百神朝夕觸塵埃于道路晝暮聆庶政吕卹人雖詩詠成湯之不迨遑書美文王之不暇食誠不能加今廟祀適闋而祈穀絜齋之事近在明日臣恐左右之心不欲屢動聖躬吕為親耕之禮可得而廢臣聞先王制典藉田有日司徒咸戒司空除壇先時五日有協風之應王即齋宮饗醴載耒誠重之也自癸巳吕來仍西北風甘澤不集寒涼尚結迎春東郊既不躬親先農之禮所宜自勉吕逆和氣吕致時風易曰君子自强不息斯其道也伏願陛下率羣后躬三推則和澤滂流蒼生有賴（後漢黃瓊傳又見袁宏後漢紀十九又御覽五百三十二引漢名臣奏又五百三十七）

疾篤上疏

臣聞天者務剛其氣君者務彊其政是吕王者處高自持不可不安履危任力不可不據夫自持不安則顛任力不據則危故聖人升高據上則吕德義為首涉危蹈傾則吕賢者為力（袁宏紀作則吕忠賢為助）唐堯吕德化為冠冕吕稷契為筋力高而益崇動而愈據此先聖所吕長守萬國保其社稷者也昔高皇帝應天順民奮劒而王埽除秦項革命創制降德流祚至于哀平而帝道不綱秕政日亂遂使姦佞擅朝外戚專恣所冠不吕仁義為冕所蹈不吕賢佐為力終至顛蹶滅絕漢祚天維陵弛民鬼慘愴賴皇乾眷命炎德復輝光武吕聖武天挺繼統興業創基冰泮之上立足枳棘之林擢賢于衆愚之中畫功于無形之世崇禮義于交争循道化于亂離是自歷高而不傾任力危而不跌興復洪祚開建中興光被八極垂名無窮至于中葉盛業漸衰陛下初從藩國爰升帝位天下拭目謂見太平而即位吕來未有勝政諸梁秉權豎宦充朝重封累職傾動朝廷卿校牧守之選皆出其門羽毛齒革明珠南金之寶殷滿其室富擬王府勢回天地言之者必族附之者必榮忠臣懼死而杜中萬夫怖禍而木舌塞陛下耳目之明更為聾瞽之主故太尉李固杜喬忠吕直言德吕輔政念國忘身隕歿為報而坐陳國議遂見殘滅賢愚切痛海内傷懼又前白馬令李雲指言宦官罪穢宜誅皆因衆人之心吕救積薪之敝弘農杜衆知雲所言宜行懼雲吕忠獲罪故上書陳理之乞同日而死所吕感悟國家庶雲獲免而雲既不辜衆又并坐天下尤痛益吕怨結故朝野之人吕忠為諱昔趙殺鳴犢孔子臨河而反夫覆巢破卵則鳳皇不翔刳牲夭胎則麒麟不臻誠物類相感理使其然尚書周永昔為沛令素事梁冀幸其威勢坐事當罪越拜令職見冀將衰乃陽毁示忠遂因姦計亦取封侯又黃門協邪羣輩相黨自冀興盛腹背相親朝夕圖謀共構姦軌臨冀當誅無可設巧復記其惡吕要爵賞陛

中當作口

天當作大

下不加清澂。審別眞僞。復與忠臣尙書令尹勳等已上六字從袁宏紀補並時顯封。使朱紫共色。粉墨雜蹂。所謂抵金玉于沙礫。碎珪璧于泥塗。四方聞之。莫不憤歎。袁宏紀作叩心傷陛下失賞于見誣。虧爵于姦臣。二語從袁宏紀補昔曾子大孝。慈母投杼。伯奇至賢。終于流放。夫讒諛所舉。無高而不可升。阿黨相抑。阿黨二字從袁宏紀補無深而不可淪。可不察歟。陛下年在方剛。聖慮未衰。願還旣謬之封。折后族之勢。夫懷寶者須世。抱璞者待時。陛下誠能行臣所陳。則懷寶抱璞之徒。特將竭力致身。㠯趨聖世。㠯上五十七字從袁宏紀補臣至頑駑。世荷國恩。身輕位重。勤不補過。然懼于永歿。負釁益深。敢㠯垂絕之日。陳不諱之言。庶有萬分。無恨三泉。後漢黃瓊傳。又見袁宏後漢紀二十二。有刪節。亦有多出語

上言舉吏宜覆試

覆試之作。將㠯澄洗清濁。覈實虛濫。不宜改革。後漢黃瓊傳

封梁冀議

冀前已親迎之勞。增邑三千。又其子胤。亦加封賞。昔周公輔相成王。制禮作樂。化致太平。是㠯天啟土宇。錫㠯山川。開地七百。郊祀天地。行天子禮。此百世未有。唯周公宜之耳。今諸侯㠯戶邑爲制。不㠯里數爲限。蕭何識高祖于泗水。霍光定傾危㠯興國。皆益戶增封。㠯顯其功。冀可比鄧禹。合食四縣。賞賜之差。同于霍光。使天下知賞必當功。爵不越德。袁宏後漢紀二十一。又後漢黃瓊傳少五語

黃琬

琬字子琰。瓊孫。永興初㠯公孫拜童子郎。不就。後爲五官中郎將。黨事起。禁錮幾二十年。光和末徵拜議郎。擢靑州刺史。遷侍中。中平初出爲右扶風。徵拜將作大匠。歷少府太僕。出爲豫州牧。封關內侯。董卓秉政。徵拜司徒。遷太尉。更封陽泉鄉侯。免。後爲光祿大夫。及徙西都。轉司隸校尉。與王允謀誅卓。卓將李傕等破長安。被收。死獄中。

奏論樊稜許相

太尉樊稜。司徒許相。皆竊位懷祿。苟進無恥。終無匡救之益。必有覆公折足之患。宜皆罷遣。㠯淸治路。軍費雖急。禮義廉恥。國之大本也。苟非其選。飛隼在墉。爲國生事。此猶負石救溺。不可不察。袁宏後漢紀二十七。初平三年。又見北堂書鈔影宋本二百六十引張方楚國先賢傳

駮遷都長安議

昔周公營洛邑㠯㠯姬。光武卜東都㠯隆漢。天之所啟。神之所安。大業旣定。豈宜妄有遷動。㠯虧四海之望。後漢黃琬傳

全後漢文卷四十二終

全後漢文卷四十三

烏程嚴可均校輯

傅毅

毅字武仲扶風茂陵人建初中爲蘭臺令史拜郎中與班固賈逵共典校秘書車騎將軍馬防請爲軍司馬及馬氏敗坐免永元初車騎將軍竇憲請爲記室憲遷大將軍㠯爲司馬有集五卷

洛都賦

惟漢元之運會世祖受命而弭亂體神武之聖姿握天人之契贊揮電旗于四野拂宇宙之殘難受皇號于高邑修茲都之城館尋歷代之規兆仍險塞之自然被崑崙之洪流據伊洛之雙川挾成皋之巖阻扶二崤之崇山砥柱回波綴于後三塗太室結于前鎮㠯嵩高喬嶽峻極于天分畫經緯開正塗軌序立廟祧面朝後市歘息起氛霧奮袂生風雨覽正殿之體制承日月之皓精騁流星于突陋追歸鴈于軒輊帶螭龍之疏鏤垂菡萏之敷榮顧濯龍之臺觀望永安之園藪渟清沼㠯汎舟浮翠虯與玄武桑宮繭館區制有規后帥九嬪躬敕工女近則明堂辟雍靈臺之列宗祀揚化雲物是察其後則有長岡芒阜屬㠯首山通谷岋㠇石瀨寒泉于是乘輿鳴和按節發軔列翠蓋方龍輈被五路之時副攬三辰之旗斿傅說作僕羲和奉時千乘雷駭萬騎星鋪絡繹相屬揮沫揚鑣羣仙列于中庭發魚龍之巨偉羨門拊鼓偓佺操麾講武農隙校獵囿田弋高冥之獨鵠連軒翥之雙鶤二語從文選陸機齊謳行注補搜幽林㠯集禽㵒通川㠯衜獸跨乘黃射遊麋弦不虛控目不徙睇僻腕分心應箭殪夷然後弭節容與漆水之濱垂芳餌于清流出旋瀨之潛鱗藝文類聚六十一又初學記二十四引三條

反都賦

因龍門㠯暢化開伊闕㠯達聰水經伊水注

野當作雅

舞賦并序

楚襄王既遊雲夢使宋玉賦高唐之事將置酒宴飲謂宋玉曰寡人欲觴羣臣何㠯娛之玉曰臣聞歌㠯詠言舞㠯盡意是㠯論其詩不如聽其聲聽其聲不如察其形激楚結風陽阿之舞材人之窮觀天下之至妙噫可㠯進乎王曰如其鄭何玉曰小大殊用鄭野異宜弛張之度聖哲所施是㠯樂記干戚之容雅美蹲蹲之舞禮設三爵之制頌有醉歸之歌夫咸池六英所㠯陳清廟協神人也鄭衛之樂所㠯娛密坐接歡欣也餘日怡蕩非㠯風民也其何害哉王曰試爲寡人賦之玉曰唯唯

夫何皎皎之閑夜兮明月爛㠯施光朱火曄其延起兮耀華屋而熺洞房黼帳祛而結組兮鋪首炳㠯焜煌陳茵席而設坐兮溢金罍而列玉觴騰觚爵之斟酌兮漫既醉其樂康嚴顏和而怡懌兮幽情形而外揚文人不能懷其藻兮武毅不能隱其剛簡惰跳踃般紛挐兮淵塞沈蕩改恆常兮于是鄭女出進二八徐侍姣服極麗姁媮致態貌嫽妙㠯妖蠱兮紅顏曄其揚華眉連娟㠯增繞兮目流睇而橫波珠翠的皪而炤燿兮華袿飛髾而雜纖羅顧形影自整裝順微風揮若芳動朱脣紆清陽亢音高歌爲樂之方歌曰攄予意㠯弘觀兮繹精靈之所束弛緊急之絃張兮慢末事之骫曲舒恢炱之廣度兮闊細體之苛縟嘉關雎之不淫兮哀蟋蟀之局促啟泰貞之否隔兮超遺物而度俗揚激徵騁清角贊舞操奏均曲形態和神意協從容得志不劫于是躡節鼓陳舒意自廣遊心無垠遠思長想其始興也若俯若仰若來若往雍容惆悵不可爲象其少進也若翱若行若竦若傾兀動赴度指顧應聲羅衣從風長袖交橫駱驛飛散颯擖合并鶣鷂燕居拉揩鵠驚綽約閑靡機迅體輕姿絕倫之妙態懷慤素之絜清脩儀操以顯志兮獨馳

思乎杳冥。在山峨峨。在水湯湯。與志遷化。容不虛生。明詩表指。喟息激昂。氣若浮雲。志若秋霜。觀者增歎。諸工莫當。于是合場遞進。按次而俟。埒材角妙。夸容乃理。軼態橫出。瑰姿譎起。眄般鼓則騰淸眸。吐哇咬則發皓齒。摘齊行列。經營切儗。彷彿神動。迴翔竦峙。擊不致筴。蹈不頓趾。翼爾悠往。闇復輟已。及至迴身還入。迫于急節。浮騰累跪。跗蹋摩跌。紆形赴遠。漼似摧折。纖縠蛾飛。紛猋若絕。超逾鳥集。縱弛殟歿。蜲蛇姌嫋。雲轉飄曶。體如遊龍。袖如素蜺。黎收而拜。曲度究畢。遷延微笑。退復次列。觀者稱麗。莫不怡悅。于是歡洽宴夜。命遣諸客。擾躟就駕。僕夫正筴。車騎並狎。巃嵸逼迫。良駿逸足。蹌捍陵越。龍驤橫舉。揚鑣飛沫。馬材不同。各相傾奪。或有踰埃赴轍。霆駭電滅。蹠地遠羣。闇跳獨絕。或有宛足鬱怒。般桓不發。後往先至。遂爲逐末。或有矜容愛儀。洋洋習習。遲速承意。控御緩急。車音若雷。騖驟相及。駱漠而歸。雲散城邑。天王燕胥。樂而不泆。娛神遺老。永年之術。優哉游哉。聊以永日。（文選、藝文類聚四十三、初學記十五、古文苑以爲宋玉作。）

雅琴賦

歷嵩岑而將降。睹鴻梧于幽阻。高百仞而不枉。對修條以特處。蹈通涯而將圖。遊茲梧之所宜。蓋雅琴之麗樸。乃升伐其孫枝。命離婁使布繩。施公輸之剞劂。遂彫琢而成器。揆神農之初制。盡聲變之奧妙。抒心志之鬱滯。（藝文類聚四十四、初學記十六。案、喬世瑩汪士賢等以此賦入蔡邕集、誤也。）

絕激哇之淫。（文選東京賦注。）

時促均而增徽。接角徵而控商。（文選琴賦注。）

明仁義以厲己。故永御而密親。（文選琴賦注。）

扇賦

背和暖于青春。踐朱夏之赫戲。搖輕箑以致涼。爰自尊以暨卑。纖（一作纖）竹廓素。或規或矩。（書鈔一百三十四。）

與荆文姜書

雖死之日。猶生之年。（文選曹植求自試表注。）

七激

徒華公子託病幽處。游心于玄妙。淸思乎黃老。于是玄通子聞而往屬曰。僕聞君子當世而光迹。因時以舒志。必將銘勳功懸著隆高。今公子削迹藏體。當年陸沈。變度易趣。違拂雅心。挾六經之指。守偏塞之術。意亦有所蔽與。何圖身之謬也。僕將爲公子論天下之至妙。列耳目之通好。原情心之性理。綜道德之彌奧。豈欲聞之乎。公子曰。僕雖不敏。固願聞之。

玄通子曰。洪梧幽生。生于遐荒。陽春後榮。涉秋先彫。晨飈飛礫。孫禽相求。積雪涐涐。中夏不流。于是乃使夫遊宦失勢。窮擯之士。泳溺水。越炎火。窮林薄。歷隱深。三秋乃獲。斵之高岑。梓匠摹度。擬以斧斤。然後背洞壑。臨絕谿。聽迅波。望曾崖。太師奏操。榮期清歌。歌曰。陟景山兮採芳苓。哀不慘傷。樂不流聲。彈羽躍水。叩角奮榮。沈微玄穆。感物悟靈。此亦天下之妙音也。子能強起而聽之乎。

玄通子曰。單極滋味。嘉旨之膳。芻豢常珍。庶羞異饌。梟鴻（一作鶴）之羹。粉粱之飯。（書鈔一百四十四引兩條。）涔養之魚。膾其鯉魴。分毫之割。纖如髮芒。散如絕縠。積如委紅。芳甘百品。並仰累重。異珍殊味。厥和不同。（書鈔一百四十二。）既食日晏。乃進夫雍州之黎。出于麗陰。下生芷隰。上託桂林。甘露潤其葉。醴泉漸其根。脆不抗齒。在口流液。握之摧沮。批之離坼。可以解煩悁。悅心意。子能起而食之乎。

玄通子曰。驥騄之乘。龍驤超攄。騰虛鳥踊。莫能執御。于是乃使王良理轡。操以術教。踐路促節。機登飈驅。前不可先。後不可追。踰埃絕影。倏忽若飛。日不轉曜。窮遠旋歸。此蓋天下之駿馬。子能強起而乘之乎。

玄通子曰。三時既逝。季冬暮歲。玄冥終統。庶卉零悴。王在靈囿。講戎節旅。于是駟驥騤。乘輕軒。麾旄旗。鳴八鸞。陳衆車于廣隰。散列騎乎平原。屬罘網吕彌野。連罻羅吕營山。部曲周匝。風動雲旋。合圍促陣。禽獸駭殫。仆不暇起。窮不及旋。擊不待刃。骨解肉離。摧牙碎首。分其文皮。流血丹野。羽毛翳日。于是下蘭皋。臨流泉。觀通谷。望景山。酌旨酒。割芳鮮。此天下之至娛也。子能强起而觀之乎。

玄通子曰。當館侈飾。洞房華屋。楹桷彫藻。文吕朱綠。曾臺百仞。臨望博見。俯視雲霧。騁目窮覽。園藪平夷。沼池漫衍。禽獸羣交。芳草華蔓。于是賓友所歡。近覽從容。詹公沈餌。蒲且飛紅。綸不虛出。矢不徒降。投鉤必獲。控弦加雙。俯盡深潛。仰殫輕翼。日移怠倦。然後讌息。列觴酌醴。妖靡侍側。被華文。曳綾縠。弭隨珠。珮琚玉。紅顏呈素。娥眉不畫。脣不施朱。髮不加澤。升龍舟。浮華池。紆帷翳而永望。鏡形影于玄流。偏滔滔吕南北。侶漢女之神遊。笑比目之雙躍。樂偏禽之匹嬉。此亦天下之歡也。子能强起而與之遊乎。

玄通子曰。漢之盛世。存乎永平。太和協暢。萬機穆清。于是羣俊學士。雲集辟雍。含詠聖術。文質發曚。達羲農之妙旨。照虞夏之典墳。遵孔氏之憲則。投顏閔之高迹。推義窮類。靡不博觀。光潤嘉美。世宗其言。公子瞿然而興曰。至乎。主得聖道。天基允臧。明哲用思。君子所常。自知沈溺。久蔽不悟。請誦斯語。仰子法度。（藝文類聚五十七）

迎歸雲。遡游風。（文選思玄賦注。潘岳懷舊賦注。潘正叔迎大駕詩注）

無物可樂。顧望懷愁。（文選洛神賦注）

闇君逐臣。頑父放子。（文選陸機君子行注）

排挫禮學。議譴世僞。（文選鸚鵡賦注。）

顯宗頌（并上表）

體天統物。濟盛兆民。（文選曹植責躬詩注引傅毅上明帝頌表。）

蕩蕩川瀆。既瀾且清。（文選張華勵志詩注引傅毅顯宗頌。）

（案後漢傅毅傳。毅追美孝明皇帝功德最盛。而廟頌未立。乃依清廟作顯宗頌十篇奏之。）

竇將軍北征頌

闈當作圍

復當作後

相當作傷

逮漢祖之龍興。荷天符而用師。曜神武于幽冀。遇白登之重闈。何獯鬻之桀虐。自弛放而不羈。哀昏戾之習性。阻廣漢之荒垂。命竇侯之征討。躡衛霍之遺風。奉聖皇之明策。奮無前之嚴鋒。采伊吾之城壁。蹈天山而遥降。曝名烈于禹跡。奉旗鼓而來旋。聖上嘉而褒寵。典禁旅之戎兵。內雍容吕詢謨。外折衝于無形。惟倜儻吕弘遠。委精慮于朝廷。（藝文類聚五十九）

西征頌

愠昆夷之匪協。咸矯口于戎事。干戈動而復戢。天將祚而隆化。（御覽三百五十一。）

扇銘

翩翩素圓。清風載揚。君子玉體。賴吕寧康。冬則龍潛。夏則鳳舉。知進能退。隨時出處。（北堂書鈔一百三十四。）

明帝誄

惟此永平。其德不回。恢廓鴻績。遐方是懷。明明肅肅。四國順威。赫赫盛漢。功德巍巍。躬履聖德。吕臨萬國。仁風弘惠。雲布雨集。武伏蚩尤。文騰孔墨。下制九州。上係皇極。豐美中世。垂華億載。冠堯佩舜。踐履五代。三雍既洽。帝道繼備。七經宣暢。孔業淑著。明德慎罰。尊上師傅。薄刑厚賞。惠慈仁恕。明竝日月。無有偏照。譬如北辰。與天同曜。發號施令。萬國震懼。庠序設陳。禮樂宣布。璇璣所建。靡不奄有。貢篚納賦。如歸父母。正朔永昌。冠帶儋耳。四方共貫。八極同軌。（藝文類聚十二）

北海王誄

永平六年。北海靜王薨。于是境內市不交易。塗無征旅。農不脩畝。室無女工。感相慘怛。若喪厥親。俯哭后土。仰愬皇旻。于是羣英列俊。靜思勒銘。惟王勳德。是昭是明。存隆其實。光曜其聲。終始之際。

理當作里

于斯爲榮。乃作誄曰。覽視昔初。若論往代。有國有家。篇籍攸載。貴尠不驕。滿罔不溢。莫能履道。聲色已卒。惟王建國。作此蕃弼。撫綏方域。承翼京室。對揚休嘉。光昭其則。溫恭朝夕。敦循伊德。藝文類聚四十五作傅毅誄、古文苑作傅毅

劉廣世

廣世。爵理未詳。案傳玄七謨序。劉廣世在傅毅後崔駰前。知是章和時人

七興

子康子有疾。王先生往焉。曰。駿騏之馬。惰不征路。其荷衡也。曜侶驚侴。其即行也。翬若游鷹。飄駭風逝。電發波騰。影不及形。塵不暇興。藝文類聚五十七。文選七命注。

季南碑

棲景曜于衡門。文選謝希逸宣貴妃誄注。

張霸

霸字伯饒。蜀郡成都人。師事樊儵。舉孝廉。爲光祿主事。稍遷。永元中拜會稽太守。㠯病自免。後徵。四遷爲侍中。卒年七十。翟酺與門人議謚曰憲文。一曰謚文父。

遺敕諸子

昔延州使齊。子死嬴博。因坎路側。遂㠯葬焉。今蜀道阻遠。不宜歸塋。可止此葬。足藏齒髮而已。務遵速朽。副我本心。人生一世。但當畏敬于人。若不善加已。直爲受之。後漢張霸傳。

殷彤

彤。元和初爲待詔候鍾律。

上言召嚴崇子宣

官無曉六十律㠯準調音者。故待詔嚴崇具㠯準法敎子男宣。宣通習。願召宣補學官。主調樂器。續漢律曆志上。又宋書曆志一。崇作嵩。

孟雲

雲。元和初爲武威太守。

上言與北虜互市

北單于復願與吏人合市。後漢南匈奴傳。

上言宜還北虜生口

北虜㠯前既和親。而南部復往鈔掠。北單于謂漢欺之。謀欲犯塞。謂宜還南所掠生口。㠯慰安其意。後漢南匈奴傳。又見袁安傳。有刪節。

賈宗

宗。元和中爲長水校尉。

因災旱上言

斷獄不盡三冬。故陰氣微弱。陽氣發泄。招致災旱。事在于此。後漢陳寵傳。又通典一百六十八。

張林

林。元和中爲眞定令。㠯竇憲薦擢拜尚書。

征字衍　計下脫吏字

上言宜均輸

穀所㠯貴。由錢賤故也。可盡封錢。一取布帛爲租。㠯通天下之用。又鹽。食之急者。雖貴。人不得不須。官可自鬻。又宜因征交阯益州上計往來市珍貨。收采其利。武帝時所謂均輸者也。後漢朱暉傳。

何敞

敞字文高。扶風平陵人。元和中辟太尉宋由府。永元初㠯高第拜侍御史。遷尚書。出爲濟南王太傅。遷汝南太守。免。復徵。三遷至五官中郎將。元興初免。

族斬龔壽表

壽常律殺人。不至族。然壽爲惡。隱密經年。王法自所不免。令鬼神訴者。千載無一。請皆斬之。㠯明鬼靈。㠯助陰敎。搜神記。敞爲交阯刺史。行部宿蒼梧鵠奔亭。有女鬼自稱蘇娥。前年㠯財色爲亭長龔壽所枉殺。及其婢俱埋壽樓下。敞捕壽考實。并父母兄弟繫獄。上表。

上封事言諸竇

夫忠臣憂世犯主，嚴顏譏刺貴臣，至㠯殺身滅家而猶爲之者，何邪？君臣義重，有不得已也。臣伏見往事，國之危亂，家之將凶，皆有所由，較然易知。昔鄭武公之幸叔段，衛莊公之寵州吁，愛而不教，終至凶戾。由是觀之，愛子若此，猶飢而食之㠯毒，適所㠯害之也。伏見大將軍竇憲，始遭大憂，公卿比奏，欲令典幹國事，憲深執謙退，固辭盛位，懇懇勤勤，言㠯深至，天下聞之，莫不悅喜。今踰年無幾，大禮未終，卒然中改，兄弟專朝，憲秉三軍之重，篤景總宮衛之權，而虐用百姓，奢侈僭偪，誅戮無罪，肆心自快。今者論議洶洶，咸謂叔段州吁復生于漢。臣觀公卿懷持兩端，不肯極言者，㠯爲憲等若有匪懈之志，則已受吉甫褒申伯之功；如憲等陷于罪辜，則自取陳平周勃順呂后之權，終不㠯憲等吉凶爲憂也。臣敞區區（袁宏紀作臣前連上便宜，承陳得失，非爲嫉妒憲等也。）誠欲計策兩安，絕其緜緜，塞其涓涓，上不欲令皇太后損文母之號，陛下有誓泉之譏，下使憲等得長保其福祐。然臧獲之謀，上安主父，下存主母，猶不免于嚴怒。（袁宏紀此下有況臣微末，敢竭愚忠哉。）臣伏惟累祖蒙恩，至臣八世，復㠯愚陋，旬年之閒，歷顯位，備機近，每念厚德，忽然忘生。雖知言必夷滅，而冒死自盡者，誠不忍目見其禍，而懷默苟全。駙馬都尉瓌，雖在弱冠，有不隱之忠，比請退身，願抑家權，可與參謀，聽順其意，誠宗廟至計，竇氏之福。（袁宏紀作誠不忍目見禍至，故敢書寫肝膽，舒度愚情。駙馬都尉瓌，忠孝愛主，最自修整，聞瓌比自申陳，願損抑家權，退身避賢，宜順其意。斯誠宗廟之至計，竇氏之大福也。後漢何敞傳，又見袁宏後漢紀十三，有刪節。）

上疏諫爲竇篤竇景起邸第

臣聞匈奴之爲桀逆久矣。平城之圍，嫚書之恥，此二辱者，臣子所爲捐軀而必死，高祖呂后忍辱還忿，舍而不誅。伏惟皇太后秉文母之操，陛下履晏晏之姿，匈奴無逆節之罪，漢朝無可慙之恥，而盛春東作，興動大役，元元怨恨，感懷不悅。而猥復爲衛尉篤、奉車都尉景繕修館第，彌街絕里。臣雖斗筲之人，誠竊懷怪，㠯爲篤景

感當作咸

據當作遽

國家㠯爲當作㠯爲國家

親近貴臣，當爲百僚表儀。今衆軍在道，朝廷焦脣，百姓愁苦，縣官無用，而據起大第，崇飾玩好，非所㠯垂令德示無窮也。宜且罷工匠，專憂北邊，恤人之困。（後漢何敞傳）

理郅壽疏

臣聞聖王闢四門，開四聰，延直言之路，下不諱之詔，立敢諫之旗，聽歌謠于路，（袁宏紀作猶恐下情不達，復聽歌謠之諷。）爭臣七人，㠯自鑒照，考知政理，違失人心，輒改更之，故天人並應，傳福無窮。臣伏見尚書僕射郅壽，坐于臺上，與諸尚書論擊匈奴，言議過差，及上書請買公田，遂繫獄考劾大不敬。臣愚㠯爲壽機密近臣，匡救爲職，若懷默不言，（袁宏紀作若朝廷有失，默而不言，悖義背恩。）其罪當誅。今壽違衆正議，㠯安宗廟，豈其私邪。（袁宏紀作欲㠯安宗廟，爲國永福也，豈有私心。）又臺閣平事，分爭可否，雖唐虞之隆，三代之盛，猶謂諤諤㠯昌。不㠯誹謗爲罪，請買公田，人情細過，可裁隱忍。壽若被誅，臣恐天下國家㠯爲橫罪忠直，（袁宏紀作如壽被誅，臣恐天下㠯壽忠直之故，橫加誹謗之誅。）賊傷和氣，忤逆陰陽。（袁宏紀此下有此誠不可四字。）臣所㠯敢犯嚴威，不避夷滅，觸死瞽言，非爲壽也。忠臣盡節，㠯死爲歸，臣雖不知壽，度其甘心安之。誠不欲聖朝行誹謗之誅，㠯傷塞晏之化，杜塞忠直，垂譏無窮。臣敞謬豫機密，言所不宜，罪名明白，當塡牢獄，先壽僵仆，萬死有餘。（後漢郅惲附傳，又畧見袁宏後漢紀十二。）

上疏諫濟南王康

蓋聞諸侯之義，㠯制節謹度爲忠，然後能保其社稷，和其民人。昔管仲相齊，九合之功，而孔子譏其器小，㠯奢侈逼上，不知禮也。今大王㠯骨肉之親，享蕃國之尊，當率先天下，㠯爲化首，施張政令，明其典法，出入進止，宜有期度，輿馬臺隸，應爲科品。今國家制度，王侯車馬服章，事有其科，不可越也。而今奴婢廄馬，皆有千餘，增無用之口，㠯自蠶食，宮婢閉隔，失其天性，感亂和氣。又多起內第，觸犯防禁，費㠯巨萬，而功猶未半。夫文繁者質荒，木勝者人亡，經

滅當作減

傳所載皆非所目奉禮承上傳福無窮者也且君國者目道德仁義爲營豈飾宮室充實廄馬爲尊哉楚作章華目凶吳興姑蘇而滅景公千駟民無稱焉其效也如大王數游諸第出入無節或涉晨夜又非所目遠防未然臨深履薄垂示後嗣之法也願大王修恭儉遵古制目法自治目禮率下省奴婢之口滅乘馬之數斥私田之富節游觀之宴目禮起居則敞乃敢安心自保藥酒苦于口而利于病至言逆于耳而便于行惟大王深察愚言（袁宏後漢紀十四又見後漢濟南王康傳）

奏記宋由

敞聞事君之義進思盡忠退思補過歷觀世主時臣無不各欲爲化垂之無窮然而平和之政萬無一者蓋目聖主賢臣不能相遭故也今國家秉聰明之弘道明公履晏晏之純德君臣相合天下翕然治平之化有望于今孔子曰如有用我者三年有成今明公

視事出入再期宜當克己目酬四海之心禮一穀不升則損服徹膳天下不足若己使然而比年水旱人不收穫涼州緣邊家被凶害男子疲于戰陳妻女勞于轉運老幼孤寡歎息相依又中州內郡公私屈竭此實損膳節用之時國恩覆載賞賚過度但聞臘賜自郎官目上公卿王侯目下至于空竭帑藏損耗國資尋公家之用皆百姓之力明君賜賚宜有品制忠臣受賞亦應有度是目夏禹玄圭周公束帛今明公位尊任重責深負大上當匡正綱紀下當濟安元元豈但空空無違而已哉宜先正己目率羣下還所得賜因陳得失奏王侯就國除苑囿之禁節省浮費賑卹窮孤則恩澤下暢黎庶悅豫上天聰明必有立應使百姓歌誦史官紀德豈但子文逃祿公儀退食之比哉（後漢書何敞傳）

又說宋由

劉暢宗室肺腑茅土藩臣來弔大憂上書須報親在武衞致此殘

計當作討

酷奉憲之吏莫適討捕蹤迹不顯主名不立敞備數股肱職典賊曹故欲親至發所目糾其變而二府目爲故事三公不與賊盜昔陳平生于征戰之世猶知宰相之分云外鎮四夷內撫諸侯使卿大夫各得其宜今二府執事不深惟大義惑于所聞公縱姦慝莫目爲咎惟明公運獨見之明昭然勿疑敞不勝所見請獨奏案（後漢書何敞傳）

任尚

尚章和末爲鄧訓護羌府長史永元中大將軍竇憲出屯涼州請爲司馬遷戊己校尉代班超爲西域都護坐罪免起爲烏桓校尉永初初爲征西校尉封樂亭侯元初初爲中郎將坐斷盜軍糧徵詣廷尉棄市

與班超書

君侯在外國三十餘年而小人猥承君後任重慮淺宜有目誨之（袁宏後漢紀十四永元十三年目校尉任尚代超尚與超書）

全後漢文卷四十三終

全後漢文卷四十四

烏程嚴可均校輯

崔駰

駰字亭伯，涿郡安平人。莽建新大尹篆孫。少游太學，與班固、傅毅齊名。和帝初，車騎將軍竇憲辟爲府掾，進主簿，察高第，出爲長岑長，不之官而歸。有集十卷。

大將軍西征賦（並序）

主簿駰言：愚聞昔在上世，義兵所克，工歌其詩，具陳其頌，書之庸器，列在明堂，所以顯武功也。

于是襲孟秋而西征，跨雍梁而遠蹤。陟隴阻之峻城，升天梯以高翔。旗旐翼如游風，羽毛紛其覆雲。金光晧以奪日，武鼓鏗而雷震。（藝文類聚五十九）

反都賦（并序）

漢歷中絕，京師爲墟。光武受命，始遷洛都。客有陳西土之富，云洛邑褊小，故略陳禍敗之機，不在險也。

建武龍興，奮旅西驅。虜赤眉，討高胡，斬銅馬，破骨都，收翡翠之駕，據天下之圖。上帝受命，將昭其烈，潛龍初九，眞人乃發。上貫紫宮，徘徊天闕，握狼狐，蹈參伐，陶以乾坤，始分日月。觀三代之餘烈，察殷夏之遺風。昔崤函之固，即周洛之中，興四郊，建三雍，禪梁父，封岱宗。（藝文類聚六十一）

大將軍臨洛觀賦

濱曲洛而立觀，營高壤而作廬。處崇顯以閒敞，超絕鄰而特居。列阿閣以環匝，表高臺而起樓。步輦道以周流，臨軒檻以觀魚。于是迎夏之首，末春之垂，桃枝夭夭，楊柳猗猗。既乃日垂西陽，中曜內光，旄衡縱策，邈如奔飇。（藝文類聚六十三，御覽二十）

武賦

麛兒當作兒麛

注文又字上應有後漢崔駰傳注六字

假皇天兮簡帝心。（文選籍田賦注，又褚淵碑注。）

章帝謚議

臣聞號者功之表，謚者行之迹。據德錄功，各當其實。孝經曰：天地明察，神明章矣。（張溥本神明章矣止）虞書數堯之德曰：平章百姓。言天之常德也。詩曰：彫琢其章，金玉其相。亹亹文王，綱紀四方。又曰：倬彼雲漢，爲章于天。喻文王聖德有金玉之質，猶雲漢之在天也。舉表折義，四方德附矣。易曰：先天而天不違，後天而奉天時。臣愚以爲宜上尊號曰章。（御覽五百六十二）

奏記竇憲

珥筆持牘，拜謁曹下。（文選潘岳爲賈長淵贈陸機詩注）

與竇憲牋

主簿崔駰言：今旦漢陽太守稜率吏卒數十人，皆臂鷹牽狗，（御覽作犬）陳于道側，云欲上幕府。駰聞傳曰：禽獸之皮，不足以備器用，其肉不可以將獻養，則公不舉焉。禮，公侯非麛兒射，且以服猛，爲民除害，因以登臨器械也。故晉唐叔射兕于徒林，以爲大甲。夫鷹犬所獲，不過雉兔，而有歷險阻之難，斯乃細人匹夫之事，非王公大人所爲要資也。駰幸得充下館，序在衆賢後乘，是以竭其惓惓，敢進一言。（又御覽九百二十六引後漢書）

君侯以野幕爲府，前世封靑故事也。（書鈔一百三十二）

將軍窮絕天阻，萬里長途。（書鈔一百一十四）

獻書誡竇憲（藝文類聚題作與竇憲書）

駰聞交淺而言深者，愚也；在賤而望貴者，惑也；未信而納忠者，謗也。三者皆所不宜，而或蹈之者，劾其區區，憤盈而不能已也。竊見足下體淯淑之姿，躬高明之量，意美志厲，有上賢之風。駰幸得充下館，列後陳，是以竭其拳拳，敢進一言。傳曰：生而富者驕，生而貴者傲。生富貴而能不驕傲者，未之有也。今寵祿初隆，百僚觀行，當

往者以下一段應入達旨篇

堯舜之盛世。處光華之顯時。豈可不庶幾夙夜。以永衆譽。弘申伯之美。致周邵之事乎。語曰。不患無位。患所以立。昔馮野王以外戚居位。稱爲賢臣。近陰衛尉克己復禮。終受多福。郯氏之宗。非不尊也。陽侯之族。非不盛也。重侯累將。建天樞。執斗柄。其所以獲譏于時。垂愆于後者何也。蓋在滿而不挹。位有餘而仁不足也。漢興以後。迄于哀平。外家二十。保族全身。四人而已。書曰。鑒于有殷。可不慎哉。竇氏之興。肇自孝文。二君以淳淑守道。成名先日。安豐以佐命著德。顯自中興。內以忠誠自固。外以法度自守。卒享祚國。垂祉于今。夫謙德之光。周易所美。滿溢之位。道家所戒。故君子福大而愈懼。爵隆而愈恭。遠察近覽。俯仰有則。銘諸几杖。刻諸盤杅。矜矜業業。無殆無荒。如此則百福是荷。慶流無窮矣。後漢崔駰傳。又見藝文類聚二十三。

往者揚雄設言。客有難玄之尚白。應以戰國之士。若范蔡鄒衍。乘釁相傾。誑曜諸侯。以干濁世之寵。或人亦有覩我之澹泊。故比方

昔問以難余。余畧依前訓以報焉。藝文類聚二十五。

達旨

頤當作賾

或說己曰。易稱備物致用。可觀而有所合。故能扶陽而出。順陰而入。春發其華。秋收其實。有始有極。爰登其質。今子韞櫝六經。服膺道術。歷世而游。高談有日。俯鉤深于重淵。仰探遠乎九乾。窮至頤于幽微。測潛隱之無源。然下不步卿相之廷。上不登王公之門。進不黨以讚己。退不黷于庸人。獨師友道德。合符曩眞。抱景特立。與士不羣。蓋高樹靡陰。獨木不林。隨時之宜。道貴從凡。于時太上運天德以君世。憲王僚而布官。臨雍泮以恢儒。疏軒冕以崇賢。率惇德以厲忠孝。揚茂化以砥仁義。選利器于良材。求鏌鎁以明智。不以此時攀台階。闚紫闥。據高軒。望朱闕。夫欲千里而咫尺未發。猶逸禽之赴深林。蝱蚋之趣大沛。胡爲嘿嘿而久沈滯也。荅曰。有是言乎。子苟欲勉我以世路。不知其跌而失吾之度也。古者陰陽始分。天地初制。皇綱云緒。帝紀乃設。傳序歷數。三代興滅。昔大庭尚矣。赫胥罔識。淳樸散離。人物錯乖。高辛攸降。厥趣各違。道無常稽。與時張弛。失仁爲非。得義爲是。君子通變。各審所履。故士或掩目而淵潛。或盥耳而山棲。或草耕而僅飽。或木茹而長飢。或重聘而不來。或屢黜而不去。或冒詢以干進。或望色而斯舉。或以役夫發夢于王公。或以漁父見兆于元龜。若夫紛纁塞路。凶虐播流。人有昏墊之戹。主有疇咨之憂。條垂藟蔓。上下相求。于是乎賢人授手。援世之災。跋涉赴俗。急斯時也。昔堯含戚而皋陶謨。高祖歎而子房慮。禍不散而曹絳奮。結不解而陳平權。及其策合道從。克亂弭衝。乃將鏤玄珪。册顯功。銘昆吾之冶。勒景襄之鍾。與其有事。則褰裳濡足。冠挂不顧。人溺不拯。則非仁也。當其無事。則躐纓御覽六百八十六作攝纓整襟。規矩其步。德讓不修。則非忠也。是以險則救俗。平則守禮。舉以公心。不私其體。今聖上之育斯民也。樸以皇質。雕以唐文。

收當作牧

六合怡怡。比屋爲仁。壹天下之衆異。齊品類之萬殊。參差同量。坏冶一陶。羣生得理。庶績其凝。家家有以和樂。人人有以自優。威械藏而俎豆布。六典陳而九刑厝。濟茲兆庶。出于平易之路。雖有力收之畧。尙父之厲。伊皋不論。奚事范蔡。夫廣廈成而茂木暢。遠求存而良馬縶。陰事終而水宿藏。場功畢而大火入。方斯之際。處士山積。學者川流。衣裳被宇。冠蓋雲浮。譬猶衡陽之林。岱陰之麓。伐尋抱不爲之稀。蓺拱把不爲之數。攸攸罔極。亦各有得。彼采其華。我收其實。舍之則藏。己所學也。故進動以道。則不辭執珪而秉柱國。復靜以禮。則甘糟糠而安藜藿。夫君子非不欲仕也。恥夸毗以求舉。非不欲室也。惡登牆而摟處。叫呼衒鬻。縣旌自表。非隨和之寶也。暴智耀世。因以干祿。非仲尼之道也。游不論黨。苟以徇己。汙血競時。利合而友。子笑我之沈滯。吾亦病子屑屑而不已也。先人有則而我弗虧。行有枉徑而我弗隨。臧否在予。唯世所議。固將因

收當作牧

天質之自然。誦上哲之高訓。詠太平之清風。行天下之至順。懼吾躬之穢德。勤百畝之不耘。縶余馬以安行。俟性命之所存。昔孔子起威于夾谷。晏嬰發勇于崔杼。曹劌舉節于柯盟。卞嚴克捷于彊禦。范蠡錯勢于會稽。伍員樹功于柏舉。魯連辯言以退燕。包胥單辭而存楚。唐且華顛以悟秦。甘羅童牙而報趙。原衰見廉于壺飧。宣孟收德于束脯。吳札結信于丘木。展季效貞于門女。顏回明仁于度轂。程嬰顯義于趙武。僕誠不能編德于數者。竊慕古人之所序。後漢崔駰傳。又畧見藝文類聚二十五。

博徒論

博徒見農夫戴笠持耨。以芸蓼荼。面色驪黑。手足胼胝。膚如桑朴。足如熊蹄。蒲望隴畝。汗出調泥。乃謂曰。子觸熱耕芸。背上生鹽。脛如燒椽。皮如領革。錐不能穿。行步狼跋。蹄戾脛酸。謂子草木。支體屈伸。謂子禽獸。形容似人。何受命之薄。稟性不純。御覽三百八十二。

紫脣素齒。雪白玉暉。御覽三百六十八。

鷰臛羊殘。炙雁煮鳧。書鈔一百四十二。文選七命注。又御覽八百六十一。雞寒狗熱。書鈔一百四十一。五作寒雞熱狗

重案滿俎。書鈔一百四十二。

適逢長吏。膏衛東顯。撫綏下車。但到酒壚燭燎。同上。

江陽之鹽。書鈔一百四十六。

明帝頌

帝乃負扆。執肖覆珪。運斗杓以酬酢。酌酒旗之玉卮。藝文類聚七十三。

四巡頌　並上表

臣聞陽氣發而鶬庚鳴。秋風厲而蟋蟀吟。氣之動也。唐虞之世。樵夫收豎。擊轅中韶。感于和也。臣不知手足之動音聲。敢獻頌云。

西巡頌

惟永平三年八月己丑。行幸河東。志曰。君舉必書。是故工歌其詩。史立春秋。若夫聲管不發。雅頌罔記。御覽五百三十七。

惟秋稼既登。上將省斂。平秩西成。巡畿于西郊。因斯萬物。凝德綏俗。昔既春游。今乃秋豫。初學記十三。

南巡頌

建初九年。秋穀始登。猶期加時。舉先王之大禮。假于章陵。遂南巡楚路。臨江川以望衡山。顧九疑。歎虞舜之風。是時庶績咸熙。罔可黜陟。御覽五百三十七。

惟林蒸之鴻德。允天覆而無遺。壯雲行之博惠。淑雨施于庶黎。初學記十三。

東巡頌

伊漢中興三葉。於皇維烈。允迪厥倫。纘王命。徹漢勳。矩坤度以範物。規乾則以陶鈞。于是考上帝以質中。總列宿于北辰。開太微。敞紫庭。延儒林以咨詢岱嶽之事。于是典司耆耈。載華抱實。追爾而造。曰。盛乎大漢。既重雍而襲熙。世增其德。唯斯嶽禮。久而不修。此神人之所慶幸。海內之所想思。頌有喬山之征。典有徂嶽之巡。時邁其邦。民斯攸勤。不亦宜哉。乃命太僕。訓六騶。閑路馬。戒師徒。于是乘輿登天靈之威路。駕太一之象車。升九龍之華旗。建翠霓之旌旂。三軍霆激。羽騎火烈。天動雷震。隱隱轔轔。躬東作之上務。始八正于南行。哀胡耇之元老。賞孝行之畯農。初學記十三。引兩條。藝文類聚三十九。御覽三百四十七。又五百三十七。

北巡頌

元和二年正月。上既畢郊祀之事。乃東巡。出于河內。納青兗之郊。迴冀州。禮北嶽。登中山。天帝觀神農。將省陽穀。相天功。巡東作。聖澤流浹。黎元被德。嘉瑞並集。乃作頌。初學記十三。御覽五百三十七。

禋潔享祈。歆嘗百神。爰始賦政。授務于人。初學記十三。

雍容清廟。謐爾無虞。垂拱穆穆。神行化馳。初學記十三。

四皓墟頌

駟馬高蓋。其憂方大。（書鈔一百三十二）

北征頌

人事協兮皇恩得。金精揚兮水靈伏。順天機兮把刑德。戈所指兮罔不剋。（御覽三百四十一）

杖頌

植根荄于湘浦。承雷夏之洪澤。寓流雲而詒我。合天生乎裁剟。用㠯為杖。飾㠯犀角。玉母扶持。永保百福。壽如西老。子孫千億。（書鈔一百三十一）

七依

客曰。乃導玄山之粱。不周之稻。萬鑿百陶。精細如蟻。簡㠯絺綌。砥㠯柔韋。雍人調膳。展選百味。（二語從文選曹植求自試表注補）駕夫遺風之乘。遊騏之騑。適靡四海。攙珍口口。洞庭之鮒。灌水之鰩。丹山鳳卵。粵澤龍胎。炊㠯口棫之薪。口口口口口口。滋㠯陽樸之薑。蔌㠯壽木之華。鹺㠯大夏之鹽。酢㠯越裳之梅。口中龍口。膳史信羹。甘酸得適。齊和有方。木酪昌菹。邑酒蘇漿。成湯不及見。桓公所未嘗。（藝文類聚五十七。書鈔一百四十二引七條。一百四十四引三條。）夏屋蘧蘧。（文選魯靈光殿賦注。）反宇垂阿。洞門金鋪。丹柱雕楹。飛閣層樓。于是置酒乎讌遊之堂。張樂乎長娛之臺。酒酣樂中。美人進口口口口口㠯承宴。調歡欣㠯解容。迴顧百萬。一笑千金。振飛縠㠯舞長袖。裊細腰㠯務抑揚。紛屑屑㠯曖曖。昭灼爍而復明。（二語從初學記十五補）當此之時。孔子傾于阿谷。柳下忽而更婚。老聃遺其虛靜。揚雄失其太玄。此天下之逸豫。宴樂之至盤也。公子豈能興乎。（藝文類聚五十七。）客曰。彭蠡之鳥。萬萬而羣。荆山之獸。億億而屯。雲合風散。隱隱震震。乃命長狄使驅獸。夷羿作虞人。服飛兔之中乘。騁華騮之騄輪。虒虛騰雲。乘風度津。（四語從文選赭白馬賦注補）騰句喙㠯追飛。騁韓盧㠯逐奔。弓彈交錯。把弧控弦。彎繁弱。鼓千鈞。死獸藉藉。聚齒如山。選取上鮮。獻之庖人。（藝文類聚五十七。）

爰有洞庭之椅桐。依峻岸而旁生。（初學記二十八）

絃㠯山柘之絲。飾㠯和氏之璧。（書鈔一百九）

升龍于天者雲也。（文選七啟注）

霈若膏雨之潤良苗。（文選王粲從軍詩注）

駰既作七依。而假非有先生之言曰。嗚呼。揚雄有言。童子雕蟲篆刻。俄而曰。壯夫不為也。孔子疾小言破道。斯文之族。豈不謂義不足而辯有餘者乎。賦者將㠯諷。吾恐其不免于勸也。（藝文類聚五十七。）

太尉箴

天官冢宰。庶寮之率。師錫有帝。命虞作尉。爰叶台極。爰平國域。制軍詰禁。王旅惟式。九州用綏。羣公咸治。干戈載戢。宿纏其紀。上之云據。下之云戴。苟非其人。斁我帝載。昔周人思文公而召南詠甘棠。昆夷隆夏。伊摯盛商。季世頗僻。禮用不匡。無曰我彊。莫余敢喪。無曰我大。輕戰好殺。紂師百萬。卒㠯不艾。宰臣司馬。敢告在際。（藝文類聚四十六。初學記十一。古文苑）

司徒箴

天鑒在下。仁德是興。乃立司徒。亂茲黎蒸。芒芒庶域。率土祁祁。人具爾瞻。四方是維。乾乾夕惕。靡息靡違。恪恭爾職。㠯勤王機。敬敷五教。九德咸事。喬民用章。黔甿是富。無曰余悖。忘于爾輔。無曰余聖。㠯忽執政。匪用其良。乃荒厥命。庶績不怡。疚于爾祿。豐有折肱。而鼎覆其餗。書歌股肱。詩刺南山。尹氏不堪。國度斯僁。徒臣司衆。敢告執藩。（藝文類聚四十七。初學記十一。）

司空箴

普彼坤靈。侔天作則。分制五服。畫為萬國。乃立地官。空惟是職。茫茫九州。都鄙盈區。綱㠯羣牧。綴㠯方侯。列列雋乂。翼翼王臣。臣當其官。官宜其人。九一之政。七賦吕均。昔在季葉。班祿遺賢。掊克充朝。而象恭滔天。匪力斯人。匪政斯敕。流貨市寵。而苞苴是鬻。王路斯荒。孰不傾覆。空臣斯土。敢告在側。（初學記十一。案藝文類聚四十七吕爲揚雄作）

尚書箴

龍作納言。帝命惟允。山甫翼周。實司癡吻。赫赫禁臺。萬邦所庭。無曰我平。而慢爾衡。無曰我審。而怠爾明。四岳阿鯀。績用不成。虞登八凱。五敎聿清。舉吕無私。乃忝服榮。正直是與。伊道之經。先人匪懈。永世流聲。君子下問。敢告侍庭。（古文苑。案初學記十一吕爲繁欽作）

太常箴

翼翼太常。實爲宗伯。穆穆靈祇。寢廟奕奕。稱秩元祀。班于羣神。我祀既祇。我粢孔蠲。匪愆匪忒。公尸攸宜。弗祈弗求。惟德之報。不矯不誣。庶無罪悔。昔在成湯。葛爲不弔。棄禮慢祖。夔子不祀。楚師是虜。魯人躋僖。臧文不悟。文嚎太室。桓納郜賂。災降二宮。用誥不祧。

故聖人在位。無曰我貴。慢行繁祭。（古文苑多此十四句）無曰我材。輕身恃筮。東鄰之犧牛。不如西鄰之麥魚。秦殯望夷。隱斃鍾巫。常臣司宗。敢告執事。（初學記十二。案藝文類聚四十九吕爲揚雄。古文苑作崔駰。注云一作揚雄）

大理箴

邈矣皋陶。翊唐作士。設爲犴狴。九州允理。如石之平。如淵之清。三槐九棘。吕賢吕德。罪人斯殛。凶族斯遊。熙乂帝載。旁施作明。昔在仲尼。哀矜聖人。子罕禮刑。衞人釋艱。釋之其忠。勳亮孝文。于公亭寘。定國廣門。負哉邈矣。舊訓不遵。主慢臣驕。虐用其民。賞吕崇欲。刑吕肆忿。紂作炮烙。周人滅殷。商用淫刑。湯誓其軍。衞鞅酷烈。卒殞于秦。不疑知害。禍不及身。嗟茲大理。愼于爾官。賞不可不思。斷不可不虔。或有忠而被害。或有孝而見殘。吳沈伍胥。殷剖比干。莫遂爾情。是截是刑。無遂爾志。吕速吕亟。天聽在顏。無細不錄。福善禍惡。其効甚速。理臣司律。敢告執獄。（初學記十二。引漢崔德正大理箴。未詳德正爲誰。古文苑

或三當作成王

作崔駰。今據之。）

河南尹箴

茫茫天區。畫冀爲京。商邑翼翼。四方是營。（御覽作四方之經）爰作卿士。吕尹皇州。風化攸興。萬國承流。（御覽有此四句）唐虞商周。河洛是居。或三郟鄏。吕處鶉墟。諸夏勁強。是從是橫。徹我牆屋。而師尹不匡。霸奪其權。宗器吕分。圖籍遷齊。九鼎入秦。（藝文類聚六。又御覽二百五十二作揚雄。誤。西漢無河南尹）

酒箴

豐侯沈酒。荷罌負缶。自戮于世。圖形戒後。（御覽七百六十二。案北堂書鈔一百四十八作崔實酒箴。與此小異）

車左銘

虞夏作車。取象機衡。君子建左。法天之陽。正位受綏。車不內顧。塵不出軌。鸞吕節步。彼言不疾。彼指不躬。元覽于道。永思厥中。（藝文類聚七十一。文選張衡東京賦注。御覽七百七十二）

車右銘

擇御卜右。采德用良。詢納耆老。于我是匡。惟賢是師。惟道是式。箴闕旅賁。內顧自敕。匪望其度。匪愆其則。越戒敦儉。禮吕華國。（藝文類聚七十一。初學記二十五。御覽七百七十三）

車後銘

敬其在路。體貌斯恭。望衡顧轂。允愼茲容。無或好失。匪盤于遊。顧省厥遺。虎尾斯求。昭德塞違。抑盈吕無。雖有三晉。咸然若虛。（藝文類聚七十一。御覽七百七十四）

仲山父鼎銘

鼎耳革。其行塞。雉膏不食。方雨虧悔。終吉有福。足勝其任。公餗乃珍。于高斯危。在滿戒溢。可吕永年。天之大律。（藝文類聚七十三）

樽銘

惟歲之元。朝賀奉樽。金罍犧象。嘉禮具存。獻酬交錯。萬國咸歡。（藝文

類聚七十三。

冬至襪銘

機衡建子。萬物含滋。黃鍾育化。吕養元基。陽升于下。日永于天。長履景福。至于億年。皇靈既祐。祉祿來臻。本枝百世。子子孫孫。藝文類聚七十。初學記四。案初學記又云崔駰襪銘有建子之月助養元氣之事。

六安枕銘

枕有規矩。恭壹其德。承元御覽作承先。寍躬。終始不忒。六安在床。匪邪匪仄。北堂書鈔一百三十四。又御覽七百七少末二語載本注云六安言六面也。

刀劍銘

歐冶運巧。鑄鋒成鍔。麟角鳳體。玉飾金錯。

龍淵太阿。干將莫邪。帶吕自禦。煒煒吐花。

刻漏銘

天德順動。人吕立信。乃作斯策。吕咸渥潤。封傳今覽。爰曁四極。

縫銘

惟歲之始。承天嘉德。皇靈顧國。絲綫尤贊。吕朝迪。御覽八百三十。

扇銘

翩翩此扇。輔相君子。屈伸施張。時至時否。動搖滿風。吕禦炎暑。書鈔一百三十四。

有圓者扇。誕此秀儀。晞露散靈。擬日定規。明妾玉賜。惠風時披。

婚禮結言

乾坤其德。恆久不已。爰定天綱。夫婦作始。乃降英媛。有淑其儀。姬姜是倅。比則姚嬀。藝文類聚。

藏納嘉摯。內結鞶褵。委禽奠雁。酏吕鹿皮。初學記十四。

全後漢文卷四十四終

烏程嚴可均校輯

崔瑗

瑗字子玉，駰子，年四十始爲郡吏，坐事繫東郡發干獄，釋歸，辟度遼將軍鄧騭府，騭誅坐免，復辟車騎將軍閻顯府，順帝初，顯誅，又坐免，後舉秀才，除汲令，漢安初遷濟北相，被劾，徵詣廷尉，免，有集六卷。

上言察舉孝廉

臣聞孝廉皆限年三十乃得察舉，恐失賢才之士也。（引崔氏家傳）

與葛元甫書（葛龔字元甫）

今遣奉書錢千爲贄，并送許子十卷，貧不及素，但以紙耳。（北堂書鈔一百四，藝文類聚三十一）

僕在河北，少他負罰，以盜賊少。（書鈔三十六）

雜帖

賢女委頓積治，此爲憂懸，燋心，今已極佳，足下勿復憂念，其信來數附書，知聞，以解其憂。（淳化閣帖二）

敕妻子

吾幷日而食，以供賓客，而反以獲譏，士大夫不足養，如此，後勿過菜具，無爲諸子所蚩。（後漢崔瑗傳注引華嶠後漢書）

遺令子實

夫人禀天地之氣以生，及其終也，歸精于天，還骨于地，何地不可藏形骸，勿歸鄉里，其賵贈之物，羊豕之奠，一不得受。（後漢崔瑗傳）

七蘇

加以脂粉，潤以滋澤。（書鈔一百三十五）

南陽文學頌

昔聖人制禮作樂也，將以統天理物，經國序民，立均出度，因其利而利之，俾不失其性也，故觀禮則體敬，聽樂則心和，然後知反其性而正其身焉，取律于天，以和聲，采言于聖，以成謀，以和邦國，以諧萬民，以序賓旅，以悅遠人，其觀威儀，省禍福也，出言視聽，于是乎取之。

民生如何，導以禮樂，乃修禮官，奮其羽籥，我國既淯，我俗既敦，神樂民則，嘉生乃繁，無言不酬，其德宜先，先民既沒，賴茲舊章，我禮既經，我樂既聲，三事不敘，莫識其形。（藝文類聚三十八，御覽五百三十四）

敘箴

昔揚子雲讀春秋傳虞人箴而善之，于是作爲九州及二十五官箴，規匡救言，君德之所宜，斯乃體國之宗也。（御覽五百八十八引崔漢敘箴，當是崔瑗之誤）

尚書箴

皇皇聖哲，允敕百工，命作齋慄，龍爲納言，是機是密，出入朕命，王

之喉舌，獻善宣美，而讒說是折，我視云明，我聽云聰，載夙載夜，惟允惟恭，故君子在室，出言如風，動于民人，渙其大號，而萬國平信，春秋譏漏言，易稱不密則失臣，兌吉其和，巽吝其頻，書稱其明，申申其鄰，昔秦尚權詐，官非其人，符璽竊發，而扶蘇隕身，一姦從命，七廟爲墟，威福同門，牀上爲辜，書臣司命，敢告侍隅。（古文苑，案藝文類聚四十八作揚雄）

博士箴

洋洋三代，典禮是修，畫爲辟雍，國有學校，侯有泮宮，各有攸教，德用不陵，昔在文王，經啟其執，勖于德音，而思皇多士，多士作楨，惟周以盛，國人興讓，虞芮質成，公劉挹行，潦而濁亂斯清，官操其業，士執其經，昔聖人之綏俗，莫美于施化，故孔子觀夫太學，而知爲王之易易，大舜南面無爲，而衽席平，還師階級之間，三苗以懷，秦作無道，斬決天紀，漫彼王迹，而坑夫術士，詩書是泯，家言是守，俎

蠱當作監

豆不陳。而顚其社稷。故仲尼不對問陳。而胡簋是邁。原伯非學而閔子知周之不振。儒臣司典。敢告在賓。（古文苑。案藝文類聚四十六作揚雄。）

東觀箴

洋洋東觀。古之史官。三墳五典。靡義不貫。左書君行。右記其言。辛尹顧訪。文武明宣。倚相見寶。荆國吕安。何吕季代。咆哮不虔。在彊奮矯。戮彼逢干。衛巫蠱謗。國莫敢言。狐突見斥。淖齒見殘。焚文坑儒。嬴反爲漢。巫蠱之毒。殘者數萬。吁嗟後王。曷不斯鑒。是吕明哲先識。擇木而處。夏終殷摯。周毗晉黍。或笑或泣。抱籍遁走。三葉靖公。果喪厥緒。宗廟隨夷。遠之荆楚。麥秀之歌。億載不瘉。史臣司藝。敢告侍後。（初學記十二。古文苑。）

關都尉箴

茫茫九州。據爲關津。唐堯積德。三代脩仁。越季不執。爰失厥人。聖賢不用。頑嚚是親。漢遺武關。項破函谷。秦王子嬰。緼爲禽僕。尉臣司關。敢告竝轂。（初學記七。古文苑。）

河隄謁者箴

伊昔鴻泉。浩浩滔天。有夏作空。爰奠山川。導河積石。鑿于龍門。疏爲砥柱。牽彼河濟。大陸既碰。播于北野。濟漯咸順。沂泗從流。江淮湯湯。而冀宅乃州。澹菑瀸瀸。東歸于海。九野孔安。四隩不殆。爰及周衰。夏績陵遲。導非其導。堙非其堙。八野塡淤。水高民居。溢溢滂汨。屢決金隄。瓠子潺湲。宣房作歌。使臣司水。敢告執河。（古文苑。）

郡太守箴

有嬴驅除。焚典紀舊。蕩滅蕃畿。罷侯置守。秦發閭左。陳涉奮威。楚築乾谿。靈王不歸。征返由近。可不肅祗。守臣司境。敢告執機。（古文苑。）

北軍中候箴

赫赫將帥。典總虎臣。鷹揚旅武。闞然奮震。贊衣近侍。常伯之八。怒如熊力。角焉任口。操兵左右。百夫衛賓。昔在高祖。草創伊神。鴻門之會。職多未陳。或有劍舞。賴有傾身。孔丘歷階。文武定申。吕人土拜。齊無其臣。秦政東遊。大盜輩羣。期門不設施巧。銳騎在不脩員。故圖遠秉機。事有殷勤。殷勤在親。親無常人。忽情懈怠。禍慢及君。憲臣司武。敢告執軍。（古文苑。）

司隸校尉箴

煌煌古制。分劃五服。翼翼封畿。四方之極。牧監匡設。是謂王國。大漢通變。崇弘簡易。吞舟之網。吕濟難阨。自時厥後。或慢或遲。繡衣四出。禍起宮闈。江充作亂。辱于戾園。卒隸掘蠱。吕詰其姦。既定既盜。爰遂其官。俾督京甸。時惟鷹鸇。必正必式。國之司直。乃回乃邪。實爲讒慝。毀于貞賢。悔其何及。昔唐虞晏晏。庶績吕熙。嬴氏慘慘。怨毒用滋。是故履上位者。無云我貴。苟任激訐。平陽玄默。吕式百辟。畫一之歌。豈猶遐邈。使臣司隸。敢告執役。（古文苑。）

中壘校尉箴

堂堂皇帝。設爲壘壁。（後漢光武紀上注。）

侍中箴（見古文苑。今據初學記十二。吕爲胡廣作。故不復錄。）

座右銘

無道人之短。無說己之長。施人愼勿念。受施愼勿忘。世譽不足慕。唯仁爲紀綱。隱身而後動。謗議庸何傷。無使名過實。守愚聖所臧。柔弱生之徒。老氏誡剛强。在涅貴不緇。曖曖內含光。硜硜鄙夫介。悠悠故難量。愼言節飲食。知足勝不祥。行之苟有恆。久久自芬芳。（文選。藝文類聚二十三。）

竇大將軍鼎銘

大禹鑄鼎。象物百神。饗帝養賢。命錫宗臣。三距金鉉。公德配焉。雉膏之美。咸在擇人。惟王建國。分之彝器。鼎爲元寶。君臣享位。足勝其任。嚮保寶器。持盈若沖。滿而不溢。黃耳不革。玉鉉終吉。禹鏤其鼎。湯刻其盤。紀功申戒。貽則後人。（藝文類聚七十三。）

修下脫身字

遺葛龔珮銘

禹湯罪己，仲尼多誨。盤盂有銘，几杖有誡。天爲剛德，猶不干時。君子宴怒，厥亦生災。晉厲好虐，欒書作亂。荀瑤峻戾，韓魏致難。慷慨憤激，動腸傷氣。久生百疾，歷年不遂。俯覽斯珮，柔韋是貴。（藝文類聚六十七。）

三珠釵銘

元正上日，百福孔靈。鬒髮如雲，乃象衆星。三珠橫釵，攝髮鑽瑩。（北堂書鈔一百三十六，藝文類聚七十，御覽七百十八。）

杖銘

乘危履險，非杖不行。年老力竭，非杖不彊。諸蔗雖美，殆不可杖。佞人悅己，亦不可相。（書鈔一百三十三，御覽七百十。案藝文類聚六十九作劉向杖銘，御覽九百七十四作馮植竹杖銘。馮植不知何許人。）

柏枕銘

元首之尊，爲乾之精。詒我良材，玄冬再榮。是用爲枕，爰勒直銘。（北堂書鈔一百三十四。）

和帝誄

玄景寢曜，雲物見徵。馮相考妖，遂當帝躬。三載四海，遏密八音。如喪考妣，擗踊號吟。大隧既啟，乃徂玄宮。永背神器，升遐皇穹。長夜冥冥，曷云其窮。（藝文類聚十二。）

竇貴人誄

若夫貴人，天地之所留神，造化之所慇懃。華光曜乎日月，才志出乎浮雲。然猶退讓，未嘗專寵。樂慶雲之普覆，悼時雨之不廣。憂國念主，不敢怠遑。嗚呼哀哉，惟以永傷。

重曰：積善之家，福慶長。修以壽，道之常。（此句有脫字。）聖人之言，義不虛。修身獲報，効莫疏。令問不忘，身猶存。貴人雖沒，遺德尊。著于金石，垂後昆。（藝文類聚十五。）

司農卿鮑德誄

迺司大事，掌是六府。三事九功，迺修迺敘。（初學記十二。）

汲縣太公廟碑

太公望者，河內汲人也。縣民故會稽太守杜宣白令崔瑗曰：太公本生于汲，舊居猶存。君與高國同宗太公，載在經傳。今臨此國，宜正其位，以明尊祖之義。于是國老王喜、廷掾鄭篤、功曹邰勤等咸曰宜之。遂立壇祀，爲之位主。（水經清水注。汲縣城東門北側有太公廟，廟前有碑云。）

河間相張平子碑

河間相張君，南陽西鄂人，諱衡，字平子。其先出自張老，爲晉大夫。納規趙武，而反其侈，書傳美之。君天姿濬哲，敏而好學，如川之逝，不舍晝夜。是以道德漫流，文章雲浮。數術窮天地，制作侔造化。瓌辭麗說，奇技（隋天文志上葛洪引作高才。）偉藝，磊落煥炳。與神合契，然而體性溫良，聲氣芬芳。仁愛篤密，與世無傷。可謂淑人君子者矣。初舉孝廉，爲尚書侍郎，遷太史令，實掌重黎麻紀之度。亦能焞燿敦大，天明地德，光照有漢。遷公車司馬令，侍中，遂相河間，政以禮成，民是用思。遭命不永，閽忽殂徂。朝失良臣，民隕令君。天泯斯道，世喪斯文。凡百君子，靡不傷焉。乃銘斯表，以旌厥問。其辭曰：

于惟張君，資質懿豐。德茂材羨，高明顯融。焉所不學，亦何不師。盈科而逝，成章乃達。一物不知，實以爲恥。聞一善言，不勝其喜。包羅品類，稟授無形。酌焉不竭，沖而復盈。廓廓其庶，亹亹其幾。膺數命世，紹聖作師。苟華必實，令德惟恭。柔嘉伊則，孝友祇容。允出在茲，維帝念功。往才女諧，化洽民雝。懿天不弔，降此咎兇。哲人其萎，罔不時恫。紀于銘勒，永終譽兮。死而不朽，芳烈著兮。（古文苑。案後漢張衡傳：數術窮天地，制作侔造化，注：崔瑗撰平子碑文也。）

胡公碑

唯我末臣，頑蔽無聞。（文選赭白馬賦注。案胡廣碑有全文，見蔡邕集。藝文類聚四十六亦以爲蔡邕作，或是）

崔蔡兩集皆載此碑耳。崔先胡廣死三十年。不得爲胡作碑。必誤也。

草書勢 勢一作體。

書契之興。始自頡皇。寫彼鳥跡。以定文章。爰暨末葉。典籍彌繁。人之多僻。政之多權。官事荒蕪。勦其墨翰。惟作佐隸。舊字是刪。草書之法。蓋先簡略。應時諭指。周于卒迫。兼功并用。愛日省力。純儉之變。豈必古式。觀其法象。俯仰有儀。方不中矩。圓不副規。抑左揚右。望之若欹。竦企鳥跱。志在飛移。狡獸暴駭。將奔未馳。或黜點染。狀似連珠。絕而不離。畜怒怫鬱。放逸生奇。或凌邃而惴慄。若據槁而臨危。旁點邪附。似蜩螗挶枝。絕筆收勢。餘綖糾結。若山蜂施毒。看隙緣巇。騰蛇赴穴。頭沒尾垂。是故遠而望之。漼焉若注岸崩涯。就而察之。即一畫不可移。纖微要妙。臨事從宜。略舉大較。彷彿若斯。晉書衛恒傳。又初學記二十一引兩條。

崔琦

琦字子瑋。瑗族人。永和初舉孝廉。爲郎。爲梁冀所怒。後除臨濟長。不敢之職。冀遣刺客要之。得脫走。尋見殺。有集一卷。

白鵠賦 見後漢崔琦傳。亡。

七蠲

寒門邱子有疾。玄野子謂之曰。藍沼清池。素波朱瀾。金鉤芳餌。纖繳華竿。緡沈魚浮。薦以香蘭。幽室洞房。絕檻垂軒。紫閣青臺。御覽一百八十四作青室。綺錯相連。結實布葉。與波邪傾。從風離合。澹淡交并。紫帶黃葩。翳水吐榮。紅顏溢坐。美目盈堂。姿喻春華。操越秋霜。從容微眄。流曜吐芳。巧笑在側。顧盼傾城。

玄野子曰。爰有梧桐。產乎玄谿。傳根朽壤。託陰初學記二十八。御覽九百五十六作託險。生危激水。澡其下。孤鳥集其枝。罔雙偶而特立。獨飄颻而單離。匠石摧肩。公輸折首。目眩肌戰。制以爲琴。子野調操。鍾期聽音。子能聽之乎。藝文類聚五十七。

暫咍徂蚑。時吟齊謳。窮樂極懽。濡首相呴。初學記十五。

再奏致哀風。文選王康琚反招隱詩注。

三王行化。夷叔隱己。文選劉峻辯命論注。

翻然鳳舉。軒爾龍騰。文選曹植王仲宣誄注。

于斯江臯。實產橘柚。紫葉玄實。綠裏朱莖。孟冬之月。于時可食。撫以玉手。永用華飾。御覽九百六十六。又九百七十三。

四皓頌 序

昔有南山四皓者。蓋角里先生、綺里季、夏黃公、東園公是也。秦世道滅德消。坑黜儒術。于是乃退而作歌曰。漠漠商洛。深谷逶迤。曄曄紫芝。可以療飢。皇虞邈遠。吾將安歸。駟馬高蓋。其憂甚大。富貴而畏人。不如貧賤而輕世。梅鼎祚東漢文紀引書鈔。檢書鈔無。

外戚箴

赫赫外戚。華寵煌煌。昔在帝舜。德隆英皇。周興三母。有莘崇湯。宣

王晏起。姜后脫簪。齊桓好樂。衛姬不音。皆輔主以禮。扶君以仁。達才進善。以義濟身。爰暨末葉。漸已穨虧。貫魚不敘。九御差池。晉國之難。禍起于麗。惟家之索。牝雞之晨。專權擅愛。顯己蔽人。陵長間舊。圮剝至親。並后匹嫡。淫女斃陳。匪賢是上。番爲司徒。荷爵負乘。采食名都。詩人是刺。德用不憮。暴辛惑婦。拒諫自孤。蝠蛇其心。從毒不辜。諸父是殺。孕子是刳。天怒地忿。人謀鬼圖。甲子昧爽。身首分離。初爲天子。後爲人螭。非但耽色。母后尤然。不相率以禮。而競獎以權。先笑後號。卒以辱殘。家國泯絕。宗廟燒燔。末嬉喪夏。褒姒斃周。妲己亡殷。趙靈沙丘。戚姬人豕。呂宗以敗。陳后作巫。卒死于外。霍欲鴆子。身乃罹廢。故曰無謂我貴。天將爾摧。無恃常好。色有歇微。無怙常幸。爰有陵遲。無曰我能。天人爾違。患生不德。福有慎機。日不常中。月盈有虧。履道者固。仗勢者危。微臣司戚。敢告在斯。後漢崔琦傳。

崔寔一

寔字子真。一名台。字元始。瑗子。桓帝初舉至孝獨行。除爲郎。後辟太尉袁湯府大將軍梁冀府。並不應。尋吕薦召拜議郎。遷梁冀府司馬。與邊韶延篤等著作東觀。出爲五原太守。吕病徵拜議郎。梁冀誅。坐免官禁錮。後拜遼東太守。母憂服竟。召拜尚書。吕疾免。有政論五卷。四民月令一卷。集二卷。

大赦賦

惟漢之十一年四月大赦。滌惡棄穢。與海內更始。亹亹乎恩隆平之進也。寔就而賦焉。吕爲五帝異制。三王殊事。然其承天據地。興設法制。一也。陛下吕苞天之大。承前聖之迹。朝乾乾于萬機。夕虔敬吕厲惕。然猶痛刑之未錯。厥將大赦。所吕創太平之迹。旌頌聲之期。新邦家而更始。垂祉美乎將來。此誠不可奪也。方將披玄雲照景星。獲嘉禾于疆畝。數蓂莢于階庭。栖麒麟之肉角。聆鳳皇之和鳴。農夫歡于時雨。女工樂于機聲。雖皇羲之神化。尚何斯之太寍。藝文類聚五十二。初學記二十。

答譏

客有譏夫人之享天爵而應睿哲也。必將振民毓德。弭難濟時。故或階勝吕納說。或桎梏而不辭。或擊角吕自衒。或養老吕待期。及其規合策從。勳績克章。撥亂夷險。九合一匡。聖人大寶。唯斯爲光。今子遊精太清。潛思九玄。勵節縹霄。抗志浮雲。口厭甘而嘗苦。身樂逸而長勤。志求貴而永卑。情好富而困貧。慕容名而失厚。思慮勞乎形神。答曰。子徒休彼繡衣。不知嘉遁之獨肥也。且麟隱于遐荒。不紆機穽之路。鳳凰翔于寥廓。故節高而可慕。李斯奮激。果失其度。胥種遂功。身乃無處。觀夫人之進趨也。不揣己而干祿。不揆時而要會。或遭否而不遇。或智小而謀大。纖芒毫末。禍亟無外。榮速激電。辱必彌世。故曰愛餌銜鉤。悔在鸞刀。披文食豢。乃啟其毛。

實當作寔　太當作天　其疾之疾當作灾　獨當作蠲

若夫守恬履靜。澹爾無求。沈緡濬壑。棲息高丘。雖無炎炎之樂。亦無灼灼之憂。余竊嘉茲。庶遵厥猷。藝文類聚二十五。

諫議大夫箴

於昭上帝。迪茲既哲。匪于水鑒。惟人是察。處有誦訓。出則古文苑作有旅賁。木鐸之求。爰納遒人。各有攸訊。政吕不紛。昔在大禹。拜承昌言。癸辛暴戾。虐及于天。逮于周厲。慢德不蠲。煦煦胥讒。人諂乃作。不顧厥愆。是討是格。庶類不堪。流之彘宅。防人之口。譬諸防川。豈不速止。潰乃滂濞。滂濞尚塞。言擁爲賊。默默之患。用顛厥國。諫臣司議。敢告執古文苑作有翼。初學記十二。古文苑。

太醫令箴

動不肆勤。靜不實逸。有疾歸太。醫無能恤。晉平好內。四時是一。非鬼非食。惑吕自失。雖有秦和。焉所施術。太上防疾。其疾萌芽。膝理不蠲。骨髓奈何。御覽二百二十九。

全後漢文卷四十五終

全後漢文卷四十六　　烏程嚴可均校輯

崔寔二

政論

謹案。隋志法家。正論五卷。漢大尚書崔寔撰。舊唐志政論五卷。意林亦五卷。新唐志作六卷。各書引見。或作政論。或作正論。又作本論。止是一書。寔字子真。一名台。字元始。涿郡安平人。高祖篆。祖駰。父瑗。范史皆有傳。寔好典籍。桓帝初爲郎。後拜議郎。與邊韶延篤等著作東觀。出爲五原太守。徵拜議郎。復與諸儒博士襍定五經。拜遼東太守。母卒歸葬。服竟召拜尚書。㠯世方阻亂。稱疾不視事。免歸。建寧中卒。寔明于政體。吏才有餘。論當世便事數十條。指切時要。言辯而确。范史論曰。寔之政論。言當世理亂。雖鼂錯之徒。不能過也。其書成于守遼東後。故有僕前爲五原太守及今遼東耕犂云云。本傳繫于桓帝初除爲郎時。未得其實。其本北宋時已佚失。故崇文總目不著錄。郡齋讀書志直齋書錄解題亦無之。通志畧載有六卷。虛列書名。不足據。今從羣書治要寫出七篇。從本傳及通典各寫出一篇。凡九篇。畧依意林次第之。刺取各書引見。校補譌脫。定著一卷。其畸零短段三十事不能成篇者。載于卷末。治要專取精實。而腴語美詞。芟除淨盡。然于當時積弊。已臚列無遺。治亂興亡。古今一軌。本傳引仲長統曰。凡爲人主。宜寫一通。置之坐側。誠哉是言也。嘉慶十九年龍集甲戌六月十五日。

自堯舜之帝。湯武之王。皆賴明哲之佐。博物之臣。故皐陶陳謨而唐虞㠯興。伊箕作訓而殷周用隆。(藝文類聚五十二作㠯隆)及繼體之君。欲立中興之功者。曷嘗不賴賢哲之謀乎。凡天下之所㠯不治者。常由世主承平日久。俗漸弊而不寤。政寖衰而不改。習亂安危。逸(本傳作怢)不自覩。或荒耽耆欲。不恤萬機。或耳蔽箴誨。厭僞忽真。或猶豫歧路。莫適所從。或見信之佐。括囊守祿。或疎遠之臣。言㠯賤廢。是㠯王綱縱弛于上。智士鬱伊于下。悲夫。且守文之君。繼陵遲之緒。譬諸乘弊車矣。當(意林作若能)求巧工。使輯(意林作葺)治之。折則接之。緩則楔(本作契從意林改)之。補琢換易。可復爲新。新新不已。用之無窮。若遂不治。因而乘之。摧拉捌裂。亦無可奈何矣。若武丁之獲傅說。宣王之得申甫。是則其巧工也。今朝廷㠯聖哲之姿。龍飛天衢。大臣輔政。將成斷金。誠宜有㠯滿天下之望。稱兆民之心。年穀豐稔。風俗未乂。(此二語上下疑有刪節)夫風俗者。國之脈診也。(御覽三百七十五作脉)年穀如其肥膚。肥膚雖和。而脈診(年穀下十三字從御覽補)不和。誠未足爲休。書曰。雖休勿休。況不休而可休乎。自漢興㠯來。三百五十餘歲矣。政令垢翫。上下怠懈。風俗彫敝。人庶巧僞。百姓囂然。咸復思中興之救矣。(自漢興下四十字從本傳補)且濟時拯世之術。豈必體堯蹈舜。然後乃治哉。期于補綻

抉壞。枝柱邪傾。隨形裁割。取時君所能行。要措斯世于安寧之域而已。故聖人執權。遭時定制。步驟之差。各有云施。(本傳作設)不強人㠯不能。背所急(本傳作背急切)而慕所聞也。昔孝武皇帝策書曰。三代不同法。所由殊路。而建德一也。蓋孔子對葉公㠯來遠。哀公㠯臨民。景公㠯節禮。非其不同。所急異務也。是㠯受命之君。每輒創制。中興之主。亦匡時失。昔盤庚愍殷。遷都易民。周穆有闕。甫矦正刑。(是㠯受命下三十五字從本傳補)然疾(疑有譌。本傳及藝文類聚五十二無此二字)俗人拘文牽古。不達權制。奇瑋(本傳藝文類聚作偉)所聞。簡忽所見。策不見珍。計不見信。夫人既不知善之爲善。又將不知不善之爲不善。烏足(本傳藝文類聚作可)與論國家之大事哉。故每有言事。頗合聖聽者。或下羣臣。令集議之。雖有可采。輒見掎奪。何者。其頑士闇于時權。安習所見。殆不知樂成。況可與慮始乎。心閃意舛。不知所云。則苟云率由舊章而已。其達者或矜名嫉(本傳作妒)能。恥善策不從已出。則舞筆奮辭。㠯破其義。寡不勝

眾。遂見屏(本傳作擯)棄。雖稷契復存。由(本傳作猶)將困焉。斯賈生之所以排于絳灌。弔屈子以攄其幽憤者也。(舊作以舒憤者也，從本傳改補)夫以文帝之明。賈生之賢。絳灌之忠。而有此患。況其餘哉。況其餘哉。且世主莫不願得尼軻之倫以為輔佐。卒然獲之。未必珍也。自非題牓其面曰魯孔丘鄒孟軻。殆必不見敬信。何以明其然也。此二者善已存于上矣。當時皆見薄賤。而莫能任用。困厄削逐。待放不追。勞辱勤瘁。為豎子所議笑。其故獲也。夫淳淑(意林作貞一)之士。固不曲道以媚時。不詭行以邀名。恥鄉原之譽。絕比周之黨。(絕字從意林補)必待題其面曰魯仲尼鄒孟軻。不可得也。(必待下十六字從意林補)而世主凡君。明不能別異量之士。而適足受譖潤之愬。前君既失之于古。後君又蹈之于今。是以命世之士。常抑于當時。而見思于後人。(意林作無不見思于後日)以往揆來。亦何容易。向使賢不肖相去。如泰山之與蟻垤。策謀得失相覺。如日月之與螢火。雖頑嚚之人。猶能察焉。常患賢佞難別。是非倒紛。始相去如毫氂。而禍福差以千里。故聖君明主其猶慎之。(羣書治要)

圖王不成。弊猶足霸。圖霸不成。弊將如何。(意林)

故宜量力度德。春秋之義。(此二語袁宏紀二十一作春秋之義量力而舉度德而行)今既不能純法八世。故宜參以霸政。則宜重賞深罰以御之。明著法術以檢之。自非上德。嚴之則理。寬之則亂。何以明其然也。近孝宣皇帝明于君人之道。審于為政之理。故嚴刑峻法。破姦軌之膽。海內肅清。天下密如。(藝文類聚五十二作謐如)嘉瑞並集。屢獲豐年。(嘉瑞下八字從藝文類聚補)薦勳祖廟。享號中宗。算計見效。優于孝文。元帝即位。多(藝文類聚作果)行寬政。卒以墮損。威權始奪。遂為漢室基禍之主。治國之道。得失之理。于是可以鑒矣。(本傳作政道得失，于斯可監，從藝文類聚改補)昔孔子作春秋。褒齊桓。懿晉文。歎管仲之功。夫豈不美文武之道哉。誠達權救弊之理也。故聖人能與世推移。而俗士苦不知變。以為結繩之約。可復理亂秦之緒。干戚之舞。足以解平城之圍。夫熊經鳥伸。雖延厤之術。非傷寒之理。呼吸吐納。雖度紀之道。非續骨之膏。蓋為國之道。有似理身。平則致養。疾則攻焉。夫刑罰者。治亂之藥石也。德教者。興平之粱肉也。夫以德教除殘。是以粱肉理疾也。以刑罰理平。是以藥石供養也。方今承百王之敝。值厄運之會。自數世以來。政多恩貸。馭委其轡。馬駘其銜。四牡橫奔。皇路險傾。方將拑勒鞬靮以救之。豈暇鳴和鑾清節奏從容平路(此四字從袁宏紀二十一補)哉。昔高祖令蕭何作九章之律。有夷三族之令。(御覽六百四十八作高帝作九章之律，高后深三族之罪)黥劓斬趾斷舌梟首。故謂之具五刑。文帝雖除肉刑。當劓者笞三百。當斬左趾者笞五百。當斬右趾者棄市。右趾者既損其命。鞭撻者往往至死。雖有輕刑之名。其實殺也。當此之時。民皆思復肉刑。至景帝元年。乃下詔曰。加笞與重罪無異。幸而不死。不可為民。乃定減笞輕捶。自是之後。笞者得全。以此言之。文帝乃重刑。非輕之也。以嚴致平。非以寬致平也。世有所變。何獨拘前。(世有下八字從御覽六百四十八補)必欲行若言。當大定其本。使人主師五帝而式三王。盪亡秦之俗。遵先聖之風。棄苟全之政。蹈稽古之蹤。復五等之爵。立井田之制。然後選稷契為佐。伊呂為輔。樂作而鳳皇儀。擊石而百獸舞。若不然。則多為累而已。(本傳)

夫人之情。莫不樂富貴榮華。美服麗飾。鏗鏘眩耀。芬芳嘉味者也。晝則思之。夜則夢焉。唯斯之務。無須與不存于心。猶急水之歸下。(有脫文)川之赴壑。不厚為之制度。則皆侯服王食。僭至尊。踰天制矣。是故先王之御世也。必明法度以閉民欲。崇隄防以禦水害。法度替而民散亂。隄防墮而水泛溢。頃者法度頗不稽古。而舊號網漏吞舟。故庸夫設藻棁之飾。匹豎享方丈之饌。下僭其上。尊卑無別。如使雞鶩蛇頸龜身。五色紛麗。亦可貴放鳳乎。(如使下十八字從御覽九百十九補)禮壞而莫救。法墮而不恆。斯蓋有識之士所為於邑而增歎者也。律令雖有輿服制度。然斷之不自其源。禁之又不密。而欲絕之為

川上脫下字

放當作於

（相匱之相當作俱）

寶（有脫誤）璘璣（御覽七百作珠璣）玩飾匿于懷袖，文繡弊于簾幃也。（而欲下二十一字，從北堂書鈔未改本百三十二、御覽七百補）今使列肆賣侈功，商賈鬻僭服，百工作淫器，民見可欲，不能不買，賈人之列，戶蹈僭侈矣。故王政一傾，普天率土，莫不奢僭者，非家至人告，乃時勢驅之使然。此則天下之患一也。且世奢服僭，則無用之器貴，本務之業賤矣。農桑勤而利薄，工商逸而入厚，（意林作利厚）故農夫輟耒而彫鏤，工女投杼而刺繡，（本作刺文，從意林改）躬耕者少，末作者眾，生土雖皆墾乂，而地功不致，苟無力穡，焉得有年？財鬱蓄而不盡出，百姓窮匱而為姦寇，是以倉廩空而囹圄實，一穀不登，則饑餧流死，上下相匱，無以相濟，國以民為根，民以穀為命，命盡則根拔，根拔則本顛，此最國家之毒憂，可為熱心者也。斯則天下之患二也。法度既墮，輿服無限，婢妾皆戴瑱揥之飾，而被織文之衣，乃送終之家，亦大無法度，（大字從御覽五百五十五補）至用檽梓黃腸，多藏寶貨，饗牛作倡，高墳大寢，是可忍也，孰不可忍？而俗人多之，咸曰健子。天下跂慕，恥不相逮，念親將終，無以奉遺，乃約其供養，豫修亡歿之備，（有脫文）老親之飢寒，以事淫法（疑作泆）之華稱，竭家盡業，甘心而不恨。窮阨既迫，起為盜賊，（起本作迫，從御覽五百五十五改）拘執陷罪，為世大戮。痛乎此（此本作化，從御覽改）俗之刑陷愚民也。且橘柚之貢，（藝文類聚八十六、御覽九百六十六作之實，九百七十三作之貢）堯舜所不常御，（本作當御，從類聚八十六、御覽九百七十三改）山龍華蟲，帝王不以為褻服，今之臣妾，皆餘黃甘而厭文繡者，蓋以萬數矣。其餘稱此，不可勝記。古者墓而不墳，文武之兆，與平地齊。今豪民之墳，已千坊矣。欲民不匱，誡亦難矣。是以天戚戚，人汲汲，外溺奢風，內憂窮竭，故在位者則犯王法以聚斂，愚民則冒罪戮以為健，俗之壞敗，乃至于斯。此天下之患三也。承三患之弊，繼荒頓之緒，而徒欲修舊修故，而無匡改，雖唐虞復存，無益于治亂也。昔聖王遠慮深思，患民情之難防，憂奢淫之害政，乃塞其源以絕其末，深其刑而重其罰。夫善堙川者，必杜其源；善防姦者，必絕其萌。昔子產相鄭，殊尊卑，異章服，而國用治。豈大漢之明主，曾不如小藩之陪臣，在修之與不耳。（羣書治要）

易曰：言行，君子所以動天地也。仲尼曰：人而無信，不知其可。今官之接民，甚多違理，苟解面前，不顧先哲，作使百工及從民市，輒設計加以誘來之，器成之後，更不與直，老弱凍餓，痛號道路，守關告哀，終不見省，歷年累歲，乃纔給之，又云逋直，請十與三，此逋直豈物主之罪邪？不自咎責，反復滅之，冤抑酷痛，足感和氣，既獻復平弊敗之物與之，至有車輿故謁者冠賣之，則莫取復之，則不可。其餘雜物，略皆此輩，是以百姓創艾，咸以官為忌諱，遯逃鼠竄，莫肯應募，因乃捕之，劫以威勢，心苟不樂，則器械行沽，虛費財用，不周于事。故曰：上為（意林作上行）下效，然後謂之教。上下相效，殆如此，將何以防之？罰則不恕，不罰則不治，是以風移于詐，俗易于欺，獄訟繁多，民好殘偽，為政如此，未覩其利。斯皆起于典藏之吏，不明為國之體，苟割脛以肥頭，不知脛弱，亦將顛仆也。禮譏聚斂之臣，詩曰貪人敗類，蓋傷之也。（羣書治要）

陳兵：策于安平之世，譬令未病者服藥。（意林）

傳曰：工欲善其事，必先利其器。舊時永平、建初之際，去戰攻未久，朝廷留意于武備，財用優饒，主者躬親，故官兵常牢勁精利，有（本作謝，從北堂書鈔未改本一百二十二、一百二十五、御覽三百三十九改）蔡太僕之弩，及龍亭九年之劍，至今擅名天下。頃主者既不敕慎，而詔書又誤進入之賓，（賓字疑）貪饕之吏，競約其財用，狡猾之工，復盜竊之，至以麻枲被弓弩，米粥雜漆，燒鎧鐵焠醯中，令脆易治，鎧孔又褊小，不足容人，（治舊作冶，脫鎧字，又脫不足容人四字，並從御覽三百五十六改補）刀牟（疑當作矛）悉鈍，故邊民敢鬬健士，皆自作私兵，不肯用官器。凡漢所以能制胡者，徒擅鎧弩之利也。今鎧則不堅，（今字從御覽補）弩則不勁，永失所恃矣。且夫士之身，苟兵鈍甲軟，不可依怙，雖孟賁、十莊，由有猶豫，推此論之，以小況大，使三軍器械皆可依阻。則膽勇勢盛。各有赴敵不旋之慮。若皆弊敗不定（疑當作足）任用。亦競奮皆不避水火矣。三軍皆奮。則何敵不克。誠宜復申明巧工舊令。除進入之課。復故財用。雖頗為吏工所中。尚勝于自中也。苟以牢利任用為故。無問其他。月令曰。物勒工名。以覆其誠。功有不當。必行其罪。以窮其情。今雖刻名之。而賞罰不能。又數有赦贖。主者輕翫。無所懲畏。夫兵革國之大事。宜特留意。重其治罰。敢有巧詐輒行之輩。罪勿以赦贖除。則吏敬其職。工慎其業矣。（羣書治要）

昔聖王之治天下。咸建諸侯以臨其民。國有常君。君有定臣。上下相安。政如一家。秦兼天下。罷侯置縣。于是君臣始有不親之釁矣。我文景患其如此。故令長視事至十餘年。居位或長子孫。永久則相習。上下無所竄情。加以心堅意專。安官樂職。圖累久長。而無苟且之政。吏民供奉。（北堂書鈔未改本七十八作養）亦竭忠（北堂書鈔作誠）盡節。而無壹切之計。故能君臣和睦。百姓康樂。苟有康樂之心充于中。則和氣應于外。是以災害不生。禍亂不作。自頃以來。政教稍改。重刑闕于大臣。而密網刻于下職。鼎輔不思在寬之德。牧牧守守逐之。各競擿微短。吹毛求疵。重案深詆。以中傷貞良。長吏或實清廉。心平行潔。內省不疚。不肎媚竈。曲禮不行于所屬。私敬無廢于府。（有脫誤）州郡側目。以為負折。乃選巧文猾吏。向壁作條。誣覆闔門。攝捕妻子。人情恥令妻子就逮。則不迫自去。且人主莫不欲豹產之臣。然西門豹治鄴一年。民欲殺之。子產相鄭。初亦見詛。三載之後。德化乃洽。今長吏下車百日。無他異觀。則州郡睨待以惡意。滿歲寂漠。便見驅逐。正使豹產復在。方見怨詛。應時奔驅。何緣得成易歌之勛。垂不朽之名者哉。猶馮唐評文帝之不能用李牧矣。近漢世所謂良吏。黃侯召父之治都。視事皆且十年。然後功業乃著。且以仲尼之聖。由曰三年有成。況凡庸之士。而責以造次之効哉。故夫卒成

之政。必有橫暴酷烈之失。而世俗歸稱。謂之辨治。故細已復進。棄已復用。橫遷超取。不由次第。是以殘猛之人。遂奮其毒。仁賢之士。劫俗為虐。本操雖異。驅出一揆。故朝廷不獲溫良之用。兆民不蒙寬惠之德。則百姓之命。委于酷吏之手。嗷嗷之怨。咎歸于上。夫民善之則畜。惡之則讎。讎滿天下。可不懼哉。是以有國有家者。甚畏其民。既畏其怨。又畏其罰。故養之如傷病。愛之如赤子。兢兢業業。懼以終始。恐失羣臣之和。以墮先王之軌也。今朝廷雖屢下恩澤之詔。垂卹民之言。而法度制令。甚失養民之道。勞思而無功。華繁而實寡。必欲求利民之術。則宜沛然改法。有以安固長吏。原其小罪。闊略微過。取其大較。惠下而已。昔唐虞之制。三載考績。三考黜陟。所以表善而簡惡。盡臣力也。漢法亦三年壹察治狀。舉孝廉尤異。宣帝時王成為膠東相。黃霸為潁川太守。皆且十年。但就增秩賜金。封關內侯。以次入為公卿。然後政化大行。勛垂竹帛。皆先帝舊法。所宜因循。及中興後。上官彖為并州刺史。祭彤為遼東太守。視事各十八年。皆增秩中二千石。建初中。南陽陰意以詔除郎為饒陽令。視事二十三年。遷壽陽令。又十八年。（建初下廿九字從北堂書鈔未改本七十八縣令門補）近日所見。或一期之中。郡主易數二千石。雲擾波轉。潰潰紛紛。吏民疑惑。不知所謂。及公卿尚書。亦復如此。且臺閣之職。尤宜簡習。（帝上有脫字）帝時尚書但厚加賞賜。希得外補。是以機事周密。莫有漏洩。昔舜命九官。自受終于文祖。以至陟方。五十年不聞復有改易也。聖人行之于古。以致時雍。文宜擬式。亦至隆平。若不克從。是羞效唐虞而恥遵先帝也。（羣書治要）

昔明王之統黎元。蓋濟其欲而為之節度者也。凡人情之所通好。則恕己而足之。因民有樂生之性。故分祿以顯其士。制廬井以養其萌。然後上下交足。厥心乃靜。人非食不活。衣食足然後可教以禮義。威以刑罰。苟其不足。慈親不能畜其子。況君能檢其臣乎。故

古記曰。倉廩實而知禮節。衣食足而知榮辱。今所使分威權御民人理獄訟幹府庫者。皆羣臣之所爲。而其奉祿甚薄。仰不足以養父母。俯不足以活妻子。父母者。性所愛也。妻子者。性所親也。所愛所親。方將凍餒。雖冒刃求利。尚猶不避。況可令臨財御眾乎。是所謂渴馬守水。餓犬護肉。欲其不侵。亦不幾矣。夫事有不然。蓋此之類。雖時有素富骨清者。未能百一。不可爲天下通率。聖王知其如此。故重其祿以防其貪欲。使之取足于奉。不與百姓爭利。故其爲士者。習推讓之風。恥言十五之計。而拔葵去織之義形矣。故三代之賦也。足以代其耕。故晏平仲。諸侯之大夫耳。祿足贍五百。斯非優衍之故耶。昔在暴秦。反道違聖。厚自封寵。而虜遇臣下。漢興因循。未改其制。夫百里長吏。荷諸侯之任。而食監門之祿。請舉一隅。以率其餘。一月之祿。得粟二十斛。錢二千。長吏雖欲崇約。猶當有從者一人。假令無奴。當復取客。客庸一月千。芻膏肉五百。薪炭鹽菜又五百。二人食粟六斛。其餘財足給馬。豈能供冬夏衣被。四時祠祀。賓客斗酒之費乎。況復迎父母致妻子哉。不迎父母。則違定省。不致妻子。則繼嗣絕。迎之不足相贍。自非夷齊。孰能餓死。于是則有賣官鬻獄。盜賊主守之奸生矣。孝宣皇帝悼其如此。乃詔曰。吏不廉平。則治道衰。今小吏皆勤事而奉祿薄。欲其不侵漁百姓。難矣。其益吏奉百石以下什五。然尚儉隘。又不上逮古賦祿。雖不可悉遵。宜少增益。以賙其匱。使足代耕自供。以絕其內顧念奸之心。然後重其受取之罰。則吏內足于財。外憚嚴刑。人懷羔羊之潔。民無侵枉之性矣。昔周之衰也。大夫無祿。詩人刺之。暴秦之政。始建薄奉。亡新之亂。不與吏除。三亡之失。異世同術。我無所鑒。夏后及商。覆車之軌。宜以爲戒。（羣書治要）

作當作詐

大赦之造。乃聖王受命而興。討亂除殘。誅其鱙鯢。赦其臣民漸染化者耳。及戰國之時。犯罪者輒亡奔鄰國。遂赦之以誘還其逋逃之民。漢承秦制。遵而不越。孝文皇帝即位二十三年。乃赦。示不廢舊章而已。近永平建初之際。亦六七年乃壹赦。亡命之子。（七之二字本脫。從御覽六百五十二補）皆老于草野。窮困懲艾。比之于死。頃間以來。歲且壹赦。百姓忸忕。輕爲奸非。每迫春節。徼倖之會。犯惡尤多。近前年一期之中。大小四赦。諺曰。一歲再赦。奴兒喑噁。（御覽四百九十六。又六百五十二。作啞）況不軌之民。孰不肆意。遂以赦爲常俗。初期望之。過期不至。亡命蓄積。羣輩屯聚。爲朝廷憂。如是則劫不得不赦。赦以趣奸。奸以趣赦。轉相驅蹴。兩不得息。雖日赦之。亂甫繁耳。由坐飲多發消渴。而水更不得去口。其歸亦無終矣。又踐作改元際。未嘗不赦。每其令曰。蕩滌舊惡。將與士大夫更始。是褒已薄先。且違無改之義。非所以明孝抑邪之道也。昔莞子有云。赦者奔馬之委轡。不赦者痤疽之砭石。及匡衡吳漢。將相之雋。而皆建言不當數赦。今如欲尊先王之制。宜曠然更下大赦令。因明諭使知永不復赦。則羣下震慄。莫輕犯罪。縱不能然。宜十歲以上。乃時壹赦。（羣書治要）

昔者聖王立井田之制。（通典但有昔聖人三字。從御覽八百二十一補）分口耕耦地。（御覽無耕字。）各相副適。使人飢飽不偏。（通典作變。從御覽改）勞逸齊均。富者不足僭差。貧者無所企慕。始暴秦隳壞法度。制人之財。既無紀綱。而乃尊獎并兼之人。烏氏以牧豎致財。寵比諸侯。寡婦清以攻丹殖業。禮以國賓。于是巧猾之萌。遂肆其意。上家累鉅億之貲。戶地侔封君之土。行苞苴以亂執政。養劒客以威黔首。專殺不辜。號無市死之子。生死之奉。多擬人主。故下戶踦驅。無所跱足。乃父子低首。奴事富人。躬帥妻孥。爲之服役。故富者席餘而日織。貧者躡短而歲蹙。歷代爲虜。猶不贍于衣食。生有終身之勤。死有暴骨之憂。歲小不登。流離溝壑。嫁妻賣子。其所以傷心腐藏。失生人之樂者。蓋不可勝陳。故古有移人通財。以贍蒸黎。今青徐兗冀。人稠土狹。不足相供。而三輔左右。及涼幽州內附近郡。皆土曠人稀。厥田宜稼。悉不肎墾發。發字從通考二補。小人之情，安土重遷，寧就飢餒，無適樂土之慮。故人之為言瞑也。謂瞑瞑無所知，猶羣羊聚畜，須主者牧養處置。置之茂草，則肥澤繁息；置之磽鹵，則零丁耗減。是以景帝六年詔郡國，令人得去磽狹，就寬肥。至武帝遂徙關東貧人于隴西、北地、西河、上郡、會稽，凡七十二萬五千口。後加徙猾吏于關內。今宜復遵故事，徙貧人不能自業者于寬地。此亦開草闢土振人之術也。通典一。

戰國海內十二分。魏州有史起引漳水灌鄴，民以興歌。蜀郡李冰鑿離堆通三江，益部至今賴之。秦開鄭國，漢作白溝，而關中號為陸海。御覽七十五。

武帝以趙過為搜粟都尉。御覽八百二十二引作宣帝使蔡癸，無為搜粟都尉五字；八百二十三引與此同，疑非兩人，今合并為一事。教民耕殖。其法三犂共一牛，一人將之，下種，挽耬，皆取備焉。日種一頃。至今三輔猶賴其利。今遼東耕犂，轅長四尺，回轉相妨。既用兩牛，兩人牽之，一人將耕，一人下種，二人挽耬，凡用二牛六人，一日纔種二十五畝。其懸絕如此。齊民要術一。御覽八百二十二。又八百二十三。

夏扈趣耘鋤。即竊脂，亦呼獲穀。事類賦注。

僕前為五原太守，土地不知緝績。一作織。冬至積草，伏臥其中。若見吏，以草纏身。令人酸鼻。吾乃賣儲峙，得二十餘萬，詣鴈門廣武迎織師，使巧手作機及紡，一作乃。以教民織。具以上聞。御覽二十七。又八百二十六。

昔人有慕讓財之名，推田業與弟，俄而貧乏，反以威力就弟強貸。此不當也。意林。

舉彌天之網，以羅海內之士。文選曹植與楊德祖書注引作崔寔本論，疑是篇名，或轉寫誤也。士字選注作雄。同類翕集而蟻附，計士頻蹶而脅從，黨成于下，君孤于上。意林。

馬不素養，難以追遠；士不素簡，難以趨急。意林。

葉公之好攘羊，雖可發姦，君子不貴也。意林。

不從之不字衍

國不信道，工不信度，亡可待也。意林。御覽四百三。

無賞罰之君，而欲世之治。北堂書鈔一百三十六作無賞罰是無君，苟欲治之。是猶不蓄梳櫛，書鈔作批。而欲髮之治，不可得也。意林。御覽七百十四。

術家曰：冬，榮者春必殺。意林。

今典州郡者，自違詔書，縱意出入。每詔書所欲禁絕，雖重懇惻，罵詈極筆，由復廢舍，終無悛意。故里語曰：州郡記，御覽十三作州縣符，後皆作州縣記。如霹靂，得詔書，但挂壁。永平中，詔禁吏卒不得繫馬宮外樹，為傷害其枝葉。又詔令雒陽幘工作幘，皆二尺五寸圍，人頭有大小，不可同度。此詔不可不從也。初學記二十四。意林。御覽十三。又四百九十六。又五百九十三。

洗濯民心，湔浣浮俗。意林。

永寧詔曰：鐘鳴漏盡，洛陽城中不得有行者。文選鮑明遠放歌行注。

詔書故事：三公辟召，以四科取士：一曰德行高妙，志節清白；二曰學通行修，經中博士；三曰明曉法令，足以決疑，能案章覆問；四曰剛毅多略，遭事不惑，才任三輔劇縣令。文選永明九年策秀才文注。

且三公，天子之股肱；掾屬，則三公之喉舌；天子當恭己南面于三公。當復有三公字。亦委策掾屬，以荅天子。北堂書鈔六十八。御覽二百九。

三府掾屬，位卑職重，及其取官，又多超卓，或期月而長州郡，或數年而至公卿。誠不有脫文。假非其人，其負牒而亡也。北堂書鈔六十八。

秦兼天下，罷侯置縣。北堂書鈔七十八。

舊制，萬戶以上置大縣令，以表其能字人之力也。北堂書鈔七十八。

孝宣帝方外安靜，單于稽顙來朝，百世不羈之虜也。文選孫楚為石苞與孫皓書注引崔寔本論。

秦割六國之君，剿殺其民，于是赭衣塞路，有鼻者醜，故百姓鳥驚獸駭，不知所歸命。文選廣絕交論注。御覽三百六十七。

且觀世人之相論也，徒以一面之交，定臧否之決。文選三國名臣贊注引崔寔本論。

及其出也，足以濟世寧民。文選褚淵碑注，又陸機弔魏武文注。

秋風厲而賞武臣。御覽二十五

大昊之世，設九庖之官。御覽七十八

搔癬之疾，先笑而後愁。御覽三百九十一

君以審令爲明，臣以奉令爲忠。故背制而行賞，謂之作福；背令而行罪，謂之作威。作威則人畏之，作福則人歸之。夫威福者，人主之神器也。譬之操莫邪，執其柄則人莫敢抗，失其柄則還見害也。御覽六百三十八

師曠曰：人骨發，猶木有曲直。曲者爲榆，直者爲檀。檀宜作輻，榆宜作轂。御覽九百五十二

小民髮如韭，剪復生；頭如雞，割復鳴。吏不必可畏，從來民不可輕。疑當作必奈何欲望有脫誤乎。御覽九百七十六

理世不得眞賢，猶治病無眞藥，當用人參，反得蘆菔根。御覽九百八十七

全後漢文卷四十六終

烏程嚴可均校輯

崔寔三

四民月令

謹案隋志農家四人月令一卷。後漢大尙書崔寔撰。舊唐志同。新唐志作崔混。誤。宋不著錄。近人任兆麟王謨皆有輯本。編次不倫。且多罣漏。王本又誤㠯齊人月令謂卽四民月令。而所采齊民要術。有今本所無者六事。其文不類。未知何據。余旣輯崔寔政論一卷。因兼及此書。蒐錄遺佚。得二百許事。省并重複。逐月分章。爲十二章。定著一卷。有注。疑卽崔寔撰。徵用者或㠯注爲正文。今加注字閒隔之。而王本所采齊民要術六事。附存俟考。又齊人月令一卷。唐孫思邈撰。宋志在時令類。本今亡。並附于後。免與崔寔書混。夫農爲邦本。食爲民天。洪範八政。一曰食。孔子論政。先足食。自古及今。未有不知稼穡之囏難。而能有國有家者也。惜古書流傳曰少。漢志農九家。見于隋志者。僅氾勝之一家。見于新唐志者。僅尹都尉氾勝之二家。而多出漢志氾子計然一家。至宋時著錄。乃起齊民要術。前此數家。絕無傳本。顧乃增收晚出空疏不適用之書。濫及茶蟹花石不急之務。殊非農家本意。同硯生洪頤暄始輯范子計然一卷。氾勝之書二卷。及余所輯此書。雖皆殘缺。然而網羅散失舊聞。竊有力焉。數十百年後。此書存佚。余又不敢知。是在好古者之廣爲傳布也。嘉慶甲戌歲十月。

正月之朔。是謂正旦。一作正日。一作元日。白孔六帖四作正月一日是謂正日。躬率妻孥。潔祀祖禰。及祀日。進酒降神畢。乃室家尊卑。無大無小。㠯次列于先祖之前。子婦曾孫。各上椒柏酒于家長。稱觴舉壽。欣欣如也。齊民要術三。藝文類聚七十二。又八十九。初學記四。兩孔白孔六帖四。歲華紀麗一。御覽二十九。又九百五十八。注正日進椒酒柏酒。椒是玉衡星精。服之令人身輕耐老。柏亦是仙藥。進酒次第。當從小起。㠯年少者爲先。初學記四。白孔六帖四。御覽二十九。上辛日。埽除韭畦中枯葉。齊民要術三。上除若十五日。合諸膏小草續命丸案。五月作圜。疑此亦圜。傳寫變其文耳。散法藥。農事未起。命成童已上入大學。學本不重言學。依下句加。五經。注謂十五已上至二十也。硯冰釋。命幼童入小學。學篇章。注謂九歲已上十四已下也。篇章。謂六甲九九急就三倉之屬。命女工趣織布。典饋釀春酒。齊民要術二。北堂書鈔一百四。藝文類聚五十八。御覽六百五。事類硯賦注。雨水中。御覽三十七。地氣上騰。土長冒橛。陳根可拔。急菑彊土黑壚之田。齊民要術一。御覽三十七。糞疇。注疇麻田也。齊民要術二。可種瓜。注種瓜宜用戊辰日。齊民要術二。事類瓜賦注。可種瓠。齊民要術二。又三。可種葵。齊民要術三。御覽八百二十三。可種韲韭芥。齊民要術三。大小蔥蒜。苜蓿及雜蒜。注亦種此二物。皆不如秋。齊民要術三。可種蓼。齊民要術三。可種芋。齊民要術二。可作諸醬肉醬清醬。齊民要術八。正月自朔暨晦。可移諸樹竹漆桐梓松柏雜木。唯有果實者。及望而止。過十五日。則果少實。齊民要術四。正月盡二月。可種春麥豍豆。齊民要術二。可剝樹枝。齊民要術四。自正月㠯終季夏。不可伐木。必生蠹蟲。注或曰。其月無壬子日。㠯上旬伐之。雖春夏不蠹。猶有剖析開解之害。又犯時令。非急無伐。齊民要術五。

二月祠大社之日。薦韭卵于祖禰。初學記三。御覽十九。陰凍畢澤。可菑美田緩土及河渚水處。齊民要術一。順陽習射。㠯備不虞。春分中。雷乃發聲。先後各五日。寢別內外。注有不戒者。生子不備。蠶事未起。命縫人浣冬衣。徹複爲袷。其有嬴帛。遂供秋服。注凡浣故帛。用灰汁。則色黃而且肥。擣小豆爲末。下絹簁投湯中㠯洗之。潔白而柔肕。勝皁莢矣。可糶粟黍大小豆麻麥子等。收薪炭。注炭聚之下碎末。勿令棄之。擣簁㠯淅米泔溲之。更擣令熟。丸如雞子。㠯供烘爐御寒之用。輒得達曙。堅實耐久。踰炭十倍。齊民要術三。榆莢成及青。收乾㠯爲旨蓄。注旨美也。蓄積也。司部收青小麥暴之。至冬。㠯釀。滑香宜養老。詩云。我有旨蓄。亦㠯御冬。也。色變白將落。可作醬醃。隨節早晚。勿失其適。齊民要術五。藝文類聚八十八。御覽九百五十六。榆莢落時可種藍。齊民要術五。別小葱。齊民要術三。采朮。藝文類聚八十一。昏參夕。杏華盛。桑椹赤。可種大豆。可種胡麻。謂之上時。齊民要術二。御覽九百八十九。可種稹本作植。依御覽八百三十九改。禾。美田欲稠。薄田欲稀。齊民要術一。可種苴麻。齊民要術二。御覽九百九十五。〔注〕苴麻。麻之有藴者。苧麻是也。一名黂。苴麻子黑。又實而重。可治作燭。不作麻。齊民要術二。可種瓜。齊民要術二。二月盡三月。可采土茯根。御覽九百九十八。可掩樹枝。〔注〕埋樹枝土中。令生。二歲㠯上。可移種矣。齊民要術四。

〔注〕孫叔敖作期思陂。御覽七十二。案此注無所屬。仲春無漉陂池。今據附于二月末。

三月三日。㠯及上除。可采艾及柳絮。〔注〕柳絮治瘡痛。齊民要術三。藝文類聚八十二。又八十九引注作柳絮可㠯愈瘡。初學記三。御覽九百五十七。又九百九十七。清明節。令蠶妾治蠶室。塗隙穴。具槌持箔籠。齊民要術五。初學記三。清明節後十日。封生薑。至四月立夏後。蠶大食。芽生。可種之。齊民要術三。是月也。杏華盛。初學記三。又齊民要術盛作勝。可菑又作播。白沙輕土之田。齊民要術一。藝文類聚八十七。御覽九百六十八。事類杏賦注。可種稹禾。齊民要術一。稹本作植。依御覽八百三十九改。御覽此上文作三月三日。據齊民要術乃二月三月之誤也。可種苴麻。齊民要術二。御覽九百九十五。可種瓜。齊民要術二。可種胡麻。齊民要術二。可種黍穄。此四字依注加。案齊民要術云三月上旬種者為上時四月上旬種者為中時五月上旬種者為下時。〔注〕□黍之穄熟者。一名穄也。齊民要術二。布谷鳴。收小蒜。齊民要術三。桃華盛。農人候時而種。御覽九百六十七。事類桃賦注。是月也。冬穀或盡。椹麥未熟。乃順陽布德。振贍窮乏。務施九族。自親者始。無或蘊財。忍人之窮。無或利名。罄家繼富。度入為出。處厥中焉。蠶農尚閑。可利溝瀆。葺治牆屋。修門戶。警設守備。㠯禦春饑草竊之寇。是月盡夏至。煖氣將盛。日烈暵燥。利用漆油。作諸煎藥。可糶黍買布。齊民要術三。可采烏頭。御覽九百九十。可種粳稻。御覽八百三十九作多種秔稻。美田欲稀。薄田欲稠。齊民要術二。

四月立夏後。作鯛魚醬。齊民要術八。蠶入簇。時雨降。可種黍禾。謂之上時。齊民要術二。可種胡麻。齊民要術二。可種大小豆。美田欲稀。薄田欲稠。齊民要術二。可收蕪菁及芥葶藶冬葵子。齊民要術三。御覽八百二十三。可作酢。齊民要術八。酢卽醋本字。繭既入簇。趣繰。剖線。具機杼。敬經絡。草茂可燒灰。是月也。可作棗糒。㠯御又作待。賓客。齊民要術三。北堂書鈔一百四十七。御覽八百六十一。可糴穬。齊民要術作麴。依文選注改。〔注〕大麥之無皮毛者曰穬。文選潘岳馬汧督誄注。及大麥敝絮。齊民要術三。

五月一日可作醢。御覽八百六十六。芒種節後。陽氣始虧。陰慝將萌。煖氣始盛。蟲蠹並興。乃弛角弓弩。解其徽弦。張竹木弓弩。弛其弦。㠯灰藏旃裘毛毳之物。及箭羽。㠯竿挂油衣。勿辟藏。〔注〕暑溼相著也。是月五日。合止痢黃連圓霍亂圓。采葸耳。齊民要術三。取蟾蜍。〔注〕可㠯合惡疽瘡藥。齊民要術三。藝文類聚四。御覽九百四十九。取東行螻蛄。〔注〕螻蛄有刺。治去刺。治產婦難生衣不下。齊民要術三。藝文類聚四。亦可作酢。齊民要術八。食粔籹。御覽八百六十。霖雨將降。儲米穀薪炭。㠯備道路陷滯不通。齊民要術三。可為醬。上旬𩞄楚校切。本又作炒。一切經音義卷一卷三十卷十四卷十八皆云作炒。豆。中庚煮之。㠯碎豆作末。都至六七月之交。分㠯藏瓜。可作魚醬。齊民要術八。可種胡麻。齊民要術二。可多作糒。㠯供家出入之糧。㠯待賓位。齊民要術八。北堂書鈔一百四十七。可菑麥田。齊民要術一。五月六月云云。又二作五月一日蕃麥田一日乃六月之誤。蕃乃菑之誤也。夏至先後各二日。可種黍。蟲食李者黍貴也。齊民要術一。先後各五日。可種牡麻。〔注〕牡麻青白。有華無實。好肥理。兩頭銳而輕浮。一名為枲也。齊民要術二。是月也。陰陽爭。血氣散。夏至先後各十五日。薄滋味。勿多食肥醲。齊民要術三。距立秋。無食煮餅及水引御覽作溲餅。北堂書鈔一百四十四。齊民要術三。御覽八百六十。〔注〕夏月食水時。此二餅得水。卽堅強難消。不幸便為宿食傷寒病矣。試㠯此二餅置水中。卽可驗。唯酒引餅入水卽爛矣。齊民要術三。可刈藍。齊民要術五。可糶大小豆胡麻。糴穬大小麥。收敝絮及布帛。至後糴䴬䴵。置甖中密封。〔注〕使不蟲生。至冬可養馬。齊民要術三。可別種稻及藍。盡夏至後二十日止。齊民要術三。

六月可菑麥田。齊民要術一。六日可收葵。齊民要術三。御覽八百二十三。案故齊民要術作種。誤。

攪當作攪

可作麴。注其麴櫱多少，與春酒麴同。但不中爲春酒，喜動。㠯春酒麴作頤酒彌佳也。齊民要術七。初伏，薦麥瓜于祖禰。文選潘岳在懷縣作詩注、初學記四、御覽三十一、又八百三十八、事類夏賦注。命女工織縑練。注絹及紗縠之屬。可燒灰，染青紺雜色。齊民要術三。可種小蒜。齊民要術三。別大葱。齊民要術三。種冬藍。注冬藍，木藍也，八月用染也。齊民要術五。可蓄瓠。齊民要術二。中伏後可種冬葵。齊民要術三、御覽八百二十三。可收芥子。齊民要術三。可種蕪菁。注至十月可收也。齊民要術三。大暑後六日，可藏瓜。齊民要術九。

七月四日，命置麴室，具箔槌，取淨艾。六日，饌治五穀磨具。齊民要術三。七日遂作麴。齊民要術三、又七、初學記四、歲華紀麗三、御覽三十一、又八百五十三。合藍六帖四作藥丸及蜀漆丸，暴經書及衣裳。齊民要術三、北堂書鈔一百五十五、藝文類聚四、初學記四、白孔六帖四、歲華紀麗三、御覽三十一。注習俗然也。御覽三十一。作乾糗，采葸耳。齊民要術三。設酒脯時果，散香粉于筳上，祈請于河鼓、織女。注言此二星神當會，守夜者咸懷私願。或云見天漢中有奕奕正白雲，如地河之波，輝輝有光曜五色，㠯此爲徵應。見者便拜乞願，三年乃得。藝文類聚四。藏韭菁。注菁，韭耙出。齊民要術三。別種䪥。齊民要術三。可種蕪菁。齊民要術三。可種大小葱。注夏葱曰小，冬葱曰大。齊民要術三。可種小蒜。齊民要術三。可種芥。齊民要術三。可種苜蓿。齊民要術三。處暑中，向秋節，浣故製新，作袷薄，㠯備始涼。糶大小麥豆，收縑練。齊民要術三。收柏實。初學記二十八、御覽九百五十四。

八月暑退，命幼童入小學，如正月焉。清本作涼，依初學記二十七、歲華紀麗三、御覽八百十八改。風戒寒，趣織縑本作練，初學記、御覽作絹，依歲華紀麗改。縑帛染綵色。齊民要術三。注柘染色黃赤，人君所貴。御覽九百五十八。河東染御黃法：碓擣地黃根，令熟，灰汁和之，攪令勻，搯取汁，別器盛。更擣滓，使極熟，又㠯灰汁和之，如薄粥，瀉入不渝釜中，煮生絹。數回轉使勻，舉看有盛水袋子，便是絹熟。抒出著盆中，尋繹舒張。少時，拔出，淨振去滓。曬極乾，㠯別絹濾白淳汁，和熱抒出，更就盆染之，急舒展令均。汁冷，拔之出，暴乾，則成矣。治釜不渝法，在醴酪條中。大率三升地黃，染得一匹御黃。

多則好。作柴薪、蒿灰等物，皆得用之。齊民要術三。案河東㠯下當是賈思勰所說，非崔寔本注，姑錄之。擘絲治絮，製新浣故。及北堂書鈔一百三十六、御覽六百九十七作制。韋履賤好，豫買，㠯備冬寒。刈萑葦、芻茭。涼燥，可上弩，繕治檠鋤，正縛鎧弦，遂㠯習射。弛竹木弓弧。糶種麥，糴黍。齊民要術三。凡種大小麥，得白露節，可種薄田；秋分，種中田；後十日，種美田。唯穬早晚無常。齊民要術二。可種大蒜。齊民要術三。可種芥。齊民要術三。可種苜蓿。齊民要術三。可種乾葵。御覽八百二十三。可斷瓠作蓄瓠。瓠中白膚實㠯養豬致肥，其瓣則作燭致明。齊民要術三。采王不留行。御覽九百九十二。收韭菁，作擣齏。齊民要術八，收作取，御覽八百五十五。

九月九日，可采菊華。藝文類聚八十一、御覽九百九十六。收枳實。御覽九百九十二。是月也，本作九月，㠯意改。治場圃，塗囷倉，修竇窖。繕五兵，習戰射，㠯備寒凍窮厄之寇。存問九族孤寡老病不能自存者，分厚徹重，㠯救其寒。齊民要術三。藏茈薑、蘘荷。注生薑謂之茈薑。作葵菹，乾葵。其歲若溫，皆待十月。齊民要術二、又三、又九。

十月，培築垣牆，塞向墐戶。注北出牖謂之向。齊民要術三。上辛，命典饋漬麴，釀冬酒，作脯腊，㠯供臘祀。齊民要術三、北堂書鈔一百四十五、初學記四、御覽三十三。農事畢，命成童入大學，如正月焉。五穀歲華紀麗作谷既登，家備儲蓄。齊民要術作家儲蓄積，文選注作家有儲稸，六帖作家家儲畜，依歲華紀麗、御覽、事類賦改。乃順時令。齊民要術三、文選藉田賦注、歲華紀麗四、白孔六帖三㠯爲寔注、御覽二十七、事類冬賦注。敕喪紀。同宗有貧窶久喪不堪葬者，則糾合宗人，共與舉之，㠯親疏貧富爲差，正心平斂，無相踰越。先自竭㠯率不隨。齊民要術三。先冰凍，作涼餳，煑暴飴。齊民要術三、又九、御覽八百五十二。可析麻緝績布縷。齊民要術三。作帛履。齊民要術三，帛作白，北堂書鈔一百三十六、御覽六百九十七。不惜。注草履之賤者曰不惜。齊民要術三。農語曰：河射角，堪夜作；犂星沒，水生骨。馮惟訥古詩紀前集十。賣縑帛、敝絮，糴粟、豆、麻子。齊民要術三。平量五穀各一升，小罌盛，埋垣北牆陰下。冬至後五十日，發取量之，息最多者，歲所宜也。齊民要術一。冬至下十八字本作餘法同上，據上文氾勝之書補。

大當作犬

冬十一月，據此知原書每月有春夏秋冬字，引者刪之。陰陽爭，血氣散。冬至日先後各五日，寢別內外。齊民要術三。買白大養之，以供祖禰。齊民要術三，初學記三。冬至之日薦黍羔，先薦玄冥以及祖禰，其進酒肴及謁賀君師耆老，如正旦。初學記四，歲華紀麗四末句作一如元日。御覽二十八。硯冰凍，命幼童入小學，讀孝經、論語篇章。齊民要術三，北堂書鈔一百四，藝文類聚五十八，御覽六百五，事類賦硯賦注。可釀醢，糴秔稻、粟、豆、麻子。齊民要術三。伐竹木。齊民要術五。

十二月，請召宗族婚姻賓旅，講好和禮，以篤恩紀，休農息役，惠必下浹。遂合耦田器，養耕牛，選任田者，以俟農事之起。去豬盍車骨，注後三歲可合瘡膏藥。齊民要術三。及臘日。齊民要術二作日，三及御覽三十三作時。祀祖。齊民要術二又三皆脫祖字，御覽作祠祀，今依注改。注祖者，道神也。黃帝之子曰累祖，好遠遊，死道路，故祀以為道神，以求道路之福。宋書禮志上，文選祖餞標目注，荊軻易水歌注。炙箑。齊民要術三云箑一作簍，御覽作蓬。當讀說文箑從疌以箑為古文及字。注燒飲治刺入肉中，及樹瓜田。齊民要術三有中字衍文。四角去蠱蟲。齊民要術二又三，御覽三十三。瓜蟲謂之蠱。齊民要術二云胡濫反。東門磔白雞頭。注可以合法藥。齊民要術三，御覽九百十八。臘明日更新，謂之小歲，進酒尊長，修賀君師。北堂書鈔一百五十五，御覽三十三，又二十九作過臘一日是謂小歲，拜賀君親。注進椒酒，從小起。御覽二十九以為正文，今依正月定為注。

附錄王謨本六事佚考

齊人呼寒食為冷餰，以麵為蒸餅樣，團棗附之，名曰棗糕。

五月五日，取蠅虎杵碎拌豆，豆自踴躍，可以擊蠅。

七夕祈請牛女，見者便拜，而願乞富乞壽乞子，唯得乞一，不得兼求。案御覽三十一引周處風土記有此。

京師立秋，滿街賣楸葉，婦女兒童皆剪成花樣戴之，形製不一。

農語曰：蟢蛉鳴，衣裘成；蟋蟀鳴，懶婦驚。案鄭注月令引里語有此。

近古婦人，常以冬至日獻履襪于舅姑，踐長至之義也。案初學記四，御覽二十八引崔浩女儀有此。已上六事，王謨輯四民月令云見齊民要術，今檢齊民要術無此文，不知何據。

附錄唐孫思邈齊人月令四事，兔與崔寔書混

凡立春日，事類賦作立春之日。食生菜，不可過多，取迎新之意而已。乃進醬粥，以導和氣。御覽二十，事類賦春。

春分不殺生，不弔喪，君子齋戒，衣夾衣，導引，不食生冷。御覽二十。

四月八日，不宜殺草木，始服生衣，宜進溫酒，服溫藥。是月也，無壞麛卵，無伐大樹。是月也，宜以夙興。御覽二十二。

重陽之日，必以糕酒登高眺迥，為時讌之遊賞，以暢秋志。酒必采茱萸甘菊以泛之，既醉而還。御覽三十二，事類賦秋。案王謨輯本以此前三事當四民月令，誤也。重陽事王本漏落。

全後漢文卷四十七終

烏程嚴可均校輯

李郃

郃字孟節，漢中南鄭人。少遊太學，縣召署幕門候吏。和帝時，署郡戶曹史，舉孝廉，五遷爲尚書令。永初中遷太常。元初四年代袁敞爲司空，後坐事免。北鄉侯即位，代劉熹爲司徒。順帝初免。卒年八十餘。

因天變上順帝書

臣聞天不言，縣象以示吉凶，挺災變異以爲譴誡。昔齊桓公遭虹貫牛斗之變，納管仲之謀，令齊去婦無近妃宮，桓公聽用，齊以大安。趙有尹史見月生齒齕畢大星，占有兵變，趙君曰：天下共一畢，知爲何國也。下史于獄。其後公子牙謀弒君，血書端門，如史所言。乃月十三日，有客星氣象彗孛，歷天市、梗河、招搖、槍棓，十六日入紫宮，迫北辰，十七日復過文昌、泰陵，至天船、積水間，稍微不見。客星一占曰：魯星歷天市者爲穀貴，梗河三星備非常，泰陵八星爲凶喪，紫宮北辰爲至尊，如占，恐宮廬之內有兵喪之變，千里之外有非常暴逆之憂。魯星不得過歷尊宿，行度從疾，應非一端，恐復有如王阿母母子賤妾之欲居帝旁，秏亂政事者，誠令有之，宜當抑遠，饒足以財，王者權柄及爵祿人天所重慎，誠非阿妄所宜干豫。天故挺變，明以示人，如不承慎，禍至變成，悔之靡及也。（續漢天文志中注補引李氏家書。時天有變氣，李郃上書諫，案事在永建元年。）

因日蝕地震上安帝書

陛下祗畏天威，懼天變，克己責躬，博訪羣下，咎皆在臣，力小任重，招致咎徵。去年二月京師地震，今月戊午日蝕，夫至尊莫過乎天，天之變莫大乎日蝕；地之戒莫重乎震動。今一歲之中大異兩見，日蝕之變，既爲尤深，地震之戒，搖宮最醜。日者陽精，君之象也。戊者土主，位在中宮，午者火德，漢之所承。地道安靜，法當由陽，今乃專恣，搖動宮闕，禍在蕭牆之內，臣恐宮中必有陰謀其陽，下圖其上，造爲逆也。災變終不虛生，推原二異，日辰行度，甚爲較明，譬猶指掌，宜察宮闕之內，如有所疑，急摧破其謀，無令得成，修政恐懼，以答天意。十月辛卯日有蝕之，周家所忌，乃爲亡徵。是時妃后用事，七子朝令，戊午之災，近相似類，宜貶退諸后兄弟羣從內外之寵，求賢良，徵逸士，下德令，施恩惠，澤及山海。（續漢五行志六注補引李氏家書。司空李郃上書，案事在元初六年。）

奏宜復祭六宗

案尚書肆類于上帝，禋于六宗。六宗者，上不及天，下不及地，傍不及四方，在六合之中，助陰陽化成萬物。漢初甘泉汾陰祭天地，亦禋六宗。至孝成之時，匡衡奏立南北郊祀，復祠六宗，及王莽謂六宗易六子也。建武都雒陽，制祀不道祭六宗，由是廢不血食，今宜復舊制度。（續漢祭祀志中注補引李氏家書，又見御覽五百二十八引李郃別傳。）

李固

固字子堅，郃子。五察孝廉，益州再舉茂才，五府連辟，皆不應。陽嘉二年舉敦樸士，對策第一，拜議郎，出爲廣漢雒令，不到官。梁商請爲從事中郎，永和中拜荊州刺史，徙太山太守，入爲將作大匠。漢安初遷大司農。沖帝即位，代趙峻爲太尉，參錄尚書事。後議立清河王蒜，忤梁冀，指免。建和元年下獄死。

舉敦樸士對策

京房易傳曰：君將無道，害將及人，去之深山全身，厥災狼食人。陛下覺寤，比求隱滯，故狼災息。（續漢五行志一。陽嘉元年十月中，望都蒲陰狼殺童兒九十七人。時李固對策引京房云云。）

對策後復對

詔又特問當世之敝，爲政所宜。固對曰：臣聞王者父天母地，寶有山川。王道得則陰陽和穆。政化乖則崩震爲災。斯皆關之天心。效于成事者也。夫化吕職成。官由能理。古之進者。有德有命。今之進者。唯財與力。伏聞詔書。務求寬博。疾惡嚴暴。而今長吏多殺伐致聲名者。必加遷賞。其存寬和無黨援者。輒見斥逐。是吕澆厚之風不宣。彫薄之俗未革。雖繁刑重禁。何能有益。前孝安皇帝變亂舊典。封爵阿母。因造妖孽。使樊豐之徒。乘權放恣。侵奪主威。改亂嫡嗣。至令聖躬狼狽。親遇其艱。既拔自困殆。龍興即位。天下喁喁。屬望風政。積敝之後。易致中興。誠當沛然思惟善道。而論者猶云。方今之事。復同于前。臣伏從山草。痛心傷臆。實吕漢興吕來。三百餘年。賢聖相繼。十有八主。豈無阿乳之恩。豈忘爵賞之寵。然上畏天威。俯案經典。知義不可。故不封也。今宋阿母雖有大功勤謹之德。但加賞賜。足吕酬其勞苦。至于裂土開國。實乖舊典。聞阿母體性謙虛。必有遜讓。陛下宜許其辭國之高。使成萬安之福。夫妃后之

家。所吕少完全者。豈天性當然。但吕爵位尊顯。專總權柄。天道惡盈。不知自損。故至顛仆。先帝寵遇閻氏。位號太疾。故其受禍曾不旋時。老子曰。其進銳。其退速也。今梁氏戚爲椒房。禮所不臣。尊吕高爵。尚可然也。而子弟羣從。榮顯兼加。永平建初故事。殆不如此。宜令步兵校尉冀及諸侍中還居黃門之官。使權去外戚。政歸國家。豈不休乎。又詔書所吕禁侍中尚書中臣子弟不得爲吏察孝廉者。吕其秉威權容請託故也。而中常侍在日月之側。聲勢振天下。子弟祿仕。曾無限極。雖外託謙默。不干州郡。而諂僞之徒。望風進舉。今可爲設常禁。同之中臣。昔館陶公主爲子求郎。明帝不許。賜錢千萬。所吕輕厚賜重薄位者。爲官人失才。害及百姓也。竊聞長水司馬武宣開陽城門候羊迪等。無他功德。初拜便真。此雖小失。而漸壞舊章。先聖法度。所宜堅守。政教一跌。百年不復。詩云。上帝板板。下民卒癉。刺周王變祖法度。故使下民將盡病也。今陛下

置當作直

京江當作江京

之有尚書。猶天之有北斗也。斗（藝文類聚四十八引續漢書作北斗。）爲天喉舌。尚書亦爲陛下喉舌。斗斟酌元氣。運平四時。尚書出納王命。賦政四海。權尊勢重。責之所歸。若不平心。災眚必至。誠宜審擇其人。吕毗聖政。今與陛下共理天下者。外則公卿尚書。內則常侍黃門。譬猶一門之內。一家之事。安則共其福慶。危則通其禍敗。刺史二千石。外統職事。內受法則。夫表曲者景必邪。源清者流必絜。猶叩樹本。百枝皆動也。周頌曰。薄言振之。莫不震疊。此言動之于內。而應于外者也。由此言之。本朝號令。豈可蹉跌。閒隙一開。則邪人動心。利競暫啟。則仁義道塞。刑罰不能復禁。化導吕之寖壞。此天下之紀綱。當今之急務。陛下宜開石室。陳圖書。招會羣儒。引問得失。指擿變象。吕求天意。其言有中理。即時施行。顯拔其人。吕表能者。則聖聽日有所聞。忠臣盡其所知。又宜罷退宦官。去其權重。裁置常侍二人。方直有德者。省事左右。小黃門五人。才智閑雅者。給事殿中。如

此則論者厭塞。升平可致也。臣所吕敢陳愚瞽。冒昧自聞者。儻或皇天欲令微臣覺悟陛下。陛下宜熟察臣言。憐赦臣死。（後漢李固傳。）

愚吕爲天不言。吕災異爲譴告。政之治亂。主之得失。皆上帝所伺。而應吕災祥者也。王者父天母地。體具山川。今日蝕地動。山崩晝晦。主將安立。物將安寄。昔京江之姦。禍及骨肉。至令陛下幽廢。親履艱難。天誘其衷。陛下龍興。海內莫不忻悅。實有沛然改圖。抑退權臣。詢求善政。吕順天意。夜而得之。坐而待旦。今則不然。政令紛紜。吕復傚蹈前軌矣。臣伏在草澤。痛心疾首。誠吕陛下聖德應期。實當嘉會。反衰弊之政。弘中興之美。其功甚易。譬猶指掌。臣聞善罰不如善政。善賞不如善教。善教之道。宜從內起。昔周宣孝文。中興之主也。皆改華服。霈然易規。乃能移風易俗。反之于古。今封阿母。恩賞太過。常侍近臣。威權太重。臣案圖書。災異之發。亦吕爲然。今宜斥退邪佞。投之四裔。引納方直。令在左右。陛下親發德音。吕

臣今當作誠令

招羣俊臨御座見公卿言有稱意即時施行顯拔其人㠯旌忠善
則陛下日有所聞忠臣日有所獻君臣相體上下交泰阿保雖有
大功勤勞之恩可賜㠯貨財傳之子孫列土分爵實非天意漢興
已來賢君相繼豈無保乳之養非不寵貴之然上畏天威俯察經
典不可故不封也梁氏子弟羣從徵爲列侯永平建初故事殆不
如此妃后之家所㠯少有存全者非天性皆然但坐權寵太過天
道惡盈也天有北斗所㠯斟酌元氣帝有尚書所㠯出納王命若
賦役平均則百姓㠯安萬機不治則天下㠯亂今陛下所共治天
下者外則公卿尚書内則常侍黄門譬猶一門之内一家之事安
則共其福危則同其禍由是觀之權柄不可不慎號令不可不詳
夫人君之有政猶水之有隄防隄防完全雖遭雨水霖潦不能爲
變政教一立暫遭凶年不足爲憂誠令隄防穿漏萬夫同力不復
能救政教一壞賢智馳騖不能復還今隄防雖堅漸有孔穴譬之
一人之身本朝者心腹也州郡者四支也心腹痛則四支不舉故
臣之所憂在心腹之疾非四支之患臣㠯爲堅隄防務政教先安
心腹釐理本朝雖有寇賊水旱之變不足介意也臣今隄防壞陋
心腹有疾雖無水旱之災天下固不可不憂矣臣父故司徒臣郃
受先帝厚恩子孫不敢自比于餘隸故敢依圖書悉心㠯對不敢
虛造（袁宏後漢紀十八。案此與後漢書各有刪節，文亦互異。）

發喪對

帝雖幼少猶天下之父今日崩亡人神感動豈有臣子反共掩匿
乎昔秦皇亡於沙丘胡亥趙高隱而不發卒害扶蘇㠯至亡國近
北鄉侯薨閻后兄弟及江京等亦共掩秘遂有孫程手刃之事此
天下大忌不可之甚者也（後漢李固傳）

上疏陳事

臣聞氣之清者爲神人之清者爲賢養身者㠯練神爲寶安國者

㠯積賢爲道昔秦欲謀楚王孫圉設壇西門陳列名臣秦使懼然
遂爲寢兵魏文侯師卜子夏友田子方軾段干木故羣俊競至名
過齊桓秦人不敢闚兵于西河斯蓋積賢人之符也陛下撥亂龍
飛初登大位聘南陽樊英江夏黄瓊廣漢楊厚會稽賀純策書嗟
歎待㠯大夫之位是㠯巖穴幽人智術之士彈冠振衣樂欲爲用
四海欣然歸服聖德厚等在職雖無奇卓然夕惕孳孳志在憂國
臣前在荆州聞厚純等㠯病免歸誠㠯悵然爲時惜之一日朝會
見諸侍中並皆年少無一宿儒大人可顧問者誠可歎息宜徵還
厚等㠯副羣望瓊久處議郎已且十年衆人皆怪始隆崇今更滯
也光禄大夫周舉才謨高正宜在常伯訪㠯言議侍中杜喬學深
行直當世良臣久託疾病可敕令起（後漢李固傳，又見袁宏後漢紀十九，有小異。）

與吳雄上疏

八使所糾宜急誅罰選舉署置可歸有司（後漢李固傳）

理种暠應承疏

臣伏聞討捕所傷本非暠承之意實由縣吏懼法畏罪迫逐深苦
致此不詳比盜賊羣起處處未絕暠承㠯首舉大姦而相隨受罪
臣恐沮傷州縣糾發之意更共飾匿莫復盡心（後漢种暠傳）

與劉宣上言

自頃選舉牧守多非其人至行無道侵害百姓又宜止槃遊專心
庶政（後漢李固傳）

薦楊淮

楊淮累世服事臺閣旣閑練舊典且有幹用宜在機密□□□□（引益部耆舊傳。固爲太尉，薦淮特拜尚書。）

駮發荆揚兗豫卒赴日南議

若荆揚安穩無事發其吏救之可也今荆揚盜賊槃結不散武陵
南郡蠻夷未輯長沙桂陽數被徵發如復擾動必更生患其不可

一也。又宂𤥿之人。卒被徵發。遠赴萬里。無有還期。恐十五萬戶。不得一士。詔書迫促。必至叛亡。其不可二也。南州水土溫暑。加有瘴氣。恐死亡者十四五。必道路奔散。不能禁。其不可三也。遠涉萬里。士卒疲勞。比至嶺南。不復堪鬭。其不可四也。軍行三十里爲程。而去日南九千餘里。三百日乃到。計人稟五升。用米六十萬斛。尙不計將吏驢馬之食。但負甲自致。費便若此。其不可五也。設軍到所在。死亡必衆。旣不足禦敵。當復更發。此爲刻割心腹以補四支。其不可六也。九眞日南相去千里。發其吏民。猶尙不堪。何況乃苦四州之卒。以赴萬里之艱哉。其不可七也。前中郞將尹就討益州叛羌。益州諺曰。虜來尙可。尹來殺我。後就徵還。以兵付刺史張喬。喬因其將吏。旬月之閒。破殄寇虜。此發將無益之效。州郡可任之驗也。宜更選有勇略仁惠任將帥者。以爲刺史太守。悉使其住交阯。今日南兵單無穀。守旣不足。戰又不能。可一切徙其吏民。北依交

阯。事靜之後。乃命歸本。還募蠻夷。使自相攻。轉輸金帛。以爲其資。有能反閒致頭首者。許以封侯列土之賞。故并州刺史長沙祝良。性多勇決。又南陽張喬。前在益州。有破虜之功。皆可任用。昔太宗就加魏尙爲雲中守。哀帝卽拜龔舍爲太山太守。宜卽拜良等。便道之官。（袁宏後漢紀十八。後漢南蠻傳。）

沖帝山陵議

今處處寇賊。軍興用費加倍。新創憲陵。賦發非一。帝尙幼小。可起陵于憲陵塋內。依康陵制度。其于役費。三分減一。（後漢李固傳。）

臨荆州辟文學教

欲采名珠。求之于蚌。欲得名士。求之文學。或剖百蚌。不得一珠。不可舍蚌求之于魚。或百文學。不出奇士。不可舍文學求之于斗筲也。由是言之。蚌乃珠之所藏。文學亦士之場矣。（□□□引長沙耆舊傳。）

助展允婚教

告文學師議曹史展允。篤學貧苦。慈孝推讓。年將知命。配匹未定。聞之愴然。甚閔哀之。夫冠娶仕進。非所以己。允親兄弟無意。亦朋友不好事之罪也。前遣師輔爲允娶。云譚處士等各欲佐助。迄今未定。出錢千率。先大夫天府內史守助佐幹及譚掾等。其欲議朋友少徵條名目。允貧也。禮宜從約。二三萬錢足以成婚。（御覽五百四十一。）

奏記梁商

春秋褒儀父以開義路。貶無駭以閉利門。夫義路閉則利門開。利門開則義路閉也。前孝安皇帝內任伯榮樊豐之屬。外委周廣謝惲之徒。開門受賂。署用非次。天下紛然。怨聲滿道。朝廷初立。頗存淸靜。未能數年。稍復墮損。左右黨進者。日有遷拜。守死善道者。滯涸窮路。而未有改敝立德之方。又卽位以來。十有餘年。聖嗣未立。羣下繼望。可令中宮博簡嬪媵。兼采微賤宜子之人。進御至尊。順助天意。若有皇子。母自乳養。無委保妾醫巫。以致飛燕之禍。明將

軍望重位顯。當以天下爲憂。崇尙謙省。垂則萬方。而新營祠堂。費功億計。非以昭明令德。崇示淸儉。自數年以來。災怪屢見。比無雨潤。而沈陰鬱泱。宮省之內。容有陰謀。孔子曰。智者見變思刑。愚者覩怪諱名。天道無親。可爲祗畏。加近者月食旣于端門之側。月者。大臣之體也。夫窮高則危。大滿則溢。月盈則缺。日中則移。凡此四者。自然之數也。天地之心。福謙忌盛。是以賢達功遂身退。全名養壽。無有怵迫之憂。誠令王綱一整。道行忠立。明公踵伯成之高。全不朽之譽。豈與此外戚凡輩耽榮好位者同日而論哉。固狂夫下愚。不達大體。竊感古人一飯之報。況受顧遇。而容不盡乎。（後漢李固傳。）

今四海雲擾。背義趨利。父勸其子。兄勉其弟。皆先論價而後定位。夫致一賢。則國賴其功。掃一惡。則天下被其害。數年以來。妖怪屢起。宮省之中。必有陰謀。將軍位尊勢重。誠令王政一整。必享不朽之福。（袁宏後漢紀十八。案。與前篇約文。）

奏記梁商理王龔

今旦聞下太尉王公敕令自實。未審其事深淺何如。王公束脩厲節。敦樂蓺文。不求苟得。不爲苟行。但㠯堅貞之操。違俗失衆。橫爲讒佞所構毀。衆人聞知。莫不歎慄。夫三公尊重。承天象極。未有詣理訴冤之義。纖微感槩。輒引分決。是㠯舊典不有大罪。不至重問。王公沈靜內明。不可加㠯非理。卒有它變。則朝廷獲害賢之名。羣臣無救護之節矣。昔絳侯得罪。袁盎解其過。魏尚獲戾。馮唐訴其冤。時君善之。列在書傳。今將軍內倚至尊。外典國柄。言重信著。指撝無違。宜加表救。濟王公之艱難。語曰。善人在患。饑不及餐。斯其時也。後漢王龔傳。

湯問伊尹。公卿大夫其相何如。伊尹對曰。三公智通大道。應變不窮者也。其言足㠯調陰陽。正四時。節風雨。非大罪不遜位。御覽二百六。

議立嗣先與梁冀書

天下不幸。仍遭大憂。皇太后聖德當朝。攝統萬機。明將軍體履忠孝。憂存社稷。而頻年之閒。國祚三絕。今當立帝。天下重器。誠知太后垂心。將軍勞慮。詳擇其人。務存聖明。然愚情眷眷。竊獨有懷。遠尋先世廢立舊儀。近見國家踐阼前事。未嘗不詢訪公卿。廣求羣議。令上應天心。下合衆望。且永初㠯來。政事多謬。地震宮廟。彗星竟天。誠是將軍用情之日。傳曰。㠯天下與人易。爲天下得人難。昔昌邑之立。昏亂日滋。霍光憂愧發憤。悔之折骨。自非博陸忠勇。延年奮發。大漢之祀。幾將傾矣。至憂至重。可不熟慮。悠悠萬事。唯此爲大。國之興衰。在此一舉。後漢李固傳。

遺黃瓊書

聞已度伊洛。近在萬歲亭。豈即事有漸。將順王命乎。蓋君子謂伯夷隘。柳下惠不恭。故傳曰。不夷不惠。可否之閒。蓋聖賢居身之所珍也。誠遂欲枕山棲谷。擬跡巢由。斯則可矣。若當輔政濟民。今其時也。自生民㠯來。善政少而亂俗多。必待堯舜之君。此爲志士終無時矣。常聞語曰。嶢嶢者易缺。皦皦者易汙。陽春之曲。和者必寡。盛名之下。其實難副。近魯陽樊君被徵。初至。朝廷設壇席。猶待神明。雖無大異。而言行所守。亦無所缺。而毀謗布流。應時折減者。豈非觀聽望深。聲名太盛乎。自頃徵聘之士。胡元安、薛孟嘗、朱仲昭、顧季鴻等。其功業皆無所採。是故俗論皆言處士純盜虛聲。願先生弘此遠謨。令衆人歎服。一雪此言耳。後漢黃瓊傳。

與賓卿書

開廓大分。繆綢恩信。文選盧子諒答魏子悌詩注。

臨終與胡廣趙戒書

固受國厚恩。是㠯竭其股肱。不顧死亡。志欲扶持王室。比隆文宣。何圖一朝梁氏迷謬。公等曲從。㠯吉爲凶。成事爲敗乎。漢家衰微。從此始矣。公等受主厚祿。顛而不扶。傾覆大事。後之良史。豈有所私。固身已矣。于義得矣。夫復何言。後漢李固傳。

臨終敕子孫

素棺三寸。幅巾殯殮于本郡墝埆之地。不得還墓塋。汙先公兆域。後漢李固傳注引謝承書。

李燮

燮字德公。固少子。桓帝末徵拜議郎。靈帝時拜安平相。復爲議郎。遷河南尹。

上書求加禮种岱

臣聞仁義興則道德昌。道德昌則政化明。而萬姓寧。伏見故處士种岱。淳和達理。耽悅詩書。富貴不能回其慮。萬物不能擾其心。稟命不永。奄然殂殞。若不槃桓難進。等輩皆已公卿矣。昔先賢既沒。有加贈之典。周禮盛德。有銘誄之文。而岱生無印綬之榮。卒無官謚之號。雖未建忠效用。而爲聖恩所拔。遐邇具瞻。宜有異賞。後漢种暠傳。

附傳。

安平王續復國議

續在國無政，爲妖賊所虜，守藩不稱，損辱聖朝，不宜復國。（後漢李固傳。）

書甄邵背帛

諂貴賣友，貪官埋母。（同上。潁川甄邵諂附梁冀，爲鄴令。有同歲生得罪冀，亡奔邵，邵僞納，陰告冀，捕殺之。邵當遷郡守，會母亡，埋屍馬屋，先受封，然後發喪。燮遇之塗，投車溝中，笞捶亂下，大書帛于其背，乃表邵廢錮。）

周磐

磐字堅伯，汝南安成人。永元初，拜謁者，除任城長，遷陽夏令，徙重合，棄官歸。公府三辟有道，不應。建光元年卒，年七十三。

令二子

吾日者夢見先師東里先生，與我講于陰堂之奧，既而長歎，豈吾齒之盡乎？若命終之日，桐棺足㠯周身，外槨足㠯周棺，斂形懸封，濯衣幅巾，編二尺四寸簡，寫堯典一篇，并刀筆各一，㠯置棺前，示不忘聖道。（後漢周磐傳。）

杜崇

崇，永元中爲中郎將，㠯激變南匈奴，徵下獄死。

上言備南單于

南單于安國疏遠故胡，親近新降，欲殺左賢王師子及左臺且渠劉利等。又右部降者謀共迫脅安國，起兵背畔，請西河、上郡、安定爲之儆備。（後漢南匈奴傳。永元五年，中郎將杜崇與執金吾行度遼將軍事朱徽上言。又見袁宏後漢紀十三，有小異。）

龐參

參字仲達，河南緱氏人。永元中仕郡，舉孝廉，拜左校令，坐法輸作若盧。永初初，于徒中召拜謁者，尋爲漢陽太守。元初初，遷護羌校尉，坐罪徵下獄，復爲漢陽太守。順帝卽位，遷度遼將軍，入爲大鴻臚。永建四年，代劉光爲太尉，錄尚書事。陽嘉中免，復代施延爲太尉。永和初㠯病免。

戍當作戎

外下脫利字

使子俊上安帝書

方今西州流民擾動，而徵發不絕，水潦不休，地力不復。重之㠯大軍，疲之㠯遠戍，農功消于轉運，資財竭于徵發，田疇不得墾闢，禾稼不得收入，搏手困窮，無望來秋，百姓力屈，不復堪命。臣愚㠯爲萬里運糧，遠就羌戍，不若總兵養衆，㠯待其疲。車騎將軍隲宜且振旅，留征西校尉任尚，使督涼州士民，轉居三輔，休徭役㠯助其時，止煩賦㠯益其財，令男得耕種，女得織紝，然後畜精鋭，乘懈沮，出其不意，攻其不備，則邊人之仇報，奔北之恥雪矣。（後漢龐參傳。）

奏記鄧隲

比年羌寇特困隴右，供徭賦役爲損日滋，官負人責數十億萬。今復募發百姓，調取穀帛，衒賣什物，㠯應吏求，外傷羌虜，內困徵賦。遂乃千里轉糧，遠給武都西郡，塗路傾阻，難勞百端，疾行則鈔暴爲害，遲進則穀食稍損，運糧散于曠野，牛馬死于山澤。縣官不足，輒取貸于民，民已窮矣，將從誰求？名救金城，而實困三輔，三輔既困，還復爲金城之禍矣。參前數言宜棄西域，乃爲西州士大夫所笑。今苟貪不毛之地，營恤不使之民，暴軍伊吾之野，㠯慮三族之外，果破涼州，禍亂至今。夫拓境不寧，無益于彊；多田不耕，何救饑敝。故善爲國者，務懷其內，不求外；務富其民，不貪廣土。三輔山原曠遠，民庶稀疏，故縣丘城可居者多。今宜徙邊郡不能自存者，入居諸陵，田戍故縣。孤城絕郡，㠯權徙之；轉運遠費，聚而近之；徭役煩數，休而息之，此善之善者也。（後漢龐參傳。）

王堂

堂字敬伯，廣漢郪人。永元中舉光祿茂才，遷穀城令。永初中，拜巴郡太守，遷右扶風。永建初，入爲將作大匠，坐事左轉議郎。復拜魯相，後遷汝南太守，㠯忤梁商、袁湯免。卒年八十六。

汝南太守教掾吏

古人勞于求賢。逸于任使。故能化淸于上。事緝于下。其憲章朝右。簡覈才職。委功曹陳蕃。匡政理務。拾遺補闕。任主簿應嗣。庶循名責實。察言觀效焉。後漢王堂傳。

簡覈衆職。委功曹。拾遺補闕主簿。仰恃明俊。古人有言。勞于求賢。逸于得士。太守不敢妄有符教。御覽二百六十二引鍾岏良吏傳。

全後漢文卷四十八終

全後漢文卷四十九

烏程嚴可均校輯

呂蓋

蓋字君玉。一作君上。（和帝紀注作君玉。魯恭傳注作君上。）宛陵人。永元中爲光祿勳。代劉方爲司徒。

奏劾張酺

酺位居三司。知公門有儀。不屏氣鞠躬以須詔命。反作色大言。怨讓使臣。不可以示四遠。（後漢張酺傳。永元十二年。）

鄧隲

隲一作陟。字昭伯。南陽新野人。大傅禹孫。和熹皇后之兄。永元中辟大將軍竇憲府。除郎中。三遷爲虎賁中郎將。延平初拜車騎將軍。儀同三司。永初初封上蔡侯。固辭。尋拜大將軍。建光初封上蔡侯。位特進。爲安帝乳母王聖所譖。免特進。徙封羅侯。不食而死。

上疏自陳

臣兄弟汙穢。無分可採。過以外戚。遭值明時。託日月之末光。被雲雨之渥澤。並統列位。光昭當世。不能宣贊風美。補助清化。誠慙誠懼。無以處心。陛下躬天然之姿。體仁聖之德。遭國不造。仍離大憂。開日月之明。運獨斷之慮。援立皇統。奉承大宗。聖策定于神心。休烈垂于不朽。本非臣等所能萬一。而猥推嘉美。並享大封。伏聞詔書。驚惶慙怖。追觀前世傾覆之誡。退自惟念。不寒而慄。臣等雖無逮及遠見之慮。猶有庶幾戒懼之情。常母子兄弟。內相敕厲。冀以端愨畏愼。一心奉戴。上全天恩。下完性命。刻骨定分。有死無二。終不敢橫受爵土。以增罪累。惶窘征營。昧死陳乞。（後漢鄧禹附傳。）

鄧耽

耽。未詳。

郊祀賦

咨改元正。誕章厥新。豐恩羨溢。含唐孕殷。承皇極。稽天文。舒優游。展弘仁。揚明光。宥罪人。羣公卿尹。侯伯武臣。文林華省。奉贄厥珍。夷髦盧巴。來貢來賓。玉璧旣卒。于斯萬年。穆穆皇王。克明厥德。應符蹈運。旅章厥福。昭假烈祖。以孝以仁。自天降康。保定我民。（初學記十三。）

伊皇母以延慈。（文選褚淵碑注。）

許愼

愼字叔重。汝南召陵人。爲郡功曹。永元中舉孝廉。爲太尉南閣祭酒。後除洨長。有孝經古文說一卷。五經異義十卷。說文十五卷。淮南子注二十一卷。

說文解字敘

古者庖犧氏之王天下也。仰則觀象于天。俯則觀法于地。視鳥獸之文。與地之宜。近取諸身。遠取諸物。于是始作易八卦。以垂憲象。及神農氏結繩爲治。而統其事。庶業其繁。飾僞萌生。黃帝之史倉頡。見鳥獸蹏迒之迹。知分理之可相別異也。初造書契。百工以乂。萬品以察。蓋取諸夬。夬。揚于王庭。言文者宣教明化于王者朝廷。君子所以施祿及下。居德則忌也。倉頡之初作書。蓋依類象形。故謂之文。其後形聲相益。卽謂之字。文者。象物之本也。（本脫此句。依書序正義。左傳宣十五年正義補。）字者。言孳乳而浸多也。著于竹帛謂之書。書者。如也。以迄五帝三王之世。改易殊體。封于泰山者。七十有二代。靡有同焉。周禮八歲入小學。保氏教國子。先以六書。一曰指事。指事者。視而可識。察而見意。（本作可見。依漢蓺文志改。識意協韻。）上下是也。二曰象形。象形者。畫成其物。隨體詰詘。日月是也。三曰形聲。形聲者。以事爲名。取譬相成。江河是也。四曰會意。會意者。比類合誼。以見指撝。武信是也。五曰轉注。轉注者。建類一首。同意相受。考老是也。六曰假借。假借者本無其字依聲託事令長是也及宣王太史籀著大篆十五篇與古文或異至孔子書六經左丘明述春秋傳皆以古文厥意可得而說也(也字依小徐本補)其後諸侯力政不統于王惡禮樂之害己而皆去其典籍分爲七國田疇異畮車涂異軌律令異法衣冠異制言語異聲文字異形秦始皇帝初兼天下丞相李斯乃奏同之罷其不與秦文合者斯作倉頡篇中車府令趙高作爰歷篇太史令胡毋敬作博學篇皆取史籀大篆或頗省改所謂小篆者也是時秦燒滅經書滌除舊典大發隸卒興役戍官獄職務繁初有隸書以趣約易而古文由此絕矣自爾秦書有八體一曰大篆二曰小篆三曰刻符四曰蟲書五曰摹印六曰署書七曰殳書八曰隸書漢興有艸書尉律學僮十七已上始試諷書(本作籀書依漢藝文志封氏聞見記五經文字刪籀字)九千字乃得爲史(本作吏依漢藝文志封氏聞見記改)又以八體試之郡移太史并課最者以爲尚書史書或不正輒舉劾之今雖有尉律不

課小學不修莫達其說久矣孝宣皇帝(本脫皇帝二字依小徐本補下孝平皇帝放此)時召通倉頡讀者張敞從受之涼州刺史杜業沛人爰禮講學大夫秦近亦能言之孝平皇帝時徵禮等百餘人令說文字未央廷中以禮爲小學元士黃門侍郎揚雄采以作訓纂篇凡倉頡已下十四篇凡五千三百四十字羣書所載略存之矣及亡新居攝使大司空甄豐等校文書之部自以爲應制作頗改定古文時有六書一曰古文孔子壁中書也二曰奇字即古文而異者也三曰篆書即小篆秦始皇帝使下杜人程邈之所作也四曰左書(本作佐書依小徐本改)即秦隸書五曰繆篆所以摹印也六曰鳥蟲書所以書幡信也壁中書者魯恭王壞孔子宅而得禮記尚書春秋論語孝經又北平侯張倉獻春秋左氏傳郡國亦往往于山川得鼎彝其銘即前代之古文皆自相佀雖頗(頗本作叵依汗簡略敘改)復見遠流其詳可得略說也而世人非訾以爲好奇者也故詭更正文鄉壁虛造不可知之

書變亂常行以燿于世諸生競逐(逐字依小徐本補)說字解經誼稱秦之隸書爲倉頡時書云父子相傳何可改易乃猥曰馬頭人爲長人持十爲斗虫者屈中也廷尉說律至以字斷法苛人受錢苛之字止句也若此者甚眾皆不合孔氏古文謬于史籀俗儒啚夫翫其所習蔽所希聞不見通學未嘗覩字例之條怪舊埶而善野言以其所知爲祕妙究洞聖人之微恉又見倉頡篇中幼子承詔因號古帝之所作也其辭有神僊之術焉其迷悟不諭豈不悖哉書曰予欲觀古人之象言必遵修舊文而不穿鑿孔子曰吾猶及史之闕文今亡也夫蓋非其不知而不問人用已私是非無正巧說衺辭使天下學者疑蓋文字者經藝之本王政之始前人所以垂後後人所以識古故曰本立而道生知天下之至嘖而不可亂也今敘篆文合以古籀博采通人至于小大信而有證稽譔其說將以理羣類解謬誤曉學者達神恉分別部居不杞雜廁萬物咸覩靡

不兼載厥誼不昭爰明以諭其偁易孟氏書孔氏詩毛氏禮周官春秋左氏論語孝經皆古文也其于所不知蓋闕如也(宋本說文)

說文解字後敘

後敘曰(本作敘曰依小徐本補後字)此十四篇五百四十部九千三百五十三文重一千一百六十三解說凡十三萬三千四百四十一字其建首也立一爲耑方以類聚物以羣分同條牽屬共理相貫雜而不越據形系聯引而申之以究萬原畢終于亥知化窮冥于時大漢聖德熙明承天稽唐敷崇殷中遐邇被澤渥衍沛滂廣業甄微學士知方探嘖索隱厥誼可傳粵在永元困頓之年孟陬之月朔日甲申曾曾小子祖自炎神縉雲相黃共承高辛太岳佐夏呂叔作藩俾侯于許世祚遺靈自彼徂召宅此汝瀕竊卬景行敢涉聖門其弘如何節彼南山欲罷不能既竭愚才惜道之味聞疑載疑演贊其志次列微辭知此者稀儻昭所尤庶有達者理而董之(宋本說文)

許沖

沖愼子。

上書進說文

召陵萬歲里公乘草莽臣沖稽首再拜上書皇帝陛下。臣伏見陛下神明盛德。承遵聖業。上考度于天。下流化于民。先天而天不違。後天而奉天時。萬國咸寧。神人㠯和。猶復深惟五經之妙。皆爲漢制。博采幽遠。窮理盡性。㠯至于命。先帝詔侍中騎都尉賈逵修理舊文。殊蓺異術。王敎一耑。苟有可㠯加于國者。靡不悉集。易曰。窮神知化。德之盛也。書曰。人之有能有爲。使羞其行。而國其昌。臣父故太尉南閤祭酒愼。本從逵受古學。蓋聖人不空作。皆有依據。今五經之道。昭炳光明。而文字者。其本所由生。自周禮漢律。皆當學六書。貫通其意。恐巧說衺辭。使學者疑。愼博問通人。考之于逵。作說文解字。六蓺羣言之詁。皆通其意。而天地鬼神。山川艸木。鳥獸蚰蟲。雜物奇怪。王制禮儀。世間人事。莫不畢載。凡十五卷。十三萬三千四百四十一字。愼前㠯詔書校書東觀。敎小黃門孟生李喜等。㠯文字未定。未奏上。今愼已病。遣臣齎詣闕。愼又學孝經孔氏古文說。古文孝經者。孝昭帝時魯國三老所獻。建武時給事中議郎衞宏所校。皆口傳。官無其說。謹撰具一篇并上。臣沖誠惶誠恐。頓首頓首。死罪死罪。臣稽首再拜㠯聞皇帝陛下。建光元年九月己卯朔二十日戊戌上。說文本作己亥朔二十日戊午上。今依四分術推改。

舒承梵

承梵。永元中爲大史令。

天度遠近對

案官所施漏法令甲第六常符漏品。孝宣皇帝三年十二月乙酉下。建武十年二月壬午詔書施行。漏刻㠯日長短爲數。率日南北二度四分而增減一刻。一氣俱十五日。日去極各有多少。今官漏率九日移一刻。不隨日進退。夏厤漏隨日南北爲長短。密近于官漏。分明可施行。續漢律厤志中。

今當作令

養奮

奮字叔高。鬱林人。永元六年舉賢良方正。廣韻引孝子傳有養奮。

賢良方正對策

策問陰陽不和。或水或旱。方正鬱林布衣養奮對曰。天有陰陽。陰陽有四時。四時有政令。春夏則子惠布施寬仁。秋冬則剛猛盛威行刑。賞罰殺生。各應其時。則陰陽和。四時調。風雨時。五穀升。今則不然。長吏多不奉行時令。爲政舉事。干逆天氣。上不卹下。下不忠上。百姓困乏。而不卹哀。衆怨鬱積。故陰陽不和。風雨不時。災害緣類。水者陰盛。小人居位。依公營私。讒言誦上。雨漫溢者。五穀有不升。而賦稅不爲減。百姓虛竭。家有愁心也。續漢五行志三注補引廣州先賢傳。佞邪㠯不正食祿饗所致。續漢五行志三注補引養奮對策。當溫而寒。刑罰慘也。續漢五行志三注補引袁山松書。

鄭璩

璩字平卿。

拜內史上疏

臣斗筲之小吏。擢在察視之官。職任過分。當糾邪矯枉。東觀漢紀。

張皓

皓字叔明。犍爲武陽人。留侯張良六世孫。永元中仕州郡。辟大將軍鄧騭府。五遷爲尚書僕射。出爲彭城相。永寧初徵拜廷尉。永建初代陶敦爲司空。免。陽嘉初復爲廷尉。卒年八十三。

上疏諫廢皇太子

昔賊臣江充造構讒逆。至令戾園興兵。終及禍難。後壺關三老一言。上乃覺悟。雖追前失。悔之何逮。今皇太子春秋方始十歲。未見保傅九德之義。宜簡賢輔。就成聖質。後漢張皓傳。安帝廢皇太子爲濟陰王。皓與桓焉來歷廷爭之不能得退而上疏書奏不省。

上疏諫誅趙騰

臣聞堯舜立敢諫之鼓。三王樹誹謗之木。春秋采善書惡。聖主不罪芻蕘。騰等雖干上犯法。所言本欲盡忠正諫。如當誅戮。天下杜口。塞諫爭之源。非所㠯昭德示後也。後漢張晧傳。順帝時。清河趙騰上言災變。譏刺朝政。章下有司。㠯誹謗當伏重法。晧上疏諫。帝乃悟。

張綱

綱字文紀。晧子。永建中舉孝廉。不就。尋辟司徒府。㠯高第爲侍御史。漢安初出爲廣陵太守。拜光祿大夫。

上書諫縱宦官

詩曰。不愆不忘。率由舊章。尋大漢初隆。及中興之世。文明二帝。德化尤盛。觀其理。爲易循易見。但恭儉守節。約身尚德而已。中官常侍。不過兩人。近倖賞賜。裁滿數金。惜費重人。故家給人足。夷狄聞中國優富。任信道德。所㠯姦謀自消。而和氣感應。而頃者㠯來。不遵舊典。無功小人。皆有官爵。富之驕之。而復害之。非愛人重器。承天順道者也。伏願陛下。少留聖恩。割損左右。㠯奉天心。後漢張綱傳。

上書劾梁冀

大將軍梁冀。河南尹不疑。蒙外戚之援。荷國厚恩。㠯芻蕘之姿。安居阿保。不能敷揚五教。翼贊日月。而專爲封豕長蛇。肆其貪饕。甘心好貨。縱恣無猒。多樹諂諛。㠯害忠良。誠天威所不赦。大辟所宜加也。謹條其無君之心十五事于左。皆忠臣之所切齒也。蜀志張翼傳注引續漢書。袁宏後漢紀十九。後漢張綱傳。

高慎

慎字孝甫。陳留人。永元中爲陳國戶曹史。歷二縣令。遷東萊太守。

諫國相

諸侯射豕。天子射熊。八舞。六佾。禮數不同。昔季氏設朱于玉戚。㠯舞大夏。左傳曰。唯名與器。不可㠯假人。奢僭之漸。不可聽也。後漢陳敬王羨傳注引謝承書。

霍融

融。永元中待詔太史。

上言改定官漏刻

官漏刻率九日增減一刻。不與天相應。或時差至二刻半。不如夏厤漏刻。隨日南北爲長短。續漢律厤志。宋書厤志二。隋書天文志刻漏。

曹鳳

鳳。永元中爲隃麋相。

上言建復西海郡縣

西戎爲害。前世所患。臣不能紀古。且㠯近事言之。自建武㠯來。其犯法者。常從燒當種起。所㠯然者。㠯其居大小榆谷。土地肥美。又近塞內。諸種易于爲非。難㠯攻伐。南得鍾存。㠯廣其衆。北阻大河。因㠯爲固。又有西海魚鹽之利。緣山濱水。㠯廣田畜。故能彊大。常雄諸種。恃其權勇。招誘羌胡。今者衰困。黨援壞沮。親屬離叛。餘勝兵者。不過數百。逃亡棲竄。遠依發羌。臣愚㠯爲宜及此時。建復西海郡縣。規固二榆。廣設屯田。隔塞羌胡交關之路。遏絕狂狡窺欲之源。又殖穀富邊。省委輸之役。國家可㠯無西方之憂。後漢西羌傳。

法雄

雄字文彊。扶風郿人。和帝時仕郡功曹。辟太傅張禹府。除平氏長。遷宛陵令。安帝時爲青州刺史。遷南郡太守。

移書南郡屬縣

凡虎狼之在山林。猶人之居城市。古者至化之世。猛獸不擾。皆由恩信寬澤。仁及飛走。太守雖不德。敢忘斯義。記到。其毀壞檻穽。不得妄捕山林。後漢法雄傳。

唐羌

羌字伯游，辟公府，補臨武長。

上書陳交阯獻龍眼荔支事狀

臣聞上不吕滋味爲德，下不吕貢膳爲功，故天子食太牢爲尊，不吕果實爲珍。伏見交阯七郡獻生龍眼等，鳥驚風發。南州土地惡蟲猛獸不絕于路，至于觸犯死亡之害。死者不可復生，來者猶可救也。此二物升殿，未必延年益壽。（後漢和紀注引謝承書）

尙敏

敏爵里未詳。

陳興廣學校疏

臣聞五經所吕治學爲人。五經不修，世道陵遲，學校不弘，則人名行不廣。故秦吕坑儒而滅，漢吕宗學而興，所吕罔羅天下，統理陰陽，彌綸治道，而視民軌則也。光武中興，修繕太學，博士得具五人，五經各敎其義，故能化澤沾洽，天下和平。自頃吕來，五經頗廢，後進之士，趣于文俗，宿儒舊學，無與傳業。由是俗吏繁熾，儒生寡少。其在京師，不務經學，競于人事，爭于貨賄。太學之中，不聞談論之聲；從橫之下，不覩講說之士。臣恐五經六藝，浸吕陵遲，儒林學肆，于是廢失。所吕制御四夷者，吕有道德仁義也。傳曰：王者之臣，其實師也。言其道德可師也。今百官伐閱，皆吕通經爲名，無一人能稱。孔子曰：無而爲有，虛而爲盈，難乎有恆矣。自今官人，宜令取經學者，公府孝廉皆應詔，則人心專一，風化可淯也。（袁宏後漢殤帝紀）

蘇順

順字孝山，京兆霸陵人。和安閒吕才學稱，後拜郎中。

歎懷賦

悲終風之隕籜，傺枝梢吕摧傷。桂斅榮而方感，遭暮冬之隆霜。華霏霏之將實，中夭零而消亡。童烏濬其明哲，悲何壽之不將。嗟劉生之若茲，奄彌留而永喪。（藝文類聚三十四）

和帝誄

天王徂登，率土奄傷，如何昊穹，奪我聖皇。恩德累代，乃作銘章。其辭曰：

㳟惟大行，配天建德，陶元二化，風流萬國。立我蒸民，宜此儀則。厥初生民，三五作剛，載籍之盛，著于虞唐。恭惟大行，爰同其光。自昔何爲，欽明允塞。恭惟大行，天覆地載，無爲而治，冠斯往代。往代崎嶇，諸夏擅命。爰茲發號，民樂其政。奄有萬國，民臣咸秩。大孝備矣，閟宮有侐。由昔姜嫄，祖妣之室，本枝百世，神契惟一。彌留不豫，道揚末命。勞謙有終，實惟其性。衣不制新，犀玉遠屏。履和而行，威稜上古。洪澤滂流，茂化沾溥。不憖少留，民斯何怙。歔欷成雲，泣涕成雨。昊天不弔，喪我慈父。（藝文類聚十二）

㳟當作恭

陳公誄

化侔春風，澤配甘雨。（文選曹植上責躬詩表注）

賈逵誄

惟天生君，繼孔之迹。光明克哲，果論至賾。（初學記二十一）

史岑

岑字孝山，爵里未詳。（案後漢王隆傳：初王莽末，沛國史岑字子孝，莽吕爲謁者。文選出師頌注考定有二史岑，字子孝者仕莽末，字孝山者當和熹之際，引流別集及集林載岑和熹鄧后頌幷序爲據。今從選注，編入和安帝間。）

出師頌

茫茫上天，降祚有漢，兆基開業，人神攸贊。五曜霄映，素靈夜歎。皇運來授，萬寶增煥。歷紀十二，天命中易。西零不順，東夷遘逆。乃命上將，授吕雄戟。桓桓上將，實天所啟。允文允武，明詩悅禮。憲章百揆，爲世作楷。昔在孟津，惟師尙父。素旄一麾，渾一區宇。蒼生更始，朔風變楚。薄伐獫狁，至于太原。詩人歌之，猶歎其艱。況我將軍，窮城極邊。鼓無停響，旗不蹔褰。澤霑遐荒，功銘鼎鉉。我出我師，于彼

西疆天子餞我路車乘黃言念伯舅恩深渭陽介珪既削列壤酬勳今我將軍啟土上郡傳子傳孫顯顯令問文選藝文類聚五十九

楊倫

倫字仲理陳留東昏人師事丁鴻爲郡文學掾久之去職元初中郡禮請三府並辟公車徵皆不就延光末徵博士爲清河王傅免永建中拜侍中免陽嘉中徵拜太中大夫大將軍梁商請爲長史出補常山王傅病不之官

上書案坐任嘉舉主罪

臣聞春秋誅惡及本本誅則惡消振裘持領領正則毛理今任嘉所坐狼藉未受辜戮猥以垢臭改典大郡自非案坐舉者無以禁絕姦萌往者湖陸令張疊蕭令駟賢徐州刺史劉福等釁穢既章咸伏其誅而豺狼之吏至今不絕者豈非本舉之主不加之罪乎昔齊威之霸殺姦臣五人并及舉者以弭謗讟當斷不斷黃石所戒夫聖王所以聽僮夫匹婦之言者猶塵加嵩岱霧集淮海雖未有益不爲損也惟陛下留神省察後漢楊倫傳

辭補常山王傅

有留死一尺無北行一寸刎頸不易九裂不恨匹夫所執彊于三軍固敢有辭後漢楊倫傳

全後漢文卷四十九終

全後漢文卷五十

烏程嚴可均校輯

李尤

尤字伯仁，廣漢雒人。永元中召詣東觀，拜蘭臺令史，稍遷安帝時爲諫議大夫，順帝初遷樂安相，卒年八十三，有集五卷。

函谷關賦

惟皇漢之休烈兮，包八極㠯據中。混無外之蕩蕩兮，惟唐典之作一作㠯極宗。萬國喜而洞洽兮，何天衢㠯流通。襟要約之險固兮，制關楗㠯擒非。其南則有蒼梧荔浦，離水謝沭，匯浦零中，㠯窮海陸。于北則有蕭居天井，壺口石陘，貫越代朔，㠯臨胡庭。緣邊邪指，陽會玉門，凌測龍堆，或置㠯口。于西則有隴坻武夷，白水江零，沔漢阻曲，路由山泉。奮一作舊水遼溢，連潞一作落是經。爾迺周覽㠯汎觀兮，歷衆關㠯遊目。惟今關之顯宏一作麗兮，羌莫盛乎于一作函谷。施雕甍㠯作好，建峻徹之堅重。殊中外㠯隔別，翼巍巍之高崇。命尉臣㠯執鑰，統羣類之所從。嚴固守之猛厲，操戈鉞而普聰。蕃鎮造而惕息，疾伯過而震忡。惟函谷之初設，險前有姬之苗流。嘉尹喜之望氣，知眞人之西遊。爰物色㠯遮道，爲著書而肎留。自周轍之東遷，秦虎眎乎中州。文馳齊而懼追，譎雞鳴于狗偷。雎背魏而西逝，託衾衣㠯免搜。大漢承弊㠯建德，革厥舊而運修。準今宜㠯就制，因茲勢㠯立基。蓋可㠯詰非司邪，括執喉咽。季末荒戊，隮關有年。天閔羣黎，命我聖君。稽符皇乾，孔適河文。中興再受，二祖同勳。永平承緒，欽明奉循。上羅三關，下列九門。會萬國之玉帛，徠百蠻之貢琛。冠蓋紛其雲合，車馬動而雷奔。察言服㠯有譏，捐繻傳而勿論。于㠯廓襟度于神聖，法易簡于乾坤。藝文類聚六、初學記七、古文苑。

玉女流眄而下視。文選魯靈光殿賦注。

盛夏臨凜而含霜焉。文選七啟注。

辟雍賦

卓矣煌煌，永元之隆。含宏該要，周建大中。蓋純和之優渥兮，化盛溢而茲豐。御覽五百三十四。

太學既崇，三宮既章。靈臺司天，羣耀彌光。太室宗祀，布政國陽。辟廱巖巖，規圓矩方。階序牖闥，雙觀四張。流水湯湯，造舟爲梁。神聖班德，由斯㠯匡。喜喜濟濟，春射秋饗。王公羣后，卿士具集。攢羅鱗次，差池雜遝。延忠信之純一兮，列左右之貂璫。三后八蕃，師尹舉卿。加休慶德，稱壽上觴。戴甫垂畢，其儀蹌蹌。是㠯乾坤所周，八極所要。夷戎蠻羌，儋耳哀牢。重譯響應，抱珍來朝。南金大璐，玉象犀龜。藝文類聚三十八、初學記十三。

興雲動雷，飛屑風雨。文選海賦注。

萬騎躨跜㠯攫拏。文選魯靈光殿賦注。

德陽殿賦

白若炎唐，稽古作先。文選魯靈光殿賦注。開三階而參會，錯金銀于兩楹。入青陽而窺總章，歷戶牖之所經。連壁組之潤浸，雜虬文之蜿蜒。爾乃周閣迴币，峻樓臨門。朱闕巖巖，嵯峨槩雲。青瑣禁門，廊廡翼翼。華蟲詭異，密采珍縟。達蘭林㠯西通，中方池而特立。果竹鬱茂，㠯蓁蓁。鴻雁沸裔而來集，德陽之比，斯曰濯龍。葡萄安石，蔓延蒙籠。橘柚含桃，甘果成叢。文梍曜水，光映煌煌。藝文類聚六十二、初學記二十八、御覽九百七十。

平樂觀賦

乃設平樂之顯觀，章秘瑋之奇珍。習禁武㠯講捷，厭不羈之遐鄰。徒觀平樂之制，鬱崔嵬㠯離婁。赫巖巖其崟嶺，紛電影㠯盤旺。彌平原之博敞，處金商之維陬。大廈累而鱗次，承岧嶤之翠樓。過洞房之轉闥，歷金環之華鋪。南切洛濱，北陵倉山。龜池泱漭，果林榛榛。天馬沛艾，鬣尾布分。爾乃太和隆平，萬國肅清。殊方重譯，絕域造庭。西表交會。抱珍遠矣。雜遝歸誼。集于春正。凱屈奇之神怪。顯逸才之捷武。百僚于時。各命所主。方曲旣設。秘戲連敘。逍遙俯仰。節以鞀鼓。戲車高橦。馳騁百馬。連翩九仞。離合上下。或以馳騁。覆車顛倒。烏獲扛鼎。千鈞若羽。吞刃吐火。燕躍烏峙。陵高履索。踊躍旋舞。飛丸跳劍。沸渭回擾。巴渝隈一。踰肩相受。有仙駕雀。其形蚴虬。騎驢馳射。狐兔驚走。侏儒巨人。戲謔爲耦。禽鹿六駮。白象朱首。魚龍曼延。嵔𡼏山阜。龜螭蟾蜍。挈琴鼓缶。（藝文類聚六十三。）

東觀賦

臣雖頑鹵。慕小雅斯干歎詠之美。（文選劉楨贈五官中郎將詩注。）敷華實于雍堂。集幹質于東觀。東觀之藝。孽孽洋洋。上承重閣。下屬周廊。步西蕃以徙倚。好綠樹之成行。歷東崖之敞坐。庇蔽芾之甘棠。前望雲臺。後匝德陽。道無隱而不顯。書無闕而不陳。覽三代而采宜。包郁郁之周文。（藝文類聚六十三。）

萬當作御

七款

奇宮閑館。迴庭洞門。井幹廣望。重閣相因。夏屋渠渠。嵯峨合連。前臨都街。後據流川。梁王青黎。（初學記作梁上青黎。）盧橘是生。白華綠葉。扶疏冬榮。與時代序。孰不墮零。黃景炫炫。昡林曜封。金衣朱裏。班理內充。滋味偉異。淫樂無窮。副以甘蔗。豐弘誕節。纖液玉津。旨于飴蜜。（藝文類聚五十七。又初學記二十八引兩條。又御覽九百七十四。）

鴻柿若瓜。（萬覽九百七十一。）

龍鼉水處。（文選蜀都賦注。）

迴皇競集。（文選長笛賦注。）

季秋末際。高風猋厲。（文選七命注。）

神奔電驅。星流矢驚。則莫若盆野騰駒也。（文選七命注。）

懷戎頌（華陽國志十中。）

政事論（華陽國志十中云七篇。）

河銘

洋洋河水。赴宗于海。經自中州。龍圖所在。黃函白神。赤符以信。昔有周武。集會孟津。魚入王舟。乃往克殷。大漢承緒。懷附退鄰。邦事來濟。各貢厥珍。（藝文類聚八。又九引孟津銘。又水經河水一注。）

洛銘

洛出熊耳。東流會集。夏禹導疏。經于洛邑。玄龜赤字。漢符是立。帝都通路。建國南鄉。萬乘終濟。造舟爲梁。三都五州。貢篚萬方。廣視遠聽。審任賢良。元首昭明。庶類是康。（初學記六。）

鴻池陂銘

鴻澤之陂。聖王所規。開源東注。出自城池。（水經穀水注。）

漸臺中起。列館參差。（文選謝朓晚登三山望京邑詩注。）

函谷關銘

函谷險要。襟帶喉咽。尹從李老。留作二篇。孟嘗離秦。奔驚東征。夜造稽疑。譎以雞鳴。范雎將入。自盛以囊。元鼎革移。錯之新安。舍彼西阻。東即高原。長墉重關。閈固不踰。簡易易從。與乾合符。（藝文類聚六。）

明堂銘

布政之室。上圓下方。體則天地。在國正陽。窻闥四設。流水洋洋。順節行化。各居其房。春恤幼孤。夏進賢良。秋厲威武。冬謹關梁。（藝文類聚三十八。御覽五百三十三。）

太學銘

漢遵禮典。崇興六藝。修周之理。埽秦之弊。褒建儒宮。廣置異記。開延學者。勸以爵位。（藝文類聚三十八。）

辟雍銘

惟王所建。方中圓外。淸流四匝。蕩滌濁穢。（御覽五百三十四。）

東觀銘

周氏舊區。皇漢寔循。房闥內布。疏綺外陳。升降三除。貫啟七門。是

詩當作賦

謂東觀。書籍林淵。列侯弘雅。治掌藝文。藝文類聚六十三、文選陸機贈顧彥先詩注。

永安宮銘

合歡黃堂。中和是遵。舊廬懷本。新果暘春。候臺集道。俾司星辰。豐業廣德。㠯協天人。萬福來助。嘉娛永欣。藝文類聚六十二、初學記二十四。

雲臺銘

周氏舊居。惟漢襲因。崇臺嵋峻。上礙蒼雲。垂示億載。俾率舊章。人修初學記作循。其行。而國其昌。藝文類聚六十二、初學記二十四。

德陽殿銘

皇穹垂象。㠯示帝王。紫微之側。弘誕彌光。大漢體天。承㠯德陽。崇弘高麗。苞受萬方。內綜朝貢。外示遐荒。藝文類聚六十二、初學記二十四。

鞠城銘文選注作鞠室銘。

圓鞠方牆。倣象陰陽。法月衡對。二六相當。建長立平。其例有常。不㠯親疏。不有阿私。端心平意。莫怨其非。鞠政由然。況乎執機。藝文類聚五十四、文選景福殿詩注。

京師城銘

天險匪登。地險丘陵。帝王設險。乾坤是承。藝文類聚六十三、初學記二十四。

高安館銘

巍巍高安。明聖是修。嶕嶢麗館。窗闥列周。增臺顯倣。禁室靜幽。長除臨起。樞檻相承。聖朝明察。同保休徵。藝文類聚六十三、文選蜀都賦注、七啟注。

平樂館銘

乃興平樂。弘倣麗光。層樓通閣。禁闥洞房。棼梁照曜。朱華飾當。騁武舒秘。㠯示幽荒。如棨普覆。然後來王。藝文類聚六十三。

上林苑銘

顯宗備禮。明慮弘濬。文選鮑照放歌行注。

闕銘

皇上尊嚴。萬姓載依。國都攸處。建設端闈。表樹兩觀。雙闕巍巍。藝文

全後漢文卷五十　李尤　五

位當作處

類聚六十二。悉心聽省。乃無窮冤。文選陸倕石闕銘注。

門銘

門之設張。爲宅表會。納善閑邪。擊柝防害。藝文類聚六十三、初學記二十四、御覽一百八十三。

穀城門銘

穀門北中。位當于子。御覽作丑。太陰主刑。殺伐事首。藝文類聚六十三作殺伐爲首。初學記二十四作爲始。御覽一百八十三。案雒陽城十二門。今缺丑門一銘。

上東門銘

上東少陽。厥位在寅。條風動物。月值孟春。後魏書李順附傳李騫釋情賦注。

中東門銘

中東處仲。月位當卯。倉庚有聲。鷹隼匿爪。除去桎梏。獄訟勿考。藝文類聚六十三、初學記二十四、御覽一百八十三。

旄門銘續漢百官志四注補作秏門。

旄門值季。位月在辰。順陽布位。貧乏是振。御覽一百八十三。

開陽門銘

開陽在孟。位月惟巳。清門冠節。太陽進起。藝文類聚六十三、初學記二十四。

平城門銘

平門督師。午位處中。續漢百官志四注補作平城司午。厥位處中。外臨僚侍。內達帝宮。

正陽南面。炎暑赫融。御覽一百八十三。

津城門銘

津名自定。位月在未。溫風鬱暑。鷹鳥習鷙。藝文類聚六十三、初學記二十四。

廣陽門銘

廣陽位孟。厥月在申。涼風時至。白露已分。藝文類聚六十三、御覽一百八十三。

雍城門銘

全後漢文卷五十　李尤　六

雍門處中。位月在酉。盲風寒、鴻雁歸山阜。藝文類聚六十三，初學記二十四。

上西門銘

上西在季。位月惟戌。菊黃豺祭。號令嚴悉。御覽一百八十三。

夏城門銘

夏門值孟。位月在亥。不周用事。玄冥幽晦。陰陽不通。蝃蝀匿采。迎冬北壇。順陰所在。藝文類聚六十三，初學記二十四，御覽一百八十三。

堂銘

因邑制宅。爰興殿堂。夏屋渠渠。高敞清涼。家㠯師禮。修奉蒸嘗。延賓西階。主近東廂。宴樂嘉客。吹笙鼓簧。藝文類聚六十三。

室銘

室㠯安寍。寑息幽閑。窒塞空隙。遮遏風寒。無日寂寞。屋漏昭然。御覽一百七十四。

楹銘

榦彊體正。雖重不移。上下相安。高而不危。御覽一百八十七。

牖銘

天設牕牖。開光照陰。施于明堂。㠯象八風。御覽一百八十八。

井銘

井之所尚。寒泉洌清。法律取象。不槩自平。多取不損。少汲不盈。執憲若斯。何有邪傾。藝文類聚九。

竈銘

燧人造火。竈能㠯興。五行接備。陰陽相乘。藝文類聚八十，御覽一百八十六。

鍾簴銘

周因殷禮。損益可知。漢因于周。猶若重規。人因秦器。事有可施。鴻鍾怒簴。物得其宜。聲揚遠聞。文耀爰施。藝文類聚四十四。

琴銘

琴之在音。盪滌邪心。雖有正性。其感亦深。存雅卻鄭。浮侈是禁。條暢和正。樂而不淫。藝文類聚四十四，初學記十六。

笛銘

剡削長榦。二孔修長。□□□□。出自西涼。流離浩蕩。壯士抑揚。初學記十六引兩條。

漏刻銘

昔在先聖。配天垂則。仰釐七曜。俯順坤德。乃建日官。俾立漏刻。昏明既序。景曜不忒。唐命羲和。敬授人時。縣象著明。帝㠯崇熙。季末不虔。德衰于茲。挈壺失節。刺流在詩。聖哲稽古。帝則是欽。尺璧非寶。重此寸陰。昧旦丕顯。敬聽漏音。思我王度。如玉如金。藝文類聚六十八引漏刻銘，又引漏銘。北堂書鈔一百三十，初學記二十五。

屏風銘

舍則潛辟。用則設張。立必端直。處必廉方。雍閼風邪。霧露是抗。奉上蔽下。不失其常。藝文類聚六十九，北堂書鈔一百三十二，初學記二十五，御覽七百一。

書案銘

居則致樂。承顏接賓。承奉奏記。通達謁刺。尊上答下。道合仁義。書鈔一百三十三，御覽七百十。

經橈銘

瞻之在前。忽焉在後。進新習故。不舍于口。子在川上。逝者如斯。及年廣學。無問不知。藝文類聚五十五。

讀書枕銘

聽政理事。怠則覽書。傾倚偃息。隨體興居。寤心起意。猶愈宴娛。藝文類聚五十五。

筆銘

筆之強志。庶事分別。七術雖眾。猶可解說。口無擇言。駟不及舌。筆之過誤。愆尤不滅。藝文類聚五十八，初學記二十一。

錯佩刀銘

佩之有錯。抑武揚文。豈爲麗好。將戒其身。藝文類聚六十。初學記二十二。御覽三百四十六。

金馬書刀銘

巧冶鍊剛。金馬託形。貢文錯鏤。兼勒工名。淬以清流。礪以越砥。藝文類聚六十。初學記二十二兩引。又御覽三百四十六

寶劍銘

五材並用。誰能去兵。龍淵耀奇。太阿飛名。陸斷犀兕。水截鯢鯨。縉紳威服。翼宣儀刑。豈徒振武。義合金聲。

戟銘

鼓戟之設。以戒非常。秉執操持。邪暴是防。須臾之分。終日爲殃。山陵之禍。起于豪芒。文選鮑照白頭吟注。御覽三百五十三。

弧矢銘

弦木爲弧。剡木爲矢。協并八極。四方同紀。藝文類聚六十。初學記二十二。御覽三百五十七。

良弓銘

弓矢之作。爰自曩時。鄉射載禮。招命在詩。妙稱顏高。巧發由基。不爭之美。亦以揖儀。御覽三百四十七。案藝文類聚六十、初學記二十二作晉李充。

弩銘

粵自近古。發意所覩。前聖制弓。後世建弩。機牙發矢。執醜破虜。克獲雖屢。猶不可常。忘戰者危。極武者傷。藝文類聚六十七。御覽三百四十八。

彈銘

昔之造彈。起意弦木。以丸爲矢。合竹爲樸。漆飾膠治。不用筋角。丸彈之利。以弋鳧鴦。晉靈驕悖。羣臣是彈。樂其如躍。趨如避丸。藝文類聚六十七。御覽三百五十。

鎧銘

甲鎧之施。扞禦鋒矢。尚其堅剛。或用犀兕。內以存身。外不傷害。有似仁人。厥道廣大。好德者寧。好戰者危。專智恃力。君子不爲。初學記二十二。御覽三百五十六。

盾銘

吳旂魯厳。戎兵特須。御覽三百五十七。

鞍銘

驅騖馳逐。騰躍覆被。雖其捷習。亦有顛沛。井贏其瓶。罔不斯敗。文選赭白馬賦注。初學記二十二。御覽三百五十八。

轡銘

轡御在手。急緩必時。賞罰在心。中和是思。馬知良御。進取道里。人知善政。令行禁止。初學記二十二。御覽三百五十八。

馬箠銘

御者箠策。示有威怒。東野之敗。督責過度。初學記二十二。御覽三百五十九。

鉦銘

誓飭師旅。申嚴號令。以肅紀律。萬衆是聽。

武庫銘

搏噬爪牙。鋒距之先。毒螫芒刺。矛矢以存。聖人垂象。五兵已陳。初學記二十四。

臥牀銘

體之所安。寢處和歡。夕惕敬慎。崇德遠奸。書鈔一百三十三。初學記二十五。御覽七百六。

几銘 有序

昔帝軒轅。仁智恭恕。恐事之有闕。作倚几之法。書鈔一百三十三。御覽七百十。

虛左致賢。設坐來賓。筵牀對几。盛養已陳。徵仁飯義。枕典席文。道可醉飽。何必清醇。書鈔一百三十三。

几則索口。賢知難求。西伯善養。二老來遊。同上。

席銘

施席接賓。士無愚賢。値時所有。何必羊豚。藝文類聚六十九。初學記二十五。

靈壽杖銘

亭亭奇幹寶曰壽靈甘泉潤根淸露流莖乃制爲杖扶危定傾餘憑其實亦貴其名。北堂書鈔一百三十三、藝文類聚六十九。

麈尾銘

𢹂成德柄言爲訓辭鑒彼逸傲念茲在茲。北堂書鈔一百三十四。

鏡銘

鑄銅爲鑑整飭容顏修爾法則正爾衣冠。北堂書鈔一百三十六、藝文類聚七十、初學記二十五。

熏鑪銘

上似蓬萊吐氣委蛇芳烟布寫化白爲香。北堂書鈔一百三十五。一案銘末有試陳再謹改作芳烟布繞遙沖紫微張溥百三家集用之未詳所據。

印銘

赤紱在服非印不明棨傳符節非印不行龜紐爲鼻用爾作程。初學記二十六。

研墨銘

書契既造研墨乃陳煙石相附筆疏㠯申篇籍永垂紀志功勳。初學記二十一。分爲硯銘墨硯銘二篇今合錄之。御覽六百五。

冠幘銘

冠爲元服幘爲首飾君子敬愼自彊不忒。

文履銘

文㠯表德質㠯體仁乃製茲履文質斌斌顯允明哲卑㠯牧身步此坦道絕彼埃塵。書鈔一百三十六、初學記二十六。

舟楫銘

舟楫之利譬猶輿馬。藝文類聚作輿輦。載重歷遠㠯濟天下相風覗波窮究川野安審懼愼終無不可。北堂書鈔一百三十七、藝文類聚七十一、初學記二十五。

小車銘

圓蓋象天方軫則地輪法陰陽動不相離合之嗛嗻疏達開通兩

輜障邪尊卑是從輗軏之用信義所同。藝文類聚七十一。又初學記二十五引兩條。御覽七百七十三。

天軿車銘 御覽作軿車銘。

奚氏本造後裔飾雍輪㠯代步屏㠯蔽容輪軿并合出入周通追仁赴義惟禮是恭。藝文類聚七十一、御覽七百七十三。

鼎銘

五鼎大和滋味集具雖快其口損之爲務。藝文類聚七十三。

盤銘

或㠯承甗或㠯受物既舉淸觴又成口實。藝文類聚七十三、御覽七百五十八。

盂銘

飲無求辭饑㠯相娛荒沈過差可不愼與。文選嵇康與山濤絕交書注。

樽銘

樽設在堂㠯俟俊乂三山共承雕琢錯縈。藝文類聚七十三。

杯銘

小之爲杯大之爲閜杯閜之用無施不可㠯飲㠯享愼斯得正周公之美驕吝爲病。藝文類聚七十三。

羹魁銘

羊羹不偏駟馬長驅。御覽七百五十八。

安哉銘

安哉令名甘旨是盛埏埴之巧甄陶所成食彼美珍思此鹿鳴。御覽七百六十。

匱匣銘

國有都邑家有匣匱貨賄之用我之利器。御覽七百十四。

豐矦銘

豐矦荒繆醉亂迷逸乃象其形爲禮戒式後世傳之固無止訖。御覽七百六十二。

箕銘

神農植穀，㠯養蒸民。箕主簸揚，糠粃乃陳。御覽七百六十五.

圍棊銘

詩人幽憶，感物則思。志之空閑，翫弄遊意。局爲憲矩，棊法陰陽。道爲經緯，方錯列張。藝文類聚七十四.

金羊燈銘

賢哲勉務，惟日不足。金羊載耀，作明㠯續。藝文類聚八十、初學記二十五.

權衡銘

夫審輕重，莫若權衡。正是正非，其唯賢明。御覽八百三十.案華陽國志十中，和帝召作東觀、辟雍、德陽諸觀賦、銘、懷戎頌、百二十銘，著政事論七篇，帝善之。今搜輯羣書，得八十四銘，其餘三十七銘亡.

全後漢文卷五十終

烏程嚴可均校輯

楊震

震字伯起。弘農華陰人。丞相安平侯敞玄孫。年五十。始仕州郡。辟大將軍鄧騭府。舉茂才。四遷荊州刺史東萊太守。轉涿郡太守。元初中徵爲太僕。遷太常。永寧初代劉愷爲司徒。延光二年代劉愷爲太尉。明年策免。卒年七十餘。

上疏請出乳母王聖

臣聞政以得賢爲本。理以去穢爲務。是以唐虞俊乂在官。四凶流放。天下咸服。以致雍熙。方今九德未事。嬖倖充庭。阿母王聖出自賤微。得遭千載。奉養聖躬。雖有推燥居溼之勤。前後賞惠。過報勞苦。而無厭之心。不知紀極。外交屬託。擾亂天下。損辱清朝。塵點日月。書誡牝雞牡鳴。詩刺哲婦喪國。昔鄭嚴公從母氏之欲。恣驕弟之情。幾至危國。然後加討。春秋貶之。以爲失教。夫女子小人。近之喜。遠之怨。實爲難養。易曰。無攸遂。在中饋。言婦人不得與于政事也。宜速出阿母。令居外舍。斷絕伯榮。莫使往來。令恩德兩隆。上下俱美。惟陛下絕婉孌之私。割不忍之心。留神萬機。誡愼拜爵。減省獻御。損節徵發。令野無鶴鳴之歎。朝無小明之悔。大東不興于今。勞止不怨于下。擬蹤往古。比德哲王。豈不休哉。（後漢楊震傳）

復詣闕上疏諫劉瓌襲爵

臣聞高祖與羣臣約。非功臣不得封。攻城野戰。棄身沙漠。降服百蠻不羈之虜。然後得受茅土。故經制父死子繼。兄亡弟及。所以別親疏。殊適庶。尊國體。重繼嗣。防淫篡。絕姦謀。百王不易之道也。伏見詔書封故朝陽侯劉護再從兄瓌襲護爵爲侯。護同產弟威今猶見在。臣聞天子不專封。封有功。諸侯不專爵。爵有德。今瓌無他功德。但以配阿母女。既忝位侍中。一時之間。超至封侯。不稽舊制。不合經義。行人諠譁。百寮不安。臣誠知言與罪俱。辭與辜會。忝當台輔之任。故不敢不盡言之。陛下宜覽鏡既往。順帝之則。（袁宏後漢紀十七。又後漢楊震傳）

諫爲王聖修第疏

臣聞古者三年耕。必有一年之儲。九年耕。必有三年之儲。故堯之遭洪水。民無菜色。傳曰。國無三年之儲。非其國也。故豐年知禮。凶年減除。臣伏念方今災害發起。彌彌滋甚。百姓空虛。不能自贍。重以螟蝗。羌虜鈔掠。三邊震擾。戰鬭之役。至今未息。兵甲軍糧。不能復給。大司農帑藏匱乏。殊非社稷安寧之時。伏見詔書爲阿母興起津城門內第舍。合而爲一。連里竟街。雕修繕飾。窮極巧伎。今盛夏土王。而攻山采石。百姓布野。農民廢業。其大匠左校別部將作。合數十處。轉相迫促。爲費巨億。周廣謝惲兄弟與國無肺腑枝葉之屬。依倚近倖姦佞之人。與樊豐王永等分威共權。屬託州郡。傾動大臣。宰司辟召。承望旨意。招來海內貪汙之人。受其貨賂。至有臧錮棄世之徒。復得顯用。白黑溷淆。清濁同源。天下讙譁。咸曰財貨上流。爲朝結譏。臣聞師言。上之所取。財盡則怨。力盡則叛。怨叛之人。不可復使。故曰百姓不足。君誰與足。惟陛下度之。（袁宏後漢紀十七。後漢楊震傳。合錄成文。）

因地震復上疏

臣蒙恩備台輔。不能奉宣政化。調和陰陽。去年十一月四日京師地動。臣聞師言。地者陰精。當安靜承陽。而今動搖者。陰道盛也。其日戊辰。三者皆土。位在中宮。此中臣近官盛于持權用事之象也。臣伏惟陛下以邊境未寧。躬自菲薄。宮殿垣屋傾倚。枝柱而已。無所興造。欲令遠近咸知政化之清流。商邑之翼翼也。而親近倖臣。未崇斷金。驕溢踰法。多請徒士。盛修第舍。賣弄威福。道路讙譁。衆所聞見。地動之變。近在城郭。殆爲此發。又冬無宿雪。春節未雨。百僥𠐊心。而繕修不止。誠致旱之徵也。書曰。僭恆陽若。臣無作威作福玉食。唯陛下奮乾剛之德。棄驕奢之臣。㠯掩訞言之口。奉承皇天之戒。無令威福久移于下。後漢楊震傳。

救趙騰疏

臣聞堯舜之世。諫鼓謗木。立之于朝。殷周哲王。小人怨詈。則還自敬德。所㠯達聰明。開不諱。博採負薪。盡極下情也。今趙騰所坐。激訐謗語爲罪。與手刃犯法有差。乞爲虧除。全騰之命。㠯誘芻蕘輿人之言。後漢楊震傳。又見袁宏後漢紀十七。有刪節。

楊秉

秉字叔節。震中子。年四十餘。始應司空辟。拜侍御史。歷豫荆徐兗四州刺史。遷任城相。桓帝即位。拜太中大夫左中郎將。遷侍中尚書。光祿大夫。㠯梁冀擅權。稱病去官。冀誅。拜太僕。遷太常。㠯爭白馬令李雲事免。徵拜河南尹。復坐事輸作左校。遇赦拜

太常。代劉矩爲太尉。延熹八年卒。年七十四。

因風災上疏諫微行

臣聞瑞由德至。災應事生。傳曰。禍福無門。惟人自召。袁宏紀此下有乃者暴風迅疾。殆必有異。天不言語。㠯災異譴告。是㠯孔子迅雷風烈。必有變動。詩云。敬天之威。不敢驅馳。王者至尊。出入有常。警蹕而行。靜室而止。自非郊廟之事。則鑾旗不駕。故詩稱自郊徂宮。易曰王假有廟。致孝享也。諸侯如臣之家。春秋尚列其誡。況㠯先王法服。而私出槃遊。袁宏紀作私從意士心日般游諸臣之家。降亂尊卑。等威無序。侍衛守空宮。紱璽委女妾。設有非常之變。任章之謀。上負先帝。下悔靡及。臣奕世受恩。得備納言。又㠯薄學。充在講勸。特蒙哀識。袁宏紀作光識。見照日月。恩重命輕。義使士死。敢憚摧折。略陳其愚。後漢楊震傳。又見袁宏後漢紀二十一。有小異。

上疏諫任左右除拜

臣聞先王建國。順天制官。太微積星。名爲郎位。入奉宿衞。出牧百

得下脫參字

姓。皋陶誡虞。在于官人。頃者道路拜除。恩加豎隸。爵㠯貨成。化由此敗。所㠯俗夫巷議。白駒遠逝。穆穆清朝。遠近莫觀。宜割不忍之恩。㠯斷求欲之路。後漢楊震傳。

上言吏職

內外吏職。多非其人。自頃所徵。皆特拜不試。致盜竊縱恣。怨訟紛錯。舊典。中臣子弟。不得居位秉埶。而今枝葉賓客。布列職署。或年少庸人。典據守宰。上下忿患。四方愁毒。可遵用舊章。退貪殘。塞災謗。請下司隸校尉。中二千石。城門五營校尉。北軍中候。各實覈所部。應當斥罷。自㠯狀言。三府廉察。有遺漏續上。後漢楊震傳。延熹五年。秉代劉矩爲太尉。是時宦官方熾。任人及子弟爲官。秉與司空周景上言。

上言計吏宜絕橫拜

三署見郎七百餘人。帑藏空虛。浮食者眾。而不良守相。欲因國爲池。澆濯釁穢。宜絕橫拜。㠯塞覬覦之端。後漢楊震傳。

奏劾侯參

參取受罪臧累億。牂柯男子張攸。居爲富室。參橫加非罪。云造訛言。殺攸家八人。沒入廬宅。又與同郡諸生李元之官。共飲酒。醉飽之後。戲故相犯。誣言有淫慝之罪。應時捶殺。㠯人臣之埶。行桀紂之態。傷和逆理。痛感天地。宜當糾持。㠯謝一州。後漢楊震傳注引謝承書。

京兆尹袁逢于長安客舍中得重車三百餘乘。金銀珍玩。不可稱紀。後漢楊震傳注引謝承書。

奏劾侯覽

臣案國舊典。宦豎之官。本在給使省闥。司昏守夜。而今猥受過寵。執政操權。其阿諛取容者。則因公襃舉。㠯報私惠。有忤逆于心者。必求事中傷。肆其凶忿。居法王公。富擬國家。飲食極肴膳。僕妾盈紈素。雖季氏專魯。穰侯擅秦。何㠯尚茲。案中常侍侯覽弟參。貪殘元惡。自取禍滅。覽固知釁重。必有自疑之意。臣愚㠯爲不宜復見

親近昔懿公刑邴歜之父奪閻職之妻而使二人參乘卒有竹中之難春秋書之以為至戒蓋鄭詹來而國亂四佞放而衆服以此觀之容可近乎覽宜急屏斥投畀有虎若斯之人非恩所宥請免官送歸本郡（後漢楊震傳）

對尚書詰責任方突獄事

春秋不誅黎比而魯多盜方等無狀釁由單匡剌執法之吏害奉公之臣復令得逃竄寬縱罪身元惡大憝終為國害乞檻車徵匡考覈其事則姦慝蹤緒必可立得（後漢楊震傳）

使掾屬對尚書詰劾侯覽事

春秋趙鞅以晉陽之甲逐君側之惡傳曰除君之惡唯力是視鄧通懈慢申屠嘉召通詰責文帝從而請之漢世故事三公之職無所不統（後漢楊震傳又略見袁宏後漢紀二十二）

楊賜

賜字伯獻（袁宏紀作子獻蔡邕撰碑作伯獻）秉子辟大將軍梁冀府除陳倉令以病不行司空舉高第遷侍中越騎校尉建寧初遷少府光祿勳熹平中代唐珍為司空免復拜光祿大夫代袁隗為司徒免復拜光祿大夫光和初為三老復拜少府光祿勳代劉郃為司徒遷太尉中平初免尋封臨晉侯位特進代張溫為司空卒諡曰文烈侯

蛇變上封事

臣聞和氣致祥乖氣致災休徵則五福應咎徵則六極至夫善不妄來災不空發必應行而至王者心有所惟意有所想雖未形顏色而五星以之推移陰陽為其變度以此而觀天之與人豈不符哉尚書曰天齊乎人假我一日是其明徵也夫皇極不建則有蛇龍之孽（袁宏紀作蛇者于洪範鱗蟲之象思心不逮之所致也不逮之效時則有龍蛇之孽）詩云惟虺惟蛇女子之祥故春秋書鄭昭公時兩蛇關于南門之外其後昭公殆

問當作同

以女敗昔周康王承文王之盛一朝宴起夫人不鳴璜宮門不擊柝關雎之人見幾而作夫女謁行則讒夫昌讒夫昌則苞苴通故殷湯以之自戒終濟亢旱之災惟陛下思乾剛之道別內外之宜崇帝乙之制受元吉之祉抑皇甫之權割豔妻之愛則蛇變可消禎祥立應殷戊宋景其事甚明（後漢楊震附傳又見袁宏後漢紀二十三）

上疏諫封爵過差游觀無度

臣聞天生蒸民不能自理故立君長使司牧之是以唐虞兢兢業業周文日昃不暇明慎庶官俊乂在職以立雍熙之化頃聞拜爵過多每被尚書劾非衆所歸或不知何人昔堯用舜猶尚先試三載考績以觀厥成而今所序用無他名德有形勢者旬月之間累遷高位守道之徒歷載不轉勞逸無別善惡同流北山之詩所為訓作又聞微行數出幸諸苑囿觀鷹犬之勢極般游之荒政事日墮大化陵遲忘乾乾之不息忽屢省之欽哉陛下不顧二祖之勤

止追慕五宗之高蹤殆非所謂光昭之美而欲以望太平是由曲表而求直景卻行而求及前人也惟陛下絕慢游之戲念官人之重割超越（後漢本傳作用板）之恩慎貫魚之次無令醜女有四殆之歎遐邇有憤怨之聲臣受恩偏厚忝師傅之任不敢自同凡臣括囊避咎謹自手書早囊密上（袁宏後漢紀二十四又後漢楊震附傳）

上書諫作林泉畢圭苑

臣聞使者並出規度城南民田欲以為苑者昔先王制囿裁足取牲以備三驅薪采芻牧者往焉故詩曰王在靈囿麀鹿攸伏傳曰吾王不游吾何以休皆被其德政而樂所為如此至六國之際取獸者有罪傷槐者被誅孟軻為梁惠王極陳其事先帝之制左開洪池右作上林不儉不泰以合禮中今猥規郡城之側以為苑囿壞沃野廢田園驅居人（已上四語從後漢本傳補）以畜禽獸之物非所以保養民庶赤子之義築郎不時春秋有譏盤于游田周公作戒其城外

之苑已有五六足用逞情意順四時何必變革舊制吕罷民力楚興章華郢人乖叛秦作阿房黎甿憤怨宜思夏后卑室之意太宗露臺之費慰此下民勞止之歌袁宏後漢紀二十四又略見後漢楊震附傳

上言願減賜戶吕封劉寬張濟

臣前與故太尉劉寬司徒張濟並被侍講俱受三事張角謀亂又共陳便宜而獨蒙師傅之澤茅土之祚而寬濟不蒙雲雨之潤乞減賜戶吕封寬濟袁宏後漢紀二十五

虹蜺對

臣聞經傳所載或得神吕興或得神吕亡國家休明則鑒其德邪辟昏亂則示其禍今嘉德殿所見黑氣考之經傳應爲虹蜺皆妖邪所生不正之象詩人所謂蝃蝀者也于中孚經曰蜺之比無德吕色親方今內多嬖倖外任小臣上下並怨諠譁盈路是吕災異屢見前後丁寧今復投蜺可謂孰矣案春秋讖曰天投蜺天下怨

海內亂加四百里之期亦復垂及昔虹貫牛山管仲諫桓公無近妃宮易曰天垂象見吉凶聖人則之疑妾媵之中有因愛放縱左右嬖人閹尹之徒共專國朝欺罔日月又鴻都門下招會羣小造作賦說吕蟲篆小技見寵于時如驩兜共工更相薦說旬月之閒並各拔擢樂松處常伯任芝居納言郄儉梁鵠俱吕便辟之性佞辯之心各受豐爵不次之寵而令搢紳之徒委伏畎畝口誦堯舜之言身蹈絕俗之行棄捐溝壑不見逮及冠履倒易陵谷代處從小人之邪意順無知之私欲不念板蕩之作虺蜴之誡殆哉之危莫過于今幸賴皇天垂象譴告周書曰天子見怪則修德諸侯見怪則修政卿大夫見怪則修職士庶人見怪則修身唯陛下愼經典之誡圖變復之道斥遠佞巧之臣速徵鶴鳴之士內親張仲外任山甫斷絕尺一抑止槃游留思庶政無敢怠遑冀上天還威衆變可弭老臣過受師傅之任數蒙寵異之恩豈敢愛惜垂沒之年而不盡其慺慺之心哉袁宏後漢紀二十四後漢楊震附傳

虎見平樂觀又見憲陵對

虎者金行參伐之精很戾之獸也今在位率多耆暴貪殘酷虐乎袁宏後漢紀二十四

與王允書

若吕張讓事百日再徵宜深思之袁宏後漢紀二十七

楊琦

琦一作奇震曾孫靈帝時侍中出爲汝南太守帝崩後復入爲侍中領衞尉從獻帝西遷

上封事

傕邊鄙之人習于夷風今又自知所犯悖逆常有怏怏之色欲輔車駕幸黃白城吕紓其憤臣願陛下忍之未可顯其罪也魏志董卓傳注引獻帝起居注李傕移乘輿幸北塢侍中楊琦上封事又見袁宏後漢紀二十八

楊彪

彪字文先賜子熹平中徵拜議郎遷侍中京兆尹光和中復爲侍中五官中郎將遷潁川南陽太守復爲侍中三遷永樂少府太僕衞尉中平末代董卓爲司空又代黃琬爲司徒初平初免拜光祿大夫遷大鴻臚從獻帝西遷轉少府太常免復爲京兆尹光祿勳再遷光祿大夫代湻于嘉爲司空免興平初代朱儁爲太尉錄尚書事車駕還洛復守尚書令建安元年從還都許爲曹操所誣下獄尋理出後復拜太常免曹丕受禪授光祿大夫待吕賓禮黃初六年卒年八十四

答曹公書

彪白雅顧隆篤每蒙接納私自光慰小兒頑鹵謬見采錄不能期効吕報所愛方今軍征未暇其備位匡政當與戮力一心而寬玩自稽將違法制相子之行莫若其父恒慮小兒必致傾敗足下恩

怨延罪迄今。近聞問之日。心腸酷裂。凡人情誰能不爾。深惟其失。用㠯自釋。所惠馬及雜物。自非親舊。孰能至斯。省覽眾賜。益㠯悲懼。（古文苑。）

楊修

修字德祖。彪子。建安中舉孝廉。除郎中。署丞相倉曹屬主簿。坐罪誅。有集二卷。

節遊賦

爾乃息偃暇豫。攜手同征。遊乎北園。㠯娛㠯逞。欽太皞之統氣。樂乾坤之布靈。誕煙熅之純和。百卉挺而滋生。谷風習㠯順時。橈百物而有成。行中林㠯彷徨。玩奇樹之抽英。或素華而雪朗。或紅彩而發穎。綠葉白蔕。紫柯朱莖。楊柳依依。鍾龍蔚青。紛灼灼㠯舒葩。芳馥馥㠯播馨。嗟珍果之叢生。每異類而絕殊。稟沖和㠯固植。信能實而先榮。于是迴旋詳觀。目周意倦。御于方舟。載笑載言。俯泝涼風。俯濯纖腕。極歡欣㠯從容。乃升車而來反。（藝文類聚二十八。）

出征賦

嗟夫吳之小夷。負川阻而不廷。肇天子之命公。總九伯而是征。整三軍而飭戒。珍征夫而叛驚。舫翼華㠯鱗集。蒼鷹雜㠯星陳。塞川原而上下。蔽城隍而無垠。于是州牧覆舟。水衡戒事。飭師就部。乃講乃試。信大海之可橫。焉江湖之足邑。公命臨淄。守于鄴都。矦懷大舜乃號乃謩。茂國事之是勉兮。歎經時而離居。企歡愛之偏處兮。獨搔首于城隅。（藝文類聚五十九。）

汎從風而回艫。徐日轉而月移。旆已入乎河口。殿尙集乎園池。處者□垂拱而基安。觀者若結驅□□□□。（北堂書鈔未改本一百三十七。御覽七百七十。）

許昌宮賦

于是儀北極㠯構橑。希形制乎太微。□□□□□□。結雲閣之崔嵬。植神木與靈草。紛蓊蔚㠯參差。爾乃置天臺于辰角。列執法于

警當作裳

西南。築舊章之兩觀。綴長廊之步欄。重闈禁之窈窕。造華蓋之幽深。儉則不陋。奢則不盈。黎民子來。不督自成。于是天子乃具法服。戒羣僚。鍾鼓隱而雷鳴。警蹕嘈而響起。晻藹（文選陸倕石闕銘注作晻曖。）低徊。天行地止。㠯入乎新宮。臨南軒而向春。方負黼黻之屏風。憑玉几而按圖書。想往昔之興隆。（藝文類聚六十二。）

華殿炳而岳立。（文選潘岳藉田賦注。）

神女賦

惟玄媛之逸女。育明曜乎皇庭。吸朝霞之芬液。澹浮遊乎太清。余執義而潛厲。乃感夢而通靈。盛容飾之本艷。奐龍采而鳳榮。翠黼暈裳。纖縠文袿。順風揄揚。乍合乍離。飄若興動。玉趾未移。詳觀玄妙。與世無雙。華面玉粲。韡若芙蓉。膚凝理而瓊絜。體鮮弱而柔鴻。回肩襟而動合。何俯仰之妍工。嘉今夜之幸遇。獲帷嘗乎期同。情沸踊而思進。彼嚴厲而靜恭。微諷說而宣諭。色歡懌而我從。（藝文類聚七十九。）

孔雀賦

魏王園中有孔雀。久在池沼。與眾鳥同列。其初至也。甚見奇偉。而今行者莫眡。臨淄矦感世人之待士。亦咸如此。故興志而作賦。并見命及。遂作賦曰。

有南夏之孔雀。同號稱于火精。寓鶉虛㠯挺體。含正陽之淑靈。首戴冠㠯飭貌。爰龜背而鸞頸。徐軒翥㠯俛仰。動止步而有程。（藝文類聚九十一。）

荅臨淄矦牋

修死罪死罪。不侍數日。若彌年載。豈由愛顧之隆。使係仰之情深邪。損辱嘉命。蔚矣其文。誦讀反覆。雖諷雅頌。不復過此。若仲宣之擅漢表。陳氏之跨冀域。徐劉之顯青豫。應生之發魏國。斯皆然矣。至于修者。聽采風聲。仰德不暇。自周章于省覽。何遑高視哉。伏惟

君侯。少長貴盛。體發旦之資。有聖善之教。遠近觀者。徒謂能宣昭懿德。光贊大業而已。不復謂能兼覽傳記。留思文章。今乃含王超陳。度越數子矣。觀者駭視而拭目。聽者傾首而竦耳。非夫體通性達。受之自然。其孰能至于此乎。又嘗親見執事。握牘持筆。有所造作。若成誦在心。借書于手。曾不斯須。少留思慮。仲尼日月。無得踰焉。修之仰望。殆如此矣。是㠯對鶡而辭。作暑賦彌日而不獻。見西施之容。歸增其貌者也。伏想執事。不知其然。猥受顧錫。教使刊定。春秋之成。莫能損益。呂氏淮南。字直千金。然而弟子箝口。市人拱手者。聖賢卓犖。固所㠯殊絕凡庸也。今之賦頌。古詩之流。不更孔公。風雅無別耳。修家子雲。老不曉事。強著一書。悔其少作。若此仲山周旦之儔。為皆有諐邪。君侯忘聖賢之顯跡。述鄙宗之過言。竊㠯為未之思也。若乃不忘經國之大美。流千載之英聲。銘功景鍾。書名竹帛。斯自雅量。素所畜也。豈與文章相妨害哉。輒受所惠。竊備矇瞍誦詠而已。敢望惠施。㠯忝莊氏。季緒璅璅。何足㠯云。反荅造次。不能宣備。修死罪死罪。魏志曹植傳注引典略。又見文選。

司空荀爽述贊

生應正性。體合中和。篤誠宣于初言。明允朗于始察。是㠯在童齓而顯奇。漸一紀則布名。須幼之可師。甘羅之少者。何㠯踰公之性量乎。砥心六經。探索道奧。瞻乾坤而知陰陽之極。載而集之。獨說十萬餘言。士林景附。羣英式慕。由毛羽之宗鵬鸞。衆山之仰五嶽也。昔楚思叔敖而作歌。鄭謳子產而興歎。瞻望弗及。作詞告思。

詞曰。

爰在大漢。挺荀作貞。其德允明。誕發幼齡。行獨體絜。如玉之瑩。確乎其志。乃勵乃清。遂陟司空。天子是毗。惟君之德。朋僚所咨。清水平土。茂哉是力。將混六合。繩㠯正直。散㠯禮樂。風㠯道德。藝文類聚四十七。

全後漢文卷五十一終

全後漢文卷五十二

烏程嚴可均校輯

張衡一

衡字平子南陽西鄂人永元中舉孝廉連辟公府皆不就永初中大將軍鄧隲累召不應公車特徵拜郎中遷尚書郎轉太史令順帝初再轉復爲太史令陽嘉中遷侍中永和初出爲河閒相徵拜尚書有靈憲一卷渾天儀一卷集十四卷案張溥本有週天大象賦今考是李播所撰編入隋文

溫泉賦 并序

陽春之月百草萋萋余在遠行顧望有懷遂適驪山觀溫泉浴神井風中巒壯厥類之獨美思在化之所原美洪澤之普施乃爲賦云

覽中域之珍怪兮無斯水之神靈控湯谷于瀛洲兮濯日月乎中營蔭高山之北延處幽屏㠯閑清于是殊方跋涉駿奔來臻士女瞱其鱗萃兮紛雜遝其如煙

亂曰天地之德莫若生兮帝育蒸人懿厥成兮六氣淫錯有疾癘兮溫泉汩焉㠯流穢兮蠲除苛慝服中正兮熙哉帝載保性命兮水經渭水注下藝文類聚九文選雪賦注又見初學記七引六條

思玄賦 并序

衡常思圖身之事㠯爲吉凶倚伏幽微難明乃作思玄賦㠯宣寄情志其辭曰

仰先哲之玄訓兮雖彌高其弗違匪仁里其焉宅兮匪義迹其焉追潛服膺㠯永靚兮緜日月而不衰伊中情之信脩兮慕古人之貞節竦余身而順止兮遵繩墨而不跌志團團㠯應懸兮誠心固其如結旌性行㠯制佩兮佩夜光與瓊枝纗幽蘭之秋華兮又綴之㠯江蘺美襞積㠯酷裂兮允塵邈而難虧既姱麗而鮮雙兮非是時之攸珍奮余榮而莫見兮播余香而莫聞幽獨守此仄陋兮敢怠皇而舍勤幸二八之遻虞兮喜傅說之生殷尚前良之遺風兮恫後辰而無及何孤行之煢煢兮孑不羣而介立感鸞鷖之特棲兮悲淑人之稀合彼無合其何傷兮患眾偽之冒真旦獲讟于羣弟兮啟金縢而乃信覽蒸民之多僻兮畏立辟㠯危身曾煩毒㠯迷或兮羌孰可與言已私湛憂而深懷兮思繽紛而不理願竭力㠯守義兮雖貧窮而不改執雕虎而試象兮阽焦原而跟止庶斯奉㠯周旋兮要既死而後已俗遷渝而事化兮泯規矩之圜方珍蕭艾于重笥兮謂蕙芷之不香斥西施而弗御兮羈要褭㠯服箱行陂僻而獲志兮循法度而離殃惟天地之無窮兮何遭遇之無常不抑操而苟容兮譬臨河而無航欲巧笑㠯干媚兮非余心之所嘗襲溫恭之黻衣兮被禮義之繡裳辮貞亮㠯爲鞶兮雜技藝㠯爲珩昭綵藻與雕琢兮璜聲遠而彌長淹棲遲㠯恣欲兮耀

靈忽其西藏恃已知而華予兮鶗鴂鳴而不芳冀一年之三秀兮遒白露之爲霜時亹亹而代序兮疇可與乎比伉咨妒媢之難並兮想依韓㠯流亡恐漸冉而無成兮留則蔽而不章心猶與而狐疑兮即岐阯而攄情文君爲我端蓍兮利飛遁㠯保名歷眾山㠯周流兮翼迅風㠯揚聲二女感于崇岳兮或冰折而不營天蓋高而爲澤兮誰云路之不平勔自強而不息兮蹈玉階之嶢崢懼筮氏之長短兮鑽東龜㠯觀禎遇九皋之介鳥兮怨素意之不逞遊塵外而瞥天兮據冥翳而哀鳴鵰鶚競于貪婪兮我脩絜㠯益榮子有故于玄鳥兮歸母氏而後寍占既吉而無悔兮簡元辰而俶裝旦余沐于清原兮晞余髮于朝陽漱飛泉之瀝液兮咀石菌之流英翾鳥舉而魚躍兮將往走乎八荒過少皞之窮野兮問三丘乎句芒何道真之淳粹兮去穢累而飄輕登蓬萊而容與兮鼇雖抃而不傾留瀛洲而採芝兮聊且㠯乎長生憑歸雲而遐逝兮夕

御當作銜

介當作戒

余宿乎扶桑。噏青岑之玉醴兮。餐沆瀣㠯為糧。發昔夢于木禾兮。穀崐崘之高岡。朝吾行于暘谷兮。從伯禹于稽山。集羣神之執玉兮。疾防風之食言。指長沙㠯邪徑兮。存重華乎南鄰。哀二妃之未從兮。翩儐處彼湘瀕。流目頫夫衡阿兮。睹有黎之圮墳。痛火正之無懷兮。託山陂㠯孤魂。愁蔚蔚㠯慕遠兮。越卭州而愉敖。躋日中于昆吾兮。憩炎天之所陶。揚芒熛而絳天兮。水泫沄而涌濤。溫風翕其增熱兮。惄鬱邑其難聊。顝羈旅而無友兮。余安能乎留茲。顧金天而嘆息兮。吾欲往乎西嬉。前祝融使舉麾兮。纚朱鳥㠯承旗。躔建木于廣都兮。拓若華而躊躇。超軒轅于西海兮。跨汪氏之龍魚。聞此國之千歲兮。曾焉足㠯娛余。思九土之殊風兮。從蓐收而遂徂。欲神化而蟬蛻兮。朋精粹而為徒。蹶白門而東馳兮。云台行乎中野。亂弱水之潺湲兮。逗華陰之湍渚。號馮夷俾清津兮。櫂龍舟㠯濟予。會帝軒之未歸兮。悵相佯而延佇。哂河林之蓁蓁兮。偉關雎之戒女。黃靈詹而訪命兮。摎天道其焉如。曰近信而遠疑兮。六藉闕而不書。神逵昧其難覆兮。疇克謨而從諸。牛哀病而成虎兮。雖逢昆其必噬。鼈令殪而尸亡兮。取蜀禪而引世。死生錯而不齊兮。雖司命其不晰。竇號行于代路兮。後膺祚而繁廡。王肆侈于漢庭兮。卒御恤而絕緒。尉尨眉而郎潛兮。逮三葉而遘武。董弱冠而司袞兮。設王隧而弗處。夫吉凶之相仍兮。恆反側而靡所。穆負天㠯悅牛兮。豎亂叔而幽主。文斷袪而忌伯兮。閹謁賊而寧后。通人闇于好惡兮。豈愛惑之能剖。嬴擿讖而介胡兮。備諸外而發內。或輦賄而違車兮。孕行產而為對。慎竈顯于言天兮。占水火而妄誶。梁叟患夫黎丘兮。丁厥子而事刃。親所弟而弗識兮。矧幽冥之可信。毋縣攣㠯涬已兮。思百憂㠯自疢。彼天監之孔明兮。用棐忱而佑仁。湯蠲體㠯禱祈兮。蒙厖褫㠯拯人。景三慮㠯營國兮。熒惑次于它辰。魏顆亮㠯從理兮。鬼亢回㠯斃秦。咎繇邁而種德兮。德

樹茂乎英六。桑末寄夫根生兮。卉既彫而已毓。有無言而不讎兮。又何往而不復。盍遠迹㠯飛聲兮。孰謂時之可蓄。仰矯首㠯遙望兮。魂懺惘而無疇。偪區中之隘陋兮。將北度而宣遊。行積冰之磑磑兮。清泉沍而不流。寒風淒而永至兮。拂穹岫之騷騷。玄武縮于殼中兮。螣蛇蜿而自糾。魚矜鱗而并凌兮。鳥登木而失條。坐太陰之屏室兮。慨含欷而增愁。怨高陽之相寓兮。㑳顓頊之宅幽。庸織絡于四裔兮。斯與彼其何瘳。望寒門之絕垠兮。縱余緤乎不周。迅飆潚其膠我兮。鶩翩飄而不禁。趨谽谺之洞穴兮。摽通淵之碄碄。經重陰乎寂寞兮。愍墳羊之潛深。追慌忽于地底兮。軼無形而上浮。出右密之闇野兮。不識蹊之所由。速燭龍令執炬兮。過鍾山而中休。瞰瑤谿之赤岸兮。弔祖江之見劉。聘王母于銀臺兮。羞玉芝㠯療飢。戴勝慭其既歡兮。又誚余之行遲。載太華之玉女兮。召洛浦之宓妃。咸姣麗㠯蠱媚兮。增嫮眼而娥眉。舒妙婧之纖腰兮。揚雜錯之袿徽。離朱脣而微笑兮。顏的礰㠯遺光。獻環琨與璵縭兮。申厥好㠯玄黃。雖色豔而賂美兮。志浩蕩而不嘉。雙材悲于不納兮。竝詠詩而清歌。歌曰天地烟熅。百卉含葩。鳴鶴交頸。雎鳩相和。處子懷春。精魂回移。如何淑明。忘我實多。將荅賦而不暇兮。爰整駕而亟行。瞻昆侖之巍巍兮。臨縈河之洋洋。伏靈龜㠯負坻兮。亙螭龍之飛梁。登閬風之曾城兮。搆不死而為牀。屑瑤蕊㠯為糇兮。斟白水㠯為漿。抨巫咸㠯占夢兮。迺貞吉之元符。滋令德于正中兮。含嘉秀㠯為敷。既垂穎而顧本兮。爾要思乎故居。安和靜而隨時兮。姑純懿之所廬。戒庶寮㠯夙會兮。僉恭職而竝迓。豐隆軯其震霆兮。列缺曄其照夜。雲師䨾㠯交集兮。涷雨沛其灑塗。轙琱輿而樹葩兮。擾應龍㠯服輅。百神森其備從兮。屯騎羅而星布。振余袂而就車兮。脩劍揭㠯低昂。冠咢咢其映蓋兮。佩綝纚㠯煇煌。僕夫儼其正策兮。八乘攄而超驤。氛旄溶㠯天旋兮。蜺旌飄而飛揚。

撫軨軹而還睨兮。心灼藥其如湯。羡上都之赫戲兮。何迷故而不忘。左青琱㠯揵芝兮。右素威㠯司鉦。前長離使拂羽兮。委水衡乎玄冥。屬箕伯㠯函風兮。澂淢洟而爲清。曳雲旗之離離兮。鳴玉鸞之譻譻。涉清霄而升遐兮。浮蔑蒙而上征。紛翼翼㠯徐戾兮。焱回回其揚靈。叫帝閽使闢扉兮。覿天皇于瓊宮。聆廣樂之九奏兮。展洩洩㠯彤彤。玹理亂于律鈞兮。意建始而思終。惟盤逸之無斁兮。懼樂往而哀來。素撫弦而餘音兮。大容吟曰念哉。既防溢而靜志兮。迨我暇㠯翱翔。出紫宮之肅肅兮。集太微之閬閬。命王良掌策駟兮。踰高閣之鏘鏘。建罔車之幕幕兮。獵青林之芒芒。彎威弧之撥剌兮。射嶓冢之封狼。觀壁壘于北落兮。伐河鼓之磅硠。乘天潢之汎汎兮。浮雲漢之湯湯。倚招搖攝提㠯低回剹流兮。察二紀五緯之綢繆遹皇。偃蹇夭矯娩㠯連卷兮。雜沓叢顇颯㠯方驤。戫汨飂戾沛㠯罔象兮。爛漫麗靡藐㠯迭逿。凌驚雷之砊礚兮。弄狂電之淫裔。踰厖澒于宕冥兮。貫倒景而高厲。廓盪盪其無涯兮。乃今窮乎天外。據開陽而頫眡兮。臨舊鄉之暗藹。悲離居之勞心兮。情悁悁而思歸。魂眷眷而屢顧兮。馬倚輈而徘回。雖遨游㠯媮樂兮。豈愁慕之可懷。出閶闔兮降天塗。乘飆忽兮馳虛無。雲霏霏兮繞余輪。風眇眇兮震余旟。繽聯翩兮紛暗曖。倏眩眃兮反常閭。收疇昔之逸豫兮。卷淫放之遐心。脩初服之娑娑兮。長余珮之參參。文章煥㠯粲爛兮。美紛紜㠯從風。御六藝之珍駕兮。遊道德之平林。結典籍而爲罟兮。敺儒墨而爲禽。玩陰陽之變化兮。詠雅頌之徽音。嘉曾氏之歸耕兮。慕歷陵之欽崟。共夙昔而不貳兮。固終始之所服也。夕惕若厲㠯省諐兮。懼余身之未敕也。苟中情之端直兮。莫吾知而不恧。墨無爲㠯凝志兮。與仁義乎消搖。不出戶而知天下兮。何必歷遠㠯劬勞。系曰。天長地久歲不留。俟河之清祇懷憂。願得遠度㠯自娛。上下無常窮六區。超踰騰躍絕世俗。飄颻神舉

逞所欲。天不可階仙夫希。柏舟悄悄吝不飛。松喬高跱孰能離。結精遠遊使心攜。回志朅來從玄諆。獲我所求夫何思。後漢張衡傳。又見文選。

西京賦

有憑虛公子者。心奓體忲。雅好博古。學乎舊史氏。是㠯多識前代之載。言于安處先生曰。夫人在陽時則舒。在陰時則慘。此牽乎天者也。處沃土則逸。處瘠土則勞。此繫乎地者也。慘則尠于驩。勞則褊于惠。能違之者寡矣。小必有之。大亦宜然。故帝者因天地㠯致化。兆人承上教㠯成俗。化俗之本。有與推移。何㠯覈諸。秦據雍而强。周即豫而弱。高祖都西而泰。光武處東而約。政之興衰。恆由此作。先生獨不見西京之事歟。請爲吾子陳之。漢氏初都。在渭之涘。秦里其朔。實爲咸陽。左有崤函重險。桃林之塞。綴㠯二華。巨靈贔屭。高掌遠蹠。㠯流河曲。厥跡猶存。右有隴坻之隘。隔閡華戎。岐梁汧雍。陳寶鳴雞在焉。于前則終南太一。隆崛崔崒。隱轔鬱律。連岡乎嶓冢。抱杜含鄠。欱澧吐鎬。爰有藍田珍玉。是之自出。于後則高陵平原。據渭踞涇。澶漫靡迤。作鎮于近。其遠則九嵕甘泉。涸陰冱寒。日北至而含凍。此焉清暑。爾乃廣衍沃野。厥田上上。實惟地之奧區神皋。昔者大帝說秦繆公而覲之。饗㠯鈞天廣樂。帝有醉焉。乃爲金策。錫用此土。而翦諸鶉首。是時也。竝爲强國者有六。然而四海同宅西秦。豈不詭哉。自我高祖之始入也。五緯相汁。㠯旅于東井。婁敬委輅。幹非其議。天啟其心。人惎之謀。及帝圖時。意亦有慮乎神祇。宜其可定㠯爲天邑。豈伊不虔思于天衢。豈伊不懷歸于枌榆。天命不滔。疇敢㠯渝。于是量徑輪。考廣袤。經城洫。營郭郛。取殊裁于八都。豈啟度于往舊。乃覽秦制。跨周法。狹百堵之側陋。增九筵之迫脅。正紫宮于未央。表嶢闕于閶闔。疏龍首㠯抗殿。狀巍峨㠯岌嶪。亘雄虹之長梁。結棼橑㠯相接。蔕倒茄于藻井。披紅葩之狎獵。飾華榱與璧璫。流景曜之韡曄。雕楹玉碣。繡栭雲楣。三

階重軒，鏤檻文㮰，右平左墄，青瑣丹墀，刊層平堂，設切厓隒，坻崿鱗眴，棧齴巉嶮，襄岸夷塗，脩路陖險，重門襲固，姦宄是防，仰福帝居，陽曜陰藏，洪鐘萬鈞，猛虡趪趪，負筍業而餘怒，乃奮翅而騰驤，朝堂承東，溫調延北，西有玉臺，聯㠯昆德，嵯峨崨嶫，罔識所則，若夫長年神僊，宣室玉堂，麒麟朱鳥，龍興含章，譬衆星之環極，叛赫戲㠯煇煌，正殿路寢，用朝羣辟，大夏耽耽，九戶開闢，嘉木樹庭，芳草如積，高門有閌，列坐金狄，內有常侍謁者，奉命當御，蘭臺金馬，遞宿迭居，次有天祿石渠，校文之處，重㠯虎威章溝，嚴更之署，徼道外周，千廬內附，衛尉八屯，警夜巡晝，植鎩懸瞂，用戒不虞，後宮則昭陽飛翔，增成合驩，蘭林披香，鳳皇鴛鸞，羣窈窕之華麗，嗟內顧之所觀，故其館室次舍，采飾纖縟，裛㠯藻繡，文㠯朱綠，翡翠火齊，絡㠯美玉，流懸黎之夜光，綴隨珠㠯為燭，金戺玉階，彤庭煇煇，珊瑚琳碧，瓀珉璘彬，珍物羅生，煥若崐崘，雖厥裁之不廣，侈靡踰乎至尊，于是鈎陳之外，閣道穹隆，屬長樂與明光，徑北通乎桂宮，命般爾之巧匠，盡變態乎其中，後宮不移，樂不徙懸，門衛供帳，官㠯物辦，恣意所幸，下輦成燕，窮年忘歸，猶弗能徧，瓌異日新，殫所未見，惟帝王之神麗，懼尊卑之不殊，雖斯宇之既坦，心猶憑而未攄，思比象于紫微，恨阿房之不可廬，覛往昔之遺館，獲林光于秦餘，處甘泉之爽塏，乃隆崇而弘敷，既新作于迎風，增露寒與儲胥，託喬基于山岡，直墆霓㠯高居，通天訬㠯竦峙，徑百常而莖擢，上辨華㠯交紛，下刻陗其若削，翔鶤仰而不逮，況青鳥與黃雀，伏櫺檻而頫聽，聞雷霆之相激，柏梁既災，越巫陳方，建章是經，用厭火祥，營宇之制，事兼未央，圜闕竦㠯造天，若雙碣之相望，鳳騫翥于甍標，咸遡風而欲翔，閶闔之內，別風嶕嶢，何工巧之瓌瑋，交綺豁㠯疏寮，干雲霧而上達，狀亭亭㠯苕苕，神明崛其特起，井幹疊而百增，跱遊極于浮柱，結重欒㠯相承，累層構而遂隮，望北辰而高

興，消雾埃于中宸，集重陽之清澂，瞰宛虹之長鬐，察雲師之所憑，上飛闥而仰眺，正睹瑤光與玉繩，將乍往而未半，怵悼慄而慫兢，非都盧之輕趫，孰能超而究升，馺娑駘盪，燾奡桔桀，枍詣承光，睽罛庨豁，橧桴重棼，鍔鍔列列，反宇業業，飛檐轍轍，流景內照，引曜日月，天梁之宮，實開高闈，旗不脫扃，結駟方蘄，轢輻輕騖，容于一扉，長廊廣廡，途閣雲蔓，閈庭詭異，門千戶萬，重閨幽闥，轉相踰延，望窈窱㠯徑廷，眇不知其所返，既乃珍臺蹇產㠯極壯，墱道邐倚㠯正東，似閬風之遐坂，橫西洫而絕金墉，城尉不弛柝，而內外潛通，前開唐中，彌望廣潒，顧臨太液，滄池漭沆，漸臺立于中央，赫昈昈㠯弘敞，清淵洋洋，神山峨峨，列瀛洲與方丈，夾蓬萊而駢羅，上林岑㠯壘嶵，下嶄巖㠯嵒齬，長風激于別隯，起洪濤而揚波，浸石菌于重涯，濯靈芝㠯朱柯，海若游于玄渚，鯨魚失流而蹉跎，于是采少君之端信，庶欒大之貞固，立修莖之仙掌，承雲表之清露，屑瓊蘂㠯朝飡，必性命之可度，美往昔之松喬，要羨門乎天路，想升龍于鼎湖，豈時俗之足慕，若歷世而長存，何遽營乎陵墓，徒觀其城郭之制，則旁開三門，參塗夷庭，方軌十二，街衢相經，廛里端直，甍宇齊平，北闕甲第，當道直啟，程巧致功，期不陁陊，木衣綈錦，土被朱紫，武庫禁兵，設在蘭錡，匪石匪董，疇能宅此，爾乃廓開九市，通闤帶闠，旗亭五重，俯察百隧，周制大胥，今也惟尉，瓌貨方至，鳥集鱗萃，鬻者兼贏，求者不匱，爾乃商賈百族，裨販夫婦，鬻良雜苦，蚩眩邊鄙，何必昏于作勞，邪贏優而足恃，彼肆人之男女，麗美奢乎許史，若夫翁伯濁質，張里之家，擊鐘鼎食，連騎相過，東京公侯，壯何能加，都邑游俠，張趙之倫，齊志無忌，擬跡田文，輕死重氣，結黨連羣，實蕃有徒，其從如雲，茂陵之原，陽陵之朱，趫悍虓豁，如虎如貙，睚眦蠆芥，屍僵路隅，丞相欲㠯贖子罪，陽石汙而公孫誅，若其五縣遊麗辯論之士，街談巷議，彈射臧否，剖析毫釐，擘肌分理，

所好生毛羽。所惡成創痏。郊甸之內。鄉邑殷賑。五都貨殖。旣遷旣引。商旅聯槅。隱隱展展。冠帶交錯。方轅接軫。封畿千里。統㠯京尹。郡國宮館。百四十五。右極盩厔。幷卷酆鄠。左暨河華。遂至虢土。上林禁苑。跨谷彌皐。東至鼎湖。邪界細柳。掩長楊而聯五柞。繞黃山而款牛首。繚垣緜聯。四百餘里。植物斯生。動物斯止。衆鳥翩翻。羣獸駓騃。散似驚波。聚㠯京峙。伯益不能名。隸首不能紀。林麓之饒。于何不有。木則樅栝椶柟。梓棫楩楓。嘉卉灌叢。蔚若鄧林。鬱蓊薆薱。橚爽櫹槮。吐葩颺榮。布葉垂陰。草則葴莎菅蒯。薇蕨荔芃。王芻莔臺。戎葵懷羊。苯䔿蓬茸。彌皐被岡。篠簜敷衍。編町成篁。山谷原隰。泱漭無疆。迺有昆明靈沼。黑水玄阯。周㠯金堤。樹㠯柳杞。豫章珍館。揭焉中峙。牽牛立其左。織女處其右。日月于是乎出入。象扶桑與濛汜。其中則有黿鼉巨鼈。鱣鯉鱮鮦。鮪鯢鱨魦。脩額短項。大口折鼻。詭類殊種。鳥則鷫鸘鴰鴇。駕鵝鴻鶤。上春候來。季秋就溫。南翔衡陽。北棲鴈門。奮隼歸鳧。沸卉軿訇。衆形殊聲。不可勝論。于是孟冬作陰。寒風肅殺。雨雪飄飄。冰霜慘烈。百卉具零。剛蟲搏摯。爾乃振天維。衍地絡。蕩川瀆。簸林薄。鳥畢駭。獸咸作。草伏木棲。寓居穴託。起彼集此。霍繹紛泊。在彼靈囿之中。前後無有垠鍔。虞人掌焉。爲之營域。焚萊平場。柞木翦棘。結罝百里。迒杜蹊塞。麀鹿麌麌。駢田偪仄。天子乃駕彫軫。六駿駮。戴翠帽。倚金較。璿弁玉纓。遺光儵爚。建玄弋。樹招搖。棲鳴鳶。曳雲梢。弧旌枉矢。虹旃蜺旄。華蓋承辰。天畢前驅。千乘雷動。萬騎龍趨。屬車之簉。載獫猲獢。匪唯翫好。乃有祕書。小說九百。本自虞初。從容之求。實俟實儲。于是蚩尤秉鉞。奮鬣被般。禁禦不若。㠯知神姦。螭魅魍魎。莫能逢旃。陳虎旅于飛廉。正壘壁乎上蘭。結部曲。整行伍。燎京薪。駭雷鼓。縱獵徒。赴長莽。迾卒清候。武士赫怒。緹衣韎韐。睢盱拔扈。光炎燭天庭。囂聲震海浦。河渭爲之波盪。吳嶽爲之陁堵。百禽㥄遽。騤瞿奔觸。喪精

亡魂。失歸忘趨。投輪關輻。不邀自遇。飛罕潚箾。流鏑擂攝。矢不虛舍。鋋不苟躍。當足見蹍。值輪被轢。僵禽斃獸。爛若磧礫。但觀置羅之所羂結。竿殳之所揘畢。叉蔟之所攙換。徒搏之所撞挼。白日未及移其晷。已獮其什七八。若夫游鷮高翬。絕阬踰斥。毚兔聯猭。陵巒超壑。比諸東郭。莫之能獲。乃有迅羽輕足。尋景追括。鳥不暇舉。獸不得發。青骹摯于韝下。韓盧噬于緤末。及其猛毅髬髵。隅目高匡。威懾兕虎。莫之敢伉。迺使中黃之士。育獲之儔。朱鬢鬤髽。植髮如竿。袒裼戟手。奎踽盤桓。鼻赤象。圈巨狿。摣狒猬。批窳狻。揩枳落。突棘藩。梗林爲之靡拉。樸叢爲之摧殘。輕銳僄狡。趫捷之徒。赴洞穴。探封狐。陵重巘。獵昆駼。杪木末。擭獑猢。超殊榛。擿飛鼯。是時後宮嬖人昭儀之倫。常亞于乘輿。慕賈氏之如皐。樂北風之同車。盤于游畋。其樂只且。于是鳥獸殫。目觀窮。遷延邪睨。集乎長楊之宮。息行夫。展車馬。收禽舉胔。數課衆寡。置互擺牲。頒賜獲鹵。割鮮野饗。犒勤賞功。五軍六師。千列百重。酒車酌醴。方駕授饔。升觴舉燧。旣釂鳴鐘。膳夫馳騎。察貳廉空。炙炰夥。清酤𤽶。皇恩溥。洪德施。徒御悅。士忘罷。巾車命駕。迴旆右移。相羊乎五柞之館。旋憩乎昆明之池。登豫章。簡矰紅。蒲且發。弋高鴻。挂白鵠。聯飛龍。磻不特絓。往必加雙。于是命舟牧。爲水嬉。浮鷁首。翳雲芝。垂翟葆。建羽旗。齊枻女。縱櫂歌。發引和。校鳴葭。奏淮南。度陽阿。感河馮。懷湘娥。驚蝄蜽。憚蛟蛇。然後釣魴鱧。纚鰋鮋。摭紫貝。搏耆龜。搤水豹。馽潛牛。澤虞是濫。何有春秋。擿漻澥。搜川瀆。布九罭。設罜麗。摷昆鮞。殄水族。蘧藕拔。蜃蛤剝。逞欲畋魰。效獲麑麇。摎蓼浶浪。乾池滌藪。上無逸飛。下無遺走。擭胎拾卵。蚳蝝盡取。取樂今日。遑恤我後。旣定且寧。焉知傾陁。大駕幸乎平樂。張甲乙而襲翠被。攢珍寶之翫好。紛瑰麗㠯奓靡。臨迴望之廣場。程角觝之妙戲。烏獲扛鼎。都盧尋橦。衝狹鷰濯。胷突銛鋒。跳丸劍之揮霍。走索上而相逢。華嶽峩峩。岡巒參

旅當作旋

羌。神木靈草。朱實離離。總會僊倡。戲豹舞羆。白虎鼓瑟。蒼龍吹篪。女娥坐而長歌。聲淸暢而蜲蛇。洪涯立而指麾。被毛羽之襳襹。度曲未終。雲起雪飛。初若飄飄。後遂霏霏。複陸重閣。轉石成雷。礔礰激而增響。磅礚象乎天威。巨獸百尋。是爲曼延。神山崔巍。欻從背見。熊虎升而挐攫。猨狖超而高援。怪獸陸梁。大雀踆踆。白象行孕。垂鼻轔囷。海鱗變而成龍。狀蜿蜿以蝹蝹。含利颬颬。化爲仙車。驪駕四鹿。芝之蓋九葩。蟾蜍與龜。水人弄蛇。奇幻儵忽。易貌分形。吞刀吐火。雲霧杳冥。畫地成川。流渭通涇。東海黃公。赤刀粵祝。冀厭白虎。卒不能救。挾邪作蠱。于是不售。爾乃建戲車。樹脩旃。侲僮程材。上下翩翻。突倒投而跟絓。譬隕絕而復聯。百馬同轡。騁足並馳。橦末之伎。態不可彌。彎弓射乎西羌。又顧發乎鮮卑。于是衆變盡。心醒醉。盤樂極。悵懷萃。陰戒期門。微行要屈。降尊就卑。懷璽藏紱。便旅閭閻。周觀郊遂。若神龍之變化。章后皇之爲貴。然後歷掖庭。適

驩館。捐衰色。從嬿婉。促中堂之陿坐。羽觴行而無筭。祕舞更奏。妙材騁伎。妖蠱豔夫夏姬。美聲暢于虞氏。始徐進而羸形。似不任乎羅綺。嚼淸商而卻轉。增嬋娟以此豸。紛縱體而迅赴。若驚鶴之羣罷。振朱屣于盤樽。奮長袖之颯纚。要紹脩態。麗服颺菁。眳藐流眄。一顧傾城。展季桑門。誰能不營。列爵十四。競媚取榮。盛衰無常。唯愛所丁。衛后興于鬒髮。飛燕寵于體輕。爾乃逞志究欲。窮身極娛。鑒戒唐詩。他人是媮。自君作故。何禮之拘。增昭儀于婕妤。賢旣公而又侯。許趙氏以無上。思致董于有虞。王閎爭于坐側。漢載安而不渝。高祖創業。繼體承基。暫勞永逸。無爲而治。耽樂是從。何慮何思。多歷年所。二百餘朞。徒以地沃野豐。百物殷阜。巖險周固。衿帶易守。得之者彊。據之者久。流長則難竭。柢深則難朽。故奢泰肆情。馨烈彌茂。鄙生生乎三百之外。傳聞于未聞之者。曾髣髴其若夢。未一隅之能睹。此何與于殷人屢遷。前八而後五。居相圮耿。不常

厥土。盤庚作誥。帥人以苦。方今聖上同天號于帝皇。掩四海而爲家。富有之業。莫我大也。徒恨不能以靡麗爲國華。獨儉嗇以齷齪。忘蟋蟀之謂何。豈欲之而不能。將能之而不欲歟。蒙竊惑焉。願聞所以辯之之說也。文選。

全後漢文卷五十二終

全後漢文卷五十三

烏程嚴可均校輯

張衡二

東京賦

安處先生于是佀不能言。憮然有閒。乃莞爾而笑曰。若客所謂末學膚受。貴耳而賤目者也。苟有胷而無心。不能節之㠯禮。宜其陋今而榮古矣。由余㠯西戎孤臣。而悝繆公于宮室。如之何其㠯溫故而知新。研覈是非。近于此惑。周姬之末。不能厥政。政用多僻。始于宮鄰。卒于金虎。嬴氏搏翼。擇肉西邑。是時也。七雄並爭。競相高㠯奢麗。楚築章華于前。趙建叢臺于後。秦政利觜長距。終得擅場。思專其侈。㠯莫已若。迺構阿房。起甘泉。結雲閣。冠南山。征稅盡。人力殫。然後收㠯太半之賦。威㠯參夷之刑。其遇民也。若薙氏之芟草。既蘊崇之。又行火焉。惈惈黔首。豈徒跼高天蹐厚地而已哉。乃救死于其頸。敺㠯就役。唯力是視。百姓弗能忍。是用息肩于大漢。而欣戴高祖。高祖膺籙受圖。順天行誅。杖朱旗而建大號。所推必亡。所存必固。埽項軍于垓下。紲子嬰于軹塗。因秦宮室。據其府庫。作洛之制。我則未暇。是㠯西匠營宮。目翫阿房。規摹踰溢。不度不臧。損之又損之。然尚過于周堂。觀者狹而謂之陋。帝已譏其泰而弗康。且高既受命建家。造我區夏矣。文又躬自菲薄。治致升平之德。武有大啟土宇。紀禪肅然之功。宣重威㠯撫和戎狄。呼韓來享。咸用紀宗存主。饗祀不輟。銘勳彝器。歷世彌光。今捨純懿而論爽德。㠯春秋所諱而為美談。宜無嫌于往初。故蔽善而揚惡。祗吾子之不知言也。必㠯肆奢為賢。則是黃帝合宮。有虞總期。固不如夏癸之瑤臺。殷辛之瓊室也。湯武誰革而用師哉。盍亦覽東京之事㠯自寤乎。且天子有道。守在海外。守位㠯仁。不恃隘害。苟民志之不諒。何云巖險與襟帶。秦負阻于二關。卒開項而受沛。彼偏據而規小。豈如宅中而圖大。昔先王之經邑也。掩觀九隩。靡地不營。土圭測景。不縮不盈。總風雨之所交。然後㠯建王城。審曲面勢。泝洛背河。左伊右瀍。西阻九阿。東門于旋。盟津達其後。太谷通其前。迴行道乎伊闕。邪徑捷乎轘轅。大室作鎮。揭㠯熊耳。底柱輟流。鐔㠯大岯。溫液湯泉。黑丹石緇。王鮪岫居。能鼈三趾。宓妃攸館。神用挺紀。龍圖授羲。龜書畀姒。召伯相宅。卜惟洛食。周公初基。其繩則直。萇弘魏舒。是廓是極。經途九軌。城隅九雉。度堂㠯筵。度室㠯几。京邑翼翼。四方所視。漢初弗之宅。故宗緒中圮。巨猾閒舋。竊弄神器。歷載三六。偷安天位。于時蒸民。罔敢或貳。其取威也重矣。我世祖忿之。乃龍飛白水。鳳翔參墟。授鉞四七。共工是除。欃槍旬始。羣凶靡餘。區宇乂寍。思和求中。睿哲玄覽。都茲洛宮。曰止曰時。昭明有融。既光厥武。仁洽道豐。登岱勒封。與黃比崇。逮至顯宗。六合殷昌。乃新崇德。遂作德陽。啟南端之特闈。立應門之將將。昭仁惠于崇賢。抗義聲于金商。飛雲龍于春路。屯神虎于秋方。建象魏之兩觀。旌六典之舊章。其內則含德章臺。天祿宣明。溫飭迎春。壽安永寍。飛閣神行。莫我能形。濯龍芳林。九谷八溪。芙蓉覆水。秋蘭被涯。渚戲躍魚。淵游龜蠵。永安離宮。修竹冬青。陰池幽流。玄泉洌清。鵯鶋秋棲。鶻鵃春鳴。鴡鳩麗黃。關關嚶嚶。于南則前殿靈臺。龢驩安福。謻門曲榭。邪阻城洫。奇樹珍果。鉤盾所職。西登少華。亭候修敕。九龍之內。實曰嘉德。西南其戶。匪雕匪刻。我后好約。乃宴斯息。于東則洪池清蘌。淥水澹澹。內阜川禽。外豐葭菼。獻鱉蜃與龜魚。供蝸䗍與菱芡。其西則有平樂都場。示遠之觀。龍雀蟠蜿。天馬半漢。瑰異譎詭。燦爛炳煥。奢未及侈。儉而不陋。規遵王度。動中得趣。于是觀禮。禮舉儀具。經始勿亟。成之不日。猶謂為之者勞。居之者逸。慕唐虞之茅茨。思夏后之卑室。乃營三宮。布教頒常。複廟重屋。八達九房。規天矩地。授時順鄉。造舟清池。惟水泱泱。左制辟雍。右立靈

臺因進距衺表賢簡能馮相觀祲祈褫禳災于是孟春元日羣后
旁戾百僚師師于斯胥洎藩國奉聘要荒來質具惟帝臣獻琛執
贄當覲乎殿下者蓋數萬㠯二爾乃九賓重臚人列崇牙張鏞鼓
設郎將司階虎戟交鎩龍輅充庭雲旗拂霓夏正三朝庭燎晢晢
撞洪鐘伐靈鼓旁震八鄙軯磕隱訇若疾霆轉雷而激迅風也是
時稱警蹕已下雕輦于東廂冠通天佩玉璽紆皇組要干將負斧
扆次席紛純左右玉几而南面㠯聽矣然後百辟乃入司儀辨等
尊卑㠯班璧羔皮帛之贄既奠天子乃㠯三揖之禮禮之穆穆焉
皇皇焉濟濟焉將將焉信天下之壯觀也乃羨公侯卿士登自東
除訪萬機詢朝政勤恤民隱而除其眚人或不得其所若已納之
于隍荷天下之重任匪怠皇㠯寧靜發京倉散禁財賚皇寮逮輿
臺命膳夫㠯大饗饔餼浹乎家陪春醴惟醇燔炙芬芬君臣歡康
具醉熏熏千品萬官已事而踆勤屢省懋乾乾清風協于玄德淳

化通于自然憲先靈而齊軌必三思㠯顧愆招有道于側陋開敢
諫之直言聘丘園之耿絜旅束帛之戔戔上下通情式宴且盤及
將祀天郊報地功祈福乎上玄思所㠯爲虔肅之儀盡穆穆之
禮殫然後㠯獻精誠奉禋祀曰允矣天子者也乃整法服正冕帶
珩紞紘綖玉笄綦會火龍黼黻藻繂鞶厲結飛雲之袷輅樹翠羽
之高蓋建辰旒之太常紛焱悠㠯容裔六玄虬之弈弈齊騰驤而
沛艾龍輈華轙金鍐鏤錫方釳左纛鉤膺玉瓖鑾聲噦噦和鈴鉠
鉠重輪貳轄疏轂飛軨羽蓋威蕤葩瑤曲莖順時服而設副咸龍
旂而繁纓立戈迤戛農輿輅本屬車九九乘軒並轂㯻弩重旃朱
旄青屋奉引既畢先輅乃發鑾旗皮軒通帛綪旆雲罕九斿闟戟
轇轕髶髦被繡虎夫戴鶡駙承華之蒲梢飛流蘇之騷殺總輕武
于後陳奏嚴鼓之嘈囋戎士介而揚揮戴金鉦而建黃鉞清道案
列天行星陳肅肅習習隱隱轔轔殿未出乎城闕旆已反乎郊畛

本當作木

盛夏后之致美爰敬恭于明神爾乃孤竹之管雲和之瑟雷鼓鼝
鼝六變既畢冠華秉翟列舞八佾元祀惟稱羣望咸秩颺槱燎之
炎煬致高煙乎太一神歆馨而顧德祚靈主㠯元吉然後宗上帝
于明堂推光武㠯作配辯方位而正則五精帥而來摧尊赤氏之
朱光四靈懋而允懷于是春秋改節四時迭代蒸蒸之心感物曾
思躬追養于廟祧奉蒸嘗與禴祠物牲辯省設其楅衡毛炰豚胉
亦有和羹滌濯靜嘉禮儀孔明萬舞奕奕鍾鼓喤喤靈祖皇考來
顧來饗神具醉止降福穰穰及至農祥晨正土膏脈起乘鑾輅而
駕蒼龍介馭閒㠯剡耜躬三推于天田脩帝籍之千畝供禘郊之
粢盛必致思乎勤已兆民勸于疆埸感懋力㠯耘耔春日載陽合
射辟雍設業設虡宮懸金鏞鼖鼓路鼗樹羽幢幢于是備物物有
其容伯夷起而相儀后夔坐而爲工張大侯制五正設三乏厞司
旌并夾既設儲乎廣庭于是皇輿夙駕𩣡于東階㠯須消啟明掃

朝霞登天光于扶桑天子乃撫玉輅時乘六龍發鯨魚鏗華鍾大
丙弭節風后陪乘攝提運衡徐至于射宮禮事展樂物具王夏闋
騶虞奏决拾既次彤弓斯彀達餘萌于暮春昭誠心㠯遠喻進明
德而崇業滌饕餮之貪欲仁風衍而外流誼方激而遐騖日月會
于龍狏恤民事之勞疚因休力㠯息勤致歡忻于春酒執鑾刀㠯
袒割奉觴豆于國叟降至尊㠯訓恭送迎拜乎三壽敬慎威儀示
民不偷我有嘉賓其樂愉愉聲教布濩盈溢天區文德既昭武節
是宣三農之隙曜威中原歲惟仲冬大閱西園虞人掌焉先期戒
事悉率百禽鳩諸靈囿獸之所同是謂告備乃御小戎撫輕軒中
畋四牡既佶且閑戈矛若林牙旗繽紛迄上林結徒營次和樹表
司鐸受鉦坐作進退節㠯軍聲三令五申示戮斬牲陳師鞠旅教
達禁成火列具舉武士星敷鵝鸛魚麗箕張翼舒軌塵掩迒匪疾
匪徐馭不詭遇射不翦毛升獻六禽時膳四膏馬足未極輿徒不

㝢當作寓

勞成禮三毆解罘放麟不窮樂吕訓儉不殫物吕昭仁慕天乙之弛罟因教祝吕懷民儀姬伯之渭陽失熊羆而獲人澤浸昆蟲威振八寓好樂無荒允文允武薄狩于敖既璅璅焉岐陽之蒐又何足數爾乃卒歲大儺毆除羣厲方相秉鉞巫覡操茢侲子萬童丹首玄製桃弧棘矢所發無臬飛礫雨散剛癉必斃煌火馳而星流逐赤疫于四裔然後淩天池絕飛梁捎魑魅斮獝狂斬蜲蛇腦方良囚耕父于清泠溺女魃于神潢殘夔魖與罔像殪野仲而殲游光八靈為之震慴況鬾蜮與畢方度朔作梗守吕鬱壘神荼副焉對操索葦目察區陬司執遺鬼京室密清罔有不韙于是陰陽交和庶物時育卜征考祥終然允淑乘輿巡乎岱嶽勸稼穡于原陸同衡律而壹軌量齊急舒于寒燠省幽明吕黜陟乃反旆而迴復望先帝之舊墟慨長思而懷古俟閶風而西遐致恭祀乎高祖既春游吕發生啟諸蟄于潛戶度秋豫吕收成觀豐年之多稌嘉田畯之匪懈行致賚于九扈左瞰暘谷右睨玄圃眇天末吕遠期規萬世而大摹且歸來吕釋勞膺多福吕安念總集瑞命備致嘉祥圉林氏之騶虞擾澤馬與騰黃鳴女牀之鸞鳥舞丹穴之鳳皇植華平于春圃豐朱草于中唐惠風廣被澤洎幽荒北燮丁令南諧越裳西包大秦東過樂浪重舌之人九譯僉稽首而來王是吕論其遷邑易京則同規乎殷盤改奢即儉則合美乎斯干登封降禪則齊德乎黃軒為無為事無事永有民吕孔安遵節儉尚素樸思仲尼之克己履老氏之常足將使心不亂其所在目不見其可欲賤壁象簡珠玉藏金于山抵璧于谷翡翠不裂瑇瑁不蔟所貴惟賢所寶惟穀民去末而反本感懷忠而抱愨于斯之時海內同悅曰吁漢帝之德侯其褘而蓋蓂莢為難蒔也故曠世而不覿惟我后能殖之吕至和平方將數諸朝階然則道胡不懷化胡不柔聲與風翔澤從雲游萬物我賴亦又何求德寓天覆輝烈光燭狹三

王之遂趨軼五帝之長驅踵二皇之遐武誰謂駕遲而不能屬東京之懿未罄值余有犬馬之疾不能究其精詳故粗為賓言其梗槩如此若乃流遁忘反放心不覺樂而無節後離其戚一言幾于喪國我未之學也且夫挈缾之智守不假器況纂帝業而輕天位瞻仰二祖厥庸孔肆常翹翹吕危懼若乘奔而無轡白龍魚服見困豫且雖萬乘之無懼猶怵惕于一夫終日不離其輜重獨微行其焉如夫君人者黈纊塞耳車中不內顧珮吕制容鑾吕節塗行不變玉鷩不亂步卻走馬吕糞車何惜騕褭與飛兔方其用財取物常畏生類之殄也賦政任役常畏人力之盡也取之吕道用之吕時山無槎枿畋不麛胎草木蕃廡鳥獸阜滋民忘其勞樂輸其財百姓同于饒衍上下共其雍熙洪恩素蓄民心固結執誼顧主夫懷貞節忿姦慝之干命怨皇統之見替玄謀設而陰行合二九而成譎登聖皇于天階章漢祚之有秩若此故王業可樂焉今公子苟好勦民吕媮樂忘民怨之為仇也好殫物吕窮寵忽下叛而生憂也夫水所吕載舟亦所吕覆舟堅冰作于履霜尋木起于蘖栽昧旦丕顯後世猶怠況初制于甚泰服者焉能改裁故相如壯上林之觀揚雄騁羽獵之辭雖系吕隤牆填壍亂吕收罝解罘卒無補于風規祇吕昭其愆尤臣濟奓吕陵君忘經國之長基故函谷擊柝于東西朝顛覆而莫持凡人心是所學體安所習鮑肆不知其臰翫其所吕先入咸池不齊度于𪗋咬而眾聽或疑能不惑者其惟子野乎客既醉于大道飽于文義勸德畏戒喜懼交爭罔然若酲朝罷夕倦奪氣褫魄之為者忘其所吕為談失其所吕為夸良久乃言曰鄙哉予乎習非而遂迷也幸見指南于吾子若僕所聞華而不實先生之言信而有徵鄙夫寡識而今而後乃知大漢之德馨咸在于此昔常恨三墳五典既泯仰不睹炎帝帝魁之美得聞先生之餘論則大庭氏何吕尚茲走雖不敏庶斯達矣文選

南都賦

於顯樂都。既麗且康。陪京之南。居漢之陽。割周楚之豐壤。跨荆豫而爲疆。體爽塏㠯閑敞。紛郁郁其難詳。爾其地勢。則武闕關其西。桐柏揭其東。流滄浪而爲隍。廓方城而爲墉。湯谷涌其後。淯水盪其胷。推淮引湍。三方是通。其寶利珍怪。則金彩玉璞。隨珠夜光。銅錫鉛鍇。赭堊流黃。綠碧紫英。青雘丹粟。太一餘糧。中黃瑴玉。松子神陂。赤靈解角。耕父揚光于清泠之淵。游女弄珠于漢皋之曲。其山則崆峴嶱嵑。嵣嵯嶚剌。岝峉嵬嵔。嵚巇屹嶐。幽谷嶜岑。夏含霜雪。或嵒嶙而纚連。或豁爾而中絕。鞠巍巍其隱天。俯而觀乎雲霓。若夫天封大狐。列仙之陬。上平衍而曠蕩。下蒙籠而崎嶇。坂坻嶻嶭而成巘。谿壑錯繆而盤紆。芝房菌蠢生其隈。玉膏滵溢流其隅。崑崙無㠯奓。閬風不能踰。其木則檉松楔㮨。槾柏杻橿。楓柙櫨櫪。帝女之桑。楈枒栟櫚。柍柘檍檀。結根竦本。垂條嬋媛。布綠葉之萋萋。敷華蘂之蓑蓑。玄雲合而重陰。谷風起而增哀。攢立叢駢。青冥盰瞑。杳藹蓊鬱于谷底。森蓴蓴而刺天。虎豹黃熊游其下。豰玃猱狿戲其巔。鸞鷟鵷鶵翔其上。騰猨飛蠝棲其間。其竹則籦籠篁篾。篠簳箛箠。緣延坻阪。澶漫陸離。阿那蓊茸。風靡雲披。爾其川瀆。則滍澧藥瀵。發源巖穴。潛㳌洞出。沒滑瀎潏。布濩漫汗。漭沆洋溢。摠括趨欲。箭馳風疾。流湍投濈。砏汃輣軋。長輸遠逝。漻淚淢汨。其水蟲則有蠳龜鳴蛇。潛龍伏螭。鱏鱣鰅鱅。黿鼉鮫鱷。巨蜯函珠。駮瑕委蛇。于其陂澤。則有鉗盧玉池。赭陽東陂。貯水渟洿。亘望無涯。其草則藨苧蘋莞。蔣蒲蒹葭。藻茆菱芡。芙蓉含華。從風發榮。斐披芬葩。其鳥則有鴛鴦鵠鷖。鴻鴇駕鵝。鶄鶂鶬鴰。鸛鷁鷺鸕。嚶嚶和鳴。澹淡隨波。其水則開竇灑流。浸彼稻田。溝澮脈連。隄塍相輑。朝雲不興。而潢潦獨臻。決渫則暵。爲溉爲陸。冬稌夏穱。隨時代熟。其原野則有桑漆麻苧。菽麥稷黍。百穀蕃廡。翼翼與與。若其園圃。則有蓼蕺蘘荷。藷蔗薑蟠。菥蓂芋瓜。乃有櫻梅山柿。侯桃梨栗。梬棗若留。穰橙鄧橘。其香草則有薜荔蕙若。薇蕪蓀萇。晻曖蓊蔚。含芬吐芳。若其廚膳。則有華薌重秬。滍皋香秔。歸鴈鳴鷃。黃稻鱻魚。㠯爲芍藥。酸甜滋味。百種千名。春卵夏筍。秋韭冬菁。蘇蔱紫薑。拂徹羶腥。酒則九醞甘醴。十旬兼清。醪敷徑寸。浮蟻若蓱。其甘不爽。醉而不酲。及其紏宗綏族。禴祠蒸嘗。㠯速遠朋。嘉賓是將。揖讓而升。宴于蘭堂。珍羞琅玕。充溢圓方。琢琱狎獵。金銀琳琅。侍者蠱媚。巾韝鮮明。被服雜錯。履躡華英。儇才齊敏。受爵傳觴。獻酬既交。率禮無違。彈琴擫籥。流風徘徊。清角發徵。聽者增哀。客賦醉言歸。主稱露未晞。接懽宴于日夜。終愷樂之令儀。于是暮春之禊。元巳之辰。方軌齊軫。祓于陽瀕。朱帷連網。曜野映雲。男女姣服。駱驛繽紛。致飾程蠱。偠紹便娟。微眺流睇。蛾眉連卷。于是齊僮唱兮列趙女。坐南歌兮起鄭儛。白鶴飛兮繭曳緒。修袖繚繞而滿庭。羅襪躡蹀而容與。翩緜緜其若絕。眩將墜而復舉。翹遙遷延。蹩躠蹁躚。結九秋之增傷。怨西荆之折盤。彈箏吹笙。更爲新聲。寡婦悲吟。鵾雞哀鳴。坐者悽欷。蕩魂傷精。于是羣士放逐。馳乎沙場。騄驥齊鑣。黃間機張。足逸驚飆。鏃析毫芒。俯貫魴鱮。仰落雙鶬。魚不及竄。鳥不暇翔。爾乃撫輕舟兮浮清池。亂北渚兮揭南涯。汰瀺灂兮舩容裔。陽侯澆兮掩鳧鷖。追水豹兮鞭蝄蜽。憚夔龍兮怖蛟螭。于是日將逮昏。樂者未荒。收驩命駕。分背迴塘。車雷震而風厲。馬鹿超而龍驤。夕暮言歸。其樂難忘。此乃遊觀之好。耳目之娛。未睹其美者。焉足稱舉。夫南陽者。眞所謂漢之舊都者也。遠世則劉后甘厥龍醢。視魯縣而來遷。奉先帝而追孝。立唐祀乎堯山。固靈根于夏葉。終三代而始蕃。非純德之宏圖。孰能揆而處旃。近則考侯思故。匪居匪寧。穢長沙之無樂。歷江湘而北征。曜朱光于白水。會九世而飛榮。察茲邦之神偉。啓天心而寤靈。于其宮室。則有園廬舊宅。隆崇崔嵬。御房穆呂華麗連閣煥其相徽聖皇之所逍遙靈祇之所保綏章陵鬱呂青蔥清廟肅呂微微皇祖歆而降福彌萬祀而無衰帝王臧其擅美詠南音呂顧懷且其君子弘懿明叡允恭溫良容止可則出言有章進退屈伸與時抑揚方今天地之睢剌帝亂其政豺虎肆虐眞人革命之秋也爾其則有謀臣武將皆能攫戾執猛破堅摧剛排揵陷扃蹔蹈咸陽高祖階其塗光武攬其英是呂關門反距漢德久長及其去危乘安視人用遷周召之儔據鼎足焉呂庀王職縉紳之倫經綸訓典賦納呂言是呂朝無闕政風烈昭宣也于是乎鯢齒眉壽鮐背之叟皤皤然被黃髮者喟然相與歌曰望翠華兮葳蕤建太常兮裶裶駟飛龍兮騤騤振和鸞兮京師總萬乘兮徘徊按平路兮來歸豈不思天子南巡之辭者哉遂作頌曰皇祖止焉光武起焉據彼河洛統四海焉本枝百世位天子焉永世克孝懷桑梓焉眞人南巡觀舊里焉 文選

定情賦

夫何妖女之淑麗光華豔而秀容斷當時而呈美冠朋匹而無雙歎曰大火流兮草蟲鳴繁霜降兮草木零秋爲期兮時已征思美人兮愁屏營 藝文類聚十八

思在面爲鉛華兮患離塵而無光 文選洛神賦注

歸田賦

遊都邑呂永久無明略呂佐時徒臨川呂羨魚俟河清乎未期感蔡子之慷慨從唐生呂決疑諒天道之微昧追漁父呂同嬉超埃塵呂遐逝與世事乎長辭于是仲春令月時和氣清原隰鬱茂百草滋榮王雎鼓翼鶬鶊哀鳴交頸頡頏關關嚶嚶于焉逍遙聊呂娛情爾乃龍吟方澤虎嘯山丘仰飛纖繳俯釣長流觸矢而斃貪餌吞鉤落雲閒之逸禽懸淵沈之魦鰡于時曜靈俄景係呂望舒極般遊之至樂雖日夕而忘劬感老氏之遺誡將迴駕乎蓬廬彈五弦之妙指詠周孔之圖書揮翰墨呂奮藻陳三皇之軌模苟縱心于物外安知榮辱之所如 文選藝文類聚三十六

舞賦 并序

昔客有觀舞于淮南者美而賦之曰

音樂陳兮旨酒施擊靈鼓兮吹參差叛淫衍兮漫陸離于是飲者皆醉日亦既昃美人興而將舞乃修容而改服襲羅縠而雜錯申綢繆呂自飾拊者啾其齊列般鼓煥呂駢羅抗修袖呂翳面兮展清聲而長歌歌曰驚雄逝兮孤雌翔臨歸風兮思故鄉搦纖腰而互折嬛傾倚兮低昂增芙蓉之紅華兮光的皪呂發揚騰嫮目呂顧眄眸爛爛呂流光連翩駱驛乍續乍絕裾佀 文選注作若 飛燕袖 文選注作袂 如迴雪徘徊相佯□□□□提若霆震閃 文選注作瞥 若電滅蹇兮宕往彳兮中輒于是粉黛施兮玉質粲珠簪挻兮緇髮亂然后整笄攬髮被纖垂縈同服騈奏合體齊聲進退無差若影追形 藝文類聚四十初學記十五御覽三百八十五又略見文選潘岳射雉賦注陸機爲顧彥先贈婦詩注

歷七盤而蹝躡 後漢邊讓傳注文選舞賦注陸機日出東南隅行注鮑照數詩注御覽五百七十四

合清哇而吟詠若離鵾鳴姑邪 文選琴賦注七命注

既娛心呂悅目 文選陸機演連珠注

且夫九德之歌九韶之舞化如凱風澤譬時雨移風易俗混一齊楚呂祀則神祇來格呂饗則賓主樂胥方之于此孰者爲優 初學記十五又略見文選雉賦注

全後漢文卷五十三終

全後漢文卷五十四

烏程嚴可均校輯

張衡三

羽獵賦

皇上感天威之慘烈。思太昊之觀虞。虞人表林麓而廓莱藪。翦荆梓而夷榛株。于是鳳皇獻歷。太僕駕具。蚩尤先驅。雨師清路。山靈護陳。方神蹕御。羲和奉轡。弭節西征。翠蓋葳蕤。鑾鳴瓏玲。山谷爲之澹淡。丘陵爲之簸傾。于是皇輿綢繆。遷延容與。抗天津于伊洛。負遥集乎南圃。大詔獵者。競逐長驅。輕車飆厲。文選廣絶交論飆皆鱗萃注引作輕車飆羽騎電騖。霧合雲集。波流雨注。馬蹂麋鹿。輪轔雉兔。弓不妄彎。弩不虛舉。鳥驚絓羅。獸與矢遇。藝文類聚六十六。初學記二十二。乘瑤珠之雕軒。建輝天之華旗。御覽八百九。風颯颯其扶輪。文選魏文帝芙蓉池作詩注。

開閶闔兮坐紫宮。文選陸機漢高祖功臣頌注。

扇賦

寤茲竹以成扇。乃畫象而造儀。惟規上而矩下。播采燭以雜施。北堂書鈔一百三十四。

憺舟口以尋弱。隨俯仰而成形。同上。

髑髏賦

張平子將遊目于九野。觀化乎八方。星回日運。鳳舉龍驤。南遊赤野。北陟幽鄉。西經昧谷。東極扶桑。于是季秋之辰。微風起涼。聊回軒駕。左翔右昂。步馬于疇皐。逍遥乎陵岡。顧見髑髏。委于路旁。下居淤壤。上負玄霜。平子悵然而問之曰。子將并糧推命。以夭逝乎。本喪此土。流遷來乎。爲是上智。爲是下愚。爲是女人。爲是丈夫。于是肅然有靈。但聞神響。不見其形。荅曰。吾宋人也。姓莊名周。游心方外。不能自修。壽命終極。來此玄幽。公子何以問之。對曰。我欲告之于五岳。禱之于神祇。起子素骨。反子四肢。取耳北坎。求目南離。使東震獻足。西坤授腹。五內皆還。六神盡復。子欲之不乎。髑髏曰。公子之言殊難也。死爲休息。生爲役勞。冬水之凝。何如春冰之消。榮位在身。不亦輕于塵毛。飛風曜景。秉尺持刀。二語從文選郭泰機贈傅咸詩注補。又陸機從軍行注作飛鋒。巢許所恥。伯成所逃。況我已化。與道逍遥。離朱不能見。子野不能聽。堯舜不能賞。桀紂不能刑。虎豹不能害。劍戟不能傷。與陰陽同其流。與元氣合其樸。以造化爲父母。以天墜爲牀蓐。以雷電爲鼓扇。以日月爲燈燭。以雲漢爲川池。以星宿爲珠玉。合體自然。無情無欲。澄之不清。渾之不濁。不行而至。不疾而速。于是言卒響絶。神光除滅。顧盼發軫。乃命僕夫。假之以縞巾。衾之以玄塵。爲之傷涕。酬于路濱。古文苑。藝文類聚十七。初學記十四。御覽三百七十四。又略見文選顏延之五君詠注。郭泰機贈傅咸詩注。

酬當作酧

冢賦

載輿載步。地勢是觀。降此平土。陟彼景山。一升一降。乃心斯安。爾乃隳巍山。平險陸。刊蕪林。鑿盤石。起峻壟。構大椁。高岡冠其南。平原承其北。列石限其壇。羅竹籥其域。系以脩隧。洽以溝瀆。曲折相連。迤靡相屬。乃樹靈木。靈木戎戎。繁霜峩峩。匪彫匪琢。周旋顧盼。亦各有行。乃相厥宇。乃立厥堂。直之以繩。正之以日。有覺其材。以構玄室。奕奕將將。崇棟廣宇。在冬不涼。在夏不暑。祭祀是居。神明是處。脩隧之際。亦有掖門。掖門之西。十一餘半。下有直渠。上有平岸。舟車之道。交通舊館。寒淵慮弘。存不忘亡。恢厥廣壇。祭我兮子孫。宅兆之形。規矩之制。希而望之。方以麗。踐而行之。巧以廣。幽墓既美。鬼神既寧。降之以福。于以之平。如春之卉。如日之升。古文苑。藝文類聚四十。初學記十四。

鴻賦序

南寓衡陽。避初寒也。若其雅步清音。遠心高韻。鵷鸞已降。罕見其

初當作郝

味當作咮
息當作自
于不之于當作予

儔而鍛翮牆陰偶影獨立唼味粃粺雞鶩爲伍不亦傷乎子五十之年忽焉已至永言身事慨然其多緒乃爲之賦聊吕息慰。御覽九百十九。

東巡誥

惟二月初吉帝將狩于岱嶽展義省方觀風設教丙寅朏率羣賓備法駕吕祖于東門乙酉觀禮于魯而休齊焉己丑屆于靈宮是日也有鳳雙集于臺壬辰祀上帝于明堂帝曰咨于不材爲天地主慄慄翹翹百僚萬幾心之謂矣孰朕之勞上帝有靈不替朕命誕敢不祇承凡庶與祭于壇墠之位者曰懷爾邦君實賴先帝載厥大宗吕左右朕躬羣臣曰帝道橫被旁行海表一人有慶萬民賴之從巡助祭者茲惟嘉瑞乃歌曰皇皇者鳳通玄知時萃于山趾與帝邀期吉事有祥惟漢之祺帝曰朕不敢當亦不敢蔽天之吉命。藝文類聚三十九、初學記十三、御覽五百三十七。

陽嘉二年京師地震對策

臣聞政善則休祥降政惡則咎徵見苟非聖人或有失誤昔成王疑周公而大風拔樹木開金縢而反風至天人之應速于影響故周詩曰無曰高高在上日監在茲間者京都地震雷電赫怒夫動靜無常變改正道則有奔雷土裂之異自初舉孝廉迄今二百歲矣皆先孝行行有餘力始及文法辛卯詔吕能宣章句奏案爲限雖有至孝猶不應科此棄本而就末曾子長于孝然實魯鈍文學不若游夏政事不若冉季今欲使一人兼之苟外可觀內必有闕則違選舉孝廉之制矣且郡國守相剖符盜境爲大臣一旦免黜十有餘人吏民罷于送迎之役新故交際公私放濫或臨政涖民爲百姓取便而吕小過免之是爲奪人父母使嗟號也又察選舉一任三府臺閣秘密振暴于外貨賄多行人事流通令眞僞渾淆昏亂清朝此爲下陵上替分威共德災異之興不亦宜乎易不遠

復論不憚改朋友交接且不宿過況于帝王承天理物吕天下爲公者乎中間吕來妖星見于上震烈著于下天誡詳矣可爲寒心明者消禍于未萌今既見矣修政恐懼則轉禍爲福矣。袁宏後漢紀十八。

水者五行之首滯而逆流者人君之恩不能下及而教逆也潛潭巴曰水逆者反命也宜修德吕應之。續漢五行志三注補引敦煌實錄張衡對策。

表奏日蝕

今年三月朔方覺日蝕此郡懼有兵患臣愚吕爲可敕北邊須塞郡縣明烽火遠斥候深藏固閉無令穀畜外露。續漢五行志六陽嘉四年注補。

表求合正三史

臣伏見陛下思光先緒吕典籍爲本而史書枝別條異不同一貫建武吕來新裁未就。初學記二十一。

臣仰幹史職敢徼官守竊貪成訓自忘頑愚願得專于東觀畢力于紀記竭思于補闕俾有漢休烈比久長于天地並光明于日月昭示萬嗣永永不朽也。後漢張衡傳注引衡表。

上順帝封事

臣竊見京師爲害兼所及民多病死死有滅戶人人恐懼朝廷燋心吕爲至憂臣官在于攷變禳災思任防救未知所由夙夜征營臣聞國之大事在祀祀莫大于郊天奉祖方今道路流言僉曰孝安皇帝南巡路崩從駕左右行慝之臣欲徵諸國王子故不發喪衣車還宮僞遣大臣竝禱請命臣處外治不知其審然尊靈見罔豈能無怨且凡夫私小有不蠲猶爲譴謫況吕大穢用禮郊廟孔子曰曾謂泰山不如林放乎天地明察降禍見災乃其理也又間者有司正吕冬至之後奏開恭陵神道陛下至孝不忍距逆或發冢移尸月令仲冬土事無作愼無發蓋及起大衆吕固而閉地氣上泄是謂發天地之房諸蟄則死民必疾疫又隨吕喪厲氣未息恐其殆此二年欲使知過改悔五行傳曰六沴作見若時共禦帝

儉當作險

用不差。神則不怒。萬福乃降。用章于下。臣愚以爲可使公卿處議所以陳術改過。取媚神祇。自求多福也。（續漢五行志五注補。）

上疏陳事

伏惟陛下宣哲克明。繼體承天。中遭傾覆。龍德泥蟠。今乘雲高躋。磐桓天位。誠所謂將隆大任。必先倥傯之也。親履艱難者知下情。備經儉易者達物僞。故能一貫萬機。靡所疑惑。百揆允當。庶績咸熙。宜獲福祉神祇。受譽黎庶。而陰陽未和。災眚屢見。神明幽遠。冥鑒在茲。福仁禍淫。景響而應。因德降休。乘失致咎。天道雖遠。吉凶可見。近世鄭蔡江樊周廣王聖。皆爲效矣。故恭儉畏忌。必蒙祉祚。奢淫謟慢。鮮不夷戮。前事不忘。後事之師也。夫情勝其性。流遯忘反。豈唯不肖。中才皆然。苟非大賢。不能見得思義。故積惡成釁。罪不可解也。向使能瞻前顧後。援鏡自戒。則何陷于凶患乎。貴寵之臣。衆所屬仰。其有愆尤。上下知之。褒美譏惡。有心皆同。故怨讟溢乎

傾當作頃

四海。神明降其禍辟也。傾年雨常不足。思求所失。則洪範所謂僭恆陽若者也。懼羣臣奢侈。昏踰典式。自下逼上。用速咎徵。又前年京師地震土裂。裂者威分。震者人擾也。君以靜唱。臣以動和。威自上出。不趣于下。禮之正也。竊懼聖思厭倦。制不專己。恩不忍割。與衆共威。威不可分。德不可共。洪範曰。臣有作威作福玉食。害于而家。凶于而國。天鑒孔明。雖疏不失。災異示人。前後數矣。而未見所革。以復往悔。自非聖人。不能無過。願陛下思惟所以稽古率舊。勿令刑德八柄。不由天子。（袁宏紀作天斷。）若恩從上下。事依禮制。禮制修則奢僭息。事合宜則無凶咎。然後神望允塞。災消（袁宏紀作沴。）不至矣。（後漢張衡傳。又見袁宏後漢紀十九。少九句。）

請禁絕圖讖疏

臣聞聖人明審律厤。以定吉凶。重之以卜筮。雜之以九宮。經天驗道。本盡于此。或觀星辰逆順。寒燠所由。或察龜策之占。巫覡之言。其所因者。非一術也。立言于前。有徵于後。故智者貴焉。謂之讖書。讖書始出。蓋知之者寡。自漢取秦。用兵力戰。功成業遂。可謂大事。當此之時。莫或稱讖。若夏侯勝眭孟之徒。以道術立名。其所述著。無讖一言。劉向父子。領校祕書。閱定九流。亦無讖錄。成哀之後。乃始聞之。尚書。堯使鯀理洪水。九載績用不成。鯀則殛死。禹乃嗣興。而春秋讖云。共工理水。凡讖皆云黃帝伐蚩尤。而詩讖獨以爲蚩尤敗。然後堯受命。春秋元命包中有公輸班與墨翟。事見戰國。非春秋時也。又言別有益州。益州之置。在于漢世。其名三輔諸陵世數可知。至于圖中訖于成帝。一卷之書。互異數事。聖人之言。勢無若是。殆必虛僞之徒。以要世取資。往者侍中賈逵。擿讖互異三十餘事。諸言讖者皆不能說。至于王莽篡位。漢世大禍。八十篇何爲不戒。則知圖讖成于哀平之際也。且河洛六藝。篇錄已定。後人皮傅。無所容篡。永元中。清河宋景遂以厤紀推言水災。而僞稱洞視

玉版。或者至于棄家業。入山林。後皆無效。而復采前世成事。以爲證驗。至于永建復統。則不能知。此皆欺世罔俗。以昧勢位。情僞較然。莫之糾禁。且律厤卦候九宮風角。數有徵效。世莫肯學。而競稱不占之書。譬猶畫工。惡圖犬馬。而好作鬼魅。誠以實事難形。而虛僞不窮也。宜收藏圖讖。一禁絕之。則朱紫無所眩。典籍無瑕玷矣。（後漢張衡傳。）

論貢舉疏

古者以賢取士。諸侯歲貢。孝武之代。郡舉孝廉。又有賢良太學之選。于是名臣皆出。文武並興。漢之得人。數路而已。夫書畫辭賦。才之小者。匡國理政。未有能焉。陛下卽位之初。先訪經術。聽政餘日。觀省篇章。聊以游藝。當代博弈。非以教化取士之本。而諸生競利。作者鼎沸。其高者頗引古訓風喻之言。下則連偶俗語。有類俳優。或竊成文。虛冒名氏。臣每受詔于盛化門。差次錄第。其未及者。亦

復隨輩，皆見拜擢。既加之恩，難復收改，但守俸祿，于義已加，不可復使理人及任州郡。昔孝宣會諸儒于石渠，章帝集學士于白虎，通經釋義，其事優大，文武之道，所宜從之。乃若小能小善，雖有可觀，孔子㠯為致遠則泥，君子故當致其大者遠者也。（通典十六）

論舉孝廉疏

自初舉孝廉，到今二百年，必先孝行，行有餘力，乃𦬊文法耳。今詔書一㠯能誦章句、結奏案為限，雖有至孝，不當其科，所謂損本而求末者也。自改試㠯來，累有妖星震裂之菑，是天意不安于此法故也。

奏事

飛塵增山，霧露助海。（初學記二、御覽十二）

厤議

五紀論推步行度，當時比諸術為近，然猶未稽于古。及向子歆欲㠯合春秋，橫斷年數，損夏益周，攷之表紀，差謬數百。兩厤相課，六千一百五十六歲，而太初多一日。冬至日直斗，而云在牽牛，迂闊不可復用，昭然如此。史官所共見，非獨衡、興。前㠯為九道密近，今議者㠯為有闕，及甲寅元復多違失，皆未可取正。昔仲尼順假馬之名，㠯崇君之義，況天之厤數，不可任疑從虛，㠯非易是。（續漢律厤志中）

延光二年，尚書郎張衡、周興㠯為。

與崔瑗書

乃者㠯朝駕明日披讀太玄經，知子雲特極陰陽之數也。㠯其滿汎故，故時人不務此，非特傳記之屬，心實與五經擬。漢家得二百歲卒乎？所㠯作興者之數，其道必顯一代，常然之符也。玄四百歲其興乎？竭己精思，㠯揆其義，更使人難論陰陽之事，足下累世窮道極微，子孫必命世不絕，且幅寫一通藏之，㠯待能者。（太玄經范望注本載陸績述玄引張平子與崔子玉書）

吾觀太玄，方知子雲妙極道數，乃與五經相擬，非徒傳記之屬，使人難論陰陽之事。漢家得天下二百歲之書也。復二百歲，殆將終乎？所㠯作者之數，必顯一世，常然之符也。漢四百歲，玄其興矣。（後漢張衡傳注云：自此㠯上，並衡與崔瑗書之文也）

與特進書

蓬萊太史之祕府，道家所貴，衡再得當之，竊為幸矣。（北堂書鈔）

鉛刀強可一割。（文選）

其言之不慙，恃鮑子之知我。（文選曹植與楊德祖書注）

酸者不能不苦于言。（文選）

應閒

觀者觀余去史官五載而復還，非進取之勢也。唯衡內識利鈍，操心不改，或不我知者，㠯為失志矣，用為閒余。余應之㠯時有遇否，性命難求，因茲㠯露余誠焉，名之應閒云。（後漢張衡傳注引衡集）

有閒余者曰：蓋聞前哲首務，務于下學上達，佐國理民，有云為也。朝有所聞，則夕行之，立功立事，式昭德音。是故伊尹思使君為堯舜，而民處唐虞，彼豈虛言而已哉？必旌厥素爾。咎單、巫咸，實守王家；申伯、樊仲，實幹周邦，服衮而朝，介圭作瑞，厥跡不朽，垂烈後昆，不亦丕歟？且學非㠯要利，而富貴萃之。貴㠯行令，富㠯施惠，惠施令行，故易稱㠯大業。質㠯文美，實由華興，器賴雕飾為好，人㠯輿服為榮。吾子性德體道，篤信安仁，約己博藝，無堅不鑽，㠯思世路，斯何遠矣。曩滯日官，今又原之。雖老氏曲全，進道若退，然行亦㠯需，必也學非所用，術有所仰，故臨川將濟，而舟檝不存焉。徒經思天衢，內昭獨智，固合理民之式也。故嘗見謗于鄙儒。深厲淺揭，隨時為義，曾何貪于支離，而習其孤技邪？參輪可使自轉，木雕猶能獨飛，已垂翅而還故棲，盍亦調其機而銛諸？昔有文王，自求多福。人生在勤，不索何獲。曷若卑體屈己，美言㠯相剋，鳴于喬木，乃金

聲而玉振之用後勳雩前文婞佷不柔吕意誰靳也厲之曰是何
觀同而見異也君子不患位之不尊而患德之不崇不恥祿之不
夥而恥智之不博是故藝可學而行可力也天爵高懸得之在命
或不速而自懷或羨旃而不臻求之無益故智者偭而不思阽身
吕徼幸固貪夫之所爲未得而豫喪也枉尺直尋議者譏之盈欲
虧志孰云非羞于心有猜則簋飧饌餔猶不屑餐旌眘吕之意之
無疑則兼金盈百而不嫌辭孟軻吕之士或解裋褐而襲黼黻或
委臿築而據文軒者度德拜爵量績受祿也輸力致庸受必有階
渾元初基靈軌未紀吉凶分錯人用朣朦黃帝爲斯深慘有風后
者是焉亮之察三辰于上跡禍福乎下經緯厤數然後天步有常
則風后之爲也當少昊清陽之末實或亂德人神雜擾不可方物
重黎又相顓頊而申理之日月卽次則重黎之爲也人各有能因
藝受任鳥師別名四叔三正官無二業事不竝濟晝長則宵短日

南則景北天且不堪兼況吕人該之夫玄龍迎夏則陵雲而奮鱗
樂時也涉冬則淈泥而潛蟠避害也公旦道行故制典禮吕尹天
下懼教誨之不從有人之不理仲尼不遇故論六經吕俟來辟恥
一物之不知有事之無範所攷不齊如何可一夫戰國交爭戎車
競驅君若綴旒人無所麗燭武縣縋而秦伯退師魯連係箭而聊
城弛柝從往則合橫來則離安危無常要在說夫咸吕得人爲梟
失士爲尢故樊噲披帷入見高祖高祖踞洗吕對酈生當此之會
乃黿鳴而鼈應也故能同心戮力勤恤人隱奄受區夏遂定帝位
皆謀臣之由也故一介之策各有攸建子長諜之爛然有第夫女
魃北而應龍翔洪鼎聲而軍容息溽暑至而鶉火棲寒冰沍而黿
鼉蟄今也皇澤宣洽海外混同萬方億醜并質共劑若修成之不
暇尚何功之可立立事有三言爲下列下列且不可庶矣奚冀其
二哉于茲搢紳如雲儒士成林及津者風攄失塗者幽僻遭遇難

要趣偶爲幸世易俗異事勢舛殊不能通其變而一度吕揆之斯
契船而求劍守株而伺兔也冒愧逞願必無仁吕繼之有道者所
不履也越王句踐事此故厥緒不永捷徑邪至我不忍吕投步干
進苟容我不忍吕歙肩雖有犀舟勁檝猶人涉卬否有須者也姑
亦奉順敦篤守吕忠信得之不休不獲不吝不見是而不惛居下
位而不憂允上德之常服焉方將師天老而友地典與之乎高睨
而大談孔甲且不足慕焉稱殷彭及周聃與世殊技固孤是求子
憂朱泙曼之無所用吾恨輪扁之無所教也子覩木雕獨飛愍我
垂翅故棲吾感去蠹附鵠悲爾先笑而後號也斐豹吕斃督燔書
禮至吕掖國作銘弦高吕牛餼退敵墨翟吕縈帶全城貫高吕端
辭顯義蘇武吕禿節效貞蒱且吕飛矰逞巧詹何吕沈鉤致精弈
秋吕棊局取譽王豹吕清謳流聲僕進不能參名于二立退又不
能羣彼數子愍三墳之旣穨惜八索之不理庶前訓之可鑽聊朝

隱乎柱史且韞櫝吕待價踵顏氏吕行止曾不慊夫晉楚敢告誠
于知己 後漢張衡傳
可剖其孫枝 文選琴賦注
條上司馬遷班固所敘不合事
易稱宓戲氏王天下宓戲氏沒神農氏作神農氏沒黃帝堯舜氏
作史遷獨載五帝不記三皇今宜并錄
帝系黃帝產靑陽昌意周書曰乃命少皞淸淸卽靑陽也今宜實
定之 竝後漢張衡傳注引衡集
王莽本傳但應載篡事而已至于編年月紀災祥宜爲元后本紀
又更始居位人無異望光武初爲其將然後卽眞宜吕更始之號
建于光武之初 後漢張衡傳

全後漢文卷五十四終

全後漢文卷五十五

烏程嚴可均校輯

張衡 四

七辯

無爲先生祖述列仙背世絕俗唯誦道篇形虛年衰志猶不遷于是七辯謀焉曰無爲先生淹在幽隅藏聲隱景剗迹窮居抑其不韙盍往辯諸乃階而就之

虛然子曰樂國之都設爲閑館工輸制匠譎詭煥爛重屋百層連閣周漫應門鏘鏘華闕雙建彫蟲形綠螭虹蜿蜒于是彈比翼落鶤黃加雙鶴經鴛鴦然後擢雲舫觀中流搴芙蓉集芳洲縱文身搏潛鱗探水玉拔瓊根收明月之照曜翫赤瑕之璘豳迴飆拂其寮蘭泉注其庭 二語從文選王融曲水詩序注補 此宮室之麗也子盍歸而處之乎

彫華子曰玄清白醴蒲陶醲醢 書鈔一百四十八 嘉肴雜醢三臡七菹荔支黃甘寒梨乾榛沙餳石蜜遠國儲珍于是乃有芻豢腯牲麋麛豹胎飛鳧棲鷃養之㠯時鞏洛之鱒割㠯爲鮮 二語從潘岳西征賦注補 審其齊和適其辛酸芳㠯薑椒拂㠯桂蘭 文選七啟注作木蘭 華薌重秬滍皋香秔會稽之菰冀野之粱濟凌輭麪糅㠯青秔 四句俱從書鈔一百四十二補入 珍羞雜遝灼爍芳香此滋味之麗也子盍歸而食之

安存子曰淮南清歌燕餘材舞列乎前堂遞奏代叙結鄭衛之遺風揚流哇而咏激楚鞞鼓口吹竽籟應律金石合奏妖冶邀會觀者交目衣解忘帶于是樂中日晚移即昏庭美人妖服變曲爲淸改賦新詞轉歌流聲此音樂之麗也子盍歸而聽諸

闕丘子曰西施之徒姿容脩嫮弱顏回植妍夸閑暇形似削成腰如束素蝤蠐之領阿那宜顧 二語從文選洛神賦注陸機日出東南隅行注補 淑性窈窕秀色美豔鬒髮玄髻光可㠯鑒靨輔巧笑淸眸流眄皓齒朱脣的皪粲練于是紅華曼理遺芳酷烈侍夕先生同茲宴瘞假明蘭燈指圖觀列蟬綿宜愧天紹紆折此女色之麗也子盍歸而從之

空桐子曰交阯緅絺筩中之紵京城阿縞譬之蟬羽製爲時服㠯適寒暑騩秀騏之駮駿載軨獵之輶車建采虹之長旃系雌霓而爲旗逸駭飆于青丘超廣漢而永逝此輿服之麗也子盍歸而乘之

微霧之冠飛融之纓 御覽六百八十四 案二語當在前段內

依衛子曰若夫赤松王喬羨門安期噓吸沆瀣飲醴茹芝駕應龍戴行雲桴弱水越炎氛覽八極度天垠上游紫宮下棲昆崙此神仙之麗也子盍行而求之先生乃興而言曰吁美哉吾子之誨穆如清風啟乃嘉猷實慰我心矯然傾首邪睨玄圖軒臂矯翼將飛未舉

蹊路詭怪 文選丘遲旦發漁浦潭詩注 案此語當在前段內

髣無子曰在我聖皇躬勞至思參天兩地匪怠厥司率由舊章遵彼前謀正邪理謬靡有所疑旁窺八索仰鏡三墳講禮習樂儀則彬彬是㠯英人底材不賞而勸學而不厭教而不倦于是二八之儔列乎帝庭揆事施教地平天成然後建明堂而班辟雍和邦國而悅遠人化明如日下應如神漢雖舊邦其政惟新而先生乃翻然迴面曰君子一言于是觀智先民有言談何容易子雖蒙蔽不敏指趣敬授教命敢不是務 藝文類聚五十七

四愁詩序

張衡不樂久處機密陽嘉中出爲河閒相時國王驕奢不遵法度又多豪右并兼之家衡下車治威嚴能內察屬縣姦猾行巧劫皆密知名下吏收捕盡服擒諸豪俠游客悉惶懼逃出境郡中大治爭訟息獄無繫囚時天下漸弊鬱鬱不得志爲四愁詩效屈原㠯美人爲君子㠯珍寶爲仁義㠯水深雪雰爲小人思㠯道術相報

貽于時君。而懼讒邪不得㠯通。文選

南陽文學儒林書贊

南陽太守上黨鮑君愍文學之弛廢。懷儒林之陵遲。乃命匠修而新之。崇肅肅之儀。揚濟濟之化。北堂書鈔

綬笥銘

南陽太守鮑德。有詔所賜先公綬笥。傳世用之。時德更治笥。衡時爲德主簿。作銘曰。

懿矣茲笥。爰藏寶紳。冠纓。初學記二十作金纓組履。文章日信。皇用我賜。俾作帝臣。服其令服。鸞封艾民。天祚明德。大賚福仁。垂光厥世。子孫克神。厥器惟舊。中實惟新。周公惟事。七湑有鄰。初學記二十、又二十六、又御覽六百八十二、七百十一

司徒呂公誄

昔呂皇祖。帝交之緒。伯夷秩唐。唐宗允敘。四岳在虞。傳土佐禹。克厥帝心。姓姜氏呂。登是南邦。㠯家㠯處。降及于周。穆侯作輔。寡于九族。九族用寍。登受八命。袞職靡傾。黃耳金鉉。公餗㠯盈。綽兮其寬。皦兮其清。既明且哲。式保令名。旂旝從風。駟牡超驤。去此寍寓。歸于幽堂。玄室冥冥。修夜彌長。藝文類聚四十七、文選謝朓齊敬皇后哀策文注

司空陳公誄

敬仲初育。發繇卜筮。鳳飛觀國。流光末裔。天祚明德。德茂于公。入孝出友。爰肅爰邕。兼學多識。窮理知幾。德音孔昭。黻爾灰飛。賦政二城。還集皇闈。公實省之。亹亹庶績。公實靜之。藹藹百僚。公實愍之。乃陟司空。纂禹之跡。導揚徽庸。致訓京畿。協和萬邦。萬邦既協。殊服來同。眇論前績。莫與比蹤。藝文類聚四十七

後作鴻臚。職掌九賓。轄寍侯衛。懷柔遠人。北堂書鈔五十四

大司農鮑德誄

昔君烈祖。平顯奕世。敬叔生牙。美管交賴。至于中葉。種德㠯邁。種德伊何。去虛適參。建旄屯留。其茂如林。降及我君。總角有聲。遺蒙萬穀。寵祿斯丁。守約勤學。克勞其形。濬哲之資。日就月成。業業學徒。童蒙我求。舍厥往者。去風即雅。濟濟京河。實爲西魯。昔我南都。惟帝舊鄉。同于郡國。殊于表章。命視如公。弁冕鳴璜。若惟允之。實耀其光。導㠯仁惠。敎㠯義方。習射矍相。饗老虞庠。羌髦作虐。鄭我西鄰。君斯整旅。耀武月頻。蠢蠢戎虜。是懾是震。知德者鮮。惟君克舉。既厭帝心。將處台輔。命有不永。時不我與。天實爲之。孰其能禦。股肱或毀。何痛如之。國喪遺愛。如何無思。藝文類聚四十九

我求當作求我　視當作親

靈憲

昔在先王。將步天路。用定靈軌。尋緒本元。先準之于渾體。是謂正儀立度。而皇極有逌建也。樞運有逌稽也。乃建乃稽。斯經天常。聖人無心。因茲㠯生心。故靈憲作興曰。

太素之前。幽清玄靜。寂寞冥默。不可爲象。厥中惟虛。厥外惟無。如是者永久焉。斯謂溟涬。蓋乃道之根也。道根既建。自無生有。太素始萌。萌而未兆。幷氣同色。渾沌不分。故道志之言云。有物渾成。先天地生。其氣體固未可得而形。其遲速固未可得而紀也。如是者又永久焉。斯謂龐鴻。蓋乃道之幹也。道幹既育。萬物成體。于是元氣剖判。剛柔始分。淸濁異位。天成于外。地定于內。天體于陽。故圓㠯動。地體于陰。故平㠯靜。動㠯行施。靜㠯合化。堙鬱構精。時育庶類。斯謂天元。蓋乃道之實也。在天成象。在地成形。天有九位。地有九域。天有三辰。地有三形。有象可效。有形可度。情性萬殊。旁通感薄。自然相生。莫之能紀。于是人之精者作聖。實始紀綱而經緯之。崑崙東南。有赤縣之州。風雨有時。寒暑有節。苟非此土。南則多暑。北則多寒。東則多風。西則多陰。故聖王不處焉。中州含靈。外制八輔。八極之維。徑二億三萬二千三百里。南北則短減千里。東西則廣增千里。自地至天。半于八極。則地之深亦如之。通而度之。則是

涬當作涬

右當作左

渾也。將覆其數。用重差鉤股。懸天之景。薄地之儀。皆移千里而差一寸。得之過此而往者。未之或知也。未之或知者。宇宙之謂也。宇之表無極。宙之端無窮。天有兩儀。以儛道中。其可覩。樞星是也。謂之北極。在南者不著。故聖人弗之名焉。其世之遂。九分而減二。陽道左迴。故天運左行。有驗于物。則人氣左羸。形右繚也。天以陽迴。地以陰淳。是故天致其動。稟氣舒光。地致其靜。承候施明。天以順動。不失其中。則四時順至。寒暑不忒。致生有節。故品物用生。地以靈靜。作合。承天清化。致養四時而後育。故品物用成。凡至大者莫如天。至厚者莫如地。至質者曰地而已。至多莫如水。水精為漢。漢周于天。而無列焉。思次質也。地有山嶽。以宣其氣。精種為星。星也者。體生于地。精成于天。列居錯峙。各有逌屬。紫宮為皇極之居。六微為五帝之庭。明堂之房。大角有席。天市有坐。蒼龍連蜷于左。白虎猛據于右。朱雀奮翼于前。靈龜圈首于後。黃神軒轅于中。六擾既畜。而狠蚖魚鼈。罔有不具。在野象物。在朝象官。在人象事。于是備矣。懸象著明。莫大乎日月。其徑當天周七百三十六分之一。地廣二百四十二分之一。日者。陽精之宗。積而成鳥。象烏而有三趾。陽之類。其數奇。月者。陰精之宗。積而成獸。象兔蛤焉。陰之類。其數偶。其後有馮焉者。羿請不死之藥于西王母。姮娥竊之以奔月。將往。枚筮之于有黃。有黃占之。曰吉。翩翩歸妹。獨將西行。逢天晦芒。毋驚毋恐。後且大昌。姮娥遂託身于月。是為蟾蠩。夫日譬猶火。月譬猶水。火則外光。水則含景。故天日宣明于晝。納明于夜。如有瑕必露其匿。人君者仰則焉。夫月端其形而潔其質。向日稟光。月光生于日之所照。魄生于日之所蔽。當日則光盈。就日則光盡也。衆星被耀。因水轉光。當日之衝。光常不合者。蔽于地也。是謂闇虛。在星則星微。遇月則月食。日之薄地。暗其明也。繇暗視明。明無所屈。是以望之若大。方其中天。天地同明。繇明瞻暗。暗還自奪。故望之若小。火當夜而揚光。在晝則不明也。月之于夜。與日同而差微。星則不然。強弱之差也。五星五行之精。衆星列布。其以神著。有五列焉。是有三十五名。一居中央。謂之北斗。動變定占。實司王命。四布于方各七。為二十八宿。日月運行。歷示吉凶。五緯經次。用告禍福。則天心于是見矣。中外之官。常明者百有二十四。可名者三百二十。為星二千五百。而海人之占未存焉。微星之數。蓋萬一千五百二十。庶物蠢蠢。咸得繫命。不然。何以總而理諸。夫三光同形。有似珠玉。神守精存。麗其質而宣其明。及其衰。神歇精斁。于是乎有隕星。然則奔星之所墜。至地則石矣。凡文耀麗乎天。其動者七。日月五星是也。周旋右迴。天道者貴順也。近天則遲。遠天則速。行則屈。屈則留回。留回則逆。逆則遲。迫于天也。行遲者覿于東。覿于東者屬陽。行速者覿于西。覿于西者屬陰。日與月共配合也。攝提熒惑地候見晨。附于日也。太白晨星見昏。附于月也。二陰三陽。參天兩地。故男女取則焉。方星巡鎮。必因常度。苟或盈縮。不逾于次。故有列司作使。曰老子四星。周伯王逢絮芮各一。錯乎五緯之間。其見無期。其行無度。實妖經星之所。審而察之。然後吉凶宣周。其詳可盡。續漢天文志上注。開元占經一。又五。又六十四。左傳序正義。又桓三年正義。史記天官書正義。隋書天文志上。北堂書鈔一百四十九。又一百五十。又一百五十六。藝文類聚一。又九十五。初學記八。御覽一。又二。又四。又七。又一百五十七。又八百六十九。廣韻二十四鹽。

渾天儀

渾天如雞子。天體圓如彈丸。地如雞中黃。孤居于內。天大而地小。天表裏有水。天之包地。猶殼之裹黃。天地各乘氣而立。載水而浮。周天三百六十五度四分度之一。又中分之。則一百八十二度八分之五覆地上。一百八十二度八分之五繞地下。案御覽引作日月星辰繞地下。故二十八宿半見半隱。其兩端謂之南北極。北極乃天之中也。在正北。出地上三十六度。然則北極上規經七十二度。常見不隱。南極天之中也。在正南。入地三十六度。南極下規七十二度。常伏不見。兩極相去一百八十二度半强。天轉。如車轂之運也。周旋無端。其形渾渾。故曰渾天也。北堂書鈔一百四十九、初學記一、藝文類聚一、開元占經一、御覽二、事類賦注一。案開元占經作渾儀注。赤道橫帶天之腹。去南北二極各九十一度十九分度之五。案後漢志注引作十分之五。橫帶者。東西圍天之中腰也。然則北極小規去赤道五十五度半。南極小規亦去赤道出地入地之數。是故各九十一度半强也。續漢律厤志注補、開元占經一、御覽二、事類賦注一。案開元占經引橫帶者㠯下俱作注文。黃道斜帶其腹。出赤道表裏各二十四度。日之所行也。日與五行黃道无虧盈。月行九道。春行東方靑道二。夏行南方赤道二。秋行西方白道二。冬行北方黑道二。四季還行黃道。故月行有虧盈。東西隨八節也。日最短。經黃道南。在赤道外二十四度。是其表也。日最長。經黃道北。在赤道內二十四度。是其裏也。續漢律厤志注補、開元占經一、御覽二、事類賦注一。案日與五行㠯下開元占經作注文。故夏至去極六十七度而强。冬至

去極百一十五度。亦强也。冬至。日行南至斗二十一度。則去極一百一十五度少强。是故日最短。夜最長。景極長。日出辰。日入申。晝行地上一百四十六度少强。夜行地下二百一十九度少强。夏至。日在井二十五度。去極六十七度少强。是故日最長。夜最短。景極短。日出寅。日入戌。晝行地上二百一十九度少强。夜行地下一百四十六度少强。續漢律厤志注補、開元占經一、御覽二、事類賦注一。案日行南至㠯下開元占經作注文。然則黃道斜截赤道者。卽春秋分之去極也。案後漢志注補卽春秋分引作則春分秋分。斜截赤道者。東西交也。然則春分。日在奎十四度少强。西交于奎也。秋分。日在角五度弱。東交于角也。此黃赤道二之交中。去極俱九十一度少强。故景居二至長短之中。奎十四。角五。出卯入酉。日晝行地上。夜行地下。俱一百八十二度半强。故晝夜同也。續漢律厤志注補、開元占經一、御覽二。案斜截赤道者㠯下開元占經作注文。今此春分去極九十一度少强。秋分去極九十一度少强者。就夏厤晷景之法。案續漢志注、御覽二、事類賦注一引作就夏厤晷景去極之法。㠯爲率也。上頭橫行第一行者。黃道進退之數也。本當㠯銅儀日月度之。則可知也。㠯儀一歲乃竟。案北堂書鈔一百五十引常㠯銅儀度之則日晷可知也㠯儀一歲乃竟。而中間又有陰雨。難率成也。是㠯作小渾。盡赤道黃道。乃調賦三百六十五度四分之一。從冬至所在始起。令之相當值也。取北極及衡。案續漢志注作衡。各鍼穿之爲軸。取薄竹篾穿其兩端。令兩穿中間。與渾半等。㠯貫之。令察之與渾相切摩也。乃從鍼半起。㠯爲百八十二度八分之五。盡衡鍼之半焉。又中分其鍼篾拘去其半。令其半之際。正直與兩端鍼半相直。令篾半之際從冬至起。一度一移之。視篾之半際少多。赤道幾何也。案續漢志注赤上有黃字。其所多少。則進退之數也。從北極數之。則去極之度也。各分赤道黃道爲二十四氣。一氣相去十五度十六分之七。每一氣者。黃道進退一度焉。所㠯然者。黃道直時。去南北極近。其處地小。而橫行與赤道且等。故㠯篾度之。于赤道多也。設一氣令十六日者。皆當

率四日差少半也。令一氣十五日不能半耳。故使中道三日之中差少半。三氣一節。故四十六日而差令三度也。至于差三之時。而五日同率者一。案開元占經引作而五日周率差。其實一節之間。不能四十六日也。令殘日居其策。案策字開元占經作中央。故五日同率也。其率雖同。先之皆强。後之皆弱。不可勝計耳。至于三而復有進退者。黃道稍斜。于橫行得度故也。春分秋分所㠯退者。黃道始起更斜矣。于橫行不得度故也。亦每一氣一度焉。故三氣一節。亦差三度也。至三氣之後。稍遠而直。故橫行得度而稍進也。立春立秋。橫行稍退矣。而度猶云進者。㠯其所退。減其所進。猶有盈餘。未盡故也。立夏立冬。橫行稍進。而度猶之退者。㠯其所進。增其所退。猶有不足。未畢故也。㠯此論之。日行非有進退也。而㠯赤道量度黃道。使之然也。本二十八宿相去度數。㠯赤道爲距耳。故黃道亦有進退也。冬至在斗二十一度少半。最遠時也。而此厤斗二十度二十一。俱一百一十五

度强矣。冬至宜與之同率焉。夏至在井二十一度半强。最近時也。而此厤井二十三度一十四。俱六十七度强矣。夏至宜與之同率焉。續漢律厤志注補開元占經一　案開元占經引作渾儀圖注

天市二十二星。帝座有一耳。開元占經六十五

吕銅爲器。再疊差置。實吕清水。下各開孔。吕玉虬吐漏水入兩壺。右爲夜。左爲晝。初學記二十五。案吕下二條引俱作漏水轉渾天儀注

蓋上又鑄金銅仙人。居左壺。爲胥徒。居右壺。皆吕左手抱箭。右手指刻。吕別天時早晚。初學記二十五。文選陸佐公新刻漏銘注

玄圖

玄者。無形之類。自然之根。作于太始。莫之與先。包含道德。構掩乾坤。橐籥元氣。禀受無原。御覽一。文選盧子諒贈劉琨詩注

梟羊喜獲。先笑後愁。文選吳都賦劉淵林注

全後漢文卷五十五終

全後漢文卷五十六

烏程嚴可均校輯

葛龔

龔字元甫。梁國寧陵人。永初中舉孝廉。爲太官丞。拜蕩陰令。辟太尉府。病不就。州舉茂才。爲臨汾令。入拜黃門郎。有集七卷。

遂初賦

承豢龍之洪族。覬高陽之休基。文選陶徵士誄注

攷天文于蘭闈。覽羣言于石渠。御覽一百八十四引此題作反遂初賦

與梁相張府君牋

悠悠夢想。顧飛無翼。文選魏文帝雜詩注

曹褒寢懷鉛筆。行誦文書。文選任昉爲范雲作求立太宰碑表注

開賜龔印衣繡囊細布。皆珍重繼麗。北堂書鈔一百三十六

復惠善墨。下士所無。摧骸骨碎肝膽。不足明報。初學記二十一、御覽六百一、竝引與梁相書

龔吕毛羽之身。戴丘山之施。未審何與。

薦黃鳳文

君垂日月之末光。流萬里之恩。文選謝靈運初發石首城詩注

薦郝彥文

雪白冰折。皦然曜世。文選廣絕交論注

薦戴昱

昱年六十二。兄弟同居二十餘年。及爲宗老所分。昱將妻子逃舊業。入虞澤。結茅爲室。捃穭野豆。拾掇蠃蚌。吕自贍給。御覽八百四十一。又九百四十一

讓州辟文

恩重山岳。文選陸機謝平原內史表注

與張略書略字季景

蝎當作蝎

夜從劉伯宣舍西垂過龔家。無飯噉蝎蝦。御覽九百四十三

頓闇沈泥。文選顏延之和謝靈運詩注

荅竇章書

見斯眾賢。足吕忘疾釋愁。□□□□引汝南先賢傳

喪伯父還傳記

烏鳥之情。誠竊傷痛。文選李密陳情表注

劉珍

珍字秋孫。一名寶。南陽蔡陽人。永初中爲謁者僕射。永寧初遷侍中越騎校尉。延光末拜宗正。永建初轉衛尉。有東觀漢記若干卷。集二卷。

上言鄧太后宜獻廟

竊見永平初虎賁中郎將梁松言。皇太后宜入廟與陛下交獻。吕彰至教之心。孝明皇帝務遵經典。使公卿博士議。時太傅鄧禹奏

教當作孝

宜如松言。光烈皇后于是入廟。惟皇太后聖德通靈。與神合契。宜入宗廟。如光烈皇后故事。率禮復古。垂示萬代。袁宏後漢紀十六永初五年

東觀漢紀光武敘

帝既有仁聖之明。氣勢形體。天然之姿。固非人之敵。翕然龍舉雲興。淋雨而濟天下。蕩蕩人無能名焉。御覽九十

章帝敘

孝乎惟孝。友于兄弟。聖之至要也。乾乾夕惕。寅畏皇天。帝王之上行也。明德慎法。湯武所務也。密靜天下。容于小大。高宗之極致也。肅宗兼茲四德。吕繼祖考。臣下百僚。力誦聖德。紀述明詔。不能辨章。豈敢空言增廣。吕累日月之光。御覽九十一

和帝敘

穆宗之嗣世。正身履道。吕奉大業。賓禮耆艾。動式舊典。宮無嬪嬙鄭衛之燕。囿無槃樂遊畋之豫。躬履元德。虛靜自損。是吕屢獲豐

年。遠近承風云爾。御覽九十一。案此敘官輯東觀記未載

殤帝敘

孝殤襁褓承統。寢疾不豫。天命早崩。國祚中絕。社稷無主。天下敖然。政賴皇后。孔子稱有婦人焉。信哉。御覽九十一

后上脫太字后下脫臨朝二字

虞詡

詡字升卿。小字定安。見水經陰溝水注 陳國武平人。永初中辟太尉李脩府。拜郎中。出爲朝歌長。遷懷令。拜武都太守。坐法免。永建初爲司隸校尉。㠯劾奏宦官繫獄。尋拜議郎。遷尚書僕射。永和初進尚書令。

上書自訟

法禁者。俗之堤防。刑罰者。人之御轡。今州曰任郡。郡曰任縣。更相委遠。百姓怨窮。㠯苟容爲賢。盡節爲愚。臣所發舉。臧罪非一。二府恐爲臣所奏。遂加誣罪。臣將從史魚死。卽㠯尸諫耳。後漢虞詡傳

御當作銜

請復三郡疏

臣聞子孫㠯奉祖爲孝。君上㠯安民爲明。此高宗周宣所㠯上配湯武也。禹貢雍州之域。厥田惟上上。且沃野千里。穀稼殷積。又有龜茲鹽池。㠯爲民利。水草豐美。土宜產牧。牛馬銜尾。羣羊塞道。北阻山河。乘阸據險。因渠㠯溉。水舂河漕。用功省少。而軍糧饒足。故孝武皇帝及光武築朔方。開西河。置上郡。皆爲此也。而遭元元無妄之災。衆羌內潰。郡縣兵荒。二十餘年。夫棄沃壤之饒。損自然之財。不可謂利。離河山之阻。守無險之處。難㠯爲固。今三郡未復。園陵單外。而公卿選懦。容頭過身。張解設難。但計所費。不圖其安。宜開聖德。考行所長。後漢西羌傳。通典一百八十九

薦左雄疏

臣見方今公卿㠯下。類多拱默。㠯樹恩爲賢。盡節爲愚。至相戒曰。白璧不可爲。容容多後福。伏見議郎左雄。數上封事。至引陛下身遭危厄。㠯爲警戒。實有王臣蹇蹇之節。周公謨成王之風。宜擢在喉舌之官。必有匡弼之益。後漢左雄傳。又御覽六百三十引續漢書。

上疏諫輸義錢

元年㠯來。貧百姓章言長吏受取百萬㠯上者。匈匈不絕。譴罰吏人至數千萬。而三公刺史少所舉奏。尋永平章和中。州郡㠯走卒錢給貸貧人。司空劾案。州及郡縣皆坐免黜。今宜遵前典。蠲除權制。後漢虞詡傳

上言臺郎宜均選

臺郎顯職。仕之通階。今或一郡七八。或一州無人。宜令均平。㠯厭天下之望。後漢虞詡傳

自繫廷尉奏言

昔孝安皇帝任用樊豐。遂交亂嫡統。幾亡社稷。今者張防復弄威柄。國家之禍。將重至矣。臣不忍與防同朝。謹自繫㠯聞。無令臣襲楊震之跡。後漢虞詡傳

奏諫增蠻夷租稅

自古聖王不臣異俗。非德不能及。威不能加。知其獸心貪婪。難率㠯禮。是故羈縻而綏撫之。附則受而不逆。叛則棄而不追。先帝舊典。貢稅多少。所由來久矣。今猥增之。必有怨叛。袁宏紀此下有叛而伐之必復興士衆 計其所得。不償所費。必有後悔。後漢南蠻傳。又見袁宏後漢紀十八

駮尚書劾盜陽主簿事

主簿所訟。乃君父之怨。百上不達。是有司之過。愚惷之人。不足多誅。後漢虞詡傳

朱寵

寵字仲威。京兆杜陵人。辟大將軍鄧騭府。遷潁川太守。延光中爲大司農。免。尋爲大鴻臚。永建初代劉熹爲太尉。錄尚書事。封安鄉侯。

上疏追訟鄧隲

伏惟和熹皇后聖善之德。爲漢文母。兄弟忠孝。同心憂國。宗廟有主。王室是賴。功成身退。讓國遜位。歷世外戚。無與爲比。當享積善履謙之祐。（袁宏紀作當享積善之祐宜蒙謙約之報）而橫爲宮人單辭所陷。利口傾險。反亂國家。罪無申證。獄不訊鞫。遂令隲等罹此酷濫。一門七人。並不㠯命。屍骸流離。怨魂不反。逆天感人。率土喪氣。宜收還冢次。寵樹遺孤。奉承血祀。㠯謝亡靈。（後漢鄧禹附傳又見袁宏後漢紀十七有刪節）

遺令

吾本寒賤諸生。才非周幹。橫受朝恩。位過其任。不能竭身報國。負責深重。身沒之後。百僚所賻贈。一無所受。素棺殯斂。疏布單衣。無設紱冕。斂畢。便㠯所有牛車。夜載喪還鄉里。勿告羣僚。㠯密靜爲務。（袁宏後漢紀十八）

胡廣

廣字伯始。南郡華容人。元初中舉孝廉。試章奏第一。除郎中。拜尚書郎。遷左丞。陽嘉初爲尚書僕射。出爲濟陰太守。免。復爲汝南太守。入拜大司農。漢安初代劉壽爲司徒。質帝崩。代李固爲太尉。錄尚書事。桓帝卽位。封育陽安樂鄉侯。病免。尋代袁湯爲司空。元嘉初致仕。尋㠯特進徵拜太常。永興初代袁湯爲太尉。免。延熹初復代黃瓊爲太尉。坐事奪爵土。免爲庶人。徵拜太中大夫太常。代許栩爲司徒。靈帝卽位。復故封。代陳蕃爲太傅。錄尚書事。熹平元年卒。年八十二。謚曰文恭。有漢官解詁三卷。集二卷。

上書駮左雄察舉議

臣聞君㠯兼覽博照爲德。臣㠯獻可替否爲忠。書載稽疑謀及卿士。詩美先人詢于芻蕘。國有大政。必議之于前訓。諮之于故老。是㠯慮無失策。舉無過事。竊見尚書令左雄議。郡舉孝廉。皆限年四

十㠯上。諸生試章句。文吏試牋奏。明詔既許。復令臣等得與相參。竊惟王命之重。載在篇典。當令縣于日月。固于金石。遺則百王。施之萬世。詩云。天難諶斯。不易惟王。可不愼與。蓋選舉因才。無拘定制。六奇之策。不出經學。鄭阿之政。非必章奏。甘奇顯用。年垂強仕。終賈揚聲。亦在弱冠。漢承周秦。兼覽殷夏。祖德師經。參雜霸軌。聖主賢臣。世㠯致理。貢舉之制。莫或回革。今㠯一臣之言。剗戾舊章。便利未明。衆心不厭。矯枉變常。政之所重。而不訪台司。不謀卿士。若事下之後。議者剗異。異之則朝失其便。同之則王言已行。臣愚㠯爲可宣下百官。參其同異。然後覽擇勝否。詳採厥衷。敢㠯瞽言。冒干天禁。惟陛下納焉。（後漢胡廣傳。尚書令左雄議改察舉之制。廣復舉敞虔上書駮之）

垂當作乖

復舉之舉當作與

諫探策立后疏

竊見詔書。㠯立后事大。謙不自專。欲假之籌策。決疑靈神。篇籍所記。祖宗典故。未嘗有也。恃神任筮。既不必當賢。就值其人。猶非德選。夫岐嶷形于自然。俔天必有異表。宜參良家。簡求有德。德同㠯年。年鈞㠯貌。稽之典經。斷之聖慮。政令猶汗。往而不反。詔文一下。形之四方。臣職在拾遺。憂深責重。是㠯焦心。冒昧陳聞。（後漢胡廣傳。順帝欲立皇后。而貴人有寵者四人。莫知所建。議欲探籌。㠯神定選。廣與尚書郭虔史敞上疏諫）

書

建鴻德。流淸風。（文選張協詠史詩注）

王隆漢官篇解詁敘

前安帝時。越騎校尉劉千秋校書東觀。好事者樊長孫與書曰。漢家禮儀。叔孫通等所艸創。皆隨律令在理官。藏于几閣。無紀錄者。久令二代之業。闇而不彰。誠宜撰次。依擬周禮。定位分職。各有條序。令人無愚智。入朝不惑。君㠯公族元老。正丁其任。焉可㠯已。劉君甚然其言。與邑子通人郎中張平子參議。未定。而劉君遷爲宗正衞尉。平子爲尚書郎太史令。各務其職。未暇恤也。至順帝時。平

君當作居

子爲侍中典校書。方作周官解說。乃欲以漢次述漢事。會復遷河間相。遂莫能立也。述作之功。獨不易矣。既感斯言。顧見故新汲令王文山小學爲漢官篇。略道公卿內外之職。旁及四夷。博物條暢。多所發明。足以知舊制儀品。蓋法有成易。而道有因革。是以聊集所宜。爲作解詁。各隨其下。綴續後事。令世施行。庶明厥旨。廣前後憤盈之念。增助來哲多聞之覽焉。續漢百官志一注

百官箴敘

箴諫之興。所由尚矣。聖君求之于下。忠臣納之于上。故虞書曰。予違汝弼。汝無面從。退有後言。墨子著書稱夏箴之辭。御覽五百八十八

給事中掌侍從左右。無員位。次侍中常侍。或名儒。或國親。御覽二百二十一引胡廣集

侍中箴

皇矣聖上。神君天處。勤求俊良。是弼是輔。匪懈于位。庶工以序。昔在周文。創德西鄰。勗闢上帝。賴茲四臣。辛尹是訪。八虞是詢。濟濟多士。乂用有勳。文公欽若。越興周道。亦惟先正。克慎左右。常伯常任。寔爲政首。降及厲王。不祗不恪。暱彼宗夷。用肆其虐。惟敗天命。寇戎竝作。圮隧宗緒。寢廟靡託。無曰我賢。不選至親。無曰我仁。妄用嬖人。籍閎飾顏。殲我神武。鄧通擅籌。不終厥後。中書竊命。后弘作禍。高安斷袂。哀用無主。侍中司中。敢告執矩。初學記十二。案古文苑以爲崔瑗作。

殷下脫宗字是宣之是字衍上當作土

邊都尉箴

巍巍上聖。光被八垠。翔惟內外。罔不來賓。季末陵遲。王澤壅隔。戎狄作難。鬼方騷遯。桓桓猛將。是攘是闢。殷周是宣。用顯其績。大漢龍興。念存治平。蕩蕩率上。來同門并。守撫其民。尉典其戎。伍才竝用。文武程功。御覽二百四十一

陵令箴

短當作矩

昔在黃葉。葬野衣薪。□禮極哀。不樹不封。瓦棺堲周。聚夏攸謂。壞不毀膚。賄不害生。是謂皇極。百王此經。故厚不可始。皇薄不可王。乃眷西顧。爰短孝文。陵臣司墓。敢告守人。御覽二百二十九。案此箴有衍誤

印衣銘

明明上皇。旌以命服。紆朱懷金。爲先爲飾。邁種其澤。撫寧四國。宣慈惠和。柔嘉維則。克常厥心。膺茲多福。登位歷壽。子孫千億。初學記二十六

綬笥銘

休矣斯笥。凡器爲式。受相君子。承此印綬。帝命所啟。用褒令德。佩以自修。所以自敕。忠肅恭懿。鮮不爲則。靡悔靡吝。神人致福。初學記二十六

徵士法高卿碑

言滿天下。發成篇章。行充宇宙。動爲儀表。四海英儒。履義君子。企望來臻者。不可勝紀也。翻然鳳舉。匿耀遠遯。名不可得而聞。身難可得而覩。爲堯舜所知。不飲洗耳之水。超越青雲之上。德踰巢許之右。所謂逃名而名我隨。避聲而聲我追者已。揆君分量。輕寵傲俗。乃百世之師也。其辭曰。邈玄德。膺懿資。弘聖典。研道機。彪童蒙。作世師。辭皇命。確不移。亞洪崖。超由夷。垂英聲。揚景暉。藝文類聚三十七

弔夷齊文

遭亡辛之昏虐。時繽紛以蕪穢。恥降志于汙君。溷雷同于榮勢。抗浮雲之妙志。遂蟬蛻以偕逝。徽六軍于河渚。叩王馬而慮計。雖忠情而指尤。匪天命之所謂。賴尚父之戒慎。鎮左右而不害。藝文類聚三十七

援翰錄弔。以舒懷兮。文選向秀思舊賦注

全後漢文卷五十六終

全後漢文卷五十七

烏程嚴可均校輯

王逸

逸字叔師。南郡宜城人。元初中舉上計吏。除校書郎。順帝時進侍中。有楚辭章句十二卷。集二卷。

機婦賦

舟車棟寓。巃工也。杵臼碓磑。直巧也。盤杅縷針。小用也。至于織機。功用大矣。素樸醇一。野處穴藏。上自太始。下訖羲皇。帝軒龍躍。庶業是昌。俯覃聖思。仰覽三光。悟彼織女。終日七襄。爰制布帛。始垂衣裳。于是取衡山之孤桐。南岳之洪樟。結靈根于盤石。託九層于巖岒。性條暢以端直。貫雲表而剴良。儀鳳晨鳴翔其上。怪獸羣萃而陸梁。于是乃命匠人。潛江奮驥。踰五嶺。越九岡。斬伐剖析。擬度短長。勝復迴轉。剋像乾形。大匡淡泊。擬則川平。光為日月。蓋取昭

明。三軸列布。上法台星。兩驥齊首。儼若將征。方員綺錯。極妙窮奇。蟲禽品獸。物有其宜。兔耳跧伏。若安若危。猛犬相守。竄身匿蹄。高樓雙峙。下臨清池。游魚銜餌。瀺灂其陂。鹿盧並起。纖繳俱垂。宛若星圖。屈伸推移。一往一來。匪勞匪疲。于是暮春代謝。朱明達時。蠶人告訖。舍罷獻絲。或黃或白。蜜蠟凝脂。纖纖靜女。經之絡之。爾乃窈窕淑媛。美色貞怡。解鳴佩。釋羅衣。披華幙。登神機。乘輕杼。攬床帷。動搖多容。俯仰生姿。藝文類聚六十五。北堂書鈔一百五十八。御覽八百二十五。

荔支賦

大哉聖皇。處乎中州。東野貢落疏之文瓜。南浦上黃甘之華橘。初學記二七。西旅獻崑山之蒲桃。初學記二十八。御覽九百七十二。北燕薦朔濱之巨栗。藝文類聚八十七。初學記二十八。御覽九百六十四。魏土送西山之杏。藝文類聚八十七。御覽九百六十八。宛中朱柿。御覽九百七十一。房陵縹李。文選潘岳閑居賦注。御覽九百六十八。酒泉白柰。文選

丹當作甘

表當作衰

蜀都賦注。乃觀荔支之樹。其形也。暖若朝雲之興。森如橫天之彗。湛若大廈之容。鬱如峨嶽之勢。修幹紛錯。綠葉臻臻。文選蜀都賦注作蓁蓁。角亢興而靈華敷。大火中而朱實繁。文選蜀都賦注作繁生。灼灼若朝霞之映日。離離如繁星之著天。皮似丹罽。膚若明璫。潤侔和璧。奇喻五璜。仰歎麗表。俯嘗嘉味。口含丹液。心受芳氣。兼五滋而無常主。不知百和之所出。卓絕類而無儔。超眾果而獨貴。藝文類聚八十七。御覽九百七十一。宛洛少年。邯鄲遊士。文選曹植名都篇注表淑效曹植白馬篇注。衰不及解。文選赭白馬賦注。飛匡上下。電往景還。文選江賦注。

九思

九思者。王逸之所作也。逸。南陽人。博雅多覽。讀楚辭而傷愍屈原。故為之作解。又以自屈原終沒之後。忠臣介士。遊覽學者。讀離騷九章之文。莫不愴然。心為悲感。高其節行。妙其麗雅。至劉向王褒之徒。咸嘉其義。作賦騁辭。以讚其志。則皆列于譜錄。世世相傳。逸與屈原同土共國。悼傷之情。與凡有異。竊慕向褒之風。作頌一篇。號曰九思。以裨其辭。未有解說。故聊敘訓誼焉。辭曰。

透當作逶

悲兮愁。哀兮憂。天生我兮當闇時。被諑譖兮虛獲尤。心煩憒兮意無聊。嚴載駕兮出戲遊。周八極兮歷九州。求軒轅兮索重華。世既卓兮遠眇眇。握佩玖兮中路躇。羨咎繇兮建典謨。懿風后兮受瑞圖。愍余命兮遭六極。委玉質兮于泥塗。遽傽遑兮驅林澤。步屏營兮行丘阿。車軏折兮馬虺頹。惷悵立兮涕滂沲。思丁文兮聖明哲。哀平差兮迷謬愚。呂傅舉兮殷周興。忌嚭專兮郢吳虛。仰長歎兮氣餲結。悒殟絕兮咶復蘇。虎兕爭兮于廷中。豺狼鬭兮我之隅。雲霧會兮日冥晦。飄風起兮揚塵埃。走鬯罔兮乍東西。欲竄伏兮其焉如。念靈閨兮隩重深。願竭節兮隔無由。望舊邦兮路透隨。憂心悄兮志勤劬。魂煢煢兮不遑寐。目脈脈兮寤終朝。

逢尤

令尹兮謷謷。群司兮譨譨。哀哉兮淈淈。上下兮同流。菽藟兮蔓衍。芳藾兮挫枯。朱紫兮雜亂。曾莫兮別諸。倚此兮巖穴。永思兮窈悠。嗟懷兮眩惑。用志兮不昭。將喪兮玉斗。遺失兮鈕樞。我心兮煎熬。惟是兮用憂。進惡兮九旬。復顧兮彭務。擬斯兮二蹤。未知兮所投。謠吟兮中壄。上察兮璇璣。大火兮西睨。攝提兮運低。雷霆兮硠磕。雹霰兮霏霏。奔電兮光晃。涼風兮愴悽。鳥獸兮驚駭。相從兮宿棲。鴛鴦兮噰噰。狐貍兮徾徾。哀吾兮介特。獨處兮罔依。螻蛄兮鳴東。蟊蠽兮號西。蛓緣兮我裳。蠋入兮我懷。蟲豸兮夾余。惆悵兮自悲。佇立兮忉怛。心結縎兮折摧。

怨上

周徘徊兮漢渚。求水神兮靈女。嗟此國兮無良。媒女詘兮謰謱。鴳雀列兮譁讙。鴝鵒鳴兮聒余。抱昭華兮寶璋。欲衒鬻兮莫取。言旋邁兮北徂。叫我友兮配耦。日陰曀兮未光。闃睄窕兮靡睹。紛載驅兮高馳。將諮詢兮皇羲。遵河皋兮周流。路變易兮時乖。濿滄海兮東遊。沐盥浴兮天池。訪太昊兮道要。云靡貴兮仁義。志欣樂兮反征。就周文兮邠岐。秉玉英兮結誓。日欲暮兮心悲。惟天祿兮不再。背我信兮自違。踰隴堆兮渡漠。過桂車兮合黎。赴崑山兮馽騄。從卭遨兮棲遲。吮玉液兮止渴。齧芝華兮療飢。居嵺廓兮尠疇。遠梁昌兮幾迷。望江漢兮濩渃。心緊絭兮傷懷。時咄咄兮旦旦。塵莫莫兮未晞。憂不暇兮寢食。吒增歎兮如雷。

疾世

哀世兮睩睩。諓諓兮嗌喔。眾多兮阿媚。骫靡兮成俗。貪枉兮黨比。貞良兮煢獨。鵠竄兮枳棘。鵜集兮帷幄。蘮蕠兮青葱。槀本兮萎落。覩斯兮僞惑。心爲兮隔錯。逡巡兮圃藪。率彼兮畛陌。川谷兮淵淵。山皀兮峉峉。叢林兮崯崯。株榛兮岳岳。霜雪兮漼溰。冰凍兮洛澤。

東西兮南北。罔所兮歸薄。庇廕兮枯樹。匍匐兮巖石。踡跼兮寒局數。獨處兮志不申。年齒盡兮命迫促。魁壘擠摧兮常困辱。含憂強老兮愁不樂。鬚髮薴顇兮顠鬢白。思靈澤兮一膏沐。懷蘭英兮把瓊若。待天明兮立躑躅。雲蒙蒙兮電儵爍。孤雌驚兮鳴呴呴。思怫鬱兮肝切剝。忿悁悒兮孰訴告。

憫上

悼屈子兮遭厄。沈玉躬兮湘汨。何楚國兮難化。迄于今兮不易。士莫志兮羔裘。競佞諛兮讒閱。指正義兮爲曲。訿玉璧兮爲石。殦鵰遊兮華屋。鵕鸃棲兮柴蔟。起奮迅兮奔走。違群小兮謑詢。載青雲兮上昇。適昭明兮所處。躡天衢兮長驅。踵九陽兮戲蕩。越雲漢兮南濟。秣余馬兮河鼓。雲霓紛兮晻翳。參辰回兮顛倒。逢流星兮問路。顧我指兮從左。俓娵觜兮直馳。御者迷兮失軌。遂踢達兮邪造。與日月兮殊道。志閼絕兮安如。哀所求兮不耦。攀天階兮下視。見鄢郢兮舊宇。意逍遙兮欲歸。眾穢盛兮沓沓。思哽饐兮詰詘。涕流瀾兮如雨。

遭厄

嗟嗟兮悲夫。殽亂兮紛挐。茅絲兮同綜。冠屨兮共絇。督萬兮侍宴。周邵兮負蒭。白龍兮見䠶。靈龜兮執拘。仲尼兮困厄。鄒衍兮幽囚。伊余兮念茲。奔遁兮隱居。將升兮高山。上有兮猴猿。欲入兮深谷。下有兮虺蛇。左見兮鳴鵙。右睹兮呼梟。惶悸兮失氣。踊躍兮距跳。便旋兮中原。仰天兮增歎。菅蒯兮壄莽。雚葦兮仟眠。鹿蹊兮躖躖。貒貉兮蟫蟫。鸇鷂兮軒軒。鶉鴽兮甄甄。哀我兮寡獨。靡有兮齊倫。意欲兮沈吟。迫日兮黃昏。玄鶴兮高飛。曾逝兮青冥。鶬鶊兮喈喈。山鵲兮嚶嚶。鴻鸕兮振翅。歸雁兮于征。吾志兮覺悟。懷我兮聖京。垂屣兮將起。跓竢兮碩明。

悼亂

損當作捐

惟昊天兮昭靈。陽氣發兮淸明。風習習兮龢煖。百草萌兮華榮。堇荼茂兮扶疏。蘅芷彫兮瑩嫇。愍貞良兮遇害。將夭折兮碎糜。時溷混兮澆饡。哀當世兮莫知。覽往昔兮俊彥。亦詘辱兮係纍。管束縛兮桎梏。百貴易兮傳賣。遭桓繆兮識舉。才德用兮列施。且從容兮自慰。玩琴書兮遊戲。迫中國兮迮陿。吾欲之兮九夷。超五嶺兮嵯峨。觀浮石兮崔嵬。陟丹山兮炎野。屯余車兮黃支。就祝融兮稽疑。嘉已行兮無爲。乃回揭兮北逝。遇神孅兮宴娭。欲靜居兮自娛。心愁慼兮不能。放余轡兮策駟。忽飆騰兮浮雲。踔飛杭兮越海。從安期兮蓬萊。緣天梯兮北上。登太一兮王臺。使素女兮鼓簧。乘戈龢兮謳謠。聲嗷誂兮淸和。音晏衍兮要婬。咸欣欣兮酣樂。余眷眷兮獨悲。顧章華兮太息。志戀戀兮依依。

傷時

旻天兮淸涼。玄氣兮高朗。北風兮潦洌。草木兮蒼唐。蛜蚗兮噍噍。

蝍蛆兮穰穰。歲忽忽兮惟暮。余感時兮悽愴。傷俗兮泥濁。矇蔽兮不章。寶彼兮沙礫。損此兮夜光。椒瑛兮湼汙。葈耳兮充房。攝衣兮緩帶。操我兮墨陽。昇車兮命僕。將馳兮四荒。下堂兮見蠆。出門兮觸蠭。巷有兮蚰蜒。邑多兮螳螂。睹斯兮嫉賊。心爲兮切傷。俛念兮子胥。仰憐兮比干。投劒兮脫冕。龍屈兮蜿蟤。潛藏兮山澤。匍匐兮叢攢。窺見兮溪澗。流水兮沄沄。黿鼉兮欣欣。鱣鮎兮延延。羣行兮上下。騈羅兮列陳。自恨兮無友。特處兮焭焭。冬夜兮陶陶。雨雪兮冥冥。神光兮熲熲。鬼火兮熒熒。修德兮困控。愁不聊兮遑生。憂紆兮鬱鬱。惡所兮寫情。

哀歲

陟玉巒兮逍遙。覽高岡兮嶢嶢。桂樹列兮紛敷。吐紫華兮布條。實孔鸞兮所居。今其集兮惟鴞。烏鵲驚兮啞啞。余顧瞻兮怊怊。彼日月兮闇昧。障覆天兮祲氛。伊我后兮不聰。焉陳誠兮効忠。攄羽翮兮超俗。遊陶遨兮養神。乘六蛟兮蜿蟬。遂馳騁兮陞雲。揚彗光兮爲旗。秉電策兮爲鞭。朝晨發兮鄢郢。食時至兮增泉。繞曲阿兮北次。造我車兮南端。謁玄黃兮納贄。崇忠貞兮彌堅。歷九宮兮徧觀。睹祕藏兮寶珍。就傅說兮騎龍。與織女兮合婚。舉天罼兮掩邪。彀天弧兮䠶姦。隨眞人兮翱翔。食元氣兮長存。望太微兮穆穆。睨三階兮炳分。相輔政兮成化。建烈業兮垂勳。目瞥瞥兮西没。道遐迥兮阻歎。志稸積兮未通。悵敞罔兮自憐。

守志

亂曰。天庭明兮雲霓藏。三光朗兮鏡萬方。斥蜥蜴兮進龜龍。策謀從兮翼機衡。配稷契兮恢唐功。嗟英俊兮未爲雙。楚辭

楚辭章句敍

敍曰。昔者孔子。叡聖明喆。天生不羣。定經術。刪詩書。正禮樂。制作春秋。㠯爲後王法。門人三千。罔不昭達。臨終之日。則大義乖而微

言絕。其後周室衰微。戰國竝爭。道德陵遲。譎詐萌生。于是楊、墨、鄒、孟、孫、韓之徒。各㠯所知。著造傳記。或㠯述古。或㠯明世。而屈原履忠被譖。憂悲愁思。獨依詩人之義而作離騷。上㠯諷諫。下㠯自慰。遭時闇亂。不見省納。不勝憤懣。遂復作九歌㠯下。凡二十五篇。楚人高其行義。瑋其文采。㠯相教傳。至于孝武帝。恢廓道訓。使淮南王安作離騷經章句。則大義粲然。後世雄俊。莫不瞻慕。舒肆妙慮。纘述其詞。逮至劉向。典校經書。分爲十六卷。孝章卽位。深弘道蓺。而班固賈逵。復㠯所見。改易前疑。各作離騷經章句。其餘十五卷。闕而不說。又㠯壯爲狀。義多乖異。事不要括。今臣復㠯所識所知。稽之舊章。合之經傳。作十六卷章句。雖未能究其微妙。然大指之趣。略可見矣。且人臣之義。㠯忠正爲高。㠯伏節爲賢。故有危言㠯存國。殺身㠯成仁。是㠯伍子胥不恨于浮江。比干不悔于剖心。然後忠立而行成。榮顯而名著。若夫懷道㠯迷國。詳愚而不言。顚則

不能扶危則不能安婉娩㠯順上逡巡㠯避患雖保黃耇終壽百年蓋志士之所恥愚夫之所賤也今若屈原膺忠貞之質體清潔之性直若砥矢言若丹青進不隱其謀退不顧其命此誠絕世之行俊彥之英也而班固謂之露才揚己競于羣小之中怨恨懷王譏刺椒蘭苟欲求進强非其人不見容納忿恚自沈是虧其高明而損其清潔者也昔伯夷叔齊讓國守分不食周粟遂餓而死豈可復謂有求于世而怨望哉且詩人怨主刺上曰嗚呼小子未知臧否匪面命之言提其耳風諫之語于斯為切然仲尼論之㠯為大雅引此比彼屈原之詞優游婉順寧㠯其君不智之故欲提攜其耳乎而論者㠯為露才揚己怨刺其上强非其人殆失厥中矣夫離騷之文依託五經㠯立義焉帝高陽之苗裔則厥初生民時惟姜嫄也紉秋蘭㠯為佩則將翱將翔佩玉瓊琚也夕攬洲之宿莽則易潛龍勿用也駟玉虬而乘鷖則時乘六龍㠯御天也就重華而嗽詞則尚書咎繇之謀謨也登崑崙而涉流沙則禹貢之敷土也故智彌盛者其言博才益多者其識遠屈原之詞誠博遠矣自終沒㠯來名儒博達之士著造詞賦莫不擬則其儀表祖式其模範取其要妙竊其華藻所謂金相玉質百世無匹名垂罔極永不刊滅者矣

離騷經

離騷經者屈原之所作也屈原與楚同姓仕于懷王為三閭大夫三閭之職掌王族三姓曰昭屈景屈原序其譜屬率其賢良㠯厲國士入則與王圖議政事決定嫌疑出則監察羣下應對諸侯謀行職脩王甚珍之同列大夫上官靳尚妒害其能共譖毀之王乃疏屈原屈原執履忠貞而被讒衺憂心煩亂不知所愬乃作離騷經離別也騷愁也經徑也言已放逐離別中心愁思獨依道徑㠯風諫君也故上述唐虞三后之制下序桀紂羿澆之敗冀君覺悟

反于正道而還己也是時秦昭王使張儀譎詐懷王令絕齊交又使誘楚請與俱會武關遂脅與俱歸拘留不遣卒客死于秦其子襄王復用讒言遷屈原于江南屈原放在草野復作九章援天引聖㠯自證明終不見省不忍㠯清白久居濁世遂赴汨淵自沈而死離騷之文依詩取興引類譬諭故善鳥香草㠯配忠貞惡禽臭物㠯比讒佞靈脩美人㠯媲于君宓妃佚女㠯譬賢臣虬龍鸞鳳㠯託君子飄風雲霓㠯為小人其詞溫而雅其義皎而朗凡百君子莫不慕其清高嘉其文采哀其不遇而愍其志焉

九歌

九歌者屈原之所作也昔楚國南郢之邑沅湘之閒其俗信鬼而好祠其祠必作歌樂鼓舞㠯樂諸神屈原放逐竄伏其域懷憂苦毒愁思沸鬱出見俗人祭祀之禮歌舞之樂其詞鄙陋因為作九歌之曲上陳事神之敬下見己之冤結託之㠯風諫故㠯其文意不同章句雜錯而廣異義焉

天問

天問者屈原之所作也何不言問天天尊不可問故曰天問也屈原放逐憂心愁悴彷徨山澤經歷陵陸嗟號昊旻仰天歎息見楚有先王之廟及公卿祠堂圖畫天地山川神靈琦瑋僪佹及古賢聖怪物行事周流罷倦休息其下仰見圖畫因書其壁何而問之㠯渫憤懣舒瀉愁思楚人哀惜屈原因共論述故其文義不次序云爾

敘曰昔屈原所作凡二十五篇世相教傳而莫能說天問㠯其文義不次又多奇怪之事自太史公口論道之多所不逮至于劉向揚雄援引傳記㠯解說之亦不能詳悉所闕者眾日無聞焉既有口解一作詞說一作乃復多連蹇其文□□□濛澒其說故厥義不昭微指不晳自游覽者靡不苦之而不能照也今則稽之舊章合之

經傳。㠯相發明。為之符驗。章決句斷。事事可曉。俾後學者。永無疑焉。

九章

九章者。屈原之所作也。屈原放于江南之埜。思君念國。憂心罔極。故復作九章。章者著也。明也。言己所陳忠信之道。甚著明也。卒不見納。委命自沈。楚人惜而哀之。世論其詞。㠯相傳焉。

遠遊

遠遊者。屈原之所作也。屈原履方直之行。不容于世。上為讒佞所譖毁。下為俗人所困極。章皇山澤。無所告訴。乃深惟元一。修執恬漠。思欲濟世。則意中憤然。文采鋪發。遂敘妙思。託配仙人。與俱遊戲。周歷天地。無所不到。然猶懷念楚國。思慕舊故。忠信之篤。仁義之厚也。是㠯君子珍重其志。而瑋其辭焉。

卜居

卜居者。屈原之所作也。屈原體忠貞之性。而見嫉妒。念讒佞之臣。承君順非。而蒙富貴。己執忠直。而身放棄。心迷意惑。不知所為。乃往至太卜之家。稽問神明。決之蓍龜。卜己居世何所宜行。冀聞異策。㠯定嫌疑。故曰卜居也。

漁父

漁父者。屈原之所作也。屈原放逐。在江湘之閒。憂愁歎吟。儀容變易。而漁父避世隱身。釣魚江濱。欣然自樂。時遇屈原川澤之域。怪而問之。遂相應荅。楚人思念屈原。因敘其辭。㠯相傳焉。

九辯

九辯者。楚大夫宋玉之所作也。辯者。變也。謂敶道德㠯變說君也。九者。陽之數。道之綱紀也。故天有九星。㠯正機衡。地有九州。㠯成萬邦。人有九竅。㠯通精明。屈原懷忠貞之性。而被讒邪。傷君闇蔽。國將危亡。乃援天地之數。列人形之要。而作九歌九章之頌。㠯諷諫懷王。明己所言。與天地合度。可履而行也。宋玉者。屈原弟子也。閔惜其師忠而放逐。故作九辯。㠯述其志。至于漢興。劉向王褒之徒。咸悲其文。依而作詞。故號為楚詞。亦采其九。㠯立義焉。

招魂

招魂者。宋玉之所作也。招者。召也。㠯手曰招。㠯言曰召。魂者。身之精也。宋玉憐哀屈原忠而斥棄。愁懣山澤。魂魄放佚。厥命將落。故作招魂。欲㠯復其精神。延其年壽。外陳四方之惡。内崇楚國之美。㠯諷諫懷王。冀其覺悟而還之也。

大招

大招者。屈原之所作也。或曰景差。疑不能明也。屈原放流九年。憂思煩亂。精神越散。與形離別。恐命將終。所行不遂。故憤然大招其魂。盛稱楚國之樂。崇懷襄之德。㠯比三王。能任用賢。公卿明察。能薦舉人。宜輔佐之。㠯興至治。因㠯諷諫。達己之志也。

惜誓

惜誓者。不知誰所作也。或曰賈誼。疑不能明也。惜者。哀也。誓者。信也。約也。言哀惜懷王。與己信約。而復背之也。古者君臣將共為治。必㠯信誓相約。然後言乃從而身㠯親也。蓋刺懷王有始而無終也。

招隱士

招隱士者。淮南小山之所作也。昔淮南王安博雅好古。招懷天下俊偉之士。自八公之徒。咸慕其德而歸其仁。各竭才智。著作篇章。分造辭賦。㠯類相從。故或稱小山。或稱大山。其義猶詩有小雅大雅也。小山之徒。閔傷屈原。又怪其文昇天乘雲。役使百神。似若仙者。雖身沈沒。名德顯聞。與隱處山澤無異。故作招隱士之賦。㠯章其志也。

七諫

七諫者。東方朔之所作也。諫者。正也。謂陳法度吕諫正君也。古者人臣三諫不從。退而待放。屈原與楚同姓。無相去之義。故加爲七諫。慇懃之意。忠厚之節也。或曰。七諫者。法天子有爭臣七人也。東方朔追憫屈原。故作此辭。吕述其志。所吕昭忠信矯曲朝也。

哀時命

哀時命者。嚴夫子之所作也。夫子名忌。與司馬相如俱好辭賦。客遊于梁。孝王甚奇重之。忌哀屈原受性忠貞。不遭明君而遇暗世。斐然作辭。歎而述之。故曰哀時命也。

九懷

九懷者。諫議大夫王褒之所作也。懷者。思也。言屈原雖見放逐。猶思念其君。憂國傾危而不能忘也。褒讀屈原之文。嘉其溫雅。藻采敷衍。執握金玉。委之污瀆。遭世溷濁。莫之能識。追而愍之。故作九懷。吕裨其詞。史官錄第。遂列于篇。

九歎

九歎者。護左都水使者光祿大夫劉向之所作也。向吕博古敏達典校經書。辯章舊文。追念屈原忠信之節。故作九歎。歎者。傷也。息也。言屈原放在山澤。猶傷念君。歎息無已。所謂讚賢吕輔志。騁詞吕曜德者也。已上十八篇並楚辭

折武論

苞含六蓺。游覽百家。用道德爲弓弩。□仁義爲鎧甲。書鈔

全後漢文卷五十七終

全後漢文卷五十八

烏程嚴可均校輯

王延壽

延壽字文考。一字子山。逸子。度湘江溺死。

魯靈光殿賦 并序

魯靈光殿者。蓋景帝程姬之子恭王餘之所立也。初恭王始都下國。好治宮室。遂因魯僖基兆而營焉。遭漢中微。盜賊奔突。自西京未央建章之殿。皆見隳壞。而靈光巋然獨存。意者豈非神明依憑支持。㠯保漢室者也。然其規矩制度。上應星宿。亦所㠯永安也。予客自南鄙。觀藝于魯。覩斯而眙曰。嗟乎。詩人之興。感物而作。故奚斯頌僖。歌其路寢。而功績存乎辭。德音昭乎聲。物㠯賦顯。事㠯頌宣。匪賦匪頌。將何述焉。遂作賦曰。

粵若稽古。帝漢祖宗。濬哲欽明。殷五代之純熙。紹伊唐之炎精。荷天衢㠯元亨。廓宇宙而作京。敷皇極㠯創業。協神道而大寍。于是百姓昭明。九族敦序。乃命孝孫。俾侯于魯。錫介珪㠯作瑞。宅附庸而開宇。乃立靈光之祕殿。配紫微而爲輔。承明堂于少陽。昭列顯于奎之分野。瞻彼靈光之爲狀也。則嵯峨𡼏嵬。峞巍𡾰嵲。吁可畏乎其駭人也。迢嶢倜儻。豐麗博敞。洞轇轕乎其無垠也。邈希世而特出。羌瓌譎而鴻紛。屹山峙㠯紆鬱。隆崛岉乎青雲。鬱坱圠㠯嶒屹。崱繒綾而龍鱗。汨磑磑㠯璀璨。赫燡燡而燭坤。狀若積石之鏘鏘。又似乎帝室之威神。崇墉岡連㠯嶺屬。朱闕巖巖而雙立。高門擬于閶闔。方二軌而並入。于是乎乃歷夫太階。㠯造其堂。俯仰顧眄。東西周章。彤彩之飾。徒何爲乎。澔澔涆涆。流離爛漫。皓壁暠曜㠯月照。丹柱歙赩而電烻。霞駮雲蔚。若陰若陽。瀖濩燐亂。煒煒煌煌。隱陰夏㠯中處。霐寥窲㠯崢嶸。鴻爌炾㠯爣閬。飋蕭條而清泠。動滴瀝㠯成響。殷雷應其若驚。耳嘈嘈㠯失聽。目矎矎而喪精。駢

密石與琅玕。齊玉璫與璧英。遂排金扉而北入。宵藹藹而晻曖。旋室㛹娟㠯窈窕。洞房叫窱而幽邃。西廂踟躕㠯閑宴。東序重深而奧祕。屹鏗瞑㠯勿罔。屑黶翳㠯懿濞。魂悚悚其驚斯。心𢙃𢙃而發悸。于是詳察其棟宇。觀其結構。規矩應天。上憲觜陬。倔佹雲起。嵚崟離摟。三間四表。八維九隅。萬楹叢倚。磊砢相扶。浮柱岧嵽㠯星懸。漂嶢峴而枝拄。飛梁偃蹇㠯虹指。揭蘧蘧而騰湊。層櫨磥佹㠯岌峩。曲枅要紹而環句。芝栭欑羅㠯戢舂。枝掌杈枒而斜據。傍天蟜㠯橫出。互黝糾而搏負。下岪蔚㠯璀錯。上崎嶬而重注。捷獵鱗集。支離分赴。縱橫駱驛。各有所趣。爾乃懸棟結阿。天窗綺疏。圜淵方井。反植荷蕖。發秀吐榮。菡萏披敷。綠房紫菂。窋咤垂珠。雲楶藻棁。龍桷雕鏤。飛禽走獸。因木生姿。奔虎攫挐㠯梁倚。仡奮舋而軒鬐。虯龍騰驤㠯蜿蟺。頷若動而躨跜。朱鳥舒翼㠯峙衡。騰蛇蟉虯而遶榱。白鹿孑蜺于欂櫨。蟠螭宛轉而承楣。狡兔跧伏于柎側。猨狖攀椽而相追。玄熊舑舕㠯齗齗。卻負載而蹲跠。齊首目㠯瞪眄。徒眽眽而狋狋。胡人遙集于上楹。儼雅跽而相對。仡欺𧌒㠯鵰䀜。鷗顤顟而睽睢。狀若悲愁于危處。憯嚬蹙而含悴。神仙岳岳于棟間。玉女闚窗而下視。忽瞟眇㠯響像。若鬼神之髣髴。圖畫天地。品類羣生。雜物奇怪。山神海靈。寫載其狀。託之丹青。千變萬化。事各繆形。隨色象類。曲得其情。上紀開闢。遂古之初。五龍比翼。人皇九頭。伏羲鱗身。女媧蛇軀。鴻荒朴略。厥狀睢盱。煥炳可觀。黃帝唐虞。軒冕㠯庸。衣裳有殊。下及三后。婬妃亂主。忠臣孝子。烈士貞女。賢愚成敗。靡不載敘。惡㠯誡世。善㠯示後。于是乎連閣承宮。馳道周環。陽榭外望。高樓飛觀。長途升降。軒檻曼延。漸臺臨池。層曲九成。屹然特立。的爾殊形。高徑華蓋。仰看天庭。飛陛揭孽。緣雲上征。中坐垂景。頫視流星。千門相似。萬戶如一。巖突洞出。逶迤詰屈。周行數里。仰不見日。何宏麗之靡靡。咨用力之妙勤。非夫通神之俊才。誰

能剋成乎此勳。據坤靈之寶勢。承蒼昊之純殷。包陰陽之變化。含元氣之烟熅。玄醴騰涌于陰溝。甘露被宇而下臻。朱桂黝儵于南北。蘭芝阿那于東西。祥風翕習㠯颯灑。激芳香而常芬。神靈扶其棟宇。歷千載而彌堅。永安寍㠯祉福。長與大漢而久存。實至尊之所御。保延壽而宜子孫。苟可貴其若斯。孰亦有云而不珍。

亂曰。彤彤靈宮。巋嶵穹崇。紛庬鴻兮。崱屴嵫巃。岑崟崰嶷。駢龍從兮。連拳偃蹇。崘菌踡嵼。傍欹傾兮。歇欻幽藹。雲覆霮䨴。洞杳冥兮。葱翠紫蔚。礧碨瓌瑋。含光晷兮。窮奇極妙。棟宇已來。未之有兮。神之營之。瑞我漢室。永不朽兮。文選

夢賦

余夜寢息。乃有非恒之夢。其為夢也。悉覩鬼神之變怪。則蛇頭而四角。魚首而鳥身。三足而六眼。龍形而似人。羣行而奮摇。忽來到吾前。申臂而舞手。意欲相引牽。于是夢中驚怒。腷臆紛紜。曰吾含天地之純和。何妖孽之敢臻。乃揮手振拳。雷發電舒。斮遊光。斬猛豬。批犀毅。斫魅虛。捎魍魎。拂諸渠。撞縱目。打三顱。撲苕蕘。抶夔䰧。搏睍睆。蹴睢盱。爾乃三三四四。相隨踉蹌而歷僻。礧礧磕磕。精氣充布。輷輷繆繆。鬼驚魅怖。或盤跚而欲走。或拘攣而不能步。或中創而婉轉。或捧痛而號呼。奄霧消而光散。寂不知其何故。嗟妖邪之怪物。豈干真人之正度。耳聊嘈而外朗。忽屈伸而覺寤。亂曰。齊桓夢物。而亦㠯霸兮。武丁夜感。而得賢佐兮。周夢九齡。年克百兮。晉文盬腦。國㠯競兮。老子役鬼。為神將兮。轉禍為福。永無恙兮。藝文類聚七十九。

王孫賦

原天地之造化。實神偉之屈奇。道玄微㠯密妙。信無物而弗為。有王孫之狻獸。形陋觀而醜儀。顔狀類乎老公。軀體似乎小兒。眼睢崖隅五流反㠯眏平眏反䣕。覼戢睫㠯眏平悅反睉。平迷反窔烏決反高匡

而曲頞。䁕假瞑呼久反。歷而隤離。鼻䶑許解反䶎許候反㠯䶑吸欸。許夾反耳聿役㠯嘀知。口嗛呼忝反眄㠯齡則咸反。齺鄒脣皺制候反。嚼㠯皺尼卑反䑛妍卑反。齒崖崖㠯齴獻齴。嚼唯喋染而囁而葉反。嘷儲糧食于兩頰。稍委輸于胃脾。踡菟蹲而狗踞。聲歷鹿而喔咿。或嗝古厄反嗝而嗷嗷。又嘀嗅火歷反。其若啼。姿僭傔呼店反而㧽贛。音貢豁肝閱㠯項醯。貽若腕苑䐈子公反而瞑覓睗。錫肮阬瞇而究反愌而踧㹉。皆生深山之茂林。處嶄巖之嶔崎。性㦗狷之獨音烦疾。態峯出而橫施。緣百仞之高木。攀窈裊之長枝。背牢落之峻壑。臨不測之幽溪。尋柯條㠯宛轉。或捉腐而登危。若將頹而復著。紛絀絀㠯陸離。或羣跳吊上反而電透。或瓜懸而瓠垂。上觸手而𨐮攫。下對足而登跂。至𨐮攢㠯狂捷。覆綸臂而電走。時遼落㠯蕭索。乍睥睨㠯容與。或蹂跌決㠯踐遊。又咨嗽而攢聚。扶嶔崟㠯棟陳椽敕緣反。躡危臬而騰舞。忽涌逸而輕迅。羌難得而覼縷。同甘苦于人類。好哺糟而啜醨。乃設酒于其側。竟爭飲而踹火緣反馳。頊火蜀反陋酗火候反㠯迷醉。矇眠睡而無知。暫拏鬃子公反㠯緤火結反縛。遂纓絡㠯縻羈。歸鎖繫于庭廄。觀者吸呷而忘疲。藝文類聚九十五。初學記二十九。御覽九百十。

桐柏淮源廟碑　延熹六年正月

延熹六年正月八日乙酉。南陽太守中山盧奴缺君。處正好禮。尊神敬祀。㠯淮出平氏。始于大復。潛行地中。見于陽口。立廟桐柏。春秋宗奉。灾異告愬。水旱請求。位比諸侯。聖漢所尊。受珪上帝。大常定甲。郡守奉祀。齋絜沈祭。從郭君㠯來。廿餘年不復身至。遣丞行事。簡略不敬。明神弗歆。灾害㠯生。五嶽四瀆。與天合德。仲尼慎祭。常若神在。君準則大聖。親之桐柏。奉見廟祠。崎嶇逼狹。開祏神門。立闕四達。增廣壇場。餝治華蓋。高大殿宇。缺齊傳館。石獸表道。靈龜十四。衢廷弘敞。宮廟嵩峻。祗慎慶祀。一年再至。躬進三牲。執玉㠯沈。為民祈福。靈祇報祐。天地清和。嘉祥昭格。禽獸碩茂。草木芬

芳。黎庶賴祉。民用作頌。其辭曰。

泫泫淮源。聖禹所導。湯湯其逝。惟海是造。疏穢濟遠。柔順其道。弱而能強。仁而能武。宗缺二晝夜。明哲所取。寔爲四瀆。與河合矩。烈烈明府。好古之則。虔恭禮祀。不愆其德。惟前廢弛。匪躬匪力。灾眚以興。陰陽以忒。陟彼高岡。臻茲廟側。肅肅其敬。靈祇降福。雍雍其和。民用悅服。穰穰其慶。年穀豐殖。望君輿駕。扶老攜息。慕君塵軌。裁走忘食。懷君惠賜。思君罔極。于胥樂兮。傳于萬億。春侍祠官屬五官掾章陵劉訢。功曹史安衆劉瑗。主簿蔡陽樂茂。戶曹史宛任巽。秋五官掾新□梁懿。功曹史酈周謙。主簿安衆鄧嶷。主記史宛趙旻。戶曹史宛謝綜。隸釋二。案古文苑目此碑爲王延壽撰

翟酺

酺字子超。廣漢雒人。初仕郡。徵拜議郎。遷侍中。以試對政事第一。拜尚書。延光中出爲酒泉太守。遷京兆尹。順帝即位。拜光祿大夫。遷將作大匠。

上安帝疏諫寵外戚

臣聞微子佯狂而去殷。叔孫通背秦而歸漢。彼非自疏其君。時不可也。臣荷殊絕之恩。蒙值不諱之政。豈敢雷同受寵。而以戴天履地。伏惟陛下應天履祚。歷值中興。當建太平之功。而未聞致化之道。蓋遠者難明。請以近事徵之。昔竇鄧之寵。傾動四方。兼官重紱。盈金積貨。至使議弄神器。改更社稷。豈不以勢尊威廣。以致斯患乎。及其破壞。頭顙墮地。願爲孤豚。豈可得哉。夫致貴無漸失必暴。受爵非道殃必疾。今外戚寵幸。功均造化。漢元以來。未有等比。陛下誠仁恩周洽。以親九族。然祿去公室。政移私門。覆車重尋。寧無摧折。而朝臣在位。莫肯正議。翕翕訿訿。更相佐附。臣恐威權外假。歸之良難。虎翼一奮。卒不可制。故孔子曰。吐珠于澤。誰能不含。老子稱國之利器。不可以示人。此最安危之極戒。社稷之深計也。夫儉德之恭。政存約節。故文帝愛百金于露臺。飾帷帳于皁囊。或有譏其儉者。上曰。朕爲天下守財耳。豈得妄用之哉。至倉穀腐而不可食。錢貫朽而不可校。今自初政已來。日月未久。費用賞賜已不可算。斂天下之財。積無功之家。帑藏單盡。民物彫傷。卒有不虞。復當重賦百姓。怨叛既生。危亂可待也。昔成王之政。周公在前。邵公在後。畢公在左。史佚在右。四子挾而維之。目見正容。耳聞正言。一日即位。天下曠然。言其法度素定也。今陛下有成王之尊。而無數子之佐。雖欲崇雍熙。致太平。其可得乎。自去年已來。災譴頻數。地坼天崩。高岸爲谷。修身恐懼。則轉禍爲福。輕慢天戒。則其害彌深。願陛下親自勞恤。研精致思。勉求忠貞之臣。誅遠佞諂之黨。損玉堂之盛。尊天爵之重。割情欲之歡。罷宴私之好。帝王圖籍。陳列左右。心存亡國所以失之鑒。觀興王所以得之。庶災害可息。豐年可招矣。後漢翟酺傳

又上

孝文帝連上書囊以爲帳。惡聞紈素之聲也。北堂書鈔一百三十二引益部耆舊傳。又見御覽六百九十九。案前疏言文帝飾帷帳于皁囊。疑即此

上奏陳圖書之意

漢四百年將有弱主閉門聽難之禍。數在三百年之閒。宜升厤改憲。行先王至德要道。奉率時禁。抑損奢侈。宣明質樸。以延四百年之難。後漢翟酺傳注引益部耆舊傳

上言宜脩繕太學

孝文皇帝始置一經博士。武帝大合天下之書。而孝宣論六經于石渠。學者滋盛。弟子萬數。光武初興。愍其荒廢。起太學博士舍。內外講堂。諸生橫卷。爲海內所集。明帝時辟雍始成。欲毀太學。太尉趙熹以爲太學辟雍。皆宜兼存。故竝傳至今。而頃者頹廢。至爲園採芻牧之處。宜更脩繕。誘進後學。後漢翟酺傳

張俊

俊，蜀郡人，元初中爲尚書郎。

假名上鄧太后書謝減死

臣孤恩負義，自陷重刑，情斷意訖，無所復望。廷尉鞫遣，歐刀在前，棺絮在後，魂魄飛揚，形容已枯。陛下聖澤，以臣嘗在近密，識臣狀貌，傷臣眼目，留心曲慮，特加偏覆，喪車復還，白骨更肉，披棺發椁，起見白日。天地父母能生臣俊，不能使臣俊當死復生。陛下德過天地，恩重父母，誠非臣俊破碎骸骨，舉宗腐爛，所報萬一。臣俊徒也，不得上書，不勝去死就生，驚喜踊躍，觸冒拜章。（後漢袁安附傳，又見藝文類聚五十四）

杜喬

喬字叔榮，河內林慮人。永寧初舉孝廉，辟司徒楊震府，遷南郡太守。順帝時轉東海相，入爲侍中。漢安中拜太子太傅，累遷大司農、大鴻臚、光祿勳。建和初代胡廣爲太尉，以忤梁冀，死獄中。

上書諫封梁冀子弟及中常侍等

古之明君，皆以用賢賞罰爲務。失國之主，其朝豈無貞幹之臣，典誥之篇哉？患得賢不用其謀，韜書不施其教，聞善不信其義，聽讒不詳其理也。昔桀紂之時，非無先王之書、折中之臣，然下愚難移，卒以亡國，已然之鑒也。陛下越從蕃王，龍飛即位，應天順人，萬夫傾望。不急忠賢之賞，而先左右之封，傷善害德，讒諛暴興，大將軍梁冀兄弟姦邪，傾動天下，皆有正卯之惡，未被兩觀之誅，而橫見式敘，各受封爵，天下惆悵，人神共憤，非所爲賞必當功，罰必有罪也。（後漢傳作傷善害德，興長佞諛，臣聞古之明君，褒罰必以功過，末世闇主，誅賞各緣其私。今梁氏一門，宦者微孽，並帶無功之紱，裂勞臣之土，其爲乖濫，胡可勝言。）夫有功而不賞，則爲善失其望；姦回而不詰，則爲惡肆其凶。（袁宏紀作遂其性。）故陳斧鉞而民不畏刑，班爵位而人不樂善。苟遂斯道，非徒傷治殄民，爲亂而已，至于喪身滅國，可不慎哉。

（袁宏後漢紀二十一，太尉喬曰云云。又略見後漢杜喬傳。遷大司農時，梁冀子弟五人及中常侍等以無功並封，喬上書諫。）

岑宏

宏，建光初爲尚書侍郎。

樂成王萇罪議

非聖人不能無過，故王侯世子生，爲立賢師傅以訓導之，所以目不見異，耳不聞非，能保其社稷，高明令終。萇少長蕃國，內無過庭之訓，外無師傅之導，血氣方剛，卒受榮爵，幾微生過，遂陷不義。臣聞周官議親，惷愚見赦，萇不殺無辜，以譴訶爲非，無赫赫大惡，可裁削奪，損其租賦，令得改過自新，革心向道。（袁宏後漢紀十六）

施延

延字君子，蘄縣人（陳忠傳作沛國人）。建光初徵有道高第，拜侍中。陽嘉中爲大鴻臚，代龐參爲太尉，免。卒年七十六。

用甲寅元議

太初過天日一度，弦望失正，月以晦見西方，食不與天相應。元和改從四分，四分雖密于太初，復不正，皆不可用。甲寅元與天相應，合圖讖，可施行。（續漢律厤志中。延光二年，太尉愷等上侍中施延等議）

祝諷（祝或作祋）

諷，建光中爲尚書令。

奏駁陳忠言屯役者得歸葬送

孝文皇帝定約禮之制，光武皇帝絕告寧之典，貽則萬世，誠不可改。宜復建武故事。（後漢陳忠傳。建光中，尚書令祝諷、尚書孟布奏，以爲。案孟布、孟希疑止一人，轉寫歧出耳）

孟希

希，建光中爲尚書。

奏駁質堪言太官宜兩梁冠

太官職在鼎俎，不列陛位，堪欲令比大夫兩梁冠，不宜許。（續漢輿服志下注補引荀綽晉百官表注：建光中，尚書陳忠以爲令史質堪上言太官宜著兩梁，尚書孟希奏。）

侍當作拜

祉

祉。史不著其姓。延光初爲河南尹。

仍用四分麻議

卬用甲寅元。當除元命苞天地開闢獲麟中百一十四歲。推閏月六直其日。或朔晦弦望二十四氣宿度不相應者非一。用九道爲朔。月有比三大二小。皆疏遠。元和變麻。以應保乾圖三百歲斗麻改憲之文。四分麻本起圖讖。最得其正。不宜易。（續漢律麻志中。延光二年。河南尹祉、太子舍人李泓等四十人議。）

張瑨

瑨。延光初爲敦煌太守。

上書陳西域三策

臣在京師。亦以爲西域宜棄。今親踐其土地。乃知棄西域則河西不能自存。謹陳西域三策。今北虜呼衍王等展轉蒲類秦海左右。

可發張掖酒泉屬國之吏士義從合三千五百人。（後漢西域傳作常展轉蒲類秦海之間。專制西域。共爲寇鈔。今以酒泉屬國吏士二千餘人。）集昆侖塞。先擊呼衍王。絕其根本。因發鄯善兵五千人脅車師後部。此上計也。若不能出兵。可置軍司馬將士五百人。四部供其穀食。出據柳中。此中計也。如亦不能。則棄交河城。收鄯善等。悉使入塞。此下計也。（袁宏後漢紀十七。延光二年。又見後漢西域傳。少篇首三十六字。）

馮緄

緄字皇卿。（傳作鴻卿。今從碑。）巴郡宕渠人。延光初爲郎。還仕郡。歷諸曹史、督郵、主簿、五官掾、功曹。順帝時舉孝廉。除郎中。歷蜀郡廣都長、犍爲武陽令、廣漢別駕、治中從事。辟司空府。侍御史、中丞、督徐揚二州。坐法。復辟司徒府。歷廷尉左監正、治書侍御史、廣漢屬國都尉、隴西太守。病去。徵議郎。歷治書侍御史、尚書、遼東太守。徵拜京兆尹。轉司隸校尉。遷廷尉、太常。延熹中拜車騎將軍。免。尋拜將作大匠。轉河南尹。復爲廷尉。免。後爲屯騎校尉。復拜廷尉。免。永康元年卒。謚曰桓。

請監軍疏

夫勢得容姦。伯夷可疑。不得容姦。盜跖可信。樂羊伐中山。反而語功。文侯示以謗書一篋。願請中常侍一人監軍財費。（袁宏後漢紀二十二。又見後漢馮緄傳。）

轉河南尹上言

舊典。中官子弟。不得爲牧人職。（後漢馮緄傳。案碑以此爲最後。爲廷尉時所奏。與本傳異。）

堂谿協

協字季度。潁川隱陵人。延光初爲郡主簿。後舉孝廉。遷西鄂長。

嵩高山開母廟石闕銘

□□潁川郡陽城縣開母廟興治神道闕。時太守杜陵朱寵。丞零陵泉陵薛政。五官掾陰林。戶曹史夏效。監掾陳脩。長西河圜陽馮

寶。丞漢陽冀祕俊。廷掾趙穆。戶曹史張詩。將作掾嚴壽。佐左福。□□□□範防百川。柏鮌稱遂。□□其原。洪泉浩浩。下民震驚。禹□□功。疏河寫玄。九山甄旅。□□絲文。爰納塗山。辛癸之閒。三過匪入。寔勤斯民。同心濟溢。胥建三正。杞繒派替。又遭亂秦。聖漢禋亨。于茲馮神。瘬彼飛雉。□□其庭。貞祥符瑞。靈支挺生。出□□化。陰陽穌清。興雲降雨。□□□盜。守一不歇。比性乾坤。福祿來彶。相宥我君。千秋萬祀。子子孫孫。表碣銘功。昭眂後昆。□□□□□延光二年

重曰。□□□而作廡。恵洋溢而溥優。□□□□□□政。則文耀以消摿。□□□□□雝。皇極正而降休。□□□□□潁。芬滋楙于圃疇。□□□□□蘭。木連理于芊條。□□□□□盛。昨日新而累熹。□□□而慕化。咸來王而會朝。□□□□清靜。九域少其脩治。□□□祈福。祀聖母虖山隅。神來享而飴格。釐我后以萬祺。于胥樂

而罔極。永歷載而保之。碑舊拓本

堂谿典

典字伯并。協子。熹平中爲侍中五官中郎將。案後漢蔡邕傳注引先賢行狀，典字子度，潁川人，爲西鄂長，延篤傳注引先賢行狀，典字季度，皆誤涉其父協事，㠯季爲子，又轉寫之誤，當據石刻爲正。

開母廟石闕敘

漢侍中五官中郎將隱陵堂谿典伯并。熹平四年。來請雨嵩高廟。案後漢靈紀熹平五年四月復崇高山名爲嵩高山，注引東觀記使中郎將堂谿典請雨，因上言改之，蓋誤㠯四年繫于五年也，當據石刻爲正。典大君諱協。字季度。自爲郡主簿作闕銘文。後舉孝廉西鄂長。早終。敘曰。

于惟我君。明允廣淵。學兼游夏。德配臧文。歿而不朽。實有立言。其言惟何。下缺　碑舊拓本，又略見趙明誠金石錄　案此刻于開母銘下方，南向，知所言作闕銘文者，必開母銘也。

全後漢文卷五十八終

全後漢文卷五十九

烏程嚴可均校輯

左雄

雄字伯豪。南郡涅陽人。安帝時舉孝廉。遷冀州刺史。永建初徵拜議郎。進尚書。再遷尚書令。陽嘉中爲司隸校尉。坐法免。後復爲尚書。

上封事諫封山陽君及襄邑侯

夫裂土封侯。王制所重。高皇帝約非劉氏不王。非有功不侯。孝安皇帝封江京王聖等。遂致地震之異。永建二年封陰謀之功。又有日食之變。數術之士。咸歸咎于封爵。今青州飢虛。盜賊未息。民有乏絶。上求稟貸。陛下乾乾勞思。吕濟民爲務。宜循古法。寍靜無爲。吕求天意。吕消災異。誠不宜追錄小恩。虧失大典。（後漢左雄傳。又略見袁宏後漢紀十八）

復諫

臣聞人君莫不好忠正而惡讒諛。然而歷世之患。莫不吕忠正得罪。讒諛蒙倖者。蓋聽忠難。從諛易也。夫刑罪。人情之所甚惡。貴寵。人情之所甚欲。是吕時俗爲忠者少。而習諛者多。故令人主數聞其美。稀知其過。迷而不悟。至于危亡。臣伏見詔書顧念阿母舊德宿恩。欲特加顯賞。案尚書故事。無乳母爵邑之制。唯先帝時阿母王聖爲野王君。聖造生讒賊廢立之禍。生爲天下所咀嚼。死爲海内所歡快。桀紂貴爲天子。而庸僕羞與爲比者。吕其無義也。夷齊賤爲匹夫。而王侯爭與爲伍者。吕其有德也。今阿母躬蹈約儉。吕身率下。羣僚蒸庶。莫不向風。而與王聖並同爵號。懼違本操。失其常願。臣愚吕爲凡人之心。理不相遠。其所不安。古今一也。百姓深懲王聖傾覆之禍。民萌之命。危于累卵。常懼時世復有此類。怵惕之念。未離于心。恐懼之言。未絶于口。乞如前議。歲吕千萬給奉阿母。内足吕盡恩愛之歡。外可不爲吏民所怪。梁冀之封。事非機急。宜過災戹之運。然後平議可否。（後漢左雄傳。又見袁宏後漢紀十九）

復上疏諫

先帝封野王君。漢陽地震。今封山陽君。而京城復震。專政在陰。其災尤大。臣前後瞽言封爵至重。王者可私人吕財。不可吕官。宜還阿母之封。吕塞災異。今冀已高讓。山陽君亦宜崇其本節。（後漢左雄傳）

上疏陳事

臣聞柔遠和邇。莫大寍人。寍人之務。莫重用賢。用賢之道。必存考黜。是吕皋陶對禹。貴在知人。安人則惠。黎民懷之。昔三代垂統。（此句從袁宏紀補）分伯建侯。代位親民。民用和穆。禮讓吕興。故詩云。有渰淒淒。興雨祁祁。雨我公田。遂及我私。及幽厲昏亂。不自爲政。褒豔用權。七子黨進。賢愚錯緒。深谷爲陵。故其詩云。四國無政。不用其良。又曰。哀今之人。胡爲虺蜴。言人畏吏如虺蜴也。宗周既滅。六國并秦。阬儒泯典。剗革五等。更立郡縣。縣設令長。郡置守尉。什伍相司。封豕其民。大漢受命。雖未復古。然克慎庶官。蠲苛救弊。悅吕濟難。撫而循之。至于文景。天下康乂。誠由玄靖寬柔。克慎官人故也。（袁宏紀作使萬民不擾也）降及宣帝。興于仄陋。綜覈名實。知時所病。刺史守相。輒親引見。攷察言行。信賞必罰。帝乃歎曰。民所吕安而無怨者。政平吏良也。與我共此者。其唯良二千石乎。吕爲吏數變易。則下不安業。久于其事。則民服教化。其有政理者。（袁宏紀作民知不久則詐吕求過。故二千石有治能者）輒吕璽書勉厲。增秩賜金。或爵至關内侯。公卿缺則吕次用之。是吕吏稱其職。人安其業。漢世良吏。于茲爲盛。故能降來儀之瑞。建中興之功。漢初至今。三百餘載。俗浸彫敝。巧僞茲萌。下飾其詐。上肆其殘。典城百里。轉動無常。各懷一切。莫慮長久。謂殺害不辜爲威風。聚斂整辨爲賢能。吕理己安民爲劣弱。吕奉法循理爲不化。髡鉗之戮。生于睚眥。覆尸之禍。成于喜怒。視民如寇讎。稅之如豺虎監司項背相望與同疾疢見非不舉聞惡不察觀政于亭傳責成于朞月言善不稱德論功不據實虛誕者獲譽拘檢者離毀或因罪而引高或色斯㠯求名州宰不覆競共辟召踴躍升騰超等踰匹或考奏捕案而亡不受罪會赦行賂復見洗滌朱紫同色清濁不分故使姦猾枉濫輕忽去就拜除如流缺動百數鄉官部吏職斯祿薄車馬衣服一出于民廉者取足貪者充家特選橫調紛紛不絕送迎煩費損政傷民和氣未洽災眚不消咎皆在此今之墨綬猶古之諸侯拜爵王庭輿服有庸而齊于匹豎叛命避負非所㠯崇憲明理惠育元元也臣愚㠯為守相長吏惠和有顯效者可就增秩勿使移徙非父母喪不得去官其不從法禁不式王命錮之終身雖會赦令不得齒列若被劾奏亡不就法者徙家邊郡㠯懲其後鄉部親民之吏皆用儒生清白任從政者寬其負算增其秩祿吏職滿歲宰府州郡乃得辟舉如此威福之路塞虛偽之端絕送迎之役損賦斂之源息循理之吏得成其化率土之民各寧其所追配文宣中興之軌流光垂祚永世不刊後漢左雄傳又袁宏後漢紀十八與此小異

上疏言寇賊

寇賊連年死亡大半一人犯法舉宗羣亡宜及其尚微開令改悔若告黨與者聽除其罪能誅斬者明加其賞後漢左雄傳雄與僕射郭虔共上疏云云書奏不省

上言察舉孝廉

郡國孝廉古之貢士出則宰民宣協風教若其面牆則無㠯施化招災致禍為害不細孔子曰四十而不惑禮四十彊而仕請自今孝廉年不滿四十不得察舉皆先詣公府諸生試家法文吏試牋奏覆之端門練其虛實㠯觀異能㠯美風俗有不承科令者其罪法若有茂才異行自可不拘年齒袁宏後漢紀十八又見後漢左雄傳

其罪上脫正字

上言諫捶撲九卿

九卿位亞三事班在大臣行有佩玉之節動有庠序之儀加㠯鞭杖誠非古典袁宏後漢紀十八又後漢左雄傳作孝明皇帝始有撲罰皆非古典

周舉

舉字宣光汝南汝陽人延光末辟司徒李郃府順帝時舉茂才為平丘令遷并州刺史轉冀州刺史陽嘉中徵拜尚書遷司隸校尉永和中出為蜀郡太守坐事免大將軍梁商表為從事中郎拜諫議大夫後為侍中守光祿大夫還河南太守徵為大鴻臚梁后臨朝遷光祿勳建和初拜光祿大夫

對策問旱災

臣聞易稱天尊地卑乾坤定矣二儀交構乃生萬物萬物之中㠯人為貴故聖人養之㠯君成之㠯化順四時之宜適陰陽之和使男女婚娶不過其時包之㠯仁恩導之㠯德教示之㠯災異訓之㠯嘉祥此先聖承乾養物之始也夫陰陽閉隔則二氣否塞二氣否塞則人物不昌人物不昌則風雨不時風雨不時則水旱成災陛下處唐虞之位未行堯舜之政近廢文帝光武之法而循亡秦奢侈之欲內積怨女外有曠夫今皇嗣不興東宮未立傷和逆理斷絕人倫之所致也非但陛下行此而已豎宦之人亦復虛㠯形勢威侮良家取女閉之至有白首歿無配偶逆于天心昔武王入殷出傾宮之女成湯遭災㠯六事剋己魯僖遇旱而自責祈雨皆㠯精誠轉禍為福自枯旱㠯來彌歷年歲未聞陛下改過之效徒勞至尊暴露風塵誠無益也又下州郡祈神致請昔齊有大旱景公欲祀河伯晏子諫曰不可夫河伯㠯水為城國魚鼈為民庶水盡魚枯豈不欲雨自是不能致也陛下所行但務其華不尋其實猶緣木求魚卻行求前誠宜推信革政崇道變惑出後宮不御之女理天下冤枉之獄除大官重膳之費夫五品不訓責在司徒有

非其位。宜急黜斥。臣自藩外。擢典納言。學薄智淺。不足以對。易傳曰。陽感天。不旋日。惟陛下留神裁察。後漢周舉傳。陽嘉三年。徵拜尚書。是時河南三輔大旱。特下策問舉對。

又對問得失

宜慎官人。去斥貪汙。離遠佞邪。循文帝之儉。尊孝明之教。則時雨必應。後漢周舉傳。召見舉及尚書令成翊世僕射黃瓊。問以得失。舉等並對。

又獨對

臣從下州。超備機密。不足以別羣臣。然公卿大臣。數有直言者。忠貞也。阿諛苟容者。佞邪也。司徒視事六年。未聞有忠言異謀。愚心在此。後漢周舉傳。帝以百官貪汙佞邪者爲誰乎。舉獨對。其後以事免司徒劉崎。

對詔問加謚北鄉侯

昔周公有請命之應。隆太平之功。故皇天動威。以章聖德。北鄉侯本非正統。姦臣所立。立不踰歲。年號未改。皇天不祐。大命夭昏。春

秋王子猛不書崩。魯子野不書葬。今北鄉侯無它功德。以王禮葬之。于事已崇。不宜稱謚。災眚之來。弗由此也。後漢周舉傳。

北鄉本非正統。奸臣所擾。立未踰載。年號未改。孔子作春秋。王子猛不稱崩。魯子野不書葬。昔周公有請命之功。太平之勳。故薨之日。天動威以彰其德。故成王以王者禮葬之。以應天命。北鄉侯無他功德。恐非所以應天消災。北鄉本侯也。已加王禮。于禮已崇。不宜追加尊謚。通典八十。多出本傳四語。

對詔問變眚

陛下初即位。遵修舊典。興化致政。遠近肅然。頃年以來。稍違于前。朝多寵幸。祿不原德。府藏空匱。有瓦解之心。觀天察人。方古準今。誠可危懼。書曰。僭恒暘若。夫僭差無度。則言不從而下不治。陽無以制。則上擾下竭。宜密嚴敕州郡。察強豪大姦。以時擒討。袁宏後漢紀十九。漢安元年。又見後漢周舉傳。少二語。

爲司徒朱倀創草變異表

臣聞易曰。天垂象。見吉凶。觀乎天文。以察時變。臣竊見九月庚辰。今月丙辰。過熒惑于東井。辟金。光燿合幷。移時乃出。經術淺末。不曉天官。見其非常。昭昭再見。臣切恠之。誠懣憒。夫月者太陰。熒惑火星。不宜相干。臣聞盛德之主。不能無異。但當變改。有以供御。孔子曰。雖明天子。熒惑必謀。禍福之徵。慎察用之。孝宣皇帝地節元年。月蝕熒惑。明年有霍氏亂。孔子曰。火上不可握。熒惑班變不可息。志帝應其。修無極。此言熒惑火精。尤史家所宜察也。楚莊曰。災異不見。寡人其亡。今變異屢臻。此天以佑助漢室。覺悟國家也。臣誠懼史官畏忌。不敢極言。惟陛下深留聖思。按圖書之文。鑒古今之戒。召見方直。極言而靡諱。親賢納忠。推誠應人。猶影響也。宋景公有善言。熒惑徙舍。延年益壽。況乎至尊。感不旋日。書曰。天威棐諶。言天德輔誠也。周公將沒。戒成王以左右常伯常任準人綴衣

虎賁。言此五官。存亡之機。不可不謹也。臣願陛下思周旦之言。詳左右清禁之內。謹供養之官。嚴宿衛之身。申敕屢省。務知戒慎。以退未萌。以此無疆。謹俯匐自力手書密上。風俗通五。

殤帝順帝昭穆議

春秋魯閔公無子。庶兄僖公代立。其子文公。遂躋僖公于閔公上。孔子譏之。經書曰。有事于太廟。躋僖公。傳曰。逆祀也。及定公正其序而下之。孔子是之。經曰。從祀先公。爲萬世法也。今殤帝在先。于親爲父。順帝在後。于親爲子。先後之義不可改。昭穆之序不可亂。呂勃議是也。袁宏後漢紀十九。又後漢周舉傳。

移書介子推廟

春中去火。寒食一月。老小不堪。殘損民命。非賢者之意。今則三日而已。□□□□□引汝南先賢傳。舉遷幷州刺史。俗有龍忌之禁。移書子推廟以宣示愚民。

劉光

光。安帝末爲尚書令。順帝初拜太常。永建二年代朱寵爲太尉。錄尚書事。

奏請條案禮儀

孝安皇帝聖德明茂。早棄天下。陛下正統。當奉宗廟。而姦臣交構。遂令陛下龍潛藩國。羣僚遠近。莫不失望。天命有常。北鄉不永。漢德盛明。福祚孔章。近臣建策。左右扶翼。內外同心。稽合神明。陛下踐祚。奉遵鴻緒。爲郊廟主。承續祖宗無窮之烈。上當天心。下厭民望。而卽位倉卒。典章多缺。請條案禮儀。分別具奏。後漢順紀。帝卽位近臣尚書已下從輦到南宮登雲臺召百官尚書令劉光等奏制曰可。

樊長孫

長孫。安帝時人。爵里未詳。

與越騎校尉劉千秋書

漢家禮儀。叔孫通等所草創。皆隨律令在理官。藏于几閣。無紀錄

者。久令二代之業。闇而不彰。誠宜撰次。依擬周禮。定位分職。各有條序。令人無愚智。入朝不惑。君已公族元老。正丁其任。焉可已已。續漢百官志一注引胡廣注漢官篇。

吳蒼

蒼。汝南人。

遺矯仲彥書矯愼字仲彥

仲彥足下。勤處隱約。雖乘雲行泥。棲宿不同。每有西風。何嘗不歎。蓋聞黃老之言。乘虛入冥。藏身遠遯。亦有理國養人。施于爲政。至如登山絕跡。神不著其證。人不覩其驗。吾欲先生從其可者。于意何如。昔伊尹不懷道已待堯舜之君。方今明明。四海開闢。巢許無爲箕山。夷齊悔入首陽。足下審能騎龍弄鳳。翔嬉雲間者。亦非狐兔燕雀所敢謀也。後漢矯愼傳。又見高士傳下。

丘訢

訢字季春。扶風人。

辭郡守召

明府欲臣訢邪。友訢邪。師訢邪。明府所已尊寵人者。極于功曹。所已榮祿人者。已于孝廉。一極一已。皆訢所不用也。御覽五百八引皇甫謐高士傳。郡守召。始見云云。似非書記。已載赤牘錄之。

全後漢文卷五十九終

全後漢文卷六十

烏程嚴可均校輯

陳龜

龜字叔珍上黨泫氏人永建中舉孝廉五遷爲五原太守永和中爲使匈奴中郎將桓帝初拜度遼將軍乞骸骨歸復徵爲尚書奏請誅梁冀不省不食七日而死

上表

仁恩廣被化流殊方使老者曰壽終孤幼得保長年猶臨河轉石易于反掌初學記七引謝承後漢書

拜度遼將軍臨行上疏

臣龜蒙恩累世馳騁邊垂雖展鷹犬文選陳琳爲袁紹檄豫州注引謝承書鷹犬下有搏擊二字之用頓斃胡虜之庭魂骸不返薦享狐狸猶無曰塞厚責荅萬分也至臣頑駑器無鉛刀一割之用過受國恩榮秩兼優生年死日永懼不報臣聞三辰不軌擢士爲相蠻夷不恭拔卒爲將臣無文武之才而忝鷹揚之任上慚聖明下懼素餐雖歿軀體無所云補今西州邊鄙土地塉埆鞍馬爲居射獵爲業男寡耕稼之利女乏機杼之饒守塞候望懸命鋒鏑聞急長驅去不圖反自頃年曰來匈奴數攻營郡殘殺長吏侮略良細戰夫身膏沙漠居人首係馬鞍或舉國掩戶盡種灰滅孤兒寡婦號哭空城野無青草室如懸磬雖含生氣實同枯朽往歲并州水雨災螟互生稼穡荒耗租更空闕老者慮不終年少壯懼於困厄陛下曰百姓爲子品庶曰陛下爲父焉可不日昃勞神垂撫循之恩哉唐堯親捨其子以禪虞舜者是欲民遭聖君不令遇惡主也故古公杖策其民五倍文王西伯天下歸之豈復輿金輦寶曰爲民惠乎近孝文皇帝感一女子之言除肉刑之法體德行仁爲漢賢主陛下繼中興之紘承光武之業臨朝聽政而未留聖意且牧守不良或出中官懼逆上旨取過目前呼嗟之聲招致災害胡虜凶悍因衰緣隙而令倉庫單于豺狼之口功業無銖兩之效皆由將帥不忠聚姦所致前涼州刺史祝良初除到州多所糾罰太守令長貶黜將半政未踰時功效卓然實應賞異曰勸功能改任守牧去斥姦殘又宜更選匈奴烏桓護羌中郎將校尉簡練文武授之法令除并涼二州今年租更寬赦罪隸埽除更始則善吏知奉公之佑惡者覺營私之禍胡馬可不窺長城塞下無候望之患矣後漢陳龜傳

郎顗

顗字雅光北海安丘人陽嘉初公車徵拜郎中辭病不就後復公車徵不行爲同縣孫禮所殺

詣闕拜章

臣聞天垂妖象地見災符所曰譴告人主責躬修德使正機平衡流化興政也易內傳曰凡災異所生各曰其政變之則除消之亦除伏惟陛下躬曰昃之聽溫三省之勤思過念咎務消祇悔方今時俗奢佚淺恩薄義夫救奢必于儉約拯薄無若敦厚安上理人莫善于禮修禮遵約蓋惟上興革文變薄事不在下故周南之德關雎政本本立道生風行草從澄其源者流清溷其本者末濁天地之道其猶鼓籥曰虛爲德自近及遠者也伏見往年曰來園陵數災炎光熾猛驚動神靈易天人應曰君子不思遵利茲謂無澤厥災孽火燒其宮又曰君高臺府犯陰侵陽厥災火又曰上不儉下不節炎火並作燒君室自頃繕理西苑修復太學宮殿官府多所構飾昔盤庚遷殷去奢即儉夏后卑室盡力致美又魯人爲長府閔子騫曰仍舊貫何必改作臣愚曰爲諸所繕修事可省減稟卹貧人賑贍孤寡此天之意也人之慶也人之本也儉之要也焉有應天養人爲仁爲儉而不降福者哉土者地祇陰性澄靜宜曰施化之時敬而勿擾竊見正月曰來陰闇連日易內傳曰久陰不

人之本也之人當作仁

害之當作之害

雨。亂氣也。蒙之比也。蒙者。君臣上下相冒亂也。又曰。賢德不用。厥異常陰。夫賢者。化之本。雲者。雨之具也。得賢而不用。猶久陰而不雨也。又頃前數日。寒過其節。冰既解釋。還復凝合。夫寒往則暑來。暑往則寒來。此言日月相推。寒暑相避。㠯成物也。今立春之後。火卦用事。當溫而寒。違反時節。由功賞不至。而刑罰必加也。宜須立秋。順氣行罰。臣伏案飛候。參察衆政。㠯爲立夏之後。當有震裂涌水害。之又比熒惑失度。盈縮往來。涉歷輿鬼。環繞軒轅。火精南方。夏之政也。政有失禮。不從夏令。則熒惑失行。正月三日至乎九日。三公卦也。三公上應台階。下同元首。政失其道。則寒陰反節。節彼南山。詠自周詩。股肱良哉。著于虞典。而今之在位。競託[illegible]虛。納累鍾之奉。忘天下之憂。棲遲偃仰。寢疾自逸。被策文。得賜錢。即復起矣。何疾之易。而愈之速。㠯此消伏災眚。興致升平。其可得乎。今選舉牧守。委任三府。長吏不良。既咎州郡。州郡有失。豈得不歸責舉者。而陛下崇之彌優。自下慢事愈甚。所謂大網疏。小網數。三公非臣之仇。臣非狂夫之作。所謂發憤忘食。懇懇不已者。誠念朝廷欲致興平。非不能面譽也。臣生長草野。不曉禁忌。披露肝膽。書不擇言。伏鑕鼎鑊。死不敢恨。謹詣闕奉章。伏待重誅。後漢郎顗傳。

臣聞天垂誡。地見災異。所㠯譴告人主。克己修德也。故應天㠯誠而不㠯言。導下㠯躬而不㠯刑。頃者宮殿官府。多所治飾。昔盤庚遷殷。去奢即儉。夏后卑宮。盡力㠯致美。愚㠯爲諸所繕治。事可減省。㠯恤貧民。㠯賑孤寡。天之意也。人之願也。陛下躬親庶事。詔書每下。廣開不諱之路。㠯天下爲憂。百姓爲念。而不數見公卿。責㠯政事。誠優游養德之道也。然三公者。調和陰陽。儀刑百寮。今水旱連年。五穀不登。不能憂也。官失其序。庶事不治。不能正也。但遲迴偃仰。稱病自逸。忘天下之憂。甘宴安之樂。豈不謬哉。袁宏後漢紀十八。案此郎前篇之約文。應天㠯誠二語及陛下躬親已下。范書無。

上當作旨

對狀尚書條便宜七事

臣聞明王聖主。好聞其過。忠臣孝子。言無隱情。臣備生人倫。視聽之類。而稟性愚憃。不識忌諱。故出死忘命。懇懇重言。誠欲陛下修乾坤之德。開日月之明。披圖籍。案經典。覽帝王之務。識先後之政。如有闕遺。退而自改。本文武之業。擬堯舜之道。攘災延慶。號令天下。此誠臣顗區區之願。夙夜夢寐。盡心所計。謹條序前章。暢其上趣。條便宜七事。具如狀對。

一事。陵園至重。聖神攸馮。而災火炎赫。迫近寢殿。魂如有靈。猶將驚動。尋宮殿官府。近始永平。歲時未積。便更修造。又西苑之設。禽畜是處。離房別觀。本不常居。而皆務精土木。營建無已。消功單賄。巨億爲計。易內傳曰。人君奢侈。多飾宮室。其時旱。其災火。是故魯僖遭旱。修政自救。下鐘鼓之縣。休繕治之官。雖則不寤。而時雨自降。由此言之。天之應人。敏于影響。今月十七日戊午。徵日也。日加申。風從寅來。丑時而止。丑寅申。皆徵也。不有火災。必當爲旱。願陛下校計繕修之費。永念百姓之勞。罷將作之官。減彫文之飾。損庖廚之饌。退宴私之樂。易中孚傳曰。陽感天。不旋日。如是則景雲降集。眚沴息矣。

二事。去年㠯來。兌卦用事。類多不効。易傳曰。有貌無實。佞人也。有實無貌。道人也。寒溫爲實。清濁爲貌。今三公皆令色足恭。外厲內荏。㠯虛事上。無佐國之實。故清濁効而寒溫不効也。是㠯陰寒侵犯消息。占曰。日乘則有妖風。日蒙則有地裂。如是三年。則致日食。陰侵其陽。漸積所致。立春前後溫氣應節者。詔令寬也。其後復寒者。無寬之實也。夫十室之邑。必有忠信。率土之人。豈無貞賢。未聞朝廷有所賞拔。非所㠯求善贊務。弘濟元元。宜採納良臣。㠯助聖化。

三事。臣聞天道不遠。三五復反。今年少陽之歲。法當乘起。恐後年

惑生之惑當作或

已往。將遂驚動。涉歷天門。災成戊己。今春當旱。夏必有水。臣吕六日七分候之可知。夫災眚之來。緣類而應。行有玷缺。則氣逆于天。精感變出。吕戒人君。王者之義。時有不登。則損滋徹膳。數年吕來。穀收稍減。家貧戶饉。歲不如昔。百姓不足。君誰與足。水旱之災。雖尚未至。然君子遠覽。防微慮萌。老子曰。人之飢也。吕其上食稅之多也。故孝文皇帝綈袍革舃。木器無文。約身薄賦。時致升平。今陛下聖德中興。宜遵前典。惟節惟約。天下幸甚。易曰。天道無親。常與善人。是故高宗吕享福。宋景吕延年。

四事。臣竊見皇子未立。儲宮無主。仰觀天文。太子不明。熒惑吕去年春分後十六日在婁五度。推步三統。熒惑今當在翼九度。今反在柳三度。則不及五十餘度。去年八月二十四日戊辰。熒惑歷輿鬼東入軒轅。出后星北。東去四度。北旋復還。軒轅者。後宮也。熒惑者。至陽之精也。天之使也。而出入軒轅。繞還往來。易曰。天垂象。見吉凶。其意昭然可見矣。禮天子一娶九女。嫡媵畢具。今宮人侍御。動吕千計。惑生而幽隔。人道不通。鬱積之氣。上感皇天。故遣熒惑入軒轅。理人倫。垂象見異。吕悟主上。昔武王下車。出傾宮之女。表商容之閭。吕理人倫。吕表賢德。故天授以聖子。成王是也。今陛下多積宮人。吕違天意。故皇胤多夭。嗣體莫寄。詩云。敬天之怒。不敢戲豫。方今之福。莫若廣嗣。廣嗣之術。可不深思。宜簡出宮女。恣其姻嫁。則天自降福。子孫千億。惟陛下丁寧再三。留神于此。左右貴倖。亦宜惟臣之言。吕悟陛下。蓋善言古者合于今。善言天者合于人。願訪問百僚。有違臣言者。臣當受苟言之罪。

五事。臣竊見去年閏十月十七日己丑。夜有白氣從西方天苑趨左足。入玉井。數日乃滅。春秋曰。有星孛于大辰。大辰者何。大火也。大火爲大辰。罰又爲大辰。北極亦爲大辰。所以孛一宿而連三宿者。言北辰王者之宮也。凡宮中無節。政教亂逆。威武衰微。則此三

星吕應之也。罰者白虎。其宿主兵。其國趙魏。變見西方。亦應三輔。凡金氣爲變。發在秋節。臣恐立秋吕後。趙魏關西將有羌寇畔戾之患。宜豫宣告諸郡。使敬授人時。輕徭役。薄賦斂。勿妄繕起。堅倉獄。備守衞。回選賢能。吕鎮撫之。金精之變。責歸上司。宜吕五月丙午。遣太尉服干戚。建井旟。書玉板之策。引白氣之異。于西郊責躬求愆。謝咎皇天。消滅妖氣。蓋吕火勝金。轉禍爲福也。

六事。臣竊見今月十四日乙卯巳時。白虹貫日。凡日傍氣色白而純者名爲虹。貫日中者。侵太陽也。見于春者。政變常也。方今中官外司。各各攷事。其所攷者。或非急務。又恭陵火災。主名未立。多所收捕。備經攷毒。尋火爲天戒。以悟人君。可順而不可違。可敬而不可慢。陛下宜恭己內省。以備後災。凡諸攷案。并須立秋。又易傳曰。公能其事。序賢進士。後必有喜。反之則白虹貫日。吕甲乙見者。則譴在中台。自司徒居位。陰陽多謬。久無虛己進賢之策。天下興議。異人同咎。且立春吕來。金氣再見。金能勝木。必有兵氣。宜黜司徒。吕應天意。陛下不早攘之。將負臣言。遺患百姓。

七事。臣伏惟漢興吕來三百三十九歲。于詩三基。高祖起亥仲二年。今在戌仲十年。詩氾厤樞曰。卯酉爲革政。午亥爲革命。神在天門。出入候聽。言神在戌亥。司候帝王興衰得失。厥善則昌。厥惡則亡。于易雄雌祕厤。今值困乏。凡九二困者。衆小人欲共困害君子也。經曰。困而不失其所。其唯君子乎。唯獨賢聖之君。遭困遇險。能致命遂志。不去其道。陛下乃者潛龍養德。幽隱屈厄。即位之元。紫宮驚動。厤運之會。時氣已應。然猶恐妖祥未盡。君子思患而豫防之。臣吕爲戌仲已竟。來年入季。文帝改法。除肉刑之罪。至今適三百載。宜因斯際。大蠲法令。官名稱號。輿服器械。事有所更。變大爲小。去奢就儉。機衡之政。除煩爲簡。改元更始。招求幽隱。舉方正。徵有道。博採異謀。開不諱之路。臣陳引際會。恐犯忌諱。書不盡言。未

氣陽當作陽氣

敢究暘。（後漢郎顗傳）

臺詰對

臺詰顗曰。對云白虹貫日。政變常也。朝廷率由舊章。何所變易。而言變常。又言當大蠲法令。革易官號。或云變常㠯致災。或改舊㠯除異。何也。又陽嘉初建。復欲改元。據何經典。其㠯實對。顗對曰。方春東作。布德之元。氣陽開發。養導萬物。王者因天視聽。奉順時氣。宜務崇溫柔。遵其行令。而今立春之後。考事不息。秋冬之政也。行乎春夏。故白虹春見。掩蔽日曜。凡邪氣乘陽。則虹蜺在日。斯皆臣下執事刻急所致。殆非朝廷優寬之本。此其變常之咎也。又今選舉皆歸三司。非有周召之才。而當則哲之重。每有選用。輒參之掾屬。公府門巷。賓客塡集。送去迎來。財貨無已。其當遷者。競相薦謁。各遣子弟。充塞道路。開長姦門。興致浮偽。非所謂率由舊章也。尙書職在機衡。宮禁嚴密。私曲之意。羌不得通。偏黨之恩。或無所用。選舉之任。不如還在機密。臣誠愚戇。不知折中。斯固遠近之論。當今之宜。又孔子曰。漢三百載。斗厤改憲。三百四歲為一德。五德千五百歲。五行更用。王者隨天。譬猶自春徂夏。改青服絳者也。自文帝省刑。適三百年。而輕微之禁。漸㠯殷積。王者之法。譬猶江河。當使易避。而難犯也。故易曰。易則易知。簡則易從。易簡而天下之理得矣。今去奢卽儉。㠯先天下。改易名號。隨事稱謂。易曰。君子之道。或出或入。同歸殊塗。一致百慮。易變常而善。可㠯除災。變常而惡。必致于異。今年仲竟。來年入季。仲終季始。厤運變改。故可改元。所以順天道也。臣顗愚蔽。不足㠯荅聖問。（後漢郎顗傳）

上書薦黃瓊李固復條便宜四事

臣前對七事。要政急務。宜于今者。所當施用。誠知愚淺。不合聖聽。人賤言廢。當受誅罰。怔營惶怖。靡知厝身。臣聞刳舟剡楫。將欲濟江海也。聘賢選助。將㠯安天下也。昔唐堯在上。羣龍為用。文武創

進德當作德進

德。周召作輔。是㠯能建天地之功。增日月之耀者也。詩云。赫赫王命。仲山甫將之。邦國若否。仲山甫明之。宣王是賴。㠯致雍熙。陛下踐阼㠯來。勤心眾政。而三九之位。未見其人。是㠯災害屢臻。四國未寧。臣攷之國典。驗之聞見。莫不㠯得賢為功。失士為敗。且賢者出處。翔而後集。爵㠯進。德則其情不苟。然後使君子恥貧賤而樂富貴矣。若有德不報。有言不醻。來無所樂。進無所趨。則皆懷歸藪澤。修其故志矣。夫求賢者。上㠯承天。下㠯為人。不用之。則逆天統。違人望。逆天統則災眚降。違人望則化不行。災眚降則下呼嗟。化不行則君道虧。四始之缺。五際之戹。其咎由此。豈可不剛健篤實。矜矜慄慄。㠯守天功盛德大業乎。臣伏見光祿大夫江夏黃瓊。耽樂道術。淸亮自然。被褐懷寶。含味經籍。又果于從政。明達變復。朝廷前加優寵。賓于上位。瓊入朝日淺。謨謀未就。因㠯喪病。致命遂志。老子曰。大音希聲。大器晚成。善人為國。三年乃立。天下莫不嘉朝廷有此良人。而復怪其不時還任。陛下宜加隆崇之恩。極養賢之禮。徵反京師。㠯慰天下。又處士漢中李固。年四十。通游夏之埶。履顏閔之仁。絜白之節。情同皦日。忠貞之操。好是正直。卓冠古人。當時莫及。元精所生。王之佐臣。天之生固。必為聖漢。宜蒙特徵。㠯示四方。夫有出倫之才。不應限㠯官次。昔顏子十八。天下歸仁。子奇穉齒。化阿有聲。若還瓊徵固。任㠯時政。伊尹傅說。不足為比。則可垂景光。致休祥矣。臣顗明不知人。伏聽眾言。百姓所歸。臧否共歎。願問百僚。覈其名行。有一不合。則臣為欺國。惟留聖神。不㠯人廢言。謹復條便宜四事。附奏于左。

一事。孔子作春秋。書正月者。敬歲之始也。王者則天之象。因時之序。宜開發德號。爵賢命士。流寬大之澤。垂仁厚之德。順助元氣。含養庶類。如此。則天文昭爛。星辰顯列。五緯循軌。四時和睦。不則太陽不光。天地溷濁。時氣錯逆。霾霧蔽日。自立春㠯來。累經旬朔。未

地當作帝

見仁德有所施布。但聞罪罰考掠之聲。夫天之應人。疾于影響。而自從入歲。常有蒙氣。月不舒光。日不宣曜。日者太陽。㠯象人君。政變于下。日應于天。淸濁之占。隨政抑揚。天之見異。事無虛作。豈獨陛下。倦于萬機。幃幄之政。有所闕歟。何天戒之數見也。臣願陛下發揚乾剛。援引賢能。勤求機衡之寄。㠯獲斷金之利。臣之所陳。輒㠯太陽爲先者。明其不可久闇。急當改正。其異雖微。其事甚重。臣言雖約。其旨甚廣。惟陛下乃眷臣章。深留明思。

二事。孔子曰。雷之始發大壯始。君弱臣強從解起。今月九日至十四日。大壯用事。消息之卦也。于此六日之中。雷當發聲。發聲則歲氣和。王道興也。易曰。雷出地奮豫。先王㠯作樂崇德。殷薦之上帝。雷者所㠯開發萌牙。辟陰除害。萬物須雷而解。資雨而潤。故經曰。雷㠯動之。雨㠯潤之。王者崇寬大順春令。則雷應節。不則發動于冬。當震反潛。故易傳曰。當雷不雷。太陽弱也。今蒙氣不除。日月變

色。則其效也。天網恢恢。疏而不失。隨時進退。應政得失。大人者。與天地合其德。與日月合其明。璇璣動作。與天相應。雷者號令。其德生養。號令始廢。當生而殺。則雷反作。其時無歲。陛下若欲除災昭祉。順天致和。宜察臣下九酷害者。亟加斥黜。以安黎元。則太皓悅和。雷聲乃發。

三事。去年十月二十日癸亥。太白與歲星合于房心。太白在北。歲星在南。相離數寸。光芒交接。房心者。天地明堂布政之宮。孝經鉤命決曰。歲星守心。年穀豐登。尙書洪範記曰。月行中道。移節應期。德厚受福。重華留之。重華者。謂歲星在心也。今太白從之。交合明堂。金木相賊。而反同合。此㠯陰陵陽。臣下專權之異也。房心東方。其國主宋。石氏經曰。歲星出左有年。出右無年。今金木居東。歲星在南。是爲出右。恐年穀不成。宋人飢也。陛下宜審詳明堂布政之務。然後妖異可消。五緯順序矣。

潛當作僭

四事。易傳曰。陽無德則旱。陰潛陽亦旱。陽無德者。人君恩澤不施于人也。陰潛陽者。祿去公室。臣下專權也。自冬涉春。訖無嘉澤。數有西風。反逆時節。朝廷勞心。廣爲禱祈。薦祭山川。暴龍移市。臣聞皇天感物。不爲僞動。災變應人。要在責己。若令雨可請降。水可攘止。則歲無隔幷。太平可待。然而災害不息者。患不在此也。立春㠯來。未見朝廷賞錄有功。表顯有德。存問孤寡。賑恤貧弱。而但見洛陽都官奔車東西。收繫纖介。牢獄充盈。臣聞恭陵火處。比有光曜。明此天災。非人之咎。丁丑大風。掩蔽天地。風者號令。天之威怒。皆所㠯感悟人君忠厚之戒。又連月無雨。將害粟麥。若一穀不登。則飢者十三四矣。陛下誠宜廣被恩澤。貸贍元元。昔堯遭九年之水。人有十年之蓄者。簡稅防災。爲其方也。願陛下早宣德澤。㠯應天功。若臣言不用。朝政不改者。立夏之後。乃有澍雨。于今之際。未可望也。若政變于朝。而天不雨。則臣爲誣上。愚不知量。分當鼎鑊。後漢

郎顗傳

全後漢文卷六十終

烏程嚴可均校輯

段恭

恭字節英。廣漢新都人。仕郡。陽嘉中爲上計掾。舉茂才孝廉。

因會上疏

伏見道路行人農夫織婦皆曰太尉龐參竭忠盡節。徒以直道不能曲心。孤立羣邪之閒。自處中傷之地。臣猶冀在陛下之世。當蒙安全。而復以讒佞傷毀忠正。此天地之大禁。人主之至誡。昔白起賜死。諸侯酌酒相賀。季子來歸。魯人喜其紓難。夫國以賢化。君以忠安。今天下咸欣陛下有此忠賢。願卒寵任。以安社稷。後漢龐參傳

陳球

球字伯眞。下邳淮浦人。陽嘉中舉孝廉。遷繁陽令。復辟公府。舉高第。拜侍御史。出爲零陵太守。遷魏郡太守。徵拜將作大匠。遷

南陽太守。拜廷尉。光和二年以謀誅宦官下獄死。

竇太后不宜別葬議

皇太后自在椒房。有聰明母儀之德。遭時不造。援立聖明。承繼宗廟。功烈至重。先帝晏駕。因遇大獄。遷居空宮。不幸早世。家雖獲罪。事非太后。今若別葬。誠失天下之望。且馮貴人冢墓被發。骸骨暴露。與賊併尸。魂靈汙染。且無功于國。何宜上配至尊。後漢陳球傳。又見袁宏後漢紀二十三。有小異。

與司徒劉郃書

公出自宗室。位登台鼎。天下瞻望。社稷鎭衞。豈得雷同容容無違而已。今曹節等放縱爲害。而久在左右。又公兄侍中受害節等。永樂太后所親知也。今可表徙衞尉陽球爲司隸校尉。以次收節等誅之。政出聖主。天下太平。可翹足而待也。後漢陳球傳。又見袁宏後漢紀二十四。有小異。

陳珪

珪字漢瑜。球弟子。舉孝廉。除劇令。去官。舉茂才。遷濟北相。再遷沛相。

答袁術書

昔秦末世。肆暴恣情。虐流天下。毒被生民。下不堪命。故遂土崩。今雖季世。未有亡秦苛暴之亂也。曹將軍神武應期。興復典刑。將撥平凶慝。清定海內。信有徵矣。以爲足下當戮力同心。匡翼漢室。而陰謀不軌。以身試禍。豈不痛哉。若迷而知反。尚可以免。吾備舊知。故陳至情。雖逆于耳。肉骨之惠也。欲吾營私阿附。有犯死不能也。魏志袁術傳。又見袁宏後漢紀二十八。少末二句。

陳登

登字元龍。珪子。舉孝廉。除東陽長。陶謙表爲典農校尉。曹公以爲廣陵太守。從平呂布。以功加伏波將軍。遷東城太守。

遣使詣袁紹告迎劉備爲徐州牧

天降災沴。禍臻鄙州。州將殂殞。生民無主。恐懼姦雄一旦承隙。以詒盟主日昃之憂。輒共奉故平原相劉備府君以爲宗主。永使百姓知有依歸。方今寇難縱橫。不遑釋甲。謹遣下吏奔告于執事。蜀志先主傳注引獻帝春秋

高賜

賜。永和中爲南陽太守。見李固傳

奏劾劉嘉趙世

光祿勳劉嘉廷尉趙世。皆以被病篤困。空文武之位。闕上卿之贊。既無忠信斷金之用。而有敗禮傷化之尤。不謹不敬。請廷尉治嘉罪。河南尹治世罪。續漢百官志二注補引蔡質漢儀。正月旦。百官朝賀。光祿勳劉嘉廷尉趙世各辭不能朝。高賜舉奏。案劉虞傳云。祖父嘉。光祿勳。

申屠蟠

蟠字子龍。陳留外黃人。年十五。爲緱玉奏記于縣。得原。事當在陽嘉中。

後游太學。郡召爲主簿。不行。桓靈時。太尉黃瓊大將軍何進累辟。董卓廢立。復賁公車徵。竝不就。年七十四。終于家。

奏記外黃令梁配

伏聞大女緱玉爲父報讐。獄鞫已決。不勝感悼之情。敢陳所聞。昔太原周黨感春秋之義。辭師復讐。當時論者。猶高其節。況玉女弱。耳無所聞。心無所激。內無同生之謀。外無交遊之助。直推父子之情。奮發怒之心。手刃莫大之讐。僵尸流血。當時聞之。人無勇怯。莫不張膽增氣。輕身重義。攘袂高談。稱羨其美。今聞玉幽執穿檻。罪名已定。皆心低意沮。悵恨長歎。蟠雖愚昧。以爲玉之節義。歷代未有。定足以感無恥之孤。激忍辱之子。假玉不值明時。尚望旌閭表墓。顯異後嗣。況事在清聽。不加八議哀矜之貸。誠爲朝廷痛之。（御覽四百四十一引杜預女記。又見袁宏後漢紀二十五）

皇甫規

規字威明。安定朝那人。永和末爲郡功曹。上計掾。沖帝初舉賢良方正。對策下第。拜郎中。託疾免歸。延熹中徵拜太山太守。進中郎將。持節監關西兵。還爲議郎。爲宦官所誣。繫廷尉。論輸左校。會赦。拜度遼將軍。還使匈奴中郎將。復爲度遼將軍。永康初徵爲尚書。復舉賢良方正。遷弘農太守。再轉爲護羌校尉。熹平三年卒。年七十一。贈司農卿。有集五卷。

建康元年舉賢良方正對策

陛下聖德欽明。聞災責躬。咨嗟羣僚。招延敢諫。臣得踐天庭。承大問。此誠臣寫憤畢命之期也。臣伏惟孝順皇帝初勤王政。綱紀四方。天下欣然。幾以獲治。自後遭姦僞。威分近習。中常侍小黃門凡數十人。同氣相求。如市賈焉。競思作變。導上以非。蓄貨聚馬。戲謔是聞。又因緣嬖倖。受賂賣爵。輕使賓客。交錯其閒。分贓解罪。以攘大威。公卿以下。至于佐史。交私其門。終無紀極。頑凶子弟。布列州郡。竝爲豺狼。暴虐羣生。天下擾擾。從亂如歸。至今風敗俗壞。招災致寇。故每有征戰。鮮不挫傷。官民竝竭。上下窮虛。臣在關西。竊聽風聲。未聞國家有所先後。而威福之來。咸歸權倖。陛下體兼乾坤。聰哲純茂。攝政之初。拔用忠貞。其餘維綱。多所改正。遠近翕然望見太平。而地震之後。霧氣白濁。日月不光。旱魃爲虐。大賊從橫。血流川野。庶品不安。譴誡累至。殆以姦臣權重之所致也。今宜庭問百寮。常侍以下尤無狀者。亟便黜遣。與衆共之。披埽凶黨。收入財賄。（袁宏紀作蕩滌其賄）以塞痛怨。以荅天誡。大雅曰。敬天之怒。無敢戲豫。此之謂也。今大將軍梁冀河南尹不疑。處周邵之任。爲社稷之鎮。加與王室世爲（袁宏紀作舊有）姻族。今日立號雖尊可也。而天下區區。願其需然增修謙節。省去游娛不急之費。割減廬第無益之飾。口近儒術。攷論經書。輔佐日月。宜有至效。夫君者舟也。民者水也。羣臣。乘舟者也。大將軍兄弟操楫者也。雖曰衆也。在所欲之。苟能卒志畢力。守遵常軌。以度元元。所謂福也。或乃怠弛中流。而捐楫放棹。將淪波濤。歸咎受愆。可不慎乎。夫德不稱祿。猶鑿墉之趾。以益其高。豈量力審功安固之道哉。凡諸宿猾酒徒戲客。皆耳納邪聲。口出諂言。甘心逸游。唱造不義。亦宜貶斥。以懲不軌。令冀等深思得賢之福。失人之累。又在位素餐。尚書怠職。有司依違。莫肯糾察。故使陛下專受諂諛之言。不聞戶牖之外。臣誠知阿諛有福。深言近禍。豈敢隱心。以避誅責乎。臣生長邊遠。希涉（袁宏紀作步）紫庭。怖慴失守。言不盡心。（袁宏後漢紀十九。後漢皇甫規傳。各有刪節。合錄成篇）

永康元年舉賢良方正對詔問日食

天之于王者。如君之于臣。父之于子也。誠以災妖。使從福降。陛下八年之中。三斷大獄。一除內嬖。再誅外臣。而災異猶見。人情未安者。殆賢愚進退。威刑所加。有非其理也。前太尉陳蕃劉矩。忠謀高世。廢在里巷。劉祐馮緄趙典尹勳。正直多怨。流放家門。李膺王暢

降當作祥

功成當作成功

孔翊。絜身守禮。終無宰相之階。至于鉤黨之釁。事起無端。虐賢傷善。哀及無辜。今興改善政。易于覆手。而羣臣杜口。鑒畏前害。互相瞻顧。莫肯正言。伏願陛下暫留聖明。容受謇直。則前責可弭。後福必降。後漢皇甫規傳

求自效疏

臣比年㠯來。數陳便宜。羌戎未動。策其將反。馬賢始出。頗知必敗。誤中之言。在可考校。臣每惟賢等擁衆四年。未有功成。懸師之費。且百億計。出于平人。回入姦吏。故江湖之人。羣爲盜賊。青徐荒饑。襁負流散。夫羌戎潰叛。不由承平。皆由邊將失于綏御。乘常守安。則加侵暴。苟競小利。則致大害。微勝則虛張首級。軍敗則隱匿不言。軍士勞怨。困于猾吏。進不得快戰㠯徼功。退不得溫飽㠯全命。餓死溝渠。暴骨中原。徒見王師之出。不聞振旅之聲。酋豪泣血。驚懼生變。是㠯安不能久。敗則經年。臣所㠯搏手叩心而增歎者也。

願假臣兩營二郡屯列坐食之兵五千。出其不意。與護羌校尉趙沖共相首尾。土地山谷。臣所曉習。兵勢巧便。臣已更之。可不煩方寸之印。尺帛之賜。高可㠯滌患。下可㠯納降。若謂臣年少官輕。不足用者。凡諸敗將。非官爵之不高。年齒之不邁。臣不勝至誠。沒死自陳。後漢皇甫規傳

上疏言羌事

自臣受任。志竭愚鈍。實賴兗州刺史牽顥之清猛。中郎將宗資之信義。得承節度。幸無咎譽。今猾賊就滅。太山略平。復聞羣羌並皆反逆。臣生長邠岐。年五十有九。昔爲郡吏。再更叛羌。預籌其事。有誤中之言。臣素有固疾。恐犬馬齒窮。不報大恩。願乞宂官。備單車一介之使。勞來三輔。宣國威澤。㠯所習地形兵勢。佐助諸軍。臣窮居孤危之中。坐觀郡將。已數十年矣。自鳥鼠至于東岱。其病一也。力求猛敵。不如清平。勤明吳孫。未若奉法。前變未遠。臣誠戚之。是

師當作帥

㠯越職。盡其區區。後漢皇甫規傳

上疏自訟

四年之秋。戎醜蠢戾。爰自西州。侵及涇陽。舊都懼駭。朝廷西顧。明詔不㠯臣愚駑。急使軍就道。幸蒙威靈。遂振國命。羌戎諸種。大小稽首。輒移書營郡。㠯訪誅納。所省之費。一億㠯上。㠯爲忠臣之義。不敢告勞。故恥㠯片言自及微效。然比方先事。庶免罪悔。前踐州界。先奏郡守孫儁。次及屬國都尉李翕。督軍御史張稟。旋師南征。又上涼州刺史郭閎。漢陽太守趙熹。陳其過惡。執據大辟。凡此五臣。支黨半國。其餘墨綬下至小吏。所連及者。復有百餘。吏託報將之怨。子思復父之恥。載贄馳車。懷糧步走。交搆豪門。競流謗讟。云臣私報諸羌。讎其錢貨。若臣㠯私財。則家無擔石。如物出于官。則文簿易考。就臣愚惑。信如言者。前世尚遺匈奴㠯宮姬。鎮烏孫㠯公主。今臣但費千萬。㠯懷叛羌。則良臣之才略。兵家之所貴。將有

何罪。負義違理乎。自永初㠯來。將出不少。覆軍有五。動資巨億。有旋車完封。寫之權門。而名成功立。厚加爵封。今臣還督本土。糾舉諸郡。絕交離親。戮辱舊故。衆謗陰害。固其宜也。臣雖汙穢。廉絜無聞。今見覆沒。恥痛實深。傳稱鹿死不擇音。謹冒昧略上。後漢皇甫規傳

上書薦中郎將張奐自代

臣聞人無常俗。而政有治亂。兵無強弱。而將有能否。伏見中郎將張奐。才略兼優。宜正元師。㠯從衆望。若猶謂愚臣宜充軍事者。願乞宂官。㠯爲奐副。後漢皇甫規傳

上言宜豫黨錮

臣前薦故大司農張奐。是附黨也。又臣昔論輸左校時。太學生張鳳等上書訟臣。是爲黨人所附也。臣宜坐之。後漢皇甫規傳

與劉司空牋

明公至德。佐國累世。雖贈兩梁冠及鮐魚一雙。服厚尊貺。榮施其

宏。御覽四百七十八

與馬融書

謹遣掾倘許奉書。裁上絮被一雙。韈一量。以通微意。書鈔一百三十四。御覽六百九十七。八百十九。

追謝趙壹書

蹉跌不面。企德懷風。虛心委質。為日久矣。側聞仁者愍其區區。冀承清誨。以釋遙悚。今旦外白。有一尉兩計吏不道屈尊門下。更啟乃知已去。如印綬可投。夜豈待旦。惟君明叡。平其夙心。寧當慢傲。加于所天。事在悖惑。不足具責。儻可原察。追修前好。則何福如之。謹遣主簿奉書。下筆氣結。汗流竟趾。後漢趙壹傳

女師箴

觀象制教。肇經乾坤。家有王義。室有嚴君。各有定位。陰陽是分。昔在軒轅。陶化正刑。刑于壼闈。以臨百官。煌煌后妃。女執是閑。穆穆夫人。爰採潔蘩。師禮莫違。而神罔時怨。關雎首化。萬國承流。寶有淑女。允作好逑。唐媛興媯。文母盛周。厥德不回。弘濟大猷。杳爾庶妃。鑾路斯邁。戰戰兢兢。厲省鞶帶。漸進不形。變起無外。行雖著而易喪。事易失而難退。動若順流。應如發機。奉上惟敬。撫下惟慈。怨豈在明。患生不思。藝文類聚十五。初學記十。

虞恭

恭。漢安時太史令。

仍用四分麻議

建麻之本。必先立元。元正然後定日法。法定然後度周天。以定分至。三者有程。則麻可成矣。四分麻仲紀之元。起于孝文皇帝後元三年。歲在庚辰。上四十五歲。歲在乙未。則漢興元年也。又上二百七十五歲。歲在庚申。則孔子獲麟。二百七十六萬歲。尋之上行。復得庚申。歲歲相承。從下尋上。其執不誤。此四分麻元明文圖讖所著也。太初元年。歲在丁丑。上極其元。當在庚戌。而曰丙子。言百四十四歲超一辰。凡九百九十三超。歲有空行八十二周有奇。乃得丙子。案歲所超。于天元十一月甲子朔旦冬至。日月俱超。日行一度。積三百六十五度四分度一。而周天一帀。名曰歲。歲從一辰。日不得空周天。則歲無由超辰。案百七十歲二部一章。小餘六十三。自然之數也。夫數出于杪曶。以成豪氂。豪氂積累。以成分寸。兩儀既定。日月始離。初行生分。積分成度。日行一度。一歲而周。故為術者各生度法。或以九百四十。或以八十一。法有細觕。以生兩科。其歸一也。日法者。日之所行分也。日垂令明。行有常節。日法所該。通遠無已。損益豪氂。差以千里。自此言之。數無緣得有虧棄之意也。今欲飾平之失。斷法垂分。恐傷大道。以步日月。行度終數不同。四章更不得朔餘一。雖言九道去課進退。恐不足以補其闕。且課麻之法。晦朔變弦。以月食天驗。昭著莫大焉。今以去六十三分之法為麻。驗章和元年以來日變二十事。月食二十八事。與四分麻更失定課相除。四分尚得多。而又使近。孝章皇帝麻度審正。圖儀晷漏。與天相應。不可復尚。文曜鉤曰。高辛受命。重黎說文。唐堯即位。羲和立渾。夏后制德。昆吾列神。成周改號。長弘分官。運斗樞曰。常占有經。世史所明。洪範五紀論曰。民間亦有黃帝諸麻。不如史官記之明也。自古及今。聖帝明王。莫不取言于羲和常占之官。定精微于晷儀。正眾儀。祕藏中書。改行四分之原。及光武皇帝數下詔書。草創其端。孝明皇帝課校其實。孝章皇帝宣行其法。君更三聖。年歷數十。信而徵之。舉而行之。其元則上統開闢。其數則復古四分。宜如甲寅詔書故事。續漢律麻志中。順帝漢安二年。尚書侍郎邊韶上言四分麻之失。詔書下三公百官雜議。太史令虞恭治麻宗訢等議奏。

告當作誥　衆儀之儀當作疑

滕撫

撫一作輔。字叔輔。北海劇人。順帝時仕州郡。遷涿令。質帝初三

公舉文武才。拜九江都尉。進中郎將。拜左馮翊。胡廣承宦官指奏黜之。卒于家。有愼子注十卷。

祭牙文

恭羞太牢。絜薦遐靈。推轂之任。實討不庭。天道助順。正直聰明。藝文類聚六十、初學記二十一、御覽三百三十九。

李咸

咸字元卓。陳球傳作元貞，與靈紀注及蔡邕撰碑不合。汝南西平人。前將軍李廣之後。順帝時舉孝廉。除郎中。光祿又舉茂才。遷衞相。授高密令。遷徐州刺史。拜漁陽太守。遷度遼將軍。徵爲河南尹。母憂去官。桓帝時徵拜尙書。歷僕射、將作大匠、大司農、大鴻臚、太僕。建寧四年代聞人襲爲太尉。熹平二年以疾致仕。四年卒。年七十六。廣傳注引謝承書，李咸以建寧三年自大鴻臚爲太尉，袁宏紀則熹平三年以河南尹李咸代段熲爲太尉，袁紀當誤。然范史載咸爲太尉在建寧四年三月，而蔡質典儀是年七月立宋皇后，襲授璽綬，又似襲尙未免，諸書互異，所未詳也。

上書請合葬竇太后

臣聞禹湯聞惡。是用無過。桀紂聞善。以亡其國。中常侍曹節、張讓、王甫等。因寵乘勢。賊害忠良。讒譖故大將軍竇武、太傅陳蕃。虛遭無刑之釁。被以滔天之罪。陛下不復省覽。猥發雷霆之怒。海內賢愚。莫不痛心。武以歿矣。無可柰何。皇太后親與孝桓皇帝共奉宗廟。母養蒸庶。繫于天心。仁風豐霈。四海所宗。禮爲人後者爲人之子。陛下仰繼先帝。豈得不以太后爲母。存既未蒙顧復之報。歿又不聞諒闇之哀。太后未崩。武先坐誅。存亡各異。事不相逮。而恚武不已。欲貶太后。非崇有虞之孝。昭蒸蒸之仁。八方聞之。莫不泣血。昔秦始皇母后不謹。淫幸郎吏。始皇暴怒。幽閉母后。感茅焦之言。立駕迎母。置酒作樂。供養如初。夫以秦后之惡。始皇之悖。尙納茅焦之語。不失母子之恩。豈況太后不以罪沒。陛下之過有重始皇。臣謹冒昧陳誠。左手齎章。右手執藥。詣闕自聞。唯陛下揆茅焦之諫。引始皇之驕。復母子之恩。崇皇太后園陵之禮。上釋皇乾震動之怒。下解黎庶酸楚之情也。如遂不省。臣當飮鴆自裁。下覲先帝。且陳得失。終不爲刀鋸所裁。袁宏後漢紀二十三，熹平元年六月，河南尹李咸執藥上書。

臣伏惟章德竇后虐害恭懷。安思閻后家犯惡逆。而和帝無異葬之議。順朝無貶降之文。至于衞后。孝武皇帝身所廢棄。不可以爲比。今長樂太后尊號在身。親嘗稱制。坤育天下。且援立聖明。光隆皇祚。太后以陛下爲子。陛下豈得不以太后爲母。子無黜母。臣無貶君。宜合葬宣陵。一如舊制。後漢陳球傳，熹平元年，竇太后崩，曹節、王甫以爲梁后家犯惡逆，別葬懿陵，武帝黜廢衞后，而以李夫人配食，今竇氏罪深，豈得合葬先帝乎。太尉李咸詣闕上疏，于是議者乃定。案此與袁宏紀所載互異。

奏事

春秋之義。貶纖介之惡。采毫毛之善也。文選潘勖九錫文注。

霍諝

諝字叔智。魏郡鄴人。年十五。以舅宋光繫詔獄。奏記梁商。得原。由是顯名。舉孝廉。遷金城太守。再遷北海相。入爲尙書僕射。封鄴都亭侯。出爲河南尹。遷司隸校尉。轉少府、廷尉。

奏記大將軍梁商

將軍天覆厚恩。愍舅光寃結。前者溫敎。許爲平議。雖未下吏斷決其事。已蒙神明顧省之聽。皇天后土。實聞德音。竊獨踴躍。私自慶幸。諝聞春秋之義。原情定過。赦事誅意。故許止雖弒君而不罪。趙盾以縱賊而見書。此仲尼所以垂王法。漢世所宜遵前修也。傳曰。人心不同。譬若其面。斯蓋謂大小窳隆。醜美之形。至于鼻目眾竅。毛髮之狀。未有不然者也。情之異者。剛柔舒急。倨敬之閒。至于趨利避害。畏死樂生。亦復均也。諝與光骨肉。義有相隱。言其寃濫。未必可諒。且以人情平論其理。光衣冠子孫。徑路平易。位極州郡。日望徵辟。亦無瑕穢纖介之累。無故刊定詔書。欲以何名。就有所疑。當求其便安。豈有觸冒死禍。以解細微。譬猶療飢于附子。止渴于酖毒未入腸胃已絕咽喉豈可為哉昔東海孝婦見枉不辜幽靈感革天應枯旱光之所坐橫既可原守闕連年而終不見理呼嗟紫宮之門泣血兩觀之下傷和致災為害滋甚凡事更赦令不應復案夫以罪刑明白尚蒙天恩豈有冤謗無徵反不得理是為刑宥正罪戮加誣侵也不偏不黨其若是乎明將軍德盛位尊人臣無二言行動天地舉厝移陰陽誠能留神沛然曉察必有于公高門之福和氣立應天下幸甚後漢霍諝傳又見袁宏紀十八各有刪節文亦小異

延篤

篤字叔堅南陽犨人順帝時舉孝廉為平厚侯相以師喪棄官桓帝以博士徵拜議郎著作東觀進侍中歷左馮翊京兆尹以疾免後遭黨錮永康初卒于家有集二卷

荅張奐書

離別三年夢想言念何日有違伯英來惠書盈四紙讀之三復御覽作反復喜不可言藝文類聚三十一御覽五百九十五

與張奐書

烈士徇名立功立事文選潘岳關居賦注又王遲與陳伯之書注

與高彪書

今茲以五經為鼎鑊書傳為俎醢祖述堯舜憲章文武未暇蜂也宜勿以為念御覽九百四十一

與段紀明書段頌字紀明

得知窮兵極遠大捷而反雖齊桓之制令支服流沙霍將軍之封祁連辛武賢之截醜虜蔑以加焉莫不魚爛雲除震懼稽顙矣書鈔一百十七兵勢

貽劉祐書

昔太伯三讓人無德而稱焉延陵高揖華夏仰風吾子懷蘧氏之可卷體甯子之如愚微妙玄通沖而不盈蔑三光之明未暇以天下為事何其劭與後漢劉祐傳

與李文德書

夫道之將廢所謂命也流聞乃欲相為求還東觀來命雖篤所未敢當吾嘗昧爽櫛梳坐于客堂食赤烏之麥飲化益之玄醴折張騫大宛之蒜畝吾國郇瑕氏之鹽已上四句從御覽補朝則誦羲文之易虞夏之書歷公旦之典禮覽仲尼之春秋夕則消搖內階詠詩南軒百家眾氏投閒而作洋洋乎其盈耳也渙爛兮其溢目也紛紛欣欣兮其獨樂也當此之時不知天之為蓋地之為輿不知世之有人己之有軀也雖漸離擊筑傍若無人高鳳讀書不知暴雨方之于吾未足況也且吾自束脩已來為人臣不陷于不忠為人子不陷于不孝上交不諂下交不黷從此而歿下見先君遠祖可不慚赧如此而不以善止者恐如教羿射者也慎勿迷其本棄其生也後漢延篤傳又御覽四百三十一九百七十七

仁孝論

觀夫仁孝之辯紛然異端互引典文代取事據可謂篤論矣夫人二致同源總率百行非復銖兩輕重必定前後之數也而如欲分其大較體而名之則孝在事親仁施品物施物則功濟于時事親則德歸于己于己則事寡濟時則功多推此以言仁則遠矣然物有由微而著事有由隱而章近取諸身則耳有聽受之用目有察見之明足有致遠之勞手有飾衞之功功雖顯外本之者心也遠取諸物則草木之生始于萌芽終于彌蔓枝葉扶疏榮華紛縟末雖繁蔚致之者根也夫仁人之有孝猶四體之有心腹枝葉之有本根也聖人知之故曰夫孝天之經也地之義也人之行也君子務本本立而道生孝悌也者其為仁之本與然體大難備物性好偏故所施不同事少兩兼者也如必對其優劣則仁以枝葉扶疏為大孝以本根充實為先可無訟也或謂先孝後仁非仲尼序回

參之意。蓋以為仁孝同質而生。純體之者。則互以為稱。虞舜顏回是也。若偏而體之。則各有其目。公劉曾參是也。夫曾閔以孝悌為至德。管仲以九合為仁功。未有論德不先回參。考功不大夷吾。以此而言。各從其稱者也。後漢延篤傳。又御覽四百十九。

全後漢文卷六十一終

烏程嚴可均校輯

邊韶

韶字孝先陳留浚儀人順帝時歷尚書侍郎桓帝時出爲臨潁矦相徵拜太中大夫遷北地太守入拜尚書令後爲陳相有集一卷

塞賦 并序

予離羣索居無講誦之事欲學無友欲農無耒欲弈無局欲博無楮問何以代博弈者乎曰塞其次也試習其術以驚睡救寐免晝寢之譏而已然而徐核其因通之習乃亦精妙而足美也故書其較略舉其指歸以明博弈無以尚焉曰

始作塞者其明哲乎故其用物也約其爲樂也大猶土鼓塊枹空桑之瑟質樸之化上古所耽也然本其規模制作有式四道交正時之則也棋有十二律呂極也人操厥半六爻列也赤白色者分陰陽也乍亡乍存像日月也行必正直合道中也趨隅方折禮之容也迭往迭來剛柔通也周則復始乾行健也局平以正坤德順也然則塞之爲義盛矣大矣廣矣博矣質象于天陰陽在焉取則于地剛柔分焉施之于人仁義載焉攷之古今王霸備焉覽其成敗爲法式焉 藝文類聚七十四 御覽七百五十四

上言四分厤之失

世微于數虧道盛于得常數虧則物衰得常則國昌孝武皇帝攄發聖思因元封七年十一月甲子朔旦冬至乃詔太史令司馬遷治厤鄧平等更建太初改元易朔行夏之正乾鑿度八十分之四十三爲日法設淸臺之候驗六異課效觕密太初爲最其後劉歆研幾極深驗之春秋參以易道以河圖帝覽嬉雒書乾曜度推廣九道百七十一歲進退六十三分百四十四歲一超次與天相應少有闕謬從太初至永平十一年百七十歲進退餘分六十三治厤者不知處之推得十二度弦望不效挾廢術者得竄其說至永和二年小終之數寖過餘分稍增月不用晦朔而先見孝章皇帝以保乾圖三百年斗厤改憲就用四分以太白復樞甲子爲癸亥引天從算耦之目前更以庚申爲元既無明文託之于獲麟之歲又不與感精符單閼之歲同史官相代因成習疑少能鉤深致遠按弦望足以知之 續漢律厤志中

對嘲

弟子私嘲之曰邊孝先腹便便懶讀書但欲眠韶潛聞之應時對曰邊爲姓孝爲字腹便便五經笥但欲眠思經事寐與周公通夢靜與孔子同意師而可嘲出何典記 後漢邊韶傳

河激頌

惟陽嘉三年二月丁丑使河隄謁者王誨疏達河川遹荒庶土往大河衝塞侵齧金隄以竹籠石葺土而爲堨壞隤無已功消億萬請以濱河郡徒疏山采石壘以爲障功業既就徭役用息辛未詔書許誨立功府卿規基經始詔策加命遷在沇州乃簡朱軒授使司馬登令纘茂前緒稱遂休功登以伊洛合注大河南則緣山東過大伾回流北岸其勢鬱懞濤怒湍急激疾一有決溢彌原淹野蟻孔之變害起不測蓋自姬氏之所常慼昔崇鯀所不能治我二宗之所劬勞于是乃跋涉躬親經之營之比率百姓議之于臣伐石三谷水匠致治立激岸側以捍鴻波隨時慶賜說以勸之川無滯越水土通演役未踰年而功程有畢斯乃元勳之嘉課上德之宏表也昔禹修九道書錄其功后稷躬稼詩列于雅夫不憚勞謙之勤夙興厥職充國惠民安得淹湮沒而不章焉故遂刊石記功垂示于後其辭云云使河隄謁者山陽東緡司馬登字伯志代東萊曲成王誨字孟堅河內太守宋城向豹字伯尹丞汝南鄧方字

德山懷令劉丞字季意河隄掾匠等造。陳留浚儀邊韶字孝先頌。（水經七濟水注云后銘歲遠字多淪缺其所滅蓋闕如也）

老子銘

老子姓李。字伯陽。楚相縣人也。春秋之後。周分爲二。稱東西君。晉六卿專征。與齊楚竝僭號爲王。㠯大幷小。相縣虛荒。今屬苦。故城猶在。在賴鄉之東。渦水處其陽。其土地鬱塕高敞。宜生有德君子焉。老子爲周守藏室史。當幽王時。三川實震。㠯夏殷之季陰陽之事鑒喻時王。孔子㠯周靈王二十年生。到景王十年。年十有七。學禮于老聃。計其年紀。聃時已二百餘歲。聃然老旄之貌也。孔子卒後百二十九年。或謂周大史儋爲老子。莫知其所終。其二篇之書。稱天地所㠯能長且久者。㠯不自生也。厥初生民。遺體相續。其死生之義可知也。或有浴神不死。是謂玄牝之言。由是世之好道者。觸類而長之。㠯老子離合于混沌之氣。與三光爲終始。觀天作讖。（缺）降什（字斗）星。隨日九變。與時消息。規矩三光。四靈在旁。存想丹田。大一紫房。道成身化。蟬蛻渡世。自羲農㠯來。（缺）爲聖者作師。班固㠯老子絕聖棄知。禮爲亂首。與仲尼道違。述漢書古今人表。檢㠯法度。抑而下之。老子（缺）與楚子而同科。材不及孫卿孟軻。二者之論殊矣。所謂道不同不相爲謀也。延熹八年八月甲子。皇上尚德弘道。含閎光大。存神養性。意在凌雲。是㠯潛心黃軒。同符高宗。夢見老子。尊而祀之。于時陳相邊韶。典國之禮。材薄思淺。不能測度至人。辯是與非。案據書籍。㠯爲老子生于周之末世。玄虛守靜。樂無名。守不惪。危高官。安下位。遺孔子㠯仁言。辟世而隱居。變易姓名。唯恐見知。夫日㠯幽明爲節。月㠯虧盈自成。損益盛衰之原。倚伏禍福之門。人道惡盈而好謙。蓋老子勞不定國。功不加民。所㠯見隆崇于今。爲時人所享祀。乃昔日逃祿處微。損之又損之之餘胙也。顯虛无之清家。云先天地而生。乃守眞養壽。獲五福之所致也。敢演而銘之。其辭曰。

于惟（缺）惪。抱虛守清。樂居下位。祿埶弗營。爲繩能直。屈之可縈。三川之對。舒憤散逞。陰不塡陽。孰能滯幷。見機而作。需郊出垧。肥遁之吉。辟世隱聲。見迫遺言。道惪之經。譏時微喻。尋顯推冥。守一不失。爲天下正。取厚不薄。居時舍榮。稽式爲重。金玉是輕。絕嗜去欲。還歸于嬰。皓然歷載。莫知其情。頗違法言。先民之程。要㠯無爲。大（缺）用成。進退无恆。錯綜其貞。㠯知爲愚。冲而不盈。大人之度。非凡所訂。九等之敘。何足累名。同光日月。合之（缺）星。出入丹廬。上下黃庭。背棄流俗。舍景匿形。苞元神化。呼吸至精。世不能原。卬其永生。天人秩祭。㠯昭厥靈。羨彼延期。勒石是旌。（隸釋三）

史敞

敞。陳留攷城人。順帝時爲尚書。遷京兆尹。

薦尚書僕射胡廣

臣聞德㠯旌賢。爵㠯建事。明試㠯功。典謨所美。五服五章。天秩所作。是㠯臣竭其忠。君豐其寵。舉不失德。下忘其死。竊見尚書僕射胡廣。體眞履規。謙虛溫雅。博物洽聞。探賾窮理。六經典奧。舊章憲式。無所不覽。柔而不犯。文而有禮。忠貞之性。憂公如家。不矜其能。不伐其勞。翼翼周愼。行靡玷漏。密勿夙夜。十有餘年。心不外顧。志不苟進。臣等竊㠯爲廣在尚書。劬勞日久。後母年老。既蒙簡照。宜試職千里。匡寧方國。陳留近郡。今太守任缺。廣才略深茂。堪能撥煩。願㠯參選。紀綱頹俗。使束脩守善。有所勸仰。（後漢胡廣傳）

史弼

弼字公謙。敞子。桓帝時辟公府。遷北軍中候。進尚書。出爲平原相。遷河東太守。㠯忤中官下獄減死。後徵拜議郎。光和中出爲彭城相。

慮渤海王爲亂上封事

臣聞帝王之于親戚。愛雖隆。必示之㠯威。體雖貴。必禁之㠯度。如是。和睦之道興。骨肉之恩遂。昔周襄王恣甘昭公。孝景皇帝驕梁孝王。而二弟階寵。終用教慢。卒周有播蕩之禍。漢有爰盎之變。竊聞渤海王悝。憑至親之屬。恃偏私之愛。失奉上之節。有僭慢之心。外聚剽輕不逞之徒。內荒酒樂。出入無常。所與羣居。皆有口無行。或家之棄子。或朝之斥臣。必有羊勝伍被之變。州司不敢彈糾。傅相不能匡輔。陛下隆于友于。不忍遏絕。恐遂滋蔓。爲害彌大。乞露臣奏。宣示百僚。使臣得于清朝。明言其失。然後詔公卿平處其法。法決罪定。乃下不忍之詔。臣下固執。然後少有所許。如是。則聖朝無傷親之譏。渤海有享國之慶。不然。懼大獄將興。使者相望于路矣。臣職典禁兵。備禦非常。而妄知藩國。干犯至戚。罪不容誅。不勝憤懣。謹冒死㠯聞。後漢史弼傳。又見袁宏後漢紀二十二。篇末後七語

趙岐

岐字邠卿。京兆長陵人。初名嘉。字臺卿。順帝時仕州郡。病廢。永興中辟司空房植掾。後辟大將軍梁冀府。舉理劇爲皮氏長。去官爲郡功曹。延熹初㠯忤宦官逃難四方。遇孫嵩藏之複壁中。後遇赦。辟司徒胡廣府。擢幷州刺史。坐黨事免。靈帝初復遭黨錮。中平初徵拜議郎。車騎將軍張溫請補長史。大將軍何進舉爲敦煌太守。未之官。獻帝西都。復拜議郎。遷太僕。興平初奉使荆州。曹公爲司空。舉㠯自代。就拜太常。建安六年卒。年九十餘。有三輔決錄七卷。孟子章句十四卷。

藍賦 幷序

余就醫偃師。道經陳留。此境人皆㠯種藍染紺爲業。藍田彌望。黍稷不植。慨其遺本念末。遂作賦曰。藝文類聚八十一。御覽九百九十六。大觀本草七。

同丘中之有麻。似麥秀之油油。藝文類聚八十一

與友書

馬季長雖有名當世。而不持士節。三輔高士。未曾㠯衣裾撇其門也。後漢趙岐傳注引三輔決錄注

遺令敕兄子

大丈夫生世。遯無箕山之操。仕無伊呂之勳。天不我與。復何言哉。可立一員石于吾墓前。刻之曰。漢有逸人。姓趙名嘉。有志無時。命也奈何。後漢趙岐傳

臨終敕其子

我死之日。墓中聚沙爲牀。布簟白衣。散髮其上。覆㠯單被。即日便下。下便掩。御覽五百五十八引趙岐別傳

三輔決錄序

三輔者。本雍州之地。世世徙公卿吏二千石及高貲皆㠯陪諸陵。五方之俗雜會。非一國之風。不但繫于詩秦豳也。其士好高尚義。貴于名行。其俗失則趣勢進權。唯利是視。余㠯不才。生于西土。耳能聽而聞故老之言。目能視而見衣冠之疇。心能識而觀其賢愚。常㠯玄冬。夢黃髮之士。姓玄名明。字子眞。與余寤言。言必有中。善否之閒。無所依違。命操筆者書之。近從建武㠯來。暨于斯今。其人既亡。行乃可書。玉石朱紫。由此定矣。故謂之決錄矣。後漢趙岐傳注

孟子題辭

孟子題辭者。所㠯題號孟子之書。本末指義文辭之表也。孟子者。男子之通稱也。此書。孟子之所作也。故總謂之孟子。其篇目則各自有名。孟子。鄒人也。名軻。字則未聞也。鄒本春秋邾子之國。至孟子時改曰鄒矣。國近魯。後爲魯所幷。又言邾爲楚所幷。非魯也。今鄒縣是也。或曰。孟子。魯公族孟孫之後。故孟子仕于齊。喪母而歸葬于魯也。三桓子孫。既㠯衰微。分適他國。孟子生有淑質。夙喪其父。幼被慈母三遷之教。長師孔子之孫子思。治儒術之道。通五經。尤長于詩書。周衰之末。戰國縱橫。用兵爭强。㠯相侵奪。當世

取士。務先權謀。㠯爲上賢。先王大道。陵遲隳廢。異端竝起。若楊朱墨翟。放蕩之言。㠯干時惑衆者非一。孟子閔悼堯、舜、湯、文、周、孔之業。將遂湮微。正塗壅底。仁義荒怠。佞僞馳騁。紅紫亂朱。于是則慕仲尼周流憂世。遂㠯儒道遊于諸侯。思濟斯民。然由不肯枉尺直尋。時君咸謂之迂闊于事。終莫能聽納其說。孟子亦自知遭蒼姬之訖錄。值炎劉之未奮。進不得佐興唐虞雍熙之和。退不能信三代之餘風。恥沒世而無聞焉。是故垂憲言㠯詒後人。仲尼有云。我欲託之空言。不如載之行事之深切著明也。于是退而論集所與高弟弟子公孫丑萬章之徒難疑荅問。又自撰其法度之言。著書七篇。二百六十一章。三萬四千六百八十五字。包羅天地。揆敘萬類。仁義道德性命禍福。粲然靡所不載。帝王公侯遵之。則可㠯致隆平。頌清廟。卿大夫士蹈之。則可㠯尊君父。立忠信。守志厲操者儀之。則可㠯崇高節。抗浮雲。有風人之託物。二雅之正言。可謂直

而不倨。曲而不屈。命世亞聖之大才者也。孔子自衞反魯。然後樂正。雅頌各得其所。乃刪詩定書。繫周易。作春秋。孟子退自齊梁。述堯舜之道而著作焉。此大賢擬聖而作者也。七十子之疇。會集夫子所言。㠯爲論語。論語者。五經之錧鎋。六蓺之喉衿也。孟子之書。則而象之。衞靈公問陳于孔子。孔子荅㠯俎豆。梁惠王問利國。孟子對㠯仁義。宋桓魋欲害孔子。孔子稱天生德于予。魯臧倉毀鬲孟子。孟子曰臧氏之子焉能使予不遇哉。旨意合同。若此者衆。又有外書四篇。性善、辯文、說孝經、爲政。其文不能弘深。不與內篇相似。似非孟子本眞。後世依放而託之者也。孟子既沒之後。大道遂絀。逮至亡秦。焚滅經術。坑戮儒生。孟子徒黨盡矣。其書號爲諸子。故篇籍得不泯絕。漢興。除秦虐禁。開延道德。孝文皇帝欲廣遊學之路。論語、孝經、孟子、爾雅皆置博士。後罷傳記博士。獨立五經而已。訖今諸經通義。得引孟子㠯明事。謂之博文。孟子長于譬喻。辭不迫切。而意已獨至。其言曰。說詩者不㠯文害辭。不㠯辭害志。㠯意逆志。爲得之矣。斯言殆欲使後人深求其意。㠯解其文。不但施于說詩也。今諸解者往往摭取而說之。其說文又多乖異不同。孟子㠯來五百餘載。傳之者亦已衆多。余生西京。世尋丕祚。有自來矣。少蒙義方。訓涉典文。知命之際。嬰戚于天。遘屯離蹇。詭姓遁身。經營八紘之內。十有餘年。心勦形瘵。何勤如焉。嘗息肩弛擔于濟岱之閒。或有溫故知新雅德君子。矜我劬瘁。睠我皓首。訪論稽古。慰㠯大道。余困吝之中。精神遐漂。靡所濟集。聊欲係志于翰墨。得㠯亂思遺老也。惟六籍之學。先覺之士。釋而辯之者既已詳矣。儒家惟有孟子。閎遠微妙。縕奧難見。宜在條理之科。于是乃述已所聞。證㠯經傳。爲之章句。具載本文。章別其指。分爲上下。凡十四卷。究而言之。不敢㠯當達者。施于新學。可㠯寤疑辯惑。愚亦未能審于是非。後之明者見其違闕。儻改而正諸。不亦宜乎。孟子趙注宋本

孟子篇敘

孟子篇敘者。言孟子七篇所㠯相次敘之意也。孟子㠯爲聖王之盛。惟有堯舜。堯舜之道。仁義爲上。故㠯梁惠王問利國對㠯仁義爲首篇也。仁義根心。然後可㠯大行其政。故次之㠯公孫丑問管晏之政。荅㠯曾西之所羞也。政莫美于反古之道。滕文公樂反古。故次㠯文公爲世子始有從善思禮之心也。奉禮之謂明。明莫甚于離婁。故次㠯離婁之明也。明者當明其行。行莫大于孝。故次㠯萬章問舜往于田號泣也。孝道之本。在于情性。故次㠯告子論情性也。情性在內而主于心。故次㠯盡心也。盡己之心。與天道通。道之極者也。是㠯終于盡心也。篇所㠯七者。天㠯七紀。璿璣運度。七政分離。聖㠯布曜。故法之也。章所㠯二百六十有九者。三時之日數也。不敢比易當期之數。故取其三時。三時者。成歲之要時。故法之也。三萬四千六百八十五字者。可㠯行五常之道。施七政之紀。

故法五七之數而不敢盈也。文章多少。擬其大數。不必適等。猶詩三百五篇。而論曰詩三百也。章有大小。分章賦篇。篇趣五千。吕卒其文。無所取法。猶論四百八十六章。章次大小。各當其事。亦無所法也。蓋所吕佐明六藝之文義。崇宣先聖之指務。王制拂邪之隱括。立德立言之程式也。洋洋浩浩。具存乎斯文矣。曲阜孔氏刊本

趙息

息岐從子。爲郡功曹。吕忤宦官逃走。

啟京兆尹

左悺子弟。來爲虎牙。非德選。不足爲特酤買。宜隨中舍菜食而已。魏志閻溫傳注引魏略勇俠傳

趙爽

爽字君卿。隋志作趙嬰。爵里未詳。

周髀算經序

夫高而大者。莫大于天。厚而廣者。莫廣于地。體恢洪而廓落。形脩廣而幽清。可吕玄象課其進退。然而宏達不可指掌也。可吕晷儀驗其長短。然其亙闊不可度量也。雖窮神知化。不能極其妙。探賾索隱。不能盡其微。是吕詭異之說出。則兩端之理生。遂有渾天蓋天。兼而並之。故能彌綸天地之道。有吕見天地之賾。則渾天有靈憲之文。蓋天有周髀之法。累代存之。官司是掌。所吕欽若昊天。恭授民時。爽吕暗蔽。才學淺昧。鄰高山之仰止。慕景行之軌轍。負薪餘日。聊觀周髀。其旨約而遠。其言曲而中。將恐廢替。濡滯不通。使談天者無所取則。輒依經爲圖。誠冀頹毀重仞之牆。披露堂室之奧。庶博物君子。時迴思焉。宋本周髀。案趙爽相承吕爲漢人。今據序言渾天有靈憲之文。累代仍之。則其人在張衡後數代也。

全後漢文卷六十二終

全後漢文卷六十三

烏程嚴可均校輯

田羽

羽。扶風人。仕順帝時。官爵未詳。

薦法眞

（眞字高卿。雄之子。同郡田羽薦眞。前後四徵皆不應）

處士法眞。體兼四業。學窮典奧。幽居恬泊。樂以忘憂。將蹈老氏之高蹤。不爲玄纁屈也。臣願聖朝。就加袞職。必能唱清廟之歌。致來儀之鳳矣。（後漢法眞傳）

郭正

正。爵里未詳。

法眞頌

（眞友人郭正頌眞。乃共刊石頌之）

法眞。明可得聞。身難得而見。逃名而名我隨。避名而名我追。可謂百世之師者矣。（後漢法眞傳）

陳蕃

蕃字仲舉。汝南平輿人。初仕郡。舉孝廉。除郎中。母憂棄官。州辟別駕從事。復棄去。公府舉方正不就。徵拜議郎。再遷樂安太守。以忤梁冀。左轉脩武令。遷尚書。出爲豫章太守。徵拜尚書令。遷大鴻臚。坐救李雲免。復徵拜議郎。遷光祿勳。免。徵爲尚書僕射。轉太中大夫。代楊秉爲太尉。坐救李膺等免。竇后臨朝。以爲太傅。錄尚書事。建寧初。與竇武等謀誅宦官。事泄。爲曹節等矯詔所殺。年七十餘。

駁討零陵桂陽山賊及州郡一切得舉孝廉茂才疏

昔高祖創業。萬邦息肩。撫養百姓。同之赤子。今二郡之民。亦陛下之赤子也。致令赤子爲害。豈非所在貪虐。使其然乎。宜嚴敕三府。隱覈牧守令長。其有在政失和。侵暴百姓者。卽便舉奏。更選清賢奉公之人。能班宣法令情在愛惠者。可不勞王師。而羣賊弭息矣。又三署郎吏二千餘人。三府掾屬過限未除。但當擇善而授之。簡惡而去之。豈煩一切之詔。以長請屬之路乎。（後漢陳蕃傳）

薦徐穉等疏

臣聞善人天地之紀。政之所由也。詩云。思皇多士。生此王國。天挺俊乂。爲陛下出。當輔弼明時。左右大業者也。伏見處士豫章徐穉、彭城姜肱、汝南袁閎、京兆韋著、潁川李曇。德行純備。著于民聽。若使擢登三事。協亮天工。必能翼宣盛美。增光日月矣。（後漢徐穉傳。又袁宏後漢紀二十二。又御覽六百三十引續漢書）

救李雲疏

李雲所言。雖不識禁忌。干上逆旨。其意歸于憂國。但違將順之禮。譏暴諫。然亦有狂狷愚忠。不顧誅族之禍者。古今有之。是以高祖忍周昌不諱之言。孝成皇帝赦朱雲腰領之誅。二主非不忿此二臣。以忠不思難。皆不罪之。今日殺李雲。天下猶言陛下誅諫臣。所以臣敢觸龍鱗也。（袁宏後漢紀二十一。又後漢李雲傳作今日殺雲。臣恐剖心之譏。復譏于世矣。故敢觸龍鱗。冒昧以請）

諫封賞內寵疏

臣聞有事社稷者。社稷是爲。有事人君者。容悅是爲。今臣蒙恩聖朝。備位九列。見非不諫。則容悅也。夫諸侯上象四七。垂耀在天。下應分土。藩屛上國。高祖之約。非功臣不侯。而聞追錄河南尹鄧萬世父遵之微功。更爵尚書令黃儁先人之絕封。近習以非義授邑。左右以無功傳賞。授位不料其任。裂土莫紀其功。至乃一門之內。侯者數人。故緯象失度。陰陽謬序。稼用不成。民用不康。臣知封事已行。言之無及。誠欲陛下。從是而止。又比年收斂。十傷五六。萬人飢寒。不聊生活。而采女數千。食肉衣綺。脂油粉黛。不可貲計。鄙諺云。盜不過五女門。以女貧家也。今後宮之女。豈不貧國乎。是以傾宮嫁而天下化。楚女悲而西宮災。且聚而不御。必生憂悲之感。

吕致犴㕡水旱之困。夫獄吕禁止姦違。官吕稱才理物。若法虧于平。官失其人。則王道有缺。而令天下之論。皆謂獄由怨起。爵吕賄成。夫不有臭穢。則蒼蠅不飛。陛下宜採求失得。擇從忠善。尺一選舉。委尙書三公。使褒責誅賞。各有所歸。豈不幸甚。後漢陳蕃傳。

諫幸廣城校獵疏

臣聞人君有事于苑囿。唯仲秋西郊。順時講武。殺禽助祭。吕敦孝敬。如或違此。則爲肆縱。袁宏紀作則爲逸遊肆樂情意故皋陶戒舜無敎逸遊。周公戒成王無槃于遊田。虞舜成王。猶有此戒。況德不及二主者乎。夫安平之時。尙宜有節。況當今之世。有三空之戹哉。田野空。朝廷空。倉庫空。是謂三空。加兵戎未戢。四方離散。是陛下焦心毁顏。坐吕待旦之時也。豈宜揚旗曜武。騁心輿馬之觀乎。又前秋多雨。民始種麥。今失其勸種之時。而令給驅禽除路之役。非賢聖恤民之意也。齊景公欲觀于海。放乎琅邪。晏子爲陳百姓惡聞旌旗輿馬之音。舉首嚬顣之感。景公爲之不行。周穆王欲肆車轍馬跡。祭公謀父爲誦祈招之詩。吕止其心。誠惡逸遊之害也。後漢陳蕃傳。

因火災上疏

古之火。皆君弱臣強。極陰之變也。前始春而獄刑慘。故火不炎上。前入春節。連寒。木冰。暴風折樹。又八九州郡。並言隕霜殺菽。春秋晉執季孫行父。木爲之冰。夫氣弘則景星見。化錯則五星開日月蝕。災爲已然。異爲方來。恐卒有變。必于三朝。唯善政可吕已之。願察臣前言。不棄愚忠。則元元幸甚。續漢五行志二注補引袁山松書。延熹八年。連月有火災。諸宮寺或一日再三發。又夜有訞言。擊鼓相驚。陳蕃劉智茂上疏諫。云云。書奏不省。

理劉瓆等疏

臣聞齊桓修霸。務爲內政。春秋于魯。小惡必書。宜先自整敕。後吕及人。今寇賊在外。四支之疾。內政不理。心腹之患。臣寢不能寐。食不能飽。實憂左右日親。忠言吕疏。內患漸積。外難方深。陛下超從列矦。繼承天位。小家畜產百萬之資。子孫尙恥愧失其先業。況乃產兼天下。受之先帝。而欲懈怠吕自輕忽乎。誠不愛己。不當念先帝得之勤苦邪。前梁氏五矦。毒徧海內。天啟聖意。收而戮之。天下之議。冀當小平。明鑒未遠。覆車如昨。而近習之權。復相扇結。小黃門趙津大猾張氾等。肆行貪虐。姦媚左右。前太原太守劉瓆南陽太守成瑨糾而戮之。雖言赦後不當誅殺。原其誠心。在乎去惡。至于陛下。有何悁悁。而小人道長。熒惑聖聽。遂使天威爲之發怒。如加刑讁。已爲過甚。況乃重罰。令伏歐刃乎。又前山陽太守翟超東海相黃浮。奉公不撓。疾惡如讎。超沒矦覽財物。浮誅徐宣之罪。並蒙刑坐。不逢赦恕。覽之從橫。沒財已幸。宣犯釁過。死有餘辜。昔丞相申屠嘉召責鄧通。洛陽令董宣折辱公主。而文帝從而請之。光武加吕重賞。未聞二臣有專命之誅。而今左右羣豎。惡傷黨類。妄相交構。致此刑譴。聞臣是言。當復嗁訴。陛下深宜割塞近習豫政之源。引納尙書朝省之事。公卿大官。五日一朝。簡練清高。斥黜佞邪。如是天和于上。地洽于下。休禎符瑞。豈遠乎哉。陛下雖厭毒臣言。凡人主有自勉強。敢吕死陳。後漢陳蕃傳。

臣聞昔齊桓公任管仲。將正諸矦。先爲政令。今寇賊在外。四肢之疾耳。臣竊寢不能寐。食不能飽。憂陛下內政未治。忠言日疏。前梁冀五矦弄權。天啟陛下。收而戮之。當時天下。號爲小清。其前鑒未遠。旋起覆車之軌矣。往年地動日蝕。火災皆陰盛之應。願陛下割塞左右豫政之原。引納尙書朝省之事。簡練高潔。斥退佞邪。如此則天和于上。地洽于下矣。從陛下踐阼吕來。大臣誰敢舉左右之罪。往者申屠嘉召鄧通。文帝遣詣嘉府。乃從而請之。三公之職。何所不統。但今左右驕忿。欲令三公不得舉筆。臣蕃今擢自閭閻。特爲陛下日月所照。忝何受恩如臣。而當避難苟生。不敢正言。陛下雖厭臣毒言。人主有自勉彊。袁宏後漢紀二十二。校本傳語又不同。多出十三句。

理李膺等疏

臣聞賢明之君委心輔佐亡國之主諱聞直辭故湯武雖聖而興于伊呂桀紂迷惑亡在失人由此言之君爲元首臣爲股肱同體相須共成美惡者也伏見前司隸校尉李膺太僕杜密太尉掾范滂等正身無玷死心社稷以忠忤旨橫加考案或禁錮閉隔或死徙非所杜塞天下之口聾盲一世之人與秦焚書阬儒何以爲異昔武王克殷表閭封墓今陛下臨政先誅忠賢遇善何薄待惡何優夫讒人似實巧言如簧使聽之者惑視之者昏夫吉凶之效存乎識善成敗之機在于察言人君者攝天地之政秉四海之維舉動不可以違聖法進退不可以離道規謬言出口則亂及八方何況髡無罪于獄殺無辜于市乎昔禹巡狩蒼梧見市殺人下車而哭之曰萬方有罪在予一人故其興也勃焉又青徐炎旱五穀損傷民物流遷茹菽不足而宮女積于房掖國用盡于羅紈外戚私門貪財受賂所謂祿去公室政在大夫昔春秋之末周德衰微數十年閒無復災眚者天所棄也天之于漢悢悢無已故殷勤示變以悟陛下除妖去孽實在修德臣位列台司憂責深重不敢尸祿惜生坐觀成敗如蒙採錄使身首分裂異門而出所不恨也（後漢陳蕃傳）

讓封高陽侯疏

使者即臣廬授高陽鄉侯印綬臣誠悼心不知所裁臣聞讓身之文德之昭也然不敢盜以爲名竊惟割地之封功德是爲臣孰自思省前後歷職無它異能合亦食祿不合亦食祿臣雖無素絜之行竊慕君子不以其道得之不居也若受爵不讓掩面就之使皇天震怒災流下民于臣之身亦何所寄顧惟陛下哀臣朽老戒之在得（後漢陳蕃傳）

上竇太后疏

臣聞言不直而行不正則爲欺乎天而負乎人危言極意則羣凶側目禍不旋踵鈞此二者臣寧得禍不敢欺天也今京師囂囂道路諠譁言侯覽曹節公乘昕王甫鄭颯等與趙夫人諸女尚書並亂天下附從者升進忤逆者中傷方今一朝羣臣如河中木耳汎汎東西耽祿畏害陛下前始攝位順天行誅蘇康管霸並伏其辜是時天地清明人鬼歡喜奈何數月復縱左右元惡大姦莫此之甚今不急誅必生變亂傾危社稷其禍難量願出臣章宣示左右并令天下諸姦知臣疾之（後漢陳蕃傳）

上書

昔明帝時公主爲子求郎不許賜錢千萬左右問之帝曰郎天官也以當敘德何可妄與人邪今陛下以郎比一把菜臣以爲反側也（御覽二百十五引汝南先賢傳）

責諸尚書書

古人立節事亡如存今帝祚未立政事日蹙諸君奈何委荼蓼之苦息偃在牀于義不足焉得仁乎（後漢陳蕃傳）

周景

景字仲嚮廬江舒人辟大將軍梁冀府遷豫州刺史河內太守入爲將作大匠延熹中冀誅坐免官禁錮尋拜尚書令遷太僕光祿大夫衛尉代劉寵爲司空免復代陳蕃爲太尉建寧初卒追封安陽鄉侯

與尚書邊韶議奏楊秉韋著

秉儒學侍講常在謙虛著隱居行義以退讓爲節俱徵不至誠違側席之望然逶迤退食足抑苟進之風夫明王之世必有不召之臣聖朝弘養宜用優游之禮可告在所屬喻以朝廷恩義如遂不至詳議其罰（後漢楊震附傳）

鄭梆

郴字伯林。潁川陽城人。和平初為朝歌長。

張公神道石闕銘

於穆張公。含和秉清。受符皇極。乾綱巛靈。何天之休。元亨利貞。無□□貴神燿洞□□度□泉般商北垌。嶽朝綦陽。厥土敞平。芝草茂木。潚潚滋榮。羣萌勳灸潡川通□□懷□□□□□□□□□廟克儉損盈。詔命有司。祭以中牲。歲聿再薦。公其饗焉。興來億載。歷數萬君□□□□□□太□□□顯猶招拂英勳□錫介福。惠此吏民。國無災寇。屢獲豐年。皇帝眉壽。千祿于天。牧守皆升。握台輔辰長與丞尉。超遷相因。休□烈烈。無□□□（隸釋二張公神碑。）

爰延

延字季平。陳留外黃人。初為縣廷掾鄉嗇夫。桓帝時徵博士。舉賢良方正。再遷為侍中。拜五官中郎將。轉長水校尉。還魏郡太守。徵拜大鴻臚。以病乞還。靈帝復特徵。不行。

目當作必

星變上封事

臣聞天子尊無為上。故天以為子。位臨臣庶。威重四海。動靜以理。則星辰順序。意有邪僻。則晷度錯違。陛下以河南尹鄧萬（案劉禹傳陳蕃傳竝作鄧萬世。此脫世字。）有龍潛之舊。封為通侯。恩重公卿。惠豐宗室。加頃引見。與之對博。上下媟黷。有虧尊嚴。臣聞之。帝左右者。所以咨政德也。故周公戒成王曰。其朋其朋。言慎所與也。昔宋閔公與彊臣共博。列婦人于側。積此無禮。以致大災。武帝與幸臣李延年韓嫣同臥起。尊爵重賜。情欲無厭。遂生驕淫之心。行不義之事。卒延年被戮。嫣伏其辜。夫愛之則不覺其過。惡之則不知其善。所以事多放濫。物情生怨。故王者賞人必酬其功。爵人以甄其德。善人同處。則日聞嘉訓。惡人從遊。則日生邪情。孔子曰。益者三友。損者三友。邪臣惑君。亂妾危主。以非所言則悅于耳。以非所行則翫于目。故令人君不能遠之。仲尼曰。惟女子與小人為難養。近之則不遜。遠之則怨。蓋聖人之明戒也。昔光武皇帝與嚴光俱寢。上天之異。其夕即見。夫以光武之聖德。嚴光之高賢。君臣合道。尚降此變。豈況陛下。今所親幸。以賤為貴。以卑為尊哉。惟陛下遠讒諛之人。納謇謇之士。除左右之權。寤宦官之敝。使積善日熙。佞惡消殄。則乾災可除。（後漢爰延傳。）

陳寔

寔字仲弓。潁川許人。少為縣吏都亭刺佐。後為督郵。復為郡西門亭長。轉功曹。司空黃瓊辟選理劇。補聞喜長。復再遷除太丘長。坐黨事逮捕。遇赦。靈帝初。大將軍竇武辟為掾屬。後復坐黨事免。累徵不起。中平四年卒。年八十四。私謚曰文範先生。

異聞記

郡人張廣定者。遭亂常避地。有一女。年四歲。不能步涉。又不可擔負。計棄之固當餓死。不欲令其骸骨之露。村口有古大塚。上巔先有穿穴。乃以器盛縋之下此女于塚中。以數月許乾飯及水漿與之而舍去。候世平定。其間三年。廣定乃得還鄉里。欲收塚中所棄女骨。更殯埋之。廣定往視。女故坐塚中。見其父母。猶識之。甚喜。而父母猶初恐其鬼也。入就之。乃知其不死。問之從何得食。女言糧初盡時甚飢。見塚角有一物。伸頸吞氣。試效之。轉不復飢。日月為之。以至于今。父母去時所留衣被。自在塚中。不行往來。衣服不敗。故不寒凍。廣定乃索女所言物。乃是一大龜耳。女出食穀。初小腹痛嘔逆。久許乃習。（抱朴子內篇對俗。）

陳紀

紀字元方。寔子。獻帝初拜五官中郎將。遷侍中。出為平原相。追拜太僕。又徵為尚書令。建安初拜大鴻臚。

肉刑論

漢除肉刑而增加笞。本興仁惻。而死者更眾。所謂名輕而實重者也。名輕則易犯。實重則傷民。書曰。惟敬五刑。㠯成三德。易著劓刖滅趾之法。所㠯輔政助教。懲惡息殺也。且殺人償死。合于古制。至于傷人。或殘毀其體。而纔翦毛髮。非其理也。若用古刑。使淫者下蠶室。盜者刖其足。則永無淫放穿窬之姦矣。魏志陳羣傳。又見袁宏後漢紀三十

全後漢文卷六十三終

目當作爲

全後漢文卷六十四

烏程嚴可均校輯

張奐

奐字然明。敦煌酒泉人。桓帝初辟大將軍梁冀府。㠯疾去。後舉賢良方正。對策第一。拜議郎。永壽初遷安定屬國都尉。進使匈奴中郎將。延熹中梁冀誅。㠯故吏禁錮。後爲武威太守。遷度遼將軍。徵拜大司農。鮮卑入塞。出爲護匈奴中郎將。靈帝初徵拜少府。遷大司農。轉太常。遭黨錮。光和四年卒。年七十八。有集二卷。

扶蕖賦

綠房翠蔕。紫飾紅敷。黃螺圓出。垂蕤散舒。纓㠯金牙。點㠯素珠。初學記二十七。御覽九百九十九。

應詔上書言災應

臣聞風㠯號令。動物通氣。木者火之本。相須乃明。蛇者屈伸。隱顯似龍。順至爲休徵。逆來爲災殃。故大將軍竇武。忠肅恭儉。有援立之功。太傅陳蕃。敦方抗直。夙夜匪懈。一旦被誅。天下驚怛。海內默默。莫不哀心。昔周公既薨。成王葬不具禮。天乃大風。偃木折樹。成王發書感悟。備禮改葬。天乃立反風。其木樹盡起。今宜改葬蕃武。還其家屬。諸被禁錮。一宜蠲除。則災變可消。昇平可致也。袁宏後漢紀二十三。建寧二年。青蛇見御座殿軒。大風折木。詔羣臣各上封事。匈奴中郎將張奐上書。

臣聞風爲號令。動物通氣。木生于火。相須乃明。蛇能屈伸。配龍騰蟄。順至爲休徵。逆來爲殃咎。陰氣專用。則凝精爲雹。故大將軍竇武。太傅陳蕃。或志寧社稷。或方直不回。前㠯讒勝。並伏誅戮。海內默默。人懷震憤。昔周公葬不如禮。天乃動威。今武蕃忠貞。未被明宥。妖眚之來。皆爲此也。宜急爲改葬。徙還家屬。其從坐禁錮。一切蠲除。又皇太后雖居南宮。而恩禮不接。朝臣莫言。遠近失望。宜思大義。顧復之報。後漢張奐傳。又略見續漢五行志四注補引張奐傳。多出袁宏紀十三語。

上言東羌事

東羌雖破。餘種難盡。熲性輕果。慮負敗難常。宜且㠯恩降。可無後悔。後漢段熲傳。

累見折衄。同上。

羌一氣所生。不可誅盡。山谷廣大。不可空靜。血流汙野。傷和致災。同上。

奏記謝段熲

小人不明。得過州將。千里委命。㠯情相歸。足下仁篤。照其辛苦。使人未反。復獲郵書。恩詔分明。前㠯寫白。而州期切促。郡縣惶懼。屏營延企。側待歸命。父母朽骨。孤魂相託。若蒙矜憐。壹惠咳唾。則澤流黃泉。施及冥寞。非奐生死所能報塞。夫無毛髮之勞。而欲求人㠯山之用。此湻于髡所㠯拊髀仰天而笑者也。誠知言必見譏。然

猶未能無望。何者。朽骨無益于人。而文王葬之。死馬無所復用。而燕昭寶之。竊同文昭之德。豈不大哉。凡人之情。冤則呼天。窮則叩心。今呼天不聞。叩心無益。誠自傷痛。俱生聖世。獨爲匪人。孤微之人。無所告訴。如不哀憐。便爲魚肉。企心東望。無所復言。後漢張奐傳。

與延篤書

唯別三年。無一日之忘。京師禁急。不敢相聞。豈不懷歸。畏此簡書。年老氣衰。智盡謀索。每有所處。違宜失便。北爲兒車所餞。中爲馬循所困。眞欲入三泉之下。復鎮之㠯大石。尼乎此時也。且太陰之地。冰厚三尺。木皮五寸。風寒慘冽。剝脫傷骨。但此自非老懲者所堪。而復加之㠯師旅。因之㠯饑饉。衆艱謦集。不可一二而言也。聾盲日甚。氣力寖衰。神邪當復相見者。從此辭矣。北堂書鈔一百五十六。藝文類聚三十。御覽三十四。

吾與叔堅。剖心相知。豈㠯流言相猜邪。初學記十八。交友。御覽四百十。

與陰氏書

篤念既密。文章粲爛。名實相副。奉讀周旋。紙弊墨渝。不離于手。藝文類聚三十一。御覽五百九十五。

與宋季文書

覽手迹。知遂遵南山之志。繼四賢之蹤。時止則止。時行則行。其道光明。與吕鄙固。少復道訓。于今五十載矣。藝文類聚三十七。

與許季師書

不面之闊。悠悠曠久。飢渴之念。豈當有忘。文選曹植責躬詩注。

報崔子玉書

今月三日。舉家來居此。本非所規。貪突賊陣。藝文類聚八十。

與崔子貞書崔寔字子貞。

僕吕元年到任。有見兵二百。馬如羖羊。矛如錐鐵。盾如榆葉。御覽三百五十三。又三百五十七。

人生實難。所務非此。文選王粲贈蔡子篤詩注引與崔子書。各本子下脫一字。依文疑當是子貞也。

匈奴若非其罪。何肯吞聲。文選。

與公超書

下筆愴恨。泣先言流。御覽四百八十八。

與孟季衞書一作季尉

素苦悸逆。頃者益甚。百病所歸。月衰日損。御覽七百四十一。

與屯留君書

氣厲流行。傷賢害善。文選陳琳爲袁紹檄豫州注。

誡兄子書

汝曹薄祐。早失賢父。財單藝盡。今適喘息。聞仲祉輕傲者老。侮狎同年。極口恣意。當崇長幼。吕禮自持。聞敦煌有人來。同聲相道。皆稱叔時寬仁。聞之喜而且悲。喜叔時得美稱。悲汝得惡論。經言孔于鄉黨。恂恂如也。恂恂者。恭謙之貌也。經難知。且自吕汝資父爲師。汝父寧輕鄉里邪。年少多失。改之爲貴。蘧伯玉年五十。見四十九年非。但能改之。不可不思吾言。不自克責。反云張甲謗我。李乙怨我。我無是過。爾亦已矣。藝文類聚二十三。

遺命諸子

吾前後仕進。十要銀艾。不能和光同塵。爲讒邪所忌。通塞命也。始終常也。但地底冥冥。長無曉期。而復纏吕纊緜。牢吕釘密。爲不喜耳。幸有前窀。朝殞夕下。措屍靈牀。幅巾而已。奢非晉文。儉非王孫。推情從意。庶無咎吝。後漢張奐傳。

張芝

芝字伯英。奐長子。辟太尉府。公車徵有道。皆不就。善草書。韋誕謂之草聖。

與朱賜書

上比崔杜不足。下方羅趙有餘。後漢趙岐傳注。藝文類聚七十四。御覽七百四十九。並引三輔決錄注。

與李幼才書

弭仲叔高德美名。命世之才。非弭氏小族所當有。新豐瘠土所當出也。□□□□□引三輔決錄注。

與朱使君書

正氣可吕消邪。人無其釁。妖不自作。趙壹非草書。

與府君書

八月九日芝白。府君足下。不日秋涼。平善廣闊。彌邁相思。無違前比。得書。不遂西行。望遠懸想。何日不勤。損棄漂沒。不當行。李又去春送舉喪到美陽。須待伴比。故遂間絶。有緣復相聞。飡食自愛。張芝幸甚幸甚。淳化閣帖二。

張昶

昶字文舒。奐少子。亦善草書。建安初爲給事黃門侍郎。

秦鄙之秦當作奉

何當作河

西嶽華山堂闕碑銘

易曰天地定位山澤通氣然山莫尊于嶽澤莫盛于瀆山嶽有五而華處其一瀆有四而河在其數其靈也至矣聖人廢興必有其應故岱山石立中宗繼統太華授璧秦胡絕緒白魚入舟姬武建業寶珪出水子朝喪位布五方則處其西列三條則居其中若廣獸奇蟲山經有紀矣是以帝皇巡狩親五岳而告至觀方后而考禮故經有望秩之禮典有生殖之祀蓋所以崇山川而報功也四海一統天子秉其禮諸侯力政彊國攝其祭其奉邑曰華陰也久矣乃紀于禹貢而分秦晉之境秦鄙晉之西則曰陰晉邊秦之東則曰寍秦邑既遷徙禮亦如之二國力爭以奉以祭其城險固基趾猶存故老之言未殞于民也逮至大漢受命克亂不愆不忘舊名是復率禮不越故祀是尊歷葉增脩虔恭又備一禱三祀終歲而四以迄于今而世宗又經集靈之宮于其下想喬松之疇是遊是憩郡國方士自遠而至者充巖塞崖鄉邑巫覡宗祀乎其中者盈谷溢谿咸有浮飄之志愉悅之色必雲霄之路可升而越（文選沈約遊沈道士館詩注作而起）果繁昌之福可降而致也故殖財之寶黃玉自出令德之珍卿相是毓匪惟嵩高降生申甫此亦有焉天有所興必先廢之故殷宗周宣以衰致盛是時也王業中缺大化陵遲郡縣既毀財匱禮乏庭廟傾壞壇場蕪穢祭祀之禮頗有缺焉于是鎮遠將軍領北地太守關鄉亭侯段君諱煨字忠明自武威占此土憲託何華二靈是與故能以昭烈之德享上將之尊銜命持重屯斯奇國討叛柔服威懷是示羣兇既除郡縣集寍家給人足戶有樂生之歡朝釋西顧之慮而懷關中之恃雖昔蕭相輔佐之功功冠羣后弗以加也遂解甲休士睥而不戰以逸其力脩飾享廟壇場之位荒而後辟禮廢而復興又造祠堂表以參闕達神路之端首觀壯麗乎孔徹然後旅祀祈請既有常處雖雨露衣而禮不廢于是邑之士女咸曰宜之乃建碑刊石垂示後裔其辭曰

於穆堂闕堂闕昭明經之營之不日而成匪奢匪儉惟德是程匪豐匪約惟禮是榮虔恭禋祀黍稷芬馨神具醉止降福穰穰（藝文類聚七初學記五古文苑）

張猛

猛字叔威奐少子建安初為郡功曹稱武威太守殺刺史反為韓遂所討自燒死

殺刺史邯鄲商下令

敢有臨商喪死不赦（魏志龐淯傳）

張敞

敞南陽人桓帝時為郡功曹建寧初大將軍竇武辟為令史

奏記王暢

五教在寬著之經典湯去三面八方歸仁武王入殷先去炮烙之刑高祖鑒秦唯定三章之法孝文皇帝感一緹縈除肉刑卓茂文翁召父之徒皆疾惡嚴刻務崇溫厚仁賢之政流聞後世夫明哲之君網漏吞舟之魚然後三光明于上人物悅于下言之若迂其效甚近發屋伐樹將為嚴烈雖欲懲惡難以聞遠以明府上智之才日月之曜敷仁惠之政則海內改觀實有折枝之易而無挾山之難郡為舊都侯甸之國園廟出于章陵三后生自新野士女沾教化黔首仰風流自中興以來功臣將相繼世而隆愚以為懇懇用刑不如行恩孳孳求姦未若禮賢舜舉皋陶不仁者遠隨會為政晉盜奔秦虞芮入境讓心自生化人在德不在用刑（後漢王龔附傳）

段熲

熲字紀明武威姑臧人桓帝初舉孝廉為憲陵園丞陽陵令遷遼東屬國都尉徵拜議郎永壽中拜中郎將以功封列侯延熹中遷護羌校尉坐罪徵下獄輸作左校起徙中復拜議郎遷并

州刺史。復爲護羌校尉。建寍初拜破羌將軍。㠯功更封新豐縣侯。徵還拜侍中。轉執金吾河南尹。坐事左轉諫議大夫。再遷司隸校尉。熹平中代李咸爲太尉。病免復爲司隸校尉。轉潁川太守。徵拜太中大夫。光和二年代橋玄爲太尉。會日食自劾。詔詣廷尉。飲鴆死。

應詔上言討先零東羌術略

臣伏見先零東羌雖數叛逆。而降于皇甫規者。已二萬許落。善惡既分。餘寇無幾。今張奐躊躇久不進者。當慮外離內合。兵往必驚。且自冬踐春。屯結不散。人畜疲羸。自亡之勢。徒更招降。坐制強敵耳。臣㠯爲狼子野心。難㠯恩納。勢窮雖服。兵去復動。唯當長矛挾脅。白刃加頸耳。計東種所餘三萬餘落。居近塞內。路無險折。非有燕齊秦趙從橫之勢。而久亂并涼。累侵三輔。西河上郡已各內徙。安定北地復至單危。自雲中五原西至漢陽二千餘里。匈奴種羌。竝擅其地。是爲癰疽伏疾。留滯脅下。如不加誅。轉就滋大。今若㠯騎五千。步萬人。車三千兩。三冬二夏。足㠯破定。無慮用費爲錢五十四億。如此則可令羣羌破盡。匈奴長服。內徙郡縣。得反本土。伏計永初中。諸羌反叛。十有四年。用二百四十億。永和之末。復經七年。用八十餘億。費耗若此。猶不誅盡。餘孽復起。于茲作害。今不暫疲人。則永寍無期。臣庶竭駑劣。伏待節度。（後漢段熲傳）

復上言東羌事

臣本知東羌雖衆。而軟弱易制。所㠯比陳愚慮。思爲永寍之筭。而中郎將張奐說虜強難破。宜用招降。（案文選陸倕石闕銘注引段熲上疏曰先零東羌討之難破降爲上策戰爲下計蓋即述張奐之言各有詳略耳）聖朝明監。信納瞽言。故臣謀得行。奐計不用。事勢相反。遂懷猜恨。信叛羌之訴。飾潤辭意。云臣兵累見折衂。又言羌一氣所生。不可誅盡。山谷廣大。不可空靜。血流汙野。傷和致災。臣伏念周秦之際。戎狄爲害。中興㠯來。羌寇最盛。誅之不盡。雖降復叛。今先零雜種。累㠯反覆。攻沒縣邑。剽略人物。發冢露尸。禍及生死。上天震怒。假手行誅。昔邢爲無道。衞國伐之。師興而雨。臣動兵涉夏。連獲甘澍。歲時豐稔。人無疵疫。上占天心。不爲災傷。下察人事。衆和師克。自橋門㠯西。落川㠯東。故宮縣邑。更相通屬。非爲深險絕域之地。車騎安行。無應折衂。案奐爲漢吏。身當武職。駐兵二年。不能平寇。虛欲修文戢戈。招降獷敵。誕辭空說。僭而無徵。何㠯言之。昔先零作寇。趙充國徙令居內。煎當亂邊。馬援遷之三輔。始服終叛。至今爲鯁。故遠識之士。㠯爲深憂。今傍郡戶口單少。數爲羌所創毒。而欲令降徒與之雜居。是猶種枳棘于良田。養虺蛇于室內也。故臣奉大漢之威。建長久之策。欲絕其本根。不使能殖。本規三歲之費。用五十四億。今適朞年。所耗未半。而餘寇殘燼。將向殄滅。臣每奉詔書。軍不內御。願卒斯言。一㠯任臣。臨時量宜。不失權便。（後漢段熲傳）

趙典

典字仲經。蜀郡成都人。太尉戒第二子。（謝承書作戒之叔子）建和初舉有道方正。對策。拜議郎。再遷侍中。襲封廚亭侯。出爲弘農太守。轉右扶風。免。徵拜城門校尉。轉將作大匠。遷少府。轉大鴻臚、太僕、太常。免。靈帝初再遷長樂少府衞尉。卒。謚曰獻侯。

諫開鴻池

鴻池汎溉。已且百頃。猶復增而深之。非所㠯崇唐虞之約己。遵孝文之愛人也。（後漢趙典傳）

奏諫封恩澤侯

夫無功而賞。勞者不勸。上忝下辱。亂象干度。且高祖之誓。非功臣不封。宜一切削免爵土。㠯存舊典。（後漢趙典傳）

趙溫

溫字子柔。典兄子。爲京兆郡丞。棄官去。獻帝西遷。爲侍中。封江

江南亭侯代楊彪爲司空免尋爲司徒錄尚書事建安十三年以辟曹丕爲掾忤曹公免官卒年七十二

與李傕書

公前託爲董公報讎然實屠陷王城殺戮大臣天下不可家見而戶說也今與郭汜爭睚眥之隙以成千鈞之讎民在塗炭各不聊生曾不改悟遂成禍亂朝廷仍下明詔欲令和解上命不行威澤日損而復欲移轉乘輿于黃白城更幸非所此誠老夫所不達也于易一過爲過再爲涉三而弗改滅其頂凶不如早共和解引軍還屯上安萬乘下全生民豈不幸甚魏志董卓傳注引獻帝起居注袁宏後漢紀二十八後漢趙典傳

宰宣

宣弘農人

上言宜封梁冀妻孫壽

大將軍有周公之功今既封諸子則其妻宜爲邑君後漢書梁冀傳宣素性佞邪欲取媚于冀乃上言

袁著

著汝南人桓帝時爲郎中年十九上書劾梁冀冀密捕之變姓名僞死市棺殯送冀廉知其詐陰求得笞殺之冀誅有詔以禮祀

詣闕上書

臣聞仲尼歎鳳鳥不至河不出圖自傷卑賤不能致也今陛下居得致之位又有能致之資而和氣未應賢愚失序者勢分權臣上下壅隔之故也夫四時之運功成則退高爵厚寵鮮不致災今大將軍位極功成可爲至戒宜遵懸車之禮高枕頤神傳曰木實繁者披枝害心若不抑損權盛將無以全其身矣左右聞臣言將側目切齒臣特以童蒙見拔故敢忘忌諱昔舜禹相戒無若丹朱周公戒成王無如殷王紂願除誹謗之罪以開天下之口後漢書梁冀傳

劉淑

淑字仲承河閒樂成人永興二年袁宏紀作延熹八年舉賢良方正對策第一拜議郎再遷尚書又再遷侍中虎賁中郎將靈帝初爲宦官所譖下獄自殺

延熹八年日蝕舉賢良方正對策

臣聞立天之道曰陰與陽立人之道曰仁與義故夫婦正則父子親父子親則君臣通君臣通則仁義立仁義立則陰陽和而風雨時矣夫吉凶在人水旱由政故勢在臣下則地震坤裂下情不通則日月失明百姓怨恨則水旱暴興人主驕淫則澤不下流由此觀之君其綱也臣其紀也綱紀正則萬目張君臣正則萬國理故能父慈子孝夫信婦貞兄愛弟順如此則陰陽和風雨時萬物得所矣袁宏後漢紀二十二

劉梁

梁一名岑字曼山東平寧陽人桓帝時舉孝廉除北新城長召拜尚書郎累遷後爲野王令未行有集三卷

除北新城長告縣人

昔文翁在蜀道著巴漢庚桑瑣隸風移碨磥吾雖小宰猶有社稷苟赴期會理文墨豈本志乎後漢書劉梁傳

七舉

丹楹縹壁紫柱虹梁文選注楹作楃虹作紅桷榱朱綠藻梲玄黃鏤以金碧雜以夜光鴻臺百層千雲參差仰觀八極遊目無涯玉樹靑葱鸞鶴並棲隨珠明月照曜其陂藝文類聚五十七文選景福殿賦注赭白馬賦注七啟注綠柱朱榱靑瑣璧璫御覽一百八十七

華組之纓從風紛紜御覽六百八十六又八百十九

佩則結綠懸黎寶之徵妙符彩照爛流景揚輝御覽六百九十二

黼黻之服。紗縠之裳。繁飾參差。微鮮若霜。御覽六百九十六。

雙轅覆井。芰荷垂英。文選景福殿賦注。

九旒之冕。散耀垂文。文選七啟注。

先生昭然神悟。霍爾體輕。文選何敬叔褉詩注、七啟注。

酤㠯醯醢。和㠯蜜飴。文選七命注。

芻豢既陳。異饌並羞。勺藥之調。煎炙烝臑。酤㠯醯醢。和㠯蜜飴。書鈔一百四十二。

菰粱之飯。入口叢流。送㠯熊蹯。咽㠯豹胎。書鈔一百四十四。

鯉魮之膾。分毫析釐。書鈔一百四十五。

辯和同論

夫事有違而得道。有順而失義。有愛而為害。有惡而為美。其故何乎。蓋明智之所得。闇偽之所失也。是㠯君子之于事也。無適無莫。必攷之㠯義焉。得由和興。失由同起。故㠯可濟否謂之和。好惡不殊謂之同。春秋傳曰。和如羹焉。酸苦㠯劑其味。君子食之㠯平其心。同如水焉。若㠯水濟水。誰能食之。琴瑟之專一。誰能聽之。是㠯君子之行。周而不比。和而不同。㠯救過為正。㠯匡惡為忠。經曰。將順其美。匡救其惡。則上下和睦。能相親也。昔楚恭王有疾。召其大夫曰。不穀不德。少主社稷。失先君之緒。覆楚國之師。不穀之罪也。若㠯宗廟之靈。得保首領㠯歿。請為靈若厲。大夫許諾。及其卒也。子囊曰。不然。夫事君者從其善。不從其過。赫赫楚國。而君臨之。撫正南海。訓及諸夏。其寵大矣。有是寵也。而知其過。可不謂恭乎。大夫從之。此違而得道者也。及靈王驕淫。暴虐無度。芊尹申亥從王之欲。㠯殯于乾谿。殉之二女。此順而失義者也。鄢陵之役。晉楚對戰。陽穀獻酒。子反㠯斃。此愛而害之者也。臧武仲曰。孟孫之惡我。藥石也。季孫之愛我。美疢也。疢毒滋厚。石猶生我。此惡而為美者也。孔子曰。智之難也。有臧武仲之智。而不容于魯國。抑有由也。作而不順。施而不恕矣。蓋善其知義。譏其違道也。夫知而違之。偽也。不知而失之。闇也。闇與偽焉。其患一也。患之所在。非徒在智之不及。又在及而違之者矣。故曰。智及之。仁不能守之。雖得之。必失之也。夏書曰。念茲在茲。庶事恕施。忠智之謂矣。故君子之行。動則思義。不為利回。不為義疚。進退周旋。唯道是務。苟失其道。則兄弟不阿。苟得其義。雖仇讎不廢。故解狐蒙祁奚之薦。二叔被周公之害。勃鞮㠯逆文為成。傳瑕㠯順厲為敗。管蘇㠯憎忤取進。申侯㠯愛從見退。攷之㠯義也。故曰。不在逆順。㠯義為斷。不在憎愛。㠯道為貴。禮記曰。愛而知其惡。憎而知其善。攷義之謂也。後漢劉梁傳。

劉梁碑 闕

君遷桂陽太守。班序㠯正。㠯仁為首。㠯義為先。書鈔。

全後漢文卷六十四終

全後漢文卷六十五

烏程嚴可均校輯

劉楨

楨字公幹。梁孫。建安中司空曹操吕爲軍謀祭酒掾。歷平原侯庶子五官將文學。有毛詩義問十卷。集四卷。

大暑賦

其爲暑也。羲和總駕發扶木。太陽爲輿達炎燭。靈威參垂步朱轂。赫赫炎炎。烈烈暉暉。若熾燎之附體。又溫泉而沈肌。獸喘氣于玄景。鳥戢翼于高危。農畯捉鎛而去疇。織女釋杼而下機。溫風至而增熱。歊悒憯而無依。披襟領而長嘯。冀微風之來思。藝文類聚五。

黎陽山賦

自魏都而南邁。迄洪川吕揭休。想王旅之旌旄。望南路之遐修。御輕駕而西徂。過舊塢之高區。爾乃踰峻嶺。超連岡。一登九息。遂臻其陽。南蔭黃河。左覆金城。青壇承祀。高碑頌靈。珍木騈羅。奮華揚榮。雲興風起。蕭瑟清泠。延首南望。顧瞻舊鄉。桑梓增敬。慘切懷傷。河源汨其東遊。陽烏飄而南翔。覩眾物之集華。退欣欣而樂康。藝文類聚七。

昃遊未厭。白日潛輝。文選謝叔源遊西池詩注。

魯都賦

昔大庭氏肇建厥居。少昊受命。亦都茲焉。藝文類聚六十一。

巨海分焉。傾瀉百川。初學記六。

山則連岡屬嶺。嶝嵬峽北。紫金揚暉于鴻岸。水精潛光乎雲穴。岱宗巍其層秀。干氣霧吕高越。其木則赤棟青松。文梓蕙棠。洪榦百圍。高徑穹皇。竹則塡彼山陔。根瀰阪域。夏篠攢包。勁條竝殖。蒙雪含霜。不渝其色。翠實離離。鳳凰攸食。藝文類聚六十一。北堂書鈔一百五十八。初學記二十八。

芳果萬名。攢羅廣庭。霜滋靈潤。時至則零。御覽九百六十四。

黍稷油油。秔稌垂芒。𥢶穗滿握。一穎千箱。初學記二十七。

蒢鴰葱𪆀。御覽九百二十五。

水產眾夥。各有彝倫。頒首莘尾。豐顱重斷。戴兵挾刃。盤甲曲鱗。藝文類聚六十一。

其鹽則高盆連再。波酌海臻。素鹺凝結。皓若雪氛。書鈔一百四十六。

又有鹽沈漭沆。煎炙陽春。焦暴濆沫。疏鹽自殷。挹之不損。取之不動。書鈔一百四十六。

再當作冉。鹽沈之沈當作池。

女工則絳□綺縠。御覽八百十六。

纖纖絲履。燦爛鮮新。靈草尋蔓。華榮奏口。表吕文組。初學記作綦。綴吕珠蟥。步蹈安審。接跡承身。書鈔一百三十六。初學記二十六。御覽六百九十七。

且觀其時。謝節移和。族綏宗招。歡合好肅。戒友朋。龍燭九枝。遞稻壽陽。賦湛露吕酉客。召麗妙之新倡。眾媛侍側。鱗附盈房。蛾眉清眸。顏若雪霜。玄髮曜粉。芳澤不□。含丹吮素。巧笑妍詳。袿裾紛緋。振佩鳴璜。插曜日之珍笄。珥明月之珠璫。舞人就列。整飾容華。和顏揚眸。眄風長歌。飄乎焱發。身如轉波。尋虛騁迹。顧與節和。縱脩袖吕終曲。若奔星之赴河。及其素秋二七。天漢指隅。民胥祓禊。國于水嬉。緹帷彌津。丹帳覆洲。日暮宴罷。車騎就衢。蓋如飛鶴。馬如游魚。伊歲之冬。雲氣清晞。水沍露凝。冰雪皚皚。藝文類聚六十一。書鈔一百三十五。初學記三。又四。又十五。御覽三百八十一。七百二。七百十八。

金陛玉砌。玄柘雲桷。文選王融曲水詩序注。

應門巖巖。朱扉含光。路殿巋其隆崇。文陛巘其高驤。聽迅雷于長除。若有聞而復亡。其園囿苑沼。騈田接連。淥池分浪。吕帶后垠。文隅瓊岸。華玉依津。邦乃大狩。振揚炎威。敹民即戎。講習興師。落幕包括。連結營圍。長罼掩壑。大羅被罿。毛羣隕殪。羽族殲剝。塡崎塞畎。不可勝錄。藝文類聚六十六。御覽八百三十二。

戢武器于有炎之庫。放戎馬于巨野之垧。水經泗水注。

彼齊諸儒韐弁端衣散佩垂紳金聲玉色溫故知新訪魯都之區域弔先生之遺貞（御覽一百五十六）

遂志賦

幸遇明后因志東傾披此豐草乃命小生生之小矣何茲云當牧馬于路役車低昂愴恨惻切我獨西行去峻溪之鴻洞觀日于朝陽釋叢蘭之餘剌踐積林之柔芳皦玉粲以曜目榮日華以舒光信此山之多靈何神分之煌煌聊且遊觀周歷高岑仰攀高枝側身遺陰磷磷磩磩以廣其心伊天皇之樹葉必結根于仁方梢吳夷于東隅掣叛臣乎南荊戢干戈于內庫我馬縶而不行揚洪恩于無涯聽頌聲之洋洋四寓寞以無爲玄道穆以普將翼儁乂于上列退仄陋于下場襲初服之蕪薉託蓬廬以遊翺豈放言而云禰乃旦夕之可忘（藝文類聚二十六）

清慮賦

結東阿之扶桑接西雷乎燭龍入鍾君之闕出水精之都上青騰之山蹈琳璠之塗玉樹翠葉上棲金烏（初學記二十七文選雪賦注御覽八百八）錯華玉以茨屋騈雄黃以爲墀（雄御覽作雌）紛以瑞蕊糅以玉夷（初學記二十七御覽一百八十五）後布璿琩之席前設犢螭之筵憑文瑤之几對精金之盤（書鈔一百三十三引兩條御覽七百六又七百九又八百七又八百九）口虞氏之爨加火珠之飩炊嘉禾之米和菉萊之飯（書鈔一百四十四）仰稱木莛俯拔廉薑（御覽九百七十四）

瓜賦

楨在曹植坐廚人進瓜植命爲賦促立成其辭曰

含金精之流芳冠種瓜以作珍三星在隅溫風節暮枕䵅于膝流美遠布黃華炳晻潛實獨著豐細異形圓方殊務揚暉發藻九采雜糅厥初作苦終然允甘應時湫熟含蘭吐芳藍皮蜜理素肌丹瓤乃命圓師貢其最良投諸清流一流一藏更布象牙之席薰玳瑁之筵凭形玉之几酌繚碧之樽析以金刀四剖三離承之以雕盤羃之以纖絺甘踰蜜房冷亞冰圭（藝文類聚八十七文選顏延年皇太子釋奠會詩注初學記十又二十七引四條又御覽二百四十六八百十九九百七十八）

一流之流當作浮

與曹植書

明使君始垂哀憐意眷日崇譬之疾病乃使炎農分藥岐伯下鍼疾雖未除就沒無恨何者以其天醫至神而榮魄自盡也（御覽七百三十九）

諫曹植書

肅以素秋則落（文選潘正叔贈陸機詩注又劉琨重贈盧諶詩注又張協七命注）家丞邢顒北土之彥少秉高節玄靜澹泊言少理多眞雅士也楨誠不足同貫斯人竝列左右而楨禮遇殊特顒反疏簡私懼觀者將謂君侯習近不肖禮賢不足採庶子之春華忘家丞之秋實爲上招謗其罪不小以此反側（魏志邢顒傳）

答魏太子丕借廓落帶書

楨聞荊山之璞曜元后之寶隨侯之珠燭衆士之好南垠之金登窈窕之首貂貚（御覽作鼲貂）之尾綴侍臣之幘此四寶者伏朽石之下潛汙泥之中而揚光千載之上發彩疇昔之外亦皆未能初自接于至尊也夫尊者所服卑者所修也貴者所御賤者所先也故夏屋初成而大匠先立其下嘉禾始熟而農夫先嘗其粒恨楨所帶無他妙飾若實殊異尙可納也（魏志王粲傳注引典略又略見御覽六百八十七六百八十八）

處士國文甫碑

先生執乾靈之貞潔稟神祇之正性咳笑則孝悌之端著匍匐則淸節之兆見齠齔以及成人體無惰容口無惢辭兢兢業業小心畏忌勤讓同儔敬事長老雖周之樂正子春漢之江都董相其飭躬力行無以尚之是以長安師其仁朋友欽其義閭門稱其慈宗

厲懷其惠既乃潛身窮巖遊心載籍薄世名也初海內之亂不視膳羞十有餘年憂心泣血不勝其哀形銷氣竭㠯建安十七年四月卒于時龍德逸民黃髮實叟綴文通儒有方彥士莫不拊心長號如喪同生咸㠯為誄所㠯昭行也銘所㠯旌德也古之君子既沒而令問不忘者由斯一者也銘曰

懿矣先生天授德度外清內白如玉之素逍遥九臯方回是慕不計治萃名與殊路知我者希韞櫝未酤褱過乎哀遘疾不悟早世永頹違此榮祚容爾末徒聿修歎故（藝文類聚三十七）

劉陶

陶字子奇一名偉潁川潁陰人桓帝時游太學舉孝廉除順陽長㠯病免靈帝時拜侍御史封中陵鄉侯三遷尚書令拜侍中徙京兆尹後為諫議大夫為宦官所陷下獄死有集三卷

上疏陳事

臣聞人非天地無㠯爲生天地非人無㠯爲靈是故帝非民不立民非帝不寧夫天地之與帝帝之與民猶頭之與足相須而行混同一體自然之勢也臣竊觀之今玄象錯度日月不明地裂川溢妖祥竝興胤嗣仍絕民幸流亡昔夏癸由此而廢商辛㠯斯而喪若不悔寤恐懼將無及矣伏惟陛下年隆德茂中天稱號襲常存之慶循不易之制目不視鳴條之事耳不聞檀車之聲天災不有痛于肌膚震蝕不即損于聖體故蔑三光之謬輕上天之怒怡民饑之憂忽震裂之變輕無嗣之禍殆國家之命非所㠯彰美祖業克保天祉者也伏念高祖之起始自布衣拾暴秦之敝追亡周之鹿合散扶傷克成帝業功既顯矣勤亦至矣流福遺祚至于陛下陛下既不能增明烈考之軌而忽高祖之勤妄假利器委授國柄使羣醜刑隸芟刈小民雕敝諸夏虐流遠近故天降衆異㠯戒陛下陛下不悟而競令虎豹窟于麑場豺狼乳于春圃斯豈唐咨禹

稷益典朕虞議物賦土蒸民之意哉又令牧守長吏上下交競封豕長蛇蠶食天下貨殖者爲窮冤之魂貧餒者作飢寒之鬼高門獲東觀之辜豐室罹妖叛之罪死者悲于窀穸生者戚于朝野是愚臣所爲咨嗟長懷歎息者也且秦之將亡正諫者誅諛進者賞嘉言結于忠舌國命出于讒口擅閻樂于咸陽授趙高㠯車府權去已而不知威離身而不顧古今一揆成敗同勢願陛下遠覽強秦之傾近察哀平之變得失昭然禍福可見臣又聞危非仁不扶亂非智不救故武丁得傅說㠯消鼎雉之災周宣用申甫㠯濟夷厲之荒竊見故冀州刺史南陽朱穆前烏桓校尉同郡李膺皆履正清脩貞介絕俗穆前在冀州奉憲操平摧破姦黨彈糾豪傑埽滅饕惡肅清萬里不仁者遠雖山甫不畏彊禦誠無㠯逾也膺前後歷典牧守正身率下及掌戎馬鎮撫北疆神武揚于朔州彊胡懾于漠北文既俎豆武亦干戈功遂身退家無私積斯實中興之良佐國家之柱臣也宜還本朝夾輔王室上齊七燿下鎮萬國不合久屈閒曹委于草莽臣敢吐不時之義于諱言之朝猶冰霜見日必至消滅臣恐小人道長遂成其敗犯冒天顏言誠非議知必㠯身脂鼎鑊爲海內先笑所學之事將復何恨不學鬼谷之于東齊而習秦儀之于周魏賈王孫于蜀郡交猗頓之貨殖如此亦可㠯示王室之爵置天地之位矣臣始悲天下之可悲今天下亦悲臣之愚惑也（袁宏後漢紀二十一後漢劉陶傳合錄成篇）

與樂松袁貢連名上疏言張角

聖王㠯天下耳目爲視聽故能無不聞見今張角支黨不可勝計前司徒楊賜奏下詔書切敕州郡護送流民會賜去位不復捕錄雖會赦令而謀不解散四方私言云角等竊入京師覘視朝政鳥聲獸心私共鳴呼州郡忌諱不欲聞之但更相告語莫肯公文宜下明詔重募角等賞㠯國土有敢回避與之同罪（後漢劉陶傳）

陳要急八事疏

臣聞事之急者不能安言心之痛者不能緩聲竊見天下前遇張角之亂後遭邊章之寇每聞羽書告急之聲心灼內熱四體驚竦今西羌逆類私署將帥皆多段熲時吏曉習戰陳識知山川變詐萬端臣常懼其輕出河東馮翊鈔西軍之後東之函谷據阸高望今果已攻河東恐遂轉更豕突上京如是則南道斷絕車騎之軍孤立關東破膽四方動搖威之不來叫之不應雖有田單陳平之策計無所用臣前驛馬上便宜急絕諸郡賦調冀尚可安事付主者留連至今莫肯求問今三郡之民皆㠯奔亡南出武關北徙壺谷冰解風散唯恐在後今其存者尚十三四軍吏士民悲愁相守民有百走退死之心而無一前鬬生之計西寇浸前去營咫尺胡騎分布已至諸陵將軍張溫天性精勇而主者旦夕迫促軍無後殿假令失利其敗不救臣自知言數見厭而言不自裁者㠯為國安則臣蒙其慶國危則臣亦先亡也謹復陳當今要急八事乞須臾之間深垂納省（後漢劉陶傳云其八事大較言天下大亂皆由宦官）

詣闕上書訟朱穆

伏見施刑徒朱穆處公憂國拜州之日志清姦惡誠㠯常侍貴寵父子兄弟布在州郡競為虎狼噬食小人故穆張理天網補綴漏目羅取殘禍㠯塞天意由是內官咸共恚疾謗讟煩興讒隙仍作極其刑讁輸作左校天下有識皆㠯穆同勤禹稷而被共鯀之戾若死者有知則唐帝怒于崇山重華忿于蒼墓矣當今中官近習竊持國柄手握王爵口含天憲運賞則使餓隸富于季孫呼噏則令伊顏化為桀跖而穆獨亢然不顧身害非惡榮而好辱惡生而好死也徒感王綱之不攝懼天網之久失故竭心懷憂為上深計臣願黥首繫趾代穆校作（後漢朱穆傳）

改鑄大錢議

聖王承天制物與人行止建功則眾悅其事興戎而師樂其旅是故靈臺有子來之人武旅有鳧藻之士皆舉合時宜動順人道也臣伏讀鑄錢之詔平輕重之議訪覃幽微不遺窮賤是㠯藿食之人謬延逮及敢懸書象魏聽罪絳闕蓋㠯為當今之憂不在于貨在民有饑勞之怨海內無耳目之變乃箕子所謂佯愚而對也臣不達殷人佯愚之慮欲于不問而言甲子之事故念生鮮死久復不敢極諫陳其要請粗言生民之業夫生養之道先食後民（當作後貨）是㠯先王觀象育物敬授民時使男不遺畝女不下機故君臣之道行王路之教通由是言之食者乃有國之所寶生民之至貴也竊見比年㠯來良苗盡于蝗螟之口杼柚空于公私之求野無青草室如懸罄所急朝夕之餐所患靡鹽之事豈謂錢貨之厚薄銖兩之輕重哉就使當今沙礫化為南金瓦石變為和玉使百姓渴無所飲飢無所食雖皇羲之純德唐虞之文明猶不能㠯保蕭牆之內也蓋民可百年無貨不可一朝有飢故食為至急也今議者不達農殖之本多言鑄冶之便或欲因緣行詐㠯賈國利國利將盡取者爭競造鑄之端于是乎生蓋萬人鑄之一人奪之猶不能給況今一人鑄之則萬人奪之乎雖㠯陰陽為炭萬物為銅役不食之民使不飢之士猶不能足無厭之求也夫欲民殷財阜要在止役禁奪則百姓不勞而足陛下聖德愍海內之憂戚傷天下之艱難欲鑄錢齊貨㠯救其弊此猶養魚于沸鼎之中棲鳥于烈火之上水木本魚鳥之所生也用之不時必至焦爛願陛下寬鍥薄之禁後冶鑄之議聽民庶之謠吟問路叟之所憂瞰三光之文耀視山河之分流天下之心國家大事粲然皆見無有遺惑者矣臣嘗誦詩至于鴻雁于野之勞哀勤百堵之事每喟爾長懷中篇而歎近聽征夫飢勞之聲甚于斯歌是㠯追悟匹婦吟魯之憂始于此乎見白駒之意屏營彷徨不能監寐伏念當今地廣而不得耕

民衆而無所食。羣小競起。進秉國之位。鷹揚天下。烏鈔求飽。吞肌及骨。竝噬無厭。誠恐卒有役夫窮匠。起于板築之間。投斤攘臂。登高遠呼。使愁怨之民。很蹤虎駭。響應雲合。八方分崩。中夏魚潰。雖方尺之錢。何能有救。其危猶舉函牛之鼎。絓纖枯之末。詩人所以眷然顧之。潸焉出涕者也。若不早寤。恐將及之。臣東野狂闇。不達大義。緣廣及之時。對過所問。知必以身脂鼎鑊。爲天下笑。袁宏後漢紀二十六、後漢劉陶傳、晉書食貨志、通典八。

全後漢文卷六十五

全後漢文卷六十六

烏程嚴可均校輯

侯瑾

瑾字子瑜，敦煌人。桓帝時徵有道，復徵博士，皆不至。有集二卷。

箏賦

物順合于律呂，音協同于宮商，朱絃微而慷慨兮，哀氣切而懷傷。初學記十六。

于是急絃促柱，變調改曲，卑殺纖妙，微聲繁縟。散清商而流轉兮，若將絕而復續。紛曠蕩以繁奏，邈遺世而越俗。若乃察其風采，練其聲音，美哉蕩乎，樂而不淫，雖懷思而不怨，似幽風之遺音。于是雅曲既闋，鄭衞仍修，新聲順變，妙弄優遊，微風漂裔，初學記作漂霰，文選廣絕交論注作彭擊。冷氣輕浮，感悲音而增歎，愴顦悴而懷愁。若乃上感天地，下動鬼神，享祀宗祖，酬酢嘉賓，移風易俗，混同人倫，莫有尚于箏者矣。藝文類聚四十四，又初學記十六引兩條，又略見文選月賦注、陸機猛虎行注、謝靈運擬鄴中集詩注、劉峻廣絕交論注。

皇德頌敘

侯瑾字子瑜，敦煌人。少孤貧，依宗人居。性篤學，恆傭作為資，暮還輒爇薪讀書。御覽八百二十九。

高彪

彪字義方，吳郡無錫人。游太學，郡舉孝廉，試經第一，除郎中，校書東觀，後為內黃令。有集二卷。

復刺遺馬融書

伏閣高問，為日久矣，冀一見寵光，敘腹心之願，以啟其蔽，不圖辭之以疾。昔周公父文王，兄武王，九命作相，以尹華夏，猶握沐吐食，以接白屋之士，天下歸德，歷載邈矣。今君不能相見，宜哉。御覽六百六引華嶠書：彪詣大儒馬融，融辭不見，彪復刺其書云云。融省大慚，遣人辭謝追請，徑去不肯還。

承服風問，從來有年，故不待介者而謁大君子之門，冀一見寵光，以敘腹心之願，不圖遭疾，幽閉莫啟。昔周公旦父文兄武，九命作伯，以尹華夏，猶揮沐吐餐，垂接白屋，故周道以隆，天下歸德。公今養痾傲士，故其宜也。後漢高彪傳。

督軍御史箴餞贈第五永

文武將墜，迺俾俊臣，整我皇綱，董此不虔。古之君子，即戎忘身，昭其果毅，尚其桓桓。師尚七十，氣冠三軍，詩人作歌，如鷹如鸇。天有太一，五將三門；地有九變，丘陵山川；人有計策，六奇五閒。總茲三事，謀則咨詢。無曰己能，務在求賢，淮陰之勇，廣野是尊。周公大聖，石碏純臣，以威克愛，以義滅親。勿謂時險，不正其身；勿謂無人，莫識己真。忘富遺貴，福祿迺存；枉道依合，復無所觀。先公高節，越可永遵。佩藏斯戒，以厲終身。後漢高彪傳，淳化閣帖二。

清誡

天長而地久，人生則不然，又不養以福祿，全其壽年。飲酒病我性，思慮害我神，美色伐我命，利欲亂我真。神明無聊賴，愁毒于眾煩，中年棄我逝，忽若風過山，形氣各分離，一往不復還。上士愍其痛，抗志凌雲煙，滌蕩棄穢累，飄邈任自然，退修清以淨，吾存玄中玄。澄清藂思慮，泰清不受塵，恍惚中有物，希微無形端，智慮赫赫盡，谷神綿綿存。藝文類聚二十三。

澄清之清當作心

廉品

品為議郎，有集二卷。

大儺賦

于吉日之上戊，將大蜡于臘烝。先茲日之酉夕，宿潔淨以清澄。乃班有司，聚眾大儺。天子坐華殿，臨朱軒，凭玉几，席文彌。宰百隸之侲子，鞏鼓噪于宮垣。御覽五百三十。

秦嘉

桼當作嘉

桼字士會，隴西人。桓帝時仕郡，舉上計掾，入洛，除黃門郎，病卒

鏡形之鏡當作鑒

于津鄉亭。案書鈔一百三十六引秦士會與婦書，秦嘉字士會，止此一見。

與妻徐淑書

不能養志，當給郡使，隨俗順時，僶俛當去，知所苦故爾，未有瘳損，想念悒悒，勞心無已，當涉遠路，趨走風塵，非志所慕，慘慘少樂，又計往還，將彌時節，念發同怨，意有遲遲，欲暫相見，有所屬託，今遣車往，想必自力。藝文類聚三十二。

重報妻書

車還空反，甚失所望，兼敘遠別，恨恨之情，顧有悵然。間得此鏡，既明且好，形觀文彩，世所希有，意甚愛之，故以相與，幷致寶釵一雙，價值千金，龍虎組履一緉，好香四種各一斤，素琴一張，常所自彈也。明鏡可以鑑形，寶釵可以耀首，芳香可以馥身去穢，麝香可以辟惡氣，素琴可以娛耳。藝文類聚三十二，書鈔一百三十六引兩條，御覽六百九十七、七百十七、七百十八，又九百八十一引兩條。

李雲

雲字行祖，甘陵人，桓帝時舉孝廉，再遷白馬令，延熹二年以上書死獄中。

露布上書移副三府

臣聞皇后天下母，德配坤靈，得其人則五氏來備，不得其人則地動搖宮。比年災異，可謂多矣，皇天之戒，可謂至矣。高祖受命，至今三百六十四歲，君期一周，當有黃精代見，姓陳、項、虞、田、許氏，不可令此人居太尉、太傅典兵之官，舉厝至重，不可不慎。班功行賞，宜應其實。梁冀雖持權專擅，虐流天下，今以罪行誅，猶召家臣搤殺之耳，而猥封謀臣萬戶以上，高祖聞之，得無見非？西北列將，得無解體？孔子曰：帝者，諦也。今官位錯亂，小人諂進，財貨公行，政化日損，尺一拜用，不經御省，是帝欲不諦乎。後漢李雲傳，又略見袁宏後漢紀二十一。

趙芬

芬宕渠人，爲巴郡文學掾。

詣巴郡太守自訟

孝桓帝以幷州刺史泰山但望字伯闔爲巴郡太守，勤恤民隱。郡文學掾宕渠趙芬，掾弘農馮尤、墊江龔榮、王祈、李溫、臨江嚴就、胡頁、文愷、安漢陳禧、閬中黃閬、江州毋成、陽譽、喬就、張紹、牟存、平直等詣望自訟曰：

郡境廣遠，千里給吏，兼將人從，冬往夏還，夏單冬複，惟踰時之役，懷怨曠之思，其昏喪吉凶，不得相見，解緩補綻，下至薪菜之物，無不躬買于市，富者財得自供，貧者無以自久，是以清儉夭枉不閱，加以水陸艱難，山有猛獸，思迫期會，隕身江河，投死虎口，咨嗟之歎，歷世所苦。天之應感，乃遭明府，欲爲更新，童兒匹婦，懽喜相賀，將去遠就近，釋危蒙安，縣無數十，民無遠邇，恩加未生，澤及來世，巍巍之功，勒于金石。乞以文書付計掾史，人鬼同符，必獲嘉報，芬等幸甚。華陽國志一。

史枳

枳爲巴郡戶曹掾。

白趙芬等事

芬等前後百餘人歷政訟訴，未蒙感悟。明府運機布政，稽當皇極，爲民庶請命，救患德合天地，澤潤河海，開闢以來，今遇慈父。經曰：奕奕梁山，惟禹甸之，有倬其道，韓侯受命。比隆等盛，于斯爲美。華陽國志一。

但望

望字伯闔，泰山人，桓帝時由幷州刺史遷巴郡太守。

請分郡疏

謹按巴郡圖經，境界南北四千，東西五千，周萬餘里，屬縣十四，鹽鐵五官，各有丞史，戶四十六萬四千七百八十，口百八十七萬五千五百三十五遠縣去郡千二百至千五百里鄉亭去縣或三四百或及千里土界遐遠令尉不能窮詰姦凶時有賊發督郵追案十日乃到賊已遠逃蹤跡滅絕罪錄逮捕證驗文書詰訊即從春至冬不能究訖繩憲未加或遇德令是㠯賊盜公行姦宄不絕榮等（案龔榮墊江人）及隴西太守馮含上谷太守陳弘說往者至有劫閬中令楊殷殺津侯姜昊傷尉蘇鴻彭亭侯孫魯雍亭侯陳己殷侯樂普又有女服賊千有餘人布散千里不即發覺謀成乃誅其水陸覆害煞郡掾枳謝盛塞威張御魚服令尹壽主簿胡直若此非一給吏休謁往還數千閉因須報或有彈劾動便歷年吏坐踰科恐失冬節侵疑先死如當移傳不能待報輒自刑戮或長吏忿怒冤枉弱民欲赴訴郡官每憚還往太守行桑農不到四縣刺史行部不到十縣郡治江州時有溫風遙縣客吏多有疾病地勢側險皆重屋累居數有火害又不相容結舫水居五百餘家二江之會夏水潦盛壞散顛溺死者無數而江州㠯東濱江山險其人半楚姿態敦重墊江㠯西土地平敞精敏輕疾上下殊俗情性不同敢欲分爲二郡一治臨江一治安漢各有桑麻丹漆布帛魚池鹽鐵足相供給兩近京師榮等自欲義出財帛造立府寺不費縣官得百姓懽心孝武㠯來亦分吳蜀諸郡聖德廣被民物滋繁增置郡土釋民之勞誠聖主之盛業也臣雖貪大郡㠯自優暇不忍小民顛蹶蔽隔謹具㠯聞（華陽國志一）

趙咨

咨字文楚東郡燕人延熹初舉至孝有道遷博士靈帝時舉高第遷敦煌太守㠯病免徵拜議郎出爲東海相復拜議郎

遺書敕子胤

夫含氣之倫有生必終蓋天地之常期自然之至數是㠯通人達士鑒茲性命㠯存亡爲晦明死生爲朝夕故其生也不爲娛亡也

福當作復

得當作德

乘當作乖

不爲戚夫亡者元氣去體貞魂游散反素復始歸于無端既已消仆還合糞土土爲棄物豈有性情而欲制其厚薄調其燥溼邪但㠯生者之情不忍見形之毀乃有掩骼埋窆之制易曰古之葬者衣㠯薪藏之中野後世聖人易之㠯棺椁棺椁之造自黃帝始爰自陶唐逮于虞夏猶尙簡樸或瓦或木及至殷人而有加焉周室因之制兼二代復重㠯牆翣之飾表㠯旌銘之儀招福含斂之禮殯葬宅兆之期棺椁周重之制衣衾稱襲之數其事煩而害實品物碎而難備然而秩爵異級貴賤殊等自成康㠯下其典稍乖至于戰國漸至頹陵法度衰毀上下僭雜終使晉侯請隧秦伯殉葬陳大夫設參門之木宋司馬造石椁之奢爰暨暴秦違道廢德滅三代之制興淫邪之法國貲糜于三泉人力單于酈墓玩好窮于糞土伎巧費于窀穸自生民㠯來厚終之敝未有若此者雖有仲尼重明周禮墨子勉㠯古道猶不能禦也是㠯華夏之士爭相陵尙違禮之本事禮之末務禮之華棄禮之實單家竭財㠯相營赴廢事生而營終亡替所養而爲厚葬豈云聖人制禮之意乎記曰喪雖有禮哀爲主矣又曰喪與其易也寧戚今則不然幷棺合椁㠯爲孝愷豐貲重禭㠯昭惻隱吾所不取也昔舜葬蒼梧二妃不從豈有匹配之會守常之所乎聖主明王其猶若斯況于品庶禮所不及古人時同即會時乖則別動靜應禮臨事合宜王孫裸葬墨夷露骸皆達于性理貴于速變梁伯鸞父沒卷席而葬身亡不反其尸彼數子豈薄至親之恩亡忠孝之道邪況我鄙闇不得不斂薄意內昭志有所慕上同古人下不爲咎果必行之勿生疑異恐爾等目厭所見耳諱所議必欲改殯㠯乘吾志故遠采古聖近揆行事㠯悟爾心但欲制坎令容棺椁棺歸即葬平地無墳勿卜時日葬無設奠勿留墓側無起封樹於戲小子其勉之哉吾蔑復有言矣（後漢趙咨傳）

師當作帥

萇照

照陳留高陽人。

廣野君廟碑

延熹六年十二月。雍丘令董生。仰餘徽于千載。遵茂美于絕代。命縣人萇照爲文。用章不朽之德。輟洗分餐。諮謀帝猷。陳鄭有涿鹿之功。海岱無牧野之戰。大康華夏。綏靜黎物。生民已來。功盛莫崇。水經睢水注。

張磐

磐字子石。丹陽人。延熹中爲交阯刺史。後爲廬江太守。

在獄自列狀

前長沙賊胡蘭作難。荊州餘黨散入交阯。磐身膺甲冑。涉危履險。討擊凶患。斬殄渠師。餘燼烏竄。冒遁還奔荊州。刺史度尚。懼磐先言。怖畏罪戾。伏奏見誣。磐備位方伯。爲國爪牙。而爲尚所枉。受罪牢獄。夫事有虛實。法有是非。磐實不辜。赦無所除。如忍以苟免。永受侵辱之恥。生爲惡吏。死爲敝鬼。乞傳尚詣廷尉。面對曲直。足明眞僞。尚不徵者。磐埋骨牢檻。終不虛出。望塵受枉。後漢度尚傳。

番忠

忠字公誠。梁人。延熹中爲郎中。光和中坐劾宦官免。昭靈初辟公府。

上書劾朱瑀

臣聞治國之要。得賢則安。失賢則危。故舜有臣五人。而天下治。湯舉伊尹。不仁者遠。陛下即位之初。未能萬機。皇太后念在撫育。權時攝政。故中常侍蘇康管霸。應時誅殄。太傅陳蕃。大將軍竇武。尚書令尹勳。知中官姦亂。考其黨與。志淸朝政。華容侯朱瑀。知事覺露。禍及其身。遂興造逆謀。作亂王室。撞蹋省闥。執奪璽綬。迫脅陛下。聚會羣臣。離間骨肉母子之恩。遂誅蕃武及尹勳等。因共割裂城社。自相封賞。父子兄弟。被蒙尊榮。素所親厚。布在州郡。或登九列。或據三司。不惟祿重位尊之責。而苟營私門。皮剝小民。甚于狼虎。多蓄財貨。繕治第舍。連里竟巷。盜取御水。以作魚釣。車馬服玩。擬于天家。羣公卿士。杜口吞聲。莫敢有言。州郡牧守。承順風旨。辟召選舉。釋賢取愚。故蟲蝗爲之生。夷寇爲之起。天意憤盈。積十餘年矣。故頻歲日食于上。地震于下。所以譴戒人主。欲令覺悟。誅鉏無狀。昔高宗以雊雉之變。故獲中興之功。近者神祇啟悟陛下。發赫斯之怒。故王甫父子。應時馘截。路人士女。莫不稱善。若除父母之讎。誠怪陛下復忍孽臣之類。不悉殄滅。昔秦信趙高。以危其國。吳使刑人。身遘其禍。虞公抱寶牽馬。魯昭見逐乾侯。以不用宮之奇子家駒。以至滅辱。今瑀等並在左右。陛下春秋富盛。以不忍之恩。赦夷族之罪。懼惑佞諂。以作不軌。姦謀一成。悔亦何及。臣爲郎十五年。皆耳目聞見。瑀之所爲。誠皇天所不復赦。願陛下留漏刻之聽。裁省臣表。埽滅醜類。以荅天怒。與瑀考驗。有不如言。願受湯鑊之誅。妻子并徙。以絕妄言之路。袁宏後漢紀二十四光和二年。又見後漢書酷吏傳。

劉洪

洪字元卓。泰山蒙陰人。魯王宗室。延熹中以校尉應太史徵。拜郎中。遷常山長史。父憂去官。後爲上計掾。拜郎中。檢東觀著作。遷謁者。穀城門候。會稽東部都尉。領山陽太守。

上言王漢月食注之失

推元漢乙巳元。則考靈曜旃蒙之歲。乙卯元也。與光晃甲寅元相經緯。于以追天作麻。校三光之步。今爲疏闊。孔子緯一事見二端者。明麻興廢。隨天爲節。甲寅麻于孔子時效。己巳顓頊。秦所施用。漢興草創。因而不易。至元封中。迂闊不審。更用太初。應期三百。改憲之節。甲寅己巳。讖雖有文。略其年數。是以學人各傳所聞。至于課校。罔得厥正。夫甲寅元天正正月甲子朔旦冬至。七曜之起。始于牛初。乙卯之元人正。己巳朔旦立春。三光聚天廟五度。課兩元端閏餘差自五十分三之三。朔三百四。中節之餘二十九。㠯效信難聚。漢不解說。但言先人有書而已。㠯漢成注參官施行術。不同二十九事。不中見食二事。案漢習書見己巳元。謂朔不閏。不知聖人獨有興廢之義。史官有附天密術。甲寅己巳前已施行。效後格而已不用。河平疏闊。史官已廢之。而漢㠯去事分爭。殆非其意。雖有師法。與無同。課又不近密。其說蓋數術家所共知。無所采取。續漢律厤志中。

朱寓

寓沛國人。桓帝時廬江太守。永康初爲尚書。建寧初拜司隸校尉。尋復爲尚書。遭黨禁下獄死。

爲司隸奏單安徐盛

此等皆宮宦昆叔。刀鋸之餘。橫蒙恩私。剖符三河。不能思展命力。

㠯荅天地。敢張豺狼之口。吞噬百姓之命。罪深釁重。人鬼同疾。臣銜命操斤。翦其凶醜。輒考核贓罪。事皆伏上。袁宏後漢紀二十二。延熹八年。膺起家爲司隸校尉。河東太守單安。河內太守徐盛。中常侍單超徐盛之弟也。憑寵干紀。瀆貨害政。沛國朱寓嘗爲司隸校尉。奏安盛。

單超徐盛之盛當作璜

牢脩

脩一作順。師事術士張成。

上書興黨獄

司隸李膺、御史中丞陳蕃、汝南范滂、潁川杜密、南陽岑晊等相與結爲黨。誹謗朝廷。迫脅公卿。自相薦舉。三桓專魯。六卿分晉。政在大夫。春秋所譏。袁宏後漢紀二十二。李膺爲司隸。收河內張成殺之。侯覽等教成弟子牢順上書

赦者天子所㠯布大德于天下。蘇枯解難者也。而膺等公于赦後論殺。無忌方命。爲虐行其私威。且膺等養太學遊士。交結諸郡生徒。更相驅馳。共爲部黨。誹訕朝廷。疑亂風俗。不可長。後漢黨錮傳序。河內張成善說風角。推占當赦。教子殺人。膺案殺之。成弟子牢脩因上書誣告膺等。

劉瑜

瑜字季節。廣陵人。延熹末舉賢良方正。拜議郎。靈帝初爲侍中。與竇武謀誅宦官。被誅。

延熹八年舉賢良方正上書陳事

臣瑜自念東國鄙陋。得㠯豐沛枝胤。被蒙復除。不給卒伍。故太尉楊秉知臣竊闚典籍。猥見顯舉。誠冀臣愚直。有補萬一。而秉忠謨不遂。命先朝露。臣在下土。聽聞歌謠。驕臣虐政之事。遠近呼嗟之音。竊爲辛楚。泣血漣如。幸得引錄。備荅聖問。泄寫至情。不敢庸回。誠願陛下且㠯須臾之慮。覽今往之事。人何爲咨嗟。天曷爲動變。蓋諸侯之位。上法四七。垂文炳燿。關乎盛衰者也。今中官邪孽。比肩裂土。皆競立胤嗣。繼體傳爵。或乞子疏屬。或買兒市道。殆乖開國承家之義。古者天子一娶九女。娣姪有序。河圖授嗣。正在九房。今女嬖令色。充積閨帷。皆當盛其玩飾。冗食空宮。勞散精神。生長

六疾。此國之費也。生之傷也。且天地之性。陰陽正紀。隔絕其道。則水旱爲并。詩云。五日爲期。六日不詹。怨曠作歌。仲尼所錄。況從幼至長。幽藏歿身。又常侍黃門。亦廣妻娶。怨毒之氣。結成妖眚。行路之言。官發略人女。取而復置。轉相驚懼。孰不悉然。無緣空生此譌。鄒衍匹夫。杞氏匹婦。尚有城崩霜隕之異。況乃羣輩咨怨。能無感乎。昔秦作阿房。國多刑人。今第舍增多。窮極奇功。掘山攻石。不避時令。促㠯嚴刑。威㠯正法。民無罪而覆入之。民有田而覆奪之。州郡官府。各自考事。姦情賕賂。皆爲吏餌。民愁鬱結。起入賊黨。官輒興兵。誅討其罪。貧困之民。或有賣其首級。㠯要酬賞。父兄相代殘身。妻孥相視分裂。窮之如彼。伐之如此。豈不痛哉。又陛下㠯北辰之尊。神器之寶。而微行近習之家。私幸宦官之舍。賓客市買。熏灼道路。因此暴縱。無所不容。今三公在位。皆博達道藝。而各正諸己。莫或匡益者。非不智也。畏死罰也。惟陛下設置七臣。㠯廣諫道。及

開東序金縢史官之書。從堯、舜、禹、湯、文、武致興之道。遠佞邪之人。放鄭衞之聲。則政致和平。德感祥風矣。臣悾悾推情。言不足採。懼已觸忤。征營惘悸。後漢劉瑜傳。

太白出西方上書皇太后

太白犯房左驂。上將星入太微。其占宮門當閉。將相不利。姦人在主傍。願急防之。後漢竇武傳。

與竇武陳蕃書

星辰錯謬。不利大臣。宜速斷大計。後漢竇武傳。

劉琬

琬。瑜子。靈帝時舉方正。不行。

馬賦

吾有駿馬。名曰騏雄。龍頭。烏目。麟腹。虎胸。尾如雩彗。耳如插筒。御覽八百九十七。

神龍賦

大哉龍之爲德。變化屈伸。隱則黃泉。出則升雲。聖賢其似之乎。惟天神上帝之馬。含胎春夏。房心所作。軒照形角。尾規矩。藝文類聚九十六。

全後漢文卷六十六終

烏程嚴可均校輯

襄楷

楷字公矩，平原濕陰人。延熹末上疏諫用宦官，下獄論刑。靈帝時舉方正，又吕博士徵，皆不至。

詣闕上疏

臣聞皇天不言，吕文象設教。堯舜雖聖，必麻象日月星辰，察五緯所在，故能享百年之壽，爲萬世之法。臣竊見去歲五月，熒惑入太微，犯帝坐，出端門，不軌常道。其閏月庚辰，太白入房，犯心小星，震動中耀。中耀，天王也；傍小星者，天王子也。夫太微天廷，五帝之坐，而金火罰星揚光其中，于占天子凶；又俱入房心，法無繼嗣。今年歲星久守太微，逆行西至掖門，還竊執法。歲星，木精，好生惡殺，而淹畱不去者，咎在仁德不修，誅罰太酷。前七年十二月，熒惑與歲星俱入軒轅，逆行四十餘日，而鄧皇后誅。其冬大寒，殺鳥獸，害魚鼈，城傍竹柏之葉有傷枯者。臣聞于師曰：柏傷竹枯，不出三年，天子當之。今洛陽城中人夜無故叫呼，云有火光，人聲正讙，于占亦與竹柏枯同。自春夏吕來，連有霜雹及大雨雷，而臣作威作福，刑罰急刻之所感也。太原太守劉瓆、南陽太守成瑨，志除姦邪，其所誅翦，皆合人望，而陛下受閹豎之譖，乃遠加考逮。三公上書乞哀瓆等，不見採察，而嚴被譴讓。憂國之臣，將遂杜口矣。臣聞殺無罪，誅賢者，禍及三世。自陛下即位吕來，頻行誅伐，梁、寇、孫、鄧並見族滅，其從坐者，又非其數。李雲上書，明主所不當諱；杜眾乞死，諒吕感悟聖朝，曾無赦宥，而幷被殘戮，天下之人，咸知其冤。漢興吕來，未有拒諫誅賢，用刑太深如今者也。永平舊典，諸當重論皆須冬獄，先誅後刑，所吕重人命也。頃數十歲吕來，州郡玩習，又欲避請讞之煩，輒託疾病，多死牢獄。長吏殺生自已，死者多非其罪，魂神寃結，無所歸訴，淫厲疾疫，自此而起。昔文王一妻，誕致十子；今宮女數千，未聞慶育。宜修德省刑，吕廣螽斯之助。又七年六月十三日，河内野王山上有龍死，長可數十丈。扶風有星隕爲石，聲聞三郡。夫龍形狀不一，小大無常，故周易況之大人，帝王吕爲符瑞。閒河内龍死，諱吕爲蛇。夫龍能變化，蛇亦有神，皆不當死。昔秦之將衰，華山神操璧吕授鄭客，曰：今年祖龍死。始皇逃之，死于沙丘。王莽天鳳二年，訛言黃山宮有死龍之異，後漢誅莽，光武復興。虛言猶然，況于實邪？夫星辰麗天，猶萬國之附王者也。下將畔上，故星亦畔天。石者安類，墜者失勢。春秋石五隕宋，其後襄公爲楚所執。秦之亡也，石隕東郡。今隕扶風，與先帝園陵相近，不有大喪，必有畔逆。案春秋吕來及古帝王，未有河清及學門自壞者也。臣吕爲河者，諸侯位也。清者屬陽，濁者屬陰。河當濁而反清者，陰欲爲陽，諸侯欲爲帝也。太學，天子敎化之宮，其門無故自壞者，言文德將喪，敎化廢也。京房易傳曰：河水清，天下平。今天垂異，地吐妖，人厲疫，三者竝時而有河清，猶春秋麟不當見而見，孔子書之吕爲異也。臣前上琅邪宮崇受于吉神書，不合明聽。臣聞布穀鳴于孟夏，蟋蟀吟于始秋，物有微而志信，人有賤而言忠。臣雖至賤，誠願賜清閒，極盡所言。後漢襄楷傳。案水經濟水篇注引續漢書有延熹九年襄楷上疏，即此書之後半，但小異耳，今不錄。

復上書

臣伏見太白北入數日，復出東方，其占當有大兵，中國弱，四夷彊。臣又推步熒惑，今當出而潛，必有陰謀。皆由獄多冤結，忠臣被戮。德星所吕久守執法，亦爲此也。陛下宜承天意，理察冤獄，爲劉瓆、成瑨虧除罪辟，追錄李雲、杜眾等子孫。夫天子事天不孝，則日食星闘。比年日食于正朔，三光不明，五緯錯戾。前者宮崇所獻神書，專吕奉天地順五行爲本，亦有興國廣嗣之術，其文易曉，參同經

誅當作請

典而順帝不行故國胤不興孝沖孝質頻世短祚臣又聞之得主所好自非正道神爲生虐故周衰諸侯以力征相尚于是夏育申休宋萬彭生任鄙之徒生于其時殷紂好色妲己是出葉公好龍眞龍游廷今黃門常侍天刑之人陛下愛待兼倍常寵係嗣未兆豈不爲此天官宦者星不在紫宮而在天市明當給使主市里也今乃反處常伯之位實非天意又聞宮中立黃老浮屠之祠此道清虛貴尙無爲好生惡死省慾去奢今陛下嗜慾不去殺罰過理既乖其道豈獲其祚哉或言老子入夷狄爲浮屠浮屠不三宿桑下不欲久生恩愛精之至也天神遺以好女浮屠曰此但革囊盛血遂不盼之其守一如此乃能成道今陛下婬女豔婦極天下之麗甘肥飮美單天下之味奈何欲如黃老乎後漢襄楷傳

召詣尙書問狀對

臣聞古者本無宦臣武帝末春秋高數游後宮始置之耳後稍見任至于順帝遂益繁熾今陛下爵之十倍于前至今無繼嗣者豈獨好之而使之然乎後漢襄楷傳又袁宏後漢紀二十二作遂益昌熾也○案天市內宦者四星不在天數中而在市中明宦者但當侍不當預內今乃處古常伯之位決謀于中傾動內外恐非天意也則與前復上書語相涉

荀爽

爽字慈明一名諝潁川潁陰人延熹末舉至孝拜郎中棄官去後遭黨錮十餘年五府竝辟司空袁逢舉有道大將軍何進請爲從事中郎迎薦爲侍中皆未就獻帝卽位拜平原相行至宛陵迎拜光祿勳視事三日代楊彪爲司空有周易注十一卷

延熹九年舉至孝對策陳便宜

臣聞之于師曰漢爲火德火生于木木盛于火故其德爲孝袁宏紀此下有漢之謚帝稱孝者其義取此也其象在周易之離夫在地爲火在天爲日在天者用其精在地者用其形夏則火王其精在天溫暖之氣養生百木是其孝也冬時則廢其形在地酷烈之氣焚燒山林是其不孝

也故漢制使天下誦孝經選吏舉孝廉袁宏紀此下有皆以孝爲務也夫喪親自盡孝之終也今之公卿及二千石三年之喪不得卽去殆非所以增崇孝道而克稱火德者也袁宏紀此下有往者肯嗣數乏本枝不蕃其咎未必不由此往者孝文勞謙行過乎儉故有遺詔以日易月此當時之宜不可貫之萬世袁宏紀作此謂英惠激俗適身而已不可貫之萬世爲後嗣德者也古今之制雖有損益而諒闇之禮未嘗改移以示天下莫遺其親今公卿羣僚皆政教所瞻袁宏紀作皆輔主宣化政之本也而父母之喪不得奔赴夫仁義之行自上而始敦厚之俗以應乎下傳曰喪祭之禮闕則人臣之恩薄背死亡生者衆矣曾子曰人未有自致者也必也親喪乎春秋傳曰上之所爲民之歸也夫上所不爲而民或爲之故加刑罰若上之所爲民亦爲之袁宏紀此下有向其化也又何誅焉昔翟方進以自備宰相而不敢踰制至遭母憂三十六日而除夫失禮之源自上而始古者大喪三年不呼其門所以崇國厚俗篤化之道也事失宜正過勿憚改天下通喪可如舊禮臣聞有夫婦然後有父子有父子然後有君臣有君臣然後有上下有上下然後有禮義禮義備則人知所厝矣夫婦人倫之始王化之端故文王作易上經首乾坤下經首咸恆孔子曰天尊地卑乾坤定矣夫婦之道所謂順也堯典曰釐降二女于嬀汭嬪于虞降者下也嬪者婦也言雖帝堯之女下嫁于虞猶屈體降下勤修婦道易曰帝乙歸妹以祉元吉婦人謂嫁曰歸言湯以娶禮歸其妹于諸侯也春秋之義王姬嫁齊使魯主之不以天子之尊加于諸侯也今漢承秦法設尙主之儀以妻制夫以卑臨尊違乾坤之道失陽唱之義孔子曰昔聖人之作易也仰則觀象于天俯則察法于地觀鳥獸之文與地之宜近取諸身遠取諸物以通神明之德以類萬物之情今觀法于天則北極至尊四星妃后察法于地則崐山象夫卑澤象妻觀鳥獸之文鳥則雄者鳴雊雌能順服獸則牡爲唱導牝乃相從近取諸身則乾爲人首

坤爲人腹遠取諸物則木實屬天根荄屬地陽尊陰卑蓋乃天性且詩初篇實首關雎禮始冠婚先正夫婦天地六經其旨一揆宜改尙主之制吕稱乾坤之性遵法堯湯式是周孔合之天地而不謬質之鬼神而不疑人事如此則嘉瑞降天吉符出地五韙咸備各吕其敘矣昔者聖人建天地之中而謂之禮禮者所吕興福祥之本而止禍亂之源也人能枉欲從禮者則福歸之順情廢禮者則禍歸之推禍福之所應知興廢之所由來也衆禮之中婚禮爲首故天子娶十二天之數也諸侯吕下各有等差事之降也陽性純而能施陰體順而能化吕禮濟樂節宣其氣故能豐子孫之祥致老壽之福及三代之季淫而無節瑤臺瓊宮陳妾數百陽竭于上陰隔于下故周公之戒曰不知稼穡之艱難不聞小人之勞惟耽樂之從時亦罔或克壽是其明戒後世之人好福不務其本惡禍不易其軌傳曰截趾適屨孰云其愚何與斯人追欲喪軀誠可痛也臣竊聞後宮采女五六千人從官侍使復在其外冬夏衣服朝夕稟糧耗費縑帛空竭府藏徵調增倍十而稅一空賦不辜之民吕供無用之女百姓窮困于外陰陽隔塞于內故感動和氣災異屢臻臣愚吕爲諸非禮聘未曾幸御者一皆遣出使成妃合一曰通怨曠和陰陽二曰省財用實府庫三曰修禮制綏眉壽四曰配陽施祈螽斯五曰寬役賦安黎民此誠國家之弘利天人之大福也夫寒熱晦明所吕爲歲尊卑奢儉所吕爲禮故吕晦明寒暑之氣尊卑侈約之禮爲其節也易曰天地節而四時成春秋傳曰惟器與名不可吕假人孝經曰安上治民莫善于禮禮者尊卑之差上下之制也昔季氏八佾舞于庭非有傷害困于人物而孔子猶曰是可忍也孰不可忍也洪範曰惟辟作威惟辟作福惟辟玉食凡此三者君所獨行而臣不得同也今臣僭君服下食上珍所謂害于而家凶于而國者也宜略依古禮尊卑之差及董仲舒制度

之刑嚴篤有司必行其命此則禁亂善俗足用之要後漢荀淑附傳又略見袁宏後漢紀二十二

臣聞火生于木故其德孝漢之謚帝稱孝其義取之也故漢制使天下皆誦孝經選吏則舉孝廉蓋吕孝爲務也夫喪親自盡孝之終也今二千石不得行三年喪非所吕崇孝道而稱大德也頃者漢嗣數乏枝葉不繁其咎未必不由此往者文帝勞謙自約行過乎儉故有遺詔吕日易月此所謂夷惠激俗當身而已不可吕貫萬世而爲後嗣法者也御覽五百四十五五百六十二引荀氏家傳較范書多出五六句

奏記讓孝廉

伏惟孝廉古之貢士賢則光君愚則虧政爽吕迂暗荷當大選書鈔原本七十九

貽李膺書

久廢過庭不聞善誘陟岵瞻望惟日爲歲知吕直道不容于時悅山樂水家于陽城道近路夷當即聘問無狀嬰疾闕于所仰頃聞上帝震怒貶黜鼎臣人鬼同謀吕爲天子當貞觀二五利見大人不謂夷之初旦明而未融虹蜺揚煇棄和取同方今天地氣閉大人休否智者見險投吕遠害雖匱人望內合私願想甚欣然不爲恨也願怡神無事偃息衡門任其飛沈與時抑揚後漢李膺傳

與郭叔都書

陳季方才德秀出陳諶字季方潁川許人實子紀弟超世逸羣金相玉質文章虎變終軍賈誼誠無吕加宜登貢之宰相盛其龍光驪車之驥自非伯樂無吕顯名採光剖璞吕獨見寶實爲足下利之北堂書鈔三十二御覽六百三十一

女誡

詩云泉源在左淇水在右女子有行遠父母兄弟明當許嫁配適君子竭節從理昏定晨省夜臥早起和顏悅色事如依恃正身潔

行稱爲順婦㠯崇螽斯百葉之祉婚姻九族云胡不喜聖人制禮㠯隔陰陽七歲之男王母不抱七歲之女王父不持親非父母不與同車親非兄弟不與同筵非禮不動非義不行是故宋伯姬遭火不下堂知必爲災傳母不來遂成于灰春秋書之㠯爲高也藝文類聚二十三

荀悅

悅字仲豫爽兄儉之子建安初辟鎮東曹操府遷黃門侍郎給事中祕書監侍中有漢紀三十卷申鑒五卷

漢紀序案此漢紀正文范史稱之爲序今從之

昔在上聖唯建皇極經緯天地觀象立法乃作書契㠯通宇宙揚于王庭厥用大焉先王㠯光演大業肆于時夏亦唯翼翼㠯監厥後永世作典夫立典有五志焉一曰達道義二曰彰法式三曰通古今四曰著功勳五曰表賢能于是天人之際事物之宜粲然顯著罔不能衍能字傳無備矣世濟其軌不隕其業損益盈虛與時消息臧否不同其揆一也是㠯聖上穆然惟文之卹瞻前顧後是紹是維臣悅職監祕書攝官承乏祗奉明詔竊惟其宜謹約撰舊書通而敘之總爲帝紀列其年月比其時事撮要舉凡存其大體旨少所缺務從省約㠯副本書㠯爲要結未克厥中亦各其志如其得失㠯俟君子焉荀悅漢紀第一

凡漢紀其稱年本紀表志傳者書家本語也其稱論者臣悅所論粗表其大事㠯參得失㠯廣視聽也惟漢四百二十有六載衍二十字傳無案漢元年至建安五年書奏之時凡二百有六年皇帝撥亂反正統武興文永惟祖宗之洪業思光啟于萬國闡綜大猷命立國典㠯及羣籍于是乃作考舊通連體要㠯述漢紀易稱多識前言往行㠯畜其德詩云古訓是式中興已前一事之事明主賢臣規模法則得失之軌亦足㠯監矣撰漢書百篇㠯綜往事庶幾來者亦有監乎此其辭曰

遵當作遒

茫茫上古結繩而治書契爰作典謨云備明德惟馨光于萬祀其在中葉實有陶唐不顯伊則配天惟明蕩蕩厥猷有煥其章至于有周對日重光於赫大漢統辟元功穆穆惟祇二祖六宗明明皇帝纂承洪緒遭國閔凶困于荼蓼實天生德應運建主矯矯俊臣惟國作輔綏我思成有德思祜撥亂反正大建惟序武功既列遵贊斯文□惟前軌命我小臣爰著典籍㠯立舊勳綜往昭來永監後昆侍中悅上漢紀第三十

昔在上聖惟建皇極經緯天地觀象立法乃作書契㠯通宇宙揚于王庭厥用大焉先王光演大業肆于時夏亦惟厥後永世作典夫立典有五志焉一曰達道義二曰章法式三曰遵古今四曰著功勳五曰表賢能于是天人之際事物之宜粲然顯著罔不備矣世濟其軌不隕其業損益盈虛與時消息臧否不同其揆一也漢四百有六載撥亂反正統武興文永惟祖宗之洪業思光啟乎萬國聖上穆然惟文之恤瞻前顧後是紹是繼闡崇大猷命立國典于是綴敘舊書㠯述漢紀中興㠯前明主賢臣得失之軌亦足㠯觀矣後漢荀悅傳引漢紀序校之本書頗有刪改幷移易其文第錄此一篇足見史家所載不盡合本書也

漢紀目錄

高祖一第一　　高祖二第二
高祖三第三　　高祖四第四
孝惠第五　　高后第六
孝文上第七　　孝文下第八
孝景第九　　孝武一第十
孝武二第十一　　孝武三第十二
孝武四第十三　　孝武五第十四
孝武六第十五　　孝昭第十六
孝宣一第十七　　孝宣二第十八

孝宣三第十九　孝宣四第二十
孝元上第二十一　孝元中第二十二
孝元下第二十三　孝成一第二十四
孝成二第二十五　孝成三第二十六
孝成四第二十七　孝哀上第二十八
孝哀下第二十九　孝平第三十

凡漢紀十二世十一帝通王莽二百四十二年一祖三宗高祖定天下孝惠高后値國家無事百姓安集太宗昇平世宗建功中宗治平昭景稱治元成哀平歷世陵遲莽遂篡國也凡祥瑞黃龍見鳳皇集麒麟臻神馬出神鳥翔神雀集白虎仁獸獲寶鼎昇寶磬神光見山稱萬歲甘露降芝草生嘉禾茂玄稷降醴泉涌木連理凡災異大者日蝕五十六地震十六天開地裂五星集于東井各一太白再經天星孛二十四山崩三十四隕石十一星隕如雨二星晝見三火災二十四河漢水大汎溢爲人害十河汎一冬雷五夏雪三冬無冰二天雨血雨草雨魚死人復生男子化爲女子嫁爲人婦生子枯木復生大后自立建安元年上巡省幸許昌㠯鎭萬國外命元輔征討不庭內齊七政允亮聖業綜練典籍兼覽傳記其三年詔給事中祕書監荀悅鈔撰漢書略舉其要假㠯不直尚書給紙筆虎賁給書吏悅于是約集舊書撮序表志總爲帝紀通比其事例繫年月其祖宗功勳先帝事業國家綱紀天地災異功臣名賢奇策善言殊德異行法式之典凡在漢書者本末體殊大略粗舉其紀傳所遺闕者差少而求志勢有所不能盡繇重之語凡所行之事出入省要刪略其文凡爲三十卷數十餘萬言作爲帝紀省約易習無妨本書有便于用其旨云爾會悅遷爲侍中其五年書成乃奏記云四百有一十衍一十字六載謂書奏之歲歲在庚辰昔晉之乘楚之檮杌魯之春秋虞夏商周之書其揆一也皆

古之令典立之則成其法棄之則墜于地瞻之則存忽焉則廢故君子重之漢書紀其義同矣凡漢紀有法式焉有監戒焉有廢亂焉有持平焉有兵略焉有政化焉有休祥焉有災異焉有華夏之事焉有四夷之事焉有常道焉有權變焉有策謀焉有詭說焉有術藝焉有文章焉斯皆明主賢臣命世立業羣后之盛勳髦俊之遺事是故質之事實而不誣通之萬方而不泥可㠯興可㠯治可㠯動可㠯靜可㠯言可㠯行懲惡而勸善獎成而懼敗茲亦有國之常訓典籍之淵林雖云撰之者陋淺而本末成焉爾故君子可觀之矣漢紀何大復本又黃姬水本又蔣國祥本

荀彧

彧字文若爽兄緄之子永漢初舉孝廉再遷亢父令棄官歸初平中曹公領兗州引爲司馬建安初進侍中守尚書令後封萬歲亭侯十七年㠯阻九錫爲曹公所忌從軍至壽春憂死一云飲藥死諡曰敬侯魏咸熙末追贈太尉

迎駕都許議

昔高祖東伐爲義帝縞素而天下歸心自天子播越將軍首唱義兵徒㠯山東擾亂未能遠赴關右然猶分遣將帥蒙險通使雖禦難于外乃心無不在王室是將軍匡天下之素志也今車駕旋軫義士有存本之思百姓懷感舊之哀魏志作百姓感舊而增哀從袁宏紀改誠因此時奉主上㠯從民望大順也秉至公㠯服雄傑大略也扶弘義㠯致英俊大德也天下雖有逆節必不能爲累明矣韓暹楊奉其敢爲害若不時定四方生心後雖慮之無及魏志荀彧傳獻帝自河東還洛陽太祖議奉迎都許彧勸太祖又袁宏後漢紀二十九末句作無能及也又後漢荀彧傳首句篇首有昔晉文公納周襄王而諸侯景從

散齋得宴樂議

禮志云三日齋一日用之猶恐不敬二日伐鼓何居又云君致齋于外夫人致齋于內散齋則是事之漸然則散齋未絕外內與宴

樂之事也。今一歲之內。大小祭祀。齋將三百日。如此無復用樂之時。古今之制。當各從所宜。若外張多日。而內實犯禮。乃所以廢齋也。散齋宜得從會宴樂。通典一百四十七。

田疇讓官議

君子之道。或出或處。期于為善而已。故匹夫守志。聖人各因而成之。鍾繇以為原思辭粟。仲尼不與。子路拒牛。謂之止善。雖可以激清勵濁。猶不足多也。疇雖不合大義。有益推讓之風。宜如世子議。魏志田疇傳注引魏書。

報趙儼書

輒白曹公。公文下郡。綿絹悉以還民。魏志趙儼傳。

報曹公書

紹聚眾官渡。欲與公決勝負。公以至弱當至彊。若不制。必為所乘。是天下之大機也。且紹布衣之雄。能聚人而不能用也。以公神武

明哲。而奉以大順。何向而不濟。今軍食雖少。未若楚漢在滎陽成皋間也。是時劉項莫肯先退者。以為先退則勢屈也。公以十分居一之眾。畫地而守之。扼其喉而不能進。已半年矣。情見勢竭。必將有變。此用奇之時。不可失也。袁宏後漢紀二十九。又見後漢荀彧傳。

荀攸

攸字公達。彧從子。少帝時。徵拜黃門侍郎。以董卓亂。棄官歸。獻帝初。復辟公府。舉高第。遷任城相。不行。建安初。曹公徵為汝南太守。入拜尚書。以為軍師。封陵樹亭侯。轉中軍師。拜尚書令。建安十九年卒。魏正始中。追謚曰敬侯。有魏官儀一卷。

勸進魏公牋

中軍師王淩謝亭侯荀攸、前軍師東武亭侯鍾繇、左軍師涼茂、右軍師毛玠、平虜將軍華鄉侯劉勳、建武將軍清苑亭侯劉若、伏波將軍高安侯夏侯惇、揚武將軍都亭侯王忠、奮威將軍樂鄉侯劉

浚謝當作陵樹王字疑衍

展、建忠將軍昌鄉亭侯鮮于輔、奮武將軍安國亭侯程昱、太中大夫都鄉侯賈詡、軍師祭酒千秋亭侯董昭、都亭侯薛洪、南鄉亭侯董蒙、關內侯王粲、傅巽、祭酒王選、袁渙、王朗、張承、任藩、杜襲、中護軍國明亭侯曹洪、中領軍萬歲亭侯韓浩、行驍騎將軍安平亭侯曹仁、領護軍將軍王圖、長史萬潛、謝奐、袁霸等勸進曰。自古三代。胙臣以土。受命中興。封秩輔佐。皆所以褒功賞德。為國藩衛也。往者天下崩亂。羣凶豪起。顛越跋扈之險。不可忍言。明公奮身出命。以徇其難。誅二袁篡盜之逆。滅黃巾賊亂之類。殄夷首逆。芟撥荒穢。沐浴霜露二十餘年。書契以來。未有若此功者。昔周公承文武之迹。受已成之業。高枕墨筆。拱揖羣后。商奄之勤。不過二年。呂望因三分有二之形。據八百諸侯之勢。暫把旄鉞。一時指麾。然皆大啟土宇。跨州兼國。周公八子。竝為侯伯。白牡騂剛。郊祀天地。典策備物。擬則王室。榮章寵盛。如此之弘也。逮至漢興。佐命之臣。張耳

吳芮。其功至薄。亦連城開地。南面稱孤。此皆明君達主行之于上。賢臣聖宰受之于下。三代令典。漢帝明制。今比勞則周呂。逸計功則張吳。微論制則齊魯。重言地則長沙。多然則魏國之封。九錫之榮。況于舊賞。猶懷玉而被褐也。且列侯諸將。幸攀龍驥。得竊微勞。佩紫懷黃。蓋以百數。亦將因此傳之萬世。而明公獨辭賞于上。將使其下。懷不自安。上違聖朝歡心。下失冠帶至望。忘輔弼之大業。信匹夫之細行。攸等所大懼也。魏志武帝紀注引魏書。

復勸進魏公

伏見魏國初封。聖朝發慮。稽謀羣寮。然後策命。而明公久違上指。不即大禮。今既虔奉詔命。副順眾望。又欲辭多當少。讓九受一。是猶漢朝之賞。不行而攸等之請未許也。昔齊魯之封。奄有東海。疆域井賦。四百萬家。基隆業廣。易以立功。故能成翼戴之勳。立一匡之績。今魏國雖有十郡之名。猶減于曲阜。計其戶數。不能參半。以

藩衞王室，立垣樹屏，猶未足也。且聖上覽亡秦無輔之禍，懲曩日震蕩之艱，託建忠賢，廢墜是爲。願明公恭承帝命，無或拒違。魏志武帝紀注引魏書。

全後漢文卷六十七終

全後漢文卷六十八

烏程嚴可均校輯

臧旻

旻廣陵射陽人桓帝時爲徐州從事辟司徒府除雍奴令靈帝時爲吳郡太守熹平初拜揚州刺史遷使匈奴中郎將徵拜議郎轉長水校尉歷中山太原太守

上書訟第五種

臣聞士有忍死之辱必有就事之計故季布屈節于朱家管仲錯行于召忽此二臣㠯可死而不死者非愛身于須臾貪命于苟活隱其智力顧其權略庶幸逢時有所爲耳卒遭高帝之成業齊桓之興伯遺其亡逃之行赦其射鉤之讎拔于囚虜之中信其佐國之謀勳效傳于百世君臣載于篇籍假令二主紀過于纖介則此二臣同死于犬馬沈名于溝壑當何由得申其補過之功建其奇

奧之術乎伏見故兗州刺史第五種傑然自建在鄉曲無苞苴之嫌步朝堂無擇言之闕天性疾惡公方不曲故論者說淸高㠯種爲上序直士㠯種爲首春秋之義選人所長棄其所短錄其小善除其大過種所坐㠯盜賊公負筋力未就罪致徵徙非有大惡昔虞舜事親大杖則走故種逃亡苟全性命冀有朱家之路㠯顯季布之會願陛下無遺須臾之恩令種有持忠入地之恨（後漢第五種傳）

臧洪

洪字子源旻子舉孝廉爲郎選補卽丘長靈帝末棄官太守張超㠯爲功曹起兵討董卓衆散袁紹使領青州徙爲東郡太守㠯請救張超不許與紹絕被圍歷年城陷見殺

酸棗盟辭

漢室不幸皇綱失統賊臣董卓乘釁縱害禍加至尊毒流百姓大懼淪喪社稷翦覆四海兗州刺史岱豫州刺史伷陳留太守邈東郡太守瑁廣陵太守超等糾合義兵並赴國難凡我同盟齊心一力㠯致臣節隕首喪元必無二志有渝此盟俾墜其命無克遺育皇天后土祖宗明靈實皆鑒之（後漢臧洪傳袁宏後漢紀二十四魏志臧洪傳）

答陳琳書

隔闊相思發于寤寐幸相去步武之閒耳而㠯趣舍異規不得相見其爲愴恨可爲心哉前日不遺比辱雅貺述敘禍福公私切至所㠯不卽奉答者旣學薄才鈍不足塞詰亦㠯吾子攜負側室息肩主人家在東州僕爲仇敵㠯是事人雖披中情墮肝膽猶身疏有罪言甘見怪方首尾不救何能恤人且㠯子之才窮該典籍豈將闇于大道不達余趣哉然猶復云云者僕㠯是知足下之言信不由衷將㠯救禍也必欲算計長短辯諸是非是非之論言滿天下陳之更不明不言無所損又言傷告絕之義非吾所忍行也是㠯捐棄紙筆一無所答亦冀遙忖其心知其計定不復渝變也重

獲來命援引古今紛紜六紙雖欲不言焉得已哉僕小人也本乏志用中因行役特蒙傾蓋恩深分厚遂竊大州寧樂今日自還接刃乎每登城勒兵觀主人之旗鼓瞻望帳幄感故友之周旋撫弦搦矢不覺流涕之覆面也何者自㠯輔佐主人無㠯爲悔主人相接過絕等倫當受任之初自謂究竟大事埽淸寇逆共尊王室豈悟天子不悅本州見侵郡將遘牖里之厄陳留克創兵之謀請師見拒辭行被拘使洪故君遂至淪滅區區微節無所獲申謀計棲遲喪忠孝之名杖策攜背虧交友之分揆此二者與其不得已喪忠孝之名與虧交友之道輕重殊塗親疏異畫故便忍悲揮戈收淚告絕若使主人少垂古人忖恕之情來者側席去者克己不汲汲于離友信刑戮㠯自輔則僕抗季札之志不爲今日之戰矣何㠯效之昔張景明親登壇喢血奉辭奔走卒使韓牧讓印主人得地然後但㠯拜章朝主賜爵獲傳之故旋時之閒不蒙觀過之貸

而受夷滅之禍呂奉先討卓來奔請兵不獲告去何罪復見斫刺
濱于死亡劉子璜奉使踰時辭不獲命畏威懷親㠯詐求歸可謂
有志忠孝無損霸道者也然輒僵斃麾下不蒙虧除僕雖不敏又
素不能原始見終覩微知著竊度主人之心豈謂三子宜死罰當
刑中哉實且欲一統山東增兵討讎懼戰士狐疑無㠯沮勸故抑
廢王命㠯崇承制慕進者蒙榮違意者被戮此乃主人之利非游
士之願也故僕鑒戒前人困窮死戰僕雖下愚亦嘗聞君子之言
矣此實非吾心也乃主人招焉凡吾所㠯背棄國民用命此城者
正㠯君子之違不適敵國故也是㠯獲罪主人見攻踰時而足下
更引此義㠯爲吾規無乃辭同趨異非吾子所爲休戚者哉吾聞
之也義不背親忠不遺君故東宗本州㠯爲親援中扶郡將㠯安
社稷一舉二得㠯徼忠孝何㠯爲非而足下欲使吾輕本破家均
君主人主人之于我也年爲吾兄分爲篤友道乖告去㠯安君親
可謂順矣若子之言則包胥宜致命于伍員不當號哭于秦庭矣
苟區區于攘患不知言乖乎道理矣足下或者見城圍不解救兵
未至感婚姻之義推平生之好㠯爲屈節而苟生勝守義而傾覆
也昔晏嬰不降志于白刃南史不曲筆㠯求生故身著圖象（袁宏紀作象）
名垂後世況僕據金城之固驅士民之力散三年之蓄㠯爲一
年之資匡困補乏㠯悅天下何圖築室反耕哉但懼秋風揚塵伯
珪馬首南向張楊飛燕膂力作難北鄙將告倒懸之急股肱奏乞
歸之記耳主人當鑒我曹輩反旌退師治兵鄴垣何宜久辱盛怒
暴威于吾城之下哉足下譏吾恃黑山㠯爲救獨不念黃巾之合
從邪加飛燕之屬悉㠯受王命矣昔高祖取彭越于鉅野光武創
基兆于綠林卒能龍飛受命中興帝業苟可輔主興化夫何嫌哉
況僕親奉璽書與之從事行矣孔璋足下徼利于境外臧洪授命
于君親吾子託身于盟主臧洪策名于長安子謂余身死而名滅

僕亦笑子生死而無聞焉悲哉本同而末離努力努力夫復何言
（魏志臧洪傳又後漢臧洪傳載此少四百四十餘字其多出者亦四十餘字今合錄之又略見袁宏後漢紀二十八）

寇榮

榮上谷昌平人雍奴侯恂曾孫桓帝時爲侍中延熹中坐罪亡
命誅

上書陳情

臣聞天地之于萬物也好生帝王之于萬人也慈愛陛下統天理
物爲萬國覆作人父母先慈愛後威武先寬容後刑辟自生齒㠯
上咸蒙德澤而臣兄弟獨㠯無辜爲專權之臣所見批抵青蠅之
人所共搆會㠯臣婚姻王室謂臣將撫其背奪其位退其身受其
勢于是遂作飛章㠯被于臣欲使墜萬仞之阬踐必死之地今陛
下忽慈母之仁發投杼之怒尚書背繩墨案空劾不復質确其過
寘于嚴棘之下便奏正臣罪司隸校尉馮羨佞邪承旨廢于王命
驅逐臣等不得旋踵臣奔走還郡沒齒無怨臣誠恐卒爲豺狼橫
見噬食故冒死欲詣闕披肝膽布腹心刺史張敬好爲諂諛張設
機網復令陛下興雷電之怒司隸校尉應奉河南尹何豹洛陽令
袁騰竝驅爭先若赴仇敵罰及死沒髡剔墳墓但未掘壙出尸剖
棺露胔耳昔文王葬枯骨公劉敦行葦世稱其仁今殘酷容媚之
吏無折中處平之心不顧無辜之害而興虛誣之誹欲使嚴朝必
加濫罰是㠯不敢觸突天威而自竄山林㠯俟陛下發神聖之聽
啟獨覩之明拒譖慝之謗絕邪巧之言救可濟之人援投溺之命
不意滯怒不爲春夏息淹恚不爲順時怠遂馳使郵驛布告遠近
嚴文尅剝痛于霜雪張羅海內設罝萬里逐臣者窮人迹追臣者
極車軌雖楚購伍員漢求季布無㠯過也臣遇罰㠯來三赦再贖
無驗之罪足㠯蠲除而陛下疾臣愈深有司咎臣甫力止則見埽
滅行則爲亡虜苟生則爲窮人極死則爲冤鬼天廣而無㠯自覆

地厚而無㠯自載。蹈陸土而有沈淪之憂。遠巖牆而有鎭壓之患。精誠足㠯感于陛下。而哲王未肯悟。如臣犯元惡大憝。足㠯陳于原野。備刀鋸。陛下當班布臣之所坐。㠯解衆論之疑。臣思入國門。坐于肺石之上。使三槐九棘平臣之罪。而閶闔九重。陷穽步設。舉趾觸罘罝。動行絓羅網。無緣至萬乘之前。永無見信之期矣。國君不可讎匹夫。讎之則一國盡懼。臣奔走㠯來。三離寒暑。陰陽易位。當煖反寒。春常淒風。夏降霜雹。又連年大風。折拔樹木。風爲號令。春夏布德。議獄緩死之時。願陛下思帝堯五敎在寬之德。企成湯避遠讒夫之誡。㠯寍風旱。㠯弭災兵。臣聞勇者不逃死。智者不重困。固不爲明朝惜垂盡之命。願赴湘沅之波。從屈原之悲。沈江湖之流。弔子胥之哀。臣功臣苗緒。生長王國。懼獨含恨。㠯葬江魚之腹。無㠯自別于世。不勝狐死首丘之情。營魂識路之懷。犯冒王怒。觸突帝禁。伏于兩觀。陳訴毒痛。然後登金鑊。入沸湯。糜爛于熾爨

之下。九死未悔。悲夫。久生亦復何聊。蓋忠臣殺身㠯解君怒。孝子殞命㠯寍親怨。故大舜不避塗廩浚井之難。申生不辭姬氏讒邪之謗。臣敢忘斯議。不自斃㠯解明朝之忿哉。乞㠯身塞重責。願陛下匄兄弟死命。使臣一門頗有遺類。㠯崇陛下寬饒之惠。先死陳情。臨章涕泣。泣血漣如。（後漢寇恂附傳。又見袁宏後漢紀二十一。有刪節。）

張儉

儉字元節。山陽高平人。舉茂才。不就。延熹末爲東部督郵。建寍中㠯黨禍亡命。至中平初黨事解。大將軍三公竝辟。又舉敦樸。特徵拜少府。皆不就。建安初徵爲衛尉。卒官。年八十四。

舉奏中常侍矦覽罪釁

覽貪侈奢縱。前後請奪人宅三百八十一所。田百一十八頃。起立第宅十有六區。皆有高樓池苑。堂閣相望。飾㠯綺畫丹漆之屬。制度重深。僭類宮省。又豫作壽冢。石椁雙闕。高廡百尺。破人居室。發掘墳墓。虜奪良人妻。略婦子。及諸罪釁。請誅之。（後漢書宦者矦覽傳。案篇末二語。蓋范史約文。今并錄之。梅鼎祚文紀不取范史。別載張璠漢紀云。儉爲東部督郵。覽家防東。儉劾覽云。中常侍矦覽起第十六區。皆高樓四角。連閣洞門。綺井蓮花。壁柱綵畫。魚肉堂苑。擬諸宮闕。）

又奏

覽母生時。交通賓客。干亂郡國。（後漢書同上。）

郭泰

泰字林宗。太原介休人。累辟公府。皆不就。

荅友勸仕進者

吾晝察人事。夜看乾象。天之所廢。不可支也。方今運在明夷之爻。值勿用之位。蓋盤桓潛居之時。非在天利見之會也。雖在原陸。猶恐滄海橫流。吾其魚也。況可冒衝風而乘奔波乎。未若巖岫頤神。娛心彭老。優哉游哉。聊㠯卒歲。（抱樸子正郭篇。又袁宏後漢紀二十三。與此略同。又後漢郭泰傳有首四語。）

與陳留盛仲明書

足下諸人。爲時棟梁。（文選袁宏三國名臣贊注。）

蘇不韋方伍員論

子胥雖云逃命。而見用強吳。憑闔廬之威。因輕悍之衆。雪怨舊郢。曾不終朝。而但鞭墓戮屍。㠯舒其憤。竟無手刃後主之報。豈如蘇子。單特孑立。靡因靡資。強讎豪援。據位九卿。城闕天阻。宮府幽絕。埃塵所不能過。霧露所不能沾。不韋毀身燋慮。出于百死。冒觸嚴禁。陷族禍門。雖不獲逞。爲報已深。況復分體斷首。㠯毒生者。使暠懷忿結。不得其命。猶假手神靈㠯斃之也。力唯匹夫。功隆千乘。比之于員。不㠯優乎。（後漢蘇章傳。）

徐稚

稚字孺子。豫章南昌人。

與郭林宗書

白當作臼

大木將顛非一繩所維何爲棲棲不遑寧處後漢紀

戴良

良字叔鸞一云字文讓汝南慎陽人舉孝廉再辟司空府俱不就案吳志士燮傳黃武五年孫權分交阯㠯南爲交州戴良爲刺史蓋卽此

失父零丁

敬白諸君行路者敢告重罪自爲禍積惡致災天困我今月七日失阿爹念此酷毒可痛傷當㠯重幣用相償請爲諸君說事狀我父軀體與衆異脊背傴僂捲如胾脣吻參差不相値此其庶形何能備請復重陳其面目鴟頭鵠頸獦狗喙眼淚鼻涕相追逐吻中含納無齒牙食不能嚼左右蹉□似西域□駱駝請復重陳其形骸爲人雖長甚細材面目芒蒼如死灰眼眶白陷如羹桮御覽五百九十八

范冉

冉或作丹字史雲陳留外黃人桓帝時除萊蕪長遭母喪不到官後辟太尉府議者欲㠯爲侍御史逃去遭黨錮十餘年後辟三府應司空命自劾退又辟太尉府㠯疾不行中平二年卒年七十四

遺令敕子

吾生于昏闇之世値乎淫侈之俗生不得匡世濟時死何忍自同于世氣絕便斂斂㠯時服衣足蔽形棺足周身斂畢便穿穿畢便埋其明堂之奠干飯寒水飲食之物勿有所下墳封高下令足自隱知我心者李子堅王子炳也今皆不在制之在爾勿令鄉人宗親有所加也後漢書范冉傳

楊喬

喬字聖達會稽烏傷人桓帝時爲尚書數上書陳政事詔妻㠯公主固辭不聽遂閉口不食七日而死

上書薦孟嘗

臣前後七表言故合浦太守孟嘗而身輕言微終不蒙察區區破心徒然而已嘗安仁弘義耽樂道德淸行出俗能幹絕羣前更守宰移風改政去珠復還饑民蒙活且南海多珍財產易積掌握之內價盈兼金而嘗單身謝病躬耕壟次匿景藏采不揚華藻實羽翮之美用非徒腹背之毛也而沈淪草莽好爵莫及廊廟之寶棄于溝渠且年歲有訖桑榆行盡而忠貞之節永謝聖時臣誠傷心私用流涕夫物㠯遠至爲珍士㠯稀見爲貴槃木朽株爲萬乘用者左右爲之容耳王者取士宜拔衆之所貴臣㠯斗筲之姿趨日月之側思立微節不敢苟私鄉曲竊感禽息忘身進賢後漢孟嘗傳

上諫

臣聞之曾子扣舷易水魚聞入淵鳥驚參天□□□□引會稽典錄

陽球

球字方正漁陽泉州人桓帝時舉孝廉補尚書侍郎出爲高唐令建寧初辟司徒劉寵府舉高第拜九江太守遷平原相熹平末徵爲議郎光和中歷將作大匠尚書令遷司隸校尉徙衛尉爲中官曹節所誣下獄誅

奏罷鴻都文學

伏承有詔敕中尚方爲鴻都文學樂松江覽等三十二人圖象立贊㠯勸學者臣聞傳曰君舉必書書而不法後嗣何觀案松覽等皆出于微蔑斗筲小人依憑世戚附託權豪俛眉承睫徼進明時或獻賦一篇或鳥篆盈簡而位升郎中形圖丹靑亦有筆不點牘辭不辯心假手請字妖僞百品莫不被蒙殊恩蟬蛻滓濁是㠯有識掩口天下嗟歎臣聞圖象之設㠯昭勸戒欲令人君動鑒得失未聞豎子小人詐作文頌而可妄竊天官垂象圖素者也今太學東觀足㠯宣明聖化願罷鴻都之選㠯消天下之謗後漢陽球傳

奏劾王甫段熲

中常侍冠軍將軍王甫奉職多邪奸邑事上其所彈糾皆由睚眦勃海之誅宋后之廢甫之罪也太尉段熲邑征伐微功位極人臣不能竭忠報國而諂佞幸宜竝誅戮邑示海內（袁宏後漢靈帝紀中光和二年）

還平原相教

相前莅高唐志埽姦鄙遂爲貴郡所見枉舉昔桓公釋管仲射鉤之讎高祖赦季布逃亡之罪雖邑不德敢忘前義況君臣分定而可懷宿昔哉今一蠲往愆期諸來效若受教之後而不改姦狀者不得復有所容矣（後漢陽球傳）

敕中都官從事

且先去大猾當次案豪右（後漢陽球傳）

何休

休字邵公任城樊人桓帝時拜郎中辭病去太傅陳蕃辟參政

事蕃敗坐廢後辟司徒府拜議郎遷諫議大夫有春秋公羊解詁十一卷公羊諡例一卷公羊條例一卷春秋漢議十三卷左氏膏肓十卷公羊墨守十四卷穀梁廢疾三卷

春秋公羊經傳解詁序

昔者孔子有云吾志在春秋行在孝經此二學者聖人之極致治世之要務也傳春秋者非一本據亂而作其中多非常異義可怪之論說者疑惑至有倍經任意反傳違戾者其勢惟問不得不廣是邑講誦師言至于百萬猶有不解時加釀嘲辭援引他經失其句讀邑無爲有甚可閔笑者不可勝記也是邑治古學貴文章者謂之俗儒至使賈逵緣隙奮筆邑爲公羊可奪左氏可興恨先師觀聽不決多隨二創此世之餘事斯豈非守文持論敗績失據之過哉余竊悲之久矣往者略依胡毋生條例多得其正故遂隱括使就繩墨焉（唐石經本）

朱儁

儁字公偉會稽上虞人桓帝時仕郡後爲主簿熹平中舉孝廉再遷除蘭陵令光和初拜交阯刺史封都亭侯徵爲諫議大夫中平初拜右中郎將進封西鄉侯遷鎮賊中郎將拜右車騎將軍還爲光祿大夫更封錢唐侯加位特進母喪去官起爲將作大匠轉少府太僕出爲河內太守復拜光祿大夫轉屯騎尋拜城門校尉河南尹獻帝西遷爲洛陽留守棄官東屯中牟徵爲太僕代周忠爲太尉錄尚書事興平初免尋拜大司農奉詔和郭汜留不遣發病卒

奏上靈懷皇后尊號

春秋之義母邑子貴宜改葬皇妣追上尊號如穆宗恭宗故事（袁宏後漢紀二十七興平元年二月太尉朱儁司徒淳于嘉司空張喜奏）

王允

允字子師太原祁人桓帝時爲郡吏後爲州別駕從事三府竝辟邑司徒高第爲侍御史中平初拜豫州刺史爲宦官所誣再徵下獄事得釋變姓名亡命少帝時大將軍何進請爲從事中郎轉河南尹獻帝初拜太僕再遷守尚書令代楊彪爲司徒封溫侯初平三年爲李傕等所殺

奏行六隱事

太史王立說孝經六隱事令朝廷行之消卻災邪有益聖躬（袁宏後漢紀二十六）

復奏

立學深厚此聖人祕奧行之無損上（同）

董卓

卓字仲穎隴西臨洮人爲州兵馬掾桓帝末補羽林郎拜郎中遷西域戊已校尉坐事免後爲并州刺史河東太守中平初拜

東中郎將以軍敗抵罪起為中郎將拜破虜將軍進前將軍徵為少府又拜幷州牧皆不就少帝即位何進謀誅宦官召入朝遂行廢立事獻帝即位遷太尉領前將軍封郿侯進位相國拜太師初平三年伏誅

被徵少府上書拒命 中平六年

涼州擾亂鯨鯢未滅此臣奮發效命之秋吏士踴躍戀恩念報各遮臣車辭聲懇惻未得即路也輒且行前將軍事盡心慰卹効力行陣 魏志董卓傳注引靈帝紀

斯將湟中義從及秦胡兵皆詣臣曰牢直不畢稟賜斷絕妻子飢凍牽挽臣車使不得行羌胡敝腸狗態臣不能禁止輒將順安慰增異復上 後漢董卓傳

被璽書拜幷州牧復上書拒命

臣既無老謀又無壯士天恩誤加掌戎十年士卒大小相狎彌久

戀臣畜養之恩樂為國家奮一旦之命乞將之北州効力邊陲 後漢董卓傳又魏志董卓傳注引靈帝紀

到澠池上書請收張讓等 典略作表

臣伏惟天下所以有逆不止者各由黃門常侍張讓等侮慢 一作慢侮 天常操擅 一作擅操 王命 後漢董卓傳魏志董卓傳作中常侍張讓等竊幸承寵濁亂海內袁宏紀濁作汨 父子兄弟並據州郡一書出門便獲千金京畿諸郡數百萬膏腴美田皆屬讓等至使怨 一作變 氣上蒸妖賊蠭起臣前奉詔討于扶羅將士飢乏不肯渡河皆言欲詣京師先誅閹豎以除民害從臺閣求乞資直臣隨慰撫以至新安臣聞揚湯止沸不如滅火去薪潰癰雖痛勝如養肉 後漢董卓傳作勝于內食 及溺呼船悔之無及 自篇首至此並典略 昔趙鞅興晉陽之甲以逐君側之惡人今臣輒鳴鐘鼓如洛陽請收讓等以清姦穢 魏志董卓傳注後漢董卓傳注並引典略又見後漢董卓傳魏志董卓傳又略見袁宏後漢紀二十五

署敘

司徒掾士壹不得除用 吳志士燮傳注引吳書

策廢少帝 案後漢董卓傳遂脅太后策廢少帝蓋卓矯董太后策也

孝靈皇帝不究高宗眉壽之祚早棄臣子皇帝承紹海內側望而帝天姿輕佻威儀不恪在喪慢惰衰如故焉凶德既彰淫穢發聞損辱神器忝污宗廟皇太后教無母儀統政荒亂永樂太后暴崩眾論惑焉三綱之道天地之紀而乃有闕罪之大者陳留王協聖德偉茂規矩邈然豐下兌上有堯圖之表居喪哀戚言不及邪岐嶷之性有周成之懿休聲美稱天下所聞宜承洪業為萬世統可以承宗廟廢皇帝為弘農王皇太后還政 魏志董卓傳注引獻帝起居注又後漢董卓傳載此策云皇帝在喪無人子之心威儀不類人君今廢為弘農王又議太后蹙迫永樂太后至令憂死逆婦姑之禮無孝順之節遷于永安宮 案此蓋卓矯董太后策也范書袁紀並稱卓逼何太后為廢帝策

全後漢文卷六十八終

全後漢文卷六十九

烏程嚴可均校輯

蔡邕一

邕字伯喈，陳留圉人。建寧三年，辟司徒橋玄府，出補河平長，召拜郎中，校書東觀，遷議郎。光和初，坐忤宦官，徙五原，遇赦，慮卒不免，亡命江海，積十二年。董卓爲司空，徵署祭酒，舉高第，補侍御史，轉侍書御史，遷尚書，拜巴郡太守，未行，留爲侍中。初平元年，拜左中郎將，封高陽鄉侯。三年，卓誅，坐下獄死。有《月令章句》十二卷、《獨斷》二卷、《勸學》一卷、集二十卷。

霖雨賦

夫何季秋之淫雨兮，既彌日而成霖。瞻玄雲之晻晻兮，聽長霤之淋淋。中宵夜而歎息，起飾帶而撫琴。（藝文類聚二。案此賦類聚編于魏曹植愁霖賦後，題爲又愁霖賦，張溥等因收入子建集。今攷文選張協雜詩注引蔡邕霖雨賦云：瞻玄雲之晻晻，聽長雨之霖霖。曹植美女篇注引蔡邕霖雨賦云：中宵夜而歎息。知此賦在蔡集中。）

漢津賦

夫何大川之浩浩兮，洪流淼以玄清。配名位乎天漢兮，披厚土而載形。發源自乎嶓冢兮，引漾澧而東征。納湯谷之所吐兮，兼漢沔之殊名。總畎澮之羣液兮，演西土之陰精。過萬山以左迴兮，旋襄陽而南縈。切大別之東山兮，與江湘乎通靈。嘉清源之體勢兮，澹澶湲以安流。鱗甲育其萬類兮，蛟螭集以嬉遊。明珠胎于靈蚌兮，夜光潛乎玄洲。維神寶其充盈兮，豈魚龜之足收。于是游目騁觀，南援三洲，北集京都，上控隴坻，下接江湖。導財運貨，懋遷有無。既乃風猋蕭瑟，勃焉並興，陽侯沛以奔騖，洪濤涌以沸騰。顧乘流以上下，窮滄浪乎三澨。覷朝宗之形兆，瞰洞庭之交會。（藝文類聚八，初學記七，古文苑。）

述行賦（水經濟水注、文選陸機前緩聲歌注引此題竝作述征賦，而魏都賦、雪賦、舞鶴賦注引與本集同。）

延熹二年秋，霖雨逾月。是時梁冀新誅，而徐璜、左悺等五侯擅貴于其處，又起顯陽苑于城西，人徒凍餓，不得其命者甚衆。白馬令李雲以直言死，鴻臚陳君以救雲抵罪。璜以余能鼓琴，白朝廷，敕陳留太守發遣余。到偃師，病不前，得歸。心憤此事，遂託所過，述而成賦。

余有行于京洛兮，遘淫雨之經時。塗迍邅其蹇連兮，潦汙滯而爲災。乘馬蟠而不進兮，心鬱悒而憤思。聊弘慮以存古兮，宣幽情而屬詞。夕宿余于大梁兮，誚無忌之稱神。哀晉鄙之無辜兮，忿朱亥之篡軍。歷中牟之舊城兮，憎佛肸之不臣。問甯越之裔冑兮，藐髣髴而無聞。經圃田而瞰北境兮，悟衞康之封疆。迄管邑而增感歎兮，慍叔氏之啟商。過漢祖之所隘兮，弔紀信于滎陽。降虎牢之曲陰兮，路丘墟以盤縈。勤諸侯之遠戍兮，侈申子之美城。稔濤塗之愎惡兮，陷夫人以大名。登長坂以淩高兮，陟蔥山之嶢陘。建撫體而立洪高兮，經萬世而不傾。迴峭峻以降阻兮，小阜寥其異形。岡

岑紆以連屬兮，谿谷夐其杳冥。迫嵯峨以乖邪兮，廓巖壑以崢嶸。攢棫樸而雜椽栝兮，被浣濯而羅生。布蕫蘂與臺菌兮，緣層崖而結莖。行遊目以南望兮，覽太室之威靈。顧大河于北垠兮，瞰洛汭之始并。追劉定之攸儀兮，美伯禹之所營。悼太康之失位兮，愍五子之歌聲。尋修軌以增舉兮，邈悠悠之未央。山風汩以飆涌兮，氣慘慘而厲涼。雲鬱術而四塞兮，雨濛濛而漸唐。僕夫疲而劬瘁兮，我馬虺頹以玄黃。格莽丘而稅駕兮，陰曀曀而不陽。哀衰周之多故兮，眺瀕隈而增感。忿子帶之淫逆兮，唁襄王于壇坎。悲寵嬖之爲梗兮，心惻愴而懷慘。乘舫舟而泝湍流兮，浮清波以橫厲。想宓妃之靈光兮，神幽隱以潛翳。實熊耳之泉液兮，總伊瀍與澗瀨。通渠源于京城兮，引職貢乎荒裔。操吳榜其萬艘兮，充王府而納最。濟西溪而容與兮，息鞏都而後逝。愍簡公之失師兮，疾子朝之爲害。玄雲黯以凝結兮，集零雨之溱溱。路阻敗而無軌兮，塗濘溺而

辜當作士

難遵辜陵阿㠯登降兮赴偃師而釋勤壯田橫之奉首兮義二士之夾墳本作俠墳從藝文類聚二十七引改佇淹留㠯候霽兮感憂心之殷殷并日夜而遥思兮宵不寐㠯極晨候風雲之體勢兮天牢湍而無文彌信宿而後闋兮思逶迤㠯東運見陽光之顥顥兮懷少弭而有欣命僕夫其就駕兮吾將往乎京邑皇家赫而天居兮萬方徂而星集本作竝集從文選前緩聲歌注引改貴寵扇㠯彌熾兮僉守利而不戰前車覆而未遠兮後乘驅而競及窮變巧于臺榭兮民露處而寢溼消嘉穀于禽獸兮下糠粃而無粒弘寬裕于便辟兮糾忠諫其駸急懷伊呂而黜逐兮道無因而獲入唐虞眇其既遠兮常俗生于積習周道鞠爲茂草兮哀正路之日澀觀風化之得失兮猶紛挐其多違無亮采㠯匡世兮亦何爲乎此畿甘衡門㠯寧神兮詠都人而思歸爰結蹤而迴軌兮復邦族㠯自綏亂曰跋涉遐路艱㠯阻兮終其永懷窘陰雨兮歷觀羣都尋前緒兮考之舊聞厥事舉兮登高斯賦義有取兮則善戒惡豈云苟兮翩翩獨征無儔與兮言旋言復我心胥兮古文苑又略見藝文類聚二十七

玄表賦

庶小善之有益文選謝朓拜中書記室辭隨王牋注

協和婚賦

惟情性之至好歡莫備乎夫婦受精靈于造化固神明之所使事深微㠯元妙實人倫之端始考遂初之原本覽陰陽之綱紀乾坤和其剛柔艮兌感其脢腓葛覃恐其失時摽梅求其庶事惟休和之盛代男女得乎年齒婚姻協而莫違播欣欣之繁祉良辰既至婚禮㠯舉二族崇飾威儀有序嘉賓僚黨祈祈雲聚車服照路驂騑如舞既臻門屏結軌下車阿傅御豎雁行蹉跎麗女盛飾曄如春華初學記十四古文苑

其在近也若神龍采鱗翼將舉其既遠也若披雲緣漢見織女立

摧當作催

若碧山亭亭豎動若翡翠奮其羽衆色[illegible]照視之無主面若明月輝似朝日色若蓮葩肌如凝蜜藝文類聚十七御覽三百八十一長枕橫施大被竟牀莞蒻和軟茵褥調良北堂書鈔一百三十四粉黛弛落髮亂釵脫書鈔一百三十五

檢逸賦按陶潛閑情賦序云蔡邕作靜情賦檢逸辭而宗澹泊則此舊題作靜情賦

夫何姝妖之媛女顏煒燁而含榮普天壤其無儷曠千載而特生余心悅于淑麗愛獨結而未并情罔象而無主意徙倚而左傾晝騁情㠯舒愛夜託夢㠯交靈藝文類聚十八

思在口而爲簧鳴哀聲獨不敢聆北堂書鈔一百十

青衣賦

金生沙礫珠出蚌泥歎茲窈窕產于卑微盼倩淑麗皓齒蛾眉玄髮光潤領如螬蠐修長冉冉碩人其頎綺繡丹裳躡蹈絲扉盤跚蹴蹀坐起昂低和暢善笑動揚朱脣都冶武媚卓鑠多姿精慧小心趣事如飛中饋裁割莫能雙追關雎之潔不陷邪非察其所履世之鮮希宜作夫人爲衆女師伊何爾命在此賤微代無樊姬楚莊晉妃感昔鄭季平陽是私故因楊國歷爾邦畿雖得嬿婉舒寫情懷寒雪翩翩充庭盈階兼裳累鎮展轉倒頹晼晼將曙雞鳴相摧飭駕趣嚴將舍爾乖矇冒矇冒思不可排停停溝側嗷嗷青衣我思遠逝爾思來追明月昭昭當我戶扉條風狎獵吹予牀帷河上逍遥徙倚庭階南瞻井柳仰察斗機非彼牛女隔于河維思爾念爾惄焉且飢藝文類聚三十五初學記十九

短人賦

侏儒短人僬僥之後出自外域戎狄別種去俗歸義慕化企踵遂在中國形貌有部名之侏儒生則象父唯有晏子在齊辨勇匡景拒崔加刃不恐其餘尫幺劣厥僂窶嚔噴怒語與人相拒矇昧嗜酒喜索罰舉醉則揚聲罵詈恣口衆人患忌難與竝侶是㠯陳賦

引譬比偶皆得形象誠如所語其詞曰
雄荊雞兮鶩鷿鵜鶻鳩鶵兮鶉鷃嶋冠戴勝兮啄木兒觀短人兮形若斯巴巔馬兮柙下駒本集脫此句從初學記補蟄地蝗兮蘆即且繭中蛹兮蠶蠕頓視短人兮形若斯木門閫兮梁上柱弊鑿頭兮斷柯斧鞞鞨鼓兮補履樸脫椎枘兮擣薤杵視短人兮形如許本集初學記十九引兩條

瞽師賦

夫何矇眛之瞽兮心窮忽㠯鬱伊目冥冥而無睹兮嗟求煩㠯愁悲撫長笛㠯攄憤兮氣轟鍠而橫飛詠新詩之文選劉楨贈五官中郎將詩注作㠯悲歌兮舒滯積而宣鬱何此聲之悲痛兮愴然淚㠯潸㴬類離鵾之孤鳴似杞婦之哭泣北堂書鈔一百十七引兩條初學記十六御覽七百四十
時牢落㠯失次咢絓蹇而陽絕文選文賦注
案文選潘岳寡婦賦注引蔡伯喈女賦曰當三春之嘉月將言歸于所天此丁廙蔡伯喈女賦也藝文類聚三十有長篇近或采此二語入蔡集誤

琴賦

爾乃言求茂木周流四垂觀彼椅桐層山之陂丹華煒煒綠葉參差甘露潤其末涼風扇其枝鸞鳳翔其顛玄鶴巢其岐致之詩人琴瑟是宜爰制雅器協之鍾律通理治性恬淡清溢爾乃間關九絃出入律呂屈伸低昂十指如雨清聲發兮五音舉韻宮商兮動徵羽曲引興兮繁絃撫然後哀聲既發祕弄乃開左手抑揚右手徘徊指掌反覆抑案藏摧于是繁絃既抑雅韻復揚仲尼思歸鹿鳴三章梁甫悲吟周公越裳青雀西飛別鶴東翔飲馬長城楚曲明光楚姬遺歎雞鳴高桑走獸率舞飛鳥下翔感激絃歌一低一昂藝文類聚四十四北堂書鈔一百九引九條初學記十六文選文賦注又陸機擬古詩注引作琴頌頌即賦字寫誤
一彈三欷悽有餘哀書鈔一百九
丹絃既張八音既平文選江淹雜擬詩注

輟當作綴

苟斯樂之可貴宣簫琴之足聽書鈔一百九
于是歌人恍惚㠯失曲舞者亂節而忘形哀人塞耳㠯惆悵轅馬蹀足㠯悲鳴書鈔一百九
案前明喬世寧汪士賢等刻蔡中郎集別收琴賦一篇撿藝文類聚四十四初學記十六乃傅毅作也今刪

筆賦

昔蒼頡創業翰墨用作書契興焉夫制作上聖立則憲者莫隆乎筆詳原其所由究察其成功鑠乎煥乎弗可尚矣書鈔一百四初學記二十一
惟其翰之所生于季冬之狡兔性精亟㠯摽悍體遄迅㠯騁步削文竹㠯為管加漆絲之纏束形調摶㠯直端染玄墨㠯定色書乾坤之陰陽讚三皇之洪勳敘五帝之休德揚蕩蕩之典文紀三王之功伐兮表八百之肆勤傳六經而輟百氏兮建皇極而序彝倫綜人事于晻昧兮贊幽冥于明神象類多喻靡施不協上剛下柔乾坤之正也新故代謝四時之次也圓和正直規矩之極也玄首黃管天地之色也藝文類聚五十八初學記二十一

彈棊賦

榮華灼爍萼不韡韡于是列象棊雕華麗豐腹斂邊中隱四企輕利調博易使騁馳然後枇製兵棊夸驚或風飄波動若飛若浮不遲不疾如行如留放一斃六功無與儔藝文類聚七十四古文苑
夫張局陳棊取法武備因嬉戲㠯肄業託歡娛㠯講事設茲文石其夷如砥采若錦績平若停水肌理光澤滑不可屢乘色行巧據險用智御覽七百五十五

圓扇賦

裁帛制扇陳象應矩輕徹妙好其輶如羽動角揚徵清風逐暑春夏用事秋冬潛處北堂書鈔一百三十四

傷故栗賦

人有折蔡氏祠前栗者故作斯賦

樹遐方之嘉木兮。于靈宇之前庭。通二門㠯征行兮。夾階除而列生。彌霜雪之不凋兮。當春夏而滋榮。因本心㠯誕節兮。挺青櫱之綠英。形猗猗㠯豔茂兮。似碧玉之清明。何根莖之豐美。將蕃熾㠯悠長。適禍賊之災人。嗟夭折㠯摧傷。藝文類聚八十七、初學記二十八、御覽九百六十四

蟬賦

白露淒其夜降。秋風肅㠯晨興。聲嘶嗌㠯沮敗。體枯燥㠯冰凝。雖期運之固然。獨潛類乎太陰。要明年之中夏。復長鳴而揚音。藝文類聚九十七、初學記宋本三十。

九惟文

八惟困乏。憂心殷殷。天之生我。星宿值貧。六極之厄。獨遭斯勤。居處浮漂。無㠯自存。冬日栗栗。上下同雲。無衣無褐。何㠯自溫。六月徂暑。炎赫來臻。無絺無綌。何㠯蔽身。無食不飽。永離懽欣。藝文類聚三十五。

全後漢文卷六十九終

全後漢文卷七十

烏程嚴可均校輯

蔡邕二

對詔問災異八事

光和元年七月十日，詔書尺一召光祿大夫楊賜、諫議大夫馬日磾、議郎張華、蔡邕、太史令單颺詣殿金商門，引入崇德殿署門內南辟幃中爲都座。漏未盡三刻，中常侍育陽侯曹節、冠軍侯王甫從東省出就都東面十門劉寵讀訓北面，賜公南面，日磾、華、邕、颺西面受詔書各一通，尺一木板草書。兩常侍各諭旨：朝廷以災異憂懼，特旨密問政事所變改施行，務令分明。賜等稱臣再拜受詔書，起就坐，五人各一處，給財用筆硯爲對。臣邕言：今月十日詔召金商門，問臣邕災異之意。臣學識淺薄，心慮愚暗，不足以答聖問，綜眾變，征營怖悸，謹別狀上。臣頓首頓首。本集

詔問曰：五月二十九日，有黑氣墮溫明殿東庭中，黑如車蓋，騰起奮迅，身五色，有頭，體長十餘丈，形狀似龍。占者以虹蜺對。虹著于天而降施于庭，以臣所聞，則所謂天投蜺者也。不見足尾者，不得稱龍。易傳曰：「虹之比，無德以色親也。」潛潭巴曰：「虹出，后妃陰脅王者。」又曰：「五色迭至，照于宮殿，有兵革之事。」演孔圖曰：「蜺者，斗之精也。失度投蜺見態，主惑于毀譽。」合誠圖曰：「天子外苦兵，威內奪，臣無忠，則天投蜺。」變不空生，占不空言。意者陛下樞機之內、衽席之上，獨有以色見進，陵尊踰制，以招變象。若羣臣有所毀譽，聖意低回，未知孰是，兵戎未息，威權浸移，忠言不聞，則虹蜺所在生也。抑內寵，任中正，決毀譽，分直邪，各得其所，嚴守衛，整武備，威權之機不以假人，則其所救也。易傳曰：「陽感天不旋日。」書曰：「唯辟作威，唯辟作福，臣或爲之，謂之凶害。」是以明主尤務焉。本集。續漢五行志五注補引兩條，又初學記二引漢名臣奏，又開元占經九十八引續漢書。

詔問曰：正月三日，有白衣入德陽殿門，辭稱梁伯夏教我上殿，與中黃門桓賢晤言，相往來不得入，遂亡去，不知姓名。臣聞凡人爲怪，皆黃極道失，下或謀上，故其傳曰：「皇之不極，是謂不建，則有下謀上之病。」孝成綏和二年八月，男子王褒絳衣小冠，帶劒入北司馬殿東門，上殿入室，解帷組佩之，招前殿署王業等曰：「天帝命我居此。」業收縛考問，褒故公車卒，病狂不自知入宮，乃下獄死。是時王莽爲大司馬，遂爲篡亂，亦卒誅。臣竊思之，與綏和時相似而有異，被服既不同，又來入雲龍門而稱伯夏教入殿裏，與桓賢言。伯夏卽故大將軍梁商，商子冀，冀子不疑等，皆以罪受戮，殘餘非天所祐。以往況今，將有狂狡之人欲爲王氏之禍，未至殿省而覺，亡不久伏誅。夫誠仰見上帝之厚德也。潛潭巴曰：「有人走入宮，不知其名，大水爲戒，天子驚。」羣陰太隆，羣下竝湊彊盛也。建大中之道，舉賢良而寵祿之，則其救也。經曰：「皇建其有極，斂時五福，用敷錫

厥庶民，惟時厥庶民于汝極，錫汝保極。」本集。續漢五行志五

詔問曰：南宮侍中等雌雞化爲雄，尾頭毛已似雄，頭尚未變。臣聞凡雞爲怪，皆貌之失也。其傳曰：「貌之不恭，是謂不肅，時則有雞禍。」孝宣帝黃龍元年，未央宮輅軨中雌雞化爲雄，不鳴無距。是歲元帝初卽位，將立妃王氏爲后。至初元元年，丞相史家雌雞化爲雄，冠距而鳴。是歲封后父禁爲平陽侯，而女立爲皇后。王氏之寵始盛，至哀帝晏駕，后攝政，王莽以后兄子爲大司馬，由是爲亂。昔武王伐紂曰：「牝雞司晨，惟家之索。」易傳曰：「婦人專政，國不靜；牝雞雄鳴，主不榮。」夫牝雞但雄鳴，尚有索家不榮之名，況乃陰陽易體，名實變改，此誠大異。臣竊以意推之，頭爲元首，人君之象也。今雞一身已變，未至于頭，而聖主知之，訪問其故，是將有其事而不遂成之象也。若應之不精，政無所改，頭冠或成，爲患茲大。敬愼威儀，動作之容，斷取御改，興政之原，則其救也。夫以匹夫顏氏之子，有

過未嘗不知。知之未嘗復行。易曰。不遠復。無祇悔。元吉。本集。又續漢五行志一引。闕條。又後漢蔡邕傳注引續漢志。闕條。又後魏崔光傳。

詔問曰。踐阼以來。災眚屢見。頻歲日蝕地動。風雨不時。疫癘流行。勁風折樹。河洛盛溢。臣聞陽微則日蝕。陰勝則地震。思亂則風。貌失則雨。視闇則疫癘流行。簡宗廟則水不潤下。河流滿溢。明君臣。正上下。抑陰尊陽。脩五事于聖躬。致精慮于供御。則其救也。本集。續漢五行志六注補。

詔問星辰錯謬。臣竊見熒惑變色。入太微西門。太白正晝而見。臣聞熒惑示變。人主當精明其德。則有休慶之色。又以非其月令尊宿。法當君臣出端謀。戒不臣。太白當晝而見。是陰陽爭明。強國弱。弱國強。皆有失政。又失道而見。是爲嬴長。侯王不榮。熒惑主禮。太白主兵。謹禮事。治兵政。審察中外之言。申明門戶守禦之令。以杜漸防萌。則其救也。昔宋景公小國諸侯。三有德言。而熒惑爲之退舍。本集。

詔問曰。連年蝗蟲至冬踊。其咎安在。邕對曰。臣聞見符致蝗以象其事。易傳曰。大作不時。天降災。厥咎蝗蟲來。河圖祕徵篇曰。帝貪則政暴而吏酷。吏酷則誅深必殺。主蝗蟲。蝗蟲。貪苛之所致也。息不急之作。省賦斂之費。進清仁。黜貪虐。分損承安。屈𥂃省別藏。以贍國用。則其救也。易曰。得臣無家。言有天下者何私家之有。本集。續漢五行志三。又注補。又後漢邕傳注引續漢志。又藝文類聚一百。

詔問。南宮平城門內屋。武庫屋及外東垣屋各損壞。五行志作前後頓壞。臣愚以爲平城門正陽之門。與宮連。郊祀法駕所從出。門之最尊者也。武庫禁兵所藏。東垣庫之外障。國家之本兵也。變此二處。異于瓦屋。易傳曰。小人在位。上下咸悖。厥妖城門內崩。潛潭巴曰。宮瓦自墮。諸侯強陵主。易傳曰。昔一柱泥。故法棄。其咎宮室傾圮。此皆小人在顯位。諸侯強陵主之漸。臣意請率由舊章。黜小人以尊上整下。去暴悖之慾。以變柱泥棄法之咎。則其救也。洪範傳曰。六沴作見。若時共禦。帝用不差。神則不怒。五福乃降。用彰于下。本集。續漢五行志一。

又詔特問。比災變互生。未知厥咎。朝廷焦心。載懷恐懼。每訪羣公卿士。庶聞忠言。皆各括囊。迷國莫肯建忠規。闕以邕博學深奧。退食在公。故特密問。宜披演所懷。文選任彥昇天監三年策秀才文注引。范書作宜披露得失。指陳政要所先後。勿有依違顧忌。以經術分別。皁囊封上。勿漏所問。臣邕伏惟陛下聖德允明。深悼災咎。德音懇誠。褒臣博學深奧。退食在公。特垂訪及。非臣螻蟻愚怯所能堪副。斯誠輸寫肝膽出命之秋。豈可以顧患避害。復使陛下不聞至戒哉。臣邕頓首死罪。伏思諸異各應。皆亡國之怪也。天于大漢殷勤不已。赤帝之精。輔或未衰。故屢出妖變以當責讓。欲令人君因以感悟。則危可爲安。凶可作吉。假使大運已移。豈有譴告哉。春秋魯定哀公之時。周德已

絕。故數十年無有日蝕。此爲天所棄故也。至于今者。災眚之發。不于他所。遠則門垣。近在寺署。其爲鑒戒。紛降目前。欲使陛下豁然大寤。可謂至切矣。幸陛下深問。臣敢不盡情以對。虹蜺墮。雌雞化。皆婦人奸政之致也。自卽祚已來。中官無地逸鼠。而乳母趙嬈貴重赫赫。生則貲藏侔于天府。死則丘墓踰越園陵。兩子受封。兄弟典郡。過事既已。續以永樂門吏霍玉依阻城社。大爲奸邪。盜寵竊權。侮惑之罪晚乃發露。雖房獨治畏慎。疏賤宴乃得姿意。事必積浸然後成形。虹蜺集庭。雌雞變化。豈不謂是。今日道路所言紛紛。復云有程大人者。案程璜用事宮中。所謂程大人也。見陳球傳。察其風聲。將爲國患。宜高其隄防。明設禁限。深惟趙霍。以爲至戒。且侍御于百里之內而知外事。誠當窮治。何緣聞之。所以令安之也。又前詔書實核以玉氣勢。爲官者踰時不覺。司隸校尉岑初考彥時。裁取典計教者一人綴之。如玉渚所戒。戒不朝可知而還。移州釋本問末。論者疑太

尉張顥與交貫爲玉所進暗昧已成非外臣所能審處如誠有之近者不治無㠯正遠傾邪在官當有所懲光祿勳姓璋所在尢名貪濁九列之中豈宜有此牧守數十選代既不盡由本朝反有異輩無㠯示四方聖意勤勤欲流清蕩濁扶正黜邪不得但㠯州郡無課而已長水校尉趙玹屯騎校尉蓋升竝叨時幸其實已足其富已甚當㠯見災之故爲陛下先羣臣早引退㠯解易傳所載小人在位之咎伏見廷尉郭禧敦龐純厚國之老成光祿大夫橋玄聰達方直有山甫之姿故太尉劉寵聞人襲寵忠實守正襲悃愊剛直竝宜爲謀主數見訪問夫宰相大臣君之四體優崇委重任用責成納其英慮優游訪求㠯盡其情相待㠯禮相引見論議當因其言居位十數年當此之際尙儉約崇經藝浮輕之人不引在朝廷淺短之書不干于目貴戚斂手中外悚慄莫敢犯禁不獨得之于追沒之三公也春秋之義㠯貴治賤遠聞親小加大引在六

逆陛階增則堂高輔位重則上尊不宜復聽納小吏雕琢大臣也取圖寫讚厲㠯顯沛羣臣慘慘憂懼自危非典衡之道夫憂樂不竝喜戚異方畏災責躬念當專一精意㠯思變則上方巧技之作鴻都篇賦之文宜且息心㠯示憂懼詩云畏天之怒不敢戲豫天之戒誠不可戲也宰府孝廉士之高選不可求㠯虛名但當察其眞僞㠯加黜陟近者每㠯辟召不愼切責三公孝廉襍揉試之㠯文而竝㠯書疏小文一介之技命臣下超取選舉衆心不厭莫之敢言羣公尙先意承旨㠯悅郎吏舍人閒職長吏便宜促行誰敢違旨至于宰府孝廉顚倒下開託屬之門上違明王舊典無益于德矣臣願陛下强納忠言忍而絕之側身踊躍思惟萬機㠯荅天望㠯導嘉應聖朝既自約厲㠯身率人左右近臣亦宜戮力從化人自抑損㠯塞咎戒則天道虧滿鬼神福謙久高不危常滿不逸羣公之福諸侯陵主之戒不可不察也臣邕愚戇感激忘身敢觸冒忌諱手書具對夫君臣不密上有漏言之戒下有失身之禍臣敢漏所問願寢臣表無使盡忠之吏受怨姦讎（本集、後漢蔡邕傳、又袁宏後漢紀二十四）

戍邊上章

朔方髡鉗徒臣邕稽首再拜上書皇帝陛下臣邕被受陛下尢異大恩初由宰府備數典城㠯叔父故衞尉質時爲尙書（御覽作㠯親父故依叔父衞尉質時㠯尙書）召拜郎中受詔詣東觀著作遂與羣儒竝拜議郎沐浴恩澤承荅聖問前後六年質奉機密趨走日下遂由端右出相外藩還尹輦轂旬日之中登躡上列父子一門兼受恩寵不能輸寫心力㠯效絲髮之功一旦被章陷沒辠戮陛下天地之德不忍刀鋸截臣首領得就平罪父子家屬徙充邊方完全軀命喘息相隨非臣無狀所敢復望非臣罪惡所當復蒙非臣辭筆所能復陳臣初決罪雒陽詔獄生出牢戶顧念元初中故尙書郎張俊坐漏

泄事當伏重刑已出轂門復聽讀鞫詔書馳救減罪一等輸作左校俊上書謝恩遂㠯轉徙郡縣促遣徧于吏手不得頃息含辭抱悲無由上達臣既到徙所乘塞守烽職在候望憂怖焦灼無心復能操筆成草致章闕庭誠知聖朝不責臣謝但懷愚心有所不竟臣自在布衣常㠯爲漢書十志下盡王莽而止世祖㠯來唯有紀傳無續志者臣所師事故太傅胡廣知臣頗識其門戶略㠯所有舊事與臣雖未備悉粗見首尾積累思惟二十餘年不在其位非外吏庶人所得擅述天誘其衷得備著作郎建言十志皆當撰錄遂與議郎張華等分受之所使元順難者皆㠯付臣先治律厤㠯籌筭爲本天文爲驗請太史舊注考校連年往往頗有差舛當有增損乃可施行爲無窮法道至深微不敢獨議郎中劉洪密于用筭故臣表上洪與共參思圖牒尋繹適有頭角會臣被罪逐放邊野臣竊自痛一爲不善使史籍所闕胡廣所校二十年之思中道

廢絕不得究竟慺慺之情猶㠯結心不能違望臣初欲須刑竟乃因縣道具㠯上聞今年七月九日匈奴始攻郡鹽池縣其時鮮卑連犯雲中五原一月之中烽火不絕不意四夷相與合謀所圖廣遠恐遂爲變不知所濟郡縣咸懼不守朝旦臣所在孤危懸命鋒鏑湮滅土灰呼吸無期誠恐所懷隨軀腐朽抱恨黃泉遂不設施謹先顚踣科條諸志臣欲删定者一所當接續者四前志所無臣欲著者五及經典羣書所宜捃摭本奏詔書所當依據分別首目幷書章左臣初被考妻子迸竄亡失文書無所案請加㠯惶怖愁恐思念荒散十分不得識一所識者又恐謬誤觸冒死罪披散愚情願下東觀推求諸奏參㠯璽書㠯補綴遺闕昭明國體章聞之後雖肝腦流離白骨剖破無所復恨惟陛下留神省察臣謹因臨戎長霍圉封上有律厤意禮意樂意郊祀意天文意車服意朝會意五行意（案此下有闕文劉知幾史通稱邕作朝會車服二志又後漢本傳云事在五行天文志則十意中有朝會及五行其餘二意蓋地理藝文也）臣頓首死罪稽首再拜㠯聞（續漢律厤志下注補後漢本傳邕上書自陳奏其所著十意注引邕別傳邕戍邊上章又云云又藝文類聚八十御覽三百三十五引蔡邕徙朔方上書又本集外傳案本傳別傳皆作十意則劉昭所引禮樂志表志初學記所引天文志原本是意字傳寫變其文耳）

律厤意

前漢志但載十二律不及六十律尺寸相生（宋書律志引蔡邕從朔方上書）凡律所革㠯變律呂相生至六十也（文選陸倕新刻漏銘注引蔡邕律厤志）（案劉昭注補志序云律厤之篇仍乎洪邕所構則續律厤志即邕書也洪謂劉洪今不具錄）

禮意（續漢禮儀志上注補引謝沈書太傅胡廣博綜舊儀立漢制度蔡邕因㠯爲志）

孝武帝封禪岱宗立明堂于泰山汶上（御覽五百三十三引蔡邕禮樂志）顯宗因祀光武皇帝于明堂養三老五更于辟雍威儀既盛矣德化未流洽者㠯其禮樂未具羣下無所誦說而庠序尚未設之故也孔子曰譬如爲山未成一簣止吾止也（續漢禮儀志上注補引蔡邕禮樂志）

樂意

漢樂四品一曰大子樂典郊廟上陵殿諸食舉之樂郊樂易所謂先王㠯作樂崇德殷薦上帝周官若樂六變則天神皆降可得而禮也宗廟樂虞書所謂琴瑟㠯詠祖考來假詩云肅雍和鳴先祖是聽食舉樂王制謂天子食舉㠯樂周官王大食則命奏鍾鼓二曰周頌雅樂典辟雍饗射六宗社稷之樂辟雍饗射孝經所謂移風易俗莫善于樂禮記曰揖讓而治天下者禮樂之謂也社稷所謂琴瑟擊鼓㠯御田祖者也禮記曰夫樂施于金石越于聲音用乎宗廟社稷事乎山川鬼神此之謂也三曰黃門鼓吹天子所㠯宴樂羣臣詩所謂坎坎鼓我蹲蹲舞我者也其短簫鐃歌軍樂也其傳曰黃帝岐伯所作㠯建威揚德風勸士也蓋周官所謂王大捷則令凱樂軍大獻則令凱歌也孝章皇帝親著歌詩四章列在食舉又制雲臺十二門新詩下太子樂官習誦被聲與舊詩竝行者皆當撰錄㠯成樂志（續漢禮儀志中注補引蔡邕禮樂志案北堂書鈔九十六藝篇引蔡邕敘樂云世祖追修前業采讖緯之文曰太子樂府曰黃門鼓吹）

郊祀意（續漢祭祀志上注補引謝沈書蔡邕引中興㠯來所修者爲祭祀志郎邕之意也）

孝明立世祖廟㠯明再受命祖有功之義後嗣遵儉不復改立皆藏主其中聖明所制一王之法也自執事之吏下至學士莫能知其所㠯兩廟之意誠宜具錄本事建武乙未元和丙寅詔書下宗廟儀及齋令宜入郊祀志永爲典式（續漢祭祀志下注補引蔡邕表志）宗廟迭毀議奏國家大體班固錄漢書乃置羣賢傳末臣㠯問胡廣廣㠯爲實宜在郊祀志去中鬼神仙道之語取賢傳宗廟事寘其中既合孝明旨又使祀事㠯類相從（續漢祭祀志下注補引蔡邕表志）

天文意（續漢天文志上注補引謝沈書蔡邕撰建武已後星驗著明㠯續前志）

言天體者有三家一曰周髀二曰宣夜三曰渾天宣夜之學絕無師法周髀數術具存考驗天狀多所遺失故史官不用唯渾天者近得其情今史官所用候臺銅儀則其法也立八尺圓體之度而

具天地之象。㠯正黃道。㠯察發斂。㠯行日月。㠯步五緯。精微深妙。萬世不易之道也。官有其器。而無本書。前志亦闕。而不論臣求其舊文。連年不得。在東觀。㠯治律未竟。未及成書。案略求索。竊不自量。卒欲寢伏儀下。思惟精意。案度成數。扶㠯文義。潤㠯道術。著成篇章。罪惡無狀。投畀有北。灰滅雨絕。世路無由。宜博問羣臣。下及巖穴。知渾天之意者。使述其義。㠯裨天文志。撰建武㠯來星變彗孛占驗著明者。續其後。續漢天文志上注補引蔡邕表志。又後漢張衡傳注引漢名臣奏。宋書天文志一引蔡邕于朔方上言。開元占經一引蔡伯喈于朔方上書。初學記二引蔡邕天文志。

車服意

㠯文義不著之故。俗人多失其名。續漢輿服志上注補引蔡邕表志。甘泉鹵簿。國家舊章。而幽僻藏蔽。莫之得見。同上。俗人失其名。故名冕爲平天冠。五時副車曰五帝。鸞旗曰雞翹。金根曰三蓋。其制非一。御覽七百七十三引蔡邕車服志。

永平初。詔書下車服制度。中宮皇太子親服重繒厚練。浣已復御。率下㠯儉。化起機諸侯王㠯下。至于士庶。嫁娶被服。各有科品。當傳萬世。揚光聖德。臣㠯爲宜集舊事儀注本奏。㠯成志也。續漢輿服志下注補引蔡邕表志。

孝明帝作蠙珠之佩。㠯郊祀天地。御覽六百九十二引蔡邕輿服志。案劉昭注補志序云。車服之本。即依董蔡所立。則續輿服志即董巴及邕志也。今概不錄。

朝會意

羣臣朝見之儀。視不晚朝十月朔之故。㠯問胡廣。廣曰。舊儀公卿㠯下。每月常朝。先帝㠯其頻故省。唯六月十月朔朝。後復㠯六月朔盛暑省之。續漢禮儀志中注補引蔡邕曰云云。案當在朝會意。又案南齊書檀超傳載王儉議云。朝會志前史不書。蔡邕稱先師胡廣說漢舊儀。此乃伯喈一家之意。

全後漢文卷七十終

其當作期

烏程嚴可均校輯

蔡邕三

上始加元服與羣臣上壽章

伏惟陛下應天淑靈丁其中興誕在幼齡聖姿碩義威儀孔備俯仰龍光顏如日星言稽典謨動蹈規矩緝熙光明思齊周成早智夙就參美顯宗令月吉日始加元服進御幘結以章天休臣妾萬國遐邇大小一心同歡同喜逸豫式歌且舞臣等不勝踴躍鳧藻謹奉牛一頭酒九鍾稽首再拜上千萬壽陛下享茲吉福永守皇極通遵太和靖綏六合宜民宜人受祿于天書曰一人有慶兆民賴之其寍惟永詩曰顒顒卬卬如珪如璋令聞不忘萬壽無疆本集又略見書鈔一百二十七引蔡邕雜章

表賀錄換誤上章謝罪

右衛下脫尉杜衍三字不在上脫稱字

今月十八日臣以相國兵討逆賊故河內太守王匡等屯陳破壞斬獲首級詣朝堂上賀臣邕奉賀錄故羽林郎將李參遷城門校尉而署名羽林左監右衛在朝堂而不在錄咎在臣不詳省案使參以亡為存衍以存為亡錯奏謬錄不可行侍御史劾臣不敬當賜刑書懲戒不恪陛下天地之德不辱收戮丙辰詔書以一月俸贖罪臣邕怔營慙怖屛氣累息不知所自投處臣邕頓首死罪臣不惟后慶數馬之誤脩忽校讎不謹之愆雖見原宥仰愧先臣傷肌入骨不勝忪蒙流汗本集

讓高陽鄉侯章

制詔左中郎將蔡邕今封邕陳留雍丘高陽鄉侯下印綬符策假限食五百戶歲五十萬穀各米臣稽首受詔怔營喜懼精魄播超恍惚如夢不敢自信臣伏惟糠粃小生學術虛淺少竊方正長服宰府備數典城著作東觀無狀取罪捐棄朔野蒙恩徙還退伏畎

丏當作匄

畝復階朝謁進察憲臺遂充機密令守巴郡還備侍中車駕西還執鞭跨馬及看輪轂升輿下軨扶接聖躬既至舊京出備郎將中外所疑對越省闥羣臣之中特見褒異訖無雞犬鳴吠之用常以汗墨愧負恩寵誠不意寤猥與公卿以下錄功受賞命服金紫爵至通侯非臣草萊功勞微薄所當被蒙臣邕頓首死罪臣十四世祖肥如侯佐命高祖以受爵賞統嗣曠絕除在匹庶臣子遺苗裔復蒙顯封前功輕重不侔慙惶累息無心怡寍唐虞之朝猶美三讓臣者何人受而不讓臣不勝戰悼怵惕詣闕拜章上所假高陽鄉侯印綬符策伏受罪誅臣得微勞被受爵邑光寵榮華耀熠祖禰非臣小族陋宗器量褊狹所能堪勝非臣力用勤勞有所當受誠無安寍甘悅之情拘迫國憲下不敢逆苟順恩旨退省金龜紫綬之飾非臣容體案書鈔一百三十一引漢末雜事作非臣慵體所當服佩中讀符策誥戒之詔非臣才量所能祗奉厤日彌久震懼益甚臣聞高祖受命元功翼德與共天下者爵土故曰使黃河若帶太山若厲國以永存爰及苗裔夫山河至大猶謂之小重功輕賞如此其至也是以戰功之事大有陷堅破敵斬將搴旗之功小有馘截首級履傷涉血之難勤苦軍旅連年累歲首如蓬葆體如漆幹勞瘁辛苦如此其重也以受爵土誰曰不宜今者聖朝遷都應順天人奔走之役臣僕職分宜然臣事輕葭莩功薄蟬翼臣恐史官錄書臣等在功臣之列陷恩澤之科垂名後葉作戒末嗣非本朝之德政遇臣之長策臣是以宵寢晨興叩膺增歎心煩慮亂喘呼息吸且鷦鷯巢林不過一枝鼴鼠飲河不過滿腹小人之情求足而已不勝大願乞如前章云云臣忝自參省資非哲人藩屛之用器非殿邦佐君之才憂心灼烜耳目昏亂忪蒙蔽闇累息屛氣臣聞稷契之疇以德受命功德靡堪讓所不如昔之范丏不忘禮讓其下化之春秋采焉臣小醜不足勸勵以躡高蹤以詩人斯亡之戒覯見符策君

効當作劾 詎當作距

國之誨兩印雙紱竝在鞶帶至德元功器量宏大猶且踧踖無心寍止況臣螻蟻無功德而散息茸闒何㠯居之且晏嬰辭邶殿之邑張良辭三萬之戶書籍紀之㠯為美談夫人君無弄戲之言憲法有誣枉之効臣不敢違戾飾虛㠯詎上旨疑谻之誠與神明通謹奉章詣闕頓首敢固㠯請息伏惟雷漏刻一省僵沒之日同壽松喬 本集 案張溥百三家集割分臣邕自參省㠯下為再讓表

薦太尉董卓可相國并自乞閒宂章

臣某等聞周有流彘之亂而宣王㠯興漢有昌邑之難而中宗㠯昭由此觀之天生神聖特㠯靖亂整殘丕誕洪業輔佐重臣國之楹棟生應期運稟氣山嶽是故申伯山甫列于大雅蕭曹邴魏載于史籍國遭奸臣孽妾制弄主權累葉相繼六十餘載火熾流沸浸㠯不振威移羣下福在弄臣海內嗷嗷被其傷毒故大將軍愼侯何進盡忠出身圖議盪滌㠯清季朝羣凶遘難兵起亂作元舅

奪當作奮

上卿先寇受害禍至執辱社稷傾危太尉郿侯卓起自東土封畿之外義勇憤發旋赴京師先陳便宜列表奸猾羣慝情狀辭意激切感物寤靈精兵虎臣承持卓勢奪擊醜類漏刻之閒靡有孑遺卓聞乘輿已趍河津身率輕騎長驅芒阜上解國家播越之危下救兆民塗炭之禍然後黜廢頑凶爰立聖哲天心聿得萬國賴祜及至差功行賞辭多受少近臣幸臣一人之封戶至萬數今者受爵十有一人總合戶數千不當一非所㠯褒功賞勳也今月七日卓又上書辭疾讓位乞就國土上違聖主寵嘉之至下乖羣心瞻仰之望臣等謹案漢書高祖受命 案此下脫一段 流離藏竄十有二年陛下應期中興龍飛踐阼奸臣孽孽一時殄盡愔疾臣者隨流埋沒太尉郿侯卓收拾洗濯上臣高第補侍御史轉治書御史陛下天地之大德聽納大臣扶飾文學遂用臣邕充備機密三月之中充歷三臺光榮昭顯非臣愚蔽不才所當盜竊非臣碎首糜軀所能補報如卓者陛下當益隆委任數加訪問厚其爵賞責㠯相業之成臣等不勝大願謹陳狀臣邕等頓首頓首死罪死罪臣聞世宗之時田千秋有神明感動至一言㠯寤聖聽昭發上心故有一日九遷臣邕草萊小臣思謀愚淺生非千秋職不狎練加㠯新來入朝不更郎署攝省文書其猶面牆陛下統繼大業委政冢宰太傅隗㠯舊典入錄機密事尚書令日磾先輩舊齒德更上公僕射允故司隸校尉河南尹尚書張熹已歷九列魯旭侍中牧守宣藩剖符數郡唯臣官薄微賤特單匹此六臣臣當自知況于論者將謂臣何足㠯任夙夜寤歎寢息屏營無顏㠯居無心㠯寍明時階級人所勸慕乞在他署抱關執籥㠯守漏刻則臣之心厭抱釋降榮于悴退顯于進不勝區區疑戒不敢肅飾 本集 案張溥百三家集割析流離藏竄㠯下至所能補報及臣邕頓首至末別為一篇與本集不同

雜章

相國金印綠綬位在公上所㠯殊異休烈羣臣莫得而齊 書鈔一百三十一 御覽六百八十二

薦皇甫規表

臣聞唐虞㠯師師咸熙周文㠯濟濟為寍區區之楚猶用賢臣為寶備多君子季札知其不危由此言之忠臣賢士國家之元龜社稷之楨固也昔孝文慍匈奴之生事思李牧于前代孝宣忿奸邪之不散舉張敞于亡命況在于當時謙虛為罪而可遺棄臣伏見護羌校尉皇甫規少明經術道為儒宗修身力行忠亮闡著出處抱義皦然不汙藏器林藪之中㠯辭徵召之寵先帝嘉之羣公歸德盜發東嶽莫能嬰討卽起家參拜為泰山太守屠斬桀黠綏撫煢弱青兗之郊迄用康乂自是㠯來方外有事戎狄猾華進簡前勳連見委任伏節舉麾威靈神行演化凶悍使為愨愿愛財省穡每有餘貲養士御眾恱㠯亡死論其武勢則漢室之干城課其文

烈當作列
宥當作睿

德。則皇家之心腹。誠宜試用。以廣振鷺西雍之美。臣邕頑愚。忝汙顯烈。輒流汗墨。不堪之責。不勝區區。孰心所見。越職瞽言。罪當死。唯陛下當留神宥察。臣邕頓首頓首。本集。藝文類聚五十五。

爲陳留太守奏上孝子程未事表

臣前到官。博問掾史孝行卓異者。臣門下掾申屠敻稱。孝子平丘程未。年十四歲時。祖父叔病歿。未抱伏叔尸。號泣悲哀。口乾氣少。喘息纔屬。舅偃哀其羸劣。嚼棗肉以哺之。未見食歔欷。不能吞咽。麥飯寒水閒用之。舅偃誘勸。哽咽益甚。是後精美異味。遂不過口。常在柩旁。耳聞叔名。目應以淚。前太守文穆召署孝義童。云以叔未葬。不能至府舍。臣輒核問掾史邑子殷盛宿彥等。辭驗皆合。臣即召來見。未年十四歲。顏色瘦小。應對甚詳。臣問樂爲吏否。垂泣求去。自歸喪所。臣爲設食。但用麥飯寒水。不食肥膩。舅本以田作爲事。家無典學者。其志行發于自然。非耳目聞見所倣効也。雖成人之年。知禮識義之士。恐不能及。伏唯陛下體因心之德。當中興之運。躬秉萬機。建用皇極。神紀騁于無方。淑暘洽于羣生。故醇行感時而生。美義因政以出。清風奮揚。休徵誕漫。太平之萌。昭驗已著。臣誠伏見幸甚。臣聞魯侯能孝。命于夷宮。張仲孝友。侯在左右。周宣之興。實始于此。且烏以反哺。託體太陽。羔以跪乳。爲贄國卿。禽鳥之微。猶以孝寵。況未稟純粹之精爽。立百行之根原。其人殄瘁。而德曜彌光。其族益章。臣不勝願。會使未美昭顯本朝。謹陳狀臣頓首。本集。御覽五百二十一引蔡邕進表。九百六十五引蔡邕奏事。

巴郡太守謝表

臣尚書邕免冠頓首死罪。臣猥以頑闇。連值盛時。超自羣吏。入登機密。未及輸力。盡心日下。五府舉臣任巴郡太守。陛下不復參論。府舉入奏。驚惶失守。非所敢安。征營累息。不知所措。臣邕頓首死罪。知納言任重。非臣所得久忝。今月丁丑。一章自聞。乞閑宂。抱關執籥。不意錄符銀青。授任千里。求退得進。後上先遷。爲衆所怪。不合事宜。願乞還詔命。盡力他役。死而後已。臣猥以愚暗。盜竊明時。周旋三臺。充列機衡。出入省闥。登躡丹墀。承隨同位。與在行列。以受酒禮嘉幣之賜。詔書前後賜石鏡匳。禮經素字。尚書章句。白虎議奏。合成二百一十二卷。及蓮香瓠子。薰爐唾壺。彈棊石枰。縶鵲汁器圓廬諸物。誠念及下。錫惠周至。每敕勿謝。朝廷之恩。前後重疊。雖父母之于子孫。無以加此。未得因緣有事。荅稱所蒙。不意卒遷。荷受非任。臨時自陳。未蒙省許。慘結屛營。蹴躇受拜。命服銀青。光寵休顯。上耀祖先。下榮昆裔。誠非所望。臣邕頓首死罪。巴土長遠。江山修隔。頃來未悉輯睦。劉焉撫盜有方。柔遠功著。臣當以頑蒙。不閑職政。宣暘聖化。導遵和風。非臣才力所能供給。必以忝辱煩汙聖朝。幸循舊職。當竭肝膽。從事筋絕骨破。以命繼之。本集。御覽七百三。又七百十七。

上封事陳政要七事

臣伏讀聖旨。雖周成遇風。訊諸執事。宣王遭旱。密勿祗畏。無以或加。臣聞天降災異。緣象而至。辟歷數發。殆刑誅繁多之所生也。風者。天之號令。所以教人也。夫昭事上帝。則自懷多福。宗廟致敬。則鬼神以著。國之大事。實先祀典。天子聖躬。所當恭事。臣自在宰府。及備朱衣。迎氣五郊。而車駕稀出。四時至敬。屢委有司。雖有解除。猶爲疏廢。故皇天不悅。顯此諸異。鴻範傳曰。政悖德隱。厥風發屋折木。坤爲地道。易稱安貞。陰氣憤盛。則當靜反動。法爲下叛。夫權不在上。則雹傷物。政有苛暴。則虎狼食人。貪利傷民。則蝗蟲損稼。去六月二十八日。太白與月相迫。兵事惡之。鮮卑犯塞。所從來遠。今之出師。未見其利。上違天文。下逆人事。誠當博覽衆議。從其安者。臣不勝憤懣。謹條宜所施行七事表左。

一事。明堂月令。天子以四立及季夏之節。迎五帝于郊。所以導致神氣所福，豐年，清廟祭祀，追往孝敬，養老辟雍，示人禮化，皆帝者之大業，祖宗所祇奉也。而有司數㠯蕃國疏喪，宮內產生，及吏卒小汙，屢生忌故，竊見南郊齊戒，未嘗有廢，至于它祀，輒興異議，豈南郊卑而它祀尊哉。孝元皇帝策書曰：禮之至敬，莫重于祭，所㠯竭心親奉，㠯致肅祗者也。又元和故事，復申先典，前後制書，推心懇惻，而近者㠯來，更任太史，忘禮敬之大，任禁忌之書，拘信小故，㠯虧大典。禮，妻妾產者，齊則不入側室之門，無廢祭之文也。所謂宮中有卒，三月不祭者，謂士庶人數堵之室，共處其中耳，豈謂皇居之曠，臣妾之眾哉。自今齊制，宜如故典，庶荅風霆災妖之異。

二事：臣聞國之將興，至言數聞，內知己政，外見民情，是故先帝雖有聖明之姿，而猶廣求得失，又因災異，援引幽隱，重賢良方正敦朴有道之選，危言極諫，不絕于朝。陛下親政㠯來，頻年災異，而未聞特舉博選之旨，誠當思省，述修舊事，使抱忠之臣，展其狂直，㠯解易傳政悖德隱之言。

三事：夫求賢之道，未必一塗，或㠯德顯，或㠯言揚，頃者立朝之士，曾不㠯忠信見賞，恆被謗訕之誅，遂使羣下結口，莫圖正辭。郎中張文，前獨盡狂言，聖聽納受，㠯責三司，臣子曠然，眾庶解悅，臣愚㠯為宜擢文右職，㠯勸忠謇，宣聲海內，博開政路。

四事：夫司隸校尉、諸州刺史所㠯督察姦枉，分別白黑者也。伏見幽州刺史楊憙、益州刺史龐芝、涼州刺史劉虔，各有奉公疾姦之心，憙等所糾，其効尤多。餘皆枉撓，不能稱職，或有抱罪懷瑕，與下同疾，綱網弛縱，莫相舉察，公府臺閣，亦復默然。五年制書，議遣八使，又令三公謠言奏事。是時奉公者欣然得志，邪枉者憂悸失色，未詳斯議，所因寢息。昔劉向奏曰：夫執狐疑之計者，開羣枉之門，養不斷之慮者，來讒邪之口。今始聞善政，旋復變易，足令海內測度朝政。宜追定八使，糾舉非法，更選忠清，平章賞罰。三公歲盡差其殿最，使吏知奉公之福，營私之禍，則眾災之原，庶可塞矣。

五事：臣聞古者取士，必使諸侯歲貢。孝武之世，郡舉孝廉，又有賢良文學之選，于是名臣輩出，文武竝興。漢之得人，數路而已。夫書畫辭賦，才之小者，匡國理政，未有其能。陛下即位之初，先涉經術，聽政餘日，觀省篇章，聊㠯游意，當代博奕，非㠯教化取士之本。而諸生競利，作者鼎沸，其高者頗引經訓風喻之言，下則連偶俗語，有類俳優，或竊成文，虛冒名氏。臣每受詔于盛化門，差次錄第，其未及者，亦復隨輩皆見拜擢。既加之恩，難復收改，但守奉祿，于義已弘，不可復使理人，及仕州郡。昔孝宣會諸儒于石渠，章帝集學士于白虎，通經釋義，其事優大，文武之道，所宜從之。若乃小能小善，雖有可觀，孔子㠯為致遠則泥，君子故當志其大者。

六事：墨綬長吏，職典理人，皆當㠯惠利為績，日月為勞，褒責之科，所宜分明。而今在任，無復能省，及其還者，多召拜議郎、郎中，若器用優美，不宜處之冗散，如有釁故，自當極其刑誅，豈有伏罪懼考，反求遷轉，更相放効，臧否無章。光帝舊典，未嘗有此，可皆斷絕，㠯覈真僞。

光當作先

七事：伏見前一切㠯宣陵孝子者為太子舍人。臣聞孝文皇帝制喪服三十六日，雖繼體之君，父子至親，公卿列臣，受恩之重，皆屈情從制，不敢踰越。今虛偽小人，本非骨肉，既無幸私之恩，又無祿仕之實，惻隱思慕，情何緣生。而羣聚山陵，假名稱孝，行不隱心，義無所依，至有姦軌之人，通容其中。恆（當作桓）思皇后祖載之時，東郡有盜人妻者，亡在孝中，本縣追捕，乃伏其辜。虛偽雜穢，難得勝言。又前至得拜，後輩被遺，或經年陵次，㠯暫歸見漏，或㠯人自代，亦蒙寵榮，爭訟怨恨，凶凶道路。太子官屬，宜搜選令德，豈有但取丘墓凶醜之人，其為不祥，莫與大焉。宜遣歸田里，㠯明詐偽。（後漢蔡邕傳。）

諫用三互法疏（藝文類聚六十作幽州刺史議）

願上脫不字

臣聞國家置官。以職建名。臣愚淺小才。竊假階級。官以議爲名。職以郎爲貴。智淺謀漏。無所獻替。夙夜寤歎。憂悸怛惕。臣邕頓首死罪。伏見幽州突騎。冀州強弩。爲天下精兵。國家膽核。集本作唯仗從北堂書鈔一百十七騎篇一百二十五弩篇改藝文類聚六十改四方有事。軍師奮攻。未嘗不取辦于二州也。頃者已來。連年饑荒。穀價一斛至六七百。故護烏桓校尉夏育出征鮮卑。無功而還。士馬死傷者萬數。弓兵散亡。幾盡生民之本。守禦之備。無一可恃。百姓元元。流離溝壑。寇賊輩起。莫能禁討。長吏寒心。朝不守夕。卒有他方之急。則役之不可驅使。自爲寇虜。則誅之不可擒制。豈非可憂之難。三府選幽州刺史。踰月不定。臣怪問其故。云避三互。十一州有禁。當取二州而已。二州之中少素有威名之士。或拘限歲年。不應選用。狐疑遲淹。兩州空懸。萬里蕭條。無所管繫。每冀州長史初除。詔書治嚴。不過五日。今者刺史數旬不選。誠非其理。愚以爲三互之禁。禁之薄者。以陛下威靈申明禁令。對相部主。尙生畏懼。不敢營辨。況乃三互。何足爲嫌。孝景時。梁人韓安國坐事被刑。起徒中爲內史。武帝患東越數反。拜故待詔會稽朱買臣。宣帝時患冀州有盜賊。故京兆尹張敞有罪逃命。上使使就家召張敞爲冀州刺史。安國徒隸。買臣郡民。皆還治其國。張敞亡命。擢授劇州。豈顧三互。拘官簿。得救時之便也。卒獲其用。遺芳不滅。此先帝不誤已然之事。三公明知二州之要。九宜揀選。當越禁取能。以救時弊。而乃持畏避自遂之嫌。顧爭臣士人之責。苟避輕微之科禁。竊見日月拘忌。選既稽滯。又未必審得其人。則二部蠢口。將爲憂念。願陛下少蠲禁忌。上則三帝用三臣之法。任職相口。故吏在家。若諸州刺史器用可換者。無拘時月三互。以差厥中。臣慺慺發瞽言。幹非義。惟陛下留神再省三省。本集又略見藝文類聚五又六十御覽三百四十八

伏見幽冀舊壤。鎧馬所出。比年兵饑。漸至空耗。今者百姓虛縣。萬里蕭條。闕職經時。吏人延屬。而三府選舉。踰月不定。臣經怪其事。而論者云避三互。十一州有禁。當取二州而已。又二州之士。或復限以歲月。狐疑遲淹。以失事會。愚以爲三互之禁。禁之薄者。今但申以威靈。明其憲令。在任之人。豈不戒懼。而當坐設三互。自生留閡邪。昔韓安國起自徒中。朱買臣出于幽賤。並以才宜。還守本邦。又張敞亡命。擢授劇州。豈復顧循三互。繼以末制乎。三公明知二州之要。所宜速定。當越禁取能。以救時敝。而不顧爭臣之義。苟避輕微之科。選用稽滯。以失其人。臣願陛下上則先帝。蠲除近禁。其諸州刺史器用可換者。無拘日月三互。以差厥中。後漢蔡邕傳與本集小異。

全後漢文卷七十一終

全後漢文卷七十二

烏程嚴可均校輯

蔡邕四

日蝕上書

四年正月朔日體微傷羣臣服赤幘赴宮門之中無救乃各罷歸天有大異隱而不宣求御過是已事之甚者（續漢五行志六熹平二年日蝕注補引蔡邕上書）

被收時上書自陳

光和元年都官從事張恕㠯辛卯詔書收邕送雒陽詔獄考吏張靜謂邕曰省君章云欲仇怨未有所施法令無㠯此詔書又刊章家姓名不得對相指斥考事君學多所見古今如此豈一事乎荅曰曉是吏遂歛章爲文書（後漢蔡邕傳注引邕集）

議郎糞土臣邕頓首再拜上書皇帝陛下今月十三日臣被尚書

召問臣從大鴻臚劉郃前爲濟陰太守臣屬吏張宛長休百日郃爲司隸又託河内郡吏李奇爲州書佐及營護故河南尹羊陟侍御史胡母班郃不爲用致怨之狀臣征營怖悸肝膽塗地不知死命所在臣邕死罪臺所問臣三事其遠者六年近者三歲竊自尋案實屬宛奇不及陟班凡休假小吏非結恨之本與陟姻家臣叔父衛尉質及邕豈敢屬郃申助私黨如臣父子誠有怨恨故中傷郃郃勢所當因臺問具陳臣恨狀所緣不能受臣爲覆蔽内無寸事而誣書外發宜㠯臣對與郃參驗臣得㠯學問特蒙褒異執事祕館文學所著列于御前姓名貌狀簡乎聖心今年七月召詣金商門問㠯災異詔書褒諭責臣喻旨誘臣使言臣實愚戇唯識忠盡出命忘軀不顧後患遂譏切公卿内及寵近臣實區區欲㠯上對聖問救消災異規爲陛下延康寧之計而已預知所言者當必怨臣陛下不念忠言密對多所指刺宜加掩蔽誹謗卒至使用疑

怪豈不負盡忠之吏哉每有災異詔書輒令百官各上封事欲㠯改政息譴除凶致吉而言者不蒙延納之福反被陷破之禍今羣臣皆杜口結舌㠯臣爲戒誰敢復爲陛下盡忠者乎臣季父質連見拔擢位在上列臣被蒙恩渥數見訪問言事者因此欲陷臣父子破臣門戶非復發糾姦伏補益國家者也臣年四十有六孤特一身前無立男得㠯盡節王室託名忠臣死有餘榮然防陛下于此不復聞至言矣臣㠯愚亢招致禍患自臣職耳臣對問時質爲下邳相不聞臣謀今者橫見逮及使質恨㠯衰老白首隨臣摧沒幷内坑埳㠯快言事猒副其言誠冤誠痛陛下仁篤之心必不忍此患之未至耳臣一入牢檻當爲箠楚所迫趣㠯歛章辭情何緣復達臣死期垂至冒昧自陳乞身當辜戮免質不幷坐則臣死之日更生之年也唯陛下加餐爲萬姓自愛臣邕死罪（本集後漢蔡邕傳）

和熹鄧后謚議

孝和鄧皇后崩羣臣謀謚于是尚書陳忠上言㠯爲鄉黨敘孔子威儀俯仰無所遺彤管記君王纖微大小無不舉是㠯德著圖籍名垂于後伏惟大行皇后規乾則坤兼包日月厥初作合允有休烈貫魚之次加于小媵中饋之敘昭于帷幄遭家不造三元之戹孝殤幼沖國祚中絕海内紛然羣臣累息加㠯洪流爲災札荒爲害西戎蠢動武威侵侮幷涼猾夏作寇振驚勃碣家有採薇之思人懷殿屎之聲皇太后參圖考表求人之瘼度越平原建立聖主垂疇咨之問遵六事之求勞謙克躬菲薄爲務是㠯尚官損服衣不粲英饔人徹羞膳不過擇黄門闕樂魚龍不作織室絕伎纂組不經尚方抑巧雕鏤不爲離宮罕幸儲峙不施還方斷篚侏離不貢罷出宮妾免遣宗室沒入者六百餘人㠯紓鬱滯奉率舊禮交饗祖廟㠯展孝子承歡之敬蠲憲法六千餘事㠯順漢氏三百之期經藝乖舛恐史闕文命衆儒考校東觀閣學博士一缺廣推十

追下脫崇字

人何有伐檀茅茹不拔厲舉方直顯擢孝子遵忠孝之紀啟大臣
喪親之哀疾貪吏受取爲姦糾增舊科之罰惡長吏虛僞進退錮
之十年追世祖功臣國土或有斷絕封植遺苗以奉其祀爵高蘭
諸國胄子以紹三王之後事不稽古不以爲政政不惠和不圖于
策猶不自專傳謀遠暨允求厥中刑之所加不阿近戚賞之所及
不遺側陋終朝反側明發不寢徒以百姓爲憂不以天下爲樂聖
誠著于禁闥而德教被于萬國故自昏墊以迄康乂羅八千石以
至數十叛虜降集賊盜邊垂胡翟去塞永元之世以爲遺誅今畏
服威靈稽顙即欵徼外絕國慕義重譯求獻其琛史官咸賀請作
主頌卻而不聽郡國咸上瑞應寢而不宣允恭抑損密勿在勤遭
疾不豫垂念臣子御輦在殿顧命羣司流恩布澤大赦天下有始
有卒同符先聖昔書契所載虞帝二妃夏后塗山高陽有莘姬氏
任母徒以正身率內思媚周京爲高未有如大行皇后勤精勞思

篤繼國之祚正三元之衡康百六之會消無妄之運者也功德巍
巍誠不可及漢世后氏母氏書鈔作無謚至于明帝始建光烈之稱是
後轉因帝號加之以德高下優劣混而爲一違禮大行受大名小
行受小名之制謚法有功安人曰熹帝后一體禮亦宜同大行皇
太后宜謚爲和熹皇后上稽典訓之正下協先帝之稱本集後漢書皇后紀注引蔡邕集又畧見北堂書鈔九十四

朱公叔謚議

漢益州刺史南陽朱公叔卒門人陳季珪等議所謚云宜曰忠文
子陳留蔡邕議曰昔在聖人之制謚也將以勸善彰惡俾民興行
賢愚臧否依事從實雖文武之美靈厲之穢罔不具存自王公以
降至于列國大夫皆用配號傳于無窮秦以世言謚而黜其事漢
興以來惟天子與五等之爵然後有之公卿大臣其禮闕焉歷世
彌久莫之或修益州府君貫綜典術率由舊章始與諸儒考禮定

議加陳留府君以益州之謚是後覽之者亦無間焉今子亶纂襲
前業不忘遺則孝既至矣禮實宜之謹覽陳生之議思忠文之意
參之羣學稽之謚法夫萬類莫貴乎人百行莫美乎忠故夏后氏
正以人統教以忠德然則忠也者人德之至也而猶有三焉孔子
曰進思盡忠又曰臣事君以忠奉上之忠也曰爲人謀而不忠乎
又曰忠焉能勿誨乎謀誨之忠也春秋左氏傳曰小大之獄必以
情情忠之屬也又曰上思利人曰忠撫下之忠也三者人之則而
忠行乎其中益州府君自始事至沒身忠言不輟乎口忠謀不已
乎心其在帝室正身危行言如砥矢策合神明蹇蹇之諫文章具
存奉上忠矣其在部臣匡救善導出自一心疑不我聽者果有躓
覆不測之禍謀誨忠矣爰牧冀州時值凶荒勞心苦思勤恤庶事
誅翦貪暴糾戢貴黨雖則強禦當官能行夫豈淫刑將有利也發
墓盜柩議而不罪夫豈漏姦察以情也撫下忠矣位在牧伯職據

納言秉權食祿實有年數而居無畜好財貨不益饘食布衾概謂
之精麗昔魯季孫行父卒宰庀家器無衣帛之妾無食粟之馬君子
曰相三君矣而無私積可不謂忠乎而謚曰文子春秋外傳曰忠
文之實也然則文忠之彰也忠以爲實文以彰之事通議合兩名
一致是貞儉之稱文也邾子蘧蒢卜遷于繹史曰利于民不利于
君公曰民苟利矣孤亦與焉于是遷而遂卒謚曰文公是危身利
民之稱文也衞大夫孔圉謚曰文子子貢疑焉惟敏而好學不恥
下問仲尼與之是勤學好問之稱文也府君所在屢以忤違阽以
深患苟除民害死生以之前後三黜一罹疾廢于身危矣兼包六
典命世作師猶復宗事趙叟示有攸尊能下問矣有一于此猶可
以稱況乃忠兼三義文備三德于古志不悖而謚法亦曰宜矣本
議曰忠文子按古之以子配謚者魯之季文孟懿子衞之孫文公
叔文皆諸侯之臣也至于王室之卿大夫其尊與諸侯竝故以公

而下脫知字

自字衍

配。春秋曰。劉卷卒。葬劉文公。公羊傳曰。劉卷者何。天子大夫也。經又曰。王子虎卒。左傳曰王叔文公卒。而同盟。禮也。此皆天子大夫得稱其禮。與同盟諸侯敵體故也。又禮緣臣子咸欲尊其君父。故雖侯伯子男之臣。自稱其君。咸得曰公。及其卒也。異國之人稱之皆然。是㠯邾子許男。稱公㠯葬。春秋之正義也。㠯例言之。則府君王室亞卿也。有王叔劉氏之比。㠯臣子之辭言之。則有邾許稱公之文。雖無土而其位是也。今曰公猶可。若稱子。則降等多矣。懼禮廢日久。將詭時聽。周有仲山甫伯陽嘉父。優老之稱也。宋有正考父。魯有尼父。配謚之稱也。春秋曰孔父。子曰伯某父。亡之稱也。父雖非爵號。與天子諸侯咸用優賢禮同。順乎門人臣子所稱之宜。可于公父之中。擇一處焉。斯不得稱子而已。本集。後漢朱穆傳注引袁山松書。

答丞相可齋議

月日詔召尚書問。立春當齋。迎氣東郊。尚書左丞馮方毆殺指揮使于尚書西祠。可齋不。得無不宜。具對。議郎臣蔡邕博士任敏死罪對。案禮。上帝之祠。無所爲廢齋者。所㠯致齋。不敢渙散其意。宮室至大。指使至微。不在齋潔之處。元和詔禮無免齋。宜㠯自潔靜交神明。本無嫌閒。祠室又寬。可齋無疑。詩云。唯此文王。小心翼翼。昭事上帝。聿懷多福。夫齊恭㠯奉明祀。文王所㠯懷福。無有不宜。臣邕臣敏愚憨死罪。本集。又略見宋書禮志一。

厤數議 熹平四年

三月九日。百官會府公殿下。東面。校尉南面。侍中郎將大夫千石六百石重行北面。議郎博士西面。戶曹令史當坐中而讀詔書。公議。蔡邕前坐侍中西北近公卿。與光晃相難問是非焉。續漢律厤志中注引蔡邕集。案光晃謂馮光陳晃。御覽作馮先。

議郎蔡邕議。㠯爲厤數精微。去聖久遠。得失更迭。術數無常。是㠯漢興承秦。厤用顓頊。元用乙卯。百有二歲。孝武皇帝始改正朔。厤

用太初。元用丁丑。行之百八十九歲。孝章皇帝用清河李梵之言。改從四分。元用庚申。今光晃各㠯庚申爲非。甲寅爲是。案厤法。黃帝、顓頊、夏、殷、周、魯凡六家。各自有元。光晃所據。則殷厤元也。他元雖不明于圖讖。各自一家之術。皆當有效于當時。昔太初始用丁丑之後。有六家紛錯。爭訟是非。太史令張壽王挾甲寅元㠯非漢厤。雜候清臺。課在下第。卒㠯疏闊。連見劾奏。太初效驗。無所漏失。是則雖非圖讖之元。而有效于前者也。及用四分㠯來。考之行度。密于太初。是又新元有效于今者也。故延光元年。中謁者亶誦亦非四分庚申。上言當用命厤序甲寅元。公卿百寮。參議正處。竟不施行。且三光之行。遲速進退。不必若一。術家㠯算追而求之。取合于當時而已。故有古今之異。今術之不能上通于古。亦猶古術之不能下通于今也。由此言之。有文于讖。無驗于今。未必爲是。有驗于今。無文于讖。未必爲非。元命苞乾鑿度皆㠯爲開闢至獲麟二百七十六萬歲。及命厤序積獲麟至漢起庚子蔀之二十三歲。竟己酉戊子及丁卯蔀六十九歲。合爲二百七十五歲。漢元年歲在乙未。上至獲麟。則歲在庚申。推此㠯上。上極開闢。則不在庚申。讖雖無文。其數見存。而光晃㠯爲開闢至獲麟二百七十五萬九千八百八十六歲。獲麟至漢百六十二歲。轉差少一百一十四歲。云當滿足。則上違乾鑿度元命苞。中使獲麟不得在哀公十四年。下不及命厤序獲麟漢相去四蔀年數。與奏記譜注。不相應當。今厤正月癸亥朔。光晃㠯爲乙丑朔。乙丑之與癸亥。無題勒款識可與衆共別者。須㠯弦望晦朔光魄虧滿可得而見者。考其符驗。而光晃厤㠯考靈曜爲本。二十八宿度數及冬至日所在。與今史官甘石舊文錯異。不可考校。㠯今渾天圖儀檢天文。亦不合于考靈曜。光晃誠能自依其術。更造望儀㠯追天度。遠有驗于圖書。近有效于三光。可㠯易奪甘石。窮服諸術者。實宜用之。難問光晃。但言圖

讖所言不服。元和二年二月甲寅制書曰。朕聞古先聖王。先天而天不違。後天而奉天時。史官用太初鄧平術。冬至之日。日在斗二十二度。而厤㠯爲牽牛中星先立春一日。則四分數之立春也。而㠯折獄斷大刑。于氣已迕。用望平和。蓋亦遠矣。今改行四分。㠯遵于堯。㠯順孔聖奉天之文。是始用四分厤庚申元之詔也。深引河洛圖讖㠯爲符驗。非史官私意獨所興構。而光晃㠯爲固意造妄說。違反經文。謬之甚者。昔堯命羲和厤象日月星辰。舜叶時月正日。湯武革命。治厤明時。可謂正矣。且猶遇水遭旱。戒㠯蠻夷猾夏。寇賊姦宄。而光晃㠯爲陰陽不和。姦臣盜賊。皆元之咎。誠非其理。元和二年。乃用庚申。至今九十二歲。而光晃言秦所用代周之元。不知從秦來。漢三易元。不常庚申。光晃區區信用所學。亦妄虛無造欺語之愆。至于改朔易元。往者壽王之術已課不效。亶誦之議不用。元和詔書文備義著。非羣臣議者所能變易。續漢律厤志中。宋書厤志一。御覽十六。

全後漢文卷七十二終

全後漢文卷七十三

烏程嚴可均校輯

蔡邕五

難夏育請伐鮮卑議（文選鮑昭東武吟注引此題作上書。）

熹平六年夏。護烏桓校尉育上言。鮮卑仍犯諸郡。自春已來。三十餘發。請徵幽州諸郡兵出塞擊之。冬、春足㠯埽滅。時故護羌校尉田晏㠯他事論刑。被原。私留京師。因尚書行賄。通謀中常侍王甫求爲將。甫建議當出師與育幷力。詔書遂用爲破鮮卑中郎將。使匈奴中郎將南單于㠯下與育晏三道竝出。時朝廷大臣多㠯爲不便。召公卿百官會議。議郎蔡邕㠯爲。

書戒猾夏。易伐鬼方。周宣王命南仲吉甫攘獫狁。威蠻荊。漢有衞霍闐顏瀚海竇憲燕然之事。征討殊類。所由尚矣。然而時有同異。勢有可否。故謀有得失。事有成敗。不可齊也。自漢興㠯來。匈奴常爲邊患。而未聞鮮卑之事。昔謀臣竭精。武夫僇力。而所見常異。其設不戰之計。守禦之固者。皆社稷之臣。永久之策也。孝武皇帝情存遠略。志闢四方。南伐百越。北討強胡。西征大宛。東幷朝鮮。因文景之蓄。藉天下之饒。兵出數十年。開帑藏空竭。官民俱匱。乃興鹽鐵酤榷之利。設告緡重稅之令。民不堪命。起爲盜賊。關東紛然。道路不通。繡衣直指之使。奮鈇鉞而竝出。然後僅得寧息。既而覺悟。乃息兵罷役。封丞相爲富民侯。故主父偃曰。夫務戰勝。窮武事。未有不悔者也。夫㠯世宗神武。將率良猛。財賦充實。所拓廣遠。而猶有悔焉。況無彼時地利人財之備。而欲輕動。此其不可一也。鮮卑種衆新盛。自匈奴北遁㠯來。據其故地。稱兵十萬。彌地千里。才力勁健。意智益生。加㠯關塞不嚴。禁網多漏。精金良鐵。出者莫察。皆爲賊有。漢民逋逃。爲其謀主。兵利馬疾。過于匈奴。昔段熲良將。習兵善戰。經營西羌。猶十餘年。今育晏欲㠯一年之期。專勝必克。育晏才策。未必過熲。鮮卑種衆。又不弱于西羌。乃欲張設近期。誘戲朝廷。三年不成。必迫于害。禍結兵連。不得中休。轉運糧饟。不可勝給。天無豐歲。官殫見財。民人流移于四方。不能還其駭骨。㠯此時興議橫發。一發不已。必至再三。諸夏之內。弱者伏尸。強者作寇。邊陲之患。手足之疥搔也。中國之困。胷背之瘭疽也。其不可二也。育云自春㠯來。三十餘發。方今郡縣盜賊。劫摽人財。攻犯官民。日月有之。冠帶之圻。吏調政密。尚不能禁。況此醜虜。羣類抵冒。心不受仁。膽不畏威。而可使斷無盜竊。昔者高祖乃忍平城之恥。呂后甘棄慢書之咎。方之于今。何者爲甚。是其不可三也。天設山河。秦築長城。漢起塞垣。所㠯別外內。異殊俗也。其外則分之夷狄。其內則任之良吏。後嗣遵業。慎奉所遺。苟無蹙國內侮之患則可矣。豈與蟲螘校寇。計爭往來之數哉。乃欲越幕踰域。度塞出攻。得地不可耕農。得民不可冠帶。破之不可殄盡。而本朝必爲之旰食。四海必爲之焦枯。其不可四也。夫煎盡府帑之蓄。㠯恣輕事之人。專勝者未必克。挾疑者未必敗。衆所謂危。聖人不任。朝議有嫌。明主不行。是其不可五也。案育一戰。所獲不如所失。昔淮南王安諫伐越曰。天子之兵。有征無戰。言其莫敢校也。如使越人蒙死徼幸。㠯逆執事。廝輿之卒。有一不備而歸者。雖得越王之首。猶爲大漢羞之。而育欲㠯齊民易醜虜。皇威辱外夷。（袁宏紀作射乾沒㠯要功）就如其言。猶已危矣。況乎得失不可量邪。昔珠崖郡反。孝元皇帝納賈捐之言而下詔曰。珠崖背畔。今議者或曰可討。或曰棄之。朕日夜惟思。羞威化不行。則欲伐之。狐疑避難。則守爲長。宜通乎時變。且憂萬民。夫萬民之飢餓。與蠻夷之不討。何者爲大。宗廟之祭。凶年猶有不備。況避不遜之辱哉。今關東大困。無㠯相贍。又當動兵。非但勞民而已。凶年隨之。罷弊有不可勝言者。其罷珠崖郡。此元帝所㠯發德音也。夫卹民救急。雖成郡列縣。尚猶棄之。況㠯鄣塞之外。未嘗爲民

駭當作骸

分當作介

居者乎。臣愚㠯爲宜止攻伐之計。令諸營甲士。循行塞垣。屯守衝要。㠯堅牢不動爲務。若乃守邊之術。李牧善其略。保塞之論。嚴尤申其要。遺業猶在。文章具存。循二子之策。守先帝之規。臣曰可矣。臣邕愚戇。議不足采。臣邕頓首。本集。袁宏後漢紀二十四。後漢鮮卑傳。通典一百九十六。

宗廟迭毀議

左中郎將臣邕議。㠯爲漢承亡秦滅學之後。宗廟之制。不用周禮。每帝即世。輒立一廟。不止于七。不列昭穆。不定迭毀。孝元皇帝時。丞相匡衡、御史大夫貢禹始建大議。請依典禮。孝文、孝武、孝宣皆㠯功德茂盛。尊崇廟稱。爲宗不毀。孝文曰太宗。孝武曰世宗。孝宣曰中宗。初孝宣尊崇孝武時。中正大臣夏侯勝等猶執異議。欲出世宗。不應爲宗。至孝成皇帝時。議猶不定。太僕王舜、中壘校尉劉歆據經傳義。謂不可毀。上從其議。古人據正重慎。不敢私其君父。若此其至也。後遭王莽之亂。光武皇帝受命中興。廟稱世祖。孝明皇帝聖德聰明。政參文宣。廟稱顯宗。孝章皇帝至孝烝烝。仁恩溥大。海內賴祉。廟稱肅宗。比方前世。得禮之宜。自此㠯下。政事多釁。權移臣下。嗣帝殷勤。各欲褒崇至親而已。臣下懦弱。莫能執夏侯之直。故遂衍溢。無有方限。今聖朝遵古復禮。㠯求厥中。誠合事宜。禮傳封儀。自依家法。不知國家舊有宗儀。聖主賢臣。所共刱定。欲就六廟。黜損所宗。違先帝舊章。未可施行。臣謹案禮制七廟。三昭三穆。與太祖七。孝元皇帝世在第八。光武皇帝世在第九。故㠯元帝爲考廟。尊而奉之。孝明遵述。亦不敢毀。元帝于今朝九世。㠯七廟言之。則非所宗。親盡宜毀。八月酬報。可出元帝主。比惠、景、昭、成、哀、平帝。五年而再殷。合食于太祖。孝章皇帝、孝安皇帝、孝桓皇帝親在三昭。孝和皇帝、孝順皇帝、孝靈皇帝親在三穆。廟親未盡。四時常陳。孝和㠯下。穆宗、恭宗、敬宗、威宗之號。皆宜省去。㠯遵先典。殊異祖宗不可參竝之義。今又總就一堂。崇約尚省。不復改作。惟

闕當作關

割當作剖

主及几筵應改而已。正數世之所闕。爲無窮之常典。稽禮制之舊則。合神明之歡心。臣愚戇。議不足采。臣邕云云。本集。袁宏後漢紀二十六。續漢祭祀志下注補引袁山松書載邕議。通典四十七。

被州辟辭讓申屠蟠

申屠蟠稟氣玄妙。性敏心通。喪親盡禮。幾于毀滅。至行美義。人所鮮能。安貧樂潛。味道守眞。不爲燥溼輕重。不爲窮達易節。方之于邕。㠯齒則長。㠯德則賢。後漢申屠蟠傳。

與何進書薦邊讓

明將軍㠯申甫之德。當中興之隆。建上將之任。應秉國之權。妖寇作孽。震驚京師。運籌帷幄。定策居勝。先擒馬元。歸近之變。天兵致誅。兗豫㠯清。冀荊用乂。雲消席捲。克厭衆心。王室已寍。萬國兆民。莫不賴祉。伏惟幕府初開。博選清英。華髮舊德。竝爲元龜。成功立事。莫不畢舉。雖振鷺之集西雝。濟濟之在周庭。無㠯或加。伏見令史陳留邊讓字文禮。天授逸才。聰明賢智。纂成伐柯不遠之則。齠齓夙孤。不墜家訓。及就學廬。便就大典。閒不遊戲。初覽諸經。見本知義。尋端極緒。授者不能荅其問。章句不能逐其意。詩書易禮先通。三業㠯次。大義略舉。衆傳篇章。無術不綜。心通性達。割纖入冥。口辯辭長。而節之㠯禮。安詳審固。守持內定。非禮勿動。非法不言。若處狐疑之論。定嫌審之分。經典交至。檢括參合。衆夫寂焉。莫之能奪也。使讓生于先代。在唐虞則元凱之比。當仲尼則顏冉之亞。豈徒世俗之凡偶兼渾。是非講論而已哉。才藝言行。卓逸不羣。階級名位。亦宜超然。不㠯常制爲限。長幼之拘。若復輩從此郡選舉。非所㠯彰瓌瑋之高價。昭大知之絕足也。傳曰函牛之鼎。一旦立之㠯亨雞。多汁則淡而不可食。少汁則焦而不可熟。此言大器之于小用。固有所不宜也。邕誠竊悁悒。怪此寶鼎。未受犧牛大羹之和。久在煎熬臠胾之閒。願明將軍回謀守慮。思垂采納。就讓疾病

當親察之更以屬缺招延表貢行狀列于王府躋之宗伯納之機密展其力用副其器量夫若以年齒為嫌則顏淵不得冠德行之首子奇不得紀治阿之功苟能其事古今一也密疏特表及期而行邦國其昌邕寢疾羸匐匍拜寄不敢須通（本集 後漢邊讓傳）

徙朔方報楊復書

昔此徙者故城門校尉梁伯喜南郡太守馬季長或至三歲近者歲餘多得旋返自甘罪戾不敢慕此（段公路北戶錄）

徙朔方報羊陟書

幸得無恙遂至徙所自城以西惟青紫鹽也（同上）

與故郡將子橋伯尉書

枉屈麟鸞奉計王室（書鈔四十）

與梁伯張府君書

復惠良筆下士所無（書鈔一百四）

與袁公書

朝夕游談從學宴飲酌麥醴燔乾魚欣欣焉樂在其中矣（書鈔一百四十八 文選應璩百一詩注）

書（四首）

大官令執役斯碎非文雅所使也（書鈔五十五）

侍中執事相見無期惟是筆疏（文選注作筆跡）可以當面（書鈔一百四 初學記二十一 文選陸機謝平原內史表注）

邕薄祜早喪二親年踰三十鬢髮二色叔父親之猶若幼童居則侍坐食則比豆（御覽四百三十二）

家祖居常言客有三當死夜半蠶時至人室家也今者一行而犯其兩（御覽八百二十五）

釋誨

閑居翫古不交當世感東方朔客難及楊雄班固崔駰之徒設疑

蘄當作析

以自通乃斟酌羣言韙其是而矯其非作釋誨以戒厲云爾

有務世公子誨于華顛胡老曰蓋聞聖人之大寶曰位故以仁守位以財聚人然則有位斯貴有財斯富行義達道士之司也故伊摯有負鼎之衒仲尼設執鞭之言甯子有清商之歌百里有豢牛之事夫如是則聖哲之通趣古人之明志也今夫子生清穆之世稟醇和之靈覃思典籍韞櫝六經安貧樂賤與世無營（文選嵇康幽憤詩注引此二語）沈精重淵抗志高冥包括無外綜蘄無形其已久矣曾不能拔萃出羣揚芳飛文登天庭序彝倫埽六合之穢慝清宇宙之埃塵連光芒于白日屬炎氣于景雲時逝歲暮默而無聞小子惑焉是以有云方今聖上寬明輔弼賢知崇英逸偉不墜于地德弘者建宰相而裂土才羨者荷榮祿而蒙賜盍亦回塗要至俛仰取容輯當世之利定不拔之功榮家宗于此時遺不滅之令蹤夫獨未之思邪何為守彼而不通此胡老慠然而笑曰若公子所謂覩曖

昧之利而忘明哲之害專必成之功而忽蹉跌之敗者已公子謖爾斂袂而興曰胡為其然也胡老曰居吾將釋汝昔自太極君臣始基有羲皇之洪寍唐虞之至時三代之隆亦有緝熙五伯扶微勤而撫之于斯已降天網縱人紘弛王塗壞太極阤君臣土崩上下瓦解于是智者騁詐辯者馳說武夫奮勇戰士講銳電駭風馳霧散雲披變詐乖詭以合時宜或畫一策而綰萬金或談崇朝而錫瑞珪連衡者六印磊落合縱者駢組流離隆貴翕習積富無崖據巧蹈機以忘其危夫華離蒂而萎條去榦而枯女冶容而淫士背道而辜人毀其滿神疾其邪利端始萌害漸以芽速速方轂天夭是加欲豐其屋乃蔀其家是故天地否閉聖哲潛形石門守晨沮溺耦耕顏歜抱璞蘧瑗保生齊人歸樂孔子斯征雍渠驂乘逝而遺輕夫豈傲主而背國乎道不可以傾也且我聞之日南至則黃鍾應融風動而魚上冰蕤賓統則微陰萌蒹葭蒼而白露凝寒

暑相催。陰陽代興。運極則化。理亂相承。今大漢紹陶唐之洪烈。盪四海之殘災。隆隱天之高。拆絙地之基。皇道惟融。帝猷顯丕。泯泯庶類。含甘吮滋。檢六合之羣品。躋之乎雍熙。羣僚恭己于職司。聖主垂拱乎兩楹。君臣穆穆。守之㠯平。濟濟多士。端委縉綖。鴻漸盈階。振鷺充庭。譬猶鍾山之玉。泗濱之石。累珪璧不爲之盈。採浮磬不爲之索。曩者洪源辟而四隩集。武功定而干戈戢。玁狁攘而吉甫宴。城濮捷而晉凱入。故當其有事也。則蓑笠並載。擐甲揚鋒。不給于務。當其無事也。則舒紳緩佩。鳴玉㠯步。綽有餘裕。夫世臣閥子。晉御之族。天隆其祜。主豐其祿。抱膺從容。爵位自從。攝須理髯。餘官委貴。其進取也。順傾轉圓。不足㠯喻其便。逡巡放屣。不足㠯况其易。夫夫有逸羣之才。人人有優贍之智。童子不問疑于老成。瞳矇不稽謀于先生。心恬澹于守高。意無爲于持盈。粲乎煌煌。莫非華榮。明哲泊焉。不失所寧。狂淫振蕩。乃亂其情。貪夫徇財。夸者死權。瞻仰此事。體躁心煩。闇謙盈之効。迷損益之數。騁駑駘于修路。慕騏驥而增驅。卑俯乎外戚之門。乞助乎近貴之譽。榮顯未副。從而顛踣。下獲熏胥之辜。高受滅家之誅。前車已覆。襲軌而騖。曾不鑒禍。㠯知畏懼。予誰悼哉。害其若是。天高地厚。跼而蹐之。怨豈在明。患生不思。戰戰兢兢。必慎厥尤。且用之則行。聖訓也。舍之則藏。至順也。夫九河盈溢。非一曲所防。帶甲百萬。非一勇所抗。今子責匹夫㠯清宇宙。庸可㠯水旱而累堯湯乎。懼煙炎之毀熸。何光芒之敢揚哉。且夫地將震而樞星直。井無景則日陰食。元首寬則望舒朓。侯王肅則月側匿。是㠯君子推微達著。尋端見緒。履霜知冰。踐露知暑。時行則行。時止則止。消息盈沖。取諸天紀。利用遭泰。可與處否。樂天知命。持神任己。羣車方奔乎險路。安能與之齊軌。思危難而自豫。故在賤而不恥。方將騁馳乎典籍之崇塗。休息乎仁義之淵藪。盤旋乎周孔之庭宇。揖儒墨而與爲友。舒之足㠯光

四表。收之則莫能知其所有。若乃丁千載之運。應神靈之符。闓閶闔。乘天衢。擁華蓋。奉皇樞。納玄策于聖德。宣太平于中區。計合謀從。已之圖也。勳績不立。子之辜也。龜鳳山翳。霧露不除。踊躍草萊。祇見其愚。不我知者。將謂之迂。修業思真。棄此焉如。靜㠯俟命。不斁不渝。百歲之後。歸乎其居。幸其獲稱。天所誘也。罕漫而已。非已咎也。昔伯翳綜聲于鳥語。葛盧辯音于鳴牛。董父受氏于豢龍。奚仲供德于衡輈。倕氏興政于巧工。造父登御于驊騮。非子享土于善圉。狼瞫取右于禽囚。弓父畢精于筋角。佽非明勇于赴流。壽王創基于格五。東方要幸于談優。上官効力于執蓋。弘羊據相于運籌。僕不能參跡于若人。故抱璞而優遊。于是公子仰首降階。忸怩而避。胡老乃揚衡含笑。援琴而歌。歌曰。練予心兮浸太清。滌穢濁兮存正靈。和液暢兮神氣寧。情志泊兮心亭亭。嗜欲息兮無由生。踔宇宙而遺俗兮。眇翩翩而獨征。本集。後漢蔡邕傳。藝文類聚二十五。

全後漢文卷七十三終

情當作淸

礽當作仍

全後漢文卷七十四

烏程嚴可均校輯

蔡邕六

陳留太守行縣頌（并序）

府君勸耕桑于屬縣。（文選陸機吳趨行注，又孔稚珪北山移文注）

行小黃縣

大顯爲政，建時春陽。我君勸止，戾茲小黃。濟濟羣吏，攝齊升堂。乃訓乃厲，示之憲方。原罪以心，察獄以情。欽于刑濫，惟務求輕。有辜小罪，放死從生。玄化洽矣，黔首用寧。惟以作頌，式昭德聲。（藝文類聚五十）

行考城縣

曖曖玄路，北至考城。勸茲穡民，東作是營。農桑之業，爲國之經。我君勤心，德音邈成。率爾苗民，愼不敬聽。女執伊筐，男執其耕。申戒羣僚，務在寬平。罪人赦宥，囹圄用情。（藝文類聚五十）

潁川太守王立義葬流民頌

哀此骼胔，悼彼孤魂。遭水爲泥，逢風成塵。殮以時服，葬于洛濱。（北堂書鈔二十九）

胡廣黃瓊頌

巖巖山嶽，配天作輔。降神有周，生申及甫。允茲漢室，誕育二后。曰胡曰黃，方軌齊武。惟道之淵，惟德之藪。股肱元首，代作心膂。天之烝人，有則有類。我胡我黃，鍾厥純懿。巍巍特進，初踐其位。赫赫三事，七佩其紱。奕奕四牡，沃若六轡。袞職龍章，其文有蔚。參曜乾台，窮寵極貴。功加八荒，羣生以遂。超哉邈猗，莫參其二。（後漢胡廣傳，熹平六年，靈帝圖畫廣及太尉黃瓊于省內，詔議郎蔡邕爲其頌。注引謝承書，本集外傳，文選潘岳西征賦注引末一語，顏延之皇太子釋奠會詩注引末二語）

京兆樊惠渠頌

洪範八政，一曰食。周禮九職，一曰農。有生之本，于是乎出。貨殖財用，于是乎在。九土上沃，爲大田多稔。然而地有埆塉，川有墊下。溉灌之便，形趨不至。明哲君子，剏業農事。因高卑之宜，驅自行之勢，以盡水利，而富國饒人。自古有焉。若夫西門起鄴，鄭國行秦，李冰在蜀，信臣治穰，皆此道也。陽陵縣東，厥地衍隩，土氣辛螫，嘉穀不植，草萊焦枯，而涇水長流，溉灌維首，編戶齊氓，膚力不供，牧人之吏，謀不暇給。蓋常興役，猶不克成。光和五年，京兆尹樊君諱陵字得雲，勤恤民隱，悉心政事，苟有可以惠斯人者，無聞而不行焉。遂諮之郡吏，申于政府，僉以爲因其所利之事者，不可已者也。乃命方略大吏麴遂令五瓊，揣度計慮，揆程經用，以事上聞。副在三府司農，遂取財于豪富，借力于黎元。樹柱累石，委薪積土。基跂功堅，體勢強壯。折湍流，款曠陂，會之于新渠。流水門，通窬瀆，灑之于畎畝。清流浸潤，泥潦浮游，曩之鹵田，化爲甘壤，粳黍稼穡之所入，不可勝算。農民熙怡悅豫，且康。相與謳談壃畔，斐然成章，謂之樊惠渠云爾。其歌曰：

我有長流，莫或閼之。我有溝澮，莫或達之。田疇斥鹵，莫修莫治。饑饉困悴，莫恤莫思。乃有樊君，作人父母。□□□□，立我畎畝。黃潦膏凝，多稼茂止。惠乃無疆，如何勿喜。我壤既營，我疆斯成。泯泯我人，既富且盈。爲酒爲醴，烝畀祖靈。貽福惠君，壽考且寧。（本集、藝文類聚九、書鈔三十九）

祖德頌（有序）

昔文王始受命，武王定禍亂，至于成王，太平乃洽，祥瑞畢降。夫豈后德熙隆漸浸之所通也，是以易嘉積善有餘慶，詩稱子孫其保之，非特王道然也，賢人君子，修仁履德者，亦其有焉。昔我列祖，暨于予考，世載孝友，重以明德，率禮莫違，是以靈祇降之休瑞，兔擾馴以昭其仁，木連理以象其義，斯乃祖禰之遺靈，盛德之所貺也。豈我童蒙孤稚所克任哉。乃爲頌曰：

目當作伊

穆穆我祖，世篤其仁。其德克明，惟懿惟醇。宣慈惠和，無競伊人。巖巖我考，涖之目莊。增崇丕顯，克構其堂。是用祚之，休徵惟光。厥徵伊何，於昭于今。園有甘棠，別榦同心。墳有擾兔，宅我柏林。神不可誣，僞不可加。析薪之業，畏不克荷。矧貪靈貺，目爲己華。惟予小子，豈不是欲。干有先功，匪榮伊辱。本集藝文類聚二十

五靈頌

麟

皇矣大角，降生靈獸。視明禮脩，麒麟來乳。春秋既書，爾來告就。庶士子鉏，獲諸西狩。初學記二十九

白虎

大梁乘精，白虎用生。恩叡信立，繞于垣坰。藝文類聚九十九

焦君贊

猗歟焦君，常此玄墨。衡門之下，棲遲偃息。泌之洋洋，樂目忘食。鶴鳴九皋，音亮帝側。乃徵乃用，將受袞職。昊天不弔，賢人遘慝。不惟一志，并此四國。如何穹蒼，不昭斯惡。惜哉朝廷，喪茲舊德。恨目學士，將何法則。藝文類聚三十九

太尉陳公贊

公在百里，有西產之惠。賜命方伯，分陝餘慶。餘慶伊何，兆民其觀。少者是懷，老者是安。綱紀文王，文王用平。東督京輦，京輦用清。乃登三事，三事攸寍。契稷之佐，具于堯庭。今則由古，于穆誕成。藝文類聚四十六。案太尉陳耽陳球俱與邕並時，此疑是陳球。

赤泉侯五世像贊 御覽七百五十引孫暢之述畫曰：漢靈帝詔蔡邕圖赤泉侯楊喜五世將相形像于省中，又詔邕爲贊，仍令自書之。邕文邕書于時獨擅。案歷代名畫記引趙岐、劉襃、蔡邕、張衡並列，今人不復知有蔡畫矣。

正交論

聞之前訓曰：君子目朋友講習，而正人無有淫朋。是目古之交者，其義敦目正，其誓信目固。逮夫周德始衰，頌聲既寢，伐木有鳥鳴之刺，谷風有棄予之怨。其所由來，政之缺也。自此目降，彌目陵遲，或闕其始終，或彊其比周。是目搢紳患其然，而論者諄諄如也。疾淺薄而攜貳者有之，惡朋黨而絕交游者有之。其論交也，曰富貴則人爭趣之，貧賤則人爭去之。案文選應璩與曹長思書注引蔡邕正論云：皮枯則毛落，水涸則魚遭，其勢然也。當是此下脫文。正論卽正交論，選注落一交字。是目君子慎人所目交，已審已所目交人。富貴則無暴集之客，貧賤則無棄舊之賓矣。故原其所目來，則知其所目去；見其所目始，則覩其所目終。彼貞士者，貧賤不待夫富貴，富貴不驕夫貧賤，故可貴也。蓋朋友之道，有義則合，無義則離。善則久要不忘平生之言，惡則忠告善誨之，不可則止，無自辱焉。故君子不爲可棄之行，不患人之遺己也；信有可歸之德，不病人之遠己也。不幸或然，則躬自厚而薄責于人，怨其遠矣；求諸己而不求諸人，咎其稀矣。夫遠怨稀咎之機，咸在乎躬，莫之能改也。子夏之門人問交于子張，而二子各有聞乎夫子。然則目交誨也，商也寬，故告之目拒人；師也褊，故訓之目容眾。各從其行而矯之。至于仲尼之正教，則汎愛眾而親仁，故非善不喜，非仁不親。交游目方，會友目文，可無貶也。穀梁子亦曰：心志既通，名譽不聞，友之罪也。今將患其流而塞其源，病其末而刈其本，無乃未若擇其正而黜其邪與。與其彼農皆黍而獨稷焉，夫黍亦神農之嘉穀，與稷並爲粢盛也。使交而可廢，則黍其愆矣。括二論而言之，則刺薄者博而洽，斷交者貞而孤。孤有羔羊之節，與其不獲已而矯時也，走將從夫孤焉。後漢書朱穆傳論注

銘論

春秋之論銘也，曰天子令德，諸侯言時計功，大夫稱伐。昔肅慎納貢，銘之楛矢，所謂天子令德者也。黃帝有巾几之法，孔甲有槃杅之誡，殷湯有甘誓之勒，毚鼎有丕顯之銘。武王踐阼，咨于太師，而作席机楹杖雜銘十有八章。周廟金人，緘口書背，銘之目愼言。亦

所㠯勸進人主。勖于令德者也。昔召公作誥。先王賜朕鼎出于武當曾水。呂尚作周太師而封于齊。其功銘于昆吾之冶。漢獲齊侯寶樽于槐里。此句從御覽七百六十一補。獲寶鼎于美陽。仲山甫有補袞闕。式百辟之功。周禮司勳。凡有大功者。銘之大常。所謂諸侯言時計功者也。宋大夫正考父。三命茲益恭。而莫侮其國。衞孔悝之父莊叔隨難漢陽。左右獻公。衞國賴之。皆銘于鼎。晉魏顆獲秦杜回于輔氏。銘功于景鐘。所謂大夫稱伐者也。鐘鼎禮樂之器。昭德紀功。㠯示子孫。物不朽者莫不朽于金石。故碑在宗廟兩階之閒。此句從文選頭陀寺碑注引補。近世㠯來咸銘之于碑。德非此族。不在銘典。此二語從文選新刻漏銘注引補。御覽五百九十。續漢律厤志中注補引蔡邕命論一段。命當作令。乃月令論也。見卷十二。

陳仲舉李元禮論

仲舉強于犯上。元禮長于接下。犯上爲難。接下爲易。仲舉爲先。元禮後矣。御覽四百四十七。姚信士緯引陳留蔡伯喈云。

敘樂

世祖追修前業。采讖緯之文。曰大予樂府。曰黃門鼓吹。北堂書鈔九十六。讖篇引蔡邕敘樂。案此卽戍邊上章之樂意。唯多首二語耳。本傳稱邕所著百四篇。有敘樂一篇。卽此篇也。

車駕上原陵記

建寧五年正月。車駕上原陵。蔡邕爲司徒掾。從公行。到陵。見其儀。愾然。謂同坐者曰。聞古不墓祭。朝廷有上陵之禮。殆爲可損。今見其儀。察其本意。乃知孝明皇帝至孝惻隱。不可易奪。或曰。本意云何。昔京師在長安時。其禮不可盡得聞也。光武卽世。始葬于此。明帝嗣位踰年。羣臣朝正。感先帝不復聞見此禮。乃帥公卿百寮就園陵而創焉。尚書陛西陛爲神坐。通典作尚書階西祭設神座。天子事亡如事存之意。苟先帝有瓜葛之屬。男女畢會。王侯大夫郡國計吏。各向神坐而言。庶幾先帝神魂聞之。今者日月久遠。後生非時。人但見其禮。不知其哀。㠯明帝聖孝之心。親服三年。久在園陵。初興此儀。仰察几筵。下顧羣臣。悲切之心。必不可堪。邕見太傅胡廣。曰。國家禮有煩而不可省者。昔不知先帝用心周密之至于此也。廣曰。然。子宜載之。㠯示學者。邕退而記焉。續漢禮儀志上注引謝承書。又見袁宏後漢紀二十三。通典五十二。

連珠

道爲知者設。馬爲御者良。賢爲聖者用。辨爲知者通。書鈔九十九引蔡邕連珠

臣聞目瞤耳鳴。近夫小戒也。狐鳴犬嘷。家人小祅也。猶忌慎動作。封鎭書符。㠯防其禍。是故天地示異。災變橫起。則人主恆恐懼而修政。御覽四百五十九引蔡邕廣連珠

參絲之絞㠯絃琴。緩張則撓。急張則絕。御覽八百十四引蔡邕廣連珠

東鼎銘

維建寧三年秋八月丁丑。延公于玉堂前廷。乃詔曰。其㠯大鴻臚喬玄爲司空。再拜稽首㠯讓。帝曰。俞。往哉。三讓然後受命。公乃虔恭夙夜。帝采勤施八方。旁作穆穆。㠯對揚天子丕顯休命。越在先民。毗佐天子。罔不著其股肱。畢其思心。式率天行。式昭德音。公亦克紹厥由。鑒于法。罔敢不法。憲于誠。罔敢不誠。用總是羣后。保乂帝家。勛在方策。民咸曰休哉。惟帝念功。越若來二月丁丑。遷于司徒。本集。藝文類聚四十七。

中鼎銘

維建寧四年春三月丁丑。延公登于玉堂前廷。乃制詔曰。其㠯司空喬玄爲司徒。公拜稽首㠯讓。帝曰。俞。往哉。三讓然後受命。公允迪厥德。宣力肆勤。戰戰兢兢。㠯役帝事。越其所㠯率夫百辟。媚于天子。天子曰。都。慎厥身。修思永。同寅協恭。㠯和天衷。德則昭之。違則塞之。回乃不敢不弼。枉乃不敢不匡。股肱之事既充。三事之繇允備。災眚作見。乃引其責曰。凡庶徵不若。彝倫不敘。是惟臣之職。祇㠯疾告表。越十日庚午記此。本集。藝文類聚四十七。書鈔五十二。御覽二百八。

受當作授

西鼎銘

維光和元年冬十二月丁巳。延公入崇德殿前。乃制詔曰。其以光祿大夫玄爲太尉。公拜稽首曰。臣聞之。三讓莫或克從。臣不敢辭。臣大馬齒七十。可以生。可以死。其戮力閑私。悉心在公。以盡爲臣之節。于時侍從陛階。與聞公之昌言者。莫不惕厲。如履薄冰。既乃碑表百代。本集

黃鉞銘

孝桓之季年。鮮卑入塞抄盜。起匈奴左部。梁州叛羌逼迫兵誅淫衍。東移高句麗。嗣子百固逆謀竝發。三垂騷然。爲國憂念。西府表喬公。昔在梁州。柔遠能邇。不煩軍師。而車師克定。及在上谷漢陽。連在營郡。膂力方剛。明集御衆。徵拜度遼將軍。始受旄鉞鉦鼓之任。扞禦三垂。公以吏士頻年在外。勤于奔命。人馬疲羸撓鈍。請且息州營橫發之役。以補困憊。朝廷許之。于是儲廩豐饒。室罄不懸。人逸馬同。弓勁矢利。而經用省息。官有餘資。執事無放散之尤。簿書有進入之贏。治兵示威。戎士踴躍。旌旗曜日。金鼓霆奮。守有山岳之固。攻有必克之勢。羌戎受首于西彊。百固冰散于東鄰。鮮卑收迹。烽燧不舉。畍事三年。馬不帶鉠。弓不受彄。是用鏤石作茲鉦鉞軍鼓。陳之東階。以昭公文武之勛焉。銘曰。

帝命將軍。執茲黃鉞。威靈振耀。如火之烈。公之蒞止。羣狄斯柔。齊斧罔設。介士斯休。本集。藝文類聚六十八。北堂書鈔一百十五引此篇爲鼎銘。

鼎銘

忠文朱公名穆。字公叔。有殷之胄。微子啟以帝乙元子。周武王封諸宋。以奉成湯之祀。至元子啟生公子朱。其孫氏焉。後自沛遷于南陽之宛。遂大于宋。爵位相襲。烈祖尚書令。肅宗之世。守于臨淮。考曰寶。爲陳留太守。乃及忠文。克慎明德。以紹服祖禰之遺風。悉心臣事。用媚天子。顯允其勳績。尋綜六藝。契闊馳思。所以啟前惑

目荒當作無辭

而覺後疑者。亹亹焉。雖商偃其猶病諸。初舉孝廉。除郎中尚書侍郎。獨念運際存亡之要。乃陳五事。諫謀深切。退處畎畝。以察天象。驗應著焉。孝順晏駕。賊發江淮。時辟大將軍府。實掌其事。用拜宛陵令。非其好也。遂以疾辭。復辟大將軍。再拜博士。高第作御史。明司國憲。以齊百僚。矯枉董直。罔有阿順。以黜其位。潛于郎中。羣公竝表。乃遷議郎。登于東觀。纂業前史。于是冀州凶荒。年饉民匱。而貪婪之徒。乘之爲虐。錫命作牧。靜其方隅。乃攄洪化。奮靈武。昭令德。塞羣違。貞良者封植。殘戾者芟夷。去惡除盜。無俾比而作慝。用陷于非辜。復徵拜議郎。病免官。徵拜尚書。清一以考其素。正直以醇其德。出納帝命。乃無不允。雖龍作納言。山父喉舌。靡以尚之。享年六十有四。漢皇二十一世。延熹六年夏四月乙巳。卒于官。天子痛悼。詔曰。制詔尚書朱穆。立節忠亮。世篤爾行。虔恪機任。守死善道。不幸而卒。朝廷閔焉。今使權謁者中郎楊賁贈穆益州刺史印綬。魂而有靈。嘉其寵榮。嗚呼哀哉。肆其孤用作茲寶鼎。銘載休功。俾後裔永用享祀。以知其先之德。本集

酒樽銘

酒以成禮。弗繼以淫。德將以荒。過則荒沈。盈而不沖。古人所箴。尚鑒茲器。茂勖厥心。藝文類聚七十三

警枕銘

應龍蟠蟄。潛德保靈。制器象物。亦藝文類聚御覽作示有其形。哲人降鑒。居安慮傾。北堂書鈔一百三十四。藝文類聚七十。御覽七百七

槃銘

華槃就用。以享嘉賓。內丹其實。外若玄真。御覽七百五十八

銅籥銘

籥黃鐘之宮。長九寸。空圍九分。容秬黍一千二百粒。稱重十二銖。兩之爲一合。三分損益。轉生十二律。隋書律厤志上審度。祖孝孫云。相承傳是蔡邕銅籥。

女訓

舅姑若命之鼓琴。必正坐操琴而奏曲。若問曲名。則捨琴興而對。對字從書鈔一百九補曰某曲。坐若近則琴聲必聞。若遠。左右必有贊其言者。凡鼓小曲。五終則止。大曲。三終則止。無數變曲。無多少。尊者之聽未厭。不敢早止。若顧望視他。則曲終。而後止。亦無中曲而息也。琴必常調。尊者之前。不更調張。私室若近舅姑。則不敢獨鼓。若絕遠。聲音不聞。鼓之可也。鼓琴之夜。有姊妹之宴則可也。御覽五百七十七

女誡

禮。女始行服纁。纁絳也。絳正色也。紅紫不已為褻服。緗綠不已為上服。緗貴厚而色尚深。為其堅韌也。御覽八百十四

而今之務在奢麗。志好美飾。帛必薄細。采必輕淺。或一朝之晏。再三易衣。從慶移坐。不因故服。書鈔未改窟本一百二十九引蔡邕女誡。陳禹謨本作衣箴。張溥等皆為所誤

夫心。猶首面也。是以甚致飾焉。面一旦不修飾。則塵垢穢之。心一朝不思善。則邪惡入之。人咸知飾其面。而莫修其心。惑矣。夫面之不飾。愚者謂之醜。心之不修。賢者謂之惡。愚者謂之醜。猶可。賢者謂之惡。將何容焉。故覽照拭面。則思其心之潔也。傅脂。則思其心之和也。加粉。則思其心之鮮也。澤髮。則思其心之順也。用櫛。則思其心之理也。立髻。則思其心之正也。攝鬢。則思其心之整也。文選張華女史箴注。御覽三百六十五。四百五十九。七百十四。七百十八。七百二十。

全後漢文卷七十四終

全後漢文卷七十五

烏程嚴可均校輯

蔡邕七

九疑山碑

巖巖九疑峻極于天觸石膚合興播建雲時風嘉雨浸潤下民芒芒南土實賴厥勛建于虞舜聖德光明克諧頑傲吕孝烝烝師錫帝世堯而授徵受終文祖璇璣是承泰階吕平人吕有終遂葬九疑解體而升登此崔嵬託靈神仙 藝文類聚七

光武濟陽宮碑

惟漢再受命曰世祖光武皇帝考南頓君初爲濟陽令濟陽有武帝行過宮常封閉帝將生考吕令舍下溼開宮後殿居之建平元年十二月甲子夜帝生時有赤光室中皆明使卜者王長卜之長曰此善事不可言歲有嘉禾一莖生九穗長于凡禾因爲尊諱王室中微哀平短祚姦臣王莽媮有神器十有八年罪成惡熟天人致誅帝乃龍見白水淵躍昆滍破前隊之衆殄二公之師收兵略地經營河朔戮力戎功翼戴更始義不即命帝位闕焉於是羣公諸將據河洛之文協符瑞之徵僉曰厤數在帝踐祚允宜乃吕建武元年六月乙未即位于鄗縣之陽五成之陌祀漢配天罔失舊物享國三十有三年方內乂安蠻夷率服巡狩泰山禪梁父皇代之遐迹帝者之上儀罔不畢舉道德餘慶延于無窮先民有言曰樂樂其所自生而禮不忘其本是吕虞稱嬀汭姬美周原皇天乃眷神宮實始于此厥跡邈哉所謂神麗顯融越不可尚小臣河南尹鞏瑋先祖銀艾封侯歷世卿尹受漢厚恩瑋吕商箕餘烈郡舉孝廉爲大官丞來在濟陽顧見神宮追惟桑梓襃述之義用敢作頌

赫奕炎光爰耀其暉篤生聖皇二漢之微稽度乾則誕育靈姿黃孳作慝篡握天機帝赫斯怒爰整其師應期潛見扶陽而飛禍亂克定羣凶殄夷匡復帝載萬國吕綏巡于四岳展義省方登封降禪升于中皇爰茲初基天命孔彰子子孫孫保之無疆 本集藝文類聚十二

孝當作永

庸當作康

陳留東昏庫上里社碑

曰社祀之建尚矣昔在聖帝有五行之官而共工子句龍爲后土及其沒也遂爲社祀故曰社者土地之主也周禮建爲社位左宗廟右社稷戎醜攸行于是受脤土膏恆動于是祈農又班之于兆民春秋之中命之供祠故自有國至于黎庶莫不祀焉惟斯庫上里古陽武之戶牖鄉也秦時有池子華爲丞相漢興陳平由此社宰遂佐高帝克定天下爲右丞相封曲逆侯孝平之世虞延爲太尉司徒封公至延熹中延弟曾孫放字子卿 案延傳作子仲 爲尚書令外戚梁冀乘寵作亂首策誅之王室吕績詔封都亭侯太僕太常司空昆天子而維四方克錯其功往烈有常于是司監爰暨邦人僉吕爲宰相繼踵咸出斯里秦一漢三而虞氏世焉雖有積德餘慶修身之致亦斯社之所相也乃與樹碑作頌吕示後昆

惟王建祀明事百神乃顧斯社于我兆民明德惟馨其慶聿彰自嬴及漢四輔代昌爰我虞宗乃世重光元勳既立錫茲土疆乃公乃侯帝載用庸神人叶祚且巨且長凡我里人盡受嘉祥刊銘金石永思不忘 本集史記陳丞相世家索隱書鈔八十七御覽五百三十二

伯夷叔齊碑

熹平五年天下大旱禱請名山求獲答應時處士平陽蘇騰字玄成夢陟首陽有神馬之使在道明覺而思之吕其夢陟狀上聞天子開三府請雨使者與郡縣戶曹掾吏登山升祠手書要曰君況我聖主吕洪澤之福天尋興雲即降甘雨也 續漢五行志一注補

惟君之質體清良兮借佐殷姬忠孝彰兮委國捐爵諫國匡兮識武伐紂欲喻匡兮時不可救歷運蒼兮追念先侯受命皇兮憂懷

咸□□□□兮。雖沒不朽名字芳兮。藝文類聚三十七。

王子喬碑

王孫子喬者。蓋上世之眞人也。聞其仙舊矣。不知興于何代。博問道家。或言潁川。或言彥蒙。初建斯城。則有斯丘。傳承先民。曰王氏墓。紹胄不繼。荒而不嗣。歷載彌年。莫之能紀。暨于永和之元年冬十有二月。當臘之夜。墓上有哭聲。其音甚哀。附居者王伯聞而怪之。明則祭其墓而察焉。時天洪雪。下無人徑。見一大鳥跡在祭祀之處。左右咸㠯為神。其後有人着大冠絳單衣。杖竹策立冢前。呼樵孺子尹永昌曰。我王子喬也。爾勿復取吾墓前樹也。須臾忽然不見。時令太山萬熹。稽故老之言。感精瑞之應。咨訪其驗。信而有徵。乃造靈廟。㠯休厥神。于是好道之儔。自遠來集。或絃琴㠯歌太一。或覃思㠯歷丹丘。其疾病尩瘵者。靜躬祈福。卽獲祚。若不虔恪。輒顛踣。故知至德之宅兆。實眞人之先祖也。延熹八年秋八月。皇帝遣使者奉犧牲㠯致祀。祗懼之敬。肅如也。國相東萊王璋字伯儀。㠯為神聖所興。必有銘表。昭示後世。是㠯賴鄉仰伯陽之蹤。關民慕尹喜之風。乃與長史邊乾。訪及士隸。遂樹之玄石。紀頌遺烈。俾志道者有所覽焉。

伊王君。德通靈。含光耀。秉純貞。應大道。羨久榮。棄世俗。飛神形。翔雲霄。浮太清。乘螭龍。載鶴軿。戴華笠。奮金鈴。揮羽旗。曳霓旌。懽罔極。壽億齡。昭篤孝。念所生。歲終闋。發丹情。存墓冢。舒哀聲。遺鳥跡。覺舊城。被絳衣。垂紫纓。呼孺子。告姓名。由此悟。慼佈驚。修祠宇。反几筵。饋饎進。甘香陳。時傾顧。馨明熛。匡流祉。熙帝庭。祐邦國。相黔民。光景福。耀無垠。本集。水經渒水注。御覽三十三引蔡邕王喬錄。

慼佈當作咸怖

熛當作醲

京兆尹樊陵頌碑

前漢戶五萬。口有十七萬。王莽後十不存一。永初元年。羌戎作虐。至光和。領戶不盈四千。園陵蕃衛。粢盛之供。百役出焉。民用匱乏。不堪其事。續漢郡國志一注補引蔡邕樊陵頌。

於顯哲尹。誕德孔彰。膺帝休命。謂篤不忘。爰納忠式。規悟聖皇。欽崇國邑。大孝允光。九命車服。昭示采章。軒軺四牡。承祀蒸嘗。多士時貢。繇役永息。進路孔夷。民文選魏都賦注作人清險棘。同體諸舊。兆萌蒙福。慝垂無疆。守㠯罔極。藝文類聚六。

琅邪王傅蔡朗碑

君諱朗。字仲明。蓋蒼頡之精胄。姬稷之末胄也。昔叔度文王之昭。建侯于蔡。以國氏焉。迄于平襄。周祚微缺。王室遂卑。齊晉交爭。强楚侵陵。昭侯徙于州來。公族分遷。氏家于圉。奕葉載德。常歷宮尹。㠯逮于茲。君雅操明允。威厲不猛。履孝悌之性。懷文藝之才。包洞典籍。刊摘沈祕。知機達要。通含神契。旣討三五之術。又采二南之業。㠯魯詩教授。生徒雲集。莫不自遠並至。栖遲不易其志。簞食曲肱。不改其樂。心棲清虛之域。行在玉石之閒。是㠯德行儒林。智周當代。四岳稱名。帝曰余聞。元和案下云永興。此當是建和或元嘉之誤元年。徵拜博士。紓演奧祕。贊理闕文。所立卓爾。度踰雲蹤。其選士也。抑頑錯枉。進聖擢偉。極遺逸于九皐。揚明德于側陋。拔茅㠯彙。幽滯用濟。加㠯清敏廣平。好是正直。規誨之策。日諫于庭。忠讜著烈。令聞流行。聖朝㠯藩國貴胄。先帝遺體。或㠯繼絕襲位。正于阿保。未洽雅訓。驕盈僭差。或蹈憲理。非弘直碩儒。莫能匡弼。蔡君審行修德。進退可度。遷河閒中尉琅邪王傅。乃從經術之方。示㠯棐諶之威。率禮莫違。其國用靖。雖安國之輔梁孝。仲舒之相江都。靡㠯加焉。勳績旣盛。帝簡其功。將授上位。遷于紫宮。賦壽不永。遘此疾凶。年五十八。永興六年夏卒。嗚呼哀哉。凡百君子。咨痛罔極。殷懷傷悼。含涕流惻。如何昊天。喪我師則。爰勒斯銘。式昭其德。銘曰。

天縱明哲。於赫我君。含弘光大。玄覽孔眞。潛樂教思。韞玉衡門。雲龍感應。養徒三千。珠藏外耀。鶴鳴聞天。若時徵庸。登祚王臣。綜彼

蔡當作察

前疑定此典文參佐七德俾相大藩身沒稱顯永遺令勳表行揚名垂示後昆本集

玄文先生李休碑

玄文先生名休字子材南陽宛人也其祖李伯陽周柱下史覩衰世而遁焉其後雄俊豪傑往往崛出自戰國及漢名臣繼踵枝胄散逸其遷于宛尚矣王莽竊位漢祚中移考翼佐世祖匡復郊廟錫封茅土卿相牧守于時相逐休少以好學游心典謨既綜七經又精羣緯鈎深極奧窮覽聖旨居則玩其辭動則察其變雲物不顯必考其占故能獨見前識以先神意若古今常難疑義錯繆前人所希論後學所不覽休盡剖判剝散幽暗靡不昭爛猶發憤于目所不覩體所不閑遂登東岳觀百王遺風習容闕里以協禮衷退而講誨童冠仰焉儕儕如也郡署五官掾功曹司空胡公顯以儒舉特進大鴻臚仍優禮固請秉讓執虛辭此三命不爲利回不

爲義疚臨寵審己不動其守可謂純潔皓素綽有餘裕者已其於鄉黨細行敦睦九族篤信交友不可得而詳也初娶配出後配未字年既五十苗胄不嗣以永壽二年夏五月乙未卒凡其親昭朋徒臭味相與大會而葬之鼎俎之禮節文曲備時令戴君臨喪命諭郡遣丞掾冠蓋咸屆既定而後罷焉于是故好友朋僉以爲仲尼既沒文不在茲韞櫝美玉喪莫賈之求而無繼慺爾永思乃刊斯石懿德是丕

吁茲先生秉德恭勤天啟哲心其學孔純經緯是綜雅麗是分行己守道匪禮不遵處約不戚聞寵不欣榮不能華威不能震天淑厥命以讓以仁有惠云載惟邦之珍案典考論號曰玄文身沒名彰配黔作紀遺譽罔極丕昭億年嗚呼哀哉本集藝文類聚二十七

汝南周勰碑

君諱勰字巨勝陳留太守之孫光祿勳之子也君應坤乾之淯靈繼命世之期運玄懿清朗貞厲精粹體仁足以長人嘉德足以合禮總六經之要括河洛之機援天心以立鈞贊幽明以揆時沈靜微密淪于無內寬裕弘博含乎無外巨細洪纖罔不總也是以實繁于華德盈乎譽初以父任拜郎中疾去官察孝廉是時郡守梁氏外戚貴寵非其好也遂以病辭太守復察孝廉乃俯而就之以明可否然猶私存衡門講誨之樂不屑已也又委之而旋故大將軍梁冀專國作威海內從風世之雄才優逸之徒莫不委質從命而顚覆者蓋以多矣聞君洪名前後三辟而卒不降身由是縉紳歸高羣公事德太尉司徒再辟三府察賢良方正州舉孝廉皆病不就攘攘之際災眚仍發聖上詢諮師錫策命公車特徵君仰瞻天象俯效人事世路多險進非其時乃託疾杜門靜居里巷無人跡外庭生蓬蒿如此者十餘年彊禦不能奪其守王爵不能滑其處至延熹二年乃更闢門延賓享宴娛樂及秋而梁氏誅滅十二

月君卒然則識幾知命可覩于斯矣洋洋乎若德雖崇山千仞重淵百尺未足以喻其高究其深也夫三精垂耀處者有表爰在上世作者七人焉有該百行備九德齊光日月洞靈神明如君之至者與亶所謂天民之秀也享年五十不登期考遐邇歎悼痛心失圖乃相與建碑勒銘以徵休美其辭曰

厥初生民天賜之性有龐有醇有否有聖伊維周君允丁其正誕茲明德自貽哲命煥乎其文如星之布確乎不拔如山之固追蹤先緒應期作度潛心大猷譚思德謨遁世無悶屢辭王察洋洋泌丘于以逍遙蔑爾童蒙是訓是教瞻彼榮寵譬諸雲霄優哉游哉俾此弘高名振華夏光耀昆苗清風丕揚德音孔昭本集

朱穆墳前方石碑

維漢二十一世延熹六年粤四月丁巳文忠公益州太守朱君名穆字公叔卒于京師其五月丙申葬于宛邑北萬歲亭之陽舊兆

域之南其孤野受顧命曰古者不崇墳不封墓祭服雖三年無不于寢今則易之吾不取也爾其無拘于俗無廢于誠野欽率遺意不敢有違封墳三板不起棟宇乃作祠堂于邑中舊南陽里備器鑄鼎銘功載德懼墳封彌久夷于平壤于是依德像緣雅則設茲方石鎮表靈域用慰其孤罔極之懷乃申詞曰

歆惟忠文時惟朱父實天生德丕承洪緒彌綸典術允迪聖矩好是貞厲疾彼強禦斷剛若讐柔亦不茹仍用明夷遘難受侮帝曰休哉朕嘉乃功命汝納言肖女祖蹤父拜稽首翼翼惟恭篤棐不忘夙夜在公昊天不弔降茲殘殃不遺一父俾屏我皇我皇悼心錫詔孔傷位㠯益州贈之服章用刊彝器宣昭遺光子子孫孫永載寶藏本集

太尉楊秉碑

公諱秉字叔節弘農華陰人也其先蓋周武王之穆晉唐叔之后也末葉㠯支子食邑于楊因氏焉周家既微裔胄無緒暨漢興烈祖楊熹佐命征伐封赤泉侯嗣子業紱冕相繼公之丕考㠯忠蹇亮弼輔孝安登司徒太尉公承夙緒世篤儒教㠯歐陽尚書京氏易誨授四方學者自遠而至蓋踰三千初辟司空舉高第拜侍御史遷豫州兗州刺史任城相徵入勸講拜太中大夫左中郎將尚書出補右扶風留拜光祿大夫遭權嬖貴盛六年守靜外戚火燔乃還太僕卿公事絀位浹辰之閒俾位河南擯疾豪強見遘奸黨用嬰疾廢起家復拜太常遂涉三司沙汰虛冗料簡貞實抽援表達與之同蘭芳任鼎重從駕南巡爲朝碩德然知權過于寵私富侔國太臣苛察望變復還條表㠯聞啟導上怒其時所免州牧郡守五十餘人饕戾是絀英才是列善否有章京夏清肅在位七載年七十有四延熹八年五月丙戌薨朝廷惜焉寵賜有加自奉嚴敕動遵禮度量材授任當官而行不爲義疚疾是苛政益固其守廚無宿肉器不鏤雕夙喪嬪儷妾不嬖御可謂立身無過之地正直清儉該備者矣昔仲尼有垂三戒而公克焉故能匡朝盡直獻可去奸忠侔蘭後聲塞宇宙非黃中純白窮達一致其惡能立功立事敷聞于下昭升于上若茲巍巍者乎于是門人學徒相與刊石樹碑表勒鴻勳讚懿德傳億年

於戲公唯岳靈天挺德翼赤精神絪縕仁哲生應台任作邦楨帝欽亮訪典刑道不忒迄有成光遐邇穆其清本集藝文類聚四十六

陳留太守胡碩碑

君諱碩字季叡交阯都尉之孫太傅安樂鄉侯少子也其先與楚同姓別封于胡㠯國爲氏𤥨乎□漢奕世載德不替舊勳君幼有嘉表克岐克嶷不見異物習與性成孝于二親養色寧意蒸蒸雍雍雖曾閔顏萊無㠯尚也總角入學治孟氏易歐陽尚書韓詩博綜古文周覽篇籍言語造次必㠯經綸加之行己忠儉事施順恕公體所安爲衆共之驕吝不萌于內喜慍不形于外可謂無競伊人溫恭淑慎者也初㠯公在司徒除郎中宿衞十年遭叔父憂㠯疾自免州郡交辟皆不就後㠯大將軍高第拜侍御史遷諫議大夫㠯將軍事免官舉賢良方正不詣公車建寧元年召拜議郎納忠盡規匪懈于位遷侍中虎賁中郎將是年遭疾屢上印綬詔書聽許㠯侍中養疾其年七月被尚書召不任應命詔使謁者劉悝賫印綬即拜陳留太守君聞使者至加朝服拖紳使者致詔君㠯手自繫陳辭謝恩其月二十一日遣吏奉章報謝食後還與丞相荅意氣精了是日疾遂大漸刻漏未分奄忽而卒時年四十一天子憫悼詔使者王謙送葬㠯中牢具祠賜錢五萬布百匹贈穀三千斛同位畢至赴弔雲集生榮未艾沒有餘哀于是退邇縉紳爰暨門人相與歎述君德追痛不永怛切情憭無不永懷行由己作名自人成先民既邁賴茲頌聲嗟我明哲如何勿銘乃作辭曰

北當作比

建當作逮

徛歟懿德，令問有彰。祗服其訓，克構克堂。孝思惟則，文藝丕光。敦厚忠恕，衆悅其良。綏弱以仁，不云我强。爰自登朝，進退以方。見機而作，如鴻之翔。乃位常伯，恪處左右。兼掌虎賁，禁戎允理。遘兹虐痾，帝用悼止。俾守陳留，庶篤其祉。天人既詔，景命不俟。嗚呼昊天，殱我英士。如可贖也，敦不百己。哀哉永傷，萬年是紀。本集

君諱碩，字季叡，交阯都尉之孫，太傅安樂侯之子也。順帝時爲郎中。桓帝時遭叔父憂，以疾自免。荆州將軍北辟，輒辭疾。後以高等拜侍御史，遷諫議大夫。舉賢良方正，病不詣公車。建寧元年七月，拜陳留太守。病加，不任應召。詔使謁者劉悝即授印綬。二十一日卒。詔出遣使者王謙以中牢具祠，特賜錢五萬，布一百匹，贈穀三千斛。儔類赴送，遠近鱗集。于是陳留主簿高吉、蔡軫等，咸以郡選充備官屬，來迎者三十四人，奔驚跋涉，顚承清化，逢天之戚，不獲延祚。痛心絕望，切怛永慕。乃相與衰絰庭位，號跳靈柩，將窆申敕修儀，煢煢在疚。輿服寮御部引，各執其職。路人感愴，觀者歎息。蓋三綱之序與竝育，以舊奉新。嗟我行人，敢不自勖。遂樹碑作銘，以表令德。

於穆下國，瞻仰俊乂。欽見我君，爰綏我惠。式昭績恩，有勞有顯。昊天不弔，景命顚墜。悠悠烝黎，惆悵喪氣。政雖未宣，古之遺愛。祁祁我君，習習冠蓋。修誠以迈，曾不東邁。靈魂徘徊，靡所瞻逮。惟其傷矣，曾肝摧碎。勒銘告哀，傳于萬代。本集。文選魏都賦注引蔡邕胡億碑云：祁祁我君，習習冠蓋。是六朝唐初本有此篇，彼題作胡億，蓋誤。胡廣子五，長整，次失名，皆夭；次億，郡舉孝廉不就；次寧，爲議郎；少子碩，陳留太守。詳見母夫人章氏靈表、都尉夫人黃氏神誥。

全後漢文卷七十五終

全後漢文卷七十六

烏程嚴可均校輯

蔡邕八

郭泰碑

先生諱泰字林宗太原界休人也其先出自有周王季之穆有虢叔者實有懿德文王咨焉建國命氏或謂之郭即其後也先生誕應天衷聰睿明哲孝友溫恭仁篤慈惠夫其器量弘深姿度廣大浩浩焉汪汪焉奧乎不可測已若乃砥節厲行直道正辭貞固足㠯幹事隱括足㠯矯時遂考覽六經探綜圖緯周流華夏隨集帝學收文武之將墜拯微言之未絕于時纓緌之徒紳佩之士望形表而影附聆嘉聲而響和者猶百川之歸巨海鱗介之宗龜龍也爾乃潛隱衡門收朋勤誨童蒙賴焉用祛其蔽州郡聞德虛已備禮莫之能致羣公休之遂辟司徒掾又舉有道皆㠯疾辭將蹈鴻涯之遐迹紹巢許之絕軌翔區外㠯舒翼超天衢㠯高峙稟命不融享年四十有二㠯建寧二年正月乙亥卒凡我四方同好之人永懷哀悼靡所寘念乃相與惟先生之德㠯謀不朽之事僉㠯為先民既沒而德音猶存者亦賴之于見述也今其如何而闕斯禮于是樹碑表墓昭明景行俾芳烈奮乎百世令問顯于無窮其辭曰

於休先生明德通玄純懿淑靈受之自天崇壯幽濬如山如淵禮樂是悅詩書是敦匪惟摭華乃尋厥根宮牆重仞允得其門懿乎其純確乎其操洋洋搢紳言觀其高棲遲泌丘善誘能教赫赫三事幾行其招委辭召貢保此清妙降年不永民斯悲悼爰勒茲銘摛其光耀嗟爾來世是則是效文選藝文類聚三十七

處士圂典碑

伊漢二十有一世處士有圂典字叔則者夫其生也天真淑性清

理條暢精微周密包括道要致思無形深總歷部纖入藝文藻分葩列如春之榮守根據窮不虛其聲偉德若茲惟世之英乃遂隱身高數稼穡孔勤童蒙來求彪之用文不義富貴譬諸浮雲州郡禮招休命交集徒加名位而已莫之能起也博士徵舉至孝恥已處而復出若有初而無終潔耿介於丘園慕七人之遺風年七十有五建寧二年六月卒臨沒顧命曰知我者其蔡邕乃為銘載書休美俾來世昆裔永有諷誦㠯知先生之德其辭曰

民之齊敏卓時挺生思心精叡綜物通靈術有玄妙于時游情聞道睹異惕然若驚守死善操與世無營渾其若濁徐然後清緯其若煥終其益貞有恆實難獨秉其經嗟爾來世是瞻是聽本集藝文類聚三十七

童幼胡根碑

故陳留太守胡君子曰根字仲原生有嘉表幼而克才角犀豐盈光潤玉顏聰明敏惠好問早識言語所及智思所生雖成人之德無㠯加焉稟命不長夙罹凶灾年七歲建寧二年遭疾夭逝慈母悼痛昆姊孔懷感襁褓之親愛憐國城之乖離乃權宜就封二祖墓側親屬李陶等相與追慕先君悲悼遺嗣樹碑刊辭㠯慰哀思辭曰

於惟仲原應氣淑靈實有令儀而氣如瑩明之之性與體俱生聞言斯識覩物知名傳者太勤受誨則成柔和順美與人靡爭忿不怨懟喜不驕盈當受永福為光為榮如何昊天降此短齡惜繁華之方暈兮望嚴霜而凋零嗟童孺之夭逝兮傷慈母之肝情從皇祖乎靈兆兮庶神魄之斯寧哀慘戚㠯流涕兮念污軫之不呈顧永懷于不朽兮乃託辭于斯銘本集

太傅胡廣碑

公諱廣字伯始南郡華容人也其先自嬀姓建國南土曰胡子春

道靈下脫和揚惠風以養貞激清流以盪十二字

秋書焉列于諸矦公其後也考吕德行純懿官至交阯都尉公寬裕仁愛覆載博大研道知機窮理盡性凡聖哲之遺敎文武之未墜罔有不綜年二十七察孝廉除郎中尚書侍郎左丞尚書僕射内正機衡允釐其職文敏暢乎庶事密靜周乎樞機帝用嘉之遷濟陰太守公乃布愷悌宣柔嘉通神化道靈邪取忠肅于不言治奸宄于爪牙是吕君子勤禮小人知恥翽推息于官曹刑戮廢于朝市餘貨委于路衢餘種栖于畎畝（文選魏都賦注引此一語）遷汝南太守增修前業考績既明入作司農實掌金穀之淵藪和均關石王府吕充遂作司徒昭敷五敎遂作太尉宣暢渾元人倫輯睦日月重光遭國不造帝祚無主援立孝桓吕紹宗緒用首謀定策封安樂鄉矦戶邑之數加于羣公入錄機事聽納總已致位就第復拜司空敷土導川俾順其性功遂身退告疾固辭乃爲特進爰吕休息又拜太常典司三禮敬恭禋祀神明嘉歆永世豐年聿懷多福復拜

竄當作黜

太尉尋申前業又吕特進逍遥致位又拜太常遘疾不夷遜位辭爵還于舊都徵拜太中大夫延和末年聖主革正幸臣誅竄引公爲尚書令吕二千石居官委吕閫外之事釐改度量吕新國家弘綱既整衮闕吕補乃拜太僕車正馬閑六騶習訓遷太常司徒成宗晏駕推建聖嗣復封故邑與參機密寢疾告退復拜太傅錄尚書事于時春秋高矣繼親在堂朝夕定省不違子道匑無几杖言不稱老居喪致哀率禮不越其接下荅賓雖幼賤降等禮從謙厚尊而彌恭勞思萬機身勤心苦雖老萊子嬰兒其服方叔克壯其猷公旦納于台屋正考父俯而循禮曷吕尚茲夫烝烝至孝德本也體和履忠行極也博聞周覽上通也勤勞王家茂功也用能七登九命篤受介祉亮皇聖于六世嘉庶績于九有窮生民之光寵享黄耇之遐紀蹈明德吕保身與福祿乎終始年八十有二建寧五年春壬戌薨于位天子悼痛賵策遂賜誄謚曰文恭如前傳之

傳當作傅
倫當作淪

儀而有加焉禮也故吏司徒許詡等相與欽慕崧高烝民之作取言時計功之則論集行跡銘諸琬琰其詞曰

伊漢元輔時惟文恭聰明叡哲思心疾容畢力天機帝休其庸賦政于外有邈其蹤進作卿士粤登上公百揆時序五典克從萬邦黎獻共唯時雍勳烈既建爵土乃封七被三事再作特進弘唯幼冲作傳吕訓赫赫猗公邦家之鎮澤被華夏遺愛不倫日與月與齊光竝運存榮亡顯沒而不泯（本集。藝文類聚四十六。又畧見書鈔三十五。文選魏都賦注）

公諱廣字伯始交阯都尉之元子也公應天淑靈履性貞固九德咸修百行必備遭家不造童而夙孤上奉繼親下慈弱弟崎嶇儉約之中吕盡孝友之道及至入學從訓歷觀古今生而知之聞一覩十是吕周覽六經博總羣議匑貫憲法通識國典年二十七察孝廉除郎中尚書侍郎尚書左丞尚書僕射幹練機事綢繆樞極忠亮唯允簡于帝心智略周密冠于庶事遷濟陰太守其爲政也

遂作司農之農當作徒

詞當作祠

寬裕足吕容衆和柔足吕安物剛毅足吕威暴體仁足吕勸俗故禁不用刑勸不用賞望之如日月從之如影響思不可忘度不可革遺愛結于人心超無窮而垂則徵拜大司農遂作司農還太尉吕援立之功封安樂鄉矦錄尚書事稱疾屢辭策賜就第復拜司空功成身退俾位特進又拜太尉復吕特進致命休神又拜太尉遜位歸爵旋于舊土徵拜太中大夫尚書令太僕太常司徒永康之初吕定策元功復封前邑錄尚書事疾病就第又授太傅入參機衡五蹈九列七統三事諒闇之際三據冢宰和神人于宗伯治水土于下台訊五品于司徒耀三辰于上階光弼六世歷載三十自漢興吕來鼎臣元輔耄衮老成勳被萬方與祿終始未有若公者焉春秋八十二建寧五年三月壬戌薨于位天子悼惜羣后同懷詔五官中郎將任崇奉冊贈吕太傅安樂鄉矦印綬拜室家子一人郎中賜東園祕器賜絲帛含斂之備中謁者董詡弔詞護喪

其當作期

錢布賻賵，牽禮有加，賜謚曰文恭，昭顯行迹。四月丁酉，葬于洛陽塋。故吏濟陰池憙，感公之義，牽慕黃鳥之哀，推尋雅意，彷徨舊土，休績丕烈，宜宣于此，乃樹后作頌，用揚德音。詞曰：

於皇上德，懿鑠孔純，大孝昭備，思順履信，膺其命世，保茲舊門，淵泉休茂，彪炳其文，爰尚天機，翼翼唯恭，夙夜出納，紹迹虞龍，賦政于外，神化玄通，普被汝南，越用熙雍，帝曰休哉，命公三事，乃耀柔嘉，式是百司，股肱元首，庶績咸釐，二氣燮雍，五徵來備，勳格皇天，澤洽后土，封建南蕃，受茲介祜，玉藻在冕，毳服艾輔，路車雕驂，四牡修扈，贊事上帝，祇祠宗祖，陟降盈虧，與時消息，旣明且哲，保身遺則，同軌旦奭，光充區域，生榮死哀，流統罔極。（本集，藝文類聚四十六）

維漢二十有一世建寍五年春三月旣生魄八月壬戌，太傅安樂鄉侯胡公薨，越若來四月辛酉，葬我君文恭于是。掾太原王允、雁門卑整（本集作畢整，從廣韻五支引改）、屬扶風魯宙、潁州殷麻等，僉謂公之德也，柔而不犯，威而不猛，文而不華，實而不朴，靜而不滯，動而不躁，總天地之中和，覽生民之上操，聰明膚敏，兼質先覺，涉觀憲法，契闊文學，睹皋陶之闡闔，究孔氏之房奧，然而約之㠯禮，守之㠯恭，寬㠯納衆，汎愛多容，其誘人也，恂恂焉，怡怡焉，使夫蒙惑開析，愎戾優順，逸惰能夫勤信，及其創基，即位發迹，機密聖朝，其知其能，夙夜惟寅，㠯允帝命，是㠯頻繁機極，三升而不出焉，乃還譚其舊章，彌綸古訓，貫萬品，術精微，用補前臣之所闕，十年而無愆，强記同乎富平，周愼逸于博士，偶山甫乎喉舌，匹虞龍而納言，唯帝命工㠯二郡，其爲政也，導人㠯德，帥物㠯己，敦㠯忠肅，厲㠯知恥，人悅其化，天樂其和，士相勉于公朝，民勸行于私家，徽墨縈而靡係，轍朴棄而無加，洋洋乎若德宣治，儼㠯爲威，寬㠯爲福而已哉。五作卿士，七蹈相位，太僕、司農、太傅、司空各一，司徒特進各二，太常太尉各三，光輔六世，歷載三十有餘，其致治也，通水泉于潤下，蕃后土于稼穡，訓五品于羣黎，理人倫于區域，耀三辰于混元，協六和乎皇極，傳聖德于幼沖，幸旦奭之舊職，譬彼四時，功成則退，在盈思沖，升隆㠯順，建封域于南土，踐殊域于特進，榮祚統業，垂乎來胤。公自二郡，及登相位，凡所辟用，遂至大位者，故司徒中山祝恬，其餘登堂據閣，賦政策勳，樹功流化者，蓋不可勝載，唯我末臣，頑蔽無聞，仰慕羣賢，惡乎可及，自公寢疾，至于薨斃，參與嘗禱，列在喪位，雖庶物戮力，不愆于禮，進覩墳塋，几筵空設，退顧堂廡，音儀永闕，感悼傷懷，心肝若割，相與累次德行，撰舉功勳，刊之于碑，用慰哀思。

工當作公

殊域之域當作號

朝當作胡

煥文德，伊朝后，應期運，作漢輔，喜中興，膏民庶，澤洪淯，亶攸序，亙地區，充天宇，轔高逵，踵遐武，揚景烈，垂不朽，仰邃古，耀昆後。（本集，藝文類聚四十六。案文選赭白馬賦注引崔瑗胡公碑云「唯我末臣，頑蔽無聞」，今此碑有此二語，蓋崔蔡兩集皆有此碑耳。攷崔瑗卒于順帝漢安中，胡廣卒于靈帝建寍五年，瑗先廣三十年卒，安得爲廣作碑，瑗集誤收也。廣韻五支卑又姓，引蔡邕胡太傅碑，有太傅掾雁門卑整，今集作雁門畢整，畢即卑之譌，亦此碑在蔡集之證。）

太傅祠堂碑銘

天鑒有漢，山岳降靈，於赫文恭，應期誕生，好是懿德，柔惠且貞，爰在初服，皇嘉其聲，納于機密，機密惟清，宰于三邦，三邦事寍，越尹三卿，伯揆時序，七受帝命，作此元輔，左右六世，靖綏土宇，蠢彼羣生，保賴亶敘，紹迹龍夷，繼軌山甫，遭國不造，仍世短祚，援立聖嗣，保公之謨，帝曰文恭，朕嘉君功，爲邑安樂，㠯祚其庸，登位特進，于異羣公，休命丕顯，光寵克章，公拜稽首，是對是揚，藹藹惟恭，民斯攸望，春秋旣暮，倏爾乃喪，不憖是遺，俾屏於皇，新廟奕奕，于㠯蒸嘗，子子孫孫，承嗣無疆。（本集）

彭城姜肱碑

先生諱肱，字伯淮，彭城廣戚人也，其先出自帝胄，在皇唐蓋與四岳共葉，能禮于神，舜命秩宗，爰封于呂，其裔呂望，佐周克殷，俾侯齊國。姓有姜氏。郎其後也。高祖祖父。皆豫章太守潁陰令。先生旣蹈先世之純德。體英妙之高姿。立性純固。百行修備。故其平生所能。事親惟孝。如大舜五十而慕。友于兄弟。有棠棣之華。萼韡之度。體惠理和。有上德之素。安靜守約。恩及嬰兒。恬蕩之固。至操動俗。本集作動信。誤也。文選任昉天監三年策秀才文注引此碑至德動俗。今據改邑中化之。外戶不閉。治藏無隱。及其學而知之者。三墳五典。八索九丘。俯仰占候。推步陰陽。有名物定事之能。獨見先覩之効。然猶學而不厭。誨而不倦。童冠自遠方而集者。蓋千餘人。夫水盈而流。德交而形。是故德行外著。洪聲遠布。華夏同稱。名振當世。凡十辟公府。九舉賢良方正。公車特徵。玄纁禮聘。又家拜犍爲太守太中大夫。先生盤桓育德。莫之肎就。不隕穫于貧賤。不充詘于富貴。拔乎其萃。出乎其類。生民之傑也。年七十有七。熹平二年。本集作建安二年。今據後漢本傳改四月丁巳卒。于是從游弟子陳留申屠蟠等。悲悼傷懷。懼微言之欲絕。感絕倫之盛事。乃建碑于墓。甄述景行曰。

邈矣先生。應天淑靈。孝友是備。上德是經。弘此文藝。耽怡是寧。恂恂善誘。童冠來誠。有煒其譽。有煥其聲。顯顯羣公。竝加辟命。赫赫聖皇。仍穫其聘。委策避國。守此玄靜。緯乎其裕。確乎其操。疇昔洪崖。雙名竝高。嗟乎殞殁。縉紳永悼。依依我徒。靡則靡效。勒銘金石。彌遠益曜。本集。案此碑引見文選注。是唐初本蔡集有之。北宋歐靜爲蔡集序言姜伯淮碑稱建安二年卒。年代差遠。邕安得紀述。蓋後之好事者櫟己他人之文。非本編也。實則建安乃熹平之誤。范書本傳可據。歐靜非所致疑。

太尉李咸碑

公諱咸。字元卓。汝南西平人。蓋秦將李信之後。孝武大將軍廣之胄也。枝流葉布。家于茲土。文武繼踵。世爲著姓。曾祖父江夏太守。伯父東郡太守。公受純懿之姿。粹忠清之節。夙夜嚴憬。孝配大舜。敦詩書而悅禮樂。觀天文而察地理。明略兼洞。與神合契。以上二語本集甚誤。今從文選陸機漢高祖功臣頌注引改。操邁伯夷。德追孔父。舉孝廉。除郎中光祿

恭事法宮當作公事　去官公當作令

茂才。遷衛國公相。授高密令。勤恤民隱。政成功簡。遷徐州刺史。百司震肅。饕餮風靡。惡直醜正。恭事法宮。帝念其勳。屢被榮命。拜漁陽太守。遷度遼將軍。協德魏絳。和戎綏邊。徵河南尹。母憂乞行。服闋奔命。孝桓皇帝時。機密久缺。百寮僉乞。詔拜尚書。歷僕射。公納言。危行不絀。以公事去。民神憤怒。羣公薦之。帝曰俞哉。徵拜將作大匠大司農大鴻臚太僕。公所莅任。憲天心以敎育。激垢濁以揚清。爲國有賞。蓋有億兆之心。懿鑠之美。昭登于上。丕顯之化。宣聞于下。及遷台司。位太尉。補袞闕。敘彝倫。天人交格。終始無疵。雖元凱翼虞。周召輔姬。未之或踰。功遂身退。以疾自遜。求歸田里。告老致仕。七十有六。熹平四年。薨。海內咨嗟。莫不惻焉。于是故吏潁川太守張溫等。相與歎曰。名莫隆于不朽。德莫盛于萬世。銘勒顯于鍾鼎。清烈光于來裔。刊石立碑。德載不泯。詞曰。

天垂三台。地建五岳。降生我公。應鼎之足。奕世載德。名昭圖籙。旣文且武。桓桓紹績。外則折衝。內則大麓。惟淸惟敏。品物以熙。告老懸車。天人靡欺。曾不百齡。圮我國基。人之云亡。八極悼思。申德作頌。光寵宣流。鏤紀斯石。鴻烈顯休。本集。藝文類聚四十六

全後漢文卷七十六終

全後漢文卷七十七

烏程嚴可均校輯

蔡邕九

太尉陳球碑

君諱球字伯眞廣漢太守之元子也葢周存六代嬀滿繼虞建國于陳逮完徂齊實爲陳氏公下缺　父自營州來宅海淮世耽典籍兼通勤誨振裘褐卽徵聘荅宰司荷顯貴者繼世而傳焉至公下缺　剛寡欲口懿惠和高明柔克甘味道蓺彊學博物凡墳素遺訓聖賢立言掬精極微無口不究下缺　除郎中尚書符節郎恆陵園令換中東城門侯遷繁陽令養老長孤救灾匡困化惡以善擾逆已下缺　率厥澤鴻醇則百姓敬之如神祇愛之如慈親矣暨于考績遭繼母憂禮紀向闋羣公爭招遂下缺　拜侍御史爾時蠻口賊胡蘭李研等蜂聚蛾動剝落荆揚出師命將輒有奔北之困太尉楊下缺　公嚴口典陳爲鷙爲口兵揚霆激朞月獻捷有詔厚賜策書歎述績過畔兵朱蓋等建下缺　三牧二守零陵之宜初口阻口土地平夷編木爲城舊有過寇未嘗能亢蓋等望下缺　以爲口口入便就館穀公慨然抑留妻子以鎭民心擐甲登埤親帥吏士身當鋒下缺　圍城至乎旬有六日傷焰稍逸仍隨馘截威震南夷功光王室詔拜子爲郎下缺　優口口勞事列口口遷魏郡太守徵拜將作大匠會孝桓皇帝崩實掌梓宮口事身安茶下缺　南陽太守父病去官居家半年引授廷尉八議實口口無辜民乃遷衞尉遂作司空口土口口濟可黜否下缺　盈致仕復拜廷尉進登太常三禮咸口口時西戎不王選能口口朝下缺　舉荒傷干戈斯戢口口口黜又拜永樂少府年六十有二光和下缺　執法三應符守八作卿口口任相口愼在宰割口口茂思樹口爲志下缺　特立口口口顧秉心茲隆天命弗口嗚呼哀哉口是凡我困蒙洒埽之下缺　廓口虛懸將口稚泣涕漣如惟口不朽實在傳紀乃相口口口勳績銘口玄后下缺

口口口口口臨萬國降茲口髦爰作民牧遠鎭南裔近撫侯服楚口口口口口凶虐播恩下缺　升大鹿沛乎如川巖口猶嶽下缺　休休之志天口爲之墮我梁下缺　勿思是用鑽勒永口萬基隸釋十文選陸機贈交阯太守顧公眞詩注引蔡邕陳球碑云遠鎭南裔近撫侯服如李善所見六朝唐初本蔡集有此碑此二語隸釋在銘辭內僅存遠鎭南近撫服六字今據選注補缺仍旁注以別之隸釋此碑及劉寬後碑據選注皆蔡邕譔洪景伯未經攷出

太尉喬玄碑

公諱玄字公祖梁國睢陽人也大鴻臚之曾孫廣川相之孫東萊太守之元子也膺受純性誕有特表岐嶷而超等總角而逸羣至矣乎初紳高明卓異爲衆傑雄其性莊疾華尚樸有百折不撓臨大節而不可奪之風經蓺傳記周覽博涉瑰琦在前靡所不識當世是以服重器歸高名州郡交請待以訪斷歷端首則義可行處爪牙而威以布察孝廉除郎中洛陽左尉以公事去辟司徒舉高第侍御史直道而往用免其任辟大將軍西府表拜涼州刺史遷齊相以公事去詔書印綬卽家拜上谷太守遷漢陽太守徵拜議郎司徒長史鉅鹿太守被詔書爲將作大匠爲受罰者所章拜議郎卽徵拜度遼將軍遷河南尹少府大鴻臚遂陟司空司徒託病遜位起家拜尚書令以疾篤稱拜光祿大夫後拜太尉久病自替復爲少府太中大夫春秋七十五光和七年五月甲寅薨公性質直不憚彊禦在憲臺則有盡規之忠領州郡則有虎胗之威其拔賢如旋流討惡如霆擊每所臨向清風先翔遠近豫震茲可謂超越衆庶彰于遠邇者已于是故吏司徒博陵顧烈水經睢水注作崔烈廷尉河南吳整等以爲至德在己揚之由人苟不皦述夫何考焉乃共勒嘉石永昭芳烈遂作頌曰

赫矣喬父秉文握武內爲宗榦出爲藩輔在憲彈枉竟由厥矩允

矣乎當作于

（制當作則）

（凶人下之人字衍）

牧于涼州彼裔土爰將度遼亦用齊斧敷教四畿旋統京宇敦茲五服衆庶是與曆踐七命翼我哲聖登空補袞陟徒訓敬尹尉清宸熙帝之政終始爲貞典章吕定遺愛在民皇哀其命立后刊銘莫逸斯聽魂而有靈萬億其盛（本集、蓺文類聚四十六。案水經睢水注橋玄列數碑其二卽此碑也。）

太尉喬玄碑陰

光光列考伊漢元公克明克哲實叡實聰如淵之浚如嶽之嵩威壯虓虎文繁雕龍撫柔疆垂戎狄率從敷教中夏五教攸通帝謂我后朕嘉君功命君三事時亮天功公拜稽首翼翼惟恭左右天子祗厥勳庸庶績既熙黎民時雍上下謐寧八方和同丕顯伊德作憲萬邦公諱玄字公祖少辟孝廉辟司徒大將軍府爲侍御史牧一州典五郡（文選沈約齊安陸王碑注引此二語）出將邊營入掌機密歷三卿同三司享年七十五光和七年夏五月甲寅吕太中大夫薨于京師朝廷所吕弔贈如前傳之儀九月乙酉葬于某所三孤故臣門人相與述公言行咨度禮制文德銘于三鼎武功勒于鉦鉞官簿第次事之實錄書于碑陰俾爾昆裔永有仰于碑陰云

喬氏之先出自黃帝帝葬于橋山子孫之紹基立姓者咸吕爲氏漢興世吕禮樂爲業高祖諱仁位至大鴻臚列名于儒林祖侍中廣州相考東萊太守公秉性貞純幼有弘姿剛而不虐威而不猛聞仁必行睹義斯居文吕典術守吕純固弱冠從政當官而行刺史周公辟舉從事所部二千石受取有驗公糾發贓罪致之于理時有椒房桂戚之託周公累息公不爲之動史魚之勁直山甫之不阿于是始形舉孝廉除郎中洛陽左尉特進潁王梁不疑爲河南尹當事吕對是時畏其權寵而爲屈辱者多矣公不折節解印綬去辟司徒舉高第補侍御史吕詔書考司隸校尉趙祁事廷尉郭貞私與公書非接使銜命之儀公封書吕聞貞吕文章得用鬼

薪公離司寇辟大將軍梁公幕府屢吕救正干其隆指將軍嘉之無言不讎又吕高第補侍御史在職旬月羌戎匪茹震驚隴漢西府舉公拜涼州刺史威名克宣凶虜革心清風席卷王則無事車師後部阿羅多卑居相與爭國興兵作亂公遣從事牛稱何傳舉輕騎奉辭責罪收阿羅多卑居斃燉煌丕處吕聞阿羅多爲王卑居侯稱吕奉使副指除侯部侯不動干戈揮鞭而定西域之事人吕爲美談又值饑荒諸郡饑餓公開倉廩吕貸救其命主者吕舊典宜先請公曰若先請民吕死廩訖乃上之詔報曰邊穀不得妄動玄擅出于是玄有汲黯憂民之心後不吕爲常公達于事情剖斷不疑皆此類也遷齊相視民如保赤子討惡若赴水火刑明賞遂民知勸懼臨淄令賂財贓多遂正其罪受鞫就刑沒齒無怨吕不先請免官徵拜上谷太守民有父子俱行凶人人惡言當道曉之不止其子殺人公捕得見其侮辨不舉文書吕遇赦令蕃縣有帝舜廟吕故事齋祠戶曹史張機有懲罰貨祠巫自託吕舜命約公云不得讉公覺其奸態收考首伏卽日伏辜遷漢陽太守上邽令皇甫貞贓罪明審收考髡鉗死于冀市後吕病去徵拜議郎司徒長史循王悝桓帝同產吕懷逆謀黜封癭陶王吕公長于襟帶拜鉅鹿太守悝畏怖明憲檢于靜息自將作大匠徵未到而章詢先入故轉拜議郎遂用免官徵度遼將軍還河南尹少府大鴻臚司徒司空託病而去悉引衆災雖非己負公皆吕自劾遜位歲餘拜尚書令時河閒相蓋升吕朝廷在藩國時鄰近舊恩歷河南太守太中大夫在郡受取數億吕上創毒深刻公表升貪放很籍不顧天網損辱國家爲上招怨當肆市朝吕謝兆民幸遇贖令罪除惡在可免升官禁錮終身沒入財賂非法之物吕充帑藏懲戒羣下連表上不納而升遷爲侍中公稱病辭徙拜光祿大夫復拜太尉如前遜位復拜少府病不就職拜太中大夫凡所獲祿皆公府

所特表選。臨難受位。自九列之後。咸目明公紀綱張弛。勇決不回。析見是非。明作達于事機。燕居從容。申申夭夭。和樂寬裕。愛士親仁。凡見公容貌。聞公聲音。莫不熙怡悅懌。思樂模則。來者忘歸。去者願還。雅性謙克。不吝于利欲。雖眾子羣孫。竝在仕次。曾無順媚一言之求。身沒之日。無獲大位。在百里者。莫得好縣。北方公孫。未有若茲者也。初公為舍于舊里。弟卒。推與其孤。至于卽世。柩殯無所。清儉仁與之効。于斯為著。巍巍乎若德。允世之表儀也已。本集。案文選景福殿賦注引此碑云。克明克哲。實叡實聰。齊安陸王碑注引此碑云。敉一州。典五郡。是唐初本蔡集有之。又案此碑先銘後敘。明初仿北宋本如此。據文云書于碑陰。永有仰于碑陰。知此文為碑陰。故與他碑體例不同。明喬世寗及張溥等刻本。輒移次弟。已公諱玄一段。置允世之表儀也已之後。又臆補銘曰二字。已銘詞一段。置篇末。非也。

司徒袁公夫人馬氏碑

維光和七年。司徒公夫人馬氏薨。其十一月葬。哀子懿達仁達。銜恤哀痛。靡所寫懷。乃撰錄母氏之德履。示公之門人。覩文感義。采石于南山。諮之羣儒。假貞石已書焉。夫人右扶風平陵人也。曾祖中水矦。祖將作大匠。考南郡太守中水矦弟伏波將軍女。在淑媛作合孝明。誕生孝章。婚姻帝室。世為名族。夫人生應靈和。德精性妙。角犀豐盈。實有偉表。溫慈惠愛。慎而寡言。纫從師氏。四禮之教。早達窈窕德象之儀。及笄。求匹明哲。供治婦業。孝敬婉孌。畢力中饋。後生仰則。已為謀憲。自公歷據王官。至宰相。夫人營克家道。扶翼政事。聰明達乎中外。隱括及乎無方。不出其機。化導宣暘。童子無驕逸之尤。婦妾無捨力之愆。故能窮生人之光寵。獲福祿之豐報。朝春政于王室。躬桑繭于蠶宮。春秋六十有三。寢疾不永。懿等追想定省。尋思髣髴。哀窮念極。不知所裁。乃申辭曰。

於穆母氏。其德孔休。思齊先姑。百行聿修。宜慈惠和。恩澤竝周。義方之訓。如川之流。俾我小子。蒙昧已彪。不享遐年。已永春秋。往而不返。潛淪大幽。嗚呼哀哉。几筵虛設。幃帳空陳。品物猶在。不見其

人。魂氣飄颻。焉所安神。兄弟何依。姊妹何親。號咷切怛。曾不我聞。吁嗟上天。何辜而然。傷逝不續。近者不旋。本集。案文選潘岳寡婦賦注。顏延之宋元皇后哀策文注。竝引蔡邕袁公夫人碑云。義方之訓。如川之流。是唐初本蔡集有此碑。

太尉劉寬碑

公諱寬字文饒。弘農華陰人也。厥祖出自聖漢□臣王矦。相繼遺漢中微。失其爵土。世祖復阼。仍有顯位。光輔王室。公之考作司徒于安順□□勳績昭乎前朝。公已嵩高之門。好謙儉之操。布衣糲食。涉履寒苦。周覽五經。氾篤尚書□□微潛隱講誨。世之榮利不滑其守。州郡禮招。王公竝辟。皆不詘志。大將軍辟舉高第。拜侍御史遷梁令。喪舊君去官。博士徵。三府辟。皆又不到。司隸校尉察茂材。太尉公車舉有道。徵拜議郎司徒長史侍中。延熹八年。地震為異。聖朝咨問。公已對策嘉讜。克厭帝心。引拜尚書。出□□□□□謐靜。雖龍左納言。山甫喉舌。無已尚焉。遷東海相南陽太守。公之□性也果而能□□□□□弘裕凱弟。無競伊人。及其涖官統政。推是心也。已御萬事。故□民見德義而興行□□□□□讓而不爭。政不肅而威宣。教不舒而德治。帝將入學。選定講□□□舉公宜參誨□□□□□拜大中大夫。勸講于華光之內。遷侍中、屯騎校尉、宗正、光祿勳、太尉。股肱元首。宣□□□臣工允敕。帝載學熹。寢疾遜位。復拜光祿大夫、衛尉、太尉。□□交會。獨引其咎。□□□□□拜永樂少府光祿勳。先是時。妖民張角。造為邪孽。逆節有萌。公□□□□聞。罪誅未□□□□□用首謀先覩。封逯鄉矦。食邑六百戶。春秋六十有六。已中平二年二月丁卯薨。帝遣右中郎將張艮錫策歎禕。贈已車騎將軍印綬。位特進。賵禭琀斂□備典禮有加。復遣五官中郎將何夔諡曰昭烈矦。詔策休命。宜宣無窮。肅器銘勳。若古有訓。門生郭異等□公永慕□□□□□紼無已慰懷洵涕述高。迺共刊石建碑。式序鴻烈。其詞曰。

謀奏下脫盡字

口口口口口口口口祇慕祖武。允迪不道（案不當作丕道字必誤）厥丕如何。躭此箕謨。用口聖主。納諸軌度。統艾三事。（以清王塗。）口口口口口行兩布海隅。緝熙羣生。賴祚。降命不融。民口悠慕。生榮亡哀。厥聲載路。

門生潁川殷苞、京兆口口、河內李照等。共所興工。（隸釋十一。文選曹植王仲宣誄注、王儉褚淵碑注、竝引蔡邕劉寬碑云統艾三事。以清王塗。知李善所見六朝唐初本蔡邕集有此碑。此二語在銘辭內。隸釋僅存統三事三字。今據選注補缺。仍旁注吕別之。隸釋劉寬有兩碑。此其後碑也。前碑桓麟譔。據藝文類聚四十六知之。兩碑文字略同。此碑殘缺。今據前碑補二十五字。亦旁注吕別之。案黃伯思東觀餘論云。碑在洛陽尉射圃中。蔡中郎書。）

范丹碑

先生諱丹。字史雲。陳留外黃人。陶唐氏之後也。其在周室。有士會者。爲晉大夫。吕受范邑。遂吕爲氏。漢文景之際。爰自南陽來家于成安。生惠及延。延熹二年。官至司農廷尉。君則其後也。君受天正性。志高行潔。在乎幼弱。固已巍然有烈節矣。時人未之或知。屈爲縣吏。亟從仕進。非其好也。退不可得。乃託死遁去。親戚莫知其謀。遂隱竄山中。涉五經。覽書傳。尤篤易尚書。學立道通。久而後歸。遊集太學。知人審友。苟非其類。無所容納。介操所在。不顧貴賤。其在鄉黨也。事長惟敬。養稚惟愛。言行舉動。斯爲楷式。郡縣請召。未嘗屈節。甚有備禮招延。虛己迓之者。亦爲謀奏其忠直。吕處士舉孝廉。除郎中萊蕪長。未出京師。喪母。行服。故事。服闋後還郎中。君遂不從州郡之政。凡其事君。過則弼之。闕則補之。通清夷之路。塞邪枉之門。舉善不拘階次。黜惡不畏强禦。其事繁博。不可詳載。雅性謙儉。體勤能苦。不樂假借。與從事荷負徒行。人不堪勞。君不勝其逸。辟太尉府。俄而冠帶士咸吕羣黨見嫉時政。用受禁錮。君罹其罪。閉門靜居。九族中表。莫見其面。晚節禁寬。困于屢空。而性多檢括。不治產業。吕爲卜筮之術。得因吉凶。道治民情。吕受薄償。且無咎累。乃嘗卦于梁宋之域。好事者覺之。應時輒去。禁既蠲除。太尉張公、司徒崔公前後四辟。皆不就。仕不爲祿。故不牽于位。謀不苟

合。故特立于時。是則君之所吕立節明行。亦其所吕後時失途也。年七十有四。中平二年四月卒。太尉張公、兗州劉君、陳留太守淳于君、外黃令劉君僉有休命。使諸儒參案典禮。作誄著謚。曰貞節先生。昭其功行。錄記所履。著于耆舊。刊石樹銘。光示來世。

於顯貞節。天授懿度。誕茲明哲。允迪德譽。如淵之清。如玉之素。困之不濁。涅之不污。用行思忠。舍藏思固。伯夷是師。史鰌是慕。榮貴安賤。不悋窮迮。其死善道。遺名之故。身沒譽存。休聲載路。（本集）

全後漢文卷七十七終

全後漢文卷七十八

烏程嚴可均校輯

蔡邕十

陳寔碑

先生諱寔。字仲弓。潁川許人也。含元精之和。應期運之數。兼資九德。總脩百行。于鄉黨則恂恂焉。彬彬焉。善誘善導。仁而愛人。使夫少長咸安懷之。其爲道也。用行舍藏。進退可度。不徼訐㠯干時。不遷貳㠯臨下。四爲郡功曹。五辟豫州。六辟三府。再辟大將軍。宰聞喜半歲。太丘一年。德務中庸。教敦不肅。政㠯禮成。化行有謐。會遭黨事禁錮二十年。樂天知命。澹然自逸。交不諂上。愛不瀆下。見機而作。不俟終日。及文書赦宥。時年已七十。遂隱丘山。懸車告老。四門備禮。閑心靜居。大將軍何公司徒袁公前後招辟。使人曉喻。云欲特表。便可入踐常伯。超補三事。紆佩金紫。光國垂勳。先生曰。絕

望已久。飾巾待期而已。皆遂不至。弘農楊公東海陳公每在袞職。羣寮賀之。皆舉手曰。潁川陳君。絕世超倫。大位未躋。慙于臧文竊位之負。故時人高其德。重乎公相之位也。年八十有三。中平三年八月丙午遭疾而終。臨沒顧命。留葬所卒。時服素棺。椁財周櫬。喪事惟約。用過乎儉。羣公百寮。莫不咨嗟。巖藪知名。失聲揮涕。大將軍弔詞。錫㠯嘉謚。曰徵士陳君。稟嶽瀆之精。苞靈曜之純。天不慭遺老。俾屏我王。梁崩哲萎。于時靡憲。搢紳儒林。論德謀跡。謚曰文範先生。傳曰。郁郁乎文哉。書曰。洪範九疇。彝倫攸敘。文爲德表。範爲士則。存誨沒號。不亦宜乎。三公遣令史祭㠯中牢。刺史敬弔。太守南陽曹府君命官作誄曰。赫矣陳君。命世是生。含光醇德。爲士作程。資始既正。守終又令。奉禮終沒。休矣清聲。遺官屬掾吏前後赴會。刊石作銘。府丞與比縣會葬。荀慈明韓元長等五百餘人。緦麻設位。哀㠯送之。遠近會葬。千人已上。河南尹种府君臨郡。追歎

詞當作祠　遺下脫一字

功德。述錄高行。㠯爲遠近鮮能及之。重部大掾。㠯時成銘。斯可謂存榮沒哀。死而不朽者已。乃作銘曰。

峩峩崇嶽。吐符降神。於皇先生。抱寶懷珍。如何昊穹。既喪斯文。微言圮絕。來者曷聞。交交黃鳥。爰集于棘。命不可贖。哀何有極。文選　本集

君諱寔。字仲弓。潁川許人也。其先出自有虞氏。中葉當周之盛德。有嬀滿者。武王配㠯大姬。而封諸太昊之墟。是爲陳胡公。春秋之末。失其爵土。遂㠯國氏焉。世篤懿德。令聞不顯。君膺皇靈之清和。受明哲之上姿。憑先民之遐迹。秉玄妙之淑行。投足而襲其軌。施舍而合其量。夫其仁愛溫柔。足㠯孕育羣生。廣大寬裕。足㠯包覆無方。剛毅强固。足㠯威暴矯邪。正身體化。足㠯陶冶世心。先生有四德者。故言斯可象。靜斯可效。是㠯邦之子弟。遐方後生。莫不同情瞻仰。由其模範。從其趣尚。戾狠斯和。爭訟化讓。雖嚴威猛政。迨㠯刑戮。未若先生潛導之速也。其立朝事上也。恭順貞厲。含章直

方。無顯諫㠯彰直。不割高而引長。常幹州郡腹心之任。義則進之㠯達道。否則退之㠯光操。然後德立名宣。蓋于當世。辟司徒府。納規建謀。匡弼三事。人用昭明。台階允寍。遷聞喜長。清風暢于所漸。儉節溢于監司。郡政有錯。爭之不從。卽解綬去。復辟太尉府。遷太丘長。民之治情斂慾。反乎端懿者。猶草木之偃于翔風。百卉之挺于春陽也。㠯所執不協所屬。色斯舉矣。不俟終日。辟大將軍府。道之行廢。有分于命。乃離密網。㠯就禁錮。潛伏不試。十有八年。大忌蠲除。舉賢良方正。大將軍司徒竝辟。君曰。七十有懸車之禮。況我過諸。遂不應其命。容止法度。老而彌壯。凡所履行。事類博審。不可勝數。略舉首目。具實錄之記。在乎其傳。春秋八十有三。中平三年八月丙子卒。大將軍三公使御屬往弔祠。會葬作誄謚曰文範先生。刺史太守。樹碑頌德。許令㠯下。至于國人。立廟舊邑。四時烝嘗。歆哀承祀。具如祖禰。先生存獲重稱。亡歆血食。修行于己。得斯于

人固上世之所罕有前哲之所不過也孤嗣紀銜恤在疚敢錄言行終始所守乃有二三友生咨度禮則咸曰君化道神速行于有國法施于民祀典所宗鄉人之祠非此遺孤所得專也昔者先生甚樂茲土築室講誨精靈所盜紀順奉雅意遂定兆域宜有銘勒表墳墓俾後生之歌咏德音者知丘封之存斯也乃作銘曰

於熙文考天授弘造淵玄其深巍巍其高剛而無虐柔而不撓誕鋪模憲示爲作教君之誨矣民胥效矣道行斯進廢乃斯止鮮我顯泰既多幽否舍榮取辱湟而不緇德之休明賤不爲恥超邈其猶莫與方軌本集

維中平五年春三月癸未豫州刺史典㠯褒功述德政之大經是㠯作謚封墓興于周禮衛鼎晉銘其昭有實故太丘長潁川許昌陳寔字仲弓含聖哲之清和盡人材之上美光明配于日月廣大容乎天地辟四府宰三城神化著于民物形表圖于丹青巍巍焉其不可尙也洋洋乎其不可測也儉約違時懸車致仕徵辟交至遂不肯就春秋八十有三寢疾而終大將軍賜謚羣后建碑國人立廟先有二子季方元方皆命世希有繼期特立季方盛年早亡亦圖容加謚元方在喪毀瘁消形嘔血純孝過哀率禮不越于時嘉異畫像郡國欽盛德之休明懿鍾鼎之碩義乃樹碑鐫石垂世寵光詞曰

於皇先生冠耀八荒闡德之宇探道之綱繼期立表㠯訓四方惟亮天工羣生之望高明允實有馥其芳載德奕世休有烈光欽慕在人舊有憲章過牧斯州庶奉清塵棄予而邁靡瞻靡聞嗟我懷矣曷所咨詢告哀金石式昭其勤本集

太尉楊賜碑

皇帝遣中謁者陳遂侍御史馬助持節送柩陳遵桓典蘭臺令史十人將羽林騎䡬車介士前後鼓吹㠯驃騎將軍官屬及司空法

爲當作惟

有當作以

駕與公卿尙書三臺㠯下葬我文烈侯三年九月甲申小祥會如初四年九月戊申大祥公卿尙書三臺㠯下會如小祥之禮公之祖納忠于前朝㠯罹艱禍父隱約蟄瘁治家師導唯儉之尙公生值歎禍貧賄屢空手執勤役遠涉道里㠯修經術險阻艱難曷所不嘗特㠯其靜則眞一審固動則不違則度含容覆載無競伊人謀無不忠言無不信自在弱冠布衣之中固已流芳名著茂實公孫同倫莫能齊焉者矣州郡禮招莫之能屈委百里位避公車令自侍御史侍中已往道爲帝師德爲世表體尊名重階級彌崇而公處㠯恭遜行㠯固愼德大而心小居高而志降夫驕吝之釁周公其猶病諸而公脫然㠯爲行首不亦泰乎及其所㠯匡輔本朝忠言嘉謀造鄒危辭當事而行言從計納亦不敢宣密誠潛功貽于帝躬家無遺草論者不見嗟乎誠爲達事君之體得人臣之上儀者已公素不貴歸非不樂引美故雖彷彿猶不敢載㠯順公之雅初受封自㠯功不副賞前後固辭章凡十上憂慍悄悄形于容色雖不克從情旨昭顯晚節爲廷尉公曰昔在三后成功惟殷于民而皐陶不與焉蓋吝之也及爲特進又曰唯漢重臣中興㠯來克稱斯位者其爲高密元侯乎吾何德㠯堪諸寢疾顧命無辭要言約戒忠儉而已孤彪銜恤永思綴輯所履㠯贊銘之銘曰

赫赫烈侯卓爾超倫於唯楊公乃華降神故能明哲德亞聖人受茲介福位極人臣包羅五典本道根眞爲國之師誨尙經文頻歷鄉校五登鼎鉉建名著忠確越前賢攘災興化姦賊不臻風雨有時履獲有年三葉宰相應祚于天臨晉是侯子子孫孫億兆不窮如山之堅四時潔祠㠯承奉尊祀事孔明奉亡如存馥馥芬芬㠯慰顯魂本集　案此篇張溥百三家集無

公諱賜字伯獻弘農華陰人姬姓之國有楊侯者公其後也其在漢室赤泉侯佐高丞相翼宣咸㠯盛德光于前朝祖司徒考太尉

約當作紘

繼迹宰司。咸有勳烈。公承家崇軌。受天醇素。欽承奉構。閑于伐柯。烈風雖變。不易其趣。文㠯典籍。尋道入奧。操清行朗。潛晦幽閑。不荅州郡之命。辟大將軍府。不得已而應之。遷陳倉令。公乃因是行退居廬。公車特徵。㠯病辭。司徒舉高第。拜侍中越騎校尉。帝篤先業。將問故訓。公㠯羣公之舉。進授尚書于禁中。遷少府光祿勳。敬揆百事。莫不時序。庶尹知恤。闔閭推清。列作司空。地平天成。陰陽不忒。公遂身避。託疾告退。又㠯光祿大夫受命司徒。敬敷五品。宣洽人倫。燮和化理。股肱耳目之任。靡不克明。及至太尉。四時順動。三光耀潤。羣生豐遂。太和交薄。三作六卿。五蹈三階。受爵開國。應位特進。非盛德休功。假于天人。孰能該備寵榮。兼包令錫。如公之至者乎。公體資明哲。長于知見。凡所辟選。升諸帝朝者。莫非瑰才逸秀。拌參儲佐。惟我下流。二三小臣。穢損清風。愧于前人。乃糾合同僚。各述所審。紀公勳績。刊石立銘。㠯慰永懷。

天降純嘏。篤生柔嘉。俾肖祖考。光輔國家。三業在服。帝載用和。粵暨我公。允執丕貞。在棟伊隆。于鼎斯盈。德被宇宙。華夏㠯清。受茲介福。履祚孔成。爲邑河渭。袞冕紱珽。㠯佐天子。祗事三靈。丕顯伊德。萬邦作程。爰銘爰贊。式昭懿聲。本集

公諱賜。字伯猷。兼通五典。周覽篇籍。㠯爲尚書帝王之政。要有國之大本也。是㠯三葉相承。研其精義。五代之微言。王政之約綱。罔不尋其端源。究其條貫。凛乎其見聖人之情旨也。蓋㠯蹈騰餘蹤。思高游夏。初潛山澤。授誨童冠。後生賴㠯發祛蒙蔽。文其材素者。蓋不可勝數。乃由宰府。遂作帝臣。于時聖幼將入學。羣公㠯公溫故知新。德宜師保。乃㠯越騎校尉援侍華光之內。帝座已北面。㠯納大誨。於教人善誘。則恂恂焉罔不伸也。引情致喻。則誾誾焉罔不釋也。迄用有成。緝熙光明。惟帝念功。六在九卿。三事肋假皇天澤充區域。疆土建封。申增戶邑。人臣之極位。兼而有之。然處豐益

祖字衍

約。九命滋恭。可謂高朗令終。有始有卒者已。于是門生大將軍何進等。瞻仰洙泗公喪之禮。糺合朋徒。稽諸典則。僉㠯爲匡弼之功。政事之實。詔策之文。則史臣志其詳。若夫道術之美。授之方策祖是門人二三小子所特貫綜。敢竭不才。譔錄所審。言于碑。乃作頌曰。

巍巍聖猷。匪師不昭。士子困蒙。匪師不教。於皇文父。邈哉伊超。如玉之固。如岳之喬。鑽之斯堅。仰之彌高。示我顯德。授我無隱。正席傳道。承帝之問。誨茲一人。萬邦作順。徽徽我徒。實賴遺訓。文武作式。元勛既奮。光啟爵土。垂統末胄。存榮亡哀。沒而不泯。本集

曰漢有國師司空文烈侯楊公。維司徒之孫。太尉公之胄子。皇祖祖考。㠯懿德眘及聿勤。式建丕休。勳啟洪範。公祗服弘業。克丕堂構。小乃不敢不愼。大亦不敢不戒。用罔有擇言失行。在于其躬。洎在辟舉。先志載言。罔不攸該。乃自宰臣㠯從王事。立功不有。用辭

其祿。逮作御史。允執國憲。納于侍中。在帝左右。爰董武事。王師孔閑。羣公㠯舊德碩儒。道通術明。宜建師保。延入華光。侍宴露寢。敷典誥之精旨。達聖王之聰叡。帝㠯機密齋栗。常伯劇任。鮮克知臧。㠯蘊其采。命公再作少府。俾率其屬。㠯熙庶績。天地作險。國家丕承。軍門祛禁。式遏寇虐。命公再作光祿。亦總其熊羆之士。不二心之臣。保乂帝家。嚴嚴大理。惟制民命。命公作廷尉。惟刑之恤。旁施四方。惟明折獄。蔽罪于憲之中。亦惟三禮六樂。國之元幹。命公作太常。明德爲馨。八音克諧。神人㠯和。永世豐年。溥天率土。而眾莫外。命公作司空。公惟戰之翊。明其政。時惟休哉。唯天陰騭。下民彝倫。所由順序。命公作司徒。而敬敷五教。㠯親百姓。父義母慈兄友弟恭子孝。時惟休哉。昭孝于辟雍。命公作三老。帝恭㠯祇敬。遵有虞于上庠。茫茫大運。垂光烈耀。命公作太尉。璇璣運周。七精循軌。時惟休哉。帝欲宣力于四方。公則翼之。辟道或回。公則弼之。虔恭

夙夜。不敢荒寧。用對揚天子丕顯休命。天子大簡其勳。用授爵賜。封侯于臨晉。功成化洽。景命有傾。文選王儉褚淵碑文注引此二語帝乃震慟。執書㠯泣。命于左中郎將郭儀作策。賜公驃騎將軍臨晉侯印綬。兼號特進。謚㠯文烈。寵命畢備。而後卽世。肆其孤彪。敢儀古式。昭銘景烈。銘曰。

天鑒有漢。誕生元輔。世作三事。勛在王府。乃及伊公。克光前矩。悉心畢力。肖其祖武。化洽羣生。澤霑區宇。帝曰文烈。朕嘉君功。爲邑河渭。建茲土封。申備九錫。㠯祚其庸。位此特進。于異羣公。昔在申呂。匡佐周宣。嵩山作頌。大雅揚言。今我文烈。帝載用熙。參光日月。比功四時。身沒名存。永世慕思。本集。藝文類聚四十六。文選褚淵碑文注。初學記十一。

太尉袁湯碑案後漢袁安傳云。安子京。京子彭。彭弟湯。字仲河。

邈矣高蹤。孰能剋茲。文選傳長虞贈何劭王濟詩注

司空袁逢碑案後漢袁安傳云。湯次子逢。字周陽。

凡所臨君。明而先覺。故能教不肅而化成。政不嚴而事治。其惠和也晏晏然。其博大也洋洋焉。信可謂兼三才而該剛柔。無射于人斯矣。銘曰。

天鑒有漢。賜茲世輔。顯允厥德。昭肖休序。峩峩雍宮。禮樂備舉。穆穆天子。孝敬允敘。降拜屏著。奉饋西序。威儀聿修。化溢區宇。乃尹京邑。總齊禁旅。藝文類聚四十七

文選沈約齊安陸昭王碑注引作乃膺

司空房楨碑案後漢桓帝紀作房植。未知孰是。

公言非法度。不出于口。行非至公。不萌于心。治身則伯夷之潔也。儉嗇則季文之約也。盡忠則史魚之直也。剛平則山甫之勵也。總茲四德。式是百辟。夙夜匪懈。㠯事一人。枉絲髮。樹私恩。不爲也。討無禮。當彊暴。弗避也。是㠯功隆名顯。在世孤特。不獲愷弟寬厚之譽。享年垂老。至于積世。門無立車。堂無宴客。衣不變裁。食不兼味。雖易之貞厲。詩之羔羊。無㠯加也。

明明在公。實惟房后。誕應正德。式作漢輔。邪慝是仇。直亮是與。剛則不吐。柔則不茹。娟茲天子。㠯靖土宇。藝文類聚十七

全後漢文卷七十八終

博當作傅

全後漢文卷七十九

烏程嚴可均校輯

蔡邕十一

翟先生碑

世㠯仁義爲質學問爲業爰曁先生固天縱德應運立言繼期五百實行形于州里明哲與聖合契該通五經洗洞墳籍爲萬里之塲圃九隩之林澤挹之若江湖仰之若華光玄玄焉測之則無源汪汪焉酌之則不竭可謂生民之英者已國失元博學失表式凡百搢紳哀矣泣血人百其身匪云來復于是鄉黨乃相與登山伐石而勒名曰

邈矣先生厥德孔眞腹心弘道濬高入神王錫三命觀國之賓其樹富貴忽若浮雲旣不降志亦不辱身。藝文類聚三十七

荆州刺史度尚碑

君稟天地之正氣含太極之純精明潔鮮于白珪貞操厲乎寒松朗鑒出于自然英風發乎天骨事親㠯孝則行侔于曾閔結交㠯信則契明于黄石溫溫然弘裕虚引落落然高風起世信荆山之良寶靈川之明珠也爰在弱冠英風固㠯揚于四海矣拜爲荆州刺史仗沖靜㠯臨民施仁義㠯接物恩惠著于萬里誠信暘于殊俗由是撫亂㠯治綏擾㠯靜也帝嘉其功錫㠯車服方將掃除寇逆淸一宇宙廓天步之艱難靈陵夷之屯否。藝文類聚卷五十文選袁宏三國名臣贊注

桓彬碑

彬有過人者四夙智早成岐嶷也學優文麗至通也仕不苟祿絕高也辭隆從窳絜操也。後漢書桓榮附傳彬字彥林麟子少與蔡邕齊名舉孝廉拜尚書郎光和元年卒于家蔡邕等共論序其志僉㠯爲彬有過人者四云云乃共樹碑而頌焉。案張溥本題爲論敘桓彬今改題爲碑

袁滿來碑

受當作授

有十當作十有

茂德休行曰袁滿來太尉公之孫司徒公之子逸材淑姿實天所受聰遠通敏越齔在闕明習易學從誨如流百家衆氏遇目能識事不再舉問一及三具始知終情性周備夙有奇節孝智所生順而不驕篤友兄弟和而無忿氣決泉達無所凝滯雖冠帶之中士校材考行無㠯加焉允公族之殊異國家之輔佐衆律其器士嘉其良雖則童稚令聞芬芳降生不永年有十五四月壬寅遭疾而卒旣苗而不穗凋殞華英嗚呼悲夫乃假碑旌于墓嗟其傷矣惟㠯告哀。本集

袁喬碑

于玆德聲發聞遐邇。文選張華勵志詩注

袁成碑　案後漢袁安傳云湯長子成左中郎早卒

呱呱孤嗣含哀長慟。文選曹植王仲宣誄注

楊復碑

文學之徒擁書抱籍自遠而至稟采豐華斟酌洪流者雍雍焉闐闐焉。書鈔九十六

景命不延遘此顛沛。文選袁宏三國名臣贊注

趙歷碑

加㠯思謀深長達于從政。文選潘岳馬汧督誄注

何休碑

孝友盡于閨庭。文選王仲寶褚淵碑文注

辭述川流文章雲浮。同上

貞定直父碑

其接友也審辨眞僞明于知人度始終而後交情不疏而邈親。初學記十八御覽四百九。案貞定直父卽邕父稜也見邕傳及注引邕祖攜碑

郡掾吏張玄祠堂碑

掾諱玄字伯雅河南偃師人也其先張仲苴實㠯孝友爲名左右

三年下脫年字　州下脫郡字

周室大漢初與張蒼爲丞相封北平侯其後自河內遷于茲土世爲顯姓掾天姿恭恪宣慈惠和允恭博敏惻隱仁恕正身履道㠯協閨庭損用節財㠯贍疏族動中規矩言合典式不知名彰不飾行著可謂仁粹淑貞自然之素者已論者嘉之州郡禮招署致掾史沈靜寡欲不求榮祿是㠯豐于天爵薄于人位某月日遭疾而卒掾孫翻㠯貞固之質受過庭之訓獲執戟出宰相邑遷太守得大夫之祿奉蒸嘗之祠尋原祚之所由而至于此先考積善之餘慶陰德之陽報乃于是立祠堂假碑勒銘式明令德㠯示乎後詞曰

於惟我考允迪懿德治信斯順其儀不忒仁惠周洽行惟模則篤垂餘慶貽此燕翼遹矣遺孫用懷多福刊名金石流于罔極本集　案本集有劉鎮南碑當是魏人作今删

太傅安樂侯胡公夫人靈表

夫人編縣舊族章氏之長子也字曰顯章令儀小心秉操塞淵仁孝婉順率禮無遺體季蘭之姿蹈思齊之迹永初三年十有五爰初來嫁誕成家道仰奉慈姑竭歡致敬俯誨膝下化導周悉至德脩于幾微徽音暢于神明故能參姬姒之功兼生人之榮朝春路寢贊桑繭宮光寵有口祭服有充前後奉斯禮者三十餘載夫人生五男長曰整伯齊次曰億叔韡次曰寍稺威次曰碩季叡伯仲各未加冠遭厲氣同時夭折叔讓郡孝廉及季更歷州寍舉茂才葉令京令爲議郎季㠯高第爲侍御史諫議大夫侍中虎賁中郎將陳留太守皆早卽世夫人哀悼劬顇由是被疾遭太夫人憂篤年七十七建寍三年薨夫人之存也契闊中饋婉戀供養依生奉仁紹坻雅意其閏月祔于太夫人窀穸于茲地魂而有靈歆明定省神心欣焉其賓寍之元女金盈追慕永思憯怛罔極遂及斯表鐫著堅珉頌曰

事當作士　丞當作亟

悲母氏之不永兮懷殷恤㠯摧傷惟子道之無窮惜閨誨之未央庶黃耇㠯期頤胡委我㠯夙喪憂心怛㠯激切亦割肝㠯絕腸昔先聖之遺辭言仁者其壽長嗟母氏之憂患體愷悌㠯慈良失延年之報祜獨何棄乎穹蒼日月忽㠯將暮抱長結㠯含愁尋脩念于在昔原疾病之所由遭元子之弱夭心傷顇㠯自憂暨叔季之殞終哀情結㠯彌綢皇姑沒而中感遂大漸兮速流疾欻欻而日遘氣微微㠯長浮銷精魂㠯遐翔曾不可乎援畱爾乃順旨于冥冥繼存意于不違爰耐靈于皇姑尙魂魄之有依潛幽室之黯漠惜昭明之景輝一往超㠯未及傾阻邈其彌遲顧新廟㠯累欷伏几筵而增悲嗟旣逝之益遠眇悠悠而不追本集

交阯都尉胡府君夫人黃氏神誥

夫人江陵黃氏之季女字曰列嬴其先出自伯翳別封于黃㠯國氏焉高祖父汝南太守曾祖父延城大尹祖父番禺令父㠯主薄嘗證太守事奉明君㠯立臣節漢南之事㠯爲美談初都尉君娶于故豫州刺史卽黃君之姊生太傅安樂侯廣及卷令康而卒繼室㠯夫人二孤童紀未齔育于夫人夫人懷聖善之姿韜慈母之仁撫育二孤導㠯義方思齊先姑神罔時恫致能迄用有成誕膺繁祉廣歷五卿七公再封之祿康亦由孝廉宰牧二城九鼎之義夫人是享爰暨稺孫更仕三宮或典百里或作虎臣鉏艾貂蟬近侍顯尊受茲介福于我夫人自都尉任于京師及廣兄弟式敘漢朝夫人居京師六十有餘載其乘輅執贄朝皇后採桑于蠶宮手三盆于繭館者蓋三十年上有帝室寵光之休下有堂宇斤斤之祚心眈其榮體安其玄遠圖長慮用遺舊居欲畱此爲康寍之時丞㠯爲言夫人年九十一建寍二年薨于太傅府是月辛酉公之季子陳留太守碩卒于洛陽左池里舍公銜哀悼祗愼其屬遵奉遺意不敢失墜乃俾元孫顯咨度羣儒㠯考其衷僉曰昔帝舜

役于蒼梧。殯于虞郊。二妃薨于江湘。不卽兆于九疑。延陵季子實惟吳人。長子道終。卜葬嬴博。夫遵時而制。不遠遷徙。魂氣所之。不繫巳壠。帝舜巳之神罔時怨。季札巳之。仲尼嘉焉。鑒帝籍之高論。綜精靈之幽情。稽先人之遐迹。順母氏之所寍。茲事體通而義同。允不可替。于是公乃爲辭。昭告先考。然後卜定宅兆。龜筮襲從。遂營寵穸之事。舉封樹之禮。十月旣望。粵翌日己酉。葬我夫人黃氏及陳留太守碩于此高原。雒陽東界關亭之阿。天子使中常侍謁者李納弔。且送葬。賻錢二十萬。布二百匹。再巳中牢祀。羣后畢會。榮哀孔備。于時濟陽故吏舊民中常侍勾陽于肅等二十三人。思應慕化。推本議銘。著斯碑石。俾諸昆裔瞻仰。巳知禮之用。是爲神誥。乃申頌曰。

於穆夫人。家邦之媛。昔在嬴氏。黃國氏建。致于近祖。亦降于漢。天祚明德。福祚流衍。旣作母儀。履信思順。登壽耄耋。用永蕃變。口口口口。子孫巳仁。追稽先典。厝茲洛濱。齊迹湘靈。配名古人。休矣耀光。千億斯年。本集。

議郎胡公夫人哀讚

議郎夫人趙氏。字曰永姜。允有令德。秉心塞淵。舒詳閑雅。儀節孔備。女師四典。窈窕德象。罔不習執。巳供婦道。議郎早世。撿誨幼孤。義方巳導其性。中禁巳閑其情。孤顥儉節。用免咎悔。少辟侍中。襲先公之爵。巳議郎出爲濟陰太守。是時夫人寢疾未薨。而國家方有榮陽寇賊。震驚帝師。簡選州辟。授任進衞。不得辭王命。親醫藥。夫人乃自矜精稟氣力。俛起若愈。巳勸遣顥。到官月餘。所疾暴盛。春秋五十八。中平四年薨于京師。顥有剖符之寄。偪于國典。疾篤不得顧親。增感氣絕。不能自存。愼終之事。闕焉永廢。雖不毀巳隨沒。亦困悴而傷懷。知我如此。不如無生。號跳告哀。巳乞骸骨。踰年然後獲聽。追惟考君存時之命。迎棺舊土。同穴此城。孤心摧割。靡所底念。仰瞻二親。或有神誥靈表之文。敢曰亮闇。敘我憂痛。作哀讚書之于碑。

愍于小子。夙罹孔艱。嚴考殞沒。我在齠年。母氏鞠育。載矜載憐。般斯勤斯。慈愛備存。匪惟驕之。範我軌度。敎誨嚴肅。昭示好惡。俾我克類。畏威忌怒。用免咎悔。踐繼先祖。卽爵其土。二將是臨。與帝剖符。守于濟陰。夫人寢疾。榮此寵休。疾用歡痊。翊日斯瘳。將征將邁。從養陶丘。冥命徂逝。不愍少留。疾大漸巳危亟兮。精微微而浸衰。逼王職于憲典兮。子孫忽巳替違。目不臨此氣絕兮。手不親夫含飯。陳衣衾而不省兮。合緶棺而不見。昔予考之卽世兮。安宅兆于舊邦。依存意巳奉亡兮。還靈柩而同來。考妣痛巳慘兮離乖。神柩集而移兮。增哀黃壚密而無閒兮。出入闃其無門。舁柩在茲兮。不知魂景之所存。悼孤哀之不遂兮。思情慘巳傷肝。幽情淪于后坤兮。精哀達于昊乾。本集。

增哀上脫孤情怛兮四字

濟北相崔君夫人誄

維延熹四年。故濟北相夫人卒。嗚呼哀哉。世喪母儀。宗殞憲師。哀哀孝子。靡所瞻依。凡百赴弔。至亡增悲。投涕歔欷。共敘赫姿。乃作誄曰。

清和有鑠。時維哲母。令儀令色。爰巳資始。塞淵其心。淑愼其止。于此斯勤。在子斯敏。仰覽篇籍。俯釐絲枲。多材多藝。于何不有。休譽遂焉。允女之英。乃及崔君。惟德是行。其德伊何。實明實粹。虔恭事機。契闊中饋。敦此婉順。疾彼攸遂。思齊徽音。晨興夜寐。穆穆其猷。莫之與二。天祚明德。底之方穀。於赫崔君。膺茲祉祿。夫人有肖。翼此清淑。仁風溫潤。義惠優渥。推恩中外。施浹疏族。食不兼膳。服不纖縠。巳儉爲榮。巳奢爲辱。堂堂其肖。惟世之良。于其令母。受茲義方。訓巳柔和。董巳嚴剛。怒不傷愛。喜不亂莊。納之軌度。終然允臧。是用登隮。享其寵光。雖則崇盛。猶匪盜息。同其婦子。茂師其職。服貴無荒。尊不舍力。密勿不忘。惟德之極。昔在共姜。陪臣之母。勞兼紡績。仲尼是紀。矧茲夫人。帝室命婦。猶日孜孜。復禮克己。人亦有言。仁者壽長。宜登永年。黃耇無疆。昊天不弔。降此殘殃。寢疾彌留。粹爽悴傷。慘怛孝子。惴惴其惶。靡神不舉。無藥不將。嗚呼哀哉。于是孝子長號。氣絕復蘇。號呼告哀。不知其辜。昊天上帝。忍弔遺孤。尋想遊靈。焉識所徂。嗚呼哀哉。既殯神柩。薄言于歸。冢宰喪儀。循禮無遺。切切喪主。齊羸衰哀。情兮長慕。涕兮無晞。行旅揮涕。千里于咨。乃謀卜筮。言考其良。逝彼兆域。于時翳藏。冥冥窀穸。無時有陽。燈燭既滅。馬道納光。彤影不見。定省何望。嗟其哀矣。不可彌忘。日月代序。古皆有喪。由斯夫人。榮烈有章。配彼哲彥。既隆且昌。顧影赫奕。饋供孔將。惟吕慰懷。庶無永傷。嗚呼哀哉。本集

告遷都祝嘏辭

嗣曾孫皇帝某。敢昭告于皇祖高皇帝。各吕后配。昔受命京師都于長安。國享十有一世。歷年二百一十載。遭王莽之亂。宗廟隳壞。世祖復帝祚。遷都洛陽。吕服中土。享一十一世。歷年一百六十五載。予末小子。遭家不造。早統洪業。奉嗣無疆。關東民吏。敢行稱亂。總連州縣。擁兵聚眾。吕圖叛逆。震驚王師。命將征服。股肱大臣推皇天之命。吕已行之事。遷都舊京。昔周德缺而師干作。應運變通。自古有之。于是乃吕三月丁亥。來自雒。越三日丁巳。至于長安。敕躬不慎。寢疾旬日。賴祖宗之靈。吕獲有瘳。吉旦齋宿。敢用潔牲一元大武。柔毛剛鬣。商祭明眎。香合嘉蔬。香萁鹹鹺。豐本明粢醴酒。用告遷來。尚饗。本集

九祝辭

高皇帝使工祝。承致多福無疆。于爾嗣曾孫皇帝。使爾受祿于天。宜此舊都。萬國和同。兆民康乂。昌壽萬年。子子孫孫。永守民庶。勿替引之。本集

祝祖文

元正令子。時惟嘉良。乾坤交泰。太簇運陽。乃祀祖靈。吕祈福祥。書鈔一百五十五藝文類聚五白帖

祖餞祝

令歲淑月。日吉時良。爽應孔嘉。君當遷行。神龜吉兆。林氣煌煌。著卦利貞。天見三光。鸞鳴雍雍。四牡彭彭。君既升輿。道路開張。風伯雨師。灑道中央。陽遂求福。蚩尤辟兵。倉龍夾轂。白虎扶行。朱雀道引。玄武作侶。勾陳居中。厭伏四方。往臨邦國。長樂無疆。御覽七百三十六

祓禊文

洋洋暮春。厥日除巳。尊卑煙鶩。惟女與士。自求多福。在洛之涘。書鈔一百五十四又一百五十五文選閒居賦注又石闕銘注初學記三

弔屈原文

迴口世而遙弔。託白水而騰文。書鈔一百二

鶚鵲軒翥。鸞鳳挫翮。啄碎琬琰。寶其瓴甋。皇車奔而失轄。執轡忽而不顧。卒壞覆而不振。顧抱石其何補。藝文類聚四十

題曹娥碑後

黃絹幼婦。外孫齏臼。後漢列女曹娥傳元嘉元年縣長度尚改葬娥于江南道傍爲立碑焉注引會稽典錄度尚弟子邯鄲淳字子禮弱冠有異才作曹娥碑操筆而成無所點定其後蔡邕又題八字

全後漢文卷七十九終

全後漢文卷八十

蔡邕十二

烏程嚴可均校輯

篆勢

字畫之始。因于鳥跡。蒼頡循聖。作則制文。體有六篆。要妙入神。或象龜文。或比龍鱗。紆體放尾。長翅短身。穨若黍稷之垂穎。蘊若虫蛇之棼緼。揚波振撇。鷹跱鳥震。延頸脅翼。勢似淩雲。或輕舉內投。微本濃末。若絕若連。似露緣絲。凝垂下端。從者如懸。衡者如編。杳杪邪趣。不方不圓。若行若飛。蚑蚑翾翾。遠而望之。若鴻鵠羣游。絡繹遷延。迫而視之。端際不可得見。指撝不可勝原。研桑不能數其詰屈。離婁不能覩其隙間。般倕揖讓而辭巧。籀誦拱手而韜翰。處篇籍之首目。粲粲彬彬其可觀。摛華豔于紈素。為學藝之範閑。嘉文德之弘蘊。懿作者之莫刊。思字體之俯仰。舉大略而論旃。（本集。晉書衛恆傳。藝文類聚七十四。初學記二十一。御覽七百四十九）

隸勢

鳥跡之變。乃惟佐隸。蠲彼繁文。崇此簡易。厥用既弘。體象有度。奐若星陳。鬱若雲布。其大徑尋。細不容髮。隨事從宜。靡有常制。或穹窿恢廓。或櫛比鍼列。或砥平繩直。或蜿蜒繆戾。（案衛恆傳作膠戾）或長邪角趣。或規旋矩折。修短相副。異體同勢。奮筆輕舉。離而不絕。纖波濃點。錯落其間。若鍾虡設張。庭燎飛烟。嶄嵓崔嵯。高下屬連。似崇臺重宇。增雲冠山。遠而望之。若飛龍在天。近而察之。心亂目眩。奇姿譎誕。不可勝原。研桑所不能計。宰賜所不能言。何草篆之足筭。而斯文之未宣。豈體大之難覩。將祕奧之不傳。聊佇思而詳觀。舉大略而論旃。（本集。案此篇當是衛恆作。本集有之。姑不刪）

勸學篇

人無貴賤。道在者尊。（文選潘岳閑居賦注）

木吕繩直。金吕淬剛。必須砥礪。就其鋒鍔。（御覽七百六十七）

明珠不瑩。不發其光。寶玉不琢。不成圭璋。（御覽八百三）

鼫鼠五能。不成一技。（易晉正義）五技者。能飛不能上屋。能緣不能窮木。能泅不能渡瀆。能走不能絕人。能藏不能覆身是也。（爾雅釋獸釋文引蔡伯喈勸學篇。案此勸學篇本注也。注蓋卽邕作。古人引書注多直言某書。或別言注。無定例）

螾無爪牙。輭弱不便。穿穴洞地。食壤飲泉。（藝文類聚六）

蟹有八足。加吕二螯。（世說新語紕漏篇注引蔡邕勸學章。案篇又稱章。倉急就篇稱急就章也。三倉五十五章。章六十字。急就三十二章。章六十三字。勸學若干章。章若干字。不可考也。又案世說注云。大戴禮勸學篇蟹二螯八足。非蛇蟺之穴無所寄託者。用心躁也。故蔡邕勸學章取義焉。王懷祖云。蟹有八足。加吕二螯。卽蔡邕勸學篇文。可均按。邕取用心躁一語吕勸學。與上文不成一技同意）

周之師氏。居虎門左。（北史劉芳傳）

儲。副君也。（一切經音義二大般涅槃經六引蔡邕勸學。又九佛本行集經十二引同。案此亦本注）

傭。賣力也。（一切經音義六妙法蓮華經二引蔡邕勸學注）

聽彼頑薄。執性不固。心游目蕩。意與手互。（御覽四百九十）

上谷次仲。初變古形。（張懷瓘書斷上。法書要錄七。墨池編一。又七）

齊相杜度。美守名篇。（書斷中。法書要錄八。墨池編七）

扶風曹喜。建初稱善。（書斷中。法書要錄八。墨池編一。又七）

聖皇篇

程邈刪古立隸文。（書斷上。法書要錄七。墨池編七）

月令問答

問者曰。子何為著月令說也。曰。予幼讀記。吕為月令體大經閒。（一本作同）不宜與記書雜錄竝行。而記家記之。又略及前儒特為章句者。皆用其意傳。非其本旨。又不知月令徵驗。布在諸經。周官左傳皆實與禮記通。他議橫生。紛紛久矣。光和元年。予被謗章。罹重罪。徙朔方。內有獫狁敵衝之釁。外有寇虜鋒鏑之艱。危險凜凜。死亡無日。過被學者聞家就而考之。亦自有所覺寤。庶幾頗得事情。而訖未有記著于文字也。懼顛蹶隕墜。無吕示後。同于朽腐。竊誠思之。書有陰陽升降。天文厤數。事物制度。可假吕爲本。敦辭託說。審求厤象。其要者莫大于月令。故遂于憂怖之中。晝夜密勿。昧死成之。旁貫五　參互羣書。至及國家律令制度。遂定厤數。盡天地三光之情。辭繁多而曼衍。非所謂理約而達也。道長日短。危殆兢惕。取其心盡而已。故不復加刪省。蓋所吕探賾辨物。庶幾多識前言往行之流也。苟使學者吕爲可覽。則余死而不朽也。

問者曰。子說月令多類周官左氏。假無周官左氏傳。月令爲無說乎。曰。夫根柢植則枝葉必相從也。月令與周官並爲時王政令之記。異文而同體。官名百職。皆周官解。月令甲子。沈子所謂似春秋也。若夫太昊蓐收句芒祝融之屬。左傳造義立說。生名者同。是吕用之。

問者曰。既用古文于厤數。不用三統。用四分。何也。曰。月令所用。參

諸厤象。非一家之事。傳之于世。　曉學者。宜吕當時所施行。夫密近者。三統已疏闊廢弛。故不用也。

問者曰。既不用三統。吕驚蟄爲孟春中。雨水爲二月節。皆三統法也。獨用之何。曰。孟春月令曰。蟄蟲始震。在正月也。中春始雨水。則雨水二月也。吕其合。故用之。

問者曰。厤云小暑季夏節也。而今文見于五月。何也。曰。今不吕厤節言。據時始暑而記也。厤于大雪、小雪、大寒、小寒。皆去十五日。然則小暑當去大暑十五日。不得及四十五日。不吕節言。據時暑也。

問者曰。中春令不用犧牲。吕珪璧更皮幣。不用犧牲何也。曰。是月獻羔吕太牢祀高禖。宗廟之祭。吕中月。安得用犧牲。祈者求之祭也。著令者豫設水旱疫癘。當禱祈用犧牲者。是用之助生養。傳所吕弊代牲。章亦因于高禖之事。乃造說曰。更者。刻木代牲。如廟有桃梗。此說自欺極矣。經典傳記無刻木代牲之說。蓋書有轉誤。三

豕渡河之類也。

問者曰。仲冬令曰。奄尹申宮令。謹門閭。今曰門闈。何也。曰。閹尹者。內官也。主宮室。出入宮中之門曰闈。閹尹之職也。閭里門非閹尹所主。知當作闈也。

問者曰。令曰七騶咸駕。今曰六騶。何也。曰。本官職者莫正于周官。周官天子馬六種。六種別有騶。故知六騶。左氏傳。晉程鄭爲乘馬御。六騶屬焉。無言七者。知當爲六也。

問者曰。令吕中秋築城郭。于經傳爲非其時。詩曰。定之方中。作于楚宮。定。營室也。九月十月之交。西南方中。故傳曰。小昬正而栽築。卽營室也。昬正者昬中也。栽築者栽木而始築也。今文在前一月。不合于經傳也。（案。此條闕答語）

問者曰。子說三難。皆吕日行爲本。古論周官禮記說。吕爲但逐惡而已。獨安所取之。曰。取之于月令而已。四時通等。而夏無難文。由

日行也。春行少陰。秋行少陽。冬行太陰。陰陽背使不于其類。故冬春難吕助陽。秋難吕達陰。至夏節太陽行太陰。自得其類。無所扶助。獨不難。取之于是也。

問者曰。反令每行一時轉三旬。吕應行三月政也。春行夏令。則雨水不時。謂孟夏也。草木早枯。中夏也。國乃有恐。季夏也。今總合爲一事。不分別施之于三月。何也。曰。說者見其三旬。不得傳注而爲之說。有所滯礙不得通矣。孟秋反令行冬令。則草木枯。後乃大水。敗其城郭。卽分爲三事。後乃大水。在誰後也。城郭爲獨自壞。非水所爲也。季冬令曰。行春令。則胎夭多傷。民多蠱疾。命之曰逆。卽分爲三事。行季冬令。爲不感災異。但命之曰逆也。知不得斬絕分應一月也。其類皆如此。合之所述。略舉其尤者也。

問。春食麥羊。夏食菽雞。秋食麻犬。冬食黍豕之屬。但吕爲時味之宜。不合之于五行。月令服食器械之制。皆順五行者也。說所食獨

不㠯五行。不已略乎。曰。蓋亦思之矣。凡十二辰之禽。五時所食者。必家人所畜。丑牛。未羊。戌犬。酉雞。亥豕而已。其餘龍虎㠯下。非食也。春木王。木勝土。土王四季。四季之禽。牛屬季夏。犬屬季秋。故曰未羊可㠯爲春食也。夏火王。火勝金。酉雞可㠯爲夏食也。季夏土王。土勝水。當食豕而食牛。土。五行之尊者。牛。五畜之大者。四時之性。無足㠯配土德者。故㠯牛爲季夏食也。秋金王。金勝木。寅虎非可食者。犬豕而無角。虎屬也。故㠯犬爲秋食也。冬水王。水勝火。當食馬。而禮不㠯馬爲牲。故㠯其類而食豕也。然則麥爲木。菽爲金。麻爲火。黍爲水。各配其牲爲食也。雖有此說。而米鹽精粹。不合于易卦所爲之禽。及洪範傳五事之畜。近似卜筮之術。故予略之。不㠯爲章句。聊㠯應問。見有說而已。

問。記曰。養三老五更。子獨曰五叟。周禮曰八十一御妻。今曰御妾。何也。曰。字誤也。叟。長老之稱也。其字與更相似。書者轉誤。遂㠯爲更。嫂字女旁叟。瘦字從叟。今皆㠯爲更矣。立字法者不㠯形聲。何得㠯爲字。㠯嫂瘦推之。知是更爲叟也。妻者齊也。惟一適人稱妻。其餘皆妾。位最下也。是㠯不得言妻云也。（本集。說郛。案月令問答、明堂論、月令篇名等三篇皆月令章句之文。其書久亡。明刻本入集。今從之。）

明堂論

明堂者。天子太廟。所㠯宗祀（續漢志注補作崇禮。俞汝成本同。）其祖。㠯配上帝者也。夏后氏曰世室。殷人曰重屋。周人曰明堂。東曰青陽。南曰明堂。西曰總章。北曰玄堂。中央曰太室。易曰。離也者。明也。南方之卦也。聖人南面而聽天下。鄉明而治。人君之位。莫正于此焉。故雖有五名。而主㠯明堂也。其正中皆曰太廟。謹承天順時之令。昭令德宗祀之禮。明前功百辟之勞。起尊老敬長之義。顯教幼誨稺之學。朝諸侯選造士于其中。㠯明制度。生者乘其能而至。死者論其功而祭。故爲大教之宮。而四學具焉。官司備焉。譬如北辰居其所而衆

星拱之。萬象翼之。政教之所由生。變化之所由來。明一統也。故言明堂。事之大義之深也。取其宗祀之貌。則曰清廟。取其正室之貌。則曰太廟。取其尊崇。則曰太室。取其鄉明。則曰明堂。取其四門之學。則曰太學。取其四面之周水圜如璧。則曰辟雝。異名而同事。其實一也。春秋因魯取宋之奸賂。則顯之太廟。㠯明聖王建清廟明堂之義。經曰。取郜大鼎于宋。戊申。納于太廟。傳曰。非禮也。君人者。將昭德塞違。故昭令德㠯示子孫。是㠯清廟茅屋。昭其儉也。夫德。儉而有度。升降有數。文物㠯紀之。聲明㠯發之。㠯臨照百官。百官于是乎戒懼而不敢易紀律。所㠯明大教也。㠯周清廟論之。魯太廟皆明堂也。魯禘祀周公于太廟明堂。猶周宗祀文王于清廟明堂也。禮記檀弓曰。王齋禘于清廟明堂也。孝經曰。宗祀文王于明堂。禮記明堂位曰。太廟。天子曰明堂。又曰。成王幼弱。周公踐天子位㠯治天下。朝諸侯于明堂。制禮作樂。頒度量而天下大服。成王㠯周公有大勳勞于天下。命魯公世世禘祀周公于太廟。㠯天子之禮。升歌清廟。下管象舞。所㠯異魯于天下也。取周清廟之歌。歌于魯太廟。明魯之太廟。猶周之清廟也。皆所㠯昭文王周公之德。㠯示子孫也。易傳太初篇曰。天子旦入東學。晝入南學。暮入西學。太學在中央。（續漢祭祀志中注補作在中央曰太學。）天子之所自學也。禮記保傅篇曰。帝入東學。尚親而貴仁。入西學。尚賢而貴德。入南學。尚齒而貴信。入北學。尚貴而尊爵。入太學。承師而問道。與易傳同。魏文侯孝經傳曰。太學者。中學明堂之位也。禮記古大明堂之禮曰。膳夫于是相禮。日中出南闈。見九侯。反問于相。日側出西闈。視五國之事。日入出北闈。視帝節猷。爾雅曰。宮中之門謂之闈。王居明堂之禮。又別陰陽。向東南稱門。西北稱闈。（續漢志注補作南門稱門。西門稱闈。）故周官有門闈之學。師氏教㠯三德。守王門。保氏教㠯六藝。守王闈。然則師氏居東門南門。保氏居西門北門也。知掌教國子與易傳保傅王居

明堂之禮叅詳發明。爲學四焉。文王世子篇曰。凡大合樂。則遂養老。天子至。乃命有司行事。興秩節。祭先聖先師焉。始之養也。適東序。釋奠于先老。遂設三老五更之位焉。言教學始之于養老。由東方歲始也。又春夏學干戈。秋冬學羽籥。皆習于東序。凡祭與養老乞言合語之禮。皆小樂正詔之于東序。又曰。大司成論說在東序。然則詔學皆在東序。東序。東之堂也。學者聚焉。故稱詔太學。仲夏之月。令祀百辟卿士之有德于民者。禮記太學志曰。禮士大夫學于聖人善人。祭于明堂。無其位者。祭于太學。禮記昭穆篇曰。祀先賢于西學。所已教諸侯之德也。卽所已顯行國禮之處也。太學。明堂之東序也。皆在明堂辟廱之內。月令記曰。明堂者。所已明天地統萬物。明堂上通于天。象日辰。故下十二宮。象日辰也。水環四周。言王者動作法天地。德廣及四海。方此水也。禮記盛德篇曰。明堂九室。已茅蓋屋。上圓下方。此水名曰辟廱。王制曰。天子出征。執有

罪。反釋奠于學。已訊馘告。樂記曰。武王伐殷。薦俘馘于京太室。詩魯頌云。矯矯虎臣。在泮獻馘。京鎬京也。太室辟廱之中。明堂太室也。與諸侯泮宮。俱獻馘焉。卽王制所謂已訊馘告者也。禮記曰。祀乎明堂。所已教諸侯之孝也。孝經曰。孝悌之至。通于神明。光于四海。續漢志注補有無所不通四字。俞改成本亦有。詩云。自西自東。自南自北。無思不服。言行孝者則曰明堂。行悌者則曰太學。故孝經合已爲一義。而稱鎬京之詩已明之。凡此皆明堂、太室、辟廱、太學事通文合之義也。其制度之數。各有所依。堂方百四十四尺。坤之策也。屋圓屋徑二百一十六尺。乾之策也。太廟明堂方三十六丈。通天屋徑九丈。陰陽九六之變也。圓蓋方載。六九之道也。八闥已象八卦。九室已象九州。十二宮已應十二辰。三十六戶七十二牖。已四戶八牖乘九室之數也。戶皆外設而不閉。示天下不藏也。通天屋高八十一尺。黃鍾九九之實也。二十八柱列于四方。亦七宿之象也。堂高三丈。已應三統。四鄉五色者。象其行。外廣二十四丈。應一歲二十四氣。四周已水。象四海。王者之大禮也。本集。續漢祭祀志中注補引蔡邕明堂論。說郛。

月令篇名

因天時。制人事。天子發號施令。祀神受職。每月異禮。故謂之月令。所已順陰陽。奉四時。效氣物。行王政也。成法具備。各從時月。藏之明堂。所已示承祖考神明。明不敢泄瀆之義。故已明堂冠月令。已名其篇。自天地定位。有其象。聖帝明君。世有紹襲。蓋已裁成大業。非一代之事也。易正月之卦曰泰。其經曰。王用享于帝。吉。孟春令曰。乃擇元日。祈穀于上帝。顓頊麻術曰。天元正月己巳朔旦立春。日月俱起于天廟。營室五度。月令孟春之月。日在營室。本集顓頊已下多誤。今從續漢律麻志中注補引改。注補作蔡邕命論。當是月令論之誤也。堯典曰。乃命羲和。欽若昊天。麻象日月星辰。敬授人時。令曰。乃命太史守典奉法。司天日月星辰之行。易曰。不利爲寇。利用禦寇。令曰。兵戎不起。不可從我始。書

曰。歲二月。同律度量衡。中春令曰。日夜分。則同度量。鈞衡石。凡此皆合于大禮王政。其類不可盡稱。大戴禮夏小正傳曰。陰陽生物之後。王事之次。則夏之月令也。殷人無文。及周而備。文義所說。博衍深遠。宜周公之所著也。官號職司。與周官合。周書七十二篇。而月令第五十三。古者諸侯朝正于天子。受月令已歸。而藏諸廟中。天子藏之于明堂。每月告朔朝廟。出而行之。周室旣衰。諸侯怠于禮。魯文公廢告朔而朝。仲尼譏之。經曰。閏月不告朔。猶朝于廟。刺舍大禮而徇小儀。自是告朔遂闕。而徒用其羊。子貢非廢其令而請去之。仲尼曰。賜也。爾愛其羊。我愛其禮。庶明王復興。君人者昭而明之。稽而用之。耳無逆聽。令無逆政。所已臻乎大順。陰陽和。年穀豐。太平洽。符瑞由此而至矣。秦相呂不韋著書。取月令爲紀號。淮南王安亦取已爲第四篇。改名曰時則。故偏見之徒。或云月令呂不韋作。或云淮南。皆非也。本集。說郛。

蔡君畫像頌 附

文同三閭，孝齊參騫。□□□□□□蔡邕別傳：東國宗敬邕，不言名，咸稱蔡君。兖州陳留並圖畫形像而頌之曰。

東巡頌、南巡頌見班固文，古文苑十二題蔡邕作。

全後漢文卷八十終

全後漢文卷八十一

烏程嚴可均校輯

陸康

康字季寧。吳郡吳人。少仕州郡。靈帝初舉茂才。除高成令。光和初遷武陵太守。歷桂陽、樂安二郡太守。以言事徵詣廷尉。免。召拜議郎。出爲廬江太守。獻帝初加忠義將軍。爲袁術將孫策所攻。拒守二年。城陷。病卒。年七十。

上疏諫鑄銅人

臣聞先王治世。貴在愛民。省徭輕賦。以寧天下。除煩就約。以崇簡易。故萬姓從化。靈物應德。末世衰主。窮奢極侈。造作無端。興制非一。勞割自下。以從苟欲。故黎民吁嗟。陰陽感動。陛下聖德承天。當隆盛化。而卒被詔書。畝斂田錢。鑄作銅人。伏讀惆悵。悼心失圖。夫十一而稅。周謂之徹。徹者通也。言其法度可通萬世而行也。故魯宣稅畝。而螽災自生。哀公增賦。而孔子非之。豈有聚奪民物。以營無用之銅人。捐舍聖戒。自蹈亡王之法哉。傳曰。君舉必書。書而不法。後世何述焉。陛下宜留神省察。改敝從善。以塞兆民怨恨之望。後漢陸康傳。

尚書令囂

囂等七人皆在靈帝初。其姓莫可考。梅鼎祚云。劉囂字重寧。長沙人。歷太僕司空。

上言請條列立宋皇后禮儀

尚書令臣囂、僕射臣鼎、尚書臣旭、臣乘、臣滂、臣謨、臣詛稽首言。伏惟陛下履乾則坤。動合陰陽。羣臣大小。咸以長秋宮未定。遵舊依典。章表仍聞。歷時乃聽。令月吉日。以宋貴人爲皇后。應期正位。羣生兆庶。莫不式舞。易稱受茲介祉。詩云干祿百福。子孫千億。萬方幸甚。今吉日以定。臣請太傅、太尉、司徒、司空、太常條列禮儀正處

除當作餘。

上。羣臣妾無得上壽如故事。臣囂、臣鼎、臣旭、臣乘、臣滂、臣謨、臣詛愚闇不達大義。誠惶誠恐。頓首死罪。稽首再拜以聞。續漢禮儀志中注補引蔡質所記立宋皇后儀。

謝弼

弼字輔宣。東郡武陽人。靈帝初舉有道對策。除郎中。以言事出爲廣陵府丞。去官歸。爲宦黨所陷。死獄中。

上封事陳得失

臣聞和氣應于有德。妖異生乎失政。上天告譴。則王者思其愆。政道或虧。則姦臣當其罰。夫蛇者陰氣所生。鱗者甲兵之符也。鴻範傳曰。厥極弱時。則有蛇龍之孼。又熒惑守亢。裴回不去。法有近臣謀亂。發于左右。不知陛下所與從容帷幄之內親信者爲誰。宜急斥黜。以消天戒。臣又聞惟虺惟蛇。女子之祥。伏惟皇太后定策宮闈。援立聖明。書云。父子兄弟。罪不相及。竇氏之誅。豈宜咎延太后。幽隔空宮。愁感天心。如有霧露之疾。陛下當何面目以見天下。昔周襄王不能敬事其母。戎狄遂至交侵。孝和皇帝不絕竇后之恩。前世以爲美談。禮爲人後者爲之子。今以桓帝爲父。豈得不以太后爲母哉。援神契曰。天子行孝。四夷和平。方今邊境日蹙。兵革蜂起。自非孝道。何以濟之。願陛下仰慕有虞蒸蒸之化。俯思凱風慰母之念。臣又聞爵賞之設。必酬庸勳。開國承家。小人勿用。今功臣久外。未蒙爵秩。阿母寵私。乃享大封。大風雨雹。亦由于茲。又故太傅陳蕃。輔相陛下。勤身王室。夙夜匪懈。而見陷羣邪。一旦誅滅。其爲酷濫。駭動天下。門生故吏。並離徙錮。蕃身已往。人百何贖。宜還其家屬。解除禁網。夫台宰重器。國命所繼。今之四公。唯司空劉寵斷斷首善。除皆素餐致寇之人。必有折足覆餗之凶。可因災異。並皆罷黜。徵故司空王暢、長樂少府李膺。並居政事。庶災變可消。國祚惟永。臣山藪頑闇。未達國典。策曰無有所隱。敢不盡愚。用忘諱

忌。伏惟陛下。裁其誅罰。後漢謝弼傳。又略見袁宏後漢紀二十三。語次不同。

何進

進字遂高。南陽宛人。靈思何皇后之兄。家本屠者。徵拜郎中。再遷虎賁中郎將。出爲潁川太守。光和中徵拜侍中將作大匠河南尹。中平初爲大將軍。封愼矦。少帝卽位。與太傅袁隗輔政。錄尙書事。吕謀誅宦官事泄。遇害于嘉德殿。

薦董扶表

資游夏之德。述孔氏之風。內懷焦董消復之術。方今幷涼騷擾。西戎蠢叛。宜敕公車特詔。待吕異禮。諮謀奇策。蜀志劉焉傳注引益部耆舊傳。

請釋王允疏

夫內視反聽。則忠臣竭誠。寬賢矜能。則義士厲節。是吕孝文納馮唐之說。晉悼宥魏絳之罪。允吕特選受命。誅逆撫順。曾未朞月。州境澄清。方欲列其庸勳。請加爵賞。而吕奉事不當。當肆大戮。責輕

罰重。有虧衆望。臣等備位宰相。不敢寢默。誠吕允宜蒙三槐之聽吕昭忠貞之心。後漢王允傳。

奏還董后

孝仁皇后使故中常侍夏惲永樂太僕封諝等交通州郡。辜較在所珍寶貨賂。悉入西省。蕃后故事不得畱京師。輿服有章。膳羞有品。請永樂后遷宮本國。後漢董后紀。

仇靖

靖字漢德。武都下辨人。爲郡從史。

析里橋郙閣頌

惟斯析里。處漢之右。谿源漂疾。横柱于道。涉秋霖漉。盆溢滔涌。濤波滂沛。激揚絕道。漢水逆讓。稽滯商旅。路當二州。經用衿沮。沮縣士民。或給州府。休謁往還。恆失日晷。行理咨嗟。郡縣所苦。斯谿旣然。郙閣尤甚。緣崖鑿石。處隱定柱。臨㴱長淵。三百餘丈。接木相連號爲萬柱。過者慄慄。載乘爲下。常車迎布。歲數千兩。遭遇隤納。人物俱隋。沈没洪淵。酷烈爲禍。自古迄今。莫不創楚。于是太守漢陽阿陽李君諱翕字伯都。吕建寍三年三月辛巳。隷釋作二月。審視碑本是三字。三月乙卯朔。辛巳廿七日也。到官。思惟惠利。有吕綏濟。聞此爲難。其日久矣。嘉念高帝之開石門。元功不朽。乃俾衡官掾下辨仇審。改解危殆。卽便求隱。析里大橋。于今乃造。校致攻堅。□□工巧。雖昔魯班。亦莫儗象。又醳散關之嶃潔。從朝陽之平燥。減西□□高閣。就安寍之石道。禹導江河。吕靖四海。經記厥績。艾康萬里。臣□□□□勒石示後。乃作頌曰。

□□□□降兹惠君。克明俊德。允武允文。躬儉尙約。化流若神。愛氓如子。□□平均。精通晧穹。三納苻銀。所厥垂勳。香風有鄰。仍致瑞應。豐稔□□□□□□樂行人夷欣。慕君靡已。乃詠新詩。

□□□□兮。巛兒之閒。高山崔隗兮。水流蕩蕩。地旣塏确兮。與寇

爲鄰。□□□□□□吕析兮。或失緒業兮。至于困貧。危危累卵兮。聖朝閔憐。毦艾究□兮。幼□□□□□救傾兮。全育子遺。劬勞日稷兮。惟惠勤勤。黃邵朱龔兮。蓋不□□□□□充羸兮。百姓歡欣。僉日太平兮。文翁復存。

建寍五年四月十八日。癸下缺。時衡官□□□仇審字孔信。從史位下辨仇靖字漢德爲此頌。故吏下辨仇紼字子長書此云云。時石師南□□□□□威明。碑拓本。隷釋四。案。拓本及隷釋下辨仇靖四字皆泐缺。余得西狹頌全拓本對校之。此四字可據補也。西狹頌云。從史位下辨仇靖字漢德。隷釋所載頌末少一百四十三字。非全本。又案。天下碑錄云。析里橋郙閣頌。仇子良書名紼。今亦據吕補缺。皆旁注吕别之。

黽池五瑞畫像

白鹿　黃龍　甘露降　承露　嘉禾　木連理

君昔在黽池。修崤嶔之道。德治精通。致黃龍白鹿之瑞。故圖畫其像。碑拓本。隷釋四。案。此刻于郙閣頌之前。

者當作有

盧愼

愼。涿郡涿人。爲尚書。見元和姓纂。

盧公範

凡八月旦。上承露盤赤松子柏上露。爲囊。㠯膏面皮。古人用點灸。枝。㠯棃子爲之。反銀蓋中。者朱砂銀枝子也。（本注盧公範者盧愼家之注也。御覽二十五。）

凡臘日。上藻豆倂頭膏面脂口脂。（御覽三十三。）

盧植

植字子幹。涿郡涿人。建寧中徵博士。熹平中拜九江太守。病去。尋拜廬江太守。徵爲議郎。還尚書。中平初拜北中郎將。擊黃巾有功。爲小黃門左豐所誣。檻車徵。事白。復爲尚書。董卓廢立。㠯抗議免歸。隱上谷。袁紹據冀州。請爲軍師。初平三年卒。有禮記解詁二十卷。集二卷。

始立太學石經上書

臣少從通儒故南郡太守馬融受古學。頗知今之禮記。特多回冗。臣前㠯周禮諸經。發起粃謬。敢率愚淺。爲之解詁。而家乏。無力供繕寫上。願得將能書生二人。共詣東觀。就官財糧。專心研精。合尚書章句。考禮記失得。庶裁定聖典。刊正碑文。古文科斗。近于爲實。而厭抑流俗。降在小學。中興㠯來。通儒達士班固、賈逵、鄭興父子並敦悅之。今毛詩、左氏、周禮各有傳記。其與春秋共相表裏。宜置博士。爲立學官。㠯助後來。㠯廣聖意。（後漢盧植傳。）

日食上封事

臣聞五行傳曰。晦而月見謂之朓。王矦其舒。此謂君政舒緩。故日食晦也。春秋傳曰。天子避位移時。言其相掩不過移時。而間者日食。自巳過午。既食之後。雲霧晻暧。比年地震。彗孛互見。臣聞漢㠯火德。化當寬明。近色信讒。忌之甚者。如火畏水故也。案今年之變。皆陽失陰侵。消禦災凶。宜有其道。謹略陳八事。一曰用良。二曰原禁。三曰禦癘。四曰備寇。五曰修禮。六曰遵堯。七曰御下。八曰散利。用良者。宜使州郡覈舉賢良。隨方委用。責求選舉。原禁者。凡諸黨錮。多非其罪。可加赦恕。申宥回枉。禦癘者。宋后家屬。並㠯無辜委骸橫尸。不得收葬。疫癘之來。皆由于此。宜敕收拾。㠯安遊魂。備寇者。矦王之家。賦稅減削。愁窮思亂。必致非常。宜使給足。㠯防未然。修禮者。應徵有道之人。若鄭玄之徒。陳明洪範。禳服災咎。遵堯者。今郡守刺史一月數遷。宜依黜陟。㠯章能否。縱不九載。可滿三歲。御下者。請謁希爵。一宜禁塞。遷舉之事。責成主者。散利者。天子之體。理無私積。宜弘大務。蠲略細微。（後漢盧植傳。又續漢五行志六注引續漢本傳植上書丙子自巳過午云云。今此少丙子二字。）

奏事

王后無子。擇立長親。年均㠯德。德均決之㠯卜筮。所㠯承先祖也。后妃者。所㠯郊天祭地。祇奉祖宗。外㠯肅恭明神。內㠯帥正九嬪理陰德者。猶天之有地。陽之有陰。（初學記十。初學記十。獻書規竇武。案。後漢本傳亦有此。小異。）

巨明之傳。本末春秋。博物盡變。囊括古今。苞裹人事。（書鈔原本九十五。）

獻書規竇武

植聞嫠有不恤緯之事。漆室有倚楹之戚。憂深思遠。君子之情。夫士立爭友。義貴切磋。書陳謀及庶人。詩詠詢于芻蕘。植誦先王之書久矣。敢愛其瞽言哉。今足下之于漢朝。猶旦奭之在周室。建立聖主。四海有繫。論者㠯爲吾子之功。于斯爲重。天下聚目而視。攢耳而聽。謂準之前事。將有景風之祚。尋春秋之義。王后無嗣。擇立親長。年均㠯德。德均則決之卜筮。今同宗相後。披圖案牒。㠯次建之。何勳之有。豈橫叨天功。㠯爲己力乎。宜辭大賞。㠯全身名。又比世祚不競。乃外求嗣。可謂危矣。而四方未寧。盜賊伺隙。恆岳勃碣。

特多姦盜。將有楚人脅比尹氏立朝之變。宜依古禮。置諸子之官。徵王侯愛子。宗室賢才。外崇訓道之義。內息貪利之心。簡其良能。隨用爵之。彊榦弱枝之道也。（後漢盧植傳。）

酈文勝誄

自齔未成童。著書十餘箱。文體思奧。爛有文章。箴縷百家。（書鈔原本九十九。）

孫堅

堅字文臺。吳郡富春人。建寧末。府召署假尉。熹平中歷鹽瀆盱眙下邳丞。中平初。中郎將朱儁討黃巾。請為佐軍司馬。以功拜別部司馬。尋為張溫司空參軍。還議郎。拜長沙太守。以功封烏程侯。義兵起。袁術表假中郎將。又表行破虜將軍。領豫州刺史。初平三年。為術擊劉表戰死。權稱尊號。追謚曰武烈皇帝。廟號始祖。（案孫策造吳。當編入三國文。孫堅當列前代。梁宣帝父統。隋文帝父忠。從此例。）

到長沙敕吏

謹遇良善。治官曹文書。必循治。以盜賊付太守。（吳志孫堅傳注引吳書。）

夏育

育。熹平中為北地太守。遷護烏桓校尉。

上言討鮮卑

鮮卑仍犯塞。（後漢作寇邊。蔡邕集作仍犯諸郡。）百姓怨苦。自春已來。三十餘發。請徵幽州諸郡兵出塞討之。一冬二春。必能禽滅。（袁宏後漢紀二十四。後漢烏桓傳。蔡邕集。通典一百九十六。）

請收張讓表

張讓等侮慢天常。擅操王命。父子兄弟。並據州郡。一書出門。高獲千金。下數百萬。膏腴美田。皆屬讓等。使變氣上蒸。妖賊蜂起。（後漢董卓傳注引典略。）

馮光

光。熹平中為五官郎中。

上言厤元不宜用庚申

厤元不正。故妖民叛寇益州。盜賊相續。為厤用甲寅為元。而用庚申。圖緯無以庚為元者。近秦所用代周之元。太史治厤郎中郭香劉固意造妄說。乞與本庚申元經緯有明。受虛欺重誅。（續漢律厤志中。熹平四年。五官郎中馮光沛相上計掾陳晃言。）

陳耽

耽（一作躭。）字漢公。東海人。熹平中為太常。代段熲為太尉。免。復為太常。代楊賜為司空。光和初免。復為太常。代楊賜為司徒。

平議馮恂宗誠厤術

侍中韓說。博士蔡較。穀城門候劉洪。右郎中陳調。于太常府覆校注記。平議難問。恂誠各對。恂術以五千六百四十日（案日當作月。）有九百六十一食為法。而除成分。空加縣法。推建武以來。俱得三百二十七食。其十五食錯。案其官素注。天見食九十八。與兩術相應。其錯辟二千一百。誠術以百三十五月二十三食為法。乘除成月。從建康以上。減四十一。建康以來。減三十五。以其俱不食。恂術改易舊法。誠術中復減損。論其長短。無以相踰。各引書緯自證。文無義要。取追天而已。夫日月之術。日循黃道。月從九道。以赤道儀。日冬至去極俱一百一十五度。其入宿也。赤道在斗二十一。而黃道在斗十九。兩儀相參。日月之行。曲直有差。以生進退。故月行井牛十四度以上。其在角婁十二度以上。皆不應率不行。以是言之。則術不差不改。不驗不用。天道精微。度數難定。術法多端。厤紀非一。未驗無以知其是。未差無以知其失。失然後改之。是然後用之。此謂允執其中。今誠術未有差錯之謬。恂術未有獨中之異。以無驗改未失。是以檢將來為是者也。誠術百三十五月二十三食。其文在書籍。學者所修。施行已久。官守其業。經緯日月。厚而未愆。信于天文。述而不作。恂久在候部。詳心善意。能揆儀度。定立術數。推前校往。亦與見食相應。然協麻正紀。欽若昊天。宜率舊章。如甲辰丙申詔書。以見食為比。今而施用誠術。棄放恂術。史官課之。後有效驗。乃行其法。以審術數。以順改易。續漢律麻志中。光和三年太常就耽上書云云。耽以說等議奏聞。詔書可。案廣韻就又姓。引後漢書苑顥氏改為就氏。所稱後漢書必非范書。今考後漢靈帝紀及袁宏後漢紀。是年太常乃陳耽。非就耽。續漢志之就耽。兩存之俟攷。

曹鸞

鸞熹平中為永昌太守。上書訟黨人。檻車徵棄市。年九十。

上書訟黨人

夫黨人者。或耆年淵德。或衣冠英賢。皆宜股肱王室。左右大猷者也。而久被禁錮。辱在泥塗。謀反大逆。尚蒙赦宥。黨人何罪。獨不開恕乎。所以災異屢見。水旱薦臻。皆由于斯。宜加沛然。以副天心。袁宏後漢紀二十四。熹平五年。

卑整

卑又作畢。

整。鴈門人。建寧中為太傅掾。遷議郎。

上疏言沖帝母宜賜爵

孝沖皇帝母虞大家。質帝母陳夫人。皆誕育聖明。而未有謚號。今當以母氏序列于外戚。雖在薨歿。猶宜爵贈。況二母見存。而無寵勞者乎。即違母以子貴之義。又不可以示後世。袁宏後漢紀二十四。又別見後漢虞美人傳。編入宦官趙祐文。

勞當作榮

陳雅

雅字伯臺。成固人。靈帝時為諫大夫。上疏不納。出為巴郡太守。

上疏論宦官

昔孝和帝與中常侍鄭眾謀誅大將軍竇憲。由是宦官秉權。安帝幼沖。和熹太后兄大將軍鄧騭輔政。太后適崩。中常侍江京等殺騭。安帝登遐。黃門孫程又殺車騎將軍閻顯。孝桓帝又與中常侍

單超等共誅大將軍梁冀。陛下即阼。太傅陳蕃大將軍竇武尚書令尹勳等欲誅宦官。絕其奸擅。盡忠王室。建萬世策。機事不密。為中常侍朱瑀等所殺。此即陛下所見。今宦官強盛。威傾人主。天下鉗口。莫敢言者。海內怨望。妖孽並作。四方兵起。萬姓辛苦。陛下尚可以安。奈後嗣何。華陽國志十下漢中士女。

傅燮

燮字幼起。改字南容。北地靈州人。靈帝時再舉孝廉。後為護軍司馬。從皇甫嵩討黃巾。有功不封。遷安定都尉。以疾免。復拜議郎。出為漢陽太守。中平四年戰沒。謚壯節侯。

上疏請誅中官

臣聞天下之禍。不由于外。皆興于內。是故虞舜升朝。先除四凶。然後用十六相。明惡人不去。則善人無由進也。今張角起于趙魏。黃巾亂于六州。此皆釁發蕭牆。而禍延四海者。臣受戎任。奉辭伐罪。始到潁川。戰無不克。黃巾雖盛。不足為廟堂憂也。臣之所懼。在于治水不自其源。末流彌增其廣耳。陛下仁德寬容。多所不忍。故閹豎弄權。忠臣不進。誠使張角梟夷。黃巾變服。臣之所憂。甫益深耳。何者。夫邪正之人不宜共國。亦猶冰炭不可同器。彼知正人之功顯。而危亡之兆見。皆將巧辭飾說。共長虛偽。夫孝子疑于屢至。市虎成于三夫。若不詳察真偽。忠臣將復有杜郵之戮矣。陛下宜思虞舜四罪之舉。速行讒佞放殛之誅。則善人思進。姦凶自息。臣聞忠臣之事君。猶孝子之事父也。子之事父。焉得不盡其情。使臣身被鈇鉞之戮。陛下少用其言。國之福也。後漢傅燮傳。又見袁宏後漢紀二十四。有小異。

議棄涼州對

昔冒頓至逆也。樊噲為上將。云願得十萬眾橫行匈奴中。憤激奮厲。未失臣節也。不顧計之當與不當耳。季布猶廷斥曰。噲可斬。前朝是之。今涼州天下之衝要。國家之藩衛也。堯舜時。禹貢載之殷

周之世。列爲侯伯。高祖平海內。使酈商別定隴右。世宗拓境。列置四郡。議者㠯爲斷匈奴之右臂。今牧御者失理。使一州叛逆。海內爲之騷動。陛下臥不安寢。烈爲宰相。不念爲國思所㠯弭之之策。乃欲割棄一方萬里之土。臣竊惑之。若使左衽之虜得居此地。爲害數世。今㠯勁士堅甲利兵。姦雄因之爲亂。此天下之至慮。社稷之深憂也。且無涼州。則三輔危。三輔危。則京師薄矣。若烈不知憂之。是極蔽也。知而欲棄。是不忠也。二者擇而處之。烈必有之。袁宏後漢紀二十五。邊章韓約寇三輔。司徒崔烈欲棄涼州。議郎傅燮進曰。斬司徒。天下乃安。有詔問本意。燮對。又見後漢傅燮傳。有刪節。

諫耿鄙

使君統政日淺。人未知教。孔子曰。不教人戰。是謂棄之。今率不習之人。越大隴之阻。將十舉十危。而賊聞大軍將至。必萬人一心。邊兵多勇。其鋒難當。而新合之衆。上下未和。萬一內變。雖悔無及。不若息軍養德。明賞必罰。賊得寬挺。必謂我怯。羣惡爭勢。其離可必。然後率已教之人。討已離之賊。其功可坐而待也。今不爲萬全之福。而就必危之禍。竊爲使君不取。後漢傅燮傳。燮爲漢陽太守。中平四年。刺史耿鄙率六郡兵討金城賊王國韓遂等。燮知鄙失衆必敗。諫。

傅幹

幹字彥林。魏志武紀注引九州春秋作彥材。小字別成。燮子。官扶風太守。終丞相倉曹屬。

肉刑議

蓋禮樂所㠯導民。刑罰所㠯威之。是故君子忌禮。而小人畏刑。雖湯武之隆。成康之盛。不專用禮樂。亦陳肉刑之法。而康哉之歌興。清廟之頌作。由此推之。肉刑之法。不當除也。經有墨劓剕割之制。至于鑿顛抽脅烹煑之刑。衞鞅所述爲。非咎陶所造。呂矦所述。據經按傳。肉刑不當除有五驗。請言其理。荀卿論之備矣。太古質簡。制事樸畧。故耒耜未用于牛。而弧矢不加筋鐵。智所闇也。不識事

宜。㠯爲聖人純一之教。不如賢者支離之術。鄭衞可㠯易咸池。激楚可㠯陵韶武耶。斯不足復難矣。藝文類聚五十四。

與張叔威書

吾與足下。義結紈素。恩比同生。初學記十八。又御覽四百十作執素。疑是執素之誤。

諫曹公南征

治天下之大具有二。文與武也。用武則先威。用文則先德。威德足㠯相濟。而後王道備矣。往者天下大亂。上下失序。明公用武攘之。十平其九。今未承王命者。吳與蜀也。吳有長江之險。蜀有崇山之阻。難㠯威服。易㠯德懷。愚㠯爲可且按甲寢兵。息軍養士。分土定封。論功行賞。若此則內外之心固。有功者勸。而天下知制矣。然後漸興學校。㠯導其善性。而長其義節。公神武震于四海。若修文㠯濟之。則普天之下。無思不服矣。今舉十萬之衆。頓之長江之濱。若賊負固深藏。則士馬不能逞其能。奇變無所用其權。則大威有屈。

而敵心未能服矣。唯明公思虞舜舞干戚之義。全威養德。㠯道制勝。魏志武帝紀。建安十九年。公征孫權。注引九州春秋。參軍傅幹諫。公不聽。軍遂無功。

王命敘

昔在唐虞之禪。列于帝典。殷周之代。敘于詩書。天之厤數。昭焉著明。周篤后稷公劉。積德行仁。至乎文武。遂成王業。雖五德殊運。或禪或征。其變化應天。與時消息。其道一也。故雖有威力。非天命不授。雖有運命。非功烈不章。我高祖襲唐之統。受命龍興。討秦滅項。光有萬國。世祖攘亂。奄復帝宇。人鬼協謀。徽祥煥然。皆順乎天而應乎人也。然則帝王之起。必有天命瑞應自然之符。明統顯祚豐懿之業。加㠯茂德成功賢智之助。而後君臨兆民。爲神民所保祐。永世所尊崇。未見運敘無紀次。動澤不加于民。而可力爭覬覦神器者也。豪傑見二祖無尺地之階。爲專智力乘釁而起。不知天祚聖哲。帝王自有眞也。哀哉非徒。闇于將來。又不考之于既往矣。自

天命下脫勇如蚩尤強如共工威如夷羿皆從分橫裂爲天下戒又況淺智小才二十七字

祥當作長

囂當作嚚

開闢已來。姦雄妄動。不識天命。勇不足畏。強不足憚。未有成資。而敢失順。覬不軌之事也哉。夫行潦之流。不致江海之深。丘垤之資。不成太山之高。魚鼈之類。不希雲龍之軌。一官之守。不經天人之變。當王莽之末。英雄四起。而鄧禹耿弇識世祖之福祚。嬴糧閒行。進其策謀。遂荷胥附之任。享佐命之寵。張玄慕蘇秦蒯通之業。周旋囂述。西說竇融。言未及終。而梁統已誅之矣。禹弇見命祚之兆。其福如彼。張玄蔽逆順之理。其禍如此。審斯二事。趣舍之分明矣。且世祖之興有四。一曰帝皇之正統。二曰形相多異表。三曰體文而知武。四曰履信而好士。加之以聰明獨斷。達于事機。發策如神應。覩遠如見近。偏旅首進。摧莽軍百萬之衆。單師獨征。平河北萬里之功。識鄧隆之將敗。知劉輿之必死。然猶乾乾日昃。博采訓咨。拔吳漢于小尹。擢馬武于行伍。寵功臣以兼國之爵。顯卓茂以非次之位。言語、政事、文學之士。咸盡其材。致之宰相。權勇畢力于征伐。搢紳悉心于左右。此其所以成大業也。高祖方娠。有雲龍之表。其始入秦。五星同軌。以旅于東井。在天之符也。世祖之徵符。其詳可聞也。其初育則靈光鑒于室隩。嘉禾滋于邑壤。其望舊廬有火光之異。其渡呼沲有河合之應。西門君惠光識其諱。強華獻符于星同驗。劉歆改名而隕其身。王祥錯卦而見吉兆。故王遵謂之天授。非人力也。覽廢興之運會。觀徵瑞之攸祚。審天應之萌兆。察人物之所附。念功成而道退。無非次而妄據。後之人誠能昭然遠覽。曠然深悟。收莽述之闇惑。忠鄧耿之弘慮。好謀而要成。臨事而知懼。距張玄之邪說。思在三之明數。則福祿衍于無窮。奕世不失其通路矣。藝文類聚十。

皇后箴

煌煌四星。著天垂曜。赫赫后妃。是則是效。舜納二女。對揚茂致。正位于內。頑囂軗。暴辛亂妲己。共則情悅。牝雞亂晨。殷祀用絕。孝成寬柔。縱弛紀綱。王擅朝權。趙專椒房。巨猾是緣。竊弄神器。故禍不出所憎。常出所愛。是以在昔明后。日新其化。匪唯訓外。亦訓于內。藝文類聚十五。

全後漢文卷八十一終

全後漢文卷八十一終

吏當作史

全後漢文卷八十二

烏程嚴可均校輯

張升

升字彥眞。陳留尉氏人。御史大夫湯八世孫。仕郡爲綱紀。守外黃令。遇黨錮誅。有集二卷。

白鳩賦 幷序

陳留郡有白鳩出于郡界。太守命門下賊曹吏張升作白鳩賦曰。

厥名梟鳩。貌甚雍容。丹青綠目。耳象重重。御覽九百二十一。

與任彥堅書

纏綿恩好。庶蹈高蹤。文選潘岳西征賦注。寡婦賦注。陸機贈馮文熊詩注。又弔魏武帝文注。恩作惠。蹈作躡。

今將老弱。處于窮澤。漸漬汀瀅。當何聊賴。文選七命注。

友論 一作反論。一作反論語。皆誤。

噓枯則冬榮。吹生則夏落。文選魏都賦注。劉峻絕交論注。

黃綺引身。巖棲南岳。文選嵇康與山濤絕交書注。

酈炎

炎字文勝。范陽人。靈帝時州郡辟命皆不就。後風病。妻始產而驚死。妻家訟之。收繫獄死。年二十八。有集二卷。

對事

客問酈炎曰。吳王曷不傳子而傳兄弟。四人傳者。將以致國乎季札。季札不受。雖有僚立闔閭之弒。春秋猶以不受爲義。不殺爲仁。而桓譚以吳之篡弒滅亡。釁由季札。札不思上放周公之攝位。而下慕曹臧之謙讓。名已細矣。春秋之趣。豈謂爾乎。炎曰。夫四王之輕命致國乎季子。謂其能流慶百世也。季子不受。內有篡殺之亂。外致滅亡之禍。雖知潔已之可爲。不惟宗廟之絕祀。其痛矣。問曰。周制諸侯。父死子繼。若札從先私志。受非所繼。是悖行。豈節義之謂與。闔閭之欲國。蓋緣札之雅意。故曰季子雖至。不吾廢也。今如吾子之云。則君子何稱乎。炎曰。光知季子仁而無權。故肆意焉。季子不能討。是則春秋所譏。仁而不武。無能達也。子之云公羊也。公羊不以父命辭王父命。以王父命辭父命。不以家事辭國政。以國政辭家事。衞輒拒父。猶謂之可。況以國治篡弒之子乎。祭仲行權。公羊嘉之。云君可以死易生。國可以存易亡。季子不然。猶可善乎。此蓋公羊之失。非義之通者也。周公誅二叔。不爲不仁。宋穆受兄國。不爲不義。君子急病而讓夷。故踐明堂。朝諸侯。非榮其位。爲時之急也。以季子之才。君國子民。行化四方。與夫句踐相去幾何。若令向時見國危亂。慕周公急時之義。思先君致國之意。攝政持統。邁其威德。奚翅遷都瑯琊。向征上國。朝齊宋鄭魯衞。執玉之君哉。孔子稱可與立。道未可與權。權反經而善。聖之達節者也。季子守節之士。故非其量度乎。問者因又謂炎曰。古者聖人封建諸侯。皆云百里。取象于雷。雷何取也。炎曰。易震爲雷。亦爲諸侯。雷震驚百里。曰何以知之。炎曰。以其數知之。夫陽動爲九。其數卅六。陰靜爲八。其數卅二。震一陽動。二陰靜。御覽作從。故曰百里。聞者稱善。古文苑。又略見御覽十三。

遺令書 四首

維熹平六年冬十二月。乃裂裳書。白嚴考之神坐。炎荷天之罪。以致于死。名殁身斃。神而有知。炎之歸覲。在旦夕之閒耳。若其無知。將何面目少見靈魂哉。其自卽安。其自愛。臣去矣。亂矣。永滅亡矣。白老母。無懷憂。懷憂何爲。無增悲。增悲何施。寒必厚衣。暑必輕服。無炎。誰爲母厚衣。無炎。誰爲母輕服。棄炎無念。此常厚衣不尤不怨。此常輕服矣。聖人達于死生。賢者力而慕之。炎之中心。私有所慕。每讀漢書楊王孫裸葬。班固以爲賢于秦始皇。意常壯之。然裸以見先人。若炎不爲也。其布巾取覆頭。布衣用蔽形。具棺取容身。鑿地取容棺。若獲罪于眾耶。石槨速朽。鑰其罪哉。堅固不加。喪葬

可目之目當作不
之殭之之當作以
目不之目當作可
誠當作誡
粱當作梁
廬當作盧

瀆先君之兆域。必于瘠确之處而已。呼甘陵夫人共居也。
白興讓考喪早葬。玄讓之等元昆勉之。以老母相累。不可使老母
無曹也。加供養謝嫗以老母相託。若死者復知。必使其言不愧。
嗟哉邈之遺孤。其名曰止戈。汝長自爲之。蓋咨爾止戈。汝未有所
識。吾謂汝有所識。其先見汝耳。汝未有所聞。吾猶謂汝耳有所聞。
而告汝人之喪也。非父則母。非昆則弟。非姊則妹。人之孤也。齔齒
其少矣。汝之孤也。曾未滿兩旬。汝無自以爲微弱。物有微弱于汝
者。乃其長而繁焉。后稷棄之寒冰。險恭矣。汝比之猶逸焉。於菟之
在虎乳極矣。汝比之猶易焉。乃終不在。乃始在。在懼惟生。無懼曾
蔡之逸。厥終乃不逸之易。厥終不易言。咨嗟止戈。汝能言。則讀之
頤言。汝能行。則履我之所訓。剛焉柔焉。弱焉強焉。學焉愚焉。仕焉
隱焉。懼汝身之柔。可不厲汝以剛乎。懼汝之剛。可不厲以柔乎。懼
汝之弱。可以訓汝之強。懼汝之懸。以不勗汝以學。懼汝之隱。可不

教汝以仕乎。消息汝躬。調和汝體。思乃考言。念迺考訓。必博學以
著書。以續父母久業。我十七而作酈篇。二十四而州書矣。二十
七而作七平矣。其賦誦誄。自少爲之。苟吾戒汝勉從。祭爲甘。苟示
誠。汝勉違。粱食爲苦。汝無逸于丘。無湎于酒。無安于忍。事君莫如
忠。事親莫如孝。朋友莫如信。修身莫如禮。汝哉其勉之。下邳衛府
君。我之諸曹掾督郵濟北廬府君。我餘之成就。陳留韓府君。察我
孝廉。陳留楊君。辟我右北平從事祭酒。今我溺于地下。思恩則孤
而靡報。汝有可以倒戟背戈。無孤之矣。陳留蔡伯喈與我初不相
見。吾仰之猶父。不敢以爲兄。彼必愛以爲弟。九江廬府君。吾父事
之。張公袁張子傳幼業王延壽王子衍。我之朋友也。鮮于中優。吾
先姑之所出也。若不足焉。汝苟足往而朝覲之。汝不敬往從之學
焉。汝苟往取任焉。咨爾止戈。吾蔑復有言焉。其永饜于此。古文苑。

黃翻

翻。靈帝時遼西太守。

上言流屍事

海邊有流屍。露冠絳服。感翻夢曰。我伯夷弟孤竹君也。求見掩藏。
吏民有嗤者。皆死。博物志。

諒輔

輔字漢儒。廣漢新都人。爲郡五官掾。

禱山川辭

輔爲郡股肱。不進諫納忠。薦賢退惡。和調陰陽。至令天下否隔。萬
物燋枯。百姓喁喁。無所告訴。咎盡在輔。太守內省責己。自曝中庭。
使輔謝罪。爲民祈福。曰無效。今敢自誓。至日中雨不降。請以身塞
無狀。搜神記。

張文

文。熹平中爲郎中。

很當作狠
成當作威
教當作敎

蝗蟲疏

春秋義曰。蝗者。貪擾之氣所生。天意若曰。貪很之人。蠶食百姓。若
蝗食禾稼而擾萬民。獸齧人者。象暴政若獸而齧人。京房易傳曰。
小人不義而反尊容。則虎食人。辟歷殺人。以象暴政。妄有喜怒。政
以賄成。刑放于寵。推類叙意。探指求源。皆象羣下貪很。成教妄施。
或若蝗蟲。宜敕正衆邪。請審選舉。退屏貪暴。魯僖公小國諸侯。敕
政修己。斥退邪臣。尚獲其報。六月甚雨之應。豈況萬乘之主。修善
求賢。宜舉敦樸。以輔善政。陛下參堯舜之聖。秉獨見之明。恢太平
之業。教經好學。流布遠近。可留須臾神慮。則可致太平。招休徵矣。
後漢蔡邕傳注引漢名臣奏。

胡毋班

班字季皮。太山人。少與度尚。張邈。王考。劉儒。秦周。蕃嚮。王章爲
八廚。熹平末拜侍御史。初平元年。以執金吾奉使河內。爲王匡

所收。繫獄死。

與王匡書

自古已來。未有下土諸侯舉兵向京師者。案劉向傳曰。擲鼠忌器。器猶忌之。況卓今處宮闕之內。以天子為藩屏。幼主在宮。如何可討。僕與太傅馬公、太僕趙岐、少府陰修俱受詔命。關東諸郡。雖實嫉卓。猶以銜奉王命。不敢玷辱。而足下獨囚僕于獄。欲以釁鼓。此悖暴無道之甚者也。僕與董卓有何親戚。義豈同惡。而足下張狼虎之口。吐長蛇之毒。恚卓遷怒。何甚酷哉。死者人之所難。然恥為狂夫所害。若亡者有靈。當訴足下于皇天。夫婚姻者禍福之機。今日著矣。曩為一體。今為血讐。亡人子二人。則君之甥。身沒之後。慎勿令臨僕尸骸也。魏志袁紹傳注引謝承後漢書。又見後漢袁紹傳。有刪節。亡人子二人作亡人二女。

劉岱

岱字公山。東萊牟平人。齊悼惠王之後。舉茂才。光和初為侍御史。董卓入洛陽。以侍中出為兗州刺史。初平初。舉兵討卓。屯酸棗。尋擊黃巾。戰死。

與劉子惠書

董卓無道。天下所共攻。死在旦暮。不足為憂。但卓死之後。當復回師討文節。擁彊兵。何凶逆。寧可得置。後漢袁紹傳注引英雄記。案劉子惠為韓馥冀州治中。馥字文節。何者負也。

劉焉

焉字君郎。江夏竟陵人。魯恭王之後。少仕州郡。以宗室拜中郎。後舉賢良方正。辟司徒府。歷雒陽令、冀州刺史、南陽太守、宗正、太常。出為監軍使者。領益州牧。

薦任安表

安味清道度。厲節高邈。揆其器量。國之元寶。宜處弼疑之輔。以消非常之咎。玄纁之禮。所宜招命。蜀志秦宓傳注引益部耆舊傳。

遣張魯據漢中上書

米賊斷道。不得復通。蜀志劉焉傳。焉遣張魯為督義司馬。住漢中。斷截谷閣。殺害漢使。焉上書。

建議選牧伯

刺史太守。貨賂為官。割剝百姓。以致離叛。可選清名重臣以為牧伯。鎮安方夏。蜀志劉焉傳。焉覩靈帝政治衰缺。王室多故。乃建議言。

劉璋

璋字季玉。焉第三子。獻帝還長安。以為奉車都尉。奉使諭蜀。留不遣。興平元年。襲焉位。為監軍使者、振武將軍。領益州牧。建安十九年降于劉備。遷公安。孫權克荊州。以為益州牧。駐秭歸。

下張魯解福教

夫靈仙養命。猶節松霞。而厚身嗜味。奚能尚道。弘明集八引釋玄光辨惑論。張子魯漢中解福。大集祭酒及諸鬼卒。酬進過常。劉璋教。

劉表

表字景升。山陽高平人。魯恭王之後。與張儉等號八俊。辟大將軍何進掾。初平元年拜荊州刺史。尋加鎮南將軍。封成武侯。建安十三年疽發背卒。有周易章句五卷。案表有遺袁譚袁尚二書。乃王粲作。今編入王粲集。

進諫王暢

夫奢不僭上。儉不逼下。循道行禮。貴處可否之閒。蘧伯玉恥獨為君子。府君不希孔聖之明訓。而慕夷齊之末操。無乃皎然自遺于世乎。後漢王暢傳。又見魏志劉表傳注引謝承書。

後定喪服　案表與綦毋闓、宋忠等撰五經章句。謂之後定。此即其一。

既除喪。有來弔者。以縞冠深衣。于墓受之。畢事反吉。通典八十三。

君來弔臣。主人待君到。脫頭絰。貫左臂。去杖。出門迎。門外再拜。乃獻。還先入門。東壁向君。讓君于前。聽進。即堂先哭。乃止于廬外。伏哭。當先君止。君起致辭。子對而不言。稽顙以答之。通典八十三。

亡則之則當作在

母爲長子齊縗三年。始死。不徒跣。扱心哭泣。女子已嫁而反在室。父卒爲母。與母爲長子同。齊縗杖周者。父在爲母。不徒跣。哭踊無數。凡四不食。爲曾祖父母不敢以輕服服至尊。減其月。則當大功九月。但三月耳。始死哭泣三日。爲舊君之母妻。爲曾祖父母同。（通典八十四。）

父亡則祖後。則不得爲祖母三年。以爲婦人之服不可踰夫。孫爲祖服周。父亡之後爲祖母。不得踰祖也。（通典八十九。）

樊毅

毅字仲德。河南人。辟公府。除防東長中都令。遷弘農太守。

上言復華山下民租田口筭狀

光和二年十二月庚午朔十三日壬午。弘農太守臣毅頓首死罪上尚書。臣毅頓首頓首死罪。死罪謹案文書。臣以去元年十一月到官。其十二月奉祠西嶽華山。省視廟舍及齋衣祭器。率皆久遠有垢。故會不脩大室。春秋作譏。臣以神嶽至尊。宜加恭肅。輒遣行事荀斑與華陰令先讜以漸繕治。成就之後。仍雨甘雪。纖潤宿麥。惠滋黎庶。臣卽日以詔書齋祠。雪未消澤。時日清和。神歡民喜。誠聖朝勞神日昃。廣被四表。覆疏之德。神人被施。遐邇大小莫不幸甚。臣毅頓首頓首死罪死罪。讜又書言。縣當孔道。加奉尊嶽。一歲四祠。養牲百日。常當充肥。用穀槀三千餘斛。或有請雨齋禱。役費兼倍。每被詔書。調發無差。山高聽下。恐近廟小民。不堪役賦。有飢寒之窘。違宗神之敎。乞差諸賦。復華下十里以內民租田口筭。以寵神靈。廣祈多福。隆中興之祚。臣輒聽行。盡力奉宣詔書。思惟惠利。增異復上。臣毅誠惶誠恐。頓首頓首死罪死罪。上尚書。掾臣條屬臣淮。書佐臣謀。弘農太守上祠西嶽乞縣賦發差復華下十里以內民租田口筭狀。（隸釋二。）

趙壹

壹字元叔。漢陽西縣人。光和初舉郡上計。十辟公府。並不就。有集二卷。

迅風賦

惟巽卦之爲體。吐神氣而成風。纖微無所不入。廣大無所不充。經營八荒之外。宛轉豪毛之中。察本莫見其始。揆末莫覩其終。啾啾飀飀。吟嘯相求。阿那徘徊。聲若歌謳。摶之不可得。繫之不可畱。（藝文類聚一。）

解擯賦

丹鴻可殺蠡。（御覽九百五十一。）

刺世疾邪賦

伊五帝之不同禮。三王亦又不同樂。數極自然變化。非是故相反駮。德政不能救世溷亂。賞罰豈足懲時清濁。春秋時禍敗之始。戰國愈增其荼毒。秦漢無以相踰越。乃更加其怨酷。寧計生民之命。爲利已而自足。于茲迄今。情僞萬方。佞諂日熾。剛克消亡。舐痔結駟。正色徒行。嫗媀名勢。撫拍豪強。偃蹇反俗。立致咎殃。捷懾逐物。日富月昌。渾然同惑。孰溫孰涼。邪夫顯進。直士幽藏。原斯瘼之攸興。寔執政之匪賢。女謁掩其視聽兮。近習秉其威權。所好則鑽皮出其毛羽。所惡則洗垢求其瘢痕。雖欲竭誠而盡忠。路絕嶮而靡緣。九重旣不可啓。又羣吠之狺狺。安危亡于旦夕。肆嗜慾于目前。奚異涉海之失柂。坐積薪而待燃。榮納由于閃楡。孰知辨其蚩姸。故法禁屈撓于勢族。恩澤不逮于單門。寧飢寒于堯舜之荒歲兮。不飽暖于當今之豐年。乘理雖死而非亡。違義雖生而匪存。有秦客者。乃爲詩曰。河清不可俟。人命不可延。順風激靡草。富貴者稱賢。文籍雖滿腹。不如一囊錢。伊優北堂上。抗髒倚門邊。魯生聞此辭。繫而作歌曰。勢家多所宜。咳唾自成珠。被褐懷金玉。蘭蕙化爲芻。賢者雖獨悟。所困在羣愚。且各守爾分。勿復空馳驅。哀哉復哀哉。此是命矣夫。後漢趙壹傳、北堂書鈔一百三十八、御覽六百九十三、七百六十七、七百七十一。

窮鳥賦 并貽友人書謝恩

昔原大夫贖桑下絕氣。傳稱其仁。秦越人還虢太子結脈。世著其神。設曩之二人不遭仁遇神。則結絕之氣竭矣。然而糒脯出乎車軨。鍼石運乎手爪。今所賴者。非直車軨之糒脯。手爪之鍼石也。乃收之于斗極。還之于司命。使乾皮復含血。枯骨復被肉。允所謂遭仁遇神。眞所宜傳而著之。余畏禁。不敢班班顯言。竊爲窮鳥賦一篇。其辭曰。

有一窮鳥。戢翼原野。罼網加上。機穽在下。前見蒼隼。後見驅者。繳彈張右。羿子彀左。飛丸激矢。交集于我。思飛不得。欲鳴不可。舉頭畏觸。搖足恐墮。內獨怖急。乍冰乍火。幸賴大賢。我矜我憐。昔濟我南。今振我西。鳥也雖頑。猶識密恩。內以書心。外用告天。天乎祚賢。歸賢永年。且公且侯。子子孫孫。後漢趙壹傳、又見藝文類聚九十、御覽三百五十、又四百八十六。

報羊陟書

惟君明叡。平斯宿心。文選謝靈運富春渚詩注

報皇甫規書

君學成師範。縉紳歸慕。仰高希驥。歷年滋多。旋轅兼道。渴于言侍。沐浴晨興。昧旦守門。實望仁兄。昭其懸遲。以貴下賤。握髮垂接。高可敷翫墳典。起發聖意。下則抗論當世。消弭時災。豈悟君子。自生怠倦。失恂恂善誘之德。同亡國驕惰之志。蓋見幾而作。不俟終日。是以夙退自引。畏使君勞。昔人或歷說而不遇。或思士而無從。皆歸之于天。不尤于物。今壹自譴而已。豈敢有猜。仁君忽一匹夫。于德何損。而遠辱手筆。追路相尋。誠足愧也。壹之區區。曷云量己。其嗟可去。謝也可食。誠則頑薄。實識其趣。但關節疢動。膝灸壞潰。請俟它日。乃奉其情。輒誦來貺。永以自慰。後漢趙壹傳。

非草書

余郡士有梁孔達、姜孟穎者。皆當世之彥哲也。然慕張生之草書。過于希顏孔焉。孔達寫書以示孟穎。皆口誦其文。手楷其篇。無怠倦焉。于是後生之徒。競慕二賢。守令作篇。人撰一卷。以爲祕玩。余懼其背經而趨俗。此非所以弘道興世也。又想羅趙之所見蚩沮。故爲說草書本末。以慰羅趙。息梁姜焉。竊覽有道張君所與朱使君書。稱正氣可以消除邪。人無其釁。妖不自作。誠可謂信道抱眞。知命樂天者也。若夫褒杜崔。沮羅趙。忻忻有自臧之意者。無乃近于矜伎賤彼貴我哉。夫草書之興也。其于近古乎。上非天象所垂。下非河洛所吐。中非聖人所造。蓋秦之末。刑峻網密。官書煩冗。戰攻並作。軍書交馳。羽檄分飛。故爲隸草。趣急速耳。示簡易之旨。非聖人之業也。但貴刪難省煩。損複爲單。務取易爲易知。非常儀也。故其讚曰。臨事從宜。而今之學草書者。不思其簡易之旨。以爲杜崔之法。龜蛇所見也。其蹨扶柱桎。詰屈犮乙。不可失也。齔齒以上。

苟任涉學。皆廢倉頡史籀。競以杜崔爲楷。私書相與。猶謂就書適迫遽。故不及草。草本易而速。今反以難而遲。失指多矣。凡人各殊氣血。異筋骨。心有疏密。手有巧拙。書之好醜。在心與手。可強爲哉。若人顏有美惡。豈可學有相若耶。昔西施心癇。捧胷而顰。眾愚效之。祇增其醜。趙女善舞。行步媚蠱。學者弗獲。失節匍匐。夫杜崔張子。皆有超俗絕世之才。博學餘暇。遊手于斯。後世慕焉。專用爲務。鑽堅仰高。忘其罷勞。夕惕不息。仄不暇食。十日一筆。月數丸墨。領袖如皂。脣齒常黑。雖處眾坐。不遑談戲。展指畫地。以草劌壁。臂穿皮刮。指爪摧折。見鰓出血。猶不休輟。然其爲字。無益于工拙。亦如效顰者之增醜。學步者之失節也。且草書之人。蓋技藝之細耳。鄉邑不以此較能。朝廷不以此科吏。博士不以此講試。四科不以此求備。徵聘不問此意。考績不課此字。徒善字既不達于政。而拙草亦無損于治。推斯言之。豈不細哉。夫務內者必闕外。志小者必忽

大俯而捫蝨。不暇見天地。天地至大而不見者。方銳精于蟣蝨。乃不暇焉。第㠯此篇研思銳精。豈若用之于彼七經。稽厤協律。推步期程。探賾鉤深。幽贊神明。覽天地之心。推聖人之情。析疑論之中。理俗儒之諍。依正道于邪說。濟雅樂于鄭聲。興至德之和睦。弘大倫之玄清。窮可㠯守身遺名。達可㠯尊主致平。㠯茲命世。永監後生。不亦淵乎。法書要錄一。墨池編。御覽六百一。七百四十九。

張溫

溫字伯慎。南陽穰人。光和中為大司農。中平初拜司空。還車騎將軍。進太尉。封亥鄉侯。免。尋為司隸校尉。遷衛尉。初平二年為董卓所殺。

諫徵朱儁疏

昔秦用白起。燕任樂毅。皆曠年歷載。乃能克敵。儁討潁川。已有功效。引師南指。方略已設。臨軍易將。兵家所忌。宜假日月。責其成功。後漢朱儁傳。有司奏欲徵儁。司空張溫上疏。又袁宏後漢紀二十四作張溫議。與此小異。

程苞

苞一作包。字元道。南鄭人。光和二年漢中上計吏。

征討板楯蠻方略對 光和二年

板楯七姓。㠯射殺白虎立功。先漢本為義民。復除傜役。但出賨錢口歲四十。其人勇敢能戰。昔永初中。羌數入漢川。郡縣破壞。不絕若線。後得板楯救之。羌死敗殆盡。故號為神兵。羌人畏忌。傳語種輩。勿復南行。至建和二年。羌復入漢。牧守遑遑。復賴板楯連摧破之。若微板楯。則蜀漢之民為左衽矣。前車騎將軍馮緄南征武陵。雖受丹陽精兵之銳。亦倚板楯㠯成其功。近益州之亂。朱龜㠯并涼勁卒討之無功。太守李顒亦㠯板楯討而平之。忠功如此。本無惡心。長吏鄉亭更賦至重。僕役過于奴婢。箠楚隆于囚虜。至乃嫁妻賣子。或自剄割。雖陳冤州郡。而牧守不為通理。去闕庭遙遠。不能自聞。含怨呼天。叩心窮谷。愁苦于賦役。困羅于酷刑。故邑落相聚。㠯至叛戾。非有深謀至計。僭號㠯圖不軌。今但選明能牧守。益其資穀。安便賞募。從其利隟。自然安集。不煩征伐也。昔中郎將尹就伐羌。擾動益部。百姓諺曰。虜來尚可。尹將殺我。就徵還後。羌自破退。如臣愚見。權之遺軍。不如任之州郡。華陽國志。又見後漢南蠻傳。

和海

海。光和初上祿長。

上言黨錮

禮。從祖兄弟。別居異財。恩義已輕。服屬疏末。而今黨人錮及五族。既乖典訓之文。有謬經常之法。後漢黨錮傳序。光和二年。

張均

均一作鈞。中山人。光和中為中郎將。中平初為郎中。㠯忤宦官死獄中。

因虎見上言

虎見憲陵。又見平樂觀下。隸皆訛言也。洪範之論。言之不從。則有毛蟲之孽。虎者西方之獸。為禽剛猛。彊梁之物也。居而穴處。不可覩見。今于先帝園陵為害。又言見于城下。皆在位者仁恩不著。有苛刻殺戮之意乎。此乃大兵劇賊之徵。不可不防也。袁宏後漢紀二十四。光和三年。中郎將張均上言。

上言請斬十常侍

竊惟張角所㠯能興兵作亂。萬民所㠯樂附之者。其源皆由十常侍。多放父兄子弟。昏親賓客。典據州郡。辜榷財利。侵掠百姓。百姓之冤。無所告訴。因起從角學道。謀議不軌。相聚為盜賊。今宜悉斬十常侍。懸其頭于南郊。㠯謝百姓。又遣使者布告天下。可不須師旅。而大寇自消。袁宏後漢紀二十四。中平元年。中郎將張均上書。末四句作㠯謝天下。即兵自消。可一戰而克也。又後漢張讓傳作郎中中山張鈞上書。均鈞可異者。徵止是一人。

許永

永光和中爲司隸校尉。中平末爲羽林左監。

上書

武庫禁兵所在。國司之禁。爲災深矣。初學二十四引謝承後漢書光和中。武庫屋自壞。司隸許永上書云云。御覽一百九十一引作許詠

對詔問夢祥

宋皇后親與陛下共承宗廟。母臨萬國。歷年巳久。海內蒙化。過惡無聞。而虛聽讒妬之說。㠯致無辜之罪。身嬰極誅。禍及家族。天下臣妾。咸爲怨痛。勃海王悝。桓帝母弟也。處國奉藩。未嘗有過。陛下曾不證審。遂伏其辜。昔晉侯失刑。亦夢大厲。被髮屬地。天道明察。鬼神難誣。宜并改葬。㠯安冤魂。反宋后之徙家。復勃海之先封。㠯消厥咎。後漢靈帝宋皇后紀

王芬

芬中平初爲冀州刺史。與許攸襄楷等謀廢立。不果。懼事露自殺。

謀作難詭上靈帝書

黑山賊攻劫郡縣。求得起兵。魏志武帝紀注引九州春秋

全後漢文卷八十二終

全後漢文卷八十三

烏程嚴可均校輯

孔融

融字文舉孔子二十世孫靈帝時辟司徒楊賜府中平初舉高第為侍御史病免辟司空掾拜中軍候遷虎賁中郎將獻帝初㠯忤董卓左轉議郎出為北海相劉備表為青州刺史建安元年為袁譚所攻城陷出奔徵為將作大匠遷少府㠯忤曹操免復為太中大夫與劉楨王粲陳琳阮瑀徐幹應瑒為建安七子有春秋雜議難五卷集十卷

上書薦謝該

臣聞高祖創業韓彭之將征討暴亂陸賈叔孫通進說詩書光武中興吳耿佐命范升衛宏修述舊業故能文武并用成長久之計陛下聖德欽明同符二祖勞謙戹運三年乃讙今尚父鷹揚方叔翰飛王師電鷙羣凶破殄始有櫜弓臥鼓之次宜得名儒典綜禮紀竊見故公車司馬令謝該體曾史之淑性兼商偃之文學博通羣蓺周覽古今物來有應事至不惑清白異行敦悅道訓求之遠近少有儔匹若乃巨骨出吳隼集陳庭黃熊入寢亥有二首非夫洽聞者莫識其端也雋不疑定北闕之前夏侯勝辯常陰之驗然後朝士益重儒術今該實卓然比跡前列閒㠯父母老疾棄官欲歸道路險塞無由自致猥使良才抱璞而逃踰越山河沈淪荆楚所謂往而不反者也後日當更饋樂㠯釣由余剋像㠯求傳說豈不煩哉臣愚㠯為可推錄所在召該令還楚人止孫卿之去國漢朝追匡衡于平原尊儒貴學惜失賢也（後漢謝該傳）

上書請準古王畿制

臣聞先王分九圻㠯遠及近春秋內諸夏而外夷狄詩云封畿千里惟民所止故曰天子之居必㠯眾大言之周室既衰六國力征授賂割裂諸夏鎬京之制商邑之度歷載彌久遂㠯闇昧秦兼天下政不遵舊革剗五等埽滅侯甸築城萬里濱海立門欲㠯六合為一區五服為一家關衞不要遂使陳項作難家庭臨海擊柝不救聖漢因循未之匡改猶依古法潁川南陽陳留上黨三海近郡不封爵諸侯臣愚㠯為千里國內可畧從周官六鄉六遂之文分比北郡皆令屬司隸校尉㠯正王賦㠯崇帝室役自近㠯寬遠繇華貢獻外薄四海揆文奮武各有典書（袁宏後漢紀二十九建安九年九月太中大夫孔融上書云云）

上書

先帝褒厚老臣懼其殞越是故扶接助其氣力三公刺腋近為憂之非警戒也云備大臣非其類也（御覽三百六十九引東觀漢記）

上三府所辟稱故吏事

三府所辟州郡所辟其不謁署不得稱故吏臣惟古典春秋女在其國稱女在途稱婦然則在途之臣應與為比穀梁傳曰天子之宰通于四海三公之吏不得㠯未至為差狐突曰策名委質貳乃辟也奉命承教策名也昔公孫嬰齊卒于貍蜃時未入國魯公㠯大夫之禮加焉傳曰吾固許之返為大夫延陵季子解劍帶徐君之墓㠯明心許之信況受三公之招修拜辱之辭有資父事君之志邪臣愚㠯禮宜從重三公所召雖未就職便為故吏（通典六十八）

薦禰衡疏

臣聞洪水橫流帝思俾乂旁求四方㠯招賢俊昔孝武繼統將弘祖業疇咨熙載羣士響臻陛下叡聖纂承基緒遭遇戹運勞謙日昃惟岳降神異人並出竊見處士平原禰衡年二十四字正平淑質貞亮英才卓礫初涉蓺文升堂睹奧目所一見輒誦于口耳所暫聞不忘于心性與道合思若有神弘羊潛計安世默識㠯衡準之誠不足怪忠果正直志懷霜雪見善若驚疾惡如讎任座抗行

史魚厲節殆無㠯過也鷙鳥累百不如一鶚使衡立朝必有可觀飛辯騁辭溢氣坌涌解疑釋結臨敵有餘昔賈誼求試屬國詭係單于終軍欲㠯長纓牽致勁越弱冠慷慨前世美之近日路粹嚴象亦用異才擢拜臺郎衡宜與爲比如得龍躍天衢振翼雲漢揚聲紫微垂光虹蜺足㠯昭近署之多士增四門之穆穆鈞天廣樂必有奇麗之觀帝室皇居必蓄非常之寶若衡等輩不可多得激楚揚阿至妙之容臺牧者之所貪飛兔騕褭絕足奔放良樂之所急臣等區區敢不㠯聞陛下篤慎取士必須效試乞令衡㠯褐衣召見必無可觀采臣等受面欺之罪（後漢禰衡傳又魏志荀彧傳注引禰衡傳文選又藝文類聚五十三）

崇國防疏

竊聞領荊州牧劉表桀逆放恣所爲不軌至乃郊祭天地擬儀社稷雖昏僭惡極罪不容誅至于國體宜且諱之何者萬乘至重天王至尊身爲聖躬國爲神器陛級縣遠祿位限絕猶天之不可階日月之不可踰也每有一豎臣輒云圖之若形之四方非所㠯杜塞邪萌愚謂雖有重戾必宜隱忍賈誼所謂擲鼠忌器蓋謂此也是㠯齊兵次楚唯責包茅王師敗績不書晉人前露袁術之罪今復下劉表之事是使跛牂欲闚高岸天險可得而登也案表跋扈擅誅列侯遏絕詔命斷盜貢篚招呼元惡㠯自營衛專爲羣逆主萃淵藪鄗鼎在廟章孰甚焉桑落瓦解其勢可見臣愚㠯爲宜隱郊祀之事㠯崇國防（後漢孔融傳）

馬日磾不宜加禮議

日磾㠯上公之尊秉髦節之使御命直指寧輯東夏而曲媚姦臣爲所牽率章表署用輒使首名附下罔上姦㠯事君昔國佐當晉軍而不撓宜僚臨白刃而正色王室大臣豈得㠯見脅爲辭又袁術僭逆非一朝一夕日磾隨從周旋歷歲漢律與罪人交關三日已上皆應知情春秋魯叔孫得臣卒㠯不發揚襄仲之罪貶不書日鄭人討幽公之亂斲子家之棺聖上哀矜舊臣未忍追案不宜加禮（後漢孔融傳又見袁宏後漢紀三十九）

御當作衛

肉刑議

古者敦厖善否區別吏端刑清政簡一無過失百姓有罪皆自取之末世陵遲風化壞亂政撓其俗法害其教故曰上失其道民散久矣而欲繩之㠯古刑投之㠯殘棄非所謂與時消息者也紂斮朝涉之脛天下謂爲無道夫九牧之地千八百君若各刖一人是天下常有千八百紂也求俗休和弗可得也且被刑之人慮不念生志在思死類多趨惡莫復歸正夙沙亂齊伊戾禍宋趙高英布爲世大患不能止人遂爲非也適足絕人還爲善耳雖忠如鬻權信如卞和智如孫臏冤如巷伯才如史遷達如子政一離刀鋸沒世不齒是太甲之思庸穆公之霸秦南睢之骨立衛武之初筵陳湯之都賴魏尚之守邊無所復施也漢開改惡之路凡爲此也故明德之君遠度深惟棄短就長不苟革其政者也（後漢孔融傳又見御覽六百四十九引續漢書又袁宏後漢紀三十晉書刑法志藝文類聚五十四通典一百六十八）

權當作拳

南陽王馮東海王祗祭禮對

聖恩敦睦感時增思悼二王之靈發哀愍之詔稽度前典㠯正禮制竊觀故事前梁懷王臨江愍王齊哀王臨淮懷王竝薨無後同產昆弟卽景武昭明四帝是也未聞前朝修立祭祀若臨時所施則不列傳紀臣愚㠯爲諸在沖齔聖慈哀悼禮同成人加㠯號謚者宜稱上恩祭祀禮畢而後絕之至于一歲之限不合禮意又違先帝已然之法所未敢處（後漢孔融傳）

告高密相立鄭公鄉教

昔齊置士鄉越有君子軍皆異賢之意也鄭君好學實懷明德昔太史公廷尉吳公謁者僕射鄧公皆漢之名臣又南山四皓有園

公夏黃公。潛光隱耀。世加其高。皆悉稱公。然則公者。仁德之正號。不必三事大夫也。今鄭君鄉宜曰鄭公鄉。昔東海于公。僅有一節。猶或戒鄉。侈其門閭。矧乃鄭公之德。而無駟牡之路。可廣開門衢。令容高車。號爲通德門。後漢鄭玄傳。又御覽一百五十七引鄭玄別傳。

鄭公增門之崇。令容高車結駟之路。出麥五斛。以酬執事者之勞。御覽八百三十八引孔融敎高密侯國箋言。

繕治鄭公宅敎

鄭公久游南夏。今艱難稍平。儻有歸來之思。無寓人于我室。毀傷其藩垣林木。必繕治牆宇以俟還。

敎高密令

志士鄧子然告困。爲得愛金庾之問。以傷烈士之心。與豆三斛。後乏復言。御覽八百四十一。

告昌安縣敎

邑人高幼自言。辟得井中鼎。夫鼎久潛于井。德之休明。雖小重也。黃耳金鉉。利貞之象。國遭凶荒。彝器出。或者明以饗人。初學記七。

答王修舉孝廉讓邴原敎 初平中

原之賢也。吾已知之矣。昔高陽氏有才子八人。堯不能用。舜實舉之。原可謂不患無位之士。以遺後賢。不亦可乎。魏志王修傳注引融集。

重答王修 初平中

掾清身絜己。歷試諸難。謀而鮮過。惠訓不倦。余嘉乃勳。應乃懿德。用升爾于王庭。其可辭乎。魏志王修傳注引融集。

喻邴原舉有道書

修性保貞。淸虛守高。危邦不入。久潛樂土。王室多難。西遷鎬京。聖朝勞謙。疇咨儁乂。我徂求定。策命懇惻。國之將隕。嫠不恤緯。家之將亡。緹縈跋涉。彼匹婦也。猶執此義。實望根矩。仁爲己任。授手援溺。振民于難。乃或晏晏居息。莫我肯顧。謂之君子。固如此乎。根矩

倉當作循

君當作子

根矩。可以來矣。魏志邴原傳注引原別傳。

遺問邴原書

隨會在秦。賈季在翟。諸仰靡所。歎息增懷。頃知來至。近在三山。詩不云乎。來歸自鎬。我行永久。今遣五官掾奉問。榜人舟楫之勞。禍福動靜告慰。亂階未已。阻兵之雄。若棊弈爭梟。魏志邴原傳注引原別傳。

與王朗書

世路隔塞。情問斷絕。感懷增思。前見章表。知尋湯武罪己之迹。自投東裔同鯀之罰。覽省未周。涕隕潸然。主上寬仁。貴德宥過。曹公輔政。思賢並立。策書屢下。殷勤款至。知櫂舟浮海。息駕廣陵。不意黃能。突出羽淵也。談笑有期。勉行自愛。魏志王朗傳注。

遺張紘書

聞大軍西征。足下留鎭。不有居者。誰守社稷。深固折衝。亦大勳也。無乃李廣之氣。倉髮益怒。樂一當單于。以盡餘憤乎。南北並定。世將無事。孫叔投戈。絳灌俎豆。亦在今日。但用離析。無緣會面。爲愁歎耳。道直途淸。相見豈復難哉。吳志張紘傳注引吳書。

又遺張紘書

前勞手筆。多篆書。每舉篇見字。欣然獨笑。如復覩其人也。吳志張紘傳注引吳書。

答虞仲翔書

示所著易傳。自商瞿以來。舛錯多矣。去聖彌遠。衆說騁辭。曩聞延陵之理樂。今覩吾君之治易。乃知東南之美者。非但會稽之竹箭焉。又觀象雲物。察應寒溫。原其禍福。與神會契。可謂探賾窮道者已。方世清聖。上求賢者。梁邱以卦筮寧世。劉向以洪範昭名。想當來翔。追縱前烈。相見乃盡。不復多陳。吳志虞翻傳注。藝文類聚五十五。

與韋休甫書 韋端字休甫。

使君足下。懷遠垂勳。西戎卽敘。前別意恨。甚多不悉。辛從事至。承

獲所訊喜而起居不恙而到也云便結驷徑至舊治西土之人宗服合德鮮仇崇好㠯順風化萬里雍穆如樂之和雖爲國家威靈感應亦實士毅堪事之效也昔伯安由幽都而登上司子琰㠯豫州而取宰相近事未遠當勉功業㠯豐此慶耳閉僻疾動不得復與足下岸幘廣坐舉杯相于㠯爲邑邑前日元將來淵才亮茂雅度弘毅偉世之器也昨日仲將復來懿性貞實文敏篤誠保家之主也不意雙珠近出老蚌甚珍貴之遣書通心 魏志荀彧傳注藝文類聚五十三 案涼州太守韋康字元將康弟誕字仲將皆韋端子

與宗從弟書

知晚節豫學既美大弟因而能寤又合先君加我之義豈唯仁弟實專承之凡我宗族猶或賴焉 藝文類聚五十五

與諸卿書

鄭康成多臆說人見其名學爲有所出也證案大較要在五經四部書如非此文近爲妄矣若子所執㠯爲郊天鼓必當麒麐之皮也寫孝經本當曾子家僻乎 御覽六百八

與許博士書

先日多惠胡桃深知篤意 藝文類聚八十七 御覽九百七十一

今足下遠㠯彝器金石故志爲國家來儀之端亦丈夫之大勳 北堂書鈔

與曹公書薦邊讓

邊讓爲九州衣被則不足爲單衣襜褕則有餘 御覽六百九十三 七百七 引邊讓別傳

與曹公書論盛孝章

歲月不居時節如流五十之年忽焉已至公爲始滿融又過二海內知識零落殆盡惟會稽盛孝章尚存其人困于孫氏妻孥湮沒單子獨立孤危愁苦若使憂能傷人此子不得復永年矣春秋傳曰諸侯有相滅亡者桓公不能救則桓公恥之今孝章實丈夫之雄也天下譚士依㠯揚聲而身不免于幽執命不期于旦夕是吾祖不當復論損益之友而朱穆所㠯絕交也公誠能馳一介之使加咫尺之書則孝章可致友道可弘也今之少年喜謗前輩或能譏平孝章孝章要爲有天下大名九牧之民所共稱歎燕君市駿馬之骨非欲㠯騁道里乃當㠯招絕足也惟公匡復漢室宗社將絕又能正之正之之術實須得賢珠玉無脛而自至者㠯人好之也況賢者之有足乎昭王築臺㠯尊郭隗隗雖小才而逢大遇竟能發明主之至心故樂毅自魏往劇辛自趙往鄒衍自齊往嚮使郭隗倒縣而王不解臨溺而王不拯則士亦將高翔遠引莫有北首燕路者矣凡所稱引自公所知而復有云者欲公崇篤斯義也 吳志孫韶傳注引會稽典錄文選

與曹公書

武王伐紂㠯妲己賜周公 後漢孔融傳操子丕私納袁熙妻甄氏融乃與操書文見魏志崔琰傳注引魏氏春秋

與曹公書啁征烏桓

大將軍遠征蕭條海外昔肅慎氏不貢楛矢丁零盜蘇武牛羊可并案也 後漢孔融傳

難曹公表制酒禁書

公當初來邦人咸抃舞踴躍㠯望我后亦既至止酒禁施行酒之爲德久矣古先哲王類帝禋宗和神定人㠯濟萬國非酒莫㠯也故天垂酒星之曜地列酒泉之郡人著旨酒之德堯非千鍾無㠯建太平孔非百觚無㠯堪上聖樊噲解厄鴻門非豕肩卮酒無㠯奮其怒趙之廝養東迎其王非引卮酒無㠯激其氣高祖非醉斬白蛇無㠯暢其靈景帝非醉幸唐姬無㠯開中興袁盎非醇醪之力無㠯脫其命定國非酣飲一斛無㠯決其法故酈生㠯高陽酒

來當作朱

徒著功于漢。屈原不餔糟歠醨，取困于楚。由是觀之，酒何負于治者哉。後漢孔融傳注引融集、魏志崔琰傳注引張璠漢紀、藝文類聚七十二。

又書

昨承訓荅，陳二代之禍，及衆人之敗，以酒亡者，實如來誨。雖然，徐偃王行仁義而亡，今令不絕仁義；燕噲以讓失社稷，今令不禁謙退；魯因儒而損，今令不棄文學；夏商亦以婦人失天下，今令不斷婚姻。張璠漢記作且桀紂以色亡國，今令不廢婚姻。而將酒獨急者，疑但惜穀耳，非以亡王爲戒也。後漢孔融傳注引融集、魏志崔琰傳注引張璠漢記。

報曹公書

猥惠書教，告所不逮。融與鴻豫州里比鄰，知之最早。雖嘗陳其功美，欲以厚于見私，信于爲國，不求其覆過掩惡，有罪望不坐也。前者黜退，懽欣受之。昔趙宣子朝登韓厥，夕被其戮，喜而求賀。況無彼人之功，而敢枉當官之平哉。忠非三閭，智非鼂錯，竊位爲過，免罪爲幸。乃使餘論遠聞，所以慙懼也。朱、彭、寇、賈，爲世壯士，愛惡相攻，能爲國憂。至于輕弱薄劣，猶昆蟲之相嚙，適足還害其身，誠無所至也。晉侯嘉其臣所爭者大，而師曠以爲不如心競。性既遲緩，與人無傷，雖出胯下之負，榆次之辱，不知貶毀之于己，猶蚊虻之過也。子產謂人心不相似，或矜勢者，欲以取勝爲榮，不念宋人待四海之客，大鑪不欲令酒酸也。至于屈穀巨瓠，堅而無竅，當以無用罪之耳。它者奉遵嚴敎，不敢失墜。郗爲故吏，融所推進。趙衰之拔郤穀，不輕公叔之升臣也。知同其愛，訓誨發中。文選羊祜讓開府表注訓誨上有來書懇切四字。雖懿伯之忌，猶不得念，況恃舊交，而欲自外于賢吏哉。鯫布腹心，修好如初，苦言至意，終身誦之。後漢孔融傳，郗慮承望風旨，以微法奏免融官，因顯明讎怨，操故書激厲融，融報。案融傳注引續漢書，慮字鴻豫，山陽高平人，少受學于鄭玄。

荅路粹書

來彭寇賈之徒，當世壯士，愛惡相攻，能爲國患。輕薄劣弱者，如兩

騏上脫使字。是當作走。

虺相嚙，適足還災其身，誠無所至。御覽九百三十四。案范書以此爲報曹公，據文選注則曹公書乃路粹所作，御覽題爲答路粹，蓋融集如此，今宜兩載之。范書兩虺作昆蟲，誤。

周武王漢高祖論

武王從后稷以來，至其身相積五十世，俱有魚鳥之瑞。至高祖一身，修德瑞有四：呂公望形而薦女，呂后見雲知其處，白蛇分，神母哭，西入關，五星聚。又武王伐紂，斬而刺之；高祖入秦，赦子嬰而遺之。是寬裕又不如高祖也。藝文類聚十二。

聖人優劣論

荀愔等以爲聖人俱受乾坤之醇靈，稟造化之和氣，該百行之高善，備九德之淑懿，極鴻源之深閎，窮品物之情類，曠蕩出于無外，沈微淪于無內，器不是周，不充聖極。荀以爲孔子稱大哉堯之爲君也，唯天爲大，唯堯則之，是則爲覆蓋衆聖最優之明文也。孔以堯作天子九十餘年，政化洽于民心，雅頌流于衆聽，是以聲德發聞，遂爲稱首。則易所謂聖人久于其道，而天下化成，百年然後勝殘去殺，必世而後仁者也。故曰大哉堯之爲君也，堯之爲聖也，明其聖與諸聖同，但以久見稱爲君爾。藝文類聚二十，又初學記十七引兩條。

金之優者，名曰紫磨，猶人之有聖也。御覽八百十一。

馬之駿者名曰騏驥，犬之駿者名曰韓盧。犬之有韓盧，馬之有騏驥，猶人之有聖也。名號等設，騏驥與韓盧竝是盤能，頭尾相當，八腳如一，無有先後之覺矣。御覽八百九十七。

汝潁優劣論

融以汝南士勝潁川士，陳長文難曰：頗有蕪菁唐突人參也。已上十字從文選任昉到大司馬記室牋注補。融荅之曰：汝南戴子高，親止千乘萬騎，與光武皇帝共揖于道中。潁川士雖抗節，未有頡頏天子者也。汝南許子伯，與其友人共說世俗將壞，因夜起舉聲號哭。潁川士雖頗憂時，未有能哭世者也。汝南許掾，敎太守鄧晨圖開稻陂，灌數萬頃，累

諸當作語 勝當作滕 洤當作益 置當作制

世獲其功。夜有火光之瑞。韓元長雖好地理。未有成功見效如許掾者也。汝南張元伯身死之後。見夢范巨卿。潁川士雖有奇異。未有鬼神能靈者也。汝南應世叔讀書五行俱下。潁川士雖多聰明。未有能離婁並照者也。汝南李洪御覽作鴻爲太尉掾。弟殺人當死。洪自劾詣閣。乞代弟命。便飲酖而死。弟用得全。潁川士雖尚節義。未有能殺身成仁如洪者也。汝南翟文仲爲東郡太守。始舉義兵。以討王莽。潁川士雖疾惡。未有能破家爲國者也。汝南袁公著爲甲科郎中。上書欲治梁冀。潁川士雖慕忠讜。未有能投命直言者也。藝文類聚二十二。御覽四百四十七。

肉刑論

今之洛陽道橋作徒。困于廝役。十死一生。故國家嘗遣三府齋詔月一按行。又置南甄官使者主養病徒。僅能存之。諸所謂洛陽豪徒韓伯密。加笞三百不中一。髡頭至耳髮詣勝。案有脫誤。此自爲刑。非國法之意。御覽六百四十二。

古聖作犀兕革鎧。今益領鐵鎧。絕聖甚遠。御覽三百五十六。

賢者所制。或踰聖人。水碓之巧。勝于斷木掘地。御覽七百六十二。

同歲論

弊箄徑尺。不足以救鹽池之鹹。阿膠徑寸。不能止黃河之濁。御覽七百五十七。又七百六十六。

衛尉張儉碑銘

其先張仲實以孝友左右周室。晉主夏盟。而張老延君譽于四方。君稟乾剛之正性。蹈高世之殊軌。冰潔淵清。介然特立。雖史魚之勵操。叔向之正色。未足比焉。中常侍同郡侯覽專權王命。豺虎肆虐。威震天下。君以西部督郵。上覽禍亂凶國之罪。籍沒賦姦以巨萬計。俄而置書案驗部黨。君爲覽所陷。亦章名捕逐。當世英雄。受命殞身。以籍濟君厄者。蓋數十人。故克免斯艱。旋宅舊宇。衆庶懷其德。王公慕其聲。州宰爭命。辟大將軍幕府。公車特就家拜少府。皆不就也。復以衛尉徵。明詔嚴切。敕州郡。乃不得已而就之。惜乎不登泰階。以尹天下。致皇代于隆熙。此十六字從文選注補。銘曰。桓桓我君。應天淑靈。皓素其質。允迪忠貞。肆志直道。進不爲榮。赴戟驕臣。發如震霆。淩剛摧堅。視危如盜。聖主克愛。命作喉脣。藝文類聚四十九。文選褚淵碑注。又齊安陸昭王碑注。

全後漢文卷八十三終

全後漢文卷八十四

烏程嚴可均校輯

蓋勳

勳字元固，敦煌廣至人。舉孝廉，爲漢陽長。中平中，徵拜討虜校尉，遷京兆尹。董卓廢立，以爲越騎校尉，出爲潁川太守。未至郡，徵還京師。疽發背卒。

與董卓書

昔伊尹、霍光權以立功，猶可寒心。足下小醜，何以終此。賀者在門，弔者在閭，可不慎哉。後漢蓋勳傳。又見袁宏後漢紀二十五。何以終此作何以堪之。

使人書木表

使國家戶我于此。袁宏後漢紀二十六。

韓卓

卓，中平中爲大將軍掾。

募兵議

烏桓兵寡，而與鮮卑世爲仇敵。若烏桓被發，則鮮卑必襲其家。烏桓聞之，當復棄軍還救。非唯無益于實，乃更沮三軍之情。鄰靖居近邊塞，究其態詐。若令靖募鮮卑輕騎五千，必有破敵之效。後漢應劭傳。

鄭玄

玄字康成，北海高密人。生于永建二年。少爲鄉嗇夫，去游學。師事第五元先、張恭祖、馬融。歸耕東萊。黨事起，禁錮十四年。中平中，辟大將軍何進府。後將軍袁隗表爲侍中。初平中，徵爲趙相，皆不就。袁紹領冀州，舉茂才，表爲左中郎將。公車徵拜大司農，以病乞還。建安五年卒，年七十四。有周易注九卷，尚書注九卷，尚書大傳注三卷，毛詩箋二十卷，毛詩譜三卷，周禮注十二卷，答臨孝存周禮難若干卷，儀禮注十七卷，音二卷，喪服經傳注一卷，喪服譜注一卷，禮記注二十卷，春秋十二公名一卷，箴膏肓二卷，發墨守二卷，起廢疾一卷，釋一卷，敘一卷，孝經注一卷，論語注十卷，又九卷，古文論語注十卷，駮許慎五經異義十卷，六藝論一卷，易緯注九卷，尚書緯注六卷，尚書中候注八卷，禮緯注三卷，禮記默房注三卷，又乾象厤注及天文七政論，魯禮禘祫義若干卷，集二卷。

皇后敬父母議

獻帝皇后父屯騎校尉不其亭侯伏完朝賀公廷，完拜如衆臣。及皇后在離宮，后拜如子禮。三公大臣議，或以爲皇后天下之母也，完雖后父，不可令后獨拜于朝。或以爲當交拜也，令后存人子之道，完不廢人臣之議。又子尊不加于父母，雖曰天王后，猶曰吾季姜。欲令完猶行父法，后專奉子禮，公私之朝，后當獨拜。或以爲皇后至尊，父亦至親，交拜則父子無別，完拜則傷子道，后拜則損至尊。欲令公朝者完拜如衆臣，于公宮后拜如子。不知四者何是正禮。鄭玄議曰：

四者不同，抑有由焉。天子所不臣者三，其一后之父母也。天子尙不臣者，況于后乎。春秋魯隱公二年，紀裂繻來逆女。冬，伯姬歸于紀。又桓公九年，祭公來，遂逆王后于紀。九年，紀季姜歸于京師。或言逆女，或言逆王后，蓋義有所見也。女雖嫁爲鄰國夫人，其尊無以加于父母。嫁于天子者，此雖已女，成言曰王后，明當時之尊，得加父母也。紀季姜歸于京師，更稱其字者，得行禮而戒之，其尊安可加父母耳。今不其亭侯在京師，禮事出入，宜從臣禮；若后適離宮，及歸寧父母，從子禮。通典六十七。

戒子益恩書

吾家舊貧，不爲父母羣弟所容，去廝役之吏，游學周秦之都，往來幽并兗豫之域，獲覲乎在位通人處逸大儒，得意者咸從奉手。有所受焉遂博稽六蓺粗覽傳記時覩祕書緯術之奧年過四十乃歸供養假田播殖㠯娛朝夕遇閹尹擅埶坐黨禁錮十有四年而蒙赦令舉賢良方正有道辟大將軍三司府公車再召比牒併名早為宰相惟彼數公懿德大雅克堪王臣故宜式序吾自忖度無任于此但念述先聖之元意思整百家之不齊亦庶幾㠯竭吾才故聞命罔從而黃巾為害萍浮南北復歸邦鄉入此歲來已七十矣宿業衰落仍有失誤案之禮典便合傳家今我告爾㠯老歸爾㠯事將閑居㠯安性覃思㠯終業自非拜國君之命問族親之憂展敬墳墓觀省野物胡嘗扶杖出門乎家事大小汝一承之咨爾煢煢一夫曾無同生相依其勗求君子之道研鑽勿替敬慎威儀㠯近有德顯譽成于僚友德行立于己志若致聲稱亦有榮于所生可不深念邪可不深念邪吾雖無紱冕之緒頗有讓爵之高自樂㠯論贊之功庶不遺後人之羞末所憒憒者徒㠯亡親墳壟未成所好羣書率皆腐敝不得于禮堂寫定傳與其人日西方暮其可圖乎家今差多于昔勤力務時無恤飢寒菲飲食薄衣服節夫二者尚令吾寡恨若忽忘不識亦已焉哉（後漢鄭玄傳又見蓺文類聚二十三又御覽四百五十九引鄭玄別傳）

尚書大傳敘

蓋自伏生也伏生為秦博士至孝文時年且百歲張生歐陽生從其學而授之音聲猶有譌誤先後猶有差舛重㠯篆隸之殊不能無失生終後數子各論所聞㠯己意彌縫其闕別作章句又特撰大義因經屬指名之曰傳劉子政校書得而上之（一云奏此目錄）凡四十一篇至玄始詮次為八十三篇（中興書目）

詩譜敘

詩之興也諒不于上皇之世大庭軒轅逮于高辛其時有亡載籍亦蔑云焉虞書曰詩言志歌永言聲依永律和聲然則詩之道放于此乎有夏承之篇章泯棄靡有孑遺邇及商王不風不雅何者論功頌德所㠯將順其美刺過譏失所㠯匡救其惡各于其黨則為法者彰顯為戒者著明周自后稷播種百穀黎民阻饑茲時乃粒自傳于此名也陶唐之末中葉公劉亦世修其業㠯明民共財至于太王王季克堪顧天文武之德光熙前緒㠯集大命于厥身遂為天下父母使民有政有居其時詩風有周南召南雅有鹿鳴文王之屬及成王周公致太平制禮作樂而有頌聲興焉盛之至也本之繇此風雅而來故皆錄之謂之詩之正經後王稍更陵遲懿王始受譖亨齊哀公夷身失禮之後邶不尊賢自是而下厲也幽也政教尤衰周室大壞十月之交民勞板蕩勃爾俱作眾國紛然刺怨相尋五霸之末上無天子下無方伯善者誰賞惡者誰罰紀綱絕矣故孔子錄懿王夷王時詩訖于陳靈公淫亂之事謂之變風變雅㠯為勤民恤功昭事上帝則受頌聲弘福如彼若違而勿用則被劫殺大禍如此吉凶之所繇憂娛之萌漸昭昭在斯足作後王之鑒于是止矣夷厲已上歲數不明太史年表自共和始歷宣幽平王而得春秋次第㠯立斯譜欲知源流清濁之所處則循其上下而省之欲知風化芳臭氣澤之所及則傍行而觀之此詩之大綱也舉一綱而萬目張解一卷而眾篇明于力則鮮于思則寡其諸君子亦有樂于是與（附釋音注疏本）

孝經注敘

孝經者三才之經緯五行之紀綱孝為百行之首經者不易之稱（玉海十一）僕被難于南城山棲遲巖石之下念昔先人餘暇述夫子之志而注孝經（劉肅大唐新語九御覽四十二太平寰宇記二十三書既　案孝經注或言鄭小同作今據唐會要七十七引鄭玄六蓺論敘孝經云玄又為之注明非小同作也）

六蓺論

六蓺者圖所生也（公羊序疏）

尸當作戶

河圖洛書。皆天神言語。所㠯敎告王者也。（毛詩文王正義、路史前紀九）

太平嘉瑞。圖書之出。必龜龍銜負。黃帝、堯、舜、周公。是其正也。若禹觀河見長人。皋陶于洛見黑公。湯登堯臺見黑烏。至武王渡河白魚躍。文王赤雀止于尸。秦穆公白雀集于車。是其變也。（毛詩文王正義）

易者陰陽之象。天地之所變化。政敎之所自生。自人皇初起。（禮記大題正義、路史前紀五、後紀一）

遂皇之後。歷六紀九十一代。（案曲禮正義引燧人至伏羲一百八十七代）至伏羲始作十二言之敎。（禮記大題正義、路史前紀二、又五。案正義引方叔機注云。六紀者。九頭紀。五龍紀。攝提紀。合洛紀。連通紀。序命紀。凡六紀也。九十一代者。九頭一。五龍五。攝提七十二。合洛三。連通六。序命四。凡九十一代也。又左氏定四年正義云。伏羲始作十二言之敎。曰乾、坤、震、巽、坎、離、艮、兌、消、息。此二字當衍。又路史後紀一引之。敎下有㠯厚君臣之別六字。）

太昊帝庖犧氏姓風。蛇身人首。有聖德。燧人歿。宓犧皇生。其世有五十九姓。羲皇始序制作法度。皆㠯木德王也。制嫁娶之禮。受龍圖。㠯龍紀官。故曰龍師。在位合一萬一千一十二年。（唐釋法琳辯正論注一）

宓犧氏爲網罟。㠯畋㠯漁。取犧牲㠯充庖廚。故曰庖犧氏。（辯正論注一）

炎帝神農氏姓姜。人身牛首。有火瑞。卽㠯火德王。有七世。合五百年也。（辯正論注一）

神農斲木爲耒耜。揉木爲耨。始敎天下種五穀。故號爲神農也。（辯正論注一）

軒皇姓公孫。二十五月而生。有珠衡日角之相。㠯土德王天下。建寅月爲歲首。生子二十五人。有十二姓。凡十三世。合治一千七十二年。夢受帝籙。遂與天老巡河而受之。得河圖書。師于牧馬小童。拜廣成丈人于崆峒山。（辯正論注一）

黃帝佐官有七人。蒼頡造書字。大撓造甲子。隸首造算數。容成造厤日。岐伯造醫方。鬼臾區占候。奚仲造車。作律管。與墠壇禮也。（辯正論注一）

軒皇有景雲之瑞。用雲紀官。少昊帝有鳳鳥之瑞。故㠯鳥名官焉。（辯正論注一）

夏曰連山。殷曰歸藏。周曰周易。連山者。象山之出雲。連連不絕。歸藏者。萬物莫不歸藏于其中。周易者。言周道周普。无所不備。（周易正義八論）

易之爲名也。一言而函三義。易簡一也。變易二也。不易三也。故繫辭云。乾坤其易之蘊邪。又云。易之門戶邪。又云。夫乾確然示人易矣。夫坤隤然示人簡矣。易則易知。簡則易從。此言其易簡之法則也。又云。其爲道也屢遷。變動不居。周流六虛。上下无常。剛柔相易。不可㠯爲典要。唯變所適。此則言其順時變易。出入移動者也。又云。天尊地卑。乾坤定矣。卑高㠯陳。貴賤位矣。動靜有常。剛柔斷矣。此則言其張設布列不易者也。據茲三義之說。易之道廣矣大矣。（周易正義八論、世說新語文學篇注）

尚書緯云。孔子求書。得黃帝玄孫帝魁之書。迄于秦穆公。凡三千二百四十篇。斷遠取近。定可㠯爲世法者百二十篇。㠯百二篇爲尚書。十八篇爲中候。（尚書序正義）

若堯知命在舜。舜知命在禹。猶求于羣臣。舉于側陋。上下交讓。務在服人。孔子曰。民可使由之。不可使知之。此之謂也。（尚書堯典正義）

民閒得泰誓。（尚書序正義）

詩者。弦歌諷諭之聲也。（案北堂書鈔九十五、御覽六百八俱引此句。）自書契之興。朴略尚質。面稱不爲諂。目諫不爲謗。君臣之接。如朋友然。在于懇誠而已。斯道稍衰。姦僞㠯生。上下相犯。及其制禮。尊君卑臣。君道剛嚴。臣道柔順。于是箴諫者希。情志不通。故作詩者㠯誦其美而譏其過。（毛詩譜序正義）

春秋緯演孔圖云。詩含五際六情。（毛詩關雎正義）

唐虞始造其初。至周分爲六詩。（毛詩譜序正義、關雎正義）

孔子錄周衰之歌。及衆國聖賢之遺風。自文王創基。至于魯僖四

百年間。凡取三百五篇。合爲國風雅頌。（毛詩譜序正義）
河閒獻王好學。其博士毛公善說詩。獻王號之曰毛詩。（毛詩國風正義）
未有若今傳訓章句。（毛詩關雎正義）
注詩宗毛爲主。毛義若隱略。則更表明。如有不同。卽下己意。使可識別也。（毛詩鄭氏箋釋文）
禮者。序尊卑之制。崇讓合敬也。（北堂書鈔九十五。御覽六百八）
禮其初起。蓋與詩同時。（毛詩譜序正義）
唐虞有三禮。至周分爲五禮。（周禮春官序官疏）
漢興。高堂生得禮十七篇。後得孔氏壁中古文禮凡五十六篇。（案并喪正義作五十七篇）記百三十一篇。周禮六篇。其十七篇與高堂生所傳同。而字多異。其十七篇外。則逸禮是也。（禮記大題正義并喪正義釋文序錄。案大題正義又引云周官壁中所得六篇）
案漢書蓺文志儒林傳云。傳禮者十三家。唯高堂生及五傳弟子戴德戴聖名在也。（禮記大題正義）
今禮行于世者。戴德戴聖之學也。（禮記大題正義）
戴德傳記八十五篇。戴聖傳記四十九篇。（禮記大題正義）
春秋者。右史所記之制。動作之事也。右史記事。左史記言。（禮記玉藻正義。公羊序疏。御覽六百八。案公羊疏引作春秋者國史所記人君動作之事左史所記爲春秋右史所記爲尚書）
孔子記西狩獲麟。自號素王。爲後世受命之君。制明王之法。（左傳序正義）
左氏善于禮。公羊善于讖。穀梁善于經。（穀梁序疏）
治公羊者。胡毋生董仲舒。董仲舒弟子嬴公。嬴公弟子眭孟。眭孟弟子莊彭祖及顏安樂。安樂弟子陰豐、劉向、王彥。（公羊序疏）
玄又爲之注。（孝經序疏。案此謂春秋）
孔子以六蓺題目不同。指意殊別。恐道離散。後世莫知根源。故作孝經。以總會之。（孝經序疏）

玄又爲之注。（孝經序疏。案此謂孝經）

自序

遭黨錮之事。逃難注禮。黨錮事解。注古文尚書毛詩論語。爲袁譚所逼。來至元城。乃注周易。（孝經序并注正義。唐會要七十七。文苑英華七百六十六）

趙商

商字子聲。河內人。師事康成。

與人書語鄭康成學

夫學之于人。猶土地之有山川也。珍寶于是乎出。猶樹木之有枝葉。本根于是乎庇也。（御覽六百七引趙子聲書）
北海鄭玄字康成。學之淵府。今與業共往就之。故輩不暇領命。（北堂書鈔原本九十七）

張逸

逸。北海高密人。年十三爲縣小史。尋去職師事康成。康成妻以女弟。仕至尚書左丞。後爲幽川牧劉虞掾。同虞死。

遺令

閉口。寒具不得入。（御覽八百六十）

氾閣

閣。師事康成。

荅陳鑠問

陳鑠問氾閣云。爲庶母慈己。鄭注引內則國君之子有子師慈母保母。又曰。大夫之子有食母。庶母慈己。此之謂也。內則人君養子之法。禮。人君之庶母尚無服。何以爲慈母服乎。若欲施大夫。大夫無此禮。但有食母耳。氾閣答曰。內則實總國君及大夫養子之禮。（通典九十二）

荅桓翱問

桓翱問氾閣云。久喪不除者。爲當衆子盡然邪。故質焉耳。荅云。昔嘗送鄭君到代陵。代陵有人。其父死不得其屍。其子行喪。隨制降殺。閣與亡者相知。而往弔之。還問鄭君。所駮異義之事。不孝莫大于無後。終身不除。此爲絕先人之統。無乃重乎。鄭君荅云。庶子自可攝祭。閣覆云。無庶子當何已。又荅云。族人可已其倫代之。閣覆言。又云無族人云何。則不復相荅。推此而詳。但使一嫡子不除耳。通典一百三。

張超

超字子竝。河閒鄚人。靈帝時從車騎將軍朱儁討黃巾。爲別部司馬。有集五卷。

誚青衣賦

彼何人斯。悅此豔姿。麗辭美譽。雅句斐斐。文則可嘉。志卑意微。鳳兮鳳兮。何德之衰。高岡可華。何必棘茨。醴泉可飲。何必洿泥。隋珠彈雀。堂溪刈葵。鴛鶵啄鼠。何異乎鵄。歷觀古今。禍福之階。多由孌

妾。淫妻書戒。牝雞詩載。哲婦三代之季。皆由斯起。晉獲驪戎。斃壞恭子。有夏取仍。覆宗絕祀。叔肸納申。聽聲狼似。穆子私庚。豎牛餒己。黃歇之敗。從李園始。魯受齊樂。仲尼逝矣。文公懷安。姜笑其鄙。周漸將衰。康王晏起。畢公喟然。深思古道。感彼關雎。德不雙侶。得願周公。妃已窈窕。防微消漸。諷諭君父。孔氏大之。列冠篇首。晏嬰潔志。不顧景女。及儁不疑。奉霍不受。見尊不迷。況此麗豎。三族无紀。綱繆不序。蟹行索妃。旁行求偶。昏姻無媒。宗廟無主。門戶不名。依其在所。生女爲妾。生男爲虜。歲時醉祀。詣其先祖。或于馬廄。廚閒竈下。東向長跪。接狎觴酒。悉請諸靈。僻邪當主。多乞少出。銅丸鐵柱。積絹累億。皆來集聚。嫡婉歡心。各有先後。臧獲之類。蓋不足數。古之贅壻。尚爲塵垢。況明智者。欲作奴父。勤節君子。無當自逸。宜如防水。守之已一。秦繆思褒。故獲終吉。藝文類聚三十五。初學記十九。

騰

克當作充

中外雲擾。萬夫鼎沸。文選曹冏六代論注。

與太尉朱儁書薦袁遺

遺有冠世之懿。幹時之量。其忠允亮直。固天所縱。若乃包羅載籍。管綜百氏。登高能賦。覩物知名。求之今日。邈焉靡儔。魏志武紀注引張超集。

尼父頌

巖巖孔聖。異世稱傑。量合乾坤。明參日月。文選七啟注作合量乾坤。參曜日月。德被八荒。名充遐外。終于獲麟。遺歌曾衛。藝文類聚二十。初學記十七。

楊四公頌

峩峩西岳。峻極太清。降神挺賢。實有景靈。靈何爲四。四楊是下。佐我大矦。俾作韓貞。明明在上。不顯其身。帝時疇咨。本道求真。僉曰于公。溫故知新。宜保宜傅。克贊典墳。昔在阿衡。左右商王。有周文武。股肱旦望。我漢楊氏。作代棟梁。謇謇匪躬。惟國之綱。綱弛復整。政無亂荒。功假皇穹。率土已康。心盡于朝。終然允臧。伊德之輔。是

乃毛羽。匪哲匪賢。孰云敢舉。楊氏蹈之。爲軌爲武。軌武伊何。盡啟基緒。穆穆天子。已爲心膂。於萬斯年。克昌厥後。藝文類聚四十三。

靈帝河閒舊廬碑

赫赫在上。陶唐是承。繼德二祖。四宗是憑。上鑒羲農。中結軌乎夏商。元首既明。股肱惟良。乃因舊宇。福德所基。修飾經構。農隙得時。樹中天之雙闕。崇冠山之華堂。通樓閑道。丹階紫房。金窗鬱律。玉璧內璫。青蒲克庖。朱草棲箱。川魚踴躍。雲鳥舞翔。煌煌大漢。合德乾剛。體效日月。驗化陰陽。格于上下。震暘八荒。三光宣曜。四靈效祥。天其嘉享。豐年穰穰。駿庬奏樂。鹿鳴薦觴。一祝致告。福祿來將。永保萬國。南山無量。藝文類聚六十四。

邊讓

讓字文禮。陳留浚儀人。大將軍何進徵署令史。後以高才擢遷。出爲九江太守。初平中去官歸鄉。建安中爲曹操所殺。

陽當作揚

遽當作遞

章華臺賦并序

楚靈王既遊雲夢之澤，息于荊臺之上，前方淮之水，左洞庭之波，右顧彭蠡之隩，南眺巫山之阿，延目廣望，騁觀終日，顧謂左史倚相曰：盛哉此樂，可㠯遺老而忘死也。于是遂作章華之臺，築乾谿之室，窮木土之技，單珍府之實，舉國營之，數年乃成，設長夜之淫宴，作北里之新聲。于是伍舉知夫陳蔡之將生謀也，乃作斯賦㠯諷之。

胄高陽之苗胄兮，承聖祖之洪澤，建列藩于南楚兮，等威靈于二伯，超有商之大彭兮，越隆周之兩虢，達皇佐之高勳兮，馳仁聲之顯赫。（文選曹植贈丁儀王粲詩注馳作飛）惠風春施，神武電斷，華夏肅清，五服攸亂。旦垂精于萬機兮，夕回輦于門館，設長夜之歡飲兮，展中情之嬿婉，竭四海之妙珍兮，盡生人之祕玩，爾乃攜窈窕，從好仇，徑肉林，登糟丘，蘭肴山竦，椒酒淵流，激玄醴于清池兮，靡微風而行舟，登瑤臺㠯回望兮，冀彌日而消憂。于是招宓妃，命湘娥，齊倡列，鄭女羅，陽激楚之清宮兮，展新聲而長歌，繁手超于北里，妙舞麗于陽阿，金石類聚，絲竹羣分，被輕袿，曳華文，羅衣飄颻，組綺繽紛，縱輕軀㠯迅赴，若孤鵠（文選洛神賦注作離鵠）之失羣，振華袂㠯逶迤，若游龍之登雲。于是歡嬿既洽，長夜向半，琴瑟易調，繁手改彈，清聲發而響激，徵音逝而流散，振弱支而紆繞兮，若綠繁之垂幹，忽飄颻（文選陸機日出東南隅行注作飄然）㠯輕逝兮，似鸞飛于天漢，舞無常態，鼓無定節，尋聲響應，修短靡跌，長袖奮而生風，清氣激而繞結，爾乃妍媚遽進，巧弄相加，俯仰異容，忽兮神化，體迅輕鴻，榮曜春華，進如浮雲，退如激波，雖復柳惠，能不咨嗟。于是天河既回，淫樂未終（文選謝惠連詠牛女詩注回作過，淫作歡），清籥發徵，激楚揚風，于是音氣發于絲竹兮，飛響軼于雲中，比目應節而雙躍兮，孤雌感聲而鳴雄，美繁手之輕妙兮，嘉新聲之彌隆。于是眾變已盡，羣樂既考，歸乎生風之廣夏兮，修黃軒之要道，攜西子之弱腕兮，援毛嬙之素肘，形便娟㠯嬋媛兮，若流風之靡草，美儀操之姣麗兮，忽遺生而忘老。爾乃清夜晨，妙技單，收尊俎，徹鼓盤，惘焉若酲，撫劍而歎，慮理國之須才，悟稼穡之艱難，美呂尚之佐周，善管仲之輔桓，將超世而作理，焉沈湎于此歡。于是罷女樂，墮瑤臺，思夏禹之卑宮，慕有虞之土階，舉英奇于仄陋，拔髦秀于蓬萊，君明哲㠯知人，官隨任而處能，百揆時敘，庶績咸熙，諸侯慕義，不召同期，繼高陽之絕軌，崇成莊之洪基，雖齊桓之一匡，豈足方于大持，爾乃育之㠯仁，臨之㠯明，致虔報于鬼神，盡肅恭乎上京，馳淳化于黎元，永歷世而太平。（後漢邊讓傳）

黃忠

忠，陳留人。

與申屠蟠書勸詣何進

大將軍幕府初開，徵辟海內，竝延英俊，雖有高名盛德，不獲異遇，至如先生，特加殊禮，優而不名，申㠯手筆，設几杖之坐，引領東望，日夜㠯冀，彌秋歷冬，經邁二載（後漢書邁作過），深拒㠯疾，無惠然之顧。重令爰中郎曉暢懃懃，至于再三，而先生抗志彌高，所執益固，將軍于是憮然失望，而有媿色，自㠯德薄，深用咎悔。僕竊論之，先生高則有餘，智則不足（後漢書作高節有餘，于時則未也）。當今西戎作亂，師旅在外，軍國異容，動有刑憲，今潁川荀爽，輿病在道，北面受署，彼豈樂羈牽者哉，知時不可佚豫也。且昔人之隱，雖遭其時，猶放聲絕迹，巢棲茹薇，其不遇也，則裸身大笑，被髮狂歌，今先生處平壤，游人閒，吟典籍，襲衣裳，行與昔人謬，而欲蹈其迹，擬其事，不亦難乎。僕願先生優游俯仰，貴處可否之閒，孔氏可師，何必首陽，備託臭味，庶同休戚，是㠯假飛書㠯喻左右。（袁宏後漢紀二十五中平五年，又略見後漢申屠蟠傳。）

吳匡

匡爲何進部曲將

令軍中

殺大將軍者，卽車騎也。士吏能爲報讎乎。後漢何進傳。又略見魏志董卓傳注引英雄記。

士孫瑞

瑞字君榮，扶風人。中平末以處士擢鷹揚校尉，獻帝初爲執金吾，出爲南陽太守，未行，留拜尚書僕射，大司農，衞尉，國三老，光祿大夫，尚書令。興平二年從駕東歸，爲亂兵所殺。有集二卷。

理王允等事

興平二年秋，朝廷以九月九日見公卿近臣飲宴。瑞離席前言故司徒王允。北堂書鈔一百五十五。

日蝕行冠禮議

初平四年正月，當祠南郊，尚書八座議欲卻郊日，又定冠禮，而月朔日蝕。博士孫瑞議按八座書以爲正月之日，大陽虧曜，譴見于天，而冠者必有祼享之儀，金石之樂，飲燕之娛，獻酬之報，是爲聞災不祇肅，見異不怵惕也。通典七十八。案：博士孫瑞恐卽士孫瑞，校者誤加博字耳。

劒銘

天生五材，金德惟剛，從革作辛，含影吐商，辯物利用，動伐彌彰，暨彼良工，區冶干將，爰造寶劒，巨闕墨陽，精通皓靈，獲茲休祥，剖山竭川，虹霓消亡，昭威燿武，震動遐荒，楚以定霸，越以取强。藝文類聚六十。御覽三百四十四。

全後漢文卷八十四終

全後漢文卷八十五

烏程嚴可均校輯

陶謙

謙字恭祖，丹陽人。靈帝時舉茂才，除盧令，遷幽州刺史，徵拜議郎，參車騎將軍張溫軍事，還徐州刺史。初平中加安東將軍，封溧陽侯。興平元年病死。

被詔罷兵上書

臣聞懷遠柔服，非德不集；克難平亂，非兵不濟。是以涿鹿阪泉三苗之野，有五帝之師；有鬼方商奄四國，有王者之伐。自古在昔，未有不揚威以弭亂、震武以止暴者也。臣前初以黃巾亂治，受策長驅，匪遑啟處。雖憲章赦戒，奉宣威靈，敬行天誅，每伐輒克，然妖寇類眾，殊不畏死，父兄殲殪，子弟羣起，治屯連兵，至今為患。若承命解甲，弱國自虛，釋武備以資亂，損官威以益寇。今日兵罷，明日

難必至。上乖朝廷寵授之本，下令羣凶日月滋蔓，非所以彊榦弱枝，遏惡止亂之務也。臣雖愚蔽，忠恕不昭，抱恩念報，所不忍行。輒勒部曲，申令警備，出芟彊寇，唯力是視。入宣德澤，躬奉職事，冀效微勞，以贖罪負。（魏志陶謙傳注引吳書。）

華夏沸擾，于今未弭，包茅不入，職貢多闕，寤寐憂歎，無日敢寍。誠思貢獻必至，鴐羞僕通，然後銷鋒解甲，臣之願也。臣前調穀百萬斛，已在水次，輒兵衞送。（同上。）

奏記朱儁

徐州刺史陶謙、前揚州刺史周乾、琅邪相陰德、東海相劉馗、彭城相汲廉、北海相孔融、沛相袁忠、太山太守應劭、汝南太守徐璆、前九江太守服虔、博士鄭玄等，敢言之行車騎將軍河南尹莫府：國家既遭董卓，重以李傕、郭汜之禍，幼主劫執，忠良殘敝，長安隔絕，不知吉凶。是以臨官尹人，搢紳有識，莫不憂懼，以為自非明哲雄霸之士，曷能克濟禍亂。自起兵以來，于茲三年，州郡轉相顧望，未有奮擊之功，而互爭私變，更相疑惑。謙等並共諮諏，議消國難，僉曰：將軍君侯既文且武，應運而出，凡百君子，靡不顒顒。故相率厲，簡選精悍，堪能深入，直指南陽，多持資糧，足支半歲，謹同心腹，委之元帥。（後漢朱儁傳。）

公孫瓚

瓚字伯珪，遼西令支人。為郡門下書佐，後從盧植學于緱氏山中，復為郡吏，舉上計，以孝廉為郎，除遼東屬國長史，遷涿令。中平中遷騎都尉，再遷中郎將，封都亭侯。獻帝即位，遷奮武將軍，封薊侯。初平三年遷前將軍，封易侯。建安四年為袁紹所攻，自殺。

表袁紹罪狀

臣聞皇羲以來，始有君臣上下之事，張化以導民，刑罰以禁暴。今

行車騎將軍袁紹，託其先軌，寇竊人爵，既性暴亂，厥行淫穢。昔為司隸校尉，會值國家喪禍之際，太后承攝，何氏輔政，紹專為邪媚，不能舉直，至令丁原焚燒孟津，招來董卓，造為亂根，紹罪一也。卓既入雒而主見質，紹不能權譎以濟君父，而棄置節傳，迸竄逃亡，忝辱爵命，背上不忠，紹罪二也。紹為渤海太守，默選戎馬，當攻董卓，不告父兄，至使太傅門戶，太僕母子，一旦而斃，不仁不孝，紹罪三也。紹既興兵，涉歷二年，不卹國難，廣自封殖，乃多以資糧專為不急，割剝富室，收考責錢，百姓吁嗟，莫不痛怨，紹罪四也。韓馥之迫，竊其虛位，矯命詔恩，刻金印玉璽，每下文書，皁囊施檢，文曰詔書一封，邟鄉侯印。昔新室之亂，漸以即真，今紹所施，擬而方之，紹罪五也。紹令崔巨業候視星日，財貨賂遺，與共飲食，克期會合，攻鈔郡縣，此豈大臣所當宜為？紹罪六也。紹與故虎牙都尉劉勳首共造兵，勳仍有效，又降伏張楊，而以小忿枉害于勳，信用讒慝，殺

害有功。紹又上故上谷太守高焉、故甘陵相姚貢。橫責其錢。錢不備畢。二人并命。紹罪八也。春秋之義。子以母貴。紹母親爲婢使。紹實微賤。不可以爲人後。以義不宜。乃據豐隆之重任。忝汙王爵。損辱袁宗。紹罪九也。又長沙太守孫堅。前領豫州刺史。驅走董卓。掃除陵廟。其功莫大。紹令周昂盜居其位。斷絕堅糧。令不得入。使卓不被誅。紹罪十也。臣又每得後將軍袁術書云。紹非術類也。紹之罪戾。雖南山之竹不能載。昔姬周政弱。王道陵遲。天子遷都。諸侯背叛。于是齊桓立柯亭之盟。晉文爲踐土之會。伐荊楚以致菁茅。誅曹衛以彰無禮。臣雖闒茸。名非先賢。蒙被朝恩。當此重任。職在鈇鉞。奉辭伐罪。輒與諸將州郡兵討紹等。若事克捷。罪人斯得。庶續桓文忠誠之効。攻戰形狀。前後續上。魏志公孫瓚傳注引典略。瓚表紹罪狀。

臣聞皇羲以來。君臣道著。張禮以導人。設刑以禁暴。今車騎將軍袁紹。託承先軌。爵任崇厚。而性本淫亂。情行浮薄。昔爲司隸。值國多難。太后承攝。何氏輔朝。紹不能舉直錯枉。而專爲邪媚。招來不軌。疑誤社稷。至令丁原焚燒孟津。董卓造爲亂始。紹罪一也。卓既無禮。帝主見質。紹不能開設權謀。以濟君父。棄置節傳。迸竄逃亡。忝辱爵命。背違人主。紹罪二也。紹爲勃海。當攻董卓。而默選戎馬。不告父兄。至使太傅一門。纍然同斃。不仁不孝。紹罪三也。紹既興兵。涉歷二載。不恤國難。廣自封植。乃多引資糧。專爲不急。割刻無方。考責百姓。其爲痛怨。莫不吁嗟。紹罪四也。逼迫韓馥。竊奪其州。矯刻金玉。以爲印璽。每有所下。輒皁囊施檢。文稱詔書。昔亡新僭侈。漸以卽眞。觀紹所擬。將必階亂。紹罪五也。紹令星工伺望祥妖。賂遺財貨。與共飲食。剋會期日。攻鈔郡縣。此豈大臣所當施爲。紹罪六也。紹與故虎牙都尉劉勳首共造兵。勳降服張楊。累有功效。而以小忿。枉加酷害。信用讒慝。濟其無道。紹罪七也。故上谷太守

甲當作角

高焉、故甘陵相姚貢。紹以貪惏。橫責其錢。錢不備畢。二人并命。紹罪八也。春秋之義。子以母貴。紹母親爲傅婢。地實微賤。據職高重。享福豐隆。有苟進之志。無虛退之心。紹罪九也。又長沙太守孫堅。前領豫州刺史。遂能驅走董卓。掃除陵廟。忠勤王室。其功莫大。紹遣小將盜居其位。斷絕堅糧。不得深入。使董卓久不服誅。紹罪十也。昔姬周政弱。王道陵遲。天子遷徙。諸侯背畔。故齊桓立柯會之盟。晉文爲踐土之會。伐荊楚以致菁茅。誅曹衛以彰無禮。臣雖闒茸。名非先賢。蒙被朝恩。負荷重任。職在鈇鉞。奉辭伐罪。輒與諸將州郡共討紹等。若大事克捷。罪人斯得。庶續桓文忠誠之效。後漢公孫瓚傳。瓚乃上疏。

與袁紹書

趙太僕以周召之德。銜命來征。宣揚朝恩。示以和睦。曠若開雲見日。何喜如之。昔賈復寇恂。亦爭士卒。欲相危害。遇光武之寬。親俱陛見。同輿共出。時人以爲榮。自省邊鄙。得與將軍共同此福。此誠將軍之眷。而瓚之幸也。魏志袁紹傳注引英雄記。天子命太僕趙岐往紹瓚。移書告瓚。瓚遣使具與紹書。

趙太僕以周邵之德。銜命來征。宣揚朝恩。示以和睦。曠若開雲見日。何喜如之。昔賈復寇恂。爭相危害。遇世祖解紛。遂同輿並出。釁難旣釋。時人美之。自惟邊鄙。得與將軍共同斯好。此誠將軍之着。而瓚之願也。後漢袁紹傳。瓚因此以書譬紹。與英雄記小異。今並錄之。

遺行人文則齎書告子續

袁氏之攻。似若神鬼。鼓甲鳴于地中。梯衝舞吾樓上。日窮月蹙。無所聊賴。汝當碎首于張燕。速致輕騎。到者當起烽火于北。吾當從內出。不然。吾亡之後。天下雖廣。汝欲求安足之地。其可得乎。魏志公孫瓚傳注引典略。又引獻帝春秋。紹使陳琳更其書曰。蓋聞在昔衰周之世。僵尸流血。以爲不然。豈意今日身當其衝。其餘語與典略所載同。

昔周末喪亂。僵屍蔽地。以意而推。猶爲否也。不圖今日。親當其鋒。

袁氏之攻狀若鬼神梯衝舞吾樓上鼓角鳴于地中日窮月急不遑啟處鳥尼歸人滔水陵高汝當碎首于張燕馳驟以告急父子天性不言而動且厲五千鐵騎于北隰之中起火為應吾當自內出奮揚威武決命于斯不然吾亡之後天下雖廣不容汝足矣（後漢公孫瓚傳瓚密使行人齎書告續云云注引獻帝春秋候者得書紹使陳琳易其詞即此書）

韓馥

馥字文節潁川人為御史中丞尚書出為冀州刺史初平元年到官起兵討董卓後退軍安平為公孫瓚所敗以州讓袁紹去依張邈尋自殺

與袁術書議立劉虞為帝

帝非孝靈子欲依絳灌誅廢少主迎立代王故事虞功德治行華夏少二當今公室枝屬皆莫能及昔光武去定王五世以大司馬令河北耿弇馮異勸即尊號卒代

更始今劉公自恭王枝別其數亦五以大司馬領幽州牧此其與光武同

讖云神人將在燕分

濟陰男子王定得玉印文曰虞為天子又見兩日出于代郡謂虞當代立（並見魏志公孫瓚傳注引吳書）

橋瑁

瑁字元偉梁國睢陽人太尉橋玄族子靈帝末為兗州刺史遷東郡太守初平中為劉岱所殺

詐作京師三公移書州郡陳董卓罪惡見逼迫無以自救企望義兵解國患難（魏志武紀注引英雄記）

呂布

布字奉先五原九原人事丁原為騎都尉遷主簿尋殺原去事董卓復為騎都尉遷中郎將封都亭侯初平三年以誅卓功進奮威將軍封溫侯尋為李傕等所敗出關興平初陳宮等迎為兗州牧兵敗奔于劉備建安初據下邳自稱徐州刺史拜平東將軍封平陶侯三年為曹操所殺傳首許都

上書獻帝

臣本當迎大駕知曹操忠孝奉迎都許臣前與操交兵今操保傅陛下臣為外將欲以兵自隨恐有嫌疑是以待罪徐州進退未敢自寍（魏志呂布傳注引英雄記）

答曹公

布獲罪之人分為誅首手命慰勞厚見褒獎重見購捕袁術等詔書布當以命為效（魏志呂布傳注引英雄記）

與韓暹楊奉書

二將軍拔大駕來東有元功于國當書勳竹帛萬世不朽今袁術造逆當共誅討奈何與賊臣還共伐布布有殺董卓之功與二將

軍俱為功臣可因今共擊破術建功于天下此時不可失也（魏志呂布傳注引九州春秋）

二將軍親扶大駕而布手殺董卓俱立功名當垂竹帛今袁術造逆宜共誅討奈何與賊還來伐布可因今者同力破術為國除害建功天下此時不可失也（後漢呂布傳）

留書與袁術

足下恃軍強盛常言猛將武士欲相吞滅每抑止之耳布雖無勇虎步淮南一時之閒足下鼠竄壽春無出頭者猛將武士為悉何在足下喜為大言以誣天下天下之人安可盡誣古者兵交使在其閒造策者非布先唱也相去不遠可復相聞（魏志呂布傳注引英雄記）

與瑯邪相蕭建書

天下舉兵本以誅董卓耳布殺卓來詣關東欲求兵西迎大駕光復洛京諸將自還相攻莫肯念國布五原人也去徐州五千餘里

孫策驍雄。與項籍相侶。宜加貴寵。召還京邑。若被詔。不得不還。若放于外。必作世患。吳志孫討逆傳注引江表傳。

梁紹

紹。初平末爲尚書。

奏劾吳碩

碩以瓦器。奉職天臺。不思先公。而務私家。背奧媚竈。苟諂大臣。昔孔子誅少正卯。以顯刑戮。碩宜放肆。以懲姦僞。若久舍不黜。必縱其邪惑。傷害忠正。爲患不細。袁宏後漢紀二十七。

田疇

疇字子泰。右北平無終人。爲幽州牧劉虞從事。後爲司空曹公户曹掾。終議郎。

奏記曹公辭賜絹穀

東曹掾田疇言。前以無功。橫被封賞之賜。以實自贖。致從所執。昨到下車。見絹三千疋。穀五千斛。驚愕怪懼。未敢自寧。乞還藏府。以爲軍儲。御覽

李固

固。興平初爲左中郎將。

與弟圖書

固今年五十七。鬢髮已白。所爲容身而遊。滿腹而去。周觀天下。獨未見益州耳。昔嚴夫子嘗言。經有五。涉其四。州有九。遊其八。欲類此子矣。水經江水注一。案李太尉益州人。卒年五十四。今此言五十七。又言未見益州。則非李太尉也。魏志董卓傳注引獻帝起居注。天子使左中郎將李固持節拜李傕爲大司馬。後漢范冉傳云與漢中李固善。蓋即其人。

李術

術。汝南人。孫策表爲廬江太守。策死拒命。建安六年爲孫權所攻。城破見殺。

報孫權移書

有德見歸。無德見叛。不應復還。吳志孫權傳注引江表傳。

張紘

紘字子綱。廣陵人。孫策表爲正議校尉。建安四年至許。拜侍御史。明年出爲會稽東部都尉。尋爲孫權討虜長史。有集二卷。案張紘吳志有傳。隋志及藝文類聚御覽皆列于後漢。今從之。

瓌材枕賦

有卓爾之殊瓌。超詭異以邈絕。且其材色也。如芸之黃。其爲香也。如蘭之芳。其文彩也。如霜地而金莖。紫葉而紅榮。有若蒲陶之蔓延。或如兔絲之煩縈。有若嘉禾之垂穎。又似靈芝之吐英。其似木者。有類桂枝之闌干。或象灌木之叢生。其似鳥者。若鸞鶴之徑逝。或類鴻鵠之上征。有若孤雌之無味。或效鸞鷟之交頸。紛雲興而氣蒸。般星羅而流精。何衆文之冏朗。灼儵爚而發明。曲有所方。事有所成。每則異姿。動各殊名。衆夥不可殫形。制爲方枕。四角正端。

會緻密固。絕際無閒。形妍體法。既麗且閑。高卑得適。辟堅每安。不屑珠碧之飾。助不煩錐鋒之鐫鏤。無丹漆之彤朱。罔觿象之佐副。較程形而靈露。眞衆妙該而悉備。珪璋特達。璵璠富也。美梓逡巡。不敢與並。相思庶幾。睎風于末列。神龍之姿。衆鱗相絕。昔詩人稱角枕之粲。季世加以錦繡之飾。皆比集異物。費日勞力。傷用害民。有損于德。豈如茲瓌。既剖既斲。斯須速成。一材而已。莫與混并。纖微無加。而美踰春榮。藝文類聚七十。御覽七百七。案吳志張紘傳注引吳書。紘有柟榴枕賦。亦見北堂書鈔一百三十四。御覽七百七。未知即瓌材枕賦否。俟考。

爲孫會稽責袁術僭號書

蓋上天垂司過之星。聖王建敢諫之鼓。設非謬之備。急箴闕之言。何哉。凡有所長。必有所短也。去冬傅有大計。無不悚懼。旋知供備貢獻。萬夫解惑。頃聞建議。復欲追遵前圖。即事之期。便有定月。益使憮然。想是流妄。設其必爾。民何望乎。曩日之舉義兵也。天下之

味當作昧

傅當作傳

士所吕響應者。董卓擅廢置。害太后弘農王。略烝宮人。發掘園陵。暴逆至此。故諸州郡雄豪。聞聲慕義。神武外振。卓遂內殲。元惡既斃。幼主東顧。俾保傅宣命。欲令諸軍振旅于河北。通謀黑山。曹操放毒東兗。劉表稱亂南荆。公孫瓚炰烋北幽。劉繇決力江滸。劉備爭盟淮隅。是吕未獲承命。櫜弓戢戈也。今備繇既破。操等飢餧。謂當與天下合謀。吕誅醜類。捨而不圖。有自取之志。非海內所望。一也。昔成湯伐桀。稱有夏多罪。武王伐紂。曰殷有罪罰重哉。此二王者。雖有聖德。宜當君世。如使不遭其時。亦無由興矣。幼主非有惡于天下。徒吕春秋尚少。脅于彊臣。若無過而奪之。懼未合于湯武之事。二也。卓雖狂狡。至廢主自與。亦猶未也。而天下聞其桀虐。攘臂同心而疾之。吕中土希戰之兵。當邊地勁悍之虜。所吕斯須游魂也。今四方之人。皆玩敵而便戰鬬矣。可得而勝者。吕彼亂而我治。彼逆而我順也。見當世之紛。若欲大舉。吕臨之。適足取禍。三也。

天下神器。不可虛干。必須天贊與人力也。殷湯有白鳩之祥。周武有赤烏之瑞。漢高有星聚之符。世祖有神光之徵。皆因民困悴于桀紂之政。毒苦于秦莽之役。故能芟去無道。致成其志。今天下非患于幼主。未見受命之應驗。而欲一旦卒然登即尊號。未之或有。四也。天子之貴。四海之富。誰不欲焉。義不可。勢不得耳。陳勝項籍王莽公孫述之徒。皆南面稱孤。莫之能濟。帝王之位。不可橫冀。五也。幼主岐嶷。若除其偪。去其鯁。必成中興之業。夫致主于周成之盛。自受旦奭之美。此誠所望于尊明也。縱使幼主有他改異。猶望推宗室之譜屬。論近親之賢良。吕紹劉統。吕固漢宗。皆所吕書功金石。圖形丹青。流慶無窮。垂聲管絃。捨而不爲。爲其難者。想明明之素。必所不忍。六也。五世爲相。權之重。勢之盛。天下莫得而比焉。忠貞者必曰宜夙夜思惟。所吕扶國家之躓頓。念社稷之危殆。吕奉祖考之志。吕報漢室之恩。其忽履道之節。而瀘進取之欲者。將

者也之者當作七

曰天下之人。非家吏則門生也。孰不從我。四方之敵。非吾匹則吾役也。誰能違我。盍乘累世之勢。起而取之哉。二者殊數。不可不詳察者也。所貴于聖哲者。吕其審于機宜。愼于舉措。若難圖之事。難保之勢。吕激羣敵之氣。吕先衆人之心。公義既不可。私計又不利。明哲不處。八也。世人多惑于圖緯。而牽非類。比合文字。吕悅所事。苟吕阿上惑衆。終有後悔者。自往迄今。未嘗無之。不可不深擇而熟思。九也。九者尊明所見之餘耳。庶備起予。補所遺忘。忠言逆耳。幸留神聽。吳志孫討逆傳注引吳錄。策使張紘爲書。又引典略云。張昭之辭。袁宏後漢紀亦作張昭。裴松之曰。此書必紘所作。

董卓無道。陵虐王室。禍加太后。暴及弘農。天子播越。宮廟焚毀。是吕豪傑發憤。沛然俱起。元惡既斃。幼主東顧。乃使王人奉命。宣明朝恩。偃武修文。與之更始。然而河北異謀于黑山。曹操毒被于東徐。劉表僭亂于南荆。公孫叛逆于朔北。正禮阻兵。玄德爭盟。是吕

未獲從命。櫜弓戢戈。嘗謂使君與國同規。而舍是弗恤。完然有自取之志。懼非海內企望之意也。成湯討桀。稱有夏多罪。武王伐紂。曰殷有重罰。此二王者。雖有聖德。假使時無失道之過。無由逼而取也。今主上非有惡于天下。徒吕幼小。脅于彊臣。異于湯武之時也。又聞幼主明智聰敏。有夙成之德。天下雖未被其恩。咸歸心焉。若輔而興之。則旦奭之美。率土所望也。使君五世相承。爲漢宰輔。榮寵之盛。莫與爲比。宜效忠守節。吕報王室。時人多惑圖緯之言。妄牽非類之文。苟吕悅主爲美。不顧成敗之計。古今所愼。可不孰慮。忠言逆耳。駮議致憎。苟有益于尊明。無所敢辭。後漢袁術傳。策聞術將欲僭號。與書諫。又見袁宏後漢紀二十九。作張昭爲策書諫術。案此即吳錄所載張紘書而有刪節。文亦小異。

與孔融書

虞仲翔前頗爲論者所侵。美寶爲質。彫摩益光。不足吕損。吳志虞翻傳。

臨困授子靖留牋

自古有國有家者。咸欲脩德政。以比隆盛世。至于其治。多不馨香。非無忠臣賢佐闇于治體也。由主不勝其情。弗能用耳。夫人情憚難而趨易。好同而惡異。與治道相反。傳曰。從善如登。從惡如崩。言善之難也。人君承奕世之基。據自然之勢。操八柄之威。甘易同之歡。無假取于人。而忠臣挾難進之術。吐逆耳之言。其不合也。不亦宜乎。雖則有釁。巧辯緣閒。眩于小忠。戀于恩愛。賢愚雜錯。長幼失敘。其所由來。情亂之也。故明君悟之。求賢如飢渴。受諫而不厭。抑情損欲。以義割恩。上無偏謬之授。下無希冀之望。宜加三思。含垢藏疾。以成仁覆之大。吳志張紘傳。

瓌材枕箴

彧彧其文。馥馥其芬。出自幽阻。升于氈茵。允瓌允麗。惟淑惟珍。安安文枕。貳彼弁冠。冠御于晝。枕式于昏。代作充用。榮己寍身。與寢有節。適性和神。藝文類聚七十。又略見北堂書鈔一百三十四作銘。

全後漢文卷八十六終

全後漢文卷八十七

烏程嚴可均校輯

禰衡

衡字正平。平原般人。興平中避亂荆州。建安初來遊許下。曹公忿其侮慢。召爲鼓吏。尋送與劉表。表復送與黃祖。見殺。有集二卷。

鸚鵡賦

時黃祖太子射賓客大會。有獻鸚鵡者。舉酒于衡前曰。禰處士。今日無用娛賓。竊㠯此鳥自遠而至。明慧聰善。羽族之可貴。願先生爲之賦。使四坐咸共榮觀。不亦可乎。衡因爲賦。筆不停綴。文不加點。其辭曰。

惟西域之靈鳥兮。挺自然之奇姿。體金精之妙質兮。合火德之明輝。性辯慧而能言兮。才聰明㠯識機。故其嬉遊高峻。棲跱幽深。飛不妄集。翔必擇林。紺趾丹嘴。綠衣翠衿。采采麗容。咬咬好音。雖同族于羽毛。固殊智而異心。配鸞皇而等美。焉比德于衆禽。于是羨芳聲之遠暢。偉靈表之可嘉。命虞人于隴坻。詔伯益于流沙。跨崑崙而播弋。冠雲霓而張羅。雖網維之備設。終一目之所加。且其容止閑暇。守植安停。逼之不懼。撫之不驚。寧順從㠯遠害。不違迕㠯喪生。故獻全者受賞。而傷肌者被刑。爾迺歸窮委命。離羣喪侶。閉㠯雕籠。翦其翅羽。流飄萬里。崎嶇重阻。踰岷越障。載罹寒暑。女辭家而適人。臣出身而事主。彼賢哲之逢患。猶棲遲㠯羈旅。矧禽鳥之微物。能馴擾㠯安處。眷西路而長懷。望故鄉而延佇。忖陋體之腥臊。亦何勞于鼎俎。嗟祿命之衰薄。奚遭時之險巇。豈言語㠯階亂。將不密㠯致危。痛母子之永隔。哀伉儷之生離。匪餘年之足惜。愍衆雛之無知。背蠻夷之下國。侍君子之光儀。懼名實之不副。恥才能之無奇。羨西都之沃壤。識苦樂之異宜。懷代越之悠思。故每言而稱斯。若迺少昊司辰。蓐收整轡。嚴霜初降。涼風蕭瑟。長吟遠慕。哀鳴感類。音聲悽㠯激揚。容貌慘㠯顦顇。聞之者悲傷。見之者隕淚。放臣爲之屢歎。棄妻爲之歔欷。感平生之游處。若壎篪之相須。何今日之兩絕。若胡越之異區。順籠檻㠯俯仰。闚戶牖㠯踟躕。想崑山之高嶽。思鄧林之扶疏。顧六翮之殘毀。雖奮迅其焉如。心懷歸而弗果。徒怨毒于一隅。苟竭心于所事。敢背惠而忘初。託輕鄙之微命。委陋賤之薄軀。期守死㠯報德。甘盡辭㠯效愚。恃隆恩于既往。庶彌久而不渝。文選。藝文類聚九十一。

書

訓夷皓之風。文選顏延之陶徵士誄注。

魯夫子碑

受天至精。純粹睿哲。崇高足㠯長世。寬容足㠯廣包。幽明足㠯測神。文藻足㠯辯物。然而敏學㠯求之。下問㠯諏之。虛心㠯受之。深思㠯詠之。慇周道之迴遹。悼九疇之乖悖。故發憤忘食。應聘四方。魯㠯大夫之位。任㠯國政之權。譬若飛鴻鸞于中庭。騁騏驥于閭巷也。是㠯期月之頃。五教克諧。移風易俗。邦國肅焉。無思不服。懿文德㠯紓餘。綴三五之紀綱。流洪耀之休赫。曠萬世而揚光。夫大明㠯動。天則也。廣大無疆。地德也。六經混成。洪式也。備此三者。聖極也。合吉凶于鬼神。遂殂落于夢寐。是㠯風烈流行。無所不通。故立石銘勳。㠯示昭明。辭曰。

紓當作紆

煌煌上天。篤降若人。邈矣悠哉。千祀一鄰。明德弘監。情性存存。奕奕純嘏。稽憲乾坤。曜彼靈祇。㠯訓黎元。終日乾乾。配天之行。在險而正。在困而亨。窮達之運。委諸穹蒼。日月則陰。天地不光。聖㢡殂崩。大猷不綱。藝文類聚二十。

顏子碑

稟天地之純和。鍾嶽瀆之休靈。睿哲之姿。誕自初育。英絕之才。顯

禰當作禰

乎嬰孩。在東脩之齒。入宣尼之室。德行邁于三千。仁風橫于萬國。知微知章。聞一覺十。用行舍藏。與聖合契。名爲四友之冠。實盡疏附之益。爾乃安陋巷。挹清風。甘簞瓢。㠯充飢。雖屢空而不憂。于時河不出圖。周祚未訖。仲尼無舜禹之功。先生抱元凱之烈。乃刊玄石而旌之。（此句從文選褚淵碑注補。）其辭曰。

亞聖德。蹈高蹤。遊洙泗。肅禮容。備懿體。心彌沖。秀不實。振芳風。配聖饋。圖辟雍。紀德行。昭罔窮。（藝文類聚二十、初學記十七。）

弔張衡文

南嶽有精。君誕其姿。清和有理。君達其機。故能下筆繡辭。揚手文飛。昔伊尹值湯。呂望遇旦。嗟矣君生。而獨值漢。蒼蠅爭飛。鳳皇已散。元龜可覇。河龍可絆。石堅而朽。星華而滅。惟道興隆。悠永靡絕。君音永浮。河水有竭。君聲永流。旦光沒發。余生雖後。身亦存遊。士貴知己。君其勿憂。（御覽五百九十六。）

潘勖

勖字元茂。初名芝。陳留中牟人。獻帝時爲尚書郎。遷右丞。除東海相。未行。留爲尚書左丞。有集二卷。

玄達賦（一作玄遠賦）

匪偏人之自軆。訴諸衷于來哲。（文選謝靈運擬鄴中集詩注。）

冊魏公九錫文（建安十八年五月）

制詔使持節丞相領冀州牧武平侯。朕㠯不德。少遭閔凶。越在西土。遷于唐衛。當此之時。若綴旒然。宗廟乏祀。社稷無位。羣凶覬覦。分裂諸夏。一人尺土。朕無獲焉。即我高祖之命。將墜于地。朕用夙興假寐。震悼于厥心。曰惟祖惟父。股肱先正。其孰恤朕躬。乃誘天衷。誕育丞相。保乂我皇家。弘濟于艱難。朕實賴之。今將授君典禮。其敬聽朕命。昔者董卓。初興國難。羣后失位。㠯謀王室。君則攝進。首啟戎行。此君之忠于本朝也。後及黃巾。反易天常。侵我三州。延

于平民。君又討之。翦除其迹。㠯寧東夏。此又君之功也。韓暹楊奉。專用威命。又賴君勳。克黜其難。遂建許都。造我京畿。設官兆祀。不失舊物。天地鬼神。于是獲乂。此又君之功也。袁術僭逆。肆于淮南。懾憚君靈。用丕顯謀。蘄陽之役。橋蕤授首。稜威南厲。術㠯殞潰。此又君之功也。迴戈東指。呂布就戮。乘軒將反。張揚沮斃。眭固伏罪。張繡稽服。此又君之功也。袁紹逆亂天常。謀危社稷。憑恃其眾。稱兵内侮。當此之時。王師寡弱。天下寒心。莫有固志。君執大節。精貫白日。奮其武怒。運諸神策。致屆官渡。大殲醜類。俾我國家。拯于危墜。此又君之功也。濟師洪河。拓定四州。袁譚高幹。咸梟其首。海盜奔迸。黑山順軌。此又君之功也。烏丸三種。崇亂二世。袁尚因之。逼據塞北。束馬懸車。一征而滅。此又君之功也。劉表背誕。不供貢職。王師首路。威風先逝。百城八郡。交臂屈膝。此又君之功也。馬超成宜。同惡相濟。濱據河潼。求逞所欲。殄之渭南。獻馘萬計。遂定邊城。撫和戎狄。此又君之功也。鮮卑丁令。重譯而至。單于白屋。請吏帥職。此又君之功也。君有定天下之功。重之㠯明德。班敘海内。宣美風俗。旁施勤教。恤慎刑獄。吏無苛政。民不回慝。敦崇帝族。援繼絕世。舊德前功。罔不咸秩。雖伊尹格于皇天。周公光于四海。方之蔑如也。朕聞先王。並建明德。胙之㠯土。分之㠯民。崇其寵章。備其禮物。所㠯藩衛王室。左右厥世也。其在周成。管蔡不靖。懲難念功。乃使邵康公錫齊太公履。東至于海。西至于河。南至于穆陵。北至于無棣。五侯九伯。實得征之。世胙太師。㠯表東海。爰及襄王。亦有楚人。不供王職。又命晉文。登爲侯伯。錫㠯二輅。虎賁鈇鉞。秬鬯弓矢。大啟南陽。世作盟主。故周室之不壞。緊二國是賴。今君稱丕顯德。明保朕躬。奉答天命。導揚弘烈。綏爰九域。罔不率俾。功高乎伊周。而賞卑乎齊晉。朕甚恧焉。朕㠯眇眇之身。託于兆民之上。永思厥艱。若涉淵水。非君攸濟。朕無任焉。今㠯冀州之河東、河内、魏郡、趙

國中山鉅鹿常山安平甘陵平原凡十郡封君爲魏公使使持節御史大夫慮授君印綬冊書金虎符第一至第五竹使符第一至第十錫君玄土苴以白茅爰契爾龜用建冢社昔在周室畢公毛公入爲卿佐周邵師保出爲二伯外內之任君實宜之其以丞相領冀州牧如故今更下傳璽肅將朕命以允華夏其上故傳武平侯印綬今又加君九錫其敬聽後命以君經緯禮律爲民軌儀使安職業無或遷志是用錫君大輅戎輅各一玄牡二駟君勸分務本嗇民昏作粟帛滯積大業惟興是用錫君袞冕之服赤舄副焉君敦尚謙讓俾民興行少長有禮上下咸和是用錫君軒懸之樂六佾之舞君翼宣風化爰發四方遠人回面華夏充實是用錫君朱戶以居君研其明哲思帝所難官才任賢羣善必舉是用錫君納陛以登君秉國之均正色處中纖毫之惡靡不抑退是用錫君虎賁之士三百人君糾虔天刑章厥有罪犯關干紀莫不誅殛是用錫君鈇鉞各一君龍驤虎視旁眺八維掩討逆節折衝四海是用錫君彤弓一彤矢百玈弓十玈矢千君以溫恭爲基孝友爲德明允篤誠感乎朕思是用錫君秬鬯一卣珪瓚副焉魏國置丞相以下羣卿百僚皆如漢初諸侯王之制君往欽哉敬服朕命簡恤爾衆時亮庶功用終爾顯德對揚我高祖之休命文選袁宏後漢紀三十魏志武帝紀

擬連珠

臣聞媚上以布利者臣之常情主之所患忘身以憂國者臣之所難主之所願是以忠臣背利而脩所難明主排患而獲所願藝文類聚五十七

尚書令荀彧碑

瓌姿奇表魏志荀彧傳注

夫其爲德也則主忠履信孝友溫惠高亮以固其中柔嘉以宣其外廉慎以爲己任仁恕以察人物踐行則無轍迹出言則無辭費

納規無敬辱之心機情有密靜之性若乃奉身蹈道勤禮貴德後之事聞匪云予克然後教以黃中之徵守以貞固之直注焉若洪河之源不可竭也確焉若華嶽之停不可拔也故能言之斯立行之斯成身匪隆污直哉惟情紊綱用亂廢禮復經于是百揆時序王猷允塞告厥成功用俟萬歲藝文類聚四十八男女老幼里號巷哭文選沈約齊安陸昭王碑注

高誘

誘涿郡涿人建安中曹公辟爲司空掾除東郡濮陽令遷監河東有戰國策注三十二卷呂氏春秋注二十六卷淮南子注二十一卷又有孝經解孟子章句若干卷案舊本呂氏春秋序題河東高誘撰淮南子序云自誘之少從故侍中同縣盧君受其句讀謂盧子幹也誘由濮陽令遷監河東因誤題河東耳

道賢論

潛公道素淵重有遠大之量劉伶肆意放蕩以宇宙爲小雖高栖之業劉所不及而曠大之體同焉高僧傳四竺道潛字法深王敦弟

呂氏春秋序

呂不韋者濮陽人也爲陽翟之富賈家累千金秦昭襄王者孝公之曾孫惠文王之孫武烈王之子也太子死以庶子安國君柱爲太子柱有子二十餘人所幸妃號曰華陽夫人無子安國君庶子名楚其母曰夏姬不甚得幸令楚質于趙而不能顧質數東攻趙趙不禮楚時不韋賈于邯鄲見之曰此奇貨也不可失乃見楚曰吾能大子之門楚曰何不大君之門乃大吾之門邪不韋曰子不知也吾門待子門大而大之楚默幸之不韋曰昭襄王老矣而安國君爲太子竊聞華陽夫人無子能立適嗣者獨華陽夫人耳請以千金爲子西行事安國君令立子爲適嗣不韋乃以寶玩珍物獻華陽夫人因言楚之賢以夫人爲天母日夜涕泣思夫人與太子夫人大喜言于安國君于是立楚爲適嗣華陽夫人以爲己子

使不韋傅之不韋取邯鄲姬已有身楚見說之遂獻其姬至楚所生男名之曰正楚立之爲夫人暨昭襄王薨太子安國君立華陽夫人爲后楚爲太子安國君立一年薨謚爲孝文王太子楚立是爲莊襄王㠯不韋爲丞相封爲文信侯食河南雒陽十萬戶莊襄王立三年而薨太子正立是爲秦始皇帝尊不韋爲相國號稱仲父不韋乃集儒書使著其所聞爲十二紀八覽六論訓解各十餘萬言備天地萬物古今之事名爲呂氏春秋暴之咸陽市門懸千金其上有能增損一字者與千金時人無能增損者誘㠯爲時人非不能也蓋憚相國畏其勢耳然此書所尚㠯道德爲標的㠯無爲爲綱紀㠯忠義爲品式㠯公方爲檢格與孟軻孫卿淮南揚雄相表裏也是㠯著在錄略誘正孟子章句作淮南孝經解畢訖家有此書尋繹案省大出諸子之右既有脫誤小儒又㠯私意改定猶慮傳義失其本眞少能詳之故復依先儒舊訓輒乃爲之解焉㠯述古儒之旨凡十七萬三千五十四言若有紕繆不經後之君子斷而裁之比其義焉呂氏春秋元刊本

淮南子敘

淮南王名安厲王長子也長高皇帝之子也其母趙氏女爲趙王張敖美人高皇帝七年討韓信于銅鞮信亡走匈奴上遂北至樓煩還過趙不禮趙王趙王獻美女趙氏女得幸有身趙王不敢內之于宮爲築舍于外及貫高等謀反發覺并逮治王盡收王家及美人趙氏女亦與焉吏㠯得幸有身聞上上方怒趙王未理也趙美人弟兼因辟陽侯審食其言之呂后呂后不肯白辟陽侯亦不強爭及趙美人生男恚而自殺吏奉男詣上上命呂后母之封爲淮南王暨孝文皇帝卽位長弟上書願相見詔至長安日從游宴驕蹇如家人兄弟怨辟陽侯不爭其母于呂后因椎殺之上非之肉袒北闕謝罪奪四縣還歸國爲黃屋左纛稱東帝坐徙蜀嚴道

死于雍上閔之封其四子爲列侯時民歌之曰一尺繒好童童一升粟飽蓬蓬兄弟二人不能相容上聞之曰㠯我貪其地邪乃召四侯而封之其一人病薨長子安襲封淮南王次爲衡山王次爲廬江王太傅賈誼諫曰怨讎之人不可貴也後淮南衡山卒反如賈誼言初安爲辯達善屬文皇帝爲從父數上書召見孝文皇帝甚重之詔使爲離騷賦自旦受詔日早食已上愛而秘之天下方術之士多往歸焉于是遂與蘇飛李尚左吳田由雷被毛被伍被晉昌等八人及諸儒大山小山之徒共講論道德總統仁義而著此書其旨近老子淡泊無爲蹈虛守靜出入經道言其大也則燾天載地說其細也則淪于無垠及古今治亂存亡禍福世間詭異瓌奇之事其義也著其文也富物事具類無所不載然其大較歸之于道號曰鴻烈鴻大也烈明也㠯爲大明道之言也故夫學者不論淮南則不知大道之之深也是㠯先賢通儒述作之士莫不援采㠯驗經傳㠯父諱長故其所著諸長字皆曰脩光祿大夫劉向校定撰具名之淮南又有十九篇者謂之淮南外篇自誘之少從故侍中同縣盧君受其句讀誦舉大義會遭兵災天下棋峙亡失書傳廢不尋修二十餘載建安十年辟司空掾除東郡濮陽令覩時人少爲淮南者懼遂陵遲于是㠯朝餔事畢之閒乃深思先師之訓參㠯經傳道家之言比方其事爲之注解悉載本文并舉音讀典農中郎將弁揖借八卷刺之會揖身喪遂亡不得至十七年遷監河東復更補足淺學寡見未能備悉其所不達注㠯未聞唯博物君子覽而詳之㠯勸後學者云耳淮南鴻烈解道藏本動字號

之字衍

仲長統

統字公理山陽高平人建安中荀彧舉爲尚書郎尋參丞相軍事延康元年卒有昌言十二卷

答鄧義社主難

荀彧問仲長統目社所祭者何神也統荅所祭者土神也侍中鄧義目爲不然而難之彧令統荅焉統荅義曰前見逮及敢不敬對退熟惟省郊社之祭國之大事誠非學淺思薄者所宜與論重復亦目鄧君難事有先漸議則既行可謂辭而不可得因而不可已者也屯有經綸之義睽有異同之辭歸于建國立家通志斷類也意則欲廣其微目宗實備其論目求眞先難而後易出異而歸同乎難曰社祭土主陰氣正所謂句龍土行之官爲社則主陰明矣不與記說有違錯也荅曰今記之言社輒與郊連體有本末辭有上下謂之不錯不可得禮運曰政必本于天殽目降命命降于社之謂殽地參于天地竝于鬼神又曰祭帝于郊所目定天位也祀社于國所目列地利也郊特牲曰社所目神地之道也地載萬物天垂象取財于地取法于天是目尊天而親地家主中霤國主社示本也相此之類元尙不道配食者也主目爲句龍無乃失歟難

曰信如此所言土尊故目爲首在于上宗伯之體所當列上下之敘上句當言天神地祇人鬼何反先人而後地上文如此至下何目獨不可而云社非句龍當爲地哉荅曰此形成著體數自上來之次言之耳豈足據使從人鬼之倒邪三科之祭各指其體今獨摘出社稷目爲但句龍有烈山氏之子恐非其本意也案記言社土而云何得之爲句龍則傳雖言祀句龍爲社亦何嫌反獨不可謂之配食乎祭法曰周人禘嚳郊稷祖文王宗武王皆目爲配食者若復可須謂之不祭天乎備讀傳者則眞土獨據記則疑句龍未若交錯參伍致其義目相成之爲善也難曰再特于郊牛者后稷配故也社于新邑牛一羊一豕一所目用二牲者立社位祀句龍緣人事之也如此非祀地明矣目宮室新成故立社耳又曰軍行載社者當行賞罰明不自專故告祖而行賞造社而行戮二主明皆人鬼人鬼故目告之必若所云當言載地主于齋車又當言用命賞于天不用命戮于地非其謂也所目有死社稷之義者凡賜命受國造建宮室無不立社是奉言所受立不可棄捐苟免而去當死之也易句龍爲其社傳有見文今欲易神之相令記附食宜明其徵祀國大事不可不重據經依傳庶無咎悔荅曰郊特牲者天至尊無物目稱專誠而社稷太牢者土于天爲卑緣人事目牢祭也社禮今亡并特之義未可得明也昭告之文皆于天地何獨人鬼此言則未敢取者也郊社之次天地之序也今使句龍載冒其名耦文于天目度言之不可謂安矣土者人所依目固而最近者也故立目爲守祀居則事之時軍則告之目行戮自順義也何爲當平于社不言用命賞于天乎帝王兩儀之參宇中之莫尊者也而盛一官之臣目爲土之貴神置之宗廟之上接之郊禘之次俾守之者有死無失何聖人制法之參差用禮之偏頗其列在先王人臣之位其于四官爵侔班同比之司徒于數居二縱復令

王者不同禮儀相變或有尊之則不過當若五卿之與冢宰此坐之上下行之先後耳不得同祖與社言俱坐處尊位也周禮爲禮之經而禮記爲禮之傳案經傳求索見文在于此矣鈞之兩者未知孰是去本神而不祭與貶句龍爲土配比其輕重何謂爲甚經有條例記有明義先儒未能正不可稱是鉤校典籍論本考始矯前易故不從常說不可謂非孟軻曰予豈好辯哉乃不得已也鄭司農之正此之謂也 續漢祭祀志下注補

尹文子序

尹文子者蓋出于周之尹氏齊宣王時居稷下與宋鈃彭蒙田駢同學于公孫龍公孫龍稱之著書一篇多所彌綸莊子曰不累于物不苛于人不忮于衆願天下之安寧目活于民命人我之養畢足而止目此白心見侮不辱此其道也而劉向亦目其學本于黃老大較刑名家也近爲誣矣余黃初末始到京師繆熙伯目此書

見示。意甚玩之。而多脫誤。聊試條次。撰定爲上下篇。亦未能究其詳也。（尹文子道藏本。）按統卒于獻帝遜位之歲。而此序言黃初末始到京師。當是後人妄改。或此序非統作也。疑莫能明。

全後漢文卷八十七終

全後漢文卷八十八

烏程嚴可均校輯

仲長統二

昌言上

謹案隋志雜家仲長子昌言十二卷錄一卷漢尙書郎仲長統撰舊唐志作十卷新唐志移入儒家亦十卷崇文總目稱今所存十五篇分爲二卷餘皆亡郡齋讀書志直齋書錄解題不著錄明陳第世善堂書目有二卷其刻本僅見明胡維新兩京遺編有理亂損益法誡三篇歸有光諸子彙函有理亂損益二篇皆出本傳無所增多則北宋十五篇本又復佚失今從羣書治要寫出九篇益以本傳三篇以意次第之刺取各書引見補正脫譌定著二卷其遺文墜句于原次無考依各書先後附于末本傳統山陽高平人著論三十四篇十餘萬言今此搜輯纔萬餘言亡者蓋十八九而治要所載又頗刪節斷續佤離殆所不免然其閎陳善道指柯時弊剴切之忱踔厲震盪之氣有不容摩滅者繆熙伯方之董賈劉揚非過譽也嘉慶二十年太歲在乙亥三月十五日

篇名缺

德敎者人君之常任也而刑罰爲之佐助焉古之聖帝明王所以能親百姓訓五品和萬邦蕃黎民召天地之嘉應降鬼神之吉靈者實德是爲而非刑之攸致也至于革命之期運非征伐用兵則不能定其業姦宄之成羣非嚴刑峻法則不能破其黨時勢不同所用之數亦宜異也敎化以禮義爲宗禮義以典籍爲本常道行于百世權宜用于一時高辛以往則闕其人不見其書唐虞夏殷則見其書不詳其事周氏以來載籍具矣（高辛以下三十二字從意林補）所不可得而易者也故制不足則引之無所至禮無等則用之不可依法無常則網羅當道路敎不明則士民無所信引之無所至則難以致治用之不可依則無所取正網羅當道路則不可得而避士民無所信則其志不知所定非治理之道也誠令方來之作禮簡而易用儀省而易行法明而易知敎約而易從篇章既著勿復刊剟儀故既定勿復變易而人主臨之以至公行之以至仁（本作忠仁依文選庾元規讓中書令表注改）壹德于恆久先之用己身又使通治亂之大體者總綱紀而爲輔佐知稼穡之艱難者親民事而布惠利政不分于外戚之家權不入于宦豎之門下無侵民之吏京師無佞邪之臣則天神可降地祇可出大治之後有易亂之民者安寧無故邪心起也大亂之後有易治之勢者創艾禍災樂生全也刑繁而亂益甚者法難勝避苟免而無恥也敎興而罰罕用者仁義相厲廉恥成也任循吏于大亂之會必有恃仁恩之敗用酷吏于清治之世必有殺良民之殘此其大數也我有公心焉則士民不敢念其私矣我有平心焉則士民不敢行其險矣我有儉心焉則士民不敢放其奢矣此躬行之所徵者也開道塗焉起提防焉舍我塗而不由踰提防而橫行逆我政者也誥之而知罪可使悔過于後矣誥之而不知罪明刑之所取者也敎有道禁不義而身以先之令德者也身不能先而總略能行之嚴明者也忠仁爲上勤以守之其成雖遲君子之德也譎詐以御其下欺其民而取其心雖有立成之功至德之所不貴也（羣書治要）

提當作隄

理亂篇

豪傑之當天命者未始有天下之分者也無天下之分故戰爭者競起焉于斯之時竝僞假天威矯據方國擁甲兵與我角才智程勇力與我競雌雄不知去就疑誤天下蓋不可數也角知者皆窮角力者皆負形不堪復伉勢不足復校乃始羈首係頸就我之銜紲耳夫或曾爲我之尊長矣或曾與我爲等儕矣或曾臣虜我矣

或曾執囚我矣，彼之蔚蔚，皆匈詈腹詛，幸我之不成，而㠯奮其前志，詎肎用此爲終死之分邪。及繼體之時，民心定矣。普天之下，賴我而得生育，由我而得富貴，安居樂業，長養子孫，天下晏然，皆歸心于我矣。豪傑之心既絕，士民之志已定，貴有常家，尊在一人。當此之時，雖下愚之才居之，猶能使恩同天地，威侔鬼神。暴風疾霆不足㠯方其怒，陽春時雨不足㠯喻其澤，周孔數千無所復角其聖，賁育百萬無所復奮其勇矣。彼後嗣之愚主，見天下莫敢與之違，自謂若天地之不可亡也，乃奔其私嗜，（意林作情）騁其邪欲，君臣宣淫，上下同惡，目極角觝之觀，耳窮鄭衞之聲，入則耽于婦人而不反，出則馳于田獵而不還。（而不反而不還六字依意林補。意林耽作騁，獵作弋）荒廢庶政，棄亡人物，澶漫彌流，無所底極，信任親愛者，盡佞諂容說之人也；寵貴隆豐者，盡后妃姬妾之家也。使餓狼守庖廚，飢虎牧牢豚，遂至熬天下之脂膏，斲生人之骨髓，怨毒無聊，禍亂並起，中國擾攘，四

夷侵叛，土崩瓦解，一朝而去。昔之爲我哺乳之子孫者，今盡是我飲血之寇讎也。至于運徙勢去，（意林作命移運去）猶不覺悟者，豈非富貴生不仁，沈溺致愚疾邪？存亡㠯之迭代，政亂從此周復，天道常然之大數也。又政之爲理者，取一切而已，非能斟酌賢愚之分，㠯開盛衰之數也。日不如古，彌㠯遠甚，豈不然邪？漢興㠯來，相與同爲編戶齊民，而㠯財力相君長者，世無數焉。而清絜之士，徒自苦于茨棘之間，無所益損于風俗也。豪人之室，連棟數百，膏田滿野，奴婢千羣，徒附萬計。船車賈販，周于四方；廢居積貯，滿于都城。琦賂寶貨，巨室不能容；馬牛羊豕，山谷不能受。妖童美妾，塡乎綺室；倡謳妓樂，列乎深堂。賓客待見而不敢去，車騎交錯而不敢進。三牲之肉，臭而不可食；清醇之酎，敗而不可飲。睇盻則人從其目之所視，喜怒則人隨其心之所慮。此皆公侯之廣樂，君長之厚實也。苟能運智詐者，則得之焉；苟能得之者，人不㠯爲罪焉。源發而橫流，路開而四通矣。求士之舍榮樂而居窮苦，棄放逸而赴束縛，夫誰肎爲之者邪？夫亂世長而化世短。亂世則小人貴寵，君子困賤。當君子困賤之時，跼高天，蹐厚地，猶恐有鎮厭之禍也。逮至清世，則復入于矯枉過正之檢，老者耄矣，不能及寬饒之俗；少者方壯，將復困于衰亂之時，是使姦人擅無窮之福利，而善士挂不赦之罪辜。苟目能辯色，耳能辯聲，口能辯味，體能辯寒溫者，將皆㠯脩絜爲諱惡，設智巧㠯避之焉，況肎有安而樂之者邪？斯下世人主一切之愆也。昔春秋之時，周氏之亂世也。逮乎戰國，則又甚矣。秦政乘并兼之勢，放虎狼之心，屠裂天下，吞食生人，暴虐不已，㠯招楚漢用兵之苦，甚于戰國之時也。漢二百年而遭王莽之亂，計其殘夷滅亡之數，又復倍乎秦項矣。㠯及今日，名都空而不居，百里絕而無民者，不可勝數。此則又甚于亡新之時也。悲夫！不及五百年，大難三起，中間之亂，尚不數焉。變而彌猜，下而加酷，推此㠯往，可

及于盡矣。嗟乎！不知來世聖人救此之道，將何用也？又不知天若窮此之數，欲何至邪？（本傳）

損益篇

作有利于時，制有便于物者，可爲也。事有乖于數，法有翫于時者，可改也。故行于古有其迹，用于今無其功者，不可不變。變而不如前，易而多所敗者，亦不可不復也。漢之初興，分王子弟，委之㠯士民之命，假之㠯殺生之權。于是驕逸自恣，志意無厭，魚肉百姓，㠯盈其欲，報蒸骨血，㠯快其情。上有篡叛不軌之姦，下有暴亂殘賊之害。雖藉親屬之恩，蓋源流形勢使之然也。降爵削土，稍稍割奪，卒至于坐食奉祿而已。然其洿穢之行，淫昏之罪，猶尚多焉。故淺其根本，輕其恩義，猶尚假一日之尊，收士民之用。況專之于國，擅之于嗣，豈可鞭笞叱咤，而使唯我所爲者乎？時政彫敝，風俗移易，純樸已去，智惠已來，出于禮制之防，放于嗜欲之域久矣，固不可

授之㠯柄。假之㠯資者也。是故收其奕世之權。校其從橫之埶。善
者早登。否者早去。故下土無壅滯之士。國朝無專貴之人。此變之
善。可遂行者也。井田之變。豪人貨殖。館舍布于州郡。田畝連于方
國。身無半通青綸之命。而竊三辰龍章之服。不爲編戶一伍之長。
而有千室名邑之役。榮樂過于封君。勢力侔于守令。財賂自營。犯
法不坐。刺客死士。爲之投命。致使弱力少智之子。被穿帷敗。寄死
不斂。冤枉窮困。不敢自理。雖亦由網禁疏闊。蓋分田無限使之然
也。今欲張太平之紀綱。立至化之基趾。齊民財之豐寡。正風俗之
奢儉。非井田實莫由也。此變有所敗而宜復者也。肉刑之廢。輕重
無品。下死則得髡鉗。下髡鉗則得鞭笞。死者不可復生。而髡者無
傷于人。髡笞不足㠯懲中罪。安得不至于死哉。夫雞狗之攘竊。男
女之淫奔。酒醴之賂遺。謬誤之傷害。皆非值于死者也。殺之則甚
重。髡之則甚輕。不制中刑㠯稱其罪。則法令安得不參差。殺生安

得不過謬乎。今患刑輕之不足㠯懲惡。則假臧貨㠯成罪。託疾病
㠯諱殺。科條無所準。名實不相應。恐非帝王之通法。聖人之良制
也。或曰。過刑惡人可也。過刑善人。豈可復哉。曰。若前政㠯來。未曾
枉害善人者。則有罪不死也。是爲忍于殺人也。而不忍于刑人也。
今令五刑有品。輕重有數。科條有序。名實有正。非殺人逆亂鳥獸
之行。甚重者皆勿殺。嗣周氏之秘典。續呂侯之祥刑。此又宜復之
善者也。易曰。陽一君二臣。君子之道也。陰二君一臣。小人之道也。
然則寡者爲人上者也。衆者爲人下者也。一伍之長。才足㠯長一
伍者也。一國之君。才足㠯君一國者也。天下之王。才足㠯王天下
者也。愚役于智。猶枝之附幹。此理天下之常法也。制國㠯分人。立
政㠯分事。人遠則難綏。事總則難了。今遠州之縣界。（界字從通典補）或
相去數百千里。雖多山陵沴澤。猶有可居人種穀者焉。而諸夏有
十畝共桑之迫。遠州有曠野不發之田。代俗安土。有死無去。君長

奇當作苛

不使。誰能自往緣邊之地。亦可因罪徙人。便于守禦。（而諸夏下四十九字從通
典補）一當更制其境界。使遠者不過二百里。明版籍㠯相數閱。審什
伍㠯相連持。限夫田㠯斷并兼。定五刑㠯救死亡。益君長㠯興政
理。急農桑㠯豐委積。去末作㠯一本業。敦教學㠯移情性。表德行
㠯厲風俗。覈才藝㠯敘官宜。簡精悍㠯習師田。修武器㠯存守戰。
嚴禁令㠯防僭差。信賞罰㠯驗懲勸。糾游戲㠯杜姦邪。察奇刻㠯
綏頑暴。審此十六者㠯爲政務。操之有常。課之有限。安寍勿懈墮。
有事不迫遽。聖人復起。不能易也。向者天下戶過千萬。除其老弱。
但戶一丁壯。則千萬人也。遺漏既多。又蠻夷戎狄居漢地者。尚不
在焉。丁壯十人之中。必有堪爲其什伍之長。推什長已上。則百萬
人也。又什取之。則佐史之才已上十萬人也。又十取之。則可使在
政理之位者萬人也。㠯筋力用者謂之人。人求丁壯。㠯才智用者
謂之士。士貴耆老。充此制㠯用天下之人。猶將有儲。何嫌乎不足

也。故物有不求。未有無物之歲也。士有不用。未有少士之世也。夫
如此。而後可㠯用天性。究人理。興頓廢。屬斷絕。網羅遺漏。拱押天
人矣。或曰。善爲政者。欲除煩去苛。并官省職。爲之㠯無爲。事之㠯
無事。何子之言云云也。曰。若是。三代不足摹。聖人未可師也。君子
用法制而至于化。小人用法制而至于亂。均是一法制也。或㠯之
化。或㠯之亂。行之不同也。苟使豺狼牧羊豚。盜跖主征稅。國家昏
亂。吏人放肆。則惡復論損益之閒哉。夫人待君子。然後化理。國待
蓄積。乃無憂患。君子非自農桑㠯求衣食者也。蓄積非橫賦斂㠯
取優饒者也。奉祿誠厚。則割剝貿易之罪。乃可絕也。蓄積誠多。則
兵寇水旱之災。不足苦也。故由其道而得之。民不㠯爲奢。由其道
而取之。民不㠯爲勞。天災流行。開倉庫㠯稟貸。不亦仁乎。衣食有
餘。損靡麗㠯散施。不亦義乎。彼君子居位。爲士民之長。固宜重肉
累帛。朱輪四馬。今反謂薄屋者爲高。藿食者爲清。既失天地之性。

又開虛僞之名使小智居大位庶績不咸熙未必不由此也得拘絜而失才能非立功之實也㠯廉舉而㠯貪去非士君子之志也夫選用必取善士善士富者少而貧者多祿不足㠯供養安能不少營私門乎從而罪之是設機置穽㠯待天下之君子也盜賊凶荒九州代作饑饉暴至軍旅卒發橫稅弱人割奪吏祿所恃者寡所取者猥萬里懸乏首尾不救徭役並起農桑失業兆民呼嗟于昊天貧窮轉死于溝壑矣今通肥饒之率計稼穡之入令畝收三斛斛取一斗未爲甚多一歲之間則有數年之儲雖興非法之役恣奢侈之欲廣愛幸之賜猶未能盡也不循古法規爲輕稅及至一方有警一面被災未逮三年校計騫矩坐視戰士之蔬食立望餓殍之滿道如之何爲君行此政也二十稅一名之曰貊況三十稅一乎夫薄吏祿㠯豐軍用緣于秦征諸侯續㠯四夷漢承其業遂不改更危國亂家此之由也今田無常民民無常居吏食日稟祿班未定可爲法制畫一定科租稅十一更賦如舊今者土廣民稀中地未墾雖然猶當限㠯大家勿令過制其地有草者盡曰官田力堪農事乃聽受之若聽其自取後必爲姦也本傳

法誡篇

周禮六典冢宰貳王而理天下春秋之時諸侯明德者皆一卿爲政爰及戰國亦皆然也秦兼天下則置丞相而貳之㠯御史大夫自高帝逮于孝成因而不改多終其身漢之隆盛是惟在焉夫任一人則政專任數人則相倚政專則和諧相倚則違戾和諧則太平之所興也違戾則荒亂之所起也光武皇帝慍數世之失權忿彊臣之竊命矯枉過直政不任下雖置三公事歸臺閣自此㠯來三公之職備員而已然政有不理猶加譴責而權移外戚之家寵被近習之豎親其黨類用其私人內充京師外布列郡顛倒賢愚貿易選舉疲駑守境貪殘牧民撓擾百姓忿怒四夷招致乖叛亂離斯瘼怨氣並作陰陽失和三光虧缺怪異數至蟲螟食稼水旱爲災此皆戚宦之臣所致然也反㠯策讓三公至于死免乃足爲叫呼蒼天號咷泣血者也又中世之選三公也務于清慤謹慎循常習故者是婦女之檢柙鄉曲之常人耳惡足㠯居斯位邪勢既如彼選又如此而欲望三公勳立于國家績加于生民不亦遠乎昔文帝之于鄧通可謂至愛而猶展申屠嘉之志夫見任如此則何患于左右小臣哉至于近世外戚宦豎請託不行意氣不滿立能陷人于不測之禍惡可得彈正之哉曩者任之重而責之輕今者任之輕而責之重昔賈誼感絳侯之困辱因陳大臣廉恥之分開引自裁之端自此㠯來遂㠯成俗繼世之主生而見之習其所嘗曾莫之悟嗚呼可悲夫左手據天下之圖右手刎其喉愚者猶知難之況明哲君子哉光武奪三公之重至今而加甚不假后黨㠯權數世而不行蓋親疏之勢異也母后之黨左右之人有此至親之勢故其貴任萬世嘗然之敗無世而無之莫之斯鑒亦可痛矣未若置丞相自總之若委三公則宜分任責成夫使爲政者不當與之婚姻婚姻者不當使之爲政也如此在位病人舉用失賢百姓不安爭訟不息天地多變人物多妖然後可㠯分此罪矣或曰政在一人權甚重也曰人實難得何重之嫌昔者霍禹竇憲鄧隲梁冀之徒藉外戚之權管國家之柄及其伏誅㠯一言之詔詰朝而決何重之畏乎今夫國家漏神明于媟近輸權重于婦黨算十世而爲之者八九焉不此之罪而彼之疑何其詭邪本傳

全後漢文卷八十八終

兆當作妃

愚人之愚當作婦

全後漢文卷八十九

烏程嚴可均校輯

仲長統三

昌言下（此下篇名並缺）

建旗伐鼓，高烽明候，守邊之猛將，非中國之良吏。和變法駕，清道而行，便辟揖讓，諸夏之威儀，非夷狄之有也。（意林）

廉隅貞潔者，德之令也。流逸奔隨者，行之汙也。風有所從來，俗有所由起。病其末者刈其本，惡其流者塞其源。夫男女之際，明別其外內，遠絕其聲音，激厲其廉恥，塗塞其釁隙，由尚有匋心之逸念，睇盼之過視，而況開其門，導其徑者乎。今嫁娶之會，捶杖以督之戲謔，酒醴以趣之情欲，宣淫佚于廣衆之中，顯陰私于族親之間，汙風詭俗，生淫長姦，莫此之甚，不可不斷者也。（羣書治要）

董賢之于哀帝，無骨肉絲髮之親，又不能傳其氣類，定其繼嗣，以丈夫宴接之歡，自成膠漆也。（意林）

漢興以來，皆引母妻之黨爲上將，謂之輔政，而所賴以治理者甚少，而所坐以危亡者甚衆。妙采于萬夫之望，其良猶未可得而遇也，況欲求之兆妾之黨，取之于驕盈之家，徼天幸以自獲其人者哉。夫以丈夫之智，猶不能久處公正，長思利害，耽榮樂寵，死而後已，又況愚人之愚，而望其遵巡正路，謙虛節儉，深圖遠慮，爲國家校計者乎。故其欲關豫朝政，愜快私願，是乃理之自然也。昔趙綰（舊有白字，今刪。趙綰事見申公傳。其獲罪因不奏事太后，可補班書之闕。）不奏事于太后，而受不測之罪；王章陳日蝕之變，而取背叛之誅。夫二后不甚名爲無道之婦人，猶尚如此，又況呂后、飛燕、傅昭儀之等乎。夫母之于我，尊且親；于其私親，亦若我父之欲厚其父兄子弟也。妻之于我，愛且媟；于其私親，亦若我之欲厚我父兄子弟也。我之欲盡孝順于慈母，無

之字衍

所擇事矣；我之欲效恩情于愛妻妾，亦無所擇力矣。而所求于我者，使非我有四體之勞苦、肌膚（舊有用字，今刪）之疾病也，夫以此欬唾盼睇之間至易也，誰能違此者乎。唯不世之主，抱獨斷絕異之明，有堅剛不移之氣，然後可庶幾其不陷沒流淪耳。（羣書治要）

景帝顯位刺史者，皆是宦臣子弟，猶如豺狼守肉，鬼魅侍疾。（意林）

日在天之內，在人之外。（意林。案：劉子心隱作日在天之外，而心在人之內。）

宦豎者，傳言給使之臣也。拚埽是爲，趨走是供，傳近（本作傳延，從文選宦者傳論注改）房臥之內，交錯婦人之間，又亦實刑者之所宜也。天文官者四星，在帝坐側，而周禮有其官職。至于武皇游宴後庭，置中書之官，領受軍事。（天文下三十四字從文選宦者傳論注補）孝宣之世，則以弘恭爲中書令，石顯爲僕射。中宗嚴明，二豎不敢容錯其姦心也。後暨孝元，常抱病而留好于音樂，悉以樞機委之石顯，則昏迷霧亂之政起，而仇忠害正之禍成矣。嗚呼，父子之間，相監至近，而明闇之分若此，豈不良足悲邪。孝桓皇帝起自蠡吾而登至尊，侯覽、張讓之等以亂承亂，政令多門，權利並作，迷荒帝主，濁亂海內。高命（命借爲明，易繫辭而命之，釋文孟本作明）士惡其如此，直言正論，與相摩切，被誣見陷，謂之黨人。靈皇帝登自解犢，以繼孝桓。中常侍曹節、侯覽等造爲維綱，帝終不寤，寵之日隆，唯其所言，無求不得。凡貪淫放縱，僭凌橫恣，撓亂內外，螫噬民化，隆自順桓之時，盛極孝靈之世，前後五十餘年，天下亦何緣得不破壞邪。古之聖人，立禮垂典，使子孫少在師保，不令處于婦女小人之間，蓋猶見此之良審也。（羣書治要）

和神氣，懲思慮，避風溼，節飲食，適嗜欲，此壽考之方也。不幸而有疾，則鍼石湯藥之之所去也。肅禮容，居中正，康道德，履仁義，敬天地，恪宗廟，此吉祥之術也。不幸而有災，則克己責躬之所復也。然而有禱祈之禮，史巫之事者，蓋中正、竭精誠也。下世（有脫字）其本而爲姦邪之階，于是淫厲亂神之禮興焉，侜張變怪之言起焉，丹書

大當作丈

厭勝之物作焉。故常俗忌諱可笑事，時世之所遂往，而通人所深疾也。且夫堀地九仞以取水，鑿山百步以攻金，入林伐木不卜日，適野刈草不擇時，及其搆而居之，制而用之，則疑其吉凶，不亦迷乎。簡郊社，慢祖禰，逆時令，背大順，而反求福祐于不祥之物，取信誠于愚惑之人，不亦謬乎。彼圖家畫舍，轉局指天者，不能自使室家滑利，子孫貴富，而望其能致之于我，不亦惑乎。今有嚴禁于下，而上不去，非教化之法也。諸厭勝之物，非禮之祭，皆所宜急除者也。情無所止，禮為之儉；欲無所齊，法為之防。越禮宜貶，踰法宜刑，先王之所以紀綱人物也。若不制此二者，人情之縱橫馳騁，誰能度其所極者哉。表正則影直，範端則器良，行之于上，禁之于下，非元首之教也。君臣士民，並順私心，又大亂之道也。頃皇子皇女有夭折，年未及殤，爵加王主之號，葬從成人之禮，非也。及下殤以上，已有國邑之名，雖不合古制，行之可也。王侯者，所與共受氣于祖

考，幹合而枝分者也，性類純美，臭味芬香，孰有加此乎。然而生長于驕溢之處，自恣于色欲之中，不聞典籍之法言，不因師傅之良教，故使其心同于夷狄，其行比于禽獸也。長幼相效，子孫相襲，家以為風，世以為俗，故姓族之殷，不與王侯婚者，不以其五品不和睦，閨門不潔盛邪，所貴于善者，以其有禮義也，所賤于惡者，以其有罪過也。今以所貴者教民，以所賤者教親，不亦悖乎。可令王侯子弟悉入大學，廣之以他山，肅之以二物，則腥臊之汙可除，而芬芳之風可發矣。群書治要。

有天下者，莫不君之以王，而治之以道。道有大中，所以為貴也。又何慕于空言高論難行之術哉。今為宮室者，崇臺數十層，長階十百仞，延袤臨浮雲，上樹九大旗，珠玉翡翠以為飾，連幃為城，搆帳為宮，起今為下四十一字從藝文類聚六十一補臺榭則高數十百尺，壁藝文類聚作璧帶加珠玉之物，木土被綈錦之飾，不見夫之女子，成市于宮中，未曾御之婦人，生幽于山陵，繼體之君，誠欲行道，雖父之所興，可有所壞者也；雖父之美人，可有所嫁者也。至若門庭足以容朝賀之會同，公堂足以陳千人之坐席，臺榭足以覽都民之有無，防闥足以殊五等之尊卑，宇殿高顯敞而不加以雕采之巧，錯塗之飾，是自有脫文其中也。苑囿池沼，百里而還，使芻蕘雉菟者，得時往焉。隨農郤而講事，因田狩以教戰，上虞郊廟，下虞賓客，是又自有脫文其中也。嫡庶之數，使從周制，妾之無子與希幸者，以時出之，均齊恩施，以廣子姓，使令之人，取足相供，時其上下，通其隔曠，是又自然其中也。在位之人，有乘柴馬弊車者矣，有食菽藿者矣，有親飲食之蒸烹者矣，有過客不敢沽酒市脯者矣，有妻子不到官舍者矣，有還奉藏者矣，有辭爵賞者矣，莫不稱述以為清邵，非不清邵，而不可以言中也。好節之士，有遇君子而不食其食者矣，有妻子凍餒而不納善人之施者矣，有茅茨蒿屏而上漏下溼者矣，有窮居僻處

求而不可得見者矣，莫不歎美以為高潔。此非不高潔，而不可以言中也。夫世之所以高此者，亦有由然。先古之制休廢，時王之政不平，直正不行，詐偽獨售，于是世俗同共知節義之難復持也，乃舍正從邪，背道而馳姦，彼獨能介然不為，故見貴也。如使王度昭明，藏除從古，服章不中法，則詰之以典制，貨財不及禮，則間之以志，故向所稱以清邵者，將欲何矯哉。向所歎云高潔者，將以何厲哉。故人主能使違時詭俗之行，無所復剴摩，困苦難為之約，無所復激切，步驟乎平夷之塗，偃息乎大中之居，人享其宜，物安其所，然後足以稱賢聖之王公中和人之當作君子矣。群書治要。

古者君之于臣，無不答拜也。雖王者有變，不必相因，猶宜存其大者。御史大夫，三公之列也，今不為起，非也。為太子時太傅，即位之後，宜常答其拜。少傅可比三公，為之起。周禮，王為三公六卿錫衰，為諸侯緦衰，為大夫士疑衰，及于其病時，皆自問焉。古禮雖難悉

奉行師傅三公所不宜闕者也凡在京師大夫以上疾者可遣使修賜問之恩州牧郡守遠者其死然後有弔贈之禮也坐而論道謂之三公作而行之謂之士大夫論道必求高明之士幹事必使良能之人非獨三太三少可與言也凡在列位者皆宜及焉故士不與其言何以知其術之淺深不試之事何以知其能之高下與羣臣言議者又非但用觀彼之志行察彼之才能也乃所以自弘天德益聖性也（文有脫）猶十五志學朋友講習自強不息德與年進至于七十然後從心而不踰矩況于不及中規者乎而不自勉也公卿列校侍中尚書皆九州之選也而不與之從容言議諮論古事訪國家正事問四海豪英琢磨珪璧染練金錫何以昭仁心于民物廣令聞于天下哉人主有常不可諫者五焉一曰廢后黜正二曰不節情欲三曰專愛一人四曰寵幸佞諂五曰驕貴外戚廢后黜正覆其國家者也不節情欲伐其性命者也專愛一人絕其繼嗣者也寵幸佞諂壅蔽忠正者也驕貴外戚淆亂政治者也此爲疾痛在于膏肓此爲傾危比于累卵者也然而人臣破首分形所不能救止也不忌（當作忘）初故仁也以計御情智也以嚴專制禮也豐之以財而勿與之位亦足以爲恩也封之以土而勿與之權亦足以爲厚也何必友（疑有誤舊校云恐當作久）年彌世惑賢亂國然後于我心乃快哉（羣書治要）

人愛我我愛之人憎我我憎之（意林）

天下士有三俗選士而論族姓閥閱一俗交游趨富貴之門二俗畏服不接于貴尊三俗天下之士有三可賤慕名而不知實一可賤不敢正是非于富貴二可賤向盛背衰三可賤（意林）

天下學士有三姦焉實不知詳不言一也竊他人之記以成己說二也受無名者移知者三也（意林）

知言而不能行謂之疾此疾雖有天醫莫能治也同于我者何必

可愛異于我者何必可憎智足以立難成之事能足以圖□□□□附者不黨疏者不遺（意林）

婦人有朝哭良人暮適他士涉歷百庭顏色不愧今公侯之宮卿士之家侍妾數十晝則以醇酒淋其骨髓夜則以房室輸其血氣（意林）

人之性有山峙淵停者患在不通嚴剛貶絕者患在傷士廣大闊蕩者患在無檢和順恭慎者患在少斷端愨清潔者患在拘狹辯通有辭者患在多言安舒沈重者患在後時好古守經者患在不變（意林）

疏濯胸臆澡雪腹心使之芬香皓潔白不可汙也（意林）

道德仁義天性也織之以成其徽纁（當作練）之以致其情瑩之以發其光（文選廣絕交論注意林御覽四百三）

人之事親也不去乎父母之側不倦乎勞辱之事唯父母之所言也唯父母之所欲也于其體之不安則不能寢于其飡之不飽則不能食孜孜爲此以沒其身惡有爲此人父母而憎之者也人之事君也言無小大無所愆也事無勞逸無所避也其見識知也則不恃恩寵而加敬其見遺忘也則不懷怨恨而加勤安危不貳其志險易不革其心孜孜爲此以沒其身惡有爲此人君長而憎之者也人之交士也仁愛篤恕謙遜敬讓忠誠發乎內信效著乎外流言無所受愛憎無所偏幽闇（本作開意林作暗知是闇字）則攻己之所短（本作攻人之短從御覽四百六改補所字從意林補下句倣此）會同（本作會友從意林御覽改）則述人之所長有負我者我又加厚焉有疑我者我又加信焉患（意林無患字）難必相恤利必相及（恤利必相四字從意林補）行潛德而不有立潛功而不名孜孜爲此以沒其身惡有與此人交而憎之者也故事親而不爲親所知是孝未至者也事君而不爲君所知是忠未至者也與人交而不爲人所知是信義未至者也父母怨咎人不以正已審其不然可違

而不報也。父母欲與人以官位爵祿。而才實不可。可違而不從也。父母欲爲奢泰侈靡以適心快意。可違而不許也。父母不好學問。疾子孫之爲之。（意林作學之。）可違而學也。父母不好善士。惡子孫交（意林作友）之。可違而友（意林作交）也。士友有患。故待己而濟。父母不欲其行。可違而往也。故不可違而違。非孝也。可違而不違。亦非孝也。好不違。非孝也。好違。亦非孝也。其得義而已也。（羣書治要。）

昔高祖誅秦項而陟天子之位。光武討篡臣而復已亡之漢。皆受命之聖主也。蕭、曹、丙、魏、平、勃、霍光之等。夷諸呂。尊大宗。廢昌邑而立孝宣。經緯國家。鎮安社稷。一代之名臣也。二主數子之所以震威四海。布德生民。建功立業。流名百世者。唯人事之盡耳。無天道之學焉。然則王天下作大臣者。不待于知天道矣。所貴乎用天之道者。則指星辰以授民事。順四時而興功業。其大略也。吉凶之祥。又何取焉。故知天道而無人略者（當作事。）是巫醫卜祝之伍。下愚不齒之民也。信天道而背人略者。是昏亂迷惑之主。覆國亡家之臣也。問者曰。治天下者。壹之乎人事。抑亦有取諸天道也。曰。所取于天道者。謂四時之宜也。所壹于人事者。謂治亂之實也。周禮之馮相保章。其無所用邪。曰。大備于天人之道耳。是非治天下之本也。是非理生民之要也。曰。然則本與要奚所存邪。曰。王者官人無私。唯賢是親。勤䘏政事。屢省功臣。賞錫期于功勞。刑罰歸乎罪惡。政平民安。各得其所。則天地將自從我而正矣。休祥將自應我而集矣。惡物將自舍我而亡矣。求其不然。乃不可得也。王者所官者。非親屬則寵幸也。所愛者。非美色則巧佞也。以同異爲善惡。以喜怒爲賞罰。取乎麗女。怠乎萬機。黎民冤枉（脫一字。）類殘賊。雖五方之兆。不失四時之禮。斷獄之政。不違冬日之期。蓍龜積于廟門之中。犧牲羣于麗碑之間。馮相坐臺上而不下。祝史伏壇旁而不去。猶無益于敗亡也。從此言之。人事爲本。天道爲末。不其然與。故審我已

善。而不復恃乎天道。上也。疑我未善。引天道以自濟者。其次也。不求諸己。而求諸天者。下愚之主也。令夫王者。誠忠心于自省。專思慮于治道。自省無愆。治道不謬。則彼嘉物之生。休祥之來。是我汲井而水出。鑽鑿而火燃者耳。何足以爲賀者邪。故歡于報應。喜于珍祥。是劣者之私情。未可謂大上之公德也。（羣書治要。）

英辭雨集。妙句雲來。（意林。北堂書鈔一百歎賞類作英才若雨。妙句如雲。文選沈約宋書謝靈運傳論注作英辭雨下。）

愛（當有惡字。）相攻。命之自然也。愜快以志。人情之所欲也。（意林。）

嗽舌下泉咽之。名曰胎食。得道者生六翮于臂。長毛羽于腹。飛無階之蒼天。度無窮之世俗。（意林。）

北方寒而其人壽。南方暑而其人夭。此寒暑之方驗于人者也。鈞之蠶也。寒而餓之。則引日多。溫而飽之。則引日少。此寒溫餓飽之爲修短。驗于物者也。（意林。御覽八百二十五。）

行氣可以不飢不病。吾始者未之信也。至于爲之者。盡乃然矣。養性之方。若此至約。而吾未之能也。豈不以心馳于世務。思銳于人事哉。他人之不能者。又必與吾同此疾也。昔有明師。知不死之道者。燕君使人學之。不捷而師死。燕君怒其使者。將加誅焉。諫者曰。夫所憂者莫過乎死。所重者莫急乎生。彼自喪其生。亦安能令吾君不死也。君乃不誅。其諫辭則此爲良說矣。然亦非至當之論。使彼有不死之方。若吾所聞行氣之法。則彼說師之死者。未必不知道也。直不能棄世事而爲之。故雖知之而無益耳。非無不死之法者也。（抱朴子內篇至理。）

河南密縣有卜成者。學道經久。乃與家人辭去。其始步稍高。遂入雲中不復見。此所謂舉形輕飛。白日昇天。仙之上者也。（抱朴子內篇至理。）

薊子訓不知何郡人。到陳公舍。自云今日當死。陳公與之一著單衣。入室寢。日中果死。（御覽六百九十一。）

魏王所集方士名。上黨王眞、隴西封君達、甘陵甘始、魯女生、譙國華佗字元化、東郭延年、唐霤、冷壽光、河南卜式、張貂、薊子訓、汝南費長房、鮮奴辜、魏國軍吏河南趙聖卿、陽城郄儉字孟節、廬江左慈字元放。右十六人魏文帝東阿王仲長統所說。博物志五。

典論又云。王仲統云。當作東阿王及仲長統云。甘始、左元放、東郭延年、行容成御婦人法。並爲丞相所錄。間行其術。亦得其驗。降就道士劉景受雲母九子元方。年三百歲。莫知所在。武帝恒御此藥。亦云有驗。劉德治淮南王獄。得枕中鴻寶秘書。及子向咸共奇之。信黃白之道可成。謂神仙之道可致。卒亦無驗。乃以罹罪也。博物志五。案此二條出典論。又與子建相亂。非皆昌言原文。故附載焉。自嗽舌下泉已下。當同在一篇。

湯。契後。秦。益後。益即皋陶子也。意林。案此已上依本傳治要意林寫出。不系仲長子原文。已下各書引見于原文無考。依各書先後錄之。

使居有良田廣宅。背山臨流。溝池環市。竹木周布。場圃築前。果園樹後。舟車足以代步涉之難。使令足以息四體之役。養親有兼珍之膳。妻孥無苦身之勞。良朋萃止。則陳酒肴以娛之。嘉時吉日。則烹羔豚以奉之。躕躇畦苑。遊戲平林。濯清水。追涼風。釣游鯉。弋高鴻。諷于舞雩之下。詠歸高堂之上。安神閨房。思老氏之玄虛。呼吸精和。求至人之彷彿。與達者數子。論道講書。俯仰二儀。錯綜人物。彈南風之雅操。發清商之妙曲。逍遙一世之上。睥睨天地之間。不受當時之責。永保性命之期。如是則可以陵霄漢。出宇宙之外矣。豈羨夫入帝王之門哉。本傳。統常以爲凡遊帝王者欲以立身揚名耳。而名不常存。人生易滅。優遊偃仰。可以自娛。欲卜居清曠。以樂其志。論之曰云云。據文選閑居賦注引昌言曰。溝池自周。竹木自環。今此有溝池環市。竹木周布二語。知即三十四篇之一。疑在自敘篇。或當以卜居名篇。胡維新兩京遺篇題爲樂志論。而出之昌言外。非也。

天爲之時。而我不農。穀亦不可得而取之。青春生焉。時雨降焉。始之耕田。終之簠簋。惰者釜之。勤者鍾之。矧夫不爲而尙乎食也哉。齊民要術序。

叢林之下。爲倉庾之坻。魚鼈之堀。爲耕稼之場者。此君長所用心也。是以太公封而斥鹵播嘉穀。鄭白成而關中無饑年。蓋食魚鼈而藪澤之形可見。觀草木而肥墝之勢可知。齊民要術序。

稼穡不修。桑果不茂。畜產不肥。鞭之可也。杝落不完。垣牆不牢。埽除不淨。笞之可也。此督課之方也。且天子親耕。皇后親蠶。況夫田父而懷窳惰乎。齊民要術序。

鮑魚之肆。不自以氣爲臭。四夷之人。不自以食爲異。生習然也。居積習之中。見生然之事。孰自知也。斯何異蓼中之蟲。而不知藍之甘乎。齊民要術序。

宗均爲九江守。五日一聽事。夏以旦。冬以中。北堂書鈔未改本三十六清淨。

公卿大夫。莫不先歷三七之官。雖有賢才。皆級次進。官之有級。猶階之有等也。北堂書鈔未改本四十九設官。升階越等。其步也亂。登朝越等。敗禮傷法。是以古人之初仕也。雖有賢才。皆以級賜進焉。賈生有言。治國取人。務在求能。故裁國之無利器。猶鏤以鉛刀。而望其切。不亦疏乎。御覽二百三。

冢宰。堯官也。藝文類聚四十五。御覽二百六。

今人主不思神芝朱草。甘露零。醴泉涌。而患枇杷荔枝之腐。亦鄙甚矣。藝文類聚八十七。白孔六帖一百。御覽九百七十一枇杷又荔枝。

漢安帝時。有異物生于長樂宮延年殿後東廡柏樹。及永巷南園御覽作闘合歡樹。議者以爲芝草也。羣臣皆賀。受賜。藝文類聚八十九。御覽九百六十。

笏以御覽作以笏書君教令。記善刺過。今之持版以象焉。初學記二十六。御覽六百四十五。又六百九十二。

淑清穆和之氣既宣。醇釀之化既浹。文選魏都賦注。

斧帳翠屏之不坐。文選天台山賦注。

古之葬者。松柏梧桐。以識其墳也。文選潘安仁懷舊賦注。阮籍詠懷詩注。陸機門有車馬客行注。古詩驅車上東門注。丘遲與陳伯之書注。陳琳爲袁紹檄豫州注。

喜怒哀樂好惡。謂之六情。（文選文賦注。）

乘此風順此流而下走。誰復能爲此限者哉。（文選琴賦注。）

捷疾馳。影響人間也。（文選贈白馬王彪詩注。）

築臺起功。（文選謝靈運還舊園詩注。寔此疑有天下者篇約文。）

聞上古之隱士。或夫負妻戴。以入山澤。伏重岫之內。窟窮皋之底。（文選陶淵明經曲阿詩注。張景陽七命注。）

蕩蕩乎若昇天路。而不知夫所登也。子若昇天路也。（文選謝靈運入華子岡詩注。曹子建襍詩注。與吳季重書注。）

彊者勝弱。智者欺愚。（文選陸機塘上行注。）

事求絲髮之釁。（文選鮑照白頭吟注。）

有軍興之大役焉。有凶荒之殺用焉。如此則清修潔皎之士。固當食茶盬膽。枕藉荊棘。（文選謝元暉始出尚書省詩注。）

引之以敘義。（文選任彥昇爲卞彬謝修卞忠貞墓啟注。又奏彈劉整注。）

清如冰碧。潔如霜露。輕賤世俗。高立獨步。此士之次也。（文選曹子建與楊德祖書注。）

節操淩高雲。（文選石季倫思歸引序注。）

周禮。女巫掌歲時。祓除疾病。禊者潔也。于水上盥潔也。巳者祉也。邪疾已去。祈介祉也。（文選顏延年曲水詩序注。）

姦慝旣弭。警蹕清夷。（文選顏延年曲水詩序注。又王元長曲水詩序注。）

子長班固述作之士。（文選王文憲集序注。）

高光二祖之神武。遇際會而不能得。（文選干令升晉武革命論注。）

爲音樂。則歌兒舞女。千曹而迭起。（文選宦者傳論注。）

探心測意。世加甚焉。（文選演連珠注。）

運籌于几案之前。而所制者。乃百代之後。（文選石闕銘注。）

五位以正方面。（文選石闕銘注。）

直道正辭。貞亮之節。（文選郭林宗碑文注。）

百夫之豪。州以千計。（文選頭陀寺碑文注。）

以一人之好惡。裁萬品之不同。（文選頭陀寺碑文注。）

規矩可模者。師傅之德也。（文選齊安陸王碑文注。）

救患赴急。跋涉奔波者。憂樂之盡也。（文選齊竟陵王行狀注。）

昔秦用商君之法。張彌天之網。然陳涉大呼于沛澤之中。天下嚮應。人不爲用者。怨毒結于天下也。（長短經政體。）

攻玉以石。滌布以灰。（御覽八百二十六。）

全後漢文卷八十九終

椽當作掾

全後漢文卷九十

烏程嚴可均校輯

王粲一

粲字仲宣。山陽高平人。初辟司徒府。除黃門侍郎。不就。至荊州依劉表。荊州平。曹公辟爲丞相椽。封關内矦。遷軍謀祭酒。進侍中。有去伐論集三卷。漢末英雄記十卷。集十一卷。

大暑賦

惟林鍾之季月。重陽積而上升。熹潤土之溽暑。扇溫風而至興。或赫爔以瘴炎。或鬱術而燠蒸。獸狠望以倚喘。鳥垂翼而弗翔。根生苑而焦炙。豈含血而能當。遠昆吾之中景。天地翕其同光。征夫瘼于原野。處者困于高堂。患衽席之焚灼。譬洪燎之在牀。起屏營而東西。欲避之而無方。仰庭槐而嘯風。風既至而如湯。氣呼吸以祛裾。汗雨下而沾裳。就清泉以自沃。猶淟涊而不涼。體煩茹以於悒。心憤悶而窘惶。于是帝后順時。幸九嵕之陰岡。託甘泉之清野。御華殿于林光。潛廣室之邃宇。激寒流于下堂。重屋百層。垂陰千廡。九闥洞開。周帷高舉。堅冰常奠。寒饌代敘。（藝文類聚五。初學記三。御覽三十四。）

雄風颯然兮。時動帷帳之纖羅。（書鈔一百三十二。）

游海賦

含精純之至道兮。將輕舉而高厲。游余心以廣觀兮。且彷徉乎四裔。乘蘭桂之方舟。浮大江而遙逝。翼驚風以長驅。集會稽而一憩。登陰隅以東望兮。覽滄海之體勢。吐星出日。天與水際。其深不測。其廣無臬。尋之冥地。不見涯洩。章亥所不極。盧敖所不屆。洪洪洋洋。誠不可度也。處嵎夷之正位兮。同色號于穹蒼。苞吐納之弘量。正宗廟之紀綱。總眾流而臣下。爲百谷之君王。洪濤奮蕩。大浪踊躍。山隆谷窳。宛亶相搏。懷珍藏寶。神隱怪匿。或無氣而能行。或含血而不食。或有葉而無根。或能飛而無翼。鳥則爰居孔鵠。翡翠鷫鷞。繽紛往來。沈浮翱翔。魚則橫尾曲頭。方目偃頷。大者若丘陵。小者重鈞石。乃有賁蛟大貝。明月夜光。蠵鼊瑇瑁。金質黑章。若夫長洲別島。旗布星峙。高或萬尋。近或千里。桂蘭蘩乎其上。珊瑚周乎其趾。羣犀代角。巨象解齒。黃金碧玉。名不可紀。（北堂書鈔一百三十七。藝文類聚八。初學記六兩引。又文選江賦注。）

丹當作舟

浮淮賦

從王師以南征兮。浮淮水而遐逝。背渦浦之曲流兮。望馬丘之高澨。泛洪檝于中潮兮。飛輕舟乎濱濟。建眾檣以成林兮。譬巫山之樹藝。于是迅風興。濤波動。長瀨潭渨。滂沛洶溶。鉦鼓若雷。旌麾翳日。飛雲天迴。□□□□若鷹飄逸。遞相競軼。淩驚波以高騖。馳駭浪而赴質。加丹徒之巧極。美榜人之閑疾。白日未移。前驅已屆。羣師按部。左右就隊。軸轤千里。名卒億計。運茲威以赫怒。清海隅之蔕芥。濟元勳于一舉。垂休績于來裔。（書鈔一百三十七。一百三十八。藝文類聚八。初學記六。）

閑邪賦

夫何英媛之麗女。貌洵美而豔逸。橫四海而無仇。超遐世而秀出。發唐棣之春華。當盛年而處室。恨年歲之方暮。哀獨立而無依。情紛挐以交橫。意慘悽而增悲。何性命之奇薄。愛兩絕而俱違。排空房而就衽。將取夢以通靈。目炯炯而不寐。心忉怛而惕驚。（藝文類聚十八。）

關山介而阻險。（文選謝元暉暫使下都夜發新林贈西府同僚詩注。）

願爲環以約腕。（書鈔一百三十六引王粲閑居賦。當是閑邪之誤。）

出婦賦

既僥倖兮非望。逢君子兮弘仁。當隆暑兮翕赫。猶蒙眷兮見親。更盛衰兮成敗。思情固兮日新。竦余身兮敬事。理中饋兮恪勤。君不篤兮終始。樂枯荑兮一時。心搖蕩兮變易。忘舊姻兮棄之。馬已駕兮在門。身當去兮不疑。攬衣帶兮出戶。顧堂室兮長辭。（藝文類聚三十。）

傷夭賦

惟皇天之賦命實浩蕩而不均或老終吕長世或昏夭而夙泯物雖存而人亡心惆悵而長慕哀皇天之不惠抱此哀而何愬求魂神之形影羌幽冥而弗迕淹徘徊吕想像心彌結而紆縈晝忽忽其若昏夜炯炯而至明藝文類聚三十四

思友賦

登城隅之高觀忽臨下吕翱翔行游目于林中覩舊人之故場身既沒而不見餘迹存而未喪滄浪浩兮迴流波水石激兮揚素精夏木兮結莖春鳥兮愁鳴平原兮泱漭綠草兮羅生超長路兮逶迤實舊人兮所經身既逝兮幽翳魂眇眇兮藏形藝文類聚三十四

寡婦賦

闔門兮却埽幽處兮高堂提孤孩兮出戶與之步兮東廂顧左右兮相憐意悽愴兮摧傷觀草木吕敷榮感傾葉兮落時人皆懷兮歡豫我獨感兮不怡日掩曖兮不昏明月皎兮揚暉坐幽室兮無為登空牀兮下幃涕流連兮交頸心憯結兮增悲藝文類聚三十四

欲引刃而自裁顧弱子而復停文選潘岳寡婦賦注

初征賦

違世難吕迴折兮超遙集乎蠻楚逢屯否而底滯兮忽長幼吕羈旅賴皇華之茂功清四海之疆宇超南荆之北境踐周豫之末畿野蕭條而騁望路周達而平夷春風穆其和暢兮庶卉煥吕敷蕤行中國之舊壤實吾願之所依當短景之炎陽犯隆暑之赫曦薰風溫溫吕增熱體燁燁其若焚藝文類聚五十九

登樓賦

登茲樓吕四望兮聊暇日吕銷憂覽斯宇之所處兮實顯敞而寡仇挾清漳之通浦兮倚曲沮之長洲背墳衍之廣陸兮臨皋隰之沃流北彌陶牧西接昭丘華實蔽野黍稷盈疇雖信美而非吾土兮曾何足吕少留遭紛濁而遷逝兮漫踰紀吕迄今情眷眷而懷

歸兮孰憂思之可任憑軒檻吕遙望兮向北風而開襟平原遠而極目兮蔽荆山之高岑路逶迤而脩迥兮川既漾而濟深悲舊鄉之壅隔兮涕橫墜而弗禁昔尼父之在陳兮有歸歟之歎音鍾儀幽而楚奏兮莊舄顯而越吟人情同于懷土兮豈窮達而異心惟日月之逾邁兮俟河清其未極冀王道之一平兮假高衢而騁力懼匏瓜之徒懸兮畏井渫之莫食步棲遲吕徙倚兮白日忽其將匿風蕭瑟而竝興兮天慘慘而無色獸狂顧吕求羣兮鳥相鳴而舉翼原野闃其無人兮征夫行而未息心悽愴吕感發兮意忉怛而憯惻循階除而下降兮氣交憤于胸臆夜參半而不寐兮悵盤桓吕反側文選藝文類聚六十三

羽獵賦

遵古道吕游豫兮昭勸助乎農圃用時隙之餘日兮陳苗狩而講旅濟漳浦而橫陣倚紫陌而竝征樹重圍于西阯列駿騎乎平坰相公乃乘輕軒駕四駱駙流星屬繁弱選徒命士咸與竭作旌旗雲擾鋒刃林錯揚暉吐火曜野蔽澤山川于是搖蕩草木為之摧撥禽獸振駭魂亡氣奪興頭觸系搖足遇撻陷心裂胃潰腦破顙鷹犬競逐奕奕霏霏下韝窮緤搏肉噬肌墜者若雨僵者若坻清野滌原莫不殲夷藝文類聚六十六又初學記二十二引三條

酒賦

帝女儀狄旨酒是獻苾芬享祀人神式宴辯其五齊節其三事醍沈盎泛清濁各異章文德于廟堂協武義于三軍致子弟之孝養糾骨肉之睦親成朋友之懽好贊交往之主賓既無禮而不入又何事而不因賊功業而敗事毀名行吕取誣遺大恥于載籍滿簡帛而見書孰不飲而羅茲罔非酒而惟事昔在公旦極茲話言濡首屢舞談易作難大禹所忌文王是艱暨我中葉酒流猶多羣庶崇飲日富月奢藝文類聚七十二書鈔一百四十八

神女賦

惟天地之普化。何產氣之淑真。陶陰陽之休液。育天麗之神人。稟自然以絕俗。超希世而無羣。體纖約而方足。膚柔曼以豐盈。髮似玄鑒。鬢類削成。質素純皓。粉黛不加。朱顏熙曜。曄若春華。口譬含丹。目若瀾波。美姿巧笑。靨輔奇葩。戴金羽之首飾。珥照夜之珠瑙。襲羅綺之黼衣。曳縟繡之華裳。錯繽紛以雜佩。袿熠爚而焜煌。退變容而改服。冀致態以相移。發筵對兮倚牀垂。税袿裳兮免簪笄。施華的（史記索隱作玄旳）兮結羽釵。揚蛾微眄。懸邈流離。婉約綺媚。舉動多宜。稱詩表志。安氣和聲。探懷授心。發露幽情。彼佳人之難遇。真一遇而長別。顧大罰之淫愆。亦終身而不滅。心交戰而貞勝。乃回意而自絕。（藝文類聚七十九。書鈔一百三十五。文選潘岳寡婦賦注。史記五宗世家索隱。御覽三百八十一。又七百十九。）

投壺賦序

夫注心銚念。自求諸身。投壺是也。（御覽七百四十三。）

圍棋賦序

清靈體道。稽謨玄神。圍棋是也。（御覽七百五十三。）

彈棋賦序

因行騁志。通權達理。六博是也。（御覽七百五十四。）

迷迭賦

惟遐方之珍草兮。產崑崙之極幽。受中和之正氣兮。承陰陽之靈休。揚豐馨于西裔兮。布和種于中州。去原野之側陋兮。植高宇之外庭。布萋萋之茂葉兮。挺苒苒之柔莖。色光潤而采發兮。以孔翠之揚精。（藝文類聚八十一。）

瑪瑙勒賦

遊大國以廣觀兮。覽希世之偉寶。總衆材而課美兮。信莫臧于瑪瑙。被文采之華飾。雜朱綠與蒼阜。于是乃命工人。裁以飾勒。因姿象形。匪彫匪刻。厥容應規。厥性順德。御世嗣之駿服兮。表騄驥之儀式。（藝文類聚八十四。御覽三百五十八。又八百八。）

車渠椀賦

侍君子之宴坐。覽車渠之妙珍。挺英才于山岳。含陰陽之淑真。飛輕縹與浮白。若驚風之飄雲。光清朗以內曜。澤溫潤而外津。體貞剛而不撓。理脩達而有文。雜玄黃以為質。似乾坤之未分。兼五德之上美。超衆寶而絕倫。（藝文類聚八十四。御覽八百八。）

援柔翰以作賦。（文選左思詠史詩注。）

槐樹賦

惟中唐之奇樹。稟自然之天姿。超疇畝而登殖。作階庭之華暉。形禕禕以暢條。色采采而鮮明。豐茂葉之幽藹。履中夏而敷榮。既立本于殿省。植根柢其弘深。鳥願棲而投翼。人望庭而披襟。（藝文類聚八十八。初學記二十八。）

柳賦

昔我君之定武。改天屆而徂征。元子從而撫軍。值嘉木于茲庭。歷春秋以踰紀。行復出于斯鄉。覽茲樹之豐茂。紛旖旎以修長。枝扶疏而覃布。莖槮梢以奮揚。人情感于舊物。心惆悵以增慮。行游目而廣望。覩城壘之故處。悟元子之話言。信思難而存懼。嘉甘棠之不伐。畏取累于此樹。苟遠迹而退之。豈駕遲而不屬。（藝文類聚八十九。初學記二十八。）

白鶴賦

（上闕）白翎稟靈龜之修壽。資儀鳳之純精。接王喬于湯谷。駕赤松于扶桑。飡靈岳之瓊蘂。吸雲表之露漿。（藝文類聚九十。）

鶡賦

惟茲鶡之為鳥。信才勇而勁武。服乾剛之正氣。被淯駿之質羽。總晨風以羣鳴。震聲發乎外宇。厲廉風與猛節。超羣類而莫與。惟膏薰之焚銷。固自古之所吝。逢虞人而見獲。遂因執乎縹纍。賴有司之圖功。不閙小而漏微。令薄軀㠯免害。從孔鶴于園沼。藝文類聚九十。

鸚鵡賦

步籠阿㠯躑躅。叩衆目之希稠。登衡幹㠯上干。噭哀鳴而舒憂。聲嚶嚶㠯高厲。又憀憀而不休。聽喬木之悲風。羨鳴友之相求。日奄藹㠯西邁。忽逍遙而旣冥。就隅角而斂翼。倦獨宿而宛頸。藝文類聚九十。

鶯賦

覽堂隅之籠鳥。獨高懸而背時。雖物微而命輕。心悽愴而愍之。日奄藹㠯西邁。忽逍遙而旣冥。就隅角而斂翼。眷獨宿而宛頸。歷長夜㠯向晨。聞倉庚之羣鳴。春鳩翔于南藂。戴鵟集乎東榮。旣同時而異憂。實感類而傷情。藝文類聚九十二。

爲劉荊州諫袁譚書

天降災害。禍難殷流。初交殊族。卒成同盟。使王室震蕩。彝倫攸斁。

是㠯智達之士。莫不痛心入骨。傷時人不能相忍也。然孤與太公。志同願等。雖楚魏絕邈。山河迥遠。戮力乃心。共獎王室。使非族不干吾盟。異類不絕吾好。此孤與太公無貳之所致也。功績未卒。太公殂隕。賢胤承統。㠯繼洪業。宣奕世之德。履丕顯之祚。摧嚴敵于鄴都。揚休烈于朔土。顧定疆宇。虎視河外。凡我同盟。莫不景附。案自太公殂隕至此。魏氏春秋作尊公殂隕。四海悼心。賢胤承統。遐邇屬望。咸欲展布旅力。㠯投盟主。雖亡之日。猶存之願也。何悟青蠅飛于竿旌。無忌游于二壘。使股肱分成二體。匈膂絕爲異身。初聞此問。尙謂不然。定聞信來。乃知閼伯實沈之忿已成。棄親卽讎之計已決。旃斾交于中原。暴尸累于城下。聞之哽咽。若存若亡。昔三王五伯。下及戰國。君臣相弒。父子相殺。兄弟相殘。親戚相滅。蓋時有之。然或欲㠯成王業。或欲㠯定霸功。皆所謂逆取順守。而徼富强于一世也。未有棄親卽異。兀其根本。而能全于長世者也。魏氏春秋作而能崇業繼功垂祚後世者也。昔齊襄公報九世之讎。士匄卒荀偃之事。

亡當作忘

是故春秋美其義。君子稱其信。夫伯游之恨于齊。未若太公之忿于曹也。宣子之臣承業。未若仁君之繼統也。且君子違難不適讎國。交絕不出惡聲。況亡先人之讎。棄親戚之好。而爲萬世之戒。遺同盟之恥哉。蠻夷戎狄。將有誚讓之言。況我族類。而不痛心邪。夫欲立竹帛于當時。全宗祀于一世。豈宜同生分謫。爭校得失乎。若冀州有不弟之慠。無慚順之節。仁君當降志辱身。㠯濟事爲務。事定之後。使天下平其曲直。不亦爲高義邪。今仁君見憎于夫人。未若鄭莊之于姜氏。昆弟之嫌。未若重華之于象敖。然莊公卒從大隧之樂。象敖終受有鼻之封。願捐棄百痾。追攝舊義。復爲母子如初。今整勒士馬。瞻望鵠立。後漢袁紹傳注云。書見王粲集。又魏志袁紹傳注引魏氏春秋。有刪節。

天篤降害。禍亂殷流。尊公殂殞。四海悼心。賢胤承統。遐邇屬望。咸欲展布旅力。㠯投盟主。雖亡之日。猶存之願也。何寤青蠅飛于干旍。無極游于二壘。使股肱分爲二體。背膂絕爲異身。昔三王五伯。

親上脫棄字

象上脫于字

下及戰國。父子相殘。蓋有之矣。然或欲㠯成王業。或欲㠯定霸功。或欲㠯顯宗主。或欲㠯固冢嗣。未有親卽異。杌其本根。而能崇業濟功。垂祚後世者哉。若齊襄復九世之讎。士匄卒荀偃之事。是故春秋美其義。君子稱其信。夫伯游之恨于齊。未若文公之忿曹。宣子之成業。未若仁君之繼統也。且君子之違難。不適讎國。豈可忘先君之怨。棄至親之好。爲萬世之戒。遺同盟之恥哉。冀州不弟之慠。旣已然矣。仁君當降志辱身。㠯匡國爲務。雖見憎于夫人。未若鄭莊之于姜氏。兄弟之嫌。未若重華之象傲也。然莊公有大隧之樂。象受有鼻之封。願棄捐前忿。遠思舊義。復爲母子昆弟如初。魏志袁紹傳注引魏氏春秋與後漢書小異。今並錄之。

爲劉荊州與袁尙書

表頓首頓首。將軍麾下。勤整六師。芟討暴虐。戎馬廝養。罄無不宜。甚善甚善。河山阻限。狼虎當路。雖遣驛使。或至或否。口使引領告而莫逢。初聞郭公則辛仲治通內外之言。造交遘之隙。使士民不協。姦孽竝作。聞之謬然。爲增忿怒。校尉劉堅、皇河、田買等前後到荆。得二月六日所起書。又得賢兄貴弟顯雍及審別駕書。陳敘事變本末之理。知變起辛郭。禍結同生。追閼伯實沈之蹤。忘棠棣死喪之義。親尋干戈。僵死流血。聞之哽咽。若存若亡。乃追案書傳。思與古比。昔軒轅有涿鹿之戰。周公有商奄之軍。皆所㠯翦除災害而定王業者也。非强弱之爭。喜怒之忿也。是故滅親不爲尤。誅兄不傷義也。今二君初承洪業。纂繼前軌。進有國家傾危之慮。退有先公遺恨之責。當惟曹氏是務。不爭雄雌之勢。惟國是康。不計曲直之利。雖蒙塵垢罪。下爲隸圉。析入汙泥。猶當降志辱身。方㠯定事爲計。何者。夫金木水火㠯剛柔相濟。然後克得其和。能爲民用。若使金與金相迕。火與火相爛。則燋然摧折。俱不得其所也。今青州天性峭急。迷于目前。曲直是非。昭然可見。仁君智數弘大。綽有

餘裕。當㠯大包小。㠯優容劣。歸是于此。乃道敘之和。義士之行也。縱不能爾。有難忍之忿。且當先除曹操。㠯卒先公之恨。事定之後。乃議兄弟之怨。使記注之士。定曲直之評。不亦上策邪。且初天下起兵。㠯尊門爲主。是㠯衆寡喁喁。莫不樂袁氏之大也。今雖分裂。有存有亡。嚮然景附。未有革心。若仁君兄弟能悔前之謬。克己復禮。㠯從所驩。則弱者自㠯爲强。危者自㠯爲寧。誠欲戮力長驅。共奬王室。雖亡之日。猶存之願。則伊周不足參。五伯不足六也。若使迷而不返。遂而不改。則戎狄蠻夷將有誚讓之言。況我同盟。復能戮力爲君之役哉。則是太公墳壠。將有汙池之禍。夫人弱小。將有滅族之變。彼之與此。豈可同日而論之哉。且行違道㠯自存。猶尚不可。況失義㠯自亡。而遺敵之禽哉。此韓盧東郭自困于前。而遺田父之獲也。昔齊公孫竈卒。晏子知子期之不免也。故曰二惠競爽猶可。又弱一箇。姜氏危哉。袁與劉左將軍及北海孫公佑共說此事。未嘗不痛心入骨。相爲悲傷也。今整勒士馬。憤踊鶴立。冀聞和同之聲。約一舉之期。故復遣信。并與青州書。若其泰也。則袁族其與漢升降乎。若其否也。則同盟永無望矣。臨書愴恨。不知所言。劉表頓首。章樵注古文苑十。韓元吉本無。又見後漢袁紹傳注引魏氏春秋。章懷云。書見王粲集。又見魏志袁紹傳注引魏氏春秋。竝有刪節。

爲荀彧與孫權檄

故使周曜、管容、李恕、張涉、陳光勳之徒。將帥戰士。就渤海七八百里陰習舟檝。四年之內。無日休解。今皆擊櫂若飛。回柁若環者也。北堂書鈔一百三十七。又一百三十八。

全後漢文卷九十終

烏程嚴可均校輯

王粲二

七釋

潛虛丈人違世遯俗恬淡清玄渾沌淳樸薄禮愚學無爲無欲均同死生混齊榮辱于是□□大夫聞而歎曰蓋聞君子不以仕易道不以身後時進德脩業與世同理今子深藏其身高栖其志外無所營內無所事藝文類聚五十七

道在養志實氣將定其氣莫先五味書鈔一百四十二

凍縹玄酎醴白醪清書鈔一百四十八

霜熊之掌文鹿之茸書鈔一百四十二

黿羹蠵臛書鈔一百四十二又一百四十四御覽三百六十一作蠵臛晨鳧宿鶂五黃檮珍□腸□□書鈔一百四十二

肴以多品羞以珍名鱐鮹桂蠹石蘂瓊晶鷰寒鮑熱異和殊馨同上

乃有西旅游梁御宿青粲瓜州紅麴參糅相半軟滑膏潤入口流散書鈔一百四十二又一百四十四初學記二十六御覽八百五十

邯鄲才女三齊巧士名唱秘舞承閑並理七盤陳于廣庭疇人儼其齊俟揄皓袖以振策竦并足而軒跱邪睨鼓下伉音赴節安翹足以徐擊驟頓身而傾折翩飄微霍亂精蕩神巴渝代起鞞鐸響振藝文類聚五十七文選文賦注又舞賦注

農功既登玄陰戒寒乃致眾庶大獵中原植旌拊表班授行曲緪綱連罝彌山跨谷流鋒四射畢罕橫厲奮千芟而稍緊弛鷹犬以搏噬弦不虛控矢不徒注僵禽連積隕鳥若雨藝文類聚五十七御覽三百五十三

麗才美色希世特立豐膚曼肌弱骨纖形鬒髮玄鬢脩項秀頸紅顏照曜睢若若榮戴明中之羽雀離華鈴之葳蕤珥照夜之雙璫煥熠爚以垂暉書鈔一百三十六藝文類聚五十七

揚娥眉而順止御覽三百六十八

聖人在位時邁其德先天弗違稽若古則叡哲文明允恭玄塞登俊乂于壠畝舉賢才于仄微置彼周行列于邦畿九德咸事百僚師師于是四海之內咸變時雍普天率土比屋可封是以棲林隱谷之夫逸迹放言之士鑒乎有道貧賤是恥藝文類聚二十七

休風偃物淳化玄通北堂書鈔十

聲暨海外同上

太廟頌

思皇烈祖時邁其德肇啟洪源貽宴我則我休厥成聿先厥道丕明丕欽允時祖考

於穆清廟翼翼嚴休徵祁祁髦士厥德允升懷想成位咸奔在宮無思不若永觀厥崇

綏庶邦和四宇九功備彝樂序建崇牙設璧羽六佾奏八音舉昭

大孝衎妣祖念武功收醇祜初學記十三

靈壽杖頌

茲杖靈木以介眉壽奇榦貞正不待矯揉據貞斯直杖之爰茂藝文類聚六十九

正考父讚

恂恂正父應德孔盛身爲國卿族則公姓年在耆耋三葉聞政諡能不怠申慈約敬饘粥予口傴僂受命名書金鼎祚及後聖初學記十七

反金人贊

君子亮直行不柔辟友賤不恥誨焉是益我能發蹤彼用遠迹一言之賜過乎璵璧末世不敦義與茲易而言匪忠退有其適藝文類聚十九

難鍾荀太平論

帝堯之堯當作舜

聖莫盛于堯。而洪水方割。丹朱淫虐。四族凶佞矣。帝堯因之而三苗畔戾矣。禹又因而防風爲戮矣。此三聖古之所大稱也。繼踵相承。且二百年。而刑罰未嘗一世而乏也。然則此三聖能平。三聖能平。則何世能致之乎。孔子稱曰。唯上智與下愚不移。不移者。丹朱四凶三苗之謂也。當紂之世。殷罔不小大好草竊姦宄。周公遷殷頑民于洛邑。其下愚之人。必有之矣。周公之于三聖。不能踰也。三聖有所不化矣。有所不移矣。周公之不能化殷之頑民。所可知也。苟不可移。必或犯罪。罪而弗刑。是失所也。犯而刑之。刑不可錯矣。孟軻有言。盡信書。不如無書。有大而言之者。刑錯之屬也。豈億兆之民。歷數十年。而無一人犯罪。一物失所哉。謂之無者。盡信書之謂也。藝文類聚十一。

爵論

依律有奪爵之法。此謂古者爵行之時。民賜爵則喜。奪爵則懼。故

可㠯奪賜而法也。今爵事廢矣。民不知爵者何也。奪之民亦不懼。賜之民亦不喜。是空設文書而無用也。今誠循爵。則上下不失實。而功勞者勸。得占之道。合漢之法。㠯貨財爲賞者不可供。㠯復除爲賞者租稅損減。㠯爵爲賞者民勸而費省。故古人重爵也。藝文類聚五十一。

占當作古

爵自一級轉登十級。而爲列侯。譬猶秩自百石轉遷而至于公也。而近世賞人者。皆不出等級。從無爵封列侯。原其所㠯。爵廢故也。司馬法曰。賞不踰時。欲民速得爲善之利也。近世爵廢。人有小功。無㠯賞也。乃積累焉。須事足乃封侯。非所㠯速爲而及時也。上觀古高祖封功臣。及白起衛鞅。皆稍賜爵。而五大夫客卿庶長㠯至于侯。非一頓而封也。夫稍稍賜爵。與功大小相稱而俱登。既得其義。且侯次有緒。使慕進者逐之不倦矣。御覽百九十八。

而當作爲　逐當作遂

儒吏論

士同風于朝。農同業于野。雖官職務殊。地氣異宜。然其致功成利。未有相害而不通者也。古者八歲入小學。學六甲五方書計之事。十五入大學。學君臣朝廷王事之紀。則文法典藝。具存于此矣。至乎末世。則不然矣。執法之吏。不闚先王之典。搢紳之儒。不通律令之要。彼刀筆之吏。豈生而察刻哉。起于几案之下。長于官曹之間。無溫裕文雅㠯自潤。雖欲無察刻。弗能得矣。竹帛之儒。豈生而迂緩也。起于講堂之上。遊于鄉校之中。無嚴猛斷割㠯自裁。雖欲不迂緩。弗能得矣。先王見其如此也。是㠯博陳其教。輔和民性。達其所壅。祛其所蔽。吏服雅訓。儒通文法。故能寬猛相濟。剛柔自克也。藝文類聚五十二。御覽六百十三。

三輔論

湘潛先生。江濱逸老。將集論雲夢玄公豫焉。先生稱曰。蓋聞戎不可動。兵不可揚。今劉牧建德垂芳。名烈既彰矣。曷乃稱兵舉衆。殘

我波靈。逸老曰。是何言與。天生五材。金作明威。長沙不軌。敢作亂違。我牧覩其然。乃赫爾發憤。且上征下戰。去暴舉順。州牧之兵。建拂天之旌。鳴振地之鼓。玄胄曜日。犀甲如堵。㠯此衆戰。孰能禦劉牧之懿。子又未聞乎。履道懷智。休迹顯光。灑埽羣虜。艾撥穢荒。走袁術于西境。馘射貢乎武當。遏孫堅于漢南。追揚定于析商。藝文類聚五十九。

安身論

蓋崇德莫盛乎安身。安身莫大乎存政。存政莫重乎無私。無私莫深乎寡欲。是㠯君子安其身而後動。易其心而後語。定其交而後行。然則動者吉凶之端也。語者榮辱之主也。求者利病之幾也。行者安危之決也。故君子不妄動也。必適于道。不徒語也。必經于理。不苟求也。必造于義。不虛行也。必由于正。夫然用能免或擊之凶。厚自天之佑。故身不安則殆。言不順則悖。交不審則惑。行不篤則

牧當作收

挾當作狹

危。四者存乎中。則患憂接乎外矣。憂患之接。必生于自私。而興于有欲。自私者不能成其私。有欲者不能濟其欲。理之至也。

務本論

古者之理國也。吕本爲務。八政之于民也。吕食爲首。是吕黎民時雍。降福孔皆也。故仰司星辰。吕審其時。俯耕籍田。吕率其力。封祀農稷。吕神其事。祈穀報年。吕寵其功。設農師吕監之。置田畯吕董之。黍稷茂則喜而受賞。田不墾則怒而加罰。都不得有游民。室不得有懸耜。野積踰冬。奪者無罪。場功過限。竊者不刑。所吕競之于閉藏也。先王籍田吕力任力。吕夫議其老幼。度其遠近。種有常時。耘有常節。牧有常期。此賞罰之本。種不當時。耘不及節。收不應期者。必加其罰。苗實踰等。必加其賞也。農益地辟。則吏受大賞也。農損地挾。則吏受重罰。夫火之災人也。甚于怠農。慎火之力也。輕于秬耘。通邑大都。有嚴令則火稀。無嚴令則燒者數。非賞罰不能濟也。（藝文類聚六十五）

末世之吏。負青旛而布春冬。有勸農之名。無賞罰之實。

荆州文學記官志

有漢荆州牧曰劉君。稽古若時。將紹厥績。乃稱曰。於先王之爲世也。則象天地。軌儀憲極。設教導化。敘經志業。用建雍泮焉。立師保焉。作爲禮樂。吕作其性。表陳載籍。吕持其志。上知所吕臨下。下知所吕事上。官不失守。民聽無悖。然後太階平焉。夫文學也者。人倫之守。大教之本也。乃命五業從事宋衷所作文學。延朋徒焉。宣德音吕贊之。降嘉禮吕勸之。五載之間。道化大行。耆德故老綦毋闓等。負書荷器。自遠而至者。三百有餘人。于是童幼猛進。武人革面。總角佩觿。委介免胄。比肩繼踵。川逝泉涌。亹亹如也。兢兢如也。遂訓六經。講禮物。諧八音。協律呂。修紀歷。理刑法。六路咸秩。百氏備矣。夫易惟談天。入神致用。故繫稱旨遠辭文。言中事隱。韋編三絕。固哲人之驪淵也。書實紀言。而詁訓莊昧。通乎爾雅。則文意曉然。故子夏歎書。昭昭若日月之明。離離如星辰之行。言昭灼也。詩主言志。詁訓周書。摛風裁興。藻詞譎喻。溫柔在誦。最稱衰矣。禮吕立體據事。章條纖曲。執而後顯。採綴生言。莫非寶也。春秋辨理。一字見義。五石六鷁。吕詳備成文。雅門兩觀。吕先後顯旨。婉章志晦。原已邃矣。尚書則覽文如詭。而尋理則暢。春秋則觀辭立曉。而訪義方隱。此聖文殊致。表裏之異體者也。

天降純嘏。有所厎授。臻于我君。受命既茂。南牧是建。荆衡作守。時邁淯德。宜其丕繇。厥繇伊何。四國交阻。乃赫斯威。爰整其旅。虔夷不若。屢戡寇侮。誕啟洪軌。敦崇聖緒。典墳既章。禮樂咸舉。濟濟搢紳。盛茲階宇。祁祁髦俊。亦集爰處。和化普暘。休徵時敘。品物宜育。百穀繁蕪。勳格皇穹。聲被四宇。（藝文類聚三十八。御覽六百八。）

倣連珠

臣聞明主之舉也。不待近習。聖君用人。不拘毀譽。故吕尙一見而爲師。陳平烏集而爲輔。

臣聞記功誌過。君臣之道也。不念舊惡。賢人之業也。是吕齊用管仲而霸功立。秦任孟明而晉恥雪。

臣聞振鷺雖材。非六翮無吕翔四海。帝王雖賢。非良臣無吕濟天下。

臣聞觀于明鏡。則疵瑕不滯于軀。聽于直言。則過行不累乎身。（藝文類聚五十七）

蕤賓鐘銘

有魏匡國。誕成天功。厎綏六合。纂定庶邦。承民靡戾。休徵惟同。皇命孔昭。造茲衡鐘。紀之吕三。平之吕六。□□允嘉。氣齊允淑。表聲韶和。民聽吕睦。時作蕤賓。永享遐福。

无射鐘銘（案。初學記无射作蕤賓。今依銘文改。）

革當作華
輸藻之藻當作染

有魏匡國。成功允章。格于上下。光于四方。休徵時序。人說時康。澄茲衡鍾。有命自皇。三吕紀之。六吕平之。厥量孔嘉。厥齊孔時。音聲和協。人德同熙。聽之无射。用吕啟朔。初學記十六。

硯銘

昔在皇頡。爰初書契。吕代結繩。民察官理。庶績誕興。在世季末。革藻流淫。文不寫行。書不盡心。淳朴澆散。俗吕崩沈。墨運翰藻。榮辱是若。念茲在茲。惟玄是宅。藝文類聚五十八。初學記二十一。

刀銘

侍中關內侯臣粲言。奉命作刀銘。及示吕其敘。二報。誠必朝氏之刀。而張常為工矣。輒思作銘。謹奉。陋不足覽。

相時陰陽。制茲利兵。和諸色劑。攻諸濁清。灌襞吕數。質象吕呈。附反載穎。舒中錯形。陸剸犀兕。水截鯢鯨。君子服之。式章威靈。無曰不虞。戒不在明。藝文類聚六十七。文選七命注。初學記二十二。御覽三百四十六。

弔夷齊文

歲旻秋之仲月。從王師吕南征。濟河津而長驅。踰芒阜之崢嶸。覽首陽于東隅。見孤竹之遺靈。心於悒而感懷。意惆悵而不平。望壇宇而遙弔。抑悲古之幽情。知養老之可歸。忘除暴之為念。絜己躬吕騁志。愆聖哲之大倫。忘舊惡而希古。退採薇吕窮居。守聖人之清槩。要既死而不渝。厲清風于貪士。立果志于懦夫。到于今而見稱。為作者之表符。雖不同于大道。合尼父之所譽。藝文類聚三十七。

全後漢文卷九十一終

此當作北

全後漢文卷九十二

烏程嚴可均校輯

陳琳

琳字孔璋，廣陵人。初爲大將軍何進府主簿。後避亂冀州，依袁紹。冀州平，司空曹操以爲軍謀祭酒，管記室，徙門下督。有集十卷。

大暑賦

土潤溽以歊烝，時澳泓以㶁濁，溫風鬱其彤彤，譬炎火之燭燭。初學記三。

止欲賦

媛哉逸女，在余東濱。色曜春華，豔過碩人。乃遂古其寡儔，固當世之無鄰。允宜國而寧家，實君子之攸嬪。伊余情之是說，志荒溢而傾移。宵炯炯以不寐，晝舍食而忘飢。歎此風之好我，美攜手之同

歸。忽日月之徐邁，庶枯楊之生稊。欲語言于玄鳥，玄鳥逝以差池。二語依文選江淹雜體詩注補。道攸長而路阻，河廣瀁而無梁。雖企予而欲往，非一葦之可航。展余轡以言歸，含憯悴而就牀。忽假瞑其若寐，夢所懽之來征。魂翩翩以遙懷，若交好而通靈。藝文類聚十八。

武軍賦幷序

迴天軍于易水之陽，以討瓚焉。鴻溝參周，鹿箛十里，薦之以棘，爲建修櫓，干青霄，竁深隧，下三泉。飛雲梯衝神鉤之具，不在孫吳之篇，三略六韜之術者，凡數十事。祕莫得聞也，乃作武軍賦曰：

赫赫哉，烈烈矣，于此武軍。當天符之佐運，承斗剛而曜震。漢季世之不辟，青龍紀乎大荒。熊狠競以拏攫，神寶播乎鎬京。于是武臣赫然，飈炎天之隆怒。叫諸夏而號八荒，爾乃擬北落而樹表，睎壘壁以結營。百校羅峙，千部列陳。彌方城，掩平原。于是啟明戒旦，長庚告昏。火烈具舉，鼓角並震。整行按律，決敵中原。八部方置，山布

星陳。干戈森其若林，牙旗翻以如繪。千徒從唱，億夫求和。聲訇隱而動山，光赫奕以燭夜。其刃也，則楚金越冶，棠谿名工。清堅皓鍔，修刺銳鋒。陸陷蕊犀，水截輕鴻。鎧則東胡闕鞏，百鍊精剛。函師振椎，韋人制縫。玄羽縹甲，灼爚流光。弩則幽都筋骨，恆山檿榦。通肌暢骨，祟縕幽煙。大黃洮紫，直矢輕弦。當鋒摧決，貫遐洞堅。其弓則烏號越棘，繁弱角端。象弭繡質，晢柎文身。矢則申息肅慎，箘簵空疏。焦銅毒鐵，粹鏃鳴鏃。麗轂撻輈，馬則飛雲絕景，直髻騊駼。駮龍紫鹿，文的蹋魚。走駿驚飈，步象雲浮。斂鞚則止，受銜斯游。鉤車蓼轕，九牛轉牽。雷響電激，折櫓倒垣。其攻也，則飛梯臨雲，行閣虛構。上通紫電，下過三壚。隆既備，越有神鉤，排雷衝則，積高雉烈炬然，則頓名樓，衝鉤競進。熊虎爭先，墮垣百疊，敝樓數千。炎燧四舉，元戎齊登。若乃清道整列，按節徐行。龍姿鳳峙，灼有遺英。南轅反旆，爰整其旅。胡馬駢足，戎車齊軌。藝文類聚五十九，初學記二十二引三條，御覽三百三十六，又三百四十七，又三百四十八，三百五十七，又三百五十六，三百五十八。

神武賦幷序

建安十有二年，大司空武平侯曹公東征烏九，六軍被介，雲輜萬乘，治兵易水，次于北平。可謂神武奕奕，有征無戰者已。夫闚巢穴者，未可與論六合之廣；游潢汙者，又烏知滄海之深。大人之量，固非說者之所可識也。藝文類聚五十九，書鈔一百五十八。

佇盤桓以淹次，乃申命而後征。覲狄民之故土，追大晉之遐蹤。惡先縠之懲寇，善魏絳之和戎。受金石而弗伐，蓋禮樂而思終。陵九城而上濟，起齊軌乎玉繩。車軒轔于雷室，騎浮厲乎雲宮。暉曜連乎白日，旂旐繼于電光。旆既軼乎白狼，殿未出乎盧龍。威凌天地，勢括十衝。單鼓未伐，虜已潰崩。克俊馘首，梟其魁雄。爾乃總輯瓌珍，茵氈幙幄，攘瓔帶佩，不飾雕琢。華璫玉瑤，金麟牙鹿。文貝紫瑛，縹碧玄綠，黼綿繽組，罽毲皮服。藝文類聚五十九。

謡謠當作託瑤

神女賦

漢三七之建安。荊野蠢而作仇。贊皇師以南假。濟漢川之清流。感詩人之攸歎。想神女之來遊。儀營魄于髣髴。託嘉夢以通精。望陽侯而瀇滉。覩玄麗之軼靈。文絳虯之奕奕。鳴玉鸞之嚶嚶。答玉質于苕華。擬豔姿于蕣榮。感仲春之和節。歎鳴雁之噰噰。申握椒以貽予。請同宴乎粵房。苟好樂之嘉合。永絕世而獨昌。既歎爾以豔采。又說我之長期。順乾坤以成性。夫何若而有辭。藝文類聚七十九。

大荒賦

假龜筮以貞吉。問神諗以休詳。初學記二十七。

迷迭賦

立碧莖之婀娜。鋪綵條之蜿蟺。下扶疏以布濩。上綺錯而交紛。匪荀方之可樂。實來儀之麗閑。動容飾而發微。穆斐斐以承顏。藝文類聚八十一。御覽九百八十二。

馬腦勒賦并序

五官將得馬腦。以爲寶勒。美其英采之光豔也。使琳賦之。書鈔一百二十六。御覽三百五十八。

謡謠溪之寶岸。臨赤水之朱阪。御覽八百八。

爾乃他山爲錯。荊和爲理。制爲寶勒。以御君子。御覽三百五十八。

柿賦

偉姿逸態。英豔妙奇。綠條縹葉。雜遝纖麗。龍鱗鳳翼。綺錯交施。蔚壘壘其杳藹。象翠蓋之葳蕤。初學記二十八。

鸚鵡賦

吝乾坤之兆物。萬品錯而殊形。有逸姿之令鳥。含嘉淑之哀聲。抱振鷺之素質。被翠羽之縹精。藝文類聚九十一。

案。張溥本有爲袁紹上漢帝書。與公孫瓚書。拜烏丸三王爲單于版文。此三篇出琳手。容或有之。但無實證。今編入袁紹文。

諫何進召外兵

易稱即鹿無虞。諺有掩目捕雀。夫微物尚不可欺以得志。況國之大事。其可以詐立乎。今將軍總皇威。握兵要。龍驤虎步。高下在心。此猶鼓洪鑪燎毛髮耳。夫違經合道。天人所順。而反委釋利器。更徵外助。大兵聚會。彊者爲雄。所謂倒持干戈。授人以柄。功必不成。祇爲亂階。後漢何進傳。

答東阿王牋

琳死罪死罪。昨加恩辱命。并示龜賦。披覽粲然。君侯體高世之才。秉青萍干將之器。拂鐘無聲。應機立斷。此乃天然異稟。非鑽仰者所庶幾也。音義既遠。清辭妙句。焱絕煥炳。譬猶飛兔流星。超山越海。龍驥所不敢追。況于駑馬。可得齊足。夫聽白雪之音。觀綠水之節。然後東野巴人。蚩鄙益著。載懽載笑。欲罷不能。謹韞櫝玩耽。以爲吟頌。琳死罪死罪。文選。初學記二十八。

更公孫瓚與子書

蓋聞在昔衰周之世。僵尸流血。以爲不然。豈意今日身當其衝。袁氏之攻。佀若神鬼。鼓角鳴于地中。梯衝舞吾樓上。日窮月蹙。無所聊賴。汝當碎首于張燕。速致輕騎。到者當起烽火于北。吾當從內出。不然。吾亡之後。天下雖廣。汝欲求安足之地。其可得乎。魏志公孫瓚傳注引典略云。紹使陳琳更其書云云。

答張紘書

自僕在河北。與天下隔。此閒率少于文章。易爲雄伯。故使僕受此過差之譚。非其實也。今景興在此。足下與子布在彼。所謂小巫見大巫。神氣盡矣。吳志張紘傳注引吳書。

爲曹洪與魏太子書

十一月五日洪白。前初破賊。情奓意奢。說事頗過其實。得九月二十日書。讀之喜笑。把玩無厭。亦欲令陳琳作報。琳頃多事。不能得爲。念欲遠以爲懽。故自竭老夫之思。辭多不可一一。粗舉大綱。以當談笑。漢中地形。實有險固。四嶽三塗。皆不及也。彼有精甲數萬。臨高守要。一人揮戟。萬夫不得進。而我軍過之。若駭鯨之決細網。奔兕之觸魯縞。未足以喻其易。雖云王者之師。有征無戰。不義而彊。古人常有。故唐虞之世。蠻夷猾夏。周宣之盛。亦讎大邦。詩書歎載。言其難也。斯皆憑阻恃遠。故使其然。是以察茲地勢。謂爲中才處之。殆難倉卒。來命陳彼妖惑之罪。敍王師曠蕩之德。豈不信然。是夏殷所以喪。苗扈所以斃。我之所以克。彼之所以敗也。不然。商周何以不敵哉。昔鬼方聾昧。崇虎讒凶。殷辛暴虐。三者皆下科也。然高宗有三年之征。文王有退脩之軍。盟津有再駕之役。然後殪戎勝殷。有此武功。焉有星流景集。飈奪霆擊。長驅山河。朝至暮捷。若今者也。由此觀之。彼固不逮下愚。則中才之守。不然明矣。在中才則謂不然。而來示乃以爲彼之惡稔。雖有孫田墨氂。猶無所救。竊又疑焉。何者。古之用兵。敵國雖亂。尚有賢人。則不伐也。是故三

仁未去。武王還師。宮奇在虞。晉不加戎。季梁猶在。彊楚挫謀。暨至眾賢奔絀。三國爲墟。明其無道有人。猶可救也。且夫墨子之守。縈帶爲垣。高不可登。折箸爲械。堅不可入。若乃距陽平。據石門。攄八陣之列。騁奔牛之權。焉肎土崩魚爛哉。設令守無巧拙。皆可攀附。則公輸已陵宋城。樂毅已拔即墨矣。墨翟之術何稱。田單之智何貴。老夫不敏。未之前聞。蓋聞過高唐者。效王豹之謳。遊睢渙者。學藻繪之綵。閒自入益部。仰司馬揚王遺風。有子勝斐然之志。故頗奮文辭。異于他日。怪乃輕其家丘。謂爲倩人。是何言歟。夫綠驥垂耳于林坰。鴻雀戢翼于汙池。褻之者固以爲園囿之凡鳥。外廄之下乘也。及整蘭筋。揮勁翮。陵厲清浮。顧盻千里。豈可謂其借翰于晨風。假足于六駮哉。恐猶未信丘言。必大噱也。洪白。文選

爲袁紹檄豫州

左將軍領豫州刺史郡國相守。蓋聞明主圖危以制變。忠臣慮難以立權。是以有非常之人。然後有非常之事。有非常之事。然後立非常之功。夫非常者。故非常人所擬也。曩者彊秦弱主。趙高執柄。專制朝權。威福由己。時人迫脅。莫敢正言。終有望夷之敗。祖宗焚滅。汙辱至今。永爲世鑒。及臻呂后季年。產祿專政。內兼二軍。外統梁趙。擅斷萬機。決事省禁。下淩上替。海內寒心。于是絳侯朱壚興兵奮怒。誅夷逆暴。尊立太宗。故能王道興隆。光明顯融。此則大臣立權之明表也。司空曹操祖父中常侍騰。與左悺徐璜並作妖孽。饕餮放橫。傷化虐民。父嵩乞匄攜養。因贓假位。輿金輦璧。輸貨權門。竊盜鼎司。傾覆重器。操贅閹遺醜。本無懿德。僄狡鋒協。好亂樂禍。幕府董統鷹揚。掃除凶逆。續遇董卓侵官暴國。于是提劍揮鼓。發命東夏。收羅英雄。棄瑕取用。故遂與操同諮合謀。授以裨師。謂其鷹犬之才。爪牙可任。至乃愚佻短略。輕進易退。傷夷折衄。數喪師徒。幕府輒復分兵命銳。脩完補輯。表行東郡。領兗州刺史。被以

壚當作爐

虎文。獎蹙威柄。冀獲秦師一剋之報。而操遂承資拔扈。肆行凶忒。割剝元元。殘賢害善。故九江太守邊讓。英才俊偉。天下知名。直言正色。論不阿諂。身首被梟懸之誅。妻孥受灰滅之咎。自是士林憤痛。民怨彌重。一夫奮臂。舉州同聲。故躬破于徐方。地奪于呂布。彷徨東裔。蹈據無所。幕府惟彊幹弱枝之義。且不登叛人之黨。故復援旌擐甲。席卷起征。金鼓響振。布眾奔沮。拯其死亡之患。復其方伯之位。則幕府無德于兗土之民。而有大造于操也。後會鑾駕反旆。羣虜寇攻。時冀州方有北鄙之警。匪遑離局。故使從事中郎徐勛就發遣操。使繕脩郊廟。翊衛幼主。操便放志專行。脅遷當御省禁。卑侮王室。敗法亂紀。坐領三臺。專制朝政。爵賞由心。刑戮在口。所愛光五宗。所惡滅三族。羣談者受顯誅。腹議者蒙隱戮。百寮鉗口。道路以目。尚書記朝會。公卿充員品而已。故太尉楊彪。典歷二司。享國極位。操因緣眦睚。被以非罪。榜楚參并。五毒備至。觸情任

忒。不顧憲網。又議郎趙彥。忠諫直言。義有可納。是以聖朝含聽。改容加飾。操欲迷奪時明。杜絕言路。擅收立殺。不俟報聞。又梁孝王先帝母昆。墳陵尊顯。桑梓松柏。猶宜肅恭。而操帥將吏士。親臨發掘。破棺裸尸。掠取金寶。至令聖朝流涕。士民傷懷。操又特置發丘中郎將摸金校尉。所過隳突。無骸不露。身處三公之位。而行桀虜之態。汙國虐民。毒施人鬼。加其細政苛慘。科防互設。罾繳充蹊。坑穽塞路。舉手挂網羅。動足觸機陷。是以兗豫有無聊之民。帝都有吁嗟之怨。歷觀載籍。無道之臣。貪殘酷烈。于操爲甚。幕府方詰外姦。未及整訓。加緒含容。冀可彌縫。而操豺狼野心。潛包禍謀。乃欲摧撓棟梁。孤弱漢室。除滅忠正。專爲梟雄。往者伐鼓北征公孫瓚。彊寇桀逆。拒圍一年。操因其未破。陰交書命。外助王師。內相掩襲。故引兵造河。方舟北濟。會其行人發露。瓚亦梟夷。故使鋒芒挫縮。厥圖不果。爾乃大軍過蕩西山。屠各左校。皆束手奉質。爭爲前登。

犬羊殘醜。消淪山谷。于是操師震慴。晨夜逋遁。屯據敖倉。阻河爲固。欲以螗蜋之斧。禦隆車之隧。幕府奉漢威靈。折衝宇宙。長戟百萬。胡騎千羣。奮中黃育獲之士。騁良弓勁弩之勢。并州越太行。青州涉濟漯。大軍汎黃河而角其前。荊州下宛葉而掎其後。雷霆虎步。並集虜庭。若舉炎火以焫飛蓬。覆滄海以沃熛炭。有何不滅者哉。又操軍吏士。其可戰者。皆出自幽冀。或故營部曲。咸怨曠思歸。流涕北顧。其餘兗豫之民。及呂布張揚之遺眾。覆亡迫脅。權時苟從。各被創痍。人爲讎敵。若迴旆方徂。登高岡而擊鼓吹。揚素揮以啟降路。必土崩瓦解。不俟血刃。方今漢室陵遲。綱維弛絕。聖朝無一介之輔。股肱無折衝之勢。方畿之內。簡練之臣。皆垂頭搨翼。莫所憑恃。雖有忠義之佐。脅于暴虐之臣。焉能展其節。又操持部曲精兵七百。圍守宮闕。外託宿衞。內實拘執。懼其篡逆之萌。因斯而作。此乃忠臣肝腦塗地之秋。烈士立功之會。可不勖哉。操又矯命

使當作便

稱制。遣使發兵。恐邊遠州郡。過聽而給與。彊寇弱主。違眾旅叛。舉以喪名。爲天下笑。則明哲不取也。即日幽并青冀四州並進。書到荊州。使勒見兵。與建忠將軍協同聲勢。州郡各整戎馬。羅落境界。舉師揚威。並匡社稷。則非常之功。于是乎著。其得操首者。封五千戶侯。賞錢五千萬。部曲偏裨將校諸吏降者。勿有所問。廣宣恩信。班揚符賞。布告天下。咸使知聖朝有拘逼之難。如律令。文選。又見後漢袁紹傳。又見魏志袁紹傳注引魏氏春秋。並有刪節

檄吳將校部曲文

年月朔日。子尚書令彧。告江東諸將校部曲。及孫權宗親中外。蓋聞禍福無門。惟人所召。夫見機而作。不處凶危。上聖之明也。臨事制變。困而能通。智者之慮也。漸漬荒沈。往而不反。下愚之蔽也。是以大雅君子。于安思危。以遠咎悔。小人臨禍懷佚。以待死亡。二者之量。不亦殊乎。孫權小子。未辨菽麥。要領不足以膏齊斧。名字不

足以洿簡墨。譬猶鷇卵。始生翰毛。而便陸梁放肆。顧行吠主。謂爲舟楫足以距皇威。江湖可以逃靈誅。不知天網設張。以在綱目。爨鑊之魚。期于消爛也。若使水而可恃。則洞庭無三苗之墟。子陽無荊門之敗。朝鮮之壘不刊。南越之旌不拔。昔夫差承闔閭之遠迹。用申胥之訓兵。棲越會稽。可謂彊矣。及其抗衡上國。與晉爭長。都城屠于句踐。武卒散于黃池。終于覆滅。身罄越軍。及吳王濞驕恣屈彊。猖猾始亂。自以兵彊國富。勢陵京城。太尉帥師。甫下滎陽。則七國之軍。瓦解冰泮。濞之罵言。未絕于口。而丹徒之刃。已陷其胸。何則。天威不可當。而悖逆之罪重也。且江湖之眾。不足恃也。自董卓作亂。以迄于今。將三十載。其間豪桀縱橫。熊據虎跱。彊如二袁。勇如呂布。跨州連郡。有威有名。十有餘輩。其餘鋒捍特起。鶚視狼顧。爭爲梟雄者。不可勝數。然皆伏鈇嬰鉞。首腰分離。雲散原燎。罔有子遺。近者關中諸將。復相合聚。續爲叛亂。阻二華。據河渭。驅率

羌胡齊鋒東向氣高志遠似若無敵丞相秉鉞鷹揚順風烈火元戎啟行未鼓而破伏尸千萬流血漂櫓此皆天下所共知也是後大軍所以臨江而不濟者以韓約馬超逋逸迸脫走還涼州復欲鳴吠逆賊宋建僭號河首同惡相救並爲脣齒又鎭南將軍張魯負固不恭皆我王誅所當先加故且觀兵旋旆復整六師長驅西征致天下誅偏將涉隴則建約梟夷旍首萬里軍入散關則羣氐率服王侯豪帥奔走前驅進臨漢中則陽平不守十萬之師土崩魚爛張魯逋竄走入巴中懷恩悔過委質還降巴夷王朴胡賨邑侯杜濩各帥種落共舉巴郡以奉王職鉦鼓一動二方俱定利盡西海兵不鈍鋒若此之事皆上天威明社稷神武非徒人力所能立也聖朝寬仁覆載允信允文大啟爵命以示四方魯及胡濩皆享萬戶之封魯之五子各受千室之邑胡濩子弟部曲將校爲列侯將軍已下千有餘人百姓安堵四民反業而建約之屬皆爲鯨

鯢超之妻孥焚首金城父母嬰孩覆尸許市非國家鍾禍于彼降福于此也順逆之分不得不然夫鷙鳥之擊先高攫鷙之勢也牧野之威孟津之退也今者枳棘翦扞戎夏以清萬里肅齊六師無事故大舉天師百萬之衆與匈奴南單于呼完廚及六郡烏桓丁令屠各湟中羌僰霆奮席卷自壽春而南又使征西將軍夏侯淵等率精兵五萬及武都氐羌巴漢銳卒南臨汶江搤據庸蜀江夏襄陽諸軍橫截湘沅以臨豫章樓船橫海之師直指吳會萬里剋期五道並入權之期命于是至矣丞相銜奉國威爲民除害元惡大憝必當梟夷至于枝附葉從皆非詔書所特禽疾故每破滅強敵未嘗不務在先降後誅拔將取才各盡其用是以立功之士莫不翹足引領望風響應昔袁術僭逆王誅將加則廬江大守劉勳先舉其郡還歸國家呂布作亂師臨下邳張遼侯成率衆出降還討眭固薛洪樛尚開城就化官渡之役則張郃高奐舉事立功後

討袁尚則都督將軍馬延故豫州刺史陰夔射聲校尉郭昭臨陣來降圍守鄴城則將軍蘇游反爲内應審配兄子開門入兵既誅袁譚則幽州大將焦觸攻逐袁熙舉事來服凡此之輩數百人皆忠壯果烈有智有仁悉與丞相參圖畫策折衝討難芟敵搴旗靜安海内豈輕舉措也哉誠乃天啟其心計深慮遠審邪正之津明可否之分勇不虛死節不苟立屈身變化唯道所存故乃建丘山之功享不訾之祿朝爲仇虜夕爲上將所謂臨難知變轉禍爲福者也若夫說誘甘言懷寶小惠泥滯苟且沒而不覺隨波漂流與熛俱滅者亦甚衆多吉凶得失豈不哀哉昔歲軍在漢中東西懸隔合肥遺守不滿五千權親以數萬之衆破敗奔走今乃欲當禦雷霆難以冀矣夫天道助順人道助信事上之謂義親親之謂仁盛孝章君也而權誅之孫輔兄也而權殺之賊義殘仁莫斯爲甚乃神靈之逋罪下民所同讎辜讎之人謂之凶賊是故伊摯去夏

不爲傷德飛廉死紂不可謂賢何者去就之道各有宜也丞相深惟江東舊德名臣多在載籍近魏叔英秀出高峙著名海内虞文繡砥礪清節耽學好古周泰明當世儁彥德行脩明皆宜膺受多福保乂子孫而周盛門戶無辜被戮遺類流離湮沒林莽言之可爲愴然聞魏周榮虞仲翔各紹堂構能負析薪及吳諸顧陸舊族長者世有高位當報漢德顯祖揚名及諸將校孫權婚親皆我國家良寶利器而並見驅迮雨絕于天有斧無柯何以自濟相隨顛沒不亦哀乎蓋鳳鳴高岡以遠罻羅賢聖之德也鸋鴂之鳥巢于葦苕苕折子破下愚之惑也今江東之地無異葦苕諸賢處之信亦危矣聖朝開弘曠蕩重惜民命誅在一人與衆無忌故設非常之賞以待非常之功乃霸夫烈士奮命之良時也可不勉乎若能翻然大舉建立元勳以應顯祿福之上也如其未能筭量大小以存易亡亦其次也夫係蹏在足則猛虎絕其蹯蝮蛇在手則壯士

斷其節。何則。吕其所全者重。吕其所棄者輕。若乃樂禍懷寍。迷而忘復。闇大雅之所保。背先賢之去就。忽朝陽之安。甘折苕之末。日忘一日。吕至覆沒。大兵一放。玉石俱碎。雖欲救之。亦無及已。故令往購募爵賞科條如左。檄到。詳思至言。如詔律令。文選。又略見藝文類聚五十八

應譏

客有譏余者云。聞君子動作周旋。無所苟而已矣。今主君鍾陰陽之美。總賢聖之風。固非世人所能及。遭豺狼肆虐。社稷隕傾。既不能抗節服義。與主存亡。而背枉違難。耀茲武功。徒獨震撲山東。剝落元元。結疑本朝。假拒羣姦。使已蒙噂沓之誚。而他人受討賊之勳。捐功棄力。吕德取怨。今賤文德而貴武勇。任權譎而背舊章。無乃非至德之純美。而有闕于後人哉。主人曰。是何言也。夫兵之設亦久矣。所吕威不軌而懲淫慝也。夫申鳴違父。樂羊食子。季友鴆兄。周公戮弟。猶忍而行之。王事所不得已也。而況將避譏慝之嫌。

棄社稷之難。愛暫勞之民。忘永康之樂。此庸夫猶所不爲。何有冠世之士哉。昔洪水滔天。氾濫中國。伯禹躬之。過門而不入。率萬方之民。致力乎溝洫。及至簫韶九成。百獸率舞。垂拱無爲。而天下晏如。夫豈前好勤而後褕樂乎。蓋吕彼勞求斯逸也。夫世治責人吕禮。世亂則考人吕功。斯各一時之宜。故有論戰陣之權于清廟之堂者。則狂矣。陳俎豆之器于城濮之墟者。則悖矣。是吕達人君子必相時吕立功。必揆宜吕處事。孝靈既喪。妖官放禍。棟臣殘酷。宮室焚火。主君乃芟凶族。夷惡醜。蕩滌朝姦。清澄守職也。既乃卓爲封蛇。幽鴆帝后。強吕暴國。非力所討。違而去之。宜也。是故天贊人和。無思不至。用能合師百萬。若運諸掌者。義也。今主君吕寬弘爲宇。仁義爲廬。若地之載。如天之燾。故當其閒管籥之聲。則恐民之病也。見羽毛之美。則懼士之勞也。察稼穡之不時。則推民之匱也。臨臺觀之崇高。則恤役之病也。是吕虛心恭己。取人之謨。闢四門。

廣諫路。貴讜言。賤巧僞。慮不專行。功不擅美。畜事若不及。求嘗恐不聞。用能使賢智者盡其策。勇敢者竭其身。故舉無遺闕。而風烈猶宜也。藝文類聚二十五

韋端碑

撰勤洪伐。式昭德音。文選七命注

全後漢文卷九十二終

烏程嚴可均校輯

阮瑀

瑀字元瑜。陳留人。師事蔡邕。建安中。司空曹操㠯爲軍謀祭酒。管記室。遷倉曹掾。有集五卷。

紀征賦

仰天民之高衢兮。慕在昔之遐軌。希篤聖之崇綱兮。惟弘哲而爲紀。同天工而人代兮。匪賢智其能使。五材陳而並序。靜亂由乎干戈。惟蠻荊之作讎。將治兵而濟河。遂臨河而就濟。瞻禹績之茫茫。距疆澤㠯潛流。經崑崙之高岡。目幽蒙㠯廣衍。遂霧濡而難量。藝文類聚五十九。

止欲賦

夫何淑女之佳麗。顏炯炯㠯流光。歷千代其無匹。超古今而特章。執妙年之方盛。性聰惠㠯和良。稟純潔之明節。後申禮㠯自防。重行義㠯輕身。志高尚乎貞姜。予情說其美麗。無須臾而有忘。思桃夭之所宜。願無衣之同裳。懷紆結而不暢兮。魂一夕而九翔。出房戶㠯躑躅。覩天漢之無津。傷匏瓜之無偶。悲織女之獨勤。還伏枕㠯求寐。庶通夢而交神。神惚怳而難遇。思交錯㠯繽紛。遂終夜而靡見。東方旭㠯既晨。知所思之不得。乃抑情㠯自信。藝文類聚十八。

佇延首㠯極視兮。意謂是而復非。文選謝宣遠張子房詩注。范彥龍贈張稷詩注。曹顏遠思友人詩注。謝玄暉齊敬皇后哀冊文注。

箏賦

惟夫箏之奇妙。極五音之幽微。苞群聲㠯作主。冠衆樂而爲師。稟清和于律呂。籠絲木㠯成資。身長六尺。應律數也。故能清者感天。濁者合地。五聲並用。動靜簡易。大興小附。重發輕隨。折而復扶。循覆逆開。浮沈抑揚。升降綺靡。殊聲妙巧。不識其爲。平調定均。不疾

不徐。遲速合度。君子之衢也。慷慨磊落。卓礫盤紆。壯士之節也。曲高和寡。妙妓難工。伯牙能琴。于茲爲朦。徽懌翕純。庶配其蹤。延年新聲。豈比能同。陳惠李文。曷能是逢。藝文類聚四十四。初學記十六兩引。

鸚鵡賦

惟翩翩之豔鳥。誕嘉類于京都。穢夷風而弗處。慕聖惠而來徂。被坤文之黃色。服離光之朱形。配秋英㠯離綠。苞天地㠯耀榮。藝文類聚九十一。

謝曹公牋

一得披玄雲。望白日。惟力是視。敢有二心。文選謝靈運擬魏太子鄴中集詩注。

爲曹公作書與孫權

離絕㠯來。于今三年。無一日而忘前好。亦猶姻媾之義。恩情已深。違異之恨。中間尚淺也。孤懷此心。君豈同哉。每覽古今。所由改趣。因緣侵辱。或起瑕釁。心忿意危。用成大變。若韓信傷心于失楚。彭寵積望于無異。盧綰嫌畏于已隙。英布憂迫于情漏。此事之緣也。孤與將軍。恩如骨肉。割授江南。不屬本州。豈若淮陰捐舊之恨。抑遏劉馥。相厚益隆。寧放朱浮顯露之奏。無匿張勝貸故之變。匪有陰構賁赫之告。固非燕王淮南之釁也。而忍絕王命。明棄碩交。實爲佞人所構會也。夫似是之言。莫不動聽。因形設象。易爲變觀。示之㠯禍難。激之㠯恥辱。大丈夫雄心。能無憤發。昔蘇秦說韓。羞㠯牛後。韓王按劍。作色而怒。雖兵折地割。猶不爲悔。人之情也。仁君年壯氣盛。緒信所嬖。既懼患至。兼懷忿恨。不能復遠度孤心。近慮事勢。遂齎見薄之決計。秉翻然之成議。加劉備相扇揚。事結釁連。推而行之。想暢本心。不願于此也。孤之薄德。位高任重。幸蒙國朝將泰之運。蕩平天下。懷集異類。喜得全功。長享其福。而姻親坐離。厚援生隙。常恐海內多㠯相責。㠯爲老夫苞藏禍心。陰有鄭武取胡之詐。乃使仁君翻然自絕。㠯是忿忿。懷慚反側。常思除棄小事。

更申前好二族俱榮流祚後嗣吕明雅素中誠之效抱懷數年未得散意昔赤壁之役遭離疫氣燒船自還吕避惡地非周瑜水軍所能抑挫也江陵之守物盡穀殫無所復據徙民還師又非瑜之所能敗也荆土本非己分我盡與君冀取其餘非相侵肌膚有所割損也思計此變無傷于孤何必自遂于此不復還之高帝設爵吕延田横光武指河而誓朱鮪君之負累豈如二子是吕至情願聞德音往年在譙新造舟船取足自載吕至九江貴欲觀湖漅之形定江濱之民耳非有深入攻戰之計將恐議者大爲己榮自謂策得長無西患重吕此故未肎迴情然智者之慮慮于未形達者所規規于未兆是故子胥知姑蘇之有麋鹿輔果識智伯之爲趙禽穆生謝病吕免楚難鄒陽北遊不同吳禍此四士者豈聖人哉徒通變思深吕微知著耳吕君之明觀孤術數量君所據相計土地豈勢少力乏不能遠舉割江之表宴安而已哉甚未然也若恃

水戰臨江塞要欲令王師終不得渡亦未必也夫水戰千里情巧萬端越爲三軍吳曾不禦漢潛夏陽魏豹不意江河雖廣其長難衛也凡事有宜不得盡言將脩舊好而張形勢更無吕威脅重敵人然有所恐恐書無益何則往者軍逼而自引還今日在遠而興慰納辭遜意俠謂其力盡適吕增驕不足相動但明效古當自圖之耳昔淮南信左吳之策隗囂納王元之言彭寵受親吏之計三夫不寤終爲世笑梁王不受詭勝竇融斥逐張玄二賢既覺福亦隨之願君少畱意焉若能内取子布外擊劉備吕效赤心用復前好則江表之任長吕相付高位重爵坦然可觀上令聖朝無東顧之勞下令百姓保安全之福君享其榮孤受其利豈不快哉若忽至誠吕處僥倖婉彼二人不忍加罪所謂小人之仁大仁之賊大雅之人不肎爲此也若憐子布願言俱存亦能傾心去恨順君之情更與從事取其後善但禽劉備亦足爲效開設二者審處一

焉聞荆楊諸將竝得降者皆言交州爲君所執豫章距命不承執事疫旱竝行人兵減損各求進軍其言云云孤聞此言未吕爲說然道路既遠降者難信幸人之災君子不爲且又百姓國家之有加懷區區樂欲崇和庶幾明德來見昭副不勞而定于孤益貴是故按兵守次遣書致意古者兵交使在其中願仁君及孤虛心回意吕應詩人補袞之歎而慎周易牽復之義濯鱗清流飛翼天衢良時在茲勖之而已 文選藝文類聚二十五

爲曹公與劉備書

披懷解帶投分寄意 文選潘岳金谷集作詩注

文質論

蓋聞日月麗天可瞻而難附羣物著地可見而易制夫遠不可識文之觀也近而易察質之用也文虛質實遠疏近密援之斯至動之應疾兩儀通數固無攸失若乃陽春敷華遇衝風而隕落素葉

變秋既究物而定體麗物若偽醜器多牢華璧易碎金鐵難陶故言多方者中難處也術饒津者要難求也意弘博者情難足也性明察者下難事也通士吕四奇高人必有四難之忌且少言辭者政不煩也寡知見者物不擾也專一道者思不散也混濛蔑者民不備也質士吕四短違人必有四安之報故曹參相齊寄託獄市欲令姦人有所容立及爲宰相飲酒而已故夫安劉氏者周勃正嫡位者周勃大臣木强不至華言孝文上林苑欲拜嗇夫釋之前諫意崇敦朴自是吕降其爲宰相皆取堅强一學之士安用奇才使變典法 藝文類聚二十二

弔伯夷

余吕王事適彼洛師瞻望首陽敬弔伯夷東海讓國西山食薇重德輕身隱景潛暉求仁得仁報之仲尼沒而不朽身沈名飛 藝文類聚三十七

徐幹

幹字偉長。北海人。辟司空曹操府。除上艾長。以疾不行。歷軍謀祭酒掾五官將文學。有中論六卷。集五卷。

齊都賦

齊國實坤德之膏腴。而神州之奧府。其川瀆則洪河洋洋。發源崑崙。九流分逝。北朝滄淵。驚波沛厲。浮沫揚奔。南望無垠。北顧無鄂。蒹葭蒼蒼。莞菰沃若。瑰禽異鳥。群萃乎其間。帶華蹈縹。披紫垂丹。應節往來。翕習翩翻。靈芝生乎丹石。發翠華之煌煌。其寶玩則玄蛤抱璣。駮蚌含璫。藝文類聚六十一、水經河水注一

若其大利。則海濱博諸。溲鹽是鍾。皓皓乎若白雪之積。鄂鄂乎若景阿之崇。書鈔一百四十六

三酒既醇。五齊惟醹。書鈔一百四十八

青春季月。上除之良。無大無小。祓于水陽。初學記四

纖纚細縷。薄配蟬翼。自尊及卑。頃我元服。御覽六百八十六

蘭豕䐑羔。炰鼈膾鯉。嘉旨雜遝。豐實左右。前徹後著。惡可悉數。書鈔一百四十二

窗橘參差。景納陽軒。文選曹子建贈徐幹詩注

構夏殿以宏覆。起層榭以高驤。龍楹螭桷。山岊雲牆。其後宮內庭。嬪妾之館。衆偉所施。極巧窮變。然後脩龍榜。遊洪池。折珊瑚。破琉璆。日既仄而西舍。乃反宮而棲遲。歡幸在側。便嬖侍隅。含清歌以詠志。流玄眸而微眄。竦長袖以合節。紛翩翩其輕迅。王乃乘華玉之輅。駕玄駮之駿。翠幄浮游。金光皎旰。戎車雲布。武騎星散。鉦鼓雷動。旌旗虹亂。盈乎靈圃之中。于是羽族咸興。毛群盡起。上蔽穹庭。下被皋鼓。藝文類聚六十一、御覽三百三十八

矢流鏃。綷張羅。蓺飛鋋。抱雄戈。御覽三十九

西征賦

井當作非

奉明辟之渥德。與遊軫而西伐。過京邑以釋駕。觀帝居之舊制。伊吾儕之挺力。獲載筆而從師。無嘉謀以云補。徒荷祿而蒙私。井小人之所幸。雖身安而心違。庶區宇之今定。入告成乎后皇。登明堂而飲至。銘功烈乎帝裳。藝文類聚五十九

序征賦

余因茲以從邁兮。聊暢目乎所經。觀庶士之繆殊。察風流之濁清。沿江浦以左轉。涉雲夢之無陂。從青冥以極望。上連薄乎天維。刊梗林以廣塗。慎沮洳以高蹊。攀循環其萬艘。亙千里之長湄。行兼時而易節。迄玄氣之消微。道蒼神之受謝。逼鶉鳥之將栖。慮前事之既終。亦何為乎久稽。乃振旅以復蹤。泝朔風而北歸。及中區以釋勤。超栖遲而無依。藝文類聚五十九

哀別賦

秣余馬以俟濟兮。心儃恨而不盡。仰深沈之掩藹兮。重增悲以傷情。初學記十八

嘉夢賦序

昔嬴子與其交遊于漢水之上。其夜夢見神女。初學記七

冠賦

纖麗細縷。輕配蟬翼。尊曰元飾。貴為首服。君子敬慎。自強不忒。初學記二十六

圜扇賦

惟合歡之奇扇。肇書鈔作非伊洛之纖素。仰明月以取象。規圓體之儀度。書鈔一百三十四、御覽七百二、又八百十四

車渠椀賦

圜德應規。巽從易安。大小得宜。容如可觀。盛彼清醴。承以琱盤。因歡接口。媚于君顏。藝文類聚七十三

七喻

有逸俗先生者，耦耕乎巖石之下，栖遲乎窮谷之嶠，萬物不干其志，王公不易其好，寂然不動，莫之能懼。藝文類聚五十七。

賓曰：大宛之犧，三江之魚，雲鶴水鵠，熊蹯豹胎。藝文類聚五十七，書鈔一百四十二引二條。

若乃日異如飢，腶腧美鮮，橫者毫析，縱者縷分，白踰委毒，赤過搶丹。書鈔一百四十五引二條。

南土之秔，東湖之菰。初學記二十六。

豐屋廣廈，崇闕百里。文選陸倕石闕銘注。

連觀飛榭，旋室回房。文選魯靈光殿賦注，又月賦注。

黼幬施于宴室，華蓐布乎象牀，懸明珠于長韜，燭宵夜而爲陽，玄鬢擬于雲霧，豔色過乎芙蓉，揚蛾眉而微睇，雖毛施其不當。藝文類聚五十七。

戰國之際，秦儀之徒，智略兼人，辯利軼軌，倜儻挾義，覬覦相時，圖爵位則佩六紱，謀貨財則輸海內，一怒而諸侯懼，安居而天下憩，人主見弄于股掌之上，而莫之知惡也。御覽四百六十四。

失題

總螭虎之勁卒，卽矯塗其如夷。書鈔十三。

繁欽

欽字休伯，潁川人，爲丞相主簿，有集十卷。

暑賦

暑景未徂，時維六月，林鍾紀度，祝融司節，大火飈光，炎氣酷烈，沈陽騰射，滯暑散越，區寓鬱烟，物焦人渴，煌煌野火，熿薄中原，翕翕盛熱，蒸我層軒，溫風淟涊，動靜增煩，雖託陰宮，罔所避旃，乃灑白汗，□□□□，身如漆點，水若流泉，粉扇靡效，宴戲尠歡，庶望秋節，慰我愁歎。藝文類聚五，書鈔一百三十五，初學記三。

抑檢賦

翳炎夏之白日，救隆暑之赫曦。文選潘岳在懷縣詩注。

明□賦

脣實範綠，限惟雙穴，蹠蜂膺眉鬢枠。書鈔一百五十八，案此有脫誤。

愁思賦 初學記作秋思賦

何旻秋之憯悽，處寒夜而懷愁，風清涼以激志兮，樹動葉而鼓條，雲朝隮于西汜兮，遂憤薄于丹丘，潛白日于玄陰兮，翳朗月于重幽，零雨濛其迅集，潢潦汨以橫流，聽峻階之回霤，心沈切以增憂，嗟王事之靡盬，士感時而情悲，願出身以徇役，式簡書以忘歸，時陟岵以旋顧，涕漸纓而鮮晞，聽鳴鶴之哀音，知我行之多違，悵俛仰而自憐，志荒咽而摧威，聊弦歌以厲志，勉奉職于閨闈。藝文類聚三十五，初學記三。

弭愁賦

傷有閑之淑女，採蘚荔于朝陽，露素質之皎皎，綰玄髮以流光，結翠葉于珠簪，耀丹華于綠房，點圓的之熒熒，映雙輔而相望，襲遊閑之妓服，䙱阿縠之桂裳，紉晼蘭于纓佩，動晻曖以遺芳，既容冶而多好，且妍惠之纖微，願見子之獨立，知我情之思歸，鳴環瑱以回眄，若欲進而行遲，眷紅顏之睢睢，何的皪之少輩，整桂冠而自飾，敷綦藻之華文，從景炎而猗靡，粲綿邈以繽紛，時瞭眇以含笑，收婉媚以愁人。藝文類聚三十五。

述征賦

時三月之暮春，遇干戈之急難。御覽三百五十七。

述行賦

茫茫河濱，實多沙塵。文選謝靈運擬魏太子鄴中集詩注。

涉洙泗而飲馬兮，恥少長之斷斷。史記魯世家索隱引繁欽述行賦。

避地賦

朝余發乎泗洲，夕余宿乎留鄉。水經濟水注二。

征天山賦（御覽三百五十三，題作撰征賦。）

有漢丞相武平侯曹公。仗節東征。口六軍于三江。浮五湖㠯耀武。素甲玄羰。皓旰流光。左騈雄戟。右攢干將。彤弧朱矰。丹羽絳房。望之如火。羰奪朝陽。華旗翳雲霓。聚刃曜日鋩。于是輶轀雲趨。威弧雨發。鉦鼓雷鳴。猛火風烈。躍刃霧散。虜鋒摧折。呼吸無聞。醜類剝滅。（藝文類聚五十九，御覽三百三十九、三百五十三。）

建章鳳闕賦

築雙鳳之崇闕。表大路㠯遐通。上規圓㠯穹隆。下矩折（文選陸倕石闕銘注作矩地。）而繩直。長楹森㠯駢停。修桷揭㠯舒翼。象玄圃之層樓。肖華蓋之麗天。當蒸暑之暖赫。步北楹而周旋。鵾鵬振而不及。豈歸雁之能翔。抗神鳳㠯甄甍。似虞庭之鏘鏘。櫨六翮㠯撫跱。俟高風之清涼。華鍾金獸。列在南廷。嘉樹蓊薆。奇鳥哀鳴。臺榭臨池。萬種千名。周閣輦道。屈繞紆縈。（藝文類聚六十二。）

三胡賦

莎車之胡。黃目深精。員耳狹頤。康居之胡。焦頭折頞。高輔陷口。眼無黑眸。頰無餘肉。罽賓之胡。面象炙蝟。頂如持囊。隅目赤眥。洞頞仰鼻。（御覽三百六十九、三百八十二。）

頓似鼬皮。色象䵟橘。（御覽九百六十六。）

桑賦

上似華蓋。紫極比形。下象鳳闕。萬柄一極。叢枝互出。乃錯乃幷。睢睢隆暑。涼風自生。微條纖繞。隨風浮沉。陽蜩鳴其南枝。寒蟬噪其北陰。秋風忽其將來。咸感節而悲吟。玩庇蔭之厚惠。情眷眷而愛深。（藝文類聚八十八，御覽九百五十五。）

柳賦

有寄生之孤柳。託余寢之南隅。順肇陽㠯吐牙。因春風㠯揚敷。交綠葉而重葩。轉紛錯㠯扶疏。鬱青青㠯暢茂。紛冉冉㠯陸離。浸朝露之清液。曜華采之猗猗。（藝文類聚八十九。）

與魏太子書

正月八日壬寅。領主簿繁欽死罪死罪。近屢奉牋。不足自宣。頃諸鼓吹廣求異妓。時都尉薛訪車子。年始十四。能喉囀引聲。與笳同音。白上呈見。果如其言。即日故共觀試。乃知天壤之所生。誠有自然之妙物也。潛氣內轉。哀音外激。大不抗越。細不幽散。聲悲舊笳。曲美常均。及與黃門鼓吹溫胡。迭唱迭和。喉所發音。無不響應。曲折沈浮。尋變入節。自初呈試。中間二旬。胡欲傲其所不知。尚之㠯一曲。巧竭意匱。既已不能。而此孺子遺聲抑揚。不可勝窮。優遊轉化。餘弄未盡。暨其清激悲吟。雜㠯怨慕。詠北狄之遐征。奏胡馬之長思。悽入肝脾。哀感頑豔。是時日在西隅。涼風拂衽。背山臨谿。流泉東逝。同坐仰歎。觀者俯聽。莫不泫泣殞涕。悲懷慷慨。自左騏史妠謇姐名倡。能識㠯來。耳目所見。僉曰詭異。未之聞也。竊惟聖體。兼愛好奇。是㠯因牋。先白委曲。伏想御聞。必含餘懽。冀事速訖。旋侍光塵。寓目階庭。與聽斯調。宴喜之樂。蓋亦無量。欽死罪死罪。（文選，藝文類聚四十三，御覽五百七十三。）

為史叔良作移零陵檄

金鼓震天。丹旗曜野。巨堙既設。（御覽三百三十六。）

川里先生訓

處則抗區外之志。出則規非常之功。實哲士之高趣。雅人之遠圖。故呂尚垂翼北海。㠯待鷹揚之任。黃綺削迹南山。㠯集神器之贊。（藝文類聚三十六。）

硯頌

有般倕之妙匠兮。睨詭異于遐都。稽山川之神瑞兮。識璣璇之內敷。遂縈繩于規矩兮。假卞氏之遺模。擬渾靈之肇制兮。效羲和之毀隅。鈎三趾于夏鼎兮。象辰宿之相扶。供無窮之妙用兮。御几筵而優遊。初學記二十一。

硯讚

顧尋斯硯。乃生翰墨。自昔頡皇。傳之罔極。或薄或厚。乃圓乃方。方如地象。圓如天常。班采散色。漚染豪芒。點黛文字。耀明典章。施而不德。吐惠無疆。浸漬甘液。吸受流光。藝文類聚五十八。又初學記二十一三引。

尚書箴

龍作納言。帝命惟允。山甫翼周。實司喉吻。赫赫禁臺。萬邦所庭。无曰我平而慢爾衡。无曰我審而怠爾明。四岳阿骸。績用不成。虞登八凱。五敎聿清。舉涉其私。乃忝服榮。正直是與。伊道之經。先人匪懈。永世流聲。君子下問。敢告侍廷。初學記十一。案古文苑㠯爲崔駰作。

威儀箴

其有退朝。偃息閑居。營操弄碁。文局樗蒱。言不及義。負勝是圖。御覽七百五十四。

嘲應德槤文

應德溫云。昔與季叔才俱到富波。飲于酒肆。日暮留宿。主人有養女。年十五。肥頭赤面。形似鮮卑。偶說之。夜與通姦。便住足下。御覽八百二十八。

巨雋碑

故右扶風都尉主簿有巨雋者。從都尉討叛胡。官兵敗績。卒伍奔散。都尉臨陣墮馬。雋于是下馬授甲。㠯身禦寇。遂死戰場。都尉乘雋馬得免。御覽三百二十五。又四百二十一。

烏程嚴可均校輯

路粹

粹字文蔚陳留人師事蔡邕建安初擢拜尚書郎後爲曹公軍謀祭酒典記室轉秘書郎中令從軍至漢中坐違法誅有集二卷

枉狀奏孔融

少府孔融昔在北海見王室不靜而招合徒衆欲規不軌云我大聖之後而見滅于宋有天下者何必卯金刀及與孫權使語謗訕朝廷又融爲九列不遵朝儀禿巾微行唐突宮掖又前與白衣禰衡跌蕩放言云父之于子當有何親論其本意實爲情欲發耳子之于母亦復奚爲譬如寄物缻中出則離矣旣而與衡更相贊揚衡謂融曰仲尼不死融答曰顏回復生大逆不道宜極重誅 後漢孔融傳曹操旣積嫌忌而郗慮復構成其罪遂令丞相軍謀祭酒路粹枉狀奏融又見魏志王粲傳注引典略與此小異

爲曹公與孔融書

蓋聞唐虞之朝有克讓之臣故麟鳳來而頌聲作也後世德薄猶有殺身爲君破家爲國及至其敝睚眦之怨必讎一餐之惠必報故鼂錯念國遘禍于袁盎屈平悼楚受譖于椒蘭彭寵傾亂起自朱浮鄧禹威損失于宗馮由此言之喜怒憂愛禍福所因可不慎與昔廉藺小國之臣猶能相下寇賈倉卒武夫屈節崇好光武不問伯升之怨齊侯不疑射鉤之虜夫立大操者豈累細故哉往聞二君有執法之平㠯爲小介當收舊好而怨毒漸積志相危害聞之憮然中夜而起昔國家東遷文舉盛歎鴻豫名實相副綜達經學出于鄭玄又明司馬法鴻豫亦稱文舉奇逸博聞誠怪今者與始相違孤與文舉旣非舊好又于鴻豫亦無恩紀然願人之相美不樂人之相傷是㠯區區思協歡好又知二君羣小所搆孤爲人

驟當作驥

臣進不能風化海內退不能建德和人然撫養戰士殺身爲國破浮華交會之徒計有餘矣 後漢孔融傳案文選任昉王文憲集序注引路粹爲曹公與孔融書云邀一言之譽者計有餘矣證知此文是路粹作今此無邀一言之譽者范史有刪節也

丁沖

沖沛郡人與平中爲黃門侍郎建安初遷司隸校尉㠯飲醉爛腸死

與曹公書

足下平生常喟然有匡佐之志今其時矣 魏志陳思王傳注引魏略

丁儀

儀字正禮沖子眇一目爲丞相掾進尚書曹丕即王位轉右刺姦掾坐與曹植善下獄誅有集二卷

厲志賦

覽前志而博觀求余心之所安雖疲駑而才弱敢舍力而不擧懿躬稼之克在聡善射而隕殘羨首陽之遺譽憎千駟之餘訕宗吝藏之偉節薄鼎角之自干嘉法言之令揚悼說難之喪韓鑿登險之敗績願清道㠯自閑瞻亢龍而懼進退廣志于伐檀雖德厚而祚卑猶不忘于盤桓薰㠯芬香而自燒兕亦取斃于毫翰援大雅㠯爲戒眺龔勝而自歎嗟世俗之參差將未審乎好惡咸隨情而與議固眞僞㠯紛錯穢䂮盂之周用令瑚璉㠯抗閣恨騾驢之進庭屛騏驥于溝壑疾青蠅之染白悲小弁之靡託惡晨婦之蒙厚痛三代之見薄惟受性之樸拙亮未達乎測度顧鍾子之旣沒牙輟絃而不作敦三思之彌憤動循牆之茲恪勉夕改㠯補朝履日新而悔昨 㠯上藝文類聚二十六 苟神祇之我昭永明目而無怍 文選沈約奏彈王源注

周成漢昭論

成王昭帝俱㠯襁褓之幼託于冢宰流言讒興此其所值艱險相

似者也夫㠯發金縢然後垂泣與計日而便覺詐書明之遲速旣有差矣且叔父兄子非相嫌之處異姓君臣非相信之地霍光羅人謗而不出周公賴天變而得入推此數者齊本而論末計重而況輕漢昭之優周成甚明者也成王秀而獲實其美在終昭帝苗而未秀其得在始必不得已而論二主余與夫始者藝文類聚十二御覽八十九

振短翮與鸞鳳竝翔文選沈約和謝宣城詩注

刑禮論

天垂象聖人則之天之爲歲也先春而後秋君之爲治也先禮而後刑春㠯生長爲德秋㠯殺戮爲功禮㠯敎訓爲美刑㠯威嚴爲用故先生而後殺天之爲歲先敎而後罰君之爲治也天不㠯久遠更其春冬而人也得㠯古今改其禮刑哉太古之世民故質樸質樸之民宜其易化是㠯中古之君子或結繩㠯治或象刑惟明

夏后肉辟民轉姦詐刑彌滋繁禮亦如之由斯言之古之刑省禮亦宜略今所論辨雖出傳記之前夫流東源不得西景正形不得傾自然之勢也後世禮刑俱失于前先後之宜故自有常今夫先刑者用其末也由禮禁未然之前謂難明之禮古人不能行也案如所云禮嫂叔不親之屬也非太古之禮也所云禮者豈此也哉古者民少而獸多未有所爭民無患則無所思故未有君焉後民禍多强暴弱于是有賢人焉平其多少均其有無推逸取勞㠯身先之民獲其利歸而樂之樂之得爲君焉夫刑之記君也精具筋力民畏其强而不敢校得爲君也恐上古未具刑罪之品設逋亡之法懼彼爲我而已勇力侵暴于己能與則校不能歸奉之明矣且上古之時賊耳非所謂君也上古雖質宜所㠯爲君會當先別男女定夫婦分土地班食物此先㠯禮也夫婦定而後禁淫焉貨物正而後止竊此後刑也藝文類聚五十四御覽二十五

丁廙

廙字敬禮儀弟初辟公府建安中爲黃門侍郎文帝卽王位與兄儀并誅有集二卷

蔡伯喈女賦

伊大宗之令女稟神惠之自然在華年之二八披鄧林之曜鮮明六列之尙致服女史之話言參過庭之明訓才朗悟而通玄當三春之嘉月時將歸于所天曳丹羅之輕裳戴金翠之華鈿羨榮曜之所茂哀寒霜之已繁豈偕老之可期庶盡歡于餘年何大願之不遂飄微軀于逆邊行悠悠于日遠入穹谷之寒山慙柏舟于千祀負冤魂于黃泉我羈虜其如昨經春秋之十二忍胡顏之重恥恐終風之我萃詠芳草于萬里想音塵之髣髴祈精爽于交夢終寂寞而不至哀我生之何辜爲神靈之所棄仰蕣華其已落臨桑榆之歔欷入穹廬之秘館亟踰時而經節歎殊類之非匹傷我躬之無說脩廣軆㠯深念歎蘭澤之空設佇美目于胡望向凱風而泣血藝文類聚三十

彈棊賦

文石爲局金碧齊精隆中夷外緻理肌平卑高得適旣安且貞棊則象齒選乎南藩禮密身重腹隱頭騫驍悍說敏不輕不軒列數二八取象官軍微章采列爛焉可觀于是二物旣設主人延賓紛石霧散六師列陳迹行王首左右相親成列告誓三令五申事中軍政言合禮文號令旣通兵棊啟路運若迴飆疾似飛兔前中御儺叵其餘怒風馳火燎令牟取五恍哉忽兮誠足慕也若夫氣竭力殘弱膽怯心進不及敵中路爲擒仁而不武春秋所箴剛優勁勇忿速輕急推敵凹隧我廢彼立君子去是過猶不及藝文類聚七十四

崔琰

琰字季珪淸河東武城人師事鄭玄袁紹㠯爲騎都尉曹公平

冀州。辟爲別駕從事。歷丞相東曹掾。遷中尉。吕忤意賜死。

述初賦 并序

郁州者。故蒼梧之山也。心說而怪之。聞其上有仙士石室也。乃往觀焉。見一道人。獨處休休然。不談不對。顧非己所及也。（水經淮水注。初學記八。）

登州山吕望滄海。（崔琰述初賦序。封氏聞見記六引。）

琰性頑口訥。至二十九。初闚書傳。聞北海有鄭徵君者。當世名儒。遂往造焉。道由齊都而作述初賦曰。（藝文類聚二十七。）

有鄭氏之高訓。吾將往乎發矇。濯余髮于蘭池。振余佩于清風。望高密吕亟征。戾衡門而造止。覿游夏之峩峩。聽大猷之篇記。高洪崖之耿介。羡安期之長生。登州山吕永望。臨洞浦之廣溟。左湯波于暘谷。右濯岸于濛汜。運混元吕升降。與三光而終始。蓬萊蔚其潛興。瀛壺崛吕駢羅。列金臺之嶕嶢。方玉闕之嵳峩。（藝文類聚二十七。初學記六。）

倚高閣吕周眄兮。觀秦門之將將。（水經淮水注。）

吾夕濟于郁州。（水經淮水注。）

朝發兮樓臺。回盼兮句榆。頓食兮島山。暮宿兮郁州。（封氏聞見記六。）

奏記曹公讓邴原等

徵事邴原議郎張範。皆秉德純懿。志行忠方。清靜足吕厲俗。貞固足吕榦事。所謂龍翰鳳翼。國之重寶。舉而用之。不仁者遠。（魏志邴原傳。）

露版答曹公

蓋聞春秋之義。立子吕長。加五官將仁孝聰明。宜承正統。琰吕死守之。（魏志崔琰傳。）

諫世子書

蓋聞盤于游田。書之所戒。魯隱觀魚。春秋譏之。此周孔之格言。二經之明義。殷鑒夏后。詩稱不遠。子卯不樂。禮吕爲忌。此又近者之得失。不可不深察也。袁族富彊。公子寬放。盤游滋侈。義聲不聞。哲人君子。俄有色斯之志。熊羆壯士。墮于吞噬之用。固所吕擁徒百萬。跨有河朔。無所容足也。今邦國殄瘁。惠康未洽。士女企踵。所思者德。況公親御戎馬。上下勞慘。世子宜遵大路。愼吕行正。思經國之高略。内鑒近戒。外揚遠節。深惟儲副。吕身爲寶。而猥襲虞旅之賤服。忽馳騖而陵險。志雉兎之小娛。忘社稷之爲重。斯誠有識所吕惻心也。唯世子燔翳捐褶。吕塞衆望。不令老臣獲罪于天。（魏志崔琰傳。）

與葛元甫書

今遣送許子十卷。貧不及素。但吕紙耳。（北堂書鈔一百四。）

覩楊訓褒贊魏王表與訓書

省表事佳耳。時乎時乎。會當有變。（魏志崔琰傳。）

大將軍夫人寇氏誄

英雄景附。（文選七命注。）

毛玠

玠字孝先。陳留平丘人。曹公辟爲治中從事。轉幕府功曹。尋爲丞相東曹掾。還右軍師。魏國建。爲尚書僕射。吕忤旨下獄。免。卒于家。

對狀

臣聞蕭生縊死。困于石顯。賈子放外。讒在絳灌。白起賜劍于杜郵。晁錯致誅于東市。伍員絶命于吳都。斯數子者。或妒其前。或害其後。臣垂齠執簡。累勤取官。職在機近。人事所竄。屬臣吕私。無勢不絶。語臣吕冤。無細不理。人情淫利。爲法所禁。法禁于利。勢能害之。青蠅橫生。爲臣作謗。謗臣之人。勢不在他。昔王叔陳生爭正王廷。宣子平理。命舉其契。是非有宜。曲直有所。春秋嘉焉。是吕書之。臣不言此。無有時人。說臣此言。必有徵要。乞蒙宣子之辨。而求王叔之對。若臣吕曲聞。卽刑之日。方之安駟之贈。賜劍之來。比之重賞

之惠謹旨狀對。魏志毛玠傳

王脩

脩字叔治。北海營陵人。孔融召爲主簿。守高密令。復守膠東令。袁紹辟除即墨令。曹公辟爲司空掾。行司金中郎將。遷魏郡太守。魏國建。旨爲大司農郎中令。徙奉常。病卒。有集三卷。

四孤議

當須分別此兒有識未有識耳。有識旨往。自知所生。雖創更生之命。受育養之慈。枯骨復肉。亡魂更存。當旨生活之恩報公嫗。不得出所生而背恩情。報生旨死。報施旨力。古之道也。通典六十九

奏記曹公陳黃白異議

臣聞枳棘之林。無梁柱之質。涓流之水。無洪波之勢。是旨在職七年。忠讜不昭于時。功業不見于事。欣于所受。俯慙不報。未嘗不長夜起坐。中飯釋餐。何者。力少任重。不堪而懼也。謹貢所議如左。魏志王脩傳注引魏略。

誡子書

自汝行之後。恨恨不樂。何者。我實老矣。所恃汝等也。皆不在目前。意遑遑也。人之居世。忽去便過。日月可愛也。故禹不愛尺璧而愛寸陰。時過不可還。若年大不可少也。欲汝早之。未必讀書。并學作人。汝今踰郡縣。越山河。離兄弟。去妻子者。欲令見舉動之宜。效高人遠節。聞一得三。志在善人。左右不可不慎。善否之要。在此際也。行止與人。務在饒之。言思乃出。行詳乃動。皆用情實道理。違斯敗矣。父欲令子善。唯不能殺身。其餘無惜也。藝文類聚二十三。御覽四百五十九。

鮑衡

衡。建安中爲侍中。

奏請公卿將校子弟詣博士

案王制。立大學小學。自王太子旨下。皆敎旨詩書。而升之司馬。謂

麟當作鱗

賢者任之旨官。故能致刑措之盛。立太平之化也。今學博士並設表章而無所敎授。兵戎未戢。人並在公。而學者少。可聽公卿二千石六百石子弟在家及將校子弟見爲郎舍人。皆可聽詣博士受業。其高才秀達。學通一藝。太常爲作品式。通典五十三。

霍性

性。新平人。官度支中郎將。曹丕嗣魏王位。將南征。旨諫被殺。

諫魏王南征疏

臣聞文王與紂之事。是時天下括囊無咎。凡百君子。莫肯用訊。今大王體則乾坤。廣開四聰。使賢愚各建所規。伏惟先王功無與比。而今能言之類。不稱爲德。故聖人曰得百姓之歡心。兵書曰戰危事也。是旨六國力戰。彊秦承弊。幽王不爭。周道用興。愚謂大王且當委重本朝而守其雌。抗威虎臥。功業可成。而今剏基便復起兵。兵者凶器。必有凶擾。擾則思亂。亂出不意。臣謂此危危于累卵。昔

夏啟隱神三年。易有不遠而復。論有不憚改。誠願大王揆古察今。深謀遠慮。與三事大夫算其長短。臣沐浴先王之遇。又初改政。復受重任。雖知言觸龍麟。阿諛近福。竊感所誦。危而不持。魏志文帝紀注引魏略。

華佗

佗字元化。沛國譙人。沛相陳珪舉孝廉。太尉黃琬辟。皆不就。精方藥。建安中。司空曹公召視疾。乞歸。累呼不至。見殺。

食論

苦荼久食。益意思。御覽八百六十七。

皇甫隆

隆。建安中方士。見博物志。案魏志倉慈傳注引魏略。嘉平中。有安定皇甫隆爲敦煌太守。上距建安三十餘年。未知即其人否也。

上疏對曹公

臣聞天地之性，惟人爲貴。人之所貴，莫貴于生。唐荒無始，劫運無窮，人生其閒，忽如電過，每一思此，罔然心熱。生不再來，逝不可追，何不抑情養性，㠯自保惜。今四海垂定，太平之際，又當須展才布德，當由萬年。萬年無窮，當由修道，道甚易知，但莫能行。臣常聞道人蒯京已年一百七十八，而甚丁壯，言人當朝朝服食玉泉，琢齒，使人丁壯，有顏色，去三蟲而堅齒。玉泉者，口中唾也。朝旦未起，早漱津令滿口乃吞之，琢齒二七遍，如此者乃名曰練精。千金方八十一

張松

松，蜀郡人，爲劉璋別駕從事。

與先主及法正書

今大事垂可立，如何釋此去乎。蜀志先主傳

關羽

羽字雲長，本字長生，河東解人。建安五年爲偏將軍，封漢壽亭侯。蜀主定荊州，拜襄陽太守、盪寇將軍，尋董督荊州事，進前將軍。爲吳呂蒙所襲見殺，追謚曰壯繆侯。

與諸葛亮書問馬超

超人才可誰比類。蜀志關羽傳　案侯文可見者僅此耳。山西通志及尺牘集載封還曹操所賜告辭書，楊慎古文韻語、董斯張廣博物志、淩義渠湘烟錄載上玉璽牋，皆近人擬撰，不錄。

封還曹操所賜告辭書

竊㠯日在天之上，心在人之內。日在天之上，普照萬方；心在人之內，㠯表丹誠。丹誠者，信義也。某昔受降之日，有言曰：主亡則輔，主存則歸。新受曹公之寵顧，久蒙劉主之恩光。丞相新恩，劉主舊恩，恩有所報，義無所斷。今之主託，某㠯之望，形立相覓，迹求功。刺顏良于白馬，誅文丑于南坡，丞相厚恩，滿有所報。每留所賜之物，盡在府庫封緘，伏望台慈，俯垂鑒照。尺牘　案此後人所依託

周瑜

漱字衍

瑜字公瑾，廬江舒人。太尉景從孫，與孫策共定江東，還鎮丹陽，授建威中郎將，尋爲中護軍，領江夏太守，留鎮巴丘。㠯赤壁功拜偏將軍，領南郡太守。尋謀取蜀，道卒。案周瑜、荀彧爲三國佐命元功，余別編入三國文，積疑久之，博訪通人，定歸漢末。漢運終于建安二十五年，瑜卒于十五六年，或卒十七年，魯肅卒于二十二年，關壯繆、呂蒙卒于二十四年，皆㠯卒年爲斷。

疏論劉備

劉備㠯梟雄之姿，而有關羽、張飛熊虎之將，必非久屈爲人用者。愚謂大計宜徙備置吳，盛爲築宮室，多其美女玩好，㠯娛其耳目，分此二人，各置一方，使如瑜者得挾與攻戰，大事可定也。今猥割土地㠯資業之，聚此三人俱在疆場，恐蛟龍得雲雨，終非池中物也。吳志周瑜傳

疏薦魯肅

當今天下方有事役，是瑜乃心夙夜所憂，願至尊先慮未然，然後康樂。今既與曹操爲敵，劉備近在公安，邊境密邇，百姓未附，宜得良將㠯鎮撫之。魯肅智略足任，乞㠯代瑜。瑜隕踣之日，所懷盡矣。吳志魯肅傳

疾困與吳主權牋

瑜㠯凡才，昔受討逆殊特之遇，委㠯腹心，遂荷榮任，統御兵馬，志執鞭弭，自效戎行。規定巴蜀，次取襄陽，憑賴靈威，謂若在握。至㠯不謹，道遇暴疾，昨自醫療，日加無損。人生有死，修短命矣，誠不足惜，但恨微志未展，不復奉教命耳。方今曹公在北，疆場未靜，劉備寄寓，有似養虎，天下之事，未知終始。此朝士旰食之秋，至尊垂慮之日也。魯肅忠烈，臨事不苟，可㠯代瑜。人之將死，其言也善，儻或可採，瑜死不朽矣。吳志魯肅傳注引江表傳　裴松之案此與本傳所載意旨雖同，其辭乖異耳。

魯肅

肅字子敬，臨淮東城人。孫權統事，㠯爲贊軍校尉，與周瑜共拒

曹公進奮武校尉，代瑜領兵，拜漢昌太守偏將軍，轉橫江將軍。

遺劉先主書

龐士元非百里才也，使處治中別駕之任，始當展其驥足耳。蜀志龐統傳。

答吳主權書

帝王之起，皆有驅除，羽不足忌。吳志呂蒙傳。

呂蒙

蒙字子明，汝南富陂人。孫策時張昭薦爲別駕司馬，孫權統事，拜平北都尉，進橫野中郎將，以赤壁功拜偏將軍，領尋陽令，以濡須功拜廬江太守，以合肥功拜左護軍虎威將軍，尋代魯肅爲漢昌太守，以襲荆州功拜南郡太守，封孱陵侯。

疏請治疾

羽討樊而多留備兵，必恐蒙圖其後故也。蒙常有病，乞分士眾還建業，以治疾爲名。羽聞之，必撤備兵，盡赴襄陽。大軍浮江，晝夜馳上，襲其空虛，則南郡可下，而羽可禽也。吳志呂蒙傳。

全後漢文卷九十四終

烏程嚴可均校輯

宦官

曹節

節字漢豐。南陽新野人。順帝初爲小黃門。桓帝時遷中常侍奉車都尉。以迎立靈帝功封長安鄉侯。矯詔誅竇武陳蕃。遷長樂衛尉。封育陽侯。拜車騎將軍。罷。復爲中常侍。位特進。轉大長秋。領尚書令。卒贈車騎將軍。

上書

功薄賞厚。誡有踧踖。（文選阮籍爲鄭沖勸進晉王牋注）

徐璜

璜。下邳良城人。桓帝初爲中常侍。延熹二年以誅梁冀功封武原侯。邑萬五千戶。與單超等稱五侯。

白言史官諱占日蝕

臣切見道術家常言。漢死在戌亥。今太歲在丙戌。五月甲戌。日蝕柳宿。朱雀。漢家之貴。國宿分周地。今京師是也。史官上占。去重見輕。（續漢五行志六延熹元年注補引梁冀別傳。常侍徐璜白言）

朱瑀

瑀。建寧初爲長樂五官史。與曹節誅竇武陳蕃。封都鄉侯。後更封華容侯。

陰于明堂中禱皇天

竇氏無道。請皇天輔皇帝誅之。令事必成。天下得寧。（後漢曹節傳）

呂強

強字漢盛。河南成皋人。少以宦者爲小黃門。再遷中常侍。中平初爲中常侍趙忠所誣自殺。

上疏陳事

梁當作粱

臣聞諸侯上象四七。下列王土。高祖重約。非功臣不侯。所以重天爵明勸戒也。伏聞中常侍曹節王甫張讓等及侍中許相。並爲列侯。節等宦官祐薄。品卑人賤。讒諂媚主。佞邪徼寵。放毒人物。疾妒忠良。有趙高之禍。未被轘裂之誅。掩朝廷之明。成私樹之黨。而陛下不悟。妄授茅土。開國承家。小人是用。又并及家人。重金兼紫。相繼爲蕃輔。受國重恩。不念爾祖。述修厥德。而交結邪黨。下比羣佞。陛下惑其瑣才。特蒙恩澤。又授位乖越。賢才不升。素餐私倖。必加榮擢。陰陽乖剌。稼穡荒蔬。人用不康。罔不由茲。臣誠知封事已行。言之無逮。所以冒死干觸陳愚忠者。實願陛下損改既謬。從此一止。臣又聞後宮綵女數千餘人。衣食之費。日數百金。比穀雖賤。而戶有饑色。案法當貴。而今更賤者。由賦發繁數。以解縣官。寒不敢衣。飢不敢食。民有斯戹。而莫之卹。宮女無用。填積後庭。天下雖復盡力耕桑。猶不能供。昔楚女悲愁。則西宮致災。況終年積聚。豈無憂怨乎。夫天生蒸民。立君以牧之。君道得。則民戴之如父母。仰之猶日月。雖時有征稅。猶望其仁恩之惠。易曰。說以使民。民忘其勞。悅以犯難。民忘其死。儲君副主。宜諷誦斯言。南面當國。宜履行其事。又承詔書。當于河閒故國起解瀆之館。陛下龍飛即位。雖從藩國。然處九天之高。豈宜有顧戀之意。且河閒疏遠。解瀆邈絕。而當勞民單力。未見其便。又今外戚四姓貴幸之家。及中官公族無功德者。造起館舍。凡有萬數。樓閣相接。丹青素堊。雕刻之飾。不可單言。喪葬踰制。奢麗過禮。競相放效。莫肎矯拂。穀梁傳曰。財盡則怨。力盡則懟。尸子曰。君如杅。民如水。杅方則水方。杅圜則水圜。上之化下。猶風之靡草。今上無去奢之儉。下有縱欲之敝。至使禽獸食民之甘。土木衣民之帛。昔師曠諫晉平公曰。梁柱衣繡。民無褐衣。池有棄酒。士有渴死。廄馬秣粟。民有饑色。近臣不敢諫。遠臣不得暢。此之謂也。又聞前召議郎蔡邕對問于金商門。而令中常侍曹

轍當作輒

貴當作責

節王甫等以詔書喻旨。邕不敢懷道迷國。而切言極對。毀刺貴臣。譏呵竪宦。陛下不密其言。至令宣露。羣邪項領。膏脣拭舌。競欲咀嚼。造作飛條。陛下回受誹謗。致邕刑罪。室家徙放。老幼流離。豈不負忠臣哉。今羣臣皆以邕爲戒。上畏不測之難。下懼劍客之害。臣知朝廷不復得聞忠言矣。故太尉段熲武勇冠世。習于邊事。垂髮服戎。功成皓首。歷事二主。勳烈獨昭。陛下既已式序。位登台司。而爲司隸校尉陽球所見誣脅。一身既斃。而妻子遠播。天下惆悵。功臣失望。宜徵邕更授任。反熲家屬。則忠貞路開。衆怨以弭矣。（後漢呂強傳。）

諫稸私藏疏

天下之財。莫不生之陰陽。歸之陛下。歸之陛下。豈有公私。而今中尚方斂諸郡之寶。中御府積天下之繒。西園引司農之藏。中廄聚太僕之馬。而所輸之府。轍有導行之財。調廣民困。費多獻少。姦吏因其利。百姓受其敝。（袁宏紀作輒有導行之財。皆出于民。今發十而貢一。費多而獻少。無爲使姦吏用巧。私門致富也。）又阿媚之臣。好獻其私。容諂姑息。自此而進。（袁宏紀此下有其所奉獻皆御府所有。無爲使從諫之臣得自媟黷也。）舊典選舉。委任三府。三府有選。參議掾屬。咨其行狀。度其器能。受試任用。貴以成功。若無可察。然後付之尚書。尚書舉劾。請下廷尉。覆案虛實。行其誅罰。今但任尚書。或復敕用。如是。三公得免選舉之負。尚書亦復不坐責賞無歸。豈肯空自苦勞乎。（此三語袁宏紀作尚書又無考課之勤。陛下虛自勞苦有廢亂之負無所責也。）夫立言無顯過之咎。明鏡無見玼之尤。如惡立言以記過。則不當學也。不欲明鏡之見玼。則不當照也。願陛下詳思臣言。不以記過見玼爲責。（後漢呂強傳。又見袁宏後漢紀二十四。）

上疏

苟寵所愛。私擢所幸。不復爲官擇人。反爲人擇官。（文選干寶晉紀總論注引謝承後漢書。）

趙佑

佑。北海人。靈帝時宦者。與汝陽李巡等著作校書。

上言沖帝質帝母未有稱號

春秋之義。母以子貴。隆漢盛典。尊崇母氏。凡在外戚。莫不加寵。今沖帝母虞大家。質帝母陳夫人。皆誕生聖皇。而未有稱號。夫臣子雖賤。尚有追贈之典。況二母見在。不蒙崇顯之次。無以述尊先世。垂示後世也。（後漢順帝虞美人紀。熹平四年。小黃門趙佑議郎卑整上言。帝感其言。乃拜虞大家爲憲陵貴人。陳夫人爲渤海孝王妃。）

蹇碩

碩。靈帝末爲上軍校尉。獻帝初何進收誅之。

與中常侍趙宋典書

大將軍兄弟秉國專朝。今與天下黨人謀誅先帝左右。埽滅我曹。但以碩典禁兵。故且沈吟。今宜共閉上閤。急捕誅之。（後漢何進傳。）

大將軍兄弟秉國威權。欲與天下黨人共誅內官。以碩有兵。尚且沈吟。觀其旨趣。必先誅碩。次及諸君。今欲除私讎。以輔公家。（袁宏後漢靈帝紀下二十五。）

全後漢文卷九十五終

烏程嚴可均校輯

列女

班昭

昭一名姬。字惠班。扶風人。班彪之女。固之妹。曹世叔妻。早寡。固爲漢書。其八表及天文志未竟。和帝詔就東觀續成之。數召入宮。令皇后貴人師事。號曰曹大家。有女誡七篇。集三卷。

東征賦

子穀爲陳留長。大家隨至官。作東征賦。（文選注引大家集。）

惟永初之有七兮。余隨子乎東征。時孟春之吉日兮。撰良辰而將行。乃舉趾而升輿兮。夕予宿乎偃師。遂去故而就新兮。志愴悢而懷悲。明發曙而不寐兮。心遲遲而有違。酌罇酒吕弛念兮。喟抑情而自非。諒不登樔而椓蠡兮。得不陳力而相追。且從衆而就列兮。

聽天命之所歸。遵通衢之大道兮。求捷徑欲從誰。乃遂往而徂逝兮。聊游目而遨魂。歷七邑而觀覽兮。遭鞏縣之多艱。望河洛之交流兮。看成皋之旋門。既免脫于峻嶮兮。歷滎陽而過卷。食原武之息足。宿陽武之桑閒。涉封丘而踐路兮。慕京師而竊歎。小人性之懷土兮。自書傳而有焉。遂進道而少前兮。得平丘之北邊。入匡郭而追遠兮。念夫子之厄勤。彼衰亂之無道兮。乃困畏乎聖人。悵容與而久駐兮。忘日夕而將昏。到長垣之境界。察農野之居民。睹蒲城之丘墟兮。生荊棘之榛榛。惕覺寤而顧問兮。想子路之威神。衞人嘉其勇義兮。訖于今而稱云。蘧氏在城之東南兮。民亦尚其丘墳。唯令德爲不朽兮。身既沒而名存。惟經典之所美兮。貴道德與仁賢。吳札稱多君子兮。其言信而有徵。後衰微而遭患兮。遂陵遲而不興。知性命之在天。由力行而近仁。勉仰高而蹈景兮。盡忠恕而與人。好正直而不回兮。精誠通于明神。庶靈祇之鑒照兮。祐貞

良而輔信。亂曰。君子之思。必成文兮。盍各言志。慕古人兮。先君行止。則有作兮。雖其不敏。敢不法兮。貴賤貧富。不可求兮。正身履道。吕俟時兮。脩短之運。愚智同兮。靖恭委命。唯吉凶兮。敬慎無怠。思嗛約兮。清靜少欲。師公綽兮。（文選。藝文類聚二十七。）

鍼縷賦

鎔秋金之剛精。形微妙而直端。性通達而漸進。博庶物而一貫。惟鍼縷之列迹。信廣博而無原。退逶迤吕補過。佀素絲之羔羊。何斗筲之足筭。咸勒石而升堂。（藝文類聚六十五。御覽八百三十。）

大雀賦

大家同產兄西域都護定遠侯班超獻大雀。詔令大家作賦曰。

嘉大雀之所集。生昆崙之靈丘。同小名而大異。乃鳳皇之匹疇。懷有德而歸義。故翔萬里而來遊。集帝庭而止息。樂和氣而優游。上下協而相親。聽雅頌之雍雍。自東西與南北。咸思服而來同。（藝文類聚

九十二。又御覽九百二十二引曹大家集作大雀頌。）

蟬賦

伊玄蟲之微陋。亦攝生于天壤。當三秋之盛暑。陵高木之流響。融風被而來遊。商焱厲而化往。（藝文類聚九十七。又初學記三十引兩條。）

吸清露于丹園。抗喬枝而理翮。崇皇朝之輝光。映豹豹而灼灼。（初學記三十。御覽九百四十四。）

復丹款之未足。留滯恨乎天際。（文選庾亮讓中書令表注。）

爲兄超求代疏

妾同產兄西域都護定遠侯超。幸得吕微功。特蒙重賞。爵列通侯。位二千石。天恩殊絕。誠非小臣所當被蒙。超之始出。志捐軀命。冀立微功。吕自陳效。會陳睦之變。道路隔絕。超吕一身。轉側絕域。曉譬諸國。因其兵衆。每有攻戰。輒爲先登。身被金夷。不避死亡。賴蒙陛下神靈。且得延命沙漠。至今積三十年。骨肉生離。不復相識。所

與相隨時人士眾。皆已物故。超年最長。今且七十。衰老被病。頭髮無黑。兩手不仁。耳目不聰。扶杖乃能行。雖欲竭盡其力。㠯報塞天恩。迫于歲暮。犬馬齒索。蠻夷之性。悖逆侮老。而超旦暮入地。久不見代。恐開姦宄之源。生逆亂之心。而公卿大夫咸懷一切。莫肯遠慮。如有卒暴。超之氣力不能從心。便為上損國家累世之功。下棄忠臣竭力之用。誠可痛也。故超萬里歸誠。自陳苦急。延頸踰望。三年于今。未蒙省錄。妾竊聞古者十五受兵。六十還之。亦有休息。不任職也。緣陛下㠯至孝理天下。得萬國之歡心。不遺小國之臣。況超得備侯伯之位。故敢觸死。為超求哀。匄超餘年。一得生還。復見闕庭。使國永無勞遠之慮。西域無倉卒之憂。超得長蒙文王葬骨之恩。子方哀老之惠。詩云。民亦勞止。汔可小康。惠此中國。㠯綏四方。超有書與妾生訣。恐不復相見。妾誠傷超㠯壯年竭忠孝于沙漠。疲老則便捐死于曠遠。誠可哀憐。如不蒙救護。超後有一旦之變。冀幸超家得蒙趙母衛姬先請之貸。妾愚戇不知大義。觸犯忌諱。後漢班超傳。又略見袁宏後漢紀十四。

上鄧太后疏

伏惟皇太后陛下。躬聖德之美。隆唐虞之政。闢四門而開四聰。采狂夫之瞽言。納芻蕘之謀慮。妾昭得㠯愚朽。身當盛明。敢不披露肝膽。㠯效萬一。妾聞謙讓之風。德莫大焉。故典墳述美。神祇降福。昔夷齊去國。天下服其廉高。太伯違邠。孔子稱為三讓。所㠯光昭令德。揚名于後者也。論語曰。能㠯禮讓為國。于從政乎何有。由是言之。推讓之誠。其致遠矣。今四舅深執忠孝。引身自退。而㠯方垂未靜。拒而不許。如後有毫毛加于今日。誠恐推讓之名。不可再得。緣見逮及。故敢昧死。竭其愚情。自知言不足采。㠯示蟲螘之赤心。後漢列女傳。

欹器頌

侍帝王之密坐。文選曹植與吳季重書注

女誡

鄙人愚暗。受性不敏。蒙先君之餘寵。賴母師之典訓。年十有四。執箕箒于曹氏。于今四十餘載矣。戰戰兢兢。常懼黜辱。㠯增父母之羞。㠯益中外之累。夙夜劬心。勤不告勞。而今而後。乃知免耳。吾性疏頑。教導無素。恆恐子穀負辱清朝。聖恩橫加。猥賜金紫。實非鄙人庶幾所望也。男能自謀矣。吾不復㠯為憂也。但傷諸女。方當適人。而不漸訓誨。不聞婦禮。懼失容它門。取恥宗族。吾今疾在沈滯。性命無常。念汝曹如此。每用惆悵。閒作女誡七章。願諸女各寫一通。庶有補益。裨助汝身。去矣。其勖勉之。

卑弱第一

古者生女三日。臥之牀下。弄之瓦塼。而齋告焉。臥之牀下。明其卑弱。主下人也。弄之瓦塼。明其習勞。主執勤也。齋告先君。明當主繼祭祀也。三者蓋女人之常道。禮法之典教矣。謙讓恭敬。先人後己。有善莫名。有惡莫辭。忍辱含垢。常若畏懼。是謂卑弱下人也。晚寢早作。勿憚夙夜。執務私事。不辭劇易。所作必成。手迹整理。是謂執勤也。正色端操。㠯事夫主。清靜自守。無好戲笑。潔齋酒食。㠯供祖宗。是謂繼祭祀也。三者苟備。而患名稱之不聞。黜辱之在身。未之見也。三者苟失之。何名稱之可聞。黜辱之可遠哉。

夫婦第二

夫婦之道。參配陰陽。通達神明。信天地之弘義。人倫之大節也。是㠯禮貴男女之際。詩著關雎之義。由斯言之。不可不重也。夫不賢則無㠯御婦。婦不賢則無㠯事夫。夫不御婦。則威儀廢缺。婦不事夫。則義理墮闕。方斯二者。其用一也。察今之君子。徒知妻婦之不可不御。威儀之不可不整。故訓其男。檢㠯書傳。殊不知夫主之不可不事。禮義之不可不存也。但教男而不教女。不亦蔽于彼此之數乎。禮八歲始敎之書。十五而至于學矣。獨不可依此㠯爲則哉。

敬愼第三

陰陽殊性。男女異行。陽㠯剛爲德。陰㠯柔爲用。男㠯彊爲貴。女㠯弱爲美。故鄙諺有云。生男如狼。猶恐其尪。生女如鼠。猶恐其虎。然則脩身莫若敬。避彊莫若順。故曰敬順之道。婦之大禮也。夫敬非它。持久之謂也。夫順非它。寬裕之謂也。持久者。知止足也。寬裕者。尙恭下也。夫婦之好。終身不離。房室周旋。遂生媟黷。媟黷旣生。語言過矣。語言旣過。縱恣必作。縱恣旣作。則侮夫之心生矣。此由于不知止足者也。夫事有曲直。言有是非。直者不能不爭。曲者不能不訟。訟爭旣施。則有忿怒之事矣。直者于不尙恭下者也。侮夫不節。譴呵從之。忿怒不止。楚撻從之。夫爲夫婦者。義㠯和親。恩㠯好合。楚撻旣行。何義之存。譴呵旣宣。何恩之有。恩義俱廢。夫婦離矣。

婦行第四

女有四行。一曰婦德。二曰婦言。三曰婦容。四曰婦功。夫云婦德。不必才明絕異也。婦言。不必辯口利辭也。婦容。不必顏色美麗也。婦功。不必功巧過人也。淸閑貞靜。守節整齊。行己有恥。動靜有法。是謂婦德。擇辭而說。不道惡語。時然後言。不厭于人。是謂婦言。盥浣塵穢。服飾鮮潔。沐浴㠯時。身不垢辱。是謂婦容。專心紡績。不好戲笑。潔齊酒食。㠯奉賓客。是謂婦功。此四者。女人之大德。而不可乏之者也。然爲之甚易。唯在存心耳。古人有言。仁遠乎哉。我欲仁。而仁斯至矣。此之謂也。

專心第五

禮。夫有再娶之義。婦無二適之文。故曰夫者天也。天固不可逃。夫固不可離也。行違神祇。天則罰之。禮義有愆。夫則薄之。故女憲曰。得意一人。是謂永畢。失意一人。是謂永訖。由斯言之。夫不可不求其心。然所求者。亦非謂佞媚苟親也。固莫若專心正色。禮義居絜。

耳無淫聽。目無邪視。出無冶容。入無廢飾。無聚會羣輩。無看視門戶。此則謂專心正色矣。若夫動靜輕脫。視聽陝輸。入則亂髮壞形。出則窈窕作態。說所不當道。觀所不當視。此謂不能專心正色矣。

曲從第六

夫得意一人。是謂永畢。失意一人。是謂永訖。欲人定志專心之言也。舅姑之心。豈當可失哉。物有㠯恩自離者。亦有㠯義自破者也。夫雖云愛。舅姑云非。此所謂㠯義自破者也。然則舅姑之心柰何。固莫尙于曲從矣。姑云不爾而是。固宜從令。姑云爾而非。猶宜順命。勿得違戾是非。爭分曲直。此則所謂曲從矣。故女憲曰。婦如形響。焉不可賞。

和叔妹第七

婦人之得意于夫主。由舅姑之愛己也。舅姑之愛己。由叔妹之譽己也。由此言之。我臧否譽毀。一由叔妹。叔妹之心。復不可失也。皆莫知叔妹之不可失。而不能和之㠯求親。其蔽也哉。自非聖人。鮮能無過。故顏子貴于能改。仲尼嘉其不貳。而況婦人者也。雖㠯賢女之行。聰哲之性。其能備乎。是故室人和則謗掩。外內離則惡揚。此必然之勢也。易曰。二人同心。其利斷金。同心之言。其臭如蘭。此之謂也。夫嫂妹者。體敵而尊。恩疏而義親。若淑媛謙順之人。則能依義㠯篤好。崇恩㠯結援。使徽美顯章。而瑕過隱塞。舅姑矜善。而夫主嘉美。聲譽曜于邑鄰。休光延于父母。若夫惷愚之人。于嫂則託名㠯自高。于妹則因寵㠯驕盈。驕盈旣施。何和之有。恩義旣乖。何譽之臻。是㠯美隱而過宣。姑忿而夫愧。毀譽布于中外。恥辱集于厥身。進增父母之羞。退益君子之累。斯乃榮辱之本。而顯否之基也。可不愼哉。然則求叔妹之心。固莫尙于謙順矣。謙則德之柄。順則婦之行。凡斯二者。足㠯和矣。詩云。在彼無惡。在此無射。其斯之謂也。後漢列女傳。

梁嫕

嫕，安定烏氏人。梁竦女，明帝梁貴人姊，南陽樊調妻，加號梁夫人。

上書自訟

妾同產女弟貴人，前充後宮，蒙先帝厚恩，得見寵幸。皇天授命，誕生聖明，而爲竇憲兄弟所見譖訴，使妾父竦冤死牢獄，骸骨不掩，老母孤弟，遠徙萬里。獨妾遺脫，逸伏草野，常恐沒命，無由自達。今遭値陛下神聖之運，親統萬機，羣物得所。憲兄弟姦惡，旣伏辜誅，海內曠然，各獲其宜。妾得蘇息，拭目更視，乃敢昧死自陳所天。妾聞太宗卽位，薄氏蒙榮，宣帝繼統，史族復興。妾門雖有薄史之親，獨無外戚餘恩，誠自悼傷。妾父旣冤，不可復生，母氏年殊七十，及弟棠等遠在絕域，不知死生，願乞收竦朽骨，使母弟得歸本郡，則施過天地，存沒幸賴。（後漢梁竦傳，又見袁宏後漢紀十四，稍有刪節。）

杜泰姬

泰姬，南鄭人，犍爲太守趙宣妻。（案：典引序「永平十七年有小黃門趙宣」，非卽此。）

敎子

中人情性，可上下也，在其檢耳。若放而不檢，則入惡也。昔西門豹佩韋以自寬，宓子賤帶弦以自急，故能改身之恒，爲天下名士。（華陽國志十下。）

戒諸女及婦

吾之姙身，在乎正順；及其生也，思存于撫愛；其長之也，威儀以先後之，禮貌以左右之，恭敬以監臨之，懃恪以勸之，孝順以內之，忠信以發之，是以皆成而無不善。汝曹庶幾勿忘吾法也。（華陽國志十下。）

楊禮珪

（禮當作體）

禮珪，成固陳省妻，陽元珍之女。

敎二婦

吾先姑，母師也。常言：聖賢必勞民者，使之思善；不勞則逸，逸則不才。吾家不爲貧也，所以粗食急務者，使知苦難，備（備下脫獨居時三字）（華陽國志十下。）

李文姬

文姬，南鄭人，趙瑍妻，太尉李固女。

敕弟燮

先公爲漢忠臣，雖死之日，猶生之年。梁冀以族弟幸濟，豈非天乎。愼勿有一言加梁氏，加梁氏則連主上，是又掇禍也。（華陽國志十下。）

陳惠謙

惠謙，成固人，度遼將軍張亮則妻。

戒兄子伯思

君子疾沒世而名不稱，不患年不長也。且夫神仙愚惑，如繫風捕影，非可得也。（華陽國志十下。）

竇玄妻

妻姓名未詳。竇玄字叔高，平陵人。

與竇玄書

竇玄形貌絕異，天子以公主妻之，舊妻與玄書別曰：

棄妻斥女敬白竇生：卑賤鄙陋，不如貴人。妾日已遠，彼日已親，何所告訴，仰呼蒼天。悲哉竇生，衣不厭新，人不厭故。悲不可忍，怨不自去。彼獨何人，而居我處。（藝文類聚三十。）

徐淑

淑，隴西人，黃門郎秦嘉妻，有集一卷。

答夫秦嘉書

知屈珪璋，應奉藏使，策名王府，觀國之光。雖失高素皓然之業，亦是仲尼執鞭之操也。自初承問，心願東還，迫疾惟宜，抱歎而已。日月已盡，行有伴例，想嚴莊已辦，發邁在近。誰謂宋遠，企予望之；室邇人遐，我勞如何。深谷逶迤，而君是涉；高山巖巖，而君是越。斯亦

稱當作禰
明明當作明德
惡當作惑

難矣。長路悠悠。而君是踐。冰霜慘烈。而君是履。身非形影。何得動而輒俱。體非比目。何得同而不離。于是詠萱草之喻。㠯消兩家之思。割今者之恨。㠯待將來之歡。今適樂土。優游京邑。觀王都之壯麗。察天下之珍妙。得無目玩意移。往而不能出耶。（藝文類聚三十二。）

又報嘉書

既惠音令。兼賜諸物。厚顧慇懃。出于非望。鏡有文彩之麗。釵有殊異之觀。芳香既珍。素琴益好。（文選嵇康贈秀才入軍詩注作又好。）惠異物于鄙陋。割所珍㠯相賜。非豐恩之厚。孰肯若斯。覽鏡執釵。情想髣髴。操琴詠詩。思心成結。敕㠯芳香馥身。喻㠯明鏡鑒形。此言過矣。未獲我心也。昔詩人有飛蓬之感。班婕妤有誰榮之歎。素琴之作。當須君歸。明鏡之鑒。當待君還。未奉光儀。則寶釵不設也。未侍帷帳。則芳香不發也。（藝文類聚三十二。又略見御覽七百十七。作今君征未還。鏡將何施。明鏡鑒形。當待君至。又七百十八。九百八十一。）

今奉旄牛尾拂一枚。可㠯拂塵垢。越布（書鈔一百三十六作越州）手巾二枚。嚴器中物幾具。金錯盌一枚。可㠯盛書水。琉璃盌一枚。可㠯服藥酒。（藝文類聚七十三。御覽七百三。七百十六。七百十七。七百六十。）

今奉細布襪一量。（御覽六百九十七。）

為誓書與兄弟

蓋聞君子導人㠯德。矯俗㠯禮。是㠯列士有不移之志。貞女無迴二之行。淑雖婦人。竊慕殺身成義。死而後已。夙遘禍罰。喪其所天。男弱未冠。女幼未笄。是㠯僶俛求生。將欲長育二子。上奉祖宗之嗣。下繼祖稱之禮。然後覲于黃泉。永無慚色。仁兄德弟。既不能厲高節于弱志。發明明于闇昧。許我他人。逼我于上。乃命官人。訟之簡書。夫智者不可惡㠯事。仁者不可脅㠯死。晏嬰不㠯白刃臨頸。改正直之辭。梁寡不㠯毀形之痛。忘執節之義。高山景行。豈不思齊。計兄弟不能匡我㠯道。博我㠯文。雖曰既學。吾謂之未也。（御覽四百四十一引杜預女記。淑喪夫守寡。兄弟將嫁之。誓而不許。為書曰云云。案。史通云。徐氏毀形不嫁。哀慟傷生。通典六十九。晉咸和

五年。散騎侍郎賀嶠妻于氏上表云。漢代秦嘉早亡。其妻徐淑乞子而養之。淑亡後。子還所生。朝廷通儒移其鄉邑。錄淑所養子還繼秦氏之祀。）

袁氏

袁氏。汝南汝陽人。司徒袁安曾孫女。太尉楊彪妻。

荅曹公夫人卞氏書

彪袁氏頓首頓首。路跂雖近。不展淹久。歎想之勞。情抱山積。曹公匡濟天下。遐邇㠯寍。四海歸仰。莫不感戴。小兒疏細。謬蒙采拾。未有上報。果自招罪。戾念之痛。楚五內傷。裂尊意不遺。伏辱惠告。見明公與太尉書。具知委曲。度子之行。不過父母。小兒違越。分應至此。憐其始立之年。畢命埃土。遺育孤幼。言之崩潰。明公所賜已多。又加重賚。禮頗非宜。苟受輒付往信。（古文苑。）

丁廙妻

丁廙妻（文選注作丁儀妻。初學記作丁儀。無妻字。）

丁廙妻姓氏未詳

寡婦賦（案。寡婦者。阮元瑜之妻。見魏文帝寡婦賦序。言命王粲等並作之。此篇蓋亦當時應教者。）

惟女子之有行。固歷代之彝倫。辭父母而言歸。奉君子之清塵。如懸蘿之附松。似浮萍之託津。恐施厚而德薄。若履冰而臨淵。何性命之不造。遭世路之險迍。榮華曄其始茂。所恃奄其徂泯。靜閉門㠯卻埽。魂孤煢㠯窮居。刷朱扉㠯白堊。易玄帳㠯素幬。含慘悴其何訴。抱弱子㠯自慰。顧顏貌之𢿀絕。對左右而掩涕。時翳翳㠯稍陰。日亹亹㠯西墜。烏淩虛㠯徘徊。口口口口口口雞斂翼㠯登棲。雀分散㠯羣逝。還空牀㠯下幃。拂衾幬㠯安寐。氣憤薄而交縈。抱素枕而歔欷。想逝者之有憑。因宵夜之髣髴。痛存亡之異路。終窈漠而不至。時荏苒而不留。將還靈㠯大行。駕龍轜于門側。設祖祭于前廊。口口口口口口旋繽紛㠯飛揚。彼生離其猶難。矧永絕而不傷。口口口口口口涕流迸㠯淋浪。自銜恤而在疚。履春冬之四節。風蕭蕭而增勁。寒凜凜而彌切。霜淒淒而夜降。水濂濂而晨結。

雪翩翩以交零。□□□□□□□瞻靈宇之空虛。悲屛幌之徒設。仰皇天而歎息。腸一日而九結。神爽緬其日永。歲功忽其已成。惟人生于世上。若馳驥之過櫺。計先後其何幾。亦同歸乎幽冥。下缺上缺賤妾煢煢。顧影爲儔。下缺藝文類聚三十四。又見文選潘岳寡婦賦注、陶潛歸去來辭注。初學記十四。

全後漢文卷九十六終

全後漢文卷九十七

烏程嚴可均校輯

闕名一

刺史周行郡國㠯六條問事詔

刺史班宣。周行郡國。省察治政。黜陟能否。斷理冤獄。㠯六條問事。非條所問。即不省。

一條。強宗豪右田宅踰制。㠯強陵弱。㠯衆暴寡。

二條。二千石不奉詔書遵承典制。倍公向私。旁詔守利。侵漁百姓。聚斂為姦。

三條。二千石不恤疑獄。風厲殺人。怒則任刑。喜則任賞。煩擾苛暴。剝戮黎元。為百姓所疾。山崩石裂。妖祥訛言。

四條。二千石選署不平。苟阿所愛。蔽賢寵頑。

五條。二千石子弟怙恃榮勢。請託所監。

六條。二千石違公下比。阿附豪強。通行貨賂。割損政令。續漢百官志五注補引蔡質漢儀詔書舊典

㠯尹昆為尚書僕射詔

惟君公曹時㠯太守之術。克奬王室。其省錄臺事。勿令謬誤。北堂書鈔五十九引謝承後漢書。尹昆字□□。為侍御七日。特拜尚書僕射。詔云云。案此詔源本缺誤。不知何帝。俟考。

祀令

天子行有所之。出河。沈用白馬、珪璧各一。衣㠯繒緹五。又祠用脯二束。酒六斗。鹽一升。涉渭、灞、涇、洛地名水如此者。沈珪璧各一。律在所給祠。其及行。沈祠他川水。先驅投石。少時給珪璧。不滿百里者不沈。通典五十四

上順帝書

臣為陛下子。陛下為臣父。臣章百上。終不見省。臣豈可北詣單于㠯告怨乎。後漢虞詡傳。先是寧陽主簿詣闕訴其縣令之枉。積六七歲不省。主簿乃上書云云

月暈上書請赦命

昔有大星。升漢而西。卷舌揚芒。迫月。營惑犯帝坐。則有大臣枉誅。星在西方。太尉固應之。今暈如之。宜有赦命。錄其遺嗣。㠯除此異。華陽國志。延熹二年。梁冀誅後。月經陽道暈五車。史官上書。于是下書赦固子燮。

上言得嚴光

有男子。披羊裘。釣澤中。御覽六百九十四。齊國上言。

上言增科禁

古者肉刑嚴重。則人畏法令。今憲律輕薄。故姦軌不勝。宜增科禁。㠯防其源。後漢杜林傳。建武十四年。羣臣上言。

上言桑蠶　章帝元和中

臣行部入長沙界。觀者皆徒跣。臣問御佐曰。人無履。亦苦之否。御佐對曰。十二月盛寒時。並多剖裂。血出。燃火燎之。春溫或膿潰。建武中。桂陽太守茨充教人種桑蠶。人得其利。至今江南頗知桑蠶織履。皆充之化也。後漢衛颯傳注引東觀記曰。元和中。荊州刺史上言。

上言清河孝王尊號　安帝建光元年三月

清河孝王至德淳懿。載育明聖。承天奉祚。為郊廟主。漢興。高皇帝尊父為太上皇。宣帝號父為皇考。序昭穆。置園邑。太宗之義。舊章不忘。宜上尊號曰孝德皇。皇妣左氏曰孝德后。孝德皇母宋貴人追謚曰敬隱后。後漢清河孝王慶傳。有司上言

清河孝王至德純一。含弘光大。既受帝祉。載生明聖。舊章法制。宜有尊號。不宜稱王。宜曰孝德皇。妣曰孝德后。祖妣宋貴人曰敬德后。通典七十二。有司上言。與後漢本傳異。今兩存之。

因天變上言

當有陰謀。不宜北行。魏志武帝紀注引九州春秋。靈帝欲北巡冀州。刺史王芬等謀因此作難。上書求起兵。會北方有赤氣東西竟天。太史上言云云。帝乃止。

奏上尊號　建武末年

漢遭王莽宗廟廢絕豪傑憤怒兆人塗炭王與伯升首舉義兵更始因其資㠯據帝位而不能奉承大統敗亂綱紀盜賊日多羣生危蹙大王初征昆陽王莽自潰後拔邯鄲北州弭定參分天下而有其二跨州據土帶甲百萬言武力則莫之敢抗論文德則無所與辭臣聞帝王不可㠯久曠天命不可㠯謙拒惟大王㠯社稷爲計萬姓爲心（後漢光武紀至中山諸將復上奏）

復奏

受命之符人應爲大萬里合信不議同情周之白魚曷足比焉今上無天子海內淆亂符瑞之應昭然著聞宜荅天神㠯塞羣望（後漢光武紀羣臣復奏）

奏禁諸王客

諸王所招待者或眞僞雜受刑罰者子孫宜可分別（續漢五行志六建武二十八年有人上奏）

奏請封禪

登封告成爲民報德百王所同陛下輒拒絕不許臣下不敢頌功述德業河雒讖書赤漢九世當巡封泰山凡三十六事傳奏左帷陛下遂㠯仲月令辰遵岱嶽之正禮奉圖雒之明文㠯和靈瑞㠯爲兆民（續漢祭祀志上注引東觀書）

奏請封禪刻石（中元元年二月）

河雒圖記表章赤漢九世尤著明者前後凡三十六事與博士充等議㠯爲殷統未絕黎庶繼命高宗久勞猶爲中興武王因父受命之列據三代郊天因孔子甚美其功後世謂之聖王漢統中絕王莽盜位一民莫非其臣尺土靡不其有宗廟不祀十有八年陛下無十室之資奮振于匹夫除殘去賊興復祖宗集就天下海內治平夷狄慕義功德盛于高宗宣王宜封禪爲百姓祈福請親定刻石紀號文太常奏儀制（續漢祭祀志上注引東觀書上至泰山有司復奏）

五用之用當作周

奏封禪故事

當用方石再累置壇中皆方五尺厚一尺用玉牒書藏方石牒厚五寸長尺三寸廣五寸有玉檢又用石檢十枚列于石傍東西各三南北各二皆長三尺廣一尺厚七寸檢中刻三處深四寸方五寸有蓋檢用金縷五用㠯水銀和金㠯爲泥玉璽一方寸二分一枚方五寸方石四角又有距石皆再累枚長一丈厚一尺廣二尺皆在圓壇上其下用距石十八枚皆高三尺厚一尺廣二尺如小碑環壇立之去壇三步距石下皆有石跗入地四尺又用石碑高九尺廣三尺五寸厚尺二寸立壇丙地去壇三丈㠯上㠯刻書（續漢祭祀志上建武三十二年議封禪所施用有司奏）

奏請撰集符瑞（中元元年）

地祇靈應而朱草萌生孝帝每有嘉瑞輒㠯改元神爵五鳳甘露黃龍列爲年紀蓋㠯感致神祇表彰德信是㠯化致升平稱爲中興今天下淸宓靈物仍降陛下情存損挹推而不居豈可使祥符顯慶沒而無聞宜令太史撰集㠯傳來世（後漢光武紀中元元年夏羣臣奏）

奏上明帝廟號

孝明皇帝聖德淳茂劬勞日昃身御浣衣食無兼珍澤臻四表遠人慕化僬僥儋耳款塞自至克伐鬼方開道西域威靈廣被無思不服㠯烝庶爲憂不㠯天下爲樂備三雍之教躬養老之禮作登歌正雅樂博貫六藝不舍晝夜聰明淵塞著在圖讖至德所感通于神明功烈光于四海仁風行于千載而深執謙謙自稱不德無起寢廟埽地而祭除日祀之法省送終之禮遂藏主于光烈皇后更衣別室天下聞之莫不悽愴陛下至孝烝烝奉順聖德臣愚㠯爲更衣在中門之外處所殊別宜尊廟曰顯宗其四時禘祫于光武之堂閒祀悉還更衣共進武德之舞如孝文皇帝祫祭高廟故事（後漢章紀有司奏言云云制曰可）

奏上章帝廟號

孝章皇帝崇弘鴻業德化普洽垂意黎民畱念稼穡文加殊俗武暢方表戒惟人面無思不服巍巍蕩蕩莫與比隆周頌曰於穆清廟肅雍顯相請上尊廟曰肅宗共進武德之舞（後漢和帝紀章和二年三月辛酉有司上奏制曰可）

奏請封郭鎮

鎮冒犯白刃手劒賊臣姦黨殄滅宗廟吕寧功比劉章宜顯爵土吕勵忠貞（□□□□□□延光中鎮爲尚書迎立濟陰王率羽林士擊殺衛尉閻景再遷尚書令三公奏乃封定潁侯）

奏上順帝廟號（建康元年九月）

孝順皇帝弘秉聖哲龍興統業稽乾則古欽奉鴻烈寬裕晏晏宣恩吕極躬自菲薄吕崇玄默遺詔貽約顧念萬國衣無製新玩好不飾塋陵損狹不起寢廟遵履前制敬敕慎終有始有卒孝經曰

愛敬盡于事親而德教加于百姓詩曰敬慎威儀惟民之則臣請上尊號曰敬宗廟天子世世獻奉藏主祫祭進武德之舞如祖宗故事（續漢祭祀志下注補引東觀書有司奏言云云露布奏可）

奏薦摯恂

恂行侔曾閔學擬仲舒文參長卿才同賈誼誠瑚璉器也宜在宗廟爲國楨輔（高士傳恂字季直高士峻十二世孫永元中和帝博求名儒公卿薦恂公車徵及大將軍竇憲舉賢良並不就）

奏請案納后禮儀（桓帝建和元年）

春秋迎王后于紀在塗則稱后今大將軍冀女弟膺紹聖善結婚之際有命既集宜備禮章時進徵幣請下三公太常案禮儀（後漢桓帝梁皇后紀）

奏加梁冀殊禮

入朝不趨劒履上殿謁讚不名禮儀比蕭何悉吕定陶陽成餘戶增封爲四縣比鄧禹賞賜金錢奴婢綵帛車馬衣服甲第比霍光吕殊元勳每朝會與三公絕席十日一入平尚書事宣布天下爲萬世法（後漢梁冀傳元嘉元年于是有司奏）

奏定孝崇皇后喪禮

禮爲人後制服有降公卿已下各差贈送之禮儀比恭懷皇后（袁宏後漢紀二十一元嘉二年四月孝崇皇后崩有司奏）

奏處正襄楷（桓帝時）

宦者之官非近世所置漢初張澤爲大謁者佐絳侯誅諸呂孝文使趙談參乘而子孫昌盛楷不正辭理指陳要務而析言破律違背經藝假借星宿僞託神靈造合私意誣上罔事請下司隸正楷罪法收送洛陽獄（後漢襄楷傳詔下有司處正尚書承旨奏曰云云）

奏大后自起立事

伏聞東平國無鹽縣山中有大后無故一夕自起立臣愚吕爲后

者陰類殆有微人當紹起者漢興吕來與今再見其一正吕昭帝無繼嗣見今又吕陛下無繼嗣復見（白孔六帖□□□引漢名臣奏案文當是桓帝末）

奏劾蔡邕（光和元年）

邕屬張宛長休百日郃假宛五日復屬河南李奇爲書佐郃不爲召太山黨魁羊陟與邕季父衛尉質對門九族質爲尚書營護陟擁令文書不覺郃被詔書考胡（章懷引邕集作綦）毋班等辭與陟爲黨質及邕頻詣郃問班所及郃不應遂懷怨恨欲必中傷郃（後漢書蔡邕傳邕與司徒劉郃素不相平中常侍程璜遂使人飛章言邕于是詔下尚書召邕詰狀注引邕集其奏曰云云制曰下司隸校尉正處上）

奏除四帝后尊號

和安順桓四帝無功德不宜稱宗又恭懷敬隱恭愍三皇后並非正嫡不合稱后皆請除尊號制曰可（後漢獻帝紀初平元年有司奏）

奏請吕立秋擇吉日治兵（建安二十一年三月）

古四時講武皆于農隙漢西京承秦制三時不講唯十月都試車

馬幸長水南門會五營士爲八陣進退名曰乘之今金革未偃士民素習自今已後可無四時講武但㠯立秋擇吉日大朝車騎號曰治兵上合禮名下承漢制（魏志武帝紀建安二十一年注引魏書有司奏又見宋書禮志一）

歸漢議

漢承堯運厤數延長今皇帝姓號見于圖書自前世博物道術之士谷子雲夏賀良等建明漢有再受命之符言之久矣故劉子駿改易名字冀應其占及莽末道士西門君惠言劉秀當爲天子遂謀立子駿事覺被殺出謂百姓觀者曰劉秀眞汝主也皆近事暴著智者所共見也除言天命且㠯人事論之今稱帝者數人而洛陽土地最廣甲兵最强號令最明觀符命而察人事它姓殆未能當也（後漢竇融傳隗囂使辯士張玄游說河西融等于是召豪傑及諸太守計議其中智者皆曰云云遂決策東向）

駮梁統重刑議　建武十二年

隆刑峻法非明王急務施行日久豈一朝所釐統今所定不宜開可（後漢梁統傳統上疏請重刑罰事下三公廷尉議者㠯爲云云）

郊祀帝堯議　光武時

追迹先代無郊其五運之祖者故禹不郊黃帝周不郊帝嚳漢雖唐之苗裔堯㠯厤數命舜高祖赤龍火德承運而起當㠯高祖配堯之後元復于漢宜㠯修奉濟陽城陽縣堯帝之冢雲臺致敬祭祀之禮宜亦如之（御覽五百二十七引東觀漢記有司奏議）

郊宗議　光武時

㠯字衍

昔周公郊祀后稷㠯配天宗祀文王㠯配上帝圖讖著伊堯赤帝之子俱與后稷竝受命而爲王漢劉祖堯宜郊祀帝堯㠯配天宗祀高祖㠯配上帝（御覽五百二十七引東觀漢記）

儆備南匈奴議

蠻夷反覆雖難測知然大兵聚會必未敢動搖今宜遣有方略使者之單于庭與杜崇朱徽及西河太守并力觀其動靜如無它變

無字衍

可令崇等就安國會其左右大臣責其部衆橫暴爲邊害者共平罪誅若不從命令爲權時方略事畢之後裁行客賜亦足㠯威示百蠻（後漢南匈奴傳永元六年中郎將杜崇與行度遼將軍朱徽上言南單于安國背畔請爲之儆備和帝下公卿議皆㠯爲）

御史大夫遣郡國計吏敕

御史大夫敕上計丞長史曰詔書殿下布告郡國臣下承宣無狀多不究百姓不蒙恩被化守丞長史到郡與二千石同力爲民興利除害務有㠯安之稱詔書郡國有茂才不顯者言上殘民貪污煩擾之吏百姓所苦務勿任用方察不稱者刑罰務于得中惡惡止其身選舉民侈過度務有㠯化之問今歲善惡孰與往年對上問今年盜賊孰與往年得無有羣輩大賊對上（漢舊儀永樂大典本又引見續漢百官志一注）

敕劉洪

前郎中馮光司徒掾陳晃各訟厤故議郎蔡邕共補續其志今洪其詣修與漢相參推元課分考校月食審己巳元密近有師法洪便從漢受（續漢律厤志中光和二年萬年公乘王漢上月食注太史令修上言漢所作注不與見食相應者二事㠯同爲異者二十九事尚書召穀城門候劉洪敕曰云云）

討羌符

永初二年六月丁未朔廿日丙寅得車騎將軍幕府文書上郡屬國都尉中二千石守丞廷義縣令三水十月丁未到府受印綬發夫討叛羌急急如律令馬卌匹驢二百頭日給（古刻叢鈔）

八能士書版言事狀

臣某言今月若干日甲乙日冬至黃鍾之音調君道得孝道襃

督郵保舉博士板狀

生事愛敬喪沒如禮理易尚書孝經論語兼崇載籍窮微闡奧師事某官經明受謝見受門徒五十人㠯上正席謝生三郡三人

隱居樂道不求聞達身無金痍痼疾三十六屬不與妖惡交通王侯賞賜行應四科經任博士某官某甲保舉（通典口口口靈帝時諸博士試甲乙科凡舉士皆書其版舉主保之）

鍾晧頌

林慮懿德非禮不處悅此詩書絃琴樂古五就州招九膺台輔逡巡王命卒歲容與（後漢鍾晧傳諸儒頌之）

邴原誦

邴君行仁落邑無虎邴君行廉路樹成社（御覽五百三十二引邴原別傳原避地遼東里老為之誦）

資中古碑伏羲讚

伏羲蒼精初造工業畫卦結繩以理海内（史子堅隸格）

孔嵩讚

仲山通達卷舒無方屈身廝役挺秀含芳（水經淯水注宛城西有孔嵩舊居嵩字仲山宛人與山陽范式有斷金契貧無養親賃為阿街卒故其讚曰）

鐵印銘

傭力得富錢至億庾一土三田軍門主簿（王子年拾遺記安帝永初時有琅琊王溥即中尉王吉之後嘗穿井得鐵印有銘後以一億錢輸官得中壘校尉三田一土壘字也又引見御覽一百八十九）

雙魚洗銘

富貴昌宜侯王　元和二年（攈本）

騶氏鏡銘

騶氏作竟四口服多賀國家人民息口口口口天下復風雨時節五穀熟長保二親得天力兮口東王公西王母（隸續十四）

尚方鏡銘

尚方作竟真大好上有仙人不知老渴飲玉泉飢食棗浮游天下敖四海壽比金后國之保（隸續十四）

尚方作竟四夷服多賀國家人民息胡虜殄滅天下服風雨時節五穀熟長保二親子孫力傳吉後世樂無極兮（博古圖）

李氏鏡銘

李氏作竟佳且好明如日月世之保白虎辟邪主郤道渴飲玉泉飢食棗浮由天下不知老（攈本）

鏡銘

絜精白而事君怨陰驩之弇明煥玄錫之流澤志疏遠而日忘慎糜美之窮噎外承驩之可欲說慕安于重泉願永思而毋絕內請頎以昭明光輝臬夫日月心忽揚而願忠然壅塞而不泄

日有憙月有富樂無事常得意美人會竽瑟侍賈市程萬物平老復丁復生寍

久不見侍前希秋風起予志悲

湛若止水皎如秋日清暉內融菱花外發洞照心膽屏除妖孽永世作珍服之無沫

尚方御竟大毋傷巧工刻之成文章左龍右虎辟不祥朱鳥玄武順陰陽子孫備具居中央湅治銀錫清而明長保二親樂富昌壽敝金后如侯王

許氏作竟自有紀青龍白虎居左右聖人周公魯孔子作吏高遷車生耳郡舉孝廉州博士少不努力老乃悔吉

天地成日月明五嶽靈四瀆清十二精八卦貞富貴盈子孫寍皆賢英福祿并（已上並攈本）

梁商誄

孰云忠侯不聞其音背去國家都茲玄陰幽居冥冥靡所且窮（口口口口東觀漢記）

烏程嚴可均校輯

闕名二

蜀郡太守何君閣道碑

蜀郡太守平陵何君，遣掾臨邛舒鮪，將徒治道，造尊楗閣，袤五十五丈，用功千一百九十八日，建武中元二年六月就道，史任雲、陳春主。隸釋四云：莽漢之際，習俗相尚，㠯郎位初元冠于新厤之上。按此碑有建武中元之文，東夷傳云「建武中元二年，倭奴國奉貢」，同。

鄐君開褒斜道摩崖刻石 永平九年

永平六年，漢中郡㠯詔書受廣漢、蜀郡、巴郡徒二千六百九十人，開通褒余道。太守鉅鹿鄐君，部掾治級王宏、史荀茂、張宇、韓岑弟典功作。太守丞廣漢楊顯將領用。始作橋格六百卅三閒，大橋五，為道二百五十八里，郵亭驛置徒司空褒中縣官寺并六十四所，凡用功七十六萬六千八百餘人，瓦卅六萬九千八百四器，用錢百四十九萬九千四百餘斛粟。九年四月成就，益州東至京師，去就安隱。碑拓本。又宋晏袤釋文。

郙縣摩崖刻石 永元六年

攻此石，省三處閣，直錢萬二千。永元六年。古刻叢鈔。

嘉州夾江縣摩崖

平鄉明亭大道，北與茂陵，西與青衣越巂通界，回曲危險，扶風王君為民興利除害，遣掾何章脩治，故書崖㠯頌之。隸釋四羊竇道跋云：又有摩崖四百餘字，云云，蓋和帝永元八年也。

南安長王君平鄉道碑 永元八年四月十日

維平鄉明高大道，北與武陽，西與蜀郡青衣越巂通界。闕制中涪山上，隨治回田曲字。圦闕危難難字。經隨闕險，登高望天，車馬不通。字闕二。不闕虫字。闕二周古古字。闕三磨民吏莫字。能自闕二有字。闕二雖字。闕三崖易之遭闕不進脇崖橫道臨大江字。闕二危字。闕四或隨不止陷闕復為民害。永元七秊十月，南安長右扶風闕倉王君，闕民興利除周，遣掾何童、史遺興與有秩闕遺家闕曰民力闕崖平碓，及泊潭山闕格通達平直，廣大道闕長及畸闕灰賊盜匿止，車馬馳驅，無所畏難，商市字。闕四平字。闕六百姓如願。開闕采石令字。闕二刻石之功。恩及子孫，去危就安，萬世無患，永永無窮。闕後曰字。闕八掾楯義尉曹史任政、楊莫、丞汁邡王卿、江元尉、緜竹楊卿、掾楊弘、主泊山史闕易子闕永元八年四月十日，兼戶曹掾何童、史遺與造書崖陟朱仲王回左闕大字。闕二旲皆富昌字。闕三明下立字。闕四馴孝四。闕字王前南長闕方主十一。隸續。

祀三公山碑 元初四年

元初四年，常山相隴西馮君到官，承饑衰之後，口惟三公御語山，三條別神，迥在領西，吏民禱祀，興雲膚寸，偏雨四維。遭離羌寇，蝗旱鬲我，民流道荒。醮祠希罕，口奠不行，由是之來，和氣不臻。乃來道要，本祖其原，㠯三公德廣，其靈尤神，處幽道艱，存之者難，卜擇吉口，治東就衡山，起堂立壇，雙闕夾門，薦牲納禮，㠯寧其神。神熹其位，甘雨屢降，報如景響，國界大豐，穀斗三錢，民無疾苦，永保其秊。長史魯國顏浟、五官掾閻祐、戶曹史紀受、將作掾王龢、元氏令茅匡、丞吳音、廷掾郭洪、戶曹史翟福、工宋高等刊石紀焉。碑本。

嵩嶽太室石闕銘 元初五年四月

惟中嶽口口崇高神君，冢土口口，岱氣最純，春生萬物，膚寸起雲，潤施源流，洪濛沛宣，竝天四海，莫不蒙恩。聖朝肅敬，眾庶所尊，齋試奉祀，戰慄盡懃，㠯頌功德，刻石紀文，垂顯口口，㠯傳後賢。元初五年四月，陽城口長左馮翔萬年呂常始造作此石闕。碑本。

翔當作翊

青衣尉趙孟麟羊竇道碑 永元十一年九月

羊竇道舊故南上高山，下人入字。深谷危駿，回遠，百姓患苦。永初六年青衣尉南安趙孟麟叜易由此道濵江平澤無盜賊差近廿里騎馬儋負水弱得過除去危難行人萬姓莫不蒙恩傳于無究乎維世青衣尉趙君故治所書佐郡督郵隨牒除到而六日郡召守蜀鐵官長積四月治狀亦明徙守成都今復還蹋尉而羊竇故道高危君叜阎穿字崖易道盜賊黴止老弱往來無患時興典字主通道者積綌故吏粱汜捕盜賊王顒百姓過者皆蒙恩君延壽萬年書此感巨永元十一月九日造隸釋四案羊竇故道和帝永元年造至安帝永初六年改修

漢安長陳君閣道碑

永建五年孟春下旬漢安長蜀郡青衣陳君到官闕五字約垂意惠民施無爲之政行不言之敎德化深行盜賊闕少五穀豐茂百姓晏然各得其所君思所以利民大小悉備屯道本有根閣二百餘丈闕三字窅穿字陷壞絕車馬彊頓常以農時發民闕治歲歲造叜直卌餘萬君躬自案行以眇思省去根閣今就土著長無勞費爲萬世基百姓行人驩悅歌詠郡亭掾尹㾭闕二字臣有述君之義故勒此石以示後賢其辭曰

惟此故道險阻危難根閣扼闕臨江緣凶秋雨水水字潦闕二陷窅車馬彊頓脩隧隕顚行旅創苦發賦加民乃至于今遭我陳君舍道施德蹈義履仁治合中和化行若神淸過夷齊行同㬎騫以身率下非禮不言思惟儉約所以利民追哺闕飯露宿草闕百姓安樂不勞不煩又省此閣就乎平便民無經賦行人離患時丞馮卿廉約勤勤好施樂闕欽承奉宣掾史遵憲咨建忠闕咸闕百福子子孫孫　時道橋掾董闕二字隸續十五

國三老袁良碑永建六年二月

君諱良字厚卿陳國扶樂人也厥先舜繼世爲封君周之興虞闕父典陶正嗣滿爲陳侯至玄孫濤塗初氏父字立姓曰袁魯僖公四年爲大夫哀十一年頗佗司徒其末或適齊楚而袁生闕獨留陳

當秦之亂隱居河洛高祖破項實從其冊天下既定還宅扶樂孝武征和三年生曾孫幹斬賊公先勇拜黃門郎封關內侯食遺絕六百戶後錫金紫儳脩城之䆁幹薨子經嗣經薨子山嗣傳國三世至王莽而劉君卽山之曾孫纘神明之洪族資天㥁之淸𦣞㦖綜易詩而說禮樂舉孝廉郎中謁者將作大匠丞相令廣陵太守討江賊張路等威震徐方謝病歸家孝順初政咨闕二字白三府舉君徵拜議郎符節令時元子光博平令中子騰尙書郎少子璋謁者詔書辟闕二字可父事羣司以君父子俱列三臺夫人結髮上爲三老使者闕節安車親闕几杖之尊祖割之養君實饗之後拜粱相帝御九龍殿引君對覲與酒飯賜飲宴冊曰頃者連遇運害災條備至陰陽不和寒暑不節皆孔子制義承奉亂有輿感之禍惕期郎致來咎之變朕以妙身襲裘繼業二九之式今直其際圖記占闕恒在藩國自先帝至德猶有七國之謀蓋治世者不諱其難朕追蘠社稷之重恐有交會諸國王侯開導以驕滿之漸令姦邪因緣生慝相吕顯選蕳練內升皆掌荷竟惠𢹎我民故連拔援不問𠠃次典郡職重親執經緯隱括在手往者王尊發縱於平陽淸約藩輔其節術然忠臣之義有獻藷去去字否其加精微潚切防𢇛朕疚心以戒今特賜錢十萬雜繒世匹壬王字貝劍佩書刀繡文印衣𤻲極手巾各一往悉尻心勉崇協同便宜數上君子曰優臤之寵於斯盛矣宰縣治郡𤻲民不思載八十五以病致仕永建六年二月戊辰卒居㘣室廬殯于假館皆行父平仲小國之卿其儉猷稱況漢大夫父子同升而𤻲壞堵不遭並明實錄之時使前喆孤名而君獨立於是厥孫衞尉滴司徒掾弘闕𠙵刊石作銘其辭曰

飛淸迴紛其厲跨高山山字鋪雲際佐帝父振注濊登肇龍䑙天坐酌不揮凱以邁民被澤抱纖义大本㥁曜其碣闕煌煌數萬世隸釋

洛陽上東門橋右石柱銘

陽嘉四年乙酉壬申詔書以城下漕渠東通河濟南引江淮方貢委輸所由而至使中謁者魏郡淸淵馬憲監作石橋梁柱敦敕工匠盡要妙之巧攢立重石累高周距橋工路博流通萬里云云河南尹邳崇隴丞渤海重合雙福水曹掾中牟任防史王蔭史趙興將作吏睢陽申翔道橋掾成皐卑國洛陽令江雙丞平陽降監掾王騰之主石作右北平山仲三月起作八月畢成 水經穀水注

敦煌太守裴岑碑 永和二年八月

惟漢永和二年八月敦煌太守雲中裴岑將郡兵三千人誅呼衍王等斬馘部衆克敵全師除西域之災蠲四郡之害邊竟艾安振威到此立海祠以表萬世 碑本

漢故益州太守北海相景君銘 漢安二年

惟漢安二年仲秋□□故北海任城景府君卒歍歍哀哉國□□寳英彥失疇列宿虧精晚學後時于何窮倉布命授期有生有死天實爲之豈夫仁哲攸剋不遺於是故吏諸生相與論曰上世羣后莫不流光□於無窮垂芬耀於書篇身歿而行明體亡而名存或著形像於列圖或䡘頌於管絃後來詠其烈竹帛敘其勳乃作誄曰

伏惟明府受質自天孝弟淵懿帥禮蹈仁根道核藝抱淑守眞[illegible]白清方剋己治身實柔實剛乃武乃文遵考孝謁假階司農流恩元城興利惠民彊衙改節微弱蒙恩威立澤宣化行如神帝嘉厥功授以符命守郡益州路遐攣親躬自遜讓夙宵朝廷建英忠讜辨秩東衍璽追嘉錫據北海相部城十九鄰邦歸向分明好惡先以敬讓殘僞易心輕黠踰竟鴟梟不鳴分子還養元元鰥寡蒙佑以盜蓄道脩憲□祉以榮紛紛令儀明府體之仁義道術明府膺之黃朱邵父明府三之台輔之任明府宜之以病被徵委位致仕民志思慕遠近搔首農夫醳耒商人空市隨轝歍涕奈何朝廷奪我慈父去官未旬病乃困危珪璧之質臨卒不回歍欷賈絕奄忽不追孝子憉慟顛倒剝擢遂不剋寤永潛長歸州里鄉黨隕涕叔哀故吏忉怛歍欷低佪四海冠蓋驚慟傷裹大命所期實惟天授明王設位明府不就臣子欲養明府弗留歍歍哀哉

爾曰孝積幽穸表至□兮□□□□翔議郎兮再命虎將綏元元兮規策榘謨主忠信兮羽衛藩屏撫萬民兮□□□□恩彌盛兮宜參鼎鉉□暨幹楨兮不永麋壽棄臣子兮仁敷海外著甘棠兮□后勒銘□不亡兮 碑拓本又見隸續千四

北海相景君碑陰

暨建虎號惟故臣吏愼終追遠諒闇沈思守衛墳園仁綱禮備陵成宇立樹列既就聖典有制三載已究當離墓側永懷靡既文不可勝以義割志乃著遺辭以明厥意魂靈瑕顯降垂嘉祐 碑拓本隸續十

蔡攜碑

攜字叔業有周之胄昔蔡叔沒成王命其子仲使踐諸侯之位以國氏姓君其後也君曾祖父勳哀帝時以孝廉爲長安郎長及君之身增修厥德順帝時以司空高第遷新蔡長年七十九卒長子稜字伯直處俗孤黨不協于時垂翼華髮人爵不升年五十二卒謚法曰淸白守節曰貞純行不差曰定 後漢蔡邕傳注引邕祖攜碑云云案蔡邕有貞定直父碑今此即邕撰否不能定之

敦煌長史武斑碑

建和元年大歲在丁亥二月辛巳朔廿三日癸卯長史同□□□□□□□□□敦煌長史武君諱斑字宣張昔殷王武丁克伐鬼方元功章炳勳臧王府官族分析因以爲氏焉武氏蓋其後也商周假藐歷世壙遠不隕其美漢興以來爵位相踵□朝忠臣君幼門

顏閔之懋質。長敷旃夏之文學。慈惠寬□。孝友玄妙。苞羅術藝。貫洞聖□。博兼□□。耽綜典籍。□思□純。求福不回。清聲美行。闡彤遠近。州郡貪其高賢。□少請吕□□歲舉□翼紫宮□□詔除光顯王室。有□于國。帝庸嘉之。掌司古□領校祕鄭研□幽微。追昔劉向辨賈之汢比□萬矣時戎□□匡正一□□朝廷惟憂□□有司□□舉君。班到官之日。□癘吏士哮虎之怒。薄伐□□□□□□□□□並百姓賴之。邦域旣寧。久勞于外。當還本朝。吕叙左右。吕永嘉元年□月□日遭疾不□。哀哉。于是金鄉長河閒高陽史恢等。追惟昔日。同歲郎署。咸吕爲自古在昔。先聖與仁□□與替□□人存生榮死哀。是爲萬年。伊君遺德。□孔之珎。故□石銘碑。吕旌德焉。其辭曰。

於惟武君。允德允恭。受天休命。積祉所鍾。其在孩提。岐嶷發蹤。謙□守約。唯誼是從。孝深凱風。志絜羔羊。樂是□□。恬此簌光。孳孳

臨川。闚見□隱。庶仰箕首。微妙玄通。□然清邈。□□□□□□升□爲帝股肱。扶助大和。萬民迺蒙。顯宗□□史官書功。昊天上帝。降茲鞠凶。晻忽徂逝。□□□宮。不享耆耇。大命□□□百遼惟□石帝感傷。學夫喪師。士女悽愴。旌表金石。令問不忘。垂□後昆。億載歎誦。碑本。

武氏石闕銘 建和元年三月

建和元年。大歲在丁亥。三月庚戌朔四日癸丑。孝子武始公弟綏宗景興開明。使石工孟孚季弟卯造此闕。直錢十五萬。孫宗作師子。直四萬。開明子宣張。仕濟陰。年廿五。曹府君察舉孝廉。除敦煌長史。被病夭沒。苗秀不遂。嗚呼哀哉。士女痛傷。碑本。

司隸校尉楊孟文石門頌 建和二年十一月

惟巛靈定位。川澤股躬。澤有所注。川有所通。余谷之川。其澤南隆。八方所達。益域爲充。高祖受命。興於漢中。道由子午。出散入秦。建定帝位。以漢詆焉。後以子午。塗路歮難。更隨圍谷。復通堂光。凡此四道。垓鬲尤艱。至於永平。其有四年。詔書開余。鑿通石門。中遭元二。西夷虐殘。橋梁斷絕。子午復循。上則縣峻。屈曲流顚。下則入冥。廎寫輸淵。平阿淚泥。常蔭鮮晏。木石相距。利磨确磐。臨危槍碭。履尾心寒。空輿輕騎。遰㝵弗前。惡虫𡚁狩。蛇蛭毒蟳。未秋截霜。稼苗夭殘。終年不登。匱餧之患。卑者楚惡。尊者弗安。愁苦之難。焉可具言。於是明知故司隸校尉楗爲武陽楊君。厥字孟文。深執忠伉。數上奏請。有司議駮。君遂執爭。百遼咸從。帝用是聽。廢子由斯。得其度經。功飭爾要。敞而晏平。清涼調和。烝二文寧。至建和二年仲冬上旬。漢中太守楗爲武陽王升字稚紀。涉歷山道。推序本原。嘉君明知。美其仁賢。勒石頌德。以明厥勳。其辭曰。

君德明二。炳煥彌光。剌過拾遺。厲清八荒。奉魁承杓。綏億衙彊。春宣聖日。秋貶若霜。無偏蕩二。貞雅以方。寧靜烝庶。政與乾通。輔主

匡君。循禮有常。咸曉地理。知世紀綱。言必忠義。匪石厥章。恢弘大節。讜而益明。揆往卓今。謀合朝情。醳艱即安。有勳有榮。禹鑿龍門。君其繼縱。上順什字斗極。下荅坤皇。自南自北。四海攸通。君子安樂。庶士悅雍。商人咸憘。農夫永同。春秋記異。今而紀功。垂流億載。世二嘆誦。序曰。明哉仁知。豫識難易。原度天道。安危所歸。勤二竭誠。榮名休麗。

五官掾南鄭趙邵字季南。屬褒中鼂漢彊字產伯。書佐西成王戒字文寶主。

王府君閔谷道闕難。分置六部道橋。特遣行丞事西成輔服字顯公。都督掾南鄭巍整字伯王。後遣趙誦字公梁。案察中曹卓行造作石積。萬世之基。或解高格。下就平易。行者欣然焉。伯王即日從署行丞事。守安陽長。隸釋四。

廣漢長王君治石路碑 建和三年冬

表惟右部官國之珍寶衝路危險俠石磯岩闕道人馬闕行爲民隆害歷世彌久靡有留心長廣漢王君建和二年冬任掾楊闕攻沿治破壞又從涂口繇平字闕三井閒道至別鹽得去危就安功夫九百餘日成就通達永傳億歲無窮記弟子楊子欽奉爲佐闕定遠字闕六造。隸釋四。案碑文蓋楊子欽所作也。子欽無攷。

漳河神壇碑

河内脩武縣張導字景明以建和三年爲鉅鹿太守漳津汎溢土不稼穡導披按地圖與丞彭參掾馬道嵩等原其逆順揆其表裏脩防排通以正水路功績有成民用嘉賴。水經濁漳水注。

張公神碑 和平元年

惟和平元年正月字闕二朝歌長鄭郴造闕張公建闕良闕之山運置碁陽刊鑿涿摩立左右闕表神道闕豎碑廟堂之前到五月二闕字乃成長字闕二之銘勒神懿光秘後昆其辭曰

於穆張公含和泰清受符皇極乾剛川靈何天之休元亨利貞無闕二字貴神燿洞字闕二度闕泉殷商北坰鬱朝碁陽厥土敞平芝草茂木瀟瀟滋榮羣萌勳尒激川通字闕三懷字闕八廟克儉損盈詔命有司祭以中牲歲聿再慶公其饗零與來億載歷數萬君字闕七太闕二字顯猶昭拂英勳闕錫介福惠此吏民國無災寇屢獲豐年皇帝胥壽千祿于天牧守皆升握台輔辰長與丞尉超遷相因休闕烈烈無字闕三臨犁陽營謁者李君畏敬公靈好鄭長文徹奉佐工悃愊懇勤闕吏字闕三熹且湟作歌九章達李君闕頌公德芳其辭曰

碁水湯湯揚清波東流闕折闕于河字闕五朝歌縣以絜靜無穢瑕公闕守相駕蜚魚往來悠忽遂熹娛祐此兆民寧厥居 出自碁闕四字松柏鬱茂蘭公字闕二神往來乘浮雲種德收福惠斯民家饒戶富無闕貧農夫家靜和睦闕朝歌蕩陰及犁陽三女所處各殊方三門鼎列推其鄉時攜甥务歸候公夫人字闕三容字闕五饗闕觴穆風屑兮起壇旁樂吏民兮永未央 鹿呦呦兮字闕二庭文樂樂兮字闕三飲清泉兮字闕三見闕伏兮不駭驚惟公德兮之所寍上陵廟兮助三牲天時和兮甘露洽日皆闕兮無虧傾字闕二甚兮朱鳥棲字闕二榮兮鳴喈喈戴鵠鵲兮乳徘徊給御卵兮獻于西惟公德兮之所懷 池水闕兮釣臺粲四角樓兮臨深淵魚岌岌兮踊躍見振鱗尾兮游盱盱時釣取兮給亨獻惟公德兮之所衎 栗蕭卄兮藂鋪陳新美萌兮香苾芬蕙草生兮滿園田競苔茗兮給萬錢惟公德兮之所闕 門堂鬱兮文燿光公神赫兮坐東方明㬎視兮儼卬卬夫人闕 女兮列在旁陳君處北兮從官闕 車騎駱驛兮交錯重乘輗軺兮駕蜚龍驂白鹿兮從仙僮游北嶽兮與天通 玄碑既立雙闕建兮字闕四大路畔兮亭長閽字闕二扞難兮列種槐梓方茂爛兮天下遠近闕不見兮公神日著聲洞徧兮字闕二乾

巛傳億萬兮監犁陽營謁者豫章南昌李朝伯丞左馮翊夏陽趙寵德雅朝歌長潁川陽城鄭郴伯林左尉京兆闕下水□□陽里郭虞子闕下扶風安陵□□邵公處士魏郡□封仲舉處士魏郡犁陽□□□□。隸釋三。案此碑前半張公神道闕銘文朝歌屬長鄭郴撰。郴字伯林，潁川陽城人。後半歌九章無吏撰名氏。

嚴訢碑 和平元年

惟漢中興卯金休烈和平元年歲治東宮星屬角房月建朱鳥中呂之均萬物慈躬華澤青葱蚑行蠕動咸守厥常人物同授獨遭灾霜顛賈徂徂字落壽不寬弘經設三命君獲其央年六十有九禮勝丞夭谷嗟痛兮嗚呼悲傷故著名誄誄字胥嘆欷歔發憤憤字援奚筆字舒慮嘳喟其辭曰伊嘆嚴君諱訢字少通兆自楚狂祖孝相承招命道術治嚴氏春秋馮君章句衆書淵闕靡不闕覽君體性慈仁常容字闕二忠以清白好善博愛有文有武字闕二兼備务爲郡掾

史會稽諸暨尉守烏程、毗陵餘暨章安、山陰長。以疾去官。後爲丹
陽陵陽丞。守春穀長。舉廉遷東牟矦相。闕四字趙作下邳說。長典牧十城所
在若神。宣布政聲。闕二字甘棠。貧細隨附。賢士敬名。行旅歌謠愼
於所闕五字鄭寔與相似。恩澤奐昺。闕五字名藏文威如哮虎。仙南伯
闕德配瓜劉。闕三字宣爲二闕風闕二字至今不滅。幸闕十字何億掩忽
攉藏。闕三字於是宮闕七字送君莫不悲哀舒氣。唁闕二字後宮貴人上
闕二字君闕魂闕靈柩闕四字農夫帡婦。闕嘆欿闕二字人僅優闕目闕三
字哀闕二字嗟君闕四字云斯闕迺闕七字身甘復闕五字次子闕三字昔先
予女斯闕三字有命不可追囿。嗚呼哀哉。闕何棠所宰痛十城布化
垂光明。功名休烈。威巍難蔽障。今歌於道闕三字甘棠君不享黃耇
壽。賔沒鬆闕窆空之字且于中嶽玄照洞倉卯高顯闕五字刻畫文賂堂
列種諸奇樹䓖何檽靈魂審有知。福祚遺子。闕

全後漢文卷九十八終

全後漢文卷九十九

烏程嚴可均校輯

闕名三

從事武梁碑 元嘉元年七月

口故從事武掾。掾諱梁。字綏宗。掾體德忠孝。岐嶷有異。治韓詩經。闕幘傳講。兼通河雒諸子傳記。廣學甄徹。窮綜典口。靡不口覽。州郡請召。辭疾不就。安衡門之陋。樂朝聞之義。誨人吕道。臨川不倦。恥世雷同。不闚權門。年踰從心。執節抱介。終始不貳。彌彌益固。大位不濟。爲衆所傷。年七十四。元嘉元年季夏三日遭疾隕靈。烏虖哀哉。孝子仲章、季章、季立。孝孫子僑。躬脩子道。竭家所有。選擇名石。南山之陽。擢取妙好。色無斑黃。前設壇墠。後建祠堂。良匠衛改。雕文刻畫。羅列成行。攄騁技巧。委蛇有章。垂示後嗣。萬世不忘。其辭曰。

懿德玄通。幽吕明兮。隱居靖處。休曜章兮。樂道忽榮。垂闕芳兮。身歿名存。口口口口。六 隸釋

武梁祠堂畫像

伏戲倉精。初造工業。畫卦結繩。吕理海內。

祝誦氏無所造爲。未有耆欲。刑罰未施。

神農氏因宜教田。辟土種穀。吕振萬民。

黃帝多所改作。造兵 闕三字 宮。立宮室。

姑姊其室失火。取兄子往。輒得其子。赴火如亡。示其誠也。

曾子 闕二字 孝吕通神明。貫感 闕一字 祇著。平朱方。後世凱式。闕二字 無綱。

老萊子。楚人也。事親至孝。衣服斑連。嬰兒之態。令親有驩。君子嘉之。孝道大焉。

丁蘭。二親終後。立木爲父。鄰人假物。報乃借與。

郎中王政碑 元嘉三年正月

君諱政。字季醽。漢中大守之孫。從事掾之第三子也。姿履 闕三字 緜之操。愛敬吕事生。哀慼吕送終。奉 闕三字 歐陽尚書 闕 研典賁侃 闕二字 上 闕四字 童冠聿集。闕 承義方。闕十三字 郡端右州辟從事 闕二字 衛上先公 闕二字 有羔羊之絜。蹇申棠之欲。闕 不營己。好是正直。仰不 闕六字 守防東長。威 闕 雙行。帥下吕儉。決訟明 闕 民瘵 闕二字 淫佚革弭。閭里 闕二字 風化宣流。家 闕二字 施舉孝廉。除郎中。三署馳名。見者宗 闕 當豐人爵。登彼 闕二字 神命 闕四字 罕 闕 脩仁不 闕 卒從氛暴。年五十。吕元嘉三年春正月戊寅 闕三字 既歿而不 闕 于是門徒士夫 闕 君 闕二字 咸有 闕二字 乃相與立石表行。吕 闕 後 闕 其辭曰。

於 闕 明君。闕 方 闕 白。時言樂咲。由徑不曲。闕 職在公。事君謇諤。退食盥私。透蚍允 闕 仁慈 闕三字 讓忘 闕二字 清絜己。惟德之宅。有嘉厥聲。令問孔碩。養 闕 俟 闕四字 夕階 闕 不 闕六字 吕勒銘。闕 昭厥德。隸續一

孔廟置百石卒史孔龢碑 永興元年

司徒臣雄司空臣戒稽首言。魯前相瑛書言。詔書崇聖道。勉 闕 藝。孔子作春秋。制孝經。闕二字 五經。演易繫辭。經緯天地。幽讚神明。故特立廟。襃成侯四時來祠。事已即去。廟有禮器。無常人掌領。請置百石卒史一人。典主守廟。春秋饗禮。財出王家錢。給大酒直。須報。謹問大常祠曹掾馮牟史郭玄。辭對。故事辟廱禮未行。祠先聖師。侍祠者孔子子孫。大宰大祝令各一人。皆備爵。大常丞監祠。河南尹給牛羊豕雞 闕二字 各一。大司農給米祠。臣愚以爲如瑛言。孔子大聖。則象乾巛。爲漢制作。先世所尊。祠用衆牲。長吏備 闕二字 欲加寵子孫。敬恭明祀。傳于罔極。可許。臣請魯相爲孔子廟置百石卒史一人。掌領禮器。出王家錢。給大酒直。他如故事。臣雄臣戒愚戇。誠惶誠恐。頓首頓首。死罪死罪。臣稽首以聞。制曰可。元嘉三年三月廿七日壬寅。奏雒陽宮。司徒公河南原武吳雄。字季高。司空公

老子生于曲過間當另引題李母碑

蜀郡成都趙戒字意伯。

元嘉三年三月丙子朔廿七日壬寅。司徒雄司空戒下魯相。承書從事。下當用者。選其年卌以上。經通一藝。雜試通利。能奉弘先聖之禮。爲宗所歸者。如詔書。書到言。永興元年六月甲辰朔十八日辛酉。魯相平。行長史事卞守長擅。叩頭死罪。敢言之司徒司空府。壬寅詔書。爲孔子廟置百石卒史一人。掌主禮器。選年卌以上。經通一藝。雜試能奉弘先聖之禮。爲宗所歸者。平叩頭叩頭死罪死罪。謹案文書。守文學掾魯孔龢。師孔憲戶曹史孔覽等雜試。龢脩春秋嚴氏。經通高第。事親至孝。能奉先聖之禮。爲宗所歸。除龢補名狀如牒。平惶恐叩頭死罪死罪。上司空府。讚曰。

巍巍大聖。赫赫彌章。相乙瑛。字少卿。平原高唐人。令鮑疊。字老子生于曲過間。水經陰溝水注北過水之側有李母碑。是永興元年譙令長沙王阜所立碑云

宛令李孟初神祠碑。永興二年六月

故宛令益州刺史南郡襄陽李下闕字孟初神祠之碑

口口舉孝廉。除補郎中。遷下闕史卒官口故吏民追思德化。下闕更訊治立碑復祠下下闕垣宇樹木皆不下闕中大人共案文口口口口口文下闕永興二年六月己亥朔十日。口宛令下闕部勸農賊捕掾李龍南部游下闕屋有守祠義民今聽復無下闕時令琅琊開陽貴君諱咸口口口口口口口口口伯下闕口河南雒陽虞衍字元博口口口口口口口口口口口仲興下闕口掾吳定尉口功曹史口口伯口口口時嗇夫劉俊叔艾佐下闕戶口口口伯口吏佐口元舉口口口口口時賊捕掾李龍升高口口京口甫下闕口口口口供功曹史左治口口口口時亭長張河曼海口口唐譚伯祖下闕碑拓本

孔謙碑。永興二年七月

孔謙字德讓者。宣尼公廿世孫。都尉君之子也。㓜體闌石自然之姿。長膺清妙孝友之行。禮述家業。脩春秋經。升堂講誦。深究聖指。

弱冠而仕。歷郡諸曹史。季廿四。永興二季七月遭疾不祿。隸釋六

魯相韓敕造孔廟禮器碑。永壽二年

惟永壽二年青龍在涒歎。霜月之靈。皇極之日。魯相河南京韓君追惟太古。華胥生皇雄。顏口育孔寶。俱制元道。百王不改。孔子近聖。爲漢定道。自天王以下。至于初學。莫不䮄思嘆卬。師鏡顏氏。聖舅家居魯親里。并官聖妃在安樂里。聖族之親。禮所宜異。復顏氏并官氏邑中繇發。以尊孔心。念聖歷世。禮樂陵遲。秦項作亂。不尊圖書。倍道畔德。離敗聖輿。食粮亡于沙丘。君於是造立禮器。樂之音符。鐘磬瑟鼓。雷洗觴觚。爵鹿柤梪。籩柉禁壺。修飾宅廟。更作二輿。朝車威熹。宣抒元汙。以注水流。法舊不煩。備而不奢。上合紫臺。稽之中和。下合聖制。事得禮儀。于是四方士仁。聞君風燿。敬咏其德。尊琦大人之意。逴彌之思。乃共立表石。紀傳億載。其文曰。皇戲統華胥。承天畫卦。顏育空桑。孔制元孝。俱祖紫宮。大一所授。前闓九頭。以升言教。後制百王。獲麟來吐。制不空作。承天之語。乾元以來。三九之載。八皇三代。至孔乃備。聖人不世。期五百載。三陽吐圖。二陰出讖。制作之義。以俟知奧。於穆韓君。獨見天意。復聖二族。逴越絕思。脩造禮樂。胡輦器用。存古舊宇。慇懃宅廟。朝車威熹。出誠造口。漆不水解。工不爭賈。深除元汙。水通四注。禮器升堂。天雨降澍。百姓訢和。舉國蒙慶。神靈祐誠。竭敬之報。天與厥福。永享牟壽。上極華紫。旁伎皇代。刊石表銘。與乾運燿。長期蕩蕩。於盛復授。赫赫罔窮。聲垂億載。隸釋

吉成侯州輔碑。永壽二年十二月丙子

闕二輔字闕二世字闕五于炎字闕八君字闕五卿衛特召士明敏達。拜小黃門。遷事和熹后孝安帝。安思皇后時爲大宮令。孝順皇帝踐胙之闕復弘拜小黃門。遷藏府令。當拜中常侍。讓與同郡錡任。後㠯病孫位。起家復拜謁者令。中尚方闕遷中常侍。遭順帝棄天下。

扶佐孝沖孝質帝。兼領黃門令。順烈皇后攝政。㠯君舊闕拜長樂大僕。遭孝質無嗣。乃定冊帷幕。援立聖主。有安社稷之勳。建和二秊七月巳巳。詔冊曰。蓋聞春秋之闕采毫毛之善。大漢典制。有恩澤之封。輔歷世守省。恪恭位著。建立之際。處乎左右常伯之職。同闕協意。㠯亮天功。往者鄭眾蔡倫。行事科比。其封輔爲葉吉成侯。和平中。君復轉拜大長秋。兼㠯闕侍之位。栝統前後。明先帝法令。曉舊章之事。周密淑慎。奉巳守度。在寵弗盈。能自抱損。爵闕日隆。持之益懼。每所典領。威禁不犯。遠惡辟害。不離艱難。所謂摩而不粼。涅而不緇者。闕朝廷禮之。㠯君耆老。有杌杖之賜。年六十有二。永壽二秊十二月丙子薨。中外咨悼。賻贈闕等。昔管蘇之尹楚。㠯直見疏。死記其闕張卿之在漢。闕季布之闕㠯安高后。論德比隆。君實毓闕於是鄉人姻族。乃相與刊石樹碑。昭宣令問。其辭曰。

威德之休。實生君侯。天授厥美。忠貞㠯闕退翼軒闕達闕華樞六帝四后。是咨是諏。錫㠯寵衣。紫艾兼紆。幹國棟家。㠯光㠯舒。後闕二字禮闕四字人誰闕泥我貴不濡。闕君守固。終始不渝。旌之萬祀。顯燿永譽。隸釋十七。案水經濜水注有漢中常侍長樂太僕吉成侯州苞碑云六帝四后是諮是諏州苞即州輔之誤

郎中鄭固碑 延熹元年四月

君諱固。字伯堅。蓋君元子也。含中和之淑質。履上仁闕三字孝友著乎閨門。至行立乎鄉黨。初受業於歐陽。遂窮究于典藉。膺游夏之文學。襄冉季之政事。弱冠仕郡。吏諸曹掾史。主簿督郵。五官掾功曹。入則腹心。出則爪牙。忠㠯衞上。清㠯自脩。犯顏謇愕。造膝佹辭。加㠯好成方類。推賢達善。逡遁退讓。當世㠯此服之。郡后玠瑋㠯爲儲舉。先屈計掾。奉我闕貢。清眇冠乎羣彥。悳能簡乎聖心。延熹元秊二月十九日。詔拜郎中。非其好也。㠯疾錮辭。未滿期限。從其本槼。乃遘凶愍。秊卌二。其四月廿四日遭命隕身。痛如之何。先是君大男孟子。有楊烏之才。善性形於岐嶷。闕二字見於垂髦。年七歲而友大君夫人所共哀也。故建闕共墳。配食斯壇。㠯慰考妣之心。琦瘖延㠯爲至悳不絕。則鍾鼎奚銘。昔姃闕二字武弟述其兄綜闕四字行於蔑陋。歔郘敢忘。乃刊石㠯旌遺芳。其辭曰。

於惟郎中。實天生德。頤親誨弟。雯恭竭力。敦我義方。導我禮則。傳宣孔業。作世模式。從政事上。忠㠯自勖。貢計王庭。華夏歸服。帝用嘉之。顯拜殊特。將從雅意。色斯自得。乃遭氛災。隕命顛沛。家失所怙。國闕忠直。俯哭誰訴。叩㖞焉告。嗟嗟孟子。苗而弗毓。奉我元兄。脩孝罔極。魂而有靈。亦歆斯勒。隸釋六

丹陽太守郭旻碑 延熹元年十一月

君諱旻。字臣公。有周之裔闕七字之穆。爲文王卿士。子孫闕二字君膺天休闕二字明德矜闕六字之溫良慈恕。義㠯將之。厥闕二字爲不可測闕加㠯體明道術。闕五字律小杜洪纖。威舉。弊闈當闕二字然獨闕少仕州郡。宣著嘉名。察孝廉。除郎中謁者。使監南甄官闕二字翔聲省

其傷疾闕瘳完命已免於丹闕五字數遷敬陵園令。廷尉左平。治書侍御史。獄刑癈頌。禹高如砥。㠯父憂去官。還拜郎中侍御史。遭毋憂。服除。復拜郎中治書侍御史。彌綘衮闕四字弼還冀州刺史。闕墉明否萬里佗乎。九郡咸盜。河朔凱爲。徵拜尚書。闕三字命國之喉。闕躬親功顯闕胡異爲。是時淮夷蠢迪。而嗜官綏。蒲書褒壐。俾守丹楊。闕荒治亂。召攜懷遠。齊逸俗。通聖化。勸民用康。移風易闕爲政四秊。㠯公事去官。復脩玄默。惟莫反初。丰過耳順。寢疾積。延熹元秊十月戊戌卒。其十二月丙申葬。徵言絕矣。諸子曷仰。三載禮闕。迺羣相與刻石勒銘。闕昭所闕二字辭曰。

於休我師。恂恂郭君。既明且哲。耽此憲闕三字孝睦觀國。用闕惟左闕三字易輸勤。讚理丞師。獄癈放紛。三典執闕三字王人。柔遐能邇。宣亮闕二字蛇闕機夙夜。惟寅飲變。懔波用綏海濱。闕二字緝訛闕三字神。功遂身退。闕三字運光暉有翕。永世不泯。昔君郎巫。雖立碑頌。裁足

載字加有瑕股君之弟故太尉公薨。歸葬舊陵。于是從子故五原
太守鴻議郎柔及脩。孫范字闕二懷祖之闕迺更刊石。不改前文。蓋
用昭明祖勳德。目宣達情闕庶傳不朽。庸云爾。隸續三又十九

議郎元賓碑 延熹二年

闕上字元賓。魯相之孫。成德口口口口口東安平令北海相闕下守之
弟子。中牟令兄子也。君生也。卽有姝摻。脩孝行。闕下鄉黨乾乾積
善。念於濟人。故朋疇宗親受爵位者。皆闕下也。加有聰明叡据之
才。博五經之滋味。覽羣書之要闕下圖籍搶翰著作。時人莫能預。
其思辯論口口文章爛闕下孝廉亢弘名于三署。揚清厲于海內。
除倉龍司馬。詔闕下試經第一。衞尉察尤異。遷吴令。憲春陽已加
惠。則陰闕下擊有禍宰鄭見思之歌。視事二稔。民用寍康。目不媚
闕下雲之高翻翳色斯。辟州從事。雖進口口口口口退不枉尺直
尋。闕下罣聖朝揜動。公車徵拜議郎。當豐闕姻嬸光國興家。闕下

毓𪏆戠良人。年卌八。延熹二年二月闕二字卒。天子閔闕下咨
嗟。使者臨弔。賻賵特加。於是族黨門人。莫不傷瘁。闕下立銘目詠
君德。其辭曰。口口口口貊無倫。揚休聲。爲三臣。播忠冊。列帝庭。名顯
章。光四闕下建靈后。番鴻勳。昭來掂。示後昆。隸釋六

張休崖涘銘 延熹三年三月

太凶雖高。無得而擬。劍道雖險。孰可爲亾。盱嗟此凶。高且險。只上
眂波蒼。相去能幾。宏乎昆侖。日月所蔽。行九過兹。辭不彩。深念
于斯。刊銘崖涘。漢延熹二年三月初闕四字張休。隸續十九

王君造四縣邸碑

惟兹陳國。故曰淮陽郡云云。清惠著聞。爲百姓惠愛。求賢養士。千
有餘人。賜與田宅吏舍。自損俸錢。助之成邸。五官掾西華陳騏等
二百五人。目延熹二年云云。故其頌曰。
脩德立功。四縣回附。水經二十二渠水注。陳城內有漢相王君造四縣邸碑。文字剝闕。不可悉識。其略曰云云

楚相孫叔敖碑 延熹三年五月

楚相孫君諱饒。字叔敖。本是縣人也。六國時期思屬楚。楚都南郢。
南郢卽南郡江陵縣也。君受純靈之精。懷絕世之才。有大賢次聖
之質。少見技首虵。對其母泣。吾將死。母問其故。曰。吾聞見技首虵
者死。今日見之。母曰。若柰之何。吾恐行數十步。念獨吾死可。空復
令他人見之死爲。回埋掩其荆。母曰。若無憂焉。其陰德玄善。遂爲
父母九族所異。及其爲相。布政以道。考文象之度。敬授民時。聚藏
於山。殖物於藪。宣導川谷。波障源泉。溉灌坂澤。堤防湖浦。以爲池
沼。鍾天地之美。收九罣之利。以殷潤國家。家富人喜。優游樂業。拭
序左朝。野無螟蛾。豐年蕃庶。人有曾閔貞孝之行。四民美好。從容
中節。高梱改幣。一朝而化。其憂國忘私。乘馬三年。不別牝牡。繼高
陽重藜五舉子文之統。其忠信廉勇。禮樂文章。軌儀同制。其富國
充民。明天時。盡地力。霆堅禹稷。不能踰也。專國權寵。而不榮華。一
旦可得百金。至於沒齒而無分銖之蓄。破玉玦。不以寶財遺子孫。
終始若矣。去不善如絕絲。辟患害於無形。術節高義。敦良奇介。自
曾臧孤竹。吳札子罕之倫。不能驂也。生於季末。仕于靈王。立溷濁
而澹清。處幽暗而照明。其遺武餘典。恨不與皷皇帝代同世。世爲
列娫國左朝廷。其意常壘壘若冠章甫而坐塗炭也。病甚臨卒。將
無棺槨。令其子曰。優孟曾許千金貸吾。孟楚之樂長。與相君相善。
雖言千金。實不負也。卒後數年。莊王置酒以爲樂。優孟乃言孫君
相楚之功。卽忼慨商歌曲曰。貪吏而可爲而不可爲。廉吏而可爲
而不可爲。貪吏而不可爲者。當時有汙名。而可爲者。子孫以家成。
廉吏而可爲者。當時有清名。而不可爲者。子孫困窮披褐而賣薪。
貪吏常苦富。廉吏常苦貧。獨不見楚相孫叔敖。廉絜不受錢。涕泣
數行。若闕首王。王心感動。覺悟問孟。孟具列對。卽求其子。而加封
焉。子辭。父有命。如楚不忘亡臣社稷闕而欲有賞。必於潘國。下溼

境堺人所不貪遂封潘鄉潘卽固始也三九無嗣國絕祀廢固始令段君夢見孫君則存其後旐其故祠爲架廟屋。立石銘碑。春秋烝嘗明神報祀。卽歲遷長菸大守。及期思縣宰段君諱光字世賢魏郡鄴人。庶慕先賢。體德允恭。篤古尊舊。奉履憲章。欽翼天道。五典興通文籍祭祠。祗肅神明。臨縣一載。志在惠康。垂枯稟乏。愛育藜蒸。討掃醜類。鰥寡是矜。杜僞養善。是忠表仁。感想孫君。迺發嘉訓。興祀立壇。勤勤愛敬。念意自然。刻石銘碑。千載表績。萬古標記福祐期思縣興士織。孫氏蒙恩。漢延熹三年五月廿八日立。隸釋三

孫叔敖碑陰 延熹三年

延熹三年歲在闕二字中夏之節。政在封表。期思長光視事一紀。訪問國中耆年舊齒。素聞孫君楚時良輔。本起此邦。垂名於後。博求遺苗。曾玄孫子。考龜吉辰。五月辛卯。宜以存廢。可立碑祀。招請諸孫。都會國右郭西道北。靈所顯好。與上宰祭。倡優鼓儛。式序其冑。授之端首。光以不貪。追賢烈。以自榮寵。時丞左馮翊姓如諱武尉京兆周陵。詳集共造。戶曹掾袁騰。令史許松。

相君有三嗣。長子卽封食邑固始。少子在江陵。中子居三闕雲龍闕業續林二宗。則其苗冑也。相君卒後十有餘世。有渤海太守字武伯。武伯有二子。長子字伯尉。少子字仲尉。仕郡爲掾史。伯尉有一子。字世伯。舉江夏孝廉。城門候。仲尉有二子。長子字孝伯。荆州從事。弟世信。仕闕二字掾功曹。會丏哀之間。宗黨爲賊寇所破。世伯孝伯世信闕各遺一子。財八九歲。微弱不能仕學。世伯子字子仲。治產於績雲。有六男一女。大子字長都。次子蘭卿。次弟字仲陽。次弟字叔通。次弟字衞公。次弟字劉卿。此績宗六父也。孝伯子字文闕亦不仕學。治產於材雲。亦有六男一女。大子字惠明。次弟字文卿。次弟字堅公。次弟字稚卿。次弟字彥卿。次弟字少都。此材宗六父也。世信一子相承季陵文卿孝公七闕雲一父別其高祖與材高祖父親兄弟孫氏宗族別闕諡紀也。隸釋三

中常侍樊安碑 延熹三年

君諱安。字子仲。南陽湖陽人也。厥祖曰仲山父。翼佐周宣。出納王命。爲之喉舌。以致中興。食采于樊。子孫氏焉。亦世載德。守業不衍。在漢中葉。篤生哲媛。作合南頓。實產世祖。征討逆畔。復漢郊廟。而樊氏以帝元舅。顯受茅土。封寵五國。壽張侯以功德加位特進。其次竝以高聲處卿校侍中尚書。牧州典郡。不可勝載。爲天下著姓。君夠以好學。治韓詩、論語、孝經。兼通記傳古今異義。甘貧樂約。意不回慼。天姿淑愼。稟性有直。秉操不移。不以覬貴。世政促峻。以宰禀識。慢賢役德。被以勞事。然後慷慨。感憤宦于丞室。歷中黃門冗從假史。拜小黃門。小黃門右史。遷藏府令。中常侍。其事上也。貞固密愼。矜矜戰戰。作主股肱。助國視聽。外職不誣。內言不泄。爲近臣楷模。是以兄弟竝感。雙據二郡。宗親賴榮。年五十有六。以永壽四年二月甲辰卒。朝思其忠。追拜騎都尉。寵以印綬。莢書襃歎。賻贈有加。嗣子遷。實以幼弱。夙叙丞爵。而喪所天。禮備復位。以延熹三年冬十有一月。自上烝祭。乃尋惟烈考恭脩之懿。勒之碑石。俾不失隧。其辭曰。

肅肅我君。帝躬是翼。丞專多難。我君是力。秉此小心。以亮皇職。惟帝念功。膚以輿服。大命傾實。魂神偃伏。龜艾追遷。用光其德。藹藹遺稱。作呈作式。勒銘茲石。嘗示罔極。勳名不劉。永昭千億。制詔中常侍樊安。宿衞歷年。恭恪淑愼。嬰被疾病。不幸蚤終。今使湖陽邑長劉操追號安爲騎都尉。贈印綬。魂而有靈。嘉其寵榮。烏呼哀哉。延熹元年八月廿四日丁酉下。隸釋六。又見古文苑九

封丘令王元賓碑 延熹四年五月

君諱闕字元賓。御史君之孫。茂材君之子也。其先出自周室。歷秦及漢。有國有家。宰相牧守。踵武相襲。皆能輸力盡規。紀功載籍。迄

君之身。天鍾其美。體兹明迹。丕器之量。溫慈惠和。行𢀖忠恕。弱冠
喪父。以孝立稱。敦書悅禮。闕心術埶。士階環堵。兼業並援。門徒雲
集。感于洙泗。學優而仕。位極州郡。察孝廉郎謁者考工苑陵葉封
丘令。經國以禮。帥下以德。黎庶有恥。莫闕用。闕姦賊遠屛。姦軌埽
迹。以母憂去官。服祥。辟司空府。補闕闕御。好是正直。旻穹不弔。降
兹闕疢。𠀤卅有八。延熹四年五月辛酉遭命而終。國隕柱石之佐。
世喪英彥之士。遠近闕嗟。莫不傷焉。咸以爲絕美殊勳。宜在金石。
垂示無窮。乃作銘曰。
於穆王君。穹天生德。明允篤誠。小心祗翼。永言孝思。閨庭允勑。濟
濟學徒。來宗來式。牧守加禮。班敘志職。闕貢皇國。𠊱衛帝側。王用
錫命。撫臨三國。三國克寧。乃大明服。闕頌君闕永垂罔極。隸續十九

全後漢文卷九十九 闕名 十二

全後漢文卷九十九終

全後漢文卷一百

烏程嚴可均校輯

闕名四

成皐令任伯嗣碑 延熹五年七月

□□□字伯嗣。南郡編人也。其先蓋任座之苗胄。君少履岐嶷。醇懿之□□□□□□仁而有威。仕極州郡。舉孝廉。除郎中蜀郡府丞。江州令。㠯服去官。辟□□筑陽矦相。延熹五年七月還來臨縣。正身帥下。賞恭罰否。存䘏寒苦□□□右官朝家靜。姦軌撿手。繇賦平均。黔庶不擾。朞月有成。政由豹產。邦□□□七州喉□。衢路交蛇。郟河阻凶。崩陁虧嶭。峻峭危難。君發弘謀。慮斯□□□南移北。徙俠就寬。直枉正曲。㠯險爲安。隤高夷窊。顯敞平端。功業廣□□□悅懽。然後乃揆□索隱。厲貞禮孝。興文偃武。脩庠畔。校善著惡。消頑□易操。威惡竝行。□□□□□□□□□□□□□南蠻柹扈。荆部□□□周還君桂陽。衡□□□□□□□□□□□□□□□□□夫織妾仿偟道□□予何莢追送藿慕。君未到郡。先騰檄告。諭㠯信義。繩㠯憲度。狂狡醜類□□畏怖。或豪降服。或走逃竄。居民安業。商旅通濟。□不戰而寇息。罰未加如□□。斯可謂德應神祇。獲巛□之助。垂曜於无窮者已。是㠯都邑謳詠。慕昔□□甄勒勳績。永昭于後。乃作頌曰。

□惟任君。政不世出。慈寬惠恕。剛猛柴楓。應期濟時。來牧我國。體仁垂義。種□□德。伸屈潤槀。理寃省結。受施既浹。升興南翔。西征東怨。萬民攸望。鐫表□頌。億載彌彰。隸釋十五

眞道冢地碑 延熹五年七月

此冢政乎。欲負冢土。勿取冢地中。法取東吉利。愼勿取西北土也。延熹五年七月中。甸真道字直中。以錢八千。從有親真敖字政直。直弟政升升二從弟漢宗市冢地。連隨地闕等𧰼闕二字呂闕連瀆海江。廣廿二丈。內人北行闕瀆廣皆如前。錢付畢。政等得可中弟闕子孫道闕四字治政等𧰼左是冢西中等冢左東北祠舍地中等子孫闕三字子孫但得佃山居留。不得𦐂舍地。𦐂訟。天帝誅疾。勉崇孝道。先人之約。讀如闕三字順此書位闕所堅犬比闕人闕一字相愛必闕三字不得違犯。闕諸子孫闕益中闕錢酒飯子孫吉不益有所取出。卽不利。後冢東行廣五丈。北行不得作冢。可示後世冢前也。後世作冢。從此冢後。幷壙北行門出西闕地也。隸續十九

冀州刺史王純碑 延熹五年

君諱純。字伯敦。魏郡太守之子。其先出自闕五字後也。厥祖儒宗。闕二字春秋。君天資才敏。行不踖而達。學不勞而能。遵父業。術闕三字始仕事君。立朝正色。闕二字恂智宣慈。惠和。以袞州從事永和二年察孝廉除郎謁者。執法操牘。晉筆憲臺。亶邁發無任見徒掌錄遺之或有罪過微刑輕笑深君闕二字坐行惡𥟖疑。閔其粥糜凍餒之患。

敕大司農衛𢒈衣痃。惻隱闕至。恩加窮民。其三年有九夷之難。出將征西。君請詔裦𧗳。督逐軍糧。其所過歷。彈正闕三字赫馨烈。宣于方國。拜守宮令。以父司隸遇。謁者官遷左都候。喪父服除。復拜郎。敬北闕三字失妹盜歸。遂釋印紱。司空辟舉高第。選侍御史。出使揚州。聖朝嘉君。旋拜徐州。深化甘棠。闕過宥罪。政尚寬弘。視事二載。換在冀州。西征東怨。紀歌遺風。以公事去官。窮則樂善。達則闕人。進則延賓分祿。退則却掃閉門。年五十九。延熹四年八月廿八日甲寅不闕隕徂。五年十一月十八日丙申葬。存有令迹。亡述存勳。銘載金石。永世不刊。其頌曰。

奂矣王君。有虞之胄。封陳興齊。枝葉繁茂。君綜典謨。無道不究。從政履規。在公竭謀。登翼闕臺。文武兼備。發政舉刑。親恤闕二字將西征闕二字命使闕善納不聖朝嘉異。牧徐宰冀。惠闕三字邊則闕二字澹闕不闕四字朽。不永年壽。縉紳凡百。孰不哀思。隸釋七

平輿令薛君碑 延熹六年

惟延熹六年春二月。平輿令薛君卒。烏虖哀哉。吏民其咨。咨君之德。迺建碑石于墓之側。其辭曰。於皇降德。于茲我君。我君毁祖。官有世功。迺侯于薛。苗胄枝分。作漢卿尹。七世相承。君之懿德。性此淑眞。如冰之絜。如玉之堅。靡術不綜。罔禮不遵。忻忻之至。三族已敦。英名委質。宣昭令聞。升州入宰。炳乎其勳。莅政已吾。爛而有成。遷典平輿。匪威匪仁。寬猛己濟。籟矣惟淸。化未期月。遭此笁旻。吏民穆卜。嘗禱屛營。旻天不弔。不憖遺君。晻曶薨徂。命不可作。國人巷哭。若喪厥親。鬚白號怛。童穉唫呻。嗟嗟酷痛。如何昊乾。靈柩旋歸。尙乜窀穸。懷懷士儁。惻𤅢酸辛。婣族畢至。素縞塡庭。於是吏民。迺復追歎。君初舉孝。三署播名。爰佐戎闕來臨汝南。剖符之㦸千里同塵。料揀眞實。好乜徽轂。貢奇逹異。迥酌儁英。遺風令歌。永矢不愃。云君同軌。誰不褒歎。闕意迷流。乃隕乃顚。如可贖也。人百其身。昔邵臨國。民謂之父。今也薛君。追蹈厥緒。身殁言存。是謂不朽。于我吏民。悲慕罔已。刊石紀銘。永昭于後。隸續

都鄉孝子嚴舉碑 延熹七年五月

都鄉都里孝子嚴君。父諱馬字子順。結髮治身。非義不行。闕郡入州居字闕二孝位至藩車。產生三女。絕嗣無男。憤然闕恐闕戶孤寒宗族字闕二收集孤字闕二以伦後禮。爲人後。則爲人子。舉字闕十九勤和顏闕以闕終制闕行闕惻怛𧷤泣。憔悴消骬。闕亂不闕不字闕六母老字闕三請然後爲。稽然後行。闕十一字孝順行則閨門闕積行愼心。德刑州里。莫不稱闕歌字闕二慈仁其字闕三前世官賢有秩。長思褒大其義。造字闕八善慕類君子之倫。共立碑表。勒石述歎。以章其芬。

頌曰

闕四字炎翟隆共。徂德配神。廣彼明察。化及黔首。施洆潤字闕九慈順博愛。九族和睦。事繼若眞。行爲表式。殊性羇異。會字闕三克諧闕勳。無德不闕勒石示後。後生惟則。亂曰。休哉休哉。字闕二君字闕三施闕二字兆民勒石表義。字闕三仁字闕七鎭君明臣孝。行著成兮。玄𡈼報德。奐煥榮兮。貫洞祇靈。永闕隻兮。闕示萬基闕施闕兮。延熹七年五月辛未朔十一日辛巳。臨江長愷丞杜謂都闕言。孝子嚴舉。爲父行喪。服制踰禮。追思慕義。闕表門閭。有書賢明宰卿闕應風生是以天闕仁人孝弟之至。通洞神祇。蓋淑闕賞則庶民勸。今闕書到闕二字勉加勞來。以究言如詔書。隸續十一

蜀郡屬國辛通達李仲曾造橋碑 延熹七年五月

惟延熹龍在甲辰三月甲子。傷民隶集滑月扶攜字闕五憂造乜耗橋。闕之闕基。改奮就儉。莫不安之。已五月甲午竟。頌道楊闕荷杜仁頌道楊遂字闕二敘𢡱勒石。文不能歎一已褒賢君。其辭曰。

闕二字我邦乾川垂極。字闕二土執。闕氾反側。位在角精。崖崖山嶽。水闕汝江漂闕湍濁道闕位阜棧格陵陵地則居闕新字闕二栢竟闕官闕夷羌虜賊。頃年畔厲。有道則服。有字闕二隘。吏民闕栗。𡌶𡌶皇辟。矜哀下民。命彼喉舌。拜我明君。惟君至𢡱。應甫及申。闕恩襃貧其知如闕漢字闕三謀謨若神。小閤明府。協同斷金。西征鄙國。撫育犂元。除煩省苛。公劉之仁。單甫牧英。不忍戰民。恤彼字闕二戲險登陵。橋壞求正。歲歲字闕二津闕滿首字闕七呵逆洆沈。深往往覆沒。傷害行人。四縣衝衝。老弱所堪。耿耿實勞。字闕二懇懇字闕二日稷閔乜之艱。記吉頌道。杜沂楊瑗。伦莅橋梁。帥爾徒乜。待事楊字闕三守古荷賊曹掾杜仁。至孝殷勤。雖不字闕四出神祇祐助。橋遂考闕萌兆賴祉。子子孫孫。百穀豐穰。內外靖安。必字闕三我君高遷。取公闕侯福洆後昆。萬壽无疆。千祿億年。亂曰字闕二我君明且闕兮。徠儀于國字闕三兮吏民河潤。受靈福兮。莫不慕化。心如結兮。字闕十鼎足期不逝兮。隸釋十五

泰山都尉孔宙碑 延熹七年七月

君諱宙字季將孔子十九世之孫也天姿醇嘏齊聖達道少習家
訓治嚴氏春秋緝熙之業既就而閨閾之行允恭德音孔昭遂舉
孝廉除郎中都昌長祗傳五教尊賢養老躬忠恕以及人兼禹湯
之辠己故能興朴闕二字彫幣濟弘功于易簡三載考績遷元城令
是時東嶽黔首猾夏不闕三字顧兵遺畔未寧乃擢君典弍戎字飢文
脩之旬月之閒莫不解甲服罪闕三字槫田畯喜于荒圃商旅交乎
險路會鹿鳴于樂崩復長幼于酬酢闕三字稔會遭篤病告困致仕
得從所好季六十一延熹六年正月乙未闕三字疾賁速朽之反眞
慕寧儉之遺劓宅夕不攀明器不設凡百卬高闕三字述于是故吏
門人乃共陟名山采嘉石勒銘示後俾有彝式其辭曰
於顯我君懿德惟光紹聖作儒身立名彰貢登王室闕　是雯夙
夜闕二字左公明明乃綏二縣黎儀凱康於六時廱撫茲岱方躬彼
凶人覆俾闕二字南畝孔饁山有夷行豐季多乘稱彼兕觥帝賴其

全後漢文卷一百　闕名　五

勳民斯是皇疾闕三字乃委其榮忠告慇勤屢省乃聽恭儉自終盡
藍不瞰生播高譽叟歿令名永夫矢字不刊百載揚聲延熹七季七
月戊闕造隸釋七
山陽太守祝睦碑 延熹七年八月
君諱睦字元德濟陰己氏人也其先蓋高辛氏之火正以正能澮
曜天地日祝融遂獲豐阜之胙燀裔昌遠大乃侯伯分仕諸夏鄭
有祝聃者君其肖也君膺庶懿量在約淵滄潛心耽學該洞七典
探嘖窮神無物不辯闕二字州郡以孝貢察賓于王庭除北海長史
潁川鄢令導濟以禮三載之後而民知讓有恥且格君惟老氏名
遂身退色斯翻翔紆精衡門闕三字道闕事諮度辟司空府北軍中
候拜大尚書尚書僕射喉舌納言翼皇正樞還常山相山陽大守
齊和五品崇化以寬昭德塞違卒訓其仁抽拔隱伏闕賢式禮闕二
字攸堪九功以著當享繁祿爲帝幹楨年六十有八延熹七年八

月丁巳卒臨困紆纊遺令素櫬蔞褁以席賻賵非禮皆不得犯存
無玩飾亡遵以儉所謂有終純固者已蓋銘功紀勳所以旌達示
來于是迺共登山鐫石刊勒鴻伐其辭曰
懿我君國之光履忠順闡道常升紫微平機衡統闕二字龔律章撫
二郡踰召黃恭儉己民用康綏頌興詠遺闕卒稱馥垂令芳生見
樂歿不忘名儷日億載揚隸釋七
西嶽華山廟碑 延熹八年
周禮職方氏河南山鎮曰華謂之西嶽春秋傳曰山嶽則配天乾
坤定位山澤通氣雲行雨施既成萬物易之義也祀典曰日月星
辰所昭卬也地理山川所生殖也功加于民祀以報之禮記曰天
子祭天地及山川歲偏焉自三五迭興其奉山川或在天子或在
諸侯是以唐虞疇咨四嶽五歲一巡狩皆以四時之中月各省其
方親至其山柴祭燔燎夏商則未聞所損益周鑒于二代十有二

全後漢文卷一百　闕名　六

歲王巡狩殷國亦有事于方嶽祀以圭璧樂奏六歌高祖初興改
秦淫祀大宗承循各詔有司其山川在諸侯者以時祠之孝武皇
帝脩封禪之禮思登假之道巡省五嶽禋祀豐備故立宮其下宮
曰集靈宮殿曰存僊殿門曰望僊門仲宗之世重使使者持節祀
焉歲一禱而三祠後不承前至于亡新寖用丕虛訖今垣趾營兆
猶存建武之元事舉其中禮從其省但使二千石以歲時往祠其
有風旱禱請祈求靡不報應自是以來百有餘年有事西巡輒過
享祭然其所立碑石刻紀時事文字摩滅莫能存識延熹四年七
月甲子弘農太守安國亭侯汝南袁逢掌華嶽之主位應古制脩
癈起頓閔其若茲深達和民事神之義精通誠至礿祭之福乃案
經傳所載原本所由銘勒斯石垂之于後其辭曰
巖巖西嶽峻極穹蒼奄有河朔遂荒華陽觸石興雲雨我農桑資
糧品物亦相瑤光崇冠二州古曰雍梁馮于豳岐文武克昌天子

展義巡狩省方玉帛之贄禮與岱亓六樂之變舞以致康在漢中葉建設宇堂山嶽之守是秩是望侯惟安國兼命斯章尊脩靈基肅共壇場明德惟馨神歆其芳遏禳凶札揫斂吉祥歲其有年民說無疆

袁府君肅恭明神易碑飾闕會遷京兆尹孫府君到欽若嘉業遵而成之延熹八年四月廿九日甲子就

袁府君諱逢字周陽汝南女陽人孫府君諱璆字山陵安平信都人時令朱頡字宣得甘陵鄃人丞張昺字少游河南京人左尉唐佑字君惠河南密人主者掾崋陰王萇字德長

京兆尹敕監都水掾霸陵杜遷市石遣書佐新豐郭香察書刻者潁川邯鄲公脩蘇張工□君□舊拓碑本隸釋二

山陽太守祝睦後碑 延熹九年

故吏王堂等竊聞下有述上之功臣有敘君之德自昔左前列莫

不紀名於典□□□□□□者故孔子曰民人登祝上天歆焉用永其世而豐其年烝屬欽熙孰不咨賢伐作頌曰伊余祝君兆自蕤幸祝融苗胄承獲禎慶光裔熾蘱分仕六國張雄諸夏鄭有祝聃者君其胄也昔祖仕湯湯治於梁兆覲自朔家于濟陰君齔髫入學脩韓詩嚴氏春秋七典並立□綜百家文豔彬彧淵然深識怕然執守躬潔氷雪亦然清皓嘶心于道通神達明無物不覽鄉黨逡逡朝廷便便踐胙州郡階究右坐以孝察舉讚拜王庭除北海長史潁川郾令化行如風民應如草三載考績名登明堂色斯舉矣復身衛門童冠翔集耽經樂術潛神默記與俗殊好辟司空府北軍軍中候擢尚書尚書僕射七政錧鎋佐輔斗樞功冠帝庭懿德違優遷常山相山陽太守協齊行律恢崇三樂追惟九思導闡泮宮附庸妝同溫化以禮帥由舊章摘隱取伏訓承賢良國無殊藏悉浴蘭湯疊林亙蔓七子左案乘蕡遠邇竟界尼康休蘁充

口功馨升揚當享紫祇為漢棟梁年六十八寢疾不瘳延熹七年八月丁巳卒臨絕統族垂誨素棺幣以葭蕟賵襚賵醊非禮之常壹不得當斂無珍玩歿就以約所謂守忠啟予其去也善蓋彰功表勳所目煥往輝來于是三年禮闋乃相與刊勒金石其辭曰

穆我君邦之陽資五就闔道綱陟泰微准樞衡稽列宿覽四方德合乾翼應皇頌二郡曜重光化流洽混淊昌性天約元用長頌聲作語令香功烈著遺椒芳存親綿淪弗忘稱彌輝玄為常七隸釋

濟陰太守孟郁脩堯廟碑 永康元年

漢永康元年闕月闕二字惟昔帝堯聖德靈茂弘號赫赫蕩蕩垂基赤精之胄為漢始別陵氣炎熾上交倉玄穆穆之威乾巛見徵敬脩宗壁長吏奉祠三牲粢饌獻珍于時俵著燿銘宣颺厥休及招禎祥萬闕是來鴻名遂顯傳于千秋

濟陰太守河南匽師孟府君諱郁字敬達治尚書經博覽眾文天

姿瑋度體性溫仁闡極道之要妙游觀六藝之原擬旋機之政務在濟民歷典六郡威赦若神遺訓垂歌淵懿允純功績煥炳恩如浩倉谷招巖冏股肱賢良廣所多福雯雯夙興聞帝堯陵在成陽遣戶曹掾史具中牢祠常目甲子日與西宮樂生俱詣大聖陳上古之禮舞先王之樂韶磬祝圄五音闕四字之儀莫不盡備歆列技藝呂榮大聖延熹十年仲春二月陽氣浸陰始雩闕來享祀羣神仰瞻雲漢孟府君奉宣詔書行縣到成陽將辭帝堯行禮未周則景雲四集翔風膚雨即時大降嘉澍優沾利茂萬物陰陽和協百姓賴福是時闕二字欣然闕悅諸產繁殖倉廩充塞孟府君深惟饗應效之經典抑聖堯精靈與天通神脩治闕壁地致璠瑚石闕二坐闕昭配帝圖象規柜五闕二字畫上下相承無所遺失陈互旌窓有班道之巧使府內百石闕城吳諱升字三君守衛園陵興置屋闕詔書大祠升與縣令丞恭奉肅敬齊絜炊熾莫不雍雍列種柏

樹吏卒養護南通靈臺東注城域委曲周帀嘽然闕望圖紀萬世
功驗永著時令河南河南呂君諱亮字元山宰政宣化慈惠博覆
爲黎元來福奉事大聖司司不解垂拱無爲如治其允君也丞河
内州王諱萇字伯威左尉潁川潁陽闕諱悺字世高皆闕綜雕蒻
通洞遲疲詢于上下僉然同謀因孟府餝治大壂自率掾史字闕二
駐駕便坐南北闕望表內相副赫如屋赭繭然成龍孟府君必受
大聖嘉福公侯傳子孫濟陰吏士歌術功稱萬世常存成陽丞民
蒙其榮賜闕訓鏹聲呂君諸辟干祿兮天令裕衍騫永流无窮
惟昪仲氏祖統所出本繼于姬周之遺苗天生仲山甫翼佐中興
宣平功遂受封于齊周道衰微失爵忘邦後嗣乖散各相土譯居
帝堯萌兆生長葬陵在于成陽聖化常存綦礊礊之盛樂風俗之
美遂安霧基業屬都鄉高相里因氏仲焉目傳兮今子孫承緒履
仁好義躭樂道術敎授經業雍徒𦁀衆滋滋汲汲誨人不倦海內
稱之曰濡術之宗天監孔明祚善癃闕印紼相承銀艾不絕稟性
乾元世世廉約故能高如不危滿如不溢孟府君繕餝壂痛立自
后舍仲氏宗家共作大壂前后礲階陛𣗳楯貧富相扶會計欣懽
不謀同辭鐵癃時即具招工募后爥然俱至各進琦巧不日成之
詔書九月三往大祠諸所造作煥然成就仲氏宗家並受福賜復
刊碑勒詠昭示來世俵著孟府君美勳于陽朕紀祖禋所出字闕四
官位窋學皆不可測子子孫孫必蒙大聖休烈之福目勸後進昌
熾無極隸釋一

荊州刺史度尚碑永康元年

君諱尚字博平其先出自顓頊與楚同姓熊嚴之後闕亦世掌位
統國法度秦兼天下闕和之純質秉黃中之正性智含淵藪仁隆春
煖義高秋雲行絜冰霜忼慨壯厲臨下闕休譽固已著矣及其與收
必招振賢才抽拔幽逸選召所任極當世之秀士養民有下闕令聞
彌崇暉光日新可謂威德者已初奉歲計拜郎中除上虞長丕化
潛洞百姓下闕轂縣恩信並宣令行禁止以從父憂去官吏舉孝廉
爲右校令是時南蠻蠢動擢拜下闕醜殊俗賓服遠人用綏封右鄉
侯遷遼東太守旬月之閒蔑貉盜輯會揚賊畔於下闕拜中郎將敉
敵剬勝威謀合神持重濅於營平深入則輕冠軍附士渥於李廣
御衘下闕同滋味必達井莽幕然後飲含惠以序下說以犯難是故
所征輒尅師徒無頓下闕寇殄殪干戈戢戢巵馬以糞朝貪厥重復
拜荊州刺史以故秩居冊書尉薦因賜下闕之荊域號慕離周人之
恖召伯弗此踰也於是故吏威清廟之頌歎斯父之詩乃下闕曰於
惟我侯允懿允明文武是該官忠直貞學初發藻在彼上虞邁種
厥德下闕矣匪藏是榮無言不讎帝揚厥聲俾作配闕泄撫于荊撫
荊惟何南夐是下闕邦家乩截字彼海外續莫匪嘉天生我侯實爲民
望心平其愛四方是卬如何不永下闕而不殄勞烮遺予永康元年

歲在鶉尾龍集丁未時惟闕歲下闕隸釋七

車騎將軍馮緄碑永康元年十二月

君諱緄字皇卿幽州君之元子也少耽學問習父業治春秋嚴韓
詩倉氏兼律大杜弱冠詔除郎還更仕郡歷諸曹史督郵主薄五
官掾功曹舉孝廉除右郎中蜀郡廣都長遭直荒亂目德綏撫政
化洊行到官西載功稱顯著郡察廉吏州舉尤異遷𨻳爲武陽令
誅疾疆豪以公去官部廣漢別駕治中從事辟司空府侍御史中
丞督使徐揚二州討賊范容朱生徐鳳馬勉張嬰等坐追州郡進
兵正法復辟司徒府廷尉左監正治書侍御史廣漢屬國都尉隴
西太守坐問吏辜旬不分去官以羌駭動爲四府所表復家拜隴
西太守上病辭同產弟徵議郎復治書侍御史尚書遼東太守廷
尉大常車騎將軍南征丕溪蠻夷黃加少高相法氏趙伯潘鴻等
斬首萬級沒溺以千數降者十萬人收逋賨布卅萬匹匹字不費官

財。振旅還師、臨當受封。以譖言奏河內大守中常侍左悺弟。坐遜位。拜將作大匠河南尹。復拜廷尉。表荆州刺史李隗、南陽大守成晉、大原大守劉瓆不宜以重論。坐正法作左校。後詔書特貰。拜屯騎校尉。復廷尉。奏中臣子弟不宜典牧州郡。獲過左右遜位。永康元年十二月薨。一要金紫、十二錕文七墨綬。

將軍體淸守約。既來歸葬。遺令墳塋取藏刑而已。不造祠堂。可謂履眞者矣。恐後人不能紀知官所更歷。故刊石表績。以迻來世。孝桓皇帝以命將軍討此彊夷。有桓桓烈闕之姿。因謚爲桓。七。隸釋七

全後漢文卷一百終

全後漢文卷一百一

烏程嚴可均校輯

闕名五

漢故執金吾丞武榮碑

君諱榮。字含和。治魯詩經韋君章句。闕幘傳講孝經論語漢書史記、左氏國語。廣學甄微。靡不貫綜。久斿大學。䫉然高厲。鱻於雙匹。學優則仕。爲州書佐、郡曹史、主簿、督郵、五官掾功曹守從事。年廿六。汝南蔡府君察舉孝廉。□□郎中。遷執金吾丞。遭孝桓大憂。屯守玄武。慼哀悲憧。加遇害氣。遭疾隕靈。□□□□□君即吳郡府卿之中子。敦煌長史之次弟也。廉孝相承。亦世載德。不忝□□□□命□不竟台衡。蓋觀德於始。述行於終。於是刊石勒銘。垂示無窮。其辭曰。

天降雄彥。資才卓茂。仰高鑽堅。允文允武。內幹三署。外□師旅。□勒屯守。奮威□武。旌旗絳天。雷震電舉。歎燿赫然。陵惟哮虎。當遂股肱。□之元輔。天何不弔。降此□咎。癒乎我君。仁如不壽。爵不副德。位不稱功。咸褱傷愴。遠近哀同。身歿□□。萬世諷誦。碑拓本。

沛相楊統碑 建寍元年三月

君諱缺字缺九富波君之缺子也。缺天缺性少有令問。敦缺孝已敕內。缺名行已脩外。紹缺二烈隆構厥基。既仕州郡。會孝順皇帝西巡。已掾史召見。帝嘉其忠臣之苗。器其璵璠之質。詔拜郎中。遷常山長史。換犍爲府丞。君雖詘而就之。已順時政。非其好也。迺翻然輕舉。臯司累辟。應亏司徒。州察茂才。遷鮦陽侯相、金城太守。德已化圻民。威已懷殊俗。慕義者不肅而成。帥服者變衽而屬。疆易不爭。障塞無事。功顯不伐。委而復焉。直南蠻蠢迪。王師出征。已君文武備兼。廟勝光戰。拜車騎將軍從事。軍還策勳。復已疾辭。後適徵拜議郎、五官中郎將、沛相。天吏之治。剮當神人。秩禮之選。舉不踰賢。故望大和則俟生毓。晞嚴霜則畏辜戮。欣悅慷慷。寬猛必衷。遺貴儀專檻。不稱請求。考績不論。徵還議官。年五十六。建寍元年三月癸丑遘疾而卒。朝廷愍惜。百遼歎傷。缺民假爾。莫不隕涕。故吏戴條等。追左三之分。感秦人之哀。願從贖其無由。庶考斯之頌儀。遒鐫石立碑。勒銘鴻烈。光亏億載。俾永不滅。其辭曰。

明明楊君。懿鑠其德。其德伊何。克忠克力。勤止厥身。帥缺靡革。基茲莫猶。道已經國。班化勑元。既清且寍。武稜攜貳。文懷假冥。遠人斯服。休土充庭。剛柔攸得。已和已平。勳速藐矣。莫與爭光。甘棠遺愛。東征企皇。念彼恭人。惄焉永傷。立言不朽。先民所臧。載名金石。貽亏无疆。隸釋七

司空孔扶碑 建寍元年三月

上闕子十九世之孫。公始即位。辟故囊上闕威卿爲太曹屬東閤祭酒。以尚上闕公拜闕上疾病卒官。有子男二人。上闕各闕致身

晨已與君上闕建寍元年三月十八日丙申晨從赴上闕四月十一日戊子到官謁孔子下闕上闕念歿親五內慘惻。霰然隕涕。闕故上闕令闕晨追感亡父見遇立闕石上闕已示後昆。魂而有神。昭其下闕 隸續十一

史晨饗孔廟碑 建寍元年四月

相河南史君諱晨。字伯時。從越騎校尉拜。建寍元年四月十一日戊子到官。乃已令日拜謁孔子。望見闕觀。式路虔跽。既至升堂。屏氣拜手。祗肅屑僾。髣髴若在。依依舊宅。神之所安。春秋復禮。稽度元靈。而無公出享獻之慶。欽因春饗。導物嘉會。述脩壁廱。社稷品制。即上尚書。參已符驗。乃敢承祀。餘胙賦賜。刊石勒銘。并列本奏。大漢延期。彌歷億萬。時長史廬江舒李謙敬讓、五官掾魯孔暢、功曹史孔淮、戶曹掾薛東門榮、史文陽馬琮、守廟百石孔讚、副掾孔綱、故尚書孔立元世、河東大守孔彪元上、處士孔褒文禮。皆會廟

堂。國縣員冗吏無大小。空府竭寺。咸俾來觀。井畔宮文學先生執事諸弟子。合九百七人。雅歌吹笙。考之六律。八音克諧。蕩邪反正。奉爵稱壽。相樂終日。於穆肅雍。上下蒙福。長享利貞。與天無極。史君饗後。部史仇誧縣吏劉耽等補完里中道之周左廧垣壞決。作屋塗色。脩通大溝。西流里外。南注城池。恐縣吏斂民。侵擾百姓。自㠯城池道濡麦給。令還所斂民錢材。史君念孔瀆顏母井去市遼遠。百姓酤買。不能得香酒美肉。於昌平亭下立會市。因彼左右。咸所願樂。又敕瀆井。復民餝治。桐車馬於瀆上。東行道。表南北。各種一行梓。假夫子冢顏母开舍及魯公冢守吏凡四人。月與佐除。隸釋一

竹邑侯相張壽碑 建寍元年五月

君諱壽。字仲吾。其先蓋晉大夫張老。盛德之裔。世載缺勳。遵師紀律。不忝厥緒。爲冠帶理義之宗。君孝友恭懿。明允篤信。敦悅經雅

習父東光君業。兼綜六藝。博物多識。略涉傳記。矯取其用。股肱州郡。匡國達賢。登善濟可。發斑敘優。能正躬帥陪。臨疑獨照。確然不撓。有孔甫之風。舉孝廉。除郎中。給事謁者。贊衛王臺。雯缺忠謇。上嘉其節。仍授命莢。匡其京輦。昭德塞違。內平外成。舉無遺愆。遷竹邑侯相。明德慎罰。縣奉采土。遭江楊劇賊。上下缺征役賦。彌幸萌於缺戈杼軸罄殫。君下車。崇尚儉節。躬自菲薄。儲偫非法。悉無所留。并官相領。省倉缺小府御吏。朝無姦官。野無淫寇。教民樹藝。三農九穀。稼嗇滋殖。國無灾祥。歲聿豐穰。皤白之老。率其子弟。㠯脩仁義。蜂賊不起。厲疾不行。視事幸載。黔首樂化。戶口增多。國寍民殷。功刊王府。將授牖邦。對揚其勳。功曹周憐前將放濫。君徹澄清。憐顧愆悔過。督郵周紘。承會表問。君常懷色斯。舍無宿儲。遂用高逝。老弱相攜。攀換持車。千人㠯上。沛相名君騶驛要請。君捐祿收名。固執不顧。民無所卬。國違所賴。上下同慼。州郡閔知。旌弓禮招。

復爲從事。覬覦虎視。不折其節。辟司徒府。進退㠯禮。含弘內光。頭缺皓爾顧天不憐。遘疾無瘳。幸八十。建寍元年五月辛酉卒。嗚呼哀哉。夫積脩純固者。爲天人所鍾。功假於民者。敘在銘典。於缺俊缺訪諸儒林。刊石樹碑。式昭令徽。其辭曰。

亮元德。於我君。膺清茂。體懿純。超三署。番令缺甄聲號。缺憲臺矯王業。弼紫微。彈羣司。清公缺緩薄賦。牧邦畿。黎烝殷。四荒饑。感良臣。哀其靈。竭輕舉。缺來征。民歎思。暨輿人。宰府命。遂返缺名振射。缺彌闔。垂令紀。永不刊。亐胥德。示後昆。隸釋七

衛尉衡方碑 建寍元年九月

府君諱方。字興祖。肇先蓋堯之苗。本姓缺二字則有伊尹。在殷之世號稱阿衡。因而氏焉。缺三字土家于平陸。君之烈祖。少㠯濡術安貧樂道。履該顏原。兼脩季由。聞斯行諸。砥仁旟缺四字土階夷愍之貢。經常伯之賓。位左馮翊。先帝所尊。垂名竹帛。考盧江大守。兄鴈門

大守。缺三字孝長發其祥。誕降于君。天資純懿。昭前之美。少㠯文塞敦庬。允元長㠯欽明。耽詩悅書。缺三字秋仕郡。辟州。舉孝廉。除郎中。即丘侯相。膠東令。遵尹鐸之導。保彰二城。參國起按。斑敘缺三字本鉴末化。速郅圄。州舉尤異。遷會稽東部都尉。將繼南仲邵虎之軌。飛翼軟之旌。操晷缺三字綏來王之鑾。會喪太夫人。感背人之凱風。悼蓼儀之劬勞。寢闇苫凷。仍缺上言。倍榮向哀。扎服祥除。徵拜議郎。右北平大守。尋李廣之在邊。恢魏絳之和戎。戎戢士佚。費省巨億。懷缺四字靜有績。遷潁川太守。脩清滌俗。招拔隱逸。光大茅茹。國外浮談。淡界繹動。氣泄狂缺五字歸來洙泗。用行舍藏。徵拜議郎。還大醫令。京兆尹。舊都餘化。詩人所詠。並有亡新。君缺四字隆寬慄鶡火光。物隕霜。剿姦振滯。起舊存亡。繼絕恩降。乾太威肅。剝兒本朝。錄功。入登衛缺二字翼紫宮。夙夜惟寅。禕隋在公。有單襄穆莫謨之風。詔選賢良。招先逸民。君務在寬。失順其文。舉已從者。退就敕巾。

永康之末。君衞孝桓。建寧初政。朝用舊臣。留拜步兵校尉。處六陣之陳。維時假階。將授緄職。受任浹旬。庬離寑疾。年六十有三。建寧元年二月五日癸丑卒。詔遣使缺二字弔賻禮。百僚臨會。莫不失聲。其年九月十七日辛酉塟。蓋雅頌興而淸廟肅。中庸起而祖宗缺故仲尼既歿。諸子綴論。斯干作歌。用昭於宣。詮以旌德。銘以勒勳。於是海內門生故吏缺三字采嘉石。樹靈碑。鐫茂伐。秘將來。其辭曰。

峨峨我君。懿烈孔純。高朗神武。歷世忠孝。馮隆鴻軌。不忝前人。寬猛不主。德義是經。韜綜頤缺溫故前呈。艦英接秀。踵迹晏平。初據百里。顯顯令聞。濟康下民。曜武南會。邊民是鎮。惟缺三字憂及退身。杲議帝室。剖符守藩。北靖缺二字有缺有聲。旋守中鬱。幽滯以榮。邁種舊京。缺四字含澤戴仁。缺六字攸寧。剋長剋君。不虞不陽。維明維允。爠此聲香。能悊能惠。剋亮天功。入統缺二字㓹㓹光光。法言稽古。道而後行。兢兢業業。素絲羔羊。誾誾侃侃。顒顒昂昂。何規履榘。金玉其相。謇謇王臣。羣公憲章。樂旨君子。缺二字无疆。銘勒金石。缺五字問缺二字萬世是傳。碑拓本。

冀州從事張表碑 建寧元年十一月

君諱表。字元異。系帝高辛。爰暨后稷。張仲孝友。雅藝攸載。天挺留矦。應期佐治。與漢龍興。誕發神謀。君其胄也。懿烈純德。繼踵相承。于來我君。亦邦之雄。兼才伯知。高朗令蝙。該覽羣緯。靡不究窮。初仕郡為督郵。鷹撮霆擊。威德日隆。糾剔荷伍。抵拂頑誨。屬城祗肅。千里折中。入為主簿。含謨吐忠。委虵公門。謇謇匪躬。將美匡醜。對颺休光。歷五官掾功曹。山缺時行。貢眞絀偽。遏漸防萌。后臧其勛。俾守犨陽。正身帥下。神化缺通。方伯術職。嘉君義綱。旋命敭任。北國用寧。遂播芳譽。有馥其馨。當陟台階。注紀王庭。穎渠未合。實命不同。度時否泰。盤桓利貞。缺歸斯服。舍之則藏。復攸陶父。怡志岳陽。恬靜湛泊。匪偟時榮。春秋六十四。以建寧元年三月癸巳遘疾而終。其季十有一月丙寅克葬。僉以為洪德宜演。述略載彌。以新功烈。不讚紀。後來無所聞。于是刊石勒銘。以示後昆。其辭曰。

於穆君兮煥流芳。闡洪軌兮休烈彰。令德攸兮宣重光。仕郡州兮廸民康。宜王臣兮為棟梁。旻不淑兮降淪霜。彌芝華兮殲彥良。伊喆人兮壽不將。世雖短兮名悠長。位雖少兮功悠揚。伐松柏兮構斯堂。鏤金石兮貴不亡。萬子孫兮永烝嘗。隸釋八

高陽令楊著碑 漢隸字源攷為建寧元年

上缺十字之情。窮七道之奧。缺綜書藉缺三字賢仕郡。歷五官掾功曹司隸從事。仍辟大尉。遷定潁矦相。特以儒學。詔書勑留。定經東觀。順玄丘之指。獨歷世之疑。天子𡖖焉。擢拜議郎。遷高陽令。德以柔民。刑以威姦。是以黎庶愛若冬日。畏如靁霆。恩洽化希。未基有成。頋甫斑歷。方授銀持。聞母氏疾病。孝烝內發。醒榮投紱。步出城寺。衣不暇帶。車不俟駕。載馳缺二字躬親嘗禮。追遊曾參。繼迹樂正。百行

之主。于斯為盛。復辟司徒舉治劇。拜思善矦相。遭從兄沛相憂。篤義忘寵。飄然輕舉。位淹名顯。敦聞于下。宜幹帝室。佐國輔臣。上天不惠。不我慭慭字遺。年五十有三缺三字年十月廿八日壬寅卒。凡百隕涕。縉紳惟傷。門徒小子。喪茲師范。悲將焉告。印叫窮倉。盛三成之義。惟銘勒之制。皆所以紀盛德傳無窮者也。若茲不刊。後哲曷聞。故樹斯石。以昭厥勳。其辭曰。

玄乾鐘德。于我楊君。其德伊何。如玉如瑩。烝烝其孝。恂恂其仁。躬尚節儉缺十一字文綱紀典謩。缺四字隸釋十一

魯相史晨奏祀孔子廟碑 建寧二年三月

建寧二年三月癸卯朔七日己酉。魯相臣晨長史臣謙頓首死罪上尚書。臣晨頓首頓首。死罪死罪。臣蒙厚恩。受任符守。得在奎婁。周孔舊寓。不能闡弘德政。恢崇壹變。夙夜憂怖。累息屏營。臣晨頓首頓首。死罪死罪。臣以建寧元年到官。行秋饗。飲酒畔宮。畢。復禮

孔子宅拜謁神坐。仰瞻榱桷。俯視几筵。靈所馮依。肅肅猶存。而無
公出酒脯之祠。臣卽自以奉錢。脩上案食醊具。以敘小節。不敢空
謁。臣伏念孔子乾坤所挺。西狩獲麟。爲漢制作。故孝經援神挈曰。元
丘制命帝卯行。又尚書考靈燿曰。丘生倉際。觸期稽度。爲赤制。故
作春秋。以明文命。綴紀撰書。脩定禮義。臣以爲素王稽古。德亞皇
代。雖有褒成世享之封。四時來祭。畢卽歸國。臣伏見臨辟雍日。祠
孔子以大牢。長吏備爵。所以尊先師重教化也。夫封土爲社。立稷
而祀。皆爲百姓興利除害。以祈豐穰。月令祀百辟卿士有益于民。
矧乃孔子。玄德煥炳。光于上下。而本國舊居復禮之日。闕而不祀。
誠朝廷聖恩所宜特加。臣寢息耿耿。情所思惟。臣輒依社稷出王
家穀。春秋行禮。以共禋祀。餘口賜先生執事。臣晨頓首頓首死罪
死罪。臣盡力思惟庶政。報稱爲效。增異輒上。臣晨誠惶誠恐頓首
頓首死罪死罪上尚書。時副言大傅大尉司徒司空大司農府治

所部從事。昔在仲尼。汁光之精。大帝所挺。顏母毓靈。承敝遭衰。黑
不代倉。口泝應聘。嘆鳳不臻。自衞反魯。養徒三千。獲麟趣作。端門
見徵。血書著紀。黃玉韻應。主爲漢制。道審可行。乃作春秋。復演孝
經。刪定六藝。象與天談。鉤河擿雒。却揆未然。巍巍蕩蕩。與乾比崇。
隸釋

金鄉長侯成碑 建寍二年四月二日

君諱成。字伯盛。山陽防東人也。其先出自豳岐。周文之後。封于鄭。
鄭共仲賜氏曰侯。厥胄宣多。以功佐國。要盟齊魯。嘉會自邾。因以
爲家焉。漢之興也。侯公納策。濟大上皇于鴻溝之阨。謚曰安國君。
曾孫酺封明統侯。光武中興。玄孫霸爲臨淮大守。擁兵從光武平
定天下。轉拜執法右刺姦五威司命大司徒公。封於陵侯。枝葉繁
茂。或家河淯。或邑山濟。君則上黨大守之弟。幼履慈孝之德。長執
忠謇之操。治春秋經。博綜書傳。以典籍教授。滋滋履眞。安貧樂道。
忽于時榮。敬上接下。溫故知新。魁餝建志。冠于羣倫。孝友內著。仁
義外宣。郡請署主簿督郵五官掾功曹守金鄉長。郎家假印綬。君
分心如石。不易其志。刺史嘉其高名。辟部東平泰山治中從事。君
敞精謙虛。委蛇衡門。以禮盤桓。名德可尊。行顯身隱。縣與養神。聖
人制命曰。仁常存。今胡不然。喪此國偉。君年八十一。建寍二年歲
在己酉四月二日癸酉遭疾而卒。嗚呼哀哉。于是遐邇士字士仁邴
邴來庭。集會如雲。號哭發哀。泣涕沆蘭。將去白日。歸彼玄陰。同盟
必至。縞素塡街。存有顯名。終有遺勳。魂如有靈。嘉斯寵榮。于是儒
林衆儁。惟想邢景。乃樹立銘石。以揚淑美。其辭曰。
於穆君德。姿履正平。乾皇所挺。應符如生。躭蓺樂術。恬忽世榮。虛
位禮請。分然不傾。壽非南山。不俟河清。梁木圮頹。鴻儀催零。昆嗣
切剝。哀慟感情。乃銘乃勒。億載永寍。夫人以延熹七年歲在甲辰
十一月三日庚午遭疾終。隸釋

孝廉柳敏碑 建寍二年十月

故孝廉柳君諱敏。字愚卿。其先蓋五行星仲廿八舍柳宿之精也。
放像爲用。縣設爲道。缺 商家而禪缺三字 而主或聞生柳惠國大夫
而泝俗稱焉。君父以孝廉除郎中缺 部府丞。君追祖繼體。歷職五
官功曹守宕渠令。本初元年太守蜀郡缺 君復察舉君缺 命先年
君清節儉約。厲風子孫。固窮守陋。不缺三字 堂無文麗。墓無碑識。建
寍元年。縣長同歲犍爲屬國趙臺公憤然念素帛之義。其二年十
月甲子。爲君立碑。傳于萬基。因勒銘歎之。厥辭曰。
惟斯柳君。天懵鯁缺 龔祖缺 風。行無遺闕。授政股肱。諫爭匡弼。奮
威外梱。屬城震栗。宰守伯煩。垂名所立。表貢王庭。登極爵位。何辜
穹倉。官寵不遂。年惟三六。庶昔延季。建堅斯碑。傳于萬世。子孫繁
昌。永不湯滅。嗚呼哀哉。辭曰。
山陵玄室缺 斯邦兮。先人脩質。尚約清兮。汶餝不雕。隩霰滅兮。季

子信舊。帶樹松兮。脩俗追歿。激缺揚兮。亡而像存。樂嘉靈兮。宗子于集。嗟其鳴兮。四祀烝嘗。不廢荒兮。隸釋八

涫亐長夏承碑 建寧三年六月

君諱承。字仲兗。東萊府君之孫。大尉掾之中子。右中郎將弟也。累葉牧守。印紱典據。十有餘人。皆德任其位。名豐其爵。是故寵祿傳亐歷世。策薰著亐王室。君鍾其美。受性淵懿。含和履仁。治詩尚書。兼覽羣藝。靡不尋暘。州郡更請。屈己匡君。爲主簿督郵五官掾功曹上計掾。守令冀州從事。所在執憲。彈繩糾枉。忠絜清肅。進退以禮。允道篤愛。先人後己。克讓有終。察孝不行。大傅胡公歆其德美。旌招俯就。羔羊在公。四府歸高。除涫亐長。到官正席。流恩褒譱。糾姦示惡。旬月化行。風俗改易。軿軒六轡。飛躍臨津。不日則月。皓天不弔。殲此良人。季五十有六。建寧三季六月癸巳淹疾卒官。嗚呼痛哉。臣隸辟踊。悲動左右。百姓號咷。若喪考妣。咳孤憤泣。忉怛傷摧。勒銘金石。惟以告哀。其辭曰。

於穆皇祖。天挺應期。佐時理物。紹縱先軌。積德勤約。燕亐孫子。君之羣戚。并時繁祉。明明君德。令問不已。高山景行。慕前賢烈。庶同如蘭。意願未止。中遭冤夭。不終其紀。夙世實祚。早喪懿寶。抱器幽潛。永歸蒿里。痛矣如之。行路感動。黨魂有靈。垂後不朽。碑拓本

郎中馬江碑 建寧三年十二月

君諱江。字元海。者濟陰乘氏人。缺三字之長孫。湯官丞之元子。其先帝顓頊騶嬴之後。世在趙國。以功封趙。賜號馬服。因遂氏焉。暨于君身。乾靈特挺。岐嶷有度。玄然清妙。長有令稱。通韓詩經。贊業聖典。左書右琴。明於光上之術。顯於君臣之道。郡將平原高君。深昭其德。以和平元年舉孝廉。除郎中。謙虛接下。冠名　署昊天不缺遭離缺癘。年卌。元嘉三年正下缺失貞幹。仕喪儀宗。於是盟軌遺醜。縞素來赴。慘痛號咷者。不可勝數矣。夫人冤句曹氏。終溫淑慎。咸曰女師。年五十五。建寧三年十二月卒。君中弟字文緒。位主簿督郵。志行缺期。落落自有大節。年卅二。早世短折。故塋迫芒。兆告斯土。先君之庚地缺遠還敞缺五字神東看祖禰。西睎舊廬。皇神彷佛。爰缺二字居乃缺一字碑銘勒厥勳。其辭曰。

鑠鴻德。赫含光。缺天爵。衞紫缺聲缺著于周京。稹榭存。其人亡。缺五字藏顧几筵。悽褒傷。嗟詩云。感凱風。歎寒泉。惟梓桑。缺靈缺期缺四字裔永克昌。歿不朽。久彌章。隸釋八

青陂碑

青陂在縣坤地。源起桐柏淮川。別流入于濦。逶迤新息。糟陂。衍入褒信界。灌溉五百餘頃。水經汝水注。建寧三年。新蔡長汝南緱氏李言上請脩復青陂。司徒臣訓尚書臣襲奏可。于洛陽宮青陂東塘南樹碑。

愼令劉脩碑 建寧四年五月

君諱脩。字伯麟。從事君缺十六字履和而至。少罹艱苦。身服田晦。動乎儉中。從虛缺七字弟克諧其于鄉黨。遜遜如也。卑謙博愛。恕己接人。缺六字政事君則安上竭節。不求聲譽。故爲五福所歸。流神明所缺三字時兄弟竝典千城。子孫盈門。克昌堂構。非至德涫粹。其孰能與缺斯。舉孝廉。除郎中。以將事去官。辟從事司徒掾。典掌邊事。遷愼令。行齋爲之政。崇澹泊以惠利。素苦風痺。到官朞月。見臣吏敕兒子人命噓吸。不欲煩擾吏民。欲生見舊土。歸終於家。百姓追逐扣馬攀輪。遂不復還。年六十七。建寧四年五月甲戌卒。二弟龍純攣哀孔懷。孤生儁協郃長號。恩慕立此碑銘。以表景行。其辭曰。

於惟君德。忠孝正直。至行通洞。高明柔克。鬼神富謙。受茲介福。知命不延。引輿旋歸。忽然輕舉。志曒拔萃。人皆有亡。貴終譽兮。歿而不朽。垂名著兮。隸釋

全後漢文卷一百一終

全後漢文卷一百二

闕名六

烏程嚴可均校輯

西狹頌

漢武都太守漢陽阿陽李君諱翕字伯都天姿明敏敦詩說禮膺祿美厚繼世郎吏幼而宿衞弱冠典城有阿鄭之化是吕三剖符守致黃龍嘉禾木連甘露之瑞動順經古先之吕博愛陳之吕德義示之吕好惡不肅而成不嚴而治朝中惟靜威儀抑抑督郵部職不出府門政約令行強不暴寡知不詐愚屬縣趍教無對會之事徼外來庭面縛二千餘人年穀屢登倉庾惟億百姓有蓄粟麥五錢郡西狹中道危難阻峻緣崖俾閣兩山壁立隆崇造雲下有不測之谿阨笮促迫財容車騎進不能濟息不能駐數有顛覆霣隧之害過者創楚惴惴其慄君踐其險若涉淵水歎曰詩所謂如

集于木如臨于谷斯其殆哉困其事則爲設備今不圖之爲患無已敕衡官有秩李瑾掾仇審因常繇道徒鐉燒破析刻臽𥗆嵬減高就埤平夷正曲柙致土石堅固廣大可吕夜涉四方无雍行人懽悀民歌德惠穆如清風乃刊斯石曰

赫赫明后柔嘉惟則克長克君牧守三國三國清平詠歌懿德瑞降豐稔民吕貨稙威恩竝隆遠人賓服鐉山浚瀆路吕安直繼禹之迹亦世賴福

建寧四年六月十三日壬寅造時府丞右扶風陳倉呂國字文寶門下掾下辨李虔字子行故從事議曹掾下辨李旻字仲齊故從事主簿下辨李遂字子華故從事主簿上祿石祥字元祺五官掾上祿張亢字惠叔故從事功曹下辨姜納字元嗣故從事尉曹史武都王尼字孔光衡官有秩下辨李瑾字瑋甫從史位下辨仇審字漢德書文下辨道長廣漢汁邡任詩字幼起下辨丞安定朝那

皇甫彥字子才碑栃本又見隸釋四無丞右扶風陳倉呂國吕下十二人名

博陵太守孔彪碑建寧四年七月

君諱彪字元上孔子十九世之孫潁川君之元子也君少履天姿自然之正帥禮不爽好惡不愆孝友度衷脩身踐言龍德而學不至於穀浮游塵埃之外皭焉汜而不俗郡將嘉其所履前後聘召蓋不得已乃翻爾束帶玄論窮理直道事人仁必有勇可吕託六授命如毛諾則不宿美之至也莫不歸服舉孝廉除郎中博昌長疾病留病□還□京府丞未出京師遭大君憂泣踰皋魚喪過乎哀謹畏舊章服竟還署試拜尚書侍郎無偏無黨遵王之素蘦可黜否出□□度日恪位佗所在祗肅拜治書御史膺皋陶之廉恕□絲之□□□□□□□律祗用既平□博陵太守郡沮山□□□吕饑饉斯多草竊罔不□賊劉曷張丙等白日攻剽坐家不命君下車之初□五教吕博□削四凶吕勝殘乃□□□爰尚桓桓折

馬獨用醜類已殫路不拾遺斯民吕安發號施憲每合天心□之所惡不吕強人義之所欲不吕□□□姓樂政而歸於德望如父母順如流水遷下邳相河東大守舉此□□君子風也未怒而懼不令而從雲行雨施□□大和海內歸公卿之任矣勞而不伐有實若虛固執謙需吕病辭官去位閭□吕孝竭□餘暇犀夷彈琴擊磬□□□之味而不改其靜上帝棐諶天秩未究將擄師輔之紀之綱而疾彌流乃□□年卌九建寧四年七月辛未□□□哀哉魂神超邁家兮冥冥遺孤忉絕于嗟想形□□哀遠念不欲生羣臣號咷靡所復逞夫逝往不可追兮功□□□識惟君之執迹兮如列宿之錯置易建八卦揆著毄辭述而不作彭祖賦詩皆讚所見于時頌□□是□吏崔□□□王沛等伏信好古敢詠顯□乃刊斯石欽銘洪基昭示後昆申錫鑒思其辭曰

穆穆我君大聖之胄惇懿允元叡其玄秀惟嶽降精誕生忠良奉

應郡貢亮彼我口克明王道辯物居方周口口口口也正名朝無粃政直哉惟清出統華夏化㠯典城口猾殄進賢傠口庭帝重乃勛自口口征所臨如神口口口口口口之翰先民是程宜乎三事金鉉利貞而絜白駒俾世憤惻當享眉耇莫匪爾極大口口口邈矣不意于嗟悲兮口口口息潸潸庶幾復焉所力咨乎不朽沒而德存伊尹之休格于皇天惟我君績表于丹清永永無沂與日月幷於嗟口口於㠯慰靈碑本。隸釋

石門銘

建寍四年十一月黃場石水經濟水注

北軍中候郭仲奇碑建寍五年三月

君諱缺字仲奇元城君之弟四子其先蓋周之胄緒虞郭建國享土受胙政衰道失晉克其邦遭辯項之際高祖初起運大符命序泰摘楚遂定漢基枝葉雲布列於國郡或賴川馮翊公卿校尉將

相州郡令問休貴自東郡衞國家乎河內彼亦世載德㠯臻於君君惠兄竹邑矦相次尙書侍郎次濟北相順弟臨沂長次徐州刺史次中山相次雒陽令咸㠯孝廉公府茂選貞亮皦白翼翼瑛彥配周之八爲國楨幹君幼有岐嶷天然之資長有明肅弘雅之操剛毅多略有凶甫之縱沈懿敦篤爲萬夫之望缺爲郡五官掾功曹司隸中都官從事虎視眈眈鷹??電毂貴戚肅承莫不畏憚三辟將軍府徵書桼至貞亮直方謇謇術術忠信可結義然後謙舉廉比陽長五教加仁施于惠康馬於之武㠯抑於彊改邑移風遺愛不忘聞兄疾病卒爾逝將衰職有闕賴君缺匡復辟司徒拜軍中矦當援缺城萬里膺揚念妨弟路遜位恬榮脩黃老之術謙守足之讓祿有不究命有短長缺臨孔明殘隕貞良卒被氣氣掩忽徂亡年六十有六建寍四年九月丙子卒五年三缺四字孝孤忉乎悲慟剝裂行路泣血辟踊傷絕凡百君子靡不哀惻喪國之鎮朝失模式缺二字奧乎位未副德刑后甄表㠯昭巴極其辭曰

鑠明德穆郭君外忠絜內資親烈桓桓煥有文所臨缺三字風崇和陸砦㠯仁赫斯威若神動規柜禮義遵徽縱顯功加民感兄疾電損官妙缺三字海閒亮矣淸寘匹倫爵不副命乖分土缺二字獻欷惜增歎孝流涕癔傷肝魂靈飭號有榮缺四字永存勒金后示後昆隸釋九

武都太守李翕天井道碑建寍五年四月廿五日

蓋除患蠲難爲惠鮮能行之斯道狹阻有坂危峻天井臨深之陁冬雪則凍渝夏雨滑汰頓踣傷害民苦拘駕推排之役勤勞無已過者戰戰㠯爲大慼太守漢陽阿陽李君履之若辟風雨部西部道橋掾李祗闕餅鎚西坂天井山止闕八字八丈四尺堅無㠯潰安無傾覆四方賴之民悅無彊君德惠也刊勒紀述㠯示萬載建寍五年四月廿五日己酉訖成隸釋十一續

成陽靈臺碑建寍五年五月

惟帝堯母昔者慶都兆舍窮精氏姓曰伊體蘭石之操履規柜之度則乾川之象通三光之曜游觀河濱感赤龍交如生堯厥後堯來祖統慶都告㠯河龍堯歷三河有龍授圖躬行聖政㠯育苗萌火陽之盛先閭後明遂㠯矦伯踐帝宮慶都僊歿蓋葬于茲歆人莫知名曰靈臺上立黃屋堯所奉祠下營㠯木神龍所熹靈龜隱形汾踊波淬比目鯢魚濯鱗通泉玄礫菟盧生莚臺涯貫長歷久崇如不繈三代改易荒廢不脩五運精還漢受濡期興滅繼絕如堯爲之承祠基年鯢魚復生故有靈臺嗇夫爲䬻衞仕驛憲鯢魚服之筵壽闕二字之際道小衰沮遂遭亡新禮祠絕矣於是故廷尉仲定深惟大漢隆盛德被四表太平未至靈瑞未下四夷數侵軍甲數擾匪皇啓居曰稷不夏案經考典河洛祕莫漢感赤龍堯之苗胄當脩堯祠追遠復舊復沿治字黃屋推原聖意災生變見天

㠯譴告前後奏上陳敘大義招祥塞咎為漢來祚朝廷克省帝納其謀歲㠯春秋奉大牢祠時廷尉造位連自表奏詔英嘉命遂見聽闕二字為大中大夫歸洎黃壂令月吉日圖立規皆興業會工厥處夷平上合天意下應闕五字餝五色華精上闕通天戶嚮少陽前設大壂侯神之堂地致后墠其下清涼可舞八闕㠯闕大章時濟陰太守魏郡審晃成陽令博陵菅遵各遣大掾輔助仲君經之營之不日成之神靈精氣依怙于人廢之則亡存之則神復帥羣宗貧富相均共慕市碑着立功訓闕勒后銘中門之表卜擇元日齊革精誠先慶毛血謹慎犧牲祈祠獲福神享其靈甘雨時降百穀孰成幽荒來服徐方來庭萬國蒙祉黎元賴榮莫不被德咸歌頌聲其辭曰

於赫慶都德彊大兮承神精燿統赤裔兮爰生聖堯名蓋世兮上受符命遊帝制兮廣彼之恩沛荒外兮歷紀盈盈千垂遺愛兮陵

廟復崇亯大祭兮上來多怙降福沛兮萬國禧盛孰不賴兮光宣美勛永闕犧兮垂禎罔極億萬歲兮

濟陰太守魏郡陰安審君諱晃字元讓從公車令來成陽令博陵蠡吾菅君諱遵字君臺從東明門司馬來丞潁川新汲尹茂字伯舉遷下邳尉潁川襄城楊調字君舉仲訢伯海從右中郎將遷鉅鹿太守仲球伯儀從大掾遷呂長仲選孟高辟司徒府遷從不絕皆興治大聖黃屋之力

惟仲阿東年在元冠幼有中質遵桓蹈規上仁好義見羣從無者代出錢萬㠯立碑大意翻然君子善之恩加骨闕鄉朝所稱縣令菅君郎請署門下議生都市掾官未可測矣

仇福字仲淵累世同居州里稱術慈孝大聖立祠時令管君欲造黃屋壂廡來索忠良咸白福一隸釋

大尉楊震碑隸釋攷為建寧後所刻

缺字三字伯起缺二字十氏焉聖漢龍興楊憙佐命克項於垓錫缺四字公侯之胄必復其始是㠯神祇降祚乃生於公寔履忠貞恂美且仁博學甄微靡道不該又明尚書歐陽河洛緯度窮神知變與聖同符鴻漸衡門羣英雲集咸共飲酌其流者有踰三千至德通洞天爵不應貽我三魚㠯章懿德遠近由是知為亦世繼明而出者矣州郡虛己競㠯禮招大將軍辟舉茂才除襄城令遷荊州刺史東萊涿郡太守所在先陽春㠯布化後秋霜㠯宣威寬猛惟中五教時序功洽三邦聞于帝京徵旋本朝歷大僕大常遂究司徒大尉立朝正色恪勤竭忠無德不稔靡惡不形將訓品物㠯濟大清而青蠅嫉正醜直實繁橫共構譖慷慨暴薨於時羣后卿士凡百黎萌靡不欷歔垂涕悼其為忠獲罪乾監孔昭神鳥送葬王室感寤姦佞伏辜公功乃伷追錄元勳策書慰勞賻賵有加除二子郎中長子牧富波侯相次讓趙常山相次秉實能纘脩復登上司陪

陵京師次奉黃門侍郎牧子統金城太守沛相讓子著高陽令皆㠯宰府為官奉遵先訓易世不替天鍾嘉祚永世罔極統之門人汝南陳熾等緣在三義一頌有清廟故敢慕奚斯之追述樹玄石于墳道其辭曰

穆穆楊公命世而生乃台吐耀乃嶽降精明明天子實公是匡冥冥六合實公是光謇謇其直皦皦其清懿矣威德萬世垂榮勒勳金石日月同炯隸釋十二　熹平元年四月

東海廟碑

惟永壽元年春正月有漢東海相南陽桓君下缺念四時享祀有常每飾壼切旋則陁崩矜閔吏下缺費者不永盛几尊靈祇敬鬼神寶為黔黎祈福下缺咸慕義民相帥四面並集乃部掾何俊左榮下缺殿佑兩傳起三樓經構既立事業畢成俊等鐫石欲下缺榮非仁也故遂闕而不著初縣典祠雖有崇出附增之下缺絕請求姑息之源瀕

海鹽缺月有貴賤。收責侵侔民多下缺限貧富俱均。下不容姦。缺仁憂缺三字惠康民賴其利。熹平元年夏四月。東海相山陽滿君。缺四字初眮令下缺進瞻壇缺退宴禮堂。嘉羡君功。既爾缺三字是尼退咨下缺惜勛績不著。後世無聞。遂作頌曰。

浩浩倉海。百川之宗。經落八極。廣缺二字洪波潤下缺物。雲雨出焉。天淵缺二字禎祥所缺昔在前代。昭事百下缺有司齊肅。致力四時。奉祀蓋亦所目敬恭明神。報功下缺闕倚傾。于鑠桓君。是繕是脩。缺二字慕缺不日而成。功下缺孫　退述爰勒斯銘。芳烈永著。缺載垂馨。隸釋二

碑陰

闕者秦始皇所立。名之秦東門闕。事在史記。隸釋二

故民吳仲山碑　熹平元年十二月

熹平元年十二月上旬。吳公仲山。少立名迹。約身剛己。節度無雙。不貪仕進。隱匿世間。府縣請召。未嘗闚城。守鮮貧苦。不豫煇榮。兄弟三人。居其中央。事長接务。出入敬詳。元少不幸。蚤世早亡。乾以蓋載。八十有長。年壽未究。而遭禍央。子孫飲泣。呼招不能還。與世彊介慼慼奈𡖋𡖋惟公德美。布惠州里。遠近假求。不言無有。春秋舉䞋。貸字給與無已。不逆人意。牽導化理。市庭佑渠。飲食空乏。收膾遺孤。皆置門裏。先亡爲至。幼弱娶婦。受恩者無販。不能悲嗟𢿱。𢿱字新祀里其恩捐施。豈誰照矣。公而有三息。遺孤二庄。無分少德。父有余財。東西南北。不能起樓高殿楯觀。祭邑宗諸邂逅連有不得兼官徹傍。象不及大孤。懃亡父。慝压夙夜。如有空勃𦓤郤蘂蓋。神零有知。水徂挺具。焉焉矣矣。子孫萬歲。隸釋九

司隸校尉楊淮碑　熹平二年二月

故司隸校尉楊君。厥諱淮。字伯邳。舉孝廉。尚書侍郎。上蔡雒陽令。將軍長史。任城、金城、河東、山陽大守。御史中丞闕爲尚書。尚書令。司隸校尉。將作大匠。河南尹。伯邳從弟諱弼。字穎伯。舉孝廉。西鄂長。伯母憂去官。復舉孝廉。尚書侍郎。遷左丞。冀州刺史。大醫令。下邳相。元弟功德牟盛。當究三事。不幸早隕。國喪名臣。州里去覆。二君清頌。約身自守。俱大司隸孟文之元孫也。黃門同郡卞玉。字子珪。目熹平二年二月廿一日謁歸過此。追述勒銘。故財表紀。隸續十一

米巫祭酒張普題字　熹平二年三月一日

熹平二年三月一日。天表鬼兵胡九。闕二字仙歷道成。玄施延命。道巳一元布於伯氣。定召祭酒張普。萌生趙廣、王盛、黃長、長字楊奉等。詣受微經十二卷。祭酒約施天師道法无極才。隸續三

武都太守耿勳碑　熹平三年四月二十日壬戌

漢武都太守。右扶風茂陵耿君諱勳。字伯瑋。其先本自鉅鹿。世有令名。爲漢建功。俾侯三國。卿守將帥。爵位相承。目迄于君。君敦詩說禮。家仍典軍。壓難和戎。武慮慷慨。目得奉貢上計。廷陳惠康安遏之謀。上納其謨。拜郎上黨府丞。掌令。考績有成。符莢乃胒。熹平二年三月六日癸酉。郎官奉宣詔書。哀閔垂恩。猛不殘義。寬不宥姦。喜不縱慝。威不戮仁。賞恭罰否。畀闕與流其於。統系寵存贈亡。篤之至也。歲在癸丑。厥運淫雨。傷害稼穡。率土普議。開倉振澹。身冒炎赫火星之熱。至屬縣巡行。窮匱陟降山谷。經營拔涉。草止露宿。扶活養餐。千有餘人。出奉錢兩闕二字振衣賜給。貧乏發荒田耕種。賦與寡獨王佳小男楊孝等三百餘戶。減省貪吏二百八十人。勸勉趍時。百姓樂業。老者得終其壽。幼者得目全育。甘棠之愛。不是過矣。又開故道銅官。鑄作錢器。興利無極。外羌且居等怖威悔惡。重譯乞降。脩治狹道。分子効力。復大小民。得眾兆之歡心。可謂卬之若明神者已。夫美政不紀。人無述焉。國人僉歎。刊勒斯石。表示無窮。其辭曰。

泰華惟岳。神曜吐精。育兹令德。既喆且明。實謂耿君。天胙顯榮。司牧莅政。布化惟成。柔嘉惟則。穆如風淸。勤䘏民隱。拯阸扶傾。匪皇

啓處東撫西征赤子遺慈吕沽吕生山靈挺寶匈灾乃平愷悌父毋民賴吕寧熹平三年四月二十日壬戌西部道橋掾下辨李禝造。隸釋 碑拓本 又隸續十一

漢故司隸校尉忠惠父魯君碑 熹平二年四月二十八日庚子

君諱峻字仲巖山陽昌邑人其先周文公之碩胄口口伯禽之懿緒吕載亏祖考之銘也君則監營謁者之孫脩武令之子體純和之德秉仁義之操治魯詩兼通顏氏春秋博覽羣書無物不栞學爲儒宗行爲表汞漢口始仕佐職牧守敬恪恭儉州里歸稱舉孝廉除郎中謁者河內大守丞喪父如禮辟司徒府舉高第侍御史東郡頓丘令視事四年比縱豹産化行如流遷九江大守口殘酷之刑行循吏之道統政口載穆若清風有黃霸召信臣在穎南之歌吕公事去官休神家衖未能一朞爲司空王暢所舉徵拜議郎太尉長史御史中丞延熹七年二月丁卯拜司隸校尉董督京輦

掌察羣寮蠲細舉大権然疏發不爲小威吕濟其仁弼中獨斷吕效其節案奏口公彈絀五卿鄉貴惡肅佞穢者遠遭母憂自乞拜議郎服竟還拜屯騎校尉吕病遜位守疏廣止足之計樂於陵灌園之契閉門靜居琴書自娛年六十二熹平元年口月癸酉卒明年四月庚子葬於是門生汝南干口沛國丁直魏郡馬萌勃海呂圖任城吳盛陳留誠屯東郡夏侯宏等三百廿人追惟在昔游夏之徒作謚宣尼君事帝則忠臨民則惠乃昭告神明謚君曰忠惠父息叡不苄弱冠而孤承堂弗構斯薪弗何悲蓼莪之不報痛昊天之靡嘉頓企有紀能不號嗟刊石敘哀其銘曰

巘巘山岳礧落彰較棠棠忠惠令德孔烋命口時生雅度宏綽允文允武厥姿烈遠內懷溫潤外摧殭虐督司京師穆然清邈當口組職爲國之權匪究南山遐邇忉怛凡百君子欽謚嘉樂永傳啇齡曉矣昉昉 隸釋九 碑本

廣漢屬國侯李翊碑 熹平二年

君諱翊字輔國牂柯大守曾孫謁者孫從事君之元子也其先出自箕子之苗奕世載德迄君之身幼有貞恪謙約之操長柯芬芳成人之行通經綜緯兼究古雅初 缺 姚憂勤思盡情及繼母嗣承慈愛如前養則竭力克勤和顏名顯近遠論者稱焉郡守嘉貪禮請署督郵五官功曹守長朝有申甫之節居則曾閔之風延熹六年大守東萊李君懿其高絜順天報國察舉孝廉除郎中特募供養常託疾在家時益部擾攘爲三府所選拜廣漢屬國侯到官鷹揚威震吕文得殊俗驩心撥理之效至建寧元年遭從事君憂去官二交追戀詠其甘棠竭孝道吕送終愴松柏而憔荆禮服既盡州郡爭取比羣部諸郡深執謙匪棲遲不就童冠相娛闔門雍雍夷史之高著臨究前軌當爲國之幹臣穹旻 缺 逝皇祐不永年五十四吕熹平二年卒凡百煥愴同時感傷九族內外莫不絕傷於

是乃采石勒銘垂示後昆

赫赫惟忠屬國李侯發迹邑屋聲冠方嶼貢德王室顯名遐疇衛侮鎮戎經爲大儒考憂釋紱公義卓休終而有禮哀榮兼殊沒而含曜比列陵於嗟兮魂靈烏呼悲夫 隸釋九

全後漢文卷一百二終

全後漢文卷一百三

烏程嚴可均校輯

闕名七

玄儒先生婁壽碑 熹平三年正月

先生諱壽。字元考。南陽隆案兩漢南陽有隂縣無隆縣其沿革未詳人也。曾祖父攸。春秋以大夫侍講。至五官中郎將。祖父大常博士。徵朱爵司馬。親父安貧守賤。不可營以祿。先生童孩多奇。岐嶷有志。捥髮傳業。好學不厭。不攸廉隅。不飭小行。溫然而恭。慨然而義。善與人交。久而能敬。榮且溺之耦耕。甘山林之杳藹。遁世無悶。恬佚淨漠。徲徲衡門。下學上達。有朋自遠。冕紳莘莘。朝夕講習。樂以忘憂。郡縣禮請。終不回顧。高位厚祿。固不動心。麗絺大布之衣。糲𥻨蔬菜之食。蓬戶茅宇。棬樞甕牖。樂天知命。權乎其不可拔也。是以守道識真之士。高尚其事。鄉郡州鄰。賁即春字古文陸親愛懷。年七十有八。熹平三年正月甲子不祿。國人乃相與論德處謚。刻石作銘。其詞曰。皇矣先生。褎德惟明。優于春秋。玄嘿有成。知賤為貴。與世無爭。徲徲衡門。禮義滋醇。窮下不苟。知我者天。身歿聲鬯。千載作珍。緜之日月。與金石存。碑拓本又隸釋九

繁陽令楊君碑 熹平三年三月

上缺二十九字弟富波君之少子也。生姿令喆。長履忠孝。立仁行道。實體彌隆。世授尚書。為國師輔。君述而好古。少傳祖業。兼苞載籍。靡不周覽。英儒仰則。景附其高。應禮州郡。仍奉貢覲。寮類假爾。僉服歸稱。大駕省方。為郡功曹。召見專對。肩靡帝心。擢拜郎中。除右都候。閑整宮衛。闈闥肅焉。遷繁陽令。崇德尚儉。以興政化。和毓威恩。以移風俗。乂無姦回。循不命闔。教學吏士。精橫侍者。常百餘人。咸訓典誨。帥導以缺鄰遠歸懷。爰集疆埸。州郡嘉異。並上絕遁。大司農劉佑。雖復表列。將有命授。會叔父大尉公薨。委榮輕舉。投紱如遺。吏民攀轅。老弱軔輪。追慕跋涉。蓋二千餘人。續留守闕。上書歷年。運穀萬斛。助官振貧。以乞還君。自非慈愛。孰能若茲。有司聾昧。莫能識察。君契已以休。不愉祿求。趨功顯弗。有湲八亐林霚靖衡門。童冠如雲。故乃名問俞高。休聲益著。三府競辟。五入宰朝。常登茂御。復紹祖烈。旻穹不惠。年五十一。熹平三年三月己丑卒。國失其良。民望永絕。京夔凡百。靡不懸悼。故吏臣隸。叫天訴墜。嗟乎何及。哀矣摧傷。感惟既歿。德之隆者。莫威不死。適共追鏞厥勳。鐫石示後。俾延循軨䜴不翳睽。其辭曰。

惟岳降靈。於我明君。膺天鍾慶。誕德孔醇。溫恭博敏。貞𢿱蘊倫。帝嘉忠懿。乃詔寵光。俾候禁宮。夙夜是勤。命出佐宰。清風穆神。委蔑志縉紳。仰從二公。並招當為國暉。壽不缺二字早棄隕林。朋徒潺湲。士女愴悲。願百其身。皇不我予。銘頌玄石。下缺隸釋九

桂陽太守周憬功勳銘 熹平三年十一月

桂陽太守周府君者。徐州下邳人也。諱憬。字君光。體性敦仁。天姿篤厚。行興閨門。名缺州里。舉孝廉。拜尚書侍郎。遷汝南固始相。遂拜桂陽。迺宣魯衛之政。敷二南之澤。政以德綏。化猶風騰。撫集丞細缺綏有方。進則貞直。退則錯枉。崇舉濟濟吉土士字充朝。招訓缺蒙闓誘六藝。君子道長。小人道消。信感神祇。靈瑞符缺嘉穀生於墅。奇草像蓍蒲。異根之樹。超然連理於此缺時郡域惟盜。郡又與與字南海接比。商旅所臻。自瀑亭至乎曲紅。壹由此水。其水源也。出於王禽之山。山蓋隆缺三字亐天。泉肇沸踊。發射其顛。分泒離散。為十二川。彌陵隮阻。㕣皋錯連。隅陬壅藹。末由騁焉。爾乃貫山鑽石。經缺四字揚爭怒。浮沈潛伏。蚰龍蛣屈。澧隆鬱滄。千渠萬澮。合聚谿澗。下迄安聶。六瀧作難。湍瀨洊涆。汯沄𤅶湲。雖詩稱百川沸騰。高岸為谷。深谷為陵。蓋莫若斯。天軌所經。惡得已改。其下注也。若奔

車失轡。狂牛無縻。缺勿㐬忽。臚睦不相知。及其上也。則羣輩相隨。檀柁提缺唱號慷慨。沈深不前。其成敗也。非徒喪寶玩隕珍奇𣅜珠貝深象犀也。往古來今。變甚終矣。於是府君乃思夏后之遺訓。缺應龍之畫。傷行旅之悲窮。哀向人困戹。感蜀守冰殄絕犂𩀟嘉夫眛淵。永用夷易。迺命良吏茨帥壯夫。徘積臏后。投之窾缺二字高塡下。鑿截回曲。弼水之邪性。順導其經脉。斷硍𥗥之電波。弱陽侯之汹涌。由是小溪乃平直。大道允通利。抱布貿絲。交易而至。升涉周旋。功萬於前。除昔缺二字樹塞於茲。雖非龍門之鴻績。亦人君之德宗。故貽缺字人歎於水渚。行旅語於涂陸。孔子曰。禹不決江疏河。吾其魚矣。於是熹平三季歲在攝提。仲冬之月。曲紅長零陵重安區祉字景賢。遵承典憲。宣揚德訓。帥禮不越。欽仰高山。乃與邑子故吏龔臺郭蒼龔雒等。命工擊石建碑于瀧上。勒銘公功。傳之萬世。垂示無窮。其辭曰。

乾㠯剖兮建兩儀。剛柔分兮有險夷。㕁中嶽兮穆崔嵬。歎衡林兮獨傾虧。增陵陗兮甚嶇㠋。鮭莫涉兮禹不規。仰王禽兮又崟巇。俯瀧淵兮怛㠯悲。岸參天兮無路徯。后縱橫兮𣲖洞洞。波隆隆兮聲若雷。或抱貨兮㠯從利。或追恩兮有赴義。汜舟楫兮有不避。缺躬軀于玄池。委性命兮于芒纏。憯寒慄兮不皇計。忽隨𣲖兮殆忘歸。懿賢后兮發亟壁字英闓不通兮治斯谿。蹙巨石兮㠯湮塡。開切伲兮㵒曲機。擢六瀧兮弱下缺兮散其波。威怒定兮混㶊㶊。息聉啾兮逝下缺兮蛟龍臧。睦老唱兮臚人歌。名冠卉兮超踰倫。今稱缺兮燿𣲖沙。功斐斐兮鏡海裔。君兮君。壽不訾。隸釋四

聞憙長韓仁碑 熹平四年十一月

熹平四年十一月甲子朔廿二日乙酉。司隸下闕河南尹校尉空闓典統非任。素無績勳。宣善下闕仁前在聞憙。經國㠯禮。刑政得中。有子產君子下闕尉表上。遷槐里令。除書未到。不幸短命。喪身爲下闕祀

全後漢文卷一百三　闕名　三

則祀之王制之禮也。書到。郡遣吏㠯少牢祠下闕勒異行。勖厲清惠。㠯旌其美。豎石訖成。表言如律令下闕口口十一月廿二日乙酉。河南尹君丞憙謂京寫下闕口口塡道頭。訖成表言。會月卅日如律令碑本

帝堯碑 熹平四年十二月

帝堯者。蓋昔世之聖王也。其先出自塊隗。翼火之精。有神龍首出于常羊闕九字生赤闕十字也。名紀見乎河雒。爰嗣八九。慶都與赤龍交而生伊堯。及堯之生也。不闕凡等闕字闕七龍顏闕角眉闕八采謖。自侯伯遊於玄河之上。龍龜負銜。投鈐授與。然後堯乃受命。蜀鹿闕十六字秉圖書。察度表。御九州。統屬理。聞名𢧁鄰。五緯順晷。然後風化大洽普天闕三字不闕十字功成告讓。遂禪舜黃。聖漢龍興。纘堯之緒。祠㠯上犧。暨於亡新。圮漢之業。祠祠闕五字祀闕是故廷尉鄉闕二字㠯爲大聖。親垂隆烈。遺歌在民。而壇場夷替。屏懾無位。非所㠯表神聖闕五字民者闕四字焉闕三字復舊興。造立靈廟。㠯一大牢。春秋秩祠。是㠯好道之疇。自遠方集。或弦琴闕三字一或譚闕二字歷丹田闕三字痾者𤰈恭。祈福即獲。祀若不虔。輒赴頻故。知至德之宅兆。實眞聖之祖也。熹平四年冬十二月。濟陰大守河南張寵。丞潁川李政。成陽令陳國鄭眞。故鉅鹿大守仲訢。故廣宗長仲選。故呂長仲球闕十一字丞百后已氏。讓禮等。咸各有惟。追慕聖烈。乃共立壇墠。刊碑紀后。已章聖德闕二字後闕下有於赫大聖。奕孔禎純。性發蘭后。生自馥芬。琦表射出。雙握嘉文。排啓閶闔。馳步闕十二字順敘五品。用訓民不佗。或化洽百蠻。歷運遭七。乃禪舜焉。功綿日月。名勒管弦。立靈廟兮闕休神闕九字鼇兮湘黔。民億不殄兮。祉無圻。故濟陰太守劉郃字季承。漁陽泉州人也。自㠯體別枝布。堯之裔胄。下車出奉闕萬爲祠醊。弱闕七字至于朔旦特復五百。稱玄孫㠯敘。嘉敬舊祠。屬縣君㠯爲奉事神聖。禮虔當闕宜崇祖濯。㠯汁闕二字敕縣闕二字設供曹掾史。兮養牲犧。即堯

全後漢文卷一百三　闕名　四

陵廟神亭靈洞。款己嘉瑞。李樹連理生於堯(闕)圖(闕)府殿夙早(闕)拜遷(闕)中大夫。後太守河南張寵鑑擬前緒。到官始初出錢二千。敬致禮祠臨立壇碑特復(闕四字)尋(闕二字)為(闕)始(字闕六)學徒莫不勸樂咸曰張父敦我已德厲我已仁將獲禎應齊風前人鸞皇(闕十八字)解將悉臻矣密勿匪休將悉至矣熹平四年十二月十日癸卯立時將佐吏胡能守堯掾仇伯爰(闕十四字)掾成(闕四字)余一(隸釋)

豫州從事尹宙碑（熹平六年四月）

君諱宙。字周南。其先出自有殷。迺迄于周。世作師尹。赫赫之盛。因以為氏。吉甫相周宣。勛力有章。文則作頌。武襄獫狁。二子著詩。列於風雅。及其玄孫言。多世事景王。載在史典。秦兼天下。侵暴大族。支判流僊。或居三川。或徙趙地。漢興。以三川為潁川。分趙地為鉅鹿。故子心騰於楊縣。致位執金吾。子孫以銀艾相繼。在潁川者。家於傿陵。克纘祖業。牧守相亞。君東平相之玄。會稽太守之曾。富波

侯相之孫。守長社令之元子也。君體溫良恭儉之德。篤親於九族。恂恂於鄉黨。交朋會友。貞賢是與。治公羊春秋經。博通書傳。仕郡歷主簿督郵五官掾功曹。守昆陽令。州辟從事。立朝正色。進思盡忠。舉衡以處事。清身以厲時。高位不以為榮。卑官不以為恥。含純履軌。秉心惟常。京夏歸德。宰司嘉焉。年六十有二。遭離寢疾。熹平六年四月己卯卒。於是論功敘實。宜勒金石。迺作銘曰。於鑠明德。於我尹君。龜銀之冑。奕世載勛。綱紀本朝。優劣殊分。守攝百里。遺愛在民。佐翼牧伯。諸夏肅震。當漸鴻羽。為漢輔臣。位不福德。壽不隨仁。景命不永。早即幽昏。名光來世。萬祀不泯。（碑本）

堂邑令費鳳碑（熹平六年九月）

惟熹平六年。歲格于大荒无射之月。堂邑令費君寢疾卒。嗚呼哀哉。於是夫人元弟故(缺三字)守卜肖追而誄之。其辭曰。君體履柔和。溫其如玉。脩孝友乎閨閾。執忠謇於王室。立迹州郡。仕更右職。舉直錯枉。彊御(缺)威。貢孝三署。勛譽有則。出宰近甸。民懷厥德。色斯輕翔。翻然高絜。王人述職。分(缺)班爵。台(字缺二)搢助鼎調物。退已進弟。不營榮祿。棲遲歷稔。項領滯畜。鄣士不庭。黔民佗虐。命君(字缺二)政化(缺)行。從善遷恩。三基(朞字)致道。有恥且格。牧守揎功。轉左堂邑。垂拱不言。而民帥伏。三時之間。卒以(缺)洽。旻天不弔。命也早歿。春秋六十六。黎儀瘁傷。泣涕連漉。豈愛我躬。命不可贖。臨終迷(字缺二)內發。祖業良田。畝直一金。推予弟息。辭位讓財。行義高邵。卓不可及。名實相副。有始有卒。(字缺二)人善。懸兮切惻。故吏故鄣施業字世堅。義民堂邑臧忠。忠年十有一。慈考早隕。喪以備於禮制。蓬首而(缺三)壞而消。辟地(字缺三)行。母氏以(字缺四)而悼傷。服(缺)菲五五。縗杖其未除。廣陵之郡守。東海(字缺二)聞寢疾而終卒。凡百哲悲(字缺四)舜化。从屋之餘慶。隨(缺)棺柩車哀以而逆之。祖載已畢。訖還返其故鄉。君(缺)其節操。悲其有(字缺二)每以(字缺五)其老親。忠(缺)君厚德。念君

之仁恩。聞君之隕墜。剝斷而辛酸。復截縗麻杖。(缺)君之柩棺。扶號而竭(缺)泣涕其(字缺八)甫於岐山(字缺二)其從之迷君而到官上書而慶(薦字)君。盡禽息之(字缺三)君之(字缺三)君(缺三字)(缺七)於山(缺)列種嘉奇樹。特為之潤鮮。忠業與(字缺二)猶君恩使然。雖君有大化。孰能爾者難。子喪之終(字缺三)思其顏而(缺)死可贖。不愛(字缺二)人。今君(缺)於彼卓譎而超倫。更氏慕高蹤。來者其如雨。偉名建賭后。垂示於(字缺二)（隸釋九）

費鳳別碑

君朗家中孫。甘陵后勛。字子丈。載馳載驅。來奔于喪庭。肝摧意悲感。切傷心。瞻彼碑誄。懷之好音。司馬慕藺相。南容復白圭。仰之以彌高。鑽之而彌堅。不堪哀且思。敘詩之一篇。庶幾昔子夏。起夫子之所言。其辭曰。君諱鳳。字伯蕭。梁相之元子。九江大守之長兄也。世德襲爵。銀艾相亞。恢遐祖之鴻軌。𢌿前代之休蹤。邈逸越而難

纔。非羣愚之所頌。仁義本於心。慈孝著於性。言不失其術。行不越
矩度。清潔皦爾。涅而不滓。恤憂矜厄。施而不記。由近及遠。靡不覆
載。故能闡令名而雲騰。揚盛聲而風布。踐郡右職。三貢獻計。辟州
式部。忠以衞上。漢安二年。吳郡大守東海郭君。以君有逶虵之節。
自公之操。年三十一。舉孝廉。拜郎中。除陳國新平長。神化風靡。惠
以流下。靜而爲治。匪煩匪擾。乾乾日稷。矜此黔首。功成事就。色斯
高舉。宰司委職。位思賢以自輔。玄懿首謙虛。白駒以縶。陞丹陽有
越寇。浸缺四字命君討理之。試守故鄣長。蓋危亂有不讓。又畏此之
鬧閭。缺二字而缺牧爰止其師旅。鴆若飛鷹。鷂虣若夫虓虎。彊者綏
以德。弱者以仁。撫鶬在上。帝心功訓而特紀。轖輿宰堂邑。朞月而
致道。視缺四字遂據兮卿尹。中表之恩情。兄弟與甥舅。嬀與女蘿。性
樂松之茂好。聞君顯令名。舉宗爲歡喜。不悟奄忽終。藏形而匿景。
耕夫釋耒耜。桑婦投鉤筥。道阻而且長。望遠淚如雨。其馬循大路。
搴裳而涉洧。悠悠歌黍離。黃鳥集兮楚。惴惴之臨穴。送君於厚土。
嗟嗟悲且傷。每食缺不絕。夫人篤舊好。不以存亡改。文平感渭陽。
悽愴益以甚。諸姑咸擗踊。爰及君伯姊。孝孫字元宰。生不識考妣。
追惟厥祖恩。蓬首斬縗杖。世所不能爲。流稱於鄉黨。見吾若君存。
剝裂而不已。壹別會無期。相去三千里。絕翰永抗慨。泣下不可止。
隸釋九

樊毅脩華嶽碑　光和二年十月

山經曰。泰華之山。削成四方。其高五千仞。廣十里。周禮職方氏華
謂之西嶽。祭視三公者。以能興雲雨。產萬物。通精氣。有益於人。則
祀之。故帝舜受堯厤數。親自巡省。設五鼎之奠。紫燎堙埋。致敬神
祇。艾用昭明。百穀蕃殖。黎民時雍。鳥獸率舞。鳳皇來儀。暨夏殷周。
未之有改也。其德休明。則有禎祥。荒淫膿歲。篤災必降。秦違其典。
璧遺鄗池。二世以亡。漢祖應運。禮遵陶唐。祭則獲福。亦世克昌。亡

新滔遊。鬼神不亨。建武之初。彗埽頑凶。更𡔷舊章。設用玄牡。牲牷
必充。天惟醇祜。萬國以康。光和二年。有漢元舅五侯之冑謝陽之
孫。曰樊府君。諱毅。字仲德。承考讓國。家于河南。究職州郡。辟公府。
除防東長中都令。誅彊𢹂。撫瘠民。二鄙以清。命守斯邦。威隆秋霜。
恩踰冬日。景化既宣。由復夕惕。惟寵祿之報。順民之則。孟冬十月。
齋祠西嶽。以傳窄狹。不足處尊卑。廟舍舊久。牆屋傾亞。埀室不脩。
春秋佐議。特部行事荀斑與縣令先讜。以漸補治。設中外館。圖珍
琦畫。惟嶽瀆之精。所出禎秀。役不干時。而功已著。暫勞久逸。神
永有憑。自古泰山。郡邑由存。五嶽尊同。哀此勤民。獨不賴福。乃上
復十里內工商農賦。克厭帝心。嘉瑞仍𢖍。風雨應時。瀸潤品物。君
舉必書。兄乃盛德。惠及神人。可無述焉。於是功曹郭敏。主簿魏龔。
戶曹史許禮等。遂刊玄石。銘勒鴻勳。垂曜嗇齡。永有昭識。其辭曰。
兩儀剖判。清濁始分。陽凝成山。陰積爲川。泰氣雍容。洪波氾臻。堯
命伯禹。決江開汝。以靈既定。闕二字兆民乃列。祀典辯於羣神。因瀆
祭地。嶽以配天。埀主遵脩。永亨歷年。赤鋭煌煌。受茲介福。京夏密
清。殊俗賓服。令問不違。可謂至德。德音孔昭。實爲我后。出自中興。
大漢之舅。本枝繁昌。延慶長久。俾守西嶽。達奉神禮。改傅飾廟。靈
則有濟。降瑞畱祀。景風凱悌。惟風及雨。成我稷黍。穡民用章。康艾
室宇。刊銘紀誦。克配梁甫。隸釋二

太尉陳球碑　光和二年卒

君諱球。字伯真。有虞氏之裔也。當周盛德。有虞遏父爲陶下缺公生
公子完。適齊爲桓公公正。其後彊大。遂有齊土。楚漢之下缺官生乇
有令名。膺漢太守公。既纂世業。不隊前軌。孝友祇穆下缺典誥微言
雅頌情指。憲發綱統。莫不守其條貫。綜其倫理。采下缺換東城門候。
虞恭職司。夙夜匪解。遷繁陽令。寬以缺二字溫而下缺不缺遺迹邈而
不缺喪母去官。服除。辟司徒府。拜侍御史下缺陸梁荊揚州郡缺弱

莫能禁禦大尉楊秉舉公（缺下）帥徯（缺二字）弱（缺三）難一（缺）而平詔書
（缺五字）十萬州（缺下）公發遣家屬辟（缺二字）難乃赫（缺下）有言者斬乃恐（缺）保
人民老弱（缺共三字）村爲大弧（缺下）攻前（缺）遇之弘衆而遁全郡保
（缺六字）拜子男（缺下）作大匠孝桓晏駕（缺四字）躬親功（缺下）司空喬玄表公
爲河南（缺）惟明克（缺下）公（缺下）遂作司空通瀆水泉稼嗇繁阜陰陽（缺下）
致仕賜榮而退復拜永樂少府光和（缺下）而不撓雖有周之申甫漢
伉之匡翟（缺下）知公之明德其辭曰於顯明德峻喆（缺二字）亶（缺）不度
伊（缺下）（隸釋十。案隸釋別有陳球後碑，依文選注編入蔡邕集）

冀州從事郭君碑（光和三年十月）

君諱（闕六字）君之少子心仁而孝弟其先出高辛與自于周（闕）蕃虞
郭在河魏之間遭晉荒殭乃喪厥土亦世孳孳職思其勳子孫纓
布家于樂土国國爲氏昔在霸世雄彥棊跱郭隗吐奇顯於戰國
歷秦迄漢將相不輟君其苗胄也（闕）而溫恭烝烝不違學事官曹

清身夙興居豐能約持滿不傾資於父母忠以事君性天自然斷
斷休（闕）導之於鄉其譽日章在國必達正身履方東脩勤恪在公
明明進納（闕）府密勿其光恩仁發越宗黨（闕三字）階（闕二字）式序堂堂
故能弱冠榮寵紀綱入踐賊決（闕）與（闕）當服職鍛煉事無留荒歷
郡諸曹掾史主簿督郵五官掾功曹守假牧伯虛心貪君卞亮遂
於顯辟彈糾臨時所割肅然靡邦不思當登大階爲國哲謀皓天
不弔降此殃罰君年卌一以光和二年大荒蔵紙月戊申晻忽而
終親戚傷懷同僚涕洽以其三年十月葬冠蓋四輯縉紳盈庭痛
君懷春凋柯霜榮哀哀考妣追惟霣靈卜商號咷喪子失名兄弟
咨嗟憯切傷情孤配禍嗣憔顇煢煢悼君短折永歸幽冥自古皆
死先民有言殁而不朽蓋謂合聲建石立碑顯揚洪貞摅訏功美
表示後生魂而有知萬載熙盛懿矣君純淑清性蘭石履珪瑩祖
有周亟揚聲冠二代爲德經肩倉烈系洪纓世作碑爲台衡冑千

軼酒山停傷春樹不垂馨明珠玷夜光虧紫芝凋高岡頹庶斯言
訓孔懷

三公山碑（光和四年四月）

（缺上二字）分氣建立乾以乾爲物父以爲物母運生六子（缺二字）爲（缺）巨
土爲山（缺二字）風雨天有九部地有八極天地通（缺）神明別序州有
九山丘（缺）成土北（缺）之凶（缺）升（缺）阻上爲祈首倉（缺）陰寶南號三
公厥體嵩厚峻極于天鼎足帝（缺）二郡宗祀（缺）奉（缺三字）公嘉佑（缺）
爲形兆觸石（缺）雲不崇而雨陰（缺）氛廓莫不（缺二字）德配五岳王公
所緒四時珪璧月醮酒脯（缺）公降靈（缺六字）得志列（缺）羣后或在王
庭輔翼聖主颸雨時降和其寒暑年豐歲稔分我稷黍倉府既盈
以穀士女（缺二字）得進陳其鼎俎黃龍白虎伏在山所禽獸（缺二字）億
兩爲耦草木暢茂巨仭不數下民知禁順時而取皆受德化非性
能者願明公垂恩罔極保我國君羣黎百姓（缺）受元恩光和四年

歲在辛酉四月（缺）灭朔二日甲子元氏左尉上郡白土樊瑋字子
義瑋（缺）要（缺二字）陵側陋出從幽谷遷於喬木得在中州尸素食祿
（缺）以弱（缺）歸於（缺）族（缺）明（缺）謹（缺）以（缺）足觀聽（缺二字）道無拾遺消
扞（缺）難路無怨讟得應廉選貢名王室靈祇福祐施出（缺）冊於是
感恩（缺二字）立銘勒石乃作頌曰
儼儼明公民所瞻兮凶（缺）窈窕石巖巖兮高倉（缺二字）候羣神兮興
雲致雨除民患兮長吏肅恭（缺二字）心兮四時奉祀黍稷（缺）兮（缺）用
（缺五字）兮百姓家給國富殷兮仁愛下下民附親兮退邇攜負來若
雲兮或有薪采投輻檀兮或有（缺）鬼阻出（缺）兮或有（缺四字）耘兮或
有隱遁辟語言兮或有恬淡養皓然兮或有呼吸求長存兮跂行
喙息皆（缺）恩兮（缺）佑樊瑋出谷遷兮封矦食邑傳子孫兮刻石紀
德示後昆兮永永不（缺）億載年兮舉將南陽冠軍君姓馮諱巡字
季祖（缺）脩六經之要析（缺二字）出麻受命北征爲民父母攘去寇殘

缺用无缺姦缺越竟。民移俗改。恭肅神祇。敬而不怠。皇靈缺佑。風雨時節。農缺執耜。或耘或芓。童妾壺饁。敬而賓之。穄穡穰穰。穀至缺錢。叔粟如火。咸褭仁心。君姿前喆。喬札季文。篤缺稂秀不爲苛煩。慇俗陵遲。字缺二咨缺山無隱士。藪無逸民。褱道㠯德。慕此字缺二百姓歐歌。得我惠君。功參周邵。受祿于天。長履景福。子子孫孫。隸釋三。

敀阬君神祠碑 光和四年六月辛未

天地定位。凶字缺七嶽瀆諸侯缺事其細缺祭法曰。凶林川谷。有益於民字缺二在祀典。大中條之凶。首蓋㞧岳之體也。后隄樹谷。南通商雒。㠯屬熊耳。百川鍾儀。充崖滿谷。時有威雨。彭濞涌溢。乘高趨下。揚波跳沫。于是敀阬㠯爲之舋。承寫其流。北注諸渭。繇漢淪暴。使不爲害。前世通利。吏民興貴。有御史大夫將軍牧伯。故爲立祠。㠯報其功。自亡新已來。其祀隋𡌭。阬稍堙塞。隄防沮潰。漂沒田疇。濡敗亭市。神怒民怨。懸遂㠯褱賤仕宦。失官踣弊。不震。迄光和四年。佐詻之歲。令河東聞憙缺君諱缺字君缺爲政㠯德。五教時序。肅恭明神。敬奉禋祀。勤卹民隱。而除其害。慇一懸之陵遲。懼缺至之無備。追惟伯禹遏治之利。乃復浚治敀阬。通利其水。紹脩舊祀。弘祐其祠。使民報祈。視於社稷。其有徵拜州郡辟召。皆當來辭。大小有差。敀阬君尚饗。後之人是遵是奉。神必據焉。光和四年六月辛未造。隸釋二

全後漢文卷一百三終

烏程嚴可均校輯

闕名八

稾長蔡湛頌

君諱湛字子德河内脩武人也其先缺周封叔缺二字業文王采食蔡缺五字剬其氏歷世卿尹有功王室迄于大漢纘踐繁隆内任台翼外作股肱元初之缺三字掾壞君考銜詔東埽其難宰化缺符守吳郡再在缺二字復牧青州風聲所加缺三字布愛樹之美湛剬其中子也少耽七典缺二字碩材缺二字州郡名實鄉黨辟州從事上缺三字舉孝廉目疾辭讓應司徒府除廣川長公事去官復辟大尉目熹平四年六月乙卯詔書除缺四字政也躬清絜目革穢班五禮目齊衆官剬不勞民亦無事于斯缺二字孝弟習而帥缺三字蕭滌而雲消爾乃來幽秀于嚴列嘯缺二字于閭閻欽耆賢目缺命缺齊俗以殊禮缺三字貞缺足而思節為惡迎化而移心缺風清和而瑰玟時雨應氣而投間嘉祥臻缺四字生年穀豐儲歲有其成遠鄰附就戶口增前視事三年遷高邑令吏民追思如缺三字朝夕思焉夫播禮目正俗少律目摠姦無為而稱治盪盪有功缺飛陶唐氏其孰能缺三字乎鄭產盜豹之徒殆不及矣蓋貞君與遺愛缺民采銘樹　今之通義也于是吏缺三字栗尹等相與合會立碑起頌刊斯后焉其辭曰

穆穆蔡君國之後綱應禮缺二字不降其光乃就台鼎應足高缺協英公門表職是望缺賦廣川不挫其芳乃旋色厲更迹惟貞舒羽來臨我國是煌靡缺不缺罔禮不道民用盛缺風俗目康三載勳寂功蹬王府命作高邑臨拜州缺吏民追思乃銘其敘昭示缺裔亦孔之表君德含洪有君子道四焉聖朝明哲目爵寵賢光和四年十二月甲缺詔書拜并州刺史光和四年七月七日丁缺二字隸釋

五

無極山碑

光和四年缺月辛卯朔廿二日壬子太常臣耽丞敏頓首上尚書謹案文書男子常山蓋高上黨范遷詣缺三字為元氏三公神缺一字本初元年二月癸酉光和二年二月戊子詔書出其縣錢給四時祠具去年五月常山相巡遣吏王勳缺三字弘褒詣三公山請雨山神即使高傳言令勳褒歸缺雨可得三公即與龍靈山無極山共興雲交雨國相巡元氏令王翊各白羊塞神山復使高與遷及縣吏和　下令俱詣大常為無極山神索法食比三公山臣疑高遷言不實輒移本國缺覈今常山相書言部督郵書掾成熹尋訊實問熹縣令翊各言無極山與元堅俱生別上至體可三里所立后為體二丈五尺所政南缺上缺青下黃白色前政平可布兩大席山周帀廿餘在西南卅里縣界有名山其三公封龍靈山皆得法食每長吏祈福吏民禱告如言有驗乞合無極山比三公封龍靈山祠缺七牲出用王家錢小費案大福缺神目珪璧為信臣愚目為如巡言為民來福目祠祀為本請少府給珪璧本市祠具如癸酉戊子詔書故事報臣耽愚戇頓首頓首上尚書制曰可大尚承書從事上缺月十七日丁丑尚書令忠奏雒陽宮光和四年八月辛酉朔十七日丁丑尚書令忠下光和四年八月辛酉朔十七日丁丑大常耽丞敏下常山相缺從事下缺用者如詔書書到言昔在禮典國有名山能興材用興雲出雨為民來福除央則祀元氏縣有先告三公封龍靈山已得法食而獨未光和四年二月所于大男蓋高上黨范遷奏記大常大常下郡國相南陽馮府君咨之前志缺問耆俊僉目為實神且明每國縣水旱及民疾病禱祈輒應時有報又有終南之敦物與岱宗之柗及楊就之梅缺條蕩焉材用于是乎出官民于是乎給在禮秩祀有功必報今昔無極山

應法食。誠其宜耳。于是言大常奏可。其年八月丁丑。詔書聽其九
月更造神廟恢祏祠宮置吏犧牲刅制月醮呰祠。禮與三山同。乃
立碑銘德頌山之神焉。其辭曰。
巘巘無極。厥體嵬嵬嵩缺萬常巃缺二字梯淩谷千刃。窈窕巳限。梂
林芯青倉氣蔚伊。缺砠硎礙隗缺嶰濯遙望儼然。卽就有威觸石
膚寸興雲祁祁雨我公田。遂及我私。百穀用成。家有其資。禱禳請
祈。應速不逞。鳥獸草木。蕃茂隆缺四字很神爲之哀欽柰禮冀谷古
遺則。功加亏民。官報其德。今備七牲。珪璧法食。改館興廟。恢祏宇
室。增益吏役。恭君下職。月醮呰祀。肅袛齊壹缺必博碩。酒必嘉粢
粢盛馨香。如禮不失。顀君歆享。降福孔缺官民禱祈。僉缺密勿有
已禳解報應可必。缺二字法食將祏我君我君高缺衆多子孫。君其
遺慶。副稱顀云。三隸釋

溧陽長潘乾校官碑 光和四年十月廿一日己酉

蓋漢三百八十有七載。缺三字于缺四字銘功著斯金石。畀誄曰。溧陽
長潘君諱乾字元卓。陳國長平人。蓋楚大傳潘崇之末緒也。君稟
資南霍之確缺天缺德之絕操。髫髦克敏。缺學與誤祖講詩易剖
演奧藝。外覽百家。衆缺挈聖抱不測之謀。秉高世之介。屈私趨公。
卽仕佐上郡。位旣畢。孔武赳著。疾惡義形。從風征暴。執訊獲首。除
曲阿尉。禽姦戔猾。寇息善歡。履菰竹之廉。蹈公儀之絜。察廉除兹
初廱清肅。賦仁義之風。缺三字之迹。偕化放虖岐周。流愛雙虖。缺二字
親臤寳智。進直退慝。布政優優。令儀令色。獄無呼嗟之冤。楙無叩
匈之結。矜孤頤老。表孝貞節。重義輕利。制戶六百。省無正繇。不責
自畢。百姓心歡。官不失實。于是遠人聆聲景附。樂受一廛。旣來安
之。復役三季。惟泮宮之教。反失俗之禮。構脩學宮。宗懿招德。旣安
且寍。干侯用張。籩豆用陳。發彼有的。雅容缺閑。鐘磬縣矣。亏胥樂
焉。乃作敘曰。翼翼聖慈。惠我黎蒸。貽我潘君。平兹溧陽。彬文赳武。

扶弱抑彊。缺刈骾雄。流惡顯忠。咨疑元老。師臤作朋。脩學童冠。琢
質繡章。實天生德。有漢將興。尙旦在昔。我君存今。卽此龜艾。遂尹
三梁。永世支百。民人所彰。子子孫孫。畀爾熾昌。丞沛國銍趙勳字
蔓伯。左尉河內汲董並字公防。右尉豫章南昌程陽字孝遂。時將
作吏名。戶曹掾楊淮。議曹掾李就。議曹掾栢檜。戶曹史賀缺。從掾
位侯祖。主記史吳超。門下史吳訓。門下史吳翔。門下史時球。光和
四季十月己丑朔廿一日己酉造。碑拓本隸釋五

童子逢盛碑

童子諱盛。字伯彌。薄令之玄孫。遂成君之曾孫。安平君之孫。五官
掾之長子也。胎懷正氣。生克自然。撫育孩嬰。弱而能言。至于垂髦
智惠聰哲。過庭受誡。退誦詩禮。心開意審。聞一知十。書畫規柜。制
中园梡。日就月將。學有緝熙。才亞后橐。當爲師楷。自天生授。罔不
在初。謂當卬遂。令儀令色。整齊珪角。立朝進仕。究竟人爵。克啓厥

後。以彰明德。肩嗣昭達。何寤季世。顥天不惠。伯彊逕行。降此大戾。
年十有二。歲在協給。五月乙巳。噓噏不反。夭隕精晃。苗而不秀。命
有悠短。無可柰何。慈父悼傷。割哀回鯉。其十二月丁酉而安措。諸
永潛黃壚。沒而不存。于是門生東武孫理。下密王升等。感激三成。
一列同義。故共刊石。敘述才美。以銘不朽。其辭曰。
嘉嗣伯彌。天授其姿。蚤克岐嶷。聰叡敏達。當遂遐迹。立號建基。時
非三代。甘命無恆。人生在世。壽無金石。身潛名彰。顯于後葉。光和
四年四月五日丁卯立。七隸釋

安平相孫根碑 光和四年十二月

府君諱根。字元石。司空公之伯子。樂安大守之兄子。漢陽大守侍
御史之兄。乘氏令之考。厥先出自有殷。玄商之系。子湯之苗。至于
東叩。大王戕仁。聖武定周。封于之墓。肩裔分析。避地匿軌。姓曰孫
爲缺四字各㠯文憲將相諸國。君其胄也。於君權輿。發基有嶷。受性

明叡聞一知十誦詩習藉研綜其眞講缺三字童冠曰營發憤臨川
敎誨不倦節操忼慨跐毅仲行束脩立朝政事敏通心小志大日
宵在公缺四字琦其分缺式敘在位極驥之路察孝抱疢中司乃就
匡鼎曰忠三事歸稱遷邯鄲長興吏所好去缺四字奐有成遷雍奴
令先施博愛威而不猛換元氏考城令曰塞延佇後我之望圻甫
考績聖朝簡缺四字議大夫升降闈闥天子是裨讜言未列遭公夫
人憂憔悴消形齒不見口服闋徵拜議郎謁者缺四字濟濟衎謇不
撓遷荊州刺史蠢爾獫狁缺手稽顙德澤沵征遠于置郵聖上貪
暱徵拜議郎御缺四字坐無雙輔弼唐虞上稽缺古功紀宗彝無善
不章遷安平相遵脩前列五敎缺訪菽菽之譽褫缺四字溫之亡曰
盜土彊求己不媚曰疾去官闔門守家不競時榮養育孤穉曰保
壽年上乾弗祐獲疾固缺三字七十有一曰光和四年十二月乙巳
卒嗚呼有哀孝嗣夙夜不舍嚴父孝孫臨殯禮服承後切怛有感
缺惟古聖孔尼喪鯉贏縮有命不可增損于是握粟卜葬中垌冠
缺奔赴充衢塞庭同胞惻愴涕淚交零呱呱豎子號咷失聲故吏
門生邦人咸曰令問弗銘缺勒孰覩孰聞乃立石碑昭名不朽其
辭曰
皇矣府君含德厚純恢廓術藝曰道莅民行行義勇無猾不儐抑
抑逹質光容有暉綏強曰缺二字弱曰仁罰惡曰威賞善　恩仲伯
撥亂蔡足謫權　巖恪色正不犯子養　珉化與產　配哉九隩
相彼大國東菅儉不損晏宣慈惠和柔不可詘桓桓烈烈剛不
可折缺三字城缺四字其缺四字父缺三字祚子孫缺不缺釋十　隸

涼州刺史魏元丕碑　光和四年

君諱缺字元丕京兆缺牙都尉之下缺有畢萬者僊去仕晉逢勛封
魏秦下缺𥃏爰暨于君稟乾氣之純懿履轄奚之下缺聖喆缺五字苞容
允執虔恭其仕州郡也躬素忠謇犯而勿欺兼綜憲法通識百典

丁缺孝廉除郎中尚書侍郎右丞遭泰夫人憂服闋還臺拜尚書侍
郎秉總下缺廷耕績特拜左丞每在選舉遜讓匪石鑚前忽後遂眈
思舊章尋徽貫缺能下缺樞衡匡弼九年而冈衍西羌放勳餘類未
輯詶咨郡寮惟德是與拜涼州刺史下缺流曰濕邪志樂季文粟帛
之介公儀徹織庖園之節崇文德曰來遠斑下缺下彝戎賓服干戈
戢藏施舍弗券求善不猒舉不失選官不易方百工惟時下缺有優
洋洋奐乎若德光耀冠乎諸牧蓋四時之序功成則退君屢辭曰
疾三下缺無窮而垂式度不可革幣帀其縱而眉耇不往徂疾來升
春秋缺十光和四下缺民失慈父四海之內莫匪摧傷于是故吏茂
才雲中太守漢陽缺冑從事下缺威敬玫等不遠萬里斷制衰裳感
恩奔哀乃與門生平原曹鯀等缺山缺石下缺
於戲使君既膺淑德貢躡帝宇入參文昌出化西土仁義充衍澤
洽下缺德世記其軌辭疾輕居棄榮潛處不卒苻窗究是台輔三力
共字缺三黠下缺徂落不留舜禹二書缺應臻于己丑辰五盈虧猶有
代序缺茲后土光耀下缺隸釋十

梁相孔耽神祠碑　光和五年

君諱耽兄弟三人君寂長厥先出自殷烈殷家者質故君字伯本
初魯遭亡新之際苗冑析離始定茲者從叔陽曰來君少治禮經
遭元二轗軻人民相食舞土茅茨躬采蓤藕消形瘦臞曰養其親
慈仁質桶精靜訦信天授之性飛其學也治產小有追念祖母故
舞魂構于是君乎竭凱風曰惆嫪惟蓼儀曰愴恨恃闇郭藏造化
堂窐增土種柏孝心達寘乎石上見神虵有頃復亾放蘢羅之雉
救窮鶬之戹小弟升高遊𡿫畜積道富財貧君引共居卌餘季雖
𢌿舛如義合故天應厥證木生連理成體一焉下則容人上則洪
茂馨卓流布縣請署主薄功曹府招稽議郡將烏程沈府君表病
委職署君行事假穀孰長印綬摠領文書率睮晧首縣車家巷黃

髟𠫓老。耆有胎表。孫息款姚。驩樂壽考。觀金石之消。知萬物有終始。圖千載之洪慮。定吉兆于天府。目睹工匠之所營。心欣悅于所處。其內洞房四通。外則長廡。功賦合出卌萬。吕光和五季歲在壬戌夏六月訖成于此。行夫君子欽美含調。如頌曰。君之德兮性自然。蹈仁義兮履玤純。惻隱至兮神𧉮存。皇垂象兮木連理。矜鳥獸兮放舍旃。享黻榮兮景號宣。達情性兮覩未然。永億載兮傳功勳。刊石祠兮示喆賢。隸釋五

漢成陽令唐扶頌 光和六年二月廿五日丙午

君諱扶。字正南。潁川郾人也。其先出自慶都。感赤龍生堯。王有天下。大號爲唐。治致雍熙。尊天重民。禪位虞。闕光受茅土。通天三統。苗冑枝分。相土脉居。因氏唐焉。累世含祉。受天之祜。肩嗣彌光。爲漢台輔。君父孝廉郎中早卒。季父蜀郡。蜀郡從弟會稽。會稽從弟南陽。君從兄東萊太守南陽。弟司空公。在朝遜隨。正色竭忠。爲國討暴。六侯俱封。受土襲爵。金縎十三。君繼厥緒。少有岐嶷。耽道好古。敦書咏詩。綜緯河雒。底究羣典。爰紐士進。守舞陽丞。弱冠守昆陽尉。潁陽令。隱𧫞州郡。所臨有迹。字迹帝嘉其德。特拜郎中。察能治劇。除豫章鄡陽長。夷粵掄撾。伎強難化。君奮威靈。武視吕好惡。蠻貉振疊。稽顙帰服。闕上前遺千有餘萬。盜賊寑息。境界晏然。三載有成。州郡諍表。遷成陽令。承先聖之弘軌。見讚像之高蹤。遂興無爲之治。優賢颺歷。表義縊惡。遵九德吕綏民。崇晏晏之惠。康風移俗。易莫不革心。朝有公卓。家有參騫。分鄭之治。優隆於君。追惟堯德廣被之恩。依陵亳廟。造立授堂。四遠童冠。摳衣受業。著錄千人。朝益莫習。術衎誾誾。尼父授魯。曷吕復加。靈冠瑞應。木連理生。白菟紫鳩。遊君園庭。蕩蕩之治。莫能名焉。三司察功。朝廷審眞。吕君威恩並流。文武兼興。東萊海濱。須君吕靈。詔書換君昌陽令。吏民慕戀。士女惟艱。捺牽君車。輪不得行。君臣流涕。道路琅玕。迫有詔

命。靡由復還。于是故從事仲字仲授。張躬萬龍。督郵仲槐。郡掾閭葵闕仲瑝。處士王闕董頜。閭葵斑等。乃共刊石樹頌。歌君之美。其辭曰。

赫赫唐君。帝堯之苗。氏族不一。各任所安。本同末異。蓋謂斯焉。君體煥炳。有芬有馨。如山如岳。嵩如不傾。如闕如海。澹如不盈。惟直如矢。字缺秉銓據衡。在朝肅肅。閨門雍雍。廉踰伯叔。絜如珪璋。賦政于外。爰及鬼方。匪夷來降。寇賊迸亡。黎庶斂盜。黔首歡康。以德綏撫。宣恩六陽。以仁恤弱。以義抑彊。恩由春夏。威如秋霜。賞罰分審。白黑著明。憂者閔稚。不侮寡矜。耽樂道述。咀嚼七經。五六六七。訓導若神。接下施與。投財如捐。吏服其德。民歸其恩。父父子子。君君臣臣。不陸自舉。不拘不煩。圄圕空虛。國無佞民。德及草虫。澤流無垠。蜎飛蠕動。咸賴我君。顯顯令稱。德音常存。光和六季二月壬午朔廿五日丙午。處士閭葵斑戀念唐君。爲立碑。闕斑字宣高。脩春秋嚴氏。大子讓。公謙。襲斑業。次龔。叔謙。治尚書歐陽。次廉。仲絜。小夏侯。耽經史兮履仁義。內和睦兮外奔赴。吕家財兮讚君號。諸學闕兮相埤助。垂後世兮不之譽。隸釋五

白石神君碑 光和六年

蓋聞經國序民。莫急于禮。禮有五經。莫重于祭。祭有二義。或祈或報。報以章德。祈吕彌害。古先哲王。類帝禋宗。望于山川。徧于羣神。建立兆域。脩設壇屏。所吕昭孝息民。輯寍上下也。白石神君居九山之數。參三條之壹。兼將軍之號。秉斧鉞之威。體連封龍。氣通北嶽。幽讚天地。長育萬物。觸石而出。膚寸而合。不終朝日。而澍雨沾洽。前後國縣。屢有祈請。指日刻期。應時有驗。猶自挹損。不求禮秩。縣界有六名山。三公、封龍、靈山。先得法食。去光和四年。三公守民蓋高等。始爲無極山詣大常求法食。相縣吕白石神君道德灼然。乃具載本末。上尚書。求依無極爲比。即見聽許。于是遂開祐舊兆。

改立殿堂營宇既定禮秩有常縣出經用備其犧牲奉其珪璧絜其粢盛旨酒欣欣燔炙芬芬敬恭明祀降福孔殷故天無伏陰地無鱻陽水無沈氣火無災燀時無逆數物無害生用能光遠宣朗顯融昭明年穀歲熟百姓豐盈粟升五錢國界安寧尒乃陟景山登峥嶸采玄石勒功名其辭曰

巖巖白石峻極太清皓皓素質因體爲名惟山降神髦士挺生濟濟俊乂朝野充盈災害不起五穀熟成乃依無極聖朝見聽遂興靈宮于山之陽營宇之制是度是量卜云其吉終然允臧匪奢匪儉率由舊章華殿清閑肅雍顯相玄圖靈像穆穆皇皇四時禋祀不愆不忘擇其令辰進其馨香犧牲玉帛黍稷稻粮神降嘉祉萬壽無疆子子孫孫永永番昌（隸釋三碑本）

幽州刺史朱龜碑　光和六年

君諱龜字伯靈廣陵太守之孫昆陽令之元子也君系祖考之鴻軌履大和之（缺三字）世載德不隕（缺二字）仁義成于東脩孝弟根其本性然而虛己下士勞謙克（缺五字）厚載多容察孝廉除郎中尚書侍郎以將事去官三府更辟以大尉高第（缺五字）堂之論建弘遠之議磥落煥炳臨疑獨逝故能光明越聞顯于區夏英聲（缺五字）公族兮時益州蠻夷侵寇邊鄙陸梁山野爲害日甚朝廷以君文能（缺二字）武不（缺三字）御史中丞討彼亂略君統整羣帥方謀並設威神庭電燭兮上下至（缺二字）郡（缺四字）授手乞降永昌大守曹鸞上（缺）解黨以不糾擿獲戾胥靡潛兮（缺）巷羣（缺六字）辟輒以疾辭鮮卑數犯郡塞僉復舉君拜幽州刺史爾乃邁種（缺九字）禁以糾姦宄養萟餘時雨之澍品物除惡如農夫之務去草適（缺九字）其疆土閂衞弛柝而無怵惕百姓不復屯其城郭出塞追寇（缺十字）谷歎策詔并涼以君爲式命不少延年六十四以光和六年（缺十字）故吏牟化等僉以爲夫有嘉功祀而不輟或銘鐘鼎書（缺）是述（缺九字）已乃立碑寓而佐

頌曰

星精壹縕爲儀爲人我君受之膺其淑眞研綜典藝實好斯文（缺九字）珝徽聲名懿允升蠢爾夷貉蕩我邊氓銜命督使武氣飆騰董以（缺八字）幽方不衛天常撫以仁德渙若風翔分命部隊出竟觀兵（缺）禽遠驅（缺七字）甲綏我土疆降年不永隕民之望烈烈遺勛景炎爾光（隸釋七）

全後漢文卷一百四終

全後漢文卷一百五

烏程嚴可均校輯

闕名九

司隸從事郭究碑

君諱究字長全汲人也其先出自郭叔應運挺度實有懿德文武諸焉條枝雲疏班 缺 華夏世載令問昭前之光咸攄玄謨理物佐時君則元城君之孫雒陽君之適南和尚書濟北軍中臨沂徐州中山君之從子也河岳降祚幼而有路孝弟恭肅與性俱成溫慈惠和覲義輕財懷刑拜讓舍己從人蹈中庸之路處匹直之節內省不疚兼姿 缺 問物格能 缺 臨疑弗惑弱冠踐郡歷主簿督郵五官掾功曹守令長含章吐忠或從王事嚴𠁁莊字可恐柔順可愛進讜替否所舉見則雖趙武之佐晉宋甫之穆色操善撰功君其越諸辟司隸從事部郡都官耽耽虎揚所莅㠯齊翕然之論風飛川

流本朝祭孝貢器帝庭悟榮忽浮委爵禮讓羣公側席書垂蠲郵不幸短祚命登六辰春秋廿八而卒中平元年歲在甲子三月而葬悲夫破鎮鄙之刃而不宰元摧晨風之翼而不厲天晉姪士女嗚悒惟憾 戚 孤嗣叫號涕零如雨咸曰 缺 晨有殁厤數猶終自古迄茲孰能保存生榮死哀奕貴遺稱敢慕衞悝讚先之義乃伐石興碑㠯旌厥魂俾後永有鑑焉其辭曰

於爍我君皇精蘊㔾昭德塞違克紀克綱握柜綜 缺 規步履方麟踦清朝委蛇自公棟隆千里庶績艾康佐命牧伯扶義遏私 缺 繩彈枉屬㠯改 缺 榮名京邑滕桓知幾當享爵壽作漢輔毘靈祇貪哀逝葉翼徽喆人其徂萬夫慘催銘勳金石㠯慰孔懷士 隸釋

郃陽令曹全碑 中平二年十月丙辰

君諱全字景完敦煌效穀人也其先蓋周之冑武王秉乾之機翦伐殷商既定爾勳福祿攸同封弟叔振鐸于曹國因氏焉秦漢之際曹參夾輔王室世宗廓土斥竟子孫遷于雍州之郊分止右扶風或在安定或處武都或居隴西或家敦煌枝分葉布所在為雄君高祖父敏舉孝廉武威長史巴郡朐忍令張掖居延都尉曾祖父述孝廉謁者金城長史夏陽令蜀郡西部都尉祖父鳳孝廉張掖屬國都尉丞右扶風隃麋侯相金城西部都尉北地大守父琫少貫名州郡不幸早世位不副德君童齔好學甄極毖緯無文不綜賢孝之性根生于心收養季祖母供事繼母先意承志存亡之敬禮無遺闕是㠯鄉人為之諺曰重親致歡曹景完易世載德不隕其名及其從政清擬夷齊直慕史魚歷郡右職上計掾史仍辟涼州常為治中別駕紀綱萬里朱紫不謬出典諸郡彈枉糾邪貪暴洗心同僚服德遠近憚威建寧二年舉孝廉除郎中拜西域戊部司馬時疏勒國王和德弒父篡位不供職貢君興師征討有兖膿之仁分醪之惠攻城野戰謀若涌泉威牟諸賁和德面縛歸死

還師振旅諸國禮遺且二百萬悉㠯薄官遷右扶風槐里令遭同產弟憂棄官續遇禁冈潛隱家巷七年光和六年復舉孝廉七年三月除郎中拜酒泉祿福長訞賊張角起兵幽冀兖豫荊揚同時並動而縣民郭家等復造逆亂燔燒城寺萬民騷擾人褱不安三郡告急羽檄仍至于時聖主諮諏羣僚咸曰君哉轉拜郃陽令收合餘燼芟夷殘迸絕其本根遂訪故老商量儁艾王敞王畢等恤民之要存慰高年撫育鰥寡㠯家錢糴米粟賜癃盲大女桃斐等合七首藥神明膏親至離亭部吏王宰程橫等賦與有疾者咸蒙瘳悛惠政之流甚於置郵百姓繈負反者如雲戢治廧屋市肆列陳風雨時節歲獲豐年農夫織婦百工戴恩縣前㠯河平元年遭白茅谷水災害退于戌亥之間興造城郭是後舊姓及脩身之士官位不登君乃閔縉紳之徒不濟開南寺門承望華嶽鄉明而治庶使學者李儒欒規程寅等各獲人爵之報廓廣聽事官舍廷曹

廊閣，升降揖讓朝覲之階，費不出民，役不干時。門下掾王敞、錄事掾王畢、主簿王歷、戶曹掾秦尙、功曹史王顗等，嘉慕奚斯、考甫之美，乃共刊石紀功。其辭曰：

懿明后，德義章。貢王庭，征鬼方。威布烈，安殊荒。還師旅，臨槐里。感孔懷，赴喪紀。嗟逆賊，燔城市。特受命，理殘圮。芟不臣，寧黔首。繕官寺，開南門。闕嵯峨，望華山。鄉明治，惠沾渥。吏樂政，民給足。君高升，極鼎足。中平二年十月丙辰造。碑本

漢故穀城長蕩陰令張君表頌 中平三年

君諱遷，字公方，陳留己吾人也。君之先出自有周，周宣王中興，有張仲，吕孝友爲行，披覽詩雅，煥知其祖。高帝龍興，有張良，善用籌策，在帷幕之內，決勝負千里之外，析珪于留。文景之間，有張釋之，建忠弼之謨，帝游上林，問禽狩所有，苑令不對，更問嗇夫，嗇夫事對。于是進嗇夫爲令，令退爲嗇夫，釋之議爲不可，苑令有公卿之

才，嗇夫喋喋小吏，非社稷之重。上從言。孝武時有張騫，廣通風俗，開定畿寓，南苞八蠻，西羈六戎，北震五狄，東勤九夷。荒遠既殯，各貢所有。張是輔漢，世載其德。爰既且于君，盖其繵縺，纘戎鴻緒，牧守相係，不殞高問。孝弟于家，中謇于朝。治京氏易，聰麗權略，藝于從畋。少爲郡吏，隱練職位，常在股肱。數爲從事，聲無細聞。徵拜郎中，除穀城長。蠶月之務，不閉四門。臘正之僚，休囚歸賀。八月菫民，不煩于鄉。隨就虛落，存恤高年。路無拾遺，犂種宿壄。黃巾初起，燒平城市，斯縣獨全。子賤孔蔑，其道區別。尙書五教，君崇其寬。詩云愷悌，君隆其恩。東里潤色，君垂其仁。邵伯分陝，君懿于棠。晉陽珮瑋，西門帶弦，君之體素，能雙其勛。流化八基，遷蕩陰令。吏民頡頏，隨送如雲。周公東征，西人怨思。奚斯讚魯，考父頌殷。前喆遺芳，有功不書，後無述焉。于是刊石豎表，銘勒萬載。三代吕來，雖遠猶近。詩云舊國，其命惟新。於穆我君，既敦既純，雪白之性，孝友之仁。紀

行來本，蘭生有芬，克岐有兆，綏御有勛，利器不覿，魚不出淵。國之良幹，垂愛在民。蔽沛棠樹，溫溫恭人。乾道不繆，唯淑是親。既多受祉，永享南山，干祿无彊，子子孫孫。惟中平三年，歲在攝提，二月震節，紀日上旬，陽氣厥析，感思舊君。故吏韋萌等，僉然同聲，債師孫興，刊石立表，吕示後昆。共享天秩，億載萬年。碑本

小黃門譙敏碑 中平四年七月廿八日癸卯

君諱敏，字漢達，鄲君之中子，章君之弟，郎中君之昆也。其先故國師譙贛，深明典隩，讖錄圖緯，能精微天意，傳道與京君明。君承厥後，不忝其美，幼而好學，才略聰叡，詩書是綜，言合雅謨，慮中聖權。既仕在公，忠允篤誠，吕直佐主，帥下惟約，肅將丞命，振之乎外。羣寮有司，各敬爾儀。君商時度世，引己倍權，守靜徵允，韜光韞玉，吕遠悔咎，恥與鄰人羼竝，給驅讖貫之本，謂君爲喆，在谷甯武，當享南山難老之壽。昊天不惠，降茲痾疾，年五十有七，吕中平二年三

月九日戊寅卒。嗚呼哀哉！國喪良佐，家隕棟梁。遐邇咨悼，士女哀懷。寮朋親戚，莫不失聲，泣涕雙流。于是立表，寫憤斯銘，傳于罔極。其辭曰：

於穆使君，盛德炤明。爰惟懿業，帥由舊章。文武彬彧，柔而能剛。屈道從政，令名顯揚。臣多醜直，是用遜讓。且吕毓姿，優遊缺一字京。曷倩遘罹，景命不長。屋棟傾覆，君缺一字喪亡。如何如何，吁嗟昊蒼。身退名存，永世遺芳。中平四年七月廿八日癸卯造。隸釋十一

巴郡大守張納碑 中平五年三月上旬

君諱納，字子郎，勃海南皮人也。其先缺二字之胄，立姓定氏，應天文像。炎漢龍興，留侯維幹，枝裹滋布，竝極爵秩。君之曾祖，暨其先考，軌迹相繼，俱缺二字州，追侔昔人，不顯其光。鍾美積德，寔乃鍾君。膺大雅之淑姿，脩烝烝之孝友，綜覽寶典，靡古不通。察孝廉，除郎中，尙書侍郎，夙宵在公，匪懈夸職，遷甘陵寃句令，親病去官，念缺二字

復義章海內辟司空司徒府，廌字缺二引股桓弗就復辟大尉舉高第拜侍御史迪謨弼諧密靖王室楊州寇賊陸梁佗難五府表君中丞督字缺二武分沄所向禽殄日不移晷收功獻捷省息錢穀還充府帑朝吕字缺四騷震剖符守任綏慰駭散字缺二曩者征克大勛丙子璽書封都亭矦延公曲阜尙父營丘周啟厥字缺五自君到官也勤思乾乾字缺二眼食菲身約儉矯時背麗淸喻公儀絜如素絲旌甄秀異抽拔孤字缺五吕內照外貪饕革悔姦字缺二遯刑無斧鉞之害行無拘紲之人胸忍蠻夷滔天蠢動乘虛唐突字缺五忿缺斯怒爰整干戈虒字缺二眈搏則有獲羣醜慴怖絕迹幽窟字窟鎮集乖離俾盜業字郵澹凍餓字缺八賦出梁益頻年字缺二杼柚其空洊流轉漕穀桓輸沮戍申詔書騰前付眞道迴且艱潮字缺六上言如舊常章雖得字缺二家不行哨然慼悼民亦勞止繇是辭疾閭閻委政中閎敦慈養之字缺七之怨故大尉掾王字缺三府丞李元掾史張勤

黎景馮經趙中毋後蒲勝猶潭等庶慕奚斯字缺二之義共論敘紀著休烈刊字缺二頌其辭曰

缺四篤生我君姿兼申甫懿鑠字缺二帥典稽古正始順元允恭肅恪唯禮是遵乃訓五品敷敎在寬含字缺五乾似其潤如雨其主缺二字既脩沮桓導我吕文且衛寇暴建此式勛四竟冢謐羣庶艾安童謠字缺三德慕思昔在邵伯今也復字缺三穆矣卓爾超倫亏胥合問光乎億年　隸釋五

碑陰

中平五年三月上旬書君升台祚承天百福子孫千億

圉令趙君碑　初平元年十二月廿八日

君諱缺字缺建字缺四慕脩其緒溫良恭儉敦詩字缺六積而能散菲薄其身博施字缺八芬芳暘于諸夏郡仍優署五官掾功曹州辟從事司徒楊公辟吕兄憂不至其後司徒袁公仍辟字缺二除新缺長遷圉令播德二城風曜穆清當字缺八會被疾去官年六十有八曰中平五年冬十一月壬寅卒八字缺十斯詠七字缺十紀伐吕跌後昆其辭曰天實高唯聖同戲我君羨其縱體弘仁蹈中庸所臨歷有休功追景行亦難雙刊金石示萬邦初平元年十二月廿八日立　隸釋十一

益州太守高眹脩周公禮殿記　初平五年

漢初平五年倉龍甲戌旻天季月循舊築周公禮壂始自文翁應期鑿度開建畔宮立堂布觀廟門相夠閣司幬延公辟相承至亏甲午故府梓潼文君增造吏寺二百餘間四百年之際變異蠭啟旋機離常王衡失統強桀并兼人褱僥倖戰兵雷合民散失命烈火飛炎一都之舍官民寺室同日一朝合為灰炭獨留文翁石廟門之兩觀禮樂崩坦風俗混亂誦讀已絕倚席離散夫禮興則民壽樂興則國化郡將陳留高君節符典境忠斯十有二載會直揆亂茜慮臣救濟民塗炭閔斯巳虛字缺三冠學者表儀字缺四大小推

誠與復第館八音克諧鬼方來觀為後昌基缺神不　隸釋

巴郡太守樊敏碑　建安十年三月上旬

君諱敏字升達肇祖宓戲遺苗后稷為堯種樹舍潛于岐天顧亶甫乃萌昌發周室衰微霸伯匡弼晉為韓魏魯分為揚充曜封邑厥土河東楙漢之際或居于楙或集于梁君纘其緒華南西疆濱近聖禹飲汶茹汸總角好學治春秋嚴氏經貫究字究道度無文不睹于是國君備禮招請濯冕題剛傑立忠謇有夷史之直卓密之風鄉黨見歸察孝除郎永昌長史遷宕渠令布化三載遭離母憂五五斷仁大將軍辟光和之中京師擾穰雄狐綏綏冠履同囊投核長驅畢志枕丘國復重察辭病不就再奉朝娉十辟外臺常為治中諸部從事舉直錯枉譚思舊制彈饕糾貪務鉏民穢患苦政俗喜怒作律案罪殺字殺人不顧倡儉告子屬孫敢若此者不入墓門州里僉然號曰吏師季世不祥米巫殉瘧續蠢青羌姦狡並起

陷附者衆。君執一心。賴無洿恥。復辟司徒。道隔不往。牧伯劉公。二世欽重。表授巴郡後漢中秋老乞字身。以助義都尉養疾閭里。又行褒義校尉。君仕不爲人。祿不爲己。桓桓大度。體蹈箕首。當窮台緄。松僑協軌。八十有四。歲在汁洽。紀驗期臻。奄曶臧形。凡百咸痛。士女涕洿。臣子褒術。刊勒銘。其辭曰。

於戲與考。經德炳明。勞謙損益。耽古儉清。立朝正色。能無撓廎。威恩御下。持滿億盈。所歷見慕。遺歌景形。書載俊乂。股肱幹楨。有物有則。模楷後生。宜參鼎鉉。稽建皇靈。王路阪險。鬼方不庭。恆戢節足。輕寵賤榮。故缺大選。而捐陪臣。晏嬰邸殿。雷𠊱距齊。非辭福也。乃辟禍兮。

亂曰。渨元垂缺𦈢濆缺一字兮金精。大佐實生賢兮缺彼救民。德彌大兮。遺偶陽九。百六會兮。當缺逝平。今遂逝兮。歇噓悢哉。魂神缺兮。建安十年三月上旬造。石工劉盛息懆書。隸釋十一

益州太守高頤碑　建安十四年八月

君諱頤。字貫方。其先出自帝顓頊之苗胄裔乎。逢伯陵者。殷湯受命。陵有功。食采齊缺樂邑。世爲正卿。氏采建姓。至高缺爲桓公將南陽之師。而成魯缺美于春秋。訖漢缺有四城缺八字關外家缺二字道至君立缺五字親仁樂善。游心無藉。無缺三字翔缺十字仕郡辟州清蹇之缺不淪時缺舉孝廉缺九字州表蜀郡北部府丞武缺令缺阿鄭之缺二字賦晏缺之缺性試守廣漢屬國都尉。猶宓子之在密。配李牧之鎮代。試守益州大守缺三字之缺罰膺求由之政事。斑芳聲于國。畿理高滿之危溢。當登緄職缺時雍。缺運缺未濟。天降缺殃。害缺貞良。建安十四年八月卒官。卒臣吏播舉而悲叫。梨庶踊泣而切怛。追恩念義。纏絰墳側。因作頌曰。

穆穆我君。帝顓之胄。匡輔齊桓。缺無其偶。苗裔流衍。缺彼梁州。惟君立節。卓爾絕殊。學缺從政缺無茹柔。宰城子牧。惠澤沾優。剖符

典郡。威德缺二字示民敬讓。闕斷苞組。宜享漢輔缺德將舒。乾流缺戾缺見陨徂。凡百悽愴。痛乎何辜。祚爾後嗣。子孫之模。隸釋十一

綏民校尉熊君碑　建安廿一年

君諱缺字尹缺其先蓋帝顓頊高陽氏之苗裔。周有天下。成王建國。熊繹封楚。慶祚缺三字於缺二字亦世載德。世餘代。君高祖父籌自汝南吳缺五字子靈王玄孫。大漢龍興。缺舉鄉缺拜議郎。南巡郡國。封龍平缺三字祖父旻舉缺三字大司馬郊隱缺曾祖父範。督郵守長。州辟元缺六字君缺四字應上計缺祖父師缺二字上計掾。君缺喬字漢舉。更督郵主簿五官缺二字三奏辟頤志。皓首不屑應就。君立迹唯仁。與缺十字祖父缺二字治歐羊尚書。六日七分。少仕州郡。臨朝謇諤。孔甫之操。以忠孝稱。更諸曹缺三字賊曹主記史。督郵主簿。五官功曹。州缺八字舉孝廉。上計掾。興平元年八月二十八日壬寅。詔書除補桂陽曲紅長。既敦文武。爲政果達。臨化宣惠。所去遺績。視事六

載。荊缺八字奔缺掩迫之害。罹災致寇。缺郡潰亂。鎮南將軍荊州牧矦山陽劉君諱表字景升。以君稟純履正。出自帝宇。緬榮輕舉。厲志疾驅。邪字牧矦缺弄缺爲民所安。命還拜綏民校尉。領曲紅長。復莅五年。政隆上古。派移歸懷。繦負而至。吏民作誦曰。彼熊父兮解我患害。安我缺移遺母憂缺二字去官。陽九應會。王室威缺君功顯宿著。海內諮美。拜騎都尉。受命立灌陽縣。督長六載。無爲而治。稽則先民缺二字附啇無怨。曠聲。君春秋七十有一。以廿一年三月丙寅卒官。吏民懷慕。官屬五從。黃郭缺二字奚湯缺扶送靈缺哀如彫傷。顧見農夫。泣淚路堣。皆懷悽愴。哀我惠君。君同產弟望季公。質性忼慨。史魚之直。吏功曹列掾督郵都梁長。早終。君長子稱孝存。姿操敦亘。耽志好學。博覽雅藝缺二字曹列缺三奏辟召于州。終昔周文公作頌。宋成考父。公子奚斯。追羡遺績。紀述前勳。于是刊碑。以示後緄。其詞曰。

赫赫熊君遷基（缺）字漢與伐項巡行南土顯封受爵遂爾延祖枀
葉休隆君肖其緒克明盛德字牧城社所在有績𥡴銀之祚河雒
挺錄爲國毗輔懿懿其操穆穆其姿光光其行桓桓其威清虛澹
泊後嗣式序冠秩之應實賴厥後昊天忽然枕榮終祚喪我良則
國失良輔其存也榮其亡也哀銘勒金石沒而不朽靈也有知祐
福子孫支于相生吉而無咎（字咎）詩云嘉樂君子顯顯令德延于無
極追敘君兮懷純精名稱于州里兮樞機發動執忠貞兮溷亂而
不惑不枉身事汗君兮掮土爵而進退崇禮約行兮舉動而不跌
遭濁而自靖兮泥而不滓𠑽嗚呼君兮匪石是爲州郡禮遇兮名
貫于四表德稱茲宣先兮賢比于前列徇皐之歎岐兮束脩稷由
文武兮與後葉子孫殖兮世享祿龍潛軀于枯木兮就生存是以
刊石兮爲君立碑覽瑛雄之迹兮以（缺）來喆嗣長基而廣宇兮後
世無廢墜

全後漢文卷一百五（闕名） 九

故長沙茶陵長文春字季秋質撡貞良慈仁氾愛治天官日度風
角列宿明知聖術在官脩德民歌遺風春秋七十以道殞遷宗肖
不紀故爲宣昭

故桂陽陰山豫章（缺）長重安侯相杜暉字慈明體質弘亮敦仁好
道治易梁丘春秋公羊氏綜覽百家無所不甄典歷三城居官清
惠遺愛在民春秋六十終族後（缺）術故因顯德以示來肖建安廿
一年十（缺）月丙寅朔一日丙寅大歲丙申碑師春陵程福造（隸釋十一）

全後漢文卷一百五終

全後漢文卷一百六

烏程嚴可均校輯

闕名十

戚伯著碑（已下無年月）

本周末胄戚氏襲吕與勃海君玄孫伯著之碑

冑周別封氏衛戚邑而爲姓（隸釋作性誤）焉（下缺）

漢□□□之□□王舅是時寵特進朝侯大僕光祿侍中監營持節□□□□功充列王室遷詣于吕委位捐爾調宵近（隸釋作沛）土攷（隸釋作床）卜罔營安措東山子孫孝弟篤學應鄉舉止選位至屬都尉京兆府丞勃海太守功德渙彰伯著勃海君玄孫季景長子也二七府召禮性仁知約身學事忝（同七隸釋誤作土）略胥通筆墨敏疾儀容茂盛議者觀始謂復蹈銀之緒天乎大歲丁亥娉妻朱氏旬期著橫遇躬度不蒙壽上奄遂貿歿豈魂俱靈父哀母悲傷其國絕□怛□泯（隸釋作隕誤）宗緒遠近悽愴失氣伊唯哈（隸釋作伯著缺）鄉相之□□□□□□□□□□伯著（下缺碑拓本隸釋十二）

仙人唐公房碑

君字公房成固人蓋帝堯之（缺十字）之故能舉家（缺五字）去上陟皇耀統御陰陽騰清躡浮命壽無疆雖王公之尊四海之富曾（缺五字）毛天地之性斯其至貴者也耆老相傳以爲王莽居攝二年君爲郡吏（缺四字）土域啖瓜旁有真人左右莫察而君獨進美瓜又從而敬禮之真人者遂與（缺）期婿谷口山上乃與君神藥曰服藥以後當移意萬里知鳥獸言語是時府在西成去家七百餘里休謁往徠轉景即至闔郡驚焉白之府君徙爲御史鼠齧被車被具君乃畫地爲獄召鼠誅之視其腹中果有被具府君（缺）賓燕欲從學道公房頃無所進府君怒敕尉部吏收公房妻子公房乃先歸于谷口呼其師告以厄急其師與之歸以藥飲公房妻子曰可去矣妻子戀家不忍去又曰豈欲得家俱去乎妻子曰固所願也于是乃以藥塗屋柱飲牛馬六畜須臾有大風玄雲來迎公房妻子屋宅六畜翛然與之俱去昔喬松崔白皆一身得道而公房舉家俱濟盛矣傳曰賢者所存澤流百世故使婿鄉春夏毋蚊蚋秋冬鮮繁霜癘蠱不遐去其螟蟘百穀收入天下莫知斯德祐之效也道牟群仙德潤故鄉知德者鮮歷世莫紀漢中大守南陽郭君諱芝字公載脩北辰之政馳周邵之風歆樂唐君神靈之美以爲道重者名邵德厚者廟尊乃發嘉教躬損奉錢倡率群義繕廣斯廟（缺）和祈福布之兆民刻石昭音揚君靈譽其辭曰（上缺）遂享神藥超浮雲兮翱（下缺碑本隸釋三）

酸棗令劉熊碑

君諱熊字孟（缺）廣陵海西人也厥祖天皇大帝垂精接感篤生聖明（缺）仍其則子孫亨之分源而流枝葉扶疏出王別胄受爵列土封侯載德相繼卒顯（缺五字）光武皇帝之玄廣陵王之孫俞鄉侯之季子也誕生照明岐嶷踰絕長（缺四字）柴守約履勤體聖心叡敦五經之瑋圖兼古業覈其妙行脩言道（缺五字）宜京夏莫不師卬六籍五典如源如泉既練州郡卷舒委隨忠貞（缺三字）效官出省楊土流化南城政猶北辰衆星所從三祀有成來臻我邦循東（缺）之惠抑（缺）禮官賞進厲頑約之以禮博之以文政敦始初慎徽五典勤恤民殷（缺）心顧下（缺二字）仁恩如冬日威猛烈炎夏貪究革情清修勸慕德惠潛流皑芳旁布九愍鰥（缺）濟濟之儀孜孜之踰帥厲後學致之雍泮草上之風莫不響應悅誨日新砥（缺二字）素七業勃然而興咸居今而好古雖未盡道善必有所由虞民之秉彝實我劉父其人魯無君子斯焉取旃允我劉父言善誘人講禮習聆匪徒豐學屢獲有年（缺）載克成神民協欣兩不相傷故德友歸焉自古在昔先民有作洪勳則甄盛（缺）刻表諸來世垂之罔極褒賢表善

揚幽拔微式序在位量能授宜官無曠事缺二字為正以卒為更際
念烝民勞苦不均為作正彈造設門更富者不獨逸樂貧者缺順
四時積和感暘歲為豐穰賦稅不煩實我劉父吏民愛若慈父畏
若神明悔缺令德清越孤竹德牟產奇誠宜褒顯照其憲則乃相
缺咨度諏詢采摭謠言刊缺詩三章其辭曰
清和穆鑠實惟乾川惟嶽降靈篤生我君服骨叡聖允鍾厥醇誕
生岐嶷言協缺墳懿德震耀孝行通神動履規繩文彰彪續成是
正服以道德民
有父子然後有君臣理財正辭束帛戔戔缺夢刻像鶴鳴一震天
臨保漢實生缺勳明試賦授夷夏已親嘉錫來撫潛化如神其神
伊何靈不傷人
猗歟明哲秉道之樞養缺之福惟德之偶淵乎其長渙乎成功缺
暇民豫新我缺通用行則達以誘我邦賴茲劉父用說其蒙澤霽
年豐黔首歌頌五隸釋

梁相費汎碑

梁相諱汎字仲慮此邦之人也其先季文為魯大夫有功封費因
氏為姓秦項兵起避墜于此遂留家焉世業稼穡好學禮樂大漢
之缺官司相繼絕而復續至梁府君以孝友至行聞于鄉邑仕更
郡右蹇鄂質直在公履法察孝廉除郎中屯騎司馬遷蕭令眡民
如子先教後罰流玄默之化奉以忠信守以敦篤在位九年百姓
移風苛縣不作姦宄不發變爭路銷推讓道生三年不斷獄禎祥
感應時沛有蝗獨不入界由此顯名國以狀聞朝廷嘉諸拜梁相
宣慈惠缺不飾自正當登台階延究耆耇被病遜位春秋八十卒
二子蘗缺鳳由宰府至堂邑令政九江大守適孫珝感奚斯之義
刊銘玄石旌勒厥美俾缺覽焉其辭曰
穆穆顯祖厥德懿鑠播勛于前卒碩基業遺愛于民福流後胤庶
缺昌缺在堂缺室功烈休矣末昆勠力十一隸釋

荊州從事苑鎮碑

漢故荊州從事苑君諱鎮字仲弓南陽筑陽人也其先出自苑柏
何為晉樂正世掌朝禮之制失其官次侈以自饋缺采晉紬春秋
錄徵諜祖諸世有苑子園實能陰陽之理其稱徽而顯缺名著遂
茲盛建功子孫爰居來宅筑陽君即其胄也君肇建仁義之基始
創五福之衢韜律大杜綜皋陶甫侯之遺風故易稱師出以律五
用是綱平不枉理政以憲循須律定紀功績希缺德缺州里水蓄
流速行著郎休先公門之忠盡節君父遂登朝階為郡督郵列掾
膺姿哲蘇靖供衛上方平不阿嚴而不缺清介之□皦然發越州
伯是聞備禮招納以部江夏過郡歷縣莫不雲披風靡畏威褱德
垂芳遺藻紀誦于今當陟泰階配耀岳嵩壽不極施早世隕終景
胙之胥二葉州郡官有世功位郎繼倫于乃欽樹玄石甄德表勛

其辭曰於惟從事茂德翔芊構基崇業侯室侯堂契擬季文仁若
春風義以繼志禮為宗匡要缺慈愛與世無傷上德不德身歿名
章靈永邁矣享斯榮光十二隸釋

浚儀令衡立碑

君諱立字元節其先出自伊尹阿衡官有缺三字為氏君其胄也曾
祖父以儒林清節建缺于缺二字官至左馮缺下出缺固缺二字君幼有
嘉操長而缺二字傳帥缺業缺下友缺二字尊賢汜愛含弘缺髮為縣功
曹無償石之穡乃缺絜已約缺下仕為缺史遷蕭尉紀吾浚善良隱
缺二字情缺二字見懷缺下然乃志高蹈濯鱗常為缺從缺昭違朝政缺下
望有缺二字人諸友含哀傷悼相與論述缺以為先缺歿問缺二字者
也缺刊斯石以銘缺代其辭曰
於穆從事淑慎廣淵柔嘉其德儀閒孔芬其芬如何允孝允缺六字
有烈勳宜享難老彭祖為仙昊天不弔降此咎殃鳴缺痛感缺五字

此有靈貽厥後昆。隸釋十二

趙相雍勸闕碑

高祖父諱賓字伯著孝廉河南令侍御史九江太守。缺三字君子望。字伯桓右校令望子陟孝廉朐忍令。缺五字陟弟劭字仲昇孝廉弘農令武都太守。劭弟勸字叔缺孝廉成臯令趙國相。勸子煜字稚缺孝廉資中長江令缺三字都尉自右校君已舊墓在水闕而墳墓多地勢缺五字斯造墳壠樹碑銘至趙國府君在官五載莅政清平有甘棠之化年卌五卒于官故吏民漢中太守郚鄉缺四字等慕戀恩德刊石稱頌焉。隸釋十二

闕林山碑

君國者不蹐高墬下先時或斷山岡以通平道民多痾守長冠軍張仲瑜乃與邦人築斷故山道作此銘。水經注河水中。明刻本河水下引此與郭輔碑謂並無年號皆不知何代人也今姑錄于郭輔碑之前

郭輔碑

先生諱輔字甫成其先出自有周王季之中子爲文王卿士采食于虢㞱亏武王錫而封之後世謂之郭春秋之時爲晉所并遭戰國秦漢子孫流分來居荆土氏國立姓焉傳云聖賢之後必有達者先生應焉其少也孝友而悅學其長也寬舒如好施是以宗親歸懷鄉鄰高尙直已而行年五十有二遇疾而終有四男三女咸高賢姣孋富貴顯榮可謂子孫繁者已其季女明文潁川之夫人也感惟考妣克昌之德登山采石致亏墓道邑人縉紳刻石作歌昭示來嗣其辭曰

實惟先生虢仲之裔盛德遺祀休矣亦世孝友貞信仁恕好惠直已自求不欲榮勢綽綽令人獲道之㞱篤生七子鍾天之祉堂堂四俊碩大婉敏娥娥三妃行追大姒葉葉昆嗣福祿茂止克昌厥後身去烈在鐫石作歌昭示萬祀隸釋十二

相府小史夏堪碑

缺三字曹小史夏堪字紂德帝禹之精苗缺侯之遺缺三字零陵太守之根嗣也易世承系休祚仍垂印紼缺三字鹽罔託堪繼令縱受氣蹈眞年在洗缺奉親恭順缺二字哀脩操絜冰雪苛獲縣選初涉府朝典職首曹聰缺施布天職良善卒遘疹痾霣命夭摧國喪貞肩收傳寵遺官遣臨呼慈恩感踴族姻追傷娉會謝氏并靈合柩古命有之仲泥何侘嗚呼哀哉其辭曰

嗟紂德合渊勳質珪玉性馥芬覩缺操希騏顏悅龍階望浮雲踵尺水津未彊春蘂萌遭雹霜壽不究魄蜚揚情悲切著篇章刊石銘傳萬年隸釋十二

李翊夫人碑

廣漢屬國侯夫人節行絜靜德配古之聖母早失匹壽眉耇不䏊憒然憪瘵稱列口述厥辭曰昔彼衛姃輔齊匹桓文母循漠周室獲蕃於戲夫人臧侯苗焉自彼適斯蹈禮伉言恭順承舅孝行布宣逝嬪慈惠聰達楚樊繼姑入室勤養㩦㩦育理家道羣宗爲軒求福不回操無遺衍缺字約身紡績殖賄圃園敬姜誨子叔敖陰恩男三女二離穆閨門女則哲禮男則與權節義踰古訓漠不煩九族和親若葉附根歲在大淵獻精魂奄昏飛神天庭收荆玄都莫不歎息涕零嗚呼明哲有德咸曰何辜害我仁良䫉缺支殂瘞感路人泣霑泥塗逝而不返子孫呱呱歎曰陰陽分兮鍾律滋星月列兮有四時神宓設兮萬姓熹壽十二兮九九期五三未字未兮衰在姃秋發兮春華殆周公九兮成稱災靡黃髮兮蓋天胎壯有皇兮氣所裁赴鴻淵兮逝不來鳳延頸兮泣交頤頿頡悲兮涕隕零寐䁚䁚兮㑺傷情彼倉天兮愬神靈㥫切剝兮年不榮蘭茝亡兮喪芝英誰不忉兮作哀聲嘻匹號兮鴻嚳二祀之至兮感動城陟四極兮升天庭曰司命兮致不平飛蠭螽兮害仁良魂魄孤兮獨

晄（二字）陳袝祠兮返所生，幽系見兮存厥荆，嗟曰遐兮適窅（二）一。（隸釋一十二）

司徒掾梁休碑

上（缺二字）休字元堅，蓋（缺二字）之苗裔也。（下缺）載踵勛業，文武相濟，君曾號稱三（下缺）郎中早終。君纂考鴻軌，體履弘懿，敬（下缺）為主，動以禮讓為先，每在周儕，推人抑己。（下缺）而後流馨香，播越名實，先登仕郡，歷五官（下缺）淑瑋，遂察孝廉，除郎中，光祿主（缺）昭德塞違（下缺）韜光闇燿，隱身殉道，隘窮不悶，匪（缺）介始實（下缺）通四海之門涂，禁防既釋，辟司徒府，秉忠蹈契（下缺）勞滿，奏上拜新都令，謙惠自勍，寢疾于家，季六（下缺）有二月戊寅卜葬，大守安平趙府君嘉厥高蘶（下缺）尼父之美，宋敘三命之伐，存有立名，歿宜見旌（下缺）守節曰貞，博聞曰文，請謚休為貞文子，爾乃祏（下缺）詞曰：

上（缺二字）文允垂，棘勤典素，精孔墨，高難隱，深不測（下缺）紫極，遐厨罡復潛伏，靈闓張（闕）鼎式，掌既盈，命（下闕）玄石，勒立堂祠，跱神德，毀不朽，傳兆億。（隸續）

防東尉司馬季德碑

上（缺四字）年九月廿九日，故山陽府卒史防東守尉司馬（缺）字季德（缺二字）先出（缺五字）氏之裔胄也。（缺二字）三代常為侯伯，周武克商（缺）其肖族（缺四字）仲（缺五字）施于民，迄于（缺二字）世濟其美，不賈其功（缺二字）金銀翼衛（缺四字）彊櫼（下缺）于季德，幼有聲（缺四字）文柔惠（缺）恭接物，耽古好學（缺三字）褒道（下缺）五（缺六字）箴規（缺二字）克誦其詩，既優（缺六字）明允篤誠，不（缺三字）小（缺）畏慎，如臨于谷，在公明明，委蛇其德，德（缺三字）肅肅（下缺）壽黃耇，永享五福，猥遭溫疾，喪厥華榮（下缺）郡人諸友（缺）鄂（缺）驚（缺二字）會集，沵沸霑（下缺）發（缺）舊宅，消形幽門，百兩旁旁，幡（缺）悠悠，送者（缺）悲（下缺）德，金石播（缺二字）魂而有（缺）嘉（缺）寵休，烏呼哀哉。（隸續一）

秦君碑

余聞湯武千載，周孔異世，已義相高，況余忝祿，踐跡遵基，竊慕揚善，喟然而歎，其歌辭曰：

於穆秦君，命世傳邁，承祖皇口，裔出畢口，紀行錄功，必本其初，惟君總角，勵志仲尼，從容六藝，回佃田疇，升階英妙，轉典蒸黎，為政崇博，五教竝和，仁賢敘位，法依蕭何，囹圄空虛，鄉無逋逃，凡百肅雍，莫不率從，境內既寧，路不資遺，耕夫千畝，餘種不歸，立清介白，食茹拔葵，三年有成，嬰兒謠歌，鼓腹喜德，踊躍嘔唏，水靜魚集，國富民繁，戶增十倍，牧守孔嘉，怒不斷刑，寬不容非，化準邠邵，比翮而飛，永如南山，不缺不虧，略取大較，丹書刻石，垂示後昆，識者察焉。（顧氏金石文字記）

黎陽山碑

縣取山之名，取水之陽，以為名也。（水經河水五注）

山河馮隆，有精英兮。（文選吳都賦注）

司馬遷碑

高門華池在茲夏陽。（水經河水注四）

黃香墓碑

延陵慈父，葬于嬴博；孟光貞婦，窆夫于吳。（蘇州志：宋乾道初，梅里蘇忠翊直卜葬，得古冢，乃黃香墓，碑刻隸書。案黃香江夏安陸人，而葬于梅里，故碑文為此語。）

漢陽太守碑

敦方足以正眾邪，肅清足以濟殊俗，不吐剛而詔上，不茹柔而黷下。（廣川書跋）

上谷長史侯相碑

侯氏出自倉頡之後，踰殷歷周，各以氏分，或著楚魏，或顯齊秦晉鄭，士蔿斯其胄也，食采華陽，今蒲坂北亭即是城也。（水經汾水注）

比干冢銘

殷大夫比干之墓 水經清水注

虞詡碑

諱詡字定安虞仲之後為朝歌令武太守 水經陰溝水注

武下脫都字

金城縣太山冠蓋里銘

峨峨南岳烈烈離明實敷儁乂君子㠯生惟此君子作漢之英德為龍光聲化鶴鳴 水經沔水中注沔水又逕金城縣縣有太山山下有廟漢末名士居其中荊州刺史行部見之雅歎其盛號為冠蓋里刻石銘之此碑于永嘉中始為人所毀其餘文尚有可傳者其辭云云

獨公山古墓磚文

筮言吉龜言凶三百年墮水中 御覽五百五十九引鄭緝之東陽記獨公山有古墓臨溪其磚文曰云云義熙中冢猶半存 案義熙前三百年蓋東漢安帝時葬也

上虞縣古冢磚文

居在本土厥姓黃卜葬于此大富強易封吉龜封凶 御覽五百五十九引會稽十城地志

琵琶圻古墓甓字

琵琶筮云吉龜云凶八百年墮水中 御覽五百五十九引輿地志琵琶圻有古墓半在水中甓有隱起字云云謝靈運取甓至京師諸貴傳觀之 案謝靈運前八百年當戰國之初然不言是篆文恐亦漢時墓耳

鍾山壙中銘

龜言土蓍言水甸服黃鍾啟靈址瘞在三上庚墮遇七中己六千三百浹辰交二九重三四百圯唐鄭欽識之曰卜宅者庾葬之歲月而先識墓圯日辰甸服五百也黃鍾十一也由大同四年卻求漢建武四年凡五百一十一年葬㠯三月十日庚寅三上庚也圯㠯七月十二日己巳七中己也浹辰十二也建武四年三月至大同四年七月六千三百一十二月月一交故曰六千三百浹辰交二九十八也重三六也建武四年三月十日距大同四年七月十二日十八萬六千四百日故曰二九重三四百圯 舊唐書儒學鄭欽傳

窆石銘

沛國臨濉時窆石室永建六年五月十五日太歲在未所遭作大吉利窆石室候來歸我有之 廣川書跋宋元祐二年永城下得石如豐碑其上刻銘

裴瑜行狀 案裴瑜桓帝時舉孝廉歷官至尚書

瑜字雉璜聰明敏達觀物無滯清論所加必為成器醜議所指沒齒無怨 後漢史弼傳注引先賢行狀

嘏辭賜孝桓皇帝福

恭懷皇后命工祝承致多福無疆于爾孝曾孫皇帝使爾受祿于天宜稼于田眉壽萬年介爾景福俾守爾民勿替引之太常再拜太牢左辨㠯致皇帝 續漢祭祀志下注補引丁孚漢儀有桓帝祠恭懷皇后祝文嘏辭賜皇帝福

陳畱吏牘上有書

潁川弘農可問河南南陽不可問 御覽六百六引東觀漢記時天下墾田多不實詔檢覆覈百姓嗟怨諸郡遣使帝見陳畱吏牘上有書視之云云 案此建武時

書朱雀闕

天下大亂曹節王甫幽殺太后常侍侯覽多殺黨人公卿皆尸祿無有忠言者 後漢曹節傳熹平元年竇太后崩有何人書朱雀闕言

黃巾

移書曹公

昔在濟南毀壞神壇其道乃與中黃太乙同似若知道今更迷惑漢行已盡黃家當立天之大運非君才力所能存也 魏志武紀初平三年注引魏書賊乃移書太祖

外國

南匈奴單于屯屠何

屯屠何呼韓邪曾孫胡邪尸逐侯鞮單于長之弟章和二年立為休蘭尸逐侯鞮單于在位六年

求并北成南上言

令當作今

臣累世蒙恩，不可勝數。孝章皇帝聖恩遠慮，遂欲見成就，故令烏桓、鮮卑討北虜，斬單于首級，破壞其國。今所新降虛渠等詣臣自言，去歲三月中發虜庭，北單于創刈南兵，又畏丁令、鮮卑，遯逃遠去，依安侯河西。今年正月，骨都侯等復共立單于異母兄右賢王爲單于，其人以兄弟爭立，並各離散。臣與諸王骨都侯及新降渠帥雜議方略，皆曰宜及北虜分爭，出兵討伐，破北成南，并爲一國，令漢家長無北念。又今月八日，新降右須日逐鮮堂輕從虜庭遠來詣臣，言北虜諸部多欲內顧，但恥自發遣，故未有至者。若出兵奔擊，必有響應。今年不往，恐復并壹。臣伏念先父歸漢以來，被蒙覆載，嚴塞明候，大兵擁護，積四十年。臣等生長漢地，開口仰食，歲時賞賜，動輒億萬，雖垂拱安枕，慙無報效之地。願發國中及諸部故胡新降精兵，遣左谷蠡王師子、左呼衍日逐王須訾將萬騎出朔方，左賢王安國、右大且渠王交勒蘇將萬騎出居延，期十二月同會虜地。臣將餘兵萬人屯五原、朔方塞，以爲拒守。臣素愚淺，又兵衆單少，不足以防內外。願遣執金吾耿秉、度遼將軍鄧鴻及西河、雲中、五原、朔方、上郡太守并力而北，令北地、安定太守各屯要害。冀因聖帝威神，一舉平定。臣國成敗，要在今年。已敕諸部嚴兵馬，訖九月龍祠，悉集河上。唯陛下裁哀省察。後漢南匈奴傳，肅宗崩，竇太后臨朝，其年七月，單于上言。

鄯善王安

上書請都護

願復遣子入侍，更請都護。都護不出，誠迫于匈奴。後漢西域莎車傳。

釋氏

嚴佛調

佛調或作浮調，臨淮人，官都尉。見支謙法句經序。靈帝末出家，通譯佛經，與安世高、安玄齊名。

沙彌十慧章句序

昔在佛世，經法未記，言出尊口，弟子誦習，辭約而義博，說鮮而妙深。佛既泥洹，微言永絕，猶穀水消竭，日月隕墜。于是衆賢共使阿難演其所聞，凡所著出十二部經。其後高明各爲注說章句解故，或以十數。有菩薩者，出自安息，字世高，韜弘稽古，靡經不綜，愍俗童蒙，示以橋梁。于是漢邦敷宣佛法，凡厥所出，數百萬言，或以口解，或以文傳，唯沙彌十慧未聞深說。夫十者，數之終；慧者，道之本也。物非數不定，行非道不度。其文郁郁，其用亹亹，廣彌三界，近觀諸身。調以不敏，得充賢次，學未浹聞，行未中四，夙罹邠咎，遘和上憂，長無過庭善誘之教，悲窮自潛，無所繫心。于是發憤忘食，因閑歷思，遂作十慧章句。不敢自專，事喻衆經，上以達道德，下以慰已志。創奧博崇尙之賢，不足留意；未升堂室者，可以啓蒙焉。釋藏跡十，出三藏記集十。

闕名

般舟三昧經記

般舟三昧經，光和二年十月八日，天竺菩薩竺佛朔于洛陽出。菩薩法護。時傳言者月支菩薩支讖，授與河南洛陽孟福字元士，隨侍菩薩張蓮字少安筆受。令後普著。在建安十三年于佛寺中校定，悉具足。後有寫者，皆得南無佛。又言建安三年歲在戊子八月八日于許昌寺校定。釋藏跡七。案菩薩法護當有誤，晉初有竺法護，非卽此。

佛說興起行經序

所謂崑崙山者，則閻浮利地之中心也。山皆寶石，周帀有五百窟，窟皆黃金，常五百羅漢居之。阿耨大泉外周圍山，山內平地，泉處其中。泉岸皆黃金，以四獸頭出水，其口各繞一帀已，還復其方，出投四海。象口所出者，則黃河是也。其泉方各二十五由延，深三厥劣。一厥劣者，七里也。泉中有金臺，臺方一由延，臺上有金蓮華，以七寶爲塔。如來將五百羅漢，常以月十五日于中說戒，因舍利弗問佛十事宿緣，後以十五日時，將本弟子說訖乃止。如是至九往所以十問而九答者，以木鏘之對，人間償之，欲示人宿緣不可逃避故也。又阿耨泉中非有漏礙形所可周遊，雖有阿難爲如來所接也，所以殷勤告舍利弗者，欲化諸龍故也。釋藏與八

傳道

褚善信

善信，豫章吳人，明帝時南嶽道士。

抗表與沙門竺法蘭比校

五嶽十八山觀太上三洞弟子道士褚善信等六百九十人死罪上言：臣聞太上無形無名，無極無上，虛無自然，大道元首，自從造化，道教從生，無爲之尊，自然之父。上古同遵，百王不易。今陛下道邁羲皇，德過堯舜，光澤四海，八表歸仁。臣等竊承陛下棄本逐末，

求教西域，臣觀西域所事者，既是胡神，所說者不參華夏。復請胡人翻其語，託同侶漢，臣等思忖陛下雖翻得此語，恐非大道。如不依信，願陛下恕臣等罪，聽與驗試。臣等五嶽諸山道士，多有聰明智慧，博通經典，從元皇已來，太上經術，悉能曉了。太虛符咒，並皆明達。或有吞符餌氣，或有策使鬼神，或有入火不燒，或有履水不溺，或有白日昇天，或有隱形于地，至于方藥法術，無有不能者。願陛下許臣等得與比校，一則聖上意安，二則得辨眞僞，三則大道有歸，四則不亂華俗。臣等若比對不如，任聽重決；若臣等比對有勝，乞除虛詐。臣等誠惶誠恐，死罪死罪。以聞。釋藏集古今佛道論衡，又續論衡，又破邪論上，又略見法苑珠林六十八，又廣宏明集一。

陰長生

長生，新野人，陰皇后族屬，隱靑城山中，或云仙去。

自敘

漢延光元年，新野山北子受仙君神丹要訣，道成去世，付之名山。如有得者，列爲眞人，行乎去來，何爲俗間？不死之要，道在神丹。行氣導引，俛仰屈伸，服食草木，可得延年，不能度世，以至乎仙。子欲聞道，此是要言。積學所致，無爲合神。上士爲之，勉力加勤；下愚大笑，以爲不然。能知神丹，久視長安。于是陰君裂黃素，寫丹經一通，封一文石之函，置嵩高山；一通黃櫨之簡，漆書之，封以靑玉之函，置太華山；一通黃金之簡，刻而書之，封以白銀之函，置蜀綏山；一封縑書，合爲十篇，付弟子，使世世當有所傳付。又著詩三篇，以示將來。其一曰：惟余之先，佐命唐虞，爰逮漢世，紫艾重紆。予獨好道，而爲匹夫，高尙素志，不仕王侯，貪生得生，亦又何求？超跡蒼霄，乘龍駕浮，靑雲承翼，與我爲仇。入火不灼，蹈波不濡，消遙太極，何慮何憂？傲戲仙都，顧愍羣愚，年命之逝，如彼川流，奄忽未幾，泥土爲儔，奔馳索死，不肯暫休。其二章曰：子之聖師，體道之眞，升降變化，

喬松爲鄰。唯余同學，十有二人，寒苦求道，歷二十年，中多怠墮，志行不堅，痛乎諸子，命也自天。天不妄授，道必歸賢，身沒幽壤，何時可還？嗟爾將來，勤加精研，勿爲流俗，富貴所牽，神道一成，升彼九天，壽同三光，何但億千。其三章曰：惟余束髮，少好道德，棄家隨師，東西南北，委放五濁，避世自匿，三十餘年，朙山之側，寒不遑衣，飢不暇食，思不敢歸，勞不敢息，奉事聖師，承歡悅色，面垢足胝，乃見哀識，遂受要訣，恩深不測。妻子延年，咸享無極，黃白已成，貨財千億，使役鬼神，玉女侍側，今得度世，神丹之力。陰君處民閒百七十年，色如女子，白日昇天而去。神仙傳四，御覽六百六十，又太平廣記八。

鮮于冀

冀，西河人，建武初淸河太守。

鬼神

自理表

高貴不尙節。畮壟之夫而貲踞遺類。研繁失機，婢妾其性。媚世求顯。偷竊很鄙，有辱天官。易譏負乘，誠高之謂，臣不勝鬼言，謹因千里驛聞。水經淇水注。光武建武二年，冀作公廨，未就而亡。後守趙高計功用二百萬，五官黃秉功曹劉適言四百萬錢，于是冀乃鬼見白日，道從入府，與高及秉等對共計校，定爲適秉所割匿，冀乃書表自理。其略言云云，付高上之，高以狀聞，詔下還冀西河田宅妻子焉，兼爲差代，以弭幽中之訟。

劉伯文

伯文，武陵人。

與兒佗書

告佗。當從府君出案行，當以八月八日日中時，武陵城南溝中畔頓，汝是時必往。搜神記：建安四年，武陵女子李娥病死，埋城外，已十四日，比舍蔡仲聞冢中有聲，發出，遂活，自言爲司命誤召，到得遣出，過西門，適見外兄劉伯文，相勞問，以書一封與其兒佗。娥乃致伯文書，佗識其紙，是父亡時送箱中也，書不可曉，詣費長房讀之，到期于城南待之，果至，聞有呼聲曰：佗來，汝得我所寄李娥書不耶，因與藥一丸，辟來年妖癘。

盧躭

躭，廣州人，爲州治中。有僊術。刺史步隲以爲左道誅之。案步隲以建安十五年領鄱陽太守，歲中徙交州刺史，至延康元年，以呂岱代爲刺史，盧躭之誅，當在十五年後，廣州即廣信，漢時刺史治也。

題門

珠門珠門，國雖存，無射年，欲知此書盧躭還。御覽一百八十三引郡國志：廣州盧躭仕州爲治中，有仙術，刺史步隲惡之，以狀聞，後誅之。躭後題其門云云，太守劖之，隨劖字更生。

全後漢文卷一百六終